■ CISS

Convenios de doble imposición

El impacto BEPS. Análisis y evolución de la red española de tratados fiscales

Coordinador

Néstor Carmona Fernández

Wolters Kluwer

Coordinador

Néstor Carmona Fernández

Autores

José Manuel Calderón Carrero

Catedrático de Derecho Financiero y Tributario de la Universidad de La Coruña

Néstor Carmona Fernández

Inspector de Hacienda del Estado

Adolfo J. Martín Jiménez

Catedrático de Derecho Financiero y Tributario de la Universidad de Cádiz

Montserrat Trapé Viladomat

Inspectora de Hacienda del Estado (excedente)

Socio / Partner Tax, Global Transfer Pricing Services KPMG Abogados

PRESENTACIÓN

En el año 2005 nació el libro *Convenios Fiscales Internacionales*, que un año después tomaría la denominación de *Convenios Fiscales Internacionales y Fiscalidad de la Unión Europea*, cuya coordinación asumí contando con un grupo de autores de una valía entonces más que contrastada, y hoy ya notabilísima, en su condición de especialistas en la materia.

Su origen estuvo vinculado a la importancia creciente del Derecho tributario internacional y, hasta cierto punto, supuso un impulso al reconocimiento de la autonomía y entidad de esta rama del Derecho tributario, con peculiaridades metodológicas y dogmáticas propias con respecto al Derecho tributario general.

Hoy, a principios de 2019, se produce una reordenación sistemática de la obra integrada original (y vegetativa, dado su carácter anual) a través de una bifurcación monográfica de sus contenidos, otorgando un expreso reconocimiento al componente diferencial del Derecho tributario de la Unión Europea (la UE y la OCDE, en especial a raíz del Proyecto BEPS, albergan en este cambio singularidades y elementos diferenciales en varios de sus parámetros), aunque ambos libros, el dedicado al Derecho fiscal en el marco de la Unión Europea, sesgado hacia la imposición directa y el que se adentra en la normativa bilateral tributaria, que aquí principia, guarden una fraternidad e interrelación irrevocable.

Buena parte de las consideraciones preambulares que contiene la obra dual deben, a grandes rasgos, darse por reproducibles:

En un escenario internacional de alta convulsión, las tensiones abiertas entre una tendencia favorable a la creación de unas pautas generales de uniformidad legislativa, de evitación de abusos y transparencia informativa —patente en el inmenso campo de trabajo desplegado bajo los auspicios del G20 y la OCDE en el marco del Proyecto BEPS y sus secuelas— y, en sentido opuesto, la existencia de una competencia fiscal sólo razonablemente «leal» entre países que aspiran a defender o atraer bases imponibles e inversores mediante medidas singulares, constituyen otra variable clave de los momentos actuales, sin duda apasionantes. No hace falta indagar muy hondo para advertir hechos cruciales: desde el que pudiera acaecer el 29 de marzo de este mismo año hasta todo un reguero de acciones legislativas unilaterales y asimétricas que diversos países, algunos de ellos muy significados, vienen adoptando distanciándose de formulaciones o soluciones globales a problemas globales. Las decisiones normativas de alcance y óptica unilateral, desde reformas legislativas de gran calado como la norteamericana hasta medidas específicas con perfil anti abuso, como ha ocurrido con diversas variantes del llamado *Diverted Profit Tax*, formuladas por varias jurisdicciones, y a ello unidas las enormes dificultades para alcanzar soluciones concertadas de gran calado o calado «inclusivo», son ilustrativos botones de muestra.

Asistimos, sin duda, a un combate manifiesto entre tendencias de carácter unilateralista o nacionalista en términos fiscales y aquellas otras que persiguen el máximo grado posible coral o de multilateralismo e internacionalización de las medidas tributarias.

Ante semejante paisaje la relevancia que cobran las «superestructuras normativas», y destacando entre ellas la red tejida por las normas bilaterales asentadas en los convenios sobre doble imposición, es absoluta.

Una correcta inteligencia del alcance y repercusiones de los tratados fiscales así como de su convivencia con las normas domésticas y comunitarias, se hace imprescindible. Más aun en tiempos en que la actividad de la OCDE, cuyo Modelo de convenio sobre doble imposición sigue una mayoría de tratados, es de una gran intensidad. La doctrina vertida por dicha organización a través de los Comentarios a dicho Modelo adquiere un valor interpretativo decisivo, a la par que su dinamismo es cada vez más alto: a las actualizaciones de 2000, 2003, 2005, 2008, 2010 y 2014 se une la actualización publicada en diciembre de 2017, a la par que se desarrollan otros trabajos y estudios diversos, en especial relacionados con las Directrices sobre Precios de Transferencia (publicadas en julio de 2017 con su reescritura post BEPS), impregnadas por las acciones y los informes resultantes del Proyecto BEPS, sin olvidar que las propuestas normativas generadas en el Proyecto BEPS en el marco de las normas bilaterales encarnan ya un singularísimo «tratado de tratados», el llamado Convenio o instrumento multilateral, en vigor desde 1 de julio de 2018, cuyo impacto modificador de un sinnúmero de convenios se irá produciendo gradualmente.

La panorámica de la obra hace especial hincapié en aspectos de la normativa convenida cuya aplicación práctica se incrementa día a día: no discriminación, procedimientos amistosos y de arbitraje, intercambio de información interestatal, precios de transferencia, etc. Sin olvidar, desde luego, enfatizar singularmente además de extremos de carácter general y gran trascendencia (reglas interpretativas, alcance efectivo de los Comentarios y la doctrina de la OCDE, medidas antiabuso, etc.), otras áreas de tradicional alta sensibilidad (fiscalidad de los establecimientos permanentes, cánones, etc.), más aun en unos tiempos en que la atención en los foros internacionales viene poniendo su foco en las malas prácticas y la denominada planificación fiscal agresiva. Asimismo se dedica un espacio a otros tratados internacionales con normas de trascendencia tributaria, más allá de los convenios bilaterales en materia de doble imposición sobre la renta y patrimonio.

El análisis que se realiza del Modelo de Convenio y de los Comentarios del Comité de Asuntos Fiscales de la OCDE —que es comparado con otros Modelos como el elaborado por las Naciones Unidas o por las autoridades norteamericanas, y constituye el marco de referencia de la normativa bilateral española— se completa con el examen de las particularidades que ésta presenta en su diversidad, así como de las interacciones de las normas convenidas y la legislación doméstica —con especial atención al Impuesto sobre la Renta de No Residentes—.

En suma y con todo ello, el objetivo de este libro es dar satisfacción a esa necesidad de conocimiento directo de un escenario normativo esencial, mediante una exposición guiada por una perspectiva que aúne lo doctrinal y lo didáctico.

En cuanto a los autores de las páginas que siguen me limitaré a reiterar que, sin duda, constituyen un elenco de acreditadísimos especialistas en la materia, algunos de ellos verdaderos eruditos en el ámbito de la fiscalidad internacional, y cuya experiencia en lo doctrinal y docente a la par que en la práctica —tanto pública como privada— les sitúan en la posición más idónea para abordar las glosas y comentarios que vertebran esta obra.

Néstor CARMONA FERNÁNDEZ

ÍNDICE SISTEMÁTICO

CAPÍTULO II.   ÁMBITO DE APLICACIÓN DE LOS CONVENIOS DE DOBLE IMPOSICIÓN

CAPÍTULO III.   REGLAS DE REPARTO DE POTESTADES FISCALES

III.1.   RENDIMIENTOS INMOBILIARIOS

III.2. BENEFICIOS EMPRESARIALES (Y DE NAVEGACIÓN)

III.3. EMPRESAS ASOCIADAS

III.8. TRABAJOS INDEPENDIENTES. ACTIVIDADES PROFESIONALES

III.13. FUNCIÓN PÚBLICA. REMUNERACIONES DEL SECTOR PÚBLICO

III.14. ESTUDIANTES Y PROFESORES

III.15. OTRAS RENTAS

CAPÍTULO V.   DISPOSICIONES ESPECIALES Y FINALES

V.1.   NO DISCRIMINACIÓN

V.3. INTERCAMBIO DE INFORMACIÓN

V.4. AGENTES DIPLOMÁTICOS. CLÁUSULA RELATIVA A LOS MIEMBROS DE LAS MISIONES DIPLOMÁTICAS Y OFICINAS CONSULARES

CAPÍTULO VI. EL CONVENIO COMUNITARIO DE ARBITRAJE: EL CONVENIO 90/436/CEE RELATIVO A LA SUPRESIÓN DE LA DOBLE IMPOSICIÓN EN EL CASO DE CORRECCIÓN DE BENEFICIOS DE EMPRESAS ASOCIADAS

CAPÍTULO VII. OTROS TRATADOS INTERNACIONALES

ABREVIATURAS

AAVV	Autores varios
ABTs	Áreas de Baja Tributación
ACT	*Advance Corporate Tax* (pago a cuenta del Impuesto sobre Sociedades)
AEAT	Agencia Estatal de la Administración Tributaria
AEEE	Acuerdo sobre el Espacio Económico Europeo
AELC	Asociación Europea de Libre Comercio
AII	Acuerdo de Intercambio de Información tributaria
AG	Abogado general
AN	Audiencia Nacional
Ap.	Apartado
APV	Acuerdo Previo de Valoración
APA	Acuerdo Previo de Valoración
ARC	Acuerdo de Reparto de Costes
Art./arts.	Artículo/artículos
BOC	Boletín Oficial de las Cortes
BOE	Boletín Oficial del Estado
C.e.	Corrección de errores
CA	Convenio de Arbitraje
CC	Código Civil
CCDGT	Contestación a consulta de la Dirección General de Tributos
Ccom.	Código de Comercio
CDI	Convenio de Doble Imposición
CE	Constitución Española
CECA	Comunidad Económica del Carbón y del Acero
CEE	Comunidad Económica Europea
CEEA	Comunidad Económica de la Energía Atómica
CFC	*Controlled Foreign Company* (Transparencia Fiscal Internac.)
CIF	Código de Identificación Fiscal
CIN	Neutralidad en la Importación de Capitales
Cir.	Circular
CM	Convenio Multilateral derivado del Proyecto BEPS
CMC	Comentarios a Modelos de Convenios
CodC	Código de Conducta
CUP	Comparable un controlled price method (Método de Precio libre comparable)
CVDT	Convención de Viena sobre Derechos de Tratados
DA	Disposición Adicional
DPT	Directrices sobre Precios de Transferencia de la OCDE
DGT	Dirección General de Tributos
Disp. trans.	Disposición transitoria
DOCE	Diario Oficial de las Comunidades Europeas
DOUE	Diario Oficial de la Unión Europea
EAU	Emiratos Árabes Unidos
EEE	Espacio Económico Europeo
EEUU	Estados Unidos de América
EFTA	Asociación Europea de Libre Comercio
EM	Exposición de Motivos
Ems	Estados miembros
EP	Establecimiento Permanente
ETVE	Entidad de tenencia de valores
EUTPD	Propuesta Europea de Documentación de Precios de Transferencia
FCPT	Foro Conjunto de Precios de Transferencia de la Unión Europea
FEOGA	Fondo Europeo de Orientación y Garantía Agrícola
FOB	Free On Board (franco a bordo)
FJ	Fundamento Jurídico
GATS	Acuerdo General sobre el Comercio de Servicios
GATT	Acuerdo General sobre aranceles aduaneros
Inf.	Informe
IABEP	Informe sobre atribución de beneficios a establecimientos permanentes

IBFD	*International Bureau Fiscal Documentation*
ICAC	Instituto de Contabilidad y auditoría de cuentas
IFE	Instituciones Financieras Externas
IIC	Instituciones de Inversión colectiva
IIEE	Impuestos Especiales
IP	Impuesto sobre el Patrimonio
IRNR	Impuesto sobre la Renta de no Residentes
IRPF	Impuesto sobre la Renta de las Personas Físicas
IRS	*Internal Revenue Service*
IS	Impuesto sobre Sociedades
ISyD	Impuesto sobre Sucesiones y Donaciones
ITP	Impuesto sobre Transmisiones Patrimoniales
IVA	Impuesto sobre el Valor Añadido
LGT	Ley General Tributaria
LMPFF	Ley 36/2006, de 29 de noviembre, de Medidas para la Prevención del Fraude fiscal
LIP	Ley 19/1991, 6 de junio, del Impuesto sobre Patrimonio
LIR	Ley 35/2006, de 28 de noviembre, del IRPF
LIR78	Ley 44/1978, de 8 de septiembre, del IRPF
LIR91	Ley 18/1991, de 6 de junio, del IRPF
LIR98	Ley 40/1998, de 9 de diciembre, del IRPF
LIRPF	Ley 35/2006, de 28 de noviembre, del IRPF
LIRNR	Ley 41/1998, de 9 de diciembre, del IRNR
LIS78	Ley 61/1978, de 27 de diciembre, del IS
LIS95	Ley 43/1995, de 27 de diciembre, del IS
LIS	Ley 27/2014, de 27 de noviembre, del IS
LPI	Real Decreto Legislativo 1/1996, 12 de abril, Ley de Propiedad Intelectual
LLC	*Limited Liability Company*
MC	Modelo de Convenio
MFMAP	Manual on Effective Mutual Agreement Procedures (Manual de 2007 sobre el Procedimiento Amistoso Eficaz)
ModCDI	Modelo de Convenio de Doble Imposición sobre la Renta y el Patrimonio de la OCDE
NIC	Normas Internacionales de Contabilidad
NIIF	Normas Internacionales de Información Financiera
OCDE	Organización para la Cooperación y el Desarrollo Económico
OICVM	Organismos de inversión colectiva en valores mobiliarios
OLAF	Oficina Europea de Lucha contra el Fraude
OM	Orden Ministerial
OMC	Organización Mundial del Comercio
ONFI	Oficina Nacional de Fiscalidad Internacional
ONU	Organización de Naciones Unidas
OOMM	Órdenes Ministeriales
OTC	*Over the Counter*
PA	Procedimiento amistoso
pág./s	página/s
párr.	párrafo
PC	Proyecto de convenio
PGC	Plan General de Contabilidad
PLC	Principio de libre concurrencia
PT	Precios de transferencia
RD	Real Decreto
RDGT	Resolución Dirección General de Tributos
RD-Leg	Real Decreto-legislativo
RD-Ley	Real Decreto-Ley
Rec.	Recopilación de la Jurisprudencia del TJCE
REITS	*Real Estate Investment Trust*
Res.	Resolución
RIR91	Reglamento del IRPF, aprobado por RD 1841/1991, de 30 de diciembre
RIR99	Reglamento del IRPF, aprobado por RD 214/1999, de 5 de diciembre
RIR04	Reglamento del IRPF, aprobado por RD 1775/2004, de 30 de julio
RIR	Reglamento del IRPF, aprobado por RD 439/2007, de 30 de marzo

RIRNR99	Reglamento del IRNR, aprobado por RD 326/1999, de 26 de febrero
RIRNR	Reglamento del IRNR, aprobado por RD 1776/2004, de 30 de julio
RIS82	Reglamento del Impuesto sobre Sociedades, aprobado por RD 2631/1982, de 15 de octubre
RIS97	Reglamento del Impuesto sobre Sociedades, aprobado por RD 537/1997, de 14 de abril
RIS04	Reglamento del Impuesto sobre Sociedades, aprobado por RD 1777/2004, de 30 de julio (modificado por RD 1793/2008)
RIS	Reglamento del Impuesto sobre Sociedades, aprobado por RD 634/2015, de 10 de julio
RTEAC	Resolución Del Tribunal Económico Administrativo Central
S/SS	Sentencia/Sentencias
SAFI	Sociedades Anónimas Financieras de Inversión
SAN	Sentencia Audiencia Nacional
SCE	Sociedad Cooperativa Europea
SE	Sociedad Anónima Europea
SEC	Sociedad Extranjera Controlada
SOCIMI	Sociedad Anónima Cotizada de Inversión en el mercado inmobiliario
STPI	Sentencias del Tribunal Penal Internacional
STC	Sentencia Tribunal Constitucional
STPI	Sentencia del Tribunal de Primera Instancia
STS	Sentencia Tribunal Supremo
TC	Tribunal Constitucional
TCEE	Tratado Constitutivo de la Comunidad Económica Europea
TEAC	Tribunal Económico Administrativo Central
TEDH	Tribunal Europeo de Derechos Humanos
TFI	Transparencia Fiscal Internacional
TFUE	Tratado de Funcionamiento de la Unión Europea
TJCE	Tribunal de Justicia de las Comunidades Europeas
TJUE	Tribunal de Justicia de la Unión Europea
TPI	Tribunal de Primera Instancia
TR	Texto Refundido
Tratado CE	Tratado Constitutivo de la Comunidad Europea
Tratado UE	Tratado de la Unión Europea, firmado en Maastricht, el 7 de febrero de 1992
TRLIR	Real Decreto Legislativo 3/2004, de 5 de marzo
TRLIRNR	Real Decreto Legislativo 5/2004, de 5 de marzo
TRLIS	Real Decreto Legislativo 4/2004, de 5 de marzo
TS	Tribunal Supremo
TSJ	Tribunal Superior de Justicia
TUE	Tratado de la Unión Europea
UE	Unión Europea
UTE	Unión Temporal de Empresas
V.	Ver/Véase
V. gr.	Por ejemplo
ZEC	Zona Especial Canaria

Capítulo I

LOS TRATADOS INTERNACIONALES. LOS CONVENIOS DE DOBLE IMPOSICIÓN EN EL ORDENAMIENTO ESPAÑOL: NATURALEZA, EFECTOS, INTERPRETACIÓN E IMPACTO DEL PROYECTO OCDE/G20 BEPS A LA LUZ DEL CONVENIO MULTILATERAL FRENTE A LA EROSIÓN DE BASES IMPONIBLES Y LA TRANSFERENCIA DE BENEFICIOS

José Manuel Calderón Carrero

Adolfo J. Martín Jiménez

Capítulo I. **LOS TRATADOS INTERNACIONALES. LOS CONVENIOS DE DOBLE IMPOSICIÓN EN EL ORDENAMIENTO ESPAÑOL: NATURALEZA, EFECTOS, INTERPRETACIÓN E IMPACTO DEL PROYECTO OCDE/G20 BEPS A LA LUZ DEL CONVENIO MULTILATERAL FRENTE A LA EROSIÓN DE BASES IMPONIBLES Y LA TRANSFERENCIA DE BENEFICIOS**

Sumario

LOS TRATADOS INTERNACIONALES. LOS CONVENIOS DE DOBLE IMPOSICIÓN EN EL ORDENAMIENTO ESPAÑOL: NATURALEZA, EFECTOS, INTERPRETACIÓN E IMPACTO DEL PROYECTO OCDE/G20 BEPS A LA LUZ DEL CONVENIO MULTILATERAL FRENTE A LA EROSIÓN DE BASES IMPONIBLES Y LA TRANSFERENCIA DE BENEFICIOS

1. TRATADOS INTERNACIONALES Y CONVENIOS SOBRE DOBLE IMPOSICIÓN: INTRODUCCIÓN

1.1. El derecho de los tratados. Importancia, noción y clases de tratados internacionales

En el actual contexto de globalización económica no puede dejar de señalarse cómo los tratados internacionales cada vez ejercen una influencia más determinante a la hora de configurar el poder tributario de los Estados. Los tratados internacionales, son hoy una fuente principal del Derecho tributario. La importancia que en este y en otros ámbitos poseen los tratados internacionales se explica, en buena medida, considerando las diferentes implicaciones derivadas de los fenómenos de internacionalización y globalización económicas acontecidos en las últimas décadas.

Con todo, los tratados internacionales constituyen una fuente del Derecho clásica o tradicional que se ha venido empleando para encauzar las relaciones entre los diferentes Estados integrantes de la Comunidad Internacional. A medida que estas relaciones y las de sus ciudadanos y empresas se han intensificado los tratados internacionales han ido ampliando correlativamente su ámbito material y su número.

La noción clásica de tratado internacional la proporciona el Convenio de Viena sobre el Derecho de los Tratados, adoptado en Viena el 23 de mayo de 1969 (en adelante, CVDT), (ratificada por España y publicada en el BOE de 13 de junio de 1980); el artículo 2.1.a) de la CVDT define el tratado internacional como:

> «Un acuerdo internacional celebrado por escrito entre Estados y regido por el Derecho internacional, ya conste en un instrumento único o en dos o más instrumentos conexos y cualesquiera que sea su denominación particular».

En este sentido, constituye un tratado internacional todo acuerdo escrito entre Estados celebrado con arreglo al Derecho Internacional, con independencia de su denominación como «acuerdo», «convenio», «carta», «canje de notas», «protocolo», etc.

Ni que decir tiene que los tratados internacionales que se encuentren en vigor despliegan importantes efectos para los Estados parte (y para las personas físicas y jurídicas comprendidas en su ámbito subjetivo de aplicación), en la medida en que, con carácter general, limitan o modifican el ejercicio de los poderes soberanos que corresponden a los Estados con arreglo al Derecho Internacional. Este principio o regla de *pacta sunt servanda* viene recogida en el artículo 26 de la CVDT y tiene su correspondiente reflejo en el artículo 96 de la Constitución española de 1978. Los artículos 28 y 29 de la Ley 25/2014, de 27 de noviembre, de tratados y otros acuerdos internacionales, vendrían a reforzar el carácter prevalente de los tratados internacionales válidamente celebrados, enfatizando su fuerza pasiva y la obligación de todos los poderes públicos del Estado de respetar las obligaciones recogidas en los mismos y velar por su cumplimiento.

El principal criterio de clasificación de los tratados internacionales atiende al número de partes contratantes. Así, cabe distinguir entre tratados bilaterales y multilaterales, dependiendo de si son dos o más de dos los sujetos (v.gr., Estados) que concluyen el pacto internacional. También se diferencia entre tratados internacionales generales y restringidos dependiendo de si están o no abiertos a la firma de cualquier Estado o por el contrario solo afectan a un determinado grupo de países sin posibilidad de que otros se adhieran al mismo. En el ámbito estrictamente tributario, nos encontramos tanto con convenios bilaterales (los Convenios de Doble Imposición, CDIs) como con tratados multilaterales (Convenio 1990/436 de 23 de julio de 1990, relativo a la supresión de la doble imposición en caso de corrección de los beneficios de empresas asociadas, hecho en Bruselas. Instrumento de ratificación de 10 de abril de 1992; también existen convenios generales que contienen cláusulas con relevancia jurídico-tributaria (por ejemplo, el Tratado Constitutivo de la UE o el regulador de las relaciones diplomáticas y consulares) y tratados específicamente fiscales (como los CDIs).

Esta obra se centra en los Convenios de Doble Imposición debido a que constituyen los tratados internacionales que poseen mayor relevancia e incidencia sobre la ordenación de las relaciones fiscales internacionales en el ámbito de la imposición directa. Nos remitimos al Capítulo VI. «Otros Tratados» en relación con la exposición de los tratados internacionales generales que poseen cláusulas fiscales de cierta relevancia.

El **Convenio Multilateral para implementar las medidas convencionales para prevenir esquemas de erosión de bases imponibles y transferencia artificial de beneficios (en adelante, MLI/CML)**, publicado por la OCDE el 24 de noviembre de 2016 a efectos de cumplir con el mandato resultante del Informe Final de la Acción 15 del Proyecto OCDE/G20 BEPS, se aborda de forma básica en el epígrafe 3 de este Capítulo, sin perjuicio de que a lo largo de esta obra se hagan referencias más detalladas y específicas al mismo.

1.2. Los convenios de doble imposición como principal fuente e instrumento de coordinación de soberanías fiscales

1.2.1. Consideraciones generales sobre los convenios de doble imposición

Los Convenios de Doble Imposición son tratados internacionales de carácter bilateral a través de los que se encauzan y ordenan las relaciones fiscales internacionales que tienen lugar entre dos países (entre residentes de los dos Estados). Los primeros convenios internacionales que abordaron de forma global cuestiones de distribución de poder tributario entre Estados datan de finales del siglo XIX. No obstante, no fue hasta bien entrada la primera mitad del siglo XX cuando empezó a generalizarse la vía de los convenios de doble imposición para resolver los principales conflictos fiscales entre los diferentes Estados cuya economía comenzaba a internacionalizarse. La conclusión de estos convenios fue impulsada fundamentalmente por determinadas organizaciones internacionales interesadas en eliminar los obstáculos a los flujos económicos internacionales. Primero la Sociedad de Naciones y más tarde la OCDE elaboraron modelos de convenio o convenios-tipo a efectos de articular un marco uniforme a nivel internacional para repartir el poder tributario entre los Estados y eliminar los principales obstáculos fiscales al desarrollo del comercio mundial. Tanto la Sociedad de Naciones como la OCDE elaboraron progresivamente estos modelos de convenio al objeto de que los Estados miembros de tales organizaciones internacionales se sirvieran de los mismos a la hora de negociar y concluir convenios fiscales entre ellos y con terceros países. Los modelos de convenio que más se han empleado son los elaborados por la OCDE para eliminar la doble imposición y prevenir la evasión fiscal (Modelos de Convenio de 1963, 1977, 1992, 2000, 2003, 2005, 2008, 2010, 2014 y 2017); actualmente, existen más de 3.500 CDIs en vigor que siguen estos modelos de la OCDE y su influencia sigue siendo creciente tanto dentro como fuera del ámbito de esta organización internacional; en este contexto, debe apuntarse que la red de CDIs española es mediana (en torno a 100 CDIs) en comparación con la articulada por los principales países miembros de la OCDE. Existen otros modelos de convenio, como el elaborado por la ONU o los confeccionados por determinados países como EEUU o Países Bajos, aunque su influencia es mucho menor. Cabe destacar a este respecto cómo, a pesar del desarrollo que está experimentando el Modelo de Convenio elaborado por la ONU, se aprecia una tendencia hacia la convergencia entre los Modelos OCDE (2017) y ONU (2017), particularmente considerando la ampliación del derecho de imposición en la fuente que resulta del proyecto BEPS y del MC OCDE 2017.

Debe señalarse que, aunque estos modelos de convenio de la OCDE, son objeto de recomendaciones por parte del Consejo de la OCDE y son seguidos con bastante fidelidad por parte de los Estados miembros de esta organización internacional no constituyen tratados internacionales en sentido estricto, sino que integran lo que ha venido denominándose como «Soft-Law» o «legislación blanda»; este «Derecho blando» no viene dotado de los efectos propios de las normas jurídicas pero puede llegar a poseer relevancia jurídica (piénsese, por ejemplo, en los comentarios elaborados en torno a los artículos del Modelo de la OCDE). Así, el hecho de que los Estados sigan habitualmente las cláusulas articuladas en estos modelos OCDE cuando concluyen sus CDIs posee gran relevancia práctica y dota a estos modelos de unos efectos nada desdeñables tanto de cara a la interpretación de estos CDIs como de cara a la coordinación internacional de los diferentes sistemas fiscales estatales.

Ciertamente, cuando un CDI, como el concluido por España con Costa Rica y con Croacia, establece que sus disposiciones deben interpretarse de acuerdo con los comentarios al modelo OCDE tal *soft-law* se convierte en *hard-law*. En un epígrafe posterior se abordan con más detalle los efectos derivados de la denominada «legislación blanda».

Se viene manteniendo que los CDIs poseen características específicas que los distinguen de otro tipo de convenios internacionales. En cierta medida ello puede explicarse considerando su carácter dual y por la compleja interrelación existente entre estos CDIs y la legislación fiscal interna. Los convenios de doble imposición crean un minisistema fiscal entre los dos Estados contratantes, generando derechos y obligaciones para los dos Estados pero también para los contribuyentes cubiertos por el convenio.

Al mismo tiempo, tal minisistema fiscal no es totalmente autónomo de la legislación interna de los Estados contratantes sino que se interrelaciona con ella al objeto de lograr sus fines; los CDIs ordenan relaciones fiscales internacionales de carácter triangular y de contenido complejo; son tres los posibles sujetos afectados por el convenio los dos Estados contratantes y los contribuyentes amparados por el convenio, y la regulación articulada es compleja al instrumentar una interrelación circular con la normativa interna de los Estados contratantes.

A su vez, los CDIs se diferencian de otros tratados internacionales de carácter político y económico, en la medida en que se instrumentan para «reconciliar» dos sistemas tributarios nacionales y evitar conflictos de imposición entre los dos Estados. Y es que la coordinación que los CDIs establecen trasciende la «reconciliación» de los sistemas tributarios de los dos Estados contratantes para crear un método convencional autónomo para eliminar la doble imposición internacional.

El CDI no solo constituye un pacto de reparto de poder tributario que garantiza la supresión de la doble imposición sino también un mecanismo a través del cual se coordinan (e integran) los sistemas impositivos de los Estados contratantes al objeto de lograr que la eliminación de los efectos del citado fenómeno se produzca de una determinada forma; en concreto, se trata de que la eliminación de la doble imposición se realice de manera acorde con tal reparto de poder tributario, con los efectos fiscales y económicos que los sujetos activos han articulado, así como coordinando los aspectos jurídico-tributarios de los ordenamientos de los Estados a efectos de lograr la correcta operatividad de todo el sistema convencional. De hecho, en los últimos tiempos puede apreciarse una tendencia a instrumentar el ModCDI y los CDIs no solo como un mecanismo de reparto de poder tributario sino también como un sistema de coordinación de ordenamientos tributarios a través de la incorporación a tal modelo de cláusulas de carácter material y procedimental que reconfiguran la regulación interna aplicable a la materia. Los CDI tradicionalmente se han considerado como un instrumento dirigido a favorecer la posición de las empresas y la política económica de los países exportadores de capital y tecnología, ya que instrumentaban una menor tributación en la fuente, protección frente a discriminaciones fiscales y un mecanismo de resolución de controversias fiscales internacionales, de forma tal que estos convenios fiscales operaban de forma complementaria a los tratados de protección de inversiones. Actualmente, los CDI también se consideran favorecedores del comercio e inversión transfronterizos para los "países fuente", e incluso se ha puesto en valor su funcionalidad al servicio del fomento de las exportaciones de bienes y servicios desde países emergentes y en desarrollo, ya que limitan la imposición de retenciones en la fuente y articulan una cierta protección frente a ajustes de precios de transferencia (Tavares/Días 2016). Los CDIs, en último análisis, constituyen *"multi-purpose instruments"* que, junto a la finalidad principal de eliminar la doble imposición a través de un determinado reparto del poder tributario entre los Estados, sirven a otros objetivos como la prevención del fraude o la evasion fiscal; la finalidad general del CDI, no obstante, no puede confundirse con el objetivo específico de las distintas cláusulas convencionales, de manera que tal finalidad general (*v.gr.*, eliminar la doble imposición o prevenir la evasión fiscal) no puede ser utilizada por el aplicador de la norma para superar el texto y objetivo de una cláusula específica (véase a este respecto la sentencia de la Tax Court de Canadá en el caso Alta Energy Luxembourg, 2018 TCC 152).

Nótese, a este respecto, que el Convenio Multilateral para implementar las medidas convencionales para prevenir esquemas de erosión de bases imponibles y transferencia artificial de beneficios (MLI/CML) contiene una cláusula en el artículo 6 descrita en el informe final de la acción 6 de BEPS dirigida a cambiar el tenor literal del preámbulo de los CTAs con el objeto de garantizar el cumplimiento de uno de los requisitos del estándar mínimo consistente en expresar la intención común de los Estados contratantes de eliminar la doble imposición sin crear oportunidades de no imposición o minimización fiscal a través del fraude y la elusión, incluyendo los casos de abuso de CDI; el artículo 6 MLI también contiene un texto opcional que puede ser añadido al preámbulo del CTA refiriéndose al deseo de desarrollar una relación económica y expandir la cooperación fiscal.

1.2.2. *La conclusión y entrada en vigor de los convenios de doble imposición con especial referencia a la práctica española*

El procedimiento que debe seguirse en un Estado concreto para la aprobación de un CDI (o de un tratado internacional) se regula normalmente en el ordenamiento interno de cada Estado. Por esta razón, el ModCDI no da ninguna indicación con respecto al procedimiento a seguir para la incorporación a sus respectivos ordenamientos nacionales de los CDIs que firmen los Estados miembros de esta organización internacional (artículo 29.1 ModCDI). Por tanto, la forma de entrada en vigor de un tratado -y, en particular, de un CDI- es una cuestión cuya regulación compete al ordenamiento de los Estados contratantes. El ModCDI, no obstante, se refiere a la «ratificación» como forma de expresión del consentimiento de un Estado para quedar obligado por un CDI, a pesar de que ésta es tan solo una de las formas de manifestación del consentimiento que un Estado puede emplear para quedar obligado en el ámbito internacional y nada impide que los Estados empleen otras distintas. No obstante, de entre estas diversas formas, quizás por influencia del ModCDI, la ratificación, también en los CDIs españoles, es la fórmula más empleada: los CDIs normalmente entran en vigor una vez producido el intercambio de instrumentos de ratificación, previo cumplimiento de los procedimientos regulados en el Derecho interno a tales efectos.

En España, la fase inicial de elaboración de los tratados internacionales, es decir, la negociación de los tratados -y, entre ellos, los CDIs- corresponde al Ejecutivo, que es el órgano que domina el procedimiento de celebración de tratados internacionales. No existe, sin embargo, en la Constitución española una mención expresa a estos efectos, pero tal competencia y la posición preeminente del Ejecutivo, puede deducirse del artículo 97 de la Norma Fundamental, en el que se atribuye al Gobierno la dirección de la política exterior. Esta idea, implícita en la Constitución, se recogió en su día en el artículo 5.1.d) de la Ley 50/1997 de 27 de noviembre del Gobierno, disponiendo que es competencia del Consejo de Ministros acordar la negociación y firma de los tratados internacionales, así como su aplicación provisional. Actualmente, la Ley 25/2014, de 27 de noviembre, de tratados y otros acuerdos internacionales, establece la nueva regulación sobre las competencias en materia de negociación, celebración y conclusión de tratados internacionales, así como los principios generales que rigen su aplicación e interpretación y el significado de las reservas; nótese que la Ley 25/2014 derogó el Decreto 801/1972, de 24 de marzo, sobre ordenación de la actividad de la Administración del Estado en materia de tratados internacionales. También en el caso de los CDIs habrá que tener en cuenta la legislación citada, pero, con los matices que se derivan de la especialidad, por razón de la materia, de estos tratados internacionales, y que se concreta en la necesaria intervención, en la fase de preparación y negociación del CDI, de la Subdirección General de Tributación de No Residentes (artículo 4 del RD 1552/2004, de 25 de junio, por el que se desarrolla la estructura orgánica del Ministerio de Economía y Hacienda). En todo caso, debe advertirse que la competencia exclusiva para la conclusión de tratados internacionales la ostenta el Estado (artículo 149.1.3 d CE), de manera que las Comunidades Autónomas y los entes locales no poseen *ius contrahendi* a nivel internacional (STC de 12 de noviembre de 1985, de 20 de julio de 1989 y de 26 de mayo de 1994, entre otras).

El éxito de la fase negociadora conducirá necesariamente a la adopción y autenticación del tratado, también competencia del Gobierno, o, más en concreto, de los Plenipotenciarios de ambos países (que normalmente habrán sido los negociadores del convenio). La adopción implica el consentimiento en la redacción definitiva del texto del tratado, mientras que la autenticación es un "acto por el que España establece como correcto, auténtico y definitivo el texto de un tratado internacional" [artículo 2 (i) de la Ley 25/2014]. Normalmente, la autenticación se produce mediante el acto de la firma del tratado, que en Derecho español requiere la autorización previa del Consejo de Ministros [artículos 5.1.d) Ley 50/1997 de 27 de noviembre del Gobierno y artículos 3, 11-14 de la Ley 25/2014], aunque, excepcionalmente, la firma se puede producir *ad referendum,* en cuyo caso la aprobación por el Consejo de Ministros se produce a *posteriori* (artículo 14 Ley 25/2014); cabe indicar a este respecto cómo la firma del "Convenio Multilateral BEPS" (MLI) precisamente se tramitó por este cauce (ad referendum), habiendo sido autorizada tal firma por el Consejo de Ministros en su reunión de 13 de julio de 2018, disponiendo su remisión a las Cortes Generales y autorizando la manifestación del consentimiento de España para obligarse a través de tal acuerdo. La rúbrica en el ámbito tributario tiene lógicamente el mismo significado que en el Derecho internacional público general -firma abreviada, reducida a las iniciales del otorgante- y será, normalmente, seguida de la firma como forma de autenticación. No existen peculiaridades en esta fase en los casos de CDIs, que se adoptarán y autenticarán en la misma forma que el resto de los tratados internacionales.

A partir de este momento, el procedimiento a seguir por el tratado internacional variará en función de su tipología. La Constitución española de 1978 se refiere a tres tipos de tratados:

1. Los que necesitan ser autorizados mediante una ley orgánica porque atribuyan a una organización o institución internacional el ejercicio de competencias derivadas de la Constitución (artículo 93 CE);

2. Aquellos en los que el legislativo debe intervenir autorizando la prestación del consentimiento para obligarse y que son los tratados de carácter político, militar, los que afecten a la integridad territorial del Estado o a los derechos y deberes fundamentales establecidos en el Título I, los que impliquen obligaciones financieras para la Hacienda Pública o, finalmente, los que supongan modificación o derogación de alguna ley o exijan medidas legislativas para su ejecución (artículo 94.1 CE); y,

3. Tratados que no precisan una autorización del Legislativo pero con respecto a los cuales existe una obligación de informar a éste (artículo 94.2 CE).

Los CDIs se encuentran claramente comprendidos dentro de los grupos a los que se refiere el artículo 94.1 CE.

En relación con la clasificación de los tratados internacionales antes expuesta, cabe destacar cómo la práctica convencional más moderna ha dado lugar a una nueva fórmula de desarrollar relaciones internacionales, tal y como reconoce la propia Ley 25/2014, que junto a los tratados internacionales en sentido estricto se refiere a "otros tipos de acuerdos internacionales"; en esta nueva categoría incluye por un lado, los "acuerdos de ejecución de tratados internacionales" o también denominados "acuerdos internacionales administrativos", y por otro, los "acuerdos internacionales no normativos", denominados también como "memorandos de entendimiento" o MOUs. La Ley 25/2014 regula ambas fórmulas en los artículos 38 a 48 de la Ley 25/2014, de 27 de noviembre, de suerte que en el ámbito tributario encontramos un cada vez más intenso uso de estas dos categorías; así, cada vez resulta más habitual que los CDI incluyan un MOU en relación con la interpretación de una disposición específica; los acuerdos alcanzados en el marco de un procedimiento amistoso de un CDI (por ejemplo, de carácter interpretativo o para el desarrollo de una disposición del convenio: acuerdos intercambio automático de información tributaria) bien podrían encuadrarse en la categoría de acuerdos de ejecución de tratados internacionales. No obstante, cabe destacar cómo la Disposición Adicional quinta de la Ley 25/2014 ha establecido que "No quedan sujetos a las disposiciones de la presente Ley los actos de aplicación de los tratados internacionales para evitar la doble imposición, en particular, los acuerdos amistosos de resolución de los conflictos en la aplicación de los tratados para evitar la doble imposición. Tampoco quedan sujetos los acuerdos entre administraciones tributarias para la valoración de las operaciones efectuadas con personas o entidades vinculadas". La exclusión de los acuerdos amistosos en ejecución de CDI o de los APAs bi/multilaterales de la regulación general de la Ley 25/2014 puede resultar razonable considerando su funcionalidad y singularidades, pero debería haberse previsto algún mecanismo de control y de transparencia en relación con el ejercicio de esta importante potestad administrativa. En relación con los MOUs interpretativos adoptados de común acuerdo por las autoridades competentes de los Estados contratantes de un CDI, cabe apuntar que no pueden alterar el reparto de poder tributario claramente establecido en un convenio (véase en este sentido la sentencia del Tribunal Supremo de Países Bajos, de 7 de enero de 2017, *Hoge Raad* case nº 15/105386, en relación con el MOU entre Alemania y Holanda sobre la tributación de indemnizaciones por despido). En este orden de cosas cabe mencionar la sentencia del Juzgado Central de lo contencioso-administrativo nº 7, de 17 de octubre de 2017 (rec. 35/2016) que condena a la Administración (Ministerio de Hacienda y Función Pública) a permitir el acceso a los intercambios de cartas entre las autoridades fiscales españolas y luxemburguesas en relación con la interpretación del CDI entre ambos países.

Respecto de la manifestación del consentimiento del Estado (español) para celebrar un CDI con otro Estado se encuentra, por tanto, condicionada a la previa autorización de las Cortes Generales, según dispone el artículo 94.1 CE, siendo competencia del Consejo de Ministros remitir los tratados internacionales a la consideración del Legislativo (artículo 5.1.d) Ley 50/1997 de 27 de noviembre, del Gobierno, y artículos 3 y 14 Ley 25/2014). El procedimiento a seguir para obtener la aprobación parlamentaria se encuentra regulado en el artículo 74.2 CE, precepto que es desarrollado por los artículos 155-158 del Reglamento del Congreso de los Diputados de 10 de febrero de 1982 (BOE 5 marzo 1982) y artículos 144-147 Reglamento del Senado de 3 de mayo de 1994 (BOE 13 mayo 1994). La autorización del artículo 94.1. CE es un acto propio y distinto de una ley, aunque la intervención de las Cortes a tal efecto permite, según el TC, cumplir con la reserva de ley. Y ello a pesar de las importantes diferencias entre el procedimiento de concesión de la autorización de un tratado y el procedimiento legislativo ordinario. En todo caso, debe señalarse que el margen de intervención que tienen las Cámaras se reduce a una alternativa de «todo o nada», o se concede la autorización o se rechaza, no cabe una vía intermedia.

Finalizado el trámite parlamentario, la prestación del consentimiento para obligar a España mediante un tratado, y, en concreto, mediante un CDI, corresponde, por imperativo del artículo 63.2 CE, formalmente, al Rey, cuyos actos, de conformidad con el artículo 64.2 CE serán refrendados por el Ministro de Asuntos Exteriores. La prestación del consentimiento por un Estado para quedar obligado por un tratado puede adoptar diversas formas en Derecho internacional, aunque, en el caso de los CDIs españoles, el intercambio de instrumentos de ratificación suele ser la forma más frecuente, en parte, por influencia de la mención a la ratificación y al intercambio de los instrumentos de ratificación que hace el artículo 29 ModCDI.

Tras este intercambio de instrumentos de ratificación el CDI entrará en vigor y su producción de efectos en España quedará condicionada únicamente a la publicación en el BOE (artículo 96.1 CE).

En relación con esta cuestión, es preciso señalar que el CDI no podrá ser invocado por los contribuyentes hasta su publicación (STC 141/1998), sin embargo, tal convenio vincula a los Estados contratantes desde su entrada en vigor y, si el CDI hubiese previsto que desplegará sus efectos en una fecha anterior a la publicación (o incluso a la entrada en vigor), el contribuyente podrá invocar sus disposiciones, desde la publicación, con efecto retroactivo a la fecha de producción de efectos.

A este respecto, conviene enfatizar la diferencia existente entre el momento de la «entrada en vigor» y el de la «producción de efectos» de los CDIs. La fecha de «producción de efectos» de un CDI se refiere a la fecha en la que las disposiciones de éste comienzan a ser aplicables con respecto a personas, rentas e impuestos incluidos en el ámbito subjetivo y objetivo del tratado. Es decir, es la fecha en la que las disposiciones sustantivas o distributivas de un CDI despliegan sus efectos en relación con las personas, los impuestos y el territorio definido en el CDI, es la frontera o la línea que marca la fecha tras la cual las situaciones comprendidas en el ámbito de aplicación del CDI pueden quedar sujetas a las reglas que el propio CDI establezca. Desde la fecha de aplicación en adelante, las normas distributivas de la soberanía fiscal contenidas en el CDI producen efectos y la imposición en ambos Estados contratantes resulta limitada por las reglas del CDI. La fecha de «entrada en vigor» de un CDI se refiere, sin embargo, al momento en el tiempo en el que ambos Estados contratantes quedan vinculados por las disposiciones del CDI, a la fecha de celebración del «contrato» en la que el consentimiento de los dos Estados ha sido perfeccionado. La fecha en la que un CDI entra en vigor no es necesariamente la fecha en la que sus disposiciones producen efectos. Ambas fechas pueden coincidir, pero el CDI puede también producir efectos antes, después o en el mismo momento de la entrada en vigor.

El ModCDI no especifica cuándo un CDI debe producir efectos ya que el artículo 29.2 ModCDI deja la decisión sobre esta cuestión a los Estados contratantes. Por lo que se refiere a la práctica convencional española, lo cierto es que no es posible encontrar una regla general acerca de la fecha de producción de efectos de los CDIs españoles. La mayoría de estos CDIs resultan de aplicación en el año siguiente a aquel en el que se produce la entrada en vigor, sin embargo un buen número de ellos, o cláusulas en su articulado, producen efectos retroactivos, extendiendo su aplicación al año de entrada en vigor del CDI o incluso a años anteriores (véase, por ejemplo, artículo 29 del Convenio entre España y Suecia para evitar la doble imposición en materia de impuestos sobre la renta y el capital y Protocolo anejo, firmado en Madrid el 16 de junio de 1976.- Instrumento de Ratificación de 7 de diciembre de 1976). Cabe apuntar que la articulación de cláusulas convencionales materiales con efecto retroactivo ha planteado dudas sobre su constitucionalidad que han venido siendo resueltas por los tribunales en aplicación de la jurisprudencia del TC (véase, por ejemplo, la STS 20 de octubre de 2008, sobre el Protocolo al CDI con Austria).

1.2.3. Relación de los convenios de doble imposición con la normativa doméstica

La Constitución española parece situar a los tratados internacionales en una posición de prevalencia frente a la ley interna (artículo 96 CE y artículos 28-31 Ley 25/2014), aunque hay quien piensa que la relación es de especialidad material. Así, se viene entendiendo que los CDIs deben aplicarse imperativamente y de oficio por las autoridades españolas y por los obligados tributarios al constituir el Derecho aplicable, salvo cuando el propio CDI dispusiera otra cosa (lo cual sucede en determinadas ocasiones; véase a este respecto el Capítulo dedicado a los métodos para eliminar la doble imposición). Y las disposiciones internas o domésticas que se opongan o contradigan de alguna forma lo dispuesto en los tratados internacionales (los CDIs) deben resultar inaplicadas a favor de lo dispuesto en tales convenios; tal regla de prevalencia resulta igualmente reproducida en el artículo 5 LIRPF, artículo 3 LIS y artículo 4 TRLIRNR.

No puede dejar de destacarse que la correcta operatividad del sistema convencional requiere que la regulación prevista en los CDIs prevalezca sobre las normas internas que puedan regular o afectar a lo ordenado por tales convenios. La regla de prevalencia salvaguarda así la autonomía y correcta aplicación del sistema de eliminación de la doble imposición encarnado por los CDIs.

Ahora bien, la relación entre las disposiciones previstas en los CDIs y la legislación estrictamente interna no se reduce ni se puede explicar únicamente a partir de tal regla de primacía convencional.

Así, por un lado la prioridad o prevalencia de los CDIs sobre el Derecho interno no debe llevar a la conclusión de que los CDIs y el Derecho interno constituyen compartimentos estancos. Por el contrario, entre las normas convencionales y la normativa interna existe una interrelación normativa en el sentido de que complementa la regulación convencional; estamos ante conjuntos normativos que interseccionan para complementarse; por ejemplo, las disposiciones internas reguladoras de los métodos para eliminar la doble imposición dotan de contenido concreto a los principios generales establecidos en el artículo 23 de los CDIs y complementan la regulación convencional allí donde ésta resulta muy genérica o donde simplemente no se ha regulado expresamente una concreta cuestión. En muchos casos resultaría prácticamente imposible la eliminación de la doble imposición internacional si la regulación prevista en el artículo 23 de un CDI no resultara complementada por lo dispuesto en la legislación interna del Estado contratante de residencia del sujeto pasivo.

Por otro lado, para delimitar las relaciones entre los CDIs y la legislación interna también hay que considerar la posición en que están las concretas normas convencionales de que se trate (artículo 5 ModCDI) respecto de las normas internas afectadas. Es cierto que el CDI constituye el Derecho aplicable, integra una norma de orden público indisponible y que resulta de obligada observancia por la Administración y los tribunales nacionales. No obstante, tal aplicación prevalente del CDI respecto del Derecho interno se produce fundamentalmente respecto de las normas internas que se encuentran en una posición horizontal respecto de las establecidas en el Convenio (por ejemplo, las que regulan el concepto de EP). Pero tal prevalencia del CDI, en general, no afecta a las normas internas que se hallan en una «posición vertical» respecto de las disposiciones convencionales; ello acontece cuanto las normas internas regulan una materia o cuestión que es previa al convenio, sobre la que pivota el convenio, o que no es regulada por el CDI; ello acontece, por ejemplo, en relación con la delimitación del hecho imponible de los impuestos cubiertos por el CDI; son los Parlamentos nacionales los que establecen a través de su legislación interna qué hechos imponibles se someten a imposición por el IRPF, el IS o el IP (vid la SAN de 16 de julio de 2009, rec. 216/2007). Los CDIs pueden restringir el ejercicio efectivo del poder tributario por parte de los Estados contratantes, lo cual se articula, principalmente, a través de exenciones tributarias o estableciendo una limitación de tipos de gravamen. Ahora bien, los CDIs con carácter general no recogen cláusulas que contribuyan a delimitar *en sentido positivo* el hecho imponible de los impuestos de los Estados contratantes, aunque es cierto que desde un punto de vista teórico los CDIs en casos excepcionales sí pueden crear hechos imponibles complementarios (véase, por ejemplo, la sentencia de 11 de octubre de 2018 de la *Full Federal Court de Australia* (caso *Satyam Computer Services v. Commissioner of Taxation* (2018) FCAFC 172) donde se rechazó precisamente la argumentación del contribuyente basada en el "principio de no agravación", en la medida en que las *source rules* del CDI terminaban determinando un gravamen que no resultaba con arreglo a las *source rules* domésticas; sin embargo, el TS de Canadá en el caso *Meldford* (1982 2 SCR 504) declaró que los CDI no crean los hechos imponibles sino que únicamente autorizan a aplicar su legislación fiscal en tal marco, de manera que la sujeción fiscal deriva de esta última (vid.: *Marley/Horton*)). Así las cosas, puede afirmarse, con carácter general, que las disposiciones internas que configuran el hecho imponible de los impuestos cubiertos por un CDI (IRPF, IS, IRNR e IP) se encuentran en «posición vertical» frente a las normas de los CDIs; ello significa que tales disposiciones internas configuradoras del hecho imponible son previas a los CDIs o constituyen una suerte de presupuesto sobre el que luego se aplican o pivotan las normas de los CDIs. La ley del IRPF o del IRNR es la que delimita cuál es la materia imponible que el legislador español ha seleccionado para ser sometida a imposición; partiendo de tal selección el CDI delimitará si el Estado español puede o no gravarla y en qué medida puede hacerlo. A este respecto, por ejemplo, la AN ha declarado, cuando menos en dos ocasiones, que "corresponde al legislador interno determinar los hechos imponibles (artículos 33.3 y 133.1 CE) y a los convenios de doble imposición resolver, para los casos que contempla, si el Estado español puede gravarlos y en qué medida" (SSAN de 16 de julio de 2009, rec. 216/2007, que confirma el criterio de la SAN de 24 de enero de 2008, rec. 894/2004, trayendo a colación la doctrina del famoso y brillante voto particular de DA Gota Losada en la STS de 29 de julio de 2000 (Rec. 7103/95, fj.6-7º). Igualmente, el TEAC, en su resolución de 5 de noviembre de 2013 (RG. 2526/2011), destacó que los CDI constituyen instrumentos de reparto del poder tributario entre Estados, estableciendo los principios o reglas sustantiva de distribución de tal potestad, de suerte que la legislación doméstica de cada Estado regula los elementos esenciales de los impuestos (hecho imponible, base imponible y devengo de la renta).

Nótese en todo caso que tales afirmaciones son válidas respecto de España, atendiendo al sistema constitucional de articulación de los tratados internacionales en nuestro ordenamiento jurídico; sin embargo, en otros países, como EEUU o Italia, donde rige un sistema distinto o donde se ha articulado el denominado principio de «no agravación», lo más frecuente es que los CDIs no puedan «agravar» la carga fiscal de los contribuyentes amparados por los mismos en relación con lo dispuesto en la normativa interna; en esta línea, existen algunos pronunciamientos en materia de métodos para eliminación de la doble imposición que aceptan que los contribuyentes opten por los métodos previstos en la legislación interna en lugar de lo establecido en el CDI (vid por ejemplo la SAN de 18 de noviembre de 2008, Rec. 633/2005, RCT nº 312, 2009). Asimismo, también existen sentencias que confirman regularizaciones tributarias que agravan la posición del contribuyente como consecuencia de la aplicación de un CDI (vid las SSAN de 19 de junio de 2008, caso Banco Vitalicio de España, y de 18 de diciembre de 2008, rec. 633/2005, Caso BSCH, y 26 de octubre de 2018, rec.156/2015, caso Praxair).

Por último, puede resultar interesante traer a colación algunos pronunciamientos de nuestro Tribunal Supremo que enfatizan la fuerza jurídica derivada de las disposiciones de los CDIs y su interrelación con la normativa interna. Así, por un lado, en su STS de 26 de junio de 2000 declaró que «en virtud del principio *iura novit curia* dichos preceptos convenidos debieron ser tenidos en consideración en el caso de autos, y no haberlo hecho significa una infracción del ordenamiento jurídico, denunciable como motivo de casación a través del artículo 95.1.4º de la ley jurisdiccional». Por otro lado, el TS en su sentencia de 18 de mayo de 2005, Caso «*Goldman Sach*», delimitó la naturaleza, alcance y efectos de los CDIs en los siguientes términos, a saber:

«A) En cuanto a su objetivo: se pretende con ellos eliminar la doble imposición, y, de modo subordinado, prevenir la evasión fiscal, y procurando evitar la discriminación por razón de nacionalidad.

B) Atendiendo a una naturaleza jurídica son tratados internacionales, a menudo bilaterales y de carácter contractual, sujetos al régimen jurídico establecido en el artículo 96 de la Constitución, con rango de *Ley* y que regulan un sector específico del ordenamiento.

C) En punto a interpretación ha de estarse a su texto y a la intención de las partes, ofreciendo a tal fin gran ayuda los comentarios que acompañan a los modelos. Además, la interpretación ha de ser preferentemente dinámica, autónoma para cada Convenio.

D) Son de naturaleza omnicomprensiva.

(...). En lo referente a su naturaleza jurídica no se puede olvidar su rango de Ley, su bilateralidad y la especificidad del sector del ordenamiento que regula. El régimen jurídico que le es aplicable es el establecido en el artículo 96 de la Constitución. Ello explica que OOMM aprobadas por los Estados firmantes del Convenio prevalezcan sobre las normas internas de mayor rango (Decretos) de origen unilateral.

Desde el punto de vista de la eficacia es evidente su obligatoriedad y la inaplicabilidad de las normas internas, para la resolución de las controversias que de ellos se deriven». En parecidos términos véase las sentencias de la Audiencia Nacional, de 24 de enero de 2008 (caso Roche Vitamins) y de 10 de julio de 2015, (rec. nº 281/2012, caso ING Bank). También la DGT se ha hecho eco de esta doctrina del TS en su DGT V1410-08 de 07-07-2008, comentada más adelante. En algunos países como Alemania, la vulneración del CDI por parte de las autoridades nacionales se considera contrario a la cláusula constitucional del Estado de Derecho, considerándose por tanto el *treaty override* contrario al Derecho internacional y constitucional (véase por ejemplo el parágrafo 25 de la sentencia del *Bundesfinanzhof* de 6 de junio de 2012, IR 6,8/11; I R 6/11; I R 8/11).

El TEAC ha clarificado que allí donde la Administración tributaria no ha justificado la inaplicación de un CDI a un contribuyente, deben reponerse actuaciones a efectos de manera que éste pueda probar las condiciones de aplicación del convenio (RTEAC de 23 de noviembre de 2006). No obstante, en todo caso el contribuyente que invoque un CDI debe acreditar que cumple los requisitos para su aplicación, lo cual no acontece en casos de *letter-box companies* sin actividad real y domicilio fiscal aparente (SAN de 4 de mayo de 2007). En este mismo orden de cosas, cabe traer a colación la jurisprudencia del TS, vertida en relación con el tratamiento de los dividendos outbound en el marco del CDI con Países Bajos, que enfatiza cómo la Administración no puede exigir requisitos adicionales a los establecidos en el propio convenio a los efectos de aplicar el tratamiento fiscal resultante del mismo (SSTS de 6 de marzo de 2014, 16 de diciembre de 2009 y 27 de noviembre de 2015, rec. 2794/2013). A este respecto, la práctica administrativa de exigencia de certificados de residencia como requisito para aplicar un CDI debe ser flexibilizada: a) por un lado, debe permitirse la aplicación del CDI (la práctica de la retención aplicando los tipos reducidos sobre rentas pasivas) cuando se acredite el cumplimiento del requisito de la residencia fiscal en el Estado contratante de que se trate en el momento del devengo del impuesto, sin que pueda rechazarse la aplicación del CDI por el hecho de que el retenedor no poseía el correspondiente certificado en el momento de practicar la retención (en este sentido, véase la STSJ Castilla-León de 20 de noviembre de 2015, rec. 568/2013, que permite la aportación de la prueba del requisito material en el marco del procedimiento de comprobación); b) por otro lado, debería admitirse la prueba de tal requisito material a través de cualquier otro medio admitido en Derecho, particularmente considerando que algunas administraciones extranjeras no expiden tales certificados (véase en este sentido, la SAN de 30 de abril de 2009), y cómo con arreglo al principio de facilidad probatoria la administración puede comprobar de forma eficaz el cumplimiento de tal requisito a través de los mecanismos de asistencia mutua administrativa; y c) en tercer lugar, tales medios de prueba deberían igualmente ser admitidos cuando se aportan en sede judicial (SAN de 15 de junio de 2006, rec. 597/2003). La DGT ha rechazado que la exigencia del requisito del certificado de residencia sea discriminatorio y contrario al artículo 24 de los CDI (DGT V0555-16 de 10-02-2016). La AN por su parte ha establecido que, como regla, la exigencia general de certificados de residencia fiscal al retenedor puede considerarse proporcionada; y en tal sentido solo se permite prescindir del cumplimiento de tal exigencia a efectos de aplicar un CDI en casos donde se acreditara la imposibilidad de obtención de tal certificado de facto o de iure; en el resto de los casos se considera que podría apreciarse falta de diligencia por parte del retenedor si no se aportan pruebas directas o indicios que ponen de relieve una posición totalmente pasiva al respecto (SAN de 13 de marzo de 2018, rec. 23/2015). Tal posición podría no estar completamente alineada con la jurisprudencia del TS sobre la posibilidad de que el contribuyente de buena fe pueda aportar pruebas documentales en vía administrativa y durante el proceso contencioso (STS de 10 de septiembre de 2018, rec. 1246/2017). En este mismo sentido, cabe mencionar la sentencia del TJUE (C-553/16, *TTL EOOD*), de 25 de Julio de 2018, donde se declara contraria a la libre prestación de servicios una normativa y práctica administrativa nacional (búlgara) que determinaba la exigencia de intereses (como sanción impropia) a los sujetos residentes que no retienen en la fuente pagos realizados a no residentes europeos por aplicación de un CDI, allí donde se presentan pruebas que fundamentan tal correcta aplicación del convenio fiscal con posterioridad al momento en que correspondía practicar la retención; el TJUE consideró desproporcionada tal medida restrictiva de la libertad fundamental que pretendía proteger la recaudación tributaria, al entender que podían establecerse medidas menos restrictivas una vez que acreditaba la correcta aplicación del CDI (devolución de la retención).

Finalmente, y en punto a la interpretación, ha de tomarse en consideración el texto y la intención de las partes. Constituyen un cuerpo especial y distinto cada uno de los tratados, siendo el Derecho interno la última ratio, para la resolución de los conflictos que de ellos se generen. Asimismo, conviene apuntar que la aplicación de oficio y general de los CDI puede verse erosionada o limitada por cláusulas que establecen una suerte de «derecho a acogerse a los beneficios del convenio» a los efectos de poder excluir su aplicación en supuestos de abuso (Protocolos 2009 a los CDIs con Jamaica y Trinidad y Tobago); pensamos que resultaría más conveniente reformular tales cláusulas en el sentido de que configurarlas de manera que los CDI no aparecieran como un régimen especial sino como el régimen aplicable con carácter general siempre que concurrieran sus presupuestos, los cuales pueden ser apreciados en aplicación de las cláusulas generales antiabuso de los Estados contratantes. Otra sentencia relevante donde el TS apuntala la prevalencia de los CDI (y su principio de no discriminación) sobre la normativa interna (reguladora de devolución de ingresos indebidos) es la dictada en el caso Oracle de 25 de marzo 2010.

En relación con la aplicación de cláusulas antiabuso domésticas en el marco de CDIs, cabe mencionar una serie de pronunciamientos relevantes referidos a "casos singulares" de "compraventas intragrupo apalancadas": a) en la STS de 9 de febrero de 2015 (*Sabic*), el Tribunal Supremo señaló que la aplicación e interpretación de los CDI no puede desplazar, sin más, la eficacia de los principios básicos de la tributación recogidos en el artículo 31 CE; la aplicación de un convenio no puede amparar operaciones que conduzcan a una desimposición; igualmente, se estableció el principio de interpretación de las cláusulas antiabuso a la luz de la jurisprudencia del TJUE allí donde aplicara el Derecho de la UE; b) en la STS de 12 de febrero de 2015 (*Man Hummel*), el Alto Tribunal declaró, por un lado, que el artículo 9 de los CDI no excluye la regularización de operaciones intragrupo vía artículo 15 LGT; y, por otro, que los CDI deben aplicarse de forma consistente con los principios constitucionales tributarios, incluyendo la prohibición de abuso; y c) en la STS de 19 de Julio de 2017 (caso *Sara Lee*, rec. 2553/2015), el TS declaró que el fraude de ley prevalece sobre las disposiciones de un CDI, en el sentido de que los convenios no excluyen la aplicación de cláusulas antiabuso domésticas; en parecidos términos véase la SAN de 26 de marzo de 2018 (rec. nº 72/2016) que confirma la recalificación ex artículo 13 LGT de un préstamo participativo como retribución de fondos propios, desestimándose la argumentación del contribuyente en el sentido de que el CDI con Luxemburgo no permite tal recalificación. Con todo, téngase en cuenta cómo el MC OCDE 2017 ha establecido una la regla de compatibilidad que trata de articular la OCDE entre las GAAR domésticas y las cláusulas antiabuso convencionales (parágrafos 61, 71-73, 77, y 79-80 CMC artículo 1 MC OCDE 2017).

En este mismo orden de cosas, cabe traer igualmente a colación un pronunciamiento de la AN (SAN de 26 de octubre de 2018, nº 156/2015) donde se invoca la aplicación prevalente y la supremacía de la regulación de los CDIs sobre la legislación doméstica de los Estados para excluir situaciones de "desimposición" o "doble deducción de gastos" en el Estado de la fuente (Alemania) y en el de la residencia (España) como consecuencia de la diferente calificación y tratamiento fiscal de entidades (híbridas) –sociedades de personas alemanas (KGs)- en los dos Estados contratantes, de suerte que la regulación prevista en el CDI (tributación en la fuente de los socios de las KGs por las rentas obtenidas a través de las mismas y exención en el Estado de residencia) prevalecía sobre la legislación interna española (tratamiento de las sociedades de personas alemanas como entidades opacas y potencial aplicación del antiguo artículo 20 bis TRLIS, y deducibilidad del fondo de comercio financiero derivado de la adquisición de tales sociedades de personas alemanas ex artículo 12.5 TRLIS y de los intereses incurridos en tal adquisición en sede de la base imponible de la entidad holding española); a juicio de la AN, la correcta interpretación y aplicación del artículo 23 del CDI hispano-alemán (1966) determina la exención de la renta neta extranjera obtenida por la entidad española a través de las sociedades de personas alemanas que fue gravada en tal país con arreglo al CDI; tal enfoque, en nuestra modesta opinión, resulta técnicamente discutible, como también lo es tratar de invocar una interpretación de los CDIs como meros instrumentos para evitar la doble imposición de manera que no caben asimetrías generadoras de doble no imposición o dobles deducciones allí donde resultan de aplicación.

1.2.4. Relación de los convenios de doble imposición con el Derecho de la Unión Europea

La interrelación existente entre los CDIs y el Derecho de la UE tampoco puede explicarse exclusivamente a partir de la primacía de este último sobre el Derecho interno (incluidos los tratados internacionales) de los Estados miembros de la UE. Puede mantenerse que entre ambos conjuntos normativos media una relación de incidencia mutua y complementariedad (vid.: EU Commission, *EC Law and Tax Treaties,* Brussels, 9 June 2005, TAXUD).

Por un lado, los CDIs contribuyen al buen funcionamiento del mercado común debido a las siguientes razones:

a) Los CDIs eliminan la doble imposición y suprimen obstáculos fiscales al ejercicio de las libertades comunitarias, en línea con el objetivo articulado en el antiguo artículo 293 del Tratado CE;

b) Los CDIs aportan los principios materiales que ordenan las relaciones fiscales internacionales, los cuales son tomados como punto de partida por las Instituciones comunitarias para adoptar soluciones adaptadas a las necesidades de la UE; y

c) Los CDIs constituyen un mecanismo de armonización fiscal de segundo grado o impropia en el sentido previsto en el antiguo artículo 293 del Tratado CE.

Nótese, no obstante, que, como ha puesto de relieve el TJUE (Asuntos *Kerckhaert-Morres, Block, Damseaux*), no existe una obligación comunitaria de eliminación de la doble imposición internacional por parte de los Estados miembros, por más que la supresión de sus efectos sea conveniente para el buen funcionamiento del mercado interior y del ejercicio de las libertades comunitarias. La no incorporación en el Tratado de Funcionamiento de la UE de una cláusula gemela o similar al antiguo artículo 293 TCE, no altera sustantivamente el panorama, pero se enfatiza que, por un lado, esta materia es competencia exclusiva de los Estados miembros y, por otro, que se deja en manos de los Estados miembros la conclusión de convenios para la eliminación de la doble imposición internacional.

Por otro lado, los CDIs ejercen una cierta influencia sobre las competencias que ostentan las Instituciones comunitarias en el marco de la imposición directa; la competencia armonizadora que ostenta el Consejo de la UE, está sujeta a determinados condicionantes, especialmente a que la medida comunitaria sea necesaria considerando las medidas nacionales adoptadas para resolver el problema de que se trate (regla de subsidiariedad); ello significa que la existencia de los CDIs restringe el potencial armonizador de la UE en materia de imposición directa; solo podrá ejercerse tal competencia allí donde los CDIs no alcancen a cumplir los objetivos o necesidades comunitarias o articulen soluciones no compatibles con el Derecho comunitario o insuficientes desde la óptica comunitaria.

El Derecho de la UE ejerce una significativa influencia sobre los CDIs, a pesar de que éstos ordenen una materia como la imposición directa que es competencia exclusiva de los Estados miembros. Tal influencia se ejerce por varias vías, a saber:

a) Legislativa (*v. gr.* Directiva 2011/96/UE, del Consejo, relativa al régimen fiscal común aplicable a las sociedades matrices y filiales de Estados miembros diferentes, Directiva 2009/133/UE del Consejo, relativa al régimen fiscal común aplicable a las fusiones, escisiones, escisiones parciales, aportaciones de activos y canjes de acciones realizados entre sociedades de diferentes Estados miembros y al traslado del domicilio social de una SE o una SCE de un Estado miembro a otro, Directiva 2003/49/CE del Consejo, de 3 de junio de 2003, relativa a un régimen fiscal común aplicable a los pagos de intereses y cánones efectuados entre sociedades asociadas de diferentes Estados miembros y Directiva (UE) 2016/1164 del Consejo, de 12 de julio de 2016, por la que se establecen normas contra las prácticas de elusión fiscal que inciden directamente en el funcionamiento del mercado interior).

b) Jurisprudencial: por un lado, el TJUE se ha pronunciado sobre la compatibilidad con el Derecho de la UE de determinadas cláusulas de los CDI o sobre la interrelación de estos con medidas nacionales que generan restricciones al ejercicio de las libertades fundamentales (vid, por ejemplo, las SSTJUE en los casos *Comisión/Francia* (C-279/93), *Gilly* (C-336/96), *Saint-Gobain* (C-307/97), *Athinaky* (C-294/99), *Océ* (C-58/01), *Columbus Container, Bouanich, Amurta, Bechtel* (C-20/16), *TTL EOOD* (C-553/16), entre otras); por otro lado, el Tribunal de Justicia se puede pronunciar sobre la interpretación de las disposiciones de los CDI en el marco de controversias entre Estados que son sometidas al mismo en virtud de un compromiso como una estipulación genérica como la recogida en el CDI austro-alemán en la que los Estados contratantes se comprometieron a someter al TJUE todas las dificultades que pudieran suscitarse respectos de la interpretación o a la aplicación del CDI y que no se hubieran resuelto amistosamente con arreglo al procedimiento amistoso que recoge el convenio (STJUE de 12 de septiembre de 2017, *Austria/Alemania*, C-648/15, que contiene una interpretación amplia o flexible del artículo 273 TFUE a la luz de su objetivo y considerando la eliminación de la doble imposición como un efecto beneficioso para el funcionamiento del mercado interior presentando por ello una conexión con el objeto de los Tratados); y

c) Mediante instrumentos de *Soft-Law* (Códigos de Conducta, recomendaciones y comunicaciones de la Comisión).

Las principales reglas que delimitan la incidencia del Derecho comunitario sobre los CDIs son las siguientes:

a) El Derecho de la UE prevalece sobre los CDIs; los convenios de doble imposición no pueden contener disposiciones incompatibles con el Derecho comunitario.

b) Allí donde exista una norma europea que se solape con la regulación de un CDI debe aplicarse la primera, a menos que la disposición convencional contribuya en mayor medida a la realización de los fines perseguidos por la norma comunitaria (principio de la máxima eficacia, vid. artículo 7.2 de la Directiva 90/435 interpretado restrictivamente por el TJUE en los casos *Athinaky* y *Océ*, y artículo 9 de la Directiva 2003/49). En ocasiones, el propio Derecho de la UE clarifica la compatibilidad de determinadas disposiciones de los CDIs con el mismo (vid. artículo 16 de la antigua Directiva 2003/48 sobre Fiscalidad del Ahorro).

c) La incidencia del Derecho de la UE sobre los CDIs en determinadas ocasiones posee un efecto distorsionador del minisistema fiscal que encarnan los CDIs. Tal incidencia se ha venido articulando especialmente por vía jurisprudencial y de forma asistemática. En particular, el TJUE a través de su sentencia *Saint-Gobain* (C-307/97) delimitó una serie de reglas en torno a la relación del Derecho Comunitario Originario y los CDIs, a saber:

- Considerando la falta de medidas comunitarias de armonización de la imposición directa así como la antigua cláusula del artículo 293, TCE (no incluida en el actual TFUE), «los Estados miembros son competentes para establecer los criterios de imposición de las rentas y del patrimonio con el fin de eliminar, en su caso mediante convenios, la doble imposición. En este contexto, los Estados miembros son libres, en el marco de los convenios bilaterales celebrados para evitar la doble imposición, para fijar los criterios de sujeción a efectos del reparto de la competencia fiscal».

- La competencia que los Estados miembros ostentan para repartirse a través de CDIs el «poder tributario» -al objeto de eliminar la doble imposición- no significa en modo alguno que el ejercicio del poder tributario repartido de tal manera pueda efectuarse al margen de las exigencias derivadas del Derecho comunitario: el ejercicio del poder tributario por parte de los Estados miembros en el ámbito de la imposición directa, ya se haya repartido o no a través de un CDI, está sujeto y limitado por las normas del Derecho de la UE.

- El ejercicio del poder tributario que realiza un Estado miembro de acuerdo con un CDI que ha celebrado con un tercer país resulta igualmente sujeto a las exigencias del Derecho comunitario; en concreto, «el principio de trato nacional impone al Estado miembro parte en dicho CDI conceder a los EPs de sociedades no residentes, en las mismas condiciones aplicables a las sociedades residentes, las ventajas previstas en el convenio».

- El TJUE carece de competencia (general) para la interpretación de los CDI ex artículo 267 TFUE, aunque tiene en cuenta su existencia a los efectos de enjuiciar los casos planteados prejudicialmente (casos *Amurta*, C-379/05, y *Sauvage & Lejeune*, C-602/17, por ejemplo);

- El TJUE no puede resolver acerca de una eventual infracción por un Estado contratante de lo dispuesto en CDIs entre Estados miembros, ni tampoco ostenta competencia para entrar a examinar la relación entre una medida nacional y lo dispuesto en un CDI (*Sauvage & Lejeune*, C-602/17). Sin embargo, cuando un regimen fiscal que resulta de un CDI forma parte del marco jurídico aplicable a un asunto, el TJUE debe tenerlo en cuenta para dar una interpretación del Derecho de la UE eficaz para el juez nacional (*Sauvage & Lejeune*, C-602/17);

- El Tribunal de Justicia ha declarado que el Derecho de la UE no protege frente al *treaty overriding* (casos *Columbur Container*, C-298/05), *AMID*, C-141/99, *Damseaux*, C-128/08, *Sauvage & Lejeune*, C-602/17);

- El TJUE ha reconocido la relevancia del *soft-law* OCDE (MC & CMC OCDE) a los efectos de entender el sistema de fiscalidad internacional y la justificación de medidas nacionales restrictivas (casos *Schumacker, Gilly, Lidl Belgium, van Hilten, Berlioz*, entre otras).

- El Tribunal de Justicia ha declarado que al no existir medidas de unificación o de armonización para eliminar la doble imposición a escala de la UE, los Estados miembros siguen siendo competentes para establecer los criterios de imposición de las rentas y del patrimonio con el fin de suprimir la doble imposición. En este contexto, los Estados miembros son libres en el marco de los CDI para fijar los criterios de conexión a efectos del reparto de la competencia fiscal; y a estos efectos resulta razonable que los Estados miembros utilicen los criterios seguidos en la práctica tributaria internacional (*Sauvage & Lejeune*, C-602/17). No obstante, el ejercicio de la potestad tributaria repartida de este modo en virtud de los CDI debe ajustarse a las normas del Derecho de la UE, en particular respetar el principio de igualdad de trato (*De Groot*, C-385/00, e *Imfeld & Garcet*, C-303/02);

- Los CDIs no requieren ser aplicados de manera que se garantice a un contribuyente de un Estado contratante el mismo trato fiscal que para una renta en concreto dispensa el otro Estado contratante ya que no constituye la finalidad de tales convenios, resultando compatibles restricciones que puedan surgir de diferencias de trato derivadas de los criterios de conexión utilizadas por los Estados en los CDIs (artículo 15) en combinación con legislaciones fiscales diferentes (*Sauvage & Lejeune*, C-602/17).

- En relación con la compatibilidad de los CDIs con las libertades fundamentales pueden extraerse algunos principios de la jurisprudencia del TJUE (*Lang* 2018), a saber: a) el test de comparabilidad utilizado por el TJUE se construye a partir del contraste entre situación interna *vs* transfronteriza y no por comparación entre el distinto trato entre situaciones transfronterizas ("enfoque de MFN") (véanse los casos *D*, C-376/03, *ACT Group Litigation*, C-374/04 en relación con cláusulas de limitación de beneficios, *Orange Smallcap Fund*, C-194/06, y *Riskin and Timmermans*, C-176/15), aunque tal enfoque no está excluido con carácter general (caso *Sopora*, C-512/13); b) en materia de causas de justificación de medidas nacionales restrictivas el TJUE ha considerado el equilibrio en el reparto del poder tributario entre Estados miembros articulado a través de CDIs bilaterales, partiendo de la premisa de que los Estados miembros son libres a la hora de establecer puntos de conexión a los efectos de articular la correspondiente distribución del poder tributario a través de convenios fiscales tomando en consideración la práctica internacional (MC OCDE), aunque la tributación así distribuida debe resultar compatible con el Derecho de la UE (casos *Timac Agro*, C-388/14, *Krakenheim*, C-157/07, *Betchel*, C-20/16, *Cobelfret*, C-138/07); c) asimismo, a efectos de ponderar la proporcionalidad de una medida (o un condicionante para aplicar una ventaja fiscal) justificada a partir de su objetivo de control o supervisión fiscal, el TJUE ha aceptado que las autoridades fiscales de los Estados miembros puedan condicionar la aplicación de una ventaja fiscal a la existencia de un instrumento de asistencia administrativa mutua en materia fiscal que permita a la Administración tributaria comprobar efectivamente la realidad del cumplimiento de tal requisito, de suerte que en el contexto jurídico de las relaciones fiscales internacionales con países terceros el instrumento de asistencia mutua debe garantizar un nivel de supervisión fiscal equivalente al articulado por la

Directiva 2011/16/UE (véase la sentencia del TJUE en el caso *Emerging Markets DFA*, C-190/12); y d) de acuerdo con la jurisprudencia del TJUE (casos *Gottardo, Open Skies* y *ACT Group Litigation*) no resulta clara la cuestión de la compatibilidad de las cláusulas de limitación de beneficios (como la recogida en el artículo 29 MC OCDE 2017) con el Derecho de la UE, particularmente tras el requerimiento cursado por la Comisión (15-11-2015, MEMO 15/6006) a Países Bajos para que modificara la cláusula LOB recogida en su CDI con Japón (*stock-exchange and derivative benefits test*), al considerar que resulta contraria a la libertad de establecimiento, citando como fundamento las sentencias del TJUE en los asuntos *Gottardo* (C-55/00) y *Open Skies* (C-466/98), sin mencionar el caso *ACT Group Litigation*, C-374/04, cuya fundamentación y valor como precedente ha sido cuestionada por la doctrina (CFE 2018); en este sentido, se considera que existen argumentos para dudar seriamente sobre la compatibilidad con el TFUE de las cláusulas LOB –incluso cuando recogen escape clauses como *"derivative benefits"* o *"discretionary relief"*--, y en tal sentido, se recomienda que los Estados miembros no solo dejen de concluir CDIs que las incorporen sino que renegocien aquellos que hayan concluido con países terceros a efectos de reemplazarlas por otras cláusulas antiabuso cuya aplicación sea compatible con el Derecho de la UE (CFE 2018).

d) Las sentencias del TJUE en los casos *D* (de 5 de julio de 2005, C-376/03) y en *Test Claimants in Class IV* consolidaron los principios esbozados en la jurisprudencia *Saint-Gobain* en torno a la interrelación entre los CDIs y el Derecho de la UE.

En particular, el caso *D* aborda la compatibilidad con el Derecho europeo de las normas de los CDIs que definen su ámbito subjetivo de aplicación limitándolo a personas residentes de los Estados contratantes; en este caso, una persona física residente de Alemania invocaba la aplicación del CDI entre Países Bajos y Bélgica, con arreglo al cual los residentes de este último país estaban exentos del impuesto sobre el patrimonio en los Países Bajos; es decir, se reivindicaba una suerte de derecho de las personas residentes en la UE a aplicar el convenio de doble imposición que les resultara más ventajoso *(cláusula de nación más favorecida, MFN)*. Los diferentes Gobiernos y la Comisión se posicionaron en el caso señalando el peligro que representaría para la aplicación de los CDIs existentes y de los que los Estados miembros puedan celebrar en el futuro la extensión de las ventajas previstas en un convenio bilateral a todos los residentes comunitarios y la inseguridad jurídica que dicha extensión provocaría. El TJUE rechazó la pretensión del contribuyente, alineándose con la posición ortodoxa esgrimida por la Comisión y los Gobiernos nacionales. Puede decirse que fueron dos los principales argumentos que empleó el TJCE para defender la compatibilidad comunitaria de la cláusula de los CDIs que limita su ámbito subjetivo de aplicación a las personas residentes de los Estados contratantes. Por un lado, el Tribunal de Justicia puso de relieve que la no extensión de tal ventaja fiscal a un residente de un tercer Estado miembro no era discriminatoria, toda vez que tal sujeto (residente de Alemania) y un sujeto residente en un Estado contratante (Bélgica) no se encuentran en la misma posición frente al Convenio de Doble Imposición entre este último y un segundo Estado contratante (Países Bajos). Tal diferente posición se deduce de considerar cómo los CDIs articulan un reparto de poder tributario entre dos Estados contratantes del que resultan las reglas tributarias que ordenan la tributación de las personas (residentes de ambos Estados) cubiertas por tal CDI; es decir, el reparto de poder tributario que los Estados contratantes realizan se hace partiendo de la premisa de que solo resulta aplicable en el ámbito (objetivo y subjetivo) delimitado por el propio convenio; se trata, por tanto, de un pacto bilateral del que surgen derechos y obligaciones recíprocos entre los dos Estados contratantes que son aplicables únicamente a las personas residentes de ambos Estados, de suerte que tal aplicación bilateral y recíproca limitada a tales personas constituye una «consecuencia inherente» a los CDIs. El segundo argumento empleado por el TJUE para defender su posición resulta estrechamente conectado con el anterior y con la posición esgrimida por los Gobiernos nacionales y la Comisión. Así, el TJUE reconoció que la ventaja fiscal establecida en el artículo 25.3 del CDI entre Países Bajos y Bélgica «no puede considerarse una ventaja separable del resto del Convenio, sino que forma parte integrante de éste y contribuye a su equilibrio general». Esta afirmación posee extraordinaria importancia (y gran potencialidad) pues es tanto como reconocer y convalidar a nivel comunitario el minisistema fiscal que los Estados miembros articulan (bilateralmente) entre sí firmando CDIs dotados de reglas que poseen su propia coherencia interna. El TJUE se aparta así de una visión heterodoxa de estos CDIs con arreglo a la cual cada una de sus disposiciones articulan ventajas fiscales independientes entre sí y que no forman parte de un sistema de reparto de poder tributario. Nótese igualmente que la STJUE en el caso D, en cierto modo viene a matizar algunas importantes afirmaciones recogidas en la sentencia *Saint-Gobain* (y, en menor medida, en *Gottardo*); particularmente, la idea de que la extensión parcial a los EPs de la red de CDIs del Estado miembro de situación de un EP (de una sociedad comunitaria) en relación con terceros países no afectaba al «equilibrio y reciprocidad» de los CDIs entre tal Estado miembro y los terceros países (en parecidos términos véase la STJUE de 12 de diciembre de 2006, *Test Claimants in Class IV of the ACT Group Litigation*, C-374/04). Ahora bien, no deben perderse de vista las importantes diferencias entre ambos casos: mientras que en *Saint-Gobain* la situación del EP y de las sociedades del Estado donde tal EP estaba ubicado se encontraban en una situación comparable, los residentes de Alemania no se encontraban en una situación comparable en relación con los residentes en Bélgica.

En suma, la doctrina del TJUE en los casos *Saint-Gobain* (C-307/97) y *D* (C-376/03) y en otras sentencias concordantes puede ser interpretada en el sentido de constituir una convalidación comunitaria de la existencia, función y principales reglas de operatividad de los CDIs celebrados por los Estados miembros (entre ellos y con países terceros); en este entendimiento, los CDIs pueden seguir celebrándose tal y como se vienen concluyendo hasta la fecha, en tanto en cuanto no haya «medidas de unificación o de armonización comunitaria». Lo que el TJUE parece no aceptar de este sistema convencional (los CDIs) son las disposiciones del mismo que pueden crear restricciones relevantes para el ejercicio efectivo de libertades comunitarias; así cuando, el precepto del CDI dedicado a los métodos para eliminar la doble imposición está configurado de forma discriminatoria desde la óptica comunitaria está obstaculizando gravemente la libertad de establecimiento y, por tanto, es lógico que el TJUE trate de eliminar tal restricción fiscal, con independencia de que esté plasmado en un convenio fiscal internacional (esta idea ha sido reiterada e incluso se podría decir que reforzada en el caso *De Groot*, C-385/00, y desde una perspectiva del convenio y la legislación interna en conjunto en la sentencia *Denkavit Internationaal BV, Denkavit France SARL*, C-170/05, de 14 de diciembre de 2006, aunque esta última merece un comentario separado en el capítulo de jurisprudencia comunitaria). Con carácter general, el TJUE analiza la existencia de discriminación a partir de la normativa interna aplicable al caso en el Estado miembro de que se trate, lo cual incluye allí donde es aplicable un CDI, tal convenio y sus consecuencias para la relación jurídico tributaria examinada (véanse los casos *Bouanich, Denkavit Internationaal, Amurta, Comisión/Italia* C-540/07, *Test Claimants in Class IV, Orange Smallcup Fund, Bechtel* C-20/16, entre otros). Asimismo, la existencia de un CDI puede resultar clave en sede de determinación de existencia de situación comparable o de causas de justificación (coherencia fiscal/prevención evasión fiscal). A este respecto, la existencia de un CDI con cláusula de intercambio de información resulta clave para la admisibilidad de medidas discriminatorias justificadas en la lucha contra el fraude y evasión fiscal en casos que afecten a Estados no miembros de la UE, esto es, tanto países miembros del EEE como países terceros (SSTJUE *Rimbaud, Skatteret/A, Comisión/Italia* C-540/07, entre otras, véase no obstante *Perche*, o la sentencia de 28 de enero de 2013, *Petersen, C-544/11*, donde el Tribunal de Justicia deja claro que la justificación basada en la falta de mecanismos de asistencia mutua solo opera donde la norma tributaria en cuestión establece un requisito cuya comprobación por las autoridades fiscales nacionales requiere o puede requerir de la utilización del mecanismo del intercambio de información o asistencia en la recaudación, sin que las pruebas que pueda y deba aportar el contribuyente a efectos de aplicar la norma en cuestión sean suficientes).

La tendencia viene dada, por tanto, por una creciente incidencia del Derecho de la UE sobre los CDIs, esto es, asistimos a una "europeización" material de los CDIs pero no al reemplazo del sistema que articulan; de hecho, podría observarse en este sentido una inercia dirigida a dotar de validez comunitaria a los principios internacionales de reparto de poder tributario empleados por los Estados miembros; ello implica en cierta modo una «comunitarización» del *Soft-law* de la OCDE (su Modelo de Convenio para eliminar la doble imposición) (las SSTJUE en los casos *Gilly, Saint-Gobain, N, van Hilten-van der Heijden*, C-513/03, y *Marks & Spencer*, C-446/03, *Turpeinen*, se mueven en esta misma nueva línea de jurisprudencia). Tal comunitarización de los principios consolidados de fiscalidad internacional, sin duda, posee una relevancia de primer grado al suponer en cierta forma una convalidación comunitaria de la estructura y modelo de impuestos sobre la renta y patrimonio vigentes en los países miembros de la OCDE, así como de la fórmula para encauzar las relaciones fiscales internacionales (v.gr., los CDIs, el modelo de imposición sobre los no residentes). No obstante, algunos pronunciamientos como *Block* (C-67/08) advierten que el TJUE no abraza en todo caso o incondicionalmente los principios de fiscalidad internacional OCDE.

La existencia de una obligación comunitaria de eliminación de la doble imposición constituye una cuestión muy controvertida, a pesar de que la supresión de tal fenómeno integre un objetivo originariamente recogido expresamente en el Tratado CE (su antiguo artículo 293 TCE; vid.: Calderón 2002 y la bibliografía allí citada, sobre la funcionalidad de este precepto comunitario) y que actualmente no se ha incluido en el TFUE.

Inicialmente, el TJCE, en su sentencia en el caso *De Groot* (C-385/00, Rec. 2002-I, p.11189), pareció consagrar un auténtico derecho a la eliminación de la doble imposición en sede comunitaria y a que el método elegido por los Estados miembros (exención/imputación) esté configurado de forma tal que no genere resultados discriminatorios o restrictivos (vid. la STJUE de 12 de diciembre de 2006, Test Claimants In the FII Group Litigation, C-446/04, y Vanistendael 2006, Martín/Calderón 2005, p. 1661 y ss., sobre la «obligación comunitaria» de eliminar la doble imposición). También en la sentencia *Van Hilten*, el Tribunal de Justicia aceptó la compatibilidad comunitaria de la medida neerlandesa de extensión de la residencia fiscal considerando que llevaba implícita la deducción del impuesto extranjero que hubiera podido devengarse. Sin embargo, en los casos *Nygard* (C-234/99) y *Kerckhaert-Morres* (de 14 de noviembre de 2006, C-513/04), el Tribunal de Justicia ha adoptado una posición mucho más tangencial respecto de la doble imposición internacional. En particular, en el caso *Kerckhaert-Morres*, el TJUE puso de relieve que el Derecho de la UE no prescribe criterios generales para el reparto de competencias entre los Estados miembros en lo que se refiere a la eliminación de la doble imposición dentro de la Comunidad, de manera que les corresponde a los Estados miembros adoptar las medidas necesarias para evitar las situaciones de doble imposición que se generen por el solapamiento de jurisdicciones fiscales. Concretamente, el Tribunal de Justicia se refirió a los Convenios de Doble Imposición (CDIs) como instrumentos de reparto de poder tributario y de eliminación de la doble imposición, lo cual implica renovar la convalidación comunitaria de estos convenios y asignarles la doble función indicada. Sin embargo, la sentencia de 14 de diciembre de 2006, Denkavit Internationaal, C-170/05 (y otras en esta línea como *Amurta, Comisión/Italia* C-540/07), estableció la incompatibilidad de un régimen nacional que, combinado con un CDI, no elimina la doble imposición internacional sobre los dividendos transnacionales en el Estado de residencia del perceptor persona jurídica (vid también el caso *Amurta* y los importantes matices introducidos en el caso *Miljoen-X-Société Générale*, asuntos C-10/14, 14/14 y 17/14).

Así las cosas, consideramos muy dudoso que el TJUE pudiera llegar a cuestionar la compatibilidad comunitaria de un CDI simplemente por el hecho de que no lograra su objetivo de eliminación de la doble imposición, salvo en casos donde las normas del convenio (particularmente las reguladoras del método de eliminación de la doble imposición) estuvieran configuradas de forma restrictiva o discriminatoria; en los restantes casos, el TJUE podría rechazar la alegación de restricción fiscal contraria al TCE argumentando que se trata de un caso de «disparidad de ordenamientos» no amparado por el Derecho UE (vid. el caso *Gilly*; y el comentario de Martín Jiménez 1999). Con todo, no puede dejar de señalarse cómo el TJUE, en ocasiones, analiza los casos a la vista de los dos sistemas fiscales que interactúan: por ejemplo, en los casos *Manninen, Marks & Spencer; Denkavit Internationaal BV* (C-170/05, 2006), *Amurta, Meindl*, C-329/05; y, de hecho, el profesor Vanistendael 2006 fundamenta en esta jurisprudencia la obligación comunitaria de eliminación de la doble imposición. No obstante, el TJUE parece considerar que la doble imposición internacional es consecuencia de ejercicio paralelo del poder tributario de dos Estados miembros (la interacción de dos sistemas fiscales), de suerte que la eliminación de tal fenómeno no viene exigida por el Derecho de la UE, ni genera una discriminación o restricción imputable a Estado miembro alguno; en tal sentido, la eliminación de tal fenómeno constituye una cuestión ajena al Derecho de la UE y que forma parte de la competencia y autonomía que tienen los Estados miembros en materia de imposición directa (vid.

las SSTJUE en los casos *Kerhaert-Morres, Block* C-67/08, *Damseaux*, C-128/08, *Haribo* C-436/08 y C-437/08, y *Bouanich v. Directeur des services fiscaux de la Drôme*, C-375/12). Nótese, sin embargo, que esta doctrina no es aplicable en sede de métodos para eliminar la doble imposición intersocietaria sobre dividendos, ya que, por un lado, estamos ante una materia sobre la que existe una cierta armonización (Directiva 2011/96/UE, Matriz-Filial) y, por otro, aquí pueden darse casos de discriminación prohibida por el TFUE (casos *Manninen, Lenz, Verkoijen, Cobelfret. etc.*).

Todo ello, sin duda, está haciendo más compleja la aplicación de estos convenios, así como su negociación por parte de las autoridades competentes de los Estados miembros de la UE.

Finalmente, debe reseñarse cómo varias sentencias del TJUE dictadas en los últimos años han venido a complementar y matizar la jurisprudencia europea sobre la compatibilidad europea de las disposiciones de los CDIs.

Por un lado, la STJUE de 19 de enero de 2006, C-265/04, *Bouanich*, ha establecido que el régimen fiscal constituido por la legislación interna de un Estado miembro y las disposiciones de un CDI interrelacionadas con la misma no pueden tener como resultado un impuesto en la fuente de un no residente más gravoso que el que se aplica sobre un residente que obtenga la misma renta. Es decir, el TJUE extiende al ámbito de aplicación de los CDIs su doctrina tradicional de no discriminación de los no residentes en el Estado de la fuente o acogida en relación con el disfrute de ventajas fiscales objetivas que sí son aplicables a los sujetos residentes. El TJUE viene considerando que los residentes y los no residentes están en una situación comparable en relación con el disfrute de tales ventajas fiscales objetivas (v.gr., tipo de gravamen, gastos deducibles, configuración sustantiva de la base imponible), de manera que los no residentes no pueden ser sometidos a imposición en el Estado miembro de acogida/fuente de forma más gravosa que los residentes (exista o no un CDI autorizando tal gravamen). La doctrina resultante del caso *Bouanich* no cuestiona, con carácter general, el sistema de reparto de poder tributario articulado en los CDIs, ni tampoco el mecanismo de las retenciones en la fuente, pero sí puede limitar el poder tributario de los Estados miembros cuando establecen tal sistema sobre la base de la tradicional asimetría en el gravamen de los sujetos residentes y los no residentes. Esta línea de jurisprudencia "comunitarizadora" de los CDI ha venido confirmada por otros pronunciamientos posteriores; en particular, son especialmente reseñables las SSTJUE de 14 de diciembre de 2006, Denkavit Internationaal y Denkavit France, C-170/05, y de 8 de noviembre de 2007 en el caso *Amurta*, C-379/05, Comisión/Italia C-540/07, y de 3 de junio de 2010 *Comisión/ España* (vid. supra el comentario en el capítulo de jurisprudencia comunitaria). No obstante, no se pierda de vista que existe otra línea de jurisprudencia comunitaria más sensible al sistema representado por los CDI (vid. infra los casos *D* y *Test Claimants in Class IV of the ACT GL*, C-374/04).

Por otro lado, la STJUE de 21 de febrero de 2006, C-152/03, *Ritter-Coulais*, establece que el método de exención con cláusula de progresividad articulado a nivel interno o en un CDI debe ser aplicado de manera que se tengan en cuenta tanto las bases imponibles positivas como las negativas generadas en el extranjero. En este sentido, esta sentencia podría obligar a reinterpretar el artículo 23 A ModCDI en el sentido indicado, tanto si la renta puede gravarse en ambos países, como si la renta en cuestión solo puede someterse a imposición en el Estado de la fuente. La STJUE de 6 de diciembre de 2007, *Columbus Container*, C-298/05, incide también en este ámbito en el sentido de que el Tribunal de Justicia consideró no discriminatoria la legislación alemana que establece una cláusula de *switch-over* que excluye la aplicación del método de exención de un CDI y lo sustituye por el método de imputación cuando la renta extranjera está sometida a una tributación reducida (inferior al 30%). El TJUE reconoció la importante función que desempeñan los CDI para eliminar o atenuar los efectos negativos para el funcionamiento del mercado interior que se derivan de la coexistencia de sistemas tributarios nacionales, pero se declaró incompetente para resolver acerca de la eventual infracción de lo dispuesto en dichos convenios, esto es, el *treaty overriding* por un Estado miembro (id. STJUE en el caso *AMID*, C-141/99).

En tercer lugar, la STJUE de 16 de octubre de 2008, C-527/06, *Renneberg*, también resulta de gran relevancia en esta materia. Particularmente, resultan relevantes las siguientes declaraciones del TJUE:

– El reparto de poder tributario o de la competencia fiscal establecido en un CDI no permite a los Estados miembros aplicar medidas contrarias a las libertades comunitarias (id jurisprudencia *Amurta y Bouanich*).

– El poder tributario repartido de acuerdo con un CDI no puede ejercerse de forma contraria al Derecho Comunitario. Así, no resulta contrario al CDI que Países Bajos tenga en cuenta los rendimientos negativos inmobiliarios obtenidos por un sujeto pasivo residente (método de exención con progresividad), ni por tanto los obtenidos por un sujeto (no residente) en posición comparable. Tampoco tal extensión al no residente de tal ventaja fiscal no menoscabaría los derechos de Bélgica en virtud del CDI ni le impone a éste ninguna nueva obligación.

– Los mecanismos utilizados para eliminar la doble imposición o los sistemas tributarios nacionales que la eliminan o la atenúan deben garantizar a los contribuyentes de los Estados considerados que, al final, se habrá tenido en cuenta debidamente su situación personal y familiar en su integridad, con independencia del modo en que los Estados miembros interesados se hayan repartido entre ellos tal obligación, ya que en caso contrario se crearía una desigualdad de trato incompatible con las disposiciones del Tratado CE, que no se debería en modo alguno a las disparidades existentes entre las legislaciones nacionales (jurisprudencia *De Groot*). Y el TJUE añadió en *Renneberg* que tal regla se proyecta igualmente sobre todas aquellas medidas o normas nacionales cuya finalidad sea tomar en consideración la capacidad contributiva global de los trabajadores, como acontece con las *pérdidas extranjeras* que deben poder tomarse en cuenta en el Estado residencia o en el de la Fuente (en casos donde la situación de residentes y no residentes es comparable) cuando la legislación interna lo permite en casos de pérdidas internas a pesar de la regulación de los métodos para eliminar la doble imposición. Ello posiblemente signifique que el Estado de residencia, allí donde permite que sus contribuyentes del IRPF residentes (sin EP en otro Estado) compensen bases imponibles nacionales positivas y negativas, debe permitir que los contribuyentes residentes (y no residentes en situación comparable) que obtengan bases imponibles negativas en el extranjero integren y deduzcan tales pérdidas compensándolas con bases imponibles positivas en su IRPF en igualdad de condiciones que si se trataran de bases imponibles negativas nacionales (por tanto no solo deben tenerlas en cuenta a efectos de la determinación de tipo progresivo de gravamen: jurisprudencia *Ritter-Coulais*). Entendemos que tal obligación solo se proyectaría sobre supuestos de contribuyentes residentes (y no residentes en situación comparable) que obtengan rendimientos negativos en el extranjero en la medida en que tales rendimientos negativos no puedan tenerse en cuenta y deducirse o compensarse en el Estado de la fuente o actividad, esto es, básicamente cuando no operen a través de EP en el extranjero o cuando el Estado de la fuente o actividad no permita tal compensación de pérdidas. De esta forma, se puede reconciliar esta jurisprudencia *Renneberg* con la posición precedente del TJCE en materia de pérdidas transfronterizas (*Marks & Spencer, Lidl Belgium, Krakenheim, Deutsche Shell, Nordea Bank*). Entendemos, no obstante, que el Estado de residencia podría en estos casos establecer una cláusula de recaptura siguiendo la regla establecida en *Krakenheim* y matizada en *Nordea Bank*. La jurisprudencia del TJUE en el asunto *K* (C-322/11), que es analizada en otros capítulos de esta obra, plantea más dudas sobre el futuro de la jurisprudencia *Marks& Spencer*, pero resulta más relevante aquí destacar cómo el Tribunal de Justicia hace pivotar la causa de justificación de la coherencia fiscal sobre la tributación establecida en el CDI sobre las ganancias derivadas de la transmisión de inmuebles, entendiendo (erróneamente) que la tributación exclusiva en la fuente y la exención en la residencia constituían un régimen coherente y cerrado que excluía la compensación de pérdidas en la residencia.

El TJUE, por tanto, parece aceptar con carácter general el funcionamiento estructural de los CDI como mecanismo de distribución del poder tributario entre los Estados y para eliminar la doble imposición de acuerdo con un determinado equilibrio en el reparto del poder tributario pactado (*Bouanich*, C-375/12), y tal aceptación implica, en principio, respetar las medidas nacionales de salvaguardia de tal equilibrio y reparto del poder tributario, incluso cuando generan restricciones al ejercicio de libertades comunitarias; así, por ejemplo, el TJUE en muchos casos toma en consideración las implicaciones derivadas de los CDI sobre la aplicación de la normativa interna de los Estados que articulan medidas restrictivas considerando justificadas aquellas que protegen la territorialidad impositiva o el referido equilibrio reparto en el poder tributario articulado a través del CDI, aunque condiciona la compatibilidad con el Derecho de la UE de tales medidas nacionales al cumplimiento de un estricto test de proporcionalidad (véase por ejemplo la sentencia del TJUE de 23 de enero de 2014, C-164/12, en el asunto *DMC*, en relación con el gravamen de plusvalías latentes generadas en el contexto de una reorganización empresarial respecto de las cuales el Estado de la fuente perdía su poder de gravamen merced a la aplicación de un CDI entre Estados miembros). En la misma línea cabe citar la importante sentencia del TJUE de 17 de septiembre de 2015, *Miljoen-X-Société Géneralé*, C-10/14, 14/14 y 17/14, que matiza de forma relevante la jurisprudencia precedente del TJUE en materia de no discriminación del trato fiscal de accionistas residentes y no residentes que obtienen dividendos (v.gr. caso *Amurta*); en esta sentencia de 2015 el TJUE declaró que los CDI pueden justificar un trato discriminatorio por parte del Estado miembro de la fuente de los dividendos, allí donde tal Convenio neutraliza totalmente el gravamen (discriminatorio) exaccionado en tal Estado de la fuente a través de deducción íntegra en el Estado de residencia del contribuyente, con independencia de la cuantía del impuesto en este último Estado; así, si el impuesto en el Estado de residencia es menor que el exaccionado en el Estado de la fuente, por ejemplo, al aplicarse sobre rendimientos netos, no se absorbería tal impuesto extranjero y no se cumpliría la regla de la neutralización que establece el TJUE; sin embargo, éste no entró a analizar los casos donde tal falta de absorción del impuesto extranjero derivaba de insuficiencia de cuota motivada por pérdidas en el Estado de residencia del contribuyente.

La STJUE en el caso *Brisal and KBC Finance Ireland* (C-18/15), de 13 de julio de 2016, no parece descabalgar la jurisprudencia precedente, reconociendo cómo la existencia de un CDI y el reparto equilibrado del poder tributario entre los Estados articulados a través de los mismos caen en la competencia exclusiva de los Estados en materia de imposición directa, y permite justificar ciertas restricciones al ejercicio de las libertades comunitarias, exceptuando aquellas que derivan de normas tributarias que regulan el gravamen de los sujetos residentes y no residentes en términos discriminatorios sin mediar una causa de justificación específica que lo fundamente. En el caso *Brisal*, el TJUE consideró que la mera alegación de que la diferencia de trato está justificada en los criterios de reparto del poder tributario entre Estados establecida en un CDI no es suficiente para justificar una discriminación fiscal con arreglo a la cual las entidades financieras residentes podían deducirse determinados gastos profesionales incurridos con motivo de la concesión de créditos y los prestamistas no residentes no tuvieran acceso a tal ventaja objetiva a efectos de la configuración de la base imponible gravada en el mismo Estado. El TJUE también rechazó que pudiera justificarse tal diferencia de trato objetiva como consecuencia de la aplicación de otra ventaja fiscal (el menor tipo de gravamen aplicable a los no residentes en virtud del CDI y la legislación interna), rechazando la posición sobre la existencia de una ventaja fiscal compensatoria concedida por el mismo Estado. Esta doctrina contrasta con algún pronunciamiento del TS en esta materia (STS de 9 de febrero de 2016, fj.2, rec.3429/2014, caso Oracle).

La sentencia de 19 de noviembre de 2015 (C-241/14, Asunto *Bukovansky*) se refiere a una cuestión de cierta relevancia como es la compatibilidad con el Derecho de la UE de determinados criterios de distribución del poder tributario utilizados en los CDI, temática que ya había sido tratada en el asunto *Gilly* (STJUE 12 de mayo de 1998, C-336/96) y que ahora el TJUE revisita adoptando una posición similar; el Tribunal de Justicia declaró que aunque los CDI deben cumplir con el Derecho de la UE y, cuando proceda, ser aplicados de forma consistente con el Convenio de libre circulación de personas UE-Suiza, el Derecho UE no se opone a la utilización de la nacionalidad como criterio de distribución del poder tributario entre los Estados siempre y cuando la competencia fiscal así distribuida se ejerce de forma no discriminatoria de acuerdo con la libre circulación de personas aplicable.

La sentencia del TJUE de 30 de junio de 2016, C-176/15, *Riskin & Timmermans*, constituye otro pronunciamiento relevante a efectos de establecer la interrelación entre los CDI y el Derecho de la UE. El caso se refiere a la aplicación del método de eliminación de la doble imposición autónomo establecido en un CDI concluido por Bélgica con otro Estado miembro (Polonia) que resultaba aplicable en el marco de las relaciones fiscales internacionales cubiertas por el mismo, de suerte que dos contribuyentes residentes en Bélgica que obtuvieron renta (dividendos) en Polonia invocaron en el marco de un procedimiento tributario la aplicación del tratamiento fiscal derivado de otros CDI firmados por Bélgica con países terceros que resultaban más ventajosos en lo concerniente a la tributación de la misma renta (deducción de un crédito de impuesto relacionado con los dividendos). El TJUE rechazó tal planteamiento argumentando que no todas las diferencias de trato que derivan de un CDI y la legislación interna del Estado de residencia resultan contrarias al Derecho UE, a pesar de que integren una diferencia de trato fiscal que se proyecta sobre el accionista residente dependiendo del país de inversión y del CDI concluido con tal país, sea o no miembro de la UE. El TJUE razonó que no existe situación objetiva comparable en estos casos, ya que la ventaja fiscal derivada del CDI forma parte del equilibrio interno del propio convenio y no es extensible a otros sujetos no cubiertos por el mismo. De esta forma, algunos de los principales límites objetivos y condicionantes subjetivos relativos a los CDI con carácter general pueden ser admisibles desde una perspectiva comunitaria, aunque generen distorsiones y obstáculos al ejercicio de libertades comunitarias en la medida en que respondan a una justificación racional y cumplan el test de proporcionalidad. En la sentencia de 4 de febrero de 2016 (Asunto *Baudinet* C-194/15) el TJUE reiteró su doctrina en materia de eliminación de la doble imposición a través del método de imputación, indicando por un lado que no resulta contrario al Derecho UE que el Estado miembro de residencia del contribuyente limite la deducción del impuesto extranjero a la cuota tributaria del impuesto nacional sobre la misma renta, y, por otro, que la doble imposición deriva del ejercicio paralelo de poder tributario de los Estados miembros sobre una misma renta (dividendos) y ello no constituye una restricción contraria al Derecho de la UE.

La sentencia del TJUE, de 22 de junio de 2017, Asunto C-20/16, *Bechtel*, también resulta relevante, ya que aborda de nuevo la competencia de los Estados miembros para llevar a cabo un reparto de poder tributario a través de CDI y el impacto o limitaciones que resultan del Derecho de la UE. A este respecto, el TJUE reiteró su jurisprudencia anterior pero aportó nuevos matices que refuerzan la causa de justificación de medidas restrictivas de libertades fundamentales basada en el reparto del poder tributario a través de un CDI entre Estados miembros. Con todo el TJUE falló a favor de la aplicación de la *"jurisprudencia Schumacker"* en el marco de un CDI entre Alemania-Francia que establecía el método de exención con progresividad, de manera que el Estado de residencia debía de admitir la deducción de cotizaciones sociales pagadas en el Estado de la fuente a pesar de que no gravaba la renta del trabajo del contribuyente afectado.

La combinación de un acuerdo de libre comercio entre la UE y un país tercero y un CDI (con cláusula de intercambio de información) entre un Estado miembro y tal país tercero es susceptible de expandir el efecto de determinadas libertades comunitarias y excluir ciertas discriminaciones fiscales de acuerdo con la jurisprudencia europea; a este respecto puede citarse la sentencia del TJUE de 24 de noviembre de 2016, *SECIL*, C-464/14, en relación con los acuerdos comerciales euromediterráneos en combinación con los CDIs de Portugal con Túnez y Líbano (vid.: CFE Opinion Statement ECJ-TF 1/2017, Sicard/Debat 2017, y Ribeiro 2014). También es relevante la sentencia del TJUE (C-685/16, caso EV), de 20 septiembre de 2018, en relación con la aplicación (no discriminatoria) de los métodos para eliminar la doble imposición respecto de dividendos distribuidos por sociedades residentes en países terceros, donde, a pesar de no mencionarse expresamente en la sentencia, se tuvo en cuenta la existencia de un CDI entre el Estado miembro y el tercer país donde residía la filial distribuidora de tales dividendos.

En este mismo orden de cosas, cabe traer a colación la posición del ECOFIN, adoptada en su reunión de 25 de mayo de 2016, sobre la Recomendación de la Comisión nº 2016/36, de 28 de enero 2016, sobre la puesta en marcha de medidas frente al abuso de convenios de doble imposición: el Consejo puso de manifiesto que la recomendación de la Comisión dirigida a garantizar que la puesta en marcha de las recomendaciones BEPS sobre las Acciones 6 y 7 cumplen con el Derecho de la UE, reiterando la importancia de adoptar acciones concretas y coherentes contra la doble no imposición a través de fraude o elusión fiscal a través de la utilización de los CDI, de acuerdo con la competencia de los Estados miembros en materia de negociación de tales convenios y con el principio de subsidiariedad. Igualmente, el ECOFIN mostró su adhesión a las propuestas dirigidas a introducir en los

CDI concluidos por los Estados miembros de cláusulas de propósito principal fiscal y disposiciones para evitar la elusión artificial del estatus del establecimiento permanente, sin perjuicio de la competencia de los Estados miembros en esta materia y reconociendo que otras medidas elaboradas por la OCDE en el marco de la OCDE (como una cláusula de limitación de beneficios) pueden resultar igualmente útiles a estos efectos. En relación con la posición adoptada por el ECOFIN confirmando la validez y compatibilidad europea de la Recomendación (UE) 2016/136 de la Comisión, de 28 de enero de 2016, sobre la aplicación de medidas contra los abusos en detrimento de los convenios fiscales, lo más destacable sea el reconocimiento de la adecuación del mecanismo empleado por la Comisión para instar a los Estados miembros a implementar el estándar mínimo de la Acción 6 de BEPS (uso impropio de CDI) y las recomendaciones derivadas de la Acción 7 (elusión artificial del estatus del EP). La utilización de un instrumento de *Soft-law* (recomendación de la Comisión) en una materia como la conclusión de los CDI que forma parte del núcleo duro de la competencia exclusiva de los Estados miembros en el ámbito de la imposición directa, posiblemente constituya el único mecanismo practicable para impulsar a escala comunitaria la implementación de las Acciones 6 y 7 de BEPS. No obstante, no puede perderse de vista cómo el ECOFIN pone de manifiesto cómo otras medidas recogidas en la Acción 6 (v.gr, las cláusulas de limitación de beneficios) pueden resultar igualmente útiles a los efectos de prevenir el abuso de CDI, de manera que la cláusula de propósito fiscal principal (interpretada a la luz de la jurisprudencia del TJUE de forma tal que solo capture montajes artificiales que no reflejen una actividad económica auténtica y resulten contrarios a la finalidad de las normas de que se trate) no constituye la única medida anti-abuso que puede utilizarse para prevenir la utilización abusiva de los CDI. A este respecto, cabe poner de relieve cómo la red de CDI española, al igual que la de otros muchos países miembros y no miembros de la OCDE, incluye un buen número de convenios que contemplan cláusulas antiabuso de diverso alcance (v.gr., las cláusulas LOB, de beneficiario efectivo, de transparencia, de exclusión, entre otras) que, al igual que las cláusulas antiabuso generales domésticas, hasta la fecha habrían sido objeto de una utilización residual en este contexto, y que ahora, tras las llamadas realizadas por la OCDE y la Comisión UE, podrían ser objeto de una utilización más intensiva, frente a lo cual resulta recomendable adoptar las correspondientes medidas de adaptación al nuevo contexto de fiscalidad internacional y europea. En todo caso, la aplicación (y configuración) de las cláusulas antiabuso (pre/post BEPS-MLI) recogidas en los CDI concluidos por los Estados miembros debe realizarse de forma compatible con la jurisprudencia del TJUE sobre las medidas que persigan como fin específico evitar la evasión fiscal en el sentido de abuso (vid. Kokiak 2016 y Cordewener 2017), tal y como evidencia la STJUE de 7 de septiembre de 2017, en el caso *Eqiom*, C-6/16.

El alineamiento de los CDI con los estándares BEPS ha sido conectada por el Comité Económico y Social (CESE) de la UE con el cumplimiento de la política y objetivos de desarrollo sostenible adoptada a nivel europeo (Dictamen, *EU development partnerships and the challenge posed by international tax agreements*, REX/487-EESC-2017, 18-19 October 2017). El CESE, a su vez, ha puesto de relieve cómo los CDI con países en desarrollo deberían tener en cuenta en mayor medida los intereses de éstos y basarse más en el MC ONU que en el MC OCDE; también ha propuesto que la política fiscal internacional y los CDI de los Estados miembros se sometan a evaluaciones de impacto periódicas en relación con su coherencia con las políticas a favor del desarrollo. Con todo, la recomendación principal del CESE pasa por incluir cláusulas de buena gobernanza fiscal en todos los acuerdos pertinentes entre la UE y terceros países para fomentar el desarrollo sostenible. También recomienda que se examinen si los acuerdos de libre comercio, nuevos o revisados, entre la UE y los países en desarrollo constituyen una oportunidad para evaluar los acuerdos fiscales bilaterales. En este sentido cabe conectar las recomendaciones del CESE con la *Comunicación de la Comisión sobre Estrategia Exterior para una imposición efectiva* (COM (2016)24 final, de 28 de enero de 2016). En relación con los acuerdos comerciales, el Consejo de la UE, en su reunion de 22 de mayo de 2018 (PR. 266/18) adoptó conclusiones sobre la negociación y la celebración de acuerdos comerciales de la UE. El nuevo planteamiento se deriva fundamentalmente del dictamen del TJUE relativo al reparto de competencia entre la UE y sus Estados miembros para la celebración del acuerdo de libre comercio entre la UE y Singapur; en su dictamen, el Tribunal de Justicia establece que únicamente son competencias compartidas aquellas disposiciones relativas a la inversion extranjera no directa y a la resolución de litigios entre inversores y Estados. Asimismo, el Consejo de la UE, en su reunión de 25 de mayo de 2018 (PR. 290/18, EU 2018/C/193/04, OJC 193, 6-6-2018), reconoció la necesidad de incluir en los acuerdos internacionales que concluyan los Estados miembros y la UE con países terceros una **cláusula de buena gobernanza en materia tributaria** siguiendo básicamente el siguiente texto: *"The Parties recognize and commit themselves to implement the principles of good governance in the tax area, including the global standards on transparency and exchange of information, fair taxation, and the minimum standards against base erosion and profit shifting (BEPS). The Parties will promote good governance in tax matters, improve international cooperation in the tax area and facilitate the tax collection of tax revenues"*. Nótese que esta cláusula está concebida para ser incorporada por la UE o los Estados en los tratados no fiscales, pero no tiene naturaleza auto-ejecutiva, de manera que no permite la Comisión UE o cualquier institución europea adoptar procedimientos en caso de infracción.

En este mismo contexto también cabe traer a colación la Decisión de la Comisión, de 3 de diciembre de 2015, en el caso *McDonald's* (C(2015) 8343 final, State aid SA 38945 (2015/C) (Ex 2015/NN)- Luxembourg), en la medida en que aporta otra dimensión de las relaciones entre los CDI y el Derecho UE. La decisión de la Comisión se refiere a un caso donde se consideró (inicialmente) que un ruling concedido por las autoridades fiscales de un Estado miembro a favor de una empresa (McDonalds), a través del que se interpreta erróneamente un CDI reconociendo la aplicación de una exención establecida en tal Convenio puede constituir una medida contraria al artículo 107.1 TFUE. En concreto, el ruling de las autoridades de Luxemburgo versaba sobre la interpretación de la cláusula del CDI reguladora del método de exención que resultaba aplicable allí donde el otro Estado contratante (en este caso EE.UU) pudiera someter a gravamen la renta con arreglo al CDI (método de exención incondicional), de suerte que reconocieron la aplicación de tal exención en un caso donde la estructura articulada en EEUU (un *"US Franchise branch"*) podría ser constitutiva de un EP con arreglo al CDI (artículo 5), existiendo indicios de que tal estructura no constituía un EP con arreglo a la legislación fiscal de EEUU (mismatch/EP híbrido). La Comisión UE consideró (inicialmente) que tal "interpretación errónea del CDI", generadora de doble no imposición, a favor de una empresa constituía una ayuda de estado no justificada. El carácter erróneo de la interpretación se fundamentó en el artículo 23 ModCDI, en relación con conflictos de calificación, de suerte que la aplicación de tal parágrafo al caso resulta discutible. Sin embargo, la decisión adoptada finalmente por la Comisión, el 19 de septiembre de 2018 (C(2018) 6076 final), en el caso McDonalds estableció, por un lado, que las autoridades fiscales de Luxemburgo habían aplicado correctamente las disposiciones domésticas recogidas en el CDI entre EEUU y Luxemburgo; y por otro, que la doble no imposición de los beneficios que se generaba en el caso resultaba de una asimetría entre las legislaciones de dos países, no de una aplicación incorrecta de la normativa fiscal articulada a través de un *tax ruling* que potencialmente pudiera constituir una medida selectiva a los efectos de la prohibición de ayudas de Estado. En este sentido, la decision final de la Comisión incorpora un cierto *"self-restraint"* en relación con la utilización de las disposiciones del TFUE sobre ayudas de Estado como instrumento para prevenir esquemas de planificación fiscal agresiva generados por "asimetrías fiscales" derivadas de la interacción de ordenamientos, aunque no puede perderse de vista cómo un buen número de tales asimetrías ya han sido objeto de medidas específicas (Directivas ATAD I y II, entre otras). Sea como fuere, no puede perderse de vista cómo la Decisión McDonalds tensiona la interpretación de los CDIs a través de *tax rulings* dictadas por autoridades fiscales europeas (que además son "transparentes" al estar sujetas al mecanismo de intercambio automático), ya que una *"misaplication"* de las disposiciones de un CDI de la que derive una ventaja fiscal para un contribuyente o un grupo de contribuyentes puede ser caer en el ámbito de aplicación de la prohibición de ayudas de Estado. En cambio, la Comisión UE considera que las diferencias interpretativas o referidas a la apreciación de los hechos entre autoridades fiscales de dos Estados contratantes no caen en el ámbito de aplicación de la prohibición de ayudas de Estado, allí donde, como resultado de tal asimetría, surge doble no imposición o una ventaja fiscal (aunque también son fuente de conflictos de doble imposición). La distinción trazada por la Comisión no resulta en modo alguno clara, y de hecho, en el caso McDonalds, la referida institución europea consideró en su decisión de inicio del procedimiento de investigación formal que estábamos ante un caso de "conflicto de calificación", en tanto que la decisión final establece que estamos ante una situación de interpretación asimétrica del CDI o de los hechos y que, por tanto, la doble no imposición constituye un resultado natural del funcionamiento de los CDI que no plantea problemas de ayudas de estado (véanse, por ejemplo, sentencias del Tribunal Supremo italiano de 24 de noviembre de 2018 (nº 23984), de 18 noviembre de 2011 (nº 24248), de 29 de enero de 2001 (nº 1231) y 11 de octubre de 2018 (nº 25219), donde se declara que la interpretación del artículo 13.4 del CDI Italia-Alemania que la exención en la fuente de las ganancias patrimoniales no mencionadas en los apartados anteriores de tal precepto, no requiere la tributación de tal ganancia patrimonial en el Estado de residencia del contribuyente, de suerte que ello resulta consistente con la estructura y sistemática del CDI y el significado ordinario de los términos empleados en tal cláusula, a pesar de que se genere "doble no imposición". Como consecuencia de este expediente y de la propia Directiva ATAD II, Luxemburgo modificó en 2018 su legislación interna en relación con la aplicación del método de exención con respecto a EPs en el extranjero, habiéndose introducido un requisito que, sin realizar un reenvío absoluto a la normativa e interpretación dada por las autoridades fiscales del Estado de la fuente, requiere la aportación de elementos que evidencie la participación de la empresa en la vida económica de la jurisdicción fuente o una confirmación o certificado fiscal de las autoridades fiscales local de la existencia de un EP (sin requerirse tributación efectiva; *vid.*: "Luxembourg: a detailed review of the EU ATAD implementation law", *EY Global Tax Alert*, 28 December 2018). En este mismo orden de cosas, cabe mencionar, por un lado, el US Department White Paper (*The EU Commission´s Recent State Aid Investigations of Transfer Pricing Rulings*, August 24, 2016) que cuestionó abiertamente la utilización impropia del régimen de ayudas de Estado por parte de la Comisión argumentando, entre otras cosas, que trae consigo una potencial vulneración de los CDIs por los Estados miembros (artículos 9 y 25) y erosiona de forma relevante el consenso internacional alcanzado a través del proyecto BEPS; por otro lado, la OCDE desarrolló la acción 2 de BEPS a través de un informe sobre *Branch Mismatch Structures* (2017) que propone medidas para evitar estas asimetrías, aunque reconociendo que allí donde exista un CDI con método de exención incondicional no puede excluirse su aplicación por el Estado de residencia de la casa central introduciendo nuevos requisitos no amparados por el convenio.

Finalmente, también debe reseñarse la STJUE de 19 de noviembre de 2009, C-118/07, *Comisión/Finlandia*, donde el TJUE examina la compatibilidad con el Derecho de la UE de los Acuerdos de protección de inversiones firmados por Finlandia con países terceros antes de su adhesión a la UE. El TJUE reiteró la prevalencia del Derecho de la UE sobre tales tratados internacionales y, a su vez, estableció que los Estados miembros de la UE deben modificar sus tratados internacionales con terceros países para permitir la aplicación de disposiciones del Derecho CE que pueden restringir las transferencias de capitales con tales países. Se insistió en que el principio de reciprocidad no constituye un criterio o principio válido desde la perspectiva europea, aunque sí se consideró adecuada la interpretación de los tratados internacionales atendiendo a la Convención de Viena sobre el derecho de los tratados de 1969. Las conclusiones de este pronunciamiento son extensibles, con los debidos matices, al ámbito de los CDI. En este mismo orden de cosas cabe mencionar el Dictamen 2/15 del Pleno del TJUE, de 16 de mayo de 2017, relativo al Acuerdo de libre comercio entre la UE y Singapur, que concluye que el citado Acuerdo no puede ser celebrado exclusivamente por la UE, requiriendo del consentimiento de los Estados miembros. El TJUE considera que las disposiciones del Acuerdo que regulan inversiones distintas de las directas y las que regulan los mecanismos de resolución de controversias no caen dentro de las competencias exclusivas de la UE. Resulta evidente cómo este dictamen del TJUE limita de forma considerable el margen de maniobra de la Comisión en materia de política exterior (acuerdos comerciales), lo cual posee implicaciones en materia de imposición directa; en particular, este Dictamen puede influir en el desarrollo por la UE de una acción exterior común en materia tributaria en los términos en que aparecía definida en la *Comunicación de la Comisión sobre Estrategia Exterior para una imposición efectiva* (COM (2016)24 final, de 28 de enero de 2016).

El TJUE también se ha pronunciado sobre la compatibilidad con el Derecho de la UE del acuerdo de protección de inversiones entre Países Bajos y Eslovaquia, declarando la existencia de una vulneración del Derecho europeo en la medida en que el BIT/APRI permitía que el tribunal de arbitraje que formaba parte del mismo interpretara disposiciones del Derecho de la UE sin que tal interpretación pudiera ser objeto de revisión efectiva por un tribunal nacional (STJUE C-284/16, *Achmea*, de 6 de marzo de 2018). Es decir, el TJUE rechaza que mecanismos de resolución de controversias establecidos por los Estados miembros, como la creación de un tribunal arbitral al margen del sistema judicial y que no constituye un tribunal nacional en el sentido del artículo 267 TFUE, donde pueden ventilarse situaciones o casos donde se debate la interpretación del Derecho de la UE puedan quedar al margen del sistema de control judicial referido a todo acto de aplicación del Derecho de la UE; la revisión parcial de los laudos arbitrales por parte de los tribunales nacionales que establece el referido BIT no resulta acceptable para el TJUE, entre otras cosas, por las limitaciones de revisión que comporta y sus implicaciones a efectos de planteamiento de cuestiones prejudiciales por los tribunales nacionales que ejercitan tal control (artículo 344 TFUE); no obstante, el Tribunal reconoce que otros acuerdos de arbitraje comercial sí son compatibles si permiten tal revisión judicial de la aplicación de las disposiciones fundamentales del Derecho de la UE. En este sentido, se ha posicionado el ICSID tribunal en el caso *UP v. Hungary* (ICSID case nº ARB/13/35, Award 9 October 2018; *vid*.: Chong Ng/M.Waseen 2018), al considerarse que la jurisprudencia del TJUE en *Achmea* debe interpretarse en sentido estricto, de manera solo impactaría sobre paneles de arbitraje *ad hoc* pero no sobre tribunales que puedan constituir un órgano judicial. En este orden de cosas, se ha argumentado que la jurisprudencia del TJUE en *Achmea* resultaría igualmente de aplicación a las cláusulas de arbitraje fiscal previstas en los CDIs (y en el MLI) entre Estados miembros y entre estos y países terceros, en tanto que la aplicación de los mecanismos y órganos de solución de litigios establecidos en la Directiva 2017/1852/UE, de resolución de controversias fiscales podrían ser considerados tribunales nacionales comprendidos dentro del sistema judicial europeo a los efectos de que toda decision adoptada por los mismos fuera susceptible de control (pleno) por los tribunales de justicia nacionales y, en ultimo análisis, por el propio TJUE a través de cuestiones prejudiciales (Boulogne 2018).

2. LA INTERPRETACIÓN DE LOS CONVENIOS DE DOBLE IMPOSICIÓN

2.1. Reglas generales

La interpretación de los CDI constituye uno de los aspectos más relevantes de cara a lograr el cumplimiento de los distintos objetivos que persiguen, así como para que operen de forma correcta en el marco del sistema de fiscalidad internacional, previniendo la generación de controversias fiscales internacionales. Los objetivos generales de los CDI, así como el propósito perseguido por cada cláusula convencional forman parte del contexto intrínseco fundamental para la interpretación de los CDI; entre tales objetivos generales podrían mencionarse los siguientes: a) la eliminación de la doble imposición y la reducción de los obstáculos a las prestaciones de servicios transfronterizas, el comercio y la inversión; b) la reducción de la tributación excesiva en la fuente a través de retenciones definitivas; c) la protección frente a discriminaciones fiscales; d) articular un sistema dotado de mayor seguridad jurídica, a través de una regulación estable acompañada de mecanismos de resolución de controversias; y e) establecer cauces de asistencia mutua y cooperación entre las administraciones tributarias que refuercen su capacidad de control y de coordinación fiscal. La fragilidad de la protección juridical derivada de los CDI deriva, en gran medida, de su complejidad interpretative y la dificultad para alcanzar una interpretación común o concordante (Wijnen).

Como hemos explicado, los CDI poseen una naturaleza dual, en la medida en que son tratados internacionales y al mismo tiempo forman parte del ordenamiento tributario interno. Sobre la base de esta consideración de la naturaleza dual de los CDI, la doctrina internacional tradicionalmente ha venido defendiendo la necesidad de interpretar estos convenios empleando las reglas internacionales de interpretación de los tratados o convenios internacionales, esto es, el CVDT, en concreto, sus artículos 31 a 33, y no las normas internas de interpretación (en el caso español, el artículo 12 LGT 2003).

Los artículos 31 a 33 CVDT establecen las siguientes reglas a las que también se refiere la Ley 25/2014 (reglas de interpretación de tratados internacionales, artículo 35):

– Los tratados deben ser interpretados de buena fe de acuerdo con el significado ordinario que quepa atribuir a los términos del tratado en su contexto y a la luz de su objeto y finalidad (artículo 31.1 CVDT). Esta completa y compleja regla de interpretación en esencia postula una interpretación común y bilateral de las cláusulas convencionales atendiendo prevalentemente a los términos empleados, considerando el contexto convencional y la finalidad de la cláusula en tal contexto, de manera que se excluyan interpretaciones unilaterales o basadas en la legislación interna de alguno de los Estados dado que normalmente no traerían consigo un significado o entendimiento simétrico del convenio (véase en este sentido la STJUE de 12 de septiembre de 2017, *Austria/Alemania*, C-648/15, en relación con la interpretación del artículo 11.2 del CDI austro-alemán). Asimismo, esta regla viene siendo interpretada por los tribunales de algunos países en el sentido de que permite excluir la aplicación de un CDI a contribuyentes que «abusen» del convenio, dado que éste tiene que interpretarse y aplicarse de buena fe; la interpretación de buena fe prohíbe los supuestos de abuso (vid. la sentencia del Tribunal Supremo suizo de 28 de noviembre de 2005, vid. Vogel´s *Tax Treaty Monitor, BIFD* June 2007). Los CMC a la introducción MC OCDE 2017 (parágrafo 16.2) han incorporado una mención a esta regla interpretativa del artículo 31.1 VCLT, enfatizando el valor de la regla de interpretación de buena fe con arreglo al sentido ordinario de los términos utilizados en cada disposición considerando el objeto y finalidad de la misma.

La interpretación de buena fe de los CDIs también ha sido invocada por la DGT en la importante DGT V1410-08 de 7-7-2008 para excluir la aplicación del CDI Brasil-España a una entidad brasileña que obtiene renta en España a través de un EP radicado en un tercer país con el que España no ha suscrito un CDI. La DGT argumenta que de acuerdo con la Convención de Viena (artículos 26 y 31) y la doctrina del TS [STS 18 de junio de 2005 (Caso Goldman Sach)], la aplicación e interpretación de los CDIs debe realizarse de buena fe; en concreto, su aplicación habrá que tener en cuenta la intención de los Estados firmantes y su interpretación (preferentemente dinámica y autónoma para cada convenio) se realizará conforme a su objeto y fin. En consecuencia –continua la DGT– resulta compatible con los compromisos internacionales adquiridos por España negar los beneficios de un CDI y aplicar la legislación interna, incluida la normativa antiabuso, «*a operaciones artificiosas que tuvieran como uno de sus objetivos principales abusar de los beneficios de los mencionados Convenios. En concreto, cuando la localización del establecimiento permanente de la consultante tenga como uno de sus objetivos principales obtener una ventaja fiscal, con carácter general o para determinadas categorías de rentas, las rentas obtenidas en España por la entidad consultante, a través de dicho establecimiento permanente, no podrán beneficiarse de los beneficios del Convenio hispano-brasileño y dichas rentas tributarán conforme a la normativa interna que resulte de aplicación*». A nuestro modesto entender, aunque se puede estar de acuerdo con la idea de la interpretación y aplicación de buena fe permite excluir la aplicación de los CDIs a montajes artificiosos o puramente abusivos, tal abuso hay que determinarlo caso por caso atendiendo al texto y finalidad de la norma que es objeto del abuso, sin que la mera búsqueda de una ventaja fiscal (aprovecharse de un régimen fiscal menos gravoso en un determinado país) implique en sí mismo abuso y, por tanto, permita tal inaplicación de un CDI. No se olvide que los CDIs también constituyen mecanismos que tratan de favorecer la inversión extranjera e instrumentan incentivos fiscales y medidas dirigidas a reducir la carga fiscal sobre las operaciones transfronterizas, de suerte que ésta es parte de su finalidad sin que por tanto el disfrute de tal régimen combinado con las disposiciones nacionales resulte abusivo con carácter general (véase también la consulta DGT de 8 de mayo de 2009 V1029-09). La relocalización de actividades aprovechando determinadas ventajas fiscales derivadas de los CDI también se ha considerado aceptable cuando de los hechos y circunstancias resulta que la estructura articulada desarrollará actividades económicas genuinas desempeñando funciones sustantivas y asumiendo riesgos en operaciones con terceros vinculados o no (véase la consulta DGT de 26 de julio de 2013 V2519-13, en relación con la cláusula antiabuso del artículo 12.5 del CDI con EAU). En cambio, las autoridades fiscales y los tribunales vienen excluyendo del ámbito de aplicación de los CDI por resultar contrarias a su finalidad a determinadas operaciones artificiosas que carecen de justificación o explicación comercial más allá de una obtención de una ventaja fiscal, al considerar que articulan una suerte de abuso de CDI que no puede ampararse en una invocación formalista de la legalidad convencional ni del principio de seguridad jurídica (SAN de 7 de noviembre de 2013, n° rec. 383/2010).

Contrasta con esta posición, la tendencia y cierta prevalencia que, según algunos autores (Gupta), existe en algunos países anglosajones (EEUU y Reino Unido) del *"textualismo"* frente a interpretaciones más amplias que tengan en cuenta la *tax policy* de las disposiciones convencionales, y cómo tal posición está siendo llevada hasta sus últimas consecuencias en materia de interpretación de CDI al considerar que así se protege la necesaria interpretación simétrica y bilateral de común acuerdo de un CDI que constituye un contrato entre Estados (Gupta 2014, citando los leading cases *Maximov* y *North Life Assurance Co. of Canada*). Los tribunales americanos, en concreto, solo parecen aceptar interpretaciones del IRS que caigan dentro del texto del CDI y que sean susceptibles de *"capturar las percepciones comunes de los dos Estados contratantes"*. En este mismo sentido, algunos tribunales, el punto de partida de toda interpretación de una cláusula de un CDI viene dada por el texto de la misma (Federal Court of Australia en el caso *Lamesa Holdings BV*, 20 Agosto 1997, 97 ATC 4572) el cual prevalece sobre cualquier consideración que pudieran hacer los intérpretes sobre la intención de las partes a la hora de firmar el CDI. La jurisprudencia del *Bundesfinanzhof* también estaría evolucionando hacia la interpretación contextual autónoma basada en el texto de la cláusula convencional en aras de lograr una interpretación común y simétrica de los CDI, evitando el recurso mecánico y principal a una interpretación atendiendo a la legislación interna del Estado de la fuente (vid.: BFH 21 Junio de 2016, I R 49/14; vid.: Cloer/Sixdorf 2017, p. 302 y ss).

En este contexto de prevalencia del textualismo y el lenguaje del CDI, las principales vías aceptables para lograr una interpretación correctiva frente a determinados esquemas de planificación fiscal agresiva que cae dentro del texto del CDI serían: a) introducir en el CDI cláusulas antiabuso específicas o generales antiabuso; y b) utilizar interpretaciones consensuadas del CDI por las autoridades competentes de los dos Estados (Gupta 2014). Todo apunta a que la OCDE, en el marco del contexto BEPS, se estaría moviendo en esta dirección, particularmente a través de las cláusulas específicas que implementan "medidas BEPS" (anti-híbridos, frente a la elusión del estatus del EP, o la PPT, sin que la cláusula del artículo 6 MLI pueda utilizarse en este sentido) y que se han recogido en el MLI/CML 2016, el cual es objeto de análisis en el epígrafe 3 de este Capítulo. A este respecto, cabe apuntar cómo un buen número de los últimos CDI concluidos por España o bien incluyen cláusulas antiabuso generales o específicas en relación con determinadas disposiciones del convenio (v.gr. CDI con EAU), o bien contienen una cláusula general de salvaguardia de la aplicación de la normativa interna relativa a la prevención de la evasión fiscal (v.gr. CDI con Chipre), o una combinación de ambos modelos (v.gr. CDIs con Argentina 2013, con la República Dominicana, con Kuwait). En este orden de cosas, resulta procedente mencionar una línea de jurisprudencia de la Audiencia Nacional que se opone a una "re-interpretación" de los CDI a la luz de los nuevos principios BEPS, allí donde la operación técnica de interpretación de las disposiciones a la luz de su texto y contexto resulta en la aplicación de un beneficio fiscal a favor de un contribuyente que deriva del propio convenio, no habiéndose producido abuso alguno del mismo (SSAN de 27 de febrero de 2014, rec. 232/2011, y de 9 de julio de 2015, rec. 282/2012, sobre JSC brasileños); en este sentido, la AN podría estar rechazando de facto la denominada interpretación a la luz del "espíritu de las normas" (más allá de la interpretación teleológica) que se está tratando de desarrollar como nuevo límite a la planificación fiscal (vid. Calderón/Seara (2015)). También existe algún otro pronunciamiento muy relevante de la AN que se opone a la aplicación de "nuevos estándares fiscales internacionales" por vía de Soft-Law (SAN de 10 de julio de 2015, rec. 281/2012, caso ING); a este respecto, cabe destacar cómo el propio Tribunal Constitucional ha limitado el propio valor de las recomendaciones de la OCDE poniendo de relieve su naturaleza no normativa (aunque con efectos interpretativos allí donde el legislador nacional se inspira en la misma como acontece en material de precios de transferencia; STC 145/2013), de manera que no pueden ser invocadas como fundamento para invadir competencias

(STC 55/2018), ni justificar o amparar la adopción de medidas fiscales que no cumplan con los principios constitucionales en materia tributaria (STC 73/2017). El TS, en su sentencia de 19 de julio de 2016 (rec. 2553/2015, caso *Sara Lee*), ha indicado con acierto que la existencia (y aplicación prevalente) de un CDI no impide a las Administración tributaria regularizar negocios fraudulentos.

– El contexto a los efectos de la interpretación de un tratado comprenderá, además del texto, incluido el preámbulo y anexos:

• Cualquier acuerdo relativo al tratado que haya sido celebrado por las partes en conexión con la celebración del tratado.

• Cualquier instrumento que haya sido elaborado por una o más partes en relación con la celebración de un tratado y que haya sido aceptado por las otras partes como un instrumento relativo al tratado (artículo 31.2 CVDT).

– Junto al contexto, se tendrán en cuenta, a los efectos interpretativos:

• Cualquier acuerdo sucesivo entre las partes relativo a la interpretación o aplicación del tratado.

• Cualquier práctica subsiguiente en la aplicación del tratado que permita deducir el acuerdo en la interpretación del tratado por las partes. A este respecto, algunos autores consideran que la interpretación de buena fe de un CDI con arreglo a su objeto y fin puede fundamentar la toma en consideración de la legislación y jurisprudencia de otros países sobre la interpretación de una cláusula convencional (así como otros materiales de Derecho extranjero) como ayuda a la interpretación común o concordante (Pleil/Schwibinger 2018).

• Cualquier regla relevante de Derecho internacional aplicable en las relaciones entre las partes (artículo 31.3 CVDT).

– Un término adquirirá un significado especial si se estableciera que las partes pretendieron dotar al mismo de este significado (artículo 31.4 CVDT).

– Será posible recurrir a medios suplementarios de interpretación, incluyendo los trabajos preparatorios del tratado y las circunstancias de su conclusión, a fin de confirmar el significado que resulte de la aplicación del artículo 31 CVDT o para determinar el significado cuando la interpretación de conformidad con las reglas del artículo 31 CVDT (a) no lo aclare o lo deje oscuro o (b) lleve a un resultado manifiestamente absurdo o irracional (artículo 32 CVDT).

– Cuando un tratado haya sido ratificado en dos o más idiomas, el texto tendrá igual fuerza en cada uno de ellos, a menos que el tratado disponga o las partes acuerden que, en caso de divergencia, una versión tenga prioridad sobre las otras (artículo 33.1 CVDT).

– Una versión de un tratado en una lengua distinta a aquellas en las que el mismo fue ratificado solo será considerada texto auténtico si el tratado así lo dispone o lo acuerdan las partes (artículo 33.2 CVDT).

– Los términos del tratado se presume que tienen el mismo significado en cada texto auténtico (artículo 33.2 CVDT).

– Excepto cuando un texto concreto del tratado tenga prioridad sobre los otros de conformidad con el artículo 33.1 CVDT, si la comparación entre dos o más versiones auténticas del tratado revelara diferencias de significado que no puedan resolverse por la aplicación de las reglas de los artículos 31 y 32 CVDT, se adoptará el significado que mejor se adapte al texto del tratado, teniendo en cuenta su objeto y finalidad (artículo 33.1 CVDT).

Es decir, el CVDT establece todo un conjunto de reglas de interpretación que deben ser tenidas en cuenta por el intérprete de los mismos y que puede resumirse de la siguiente forma:

– En principio, el significado ordinario de los términos prevalece. A tal significado ordinario deberá llegarse teniendo en cuenta el objeto y fin del tratado así como el contexto del mismo (el CVDT utiliza una versión restringida de contexto, el llamado «contexto intrínseco»), la práctica y acuerdos entre las partes.

– Quien afirme que un término del tratado tiene un significado especial deberá probarlo.

– Se pueden tener en cuenta otros materiales distintos del contexto intrínseco del tratado, el denominado «contexto extrínseco» o medios suplementarios de interpretación, pero ello con dos finalidades, confirmar el significado ordinario o especial o bien aclarar los problemas de interpretación a los que lleve la aplicación de las reglas del artículo 31 CVDT.

– En los textos ratificados en dos o más lenguas, todos ellos tienen igual fuerza y, en caso de divergencias entre las versiones auténticas, se adoptará el significado que mejor se adapte al objeto y finalidad del tratado.

Las reglas de interpretación no son muy distintas a aquellas establecidas en el Derecho interno, pero sí que tienen algunas peculiaridades. En cualquier caso, debe tenerse en cuenta que las reglas del CVDT no son autónomas entre sí, sino que tienen una íntima relación entre ellas, de tal forma que, por ejemplo, para determinar el significado de un término será frecuente que el intérprete recurra al «contexto» (intrínseco) según el artículo 31 CVDT, pero también que tal interpretación se vea confirmada por los medios suplementarios de interpretación («contexto extrínseco»). La utilidad de estas reglas estriba no solo en su operatividad como Derecho consuetudinario internacional, que debiera llevar a las distintas partes del tratado a realizar interpretaciones uniformes del mismo, con independencia de cuál fuera la intención de los firmantes en el momento de celebrar el tratado, sino también al hecho de que determinan de una forma clara qué materiales deben utilizarse en la interpretación de los tratados internacionales. Las reglas de los artículos 31 a 33 CVDT no deben, en ningún caso, ser concebidas de forma rígida puesto que, frecuentemente, será posible acudir a otras reglas de interpretación (v.gr. las establecidas en los propios CDI) y, más bien, constituyen un conjunto básico de principios comúnmente aceptados para garantizar una interpretación uniforme de los tratados.

El paso del tiempo ha revelado, sin embargo, que tales reglas o principios internacionales de interpretación resultan de poca utilidad cuando se trata de interpretar las disposiciones de los CDIs; así, tomando como ejemplo el caso español, apenas existen resoluciones administrativas o sentencias donde se emplee la referida CVDT para fundamentar la interpretación de una cláusula de un CDI.

Las características específicas de los CDIs parecen requerir el empleo de unas reglas especiales de interpretación que no coinciden totalmente con las internacionales o con las propiamente internas. Posiblemente, ello puede explicarse en cierta medida en su carácter dual y por la compleja interrelación existente entre estos CDIs y la legislación fiscal interna que hemos comentado más arriba.

Ciertamente, la correcta aplicación de un sistema normativo tan complejo requiere en todo caso de una interpretación uniforme, común o bilateral. Resulta evidente que si las disposiciones del CDI se interpretan y aplican de forma asimétrica por los tres sujetos principales destinatarios del mismo rara vez se alcanzarán los objetivos perseguidos por el Convenio, antes al contrario, posiblemente, se obtendrían los resultados opuestos: doble imposición/doble no imposición y una agravación de los conflictos fiscales entre los dos países.

La necesidad de articular una interpretación común posee dos grandes implicaciones. Por un lado, en la medida en que se emplee un «lenguaje fiscal internacional» (común) en los CDIs, el recurso a la normativa interna, en principio, debería quedar excluido cuando no matizado o modulado. Por otro lado, la interpretación de los CDIs debe respetar los condicionantes derivados de la interpretación común que trataron de alcanzar las autoridades de los Estados cuando concluyeron el convenio utilizando a tal efecto determinados materiales en tal sentido como los comentarios al modelo OCDE para evitar la doble imposición. Esta interpretación y aplicación de las disposiciones del CDI no resulta totalmente desconectada de la legislación interna de los dos Estados contratantes sino antes al contrario de la interrelación de ambos conjuntos normativos es de donde se extrae la ordenación jurídico-tributaria que procede aplicar a los hechos imponibles internacionales; precisamente aquí reside la esencia de interpretación bilateral de los CDIs y al mismo tiempo la verdadera complejidad de la correcta aplicación de los mismos. En particular, debe señalarse que la interrelación entre los CDIs y la legislación interna no puede reducirse a una relación de prevalencia o de especialidad, sino que en la mayoría de las ocasiones se requiere una cuidadosa y simétrica «integración» de los dos conjuntos normativos (CDI y legislación interna) en los dos Estados contratantes. Los problemas de calificación en el marco de los CDIs constituyen uno de los ejemplos más evidentes de la referida «integración» entre los convenios y la legislación interna; en ocasiones, el CDI comporta un cambio de calificación de una renta, en relación con la calificación que le corresponde con la legislación interna de un Estado contratante, sin que ello conlleve simultáneamente alterar el régimen fiscal que finalmente debe aplicarse a tal renta en tal Estado contratante (v.gr. CCDGT de 17 de junio de 2002, en la que el referido centro directivo considera que las rentas obtenidas por conferenciantes no residentes constituyen rentas profesionales a los efectos del CDI, artículo 14, de suerte que si, con arreglo al CDI, resultan imponibles en España tributarían de acuerdo con las normas aplicables a las rentas del trabajo dependiente; un efecto similar se produce en las ganancias de capital, en las que el concepto convencional no coincide con el interno o en los cánones o en las pensiones).

La relevancia de una correcta interpretación del CDI desde la perspectiva del contribuyente no puede perderse de vista, no solo de cara a lograr el tratamiento acorde con la legalidad convencional, sino considerando cómo una interpretación incorrecta del CDI que condujera a una tributación en la fuente no conforme al convenio puede conducir a doble imposición internacional residual; y a este respecto, llamamos la atención sobre la elevación del umbral de diligencia que deriva de la doctrina administrativa del TEAC que ha declarado que para aplicar la deducción por doble imposición internacional se requiere la acreditación por el contribuyente de que la renta en cuestión fue correctamente gravada en el extranjero de acuerdo con una correcta interpretación de las disposiciones del CDI aplicadas al caso (RTEAC de 21 de marzo de 2013, rec. n° 2234/11; en parecidos términos la consulta DGT de 24 de mayo de 2013, V1707-13).

Partiendo de estas consideraciones, puede observarse cómo desde los primeros trabajos de la Sociedad de Naciones («el informe de los cuatro economistas» de 5 de abril de 1923) hasta el momento presente existe una tendencia a desarrollar un «lenguaje fiscal internacional», al entenderse que constituye el mecanismo más adecuado y efectivo para garantizar la interpretación común y simétrica de las disposiciones de los CDIs. Son varios los instrumentos que contribuyen a la creación de este lenguaje común. En primer lugar, encontramos que los propios CDIs contienen definiciones, que, con un mayor o menor grado de autonomía con respecto a la legislación interna, se imponen sobre las contenidas en esta última (los ejemplos empleados más arriba son ilustrativos –cánones, rendimientos empresariales, pensiones– y a ellos cabe añadir la definición de dividendos o intereses) y contribuyen a ese desarrollo del lenguaje común internacional, en la medida en que deben ser interpretadas y aplicadas por ambas partes de forma simétrica. En segundo lugar, los CDIs contienen reglas propias de interpretación que se aplican, no ya a artículos concretos, como las definiciones a las que antes nos referíamos, sino a todo el CDI: es el caso de las reglas del artículo 3 ModCDI. También contribuyen a la creación de ese lenguaje internacional común, los trabajos de las organizaciones internacionales, especialmente, la OCDE a través del ModCDI. Puesto que las definiciones específicas contenidas en los CDIs se estudian en los capítulos dedicados a las reglas distributivas de los CDIs (artículos 6 a 22), en los epígrafes siguientes nos centraremos en los artículo 3 ModCDI y en la relevancia de los Comentarios al ModCDI como instrumentos relevantes en la interpretación de los CDIs.

Antes de pasar al estudio del artículo 3 ModCDI o a los efectos del ModCDI en la interpretación de los CDI, debemos mencionar que la creación de un lenguaje común normalmente exigirá al intérprete que tenga en cuenta diversos materiales específicos. Es importante la consulta de las decisiones administrativas y judiciales del otro Estado contratante para garantizar la uniformidad en la interpretación. Deben tenerse presente, igualmente, que los CDIs prevén un cauce de resolución de dudas interpretativas surgidas en el seno del CDI, el procedimiento amistoso, que es estudiado en un capítulo aparte de este mismo trabajo. Por último, no deben desconocerse dos ideas importantes:

– Las decisiones o documentos unilaterales (v.gr. las Explicaciones Técnicas añadidas a los CDIs que firma EEUU), si no son aceptados por la otra parte contratante, no deben ser tenidos en cuenta como interpretación auténtica de los CDIs. Como hemos visto, a la luz del CVDT, no puede considerarse que sean el «contexto» del tratado. De hecho, los propios tribunales norteamericanos rechazan interpretaciones basadas en materiales administrativos unilaterales como las US Technical Explanations, a menos que exista evidencia de constituir o reflejar una interpretación conocida y aceptada por el otro Estado contratante, considerando como la interpretación convencional debe *"capturar las percepciones comunes de los dos Estados contratantes"* (Gupta 2014). También el Tribunal Supremo español ha cuestionado interpretaciones unilaterales de las autoridades españolas que restringen el ámbito de aplicación de exenciones tributarias convencionales, máxime cuando el convenio establece mecanismos bilaterales de resolución de dudas y dificultades interpretativas (STS de 19 de noviembre de 2014, rec. 553/2014). No obstante, la posición adoptada en algunas sentencias como el caso Dell (STS 20 junio de 2016, rec 2555/2015) supera claramente tanto el tenor literal de la cláusula como el sentido ordinario de la misma con arreglo a los materiales suplementarios de interpretación; esta sentencia ha sido objeto de duras críticas por un sector de la doctrina internacional (Sprague) al entender que vulnera uno de los principios básicos de la interpretación de los CDI que pasa por una hermenéutica literal-textual buscando la intención de las partes a la hora de firmar el acuerdo, como si se tratara de un contrato, de manera que el intérprete no debe superar el tenor literal de la cláusula, ni su significado ordinario con los medios suplementarios de interpretación (CMC OCDE) en aras de lograr un objetivo de política fiscal que le corresponde al legislador). Ciertamente, no puede dejar de señalarse cómo los CDI, en último análisis, constituyen mecanismos no tanto dirigidos a eliminar la doble imposición (fenómeno que permiten), sino al servicio de la distribución del poder tributario entre los Estados, eliminando los efectos de dobles gravámenes y determinados conflictos entre las autoridades fiscales; en este sentido, el hecho de que la evolución de la fiscalidad internacional (particularmente el Proyecto BEPS) haya intensificado la utilización de los CDI como mecanismos frente al fraude y determinados esquemas de planificación fiscal agresiva no puede justificar una aplicación de los mismos perdiendo de vista su finalidad principal; cabe reconocer, sin embargo, que las medidas introducidas en los CDIs a efectos de implementar las acciones 2, 6 y 7 de BEPS hacen mucho más complejo para los contribuyentes la aplicación de los CDI, de manera que éstos han perdido una buena parte de su funcionalidad originaria con facilitadores del comercio y la inversión transfronteriza (Bouma 2016).

– Los «CDIs paralelos» pueden tener importancia a la hora de interpretar un CDI concreto. Frecuentemente, las prácticas de los Estados se trasladan de un CDI a otro, por lo que otros CDIs del mismo Estado (o el desarrollo interpretativo de los mismos) puede resultar relevante para interpretar las disposiciones de un CDI concreto (no perdiendo de vista, como es lógico, la autonomía de un CDI con respecto a los demás firmados por el mismo Estado y que las prácticas y política de un Estado en materia de tratados pueden cambiar con el tiempo).

2.2. El artículo 3 del modelo de convenio de doble imposición como regla general de interpretación

2.2.1. Consideraciones generales. Referencia al artículo 3.1 ModCDI

El artículo 3 ModCDI contiene dos párrafos con una redacción bien distinta, pero, en cualquier caso, enlazados por una finalidad común: se trata de reglas interpretativas especiales que el propio ModCDI (o CDI concreto) establecen y que, como tales, tienen prioridad sobre otras normas de interpretación (v.gr. CVDT). Cabría lógicamente preguntarse por la relación entre los dos párrafos, habida cuenta de que ambos establecen reglas de interpretación especiales. El artículo 3.1 ModCDI constituye una regla especial de interpretación (términos definidos convencionalmente) en relación con la regla general del artículo 3.2 (interpretación de términos no definidos convencionalmente) y éste, a su vez, es una regla general de interpretación de los CDIs que prevalece sobre las reglas generales de interpretación de los tratados internacionales (CVDT) y sobre las previstas en la legislación interna de los Estados contratantes (v.gr., el artículo 12 LGT 2003). Del mismo modo los apartados 1º y 2º del artículo 3 ModCDI contienen una referencia al «contexto» del CDI que determina que las reglas que establecen sean excluidas o apartadas cuando deba prevalecer una interpretación contextual.

El artículo 3.1 ModCDI contiene una serie de definiciones cuya virtualidad y efectos, «salvo que el contexto imponga otra interpretación», se extienden a todo el ModCDI (o CDI concreto). No podemos, por la naturaleza de esta obra, extendernos sobre el significado de cada una de las definiciones que el artículo 3.1. ModCDI recoge, pero sí que debemos tener en cuenta que, cuando el ModCDI haga una referencia específica a alguno de los conceptos definidos en el artículo 3.1 ModCDI, debemos acudir a él para determinar su significado. Y, en la mayor parte de los casos, debemos aplicar la definición del artículo 3.1 ModCDI (con las aclaraciones que realizan los comentarios al artículo 3 ModCDI). Las definiciones más relevantes del artículo 3.1. ModCDI son las siguientes:

– El término «persona» comprende las personas físicas, las sociedades y cualquier otra agrupación de personas. Es decir, a efectos del CDI, tanto las personas físicas como las jurídicas u otros entes sin personalidad pueden tener acceso al Convenio (obviamente, si cumplen con las notas definidas en los artículo 1 y 4 ModCDI).

– El término «sociedad» significa cualquier persona jurídica o cualquier entidad que se considere persona jurídica a efectos impositivos. La característica fundamental de esta definición se encuentra en que la definición usual de sociedad propia de los ordenamientos mercantiles internos no es la que mejor refleja el concepto de «sociedad convencional», ya que, en el CDI, «sociedad» se conecta con sujetos pasivos o contribuyentes reconocidos a efectos de la legislación tributaria, lo cual determina que entidades sin personalidad (v.gr. un fondo de inversión), puedan, sin embargo, ser «sociedades» a efectos del CDI. El Modelo OCDE aprobado en julio de 2014 modificó el parágrafo 3 del comentario al artículo 3 en relación con el concepto de sociedad, estableciéndose que el término también comprende cualquier otra unidad económica susceptible de imposición (any other taxable unit) que sea tratada como una entidad por la legislación fiscal del Estado contratante de residencia (en lugar de Estado de organización o constitución). El Modelo de Convenio OCDE 2017 actualizó el apartado 1 del artículo 3 Modelo incluyendo una nueva letra i), que contiene una definición específica dedicada a "fondos de pensiones reconocidos" con el objeto de asegurar la aplicación de los convenios a aquellos fondos que cumplan los requisitos para ser considerados personas residentes con arreglo al artículo 4.1 del Modelo OCDE (que también es objeto de una ligera modificación simétrica); el MC OCDE 2017 incorpora nuevos comentarios en relación con esta modificación (parágrafos 10.3 a 10.18 CMC al artículo 3).

– El término «empresa» se aplica al ejercicio de toda actividad empresarial o profesional o negocio. Este concepto debe interpretarse en conexión con la expresión «actividad empresarial o profesional» y el término negocio que el propio artículo 3.1 ModCDI define en su último párrafo. Si bien el concepto de empresa es autónomo en el CDI, existe una cierta dependencia de la legislación interna de los Estados contratantes a la hora de definir el mismo. Debe tenerse en cuenta, no obstante, que el concepto de empresa no será idéntico en el marco del CDI al concepto de actividad empresarial, puesto que en el ModCDI, la calificación de una renta, por ejemplo, en el artículo 11 (intereses) ó 12 (cánones) excluirá su calificación como renta empresarial (propia del artículo 7 ModCDI), por más que quien la obtenga sea una empresa a efectos del CDI y que la legislación interna incluya los cánones en la renta derivada de una actividad empresarial.

– Las expresiones «empresa de un Estado contratante» y «empresa del otro Estado contratante» significan, respectivamente, una empresa explotada por un residente de un Estado contratante y una empresa explotada por un residente del otro Estado contratante;

– La expresión «tráfico internacional» significa todo transporte efectuado por un buque o aeronave, explotado por una empresa cuya sede de dirección efectiva esté situada en un Estado contratante, salvo cuando el buque o aeronave sea explotado únicamente entre puntos situados en el otro Estado contratante. Esta definición es, sobretodo, relevante a los efectos del artículos 8, 13.3, 15.3 y 22.3 ModCDI. Hay que tener en cuenta que el 12 de abril de 2004, el Comité de Asuntos Fiscales de la OCDE revisó los Comentarios al artículos 3.1.e) y 8 ModCDI alterando el significado de la expresión «tráfico internacional». En el ModCDI 2005 se modificaron los comentarios al artículo 3 (parágrafo 6.3) al objeto de clarificar que la definición de tráfico internacional no se aplica al transporte que realiza una empresa que tiene su sede de dirección efectiva en un Estado contratante cuando el barco o aeronave opera entre dos lugares en el otro Estado, incluso si parte del transporte tiene lugar fuera de tal Estado. Así, un crucero que se inicia y termina en el otro Estado sin realizar ninguna escala en un puerto extranjero no constituye un transporte internacional de viajeros. El Modelo de Convenio OCDE 2017 ha dado nueva redacción a la letra e) del artículo 3.1, eliminando de tal definición la referencia "operado por una empresa que tiene su sede de dirección efectiva en otro Estado contratante"; también modifica la coletilla final de manera que ahora se establece lo siguiente: "excepto cuando un barco o aeronave sea operada entre dos lugares en un Estado contratante y la empresa que opera el barco o aeronave no sea una empresa de tal Estado". Los comentarios al artículo 3.1 MC OCDE 2017(parágrafo 6.1) explican que tal cambio persigue garantizar que la definición se aplica a transportes por barco o aeronave operado por una empresa de un país tercero; de esta forma, el cambio introducido no afectaría a la aplicación del artículo 8, que solo se refiere a beneficios de una empresa de un Estado contratante, pero permite la aplicación del artículo 15.3 a un residente de un Estado contratante que obtiene una remuneración de un empleo ejercido a bordo de un barco o aeronave operado por una empresa de un país tercero.

– La expresión «autoridad competente» también se suele concretar en este precepto, que expresamente contempla qué órgano o departamento de la Administración tributaria ejerce la función de autoridad competente a efectos del CDI. La mayoría de los CDIs españoles se refiere al Ministerio de Economía y Hacienda o al Director General de Tributos o la autoridad en quien delegue, pero la determinación de quién es la autoridad competente debe realizarse en atención a la estructura del propio Ministerio y la DGT en el momento de aplicación de CDI. En la actualidad, puede concluirse que tal autoridad es la Subdirección General de Tributación de No Residentes (sin perjuicio de que también otras Subdirecciones tienen atribuidas ciertas competencias en relación con los CDIs).

– El término «nacional» se aplica a:

• Toda persona física que posea la nacionalidad de un Estado contratante.

• Toda persona jurídica, sociedad de personas o asociación constituida conforme a la legislación vigente en un Estado contratante. Esta definición es relevante en relación con los artículos 4, 19 y, especialmente, 24 ModCDI.

– La expresión «actividad empresarial o profesional» y el término «negocio» incluyen la ejecución de servicios profesionales y la realización de otras actividades de carácter independiente. Como y a señalamos, este término es relevante en relación con las definiciones de «empresa» y «empresa de un Estado contratante» y «empresa del otro Estado contratante», para precisar su significado, algo especialmente relevante tras la supresión en el año 2000 del artículo 13 ModCDI, de tal forma que ahora resulta claro que la actividad empresarial incluye también la realización de actividades profesionales.

2.2.2. *La interpretación de los términos no definidos en el Modelo de convenio de doble imposición. El artículo 3.2 ModCDI*

2.2.2.1. *Los comentarios al Modelo de convenio de doble imposición y la función del artículo 3.2 ModCDI*

El artículo 3.2. ModCDI es una regla general de interpretación que dispone que, en relación con la aplicación de un Convenio por un Estado contratante en un momento determinado, los términos no definidos en el mismo tendrán, a menos que de su contexto se infiera una interpretación diferente, el significado que en ese momento le atribuya la legislación de ese Estado relativa a los impuestos que son objeto del Convenio, *prevaleciendo el significado atribuido por la legislación fiscal sobre el que resultaría de otras ramas del Derecho de ese Estado.*

A pesar de que nos encontramos ante una de las disposiciones cuya interpretación ha generado más problemas en el contexto del ModCDI, los Comentarios al artículo 3.2 ModCDI no le dedican una atención excesiva. Básicamente, las aclaraciones de los Comentarios son las siguientes:

– El artículo 3.2 ModCDI constituye una regla de interpretación general (párrafo 11).

– En el marco del artículo 3.2. ModCDI, la referencia a la legislación interna podría generar dudas sobre si se debe tener en cuenta la legislación interna en vigor en el momento de aplicar el CDI («interpretación ambulatoria o dinámica») o en el momento en que éste se celebró («interpretación estática»). El párrafo 11 Comentarios al artículo 3.2. ModCDI aclara que el Comité de Asuntos Fiscales de la OCDE concluyó que la interpretación dinámica (de la legislación doméstica) debe prevalecer y en 1995 modificó el artículo 3.2 ModCDI para aclarar este aspecto.

– Sin embargo, el párrafo 12 aclara que la regla del artículo 3.2 ModCDI solo se aplica «a menos que de su contexto se infiera una interpretación diferente». Tal «contexto» se encuentra determinado en particular por la intención de las partes en el momento de la firma del CDI y también por el significado del término en cuestión en la legislación del otro Estado contratante («una referencia al principio de reciprocidad en el que se basa el Convenio»). La redacción del artículo, continúa el párrafo 12 Comentarios al artículo 3.2 ModCDI., permite a las autoridades competentes un cierto margen.

– En consecuencia, según el párrafo 13 Comentarios al artículo 3.2 ModCDI, la redacción del párrafo 2 asegura un equilibrio adecuado entre, por una parte, la necesidad de garantizar la permanencia de las obligaciones asumidas por los Estados al firmar un CDI (no se debe permitir a un Estado que haga inoperante el CDI reformando con posterioridad, el significado y alcance de los términos no definidos en el mismo) y, por otra parte, la necesidad de aplicar el CDI de una forma conveniente y práctica con el paso del tiempo (debe evitarse la referencia a conceptos desfasados).

– El párrafo 13.1 Comentarios al artículo 3.2 ModCDI intenta explicar el significado de una de las modificaciones realizadas en 1995. A los efectos del artículo 3.2 ModCDI, aclara el párrafo13.1, el significado de los términos no definidos en el CDI debe ser determinado por referencia al significado del término en el Derecho interno, tributario o no. Sin embargo, cuando el término en cuestión adopte un significado distinto en las diferentes ramas del Derecho interno, el significado que atribuyan las normas que regulan los tributos comprendidos dentro del ámbito del CDI debe prevalecer sobre otros, incluyendo el que otras normas tributarias atribuyan al concepto. Los Estados que puedan celebrar procedimientos amistosos sobre la base, en particular, del artículo 25.3 ModCDI, para establecer el significado de términos no definidos en el CDI deben tener en cuenta los acuerdos entre las autoridades competentes al interpretar estos términos. A este respecto, debe destacarse cómo el MC OCDE 2017 modificó el tenor literal del artículo 3.2 a efectos de establecer que a la hora de aplicar el Convenio cualquier término no definido tendría que interpretarse con arreglo al contexto o a lo acordado por las autoridades competentes con arreglo al artículo 25 MC OCDE. Los Comentarios al artículo 3.2 MC OCDE (2017, parágrafo 13.2) parecen indicar que la posición dominante en cuanto a la propia interpretación de esta cláusula pasa por considerar que el recurso a la legislación doméstica a efectos de dotar de significado a un término no definido únicamente aplica allí donde el contexto no requiere otra interpretación (o el término ya está definido), o las autoridades competentes en el marco del artículo 25 MC OCDE han acordado un significado específico (siempre que resulte compatible con el texto, e incluso el contexto del CDI); de esta forma, el recurso a la legislación interna de los Estados –como fuente de interpretaciones asimétricas- quedaría, en principio, más limitado. Nótese que esta modificación del artículo 3.2 MC OCDE 2017 deriva del informe final de la acción 14 de BEPS.

Por lo que respecta a la función del artículo 3.2 ModCDI, en parte, ya la hemos aclarado anteriormente, pero puede resumirse de la siguiente forma:

– El artículo 3.2 ModCDI es una regla general del CDI en materia de interpretación que solo será aplicable cuando no exista en el propio CDI una regla especial de interpretación (como, por ejemplo, el artículo 3.1 ModCDI). Tal carácter general se predica no solo frente a las normas del CDI que contengan definiciones autónomas de la legislación interna, sino también en relación con los preceptos del CDI que contienen una remisión a la legislación interna (v.gr. definición de residente del artículo 4 ModCDI).

– Como regla de interpretación propia del CDI, el artículo 3.2. es de aplicación prioritaria con respecto a las reglas generales de interpretación de los Tratados internacionales (los artículos 31 a 33 del CVDT) -aunque estas últimas serán relevantes para interpretar las disposiciones de los CDIs que traspongan el artículo 3.2 ModCDI - o del Derecho interno (artículo 12 LGT 2003). En el fondo, el artículo 3.2 ModCDI instrumenta la regla de interpretación autónoma, contextual y finalista que codifica el artículo 31.1 CVDT, que limita el recurso automático a la interpretación atendiendo a la legislación interna de uno de los Estados dado que ésta es susceptible de generar doble imposición ya que como regla resultará un significado o entendimiento de la cláusula asimétrico y no bilateral (véase la STJUE de 12 de septiembre de 2017, *Austria/Alemania*, C-648/15). Cabe destacar a este respecto cómo existe doctrina administrativa de la DGT que parece interpretar el artículo 3.2 ModCDI como una regla que conduce a la aplicación de la legislación interna, siempre y cuando nos encontremos ante un término no definido en el CDI (vid., por ejemplo, consultas DGT V0864-07 de 24-4-2007, DGT V3243-16 de 11-7-2016, DGT V0036-17 de 10-1-2017 y DGT V2009-18 (remitiendo a legislación fiscal del Estado fuente); en parecidos términos las RRTEAC de 17 de abril de 2008, rec. 3604/2006, y de 25 de junio de 2009, rec. 5423/2008; el TS también en alguna ocasión ha considerado que el artículo 3.2 articula una suerte de remisión a la legislación interna vigente en cada momento, del Estado que aplica el CDI en relación con los términos no definidos en el convenio (STS de 9 de febrero de 2016, rec. 3429/2014, caso Oracle). La AN se ha manifestado a favor de la prevalencia de las definiciones convencionales a efectos de aplicar las correspondientes disposiciones del CDI, de suerte que tal labor de interpretación se conecta con la operación de calificación del negocio/operación de que se trate teniendo en cuenta la naturaleza jurídica de tal negocio y renta desde la perspectiva del Estado de la fuente y del de la residencia (SSAN de 27 de febrero de 2014, rec. 232/2011, y de 9 de julio de 2015, rec. 282/2012, sobre JSC brasileños; en parecidos términos, enfatizando la necesidad de realizar una calificación jurídica atendiendo a la naturaleza de la renta, excluyendo interpretaciones económica o empleo de la analogía, véanse las SSAN de 7 de noviembre de 2013 y de 10 de noviembre de 2016, rec. 574/2014).

– Si bien la doctrina ha dedicado una gran atención a este precepto, su supresión en un CDI tampoco tendría grandes efectos, pues tal supresión reforzaría la necesidad de utilizar los artículos 31 a 33 CVDT.

– Tradicionalmente, el artículo 3.2 ModCDI había sido relevante para solucionar los problemas de calificación, sin embargo, en la actualidad, los Comentarios al ModCDI tratan de solucionar los mismos en el seno del artículo 23 ModCDI, por lo que parecen haber ganado terreno las soluciones que proponen que, en definitiva, el artículo 3.2 ModCDI es, fundamentalmente, una regla de interpretación dirigida al Estado de la fuente (vid., sobre este punto, los Comentarios al artículo 23 ModCDI).

En el marco de las cuestiones generales de interpretación de los CDI –y muy particularmente de la interpretación contextual convencional autónoma– debe considerarse la relevancia central que posee la interpretación finalista de la norma, de suerte que solo cuando se tiene en cuenta tal finalidad desde una perspectiva bilateral y convencional se logra una correcta aplicación del convenio. Ello resulta particularmente importante cuando se aplican cláusulas generales o especiales antiabuso en el marco de un CDI (véanse las SSTS de 15 de diciembre de 2008, rec. 5985/2005, y de 25 de septiembre de 2009, rec. 3545/2003, caso Cruz Campo-Guinness). A este respecto, cabe destacar cómo el Comité de Asuntos Fiscales ha reconocido expresamente la necesidad de llevar a cabo este tipo de interpretaciones contextuales y autónomas de los términos no definidos en el CDI para evitar las disfunciones resultantes de interpretaciones asimétricas de acuerdo con las heterogéneas legislaciones internas de los Estados contratantes. Un buen ejemplo de tal reconocimiento lo aportan los Comentarios introducidos en el artículo 15.2 ModCDI 2010 estableciendo una interpretación contextual autónoma del término «trabajador» (Arnold 2011, pp. 3-4).

Igualmente reseñable es la sentencia del Tribunal Supremo del Reino Unido en el caso *Anson vs. HMRC* (de 1 de julio de 2015, UKSC44), donde el más alto tribunal británico estableció una relevante doctrina sobre interpretación de CDI; por un lado, declaró que la interpretación del CDI debe realizarse con arreglo al sentido ordinario de las palabras y en su propio contexto, superando interpretaciones técnicas restrictivas que puedan frustrar el objetivo fundamental de un CDI consistente en la eliminación de la doble imposición internacional; por otro lado, el Tribunal Supremo también apeló a la necesidad de que se realice una interpretación internacional de los CDI, evitando interpretaciones basadas en la legislación interna (material-fiscal) del Estado que aplica el CDI, debiendo prevalecer la aplicación contextual de los términos utilizados en el CDI considerando de forma prevalente la finalidad del convenio, de acuerdo con el artículo 31.1 CVDT, lo cual conduce a minimizar el impacto aplicativo del artículo 3.2 CDIs en relación con el recurso a la legislación fiscal interna. En este mismo sentido, se ha destacado cómo los tribunales alemanes y suizos realizan una interpretación de los CDI estática y contextual, basada en los términos utilizados en las cláusulas convencionales, con uso limitado de los Comentarios al MC OCDE, al considerar que éstos constituyen una "fuente administrativa" y no legal producida por la OCDE que no es Administración nacional; en este sentido, tal interpretación convencional contextual y prevalentemente gramatical se basa en la teoría de la separación de poderes y en la falta de legitimación democrática de la OCDE y sus comentarios desde una perspectiva de legalidad tributaria (Bauserman/Stehn/Lovett 2015). Como ya hemos apuntado, la jurisprudencia del *Bundesfinanzhof* también estaría evolucionando hacia la interpretación contextual autónoma basada en el texto de la cláusula convencional en aras de lograr una interpretación común y simétrica de los CDI, evitando el recurso mecánico y principal a una interpretación atendiendo a la legislación interna del Estado de la fuente (vid.: BFH 21 Junio de 2016, I R 49/14; vid.: Cloer/Sixdorf 2017, p. 302 y ss).

2.2.2.2. Supuesto de hecho cubierto por el artículo 3.2 ModCDI y elementos de la regla de interpretación: «Términos no definidos en el CDI», «Legislación interna» e «Interpretación estática versus interpretación dinámica»

El artículo 3.2. ModCDI será aplicable en los casos de «términos no definidos en el CDI», adquiriendo el término convencional el significado que adopta en la legislación del Estado que debe aplicar el CDI. La interpretación del significado de «término» no debe ser excesivamente estricta, sobre todo, porque la mayoría de los CDIs españoles se refieren a «términos y expresiones» (hay algunas excepciones que solo se refieren a «términos», v.gr. CDI España-Venezuela, España-Vietnam y España-Argelia), lo cual permitirá acudir a la legislación interna no solo en el caso de palabras aisladas empleadas sin definir en el CDI sino también en supuestos de grupos de palabras o expresiones no definidos en el propio CDI. Si bien en algunos casos, la ausencia de definición en el Derecho interno de un término empleado en el CDI permitirá acudir a su equivalente funcional, no deben buscarse equivalencias artificiales, de tal manera que lo usual será que la ausencia de definición en el Derecho interno de un término o expresión empleado en el CDI haga al intérprete decantarse por la búsqueda de una solución contextual, de conformidad con las reglas generales de interpretación de CDIs.

La regla del artículo 3.2. ModCDI impone que el «término» no definido adquiera el significado que tiene en la «legislación» del Estado que debe aplicar el CDI, con lo cual se plantea el problema de determinar qué cabe entender por «legislación». En 1977, la versión inglesa del ModCDI sustituyó «laws» por «law», y la francesa «législation» por «droit», desde entonces, si bien puede mantenerse que en la primera no ha existido cambio de significado puesto que «law» puede referirse también a la legislación, la segunda parece que adopta un significado más amplio al remitir, no a la legislación, sino al «Derecho». La versión española de los CDI suele emplear el término legislación, por lo que no se plantean demasiados problemas de determinación de su significado: será necesario acudir estrictamente a la legislación interna, sin incluir a la jurisprudencia o los principios generales del Derecho (aunque la primera, ciertamente, solo en un sentido muy amplio puede considerarse como Derecho). El único problema puede surgir con la versión inglesa de los CDIs españoles (v.gr. España-India 1993, España-Irlanda 1994) que emplee el término «law», puesto que, si bien hemos visto que, a partir de 1977, puede argumentarse que adquiere el significado de «legislación», en inglés tal término también podría referirse a «Derecho» en sentido amplio (comprensivo de la jurisprudencia), por lo que España debería asegurarse del significado que la otra parte pretende atribuir al término. Lógicamente, cabe plantearse si por «legislación» debemos entender también los CDIs firmados con otros Estados que definan un «término» cuyo significado no está claro en el CDI interpretado. Ciertamente, los CDIs constituyen «legislación» del Estado que interpreta el CDI, pero el principio de efecto relativo de los CDIs, probablemente, impone que una definición de un CDI no sea automáticamente trasladada a otro. Es cierto, como hemos visto, más arriba que los CDIs paralelos nos puede ayudar como elemento interpretativo a definir el «contexto» de otro CDI, pero esta idea es distinta a que la regla del artículo 3.2 ModCDI imponga una remisión automática de un CDI a otro. Por último, no cabe desdeñar el efecto que el Derecho de la UE puede tener sobre la interpretación de los términos no definidos en el CDI por dos vías:

1. Porque imponga, en el Derecho interno, la definición de un término empleado en el CDI.

2. Porque existe la obligación, a cargo de la Administración nacional y de los jueces y tribunales, de interpretar su Derecho (y, por tanto, también sus CDI) de conformidad con el Derecho comunitario.

Todavía en relación con el significado del término legislación surge otra duda, ¿se trata de la legislación relativa a los impuestos cubiertos por el CDI, la legislación tributaria o la legislación en general? Los Comentarios al ModCDI, en la versión anterior a 1995, exigían que el sentido de los términos no definidos en el CDI se determinara por referencia al significado que le atribuya la legislación de este Estado contratante relativa a los impuestos cubiertos por el CDI. A partir de 1995, según expresan tanto el artículo 3.2. como los Comentarios al artículo 3.2., párrafo 13.1, queda claro que, para la determinación del significado de un término no definido en el CDI, no solo se puede acudir a las normas internas relativas a los impuestos cubiertos por el CDI, sino a cualquier otra norma del ordenamiento interno (tributaria o no) que delimite el significado del término no definido. La norma que regula el impuesto en cuestión, no obstante, aclara el párrafo 13.1 Comentarios al artículo 3 ModCDI, debe tener primacía sobre cualquier otra si el término estuviera definido en la misma y en otras normas del ordenamiento jurídico. Ahora bien, no debe desconocerse que, a pesar de la opinión que expresan los Comentarios en el párrafo 13.1, en relación con CDIs que sigan la versión del ModCDI anterior o posterior a 1995, la ausencia del término no definido en el CDI en la legislación interna relativa a impuestos cubiertos por el CDI no permitiría acudir a otras normas tributarias o de otras ramas del Derecho para buscar el significado del mismo. Esto es, la aplicación de la regla de interpretación del artículo 3.2 ModCDI exigiría que, al menos, la legislación relativa a los impuestos cubiertos por el CDI emplee el término no definido en el CDI, aunque sea otra norma del Derecho tributario u otras ramas del Derecho la que contenga la definición del mismo.

Al definir el término «legislación» del Estado que aplica el CDI se plantea lógicamente si por tal debemos entender la propia del momento de firma del CDI («interpretación estática») o aquella que esté en vigor en el momento de aplicar el CDI («interpretación dinámica o ambulatoria»). Desde 1995, los Comentarios al artículo 3.2 ModCDI aclaran que la interpretación dinámica o ambulatoria es preferible, pero tiene ciertos límites:

1. La mención en el artículo 3.2. ModCDI «a menos que de su contexto se infiera una interpretación diferente», puesto que la legislación en vigor en el momento de la celebración del CDI puede ser considerada como «contexto» relevante.

2. El límite inherente a todo tratado en el sentido de que el equilibrio logrado por él debe ser respetado por los Estados contratantes.

Nótese que la interpretación a la luz de la legislación vigente en el momento de aplicación del CDI puede colisionar con una interpretación contextual autónoma de la norma convencional, en cuyo caso el artículo 3.2 del CDI excluye tal remisión a la normativa nacional. Sin embargo, en la práctica española nos encontramos con casos donde nuestros tribunales han adoptado una posición distinta (véanse la STS 1 de septiembre de 2006 y RTEAC de 25 de junio de 2009, rec. 5423/2008, sobre diferente interpretación del concepto de canon antes y después de la reforma operada por la ley 46/2002 en el marco de los CDI).

En este orden de cosas, debe destacarse, tal y como ya hemos indicado más arriba, que el MC OCDE 2017 modificó el tenor literal del artículo 3.2 a efectos de establecer que a la hora de aplicar el Convenio cualquier término no definido tendría que interpretarse con arreglo al contexto o a lo acordado por las autoridades competentes con arreglo al artículo 25 MC OCDE. Los Comentarios al artículo 3.2 MC OCDE (2017, parágrafo 13.2) clarifican que el recurso a la legislación doméstica a efectos de dotar de significado a un término no definido únicamente aplica allí donde el contexto no requiere otra interpretación (o el término ya está definido), o las autoridades competentes en el marco del artículo 25 MC OCDE han acordado un significado específico (siempre que resulte compatible con el texto del CDI). Esta modificación del artículo 3.2 MC OCDE 2017 deriva del informe final de la acción 14 de BEPS.

2.2.2.3. La exclusión de la referencia a la legislación interna cuando el contexto imponga una interpretación diferente

La referencia a la legislación interna, indica el artículo 3.2 ModCDI, será precisa *«a menos que el contexto imponga una interpretación diferente»*, por lo que, para excluir la referencia a la legislación interna habrá que aclarar cuál es el significado del contexto al que se refiere el artículo 3.2 ModCDI y qué lugar ocupa el contexto con respecto a la legislación interna (es decir, si primero debe acudirse a la legislación interna o, por el contrario, antes de acudir a la misma hay que buscar una interpretación contextual que excluya el recurso a la normativa interna de uno de los Estados contratantes). No debemos olvidar, por otra parte, que la misma expresión se emplea en el artículo 3.1 ModCDI, si bien, en este supuesto, no para excluir la referencia a la legislación interna sino para no tener en cuenta las definiciones que el propio artículo 3.1 ModCDI emplea.

El «contexto» del artículo 3.2 (o artículo 3.1) ModCDI no coincide exactamente con el definido en el artículo 31.2 CVDT, que únicamente comprende el llamado «contexto intrínseco». Existe un «contexto extrínseco» que incluiría dentro de la definición del mismo todos aquellos materiales a los que se refieren los artículos 31.3 y 4 y 32 CVDT. En la medida en que los artículos 31 a 33 CVDT no constituyen normas jerárquicas, sino reglas que operan en conjunto, todos los materiales que en ellos se definen podrán ser considerados relevantes y a todos ellos debe recurrirse a la hora de fijar el contexto «en sentido amplio» del artículo 3.2 ModCDI (y, por extensión, del artículo 3.1. ModCDI). En definitiva, el «contexto» relevante del artículo 3.2 ModCDI podría estar constituido por los siguientes materiales:

1. Comentarios al artículo concreto del ModCDI (si el artículo sigue el ModCDI o no se aparta sustancialmente de él) en la versión en vigor en el momento de celebración del CDI y que fue empleada por los negociadores o en versiones posteriores (salvo que se hayan introducido cambios sustanciales en los Comentarios, esta cuestión será tratada con detalle en el epígrafe siguiente).

2. Los materiales, incluso unilaterales, publicados en relación con el CDI de forma contemporánea con el mismo, pero no los posteriores, salvo que hayan sido aceptados por la otra parte contratante (incluso, en relación con los materiales unilaterales contemporáneos debe existir algún indicio de aceptación de los mismos por la otra parte contratante). Dentro de estos materiales posteriores pueden tener una cierta importancia las decisiones de la Administración o las sentencias de los tribunales comunicadas a la otra parte y sobre las que no ha presentado objeciones.

3. Los acuerdos amistosos de naturaleza interpretativa entre las autoridades competentes, que puede ser considerados como práctica posterior en el sentido del artículo 31.3 CVDT (en relación con este tipo de acuerdos, nos remitimos al capítulo correspondiente al procedimiento amistoso).

4. La práctica seguida por los mismos Estados en CDIs de la misma época de aquel que está siendo interpretado.

Tal listado no debe ser interpretado como una calificación jerárquica, puesto que algunos materiales serán más relevantes en unas ocasiones y otros lo serán en ocasiones diversas, ni constituye una clasificación cerrada, puesto que, los artículos 31 a 33 CVDT no excluyen la relevancia interpretativa de medios complementarios no citados en los mismos o de trabajos preparatorios que puedan ser relevantes en el proceso interpretativo.

Una vez delimitado el significado del término «contexto» procede aclarar cuál es su relación con la legislación interna a la que remite la regla del artículo 3.2 ModCDI. A priori podría pensarse que se debe acudir siempre al «contexto» con fin de evitar la aplicación de una ley interna, pero, como diversos autores ponen de manifiesto, la redacción del artículo 3.2. ModCDI parece, más bien, que impone, primero, el recurso a la ley interna y solo si el «contexto» tiene la suficiente fuerza, la aplicación de la ley interna será excluida. Hasta cierto punto, la atención que la doctrina ha prestado a esta cuestión resulta sorprendente. Por un lado, ni el contexto ni el recurso a la legislación interna operan en abstracto: será necesario comprobar cuál es el resultado de una interpretación basada en la legislación interna y de una interpretación contextual antes de decantarse por una u otra. Por otro lado, del propio «contexto» OCDE cabe inferir una cierta preferencia por la necesidad de acudir al contexto frente a la legislación interna, por el propio valor que, según se verá en el epígrafe siguiente, la OCDE otorga a los mismos en el proceso de interpretación de los CDIs. De forma adicional, podríamos decir que existe una cierta tendencia en la Administración, los tribunales y los propios contribuyentes a acudir directamente a los propios Comentarios o materiales que puedan constituir el «contexto» del CDI a fin de delimitar el significado de los términos no definidos, lo cual, indudablemente, conduce en la práctica a que las soluciones «contextuales» tiendan a imponerse sobre el recurso a la ley interna. Obviamente, la determinación del significado de un término por referencia al «contexto» requiere que los argumentos que sostengan el significado «contextual» sean consistentes y lo suficientemente fuertes como para excluir la referencia a la legislación interna, y no deberían estar basados en el deseo del intérprete de encontrar un lenguaje común en el CDI o en la creación del mismo. La primacía de la interpretación «contextual», además, contribuye a reducir los conflictos de calificación que puedan surgir entre los dos Estados contratantes, puesto que el término no definido adquirirá el mismo significado para ambas partes del CDI. La solución que proponemos, sin embargo, puede no resultar aceptada en la práctica ya que es frecuente encontrar, en las decisiones de los tribunales de los distintos Estados, opiniones de todo tipo (primacía de la legislación interna sobre la interpretación contextual o viceversa, opiniones que mitigan la fuerza de uno u otro elemento etc.). Incluso podría decirse en la actualidad que algunas de las incertidumbres sobre esta cuestión se han trasladado al artículo 23 ModCDI, disposición que en la actualidad se ocupa de los conflictos de calificación (aspecto sobre el cual es preciso consultar los Comentarios del Capítulo de esta obra sobre el artículo 23 ModCDI). De hecho, no faltan resoluciones de la DGT que interpreten el artículo 3.2 del CDI aplicable como una norma que establece un reenvío directo y prácticamente automático a la legislación interna del Estado que aplica el convenio cuando el término en cuestión no está definido en el convenio (vid en este sentido las consultas DGT de 0245-05 de 9-8-2005, DGT V0111-16 de 15-01-2016, DGT V3243-16 de 11-07-2016 y DGT V0036-17 de 10-01-2017, la RRTEAC de 17-04-2008 y de 5 de noviembre de 2013, SAN de 19 de diciembre de 2013, y STS de 19 de marzo de 2013). Ya hemos visto en el epígrafe anterior que tal posición, en nuestra opinión, no es correcta, existiendo pronunciamientos de nuestros tribunales y de órganos jurisdiccionales extranjeros en otro sentido.

Asimismo, existe algún pronunciamiento relevante de la Audiencia Nacional donde invocó el artículo 3.2 del CDI aplicable (convenio con Brasil) como argumento para fundamentar la calificación jurídica de un instrumento financiero (los Juros sobre o capital propio brasileños) de acuerdo con la legislación nacional con arreglo a la cual se habían formalizado los negocios jurídicos subyacentes que los que derivaba la renta; también se argumentó que considerando la naturaleza jurídica y configuración del negocio jurídico y la renta derivada del mismo en relación con las definiciones convencionales de dividendo e interés, la calificación procedente era la de dividendos (SSAN de 27 de febrero de 2014, rec. 232/2011, y de 9 de julio de 2015, rec. 282/2012; véase igualmente la SAN de 10 de noviembre de 2016, rec. 574/2014). Tal posición, a nuestro modesto entender, resulta correcta, en particular a la hora de atender a la configuración jurídica y naturaleza del negocio jurídico del que deriva la renta atendiendo a la legislación con arreglo a la cual se formalizó el negocio jurídico de que se trate a efectos de realizar la calificación de acuerdo con las categorías convencionales de renta que puedan ser de aplicación, en la medida en que ello resulta de las reglas de interpretación y calificación del CDI al existir definiciones convencionales específicas de dividendos e intereses que, en conexión con el contexto convencional, conducen a la calificación de acuerdo con la normativa del Estado de la fuente en el sentido indicado; lo que parece menos compartible es la afirmación de que el artículo 3.2 del CDI implica que la legislación nacional brasileña al contemplar y regular la figura de los «juros», desplaza en su interpretación a lo que pueda interpretarse con la normativa nacional española (en relación con la problemática interpretativa y calificatoria de los JSC en un contexto convencional, vid: Calderón 2012).

En cualquier caso, la interpretación «contextual» o la referencia a la ley interna no deberían ser excusas para corregir los casos de doble imposición o de doble no imposición, pues incluso cuando uno de los dos efectos se produce, puede ser que se trate de un resultado querido por los dos Estados contratantes (véanse, por ejemplo, las sentencias del Tribunal Supremo italiano de 24 de noviembre de 2018 (nº 23984), de 18 noviembre de 2011 (nº 24248), de 29 de enero de 2001 (nº 1231) y 11 de octubre de 2018 (nº 25219), donde se declara que la interpretación del artículo 13.4 del CDI Italia-Alemania que la exención en la fuente de las ganancias patrimoniales no mencionadas en los apartados anteriores de tal precepto, no requiere la tributación de tal ganancia patrimonial en el Estado de residencia del contribuyente, de suerte que ello resulta consistente con la estructura y sistemática del CDI y el significado ordinario de los términos empleados en tal cláusula, a pesar de que se genere "doble no imposición").

A este respecto, debe destacarse igualmente cómo las cuestiones de interpretación y las de calificación están estrechamente relacionadas. La OCDE ha desarrollado, sobre todo a partir del año 2000, una serie de principios dirigidos a evitar los problemas de doble imposición y doble no imposición que surgen como consecuencia de diferencias o conflictos de calificación fiscal; en algunos casos la OCDE (véanse los comentarios a los artículos 23 A y B MC OCDE), hace primar la calificación fiscal con arreglo a la legislación fiscal del Estado de la fuente; sin embargo tal principio –que erosiona la interpretación convencional autónoma– plantea un buen número de cuestiones a las que nos referimos en el epígrafe 5 del Capítulo IV de esta obra dedicado a los métodos para evitar la doble imposición, lugar al que nos remitimos; téngase igualmente en cuenta cómo los conflictos de calificación, a su vez, no solo afectan a la calificación de la renta y al derecho de gravamen con arreglo al CDI sino que también pueden determinar una diferente atribución de la renta por parte de los Estados a diferentes contribuyentes (*vid.*: Pleil/Schwibinger 2018).

2.2.3. Los efectos del Modelo en relación con la interpretación de los convenios de doble imposición

2.2.3.1. Introducción

En el momento actual, la inexistencia, a pesar de las reclamaciones de un sector importante de la doctrina, de una organización tributaria internacional, hace que tal papel sea desempeñado por la OCDE. De ahí que sus trabajos tengan una gran importancia en materia tributaria y, más concretamente, en relación con la interpretación de los CDI. Por esta razón, es preciso considerar la función, desde el punto de vista interpretativo, que corresponde a los Comentarios al ModCDI, como explicación del texto del ModCDI, el cual frecuentemente es tomado como modelo por los CDI de los distintos Estados, ya sean miembros o no de la OCDE. En los epígrafes que siguen consideraremos los efectos del ModCDI y sus Comentarios desde tres perspectivas (internacional, la opinión de la doctrina internacional y estrictamente nacional), para, por último, añadir algunas consideraciones sobre la aplicación de los Comentarios al ModCDI posteriores sobre los CDI anteriores. Si bien nos centraremos en los efectos de los Comentarios al ModCDI, es necesario señalar que las conclusiones sobre éstos son trasladables a otros documentos de la OCDE que tienen una función importante en la interpretación de artículos concretos de los CDIs: se trata de las Directrices de la OCDE en materia de Precios de Transferencia (2010-2017), fundamentales para interpretar el artículo 9 ModCDI (así como también el artículo 7.2 ModCDI) y el futuro Manual de Prácticas Relativas al Procedimiento

Amistoso, en fase de borrador para comentarios públicos, pero que será un documento de la máxima importancia en relación con el artículo 25 ModCDI.

En relación con el valor de los comentarios del MC OCDE a los efectos de la aplicación de los CDIs firmados por España, no puede perderse de vista que tal valor interpretativo únicamente aplica allí donde la concreta cláusula convencional objeto de interpretación reproduzca la correspondiente cláusula del MC OCDE, de manera que cualquier desviación del Modelo OCDE posee relevancia interpretativa. A este respecto, cabe poner de relieve igualmente cómo la mayoría de los CDIs concluidos por España sigue el MC OCDE (en sus distintas versiones, lo cual también posee relevancia interpretativa como veremos más adelante), aunque también es habitual encontrar diferencias relevantes entre el Modelo de Convenio y las cláusulas de los CDIs. Dando un paso más sobre la influencia interpretativa de los Comentarios al MC OCDE sobre los CDIs españoles, cabe advertir que muchas cláusulas de éstos siguen la redacción-tipo del Modelo ONU, que en ocasiones difiere del MC OCDE. Es claro que cuando exista una diferencia entre la cláusula del MC ONU que sigue un CDI y la disposición correspondiente del MC OCDE, serán los comentarios al MC ONU los que resulten pertinentes a efectos interpretativos. Incluso podría argumentarse que allí donde España firma un CDI con un país en desarrollo no miembro de la OCDE que incorpora cláusulas del MC OCDE y ONU, puede resultar necesario considerar los comentarios al MC ONU (que reflejan más la perspectiva de los países en desarrollo) para alcanzar un enfoque interpretativo común más equilibrado y alineado con la propia finalidad del convenio; nótese que incluso cuando el MC ONU sigue las cláusulas tipo del MC OCDE los comentarios al mismo (MC ONU) pueden no estar plenamente alineados con los elaborados por la OCDE, y ello puede generar "disonancias interpretativas" (Weeghel 2018).

En este mismo orden de cosas, se ha puesto de relieve igualmente cómo, además de estar produciéndose en los últimos tiempos una mayor convergencia entre los MCs OCDE y ONU, el Modelo OCDE (2017) "Post-BEPS" al incorporar enfoques más globales derivados de la nueva coordinación fiscal internacional articulada por el proyecto BEPS y potenciada por el *"BEPS Inclusive Framework"*, está perdiendo su naturaleza original de modelo monolítico, evolucionando hacia un modelo más abierto que propone diferentes cláusulas-tipo (de las que deriva una *tax policy* específica) que pueden utilizar los distintos países en la negociación de sus CDIs; ciertamente, ello puede facilitar la supervivencia de la OCDE como principal *"global tax-setter"*, pero al mismo tiempo se articula una coordinación de baja intensidad que abre más posibilidades de unilateralismo fiscal y minimiza la cohesión del sistema fiscal internacional en su conjunto (Christians/Apeldoorn, y Keen).

2.2.3.2. La posición del Modelo de convenio de doble imposición y sus comentarios desde la perspectiva del Derecho internacional

Como es sabido, la OCDE es una organización internacional, creada por el Tratado de París de 14 de diciembre de 1960, cuyos objetivos son, fundamentalmente, la promoción del crecimiento económico y el comercio internacional. Sus miembros, entre ellos España, son 30 países entre los que se encuentran los más desarrollados del mundo, sin perjuicio de que en sus trabajos participen y expresen su opinión también Estados no miembros (v.gr. éste es el caso del ModCDI y sus Comentarios, sobre el que unos 30 países han expresado, de manera oficial, su posición). La OCDE, por lo que respecta a la materia tributaria, no tiene poderes normativos, se limita a emitir «recomendaciones», que, según las define la propia OCDE, «no son [actos] legalmente vinculantes pero la práctica les atribuye una fuerza moral importante por representar la voluntad política de los Estados miembros y existir una expectativa de que los Estados miembros harán el máximo posible para seguir las Recomendaciones»; tanto el TEAC como la AN han puesto de relieve que la recomendaciones de la OCDE no constituyen normas jurídicas y, por tanto, no poseen tal efecto, salvo que se incorporen a una norma jurídica (RTEAC de 2-2-2006; y SAN de 4 de diciembre de 2014, rec. 441/2011).

En un primer momento, las distintas versiones del ModCDI y de sus comentarios (1977, 1992, 1995, 1997) adoptaron la forma de Recomendaciones del Consejo de la OCDE. En 1997, se produjo, sin embargo, una novedad importante: la Recomendación del Consejo de 23 de octubre de 1997 relativa al ModCDI introdujo, con respecto a recomendaciones anteriores, una cláusula adicional que autorizaba al Comité de Asuntos Fiscales a proponer de forma periódica las correspondientes modificaciones al ModCDI y sus Comentarios. Con esta nueva cláusula, la OCDE amplia de manera importante el sentido de la Recomendación que hace a los Estados miembros: no solo se recomienda a estos Estados que realicen esfuerzos para celebrar, con otros Estados, miembros o no miembros, de la OCDE, CDI que sean «conformes» con el ModCDI, tal y como está interpretado en los Comentarios, sino que, además, se recomienda a las administraciones fiscales que sigan los Comentarios al ModCDI, *con las modificaciones que se introduzcan*, al aplicar e interpretar las disposiciones de los CDIs que estén basados en el ModCDI y se da la instrucción al Comité de Asuntos Fiscales para que continúe con su tarea de revisión y actualización de los Comentarios. Es decir, desde 1997, se autoriza al Comité de Asuntos Fiscales de la OCDE a realizar cambios en los Comentarios al ModCDI que, con la aprobación del Consejo, deben ser tenidos en cuenta por los Estados miembros. Las nuevas versiones del ModCDI de 2003, 2005, 2008, 2010 y 2014, probablemente, porque afectan a artículos del propio ModCDI y realizan adiciones sustantivas a los Comentarios, fueron aprobados por el propio Consejo de la OCDE.

Desde una óptica puramente internacional, el ModCDI y sus Comentarios son auténtico «soft-law»: no poseen fuerza normativa propia pero tienen una indudable vocación de producir efectos en los ordenamientos nacionales. Y, efectivamente, ésta es la pretensión de la OCDE, quién, en la Introducción al ModCDI 1977 y versiones posteriores, viene insistiendo sobre la importancia del ModCDI entre los Estados miembros y no miembros de la OCDE y subraya que los Comentarios se han convertido en una guía ampliamente aceptada para la interpretación y aplicación de los propios CDIs, subrayando la «importancia especial» de los Comentarios para la interpretación de los CDIs tanto para las Administraciones como para los contribuyentes o los tribunales. Por una parte, el ModCDI y sus Comentarios están sometidos dentro de la OCDE a procedimientos que tienden a evaluar y a hacer público en el seno de la OCDE hasta qué punto un Estado miembro cumple con los principios y «normas» que se derivan del ModCDI y sus Comentarios (*«peer review» o «peer pressure»*). Es decir, aunque no se trata de auténticas normas, el ModCDI y sus Comentarios tienen una importancia fundamental en la práctica internacional: por un lado, la OCDE insiste en la utilización del ModCDI como modelo para los CDI entre miembros de la OCDE, pero también entre Estados miembros y no miembros; por otro, atribuye una importante fuerza interpretativa a los Comentarios al ModCDI en relación con los CDI que sigan el ModCDI. Sin embargo, no debemos olvidar que no se trata de auténticas normas de Derecho internacional con eficacia vinculante para sus destinatarios.

2.2.3.3. *Los comentarios al Modelo de convenio de doble imposición como elemento interpretativo. Posiciones de la doctrina internacional*

Si bien la doctrina internacional atribuye una importancia decisiva a los Comentarios al ModCDI en la interpretación de aquellos CDI que sigan al ModCDI, no existe acuerdo sobre cuál es la categoría jurídica que describe con mayor precisión la fuerza de los Comentarios en el contexto de los artículos 31 y 32 CVDT. Para algunos autores, los Comentarios tienen el valor de «significado especial» al que se refiere el artículo 31.4 CVDT, para otros, constituyen el «contexto» o el «significado ordinario» al que se refiere el artículo 31.1 CVDT, incluso algún sector doctrinal ha subrayado que se trata de auténticas normas internacionales que deben ser consideradas a la luz del artículo 31.3.c) CVDT, aunque la mayoría de la doctrina atribuye a los Comentarios al ModCDI el valor de trabajos preparatorios en el sentido del artículo 32 CVDT. La polémica es relativamente estéril: ni las reglas del CVDT son taxativas (deben ceder ante reglas más específicas de un tratado, como, por ejemplo, el artículo 3.1 y 2 ModCDI, y no impiden la aplicación de reglas no contempladas en el CVDT) ni la clasificación de los Comentarios al ModCDI en el artículo 31 CVDT -como significado ordinario de los términos o como significado especial, o bien en el artículo 32 CVDT- tiene una importancia decisiva, puesto que las reglas de los artículo 31 y 32 CVDT no operan de forma autónoma ya que están íntimamente relacionadas (v.gr. el recurso a los trabajos preparatorios del artículo 32 CVDT será necesario para confirmar el significado ordinario o especial de un término, por lo que no es una regla que opere con independencia del artículo 31 CVDT; la distinción entre significado ordinario y especial, lo es únicamente a efectos de prueba, quien afirme que un término adopta un significado especial distinto del ordinario deberá probarlo y, en este caso, el significado especial se convertirá en el ordinario a efectos de ese tratado).

En consecuencia, los Comentarios al ModCDI tienen una importancia especial en la interpretación de los CDI o los artículos de éstos que sigan el ModCDI, con independencia de que el CDI se haya celebrado entre Estados miembros de la OCDE o no. Los Comentarios al Modelo de la OCDE pueden tomarse como el contexto extrínseco al CDI, esto es, como marco base sobre el que se acuerda una cláusula en el sentido o con el significado básico derivado de tal guía interpretativa elemental de la OCDE, siempre y cuando, claro, está la cláusula del CDI se configure siguiendo el referido modelo de convenio; tal presunción de interpretación básica con arreglo a los CMCs OCDE en estos casos no significa que éstos constituyan la única (ni principal) fuente de interpretación de las cláusulas de los CDI, sino un material interpretativo muy relevante para entender el contexto y finalidad de la cláusula convencional de que se trate (vid.: Cools 2016, citando jurisprudencia holandesa y belga). Ni que decir tiene que los Comentarios no nos pueden servir para interpretar artículos o CDIs que se separan ostensiblemente del ModCDI o que no pueden tener fuerza interpretativa allí donde existan reglas específicas de interpretación fijadas por el propio CDI (v.gr. definiciones del CDI que se separan de las empleadas por el ModCDI o sus Comentarios, remisiones, a los efectos de la interpretación de un término, a la legislación interna de los Estados contratantes). En relación con los efectos interpretativos de los CMC al MC OCDE (2017 y versiones posteriores) sobre CDIs concluidos con anterioridad a 2017, cabe apuntar que su relevancia interpretativa está limitada a los supuestos de clarificación (no modificación sustantiva del significado) y siempre que exista identidad normativa en la configuración de la cláusula objeto de interpretación (Blum). A este respecto, conviene destacar que las versiones post-BEPS del Modelo de Convenio OCDE (2017 y posteriores), integran los nuevos estándares fiscales de las acciones 2, 6, 7 y 14 BEPS y ello trae consigo modificaciones del tenor literal de los preceptos afectados y también nuevos comentarios en relación con los mismos que fijan la interpretación consensuada establecida en los informes finales BEPS (2015). Al mismo tiempo, el MC OCDE 2017 incluye cambios en los comentarios (por ejemplo, al artículo 5 MC OCDE sobre el concepto de EP que no derivan de las acciones de BEPS sino de trabajos previos de la OCDE en 2011-2012) que no resultan de modificaciones de cláusulas del MC OCDE y poseen alcance (y naturaleza) de clarificación de disposiciones del MC OCDE que no han sido alteradas. En este sentido, la virtualidad interpretativa de los CMC al MC OCDE 2017 (y versiones posteriores) con respecto a CDIs (pre-BEPS) concluidos con anterioridad a 2017 solo puede alcanzar a aquellas disposiciones del CDI que sean idénticas a las recogidas en el MC OCDE 2017, pero no pueden utilizarse los comentarios elaborados en 2017 con respecto a cláusulas de nueva planta o modificadas con arreglo a los nuevos estándares post-BEPS para interpretar cláusulas (pre-BEPS) que presenten una redacción distinta. Por el contrario, allí donde los CMC MC OCDE 2017 se refieran a cláusulas no modificadas en la revisión del MC OCDE 2017, tales comentarios sí pueden desplegar efectos interpretativos en CDI concluidos con anterioridad, siempre y cuando tales comentarios se limiten a clarificar el alcance de las disposiciones de que se trate sin introducir modificaciones sustantivas por vía interpretativa. Asimismo, la incidencia de los nuevos comentarios post-BEPS (2017 y versiones posteriores MC OCDE) sobre los CDIs "modificados" (en su aplicación) por el MLI resulta limitada, ya que este Convenio contiene reglas interpretativas propias que, como hemos visto, entre otras cosas toman en consideración los informes finales de BEPS que son objeto de implementación a través del Convenio Multilateral, al tiempo que definen autónomamente un cierto número de términos y conectan el contexto del MLI con el de los CDIs "modificados". Ciertamente, la modificación de BEPS que incorpora el MC OCDE 2017 (y versiones posteriores) representa la actualización del marco convencional de fiscalidad internacional, pero el valor interpretativa de sus comentarios queda fragmentado y no posee una virtualidad general en relación con los CDIs (pre-BEPS o Post-BEPS) que no incorporen estos nuevos estándares (acciones 2, 6, 7 y 14 BEPS).

Es preciso, no obstante, señalar que algunos CDIs concluidos por España refuerzan la posición de los Comentarios al ModCDI en relación con la interpretación de su articulado hasta el punto de que, en estos CDIs, los Comentarios adquieren el carácter de contexto del CDI en el sentido del artículo 31.2 CVDT. El párrafo VII del Protocolo anexo al CDI España-Croacia establece que «se entenderá que aquellas disposiciones del presente Convenio que estén redactadas siguiendo las respectivas disposiciones del Convenio Modelo de la OCDE sobre la renta y el patrimonio tendrán, en términos generales, el mismo significado que el expresado en los Comentarios del Modelo respecto de las mismas» y continúa aclarando que «los Comentarios, con las modificaciones que surjan cuando corresponda, constituyen un método de interpretación del Convenio en el sentido de la Convención de Viena sobre el derecho de los tratados de 23 de mayo de 1969». La cláusula del protocolo del CDI España-Croacia, básicamente, aclara o fija la posición de los Comentarios al ModCDI dentro del propio CDI, de tal manera que puede considerarse que son el contexto del propio CDI en el sentido del artículo 31.2 CVDT. Llama la atención, sin embargo, que la cláusula acepte como mecanismo válido de interpretación del CDI no solo los Comentarios existentes hasta la fecha de la firma del CDI, sino incluso también las revisiones posteriores al mismo. Como se verá en el epígrafe 2.2.3.5, el valor de las modificaciones posteriores a los Comentarios al ModCDI para interpretar un CDI anterior es relativo y, sin embargo, el CDI España-Croacia parece aceptar que cualquier modificación posterior a los Comentarios al ModCDI pueda tener efectos en el seno de este CDI. Por supuesto, pensamos, la cláusula del Protocolo del CDI España-Croacia encuentra limitados sus efectos a cambios en los Comentarios al ModCDI que no están vinculados a una auténtica modificación de un artículo concreto en el ModCDI, puesto que no será posible interpretar un artículo del CDI España-Croacia de conformidad con los nuevos comentarios cuando, precisamente, son nuevos para responder a redacciones distintas del artículo concreto en el propio ModCDI.

Por otra parte, el CDI España-Costa Rica, recoge una cláusula similar a la comentada en el párrafo precedente pero con unos matices que la hacen merecedora de algún comentario adicional. El párrafo 1 del Protocolo al CDI España-Costa Rica establece que, sin perjuicio del contenido del Protocolo, las disposiciones del CDI «se interpretarán de acuerdo a los Comentarios del Modelo de Convenio de la OCDE, en su edición de 2003». La diferencia fundamental de esta cláusula con respecto a la incluida en el CDI España-Croacia, se encuentra en que identifica como contexto relevante para interpretar el CDI los Comentarios al ModCDI en su edición de 2003; es decir, cuando un artículo del CDI España-Costa Rica siga al ModCDI, sus disposiciones se interpretarán a la luz de los Comentarios al ModCDI, pero solo en su edición de 2003. Parece que, de esta forma, se limita la eficacia con respecto al CDI de las modificaciones posteriores a 2003 del ModCDI; es decir, en apariencia, por ejemplo, los Comentarios al ModCDI 2005 no tienen relevancia para interpretar los preceptos del CDI España-Costa Rica, de tal forma que no se siguen en este punto las recomendaciones de la propia OCDE sobre la eficacia interpretativa de los Comentarios posteriores sobre CDIs anteriores. Lo cierto es, sin embargo, que probablemente, el CDI España-Costa Rica admita también que los Comentarios posteriores a 2003 puedan servir para interpretar sus disposiciones, sobre todo, cuando las modificaciones posteriores a 2003 sean de carácter aclaratorio y no pretendan realizar auténticos cambios al sentido de los propios Comentarios (con la dificultad que entraña distinguir las meras aclaraciones de los auténticos cambios sustantivos); el CDI con Costa Rica también establece que sus disposiciones no impiden la aplicación por parte de los Estados contratantes de cláusulas tendentes a evitar el abuso en la aplicación del Convenio previstas en sus respectivas legislaciones internas; una regla similar a esta última la encontramos en múltiples CDI modernos: CDI con Bosnia y Herzegovina (2010), Serbia (2010), entre otros.

El CDI con el Salvador (2009, Protocolo II) establece que las disposiciones del convenio podrán interpretarse de acuerdo con los Comentarios del Modelo OCDE, sin especificar la versión específica a la que remite.

El CDI con Bosnia y Herzegovina (2010, Protocolo II) contiene dos disposiciones de interés en esta materia. Por un lado, se establece una suerte de regla de interpretación conforme a los Comentarios del Modelo OCDE (sin especificar la versión) en relación con las disposiciones redactadas siguiendo el ModCDI OCDE. Por otro lado, se establece que los Comentarios, con las revisiones que puedan hacérseles cuando corresponda, constituyen un método de interpretación en el sentido de la Convención de Viena de 23 de mayo de 1969 sobre el Derecho de los Tratados. Posiblemente, esta cláusula más que referirse a los CMC OCDE como método de interpretación los esté aceptando como material interpretativo relevante a los efectos de las reglas de los artículos 31-33 CVDT, al tiempo que desliza una regla de interpretación dinámica.

El CDI con Alemania (2011, Protocolo IV) establece que el apartado 3 del artículo 8 del CDI se interpretará según lo dispuesto en los párrafos 5 y 9 de los CMC OCDE al artículo 8 ModCDI, aunque no se hace referencia a una versión concreta de tal modelo. Y el Protocolo (2014) al CDI con Canadá (artículo 15.2) recoge una precisa remisión al párrafo 28.5 de los CMC al artículo 13 MC OCDE 2010 a los efectos de lograr mayor seguridad jurídica en la interpretación del apartado 4 del artículo XIII del CDI.

2.2.3.4. *Los comentarios al Modelo de convenio de doble imposición desde una perspectiva nacional*

Desde la óptica del ordenamiento nacional español, ni el ModCDI ni sus Comentarios tienen la naturaleza de tratado internacional que despliegue sus efectos en el ordenamiento interno, para ello sería preciso que fueran publicados en el BOE, como requiere el artículo 96.1 de la Constitución (así lo afirma, por ejemplo, la Resolución del TEAC de 2 de febrero de 2006). En España, los tribunales se refieren frecuentemente a los Comentarios al ModCDI a la hora de interpretar una disposición de nuestros CDIs (v.gr. SsTS de 14 mayo 2000 y 25 de marzo de 2010, la Resolución TEAC 9 febrero 2001 y de 7 noviembre 2003), pero quizás llame la atención la fuerza que a los mismos atribuye la doctrina del TS en algunas de sus últimas sentencias (v.gr. SsTS 29 julio, de 3 junio y 8 abril de 2000): el alto tribunal ha declarado que «la Administración española está incuestionablemente obligada a respetar la interpretación auténtica, acordada en el seno de la OCDE, puesto que no ha formulado reserva alguna», aunque tales criterios de interpretación auténtica «no constituyen normas cuya infracción pueda dar lugar al recurso de casación» (SsTS de 15 julio 2002, de 12 febrero y 15 abril de 2003). La posición del TS español, en nuestra modesta opinión, adolece de varios defectos, el más grave, quizás, sea considerar que los Comentarios al ModCDI vinculan a la Administración tributaria española, pues, como sabemos, no en todos los casos los Comentarios son relevantes (así, por ejemplo, cuando un CDI o un precepto del mismo no sigue el ModCDI) ni tampoco son normas con fuerza jurídica vinculante. Es cierto que, por la teoría de los actos propios, si la Administración no ha formulado reservas en relación con los Comentarios al ModCDI, en principio, se entiende que acepta las conclusiones de éstos, pero, bastará un mero razonamiento en el acto administrativo ad hoc para apartarse de ellos, puesto que, como sabemos, son uno de los elementos interpretativos importantes de un CDI, pero no el único. Por otra parte, no debemos perder de vista que, a pesar de que el TS califica a los Comentarios al ModCDI como «interpretación auténtica» no duda en apartarse de ellos incluso en casos en los que su fuerza interpretativa debiera ser más que evidente por seguir el CDI concreto un artículo del ModCDI (v.gr. modelo de imperfección técnica y de falta de consideración de los Comentarios al ModCDI son las STS 15 julio 2002 y 13 febrero 2003). En jurisprudencia posterior del TS se eleva el valor de los Comentarios al MC OCDE trascendiendo el ámbito interpretativo considerando que la nueva solución o enfoque material que consagran unos comentarios posteriores a un CDI concluido con anterioridad resulta aplicable en el ámbito de éste, a pesar de que el CDI no recogiera una regla de tributación material como la que era objeto de interpretación en los Comentarios posteriores, posición que no puede ser compartida. Así en la STS de 15 de octubre de 2009 se afirma que «los comentarios a los Modelos de Convenio de la OCDE, sin poseer fuerza normativa, sí desempeñan un papel principalísimo para la delimitación de los significados de los conceptos y términos utilizados en los distintos Convenios de doble imposición, en tanto que no siendo legalmente vinculantes, no forman parte de los Convenios, las cláusulas de estos se conforman de acuerdo con los postulados de los Modelos de Convenio. Por ello, deben considerarse como algo más que una simple prueba de que se está en la interpretación correcta para resolver alguna duda o ambigüedad, en tanto que formando parte del contexto en el que se formulan las normas de los convenios, aporta gran seguridad jurídica acudir a los mismos para delimitar el sentido de determinados conceptos o términos» (en parecidos términos la STS de 11 de junio de 2008). En parecidos términos la AN, con gran acierto, ha reconocido la importante contribución de los materiales de la OCDE (Comentarios al MC OCDE e Informes sobre su aplicación), pero su naturaleza de Soft-Law OCDE no permite suplantar la tarea y función del legislador ni modular de forma sustantiva el significado, términos y alcance de la legislación doméstica y bilateral (SAN de 10 de julio de 2015, rec. 281/2012). Es decir, la AN termina estableciendo una importante doctrina con arreglo a la cual los cambios sustantivos en los estándares de fiscales internacional no pueden implementarse estructural y sistemáticamente por vía interpretativa utilizando el Soft-law, sino que requieren de una acción normativa a efectos de cumplir con los principios de legalidad y seguridad jurídica. La SAN de 22 de febrero de 2018 (caso *Colgate Palmolive*, nº rec. 569/2014) conecta también con esta temática y aborda la cuestión del valor interpretativo e implicaciones de las Directrices OCDE de precios de transferencia en el marco de la valoración de la prueba. La AN, en esta sentencia, trajo a colación la jurisprudencia del TS (STS de 2 de marzo de 2017, rec. 1029/2016) a efectos de poner de relieve el valor interpretativo de las Directrices de Precios de Transferencia, llegando a afirmar que *"entrañan un mandato dirigido a la Administración tributaria que, en el seno de las actuaciones de comprobación -así lo dice expresamente la ley- debe atemperarse a los criterios técnicos y pautas orientadoras que en aquellas se recogen"*, si bien *"no comprometen a los tribunales de justicia, a la hora de resolver los procesos judicial de que sean competentes, a valorar las pruebas procesales con plena supeditación a tales Directrices, que no condicionan ni matizan sus facultades de libre apreciación de la prueba"*. Ciertamente, podríamos estar de acuerdo con la doctrina sobre la libre apreciación de la prueba, pero esta labor no puede realizarse al margen u obviando la regulación sustantiva y el marco de principios internacionales sobre el estándar de plena competencia codificados en las Directrices OCDE, a las que remite la legislación española y con las que está conectado el artículo 9 de los CDIs que siguen el MC OCDE/ONU; en este sentido puede citarse la STS de 21 de febrero de 2017 (rec. 2970/2015) en el caso *Cadbury Schweppes*, donde se deja claro que la interpretación dinámica de la legislación española a la luz de las Directrices OCDE no puede ser invocada para alterar elementos sustantivos regulados en la normativa española. La AEAT se ha mostrado a favor de la interpretación dinámica de la normativa de precios de transferencia española a la luz de las Directrices OCDE de 2017 (post BEPS), por ejemplo, a través de la resolución de 8 de enero de 2018 que aprueba las directrices generales del Plan Anual de Control tributario.

En definitiva, los Comentarios al ModCDI son un elemento importante que tanto la Administración como los Tribunales tienen en cuenta a la hora de interpretar un CDI, si bien es cierto que la doctrina del TS sobre la fuerza de los mismos (y, lo que es más importante, su aplicación) dista mucho de ser, por el momento, un modelo de perfección técnica.

2.2.3.5. *La fuerza de los comentarios al Modelo de convenio de doble imposición posteriores sobre los convenios de doble imposición anteriores. Interpretación dinámica versus interpretación estática*

La Introducción al ModCDI explica, en primer lugar, que, en el contexto del ModCDI 1977, ya se interpretó que los CDI celebrados de conformidad con el Proyecto del ModCDI de 1963, se debían interpretar, en la medida de lo posible, de acuerdo con los Comentarios del ModCDI 1977. En segundo lugar, ya de una forma más general, el Comité de Asuntos Fiscales entiende que, cuando los artículos del ModCDI permanecen inalterados, los cambios en los Comentarios al ModCDI despliegan sus efectos interpretativos sobre los CDIs anteriores que sigan al ModCDI. Es decir, para la OCDE, los cambios en los Comentarios tienen efectos retroactivos «porque reflejan el consenso de los Estados miembros de la OCDE acerca de la interpretación correcta de las disposiciones existentes y su aplicación a situaciones específicas» (párrafo 35 de la Introducción al ModCDI). En parte esto es así, continúa la OCDE, porque los nuevos Comentarios «simplemente clarifican, no cambian, el significado de los Artículos o de los Comentarios» (párrafo 36). Además, la OCDE constata que las autoridades de los Estados miembros siguen los principios generales de la OCDE acerca de la aplicación de los comentarios posteriores a los CDI anteriores y, en consecuencia, el Comité de Asuntos Fiscales considera que también puede ser útil para los contribuyentes que consulten las versiones posteriores de los Comentarios al interpretar los CDIs anteriores. En realidad, la posición de la OCDE y del Comité de Asuntos Fiscales a favor de la interpretación ambulatoria o dinámica de los CDIs en relación con los nuevos Comentarios pretende dar respuesta a un problema práctico importante: si se modificaran los propios artículos del ModCDI, este cambio tardaría años, incluso décadas, en generalizarse en la red mundial de CDIs, puesto que habría que esperar a la renegociación de los CDIs existentes para que pudieran seguir los nuevos cambios. Ahora bien, la propia OCDE ha reconocido en cierta medida los límites de la interpretación dinámica. Así, por ejemplo, el ModCDI 2010 que incorpora un nuevo artículo 7 con sus Comentarios, ha incluido como anexo los viejos comentarios al artículo 7 (versiones precedentes al 2010) en aras de facilitar la interpretación estática de los CDI negociados siguiendo la versión del artículo 7 recogida en tales modelos. La OCDE (y la ONU) con motivo de la actualización de los modelos de convenio a BEPS llevada a cabo en 2017, reconocieron cómo los cambios sustantivos incorporados en el clausulado del Modelo determinan modificaciones materiales cuyos efectos jurídicos están ligados a que un CDI incorpore tal nueva redacción de las cláusulas de que se trate, no pudiendo desplegar efectos por la vía de interpretación dinámica, ni los nuevos comentarios a tales cláusulas poseen efectos retroactivos con relación a CDIs concluidos con anterioridad (parágrafo 4 CMC artículo 5 MC OCDE 2017 y parágrafo 3.1 de los CMC artículo 5 MC ONU 2017).

Desde la óptica del Derecho internacional, la posición que defiende la OCDE acerca de la eficacia interpretativa de los nuevos Comentarios sobre los CDIs anteriores puede resultar problemática, especialmente cuando los nuevos Comentarios añaden consideraciones que difícilmente puedan considerarse como meras aclaraciones puesto que tienen un contenido sustantivo propio (v.gr. las modificaciones del año 2000 relativas a «partnerships», las realizadas en 2003 con respecto al uso impropio de los CDIs). En el CVDT, los nuevos Comentarios, si no puede entenderse que tienen un sentido meramente aclaratorio (e incluso en estos casos, cuando el contribuyente adoptara una posición plenamente conforme con el espíritu y finalidad del CDI que no resulta corroborada por las aclaraciones posteriores) no constituyen ni el contexto ni el significado especial de los CDIs más antiguos cuando introduzcan variaciones sustanciales con respecto a los Comentarios al ModCDI de fecha anterior. Tampoco pueden considerarse los cambios sustantivos como medios de interpretación complementarios. Especialmente, tales cambios no son trabajos preparatorios del artículo 32 CVDT, puesto que estos materiales solo pueden tener relevancia si aportan información acerca de la intención de las partes cuando el tratado, el CDI, se celebró. Sin embargo, ¿podrían los nuevos Comentarios con cambios sustantivos considerarse como materiales a tener en cuenta junto con el «contexto» y entre los que el artículo 31.3 CVDT incluye a todo acuerdo o práctica posterior entre las partes o norma pertinente de Derecho internacional? No parece que los Comentarios posteriores, en el contexto del CVDT, sean «una norma de derecho internacional aplicable en las relaciones entre las partes» a las que se refiere el artículo 31.3.c) CVDT, pero tampoco pueden calificarse como «acuerdos» o «prácticas» ulteriores a los efectos del artículo 31.3.a) y b) CVDT porque ni los Comentarios son «acuerdos» o «tratados» en el sentido estricto del término ni los nuevos Comentarios son una práctica que permita constatar el acuerdo de las partes. Más bien, se trata de instrumentos que podrán contribuir al desarrollo de una práctica posterior. solo un acuerdo de las autoridades competentes o la sistemática aplicación por las autoridades de los dos Estados firmantes del CDI de los nuevos Comentarios generarían una norma o práctica relevante a los efectos del artículo 31.3. a) y b) CVDT. Tampoco puede decirse que los nuevos Comentarios sean el contexto relevante en aquellos CDIs que contengan una cláusula equivalente al artículo 3.2 ModCDI (la noción de contexto de este precepto es más amplia que la que maneja el CVDT).

Por otra parte, los tribunales de distintos países han rechazado la fuerza interpretativa de los Comentarios posteriores cuando introduzcan modificaciones sustantivas (vid.: Cools 2016, p. 266 y ss, citando jurisprudencia del TS de Países Bajos y de Bélgica). En España, resultan destacables las Resoluciones del TEAC de 26 mayo de 2000, 6 de abril de 1996 y 20 de octubre de 1992 que, en un caso relativo a la tributación de artistas y deportistas, rechazaron la fuerza interpretativa de los nuevos comentarios al ModCDI sobre CDIs firmados con anterioridad: en el caso ad hoc, consideraron que los comentarios posteriores (ModCDI 1992) no eran meras matizaciones del contenido del artículo 17 ModCDI (1963 y 1977); en esta misma línea se sitúa la relevante sentencia de la Audiencia Nacional de 18 de julio de 2007, que enfatiza que los Comentarios al ModCDI no pueden prevalecer sobre el texto de un CDI. Lástima que alguna otra resolución del TEAC en esta misma materia no hayan seguido la misma postura: en la Resolución del TEAC de 8 de mayo de 2000, el TEAC pretendió introducir por la vía interpretativa la cláusula antiabuso del artículo 17.2 ModCDI en el CDI España-Holanda que carece de tal cláusula. Afortunadamente, la SAN de 3 octubre de 2002 anuló la Resolución del TEAC de 8 de septiembre de 2000 y estimando que allí donde no esté presente la cláusula antiabuso análoga al artículo 17.2 ModCDI no resulta posible afirmar la existencia de dicha cláusula por vía interpretativa, por lo que las rentas pagadas a una sociedad holandesa como consecuencia de la actuación personal de un artista en España deben ser calificadas de conformidad con el artículo 7 CDI España-Holanda y no están sujetas a tributación en España (vid. también la SAN de 18 de julio de 2007). Sin embargo, el TS, en su STS de 11 de junio de 2008 (Caso Viajes Halcón), ha vuelto caer en el error en el que, a nuestro modesto entender incurrió el TEAC, declarando que el CDI Países Bajos-España debe interpretarse dinámicamente en todo caso a la luz del Modelo OCDE vigente en la actualidad, argumentando que ello resulta del propio preámbulo del Modelo OCDE y de sus Comentarios. Dejando a un lado tal «peculiar» argumento –a nuestro entender infundado desde una perspectiva constitucional y legal–, el TS no solo consideró necesario interpretar dinámicamente un CDI de 1971 a la luz del Modelo OCDE de 1992, sino también presumir la existencia en tal convenio de una cláusula antiabuso no incorporada al mismo y que sí figuraba en el apartado 2° del artículo 17 del Modelo OCDE. Entendemos que tal posicionamiento ni siquiera es admisible desde la propia doctrina OCDE ya que una cosa es interpretar (retroactivamente) y otra cosa muy distinta es presumir la existencia de una cláusula antiabuso en un convenio internacional que no la contiene. En la misma línea pero con argumentación más sofisticada se sitúa la doctrina del TS en las SSTS de 11 de junio de 2008 y 15 de octubre de 2009. Especial mención requiere también la STS de 7 de diciembre de 2012 (Caso U2), que realiza una interpretación expansiva de la cláusula antiabuso del artículo 17.2 del CDI con Irlanda, en contra del criterio manifestado por la AN en la sentencia de 28 de enero de 2010, que mantenía una posición más estricta sobre el ámbito de aplicación de tal cláusula en relación con las diferentes rentas que podían generarse en territorio español con motivo de actuaciones artísticas y deportivas, de suerte que el TS defiende que el artículo 17.2 de los CDI comprende todas las rentas conectadas en tanto que la AN defendía que solo opera en relación con las atribuibles a las actuaciones personales; lógicamente, en un contexto como éste la existencia de relaciones de vinculación entre las distintas entidades intervinientes pueden distorsionar la imputación de la renta y en tal sentido solo un análisis de conjunto que permita determinar y establecer una correcta atribución de la renta a las distintas personas intervinientes considerando las prestaciones realizadas, puede conducir a una correcta aplicación del CDI. Contrasta con esta jurisprudencia la sentencia del Tribunal Administrativo de Paris, de 11 de octubre de 2012 (N. 10 PA04753, 9é ch. Casta), en el caso *Laetitia Casta* donde se consideró que no resultaba aplicable la norma antiabuso del artículo 155 A CGI en el marco del CDI entre Francia y Países Bajos en relación con los pagos realizados a una entidad neerlandesa que explotaba la imagen y nombre de la referida modelo, la cual era empleada de tal entidad, al considerarse que tal entidad tenía sustancia suficiente para realizar su actividad de prestación de servicios y no era constituía un montaje abusivo que quedara extramuros de la protección brindada por el Derecho de la UE (Chatellier/Bidaud 2013).

En la vertiente de la interpretación dinámica constructiva o clarificadora y aceptable, resulta especialmente destacable la Resolución del TEAC de 7 noviembre 2003, que emplea los Comentarios al artículo 5 ModCDI 1977 para aclarar el significado del concepto «obra de construcción y montaje cuya duración exceda de doce meses» empleado en el CDI España-Italia, que sigue el Proyecto de ModCDI 1963, a efectos de determinar cuando existe un establecimiento permanente en España (la empresa afectada pretendía argumentar que, en relación con la ejecución de la primera fase de una obra en España, cuya duración no se prolonga más allá de doce meses, no tenía EP en España, desligando así las tres fases de la obra, es decir, pretendiendo que el EP solo existía en las dos últimas fases). El TEAC, de modo absolutamente correcto, aplica los Comentarios posteriores a un CDI anterior, puesto que, en el caso planteado, los primeros tenían una función meramente aclaratoria, indicaban que debía considerarse el período completo de ejecución de la obra y no solo sus distintas fases, que servía perfectamente para determinar el concepto empleado en un CDI anterior (una interpretación de la norma del CDI España-Italia de acuerdo con su finalidad llevaría simplemente confirma la conclusión resultante de aplicar los Comentarios posteriores en el contexto del CDI anterior). La DGT, por su parte, se ha posicionado con carácter general a favor de la interpretación de los CDIs atendiendo a su texto y finalidad de sus disposiciones y atendiendo a la intención de las partes, de suerte que tal intención se obtiene en buena medida atendiendo a los comentarios a los modelos de convenio que sirven de base a los CDIs; contrasta esta afirmación con la afirmación posterior de que «la interpretación debe ser, preferentemente, dinámica y autónoma para cada convenio» (DGT V1410-08, de 07-07-2008). El TEAC, no obstante, ha aceptado la posición que limita la interpretación dinámica a supuestos donde los Comentarios de la OCDE son meramente clarificadores y no innovan sustancialmente el alcance de la cláusula del modelo OCDE de que se trate, sin embargo la aplicación que hace de tal "regla de interpretación convencional" no resulta, a nuestro juicio correcta, cuando considera que el nuevo enfoque autorizado de atribución de beneficios al EP adoptado por la OCDE en el año 2008-2010, no contiene elementos innovadores a efectos de la atribución de beneficios y en tal sentido es susceptible de aplicación retroactiva vía interpretación dinámica (RTEAC de 3 de julio de 2014, RG.6108/2011); la Audiencia Nacional, por su parte, se ha adoptado, con acierto, la posición contraria en relación con la interpretación dinámica del enfoque autorizado OCDE de atribución de beneficios al EP, destacando cómo introduce nuevos elementos (capital libre) y parámetros para la determinación de la base imponible de los EPs (v.gr., análisis funcional, criterio de las funciones humanas sustantivas para asignar activos, funciones y riesgos, etc.), de manera que su aplicación en el marco de Convenios de doble imposición concluidos bajo otro modelo de atribución de beneficios al EP no puede llevarse a cabo por vía de interpretación dinámica y acudiendo al soft-law (SAN de 10 de julio de 2015, rec. 281/2012); el Tribunal Supremo también ha advertido de los límites del *Soft-law* (Directrices de Precios de Transferencia), evidenciando que no constituye una fuente creadora de Derecho, lo cual además de excluir su invocación a efectos aplicativos, como consecuencia de la reserva de ley en materia tributaria establecida constitucionalmente, tampoco puede ser invocado como motivo de infracción casacional (SSTS de 19 de octubre de 2016, rec. 2558/2015, y de 21 de febrero de 2017, rec. 2970/2015; véase a este respecto la STS 22 de febrero de 2018, rec. 568/2014). Existen, no obstante, resoluciones del TEAC donde ha reconocido el principio o regla de interpretación estática de los CDI, allí donde se ha producido un cambio en los Comentarios que tiene carácter sustantivo (innovador) y no meramente clarificador, de manera que tales nuevos comentarios no deben ser aplicados a los CDI concluidos con anterioridad (RRTEAC de 5 de mayo de 2010 y 5 de noviembre de 2013, RGs.1122/2009, y 2526/2011, respectivamente); curiosamente, tal doctrina ha sido sustentada fundamentalmente como argumento para rechazar la eficacia retroactiva (interpretación dinámica) de los cambios de posición de las autoridades españolas a través de las observaciones a los Comentarios MC OCDE, en particular en sede de software estandarizado; esta doctrina administrativa presenta un problema de consistencia, ya que pretende fundamentar en la doctrina de la interpretación dinámica la posición de la no eficacia retroactiva de los cambios en los comentarios MC OCDE a través de observaciones españolas a los efectos de la aplicación de las mismas a hechos anteriores a su publicación, cuando en realidad lo que termina aconteciendo es que tales observaciones están siendo utilizadas para modificar el tratamiento fiscal de la renta a través de un instrumento impropio (una observación a los CMC OCDE).

En resumen, podemos decir que los Comentarios posteriores solo producirán efectos sobre los CDIs anteriores cuando:

1. Se trate de meras aclaraciones que no añadan un contenido sustantivo nuevo; es decir, los comentarios no pueden superar el texto interpretado, lo cual sucede en muchas ocasiones.

2. El texto del artículo del CDI que pretenda ser interpretado con los nuevos Comentarios no haya variado de forma que bajo los nuevos Comentarios tenga un significado sustancialmente distinto al que tenía en anteriores versiones del ModCDI. A estos efectos, la fecha de referencia que debe

tomarse para conectar un CDI con una versión de los CMC MC OCDE/ONU es la de la firma del convenio y no la de la ratificación o entrada en vigor o eficacia de sus disposiciones.

En este mismo sentido se ha pronunciado la doctrina y algunos tribunales internacionales (vid.: Cools 2016, p. 266 y ss, citando jurisprudencia del TS de Países Bajos y de Bélgica). También los tribunales canadienses se han opuesto a la interpretación dinámica de los CDI y de la normativa doméstica de precios de transferencia; por ejemplo, cabe destacar el pronunciamiento del FCA (*Federal Court of Appeal*) en el leading case *Prévost Car Inc. v. R* (2009 3 CTC 160), donde se declaró que la aplicación de la nueva guía de la OCDE solo debe ser tenida en cuenta para la aplicación e interpretación de CDIs *"when it represents a fair interpretation of the OECD Model and does not conflict with the guidance that was in place at the time a especific treaty was entered into"*; las sentencias en los casos *Elliot v. R* (2013 CTC 2021), *McKesson Canada Corp v R* (2014 3 CC 2001) y *Cameco* (2018 DTC 1138), confirman este posicionamiento y lo trasladan igualmente a la interpretación de la normativa de precios de transferencia a la luz de las Directrices OCDE de precios de transferencia (*vid.*: Marley/Horton 2018). La jurisprudencia australiana todavía ha ido más allá al establecer que la base de todo ajuste de precios de transferencia debe basarse en la interpretación de la normativa doméstica, sin que el recurso al material interpretativo externo (Directrices de Precios de Transferencia) resulte relevante a tal efecto; igualmente, se ha rechazado que el artículo 9 de los CDI sirva como fundamento jurídico de un ajuste de precios de transferencia por parte de las autoridades fiscales nacionales (véase la sentencia del *Federal Court of Australia* en el caso *Chevron Australia Holdings*, 2015 ATC 20-535, 2015 FC 1092; comentada por Vann/Cooper 2016).

Y el propio TEAC, como acabamos de indicar, se hizo eco de esta posición en alguna ocasión justificando la interpretación dinámica, únicamente en los casos donde los nuevos comentarios "lo único que pretendan sea aclarar el contenido o la redacción del articulado del Modelo de Convenio", en la necesidad de que los diferentes Convenios no queden obsoletos si no incorporan la evolución llevada a cabo en el MC OCDE y en los Comentarios del Comité de Asuntos Fiscales, y en tal sentido establece como criterio para determinar la procedencia de la interpretación dinámica (aclaración) vs estática atendiendo a *"las redacciones originarias, históricas, cuando la alteración de los Comentarios suponga un cambio sustancial del régimen de tributación hasta entonces considerado"* (RTEAC de 5 de noviembre de 2013, y en el mismo sentido RTEAC de 5 de mayo de 2010, RG.1122/2009). Nótese, no obstante, que el TEAC en la citada resolución considera que no aplica tal interpretación dinámica cuando lo que entra en juego no es la evolución histórica de los comentarios, sino las reservas y observaciones que un determinado Estado ha venido formulando a los Comentarios al Modelo de Convenio, criterio que no puede compartirse con carácter general. Tampoco puede compartirse sin matices la posición del TEAC en el sentido de que el principio de interpretación dinámica *"alcanza a aplicar los nuevos Comentarios, en la medida de los posible, en la interpretación de todos los CDIs suscritos con anterioridad que tengan una redacción similar a la del Modelo, pero, como es obvio, en su aplicación a hechos producidos después de la publicación de las citadas modificaciones"* (RTEAC de 5 de noviembre de 2013, y en el mismo sentido RTEAC de 5 de mayo de 2010, RG. 1122/2009), aunque aquí el problema reside fundamentalmente en la asimilación de las observaciones con los Comentarios al Modelo en lo que se refiere a la interpretación dinámica cuando realmente las autoridades españolas están utilizando las observaciones como una fórmula para-legal para implementar cambios de posición que deberían articularse a través de los correspondientes procedimientos legislativos.

Ciertamente, el problema principal será cómo distinguir los cambios sustantivos de los meramente formales y no es posible dar reglas apriorísticas con una validez universal. Se trata de una labor que corresponde al intérprete del CDI, comparando el texto del CDI antiguo con el nuevo texto del artículo correspondiente en el ModCDI, los Comentarios antiguos y los nuevos, así como la finalidad del CDI antiguo con los problemas nuevos que tratan de resolver los Comentarios posteriores. En este proceso, será preciso tener en cuenta que, en ocasiones, meras revisiones formales con efectos aparentemente inocuos (v.gr. supresión o adición de palabras, cambio de posición de las mismas, revisión de comas o separación de frases) pueden ocultar auténticos cambios sustantivos en el significado del

Comentario posterior. En este proceso, la nueva forma de publicación de los Comentarios al ModCDI (hojas intercambiables), su revisión relativamente frecuente en los últimos tiempos y el hecho de que en muchos Estados, entre ellos España, sea difícil saber qué versión de los CDIs manejan los negociadores del CDI no facilita la tarea del intérprete. Un mayor esfuerzo de los Estados en aras a mejorar la seguridad jurídica sería, en este caso, deseable, mediante, por ejemplo, la publicación de un memorándum sobre cada CDI que ayude al intérprete a conocer qué versión del ModCDI utilizaron los negociadores, de una memoria que se remita a las Cortes adjunta a cada CDI, o la elaboración de un ModCDI español, o la regulación y publicación de los acuerdos amistosos específicos (respetando, lógicamente el derecho a la intimidad del contribuyente), interpretativos o legislativos de tal forma que se facilite el acceso a este procedimiento y se conozcan los criterios de la autoridad competente para administrar el CDI. Igualmente, merece reseñarse que algún tribunal español ha considerado que una posición basada en los Comentarios OCDE constituye una «interpretación razonable de la norma» a los efectos de la eximente de responsabilidad por infracción tributaria (STSJ Madrid de 24 de febrero de 2005).

Con las anteriores conclusiones no quisiéramos dar la impresión de que nos mostramos como defensores acérrimos de una interpretación estática o petrificadora de los CDIs, nuestro propósito es simplemente, mostrar que el intérprete de los CDIs no debe utilizar de forma automática y acrítica los Comentarios a los ModCDI más modernos como instrumento interpretativo de los CDIs concluidos con anterioridad. A este respecto, no han faltado destacados autores (P. Wattel) que han llegado a afirmar que la única interpretación de los CDI que posee legitimación democrática es la "estática", ya que los parlamentos nacionales pudieron conocer tal contexto interpretativo en el momento de la ratificación, en tanto que otros mantienen que la interpretación dinámica puede vulnerar igualmente los principios constitucionales de legalidad tributaria (autoimposición) y seguridad jurídica (vid.: Cools 2016, p. 266).

Nuevamente, sin embargo, es preciso que se añada algún comentario a dos CDIs españoles ya mencionados en el epígrafe anterior que presentan particularidades, se trata de los CDIs España-Croacia y España-Costa Rica (este último aún no en vigor). En el caso del primero de ellos, parece que las modificaciones posteriores a los Comentarios al ModCDI se aceptan sin mayores problemas como contexto del propio CDI (párrafo VII del Protocolo adicional), mientras que el segundo adopta una posición más estática al vincular su interpretación a los Comentarios del ModCDI en su edición de 2003 (párrafo 1 del Protocolo Anexo). Sin embargo, probablemente, y a pesar de la redacción de las cláusulas específicas, las conclusiones no son tan claras como la redacción del texto de las mismas expresa. En el caso del CDI España-Croacia, no puede concluirse que cualquier modificación posterior a los Comentarios al CDI sea posible tenerla en cuenta como contexto del mismo. Efectivamente, si la modificación posterior en los Comentarios está vinculada a cambios en la redacción del artículo concreto del CDI, los nuevos Comentarios no debieran trasladarse automáticamente a la interpretación de los artículos concretos del CDI España-Croacia salvo que pudiera concluirse que tanto los comentarios nuevos como la nueva redacción del artículo es meramente aclaratoria (lo cual no es sencillo). Por otra parte, habrá que observar qué ocurre con los nuevos Comentarios incluso si no existe modificación del artículo concreto del ModCDI: si tanto España como Croacia (que no es miembro de la OCDE) se posicionaran matizando el significado de los nuevos comentarios o añadiendo a los mismos observaciones o reservas, la eficacia de los nuevos Comentarios con respecto al ModCDI se vería limitada. En el caso del CDI España-Costa Rica (párrafo 1 del Protocolo anexo), al vincular la interpretación del CDI al ModCDI y sus Comentarios en la edición de 2003, la fuerza de las revisiones a los Comentarios al ModCDI posteriores a 2003 queda reducida, si bien no cabe excluir que modificaciones posteriores de carácter aclaratorio (con la dificultad que entraña distinguir estas modificaciones de las que tienen carácter sustantivo) puedan también producir efectos interpretativos relevantes en el seno del CDI España-Costa Rica.

Ciertamente, una cuestión relacionada con esta reside en analizar los efectos de las observaciones (o declaraciones/reservas interpretativas unilaterales) introducidas por los Estados a los comentarios al MC OCDE. Lo cierto es que la doctrina se haya dividida en torno a los efectos derivados de su inclusión. Algunos autores, como ELLIS y ENGELEN, mantienen que la no introducción de estas observaciones o reservas interpretativas implica de alguna forma una aceptación de la interpretación acordada en el seno del Comité Fiscal de la OCDE, de suerte que si un Estado discrepa de la misma tiene la oportunidad de incluir su observación interpretativa al respecto. Allí donde no se hubiera incluido tal reserva u observación interpretativa, se considera que tal Estado miembro que negocia o concluye un CDI siguiendo (sin cambios) la correspondiente cláusula del Modelo de CDI acepta en principio la interpretación establecida en los comentarios al ModCDI, salvo que se dedujera otra cosa del convenio y protocolos al mismo. Ello no quiere decir, sin embargo, que la única interpretación o la interpretación auténtica sea la de los comentarios, sino que estos se consideran un instrumento interpretativo válido a los efectos de la aplicación de tal convenio. Allí donde un Estado hubiera incluido una observación interpretativa que se desvía de la resultante de los Comentarios y concluyera un CDI siguiendo el ModCDI (sin cambios), podrá interpretar la cláusula convencional en el sentido establecido en su declaración unilateral y, por tanto, desviándose de los Comentarios (no así del texto del convenio). Ello genera un caso de interpretación asimétrica, cuando el otro Estado contratante sigue la interpretación contextual basada en los comentarios OCDE. Allí donde la cláusula convencional interpretada no admite una interpretación asimétrica (v.gr, la regla de atribución de beneficios al EP del artículo 7.2 o la *tie-breaker-rule* del artículo 4.2), se considera (Ward 2006) que el convenio debe interpretarse sin tener en cuenta ni la observación interpretativa ni los comentarios ModCDI, toda vez que no reflejan o son indicativas de una interpretación consensuada o compartida por parte de los dos Estados contratantes. A este respecto, debe apuntarse que la DGT parece escorarse por una interpretación de los CDIs a la luz de las reservas interpretativas introducidas por España a los Comentarios OCDE, sin plantearse su compatibilidad con texto convencional interpretado (vid. RRDGT de 16 de mayo de 2002 y de 31 de enero de 2006, en materia de cánones). Resulta especialmente interesante la RDGT de 10-11-2008 en la que el referido centro directivo mantiene que los CMC y las Observaciones españolas al ModCDI constituyen la base de la interpretación dinámica de los CDIs firmados por España, de suerte que tal interpretación dinámica debe proyectarse, en principio, a partir de la publicación oficial de las nuevas versiones del MC OCDE que contengan nuevos Comentarios y «Observaciones españolas» (doctrina reiterada en la DGT V0516-09 de 17-03-2009; véase también la DGT V1707-13 de 24-05-2013). Entendemos que tal retroactividad de la interpretación de los CDIs estará sujeta, como ya hemos indicado, al límite que representa las propias cláusulas del CDI interpretadas a la luz de su contexto. Aunque la naturaleza y alcance de estas observaciones no resulta del todo clara ni pacífica, lo cierto es viene admitiéndose su eficacia interpretativa en términos similares a la de los Comentarios al Modelo OCDE con arreglo al cual se negoció un concreto CDI (vid. paras 3 y 30 de la introducción Modelo OCDE 2008, y MAISTO 2005). En este orden de cosas, debe destacarse la posición del TEAC en su resolución de 21 de marzo de 2013 (RG 2234/11), donde se confirma la posición de la Inspección que regulariza la posición del contribuyente no admitiendo la aplicación de la deducción por doble imposición internacional al considerar que el impuesto extranjero no era acorde con lo establecido en el CDI, de suerte que a la hora de llegar a tal conclusión se tomó en consideración como elemento interpretativo principal los Comentarios al Modelo OCDE en el entendimiento de que el Estado de la fuente debía seguirlos o compartía tal interpretación uniforme al no haber introducido observación alguna en relación con los preceptos del CDI objeto de aplicación. La AN, sin negar de plano el efecto interpretativo de estas observaciones, se ha posicionado con acierto de forma contundente a la hora de rechazar tanto su fuerza normativa como su eficacia retroactiva: *"no cabe olvidar que la nueva observación mantenida por nuestro país con anterioridad a julio de 2008, amén de no ser aplicable con efectos retroactivos, es que además no constituye una fuente normativa, sino que en su caso, dará lugar a que se realicen las oportunas modificaciones legislativas"* (SAN de 19 de diciembre de 2013, Rec. nº 115/2011). Como ya hemos indicado, la doctrina administrativa del TEAC, sin embargo, defiende una posición distinta al asimilar las observaciones a los CMC OCDE en lo que se refiere a la aplicación del principio de interpretación dinámica, en casos donde tales observaciones están siendo utilizadas como mecanismo para-legal para implementar auténticos cambios de posición fundamental que afectan a elementos esenciales del hecho imponible y la tributación que, como bien indica la AN, deberían en su caso ser instrumentados a través de los correspondientes procedimientos legislativos (véanse las RRTEAC de 5 de noviembre de 2013, y de 5 de mayo de 2010, RG.1122/2009, en relación con los cambios en la observación nº 28 introducidos el 17 de julio de 2008 por España en relación con el software estandarizado en el marco CMC artículo 12 MC OCDE 2008). El TS también se ha alineado con la posición de la Administración tributaria española aceptando los efectos interpretativos de las observaciones introducidas por España en los CMC, como elemento determinante de la aplicación de los CDI desde la perspectiva española (STS de 9 de febrero, 2016, fj.2, rec. 3429/2014, caso Oracle). Y el STSJ de Cataluña, en su sentencia de 27 de octubre de 2015 (Rec.1627/2011), se alinea igualmente con la doctrina de la DGT que rechaza la eficacia retroactiva de las Observaciones introducidas por las autoridades españolas, considerando que tales observaciones articulan "un cambio normativo, de una reserva de soberanía fiscal, que debe aplicarse desde el momento en que se produce, no antes pues entonces la voluntad sobre la tributación de estos productos era distinta. La eficacia de los Comentarios y de la Observación alcanzará a los convenios existentes pero a partir de su publicación de julio de 2008". No cabe menos que destacar el difícil encaje de tal posición con los principios constitucionales de legalidad tributaria y seguridad jurídica.

Las reservas que los Estados OCDE incorporan en el MC OCDE sobre su posición de país sobre una determinada cláusula tan solo advierten sobre su posición negociadora de CDI, pero no poseen efectos aplicativos a menos que tal reserva se haya incorporado al texto de un CDI (vid la RTEAC de 25 de junio de 2009, rec. 5423/2008, y STS 11 de junio de 2008 rec. 0055/2005; la DGT en alguna consulta ha utilizado las reservas con efectos interpretativos: DGT V4968-16 de 16-11-2016).

3. EL CONVENIO MULTILATERAL PARA IMPLEMENTAR MEDIDAS CONVENCIONALES FRENTE A LA EROSIÓN DE BASES IMPONIBLES Y LA TRANSFERENCIA DE BENEFICIOS: EXAMEN BÁSICO DE SUS DISPOSICIONES Y DE LAS POSICIONES PROVISIONALES ADOPTADAS POR ESPAÑA

3.1. Introducción

A través de este epígrafe 3 del Capítulo I de esta obra abordamos los aspectos básicos del Convenio Multilateral para la implementación de determinadas medidas convencionales frente a la erosión de bases imponibles y la transferencia de beneficios (MLI/CML), el cual, como se sabe, forma parte del Plan de Acción del proyecto OCDE/G20 BEPS (acción 15). Asimismo, a lo largo de este epígrafe hacemos referencia a las posiciones provisionales adoptadas por las autoridades españolas con motivo de la primera ceremonia de firma del referido Convenio (7 de junio de 2017), lo cual puede resultar de interés a efectos de empezar a vislumbrar el potencial efecto del MLI sobre la red española de CDIs[1]

A este respecto, debe destacarse la relevancia del MLI al constituir un instrumento multilateral con un potencial impacto sobre la red global de CDIs de los países firmantes que carece de precedentes, pudiendo llegar a modificar en torno a 1.300 convenios de doble imposición bilaterales en un periodo muy corto de tiempo. El MLI se abrió a la firma el 7 de junio de 2017 y actualmente ha sido firmado por 84 países, y otros 6 han manifestado su intención de proceder a la firma del mismo. No solo el proceso de firma del MLI está teniendo lugar de forma rápida, sino que también la ratificación se está tramitando a buen ritmo (15 países ya lo han ratificado). Ello ha traído consigo la entrada en vigor del MLI, y que sus disposiciones hayan empezado a desplegar efectos jurídicos en relación con algunos de los CDIs de los países que hayan completado tales procedimientos (firma, ratificación y entrada en vigor). Cabe mencionar, en particular, a Australia, Austria, Francia, Isla de Man, Israel, Japón, Jersey, Lituania, Nueva Zelanda, Polonia, Serbia, Eslovaquia, Eslovenia, Suecia y Reino Unido. Ahora bien, el hecho de que el MLI se esté incorporando al sistema fiscal internacional de forma rápida, no significa que su impacto vaya a ser uniforme o de igual intensidad en todo el

---

(1)   A efectos de contrastar las posiciones fiscales adoptadas por otras jurisdicciones firmantes del MLI puede utilizarse el "MLI Matching Database" que ha puesto a disposición la OCDE en su página web (www.oecd.org) OECD, Toolkit for the Application of the Multilateral Instrument for BEPS Tax Treaty Related Measures.]

mundo. Las diferentes posiciones finales (particularmente las reservas) adoptadas por los distintos países son expresión de su política fiscal nacional y evidencia un significativo nivel de disonancias entre los países, en el sentido de que la tensión fuente-residencia sigue presente en un contexto post BEPS; incluso los países que han impulsado el proyecto BEPS (OCDE + G20) han adoptado posiciones de mínimos, de manera que las cláusulas relacionadas con el establecimiento permanente o los híbridos han tenido una fría acogida por parte de la mayoría de los países. A este respecto, estudios basados en la tipología de los países firmantes del MLI revelan que su mayor impacto se producirá respecto de los países de alta tributación, en tanto que los países en desarrollo y menos desarrollados aparecen como menos interesados en esta iniciativa de coordinación fiscal global, al considerar que el MLI sigue respondiendo de forma prevalente a los intereses de los países más desarrollados OCDE/ G20 (Hattingh). El propio BEPS Monitoring Group ha elaborado un documento que analiza el MLI desde un punto de vista crítico al considerar que perpetúa el actual reparto de poder tributario inter-nacional favoreciendo a los países desarrollados, sin tener en cuenta de forma suficiente los intereses de los países en desarrollo (Finley 2018); en este sentido se recomienda a éstos que adopten posi-ciones que de rechazo de todas aquellas disposiciones que favorecen la imposición en residencia, fortaleciendo la posición de las administraciones tributarias con más capacidad técnica y recursos a su alcance como el arbitraje o la cláusula de ajuste correlative de precios de transferencia (*v.gr.* artículos 17 y 19 MLI).

Por tanto, no estamos ante un instrumento internacional de *Soft-law* constitutivo de *"words & models"* sino ante un potente mecanismo de actualización de la red global de CDIs que pretende implementar un alineamiento coordinado de la misma con los nuevos estándares fiscales derivados del proyecto BEPS[2].

De esta forma, el MLI/CML, una vez sea ratificado por España y despliegue efectos jurídicos, modificará una serie de disposiciones de la red de CDIs de España y de otros países, incorporando determinadas cláusulas que implementan una serie de acciones (2, 5, 6, 7 y 14) del Proyecto BEPS que condicionarán la práctica convencional de los Estados firmantes del MLI, modulando de forma relevante el contenido de algunos preceptos de los CDI originalmente concluidos. En este sentido, el análisis e interpretación de los CDIs españoles que se incluye en los distintos capítulos de esta obra debe conectarse con este epígrafe a efectos de tomar en consideración el impacto del MLI. En este orden de cosas, cabe señalar cómo la firma del "Convenio Multilateral BEPS" (MLI) por parte de España se tramitó por el procedimiento *ad referendum*, habiendo sido autorizada tal firma por el Consejo de Ministros en su reunión de 13 de julio de 2018, disponiendo su remisión a las Cortes Generales y autorizando la manifestación del consentimiento por parte de España para obligarse a través de tal acuerdo. Una vez culmine el procedimiento de tramitación del MLI en las Cortes Gene-rales en el sentido de aprobarse su ratificación se habrá ultimado la fase doméstica de tal procedi-miento que permite que el MLI pueda desplegar efectos respecto de los convenios comprendidos en su ámbito de aplicación una vez que los otros Estados contratantes culminen tales procedimientos y en los términos previstos en el MLI consistentes con las *"matching positions"* aprobadas bilateral-mente.

Nótese que el MLI no constituye el único instrumento internacional a través del cual se imple-mentan las acciones de BEPS que impactan sobre los CDI, de suerte que los diferentes países están utilizando otros medios como la negociación de Protocolos o conclusión de nuevos CDIs adaptados a los estándares fiscales internacionales de BEPS. Estas otras fórmulas bilaterales de adaptación de la red de CDIs a BEPS pueden permitir una mayor integración de las modificaciones resultantes de BEPS con la política fiscal nacional en materia de convenios, así como facilitar que tal adaptación se lleve a cabo sin alterar el equilibrio interno del CDI concluido en su día a partir de una valoración global de su contenido.

Tampoco puede perderse de vista cómo los Modelos de Convenio OCDE (2017) y ONU (2017) también han actualizado su clausulado a BEPS. No obstante, no puede dejar de destacarse que la

---

(2)   Finet/Soong Johnston, "Nearly 70 Jurisdictions Sign OECD´s Multilateral Instrument", *TNI* June 12, 2017, p. 933 y ss.

actualización de 2017 del MC OCDE ni se limita a incorporar los estándares BEPS ni éstos se integran de forma completa; así, por ejemplo, el artículo 14 del MLI referido a la fragmentación de contratos en relación con la elusion del EP no se incluye en el artículo 5.3 MC OCDE 2017, apareciendo como cláusula opcional en los comentarios a tal precepto (parágrafo 52); lo mismo acontece con el artículo 13 del MLI que contiene dos opciones para reformar las exenciones de actividades específicas de la cláusula del artículo 5.4 MC OCDE, de suerte que solo la opción A queda reflejada en la revision del artículo 5.4 MC OCDE 2017, quedando la opción B como una alternativa que se recoge en los comentarios (parágrafo 78). Resulta llamativo que el MC OCDE 2017 incorpore de esta forma un tanto *sui generis* los estándares BEPS articulados en el MLI, cuando un buen número de países OCDE ha rechazado su implementación en su red de CDI a traves de sus posiciones en el MLI. A este respecto, se ha destacado (Hattingh) cómo el MLI puede terminar intensificando el hecho de que el MC OCDE esté perdiendo su tradicional carácter de modelo monolítico (instrumentando la política fiscal e intereses comunes de los países desarrollados) al incorporar intereses de otros países (*BEPS Implementation Framework*) que los propios países OCDE no acaban de validar, a través de distintas cláusulas-tipo referidas a la misma materia (*toolbox of optional measures*).

Lógicamente, todos los CDIs que se negocien siguiendo estos modelos de convenio post-BEPS tenderán hacia un mayor alineamiento con los nuevos estándares fiscales internacionales, lo cual constituye otra vía de implementación de BEPS. De esta forma, los países no firmantes del MLI pueden verse igualmente afectados por los estándares de BEPS relacionados con los CDI.

3.2. Aspectos básicos del Convenio Multilateral BEPS (MLI 2016)

3.2.1. Características y contenido esencial del MLI BEPS

El 5 de octubre de 2015, como parte del denominado "Paquete BEPS", la OCDE hizo público el Informe final sobre el desarrollo de un instrumento multilateral para modificar los convenios bilaterales para eliminar la doble imposición con arreglo a la Acción 15 del Plan de Acción BEPS de la OCDE/G20. El 24 de noviembre de 2016, la OCDE publicó el texto del Convenio Multilateral para implementar las medidas convencionales para prevenir esquemas de erosión de bases imponibles y transferencia artificial de beneficios (MLI, en adelante), así como las notas explicativas al mismo.

El **Convenio Multilateral para adoptar las medidas de prevención de BEPS** fue firmado por 68 países (entre los que se encuentra España), en la ceremonia inaugural celebrada en Paris, el 7 de junio de 2017; durante los meses de julio y agosto Mauricio, Camerún y Nigeria ultimaron los trámites para la firma del MLI elevando a 71 el número de países firmantes del mismo. Igualmente, podría mencionarse a algunos países relevantes que no han firmado el MLI, como Brasil, Bolivia, Ecuador, Marruecos, o Vietnam. Entre los no firmantes del MLI merece destacarse el caso de EEUU, de suerte que tal circunstancia no obedece a un cuestionamiento general de los fundamentos del MLI y del proyecto BEPS, sino a a razones más pragmáticas entre las que destaca que la red de CDI de EEUU ya está protegida de los principales riesgos de erosión de bases imponibles y transferencia de beneficios de acuerdo con las distintas cláusulas antiabuso que ya incluyen y que en algunos casos poseen mayor alcance que las recogidas en el MLI como es el caso de la LOB americana; también se considera que el modelo de cláusula de arbitraje del MLI no es satisfactorio por su "debilidad" (Herzfeld 2018); en este sentido, la firma del MLI por parte de EEUU, aunque no está completamente descartada en el futuro, se considera innecesaria en el momento actual e incluso contra-producente ya que el lenguaje del MLI y de los CDI estadounidenses difiere y ello generaría inseguridad jurídica al alterar la interpretación consolidada de tales convenios[3]

Las principales características del MLI podrían resumirse del siguiente modo, a saber:

---

(3)   Bell, K. "Treasury Official Explains Why U.S. Didn´t Sign OECD Super Treaty", 110 DTR I-1; y Parker, A., "IRS Vows to Defend Existing Tax Treaties from Overreach", 110 DTR I-2. Cabe mencionar igualmente el rechazo por parte de EEUU de las medidas convencionales resultantes de la Acción 7 BEPS.

• Se trata del texto consensuado por los 100 países que participaron en el foro global para la implementación efectiva de BEPS (particularmente, los estándares mínimos: las Acciones 5, 6, 13 y 14 BEPS)[4]

• El MLI (en su versión original hecha pública por la OCDE en 2016) no constituía un tratado internacional en vigor o que desplegara efectos jurídicos, ni tan siquiera ante un instrumento de *Soft-law* con efectos interpretativos respecto de la legislación interna o los CDIs vigentes, aunque es evidente que codifica las tendencias internacionales en materia de política de tratados fiscales internacionales.

• El MLI constituye un "tratado de tratados" a través del que se actualizará la red global de CDIs de los países comprometidos con la implementación efectiva de BEPS (1.100 CDI aprox), una vez que tales países ratifiquen a nivel interno el MLI. El ámbito de aplicación del MLI resulta definido por los países firmantes del mismo pero está concebido únicamente para actualizar la red de CDIs de los distintos países, en la medida en que éstos estén alineados con el Modelo OCDE (y eventualmente con el MC ONU), pero no con otro tipo de convenios fiscales como por el ejemplo el Pacto Andino, u otros tratados con cláusulas fiscales (Acuerdos de Protección Inversiones, NAFTA, etc).

• El MLI está concebido para modificar CDIs entre dos o más partes del Convenio multilateral (artículos 1 y 2 MLI), pero no está pensado para que opere como un protocolo de modificación de un CDI, que lo enmiende; el MLI se aplicará de forma paralela a los CDIs existentes, modificando su aplicación con el objeto de implementar medidas convencionales BEPS[5]. Como resultado, mientras que a efectos internos algunas partes contratantes podrían desarrollar versiones consolidadas de sus CTAs tal y como quedan modificados por el MLI, ello no constituye un pre-requisito para la aplicación del Convenio Multilateral. De hecho, los Estados contratantes de un CTA (y partes del MLI) pueden acordar modificaciones a posteriori de sus CTAs, desviándose de lo establecido en el MLI[6].

• No es un CDI completo, ni actualizará en su caso el conjunto de disposiciones de los CDI sino solo las disposiciones referidas a las Acciones 2 (híbridos), 6 (abuso de CDI), 7 (elusión artificial del estatus del EP), y 14 (mejora de los mecanismos de resolución de controversias fiscales internacionales: MAP/Arbitraje). El MLI, por tanto, contiene un contenido triple: estándares mínimos (determinados aspectos de las acciones 6 y 14), recomendaciones (medidas anti-hibridos acción 2, y ciertas recomendaciones acción 14), y medidas con respecto a las que no hay consenso internacional (arbitraje).

• El MLI contiene disposiciones convencionales específicas sobre:

○ **Acción 2 BEPS-Mecanismos híbridos:**

• Entidades transparentes (artículo 3 MLI).

• Aplicación de los métodos para eliminar la doble imposición en relación con asimetrías híbridas (artículo 5 MLI).

---

(4)   Vid.: Note by the OECD Directorate for Legal *Affairs, Multilateral Convention to Implement Tax Treaty Related Measures to Prevent BEPS: Functioning under Public International Law,* 2017, en particular el epígrafe "C. Development of the MLI by an International Conference"

(5)   Vid.: Note by the OECD Directorate for Legal Affairs, *Multilateral Convention to Implement Tax Treaty Related Measures to Prevent BEPS: Functioning under Public International Law,* 2017, en particular el epígrafe "E. Modification of Bilateral Tax Treaties by a Subsequent Multilateral Treaty". Se indica que el MLI sigue el principio general de prevalencia de que la última norma aprobada en el tiempo prevalece sobre la precedente sobre la misma materia, que se recoge en el artículo 30.3 de la Convención de Viena sobre el Derecho de los Tratados de 23 de mayo de 1969, y refleja la costumbre internacional. No obstante, los comentaristas han destacado cómo no procede llevar a cabo una aplicación mecánica de tal regla (*lex posterior*), ya que con frecuencia se plantearán conflictos interpretativos previos en relación con las diferencias lingüísticas o terminológicas entre las cláusulas del CDI afectado y el MLI, por no mencionar las dificultades que pueden derivarse de la aplicación de las cláusulas de compatibilidad del MLI (N.Bravo, "The MLI and Its Relationship with Tax Treaties", *WTJ*, no 3, 2016, p. 603 y ss.; y Zornoza, J., "El Convenio multilateral: un análisis preliminar" en *El Plan de Acción BEPS,* Aranzadi, Pamplona, 2017, pp. 500-501); también se ha indicado que tal regla no debería aplicarse cuando un tratado general afecta de manera indirecta al contenido de una disposición particular de un tratado anterior (Borgen, C.J, "Resolving Treaty Conflicts", *George Washington International Law Review,* vol.37, 2005, pp. 603-604).

(6)   *Explanatory Statement to the MLI,* 2016, parágrafo13; y Note by the OECD Directorate for Legal Affairs, *Multilateral Convention to Implement Tax Treaty Related Measures to Prevent BEPS: Functioning under Public International Law,* 2017, epígrafe "E. Modification of Bilateral Tax Treaties by a Subsequent Multilateral Treaty", parágrafos 17 y 18.

○ **Acción 6 BEPS- Medidas anti-abuso-Estándar mínimo:**

• Entidades con doble residencia (artículo 4 MLI).

• Objeto/propósito de un CDI (artículo 6 MLI).

• Impedir el abuso de los Convenios: cláusulas de limitación de beneficios y de propósito principal fiscal (artículo 7 MLI).

• Disposiciones sobre transferencia del pago de dividendos (artículo 8 MLI).

• Ganancias de capital derivadas de la enajenación de acciones de entidades con subyacente inmobiliario principal (artículo 9 MLI).

• Cláusula anti-abuso frente a estructuras triangulares de EPs (artículo 10 MLI).

• Aplicación de un CDI para restringir el derecho de un Estado a gravar a sus propios residentes (artículo 11 MLI).

○ **Acción 7 BEPS-La elusión artificial del estatus del EP:**

• Acuerdos de comisión/estructuras comisionista y estrategias similares (artículo 12 MLI).

• Exenciones de actividades preparatorias y auxiliares (artículo 13 MLI).

• Fragmentación de contratos (artículo 14 MLI).

• Definición de persona estrechamente vinculada a la empresa (artículo 15 MLI).

○ **Acción 14 BEPS-Mejorar la resolución de conflictos-Estándar mínimo:**

• Procedimiento Amistoso (artículo 16 MLI).

• Ajustes correlativos (artículo 17 MLI).

• Arbitraje (artículos 18 a 26 MLI).

○ **Cláusula/s de compatibilidad:**

• Estas cláusulas aparecen recogidas en las distintas disposiciones materiales del MLI y definen la relación entre éste y los CDI afectados (CTAs). En caso de conflicto entre ambas, se articulan reglas de compatibilidad que pueden describir la disposición del CDI que pretende sustituir, o describir el efecto que poseen en los CDI que no contienen tal disposición del MLI.

○ **Reservas y notificaciones:**

• Integran mecanismos de flexibilidad convencional derivados de la necesidad de acomodar las distintas posiciones de política fiscal de los diferentes países y jurisdicciones firmantes del MLI a los efectos de implementar las medidas convencionales de BEPS. A través de las reservas y notificaciones las autoridades competentes de los distintos países adoptan una serie de posiciones esenciales sobre los potenciales efectos del MLI sobre su red de CDI, desde definir qué convenios estarán afectados (CTAs) hasta elegir entre las distintas opciones para cumplir el estándar mínimo (*LOB v. PPT*) o no aplicar determinadas cláusulas recogidas en el MLI; también sirven para adoptar posiciones de "*opting out*" de determinadas disposiciones o partes del MLI con respecto a CDIs que ya contienen una disposición similar (o no), o bien elegir una opción entre las distintas que recoge el MLI en relación con una medida implementadora de una acción BEPS. Como regla, una cláusula de un CDI bilateral concluido entre dos Estados solo queda modificado por el MLI cuando los dos países notifican una posición simétrica (*matching position*), aunque existe alguna cláusula donde tal simetría no es necesaria en la medida en que así lo establece el MLI (véase el artículo 5.1 MLI en relación con los métodos para eliminar la doble imposición) sin perjuicio de prever la posibilidad de bloqueo de tal situación asimétrica que puede distorsionar el equilibrio interno de un CDI (artículo 5.8 y 9 MLI); otro supuesto donde el MLI permite la asimetría tiene que ver con la cláusula de limitación de beneficios simplificada.

• Cada país firmante puede optar por diferentes alternativas en relación con cada una de las cláusulas, incluso rechazar su aplicación o introducir reservas en algunos casos, aunque la negativa a aplicar una cláusula que represente un estándar mínimo (acciones 6 y 14 BEPS) es muy limitada, en tanto que las cláusulas que no representan estándares mínimos (híbridos y EPs) pueden ser obviadas. El MLI a través de las reservas y distintas alternativas referidas a las cláusulas que contiene ha tratado de alcanzar un equilibrio entre la necesidad de articular un instrumento muy flexible en el que tengan cabida las distintas políticas, culturas, sistemas legales y fiscales de las distintas jurisdicciones de manera que pueda ser firmado por un amplio grupo de países y el objetivo esencial de actualizar la red global de CDIs dando un salto adelante en relación con la prevención de esquemas BEPS[7].

○ **Entrada en vigor y eficacia de sus disposiciones (artículos 34 y 35 MLI):**

El MLI distingue la entrada en vigor del mismo (artículo 34) y la eficacia de sus disposiciones en relación con los CTAs de cada jurisdicción firmante (artículo 35).

• Para que el MLI despliegue efectos se requiere: a) su firma por cada país; b) su ratificación por cada parlamento nacional; c) su entrada en vigor y cumplimiento del plazo de eficacia de sus disposiciones (retroactivas/prospectivas)[8].

• El instrumento de ratificación, aceptación o aprobación debe depositarse en la OCDE, y este es el acto que marca la entrada en vigor del MLI. El MLI establece cláusulas con arreglo a las cuales entrará en vigor el primer día del mes siguiente a la expiración del periodo de tres meses naturales que comience en la fecha de depósito del quinto instrumento de ratificación, aceptación o aprobación. De esta forma, si al menos cinco jurisdicciones depositan sus instrumentos de ratificación antes del final de septiembre de 2017, el MLI entraría en vigor antes del 1 de enero de 2018; como consecuencia de ello, los CTAs entre tales jurisdicciones quedarían modificados por el MLI con efectos a partir de la referida fecha en relación con las retenciones en la fuente cubiertas por tales convenios. Para las jurisdicciones que ratifiquen en Octubre de 2017 o con posterioridad, los efectos del MLI sobre los CTAs de tales países (que hubieran ratificado el MLI) no se producirán hasta el 1 de enero de 2019 o con posterioridad. Para contribuyentes cuyo periodo impositivo coincida con el año natural, las disposiciones del MLI generalmente desplegarán efectos en relación con impuestos devengados a partir de 1 de enero de 2019. No obstante, el MLI permite a los Estados contratantes diferir la fecha de eficacia de las disposiciones de determinados CTAs (artículo 35.7 MLI).

• Para cada uno de los firmantes que ratifique, acepte o apruebe el MLI con posterioridad al depósito del quinto instrumento de ratificación, aceptación o aprobación, el MLI entrará en vigor el primer día del mes siguiente a la expiración del periodo de tres meses naturales que comience en la fecha de depósito del instrumento de ratificación, aceptación o aprobación por ese firmante. La regla general consiste en que los efectos del MLI se van produciendo –modificándose la aplicación de los CDI-CTAs de los distintos países firmantes– a medida que los Estados parte de un CDI-CTA y firmantes del MLI lo hayan ratificado y éste haya entrado en vigor[9].

Las disposiciones del MLI producirán efecto respecto de cada jurisdicción contratante de un CDI cubierto por el MLI (artículo 35.1):

---

(7)   Valente, P., "BEPS Action 15: Release of the Multilateral Instrument", *Intertax*, vol.45, no 3, 2017, p. 220.

(8)   Note by the OECD Directorate for Legal Affairs, *Multilateral Convention to Implement Tax Treaty Related Measures to Prevent BEPS: Functioning under Public International Law*, 2017, epígrafe "G. Ratification and Domestic Implementation". La OCDE indica que los procedimientos de ratificación domésticos varían de un país a otro, aunque para la mayoría de los países la aprobación parlamentaria se referirá al MLI y a las posiciones nacionales adoptadas por el país de que se trate (lista de CTAs, reservas y notificaciones). Este es el enfoque estandarizado para los convenios multilaterales que permanecen abiertos a la firma en el futuro, de manera que el gobierno no conoce en el momento de la ratificación nacional que otros países terminarán siendo partes del convenio y que posiciones adoptarán en relación con el mismo. Ello es parte inherente del diseño del MLI: hay una "oferta abierta" de cada jurisdicción respecto de los países recogidos en su lista (CTAs) para modificar bilateralmente sus CDIs en línea con su posición fijada con respecto al MLI. Se destaca igualmente que, al margen de la posición que adopten otros países firmantes respecto del MLI, las modificaciones de la aplicación de la red bilateral de CDIs de un país no podrá ir más allá de las fronteras derivadas del propio consentimiento dado por la misma definido en su "MLI Position" y con las consecuencias derivadas en las correspondientes disposiciones del MLI. El artículo 28.3 del MLI establece el principio del artículo 21 CVDT que, a menos que se establezca otra cosa, una reserva realizada por una parte del convenio aplica simétricamente y modifica la cláusula del MLI en la misma medida para ambas partes (la jurisdicción que formula la reserva y la otra parte).

(9)   Ferreras Gutierrez, "La era post-BEPS: El Instrumento Multilateral y el foro inclusivo del paquete BEPS", en *El Plan de Acción BEPS*, Aranzadi, Pamplona, 2017, p.469.

- a) Respecto a los impuestos objeto de retención en la fuente sobre cantidades pagadas o debidas a no residentes, cuando el hecho imponible que da lugar a tales impuestos ocurre en o con posterioridad al primer día del año natural siguiente que empieza en o después de la última de las fechas en que el MLI entre en vigor para cada una de las jurisdicciones contratantes de un CDI cubierto (CTAs). El Secretariado de la OCDE publicó en noviembre 2018 una nota de clarificación del alcance del artículo 35.1 del MLI, estableciendo que, por ejemplo, allí donde el MLI entrara en vigor para el Segundo Estado contratante el 1 de enero de 2019, las disposiciones del CDI tendrían eficacia en relación con las operaciones o hechos imponibles que dieran lugar a retenciones en la fuente en tal fecha y con posterioridad.

- b) Respecto de cualquier otro gravamen, para los que se devenguen respecto de periodos impositivos que empiecen en o con posterioridad a la expiración de un periodo de seis meses naturales (o un periodo más corto, si todas las jurisdicciones contratantes notifican al depositario su intención de aplicar ese periodo más corto) desde la última de las fechas en las que el MLI entre en vigor para cada una de las jurisdicciones contratantes de un CDI afectado por el MLI.

- El MLI se abrió a la firma a partir de 5 de junio de 2017 y, como ya indicamos más arriba, en la hora actual ha sido firmado por 84 países (y otros 6 han manifestado su intención de proceder a la firma del mismo). Al haber sido ratificado por el correspondiente número de países, el MLI ha entrado en vigor del MLI, y sus disposiciones han empezado a desplegar efectos jurídicos en relación con algunos de los CDIs de los países que hayan completado tales procedimientos (firma, ratificación y entrada en vigor).

- En el caso de **España,** deberán ser ratificadas tanto la firma del MLI como su remisión a las Cortes Generales por el Consejo de Ministros, ya que la firma se ha realizado "ad referéndum", habiendo sido autorizada tal firma por el Consejo de Ministros en su reunión de 13 de julio de 2018. A su vez, para conseguir una mayor claridad y seguridad jurídica, se ha previsto la preparación de textos consolidados de los convenios de doble imposición, si bien no contarán con valor jurídico, sí permitirán facilitar su aplicación (Ministerio de Hacienda y Función Pública, "Firmado el Convenio Multilateral para implementar las medidas contra la erosión de bases imponibles y el traslado de beneficios en los convenios para evitar la doble imposición", 7 Junio de 2017). El Secretariado de la OCDE publicó, en noviembre de 2018, una guía para la elaboración de textos consolidados a los efectos del MLI, advirtiendo que se trata de meras directrices que pueden seguir los diferentes países, sin estar obligados a ello, así como tales textos consolidados poseen mero valor informative (OECD, *Guidance for the development of synthesided texts*, MLI BEPS Action 15, November 2018). Países como Austria, Japón o Reino Unido ya han publicado versiones consolidadas de los CDIs afectados por el MLI.

- Las opciones y reservas que los diferentes países firmantes del MLI han adoptado en el momento de la firma se convierten en vinculantes una vez se ha producido la ratificación (artículos 28.7 y 29.4 MLI); hasta ese momento tales posiciones pueden modificarse[10]. Tras la ratificación, sin embargo, la flexibilidad en este punto remite. Una reserva puede ser retirada o reemplazada por otra reserva más limitada (artículo 28.9 MLI), pero no pueden realizarse reservas nuevas (artículo 28.5 MLI). Igualmente, tras la ratificación, un Estado parte puede añadir CDIs a su lista de CTAs (artículo 29.5) o puede adoptar cláusulas opcionales complementarias (artículo 29.6), pero no puede retirar notificaciones realizadas en el momento de la ratificación.

- En relación con el procedimiento de ratificación y su conexión con el principio democrático. La OCDE destacó que los procedimientos de ratificación domésticos varían de un país a otro, aunque para la mayoría de los países la aprobación parlamentaria se referirá al MLI y a las posiciones nacionales adoptadas por el país de que se trate (lista de CTAs, reservas y notificaciones)[11]. Este es el enfoque estandarizado para los convenios multilaterales que permanecen abiertos a la firma en el futuro, de manera que el gobierno no conoce en el momento de la ratificación nacional que otros

---

(10)   *Explanatory Statement to the MLI,* 2016, parágrafo 280.
(11)   Note by the OECD Directorate for Legal Affairs, *Multilateral Convention to Implement Tax Treaty Related Measures to Prevent BEPS: Functioning under Public International Law,* 2017, epígrafe "G. Ratification and Domestic Implementation".

países terminarán siendo partes del convenio y que posiciones adoptarán en relación con el mismo [12]. Ello es parte inherente del diseño del MLI: hay una "oferta abierta" de cada jurisdicción respecto de los países recogidos en su lista (CTAs) para modificar bilateralmente sus CDIs en línea con su posición fijada con respecto al MLI. Se señala igualmente que, al margen de la posición que adopten otros países firmantes respecto del MLI, las modificaciones de la aplicación de la red bilateral de CDIs de un país no podrá ir más allá de las fronteras derivadas del propio consentimiento dado por la misma definido en su *"MLI Position"* y con las consecuencias derivadas en las correspondientes disposiciones del MLI. El artículo 28.3 del MLI establece el principio del artículo 21 CVDT que, a menos que se establezca otra cosa, una reserva realizada por una parte del convenio aplica simétricamente y modifica la cláusula del MLI en la misma medida para ambas partes (la jurisdicción que formula la reserva y la otra parte). De esta forma, cada Estado a la hora de proceder a ratificar el MLI puede debatir sobre los objetivos perseguidos por el convenio multilateral y las implicaciones que cada una de las disposiciones del mismo posee desde una perspectiva que contemple los intereses nacionales, de manera que la decisión de ratificación y las *"final MLI positions"* pueden resultar diferentes a las adoptadas provisionalmente en el momento de la firma considerando todas estas circunstancias así como las posiciones adoptadas por los otros Estados parte del MLI [13].

• Respecto de los procedimientos que deben llevarse a cabo para que el MLI despliegue efectos, la OCDE distingue entre la situación desde una perspectiva de Derecho Internacional Público y la situación desde el Derecho Interno [14]. La ratificación por parte de los dos Estados contratantes de un convenio es todo lo que se necesita desde el Derecho Internacional Público para que el MLI modifique un CTA, de manera que a partir de ese momento la disposición del CTA afectada por el MLI será aquella modificada por éste, con independencia del sistema legal interno de los Estados contratantes. Desde una perspectiva de Derecho interno lo cierto es que los distintos países poseen sistemas diferentes para garantizar la aplicación de las modificaciones derivadas del MLI sobre los CDIs. En particular se distingue entre sistemas "monistas" (el tratado internacional ratificado modifica las relaciones y derechos y obligaciones a nivel interno) y "dualistas" (se requiere un instrumento normativo nacional que implemente el tratado y modifique las relaciones y derechos y obligaciones que establece). En el caso de un sistema monista el MLI modifica la aplicación de los CDI, en tanto que en los sistemas dualistas se requiere un instrumento normativo nacional que vehicule las modificaciones derivadas del MLI sobre los CDIs. De esta forma, cuando el MLI ha modificado un CDI, la referencia a la regla aplicable en Derecho interno podrá ser bien el CDI tal y como ha quedado modificado por el MLI, o la legislación interna que transpone las modificaciones realizadas por el MLI al CDI de que se trate. En este último caso (sistema dualista) los distintos países pueden adoptar diferentes fórmulas; así, la legislación interna puede limitarse a reproducir las disposiciones relevantes del MLI con el objeto de que éstas produzcan efectos a nivel interno modificando los CDIs (las leyes internas que los hubieran transpuesto); en otros casos la normativa doméstica de transposición del MLI podría "consolidar" en un solo texto normativo las disposiciones del CDI y las modificaciones realizadas por el MLI, de suerte que en estos casos tal Estado puede consultar con el otro Estado contratante a efectos de verificar el correcto entendimiento de la modificación del CDI aceptada a través del MLI; no obstante, tal texto consolidado (MLI-CDI) no constituye un CDI modificado (que constituya un instrumento legal que requiera ratificación por los dos Estados parte) sino únicamente un método para dar efecto a nivel doméstico a los cambios específicos mutuamente consentidos entre los Estados contratantes. La OCDE clarifica que dos Estados contratantes pueden tener sistemas legales heterogéneos de dar efectos a los tratados internacionales, sin que ello plantee problema alguno. Igualmente, la OCDE pone de manifiesto cómo el modelo de "consolidación" única-

---

(12)   El MLI establece un sistema con arreglo al cual las posteriores adhesiones de nuevas jurisdicciones requieren que los Estados previamente firmantes amplíen la lista de sus CDI-CTAs comprendidos en el ámbito de aplicación del MLI ratificado por los mismos, si desean que los convenios firmados con los nuevos países firmantes del MLI se vean afectado por éste con respecto a los mismos.

(13)   Por ejemplo, en Australia un comité parlamentario dedicado al análisis de tratados internacionales (*Australian Federal Parliamentary Joint Standing Committee*, 16 August 2017 consultation) ha puesto en marcha un procedimiento público para examinar el contenido del MLI desde una perspectiva de interés nacional a efectos de su eventual ratificación, a la luz de las posiciones provisionales adoptadas en la ceremonia de la firma de 7 de junio de 2017.

(14)   Note by the OECD Directorate for Legal Affairs, *Multilateral Convention to Implement Tax Treaty Related Measures to Prevent BEPS: Functioning under Public International Law*, 2017, epígrafe "G. Ratification and Domestic Implementation".

mente constituye un requisito legal en una serie de países (normalmente dualistas), de manera que aquellos otros que deseen elaborar "textos consolidados" (MLI-CDIs) por razones de política fiscal (claridad y calidad regulatoria, transparencia, seguridad jurídica) pueden hacerlo, aunque advierte que tales textos consolidados no constituirán los instrumentos legalmente aplicables entre los Estados contratantes a nivel internacional (que seguirán siendo el CDI y el MLI), aunque en algunos casos tales textos consolidados podrían ser calificados como acuerdos alcanzados en el procedimiento amistoso. En todos aquellos casos donde los textos consolidados se elaboran por razones de política fiscal (seguridad jurídica, etc) no existe una fecha específica para su elaboración o publicación, de manera que podrían hacerse públicos después de la ratificación del MLI, momento en el que estarán disponibles las posiciones finales de los dos Estados contratantes.

• El MLI también contempla la denuncia por parte de un firmante, la cual puede tener lugar antes o después de que éste entre en vigor o de que sea ratificado. El artículo 37 MLI recoge una cláusula que preserva los efectos del MLI sobre los CDI-CTAs respecto a los que hubiera entrado en vigor con anterioridad al momento en que haya sido recibida por el Depositario la notificación de denuncia. Es decir, la denuncia solo tiene efectos prospectivos para el Estado denunciante y no afecta a la modificación derivada de la entrada en vigor del MLI en relación con los CDIs cubiertos, de manera que tales modificaciones permanecerán en vigor entre las partes en tanto dichos CDIs no fueran objeto de una modificación posterior (artículo 30 MLI), en línea con lo previsto en los artículos 39 y 70.1.b) de la CVDT[15].

Cabe enfatizar cómo el MLI no articula un *"regulatory framework"* en el sentido de que no condiciona posteriores modificaciones de los CDIs comprendidos en su ámbito de aplicación por parte de los Estados contratantes (artículo 30 MLI). El MLI no supone un compromiso que restrinja la futura política fiscal de los Estados contratantes, dado que no se ha alcanzado tal nivel de consenso fiscal internacional (Schoueri/Galendi). No obstante, no puede dejar de señalarse la relevancia e implicaciones asociadas a los estándares mínimos de BEPS con respecto a la política fiscal de los países firmantes del MLI, en el sentido de que se vulneraría el espíritu y finalidad del MLI si un Estado firmante y comprometido con la implementación efectiva de los estándares mínimos de BEPS renegociara sus CDIs con otros países de forma no compatible con los referidos estándares. De esta forma, no puede menos que reconocerse el impacto del MLI condicionando ciertos aspectos de la política fiscal convencional de los Estados firmantes que hayan expresado su compromiso con el cumplimiento de los estándares mínimos de BEPS (Brauner).

○ **La interpretación del MLI:**

• En relación con la interpretación del MLI, cabe destacar cómo el Convenio contiene varias cláusulas referidas a esta cuestión (artículos 2, 32 y 39). Antes de entrar a analizarlas debe señalarse con carácter previo que la OCDE publicó conjuntamente una declaración explicativa del MLI que trata de exponer el enfoque adoptado a través del convenio multilateral en relación con su impacto sobre los CDI, así como la finalidad esencial de las disposiciones del mismo a la luz de los informes BEPS[16]. En este sentido, la declaración explicativa del MLI únicamente pretende clarificar el funcionamiento del MLI y la forma en que modifica (potencialmente) los CTAs, pero no pretende abordar o influir en la interpretación de las medidas BEPS que contiene, exceptuando las cláusulas de arbitraje recogidas en los artículos 18 a 26 del MLI[17]; no obstante, no puede perderse de vista cómo tal declaración refleja la intención de los negociadores del MLI y ayuda a determinar su objeto y finalidad con caracter general y conecta el Convenio Multilateral con los informes finales de BEPS que son objeto de implementación a través del convenio, de manera que estos sí poseen relevancia interpretativa a estos efectos (Schoueri/Galendi). No obstante, no debe perderse de vista que allí

---

(15)   Vid. *Explanatory Statement to the MLI*, 2016, parágrafos 352-354.
(16)   La nota explicativa OCDE sobre el MLI fue preparada por el Sub Group ad hoc (integrado por representantes de 99 países miembros actuando en igualdad de condiciones, y por 4 jurisdicciones no integrantes de un Estado, y 7 organizaciones internacionales y regionales actuando como observadores), con el objeto de clarificar el enfoque adoptado en el MLI y cómo se pretende que cada cláusula afecte a los CDIs comprendidos en su ámbito de aplicación. La declaración explicativa fue adoptada en el mismo momento que el texto del MLI, esto es, el 26 de noviembre de 2016. Vid. *Explanatory Statement to the MLI*, 2016, parágrafo 11.
(17)   *Explanatory Statement to the MLI*, 2016, parágrafo 12.

donde existan diferencias entre el texto de la cláusula del MLI de que se trate y la redacción de utilizada en los informes BEPS, tales diferencias pueden tener efectos jurídicos, resultando por tanto limitada la *"conforming interpretation"* del MLI a la luz de tales informes finales de BEPS (Blum). La misma observación debe formularse en relación con los efectos interpretativos de los CMC OCDE post-MLI, de manera que su relevancia interpretativa está limitada a los supuestos de clarificación (no modificación sustantiva del significado) y siempre que exista identidad normativa en la configuración de la cláusula.

• La interpretación de las medidas BEPS recogidas en los artículos 3 a 17 del MLI debe realizarse con arreglo al principio ordinario de interpretación de tratados internacionales, que consiste en la interpretación de buena fe con arreglo al significado ordinario de sus términos en su contexto y a la luz de su objeto y finalidad, tal y como resulta de los artículos 2.2 MLI[18] y 30.3 Convención Viena sobre el Derecho de los Tratados de 23 de mayo de 1969. El objeto y finalidad del MLI reside en la implementación de las medidas convencionales anti-erosión de bases imponibles y frente a la transferencia de beneficios[19]. Los comentarios que fueron desarrollados durante el proyecto BEPS y reflejados en los Informes Finales del Paquete BEPS poseen particular relevancia a este respecto. En este sentido, se destaca cómo las medidas recogidas en el MLI instrumentan sin introducir cambios sustantivos (salvo excepciones) las recomendaciones de disposiciones específicas de medidas convencionales recogidas en los Informes finales BEPS[20]. En este mismo orden de cosas, se ha destacado cómo el hecho de que el preámbulo del MLI incluya buena parte de la retórica BEPS con un enfoque antielusión fiscal muy marcado en relación con las cláusulas establecidas en el Convenio y utilizando una terminología imprecisa y para-legal dirigida a enfatizar la finalidad del proyecto BEPS en la lucha contra la doble no imposición o *"reduced taxation through avoidance"* o la prevención del *"aggressive tax planning"*, puede tener efectos interpretativos sobre las diferentes cláusulas de los CDI, ya que tal terminología y retórica ha "saltado" de los informes OCDE/G20 (*Soft-law*) a un tratado internacional (*Hard-law*), lo cual puede distorsionar la interpretación de los CDIs por los tribunales de justicia (Owens/Kaka 2017).

• Por otro lado, no puede perderse de vista cómo la Secretaría General de la OCDE opera como Depositario del Convenio y sus Protocolos (artículo 39.1 MLI), correspondiéndole a este la administración del Convenio. La función de administración del Convenio que le corresponde al Depositario tiene naturaleza internacional (artículos 76 y 77 CVDT de 23 de mayo de 1969), y comprende una serie de cometidos (custodia textos auténticos, recibir notificaciones, mantener públicamente disponibles listas de los CDIs y las reservas, etc) entre las que cabe mencionar las relativas a la interpretación o aplicación del Convenio o la consideración de posibles modificaciones (artículos 32.2 y 33 MLI). El hecho de que el depositario del MLI sea la OCDE y no todos los firmantes del

---

(18)   La Nota explicativa de la OCDE (op.cit) en relación con el artículo 2 MLI clarifica el alcance de esta importante regla de interpretación que no coincide plenamente con el artículo 3.2 de los CDIs que siguen el MC OCDE. Así, el artículo 2.2 MLI establece que los términos no definidos en el Convenio, a menos que el contexto requiera otra cosa, tendrán el significado que tal término posea con arreglo al CTA aplicable en el momento en que el Convenio sea aplicado. Es decir, remite al significado convencional del término recogido en un CDI, el cual puede definir o no expresamente tal expresión o vocablo pudiendo resultar aplicables las reglas de interpretación del propio CDI (artículo 3) que, en ciertos casos, remiten a la legislación fiscal del Estado que aplica el CDI. Tal remisión al significado resultante del CDI aplicable únicamente opera o procede cuando el MLI no define el término en cuestión o no puede extraerse un significado de su contexto (interpretación convencional autónoma); a este respecto, la nota explicativa del MLI expresamente destaca cómo la interpretación contextual del MLI juega un papel relevante a estos efectos, de suerte que tal contexto incluiría el propósito o finalidad del Convenio tal y como aparece descrito en los parágrafos 1 a 14 de la nota explicativa OCDE, y en los CTAs tal y como quedaría reflejado su preámbulo con arreglo al artículo 6 MLI (parágrafos 21 a 23 y 76 de la nota explicativa OCDE). La nota explicativa de la OCDE incluye dentro del contexto del MLI a los Informes finales BEPS (2015, acciones 2, 6, 7 y 14) relativos a las medidas que son incorporadas en el Convenio así como a la propia nota explicativa (autoproclamación interpretativa); lógicamente ello deja fuera de tal contexto los Comentarios al MC OCDE que se elabore incorporando las medidas convencionales BEPS, aunque cabe esperar cierto debate sobre los efectos interpretativos de los CMC MC OCDE post-BEPS en la medida en que se refieran a cláusulas idénticas a las incluidas en el MLI. La fórmula establecida en el MLI a efectos de los términos no definidos y conexión con las reglas de interpretación de los CDIs está llamada a generar conflictos de aplicación del CDI, considerando la falta de claridad de las mismas sobre sus propios presupuestos aplicativos, a la luz de la experiencia derivada de la propia aplicación del artículo 3.2 de los CDIs. Todo ello revela una forma de desarrollo de la fiscalidad internacional convencional muy conectada con instrumentos de *Soft-law* que plantean problemas de legalidad y seguridad jurídica que ya han sido puestos de relieve al hilo de los materiales de este tipo que vienen siendo elaborados por la OCDE.

(19)   *Explanatory Statement to the MLI,* 2016, parágrafo 12.
(20)   *Explanatory Statement to the MLI,* 2016, parágrafo 12.

mismo no sean miembros de tal organización internacional no puede ser pasado por alto, reforzando el papel de la OCDE como *"global tax law setter"*.

• El artículo 32.1 MLI también contiene una regla que permite a los Estados contratantes de un CDI resolver problemas de interpretación de los mismos o de interacción con las disposiciones del MLI utilizando el procedimiento amistoso. El artículo 32.2 MLI contempla igualmente la posibilidad de que las partes del Convenio resuelvan a través de una Conferencia a la que se refiere el artículo 31 determinadas cuestiones de interpretación. Finalmente, el artículo 32.2 MLI establece que los únicos textos auténticos del Convenio lo constituyen las versiones en inglés y francés del mismo, de manera que cualquier cuestión que puede surgir sobre la interpretación de los CDIs concluidos en otros idiomas o con respecto a la traducción del MLI debe tomar en consideración y resolverse con arreglo a los textos auténticos.

• En este mismo orden de cosas, cabe referirse a la "interpretación integrativa" que procede llevar a cabo una vez determinada la aplicación del MLI sobre una concreta cláusula de un CDI/CTA, dado que debe fijarse la interpretación de la cláusula convencional "modificada" dentro del contexto del CDI comprendido en el ámbito de aplicación del MLI. Ello requiere tanto interpretar la cláusula del MLI que "modifica" o impacta sobre la cláusula convencional de que se trate, como determinar el alcance de la disposición del CDI afectada por el MLI en su propio contexto. En relación con la interpretación de la disposiciones del MLI ya hemos visto cómo el Convenio Multilateral contiene varias cláusulas al respecto, particularmente el artículo 2.2 y las reglas generales de interpretación de los artículos 31 y 32 VCLT. Conviene insistir en que el artículo 2.2 del MLI no constituye una cláusula idéntica al artículo 3.2 MC OCDE; así, mientras que este ultimo determina el significado de terminus no definidos atendiendo al "contexto convencional" y subsidiariamente con arreglo a la legislación interna del Estado que aplica el CDI, el artículo 2.2 MLI fija el alcance de los términos no definidos atendiendo al contexto del propio MLI, y a la definición recogida en el CDI/CTA de que se trate; en este sentido, el artículo 2.2 del MLI plantea la cuestión de cuándo acudir al contexto del MLI o al CDI/CTA, o incluso al contexto del CDI/CTA o la legislacion interna del Estado que aplique el CDI. La elección de uno u otro significado comporta ejercicio de juicio y puede ser fuente de interpretaciones asimétricas que deriva del carácter "híbrido" del MLI; en este sentido, algunos autores (Lang 2017, Brauner, y Blum) consideran que una interpretación contextual autónoma del MLI (en lugar de atender al contexto del CDI) es la opción preferible con carácter general al resultar más consistente con la coordinación (estandarización) internacional que persigue el Convenio Multilateral; a este respecto, se pone el ejemplo de cómo el cambio del preámbulo de los CTAs por el MLI enfatizando su finalidad antiabuso altera "retroactivamente" la finalidad de los CDIs, fijando un nuevo contexto interpretative (Blum). Como ha observado Brauner, el MLI en cierta medida determina un reforzamiento de la interpretación contextual autónoma de las cláusulas de los CDIs "modificadas" por el MLI, que deben interpretarse con arreglo a su contexto y finalidad, reduciéndose la incidencia del recurso a la legislación interna para interpretar términos no definidos, ya que ello traería dislocaría la coordinación y estandarización internacional que se trata de instrumentar a través del Convenio Multilateral (Brauner).

3.2.2.   Estructura del MLI BEPS [21]

○ El MLI constituye un instrumento complejo que se proyecta sobre determinadas disposiciones de los CDIs concluidos por los países firmantes, pero que no impacta necesariamente sobre toda la red de CDI de un país firmante ni sobre todas las disposiciones de los mismos, estableciendo fórmulas que dotan de flexibilidad al instrumento multilateral y que permiten a los distintos países adoptar posiciones adecuadas a sus intereses y política fiscal.

○ La mayoría de las disposiciones del MLI se superponen o solapan con las cláusulas de los CDIs incluidos en su ámbito aplicativo (los CTAs). Allí donde las disposiciones del MLI pudieran entrar en

---

(21)   Vid.: *Explanatory Statement to the MLI,* 2016, parágrafos 13-15.

conflicto con las disposiciones pre-existentes de los CDI sobre la misma materia, tal conflicto se resuelve a través de una serie de cláusulas de compatibilidad que el MLI establece, por ejemplo, indicando qué disposiciones de los CDIs/CTAs se pretende reemplazar así como el efecto sobre CDIs/CTAs que no contienen una disposición de tal tipo.

  ○ Los países firmantes del MLI ostentan el derecho de formular "reservas" respecto de ciertas partes del MLI (*opt-out*), de manera que tales cláusulas específicas no sean aplicables a los CTAs seleccionados.

  ○ El MLI contiene cuatro tipo de cláusulas a los efectos de articular la interrelación con los CTAs: a) *"in place of"*, b) *"applies to"*, c) *"in absence of"*, y d) *"in place of or in absence of"* [22].

  a) **La cláusula *"in place of"*:** una disposición del MLI que aplica "en lugar de" tiene con finalidad y efecto "reemplazar una cláusula existente" de un CTA, de manera que si tal cláusula no existe en el CTA de que se trate el MLI no supone su establecimiento en tal CDI. Los países firmantes del CDI deben incluir en sus *"MLI positions"* una sección sobre notificaciones donde recogen la lista de CTAs que contienen una disposición que está dentro del ámbito de aplicación de una cláusula del MLI, indicando el artículo y parágrafo de cada precepto afectado. Una cláusula del MLI que aplica *"in place of"* reemplazará una disposición del CTA solo si las jurisdicciones contratantes han realizado una notificación en tal sentido respecto de tal cláusula.

  b) **La cláusula *"applies to"*:** una disposición del MLI que "aplica a" artículos de un CTA tiene como finalidad cambiar la aplicación de una disposición existente sin reemplazarla totalmente, y en tal sentido solo aplicaría si existe en el CTA una disposición al efecto. Las jurisdicciones firmantes del MLI incluirán en sus *"MLI positions"* una sección de notificaciones donde recogerán una lista de todos los CTAs que contienen una disposición incluida en el ámbito de aplicación de una cláusula del MLI, identificando el artículo y el parágrafo. Una cláusula del MLI que *"applies to"* cambiará la aplicación de una disposición de un CTA solo allí donde todos los Estados contratantes hayan realizado una notificación en tal sentido respecto de tal cláusula.

  c) **La cláusula *"in the absence of"*:** una disposición del MLI que aplica "en ausencia de" de cláusulas de un CTA pretende "añadir una disposición" si tal convenio no contiene una en tal sentido. Las jurisdicciones firmantes del MLI incluirán en sus *"MLI positions"* una sección de notificaciones donde recogerán una lista de todos los CTAs que no contienen una disposición incluida en el ámbito de aplicación de una cláusula del MLI, identificando el artículo y el parágrafo. Una cláusula del MLI que *"in the absence of"* de una disposición de un CTA solo allí donde todos los Estados contratantes hayan realizado una notificación en tal sentido respecto de tal cláusula.

  d) **La cláusula *"in place of or in the absence of"*:** este tipo de disposición pretende "reemplazar una cláusula convencional existente o añadir una" a un CTA. Este tipo de disposición del MLI aplicará en todos los casos en los que todas las partes de un CTA no hayan ejercitado una reserva de su derecho a no aplicar la totalidad de una disposición del MLI a sus CTAs. Si todas las jurisdicciones contratantes notifican la existencia de una "cláusula convencional pre-existente", tal disposición será reemplazada por la cláusula del MLI en la medida descrita en la cláusula de compatibilidad prevista en el MLI. Allí donde las jurisdicciones contratantes no notifiquen la existencia de una disposición convencional pre-existente, la cláusula del MLI aplicaría igualmente. En el caso de que existiera una disposición convencional pre-existente que no fue notificada por las jurisdicciones contratantes, la cláusula del MLI prevalecería sobre la disposición pre-existente, reemplazándola en la medida en que fuera incompatible (existiera conflicto) con la referida cláusula del MLI. De no existir una cláusula pre-existente, la cláusula del MLI será añadida o incorporada al CTA.

  • Como ya hemos avanzado, cada Estado firmante del MLI debe notificar al depositario de tal tratado su posición, esto es, por qué opciones se decanta (posiciones y reservas) y con qué países y qué CDIs está dispuesto a modificar y con qué fecha de entrada en vigor y efectos. Es decir, la implementación efectiva del MLI todavía requiere de un proceso de negociación y firma, y de las

---

(22)   Vid.: Note by the OECD Directorate for Legal Affairs, *Multilateral Convention to Implement Tax Treaty Related Measures to Prevent BEPS: Functioning under Public International Law*, 2017, epígrafe "F. Definition of Modifications through Compatibility Clauses, Reservations and Notifications".

correspondientes ratificaciones por los distintos parlamentos nacionales para que los distintos CDI actualmente firmados resulten modificados a través del Convenio Multilateral (vid supra lo indicado sobre la entrada en vigor y efectos con arreglo a artículos 34 y 35 MLI). Se considera que, como pronto, el MLI podría desplegar efectos jurídicos para algunos países (generalmente) a partir de 2019, lo cual ofrece un tiempo de reacción razonable.

3.3. Examen preliminar y de las disposiciones materiales del MLI y de las principales "posiciones fiscales" adoptadas por España en el momento de la firma del MLI

A través del presente epígrafe exponemos de forma muy básica las disposiciones materiales del MLI (artículos 3 a 26), poniendo de relieve las principales "posiciones provisionales fiscales" (*MLI provisional positions*) adoptadas por España a los efectos de la modificación de los convenios de doble imposición seleccionados (*CTAs, Covered Tax Agreements*) para ser potencialmente enmendados por el MLI, en el caso de que la **"MLI position española"** coincida o encaje con la de otro Estado contratante firmante del MLI (*"Matching positions"*), siempre que se superen los correspondientes procesos de ratificación nacionales e internacionales.

Nótese que la lista definitiva de *"MLI positions"* adoptada por cada jurisdicción será comunicada con motivo del depósito del instrumento de ratificación, aceptación o aprobación del MLI, de manera que la referida lista comunicada por las autoridades españolas en el momento de la firma del MLI (7 de junio de 2017) no refleja la posición definitiva sino una provisional, tal y como expusimos en los epígrafes precedentes.

Antes de entrar a examinar las disposiciones materiales del MLI a la luz de las posiciones comunicadas por las autoridades españolas con motivo de la firma del MLI, el 7 de junio de 2017, hay que referirse a la notificación de Acuerdos cubiertos por el MLI desde la perspectiva española (CTAs). En este sentido, debe señalarse que España ha remitido una **lista de 86 CDIs/CTAs** seleccionados, esto es, los que serán potencialmente modificados por el MLI. La mayoría de los CDIs de la red española han sido seleccionados para ser objeto de potencial modificación por el MLI BEPS, habiéndose excluido ocho convenios en vigor. Como ausencias destacables cabe referirse a los CDIs con Países Bajos, Japón y China, los cuales podrían estar siendo objeto de renegociación bilateral. Cabe señalar que España incluye en su lista CTAs a países que por el momento no han firmado el MLI como Brasil, EEUU o Marruecos.

La Parte II del MLI (artículos 3 a 5) en relación con asimetrías híbridas y las posiciones provisionales adoptadas por las autoridades españolas con motivo de la firma del Convenio multilateral, el 7 de junio de 2017

- **El artículo 3 del MLI (*Transparent Entities*)**[23]:

  ○ Esta cláusula se refiere a situaciones de entidades híbridas en el sentido de que uno o ambos Estados contratantes tratan a la entidad como total o parcialmente transparente a efectos fiscales. Con arreglo al artículo 3.1 del MLI la renta obtenida por o a través de una entidad que es tratada total o parcialmente transparente con arreglo a la legislación de un Estado contratante únicamente será considerada obtenida por un residente en la medida en que la renta es tratada, a efectos fiscales por tal Estado, como renta obtenida por un residente de tal Estado contratante. El artículo 3 del MLI constituye una cláusula que aplica *"in place of or in absence of"* de una disposición existente en un

---

(23)   Cabe mencionar cómo 43 países firmantes del MLI han reservado su derecho de no aplicar el artículo 3 MLI a sus CTAs: Austria, Bulgaria, Burkina Faso, Canadá, China, Colombia, Costa Rica, Croacia, Chipre, República Checa, Dinamarca, Egipto, Finlandia, Francia, Gabon, Georgia, Alemania, Grecia, Guernsey, Hong Kong, Hungría, Islandia, India, Indonesia, Isla de Man, Italia, Jersey, Corea, Kuwait, Letonia, Liechtenstein, Lituania, Malta, Pakistán, Portugal, San Marino, Senegal, Serbia, Seychelles, Singapur, Eslovenia, Suecia, y Suiza. Nótese que a nivel europeo la Directiva 2017/952 (ATAD 2), por la que se modifica la Directiva 2016/1164 en lo que se refiere a las asimetrías híbridas con terceros países, obliga a los Estados miembros de la UE a introducir medidas inspiradas en la Acción 2 de BEPS, más allá de lo establecido en los CDI.

CTA. No estamos ante un estándar mínimo, de manera que los firmantes del MLI pueden optar por excluir su aplicación (*opt out*). En relación con esta cláusula, los comentaristas han puesto de relieve cómo expande el enfoque adoptado en el Informe OCDE sobre *Partnerships* (1999) que dio lugar a las modificaciones en el MC OCDE 2000, a otro tipo de entidades (no solo "sociedades de personas") con el objeto de eliminar determinadas asimetrías que pueden resultar en ausencia de imposición en el Estado de la residencia, en línea con el Informe Final BEPS sobre la Acción 2 (*Neutralising the Effects of Hybrid Mismatch Arrangements, 2015*). A este respecto, cabe llamar la atención sobre la complejidad técnica de la cláusula, de suerte que su aplicación por parte del Estado de la fuente (considerando la tributación en el Estado de residencia) determina el otorgamiento o denegación de los beneficios del CDI (en ambos Estados), y puede generar conflictos de aplicación que resulten en doble imposición[24].

○ España no ha elegido el *"opt out"* en relación con el artículo 3 MLI, de manera que se posiciona a favor de la aplicación de tal cláusula reguladora de la aplicación del CDI a entidades fiscalmente transparentes en todos los CTAs, salvo aquellos que ya la poseen (v.gr, CDIs con EEUU, Finlandia y Reino Unido). En la medida en que España optó por no incluir en su totalidad el artículo 11 del MLI (*Application of tax agreements to restrict a party´s right to tax its own residents*), se añadirá la siguiente frase al final del artículo 3.1 del CTA de que se trate: *"In no case shall the provisions of this paragraph be construed to affect a Contracting Jurisdiction´s right to tax the residents of that Contracting jurisdiction"*. Se requiere *"matching position"* por los otros Estados firmantes MLI para que tal modificación tenga lugar.

- **El artículo 4 del MLI (*Dual resident entities*)** [25]:

○ El artículo 4 MLI modifica las reglas para la determinación de la residencia fiscal de entidades a los efectos de los CDI, allí donde se plantea una situación de doble residencia. Con arreglo a esta cláusula, la residencia fiscal de una entidad doblemente residente se determinará a través del procedimiento amistoso a partir de un eventual acuerdo de las autoridades competentes de los dos Estados. Éstas no están obligadas a alcanzar un acuerdo que resuelva tal situación de doble residencia, de suerte que la entidad doblemente residente en ausencia del tal acuerdo MAP, con arreglo al artículo 4 MLI, no ostenta derecho alguno a obtener reducciones de tributación o exenciones derivadas del CDI excepto allí donde lo acordaran las autoridades competentes de los Estados afectados.

○ El artículo 4 del MLI constituye una cláusula que aplica *"in place of or in absence of"* de una disposición existente en un CTA. No estamos ante un estándar mínimo, de manera que los firmantes del MLI pueden optar por excluir su aplicación (*opt out*).

○ España establece una reserva absoluta rechazando la aplicación de tal cláusula en los CTAs, preservando así la *tie-breaker rule* recogida en el artículo 4.3 de sus CDIs que elimina casos de doble residencia fiscal de entidades por referencia al criterio de la sede de dirección efectiva, de manera que se protege en mayor medida la seguridad jurídica frente a estos casos de doble imposición por doble residencia de entidades que de otro modo quedarían a expensas de un acuerdo en el marco del procedimiento amistoso.

- **El artículo 5 del MLI (*Application of Methods for Elimination of Double Taxation*)** [26]:

○ El artículo 5 del MLI contiene tres opciones que pueden ser elegidas por los Estados contratantes en relación con los métodos para eliminar la doble imposición. La opción A establece que las disposiciones de un CTA que de otra forma eximiría de imposición la renta obtenida o el capital poseído por un residente de un Estado contratante no se aplicaría allí donde el otro Estado contratante aplicara las disposiciones del CTA para eximir tal renta o patrimonio de imposición (aplicación de cláusula de *switch-over* en casos de doble no imposición por doble exención). En estos casos se

---

(24)   Cfr.: Nikolakakis et alter, "Some Reflections on the Proposed Revisions to the OECD Model and Commentaries, and on the Multilateral Instrument, With Respect to Fiscally Transparent Entities", *BTR*, no 3, 2017, p. 295 y ss.
(25)   Cabe mencionar cómo 40 países firmantes del MLI han reservado su derecho a no aplicar este artículo del MLI a sus CTAs.
(26)   Cabe mencionar cómo 30 países firmantes del MLI han reservado su derecho a no aplicar este artículo del MLI a sus CTAs.

aplica una deducción de la cuota tributaria (método de imputación ordinaria) sujeta a determinadas limitaciones. Con arreglo a la opción B, los Estados contratantes no aplicarían el método de exención (del CTA) con respecto a dividendos si tales dividendos fueran deducibles en el otro Estado contratante. La opción C contiene una cláusula (*"in place of"*) con arreglo a la cual se aplicaría el método de imputación ordinaria en el Estado de residencia. Los Estados firmantes del MLI pueden elegir entre las distintas opciones recogidas en el artículo 5 MLI, pudiendo adoptar posiciones asimétricas o no coincidentes, entre las que cabe excluir (opt out) la aplicación del precepto en el marco de sus CTAs. Nótese, no obstante, cómo el artículo 5.1 MLI, a diferencia de lo que acontece como regla, admite que allí donde los Estados contratantes hubieran adoptado posiciones asimétricas la posición adoptada por cada jurisdicción aplique en relación con sus residentes, sujeto a lo establecido en los apartados 8 y 9 de tal cláusula; el hecho de que el MLI permita modificar asimétricamente el método de eliminar la doble imposición de un CDI puede afectar al equilibrio y cohesión interna alcanzada en el momento de la firma del CDI, y en tal sentido el apartado 8 permite a una jurisdicción que desee bloquear tal efecto distorsionador formular una reserva absoluta en relación con la aplicación del artículo 5 a sus CTAs, en tanto que el apartado 9 permite a un Estado que no elija la opción C no permitir a los otros países que hayan elegido aplicarla en el marco del CDI entre ellos.

○ España se ha posicionado a favor de opción C, por tanto, en el sentido de incorporar una cláusula que sustituye el método (convencional) de exención previsto en una serie de CTAs (v.gr., los CDIs con Brasil, Marruecos, Turquía, Polonia, República Checa y Eslovaquia) por el método de imputación ordinaria. Tal cláusula del MLI pretende excluir casos de doble no imposición. Sin embargo, no puede perderse de vista que la aplicación de tal cláusula del MLI no requiere necesariamente una *"matching position"* por los otros Estados firmantes MLI para que tal modificación tenga lugar, aunque, como hemos indicado, las otras jurisdicciones pueden adoptar una reserva que bloquee la aplicación del artículo 5 MLI en el marco de sus CTAs. Nótese, a este respecto que en la hora actual ni Brasil ni Marruecos han firmado el MLI, por el momento aunque es previsible que lo hagan. La opción C del artículo 5 del MLI está configurada como una cláusula *"in place of"* que, por tanto, aplica en lugar de una cláusula pre-existente y en tal sentido pretende reemplazar tal cláusula convencional pre-existente, pero no está concebida para aplicarse allí donde tal cláusula no existe en un CTA. La eventual confirmación de la aplicación de la opción C afectaría a los CTAs recogidos en la correspondiente notificación del artículo 5.10 MLI que contienen el método de exención (siempre que no aplicara una reserva de bloqueo por parte del otro Estado ex artículo 5.8 y 9 MLI), pero no a aquellos que prevén una cláusula de *tax sparing/matching credit* o que establecen el método de imputación pero permiten al contribuyente optar por los métodos unilaterales de exención [27], como es el caso del CDI con Turquía [28]. En este sentido, no parece que la cláusula afecte a la aplicación del método de exención (artículos 21 y 22 LIS 2014) previsto en la legislación doméstica española.

La Parte III del MLI (artículos 6 a 11) en relación con abuso de convenios (estándar mínimo Acción 6 BEPS) [29] y las posiciones provisionales adoptadas por las autoridades españolas con motivo de la firma del Convenio multilateral, el 7 de junio de 2017

• **El artículo 6 del MLI (*Purpose of a Covered Tax Agreement*):**

○ El artículo 6 MLI contiene la medida descrita en el informe final de la acción 6 de BEPS dirigida a cambiar el tenor literal del preámbulo de los CTAs con el objeto de garantizar el cumplimiento de uno de los requisitos del estándar mínimo consistente en expresar la intención común de los Estados

---

(27)   Véase la nota explicativa de la OCDE sobre el MLI (artículo 5, parágrafos 70 y 71), y el Informe Final OECD/G20 BEPS, *Neutralising the Effects of Hybrid Mismatch Arrangements*, Action 2 Final Report 2015, parágrafo 444.

(28)   Turquía ha formulado una reserva a la aplicación del artículo 5, con arreglo al apartado 8 del artículo 5 MLI.

(29)   En este contexto, cabría mencionar la potencial influencia del Derecho de la UE sobre la aplicación de las cláusulas antiabuso previstas en los CDI firmados por Estados miembros. De hecho, la Comisión UE, a través de su recomendación 2016/136, de 28 de enero sobre la implementación de medidas frente al abuso de convenios fiscales (C 2016) 271 final), puso de relieve la necesidad de interpretar tales cláusulas a la luz de la jurisprudencia del TJUE sobre medidas frente a montajes abusivos carentes de realidad económica (véase, por ejemplo, la STJUE de 7 de septiembre de 2017, en el caso *Eqiom*, C-6/16). Llama la atención que la Nota Explicativa del MLI únicamente se ha referido a la compatibilidad de sus disposiciones con el Derecho de la UE en relación con aspectos donde ello resultaba prácticamente innecesario (parágrafo 123 en relación con el *holding period* recogido en la Directiva 2011/96 y que establecen algunos CDI, y parágrafo 255 en relación con el Convenio de Arbitraje).

contratantes de eliminar la doble imposición sin crear oportunidades de no imposición[30] o minimización fiscal a través del fraude y la elusión, incluyendo los casos de abuso de CDI[31]. El artículo 6 MLI también contiene un texto opcional que puede ser añadido al preámbulo del CTA refiriéndose al deseo de desarrollar una relación económica y expandir la cooperación fiscal. El artículo 6 del MLI constituye una cláusula que aplica *"in place of or in absence of"* de una disposición existente en un CTA. No puede perderse de vista cómo estamos ante una cláusula que integra el estándar mínimo de la acción 6 BEPS y no puede ser objeto de exclusión (*opt out*) por parte de los Estados firmantes, a menos que reserven su derecho a no aplicar tal cláusula a sus CTAs que ya contienen un preámbulo consistente con este. No puede pasarse por alto la relevancia de esta cláusula del MLI a efectos de la interpretación de sus disposiciones en conexión con los CTAs modificados, considerando la vinculación articulada entre los artículos 2 y 6 del MLI.

○ España adopta una posición dirigida a incluir en los CTAs un preámbulo consistente con el previsto en la cláusula del artículo 6.3 MLI, salvando aquellos que ya contienen una fórmula similar indicativa del propósito del CDI en relación con la prevención de la elusión fiscal y eliminación de la doble imposición sin generar oportunidades para la no imposición (CDI con México). La posición adoptada por España va más allá del estándar mínimo e incluye la referencia al desarrollo de las relaciones económicas y la cooperación fiscal en materia fiscal.

- **El artículo 7 del MLI (*Prevention of Treaty Abuse*)**[32]:

○ Este precepto del MLI contiene diversas disposiciones de prevención del abuso de CDIs. En particular, el informe final de la acción 6 de BEPS articuló varias fórmulas a este respecto: a) un enfoque combinado consistente en una cláusula de limitación de beneficios (*LOB*) y una disposición de propósito principal (*PPT*); b) una cláusula de propósito principal; o c) una LOB, complementada con reglas específicas relacionadas con estructuras conductoras financieras. En relación con la LOB, el informe de la acción 6 BEPS aportó la posibilidad de incluir tanto una versión detallada como otra simplificada. El artículo 7.17 MLI recoge una regla que establece la aplicación por defecto de la cláusula PPT del apartado 1 (y 4), a falta de una reserva específica. Los Estados también pueden elegir complementar la *PPT* con una cláusula LOB simplificada/*SLOB* (artículo 7.8-14 MLI). La cláusula que establece el test de propósito principal y que permite cumplir el estándar mínimo de la Acción 6 BEPS aplica *"in place of or in absence of"* de una disposición existente en un CTA[33].

○ En relación con la cláusula PPT se ha destacado su amplio alcance, al resultar más amplia que otras cláusulas generales antiabuso que pivotan sobre la finalidad principal de naturaleza fiscal, en

---

(30)   A este respecto, cabe indicar que la doble no imposición no puede identificarse como un montaje abusivo, sino que al igual que la doble imposición constituye un resultado propio de la interacción de sistemas fiscales o de la legislación interna de dos países y el CDI, incluso cuando éste recoge medidas frente a determinadas asimetrías (véanse por ejemplo las consultas DGT de 5 y 14 de julio de 2016). A su vez, no puede dejar de señalarse el limitado alcance que posee esta cláusula, toda vez que, a nuestro juicio, no puede utilizarse como fundamento para excluir cualquier situación de doble no imposición que resulte del CDI o de la interacción de éste con las legislaciones domésticas de los Estados contratantes; como han puesto de relieve algunos tribunales, el punto de partida de toda interpretación de una cláusula de un CDI viene dada por el texto de la misma (véase la sentencia de 20 de agosto de 1997, *Federal Court of Australia* en el caso *Lamesa Holdings BV*, 97 ATC 4572, entre otras), el cual prevalece sobre cualquier consideración que pudieran hacer los intérpretes sobre la intención de las partes a la hora de firmar el CDI, máxime cuando esta cláusula del MLI se ha configurado como "estándar mínimo" que obligatoriamente deben suscribir para cumplir con los estándares mínimos de BEPS. A este respecto, cabe mencionar las sentencias del Tribunal Supremo italiano de 24 de noviembre de 2018 (nº 23984), de 18 noviembre de 2011 (nº 24248), de 29 de enero de 2001 (nº 1231) y 11 de octubre de 2018 (nº 25219), donde se declara que la interpretación del artículo13.4 del CDI Italia-Alemania que la exención en la fuente de las ganancias patrimoniales no mencionadas en los apartados anteriores de tal precepto, no requiere la tributación de tal ganancia patrimonial en el Estado de residencia del contribuyente, de suerte que ello resulta consistente con la estructura y sistemática del CDI y el significado ordinario de los términos empleados en tal cláusula, a pesar de que se genere "doble no imposición").

(31)   *Explanatory Statement to the MLI*, 2016, parágrafos 21-23.

(32)   Todos los países firmantes del MLI han optado por la aplicación residual de la PPT. Cabe mencionar cómo 12 jurisdicciones firmantes del MLI eligieron la aplicación de una cláusula de limitación de beneficios simplificada (*Simplified LOB provision*) a sus CTAs: Argentina, Armenia, Bulgaria, Chile, Colombia, India, Indonesia, México, Rusia, Senegal, Eslovaquia, y Uruguay. Otras 3 partes contratantes del MLI se posicionaron a favor de permitir su aplicación simétrica (Dinamarca, Islandia, Noruega) y Grecia admitió su aplicación asimétrica. La cláusula PPT fue elegida por 70 jurisdicciones firmantes. Llama la atención que los países Latam hayan elegido mayoritariamente un enfoque combinado LOB simplificada y PPT, siendo reseñable el caso de Costa Rica como único país Latam que ha optado por la PPT (Teijeiro, "MLI Minimum standards on treaty shopping and MAP. Latam countries´ position", *Kluwer International Tax Blog*, July 3 2017).

(33)   Ciertamente, cuando la PPT del MLI, con arreglo al artículo 7.1 y 2, reemplace en el momento aplicativo la cláusula antiabuso general prevista en un CDI cubierto por el mismo puede alterarse el umbral de abuso a partir de los distintos

tanto que la PPT del MLI permite su aplicación cuando uno de los principales propósitos sea obtener el beneficio del CDI de manera que éste no tiene porqué constituir el propósito dominante o exclusivo[34]. El lenguaje utilizado en los comentarios al informe final de la acción 6 BEPS propicia una interpretación amplia de la cláusula al proyectarse sobre situaciones donde las transacciones resultan "directa o indirectamente" en la obtención de ventajas fiscales derivadas del CDI, capturando potencialmente operaciones o estructuras con fin comercial o de buena fe (que pueden quedar al margen de la cláusula antiabuso al resultar consistentes con la finalidad de las disposiciones del CDI)[35], pudiendo considerarse inicialmente que la estructura u operación resultaba conforme con la PPT y en un momento posterior (cuando se obtienen determinadas ventajas fiscales convencionales) considerarse constitutivas de abuso[36]. La denegación de los beneficios del CDI por parte de una administración tributaria (del Estado fuente o residencia)[37] requiere acreditar razonablemente que, de acuerdo con todos los hechos y circunstancias del caso, la obtención de los beneficios del CDI constituyó el propósito principal de la operación o estructura que permite obtener tal beneficio convencional; una vez que se acredita la concurrencia de tal condicionante, los beneficios derivados de la aplicación del CDI solo pueden ser denegados si el contribuyente no es capaz de establecer que la obtención de tal beneficio, a la luz de los hechos y circunstancias del caso, resultaría acorde con la finalidad de las disposiciones convencionales afectadas[38]; a este respecto, el Informe final de la Acción 6 de BEPS indica que lo que se pretende es evitar que el CDI se aplique a operaciones realizadas con el objeto de disfrutar de los beneficios de sus disposiciones en "circunstancias inapropiadas", de suerte que tal expresión se refiere a situaciones donde la razón de ser, el objetivo y

---

presupuestos aplicativos de unas y otras, aunque todo dependerá de la interpretación y uso (enforcement) que lleven a cabo las autoridades fiscales de los Estados contratantes. Además, la PPT del MLI no bloquea completamente la aplicación de cláusulas antiabuso domésticas en el marco de los CDI. A su vez, el profesor Zornoza ha advertido que la aplicación de la cláusula alternativa de PPT prevista en el apartado 4 del artículo 7 MLI no planteará problemas cuando se trate de CDIs que incorporen la PPT prevista en el artículo 7.1 del MLI, pudiendo suscitarlos cuando el CDI cubierto incorpore otra disposición general anti-elusión que atienda al propósito o motivo de las operaciones, pero que no coincida en todos sus términos con la PPT, o cuando el CDI permita la aplicación de normas domésticas anti-elusión que atiendan de algún modo a los propósitos o motivos de los acuerdos u operaciones y que apliquen en contextos internacionales (Zornoza, J., "El Convenio multilateral: un análisis preliminar" en *El Plan de Acción BEPS*, op.cit. p.501).

(34) Corwin/Eggert, "Understanding the Operation, Impact, and Practical Implications of the MLI", *46 TM International Journal 407*, p.7.

(35) Parágrafos 57 y 58 Informe Final Acción 6 BEPS.

(36) Corwin/Eggert, "Understanding the Operation, Impact, and Practical Implications of the MLI", *46 TM International Journal 407*, p.7.

(37) Nótese que la PPT no solo protege los intereses de los denominados "países fuente", sino también de los "países residencia" cuando gravan a los no residentes por la renta generada en su territorio. Además, la PPT puede aplicarse desde la perspectiva del Estado de la fuente (v.gr., retenciones en la fuente de dividendos, intereses y cánones) y del Estado de la residencia (métodos para evitar la doble imposición). Vid.: Gagnon, R., "Traveling Without a Destination: Post-BEPS Anti-Treaty-Shopping Rules and Non-CIV Funds in Canada and the US", *TNI*, September 4, 2017, pp. 977 y ss. No resultan extraños casos donde las autoridades fiscales rechazan la aplicación de la deducción por doble imposición internacional en casos de abuso (v.gr, la sentencia del US District of Minnesota en el caso *Wells Fargo & Companies v. U.S*, Case nº 09-CV-2764, PJS/TNL, 15 September 2017).

(38) Un sector de la doctrina considera que a pesar de que el segundo presupuesto de la cláusula PPT estaría formulado como una excepción al primer condicionante, resulta irrelevante ya que la finalidad de las disposiciones convencionales siempre deben tenerse en cuenta cuando se concede o deniega el beneficio de aplicar un CDI; con arreglo a esta línea de pensamiento, la PPT constituye una cláusula sin auténtico valor legal que únicamente aporta una mera guía para la interpretación del CDI que resulta perfectamente prescindible (Lang, M., "BEPS Action 6: Introducing an Antiabuse Rule in Tax Treaties", *TNI*, May 19, 2014, p.655). Otros autores adoptan una posición más matizada poniendo de relieve los distintos enfoques y culturas jurídicas en los diferentes países, de manera que si bien es cierto que en aquellos países donde prevaleciera un enfoque finalista en la interpretación de los CDIs la posición doctrinal indicada resultaría correcta, no acontecería lo mismo en aquellos otros que parten de una interpretación más literal, textualista o formalista (vid.: Kok, R., "The Principal Purpose Test in Tax Treaties under BEPS 6", *Intertax*, vol.44, nº 5, 2016). En esta misma línea, algunos autores han puesto de relieve cómo la PPT articulada por la OCDE en el marco de la Acción 6 BEPS incluye un "*policy abuse test*", en el sentido de que no resulta suficiente que concurra una situación con principal finalidad fiscal sino que resulta igualmente necesario que el disfrute de la ventaja fiscal resulte contraria a la política convencional subyacente o finalidad propia de la cláusula aplicada; de manera que a la hora de determinar tal política convencional no puede perderse de vista que los CDIs también constituyen instrumentos de política económica y comercial que persiguen facilitar la inversión transfronteriza (Gagnon, R., "Traveling Without a Destination: Post-BEPS Anti-Treaty-Shopping Rules and Non-CIV Funds in Canada and the US", *TNI*, September 4, 2017, pp. 975 y ss). Nótese igualmente que a los efectos de interpretar la PPT, la OCDE considera que no resulta aplicable los comentarios elaborados en relación con la LOB y viceversa; no obstante, la cláusula discrecional recogida en la LOB que pivota el MLI (artículo 7.12) sí puede interpretarse tomando en consideración los comentarios a la PPT ya que pivota sobre la no concurrencia de un motivo fiscal principal. Ni qué decir tiene que cuando la PPT se aplicara en el ámbito de aplicación del Derecho de la UE no solo resulta limitada por las exigencias en materia de carga y proporcionalidad de la prueba resultantes de la jurisprudencia del TJUE, sino que, además, a efectos de la interpretación de la cláusula antiabuso el elemento de tax policy debe ser analizado considerando la finalidad de la norma europea que resulta aplicable, y cómo la eventual concurrencia de motivos comerciales impactan sobre el caso.

Convenios de doble imposición

finalidad de tales disposiciones (no del CDI en sí mismo) resulta vulnerada[39]. Aunque el umbral de abuso que articula la PPT no es claro y resulta muy dependiente de los hechos y circunstancias del caso, del contexto del CDI y del posicionamiento de las autoridades fiscales concernidas, no puede dejar de observarse como el cambio de estándar en materia de prevención de abuso de CDI que se instrumenta a través de estas cláusulas con arreglo a la Acción 6 BEPS redimensiona su alcance con el objetivo dual de propiciar la uniformidad internacional sobre la aplicación de los CDI y superar un enfoque puramente basado en una "sustancia mínima funcional" (por ejemplo, respecto de entidades holdings intermedias) por la vía de incorporar otros elementos como las razones comerciales (conectadas con la realidad económica) de la estructura y la toma en consideración de la finalidad de las disposiciones aplicadas[40]. El MLI traerá consigo una expansión muy significativa de la aplicación de la PPT, ya que se incorporará tanto a CDIs que ya contienen una cláusula de este tipo más estricta como aquellos que no la contienen, y puede generar (particularmente durante las primeras décadas de aplicación del MLI) inestabilidad e inseguridad jurídica en la aplicación de los CDIs[41], ya que un buen número de administraciones tributarias (y operadores económicos) no están familiarizados con la utilización de este tipo de disposiciones finalistas de tipo abierto e indeterminado[42]. En este mismo orden de cosas se ha criticado la indeterminación de la cláusula y cómo sus presupuestos de aplicación erosionan los derechos (básicos) de los contribuyentes a la legalidad convencional (y de defensa) por la vía de atribuir un amplio margen de discrecionalidad a las administraciones tributarias[43] sobre la no concurrencia de una situación de abuso de CDI[44], sin haber equilibrado tales fuentes de inseguridad jurídica con mecanismos convencionales que permitan el control de tales decisiones de las autoridades nacionales[45], más allá del sistema de recursos nacio-

---

(39)   Piantavigna, P., "Tax Abuse and Aggressive Tax Planning in the BEPS Era", *WTJ*, February 2017, pp. 60-61.

(40)   Pieron/Scornos/Greenwald, "A BEPS Diagnostic—Considerations for Multinationals as the Project Continues", *TNI*, August 21 2017, pp. 814 y ss.

(41)   Se ha destacado el potencial impacto derivado de una aplicación expansiva de la PPT sobre estructuras articuladas por fondos de inversión (*CIV/Non-CIV funds*). A este respecto, se pone de relieve cómo el Informe OCDE *BEPS Action 6 on Non-CIV examples* (2017) hace referencia a una serie de funciones desarrolladas por el personal (sustancia) la entidad filial (intermedia) que pueden justificar la concurrencia de una situación de buena fe (no abusiva) en relación con la estructura: a) la existencia de un equipo cualificado de gestión de inversiones que revise las recomendaciones de inversión; b) la aprobación y monitorización de las inversiones; c) funciones de tesorería; e) llevanza de libros y registros contables, y el desarrollo del control del cumplimiento en los países donde se realizan las inversiones; f) un consejo de administración formado mayoritariamente por administradores residentes con expertise en gestión de inversiones; y g) el pago de impuestos y presentación de declaraciones tributarias en el Estado de residencia de la entidad intermedia. Vid.: Quinn/Burke/Stapleton/William, "The MLI´s Impact on Alternative Investment Funds", *Mondaq*, 22 August 2017; y Gagnon, R., "Traveling Without a Destination: Post-BEPS Anti-Treaty-Shopping Rules and Non-CIV Funds in Canada and the US", op. cit. pp. 975 y ss. Por otro lado, también se ha llamado la atención sobre los efectos de las medidas unilaterales y supranacionales (Directiva ATAD) que implementan cláusulas anti-híbridos (acción 2 BEPS) o nuevos regímenes de TFI (acción 3 BEPS), y que también impactan sobre estructuras holding (Tobin, J., "CFCs Everywhere-With Increasing Prospects for Complexity", 175 *DTR* J-1, 09/12/2017).

(42)   Corwin/Eggert, "Understanding the Operation, Impact, and Practical Implications of the MLI", *46 TM International Journal 407*, p.7.

(43)   Hattingh, "The MLI from a legal perspective", *BIT*, 2017; Schoueri/Galendi Jr., "Interpretative and Policy Challenges Following the OECD Multilateral Instrument (2016) from a Brazilian Perspective", *BIT*, 2017; y Baker/Pistone, "The Practical Protection of Taxpayers´ Fundamental Rights: General Report", *CDFI* no 110b, 2015, pp. 49 y ss.

(44)   En este sentido, nótese como las diferentes administraciones tributarias nacionales mantienen posiciones heterogéneas sobre lo que constituye abuso de convenio, y además la OCDE (Informe Final Acción 6 BEPS, 2015, parágrafo 67) mantiene que las decisiones de las autoridades competentes rechazando la aplicación de un CDI en aplicación de la cláusula discrecional de un CDI no constituye una acción contraria al CDI a los efectos del procedimiento amistoso. En este sentido, la necesidad de garantizar los derechos de defensa de los contribuyentes y de establecer un mecanismo de control administrativo aconseja establecer protocolos de buena gobernanza a efectos de la toma de tales decisiones por las autoridades competentes (procedimientos de consulta entre las mismas y acceso al MAP/arbitraje), así como la posibilidad de presentar un recurso interno frente a tales decisiones. También se ha recomendado que las autoridades competentes adopten "MOUs" donde se codifique una lista abierta de factores indicativos de situaciones no abusivas Vid.: Kuzniacki, "Discretionary Benefits Provisions Under the MLI: a virtuous solution or a vicious circle?", *TNI*, July 31, 2017, pp. 459-463.

(45)   Algunos autores han destacado cómo aunque la OCDE ha tratado de limitar el rigor del alcance de la PPT de manera que no resulte aplicable a toda transacción con motivación fiscal, a través del "*policy abuse test*", no hay duda de que la solución adoptada genera una alta inseguridad jurídica que desestabiliza los CDI y afecta negativamente a una de sus finalidades principales basada en facilitar y fomentar los flujos de inversión transfronterizos, particularmente limitando su uso por "non-CIV funds" (Gagnon, R., "Traveling Without a Destination: Post-BEPS Anti-Treaty-Shopping Rules and Non-CIV Funds in Canada and the US", op. cit. p.989).

nales[46]. A este respecto, no puede dejar de apuntarse cómo la PPT va más allá del tradicional principio de aplicación de buena fe de los CDI ex artículo 31 VCLT, recogido en el parágrafo 9.5 de los Comentarios al artículo1 MC OCDE 2003-2014 que permitía la inaplicación de los beneficios de los CDI cuando la finalidad principal de la operación o estructura consistiera en obtener los beneficios de una disposición del convenio. Nótese que este principio antiabuso resultaría, por tanto, de aplicación en todos los CDIs (pre-BEPS), a pesar de que no aparece reflejado en el texto del Convenio. Lógicamente, allí donde media una cláusula antiabuso general en el CDI, aplicaría ésta ya que los Estados contratantes habrían consensuado un umbral antiabuso específico. Ahora bien, existen diferencias entre el principio antiabuso del *"guiding principle"* (pre-BEPS) y la cláusula PPT-BEPS. Así, el *guiding principle* pivota sobre el *"main purpose"* y la carga de la prueba del abuso se asigna a la Administración tributaria que la invoque[47]. Mientras que la PPT-BEPS bascula sobre un presupuesto más laxo (*one of the main purposes*) y la carga de la prueba en relación con su aplicación resulta más compleja; en este sentido, aunque no estamos ante una cuestión pacífica, se ha argumentado que: a) la carga de la prueba del elemento subjetivo (*purpose test*) es compartida (*split onus proof*), de manera que las autoridades fiscales que la invocan no pueden presumir su concurrencia deben aportar indicios fácticos sobre la concurrencia "razonable" de este presupuesto (*standard of reasonability or main tax purpose reasonable to conclude test*); solo cuando la administración realiza tal prueba indiciaria razonable se traslada la carga de probar en contrario a los contribuyentes (*burden of argument*) que deben acreditar motivos comerciales o que la transacción o estructura se ajusta a la finalidad del CDI; y b) la carga de la prueba del elemento objetivo recaería sobre el contribuyente que debe acreditar, no solo la motivación comercial (o sustancia) de la operación con arreglo a *purpose test*, sino también (alternativamente) que la aplicación de las disposiciones del CDI al caso concreto resulta consistente con su finalidad; así, cuando el contribuyente acreditara de forma razonable la concurrencia del elemento objetivo no cabría aplicar la cláusula antiabuso, a menos que las autoridades fiscales desbarataran completamente tal argumentación[48]. Ciertamente, la prueba o acreditación de los elementos objetivo y subjetivo está interrelacionada, tal y como se deduce de los Comentarios al artículo 29.9 MC OCDE 2017 (parágrafos 182 a 187); así, cabría afirmar que la PPT aplica cuando la operación o estructura intermedia posee un propósito fiscal principal y la aplicación de las disposiciones del CDI resulta contraria a la finalidad y objetivo de las mismas. Téngase en cuenta que la carga de la prueba (onus) es una cuestión jurídica en tanto que la prueba en sí misma constituye una cuestión eminentemente fáctica. En este sentido, resulta evidente cómo la PPT-BEPS rebaja el umbral antiabuso con respecto a la situación pre-BEPS (*guiding principle*), ya que, por un lado, articula una mayor carga probatoria de la inexistencia de abuso en la aplicación de los

(46)   La jurisprudencia americana (caso *Starr International Co. v. US*, Nº 1:14-cv-01593, CRC, sentencia del *US District Court of Columbia*, de 14 agosto 2017), pone de relieve los importantes obstáculos procesales con los que se topan los contribuyentes en relación con la revisión judicial de decisiones de las autoridades competentes que rechazan conceder el beneficio de un CDI con arreglo a una cláusula discrecional de PPT aplicable en caso de no cumplirse los presupuestos objetivos de la LOB (artículo 22.6 CDI EE.UU-Suiza); el tribunal del Distrito de Columbia finalmente rechazó el recurso del contribuyente considerando que la decisión de denegar los beneficios del CDI con arreglo a la cláusula discrecional del artículo 22.6 del CDI considerando un conjunto de hechos y circunstancias, entre las que destaca la falta de nexo territorial con Suiza a partir de un análisis de sustancia y los antecedentes fácticos relacionados con la constitución y posterior re-localización de la entidad originariamente en Bermuda, posteriormente en Irlanda y finalmente en Suiza. Vid. Sapirie/Velarde, "Can Courts Review a Competent authority's decision?", *TNI*, March 16, 2015; y Lewis, "US Court Rejects Starr's Third-Country Test for Treaty Shopping", *TNI*, August 21, 2017, pp. 743 y ss.).

(47)   La práctica española en relación con la aplicación de la cláusula antiabuso del artículo14.1.h TRLIRNR revela cómo en la mayoría de las ocasiones la administración tributaria e incluso los tribunales de justician trasladan la carga de la prueba de la existencia de una situación no abusiva a los contribuyentes (V0262-02, SSTS 21 y 22 de marzo de 2012 caso IFF, SSAN de 31 de mayo de 2012 y 8 de noviembre de 2012). Asimismo, tanto la administración como los tribunales han exigido en algunas ocasiones la acreditación de sustancia económica organizativa y funcional en sede de la entidad holding (STS Madrid de 3 de marzo de 2015, STS de 24 de enero de 2017 Embridge). Existen, sin embargo, precedentes donde se reconoce la carga de la prueba compartida (SAN de 25 noviembre de 2010) o la necesidad de llevar a cabo un análisis global de la estructura y de sus motivos comerciales a nivel de grupo (V3194-13, V1582-14, V1671-14, V4403-16, V3159-17).

(48)   En este sentido vid.: Weber, "The Reasonableness Test of the Principal Purpose Test Rule in OECD BEPS Action 6 (Tax Treaty Abuse) versus the EU Principle of Legal Certainty and the EU Abuse of Law Case Law", 10 Erasmus Law Review 48, 2017; Palao, "OECD BEPS Action 6: the general Antiabuse rule", BIT, nº10, 2015; y Kuzniacki, "Untangling the PPT's burden of proof", Kluwer International Tax Blog, January 22 2018.

Convenios de doble imposición

CDI por parte de los contribuyentes, y, por otra, flexibiliza la aplicación de la cláusula antiabuso desde la perspectiva de la administración tributaria (*bias in favor of the tax authorities*)[49].

○ En este orden de cosas, también se ha puesto en valor la cláusula del artículo 7.4 del MLI, al permitir mitigar el impacto del "PPTs all-or-nothing approach". Esta cláusula permite a un contribuyente la aplicación total o parcial de los beneficios del CDI en circunstancias donde la autoridad competente considera que resultaría inapropiado denegar la aplicación en bloque del CDI como consecuencia de la PPT. Tal cláusula puede ser especialmente útil en relación con la aplicación de CDIs por parte de entidades intermedias que canalicen inversiones de IICs o "private equity funds" respecto de los cuales la OCDE ha reconocido que la PPT puede no operar de forma adecuada; de esta forma, la cláusula (opcional) del artículo 7.4 MLI puede permitir a la autoridad competente reconocer la aplicación del CDI en la fuente allí donde la mayor parte de los inversores de la referida entidad intermedia son residentes de países que han concluido un CDI con tal país, o alternativamente reducir la tributación en la fuente con arreglo a este; tal enfoque en cierta medida igualaría la aplicación de la PPT a una GAAR doméstica que determinara la aplicación del trato fiscal de una transacción *alternative* razonable (inversion directa por los partícipes del fondo de private equity) (vid: Osler/Hosking/Harcourt 2017).

○ También se ha puesto de relieve la conexión entre la PPT y la cláusula de beneficiario efectivo recogida en algunos CDIs. A este respecto, se ha señalado cómo la cláusula de beneficiario efectivo aplicaría de forma complementaria pero no sustitutiva de la PPT, que está configurada para resultar de aplicación general y dominante (Palmitessa). La cláusula de beneficiario efectivo, en su configuración OCDE, solo excluye situaciones donde el receptor de los pagos no actúa por cuenta propia (agente o mandatario) o actúa (de iure o de facto) como una entidad conductor sin control sobre la renta recibida. No obstante, las administraciones tributarias de una serie de países (Italia, Corea, China, Malasia, entre otros) han llevado a cabo una interpretación sustancialista de la cláusula de beneficiario efectos, exigiendo la concurrencia de sustancia económica (operativa-funcional) en sede de entidades intermedias (Palmitessa), de manera que la PPT tampoco desplazaría en estos casos a la cláusula de BO.

○ **Influencia del Derecho de la UE sobre la aplicación de la PPT:** La aplicación de cualquier cláusula antiabuso general o de la cláusula PPT prevista en un CDI está sujeta los límites que resultan de la jurisprudencia del TJUE en materia de abuso, lo cual posee implicaciones de cierta relevancia:

- La jurisprudencia del TJUE ha fijado un umbral de abuso que, en gran medida, pivota sobre la existencia de una transacción o estructura puramente abusiva o totalmente artificial, carente de realidad económica (no genuina).

- No concurre tal artificiosidad o abuso cuando el contribuyente acredita la concurrencia de motivos o razones comerciales de cierta entidad o cuando se lleva a cabo una actividad económica genuina (incluyendo "actividades pasivas"). Nótese que, como ha puesto de relieve el TJUE a través de su jurisprudencia (*Cadbury, Halifax, Eqiom, Deister Holding & Juhler Holding*, entre otras), tanto el test objetivo de aprovechamiento de ventajas fiscales con arreglo a la finalidad de la normativa comunitaria aplicable como el test subjetivo de los motivos comerciales (y de sustancia económica funcional) resultan influenciados por la aplicación del Derecho de la UE; por un lado, el ejercicio genuino de una libertad europea excluye el abuso desde una perspectiva comunitaria, y, por otro

---

Curiosamente, el MC OCDE 2017 conserva el *"guiding principle"* del antiguo parágrafo 9.5 de los Comentarios al artículo 1 (ahora parágrafo 61 MC OCDE 2017), advirtiendo que la PPT del artículo 29.9 constituye una mera confirmación de tal principio. Esta asimilación sustancial entre el *guiding principle* y la PPT es utilizada por la OCDE para limitar la aplicación en el marco del CDI de cláusulas antiabuso domésticas, de manera que ello únicamente puede llevarse a cabo cuando tales cláusulas (o su aplicación) sean conformes con el *guiding principle*, a efectos de evitar conflictos entre el CDI y la legislación interna generadores de controversias fiscales internacionales (parágrafo 77 de los Comentarios al artículo 1 MC OCDE 2017). Allí donde la GAAR doméstica esté sujeta a condicionantes más estrictos (umbral de abuso más elevado al de la PPT), en principio, no se plantearía tal conflicto de compatibilidad GAAR-guiding principle. En este sentido, puede citarse alguna jurisprudencia del TS español donde se declara que la apreciación de la existencia de una operación abusiva requiere concurrencia de exclusiva finalidad tributaria del negocio (SSTS de 30 de mayo de 2011 rec. 1061/2007, de 22 de marzo de 2012, rec. 2293/2008, y de 23 de marzo de 2018, rec. 2671/2016), en tanto que la PPT articula un umbral antiabuso más bajo.

lado, la concurrencia de motivos comerciales (no necesariamente de "dominantes" o "principales") permite defender que la transacción o estructura no es artificial[50].

- La jurisprudencia del TJUE exige a las administraciones tributarias un análisis casuístico de cada situación y la aportación de indicios de abuso (carga de la prueba fáctica) como presupuestos de aplicación de una cláusula antiabuso, sin que pueda invertirse la carga de la prueba *(de iure o de facto)* ni presumirse el abuso en función de la concurrencia de indicadores generales o estandarizados (SSTJUE en los casos *Europark, Eqiom* y *Juhler & Deister Holding*).

○ Las autoridades españolas se han posicionado básicamente (aunque con algunos matices) a favor de la incorporación de la cláusula de propósito principal (PPT) del artículo 7.1 a todos los CTAs que no contienen una cláusula configurada en tales términos, exceptuando aquellos CDIs que ya la recogen (v.gr, CDIs con Andorra o México). La posición española, a su vez, excluye la aplicación de una cláusula simplificada de limitación de beneficios a sus CTAs, por más que algunos CDIs contengan una LOB (CDI con EE.UU). El artículo 7.1 del MLI está configurado como una cláusula *"in place of or in absence of an existing provision "*, de manera que reemplaza una cláusula convencional pre-existente o añade una nueva a un CTA (véase la lista de CTAs notificada por España con arreglo al artículo 7.17.a) MLI que incluye a Reino Unido, Malta, Panamá, Omán, Hong Kong, Chile, Singapur entre otros)), salvo en aquellos que han sido incluidos en la reserva del artículo 7.15.b) MLI (CDIs con México y Andorra, que ya contienen una PPT). Se requiere *"matching position"* por los otros Estados firmantes MLI para que tal modificación tenga lugar. La mayoría de los países que han firmado el MLI han elegido esta opción, al tratarse de la fórmula menos comprometida de cumplir con el estándar mínimo de la acción 6 BEPS y en tal sentido cabe esperar la aplicación generalizada de la PPT con todo lo que ello conlleva. En este mismo sentido se ha indicado que la PPT en realidad no constituye una *"hard legal rule"* sino *"vague measure appropriating discretionary power to tax administration"*; de acuerdo con esta posición, el valor anti-BEPS de la PPT del MLI consistiría, en gran medida, en su efecto disuasorio, salvo allí donde las autoridades fiscales del país de que se trate hicieran un uso activo de la misma limitando la aplicación de los CDI excluyendo su utilización como elemento o pieza de una estructura de planificación fiscal[51].

• **El artículo 8 MLI (*Dividend Transfer Transactions*)** [52]:

○ El artículo 8 del MLI contiene una cláusula antiabuso específica con respecto a operaciones de transferencia de dividendos, de manera que la limitación de la retención en la fuente o de la exención que establecen los CDI (artículo 10) en relación con los dividendos por entidades residentes de un Estado contratante a personas residentes del otro Estado quedan condicionadas a determinados requisitos de titularidad de las participaciones que deben ser mantenidos (*holding period*) durante un periodo de 365 días que incluye el día de pago de los dividendos. El artículo 8 del MLI constituye una cláusula que aplica *"in place of or in absence of"* de una disposición existente en un CTA. No estamos ante una cláusula necesaria para cumplir el estándar mínimo de la acción 6 de BEPS, de manera que las distintas jurisdicciones pueden excluir su aplicación (*opt out*).

○ La notificación de la posición española no reserva los CTAs de la aplicación de la cláusula del artículo 8.1 MLI (incluso respecto de aquellos que contienen una disposición similar) de manera que esta cláusula anti-abuso (tipo *"in place or in the absence of"*) que afecta al cómputo del *"holding period"* respecto de la aplicación de los límites de tributación en la fuente sobre dividendos se aplicará si los otros Estados firmantes toman una posición similar, reemplazando en su caso las cláusulas de prevención de operaciones de transferencia de dividendos que ya recogen los CDIs españoles

---

(50)   Matos/Semenov/Kuipers, "EU Holding and Financing Companies, the OECD MLI and EU Anti-tax-Avoidance Directive", TNI, January 15, 2018.
(51)   Hattingh, J., "The Legal and Related Challenges, and Emerging Solutions for Implementation of the BEPS MLI", *Global Taxation*, July 2017. Ciertamente, la eficacia anti-BEPS de la PPT es muy dependiente del nivel y enfoque de enforcement de las autoridades fiscales de los distintos países, lo cual permite calificarla como un instrumento antiabuso más débil que una LOB/SLOB.
(52)   Cabe mencionar cómo 37 países firmantes del MLI han reservado su derecho a no aplicar este artículo del MLI a sus CTAs.

incluidos en el ámbito de aplicación del MLI (CTAs), o de no existir cláusula pre-existente se añade una en el sentido previsto en el artículo 8 MLI.

- **El artículo 9 (*Capital Gains from alineation of shares or interests of entities deriving their value principally from immovable property*)** [53]:

  ○ El artículo 9 MLI establece una cláusula antiabuso en relación con las ganancias de capital realizadas por la transmisión de acciones de entidades cuyo valor derive principalmente de inmuebles situados en el otro Estado. A este respecto, el apartado 1 del artículo 9 MLI establece una cláusula antiabuso que, como regla, será más amplia a la ya incluida en los CTAs con esta misma finalidad, pero contiene condiciones a efectos de su incorporación a un CTA; tales condicionantes consisten en que la cláusula pre-existente aplique cuando permita el gravamen en la fuente allí donde un determinado porcentaje (umbral mínimo) del valor de las acciones o derechos derive de inmuebles situados en el otro Estado. La cláusula del artículo 9.1 del MLI complementa este tipo de cláusulas añadiendo un test temporal y ampliando el tipo de instrumentos de participación en entidades a efectos del gravamen en la fuente de las ganancias patrimoniales derivadas de transmisión de derechos en entidades con subyacente principal inmobiliario; en particular, el artículo 9.1 establece la aplicación de tal cláusula antiabuso que permite el gravamen en el Estado de la fuente cuando el umbral mínimo de valor fijado en el CTA se cumpla en cualquier momento durante el periodo de 365 días anterior a la transmisión, aplicando a acciones e "intereses equiparables" como derechos en una sociedad de personas o en un trust además de a los derechos sobre acciones y participaciones ya incluidos en la cláusula del CTA. A su vez, el artículo 9.4 del MLI permite a las partes firmantes elegir a favor de aplicar una cláusula similar a la recogida en el artículo 13.4 del MC OCDE 2014 en la versión incluida en el informe final de la acción 6 BEPS que establece un periodo de tenencia de las acciones de 365 días anterior a la transmisión de las mismas, y requiere que el valor de las acciones o intereses equiparables supere el 50 % y resulte directa o indirectamente de propiedad inmobiliaria situada en el otro Estado. El artículo 9 MLI incluye, por tanto, dos disposiciones sustantivas (artículo 9.1 y el artículo 9.4, aunque ésta última opera como opción residual) y ambas aplican *"in place of or in absence of"* de una disposición existente en un CTA; el artículo 9 no constituye un estándar mínimo de BEPS, de manera que los Estados firmantes pueden reservar la aplicación de sus CTAs con arreglo a lo dispuesto en el apartados 6 a 8 del artículo 9 MLI.

  ○ La notificación de la posición española no incluye una reserva a la aplicación de la cláusula del artículo 9.1 MLI, de manera que tal fórmula resultaría aplicable allí donde los otros Estados firmantes hubieran notificado una posición similar, en cuyo caso se aplicaría la cláusula del artículo 9.1 a la lista de CTAs que España notificó con arreglo al artículo 9.7 MLI, siempre que tales jurisdicciones adopten una posición simétrica a favor de la cláusula del artículo 9.1 MLI. Asimismo, España ha adoptado la opción del artículo 9.4 MLI (consistente con la política fiscal convencional adoptada en los últimos años), que se aplicaría a todos los CTAs en la medida en que los demás Estados contratantes adopten una posición simétrica. Se requiere, por tanto, una *"matching position"* (artículo 9.4) por los otros Estados firmantes MLI para que tal modificación tenga lugar; la cláusula es del tipo *"in place of or in absence of"*. No estamos ante un estándar mínimo de BEPS, de manera que los países firmantes pueden ejercitar una reserva dirigida a excluir su aplicación en el marco de sus CTAs.

- **El artículo 10 (*Anti-abuse rule for Permanent Establishments Situated in Third Jurisdictions*)** [54]:

  ○ El artículo 10 MLI contiene una cláusula antiabuso en relación con estructuras triangulares donde un residente de un Estado contratante opera en un país tercero a través de un establecimiento permanente. La cláusula establece que los beneficios del CDI se denegarán si una renta obtenida por un residente a efectos del CDI que sea imputable a un EP situado en un país tercero, está exenta en el Estado de residencia del contribuyente y es gravada en el país tercero donde está situado el EP de manera tal que soporta un

---

(53)   Cabe mencionar cómo 36 países firmantes del MLI han reservado su derecho a no aplicar el artículo 9.1 MLI a sus CTAs.

(54)   Cabe mencionar cómo 46 países firmantes del MLI han reservado su derecho a no aplicar este artículo del MLI a sus CTAs, y 21 países se han posicionado a favor de su aplicación en el marco de sus CTAs.

impuesto inferior al 60 % del impuesto que hubiera sido exaccionado en el Estado de residencia en el caso de que el EP estuviera localizado en su territorio. La cláusula antiabuso contempla una excepción para situaciones donde la renta obtenida por el EP está conectada con el desarrollo activo de una actividad empresarial a través del EP, e incluye un mecanismo de *"discretionary relief"* cuando los beneficios del CDI son denegados con arreglo a este precepto. La cláusula del artículo 10 MLI es del tipo *"in place of or in absence of"*; y no estamos ante un estándar mínimo de BEPS, de manera que los países firmantes pueden ejercitar una reserva dirigida a excluir su aplicación en el marco de sus CTAs. Algunos países que podrían estar afectados por esta cláusula han salvado su aplicación, ya estableciendo una reserva absoluta frente a la misma (posiciones de Suiza e Irlanda frente al artículo 10 MLI), ya excluyendo algunos CDIs estratégicos de su lista de CTAs (caso de Países Bajos respecto del CDI con Suiza). La cláusula antiabuso frente a situaciones triangulares recogida en el MLI no coincide con la articulada en el Modelo de Convenio del Departamento del Tesoro de EEUU (2016), que ha sido utilizada por ejemplo en el marco del protocolo al CDI EEUU-Luxemburgo, de suerte que la cláusula americana es más amplia y se proyecta sobre estructuras distintas (incluyendo estructuras en el Estado de la fuente)[55]. El MLI traerá consigo una expansión muy significativa de la aplicación de la PPT, ya que se incorporará tanto a CDIs que ya contienen una cláusula de este tipo más estricta como aquellos que no la contienen, y puede generar (particularmente durante las primeras décadas de aplicación del MLI) inestabilidad e inseguridad jurídica en la aplicación de los CDIs, ya que un buen número de administraciones tributarias (y operadores económicos) no están familiarizados con la utilización de este tipo de disposiciones finalistas de tipo abierto e indeterminado[56].

o Las autoridades españolas se han posicionado a favor de incluir la cláusula antiabuso de situaciones triangulares (EPs) a todos los CTAs, al no formular reserva de exclusión. Se requiere *"matching position"* por parte de los otros Estados firmantes MLI para que tal modificación tenga lugar.

• **El artículo 11 (*Application of Tax Agreements to Restrict a Party´s Right to Tax Its own residents*)**[57]:

o El artículo 11 MLI consagra la denominada *"saving clause"* que tiene origen en la práctica convencional norteamericana a efectos de preservar el derecho a gravar a sus residentes como si el CDI no existiera. La cláusula del artículo 11 MLI es del tipo *"in place of or in absence of"*; y no estamos ante un estándar mínimo de BEPS, de manera que los países firmantes pueden ejercitar una reserva dirigida a excluir su aplicación en el marco de sus CTAs.

o La notificación de la posición de España consagra una reserva absoluta de no aplicación de esta cláusula a los CTAs de España (*opting out position*).

La Parte IV del MLI (artículos 12 a 15) en relación con la elusión artificial del estatus del Establecimiento Permanente (Acción 7 BEPS) y las posiciones provisionales adoptadas por las autoridades españolas con motivo de la firma del Convenio multilateral, el 7 de junio de 2017

La Parte IV del MLI debe ser contextualizada a la luz del Informe Final de la Acción 7 de BEPS. A través de las medidas recogidas en la acción 7 en combinación con otras articuladas a través de otras acciones de BEPS (por ejemplo, acciones 6, 8-10 y 13), la OCDE/G20 expanden la imputación de beneficios al Estado de la fuente (país mercado) a través de un conjunto de fórmulas y criterios que terminan por re-categorizar actividades tradicionalmente calificadas como rutinarias desarrolladas en los "países mercado" (*demand side*) en actividades de creación de valor (v.gr., funciones DEMPE que determinan una contribución al desarrollo de intangibles, o funciones logísticas que pasan a ser *core business*, control de los riesgos, por no mencionar la articulación de reglas (delineación) que evidencien donde se realizan efectivamente las actividades (*FAR analysis*) de creación de valor), aunque el sistema de fiscalidad inter-

---

(55)   Artículo 1.8 MC EEUU 2016.
(56)   Corwin/Eggert, "Understanding the Operation, Impact, and Practical Implications of the MLI", *46 TM International Journal 407*, p.8. En este mismo orden de cosas se ha planteado la cuestión de la aplicación de la PPT vs GAAR domésticas en el marco de un CDI, de suerte que como quiera que no resultan intercambiables la aplicación de la primera debe prevalecer sobre las segundas salvo que se trate de la elusión de la legislación interna de los Estados contratantes (Teijeiro, "MLI Minimum standards on treaty shopping and MAP. Latam countries´position", *Kluwer International Tax Blog*, July 3 2017).
(57)   Cabe mencionar cómo 46 países firmantes del MLI han reservado su derecho a no aplicar este artículo del MLI a sus CTAs.

nacional de imposición societaria sigue pivotando sobre la imputación sustancial de los beneficios a las funciones determinantes del *"supply side"* (algo que lógicamente trastocaría un modelo formulario como el propuesto a través de la Directiva CCCTB que asigne sustancialmente el beneficio en función de la jurisdicción donde se producen las ventas)[58]. Ciertamente, considerando las fórmulas (reglas subjetivas que requieren análisis casuístico) arbitradas por la OCDE para expandir la asignación de poder tributario a los países fuente tomando en consideración determinadas actividades de creación de valor que son llevadas a cabo por las filiales/EPs locales –que dejan de ser consideradas "rutinarias" o "auxiliares/preparatorias"—no puede menos que advertirse sobre las tensiones y riesgos fiscales (doble imposición) que potencialmente pueden resultar de su aplicación por parte de las autoridades fiscales de los distintos países, lo cual requiere un movimiento por parte de los contribuyentes extremando la consistencia de su modelo de *profit allocation* alineándolo a los nuevos principios derivados del proyecto BEPS. Se ha destacado cómo el enfoque desarrollado por la OCDE para expandir la asignación de beneficios a la jurisdicción mercado donde se realizan funciones relevantes relacionadas con la distribución de mercancías o prestación de servicios parte de una premisa obsoleta sobre la forma en que se desarrolla actualmente la actividad económica en el marco de una economía digital; así, en la hora actual, a diferencia de lo que acontecía hace algunas décadas, las funciones o actividades más relevantes relativas al *"supply (capital, labour) & demand (sales & markets) sides"* ya no se localizan necesariamente en el mismo territorio, de suerte que resulta muy habitual (y no solo en negocios de comercio digital) que el vendedor de productos en un mercado posea una mínima presencia física en el mismo o que las actividades realizadas en el mismo no sean *"core business"*[59]. Ni que decir tiene que el umbral de imposición en el Estado de la fuente que representa la figura del EP está estrechamente conectado con las reglas de imputación de beneficios establecidas con arreglo al sistema de fiscalidad internacional que pivota sobre el MC OCDE, escorándose a favor de las actividades (activos, funciones y riesgos) realizadas en cada una de las jurisdicciones, esto es, el *"supply side"*. De esta forma, a pesar de que BEPS y el MLI amplíen el concepto de EP favoreciendo la imposición en la fuente, el problema sigue siendo la imputación de beneficios al EP, de suerte que BEPS no altera explícitamente las reglas de atribución de beneficios al EP que sigue pivotando sobre el criterio de las *significant people functions* (labour), activos utilizados (capital) y riesgos asumidos, donde los riesgos siguen a los activos y éstos a las funciones; ello significa que los beneficios son asignados al lugar donde están localizadas las personas que desarrollan las funciones empresariales más significativas (*supply side of income production/active investment locations*)[60]; lo mismo acontece en relación con la imputación de beneficios con arreglo al *transfer pricing postBEPS*, aunque aquí cabría hacer matizaciones relativas a los intangibles generados en los países mercado. Ello contrasta claramente con la asignación de la imposición al país mercado (*demand side*) con arreglo al IVA que atiende al *"place of supply"*. De esta forma, estas disposiciones del MLI (artículos 12-15) –que han llegado a calificarse como "tigre de papel" (*paper tiger*)--[61] pueden generar una falsa expectativa de ampliación de las bases imponibles de los países mercado sin que tal efecto fiscal llegue realmente a producirse como consecuencia de la falta de un auténtico cambio de paradigma fiscal en materia de *profit allocation* en el sistema de fiscalidad internacional, aunque no puede despreciarse el efecto que puede resultar de un *enforcement* reforzado de todas estas disposiciones interpretadas a la luz de los objetivos y retórica del Proyecto BEPS.

Algunos comentaristas también han advertido como la expansión o ensanchamiento del concepto de EP derivado de la acción 7 de BEPS a través de criterios más subjetivos que los articulados hasta la fecha recibió una fría acogida por parte de un buen número de países con motivo de la

---

(58)   Vid.: De Wilde, "Lowering the Permanent Establishment Threshold via Anti-BEPS Convention: Much Ado About Nothing?", *Intertax*, vol.45, Issues 8 & 9, 2017, pp. 556 y ss.

(59)   Vid.: De Wilde, "Lowering the Permanent Establishment Threshold via Anti-BEPS Convention: Much Ado About Nothing?", op. cit. pp. 564 y ss.

(60)   A este respecto se ha destacado cómo la práctica internacional revela cómo los casos de agente dependiente (filial-agente/EP matriz) terminan con una atribución mínima (o cero) al EP (*phantom PE without profit*), una vez descontada la remuneración al agente (De Wilde, "Lowering the Permanent Establishment Threshold via Anti-BEPS Convention: Much Ado About Nothing?", op. cit.p. 564, refiriéndose al caso *Morgan Stanley* (India 2007) y al *Cargadoorsarrest* (Países Bajos 1988)). Igualmente, la reconsideración (*upgrade*) de las actividades auxiliares/preparatorias en el marco del artículo 5 MC OCDE/MLI en el sentido de poder determinar la existencia de un EP se topa con una calificación de las mismas desde la perspectiva de transfer pricing que a duras penas trasciende de función rutinaria a efectos de valoración.

(61)   De Wilde, "Lowering the Permanent Establishment Threshold via Anti-BEPS Convention: Much Ado About Nothing?", op. cit.p.564.

primera ceremonia de firma del MLI[62]. Tal limitada aceptación podría obedecer a un conjunto de factores alguno de los cuales no estaría relacionado con la política fiscal subyacente en los artículos 12 a 15 del MLI. De esta forma, el MLI, cuando menos en su primer ciclo de vida, no parece que haya transformado de forma radical el panorama respecto del EP, ya que determinados países interesados en fomentar la inversión directa extranjera inbound y las principales jurisdicciones de acogida de *"headquarters"* de MNEs han reservado su derecho a no aplicar estas disposiciones del MLI, de manera que a través del correspondiente *tax planning* podrían seguir evitando el gravamen en la fuente a través de un EP, aunque no puede perderse de vista que BEPS abre avenidas a nuevos riesgos de interpretación y enforcement en relación con la aplicación del estándar tradicional (pre-BEPS) del EP o con enfoques unilaterales beyond BEPS (*Diverted Profit Tax*, etc).

• **El artículo 12 (*Artificial Avoidance of Permanent Establishment Status through Commissionaire Arrangements and Similar Strategies*)** [63]:

○ El artículo 12 MLI establece cambios que impactan en la cláusula que define el concepto de EP en los CDI (artículo 5 MC OCDE) a efectos de prevenir la elusión artificial del umbral de gravamen del EP a través de acuerdos o estructuras de comisionista y estrategias similares, de manera que los cambios introducidos con esta finalidad se incorporasen en los CTAs de los países firmantes del MLI. Las medidas que se pretenden introducir en los CTAs resultan de las recomendaciones recogidas en el Informe Final OCDE/G20 sobre la Acción 7 de BEPS, y básicamente vendrían a ser las siguientes:

• El artículo 12.1 MLI se proyecta sobre la cláusula del agente dependiente de los CTAs (artículo 5.5 MC OCDE) expandiendo su ámbito operativo de manera que se incluyan situaciones donde una persona esté actuando en un Estado contratante por cuenta de una empresa y, en tal marco de actuación, habitualmente concluye contratos o ejercita o desempeña el papel principal en la conclusión o firma de los contratos que son rutinariamente concluidos o firmados sin cambios significativos por la empresa no residentes; y

• El artículo 12.2 MLI afecta al concepto de agente independiente de los CTAs (artículo 5.6 MC OCDE) restringiendo su ámbito operativo excluyendo del mismo a personas que actúen exclusiva o casi exclusivamente por cuenta de una o más empresas que se encuentren "estrechamente conectadas" (ciertas situaciones de control como cuando una empresa posee directa o indirectamente más del 50% de los "intereses" en el agente).

Las medidas articuladas no están concebidas para proyectarse sobre filiales que desarrollen actividades de distribución, incluso si se trata de "distribuidores de bajo riesgo" o *"low-risk distributors"* (LRDs) que actúan comercializando en el mercado local los productos que adquiere (y vende) en nombre propio y por cuenta propia (incluso en casos donde la adquisición de las mercancías tenga lugar por un corto periodo de tiempo (*flash title*), y se asuman mínimos riesgos como los de transporte o seguro relacionados con la mercancía), no operando formalmente como un "comisionista" que no adquiere y vende en nombre y por cuenta propia la mercancía en el mercado local[64]. De esta forma, determinados aspectos legales y contractuales (adquisición de la mercancía y asunción de riesgos por la filial distribuidora) permiten excluir la aplicación de la cláusula de EP (agente dependiente) en relación con LRDs, a pesar de que desde el punto de vista económico exista poca diferencia entre un comisionista distribuidor y una LRD[65], de manera que la transformación de los comisionistas en distribuidores de riesgo limitado resulta en términos generales válida (aunque persiga un motivo fiscal) si se ajusta al modelo establecido en el Informe de la Acción 7 BEPS y la operativa articulada filial-matriz no determina la existencia de un EP ex artículo 5.1. Con todo, no puede perderse de vista que la asignación contractual de riesgos entre empresas del mismo grupo queda al igual que los principios de delineación de las operaciones vinculadas sujeta a las nuevas reglas recogidas en las Directrices OCDE de Precios de Transferencia (2017) adaptadas a BEPS, y en

(62)   Herzfeld, M., "The Multilateral Instrument and Permanent Establishments", *TNI*, June 19, 2017.
(63)   Cabe mencionar cómo 39 países firmantes del MLI han reservado su derecho a no aplicar este artículo del MLI a sus CTAs, en tanto que 31 firmantes se han posicionado a favor de su inclusión en sus CTAs.
(64)   Vid Informe Final BEPS Acción 7, parágrafos 15-28.
(65)   Vid.: De Wilde, "Lowering the Permanent Establishment Threshold via Anti-BEPS Convention: Much Ado About Nothing?", *Intertax*, vol.45, Issues 8 & 9, 2017, pp. 556 y ss.

tal sentido pueden ser objeto de supervisión bajo estos nuevos parámetros; también se ha destacado que tal transformación de un comisionista en un LRD trae consigo alteraciones operativas y legales, y puede desencadenar una inspección tributaria de la estructura[66].

• En relación con los nuevos criterios utilizados a los efectos de la aplicación de la cláusula de agente dependiente, se ha destacado su potencial impacto sobre los gestores de fondos (*alternative investment funds*) o de activos que poseen empleados o agentes localizados en los países donde se realizan inversiones[67].

○ La cláusula del artículo 12 MLI es del tipo *"in place of or"*, de manera que no operaría allí donde un CTA no incluye un cláusula similar; y no estamos ante un estándar mínimo de BEPS, de manera que los países firmantes pueden ejercitar una reserva dirigida a excluir su aplicación en el marco de sus CTAs. El artículo 12 contiene dos cláusulas de notificación, una referida a los cambios en el agente dependiente y otra relativa a las modificaciones del concepto del agente independiente, de suerte que los Estados firmantes pueden adoptar posiciones dispares respecto de una y otra.

○ Se ha destacado cómo, a pesar de que tan solo un número muy limitado de países firmantes del MLI (en torno a 30) se han posicionado a favor de adoptar las medidas del artículo 12 en sus CTAs, la mera existencia de tal disposición del MLI y de países a favor de la expansión del concepto de EP a través de su legislación interna y CDIs, puede determinar un ensanchamiento de facto de tal concepto y umbral de imposición en la práctica internacional; a este respecto, las autoridades fiscales de estos países podían invocar la cláusula de PPT del CDI (post-MLI) o una cláusula general antiabuso doméstica para poner en cuestión la aplicación del CDI por la entidad no residente o la propia estructura utilizada[68].

○ La notificación española formula una posición de no reserva a la inclusión de la nueva cláusula de agente dependiente (artículo 12.1 MLI) reconfigurada de forma expansiva con arreglo a la acción 7 de BEPS en todos los CTAs que contengan ya la cláusula de agente dependiente pre-BEPS (artículo 5.4 MC OCDE). Se requiere *"matching position"* por los otros Estados firmantes MLI para que tal modificación tenga lugar. Asimismo, la notificación española confirma la posición de modificación de la cláusula de agente independiente recogida en los CTAs españoles reemplazándola por la cláusula de agente independiente restringida post-BEPS (artículo 12.2 MLI); también en este caso se requiere *"matching position"* por parte de los otros Estados firmantes MLI para que tal modificación tenga lugar.

• El artículo 13 (*Artificial Avoidance of Permanent Establishment Status through the Specific Activity Exemptions*)[69]:

○ El artículo 13 MLI incluye medidas recogidas en el Informe Final de la Acción 7 BEPS dirigidas a evitar la elusión del umbral y estatus del EP a través de un uso artificial de las exenciones de actividad incluidas en el artículo 5.4 de los CDIs que siguen el MC OCDE. El Informe de la Acción 7 BEPS recomendó en particular que esta exención solo fuera aplicable si la específica actividad referenciada se realizaba genuinamente con carácter auxiliar o preparatorio. El MLI contempla dos opciones o fórmulas para implementar los cambios en el artículo 5.4 de los CDIs. La Opción A está basada en la recomendación recogida en la Acción 7 BEPS, en tanto que la Opción B permite a la jurisdicción que opte por la misma preservar las exenciones existentes para ciertas actividades. La cláusula del artículo 13 MLI es del tipo *"in place of"*, de manera que únicamente reemplazaría a las

(66)   Pleijsier, A, "The Artificial Avoidance of Permanent Establishment Status: A Reaction to the BEPS Action 7 Final Report", *ITPJ*, November/December 2016, pp. 442 y ss.

(67)   Entre las situaciones donde podrían plantearse riesgos de EP se han mencionado las siguientes: a) la del desplazamiento al país de la inversión de un equipo de negociación del contrato con el socio empresarial; b) la de un gestor de un fondo que trabaje buscando, negociando o cerrando "acuerdos de inversión" en el extranjero o localmente; c) el gestor de relaciones con clientes de un banco que visita clientes y desarrolla negocios en el extranjero. Vid: Quinn/Burke/Stapleton/William, "The MLI ́s Impact on Alternative Investment Funds", *Mondaq*, 22 August 2017; y Burcher, "Current BEPS Action Items for Asset Managers", *CMS*, 08.08.2017.

(68)   Corwin/Eggert, "Understanding the Operation, Impact, and Practical Implications of the MLI", *46 TM International Journal 407*, p.8.

(69)   Cabe mencionar cómo 31 jurisdicciones han elegido aplicar el Artículo 13(2) (Opción A) del MLI. 7 jurisdicciones han elegido aplicar el artículo 13(3) (Opción B).

disposiciones de los CTAs que contengan esta cláusula sin establecer una nueva en el caso de que no existiera; no estamos ante un estándar mínimo de BEPS, de manera que los países firmantes pueden ejercitar una reserva dirigida a excluir su aplicación en el marco de sus CTAs.

○ El artículo 13.4 del MLI contiene igualmente una **"cláusula anti-fragmentación"** que posee impacto material sobre el artículo 5.4 de los CDIs. Con arreglo a esta cláusula del MLI las exenciones por actividades auxiliares/preparatorias que recogiera un CDI no resultarían aplicables en situaciones donde las actividades empresariales puedan constituir funciones complementarias que formen parte de una operación empresarial integrada (*cohesive business operation*).

○ La notificación de la posición española comunica la elección de la Opción A del artículo 13.2 MLI que pasa por la extensión a todos los CTAs de la cláusula de actividades auxiliares y preparatorias en su reformulación más estricta ex acción 7 BEPS, de manera que la "exención" para este tipo de actividades que generan un EP solo aplica si tal actividad desarrollada posee naturaleza auxiliar/preparatoria en relación con el negocio y actividades de la empresa. Como ya indicamos, el artículo 13 MLI está configurado como una cláusula que aplica *"in place of"*, de manera que reemplazará eventualmente las cláusulas de actividades auxiliares/preparatorias previstas en los CTAs. Se requiere *"matching position"* por parte de los otros Estados firmantes MLI para que tal modificación tenga lugar. España no se ha posicionado reservando (*opting out*) la no aplicación del artículo 13.4 MLI a los efectos de sus CTAs, de manera que aplicará si los demás países firmantes tampoco reservan en tal sentido[70].

• **El artículo 14 (*Splitting-up of Contracts*)** [71]:

○ El artículo 14 MLI contiene otra medida frente a la elusión artificial del estatus del EP que se recoge en el informe final de la acción 7 de BEPS, en este caso en relación con potenciales estrategias de fragmentación artificial de contratos a los efectos de excluir el cumplimiento del umbral temporal establecido en el artículo 5.3 de los CDI que siguen el MC OCDE respecto de las obras de construcción, instalación o montaje. El propio informe de la acción 7 reconoce que la inclusión de esta medida en los CDIs no resulta estrictamente necesaria ya que las estrategias abusivas que ataca esta cláusula del artículo 14 MLI pueden prevenirse igualmente haciendo uso de la cláusula PPT recogida en el artículo 7 del MLI. La cláusula del artículo 14 MLI es del tipo *"in place of or in absence of"*; y no estamos ante un estándar mínimo de BEPS, de manera que los países firmantes pueden ejercitar una reserva dirigida a excluir su aplicación en el marco de sus CTAs.

○ La notificación de la posición española consagra una reserva absoluta frente a la aplicación de tal cláusula anti-abuso relacionada con la fragmentación artificial de contratos relacionados fundamentalmente con obras de construcción, instalación o montaje a los efectos de la cláusula recogida en el artículo 5.3 de los CDI. La reserva española (*opt-out*) refuerza la seguridad jurídica en la aplicación del artículo 5 de los CDI y posee relevancia práctica para determinadas empresas españolas, particularmente las relacionadas con los sectores de construcción de infraestructuras, concesionarias, energía, oil & gas. No obstante, no se puede perder de vista que la cláusula de "motivo fiscal principal" que, como regla, terminará incorporándose a los CTAs constituye un instrumento que puede utilizarse frente a la fragmentación artificial de contratos.

• **El artículo 15 (*Definition of a person closely related to an Enterprise*)** [72]:

○ El artículo 15 del MLI define las condiciones con arreglo a las cuales una persona será considerada "estrechamente relacionada" con una empresa a los efectos de los artículos 12, 13 y 14 del MLI. De esta forma, únicamente las jurisdicciones que han introducido una reserva con arreglo a los artículos 12.4, 13.6.a), 13.6.c) y 14.3.a), pueden reservar su posición a no permitir la aplicación del artículo 15 MLI.

---

(70)   Otras 4 jurisdicciones han reservado su derecho a aplicar la cláusula anti-fragmentación del MLI en sus CTAs: Alemania, Austria, Luxemburgo y Singapur. 26 jurisdicciones han reservado su derecho a no aplicar en su totalidad la cláusula anti-fragmentación del Artículo 13 (i.e. Opciones A o B y la anti-fragmentation clause) a sus CTAs.

(71)   Cabe mencionar cómo 44 países firmantes del MLI han reservado su derecho a no aplicar este artículo del MLI a sus CTAs.

(72)   Cabe mencionar cómo 30 países firmantes del MLI han reservado su derecho a no aplicar este artículo del MLI a sus CTAs.

○ Las autoridades españolas no han notificado la reserva absoluta a no aplicar el artículo 15 MLI a sus CTAs, de manera que se aplicará allí donde exista una *"matching position"* respecto de los artículos 12, 13 y 14 MLI.

La Parte V del MLI (artículos 16 y 17) en relación con la mejora de la eficacia del Procedimiento Amistoso (estándar mínimo Acción 14 BEPS)

- **El artículo 16 MLI (*Mutual Agreement Procedure*):**

○ El artículo 16 MLI requiere que los diferentes países firmantes incluyan en sus CTAs ciertas cláusulas en relación con el procedimiento amistoso del artículo 25.1 a 3, modificando su contenido para mejorar la eficacia de tal mecanismo de resolución de controversias fiscales internacionales. El artículo 16 MLI incluye cláusulas que constituyen o forman parte del estándar mínimo, en tanto que otras simplemente integran "buenas prácticas complementarias". El artículo 16 del MLI está llamado a desempeñar un papel crucial y de gran alcance en el sentido de lograr la actualización y alineamiento con el estándar mínimo de la acción 14 BEPS de la red global de CDIs. No puede dejar de destacarse que BEPS puede traer consigo, además de cambios relevantes en los estándares fiscales internacionales, un "tsunami de controversias fiscales transfronterizas" y en tal sentido resulta de gran importancia para la estabilidad del sistema (así como evitar desproporcionados efectos negativos sobre el comercio y la inversión transfronteriza) que el "MLI-MAP" contribuya de forma efectiva a mejorar la resolución de tales controversias como consecuencia de tal cambio de estándares materiales (su subjetividad e indeterminación), la nueva transparencia fiscal post-BEPS y la dinámica relacional confrontacional que en cierta medida se ha instalado entre las autoridades fiscales y las MNEs en este contexto (Owens/P.Kaka 2017).

○ A este respecto, cabe destacar, en primer lugar, que la notificación de la posición española incluye una reserva parcial que excluye la extensión del artículo 16.1 MLI (posibilidad de iniciar el MAP en los dos Estados) adoptando otra fórmula para cumplir con esta "exigencia" de la acción 14 BEPS. En segundo lugar, la posición española no formula reserva respecto del plazo de presentación del caso ante las autoridades competentes de los Estados contratantes, incluyendo la lista de CTAs cuyo artículo 25 (MAP) contiene un plazo de 2 ó 3 años para presentar el caso. En tercer lugar, la notificación española fija una posición que pretende expandir la cláusula del artículo 16.2 MLI (posibilidad de ejecución de la decisión derivada del procedimiento amistoso a nivel interno con independencia de los plazos de prescripción domésticos) y la del artículo 16.3 (posibilidad de utilización del MAP para resolver casos de doble imposición no previstos) a los CTAs que no recogen actualmente tal previsión en el marco de su artículo 25 (MAP).

- **El artículo 17 MLI (*Corresponding Adjustments*)** [73]:

○ El artículo 17 MLI está concebido para aplicarse en ausencia de disposiciones en los CTAs que requieran un ajuste correlativo en caso de que las autoridades del otro caso contratante realicen un ajuste de precios de transferencia. Se trata de una cláusula del tipo *"in place of or in the absence of"*, aunque no forma parte del estándar mínimo de la acción 14 y puede ser objeto de libre reserva por los diferentes países [74]. Ahora bien, el referido estándar mínimo de la acción 14 requiere que las distintas jurisdicciones posibiliten el acceso al MAP en casos de precios de transferencia e implementen los acuerdos amistosos resultantes con independencia de si el CTA contiene o no una cláusula referida a los ajustes correlativos. De acuerdo con ello, una parte contratante puede optar por una reserva del artículo 17 MLI sobre la base de la ausencia de una cláusula de ajuste correlativo, si a) la parte que formula la reserva practicaría un ajuste correlativo como el descrito en el artículo 17 MLI, o b) su autoridad competente se compromete a resolver un caso de precios de transferencia con arreglo a la cláusula convencional del procedimiento amistoso. Allí donde una jurisdicción contra-

---

(73)   Cabe mencionar cómo 6 países firmantes del MLI han reservado su derecho a no aplicar este artículo del MLI a sus CTAs.

(74)   La nota explicativa del MLI (parágrafo 17) clarifica que el artículo 17 MLI reemplaza las cláusulas de los CTAs que meramente contemplan ajustes correlativos (sin estar alineadas con el artículo 9.2 MC OCDE), ya que son incompatibles con el artículo 17.1 MLI.

tante de un CTA formula tal reserva y el otro Estado contratante no lo hace, el artículo 17 MLI no aplicará al CTA de que se trate.

○ La notificación española postula la introducción de la cláusula del artículo 17.2 MLI (similar al artículo 9.2 MC OCDE) en todos aquellos CTAs que no la recogen, dejando al margen a aquellos convenios cubiertos que ya contienen una cláusula similar. Se requiere *"matching position"* por parte de los otros Estados firmantes MLI para que tal modificación tenga lugar.

La Parte VI del MLI (artículos 18 a 26) en relación con el arbitraje obligatorio vinculante y las posiciones provisionales adoptadas por las autoridades españolas con motivo de la firma del Convenio multilateral, el 7 de junio de 2017

- **El artículo 18 MLI (*Choice to Apply Part VI of the MLI on Mandatory Binding Arbitration*):**

○ La parte VI del MLI permite a los países incluir un procedimiento de arbitraje convencional obligatorio y vinculante (MBTA) en sus CTAs con arreglo a una serie de procedimientos previstos en los artículos 18 a 26 del MLI. A diferencia de los que ocurre con otras cláusulas del MLI, la Parte VI solo aplica entre jurisdicciones que expresamente opten por su aplicación respecto de sus CTAs, de suerte que en la hora actual tan solo 25 países (incluida España) se han comprometido con la implementación del MBTA[75]. A este respecto, se ha destacado cómo las verdaderas razones por las que los países emergentes y los países en desarrollo vienen rechazando este tipo de *"mandatoy dispute settlements"* no radican realmente en argumentos de tipo constitucional o de cesión de soberanía, ya que en sí mismo la firma de un CDI integra una cesión de poder tributario de cierto alcance para los Estados contratantes; el problema de fondo parece tener que ver más con que tales países no acaban de aceptar un sistema de fiscalidad internacional que principalmente favorece y canaliza los intereses de los países desarrollados en lo que se refiere tanto al *profit allocation* como a los nexos de tributación en la fuente, y que, por tanto, no acaba de aceptar las interpretaciones y reservas adoptadas por países en desarrollo; en cierta medida estos países emergentes y en desarrollo conciben los CDI como una cesión de soberanía fiscal limitada que articula un consenso básico donde cabrían interpretaciones asimétricas sobre las distintas disposiciones del CDI y sobre el *profit allocation* y los propios nexos o puntos de conexión fiscal que establece el convenio, de manera que la firma de tales convenios no supone aceptar la validez de las interpretaciones fijadas por la OCDE en los CMC OCDE; así, el rechazo al arbitraje por parte de estos países en último análisis estaría protegiendo este enfoque, evitando su erosión o pérdida de autonomía interpretativa y aplicativa que sí conservan en el marco de un CDI, a pesar de que incluya un MAP (Owens/Kaka 2017).

○ La cláusula de arbitraje se aplicará a todos los casos de imposición contraria a un CTA, a menos que el país haya formulado una reserva especificando un ámbito de aplicación más limitado. El MLI aporta flexibilidad a efectos de que las distintas jurisdicciones acuerden bilateralmente el modo de aplicación del MBTA, incluyendo la modalidad de arbitraje, aunque el MLI contiene reglas subsidiarias que aplican en defecto de acuerdo. La cláusula de MBTA además es del tipo *"in absence of or in place of"*, aunque el MLI también permite que los países firmantes se reserven el derecho a no aplicar estas disposiciones del MLI a determinados o todos los CTAs que ya incluyan una cláusula de arbitraje. Nótese, a su vez, que el MLI permite que los Estados firmantes incluyan "reservas" (*free form reservations*) que atiendan a intereses nacionales, y que limitan de facto y de forma asimétrica el ámbito operativo del arbitraje, de manera que termina constituyendo un mecanismo de geometría

---

(75)   La mayoría de los países que han optado por el arbitraje obligatorio son miembros de la OCDE o la UE, o son jurisdicciones que operan como plataforma de negocios internacionales (Mauricio o Suiza) para los cuales ofrecer seguridad jurídica a los operadores económicos resulta clave para mantener su competitividad económica y fiscal. Ningún país Latam se ha posicionado a favor de la aplicación del arbitraje recogido en el MLI. También se ha criticado que algunos países que optan por el arbitraje (Reino Unido y Australia) han adoptado medidas (*Diverted Profit Tax/MAAL*) que se sitúan al margen de los CDI y pueden ser constitutivas de treaty overriding, lo cual erosiona la utilización del arbitraje frente a medidas unilaterales anti-BEPS. Vid: Hattingh, J., "The Legal and Related Challenges, and Emerging Solutions for Implementation of the BEPS MLI", *Global Taxation*, July 2017.

variable que en muchos casos puede no resultar efectivo para eliminar las controversias fiscales internacionales[76].

o A este respecto, la notificación española refleja la elección en sentido positivo respecto de la aplicación de la parte VI del MLI en relación con la incorporación de un procedimiento arbitral para la resolución de controversias fiscales internacionales en el marco de los CTAs, salvando aquellos que ya la recogen (CDIs con EEUU, Reino Unido y Suiza). No obstante, tal posición española viene matizada por notificaciones que afectan al ámbito de aplicación y funcionamiento del procedimiento de arbitraje. Por un lado, España ha notificado una reserva al artículo 19 MLI, excluyendo el recurso al procedimiento arbitral si media una decisión administrativa o judicial sobre la cuestión que es objeto de tal procedimiento. Se trata de una reserva unilateral que no requiere *"matching position"*. Del mismo modo, la reserva española establece que si con posterioridad a la solicitud de arbitraje o antes de que el panel de árbitros se pronuncie, un tribunal administrativo o judicial notifica una decisión relativa al caso objeto del arbitraje, el referido procedimiento arbitral se dará por terminado. Tal reserva está formulada en términos muy amplios y dificulta la utilización de este procedimiento arbitral, requiriendo un análisis estratégico respecto de las vías de defensa a utilizar en cada caso. Por otro lado, la notificación española relativa al artículo 24 MLI parece rechazar la aplicación por defecto del modelo *"baseball arbitration"*. Finalmente, cabe mencionar la reserva formulada sobre el artículo 29 MLI en relación con el ámbito de aplicación del arbitraje. A este respecto, España introduce una reserva muy amplia permitiendo a las autoridades españolas excluir del ámbito de aplicación del procedimiento de arbitraje una serie de casos, a saber: a) casos de aplicación de cláusulas antiabuso recogidas en un CTA o en la legislación doméstica (artículos 15 y 16 LGT 2003); b) casos donde la conducta del contribuyente haya sido objeto de sanción tributaria (grave o muy grave) por fraude, incumplimiento deliberado o negligencia grave (artículos 191 a 206 LGT 2003) confirmada por una resolución firme en un procedimiento administrativo o judicial o tal conducta haya sido constitutiva de una condena por delito fiscal por sentencia firme; c) casos de precios de transferencia donde no se genere doble imposición, por no inclusión en la base imponible, exención o tributación a tipo cero con arreglo a la legislación interna del Estado de que se trate; d) casos elegibles o que caen en el ámbito de aplicación del Convenio 90/436/CEE o de la legislación europea que lo reemplace; y e) casos donde las autoridades competentes de los dos Estados acuerden que no son adecuados para su resolución a través del arbitraje.

En suma, la posición provisional adoptada por las autoridades españolas con motivo de la firma del MLI resulta bastante equilibrada, resultando consistente con la política de negociación de CDIs llevada a cabo durante los últimos años y sin adoptar una posición de máximos en términos de implementación del conjunto de disposiciones convencionales resultantes de los nuevos estándares del Proyecto BEPS que podría afectar negativamente a la competitividad de nuestro marco fiscal. La integración de las disposiciones del MLI en la práctica fiscal española e internacional puede requerir años a efectos no solo de su entrada en vigor sino también de la asimilación de los nuevos estándares (por ejemplo, en relación con el alcance del concepto del EP o la interpretación de la PPT).

3.4. Algunas consideraciones sobre las implicaciones del MLI

El MLI inaugura una nueva era de fiscalidad internacional donde la cooperación entre Estados para articular por la vía de la coordinación política al más alto nivel un cambio de paradigma fiscal que cristaliza de forma efectiva a través de un instrumento multilateral con vocación de modificar el marco fiscal global representado por la red mundial de CDIs[77]. Ciertamente, el MLI estaba llamado a producir una "metamorfosis del sistema de tributación internacional" por la vía de introducir modificaciones dotadas de consistencia y coherencia con algunos de las acciones del proyecto BEPS que trataban de cerrar algunos de los más patentes agujeros, vacíos, asimetrías y difuncionalidades del

---

(76)   Corwin/Eggert, "Understanding the Operation, Impact, and Practical Implications of the MLI", *46 TM International Journal 407*, p.11. De hecho, Japón cuando adoptó su posición sobre el MLI objetó a una serie de reservas formuladas a este respecto por un número de países.
(77)   Valente, P., "BEPS Action 15: Release of the Multilateral Instrument", *Intertax*, vol.45, no 3, 2017, p.228.

sistema[78], aunque no se puede desconocer que las medidas fueron acordadas bajo un consenso internacional mínimo y muy incipiente que en sí mismo debilitaba su cristalización como auténticos estándares internacionales.

En este sentido, el impacto del MLI sobre el marco de fiscalidad internacional doméstico y global resulta altamente dependiente del número de países firmantes y de las distintas posiciones fijadas por los distintos países, de suerte que cabe anticipar un sistema de geometría fiscal variable que forma parte del mundo fiscal en transición post-BEPS[79].

Por ejemplo, con carácter general los países Latam han adoptado una posición expansiva de las cláusulas antiabuso convencionales que recoge el MLI, ampliando el ámbito de la imposición en la fuente (EPs, ganancias patrimoniales, dividendos) y limitando el acceso a sus CDIs por entidades intermedias dotadas de bajo nivel de sustancia (holdings puras), de suerte que tales medidas convencionales se complementan con normativa interna anti-erosión de bases imponibles (limitación de la deducibilidad de intereses y cánones intragrupo)[80].

Algunos comentaristas[81] han puesto de relieve cómo determinadas estructuras de *"int1 tax planning"* siguen siendo válidas en un contexto postBEPS debido a que, por un lado, países relevantes no ha firmado el MLI (EE.UU, o Brasil), y, por otro, un cierto número de jurisdicciones han adoptado muy diferentes opciones de forma no consistente y siguen existiendo *"loopholes"* derivadas de la combinación de tales diferentes posiciones fiscales en el MLI y su interacción con la legislación interna de los distintos países. A este respecto, cabría destacar cómo la selección que cada país ha realizado de sus CTAs resulta muy dispar y refleja distintos enfoques estratégicos y de política fiscal; así, hay países como Reino Unido (119), Bélgica (98), Francia (88), India (93), Luxemburgo (81), Países Bajos (82), España (86), China (102), Corea (63), Italia (84), Singapur (68) o Rusia (66) que han optado por incluir la mayor parte de su red de CDI como CTAs, excluyendo de tal lista algunos convenios estratégicos que se renegociarían bilateralmente a su debido tiempo; en tanto que otros países han optado por incluir un pequeño grupo de CDIs en su lista de CTAs: Argentina (17), Alemania (35), Japón (35), Austria (38) o Suiza (14). A su vez, los distintos enfoques de política fiscal en la implementación de las medidas convencionales BEPS se reflejan en las reservas y opciones adoptadas por los diferentes países, de suerte que la primera ceremonia de firma del MLI por parte de 70 países revela un alto nivel de disonancia entre las distintas jurisdicciones en relación con las disposiciones del MLI que encarnan el *"hard law"* (las que desarrollan las acciones 2 (híbridos) y 7 (EP)), existiendo mayor consenso en torno a estándares mínimos más blandos (la "débil" PPT de la acción 6 BEPS, y el MAP de la acción 14 BEPS)[82], todo lo cual revela que la competencia fiscal sigue formando parte del sistema de fiscalidad internacional postBEPS.

Asimismo, no puede perderse de vista cómo la propia firma del MLI constituye en sí misma una decisión de política fiscal. Así, desde una perspectiva Latam se ha puesto de relieve cómo algunos países latinoamericanos miembros de la OCDE (Mexico o Chile) han firmado el MLI con el objeto de adoptar una posición consistente con los estándares fiscales internacionales desarrollados por la organización internacional de la que forman parte, en tanto que otros países estarían tratando de integrarse en la OCDE (Colombia, Costa Rica y Argentina) firman el MLI para facilitar su acceso evidenciando alineamiento con tales estándares[83]; el caso de Uruguay y Panamá presentaría matices pero la firma del MLI revela un interés por mostrar a nivel internacional una posición consistente con

---

(78)   Valente, P., "Taxless Corporate Income: Balance against White Income, Grey Rules and Black Holes", *ET*, July 2017, p.278.
(79)   En parecidos términos, N.Bravo, "The Multilateral Tax Instrument and Its Relationship with tax treaties", *WTJ*, no 3, 2016, pp. 295 y ss.
(80)   Vid.: Sheppard, L., "Latin America and the MLI", *TNI*, July 3, 2017, pp. 7 y ss.
(81)   Rubinger/Ayers, "Inbound and Outbound US Tax Planning-What´s Left After the MLI?", *Taxes Without Borders*, Bilzin Sumberg, June 14, 2017.
(82)   Hattingh, J., "The Legal and Related Challenges, and Emerging Solutions for Implementation of the BEPS MLI", *Global Taxation*, July 2017. Ciertamente, la eficacia anti-BEPS de la PPT es muy dependiente del nivel y enfoque de enforcement de las autoridades fiscales de los distintos países, lo cual permite calificarla como un instrumento antiabuso más débil que una LOB/SLOB.
(83)   Teijeiro, "MLI Minimum standards on treaty shopping and MAP. Latam countries´position", *Kluwer International Tax Blog*, July 3 2017.

los nuevos estándares fiscales desarrollados por la OCDE. El caso de Brasil[84] es singular, ya que todo indica que desean preservar un mayor ámbito de autonomía no firmando el MLI, limitándose a cumplir con los estándares mínimos BEPS a través de fórmulas bilaterales; de hecho, un sector destacado de la doctrina brasileña ha argumentado que resulta más recomendable llevar a cabo una implementación de los estándares mínimos de BEPS que el MLI articula a través de convenios internacionales, a efectos de desarrollar negociaciones más omnicomprensivas que permitan un acuerdo más equilibrado, así como configurar cláusulas antiabuso diferentes de las "disposiciones estandarizadas" que contempla el MLI, de manera que ni sean tan abiertas o ambiguas que generen un alto nivel de inseguridad jurídica (PPT), ni sean tan restrictivas (LOB) que limiten excesivamente los flujos de inversion transfronterizos (Schoueri/Galendi). La posición de otros países latinoamericanos que no poseen una política fiscal muy desarrollada –como República Dominicana, Guatemala o Paraguay– no resulta clara, aunque cabe esperar que por vía de convenios bilaterales adopten posiciones consistentes con el MLI, en tanto que Venezuela o Ecuador parecen haber adoptado una posición de distanciamiento de esta iniciativa multilateral. A este respecto, no puede dejar de destacarse cómo la falta de alineamiento o sincronización plena entre el MLI y el Modelo de Convenio ONU 2017 en lo que concierne a determinadas medidas anti-elusión fiscal también podría explicar la posición de algunos países en desarrollo o emergentes con respecto a la firma del MLI[85]. En este sentido, no puede dejar de señalarse cómo el MLI se viene criticando desde algunos sectores argumentando que consolida una distribución del poder tributario a nivel internacional que favorece los intereses de los países desarrollados.

Por otro lado, se ha destacado cómo el MLI y el proyecto BEPS en general no garantiza la simetría fiscal internacional ya que permite que los distintos países adopten posiciones dispares en relación con la implementación de los estándares y lleven a cabo la actualización de su marco fiscal nacional a ritmos no coincidentes[86]. En realidad ello es una consecuencia de la propia configuración del MLI que no acaba de instrumentar un convenio de doble imposición multilateral sino una fórmula multilateral de modificar parcial y asimétricamente la red bilateral de CDIs de una serie de países comprometidos con la implementación del proyecto BEPS. Ciertamente, no puede dejar de señalarse cómo el MLI articula una inusual formula de renegociación en masa y estandarizada de convenios bilaterales con respecto a una serie específica (y limitada) de cuestiones y a través de opciones predeterminadas y cláusulas estandarizadas (Schwarz). Resulta evidente cómo se trata de una fórmula concebida para modificar de forma coordinada a nivel internacional la red global de CDIs, y tal lógica converge con el multilateralismo y la coordinación fiscal sustantiva (de mínimos) que fundamenta el proyecto BEPS. Pero, al mismo tiempo, tal fórmula erosiona el equilibrio interno propio de cada CDI,

---

(84)	En el caso de Brasil se ha considerado que el MLI constituye un instrumento internacional excesivamente complejo cuya aprobación por el Congreso brasileño resulta incierta y en todo caso no se produciría a corto plazo. A su vez, se considera que la vía bilateral es la más adecuada para alinear la red de CDI brasileña a los estándares mínimos, dado que permite que la renegociación de cada convenio se produzca en su propio contexto y en términos más flexibles al poder configurar las distintas cláusulas al margen de las opciones limitadas y rígidas que establece el MLI. Así, por ejemplo, Brasil habría renegociado el CDI con Argentina incluyendo varias medidas consistentes con los nuevos estándares BEPS de Acción 2, 6, 7 y 14 BEPS, sin incluir cláusulas gemelas a las del MLI, y preservando su enfoque fiscal local más basado en tributación en la fuente a través de retenciones (servicios técnicos) que pivotando sobre la figura del EP (Tomazela, R., "Brazil´s absence from Multilateral Convention and the new amending protocol signed between Brazil and Argentina", *Kluwer International Tax Blog*, September 5, 2017).

(85)	La actualización del modelo de convenio ONU refleja todavía con más nitidez el proceso de ensanchamiento de la tributación en la fuente en el sistema de fiscalidad internacional post-BEPS. Cabe apuntar a este respecto cómo algunas de las modificaciones propuestas en el MC ONU no coinciden o no están plenamente alineadas con la actualización a BEPS de la red mundial de CDI que ha diseñado la OCDE a través del instrumento multilateral o BEPS MLI. Por ejemplo, las disposiciones del MC ONU 2017 en materia de cláusulas antiabuso o de imposición en la fuente de servicios técnicos e incluso de EP no están totalmente alineadas ni coinciden con las recogidas en el MLI. Ello puede provocar dificultades a la hora de negociar el MLI, y además que tal firma del MLI puede ser considerada insuficiente para los países en desarrollo y emergentes (o para los propios países OCDE) a efectos de actualizar o renegociar sus CDIs, ya que el MLI, aunque permite varias opciones (opt-in & opt-out) respecto a las distintas cláusulas que recoge, sin embargo el referido MLI no permite "modulaciones del lenguaje" (nuevas cláusulas o protocolos), ni introducir disposiciones adicionales que no aparecen "modelizadas", es decir, no permiten un "trade-off" o una verdadera negociación que equilibre los intereses de los Estados contratantes en el marco del todo de un CDI. Ello puede requerir que junto a la firma del MLI se negocien (posiblemente con otro timing) protocolos a CDIs existentes entre los países firmantes del MLI. Vid.: UN Handbook, *Protecting the Tax Base of Developing Countries*, Second Edition, 2017; Lewis, "UN Panel Proposes changes to Model PE Article", *TNI*, April 10, 2017, pp. 126 y ss.; Finley, "OECD Standards Inadequate to Protect Poorer Countries 'Tax Bases' ", *TNI*, September 18, 2017; y Martin, J., "2017 UN transfer pricing manual released, changes approved for model tax treaty", *TNI*, April 19 2017.

(86)	Finet/Soong Johnston, "Nearly 70 Jurisdictions SIgn OECD´s Multilateral Instrument", op. cit. pp. 933 y ss.

e introduce elementos externos ajenos al acuerdo inicial de los Estados contratantes, pudiendo dese-quilibrar el acuerdo original y afectar a su interpretación generando inseguridad jurídica a los efectos de la aplicación de tal marco fiscal bilateral (id. Schoueri/Galendi). El hecho de que el MLI se haya configurado de forma muy flexible (combinando estándares mínimos con cláusulas opcionales y permitiendo diferentes opciones fiscales por parte de los distintos países) está trayendo consigo una coordinación fiscal internacional de baja intensidad a un precio muy alto en terminos de complejidad técnica e inseguridad juridica, lo cual dota de mayor fundamento a las críticas formuladas sobre su configuración y fórmula empleada para implementar los referidos estándares internacionales derivados de BEPS (vid.: Brauner 2018, y Dourado 2018, entre otros).

En este sentido, también se han puesto de relieve los problemas de seguridad jurídica que resultarán de la aplicación del MLI en relación con los CDI afectados por el mismo, ya que, por un lado, las disposiciones del MLI están fuera del contexto del CDI y hay que integrarlas y compatibilizarlas con lo establecido en cada convenio bilateral[87]. En este sentido, en algunos países (Suecia, Alemania, España, entre otros) se considera necesario elaborar textos consolidados de los CDIs post-MLI, así como elaborar una guía de comentarios de cara a facilitar o clarificar la interacción y aplicación del CDI en un contexto postMLI, por más que los únicos textos legales auténticos sean los CDIs y el MLI y no el "texto consolidado"[88]. En este mismo orden de cosas, ya hemos apuntado cómo el MLI traerá consigo una expansión muy significativa de la aplicación de la PPT que puede generar (particularmente durante las primeras décadas de aplicación del MLI) inestabilidad e inseguridad jurídica en la aplicación de los CDIs, ya que un buen número de administraciones tributarias (y operadores económicos) no están familiarizados con la utilización de este tipo de disposiciones finalistas de tipo abierto e indeterminado[89]. El ensanchamiento del ámbito de aplicación de la PPT en el marco de la red global de CDI también se ha criticado destacando cómo plantea problemas de seguridad jurídica y asigna excesivo poder (potestad discrecional) a las administraciones tributarias que ostentan un amplio margen de maniobra para determinar si resulta o no aplicable un CDI en un caso concreto, lo cual, según algunos comentaristas, puede favorecer la articulación de estructuras de tax planning e incluso generar corruptelas en algunos países que carezcan de mecanismos de buena gobernanza administrativa[90]. De hecho, en algunos países como Brasil se ha llegado a plantear la inconstitucionalidad de la firma del MLI considerando las altas dósis de subjetividad y discrecionalidad administrativa que resulta de la PPT (Barreto/Takemo); también destacados autores (Sprague) han señalado la paradoja de que una cláusula estandarizada como la "PPT", concebida como instrumento de coordinación fiscal internacional, suscite riesgos de interpretación asimétrica globales, resultando cuestionable su caracter de "hard-law" dada su ambiguedad e indeterminación que terminan asignando a las autoridades fiscales una excesiva discrecionalidad administrativa con escasas posibilidades de control judicial de tal facultad (Kuzniacki 2018); ello puede contribuir a la transformación del marco fiscal postBEPS que convierte la fiscalidad práctica cada vez más en una materia donde el ejercicio de juicio y no la correcta interpretación de las normas resulta determinante, buscando todo ello en ultimo análisis un "deterrent effect" de determinados esquemas de planificación fiscal internacional (Sprague 2017). No obstante, no puede perderse de vista cómo la OCDE en su informe final sobre la acción 6 BEPS propuso mecanismos de buena gobernanza que podrían contribuir a articular

---

(87)   Téngase en cuenta aquí los comentarios que ya hicimos en otros epígrafes al hilo de las cláusulas de interpretación del MLI. A este respecto también se han destacado los problemas que derivan de las adaptaciones lingüísticas y de las diferencias textuales que pueden existir entre las cláusulas del MLI y de los CDIs afectados (vid.: N.Bravo, "The MLI and Its Relationship with Tax Treaties", op cit. pp. 603 y ss; y Zornoza, J., "El Convenio multilateral: un análisis preliminar" en El Plan de Acción BEPS, op.cit. p.496).

(88)   Parker, "Tax Treaties Will Remain Bilateral: OECD Tax Chief", Bloomberg BNA Transfer Pricing Report, August 30, 2017.

(89)   Corwin/Eggert, "Understanding the Operation, Impact, and Practical Implications of the MLI", 46 TM International Journal 407, p.7. Desde una perspectiva latinoamericana, algunos autores han puesto de relieve cómo la mayor parte de los países Latam han optado por un enfoque combinado de PPT y LOB simplificada, de suerte que las autoridades fiscales nacionales podrían no estar muy familiarizadas con ambos tipos de cláusulas de manera que durante una serie de años existirá una situación de inseguridad jurídica en la aplicación de los CDI en este contexto (Teijeiro, "MLI Minimum standards on treaty shopping and MAP. Latam countries´ position", Kluwer International Tax Blog, July 3 2017).

(90)   Hattingh, J., "The Legal and Related Challenges, and Emerging Solutions for Implementation of the BEPS MLI", Global Taxation, July 2017.

una práctica administrativa consistente con los principios de legalidad, seguridad jurídica e igualdad en relación con la aplicación de la PPT.

En este mismo orden de cosas, también se ha analizado críticamente esta forma de actualización de la red nacional (y mundial) de CDIs desde una perspectiva doméstica a la luz del principio democrático de legalidad tributaria, apuntando cómo el MLI (particularmente en todo aquello que sea "obligatorio" como los estándares mínimos) se ha instrumentado de forma que el margen de autonomía y negociación (*treaty making process*) del que disponen las autoridades nacionales de los distintos países a la hora de modificar/actualizar de este modo sus CDIs resulta altamente erosionado[91]. Algunos países, como Suiza, han optado por adaptar un buen número de sus CDIs a los estándares mínimos de BEPS a través de protocolos bilaterales, excluyendo la utilización del instrumento multilateral (MLI), en aras de lograr tal objeto de forma distinta, atendiendo a razones de política fiscal y de carácter legal[92]. Igualmente, Alemania, como consecuencia de su regulación constitucional sobre producción normativa que adopta el modelo dualista, requiere la publicación en alemán en el Bundestag de la versión modificada por el MLI de los CDIs, la cual debe ser elaborada previa negociación y acuerdo con los otros Estados contratantes. En ambos casos los contribuyentes se benefician de un mayor grado de seguridad jurídica. En cambio, allí donde el MLI fuera utilizado como instrumento de actualización a BEPS de los CDI de un país, se considera que los problemas de interpretación de los CDIs tras su modificación por el MLI pondrán en peligro los objetivos de éstos y debilitaran la seguridad jurídica, por no mencionar las consecuencias negativas respecto de los flujos internacionales de capitales, inversión y comercio de bienes y servicios[93].

A la vista de toda esta serie de consideraciones no debe sorprender que la mayoría de los países firmantes del MLI hayan adoptado un "enfoque minimalista", limitándose a incorporar los estándares mínimos a su red de CDIs. Y ello no tanto porque rechacen de plano la política fiscal derivada de las distintas cláusulas que recoge el MLI (prevención general y específica del abuso de convenio, las relativas a la expansión del EP, respecto de las asimetrías híbridas o incluso el arbitraje), sino que tal posición podría responder al deseo de preservar su política fiscal convencional frente a eventuales distorsiones o inconsistencias que podrían resultar de la interacción de un mecanismo tan complejo técnicamente como el Convenio Multilateral sobre su red de convenios fiscales cuyas disposiciones en muchos casos no están basadas en el Modelo OCDE[94]. En ultimo análisis, la erosión de la seguridad jurídica y la limitación de la soberanía fiscal que resulta del MLI forma parte del precio que deben pagar los Estados y los contribuyentes por la preservación (y cierto reforzamiento) del sistema de fiscalidad internacional que descansa (parcialmente) sobre la red global de CDIs basados en el MC OCDE, a través de un mecanismo multilateral que persigue actualizar el sistema (de forma conservadora) a partir de una fórmula de coordinación fiscal de mínimos. En este contexto, la firma del MLI y la implementación de los estándares mínimos que impactan sobre los CDI constituye un movimiento estratégico de corte eminentemente politico que resulta compatible con el desarrollo de diferentes políticas fiscales domésticas que persiguen intereses nacionales y constituyen una fuente de competencia fiscal y asimetrías (Brauner).

Finamente, cabría hacer referencia a otro de los potenciales efectos que podrían derivarse del MLI y que pasaría por potenciar una vía multilateral para instrumentar cambios en el sistema de tributación internacional, superando el problemático modelo resultante de la utilización estructural

---

(91)   Hattingh, J., "An initial assessment of the BEPS MLI from a legal perspective: What may be the challenges?", *Global Taxation*, 2017, nº 1, pp. 27 y ss. No obstante, como ha puesto de relieve el professor Zornoza el MLI ha sido configurado respetando la soberanía de los Estados firmantes, permitiendo que éstos determinen los CDIs sobre los que se proyecto, así como articulando distintas opciones de política fiscal convencional respecto de cada una de las cláusulas, incluyendo las reservas absolutas o parciales (Zornoza, J., "El Convenio multilateral: un análisis preliminar" en *El Plan de Acción BEPS*, op.cit. p.483).

(92)   Hattingh, J., "The Legal and Related Challenges, and Emerging Solutions for Implementation of the BEPS MLI", *Global Taxation*, July 2017.

(93)   Hattingh, J., "The Legal and Related Challenges, and Emerging Solutions for Implementation of the BEPS MLI", *Global Taxation*, July 2017.

(94)   Finley, "No General Rejection of Amended PE Exceptions, New Zealand Official Says", *TNI*, September 4, 2017, p.952; y Andrade Rodriguez, "Implementation v. Adaptation: BEPS in Latin America through the Lens of the ILADT Model", *WTJ*, October 2017.

del *Soft-law*[(95)]. No obstante, la complejidad y rigidez derivada de un instrumento multilateral como el MLI unida a los problemas legales que resultan de su implementación y aplicación a nivel doméstico en sí mismos constituyen una barrera para un uso extensivo como mecanismo estructural de desarrollo del sistema de fiscalidad internacional, por más que favorezca y refuerce la posición y papel de la OCDE como *"tax standard setter"*[(96)]. En este sentido, resulta indudable el valor simbólico derivado del cumplimiento del objetivo político fijado a través de la Acción 15 del Plan BEPS, resultando más dudosa la efectividad del MLI como instrumento que articule un cambio estructural de la red mundial de CDIs implementando de forma coordinada y consistente las medidas de prevención de los esquemas artificiales BEPS consensuadas internacionalmente a través de los informes finales publicados el 5 de octubre de 2015.

4. BIBLIOGRAFÍA GENERAL

ALI (American Law Institute) REPORT (1992), *«Federal Income Tax Project: International Aspects of US Income Taxation II, Proposals of the America Law Institute on US Income Tax Treaties (reporters H. AULT and D. TILLINGHAST)»*, American Law Institute: Philadelphia.

ARNOLD (2011), *«An Introduction to the 2010 Update to the OECD Model Tax Convention»*, BIFD, January 2011, p. 3 y ss.

AVERY JONES ET AL. (1996), *«Credit and Exemption under Tax Treaties in Cases of Differing Income Characterization»*, British Tax Review 1996, nº 3.

AVERY JONES ET AL. (1984), *«The Interpretation of Tax Treaties with Particular Reference to artículo 3.2 of the OCDE MC»* (I) y (II), British Tax Review 1984 nº 1 y 2.

BAUSERMAN/STEHN/LOVETT (2015), *«Report of the Proceedings of the Fifth Assembly of the International Association of Tax Judges (23-24 October 2014)»* BIT, June/July 2015, p. 419 y ss.

BOUMA (2016), *«Anti-BEPS Measures Promulgated by the United States»*, 45 TM International Journal 519, 9 September 2016.

BOULOGNE, F., "Implications of the CJEU´s Achmea decision (C-284/16) on tax treaty arbitration", *Kluwer International Tax Blog*, March 26, 2018.

CALDERÓN/PIÑA (1999), *«Spain: Interpretation of Tax Treaties»*, European Taxation vol. 39, nº 10. p. 376 y ss.

CALDERON/SEARA (2015), *Cumplimiento Tributario Cooperativo y Buena Gobernanza Tributaria en la Era BEPS*, Thomson-Civitas, Pamplona, 2015.

CALDERÓN CARRERO, *«Algunas consideraciones en torno a la interrelación entre los Convenios de doble imposición y el Derecho comunitario europeo»*, Documentos del IEF, nº 4/2002.

CALDERÓN CARRERO y MARTÍN JIMÉNEZ, (2004), *«Comentarios al artículo 3 MC OCDE»* en Comentarios a los CDIs concluidos por España, Fundación Barrié de la Masa, A Coruña.

CALDERÓN CARRERO (2006), *«Consolidación Fiscal e Importación de Pérdidas: el caso Marks & Spencer»*, Noticias de la UE, nº 257, 2006.

CALDERÓN CARRERO (2008), *«La autonomía de los Estados para luchar contra la competencia fiscal a través de los métodos para eliminar la doble imposición internacional y las reglas de calificación de entidades extranjeras: el caso Columbus Container»*, Quincena Fiscal, nº 18/2008 (también en Intertax, April 2009, con el prof. A. Baez).

(95)   Parker, "Tax Treaties Will Remain Bilateral: OECD Tax Chief", *Bloomberg BNA Transfer Pricing Report*, August 30, 2017. En realidad, como se ha destacado el MLI constituye una cristalización del multilateralismo difuso que venía impulsando la OCDE en los últimos tiempos, particularmente en el marco del proyecto BEPS (García Antón, R., "The 21st century multilateralism in International taxation: the Emperor´s New Clothes?", *WTJ*, vol.8, no 2, 2016, pp. 683 y ss.).

(96)   Hattingh, J., "The Legal and Related Challenges, and Emerging Solutions for Implementation of the BEPS MLI", *Global Taxation*, July 2017. Ciertamente, la eficacia anti-BEPS de la PPT es muy dependiente del nivel y enfoque de *enforcement* de las autoridades fiscales de los distintos países, lo cual permite calificarla como un instrumento antiabuso más débil que una LOB/SLOB.

CALDERON CARRERO (2012), *«A vueltas con las reglas de interpretación y calificación de los Convenios de doble imposición al hilo de una resolución del TEAC sobre híbridos financieros: la reacción de la OCDE frente al arbitraje fiscal internacional»*, QF, nº 12, 2012.

CASTAGNA, S., «ICSID Arbitration: BITS, Buts and Taxation», BIT, July 2016.

CFE (2018), "Opinion Statement ECJ-TF 1/2018 on the compatibility of LOBs with EU Fundamental Freedoms", *European Taxation*, September 2018.

CHATELIER/BIDAUD (2013), *«French Court Rules on Freedom of Movement regarding fashion modelling income»*, TNI, April 1, 2013, p. 81 y ss.

CHONG NG/WASEEN, "Moving on UP? Intra-EU Investor-State dispute settlement following the decision in UP v Hungary", *Regulating for Globalization*, 09/11/2018.»

CHRISTIANS/APELDOORN, "The OECD Inclusive Framework", BIT, April/May 2018.

CLOER/SIXDORF (2017), *«Tax Treaty Interpretation in Germany: Utilizing the OECD's New Approach to Qualification of Income»*, ET, July 2017.

COOLS, A., «Recent Netherlands and Belgian Court decisions further clarify treaty interpretation», *European Taxation*, June 2016.

CORDEWENER (2017), *«Anti-Abuse Measures in the Area of Direct Taxation: towards converging standards under Treaty Freedoms and EU Directives»*, EC Tax Review, nº 2, 2017.

DE HEER, «In for a Penny, in for a Pound: Anti-Tax Avoidance Initiatives and Dispute Resolution», European Taxation, vol. 56, nº 8, 2016.

EDWARDES-KER (1995), *«Tax Treaty Interpretation»*, In Depth, Ireland, 1995.

ELLIS (2000), *«The Influence of the OECD Commentaries on Treaty Interpretation -Response to Professor Dr. Klaus Vogel»*, Bulletin for International Fiscal Documentation vol. 54, nº 12, p. 617.

ELLIS (2006), *«The role of the commentaries on the OECD Model in the tax treaty interpretation-Response to David Ward»*, BIFD, March 2006.

ENGELEN (2006), *«Some Observations on the Legal Status of the commentaries on the OECD Model»*, BIFD, March 2006.

GARDE, M.J., *«Los Convenios de doble imposición. Modelos, fines, estructura e interpretación»*, en Manual de Fiscalidad Internacional, vol.I, IEF, Madrid, 2016, p. 259 y ss.

GUPTA (2014), *«Textualism and Tax Treaty Abuse»*, TNI, March 3, 2014, p. 753 y ss.

KEEN, M., "Competition, Coordination and Avoidance in International Taxation", BIT, April/May 2018.

KORIAK (2016), *«The Principal Purpose Test under BEPS Action 6: Is the OECD Proposal Compliant with EU Law? »*, ET, nº 12, 2016.

LANG (ed.) (2001), *«Tax Treaty Interpretation»*, Kluwer, La Haya, 2001.

LANG (2018), "Double Taxation Conventions in the Case Law of the CJEU", *Intertax*, vol.46, nº 3.

LANG et alter, The Impact of Bilateral Investment Treaties on Taxation, IBFD, 2017.

MAISTO (2005), *«The Observations on the Commentaries in the Interpretation of Tax Treaties»* en Essays in Honour of Maarten Ellis, Kluwer, The Hague, 2005.

MARLEY/HORTON, "CRA's Interpretation of OECD Transfer Pricing Guidelines Appears Inconsistent with Canadian Law", 47 TM International Journal 775, 12/14/2018.

MARTÍN JIMÉNEZ (1999), *«¿Hacia una nueva configuración de las relaciones entre el Derecho comunitario y la normativa nacional en materia de impuestos directos?»*, REDF, nº 102, 1999.

MARTÍN JIMÉNEZ, (2003), *«Los Comentarios al ModCDI: su incidencia en el sistema de fuentes del Derecho tributario y sobre los derechos de los contribuyentes»*, Monografías Carta Tributaria 20/2003.

MARTÍN JIMÉNEZ, (2004) *«Comentarios a los artículos 29 y 30 MC OCDE»*, en Comentarios a los CDIs concluidos por España, Fundación Barrié de la Maza, A Coruña.

MARTÍN JIMÉNEZ/CALDERÓN (2005), *«Jurisprudencia del TJCE en materia de IRPF»*, en Manual del IRPF, IEF, Madrid, 2005.

NG/WASEEN 2018, "Moving on UP? Intra-EU Investor-State dispute settlement following the decision in UP v. Hungary", *Regulating for Globalization*, 09/11/2018.

PERAGON, L.A., *«Estudio Exploratorio sobre el impacto de los convenios para evitar la doble imposición para atraer la inversión extranjera directa: el caso de América Latina»*, CIAT, Abril 2013.

PIJL (1997), *«The Theory of the Interpretation of Tax Treaties, with Reference to Dutch Practice»*, Bulletin for International Fiscal Documentation vol. 51, nº 12.

PLEIL/SCHWIBINGER, "Confronting Conflicts of Qualification in Tax Treaty Law: the principle of common interpretation and the new approach revisited", WTJ, August 2018.

PROKISCH (1998), *«Does it make sense if we speak of an «international tax language»?»*, en Interpretation of tax law and treaties and transfer pricing in Japan and Germany, Kluwer, The Hague, 1998.

RIBEIRO (2014), *«The Potential Impact of Euro-Mediterranean Agreements on the Taxation of Inbound Dividends»*, ET, nº 12, 2014.

RIBES RIBES (2003), *«Convenios para Evitar la Doble Imposición Internacional: Interpretación, Procedimiento Amistoso y Arbitraje»*, Edersa, Madrid.

SASSEVILLE, J., (2010) *«Thempora al aspects of tax treaties»*, en BAKER/BOBBET, A tax Polymath, IBFD, Amsterdam, 2010.

SICARD/DEBAT (2017), *«The EU and Third Countries: Any New Tax Opportunities Under Association Agreements? »*, Intertax, nº 5, 2017.

SINCLAIR (1984), *«The Vienna Convention on the Law of Treaties»*, Manchester University Press, Manchester.

SPRAGUE, «Observations on Treaty Interpretation- Spanish Supreme Court Addresses Commissionaires», 45 TM International Journal 555.

TAVARES/DIAS (2016), *«What Will a Post-BEPS Latin America Look Like? »*, TNI, August 15, 2016, p. 551 y ss.

VANN/COOPER (2016), "Transfer Pricing Money- The Chevron Case", *Legal Studies Research Paper*, Sidney Law School, nº16/72.

VANISTENDAEL (2006), *«The ECJ at the Crossroads: Balancing Tax Sovereignty against the Imperatives of the Single Market»*, European Taxation, September 2006, p. 413 y ss.

VOGEL/PROKISCH (1993), *«General Report»* en Interpretation of Tax Treaties, IFA Congress 1993, Kluwer, Deventer, 1993.

VOGEL (1997), *«Double Taxation Conventions»*, Kluwer, Deventer, 1997.

VOGEL (2000), *«The Influence of the OECD Commentaries on Treaty Interpretation»*, Bulletin for International Fiscal Documentation vol. 54, nº 12, p. 612 y ss.

VOGEL (2007), *«Tax Treaty Monitor»*, IBFD June 2007.

WARD, D. (2006), *«The Role of the commentaries on the OECD Model in the Tax Treaty Interpretation Process»*, BIFD, March 2006.

WATTEL y MARRES (2003), «*The Legal Status of the OECD Commentary and Static or Ambulatory Interpretation of Tax Treaties*», *European* Taxation vol. 43, nº 7/8, p. 222 y ss.

WEEGHEL, "OECD and UN updated income and capital Model Tax Conventions provide guidance on BEPS and other issues", *Tax Policy Bulletin*, PwC, August, 2018.

WIJNEN, W., "Some thoughts on the Convergence and Tax Treaty Interpretation", BIT, nº11, 2013.

ZAGARIS, B (2013), «*Investment Treaties Important for International Tax and Business Planning*», *TNI*, March 25, 2013, p. 1161

5. BIBLIOGRAFIA SOBRE EL CONVENIO MULTILATERAL PARA IMPLEMENTAR MEDIDAS CONVENCIONALES FRENTE A LA EROSIÓN DE BASES IMPONIBLES Y LA TRANSFERENCIA DE BENEFICIOS

ANDRADE RODRIGUEZ (2017), «*Implementation v. Adaptation: BEPS in Latin America through the Lens of the ILADT Model*», WTJ, October 2017.

BAKER/PISTONE (2015), «*The Practical Protection of Taxpayers´ Fundamental Rights: General Report* », CDFI nº 110b, 2015, p. 49 y ss.

BARRETO/TAKANO, "The prevention of tax treaty abuse in the BEPS action 6", Intertax, vol.12, 2015.

BELL, K., «*Treasury Official Explains Why U.S. Didn´t Sign OECD Super-Treaty*», 110 DTR I-1.

BLUM, "The relationship between the OECD MLI and Covered Tax Agreements: Multilarelism and the Interpretation of the MLI", BIT, nº3, 2018.

BORGEN, C.J. (2005), «*Resolving Treaty Conflicts*», George Washington International Law Review, vol. 37, 2005.

BRAUNER (2018), "McBEPS: The MLI—the first tax treaty that has never been", Intertax, vol.46, nº1, 2018.

BRAVO (2016), «*The MLI and Its Relationship with Tax Treaties*», WTJ, nº 3, 2016, p. 603 y ss.

BURCHER (2017), «*Current BEPS Action Items for Asset Managers*», CMS, 08.08.2017.

CORWIN/EGGERT, «*Understanding the Operation, Impact, and Practical Implications of the MLI*», 46 TM International Journal 407, p.7.

DE WILDE (2017), «*Lowering the Permanent Establishment Threshold via Anti-BEPS Convention: Much Ado About Nothing?*», Intertax, vol.45, Issues 8 & 9, 2017, p. 556 y ss.

DOURADO (2018), "Are we compatible?: on Multilateral Tax Coordination", Intertax, vol.46, nº1, 2018.

FERRERAS GUTIERREZ (2017), «*La era post-BEPS: El Instrumento Multilateral y el foro inclusivo del paquete BEPS*», en El Plan de Acción BEPS, Aranzadi, Pamplona, 2017.

FINET/SOONG JOHNSTON, «*Nearly 70 Jurisdictions Sign OECD´s Multilateral Instrument* », op. cit. p. 933 y ss.

FINLEY (2017), «*OECD Standards Inadequate to Protect Poorer Countries´ Tax Bases*», TNI, September 18, 2017.

FINLEY, "Reject MLI´s Corresponding Adjustment Rule, BEPS Group Says", TNI, March, 20, 2017.

GAGNON, R. (2017), «*Traveling Without a Destination: Post-BEPS Anti-Treaty-Shopping Rules and Non-CIV Funds in Canada and the US*», TNI, September 4, 2017, p. 975 y ss.

GARCÍA ANTÓN, R. (2016), «The 21st century multilateralism in International taxation: the Emperor's New Clothes?», WTJ, vol.8, n° 2, 2016, p. 683 y ss.

HATTINGH, J. (2017), «The MLI from a legal perspective», BIT, 2017.

HATTINGH, J. (2017), «An initial assessment of the BEPS MLI from a legal perspective: What may be the challenges?», Global Taxation, 2017, n° 1, p. 27 y ss.

HATTINGH, J. (2017), «The Legal and Related Challenges, and Emerging Solutions for Implementation of the BEPS MLI», Global Taxation, July 2017.

HATTINGH (2018), "The Impact of the BEPS MLI on International Tax Policies", BIT, April/May, 2018.

HERZFELD, M. (2017), «The Multilateral Instrument and Permanent Establishments», TNI, June 19, 2017.

HERZFELD (2018), "US Perspective on the MLI", Intertax, vol. 46, n° 1, 2018.

KOK, R. (2016), «The Principal Purpose Test in Tax Treaties under BEPS 6», Intertax, vol. 44, n° 5, 2016.

KUZNIACKI J. (2017), «Discretionary Benefits Provisions Under the MLI: a virtuous solution or a vicious circle?», TNI, July 31, 2017, pp. 459-463.

KUZNIACKI (2018), "The PPT in BEPS action 6 and the MLI", WTJ, n° 2, 2018.

KUZNIACKI (2018a), "The Artificial Intelligence Tax Treaty Assistant: decoding the PPT test", BIT, September 2018.

LANG, M. (2014), «BEPS Action 6: Introducing an Antiabuse Rule in Tax Treaties», TNI, May 19, 2014.

NIKOLAKAKIS ET ALTER (2017), «Some Reflections on the Proposed Revisions to the OECD Model and Commentaries, and on the Multilateral Instrument, With Respect to Fiscally Transparent Entities », BTR, n° 3, 2017, p. 295 y ss.

OSLER/HOSKIN/HARCOURT, "Canada: New PPT in the MLI to Displace Canadian GAAR?", Mondaq, Nov. 29 2017.

OWENS/KAKA (2017), «Conversations: Jeffrey Owens and Porus Kaka», TNI, October 2, 2017.

PALMITESSA, "Interplay between the PPT in the MLI and Beneficial Owner clause", Intertax, vol. 46, n° 1, 2018.

PARKER, A. (2017), «Tax Treaties Will Remain Bilateral: OECD Tax Chief», Bloomberg BNA Transfer Pricing Report, August 30, 2017.

PARKER, A., «IRS Vows to Defend Existing Tax Treaties from Overreach», 110 DTR I-2.

PLEIJSIER, A. (2016), «The Artificial Avoidance of PE Establishment Status: a Reaction to the BEPS Action 7 Final Report», ITPJ, November/December 2016, p. 442 y ss.

PIANTAVIGNA, P. (2017), «Tax Abuse and Aggressive Tax Planning in the BEPS Era», WTJ, February 2017, pp. 60-61.

PIERON/SCORNOS/GREENWALD (2017), «A BEPS Diagnostic—Considerations for Multinationals as the Project Continues », TNI, August 21 2017, p. 814 y ss.

QUINN/BURKE/STAPLETON/WILLIAM (2017), «The MLI's Impact on Alternative Investment Funds », Mondaq, 22 August 2017.

RUBINGER/AYERS (2017), «Inbound and Outbound US Tax Planning-What's Left After the MLI?», Taxes Without Borders, Bilzin Sumberg, June 14, 2017.

SCHOUERI/GALENDI JR. (2017), «Interpretative and Policy Challenges Following the OECD Multilateral Instrument (2016) from a Brazilian Perspective», BIT, 2017.

SHEPPARD, L. (2017), «*Latin America and the MLI*», TNI, July 3, 2017, p. 7 y ss.

SPRAGUE (2017), "Effect of MLI on Tax Certainty—PE Gets all the Attention, but watch out fo the PPT", 46 TM Int'l J., 382, 2017.

TEIJEIRO (2017), «*MLI Minimum standards on treaty shopping and MAP. Latam countries´ position*», Kluwer International *Tax Blog*, July 3 2017.

THOMAS/NOVAK/LOWELL, "Evolution of APAs Process: current and future experience in the US", ITPJ, March/April, 2018.

TOBIN, J. (2017), «*CFCs Everywhere-With Increasing Prospects for Complexity*», 175 DTR J-1, 09/12/2017.

UN HANDBOOK (2017), «*Protecting the Tax Base of Developing Countries*», Second Edition, 2017.

VALENTE, P. (2017), «*BEPS Action 15: Release of the Multilateral Instrument*», Intertax, vol.45, nᵒ 3, 2017.

VALENTE, P. (2017), «*Taxless Corporate Income: Balance against White Income, Grey Rules and Black Holes* », ET, July 2017.

ZORNOZA, J. (2017), «*El Convenio multilateral: un análisis preliminar*» en El Plan de Acción BEPS, Aranzadi, Pamplona, 2017.

6. TABLA DE CONVENIOS PARA EVITAR LA DOBLE IMPOSICIÓN EN MATERIA DEL IMPUESTO SOBRE LA RENTA Y DEL IMPUESTO SOBRE EL PATRIMONIO FIRMADOS POR ESPAÑA, EN VIGOR

España tiene suscritos los siguientes Convenios:

Estado	Fecha de firma del Convenio	Entrada en vigor	BOE
ALBANIA[97]	Convenio 02-07-2010	04-05-2011	15-03-2011
ALEMANIA	Convenio 05-12-1966	14-03-1968	08-04-1968
	Orden Ministerial 10-11-1975		04-12-1975
	Convenio 03-02-2011	18-10-2012	30-07-2012
ANDORRA	Convenio 08-01-2015	26-02-2016	07-12-2015
ARABIA SAUDÍ	Convenio 19-06-2007	01-10-2008	14-07-2008
ARGELIA	Convenio 07-10-2002	06-07-2005	22-07-2005
ARGENTINA[98]	Convenio 21-07-1992	28-07-1994	09-09-1994
	Convenio 11-03-2013	01-01-2013	14-01-2014
ARMENIA[99]	Convenio 16-12-2012	21-03-2012	17-04-2012
AUSTRALIA[97]	Convenio 24-03-1992	10-12-1992	29-12-1992
AUSTRIA	Convenio 20-12-1966	01-01-1968	06-01-1968
	Orden Ministerial 26-03-1971		29-04-1971
	[100]Protocolo 24-02-1995	01-11-1995	02-10-1995

Estado	Fecha de firma del Convenio	Entrada en vigor	BOE
			06-09-1996
AZERBAIYÁN[99]	Convenio 01-03-1985	07-08-1986	22-09-1986
BARBADOS	Convenio 01-12-2010	14-10-2011	14-09-2011
BÉLGICA	[101]Convenio 14-06-1995	25-06-2003	04-07-2003
	Protocolo 02-12-2009	23-04-2018	23-05-2018
	Protocolo 02-12-2009	24-07-2018	02-08-2018
BIELORUSIA[99]	Convenio 01-03-1985	07-08-1986	22-09-1986
BOLIVIA	Convenio 30-6-1997	23-11-1998	10-12-1998
BOSNIA Y HERZEGO-VINA	Convenio 05-02-2008	04-01-2011	05-11-2010
BRASIL[102]	Convenio 14-11-1974	03-12-1975	31-12-1975
BULGARIA	Convenio 06-03-1990	14-06-1991	12-07-1991
CANADÁ	Convenio 23-11-1976	26-12-1980	06-02-1981
	Protocolo 18-11-2014	12-12-2015	08-10-2015
CATAR[97]	Convenio 10-09-2005	06-02-2018	15-12-2017
COLOMBIA	Convenio 31-03-2005	23-10-2008	28-10-2008
COREA del SUR[97]	Convenio 17-01-1994	21-11-1994	15-12-1994
COSTA RICA	Convenio 04-03-2004	15-12-2010	01-01-2011
CROACIA[103]	Convenio 19-05-2005	20-04-2006	23-05-2006
CUBA[104]	Convenio 03-02-1999	31-12-2000	10-01-2001
CHEQUIA[105]	Convenio 08-05-1980	05-06-1981	14-07-1981
CHILE	Convenio 07-07-2003	23-12-2003	02-02-2004
CHINA	Convenio 22-11-1990	20-05-1992	25-06-1992
CHIPRE	14-02-2013	28-05-2014	26-05-2014
DINAMARCA[106]	Convenio 03-07-1972	20-06-1973	28-01-1974
	Orden Ministerial 04-12-1978		05-01-1979
	[107]Protocolo 17-03-1999		17-05-2000
	Denuncia 10-06-2008	01-01-2009	19-11-2008
ECUADOR	Convenio 20-05-1991	19-04-1993	05-05-1993
EGIPTO[103]	Convenio 10-06-2005	28-05-2006	11-07-2006

Convenios de doble imposición

Estado	Fecha de firma del Convenio	Entrada en vigor	BOE
EL SALVADOR	Convenio 07-07-2008	13-08-2009	05-06-2009
EMIRATOS ÁRABES UNIDOS	Convenio 05-03-2006	02-04-2007	23-01-2007
ESLOVAQUIA[105]	Convenio 08-05-1980	05-06-1981	14-07-1981
ESLOVENIA	Convenio 23-05-2001	19-03-2002	28-06-2002
ESTADO DE CATAR	Convenio 10-09-2015	06-02-2018	15-12-2017
ESTADOS UNIDOS[108]	Convenio 22-02-1990	21-11-1990	22-12-1990
ESTONIA	Convenio 03-09-2003	28-12-2004	03-02-2005
FILIPINAS[97]	Convenio 14-03-1989	12-09-1994	15-12-1994
FINLANDIA[97]	Convenio 15-11-1967	30-10-1968	11-12-1968
	Canje Notas 27-04-1990	27-12-1991	28-07-1992
	Convenio 15-12-2015	27-07-2018	29-05-2018
FRANCIA[109]	Convenio 10-10-1995	01-07-1997	12-06-1997
GEORGIA[99]	Convenio 01-03-1985	07-08-1986	22-09-1986
	Convenio 07-06-2010	01-07-2011	01-06-2011
GRECIA	Convenio 04-12-2000	21-08-2002	02-10-2002
HOLANDA	Convenio 16-06-1971	20-09-1972	16-10-1972
HONG KONG[97]	Convenio 01-04-2011	13-04-2012	14-04-2012
HUNGRÍA	Convenio 09-07-1984	20-05-1987	24-11-1987
INDIA	Convenio 08-02-1993	12-01-1995	07-02-1995
INDONESIA	Convenio 30-05-1995	20-12-1999	14-01-2000
IRÁN	Acuerdo 19-07-2003	30-01-2006	02-10-2006
IRLANDA[97]	Convenio 10-02-1994	21-11-1994	27-12-1994
ISLANDIA	Convenio 22-01-2002	02-08-2002	18-10-2002
ISRAEL	Convenio 30-11-1999	20-11-2000	10-01-2001
ITALIA	Convenio 08-09-1977	14-11-1980	22-12-1980
JAMAICA	Convenio 08-07-2008	16-05-2009	12-05-2009
JAPÓN	Convenio 13-02-1974	20-11-1974	02-12-1974
KAZAJSTÁN[99]	Convenio 01-03-1985	07-08-1986	22-09-1986
	Convenio 02-07-2009	18-08-2011	03-06-2011

Estado	Fecha de firma del Convenio	Entrada en vigor	BOE
KIRGUIZISTÁN[99]	Convenio 01-03-1985	07-08-1986	22-09-1986
KUWAIT	Convenio 26-05-2008	19-07-2013	05-06-2013
LETONIA	Convenio 04-09-2003	14-12-2004	10-01-2005
LITUANIA	Convenio 22-07-2003	26-12-2003	02-02-2004
LUXEMBURGO[110]	Convenio 03-06-1986	16-05-1987	04-08-1987
	Protocolo de 10-11-2009	16-07-2010	31-05-2010
MACEDONIA	Convenio 20-06-2005	01-12-2005	03-01-2006
MALASIA[97]	Convenio 24-05-2006	28-12-2007	13-02-2008
MALTA[97]	Convenio 08-11 2005	12-09-2006	07-09-2006
MARRUECOS	Convenio 10-07-1978	19-05-1985	22-05-1985
	Intercambio de Cartas interpretativas	–	15-07-2016
MÉXICO	Convenio 24-07-1992	06-10-1994	27-10-1994
	Protocolo 17-12-2015	27-09-2017	07-07-2017
MOLDAVIA	Convenio 08-10-2007	30-03-2009	11-04-2009
NIGERIA	Convenio 23-06-2009	05-06-2015	13-04-2015
NORUEGA[111]	Convenio 06-10-1999	18-12-2000	10-01-2001
NUEVA ZELANDA	Convenio 28-07-2005	31-07-2006	11-10-2006
OMÁN[97]	Convenio 30-04-2014	19-09-2015	08-09-2015
PAKISTÁN[97]	Convenio 02-06-2010	18-05-2011	16-05-2011
PANAMÁ	Convenio 07-10-2010	25-07-2011	04-07-2011
POLONIA	Convenio 15-11-1979	06-05-1982	15-06-1982
PORTUGAL	Convenio 26-10-1993	28-06-1995	07-11-1995
REINO UNIDO	Convenio 21-10-1975	25-11-1976	18-11-1976
	Orden Ministerial 22-09-1977		11-10-1977
	Canje Notas 13-12-1993 y 17-06-1994	26-05-1995	25-05-1995
	Convenio 14-03-2013	12-06-2014	15-05-2014
REP.DOMINI-CANA[97]	Convenio 16-11-2011	25-07-2014	02-07-2014
RUMANÍA	Convenio 24-05-1979	28-06-1980	02-10-1980

Estado	Fecha de firma del Convenio	Entrada en vigor	BOE
RUSIA	Convenio 16-12-1998	13-06-2000	06-07-2000
SENEGAL[97]	Convenio 05-12-2006	22-10- 2012	29-12-2014
SERBIA	Convenio 09-03-2009	28-03-2010	25-01-2010
SINGAPUR[97]	Convenio 13-04-2011	02-02-2012	11-01-2012
SUDÁFRICA	Convenio 23-06-2006	28-12-2007	15-02-2008
SUECIA	Convenio 16-06-1976	21-12-1976	22-01-1977
	Orden Ministerial 18-02-1980		01-03-1980
SUIZA	Convenio 26-04-1966	02-02-1967	03-03-1967
	Protocolo 29-06-2006	01-06-2007	27-03-2007
	Protocolo 27-07-2011	24-08-2013	11-06-2013
TAILANDIA	Convenio 14-10-1997	16-09-1998	09-10-1998
TAYIKISTÁN[99]	Convenio 01-03-1985	07-08-1986	22-09-1986
TRINIDAD Y TOBAGO	Convenio 27-02-2009	28-12-2009	08-12-2009
TÚNEZ	Convenio 02-07-1982	14-02-1987	03-03-1987
TURQUÍA	Convenio 05-07-2002	18-12-2003	19-01-2004
UCRANIA[99]	Convenio 01-03-1985	07-08-1986	22-09-1986
URUGUAY	Convenio 09-10-2009	02-04-2011	12-04-2011
UZBEKISTÁN	Convenio 08-07-2013	19-09-2015	10-09-2015
VENEZUELA	Convenio 08-04-2003	29-04-2004	15-06-2004
VIETNAM[97]	Convenio 07-03-2005	22-12-2005	10-01-2006

(97)   No aplicable al IP.

(98)   El nuevo Convenio publicado en enero de 2014 sanea la situación derivada de la denuncia de las autoridades argen-tinas de 29 de junio de 2012, teniendo efectos retroactivos desde enero de 2013.

(99)   El Convenio para evitar la doble imposición entre España y la URSS, se encuentra en vigor para los países antiguos miembros de la URSS (su aplicación efectiva puede en algún caso plantear problemas aunque permanece como tal aplicable a Bielorrusia, Kirguizistán, Tayikistán y Ucrania) excepto para aquellos con los que existe Convenio en vigor.
      Asimismo este convenio ha dejado de estar en vigor desde las siguientes fechas:

PAÍS	FECHA FINALIZACIÓN VIGOR	BOE
Armenia	10-10-2007	23-06-2010
Azerbaiyán	28-01-2008	23-06-2010
Georgia	10-10-2007	23-06-2010
Moldavia	01-10-2007	23-06-2010
Kazajstán	08-07-2008	23-06-2010
Uzbekistán	21-07-2010	11-10-2010

Con Armenia, Georgia, Kazajstán y Moldavia existen Convenios específicos, publicados en el BOE de 17-04-2012, 01-06-2011, de 03-06-2011 y de 11-04-2009, con entrada en vigor, respectivamente, el 21-03-2012, 01-07-2011, el 18-08-2011 y el 30-03-2009.

Con el resto de países, hay convenios en tramitación, pero no están en vigor, por lo que desde la fecha que se indica en el cuadro para cada uno de ellos hay que entender que no tienen Convenio.

(100)   Modifica los artículos 2, 11 y 24 del Convenio.

(101)   Las disposiciones se aplican a partir de 01-01-2004, dejándose de aplicar el Convenio firmado el 24-09-1970.

(102)   Resolución de 22-09-2003 (BOE 02-10-2003) sobre interpretación de distintos puntos de dicho Convenio.

(103)   Las disposiciones se aplican a partir de 01-01-2007.

(104)   Modificado mediante canje de notas de 09-11-1999 y 30-12-1999 (BOE 10-01-2001).

(105)   Convenio con la disuelta CHECOSLOVAQUIA.

(106)   Desde 01-01-2009 pierde su vigencia por denuncia del Estado danés.

(107)   Modifica los artículos 2, 3, 9, 10, 14, 17, 19, 22, 24 y 25 ; y suprime el 29 del Convenio.

(108)   Acuerdo derivado del Procedimiento amistoso seguido entre España y EEUU relativo al tratamiento fiscal, a efectos del convenio bilateral, de las sociedades de responsabilidad limitada estadounidenses (LLC), las Sociedades Anónimas estadounidenses 'tipo S' (S Corporations), y otras entidades mercantiles consideradas sociedades de personas (partnerships) o entidades no sujetas al impuesto sobre sociedades estadounidense (BOE 13-08-2009).

(109)   Intercambio de cartas sobre aplicación del Convenio a Instituciones de Inversión Colectiva francesas en BOE 06-08-2009.

(110)   Protocolo que modifica el Convenio entre el Reino de España y el Gran Ducado de Luxemburgo para evitar la doble imposición en materia de impuestos sobre la renta y sobre el patrimonio y para prevenir el fraude y la evasión fiscal, hecho en Bruselas el 10 de noviembre de 2009 (BOE de 31 de mayo de 2010). Se modifica, potenciándolo, el artículo 27 sobre Intercambio de Información del Convenio sobre doble imposición con Luxemburgo cuyas disposiciones se aplicarán desde enero de 2011. Desde la fecha de entrada en vigor técnica de este Protocolo -16 de julio de 2010- dejará de considerarse al Gran Ducado de Luxemburgo como país o territorio incluido en la relación de paraísos fiscales (RD 1080/1991) por razón del régimen mencionado en el párrafo 1 del Protocolo original del Convenio (Régimen especial de las Sociedades holding, que siguen excluidas del convenio).

(111)   Las disposiciones se aplican a partir de 01-01-2001, dejándose de aplicar el Convenio firmado el 25-04-1963.

Con pequeñas salvedades -en especial, por lo que toca a los tratados con países americanos- la práctica totalidad de los mencionados CDI siguen las pautas del Modelo de Convenio para evitar la Doble Imposición aprobado por la OCDE.

Por otra parte, un cierto número de CDI no contempla normas en relación con la imposición sobre el patrimonio, circunscribiéndose exclusivamente a los impuestos sobre la renta (CDI con Nigeria, Senegal, Irlanda, Turquía, EE. UU., Brasil, Australia, Catar, Corea, Japón, Filipinas, Finlandia, Hong Kong, Tailandia, Italia, Jamaica, Portugal, Malasia, Malta, Nueva Zelanda, Albania, Omán, Pakistán, República Dominicana, Singapur y en cierta medida -a condición de que en los dos países se aplique-, en los CDI con Croacia, El Salvador, Arabia Saudí y Egipto).

La actividad legislativa y negociadora de las autoridades fiscales se enfoca tanto en dirección a la renegociación de tratados relevantes y en ocasiones próximos a la obsolescencia (las enmiendas o nuevos textos suscritos con Austria, Bélgica, Canadá, Estados Unidos, India y Rumanía se enmarcan en dicha tendencia) como a la ampliación de la red de tratados con nuevos países: Azerbaiyán, Bahrein, Bielorrusia, Cabo Verde, Montenegro, Namibia, Perú o Siria.

Capítulo II

ÁMBITO DE APLICACIÓN DE LOS CONVENIOS DE DOBLE IMPOSICIÓN

Néstor Carmona Fernández

Capítulo II.   ÁMBITO DE APLICACIÓN DE LOS CONVENIOS DE DOBLE IMPOSICIÓN

Sumario

ÁMBITO DE APLICACIÓN DE LOS CONVENIOS DE DOBLE IMPOSICIÓN

1. ÁMBITO TERRITORIAL DE APLICACIÓN

1.1. Las normas bilaterales

Será usualmente el artículo 3 de los CDI quien, en su apartado 1, dentro de las diversas aclaraciones terminológicas que efectúa, mencione qué debe entenderse en términos territoriales por cada uno de los Estados suscriptores del tratado. Este precepto en compañía del artículo 30 (artículo 29 en la versión anterior a 2017) del Modelo de tratado de la OCDE constituyen las disposiciones previstas bilateralmente en torno al ámbito espacial del convenio.

El artículo 3 comprende varias disposiciones generales, complementarias a las derivadas de otros preceptos, necesarias para la interpretación de los términos utilizados en un CDI Aunque en el Modelo no se recoja expresamente, sí se contempla la posibilidad de convenir bilateralmente una definición de las expresiones «un Estado contratante» y «el otro Estado contratante», además de acordar la inclusión de una referencia a la plataforma continental en semejante delimitación territorial.

Cuando un determinado CDI no ofrezca una delimitación expresa de su campo espacial de influencia, dicho ámbito territorial se inferirá del propio derecho constitucional de los Estados contratantes, demarcador de sus soberanías respectivas políticas y fiscales. En cualquier caso, las normas contenidas en los CDI presentan un perfil literal diverso en lo que toca a la definición de los «territorios» a que se extiende el marco geográfico «fiscal» de los respectivos Estados contratantes, con vistas a la aplicación de sus disposiciones.

De ordinario, y más acusadamente en los tratados suscritos en los últimos años a inspiración de la norma sobre este extremo contenida en la normativa del IRNR y, antes, del IS, la fórmula literal seguida es, si no idéntica, muy próxima a la que hace mención del territorio del Estado español, «incluyendo el espacio aéreo, las aguas interiores así como el mar territorial y las áreas exteriores a él en las que, con arreglo al Derecho Internacional y en virtud de su legislación interna, el Estado español ejerza o pueda ejercer jurisdicción o derechos de soberanía respecto del fondo marino, su subsuelo y aguas suprayacentes y sus recursos naturales.» Como un pintoresquismo entre otros puede citarse la definición territorial del CDI hispano colombiano mencionando junto al espacio aéreo, el «espacio electromagnético», o en la zona marítima colombiana los «cayos, morros y bancos»; los «elementos naturales de la geomorfología marina» en el CDI con Rep. Dominicana, o incluso las «aguas archipiélagicas» del tratado con Trinidad y Tobago.

Sin embargo, los tratados oscilan yendo desde la ausencia de toda aclaración (en el suscrito por España con Brasil solo se habla del «Estado español»; en el hispano-japonés se menciona el territorio en el que se apliquen «las leyes de impuestos españoles» o, por citar otro ejemplo, en el hispano-marroquí solo se menciona el «Reino de España») hasta la expresa alusión a espacios más allá del mar territorial que escapan a la soberanía política española: las zonas marítimas adyacentes, la plataforma continental, etc.

Determinados Estados suelen establecer precisiones territoriales específicas (p.ej.: Australia, Canadá, Estados Unidos de América, Noruega, Reino Unido, Japón, Portugal, Nueva Zelanda, entre otros). En este sentido, ciertos CDI suscritos por España excluyen implícita o expresamente del ámbito territorial de algunos Estados territorios con autonomía fiscal, pero con una cierta dependencia política (así ocurre, por citar algún ejemplo, con la consideración excluyente de territorios dependientes al autodefinirse el Reino Unido como Gran Bretaña e Irlanda del Norte, o, en su momento, con las Islas Feroe o Groenlandia respecto de Dinamarca (CDI sin vigor desde 2009), o el caso de los territorios de ultramar con Francia, el de Nueva Zelanda con las Islas Cook, Niue y Tokelau, o el de las Islas Norfolk, Christmas, McDonald –entre otras– respecto de Australia).

Dichas precisiones territoriales no deben confundirse con las exclusiones del ámbito de determinados tratados de ciertos regímenes fiscales «preferenciales» o privilegiados aunque éstos puedan tener ubicaciones espaciales definidas en algunos casos: entre las más señaladas expulsiones de la cobertura bilateral figura la excepción de las sociedades holding y entidades de similar estatuto fiscal en Luxemburgo (excluidas de los beneficios del CDI hispano-luxemburgués, incluso después del Protocolo añadido al CDI en 2010) o el de las entidades navieras a que alude el protocolo del CDI con Malta, así como la expresa exclusión de las reglas de reparto de soberanía previstas en el CDI con Malasia para los sujetos beneficiarios del denominado Régimen fiscal *offshore* «de Labuan 1990" –o incluso los sujetos afectados por la solo hipotética cláusula de exclusión que contempla el CDI con Macedonia–, o determinadas sociedades financieras y comerciales internacionales que menciona el Protocolo del CDI con Jamaica, la exclusión del tratado de Uruguay de las Sociedades Anónimas Financieras de Inversión (SAFI), o de las Instituciones Financieras Externas (IFE);o de las Zonas francas previstas en la Ley 15.921 o sus modificaciones posteriores, en lo referente a la prestación de servicios financieros; en el caso de Panamá la exclusión, entre otras, bajo ciertas condiciones, de las zonas libres y otros regímenes especiales o de los fideicomisos, fundaciones de interés privado y las organizaciones no gubernamentales, o incluso en el CDI de Barbados la exclusión, respecto de ciertos preceptos, de los beneficiarios de determinados «regímenes especiales». O incluso, exclusiones por razones técnicas (las sociedades colectivas españolas con socios alemanes en el CDI con Alemania)

En otro orden de cosas, el ModCDI contiene una norma –el artículo 30– que bajo el título «Extensión territorial» propone un texto tipo relativo a la posible ampliación del ámbito físico en el que las normas bilaterales puedan aplicarse.

No todos los CDI cumplen con esta precisión dispositiva relativa a qué territorios se aplican. Sin embargo, muchos tratados no solo definen ese extremo de modo expreso, sino que incluso establecen previsiones relativas a su aplicación extensiva. El texto modelo hace referencia a «otros territorios de los que el Estado (...) asuma las relaciones internacionales, que perciba impuestos de carácter análogo a aquellos a los que se aplica el Convenio». En tal caso, las modificaciones y condiciones de semejante ampliación del ámbito territorial, incluidas las relativas a la cesación de su aplicación, habrán de fijarse de común acuerdo por los Estados contratantes mediante el intercambio de notas diplomáticas o por cualquier otro procedimiento que se ajuste a sus normas constitucionales. Esto se da con frecuencia en el caso de Estados que tienen territorios de ultramar o que asumen las relaciones internacionales de otros Estados o territorios o cuando se trate de extender las disposiciones del Convenio a una parte del territorio de un Estado contratante que, por disposición especial, hubiera quedado excluido del mismo. Algunos CDI –como el hispano norteamericano, en relación con Puerto Rico– establecen esta previsión de manera expresa (también en su nueva versión).

Especialmente relevante es la exigencia de que los territorios incorporados a la cobertura del tratado apliquen impuestos de naturaleza análoga a los comprendidos en el ámbito del convenio.

Otra cuestión que incide frontalmente en el ámbito territorial de aplicación de los CDI, es el caso –nada infrecuente en las últimas décadas– de segregaciones o agregaciones territoriales, de anexiones o de escisiones de Estados. Sin embargo, el ModCDI nada prevé expresamente al respecto.

Habrá que acudir al Derecho Internacional sobre sucesión de Estados en materia de tratados (en especial, el Convenio de Viena de 1978) y a la propia práctica consuetudinaria, para tratar de encontrar una guía, si no un criterio rotundo, sobre tales supuestos. Y éste no es otro que un cierto principio en pro de la pervivencia para los nuevos Estados de los compromisos acordados con antelación. Razones de seguridad jurídica y buena fe, entre otras (especialmente sensibles en el ámbito jurídico internacional) mueven a postular la tendencia en favor de la asunción por los Estados herederos de las obligaciones –los CDI– suscritos por los Estados antecesores, salvo expresa denuncia o inaplicación de los mismos (son patentes los ejemplos de Alemania oriental, Checoslovaquia, Indonesia (y Timor) o la URSS (aparte de Armenia, Rusia, Georgia, Uzbekistán, Kazajstán, y Moldavia que disponen de tratado propio, y considerando los Canjes de Notas verbales, de 2010, entre el Reino de España y la República de Azerbaiyán (desde el 28-01-2008), relativos a la no aplicación del Convenio para evitar la doble imposición entre España y la disuelta URSS), el CDI con la URSS es, en principio y a reserva de futuras negociaciones, aplicable por extensión a Ucrania, Bielorrusia, Turkmenistán, Tadzhikistán y Kirguizistán (en alguno de estos países la aplicación efectiva del convenio puede plantear dificultades).

1.2. Incidencia de las normas domésticas

1.2.1. Definiciones previas

Por todo lo visto, y principalmente cuando la norma bilateral sea parca en este aspecto, la delimitación del territorio español, como demarcación física para el ejercicio de la soberanía fiscal del Estado, con vistas a la generación de las obligaciones tributarias (en especial, a cargo del no residente) resulta esencial –e incluso también en punto a la propia calificación del contribuyente como residente o no en dicho «territorio».

La definición legal del ámbito espacial del IRNR – artículo 2 TRLIRNR – afirma que «el territorio español comprende el territorio del Estado español, incluyendo el espacio aéreo, las aguas interiores así como el mar territorial y las áreas exteriores a él en las que, con arreglo al Derecho Internacional y en virtud de su legislación interna, el Estado español ejerza o pueda ejercer jurisdicción o derechos de soberanía respecto del fondo marino, su subsuelo y aguas suprayacentes y sus recursos naturales», lo que permite entender que además del espacio territorial peninsular e insular, se comprenden Ceuta, Melilla y otras dependencias españolas como las Islas Chafarinas, Alhucemas y el Peñón de Vélez de la Gomera–, incluyendo el espacio aéreo y «las aguas interiores» así como el denominado «mar territorial» (las aguas adyacentes a sus costas con un alcance de doce millas náuticas, el espacio aéreo y el lecho y subsuelo del mar – artículo 3 Ley 10/1977 de 4 de enero, y Convenio de las Naciones Unidas de 10 de diciembre de 1982, sobre Derechos del Mar, de Montego Bay/Jamaica, Instrumento de Ratificación de 20 de diciembre de 1996 publicado en 14 de febrero de 1997 –).

Las normas domésticas (las bilaterales deben hacerlo expresamente) consideran parte del territorio español las zonas adyacentes al mar territorial sobre las que España puede ejercer «jurisdicción o derechos de soberanía» según su propia legislación interna y el Derecho Internacional (Convención de Ginebra de 24 de abril de 1958). La definición de la plataforma continental, con carácter general, se encuentra en la Convención de Montego Bay, extendiéndose hasta el borde exterior del margen continental o bien hasta una distancia de 200 millas marinas (la plataforma continental en el Golfo de Vizcaya con respecto a Francia se define en un Convenio de 29 de enero de 1974; en tanto que con respecto a Italia otro Tratado, éste de 19 de febrero de 1974, describe su alcance; la denominada «zona económica exclusiva» se regula, en términos parecidos, en la Ley 15/1978, de 20 de febrero, aunque en exclusiva referencia a las costas españolas del Océano Atlántico).

1.2.2. Regímenes territoriales especiales

El texto de la Ley ordena que el IRNR se aplique en «todo el territorio español», aunque «sin perjuicio» de los regímenes tributarios forales previstos en el Concierto con el País Vasco y en el Convenio económico con la Comunidad Foral de Navarra y «teniendo en cuenta» las normativas específicas en Canarias, Ceuta y Melilla.

1.2.2.1. País Vasco

En el caso del País Vasco debe tenerse presente el Concierto aprobado en 2002 por la Ley 12/2002, de 23 de mayo, modificado por la Ley 7/2014, de 21 de abril, y la Ley 10/2017, de 28 de diciembre, aunque ya antes la Ley 38/1997, de modificación del viejo Concierto Económico (Ley

12/1981), concedía a las Instituciones de los Territorios Históricos del País Vasco un abanico de diversas competencias entre las cuales ya se encontraba la relativa a la fiscalidad de las rentas obtenidas por no residentes.

Desde 2002 dichas Instituciones asumen las facultades de regulación además de las competencias de «gestión, liquidación, recaudación, inspección y revisión» de los impuestos derivados de rentas obtenidas en sus respectivos territorios por contribuyentes no residentes (siempre con pleno respeto tanto de los compromisos estatales en el orden comunitario como de las disposiciones acordadas en convenios sobre doble imposición suscritos por el Estado español con terceros Estados (de hecho, en las enmiendas al Concierto debidas a la Ley 28/2007 se menciona expresamente la colaboración entre dichas Instituciones y el Estado en materia de tratados internacionales, así como en el escenario del intercambio interestatal de información tributaria).

El Concierto contiene normas propias, similares aunque no siempre idénticas a las diseñadas por la legislación estatal, en materias como la delimitación de la residencia o los nexos de sujeción de las rentas obtenidas en territorio foral por los contribuyentes no residentes. Mediante la Ley 7/2014, de 21 de abril, además de la adaptación del Concierto a las últimas reformas del sistema tributario, se incorporan algunas mejoras técnicas y sistemáticas entre las cuales figuran las adaptaciones en los puntos de conexión del IRNR y la fijación de una regla de competencia en la gestión e inspección de este impuesto en relación con las rentas obtenidas a través de establecimiento permanente- o en la Ley 10/2017, de 28 de diciembre, se alinea la temporalidad de los establecimientos permanentes con la norma estatal. No debe con ello suponerse que dichas normas sean generadoras de obligaciones tributarias sustantivas, sino un mero indicador del marco geográfico de afloramiento de tales rentas (a efectos de la competencia territorial de la Diputación foral vasca). Esta es materia que compete a la normativa estatal, aunque también es cierto que la interpretación de la norma estatal puede ser diversa por parte de las Administraciones del Estado y foral ante casos concretos; y, si es así, la cuestión debiera desanudarse mediante la intervención de la Junta Arbitral prevista en el propio Concierto.

1.2.2.2. Navarra

En lo concerniente a Navarra resulta fundamental ponderar la Ley 25/2003, de 15 de julio, modificadora del Convenio económico entre el Estado y la Comunidad Foral de Navarra (Ley 28/1990, de 26 de diciembre –ya antes retocada por la Ley 19/1998, de 15 de junio –) por cuanto supone la asunción por parte de la Comunidad Foral de las facultades normativas relativas al IRNR, que se unen a las ya existentes antes relativas a la «gestión, liquidación, recaudación, inspección y revisión» de los impuestos derivados de rentas obtenidas en su territorio por contribuyentes no residentes.

Bajo pautas similares a las previstas en el caso vasco (con respeto a los compromisos estatales en el orden comunitario y bilateral –ver en este sentido las enmiendas al Convenio debidas a la Ley 48/2007 y la Ley 14/2015, de 24 de junio, que suma diversos tributos y todo un conjunto de adaptaciones y mejoras técnicas, en especial respecto a las rentas obtenidas a través de establecimiento permanente) se prevé la aplicación de normas sustantivas y formales «del mismo contenido» que las estatales (artículo 28), aunque se pueden dar diferencias singulares, así como cuestiones abiertas a interpretación ante la Junta Arbitral prevista en la Ley (artículo 51).

1.2.2.3. Otras especialidades territoriales

Con fundamentos de política fiscal protectora de zonas «ultraperiféricas», existen singularidades que pueden concernir al inversor no residente, como ocurre con las tradicionales bonificaciones aplicables a las rentas obtenidas en Ceuta y Melilla (del 50% para la parte de la cuota íntegra que corresponda a las rentas obtenidas por contribuyentes «que operen efectiva y materialmente en Ceuta, Melilla o sus dependencias», mediante un EP que cierre ciclo mercantil). La Ley 16/2013 modifica la regulación de la bonificación por rentas obtenidas en Ceuta y Melilla, con la finalidad de equipararla a la existente en el ámbito de las personas físicas y de establecer unas reglas mínimas que faciliten la aplicación práctica de la bonificación, lo que tendrá efectos en la tributación del IRNR mediante establecimiento permanente. A los efectos de la aplicación de la bonificación se define el concepto de rentas obtenidas en Ceuta o Melilla como aquellas que correspondan a actividades que determinen en dichos territorios el cierre de un ciclo mercantil con resultados económicos, teniendo dicha calificación en todo caso el arrendamiento de inmuebles en dichos territorios, sin entender que median dichas circunstancias cuando se trate de operaciones aisladas de extracción, fabricación, compra, transporte, entrada y salida de géneros o efectos en aquellos y, en general, cuando las operaciones no determinen por sí solas rentas.

A efectos de la aplicación de la bonificación, tendrán la consideración de rentas obtenidas en dichos territorios las que correspondan a entidades que tengan un lugar fijo de negocios en dicho territorio, hasta el importe de 50.000 euros por persona empleada con contrato laboral y a jornada completa que ejerza sus funciones en Ceuta o Melilla, con un límite máximo total de 400.000 euros, determinando dichos importes a nivel de grupo mercantil. En caso de superar dicho importe se exigirá la acreditación del cierre en Ceuta o Melilla de un ciclo mercantil que determine resultados económicos.

Asimismo, se entenderán obtenidas en Ceuta o Melilla las rentas procedentes del comercio al por mayor cuando esta actividad se organice, dirija, contrate y facture a través de un lugar fijo de negocios situado en dichos territorios que cuente en los mismos con los medios materiales y personales necesarios para ello.

Las entidades no residentes que operen en dichos territorios mediante establecimiento permanente durante un plazo no inferior a 3 años, podrán aplicar la bonificación por las rentas obtenidas fuera de los citados territorios en los periodos que finalicen una vez transcurridos los 3 años cuando, al menos, la mitad de sus activos estén situados en aquellas. No obstante, quedan exceptuadas las rentas que procedan del arrendamiento de bienes inmuebles situados fuera de dichos territorios.

Otro régimen singular, con la misma causa, se da con las medidas fiscales relativas a las Zonas especiales de las Islas Canarias, previstas por la Ley 19/1994, de 6 de julio, modificada por el Real Decreto Ley 3/1996 y 15/2014 (entre otras, conteniendo bonificaciones para empresas navieras y el régimen de reserva para inversiones en Canarias artículos 26 y 27– severamente reformados para acomodarse a las exigencias comunitarias y a sus Directrices sobre Ayudas de Estado por medio del RD Ley 12/2006) y la Ley 8/2018, de 5 de noviembre, predicables para establecimientos permanentes pertenecientes a entidades no residentes que operen en las Islas, así como las tres zonas económicas y fiscales, entre las que destaca la denominada Zona Especial Canaria (ZEC), que ofrece una serie de ventajas fiscales notables.

El Régimen de la ZEC otorga singularidades entre las que destaca la tributación al tipo del 4% (antes de 2007 en una banda de tipos del 1 al 5%) por el IS y la exención a efectos de ITP y del propio impuesto general indirecto canario, quedando exentas de la imposición indirecta devengada en España, y de los Arbitrios sobre entrada de mercancías y de producción e importación en las Islas.

Este régimen fiscal con una vigencia temporal que se extendió, en principio, hasta el año 2008, ha sido prorrogado hasta 2019, por medio del repetido RD Ley 12/2006 (previéndose entonces un régimen transitorio para el régimen preexistente hasta fines de 2008, y finalmente afectando también a las entidades que se inscribieron en el mismo antes de 2007, una vez expirado dicho régimen transitorio – Resolución de la DGT de 3 de septiembre de 2008 –).

Dicho régimen se extiende a todo el archipiélago (salvo por lo que toca a actividades productivas y comerciales –que disponen de ubicación definida–, a tenor de la Resolución de la Secretaría de Estado de Hacienda de 28 de mayo de 2001). Desde 2007 se reducen los requisitos de empleo e inversión cuando se trata de entidades radicadas en islas «no capitalinas» del archipiélago.

Las actividades a realizar en la ZEC han de ser alguna de las descritas en Anexo al Real Decreto Ley 2/2000 que es ampliado por el RD Ley 12/2006: productivas, de comercialización al por mayor, actividades informáticas, transporte, investigación y desarrollo, asesoría, consultoría, publicidad, formación, mantenimiento aeronáutico, generación de energías renovables, etc.

Se requiere asimismo realizar una inversión en activos fijos en la ZEC de un mínimo de 100.000 euros (desde 2007, solo tratándose de Canarias y Tenerife, en tanto que 50.000 para el resto de las Islas); así como crear y mantener, como promedio anual, un mínimo de cinco puestos de trabajo (desde 2007, tres puestos para las islas no capitales).

Y, en fin, debe destacarse el hecho de que las personas y entidades no residentes que operen con entidades ZEC disfrutan de exención por los dividendos, intereses y ganancias patrimoniales mobiliarias que obtengan, en condiciones similares a las previstas para los residentes en otro Estado miembro de la Unión Europea (ver artículo 14 TRLIRNR) siempre que sean satisfechos por dichas entidades y en la medida en que procedan de operaciones realizadas efectiva y materialmente en el ámbito geográfico de la ZEC.

Dicho beneficio fiscal desde 2007 expulsa de su cobertura a las rentas que sean obtenidas a través de países o territorios con los que no exista efectivo intercambio de información tributaria ni cuando la sociedad matriz resida en una de dichas jurisdicciones (definidas en la Disposición adicional Primera de la Ley 36/2006).

2. ÁMBITO TEMPORAL DE APLICACIÓN

El ModCDI contiene dos preceptos – los artículos 31 y 32 ModCDI (30 y 31, antes de 2017)– relativos a los términos temporales de aplicación de los tratados sobre doble imposición. En el primero de ellos se establecen las pautas de su ratificación y entrada en vigor, y en el segundo las de su denuncia y consecuente inaplicación (mandatos paralelos recoge el Modelo de las Naciones Unidas).

A tenor de las normas convencionales internacionales –la Convención de Viena sobre Derecho de los tratados– la producción de efectos jurídicos de un tratado seguirá los mandatos dictados en cuanto a forma y fecha en el propio instrumento legal y, solo en su defecto, cuando conste la voluntad o el consentimiento de los Estados firmantes en «obligarse por el tratado».

Por consiguiente, orientadas por los principios normalmente contenidos en los acuerdos internacionales, el precepto-tipo relativo al nacimiento del CDI se limita a proponer que éste será ratificado, y los instrumentos de ratificación serán intercambiados en la fecha acordada, momento a partir del cual el tratado «entrará en vigor», precisándose a continuación la fecha a partir de la cual «sus disposiciones se aplicarán» (pueden coincidir ambas fechas en algunos CDI).

De hecho será frecuente tal disociación entre la fecha de entrada en vigor técnica –referida, de ordinario, al momento de intercambio de los instrumentos de ratificación y consiguiente vinculación de las autoridades firmantes, y la generación de efectos jurídicos de sus disposiciones que, también de ordinario, se suele cifrar en el primer día de un año determinado– por lo general, el siguiente al de la fecha de entrada en vigor. Pueden darse curiosidades como la acontecida en el CDI suscrito con Irán que se acomoda a una «agenda» temporal infrecuente: Sus disposiciones surtirán efecto en relación con los impuestos sobre la renta y el patrimonio correspondientes a periodos impositivos que se inicien en o después de 21 de marzo de 2007, coincidente con el día 1º de «Farvardin» según el calendario persa. Otra particularidad se da en el CDI con Singapur cuando se hace mención de que sus normas tienen efectos teniendo como referencia la fecha del 1 de enero del año civil «subsiguiente» a la fecha en la que el Convenio entre en vigor (primeros de 2012): a pesar de que esta expresión pudiera hacer pensar en el 1 de enero de 2014, de la lectura de la versión inglesa del tratado se deduce que debe interpretarse que el convenio provoca efectos en los impuestos concernidos desde 1 de enero de 2013.

Cabe asimismo que la norma contemple cuáles son las autoridades que deben autorizar la ratificación. Y cabe que se convenga que el Convenio entre en vigor una vez transcurrido determinado período a partir del intercambio de los instrumentos de ratificación o que tal momento tenga lugar a partir del canje de las notas que confirmen que cada Estado ha cumplido con los procedimientos necesarios al efecto para la misma. O que dicha vigencia se asocie a la entrada en vigor de otra norma (así, el Protocolo nuevo del Convenio hispano-suizo, en vigor desde junio de 2007 condiciona sus efectos al de ciertas Directivas comunitarias y, muy en especial, al régimen transitorio para España de la Directiva sobre cánones entre empresas asociadas).

Por lo que se refiere a la incidencia del Convenio Multilateral derivado del Proyecto BEPS, como mecanismo de entronización de las propuestas derivadas de BEPS que percuten en la normativa bilateral, conviene hacer alguna precisión. Dicho Convenio, firmado el 7 de junio de 2017, que persigue una modificación rápida y sincronizada de los tratados bilaterales, no funcionará como un Protocolo de un tratado bilateral que directamente corrija o complemente, sino que se aplicará junto a los CDI existentes, modificando su aplicación para implementar las medidas BEPS. El Convenio multilateral BEPS, como tal, entró en vigor el 1 de julio de 2018, esto es, el primer día del mes siguiente a la expiración del periodo de tres meses naturales que comience en la fecha de depósito del quinto instrumento de ratificación, aceptación o aprobación (en ese momento como partes del Convenio: Eslovenia, Polonia, Serbia y Austria, así como la Isla de Man y Jersey). Desde octubre de 2018 sigue el proceso gradual de nuevas incorporaciones. La firma del Convenio deberá ir seguida de su ratificación, aceptación o aprobación –dependerá de los requisitos/procedimientos legales internos de cada Estado firmante. En el caso de España, la firma del Convenio está sujeta a su aprobación por las Cortes Generales. El Instrumento de ratificación, aceptación o aprobación debe depositarse en la OCDE, y este es el acto que marca la entrada en vigor del Convenio respecto de España. Una vez ratificado, el Convenio Multilateral entrará en vigor el primer día del mes siguiente al tercer mes natural posterior al depósito del quinto instrumento de ratificación ante el Secretario General de la OCDE. No obstante lo anterior, el Convenio Multilateral no surtirá efectos sobre aquellos CDI que los Estados firmantes no hayan incluido en la lista de CDI cubiertos, que deberán depositar igualmente ante la OCDE, y, en cualquier caso, nunca antes de que ambos Estados contratantes de un CDI hayan ratificado el Convenio Multilateral y se cumplan los plazos previstos en este último para su eficacia).

Por tanto, ya en vigor el Convenio Multilateral, a partir de la ratificación española del Convenio, algunos de los artículos afectados de los convenios suscritos y propuestos por España a tal fin podrían verse modificados automáticamente, en la medida en que el otro Estado haya adoptado ese mismo artículo. Para mayor claridad y seguridad jurídica, se prevé la preparación de textos consolidados de los convenios.

A sabiendas de que las normas domésticas pueden presentar disparidades y singularidades diversas (unos países liquidan el Impuesto sobre la Renta percibida durante el año en curso, otros sobre la obtenida o devengada en el año anterior, mientras otros tienen un ejercicio fiscal distinto del año civil), los CMC callan sobre la precisión de una fecha determinada de efectividad del tratado. Y más aún cuando la aplicación o cese en la aplicación puede ser distinta según se trate de impuestos retenidos en la fuente o de impuestos de naturaleza periódica ingresados mediante declaración (precisamente una previsión de tal índole recoge el Modelo de convenio de EEUU, y también se refleja en el primer CDI suscrito con España que en 1991, suscitó algún problema interpretativo).

Otra muestra de este género de conflictos es el caso del CDI hispano-belga que, aunque firmado en 1995, se publica a mediados de 2003 y respecto del cual se dicta el 22 de abril de 2004 una corrección de errores entre los cuales uno hace referencia a una materia tan delicada como la «entrada en vigor» y «aplicación» de la norma bilateral –en especial, habida cuenta de la lentísima gestación del tratado–, indicándose que la fórmula prevista en el Acta adicional del Convenio según la cual sus disposiciones se aplicarán a los impuestos «retenidos» desde 1 de enero de 2004 debe rectificarse (según parece de modo más acorde con la versión francesa o «neerlandesa» del texto acordado) de modo que aquella expresión se sustituya por la de «debidos». Con ello se sale al paso de alguna interpretación que pretendía excluir de esa regla de vigencia temporal a aquellos impuestos devengados sin establecimiento permanente pero que no fueran objeto de retención en los términos del artículo 31 TRLIRNR. Otro ejemplo de publicacion tardía en el mismo CDI lo representan los protocolos publicados el 23 de mayo y 2 de agosto de 2018.

En el supuesto –sin duda, anómalo, pero viable técnicamente, si se acuerda de modo expreso– de que un CDI estableciera previsiones de alcance retroactivo de modo expreso (contrariando los postulados de la Convención de Viena sobre el principio general de irretroactividad), de modo que un tratado despliegue sus efectos sobre actos o hechos ocurridos con anterioridad a su entrada en vigor (la cláusula de limitación de beneficios del CDI con Alemania nacido en 2013 es un ejemplo), pueden suscitarse dudas sobre su encaje con principios elementales de seguridad jurídica, si los contribuyentes afectados obtienen, lo que será anormal, resultados perjudiciales.

Por lo que se refiere a la denuncia, sin cuya concurrencia el CDI pervive, el Modelo se limita a ser cauteloso. Con ánimo de que el CDI permanezca en vigor al menos durante un período mínimo, se prevé que la denuncia del mismo se efectuará «por vía diplomática comunicándolo al menos con seis meses de antelación a la terminación de cualquier año civil posterior» a un año determinado, debiendo fijarse de común acuerdo (el Modelo de convenio de EEUU opta por proponer un término de cinco años de «intocabilidad» del tratado, una vez en vigor). Un ejemplo no lejano es el caso del CDI con Dinamarca, denunciado por las autoridades danesas y sin vigor desde 1 de enero de 2009, o el CDI con Argentina, denunciado a mediados de 2012 por las autoridades argentinas y que es reemplazado por un nuevo CDI firmado el 11 de marzo de 2013 que entró en vigor el 23 de diciembre de 2013, pero que retrotrae sus efectos a 1 de enero de 2013, sanando su falta.

Las normas de la Convención de Viena prevén asimismo que la «terminación» del tratado pueda obedecer a cauces extraños a los previstos en sus propias normas, sea por el consentimiento expreso, previa consulta, de los Estados implicados, sea a consecuencia de un tratado ulterior cuya incompatibilidad con el precedente resulte manifiesta.

3. ÁMBITO OBJETIVO DE APLICACIÓN

Los CDI, siguiendo el Modelo de la OCDE (y en similar línea se encuentra el Modelo de la ONU), dedican su artículo 2 a precisar los impuestos comprendidos en el Convenio. No se pretende otra cosa que extender lo más posible su ámbito de aplicación (para lo cual se suele hacer mención de los impuestos aplicados por sus subdivisiones políticas o entidades locales) así como evitar la necesidad de firmar un nuevo convenio cada vez que se modifique la legislación interna de los Estados contratantes.

En cualquier caso conviene ponderar el hecho de que ciertos preceptos del ModCDI pueden tener un impacto más allá de los conceptos tributarios que en términos generales comprende el convenio. Es el caso del precepto sobre no discriminación –que tiene, en principio, alcance a todo género de impuestos– y de las disposiciones sobre asistencia mutua e intercambio de información. Por otro lado, parece claro que deben descartarse de dicho ámbito conceptos tributarios no impositivos – contribuciones especiales o tasas– o cualquier otra exacción en que se dé un vínculo directo entre aportación económica y ventaja del contribuyente.

Así, en primer término, se define el campo de aplicación del Convenio mediante la mención de los impuestos sobre la renta y sobre el patrimonio –que se prefiere a la de «impuestos directos» –, con la importante matización de que la autoridad que lo exaccione puede ser no solo el propio Estado sino también cualquiera de sus subdivisiones políticas o de sus entidades locales (Estados federados, regiones, provincias, departamentos, cantones, distritos, municipios o agrupaciones de municipios, etc., aunque también es cierto que un buen número de tratados no contemplan esta posibilidad), al igual que resultará indiferente el sistema de exacción: por ingreso directo o por retención en la fuente, en forma de recargos o de impuestos complementarios, etc. Cabe observar que ciertos países –así, Chile, Canadá y Estados Unidos (en el CDI suscrito con este último solo se comprenden los impuestos federales, no los «estatales» de los Estados federados)– tienen formulada una reserva en relación con la extensión del convenio a los impuestos exigibles por las subdivisiones políticas y entidades locales.

A continuación el precepto delimita la noción y naturaleza de tales impuestos que, a juicio de los CMC, deben comprender «los que gravan la totalidad de la renta o del patrimonio o elementos de uno u otro, así como los impuestos sobre los beneficios («utilidades») y las ganancias derivados de la venta de bienes muebles o inmuebles y los impuestos sobre las plusvalías («latentes»), e incluso los impuestos percibidos sobre el importe total de los sueldos o salarios pagados –no así las cotizaciones sociales– por las empresas («*payroll taxes*»; «*Lohnsummensteuer*» en Alemania; «*taxe sur les salaires*» en Francia).

Por lo que toca al tratamiento de las cotizaciones a la seguridad social debe reiterarse el pronunciamiento rotundo de la OCDE contrario a su inclusión en los CDI (de hecho serán convenios específicos sobre la materia quienes, en general, deban regularla) aunque su naturaleza «impositiva» sea debatible. Véase además que la propia norma doméstica española desde 2007 –Disposición Adicional Primera de la Ley 36/2006 y del RD 1804/2008– considera posible que las cotizaciones a la seguridad social puedan calificarse como «impuesto análogo» al IRPF.

Nada dicen –conscientemente– los CMC sobre la condición ordinaria o extraordinaria de los tributos concernidos; por lo cual se aplica un criterio elástico: «Los Estados contratantes son libres de restringir el ámbito de aplicación del Convenio a los impuestos ordinarios, de extenderlo a los extraordinarios, o incluso de establecer disposiciones especiales».

Después de tal declaración se listan los «impuestos actuales» que «en particular» (no se trata de una lista exhaustiva, salvo que en el CDI no se contengan los dos primeros apartados del precepto) se consideran comprendidos en el CDI, para cerrar el círculo delimitativo mediante la precisión de que el tratado se aplicará igualmente a los impuestos de naturaleza idéntica o análoga –extremo que pudiera ser, en ocasiones, espinoso– que se establezcan con posterioridad a la fecha de la firma del mismo, y que se añadan a los actuales o les sustituyan (a cuyo objeto las autoridades competentes de los Estados contratantes se comunicarán mutuamente las modificaciones significativas que se hayan introducido en sus respectivas legislaciones fiscales).

El deber de comunicación de cualquier incidencia o novedad legislativa de relevancia puede hacerse extensivo a nuevas reglamentaciones o sentencias de los tribunales y cualesquiera modificaciones importantes habidas en otras leyes con incidencia en sus obligaciones derivadas del convenio, si así se acuerda expresamente en el tratado (ciertos CDI, sin embargo, no recogen esta obligación) cuya aplicación práctica es, en cualquier caso, liviana.

En torno al perímetro objetivo-temporal de los tratados pueden surgir cuestiones conflictivas de diversos orden: buen ejemplo de ello ha sido el caso del Impuesto sobre Actividades Económicas: sobre este punto las autoridades fiscales (la Dirección General –ya desaparecida– de Coordinación de Haciendas territoriales y la propia DGT: CCDGT de 21 de noviembre de 2002) se han mostrado flexibles en su acogimiento al marco de los CDI, aunque lo cierto es que la cuestión dependerá de la redacción que en cada caso ofrezca el precepto en cuestión, contemplando o no los impuestos sobre la renta exigidos por autoridades locales.

Aunque España no ha efectuado ninguna reserva general de imposición en materia patrimonial (sí en relación con las acciones de entidades con trasfondo inmobiliario), un buen número de tratados suscritos por el Estado español no se hacen extensivos a dicha categoría impositiva (es el caso de los suscritos con Albania, Andorra, Argelia, Australia, Brasil, Catar, EEUU, Corea, Filipinas, Finlandia, Hong Kong, Irlanda, Italia, Jamaica, Japón, Malasia, Malta, Nueva Zelanda, Omán, Pakistán, Portugal, Rep. Dominicana, Senegal, Singapur, Tailandia, Turquía y Vietnam; y también, con carácter suspensivo o resolutorio (hasta que se establezca dicho impuesto o mientras exista) en algunos casos como ocurre con Arabia Saudí, Colombia, Croacia, Egipto, etc.).

Los impuestos, de ordinario, comprendidos entre los «actuales» en los CDI suscritos por España serán el IRPF, Impuesto sobre Sociedades, el Impuesto sobre el Patrimonio (dicho tributo, tanto para la obligación real como personal, fue suprimido por la Ley 4/2008, de 23 de diciembre, pero se reactiva según Real Decreto Ley 13/2011, y, desde 1999, el Impuesto sobre la Renta de no Residentes. Si el tratado menciona a las subdivisiones políticas y entidades locales en su artículo 2.1. a estos impuestos se unirán varios de naturaleza local (sobre Bienes inmuebles, sobre Incremento de Valor de los terrenos, sobre Vehículos) u otros de similar naturaleza de rango autonómico.

A juicio de la DGT V4968-16 de 16-11-2016, se considera susceptible de imposición patrimonial la tenencia por parte de un contribuyente persona física no residente de acciones de entidades no residentes con activo principalmente inmobiliario español. La resolución quizá pudiera tener cierta legitimidad espiritual (la interposición societaria en ocasiones es merecedora de normas específicas anti abuso) pero se aleja demasiado del fin de la norma y de su literalidad: El IP español no contempla esta situación en su hecho imponible para la obligación real. Y los CDI no son quiénes para crear hechos imponibles.

Según se vio, la cesión de alguno de dichos tributos a otras «subdivisiones políticas» (Comunidades autónomas) o incluso su asunción plena por ciertas instituciones no estatales (Diputaciones forales) no altera la incidencia de los CDI que se produce con abstracción del carácter del ente público que los exige.

Asimismo podría anotarse algún mínimo asomo de duda (en especial si el CDI no contempla la imposición sobre el patrimonio) sobre la naturaleza, extravagante, de una modalidad impositiva que alberga el propio IRNR en su interior y concierne tan solo a las entidades no residentes, desde 2013 solo radicadas en paraísos fiscales, poseedoras de inmuebles situados en territorio español: el Gravamen Especial de Bienes Inmuebles de Entidades no Residentes. Bajo dicha variante de imposición, que atiende a parámetros patrimoniales (una imposición anual coincidente con un porcentaje fijo del valor catastral del bien), parece que debiera latir un gravamen sobre «rentas estimadas» del poseedor –sea propietario o no (aunque la DGT reconoce la figura en sede de una entidad nuda propietaria)–; pero lo cierto es que no queda excluida su concurrencia, si la entidad no residente afectada obtiene rentas monetarias del inmueble en cuestión. Si se ponderan las vías de exención del gravamen existentes hasta 2013, asentadas en la transparencia informativa sobre los dueños últimos de la inversión inmobiliaria (artículo 42 TRLIRNR) quedan al descubierto (de modo patente desde 2013 al recaer solo sobre paraísos fiscales) los rasgos implícitamente disuasorios, si no sancionadores, de esta modalidad singular de imposición –una suerte de «subtributo»–, lo que evidencia su carácter autónomo dentro del bloque regulador del IRNR (sobre el alcance de dicho Gravamen y la incidencia en el mismo de las Sentencias del TJUE dictadas en 18 de julio de 2007 –Caso Société Elisa (C-457/05) y en el Asunto C-72/09, de 28 de octubre de 2010 (Caso Rimbaud)– relativas a un tributo similar al Gravamen Especial, existente en Francia, y sus aspectos de posible incompatibilidad con el derecho comunitario, ver Cap. III.1. Rendimientos inmobiliarios, ap. 3.2.4.).

El Modelo de CDI publicado en diciembre de 2017 incorpora un párrafo específico en alusión a los intereses de demora y las sanciones accesorias a los tributos contemplados en el artículo 2, manifestando que ambas partidas no forman parte de su ámbito como tales, de modo que no están afectadas, por ejemplo, por las limitaciones de tributación en la fuente. Sin embargo, cuando la posible doble imposición es eliminada o reducida a consecuencia de un procedimiento amistoso – artículo 25– los intereses y sanciones accesorios a la imposición deberían ser proporcionadamente reducidos en la medida en que estén directamente conectados con las cuotas tributarias afectadas por dicho procedimiento de mutuo acuerdo (esta circunstancia no será infrecuente en ajustes derivados de la normativa sobre precios de transferencia).

4.   ÁMBITO SUBJETIVO DE APLICACIÓN. LA RESIDENCIA FISCAL

4.1.   Perímetro subjetivo general. Los términos «persona» y «sociedad»

Los tratados sobre doble imposición, fieles al ModCDI, inician su contenido literario con un parco precepto, el artículo número 1, relativo a las «Personas comprendidas» o a su «ámbito subjetivo», con una redacción de ordinario similar a ésta: «El presente Convenio se aplica a las personas residentes de uno o de ambos Estados contratantes».

No se trata sino del preámbulo de una serie de pronunciamientos, tanto dispositivos como doctrinales, mediante los cuales se pretende definir con certeza los sujetos a los que les resulten aplicables las normas, esencialmente protectoras, contenidas en un CDI.

El criterio delimitador del perímetro subjetivo de los CDI atiende no a la «ciudadanía» o nacionalidad, sino a la residencia. No obstante, esta regla general admite excepciones (las hay en viejos convenios o en los suscritos por determinados países especialmente sensibles al vínculo de la nacionalidad; así, Australia, Bulgaria o Estados Unidos quien, por ejemplo, se reserva, con relación al artículo 1, el derecho a gravar, con algunas excepciones, a sus ciudadanos y residentes incluyendo a algunos exciudadanos y a residentes de larga duración sin tener en consideración las disposiciones del Convenio; o el caso de los Emiratos Árabes Unidos, en cuyo CDI solo se consideran «residentes» las personas físicas «domiciliadas en los Emiratos Árabes Unidos y que sean nacionales de los Emiratos Árabes Unidos, así como las sociedades constituidas en los Emiratos Árabes Unidos que tengan allí su sede de dirección efectiva»). El convenio en el caso de Kuwait se aplica "a toda persona física domiciliada en Kuwait y que tenga nacionalidad kuwaití"; y a toda sociedad constituida en Kuwait. Incluso algunos convenios contemplan un ámbito más extenso al referirse de forma más general a los «contribuyentes» de los Estados contratantes, aun cuando no sean residentes de ninguno de ellos. Son también particulares las normas de otros CDI, como el suscrito con Trinidad y Tobago según la cual la acreditación de residencia solo se otorga a «residentes habituales y domiciliados» en dicho territorio, y en sentido parecido se manifiesta el CDI con Barbados –con peculiaridades añadidas tratándose de residentes no domiciliados–.

Antes de entrar en el examen de qué se entienda por la expresión «residente» en el marco de la legislación bilateral (más adelante se examinan los dictados del artículo 4), se hace necesario tener presente que los mismos CDI establecen pautas definitorias de ciertos términos clave, entre los cuales se encuentran algunos directamente enlazados con su ámbito personal.

El artículo 3 ModCDI ordena que («a menos que de su contexto se infiera una interpretación diferente») el término «persona» debe entenderse compresivo de «las personas físicas, las sociedades y cualquier otra agrupación de personas»; así como que el término «sociedad» significa cualquier persona jurídica o cualquier entidad que se considere persona jurídica a efectos impositivos.

A juicio de los CMC, la definición del término «persona» no debe entenderse con criterio exhaustivo y deberá interpretarse en un sentido muy amplio. Nótese que se hace referencia, además de a las personas físicas y sociedades, a «cualquier otra» manifestación de agrupaciones de personas (ver más adelante el apartado relativo a las «sociedades de personas» y, en general, al artículo 4 del ModCDI).

Adviértase también que el término «sociedad», a su vez, comprende cualquier otra entidad que, aun cuando no esté constituida como persona jurídica, sea tratada como tal a efectos impositivos (así, por ejemplo, una fundación –fondation, Stiftung, etc.– puede quedar cubierta por el término «persona», al igual que una sociedad de personas). El elemento crucial radica en que se trate de una «unidad imponible» considerada equivalente a una persona jurídica por la legislación fiscal del Estado contratante donde se haya constituido. Por otra parte, debe tenerse presente que, según los CMC, la mencionada noción de sociedad se debe entender referida «solamente» a los artículos 5.7 ModCDI (establecimientos permanentes), artículo 10 ModCDI (dividendos) y artículo 16 (empresas asociadas).

Con motivo de la revisión del Modelo de 2010 se dictan nuevas consideraciones en relación con la aplicación de los tratados a las instituciones de inversión colectiva (o vehículos de inversión colectiva), con pie en un Informe precedente, estableciendo diversas previsiones en torno a la extensión de los beneficios de los convenios a dichos entes (en la medida en que sean considerados como personas y como residentes, en los términos del tratado, de uno de los Estados contratantes) o, en su caso, a sus socios o partícipes.

Asimismo, se analizan distintas alternativas de redacción según el tratamiento que los Estados quieran dar a dichas instituciones de inversión colectiva y a sus inversores, así como ciertas pautas para los negociadores de las cláusulas bilaterales.

El ModCDI de 2017, incorporando todo un cúmulo de consideraciones derivadas del Proyecto BEPS, añade un segundo y tercer epígrafe en el artículo 1. En el último de ellos se contiene una declaración expresa de que el tratado no afectará a la tributación prevista por cada Estado respecto de sus propios contribuyentes residentes en términos generales (excepción hecha de los artículos 7.3, 9.2, 19, 20, 23, 24, 25 y 28).

Mayor importancia reviste la declaración contenida en el nuevo artículo 1.2. en la cual se explicita que, a efectos del tratado, la renta obtenida por o a través de una entidad o un esquema/acuerdo que es considerado total o parcialmente transparente fiscal bajo las normas de uno de los Estados, será considerada renta obtenida por el residente de un Estado solo en la medida en que dicha renta sea tratada, a efectos fiscales de dicho Estado, como renta imputable u obtenida por un residente en el mismo.

Semejante disposición pretende garantizar que la renta obtenida por dichas entidades o esquemas es tratada, a efectos del convenio, en los términos definidos por el informe de 1999 de la OCDE sobre el tratamiento fiscal de los *Partnerships*. Si bien la norma tipo nueva pretende que dichos principios se hagan extensivos también a otras entidades, más allá de las sociedades personalistas, sin subjetividad social (*non–corporate entities*), siendo un ejemplo emblemático a tal fin el caso de las fiducias o *trust*. Los comentarios al Modelo 2017 se explayan sobre los requisitos para que el principio expuesto, en virtud del cual se "transparentan" los efectos del tratado a los partícipes o los sujetos beneficiarios de las rentas de tales entidades o esquemas, sea efectivo (ver 4.5.1.).

Resulta asimismo muy relevante la adición en el artículo 3 del Modelo de Convenio a partir de 2017 de la definición y requisitos de los denominados "fondos de pensiones reconocidos", que van a revestir la condición de sujetos merecedores de los favores de los convenios (artículo 4.1.), con independencia de su estatuto de exención o tributación mínima. Los comentarios se extienden también sobre este extremo. Cabe también hacer mención de que ciertos países (así, Chile, México, Israel o Portugal) efectúan reservas en relación con dicho postulado.

También se vierten comentarios, de carácter abierto, sobre la aplicación de los convenios a entes públicos y entidades propiedad de los Estados, y en especial los denominados fondos soberanos (de hecho en los CMC a los artículos 4, 10 y 11 se hace de nuevo mención a dichos entes de inversión y a su posible peculiar estatuto). Obsérvese, como curiosidad, que la Orden EHA/3316/2010, reconoce el carácter indefinido de determinados certificados de residencia fiscal referidos a otros Estados o subdivisiones políticas de éstos.

Aunque pueda parecer obvio, subráyese que en ningún caso un establecimiento permanente (EP) se podrá considerar «sociedad» o «persona». El EP se diferencia de las sociedades mercantiles o entidades filiales o subsidiarias, en que no tiene personalidad jurídica distinta de la propia de su «casa central». La «casa central» no es otra cosa que el propio contribuyente no residente, sea persona física o, lo que es más normal, entidad –la cabecera de la misma– que opera a través de ese lugar fijo de actividad, de esa rama de actividad, división, dependencia, instalación o «brazo económico», que fiscalmente es un establecimiento permanente (por otra parte, también es cierto que el EP dispone, ya que no de personalidad jurídica, sí de una cierta personificación fiscal, en la medida en que tributariamente recibe un tratamiento separado, como si fuera una empresa distinta de su casa central).

El ModCDI de 2017, incorporando los resultados de la Acción 6 del Proyecto BEPS en alguno de sus extremos, contempla en el nuevo artículo 29 un apartado 8 conteniendo una norma contra el abuso de situaciones triangulares, inaplicando el tratado, en que medien establecimientos permanentes, es decir, cuando la empresa de un Estado obtenga rentas de otro Estado atribuibles a un establecimiento permanente de dicha empresa ubicado en una tercera jurisdicción y los beneficios de dicho establecimiento permanente se consideran exentos en el primero de dichos Estados. Se prevé que se aplique la norma bilateral, no obstante, cuando las rentas se obtengan incidentalmente en conexión con una actividad económica (no de cartera), así como se propugna la posible concesión singularizada de la cobertura del CDI, previa consulta con el otro Estado.

El mismo artículo 3 clarifica los significados de otros términos («empresa», «autoridad competente», «tráfico internacional», etc.) ajenos a este entorno, aunque incluye entre ellos la expresión «nacional» que, en relación con un Estado contratante, precisa que designa a toda persona física que posea la nacionalidad o ciudadanía de este Estado contratante; y toda persona jurídica, sociedad de personas o asociación constituida conforme a la legislación vigente en dicho Estado.

Por tanto, tratándose de «sociedades» la nacionalidad se hace pivotar sobre la legislación determinante de su «incorporación» o nacimiento legal, desconociendo otros factores que algunos Estados manejan al definir la nacionalidad de las sociedades como el origen de los capitales de su constitución o la nacionalidad de las personas físicas o jurídicas que las controlan.

4.2. La residencia fiscal: Supuestos de residencia dual

4.2.1. El concepto de residencia

La doctrina de la OCDE entiende que el concepto de «residente de un Estado contratante» no solo sirve para determinar el ámbito subjetivo de aplicación de un convenio, sino también para resolver los casos en que la doble imposición se produzca como consecuencia de la doble residencia, y para resolver los casos en que la doble imposición resulte del gravamen en el Estado de residencia y en el Estado de la fuente o situación.

El artículo 4 del ModCDI, pretende tanto definir la expresión «residente de un Estado contratante» como resolver los casos de doble residencia.

Sin embargo, los CDI no se ocupan, por lo general, de las normas internas de los Estados contratantes que tienen por objeto definir los requisitos para que una persona tenga la consideración fiscal de «residente» y, en consecuencia, se someta íntegramente a la imposición de ese Estado. Es la normativa doméstica de cada país la que determina este extremo (ver ap. 4.4.). Como reconocen los propios CMC, dichas legislaciones internas pueden decidir la «sujeción plena» de un contribuyente no solo con fundamento en su «domiciliación» o residencia permanente en su territorio, sino por otras circunstancias –estancias durante cierto período de tiempo o incluso el empleo a bordo de buques cuyo puerto base se encuentra en su territorio–. El ModCDI de 2017 hace expresa mención de los fondos de pensiones reconocidos por uno de los Estados. Los comentarios subsiguientes se encargan de efectuar precisiones sobre este extremo, subrayando que dichos entes serían considerados residentes, a efectos del tratado, con independencia del hecho de que pudieran beneficiarse de una completa o parcial exención de imposición en el Estado donde se hubieren constituido. Por su parte, Portugal, Francia y Suecia hacen reservas relativas al tratamiento de los fondos de pensiones.

Por tanto, el CDI, de ordinario, se limita, primero, a indicar como posibles criterios determinantes de la residencia fiscal, el domicilio, la residencia, la sede de dirección o cualquier otro criterio análogo, si bien será la norma nacional la que decida tal extremo; y, en segundo lugar, postula que dicha residencia fiscal no cualifique para obtener los beneficios del tratado si el contribuyente se somete a una imposición limitada sobre las rentas obtenidas en dicho Estado o el patrimonio situado en el mismo.

Bajo tal filosofía, la noción de «residente de un Estado contratante» hace referencia a toda persona que, en virtud de la legislación doméstica de uno de los Estados, esté sujeta a imposición en el mismo «en razón de su domicilio, residencia, sede de dirección o cualquier otro criterio de naturaleza análoga». Sin embargo, esta fórmula de reenvío es matizada en el siguiente sentido: a juicio del ModCDI no cabe considerar residentes a las personas que estén sujetas a imposición «exclusivamente por la renta que obtengan de fuentes situadas en el citado Estado o por el patrimonio situado en el mismo» (sería el caso de los contribuyentes optantes al régimen previsto en el artículo 93 LIRPF, al menos hasta su regulación en 2015).

A juicio de los CMC de esta suerte deben quedar excluidas de la definición de residente de un Estado contratante las sociedades de propiedad extranjera exentas de impuestos respecto de las rentas extranjeras, en aplicación de privilegios diseñados para atraer sociedades instrumentales, así como las sociedades y otras personas que no estén plenamente sujetas a imposición en un Estado contratante debido a que, aun siendo residentes de ese Estado en virtud de su normativa fiscal, se las considere residentes de otro Estado en virtud de lo dispuesto en un convenio celebrado entre ambos Estados (observando además que la exclusión de determinadas sociedades u otras personas de la definición como «residente» no impedirá a los Estados contratantes intercambiar información sobre sus actividades).

No obstante, esta restricción (que no todos los CDI incorporan y el Modelo de las Naciones Unidas no plantea) conlleva limitaciones y debe interpretarse teniendo en cuenta su objeto y propósito, que es el de excluir a las personas no sujetas integralmente a imposición en un Estado con régimen de sujeción plena, ya que, en otro caso, podría excluir del ámbito del convenio a todos los residentes de países que apliquen el principio de tributación territorial, «resultado que evidentemente no se pretende», según confiesan los CMC.

El problema, sin duda, se suscita ante casos tibios o borrosos en los cuales el estatuto fiscal de residente admite gradaciones y aun cuando la legislación doméstica prevea la imposición «mundial» de sus residentes –personas físicas– (es decir, no preconice, en términos generales, la tributación por rentas de fuente o bienes de situación territorial), se produzca de facto o de derecho dicha imposición exclusivamente territorial.

Nótese que la restricción relativa a la sujeción plena del residente se da en los CDI que siguen el Modelo de la OCDE de 1977 y el actual, como regla general, en tanto que no concurre en los nacidos con anterioridad (y en alguno posterior y próximo en el tiempo: como muestra el CDI con Singapur, Kuwait o Rep. Dominicana).

Se advierte, sin embargo, una inclinación dominantemente tolerante en este punto. Ciertamente, en muchas legislaciones se da una imposición tributaria plena «potencial» meramente. Los CMC citan el caso de los órganos de beneficencia y otras organizaciones que pueden estar exentos de impuesto, pero solo si cumplen todos los requisitos para la exención especificados en la legislación tributaria, y no por ello dejan de estar «sujetos» a las leyes tributarias del Estado en cuestión, resultando que un buen número, aunque no todos ni mucho menos, de los Estados considera tales entidades residentes a efectos del Convenio. Aunque también es cierto que concurren ciertos casos en alguna medida híbridos, esto es, en que se da una tributación por rentas mundiales solo hipotética que pudieran pugnar con el espíritu del CDI. Así ocurre con aquellas legislaciones en que, tratándose de determinado tipo de contribuyentes –residentes no plenamente asentados, en cierta medida transitorios o «no domiciliados»–, se postula su tributación en exclusiva por las rentas obtenidas o remitidas a dicho territorio (*remittance basis*) –sobre este punto los CMC al artículo 1 hacen observaciones en el marco de las cláusulas antiabuso–. De este modo, en el cual es más que posible no ya el diferimiento sino la volatilización efectiva de la imposición de las rentas de fuente extranjera, pueden darse casos en que los beneficios del CDI se concedan a residentes cuya imposición solo nominalmente excede al marco geográfico del Estado de su residencia (en el nuevo CDI con UK, de 2014, se contempla una cautela expresa a este respecto, impidiendo otorgar los beneficios del tratado a las rentas no remitidas a Reino Unido). Pueden darse curiosidades como ocurre, por ejemplo, en el CDI con Andorra, Arabia Saudí, Omán o de Costa Rica que disponen de una cláusula general contra la «nula imposición» de modo que cuando un Estado contratante tuviera asignadas las potestades tributarias exclusivas y de acuerdo con su legislación interna de imposición territorial no gravara la renta, ésta podrá someterse a imposición en el otro Estado contratante «como si el Convenio no hubiera entrado en vigor» (se trata de normas bilaterales muy en línea con alguno de los postulados esenciales dentro del Proyecto BEPS, en busca de eliminar la «nula imposición» como resultado del reparto de potestades fiscales).

Por lo que toca a las sociedades de personas, ver más abajo ap. 4.3.

En cualquier caso, al igual que puede acontecer que el CDI contenga o no la exigencia de sujeción a imposición no exclusivamente territorial, puede desplegar otras disposiciones más rígidas y precisas que, de ordinario, conciernen a entidades, y no a personas físicas (así, por ejemplo, en relación con sociedades de personas, *trusts*, u otros entes que puedan carecer de personalidad jurídica pero sí puedan gozar de cierta personificación fiscal, respecto de los cuales se condicione al cumplimiento de determinados requisitos el acceso a la cobertura del CDI –el texto del CDI con Reino Unido de 2014 es, de nuevo, un ejemplo). Como ya se indicó, las entidades o esquemas/acuerdos que tuvieran un tratamiento de transparencia a efectos del convenio, incluyendo los *trust*, son objeto de expresa mención en el artículo 1 a tenor del Modelo de CDI de 2017.

Asimismo, cabe incorporar normas indirectamente delimitativas de su propio ámbito subjetivo como son las cláusulas antiabuso (ver ap. 4.4) sin cuyas exigencias no quepa disfrutar de los favores del tratado –el artículo 17 del CDI con EEUU fue, en este sentido, un precepto paradigmático.

Precisamente en el ámbito del CDI con EEUU a entrar en vigor en un futuro debe prestarse atención a los previsto en el artículo 1.6: precepto que permite desactivar a efectos tributarios españoles, entidades intermedias en la canalización de rentas a EEUU, y aplicar el CDI con España, si se «transparentan» a efectos fiscales norteamericanos dichas entidades (que deben radicar en un territorio con intercambio de información): algo similar, incluso más moderado, de lo que deriva del procedimiento amistoso entre ambos países referido a las LLC *companies* y similares, de 15 de febrero de 2006. En idéntica línea a la postulada por el artículo 1.2. del Modelo en 2017.

4.2.2. Los conflictos de doble residencia

El segundo y principal escalón dispositivo del artículo 4 afronta los conflictos de «doble residencia».

Debido a la inexistencia de una definición unívoca de residencia fiscal para los Estados suscriptores del tratado, quedando ésta en manos de las legislaciones domésticas, cabe que una misma persona física o entidad sea considerada residente fiscal en ambas jurisdicciones. Los CDI pretenden evitar los indeseables efectos de doble imposición derivados de aquella circunstancia, por lo cual se dicta una norma específica (apdos. 2 y 3 del artículo 4) que ofrece una relación de criterios decisorios para dirimir los conflictos de doble residencia, según cuyo usual tenor:

«2. Cuando en virtud de las disposiciones del apartado 1 una persona física sea residente de ambos Estados contratantes, su situación se resolverá de la siguiente manera:

a) Dicha persona será considerada residente solamente del Estado donde tenga una vivienda permanente a su disposición; si tuviera una vivienda permanente a su disposición en ambos Estados, se considerará residente solamente del Estado con el que mantenga relaciones personales y económicas más estrechas (centro de intereses vitales) –ver, por ejemplo, SAN de 21 de abril de 2010–.

b) Si no pudiera determinarse el Estado en el que dicha persona tiene el centro de sus intereses vitales o si no tuviera una vivienda permanente a su disposición en ninguno de los Estados, se considerará residente solamente del Estado donde viva habitualmente (o «more»).

c) Si viviera («morara») habitualmente en ambos Estados, o no lo hiciera en ninguno de ellos, se considerará residente solamente del Estado del que sea nacional.

d) Si fuera nacional de ambos Estados, o no lo fuera de ninguno de ellos, las autoridades competentes de los Estados contratantes resolverán el caso de común acuerdo.

3. Cuando, en virtud de las disposiciones del apartado 1, una persona que no sea una persona física sea residente de ambos Estados contratantes, se considerará residente solamente del Estado donde se encuentre su sede de dirección efectiva». (Versión anterior al Modelo de 2017).

3. Cuando, en virtud de las disposiciones del apartado 1, una persona que no sea una persona física sea residente de ambos Estados contratantes, las autoridades competentes de los Estados contratantes harán lo posible para determinar a través del procedimiento amistoso el Estado respecto del cual deberá ser considerado residente a efectos del tratado, teniendo en cuenta su sede de dirección efectiva, el lugar de su constitución y cualquier otro factor relevante. En defecto de dicho mutuo acuerdo, la persona no tendrá derecho a ningún beneficio o exención fiscal previsto por el tratado excepto en la medida y modo en que pudiera ser acordado por las autoridades competentes de ambos Estados». (Versión del ModCDI de 2017).

Se hace preciso indicar que España, con respecto al Convenio Multilateral que implementa este mandato, ha hecho una expresa reserva, de modo que la fórmula de desanudar los conflictos de doble residencia de entidades, a sus efectos, seguirá siendo, como regla general, el criterio de sede de dirección efectiva (ver 4.2.2.2.).

Puede acontecer que determinados CDI se alejen de la fórmula expuesta en casos singulares o cuando el factor de la nacionalidad tenga un especial protagonismo (los CDI suscritos con EEUU, Australia o Bulgaria, son un ejemplo).

4.2.2.1. Criterios de resolución para personas físicas

Según lo visto, por tanto, tratándose de personas físicas, el orden de los factores resolutivos de la contienda de competencias fiscales es el siguiente:

1. El criterio de la vivienda permanente: Prevalece en primer término, por tanto, al Estado donde se disponga de una «vivienda permanente» –que no ha de ser necesariamente propiedad del contribuyente–. Bastará la posesión o disfrute de una vivienda, «a condición de que tenga el carácter de permanente», «que la persona la haya amueblado y reservado para su uso con intención de permanencia» a diferencia del hecho de la estancia en un determinado lugar en condiciones tales que la hagan parecer limitada a una corta duración. El concepto de vivienda permanente comprende cualquier modalidad: casa, piso, apartamento propio o arrendado, habitación amueblada, etc. Lo significativo es que la vivienda tenga carácter permanente: tener el alojamiento a su disposición «en cualquier momento todo tiempo, de manera continua y no ocasionalmente». A tenor de DGT V5353-16 de 19-12-2016, se da prevalencia a dicho factor, aunque sea evidente que de acuerdo con el criterio del centro de intereses vitales la solución hubiera sido otra. A juicio de los CMC al Modelo en 2017, para que no sea considerada vivienda permanente a tal efecto, si se encuentra alquilada o cedida a un tercero, éste debe ser persona no vinculada al contribuyente.

2. El criterio del «centro de intereses vitales»: Se impone como segundo criterio dirimente el lugar donde radican las relaciones personales, familiares, económicas y sociales de la persona, sus ocupaciones y actividades de todo tipo: culturales, políticas, profesionales, etc. Estas circunstancias no pueden tomarse aisladamente, sino que deben examinarse en su conjunto; además, las variables derivadas del comportamiento personal deben ser tenidas en cuenta especialmente (una STS de 4 de abril de 2005 muestra un especial énfasis en la ponderación de las variables económicas; otro tanto hacen SAN de 21 de abril de 2010 o STS de 4 de julio de 2006).

3. El criterio del lugar donde viva habitualmente: En defecto del criterio anterior o si el contribuyente no cuenta con una vivienda permanente a su disposición en ninguno de los dos Estados, el CDI dirige su mirada al Estado donde «viva» o permanezca de manera más habitual (estimándose a tal punto estancias de cualquier tipo, por cualquier razón y en cualquier lugar: viviendas, hoteles, etc.). Ver sobre este punto DGT V1643 de 27-6-2014 y DGT V1646-14 de 27-6-2014. Los CMC incorporados por el ModCDI de 2017 establecen ciertas puntualizaciones en torno a la aplicación de este criterio, considerando que el mero cómputo de días no es decisivo, en tanto que sí lo es la circunstancia de la habitualidad de la presencia o el carácter rutinario que permita razonablemente entender que una determinada persona física regularmente, y no como un mero transeúnte, mora de modo habitual en una u otra jurisdicción. Según DGT V0882-18 de 4 de abril de 2018 se conserva la residencia fiscal en otro país por parte de empleados que se desplazan diariamente a un establecimiento permanente ubicado en territorio español.

4. El criterio de la nacionalidad: El penúltimo asidero para solucionar el conflicto de la residencia dual, esto es, cuando la persona vive habitualmente en ambos Estados o no lo hace en ninguno de ellos, aun teniendo en ambos vivienda permanente a su disposición, sanciona que será considerado residente en el Estado del que sea nacional.

5. El procedimiento amistoso: Más que como criterio a modo de auxilio ante la posible debacle doble impositiva, los CDI apelan, en el supuesto límite de que la persona física en cuestión no fuera nacional de ninguno de los dos Estados o resultase serlo de ambos, al común acuerdo entre las

respectivas autoridades fiscales, y a su sentido común: el procedimiento amistoso en modo alguna garantiza forzosamente una solución del conflicto, salvo que se disponga de una cláusula de arbitraje (adviértase que dicho procedimiento es objeto de regulación doméstica –disposición adicional Primera del TRLIRNR y Ley 4/2008, de 23 de diciembre – y RD 1794/2008, que establece su reglamentación).

Tanto el Convenio Multilateral 2017, con su regulación precisa del procedimiento amistoso y la cláusula de arbitraje, como la Directiva de resolución de controversias en el marco de la UE aprobada en otoño de 2017 y cuya vigencia alcanzará a procedimientos instados a partir de 2019, suponen un paso trascendental en este género de procesos mutuales y con posible solución por medio de un laudo arbitral, que también percutirá en este caso concreto.

Los hechos a tomar en consideración, a los efectos de las reglas especiales expuestas, serán aquellos que se produzcan durante el tiempo en que la residencia del contribuyente afecta a su sujeción a imposición, período que puede ser de duración inferior al período impositivo. Los CMC contemplan el caso de que, en el curso de un año natural, una persona física sea residente de un Estado, conforme a su legislación fiscal singular desde el 1 de enero al 31 de marzo, trasladándose después a otro Estado donde resida más de 183 días por lo cual será considerada residente del mismo durante todo el período impositivo conforme a su legislación fiscal propia. La doctrina de la OCDE entiende que en tal caso, ambos Estados deben tratar a la persona física como residente del primer Estado durante el primer período trimestral y como residente del segundo Estado el 1 de abril al 31 de diciembre.

Sin embargo, el Estado español ha establecido una expresa observación sobre este punto, enlazada con sus normas domésticas que no permiten la ruptura del período impositivo anual por cambio de residencia (en tal caso, se requerirá un procedimiento amistoso para determinar la fecha a partir de la cual el contribuyente tendrá la consideración de residente de uno de los Estados contratantes).

Aun cuando las pautas enunciadas no suponen criterios definitorios de la residencia fiscal, sino reglas de preferencia ante dos normativas domésticas enfrentadas, las autoridades tributarias de cada Estado deberán necesariamente tener presentes dichos criterios en sus actuaciones calificadoras, ciñéndose a sus exigencias, coincidan o no con las postuladas por las normas nacionales.

A consecuencia del precepto, el Estado que conforme al convenio se reconoce como Estado de residencia puede gravar todos los elementos de renta y de patrimonio cuya competencia tributaria le atribuye el convenio, en tanto que el otro Estado solamente podrá gravar a la persona, que bajo su ley fiscal es calificada como uno de sus residentes, dentro de los límites establecidos en el convenio para la imposición en el Estado de la fuente (si el convenio no permite imposición alguna en la fuente, el Estado de origen de las rentas no tiene derecho a gravarlas, a pesar de que procedan de fuentes situadas dentro de su territorio y a pesar de que el beneficiario de aquellas, bajo su ley nacional, sea residente de aquel Estado). Nótese que la ruptura del conflicto de doble residencia despliega sus efectos exclusivamente respecto de las rentas concernidas por el tratado (cabe que dicha persona preserve su condición doméstica de residente a los demás efectos, e incluso que mantenga dicha condición ante otros Estados, extraños a la soberanía fiscal de las rentas objeto de reparto).

4.2.2.2. Criterios de resolución para entidades

Cuando acontece un conflicto de residencia dual de una entidad, tradicionalmente el criterio para su resolución propuesto por el ModCDI es el vínculo de la sede de dirección efectiva. Sin embargo, a raíz de los informes sobre las acciones 2 y 6 del Proyecto BEPS en lo relativo a las entidades con doble residencia, el nuevo ModCDI de 2017 plantea en el nuevo artículo 4.3 una regla diferente con carácter general, de manera que sean los procedimientos amistosos quienes resuelvan la cuestión en cada caso, "uno a uno", atendiendo a las circunstancias y quedando fuera de la cobertura bilateral la entidad en los casos en que no se alcance acuerdo. No obstante, el Estado español ha puesto de manifiesto en el Convenio multilateral derivado del proyecto BEPS su expresa reserva en este punto, de modo que esta nueva cláusula no se incorporará por vía del citado convenio a tratados por existentes

En atención al criterio de prevalencia de la sede de dirección efectiva, cuando ambos Estados reclamen para sí la residencia fiscal de una entidad en base a sus respectivas legislaciones internas, el lugar donde radique el centro de decisión ejecutivo de la entidad se considera prevalente. A juicio de los CMC, la «sede de dirección efectiva» debiera situarse donde se encuentre la gestión clave *(key management)* y la toma de las decisiones empresariales «sustanciales» de la sociedad en su conjunto. Los CMC se inclinan por un análisis de forma casuística, lo que se considera idóneo para solventar «las dificultades que pueda plantear la utilización de las tecnologías de la comunicación para determinar la sede de dirección efectiva de una sociedad» – los CMC eliminan la referencia ejemplar como centro de toma de decisiones al lugar de reunión del consejo de administración –lo que podía dar lugar a interpretaciones rígidas inadecuadas del lugar de sede de dirección «efectiva»–, para dar prioridad al lugar donde de hecho se adoptan las medidas clave para la entidad, con independencia de que la formalización de dichas decisiones se produzca en el lugar de reunión del correspondiente órgano de gobierno.

Los Comentarios proponen, en su caso, la incorporación de un apartado expreso de invitación a un acuerdo amistoso, en cuya aplicación para determinar la residencia de una persona jurídica a los efectos del Convenio, sugieren considerar diversos factores «tales como dónde se celebran habitualmente las reuniones de su consejo de administración u órgano similar, desde donde realizan habitualmente sus funciones el consejero delegado y los altos ejecutivos, desde donde se realiza la alta gestión cotidiana, donde está situada su oficina central, qué legislación nacional rige su situación jurídica, donde están archivados sus documentos contables y si la determinación de que la persona jurídica es residente de uno de los Estados contratantes pero no del otro, a los efectos del Convenio, pudiera implicar el riesgo de una utilización indebida de sus disposiciones, etc.».

Según la DGT V0129-17 de 23-1-2017, determinados fondos de inversión no residentes que operan por medio de sociedades gestoras residentes en España se considera que no tienen residencia fiscal ni establecimiento permanente en territorio español. Se entiende que la dirección y el control del "conjunto" de la actividad de la entidad cuando esta es un vehículo de inversión puede deslocalizarse en una sociedad gestora extranjera, sin mayores consecuencias (aun cuando ésta es quien toma las decisiones de inversión y lleva la administración, gestión y representación de dichas instituciones de inversión colectiva). La sede de dirección efectiva de las entidades de inversión radica donde se ubica la "actividad" de la mera tenencia, delegando las decisiones sobre los fondos "tenidos".

Diversos Estados efectúan reservas u observaciones en relación con la noción de sede de dirección efectiva propuesta en el Modelo. Así, entre otros, EEUU se reserva –y en línea similar, Estonia y Letonia– el derecho a utilizar como criterio decisorio, el lugar de constitución de la sociedad, así como el derecho a denegar los beneficios previstos en el Convenio a las sociedades que tengan una doble residencia; por su parte, Corea y Japón se reservan la posibilidad de utilizar en sus convenios la expresión «oficina central o principal» en lugar de «sede de dirección efectiva».

Menos uniformes que en el caso de las personas físicas, los CDI no es infrecuente que contengan normas singulares, tanto en lo concerniente a la definición de la residencia fiscal (en especial, cuando, por ejemplo, se contemplen las entidades fiduciarias –*trusts*–,sociedades personalistas–*partnerships*–,etc. –así, en los CDI con EEUU, Canadá, Reino Unido, Nueva Zelanda, etc.–), como en cuanto a la regla dominante en casos de conflicto que puede dar prioridad al lugar de constitución o a la nacionalidad de la entidad en cuestión, prever la futura incorporación del criterio de «sede de dirección efectiva» –CDI en Estonia, Lituania y Letonia–, remitirse también a factores adicionales a la sede de dirección –CDI con El Salvador– o reenviar directamente al procedimiento amistoso (CDI con R. Dominicana, entre otros ejemplos).

Como ya se puso de manifiesto, la declaración contenida en el nuevo artículo 1.2. del ModCDI explicita que, a efectos del tratado, la renta obtenida por o a través de una entidad o un esquema/ acuerdo que se considerado total o parcialmente transparente fiscal bajo las normas de uno de los

Estados, será considerada renta obtenida por el residente de un Estado solo en la medida en que dicha renta sea tratada, a efectos fiscales de dicho Estado, como renta imputable u obtenida por un residente en el mismo. Se trata de garantizar que la renta obtenida por dichas entidades o esquemas es tratada, a efectos del convenio, en los términos definidos por el informe de 1999 de la OCDE sobre el trata-miento fiscal de los *partnerships.*, extendiendo sus efectos a otras entidades no societarias (así, las fiducias). Los comentarios al Modelo 2017 se explayan sobre los requisitos para que el principio expuesto, en virtud del cual se "transparentan" los efectos del tratado a los partícipes o los sujetos beneficiarios de las rentas de tales entidades o esquemas, sea efectivo.

Al margen del mandato contenido en el apartado 1.2 del Modelo, cabe reiterar que, como regla general, los entes, aun carentes de personalidad jurídica, que sí dispongan de «individualización» fiscal y, por ello, se encuentren sujetos a tributación en el país de su ubicación, podrán recibir los beneficios de un CDI, en tanto que los entes o entidades, aun con personalidad jurídica que carezcan de «personalidad fiscal», esto es, que no están sujetos como tales, sino cuyo beneficio, previa abs-tracción de la entidad, es gravado en sede de sus socios o partícipes, no obtendrán la cobertura del correspondiente tratado. En principio, y aunque se trata de un asunto debatible y espinoso, tratándose de fiducias o «trusts», las rentas obtenidas parece que se habrían de imputar, en defecto de benefi-ciario irrevocable de las rentas, al gestor de la fiducia, como titular jurídico de las mismas al momento de su devengo (a no ser que cupiera considerar al «*trust*» como una entidad en régimen de atribución de rentas en los términos del artículo 37 TRLIRNR –lo que no parece ser la intención de la DGT, silenciosa en este punto–). En el CDI con Reino Unido nacido en 2014 existen previsiones expresas detalladas al respecto. Dada su singularidad –y a pesar de su longitud– se transcribe a continuación la "arquitectónica" norma sobre el alcance de los beneficios del convenios cuando la renta transite a través de una sociedad de personas, un fideicomiso, agrupación de personas o entidad similar

Por lo que se refiere a las sociedades de personas, ver apdo. 4.5.

4.3. El caso de los miembros de las misiones diplomáticas y oficinas consulares

4.3.1. Pautas del Modelo de convenio de doble imposición

Sin perjuicio de que se trate de un extremo sistemáticamente tratado en detalle en el Capítulo V. 4., en el contexto del alcance subjetivo de los CDI se hace necesario realizar una mínima aproxi-mación al estatuto fiscal de diplomáticos y asimilados.

De la misma manera que las normas domésticas se guardan de preservar principios naturales de cortesía internacional y normas multilaterales diplomáticas (Convenciones de Viena sobre relaciones diplomáticas y consulares de 1968 y 1970) por lo que se refiere al personal diplomático o consular o titular de cargos o empleos oficiales con residencia eventual, aunque habitual, en el extranjero, los CDI (artículo 28 ModCDI) contienen una disposición que tiene por finalidad garantizar a los miem-bros de las misiones diplomáticas y oficinas consulares su estatuto fiscal singular (que no se considera extensivo a los agentes consulares honorarios, para los cuales no existe en general exención fiscal más que para los pagos que reciben para atender a los gastos que realicen por cuenta del Estado acreditante –cabiendo, desde luego, que los Estados acuerden su exclusión expresa del tratado–).

Mediante dicho precepto (que es ajeno, aunque complementario, al artículo relativo a la regla de reparto de soberanías fiscales en materia de retribuciones públicas) se pretende «la aplicación, al amparo de las disposiciones contenidas en los convenios de doble imposición, de un trato al menos tan favorable como aquel al que tienen derecho conforme al derecho internacional o a los acuerdos internacionales especiales», de modo que las normas del CDI no afectarán a los privilegios fiscales de que disfrute dicho personal diplomático o consular, de acuerdo con dichos principios generales y acuerdos de derecho internacional.

Los CMC establecen, asimismo, sugerencias para aquellos casos en que la aplicación simultánea de las disposiciones de un convenio de doble imposición y de los privilegios diplomáticos y consu-lares conferidos en virtud de las reglas generales del derecho internacional o de acuerdos internacionales especiales originen la exención en los dos Estados contratantes de la imposición, que en otro caso sería aplicable. En tal caso, cabe adoptar bilateralmente una disposición adicional en cuya virtud, «si la renta o el patrimonio no se somete a imposición en el Estado receptor, el derecho de imposición queda reservado al Estado acreditante».

Debido a que con frecuencia las normas domésticas prevén que los miembros de las misiones diplomáticas y oficinas consulares se consideren residentes a efectos fiscales del Estado acreditante durante su estancia en el extranjero, puede resultar conveniente que expresamente se haga una declaración en tal sentido, en la cual se condicione el mantenimiento de dicha residencia fiscal estatutaria al hecho de que, conforme al derecho internacional, no esté sujeta a la imposición del Estado receptor respecto de las rentas procedentes de fuentes externas a ese Estado o del patrimonio situado fuera de ese Estado; y «a que dicha persona se encuentre sujeta en el Estado acreditante a las mismas obligaciones relativas a los impuestos globales sobre la renta o sobre el patrimonio que los residentes de ese Estado». Como se precisa en el Capítulo V.4., en este sentido (de ordinario, requiriendo la nacionalidad y sujeción por renta mundial) se pronuncian diversos CDI (es el caso, por ejemplo, de los suscritos con Francia, Países Bajos, Canadá, Suiza o la URSS). Inspirándose también en los CMC, ciertos CDI (así, por ejemplo, los suscritos con Suiza, Canadá o Francia), contemplan la expresa privación de los beneficios del precepto, por lo que toca a «las organizaciones internacionales, a sus órganos y funcionarios», así como a «los miembros de una misión diplomática u oficina consular de un tercer Estado que estén presentes en el territorio de un Estado contratante y no tengan la consideración de residentes de ninguno de los Estados contratantes a efectos de los impuestos sobre la renta o sobre el patrimonio». De modo que dicho sujetos se someterán a imposición en un Estado contratante únicamente en razón de las rentas procedentes de fuentes situadas en ese Estado, sin la protección del CDI.

4.3.2. Incidencia de las normas domésticas

La normativa del IRPF (artículo 10 LIRPF) ordena la sujeción al IRPF de las personas de nacionalidad española (su cónyuge no separado legalmente o hijos menores de edad) que tuviesen su domicilio o residencia habitual en el extranjero, por su condición de miembros de Misiones diplomáticas españolas o de las Oficinas consulares españolas (comprendiendo tanto al Jefe de las mismas como funcionario o personal de servicios a ellas adscritos, con excepción de los vicecónsules honorarios o Agentes consulares honorarios y del personal dependiente de los mismos), así como los titulares de cargo o empleo oficial del Estado español como miembros de las Delegaciones y Representaciones permanentes acreditadas ante Organismos internacionales o que formen parte de Delegaciones o Misiones de observadores en el extranjero; y «los funcionarios en activo que ejerzan en el extranjero cargo o empleo oficial que no tenga carácter diplomático o consular». Por coherencia y reciprocidad, procederá la sujeción al IRNR, para súbditos extranjeros, miembros de misiones diplomáticas o de oficinas consulares, o de Delegaciones o Representaciones permanentes de Organismos internacionales, u otros funcionarios extranjeros en activo con empleo o cargo oficial, por imperativo de normas internacionales o por un principio de reciprocidad, aun cuando «residan» en España (artículo 9.2. LIRPF).

De esta manera, la normativa doméstica preserva el régimen de extraterritorialidad que afecta a los diplomáticos y personal asimilado, en la medida en que conservan su estatuto fiscal de sujeción original en el Estado que los acredita, al margen de su situación fáctica presencial (Ver Capítulo V.4. para más detalle).

4.4. La residencia fiscal según las normas domésticas

Las normas esenciales en punto a la determinación de la residencia fiscal de personas físicas y entidades, encuentran su lugar en la normativa reguladora del IRPF y del Impuesto sobre Sociedades (artículos 8, 9 y 10 de la LIRPF y artículo 8 de la Ley 27/2014, de 27 de noviembre, del Impuesto sobre Sociedades (en adelante, LIS), a los que a su vez remite la normativa del IRNR – artículo 6 –).

La calificación como residente fiscal tendrá una trascendencia sustancial: los contribuyentes por el IRPF o el IS serán gravados por la totalidad de sus rentas, se obtengan éstas en España o en el extranjero, en tanto que los considerados no residentes a efectos fiscales tributarán, exclusivamente por las rentas generadas o técnicamente obtenidas en territorio español, por otro concepto tributario: el IRNR.

4.4.1. La residencia fiscal de las personas físicas

El artículo 9 LIRPF establece los criterios determinantes de la residencia fiscal de las personas físicas, bajo el título «Residencia en territorio español», y cuyo primer apartado dice:

«Se entenderá que el contribuyente tiene su residencia habitual en territorio español cuando se de cualquiera de las siguientes circunstancias:

a) Que permanezca más de ciento ochenta y tres días, durante el año natural, en territorio español. Para determinar este período de permanencia en territorio español se computarán las ausencias esporádicas, salvo que el contribuyente acredite su residencia fiscal en otro país.

En el supuesto de países o territorios de los calificados reglamentariamente como paraíso fiscal, la Administración tributaria podrá exigir que se pruebe la permanencia en el mismo durante ciento ochenta y tres días en el año natural.

Para determinar el período de permanencia al que se refiere el párrafo anterior, no se computarán las estancias temporales en España que sean consecuencia de las obligaciones contraídas en acuerdos de colaboración cultural o humanitaria, a título gratuito, con las Administraciones públicas españolas.

b) Que radique en España el núcleo principal o la base de sus actividades o de sus intereses económicos, de forma directa o indirecta.

Se presumirá, salvo prueba en contrario, que el contribuyente tiene su residencia habitual en territorio español, cuando, de acuerdo con los criterios anteriores residan habitualmente en España el cónyuge no separado legalmente y los hijos menores de edad que dependan de aquel».

Sin perjuicio de que éste constituya el mandato esencial del precepto, el propio artículo 9 LIRPF, junto con el artículo 10 LIRPF, contienen otros dictados relativos al personal funcionario o diplomático con residencia en el extranjero y estatuto fiscal como residentes, o a la inversa, relativos a los extranjeros residentes en España que, por idéntica razón, conservan su condición de no residentes. En otro precepto – artículo 93 LIRPF – aparece un régimen incentivador con objeto de atraer «trabajadores» –ejecutivos o deportistas– procedentes del extranjero que a pesar de tomar residencia fiscal en España y ser contribuyentes por IRPF, durante seis años pueden optar por tributar bajo el marco del IRNR (reduciendo en este caso su tipo efectivo a casi la mitad: este régimen se encuentra regulado por el RD 687/2005 y la Orden EHA 1731/2005. Obsérvese que desde enero de 2010 dicho régimen limita su alcance a perceptores de rentas previsibles no superiores a 600.000 euros anuales y desde 2015, merced a la Ley 26/2014, sufre una severa remodelación, excluyendo de su alcance a los deportistas profesionales sometidos al Real Decreto 1006/1985. Se extiende el régimen al desplazamiento al territorio español como consecuencia de la adquisición de la condición de administrador de una entidad en cuyo capital no se participe o, en caso contrario, cuando la participación no determine la consideración de entidad vinculada. Se suprimen los requisitos de que los trabajos se realicen efectivamente en territorio español, que dichos trabajos se realicen para una empresa o entidad residente en España y que los rendimientos del trabajo no estén exentos de tributación por el IRNR.

Se suprime el requisito cuantitativo de que las retribuciones previsibles no excedan de 600.000 euros anuales. Por otra parte, todas las rentas del trabajo del contribuyente se entenderán, desde 2015, obtenidas en territorio español, en tanto que se gravarán separadamente los dividendos, intereses y ganancias. El porcentaje de retención sobre rendimientos del trabajo será del 24 %. No obstante, cuando las retribuciones satisfechas por un mismo pagador durante el año natural excedan de 600.000 euros, el porcentaje de retención aplicable al exceso será del 45 %, estableciendo una escala de dos tramos de base liquidable con dos tipos de 24 y 45 % en función de que se superen los 600.000 euros, entre otras varias modificaciones técnicas más.

El artículo 8.2. (antes, 9.3) asimismo contiene una disposición específica que contempla –penalizándolos– los desplazamientos de residencia hacia paraísos fiscales: las personas físicas que trasladan su residencia fiscal a un territorio de fiscalidad privilegiada, entre los enumerados reglamentariamente –RD 1080/1991, de 5 de julio– (excluidos Malta, Emiratos Árabes Unidos, Jamaica, Trinidad y Tobago, Aruba, Antillas Holandesas, las Sociedades Holding respecto a Luxemburgo –desde 16 de julio de 2010– y Andorra –desde 10 de febrero de 2011–, Panamá desde 25 de julio de 2011, San Marino desde 2 de agosto de 2011, Bahamas desde 17 de agosto de 2011, Barbados desde 14 de octubre de 2011, Singapur desde 1 de enero de 2013, Hong Kong desde 13 de abril de 2013, Chipre desde 28 de mayo de 2014 y Omán desde 19 de septiembre de 2015) y dispongan de nacionalidad española se encontrarán sometidos a imposición por el IRPF, a tipos progresivos y por la totalidad de sus rentas, en el período fiscal de partida y a lo largo de los cuatro períodos impositivos siguientes.

4.4.1.1. El criterio de la permanencia

Una persona física será considerada residente fiscal en España debido a su permanencia en dicho territorio por más de ciento ochenta y tres días durante el año natural. Al margen de los casos en que quepa una prueba material y efectiva de estancias (muy difícil, habida cuenta de la libre circulación de personas) la norma ordena que para la determinación del mencionado periodo de permanencia se computen las «ausencias esporádicas» de territorio español, salvo que se acredite la «residencia fiscal» en otro país (si éste tiene la consideración de paraíso fiscal deberá probarse «la permanencia en el mismo durante ciento ochenta y tres días en el año natural», si así lo exige la Administración tributaria).

En consecuencia, el período de permanencia en España comprende tanto las estancias efectivamente probadas, como las ausencias esporádicas, a no ser que se acredite la residencia «fiscal» –por cualquier motivo– en otro país, y si éste se considera paraíso fiscal, la permanencia en él más de la mitad del año natural. La doctrina jurisdiccional (CCDGT de 4 de enero de 2008, RTEAC de 8 de octubre de 1999, de 7 de febrero de 2003 y 14 de septiembre de 2006, y SAN de 20 de septiembre de 2001, 27 de junio de 2002, 3 de julio de 2003, 16 de julio de 2009 0 20 de febrero de 2008, STS de 4 de abril de 2005, de 11 de enero de 2010 y 16 de junio de 2011, ad ex.) viene aceptando que, una vez que se prueba efectivamente una presencia razonablemente significativa, se califiquen las ausencias –siempre que éstas sean «esporádicas– como tiempo determinante de la primera «permanencia» del contribuyente en España, salvo que se aporte prueba de residencia fiscal (no de otra naturaleza) en otro país y sin que quepa oponer una permanencia por espacio de más de seis meses en el año natural, en términos dispersos, «en el extranjero». En torno a la acreditación de residencia en el extranjero por medios distintos al certificado de las autoridades del país, ver DGT V1856-16 de 27-4-2016 o DGT V1497-16 de 11-4-2016). En torno a la naturaleza de dichas ausencias, ver STS de 28 de noviembre de 2017, rechazando tal consideración si son de larga duración. En igual sentido, varias otras –así STS 18 de enero 2018–, donde se postula como noción de ausencia esporádica la acaecida de forma ocasional sin ponderar el componente volitivo.

4.4.1.2. El criterio económico

Actuando como un factor desencadenante de la residencia fiscal de efecto inmediato –no admite prueba en contra de residencia en otro país (a no ser que, y esto también es predicable para el criterio anterior, medie convenio y se suscite un conflicto de doble residencia)– se considera con «residencia habitual» en territorio español a la persona física que sitúa en España «*el núcleo principal o la base de las actividades o intereses económicos, de forma directa o indirecta*».

Por consiguiente, incluso los intereses económicos «indirectamente» atribuibles a la persona física –poseídos a través de terceros interpuestos, de ordinario entidades–, se ponderarán en punto a la calificación de su residencia.

Asimismo, las decisiones de los Tribunales antes mencionadas –en respaldo de los criterios sostenidos por la Administración tributaria–, permiten suponer que la noción «interés económico» debe interpretarse relativamente y en consonancia con la casuística (cabe ponderar rentas materialmente obtenidas, elementos patrimoniales, el lugar de gestión y administración del patrimonio, el lugar donde se pone de manifiesto la capacidad contributiva, entre otras posibles variables económicas). Asimismo dicha doctrina considera que la expresión «principal» –referida al «núcleo» o «base» de las actividades o intereses económicos del sujeto pasivo con sede española– puede efectuarse en términos relativos y no absolutos o, lo que es igual, inferir que se da siempre que en ningún otro país, y no en el extranjero en su conjunto, tengan tales intereses mayor volumen que los directa o indirectamente vinculados a España (STS de 4 de julio de 2006 o de 11 de enero de 2010 y 16 de junio de 2011, SAN de 21 de abril de 2010 y SAN de 16 de julio de 2014). Según la DGT V0882-18, de 4 de abril de 2018, se conserva la residencia fiscal en otro país por parte de empleados que se desplazan diariamente a un establecimiento permanente ubicado en territorio español.

4.4.1.3. La circunstancia matrimonial

Alternativamente a las dos anteriores vías, la residencia fiscal puede fundarse en el hecho de que en España residan habitualmente el cónyuge no separado legalmente y (si los hubiere –así se interpreta–) los hijos menores que dependan del contribuyente. No obstante, si se diera tal hipótesis, el contribuyente puede alegar «prueba en contrario» (cualquier género de prueba de «no residencia», según algunos; en tanto que según las autoridades fiscales se requiere la acreditación de una residencia de naturaleza tributaria en otra jurisdicción). Nótese que la norma considera irrelevantes las separaciones no sentenciadas judicialmente así como las situaciones de convivencia de hecho, aun registradas, ajenas al matrimonio civil.

4.4.2. La residencia fiscal de las entidades

A juicio de la normativa del IS, se han de calificar como fiscalmente residentes en territorio español, las entidades que se encuentren en una de las tres siguientes circunstancias:

«a. Que se hubiesen constituido conforme a las leyes españolas.

b. Que tengan su domicilio social en territorio español.

c. Que tengan la sede de dirección efectiva en territorio español».

(Una entidad tiene su sede de dirección efectiva en territorio español cuando en él radique «la dirección y control del conjunto de sus actividades» – artículo 8 LIS).

Aunque este extremo ha sido objeto de previo examen –al abordar los conflictos de doble residencia de entidades (ver ap. 4.2.2.2.)–, debe enfatizarse que la definición doméstica del concepto de «sede de dirección efectiva» (el término «control» utilizado por la Ley es más agresivo que las expresiones definitorias de la residencia fiscal de la normativa reglamentaria antecedente) se ha utilizado –y utiliza– para atraer, como residentes fiscales en España, a entidades interpuestas o carentes de sustrato empresarial, cuya dirección y control –ejecutivo, no accionarial– se demuestre o deduzca razonablemente que se efectúa desde territorio español. Véase sobre este punto Resolución del TEAC, de 11 de septiembre de 2014, RG 1555/11.

Sobre un supuesto de traslado de residencia fiscal véase DGT V1782-14 de 8-7-2014. Las instituciones de inversión colectiva extranjeras, que tengan profesionalizada su gestión a través de una sociedad gestora residente en España, no tienen la consideración de residentes fiscales en territorio español, según la DGT V1949-15 de 19-6-2015. En parecido sentido, según DGT V0129-17 de 23-1-2017, determinados fondos de inversión no residentes que operan por medio de sociedades gestoras residentes en España se considera que no tienen residencia fiscal ni establecimiento permanente en territorio español. Se entiende que la dirección y el control del "conjunto" de la actividad de la entidad cuando esta es un vehículo de inversión puede deslocalizarse en una sociedad gestora extranjera, sin mayores consecuencias (aun cuando ésta es quien toma las decisiones de inversión y lleva la administración, gestión y representación de dichas instituciones de inversión colectiva).

La legislación doméstica española incorpora una disposición de corte marcadamente disuasorio: la facultad otorgada legalmente a la Administración tributaria para «presumir que una entidad radicada en algún país o territorio de nula tributación o considerado como paraíso fiscal (a tal fin, debe consultarse la disposición adicional primera de la Ley 36/2006, de Medidas para la Prevención del Fraude Fiscal y la relación de paraísos fiscales del todavía vigente RD 1080/1991 (excluidos Malta, Emiratos Árabes Unidos, Jamaica, Trinidad y Tobago, Aruba, Antillas Holandesas, las Sociedades Holding respecto a Luxemburgo –desde 16 de julio de 2010– y Andorra –desde 10 de febrero de 2011–, Panamá –desde 25 de julio de 2011–, San Marino –desde 2 de agosto de 2011–, Bahamas – desde 17 de agosto de 2011–, Barbados –desde 14 de octubre de 2011–,Singapur –desde 1 de enero de 2013– Hong Kong desde 13 de abril de 2013 y Chipre desde 28 de mayo de 2014 y Omán desde 19 de septiembre de 2015) tiene su residencia en territorio español siempre que sus activos principales, directa o indirectamente, consistan en bienes situados o derechos que se cumplan o ejerciten en territorio español; o bien que su actividad principal se desarrolle en territorio español –y siempre que la entidad no acredite que su dirección y efectiva gestión tienen lugar en aquel país o territorio, así como que su constitución y operativa responde a motivos económicos válidos y razones empresariales sustantivas «distintas de la simple (esta expresión –«simple»– desaparece desde 2015) gestión de valores u otros activos».

4.4.3. Estatutos singulares de imposición

Debe significarse el hecho de que al margen del estatuto ordinario de imposición –plena, en el caso de residentes y «territorial» para quienes no lo sean, la legislación doméstica española contempla ciertos estatutos singulares de tributación, en cuya virtud se transmuta del IRPF al IRNR o a la inversa, su efectiva carga impositiva.

Es, sin duda, el caso, ya comentado más arriba, –previsto en el artículo 93 LIRPF y reglamentado por el RD 687/2005– del régimen excepcional diseñado para trabajadores, contribuyentes de IRPF, desplazados a España, que pueden optar por tributar –solo por rentas territoriales– por IRNR (y por obligación real en IP), durante seis años, siempre que en los diez años anteriores a su llegada hubiesen tenido la condición de no residentes.

Es también el caso de los contribuyentes, nacionales españoles, adquirentes de nueva residencia en paraísos fiscales (artículo 8.2 LIRPF) que preservan la sujeción al IRPF a pesar de su notoria no residencia. Y otro tanto ocurre con el régimen opcional de tributación por IRPF previsto a favor de residentes en la Unión Europea (artículo 46 TRLIRNR), que toma pie en los principios de no discriminación comunitarios y, en concreto, en la Recomendación de la Comisión de la Unión Europea de 21 de diciembre de 1993, y en cuya virtud toda persona física residente en otro Estado de la Unión Europea o del EEE con intercambio de información, que no sea un paraíso fiscal, pueda beneficiarse de la tributación por el IRPF, optando por ella, si durante un ejercicio dado obtiene en España «por rendimientos del trabajo o de actividades económicas, como mínimo, el 75% de la totalidad de su renta», y si, naturalmente, dicha opción resulta más económica que la imposición bajo los parámetros del IRNR. Desde 2015 se permite optar a un nuevo grupo de contribuyentes residentes comunitarios y del EEE con bajos ingresos, a los que se quiere garantizar que puedan disfrutar, al igual que los contribuyentes residentes, de la exención de un determinado importe mínimo de su renta. Dicho régimen opcional se otorga cuando la renta obtenida durante el ejercicio en España haya sido inferior al 90% del mínimo personal y familiar que le hubiese correspondido de acuerdo con sus circunstancias personales y familiares de haber sido residente en España siempre que dicha renta haya tributado efectivamente durante el período por el Impuesto sobre la Renta de no Residentes y que la renta obtenida fuera de España haya sido, asimismo, inferior a dicho mínimo.

Otro régimen fiscal harto particular es el relativo a las «Entidades en Régimen de Atribución de Rentas» (comunidades de bienes, herencias yacentes y demás entidades a las que se refiere el artículo 35.4. LGT 2003, y entidades extranjeras de naturaleza afín) cuyas rentas se consideran obtenidas directamente por los comuneros, partícipes o socios, sean éstos residentes o no, aunque siguiendo unas reglas bastante particulares (ver ap. siguiente).

4.5. Aplicación del Convenio a las sociedades de personas. Las entidades en régimen de atribución de rentas

4.5.1. Principios generales

Ya en su momento, los Comentarios al ModCDI desde 2000 incorporan una serie de criterios interpretativos relativos al tratamiento de las sociedades de personas –partnerships–, de indudable trascendencia (que traen causa en un previo Informe del Comité de Asuntos Fiscales).

En dichos CMC se afirmaba ya que a pesar de las dificultades derivadas de la diversidad legislativa en la materia (para unos países se trata de sujetos imponibles en tanto que otros aplican un régimen de transparencia fiscal), se postula que, cuando un Estado considere a una sociedad de personas como fiscalmente transparente, gravando sus rentas en la persona de sus socios en función de su participación en la entidad, y, por tanto, no pueda ser dicha entidad calificada como residente en dicho Estado, serán los socios, en la medida en que a ellos fluyen las rentas y soportan el gravamen consiguiente, quienes tengan el derecho a reclamar los beneficios derivados de los tratados suscritos por los Estados en los cuales son residentes. Esta conclusión no debiera resultar alterada por el hecho de que en el Estado de la fuente la entidad hubiese sido considerada como un sujeto fiscalmente independiente. Y, es más, si ésta no fuera la interpretación seguida por los Estados firmantes del tratado, debieran establecer una disposición especial para evitar la doble imposición que pudiera derivarse a consecuencia de que las rentas obtenidas por la sociedad de personas fueran imputadas de modo diferente en una u otra jurisdicción.

En el ModCDI de 2017 se contiene un nuevo artículo 1.2 en la cual se explicita que, a efectos del tratado, la renta obtenida por o a través de una entidad o un esquema/acuerdo que es considerado total o parcialmente transparente fiscal bajo las normas de uno de los Estados, será considerada renta obtenida por el residente de un Estado solo en la medida en que dicha renta sea tratada, a efectos fiscales de dicho Estado, como renta imputable u obtenida por un residente en el mismo.

Semejante disposición pretende garantizar que la renta obtenida por dichas entidades o esquemas es tratada, a efectos del convenio, en los términos definidos por el informe de 1999 de la OCDE sobre el tratamiento fiscal de los partnerships. Si bien la norma tipo nueva pretende que dichos principios se hagan extensivos también a otras entidades, más allá de las sociedades personalistas, sin subjetividad social (non-corporate entities), siendo un ejemplo emblemático a tal fin el caso de las fiducias o trust. Los comentarios al Modelo 2017 se explayan sobre los requisitos para que el principio expuesto, en virtud del cual se "transparentan" los efectos del tratado a los partícipes o los sujetos beneficiarios de las rentas de tales entidades o esquemas, sea efectivo.

La aplicación de la mencionada cláusula de transparencia no impide la incidencia de la cláusula de beneficiario efectivo ni prejuzga que en la tributación en fuente percuta sobre la entidad.

Asimismo, no se restringe la aplicación de los métodos para eliminar la doble imposición (artículo 23). No obstante, si se diera el caso de que la misma renta fuera gravada por ambos Estados como renta de sus residentes (así, si uno de los Estados grava la renta mundial de una entidad como residente mientras el otro Estado considera dicha entidad transparente fiscal y grava a sus miembros como residentes de dicho Estado) la deducción por doble imposición debe restringirse a la que resulte de acuerdo con el CDI: no por el tributo propio de todas las rentas imputadas, sino cuando las rentas que obtengan los miembros residentes de la entidad transparente/opaca debieran tributar en el otro Estado de acuerdo con el tratado (debido a la existencia de establecimiento permanente, retención en fuente, etc.).

A título de ejemplo, previo al impacto del Convenio multilateral, en el nuevo convenio con Finlandia nacido en 2018, se recoge esta cláusula relativa a las entidades transparentes y las cautelas para la aplicación del principio antes expuesto:

"Artículo 1. Personas comprendidas.

1. Este Convenio se aplica a las personas residentes de uno o de ambos Estados contratantes.

2. A los efectos de la aplicación de este Convenio, un elemento de renta, beneficio o ganancia percibido a través de una entidad considerada transparente a efectos fiscales de acuerdo con la normativa de cualquiera de los Estados contratantes, que esté establecida:

a) En cualquiera de los Estados contratantes, o

b) en un Estado que tenga en vigor un acuerdo que contenga disposiciones para el intercambio de información en materia tributaria con el Estado contratante del que procede la renta, beneficio o ganancia, se considerará percibido por un residente de un Estado contratante en la medida en que ese elemento se trate como renta, beneficio o ganancia de un residente a los efectos de la legislación fiscal de ese Estado contratante.

Si el elemento de renta, beneficio o ganancia es obtenido a través de una entidad constituida en un tercer Estado únicamente podrá optar a los beneficios del Convenio cuando, la legislación fiscal del Estado en el que esté establecida la sociedad considere dicho elemento de renta, beneficio o ganancia como renta de los beneficiarios, socios o partícipes de esa entidad".

Conviene precisar que hay varios países (así, Canadá, Francia, Alemania, Portugal o Irlanda) que efectúan reservas sobre la aplicación del criterio establecido en el artículo 1.2 del Modelo.

4.5.2. *Singularidades*

No todos los Estados se alinean con las tesis dictadas en los CMC al artículo 1 del Modelo en su versión previa a 2017, manifestando reservas y observaciones, como se vio que también ocurre con la nueva versión. No es el caso de España, pero sí, en su momento (hasta 2017) el de Francia, Chile y México, que estaban en desacuerdo con la interpretación según la cual, con carácter general, si se deniega a una sociedad de personas los beneficios de un convenio fiscal, sus miembros pueden acceder a los beneficios derivados de los convenios fiscales firmados por sus Estados de residencia.

No muy distinta fue la tesis holandesa, según la cual la tesis OCDE a favor de la «transparencia», solo cabe en la medida que se prevea expresamente en un determinado tratado fiscal o en virtud de un procedimiento amistoso entre las autoridades competentes. Otro tanto ocurría con Portugal.

En línea similar a la del ModCDI de 2017, el CDI suscrito por España con EEUU en 1991 muestra una norma especial en su Protocolo en la que se afirma que «una sociedad de personas *(partnership)*, herencia yacente o fiducia es residente de un Estado contratante solamente en la medida en que las rentas que obtenga estén sometidas a imposición en ese Estado como las rentas de un residente». De lo que cabe inferir que las rentas obtenidas en España por un *partnership* constituido en los Estados Unidos, fiscalmente transparente con arreglo a la legislación fiscal de ese país, se beneficiarán de las disposiciones del Convenio con los Estados Unidos en cuanto tales rentas sean imputables a socios residentes de los Estados Unidos, si bien, dado que la citada disposición confiere la condición de residente al propio *partnership* dentro de los límites señalados, será esa entidad la que deba solicitar la aplicación del Convenio y a la que deba referirse la certificación de residencia expedida por las autoridades fiscales estadounidenses, que deberá indicar la proporción en que las rentas corresponden a socios residentes de ese país.

Adviértase también que las autoridades fiscales españolas han suscrito un acuerdo a consecuencia de un procedimiento amistoso con EEUU reconociendo la «transparencia» de las *L.L.Companies* y otras entidades afines como las denominadas por la normativa norteamericana «*S Companies*», en 15 de febrero de 2006, a efectos de obtener los beneficios del convenio en cuestión. Más de 3 años después, en BOE de 3 de agosto de 2009 se publica dicho Acuerdo en el cual se establece el tratamiento fiscal, a efectos del convenio bilateral, en el sentido mencionado, de determinadas entidades norteamericanas: las sociedades de responsabilidad limitada estadounidenses *(«LLC»)*, las Sociedades Anónimas estadounidenses «tipo S» (*S Corporations*), y otras entidades mercantiles consideradas sociedades de personas *(partnerships)* o entidades no sujetas al impuesto sobre sociedades estadounidense (al margen de la demora en su publicación debe advertirse que su vigencia, curiosamente, aparece retrotraída a 1 de enero de 1998). Se refrenda el criterio previsto en el Protocolo de modo que se acuerda que la expresión «cualquier otra agrupación de personas» («persona» susceptible de recibir los efectos del CDI) comprende igualmente una LLC u otra entidad constituida o no en los Estados Unidos que se considere una sociedad de personas o no se considere como una entidad distinta de sus socios a los efectos de los impuestos federales de los Estados Unidos. Y, en consecuencia, la renta obtenida por una de dichas entidades se considerará renta percibida por un residente de los Estados Unidos en la medida en que la renta percibida por dichas entidades esté sujeta a tributación en los Estados Unidos como renta de un residente de ese país. De forma similar, las autoridades competentes acuerdan que la renta percibida por una sociedad anónima «tipo S» se considerará como percibida por un residente de los Estados Unidos en la medida en que la renta percibida por la sociedad esté sujeta a tributación en los Estados Unidos como renta de un residente de dicho país. A tal punto se prevé la forma mediante la cual las referidas entidades podrán acreditar su residencia fiscal a efectos del CDI, mediante un determinado modelo (6166) al que se unirá como anexo una lista de los socios residentes de los Estados Unidos conforme a los datos que obren en poder de las autoridades fiscales de EEUU (la entidad, a su vez, facilitará directamente al retenedor extranjero, conforme a los datos que obren en su poder, la información relativa al porcentaje de propiedad de la misma correspondiente a los socios que figuren en el listado).Como se apuntó más arriba, el futuro artículo 1.6 del nuevo Convenio mantiene, modulando su ámbito, similar sistema, en línea con el artículo 1.2 del Modelo de 2017.

Otro caso particular hace referencia a las sociedades de personas en el marco del viejo convenio hispano-alemán, cuyo artículo 4.4 afirmaba que «a los efectos de los artículos 5 a 22, los socios de las sociedades de personas, en lo que concierne a la imposición de las rentas que procedan de dichas sociedades o del patrimonio que posean por medio de las mismas, se considerarán residentes del Estado contratante en que se encuentre la sede de dirección efectiva de la sociedad. Dichas rentas o patrimonio, en cuanto no se encuentran sujetas a imposición en este último Estado, podrán ser gravadas en el otro Estado» (de modo que, a los exclusivos efectos de aplicación de los criterios de reparto de la potestad tributaria establecidos en el CDI, sobre las rentas procedentes de la sociedad de personas serán considerados residentes del Estado contratante donde se encuentre la sede de dirección efectiva de la entidad personalista; ello no debe hacer olvidar que el hecho de que los socios sean considerados residentes del Estado donde se encuentre la sede de dirección efectiva de la sociedad, a efectos de la aplicación de los artículos que distribuyen la potestad tributaria entre los dos Estados sobre las rentas procedentes de dicha sociedad de personas, no altera a su condición de residentes a efectos de aplicación de los restantes artículos del Convenio). Un caso relacionado con dicho precepto (socio de una sociedad personalista –«transparente»– española) residente en Alemania que primero recibe cuota de liquidación –a valor contable–, sin tributar y vende poco después las participaciones –a un tercero– generando una cuantiosa plusvalía, que escapa de todo gravamen en España) es resuelto por el TS en sentencia de 10 de junio de 2010, de una manera poco afortunada.

En el CDI con Alemania, nacido en 2013, se observa, a los efectos del artículo 4, que el mandato según el cual toda persona en posesión de un certificado de residencia a los fines del presente Convenio, emitido por la autoridad competente de un Estado contratante, tendrá derecho a optar a los beneficios del presente Convenio, se hace extensivo a las Sociedades Colectivas (constituidas conforme a la legislación española) cuando los socios no sean residentes de Alemania. Y, en sentido contrario, si entre los socios hubiera residentes alemanes dicha Sociedad Colectiva solo podrá aplicar el Convenio únicamente a la renta que no se considere atribuible a aquellos. Una muestra más de la singularidad en el trato fiscal de las sociedades personalistas con partícipes alemanes.

Conviene tener presente que, como se ve en el apartado siguiente, la normativa doméstica española en materia de entidades en régimen de atribución de rentas acoge esta filosofía, de suerte que la invocación del estatuto fiscal de cada miembro o socio de las entidades en régimen de atribución constituidas en el extranjero es la norma general (artículos 38.4 y 39.2 TRLIRNR).

4.5.3.   Incidencia de la normativa doméstica: las entidades en régimen de atribución de rentas

Dentro del marco del IRNR (artículos 7 y 35 y ss. TRLIRNR) se contiene una regulación del régimen de las entidades en atribución de rentas, directamente relacionada con la prevista en la normativa del IRPF (artículos 86 y ss. LIRPF) y el IS (artículo 6.1 LIS), en la que se propugna un principio de «atribución» en sede de sus miembros de las rentas obtenidas por determinadas entidades: sociedades civiles, comunidades de bienes, herencias yacentes u otros entes similares. Esta fórmula se hace extensiva también a las entidades constituidas en el extranjero, aunque admite una excepción singular: las entidades extranjeras que tengan «presencia» en España, es decir, que desarrollen una actividad económica en términos similares a los de un establecimiento permanente (artículo 38 TRLIRNR), que son reconocidas como nuevos contribuyentes del impuesto.

Según la norma, las entidades extranjeras afectadas por este régimen deben adoptar una «naturaleza jurídica idéntica o análoga» a las entidades en atribución constituidas en España; ello hace complicado conocer de modo exacto su ámbito subjetivo (sobre el cual los pronunciamientos administrativos se van produciendo con parquedad y lentitud: CCDGT de 16 de julio, 22 de abril de 2003, 30 de diciembre de 2004, 1 de junio de 2005, de 25 de junio de 2014 (sobre una sociedad comanditaria KG alemana), 4 de julio de 2005 y 25 de julio de 2007: según estos dos últimos pronunciamientos, un *partnership* británico, con o sin personalidad jurídica pero sin subjetividad fiscal se encuentra dentro de dicho régimen; en similar línea DGT V1398-16 de 5-4-2016 y DGT V1545-16 de 13-4-2016), y sin que se sepa todavía a ciencia cierta si dentro de dicho régimen caben figuras cuya afinidad es más que dudosa –trusts–, por ejemplo.

Nótese, como se apuntó en el apartado anterior, que las autoridades fiscales españolas suscribieron un procedimiento amistoso con EEUU reconociendo la «transparencia» de las *L.L.Companies* y otras entidades afines en 15 de febrero de 2006 (cuyo principio se acoge en el artículo 1.6 del nuevo CDI). Resulta curiosa y sorprendente una contestación de la DGT V2097-09 de 21-9-2009 relativa a ciertas rentas obtenidas por una LLC con partícipes residentes en EEUU y en España que para nada cita dicho acuerdo amistoso. Una respuesta negativa a la consideración como entidad en régimen de atribución de rentas relativa a un fondo de capital riesgo con forma de Limited Partnership se halla en DGT V0012-11 de 11-1-2011.

Cuando se trate de entidades en régimen de atribución de rentas constituidas en España, la norma distingue aquellas que realizan una actividad económica en territorio español, en cuyo caso los miembros no residentes serán considerados contribuyentes con establecimiento permanente por las rentas que les correspondan, de aquellas otras que no realizan una actividad económica. En esta segunda hipótesis los miembros no residentes en territorio español serán considerados contribuyentes sin establecimiento permanente y la parte de renta que les sea atribuible se determinará de acuerdo con las normas propias de las rentas sin establecimiento (ver CCDGT de 22 de noviembre de 2007); véase también CCDGT de 12 de mayo de 2009, según la cual no constituyen rentas obtenidas en España las derivadas de inmuebles no estén ubicados en territorio español y pertenecientes a una entidad en atribución de rentas que no realiza actividad económica y cuyos accionistas sean no residentes. En DGT V1631-14, de 25-6-2014, no se despeja la incógnita sobre si una entidad en atribución no residente –no contribuyente del IRNR en tanto que actuando sin presencia– se encuentra o no sujeta al Gravamen Especial sobre Bienes Inmuebles de Entidades No Residentes.

En este segundo supuesto, la entidad en régimen de atribución de rentas estará obligada a ingresar a cuenta la diferencia entre la parte de la retención soportada por la propia entidad (que le corresponda al miembro no residente) y la retención que hubiera resultado de haberse aplicado directamente sobre la renta atribuida las reglas previstas en la normativa del IRNR para las rentas sin establecimiento (cautelarmente, tratándose de transmisiones de bienes inmuebles situados en territorio español, cuando alguno de los miembros de la entidad en atribución de rentas no sea residente en territorio español, el adquirente practicará, sobre la parte de la contraprestación acordada que corresponda a dichos miembros, la retención del 3% como detracción a cuenta del impuesto hipotético sobre la plusvalía a cargo del partícipe no residente – artículo 25.2. TRLIRNR –).

Las entidades en régimen de atribución de rentas constituidas en el extranjero cuya naturaleza jurídica sea idéntica o análoga a la de las entidades en atribución de rentas constituidas de acuerdo con las leyes españolas escinde su tratamiento fiscal en función de que dispongan de «presencia» o no en territorio español.

Cuando una entidad en régimen de atribución de rentas constituida en el extranjero tenga «presencia», esto es, realice una actividad económica en territorio español bajo pautas operativas similares a las propias de un establecimiento permanente (que toda o parte de la misma se desarrolle, de forma continuada o habitual, mediante instalaciones o lugares de trabajo de cualquier índole, o actúe en él a través de un agente autorizado para contratar, en nombre y por cuenta de la entidad) el régimen de «atribución» no será viable por la porción de las rentas derivadas de esa actividad que resulte atribuible a los miembros no residentes de la entidad (respecto de dichas rentas la entidad será calificada como contribuyente del IRNR, en tanto que las rentas, tanto de fuente española como extranjera, imputables a miembros residentes se atribuirán directamente a éstos) –así, CCDGT de 1 de octubre de 2008–. Dicha entidad tendrá a su cargo la obligación de presentar una declaración-liquidación anual, en la cual la base imponible estará constituida por la parte de la renta, cualquiera que sea el lugar de su obtención, determinada conforme a lo establecido a tal respecto en la normativa del IRPF, que resulte atribuible a los miembros no residentes de la entidad, y un tipo, desde 2015, del 25 % (antes seguía el tipo de gravamen propio de los establecimientos permanentes), practicándose sobre la cuota resultante las bonificaciones y deducciones que permite el TRLIRNR para los contribuyentes que operan mediante establecimiento permanente, así como los pagos a cuenta, siempre en la parte correspondiente a la renta atribuible a los miembros no residentes. Y nótese que el representante de designación obligatoria a cargo de dichas entidades (artículo 10 TRLIRNR) asume la responsabilidad solidaria por sus deudas tributarias (artículo 9.4 TRLIRNR).

Curiosamente el pronunciamiento que mejor enlaza con los postulados de la OCDE en materia de sociedades de personas, es precisamente el que dicta la norma cuando afirma que, «en el caso de que alguno de los miembros no residentes de las entidades invoque un convenio de doble imposición, se considerará que las cuotas satisfechas por la entidad fueron satisfechas por éstos en la parte que les corresponda», lo que se podrá traducir en posteriores devoluciones impositivas.

Similar filosofía late en el precepto que regula el caso en que una entidad en régimen de atribución de rentas constituida en el extranjero obtenga rentas en territorio español sin desarrollar en el mismo una actividad económica en la forma indicada en el apartado anterior (esto es, que no ejecute un comportamiento semejante al constitutivo de un establecimiento permanente), los miembros no residentes en territorio español serán considerados contribuyentes sin establecimiento permanente por la parte de renta que les sea atribuible (cuantificada en los términos previstos en las normas del IRNR y no del IRPF).

En tal caso, adquiere sustancial protagonismo la figura del retenedor/pagador de las rentas, de modo que si éste entiende acreditada la residencia de los miembros de la entidad y la proporción en que se les atribuye la renta, aplicará a cada miembro la retención que corresponda a tenor de dichas circunstancias de acuerdo con su impuesto respectivo (IRNR, IRPF o IS). Si no fuera así, el pagador practicará la retención o ingreso a cuenta con arreglo a las normas del IRNR, sin considerar el lugar de residencia de sus miembros ni las exenciones de la norma doméstica. Tal ejercicio de «salto» por encima de la entidad no procederá cuando la entidad en régimen de atribución de rentas se encuentre constituida en un país o territorio calificado reglamentariamente como paraíso fiscal.

4.6. El uso indebido del Convenio. Medidas bilaterales contra la elusión fiscal

4.6.1. La normativa bilateral antiabuso

Como observan los CMC, aunque el principal objetivo de los convenios de doble imposición es promover los intercambios de bienes y servicios y los movimientos de capitales y personas mediante la eliminación de la doble imposición internacional, también «dichos convenios tienen como fin evitar la elusión y la evasión fiscales». Como resultado de los trabajos del proyecto BEPS y las propuestas del Convenio multilateral nacido en su consecuencia, el Modelo de 2017 hace expresa referencia a la intención de los tratados relativa a evitar su aplicación cuando se trate de transacciones u operaciones que la busquen, consiguiendo efectos de nula o mínima tributación. El preámbulo del convenio multilateral y del nuevo Modelo así lo proponen, con carácter clarificador, y dicho principio debe ser relevante en la interpretación de las normas del convenio, parte de cuyo contexto viene representada por esa declaración preambular.

Es, sin duda, evidente que la proliferación de convenios de doble imposición eleva el riesgo de que haya abusos al posibilitar la utilización de construcciones jurídicas artificiales diseñadas para obtener tanto los beneficios fiscales previstos en determinadas legislaciones domésticas como las ventajas impositivas establecidas en los convenios de doble imposición. Una manifestación recurrente de las conductas fiscalmente elusivas consiste en el uso interesado de los convenios suscritos entre dos países para evitar la doble imposición como pantalla normativa para un determinado sujeto cuyos beneficios fiscales no debiera naturalmente merecer, o para determinadas operaciones o actividades que buscan inmerecidamente su cobertura. No se trata sino del denominado *treaty shopping* o uso de la red de convenios fiscales de un determinado Estado, en cuyo ámbito territorial se sitúa intencionadamente el sujeto –de ordinario mediante la constitución de una entidad (*conduit company* o sociedad de tránsito de rentas)– interesado en sus beneficios, que de esta manera obtiene reducciones o exenciones impositivas en las rentas generadas en un tercer Estado (sin que, adicionalmente, soporte en el Estado de su residencia «planificada» un coste fiscal relativo superior al deseado, sea por disfrutar de regímenes de favor, sea por poder compensar las bases imponibles positivas con partidas negativas fiscalmente admisibles erosionando los ingresos obtenidos con gastos remitidos a entidades no residentes –*stepping stone conduit*–). Sin embargo, como la OCDE reconoce, los CDI persiguen también «prevenir el fraude (o la evasión) fiscal» y, en ese escenario nace un amplio repertorio de disposiciones con objeto de evitar el uso abusivo de sus normas.

Una porción de dichas normas bilaterales son aquellas que persiguen delimitar con la mayor precisión posible el exacto perímetro –subjetivo, objetivo, territorial, etc.– de aplicación de sus efectos, a las que en apartados precedentes se ha hecho referencia. Más allá de éstas, la doctrina de la OCDE por medio de los CMC al artículo 1, aborda frontalmente el problema del uso indebido de los tratados así como la descripción de diversos formatos de cláusulas antiabuso, en su versión previa a 2017.

Es importante considerar que los Comentarios permiten interpretar normas contenidas en CDI suscritos bajo la inspiración de los Modelos antecesores –1963 y 1977–; esto es, en principio, cabe una interpretación dinámica de los tratados. Ahora bien, ello no será posible, y habrá que acudir a los Comentarios originales, al tiempo del nacimiento del convenio, cuando entre los textos presentes y los históricos concurra una discrepancia de fondo o cuando el «contexto» exija una interpretación histórica de la disposición examinada. En 1992 se aprobó la vigente versión del Modelo de CDI, que es objeto de actualización cada cierto número de años. Así, en 2003, incorporó notables cambios dentro del marco de los Comentarios al artículo 1 (y en relación con la noción de beneficiario efectivo –en este caso, también en 2014–, que se examina más adelante). Y otro tanto ocurre con la revisión que sufre el Modelo en diciembre de 2017.

Antes de 2017, en la posible aplicación de los diferentes textos normativos que los CMC proponen como mandatos antiabuso (aunque dichas cláusulas aparecen tan solo descritas y explicadas, sin integrarse como texto/modelo en el clausulado de normas-tipo) (ver 4.6.2.), deben ponderarse las siguientes circunstancias:

– El hecho de que estas disposiciones pueden ser combinadas, de modo que no sean mutuamente excluyentes, cuando puedan ser necesarias varias de ellas para hacer frente a diferentes problemas.

– El grado de posibilidades de que una empresa pueda beneficiarse efectivamente de ventajas fiscales recurriendo a una determinada estrategia de elusión fiscal.

– El contexto legal de ambos Estados contratantes y, en particular, la posibilidad de que la legislación nacional ofrezca ya una respuesta apropiada para la estrategia de elusión.

– La posibilidad de que otras actividades económicas que se desarrollen de buena fe puedan verse perjudicadas por estas disposiciones, sin que exista motivo para ello.

Sin embargo, el Modelo de CDI en 2017 acoge las propuestas sobre medidas antiabuso bilaterales emanadas a consecuencia de los trabajos en BEPS, sean de naturaleza objetiva o subjetiva, además de las modificaciones en el Preámbulo y en el propio Título del Modelo que enfaticen su finalidad contraria a la nula imposición. Lo mismo ocurre con el clausulado que prevé el Convenio o Instrumento Multilateral fruto de BEPS en este extremo.

Conviene considerar que una de las acciones específicas dentro del Proyecto BEPS tiene como objeto la adopción de medidas antiabuso relativas a los tratados sobre doble imposición (y ello sin perjuicio de que otras acciones también puedan salpicar este campo en alguna de sus consecuencias). La acción con el número 6 y el informe emanado en octubre de 2015 desarrolla normas convencionales y recomendaciones relativas al diseño de normas internas que impidan la concesión de los beneficios del convenio en circunstancias inapropiadas. Además de clarificarse que el objeto de los convenios no es su uso para generar situaciones de doble no imposición se propone reforzar esta idea en el Preámbulo de los Convenios con el ánimo de dejar clara la intención de los Estados. Se recomienda incluir en los convenios una declaración de carácter general sobre la voluntad de los Estados de evitar la celebración de acuerdos que supongan un uso abusivo de los convenios.

Así, en suma, el Preámbulo afirma lo siguiente: "Con la intención de eliminar la doble imposición en relación con los impuestos comprendidos en este convenio sin generar oportunidades para la no imposición o para una imposición reducida mediante evasión o elusión (incluida la práctica de la búsqueda del convenio más favorable –*treaty shopping*– que persigue la obtención de los beneficios previstos en este Convenio para el beneficio indirecto de residentes de terceras jurisdicciones).".

Y debe ponderarse que, como ya se apuntaba en los informes del proyecto BEPS, la afirmación antedicha tiene un carácter clarificador y no innovador. Así, cualquier interpretación teleológica de las normas bilaterales debiera considerar, salvo que de sus términos ordinarios resulte otra cosa, que la nula imposición, la desimposición, la mínima tributación como consecuencia de las disposiciones del tratado no es algo que pertenezca a su deseo.

Nótese, también, que dicho preámbulo se convierte en un mínimo estándar desde el punto de vista de los acuerdos alcanzados en BEPS. Su incorporación generalizada a los tratados suscritos por España con terceros países, asimismo parte del Convenio multilateral, lo sumarán a su redacción.

En contexto parecido deben tenerse en cuenta los CMC al artículo 1 del ModCDI, en concreto aquellos nacidos en 2017 (57 y siguientes) en sentido parecido a como se pronunciaran antes los Comentarios 9.3 a 9.5, en tanto consideran la posibilidad de inaplicar disposiciones bilaterales incluso en defecto de reglas antiabuso específicas y de la regla sobre el propósito principal (artículo 29.9. del Modelo). Se indica en dichos Comentarios que no deben otorgarse los beneficios del tratado sobre doble imposición cuando se esté en presencia de transacciones o acuerdos que constituyan un abuso de las disposiciones del convenio; cabría, así, denegar la aplicación de normas por invocación del artículo 29.9 o, en su defecto, con pie en la expulsión del marco del tratado de situaciones abusivas (CMC 60 y 61 al artículo 1).

El Convenio Multilateral y el Modelo en 2017 contienen dos propuestas de **cláusulas antiabuso de carácter general:**

1. Una cláusula de limitación de beneficios, subjetiva, (cláusula LOB) que sigue la estructura que incluye Estados Unidos en sus convenios. Esta regla permite la aplicación del convenio únicamente a los residentes "cualificados" que cumplen alguno de los requisitos establecidos en la propia cláusula y basados, entre otros, en la propiedad, la actividad económica o la propia naturaleza jurídica del residente. El artículo 29.1 a 7 del Modelo la recoge –y los CMC la desarrollan– en sus versiones simplificada y detallada.

2. Una cláusula objetiva o finalista (*principal purpose rule –PPT–*), que excluye de los beneficios del convenio aquellas transacciones una de cuyas finalidades primordiales haya sido aprovecharse de estos beneficios. La norma del Modelo toma asiento en el artículo 29.9 del Modelo: *"No obstante las disposiciones de este Convenio, los beneficios concedidos en virtud del mismo no se otorgarán respecto de un elemento de renta o de patrimonio cuando sea razonable considerar, teniendo en cuenta todos los hechos y circunstancias pertinentes, que el acuerdo u operación que directa o indirectamente genera el derecho a percibir ese beneficio tiene entre sus objetivos principales la obtención del mismo, excepto cuando se determine que la concesión del beneficio en esas circunstancias es conforme con el objeto y el propósito del Convenio".*

Se permite un determinado grado de flexibilidad en la implementación de estas recomendaciones pero se establece un nivel mínimo de exigencia que consiste en incluir la declaración en el título y en el preámbulo indicando que los Estados Contratantes intentan evitar la creación de oportunidades para la no imposición o la imposición reducida a través de la evasión o elusión fiscales así como una de las tres siguientes opciones:

– El enfoque combinado, es decir, incluir tanto la regla PPT como la regla LOB;
– Incluir la regla PPT; o
– Incluir la regla LOB complementada con reglas especiales aplicables exclusivamente a los acuerdos/operación de carácter instrumental (*conduit arrangement*).

Los Comentarios al Modelo de Convenio en esta materia son prolijos, en especial en relación con la determinación de las personas cualificadas a efectos del tratado (cláusula LOB), con un amplísimo despliegue de consideraciones y ejemplos. Se trata de un precepto (artículo 29. 1 a 7) que contempla (a merced de los CMC que lo desarrollan) las pautas para considerar "persona calificada" para el CDI. El modelo de cláusula LOB propuesto tiene la estructura siguiente:

1. Disposición que denegaría los beneficios del convenio a un residente de un Estado contratante que no sea una "persona calificada" de acuerdo con el apartado 2 siguiente;

2. Definición de las situaciones en que un residente de un Estado contratante sería una "persona calificada", que incluiría a:

- Personas físicas.

- Un Estado contratante, sus subdivisiones políticas y entidades totalmente participadas por aquellas.

- Ciertas entidades que cotizan en bolsa y sus filiales.

- Ciertas entidades sin ánimo de lucro y fondos de pensiones.

- Otras entidades que cumplan determinados requisitos de propiedad y de erosión de bases.

- Ciertos instrumentos de inversión colectiva.

- Entidades que cumplan un determinado test de beneficios.

- Entidades a las que se haya otorgado la aplicación de los beneficios por parte de la autoridad competente.

- Contribuyentes que, si bien no cumplen con la definición de persona cualificada, ejerzan una actividad económica en su Estado de residencia y la renta en cuestión se obtenga en relación con esa actividad o sea incidental a la misma.

- Personas no cualificadas si, al menos, un determinado porcentaje de la entidad es propiedad de determinadas personas con derecho a beneficios equivalentes.

- Entidades que actúen como headquarters o cabeceras.

Asimismo se permitiría a las autoridades competentes de un Estado contratante conceder determinados beneficios del Convenio a una persona a la que se le denegarían, en aplicación de los apartados anteriores

Conviene reiterar que la norma LOB no es la opción que adopta el Estado español.

Por lo que se refiere a los comentarios vertidos en relación con la cláusula PPT, se pone de manifiesto que traen causa en ciertos CMC preexistentes y que no restringe en modo alguno la posible aplicación de los mandatos contenidos en el artículo 29 (1 a 7 y 8). Es más, la cláusula del objetivo principal debe ser interpretada en el contexto de los otros párrafos del mismo artículo y del resto del convenio, incluyendo su preámbulo. Así, una persona cualificada a efectos de la cláusula LOB para el disfrute del convenio pudiera verse privado del mismo en virtud de la cláusula PPT. El análisis de la concurrencia de la cobertura del tratado como uno de los propósitos principales requiere que comparezca un elemento intencional determinado a través de hechos y circunstancias objetivas relevantes bajo un criterio de razonabilidad.

Los CMC precisan que se trata de una cláusula que permite abordar casos de uso inapropiado del tratado incluso cuando la norma doméstica no autoriza ni prevé nada en este sentido, y no resulta restrictiva respecto de las otras dos previsiones antiabuso contenidas en el propio artículo 29.

Su aplicación se hace "renta por renta", esto es, por elementos de renta o patrimonio, no expulsa al sujeto, expulsa a la operación fuera de la cobertura del CDI.

Presenta evidente afinidades con el mandato contenido en el artículo 15 de la LGT, en cuanto requiere que "uno" de los objetivos principales sea de orden fiscal, aunque su carácter parece más expansivo.

Todas las expresiones que contiene, bien se trate de los " beneficios", de la expresión "directa o indirectamente" o de la expresión "acuerdo o transacción", deben ser interpretadas en un sentido claramente expansivo.

Ya existe un buen número de CDI –en especial los suscritos con territorios «salientes» de la relación de paraísos fiscales– que abundan en cláusulas antiabuso de carácter general (negando sus ventajas cuando el fin primordial venga constituido por el disfrute de la cobertura del tratado): Albania, Pakistán, Catar, Uruguay, Singapur, Barbados, Kazajstán, Georgia, Panamá, Jamaica, Trinidad y Tobago, etc.

Los CMC ofrecen diversos ejemplos ilustrativos de la aplilcación de la regla PPT. Asimismo, advierten la posibilidad de que los Estados contemplen un proceso interno y singular de aplicación (comisión consultiva para el conflicto) cuando se esté invocando una norma general antiabuso (en nuestro caso, así el artículo 15 LGT); como también se plantea la posibilidad de que los Estados contemplen (con un apartado adicional) conceder al contribuyente los beneficios que hubieran obtenido si no se hubiera realizado la transacción abusiva: así, que aunque descartada la aplicación de los beneficios en su grado máximo pueda recibir otros beneficios del tratado.

Resulta inevitable en este punto mencionar la Directiva (UE) 2016/1164 12 de julio de 2016 por la que se establecen normas contra las prácticas de elusión fiscal que inciden directamente en el funcionamiento del mercado interior, que contiene una norma general contra las prácticas abusivas de este tenor: "A efectos del cálculo de la deuda tributaria en concepto de impuesto sobre sociedades, los Estados miembros no tendrán en cuenta ningún mecanismo o serie de mecanismos que, por haberse establecido teniendo como propósito principal o uno de sus propósitos principales la obtención de una ventaja fiscal que desvirtúa el objeto o la finalidad de la normativa tributaria aplicable, resulten estar falseados una vez analizados todos los datos y circunstancias pertinentes", así como la Recomendación de la Comisión europea 2016/136, sobre aplicación de medidas contra el abuso de convenios fiscales.

Por otra parte, antes de 2017 se contemplaban en los CMC situaciones específicas de abuso de convenio, algunas ya están tratadas en el Modelo (es el caso, por ejemplo, de la subcontratación transfronteriza de trabajadores) y propone posibles modificaciones en el articulado o en los comentarios del Modelo en casos como entidades con residencia en dos Estados con fines de abuso de convenio, transferencias transitorias de participaciones para beneficiarse de determinadas exenciones o reducción de la tributación o localización de establecimientos permanentes en terceros estados con el fin de abusar del convenio.

De hecho, el artículo 29.8 del nuevo Modelo incorpora un mandato específico relativo a aquellos casos en que se trate de empresas que disponen de un establecimiento permanente en otro Estado a quien se atribuyan las rentas obtenidas en un tercer Estado. Se contempla la negativa a la aplicación del convenio para evitar la doble imposición cuando la rentas del establecimiento permanente sean gravadas por debajo de un determinado umbral en la jurisdicción de su ubicación y asimismo se consideran exentas en sede de la empresa la que pertenezca a dicho establecimiento.

El Modelo de 2017 reitera la convivencia, debido a la afinidad de sus objetivos entre las normas bilaterales y las disposiciones anti abuso domésticas y la jurisprudencia aplicable al caso, aunque en modo alguno se discuta la prevalencia del convenio sobre las disposiciones locales. El hecho de que un tratado específicamente autorice la aplicación de una norma doméstica antiabuso debe entenderse en el mismo contexto en el cual existen ciertas disposiciones del tratado que dependen de la aplicación de normas locales y asimismo cabe denegar la aplicación de normas por invocación del artículo 29.9 o, en su defecto, con pie en la expulsión del marco del tratado de situaciones abusivas (CMC 60 y 61).

4.6.2. *Medidas contra sociedades instrumentales o «conductoras»*

Resulta frecuente que en la práctica totalidad de los tratados más recientes suscritos por España, se encuentre una cláusula según la cual tanto los beneficios del tratado no se otorgarán a una persona que no sea el beneficiario efectivo de las rentas procedentes del otro Estado contratante; como una específica y «clásica» restricción relativa a los artículos 10, 11 y 12 que no se aplicarán «cuando el fin primordial o uno de los fines primordiales de cualquier persona relacionada con la creación o cesión de las acciones u otros derechos que generan los dividendos, la creación o cesión del crédito que genera los intereses, la creación o cesión del derecho que genera los cánones o regalías, sea el de conseguir el beneficio de dichos artículos mediante dicha creación o cesión»; o bien una cláusula de similar naturaleza referida a la generalidad de las rentas (excepción dentro de la regla de incorporación de normas antiabuso de este corte es, por ejemplo, el CDI con Chipre).

En los CMC del Modelo de convenio existente antes de 2017 se ofrecen una serie de variantes dispositivas ante el caso de la utilización de sociedades instrumentales, eliminadas en la redacción actual de los comentarios dentro de la cual ya carecen de sentido en su mayoría, pero cuya referencia resulta obligada por su posible incidencia en CDI preexistentes y se enumeran a continuación:

4.6.2.1. La cláusula de transparencia

En su momento se afirma que se trata de una norma que frena el acceso a los beneficios de los convenios a las sociedades que no sean propiedad, directa o indirectamente, de personas residentes en el Estado en el que tienen fijada su residencia dichas sociedades. A juicio de la OCDE, una disposición con fines de «transparencia» (que parece aconsejable para los convenios que se establezcan con países que tienen una imposición nula o muy baja y en los que normalmente no se desarrollan actividades empresariales relevantes), podría tener la siguiente redacción:

«Una sociedad que sea residente de un Estado contratante no tendrá derecho a acogerse a ninguna desgravación de las previstas en este Convenio en relación con renta, ganancia o beneficio alguno, cuando sea propiedad o esté bajo el control, directa o indirectamente, o a través de una o más sociedades, cualquiera que sea el lugar de residencia de éstas, de personas que no sean residentes de un Estado contratante».

En el caso de incorporar esta cláusula, como en la mayoría de las restantes, se aconseja amortiguar su impacto añadiendo salvedades relativas a las entidades que obren de buena fe o bajo parámetros manifiestamente empresariales (de hecho, como complemento a la restricción derivada de la norma, se suele ordenar que no se encuentran afectadas las sociedades que «realicen operaciones empresariales sustantivas» o cuya constitución se base en «sólidas razones empresariales», sin que tengan «como propósito principal la obtención de los beneficios» que otorga el tratado).

Una muestra de tales disposiciones pudiera ser el artículo 17.1.d del todavía vigente CDI suscrito con EEUU o el artículo 27 del CDI con Malta; igual ocurre, para ciertas rentas, con los Tratados con Andorra, Croacia, Irlanda, Portugal, Grecia, Rusia, Chile, Estonia, Letonia, Lituania, Eslovenia, Bélgica, Bolivia, Islandia, Israel, Vietnam, Cuba, Suiza, Sudáfrica, Malasia, Trinidad y Tobago, Serbia, El Salvador, Costa Rica, Jamaica, Moldavia, Omán, Uzbekistán y Noruega, etc., siempre permitiendo la demostración alternativa de los motivos económicos válidos, la buena fe o la sustantividad de la entidad.

4.6.2.2. La cláusula de sujeción

Los CMC aluden en su momento a otra norma tipo, que se fundamenta en el hecho de que las rentas en cuestión se encuentren efectivamente sujetas a tributación en el Estado de residencia del perceptor (los CDI suscritos con Canadá o Irlanda contienen ejemplos). Se trata de una norma que debe ir acompañada de disposiciones de buena fe que permitan la necesaria flexibilidad en su aplicación. Es significativo que se afirme que «por diferentes motivos, el Modelo de Convenio no recomienda la utilización de una disposición general de este tipo» (como se vio en el apartado 4.2.1. en el CDI con Arabia Saudí se dispone de una cláusula singular contra la «nula imposición»; y algo similar, entre otros ejemplos, acontece en el CDI con Costa Rica o en el suscrito con Omán).

4.6.2.3. La cláusula de tránsito

Con objeto de intentar resolver el problema de la utilización de sociedades instrumentales de forma más directa, se sugiere la incorporación a los convenios de una disposición (el denominado *channel approach*) o «cláusula de tránsito», en cuya virtud las normas de un CDI solo resulten aplicables a las entidades cuyos socios sean residentes en el mismo Estado de residencia de aquellas y, además, cuyas rentas se apliquen a satisfacer obligaciones contraídas con sujetos beneficiarios de dicho CDI (un ejemplo de esta fórmula normativa se encuentra en el artículo 17 [1,ii] del CDI con EEUU]. Con ello se persigue colapsar los mecanismos «de trampolín» o *stepping stone* (la sociedad que «conduce» la renta no se encuentra exenta pero elude la tributación efectiva compensando los ingresos con gastos derivados de remesas a otras entidades no residentes que sí se encuentren libres de imposición).

Así, se negaría la aplicación de las disposiciones del Convenio que supongan una exención o una reducción de impuestos cuando más del 50 por 100 de la renta obtenida por una sociedad residente en un Estado en el cual no residan sus principales dueños, directo o indirectos, «se utilice para satisfacer pagos debidos a estas personas (en concepto ya sea de intereses, cánones, gastos de desarrollo, de publicidad, de primer establecimiento así como por depreciación de activos empresariales de cualquier tipo, incluyendo bienes incorporales y otros intangibles)».

Una norma de este género debe completarse con una disposición de buena fe, en línea con lo sugerido en apartados anteriores.

4.6.2.4. La cláusula de exclusión

Una muestra tradicional de esta modalidad de normas es la contenida en el Protocolo del CDI suscrito con Luxemburgo respecto de las sociedades *holding* definidas en la legislación especial luxemburguesa (Ley de 31 de julio de 1929 y Decreto ducal de 17 de diciembre de 1937), así como otras entidades con similar estatuto fiscal, que quedan excluidas expresamente de la cobertura bilateral (y obsérvese que dicha exclusión pervive aunque desde 16 de julio de 2010 –en virtud de un nuevo Protocolo, BOE de 31 de mayo de 2010– dichas entidades «salen» de la lista de paraísos fiscales española). Otro tanto puede decirse de las entidades navieras exentas a las que alude el Protocolo del CDI con Malta; así como la expresa exclusión de las reglas de reparto de soberanía previstas en el CDI con Malasia para los sujetos beneficiarios del denominado Régimen fiscal offshore "de Labuan 1990", de la solo hipotética exclusión a que se refiere el CDI con Macedonia, o de determinadas sociedades financieras y comerciales internacionales que menciona el Protocolo del CDI con Jamaica; otro tanto acontece con la exclusión del tratado de Uruguay de las Sociedades Anónimas Financieras de Inversión (SAFI), o de las Instituciones Financieras Externas (IFE);o de las Zonas francas previstas en la Ley 15.921; en el caso de Panamá la exclusión, entre otras, bajo ciertas condiciones, de las zonas libres y otros regímenes especiales» o de los fideicomisos, fundaciones de interés privado y las organizaciones no gubernamentales, o incluso en el CDI de Barbados la exclusión –respecto de ciertos preceptos– de los beneficiarios de determinados «regímenes especiales». Así se priva de los favores de un CDI a cierto tipo de entidades, de ordinario debido a sus estatutos fiscales de privilegio (sin embargo, los CMC actualmente desplazan la eficacia de esta disposición al terreno de las medidas contra los regímenes fiscales privilegiados) (ver 4.6.6.).

4.6.2.5. La cláusula general de limitación de beneficios

Como preludio de lo que actualmente representa el artículo 29.1 a 7 del Modelo, ante el mismo juicio de la OCDE –y a inspiración en este caso del Modelo de convenio norteamericano–, los Estados que quieran abordar de forma global la lucha contra el uso abusivo de los CDI, pueden tener en cuenta fórmulas normativas integrales y detalladas de limitación de los beneficios fiscales. Se trata de diseñar normas a modo de test (demostración de vínculos económicos estables, motivos económicos sólidos o válidos, etc.) en tal sentido, para luchar contra el uso de entidades conductoras de rentas; cláusulas de dicha naturaleza se encuentran en tratados recientes como es el caso, por ejemplo, de los pactados con Andorra, El Salvador, Jamaica, Moldavia, Serbia, Trinidad, Omán, Uzbekistán y Tobago o República Dominicana. El ejemplo textual propuesto en su momento en los Comentarios al Modelo está muy próximo al postulado por el artículo 17 del tratado suscrito entre España y EEUU (en su versión futura también), incorporando de modo combinado tests diversos de «transparencia», de «tránsito», «de buena fe», de «actividad» o materialidad empresarial o de cotización en bolsa, al margen de otros mandatos singulares.

4.6.3. Disposiciones atenuadoras

También en el marco de los comentarios preexistentes a 2017, en su momento se afirmaba que con objeto de que los beneficios previstos en los convenios no resulten perturbados en los casos en que prevalece la buena fe, es necesario completar las normas antiabuso con determinadas disposiciones específicas que atenúen su impacto. Puede tratarse de:

– Una **disposición general de buena fe**, de suerte que se afirme que las disposiciones antielusión no serán de aplicación cuando la sociedad demuestre que su principal objetivo, así como la dirección de sus negocios y la adquisición o mantenimiento por la misma sociedad de sus acciones u otros bienes de los que se deriva la renta en cuestión están motivados por la buena fe empresarial y no tienen como objetivo primordial la obtención de ninguno de los beneficios previstos en el tratado en cuestión (el uso del CDI debe responder a razones legítimas sin que se considere tal un interés de orden fiscal): entre los tratados suscritos por España pueden citarse, a título de mera muestra, el artículo 17.2 del CDI con EEUU y algo similar en los suscritos con México (artículos 11.9 y 12.8), con Francia (artículo 10.3, c y d) o con Irlanda en su Protocolo, entre otros varios casos.

– Una **cláusula «de actividad»** de suerte que las disposiciones restrictivas no sean de aplicación cuando la sociedad lleve a cabo operaciones empresariales sustanciales en el Estado en el que tiene fijada su residencia y el beneficio fiscal que solicita al otro Estado se refiera a unas rentas vinculadas con dichas operaciones.

– Una disposición de **«cuantía de impuesto»** en cuya razón las normas penalizadoras no serán de aplicación cuando la reducción impositiva solicitada no exceda del impuesto que corresponde pagar en el Estado en el que tiene fijada su residencia la sociedad en cuestión.

– Una disposición de **«cotización en bolsa»**, según la cual las disposiciones antiabuso no serán de aplicación en el caso de una sociedad residente de un Estado, si la categoría principal de sus acciones está admitida a cotización en un mercado de valores autorizado, o si la sociedad en cuestión es propiedad en su totalidad –ya sea directamente o a través de una o más sociedades, residentes todas ellas en el mismo Estado– de una sociedad residente en tal Estado y cuyas acciones coticen en similares condiciones.

– O una disposición de **«desgravación alternativa»**, de modo que cuando una disposición anti-abuso haga referencia a personas no residentes de un Estado contratante, se podrá especificar que no se comprenderán bajo dicha expresión a los residentes de terceros países que tengan suscritos con el Estado al que se reclama una desgravación impositiva, convenios vigentes en materia de impuesto sobre la renta, en los que se establezca una desgravación no inferior a la que se tiene derecho al amparo del convenio correspondiente.

4.6.4. La cláusula del beneficiario efectivo

También se trata de una norma antielusión, manifiesta o no (aunque su naturaleza se ha discutido y discute), aquella contenida de modo particular en los CDI concertados a partir del Modelo de Convenio de 1977 (momento en el que, por primera vez se recoge junto con la norma antiabuso relativa a las sociedades de artistas – artículo 17.2 ModCDI –), en referencia al reparto de soberanías fiscales de rentas mobiliarias –dividendos, intereses y cánones– (aunque en los últimos años se ha generalizado su incorporación como una cláusula de alcance general en multitud de CDI) y en cuya virtud se establece una restricción expresa, según la cual los tipos impositivos límite –o las exencio-nes– previstos en tales disposiciones en punto a la imposición en el Estado de la fuente solo se aplican si el perceptor de tales rentas, además de ser residente en el Estado contratante, resulta ser el «bene-ficiario efectivo» de las mismas; no un puro mediador en el flujo de aquellas hacia un tercer país, o un mero asentador de cobro.

Los CMC redactados en 2003 transmiten una lectura más extensiva de la noción de «beneficiario efectivo» de modo que junto al agente de cobros, mediador o *nominee* (respecto del cual no cabe riesgo alguno de doble imposición, dado que la renta transita forzosamente a través de él) quepa considerar dentro de la figura al perceptor de una renta que actúa como «conductor» de la misma – una sociedad de tránsito (*conduit companie*)– debido a que ésta carece de poderes efectivos –o éstos son reducidos– sobre la renta concernida, actuando como un fiduciario o administrador que obra por cuenta del verdadero perceptor final de la utilidad.

Aunque este sea un extremo también sumariamente mencionado en los capítulos relativos a las rentas mobiliarias (por ejemplo, ver ap. *2.1.4.* del Capítulo relativo a cánones), deben examinarse las coordenadas generales de esta cuestión.

La expresión «beneficiario efectivo» tenía ya antecedentes en convenios suscritos por Reino Unido en los que ya se hace referencia a la figura del *«beneficial ownership»*, antes del nacimiento del Modelo de 1977 (se trata de un término, por tanto, con origen en nociones del derecho anglosajón y que parece emparentarse con la distinción entre la propiedad formal y la propiedad «económica»). Sin embargo, en términos generales solo a partir del nacimiento del Modelo de 1977 los convenios fueron incorporando a la redacción de los artículos 10, 11 y 12 la mención literal nueva de dicha cláusula. Incluso buena parte de los CDI más recientes incorporan con carácter general para todas las rentas comprendidas en el tratado –así, por ejemplo, ocurre con el CDI con Alemania, Andorra, Bosnia y Herzegovina, Catar, Trinidad y Tobago, Argentina, Finlandia, Omán, Senegal, Nigeria, Kuwait, México, etc.–) una cláusula según la cual tanto los beneficios del tratado no se otorgarán a una persona que no sea el **beneficiario efectivo** de las rentas procedentes del otro Estado contratante.

Según la redacción de los CMC desde 2003 cabe entender –y ello es importante– que la cláusula del beneficiario efectivo tiene un alcance «aclaratorio» en relación con la expresión «pagado a un residente» (téngase presente que los nuevos Comentarios incorporan una concepción del «beneficiario efectivo» bastante más amplia de la que podía presumirse en redacciones anteriores): así se establece en la redacción del párrafo inicial del Comentario número 8 al artículo 11 (tomado como ejemplo que vale para los otros dos preceptos); y nótese que asunto distinto de este aunque parecido, es al que se refiere el Comentario contenido en el párrafo 8.2 en el que se hace alusión exclusivamente a la clarificación que se produjo en la versión de 1995 en relación con los casos en que el «beneficiario efectivo» resultare ser residente en el mismo Estado del perceptor primario de la renta).

En consecuencia, la OCDE se inclina por una interpretación dinámica del Modelo y sus Comentarios en este punto, al asignar mero valor clarificador a la cláusula de «beneficiario efectivo» (con apoyo en los postulados contenidos en los Comentarios 33 a 36 de la introducción del Modelo que predican dicha interpretación «ambulatoria» cuando se trate de Comentarios de puro alcance explicativo y no sustancial).

Sin embargo, no debiera considerarse especialmente trascendente que los comentaristas, en un momento dado, afirmen o no el alcance «aclaratorio» de un texto; lo trascendente es si efectivamente se trata de una cuestión de mero alcance clarificador o si difiere de la doctrina manifestada con anterioridad, pues, de otro modo, se estaría produciendo un proceso poco deseable de «deslegalización» del contenido normativo de los tratados. Y lo cierto es que el Modelo de 1977 tenía un carácter bastante más formalista que el actual y que la cláusula de beneficiario efectivo se menciona junto con otra –la relativa a las sociedades de artistas–, cuyo carácter novedoso y sustantivo es patente, y respondían al mismo estímulo: la lucha contra el «*treaty shopping*» (lo que pudiera considerarse una evidencia de la trascendencia sustantiva, de tal género de cláusulas, sin que pueda presumirse su existencia, en defecto de su expresión). Obsérvese, sin embargo, que cierta doctrina del TS –así, STS de 11 de junio de 2008, STS de 13 de abril de 2011 STS de 7 de diciembre de 2012– se muestra drásticamente favorable a una interpretación dinámica de los Comentarios en un escenario –sociedades interpuestas en rentas de artistas; norma expresa o presumible– que guarda similitudes con el glosado.

Al igual que ofrece dudas o no parece plenamente coherente entender como meramente aclaratoria una mención que se restringe a solo determinados preceptos dentro del Convenio, sin plantearse semejante análisis de «titularidad efectiva» del rendimiento respecto de otras varias rentas contempladas en el Modelo (aunque también es cierto que en buena parte de los viejos convenios en los que no se recoge expresamente la cláusula tan repetida, se utiliza con frecuencia la expresión «beneficiario»; y desde la misma perspectiva, habría que ponderar el hecho de que tratándose de las restantes rentas contempladas en el Convenio la expresión dominante utilizada es la de «obtenidas» en lugar de la de «pagadas»).

En cualquier caso, el alcance aclaratorio de la expresión «beneficiario efectivo» parece más fácil de ser aceptado en los términos dictados por la interpretación tradicional que la doctrina de la OCDE ha otorgado a la figura del beneficiario efectivo (más restrictiva que la que se ofrece en el Modelo a raíz de su revisión en 2003). Así, cabría interpretar que cuando se trate de supuestos en que el perceptor de la renta sea un mero agente, «*nominee*» o mandatario que actúe por cuenta ajena, la existencia expresa o no de dicha cláusula puede no considerarse necesaria –y, caso de concurrir, tener alcance aclaratorio–, dado que no se hace otra cosa que descartar de la relación jurídico tributaria a un mediador en el pago o en el cobro de la renta (al igual que ocurre en las normas domésticas). Más conflictivo puede ser en ocasiones extender la noción de beneficiario efectivo a aquellos casos –en el sentido en el que se manifiestan los Comentarios de 2003– en que el perceptor de la renta carezca de facultades amplias de disposición respecto de la renta obtenida. En este segundo caso la aplicación de la cláusula de «beneficiario efectivo» cobra unas connotaciones «antiabuso» más agudas, aproximándose a las otras cláusulas previstas específicamente contra el uso de sociedades de conducción de rentas o interpuestas.

Precisamente la actualización de julio de 2014, buscando entre otros efectos, una más precisa delimitación del alcance de la noción de beneficiario efectivo, de suerte que no invada el ámbito de las cláusulas específicas – CMC al artículo 1 del ModCDI – relativas a sociedades interpuestas, contiene las siguientes matizaciones y adiciones:

Se reafirma que la noción de «beneficiario efectivo» nace con objeto de clarificar la expresión «pagado a...» del precepto y debe interpretarse en dicho contexto y no por referencia a ningún sentido técnico previsto en ninguna normativa doméstica (de hecho se trata de una expresión no recogida en multitud de legislaciones locales). Se menciona el ejemplo de las legislaciones domésticas con regulaciones específicas sobre trust o fiducias y se ejemplifica en el caso de trustees que gestionen trusts discrecionales (no irrevocables) que no distribuyen dividendos y actúen en su propia condición, en cuyo supuesto pueden (y si no ellos, el propio trust si es un sujeto fiscal) ser considerados beneficiarios de las rentas, si no consta un efectivo propietario o beneficiario legalmente.

Se explica didácticamente que en diversos casos (agente, representante, empresa que actúa como un fiduciario o administrador), el receptor directo de la renta no es el «beneficiario efectivo» porque el derecho de ese receptor para utilizar y disfrutar de las rentas está limitado por una obligación contractual o legal de repercutir o «pasar» dichas rentas, derivando dicha obligación normalmente de los documentos legales pertinentes, pero también esto puede ocurrir sobre la base de hechos y circunstancias que demuestran que, en sustancia, dicho destinatario claramente no tiene el derecho de usar y disfrutar las rentas sin restricciones por una obligación contractual o legal de repercutir el pago recibido a otra persona (sin que se consideren como tales aquellas obligaciones contractuales o legales que no dependen de la recepción del pago y que el perceptor directo tiene como deudor o como parte en otras transacciones (por ejemplo, se cita el caso de las obligaciones de distribución de planes de pensiones y de los vehículos de inversión colectiva que tengan derecho a los beneficios del tratado bajo los principios del Artículo 1). Así se pronuncia la DGT V2028-18, de 9 de julio de 2018, en que se considera como beneficiario efectivo de dividendos a un fondo de inversión no residente, cuando la titularidad formal de las acciones pertenece a una sociedad gestora.

Se indica que el beneficiario efectivo que tiene el derecho a utilizar y disfrutar de las rentas sin estar limitado por una obligación contractual o legal de repercutir o «pasar» dichas rentas no tiene por qué coincidir con el propietario de los activos generadores de las rentas en algunos casos.

Se observa la convivencia (y la diferencia) entre la cláusula de beneficiario efectivo y otras normas antiabuso bilaterales cuando se afirma que el hecho de que el destinatario de la renta se considere que es el beneficiario efectivo no significa, sin embargo, que la ventaja fiscal o limitación del impuesto prevista en el precepto se aplique automáticamente. Dicha limitación o ventaja impositiva no debe concederse en los casos de abuso de esta disposición. Como se explica en los CMC sobre el artículo 1, existen muchas maneras de hacer frente a las compañías conductoras de rentas y, más en general, al *treaty shopping*. Estas incluyen disposiciones antiabuso específicas en los tratados, anti-abuso en general, o de prevalencia de sustancia sobre forma más o relativas a la sustancia económica. En cambio, la noción de "beneficiario efectivo" aborda otras formas de elusión fiscal, sin que su aplicación restrinja la de las normas antes citadas.

A tal punto resulta de interés la STS 4963/2015, de 27 de noviembre de 2015 en la que no se suscita la aplicación de la cláusula de beneficiario, sino que debido a la existencia de simulación contractual se rechaza la aplicación de determinado convenio para evitar la doble imposición que provocaría la exención en fuente de los cánones obtenidos por la entidad no residente interpuesta, entendiéndose aplicable el tratado fiscal, y la tributación, correspondiente a la entidad a su vez no residente perceptora efectiva de dichas rentas.

Cuando se incumpla la condición de beneficiario efectivo, las ventajas del CDI de exención o limitación de tributación decaen, resultando aplicables las normas domésticas, sin que, por tanto, exista norma alguna que requiera aplicar el CDI del supuesto beneficiario efectivo de la renta, dado que esta, jurídica y fiscalmente, sigue perteneciendo a su preceptor, salvo que se trate de un patente agente o mediador en el tránsito de las mismas cuya intervención sea por cuenta de dicho preceptor; esto sería distinto al caso, por tanto, de una entidad intermediaria o *conduit company* que actúe como " administradora o fiduciaria", por utilizar la terminología de los propios CMC.

Se hace hincapié en los CMC, en fin, en que el sentido de la expresión «beneficiario efectivo» en el contexto del precepto bilateral debe claramente diferenciarse de su significado en otros marcos normativos o entornos: se mencionan, a título de ejemplo, las normas o estándares sobre blanqueo de capitales o sobre uso ilícito de entidades, en que se pretenda identificar a las personas, de ordinario personas físicas, que ostentan el control último de en entidades o activos. El término del texto bilateral pretende solventar dificultades que surjan en relación con la expresión «pagados a» más que las que se relacionen con la propiedad de los activos de los que derivan las rentas.

4.6.5. Cláusulas específicas

Ya en un terreno de mayor casuística y en relación con determinadas modalidades de rentas pueden considerarse desde ciertas cláusulas relativas a la «realidad económica» de una transacción (en ocasiones los CDI incorporan disposiciones que pretenden desenmascarar ciertas rentas cuya calificación fiscal se estime que deba ser distinta de la aparente –tal es el caso de ciertos CDI –EEUU (1991), Noruega, Japón, etc.– que recaracterizan como cánones –tributando en el Estado de la fuente– y no como plusvalías mobiliarias –exentas de gravamen en dicho Estado–, los resultados de enajenaciones «sospechosas» de bienes o derechos generadores de cánones; o, como otro mero ejemplo, las cláusulas antiabuso en relación a las rentas del trabajo y su tributación en el Estado de la fuente, cuando medie subcontratación de mano de obra – así, por ejemplo, el CDI con Noruega), así como diversas disposiciones bilaterales que pretenden desconocer la existencia de sociedades interpuestas (sea en el caso de las plusvalías derivadas de acciones de sociedades de sustrato inmobiliario, sean las rentas artísticas y deportivas con la habitual interposición de entidades en la percepción de las retribuciones obtenidas a consecuencia de la realización de espectáculos – artículo 17.2 ModCDI –, buscando en ambos casos eludir el impacto de la tributación en el Estado de la fuente (ver sobre este punto el ap. 2.2. del Capítulo III.11).

4.6.6. Medidas contra el uso de regímenes fiscales preferentes

Los CMC antes de 2017 ya contienen propuestas normativas específicas en relación con aquellas sociedades, que disfrutan de privilegios fiscales en el Estado donde residen, que se presten a desempeñar un papel de sociedad instrumental, generando así un problema de prácticas fiscales nocivas.

Como ya se apuntó, se recomienda una norma de exclusión, de modo que tratándose de sociedades exentas de imposición (o casi exentas de impuestos) que se distinguen por unas características legales especiales, el uso indebido de los convenios fiscales puede evitarse, impidiendo, sin más que dichas sociedades puedan acogerse a los beneficios fiscales de los tratados, bien en términos absolutos o mediante una disposición de salvaguarda aplicable a la renta percibida o satisfecha por estas sociedades (el campo de aplicación de dicha disposición puede limitarse mediante la referencia a rentas tales como dividendos, intereses, plusvalías o remuneraciones de los miembros del consejo de administración). En este segundo caso, las sociedades con fiscalidad de ventaja seguirían teniendo derecho a la protección prevista en el artículo 24 ModCDI (no discriminación) y a los beneficios de artículo 25 ModCDI (procedimiento amistoso o de mutuo acuerdo), estando además sujetas a las disposiciones de los artículos 26 y 27 ModCDI (intercambio de información y asistencia mutua).

Se considera que, cuando no sea posible o no proceda identificar singularmente a las sociedades que disfrutan de privilegios fiscales, cabe una fórmula más general que impediría el acceso a los beneficios fiscales de la norma bilateral a las entidades a las que procedería considerar como residentes de un Estado contratante, pero que disfrutan de un régimen fiscal preferente cuya concesión está reservada a las entidades con titularidad extranjera.

La doctrina de la OCDE, a cuyo detalle hay que remitirse de nuevo, ofrecía diversas propuestas de índole similar en referencia a determinados tipos de renta sujetas a una tributación baja o nula al amparo de un régimen fiscal privilegiado.

Los CMC nacidos en 2017, a efectos de la negociación de los tratados o de su exclusión de los CDI, y a efectos de restringir el perímetro de los beneficios del CDI, ofrecen nuevas consideraciones y recomendaciones también al respecto, en especial relativas a la definición de lo que se pueda considerar como "régimen fiscal especial", proponiendo el texto de un posible apartado propio insertan el artículo 3 del Modelo. Dicha calificación se encuentra basada en la existencia de reducciones o tipos preferenciales impositivos y la recurrencia al porcentaje del 60 % de un nivel impositivo de referencia, entre otros factores. Y de ella escapan los fondos de pensiones reconocidos, las organizaciones sin ánimo de lucro y las personas que alcancen un determinado nivel de tributación en sí mismas o en manos de sus accionistas, entre otros casos. Así, cuando pueda preverse antes de cerrar la negociación de un tratado que pudieran concurrir esas circunstancias, se sugieren disposiciones preventivas: bien relativas a regímenes fiscales singulares o privilegiados bien en prevención y previsión de cambios ulteriores en la normativa doméstica del otro país, bien, por ejemplo, cuando existan regímenes basados en la remisión de rentas.

4.6.7. Observación general

En cierta medida como un anticipo de los resultados del proyecto BEPS, del Convenio multilateral y de la redacción del Modelo efectuada en 2017, en el caso del Estado español, cabe observar, sin perjuicio de la existencia de ciertas cláusulas antiabuso elementales o tradicionales, principalmente emanadas del marco del Modelo de la OCDE de 1977, que la actividad negociadora de las autoridades fiscales plasmada en buena parte de los CDI suscritos a lo largo de los últimos años, evidencia una tendencia (aunque siempre dependiente de la singularidad de cada convenio y de los intereses coyunturales de cada Estado) cada vez más acusada a incorporar varias entre las nuevas disposiciones preventivas del uso indebido de las normas bilaterales que ofrece el vigente Modelo.

Existe ya un buen número de CDI, –en especial los suscritos con territorios «salientes» de la relación de paraísos fiscales que abundan en cláusulas antiabuso de carácter general (negando sus ventajas cuando el fin primordial venga constituido por el disfrute de la cobertura del tratado): Albania, Pakistán, Uruguay, Singapur, Barbados, Kazajstan, Georgia, Panamá, Jamaica, Trinidad y Tobago, etc.

Otro tanto habría que decir de las normas bilaterales, ya frecuentísimas, que expresamente dan cabida a la aplicación compatible con el CDI de las normas domésticas antiabuso: Albania, Andorra, Pakistán, Catar, Finlandia, Uruguay, Singapur, Serbia, Kazajstan, Panamá, Jamaica, Omán, Nigeria, Costa Rica, Uzbekistán, etc.

Será frecuente advertir en ellos un texto de un tenor similar al que sigue: "Este Convenio no se interpretará en el sentido de impedir a un Estado contratante aplicar las disposiciones de su normativa interna relativas a la prevención de la evasión y elusión fiscales. En concreto, estas disposiciones podrán aplicarse a los abusos de la norma, comprendidos los convenios fiscales.

2. Se entenderá que los beneficios de este Convenio no se otorgarán a una persona que no sea la beneficiaria efectiva de los elementos de renta procedentes del otro Estado contratante.

3. En el caso de España, este Convenio no le impedirá la aplicación de sus normas internas relativas a la transparencia fiscal internacional «Controlled Foreign Company rules» (CFC).

4. Las disposiciones de los artículos 10, 11, 12 y 13 no se aplican cuando el fin primordial o uno de los fines primordiales de cualquier persona relacionada con la creación o cesión de las acciones

u otros derechos que generan los dividendos, la creación o cesión del crédito que genera los intereses, la creación o cesión del derecho que genera los cánones, sea el de conseguir el beneficio de dichos artículos mediante dicha creación o cesión."

4.6.8. La incidencia de las normas antielusión domésticas

4.6.8.1. Panorámica general

Al frente de las disposiciones antielusión domésticas, debe nombrarse la más abstracta y, a la par, la más enérgica entre ellas, sobre cuya vitalidad en el marco de los CDI se habla más adelante. Aquí deben anotarse aquellos preceptos –siempre en el marco de la Ley General Tributaria– que permiten a la Administración desarticular los efectos fiscales derivados de actos que bajo un ropaje o camuflaje formal, encubran una realidad distinta, gravando el hecho imponible auténtico en lugar del artificial buscado bajo aquella apariencia (en la Ley 58/2003, los artículos 13, 15 y 16; y 34.2. CCom.

Ya hubo también ocasión de indicar la presencia de diversas normas relativas a la «deslocalización» de sujetos pasivos, esto es, de los cambios de residencia a territorios de más favorable o nula fiscalidad, realizados artificialmente.

Asimismo, concurren abundantes medidas específicas contra la utilización de sociedades intermedias o instrumentales. Desde las entidades sometidas al Régimen especial de Transparencia Fiscal Internacional, retocada por la Ley 27/2014, –que no incide en el ámbito comunitario si se dan motivos económicos válidos– en el marco del IRPF y del Impuesto sobre Sociedades (u otros regímenes no muy dispares: así, las entidades cedentes de derechos de imagen o las instituciones de inversión colectiva ubicadas en paraísos fiscales), hasta las sociedades «de artistas» (su interposición entre el artista y el pagador de las rentas no impedirá la sujeción al IRNR de las rentas obtenidas) o las entidades de sustrato inmobiliario (así, se consideran sujetas al IRNR las rentas derivadas de acciones o participaciones en entidades, que otorguen el disfrute de inmuebles en España o cuyo activo principal esté constituido por inmuebles situados en nuestro territorio), e incluso el singular Gravamen Especial sobre Bienes Inmuebles de Entidades no Residentes (ya limitado desde 2013 a paraísos fiscales) – artículo 40 y ss. RDLeg. 5/2004–, se mueven en esa dirección.

La corrección, en principio valorativa, a mercado de las magnitudes acordadas entre sujetos vinculados fiscalmente, esto es, los ajustes en materia de los llamados precios de transferencia que pudieran llegar, excepcionalmente, a la recaracterización y desconocimiento de la operación a efectos de dicha norma, por invocación del principio de libre competencia (artículo 18.10 LIS Ley 27/2014, y artículo 17 RIS 2015), representa, sin duda, otro instrumento legal muy próximo a las normas antiabuso (las modificaciones operadas en las Directrices, publicadas en julio de 2017, a raíz de las acciones 8 a 10 del Proyecto BEPS ahondan dicha posibilidad, siempre excepcional, en defecto de una viabilidad valorativa –ver, en este sentido restrictivo, STS de 31 de mayo de 2016–). La aplicación del artículo 9 de un CDI, acompañado de las Directrices sobre Precios de Transferencia, enlaza de lleno con el artículo 18 LIS (antes de 2015, 16 TRLIS 2004) junto con su normativa reglamentaria de desarrollo –RD 634/2015; antes de 2015, RD 1793/2008–, adecuando la legislación española en la materia a la doctrina de la OCDE y a los dictados del Foro de Precios de la UE, hasta el extremo de que la propia Ley invoca de modo expreso en su Exposición de Motivos tanto al Foro como a las Directrices como elementos interpretativos de sus normas (sobre el grado de vinculación interpretativa de dichas Directrices del Tribunal Supremo ha emitido sentencias en cuyas conclusiones parecen relativizarse –21 de febrero y 2 de marzo de 2017, ad ex.–).

Y, en fin, las normas domésticas ofrecen una amplia batería de normas penalizadoras en relación con los sujetos residentes en territorios «rechazables» a efectos fiscales, como es el caso de las jurisdicciones descritas en el Real Decreto 1080/1991, de 5 de julio (excluidos Malta, Emiratos Árabes Unidos, Jamaica, Trinidad y Tobago, Aruba, Antillas Holandesas, las Sociedades Holding respecto a Luxemburgo –desde 16 de julio de 2010– y Andorra –desde 10 de febrero de 2011–, Panamá –desde

25 de julio de 2011–, San Marino –desde 2 de agosto de 2011–, Bahamas –desde 17 de agosto de 2011–, Barbados –desde 14 de octubre de 2011–, Singapur –desde 1 de enero de 2013– Hong Kong desde 13 de abril de 2013 y Chipre desde 28 de mayo de 2014 y Omán desde 19 de septiembre de 2015). Sea dentro de la normativa del IRNR (inaplicación de exenciones relativas a intereses y ganancias patrimoniales mobiliarios obtenidos por residentes en la Unión Europea–, dividendos recibidos por entidades matrices comunitarias, rentas derivadas de las acciones en entidades de tenencia de valores o sociedades de capital-riesgo, etc.) o de otros tributos, en especial en el IS (discriminando a las personas o entidades residentes en España, que se relacionan con sujetos radicados en paraísos fiscales: bien se trate de normas sobre valoración a precios de mercado de las operaciones realizadas con tales territorios, o las especiales exigencias en orden a la deducibilidad fiscal, a efectos de la determinación de la base imponible, de los gastos por servicios derivados de operaciones realizadas con dichas jurisdicciones, o ciertas singularidades dentro de algunas normas especiales, por ejemplo, el tratamiento fiscal de las rentas obtenidas por partícipes en Instituciones de inversión colectiva constituidas en paraísos fiscales.

A partir de 2007 nace una disposición «percha» definitoria de los países o jurisdicciones no gratos a los ojos de las autoridades fiscales españolas: sean éstos paraísos fiscales, territorios de nula tributación o carentes de intercambio de información «efectiva» con el Estado español. Dichas categorías son redefinidas mediante la Ley 26/2014, de 27 de noviembre.

Se ofrecen así tres diferentes «nociones» de territorios «no deseables» en términos tributarios, a las cuales podrán acudir –ya se hace tanto en la propia Ley 36/2006 como en la Ley 35/2006– cualesquiera normas que pretendan tener efectos disuasorios o penalizadores en este contexto.

En lo tocante a los denominados paraísos fiscales se prevé en origen tanto una puerta de salida de lista negra reglamentaria –transitoriamente se mantiene la vigencia del RD 1080/1991– (cuando firmen con España un convenio para evitar la doble imposición internacional con cláusula de intercambio de información –los casos antes enunciados) o un acuerdo de intercambio de información en materia tributaria en el que expresamente se establezca que dejan de tener dicha consideración desde el momento en que estos convenios o acuerdos se apliquen), como una puerta de «recaptura» (volverán a tener la consideración de paraíso fiscal a partir del momento en que tales convenios o acuerdos dejen de aplicarse). No obstante, a raíz de la Ley 26/2014, además de una remisión a un futuro mandato reglamentario, se indica que la relación de países y territorios que tienen la consideración de paraísos fiscales se podrá actualizar, sin que se produzca su salida automática como hasta entonces, atendiendo a los siguientes criterios:

a) La existencia con dicho país o territorio de un convenio para evitar la doble imposición internacional con cláusula de intercambio de información, un acuerdo de intercambio de información en materia tributaria o el Convenio de Asistencia Administrativa Mutua en Materia Fiscal de la OCDE enmendado por el Protocolo 2010, que resulte de aplicación.

b) Que no exista un efectivo intercambio de información tributaria en los términos previstos por la propia norma (ver más adelante).

c) Los resultados de las evaluaciones inter pares (*peer review*) realizadas por el Foro Global de Transparencia e Intercambio de Información con fines fiscales.

Una excepción a dicho principio viene representado por la exclusión del Sultanato de Omán de la lista de paraísos fiscales (así, informe de la DGT de 3 de noviembre de 2005).

Los países o territorios con «nula tributación» serán aquellos en que no se aplique un impuesto idéntico o análogo al Impuesto sobre la Renta de las Personas Físicas, al Impuesto sobre Sociedades o al Impuesto sobre la Renta de no Residentes, según corresponda. Se excluye de semejante estigma aquellos países que tengan suscrito con España un convenio para evitar la doble imposición internacional que sea de aplicación (por otra parte, la noción de «impuesto idéntico o análogo» se concibe de modo muy elástico (con aromas del artículo 21 LIS e incluso, en el caso del Impuesto sobre la Renta de las Personas Físicas, otorgando rango tributario a las cotizaciones a la Seguridad Social –ver RD 1804/2008, Disposición Adicional Primera–).

Y ya en tercer término, se considera en principio existente «efectivo intercambio de información tributaria» cuando resulte de aplicación un convenio para evitar la doble imposición internacional con cláusula de intercambio de información (siempre que en dicho convenio no se establezca expresamente que el nivel de intercambio de información tributaria sea insuficiente a los efectos de esta disposición), o bien un acuerdo de intercambio de información en materia tributaria (siempre que en dicho acuerdo se establezca expresamente que el nivel de intercambio de información tributaria es suficiente a tal punto), lo que técnicamente dejaría fuera de su cobertura a países comunitarios como Chipre hasta mayo de 2014, o Dinamarca, a pesar de pertenecer a la UE. La Ley 26/2014, ampliando los factores normativos de impacto a efectos de reconocer la existencia de "transparencia informativa", afirma que existe efectivo intercambio de información tributaria con aquellos países o territorios a los que resulte de aplicación:

a) Un convenio para evitar la doble imposición internacional con cláusula de intercambio de información, siempre que en dicho convenio no se establezca expresamente que el nivel de intercambio de información tributaria es insuficiente a los efectos de esta disposición;

b) Un acuerdo de intercambio de información en materia tributaria; o

c) El Convenio de Asistencia Administrativa Mutua en Materia Fiscal de la OCDE enmendado por el Protocolo 2010.

No obstante lo anterior, reglamentariamente se podrán fijar los supuestos en los que, por razón de las limitaciones del intercambio de información, no exista efectivo intercambio de información tributaria.

En cualquier caso, se indica que las normas de cada tributo podrán establecer especialidades en la aplicación de las normas contenidas en esta disposición.

Existe un Anteproyecto de Ley contra el Fraude Fiscal para combatir las nuevas formas de evasión, en tramitación para 2019, que contempla además la actualización y ampliación del concepto de paraíso fiscal, atendiendo a criterios de equidad fiscal y transparencia, así como una relación de regímenes fiscales perjudiciales que faciliten el fraude fiscal. Se pretende que la lista de paraísos fiscales sea actualizada periódicamente, con un enfoque dinámico.

4.6.8.2. *Compatibilidad de las normas antiabuso domésticas y las normas convenidas*

Según propugna la OCDE ya antes de 2017, como postulado general, las normas fundamentales contra el abuso normativo, todas ellas girando en torno al principio de calificación o de primacía del fondo sobre la forma, no ven mermada su eficacia por la concurrencia de los CDI (siempre que no se conculquen preceptos esenciales de un tratado, y en cualquier caso dejando abierta la posibilidad de que por vía del procedimiento amistoso se resuelvan los contenciosos interpretativos). De hecho, las normas relativas a la prioridad del fondo o sobre la «sustancia económica» y las disposiciones generales antiabuso en la medida en que son parte de las disposiciones fundamentales de la legislación nacional que determinan qué hechos dan lugar a una deuda tributaria se entiende que «no están contempladas en los tratados fiscales y por lo tanto no se ven afectadas por ellos». Aunque siempre se matice que «aun cuando estas reglas no son contrarias a los convenios fiscales» su aplicación requiere que exista «una evidencia clara de un uso indebido de los convenios» (es frecuente en CDI suscritos en los últimos años la mención expresa de la compatibilidad de las normas domésticas antiabuso). Ver un caso de simulación relativa y CDI concurrente en la canalización de una renta a través de Hungría, en STS R 4963/15 de 27 de noviembre de 2015.

Así se afirma ya antes de 2017 que «todo uso abusivo de las disposiciones de un Convenio fiscal podría también considerarse como uso abusivo de las disposiciones de la legislación nacional en virtud de la cual el impuesto se exige», o bien «los Estados no tienen por qué ofrecer los beneficios de un convenio de doble imposición cuando se hayan tomado medidas que constituyan un uso abusivo de las disposiciones del mismo», o bien: «la posibilidad de aplicar disposiciones generales antiabuso no significa que no sea necesario incluir en los convenios fiscales disposiciones especiales para evitar determinadas formas de elusión fiscal (...). Estas mismas disposiciones pueden resultar necesarias cuando un Estado crea que su legislación nacional no incluye las normas o los principios contra la elusión necesarios para abordar de forma adecuada dicha estrategia».

Como ya se indicó más arriba, el Modelo de 2017 reitera la convivencia, debido a la afinidad de sus objetivos entre las normas bilaterales y las disposiciones anti abuso domésticas y la jurisprudencia aplicable al caso. El hecho de que un tratado específicamente autorice la aplicación de una norma doméstica antiabuso debe entenderse en el mismo contexto en el cual existen ciertas disposiciones del tratado que dependen de la aplicación de normas locales y asimismo cabe denegar la aplicación de normas por invocación del artículo 29.9 o, en su defecto, con pie en la expulsión del marco del tratado de situaciones abusivas (CMC 60 y 61 al artículo 1 del Modelo CDI).

Asimismo cabe la denegación de la aplicación de un convenio con base en la doctrina judicial en la medida en que no se entre en conflicto con las disposiciones del tratado y su interpretación, y se obre como resultado de la aplicación de normas específicas anti abuso o domésticas.

A las mismas conclusiones se llega por lo que toca las disposiciones domésticas anti abuso de carácter general, en la medida en que se mueven en conformidad con el principio previsto en el artículo 29.9 y en el CMC 61 al artículo 1 (los beneficios de un convenio para evitar la doble imposición no se otorgan cuando el propósito principal de una operación es obtener un tratamiento fiscal favorable en contrario al objeto y propósitos de las disposiciones bilaterales).

Cabe asimismo observar que existen normas bilaterales, ya frecuentísimas, que expresamente dan cabida a la aplicación compatible con el CDI de las normas domésticas antiabuso: Albania, Pakistán, Uruguay, Catar, Finlandia, Singapur, Serbia, Kazajstán, Panamá, Jamaica, Costa Rica y un largo etcétera.

La gran mayoría de las normas nacionales concretas –sobre deslocalización fiscal, uso de entidades interpuestas, regímenes fiscales privilegiados, etc.– no inciden frontalmente contra los preceptos bilaterales o éstos solucionan los posibles conflictos. Existen, sin embargo, diversas disposiciones unilaterales antiabuso sobre cuya compatibilidad con los CDI se han suscitado muchas dudas. Es, por ejemplo, el caso de la vieja norma sobre subcapitalización (artículo 20 TRLIS 2004), derogada en 2012, cuando concurría un no residente «prestamista» vinculado con cobertura de un tratado. Otro tanto ocurrió en su momento con el régimen de transparencia fiscal internacional, o con el propio Gravamen Especial de Bienes Inmuebles de Entidades No Residentes.

En otro orden de cosas, la viabilidad de ciertas normas antielusión previstas en los convenios bilaterales pudiera pugnar con los principios y libertades del Derecho comunitario, habida cuenta de la prevalencia de las normas comunitarias –así lo ordena el Tratado constitutivo de la UE– sobre las pactadas bilateralmente por sus Estados miembros (lo previsto en los CDI debiera acomodarse, en principio, o ceder ante los mandatos comunitarios en caso de conflicto). Sería el caso de varias de las tradicionales cláusulas antiabuso bilaterales comentadas en apartados anteriores –por ejemplo, las reglas sobre «transparencia» o «tránsito», o, en el más evidente de los casos, la norma general de «limitación de beneficios»– y ubicarlas en un contexto comunitario (defensor de los postulados de no discriminación: libertad de establecimiento, libre circulación, etc.), de modo que se diera peor trato a una sociedad participada por residentes en otro Estado de la UE por comparación al que recibiría si sus partícipes fueran residentes. Todo ello siempre que el Tribunal no pondere la existencia de razones de interés general –evitación del fraude fiscal y equilibrado reparto de potestades tributarias– (STJUE C-311/08, de 21 de enero de 2010). En esta línea ver también STJUE C-632/13, de 19 de noviembre de 2015, y STJUE C-382/16, de 31 de mayo de 2018.

5. BIBLIOGRAFÍA

AAVV (CALDERÓN CARRERO, JOSÉ M. y MARTIN JIMENEZ, A) (2004), «Comentarios a los Convenios sobre doble imposición concluidos por España», Fundación Barrié, A Coruña, (2004).

AAVV. (2005), «*Estudios sobre fiscalidad internacional y comunitaria*». Universidad C. La Mancha.

AAVV (2015), «*Manual de Fiscalidad Internacional*». IEF.

AAVV (2015), «*Fiscalidad Internacional*». CEF.

AVERY JONES, (1981), «*Dual Residence of Individuals*» B.T.R.

BAENA AGUILAR, ANGEL; CALDERÓN CARRERO, JOSÉ M.; GARCÍA PRATS, F. ALFREDO; LETE ACHIRICA, CARLOS y MARTÍN JIMÉNEZ, ADOLFO J. (1999), «*Comentarios a la Ley del Impuesto sobre la Renta de no Residentes*», Civitas, Madrid.

CALDERÓN CARRERO, J.M. (2010), «*La Coordinación Europea de las Normas de Transparencia Fiscal Internacional y de Subcapitalización*», Revista de Contabilidad y Tributación, CEF, julio 2010.

CALVO VÉRGEZ, J. Y GARCÍA HERRERA, C. (2018), "*Residencia fiscal en los distintos niveles de imposición*". IEF.

CARMONA FERNÁNDEZ, NÉSTOR (2000), «*El impuesto del ausente*», Carta Tributaria, Monografías, nº 342. (Documento nº 2.3).

CARMONA FERNÁNDEZ, NÉSTOR (2015), «*La fiscalidad de los no residentes en España (I): Elementos subjetivos*», en Manual de Fiscalidad Internacional, Cap. 4, Instituto de Estudios Fiscales, Madrid.

CARMONA FERNÁNDEZ, NÉSTOR (2012), «*TODO Renta de No Residentes 2011/2012*», CISS, Valencia.

CASES, «*Tax Treaties and EC Law: The Saint Gobain Decision of the ECJ*», Bulletin of International Bureau of Fiscal Documentation, June.

CASTILLO SOLSONA, Mª MERCEDES (2003), «*Los elementos personales del Impuesto sobre la Renta de No Residentes*», Crónica Tributaria, nº 107.

DELGADO PACHECO, A. (2018), «*Las normas generales antielusión en la jurisprudencia tributaria española y europea*», Thomson Reuters Aranzadi, Pamplona

DE MIGUEL RODRÍGUEZ ONDARZA, Y FERNÁNDEZ (2003), «*Fiscalidad y planificación fiscal internacional*», Instituto de Estudios Económicos, Madrid.

MAISTO, G. (2009), «*Elusione ed abuso nel Diritto Tributario*», en Quaderni della Rivista di Diritto Tributario, Giuffré, Milano.

MARTÍN JIMÉNEZ, ADOLFO J.; GARCÍA PRATS, F. ALFREDO y CALDERÓN CARRERO, JOSÉ M. (2001), «*Triangular CUATRECASAS, 2003, Comentarios a la LIRNR*», Aranzadi, Pamplona, 2003.

MARTÍN JIMÉNEZ, ADOLFO J. (2005), «*Defining the objective scope of Income Tax Treaties: The impact of other treaties and EC Law upon the concept of tax in the OECD Model*». IBFD 2005.

MARTÍN JIMÉNEZ, A. (2007), «*Globalización y Derecho tributario: el impacto del Derecho comunitario sobre las cláusulas antielusión/abuso del Derecho interno*», Documentos del Instituto de Estudios Fiscales n. 7.

NACIONES UNIDAS (1999), «*United. Nations Model Double Taxation Convention between developed and developing Countries, (articles and commentaries)*». United Nations, Nueva York.

OCDE (2003), «*Place effective management concept: suggestions for changes to de OECD Model Tax Conventions*». Documento de trabajo de 27 de mayo de 2003 (en página web OCDE. http://www.oecd.ong).

OCDE (2010), «*El Modelo de Convenio Fiscal sobre la Renta y el Patrimonio para evitar la doble imposición*». Comité de Asuntos Fiscales de la OCDE, París. Versión española del Instituto de Estudios Fiscales, Madrid.

OLIVER, LIBIN, VAN WEEGHEL y DU TOIT (2001), *«Beneficial Ownership and the OECD Model»*, British Tax Review n° 1/2001, p. 27.

PALAO TABOADA, CARLOS (2000), *«La aplicación de los Convenios de Doble Imposición a las sociedades personalistas: el informe de la OCDE de 1999»*, Revista de Contabilidad y Tributación CEF, n° 209-210.

RIBES RIBES, A. (2009), *«La doctrina del TJCE sobre el abuso en materia tributaria»*, QF, n. 1/2009.

SOLER ROCH, M.T. (2009), *«El Fraude a la ley tributaria en la jurisprudencia europea y española»* en V Congreso Tributario, CGPJ, Madrid.

VÁZQUEZ TAÍN, M.A. (2017) *«Fiscalidad de No residentes»*. Tirant lo Blanch. Valencia.

VEGA BORREGO (2003), *«Medidas contra el treaty shopping»*. IEF Madrid.

VOGEL (1997), *«Double Taxation Conventions»*, Kluwer, Deventer, 1997.

Capítulo III

REGLAS DE REPARTO DE POTESTADES FISCALES

Capítulo III.   REGLAS DE REPARTO DE POTESTADES FISCALES

Sumario

III.1

RENDIMIENTOS INMOBILIARIOS

Néstor Carmona Fernández

III.1.   RENDIMIENTOS INMOBILIARIOS

Sumario

RENDIMIENTOS INMOBILIARIOS

1. NOCIÓN DE RENDIMIENTOS INMOBILIARIOS

Los rendimientos derivados de bienes inmuebles no representan una categoría de rentas especialmente conflictiva en el marco de los tratados bilaterales ni en términos definitorios ni de pautas de reparto de soberanía fiscal. De hecho los Modelos de CDI de la OCDE y de las Naciones Unidas tienen al respecto redacciones coincidentes.

El ModCDI considera que la expresión «bienes inmuebles» (la traducción oficial al español del texto del Modelo desde 2005 utiliza la expresión «propiedad inmobiliaria» en lugar de la tradicional de «bienes inmuebles») tendrá el significado que le atribuya el derecho del Estado contratante en que se encuentren ubicados. El hecho de que la definición de los inmuebles se remita a la legislación del Estado (que no tiene por qué ser la normativa fiscal, aunque lo previsto en esta prevalezca) donde están situados los bienes tiene por objeto evitar dificultades a la hora de interpretar si un activo o un derecho reúne dicha naturaleza, no siempre uniforme.

No obstante, el propio precepto se ocupa de enumerar ciertos activos y derechos que siempre deben considerarse bienes inmuebles y que, en la práctica, la legislación o las reglas impositivas de la mayor parte de los países miembros de la OCDE tratan como tales, cuando afirma: *«Dicha expresión comprende en todo caso los bienes accesorios a los bienes inmuebles, el ganado y el equipo utilizado en las explotaciones agrícolas y forestales, los derechos a los que sean aplicables las disposiciones de derecho privado relativas a los bienes raíces, el usufructo de bienes inmuebles y el derecho a percibir pagos fijos o variables en contraprestación por la explotación, o la concesión de la explotación, de yacimientos minerales, fuentes y otros recursos naturales».*

A la inversa, el mismo apartado de la cláusula especifica que los buques y aeronaves no tendrán en ningún caso la consideración de bienes inmuebles (aunque algunos CDI no contemplan esta exclusión expresa). No se establece similar previsión respecto de los rendimientos de los créditos con garantía hipotecaria, aunque la naturaleza de estos, a salvo las disposiciones singulares que puedan adoptarse en un determinado CDI se halla resuelta por los CMC al artículo 11 ModCDI, donde se postula su inclusión dentro de la categoría de intereses, «aunque determinados países los asimilen a las rentas inmobiliarias».

Las reglas de reparto previstas en el artículo 6 ModCDI se hacen extensivas a los rendimientos derivados de la utilización directa, el arrendamiento o aparcería, así como a los procedentes de cualquier otra forma de explotación de los bienes inmuebles (así, el Estado de la fuente se encuentra facultado para gravar la renta estimada atribuible al uso propio de los inmuebles) y se aplican igualmente a las rentas derivadas de los bienes inmuebles pertenecientes a «empresas industriales, comerciales u otras».

En 2014 el Modelo, con motivo de la inclusión en el precepto de las rentas derivadas los «permisos de emisión» de gases (su noción se explicita en el comentario 75.1 relativo al artículo 7 ModCDI), incorpora Comentarios que proponen un amplia interpretación de la expresión rentas «procedentes de explotaciones agrícolas o forestales». Así, deben entenderse comprendidas aquí no solo las rentas derivadas de los inmuebles en sí sino de las actividades mismas: entendiéndose estas comprendiendo no solo la venta de la producción sino también aquellas rentas que formen parte integral de dichas actividades, como puede ser el caso de las rentas derivadas de la adquisición o negociación con permisos de emisión, en la medida en que dichas operaciones formen parte de aquellas actividades.

Aunque parezca evidente, téngase presente que el artículo 6 del Modelo solo se refiere a las rentas que un residente de un Estado contratante obtenga de bienes inmuebles situados en el otro Estado contratante, por lo cual no despliega sus efectos sobre las rentas derivadas de bienes inmuebles situados en el Estado contratante donde reside el beneficiario de las mismas ni a las rentas de bienes inmuebles situados en un tercer Estado.

El perímetro objetivo de la norma admite ampliaciones, que expresamente declaran su derecho a practicar determinados países. Así, Finlandia y Letonia se reserva el derecho a someter a imposición los rendimientos de los accionistas de sociedades finesas derivados de la utilización directa, del arrendamiento o de cualquier otra forma de uso del derecho de disfrute de bienes inmuebles situados en dichos países y pertenecientes a la sociedad, cuando tal derecho se base en la propiedad de acciones u otras participaciones en la misma (algo no muy distinto hará, según se ve más a adelante, el Estado español). Otro tanto hace Francia respecto de los rendimientos de acciones o participaciones que se traten como rendimientos de bienes inmuebles según su propia legislación. Por su parte, México dirige su reserva de imposición a los derechos de «tiempo compartido» aunque en su legislación interna no revistan carácter inmobiliario. O Israel y la misma Letonia respecto de las opciones de compra o derechos similares referidos a inmuebles.

Más singulares son los casos tanto de Canadá como de nuevo Letonia, al reservarse el derecho a incluir dentro del precepto las rentas derivadas de la enajenación de bienes inmuebles, como de Australia y Nueva Zelanda cuando postula su derecho a ampliar el ámbito del artículo a la pesca y a los derechos asociados con todos los recursos naturales.

Portugal se reserva incluir dentro del artículo 6 ModCDI las rentas de naturaleza mobiliaria o procedentes de servicios que se encuentren relacionadas con el uso o la cesión de uso de bienes inmuebles, y sean asimiladas a rentas de naturaleza inmobiliaria en su legislación.

Dado el reenvío a los dictados de la legislación nacional de cada Estado es obligado acudir a la definición de bienes de naturaleza inmobiliaria contenida en el artículo 334 del Código Civil que enuncia como tales:

«1. Las tierras, edificios, caminos y construcciones de todo género adheridos al suelo.

2. Los árboles y plantas y los frutos pendientes, mientras estuvieren unidos a la tierra o formaren parte integrante de un inmueble.

3. Todo lo que esté unido a un inmueble de manera fija, de suerte que no pueda separarse de él sin quebrantamiento de la materia o deterioro del objeto.

4. Las estatuas, relieves, pinturas u otros objetos de uso u ornamentación colocados en edificios o heredades por el dueño del inmueble en tal forma que revele el propósito de unirlos de un modo permanente al fundo.

5. Las máquinas, vasos, instrumentos o utensilios destinados por el propietario de la finca o de la industria o explotación que se realice en un edificio o heredad, y que directamente concurran a satisfacer las necesidades de la explotación misma.

6. Los viveros de animales, palomares, colmenas, estanques de pesca o criaderos análogos, cuando el propietario los haya colocado o los conserve con el propósito de mantenerlos unidos a la finca y formando parte de ella de un modo permanente.

7. Los abonos destinados al cultivo de una heredad que estén en las tierras donde hayan de utilizarse.

8. Las minas, canteras y escoriales, mientras su materia permanece unida al yacimiento y las aguas vivas o estancadas.

9. Los diques y construcciones que, aun cuando sean flotantes, estén destinados por su objeto a permanecer en un punto fijo de un río, lago o costa.

10. Las concesiones administrativas de obras públicas y las servidumbres y demás derechos reales sobre bienes inmuebles.»

No se consideran a tal punto inmuebles las opciones de compra sobre los mismos, salvo que en CDI lo prevea así expresamente (así ocurre en los CDI suscritos en los Estados Bálticos). Las opciones sobre inmuebles, aun en el caso de que se inscriban registralmente y fueron oponibles a terceros, no son derechos que impliquen un poder «directo e inmediato sobre la cosa», noción que late tanto en el artículo 6 ModCDI como, en términos generales, en el propio Código Civil. Una concesión administrativa, como cualquier otro derecho real constituido sobre un inmueble, se considera como tal, en la medida en que sean oponibles *erga omnes*; que confieran un poder inmediato sobre la cosa; que se consoliden por su ejercicio; y que sean inscribibles en el Registro de la Propiedad (DGT V0076-18 de 17-1-2018).

Por otro lado, cuando se trate de arrendamientos que comprendan a la vez bienes muebles e inmuebles exceptuando aquellos casos en que los primeros sean accesorios de los segundos –artículo 334.5 CC 1889 recién visto– y tomen carácter inmobiliario, y siguiendo los postulados de la propia OCDE, será necesario separar del precio del arrendamiento la parte que corresponde a los inmuebles, que tributan conforme a las prescripciones del repetido artículo 6 ModCDI de aquella porción de la retribución que se corresponde con bienes muebles, cuya calificación podrá encontrarse en el artículo 12 ModCDI –cánones– o en el artículo 21 ModCDI –otras rentas–.

En el Modelo de CDI desde 2008 se incorporan consideraciones relativas al tratamiento fiscal de las rentas provenientes de participaciones en REITS (*Real Estate Investments Truts*) o «fideicomisos de inversiones inmobiliarias», remitiendo a los Comentarios que sobre dichas rentas se hacen como «dividendos» –artículo 10 ModCDI– y no como rentas inmobiliarias (salvo, cabe entender, que el CDI contemple en el artículo 6 ModCDI las rentas «indirectamente» procedentes de inmuebles). Desde la óptica doméstica, nótese el vigente régimen fiscal tanto de la sociedad como de los socios, tratándose de sociedades anónimas cotizadas de inversión en mercado inmobiliario –SOCIMIs– (Ley 16/2012, de 27 de dicimebre, modificando la Ley 11/2009, de 26 de octubre), determinando la regla de tributación a tipo cero de la entidad, que solo soportaría un gravamen especial del 19 % (con naturaleza de Impuesto sobre Sociedades) sobre el importe íntegro de los dividendos o participaciones en beneficios distribuidos a los socios cuya participación en el capital social de la entidad sea igual o superior al 5 %, cuando dichos dividendos, en sede de sus socios, estén exentos o tributen a un tipo de gravamen inferior al 10 %. Y previendo la retención sobre dividendos a socios no residentes sin EP, y el gravamen de las rentas de la transmisión o reembolso de la participación (siempre a salvo de lo previsto en CDI, claro está) sin beneficiarse de las exenciones previstas en el artículo 14.1. i) y j) TRLIRNR. Antes de dicha Ley, el régimen fiscal de los socios no residentes de sociedades anónimas cotizadas de inversión en mercado inmobiliario –SOCIMIs–, se basaba en una exención de los dividendos y ganancias patrimoniales obtenidas por no residentes sin establecimiento permanente, salvo que residieran en un país sin efectivo intercambio de información tributaria.

En el CDI suscrito con Singapur se contempla la tributación compartida para dividendos comprendiendo entre dichas rentas las distribuciones efectuadas con cargo a entidades cotizadas de inversión inmobiliaria constituidas en virtud de la legislación de un Estado contratante (el Protocolo alude a la Socimis y a determinados fideicomisos Reits de Singapur), estableciendo un tipo máximo del 5 % del importe bruto de la distribución si el beneficiario efectivo posee, directa o indirectamente, menos del 10 % del valor del capital aportado a dicha entidad (con una participación superior la tributación carece de techo y, desde luego, no afecta a la imposición de los beneficios de la sociedad o de la entidad cotizada de inversión inmobiliaria con cargo a los que se pagan los dividendos o se realiza la distribución).

En el CDI con EEUU, firmado ya pero pendiente todavía de entrada en vigor, se hace expresa referencia a la fiscalidad de los partícipes en REITS y Socimis.

2. POTESTAD DE IMPOSICIÓN

2.1. La postura de la OCDE

2.1.1. La potestad compartida de los Estados de la fuente y de residencia

La norma modelo ordena que los rendimientos que un residente de un Estado contratante obtenga de bienes inmuebles (incluidas las rentas de explotaciones agrícolas o forestales) situados en el otro Estado contratante «pueden someterse a imposición en ese otro Estado». Se argumenta «la existencia de una relación económica muy estrecha entre tales rentas y el Estado de la fuente» para atribuir el derecho a gravar los rendimientos de los bienes inmuebles al Estado (al que se otorga un derecho prioritario de gravamen a tal punto) donde esté situado el bien que genera los rendimientos.

Por tanto, a efectos de la legislación bilateral, el artículo 6 ModCDI dispone, como regla, la tributación compartida en los dos Estados signatarios del convenio, es decir, su gravamen por el Estado de la fuente de donde provienen las rentas o en donde radican los bienes y por el Estado donde reside el titular del inmueble perceptor del rendimiento, y a cuya jurisdicción corresponderá la adopción de medidas para evitar la doble imposición internacional.

Los CMC declaran la prioridad de la potestad tributaria del Estado de situación del inmueble, con independencia de que los inmuebles sean o no parte de un establecimiento permanente (EP) o, en general de una empresa, y en tal caso, las rentas procedan solo indirectamente de los bienes inmuebles.

Como excepción, cabe advertir la existencia de una reserva por parte de Estados Unidos –que refleja en su Modelo de CDI– para conservar la facultad de añadir un apartado al artículo 6 ModCDI por medio del cual se permita que un residente de un Estado contratante pueda optar por ser gravado en el Estado de situación del inmueble sobre una base imponible coincidente con las rentas netas (con ello se hace referencia a la propia normativa norteamericana donde cabe tal alternativa de gravamen a tipos progresivos por oposición a un tipo proporcional superior sobre la renta inmobiliaria bruta).

En la DGT V4968-16 de 16-11-2016, en el marco de un convenio para evitar la doble imposición que prevé la posibilidad de ese gravamen, sin imponerlo, claro está, se postula la sujeción a efectos patrimoniales de acciones de entidades extranjeras con sustrato inmobiliario español. Aunque no se refiera directamente a la materia tratada en este capítulo, debe subrayarse la atipicidad de semejante conclusión, habida cuenta de que en la imposición patrimonial española no forma parte del hecho imponible tal supuesto.

2.1.2. La incidencia de los establecimientos permanentes

La inserción, dentro del artículo, de los rendimientos de bienes inmuebles obtenidos en un marco empresarial, de ordinario por medio de un EP, no impide –dicen los CMC– que deban tratarse como rentas empresariales (o, en su caso, profesionales con «base fija»– bajo las pautas del ModCDI existente antes de 2000), pero sí garantiza que las rentas se graven en el Estado donde los bienes estén situados, aun en el caso de que dichos bienes no formen parte o se encuentren funcionalmente afectos a un EP situado en ese Estado (si el inmueble afecto al EP se encontrara situado en otro Estado, se aplicaría el artículo 21 ModCDI –y no el artículo 6 ModCDI-).

No obstante, si los inmuebles no se utilizan en la actividad empresarial sino que se ceden a terceros al margen de esta, pueden darse consecuencias dispares si las normas domésticas (que no se encuentran vinculadas a tal extremo por el artículo 7 ModCDI) establecen parámetros distintos de fijación de la base imponible para las rentas inmobiliarias y empresariales (no parece que sea ese el caso español en la medida en que concurran las circunstancias desencadenantes del nacimiento de un EP –ver apartado 3.2.2.–).

Asimismo, aunque los rendimientos obtenidos por las explotaciones agrícolas o forestales se incluyen en el artículo 6 ModCDI, los Estados contratantes quedan libres para acordar en sus convenios bilaterales el sometimiento de dichas rentas a las disposiciones del artículo 7 ModCDI: las rentas derivadas de explotaciones rústicas, aunque se ubiquen en el artículo 6 ModCDI, se ajustarán en su imposición efectiva a unas normas similares a las relativas a las explotaciones de recursos naturales (que sí se incardinan en el artículo 7 ModCDI –minas, canteras y otros yacimientos–) y otros establecimientos permanentes.

2.2. La postura del Estado español

En línea con otros Estados –Finlandia y Francia–, España solo se distancia del artículo-tipo y sus Comentarios, al reservarse el derecho a gravar los rendimientos generados por cualquier forma de uso de un derecho de disfrute de bienes inmuebles situados en su territorio, cuando tal derecho se derive de la tenencia de acciones u otras participaciones en la sociedad titular del inmueble (facultad que ha ejercido en diversos tratados: ver más adelante apartado 4).

3. TRIBUTACIÓN EFECTIVA SEGÚN LA LEGISLACIÓN DOMÉSTICA

3.1. Rendimientos sujetos al Impuesto sobre la Renta de no Residentes

El artículo 13.1.g y h del TRLIRNR grava los rendimientos directa o indirectamente derivados de bienes situados en territorio español o de los derechos que recaigan sobre ellos (no así, los derivados de bienes inmuebles situados en el extranjero). Serán tales rendimientos, bajo la imperativa inspiración de la normativa del IRPF, los «procedentes de la titularidad de bienes inmuebles rústicos y urbanos o de derechos reales que recaigan sobre ellos, todos los que se deriven del arrendamiento o de la constitución o cesión de derechos o facultades de uso o disfrute sobre los mismos, cualquiera que sea su denominación o naturaleza».

Como rendimientos indirectos cabe conceptuar –siguiendo la técnica descriptiva utilizada por el mismo precepto para las ganancias patrimoniales no directas– las rentas derivadas de acciones o participaciones en sociedades o entidades, residentes en España o en el extranjero, bien que cuenten con un sustrato inmobiliario dominante, bien que otorguen al socio o partícipe el derecho al disfrute de un inmueble, siempre que este se encuentre situado en España; sería el caso de los derechos de multipropiedad, *time sharing* o similares (nótese que los derechos de aprovechamiento por turnos de bienes de uso turístico -Ley 4/2012, de 6 de julio– o, antes, los derechos de aprovechamiento por turnos de bienes inmuebles contemplados en la Ley 42/1998, de 15 de diciembre, no generarían rendimientos indirectos en la medida en que se trate de derechos reales como tales), así como las participaciones en REITS –*Real State Investment Trust*–u otras entidades afines.

Tratándose del específico escenario de las entidades radicadas en el extranjero, en ocasiones ubicadas en paraísos fiscales, que exploten complejos de multipropiedad, la Dirección General de Tributos entiende (DGT consulta general de 13-01-1997) que las sociedades promotoras no residentes actúan a través de un establecimiento permanente, en tanto que las sociedades, también no residentes, propietarias de tales complejos inmobiliarios –explotados de ordinario mediante el denominado régimen de «club»– obtienen a su vez una renta estimada en «el importe de la renta arrendaticia que en condiciones normales de mercado se hubiere fijado», a consecuencia de la cesión de los inmuebles a la sociedad promotora –quien a su vez obtiene los beneficios empresariales derivados de la venta de los derechos de multipropiedad–, vinculada fiscalmente a la entidad titular dominical, cedente de su uso. El TS viene ratificando esta interpretación (*ad. ex*, ver STS de 12 de mayo de 2008).

Se consideran asimismo sujetas al impuesto las rentas imputadas a contribuyentes personas físicas titulares de bienes inmuebles urbanos situados en España y no afectos a actividades económicas.

3.2. Reglas de tributación

3.2.1. Reglas generales

La imposición efectiva de los rendimientos inmobiliarios se ajusta, de ordinario, a las pautas generales previstas para los rendimientos obtenidos sin la mediación de un establecimiento permanente (artículo 24 y ss. TRLIRNR). Por consiguiente, el impuesto se exigirá por cada devengo de renta, o en el momento de su cobro, si este precediera a su exigibilidad. La base imponible coincidirá con el importe bruto de los rendimientos devengados (en los términos descritos por la LIRPF). No obstante, si el contribuyente es residente en otro Estado de la UE o (desde 2015) en otro Estado del EEE con efectivo intercambio de información, hay que considerar lo previsto por el artículo 24.6 TRLIRNR que contempla deducción de gastos directos e indisociables de la actividad generadora de los rendimientos, en los términos previstos por la Ley 35/2006, de 28 de noviembre, reguladora del IRPF – desde 2015 disociando categorías de gastos deducibles en LIS o LIRPF, en función de la condición de persona física o entidad del perceptor, (la paridad de trato fiscal en el caso de rendimientos inmobiliarios sigue encontrando frecuentes refrendos jurisdiccionales comunitarios –así en el caso Schroeder–, STJUE de 31 de marzo de 2011 C-450/09).

Tratándose de entidades no residentes sujetas al Gravamen Especial sobre Bienes Inmuebles, la cuota satisfecha por dicha modalidad impositiva constituirá una partida excepcionalmente deducible del importe de aquellos rendimientos íntegros (artículo 44 TRLIRNR). Dicha deducción procederá contra la base imponible correspondiente a las rentas derivadas de los inmuebles, dentro de los límites del periodo de prescripción (DGT V2112-18 de 17-7-2018).

Se cifra para los contribuyentes sin establecimiento permanente un tipo general del 24 %, aunque para los residentes en otros Estados de la UE y EEE con intercambio de información, será del 19 %. Sobre dicha cuota tributaria no cabrá otra deducción que la prevista para donativos en la Ley del IRPF o, en su caso, las retenciones practicadas.

3.2.2. Incidencia de los establecimientos permanentes

Una explotación agraria, como las pecuarias o forestales, representa una de las hipótesis que determinan la aparición de un establecimiento permanente a efectos fiscales. Por tanto, tratándose de inmuebles rústicos, salvo que estos sean objeto de cesión en arrendamiento o aparcería o que no se exploten en forma alguna, de ordinario, los rendimientos obtenidos se generarán a través de un EP. Según los propios CMC, la presencia de una explotación económica no está reñida con la posible calificación como «inmobiliarias» de las rentas obtenidas a efectos de las reglas de reparto de potestades de imposición. En dichas hipótesis, lógicamente, las rentas tributarán según las reglas de gravamen propias de los establecimientos permanentes (artículos 18 y 19 TRLIRNR). Véase DGT V2176-12 de 13-11-2012 en torno a la distinción entre arrendamientos de explotación o de inmuebles rústicos y la calificación de sus rentas.

El criterio seguido por las normas domésticas para determinar, tratándose de inmuebles urbanos, la incidencia del establecimiento permanente requiere que las rentas se generen, mediando, como mínimo, «un local exclusivamente dedicado a la gestión» de la actividad empresarial consecuente y, al menos, una persona empleada «con contrato laboral» y a jornada completa (ver sobre este punto DGT V3336-14 de 15-12-2014, así como DGT V0076-18 de 17-1-2018 y DGT V0787-18 de 21-3-2018) al cargo de las gestiones necesarias para la explotación del inmueble, siempre que ambas circunstancias no adolezcan de una manifiesta artificialidad (existe EP cuando se explote en arrendamiento un edificio, por medio de una organización propia o de terceros, y se cuente con un representante autorizado para contratar ante terceros, según Res. TEAC de 25 de septiembre de 2001 o, entre otras, STS de 18 de febrero y 14 de diciembre de 2009).

En DGT V0994-17 de 25-04-2017, se entiende que procede calificar como rendimiento inmobiliario sin establecimiento permanente, la renta obtenida por una entidad no residente a consecuencia del arrendamiento de un inmueble, previamente rehabilitado para ser operado por la entidad arrendataria. Sin embargo, el supuesto presenta aristas borrosas: un arrendatario que "opera" un inmueble, rehabilitado al efecto y costeado por la no residente, acompañado de una entidad gestora del inmueble que asume diversas funciones, entre ellas el pago de "costes operativos" e incluso de otra entidad gestora radicada en el extranjero para el control de una actividad de arrendamiento que, de haber sido tan simple como debiera, y solo generar también simplemente rendimientos de "capital", no debiera ser tan complejo. Por otra parte, la fundamentación de la consulta conduce a concluir que tratándose de rendimientos derivados del arrendamiento de un inmueble solo cabe un establecimiento permanente por medio de un lugar fijo de negocios (parece imprescindible que exista local y empleado para escapar de la órbita de los rendimientos de capital y para entrar en la de los derivados de actividades económicas). Ello podría suponer un veto a la noción de agente dependiente como determinante de establecimiento permanente en este paisaje operativo, y es extremadamente discutible.

A partir de 2007 el TRLIRNR incorpora una norma de «atracción» a la imposición de un EP para todos aquellos «elementos patrimoniales» cuya transmisión se produzca dentro de los tres períodos impositivos siguientes a su desafectación del EP.

3.2.3. Rentas estimadas (Inmuebles urbanos de uso por personas físicas)

En aquellos casos en que el dueño de un inmueble urbano o titular de un derecho real de disfrute sobre el mismo sea una persona física no residente, se considera que obtiene en términos fiscales –como en el caso de los contribuyentes por IRPF– las rentas estimadas en los porcentajes sobre el valor catastral o patrimonial del inmueble, que prevé el artículo 85 LIRPF al que se remite expresamente la normativa del IRNR –artículo 24.5 TRLIRNR–): 2 % del valor catastral –en proporción al número de días que corresponda a cada período impositivo (o en el 1,1 %, si se trata de valores revisados o cuando se carezca de dicha valoración, y se aplicará sobre el 50 % del mayor de los siguientes valores: el comprobado por la Administración a efectos de otros tributos o el precio, contraprestación o valor de la adquisición). En los supuestos de derechos de aprovechamiento por turno de bienes inmuebles la imputación se efectuará al titular del derecho real, prorrateando el valor catastral en función de la duración anual del periodo de aprovechamiento. Como excepción, tratándose de tales derechos de aprovechamiento por turno de bienes inmuebles cuya duración no exceda de dos semanas, «no procederá la imputación de renta».

Así se contempla expresamente la tributación de la rentas atribuidas a personas físicas no residentes por inmuebles urbanos no generadores de rentas, que no sean la vivienda habitual del contribuyente (lo que parece obvio, tratándose de no residentes) y no se encuentren afectos a actividades económicas. Se trata de rentas obtenidas, obviamente sin EP, que serán objeto de imposición periódica –anual– y que, careciendo de devengo económico, se entenderán devengadas fiscalmente el último día de cada año natural (artículo 27.1.c TRLIRNR). Será de aplicación el tipo impositivo general del 24 %, aunque para los residentes en otros Estados de la UE y EEE con intercambio de información, será del 19 %.

Cabe advertir que, mediando CDI, dichas rentas estimadas solo pueden serlo cuando el contribuyente no residente efectúe una «utilización directa» del inmueble (éstos son los términos del precepto bilateral), pero no cuando se demuestre que no se usa en modo alguno el inmueble urbano objeto de teórico gravamen; sin embargo, la mera posibilidad de disponer del uso del bien debiera entenderse determinante de la potencial utilización directa reclamada por la cláusula bilateral. Tratándose de rentas derivadas de un inmueble comprado por un matrimonio repartiéndose entre los cónyuges el usufructo y la nuda propiedad, tributa el cónyuge usufructuario en cuanto titular del derecho de disposición del inmueble urbano, que cumpliera las exigencias para generar renta imputada (DGT V1696-18 de 14-6-2018).

3.2.4. Rentas inmobiliarias de entidades: El Gravamen Especial de Bienes Inmuebles de Entidades No Residentes

La normativa doméstica no contiene un precepto, concerniente a las entidades, equiparable a los que sirven de apoyo a la tributación de las personas físicas por rentas inmobiliarias estimadas, a no ser por aplicación de reglas generales de presunciones de onerosidad o de valoración a mercado en transacciones entre sujetos vinculados fiscalmente o con residencia en paraísos fiscales [artículo 18 y 19 de la Ley 27/2014, de 27 de noviembre, del Impuesto sobre Sociedades (en adelante, LIS)]. En cuanto a la estimación de rentas en caso de inmuebles de posible uso por administradores o socios, ver DGT V2285-12 de 30-11-2012.

No obstante, debe tenerse presente la existencia de una modalidad impositiva singular en la legislación española que puede incidir sobre semejante escenario: **el Gravamen Especial sobre Bienes Inmuebles de Entidades no Residentes** –que se devenga el 31 de diciembre de cada año y deberá ingresarse en el mes de enero siguiente y cuya cuota tributaria resulta de aplicar un tipo impositivo del 3 % sobre el valor catastral o patrimonial del inmueble. Hasta 2013 se encontraban sujetas a dicho Gravamen todo género de entidades que sean propietarias o posean inmuebles o derechos reales sobre estos, situados en territorio español. Sin embargo, el perímetro subjetivo del Gravamen se ciñe, para devengos a partir de 31 de diciembre de 2013 (Ley 16/2012, de 27 de diciembre, y Real Decreto 960/2013, de 5 de diciembre), a entidades ubicadas en alguno de los territorios calificados reglamentariamente como paraísos fiscales (sensiblemente reducida en la actualidad respecto de la lista original de 48 jurisdicciones referidas en el Real Decreto 1080/1991, de 5 de julio)

Al perder carácter universal el Gravamen, pierde sentido su principal variante de exención – la relativa a sujetos beneficiarios de CDI, entre otras, quedando en el muestrario de exoneraciones solo tres, siendo así que el Gravamen especial sobre bienes inmuebles no será exigible a:

a) Los Estados e instituciones públicas extranjeras y los organismos internacionales.

b) Las entidades que desarrollen en España, de modo continuado o habitual, explotaciones económicas diferenciables de la simple tenencia o arrendamiento del inmueble, de acuerdo con lo que se establezca reglamentariamente (en términos que precisa la norma reglamentaria –artículo 20 RIRNR–:

- Si el valor real de los inmuebles sujetos al gravamen no excede de cinco veces el valor real de los bienes patrimoniales afectos a aquella explotación económica.

- Si el volumen anual de operaciones de la explotación es igual o superior a cuatro veces la «base imponible del gravamen».

- Si el volumen anual de las operaciones de la explotación es igual o supera los 600.000 euros).

c) Las sociedades que coticen en mercados secundarios de valores oficialmente reconocidos.

Según DGT V1813-11 de 14-07-2011, tratándose de una entidad no residente nuda propietaria del inmueble, cedido en usufructo a un tercero, procede la aplicación del gravamen a aquella entidad, aunque no disponga de su posesión.

La cuestión relativa a si una entidad en atribución de rentas no contribuyente por IRNR (sin presencia en España) puede o no quedar sometida al Gravamen Especial, aunque se plantea, no es resuelta expresamente por DGT V1631-14 de 25-06-2014.

Bajo el régimen existente hasta 2013, la mera residencia fiscal de una entidad en un país suscriptor de un CDI con España no era, por sí sola, circunstancia bastante para la exención del Gravamen (artículo 42 TRLIRNR). Se requería, además, que dicho CDI incorpore cláusula sobre intercambio de información (todos los suscritos por España, incluida Suiza desde junio de 2007), y que «las personas físicas que en última instancia posean, de forma directa o indirecta, el capital o patrimonio de la entidad, sean residentes en territorio español» o beneficiarias de un tratado fiscal que reúna el requisito antes expuesto. Dichos extremos debían justificarse en las pertinentes declaraciones, mediante las oportunas certificaciones de residencia fiscal (tratándose de inmuebles explotados en régimen de multipropiedad con una entidad no residente titular dominical del inmueble, los multi-propietarios que disfrutan del uso del mismo no pueden considerarse como últimos dueños del bien, a efectos de la exención según STS de 5 de julio de 2006 y SAN de 4 de noviembre de 2009)»

En torno a la compatibilidad con el Derecho comunitario de la figura (en su formato previo a 2013, principalmente) cabe advertir que la Sentencia del TJUE, Asunto C-451/05, de 11 de octubre de 2007 (Caso Societé Elisa), afirma que resulta incompatible con el principio de libre circulación de capitales un tributo existente en Francia muy similar al Gravamen Especial de Bienes Inmuebles de Entidades No Residentes, en la medida en que supone una tributación más gravosa que la aplicada a las sociedades residentes y no permite a las sociedades establecidas en otro Estado miembro que aporten pruebas para acreditar la identidad de sus accionistas personas físicas, cuando no quepa la aplicación de normas sobre intercambio de información. En línea similar aunque no idéntica en su argumentación –en este caso con un pronunciamiento favorable a la exigencia de dicho gravamen francés– se pronuncia la Sentencia del TJUE, Asunto C-72/09, de 28 de octubre de 2010 (Caso Rimbaud), al tratarse de una entidad radicada en Liechtenstein propiedad de otra entidad suiza, en suma, debido al concurso de un esquema societario extracomunitario al que no alcanza, en su momento, la Directiva 77/799.

3.2.5. Obligaciones formales

En lo concerniente a declaraciones fiscales relativas a los rendimientos sujetos al IRNR hay que considerar de modo separado la situación previa y posterior a enero de 2011.

Hasta 1 de enero de 2011 regían las pautas previstas en la Orden HAC/3626/2003, de 23 de diciembre, en la cual se contemplan diversos modelos declarativos 210 y 215 (declaraciones relativas a una o varias rentas) e incluso 214 (para las rentas de uso propio; sin embargo, téngase en cuenta que dicho Modelo 214 fue ya suprimido para períodos impositivos desde 2008 mediante la Orden EHA/3788/2008, debiendo aquellas rentas pasar a declararse por el Modelo 210 si bien respetando el plazo especial de declaración de año natural siguiente a su devengo), junto con el Modelo 213, propio del Gravamen Especial.

Afectando a las rentas devengadas a partir del día 1 de enero de 2011, la Orden EHA 3316/2010, de 17 de diciembre, deroga parcialmente la Orden HAC/3626/2003, de 23 de diciembre, en cuya virtud se suprime el modelo de declaración 215 –declaración colectiva de rentas sin establecimiento permanente–, entre otras varias modificaciones.

Perviven, respetando a grandes rasgos sus caracteres actuales, los modelos 210 –que permitirá agrupar rentas de igual naturaleza– y 213 –para el Gravamen Especial de Bienes Inmuebles de Entidades No Residentes–.

Dichos Modelos, que ya no podrán presentarse mediante papel preimpreso, sino sirviéndose del formato papel resultante de imprimir el formulario exigido a tal extremo en la página web de la AEAT o bien telemáticamente, son actualizados en varios aspectos.

Ente ellos destaca, en el caso del Modelo 210, la declaración de las rentas obtenidas por residentes en otro Estado de la UE o del EEE con efectivo intercambio de información con cómputo de gastos deducibles, así como la posibilidad de hacer declaraciones trimestrales o anuales («podrán agruparse varias rentas obtenidas por un mismo contribuyente siempre que correspondan al mismo código de tipo de renta, procedan del mismo pagador, les sea aplicable el mismo tipo de gravamen y, además, si derivan de un bien o derecho, procedan del mismo bien o derecho. En ningún caso las rentas agrupadas pueden compensarse entre sí»).

Se regulan a tal fin nuevos plazos de declaración e ingreso –trimestrales, del 1 al 20 de abril, julio, octubre y enero–; con cuota cero –plazo del 1 al 20 de enero– y, en su caso, de devolución –a partir del 1 de febrero de año siguiente a aquel en que se obtuvo la renta–. Las rentas imputadas conservan su plazo de declaración (modelo 210) en el año natural siguiente a su devengo.

Convenios de doble imposición

Las declaraciones 210 pueden ser presentadas no solo por el contribuyente o su representante, sino también por otro elemento personal singular –el responsable solidario (artículo 9 TRLIRNR)–, que viene encarnado por las personas físicas que, al margen de una actividad económica, satisfagan dichos rendimientos inmobiliarios a un contribuyente no residente (curiosamente se prevé que la Administración pueda «entenderse» directamente con tal responsable –en punto a la incoación de actas, por ejemplo–) o por quienes tengan encomendadas la gestión económica del inmueble (cuando en este segundo caso y se trate de bienes pertenecientes a residentes en paraísos fiscales, puede también actuar la Administración directamente, sin acudir a la derivación de responsabilidad en vía ejecutiva).

Adviértase también que cabe practicar notificaciones válidas en sede del inmueble, en defecto de la existencia de representante del no residente (artículo 10 TRLIRNR). Ver, no obstante, Resolución del TEAC, Rec 6006/15, de 25 de febrero, en que se reclama la notificación por vía de asistencia mutua en el extranjero, para proceder a una notificación por edictos.

Sin embargo, con frecuencia se dará la declaración a cargo del retenedor –de cierre– del tributo (modelos 216 y 296, según la Orden EHA/3290/2008, de 6 de noviembre), cuando se trate de rentas satisfechas por un empresario, profesional o entidad residente (en los términos dictados por el artículo 31 TRLIRNR).

Adviértase también que la Ley 27/2014, de 27 de noviembre prevé desde 2015 que la Administración tributaria, previa solicitud de los contribuyentes, pueda poner a su disposición, a efectos meramente informativos, borradores de declaración, sin perjuicio de su deber de declaración, relativos a las rentas inmobiliarias imputadas a que se refiere el artículo 13.1.h) TRLIRNR, esto es, las rentas imputadas de inmuebles urbanos para personas físicas no residentes.

4.   SINGULARIDADES

Ciertos CDI hacen expresa alusión a determinadas rentas inmobiliarias indirectas: las derivadas del uso o disfrute de inmuebles cuando ello sea consecuencia de la propiedad de acciones o participaciones de entidades o sociedades (derechos de multipropiedad o *timesharing*). Es, entre otros, el caso de los suscritos con Albania, Alemania, Andorra, Argentina, Honk Kong, Armenia Arabia Saudí, Australia, Barbados, Bélgica, Bolivia, Canadá, Catar, Costa Rica, EEUU, México, Grecia, Eslovenia, Finlandia, Francia, Georgia, Irlanda, Islandia, Estonia, Egipto, Kazajastán, Kuwait, Letonia, Lituania, Moldavia, Jamaica, Omán, Pakistán, Panamá, Reino Unido, El Salvador, República Dominicana, Singapur, Sudáfrica, Uruguay o Uzbekistán.

Los CDI suscritos con Irlanda y Bélgica liberan de gravamen en España a las personas físicas, que sean usuarios de inmuebles en virtud de derechos de multipropiedad, que no excedan de cierto término temporal (un mes o cuatro semanas anuales). Similar norma se da y se daba en el CDI con Reino Unido, con un límite de dos semanas que en el viejo CDI era de cuatro. Y algo parecido ocurre con el CDI con Andorra, cuyo protocolo precisa que las rentas derivadas de bienes inmuebles no podrán atribuirse a quienes sean titulares de los derechos de disfrute de dichos bienes inmuebles en virtud de un contrato de multipropiedad, cuando su disfrute no exceda de dos semanas por año civil.

Como ejemplo de otro género de particularidades, en el CDI con Austria las rentas inmobiliarias solo tributan en el Estado de la fuente; en determinados convenios se cita expresamente la aparcería –Luxemburgo, Italia, Hungría, Rumanía, Túnez, etc.–; en otros CDI se contemplan explícitamente los arrendamientos de viviendas amuebladas (como ocurre con el CDI suscrito con Francia); en los CDI con Australia y Austria no se excluyen expresamente los buques y aeronaves de la definición del precepto; en los CDI con Bulgaria, la URSS –esto es, sus países sucesores– (éste además no incluye la cláusula relativa a los inmuebles empresariales) o Ecuador no se ofrece una definición de los bienes afectados; en el CDI con Turquía se contempla específicamente la piscicultura; en los CDI con Lituania, Letonia y Estonia se hace mención de las opciones de adquisición o venta de inmuebles como derechos similares a estos; en el CDI con India no se incluye el equipo de explotaciones agrícolas y forestales y el ganado entre los bienes concernidos por el artículo 6; en el CDI con Nueva Zelanda se mencionan la explotaciones de «madera en pie», dentro del precepto; o en el CDI con Singapur la mención relativa a los REITS contenida en el artículo 10. En el Protocolo del CDI con Catar se menciona expresamente el derecho que otorgan los contratos de aprovechamiento por turno y acuerdos similares. En el CDI con Nigeria se considera expresamente dentro del precepto el derecho a percibir pagos fijos o variables en contraprestación por la explotación, o la concesión de la explotación, de yacimientos minerales, fuentes y otros recursos naturales.

5.   BIBLIOGRAFÍA

AAVV (2004), «*Comentarios a los Convenios españoles para la eliminación de la doble imposición*», Fundación Barrié. A Coruña.

AAVV (MAROTO SAEZ) (2016), «*Manual de Fiscalidad Internacional*». IEF.

AAVV (RUIBAL PEREIRA) (2015), «*Fiscalidad Internacional*». CEF.

AAVV. (2002), «*Fiscalidad inmobiliaria*». Ed. Francis Lefebvre, Madrid.

BAENA AGUILAR, ÁNGEL; CALDERÓN CARRERO, JOSÉ M.; GARCÍA PRATS, F. ALFREDO; LETE ACHIRICA, CARLOS y MARTÍN JIMÉNEZ, ADOLFO J. (1999), «*Comentarios a la Ley del Impuesto sobre la Renta de no Residentes*», Civitas, Madrid.

BAKER (1994), «*Double taxation conventions and international tax law*», Sweet and Maxwell, London.

CARMONA FERNÁNDEZ, NÉSTOR (2007), «*Guía del Impuesto sobre la Renta de No Residentes*», CISS, Valencia.

CARMONA FERNÁNDEZ, NÉSTOR (2012), «*TODO Renta de No Residentes 2011/2012*», CISS, Valencia.

RODRÍGUEZ ONDARZA, JOSÉ A. y FERNÁNDEZ PRIETO, ÁNGEL (directores y coordinadores) (2003), «*Fiscalidad y planificación fiscal internacional*», Instituto de Estudios Económicos, Madrid.

RUIBAL PEREIRA (2004), «*Los bienes inmuebles en los impuestos sobre el IRPF y No residentes*», CEF, Madrid.

VÁZQUEZ TAÍN, M.A. (2017) «*Fiscalidad de No residentes*». Tirant lo Blanch Valencia

VOGEL, K. (1997), «*On Double Taxation Conventions*», Kluwer, Londres, La Haya, Boston.

III.2

BENEFICIOS EMPRESARIALES
(Y DE NAVEGACIÓN)

José Manuel Calderón Carrero
(Apartado 2.3.9. redactado por Adolfo J. Martín Jiménez)

III.2.   BENEFICIOS EMPRESARIALES (Y DE NAVEGACIÓN)

Sumario

BENEFICIOS EMPRESARIALES (Y DE NAVEGACIÓN)

1. CONSIDERACIONES GENERALES SOBRE LA TRIBUTACIÓN DE LOS BENEFICIOS EMPRESARIALES

Los artículos 5 y 7 del Modelo de Convenio de la OCDE -ModCDI- ordenan el régimen fiscal de una de las principales y más complejas figuras de la fiscalidad internacional cual es la del «establecimiento permanente» (EP, en lo sucesivo). Tal complejidad deviene básicamente de las dificultades para precisar su propio concepto, esto es, en qué casos se está actuando a través de un EP, así como de lo problemático de su régimen sustantivo, esto es, su tributación. En el plano internacional el concepto de EP ha ido evolucionando desde los primeros trabajos de la Sociedad de Naciones hasta el actual ModCDI 2010.

El artículo 7 ModCDI contiene un conjunto de reglas materiales de tributación que de alguna forma continúan las previstas en el artículo 5 ModCDI y que conforman la imposición del establecimiento permanente. La regla de tributación principal que articula el artículo 7 ModCDI se refiere al régimen jurídico-tributario de las rentas obtenidas por empresas (no residentes) a través de establecimientos permanentes ubicados en el territorio del otro Estado contratante. El artículo 7 ModCDI establece en qué medida el Estado de ubicación del EP puede someter a imposición los beneficios empresariales obtenidos por la empresa no residente que opera de tal forma (por medio de EP) en su territorio; esto es, qué rentas pueden someterse en sede del EP y cómo deben gravarse tales beneficios empresariales; las especiales relaciones entre la casa central y el propio EP entrañan una complejidad que difícilmente puede decirse que resulten completa y claramente reguladas en el artículo 7 ModCDI. Téngase en cuenta además la relevancia que posee la dimensión del artículo 7 ModCDI en relación con la determinación de los ingresos y gastos imputables al EP, dado que ello no solo impacta sobre la configuración de la base imponible del EP y la casa central en los dos países afectados, sino también afecta directamente a la regla de distribución del poder tributario que se articula a través del EP, en la medida en que toda renta atribuible al EP tributaría ilimitadamente en sede del país de ubicación y el Estado de residencia debe eliminar la doble imposición, en tanto que una renta obtenida en el país de ubicación del EP pero desconectada de la actividad y sustancia del EP tributaría en el Estado de la fuente en la medida en que lo permitieran las restantes reglas del CDI, y de hecho existen precedentes donde las autoridades de algunos países que defienden posiciones expansivas en sede de tributación en la fuente han llegado a atraer a la tributación ilimitada del EP cánones desconectados de las actividades realizadas por tal lugar fijo de negocios (véase la sentencia del High Court of Bombay, de 28 de abril de 2014, en el caso *DIT v. Set Satellite (Singapore) Pte Ltd* (ITA N. 1676/2011, IBFD TNS-18 June 2014).

El criterio principal empleado en los CDIs que siguen el ModCDI para repartir el poder tributario entre los Estados contratantes en relación con los beneficios empresariales reside en la existencia de un «establecimiento permanente» situado en el territorio del otro Estado contratante. La concurrencia del EP, por tanto, opera como umbral de imposición en el Estado donde está ubicado, de suerte que cuando no existe tal EP este Estado no puede someter a imposición la renta empresarial obtenida en su territorio por el residente del otro Estado contratante.

Este sistema de reparto de poder tributario nos obliga a estructurar el comentario sobre la tributación de las rentas empresariales refiriéndonos en primer lugar a los criterios para determinar la existencia de un EP (la noción de establecimiento permanente del artículo 5 ModCDI) para luego examinar las reglas de tributación de las rentas empresariales obtenidas a través de EP (artículo 7 ModCDI).

2. EL CRITERIO DE REPARTO DE PODER TRIBUTARIO: LA NOCIÓN DE ESTABLECIMIENTO PERMANENTE DEL ARTÍCULO 5 DEL MODELO CONVENIO DE DOBLE IMPOSICIÓN

2.1. Función y estructura del artículo 5 del modelo de Convenio de doble imposición y su conexión con el Proyecto BEPS (Acciones 1 y 7 del Plan BEPS)

2.1.1. La función y estructura del artículo 5 del Modelo OCDE

La función que desempeña la figura del EP en el plano internacional no es otra que la de constituir una regla o principio de distribución del poder tributario entre Estados referida a las actividades empresariales transfronterizas; la supresión del antiguo artículo 14 ModCDI 2000 (servicios personales independientes) ha ampliado la operatividad de la noción de EP del artículo 5 ModCDI al dejar de existir la difusa figura de la «base fija» que aquel precepto articulaba (véase el Capítulo III.8 de esta obra, relativo a los Trabajos Independientes). A su vez, la figura del EP también es instrumentada en el ModCDI como una fórmula para evitar la doble imposición internacional. De la existencia de un EP en un Estado contratante depende que tal Estado pueda someter a imposición a tal empresa por los beneficios obtenidos en su territorio a través del mismo (artículo 7.1 ModCDI). Es decir, sin EP no cabe la tributación de la renta empresarial en el Estado de la fuente.

Los problemas de delimitación de la figura del EP se reflejan claramente en el propio artículo 5 ModCDI. Del mero examen de las distintas cláusulas recogidas en el artículo 5 ModCDI se desprende un concepto abierto, casuístico y dinámico de la figura del EP. Así, si bien es cierto que el apartado 1 recoge una definición general de lo que debe entenderse por EP (atendiendo a una serie de elementos o presupuestos), no es menos cierto que tal definición positiva viene matizada a renglón seguido por otra cláusula (apartado 4) que establece una serie de supuestos donde, pese a concurrir los presupuestos de la cláusula general, se excluye la existencia de EP (cláusula negativa); asimismo, el artículo 5 ModCDI contiene otras cláusulas complementarias que delimitan lo que se ha venido en llamar «ficciones de establecimiento permanente» (aps. 3 y 5). Por tanto, la definición general establecida en el artículo 5.1 ModCDI no es tal, sino que tan solo muestra determinados aspectos parciales para la elaboración del concepto de EP; el concepto de EP solo puede extraerse de un examen conjunto y sistemático de las distintas cláusulas recogidas en el artículo 5 ModCDI, a la luz de los comentarios elaborados por el Comité Fiscal. En la práctica, la calificación de una determinada forma de actuación empresarial como EP, en el marco de un CDI que siga el ModCDI, requiere de este modo de un análisis conjunto de las cláusulas del artículo 5 del convenio que resulte aplicable.

En este sentido, no puede dejar de señalarse la «significativa convergencia» derivada de las reglas de tributación de los beneficios empresariales derivadas de los artículos 5 y 7 ModCDI, la cual ha permitido reducir de forma muy notable los conflictos fiscales entre los diferentes países en relación con el gravamen de la renta empresarial transfronteriza.

Por un lado, el umbral de actividad empresarial articulado a partir de la presencia física en un territorio ha permanecido estable a lo largo de las últimas décadas, operando de forma aceptable en un mundo con alta internacionalización pero no globalizado ni digital.

Por otro lado, las reglas de atribución de beneficios, sin embargo, ni han permanecido estables ni han sido configuradas de forma suficientemente clara y consistente para que el modelo operase correctamente; por el contrario, cabe apreciar un buen número de disputas entre los Estados sobre la atribución de beneficios, falta de consenso entre los diferentes países en relación con el nuevo modelo de atribución de beneficios al EP (2008-2010) y ausencia de medidas adecuadas que permitan un tránsito de un modelo a otro o la propia coexistencia entre los modelos.

Por tanto, en la hora actual la fiscalidad del EP se encuentra entre los aspectos más controvertidos de la fiscalidad internacional, tanto por los problemas que plantea el actual concepto de EP, como por las dificultades técnicas para aplicar de forma consistente el modelo o modelos de atribución de beneficios.

Los problemas más relevantes de la definición del EP vendrían a ser los siguientes: a) la falta de claridad del alcance de algunas de sus principales cláusulas, como las de agente dependiente o filial-EP; b) el anclaje del umbral de actividad en la presencia física en un territorio a través de un lugar fijo de negocios, obviando un mundo altamente globalizado, digital y con negocios remotos ampliamente implantados, así como el propio desarrollo de una economía de servicios que encaja mal con este umbral de actividad; c) la necesidad de articular un nuevo umbral más acorde con los intereses de un grupo países no miembros de la OCDE; y d) no existe una conexión consistente entre la regla de umbral y la regla de atribución de beneficios.

La evolución del MC OCDE en particular y de los nuevos estándares de fiscalidad internacional en general refleja tales necesidades y tensiones estructurales. Así, por un lado, la complejidad interpretativa que rodea el concepto de EP ha llevado a la OCDE a modificar en varias ocasiones los CMC al artículo 5, así como a elaborar varios informes sobre su alcance; a este respecto, puede mencionarse el elaborado por la OCDE en 2011-2012 (*OECD, Interpretation and Application of Article 5 (Permanent Establishment) of the OECD Model Tax Convention,* Second Draft version, 2012); este informe finalmente se ha incorporado a los Comentarios al MC OCDE 2017, formando parte del nuevo material interpretativo OCDE post-BEPS que no tiene un origen en los informes finales del Proyecto BEPS (2015) y en tal sentido puede tener relevancia interpretativa con respecto a CDIs que no estén alineados a BEPS. Por otro lado, el Proyecto y Plan BEPS (2013-2015), incluye dos acciones (1 y 7) referidas específicamente a la tributación de los EPs; la acción 7 BEPS se refiere a determinados supuestos de elusión del estatus del establecimiento permanente, en tanto que la acción 1 abre el debate sobre la necesidad de adaptar el tradicional marco de fiscalidad internacional a la economía digitalizada, y cómo ello puede incluir una modificación del concepto de EP, basado en puntos de conexión físicos, de manera que se tome en cuenta la nueva realidad y modelos de negocio digitales y se evolucione hacia un "virtual PE". Las modificaciones del artículo 5 MC OCDE derivadas de la acción 7 de BEPS (que también impactan sobre "modelos de negocio digitales") ya han sido codificadas en el MLI (2016), tal y como expusimos en el capítulo 1 de esta obra, y en tal sentido el referido Convenio Multilateral puede "modificar" (la aplicación) de los CDIs comprendidos en su ámbito de aplicación a este respecto. No acontece lo mismo en relación con la Acción 1 de BEPS, ya que no determinó modificaciones en cláusulas del MC OCDE ni en el MLI, más allá de lo comentado.

A efectos de delimitar con mayor claridad el concepto de EP recogido en los CDIs que siguen los Modelos de Convenio OCDE Pre-BEPS (1963-2014) y del nuevo concepto post-BEPS que está recogido en el MLI y en el MC OCDE 2017 (y versiones posteriores) hemos considerado conveniente exponer de forma sucinta en primer lugar estas dos acciones (1 y 7) de BEPS, antes analizar el concepto de EP desarrollado por la OCDE con anterioridad a BEPS (y que, como ya hemos advertido, sigue siendo objeto de clarificaciones no relacionadas con BEPS en el MC OCDE 2017).

En este orden de cosas, conviene insistir en que las versiones post-BEPS del Modelo de Convenio OCDE (2017 y posteriores), integran los nuevos estándares fiscales de las acciones 2, 6, 7 y 14 BEPS y ello trae consigo modificaciones del tenor literal de los preceptos afectados y también nuevos comentarios en relación con los mismos que fijan la interpretación consensuada establecida en los informes finales BEPS (2015). Al mismo tiempo, el MC OCDE 2017 incluye cambios en los comentarios (por ejemplo, al artículo 5 MC OCDE sobre el concepto de EP que no derivan de las acciones de BEPS sino de trabajos previos de la OCDE en 2011-2012) que no resultan de modificaciones de cláusulas del MC OCDE y poseen alcance (y naturaleza) de clarificación de disposiciones del MC OCDE que no han sido alteradas. En este sentido, la virtualidad interpretativa de los CMC al MC OCDE 2017 (y versiones posteriores) con respecto a CDIs (pre-BEPS) concluidos con anterioridad a 2017 solo puede alcanzar a aquellas disposiciones del CDI que sean idénticas a las recogidas en el MC OCDE 2017, pero no pueden utilizarse los comentarios elaborados en 2017 con respecto a cláusulas de nueva planta o modificadas con arreglo a los nuevos estándares post-BEPS para interpretar cláusulas (pre-BEPS) que presenten una redacción distinta. Por el contrario, allí donde los CMC

MC OCDE 2017 se refieran a cláusulas no modificadas en la revisión del MC OCDE 2017, tales comentarios sí pueden desplegar efectos interpretativos en CDI concluidos con anterioridad, siempre y cuando tales comentarios se limiten a clarificar el alcance de las disposiciones de que se trate sin introducir modificaciones sustantivas por vía interpretativa. Asimismo, la incidencia de los nuevos comentarios post-BEPS (2017 y versiones posteriores MC OCDE) sobre los CDIs "modificados" (en su aplicación) por el MLI resulta limitada, ya que este Convenio contiene reglas interpretativas propias que, como hemos visto, entre otras cosas toman en consideración los informes finales de BEPS que son objeto de implementación a través del Convenio Multilateral, al tiempo que definen autónomamente un cierto número de términos y conectan el contexto del MLI con el de los CDIs "modificados".

En este sentido, la modificación de BEPS que incorpora el MC OCDE 2017 (y versiones posteriores) representa la actualización del marco convencional de fiscalidad internacional, pero el valor interpretativo de sus comentarios queda fragmentado y no posee una virtualidad general en relación con los CDIs (pre-BEPS o Post-BEPS) que no incorporen estos nuevos estándares (acciones 2, 6, 7 y 14 BEPS) (véanse en este sentido los paras. 35 de la introducción y paras. 3-4 de los Comentarios al MC OCDE 2017).

2.1.2. El Plan BEPS y el concepto del establecimiento permanente: un apunte sobre los informes finales de las Acciones 1 y 7 del Plan de Acción BEPS

Al punto exponemos de forma muy sucinta y preliminar las principales ideas derivadas de los informes finales del Plan BEPS (Acciones 1 y 7), aprobados por la OCDE el 5 de octubre de 2015.

Nótese que la **Parte IV del MLI** (artículos 12 a 15) en relación con la elusión artificial del estatus del Establecimiento Permanente (Acción 7 BEPS) y las posiciones provisionales adoptadas por las autoridades españolas con motivo de la firma del Convenio multilateral, el 7 de junio de 2017, ya fueron expuestas en el epígrafe 3 del Capítulo 1 de esta obra, lugar al que nos remitimos.

El Modelo de Convenio OCDE 2017 ha incorporado las recomendaciones recogidas en el informe Final de la Acción 7 de BEPS, dando nueva redacción a las cláusulas afectadas: a) el apartado 4 (*specific activity exemptions*), b) el apartado 5 (*dependent agent clause*), y c) el apartado 6 (*independent agent clause*). También se introdujo en el artículo 5 MC OCDE un nuevo apartado 4.1 que recoge la cláusula anti-fragmentación, y un apartado 8 de nueva planta que contiene una definición de entidades estrechamente conectadas, todo ello en línea con las conclusiones del informe final de la acción 7 de BEPS. Los nuevos comentarios que el MC OCDE 2017 (artículo 5) incorpora en relación con estas cláusulas de nueva planta (post-BEPS) son consistentes y reproducen básicamente las conclusiones del informe final de la acción 7 de BEPS, y por ello nos remitimos a lo expuesto al hilo del MLI (vid *infra*) y de la acción 7 (vid *supra*) en relación con su significado y alcance.

Acción 7.- Prevención de la elusión artificiosa del estatuto de establecimiento permanente (EP)

El informe final sobre la Acción 7, *"Prevención de la elusión artificiosa del estatuto de establecimiento permanente"* propone modificaciones de la definición de EP recogida en el artículo 5 ModCDI de cara a evitar el uso de los siguientes mecanismos y estrategias que se consideran que permiten a una empresa extranjera operar en otro país evitando la creación de un EP a través de una serie de esquemas específicos:

• Contratos de comisión y estrategias análogas que suponen la transferencia de riesgos de filiales en países fuente (v.gr., reestructuración de *"contract manufactures & toll manufacturers"*): se propone la introducción de cambios sustantivos en el tenor del artículo 5.5 ModCDI y artículo 6 ModCDI y nuevos Comentarios para su interpretación.

• El uso de las excepciones específicas aplicables a aquellas actividades que tienen un carácter preparatorio o auxiliar, así como el uso de lo que se conoce como "fragmentación de actividades" consistente en fragmentar un negocio en funcionamiento y cohesionado en varias operaciones pequeñas para alegar que cada una de ellas está vinculada a actividades con un carácter meramente preparatorio o auxiliar a las que resultan aplicables las excepciones específicas.

- La OCDE propone una nueva redacción de la cláusula del artículo 5.4 ModCDI y modifica sustancialmente la actual guía interpretativa sobre la misma.

- La OCDE propone una cláusula anti-fragmentación de nueva planta articulada como nuevo párrafo 4.1 del artículo 5 ModCDI, acompañándola de los correspondientes comentarios interpretativos.

- En relación con los esquemas de división o segmentación de contratos en el marco de la cláusula específica de obras de construcción, instalación y montaje (artículo 5.3 ModCDI), la OCDE ha optado por introducir nuevos comentarios en el marco de tal cláusula y en la guía relativa a la cláusula antiabuso de motivo principal (principal purpose test en el contexto de la Acción 6 de BEPS).

El informe final de la Acción 6 BEPS también propone el uso de la norma PPT o test del propósito principal, que se incorporará al texto del CDI fruto de la adopción del informe sobre la Acción 6, para abordar las estrategias consistentes en el fraccionamiento de contratos entre empresas estrechamente vinculadas en el marco de obras o proyectos de construcción (véase el ejemplo de la página 63 del Informe Final Acción 6 BEPS). Asimismo, propone introducir una disposición alternativa en los Comentarios al artículo 5 consistente en una norma automática que dispone que para calcular el umbral de los 12 meses sea necesario agregar el tiempo incurrido por empresas estrechamente vinculadas en la misma obra o proyecto de construcción o de instalación. El informe final de la Acción 6 del Plan BEPS (Section A, página 81) también llama la atención sobre la posibilidad de que, atendiendo a los hechos y circunstancias una filial sea dirigida desde el Estado de su matriz de manera que la primera posea un EP en tal Estado (a través de un lugar de dirección) al que caber imputarle todo o una parte del beneficios; esta críptica referencia recogida en el Informe de la Acción 6 debería incluirse y explicarse de forma más clara en el marco de la Acción 7 e integrarse en su caso en los Comentarios al artículo 5 ModCDI.

Comparado con el borrador para discusión revisado (Informe Acción 7 BEPS: Prevención de la elusión artificiosa del estatuto de establecimiento permanente, publicado en mayo de 2015), el informe final no contiene modificaciones sustantivas en relación con el enfoque adoptado por la OCDE en relación con los abusos en materia de BEPS derivados de la elusión artificiosa del estatuto del EP, aunque sí se han incluido matizaciones muy relevantes.

El informe final, por tanto, refleja algunas matizaciones y mejoras en las modificaciones propuestas al artículo 5.5 ModCDI y al artículo 5.6 ModCDI.

Así, cabe destacar como el actual artículo 5.5 ModCDI, regulador de la **cláusula de agente dependiente**, requiere que una persona (distinta de un agente independiente) que actúe por cuenta de una empresa extranjera tenga *"autoridad para concluir contratos en nombre de la empresa"* para dar lugar a la creación de un EP. El informe final de la Acción 7 se refiere sin embargo a personas (distintas de un agente independiente) que habitualmente concluyen contratos o que *"habitualmente desempeñan el papel principal para lograr la conclusión de contratos que son concluidos rutinariamente sin una modificación material por parte de la empresa"* mientras que el borrador para discusión se refería a *"personas que habitualmente concluyen contratos o negocian los elementos materiales de contratos"*. Los cambios introducidos en la cláusula del agente dependiente modifican sustancialmente el alcance de esta cláusula a efectos de evitar que algunas estructuras de comisionista y similares queden extramuros de la misma, partiéndose de una presunción de montaje artificial para evitar el estatus del EP cuando en realidad muchas de estas estructuras son de buena fe (Pleijsier 2016). Ahora el test de agente dependiente ya no pivota sobre si éste firma o negocia elementos sustantivos de los contratos, sino sobre un test de actividad que pasa por considerar si *"habitualmente concluye contratos o habitualmente actúa con un papel principal liderando la conclusión de los contratos que son rutinariamente firmados (por el principal) sin realizar modificaciones sustantivas"*. Tal test de actividad queda por tanto circunscrito a la conclusión de los contratos, y requiere la toma en consideración de los papeles del principal y del agente; y establece un umbral más alto ("el papel principal") en lo que se refiere a las funciones del agente. Lo que no resulta claro es el alcance de tal "papel principal" ni en que consiste una "modificación sustantiva de los contratos", de suerte que los comentarios recogidos a este respecto dejan abiertas estas cuestiones que resultan claves para determinar la concurrencia de los presupuestos de la cláusula, lo cual subjetiva el análisis y genera inseguridad jurídica a los operadores económicos. Se considera que las meras actividades de marketing no calificarían como actividad que en sí misma resulta en el desarrollo de un *"principal role"* (Sheppard 2016, p.1073). Sin embargo, no queda claro qué pasa en supuestos donde tanto el principal como el agente participan en el proceso de conclusión de los contratos, o cuando se firman contratos estandarizados, aunque todo apunta a que se considera cumplido el presupuesto de la cláusula en el sentido positivo; así, se ha previsto que allí donde el agente actúa como *"sales force"* (más allá de la mera promoción o publicidad del producto) y, por ejemplo, solicita o recibe órdenes de compraventa que son enviadas directamente a un almacén gestionado por la empresa a través del que se envían las mercancías y ésta aprueba rutinariamente tales transacciones estamos ante un esquema de agente dependiente; en este caso se considera que el agente ha participado activamente en la conclusión del contrato u *operación* de venta del producto, aunque la frontera entre promoción de un producto y la participación esencial en la venta no resulta tan nítida como pretende la OCDE.

Se ha argumentado también que los nuevos condicionantes pueden eludirse alterando el proceso de venta de tal forma que la aprobación formal por parte del principal resulte reforzada, de manera que no pueda concluirse fácilmente que el agente de venta desempeña el "papel principal"; por ejemplo, el hecho de que el principal modifique contratos de forma frecuente, o que se asigne al agente un papel de mera promoción y de input técnico en tanto que todo el proceso contractual (borrador, negociación precios y descuentos, firma) se realizara por un equipo localizado fuera del territorio del mercado donde opera el agente, permitiría evitar la aplicación de la cláusula de agente dependiente postBEPS (Pleijsier). Igualmente, se ha clarificado que sujetos que actúan como intermediarios pero operando como "principal" -distribuidores de riesgo limitado- quedan al margen de esta cláusula, cuando menos si operan bajo un modelo de *"buy & sell"* (incluso mediando un mero *"flash tittle"* sobre la mercancía) poseen cierta autonomía organizativa y funcional en su ámbito de actividad; ahora bien, ello no significa que tales estructuras queden blindadas sino que se ha preferido un enfoque de transfer pricing para determinar su base imponible territorial a partir de su contribución de valor a partir de una caracterización funcional y de gestión/control de riesgos basada en un estándar que limita la planificación fiscal a partir de la mera transferencia contractual de riesgos y funciones, de manera que la correcta delineación de la operación y análisis del control de los riesgos bajo los parámetros establecidos en las Directrices OCDE de Precios de Transferencia 2017 (actualizadas a las Acciones 8-10 BEPS) serán determinantes para calificar la operación y establecer una remuneración de mercado (Sheppard 2016, p.1073; y Pleijsier). Tal conclusión aplicaría igualmente para estructuras de comisionista que sean constitutivas de EP o que sean reestructuradas a tal efecto como prestadoras de servicios a su matriz o principal (Sprague 2015). Ciertamente, resulta evidente cómo las Directrices OCDE de Precios de Transferencia 2017 impactan sobre la atribución de beneficios a los EPs, con independencia de cual sea el modelo de atribución que articule el CDI y la legislación de los Estados contratantes (MC OCDE 1963-2008, 2008 (AOA light), y 2010 (AOA), vid. Petruzzi/Holzinger 2017), pero, como la propia OCDE ha reconocido, existen diferencias entre los criterios utilizados para asignar funciones, activos y riesgos con arreglo a los artículos 7 y 9 ModCDI, lo cual posee relevancia en el contexto de la atribución de beneficios al EP, tal y como indica el BEPS Action 7, *Additional Guidance on Attribution of Profits To Permanent Establishments*, (OECD, March, 2018), el cual es expuesto más adelante (epígrafe 3.1.B de este capítulo).

En este sentido, toda reestructuración dirigida a evitar la existencia de un EP con arreglo a la nueva cláusula postBEPS del artículo 5 ModCDI a través de filiales de riesgo limitado debe realizarse considerando no solo los límites de la misma, sino también que la asignación contractual de riesgos entre empresas del mismo grupo queda al igual que los principios de delineación de las operaciones vinculadas sujeta a las nuevas reglas recogidas en las Directrices OCDE de Precios de Transferencia (2017) adaptadas a BEPS, y en tal sentido pueden ser objeto de supervisión bajo estos nuevos parámetros; también se ha destacado que tal transformación de un comisionista en un LRD trae consigo alteraciones operativas y legales, y puede desencadenar una inspección tributaria de la estructura (Pleijsier).

A este respecto, algunos autores han puesto de relieve los problemas para obtener la protección del "puerto seguro" establecido por la OCDE respecto de la conversión de estructuras de comisionista/principal en filiales de distribuidoras de bienes y servicios por cuenta propia y riesgo limitado. En particular, Sprague (2016) pone de relieve cómo el concepto de *"reseller"* sobre el que pivota tal "puerto seguro" no es claro, a pesar de reconocerse su concurrencia bajo operaciones con *"flash title"*. Así, el referido autor destaca cómo dependiendo de la fuente jurídica que se tome para determinar el significado de tal concepto el resultado puede ser distinto, sin que las reglas de interpretación del artículo 3 ModCDI aporten una solución, sino más bien otra nueva fuente de incertidumbre, como resulta de la propia práctica nacional e internacional. El referido autor rechaza un enfoque basado en GAAP local o en normas internacionales de contabilidad, ya que encajan mal con los enfoques formalistas, contractuales y analíticos que operan a lo largo y ancho de los CDI; ciertamente, los enfoques sustancia forma propios de las NIIF pueden descabalgar el tratamiento fiscal analítico sobre el que cabalga las reglas de distribución del poder tributario de los CDI. En este sentido, Sprague considera que resulta más consistente una interpretación del término *"reseller"* más conectada con el Derecho mercantil del Estado de localización del reseller. Precisamente por ello resulta recomendable que a la hora de implementar la conversión de una estructura de comisionista en una de distribuidor de riesgo limitado de bienes o servicios, se adopte una posición defensiva en el sentido de que el contrato reseller-principal esté configurado (y opere efectivamente) de tal forma que se asigne al reseller los riesgos contractuales típicos de un vendedor o prestador de servicios, con arreglo a la legislación del Estado en el que opere. Cabe apuntar la falta de pleno alineamiento o más bien coordinación entre la acción 7 y las acciones 8-10 de BEPS donde las estructuras de trading de grupos son caracterizadas de diferente forma a efectos de la imputación del beneficio en el marco de precios de transferencia. Y en este mismo orden de cosas, debe señalarse también que la conversión de estructuras de comisionista en distribuidoras de riesgo limitado requiere que los activos, funciones y riesgos de tales distribuidoras estén claramente definidos respecto de los de su principal, evitando una confusión operativa y funcional que puede generar un EP. Este mismo orden de cuestiones, algunos comentaristas han puesto de relieve cómo incluso en casos donde exista un EP de agente dependiente bajo la nueva cláusula artículo 5.5 ModCDI ex BEPS como consecuencia de desempeñar el *"principal role"* en la venta de mercancías o servicios, no siempre procedería imputar todo el beneficio bruto de la operación al EP generado por la actividad del agente, ya que ello depende de la propia delineación y calificación del *"internal dealing"* casa central-EP, tal y como reconoce el *Informe OCDE sobre clarificaciones adicionales en materia de atribución de beneficios al EP* (Acción 7 BEPS, Marzo 2018); nótese a este respecto que la primera fase de la atribución de beneficios al EP pasa por caracterizar los "acuerdos internos" en el marco del análisis de funciones, activos y riesgos, de manera que el acuerdo interno casa central-EP puede consistir tanto en una operación de *buy & sell* o una prestación de servicios allí donde los riesgos de la transacción los soporta la casa central (Sprague 2016e).

El Informe final de la Acción 7 (octubre 2015), también recoge modificaciones en la redacción propuesta para acotar la definición de **agente independiente** del artículo 5.6 ModCDI reemplazando el concepto de *"partes relacionadas"* por *"empresas estrechamente vinculadas"*; a tal fin el informe final incluye ahora en este sentido casos en los que una persona posee directa o indirectamente más del 50 % de las participaciones en otra o, en el caso de entidades, más del 50 % del voto agregado y del valor de las acciones o de las participaciones en el capital. Asimismo, el informe final recoge también referencias relevantes a la independencia económica que no aparecían en el borrador de mayo de 2015, de manera que ahora constituye un elemento a valorar igualmente considerando todos los hechos y circunstancias del agente en relación con el principal. Estas dos aportaciones a la cláusula del agente independiente restringen por tanto este concepto y en tal sentido se amplía el concepto y alcance de la cláusula de agente dependiente, no siendo suficiente ahora que se trate de empresas que no estén estrechamente vinculadas desde un plano societario o mercantil, sino que el control común jurídico o económico puede ser suficiente para excluir la aplicación del artículo 5.6 ModCDI; la condición de independencia económica relacionada con el volumen de actividad o negocios que el agente mantiene con una empresa o grupo se expande, aunque se limita el nivel de exigencia en relación con start-ups; así, la independencia económica puede ser asumida solo cuando al menos el 10 % de las ventas son realizadas con partes independientes, todo lo cual puede impactar en particular sobre agentes de entidades financieras (nótese que se ha eliminado la referencia a *"brokers"*). Los cambios introducidos en los apartados 5 y 6 del artículo 5 ModCDI no solo impactan sobre estructuras de comisionista y similares, sino también sobre las que operan en el sector asegurador, sin que el hecho de que la Acción 7 no haya introducido una cláusula específica en relación con las mismas signifique que han quedado al margen de los cambios introducidos en el concepto de EP.

La tercera vía utilizada en el Informe final de la acción 7 para evitar la elusión artificial del estatus del EP tiene que ver con la reconfiguración restrictiva de las exenciones específicas establecidas tradicionalmente en el **artículo 5.4 ModCDI para las actividades auxiliares y preparatorias.** El borrador de informe de la acción 7 de mayo de 2015 proponía que todas las excepciones o exenciones específicas del artículo 5.4 ModCDI quedaran sujetas a un requisito de "preparatoriedad o auxiliariedad". El informe final establece, en línea con la práctica convencional australiana, que la aplicación de esta exención requiere que cada actividad o el conjunto de actividad realizada por el lugar de negocios (en el caso de la letra f), tenga la naturaleza de preparatoria en relación con el negocio de la empresa globalmente considerado; además, ahora se precisa el alcance de los términos actividad auxiliar y preparatoria; así, la preparatoriedad queda referida a actividades de corta duración, en tanto que la auxiliariedad queda concretada respecto de actividades de apoyo que no sean una parte esencial o significativa de la empresa en su conjunto, de suerte que los comentarios recogen un elenco de ejemplos que ilustran el alcance de los conceptos así delimitados más estrictamente. Por ejemplo, se rechaza específicamente la auxiliariedad de actividades almacenaje y entrega de mercancías en relación con negocios de venta on-line de mercancías, en tanto que puede aceptarse tal naturaleza cuando tal servicio se presta en relación con un proceso de gestión aduanera. De esta forma, la cláusula de auxiliariedad del artículo 5.4 ModCDI, referida a una serie de actividades (particularmente *"stock-holding activities"*), ya no podrá ser aplicada como un "safe harbor" automático, sino que ahora pasa a operar a partir de un test más subjetivo, que además se refuerza con una nueva cláusula anti-fragmentación (nuevo párrafo 4.1 del artículo 5.4 ModCDI, vid infra) y que, como regla, dará lugar a la atribución de beneficios al EP que será mayor o menor dependiendo de una serie de circunstancias (almacén activo/pasivo, almacén parte de la función core business o función interna; vid.: Feinschreiber/Kent 2016). En relación con esta cláusula se ha recomendado que las grupos de empresas multinacionales limiten su riesgo de EP alterando contractualmente (y efectivamente) el riesgo de inventario sobre los bienes de que se trate, por la vía de reemplazar acuerdos de toll manufacturing por otros de contract manufacturing donde la propiedad de las bienes transformados pasa a ser de la empresa residente; la limitación contractual del acceso a las instalaciones de la entidad residente por personal de la entidad no residente también constituye otra recomendación contractual a estos efectos de cara a limitar el riesgo de EP (vid.: Izzo/McCormick/Reilly 2016).

En cuarto lugar, el informe final de la acción 7 incluye una **cláusula anti-fragmentación a los efectos de la aplicación del artículo 5.4 ModCDI**, de manera que la creación de estructuras de segmentación funcional que eviten el estatus de EP por la vía de la auxiliariedad o preparatoriedad de la actividad pueden quedar excluidas del ámbito del artículo 5.4 ModCDI en aplicación de esta regla de anti-fragmentación, que ya operaba en el marco del artículo 5.3 ModCDI y que podía igualmente aplicarse invocando cláusulas antiabuso domésticas, como recuerda el propio informe final de la Acción 6. La cláusula anti-fragmentación se ha construido de forma amplia, de manera que la exención del artículo 5.4 ModCDI no aplica a lugares fijos de negocio usados o mantenidos por una empresa si la misma o bien una empresa estrechamente relacionada lleva a cabo actividades empresariales en el mismo u otro lugar en el mismo Estado si: a) el mismo o el otro lugar constituye un EP, o b) la actividad o actividades realizadas consideradas en su conjunto no tiene carácter auxiliar o preparatorio, y en cualquier caso las actividades realizadas por las dos empresas (globalmente vistas) constituyen funciones complementarias que forman parte una operación empresarial integrada. De acuerdo con los ejemplos que aporta la OCDE (sucursales bancarias y oficina de la casa central, y filial distribuidora y almacén de la matriz) la agregación de actividades que resulta de la aplicación de la cláusula anti-fragmentación puede determinar tanto la existencia de un EP por la "integración de las actividades" realizadas a través de los diferentes lugares de negocios auxiliares, como la existencia de un nuevo EP para la entidad no residente considerando su conexión económica con el EP que posee en tal país otra entidad estrechamente relacionada, aunque en ambos casos la atribución de beneficios a tales EPs no se realiza integrando toda la actividad como si se tratara de un único EP sino que habrá tantos EPs como lugares fijos de negocios (que han dejado de ser auxiliares por la aplicación de la cláusula de auxiliariedad). Ciertamente, los cambios en la cláusula de auxiliariedad son de gran alcance en el sentido de que limitan seriamente su ámbito de aplicación y son susceptibles de impactar sobre grupos con estructuras de cadena de valor verticalmente integradas generando una mayor exposición a tributación en la fuente (y mayores costes financieros, en el caso de conversión en *buy & sell agents*), respecto de grupos que operan con un modelo de distribución que se apoya en empresas logísticas independientes (almacenaje y entrega, sin lugar de negocios "a disposición" considerando las limitaciones contractuales de acceso a tales instalaciones logísticas). Posiblemente tenga sentido extender tal visión holística u horizontal en relación con la aplicación de los apartados 1, 4, 5 y 7 del artículo 5 ModCDI. La eliminación de la presunción de auxiliariedad unido a la cláusula anti-fragmentación (y a la transparencia fiscal derivada de la implementación de la Acción 13 de BFPS) posee gran impacto sobre un buen número de estructuras de MNEs que pivotaban sobre el enfoque más objetivo y formalista del artículo 5 ModCDI pre-BEPS, de suerte que los profesionales advierten sobre los mayores riesgos de conflictos motivados por estos cambios (Cunningham 2016, pp.503 y ss). La sentencia del Delhi High Court, de 4 de mayo de 2016, en el caso *Nortel Networks India International Inc. v. DIT*, permite ilustrar esta problemática. Se trataba de un caso donde las autoridades de India consideraron que la matriz canadiense del grupo de telecomunicaciones canadiense Nortel operaba en India a través de un EP, teniendo en cuenta las actividades de una filial y de una oficina de representación auxiliar (liaisson office/LO) de la matriz en su territorio, en el marco de una situación donde el contrato de aprovisionamiento que ganó tal filial frente a un tercero (Reliance Infocomm) fue "transferido" materialmente a la filial americana (Nortel International) del grupo que vendió las mercancías a la filial de India, la cual las revendió al tercero a un precio más bajo generándole una pérdida; las autoridades de India consideraron que la filial americana en realidad carecía de sustancia, de manera que las operaciones eran realizadas realmente por la matriz canadiense que operaba en India a través su LO y filial que generaban un EP para la misma globalmente considerada. Sin embargo, el Tribunal de Delhi rechazó tal enfoque anti-fragmentación y consideró que las operaciones de venta de mercancías eran realizadas por la filial americana fuera del territorio de India y en tal sentido había que respetar el principio de empresa separada y las reglas del artículo 7 del CDI con EEUU.

En quinto lugar, el informe final de la acción 7 le ha dado una vuelta de tuerca a los comentarios recogidos en la **cláusula del artículo 5.3 ModCDI respecto de las divisiones o fragmentaciones contractuales en el marco de las obras de construcción y montaje,** incluyéndose un ejemplo en los comentarios que abundan en la exigencia de un test de propósito principal que justifique tal forma de operar, así como una expansión de la guía interpretativa para aplicar la cláusula a los efectos del cómputo del periodo de los 12 meses en relación con contratos o actividades conectadas (que excedan 30 días de duración) por entidades relacionadas, lo cual también puede resultar de aplicación en relación con los CDI que incluyan la cláusula de EP de servicios que pivota sobre la duración de la actividad en el Estado de la fuente.

Finalmente, cabe apuntar cómo la OCDE anunció que revisaría durante 2016 el modelo de atribución de beneficios al EP, a efectos de introducir algunos cambios que permitieran una aplicación más alineada con las modificaciones articuladas en el artículo 5 ModCDI. Como veremos más adelante al hilo del artículo 7 ModCDI, la OCDE hizo público en julio de 2016 el Borrador sobre clarificación de la atribución de beneficios al establecimiento permanente, dirigido a clarificar cómo operan los principios del enfoque autorizado en el contexto de supuestos de EP como los resultantes de la Acción 7 de BEPS, en particular EPs generados por un agente dependiente, y los que resultan de los cambios en el artículo 5.4 ModCDI (EPs de funciones logísticas para la propia empresa (cost centers) o para terceros (proft centers)).

En síntesis, el Informe final de la Acción 7 del Plan BEPS, aprobado el 5 de octubre de 2015, supone:

- Una revisión del estándar relativo al concepto OCDE de Establecimiento Permanente;
- La revisión trata de evitar ciertas estructuras diseñadas para evitar artificialmente el estatus de EP, aunque las reglas establecidas se proyectan sobre todo tipo de estructuras (abusivas o no), sin que se haya establecido con carácter general un test de abuso específico para su aplicación. Por tanto, la revisión del estándar del concepto de EP lo que hace es extender tal noción incluyendo en la misma esquemas o estructuras que venían quedando extramuros de tal umbral de actividad económica considerada como suficiente para generar nexo fiscal en el Estado de la fuente. De esta forma, ahora se redefine el nivel de actividad económica que resulta suficiente para determinar el nexo fiscal en la fuente. Ahora bien, la "concesión" del mayor "espacio fiscal" al Estado de la fuente se hace de forma muy medida y por la puerta de atrás de la rebaja del umbral de EP, de suerte que se sigue manteniendo intacto el modelo de atribución de beneficios casa central-EP que favorece o maximiza la tributación (no solo del beneficio residual) en el Estado de residencia. En este sentido, se ha destacado cómo el modelo actual de tributación internacional del EP pivota sobre una desconexión entre la "presencia económica" (no necesariamente un lugar fijo de negocios) y los derechos de imposición de los Estados fuente, y en tal sentido cualquier intento (Acción 7 BEPS) por cambiar el modelo no puede consistir en la reinterpretación o introducción de cláusulas antiabuso respecto de las reglas actuales (Martín Jiménez 2015, p.370). De alguna forma podría decirse que la artificiosidad del EP en relación con la erosión de la imposición en la fuente por las actividades realizadas en tal territorio deriva del propio modelo o reglas de tributación internacional, y no tanto de maniobras de evasión de los contribuyentes.
- Un buen número de cambios que se han introducido pivotan sobre criterios o test subjetivos y muy fácticos, de manera que ahora la aplicación de la cláusula de EP, que opera como umbral de tributación en la fuente, pierde objetividad y expande la tributación en la fuente (¿el final del tradicional *bright line test*?). Los mayores riesgos existentes en este ámbito pueden provocar el correspondiente cambio de conducta de las MNEs hacia estructuras más seguras. La aplicación de estos criterios además de plantear mayor incertidumbre, costes financieros e inseguridad jurídica en la realización de determinado tipo de negocios transfronterizos puede traer consigo un buen número de casos de doble imposición, allí donde el Estado de residencia rechace la existencia de un EP en el otro Estado o la atribución de beneficios al mismo, o ambas cosas (Tobin 2015; y Chamberlain/Turley 2015). Asimismo, la incorporación de tales criterios de corte más subjetivo tiene como finalidad neutralizar ciertas estructuras que permitían evitar el estatus de EP, existiendo o no artificiosidad, pero resulta claro que el concepto de abuso que se maneja en la Acción 6 BEPS y en los Comentarios al artículo 1 ModCDI no se ha extendido al ámbito interpretativo o aplicativo del artículo 5 debido a la propia funcionalidad del concepto de EP en el marco de un sistema de fiscalidad internacional que favorece la imposición en residencia (Martín Jiménez 2015, p.398). Algunos países, como China, consideran que el debate fuente vs residencia está en cierta medida superado, resultando reemplazado por los criterios para determinar la creación de valor y la asignación del beneficio empresarial de las MNEs, y en tal sentido están desarrollando parámetros específicos para fijar tal creación de valor (locational savings, premium markets, intangibles generados localmente, value contribution method, exigencia de análisis de contribución en la cadena de valor), trascendiendo en ocasiones de los criterios establecidos a nivel OCDE al considerar que están pensados para canalizar los intereses de los países occidentales (vid: Li, J., 2015b; Liu/G.De Souza/H.Zhou, 2015; y Yuesheng. J, 2015). La OCDE se ha defendido frente a todas estas críticas argumentando, por un lado, que el lenguaje que refleja la acción 7 BEPS (particularmente en relación con las estructuras de comisionista y el criterio del "principal role") aunque no es "elegante" en términos técnicos, refleja la solución de consenso o compromiso alcanzada por los distintos países, y, por otro, que la acción 7 no constituye un estándar mínimo que las diferentes jurisdicciones deban implementar para ser consideradas "BEPS complaints" (Parker 2016). Cabe destacar cómo el *US Treasury Model Convention* (2016) no incorpora en su artículo 5 los cambios que propone la Acción 7 de BEPS, lo cual parece anticipar la

posición general de EEUU a este respecto, esto es, la reserva introducida en el MC OCDE 2017 con relación a los nuevos apartados 5 y 6 del artículo 5, y no haber firmado el MLI.

• La mayor parte de los cambios propuestos por la OCDE en el estándar de la definición de EP se articulan a través de modificaciones sustantivas en el propio tenor de las diferentes cláusulas recogidas en el artículo 5 ModCDI (apartados 4, 5 y 6), lo cual posee efectos relevantes. Básicamente, podría mantenerse con carácter general que los cambios que propone la OCDE requieren la actualización de los CDIs (y eventualmente de las definiciones domésticas de EP), de manera que o bien se renegocian tales CDI vía Protocolos o bien se actualizan a través del Convenio Multilateral BEPS 2016 (en relación con el MLI y las cláusulas del mismo que implementan la acción 7 de BEPS, véase el epígrafe 3 del Capítulo I de esta obra). Tan solo en el caso de los comentarios introducidos en relación con la segmentación de contratos en el marco del artículo 5.3 ModCDI se ha evitado la modificación del tenor literal de tal precepto. Los propios "representantes" de la OCDE han reconocido que los cambios son recomendaciones a los Estados para que incluyan la nueva versión del artículo 5 ModCDI en los nuevos CDIs que concluyan, de manera que los nuevos comentarios recogidos en la acción 7 BEPS no resultarían de aplicación a los CDIs en vigor (Parker 2016, transcribiendo las declaraciones de J.Sasseville). No obstante, no puede descartarse una posible tendencia a reinterpretar los actuales CDI a la luz de las modificaciones introducidas a través del informe final de la acción 7, por más que ello pueda colisionar con la configuración actual de su clausulado. La propia delimitación de la acción 7, dirigida a neutralizar esquemas artificiales dirigidos a evitar el estatus de EP puede contribuir a potenciar tal efecto re-interpretativo, aunque existen otras vías más adecuadas técnicamente para prevenir tales maniobras como puede ser la utilización de las cláusulas antiabuso nacionales a efectos de lograr una interpretación menos literal y formalista de las disposiciones de los CDI (Martín Jiménez 2015, p.399).

Como fórmulas preventivas para evitar o mitigar los riesgos de existencia (sobrevenida) de un EP en un contexto post-BEPS se han puesto de relieve los siguientes (vid.: Critchley: a) Articulación de estrategias de adaptación de las estructuras al cumplimiento de la regulación doméstica y convencional que implemente la acción 7 BEPS; b) Desarrollo por las Administraciones tributarias de circulares o materiales constitutivos de una guía aplicativa general de los cambios derivados de la nueva regulación del establecimiento permanente; c) El recurso a mecanismos asistenciales típicos como rulings/APAs; nótese que este mecanismo es susceptible de estandarizarse para categorías de supuestos y ser válido bilateralmente, como demuestra la práctica mexicano-americana que cuenta con más de 300 acuerdos sobre maquiladoras (vid: Parker 2017); d) Utilización de los programas de cumplimiento cooperativo para determinar eventuales riesgos de EP o de atribución de beneficios al mismo; y d) La instrumentación de MOUs en el marco de CDIs que establezcan puertos seguros en relación con EPs (véase el anexo I al capítulo IV de las Directrices de Precios de Transferencia de 2017, que contiene un puerto seguro en relación con una filial que desarrolla actividades de fabricación; vid también, OECD, *Revised Guidance on Safe Harbors in Chapter IV of the Transfer Pricing Guidelines*, 2013).

En este orden de cosas, también cabe apuntar como la Administración tributaria española, cuando menos en relación con una serie de casos singulares (reestructuraciones dudosamente genuinas donde concurre una compleja y confusa interrelación operativa y funcional entre la entidad no residente y la filial española del grupo), ha desarrollado, con el apoyo de los tribunales (casos Borax, Roche Vitaminas, Honda, Dell, comentados más adelante), una interpretación más liberal y expansiva del concepto de EP, que pivota sobre tres grandes elementos: a) una interpretación funcional de la cláusula del agente dependiente que trasciende el enfoque formalista y contractual establecido por la OCDE; b) una interpretación creativa del requisito esencial del artículo 5.1 referido al "lugar de negocios a disposición" que consiste en considerar que las instalaciones de la filial están a disposición de la entidad no residente, a pesar de que no concurren los condicionantes técnicos fijados por la OCDE al respecto (acceso no restringido, control de las instalaciones y uso (físico) efectivo por el personal de la empresa no residente para sus actividades de negocios), cuando concurre una situación compleja de confusión operativa y funcional (asentamiento complejo operativo); y c) una interpretación restrictiva de la cláusula de auxiliaridad combinado con un enfoque antifragmentación. En ocasiones, la posición adoptada por la Administración y convalidada por los tribunales pasa por la apreciación de un EP dual, esto es, considerando que concurre un EP con arreglo a las cláusulas general (artículo 5.1 ModCDI) y de agente dependiente (artículo 5.5 ModCDI), de suerte que las consecuencias materiales en términos de configuración de bases imponibles y atribución de beneficios pueden no resultar totalmente coincidentes considerando la guía complementaria elaborada por la OCDE en relación con la acción 7 (marzo de 2018) ilustrando la aplicación de los criterios de atribución de beneficios a EPs resultantes de la cláusula de agentes dependientes (DAPEs). Ciertamente, no puede dejar de reconocerse como el enfoque desarrollado por las autoridades fiscales españolas en los referidos casos singulares, utilizando la cláusula de EP como una suerte de cláusula anti-abuso encubierta de sustancia vs forma, constituye una reacción defensiva para combatir estructuras que entrañan erosión de bases imponibles y que se perciben carentes de la suficiente sustancia económica. Sin embargo, en nuestra modesta opinión, podrían existir mecanismos más adecuados (técnicamente y en términos de legalidad y seguridad jurídica) para verificar la legalidad de tales estructuras, entre los que cabe destacar las cláusulas generales antiabuso (artículos 13, 15 y 16 LGT 2003) si se tratara de "reestructuraciones no genuinas o simuladas", o la propia normativa de precios de transferencia (análisis valorativo FAR, y/o delineación correcta de las operaciones a efectos de determinar las efectivas transacciones realizadas entre las partes y su valoración en términos cuantitativos, incluyendo la aplicación del profit split) (en parecidos términos, Martín Jiménez 2016, pp. 11 y ss). Nótese que, tal y como hemos indicado, la acción 7 de BEPS no convalida esta interpretación extensiva de la cláusula del EP que, en determinados casos singulares (reestructuraciones dudosamente genuinas donde media confusión operativa y funcional), ya que la OCDE no ha modificado en tal sentido el concepto de "lugar fijo de negocios a disposición", ni tampoco ha alterado la cláusula de agente dependiente integrando en todo caso los casos donde la filial involucra de facto a la entidad no residente vinculada en el mercado nacional (agente dependiente industrial), aunque es verdad que el requisito del *"principal role"* comprende los casos de agentes/comisionistas que actúan a través de una representación indirecta. Es más, podría considerarse que la OCDE, a través de las Acciones 8-10 (y la adaptación a su contenido del capítulo IX de las Directrices OCDE de Precios de transferencia), apunta hacia una vía distinta para regularizar situaciones singulares como las comentadas (cercana a un enfoque de *"unitary taxation"*) donde existen dudas sobre el carácter genuino de una reestructuración y la situación post-reestructuración es muy similar a la situación pre-reestructuración, y más allá de estos casos robustece una aplicación sustancialista de la aplicación del arm´s length, llegando hasta un punto donde más que llevar hasta sus últimas consecuencias tal estándar se adopta una posición alejada del mismo con el objetivo pragmático de lograr la pervivencia del estándar en la era post-BEPS. Paradójicamente, tras esta primera línea de reformas del sistema de fiscalidad internacional, dos de sus columnas vertebrales (el EP y el arm´s length), lejos de ganar enteros en términos de seguridad jurídica sobre su configuración material, experimentan una cierta erosión conceptual que los convierte en auténticos campos de minas (Collier 2013, pp.638 y ss, en relación con los trabajos sobre la Acción 7).

Los **materiales BEPS específicamente dedicados al Establecimiento Permanente** incluyen, a su vez, dos documentos que desarrollan las conclusiones de los informes finales (2015) referidos a las Acciones 2 y 7 BEPS, sin perjuicio de lo indicado más adelante sobre la Acción 1. Tales documentos OCDE son los siguientes: a) BEPS Action 7 Report, *Additional Guidance on the Attribution of Profits to PEs*, March 2018 (expuesto en el epígrafe 3.1.B de este capítulo, lugar al que nos remitimos); y b) BEPS Action 2, *Neutralising the Effects of Branch Mismatch Structures,* 27 July 2017; nótese que el Ecofin, en su reunión de 17 de junio de 2016, validó el acuerdo alcanzado en el seno del Grupo del Código de Conducta en materia de fiscalidad empresarial, sobre medidas a adoptar por los Estados miembros frente a establecimientos permanentes híbridos situado en países terceros (FISC 97, ECOFIN 558, 13 June 2016), aunque la **Directiva 2017/952 ATAD 2** sobre asimetrías híbridas con terceros países ha fijado el marco regulatorio aplicable en relación con *"branch mismatches"* (véase al respecto Martín/Calderón, *Convenios Fiscales Internacionales y Fiscalidad de la UE*, Ciss, Valencia, 2017. Como ya hemos indicado el **MLI** (2016) implementa a través de una norma de *hard-law* los estándares de las acciones 2, 5, 6, 7 y 14 de BEPS, y el **MC OCDE 2017** hace lo mismo a través de un mecanismo de *soft-law*.

Acción 1. -Retos de la economía digital para la imposición.

El informe final de la Acción 1 (octubre 2015), Retos de la economía digital para la imposición, sigue en gran medida lo establecido en el informe inicial de la Acción 1 sobre economía digital publicado por la OCDE en Septiembre de 2014 (el informe de 2014). De la misma forma que en dicho informe de 2014, el informe final plantea conclusiones relativas a la economía digital y recomienda los siguientes pasos para abordar los retos que se plantean en su contexto. El informe final reconoce que las normas especiales diseñadas exclusivamente para la economía digital podrían resultar inviables, más aun teniendo en cuenta que resulta difícil delimitar los contornos de la economía digital. El informe final resume los puntos clave de evolución de los modelos de negocios digitales que la OCDE considera relevantes para el análisis general de BEPS; además, el informe final considera de forma más amplia los retos de imposición directa e indirecta suscitados por la economía digital.

Como una actualización del informe de 2014, el informe final de la acción 1 de BEPS (2015) recomienda: (i) modificación de la lista de excepciones a la definición de Establecimiento Permanente (EP) para aquellos casos en que las actividades de carácter auxiliar o preparatorio estén relacionadas con el ámbito digital e introducción de un nuevo criterio anti fragmentación con fines anti elusivos que impida poder acogerse a las excepciones al estatus de EP mediante la fragmentación de las operaciones entre las distintas entidades de un mismo grupo; (ii) modificación de la definición de EP para abordar el uso de mecanismos artificiosos a través de la celebración de ciertos contratos (ver Acción 7); (iii) la correspondiente actualización de las Directrices de la OCDE de Precios de Transferencia (ver Acciones 8-10); y (iv) cambios en las normas de Transparencia Fiscal Internacional para tratar los retos que se han identificado relativos a la economía digital.

El informe final también aborda el tratamiento desde un punto de vista de imposición indirecta de ciertas transacciones digitales, recomendando a los países la aplicación de los principios que se contienen en las Directrices Internacionales de la OCDE sobre Impuesto sobre el Valor Añadido (IVA/ Impuesto sobre el Consumo) y que consideren la introducción de los mecanismos de recaudación que se incluyen en dichas Directrices.

El Informe final de la acción 1 (2015) contemplaba como trabajo futuro a realizar sobre la Acción 1, por un lado, la realización de consultas a una gran variedad de actores con el objetivo de diseñar por la OCDE, a partir del año 2016, un procedimiento global de seguimiento post-BEPS que trasciende el denominado marco inclusivo de implementación de BEPS, más focalizado en la efectiva aplicación por los distintos países de los cuatro estándares mínimos de BEPS (Acciones 5, 6, 13 y 14). Por otro lado, se preveía la elaboración de un informe adicional reflejando el resultado del trabajo que se realice sobre la imposición global sobre la economía digital, que debería publicarse en 2020. La agenda fiscal OCDE también incluye el desarrollo de un mecanismo coordinado de implementación de las Directrices Internacionales en materia de IVA e Impuestos sobre el Consumo.

En suma, la OCDE, en el marco de esta primera fase del proyecto BEPS, prefirió no alterar el estándar de EP introduciendo elementos específicos referidos a estructuras o modelos de negocio más propios de la economía digital, considerando, por un lado, las dificultades y dudas que ello plantea teniendo en cuenta cómo de una u otra forma todos los negocios y economía tienden a "digitalizarse", y por otro, teniendo en cuenta que los cambios introducidos en tal estándar por medio de las acciones 6, 7, 8 y 10 podrían ser suficientes para dar respuesta y actualizar el estándar a los primeros retos que plantea la economía digital, aunque ya se ha destacado que el concepto tradicional de EP recogido en el artículo 5 ModCDI refleja intereses y modelos de negocio de una "era pre-digital" (Blum 2015). En este orden de cosas, no puede dejar de destacarse cómo los actuales criterios de atribución de beneficios a los EPs, que otorgan un papel fundamental a las funciones humanas sustantivas (SPFs), plantean dificultades para imputar beneficios a EPs localizados en "países mercado" o "fuente" en relación con negocios de economía digital cuyas principales funciones humanas sustantivas se realizan remotamente desde otras jurisdicciones, de manera que el problema no resulta de la mera existencia de un EP sino de la atribución de beneficios (vid. Van der Hamm/Retzer 2015).

De esta forma, la posición adoptada por la OCDE/G20 en esta primera fase del proyecto BEPS (2012-2015) sobre el mantenimiento con escasa modulaciones de las reglas de distribución del poder tributario de los CDI (artículos 5 a 21 ModCDI), las categorías sustantivas del actual sistema (EP) y las propias reglas de tributación (enfoque autorizado atribución de beneficios al EP), significa en gran medida mantener los principios del sistema de fiscalidad internacional construido en el marco del consenso de la SDN de 1920, manteniendo la dinámica fuente vs. residencia bajo los mismos parámetros, aplicados ahora en el contexto de una economía globalizada y digital donde a su vez la geopolítica ya no es la misma como tampoco lo son los flujos entre los antiguos exportadores e importadores de capital. Todo ello está trayendo consigo una reacción de los diferentes países buscando fórmulas para gravar la renta derivada de negocios digitales que escapan al gravamen en la fuente con arreglo a los actuales principios recogidos en los CDI; así, figuras como el *Diverted Profit Tax* de Reino Unido y Australia, "virtual PEs" de Israel o Arabia Saudí, el *"equalization levy"* de India, el "Netflix tax" de Nueva Zelanda, entre otros, o el ensanchamiento de la tributación de los servicios técnicos desarrollada por muchos países en desarrollo y emergentes no son sino fórmulas que buscan superar las disfunciones del modelo actual, a pesar de puedan constituir en algunos casos vulneraciones de los CDI y generen doble imposición (vid: Bianco/Tomazela 2016). Algunas grandes MNEs han reaccionado frente a tales nuevas formas de imposición de los negocios digitales, reestructurando algunos elementos de su operativa y modelo fiscal de manera que resulten menos agresivos y más alineados con tales tendencias de mayor imposición en la fuente, pero sin que se desmantelen completamente el profit shifting que sigue permitiendo las reglas post-BEPS (Ting/Faccio/Kadet 2016).

En cierta medida, la acción 1 de BEPS y todo el debate sobre la necesidad de adaptar el sistema de fiscalidad internacional a la nueva economía digital encubre una tensión estructural de tal sistema que tiene que ver con la distribución del poder tributario entre los distintos países (fuente/mercado vs. residencia) que resulta del sistema de fiscalidad internacional pre-BEPS. Tal tensión estructural es lo que llevó a la elaboración de un nuevo informe OCDE/G20 sobre fiscalidad de la economía digital en el año 2018 (***Tax Challenges Arising from Digitalisation—Interim Report 2018***), donde, lejos de alcanzarse un consenso fiscal global a este respecto, se evidenció la falta de consenso suficiente entre los más de 100 países integrantes del *"BEPS Inclusive Framework"* a la hora de alcanzar acuerdos básicos sobre el desarrollo coordinado a nivel internacional de la revisión de las reglas actuales de *nexus & profit allocation* a efectos de adecuarlas a la nueva economía digitalizada. Tampoco hubo acuerdo sobre la necesidad, oportunidad y alcance de la adopción de eventuales "medidas provisionales" (*interim measures*), aunque un grupo de países sí llegó a un cierto consenso sobre determinados aspectos de las mismas (carácter temporal y no discriminatorio, necesidad de que fueran compatibles con CDIs, y focalizadas en servicios de publicidad y de intermediación a través de plataformas digitales, etc). Del informe OCDE parece extraerse igualmente un consenso de mínimos en lo que se refiere al establecimiento de medidas estructurales que supongan una revisión de los estándares internacionales en materia de "nexo" (EP) y *"profit allocation"* (*Transfer Pricing/Attribution of Profits to PEs*), en el sentido de que tal revisión se realizaría en el marco de la OCDE de manera que se articulara una solución coordinada multilateral en el año 2020 (Informe Final, *Digital Economy Taxation*), tras un segundo *"Interim Report II"* que se publicaría en el año 2019. Los Comunicados del G20 (*Finance Ministers & Central Bank Governors*), de 19-20 de marzo de 2018 y 30 de noviembre y 1 de diciembre 2018 (Argentina), dedica párrafos específicos a la materia fiscal, y en particular uno de ellos se refiere a la fiscalidad de la economía digitalizada. En este sentido, tras señalar la necesidad de seguir desarrollando un sistema de fiscalidad internacional globalmente justo y moderno y confirmar el compromiso con la implementación de BEPS, el G20 se hace eco del referido *"OECD Interim Report"* incluyendo la siguiente declaración: *"we are committed to work together to seek a consensus-based solution by 2020, with an update in 2019"*. Tal declaración, de alguna forma, constituye una fórmula de compromiso que trata de evitar la quiebra y preservar el modelo de cooperación y coordinación fiscal multilateral desarrollado a través del proyecto OCDE/G20 BEPS en un contexto de alta tensión geopolítica que se traslada al terreno de la política fiscal.

Lógicamente, la UE no ha sido ajena a este debate y a la evolución del sistema de fiscalidad internacional. Así, la UE, desde 2016, ha incorporado a su agenda y viene desarrollando igualmente trabajos en relación con la **fiscalidad de la economía digital** (véase, por ejemplo, el estudio elaborado por encargo del Comité TAXE 2 del Parlamento UE: *Tax Challenges in the Digital Economy*, Directorate General for Internal Policies, 2016). El propio ECOFIN ha tratado esta materia en alguna de sus reuniones. Puede mencionarse así la reunión del ECOFIN de 15-16 septiembre 2017, bajo la Presidencia de Estonia, donde se trató la cuestión de la adopción de medidas a escala europea para someter a imposición la renta que generan algunas MNEs que desarrollan modelos de negocio de "economía digital" (Presidency Issues Note for the Informal ECOFIN Tallinn, 16 September 2017: *Discussion on corporate taxation challenges of the digital economy*). Básicamente, el ECOFIN debatió las propuestas impulsadas por un grupo de Estados miembros (Alemania, Francia, España, e Italia) que propusieron medidas específicas para someter a gravamen determinados beneficios empresariales obtenidos por MNEs tecnológicas que desarrollan modelos de economía digital y que con las actuales reglas del sistema de fiscalidad internacional (BEPS/ATAD incluidas), escapan a gravamen en el país-mercado/fuente y en muchos casos no son sometidas a imposición en ninguna jurisdicción (*stateless income/double non-taxation*) o lo son a tipos efectivos anormalmente reducidos (Political Statement, *Joint Initiative on the Taxation of Companies Operating in the Digital Economy*, 9 September 2017). Estos Estados miembros argumentaron que esta situación genera una "distorsión en el mercado" y no se ajusta al principio internacional de neutralidad fiscal, de manera que deben adoptarse medidas a corto y largo plazo. En este sentido, si bien se considera que la CCCTB o las medidas que pudieran acordarse en el marco del proyecto OCDE/G20 BEPS constituyen soluciones válidas a largo plazo, deben adoptarse medidas a corto plazo en la UE, considerando la alta integración del mercado interior. Entre las *"quick fix"* measures que se estarían proponiendo destaca el establecimiento de retenciones en la fuente sobre determinados servicios digitales al modo del *"equalization levy"* de India (6 % sobre renta bruta de servicios de marketing digitales y remotos). Sin embargo, tal propuesta plantea problemas de doble imposición, vulneración de CDI e incluso de capacidad económica, de manera que su establecimiento no es sencilla, pudiendo ser además "disruptiva" desde el punto de vista de los propios modelos de negocio digitales.

La otra gran propuesta debatida a escala europea -y ya evaluada en la acción 1 de BEPS—pasa por modificar el concepto de EP, estableciendo una subcategoría basada en el nivel de presencia digital-económica en un mercado en el que se opera remotamente. Esta alteración sustancial del concepto internacional de EP para que resulte operativa debe ser articulada multilateralmente bajo el consenso OCDE, de manera que resultaría difícil que se aprobara una medida de esta naturaleza a escala UE al margen de la OCDE/G20, ya que articula un cambio de paradigma del sistema fiscal internacional, excesivamente rupturista. De hecho, la OCDE (Pascal Saint-Amanns, declaraciones de 13 de septiembre de 2017) hizo una llamada al consenso a la UE, rechazando movimientos unilaterales que constituyan soluciones fragmentarias, dado que solo generarían doble imposición.

El debate en el ECOFIN de 15-16 de Septiembre 2017 terminó sin alcanzarse un consenso en relación con la propuesta planteada por Alemania, Francia, Italia y España. No obstante, dos Estados miembros se alinearon básicamente con tal propuesta (Bélgica y Países Bajos), en tanto que Irlanda, Dinamarca, Suecia, Malta y Luxemburgo se opusieron a una medida que favorezca la tributación en la fuente (mercado/demand side) en lugar de en residencia (supply side).

Tras el ECOFIN de septiembre de 2017, la Comisión UE (21.09.2017) hizo pública una Comunicación, en relación con las medidas que eventualmente podrían adoptarse a efectos de la imposición directa de la economía digital (*A Fair and Efficient Tax System in the EU for the Digital Single market*, COM(2017) 547 final, 21.09.2017). Básicamente, la Comisión asume los acuerdos del ECOFIN de 15-16 de Septiembre de 2017, en lo que concierne al desarrollo del análisis de opciones o alternativas de política fiscal en relación con la imposición directa la economía digital. A este respecto resulta relevante poner de relieve el punto de partida de la Comisión y en gran medida de la mayoría de los Estados miembros del ECOFIN, en el sentido de que deben adoptarse medidas específicas para el gravamen de la economía digital, ya que:

• El sistema de fiscalidad internacional actual no articula un modelo válido en términos de *"fair taxation"* de las MNEs que desarrollan modelos/actividades de economía digital.

• El sistema de fiscalidad internacional actual permite que las empresas de economía digital compitan fiscalmente en términos no consistentes con la igualdad tributaria respecto de empresas que no desarrollan negocios digitales, ya que las primeras pueden organizar su actividad de manera que soporten tipos efectivos de gravamen anormalmente bajos (9 %) en comparación con las restantes empresas.

• Las reglas del sistema de fiscalidad internacional actual no están adaptadas a los modelos de economía digital, a pesar de los nuevos estándares derivados del Proyecto BEPS. En particular, se menciona la falta de adaptación del concepto de EP y de los precios de transferencia, enfatizando cómo este último estándar internacional no captura los procesos de creación de valor desarrollados por la economía digital (lo cual no es del todo cierto considerando el nuevo capítulo sobre intangibles y transfer pricing).

Otro de los elementos que se menciona en la **Comunicación de la Comisión de 2017** para fundamentar la acción europea en materia de imposición directa de la economía digital pasa por evitar la proliferación de medidas fiscales unilaterales, ya que no puede solucionarse un problema global con medidas unilaterales y descoordinadas, ya que solo genera más agujeros y dobles imposiciones que son negativas para el buen funcionamiento de la economía y el mercado interior europeo.

En este sentido, la Comisión UE, siguiendo las directrices del ECOFIN, considera más adecuado el desarrollo de una acción europea sobre el gravamen de la economía digital que adopte un enfoque multidimensional y coordinado con las iniciativas internacionales. Tal enfoque, básicamente, consiste en lo siguiente:

• Desarrollar a corto plazo análisis de alternativas de política fiscal o medidas que pueden adoptarse a escala europea para lograr un gravamen de la economía digital, a efectos de que el ECOFIN adopte sus conclusiones al respecto en su reunión de Diciembre de 2017. Entre las medidas (*quick-fix*) que se valoraron destacan las siguientes:

○ *Equalisation tax on turnover of digitalised companies;*

○ *Withholding tax on digital transactions;*

○ *Levy on revenues generated from the provision of digital services or advertising activity.*

• La estrategia europea a corto-medio plazo pasa por contribuir a los trabajos OCDE/G20 (Acción 1 BEPS) con un enfoque europeo en la materia basado en la conclusiones del ECOFIN de diciembre 2017.

• Las medidas que previsiblemente se acordaran a nivel internacional en el contexto OCDE/G20 BEPS (*Digital Taxation*, Action 1) deberían servir para articular medidas coordinadas a escala europea, de manera que parece que solo donde no hubiera consenso internacional la UE desarrollaría medidas propias a efectos de resolver el problema en el mercado interior.

• La Comisión sigue considerando que a medio-largo plazo la propuesta de Directiva de Base Imponible Común Consolidada sigue resultando un modelo válido para resolver el problema del gravamen de las grandes empresas, incluyendo las de economía digital.

La **Comunicación de la Comisión de septiembre de 2017**, por tanto, en cierta medida enfrió las expectativas sobre la aprobación a corto plazo de medidas específicas para el gravamen sobre la renta de las empresas de economía digital.

En cierta medida ello obedece a que ni existía un consenso político suficiente a escala europea e internacional para adoptar medidas que cambien sensiblemente el actual paradigma fiscal basado en la imputación de beneficios/creación valor al *"supply side"* haciéndolo pivotar sobre el *"demand side"*, ni se habían desarrollado "recetas mágicas y simples" para reestructurar el sistema de fiscalidad internacional adaptándolo a los modelos de negocios de economía digital. Además, la Comisión cada vez es más consciente de los problemas para aplicar normas fiscales practicables sobre modelos de negocio digitales: cómo establecer el nexo fiscal entre la empresa que presta servicios remotamente en un mercado/jurisdicción sin contar con presencia física en el mismo? (*where to tax?*), y qué gravar (*what to tax?*), cómo determinar el beneficio de modelos digitales basados en intangibles fragmentados, datos y conocimiento agregado? También se mencionan los problemas para establecer nuevos gravámenes al existir tratados internacionales que limitan su exacción (WTO, CDIs, etc).

La estrategia a corto plazo pasaba, por tanto, por integrar el análisis de política fiscal europeo en el *"general international corporate tax framework"* (OCDE/G20 BEPS, Action 1). Ello no significa que se haya rebajado la "tensión fiscal" sobre el sector tecnológico (ni los e-taylers), sino que se ha diferido en el tiempo la articulación de medidas que sofoquen esta necesidad política y demanda pública de *"fair share of tax"* sobre la economía digital, en aras de lograr soluciones consistentes desde un plano internacional y multidimensional.

En este contexto (y pocos días después de hacerse público el *OECD Interim Report 2018*), la Comisión UE presentó, el 21 marzo de 2018, el **Paquete europeo de medidas relativas a la fiscalidad de la economía digital (*A Fair and Efficient Tax System in the European Union for the Single Market*)** [1]. Las propuestas presentadas por la Comisión, el 21 de marzo de 2018, en materia de imposición justa para la economía digital, evidencian la falta de consenso internacional en esta materia y cómo la UE podría estar intentando liderar la dirección de los cambios en el sistema de fiscalidad internacional a través de medidas que representan unilateralismo fiscal y en cierta medida erosionan el consenso de mínimos y coordinación fiscal global derivada del proyecto BEPS. **El paquete en materia de fiscalidad de la economía digital elaborado por la Comisión se compone de cuatro elementos:**

• Una **Comunicación de la Comisión** al Parlamento UE y al Consejo, *Time to establish a modern, fair and efficient taxation standard for the digital economy* [2].

• Una **propuesta de Directiva** de la Comisión al Consejo, estableciendo las reglas relacionadas con la *imposición corporativa de una presencia digital significativa* [3].

• Una **Recomendación** en relación con la propuesta de Directiva referida a la *imposición corporativa de una presencia digital* [4], y

• Una **propuesta de Directiva** de la Comisión al Consejo sobre el establecimiento de un *sistema común de impuesto sobre servicios digitales sobre ingresos resultantes de la prestación de servicios digitales* [5].

A este respecto, cabe apuntar que las dos medidas propuestas por la Comisión, el 21 de marzo de 2018, en materia de fiscalidad digital no causan excesiva sorpresa, al coincidir a grandes rasgos con las que se han venido anticipando o formulando por parte de una serie de países pioneros en esta materia (India, Italia, Francia, por ejemplo) a estos efectos, tal y como resulta del propio *OECD Interim Report* (2018).

Desde un punto de vista político, no resulta claro que en la hora actual exista un consenso suficiente entre los Estados miembros de la UE para aprobar a corto plazo las medidas propuestas por la Comisión, considerando el rechazo manifestado por varios gobiernos nacionales (Irlanda, Luxemburgo, Malta, Dinamarca, Países Bajos y Suecia) que o bien se han opuesto frontalmente a tales medidas hasta que no se alcance un acuerdo global en el marco inclusivo para la implementación del Proyecto BEPS, o bien han expresado reservas a ceder tal nivel de soberanía fiscal. No obstante, no puede perderse de vista cómo el G5 (Alemania, Francia, Italia, España y Reino Unido) ha mostrado su apoyo a las propuestas de la Comisión, de 21 de marzo de 2018. A este respecto, cabe destacar el punto de inflexión que representa la reunión del ECOFIN de 4 de diciembre de 2018, donde

---

(1)   EU *Commission, Time to establish a modern, fair and efficient taxation standard for the digital economy* (COM(2018) 146 final, Brussels, 21-3-2018; y EU Commission Fact Sheet, *Questions & Answers on a Fair and Efficient Tax System in the EU for the Digital Single Market*, Brussels, 21 March 2018. Vid. Calderón, "El Paquete Europeo en materia de Fiscalidad de la Economía Digital", *Carta Tributaria*, Junio 208; y Pieron/Schueren/Durant/Geraets, "Digital Taxation in Europe: State of Play", TNI, October 8, 2018, pp. 165 y ss.
(2)   COM(2018) 146 final, Brussels, 21-3-2018.
(3)   COM(2018) 147 final, 2018/0072 (CNS), SWD(2018) 81 & 82 final.
(4)   COM(2018) 1650 final, Brussels, 21-3-2018.
(5)   COM(2018) 148 final, 2018/0073 (CNS), SWD(2018) 81 & 82.

Alemania y Francia presentaron una propuesta para redefinir el ámbito de aplicación de la propuesta de Directiva de impuesto sobre determinados servicios digitales presentada por la Comisión, limitándo su alcance a servicios de publicidad en línea, en el sentido del impuesto húngaro sobre publicidad en línea; también propusieron alcanzar un acuerdo a nivel europeo sobre la sincronización de tal impuesto con el eventual acuerdo global que pudiera alcanzarse en el marco de la OCDE/G20 a través de una "sunset clause", así como recabar el apoyo sobre una propuesta de tributación de las empresas digitales e imposición mínima que sería presentada en el marco OCDE a efectos de establecer los nuevos principios internacionales en materia de fiscalidad de la economía digital. Como consecuencia de tal declaración franco-alemana la Comisión presentará una nueva propuesta de Directiva en 2019 que, reemplazará a la presentada en Marzo 2018, y será sometida a debate en el ECOFIN con vistas a su aprobación antes de marzo de 2019.

Todo apunta a que las referidas propuestas de la Comisión y de los Estados (v.gr., propuesta franco-alemana) formaran parte de la agenda de política fiscal a un alto nivel durante los próximos años, posiblemente con la vista puesta en el año 2020 que coincide con la fecha fijada para la publicación del "Informe Final OCDE sobre Fiscalidad de la Economía Digital (2020)".

Como ya hemos indicado, las propuestas de la Comisión en materia de fiscalidad de la economía digital (2018) no hacen sino reflejar todas las tensiones derivadas de este contexto, y terminan reabriendo la Caja de Pandora de la reforma del sistema de fiscalidad internacional. Este nuevo proceso de reformulación del sistema no parece que se proyecte únicamente sobre los aspectos propios de una economía digitalizada comprendiendo igualmente una nueva vuelta de tuerca al marco global de la imposición corporativa.

También la ONU está llevando iniciativas en esta misma materia (UN, Economic and Social Council, *The digitalized economy: selected issues of potential relevance to developing countries*, E/C.18/2017/6, 8 August 2017; y Committee of Experts on International Cooperation in Tax Matters, *Tax Challenges in the Digitalized Economy: selected issues for posible Committee Consideration*, E/C.18/2017/CRP.22, 11 October 2017)).

2.2. Interrelación entre el concepto convencional y doméstico de establecimiento permanente

Otra cuestión de carácter general que suscita el artículo 5 se refiere a su interrelación con el concepto de EP establecido a nivel interno en el artículo 13.1.a) TRLIRNR. Por un lado, debe señalarse que el concepto previsto en la legislación interna española es más amplio que el recogido en el artículo 5 del ModCDI (vid. en este sentido la SAN de 8 de junio de 2015, rec. 182/2002). Sin ánimo exhaustivo entendemos que la mayor amplitud del concepto de EP previsto en la normativa española en relación con el articulado en el ModCDI se deduce de las siguientes circunstancias:

a) El artículo 5 ModCDI excluye de la noción de EP los centros de compras, de almacenaje y de recogida de información, y limita la existencia de un EP a través de agente mediante la cláusula de agente independiente. El TRLIRNR recoge la cláusula de agente dependiente (configurado a partir de un esquema contractual de representación directa del principal) y no incluye la cláusula de agente independiente.

b) El artículo 13.1a) TRLIRNR contiene una cláusula residual de EP de gran amplitud: «lugar de trabajo de cualquier índole», lo cual podría privar de relevancia a la ausencia de una referencia al elemento de «fijeza» al que el artículo 5 ModCDI sí le otorga gran importancia.

c) La lista de supuestos de EPs que contiene el TRLIRNR tiene carácter abierto y, en principio, tiene naturaleza constitutiva, esto es, la enumeración integra una presunción *iuris et de iure* de EP y no una presunción *iuris tantum* como la que parece establecer el artículo 5.2 ModCDI.

d) El TRLIRNR contempla, a su vez, establecimientos permanentes de temporada, estacionales o de breve duración (artículo 18.5 TRLIRNR), así como establecimientos que no cierran ciclo mercantil (v.gr., entre otros, los que desarrollan actividades auxiliares o preparatorias).

e) El TRLIRNR contempla supuestos particulares de EP en relación con las entidades en atribución de rentas (artículos 35 y 38 TRLIRNR), que no resultan en todo caso coincidentes con lo dispuesto en el artículo 5 ModCDI. Nótese que los miembros no residentes de entidades en régimen de atribución de rentas que desarrollan una actividad económica en territorio español se consideran contribuyentes del IRNR con EP (Consulta DGT V0507-17 de 27-02-2017).

Tales diferencias pueden conducir a que determinados supuestos que constituyen EP con arreglo al TRLIRNR dejen de poder calificarse en tal sentido por aplicación de un CDI, lo cual supondrá la no tributación de la renta en España. El concepto más restrictivo de EP previsto en el artículo 5 ModCDI resulta, por tanto, aplicable con carácter prevalente, a pesar de que la normativa española contemple una definición más amplia (artículo 4 TRLIRNR). Nótese igualmente que el artículo 22 de la Ley 27/2014, de 27 de noviembre, del Impuesto sobre Sociedades (en adelante, LIS) contiene una definición de EP a los efectos de la aplicación del método de exención que tal precepto articula.

2.3. Análisis de la definición de establecimiento permanente prevista en el apartado 1 del artículo 5 del modelo de convenio OCDE de doble imposición (1963-2014) [6]

2.3.1. La cláusula general de establecimiento permanente prevista en el apartado 1 del artículo 5 del modelo convenio de doble imposición

El artículo 5.1 ModCDI establece que «A los efectos del presente Convenio, la expresión «establecimiento permanente» significa un lugar fijo de negocios mediante el cual una empresa realiza toda o parte de su actividad».

El apartado 1 del artículo 5 delimita las características generales y sustantivas de la expresión «establecimiento permanente» a los efectos de la aplicación de las distintas disposiciones del ModCDI donde se hace referencia a esta figura. La definición general que recoge este artículo 5.1 ModCDI posee una incidencia determinante a efectos de calificación jurídica, toda vez que para que una forma de realizar negocios o actividades económicas por parte de una empresa de un Estado contratante en el territorio del otro Estado contratante pueda ser calificada (y gravada) en ambos países como EP debe reunir los tres requisitos establecidos en tal disposición, a saber:

a) Un «lugar de negocios» (place of business) "a disposición",

b) El lugar de negocios debe ser «fijo», esto es, debe estar establecido en un lugar determinado y con un cierto grado de permanencia, y

c) El lugar fijo de negocios debe realizar actividades de la empresa (parágr. 2 de los Comentarios al artículo 5 ModCDI -en adelante, CMC-).

La definición general de establecimiento permanente recogida en el artículo 5.1 ModCDI -y, por tanto, sus elementos esenciales- se encuentra, no obstante, matizada o delimitada en negativo por otros parágrafos contenidos en el mismo precepto. En concreto, los apartados 3 y 4 poseen un claro efecto redefinidor de la cláusula general del artículo 5.1 ModCDI. Tampoco puede excluirse que la cláusula de agencia (apartados 5 y 6 del artículo 5 ModCDI) contribuya a un mejor entendimiento del alcance objetivo de la figura del EP, a pesar de que se considere que tales apartados regulan «ficciones de establecimiento permanente».

---

(6)   A través de este epígrafe se expone el concepto de establecimiento permanente recogido en el Modelo de Convenio OCDE Pre-BEPS (versiones 1963-2014), en la medida en el el MC OCDE 2017 modificó varias cláusulas del artículo 5 MC OCDE a efectos de implementar los nuevos estándares fiscales internacionales derivados del Informe Final sobre la Acción 7 BEPS. Las modificaciones introducidas al concepto de EP por la Acción 7 de BEPS ya han sido expuestas en el epígrafe 2.1.2, así como en el capítulo I de esta obra al hilo de los comentarios al MLI. A lo largo del epígrafe 2.3. únicamente se incorporan los cambios en los comentarios al artículo 5 MC OCDE 2017 (y versiones posteriores) que están relacionados con el concepto pre-BEPS de EP y, en tal sentido, no resultan de la Acción 7 BEPS.

Con todo, no puede perderse de vista la función uniformadora y delimitadora del artículo 5.1 ModCDI ordenando los requisitos sustantivos que deben concurrir para calificar a una estructura o forma de realizar negocios como establecimiento permanente a los efectos del CDI aplicable; en este sentido, se ha puesto de relieve como los requisitos previstos en tal definición general operan en el marco del artículo 5.2 ModCDI; se considera que tal precepto configura una lista abierta y ejemplificativa de figuras que *prima facie* constituyen establecimiento permanente; de esta forma, la calificación definitiva de tales figuras o estructuras operativas (v.gr., las sucursales u oficinas) como EP a los efectos del CDI depende en todo caso de que en la práctica o de hecho concurran los elementos o requisitos previstos en el artículo 5.1 ModCDI (parágrafo 12 de los CMC).

La determinación de la concurrencia de estos requisitos debe realizarse en relación con un determinado periodo impositivo atendiendo a las circunstancias presentes o constatadas durante el mismo, sin tener en cuenta los hechos y condiciones concurrentes en periodos anteriores o posteriores, como puede ser el caso de reestructuraciones empresariales o contractuales (parágrafo 8 CMC artículo 5 MC OCDE 2017). La OCDE, sin embargo, reconoce la existencia de excepciones como la que aplica en el caso de operaciones recurrentes donde por la naturaleza de la actividad la realización de las actividades dura unos pocos meses al año durante una serie de años (perforación petrolífera en el Ártico, por ejemplo; vid paras. 29 y 30 CMC artículo 5 MC OCDE 2017). La OCDE (parágrafo 9 CMC artículo 5 MC OCDE 2017) también ha puesto de relieve cómo la existencia de un EP en algunos casos como los referidos a la explotación de inmuebles como una granja o una oficina la existencia de un EP resulta independiente de que la renta pueda ser calificada como renta inmobiliaria del artículo 6 del CDI, no resultando, por tanto, relevante a efectos del gravamen de tal renta tal aspecto, pero la existencia del EP sí posee incidencia para la aplicación de otras reglas del CDI [artículos 11.4 y .5, 15.2.c), y 24.3]; la DGT, por su parte, ha optado por acudir al concepto de actividad económica doméstico (del IRPF), invocando de forma discutible el artículo 3.2 del CDI con Francia, para delimitar tal concepto en el marco del artículo 5 del Convenio en relación con el arrendamiento de inmuebles situados en España por entidades no residentes donde éstas gestionaban tales inmuebles a través de un proveedor de servicios no vinculado, poniendo de relieve que la falta de un trabajador contratado a jornada completa en España evidencia la ausencia de medios humanos y materiales de manera que tal operativa no determina la existencia de un EP (V2037-18).

El Comité de Asuntos Fiscales de la OCDE se ha ocupado de perfilar con detalle los tres requisitos o elementos configuradores de la definición general de EP, a través de los CMC. En todo caso debe existir un lugar fijo de negocios localizado con cierta estabilidad en un determinado lugar geográfico a través del que se realizan actividades empresariales. Lógicamente, la existencia de un EP en el territorio de un Estado requiere que el lugar fijo de negocios esté localizado en tal territorio, lo cual ha planteado una serie de problemas en el sector de las telecomunicaciones. Precisamente por ello la OCDE clarificó en el ModCDI 2010 que los satélites que operan en órbitas geoestacionarias, en principio, no pueden considerarse constitutivos de EP en la medida en que el espacio no es considerado parte de su territorio de acuerdo con el Derecho internacional público (parágrafo 5.5 CMC artículo 5 ModCDI 2010).

Los tres elementos de la definición general prevista en el artículo 5.1 ModCDI deben ser examinados separadamente.

El requisito constituido por el «lugar de negocios» (*place of business*) que esté "a disposición" de la empresa no residente.

El «lugar de negocios» viene considerándose uno de los elementos esenciales de la figura del EP: la realización de actividades industriales o comerciales, con carácter general, requiere la localización de un emplazamiento de una sede física o corporal. Este requisito, por tanto, fija un umbral físico o corporal para la existencia de un EP que resulta, asimismo, propio de un modelo empresarial tradicional; en este sentido, cabe señalar cómo las formas de realizar negocios propias de la denominada «nueva economía» por medio de cauces telemáticos propias de las operaciones de comercio electrónico resultan más alejadas de esta concepción debido a su carácter, en muchos casos, inmaterial o incorporal. El Modelo OCDE (y la legislación española) no define esta expresión, aunque los comentarios sí son más expresivos. Así, el Comité Fiscal OCDE considera que la expresión «lugar de negocios» comprende cualquier local, instalaciones o medios materiales utilizados para la realización de las actividades empresariales, sirvan o no exclusivamente para tal fin. El lugar de negocios puede existir igualmente cuando no se disponga o necesite de locales para la realización de las actividades de la empresa, y esta simplemente disponga de cierto espacio. En lo que concierne al requisito de que el lugar de negocios esté *"a disposición"* de la empresa no residente, resulta del todo irrelevante si el poder de disposición sobre los locales, instalaciones o lugares se ejerce a título de propietario, de arrendatario o con arreglo a otro contrato. De esta forma, un lugar de negocios puede venir constituido por un lugar o puesto en un mercado o centro de negocios, o por un determinado emplazamiento utilizado de manera permanente en un depósito aduanero (por ejemplo para el almacenamiento de mercancías sujetas a impuestos aduaneros). El lugar de negocios también puede encontrarse en las instalaciones de otra empresa; ello acontecería, por ejemplo, cuando una empresa extranjera tuviera permanentemente a su disposición determinados locales o parte de ellos pertenecientes a otra empresa; no obstante, la OCDE solo considera que las instalaciones de una empresa están a disposición de otra cuando esta última ostenta un acceso ilimitado a tales instalaciones, existe un control del espacio físico, y hace uso efectivo (físico) de las mismas para realizar sus actividades, de manera que su personal realiza efectivamente sus funciones en las instalaciones de la otra empresa. Los Comentarios al MC OCDE 2017 han tratado de perfilar todavía más el alcance de "lugar a disposición", indicado que tal condicionante depende de que la empresa no residentes ostente poder efectivo de uso sobre la instalación o localización, así como del alcance (intensidad) de la presencia de la empresa en tal localización y las actividades que realice en la misma (parágrafo 12 CMC artículo 5 MC OCDE 2017); la OCDE incluyó nuevos ejemplos a este respecto; así, se indica que la presencia intermitente de trabajadores de la entidad no residente en las instalaciones de otra empresa durante cortos periodos de tiempo no cumple el requisito; y lo mismo acontece cuando la empresa no residente no utiliza la instalación directamente, como es el caso de las instalaciones de un proveedor o *contract manufacturer* que procesa mercancías propiedad de la entidad no residente (parágrafo 12 CMC artículo 5 MC OCDE 2017). En otro orden de cosas, cabe citar algún precedente de India donde se ha establecido que el hecho de que la matriz (americana) ejerza cierta dirección y control sobre la actividad de su filial y ostente el derecho (contractualizado) a inspeccionar sus instalaciones no genera un EP (sentencia del Delhi High Court, de 16 de mayo de 2016, caso *Adobe Systems v. ADIT*). La administración y tribunales españoles, sin embargo, han ido mucho más allá a este respecto en una serie de casos singulares –reestructuraciones empresariales cuyo carácter genuino era dudoso– admitiendo que una empresa no residente tiene un lugar fijo de negocios en sede de una filial del grupo cuando existe un "asentamiento complejo operativo" [cuyo origen se remonta a las consultas DGT V2192-08 y DGT V2191-08 de 20-11-2008 ambas; cfr. Carmona Fernández (2013)], lo cual acontece cuando existe un alto nivel de concentración y confusión entre las actividades de las dos empresas que no permite determinar el ámbito de autonomía organizativa y funcional de la filial española, de forma que se considera que ésta opera como una suerte de "empleado" de la no residente que ordena su actividad y ello determina que se presuma que las instalaciones de la filial sea usan por la no residente y, por tanto, están a su disposición, a pesar de que no se verifique el acceso físico efectivo o el uso de tales instalaciones por el personal de la entidad no residente, lo cual técnicamente resulta incorrecto atendiendo a la posición tradicional de la OCDE (véanse en este sentido los comentarios más abajo a las SSTS de 12 de enero de 2012, caso *Roche Vitaminas Europe*, expuesta al hilo de la cláusula de agente dependiente), de 18 junio de 2014, caso *Borax*, y de 20 de junio de 2016, en el *caso Dell,* la cual ha sido criticada a nivel internacional (Sprague 2016c) porque supera tanto la interpretación textual del CDI como el significado ordinario de tal término con arreglo a los CMC OCDE inyectando inseguridad jurídica a la aplicación de los CDI españoles). La cuestión de si una empresa no residente posee un lugar a disposición a los efectos del artículo 5.1 ModCDI en relación con situaciones donde un trabajador residente en otro país trabaja desde su propio domicilio personal para tal entidad, dependerá de los hechos y circunstancias del caso, constituyendo datos relevantes los siguientes: a) si el trabajador solo realiza actividades internas o también actividades externas frente a terceros en el territorio donde reside; b) si la empresa ha requerido al trabajador la utilización de su domicilio para realizar actividades de la empresa en una situación donde lo ordinario sería contar con una oficina de la empresa, c) el uso del domicilio para las actividades económicas de la empresa es intensivo y no incidental u ocasional; d) no se trata de actividades auxiliares/preparatorias, y e) la empresa asume los costes de la vivienda o no, y si tiene acceso (limitado/ilimitado) a la misma; esta problemática cada vez es más frecuente habiéndose planteado casos en varios países (Israel, Canadá (CRA 2015 Ruling 2014-05501611R3: no EP en Canadá bajo determinadas circunstancias similares a las expuestas), Dinamarca (*Danish Tax Board Ruling* 30 August 2017, SKM2017.519.SR, la utilización de facto (sin mediar titulo jurídico o acuerdo ad hoc) del domicilio personal de trabajador para realizar actividades económicas significativas para su empresa (sales support, market research, servicios post-venta, programación, pequeñas reparaciones) de forma recurrente determina un lugar a disposición de la misma (de facto) a través del que se realiza todo o parte de la actividad de la empresa en tal territorio, a pesar de que esta no reembolse su coste al empleado si tal lugar se utiliza de forma efectiva para realizar *"core business activities"* de la empresa y aunque parte de las actividades se realicen en las instalaciones de los clientes; en parecidos términos *Danish Board Tax Ruling* of 28 February 2017 SKM2017.213.SR) o España: V2146-16 y V3794-16, en esta última la DGT parece considerar que no existe EP cuando el resultado del trabajo realizado desde la vivienda del trabajador se explota fuera de España por la empresa no residente). La OCDE se ha pronunciado a favor de un análisis casuístico que tenga en cuenta particularmente los siguientes elementos (paras.19-19 CMC artículo 5 MC OCDE 2017): a) la intensidad del uso del domicilio personal para actividades de la empresa, de manera que si el uso es incidental o intermitente no habría lugar a disposición; b) hechos que evidencien que la empresa ha requerido al trabajador el uso del domicilio para actividades de la empresa, en casos donde la naturaleza de la actividad requeriría una oficina (véase el ejemplo recogido en el parágrafo 19 CMC artículo 5 MC OCDE 2017); y c) las actividades no son auxiliares o preparatorias

En este mismo orden de cosas, debe destacarse que el hecho de que exista un contrato de prestación (remota) de servicios intragrupo entre dos empresas asociadas no significa que el destinatario del servicio tenga un lugar a disposición en las instalaciones de la entidad prestadora del mismo, aunque exista una alta integración de la actividad entre ellas. Ahora bien, en el marco de **subcontrataciones** de obras y prestaciones de servicios contratadas a una filial que subcontrata parcialmente servicios de la matriz se ha admitido que esta última pueda tener un lugar fijo a disposición en las instalaciones de la filial o del propio cliente (DGT V3077-13 de 16-10-2013; sin embargo, se considera que como regla las franquicias no generan un EP para el franquiciador: ITAT ruling of 29 June 2018, World Tax Advisor 20 July 2018). Ciertamente, no se puede excluir que en determinadas ocasiones pueda verificarse la existencia de un EP como consecuencia de la concurrencia de un "lugar a disposición" de un contratista principal cuya actividad es realizada de forma mediata por subcontratas controladas totalmente por el mismo en otro país; en este sentido puede mencionarse el ruling del *Danish Tax Board* (23 agosto 2017, SKM2017.509.SR) que confirma la existencia de EP para el contratista principal respecto de determinadas formas de prestación de servicios a través de subcontratas locales, relacionados con la explotación de inmuebles situados en otro país concurriendo una serie de elementos: a) Contrato de servicios entre el titular del inmueble situado en un país y el contratista prestador de servicios no residente, en relación con actividades mantenimiento y limpieza del edificio. Tal contrato asignaba el riesgo/responsabilidad al contratista principal sin perjuicio de las subcontratas; b) el contratista principal, con arreglo al contrato, tiene a su disposición un espacio en el edificio destinado a oficina y almacén; y c) Las actividades del subcontratista local están controladas y se realizan bajo supervisión del contratista principal no residente. La existencia del EP se refiere lógicamente a los servicios subcontratados y prestados en el otro país, pero no para otras actividades no conectadas o realizadas fuera del país de localización del inmueble. Por tanto, la realización de negocios a través de un lugar fijo que resulta gestionado materialmente por una subcontrata que controla y dirige el contratista principal puede ser constitutiva de un EP para este último como si actuara con medios propios, tal y como ha reconocido abiertamente por la OCDE en el MC OCDE 2010 (Perdelwitz 2013). Igualmente puede acontecer que el inmueble o instalaciones puestas a disposición por el cliente a favor del subcontratista permita determinar la existencia de un EP para este último y no solo para el cliente para el que trabaja con arreglo a un contrato; ello puede acontecer por ejemplo en casos de obras de construcción, instalación o montaje donde el contratista principal arrienda instalaciones a tal efecto y cede su uso a un subcontratista (Project manager) no residente que coordina las actividades realizadas en tal ubicación (*Danish Tax Board ruling* of 2 October 2017, SKM2017.566.SR, en relación con instalación de plataformas offshore en el mar de Dinamarca utilizando instalaciones en un puerto danés puestas a disposición por el contratista alemán a favor de un Project manager alemán que operaba como subcontratista encargado de coordinar las actividades en tal ubicación). Sin embargo, las autoridades danesas consideraron que la presencia de empleados del contratista principal en su territorio para supervisar los trabajos de las subcontratas no generan un EP para el mismo, allí donde solo realizan funciones auxiliares sin poder ejecutivo en la toma de decisiones (SKAT ruling of 9 May 2017). Asimismo, allí donde una entidad residente de un Estado (matriz) subcontratara la realización de determinadas actividades a una filial que desarrolla tales actividades con autonomía organizativa y funcional en el marco de tal acuerdo de prestación de servicios, tal filial no constituye un EP de su matriz ni con arreglo al artículo 5.1 ModCDI, ni de acuerdo con una cláusula de "EP de servicios", allí donde, a pesar de la estrecha interrelación de las actividades y equipos matriz-filial, las instalaciones de la filial no estuvieran a disposición de la matriz para su uso o utilización efectiva regular (no ocasional), ni los trabajadores desplazados por esta a la filial únicamente realizaran actividades puramente auxiliares; resulta relevante destacar que la matriz americana no tenía clientes ni realizaba operaciones de prestación de servicios en India (vid.: la sentencia del TS de India, de 25 de octubre de 2017, *ADIT v. E-Funds IT Solution Inc*, Civil Appeal Nº 6082 of 2015, SC-taxutra.com). La OCDE, a través de los comentarios al MC OCDE 2017, se ha referido a los casos de subcontratas como EP, señalando que pueden existir diferentes casos como, por ejemplo, aquellos donde los empleados de la entidad no residente están presentes en el territorio del otro Estado y realizan la actividad conjuntamente con la empresa subcontratada, y aquellos donde esto no ocurre pero la entidad no residente controla el lugar a disposición y las actividades que se realizan en el mismo por las subcontratas, de suerte que en ambos casos concurriría un lugar a disposición a través del que se realiza la actividad de tal entidad. Estos casos no se limitan a situaciones de obras de construcción, instalación o montaje, sino también se alude a casos de nuevos modelos de negocios digitales y remotos como un hotel explotado online de forma remota pero cuyos servicios on-site son subcontratados (parágrafo 40 CMC al artículo 5 MC OCDE 2017; la administración de India ha ido más lejos al considerar que una cadena internacional de hoteles opera en India a través de un EP al haber firmado cinco contratos con el hotel local que todas las funciones críticas y la gestión cotidiana del hotel estaban en manos y bajo el control de la entidad no residente: AAR nº 1010 of 2010). Existen pronunciamientos en España donde la función de supervisión de las subcontratas por parte del contratista principal se toma en consideración a efectos de determinar la existencia de un EP (SAN de 11 de enero de 2018, rec. 2853/2015, caso *Hitachi*; y V2117-17; también es relevante la V1298-18, donde se establece que la subcontratación de servicios (productor por encargo) no determina la aplicación de agente dependiente cuando la actividad del subcontratista consiste en su propio negocio, ostenta autonomía organizativa y riesgo empresarial, y remuneración de mercado).

Desde el sector privado se han alzado voces que, frente al estándar más subjetivo de EP derivado de BEPS, recomiendan la limitación contractual del acceso a las instalaciones de la entidad residente por personal de la entidad no residente a efectos de limitar el riesgo de EP (vid.: Izzo/McCormick/Reilly 2016).

Abundando en la cuestión del **lugar a disposición y su uso efectivo para realizar actividades económicas** por parte de la empresa no residente, cabe destacar cómo la OCDE parece admitir en algunos casos (v.gr., el ejemplo del pintor) que la puesta a disposición y el uso de las instalaciones de una empresa por parte de la empresa no residente puede tener lugar en el marco de una prestación de servicios, de manera que en estos casos tal cesión de uso de las instalaciones a tal efecto puede constituir un lugar a disposición si tal uso efectivo (físico) se verifica a lo largo de un determinado periodo, a pesar de que tal lugar no se instrumente como plataforma de negocios en sentido amplio de tal empresa (para promocionar su negocio, generar más ventas, comercializar o fabricar sus bienes o prestar servicios) sino solo para realizar el servicio contratado (véase la crítica de M.Corwin en

Lewis 2016, p.1064). A este respecto, puede señalarse igualmente como las autoridades danesas han indicado que las partnerships que no disponen de empleados, locales o sustancia física en territorio danés ni son dirigidas desde tal territorio no crean un EP para los partners en Dinamarca (*National Tax Board ruling* 25 marzo 2014, vid. Reumert 2014). La AN también rechazó que una empresa pesquera no residente que faena en aguas internacionales y comercializa sus productos en España utilizando un apoderado tuviera un EP en España por falta de lugar fijo de negocios a disposición en territorio español a través del que se realice parte de la actividad, no considerándose suficiente el domicilio fiscal personal de un apoderado y representante en España que gestionaba las cuentas bancarias, cobros y pagos (SAN de 25 de abril de 2013, rec. n.169/2010). La DGT, en supuestos outbound, también ha admitido que profesionales independientes desplazados al extranjero para desarrollar servicios en las instalaciones puestas a disposición por la empresa no residente tengan un EP en el extranjero (DGT V0569-14 de 4-3-2014 y DGT V1082-14 de 14-4-2014); son reseñables en este contexto dos consultas DGT donde se considera que la actividad de un médico residente en España realizada en los locales de clínicas situadas en otro país genera un EP, allí donde estas ponen a su disposición tales locales durante un cierto periodo de tiempo y a pesar de que tal poder de disposición de las instalaciones no fuera permanente (DGT V2136-17 y DGT V2140-17 de 18-8-2017). Existen precedentes en otros países donde el uso recurrente pero discontínuo de instalaciones a lo largo del tiempo se ha considerado determinante de un EP (sentencia del Tribunal de Apelación de Gothenburg, donde el tribunal sueco consideró que las instalaciones que poseía en Suecia una empresa alemana dedicada a la fabricación de software de control de frenado de automóviles que utilizaba tales instalaciones 4 meses al año para realizar pruebas constituía un EP; *EY Global Tax Alert*, 18 January 2017); las autoridades de India razonaron de la misma forma en relación con la organización de eventos o campeonatos de fórmula 1 haciendo uso recurrente y discontínuo de las instalaciones del circuito que estaba contractualmente a su disposición [*Formula One World Championship Ltd v. CIT*, 2016 taxmann.com 6 (Delhi); vid.: Tremblay/Ludwin 2018].

Algunos autores, como Skaar, han considerado asimismo que las figuras recogidas en el artículo 5.2 ModCDI constituyen ejemplos de «lugares de negocio» (y no de establecimientos permanentes). No obstante, la mayoría de la doctrina considera que puede existir un lugar de negocios aunque el caso particular no reúna las condiciones determinadas por los supuestos específicamente mencionados en tal precepto (artículo 5.2 ModCDI); un ejemplo en tal sentido lo aporta el caso *Pipeline* donde las autoridades y tribunales alemanes consideraron que una tubería de una empresa holandesa (dedicada a la distribución de hidrocarburos) en territorio alemán constituía un EP cumpliendo el requisito de lugar de negocios (vid.: Olsen y Gelineck, en relación con los gasoductos y otras instalaciones de oil & gas); más extremo probablemente es el caso de la «valla publicitaria»; el caso *MasterCard* de India también pone de relieve que cuando los activos cedidos por una empresa no residente a otra residente están controlados de facto por la primera y su personal está involucrado en su utilización y gestión pueden constituir un lugar a disposición (AAR Ruling of 6 June 2018, que se apoya en los casos *Amadeus Global Travel* (2008) 113 T 767), y *Galileo International* 2008 (114 TTJ 289)). El ModCDI 2010 aportó clarificaciones adicionales sobre las infraestructuras de transporte de recursos naturales o energía, poniendo de relieve que el cliente de la empresa que gestiona y explota tal infraestructura no tiene un EP ya que no posee un lugar fijo de negocios a su disposición (parágrafo 26.1 artículo 5 ModCDI 2010). En la misma línea se clarificó que los *«roaming agreements»* a través de los que un operador de telecomunicaciones de un Estado estipulaba con otro que opera en otro Estado la prestación de servicios a sus usuarios en el territorio donde este último opera no supone que el primero opere a través de un EP (parágrafo 9.1 CMC artículo 5 ModCDI 2010). También se ha clarificado que la concreta zona geográfica de un país sobre la que puedan recibirse las señales de un satélite (*satellites footprint*) no puede ser considerada a disposición del operador del mismo a los efectos de determinar que tal área constituye un lugar de negocios del mismo (parágrafo 5.5 CMC artículo 5 ModCDI 2010). El uso de una zona geográfica (acotada) del territorio de un país para realizar una actividad económica puede ser constitutiva de lugar de negocio a disposición en algunos casos considerando la naturaleza de la actividad (v.gr., una mina, o una carretera en construcción).

Respecto de la delimitación que el Comité Fiscal OCDE ha realizado de la expresión «lugar de negocios», la doctrina ha puesto de relieve su amplitud en la medida en que comprende desde los típicos locales de negocio, pasando por emplazamientos disponibles para efectuar actividades económicas y materiales u objetos tangibles que resultan adecuados comercialmente para servir de base de actividad empresarial, hasta instalaciones de negocios disponibles situados dentro de los locales de otra empresa. De la propia definición de EP prevista en el artículo 5.1 ModCDI se extraen las características que debe reunir el lugar de negocios a estos efectos, a saber:

a) Que el lugar sea precisamente *de negocios (y esté a disposición de la empresa no residente)*,
b) Que el lugar de negocios sea *fijo*, y
c) Que el lugar se utilice *para el ejercicio de la empresa*.

Respecto del primero de ellos (**lugar de negocios**) cabe decir que el elemento corporal debe ser apto para albergar o ser sede de un negocio o actividad empresarial. El tercer elemento matiza al anterior de manera que el elemento corporal apto para albergar una actividad empresarial debe ser efectivamente empleado para la realización de las actividades económicas o negocios de la empresa que lo tiene a su disposición (test de utilización efectiva); este elemento profundiza en el carácter medial o instrumental del lugar de negocios, de manera que éste debe servir al ejercicio de las actividades empresariales; no concurre tal carácter instrumental cuando el bien o lugar (v.gr., inmuebles) no son lugares donde se realiza la actividad de la empresa sino que constituyen el objeto de la actividad empresarial (la empresa extranjera arrienda locales de negocio que posee en el otro Estado). La actividad empresarial debe, por tanto, realizarse en el lugar de negocios o a través del lugar de negocios. En este orden de cosas, cabe destacar cómo el TS viene considerando que la existencia de EP requiere en todo caso que la empresa no residente realice una actividad mercantil, admitiendo que pueda realizarla en las instalaciones de otra empresa (STS de 23 de septiembre de 2009). En la misma línea se ha considerado que el mero arrendamiento de buque pesquero por no residente a residente (que realiza todas las faenas de pesca) limitándose el primero a ser arrendador sin presencia física en territorio español, no genera un EP (STSJ Asturias de 20 de octubre de 2008, rec. 1788/2006). Por tanto, la mera existencia de activos o bienes situados en el territorio de otro Estado no generan un EP, a menos que estén siendo utilizados por el no residente para realizar una actividad económica a través de los mismos; de esta forma, los bienes o activos cedidos que están controlados y son utilizados por un sujeto distinto a su titular (por ejemplo por un cesionario) para su actividad no generan un EP para el titular o cedente (véase la importante consulta DGT V1594-14 y la SAN de 23 de octubre de 2014 rec. 460/2011, la cual también reconoce que el lugar de negocios debe ser utilizado para la realización de una actividad económica, cierre o no ciclo mercantil; la DGT V3336-14 de 15-12-2014, sobre arrendamiento activo y pasivo de inmuebles situados en territorio español también posee gran relevancia a estos y otros efectos).

El requisito de «fijeza» del lugar de negocios es examinado a continuación.

El lugar de negocios debe ser «fijo».

El alcance del elemento de fijeza viene precisado en los Comentarios al artículo 5.1 ModCDI en el sentido siguiente. Con carácter general debe existir un vínculo entre el lugar de negocios y un punto geográfico específico. Resulta irrelevante el período de tiempo durante el cual una empresa de un Estado contratante opera en el otro Estado contratante si no lo hace en un lugar determinado, pero ello no significa que el equipo o material que constituye el lugar de negocios deba estar realmente o efectivamente fijado al suelo sobre el que permanece. Resulta suficiente que el equipo permanezca en un lugar determinado. En la medida en que el lugar de negocios deber ser fijo resulta evidente que para que pueda afirmarse que existe un EP se requiere que tal lugar de negocios posea un cierto grado de permanencia, lo cual no acontece cuando posee un mero carácter temporal. A efectos de determinar esta característica lo relevante resulta de verificar si el EP no fue creado o establecido para o con una finalidad temporal, aunque tal establecimiento haya existido en la práctica durante un corto período de tiempo debido a la especial naturaleza de la empresa o como consecuencia de circunstancias excepcionales (por ejemplo, la muerte del contribuyente o el fracaso de la inversión). Del mismo modo, cuando un lugar de negocios que, en un principio, debía tener corta duración se mantiene durante un período tan largo que impide considerarlo temporal, pasa a ser un lugar fijo de negocios y, en consecuencia, -retrospectivamente- un establecimiento permanente.

La doctrina estudiosa del EP se ha referido a la función y evolución del requisito de «fijeza» en el marco de la definición general del artículo 5.1 ModCDI. Por un lado, se ha señalado cómo tal requisito constituye un elemento crucial de la definición de EP debido a que instrumenta la conexión cualificada entre el lugar de negocios y el territorio del Estado de ubicación o *situs* que, merced a este nexo cualificado, puede someter a imposición al contribuyente por las rentas derivadas de las actividades empresariales realizadas de esta forma o a través del EP. La fijeza, por tanto, proporciona un nexo (cualificado) de territorialidad con el Estado de la ubicación del lugar de negocios.

La delimitación del requisito de fijeza ha ido evolucionando en el ModCDI y los propios comentarios al mismo reflejan claramente tal evolución; ya hemos visto cómo en la hora actual no se requiere que la instalación de negocios tenga que estar materialmente fijada al suelo (*base theory*) bastando una vinculación entre la instalación de negocios y un punto geográfico determinado. De hecho, la evolución de este requisito ha permitido desarrollar una idea doble de vinculación, bien proyectada sobre la fijeza del material del lugar de negocios (*base theory*), o bien sobre la *permanencia* del lugar de negocios (vinculación con un lugar o emplazamiento determinado durante un cierto período de tiempo); esta ambivalencia se extrae de los propios comentarios del Comité Fiscal OCDE al artículo 5.1 ModCDI. Esta ambivalencia no supone otra cosa que una flexibilización del requisito de fijeza de forma que abarque no solo los supuestos típicos donde media una conexión material del lugar de negocios a un determinado punto del territorio de un Estado (v.gr., fijeza de los inmuebles donde está localizado el lugar de negocios), sino también aquellos casos donde el lugar de negocios está relacionado con un lugar determinado y concreto, de amplitud más o menos variable, pero no de carácter indeterminado.

Ciertamente, la flexibilización del requisito de fijeza solo afecta a supuestos excepcionales. No obstante, la doctrina estudiosa de esta figura ha puesto de relieve como tal flexibilización no solamente implica la admisión de una cierta movilidad del lugar de negocios como contenido permisible de la fijeza sino que paralelamente se podría estar admitiendo que la *permanencia* en un lugar determinado pueda suplantar a la fijeza como requisito de lugar de negocios en un determinado territorio. Se ha planteado, por tanto, si la permanencia era una consecuencia, o un elemento de la fijeza.

Los comentaristas han propuesto una interpretación integradora de las referencias a la fijeza y a la permanencia contenidas en los Comentarios al ModCDI basada en estos mismos materiales interpretativos; en concreto, se ha señalado la relevancia a este respecto de la siguiente frase: «el período durante el cual una empresa de un Estado contratante opere en el otro Estado contratante importa poco si sus operaciones no se desarrollan en un lugar determinado». Tal interpretación integradora pasa por considerar fijeza y permanencia como «dos aspectos diferentes que determinan en una interacción adecuada la existencia del lugar fijo de negocios, o dicho de otra manera, la calificación del lugar de negocios como fijo. No puede entenderse en este concepto -lugar fijo de negocios- la una sin la otra, y las carencias de una deben ser restablecidas por una mayor presencia o solidez de la otra. La interpretación laxa de la fijeza, admitiendo una cierta movilidad o una mayor amplitud o inconcreción en la determinación del espacio que constituye el *lugar determinado* de actuación empresarial, debe ser contrarrestada por una presencia duradera o bien por el transcurso efectivo de un plazo considerable de tiempo. Al contrario, cuando la permanencia de una empresa sea difícilmente constatable tan solo podrá concluirse la existencia de un lugar fijo de negocios si la actividad se lleva a cabo de manera concentrada en una instalación fija o materialmente fijada al suelo que reúna unas condiciones físicas suficientes que permitan constatar la suficiente presencia de la empresa en cuestión en el territorio y, en consecuencia, su efectiva vinculación» (García Prats 1996). El requisito de fijeza, por tanto, debe interpretarse de forma flexible atendiendo a las circunstancias del caso y considerando si existe una vinculación de cierta entidad de carácter material o con un lugar geográfico, vinculación que debe verificarse no solo teniendo en cuenta el tipo de conexión material con el territorio sino también el grado de permanencia o duración temporal de la misma.

Esta regla, sin embargo, no resulta aplicable en relación con las obras de instalación, construcción y montaje reguladas en el apartado 3º del artículo 5 del ModCDI, donde la duración de las mismas constituye un elemento autónomo y decisivo a la hora de determinar la existencia de un EP. La OCDE también ha clarificado que un barco que navega en aguas internacionales o dentro del territorio de uno o más países no constituye un lugar fijo de negocios, a menos que la actividad del barco quede restringida a un área en particular y posea coherencia comerciales y geográfica (parágrafo 26 CMC artículo 5 MC OCDE 2017).

El lugar fijo de negocios debe realizar actividades de la empresa.

El tercer elemento integrante de la noción de establecimiento permanente viene dado por un requisito de actividad (empresarial). Para que un lugar (fijo) de negocios constituya un establecimiento permanente de una empresa (residente) del otro Estado contratante esta debe realizar, todas o parte de, sus actividades empresariales a través o mediante el mismo.

El alcance de este elemento de la noción del EP ha planteado y plantea muchas cuestiones. Algunas de ellas han sido clarificadas a través de los CMC 2000 y 2010 ModCDI mientras que otras siguen suscitando dudas.

La primera cuestión que suscita la delimitación de este elemento es el propio concepto de «empresa» manejado en el ModCDI. Delimitar tal concepto, ciertamente, vendría a determinar de algún modo la noción de actividad empresarial que resulta operativa en el marco de los CDIs. En este sentido, debe destacarse que el ModCDI 2000 introdujo en su artículo 3 una definición de nueva planta del término «empresa» en el sentido siguiente: «c) el término «empresa» se aplica al ejercicio de toda actividad empresarial o profesional o negocio»; «h) la expresión "actividad empresarial o profesional" y el término "negocio" incluyen la ejecución de servicios profesionales y la realización de otras actividades de carácter independiente». Los Comentarios a la letra c) del artículo 3 ModCDI también han sido modificados para reflejar los cambios incorporados a la versión del año 2000 del modelo de convenio. Los comentarios al ModCDI, tras la modificación del año 2000, resultan muy relevantes al objeto de delimitar el concepto de empresa que, a juicio del Comité Fiscal OCDE, resulta operativo a los efectos, cuando menos, del nuevo modelo de convenio; en particular, resulta especialmente relevante el pasaje de los comentarios donde se afirma que *«la cuestión de si una actividad se realiza en el marco de una empresa o constituye en sí misma una empresa se ha interpretado siempre conforme a las disposiciones de la legislación interna de los Estados contratantes. Por consiguiente, no se ha intentado establecer una definición exhaustiva o cerrada del término "empresa" en este artículo. Sin embargo, se dispone que el término "empresa" (enterprise) se aplique al desempeño de cualquier negocio (business) (actividad empresarial o profesional). En la medida en que el término "negocio" (business) resulta expresamente definido incluyendo el ejercicio de profesiones liberales o de otras actividades de carácter independiente, esto clarifica que las prestaciones de servicios profesionales o de otras actividades de carácter independiente deben ser consideradas como constitutivas de una empresa, independientemente del sentido que se le dé a este último término en la legislación interna de un Estado. Los Estados que consideren que tal clarificación es innecesaria pueden omitir la definición de "empresa" en sus convenios bilaterales»* (parágrafo 4 CMC artículo 3 ModCDI).

De este pasaje de los Comentarios al artículo 3 ModCDI pueden extraerse, a nuestro juicio, importantes conclusiones de cara a la interpretación del artículo 5.1 ModCDI. En primer lugar, resulta relevante la afirmación de que el término empresa debe interpretarse con arreglo a lo previsto en la legislación interna del Estado contratante que aplica el convenio (lo cual puede generar conflictos de calificación asimétrica allí donde existieran diferencias entre la legislación interna de los dos Estados contratantes). Tal afirmación resulta, sin embargo, matizada en el año 2000 de manera que el Comité Fiscal OCDE establece una definición objetiva o material del término «empresa» atendiendo a las actividades económicas realizadas por una persona; cuando una persona preste servicios profesionales o realice otras actividades independientes tal forma de operar constituye una «empresa» en el sentido previsto en el ModCDI 2000, con independencia del significado que posea tal término en la legislación interna del Estado contratante que aplique el convenio; es decir, parece que el Comité Fiscal ha optado por crear una definición convencional autónoma pero abierta (que permite sea completada con arreglo a lo previsto en la legislación interna) que incide en el aspecto material de la actividad. A su vez, el aspecto material de la actividad se delimita de forma muy amplia al objeto de abarcar el ejercicio de actividades profesionales y de toda actividad de naturaleza independiente.

Asimismo, el Comité Fiscal OCDE, a través de los Comentarios al artículo 5.1 ModCDI, aporta elementos o criterios adicionales que contribuyen a perfilar en sentido positivo y negativo el requisito que estamos examinando, esto es, cuándo el lugar de negocios es empleado por la empresa para llevar a cabo sus actividades empresariales, su «negocio» (*business*).

En primer lugar, se pone de relieve que la actividad desarrollada por el lugar de negocios no tiene porqué poseer «carácter productivo», esto es, contribuir a los beneficios de la empresa. A su vez, la actividad desarrollada no tiene porqué ser permanente en el sentido de que no se interrumpa tal actividad, pero las operaciones desarrolladas por el lugar de negocios deben ser realizadas regularmente para que pueda hablarse de EP.

En segundo lugar, el Comité Fiscal OCDE se refiere a la actividad de cesión de propiedad tangible o intangible como actividad susceptible de convertir el lugar de negocios en un EP. En particular, se afirma que la actividad consistente en la cesión a terceros de instalaciones, de equipos industriales, comerciales o científicos o de intangibles como patentes u otro tipo de propiedad industrial a través de un lugar fijo de negocios mantenido por una empresa de un Estado contratante en el otro Estado contratante, con carácter general, determinará que tal lugar de negocios constituya un establecimiento permanente. La misma conclusión se considera extensible respecto de la actividad de cesión de capital o del leasing de propiedad tangible e intangible realizada a través de un lugar fijo de negocios situado en el otro Estado contratante. Cuando todas estas actividades se realicen por la empresa de un Estado contratante sin emplear o articular un lugar fijo de negocios en el otro Estado entonces no concurren las circunstancias para apreciar la existencia de un EP. Ello acontecería, por ejemplo, cuando la empresa cedente residente de un Estado contratante proporciona personal después de la instalación al objeto de manejar el equipo suministrado en la medida en que su responsabilidad queda limitada únicamente al manejo y mantenimiento del equipo (industrial, comercial o científico) suministrado bajo la dirección, responsabilidad y control del cesionario. Si tal personal tuviera atribuidas mayores responsabilidades como, por ejemplo, la participación en las decisiones concernientes a las tareas para las cuales el equipo es usado, o si el personal maneja, sirve, inspecciona y mantiene el equipo bajo la responsabilidad y control del cedente, entonces la actividad de este último puede superar o exceder de la mera cesión de equipo (industrial, comercial y científico) y puede constituir una actividad empresarial. En este caso podría llegar a considerarse que existe un EP si se cumpliera el requisito de permanencia. Estas reglas, sin embargo, no se aplican de forma lineal y unívoca en relación con los casos de «cesión de contenedores», los cuales, atendiendo a sus singularidades, poseen un tratamiento específico.

En tercer lugar, el Comité Fiscal OCDE aborda algunos aspectos subjetivos relativos a la forma en que se lleva a cabo la actividad empresarial. A este respecto, se afirma que el negocio o actividad de una empresa es realizado principalmente por el empresario o por las personas que se encuentran en una relación asalariada con la empresa (el personal). Tal personal incluye los empleados y otras personas que reciben instrucciones de la empresa (trabajadores dependientes), aunque los casos de los trabajadores desplazados (*secondments*) que siguen contratados por la entidad no residente pero "trabajan" para la entidad a la que son desplazados que se convierte en su "empleador económico" no deben ser tenidos en cuenta a los efectos del artículo 5.1 del MC OCDE, tal y como ha reconocido el Comité Fiscal (parágrafo 39 CMC artículo 5 MC OCDE 2017). Las facultades o poderes que ostente tal personal frente a terceros son irrelevantes. No posee trascendencia a estos efectos el que el trabajador esté autorizado para concluir contratos si desempeña su labor en un lugar fijo de negocios. Asimismo, se considera que puede existir igualmente un EP allí donde la actividad de la empresa es llevada a cabo principalmente por medio de equipos automáticos de manera que las actividades del personal se limitan a la instalación, manejo, control y mantenimiento de tal equipo. Cuando la actividad de la empresa quedara reducida a la cesión a un tercero de tales equipos automáticos (máquinas de juegos o expendedoras) lo normal es que no pueda apreciarse la existencia de un EP. Sin embargo, en el caso de que la empresa instaladora del equipo automático también realizara labores de manejo o mantenimiento del mismo sí podría considerarse que opera a través de EP, incluso allí donde tales labores las desempeñara un agente dependiente de la empresa. Sin embargo, se ha considerando que una *"physical letter box"* carente de todo tipo de infraestructura (medios humanos y materiales) no permite calificar al lugar de negocios como EP (Sentencia del *Ghent Court of Appeal*, de 6 diciembre de 2016, Nº 2015/AR.2208).

En relación con la cuestión de la naturaleza empresarial de la actividad desarrollada por una empresa a efectos de la existencia de un EP y de la aplicación de los artículos 5 y 7 del ModCDI, algunos autores han señalado que tal calificación debe realizarse teniendo en cuenta también otras disposiciones del ModCDI referidas a actividades genuinamente empresariales que son excluidas expresamente del ámbito de tales preceptos al objeto de dotarlas de un tratamiento fiscal más específico. En este sentido, se considera que el artículo 8 ModCDI (actividades de tráfico marítimo y aéreo internacional), posee una función de delimitación negativa del requisito de la «realización de una actividad empresarial». A la postre, el hecho de que una determinada actividad empresarial caiga en el marco de este precepto específico (el artículo 8 ModCDI) no impide la existencia de un EP con arreglo al artículo 5 ModCDI, pero sí de la aplicación del régimen del artículo 7 ModCDI dado que posee preferencia la norma específica (el artículo 8 ModCDI); es decir, aunque pudiera mantenerse la existencia de un EP la sujeción impositiva de tales actividades empresariales tendría lugar no con arreglo a lo dispuesto en el artículo 7 ModCDI sino de acuerdo con la regla material de tributación prevista en el precepto específico (el artículo 8 ModCDI). Esta conclusión no resulta trasladable en relación con la regla aplicable respecto de la posesión y arrendamiento de bienes inmuebles prevista en el artículo 6 ModCDI; mayores dudas suscita la aplicación de la regla referida en relación con lo previsto en el artículo 17 ModCDI para los artistas y deportistas, toda vez que este precepto constituye una excepción al artículo 7 ModCDI; así, en principio parece que las actividades que caen en el ámbito de aplicación del artículo 17 ModCDI quedan fuera del ámbito de aplicación del artículo 7 ModCDI; como ya indicamos, ello no impide la existencia de un EP con arreglo al artículo 5 ModCDI, pero sí la aplicación de las reglas materiales del artículo 7 ModCDI.

Por último, los comentarios al apartado 1 del artículo 5 ModCDI recogen reglas relativas al momento de inicio y de cese de la existencia de un EP, las cuales de algún modo también están conectadas con la «actividad» desarrollada por la empresa a través del lugar fijo de negocios. El Comité Fiscal OCDE considera que tal existencia comienza tan pronto como la empresa comienza a realizar su actividad a través de un lugar fijo de negocios. Ello acontece una vez que la empresa prepara, en el lugar de negocios, la actividad para la cual el lugar de negocios debe servir de forma permanente. El período de tiempo durante el cual el lugar fijo de negocios en sí mismo está siendo establecido, creado, instalado o puesto en marcha por la empresa no debería computarse, toda vez que tal actividad difiere sustancialmente de la actividad para la cual el lugar de negocios va a ser empleado de forma permanente. El EP deja de existir con la «disposición» (v.gr., cesión, arrendamiento, traspaso) del lugar fijo de negocios o con el cese efectivo de toda actividad a través del mismo, lo cual sucede cuando se pone fin a todos los actos y medidas relacionadas con las anteriores actividades del EP (v.gr., mantenimiento de instalaciones). Una interrupción temporal de las operaciones, no obstante, no puede ser identificada con el cierre. Asimismo, si el lugar fijo de negocios es cedido a otra empresa normalmente solo realizará las actividades de tal empresa pero no del cedente; en estos casos, el EP del cedente deja de existir, exceptuando los supuestos donde tal cedente continúa realizando una actividad empresarial por su cuenta a través del lugar fijo de negocios. A los efectos de aplicación de esta cláusula resultan especialmente relevantes varios pronunciamientos de los tribunales que han realizado una interpretación expansiva de la misma, particularmente en casos de estructuras resultado de una reestructuración de negocios, a saber: RRTEAC de 20 de abril de 2006, de 8 de noviembre de 2007 y de 3 de julio de 2014, SSAN de 24 de enero de 2008, de 9 de febrero de 2011, y SSTS de 12 de febrero de 2012 y de 20 de junio de 2016 (caso *Dell*), que son comentadas más adelante (en relación con esta jurisprudencia véanse las importantes aportaciones de Carmona Fernández (2013) y Martín Jiménez 2016, pp.11 y ss). Asimismo, resulta reseñable la consulta DGT

V3926-15 de 9-12-2015, sobre el cese de EPs (outbound) en relación con la aplicación del artículo 22 LIS y la integración de las pérdidas netas generadas por el EP. De esta forma, el cese del EP no solo tiene efectos en sede del Estado fuente sino también del país de residencia de la casa central. La DGT consideró que se produce el cese cuando concluyen todas las actividades tendentes a intervenir en el tráfico mercantil con expectativa de obtener ingresos. La consulta se refiere a EPs de consorcios (*JOAs/joint operating agreements*) establecidos para la realización de actividades exploratorias de upstream Oil & Gas durante los años de tal fase exploratoria, en los que de no tener éxito tal actividad el EP acumula pérdidas netas. La DGT entiende que en este contexto de actividad regulada el cese se produce en el momento en que se toma la decisión de abandono del área contractual y este abandono se comunica a la autoridad competente, pues es en ese momento cuando concluyen todas las actividades tendentes a intervenir en el tráfico mercantil con la expectativa de obtener ingresos. El hecho de que la entidad tuviera una oficina independiente en el mismo país no se consideró relevante a estos efectos, aceptándose la integración de las pérdidas netas del EP en estas condiciones.

Respecto del elemento del concepto de EP referido al desarrollo de la actividad económica de la empresa a través del lugar fijo de negocios a disposición, cabe mencionar los casos específicos que surgen en relación con estructuras transfronterizas de inversión financiera y *private equity*. Dependiendo de cómo se haya articulado la estructura desde un punto de vista societario, contractual y operativo la respuesta puede ser distinta. No obstante, viene siendo habitual que las autoridades fiscales consideren que tales estructuras de inversión no dan lugar a EPs para los inversores, ni que las sociedades residentes de un país que gestionan o prestan servicios de management de IICs (v.gr, Fondos de Inversión Alternativos Lux) residentes en otro país no generan un EP en relación con tales entidades (IICs), al entenderse que las sociedades gestoras de IIC realizan su propia actividad de administración, gestión y representación regulada de manera seperada y que no coincide con la que realiza cada una de las IIC (DGT V1020-17 de 27-4-2017). La administración fiscal danesa ha adoptado un enfoque similar rechazando la existencia de un EP (cláusula general y de agente dependiente) en relación con estructuras de private equity, entendiendo que ni la management company que realizaba actividades de asesoramiento y gestión del *private equity fund* (*Danish limited partnership*), ni el *board* del *general partner* con poderes ejecutivos respecto de las decisiones de inversión daban lugar a un EP para los inversores/partners del fondo de inversión danés al calificar al general partner como agente independiente (SKAT ruling 30 enero 2017; Lewis 2017). Ni que decir tiene que allí donde exista un CDI que haya implementado la cláusula de agente dependiente/independiente configurada con arreglo a la acción 7 de BEPS/MLI, las conclusiones podrían resultar distintas dependiendo de un conjunto de factores.

En los comentarios al MC OCDE 2017 se aborda la cuestión de las **sociedades de personas fiscalmente transparentes** utilizadas como vehículo para canalizar una inversión o actividad empresarial en el Estado de que se trate; el Comité Fiscal considera que a los efectos de los artículos 5 y 7 del MC OCDE la actividad empresarial se realiza por cada partícipe, de manera que la empresa que opera en el territorio de tal Estado se considera residente en cada Estado contratante en el que reside cada partícipe, y la tributación de cada uno de ellos se realiza en proporción a su participación en el partnership (paras. 43 y 56 CMC artículo 5 MC OCDE 2017; véase a este respecto la consulta DGT V1466-18, respecto de un patrimonio autónomo colombiano). Igualmente, los Comentarios al MC OCDE 2107 se refirieron a los casos de **consorcios empresariales y joint ventures** a los efectos de los artículos 5 y 7 MC OCDE (parágrafo 42 CMC artículo 5 MC OCDE 2017). Básicamente, la cuestión que se plantea es si tales fórmulas de colaboración empresarial conforman una única empresa o varias, lo cual no depende de un conjunto de circunstancias, no pudiendo ofrecerse una respuesta única a tal cuestión. La OCDE se limita a indicar que cuando dos empresas constituyen una entidad con personalidad jurídica para realizar una actividad en otro Estado, tal entidad opera como entidad separada a estos efectos. Tal caso es distinto de otras fórmulas de colaboración donde varias empresas acuerdan llevar a cabo diferentes partes de un mismo proyecto u obra, sin realizar la actividad de forma conjunta o integrada ni asumir responsabilidad alguna por las actividades realizadas por las demás entidades colaboradoras. En este segundo tipo de supuestos existirían varias empresas y potencialmente varios EPs.

La casuística sobre el asentamiento complejo operativo (casos Borax y Dell, en particular)

Tal y como ya hemos apuntado, existen varios precedentes que poseen gran relevancia y que ilustran con claridad el contexto donde ha surgido la teoría o enfoque desarrollado por la Administración tributaria española sobre el denominado "asentamiento complejo operativo". A este respecto y sin ánimo de exhaustividad, resulta especialmente reseñable la sentencia del Tribunal Supremo de 18 de junio de 2014 (nº 1933/2011) en el caso *Borax*, que confirma la regularización realizada por la Inspección tributaria (ya avalada por el TEAC en su resolución de 8 de noviembre de 2007 y por la Audiencia Nacional en su sentencia de 9 de febrero de 2011, rec. 80/2008) en relación con un caso de reestructuración donde se aplica el denominado enfoque del «asentamiento complejo operativo» para determinar la existencia de un EP (vid Carmona 2013, y DGT V2191-08 de 20-11-2008 y DGT V1305-09 de 3-6-2009, entre otras) apelando al parágrafo 27.1 de los comentarios al artículo 5 ModCDI 2003.

Los hechos más relevantes del caso Borax, tal y como los detalla la AN y el TS, son los siguientes:

BORAX EUROPE LIMITED es la matriz de un grupo de empresas dedicado a la extracción de minerales, elaboración de productos boráxicos y a su comercialización bajo la marca BORAX. Dichos productos, importados de Argentina y Estados Unidos, son depositados en Europa y sometidos a procesos de molturación, depuración, envasado, análisis de calidad, etc. hasta su venta final a los clientes. Este proceso, hasta 1995, venía llevándose a cabo por las filiales de BORAX EUROPE (concretamente, en España y Portugal, por BORAX ESPAÑA, S.A., cuyo capital pertenece en su 100 % a BORAX EUROPE).

A partir de 1 de enero de 1996 estas operaciones fueron asumidas directamente por BORAX EUROPE LIMITED, utilizando como centros de distribución los almacenes de sus filiales. En el caso de BORAX ESPAÑA, S.A., dispone en Nules de un recinto industrial formado por una planta de molturación, una planta de envasado, almacén, laboratorio y oficinas. Dispone igualmente de un almacén en el Puerto de Valencia.

El 1 de enero de 1996 entraron en vigor dos contratos firmados el 28 de diciembre de 1995 entre BORAX EUROPE y BORAX ESPAÑA: uno denominado "de provisión de almacén y prestación de servicios" y otro "de agencia". Por el primero de ellos BORAX ESPAÑA se obliga a proporcionar a BORAX EUROPE el uso exclusivo de sus almacenes, los servicios accesorios al mismo (calefacción, electricidad, agua, etc...), los servicios de descarga, transporte, almacenamiento, triturado y envasado e incluso los servicios administrativos que pudiera necesitar. Por el segundo contrato, BORAX ESPAÑA se convierte en agente independiente de BORAX EUROPE, comprometiéndose a obtener y promover pedidos con los precios y condiciones de venta que determinará BORAX EUROPE. El Agente debería remitir los pedidos a BORAX EUROPE, quien no está obligada a aceptarlos. BORAX ESPAÑA no puede ni aceptar pedidos, salvo autorización expresa, ni recibir el precio de venta. BORAX ESPAÑA no está autorizada para obligar a BORAX EUROPE ni para contratar en su nombre.

En último término, hay que hacer constar que BORAX ESPAÑA vendió a BORAX EUROPE la totalidad de sus existencias a 31 de diciembre de 1995.

La Inspección detalló una serie de hechos que, a su juicio, evidenciaban un continuo solapamiento de decisiones, de utilización del personal empleado y de relaciones comerciales de ambas entidades con los clientes, todo lo cual determinaba la imposibilidad de deslindar las actuaciones de política comercial y de gestión de las dos empresas. Consideró que las actividades que BORAX EUROPE LIMITED realiza en España consisten en importar productos que se someten en instalaciones españolas a los procesos antes descritos, canalizándose sus ventas a través de una oficina ubicada en las mismas instalaciones en que se realizan aquellos trabajos. Todo ello condujo a la Inspección a considerar que BORAX EUROPE se sirve de las instalaciones fijas y de los recursos de la filial española para desarrollar en España un conjunto de actividades que superan con creces el ejercicio de una actividad preparatoria o auxiliar (que no determinaría su consideración como establecimiento permanente). Afirma, por el contrario, que BORAX EUROPE cuenta en España con una estructura empresarial asentada, permanente y completa que cierra un ciclo mercantil. Aduce para ello la utilización de unas instalaciones fijas que no son independientes ni separables del lugar donde BORAX ESPAÑA presta los servicios operativos contratados y donde, simultáneamente, se reciben los pedidos de los clientes y se concretan las ventas; no es posible, por tanto, separar el servicio de almacén de las restantes tareas y procesos realizados en las instalaciones sitas en Nules. Esas actividades no tienen carácter preparatorio o auxiliar, sino sustancial, de la actividad de BORAX EUROPE en territorio español.

Por otra parte, se basó también la Inspección en la utilización de recursos humanos en España por parte de BORAX EUROPE, puesto que todas las tareas administrativas inherentes a sus operaciones en España se desempeñan por dos empleados de BORAX ESPAÑA, retribuyéndose dichos servicios por BORAX EUROPE a BORAX ESPAÑA sin cobertura contractual, a juicio de la Oficina Gestora, puesto que el contrato de prestación de servicios limita éstos a los "servicios administrativos auxiliares que Borax Europe pueda solicitar de tiempo en tiempo...". La Inspección también entendió que la actividad comercial de BORAX EUROPE se lleva a cabo por los empleados del departamento de ventas de BORAX ESPAÑA y que las limitaciones contractuales impuestas a BORAX ESPAÑA en el contrato de agencia (no aceptar pedidos, etc.) no se habían cumplido en la práctica. Sostuvo la Inspección que todo ello había permitido a BORAX EUROPE disponer de una estructura empresarial permanente, asentada y completa en España, que cierra ciclo mercantil (transformación, manipulación y venta), por lo que concluye, en consecuencia, que concurren los elementos definitorios del establecimiento permanente.

De las sentencias de la AN y el TS en el caso Borax se desprende una prevalencia de los indicios aportados por la Inspección a efectos de probar una suerte de confusión entre las dos empresas de manera que el conjunto de actividades desarrolladas por la filial española aparecían como las propias de la matriz inglesa, no habiendo evidencias claras de una nítida delimitación o deslinde funcional, organizativo (medios humanos y materiales), esto es, no parece que se acreditara la mínima autonomía organizativa y funcional de la filial respecto de la matriz, lo cual condujo a las autoridades fiscales y a los referidos tribunales a considerar que la matriz operaba en territorio español a través de un EP. Los dos contratos intragrupo firmados implicaban que la filial española desarrollara por un lado, una serie de servicios que superaban a los de fabricación o maquila (almacén, procesamiento, control de calidad, envasado, logística depósito y entrega, servicios administrativos), y por otro lado realizaba funciones de agente de ventas con total dependencia económica realizando actividades de comercialización/distribución en nombre de su matriz que únicamente no comprendían la conclusión formal de la venta que era autorizada por la matriz.

Tanto la sentencia de la AN como la del TS parece que construyen su posición que fundamenta la existencia de un EP de Borax Europe (matriz inglesa) en las instalaciones de su filial española (Borax España) considerando que estas constituyen un lugar fijo de negocios de la referida matriz al estar a su disposición, esto es, un EP de acuerdo con la cláusula general del artículo 5.1 ModCDI. La exposición que hacen de los distintos elementos del concepto de EP (lugar de negocios, fijo, y en el que se realicen actividades propias de la empresa, lo cual incluye toda actividad económica que una persona realice de forma independiente) puede considerarse ortodoxa y alineada con la concepción OCDE y de hecho existe una utilización intensiva de los Comentarios al artículo 5 ModCDI. Ahora bien, resulta llamativo el salto técnico que se lleva a cabo del plano conceptual al caso concreto enjuiciado, toda vez que no acaba de verificarse cómo el lugar fijo de negocios constituido por la actividad de la filial integra asimismo el lugar fijo de negocios de la matriz. Ello requiere lógicamente considerar que los «negocios» de la matriz se realizan en las instalaciones de la filial que están a disposición de la matriz. Es decir, son dos condicionantes relevantes que deben acreditarse debidamente, lo cual no resulta evidente en el caso Borax. En este sentido, entendemos que ese salto técnico-conceptual en cierta medida alberga una presunción de cumplimiento de tales condicionantes a partir de los indicios aportados por la Inspección sobre la confusión entre las actividades, negocios y organizaciones de las dos empresas (el asentamiento complejo operativo). No parece suficiente la afirmación recogida en la sentencia de la AN de que «resulta acreditado que la empresa (BORAX EUROPE LIMITED) ejerce sus actividades mediante esa instalación fija de negocios, aunque lo haga utilizando los servicios de BORAX ESPAÑA SA a quien contrata y retribuye por ello, pero quien, como la propia recurrente reitera, no puede contratar en nombre de BORAX EUROPE ni obligar a esta jurídicamente». El TS sigue esta misma posición tomando como dato central la reestructuración y la falta de pruebas sobre la existencia de una estructura funcional y organizativamente antes y después de tal reestructuración, declarando en su Fj.8 in fine que: «Como dice la sentencia de instancia: "En definitiva resulta ilustrativo percibir que, a partir de 1 de enero de 1996, las actividades que se desarrollan son exactamente las mismas que se realizaban anteriormente, cambiando únicamente su titular, que antes era BORAX ESPAÑA y a partir de dicha fecha es BORAX EUROPE- propietaria de las mercancías y única titular de las relaciones jurídicas con los clientes y proveedores-, sin perjuicio de que esta lo haga contratando para sí los servicios de aquella. Siendo esto así, no cabe pensar que hayan variado ni la localización de la actividad (en cuanto a la fijeza de las instalaciones en que se desarrolla) ni sus características en cuanto al cierre de ciclo mercantil."»

A este respecto, consideramos que no se ha sustanciado suficientemente el cumplimiento de los referidos requisitos para la existencia de un EP en este tipo de casos (EP-Filial de la matriz), dado que debe verificarse que el lugar fijo de negocios de la filial a través de sus instalaciones y organización y actividades en realidad constituye un lugar fijo de negocios a disposición de la matriz, lo cual requiere probar el control de toda la organización de la actividad por parte de la matriz sin que exista una mínima autonomía organizativa y funcional de la filial (véanse en este sentido los propios paras. 41 y 42 de los Comentarios al artículo 5.7 ModCDI). Es cierto que tal prueba puede resultar difícil de recabar y evidenciar, pero ello no significa que una situación de fragmentación artificial de las actividades (o de abuso) para evitar la existencia de un EP resulte no regularizable; por el contrario, la acumulación de actividades en tal sentido debe llevar a la aplicación de doctrinas antiabuso o de la normativa de precios de transferencia, tal y como revelan los materiales históricos relacionados con los artículos 5 y 7 ModCDI. Posiblemente una regulación basada en la normativa de precios de transferencia (utilizando, por ejemplo, el método del profit split) hubiera resultado más adecuada. Debe destacarse, asimismo, como la AN indicó que la posición adoptada sobre la existencia de EP se apreciaría o concurriría igualmente allí donde las actividades fueran realizadas en los mismos términos por empresas independientes o no vinculadas, lo cual constituye un posicionamiento sorprendente y discutible.

Otras de las aportaciones que resultan de las sentencias de la AN y del TS en el caso Borax, vendrían a ser las siguientes:

• Prevalencia del concepto de EP recogido en los CDI respecto del establecido a nivel interno;
• Interpretación restrictiva de la cláusula de actividades auxiliares y preparatorias del artículo 5.3 del ModCDI, rechazando en particular que una combinación de actividades auxiliares excluya la existencia de un EP cuando se trata de actividades que aportan valor y coinciden con el objeto y actividad principal de la empresa no residente;
• Se excluye la existencia de actividad por medio de agente independiente considerando que el contrato de arrendamiento de servicios celebrado entre BEU y BORAX excluye cualquier posibilidad de que esta entidad opere de modo independiente pues es indudable que en el ejercicio de su actividad BORAX ha de atenerse a lo que en dicho contrato se ha establecido, que es ordenado y exigido por BEU, y que imposibilita que se pueda hablar de una actuación mediante agente independiente.
• Se admite la regularización fiscal de la estructura atribuyendo beneficios al EP de la matriz inglesa en España considerando sus ventas realizadas desde territorio español sin existir contabilidad separada del EP, a partir de los datos recogidos en los registros y libros de IVA aportados sin que ello implique la aplicación encubierta del régimen de estimación indirecta. A estos efectos, se consideran deducibles los gastos de dirección y generales de administración incurridos por la casa central, aunque no se consideraron probados.
• En el plano formal y procedimental se aceptan las notificaciones de la administración tributaria dirigidas a la matriz pero realizadas en el domicilio social de la filial española, cuando esta solo era representante de su matriz inglesa a los solos efectos del IVA. El TS declaró que «es obvio que cuando una cuando una entidad no residente realiza una actividad económica en territorio español el incumplimiento del deber de designar una representante en territorio español no puede convertirse en un

mecanismo de ilocalización del que se obtengan ventajas. Contrariamente, y si esto sucede, habrá, debe entenderse que cuando se ha designado un representante para unas actuaciones, la Administración habrá de considerar que ese representante lo es a todos los efectos que puedan resultar relevantes en las relaciones con ella, y en tanto de modo explícito y categórico no se designe otro. Ello permite concluir que en BORAX ESPAÑA concurre la representación de BEU que se niega por la entidad actora. De otro lado, y con referencia a las eventuales infracciones que pudieran haberse cometido de naturaleza formal, hay que partir del hecho de que para que produzcan efectos invalidantes es necesario que hayan causado indefensión, prueba, que, desde luego, no se ha llevado a cabo. Contrariamente, la entidad recurrente ha ejercitado todos los medios de defensa que ha considerado conveniente esgrimir». A este respecto, téngase en cuenta que la normativa del IRNR considera que existe obligación de nombrar representante en el caso de no residentes que actúen a través de EP, los cuales además son calificados como responsables solidarios de sus deudas tributarias [véanse el artículo 47 de la Ley 58/2003, de 17 de diciembre, General Tributaria (en adelante, LGT), el artículo 109 del Real Decreto 1065/2007, de 27 de julio, por el que se aprueba el Reglamento General de las actuaciones y los procedimientos de gestión e inspección tributaria y de desarrollo de las normas comunes de los procedimientos de aplicación de los tributos, los artículo 9.4 y 10 del TRLIRNR y la consulta de la DGT V1358-13 de 22-4-2013).

En suma, el caso Borax aporta un pronunciamiento muy relevante a efectos de determinar la interpretación y posición mantenida por parte de las autoridades y tribunales españolas de las disposiciones convencionales reguladoras del EP -cláusula 1 (concepto general), 3 (cláusula actividades auxiliares y preparatorias), 6 (cláusula agente independiente) y 7 (cláusula Filial-EP), particularmente en relación con operaciones de reestructuración, estructuras de comisionista, y fragmentación de actividades (negocios remotos).

La posición adoptada por la AN y el TS en Borax en relación con la existencia de un lugar a disposición de la entidad no residente a través del asentamiento complejo operativo conformado con la filial española en el marco de un contexto post-restructuring cuya naturaleza genuina resultaba poco clara, la encontramos igualmente desarrollada por la Administración y el TEAC en el caso Roche (RTEAC 20 abril 2006); no obstante, el Tribunal Supremo en su sentencia sobre el caso **Roche** (STS 12 junio 2012), aunque aceptó el enfoque del TEAC sobre el asentamiento complejo operativo a efectos de la existencia de un EP con arreglo al artículo 5.1 ModCDI, se muestra más partidario de validar la regularización atendiendo a la interpretación funcional de la cláusula de agente dependiente realizada por la AN que consideraba que allí donde la filial española (a pesar de no ostentar poderes para vincular a su principal no residente) involucra a la entidad no residentes en el mercado nacional a partir de las actividades que realiza para el mismo (contract manufacturing + agente de promoción de ventas y servicios logísticos).

Las sentencias de la Audiencia Nacional y del TS en el caso *Dell* (SAN de 8 de junio de 2015, rec. 182/2012), sin embargo, sí reiteran la doctrina fijada sobre la interpretación del artículo 5.1 ModCDI considerando el enfoque de asentamiento complejo operativo como EP en el sentido comentado. En el caso Dell España la AN defiende igualmente una interpretación funcional de la expresión de "puesta a disposición" del artículo 5.1 ModCDI con Irlanda, en el sentido de que *"una entidad no residente puede, efectivamente, hacer uso del local directamente por medio de su personal pero también puede utilizar el local por medio de otra entidad que desarrolla, por su encargo y bajo su dependencia, actividades económicas que constituyen el núcleo del objeto social. Es una utilización que podríamos denominar mediata pero que sirve al mismo objeto y fin que el uso directo por el personal de la entidad no residente, y que ha de incluirse en el concepto de puesta a disposición"*. Tal doctrina se considera aplicable allí donde exista "confusión en la operativas de las empresas del Grupo", que determina que las actividades de la no residente se estén realizando de facto a través de las instalaciones y medios de la filial española que están a su disposición, no existiendo un reparto de funciones que permita que cada una de las entidades del grupo desarrolle su objeto con autonomía organizativa y operativa, soportando sus riesgos. Esta interpretación, a nuestro modesto entender, no acaba de encajar con los términos en que está formulada la cláusula del artículo 5.1 ModCDI y además combina de forma confusa la cláusula general con la del agente dependiente, aunque no resulta evidente que la situación sobre el que se proyectan los hechos quede extramuros de la cláusula convencional reguladora del EP. El TS, en su sentencia en el caso Dell, confirmó a grandes rasgos la sentencia de la AN, superando claramente interpretación tradicional y ortodoxa (OCDE) del concepto de "lugar de negocios a disposición" al considerar que existe un lugar de negocios situado en territorio español *"a disposición"* de la entidad irlandesa, sin exigir la relación directa y utilización física del establecimiento por parte de la entidad no residente, validando la concurrencia de tal requisito a través de la utilización mediata de tal lugar de negocios por el personal de la filial operando bajo sus directrices y realizando sus funciones esenciales en un contexto de confusión operativa entre ambas entidades (STS de 20 de junio de 2016, rec. 2555/2015). El TS fundamentó su posición argumentando que en la necesaria adaptación del concepto de EP de los CDI *"a la nueva realidad y globalización mercantil que necesariamente exige una interpretación de la normativa aplicable adaptada a esta nueva realidad, en la que resulta imprescindible atender a los nuevos modelos de actividad empresarial"*. Como ya indicamos más arriba, esta interpretación del artículo 5.1 ModCDI supera claramente tanto el texto del artículo 5.1 ModCDI como el significado ordinario de tal expresión fijada por la OCDE (que requiere acceso no restringido, control del espacio y uso físico efectivo por el personal de la empresa no residente), y de alguna forma supone una quiebra de uno de los principios centrales de la arquitectura del sistema de fiscalidad internacional como es el principio de empresa separada e independiente en las relaciones intragrupo, que introduce una importante dosis de inseguridad jurídica en la aplicación de los CDI en España (vid. en parecidos términos Sprague 2016c). Nótese, además, que en Dell la entidad no residente no disponía de personal destacado o que desarrollara su actividad en territorio español, ni se acreditó claramente que los trabajadores de la filial española actuaran bajo el control, dirección y supervisión de la entidad no residente que operaba como "empleador económico", lo cual tampoco es correcto desde una perspectiva OCDE.

Ciertamente, los casos donde existen estructuras empresariales complejas y media un alto grado de confusión funcional y de las actividades, activos y riesgos soportados por las entidades que operan conjuntamente en la misma fase de la cadena de valor, representan desafíos relevantes para las administraciones tributarias y los tribunales, no resultando deseable que tales "hard cases" terminen generando una "hard jurisprudence" constitutiva de una erosión sustancial de los conceptos clave de la fiscalidad internacional, existiendo el riesgo de que tal doctrina pueda extrapolarse más allá de este tipo de casos un tanto extremos, particularmente allí donde la MNE de que se trate haya instrumentado unas relaciones intragrupo razonablemente nítidas en lo que concierne a la interrelación funcional u operativa entre las distintas entidades. No puede dejar de destacarse que esta erosión de conceptos centrales de fiscalidad internacional (como el del EP) no resulta en modo alguno recomendable en términos de legalidad y seguridad jurídica, particularmente cuando existen mecanismos que permiten regularizar situaciones donde se logra verificar que se trata de una reestructuración empresarial no genuina, o que las operaciones intragrupo contractualizadas y las efectivamente realizadas difieren sustancialmente; la utilización de cláusulas antiabuso generales (GAAR, anti-simulación) o la propia regulación de precios de transferencia (delineación correcta de las operaciones) permite adoptar enfoques defensivos de gran eficacia, sin forzar categorías centrales de las fiscalidad internacional.

2.3.1.1. La cuestión de la unidad o diversidad del establecimiento permanentes en el marco del apartado 1 del artículo 5 del modelo de convenio de la OCDE

La diversidad de EPs en el Estado de la fuente es un principio inherente a la propia estructura del MC OCDE y sus principios informadores, constituyendo una cuestión que se plantea en el ámbito convencional y en el estrictamente interno (véase el artículo 22.4 TRLIS que reconoce la diversidad de EPs) y posee implicaciones fiscales de gran relevancia tanto para el Estado de la fuente como para el de la residencia. En este sentido, no resulta extraño que el actual ModCDI 2010 y sus comentarios recojan pasajes específicos que evidencian que la regla o principio pasa por la diversidad de EPs existiendo varios lugares fijos de negocios autónomos funcional y organizativamente:

• Parágrafo 5.1 CMC artículo 5.1 ModCDI (2010):" "Si la naturaleza del negocio que desarrolla una empresa implica el traslado de las actividades de una ubicación a otras próximas, podría no ser fácil determinar si existe un <lugar de negocios> único (cuando ocupe dos lugares de negocios y se cumplan los demás requisitos del artículo 5, obviamente "la empresa tendrá dos establecimientos permanentes"). (...)"."

• Parágrafo 5.4 CMC artículo 5.1 ModCDI (2010):" "(...). Por ejemplo, si un consultor trabaja en diferentes sucursales con emplazamientos separados en el marco de un único proyecto de formación de los empleados de un banco, habrá que considerar cada una de las sucursales como una unidad independiente"".

• Parágrafo 12 CMC artículo 5.2 ModCDI (2010): "Este apartado (2) contiene una lista no exhaustiva de ejemplos que pueden considerarse constitutivos, prima facie, de establecimiento permanente. Dichos ejemplos deben considerarse en función de la definición general dada en el apartado 1, por lo cual ha de entenderse que los Estados contratantes interpretarán las expresiones mencionadas, "sede de dirección", "sucursal", "oficina", etc., de tal manera que **consideran como establecimientos permanentes dichos lugares de negocios** si estos últimos cumplen las condiciones establecidas en el citado apartado".

• Parágrafo 16 CMC artículo 5.3 ModCDI (2010):" "Este apartado establece expresamente que una obra o un proyecto de construcción o de instalación solo constituye un establecimiento permanente si su duración excede los doce meses. Cualesquiera de estas actividades que no cumplan con esta condición no constituirán por sí mismas un establecimiento permanente, aunque incluyan una instalación como, por ejemplo, una oficina o un taller en el sentido del apartado 2, asociada a la actividad de construcción. Sin embargo, cuando dicha oficina o taller se utilice en varios proyectos de construcción y las actividades realizadas ahí vayan más allá de las mencionadas en el apartado 4, se considerará establecimiento permanente si se cumplen los requisitos previstos en el artículo de alguna otra forma, incluso si ninguno de los proyectos supone una obra o un proyecto de construcción o instalación con una duración superior a los 12 meses. En este caso la situación del taller o de la oficina será, pues, diferente a la de las obras o proyectos, no constituyendo ninguno de ellos un establecimiento permanente, y será importante garantizar que se asignen al establecimiento permanente solo los beneficios atribuibles a las funciones ejercidas a través de esta oficina o taller, teniendo en cuenta los activos utilizados y los riesgos asumidos en esta oficina o taller. En este sentido podrán incluirse los beneficios atribuibles a las funciones ejercidas con relación a diversas obras de construcción, pero solo en la medida en que dichas funciones se atribuyan correctamente a dicha oficina"."

• Parágrafo 18 CMC artículo 5.3 ModCDI (2010): ""El criterio de los doce meses se aplica separadamente a cada obra o proyecto. Para determinar la duración de la obra o proyecto no se computará el tiempo que el contratista haya dedicado anteriormente a otras obras o proyectos sin relación con aquella o aquel. Una obra de construcción deberá considerarse como una unidad incluso si se basa en varios contratos, a condición de que constituya un todo coherente en el plano comercial y geográfico"." Nótese que esta regla para determinar cuando se está ante un caso abusivo de fragmentación artificial de actividades o proyectos de construcción, también resulta de aplicación en el marco de la cláusula general del artículo 5.1 ModCDI a los efectos de determinar el umbral de permanencia específico aplicable en el contexto de la cláusula general de EP (parágrafo 6.2 de los comentarios artículo 5 ModCDI).

• Parágrafo 19.1 CMC artículo 5.3 ModCDI (2010): "En el caso de sociedades de personas - *partnerships*—fiscalmente transparentes, el criterio de los doce meses es aplicado a nivel de sociedad de personas -*partnership*—en lo que se refiere a sus propias actividades. Si el período de tiempo invertido en la obra por los socios y los empleados de dicha sociedad supera los doce meses, se considerará que la empresa de la sociedad de personas -*partnership*—tiene un establecimiento permanente. Se considerará, pues, que cada socio tiene un establecimiento permanente a efectos de la tributación de su porcentaje de beneficios generados por la sociedad de personas —*partnership*— independientemente de su estancia en la obra".

• Parágrafo 27.1 CMC artículo 5.4 ModCDI (2010): "Lo dispuesto en la letra f) carecerá de relevancia cuando la empresa disponga de varios lugares fijos de negocios en el sentido de las letras a) a e), siempre que dichos lugares estén separados en cuanto a su emplazamiento y organización, ya que en ese caso cada lugar de negocios deberá considerarse separada y aisladamente para determinar si hay o no un establecimiento permanente".

• Parágrafo 41.1 CMC artículo 5.7 ModCDI (2010): "Sin embargo, la determinación de la existencia de un establecimiento permanente de acuerdo con las reglas de los apartados 1 o 5 del artículo debe efectuarse separadamente para cada sociedad del grupo. De tal manera que la existencia de un establecimiento permanente de una sociedad del grupo en un Estado no tendrá relevancia alguna acerca de si otra sociedad del grupo tiene ella misma una establecimiento permanente en ese Estado".

• Parágrafo 42.25. En relación con la disposición alternativa en materia de servicios se admite que se puedan generar 'uno o más establecimientos permanentes'. Las mismas ideas se reconocen en los párrafo 42.26, 42.28. Se aplican, además, los mismos principios de los párrafo 5.3. y 5.4. en relación con la exigencia de que las prestaciones generadoras de servicios deban estar vinculadas a un único proyecto o a proyectos relacionados, definiéndose las condiciones para entender que un proyecto está relacionado (párrafo 42.41).

Las mismas ideas (pluralidad de EPs) se derivan de otros documentos de la OCDE relevantes, como son los Informes de 2008 y 2010 sobre atribución de beneficios a los EPs, en los que el análisis funcional y factual se vincula a las características económicamente relevantes de cada lugar fijo (v.gr. párrafo 61).

Como ya hemos indicado, la OCDE se ha referido el concepto de lugar de negocios único versus varios lugares de negocios en el mismo territorio, admitiendo abiertamente que *"si la naturaleza del negocio que desarrolla una empresa implica el traslado de las actividades de una ubicación a otras próximas, podría no ser fácil determinar si existe un lugar de negocios único"*, de suerte que ***"cuando ocupe dos lugares de negocios que cumplan los demás requisitos del artículo 5, obviamente la empresa tendrá dos establecimientos permanentes"*** (parágrafo 5.1 de los CMC al artículo 5 ModCDI). El criterio o regla general que, según la OCDE, debe emplearse para establecer que existe un lugar de negocios único (versus dos o más lugares de negocios) pasa por un análisis de los hechos dirigido a dilucidar si, en función de la naturaleza de las actividades, cabe determinar una ubicación concreta dentro de la cual se desplazan dichas actividades que constituye una unidad comercial y geográfica coherente, con respecto al negocio en cuestión (parágrafo 5.2 de los Comentarios al artículo 5.1 ModCDI).

Es decir, existirá un lugar de negocios único (un único EP) si:

a) nos encontramos con un determinado tipo de *actividades que por su naturaleza se desplazan dentro de* **una ubicación concreta (moving targets)**; y
b) tales actividades peripatéticas /*moving activities*) dentro de un lugar determinado constituyen una *unidad comercial y geográfica coherente, con respecto al negocio en cuestión.*

Por tanto, allí donde la actividad económica no tiene naturaleza móvil en el sentido de requerir un continuo desplazamiento dentro de una ubicación concreta no habrá un lugar de negocios único sino que podría haber varios lugares de negocios y potencialmente varios EPs dentro del mismo Estado contratante. La directriz que parece terminar empleando la OCDE en estos casos para determinar si desde el plano territorial-horizontal una empresa de un Estado contratante que realiza todo o parte de su actividad en el territorio del otro Estado contratante a través de varios emplazamientos o en lugares geográficos distintos y separados (aunque pueden estar próximos) posee una o varias unidades de negocio (uno o varios EPs) atiende precisamente a los elementos estructurales del EP del artículo 5.1 ModCDI a la luz del artículo 7 ModCDI, a saber: a) emplazamiento/situs distinto donde se realice la actividad económica; y b) actividad/proyecto/negocio y organización diferenciada desde el plano de la asignación de funciones económicas, personal, activos y riesgos (véanse los ejemplos recogidos en los paras.16 (oficina de servicios centrales o de apoyo) y 27.1 (lugares fijos de negocios/unidades de realización de actividades auxiliares distintas) de los CMC al artículo 5 ModCDI).

No obstante, allí donde mediara tal desplazamiento (requisito a) pero las actividades no constituyeran una unidad comercial y geográfica coherente respecto al negocio en cuestión, no habrá un lugar de negocios único sino que habrá varios lugares de negocios y potencialmente varios EPs dentro del mismo Estado contratante. Nótese la importancia de que concurran ambos requisitos, de manera que la idea de la fijeza articulada a través del lugar o punto geográfico determinado admite cierta movilidad del emplazamiento siempre que esté perfectamente definido y tal movilidad del emplazamiento derive de la propia actividad (v.gr, mineria, transporte). La superación de la *base theory*, por tanto, persigue adaptar el requisito de conexión territorial geográfica del lugar de negocios a las nuevas formas de actividad económica donde la fijeza no se establece a través de un inmueble unido al suelo sino a través de otros materiales (v.gr., una plataforma petrolífera) que sirven para desarrollar la actividad económica en un lugar determinado, "de amplitud más o menos variable, pero no de carácter genérico o indeterminado".

Por otra parte, la OCDE considera que no concurre el presupuesto de la *"coherencia comercial"* incluso cuando las actividades se desarrollen dentro de una zona geográfica delimitada, enfatizando el carácter cumulativo y necesario de ambos condicionantes (véase el parágrafo 5.3 de los CMC al artículo 5.1 ModCDI).

Por tanto, debe insistirse que la regla establecida por la OCDE es la de la independencia/autonomía (fiscal) de lugares fijos de negocios (independencia del análisis de la existencia de un EP por cada lugar o emplazamiento donde se realicen actividades). A efectos, es relevante poner de manifiesto que el requisito de la existencia de un 'lugar de negocios único' se vincula directamente 'a la naturaleza del negocio' (párrafo 5.1. Comentarios artículo 5 ModCDI 2010), de manera que, en el caso concreto de las minas, la individualización de la mina como un todo que cumple los requisitos de independencia geográfica y comercial (en su vertiente organizativa) también está conectada con cómo en el sector concreto se tratan las minas, esto es, si son unidades de negocio separadas desde un punto de vista organizativo unas de otras (párrafo 5.2. en relación con párrafo 5.1. MC). La misma idea se deriva del Informe de la OCDE de *Atribución de Beneficios a los EPs* (2008 y 2010), donde la existencia de una pluralidad de oficinas vinculadas entre sí por razones económicas (funcionales) determina la consideración de un único EP y no de una pluralidad de ellos. En este sentido, no puede perderse de vista que la interpretación histórica, sistemática y finalista de los artículos 5.1 y 7 ModCDI conduce a un análisis independiente o separado de cada lugar fijo de negocios, tanto a los efectos de determinar la existencia de un EP (examen de los elementos estructurales de la definición del artículo 5.1 ModCDI, incluido el aspecto temporal/timing), como la atribución de beneficios a cada lugar fijo de negocios donde se desarrollen actividades económicas, de manera que el punto de partida de la OCDE es que existirán tantos EPs como emplazamientos (lugares fijos de negocios) a través de los cuales la empresa (no residente) realice sus actividades mediante las correspondientes unidades económicas desde el plano empresarial/organizativo. Si existen varios emplazamientos en el territorio del Estado de la fuente a través de los cuales una empresa de otro Estado realiza sus actividades, en principio, habrá tantos EPs como "emplazamientos" (que puedan ser caracterizados como lugares fijos geográficamente diferenciados) a través de los cuales se desarrollen los distintos negocios o actividades de tal empresa, de suerte que, a estos efectos, se parte de la base de que cada emplazamiento se corresponde con un centro de actividad o unidad empresarial desde el plano organizativo-económico, tanto a los efectos del test de duración del artículo 5.1 ModCDI (6 meses con carácter general), como de la atribución de los beneficios, dado que de otro modo quebraría el principio esencial de tributación internacional articulado a lo largo y ancho del MC OCDE que va referido a la negación de la vis atractiva del EP y su correlato consistente en el no gravamen de los beneficios empresariales obtenidos por las empresas en el territorio de otros Estados (fuente) a menos que exista un EP a través del cual se realice la actividad generadora de tal renta.

Así las cosas, resulta meridiano que en el contexto del artículo 5.1. ModCDI la regla general viene dada por la atribución de beneficios de forma separada 'por lugares fijos'. Y solo cuando estamos ante determinado tipo de supuestos cabe plantearse la aplicación de una regla especial que puede llevar a la consideración de que estamos ante un lugar de negocios único.

Finalmente, cabe indicar que en el ámbito del artículo 5.3 ModCDI la funcionalidad y aplicación de las reglas excepcionales de coherencia geográfica y comercial pretenden prevenir potenciales abusos que pueden cometerse para eludir el cumplimiento del elemento temporal (el plazo de los 12 meses) a través de una fragmentación de actividades o contratos con apariencia de autonomía o independencia. En cambio, en el contexto del artículo 5.1 ModCDI se parte de la regla de diversidad de lugares fijos de negocios, pero se han introducido una serie de matices en relación con la apreciación del elemento de fijeza para dar cobertura a una serie de actividades que por su naturaleza son esencialmente móviles en el marco de un emplazamiento determinado (coherencia geográfica) pudiendo constituir un lugar fijo de negocios único cuando concurran una serie de presupuestos (coherencia comercial en el plano organizativo, misma empresa y actividad, con dependencia o interconexión funcional de los distintos lugares fijos). Esta conclusión, resulta refrendada por los materiales históricos que ponen de manifiesto la evolución del actual artículo 5.3 ModCDI: si bien los requisitos de coherencia geográfica y económica se presentan como derivados del artículo 5.1 ModCDI, el propio plazo de doce meses y su cómputo hace que adquieran una cierta singularidad en este contexto. Sin embargo, la aplicación de los principios del concepto general de EP (lugar fijo diferenciado con organización / entidad económica propia) a los lugares de extracción de recursos naturales hace que, a priori, cada uno de los mismos tenga su singularidad como EP distinto, salvo que se manifieste la interconexión funcional entre dos lugares distintos que pueda servir para considerarlos como un todo único. La propia práctica del sector, que resulta relevante según indican los párrafo 5.1. y 5.2. Comentarios al artículo 5 ModCDI apoyaría este tratamiento. Los principios expuestos en relación con la unidad vs diversidad de EPs poseen igualmente virtualidad aplicativa en el marco de las situaciones recogidas en los nuevos comentarios al artículo 5.4 ModCDI elaborados por la OCDE con motivo del Informe Final 2015 de la Acción 7 de BEPS, en relación con la aplicación de la regla anti-fragmentación respecto de lugares fijos de negocio separados pero interrelacionados, ya que tal enfoque holístico horizontal puede determinar la existencia de uno o varios EPs de la entidad no residente.

La interpretación de los materiales OCDE que venimos manteniendo coincide a grandes rasgos con la posición adoptada por la DGT en su resolución de la DGT V0132-14 de 22-1-2014 (vid. Bernales/Koster 2015); tal resolución a consulta tiene que ver con la aplicación del antiguo artículo 22 LIS 1995 (TRLIS) por un grupo de empresas español que constituye una filial por cada país extranjero donde realiza actividad de prospección y extracción de recursos naturales (upstream) operando a través de una multiplicidad de lugares fijos de negocios que responden a contratos petroleros distintos (negociados en fechas distintas, respecto de la participación en una joint venture/consorcio de nueva creación y con socios/partners diferentes, desempeñando actividades y funciones distintas (operador/no operador) y áreas geográficas singulares, e incluso relacionadas con prospección/ extracción de recursos no coincidentes en cada caso), de suerte que la DGT admitió que los criterios de actividades claramente diferenciables y de gestión de las actividades de modo separado permitía considerar que las referidas sociedades filiales operan mediante distintos establecimientos permanentes en un mismo país, por cada una de las explotaciones de hidrocarburos en las que participan, esto es, por cada asociación o consorcio en el que participan. Los mismos criterios de actividad claramente diferenciada y gestión separada sirvieron para considerar como EP independiente a la oficina de servicios de apoyo a la gestión que el referido grupo establecía en cada país donde realizaba actividad de upstream, de manera que el hecho de que tal oficina desarrollara funciones específicas de representación institucional y de apoyo o soporte a las distintas explotaciones petroleras (no realizando actividad de operador) en principio calificaba como EP autónomo (véase el trabajo de Goede/ Vlasceanu 2013, pp.466 y ss, donde se refieren a los centros de coordinación típicos de la industria de Oil & Gas y defienden una interpretación similar a la que venimos manteniendo del artículo 5 del ModCDI indicando que, por un lado, tales centros de coordinación con carácter general cumplen los condicionantes para ser calificado como EP de acuerdo con la cláusula del artículo 5.1 ModCDI y, por otro, los criterios de coherencia geográfica y comercial conducen normalmente a considerarlos como EPs autónomos de las explotaciones productivas). En este mismo orden de cosas, cabe apuntar cómo la DGT ha utilizado los criterios recogidos en el artículo 22 TRLIS 2004 en relación con la existencia de diversidad de EPs a efectos de determinar si algunas estructuras de inversión inmobiliaria en España pueden constituir EPs diferenciados por cada proyecto (DGT V1399-16 de 5-4-2016). Igualmente, la DGT ha utilizado los criterios de coherencia geográfica y comercial para determinar la existencia de uno o varios EPs en relación con casos donde médicos residentes desarrollaban su actividad en el extranjero a través de instalaciones o locales situados en clínicas hospitalarias, resultando que de existir una única organización con varias clínicas podría considerarse un único EP, en tanto que si existieran varias organizaciones (clientes/complejos hospitalarios) cabría entender que hay tantos EPs como clínicas con instalaciones a su disposición (DGT V2140-17 y DGT V2136-17 de 18-8-2017).

En relación con fórmulas de colaboración como *joint-ventures* o consorcios cabe añadir que el gravamen como una "empresa única" (asociación de personas) o como varias empresas (y, por tanto, como EPs independientes) dependerá del tipo de acuerdo, considerando especialmente si se ha estipulado una participación en los beneficios y pérdidas globales del contrato, si existe una dirección común que implica que todas las actividades se realizan conjuntamente o por el contrario cada empresa opera bajo coordinación común pero realizando actividades específicas y separadas considerando su expertise (véase el caso *Linde AG, Linde Engineering Division & Anr v. Deputy Director of Income Tax*, sentencia High Tribunal of Delhi 23 de abril de 2014, 3914/2012). La DGT, por su parte, ha reconocido que la operación de un negocio de concesión (autopista) en EEUU, por parte de una empresa española a través de un "limited partnership" estadounidense genera un EP en dicho territorio (DGT V1545-16 de 13-4-2016); también se ha considerado que la realización de actividades exploratorias upstream de oil & gas a través de un consorcio petrolero (*JOAS/joint operating agreements*) puede generar un EP para la entidad que desarrolla la actividad económica (DGT V3926-15 de 9-12-2015).

2.3.1.2. Evolución de la cláusula del artículo 5.1. en el modelo de convenio de doble imposición, conexión con los Modelos de EEUU y de la ONU y práctica convencional española

La cláusula general del EP (artículo 5.1 ModCDI) no ha experimentado cambios sustantivos en las diferentes versiones del ModCDI, ni tampoco los Modelos ONU y EEUU articulan variaciones relevantes respecto del formato de tratado elaborado por la OCDE. Posiblemente, ello permita explicar la gran uniformidad que encontramos en la **red de CDIs española** -y las de otros países- en lo que concierne al concepto general de EP. Con todo, los CDIs con Bulgaria y con la ex URSS recogen ciertas singularidades respecto de lo previsto en los ModCDI. El CDI Bulgaria-España (1990, artículo. 5.1) contiene alguna variación respecto del lenguaje utilizado en los ModCDI; esta misma redacción nos la encontramos en el CDI Irán-España (2006). Por un lado, no se emplea en el mismo la expresión «lugar fijo de negocios» utilizándose la expresión «lugar fijo en el cual un residente de un Estado contratante realiza todo o parte de su actividad empresarial». Por otro lado, el convenio también hace referencia al sujeto (residente de un Estado contratante) que debe realizar la actividad y al lugar donde esta debe realizarse (el territorio del otro Estado contratante). Esta segunda peculiaridad del CDI con Bulgaria también la encontramos en el CDI con la ex URSS (1985, artículo 5.1). Asimismo, el artículo 5.4 del CDI con Bulgaria establece que la participación de un residente de España en una empresa mixta *(joint venture)*, constituida con arreglo a la legislación búlgara, se considerará como EP situado en Bulgaria. También el CDI con Nueva Zelanda (2006, artículo 7.6) contiene una cláusula específica aplicable a los supuestos donde un residente de un Estado contratante que sea el beneficiario efectivo de una entidad fiduciaria que no tenga la consideración de sociedad a efectos fiscales a través de la que participa en los beneficios de una empresa explotada en el otro Estado contratante por un fiduciario; en el caso de que el fiduciario tuviera, conforme a los principios del artículo 5, un establecimiento permanente en ese otro Estado, la empresa explotada por el fiduciario se considerará explotada en ese otro Estado por aquel residente mediante un EP situado en ese otro Estado y la participación en los beneficios de la empresa se atribuirá a dicho EP. El CDI con Arabia Saudí (2007, Protocolo 5), clarifica que en la interpretación de los párrafos 1 y 2 del artículo 5 se entenderá que la prestación de servicios, así como toda otra actividad económica, está comprendida en el ámbito de este artículo siempre que se cumplan las condiciones previstas en el apartado 1 del mismo.

2.3.2. *La cláusula ejemplificativa del establecimiento permanente prevista en el artículo 5.2. del modelo convenio de doble imposición*

2.3.2.1. *Alcance y funcionalidad del artículo 5.2. del modelo de convenio de doble imposición*

El apartado 2 del artículo 5 ModCDI establece que:

> *«La expresión «establecimiento permanente» incluye especialmente:*

a) *las sedes de dirección;*
b) *las sucursales;*
c) *las oficinas;*
d) *las fábricas;*
e) *los talleres; y*
f) *las minas, los pozos de petróleo y de gas, las canteras o cualquier otro lugar de extracción de recursos naturales».*

La cláusula del apartado 2 de este precepto tiene una función ejemplificativa en relación con la definición general de EP. El Comité Fiscal OCDE, a través de los CMC, destaca el carácter de lista no exhaustiva de ejemplos que pueden considerarse, «*prima facie*», establecimientos permanentes (parágr.12 de los CMC). Tales ejemplos deben considerarse, por tanto, en función de la definición general prevista en apartado 1 del artículo 5 del ModCDI; de esta forma, los Estados contratantes interpretarán las expresiones recogidas en el artículo 5.2 ModCDI (v.gr., «sucursal», «taller», etc.), de tal manera que solo podrán determinar que tales lugares de negocios determinan la existencia de un EP si cumplen las condiciones y criterios establecidos en la definición general y no constituyen lugares de negocios a los que resulta de aplicación el apartado 4 del artículo 5 (parágrafo 45 de los comentarios al artículo 5 MC OCDE 2017).

En relación con el sector del oil & gas, cabe apuntar que durante la fase exploratoria los EPs de la entidad que realiza tal actividad generan pérdidas, pero puede ocurrir que las entidades que prestan servicios a la entidad petrolera/gasista (construcción, excavaciones, perforaciones, instalaciones, montajes, etc.) generen un EP (separado) de forma autónoma y con base imponible positiva (vid.: Olsen y Gellineck). También debe tenerse en cuenta que las actividades exploratorias pueden considerarse auxiliares en algunos casos, en tanto que en otros darán lugar a un EP. En este contexto se plantea la cuestión de la terminación o cese del EP exploratorio particularmente cuando con posterioridad se reinicia la actividad exploratorio o extractiva debido a innovaciones tecnológicas o alza en los precios de mercado de las materias primas de que se trate (vid.: Van der Hamm/Fiehler/Retzer/Otte 2015, p.373).

Respecto del caso de EP referido a las "sedes de dirección", cabe mencionar la consulta DGT V3324-15 de 28-10-2015, donde el citado órgano consultivo se refiere a la posibilidad de que el EP o sucursal posea un órgano equivalente al consejo de administración de tal EP que tenga asignada las competencias de gestión y representación del mismo; tal fórmula organizativa posee relevancia para los casos donde el EP opera como holding o dominante a efectos de consolidación fiscal. El Consejo de estado francés (sentencia de 7 de marzo de 2016, Nº 371435), referido a un caso donde existía una sede de dirección en Francia de la casa central belga, evidencia cómo tal sede de dirección que realiza funciones propias de una entidad holding activa, tomando decisiones estratégicas a nivel de EP, en gran medida vacía las funciones de dirección de la casa central, y fundamenta una mayor atribución de beneficios al EP vs. casa central.

El Comité Fiscal OCDE ha realizado otra serie de precisiones al objeto de perfilar (convencionalmente) el significado de algunos de los ejemplos de EP que contiene el apartado 2 del precepto. Con estas clarificaciones de alguna forma también se establecen indicaciones sobre el concepto general de EP, pero aplicado a casos particulares. Existen también algunos pronunciamientos de tribunales de distintos países que contribuyen a ilustrar la casuística del EP; por ejemplo, puede citarse la sentencia del *Bombay High Court* que estableció que una plantación agrícola constituía un EP y no renta inmobiliaria a los efectos del CDI India-Malasia (*Satpuda Tapi Parisar Sahakari Sakhar Karkhana Ltd v DCIT*, TS-517-HC-2016).

2.3.2.2. Evolución de la cláusula en el modelo de convenio de doble imposición, conexión con los Modelos de EEUU y ONU, y práctica convencional española

El artículo 5.2 del ModCDI tampoco ha experimentado grandes cambios a lo largo de su evolución. La principal diferencia que hemos detectado entre las diferentes versiones del ModCDI es la que existe entre el Proyecto de Modelo 1963 y el ModCDI 1977. En particular, la diferencia se centra en la lista de casos donde se consideraba que existía *(prima facie)* un EP. El Proyecto de 1963 no contenía una mención expresa a los pozos de petróleo y de gas, de suerte que tal referencia se incluyó en 1977. Por otro lado, el Proyecto de 1963 recogía en la letra g) una referencia a las obras de construcción o de montaje cuya duración exceda de doce meses. La ausencia de mención expresa de los pozos de petróleo y gas no posee gran trascendencia práctica, dado que tal lugar de negocios puede considerarse implícitamente incluidos en la cláusula residual relativa a «cualquier otro lugar de extracción de recursos naturales» y, en todo caso, puede determinar la existencia de un EP con arreglo a lo dispuesto en el artículo 5.1 ModCDI.

El cambio de ubicación de la letra g) pasando del apartado 2 del artículo 5 a su apartado 3 en el ModCDI 1977 sí puede tener mayores implicaciones, aunque todo depende del sentido que se le otorgue a la cláusula del apartado 2 del artículo 5 en el Proyecto OCDE de 1963. La interpretación dominante considera que, tras el establecimiento de la definición general del artículo 5.1, la lista de supuestos típicos de EP recogida en el apartado 2 del artículo 5 de los convenios-tipo OCDE tan solo poseía un carácter ejemplificativo y no constitutivo, de suerte que la existencia de EP venía determinada, a la postre, por la concurrencia de los elementos materiales delimitados en el apartado 1 del artículo 5. No obstante, se considera que del artículo 5.2 del Proyecto de Convenio OCDE de 1963 se derivaba una presunción *(iuris tantum)* de establecimiento permanente; presunción que, a nuestro entender, no opera de igual modo en el marco de los CDIs que sigan el ModCDI 1977 y versiones posteriores. En este sentido, el cambio al apartado 3 sí posee trascendencia jurídica; por un lado, ya no resulta aplicable la presunción *(iuris tantum)* de EP a la que hemos hecho referencia; y, por otro lado, el cambio de ubicación también posee efectos a la hora de definir la interrelación entre la cláusula de las «obras de construcción» y la cláusula general del EP del artículo 5.1, lo cual, como veremos (vid. infra el epígrafe dedicado al artículo 5.3 ModCDI), posee efectos de cara a determinar la existencia de un EP en este tipo de casos.

En relación con los Modelos de Convenio ONU (1999) y EEUU (1996-2006), lo cierto es que ambos recogen sin cambios sustanciales la cláusula del artículo 5.2 ModCDI (1977-2000).

Respecto a la **práctica convencional española,** acontece que la mayor parte de los CDIs españoles recogen sin cambios sustantivos la cláusula del artículo 5.2 ModCDI, ya en su versión de 1963 o en las versiones posteriores (1977-2008). Existen, sin embargo, algunos CDIs concluidos por España que sí incorporan singularidades relevantes respecto de lo previsto en los ModCDI.

El CDI Australia-España (1992, artículo 5.2) presenta dos particularidades dignas de mención. Por un lado, la cláusula relativa a las «obras de construcción» resulta recogida en el apartado 2 del artículo 5, a pesar de que este convenio sigue, en principio, lo previsto en el ModCDI 1977. Esta misma particularidad se recoge también en el CDI Corea-España (1994, artículo 5.1) y en el CDI Marruecos-España (1978, artículo 5.2). Por otro lado, la cláusula positiva y ejemplificativa prevista en el artículo 5.2 del CDI Australia-España contiene un supuesto no contemplado en los Modelos de convenio, a saber: una letra g) referida a «Las propiedades agrícolas, ganaderas o forestales»; en parecidos términos el CDI con Nueva Zelanda [2006, artículo 5.2.g)]. El CDI con Tailandia [1997, artículo 5.2.g)] también se desvía del ModCDI incluyendo una referencia a «granjas o plantaciones». La misma peculiaridad la encontramos en el CDI España-Emiratos Árabes Unidos (2006, artículo 5.2).

El CDI Bolivia-España (1997, artículo 5.2) también presenta algunas singularidades referidas a la lista de supuestos en los que se considera «*prima facie*» que existe un EP. En particular, este convenio presenta algunas diferencias semánticas respecto del ModCDI; así, en la letra a) se alude a «oficinas o lugares de administración o dirección de negocios», en la letra b) se alude a «sucursales y agencias», y en la letra c) se alude a «fábricas, plantas, talleres y establecimientos agropecuarios». La misma peculiaridad la encontramos en el artículo 5.2 del CDI Ecuador-España (1991), toda vez que los términos empleados en la lista ejemplificativa difieren de los utilizados en el ModCDI de forma análoga a lo que acontece en el convenio con Bolivia. Otro tanto de lo mismo sucede en el CDI Marruecos-España (1978, artículo 5.2), donde la letra a) del artículo 5.2 alude a «Una sede de dirección o de explotación» y su letra h) se refiere a «Una tienda».

El CDI Brasil-España (1974, artículo 5.2) difiere del Proyecto de Modelo de 1963 en que en la cláusula relativa a las obras de construcción y montaje recogida en su artículo 5.2 (lista positiva ejemplificativa) el período de permanencia de la obra de construcción o montaje tiene una duración distinta de la prevista en tal Modelo; tal permanencia debe exceder de seis meses en lugar de los doce meses que establece el ModCDI en su artículo 5.2 (versión de 1963) y artículo 5.3 (versiones de 1977-2000).

El CDI Checoslovaquia-España (1980, artículo 5.2), a pesar de seguir sustancialmente el ModCDI de 1977, no menciona los pozos de petróleo y de gas en la lista positiva recogida en el artículo 5.2. La omisión de la referencia a los «pozos de petróleo y de gas» también hay que hacerla notar respecto del CDI Marruecos-España (1978, artículo 5.2). El CDI Filipinas-España (1989, artículo 5.2) se desvía de forma relevante de lo dispuesto en el artículo 5.2 ModCDI. La lista de supuestos ejemplificativos de EP ha sido modificada añadiendo algunos supuestos no recogidos expresamente en el ModCDI. Así, si bien se recogen los casos previstos en las letras a) a la f) del ModCDI, se añaden los siguientes supuestos:

a) Los almacenes, en el caso de personas que presten servicios de almacenaje a terceros.

b) Los almacenes o locales en que se realicen ventas.

c) Unas obras de construcción o un proyecto de instalación o montaje o unas actividades de inspección relacionadas con ellos, pero solo cuando tales obras, construcción o actividades continúen durante un período superior a seis meses.

d) Las prestaciones de servicios, incluyendo los servicios de consultores, por medio de empleados u otro personal proporcionado por la empresa para ese fin, cuando las actividades de esa naturaleza prosiguen, en relación con el mismo proyecto conexo, durante un período o períodos que en total excedan de ciento ochenta días dentro de un período cualquiera de doce meses.

Asimismo, se ha incluido una referencia al caso de las prestaciones de servicios a través de una base fija, lo cual también es un supuesto extraído del Modelo de la ONU 1999 (vid. el epígrafe donde se comenta el artículo 5.3 ModCDI). Los CDIs con Indonesia [1995, artículo 5.3.b)], Tailandia [1997, artículo 5.3.b)] y Argelia [2002, artículo 5.2.c)] recogen igualmente una referencia a las actividades de prestación de servicios en términos similares a los previstos en el artículo 5.3.b) Mod. ONU y en el CDI con Filipinas. Los CDI con Arabia Saudí (2007, Protocolo V) y con Senegal (2006, artículo 5.3.b) también contienen una referencia a las prestaciones de servicios como actividad económica que puede dar lugar a un EP.

Las singularidades apuntadas en relación con el CDI con Filipinas aparecen igualmente en el artículo 5.2 del CDI India-España (1993). Tal disposición se desvía de forma relevante de lo dispuesto en el apartado 2 del artículo 5 del ModCDI acercándose en mayor medida a lo previsto en el Mod. ONU.

El CDI con Jamaica (2009) se desvía del ModCDI incorporando dos letras g) y h) referidas a EPs relacionados con almacenes detallistas y con almacenes, en relación con las personas que pongan a disposición de otras los medios para el almacenaje. Tal cláusula debe ser interpretada sistemáticamente con lo previsto en el apartado 4 del artículo 5. La misma cláusula la encontramos en el CDI con Trinidad y Tobago. El CDI con Catar (2015) se desvía del MC OCDE al incluir "los locales utilizados como almacenes detallistas".

El CDI con Kazajstán (artículo 5.3) se refiere asimismo a las «excavaciones» y a las actividades de supervisión relacionadas con las minas, pozos de petróleo o de gas, canteras o cualquier otro lugar de extracción de recursos naturales.

El CDI con Nigeria (2009, artículo 5.3), presenta singularidades dignas de mención al expandir el ámbito aplicativo de la cláusula general del EP, que incluye: a) cualquier lugar relacionado con la exploración de recursos naturales, siempre que dichas actividades se mantengan durante un periodo o periodos que excedan de dos meses en cualquier periodo de doce meses; b) la prestación de servicios por una empresa, incluidos los servicios técnicos, de gestión o de consultores, por intermedio de sus empleados o de otro personal contratado por la empresa a tales efectos, pero solo en el caso de que las actividades de tal naturaleza continúen para el mismo proyecto, dentro de un Estado contratante, durante un período o períodos que en total excedan de seis meses dentro de un período cualquiera de doce meses; y c) un lugar fijo de negocios utilizado como almacenes detallistas a pesar de que, por otra parte, dicho lugar fijo de negocios se mantenga a los efectos de cualquiera de las actividades mencionadas en el artículo 5.4 (cláusula de auxiliariedad).

Los CDIs con Noruega (1999, artículo 23), Grecia (2002, artículo 5.6), Irlanda (1994, artículo 5.6), Irán [2003, artículo 5.2.f)], Argentina (2013, artículo 5.3.c), Kuwait (2013, artículo 5.3) y Luxemburgo (1984, artículo 5.6) contienen una cláusula específica dedicada a las actividades relativas a la prospección, exploración, extracción o explotación de recursos naturales que se desvía de lo previsto en el artículo 5.2.f) del ModCDI (parágr.15 de los CMC y parágr. 5 de los comentarios al artículo 5 del Mod. ONU 1999).

La cláusula contenida en los convenios con Luxemburgo y con Irán, sin embargo, no contiene ninguna referencia a la duración de la actividad, lo cual hace pensar que tal requisito no resulta necesario para considerar la existencia de un EP; la mera realización de actividades de exploración o de explotación de los recursos naturales del fondo y subsuelos marinos o actividades complementarias o auxiliares a las anteriores se considera que constituye una actividad ejercida por medio de EP. El CDI con Japón (1974) también recoge en su Protocolo nº 1 una referencia a la posibilidad de someter a imposición de la renta derivada de la realización de este tipo de actividades de exploración o explotación de recursos naturales; esta cláusula debe ser conectada con lo previsto en el artículo 5.2.f) a los efectos de determinar la existencia de un EP.-

El CDI con la ex URSS no recoge la cláusula ejemplificativa establecida en el artículo 5.2 ModCDI; ello no impide, sin embargo, que cualquiera de los supuestos recogidos en tal lista pueda ser considerado o calificado como EP a los efectos del CDI, si concurrieran los presupuestos de la definición general del artículo 5.1. No obstante, aquí no puede hablarse de presunción de EP en relación con tales casos, dado que la lista de supuestos que se consideran «prima facie» EP se ha omitido.

El CDI con Venezuela (2003, artículo 5.2) presenta también ciertas particularidades respecto del ModCDI. Tales singularidades residen en el apartado f) de su artículo 5.2; en primer lugar, esta cláusula se refiere a «una mina, un pozo de petróleo o gas, una cantera, o cualquier lugar relacionado con la extracción de recursos naturales»; véase igualmente lo dispuesto en el nº II del Protocolo al CDI.

El CDI con Vietnam (2005, artículo 5.2) integra en la lista del artículo 5.2 las «(g) las estructuras que constituyan instalaciones, o los equipos utilizados para la prospección de recursos naturales». Una cláusula similar la encontramos en el CDI con Panamá (artículo 5.3.b).

2.3.3. La cláusula relativa a las obras de construcción, instalación o montaje del artículo 5.3 del modelo convenio de doble imposición

2.3.3.1. Alcance y funcionalidad del artículo 5.3. del modelo convenio de doble imposición

El apartado 3 del artículo 5 del ModCDI 2008 (y versiones posteriores) establece que «una obra de construcción, instalación o montaje solo constituye establecimiento permanente si su duración es superior a doce meses».

El ModCDI ha establecido una cláusula específica dedicada a las obras de construcción, instalación y montaje a efectos de atender a las características propias que revisten este tipo de lugares (no fijos) de negocios. La duración temporal limitada y la relevancia que poseen este tipo de actividades han sido las circunstancias o factores que han aconsejado la configuración de esta cláusula específica de EP. La cláusula del artículo 5.3 articula una adaptación o modulación que se proyecta sobre la noción general de EP que contiene el ModCDI, respecto de este tipo de actividades económicas (obras de construcción, instalación y montaje).

La noción adaptada de EP recogida en esta cláusula específica no resulta tan alejada de la definición general del artículo 5.1 ModCDI. En este sentido, no puede perderse de vista la interrelación existente entre la cláusula específica de EP (artículo 5.3 ModCDI) y la cláusula general (artículo 5.1 ModCDI), toda vez que el artículo 5.3 ModCDI no ha creado una definición de EP totalmente autónoma respecto de las demás cláusulas del artículo 5 ModCDI, sino que es interactúan con la primera al objeto de lograr una coherente adaptación de la figura de EP respecto de determinadas actividades económicas que poseen determinadas particularidades. El artículo 5.3 ModCDI únicamente establece modulaciones de algunos elementos o presupuestos de la definición general del artículo 5.1 que sigue siendo aplicable en lo demás (su contenido no modulado). Básicamente, tal modulación afecta a dos elementos, a saber, el requisito de «permanencia» o «fijeza» y el requisito de «actividad empresarial». La DGT española se ha referido a ellos en la consulta DGT V614-10 de 29-3-2010 en relación con la actividad de una empresa de construcción italiana para una UTE de la que formaba parte; el referido centro directivo clarifica la tributación de la UTE y de la empresa italiana, considerando que esta tiene EP a partir de sus propias actividades en territorio español y al margen de la UTE (véase el parágrafo 19.1 CMC al artículo 5 ModCDI), al tiempo que excluye la existencia de discriminación fiscal prohibida por el artículo 24.3 del CDI España-Italia, lo cual es cuestionable; la DGT V3077-13 de 16-2013, -aborda una situación similar pero en un contexto outbound donde la matriz española participa en obras y servicios contratados a su filial panameña, planteándose igualmente la cuestión del agente dependiente. Existen algunos pronunciamientos extranjeros donde se ha planteado la interrelación entre las cláusulas 1 y 3 del artículo 5 ModCDI, de suerte que se ha concluido que si no se dan los presupuestos del EP de obra de construcción a pesar de tratarse de un supuesto de este tipo no puede determinarse la existencia del mismo en virtud de la cláusula general (sentencia del tribunal de apelación de Delhi de 16 de septiembre de 2011, *GIL Mauritius Holding Ltd*). En este sentido, también cabe puntualizar que la cláusula específica de obras de construcción está concebida fundamentalmente para casos donde una empresa es contratada para realizar tales obras en el territorio de un Estado contratante distinto del de su residencia; de esta forma, allí donde un empresario opera como promotor que a su vez supervisa la construcción y vende las edificaciones, cabría argumentar que tales operaciones superan el umbral del artículo 5.3 ModCDI, de manera que tal actividad puede ser constitutiva de un EP (artículo 5.1 ModCDI) y en todo caso la renta derivada de la venta de los inmuebles podría estar gravada en el Estado donde están localizados ex artículo 13.1 ModCDI (véanse en este sentido los comentarios de Reimer y Skaar, el Borrador OCDE 2012 sobre el concepto de EP (caso del *"developer"*, p.30), así como la DGT V1089-06 de 9-6-2006; la DGT V2117-17, de 11-8-2017, contempla el ciclo completo de promoción-construcción y venta y considera que existe EP en España

En relación con el requisito de «fijeza» previsto en el artículo 5.1 ModCDI, se viene entendiendo que no resulta exigible en relación con obras de construcción, instalación y montaje, debido a las singularidades de la actividad económica realizada. La condición de permanencia queda definida exclusivamente por el elemento temporal (la duración de 12 meses de la actividad). Nótese en este sentido que la Ley 41/1998, del IRNR fue modificada, por la Ley 46/2002, al objeto de reducir el período de 12 a 6 meses en lo que se refiere a la duración de las obras de construcción, instalación y montaje [artículo 13.1.a) TRLIRNR]. El parágrafo 19 de los CMC al artículo 5 ModCDI que establece reglas de cómputo temporal de la duración de las obras, no debe interpretarse en sentido de incluir toda interrupción de la actividad (cortas, estacionales u operacionales: falta de materiales o de mano de obra), de manera que determinadas interrupciones largas de la actividad y las no operaciones puedan quedar extramuros del mismo considerando los hechos y circunstancias del caso y la finalidad de la cláusula, aunque estamos ante una cuestión controvertida en la práctica (*vid.*: Pijl 2013 y Seitz 2013). En este mismo sentido, la OCDE considera que, al efecto de determinar la concurrencia del periodo de duración de las obras, debe tomarse en cuenta la duración de las actividades realizadas por empresas subcontratadas por el contratista principal; los **Comentarios introducidos en 2017** tratan de clarificar que tal posición únicamente implica para el contratista principal un EP por superarse el *"time test"*, en la medida en que durante el tiempo en que las empresas subcontratadas realizaran actividades en el territorio del otro Estado concurrieran elementos que permitieran establecer que el contratista principal ostentaba una posición de control legal sobre el lugar donde se desarrollaban las obras y respondía de las actividades que se realizaban en tal emplazamiento (parágrafo 54 CMC MC OCDE 2017). El **Modelo OCDE 2017** también expande la guía de comentarios sobre el momento del cese de la obra (*delivery of the building/facilities to the client*) y clarifica que los eventuales trabajos que pudieran realizarse durante el periodo de garantía no quedan comprendidos normalmente en el *"time test"*. Igualmente, la OCDE clarifica que allí donde los trabajadores del contratista permanecen en el territorio del Estado contratante donde se ejecutó la obra tras su entrega al cliente a efectos de realizar otras actividades distintas (formación al personal del cliente con respecto a una instalación tecnológicamente compleja) con arreglo a un contrato separado, tal nuevo período de permanencia no debe computarse con respecto al lugar fijo de negocios de construcción sino que debe tenerse en cuenta como si se tratara de un potencial EP distinto (EP de servicios), sin perjuicio de poder combatirse eventuales maniobras de abuso a través de esquemas de fragmentación contractual artificiosa (parágrafo 55 CMC artículo 5 MC ODE 2017).

El segundo aspecto de la definición general de EP que resulta modulado (en mucha menor medida) por el artículo 5.3 ModCDI es el requisito de la «actividad empresarial». La exigencia de una actividad empresarial también está presente en el supuesto específico de EP, aun con la especialidad de la calificación especial de la misma como «obra de construcción, instalación y montaje». A este respecto, deben tenerse en cuenta los Comentarios específicos introducidos en el ModCDI 2008 sobre la atribución de beneficios a EPs de este tipo (véanse supra el epígrafe relativo al artículo 7 ModCDI).

Particular atención requiere la regla antifragmentación de actividades recogida en los CMC del artículo 5.3 ModCDI; a este respecto, consideramos que la configuración de la misma permite su aplicación únicamente en relación con casos donde resulte meridiano el montaje abusivo dirigido a fragmentar las actividades para evitar el cumplimiento del umbral temporal de los 12 meses; los comentarios introducidos al hilo de la aprobación del **MC OCDE 2017** (y que parecen perseguir una mera clarificación y no una innovación derivada de la adaptación sustantiva a BEPS, tal y como se deduce del parágrafo 4 CMC artículo 5 MC OCDE 2017), enfatizan tal enfoque antiabuso y en tal sentido se pone de relieve cómo la PPT (o incluso el *"guiding principle"*) pueden utilizarse para prevenir fragmentaciones contractuales instrumentadas con la finalidad de eludir la existencia de un EP (parágrafo 52 CMC artículo 5 MC OCDE 2017 que remite al ejemplo J recogido en el parágrafo 182 de los comentarios al artículo29.9 MC OCDE 2017), sin perjuicio de otras cláusulas específicas estandarizadas propuestas en el contexto de la acción 7 de BEPS. Ello explicaría igualmente que los criterios de coherencia geográfica y comercial se delimitan de forma muy estricta. Así, la OCDE indica que:

• Para determinar la duración de la obra o proyecto **no se computará el tiempo que el contratista haya dedicado anteriormente a otras** *obras o proyectos sin relación con aquella o aquel.*
• Una obra de construcción deberá considerarse *una unidad incluso si se basa en varios contratos, a condiciones de que constituya un todo coherente en el plano comercial y geográfico.* La aplicación de esta regla se ilustra con un caso evidente: una obra de construcción constituye una unidad incluso si los pedidos los han realizado varias personas, como por ejemplo, una hilera de casas tanto adosadas como no (*row of houses*).
• También se considera que puede existir abuso cuando las empresas que realizan obras de construcción, instalación o montaje (o actividades de prospección o explotación de la plataforma continental) **fraccionan los contratos en varias partes, cada una con duración inferior a doce meses, y las atribuyen a sociedades diferentes pertenecientes al mismo grupo.**

En un sentido similar, resulta relevante la definición de "proyecto único" y "proyectos relacionados" del párrafo 42.40 y 41 de los Comentarios al artículo 5 ModCDI 2010 a los efectos de la disposición alternativa sobre EPs de servicios (en estos casos, en línea con el artículo 5.3.b) MC ONU 2001 y 2011, la presencia en un período o períodos que sumen más de 183 días en cualquier período de 12 meses, de un empleado de una empresa en el Estado de la fuente para prestar servicios a terceros 'para un mismo proyecto o proyectos relacionados' puede generar un EP en el Estado en el que están presentes los empleados). El Tribunal Supremo español a este respecto ha indicado que para determinar si una obra tiene o no una duración superior a doce meses en el contexto de la posible existencia de un EP en España, lo determinante no es la existencia de uno o dos contratos, sino la unidad estructural de las obras a realizar (STS de 23 de diciembre de 2010, rec. 244/2006).

La normativa alemana (Circular de 24 de diciembre de 1999, sobre tributación de Establecimientos permanentes, parágrafo 4.3.5), completada por la doctrina de los tribunales alemanes, sigue a grandes rasgos estos principios con algunas precisiones de interés:

• Inicialmente se consideró que existe una unidad geográfica únicamente cuando la máxima distancia entre los lugares de realización de las obras no supera 50 km en línea recta. Este punto de la circular fue rechazado por el *Bundesfinanzhof,* de manera que la unidad geográfica debe depender de si, desde un punto de vista de la organización, es posible un trabajo autónomo y uniforme en el lugar. Por ello, la regla de los 50 kilómetros no se aplica ya en Alemania.
• La coherencia comercial existe cuando dos proyectos de construcción pueden ser vistos como partes de un único proyecto, como la construcción de una red inalámbrica o la creación de una red de ordenadores. Sin embargo, la existencia de un único contrato en relación con un proyecto no significa necesariamente que diferentes lugares fijos tengan coherencia comercial, aunque la existencia de un único contrato lleva a la asunción de que los diferentes sitios forman una unidad, especialmente cuando tienen se presente la nota de coherencia geográfica. Proyectos realizados para diferentes clientes o contratistas como regla se consideraran como independientes, a menos que formen parte de un proyecto único desde una perspectiva comercial.
• Los proyectos de construcción o instalación independientes no deben ser agregados a los efectos de su duración.
• Donde los trabajos para el mismo contratista son realizados en virtud de diferentes contratos, estos pueden ser agregados si se aprecia una realización unitaria, la cual existe si:

○ Desde una perspectiva cronológica los diferentes contratos se realizan simultáneamente o de forma inmediatamente sucesiva sin interrupciones.

○ Desde una perspectiva geográfica, donde los trabajos -incluso si son realizados en diferentes emplazamientos dentro de un área geográfica determinada— son únicamente una parte de un proyecto mayor.

• Proyectos de construcción móviles o itinerantes (v.gr, como la construcción de una línea de férrea o red de carreteras) o proyectos de construcción flotantes deberían como regla ser considerados como un proyecto único desde una perspectiva comercial y geográfica.

La experiencia austríaca no resulta menos interesante, ya que los tribunales administrativos de este país tienden a definir el concepto de EP "por proyecto concreto". De esta forma, la construcción de una red de estaciones de telecomunicaciones con puntos de transmisión en toda Austria, requiriendo la construcción de cada estación unas dos o tres semanas no fue considerado como generador de un EP de construcción por la ausencia de coherencia geográfica ya que los lugares de construcción de cada estación estaban diseminados por toda Austria (EAS de 7 de febrero de 2000).

También resulta relevante traer a colación la jurisprudencia de los tribunales de India, país cuyas autoridades vienen realizando una interpretación expansiva del concepto de EP. Esta jurisprudencia confirma los criterios que venimos defendiendo sobre la autonomía (y no aplicación de la regla excepcional de agregación/consolidación) de cada lugar fijo de negocios a partir de la existencia de distintos contratos y de actividades diferentes, salvo que se pruebe interdependencia o interconexión entre los mismos y las actividades de manera que conformen un todo coherente desde el punto de vista empresarial/comercial. En particular, los tribunales de India vienen manteniendo que a los efectos de determinar la existencia de un EP (de obras de construcción, instalación o montaje relacionados con instalaciones de exploración petrolífera y minera (upstream)), debe considerarse el tiempo de presencia en territorio nacional (incluida la plataforma continental) incurrido para cada proyecto, y a estos efectos cada contrato debe considerarse de forma independiente, salvo que se demuestre que los contratos están interconectados o son interdependientes de manera que puedan ser considerados como un todo (proyecto) coherente (jurisprudencia derivada de la sentencia del Tribunal de Mumbai en el caso *Valentine Martime Ltd* (ADIT v. *Valentine Martime*, 2011, 130 TTJ 417 (Mum); y sentencias del Mumbai Bench of the Income-Tax Appellate Tribunal en el caso *J.Ray McDermott Eastern Hemisphere Ltd v JCIT (DCIT v.J.Ray Mc Dermott Eastern Hemisphere Ltd*, ITA Nº 2089/Mum/2011-- -Taxsutra.com) y la sentencia del Mumbai Tribunal de 2010 en *J.Ray McDermott Eastern Hemisphere Ltd v JCIT* 2010 39 SOT 240 (Mum) y DCIT)). Las propias autoridades fiscales indias han confirmado este criterio de análisis independiente de los lugares fijos de negocios partiendo de la actividad realizada a partir de cada contrato cuando las actividades realizadas son diferentes (proyectos de instalación y proyectos de ensamblaje), y son llevadas a cabo por el contribuyente de forma autónoma y no interdependiente o interconectada (caso *Tiong Woon Project & Construction Pte. Ltd* (2011, 338 ITR 386 (AAR)). La doctrina administrativa danesa también ilustra casos que ponen de relieve cómo en ocasiones existen interrupciones temporales relevantes (5 meses) entre un proyecto y otro, de suerte que de nuevo el cómputo agregado del tiempo de duración de los dos proyectos u obras de construcción, instalación o montaje depende del grado de coherencia geográfica y comercial entre los mismos (mismo lugar, cliente y proyectos materialmente interrelacionados: instalación de fábrica y posterior obras de conexión con infraestructuras: *ruling Danish Tax Board,* 27 septiembre 2017, SKM2017.584.SR). En otro caso, las autoridades danesas consideraron que una empresa alemana que había realizado obras de reparación de una granja en Dinamarca por un tiempo de duración inferior a 12 meses de acuerdo con un contrato y sin generar un EP, no resultaba afectada en tal estatus fiscal por el hecho de poder concluir unos meses después un segundo contrato con la misma persona y lugar, ya que se consideró que el primer proyecto finalizó (abandonándose totalmente el lugar de la obra) y el segundo no estaba conectado con el primero, ya que al negociar el primer contrato no había expectativa de negociar el segundo y no constituían un *"continuun project"* (*Danish tax Board ruling*, 22 february 2017, *TNI*, February 27, 2017); sin embargo, en otro caso similar se consideró que se trataba de dos contratos relacionados referidos a la misma obra, de manera que la interrupción se consideró operativa y el periodo entre la finalización de un proyecto y el inicio del otro entraba en el cómputo de los 12 meses recogido en el CDI (SKM 2018.216.SR). La doctrina administrativa danesa también ilustra sobre casos de instalaciones permanentes de constructoras que se mantienen a disposición de la empresa no residente de forma continua (casa alquilada y empleada para el alojamiento de trabajadores, almacén de herramientas y punto de contacto comercial con clientes) pero que se utiliza de forma efectiva para realizar obras de forma discontínua (y por tiempo inferior a 4 meses), de suerte que las autoridades fiscales consideraron que estamos ante un lugar fijo de negocios con arreglo al artículo 5.1 ModCDI (*Danish Tax Ruling* de 7 marzo de 2017, *TNI*, March 13 2017).

En este orden de cosas resulta de interés reseñar un ruling del CRA (*Canada Revenue Agency*) donde se plantean varias cuestiones referidas a la interpretación del artículo 5.3 de los CDIs al hilo de una consulta planteada por un contribuyente en relación con las **actividades de de demolición o desmantelamiento de plataformas offshore de oil & gas** (CRA ruling, 16 January 2017, 2016-0655701E5). El consultante, residente en Canadá, ganó un contrato para el desmantelamiento de tales plataformas offshore y subcontrató con una entidad no residente vinculada la realización de tales actividades, concluyendo a tal efecto dos contratos que se ejecutarían a tal efecto en distintos años, de duración inferior a 12 meses (4 meses cada uno) y existiendo un proyecto separado entre uno y otro que ejecutaría igualmente la referida entidad no residente en otro país. El CRA consideró que: a) las actividades de demolición o desmantelamiento (*demolition/decommissioning/clearing*) están cubiertas por la cláusula del artículo 5.3 de los CDIs al poder formar parte o estar conectado con projectos de construcción, instalación o montaje; b) en relación con el cómputo del *duration* test de tal cláusula, las autoridades canadienses indicaron que la regla viene dada por el cómputo individual de cada proyecto, salvo que exista una conexión entre dos proyectos a partir de los criterios de coherencia geográfica y comercial, los cuales deben determinarse a la luz de los hechos del caso concreto; a este respecto, se puso de relieve cómo existían indicios que apuntaban a tal coherencia geográfica y comercial, al existir un contrato principal que es fragmentado en dos contratos con la misma filial y referidos a la misma localización y contando con los mismos equipos; el hecho de que exista una interrupción temporal entre las actividades realizadas al amparo de los dos contratos se consideró relevante siempre que se tratara de una interrupción de larga duración, de suerte que interrupciones de corta duración no pueden entenderse como un cese de actividades de acuerdo con los comentarios al artículo 5 ModCDI sino como una mera "discontinuidad temporal"; y c) por último el CRA hizo una advertencia en relación con esquemas de subcontratación o de fragmentación de contratos dirigidos a evitar la aplicación de la tributación en Canadá, de manera que en tales casos se procedería a aplicar la GAAR doméstica. Los servicios relacionados con la instalación de equipos en plantas de generación de energía por entidades no residentes pueden no generar un EP con arreglo a los CDIs que siguen el MC OCDE, si no se supera el time test de los 12 meses (o el que aplique) considerando la duración de la actividad de instalación (y siempre que no aplique un enfoque anti-fragmentación respecto de otros contratos); sin embargo, este tipo de prestaciones de servicios se consideran relacionadas con inmuebles y generan la aplicación de un *"reverse charge"* en el IVA, tal y como han indicado las autoridades danesas (vid.: Lewis, *"Power Plant Installation Project Not a PE"*, TNI, October 22, 2018). En relación con la duración de los proyectos de obras de construcción, instalación o montaje también se ha planteado si las visitas previas realizadas por una entidad no residente para valorar el coste de los trabajos a realizar a efectos de presentarse a un concurso computa o no a estos efectos en el caso de que obtuviera el contrato; la jurisprudencia de India en el caso National Petroleum Construction Company v. DIT (386 ITR 648) constituye un leading case en la materia que excluye tal cómputo; igualmente se indica que la entrega de la obra finaliza con el certificado de la misma, salvo que existieran pruebas de actividad adicional relacionada con tal obra y contrato.

La propia jurisprudencia de los tribunales españoles se alinea con esta interpretación estricta de la regla antifragmentación que permite agregar la duración de varios lugares de negocios. Así, en primer lugar, la Audiencia Nacional, en su sentencia de 6 de abril de 1993, rechazó la existencia de un EP por parte de una empresa alemana que desarrollo varias obras de construcción en territorio español durante más de 12 meses, negando que el criterio adoptado por la Inspección basado en la agregación de los periodos de duración de las diferentes obras fuera procedente a partir de la existencia de la identidad de sujetos contratantes. La AN realizó una interpretación lógica y sistemática del CDI con Alemania entendiendo que el criterio determinante de la coherencia comercial había que establecerlo considerando el objeto de los diferentes contratos y no meramente la identidad de partes contratantes, verificándose que carecían de conexión y no conformaban una unidad económica o un único proyecto al poseer objetos diferentes, haberse firmado en fechas distintas, con plazos de ejecución no coincidentes dando lugar a obras de construcción independientes.

Por su parte, el TEAC, siguiendo los CMC OCDE sobre el artículo 5.3 ModCDI, consideró que no resultaba de aplicación esta interpretación de la AN en un caso donde una empresa de construcción italiana fue adjudicataria de una obra pública en España que se ejecutaba en tres fases en el marco del mismo concurso público, con identidad de partes contratantes, adjudicación y ejecución de la obra única, identidad de los trabajos y identidad de geográfica sin que en ningún momento se hubiera producido interrupción alguna en el trabajo efectuado desde su inicio hasta su finalización (RTEAC de 7 de noviembre de 2003, nº 2780/2000, JUR 2004, 54135).

Nótese en todo caso que en el contexto del artículo 5.3 ModCDI (e incluso en el caso del artículo 5.1 ModCDI cuando existe fragmentación de actividades realizadas por varias empresas) no resulta evidente que la atribución de beneficios se vaya a realizar a un único EP, sino que esta regla únicamente permite considerar cumplido el requisito temporal de los 12 (o 6) meses a los efectos de que el Estado de fuente pueda gravar tales beneficios obtenidos por las diferentes empresas que han operado fragmentariamente, lo cual implica que el Estado de la residencia también debe aceptar la existencia de los EPs y eliminar la doble imposición.

En este sentido, la calificación simétrica del EP en ambas jurisdicciones a través de una interpretación uniforme del concepto de EP resulta crítica y del todo necesaria para garantizar la distribución del poder tributario establecida en el CDI y evitar que se produzcan casos de doble imposición residual. Piénsese, por ejemplo, que si el Estado de la fuente considera que de los cinco emplazamientos separados a través de los que opera una empresa del otro Estado contratante solo dos constituyen un EP (independiente o no) y los otros tres no superan el umbral, en tanto en cuanto el Estado de la residencia califica los cinco lugares fijos de negocios como EPs (ya aplique el método de exención o el de imputación), el resultado será una atribución de renta (ingresos y gastos) asimétrica que generará doble imposición residual que será soportada por el contribuyente. Por tanto, una aplicación asimétrica y poco consistente de las reglas que recogen los CDI o el MC OCDE para establecer cuando estamos ante un lugar de negocios único o varios lugares de negocios independientes no resultan neutrales sino que afectan a la distribución del poder tributario articulada a través del convenio y a la finalidad del mismo que es evitar supuestos de doble imposición internacional. Téngase en cuenta que el principio esencial para la atribución de beneficios al EP que establece el MC OCDE a través de sus artículos 5 y 7 ModCDI, pivota estructuralmente sobre las actividades realizadas a través de tal lugar fijo de negocios, de manera que cualquier otra actividad que no sea realizada a través de o con intervención mediata de tal lugar fijo de negocios no permite tal atribución de beneficios y gravamen en el Estado de la fuente (Reimer 2013).

2.3.3.2. *Evolución de la cláusula en el ModCDI, conexión con los Modelos de EEUU y ONU, y práctica convencional española*

En relación con el ModCDI cabe señalar la existencia de varias diferencias entre el Proyecto de Convenio de 1963 y las versiones posteriores del ModCDI (1977-2014). La principal diferencia radica en que en el Proyecto de Convenio OCDE de 1963 los lugares de construcción constituían uno de los supuestos de la lista ejemplificativa de EP establecida en el artículo 5.2 (en concreto en la letra g), mientras que las versiones posteriores del ModCDI dedican un apartado específico -la cláusula del artículo 5.3 ModCDI- a las obras de construcción. Se ha puesto de relieve cómo la inclusión de la cláusula de obras de construcción en el artículo 5.2 ModCDI conlleva la aplicación de los requisitos generales previstos en el artículo 5.1 ModCDI, esto es, solo existiría un EP si concurrían los presupuestos establecidos en la cláusula general. Por el contrario, en el marco de los CDIs concluidos siguiendo versiones posteriores del ModCDI (1977-2008) la concurrencia del requisito temporal de 12 meses constituye un elemento imprescindible para la existencia de un EP en los casos de obras de construcción.

La cláusula de obras de construcción recogida en el Modelo de Convenio de EEUU (1996-2006) resulta sustancialmente coincidente con la prevista en el ModCDI, aunque existen algunas diferencias apreciables entre ambas disposiciones.

Más relevantes son las peculiaridades que presenta la cláusula recogida en el Mod. ONU (1999), en la medida en que algunos de los CDIs concluidos por España contienen cláusulas a imagen y semejanza de lo previsto en el mismo. Las principales diferencias existentes entre el Mod. ONU 1999 y el ModCDI son las siguientes. Por un lado, el presupuesto objetivo de la cláusula del artículo 5.3 Mod. ONU es más ámplio, toda vez que se aplica en relación con «a) unas obras, una construcción o un proyecto de instalación o montaje o unas actividades de supervisión relacionadas con ellos (...)». Las expresiones «proyecto de montaje» *(«assembly project»)* y «actividades de supervisión» *(«super-visory activities»)* empleadas en el Mod. ONU no aparecen recogidas en el ModCDI; no obstante, la omisión de tales expresiones podría no poseer excesiva trascendencia práctica allí donde se entendiera la cláusula del artículo 5.3 ModCDI en el sentido expuesto anteriormente. Asimismo, el Mod. ONU se diferencia del ModCDI en otros dos aspectos. En primer lugar el umbral temporal de permanencia establecido en el Mod. ONU es menor (seis meses en lugar de 12 meses), lo cual es coherente con el deseo de ampliar el ámbito de aplicación de esta cláusula de EP. Por otro lado, el Mod. ONU ha incluido una segunda cláusula en el apartado 3 del artículo 5, a saber:

«b) La **prestación de servicios** por una empresa, incluidos los servicios de consultores, por inter-medio de sus empleados o de otro personal contratado por la empresa para ese fin, solo en el caso de que las actividades de esa naturaleza prosigan (en relación con el mismo proyecto o con un proyecto conexo) en el país durante un período que en total excedan de seis meses, dentro de un período cualquiera de doce meses». Se trata, por tanto, de una segunda cláusula que amplia el ámbito de aplicación del artículo 5.3 a las actividades de prestación de servicios -especialmente servicios de consultoría y dirección- por una empresa residente de un Estado contratante en el otro Estado contratante (parágrs.9 a 12 de los comentarios al artículo 5 Mod. ONU 1999).

A este respecto, debe destacarse que la OCDE hizo público en el año 2006 un borrador de **informe sobre las reglas aplicables a la tributación de los servicios en el marco del ModCDI** (OECD, *The Tax treaty treatment of services: proposed commentary changes,* OECD, 8 December 2006), donde se reafirman y convalidan las reglas tradicionales y actuales sobre el reparto del poder tributario en relación con las prestaciones de servicios transfronterizas; esto es, la exclusión de la imposición en el Estado de la fuente o donde se prestan los servicios, salvo cuando tal actividad genere la exis-tencia de un EP en tal Estado. No obstante, se propone una redacción alternativa del artículo 5 ModCDI para aquellos países que deseen aumentar el ámbito de poder tributario del Estado de la fuente. En particular, se establece una regla convencional que permite la tributación en la Fuente sin que se supere el umbral del EP, siempre que se alcance un umbral mínimo de presencia física y económica en el Estado de la fuente. Así, tal regla no permite el gravamen en el Estado de la fuente en relación remuneraciones de actividades realizadas fuera del territorio del Estado de la fuente, ni tampoco allí donde la presencia en el territorio de tal Estado fuera de corta duración. A la postre, el Working Group de la OCDE crea, a través de esta cláusula, un nuevo supuesto de «ficción de EP», para aquellos países que deseen ampliar su poder tributario sobre la renta derivada de determinadas actividades de prestación de servicios transfronterizas, toda vez que, con arreglo a las reglas tradi-cionales de los artículos 5 y 7 ModCDI, lo normal es que resultara difícil acreditar en estos casos la existencia de un EP y atribuirle beneficios susceptible de ser gravados en la fuente. De esta forma, se tipifican casos de prestación de servicios transfronterizos que dan lugar a un EP y caen en el ámbito del poder tributario del *host country*. Además de la mayor seguridad jurídica que puede articular la introducción de este tipo de cláusulas en los Comentarios al artículo 5 ModCDI, lo cierto que una segunda finalidad perseguida con ello podría residir en expandir el ámbito de aplicación del Modelo OCDE a países no miembros de la OCDE (que de no ver plasmados sus intereses en el Modelo OCDE normalmente acudirían al más equilibrado Modelo ONU). Nótese, no obstante, que las conclusiones de tal informe de 2006 han sido matizadas sustantivamente con posterioridad y actualmente la OCDE (Working Party nº 1) hizo público el 12 de Marzo de 2007 un *Borrador revisado de Cambios en los Comentarios al artículo 15 ModCDI,* proponiendo una reinterpretación del alcance de las reglas del artículo 15.2 ModCDI y su interrelación con los artículos 5 y 7 ModCDI; el ModCDI 2010 introdujo cambios en los Comentarios al artículo 15 ModCDI que delimitan en mejor medida el ámbito de aplicación de tal cláusula estableciendo un concepto convencional de «empleador». Con todo, el ModCDI 2008 introdujo como gran novedad en relación con el artículo 5 ModCDI un modelo de cláusula alternativa donde se establecen los casos donde la prestación de servicios de forma continuada en el territorio del otro Estado contratante da lugar a un EP. Tal cláusula es expuesta más adelante por razones sistemáticas. El MC OCDE 2017 no modificó el tenor literal del artículo 5.3, aunque los comentarios incluyen algunos cambios (expuestos *supra*) que sí poseen implicaciones relevantes; tales cambios poseen, como regla, naturaleza interpretativa, aunque los nuevos CMC 2017 también contienen una cláusula específica antifragmentación de contratos concebida para ser incorporada a los CDIs en aras de evitar supuestos de elusión artificial del estatus de EP, en línea con el informe final de la acción 7 de BEPS.

En relación con la **práctica convencional española** relativa a las «obras de construcción, instalación o montaje» debe considerarse igualmente lo expuesto al hilo del artículo 5.2, toda vez que muchos CDIs contienen tal cláusula en este apartado 2. La mayor parte de los CDIs concluidos por España sigue los Modelos elaborados por la OCDE; no obstante, lo cierto es que existen diferencias entre la cláusula articulada por el Proyecto de Modelo de 1963 y la articulada en los ModCDI posteriores (1977-2014); tales diferencias deben tenerse en cuenta a la hora de aplicar los correspondientes convenios, lo cual requiere identificar el «patrón» o concreta versión del ModCDI con arreglo a la cual se negoció el concreto convenio.

Existe, no obstante, un grupo de CDIs que, a pesar de seguir el ModCDI, recogen singularidades relevantes respecto de lo previsto en el mismo. Tales peculiaridades son expuestas a continuación.

El CDI con Albania incluye una referencia a un «proyecto de construcción».

El nuevo CDI con Alemania (2011, artículo 5.3) sigue el ModCDI y establece un plazo de duración de la obra no superior a 12 meses. Lo mismo acontece en los nuevos CDI con el Reino Unido (2013) y con Chipre (2013). El CDI con Uzbekistán también recoge el plazo de 12 meses, incluyendo las actividades de supervisión relacionadas con las obras/proyectos de construcción, instalación o montaje.

El CDI con Andorra (2016, artículo 5.3) omite la referencia al montaje.

El CDI con Armenia fija el umbral de duración de las actividades por un periodo superior a nueve meses.

El CDI Australia-España (1992, artículo 5.2) presenta dos particularidades dignas de mención. Por un lado, la cláusula relativa a las «obras de construcción» resulta recogida en el artículo 5.2, a pesar de que este convenio sigue, en principio, lo previsto en el ModCDI 1977; tal ubicación posee las consecuencias que apuntamos al hilo de las observaciones al artículo 5.2 ModCDI. Esta misma particularidad se recoge también en el CDI Corea-España (1994, artículo 5.1) y en el CDI Marruecos-España (1978, artículo 5.2). Asimismo, el artículo 5.4 del CDI con Australia presenta una segunda particularidad. Este precepto recoge una cláusula específica referida a actividades de supervisión de obras de construcción, instalación o montaje emprendidas en un Estado contratante, así como a actividades donde se utilicen estructuras, instalaciones, plataformas de perforación, barcos u otros equipos sustanciales ya para la exploración o explotación de recursos naturales, ya para la realización de actividades relacionadas con dicha exploración o explotación. En ambos casos se requiere que la duración de las actividades o el empleo de forma continuada del equipo exceda de doce meses.

El Convenio con Lituania (2003, artículo 5.3) también se refiere a las actividades relacionadas con las obras, proyectos, instalaciones o montajes; el umbral temporal de permanencia debe superar los nueve meses. Asimismo, este convenio recoge en su Protocolo IV una suerte de cláusula de nación más favorecida. Los convenios con Estonia (2003, artículo 5.3. y Protocolo III) y con Letonia (2003, artículo 5.3 y Protocolo IV) presentan las mismas singularidades que el convenio con Lituania.

El CDI con Barbados (artículo 5.3) hace referencia a proyectos de construcción o instalación, a plataformas de perforación, o barcos utilizados para la exploración o explotación de los recursos naturales»; el umbral temporal se ha fijado en nueve meses.

El CDI Brasil-España (1974, artículo 5.2) difiere del Proyecto de Modelo de 1963 en que en la cláusula relativa a las obras de construcción y montaje recogida en su artículo 5.2 (lista positiva ejemplificativa) el período de permanencia de la obra de construcción *o montaje* tiene una duración distinta de la prevista en tal Modelo; tal permanencia debe exceder de seis meses en lugar de los doce meses que establece el ModCDI en sus artículo 5.2 (versión de 1963) y artículo 5.3 (versiones de 1977-2000). En los CDI con Grecia, con Omán y con Costa Rica el umbral de permanencia también es inferior al fijado en el ModCDI; aquí, el período de duración de las actividades debe exceder de nueve meses. En el CDI con Hungría ha acontecido el fenómeno opuesto habiéndose establecido un umbral de permanencia superior a los veinticuatro meses.

El CDI con Catar (2015, artículo 5.3) contiene varias diferencias relevantes que afectan a esta cláusula: a) la disposición referida a las obras de construcción, instalación o montaje comprende igualmente "una actividad de inspección relacionada con dicha obra o proyecto"; b) el periodo de duración de tales actividades debe alcanzar los 9 meses durante cualquier periodo de 12 meses; y c) el artículo 5.3.b) del CDI comprende la prestación de servicios por una empresa (incluidos los de consultoría), por intermedio de sus empleados o de otro personal contratado por la empresa a tales efectos, pero solo en el caso de que las actividades de tal naturaleza continúen en un Estado contratante durante un período o períodos que en total excedan de seis meses en cualquier periodo de doce meses.

El CDI Colombia-España (2005, artículo 5.3) solo se refiere a proyectos de construcción o instalación y el umbral temporal es de 6 meses. El CDI con El Salvador opera con el mismo período (6 meses), aunque posee mayor amplitud al abarcar proyectos de construcción o instalación o las actividades de supervisión en conexión con los mismos; el CDI con la República Dominicana (2011) recoge una cláusula similar.

El CDI Croacia-España (2005, artículo 5.3) incluye la referencia al montaje. Lo mismo acontece en el CDI con Macedonia (2005, artículo 5.3) y en el CDI con Emiratos Árabes Unidos (2006, artículo 5.3).

El CDI Cuba-España (1999, artículo 5.4) recoge la cláusula contenida en el apartado 3.b) del Mod. ONU relativa a la prestación de servicios, con la particularidad de que el período de duración de las actividades es de doce meses.

El CDI EEUU-España (1990, artículo 5.3) sigue el Modelo del Departamento del Tesoro estadounidense de 1981. A su vez, este convenio recoge una cláusula antiabuso referida a la forma de cómputo del período de permanencia respecto de casos en que las actividades de construcción, instalación o montaje son realizadas por empresas asociadas o vinculadas en el sentido previsto en el artículo 9 del propio convenio. Una cláusula antiabuso de contenido similar se encuentra recogida en los CDIs Noruega-España (1999, artículo 5.4), Chile-España (2003) y Nueva Zelanda-España (2006, artículo 5.4).

El CDI con Estonia inicialmente recogía un período de duración de la actividad de 9 meses en relación con la cláusula del artículo 5.3 (obras de construcción, instalación o montaje). Sin embargo, con arreglo al Canje de Notas de 2016, tal plazo se eleva a 12 meses por aplicación de la cláusula de nación más favorecida; además la definición deja de contener la referencia a los proyectos de montaje.

El CDI con Hong Kong prevé un periodo de duración de la obra que exceda de nueve meses.

Los CDI con Georgia y Senegal establecen el umbral de duración de la actividad en seis meses, incluyendo este último las actividades de supervisión de las obras/proyectos de construcción, instalación o montaje.

La singularidad que presenta el CDI con Noruega (1999) es doble. Por un lado, la cláusula del artículo 5.3 relativa a las obras de construcción, instalación o montaje también comprende las actividades de inspección o consultoría relacionadas con la misma. Por otro lado, la cláusula convencional que delimita el concepto de EP resulta complementada por una segunda cláusula recogida en el artículo 23 del convenio que se refiere a actividades relacionadas con la exploración y explotación de los recursos naturales del fondo marino y de su subsuelo. Los apartados 1 y 2 del artículo 23 de este convenio delimitan cuándo estas actividades se entienden realizadas a través de EP.

En el mismo sentido, el CDI con Nueva Zelanda presenta importantes peculiaridades que afectan de forma sustantiva al EP a través del que se realizan obras, construcciones o los proyectos de instalación o montaje (durante más de 12 meses), en la medida en que, por un lado, se ha establecido en el artículo 5.4 una cláusula que concreta e incluso amplia este supuesto de EP del artículo 5.2.h) y f). Así, se considerará que una empresa tiene un EP en un Estado contratante y que realiza actividades mediante ese EP si, durante más de 12 meses:

a) Realiza actividades de supervisión en ese Estado en relación con una obra, construcción o con un proyecto de instalación o montaje emprendidos en ese Estado.

b) Utiliza estructuras, instalaciones, plataformas de perforación, barcos u otros equipos sustanciales similares:

- Para la exploración o la explotación de recursos naturales.

- En actividades relacionadas con dicha exploración o explotación.

A su vez, el Convenio con Nueva Zelanda (2006, artículo 5.5) contiene una cláusula antiabuso en relación con el cómputo del periodo de los 12 meses de duración de actividad, allí donde e es llevada a cabo por empresas asociadas al contratista principal.

España ha concluido algunos CDI en tiempos recientes que enlazan con la práctica convencional representada por los CDI con Noruega y Nueva Zelanda. El artículo 5.3 a) del CDI con Trinidad y Tobago se refiere a obra, proyecto de construcción, montaje, rastreo o instalación, únicamente cuando su duración excede de 9 meses. Y su letra b) se refiere a una plataforma de perforación o un barco utilizados para las actividades de exploración de los recursos naturales, o en relación con ellas, únicamente cuando su duración excede de seis meses. Una cláusula de perfiles muy similares se encuentra recogida en el CDI con Jamaica [2009, artículo 5.3 y en el CDI con Panamá (artículo 5.3 y Protocolo I)].

El CDI con Singapur (artículo 5.3) incluye una referencia a unas actividades de inspección relacionadas con las obras o proyectos de construcción, instalación o montaje. El CDI con Pakistán contiene una cláusula similar en su artículo 5.3.

El CDI Túnez-España (1982, artículo 5.2.g) presenta algunas particularidades respecto del ModCDI. Por un lado, esta cláusula posee un ámbito objetivo que no resulta coincidente con el previsto en el ModCDI; el convenio omite toda referencia a proyectos de instalación, lo cual se explica por su conexión con la versión del 1963 del citado convenio tipo. A su vez, el convenio modula y amplia el contenido de la cláusula del artículo 5.2.g) del Proyecto de Convenio de 1963; la modulación se refiere a las operaciones de montaje, mientras que la ampliación afecta a las actividades de supervisión. Tampoco puede dejar de señalarse que la reducción del período de permanencia (9 meses en lugar de 12 meses) afecta también a la duración de las obras de construcción.

El CDI con la ex URSS (1985, artículo 4.2) contiene una cláusula similar a la prevista en el ModCDI (1977), pero omite toda referencia a obras o proyectos de montaje.

A su vez, existe otro grupo de CDIs concluidos por España que siguen sustancialmente lo previsto en el artículo 5.3 del Modelo ONU. Esta cláusula es empleada por España en los siguientes convenios: CDI Argentina-España (1992, artículo 5.3, denunciado por Argentina el 29 de junio de 2012), CDI Egipto-España (2005, artículo 5.3, pendiente ratificación), CDI China-España (1990, artículo 5.3), CDI Chile-España (2003, artículo 5.3), CDI Indonesia-España (1995, artículo 5.3), CDI México-España

(1992, artículo 5.3, aunque el Protocolo X de 2015 estableció una cláusula especial de hidrocarburos), CDI Nigeria-España (2009, artículo 5.3, con matices), CDI Senegal-España (2006, artículo 5.3), CDI Tailandia-España (1997, artículo 5.3), CDI Turquía-España (2002, artículo 5.2), CDI Venezuela-España (2003, artículo 5.3), y CDI Vietnam-España (2005, artículo 5.3, y Protocolo 1).

El Mod. ONU también se ha seguido, aunque de forma menos fidedigna, a la hora de configurar la cláusula de obras de construcción, instalación y montaje de otros CDIs concluidos por España. Al punto exponemos las particularidades que hemos detectado en relación con estos convenios.

El nuevo CDI con Argentina (2013, artículo 5.3) sigue básicamente el Modelo ONU, aunque presenta singularidades al recoger las siguientes disposiciones: a) cláusula específica para prestaciones de servicios transfronterizas de duración superior a 6 meses (mismo proyecto o proyecto conexo); b) cláusula referida a exploración de recursos naturales (minera, petrolífera, gasística) y actividades auxiliares, de duración superior a 6 meses; y c) cláusula de obras de construcción, instalación o montaje o actividades relacionadas con ellas durante un periodo superior a 6 meses.

El CDI Cuba-España (1999, artículo 5.4) únicamente ha recogido la cláusula contenida en el apartado 3 h) del Mod. ONU relativa a la prestación de servicios; a su vez, tal cláusula posee la particularidad de que el período de duración de las actividades es de doce meses.

El CDI Filipinas-España (1989) parece seguir el Mod. ONU cuando incluye en la cláusula del artículo 5.2 las obras de construcción o un proyecto de instalación o montaje o unas actividades de inspección relacionadas con ellos, pero solo cuando tales obras, construcción o actividades continúen durante un período superior a seis meses. Tal cláusula también se refiere a las prestaciones de servicios, incluyendo los servicios de consultores, por intermedio de empleados u otro personal proporcionado por la empresa para ese fin, cuando las actividades de esa naturaleza prosiguen, en relación con el mismo proyecto conexo, durante un período o períodos que en total excedan de ciento ochenta días dentro de un período cualquiera de doce meses; a los efectos de la aplicación de esta segunda cláusula, referida a las actividades de prestación de servicios, debe tenerse en consideración el artículo 1 del Protocolo al convenio.

El CDI con Indonesia (1995, artículo 5.3.) recoge la cláusula del artículo 5.3 Mod. ONU con pequeñas variaciones referidas al umbral de permanencia. La cláusula relativa a obras de construcción, etc., se aplica allí donde la duración de las actividades exceda de ciento ochenta y tres días, mientras que la cláusula de prestación de servicios se aplica cuando las actividades se desarrollen durante un período o períodos que en total excedan de tres meses con referencia a cualquier período de doce meses.

Las observaciones anotadas en relación con el CDI con Filipinas son en buena medida trasladables respecto de la cláusula del artículo 5.2 recogida en el CDI India-España (1993). No obstante, en el convenio con la India su cláusula de obras y proyectos de instalación o montaje posee determinadas particularidades. En concreto, el Convenio con la India recoge en su artículo 5.2.k) la cláusula prevista en la l del artículo 5.3.a del Mod. ONU, omitiendo la prevista en la letra b) del mismo apartado relativo a la prestación de servicios. Resulta destacable que esta cláusula referida a las obras de construcción, etc., está localizada en el apartado del artículo 5 del convenio que alberga o contiene la «lista positiva» de supuestos que, *prima facie*, son constitutivos de EP, lo cual, como ya hemos señalado, posee gran trascendencia práctica. Tal cláusula, a su vez, considera que existe un EP cuando el proyecto o actividad de supervisión, siendo accesorios a una venta de maquinaria o equipo, tienen una duración que no exceda de seis meses y los importes a pagar por los mismos excedan del 10 % del precio de venta de la maquinaria o del equipo; tal y como se describe en los Comentarios al Modelo ONU, esta cláusula ha sido propuesta por algunos países en vías de desarrollo a efectos de ampliar el concepto de EP (parágr. 8 de los comentarios al artículo 5 Mod. ONU 1999). Otra singularidad que presenta el CDI con la India se asienta en una cláusula adicional recogida en la propia letra k) del artículo 5.2 del convenio; tal disposición establece que se considerará que una empresa posee un EP en un Estado contratante y realiza actividades a través del mismo, si presta servicios o instalaciones en relación con la prospección, extracción o producción de hidrocarburos en dicho Estado, o cede en arrendamiento maquinaria o equipo utilizados, o que hayan de ser utilizados, en tales actividades en ese Estado, cuando la duración de las actividades exceda de treinta días en cualquier período de doce meses.

El CDI con Kuwait (2008) sigue el Modelo ONU incluyendo las siguientes disposiciones específicas: a) cláusula específica para prestaciones de servicios de consultoría transfronterizas de duración superior a 6 meses (mismo proyecto), que se completa con lo previsto en el apartado VI del Protocolo; b) cláusula referida a exploración de recursos naturales, cuando las actividades posean una duración superior a 6 meses en cualquier periodo de 12 meses; y c) cláusula de obras de construcción, instalación o montaje o actividades relacionadas con ellas durante un periodo superior a 9 meses.

El CDI Venezuela-España (2003, artículo 5.3) sigue básicamente lo dispuesto en el artículo 5.3.a) del Mod. ONU 1999, aunque contiene algunas variaciones dignas de mención. En concreto, la cláusula del CDI con Venezuela se refiere a «una obra o proyecto de construcción, instalación o montaje y las actividades de supervisión relacionadas *con un proyecto de esa naturaleza* constituyen establecimiento permanente solo cuando su duración exceda de *nueve meses». Una cláusula de corte similar aparece recogida en el CDI con El Salvador.*

El CDI con Chile (2003, artículo 5.3) sigue el Mod. ONU en lo que concierne a su artículo 5.3. No obstante, presenta ciertas particularidades propias. Por un lado, el convenio contiene una cláusula específica en su apartado 3.c) relativa a la prestación de servicios profesionales u otras actividades de carácter independiente en un Estado por una persona natural, si esa persona permanece en ese Estado por un periodo o periodos que en total excedan de 183 días, en un periodo cualquiera de doce meses. Por otro lado, el apartado 3 *in fine* del artículo 5 contiene una cláusula antiabuso en relación con el cómputo de los umbrales temporales respecto de actividades sustancialmente similares realizadas por empresas asociadas. Y, en tercer lugar, debe apuntarse la precisión prevista en el Protocolo nº VI, en relación con la cláusula del artículo 5.3.b), en el sentido de que tal cláusula concerniente a las actividades de exploración de recursos naturales es aplicable en la medida en que esos servicios no sean llevados a cabo por la persona a quien se haya otorgado la concesión de la exploración o explotación.

El CDI con Arabia Saudí (2007, artículo 5) se refiere también a las actividades de inspección, y además el umbral temporal para que se entienda que existe un EP es de 6 meses dentro de cualquier período de doce meses.

EL CDI con Nigeria (2009, artículo 5.3) presenta una serie de rasgos propios que expanden la cláusula general de EP, de manera que se supera tal umbral de tributación por medio de: a) cualquier lugar relacionado con la exploración de recursos naturales, siempre que dichas actividades se mantengan durante un periodo o períodos que excedan de dos meses en cualquier período de doce meses; b) unas obras de construcción o un proyecto de instalación o montaje o unas actividades de inspección relacionadas con ellos, pero solo si tales obras, proyecto o actividades duran más de seis meses, o cuando dicho proyecto o actividad, de naturaleza accesoria a la venta de maquinaria o equipos, continúe durante un período que no exceda de seis meses y los importes pagaderos por tal proyecto o actividad excedan del 10 % del precio de venta franco a bordo de la maquinaria o equipos; c) la prestación de servicios por una empresa, incluidos los servicios técnicos, de gestión o de consultores, por intermedio de sus empleados o de otro personal contratado por la empresa a tales efectos, pero solo en el caso de que las actividades de tal naturaleza continúen para el mismo proyecto, dentro de un Estado contratante, durante el período o períodos para el mismo proyecto, dentro de un Estado contratante, durante un período o períodos que en total excedan de seis meses dentro de un período cualquiera de doce meses; y d) un lugar fijo de negocios utilizado como almacenes detallistas a pesar de que, por otra parte, dicho lugar fijo de negocios se mantenga a los efectos de cualquiera de las actividades mencionadas en el apartado 4 del artículo 5 (cláusula de auxiliariedad).

El Protocolo (2015) al CDI entre España y México incluye una cláusula de nueva planta (artículo22) que establece una suerte de régimen especial para las actividades de "hidrocarburos". Esta cláusula especial tiene origen en la reforma energética llevada a cabo en México en el año 2013 y que ahora se traslada a los CDI concluidos por este país (véase también el CDI México-Noruega). La determinación de la existencia de un EP en relación con las actividades comprendidas en el ámbito de aplicación de esta cláusula no se rigen por la cláusula general de EP del artículo5 del CDI de acuerdo con el artículo22.1 del Protocolo 2015.

El apartado 2 se refiere a actividades empresariales que consistan en la exploración, producción, refinación, procesamiento, transportación, distribución, almacenamiento o comercialización de hidrocarburos, estableciéndose un *"time test"* o período de duración de igual o superior a 30 días en cualquier periodo de 12 meses que da lugar a un EP. Se considera que los contratistas que no están directamente relacionados con las actividades económicas de *oil & gas* no deben quedar cubiertas pos esta cláusula especial del Protocolo al CDI con México (2015), sino que la determinación de la existencia de un EP debe dirimirse de acuerdo con la cláusula general del artículo 5 relativa a las obras de construcción, instalación o montaje (test de duración de la actividad específica por un periodo no inferior a 6 meses) (*vid.*: Carbajo/Valles/Gonzalez-Gasca/Campos 2017).

El artículo 22 del CDI con México en la redacción dada por el Protocolo de 2015, recoge tres cláusulas conectadas con la misma que afectan a su aplicación: a) Una cláusula antiabuso referida a actividades idénticas o sustancialmente similares realizadas por empresas asociadas a efectos del cómputo del plazo de 30 días antes referido; b) una cláusula de exclusión que clarifica que no se encuentran comprendidas en el ámbito de la cláusula antiabuso una serie de actividades (remolque o amarre, y transporte de suministros o personal por buques o aeronaves en tráfico internacional); y c) una disposición que regula la tributación de los sueldos, salarios y remuneraciones similares obtenidos por residentes de un Estado contratante respecto de las actividades comprendidas en el ámbito de la cláusula especial (artículo 22.2), y que es objeto de comentario al hilo del artículo 15 ModCDI.

2.3.4. La cláusula negativa de auxiliariedad o preparatoriedad del artículo 5.4 del modelo convenio de doble imposición

2.3.4.1. Alcance y funcionalidad del artículo 5.4 del modelo convenio de doble imposición

El artículo 5.4 ModCDI establece la denominada cláusula (negativa) de auxiliariedad o preparatoriedad en los siguientes términos, a saber:

«Sin perjuicio de las disposiciones anteriores de este artículo, se considera que la expresión «establecimiento permanente» no incluye:

"a) "La utilización de instalaciones con el único fin de almacenar, exponer o entregar bienes o mercancías pertenecientes a la empresa.

"b) "El mantenimiento de un depósito de bienes o mercancías pertenecientes a la empresa con el único fin de almacenarlas, exponerlas o entregarlas.

"c) "El mantenimiento de un depósito de bienes o mercancías pertenecientes a la empresa con el único fin de que sean transformadas por otra empresa.

"d) "El mantenimiento de un lugar fijo de negocios con el único fin de comprar bienes o mercancías o de recoger información para la empresa.

"e) "El mantenimiento de un lugar fijo de negocios con el único fin de realizar para la empresa cualquier otra actividad de carácter auxiliar o preparatorio.

"f) "El mantenimiento de un lugar fijo de negocios con el único fin de realizar cualquier combinación de las actividades mencionadas en los apartados a) a e), a condición de que el conjunto de la actividad del lugar fijo de negocios que resulte de esa combinación conserve su carácter auxiliar o preparatorio».

Esta cláusula cumple una función de delimitación negativa del concepto convencional de establecimiento permanente (parágrs. 21, 23 y 27 de los CMC). Así, el artículo 5.4 ModCDI vendría a completar la definición general del artículo 5.1 ModCDI, de tal forma que algunos lugares fijos de negocios quedarían excluidos del concepto convencional de EP atendiendo a las funciones que desarrollan para la empresa. Tal delimitación se realiza, ciertamente, de forma negativa y atendiendo fundamentalmente a uno de los elementos o presupuestos de la definición general de EP: el lugar *de negocios*. A través del apartado 4 del artículo 5 se pretende que determinadas estructuras empresariales que constituyen auténticos lugares fijos de negocios en el sentido del artículo 5.1 ModCDI no resulten considerados como EP a los efectos de la aplicación de los CDIs atendiendo a la reducida o limitada función económica o productiva que posee tal lugar fijo de negocios para la empresa de la que forma parte; así, la regla del artículo 5.4 ModCDI es *lex specialis* respecto de la del artículo 5.1 y prevalece sobre el mismo. La función preparatoria o auxiliar que desempeña el EP dentro de la empresa es la nota que excluye la existencia de EP en el otro Estado; a través del artículo 5.4 ModCDI se establece un umbral cualitativo de actividad o funcionalidad económica o productiva (la auxiliariedad o preparatoriedad) de forma tal que cuando el lugar fijo de negocios no lo supere o trascienda del mismo no constituirá un EP a los efectos de la aplicación del CDI (véanse, por ejemplo, las consultas DGT V2670-10 de 12-12-2010, DGT V0118-11 de 24-1-2011 y DGT V0139-11 de 28-1-2011).

La cláusula del artículo 5.4 MC OCDE (1963-2014) ha venido suscitando un cierto número de cuestiones sobre su interpretación. Más allá de la delimitación del alcance de cada uno de los supuestos recogidos en las letras a) - e), la cuestión más controvertida pasa por determinar si estamos ante una lista constitutiva o ejemplificativa y si todas y cada una de las situaciones enumeradas en el artículo 5.4 están o no sujetas a una condición sustantiva adicional que pasa por una evaluación casuística de su naturaleza auxiliar o preparatoria para la empresa de que se trate (considerada en términos absolutos y relativos, tal y como propone Reimer (2012, p. 92)). Lo cierto es que tanto las posiciones de los distintos delegados de los países miembros de la OCDE como de la propia doctrina reflejan falta de consenso en relación con las cuestiones planteadas. No obstante, existen importantes argumentos que permiten defender que la lista de situaciones referidas en las letras a) - e) del artículo 5.4 MC OCDE integran lugares fijos de negocios que no constituyen EPs en el caso de que concurrieran los requisitos del artículo 5.1 MC OCDE, sin necesidad de acreditar que la actividad realizada tiene naturaleza auxiliar para la empresa de que se trate a la luz de un análisis absoluto (consideración de la empresa en su conjunto) e incluso relativo (tamaño o dimensión cuantitativa de la actividad realizada por el lugar fijo de negocios). Precisamente, en el Informe Final de la **Acción 7 de BEPS** (OECD, 2015, Section B, página 28) se justifica la modificación del apartado 4 del artículo 5 (y la inclusión de un nuevo apartado 4.1 **MC OCDE 2017**) en aras de establecer de forma clara que todas y cada una de las situaciones recogidas en el apartado 4 están sujetas a la condición sustantiva de auxiliaridad o preparatoriedad que debe analizarse de forma casuística tomando en consideración particularmente la actividad global de la empresa. La cláusula de nueva planta del artículo 5.4.1 que propone el **Informe Final sobre la acción 7 de BEPS** opera de forma complementaria a la modificación propuesta, en el sentido de que el análisis de auxiliaridad de un lugar fijo de negocios debe realizarse a la luz de otras actividades que constituyen funciones auxiliares que forman parte de un "cohesive business" y que la misma empresa u otras estrechamente vinculadas llevan a cabo en el mismo Estado. Nótese que estas modificaciones recogidas en el **MC OCDE 2017** (y en el **MLI**) no aplican en el marco de CDIs (pre-BEPS) que no hayan sido "modificados" en el sentido de incorporar tales cláusulas, de manera que la "interpretación dinámica" no aplicaría aquí como ha reconocido la propia OCDE (parágrafo 4 de los CMC al artículo 5 MC OCDE 2017).

En este órden de cosas, nótese cómo tanto la administración tributaria como los tribunales españoles vienen realizando una interpretación muy estricta de esta cláusula de auxiliariedad. Así, por ejemplo, el TEAC ha establecido que «El criterio decisivo, según la OCDE, consiste en determinar si las actividades del lugar fijo de negocios constituyen en sí mismas una parte esencial y significativa de las actividades del conjunto de la empresa. Un lugar fijo de negocios cuyo objeto general sea idéntico al objeto general del conjunto de la empresa no puede considerarse que realiza una actividad preparatoria o auxiliar» (RTEAC de 2 de marzo de 2006, RG 657/2003). Véase en parecidos términos las RRTEAC de 15 de febrero y 8 de noviembre de 2007, así como la SAN de 9 de febrero de 2008, en relación con almacenes y depósitos de mercancías a través de los que se centralizaban operaciones de compraventa internacional de mercancías. Sobre las estructuras de maquila y almacenaje véase lo indicado más abajo respecto de la cláusula del agente dependiente, así como las consultas DGT V1305-09 de 3-6-2009 y DGT V2670-10 y DGT V2381-10 de 5-3-2010, ambas. Véase también lo indicado en el apartado 2.3.1 sobre la doctrina establecida por la AN y el TS en el caso Borax, donde se razona sobre la necesidad de interpretar de forma estricta la cláusula de auxiliariedad en casos de reestructuración donde la filial presta servicios a su matriz que constituyen buena para de su actividad económica (STS 18 de junio de 2008, rec. 1933/2011).

En este orden de cosas, cabe observar cómo la DGT parece postular una interpretación más flexible y amplia de la cláusula de auxiliariedad que la que se desprende de un cierto número de regularizaciones administrativas que en gran medida han sido confirmadas por los tribunales; así, por ejemplo, la DGT V1214-14 de 6-5-2014) ha admitido la aplicación de la cláusula de auxiliariedad y por tanto la inexistencia de un EP en un caso donde una sociedad neerlandesa fabricante y comercializadora de lácteos desarrollaba la distribución en España a través de una fórmula que pasaba por la articulación de dos contratos con una sociedad española con arreglo a los cuales, por un lado, esta última arrendaba unos almacenes situados en territorio español para uso exclusivo de la entidad no residente, y por otro, le prestaba servicios de transporte, picking/packing y logísticos necesarios para el adecuado suministro de los productos a sus clientes. Como quiera que la entidad española no ostentaba poderes para concluir contratos en nombre y por cuenta de la entidad neerlandesa, se consideró que no existía EP del artículo5.1 (por aplicación de la cláusula de auxiliariedad) o del artículo 5.5 (agente dependiente). En la misma línea se sitúa la consulta DGT V4974-16 de 16-11-2016, donde la DGT considera que no aplica el artículo 5.3 del CDI con Reino Unido, ya que el personal (trabajadores) de la oficina de una aerolínea no residente que posee una oficina e instalaciones para aviones en España realiza actividades que coinciden, al menos en parte, con la actividad principal de su casa central, y de hecho todo el personal recibe instrucciones de los directivos que operan desde la misma. El *Danish Tax Board* ha adoptado posiciones similares en alguna resolución donde el subcontratista (Project manager) desarrollaba parte de sus actividades de coordinación de proyectos de instalación y montaje para sus clientes en el extranjero de forma que tales actividades coincidían con su actividad principal realizada en la casa central (*Danish Tax Board ruling* of 2 October 2017, SKM2017.566.SR).

En otros países que emplean un concepto amplio de EP toda actividad supuestamente auxiliar y preparatoria llevada a cabo por un lugar fijo que no externaliza su actividad con terceros constituye EP si tal actividad, realizada sobre la base de un internal dealing EP-casa central, constituye una actividad esencial para la empresa en el sentido que forma parte de su core business y aporta gran valor añadido y capacidad de generación de beneficios (vid. sentencia del tribunal de apelaciones de Delhi India sobre un centro de investigación de semillas respecto de su casa central fabricadora y distribuidora de semillas: *Pioneer Overseas Corporation v DDIT, 24 december 2009)*. En esta línea está evolucionando el enfoque de fiscalidad internacional de algunos países BRICS, particularmente el de India; así, por ejemplo, cabe reseñar la nueva circular del *Indian Central Board of Direct Taxes* nº 9/2012 que establece una obligación por parte de las *Liaison Offices* (LOs) en India de presentación de un informe anual relativo a sus actividades en India. Como se sabe, las LOs constituyen una fórmula de operar en India para realizar actividades auxiliares (compras, entregas, exploración de mercado, busqueda de distribuidores, agentes, aprovisionamientos, etc) sin que se constituye un EP y haya obligación de tributar. Esta obligación de información surte efectos a partir de 1 de abril de 2012 y tiene como finalidad detectar casos donde la LO supere el umbral de actividad propio de actividades auxiliares o preparatorias que los CDI eximen o excluyen del concepto de EP y por tanto de la obligación de tributar en el Estado de la fuente. El cuestionario informativo es muy completo permitiendo calibrar la intensidad de la actividad económica realizada por la LO a partir de los datos aportados por el propio contribuyente sobre:

- Aprovisionamientos, ventas y servicios prestados o recibidos en India.
- Detalles sobre todo tipo de salarios pagados a empleados en India.
- Número de trabajadores de la LO en India.
- Detalles sobre los cinco principales agentes, representantes, distribuidores de la LO y sus nombres y direcciones.
- Detalles de los productos o servicios relacionados con la actividad de la LO.
- Detalles sobre las entidades del grupo de la LO en India, incluidos EPs y otras Los.

En suma, se trata de un movimiento dirigido a controlar en mayor medida las LOs. en India y que puede conducir a reevaluar la utilización de esta fórmula si los indicadores recogidos en el informe revelan una actividad económica de cierta intensidad que hace dudar de su naturaleza auxiliar o preparatoria en los términos establecidos en el CDI. Téngase en cuenta que los pronunciamientos de las autoridades fiscales de India (*AAR, Advance ruling authority*) muestran una posición muy estricta a la hora de aceptar la auxiliariedad de una LO. Así en el caso *Columbia Sportswear Co* (AAR N.862/2009) se consideró que una LO en India con menos de 30 empleados, dedicados a la compra de mercancía (textiles) no desarrollaba actividad auxiliar, ya que su actividad no estaba «confinada» a la mera compra, sino que se desarrollaban otras actividades con valor añadido como los controles de calidad, diseños y control de la fabricación de acuerdo con las instrucciones y estándares de calidad de la compañía. Sin embargo, en el *caso Nike* la High Court of Karnataka, sentencia de 7 marzo de 2013, consideró que la oficina de compras que operaba como un agente con funciones auxiliares relacionadas con el aprovisionamiento en tal país, identificando proveedores, ofreciendo opinión sobre razonabilidad de los precios, realizando control de calidad y funciones de coordinación logística, y suministrando know how de fabricación a los proveedores, no superaba el umbral de auxiliariedad que determinaba una *"business conection"* constitutiva de un EP, a pesar de la posición en sentido contrario de la Administración que enfatizó la amplitud y relevancia de alguna de tales actividades para la cadena de suministro. En casos donde se supera el umbral de "communication channel" y la LO se convierte en oficina de ventas o de promoción de ventas, se considera que existe un EP (caso *Brown & Sharpe*, sentencia del Delhi Income Tax Appellate Tribunal de 17 de enero de 2014; y caso *DIT vs. Mitsui*, ITA 13/2005, clarificando el alcance de las actividades permitidas a *LOs* y *Project Offices*). Las autoridades de India realizan una investigación de las funciones reales desempeñadas por los trabajadores expatriados, llegando a utilizar como prueba la información y perfil laboral-funcional que aparece en redes sociales como Linkedin, para determinar si realizan actividades meramente auxiliares o con valor añadido como actividades de venta (sentencia del Tribunal de Delhi de 4 de julio de 2014, *World Tax Advisor*, 25 july 2014). También en este contexto resulta indicado hacer una mención a la regla de los CMC al artículo 5 (parágrafo 27.1) del Modelo de Convenio que sale al paso frente a la fragmentación de actividades a través de varias unidades económicas a efectos de transferir bases imponibles del Estado de la fuente. Un caso interesante a este respecto lo proporciona el asunto *Nortel* (Income Tax Appellate Tribunal de India, ITAT, 13 de junio de 2014, nº 1119, 1120 & 1121/Del/2010) donde una filial residente de India de un grupo americano transfiere un contrato de suministro de bienes y servicios con una entidad residente de India, de manera que tal contrato fue cumplido por un conglomerado de empresas del grupo no residentes (la matriz americana, la filial canadiense a través de su LO en India) y la propia filial de India, resultando a la postre que la matriz americana a través de las entidades en India desarrollaba la parte esencial de la actividad y tenía una sede de dirección en India, y sus trabajadores se desplazaban regularmente a tal país para cumplir el contrato utilizando las instalaciones de la filial, la cual además realizaba funciones esenciales y no meramente auxiliares; el tribunal ITAT confirmó la regularización que establecía que la entidad americana actuaba en India a través de un EP, al que se le atribuyó el 50 % de los beneficios del contrato; no obstante, el Delhi High Court (sentencia de 4 de mayo de 2016, *Nortel Networks India International vs. ADIT*), rechazó tal enfoque anti-fragmentación, fundamentando su posición en el análisis de los contratos y del principio de empresa separada recogido en el artículo7 del CDI India-EEUU Otro caso que posee interés en relación con la cláusula de auxiliariedad del artículo5.4.f) tiene que ver con la estructura de AstraZeneca UK Ltd en Rusia, donde la oficina de representación realizaba un conjunto de actividades (ensayos clínicos para la casa central y otras empresas, registro de medicamentos para la casa central y otras filiales del grupo, y actividades de publicidad de medicamentos comercializados por una red de agentes independientes); las autoridades fiscales rusas consideraron que el conjunto de actividades superaban el ámbito de la cláusula de auxiliariedad, particularmente teniendo en cuenta que algunas de tas operaciones eran realizadas para terceros (*Federal Arbitration Court of the Moscow circuit*, case A40-146032/2014, de 19 de enero 2016, TNI, April 14 2016). Otro caso importante donde se plantea la cuestión de la aplicación de la cláusula de auxiliariedad cuando la entidad no residente realiza un conjunto de actividades auxiliares o preparatorias tiene que ver con un precedente japonés donde una empresa americana vendía a través de una plataforma online recambios y accesorios en el mercado japonés, utilizando de forma integrada tal plataforma, un apartamento y un almacén situados en territorio local por trabajadores part-time que gestionaban la entrega y las devoluciones; el tribunal del distrito de Tokio en su sentencia de 2015 consideró que tal conjunto de actividades superaban el umbral de auxiliariedad en relación con el negocio online (vid.: EY, "Japanese Court decision impacts taxation of online business for warehouses", *Global Tax Alert*, 25 november 2015).

Finalmente, cabe recordar que, como ya indicamos en el epígrafe 2.1.2, el Informe Final (2015) OCDE/G20 BEPS sobre la Acción 7, propone una nueva redacción de la cláusula de auxiliariedad que limita de forma muy relevante su operatividad rebajando considerablemente el umbral de EP. Tal cláusula se ha incorporado al MLI y en tal sentido podría resultar de aplicación alterando lo dispuesto en los CDI, allí donde los Estados contratantes hubieran adoptado una posición simétrica y se hubiera ultimado el proceso de ratificación, tal y como se expone en el capítulo I de esta obra, lugar al que nos remitimos.

2.3.4.2. Evolución de la cláusula en el Modelo Convenio doble imposición, conexión con los Modelos de EEUU y ONU, y práctica convencional española

En relación con el Modelo de la OCDE cabe señalar la existencia de varias diferencias entre el Proyecto de Convenio de 1963 y las versiones posteriores del ModCDI (1977-2014). La revisión del ModCDI de 1977 introdujo cambios significativos en relación con esta cláusula que van mucho más allá de una mera remuneración del antiguo apartado 3 como apartado 4 del artículo 5 del Modelo; en particular, se modificó el encabezamiento del precepto, se alteró significativamente el tenor de la letra e) y, en tercer lugar, se añadió la letra f); las modificaciones citadas en primer y último lugar poseen una relevancia menor; la primera únicamente clarifica la preferencia de la regla del apartado 4 sobre la regla general del apartado 1, en tanto que la introducción de la letra f) vino a clarificar la aplicación de la cláusula general de auxiliariedad con respecto a supuestos donde el lugar fijo de negocios realizara una combinación de actividades auxiliares. Sin embargo, la modificación operada en el marco de la letra e) tiene un mayor alcance; de hecho, estamos ante una modificación importante del tenor del precepto que trasciende de la mera clarificación, lo cual impediría emplear los nuevos comentarios elaborados con posterioridad al hilo de las nuevas versiones de los Modelos de convenio para interpretar los CDIs concluidos siguiendo en este punto el Proyecto de Convenio OCDE de 1963. Con todo, lo cierto es que la interpretación que se viene haciendo de la cláusula contenida en el artículo 5.3.e) del Proyecto de Convenio OCDE de 1963 no es pacífica, como tampoco lo es la que concierne al alcance de la modificación operada en la misma a través del ModCDI 1977. Asimismo, ya hemos indicado al inicio de este epígrafe cómo el MC OCDE 2017 ha modificado de forma sustantiva el tenor literal del artículo 5.4 MC OCDE, introduciendo cambios relevantes que determinan también nuevos comentarios aplicables en tal contexto.

Por otro lado, la comparación del artículo 5.4 del ModCDI con el correspondiente precepto del Modelo de convenio de EEUU (1996) pone de relieve la ausencia de diferencias significativas entre ellos; la única diferencia sustantiva radica en que en el Modelo EEUU la cláusula recogida en su letra f) relativa al supuesto de combinación de actividades auxiliares no requiere que tal combinación tenga como resultado que la actividad global del lugar fijo de negocios posea igualmente carácter auxiliar o preparatorio.

Mayores son las diferencias que median entre el Mod. ONU (1999) y el ModCDI (2000 y versiones posteriores). Principalmente, tales diferencias radican en que la cláusula del apartado 4 del artículo 5 del Mod. ONU omite el término «entrega» en los subapartados a) y b). Tal omisión significa que un «almacén» empleado para la entrega de mercancías o bienes constituye un EP; del mismo modo, un «almacén comercial», donde tal espacio es arrendado a otras empresas, constituye asimismo un EP con arreglo al apartado 2 del artículo 5. La omisión del término «entrega» se justifica porque la presencia de un almacenamiento de bienes para proceder a su entrega facilita la venta del producto y con ello la obtención de beneficios en el Estado de la fuente por parte de la empresa que posea tal instalación (parágrs.16 a 18 de los comentarios al artículo 5 Mod. ONU 1999).

En relación con la **práctica convencional española** relativa a la cláusula de auxiliariedad o preparatoriedad puede afirmarse que la mayor parte de los CDIs concluidos por España sigue los Modelos elaborados por la OCDE; no obstante, como acabamos de exponer, lo cierto es existen diferencias entre la cláusula articulada por el Proyecto de Modelo 1963 y la articulada en los ModCDI posteriores (1977-2014); tales diferencias deben tenerse en cuenta a la hora de aplicar los correspondientes convenios, lo cual requiere identificar el «patrón» o concreta versión del ModCDI con arreglo a la cual se negoció el concreto convenio.

Existe, no obstante, un grupo de CDIs que, a pesar de seguir el ModCDI, recogen singularidades relevantes respecto de lo previsto en el mismo. Tales peculiaridades son expuestas a continuación.

El CDI con Armenia (2011, Protocolo III) recoge una matización interpretativa del término «entrega» que restringe el ámbito aplicativo de la cláusula de auxiliariedad. En particular, el término entrega no comprende los casos siguientes:

a) La venta de la mercancía expuesta durante las ferias comerciales, tras su conclusión.
b) Todo almacén en el que se realicen ventas que esté ubicado en unas instalaciones dedicadas a la entrega de bienes.

El CDI con Australia (1992, artículo 5.3) presenta varias particularidades respecto del ModCDI. Por un lado, la cláusula general de auxiliariedad o preparatoriedad recogida en la letra e) se desvía del texto del Modelo incorporando a su tenor varios ejemplos de actividades que poseen tal carácter, como las actividades de publicidad o investigación; tal particularidad también esta presente en el CDI con Irán (2003, vid. su Protocolo I). El convenio con Australia también omite el subapartado f) del artículo 5.4 ModCDI. El CDI con Chile (2003, artículo 5.4) recoge una cláusula similar a la prevista en el convenio con Australia.

El CDI con Arabia Saudí (2007, Protocolo VI) establece una cláusula que limita el ámbito de aplicación de las letras a) y b) del artículo 5.4. En particular, se prevé que la utilización de instalaciones con el fin de realizar entregas no se considerará EP siempre que dichas instalaciones no se utilicen como almacenes detallistas en el Estado contratante en el que estén situadas. El mantenimiento de un depósito de bienes o mercancías pertenecientes a la empresa con el único fin de entregarlas no se considerará EP siempre que dichos bienes o mercancías no se vendan en el Estado contratante en el que el depósito esté situado.

El CDI con Bulgaria (1999, artículo 5.4) sigue el ModCDI 1977 pero añade un subapartado no recogido en el mismo con arreglo al cual se considera que la expresión EP no incluye el mantenimiento de un depósito de mercancías expuestas por la empresa en una feria de muestras o exposición destinadas a la venta a la clausura de esta. Una cláusula de alcance similar se recoge en el CDI con Rumanía [1979, artículo 5.3.f).]

El CDI con Egipto (2005, artículo 5.4) recoge varias desviaciones respecto del ModCDI. El supuesto de la letra a), se condiciona a que las instalaciones no se utilicen como almacenes detallistas en el Estado contratante en que están situadas; una cláusula similar la encontramos en el CDI con Nigeria (2009, artículo 5.3.d). Y el supuesto de la letra b) del artículo5.4 del CDI con Egipto queda condicionado a que los bienes o mercancías no se vendan en el Estado contratante en el que el depósito está situado. Una cláusula de corte similar la encontramos en el CDI con la República Dominicana (2013, artículo 5.4), y con El Salvador (2009, artículo 5.4.a y b), aunque este último caso la cláusula es de mayor amplitud.

El CDI con Filipinas (1989, artículo 5.3) contiene una cláusula sustancialmente idéntica a la recogida en el artículo 5.3 Proyecto de Modelo de 1963; no obstante, el convenio ha introducido una coletilla a la norma recogida en el subapartado b) del artículo 5.3 que establece expresamente que cuando los bienes o mercancías se vendan directamente en los depósitos de almacenaje, éstos se considerarán como establecimientos permanentes. Una disposición similar, aunque más detallada, se recoge igualmente en los CDIs con Noruega (1963, artículo 5.3) y con Suecia (1976, artículo 5.3) a los efectos de la aplicación de los subapartados a) y b) del artículo 5.3.

El CDI con México (1992, artículo 5.4) contiene una cláusula que presenta elementos propios del Proyecto de Modelo de 1963 y del ModCDI 1977. El aspecto más significativo resulta de comprobar cómo este apartado, a pesar de seguir sustancialmente la redacción del ModCDI de 1977, recoge en su subapartado e) la fórmula adoptada en el Proyecto de Modelo de 1963. La misma particularidad la advertimos en el CDI Tailandia-España (1997, artículo 5.4), resulta reseñable cómo la cláusula del EP de este convenio, a pesar de seguir en cierta medida la redacción del Modelo ONU, se desvía del mismo en este apartado 4, el cual es configurado combinando las versiones de 1963 y 1977 del ModCDI. El CDI con Suiza (Protocolo 2011), incluye un nuevo apartado 3.f) a su artículo 5 en línea con lo recogido en el Modelo de la OCDE, lo cual posee relación también respecto de su nueva cláusula de agente dependiente.

El CDI con la ex URSS (1985, artículo 4.3) recoge una cláusula similar a la recogida en el ModCDI de 1977; no obstante, tal convenio incorpora un subapartado (e) referido al mantenimiento de un lugar fijo de negocios cuyo único fin sea hacer publicidad, estudios de mercado, recoger y divulgar informaciones, en relación con la actividad de una persona residente de un Estado contratante.

El CDI con Venezuela (2003, artículo 5.4) recoge una cláusula prácticamente idéntica a la prevista en el ModCDI de 2000. No obstante, se ha introducido una modificación en las letras a) y b) del artículo 5.4 del convenio al objeto de clarificar que las actividades de «entrega» que realice la empresa a través de las instalaciones referidas en tales letras (almacenes de exposición y entrega, y depósitos de mercancías para almacenaje, exposición y entrega) no pueden constituir una «venta» en sentido estricto. Una cláusula de alcance similar se contiene en el CDI con Irán (2005, Protocolo. 1).

Finalmente, debe destacarse que existe otro grupo de CDIs concluidos por España que siguen sustancialmente lo previsto en el artículo 5.4 del Modelo ONU. Esta cláusula es empleada por España en los siguientes convenios: CDI Argentina-España (1992, artículo 5.4, denunciado por Argentina el 29 de junio de 2012), CDI China-España (1990, artículo 5.3), CDI Indonesia-España (1995, artículo 5.3), y CDI Noruega-España (1999, artículo 5.4).

El Mod. ONU también se ha seguido, aunque de forma menos fidedigna, a la hora de configurar la cláusula del apartado 4 del artículo 5 de otros CDIs. Así, el CDI con la India (1993, artículo 5.3) sigue básicamente el Mod. ONU omitiendo el término «entrega» en las letras a) y b) de esta cláusula. No obstante, el subapartado e) de este precepto está redactado de forma similar a lo previsto en el Proyecto de Modelo de 1963 [artículo 5.3.e)]. El convenio con la India también omite el subapartado f) del artículo 5.4 Mod. ONU (1999), cláusula que tampoco estaba presente en anteriores versiones de tal convenio-tipo. Estas mismas particularidades las encontramos en el CDI con Indonesia (1995, artículo 5.4), aunque este convenio incluye algunas matizaciones relevantes. Por un lado, el término «entrega» solo se omite en el subapartado a) del artículo 5.4, pero no en el b); no obstante, el Protocolo nº 1 parece limitar el alcance de esta omisión cuando establece que, a los efectos del artículo 5.4.a), «se entiende que la utilización de instalaciones para la mera entrega de bienes o mercancías no tendrá la consideración de establecimientos permanentes a menos que las instalaciones se utilicen como despacho de ventas». Esta cláusula reduce también las diferencias con la correspondiente disposición del ModCDI. Por otro lado, el CDI con Indonesia sí incluye el subapartado f) del artículo 5.4 en línea con los Modelos OCDE y ONU (1999). El CDI con Tailandia (1997, artículo 5.4) presenta particularidades muy similares a las que acabamos de apuntar en relación con el CDI con Indonesia; no obstante, el Protocolo nº 2 al CDI con Tailandia establece que, a los efectos de la aplicación de los subapartados a) y b) del artículo 5.4, se entiende que el uso de instalaciones para la entrega es constitutivo de un EP si se usa como «centro de venta».

2.3.5. La cláusula del agente dependiente del artículo 5.5 Modelo Convenio doble imposición

2.3.5.1. Alcance y funcionalidad del artículo 5.5 Modelo convenio doble imposición

El artículo 5.5 ModCDI pre-BEPS (2014) establece la denominada cláusula del agente dependiente en los siguientes términos, a saber:

> «No obstante lo dispuesto en los apartados 1 y 2, cuando una persona, distinta de un agente independiente al que le será aplicable el apartado 6, actúe por cuenta de una empresa y ostente y ejerza habitualmente en un Estado contratante poderes que la faculten para concluir contratos en nombre de la empresa, se considerará que esa empresa tiene un establecimiento permanente en ese Estado respecto de las actividades que dicha persona realice para la empresa, a menos que las actividades de esa persona se limiten a las mencionadas en el apartado 4 y que, de haber sido realizadas por medio de un lugar fijo de negocios, no hubieran determinado la consideración de dicho lugar fijo de negocios como un establecimiento permanente de acuerdo con las disposiciones de ese apartado».

El artículo 5.5 del ModCDI (2014) contempla la figura de los agentes dependientes como establecimientos permanentes a los efectos de la aplicación de los CDIs. Esta figura también se recoge igualmente en la legislación interna española, aunque viene configurada de forma parcialmente distinta (artículo 13.1.a) TRLIRNR; en particular, la legislación española define más ampliamente este supuesto de EP ficticio al delimitar de forma menos restringida sus presupuestos y omitir también las cláusulas de exclusión que contempla el artículo 5.5 ModCDI. Debe recordarse a este respecto que, como ya hemos indicado en los epígrafes 2.1.1 y 2.1.2 de este capítulo, y en el capítulo 1 de esta obra dedicado al **MLI**, el **MC OCDE 2017** modificó la cláusula del agente dependiente a efectos de implementar las conclusiones recogidas en el **Informe Final de la Acción 7 de BEPS**, ampliando el ámbito operativo del EP de agente dependiente de cara a evitar ciertos casos de elusión artificial de EP. Los cambios introducidos en el **artículo 5.5 MC OCDE 2017** como consecuencia de la acción 7 de BEPS han sido expuestos en los epígrafes mencionados (lugar al que nos remitimos), de suerte que al tratarse de modificaciones sustantivas no despliegan efectos sobre la interpretación de CDIs concluidos con arreglo a otras versiones del MC OCDE, tal y como reconoce la OCDE (parágrafo 4 CMC artículo 5 MC OCDE 2017).

El artículo 5.5 ModCDI (2014) ha venido planteando fundamentalmente dos grandes cuestiones, a saber: por un lado, la relativa a su funcionalidad e interrelación con la cláusula general del artículo 5.1 ModCDI; y, por otro lado, la relacionada con el alcance objetivo y subjetivo de la misma, esto es, los presupuestos para que una actuación a través de agente resulte calificada como actuación a través de EP.

Por lo que se refiere a la *funcionalidad* del artículo 5.5 ModCDI, lo cierto es que esta cuestión no deja de ser controvertida. De los CMC (parágrs. 31 y 35) del Comité Fiscal OCDE a este precepto puede extraerse que el supuesto de EP delimitado en el artículo 5.5 ModCDI opera allí donde no concurren los requisitos previstos en el artículo 5.1 y 2 para considerar que existe un lugar fijo de negocios; la cláusula de agencia operaría, así, como criterio subsidiario respecto de la cláusula general de EP; en este mismo sentido, resulta patente que la cláusula de agencia se ha configurado de forma paralela e independiente a la cláusula general, por cuanto sus presupuestos son distintos y resultan definidos de forma autónoma y no coincidente (parágrs. 27 y 28 de los CMC); tal configuración autónoma genera en cierto modo un criterio de recambio o dual respecto de la existencia de un EP. El carácter subsidiario de la cláusula del artículo 5.5 ModCDI respecto de la cláusula general del EP (artículo 5.1) ha sido reconocida por el TS en el caso Dell, aunque lleva a cabo el doble análisis presumiblemente con carácter corroborativo; nótese en este sentido que las consecuencias de aplicar una u otra cláusula pueden resultar dispares respecto de la atribución de beneficios al EP de la entidad no residente.

La cuestión relativa a la delimitación de los presupuestos configuradores de la cláusula de agencia resulta igualmente compleja y controvertida. El Comité de Asuntos Fiscales OCDE, a través de los (paras. 32 y 33) comentarios al artículo 5.5 MosCDI, ha señalado los criterios más relevantes a efectos de determinar cuándo la actuación de un agente constituye un EP a los efectos de la aplicación del CDI; a este respecto, resulta relevante señalar las importantes clarificaciones introducidas en los comentarios al artículo 5.5 ModCDI (parágrafo 33) en la versión de 2005 del ModCDI, las cuales son expuestas de forma consolidada a continuación.

Los principales criterios que deben tenerse en cuenta a efectos de determinar cuándo la actuación de un agente constituye un EP a los efectos de la aplicación del CDI son los siguientes.

La cláusula de agencia se aplica únicamente respecto de aquellas personas que pueden ser calificadas como «agentes dependientes» respecto de una empresa residente del otro Estado contratante; tal calificación como agente dependiente es definida de forma positiva y negativa; la delimitación negativa resulta de la no concurrencia de las circunstancias establecidas en el artículo 5.6 ModCDI para que tal persona sea calificada como «agente independiente», las cuales serán examinadas al hilo del comentario a tal cláusula; la delimitación positiva viene dada por la presencia de los elementos establecidos en el artículo 5.5 ModCDI a efecto de cifrar tal dependencia. A este respecto, se afirma que la calificación como agente dependiente no requiere la existencia de una relación laboral o por cuenta ajena entre el «agente» y la empresa de que se trate. Del mismo modo, tampoco es necesario que el agente sea una persona física, pudiendo ostentar tal calificación una persona jurídica o incluso una «sociedad de personas» o *partnership* que no posea personalidad jurídica independiente de sus miembros o partícipes.

A efectos de determinar la presencia de un agente dependiente a los efectos del artículo 5.5 ModCDI, el Comité Fiscal OCDE enfatiza la necesidad de llevar a cabo una aplicación estricta de esta disposición; por tanto, la calificación de «agente dependiente» vinculada a la presencia de EP debe limitarse a aquellas personas que a la vista del alcance de su autoridad (poder de contratación) o la naturaleza de su actividad implican a la empresa hasta un determinado punto en las actividades empresariales en el Estado de que se trate; el poder de representación ejercido a efectos de la organización interna de la empresa no resulta relevante. De esta forma, la cláusula del artículo 5.5 ModCID solo se aplica respecto de personas que ostentando el poder de concluir contratos pueden conducir a determinar la existencia de un EP en relación con la empresa que los mantiene en tal país. En tal caso la persona (el agente) posee la suficiente autoridad o poder para vincular o suponer la participación de la empresa en la actividad empresarial realizada en el Estado de que se trate. En el ModCDI 2005 se modificaron los comentarios al artículo 5.5 ModCDI al objeto de clarificar cómo puede existir un agente dependiente allí donde tal persona no ostenta formalmente poderes de representación de la empresa; el énfasis se pone, por tanto, en la vinculación efectiva y fáctica de la empresa como consecuencia de la actuación del agente en sus relaciones con terceros. A efectos de determinar la concurrencia de tal poder de vinculación o de la actuación como agente dependiente se propone valorar el conjunto de los indicios fácticos o hechos concurrentes en tal sentido, sin que el mero hecho de que una persona haya estado presente o participado en una negociación en un Estado entre una empresa y un cliente resulte per se suficiente para considerar que tal persona ha ejercido en tal Estado un autoridad para concluir contratos en nombre de la empresa. Tal dato es, por tanto, significativo pero no puede utilizarse como único fundamento para considerar probado tal presupuesto de la cláusula de agencia. A este respecto, resulta de interés mencionar un pronunciamiento de la Audiencia Nacional (caso *MFV Lootus Osahuing*) que rechazó la aplicación de la cláusula del agente dependiente por falta de prueba por parte de las autoridades fiscales de los poderes del agente en relación con la actividad económica principal de la empresa no residente, no considerándose suficiente la utilización de poderes para gestión de cuentas bancarias, pagos y cobros (SAN de 25 de abril de 2013, rec. n.169/2010).

El empleo de la expresión «establecimiento permanente» en este contexto presupone, por supuesto, que la persona que hace uso de la autoridad o poder conferido de forma repetida o habitual y no meramente en supuestos aislados. Asimismo, la frase «autoridad para concluir contratos en nombre de la empresa» no confina o circunscribe la aplicación de esta cláusula al supuesto de un agente que literalmente concluye contratos en nombre de la empresa, sino que la misma se aplica igualmente a los casos donde un agente concluye contratos que son vinculantes para la empresa incluso si tales contratos no son realmente concluidos en nombre de la misma. Respecto del alcance de la autoridad o poder de contratación del agente dependiente, el Comité de Asuntos Fiscales OCDE ha precisado que tal poder debe abarcar contratos relativos a operaciones que constituyen la actividad empresarial propia de la empresa. A este respecto, resultaría irrelevante, por ejemplo, si la persona tenía poder para contratar empleados para la empresa al objeto de que le asistieran en sus actividades para la misma o si tal persona fuera autorizada para concluir, en el nombre de la empresa, contratos similares respecto a cuestiones u operaciones de índole interna de la empresa. A su vez, tal poder de contratación externo y típicamente empresarial debe ejercerse con carácter habitual en el territorio del Estado de que se trate; la concurrencia de este presupuesto debe determinarse atendiendo a la situación comercial real del caso concreto. Una persona que está autorizada para negociar todos los elementos y detalles de un contrato de forma que vincula a la empresa puede afirmarse que ejerce su autoridad «en tal Estado», incluso si el contrato es firmado por otra persona distinta en el Estado en el que la empresa está situada. La figura del agente dependiente también viene definida de forma negativa atendiendo a la función que desempeña para la empresa; tal delimitación negativa y funcional opera poniendo en conexión al artículo 5.4 ModCDI con la cláusula de agencia; así, cuando una persona en un Estado contratante se limite a realizar para una empresa situada en el otro Estado actividades de carácter auxiliar o preparatorio en el sentido previsto en el artículo 5.4 tal actuación no se considera constitutiva de EP con arreglo a la cláusula del artículo 5.5 ModCDI. Los tribunales de algunos países se han mostrado extremadamente cautelosos a la hora de reconocer la concurrencia de los condicionantes del agente dependiente, especialmente allí donde el CDI no recoge la cláusula del artículo5.6 MC ONU y no resulta claro que el agente esté al servicio de la entidad no residente y ejercite habitualmente el poder de contratación en nombre de tal entidad (cfr los casos canadienses *Knights of Columbus v. The Queen 2008 TCC 307* y *American Income Life Insurance Company v The Queen 2008 TCC 306*, comentados por Arnold *BIFD* January 2008, pp.2-3).

En los últimos tiempos también se viene considerando la posible aplicación del artículo 5.5 ModCDI respecto los trabajadores de empresas de la matriz de un grupo societario o de una entidad del mismo que se desplazan a otras filiales del mismo para prestar sus servicios en el seno de tal empresa *(secondments)*. Con carácter general puede afirmarse que rara vez este tipo de desplazamientos de trabajadores de la matriz a una filial en el extranjero permitirán la aplicación de la cláusula de agencia del artículo 5.5 ModCDI; ello obedece a que incluso allí donde el empleado de la matriz desempeña funciones de dirección, asesoramiento o consultivas resultará difícil que se reúnan los siguientes presupuestos, a saber: la habitualidad en el ejercicio del poder de contratación, el uso efectivo del poder de contratación en nombre la matriz, o la utilización de tal poder respecto de operaciones externas (no internas). Véase, no obstante, el documento OCDE, *Borrador revisado de Cambios en los Comentarios al artículo 15 ModCDI* (12 Marzo de 2007). La jurisprudencia mayoritaria de los tribunales de India -particularmente los leading cases *Morgan Stanley* y *E-Funds Corp* (sentencia del TS de India de 25 Octubre 2017, *ADIT vs. E-Funds IT Solution Inc)*- ha establecido que no se genera un EP por la actividad y presencia de los trabajadores desplazados, allí donde los empleados transferidos o cedidos (secondment) por la entidad no residente a una entidad residente de otro país (o un EP) desarrollan actividades de accionista o de supervisión y control (stewardship activities) que no supone una actividad de prestación de servicios intragrupo o a teceros o están bajo la dirección y el control de la entidad residente (que operaría como *economic employer*) (vid: Kanabar/Dharawat

2014, pp.181 y ss.). Lo que revela esta jurisprudencia es que la mera existencia de contrato de servicios (subcontratación por ejemplo de back office o determinadas actividades de gestión administrativa) entre entidades no residentes y entidades residentes de India, no generan un EP en sí mismas, ya que normalmente las instalaciones de la filial no están a disposición de la entidad no residente, y los trabajadores expatriados a la filial o bien se han integrado en tal filial (empleador económico) o bien realizan funciones de supervisión y control no constitutivas de EP (vid: Lewis et alter, 2014). Sin embargo, existen precedentes de casos de desplazamientos de corta duración de trabajadores no residentes a una filial residente de India, la cual operaba como empleador económico (soportando todos los costes, riesgos y recompensas de su actividad, y ordenando su trabajo) donde no solo se consideró que existía un "EP de servicios" sino también que el reembolso de tales costes de los trabajadores constituía asistencia técnica que tributaba en la fuente de acuerdo con el CDI India-Reino Unido al considerarse que instrumentaba una cesión indirecta de know how (caso *Centrica India Offshore Pvt.*, Delhi High Court, 25 Abril 2014); igualmente en el caso *Booz & Company* (AAR 14 febrero 2014, AAR nº 1018/2010), las autoridades de India consideraron que existía un EP de una empresa australiana en su territorio de acuerdo con el CDI (lugar fijo de negocios, agencia, servicios) considerando la alta interdependencia entre la filial y la matriz, el hecho de que la filial concluyera contratos en relación con los clientes nacionales, y la alta cualificación de los trabajadores desplazados que poseían instalaciones a disposición y actuaban bajo el control de la matriz no residente. Ciertamente, para determinar la existencia de un EP en caso de desplazamiento de trabajadores hay que realizar un triple análisis o test de EP: lugar fijo de negocios, agente dependiente, servicios; la doctrina OCDE y jurisprudencia internacional ha establecido que no concurren los presupuestos para que exista un EP en aquellos casos de desplazamientos y asignaciones de trabajadores intragrupo donde la filial es el empleador económico o cuando tales trabajadores realizan funciones de accionista o de tutela para la matriz, aunque las autoridades fiscales de algunos países como India siguen el criterio del legal employer (vid.: Province 2016, pp.1127 y ss); igualmente, pueden surgir problemas en este contexto en relación con funciones globales que determinados trabajadores de la matriz o de otras entidades del grupo desempeñan fuera del lugar de residencia, de suerte que si el Estado fuente no las califica como actividades de accionista o de tutela puede considerarse que son susceptibles de generar un EP. La Administración canadiense ha rechazado la existencia de un EP con arreglo al artículo 5.1 y 5.5 CDI con EEUU en relación con un empleado de una entidad americana desplazado a Canadá que trabajaba desde su residencia habitual en tal país, sin ostentar capacidad para concluir contratos, y sin que su residencia estuviera vinculada al negocio de su empresario, y sin que éste tuviera acceso al mismo o soportara los costes relacionados con el mismo, aunque sí reembolsaba otros costes a su empleado como los generados por el sistema de comunicaciones o gastos de viajes (CRA ruling 2014-0550611R3).

En relación con la cuestión de los desplazamientos de trabajadores y la existencia de un EP, cabe mencionar igualmente, considerando la relevancia práctica del tema, la guía interpretativa elaborada al respecto por la Administración tributaria China, a través de su Circular 75 de 2010 del SAT, la cual ha sido matizada y completada por el Bulletin 19, de 19 de abril de 2013, que clarifica los criterios con arreglo a los cuales un secondment de trabajadores asignados a prestaciones de servicios en entidades residentes de China puede generar una exposición a EP de la entidad no residente. El análisis de la existencia de EP se determina a partir de un doble test: **a) Factor básico:** La entidad no residente soporta todo o parte de las responsabilidades o riesgos por el trabajo o actividades desarrolladas por el empleado expatriado y rutinariamente está a cargo y realiza las evaluaciones sobre el nivel de cumplimiento de objetivos y actividad del trabajador; y **b) Cinco factores de referencia:** a. La entidad china paga servicios de apoyo a la gestión o de dirección de naturaleza similar a la entidad no residente; b. Los pagos realizados por la entidad china a la no residente son superiores a la remuneración seguridad social del trabajador desplazado por la entidad no residente; c. Los pagos realizados por la entidad china son parcialmente retenidos por la entidad no residente; d. La remuneración obtenida por la entidad no residente no está sujeta a imposición totalmente en China; y e. La entidad no residente decide el número, calificación, remuneración y lugar de trabajo de los trabajadores desplazados. El análisis de conjunto de los dos factores puede determinar por tanto la existencia de EP, siempre y cuando se pueda identificar un lugar fijo y estable a través del que operen los trabajadores desplazados, de suerte que tal lugar puede ser una instalación a disposición de ellos en los emplazamientos de entidades residentes de China. Se exceptúa de la creación de un EP al que imputar beneficios los casos donde los trabajadores desplazados realicen actividades de accionista o de supervisión por parte de la entidad no residente. Asimismo, tampoco existirá EP si se trata de actividades auxiliares, accesorias, o de información, aunque esta cláusula o safe harbor cada vez está siendo de una interpretación más restrictiva. Y tampoco habrá EP cuando los trabajadores desplazados, a pesar de estar bajo nómina de la entidad no residente, en la práctica desempeñaran toda su actividad para la entidad residente de China y bajo su dirección y supervisor: concepto de "empleador económico" del artículo15 de los CDI. Los Comentarios al MC OCDE 2017 clarifican cómo los trabajadores desplazados que siguen bajo la nómina de la entidad no residente pero cuyo empleador económico es una entidad residente no generan un EP para la primera (parágrafo 39 CMC artículo 5 MC OCDE 2017).

En este orden de cuestiones, cabe mencionar el Informe OCDE (2008/2010) sobre *Atribución de beneficios a los establecimientos permanentes,* en la medida en que explica su posición autorizada o consensuada sobre el modo de tributación de los EPs resultantes de la aplicación de la cláusula del agente dependiente; los CMC al artículo 7 ModCDI 2008 (parágrafo 26) también incorporan la guía material OCDE sobre este punto. La posición fijada no se desvía de las reglas generales de tributación del EP, pero sí se clarifican ciertos aspectos que resultaban dudosos para este tipo de supuestos específicos (la relación entre la empresa del agente y el EP de la empresa no residente rechazando así la aplicación de la tesis del *single taxpayer,* a saber el agente dependiente como EP de la entidad no residente). Los tribunales de algunos países, como los de la India, sin embargo vienen considerando que allí donde la empresa no residente ha remunerado a mercado al agente dependiente no resulta necesario atribuir beneficios al EP (véanse los casos *Morgan Stanley, y SET Satellite,* y la crítica de Arnold en *BIFD* February 2009, p.44). La remuneración del EP agente dependiente como algo distinto de la que corresponde al agente (vinculado o no), dependerá en gran medida de las funciones, activos y riesgos asumidos port el EP, lo cual requiere delimitar cuales son las funciones del agente, de la casa central y del EP, así como los riesgos y activos bajo control del EP/casa central, lo cual conduce a un análisis exhaustivo de las «*key persons & people functions*» (vid: Dziurdz 2014, pp.135 y ss, y Barreiros Rosalem 2009). La OCDE en julio de 2016 hizo público un Borrador sobre *Additional Guidance on the Attribution of Profits to Permanent Establishments,* que, rechazando el *"single taxpayer approach",* aborda en particular la aplicación de los criterios del enfoque autorizado (AOA) y derivados de la normativa de precios de transferencia que resultan relevantes para la atribución de beneficios a los EPs generados por agentes dependientes (DAPEs) y aquellos que resultan de la inaplicación de las exenciones del artículo 5.4 ModCDI (EPs con funciones logísticas como cost/profit centers), al que nos referimos con más detalle en el epígrafe 3.1 de este capítulo. Los enfoques administrativos de EP-Agente dependiente podrían experimentar en el futuro un cierto retroceso, considerando las dificultades técnicas para aplicar la guía de atribución de beneficios presentada por la OCDE en relación con los DAPEs.

La práctica revela que la cláusula del agente dependiente prevista en la legislación española y en los CDI constituye una fuente de controversias y problemas interpretativos. Así, aunque existen resoluciones de la DGT y del TEAC que adoptan una interpretación de la cláusula de agente dependiente alineada con el estándar interpretativo fijado por la OCDE, no faltan posicionamientos de la Administración en los que se ha considerado que la dependencia no se establece en función de las condiciones contractuales sino en función de que el agente se atenga en su actividad a las instrucciones dictadas y al control general por parte de la entidad no residente. Se enfatiza el hecho de que no es necesaria la forma de los contratos por el agente sino que basta con que despliegue la actividad determinante de su conclusión en nombre del no residente. Igualmente, se señala que la dependencia no se debe interpretar a la luz de la Ley 12/1992, de 27 de mayo, sobre Contrato de Agencia que gira en torno a la naturaleza laboral o mercantil del contrato, sino que se requiere que la persona sea independiente de la empresa, jurídica y económicamente y actúe en el ejercicio normal de su actividad cuando actúa por cuenta de la empresa. Así, el no residente tiene una presencia económica intensa en el territorio de otro Estado a través de su agente, el cual realiza una actividad determinante de la realización de operaciones comerciales por parte de tal no residente. En este sentido, cabe calificar como EP una filial de la entidad no residente que opera exclusivamente como su «agente» realizando actividades determinantes para la conclusión de operaciones comerciales de la primera con residentes en el país de la filial (véanse las RRTEAC de 2 de marzo de 2006, y de 15 de febrero de 2007).

En cierta medida el origen de esta interpretación expansiva de la cláusula de agente dependiente podría estar conectada con dos importantes resoluciones de la DGT, que interrelaciona de forma sutil pero poco clara las cláusulas general y de agente dependiente en el marco del CDI con Suiza y respecto de un caso complejo fácticamente. Se trata de las consultas de 20 de noviembre de 2008 (DGT V2192-08 y DGT V2191-08 de 20-11-2008, P&G) donde se abordó la cuestión de la interpretación de la cláusula del EP en general y del agente dependiente en particular, en el marco del CDI España-Suiza. Los aspectos más relevantes de esta doctrina pueden sintetizarse de esta forma:

• Las actividades de maquila realizadas por una empresa española que fabrica productos por encargo de una entidad suiza, no son susceptibles de crear un EP en España de la entidad suiza en la medida en que la entidad española únicamente realice funciones y asuma los riesgos de fabricación y no otras funciones y riesgos de la entidad suiza.

• Las actividades de comercialización que realiza una empresa española con arreglo a un contrato de comisión concluido con una empresa suiza, a través del cual la empresa española comercializa en nombre propio, pero por cuenta de la empresa suiza productos de esta, sin que la entidad suiza pueda dirigir o controlar la actividad de la empresa española, en principio, no dan lugar a un EP (agente dependiente) de la suiza en territorio español. Tal conclusión se hizo descansar sobre la cláusula de agente independiente del CDI España-Suiza, considerando la independencia organizativa y funcional de la empresa española, que no resulta afectada negativamente por el hecho de que la empresa suiza pueda dirigir instrucciones a la española. Ello acontece en la medida en que la empresa española tiene autonomía organizativa, comercializa por cuenta propia (los contratos le obligan a ella y no a la suiza), asume los riesgos de su actividad (lo cual se demuestra a partir de la fórmula de retribución de los servicios: porcentaje sobre las ventas menos costes presupuestados anualmente). La comisionista española también opera para otras empresas distintas de la entidad suiza, pero integrantes del mismo grupo empresarial. No resulta evidente la independencia económica de la empresa española frente a la suiza, cuestión en la que no abundan las RRDGT. Sin embargo, estas sí dejan claro que en el caso de que los actos de la empresa española vinculasen a la empresa suiza, o cuando la primera realizara otras actividades para la suiza, podría existir un EP en España de la entidad suiza. A su vez, la DGT advierte que si las actuaciones de las dos sociedades españolas dieran lugar a un *"asentamiento operativo complejo con coherencia económica"* del que resultaran funciones o riesgos asumidos adicionales a los indicados (contratos de maquila y comisión), realizados por las sociedades española o a través de la organización del grupo, o incluso prestados por terceros, y estas funciones se realizan por cuenta de la sociedad matriz, se podría llegar a considerar la existencia de un EP en España (en parecidos términos véase la DGT V1305-09 de 3-6-2009).

A nuestro modesto entender, tal posicionamiento podría estar combinando las dos cláusulas (general y de agente dependiente) de forma poco clara, y estableciendo las bases para un entendimiento de ambas cláusulas que no acabaría de encajar con la doctrina de la OCDE sobre el concepto de "lugar a disposición" (que requiere acceso no restringido, control del espacio, y uso físico efectivo por la empresa no residente) y los condicionantes para la aplicación de la cláusula de agencia (representación directa y vinculación directa al principal con el cliente); nótese a este respecto que en las jurisdicciones anglosajonas que operan sobre un concepto de «comisionista» distinto al continental, en el sentido de que el comisionista puede vincular al principal cuando el primero opera en nombre propio con terceros, la cláusula del agente dependiente tiene un alcance más amplio y supera el enfoque estrictamente contractual propio de los países continentales. La cuestión clave en todo caso es que los contratos del agente vinculen al principal (frente al cliente), y no resulte de aplicación la cláusula del agente independiente.

Así las cosas, debe destacarse cómo la Administración tributaria española ha defendido en algunos importantes casos (Borax, Roche, Dell) -algunos de los cuales ya se han expuesto más arriba y otros se glosan más abajo-- una interpretación de la cláusula de agente dependiente que va más allá de lo que resulta del entendimiento internacional ortodoxo de la misma, habiendo sido tal interpretación validada por los tribunales nacionales, no sin ciertos matices (vid: Martín Jiménez 2016, pp. 11 y ss). Básicamente, la interpretación de la cláusula de agente dependiente se ha interpretado en el contexto de estos casos singulares que abordan situaciones post-restructuring donde existe una compleja interrelación y confusión operativa y funcional entre la filial española y la entidad no residente que hacen dudar del carácter genuino de la reestructuración, en términos que pueden sintetizarse muy básicamente de la siguiente forma:

• La aplicación de la cláusula del agente dependiente de los CDI, no queda circunscrita a los casos donde el agente (una filial, un trabajador o un sujeto dependiente) firma los contratos en nombre de la entidad no residente (representación directa), sino también en casos donde el agente firma contratos en nombre propio y por cuenta ajena, de manera que el principal quede vinculado por el contrato firmado por el agente (representación indirecta). Por ejemplo, en el caso Dell, la AN (SAN de 8 de junio de 2015, rec. nº 182/12), fundamentó esta posición en una interpretación funcional del artículo 5.5 ModCDI (vinculación de hecho y no meramente jurídica), y en el artículo 253 CCom de 1885, de suerte que ni el artículo 13.1.a) TRLIRNR, ni el artículo 5.5 ModDCI admiten la existencia de un EP por aplicación de la cláusula de agente dependiente en estos casos requiriendo representación directa y vinculación (cliente-principal) derivada de los contratos del agente. El TS aceptó la posición de la AN en el caso Dell sobre la interpretación funcional del artículo 5.5 del CDI que comprende la representación indirecta (STS 20 de junio de 2016).

• La interpretación funcional y sustancialista de la cláusula de agente dependiente en el marco de situaciones fácticas como las comentadas (pos-restructuring, complejidad y confusión funcional y operativa filial-entidad no residente) permite considerar aplicable tal cláusula del artículo 5.5 de los CDI cuando el agente (la filial), que no posee autoridad para vincular jurídicamente al principal, teniendo en cuenta la naturaleza de sus actividades involucra al principal (la entidad vinculada no residente) en el mercado nacional (SAN, de 24 de enero de 2008 en el caso Roche). De esta forma esta interpretación supera claramente la configuración legal convencional de la cláusula de agente dependiente y crea una nueva figura, carente de cobertura convencional, de "agente dependiente industrial" (en esta misma línea cabe ubicar la jurisprudencia del TS en los casos Roche (STS 12 de enero de 2012), Borax (STS 18 junio de 2014), doctrina del TEAC en Dell (RTEAC 15 marzo de 2011) y Honda (RTEAC 3 de julio de 2014) (en parecidos términos, vid.: Martín Jiménez 2016, pp.11 y ss).

En este mismo sentido, merece llamarse la atención sobre una cierta línea de jurisprudencia del TS (SSTS de 18 y 25 de febrero de 2009, caso *Richard Ellis*, confirmando la posición del TEAC -R. 25-09-2001- y de la AN -SAN de 23-10-2004) en el sentido de que una entidad no residente que tiene bienes inmuebles arrendados en España sin tener mayor presencia física en territorio español opera a través de un EP y tiene que tributar en tal régimen, allí donde su actividad económica -el arrendamiento de locales de negocio y plazas de garaje- es realizada por un tercero (Richard Ellis) a través de sus medios humanos y materiales, de suerte que este tercero opera como agente dependiente del arrendador no residente, en la medida en que tal tercero ostenta poderes para firmar los contratos de arrendamiento y los contratos sobre servicios auxiliares. Sin embargo, la DGT ha clarificado que en el marco de un CDI la mera tenencia de un inmueble destinado al arrendamiento no implica per se la existencia de un EP a efectos de IRNR pero sí a efectos del IVA (consultas DGT V0411-11 de 22-2-2011 y DGT V3336-14 de 15-12-2014). Así, el hecho de que una entidad no residente que ostente inmuebles arrendados a terceros en España no genera un EP, a pesar de que haya firmado un contrato de gestión intragrupo en relación con tal inmueble, siempre que el arrendatario sea el que se ocupe de operar y mantener el inmueble; en estos casos se considera que la renta debe calificarse como rendimiento de capital inmobiliario del artículo6 del CDI atendiendo al tratarse de un arrendamiento pasivo (consultas DGT V0994-17 de 25-4-2017 y DGT V5320-16 de 15-12-2016; DGT V0077-18 de 17-1-2018, y DGT V2037-18 de 9-7-2018, en relación con la inexistencia de EP por parte de vehículos de inversión inmobiliaria franceses (SCI, SCPI y SPPICAV) que arriendan inmuebles en España gestionados por una entidad francesa que no posee trabajadores contratados en España sirviéndose de un proveedor externo vinculado para la gestión diaria de los inmuebles arrendado), salvo en casos de arrendamiento de vivienda de uso turístico complementada con prestación de servicios propios de la industria hotelera (consultas DGT V1241-17 de 19-5-2017, DGT V1188-15 de 16-4-2015 y DGT V3117-17 de 30-11-2017). El arrendamiento de inmuebles sin contar con empleados contratados al efecto o el leasing de maquinaria sin lugar a disposición no da lugar a renta empresarial obtenida a través de EP (DGT V5320-16 de 15-12-2016).

Volviendo a los casos donde se ha establecido una interpretación funcional (no ortodoxa desde el prisma OCDE) de la cláusula de agente dependiente, merece prestarse especial atención al primer gran pronunciamiento del Tribunal Supremo sobre la interpretación de la cláusula de agente dependiente (en combinación con la cláusula general del artículo 5.1). Se trata de la sentencia del Tribunal Supremo, de 12 de marzo de 2012, en el caso **Roche Vitaminas Europe**, donde se aplica la cláusula de EP en un caso de reestructuración empresarial.

Desde el plano fáctico, el caso se refiere a la operativa del grupo Roche. Hasta el año 1999, la filial española Roche Vitaminas realizaba funciones de fabricante, importadora y comercializadora de bienes (*full-fledged distributor*). Pero en 1999 tuvo lugar una reestructuración de la actividad en España, de suerte que Roche Vitaminas SA y la entidad suiza vinculada Roche Vitamins Europe concluyeron dos contratos.

Por un lado, un contrato de fabricación que establece el compromiso de Roche Vitaminas SA de producir y envasar en sus instalaciones los productos que Roche Vitamins Ltd (Suiza) le indicara en sus pedidos, que deberán especificar los datos necesarios (tipo de producto, cantidad, fecha de entrega, etc.). Dichos productos serán facturados por Roche Vitaminas SA, según los precios equivalentes al coste total más el margen destinado a remunerar a la fabricante por el coste de capitales para la producción (*mark up* del 3.3 % del coste total de la producción).

El segundo contrato designa a Roche Vitaminas SA como «agente suyo para España» para que promueva aquellos de sus productos que se citan en el Anexo, y la filial española se compromete a «representar, proteger y fomentar» los intereses de la otra parte a cambio de percibir un 2 % de las ventas que consiga promover en España.

Es decir, tras la reestructuración la filial española se convirtió, cuando menos desde un plano contractual, en un *contract manufacturer* y comisionista de ventas, cuyo beneficio es muy inferior al de un *full-fledged distributor*. El diferencial de base imponible se transfiere a la sociedad helvética.

La Inspección de los Tributos se enfrenta a este esquema de transferencia de beneficios no desde el plano del análisis de la migración funcional y cesión de intangibles de la española a la sociedad suiza, sino desde una perspectiva distinta como es a través de un enfoque de EP. La Inspección considera que la sociedad suiza Roche Vitamins Europe posee un EP en territorio español como consecuencia de la actividad de la filial. Se fundamenta que la aplicación de los apartados 1 (cláusula general de EP) y 4 (cláusula de agente dependiente) del artículo 5 del CDI España-Suiza permiten considerar que la sociedad suiza posee un EP en España al que hay que atribuir beneficios: todas las ventas realizadas por tal entidad en España y Portugal. Se argumenta que a través del entramado derivado de los dos contratos quien realmente va a obtener el beneficio en España, por medio de Roche Vitaminas, es Roche Vitamins Europe, que es quien realmente ejerce una actividad económica que pueda reportarse un beneficio ilimitado e incluso, en su caso, una pérdida, y en eso consiste una actividad económica, no siendo suficiente fabricar y cubrir costes sin asumir el riesgo de empresa. Es la entidad no residente la que asume ese riesgo y en consecuencia la que a través o por medio de la empresa española realiza una actividad económica. Se enfatiza igualmente que no puede considerarse la actividad de la empresa española como actividad preparatoria o auxiliar, teniendo en cuenta la actividad de la entidad suiza. Y que la entidad española además, según el contrato de comisión, actuaba como agente dependiente.

El TEAC, en su resolución de 20 de abril de 2006, confirmó el enfoque de la Inspección y con ello la liquidación tributaria, excluyendo de la atribución de beneficios al EP de la entidad suiza las ventas realizadas por esta a clientes portugueses. Y la AN, en sentencia de 24 de enero de 2008, también convalidó el enfoque de la Inspección y del TEAC. En particular, entendió que **Roche Vitamins Europe** no actuaba a través de un lugar fijo de negocios en España (artículo 5.1 del CDI hispano-helvético) ya que, a pesar de dedicarse a la comercialización de mercancías y poseer un local arrendado de 22 m^2 en España, desde el que vendía las mercaderías que compraba a Roche España. Sin embargo, en realidad la entidad suiza se limitaba a almacenarlos y distribuirlos a sus clientes, sin realizar una actividad económica en tal local alquilado, que carecía de medios personales y materiales para realizar actos propios de su negocio. Por ello, la AN considera que estamos ante un caso de «actividad auxiliar o preparatorio» no constitutiva de EP ex artículo 5.3 del CDI. Ahora bien, la AN sí entendió que concurrían las circunstancias para entender que era aplicable la cláusula de agente dependiente. La AN fundamentó su posición en los comentarios al artículo 5 ModCDI (interpretación dinámica), en concreto en el parágrafo 32 (ModCDI 1997). La interpretación expansiva de la cláusula de agente dependiente que realiza la AN le lleva a afirmar que «En definitiva, la cláusula del agente dependiente obra no solo cuando el apoderado tiene su autoridad para contratar en nombre del mandante extranjero, sino también cuando, por la naturaleza de su actividad, le implica en las actividades empresariales del mercado nacional».

Destaca la AN que Roche Vitaminas, aunque carecía de poder para cerrar contratos a nombre de su comitente, ni siquiera para negociarlos, reduciéndose sus facultades a gestionar las órdenes de compra. No puede perderse de vista que el contrato de comisión le obligaba a promocionar los productos que Roche Vitamins Europe le compraba y almacenaba en el local alquilado, así como los adquiridos en operaciones intracomunitarias. Según la AN tal tarea introduce un punto de mayor intensidad en las relaciones entre las dos compañías, pues la española no se limitaba a dar curso a las órdenes de compra recibidas desde Suiza, firmando los contratos sin ninguna capacidad de innovación, sino que, debido a sus facultades de promoción, tenía que desarrollar todos los menesteres precisos para hacer valer las cualidades de los bienes ofrecidos por Roche Vitamins Europe.

Tal argumento se refuerza tomando en consideración el contrato de fabricación. La AN utiliza este contrato para enfatizar la inaplicación de la cláusula negativa del agente independiente. Insiste la AN en la dependencia jurídico-económica de la filial, considerando que su actividad de fabricación se reducía a producir mercancías para la demandante, siguiendo sus directrices y asumiendo únicamente el riesgo de una incorrecta aplicación de los parámetros de calidad comunicados, mientras que Roche Vitamins Europe hacía frente a los derivados de una indebida fijación de tales parámetros o de su modificación una vez fabricados los productos.

Nótese que el pronunciamiento de la AN insiste en que el EP de la entidad suiza comprende las dos actividades que realizaba la entidad española para tal entidad (fabricación + promoción ventas), dando al traste con la disociación de actividades/funciones que trató de articularse contractualmente. En lugar de realizarse un enfoque de servicios intragrupo disociado analizando el carácter *arm´s length* de la remuneración de cada servicio, se optó por un enfoque asociado o global que toma en consideración las actividades desarrolladas por la filial española para la entidad suiza, llegando a afirmarse que «la empresa española, durante el periodo de vigencia de los contratos, solo existía para servir a la suiza y, sin asumir riesgo alguno, fabricar sus productos conforme a sus estrictas instrucciones, promocionándolos e interviniendo en la ejecución de los acuerdos de venta; no tenía otro cometido». La existencia de estas tres notas le lleva a adoptar este enfoque expansivo sobre la interpretación de la cláusula de agente dependiente.

A este respecto, cabría hacer dos observaciones: por un lado, la AN deja abierta la puerta para que no concurriendo estas tres notas se considere que hay servicio intragrupo y no EP, lo cual constituye la posición más ortodoxa desde un punto de vista OCDE; y por otro, que el enfoque de la AN calificando la actividad de la filial como constitutiva de EP-agente dependiente no es correcto técnicamente, estando más próximo el caso a un EP de cláusula general (artículo 5.1 ModCDI).

Una vez establecida la existencia de un EP se le atribuyeron beneficios a partir de las ventas en España. Es decir, tal atribución no solo tiene lugar en relación con las actividades de fabricación (como pretendía el contribuyente) sino también sobre las de comercialización. En relación con los gastos deducibles se discutió la deducibilidad de los gastos de marketing, distribución y otros conexos a la actividad relacionada con el EP. La Inspección y el TEAC defendieron un cálculo de dichos gastos aplicando un porcentaje sobre la cifra de negocios, lo cual fue rechazado por la AN al no resultar aceptable considerando el CDI (artículo 7.3) y la legislación interna. La AN considera que debe aceptarse la fijación de los gastos efectivamente contraídos en relación con la actividad, pero rechaza la deducibilidad de gastos de marketing y distribución y operativos en la medida que el contribuyente no aportó prueba sobre la vinculación de los mismos a la actividad del EP.

El Tribunal Supremo conoció del caso como consecuencia del recurso de casación frente a la sentencia de la Audiencia Nacional, confirmando la posición adoptada por el TEAC y la AN.

En cuanto al fondo del asunto, esto es, la existencia de un EP en territorio español de la entidad Roche Vitaminas Europe como consecuencia de las actividades realizadas por su filial española, cabría señalar que el TS se hace eco de los principales argumentos esgrimidos por el TEAC y la Audiencia Nacional a la hora de establecer la existencia de un EP.

Así, por un lado, el TS parece aceptar la interpretación que hace la AN de la cláusula de agente dependiente. A este respecto afirma que la filial española opera como agente dependiente de la entidad suiza que realiza a través de ella, en virtud de los dos contratos concluidos, la actividad que hubiera podido realizar directamente a través de un lugar fijo de negocios como elaborar las mercancías que después vende y distribuye. El hecho de que la filial española no posea capacidad para contratar en nombre de la suiza no excluye la aplicación de la cláusula de agente dependiente del CDI, interpretado a la luz de los Comentarios al artículo 5 ModCDI (versión 1997), considerando que la actividad de la filial española se limitaba a producir mercancías para la mandante suiza, siguiendo sus directrices y asumiendo únicamente el riesgo de una incorrecta aplicación de los parámetros de calidad comunicados, de suerte que la entidad suiza hacía frente a los demás riesgos. El TS salió al paso frente a alegaciones del contribuyente sobre la interpretación incorrecta del artículo 5 del CDI hispano-suizo, argumentando que debe interpretarse dinámicamente a la luz de los Comentarios al MC OCDE 1997 existentes en el momento en que se realizó la operación de reestructuración. Tal posición, como se sabe, es discutible y controvertida.

Por otro lado, el TS también consideró válidos los argumentos expuestos por la Inspección y el TEAC sobre la existencia de un EP en aplicación de la cláusula general del artículo 5.1 del CDI. En este punto, se limitó a validar los argumentos expuestos en los considerandos 3, 4 y 5 de la Resolución del TEAC que conoció del caso en primera instancia. En tales considerandos, el TEAC viene a establecer que la entidad suiza posee un EP en España de acuerdo con la cláusula general del artículo 5.1 del CDI con Suiza al existir «un lugar fijo de negocios». El hecho de que tal «lugar fijo» esté a disposición de la entidad española no fue considerado un obstáculo para el TEAC en el entendimiento de que mediatamente está a disposición de la entidad suiza en la medida en que tanto la fabricación como la venta de productos que realiza la filial española son dirigidos desde Suiza por Roche Vitamins Europe, la cual dispone la forma en que han de actuar los medios humanos y materiales situados en España considerando que es ella quien dispone qué se ha de fabricar y cuánto, en qué plazos, a quién ha de venderse y a qué precio. El hecho de que todos los medios de la filial española estén exclusivamente dedicados al servicio de la entidad suiza, unido al sistema de retribución y de reparto de riesgos reforzó la conclusión anterior, en el sentido de considerar que la entidad española no realiza la actividad por cuenta propia sino como mero mandatario o agente de la entidad suiza que es quien efectivamente ordena por cuenta propia los medios de producción con el fin de intervenir en la fabricación y distribución de los bienes y servicios.

El TEAC, siguiendo también en este punto la posición de la Inspección, rechazó que la cláusula de EP no resulte de aplicación en un contexto ordenado por la normativa de precios de transferencia. Básicamente, el TEAC indicó que la metodología de fijación del precio convenido por el intragrupo (costes más margen asociado a los costes de capital para la producción) no era adecuada para remunerar a precios de mercado la actividad económica desarrollada por la filial española. Ciertamente, esta lacónica argumentación no parece resolver una cuestión que posee mayor calado y merecería un análisis más detenido, aunque parece dejar abierta la posibilidad de evitar el enfoque de EP cuando la remuneración intragrupo sea articulada sobre una metodología razonable a los efectos de la determinación de un valor normal de mercado.

En tercer lugar, el TS también confirmó la atribución de beneficios al EP en relación con las actividades de fabricación y comercialización. El alto tribunal se remite a la argumentado por la Audiencia Nacional añadiendo que, independientemente de a quien le correspondiese la formalización de los contratos y la fijación de los precios, también recoge la sentencia que la mercancía aparecía depositada en el local arrendado a Roche Vitaminas SA, gestionándose las órdenes de venta por una y otra empresa, de forma indistinta y que aquella percibía un 2 % de las ventas en España, lo cual justifica su tributación de acuerdo con el artículo 7.1 y 2 del CDI hispano-suizo.

En suma, estamos ante un pronunciamiento del Tribunal Supremo confirmatorio de la posición de la Inspección, del TEAC y de la AN, a pesar de que los argumentos manejados por éstos no sean plenamente coincidentes.

La Inspección y el TEAC parecen manejar un enfoque de EP bifronte basado de forma cumulativa en las cláusulas general (artículo 5.1 ModCDI) y de agente dependiente (artículo 5.5) del CDI hispano-suizo. En tanto que la Audiencia Nacional parece escorarse por la aplicación de la cláusula de EP de agente dependiente. Como hemos visto, el TS participa en mayor medida del enfoque dual de la Inspección y del TEAC.

Los aspectos más controvertidos de este pronunciamiento del TS pasarían por su interpretación de la cláusula de agente dependiente que no se compadece ni del tenor literal de la propia cláusula convencional (que exige que el agente ostente y ejerza habitualmente poderes para vincular a su principal) ni de su interpretación a la luz de los Comentarios del Modelo OCDE. En este sentido, este pronunciamiento contrasta con otros *leading cases* de altos tribunales extranjeros como los del Tribunal Supremo noruego en el caso *Dell Computers* o del Consejo de Estado francés en el asunto *Zimmer* (criticadas por Arnold 2012, al considerar que adoptan una posición muy formalista y legalista y no toman en consideración un enfoque más realista y funcional de la cláusula, aunque también reconoce que la inseguridad jurídica y riesgos que plantea esta interpretación posiblemente fuera contraria a su finalidad originaria y en tal sentido su aplicación podría requerir una reconfiguración de la cláusula). Otro aspecto discutible resultaría de la falta de debate sobre la interrelación entre la normativa de precios de transferencia y la cláusula de EP de los CDI. En el fondo, el enfoque, que pasa por una aplicación prevalente de la cláusula de EP, evita la aplicación material y procedimental de la normativa de precios de transferencia y, muy en particular, ignorar totalmente los contratos de servicios intragrupo, como acontece en este caso donde tampoco se distingue entre base imponible del agente y base imponible del EP agente dependiente, podría no encajar con lo establecido en las Directrices OCDE de Precios de Transferencia o con las propias cláusulas antiabuso de la LGT. Algunos países han introducido en su CDI una cláusula que excluye la aplicación de la regla de EP agente dependiente cuando media una remuneración adecuada al principio de plena competencia (véase por ejemplo la sentencia del *Mumbai Bench* de India, de 11 de enero de 2012, caso *Delmas v. France*, en el marco del CDI India-Francia). También los Países Bajos han establecido esta regla en su Decreto de 27 de enero de 2011 que clarifica la aplicación dinámica de los principios de Atribución de Beneficios al EP establecidos por la OCDE en el año 2010 (vid. *Dijkman et alter* 2011).

Como ya hemos indicado, esta sentencia del Tribunal Supremo contrasta con la sentencia del Tribunal Supremo de *Noruega* en el caso **Dell** que rechaza la posición de las autoridades fiscales (apoyada por el tribunal de apelación en sentencia de 2 de marzo de 2011) en relación con la existencia de un EP en Noruega de una entidad irlandesa del grupo como consecuencia de las actividades de marketing realizadas por la filial distribuidora en Noruega. Aquí, estamos ante un caso de «negocio remoto» donde el grupo DELL operaba desde Irlanda con dos entidades, a saber: Dell Products Europe BV (función de producción) y Dell Products (Sales Company). En cada Estado miembro UE existía a su vez una entidad dedicada al maketing que operaba como agente de ventas, contratando con los clientes en nombre propio pero por cuenta y riesgo de la irlandesa Dell Products. Es decir, la entidad noruega operaba como agente local cobrando una comisión por ventas. Las autoridades fiscales consideraron que la filial noruega constituía un EP de la entidad irlandesa (sales co), y en tal sentido había que atribuirle el 60 % del beneficio derivado de tales ventas, considerando la escasa sustancia de la sociedad irlandesa. Es decir, el análisis funcional evidenciaba la escasa consistencia de la estructura desde el plano económico. El Tribunal de Apelación confirmó la posición de las autoridades fiscales sobre la base de una interpretación funcional de la cláusula de agente dependiente del CDI Irlanda-Noruega. Tal interpretación atiende fundamentalmente a la realidad subyacente en la estructura y operativa de la filial (sustancia vs forma), de manera que aun cuando los contratos firmados por esta en nombre propio con los clientes no vinculasen jurídicamente a la sociedad irlandesa (sales co), la práctica revela que esta última termina actuando como si le vincularan: teoría de la «vinculación funcional». El Tribunal Supremo noruego adoptó una posición más ortodoxa y un enfoque más jurídico en su interpretación del artículo 5. 5 del CDI mencionado.

El TS a la luz de las circunstancias del caso consideró que las actividades de la filial noruega no constituían un EP de la Irlandesa, en la medida en que esta no resultaba jurídicamente vinculada por los contratos firmados por la distribuidora local y los clientes:

- El artículo 5.5 CDI requiere que el agente dependiente concluya contratos jurídicamente vinculantes para su principal.
- Tal interpretación venía confirmada por los Comentarios al artículo 5 ModCDI 1992-2010, cuyo parágrafo 32 establece que solo las actividades de «personas con autoridad para concluir contratos» pueden dar lugar a un EP.
- Los Comentarios al artículo 5 ModCDI (paras. 32 y 32.1) se aplican a agentes en general, y no a comisionistas de Derecho civil que compran y venden en su propio nombre.
- Existen consideraciones de política fiscal que fundamentan la posición de que el principal debe quedar vinculado por el agente.

Este posicionamiento coincide con el adoptado por el Consejo de Estado francés en el caso *Zimmer* (sentencia de 21 de marzo de 2010), donde también se adoptó el enfoque jurídico respecto de los agentes dependientes, de suerte que solo cabe aplicar la cláusula de agente dependiente cuando los contratos que rigen la relación entre el comisionista y el principal establezcan que este último queda vinculado por los acuerdos firmados por el comisionista con terceros (el mismo criterio ha sido reiterado en un pronunciamiento de julio de 2014 por el tribunal administrativo de primera instancia de Francia). La sentencia del TS de Noruega sin duda constituye una buena noticia para los contribuyentes, especialmente en estructuras de negocios remotos (*E-business/E-taylers*), al reducir el riesgo de EP. La posición de las autoridades noruegas es compartida por la mayoría de las autoridades fiscales europeas, OCDE y no-OCDE, y esta sentencia, junto a los casos *Zimmer* y *Google France* (sentencia del Tribunal Apelación París, de 12 de julio de 2017, expuesta más abajo), constituye un importante correctivo a una interpretación (por otro lado bastante razonable y sustancialista) que estaba empezando a difundirse como la interpretación más actual y correcta de la cláusula de agente dependiente. La posición de la OCDE en relación con esta cuestión se alinea en mayor medida con la jurisprudencia Dell AS y Zimmer. De hecho, en el informe OCDE, *Interpretation and Application of Article 5 (Permanent Establishment) of the OECD Model Tax Convention*, Draft 12 October 2011, el *Working Party* de la OCDE enfatiza que lo relevante a los efectos de la existencia de un EP-agente dependiente es que los contratos firmados por éste vinculen legalmente a su principal, y no tanto que sean firmados en su nombre. No hace falta, por tanto, que los contratos agente-cliente revelen la existencia de la relación de agencia y que el agente actúa por cuenta y riesgo de un principal. La cuestión de la vinculación del principal por parte del agente depende de la legislación local, de suerte que en países anglosajones la figura del Commissioner puede vincular al principal, no siendo así en los países de raíz continental como España o Francia. Con todo, estos precedentes no cierran el tema, como bien demuestra la sentencia del Tribunal Supremo español en el caso *Roche*.

Y la resolución del TEAC sobre la estructura operativa remota desarrollada por **Dell**, vuelve sobre la misma problemática, de suerte que en este caso, la existencia de la propia sentencia del TS en el caso Roche Vitaminas, vino a aportar un nuevo fundamento en el que apoyar su posición tradicional. En concreto, esta resolución del TEAC de 15 de marzo de 2012 (RG 2107/2007), examina la legalidad de la regularización tributaria de la estructura a través de la que operaba la empresa DELL desde Irlanda realizando ventas de aparatos electrónicos (fundamentalmente ordenadores) a través de tiendas virtuales como la creada en España (sin personal ni servidor en territorio español).

La entidad comercializadora irlandesa (X Ltd) carecía de medios humanos propios, sirviéndose a través de la correspondiente prestación de servicios intragrupo de los medios humanos y organización de otra entidad del grupo irlandesa. No obstante, la función de X Ltd era la de comercializar y controlar/organizar la distribución en los distintos mercados (como España) a través de entidades distribuidoras locales, caracterizadas funcionalmente (y remuneradas) como meras comisionistas, pero que en realidad realizaban actividades sustantivas desde el punto de vista del negocio, más allá de la mera distribución a comisión. De esta forma, la distribuidora/comisionista local española participaba de forma directa y activa en la logística, marketing, servicio post-venta, y en la administración de la tienda virtual de la entidad comercializadora Irlandesa, aunque tal participación podría ser mayor o menor dependiendo del segmento de clientes (a) grandes cuentas/clientes institucionales, y b) particulares). Y todo ello tras una reestructuración operativa donde, con anterioridad a la misma, las distribuidoras locales estaban encargadas de la comercialización de los productos de la matriz, contando con todas las funciones y medios.

La Inspección y el TEAC llegan a la conclusión de que el grupo multinacional que fabrica fuera y vende en España, a través de una filial española que formalmente actúa como mero comisionista de ventas, mientras que el comitente/vendedor -no residente-, no tiene ni personal ni instalaciones, propias o alquiladas, en España, realiza su actividad a través de un EP, tanto aplicando la cláusula general de EP del CDI con Irlanda (artículo 5.1) como la cláusula del agente dependiente (artículo 5.4). Se prueba que se reúnen los requisitos necesarios para considerar a la filial como establecimiento permanente (EP) considerando que:

1. La sociedad comitente/vendedor tiene un EP en España, mediante una sede fija de negocios, a través del asentamiento operativo que le proporcionan las instalaciones y la actividad de la filial/comisionista, sin necesidad de que exista título jurídico que dé cobertura a la disposición del lugar fijo de negocios. Las instalaciones de la filial se consideran "a disposición" de la entidad irlandesa a estos efectos, a pesar de que no media título jurídico habilitante ni consta que personal de tal entidad se desplazara a España para realizar sus funciones o actividad en territorio español. Más bien, todo apunta a que la filial española realizaba funciones o actividades para la entidad irlandesa que no estaban remuneradas a través del contrato de comisión, y a partir de tal determinación la Inspección considera que la entidad irlandesa posee un EP en España a través de su filial.

Otro aspecto relevante de la resolución tiene que ver con la calificación de la tienda on line como EP virtual, sobre la base de las consideraciones anteriores, a pesar de que el servirdor de la web se encuentra fuera de España y no se realiza actividad a través de medios humanos o activos situados en España (véase la DGT V0066-18 de 17-1-2018 y la STS de 8 de octubre 2009 rec. 9436/2003, en relación con las situaciones donde un servidor puede constituir un EP).

La Inspección y el TEAC insisten que en España se realizan actividades económicamente significativas de la comercializadora irlandesa, como la venta, la entrega, y además existe hay personal de la filial española dedicado a mantener la página web.- Se rechaza la aplicación de los Comentarios OCDE al artículo 5 ModCDI donde se indica que una tienda virtual no genera EP, salvo que el servidor esté situado en territorio nacional y cuente con medios humanos adecuados para realizar la actividad. El TEAC indica que tales comentarios no son aplicables al caso y además España formuló observación interpretativa a tales parágrafos (observación que curiosamente fue retirada en 2010).

2. Subsidiariamente, se confirma también la existencia de EP por actuar la filial comisionista con capacidad para celebrar contratos en nombre del no residente, actuando como agente dependiente.

La Inspección y el TEAC consideran que es aplicable la cláusula de agente dependiente ya que la filial española tiene capacidad para celebrar contratos que vinculan al comitente (opera en nombre propio, pero por cuenta del no residente). El contrato de comisión no parece que permita al comisionista vincular al comitente. De hecho se establece que el comisionista actúa bajo la supervisión y control del comitente y no puede fijar las condiciones de venta de forma autónoma. En este sentido, no resulta jurídicamente claro que los contratos que firma el comisionista vinculen contractualmente al comitente. Por el contrario, el comisionista actúa en nombre propio, pero por cuenta ajena (comitente). En gran medida, el comisionista posee autonomía organizativa por más que determinadas partes de su actividad estén sujetas a instrucciones y control del comitente. No obstante, resulta innegable que la mayor parte de las funciones y actividad del comitente la realizaba el comisionista y que además era económicamente dependiente y no podía calificarse su actividad de accesoria. Funcionalmente la filial española podría estar operando como agente dependiente de la entidad irlandesa, pero jurídicamente no concurría el requisito de la vinculación contractual. La Inspección y el TEAC optan por tanto por una interpretación funcional de la cláusula de agente dependiente que maximiza su ámbito de aplicación, más allá de la interpretación jurídica de la cláusula que actualmente es prevalente en otros países y que en gran medida parece defender esquivamente la OCDE. Como consecuencia de ello, la Inspección y el TEAC atribuyen beneficios al EP por la vía de asignar todas las ventas realizadas en España a tal EP con el correspondiente incremento de la base imponible. Cabría argumentar que el gasto derivado de las funciones y actividades de la filial debería ser deducible a tal efecto.

Así las cosas, la interpretación maximalista de la cláusula de EP que realiza la Inspección y del TEAC, en gran medida respaldada por la STS de 12 de 2012 en el caso **Roche Vitaminas**, resulta bastante dudosa en lo que se refiere a su fundamentación técnica. Y de hecho, como ya hemos indicado más arriba, el Tribunal Supremo de *Noruega*, de 2 de diciembre de 2011, llegó a una interpretación totalmente opuesta en relación con el mismo caso **DELL Europe** pero en relación con la estructura noruega que también colgaba de Irlanda, apelando a la interpretación jurídica de la cláusula de agente dependiente (en parecidos términos el Consejo de Estado francés en el caso **Zimmer**, resolución de 31 de marzo de 2010).

Sin embargo, la posición de regularización tributaria no está exenta de sentido considerando cómo la estructura revela que las funciones económicas relevantes en lo que se refiere a la generación de valor se llevan a cabo en España a través de un entramado operativo donde la filial española desempeña un papel esencial para la realización y éxito del negocio. En último análisis, todo ello evidencia que los negocios remotos que requieren de realización de actividades o funciones económicas en el territorio del Estado donde se localiza el cliente deben articularse de manera que se reparta de forma más equilibrada la base imponible a partir de una correcta caracterización funcional de las entidades intervinientes. Una correcta caracterización funcional intragrupo conduce a una más equilibrada asignación del beneficio. De esta forma, una correcta política de transfer pricing puede contribuir a evitar enfoques reactivos maximalistas que terminan asignando todo el beneficio (todas las ventas) al país mercado/destino.

La **Audiencia Nacional,** a través de su sentencia de 8 de junio de 2015 (rec. 182/2012), confirmó en lo esencial la resolución del TEAC de 15 de marzo de 2012 sobre el **caso Dell**, expuesta más arriba. Uno de los aspectos más relevantes de este pronunciamiento resulta de la posición mantenida respecto de la cláusula de agente dependiente, confirmando la interpretación funcional de la misma con arreglo a la cual un comisionista que actúe en nombre propio aunque por cuenta ajena puede dar lugar a un EP de su comitente aunque no exista representación directa. Así la existencia de estructuras que pivotan sobre una dualidad de contratos comisionista-clientes (que no vincula directamente al comitente ni se negocia en nombre y por cuenta del mismo) y comisionista-comitente (que ordena el pago de la comisión y las actividades del comisionista en el marco del contrato de comisión: instrucciones de venta, precios, etc) pueden dar lugar a EP de la entidad no residente (comisionista), tanto sobre la base del artículo 5.5 como del artículo 5.1, a partir de esta interpretación de las autoridades españolas, validada en gran medida por el TS, la AN y el TEAC en los casos Roche y Dell (véase en el mismo sentido la RTEAC de 3 de julio de 2014, en relación con una reestructuración de una filial española que después de tal operación actúa como comisionista existiendo la referida dualidad de contratos). La posición de la AN en el caso Dell, por tanto, confirma la aplicación de la cláusula de agente dependiente considerando que concurren sus dos presupuestos principales: a) un agente que actúe por cuenta de una empresa no residentes y ostente y ejerza habitualmente en un Estado contratante poderes que le faculten para concluir contratos en nombre de la empresa: la concurrencia de este condicionante no requiere a juicio de la AN de una representación directa en el sentido de que el comisionista genere una relación jurídica entre el tercero y el comitente, bastando que el comitente quede vinculado con el comisionista a cumplir el contrato concluido por éste, sin necesidad de que se opere a través de representación directa (dualidad de contratos); y b) relación de dependencia: este condicionante en el marco de una relación intragrupo se construye a partir de un conjunto de hechos y circunstancias que revelan dependencia operativa y orgánica del "agente" en relación con su principal; así por ejemplo, el hecho de que todos los elementos esenciales de la actividad del agente estén dirigidos, supervisados y controlados por el principal, existiendo unidad de dirección (y exclusividad comercial) se consideró suficiente para considerar cumplido este requisito, aunque debe advertirse que una aplicación extensiva de este criterio supera la funcionalidad originaria de la cláusula de agente dependiente en la medida en que podría en determinados casos convertir a filiales distribuidoras de riesgo limitado en EPs, lo cual no resulta, a nuestro juicio, técnicamente correcto en la mayoría de las ocasiones.

El Tribunal Supremo, a través de su sentencia de 20 de junio de 2016, en el **caso Dell**, confirmó la regularización realizada por las autoridades fiscales españolas, aceptando en gran medida la posición fijada por la AN en su sentencia, aunque añadió argumentos adicionales que nos limitamos a apuntar. Básicamente, la lectura de la sentencia revela cómo en el marco de esta compleja estructura operativa, el contribuyente no logró convencer a las autoridades y tribunales españoles de que las funciones y actividades de comercialización y distribución de los productos de Dell se desarrollaban principalmente desde Irlanda, en tanto que la Inspección aportó indicios relevantes en relación con la contribución sustantiva de la filial española en tales funciones hasta el punto de considerar que tal filial realizaba el negocio y funciones de la sociedad irlandesa. Tal conclusión determinó una regularización de la estructura en aplicación del artículo 5.1 y 5 del CDI con Irlanda, en el sentido de que la entidad irlandesa realizaba en España una actividad a través de un EP, de suerte que la filial constituía un lugar fijo de negocios/agente dependiente de la entidad irlandesa a la que prestaba servicios. Todos los ingresos derivados de las ventas realizadas en España en relación con clientes residentes en territorio español se imputaron funcionalmente a tal EP, tanto las realizadas a través de la filial española como de la entidad irlandesa al apreciarse la imputación funcional de las mismas al EP en España de la entidad irlandesa a través de la filial española. La clave, según el TS, resultó de considerar cómo la entidad irlandesa realizaba a través de su filial española y en las instalaciones de esta y a través de su personal una serie de funciones que rebasaban el servicio de almacenaje contratado: 1) promoción, venta y captación de cliente, 2) gestión de pedidos y control de recepción y distribución de productos, 3) marketing y publicidad para toda la clientela en España, 4) servicio de almacén y logística, 5) servicios de instalación, 6) gestión de cobro para toda la clientela en España, y 7) control de solvencia y créditos. El hecho de que el riesgo de impagados se soportara por la entidad irlandesa y que parte de estas actividades (marketing y soporte técnico al cliente) se realizara fuera de España por otras entidades del grupo y la propia filial irlandesa no afecta a la existencia del EP en territorio español a través de la filial española. El TS postula una adaptación del concepto de EP de los CDI "*a la nueva realidad y globalización mercantil que necesariamente exige una interpretación de la normativa aplicable adaptada a esta nueva realidad, en la que resulta imprescindible atender a los nuevos modelos de actividad empresarial*". Tal principio interpretativo sirvió para fundamentar la existencia de un lugar de negocios situado en territorio español "*a disposición*" de la entidad irlandesa, sin exigir la relación directa y utilización física del establecimiento por parte de la entidad no residente, validando la concurrencia de tal requisito a través de la utilización mediata de tal lugar de negocios por el personal de la filial operando bajo sus directrices y realizando sus funciones esenciales en un contexto de confusión operativa entre ambas entidades. El TS, por otro lado, también confirmó (entendemos que corroborativamente) que la filial española operaba como EP con arreglo a la cláusula de agente dependiente del CDI, atendiendo a dos argumentos: a) por un lado, no resultaba aplicable la cláusula de agente independiente, considerando la existencia de dependencia orgánica y unidad de decisión al formar parte de un mismo grupo, los extensos poderes de supervisión y dirección que corresponden a la entidad irlandesa sobre la filial española, y a la vista de que esta última solo asumía riesgo sobre las ventas locales que eran mínimas; y b) por otro lado, el TS rechazó la interpretación formalista-literal y estática (más bien contractual) que esgrimió el contribuyente en el sentido de que la cláusula de agente dependiente requiere que éste (la filial) actúe en nombre de la entidad no residente y los contratos que concluya con terceros vinculen a esta última. El TS, haciéndose eco de la retórica BEPS y de la necesidad de re-interpretar los CDI en aras de combatir determinadas prácticas de planificación fiscal agresiva, asume la *interpretación funcional-economicista-sustancialista de la cláusula del agente dependiente del CDI (artículo 5.5)* que comprende al comisionista en nombre propio y por cuenta ajena, que incluye tanto los casos en que el agente concluya literalmente los contratos en nombre de la empresa, como aquellos otros en que concierte contratos que la vinculen, aunque no se finalicen efectivamente en nombre de ella. Según el TS: *"Lo relevante, por tanto, no es tanto que medie un determinado contrato, un determinado vínculo contractual, sino la vinculación funcional, que el agente posea poderes suficientes para vincular al comitente, dentro del desarrollo habitual de la actividad conforme a las instrucciones y bajo el control del mismo; de suerte que ha de atenderse no tanto a las formas que unen al comitente y agente, como al análisis funcional y fáctico que definen la relación existente realmente manifestada por el alcance y límites de las instrucciones, grado de control, asunción de riesgos y/u organización empresarial, de la que surge la dependencia que debe ser de alcance sustancial y no meramente preparatorio o auxiliar"* (fj.5). Esta interpretación ha sido objeto de duras críticas a nivel internacional (Sprague 2016c), citando jurisprudencia internacional y autorizada doctrina) al entenderse que vulnera uno de los principios básicos de la interpretación de los CDI que pasa por una hermenéutica literal-textual buscando la intención de las partes a la hora de firmar el acuerdo, como si se tratara de un contrato, de manera que el intérprete no debe superar el tenor literal de la cláusula, ni su significado ordinario con los medios suplementarios de interpretación (CMC OCDE) en aras de lograr un objetivo de política fiscal que le corresponde al legislador).

Cabe observar cómo, a nuestro juicio, el TS parece limitar esta interpretación extensiva de la cláusula de agente dependiente establecida en el asunto *Dell* a casos donde concurren una serie de circunstancias, particularmente la confusión operativa y funcional entre las dos entidades, donde existía una intensa dependencia de la filial española respecto de la entidad no residente irlandesa que se concretaba en que: a) la filial española (DESA) seguía las instrucciones de la entidad irlandesa (DPI), b) DPI debe autorizar precios y comisiones, c) DPI acepta o rechaza las solicitudes de entre, d) DESA debe rendir informes periódicos a DPI, e) DPI tiene derecho a inspeccionar los registros y locales de DESA, f) DESA necesita autorización de DPI para compra de productos, y g) DPI ostenta el control sobre los derechos de propiedad intelectual. Con independencia del mayor o menor acierto técnico de esta sentencia, resulta evidente que esta jurisprudencia del TS en el asunto **Dell** y otras sentencias concordantes (casos **Roche Vitaminas, Borax** y **Honda**) contribuye a fijar una serie de líneas rojas en lo que concierne a determinadas estructuras de negocios o actividades remotas donde el peso funcional y actividades de creación de valor se desarrolla en el territorio del "país mercado", existe confusión operativa-funcional con la entidad no residente al que se atribuye una parte esencial del beneficio sin acreditar el desarrollo extraterritorial de actividades o funciones sustantivas.

Otro precedente administrativo importante en relación con la aplicación de la cláusula de agente dependiente de los CDI viene dado por la resolución del TEAC de 3 julio de 2014, que confirma la existencia de un EP para una matriz francesa en relación con las actividades realizadas por su filial española en el marco de una operación de reestructuración empresarial. El TEAC llegó a la conclusión de que existía un EP con arreglo a los apartados 1 y 5 del artículo5 del CDI con Francia. Centrándonos en la aplicación de la cláusula del agente dependiente, la Inspección y el TEAC defendieron un enfoque antiformalista del artículo 5.5 CDI en el sentido de que lo relevante es que vincule de forma efectiva al no residente en su operativa; así aunque el agente opere en nombre propio frente a terceros, lo relevante es si tales contratos firmados en nombre propio por el agente vinculan o no de forma efectiva al no residente, de suerte que cuando existe un segundo contrato entre el agente y el no residente por el que éste se obliga a cumplir con las obligaciones contraídas por el comisionista en el marco del contrato firmado por éste con los clientes, se considera que se cumplen los presupuestos de la cláusula de agente dependiente.

A la hora de determinar la concurrencia del presupuesto de la cláusula de agente dependiente, consistente en la *"potestad del agente para concluir contratos en nombre de la empresa"*, la Administración tributaria y el TEAC vienen considerando que debe interpretarse en el sentido de que ello comprende no solo los supuestos donde el comisionista interviene, participa en las negociaciones y en incluso firma los contratos en nombre y por cuenta del principal, sino también los contratos firmados en nombre propio por el comisionista vinculan al principal en virtud de un contrato entre ambos; en este caso, el cliente no tiene relación jurídica alguna con el principal. En esta misma línea cabe mencionar la DGT V3311-17, de 28-12-2017, donde la DGT consideró que el hecho de que una matriz alemana suscribiera un contrato de distribución con la filial española que vendía en nombre propio pero por cuenta de la matriz, determinaba que esta última operaba en España a través de un EP de agente dependiente dado que la filial española realizaba sus actividades sometida a instrucciones detalladas de la matriz; tal interpretación de la cláusula de agente dependiente se fundamenta, según la DGT, en los paras. 32, 32.1 y 38 de los Comentarios al MC OCDE 2008; sin embargo, la subcontratación entre entidades independientes normalmente no determina la aplicación de la cláusula de agencia (DGT V1298-18 de 17-5-2018); igualmente, se considera como regla que las franquicias no generan un EP para el franquiciador: ITAT ruling of 29 June 2018, World Tax Advisor, 20 July 2018.

El TEAC, tomando en consideración la doctrina de la DGT en las consultas DGT V2192-08 y DGT V2191-08 de 20-11-2008 ambas, matizó que:

• No concurren los presupuestos de la cláusula de agente dependiente cuando, de acuerdo con un análisis casuístico fáctico y funcional, los contratos de comisionista de ventas española en nombre propio por cuenta de una sociedad suiza/comitente, se configuran de la siguiente forma:

- Los contratos firmados por la comisionista no crean obligaciones para el comitente suizo; este elemento es clave de manera que en el caso de que los actos o negocios realizados por la sociedad española vinculasen a la sociedad no residentes frente a terceros (clientes), se considera que concurre un presupuesto sustantivo de la cláusula de agente dependiente.

- La retribución del comisionista pivota sobre un porcentaje de ventas menos sus costes;

- La entidad comisionista española no tiene cláusula de exclusividad y puede operar para otras entidades;

- La entidad comisionista española asume sus propios riesgos y posee autonomía autoorganizativa en relación con el desempeño de sus actividades u operaciones diarias (cláusula de no injerencia), sin perjuicio del seguimiento de las operating guidelines incluidas en el contrato de comisión.

Y se consideró que sí concurrirían los presupuestos de la cláusula de agente dependiente cuando de acuerdo con un análisis casuístico fáctico y funcional:

• Los contratos concertados por la comisionista sí crean obligaciones para el comitente frente a los clientes;
• Existe pacto de exclusividad.
• No existe cláusula de no injerencia, y el comisionista apenas posee margen de autoorganización.

El TEAC entiende que en un caso de reestructuración donde la filial, tras tal operación, sigue realizando las mismas funciones y actividades que realizaba antes y promociona las ventas de los productos de la matriz a través de su red de distribución (concesionarios, talleres, etc) concluyendo además contratos de venta de vehículos frente a los clientes en nombre propio, pero que la matriz/

comitente se obliga a cumplir frente a la filial, constituye un EP ex artículo 5.1 y 5.5 CDI con Francia. Quizás el aspecto más destacable de este caso (RTEAC de 3 de julio de 2014) tiene que ver con el hecho de que se trate de una reestructuración donde a juicio de la Administración española la filial sigue realizando a posteriori las mismas actividades que con anterioridad a su transferencia a la entidad no residente, de manera que el cambio de titularidad de la actividad, sin que haya variado su localización real y la fijeza de las actividades que desarrolla tal filial, resultando que la matriz no residente realiza ahora a traves de la entidad española su actividad mediante un **"entramado operativo"** (la filial española) controlado con instrucciones detalladas de la misma. El TEAC parece reconocer, no obstante, que en el caso en que se hubieran producido una auténtica transferencia de riesgos y funciones a la matriz no residente que impactaran sobre la estructura organizativa y funciones desarrolladas a partir de tal momento por la entidad española, podría no existir tal EP con arreglo al artículo 5.1.

La RTEAC de 3 de julio de 2014 que estamos comentando también contiene, a su vez, importantes consideraciones en materia de atribución de beneficios al EP a través de que opera la matriz no residente mediante el **"entramado operativo constituido por su filial"**:

• El punto de partida para determinar los beneficios al EP viene dado por su contabilidad.

• En determinados casos, como el que nos ocupa (filial EP de matriz), la contabilidad presenta limitaciones a estos efectos, ya que las cuentas anuales poseen un carácter excesivamente agregado que no permite deducir por medio de las mismas el rendimiento de la entidad no residente derivado de su actividad de distribución en España.

• En estos casos donde no es posible utilizar la contabilidad para atribuir beneficios al EP procede acudir al criterio de entidad funcionalmente separada que con arreglo al enfoque autorizado de atribución de beneficios articulado en el año 2008 requiere realizar un doble análisis factual-funcional y valorativo.

La Inspección construyó tal atribución de beneficios a partir de una re-determinación del beneficio imputable a las actividades realizadas por la entidad no residente a través de su filial española, aplicando el método TNMM utilizando como indicador de beneficio el porcentaje de beneficio operativo sobre ingresos operativos totales para obtener el margen operativo (beneficio) sobre los ingresos, y a tal magnitud (imputable al EP de la entidad no residente) restó la comisión por ventas que le corresponde a la filial española. Tal fórmula de cálculo fue aceptada por el TEAC, considerando cómo el contribuyente no logró desvirtuar ni la existencia de tal EP ni la atribución de beneficios fijada por la Administración.

Como ya indicamos más arriba, existen pronunciamientos de tribunales extranjeros sobre estructuras de comisionista similares a las que han sido objeto de regularización en España, donde se adoptan enfoques que contrastan con los adoptados en nuestro país. Así, junto a los importantes leading cases referidos más arriba (casos *Zimmer* y *Dell*), cabría mencionar igualmente la sentencia del Tribunal de Apelación de Paris (TAP) en el caso *Google* (sentencial del TAP de 12 de julio de 2017 (Nº 1505113/1-1). Básicamente, el caso se refiere a la estructura utilizada para el desarrollo por Google de su negocio de venta de publicidad *"Adwords"* en el mercado francés.

La estructura estaba articulada a través de las siguientes entidades:

• Matriz americana Google Inc;

• Sociedad intermedia residente en Irlanda, Google Ireland Ltd, encargada de la contratación de la publicidad y clientela francesa.

• Google Netherlands Holding, residente en NL, que opera como sub-licenciante de intangibles a Google Ireland.

• Google Ireland Holding, domiciliada en Bermuda y propietario jurídico (licenciante) para Europa de los intangibles de Google Inc USA (posiblemente a través de un cost-sharing).

• Google France SARL, entidad que presta servicios de marketing con arreglo a un contrato de servicios (*Marketing and Services Agreement*) inicialmente concluido con Google Inc y posteriormente transferido a Google Ireland.

La Administración francesa consideró que tal estructura articula una elusión artificial del estatus de EP, y considera que Google Ireland (GIL) operaba en Francia a través de un establecimiento permanente (al que cabe imputar todas las "ventas" realizadas respecto de clientes franceses) con arreglo a la cláusula de agente dependiente prevista en el CDI Francia-Irlanda. La regularización, incluyendo otros conceptos, alcanzó los 1.12 billion Eur (IS, IVA taxe professionelle) ejercicios 2005-2010.

El TAP de Paris rechazó el fundamento de la regularización de la Administración tributaria francesa en lo que concierne a la existencia de un *"deemed PE"* en virtud de la cláusula de agente dependiente al considerar básicamente que las autoridades fiscales no lograron acreditar desde el punto de vista fáctico los presupuestos de la cláusula de agente dependiente del CDI (definidos de acuerdo con el estándar pre-BEPS). Las consideraciones más relevantes realizadas por el TAP vendrían a ser las siguientes:

• El tribunal consideró acreditado que Google France no era un agente independiente ni económica ni jurídicamente, a la vista de los lazos societarios, y del sistema de remuneración (cost-plus, mark up 8 %) y la ausencia de riesgo respecto de su actividad con su único cliente (GIL).
• El TAP reconoció el conjunto de servicios realizados por el personal de Google France en relación con el desarrollo comercial del negocio Adwords a través de la modalidad DSO (*Direct Sales Organization*) que pasa por un contacto directo con los potenciales clientes que desean anunciarse a través del buscador, así como el asesoramiento a efectos instrumentar la publicidad (demostraciones, análisis estratégico, etc). De esta forma, el personal de Google France, en el marco del contrato de servicios, realizó tal actividad de marketing y desarrollo del mercado francés de Adwords.
• Sin embargo, el contrato de prestación de servicios establecía de forma clara que los empleados de Google France no podían negociar, ni firmar los contratos con los clientes, ni actuar como mandatario de GIL, ni tampoco recibir ordenes por parte de esta última.
• La administración francesa, por su parte, argumentaba que el personal de Google France "de facto" operaba negociando los contratos actuando como si contara con el poder para concluirlos, y realizaba otras actividades que demostraban que buena parte del negocio se realizaba en Francia (asistencia post-venta, posición de *Sales Rep & Account Manager*).
• No obstante, el TAP rechazó que las pruebas aportadas por las autoridades francesas no acreditaban que los trabajadores de Google France ostentaran poder alguno para la conclusión de los contratos con los clientes, ni dispusieran de poder alguno para vincular a GIL frente a los clientes, y en tal sentido no puede considerarse cumplido este requisito sustantivo de la cláusula de agente dependiente del CDI Francia-Irlanda (exigiendo el ejercicio habitual de un poder para la conclusión de contratos que vinculan a la empresa no residente).

Ciertamente, este caso ofrece algunas "lecciones" en sentido anglosajón, entre las que podrían destacarse las siguientes ideas:

• La relevancia crítica de la fijación y prueba de los hechos en litigios de EP (y precios de transferencia).
• La necesidad de articular estructuras donde exista consistencia de los hechos con los contratos.
• El valor de las cláusulas de los contratos intragrupo en controversias fiscales internacionales.
• La importancia de los análisis de sustancia y *"value creation"* (y la autonomía operativa y funcional) a la hora de instrumentar estructuras internacionales.
• La validez de los estándares fiscales (estáticos) articulados en la legislación nacional e internacional (CDIs) a efectos de articular estructuras que pivotan sobre los mismos. En este sentido, aunque en muchos países la tendencia pasa por una interpretación progresiva (y ambulatoria) de los estándares internacionales (CDI, EP, TP) a la luz del último *Soft-law* (BEPS) lo cierto es que tales enfoques retroactivos y para-legales no son correctos, como regla.

• El nuevo estándar BEPS (acción 7) que redefine el concepto de EP y que un buen número de países (Francia, España, Países Bajos, países Latam, etc) ha adoptado preliminarmente en el Convenio Multilateral BEPS 2016 (MLI positions), opera como un *"game changer"* respecto de este tipo de estructuras que ya no pueden descansar en la ausencia del cumplimiento del requisito contractual antes indicado.

El Tribunal de Apelación Administrativo de Paris, a través de su sentencia de 1 de marzo de 2018 (CA de Paris, nº17 PA01538, caso *Valueclick*), se ha vuelto a pronunciar sobre el alcance del concepto de EP recogido en el artículo 5 de los CDIs pre-BEPS en relación con estructuras intermedias que desarrollan servicios de marketing digital.

Los hechos se refieren a una entidad residente en Irlanda (Valueclick International Ltd, actualmente Conversant International Ltd) que presta "servicios de marketing digital" en Francia contando con la asistencia de una filial francesa que pertenece al mismo grupo.

La referida entidad irlandesa (Valueclick) es una filial de un grupo con matriz americana, y se dedica a prestar servicios de marketing digital a escala europea. De acuerdo con un contrato de servicios intragrupo entre las entidades irlandesa y francesa del grupo americano Valueclick, la referida filial francesa llevó a cabo servicios de marketing y administrativos a favor de la Valueclick International Ltd (Irlanda), siendo remunerada a través del método Cost-Plus (mark-up 8%).

De acuerdo con tal contrato, los empleados de la filial francesa no podían operar como agentes de la entidad irlandesa, ni firmar contratos o actuar en su nombre o por su cuenta como agente de la misma.

Los empleados de la filial francesa contactaban con los potenciales clientes de los servicios de publicidad que realizaba el grupo y negociaban los términos de los contratos, llegando a elaborar un borrador de contrato de servicios. Los empleados de la entidad irlandesa firmaban sin introducir mayores cambios los borradores de contratos remitidos por la filial francesa.

Los empleados de la filial francesa, a su vez, supervisaban la ejecución de los servicios de marketing contratados, por más que el desarrollo de los mismos se realizaba fundamentalmente a través de una serie de centros del grupo situados en otros países (EEUU, Suecia y Países Bajos).

En la práctica existía una confusión comercial por parte de los clientes entre los empleados de la filial francesa y los de la irlandesa.

No obstante, los empleados de la filial francesa no tenían capacidad para decidir sobre el lanzamiento de campañas publicitarias ni sobre la ejecución de los contratos firmados con los clientes.

La administración tributaria francesa consideró que la entidad irlandesa Valueclick operaba, a efectos de IVA e IS, a través de un establecimiento permanente considerando las actividades desarrolladas por los empleados de la filial francesa del mismo grupo. Y en tal sentido regularizó su situación tributaria a los efectos de estos dos impuestos, imponiendo sanciones tributarias.

El Tribunal Administrativo de Apelación de Paris rechazó tal regularización tanto a efectos del IS como del IVA al considerar que las autoridades fiscales francesas no habían acreditado la concurrencia de los requisitos materiales que exigía la regulación del IVA y del artículo 4 del CDI Francia-Irlanda para determinar la existencia de un establecimiento permanente:

• En relación con el IVA (ejercicios 2008-2012), el tribunal consideró que Valueclick International Ltd no estaba establecida en Francia ya que no poseía una adecuada estructura en términos de medios humanos y materiales para prestar los servicios de publicidad de forma autónoma o independiente. El tribunal francés se hizo eco de las sentencias del TJUE de 4 de julio de 1985 (*Berkholz*, C-168/84) y de 17 de julio de 1997 (*ARO Lease*, C-190/95).

• Con respecto al IS (ejercicios 2009 a 2011), el tribunal francés consideró que la entidad irlandesa no operaba en Francia a través de un EP de acuerdo con la cláusulas general y de agente dependiente del CDI entre Francia e Irlanda.

- Se consideró que las actividades realizadas por los empleados de la filial francesa a favor de la entidad irlandesa quedaban enmarcadas en el contrato de servicios administrativos y de marketing, no disponiendo de un lugar fijo de negocios a su disposición en territorio francés.

- Tampoco concurrían los condicionantes de la cláusula de agente dependiente previstos en el CDI, ya que los empleados de la filial francesa carecían de poderes para firmar los contratos en nombre y por cuenta de la entidad irlandesa.

- A su vez, el Tribunal destacó que la intervención de los empleados de la entidad irlandesa a los efectos de programar y validar las actividades de marketing comercial desarrolladas por los empleados de la filial francesa no puede ser calificada como una actuación formal al poseer consecuencias jurídicas relevantes frente a terceros.

La doctrina establecida por el Tribunal de Apelación administrativo de Paris en el caso Valueclick (2018) converge con la establecida por el Tribunal de Apelación de Paris en el caso *Google* (sentencia de 12 de julio de 2017, Nº 15051131/1-1) y del Consejo de Estado francés en el caso *Zimmer* (sentencia de 21 de marzo de 2010). Esta jurisprudencia refleja una interpretación legalista y formalista de las cláusulas general (artículo 5.1) y de agente dependiente (artículo 5.5-6) recogidas en los CDIs concluidos en un contexto pre-BEPS.

En este mismo orden de cosas, no puede perderse de vista cómo el nuevo paradigma de análisis fáctico-funcional se proyecta sobre las estructuras de comisionista/agente dependiente y puede conducir a una re-determinación funcional de la filial, de manera que la remuneración de mercado fijada inicialmente establecida resulte alterada y con ello la atribución de beneficios (residual) al DAPE (véase en este sentido la sentencia del ITAT Delhi (2018) en el caso *Daikin*; vid: SKP, "Indian Subsidiary Held to be a Dependent Agent PE", Mondaq, 4 June 2018).

2.3.5.2. *Evolución de la cláusula en el Modelo Convenio de doble imposición, conexión con los Modelos de EEUU y ONU, y práctica convencional española*

La cláusula del apartado 5 del artículo 5 ha experimentado una cierta evolución a partir del Proyecto de Convenio de 1963 hasta el ModCDI 2005. En primer lugar, debe señalarse que el Proyecto de Modelo de 1963 recogía esta misma cláusula en su apartado 4 y no en el 5 como hace el ModCDI 2005. A su vez, el tenor de la cláusula de agencia del Proyecto de Modelo 1963 no coincide totalmente con el que establece actualmente el ModCDI, debido a la reforma llevada a cabo en la misma a través del ModCDI 1977. La comparación de estas dos disposiciones pone de relieve que, aparte la distinta redacción, existen ciertas diferencias entre la cláusula del Proy. Mod. 1963 y la del ModCDI (1977 y versiones posteriores). La principal diferencia que media entre la cláusula de agencia prevista en el Proy. Mod. 1963 y la prevista en versiones posteriores del ModCDI reside en el alcance de su parágrafo final, el cual delimita una excepción material a la aplicación de la misma y, por tanto, a la propia existencia de un EP ficticio. El Proyecto de Modelo 1963 establece a este respecto que se considera que el agente constituye un EP en un Estado contratante si tiene y ejerce habitualmente en tal Estado poderes para concluir contratos en nombre de la empresa «a menos que sus actividades se limiten a la compra de bienes o mercancías para la misma»; por su parte, el apartado 5 *in fine* del artículo 5 ModCDI (1977 y versiones posteriores) delimita de forma más amplia tal excepción a la existencia de EP ficticio en el sentido de que no se considera que la empresa del otro Estado contratante opera en el otro Estado a través de EP cuando «las actividades del esa persona (el «agente» en el sentido del artículo 5.5) se limiten a las mencionadas en el apartado 4 (del artículo 5) y que, de haber sido realizadas por medio de un lugar fijo de negocios, no hubieran determinado la consideración de dicho lugar fijo como un establecimiento permanente, de acuerdo con las disposiciones de ese apartado». Debe recordarse a este respecto que, como ya hemos indicado en los epígrafes 2.1.1 y 2.1.2 de este capítulo, y en el capítulo 1 de esta obra dedicado al MLI, el **MC OCDE** 2017 modificó la cláusula del agente dependiente a efectos de implementar las conclusiones recogidas en el **Informe Final de la Acción 7 de BEPS**, ampliando el ámbito operativo del EP de agente dependiente de cara a evitar ciertos casos de elusión artificial de EP. Los cambios introducidos en el artículo 5.5 MC OCDE como consecuencia de la acción 7 de BEPS han sido expuestos en los epígrafes mencionados (lugar al que nos remitimos), de suerte que al tratarse de modificaciones sustantivas no despliegan efectos sobre la interpretación de CDIs concluidos con arreglo a otras versiones del MC OCDE, tal y como reconoce la OCDE (parágrafo 4 CMC artículo 5 MC OCDE 2017).

Por lo que se refiere a los Modelos EEUU (1996-2006) y ONU (1999), lo cierto es que el Modelo estadounidense recoge una cláusula prácticamente idéntica al artículo 5.5. La cláusula del artículo 5.5 del Mod. ONU (1999) tan solo resulta parcialmente equivalente a la recogida en los Modelos OCDE y EEUU; junto al presupuesto típico de EP generado por actuación de agente dependiente en el sentido establecido en estos Modelos, el Mod. ONU ha incorporado un segundo presupuesto en el artículo 5.5 que da lugar a la existencia de un EP ficticio por actividades realizadas por agentes dependientes; es decir, una vez más, el Mod. ONU amplia el concepto del EP a efectos de garantizar en mayor medida los derechos de imposición del Estado de la fuente o actividad. En particular, el apartado b) del artículo 5.5 del Mod. ONU considera que existe un EP de una empresa que actúa en el territorio del otro Estado contratante mediante un agente cuando éste, a pesar de no poseer poderes para concertar contratos en nombre de la empresa, mantiene habitualmente en tal Estado existencias o bienes o mercancías que utiliza para entregar regularmente bienes o mercancías por cuenta de tal empresa.

En relación con la **práctica convencional española** relativa a la cláusula de agencia puede afirmarse que la mayor parte de los CDIs concluidos por España sigue los Modelos elaborados por la OCDE; no obstante, como acabamos de exponer, lo cierto es existen diferencias entre la cláusula articulada por el Proyecto de Modelo 1963 y la articulada en los ModCDI posteriores (1977 y versiones sucesivas); tales diferencias deben tenerse en cuenta a la hora de aplicar los correspondientes convenios, lo cual requiere identificar el «patrón» o concreta versión del ModCDI con arreglo a la cual se negoció el concreto convenio.

Existe, no obstante, un grupo de CDIs que, a pesar de seguir el ModCDI, recogen singularidades relevantes respecto de lo previsto en los ModCDI. Tales peculiaridades son expuestas a continuación.

El CDI Australia-España (1992, artículo 5.5) se desvía del ModCDI en varios aspectos. La principal desviación radica en que la cláusula de agencia del convenio con Australia recoge el presupuesto principal establecido en el ModCDI pero añade un segundo presupuesto complementario que permite considerar que existe un EP, aunque no concurran las condiciones del primer presupuesto (cláusula de agencia típica); en concreto, cuando un agente, que no tenga estatuto independiente en el sentido del apartado 6 del artículo 5, actúe en uno de los Estados contratantes por cuenta de una empresa del otro Estado contratante fabricando o transformando en el territorio del mismo para tal empresa bienes o mercancías pertenecientes a la misma; la cláusula solo permite considerar que existe un EP respecto de los bienes o mercancías así fabricados o transformados.

El CDI con Catar (2015) contiene una singularidad en relación con los "agentes de seguros"; así, el artículo 5.7 del CDI establece que "No obstante las disposiciones anteriores de este artículo, se considerará que una empresa aseguradora de un Estado contratante, excepto por lo que respecta al reaseguro, dispone de un establecimiento permanente en el otro Estado contratante si recauda primas en el territorio de ese Estado contratante o si asegura riesgos situados en él a través de una persona distinta de un agente independiente al que será aplicable el apartado 7". Nótese que la cláusula de agente independiente se configura de forma más estricta que en el MC OCDE (1977-2014). Así, se contempla que cuando el agente realice todas o casi todas sus actividades en nombre de una empresa, y esta y el agente estén unidos en sus relaciones comerciales o financieras por condiciones aceptadas o impuestas que difieran de las que serían acordadas por empresas independientes, no se le considerará como agente independiente (artículo 5.7).

El CDI con Marruecos (1978, artículo 5.4) sigue sustancialmente la cláusula de agencia del Proyecto de Modelo 1963, aunque posee una singularidad relevante; en concreto, su artículo 5.4 *in fine* establece que, a los efectos de la aplicación de la cláusula de agencia, se considera especialmente que el agente dispone de los poderes de contratación requeridos por esta cláusula de agencia cuando dispone habitualmente en el Estado de la actividad de un «stock» de productos o mercancías pertenecientes a la empresa por medio del cual lleva a cabo regularmente los pedidos que recibe por cuenta de la empresa.

El Protocolo 2011 del CDI con Suiza da nueva redacción a la cláusula de agente dependiente en línea con lo establecido en el Modelo OCDE 2010.

Finalmente, debe destacarse que existe otro grupo de CDIs concluidos por España que siguen sustancialmente lo previsto en el artículo 5.5 del Mod. ONU. Esta cláusula es empleada por España en los siguientes convenios: CDI Argentina-España (1992, artículo 5.5, denunciado por Argentina el 29 de junio de 2012), CDI Egipto-España (2005, artículo 5.5), CDI Filipinas-España (1989, artículo 5.4), CDI India-España (1993, artículo 5.4), CDI Malasia-España (2006, artículo 5.6), CDI Senegal-España (2006, artículo 5.5), CDI Tailandia-España (1997, artículo 5.5), CDI Turquía-España (2002, artículo 5.5), y CDI Vietnam-España (2005, artículo 5.5).

El Mod. ONU también se ha seguido, aunque de forma menos fidedigna, a la hora de configurar la cláusula del apartado 5 del artículo 5 de los CDIs que aparecen a continuación.

El nuevo CDI con Argentina (2013, artículo 5.5) contiene una cláusula especial de agente dependiente sin poderes de contratación pero que gestiona almacén y entrega de mercancías por cuenta de la empresa.

El CDI con Egipto (2005) sigue el artículo 5.5 MC ONU 1999, aunque limita la aplicación de su apartado b), esto es, del agente dependiente sin poderes de contratación a los supuestos donde los bienes y mercancías depositadas se venden en el Estado en el que está situado tal deposito. Una cláusula del mismo tenor la encontramos en el CDI con Vietnam (2005), solo que en este caso se limita la aplicación de la cláusula del agente dependiente sin poderes de contratación a los casos donde la empresa desarrolle en el Estado donde está localizado el depósito de mercancías otra actividad relacionada con las ventas (como la publicidad, la promoción o los servicios posventa) por la propia empresa o por otra persona.

El CDI Filipinas-España (1989, artículo 5.3) sigue el Mod. ONU 1980, aunque la cláusula de agencia presenta ciertas particularidades. En particular, podría resultar contradictorio que la cláusula convencional de auxiliariedad del apartado 3.a) y b) del artículo 5 considere como actividades auxiliares, no constitutivas de EP, las relativas a la utilización de instalaciones o mantenimiento de depósitos con el fin de entregar mercancías pertenecientes a la empresa. Esta contradicción, que no aparece en el Mod. ONU, podría resolverse a favor de la aplicación de la cláusula de agencia siempre que concurran todos y cada uno de sus elementos materiales; ello no acontece cuando se opera a través de agente independiente. La contradicción entre el apartado 3.b) y el apartado 4.b) del artículo 5 del convenio se ha salvado expresamente en tal sentido incluyendo en el primero la siguiente cláusula:

«Sin embargo, cuando tales bienes o mercancías se vendan directamente en los depósitos de almacenaje, éstos se considerarán como establecimientos permanentes». La misma problemática la encontramos en el CDI con Indonesia (1995, artículo 5.4.a) y b), y Protocolo 1); parecidos conflictos pueden suscitarse también en el marco de los CDIs con Marruecos (1978, artículo 5.3 y 4) y con Tailandia (1997, artículo 5.3 y 4, y Protocolo 2).

El CDI con Tailandia (1997, artículo 5.5) sigue sustancialmente la cláusula de agencia prevista en el Mod. ONU 1980, aunque presenta ciertas singularidades que no permiten su plena identificación con tal cláusula-tipo.

El CDI con Turquía (2002, artículo 5.5) sigue la cláusula de agencia recogida en el Mod. ONU. La principal singularidad que presenta esta cláusula es que ha incorporado al texto del apartado b) la interpretación oficial que sobre el alcance de la misma consensuó el grupo de expertos de la ONU (vid. para 25 de los comentarios al artículo 5 Mod. ONU).

2.3.6. La cláusula del agente independiente del artículo 5.6 Modelo convenio de doble imposición

2.3.6.1. Alcance y funcionalidad del artículo 5.6 Modelo convenio de doble imposición

El artículo 5.6 ModCDI pre-BEPS (1977-2014) establece la denominada cláusula del agente independiente en los siguientes términos, a saber:

> «No se considera que una empresa tiene un establecimiento permanente en un Estado contratante por el mero hecho de que realice sus actividades en ese Estado por medio de un corredor, un comisionista general o cualquier otro agente independiente, siempre que dichas personas actúen dentro del marco ordinario de su actividad».

El Comité de Asuntos Fiscales de la OCDE ha señalado que esta cláusula ha sido introducida para clarificar y enfatizar que, con carácter general, un agente, que constituye una empresa separada y autónoma, no constituye un establecimiento permanente de una empresa extranjera (parágr. 36 de los CMC). Estamos, por tanto, ante una disposición que contribuye a delimitar negativamente la noción de establecimiento permanente, en particular aquellos que poseen carácter «ficticio» en el sentido de lo expuesto en los CMC al artículo 5.5 ModCDI. La interrelación del artículo 5.6 ModCDI con la cláusula general se plantearía así en términos similares a los que ya comentamos al hilo del artículo 5.5, lugar al que nos remitimos a este respecto. No obstante, la cláusula del artículo 5.6 está configurada de forma distinta que el artículo 5.5 ModCDI, al objeto de clarificar que no existe un EP con carácter general en los supuestos del agente independiente. Por otro lado, debe señalarse que el artículo 5.5 ModCDI pone el énfasis en los poderes de vinculación del agente respecto de la empresa extranjera de cara a determinar en sentido positivo la presencia de un EP, en tanto que el artículo 5.6 ModCDI atiende a la independencia legal y económica del agente, así como a su actividad económica a efectos de excluir la existencia de tal EP. Allí donde un agente dependiente, en el sentido del artículo 5.6 ModCDI, resulta ser al mismo tiempo un agente independiente, con arreglo al artículo 5.6 ModCDI, en principio, debería negarse la existencia de un EP, a salvo de lo previsto en otros apartados del artículo 5 del CDI de que se trate (parágr. 32 a 38 de los CMC). Del mismo modo, el hecho de que un agente no reúna las características de agente independiente en el sentido del artículo 5.6 ModCDI no significa que ya constituya en todo caso un agente dependiente, con todo lo que ello conlleva, sino que deberá verificarse que incide en el ámbito del artículo 5.5 ModCDI.

En relación con la cláusula del artículo 5.6, cabe poner de relieve una vez más, como ya hemos indicado en los epígrafes 2.1.1 y 2.1.2 de este capítulo y en el capítulo 1 de esta obra dedicado al **MLI**, que el **MC OCDE 2017** modificó la cláusula del agente independiente a efectos de implementar las conclusiones recogidas en el **Informe Final de la Acción 7 de BEPS**, ampliando el ámbito operativo del EP de agente dependiente de cara a evitar ciertos casos de elusión artificial de EP; el MC OCDE 2017 establece una cláusula de agente independiente de nueva planta que limita su alcance en conexión y de acuerdo con los cambios introducidos en el apartado 5 del mismo precepto; de hecho, podría decirse que el nuevo artículo 5.6 termina operando extendiendo la cláusula de agente dependiente en lugar de limitarla; básicamente, las modificaciones consistirían en lo siguiente (paras. 103-113 CMC artículo 5 MC OCDE 2017): a) un concepto más estricto de lo que constituye la actividad o negocio propio del agente; b) un perfilamiento más estricto del concepto de independencia del agente, de manera que tal concepto aplica tanto en un sentido jurídico (actuación exclusiva o casi exclusiva por cuenta de una o más empresas vinculadas atendiendo al control común a través de una participación en el capital) como económico (actuación exclusiva o casi exclusiva por cuenta de una empresa o un grupo de empresas con las que no está vinculado); y c) se clarifica que cuando el agente (una filial) no opera de forma exclusiva o casi exclusiva en nombre de una empresa (o empresas) vinculadas, el mero hecho de que la matriz ejerza un control sobre la misma en su condición de accionista no determina que la filial pueda ser calificada como agente dependiente de su accionista (matriz), tal y como establece el propio artículo 5.7 MC OCDE; la guía de comentarios

OCDE reitera que el control típico que ejerce un contratista principal respecto de un agente independiente con relación al resultado de las actividades del agente no determinan tampoco dependencia siempre que tal control no comprenda de forma exhaustiva o absoluta la forma en que debe desempeñar su actividad el agente (autonomía organizativa y funcional). Los cambios introducidos en el **artículo 5.6 MC OCDE 2017** como consecuencia de la acción 7 de BEPS han sido expuestos en los epígrafes mencionados (lugar al que nos remitimos), de suerte que al tratarse de modificaciones sustantivas no despliegan efectos sobre la interpretación de CDIs concluidos con arreglo a otras versiones del MC OCDE, tal y como reconoce la OCDE (parágrafo 4 CMC artículo 5 MC OCDE 2017).

Volviendo a la delimitación de la noción de agente independiente recogida en el MC OCDE (pre-BEPS), cabe destacar su complejidad (y casuística) a la vista de los criterios que se han empleado para configurarla. Una persona (v.gr., un broker, un comisionista, etc.) que actúa en nombre de una empresa extranjera realizando actividades económicas por cuenta de la misma opera como o tiene el estatus de agente independiente y, por tanto, resulta aplicable la regla negativa del artículo 5.6 *únicamente cuando:*

a) tal persona es independiente de la empresa tanto jurídica como económicamente, y
b) actúa en el ejercicio normal de su actividad cuando actúa por cuenta de la empresa.

En relación con la interpretación de esta cláusula, no puede dejar de señalarse la relevancia de la jurisprudencia vertida en los casos Borax y Dell comentados en el epígrafe precedente, en la medida en que la posición fijada sobre la cláusula de agente dependiente repercute de forma evidente sobre esta otra (artículo 5.6) vaciándola de contenido respecto de situaciones donde la actividad y funciones realizadas por la filial española están altamente conectadas y controladas por la entidad no residente a la que presta un conjunto de servicios. Igualmente, ya hemos visto como el Informe final OCDE/G20 sobre la Acción 7 de BEPS propone una nueva redacción que limita muy considerablemente el ámbito de aplicación de esta cláusula, ampliando paralelamente la de agente dependiente.

2.3.6.2. *Evolución de la cláusula en el Modelo convenio de doble imposición, conexión con los Modelos de EEUU y ONU, y práctica convencional española*

La cláusula del agente independiente contenida en el apartado 6º del artículo 5 ModCDI (pre-BEPS) apenas ha experimentado cambios a lo largo de las diferentes versiones del Modelo de convenio. Las principales modificaciones son formales y afectan a la renumeración de parágrafos del artículo 5 y de sus comentarios; así, la cláusula del agente independiente aparecía en el apartado 5 del Proy. Mod. de 1963; en 1977 se renumeró tal disposición y se modificaron algunos términos empleados en el antiguo artículo 5.5 sin que tales cambios, tendentes a mejorar técnicamente las palabras empleadas, hayan introducido ninguna modificación material que afecte al sentido o alcance de la cláusula. Debe recordarse a este respecto que, como ya hemos indicado en los epígrafes 2.1.1 y 2.1.2 de este capítulo, y en el capítulo 1 de esta obra dedicado al **MLI**, el **MC OCDE 2017** modificó la cláusula del agente independiente a efectos de implementar las conclusiones recogidas en el Informe Final de la Acción 7 de BEPS, ampliando el ámbito operativo del EP de agente dependiente de cara a evitar ciertos casos de elusión artificial de EP. Los cambios articulados en el tenor literal y CMCs del artículo 5.6 MC OCDE como consecuencia de la acción 7 de BEPS han sido expuestos en los epígrafes mencionados (lugar al que nos remitimos), de suerte que al introducir algunas modificaciones que poseen carácter sustantivo no deberían desplegar efectos sobre la interpretación de CDIs concluidos con arreglo a otras versiones del MC OCDE, tal y como reconoce la OCDE (parágrafo 4 CMC artículo 5 MC OCDE 2017).

La cláusula prevista en el apartado 6º del artículo 5 del Modelo EEUU 1996-2006 es prácticamente idéntica a la recogida en el ModCDI. La única diferencia que detectada es que al final de la misma se ha añadido la expresión «*as independent agent*» para enfatizar que el agente debe operar en el curso ordinario de su actividad económica de manera jurídica y económicamente independiente. Por lo que se refiere al Mod. ONU 1999, lo cierto es que este Modelo se desvía de forma notable del ModCDI en varios aspectos. Por un lado, el Mod. ONU (1999) establece en el apartado 6º del artículo 5 una disposición referida a los casos de entidades aseguradoras que realizan actividades en el territorio de otros Estados contratantes considerando que operan a través de EP cuando perciben primas o aseguran riesgos en los mismos a través de personas o agentes que no poseen la condición de agentes independientes en el sentido previsto en el artículo 5.7 de tal Modelo. Por otro lado, el artículo 5.7 del Mod. ONU recoge la cláusula dedicada a los agentes independientes con un alcance parcialmente distinto a la prevista en el ModCDI. Así, la cláusula del artículo 5.6 ModCDI aparece recogida en el artículo 5.7 Mod. ONU, pero viene matizada por un párrafo adicional que no se incluye en el ModCDI. La aportación prevista en el Mod. ONU persigue clarificar que para determinar que un agente (que realiza todas o casi todas sus actividades en nombre de una empresa no residente) no posee el estatus o condición de independiente sería necesario (además) tener en cuenta globalmente las relaciones financieras y comerciales entre la empresa y el agente, de forma que tal análisis ponga de relieve que sus relaciones difieren de las que serían esperables o se hubieran pactado entre partes independientes operando con arreglo al principio de plena concurrencia. De aquí que el mero hecho de que el agente independiente opere únicamente en relación con un único principal o empresa no cambia automáticamente su estatus convirtiéndolo en agente dependiente.

En relación con la **práctica convencional española** relativa a la cláusula del agente independiente puede afirmarse que la mayor parte de los CDIs concluidos por España sigue los Modelos elaborados por la OCDE.

Existe, no obstante, un grupo de CDIs que, a pesar de seguir el ModCDI, recogen singularidades relevantes respecto de lo previsto en el mismo. Tales peculiaridades son expuestas a continuación.

El CDI con Australia (1992, artículo 5.6) recoge la particularidad prevista en el Modelo EEUU (vid. *supra*).

El CDI Bélgica-España (1970, artículo 5.5) contiene una peculiaridad en el sentido de que el mediador que actúe por cuenta de una empresa de seguros y que concluya habitualmente contratos en nombre de la misma, no se encuentra comprendido en la cláusula del agente independiente. La misma singularidad aparece recogida en el CDI firmado entre España y Bélgica en 1995 (artículo 5.6). En el CDI con Brasil (1974, artículo 5.5) se recoge también una cláusula que determina la existencia de EP en un Estado cuando una empresa del otro Estado obtiene primas o riesgos en el primero a través de un agente que no tenga la condición de agente independiente de acuerdo con el artículo 5.6 del CDI; es decir, en este CDI la cláusula del agente independiente conserva su vigencia en el ámbito de la norma especial sobre actividades de mediación de seguros. Lo mismo acontece en el marco del CDI con Tailandia (1997, artículo 5.6); no obstante, téngase en cuenta que en este convenio la noción de agente independiente resulta más estricta que en el ModCDI, dado que el apartado 3 del Protocolo ha excluido de la misma determinados supuestos que de otro modo podrían considerarse como cubiertos por la misma. El CDI con Nueva Zelanda (2006, artículo 7.8) contiene una regla especial sobre la tributación de las rentas o beneficios de cualquier tipo de seguro. En esta misma línea se sitúa la previsión recogida en el CDI con Jamaica (2009, artículo 5.6) que prevé la existencia de un EP cuando la entidad no residente recauda primas o asegura riesgos en el territorio del otro Estado contratante a través de personas distintas a un agente independiente.

El CDI con Marruecos (1978, artículo 5.4) recoge la cláusula de agente independiente prevista en el ModCDI 1977 con importantes singularidades que en cierto modo la desnaturalizan en relación con determinados supuestos. Así, se ha establecido que cuando el intermediario o agente (independiente) cuya cooperación se utiliza por la empresa principal extranjera dispone de un «stock» de mercancías en depósito o consignación a partir del cual se efectúan las ventas y las entregas, se admite que este «stock» define la existencia de un EP de tal empresa.

Finalmente, debe destacarse que existe otro grupo de CDIs concluidos por España que siguen sustancialmente lo previsto en el artículo 5.6 del Mod. ONU. Esta cláusula es empleada por España en los siguientes convenios: CDI Arabia Saudí-España (2007, artículo 5.6), CDI Argentina-España

(1992, artículo 5.6, denunciado por Argentina el 29 de junio de 2012), CDI Colombia-España (2005, artículo 5.6, pendiente de ratificación), CDI China-España (1990, artículo 5.6), CDI Filipinas-España (1989, artículo 5.6), CDI India-España (1993, artículo 5.5), CDI Indonesia-España (1995, artículo 5.7), CDI México-España (1992, artículo 5.7), CDI Omán-España (2014, artículo 5.6), CDI Senegal-España (2006, artículo 5.6), y CDI Venezuela-España (2003, artículo 5.6).

El Mod. ONU también se ha seguido, aunque de forma menos fidedigna, a la hora de configurar la cláusula del apartado 6º del artículo 5 de los CDIs que aparecen a continuación.

El CDI con Argentina (1992) sigue el Mod. ONU en su versión de 1980, con arreglo al cual allí donde el agente (independiente) realice la mayor parte de sus actividades para una única empresa tal agente deja de ser considerado independiente y se considera dependiente siempre y cuando concurran los requisitos previstos en el apartado 5 del artículo 5 del Mod. ONU. El nuevo CDI con Argentina (2013, artículo 5.6 in fine), excluye la aplicación de la cláusula del agente independiente cuando el agente y la empresa estén, en sus relaciones comerciales y financieras, unidas por condiciones aceptadas o impuestas que difieran de las que serían acordadas por empresas independientes y tal agenge realice su actividad en nombre de la empresa no residente. Una cláusula similar la encontramos en los CDIs con Kuwait (2013, artículo 5.8) y con la República Dominicana (2011, artículo 5.6).

El CDI con Catar (2015) contiene una singularidad en relación con la cláusula de agente independiente, la cual se configura de forma más estricta que en el MC OCDE (1977-2014). Así, se establece que cuando el agente realice todas o casi todas sus actividades en nombre de una empresa, y ésta y el agente estén unidos en sus relaciones comerciales o financieras por condiciones aceptadas o impuestas que difieran de las que serían acordadas por empresas independientes, no se le considerará como agente independiente (artículo 5.7).

El CDI China-España (1990, artículo 5.6) sigue el Mod. ONU 1980, aunque matiza su alcance en parecidos términos a lo establecido en el Modelo de 1999. Lo mismo sucede en los CDI con Filipinas (1989, artículo 5.6), Omán (2014, artículo5.6) y Senegal (2006, artículo5.6).

El CDI con la India (1993, artículo 5.6) recoge una cláusula similar a la prevista en el artículo 5.7 del Mod. ONU 1980; la exclusión de la condición de independencia opera igualmente cuando el agente realiza la mayor parte de sus actividades con empresas vinculadas con su principal. La misma singularidad la encontramos en los CDIs con Egipto (2005, artículo 5.6), y con Vietnam (2005, artículo 5.6); en relación con este último, téngase en cuenta las clarificaciones recogidas en su Protocolo II. Una cláusula de corte muy semejante la encontramos en los CDI con Trinidad y Tobago, Jamaica, El Salvador, Panamá y Pakistán.

El CDI con Indonesia (1995, artículo 5.7) sigue el Mod. ONU de 1980 en este punto.

El CDI con Tailandia (1997, artículo 5.7) recoge la cláusula del artículo 5.6 ModCDI, aunque lo cierto es que el Protocolo nº 3 termina reconfigurándola y aproximándola a la recogida en el Mod. ONU 1980.

El CDI con Venezuela (2003, artículo 5.6) recoge la cláusula de agente independiente en los términos previstos en el Mod. ONU 1980. Ello significa que cuando el agente realice todas o casi todas sus actividades (comerciales o industriales) en nombre de la empresa, no será considerado agente independiente.

2.3.7. La cláusula matriz-filial del artículo 5.7 Modelo convenio de doble imposición y su interrelación con el concepto de establecimiento permanente

2.3.7.1. Alcance y funcionalidad del artículo 5.7 Modelo convenio de doble imposición

El artículo 5.7 ModCDI establece la denominada cláusula del agente independiente en los siguientes términos, a saber:

> «El hecho de que una sociedad residente de un Estado contratante controle o sea controlada por una sociedad residente del otro Estado contratante o que realice actividades empresariales en ese otro Estado (ya sea por medio de establecimiento permanente o de otra manera), no convierte por sí solo a cualquiera de estas sociedades en establecimiento permanente de la otra».

La cláusula del artículo 5.7 ModCDI constituye una norma cuya finalidad reside en clarificar en sentido negativo el concepto de EP en relación con los supuestos donde una sociedad residente de un Estado contratante es controlada por otra entidad de otro Estado contratante; el caso más paradigmático será el que afecta a las sociedades filiales de una «matriz» residente de otro Estado. A este respecto, el Comité Fiscal OCDE ha incluido una cláusula que clarifica de forma expresa que, como regla, tal situación no genera la existencia de un EP (parágrs. 40 a 42 de los CMC). Es decir, el hecho de que una sociedad matriz controle el capital e incluso la actividad económica de una filial constituida y residente de otro Estado contratante no convierte a esta última en EP de la primera. Ello obedece a que, en el ámbito fiscal, tal filial constituye una entidad jurídicamente independiente (anti-single entity clause/Antiorganschaftsklausel) que, por otro lado, resulta sujeta a imposición en su Estado de residencia en relación con la renta obtenida por la misma. Se considera que incluso allí donde la actividad económica realizada por la filial es dirigida por la entidad matriz ello no convierte a la filial en EP de la matriz.

El propio Comité Fiscal OCDE se ha ocupado de puntualizar, a través de los CMC (parágrs. 41 y 42), que una filial sí constituirá un EP de su matriz, bajo las mismas condiciones establecidas en el artículo 5.5 ModCDI que son válidas para cualquier otra empresa no asociada, si no puede ser considerada como un agente independiente en el sentido previsto en el artículo 5.6, en la medida en que posea y ejerza habitualmente la autoridad o poder para concluir contratos en el nombre de la matriz; los efectos o consecuencias serían los mismos que para cualquier otra entidad independiente a la que fuera aplicable el parágrafo 5 del artículo 5. Las mismas reglas resultan de aplicación en relación con las actividades que desarrolla una filial para cualquier otra filial de la misma matriz. A la postre, la cláusula del artículo 5.7 viene a confirmar o clarificar la aplicación de las reglas de agente dependiente e independiente a los casos de sociedades matrices y filiales y sociedades bajo un control común.

El Comité de Asuntos Fiscales OCDE también modificó los comentarios al artículo 5.7 del ModCDI 2005, a efectos de enfatizar la relevancia y consecuencias del principio de empresa separada en este contexto, estableciendo las siguientes reglas:

• Una sociedad matriz puede poseer un EP en el Estado donde su filial posee un lugar fijo de negocios, allí donde concurren los presupuestos previstos en los paras.1 a 5 del artículo 5 ModCDI. Así, un espacio o instalación perteneciente a la filial que se pone a disposición de la matriz y que constituye un lugar fijo de negocios a través del cual la matriz realiza su propia actividad económica puede constituir un EP de la matriz con arreglo al artículo 5.1, sin perjuicio de las reglas de los apartados 3 y 4 de tal precepto.

• Con arreglo a la cláusula de agencia (artículo 5.5) se considerará que una matriz posee un EP en un Estado en relación con cualquier actividad que su filial desarrolle para la matriz si la filial ostenta, y ejercita habitualmente, en tal Estado poderes para concluir contratos en nombre de la matriz, a menos que tales actividades se limiten a las auxiliares o preparatorias referidas en el artículo

5.4 o a menos que la filial actúe en el giro ordinario de su actividad como un agente independiente con arreglo al artículo 5.6.

• Las reglas expuestas anteriormente se aplican a cualquier entidad que forme parte de un grupo multinacional, de manera que la existencia o no de un EP en este tipo de casos debe determinarse de forma separada en relación con cada entidad del grupo.

• También se clarifica que la situación donde una entidad extranjera parte de un grupo multinacional realiza su actividad empresarial a través de un lugar fijo de negocios localizado en las instalaciones de una empresa asociada se distingue de la situación donde una empresa asociada parte de un grupo multinacional presta servicios (v.gr., servicios de apoyo a la gestión) a otra la entidad extranjera del grupo, utilizando su propia actividad en sus propias instalaciones y a través de su propio personal; en el primer caso puede existir un EP de acuerdo con los principios antes expuestos, en tanto que en el segundo caso no se considera que tal forma de actuar genere la existencia de un EP.

• Por último, el Comité Fiscal OCDE introdujo una importante clarificación posiblemente dirigida a evitar que se produzcan precedentes como el caso *Philip Morris* en Italia. En este mismo sentido, se insiste que el hecho de que las actividades desarrolladas por una empresa en un determinado lugar pueden suponer un beneficio para el negocio o la actividad de otra entidad no significa que esta última realice su actividad empresarial en tal lugar: claramente, un sociedad que únicamente compra mercancía producida o servicios prestados por otra entidad localizada en un país diferente no tendría un EP simplemente por ello, incluso considerando que puede ser beneficiada de la fabricación de tal mercancía o por el suministro de tales servicios. La clarificación introducida va en la línea de corroborar que la prestación de servicios intragrupo por muy ordenada que esté por el grupo no genera un EP de la destinataria del servicio en sede de la filial prestadora, ya que ello quiebra el principio de empresa separada y no resulta consistente con el requisito clave del lugar a disposición (que requiere acceso no restringido, control del espacio y uso (físico) y efectivo por el personal de la empresa). Esta clarificación también puede resultar aplicable en relación con determinado tipo de estructuras que emplean las MNEs con cierta frecuencia como pueden ser los *regional buying offices* (centros regionales de compras) o las estructuras que operan sobre la subcontratación de parte de su actividad productiva *(contract manufacturing)* o de servicios.

El **MC OCDE 2017** no ha introducido modificaciones en el tenor literal de la cláusula del artículo 5.7 del Modelo de Convenio. Sin embargo, los CMC al artículo 5.7 del referido Modelo de 2017 sí reflejan otra serie de modificaciones introducidas en el Modelo; así, la clarificación recogida en los paras. 10 a 19 sobre el alcance de la expresión "lugar a disposición" en el marco del artículo 5.1 se traslada a este ámbito; y las modificaciones introducidas sobre la cláusula de agente dependiente también son traídas a colación, siendo también relevantes algunos nuevos comentarios incluidos por el MC OCDE 2017 respecto del artículo 5.6 de tal modelo (paras. 105 y 113 CMC artículo 5 MC OCDE 2017).

En relación con la práctica española, ya hemos visto a lo largo de los epígrafes precedentes cómo la interpretación expansiva de las cláusulas del artículo 5.1 y 5.5 de los CDI, por parte de la Administración tributaria y los propios tribunales, terminan superando la posición ortodoxa fijada por la OCDE. Véanse a este respecto la DGT V0984-06 de 25-5-2006 y la RTEAC de 19 de enero de 2006, referidas a supuestos en los que las autoridades españolas consideran que una Filial situada en España constituye un EP de una matriz extranjera (vid. también Carreño/González Oliete, en torno a los riesgos de estructuras de *contract manufacturing* en España). La jurisprudencia de los casos Borax, Roche y Dell, en particular, tal y como hemos indicado al hilo de las cláusulas del artículo 5.1 (enfoque de asentamiento complejo operativo) y 5.5 (interpretación funcional del agente dependiente, incluyendo representación indirecta y agente dependiente industrial), evidencia cómo las autoridades fiscales y los tribunales españoles consideran que en casos singulares donde concurre una intensa interrelación y confusión operativa y funcional entre la filial española y la entidad no residente a la que presta servicios, quiebra el principio de empresa separada de manera que tal levantamiento del velo se articula a través de una peculiar fórmula consistente en entender que la entidad no residente opera a través de un EP (la filial española) (vid. Martín Jiménez 2016).

También resulta relevante a estos mismos efectos la resolución del TEAC de 3 julio de 2014 que adopta un enfoque más sofisticado para determinar la existencia de un EP para una matriz francesa en relación con las actividades realizadas por su filial española en el marco de una operación de reestructuración empresarial. El TEAC llegó a la conclusión de que a los efectos de dilucidar la existencia o no de un "lugar fijo de negocios" y por tanto de un EP, lo fundamental es determinar no quién asume el riesgo, sino el lugar donde se toman las decisiones que suponen la aceptación y gestión del riesgo, dado que tal lugar podrá constituirse en "lugar fijo de negocios". El TEAC acudió a los criterios recogidos en el Informe final sobre el enfoque autorizado de atribución de beneficios al EP (2008-2010), con arreglo al cual las funciones humanas sustantivas son las que determinan la asunción del riesgo, consistiendo en funciones de toma de decisiones activas en relación a la aceptación, control y gestión (y en su caso transferencia) de los riesgos. El ejercicio de tales funciones en un determinado lugar (no necesariamente físico), lleva aparejada una asunción de riesgos asociados a esa función, y determina que tal parte de la empresa (EP-Casa central) queda sujeta a tal riesgo de una forma directa e inmediata. De acuerdo con estas reglas, las funciones humanas sustantivas "arrastran" los activos y los riesgos, de manera que no es posible el desplazamiento contractual de los riesgos dentro de una empresa al margen de tales funciones humanas sustantivas. El hecho de que la filial española de la matriz francesa, tras la reestructuración, siguiera desarrollando prácticamente las mismas funciones que con anterioridad -pasando de distribuidora a comisionista merced a una modificación contractual— llevo a las autoridades españolas y al TEAC, a considerar que las instalaciones y red de distribución de la filial que desarrollaba las funciones humanas sustantivas relacionadas con las operaciones de comercialización de vehículos constituía una lugar fijo de negocios en territorio español para la matriz francesa.

En este mismo orden de cosas, y siguiendo la estela del caso italiano *Philip Morris* resulta interesante reseñar la sentencia del Tribunal fiscal de Delhi (India) en el caso *Rolls Royce* (de 26 de octubre de 2007; *Rolls Royce PLC vs DDIT*, 2007 TIOL-408-ITAT-DEL) donde la entidad británica es considerada que opera en India con EP, debido a las funciones de marketing que desarrolla allí su filial (los acuerdos de servicios intragrupo entre ambas), así como las funciones que desarrollaba la matriz inglesa en India a través de las propias oficinas de filial en India, dado que los empleados de la matriz se desplazaban regularmente a la India y utilizaban las instalaciones de la filial. A su vez, la matriz reembolsaba un porcentaje de gastos en concepto de uso de gastos administrativos y también soportaba un servicio intragrupo por las labores de marketing realizadas en el marco del contrato entre ambas. El Tribunal de Delhi consideró que la matriz inglesa, a la vista de tales hechos, tenía una «business connection» constitutiva de EP (la filial) y le atribuyó el 35 % de los beneficios de la matriz inglesa (atribuyendo 50 % a la actividad de fabricación fuera de India y 15 % a la de I+D fuera de India). El caso resulta interesante en la medida en que no es el primero en la India y este país está marcando tendencia en la zona asiática. Con todo, consideramos que esta línea de ataque solo debería operar frente a estructuras con filial que realiza funciones auxiliares a la distribución, pero no cuando tal filial ya realiza funciones de *full-fledged distributor*.

Téngase en cuenta que muchos de los casos donde puede plantearse esta problemática en sede de artículo 5 ModCDI, la cláusula que puede dar cobertura a la existencia de un EP en estos casos es la relativa al agente dependiente (artículo 5.6 ModCDI), de manera que procede remitirse a los comentarios sobre tal cláusula en el epígrafe precedente.

También debe ponerse de relieve la dificultad para determinar la base imponible del EP de la matriz creado por la filial, no solo considerando la ausencia de una contabilidad separada en sede de la matriz, sino teniendo en cuenta las dificultades para construir fácticamente una asignación de activos, funciones y riesgos de tal EP de forma separada a la filial; en este sentido, la jurisprudencia de los tribunales de India han establecido la regla de que allí donde una entidad asociada que constituye el EP de la matriz ha sido remunerada de acuerdo con el *arm's length* tomando en consideración todas las funciones y riesgos de la empresa, no habría beneficio residual que atribuir al EP así creado (casos *SET Satellite* y *BBC Worlwide*, comentados por Kanabar/Dharawat 2014, pp.181 y ss); lógicamente, allí donde el EP así creado contara con activos, funciones y riesgos adicionales proporcionados por la empresa y afectados funcionalmente a tal lugar de negocios, la remuneración podría ser mayor. La jurisprudencia de India también ofrece casos donde los tribunales se han opuesto a enfoques administrativos donde las autoridades fiscales consideraron que una filial local que prestaba servicios de desarrollo de software siguiendo las instrucciones de su matriz americana constituía un EP de la misma; el Delhi High Court en su sentencia de 16 de mayo de 2016 (caso *Adobe Systems vs. ADIT*), estableció que el hecho de que la matriz ejerza cierta dirección y control de la filial no convierte a ésta en un EP de su matriz; en la misma línea consideró que el hecho de que contractualmente se haya establecido un drecho a inspeccionar las instalaciones de la filial no supone que tales instalaciones estén a disposición de la filial. En la misma línea se sitúa la sentencia del ITAT de Delhi en el caso *Nokia*, donde el tribunal rechazó el argumento desarrollado por la administración en el sentido de que la filial constituía una proyección virtual de la matriz y que llevaban a cabo una actividad altamente integrada que excluye que la filial pueda calificarse como una "empresa separada" (*Nokia Networks OY vs JCIT*, June 2018; vid.: Goel 2018).

Finalmente, no puede perderse de vista cómo la problemática que hemos comentado en relación con los supuestos donde las actividades de una filial pueden generar o dar lugar a un EP para su matriz, también presentan una dimensión en el contexto del IVA. Y de hecho, el TJUE ya se ha pronunciado en tal sentido, cuando menos, en dos ocasiones. Así, en la sentencia del TJUE en el caso *DFDS* (C-260/95) se considera que una filial puede constituir un EP de la matriz, considerando los contratos existentes entre ambas entidades (vid. Gärtner/Minor 2011). Otros dos pronunciamientos relevantes vienen dados por las sentencias de 25 de octubre de 2012, Asunto *Daimlier/Widex*, C-318/11 y C-319/11, y de 16 de octubre de 2014, *Welmory*, C-605/12, comentadas más adelante.

2.3.7.2. *Evolución de la cláusula en el Modelo convenio de doble imposición, conexión con los Modelos de EEUU y ONU, y práctica convencional española*

La cláusula del apartado 7° del artículo 5 ModCDI apenas ha experimentado cambios a lo largo de las diferentes versiones del Modelo de convenio. Las principales modificaciones son formales y afectan a la renumeración de parágrafos del artículo 5 y de sus comentarios; así, la cláusula de filiales aparecía en el apartado 6° del Proyecto de Modelo de 1963; en 1977 se renumeró tal disposición y se modificaron algunos términos empleados en los comentarios a tal precepto sin que tales cambios, tendentes a mejorar técnicamente las palabras empleadas, hayan introducido ninguna modificación material que afecte al sentido o alcance de la cláusula. El **MC OCDE 2017** no ha introducido modificaciones en el tenor literal de la cláusula del artículo 5.7 del Modelo de Convenio. Sin embargo, los CMC al artículo 5.7 del referido Modelo de 2017 sí reflejan otra serie de modificaciones introducidas en el Modelo que ya han sido comentadas al inicio de este epígrafe (lugar al que nos remitimos).

La cláusula prevista en el apartado 7° del artículo 5 del Modelo EEUU 1996 es prácticamente idéntica a la recogida en el ModCDI. Por lo que se refiere al Modelo ONU 1999, lo cierto es que este Modelo reproduce sin cambios en el apartado 8° del artículo 5 la cláusula del artículo 5.7 ModCDI. Los comentarios al Mod. ONU también señalan la aplicabilidad en este ámbito de los parágrs. 40 a 42 de los CMC.

En relación con la **práctica convencional española** relativa a la cláusula matriz-filial, lo cierto es no hemos detectado ninguna desviación sustantiva en los CDIs españoles en relación con los Modelos elaborados por la OCDE.

2.3.8. Las actividades de comercio electrónico y la figura del establecimiento permanente. Los comentarios introducidos al artículo 5 Modelo de convenio de doble imposición OCDE 2003

A los efectos de la aplicación artículo 5 del ModCDI únicamente resulta relevante referirse a las cuestiones que atañen a la caracterización de las operaciones empresariales a través de instrumentos o herramientas de comercio electrónico como operaciones realizadas por medio de un Establecimiento permanente; es decir, debe determinarse si estas nuevas formas de realizar actividades económicas pueden ser calificadas como actividades que se realizan con o sin mediación de EP atendiendo a sus específicas características.

El Comité de Asuntos Fiscales de la OCDE ha dedicado un estudio a esta específica cuestión, a saber: OECD, *Clarification on the Application of the Permanent Establishment definition in E-Commerce,* OECD, Paris, 20 December 2000. Y las conclusiones de tal estudio, con pequeños matices, se han incorporado a los Comentarios al artículo 5 del ModCDI de 2003. Tales comentarios, como se sabe, poseen un relevante valor de cara a la interpretación y aplicación de los CDIs que se han negociado sobre la base del ModCDI. Es posible, por tanto, que con la incorporación de estos nuevos comentarios sobre el establecimiento permanente y el comercio electrónico el Comité de Asuntos Fiscales de la OCDE persiga la aplicación de estas reglas interpretativas del artículo 5 ModCDI en los CDIs que se concluyan siguiendo este Modelo; es posible igualmente que se pretenda que las conclusiones expuestas en estos nuevos comentarios al ModCDI 2003-2005 resulten de aplicación en el marco de CDIs negociados siguiendo versiones anteriores del Modelo de convenio OCDE, lo cual resulta muy discutible.

En particular, respecto de la aplicabilidad de estos nuevos comentarios en el marco de los CDIs concluidos por España debe tenerse, a su vez, en consideración que las autoridades españolas formularon una serie de reservas interpretativas al informe OCDE, *Clarification on the Application of the Permanent Establishment definition in E-Commerce;* tanto España como Grecia y Portugal han mantenido tales reservas en el marco del ModCDI 2003 habiendo manifestado sus dudas sobre la oportunidad de la inclusión de los nuevos comentarios que sobre esta cuestión se han incorporado al ModCDI 2003. Actualmente, tan solo Reino Unido, Grecia y Chile mantienen observaciones a los paras.42.1-42.10 de los CMC al artículo5 Mod CDI, aunque lo cierto es que la cuestión de la existencia de un EP en relación con estructuras de negocios remotos a través de plataformas electrónicas actualmente está en revisión en el marco del proyecto OCDE, *Base Erosion and Profit Shifting,* tal y como indicamos al principio de este capítulo y como se indica en el Informe del Grupo de Expertos de alto nivel sobre Economía Digital (2014) cuyas conclusiones se exponen más abajo.

El **MC OCDE 2017** se limita a introducir en los comentarios algunos pasajes dirigidos a destacar que los ISPs (*Internet Service Providers*), como regla, no resultan afectados por la cláusula de agente dependiente, en la medida en que su operativa no comprende operar como agentes de una entidad no residente concluyendo contratos que la vinculen ni actuando con el papel principal en la firma de tales contratos de prestación de servicios o suministro de bienes por parte de tales empresas no residentes, de manera que en la prestación de los servicios tecnológicos que le son propios actúan como agentes independientes (parágrafo 131 artículo 5 MC OCDE 2017). Algunos destacados autores (Schön) han cuestionado la analogía entre "EP físicos" y "EP virtuales" que se estaría utilizando para justificar la extensión del concepto tradicional de EP. A este respecto se realizan una serie de reflexiones de alcance: a) que las plataformas digitales de comercio online o dedicadas a prestaciones de servicios digitales solo existen en Internet y su valor resulta principalmente de los algoritmos, software e intagibles (marcas) que son utilizados en las mismas, de suerte que los activos tangibles (hardware, servers, etc) que sirven de soporte operativo pueden localizarse en cualquier territorio y no necesariamente en el territorio del "país mercado"; b) la facilidad con la que estas plataformas contactan y acceden a los potenciales usuarios o clientes de sus bienes o servicios localizados en una determinada jurisdicción no tiene que ver su nivel de presencia en tal mercado sino con la efectividad de su modelo de negocio; c) la presencia de los proveedores de servicios digitales en sus mercados tiende a ser cada vez menor como consecuencia del desarrollo de la tecnología (software as a service, cloud computing), de manera que la presencia física de tales proveedores se materializa en el lugar donde tiene lugar el desarrollo de sus productos y servicios y no donde están sus destinatarios; d) la creación de valor de los negocios y empresas altamente digitalizados es difícil de determinar, considerando la existencia de *"cross-border teams"* y *"moving value chains"*; e) la creación de valor de los usuarios que tiene lugar en algunos modelos de negocio digitales (Youtube, Snapchat) ya está siendo remunerada por tales negocios y en tal sentido debe ser gravada en sede de tales usuarios; otras MNEs tecnológicas como Google vendrían a establecer una suerte de intercambio o permuta con los usuarios (datos y publicidad a cambio de utilización gratuita de los servicios del buscador). De hecho, la verdadera fuente de ingresos de algunas MNEs tecnológicas se basa en servicios complementarios explotados en masa en los distintos mercados a través de importantes inversiones tecnológicas y de marketing. La creación de valor resulta de los propios activos, capital y actividades desarrolladas por las empresas digitales y no de los usuarios, de manera que el Impuesto sobre Sociedades debe poder capturar los beneficios obtenidos. La retórica basada en la creación de valor por los usuarios únicamente trata de legitimar la posición del país mercado, dislocando la lógica de todo el sistema de gravamen de beneficios corporativos basada en el *supply-side*, esto es, donde existen lugares de negocios relacionados con actividades de generación de beneficios (fabricación, I+D, distribución, aprovisionamiento, funciones corporativas, etc) que determinan un punto de conexión basado en la "fuente" (que tiene su reflejo respecto de la jurisdicción fiscal del país de residencia), pero que no equivale a "mercado"; tal distinción entre *"market country"* como *"destination country"* (explotando el aspecto del consumo) y el *"market country"* como *"source country"* (donde el contribuyente establece una presencia que va más allá del mero suministro de bienes o servicios) resulta estructural, en el sentido de que si se obviara determinaría una quiebra del sistema que implicaría un *"ring-fencing"* aplicado a la economía digitalizada que determina un gravamen en destino (mercado). Tal evolución transformaría el Impuesto sobre Sociedades en algo distinto, ya que no está pensado para gravar los ingresos de ventas y servicios a los clientes como un *"turnover tax"* sino someter a imposición el retorno de la inversión de capital realizada por los accionistas de una corporación. En este sentido, se considera que resulta más consistente gravar a una entidad en un país allí donde realiza una inversión (*tangible and intangible investment/capital & digital investment & functions performed as regards such investment*) en relación con el mismo de la que resulta un beneficio, y no establecer tal gravamen simplemente porque realiza ventas remotas a clientes situados en el mismo. Tal enfoque de *supply-side* pasa por un análisis complejo y transparente de la cadena de valor de las MNEs que se acerca a modelos semi-formularios o de *profil split* avanzados.

En definitiva, el comercio electrónico ha planteado la necesidad de clarificar el concepto de establecimiento permanente a efectos de determinar si determinadas fórmulas o mecanismos para articular tal actividad constituyen una base fija de negocios en el sentido indicado. Y la principal cuestión reside en saber o determinar si una «web site» (página o lugar en la red Internet) y un «server» o servidor constituyen un EP en el sentido del artículo 5 ModCDI. La posición adoptada en el informe del Comité Fiscal OCDE del 2000, que ha sido confirmada a través de los nuevos comentarios (parágrs. 42.1 a 42.10) al artículo 5 del ModCDI 2003 y versiones posteriores, lugar al que hay que remitirse. Aquí únicamente puede avanzarse que, con carácter general, un «web site» de Internet, que constituye una combinación de software y datos electrónicos, no integra por sí mismo propiedad tangible y, por lo tanto, no posee un lugar físico que pueda resultar equivalente a «un lugar de negocios» en el sentido requerido por el concepto de EP del artículo 5 ModCDI. Por el contrario, el servidor o «server» en el que Internet web site es almacenado y es accesible constituye una pieza de maquinaria que sí posee presencia física y en determinadas circunstancias sí podría constituir una base fija de negocios de la empresa que opera tal servidor.

En este orden de cosas, resulta reseñable la resolución de 12 de abril 2013 de un tribunal de India (Kolkata Tax Tribunal) en el caso *ITO v. Right Florists Limited* (ITA N.1336/Kol./2011), donde se consideró que los servicios de publicidad por vía electrónica (herramientas de búsqueda a través de web site y contratación de inclusión de anuncios digitales (banners) en páginas web) suministrados por Google Ireland y Yahoo USA a una empresa situada en India, no eran gravables en tal país en la medida en que no existía una *business connection* en India (los servicios eran prestados sin mediación o apoyo o intervención de una entidad o sede radicada en el territorio de India), ni un establecimiento permanente, ya que, siguiendo los comentarios al MC OCDE en el marco de los CDIs de India con Irlanda y con EEUU, así como el informe OCDE sobre tributación del comercio electrónico, un sitio web en sí mismo no constituye un EP en ausencia de un lugar fijo (físico, no digital) como un servidor situado en India, de manera que éste puede generar un EP si a su vez constituye un lugar de negocios desde el que se realiza toda o parte de la actividad económica. En la misma línea se consideró, que tales servicios así como los de alojamiento de anuncios digitales (banners) de publicidad en páginas web (banners hosting) a pesar de su alto contenido tecnológico no tenían la naturaleza de cesiones de uso de propiedad intelectual o industrial ya que no se cedía o concedía el uso del portal web o se ponía a disposición del prestatario el software relacionado con el mismo y por tanto la renta en contraprestación no era constitutiva de un canon a los efectos de su tributación en la fuente. Esta jurisprudencia confirma precedentes de otros tribunales (casos *Pinstorm Technologies* TS 536 ITAT/ 2012/Mum, y *Yahoo India* 506/Mum/2008), restringiendo la relevancia de las observaciones inter-pretativas del gobierno de India a los CMC al artículo 5 ModCDI que se reservan el derecho a con-siderar que un sitio web puede constituir un EP. Igualmente relevante e interesante es el caso *eBay International AG v DDIT* (ITA n.8907/Mumbai/2010), en el que el Tribunal de Apelación de Mumbai, en sentencia de 11 de septiembre de 2013, rechazó la posición de las autoridades fiscales de India que consideraron que eBay International AG (entidad suiza) no poseía un EP en India, como conse-cuencia de poseer y operar un web site en tal país de forma remota y a través de un servidor situado fuera del territorio de India, por el mero hecho de que dos filiales residentes prestaban servicios de marketing y de recaudación de la remuneración de sus servicios prestados a las personas y entidades que realizaban transacciones a través de su web. Sin embargo, se consideró que existía EP agente dependiente de una entidad no residente que comercializaba reservas online en India a través de un agente en India que firmaba los contratos en nombre de la entidad no residente (caso *Abacus Inter-national Pvt vs. DDIT* (ITA Nº 1045/Mum/2008). Existen igualmente dos importantes rulings de las autoridades canadienses y danesas estableciendo que los *"data centers"* de grupos de empresas no generan un EP en un contexto transfronterizo (Sprague 2016b). En concreto, el ruling de las autori-dades danesas, de 3 de mayo de 2016 (SKM 2016.188.SR) donde una entidad danesa que posee y opera, a través de medios humanos y materiales, *"data center assets"* (servidor, equipos informáticos, etc) y que presta servicios de hosting a una entidad vinculada extranjera (no residente) cuya actividad consiste en la distribución o comercialización digital de bienes y servicios en el mercado, no cons-tituye un EP de esta última. El personal de la entidad danesa se encargaba de la operación y gestión diaria del centro de datos. No obstante, como acontece con frecuencia en grupos MNEs en relación con equipos en red, el personal de la entidad no residente (*network operation personnel*) podía acce-der de forma remota al centro de datos operado por la entidad danesa, a efectos de gestionar la website, aplicaciones, contenidos o datos alojados en tal centro de datos con arreglo al contrato de hosting. Igualmente, tal *network operation personnel* estaba autorizado para hacer seguimiento remoto al funcionamiento del software y el hardware localizados en el centro de datos, instalar y desinstalar aplicaciones, e incluso en casos de fallo grave redireccionar el tráfico de datos a otros servidores. Los empleados de la entidad extranjera prestataria del servicio de hosting podían acceder físicamente a las instalaciones del centro de datos en Dinamarca, pero de forma restringida, esto es, ocasional y temporalmente, con limitaciones en el acceso y acompañados del personal de la entidad danesa. Las autoridades danesas rechazaron la existencia de un EP de la entidad extranjera en el centro de datos de Dinamarca sobre la base de los siguientes argumentos: a) la filial danesa constituía una entidad independiente con autonomía organizativa y funcional respecto de la matriz extranjera; b) la prestación de servicios intragrupo por la filial danesa a su matriz no crea un EP para ésta, aunque las actividades de la primera generen un beneficio a la matriz; c) una combinación de datos, software y un website no constituyen un lugar fijo de negocios, tal y como ha destacado la OCDE en los comentarios al artículo5 (parágrafo 42.2 y 3); d) la existencia de un EP requeriría que la matriz no residente ejerciera efectivamente el control sobre los servidores operados por la entidad danesa; tal circunstancia se consideró que no concurría ya que la matriz no ordena de forma cotidiana la acti-vidad de los empleados de la entidad danesa, ni supervisa su trabajo, ni tampoco el personal de la matriz posee un acceso ilimitado a los equipos de la filial que no están "a su disposición" ya que no ostenta la titularidad jurídica de los mismos ni ha concluido un contrato de leasing al respecto; y f) el hecho de que el personal de la matriz pueda tener acceso remoto al centro de datos no equivale a que realicen la función operativa del mismo, o de los servidores, rechazándose igualmente que pudieran considerarse "a disposición" de la matriz.

A este respecto, resulta relevante destacar que España retiró en el Modelo OCDE de 2010 las observaciones recogidas en los paras. 1 y 45.6 de los Comentarios al artículo 5 ModCDI. Particular relevancia posee la retirada de la observación que indicaba que España no tendría en consideración los comentarios 42.1-42.10 al artículo 5 (relativos a la existencia de EP en el marco de actividades de comercio electrónico). Cabría entender ahora que las autoridades españolas aceptan la posición establecida en los referidos comentarios, con todas las implicaciones interpretativas que de ello se derivan; véase no obstante lo establecido por el TEAC en la resolución de 15 de marzo de 2012, sobre el caso Dell en relación con el concepto de EP virtual, al margen de la posición ortodoxa establecida en los CMC OCDE, aunque la AN en una sentencia referida al mismo caso se hizo eco de la posición ortodoxa a nivel OCDE y declaró que una web site, combinación de un software y datos electrónicos, no es algo tangible y por lo tanto no puede ser considerado como un lugar fijo de negocios, en tanto que un servidor en el que la web site es almacenada y a través del cual es accesible, es un equipo y como tal sí tiene presencia física, por lo que el lugar donde se encuentre situado sí podría constituir un lugar de negocios fijo (SAN de 8 de junio de 2015, caso Dell, rec. nº 182/2012). El TS, en su sentencia de 20 de junio de 2016 sobre el caso Dell, no se pronunció expresamente sobre si la "plataforma online" a través del que se realizaban las ventas de productos desde Irlanda podía ser constitutiva de un EP; así, el TS, aunque no entró a analizar el tema al carecer de relevancia en el marco del recurso, se hizo eco de la sentencia de la AN donde se rechazaba la posición del TEAC a favor de la posibilidad de que una **web site puede constituir un EP,** recogiendo literalmente la posición de la AN (SAN de 8 de junio de 2015): *"Al quedar establecido que a recurrente dispone de un EP en España, carece de relevancia la cuestión relativa a la página web como EP. Sin embargo hemos de resaltar, que la doctrina científica viene a considerar que una "web site", como combinación de un software y datos electrónicos, no es algo tangible y por lo tanto no puede ser considerado como un lugar de negocios. Por el contrario, un servidor en el que la "web site" es almacenada y a través del cual es accesible, es un equipo, y como tal sí tiene presencia física, por lo que el lugar donde se encuentre situado sí podría constituir un lugar de negocios fijo".*

En este mismo orden de cosas, cabe traer a colación la doctrina de la DGT en relación con los servicios de hosting de webs prestados por una entidad no residente: véanse las consultas DGT V1947-13 de 11-6 2013, DGT V0109-16 de 1-1-2016 y DGT V0799-16 de 29-2-2016. La DGT V0066-18 de 17-1-2018, sigue básicamente la doctrina de la OCDE sobre fiscalidad del comercio electrónico recogida en los CMC al artículo 5 MC OCDE, destacando la relevancia de los presupuestos de la definición del EP consistentes en el lugar "a disposición" y el tipo de actividad realizado a través del servidor; de esta forma, dependiendo de un conjunto de circunstancias fácticas y jurídicas el servidor puede estar a disposición de la entidad no residente; pero incluso en el caso de que concurriera tal lugar a disposición la actividad realizada a través del servidor tendría que superar el umbral de auxiliariedad, considerando la actividad y negocio realizado por la entidad no residente; en este sentido, lo normal es que un servidor no determine la presencia de un EP y en el caso de que existiera la atribución de beneficios podría resultar marginal bajo un análisis funcional holístico. La administración austríaca ha indicado que la realización de actividades de *"cloud mining of crypto-currencies"* a través de un EP situado en su territorio que esté a disposición del contribuyente en sentido estricto, sin que el mero arrendamiento de servicios (*cloud services*) o de capacidad de uso un equipo propiedad y controlado por otra empresa determine tal "disposición" (EAS 3401, 30 April 2018; vid.: Perl/Grassinger, "Are you still buying or already mining? Mining cryptocurrencies as a PE", Schoherr, 29-05-2018). La administración sueca (decisión del *Board tax rulings* de 23 de noviembre de 2018) también ha indicado que un servidor situado en su territorio y a disposición de una entidad no residente constituye un EP si tal empresa presta servicios de hosting de websites u otros servicios o aplicaciones a otras empresas a través de tales servidores, ya que no puede calificarse tal actividad como auxiliar; no obstante, si la empresa no residente se limita a ceder el uso de los servidores a otras entidades que los utilizan para sus propias actividades, el servidor no constituirá un EP; en lo que se refiere a la atribución de beneficios, las autoridades suecas se pronuncian a favor de un enfoque FAR que asigne la propiedad económica del servidor al EP, rechazando en principio la aplicación de un cost-plus.

En relación con el Informe final (2015) OCDE sobre la Acción 1 del Plan BEPS (Economía digital) y su evolución, nos remitimos a lo expuesto en el epígrafe 2.1.1 de este capítulo, donde ya indicamos que tanto la OCDE, como la UE y la ONU están desarrollando actualmente trabajos e iniciativas en esta materia en aras de adoptar medidas dotadas de consenso a nivel internacional que resuelvan las demandas de un mayor equilibrio en la tributación de determinadas operaciones y modelos de negocio de economía digital que actualmente se consideran que no contribuyen de forma justa a los sistemas fiscales de los países donde operan.

2.3.9. El modelo de cláusula de EP por actividades de prestación de servicios incluida en los Comentarios al artículo 5 ModCDI 2008-2017: la ampliación de los derechos del Estado de la fuente a través del reconocimiento de la existencia de los EPs de servicios

2.3.9.1. Hacia una mayor atención a los derechos del Estado de la fuente: los cambios al ModCDI 2003-2017 y su «contexto»

En los últimos tiempos, los trabajos de la OCDE han demostrado una cierta sensibilidad, muy matizada, hacia los derechos de los Estados de la fuente, especialmente en relación con el gravamen de los servicios (en general). En primer lugar, tras los cambios de 2003 a los Comentarios al artículo 5.1 ModCDI sobre el concepto de «lugar fijo» (que genera un EP cuando se desarrolla en él todo o parte de la actividad), al artículo 5.3. ModCDI en relación con los proyectos de instalación, construcción y montaje y sobre el concepto de agente dependiente del artículo 5.5. ModCDI, se ha producido una expansión relevante de los derechos del Estado de la fuente y del concepto de EP. Las principales modificaciones que se produjeron en el MC OCDE en ese año fueron las siguientes:

– Uno de los elementos esenciales del concepto de EP al que se refiere el artículo 5.1. ModCDI es la existencia de un «lugar fijo» de negocios en el Estado de la fuente (a través de ese lugar se debe desarrollar todo o parte de la actividad de la empresa). Tras la revisión de 2003 de los Comentarios al ModCDI, parece que no es necesaria la existencia de título alguno para la disposición de ese lugar fijo de negocios, de manera que, en ocasiones, se dan ejemplos donde incluso el objeto del trabajo para la empresa puede constituir un EP. Especialmente controvertidos son los casos del pintor a los que se refiere el párrafo 4.5. (actual parágrafo 17) de los Comentarios al artículo 5.1. ModCDI (se considera que tiene EP en el Estado de la fuente el pintor que pasa dos años pintando tres días por semana un edificio de un cliente) o de la empresa que pavimenta una carretera, cuyo «lugar fijo» de negocios será la misma carretera. Tales ejemplos han llevado a considerar si realmente no se estaba extendiendo el concepto de lugar fijo de negocio de una forma originariamente no prevista en los Comentarios al artículo 5.1. ModCDI y si no se está asimilando el concepto de base fija con un test de presencia física en el lugar donde se desarrolla la actividad (como exige el artículo 5.3.b) MC ONU). En efecto, si en el ejemplo del pintor sustituimos a éste por un consultor que pasa tres días por semana en la sede central de un cliente, podría llegarse a la conclusión de que, por la vía de los Comentarios al artículo 5.1., no solo se ha ampliado la definición de EP, sino que incluso se podría haber llevado más allá de lo exigido en el propio artículo 5.3.b) MC ONU. De hecho, las controversias que ha generado el significado del término "a disposición de" han llevado al Discussion Draft de la OCDE sobre interpretación y aplicación del artículo 5 ModCDI (2011), paralizado como consecuencia del proyecto BEPS, pero asumido en su mayor parte en los Comentarios al artículo 5 ModCDI (2017) a proponer ciertas aclaraciones y revisiones en este punto, de manera que habrá que determinar de quien es el negocio que se ejerce en el lugar concreto y las circunstancias del caso específico (uso por la empresa no residente para su negocio): si el negocio es el propio de la empresa no residente, existirá EP, si, por el contrario, es de otra empresa (incluso asociada) y la presencia es incidental, no se verificará este requisito. Los Comentarios al artículo 5 ModCDI (2017), parágrafo 12 y ss, en línea con el Discussion Draft de 2011, han tratado de aclarar estos puntos, aunque todavía existen algunas dudas importantes.

– No menos controvertidas resultaron las modificaciones a los Comentarios al artículo 5.3. ModCDI, precepto que, como se recordará, dispone que «una obra o un proyecto de construcción instalación o montaje solo constituye establecimiento permanente si su duración excede de doce meses». Al margen del escaso consenso sobre un plazo de doce meses en el artículo 5.3. ModCDI para este tipo de proyectos y, orientativamente, solo de seis para la permanencia del lugar fijo de negocios en el artículo 5.1., la controversia surgió en torno al párrafo 19 Comentarios ModCDI (2014): según tal párrafo, cuando se subcontraten partes de una obra, el período que pasa un subcontratista en el Estado donde se desarrolla la obra o proyecto debe considerarse como tiempo imputable a la empresa titular del proyecto principal por cuanto, se entiende, la empresa contratista siempre tiene el control del lugar donde se está desarrollando la obra o proyecto general y de la actividad de la subcontrata allí. Tal posición puede llevar incluso más allá del test de la presencia física que propone el artículo 5.3.b) MC ONU (y la disposición alternativa del ModCDI 2008-2017 a la que más abajo aludiremos). Por ejemplo, si dos empresas subcontratadas pasan en el Estado de la fuente cinco meses cada una trabajando en un proyecto que luego remata durante tres meses la empresa contratante, curiosamente, ninguna de las dos subcontratas tendrá EP en el Estado donde se desarrolla la obra pero la empresa contratante sí que cumplirá con el umbral del artículo 5.3. ModCDI (12 meses) por cuanto al tiempo que ella pasa en el Estado de la fuente (3 meses) habrá que añadir los cinco meses que cada una de las subcontratas pasa en ese Estado. Es decir, ahora, los trabajos de supervision, por el contratista, de una obra pueden, como en el artículo 5.3.a) MC ONU, generar un EP cuando la obra o instalación exceda de doce meses (en el MC ONU, el plazo es de seis meses; en el MC ONU el trabajo de supervision puede generar un EP de construcción por sí mismo, mientras que en el ModCDI no está clara esta conclusion si el trabajo no lo desarrolla el contratista sino un tercero subcontratado a estos efectos; el contratista, además, tiene que tener la disposición del lugar donde se realiza la obra en el ModCDI). El Discussion Draft de la OCDE sobre interpretación y aplicación del artículo 5 ModCDI 2012 propuso dos cambios sobre esta cuestión. En primer lugar, se aclara que la subcontratación se puede referir a todo o parte de la obra. En segundo lugar, se matiza que el período de tiempo de los subcontratistas se acumulará al propio del contratista principal allí donde el lugar de construcción pueda considerarse que está a disposición del contratista durante el tiempo que allí pasa la subcontrata en el sentido de que aquel tiene en ese período la posesión legal del lugar, controla los accesos y usa tal lugar, así como a él resulta atribuible la responsabilidad por lo que ocurra en ese lugar en el citado período. En esta misma línea, el Discussion Draft propuso reformar el párrafo 10.1. Comentarios al artículo 5 (2014) para aclarar cuándo una empresa contratante, que subcontrata su actividad, tiene a su disposición un lugar de negocio durante el tiempo que en él desarrolla la actividad la empresa subcontratista. Tales cambios se han aceptado en los párrafos 50 y 54 Comentarios al artículo 5 ModCDI 2017. Hasta cierto punto, también la Acción 7 de BEPS y el MLI (artículo 14) sobre desagregación artificial de contratos tienen un cierto impacto en esta situación a efectos de agregar los trabajos en el mismo lugar de las partes (vid. párrafo 52 de los Comentarios al ModCDI 2017).

– La cuestión del nivel de presencia del agente dependiente al que se refiere el artículo 5.5. ModCDI en el Estado de la fuente ha generado también controversias. Como es sabido, el «agente dependiente» será considerado EP cuando «ostente y ejerza habitualmente» en el Estado de la fuente el poder para concluir contratos en nombre de la empresa del otro Estado contratante (y ello con independencia de que exista o no un lugar fijo de negocios). Hasta 2003 podía asumirse que el agente dependiente estaba vinculado (en términos de residencia o presencia sustancial) al Estado donde podía existir el EP, pero, sin embargo, los Comentarios al ModCDI 2003 «aclararon» que tal «agente dependiente» ni tiene que ser residente del Estado donde pueda estar el EP ni tiene que tener un lugar fijo de negocios en ese Estado (párrafo 32 Comentarios ModCDI 2003-2014 al artículo 5; párrafo 83

Comentarios artículo 5 ModCDI 2017). Esta «aclaración», en la práctica natural a la vista de la evolución histórica del concepto de agente dependiente, amplía de forma importante los derechos del Estado de la fuente, ya que incluso si la persona que concluye los contratos en ese Estado no tiene presencia física o lugar fijo en él, podría ser considerada como agente dependiente en el sentido del artículo 5.5. Se produce la paradoja de que el «agente dependiente» de una empresa no residente puede ser considerado como EP de esa empresa solo si ejerce habitualmente la potestad para firmar contratos en el Estado de la fuente, sin que necesariamente deba tener otro tipo de conexión (residencia, base fija, presencia física) con ese Estado. Un agente dependiente que pasa en territorio de un Estado la mayoría de su tiempo y es residente en él, pero no tiene poderes para contratar, o teniéndolos, no los ejerce con «habitualidad», no será agente dependiente en el sentido del artículo 5.5. ModCDI y solo si su actividad se desarrolla a través de un «lugar fijo» de negocios en el sentido del artículo 5.1. ModCDI generará un EP (nótese que parte de la controversia relativa al caso Roche, comentado más arriba, giró en torno al problema del agente dependiente, de manera que se consideró erróneamente como tal a quien no tenía poder para vincular a la empresa pero podía ejercer otras facultades de tipo auxiliar; las modificaciones al artículo 5.5. ModCDI (2017) derivadas de la Acción 7 BEPS y el artículo 12 MLI son también relevantes).

En segundo lugar, debe hacerse referencia a los trabajos de la OCDE sobre el tratamiento específico de los servicios. En 2005, el Informe del Grupo de Asistencia Técnica de la OCDE sobre comercio electrónico defendió la adopción en el contexto OCDE de soluciones similares a las alcanzadas en el MC ONU [artículo 5.3.b)] también para los servicios electrónicos. De conformidad con este informe, de 811 CDIs celebrados entre 1980 y 1997, el 27 % (221) tenían una disposición similar al artículo 5.3.b) MC ONU, por lo que tal solución presenta la ventaja de que (1) la mayoría de los Estados ya tienen disposiciones de este tipo en su red de CDIs; (2) será aceptada por los países importadores de capitales e incluso por algunos Estados desarrollados que la incluyen frecuentemente en sus CDIs (Noruega, Nueva Zelanda y Australia).

Con posterioridad, la fiscalidad de los servicios ha sido ampliamente tratada en el seno de la OCDE, primero, en el Documento *The Tax Treaty Treatment of Services: Proposed Commentary Changes, Public Discussion Draft*, de 8 de diciembre de 2006, y, después, las propuestas de este documento han cristalizado, con algunos cambios importantes con respecto al borrador inicial, en los párrafos 42.11 a 42.48 de los Comentarios al artículo 5 ModCDI 2008-2014, actuales parágrafos 132 a 169 ModCDI 2017. El contenido de estos párrafos puede resumirse como sigue:

1. La OCDE sigue defendiendo la vigencia de la tradicional regla del EP, de manera que el Estado de la fuente solo debería tener derecho a gravar los beneficios empresariales cuando los mismos puedan imputarse a una base fija o a un agente dependiente de acuerdo con el artículo 5 ModCDI (con las modificaciones derivadas del MLI y del artículo 5 ModCDI 2017 y sus Comentarios). La inexistencia de presencia física en el Estado de la fuente dificulta el cumplimiento de todo tipo de obligaciones fiscales en ese Estado, especialmente allí donde se prestan servicios a consumidores finales. Y allí donde la presencia física en un Estado (sin que exista un lugar fijo de negocios) es relevante [caso del artículo 5.3.b) MC ONU], pueden surgir EPs inesperados cuando, de antemano, no sea conocida la duración de un proyecto concreto, existan dificultades para determinar los empleados presentes en el proyecto y los días que presten sus servicios en él (párrafo 132-134 Comentarios al artículo 5 ModCDI 2017).

2. No obstante lo anterior, la OCDE constata que un buen número de Estados (y aquí cabe añadir que no solo en vías de desarrollo, sino también desarrollados, como demuestra el artículo V (9) del Quinto Protocolo al CDI EEUU-Canadá) desean incrementar los derechos de gravamen sobre los beneficios empresariales por el Estado de la fuente. Ahora bien, esta ampliación debe producirse sobre la base de los siguientes principios (vid. párrafo 135 y ss. ModCDI 2017):

• No deben ser objeto de gravamen en el Estado de la fuente los servicios prestados por un no residente fuera de su territorio.

• Sólo debe gravarse la renta neta, por lo que la imposición sobre importes íntegros de los pagos realizados al no residente debe quedar excluida.

• La OCDE expresamente manifiesta (párrafo 140) que las disposiciones que permiten al Estado de la fuente gravar los servicios en relación con el importe íntegro pagado no son adecuadas por no cumplir ninguno de los dos principios anteriores (se gravan servicios prestados fuera del Estado de la fuente y no por su importe neto).

• Sólo debe gravar el Estado de la fuente los servicios si hay un nivel mínimo de presencia en su territorio.

3. Los Comentarios al artículo 5 ModCDI, párrafo 144, dan un ejemplo de disposición (en adelante, «disposición alternativa») que puede ser empleada a estos efectos como una cláusula específica del artículo 5:

«No obstante las disposiciones de los párrafos 1, 2 y 3, cuando una empresa de un Estado contratante preste servicios en el otro Estado contratante:

a) a través de una persona física que esté presente en el otro Estado por un período o períodos que excedan en su conjunto los 183 días en cualquier período de doce meses, y más del 50 % de la facturación atribuible a actividades empresariales de la empresa durante este período o períodos se derive de servicios prestados en ese Estado a través de esa persona física, o,

b) por un período o períodos que excedan de forma conjunta de 183 días en cualquier período de doce meses, y estos servicios sean prestados en relación con el mismo proyecto o un proyecto vinculado a través de una o más personas físicas que están presentes y prestan sus servicios en el otro Estado.

Las actividades llevadas a cabo en ese otro Estado al prestar los servicios se considerará que se desarrollan a través de un establecimiento de la empresa situado en ese otro Estado, a menos que estos servicios estén limitados a los mencionados en el párrafo 4, que si su hubieran prestado a través de un lugar fijo de negocios, no harían que el mismo fuera un establecimiento permanente de acuerdo con el ese párrafo. A los efectos de este párrafo, los servicios prestados por una persona física en nombre de una empresa no se considerarán realizados por otra empresa a través de esa persona física a menos que la otra empresa supervise, dirija o controle la forma en que tales servicios son prestados por la persona física».

En realidad, la disposición alternativa en materia de servicios contiene dos cláusulas distintas cuyo análisis debe realizarse por separado, pero comparten algunas notas comunes, a saber:

– Suponen una extensión del concepto de EP sobre la base de un test o umbral distinto al que fijan el resto de párrafos del artículo 5 ModCDI, de manera que resulta posible el gravamen por el Estado de la fuente, como EPs, de ciertas actividades sobre la base, fundamentalmente, de la presencia física de los empleados en el territorio en el que se prestan los servicios. Esto es, incluso allí donde no se cumplan las condiciones definidas en los párrafo 1, 3 y 4 del artículo 5 ModCDI para considerar que existe un EP en el Estado de la fuente, si se verifican las condiciones que establece la disposición alternativa, podría llegarse a la conclusión de que existe un EP (presunto). Lo cierto es que la interacción entre la disposición alternativa y los párrafos 1, 3 y 5 ModCDI puede llevar a resultados paradójicos: como se recordará, los Comentarios al artículo 5.1., párrafo 4, aclaran que el consultor que trabaja en un solo proyecto en diversas localizaciones geográficas o diversas sucursales de una misma empresa (v.gr. un banco) no tiene lugar fijo de negocios a los efectos de ese precepto, ahora bien, el consultor que trabaja en esas distintas sucursales generaría el EP de servicios al que se refiere la disposición alternativa siempre y cuando los servicios prestados en las distintas sucursales del banco excedan los 183 días a los que se refiere la misma y pueda entenderse que están vinculados al mismo proyecto o proyectos conectados (con independencia de que no estén en el mismo lugar geográfico). Si el consultor es una persona física, bastará con superar el test de presencia física y facturación, incluso si no tiene base fija en el Estado de la fuente o si su presencia en el Estado de la fuente no está vinculada a un solo proyecto. Algo similar ocurre en relación con el artículo 5.3 ModCDI, que, para las obras de instalación, construcción o montaje demanda que las mismas se prolonguen por un período de más de 12 meses a fin de considerar que existe EP en el Estado donde se llevan a cabo, sin embargo, con la disposición alternativa bastará la prestación de servicios, en las condiciones que se definen en ella, durante más de 183 días para que la empresa no residente pueda tener un EP (vid., a estos efectos, los párrafo 147 a 149).

– Las dos letras de la disposición alternativa se aplican a «servicios», con independencia de su naturaleza y sin que los Comentarios al artículo 5 ModCDI 2017, especialmente el párrafo 150, den una definición del término, que deberá interpretarse de acuerdo con las reglas del artículo 3.2. ModCDI (a menos que se de una definición del CDI). Los Comentarios aclaran que no se aplicará la disposición alternativa, por ejemplo, a las actividades de una empresa extranjera que consisten en la pesca en aguas territoriales del Estado de la fuente y la venta de las capturas. Al margen de este ejemplo, nada se dice sobre el concepto general de servicios.

– Las dos disposiciones se aplican cuando la empresa no residente presta servicios a terceros (residentes o no residentes del Estado de la fuente) mediante una persona física con presencia en el Estado de la fuente, no se refiere a los servicios prestados por la persona física a la empresa para la cual trabaja (con contrato laboral o la que presta, a su vez, servicios) (párrafo 152 Comentarios al artículo 5 ModCDI 2017). Llama la atención que la disposición alternativa no incluya la siguiente referencia del 5.3.b) MC ONU 2011-2017: «a través de empleados o de otro personal contratado por la empresa para este propósito [esto es, la prestación de servicios a terceros]». La explicación oficial que dan los Comentarios al artículo 5 ModCDI es que, a estos efectos, la disposición alternativa debe interpretarse de igual forma que el artículo 5.1. ModCDI 2008-2017. El párrafo 39 de los Comentarios al artículo 5 ModCDI 2008-2014 explica que la «actividad de la empresa» se desarrolla a través de «empleados y otras personas que reciban instrucciones de la empresa (agentes dependientes)». Veremos, sin embargo, que la aplicación de estas ideas al contexto de la letra b) de la disposición alternativa no está exenta de problemas. Por lo demás, la limitación de la aplicación de la disposición a servicios prestados a terceros es bastante lógica, de lo que se trata es de determinar si parte de la actividad de un residente del otro Estado se realiza en el Estado de la fuente y, si desde ese Estado no se prestan servicios a terceros, es obvio que la empresa del otro Estado no desarrolla ninguna actividad en el Estado de la fuente, aunque un empleado o prestador de servicios desarrolle para ella una actividad en el territorio de ese Estado.

La disposición alternativa –tanto la letra a) como la b)– quedan limitadas, salvo disposición en contra en el CDI concreto, por el artículo 5.4. ModCDI, de manera que no está sujeta a gravamen en el Estado de la fuente la prestación de servicios en el Estado de la fuente de la naturaleza de los listados en el citado precepto (párrafo 169 Comentarios al artículo 5 ModCDI 2017). Lo cierto es que esta excepción no tiene mucho sentido, ya que, como la mejor doctrina ha defendido (ARNOLD, 2003), el artículo 5.4. probablemente debería desaparecer: la naturaleza de la actividad debe influir en la cuantía de la atribución de rentas al EP, pero no en su existencia o no (como es sabido, la acción 7 de BEPS, el MLI y el ModCDI 2017 lo único que han hecho es retocar este precepto). Lo que no aclaran los Comentarios es si los días de prestación de servicios que sea posible calificar como auxiliares o preparatorios deben computarse a efectos de la aplicación de la disposición alternativa cuando tales servicios se conviertan en otros más sustanciales. A estos efectos, el párrafo 54 de los Comentarios al artículo 5 (3) ModCDI puede servir de guía al incluir en el cómputo las actividades preparatorias.

Por último conviene conectar esta evolución en el tratamiento de los servicios con el MC ONU. En primer lugar, la versión de 2017 del artículo 5.3.b) MC ONU elimina la referencia a "los mismos proyectos o proyectos conectados" o "vinculados", de forma que amplía, con respecto a la misma cláusula en el ModCDI (disposición alternativa sobre servicios) el radio de acción del concepto de EP de servicios y, al mismo tiempo, reduce el impacto del artículo 5.3.a) MC ONU, ya que en el caso de obras sera muy frecuente que éstas sean capturadas por la nueva redacción del artículo 5.3.b) MC ONU 2017 antes que por el propio artículo 5.3.a) MC ONU (equivalente, con alguna salvedad, al artículo 5.3. ModCD) 2017). Por otra parte, ladisposición específica para servicios técnicos (artículo 12 A) en el MC ONU 2017 devuelve a este último a una posición más alineada con los intereses de los países importadores de servicios. La inclusión de tal disposición sobre aplicación de retenciones en la fuente para los servicios prestados por no residentes sin establecimiento permanente en los CDIs determinará que realmente, la figura del EP de servicios sea concebida como una salida para el contribuyente a través de la cual podrá obtener como contrapartida la deducción de gastos en el Estado de la fuente, ya que, en principio, dependiendo de las legislaciones internas, los servicios se gravarán por su importe íntegro en el artículo 12A MC ONU 2017. Al mismo tiempo, el artículo 12 A del MC ONU supone una toma de posición clara y diferenciada con respecto al ModCDI: ante la falta de acuerdo sobre la atribución de mayor gravamen a los países fuente / importadores de servicios en el contexto del proyecto BEPS y el fracaso, por el momento, de la Acción 1 BEPS a la hora de aportar soluciones, la ONU opta por una vía completamente distinta: la aplicación de retenciones a los servicios técnicos como medio para luchar contra la erosión de bases imponibles en el país donde el gasto por el servicio es deducible (país de la fuente). Tales retenciones se añaden a las ya previstas para los cánones en el artículo 12 MC ONU 2017. Ni que decir tiene que la solución del MC ONU es mucho más sencilla y más eficaz de aplicar que las sofisticadas y más complejas soluciones en el contexto del Plan BEPS, el MLI o el ModCDI 2017, que no se adaptan a los intereses de los países en vías de desarrollo.

2.3.9.2. Letra a) de la «disposición alternativa»: servicios prestados por un solo individuo

Como se mencionó, tras la revisión del año 2000, el ModCDI (no así el MC ONU) eliminó el artículo 14 relativo a los servicios independientes. La letra a) de la disposición alternativa que añade el ModCDI 2008-2017 en los Comentarios al artículo 5 guarda una cierta similitud con el artículo 14.1.b) MC ONU, con la diferencia (importante, desde luego) de que limita los derechos de gravamen del Estado de la fuente sobre un test basado en los porcentajes de facturación de la empresa a la que el individuo que presta los servicios está vinculado (el 50 % de los ingresos brutos atribuibles a la actividad empresarial de la empresa en ese período o periodos procedan de los servicios prestados en el Estado de la fuente). Otra diferencia relevante se encuentra en que mientras el artículo 14.1.b) MC ONU no contempla la exclusión de la «base fija» en caso de actividades auxiliares, la disposición alternativa letra a) sí que ampara esta posibilidad. En consecuencia, las concesiones que la disposición alternativa letra a) realiza a favor del Estado de la fuente son menores a las que contempla el artículo 14.1.b) ModCDI. Fundamentalmente, la disposición alternativa, letra a), cubre dos situaciones:

- Un individuo que está presente por más de 183 días en cualquier período de 12 meses en el Estado de la fuente y que presta, en el marco de su actividad profesional, servicios a terceros (residentes o no en ese Estado, y estén o no vinculados entre sí los servicios que presta) en el territorio del Estado de la fuente.
- Un individuo que tiene un contrato (de trabajo o de prestación de servicios) con una sociedad o «partnership» del otro Estado y que presta sus servicios en el Estado de la fuente por más de 183 días. Ciertamente, los típicos supuestos donde, en lugar de prestar los servicios como persona física, el individuo decide constituir una sociedad u otro vehículo que sea el prestador de los servicios y él tiene con el mismo una relación laboral (como asalariado) o como profesional quedan capturados por la disposición, aunque no se aplica única y exclusivamente en estos casos (basta con que un empleado de la empresa preste los servicios en el Estado de la fuente y se cumpla el test de la renta o de la facturación al que se refiere el precepto para que ésta sea de aplicación).

Al margen de los problemas interpretativos que se presentan [cómputo de los días y meses, similares a los que se producen y tratan los Comentarios al artículo 15.2.a) ModCDI], hay que subrayar, como aclaran los párrafo 154, 156 y 157 Comentarios al artículo 5 ModCDI, que la letra a) de la disposición alternativa se refiere a días de presencia del individuo en el Estado de la fuente [a diferencia de la letra b) de la disposición alternativa, vinculada a días de prestación de servicios en ese Estado].

Como ya se indicó, la presencia de la persona física que presta los servicios debe complementarse con un test relativo a la facturación (más del 50 % de las rentas brutas atribuibles a actividades empresariales de naturaleza activa –esto es excluyendo dividendos o intereses, por ejemplo– deben proceder de los servicios prestados en el Estado de la fuente a través de la persona física). El test de facturación resulta bastante restrictivo y, a nuestro juicio, injustificado: como el artículo 14.1.b) MC ONU 2017 indica, el mero cumplimiento del test de presencia física debiera llevar al Estado de la fuente a gravar la renta vinculada a actividades en su territorio, con independencia de dónde proceda el volumen global de facturación de la empresa, ya que las actividades no vinculadas al territorio serán gravadas en el Estado de residencia del prestador de servicio.

Lo cierto es que, nuevamente, la interpretación del test de facturación no es sencilla:

¿El umbral del 50 % de las rentas brutas se refiere al período de presencia de la persona física en el Estado de la fuente o a un período de un año completo o fiscal (recuérdese que la imposición sobre los EPs suele funcionar como un impuesto periódico)? Según se deriva del párrafo 156 de los Comentarios al artículo 5 ModCDI, el test está vinculado a los períodos de presencia del individuo en el Estado de la fuente y no al ejercicio social o año fiscal. Tampoco disipa el precepto si el período de 183 días a efectos del cálculo está vinculado a la presencia de la persona física en el Estado de la fuente o a cualquier período dentro de un ejercicio fiscal o año natural (aunque lo más lógico sería vincular el test al período de presencia física).

¿Cómo se calcula el porcentaje previsto en la letra a) de la disposición alternativa? El test requiere una comparación de los ingresos de la empresa derivados por servicios prestados por el individuo y de los ingresos totales de naturaleza empresarial de la empresa. A estos efectos, el parágrafo 158 de los Comentarios al ModCDI 2017 aclara que (1) los ingresos brutos de la empresa son lo que ha facturado o debería haber facturado por sus actividades empresariales, sin que éstas estén limitadas a las prestaciones de servicios; (2) las rentas pasivas (dividendos e intereses) están excluidas del cómputo. Lo cierto es que tampoco queda muy claro cómo se debe efectuar la comparación y surgen una serie de cuestiones con difícil respuesta: (1) ¿qué legislación debe aplicarse para hacer el cálculo? ¿la propia del Estado de la fuente o la del Estado de residencia? De acuerdo con el artículo 3.2. ModCDI, probablemente, la del Estado de la fuente, pero ¿significa eso que solo para verificar si se cumple el test o no deben formularse las cuentas de la empresa de acuerdo con las normas y principios contables del Estado de la fuente (lo cual sería bastante desproporcionado) o basta con que el test se verifique con las cuentas del Estado de residencia y solo si hay EP de servicios las cuentas del EP se formulen de acuerdo con la legislación del Estado de la fuente?; (2) ¿qué significa ingresos derivados de la actividad empresarial? Los Comentarios aclaran que las rentas pasivas (dividendos e intereses) están excluidas, pero ¿y otro tipo de rentas como, por ejemplo, las procedentes de la explotación de intangibles (marcas, patentes, diseños) o de la venta de activos afectos a la actividad empresarial? ¿se consideran solo los resultados ordinarios o los extraordinarios de la actividad (la consideración de los resultados extraordinarios distorsionaría gravemente el test); (3) en empresas en las que trabaje un solo individuo puede ser difícil determinar cuál es el ingreso a él atribuible si en la prestación de servicios interviene otro personal de la empresa (aunque sea a título accesorio, v.gr. una secretaria o asistente en otro territorio) y se emplean recursos y activos de la empresa en su globalidad.

No debe olvidarse que el incumplimiento del test de volumen de negocio no impide que la «empresa» caiga en la letra b) de la disposición alternativa si se dan las condiciones para ello.

Por último, la letra a) –al igual que ocurre con la b)– de la disposición alternativa solo está orientada a la determinación de cuándo existe un EP (ficticio) de servicios en el Estado de la fuente, pero no ayuda a calcular la renta atribuible al mismo, cuestión que, como es sabido, plantea innumerables problemas, que se reflejan en los Comentarios al artículo 7 ModCDI 2008-2017 y en los trabajos de la OCDE en esta materia.

2.3.9.3. *Letra b) de la disposición alternativa: prestaciones de servicios en general*

Esta disposición es muy similar al artículo 5.3.b) MC ONU 2011 (algún CDI español recoge disposiciones de este tipo: Argentina 2014, Catar, Chile, China, Cuba, Egypt, Indonesia, Kuwait, solo para servicios de consultoría, Nigeria, Senegal, Filipinas, Tailandia, Vietnam) aunque presenta con ésta última algunas diferencias de matiz: el cómputo del período de presencia física se realiza por días, lo cual evita bastantes problemas derivados de los cómputos por meses (un punto que ya mencionamos), la disposición alternativa letra b) alude expresamente a la presencia de las personas físicas en el Estado de la fuente sin mencionar en calidad de qué están en ese Estado mientras que el artículo 5.3.b) MC ONU 2011-2017 se refiere a «empleados o personal contratado para ese propósito». A estos efectos, el artículo 5.3.b) MC ONU 2017 ha eliminado la referencia al "mismo proyecto o proyectos conectados" que tiene la disposición alternativa del ModCDI o tenía el artículo 5.3.b) MC ONU 2011, lo cual implica un ensanchamiento notable del ámbito de aplicación de este precepto (por ejemplo, el artículo 5.3.b) CDI España-Catar ya recoge esta redacción).

Nuevamente, se trata de una disposición que presenta dificultades de interpretación y de aplicación, fundamentalmente, las siguientes:

– El período de 183 días en cualquier período de 12 meses se refiere a días de prestación de servicios por la empresa y no de presencia efectiva de un trabajador en el Estado donde se puede generar el EP (vid. párrafo 160 Comentarios al artículo 5 ModCDI 2017). Esta característica lleva a que resulte indiferente (1) que en el Estado de la fuente se encuentre el mismo trabajador o varios de forma continuada prestando el servicio (habrá que sumar el número de días total de prestación del servicio, o (2) que esté solo un trabajador prestando el servicio o muchos simultáneamente (100 trabajadores prestando servicios en un día computan como un día de prestación de servicios, lo cual indudablemente favorece a las empresas de mayor tamaño frente a las que tienen una dimensión más reducida); este tema se planteó ante los tribunales de India que finalmente adoptaron una posición alineada con la de la OCDE (*solar days approach vs man days*) excluyendo el cómputo sobre la base del sumatorio de los días de presencia física de cada uno de los miembros del equipo que presta los servicios: casos *Clifford Chace v. DCIT*, 2002 82 ITD 106 (Mumbai) 2002 76 TTJ 725; y *Electrical Material center co v. DDIT*, TS-451-ITAT-2017 (Bang); no obstante existen decisiones de tribunales de India (*ABB FZ LLC v. DCIT*, 21 junio 2017) que postulan una re-interpretación de las *"PE Service rules"* a la luz del contexto de economía digital en el sentido de que lo relevante no es la duración (9 meses) de la presencia física de los trabajadores en India para llevar a cabo un proyecto empresarial o de prestación de servicios, sino de éste en conexión con la economía y territorio de India; vid: Goel 2017). Igualmente, al vincularse el período a días de prestación de servicios, se excluirán del cómputo los días de fiesta o los días en los que el trabajador permanezca ocioso, si bien se deben incluir aquellos días en los que el trabajador esté en disposición de prestar el servicio, cobrando por ello al cliente, aunque no exista una prestación de servicios efectiva y concreta (párrafo 163 Comentarios al artículo 5 ModCDI 2017). Lo cierto es que la realización de este cómputo no será sencilla, ya que la empresa o la Administración tienen que demostrar no el número de días que tiene trabajadores en un país, sino el número de días en que estos prestan un servicio en ese país (estando, además, el servicio vinculado, como diremos, a un proyecto concreto o a proyectos conectados).

– El EP de servicios surgirá no porque se presten los servicios de la empresa en el Estado de la fuente durante un número de días, sino porque tal número de días (183 en cualquier período de doce meses) está ligado a un «proyecto» en ese Estado o a «proyectos conectados» desarrollados en el Estado de la fuente. Es decir, el hecho de que la prestación de servicios en el Estado de la fuente exceda los 183 días no determina, por sí misma, la presencia del EP de servicios, sino que, además, si resulta que los servicios se prestan durante 90 días en relación con un proyecto y durante 94 para otro proyecto o cliente distinto en cualquier período de un año y no existe correlación entre las dos actividades, no surgirá un EP en el Estado de la fuente. Los Comentarios tratan de aclarar, en este sentido, qué se debe entender por «proyecto» y por «proyectos conectados»:

• En relación con el concepto de «proyecto», el párrafo 161 Comentarios al artículo 5 ModCDI 2017 indica que tal término se debe interpretar desde la perspectiva del prestador de servicios, no del perceptor, de manera que la prestación de dos servicios de distinta naturaleza por una misma empresa, aunque para el cliente forme parte del mismo proyecto, para el prestador son dos conceptos distintos que deben considerarse de forma separada. Tal argumentación, la verdad, no nos convence mucho: si bien es cierto que desde la óptica del prestador, el ejemplo que ofrecen los Comentarios, puede generar dos proyectos distintos (se refieren a prestación del servicio de asesoramiento fiscal y formación en otra materia no específicamente relacionada), para el perceptor estas dos prestaciones pueden ser difíciles de separar y, además, tener tal relación que una no tuviera sentido sin la otra (v.gr. si la prestación de asesoramiento fiscal va acompañada de la formación en materia fiscal de los profesionales a los que se prestó el asesoramiento inicial). Por otra parte, hay que tener en cuenta que los ejemplos que dan los Comentarios al artículo 5.1. y 3 ModCDI en relación con el lugar de negocios pueden servir de guía para determinar cuándo existe un «proyecto», aunque, a diferencia de lo que ocurre en el contexto del artículo 5.1. y 3, a nuestro juicio, la nota de coherencia geográfica, que se predica del lugar de negocios al que se refieren estos preceptos, no debe formar parte del concepto de «proyecto», bastando con que se verifique la «coherencia comercial», incluso si los servicios se prestan en distintas localizaciones geográficas (tal idea es coherente con el concepto de EP de presencia física, pero no con el concepto general de EP del artículo 5.1. o 5.3. ModCDI).

• El concepto de «proyectos conectados» puede plantear más dificultades interpretativas. Los Comentarios al artículo 5 ModCDI 2017, párrafo 162, vinculan este término al concepto de coherencia empresarial o comercial al que hacen alusión los Comentarios al artículo 5 ModCDI 2017, párrafo 24. y 25., y, además, aclaran que la «conexión» dependerá del caso concreto, debiendo ponderarse una serie de factores: (1) si los proyectos están cubiertos por un solo contrato; (2) si están cubiertos por varios contratos, si están firmados con la misma persona o con personas vinculadas y si la celebración de contratos adicionales cabe esperar razonablemente que se derive de la firma de un primer contrato; (3) si la naturaleza del trabajo en los distintos contratos es la misma; (4) si las mismas personas prestan los servicios en relación con los siguientes contratos (vid., en una línea similar, el párrafo 53 Comentarios al artículo 5.3. ModCDI). Lógicamente, en relación con los proyectos conectados no puede predicarse la necesidad de que se verifique la coherencia geográfica a la que se refieren los Comentarios al artículo 5.1 y 3. ModCDI, bastará con que tal coherencia sea comercial (como explicamos en relación con el concepto de proyecto).

Como apuntamos más arriba, en el contexto del MC ONU se venía trabajando desde hace ya tiempo para suprimir la referencia a 'mismo proyecto o proyectos conectados' en el artículo 5.3.b), lo cual determinaría que se ampliara bastante el efecto de este precepto en relación con la disposición alternativa sobre servicios del ModCDI. Así se ha hecho en el artículo 5.3.b.) MC ONU 2017. En realidad, la supresión de esta referencia tienen todo el sentido ya que tanto el EP de servicios ONU o en el contexto OCDE están vinculados con un umbral de presencia física en el Estado de la fuente y la vinculación del concepto de EP de servicios al mismo proyecto o a proyectos vinculados limita el efecto del punto de conexión basado en la presencia física.

– Con respecto a la relación entre la empresa y la persona a través de la cual presta sus servicios, los Comentarios al artículo 5 ModCDI 2017, párrafo 164. aclaran que se puede tratar de empleados o agentes dependientes (aunque no tengan estos últimos poder para contratar con terceros). Si se trata de subcontratas, la propia disposición alternativa aclara que solo se vincularán los servicios prestados al contratista cuando la subcontrata trabaja bajo la supervisión, dirección o control de éste. Lógicamente, se admite la posibilidad de que se apliquen doctrinas antiabuso para evitar que los contratos se partan de manera que distintas empresas vinculadas presten los servicios sin llegar cada una de ellas al umbral de 183 días (vid. párrafo 166 Comentarios al artículo 5, donde se incluye una cláusula específica que se puede añadir para atacar estos comportamientos, este tipo de cláusula está directamente vinculada con la propuesta en el párrafo 52 Comm. artículo 5 ModCDI 2017 y el artículo 14 MLI).

2.3.9.4. *Conclusiones acerca de la disposición alternativa del ModCDI 2008-2017*

Es el momento ahora de hacer una valoración general de la nueva regla alternativa para servicios que la OCDE regula. En la introducción se indicó que la disposición alternativa supone la introducción de un test de presencia física en el concepto de EP que se desvincula de la noción de base fija del artículo 5.1. y del concepto de agente dependiente del artículo 5.4, así como del artículo 5.3. relativo a obras de construcción instalación o montaje del ModCDI. Sin embargo, en la disposición alternativa la mera presencia física / prestación de servicios se complementa con dos test, facturación en la letra a) y vinculación a un proyecto o proyectos conectados en la b) (ninguna de estas dos limitaciones está presente en el artículo 5.3.b) MC ONU 2017).

No debe perderse de vista, no obstante, que, a pesar de que la disposición supone una ampliación limitada de los derechos de los países importadores de servicios que tendrá una especial relevancia en relación con los servicios técnicos, la misma presenta bastantes inconvenientes para los Estados importadores de servicios:

– El concepto de EP, en sí mismo, es uno de los que más dificultades genera desde el punto de vista de la fiscalidad internacional y, como hemos visto, los problemas interpretativos que plantea la nueva disposición alternativa no son pocos. En el caso de Administraciones menos sofisticadas, como suele ocurrir en los casos de los países importadores de servicios, no será fácil tratar con las cuestiones interpretativas o de aplicación que la nueva disposición alternativa plantea. Si estas dificultades se traducen en inseguridad jurídica para el inversor, éste es probable que prefiera otro enfoque distinto al que se propone en el ModCDI que resulta, quizás, más adecuado para países con Administraciones más desarrolladas. Prueba de ello es que, no obstante el hecho de que se presente el documento como una ampliación de los derechos del Estado de la fuente, la inclusión de una disposición muy similar a la alternativa que propone el ModCDI en el Quinto Protocolo al CDI Canadá-EEUU de 21 de septiembre de 2007 responde a la insatisfacción de la parte canadiense con dos sentencias de sus tribunales que llevaron, por un lado, a considerar que un consultor de EEUU que trabajaba en la oficina de sus clientes durante casi un año no tenía un lugar fijo de negocios en Canadá [*Dudney*, (2000) 2 CTC 56 (FCA)], y, por otro, a estimar que un ingeniero que trabajó en el mismo lugar durante cinco años en Canadá no era residente en este Estado ni tenía en él un EP o podía considerarse empleado en Canadá [*Wolf v. Queen* (2002) 3 CTC 3 (FCA)]. La conclusión que puede extraerse es que existe una cierta percepción incluso en el contexto de algunos miembros de la OCDE en el sentido de que el umbral de gravamen en el Estado de la fuente y la concepción tradicional de la regla del EP debe ser objeto de revisión, probablemente, por razones de justicia interjurisdiccional (sin que la acción 7 BEPS y el artículo 5 ModCDI 2017 o el MLI hayan modificado sustancialmente el status quo; habrá que ver cuál es el resultado de los trabajos relativos a la acción 1). Es decir, el cambio en la OCDE no está, quizás, tan vinculado al reconocimiento de derechos de los países importadores de servicios, para los que resulta dudoso que el nuevo enfoque OCDE se adapte a sus necesidades y la situación de sus administraciones tributarias.

– No debe olvidarse que una de las principales causas por las que algunos Estados (v.gr. Alemania) abandonaron el artículo 5.3.b) MC ONU 2001-2017 en sus CDIs con importadores de servicios es, precisamente, las diferencias entre los dos Estados contratantes relativas a la atribución de beneficios (ingresos y gastos) a los EPs de servicios. Y, sin embargo, lo que algunos Estados miembros de la OCDE han descartado como regla específica de sus CDIs se propone ahora como «regla general» para aquellos CDIs que persigan que el Estado de la fuente incremente las bases imponibles que puede gravar. Que a algunos Estados más desarrollados, exportadores de servicios, descarten esta disposición no debe extrañar ya que a ellos les interesa una reducción de la tributación en el Estado de la fuente.

– Es bastante cierto que la disposición alternativa de la OCDE tiene el mérito de que garantiza una mayor neutralidad en el tratamiento de los servicios (que puede llevar a asimetrías importantes, como ya se indicó). Queda en el aire la cuestión, sin embargo, de si realmente el enfoque de la OCDE es el adecuado, ya que, desde un punto de vista de justicia, los principios que los Comentarios al artículo 5 ModCDI 2008-2017 defienden no nos parecen tan evidentes ni en relación con los servicios técnicos ni para otro tipo de servicios (v.gr. TV, ciertos servicios electrónicos etc.), ya que el principio de territorialidad que se defiende en el contexto OCDE (sólo deben ser objeto de gravamen en el Estado de la fuente los servicios materialmente prestados desde ese Estado) no refleja la penetración económica que una empresa puede tener en la economía de un Estado.

En conclusión, el modelo de gravamen de los servicios que la OCDE propone a través de la nueva disposición alternativa no creemos que sea el más adecuado para los intereses de los países importadores de servicios, sobre todo, si sus administraciones tributarias no tienen un cierto grado de sofisticación y experiencia en materia de fiscalidad internacional. En esta línea, como se ha mencionado, debe tenerse presente que en el contexto del MC ONU 2017 se ha creado una disposición específica para servicios técnicos, que somete a gravamen en el Estado de la fuente los pagos así caracterizados con independencia del lugar desde el que se preste el servicio. Tal precepto es una herramienta mucho más potente para las administraciones de países en vías de desarrollo que la disposición alternativa que el MC OCDE propone (algunos CDIs españoles ya se mueven en esa dirección, por ejemplo, el CDI España-República Dominicana, artículo 13, que grava los servicios prestados en el Estado de la fuente sin umbral temporal mínimo estableciendo un tipo de retención limitado; en un sentido similar, vid. el artículo 14 CDI con Argentina 2014). En este sentido, la inclusión final en el MC ONU 2017 (artículo 12 A) de tal disposición supone un paso firme de esta institución internacional en una dirección bastante distinta de la adoptada por la OCDE con su proyecto BEPS y el MLI. Hasta qué punto la nueva solución que aporta el artículo 12 A Servicios Técnicos del MC ONU 2017 será aceptada por los países exportadores de servicios es una cuestión que todavía está por comprobar y que dará la medida de si el estándar ONU es capaz de imponerse sobre el defendido por la OCDE. La mera inclusión, sin embargo, del nuevo artículo 12 A en el MC ONU 2017 ya representa un éxito y ofrece un modelo más sencillo, al margen de las complicadas acciones del Plan BEPS y el MLI, para que los países en vías de desarrollo puedan luchar contra la erosión de bases imponibles con soluciones accesibles y prácticas para sus administraciones tributarias. La solución ONU, al mismo tiempo, tiene el potencial de que permite incluir rentas en la base imponible de los países fuente / pagadores también en un buen número de actividades de la economía digital sin necesidad de esperar a otras soluciones más completas e inciertas que puedan derivarse del impulso y desarrollo de la acción 1 BEPS de la OCDE o de las iniciativas en la materia de la UE. Al mismo tiempo, como se ha mencionado anteriormente, la eliminación en el MC ONU 2017, artículo 5.3.b), del requisito de que los proyectos deban ser el mismo o estar conectados amplía el ámbito de aplicación de este precepto, que se ofrece como una salida natural al gravamen íntegro de los pagos por servicios técnicos (artículo 12A), esto es, permite fácilmente optar por el gravamen de la renta neta sobre la base del cumplimiento del umbral del artículo 5.3.b) ModCDI.

2.3.10. *Una aproximación al concepto de EP en el IVA: diferencias con la regulación del IRNR y CDIs*

Como se sabe, la normativa europea del IVA (fundamentalmente el Reglamento de Ejecución (UE) n° 282/2011 del Consejo, de 15 de marzo de 2011, por el que se establecen disposiciones de aplicación de la Directiva 2006/112/CE en materia de IVA) ha articulado un concepto de EP-sujeto pasivo (artículo 53 Reglamento UE en relación con el artículo 192 bis y ss. de la Directiva 2006/112) a efectos del IVA que no coincide plenamente con el concepto de EP a efectos IRNR ni con la noción de EP ex artículo 5 ModCDI-CDIs. A este respecto, cabe destacar cómo el **MC OCDE 2017**, siguiendo el Informe Final (2015) de la Acción 1 de BEPS (parágrafo 337) y las *OECD International VAT/GST Guidelines* (2017, nota a pie 24), se pronuncia expresamente sobre esta cuestión indicando que el mero registro a efectos del IVA en un país por parte de una entidad no residente no determina la existencia de un EP con arreglo al artículo 5 MC OCDE, al tratarse de dos regulaciones independientes; no obstante, las Directrices OCDE en materia de IVA parten de un concepto de EP que requiere un lugar fijo de negocios dotado de una infraestructura suficiente en términos de personas, sistemas y activos que permita realizar las entregas de bienes o prestaciones de servicios que tenga asignadas.

En este sentido, de forma muy básica cabría indicar que la normativa europea del IVA (fundamentalmente el Reglamento UE de ejecución 282/2011 para la aplicación de la Directiva 2006/112/CE en materia de IVA) ha articulado un concepto de EP-sujeto pasivo [artículos 11 y 53 Reglamento de Ejecución (UE) n° 282/2011 del Consejo, de 15 de marzo de 2011, en relación con los artículos 44 y 192 bis y ss. de la Directiva 2006/112/CE, de 28 de noviembre] a efectos del IVA que no coincide plenamente con el concepto de EP a efectos del IRNR ni con la noción de EP ex artículo 5 ModCDI - CDIs (véanse las RRTEAC de 20 de octubre de 2016 RG 01485/2010, y de 24 de mayo de 2017, RG. 5835/2013, expuesta más abajo). El Reglamento de Ejecución (UE) n° 282/2011 del Consejo, de 15 de marzo de 2011, ha elaborado una definición material del EP, mucho más perfilada que la precedente e inspirada en la jurisprudencia del TJUE, fijando con mucha mayor claridad los requisitos que deben concurrir para que medie un EP a los efectos del IVA.

La idea es fijar un umbral de EP-sujeto pasivo de IVA mucho más claro que evite enfoques asimétricos por las diferentes autoridades fiscales de los Estados miembro de la UE, de manera que no surja doble imposición en materia de IVA.

El concepto establecido es más estricto que el que rige en IRNR-CDIs, pero en todo caso se trata de una noción no plenamente coincidente con la de la imposición directa, aunque con frecuencia un EP de IVA se corresponderá con un EP de IRNR-CDI, aunque las bases imponibles no coincidan.

El concepto material de EP IVA exige la concurrencia de los siguientes condicionantes:

a) Permanencia: umbral no definido.

b) Estructura adecuada: Medios humanos y técnicos que permitan la entrega de bienes o la prestación de servicios en la que intervenga.

c) Intervención en la entrega de bienes o prestación de servicios: se requiere utilización de los medios técnicos y humanos de dicho EP para operaciones **inherentes** a la realización de la entrega de bienes o la prestación de servicios.

- Cláusula de auxiliariedad: cuando los medios del EP se utilicen exclusivamente para realizar tareas administrativas auxiliares, como la facturación y el cobro de créditos, no se considerará que dichos medios se han utilizado a los fines de una entrega de bienes o una prestación de servicios.

- Presunción de intervención del EP en la entrega de bienes o prestación de servicios si se expide factura empleando el NIF del EP asignado por el EM de ubicación del mismo.

El concepto material de EP IRNR no coincidiría plenamente con la noción EP-IVA en los siguientes aspectos:

a) **El concepto EP-IVA no exige un lugar fijo de negocios** en tanto que tal requisito es central y clave en IRNR-CDI: la cuestión clave y más controvertida es siempre ésta: si hay o no lugar fijo de negocios desde el que se realiza todo o parte de la actividad. En el IVA no hace falta tal lugar de negocios ni el elemento de «fijeza». Así prestaciones de servicios itinerantes por el territorio de un país pueden generar un EP en IVA pero con mucha mayor dificultad en IRNR/CDI.

b) **Permanencia.** En el IVA el umbral temporal no está definido (¿permanencia suficiente?), en cambio en el IRNR-CDI se considera que tal umbral es de 4-5 meses (con fijeza o permanencia en el mismo lugar; 6 meses en el marco CDI) o de 6 meses para obras de construcción, instalación o montaje (12 meses en el marco de un CDI que siga el MC OCDE, aunque nuestros CDI rebajan tal umbral en muchas ocasiones).

c) **EP de agente dependiente.** La normativa IRNR-CDI prevé la figura del EP-agente dependiente, en tanto que la normativa de IVA no. En este sentido, puede mencionarse un precedente inglés donde se estableció que un bróker de seguros que operaba como agente de varias aseguradoras no constituía un EP de una aseguradora no residente, considerando su autonomía organizativa y riesgos propios diferentes del asegurador (*First-tier tribunal UK*, ruling of 19 January 2018).

d) **Intervención del EP en las operaciones.** La normativa del IVA establece una regulación propia que delimita la intervención del EP en las operaciones y con ello determina la propia existencia del EP. Este aspecto de la regulación del IVA resulta sustancial, ya que parece pensado para excluir la existencia de EP si no está dotado de "medios propios" humanos y materiales. De esta forma, si se realizan las entregas de bienes o prestaciones de servicios en el otro EM con medios subcontratados en principio no habria EP. Igualmente si la intervención en la operación es exclusivamente auxiliar como por ejemplo a efectos facturación y cobro, no hay EP o cuando menos tales operaciones de no son realizadas por el EP como sujeto pasivo de IVA, sin perjuicio de la presunción establecida.

En materia de imposición directa (IRNR-CDI) no se ha definido la intervención del EP de forma tan estricta, basta que la persona física o entidad realice todo o parte de su actividad a través del EP. Tal realización de actividad no se vincula tanto a la existencia de medios humanos y materiales propios como a la obtención de renta a través de un lugar fijo de negocios. De hecho, puede haber EP en casos donde la mayor parte de la actividad está subcontratada.

En IRNR-CDI la cuestión clave reside en determinar si hay lugar fijo de negocios a través del que se realice en todo o en parte tal actividad y una vez determinada la existencia del EP el segundo paso es la atribución de beneficios. Así en la primera fase no es tan relevante la sustancia (medios humanos y materiales propios), de suerte que tal cuestión sí posee gran significación a los efectos de atribuir beneficios (en función de activos, funciones y riesgos asignados y funcional y fácticamente vinculados a la actividad del EP). En sede de IVA la auxiliariedad se ha definido de forma muy abierta pero estricta (funciones residuales y posteriores a la operación de entrega de bienes y prestación de servicios: facturación y cobro). Tal auxiliriedad juega a los efectos de determinar si el EP es sujeto pasivo del IVA a los efectos de tales operaciones. En cambio en IRNR no hay cláusula de auxiliariedad. Los CDIs sí contienen tal cláusula de auxiliariedad y opera como disposición negativa que excluye la existencia de EP. Además el catálogo cerrado de actividades auxiliares y preparatorias es mucho más amplio que el establecido por el Reglamento UE de IVA, de manera que puede existir EP a efectos de IVA y no existir a efectos de IRNR-CDI. De hecho, la propia DGT, siguiendo la jurisprudencia europea, ha puesto de relieve las diferencias entre el concepto de EP a efectos del IVA y del IRNR-CDI, lo cual conduce en muchas ocasiones a que exista un EP en sede de IVA pero no en el ámbito de la imposición directa; ello acontece en particular por el diferente alcance de las reglas de auxiliariedad y subcon-tratación; así una entidad no residente en España que opera en territorio español con un almacén propio desde donde distribuye sus productos a sus clientes dispone de un EP en el TAI a efectos del IVA aunque subcontrate con un tercero los medios materiales y humanos necesarios para la gestión del almacén, por cuanto dispone de un establecimiento con suficiente grado de permanencia y una estructura adecuada en términos de medios materiales y humanos, en tanto que se considera no existe un EP a efectos del CDI por aplicación de la cláusula del artículo 5.4 (DGT V1214-14 de 6-5-2014).

En suma, estamos ante dos conceptos de EP basados en presupuestos distintos que pueden no coincidir, aunque en muchos casos existirá EP IVA-IRNR.

En este orden de cosas deberían tenerse igualmente en cuenta varios pronunciamientos del TJUE. Posiblemente, una de las sentencias más relevantes sea la dictada el 25 de octubre de 2012, Asunto *Daimler/Widex*, C-318/11 y C-319/11. En esta sentencia el TJUE declaró que, de acuerdo con la referida jurisprudencia, ha venido interpretando el concepto de «establecimiento permanente» o de «sede de la actividad económica» con relación a operaciones gravadas que han sido efectivamente realizadas, a los efectos de la determinación del lugar de imposición de dichas operaciones. Al hacerlo, no se pronunció sobre la cuestión de si, a efectos de la exclusión del derecho a la devolución del IVA, las operaciones gravadas deben haberse realizado efectivamente en el Estado miembro de devolución, o si es suficiente la mera aptitud para realizar tales operaciones, lo cual constituye una cuestión distinta. Tratándose de esta última cuestión, consideró necesario precisar que en la sentencia de 16 de julio de 2009, *Comisión/Italia* (C-244/08, rec. p. I-130, apartados 31 y 32), el Tribunal de Justicia declaró que la expresión «establecimiento permanente desde el que se realizan operaciones económicas», contenida en el artículo 1 de la Octava Directiva y, actualmente, en el artículo 3, letra a), de la Directiva 2008/9, debe ser interpretada de manera que ha de considerarse como sujeto pasivo no residente a aquella persona que no posee en el Estado miembro en cuestión un establecimiento permanente desde el que se realizan operaciones sujetas a gravamen con carácter general. Así pues, la existencia de operaciones activas en el Estado miembro en cuestión constituye el factor determinante para excluir el recurso a la Octava Directiva. El Tribunal de Justicia declaró asimismo que la expresión «operaciones», que figura en el inciso «desde el que se realizan operaciones económicas», solo puede referirse a operaciones por las que se repercute el IVA.

En esta misma sentencia, también se planteó *la incidencia de una Filial sobre la existencia de un eventual EP de un No Establecido.* En particular, se examinó si la interpretación que se ha realizado del concepto «establecimiento permanente desde el que se realizan operaciones económicas» **queda desvirtuada por el hecho de que el sujeto pasivo tenga, en el Estado miembro en el que solicita la devolución, una filial propiedad suya al 100 %, cuyo objeto consiste casi exclusivamente en prestarle diversos servicios relativos a la realización de pruebas.** La Administración tributaria sueca consideraba que el sujeto pasivo (Daimler) disponía indirectamente, a través de la filial propiedad suya al 100 %, de un establecimiento permanente en el Estado miembro en el que ha solicitado la devolución. Tal posición se fundamentó en la sentencia del Tribunal de Justicia en el caso *DFDS*, C-260/95, en la que declaró que una filial que dispone de medios técnicos y humanos, y que actúa como un simple auxiliar de la sociedad matriz, constituye un establecimiento permanente de ésta en el Estado miembro en el que radica la filial.

El TJUE salió al paso frente a tal argumentación declarando que basta con observar que una filial al 100 % de la sociedad matriz, como en el supuesto contemplado, es una persona jurídica sometida al IVA de manera independiente, y que las adquisiciones de bienes objeto del procedimiento principal no han sido efectuadas por dicha filial. A su vez, declaró que, en el asunto que dio lugar a la sentencia *DFDS*, antes citada, la razón de haber atribuido menor importancia a la independencia jurídica de la filial que a la realidad económica subyacente fue únicamente la de **determinar cuál de las dos sociedades (la matriz o la filial) había realizado efectivamente las operaciones imponibles de prestación de los servicios objeto del procedimiento principal, y poder determinar así cuál era el Estado miembro de imposición de dichas operaciones.**

El TJUE insistió que en el asunto C-318/11 (*Daimler*) no se cumple ni siquiera el requisito de la existencia de operaciones imponibles activas por las que se repercuta el IVA por parte del departamento de pruebas técnicas, requisito acumulativo al requisito de «establecimiento permanente», y, por tanto, en sí mismo necesario para la exclusión del derecho a la devolución. Así las cosas, el TJUE declaró que la interpretación que se ha realizado del concepto «establecimiento permanente desde el que se realizan operaciones económicas» no queda desvirtuada, en una situación como la del litigio principal, por el hecho de que el sujeto pasivo tenga, en el Estado miembro de la solicitud de devolución, una filial propiedad suya al 100 %, cuyo objeto consiste casi exclusivamente en prestarle diversos servicios relativos a la realización de pruebas.

Debe destacarse en todo caso cómo en los casos objeto del pronunciamiento del TJUE, los hechos revelan que los sujetos no establecidos tienen cierta presencia física en el territorio del otro Estado miembro (lugares fijos a su disposición) pero no realizan una actividad económica sustantiva que cierre ciclo mercantil (no son lugares de negocios típicos, pero en los mismos se desarrollan funciones empresariales). En este sentido, la no realización de operaciones económicas activas en el sentido de repercutibles desde la perspectiva del IVA por parte del lugar fijo a disposición del sujeto no establecido determina que, desde la perspectiva del IVA y del derecho a la devolución del IVA soportado, no se considere que concurre el nexo fiscal del EP a efectos del IVA. Sin embargo, no puede perderse de vista que tal enfoque no tiene porqué coincidir en todo caso con el aplicable en sede de imposición directa donde la realización de actividades que no cierran ciclo mercantil por parte del lugar fijo a disposición del sujeto pasivo en el territorio de otro Estado sí puede determinar la existencia de EP ya que se considera que entre éste y su casa central se realizan operaciones generadoras de atribuciones de ingresos y gastos, todo ello a salvo de la aplicación de las reglas especiales de obras de construcción, instalación o montaje, o las derivadas de la cláusula de auxiliaridad de los CDI (que cada vez se interpretan más restrictivamente).

En este sentido, el pronunciamiento del TJUE resulta de gran relevancia para determinar el umbral de existencia de EP a los efectos específicos del IVA, lo cual posee gran relevancia de cara a determinar el lugar de realización del hecho imponible y en su caso ejercitar el derecho a la devolución del IVA soportado en el caso de que pueda calificarse al sujeto pasivo como no establecido (véase también la STJUE de 6 de octubre de 2011, C-421/10, *Markus Stoppelkamp*, sobre el concepto de sede de actividad de una entidad a efectos de IVA, excluyendo las sociedades fantasma sin sustancia económica). De esta forma, la existencia de un EP a efectos de IVA requiere demostrar o evidenciar un suficiente nivel de permanencia y estructura, en términos de recursos humanos y técnicos que habilite la prestación de servicios de forma independiente (Heydari 2014, considera que tal definición se extrae de la jurisprudencia del TJUE y se alinea con lo dispuesto en el artículo10 RIVA 1992; vid también Tsiepelis 2017 y Lejeune et alter 2017, en relación con la jurisprudencia europea y el concepto de EP del IVA).

Otro precedente relevante viene dado por la sentencia del TJUE de 16 de octubre de 2014, C-605/12, *Welmory*, en relación con la existencia de un EP a efectos de IVA por actividades de economía digital. El caso se refiere a dos entidades A (chipriota) y B (polaca) que colaboraban en un negocio on line de subasta de artículos que adquirían a particulares. La entidad chipriota A ponía disposición de B un web site, dominio, pasarela de pagos, etc, y la sociedad polaca (B) vendía los bienes y los entregaba a los consumidores finales, y además prestaba servicios de publicidad, obtención de información y tratamiento de datos a la sociedad A.

Las autoridades polacas consideraron que a efectos del IVA la entidad chipriota tenía un EP en Polonia y procedía aplicar el IVA polaco, considerando como las dos entidades conformaban un conjunto económico y que los resultados del mismo favorecían a los consumidores finales.

El TJUE rechazó tal posición y negó la existencia de un EP de la entidad A en Polonia, como consecuencia de tal "conjunto económico" conformado por los acuerdos de colaboración entre ambas entidades, a los efectos de las reglas de localización del hecho imponible del IVA (artículo 44 Directiva 2006/112/CE). La cuestión clave residía en determinar que el destinatario de los servicios (la sociedad chipriota que desarrolló el web site, ostentaba el dominio, etc) no poseía en Polonia una mínima estructura de medios humanos y materiales para realizar su actividad económica. En concreto, el TJUE se refirió a que este tipo de actividades digitales remotas no generan un EP en otro Estado miembro a menos que localicen en su territorio tal estructura mínima (servidores, software, servicios informáticos, programas para celebrar los contratos y recibir la renta de los consumidores). Si no tiene tal sustancia localizada en tal Estado miembro no puede existir una estructura con un grado suficiente de permanencia que le permita realizar una actividad económica y recibir y utilizar para su actividad económica los servicios prestados por sujetos pasivos de IVA localizados en tal Estado miembro (Polonia). El hecho de que dos sociedades conformen un conjunto económico cuya actividad globalmente considerada favorezca a los consumidores no es relevante a efectos del IVA. Así las cosas, el TJUE adopta un criterio eminentemente formalista y transaccional que pone de manifiesto que los concepto de EP a efectos de IVA versus IRNR-MC OCDE no coinciden, y ello permite que operaciones intragrupo relacionadas con el comercio electrónico no generen un EP en los Estados miembros desde los que se prestan servicios auxiliares a una entidad de e-commerce, a menos que disponga de una estructura mínima propia en el territorio de que se trate o que estemos ante un montaje puramente abusivo.

El TEAC también se ha hecho eco del diferente concepto de EP en sede del IVA e imposición directa en el marco de un caso de restructuring donde existía un principal localizado en Suiza y dos filiales españolas que desarrollaban funciones de fabricación y servicios relacionados con la distribución de las mercancías (RTEAC de 24 de mayo de 2017, RG. 5835/2013). El TEAC en esta resolución adopta una posición con arreglo a la cual formalmente vendría a defender que existe un concepto autónomo de Derecho UE en relación con la regulación de la definición de EP establecida por la regulación europea del IVA; y de acuerdo con tal autonomía conceptual respecto del concepto de EP configurado por la legislación de impuestos directos y los CDI, cabe defender posiciones asimétricas en el ámbito de IVA e imposición directa; no obstante en la práctica la resolución termina asimilando ambos conceptos, de forma dudosamente compatible con el Derecho UE, por la vía de traer a colación el concepto de EP y los materiales de fiscalidad internacional de la OCDE (CMC OCDE) a efectos interpretativos (lo cual no es correcto tal y como indicó el TJUE en el caso *FCE Bank* C-210/14). Asimismo, la resolución adopta una posición propia sobre el concepto de agente dependiente de IVA que pasa por una interpretación con arreglo a la "realidad económica", de manera que allí donde no medie autonomía operativa y funcional y la actividad del agente (filiales de fabricación y distribución) esté dominada por la matriz, careciendo las filiales de autonomía operativa y funcional ello determinará la existencia de un EP de agente dependiente, aunque las filiales no estén autorizadas para firmar contratos en nombre y por cuenta de la matriz no residente siempre que lleven a cabo un conjunto de actividades directamente conectada con el negocio de la matriz respecto de sus clientes en España (por ejemplo, labores logísticas, de fabricación y distribución, contactos con clientes y proveedores, etc). El hecho de que las inversiones estén supervisada por la matriz y el sistema de remuneración sea el cost-plus y haya acceso a los locales con posibilidad de inspección en cualquier momento constituyen indicios de la falta de autonomía operativa y funcional, así como de que las filiales realizan la actividad propia de la matriz no residente. Más alineada con la jurisprudencia europea antes citada resulta, a nuestro modesto entender, la RTEAC de 20 de octubre de 2016 (RG 01485/2010), que rechaza que una entidad italiana (matriz) que simplemente posee una nave/almacén en España que arrienda a su filial española dedicada a distribución de máquinas en el mercado español y esporádicamente en países Latam, posea y opere en España a través de un EP a efectos del IVA, ya que no desarrollaba a través de tal emplazamiento una actividad económica a través de medios humanos y materiales. Ni que decir tiene que cualquier montaje carente de realidad económica y con finalidad puramente fiscal dirigido a eludir la existencia de un EP a efectos de IVA puede resultar abusivo, tal y como el propio TJUE indicó en su leading case *Halifax*.

En este orden de cosas, cabe mencionar otros pronunciamientos domésticos referidos a EPs en sede de IVA: a) La consulta V1705-17 donde se valora la inexistencia de ausencia de asunción de riesgos por parte de una sucursal de una entidad bancaria europea para considerar que no tiene la calificación de sujeto pasivo independiente a efectos del IVA, lo cual impacta sobre las operaciones internas de prestaciones de servicios entre casa central/EP; b) la SAN de 18 de enero de 2018 (nºrec. 165/2016) confirma una regularización tributaria que considera que una entidad suiza opera en España a través de EP a efectos de IVA considerando los criterios del artículo 5.1 del CDI con Suiza y dos contratos firmados por la misma con dos entidades españolas (un contrato de fabricación y otro de distribución de productos por cuenta propia, pero con riesgo limitado) en la medida en que las actividades de éstas se realizaban siguiendo las instrucciones de su principal; sin embargo, el TS, en sentencia de 23 de marzo de 2018, estableció que el hecho de dos filiales trabajen en exclusiva para su matriz no determina la existencia de un EP si éstas asumen el riesgo de su actividad y entablan relaciones con terceros en nombre propio; c) el TEAC ha destacado cómo la mera disponibilidad de un punto de amarre durante un determinado período no permite considerar acreditado que en el TAI se disponga de una consistencia mínima, esto es, la integración permanente de medios humanos y materiales para una prestación de servicios que determine un EP (RTEAC de 23 de octubre de 2017, RC 4893-2011); y d) la consulta V3311-17, la DGT, en el marco del CDI con Alemania, establece que concurren los presupuestos para aplicar la cláusula de agente dependiente del artículo 5.5 del CDI en relación con una matriz alemana que opera en España a través de una filial que distribuye la mercancía por su cuenta; sin embargo, la DGT defendió que no cabía apreciar la existencia de un EP a efectos del IVA.

3. LAS REGLAS DE TRIBUTACIÓN DE LOS BENEFICIOS EMPRESARIALES OBTENIDOS A TRAVÉS DE ESTABLECIMIENTO PERMANENTE CONTENIDAS EN EL ARTÍCULO 7 MODELO CONVENIO DE DOBLE IMPOSICIÓN

3.1. La cláusula general de tributación de beneficios empresariales prevista en el apartado 1 del artículo 7 Modelo de convenio de doble imposición: especial atención a la evolución de MC OCDE y al Informe Final OCDE de 2008-2010 y sus implicaciones para la aplicación de la red de CDI, y a la clarificación de la atribución de beneficios a los EPs en el contexto de la Acción 7 de BEPS

A) La evolución de los principios para la atribución de beneficios al EP: de la aplicación matizada del principio de plena competencia a la aplicación analógica de las Directrices de Precios de Transferencia.

Los principios establecidos por la OCDE para atribuir beneficios al EP han experimentado una notable evolución a lo largo del modelo OCDE, en especial en los últimos tiempos. Ello contrasta, sin embargo, con la «estabilidad» del clausulado del propio artículo 7 ModCDI que ha permanecido inalterado a lo largo del tiempo, salvando las modificaciones de estilo y aclaratorias incluidas en la versión de 1977. En este sentido, la evolución que hemos apuntado en los principios de atribución de beneficios al EP se ha construido fundamentalmente a través de los cambios introducidos en los Comentarios al artículo7. En este orden de cosas, las principales modificaciones fueron introducidas primeramente en el año 1994, con motivo de la revisión de 1994, tras el informe del Comité Fiscal del mismo año sobre Atribución de Beneficios a los Establecimientos Permanentes, de cara a incorporar en el artículo 7 ModCDI los avances y desarrollos de la OCDE sobre el principio de plena competencia. No obstante, lo cierto es que desde 1994 no se llevó a cabo ninguna reforma sustantiva del artículo 7 ModCDI ni de sus Comentarios (hasta el año 2008, con motivo de la versión 2008 del ModCDI), a pesar de que la OCDE sí estaba desarrollando todo el cuerpo material aplicativo del principio de plena competencia a través de las Directrices OCDE de Precios de Transferencia de 1995. Es decir, el principio de plena competencia se estaba desarrollando en relación la tributación de las operaciones entre empresas asociadas, pero tal desarrollo y evolución no se había volcado o trasladado al ámbito del artículo 7 ModCDI, debido a la dificultad para determinar el concreto alcance de tal principio en relación con las operaciones entre el EP y su casa central (las otras partes de la empresa) así como con terceros y otras empresas vinculadas. De esta forma, puede afirmarse que en el ámbito del artículo 7 ModCDI se aplicaba una fórmula que pasaba por la aplicación matizada del principio de plena competencia para la atribución de beneficios al EP, en tanto que fuera del ámbito del artículo 7 el principio de plena competencia se aplicaba sin tales matizaciones en relación con las restantes operaciones entre empresas asociadas (distintas de las «operaciones» entre el EP y su casa central, o con otras partes de la misma empresa).

La OCDE era muy consciente de los problemas derivados de esta asimetría (paradójica además ya que el principio de plena competencia se introdujo originariamente en los CDIs a través del artículo7) y elaboró desde 1994 hasta 2008 un buen número de trabajos (borradores de informe e informes), hasta que el 17 de julio de 2008 publicó su informe final, *Attribution of Profits to Permanent Establishments*. Merece la pena, no obstante, mencionar los antecedentes de este informe final OCDE de 2008 de Atribución de Beneficios a los EPs. Así, inicialmente la OCDE elaboró un «Borrador de Discusión» en torno a la interpretación del artículo 7.1 y la atribución de beneficios al EP con arreglo al principio de plena concurrencia. El primer Borrador *(Discussion Draft on the Attribution of Profits to Permanent Establishment)* fue publicado en el año 2001, en tanto que la posición consolidada de la OCDE se ha hizo pública el 2 de agosto de 2004 a través de un segundo *Discussion Draft* (ambos borradores pueden consultarse en la página web de la OCDE: www.oecd.org). La versión definitiva de tal informe 2001 sobre atribución de beneficios a los establecimientos permanentes se hizo pública el 21 de diciembre de 2006 (OECD, *Report on the Attribution of Profits to Permanent Establishments. Parts I (General Considerations), II (Banks) and III (Global Trading)*, vid. Bennett/Russo 2007), aunque hubo que esperar a 2007 para que el Comité de Asuntos fiscales OCDE hiciera público el documento donde se recoge una versión revisada de los Comentarios al Artículo 7 ModCDI siguiendo el informe de 2006 (OECD, *Revised Commentary on Article 7 of the OECD Model Tax Convention,* 10 April 2007).

El informe final OCDE 2008 sobre Atribución de Beneficios al EP, como ya hemos indicado, se hizo público el 17 de julio de 2008, aunque debe indicarse que en el año 2010 se publicó una nueva versión para coordinar las referencias del mismo al nuevo artículo7 ModCDI 2010, sin incluir cambios sustantivos; por esta razón en ocasiones nos referiremos al Informe OCDE 2008-2010 sobre Atribución de beneficios al EP. Por lo que se refiere a las reglas generales aplicables a la tributación de los EPs (Parte I), este nuevo informe OCDE 2008 reemplaza (y consolida) a todos los anteriores y profundiza en la aplicación al EP del principio de plena competencia por la vía de la aplicación analógica de las Directrices OCDE 1995 de precios de transferencia, en la misma línea en que se pronunciaban los informes OCDE de 2001, 2004 y 2006. En el informe de 2008, no obstante, se enfatiza la incompatibilidad con el principio de plena competencia de algunos pasajes de los CMC al artículo 7 ModCDI 2005 e incluso de algunos apartados del propio precepto (apartados 4 y 5 del artículo 7 ModCDI); igualmente, el informe OCDE fija una interpretación autorizada de los apartados 1 a 3 del artículo 7 ModCDI, a efectos de evitar las interpretaciones asimétricas que actualmente se hacían de los mismos y que generaban problemas de doble imposición y no imposición (sobre el alcance del informe OCDE 2008 y su traslación al ModCDI 2008, vid. Bennet 2008, Gómez Jiménez 2008, Kofler/Van Thiel, Dijkman et alter, Pijl 2011, Gutierrez/Perdelwitz 2013, Sasseville/Vann 2014 y Black 2017).

Dada la profundidad y heterogeneidad de los cambios que se deducen de este informe en relación con la tributación del EP en el marco de los CDIs, el Comité Fiscal OCDE ha ideado un modelo dual de implementación de estas nuevas reglas. Por un lado, se elaboraría durante el 2008 una nueva versión del artículo 7, así como unos nuevos comentarios al mismo, al objeto de establecer un nuevo marco jurídico-tributario para la tributación de los beneficios de los EPs en el marco de los CDIs en línea con la interpretación del principio de plena competencia a la luz de las Directrices OCDE 1995 de precios de transferencia (actualmente, tales directrices se han modificado existiendo una versión dinámica de 2010); en concreto, el borrador de la nueva versión del artículo 7 ModCDI se hizo pública el 7 de diciembre de 2008, aunque, debido a la gran cantidad de comentarios críticos realizados sobre tal versión, se ha elaborado una versión revisada del Borrador artículo 7 ModCDI que se expuso en la página web de la OCDE el 24 de noviembre de 2009 (OECD, *Revised discussion draft of a new article 7 of the OECD Model Tax Convention*, OECD, November 2009). Se pretende que esta nueva versión del artículo 7 se incluya en el ModCDI 2010 (y versiones posteriores) y sirva para negociar futuros CDIs y actualizar los existentes por la vía de la modificación del tratado (protocolos); no se pretende, por tanto, que la nueva configuración de la tributación del EP se aplique con carácter retroactivo a través de nuevos comentarios al ModCDI. Y de hecho el ModCDI 2008 (adoptado el 18 de julio 2008) no contiene tal nueva versión del artículo 7 ModCDI. Por otro lado, el Comité Fiscal OCDE consideró más apropiado revisar los comentarios al artículo 7 ModCDI 2005-2008, con el objeto de clarificar la interpretación consensuada de tal precepto, de suerte que la revisión de los Comentarios del artículo 7 ModCDI 2008 responde precisamente a esta finalidad; en este caso, no se pretende volcar las conclusiones del informe 2008 en los comentarios al artículo 7 ModCDI 2008 en el sentido de aplicar en este ámbito el principio de plena competencia entendido en el sentido de las Directrices OCDE 1995, sino únicamente modificar los CMC al artículo 7 (sin modificar el texto del precepto) fijando la interpretación de sus actuales disposiciones en los términos en que se ha consensuado a nivel OCDE; en principio, tal modificación de los Comentarios no debería entrañar cambios sustantivos respecto de los términos en que está configurado el artículo 7 ModCDI, y por ello, se pretende únicamente clarificar su alcance eliminando interpretaciones asimétricas generadoras de doble imposición y doble no imposición. Esta segunda fórmula de clarificación del actual artículo 7 ModCDI 2005-2008, en principio, **no** conlleva la actualización de las reglas de tributación del EP asimilándolas totalmente a las aplicables a las empresas asociadas del artículo 9; tal actualización se realizará a través de la nueva versión del artículo 7 ModCDI 2010 y CMC y resultará aplicable en el marco de los CDIs que se negocien con arreglo a este nuevo modelo. A este respecto, el modelo dual por el que ha optado la OCDE para actualizar las reglas de tributación del EP, por muy lógico y razonable que sea, no deja de plantear problemas de gran alcance. Piénsese, por ejemplo, que la legislación interna de la mayoría de los países OCDE, como España, sigue el enfoque tradicional de tributación del EP, de manera que las relaciones casa central-EP no están plenamente asimiladas a operaciones entre personas vinculadas o empresas asociadas, de manera que se aplica de forma muy matizada el principio de plena competencia en este ámbito. Allí donde un Estado concluyera un CDI siguiendo el nuevo artículo 7 ModCDI (2010 y versiones posteriores) articulando el denominado «enfoque autorizado OCDE» del principio de plena competencia a las relaciones EP con el resto de la empresa de la que forme parte, lo cierto es que tal Estado, cuando menos, tendría en su ordenamiento un modelo dual de tributación del EP; por un lado, existirán las reglas que se han venido aplicando a nivel interno y en el marco de los CDIs concluidos sobre los modelos OCDE anteriores a la nueva versión del artículo 7 ModCDI y, por otro lado, deberían articularse nuevas reglas para la tributación del EP en el marco de CDIs cuyo artículo 7 siga el nuevo modelo OCDE resultante del informe OCDE 2008 y del ModCDI 2010 (y versiones posteriores). Nótese, a su vez, que los cambios que propone la OCDE en el modelo de tributación de los beneficios atribuibles al EP, lejos de simplificar su régimen fiscal, añaden mayor complejidad a su estatuto fiscal por la vía de extender por analogía la aplicación de las Directrices OCDE de Precios de transferencia, cuya aplicación en el ámbito que les es propio -las empresas asociadas- es ya de por sí harto difícil (un arte más que una ciencia). Este panorama resulta complejo también en el marco de los actuales CDIs que siguen la versión «tradicional» del artículo 7 ModCDI, dado que la OCDE considera que las conclusiones y principios recogidos en el informe final 2008 sobre Atribución de Beneficios al EP son aplicables en el marco de CDIs concluidos con anterioridad, en la medida en que tales principios no entren en conflicto con los Comentarios vigentes en el momento en que se concluyeron tales convenios. Tal afirmación (recogida en el parágrafo 8 del informe OCDE 2008 y en el parágrafo 7 de los CMC al artículo 7 ModCDI 2008) sin duda puede provocar un buen número de conflictos, dado que en ciertas ocasiones no resultará evidente cuándo hay conflicto entre el enfoque tradicional y el enfoque dinámico establecido en el 2008; se repite aquí la problemática de la interpretación dinámica vs estática sobre la que ya abundamos en el capítulo sobre interpretación y aplicación de los CDIs. A estos efectos, no solo habrá que atender a los nuevos parágrafos añadidos en los CMC al ModCDI 2008, sino a aquellos que han sido eliminados.

Existen, a nuestro juicio, algunos elementos donde resulta más claro que se ha introducido un cambio sustantivo o material en los CMC 2008 (véanse los paras. 41 y ss de los CMC al artículo 7 ModCDI 2008, en relación con la atribución de «capital libre» al EP) en relación con la posición anterior establecida en los propios CMC en versiones anteriores del ModCDI, lo cual posee implicaciones de cara a su irretroactividad aplicativa. La «regla de conflicto» articulada en el parágrafo 7 de los CMC al artículo 7 ModCDI 2008 no solo debe aplicarse para establecer la interrelación entre los CMC al artículo 7 y el Informe OCDE 2008 en relación con la interpretación de las reglas de tributación de los EPs, sino también para limitar los efectos de los nuevos Comentarios añadidos en el año 2008 cuando estuvieran en conflicto con la interpretación dada por los Comentarios a versiones precedentes del ModCDI (vid. Bennet 2008). Así, resulta evidente que en caso de conflicto prevalecen los Comentarios anteriores (contemporáneos) a los efectos de la interpretación del CDI negociado siguiendo tal versión precedente del ModCDI. En relación con la exigencia de «capital libre» en el marco de CDIs concluidos con anterioridad a 2008, cabe destacar cómo la jurisprudencia del Consejo de Estado francés ha rechazado la aplicación de tal regla, reconociendo el derecho de las empresas a decidir sobre la forma de financiar sus sucursales, sin que resultara en todo caso exigible una determinada aportación de capital mínima, más allá de lo establecido regulatoriamente (véanse las sentencias del Consejo de Estado de 11 de abril de 2014, en los casos *Societe Banca di Roma* nº 346687, *Societé Caixa Geral de Depósitos* nº 359640, y *Societé Bayerische Hypo* nº 344990); esta jurisprudencia rechazando la exigencia de la dotación fiscal específica de "capital propio" respecto de EPs financieros en casos inbound, ha sido igualmente aplicada por el Consejo de Estado francés a casos de EPs outbound donde las autoridades fiscales francesas consideraron que la dotación de capital (libre) al EP en el extranjero por parte de la casa central era excesiva y en tal sentido debía existir un flujo de intereses a favor de la casa central por tal exceso de capital (sentencia del Consejo de Estado francés de 17 de junio de 2015, en relación con el CDI Francia-Japón que no seguía el enfoque autorizado OCDE). Estos pronunciamientos conectan con la sentencia de la Audiencia Nacional de 10 de julio de 2015 (rec. nº 281/2012, caso ING), donde se cuestiona la aplicación del enfoque autorizado OCDE 2008 en el marco de un CDI antiguo en relación con el cálculo de la dotación de capital libre; tal sentencia es expuesta más abajo. A este respecto resulta reseñable un pronunciamiento de un tribunal británico que admite la aplicación de la normativa inglesa que exige la dotación de capital propio a un EP en el marco de un CDI concluido con anterioridad al año 2008; la sentencia inglesa parte de la base de que el artículo7 del CDI permite implícitamente que un Estado contratante pueda exigir capital propio a los EP a los efectos de la atribución de beneficios, sin que tal exigencia resulte del CDI ni del Soft-law (*UK Tax Appellate Tribunal*, sentencia de 22 de septiembre de 2017, *Irish Bank Resolution Corporation Ltd & Irish Nationwide Building Society v. HMRC*, 2017 UKFTT 702 /TC). También el Danish Tax Board se ha pronunciado en sentido positivo en relación con la aplicación de la regulación doméstica de AOA danesa en el marco de un CDI concluido con arreglo al MC OCDE 2008, considerando que el enfoque autorizado previsto en la normativa danesa es compatible con el principio de empresa separada e independiente del artículo 7 del CDI que determina la aplicación del principio de plena competencia a los internal dealings EP-Casa Central, de manera que le resulta exigible la determinación de un capital libre de acuerdo con el *"capital allocation approach"*; a efectos de determinar los activos afectados al EP se tomó en cuenta las funciones y las key entrepreneurial risk-taking activities desarrolladas por el personal de la sucursal bancaria que tomaba decisiones activas sobre la gestión de riesgos financieros y la aprobación de operaciones de crédito (SKM2017.23SR, ruling de 30 de marzo de 2017, *TNI*, April 10 2017).

La doctrina alemana ha analizado la evolución del modelo (OCDE) de atribución de beneficios a los EPs y su impacto sobre la red de CDIs alemana, considerando en particular cómo Alemania implementó a nivel doméstico el "enfoque autorizado" (AOA) en el año 2012 existiendo CDIs concluidos con anterioridad que no recogían la nueva redacción del artículo 7 MC OCDE 2010 (Hentschel/Kraft/Moser 2018). En este sentido, por un lado, se destaca cómo existirían tres modelos de atribución de beneficios al EP en la red de CDIs alemana: a) CDIs concluidos siguiendo el artículo 7 MC OCDE pre-2008; b) CDIs concluidos siguiendo el artículo 7 MC OCDE 2008; y c) CDIs concluidos siguiendo el artículo 7 MC OCDE 2010. En cada caso resulta aplicable un modelo de atribución de beneficios distinto y la fecha de conclusión del CDI (no tanto la de ratificación y entrada en vigor de sus disposiciones determina el MC OCDE y comentarios aplicables a efectos de la interpretación). Considerando que los CDIs prevalecen sobre la legislación interna, y que el artículo 7 CDI que sigue el MC OCDE limita la atribución de beneficios (máxima) al EP, resulta evidente cómo el modelo AOA previsto en la legislación interna alemana a partir de 2012 es susceptible de generar conflictos y treaty overriding. De cara a afrontar tales problemas el legislador alemán optó por articular en su ordenamiento una "cláusula de escape", de manera que no resulta de aplicación tal modelo (AOA) de atribución de beneficios al EP si demuestra que el CDI de que se trata establece otro modelo de atribución de beneficios y el otro Estado contratante lo aplica de manera que surge doble imposición. Esta fórmula que invierte la carga de la prueba y convierte al CDI en ley especial cuyos presupuestos aplicativos deben ser invocados y acreditados por el contribuyente ha sido duramente criticada por la doctrina alemana al integrar una suerte de ***"Reverse Treaty Override"***, ya que, a la postre, obliga al contribuyente a demostrar un supuesto que en muchos casos puede ser de prueba diabólica –acreditar que el otro Estado ejercita su poder tributario de acuerdo con el CDI- introduciendo una derogación de la aplicación del CDI no autorizada por el convenio ni constitucionalmente (Hentschel/Kraft/Moser 2018).

El **MC OCDE 2017** no ha introducido modificaciones sustantivas en el tenor del artículo 7 del Modelo; los Comentarios al MC OCDE se limitan a un nuevo parágrafo 59.1 donde se pone de relieve que la eliminación de la doble imposición derivada de "auto-ajustes" de buena fe realizados por el contribuyente para reflejar la atribución de beneficios al EP con arreglo al artículo 7.2 está comprendida en el ámbito del artículo 25 MC OCDE, siguiendo las recomendaciones de la acción 14 de BEPS; también los Comentarios incluyen cambios en el parágrafo 62 que se limitan a poner de relieve la falta de consenso entre los distintos países sobre la existencia de plazos para llevar a cabo ajustes iniciales considerando los problemas para llevar a cabo ajustes correlativos en el otro Estado.

B) La clarificación de los principios de atribución de beneficios al EP en el marco de la Acción 7 de BEPS.

En relación con el modelo de atribución de beneficios al EP adoptado por la OCDE 2008-2010, cabe advertir cómo la OCDE en el año 2015, con motivo de la publicación de los **informes finales del Plan BEPS**, anunció la elaboración de nuevos trabajos a este respecto en aras de coordinar las modificaciones propuestas en el marco del artículo5 MC OCDE con el modelo de atribución de beneficios al EP (véase el epígrafe 2.1.1 de este capítulo).

La OCDE hizo público el **Draft: *Attribution of Profits to Permanent Establishments, BEPS Action 7, Additional Guidance*, en Julio de 2016**. La guía adicional que recoge este Borrador se refiere a: a) clarificación de la aplicación de las reglas del enfoque de autorizado de atribución de beneficios a EPs ficticios derivados de la aplicación de la cláusula de agente dependiente recogida en un CDI (artículo5.5), en su versión/redacción pre o post BEPS, considerando cómo la Acción 7 de BEPS modificó el umbral de EP pero no los principios de atribución de beneficios al mismo; y b) la forma de atribuir beneficios a EPs que desarrollan funciones logísticas (gestión de almacenaje y entrega mercancías) para la propia empresa (cost centers) o para terceros (profit centers) en un contexto donde la Acción 7 ha limitado la aplicación de determinadas exenciones (por actividades auxiliares) recogidas en el artículo 5.4 ModCDI. La nueva guía OCDE sobre la aplicación de los principios de atribución de beneficios del EP, no solo ilustra estas nuevas situaciones a las que resultarán de aplicación (cambios en el umbral de EP ex Acción 7 de BEPS), sino también como éstos principios interaccionan con los resultantes de las Acciones 8-10 de BEPS, de suerte que no existe total coincidencia entre el *"transfer pricing"* resultante de las Directrices OCDE (actualizado a BEPS) y las reglas materiales del enfoque autorizado (2008-2010), particularmente en lo que concierne a la asignación de riesgos (véase el ejemplo 4 del Draft OCDE 2016, y los comentarios de Hickman, former head of the OECD TP unit, en Finley 2016, p.277). En este sentido, la OCDE rechaza el *"single taxpayer approach"* y destaca cómo en la atribución de beneficios a un EP de agente dependiente (existiendo una dualidad de contribuyentes: el agente (v.gr. una filial), y el EP generado por la actuación del agente o "DAPE"), no solo aplica el artículo7 (relaciones casa central-EP) sino también el artículo 9 ModCDI allí donde el agente (una filial) y el EP sean empresas asociadas. Dependiendo del caso, la remuneración de mercado del agente determinará la tributación en la fuente, considerando cómo todas las funciones humanas sustantivas se realizan en sede de la casa central y no cabe atribuir ni activos, ni funciones ni riesgos al DAPE y por tanto no hay beneficio alguno a imputarle (Ejemplo 1 "zero taxation PE"). Ahora bien, en casos donde el DAPE desarrolle funciones humanas sustantivas por orden y cuenta de la empresa no residente que opera como principal, tales funciones (que pueden superar las contractualizadas) no solo determinan una remuneración de mercado acorde con el arm´s length (respecto de las operaciones correctamente delineadas en lo que se refiere a activos, funciones y riesgos soportados), sino también aplicando los principios del artículo7 (enfoque autorizado) tales funciones humanas sustantivas del agente por cuenta de la empresa no residente (que determinan un DAPE) determinan un asignación de activos, funciones y riesgos al propio EP; ello puede determinar una doble atribución de los mismos beneficios al agente y al DAPE (aunque la retribución del agente es deducible en la base imponible del EP/DAPE), e incluso a la casa central a menos que la atribución de los beneficios sea realizada de forma simétrica en sede del agente, DAPE y casa central, intensificándose los riesgos de doble imposición; igualmente, no puede menos que destacarse que el enfoque dual transfer pricing/atribución de beneficios resulta excesivamente complejo y artificial, de hecho el propio Draft OCDE 2016 reconoce la necesidad de mejorar la coordinación entre los principios de los artículos 7 y 9 ModCDI. Llama la atención como la propia OCDE reconoce que la guía de atribución de beneficios que propone, al basarse en el enfoque autorizado, posee importantes limitaciones en lo que concierne a su ámbito de aplicación considerando cómo a) pocos CDI recogen el enfoque autorizado (versión artículo 7 ModCDI 2010-2014), b) tan solo algunos países han decidido aplicar el enfoque autorizado a CDIs que no recogen tal versión del artículo7, c) un buen número de jurisdicciones han rechazado la aplicación del enfoque autorizado en su CDIs, y d) la propia ONU no lo ha aceptado tal modelo (ver parágrafo 158 del UN Model 2011). Esta circunstancia unida a la complejidad técnica y problemas de practicabilidad de la guía de atribución de beneficios articulada por la OCDE (particularmente en relación con DAPEs) pueden traer consigo que aquellos países (como EEUU) que eran reacios a implementar (vía CDI o Convenio Multilateral BEPS 2016) las modificaciones recogidas en la Acción 7 de BEPS mantengan tal reserva. Igualmente, los enfoques administrativos de EP-Agente dependiente podrían experimentar en el futuro un cierto retroceso, considerando las dificultades técnicas para aplicar la guía de atribución de beneficios presentada por la OCDE en relación con los DAPEs.

Igualmente, en relación con tal borrador OCDE (2016) en materia de atribución de beneficios al EP, cabe hacer referencia a las consideraciones que algunos comentaristas han realizado sobre sus implicaciones y potencial aplicación: a) que la guía de principios que incluye se basan en el enfoque autorizado, de suerte que la mayoría de los países no siguen tal criterio de atribución de beneficios y plantearía igualmente problemas (particularmente frente a países que siguen el Modelo ONU) su implementación a través del Convenio Multilateral para la implementación de BEPS (MLI 2016); b) que existen diferencias entre los artículo 7 y 9 ModCDI en cuanto a los criterios para atribuir control sobre los riesgos a efectos de su imputación, y respecto del concepto de funciones humanas sustantivas (SPF) a los efectos del control sobre los riesgos; esta cuestión resulta central a los efectos de la aplicación de la guía BEPS sobre delineación (y caracterización) de las operaciones en el contexto de los internal dealings EP-Casa Central, ya determina los parámetros que determinan la asignación de activos y riesgos y ello impacta sobre la atribución de beneficios; por tanto, resulta necesario coordinar los criterios establecidos en los artículos 7 y 9 ModCDI y determinar qué precepto aplica de forma prevalente en estos casos, de suerte que algunos autores se han posicionado a favor de la aplicación en primer término del artículo 9 ModCDI y con posterioridad de los artículos 5 y 7 (Sprague 2016d); d) que la guía confirma cómo la aplicación de la nueva redacción del artículo 5.4 y 5 ModCDI derivada del Informe BEPS Acción 7 determinando la existencia de un EP (agente dependiente/principal role o purchase agents) no da lugar (necesariamente) a una atribución de beneficio al mismo (EP) derivada de la operación de compra-venta sino a la prestación de un servicio, allí donde las funciones humanas sustantivas determinan que a través del EP solo se realizan funciones (con pocos activos) que no determinan la asunción de los riesgos de la venta y el control de las mercancías; en el mismo sentido, la OCDE incluye un ejemplo que evidencia cómo allí donde la entidad no residente no lleva a cabo la actividad de venta de sus productos en el otro país a través de sus empleados, el EP ficticio resultaría generado por la posesión de un activo (almacén) y una asunción de riesgos, de suerte que si la empresa del agente dependiente no desarrolla "funciones humanas sustantivas" que sean relevantes respecto de la propiedad económica de los activos o la asunción o gestión de los riesgos, entonces no habría activos o riesgos atribuibles al EP, ni por tanto atribución de beneficios o pérdidas al mismo; la misma conclusión aplica en relación con agentes dependientes, de forma que si no desarrolla funciones humanas sustantivas respecto de activos y riesgos no cabe atribuir beneficios al agente (Sprague 2016d; y Storck et alter 2016). A estos efectos, cabe referirse a algunas de las principales diferencias que existen entre los artículos 7 y 9 ModCDI a los efectos de la atribución de beneficios o profit allocation. Así, respecto de la atribución de beneficios al EP con arreglo al artículo7 MC OCDE (enfoque autorizado) cabría poner de relieve que: a) No posee criterios de delineación de operaciones específicos como los formulados respecto de las operaciones intragrupo, aunque deberían ser aplicados a los acuerdos internos por la vía de la aplicación analógica de las Directrices OCDE de Precios de Transferencia en este contexto; b) los criterios utilizados en el profit allocation a los efectos del análisis funcional resultan similares pero no idénticos a los empleados en el marco del arm´s length; el desarrollo de las funciones constituyen el factor principal -particularmente las *"significant people functions"* o "SPFs"—para atribuir beneficios, hasta tal punto que las SPFs determinan, con carácter general, la asignación de activos y de los riesgos; la parte de la empresa que desarrolle las funciones humanas sustantivas en relación con una actividad, normalmente implica la asignación de los activos empleados y los riesgos asociados a ambas, aunque caben supuestos de asignación de activos (un servidor, un almacén) a un EP sin que desarrollen a través del mismo SPFs. En el caso del principio de plena competencia, las Directrices de Precios de transferencia permiten una asignación intragrupo de las funciones, los activos y los riesgos más flexible, fragmentada y desagregada, a partir de la existencia de entidades distintas integradas en un grupo que concluyen contratos que también asignan funciones, activos y riesgos. Aquí las entidades jurídicamente separadas permiten situar o asignar jurídicamente la titularidad de los activos a una u otra entidad, y con la colaboración de los contratos se terminan de atribuir funciones, activos y riesgos, sin emplear a tal efecto el criterio de las SPFs; no obstante, tras BEPS (Acciones 8-10) la sustancia (las funciones humanas sustantivas y las SPFs) se recalibra a efectos de la asignación FAR y ahora el criterio de la conducta efectiva realizada por las partes (como trasunto de tales funciones humanas sustantivas) opera de manera que una función solo se atribuye a una entidad si la desarrolla efectivamente, y un riesgo solo se atribuye a una entidad si tiene "control" sobre el mismo y posee capacidad financiera para soportarlo, de suerte que en tanto que el control operativo pivota sobre las "people functions" (decisiones activas de control cotidiano del riesgo, y no la política general de riesgos fijada por el board de la matriz), la capacidad financiera para soportar los riesgos tiene que ver con la fuerza o sustancia financiera (los activos; vid: Bilaney y Ballentine); a su vez, la normativa de precios de transferencia contiene reglas específicas para la atribución del beneficio derivado de la explotación de los intangibles basadas en las "DEMPE functions".

El Borrador OCDE de junio de 2016 sobre la clarificación de la atribución de beneficios al EP en relación con las situaciones derivadas de la Acción 7 BEPS fue reemplazado por un segundo Draft OCDE de junio de 2017, que finalmente fue aprobado con ligeros cambios por parte de la OCDE en marzo de 2018, que se expone a continuación.

BEPS Action 7, *Additional Guidance on Attribution of Profits To Permanent Establishments,* (22 March 2018):

La guía adicional sobre atribución de beneficios al EP aprobada por el *Inclusive Framework on BEPS* en marzo de 2018 a los efectos de clarificar la aplicación de las reglas generales establecidas por el artículo 7 ModCDI a los nuevos supuestos de EP derivados de la aplicación de la acción 7 de BEPS en relación con CDIs que hayan incorporado la nueva versión del artículo5 MC OCDE ex BEPS, ya a través del MLI o de protocolos ad hoc o convenios de nueva planta se construye a partir de una serie de presupuestos esenciales:

• Articular un *"conceptual framework approach"*, esto es, fijación de principios generales que no alteran las reglas de atribución de beneficios del artículo7 MC OCDE. Sin embargo, las clarificaciones introducidas, en algunos casos, pueden no ser tan neutrales como aparentemente pudiera parecer, a pesar de que la OCDE parte del principio de que el cambio de umbral de EP ex BEPS no conlleva cambio de reglas de atribución de beneficios al EP que son pre-BEPS, sin perjuicio del impacto que sí resulta de la aplicación de la Acciones 8-10 BEPS en este contexto.

• Establecer un modelo o enfoque que resulte válido tanto para situaciones donde la atribución de beneficios se rija por el "enfoque autorizado" (2010) o por el modelo de independencia restringida (1963-2008), sin necesidad de alterar los principios de atribución de beneficios recogidos en el artículo 7 MC OCDE (pre/postBEPS).

• No constituye un modelo aplicable específicamente al sector financiero.

• Se proyecta por los nuevos casos de EP de agente dependiente ex artículo 5.5 y 5.6 ModCDI, y los EPs de cláusula general resultantes de las modificaciones en la cláusula de auxiliariedad/preparatoriedad del artículo5.4 MC OCDE.

• La guía resulta aplicable a todos los países miembros del *Inclusive Framework on BEPS* y no solo a países miembros OCDE.

Las clarificaciones o guía adicional publicada, por tanto, en el informe de 2017 sobre atribución de beneficios a los casos de EP que resultan de los cambios introducidos en el artículo 5 MC OCDE

(2017) con arreglo a la acción 7 de BEPS se aplicaría sobre estos supuestos en los términos que pasamos a comentar a continuación:

a) La atribución de beneficios al EP resultante de los cambios derivados de la acción 7 de BEPS en los artículos 5.5 y 5.6 ModCDI y Comentarios.

En este contexto, la OCDE realiza una serie de clarificaciones que podrían resumirse de la siguiente forma:

1.º Las modificaciones introducidas en el MC OCDE (artículos 5.5 y 5.6) siguiendo las recomendaciones recogidas en el Informe final de la acción 7 de BEPS no modifican el umbral para la determinación de la existencia de un "EP ficticio" (afirmación discutible) ni tampoco han alterado la naturaleza de la categoría del "EP ficticio". En este sentido, cualquier enfoque sobre la atribución de beneficios al EP ficticio con arreglo a la versión pre-BEPS del artículo 5.5 debe ser igualmente aplicable bajo la versión post-BEPS de tal precepto.

2.º Una vez que se determina la existencia de un EP con arreglo al artículo 5.5 ModCDI, uno de los efectos de tal parágrafo será que los derechos y obligaciones resultantes de los contratos a los que tal cláusula se refiere serán imputados al EP. Ello no equivale a imputar toda la renta derivada de los mismos al EP, ya que tal atribución de beneficios resulta del artículo 7 que únicamente permite imputar la renta que corresponde a una empresa separada e independiente derivada de las actividades que el agente realiza por cuenta de la empresa no residente. De hecho, en los ejemplos ilustrativos de la aplicación de la nueva guía se pone de relieve cómo la delineación de las operaciones y la caracterización funcional de cada parte considerando el análisis fáctico-funcional resulta crítica, ya que puede determinar la atribución de beneficios residual al DAPE y un beneficio rutinario a la casa central a partir de una mera prestación de servicios. Igualmente, los ejemplos revelan cómo una correcta remuneración de los servicios prestados por la entidad intermedia (caracterizada como agente dependiente), a partir de una delineación funcional-factual holística, normalmente debería excluir la asignación de beneficios al DAPE.

3.º La atribución de beneficios al EP debe llevarse a cabo con arreglo al artículo 7 del CDI aplicable, con independencia de que siga o no el enfoque autorizado OCDE 2010.

4.º La remuneración del intermediario o empresa que opera como agente dependiente resulta relevante para determinar el beneficio imputable al mismo y al propio EP que genera para la empresa no residente las actividades realizadas por su cuenta el agente (DAPE). La OCDE reconoce que existen discrepancias entre los países miembros en relación con el orden de aplicación de la normativa de precios de transferencia (ex artículo 9) y de atribución de beneficios al EP (ex artículo 7) en relación con la determinación de beneficios asignables al intermediario y al EP (DAPE), ya que si el intermediario es una entidad vinculada la remuneración que le corresponda con arreglo a la normativa de precios de transferencia afecta al beneficio imputable al DAPE; nótese además que los dos estándares fiscales (ALS vs. AOA) no son intercambiables existiendo todavía ciertas diferencias entre ellos, a pesar de la progresiva aproximación que ha llevado a cabo la OCDE entre los mismos (Petruzzi/Holzinger 2017, pp. 279 y ss). La OCDE parece mostrarse más partidaria de dar preferencia al artículo 9 sobre el artículo 7. No obstante, se recomienda que cada país haga público su criterio por razones de transparencia y seguridad jurídica y en todo caso se garantice la eliminación de la doble imposición a través de una regla de simetría en la imputación de ingresos y gastos en conexión con el análisis FAR del intermediario y el DAPE.

5.º En este mismo orden de cosas, la OCDE reconoce el impacto en este contexto de las nuevas reglas de transfer pricing establecidas en la acción 8-10 BEPS (ya codificadas en las Directrices OCDE Precios de Transferencia de 2017), y ello con independencia del modelo de atribución de beneficios que establezca el CDI aplicable [1963-2008, 2008 (*AOA light*), 2010 (AOA)], ya que el principio de plena competencia opera en cada uno de ellos, aunque con diferente intensidad (Petruzzi/Holzinger 2017); por tanto, las Directrices OCDE de Precios de Transferencia impactan sobre la atribución de beneficios al EP. Por un lado, pone de relieve cómo las reglas de asignaciones de riesgos recogidas en la regulación de transfer pricing (basadas no solo en la imputación contractual sino también en el control funcional y la capacidad financiera para soportar los riesgos) no alteran los hechos sobre los que pivota la cláusula del artículo5.5, de manera que la prestación de servicios del intermediario o agente por cuenta de la empresa no residente no resulta afectada por estas nuevas reglas sobre asignaciones de riesgos ya que no operan como cláusulas de no reconocimiento de transacciones. Ciertamente, no puede menos que advertirse una cierta contradicción en este planteamiento y posición, ya que la nueva regulación de transfer pricing resultante de BEPS precisamente lo que hace es erosionar la imputación contractual de funciones, activos y riesgos estableciendo nuevos criterios para determinar tal asignación atendiendo a las personas que realizan las *"key control functions"*; curiosamente, la OCDE matiza más adelante estas consideraciones. En efecto, por otro lado, la OCDE destaca cómo en el contexto de la atribución de beneficios a los EPs se utilizan parámetros para asignar funciones, activos y riesgos distintos que en el contexto del transfer pricing ya que la situación fáctica y legal es distinta existiendo una única persona. Y también reconoce que las reglas de asignación de riesgos pueden ser distintas dependiendo de la cláusula del artículo7 del CDI aplicable, ya que el enfoque autorizado utiliza una noción basada en las *"significant people functions"* para asignar al EP el riesgo y la propiedad económica de los activos (paras.21-27 y 68-71 del Informe 2010 sobre atribución de beneficios al EP). La OCDE, asimismo, pone de relieve cómo el criterio de asignación de activos y riesgos al EP derivado del enfoque autorizado no coincide plenamente con el establecido en las Directrices OCDE PT 2017 basado en *"key control functions"*. Tal precisión conduce a una regla de principio a favor de la imputación única de un riesgo al intermediario, allí donde resulte de la regulación de precios de transferencia (artículo9), de manera que en estos casos tal riesgo no sea imputable al EP (DAPE) ex artículo7, ya que se generaría doble imposición. A este respecto, la OCDE llega a afirmar (parágrafo 41 del Informe Final de clarificación adicional de la atribución de beneficios al EP con arreglo a la acción 7 BEPS, Marzo 2018) que allí donde la correcta delineación de la transacción con arreglo al capítulo I de las Directrices de Precios de Transferencia determine que el intermediario (o agente) es quien asume los riesgos de las transacciones de la entidad no residente, los beneficios atribuibles al EP pueden ser mínimos o incluso cero. Es decir, la OCDE admite que los criterios de asignación de funciones, activos y riesgos derivados de la normativa de precios de transferencia operen de tal forma que excluyan la asignación ficticia derivada de la aplicación del artículo 5.5 ModCDI, y que ello pueda determinar no solo la asignación de los riesgos y activos al intermediario (y no al DAPE) sino también la atribución de todos los beneficios potencialmente imputables al EP (DAPE), aunque no necesariamente deba ser así pudiendo existir dos sujetos pasivos con dos bases imponibles en el Estado de la fuente. En este orden de cosas, no puede perderse de vista cómo la OCDE a través del artículo 5.5 ModCDI impacta sobre el artículo 7 ModCDI (la atribución de beneficios) al atribuir por esta vía las funciones desarrolladas por el agente/intermediario al "DAPE" o "PE Agent". Ahora bien, este punto de partida resulta modulado por el propio funcionamiento del artículo7 MC OCDE, ya que las funciones que desarrolle la casa central (u otras partes de la empresa no residente) no pueden ser imputadas al DAPE, y lo mismo acontece con los riesgos de manera que aquellos riesgos que sean controlados y soportados por la casa central no pueden ser imputados al PE Agent/DAPE, a menos que éste (a través del agente/intermediario) los estuviera gestionando, controlando y soportando por cuenta de la entidad no residente. Como bien ha afirmado Tracana (2017, p.218): *"without risk-related control functions being attributed to the agency PE, the consequence would be that both the dependent agent and the agency PE would perform the same functions, bear the same risks and own the same assets. The result would, therefore, be the attribution of zero profits to the agency PE in all those situations, which would make article 5.5 of the OECD Model and the granting of taxing rights to the host country superflous"*. A este respecto, se pone el ejemplo donde el agente dependiente (por cuenta de la entidad no residente) gestiona el inventario y evalúa el rating financiero de los clientes tomando las decisiones sobre la concesión de crédito; la remuneración del agente debe tener en cuenta tales funciones, pero los riesgos en principio se imputarían al PE Agent o DAPE como consecuencia de las *significant people functions* realizadas en relación con tales riesgos en el Estado de la fuente, salvo que tales riesgos pudieran ser imputadas a la casa central (Informe OCDE 2010 sobre atribución de beneficios al EP, paras.234-243, y Petruzzi/Holzinger 2017, p.276); en este tipo de situaciones sí podría realizarse una atribución de beneficios al DAPE superior a la que corresponde al agente (Tracana 2017, p.217)

6.º La OCDE no se opone a enfoques de simplificación administrativa que puedan poner en marcha los diferentes países y que consisten en someter a imposición únicamente al intermediario gravándole por los beneficios imputables a las actividades realizadas por el intermediario y la entidad no residente.

Ejemplos ilustrando la atribución de beneficios a los EPs ficticios derivados del artículo 5.5 ModCDI ex BEPS

- **Ejemplo 1: Estructura de Comisionista (entidad intermediaria vinculada):**

   ○ El caso se refiere a una estructura de comisionista típica donde la entidad no residente que opera como principal en la operación de venta de mercancías a clientes situados en un mercado distinto al de su residencia se sirve de una filial local que opera como comisionista de manera que por cuenta de su principal realiza actividades de marketing y venta de las mecancías a los clientes, pero no ostenta la titularidad jurídica de las mercancías ni de las cantidades pagadas por los clientes como contraprestación de la entrega de las mismas, percibiendo una comisión del principal en función de las ventas.

   ○ La OCDE parte de la premisa que, con arreglo al artículo 5.5 ModCDI, la entidad no residente que actúa como principal opera en el Estado de la fuente a través de un EP, y que, en principio, hay que atribuir a tal EP los beneficios (brutos) derivados de la venta de mercancías a los clientes situados en tal Estado. Es decir, la OCDE considera que el DAPE supone en sí mismo la asignación de la renta derivada de la venta al EP, esto es, el nexo fiscal o punto de conexión fiscal creado en el Estado de la fuente afecta a la atribución de beneficios imputándole en principio la renta bruta derivada de la venta de las mercancías en tal Estado. Ahora bien, una vez establecida esta regla la OCDE trata de compatibilizar esta asignación de beneficios al EP con los principios del artículo 7 de los CDIs, de manera que tal atribución de beneficios derivada de la renta bruta de la venta se minora restando de la misma una serie de "gastos" imputables al EP de manera que tributaría por el beneficio residual (beneficios brutos derivados de la venta de mercancías en el Estado de la fuente- gastos imputables a tal EP derivados de operaciones con su casa central y con la intermediaria/agente): a) el coste derivado de un internal dealing entre la casa central y el EP en relación con la compra de las mercancías, b) los otros gastos generales en los que ha incurrido la casa central en relación actividades del EP, y c) la remuneración de mercado de la entidad intermediaria o agente. Las Directrices de Precios de Transferencia son aplicables directamente o por analogía a los efectos de la determinación de las tres operaciones/internal dealings referidos.

- **Ejemplo 2: Venta de espacio de publicidad a través de un sitio web (intermediaria vinculada):**

   ○ Se trata de un caso donde una entidad (SiteCo) cuyo negocio es la venta de espacio de publicidad on line, residente de un Estado, concluye un contrato de prestación de servicios con una entidad vinculada (SellCo) situada en otro país, de manera que de acuerdo con tal contrato esta segunda entidad debe desarrollar actividades de marketing para la primera operando con el papel principal para la conclusión rutinaria de los mismos por la primera. SellCo recibe una remuneración basada en las ventas realizadas por SiteCo en el mercado en el que opera, siendo su única fuente de renta.

   ○ De acuerdo con el nuevo artículo 5.5 del CDI aplicable SiteCo posee un EP en el país de residencia de SellCo ya que ésta habitualmente desarrolla el papel principal relativo a la conclusión de los contratos de venta de espacio de publicidad a clientes situados en ese mercado y territorio. Con arreglo al artículo 7 del CDI los beneficios atribuíbles al EP en este caso serían la renta bruta derivada de las ventas a clientes situados en tal mercado, menos una serie de gastos o cargos por una serie de conceptos: a) el precio de mercado derivado de una operación interna de venta de derechos sobre espacio de publicidad por parte de la casa central a un tercero independiente, a efectos de fijar el "gasto" derivado del internal dealing Casa central-EP; b) otros gastos generales incurridos por la casa central que benefician o tienen que ver con la actividad del EP; y c) la remuneración de mercado de la SellCo. Las Directrices de Precios de Transferencia son aplicables directamente o por analogía a los efectos de la determinación de las tres operaciones/internal dealings referidos. A este respecto, son aplicables aquí los comentarios que hicimos al hilo del ejemplo 1.

- **Ejemplo 3: Aprovisionamiento de mercancías (intermediaria vinculada):**

  ○ El caso atañe a una entidad (TradeCo) residente en un Estado R, cuya actividad principal consiste en el aprovisionamiento y venta de determinadas mercancías. A efectos de realizar su negocio ha contratado a una entidad (BuyCo), residente en otro país y vinculada, que lleva a cabo actividades de aprovisionamiento en el Estado F donde opera, de manera que adquiere mercancía por orden y cuenta de TradeCo, sin que en ningún caso ostente la titularidad de las mercancías ni del producto derivado de su venta a terceros. El sistema de remuneración de BuyCo está basado en un porcentaje sobre el coste de las mercancías.

  ○ De acuerdo con el artículo 5.5 del CDI entre ambos países, resulta que TradeCo opera en el Estado F a través de un EP como consecuencia de la actividad de BuyCo concluyendo habitualmente contratos por cuenta de TradeCo, sin que pueda aplicarse la exención del agente independiente o la correspondiente a actividades auxiliares/preparatorias. Al igual que en los ejemplos anteriores, la atribución de beneficios al EP con arreglo al artículo 7 del CDI aplicable, resulta de la atribución a éste de la renta bruta que tendría que haber pagado TradeCo a una empresa independiente por las actividades desarrolladas a través de BuyCo, pero atribuyendo a tal prestador de servicios la propiedad de las mercancías y los riesgos derivados de tales funciones. Tal renta bruta nocional sería minorada descontando determinados inputs derivados de las actividades desarrolladas por la casa central y la entidad intermediaria al igual que en los ejemplos 1 y 2. Resultan de aplicación aquí los comentarios expuestos más arriba, siendo destacable una vez más cómo el enfoque que adopta la OCDE a la hora de aplicar la cláusula del artículo 5 en un contexto postBEPS no solo conlleva la redefinir el nexo de tributación (EP) a efectos del gravamen en el Estado de la fuente, sino también impacta sobre la atribución de beneficios como consecuencia de asignar al EP los beneficios derivados de determinadas funciones (aprovisionamiento), activos (mercancías) y riesgos (gestión de inventario), cuando bien puede acontecer que las *"significant people functions"* que desarrollan todas esas operaciones estén localizadas en la casa central. Es cierto que tal impacto en la atribución de beneficios al EP puede modularse de forma relevante aplicando la regulación de precios de transferencia a las operaciones/internal dealings entre tal EP y su casa central y la sociedad intermediaria, pero no puede dejar de advertirse sobre la dificultad de fijar una matriz FAR entre el EP y la casa central en este contexto al tratarse de una única empresa, no existir contratos, y aplicarse una regulación de atribución de beneficios al EP compleja y que requiere del ejercicio de juicio sobre la valoración de hechos no siempre claros. Igualmente, el hecho de que determinadas actividades y funciones (y riesgos) sean realizadas efectivamente por la entidad intermedia no debería conducir a considerar que el "EP ficticio" lleva a cabo tales actividades (como propietario económico del inventario), sino a redeterminar (en su caso) la prestación de servicios entre la intermediaria y su matriz a efectos de calcular la retribución de mercado que corresponde ateniendo a la transacción efectivamente realizada a partir de un correcto análisis funcional de los hechos y circunstancias.

b) La atribución de beneficio a Establecimientos permanentes resultantes de los cambios derivados de la acción 7 de BEPS en el artículo 5.4 y Comentarios ModCDI

La acción 7 de BEPS introduce cambios relevantes en el artículo 5.4 ModCDI que afectan de diversa forma a la aplicación de la cláusula de auxiliariedad/preparatoriedad, de manera que esta circunstancia ahora se analiza caso a caso considerando la actividad de la empresa no residente, y además se aplica un enfoque anti-fragmentación.

La OCDE a través de este informe trata de clarificar la atribución de beneficios a los EPs que pueden resultar del estrechamiento de la cláusula de auxiliariedad/preparatoriedad. Las principales aportaciones podrían sintetizarse de la siguiente forma:

1.º La atribución de beneficios al EP derivada de la cláusula del artículo 5.4 ModCDI debe realizarse de forma simétrica a los casos de EP resultantes de la cláusula general (artículo 5.1 ModCDI), de manera que aplican los principios de empresa separada e independiente con arreglo al artículo 7 del CDI de que se trate, con independencia de que estemos en el marco de un convenio que aplique el enfoque autorizado o no.

2.º En relación con los efectos que pudieran derivarse de la cláusula anti-fragmentación recogida en el Informe Final sobre la Acción 7 BEPS (parágrafo 39, y nuevo parágrafo 4.1 del artículo 5 ModCDI), la OCDE se muestra partidaria de limitar tal enfoque a los efectos de determinar la existencia de un EP como consecuencia de contemplar de forma holística o global las actividades auxiliares/preparatorias junto con las demás actividades desarrolladas por la empresa no residente (y sus entidades vinculadas) en el Estado de la fuente, allí donde "las actividades combinadas constituyan funciones complementarias que forman parte de una operación empresarial integrada (*cohesive business operation*").

3.º La cláusula del artículo 5.4.1 ModCDI (BEPS) aplica en dos tipos de casos. En primer lugar, aplica allí donde la entidad no residente o una entidad vinculada ya posee un EP en el Estado de la fuente, y las actividades en cuestión constituyen funciones complementarias que son parte de una "operación empresarial integrada" (*"cohesive business operation"*). A este respecto, la OCDE indica que hay que determinar preliminarmente si las actividades de la empresa dan lugar a uno o varios EPs de acuerdo con el artículo 5.4.1. ModCDI. Una vez determinada la existencia de uno o varios EPs, los beneficios imputables a los EPs son aqulllos derivados de las actividades combinadas que constituyen funciones complementarias que forman parte de una operación empresarial integrada, considerando los beneficios que cada uno de ellos habría obtenido si se tratara de una empresa separada e independiente que realiza tales actividades, teniendo en cuenta el potencial efecto sobre tales beneficios derivado del nivel de integrración de tales actividades (Ejemplos de esta tipología de casos resultan en el parágrafo 30.4 de los Comentarios al artículo5 MC OCDE BEPS, y paras.40-41 del Informe Final de la Acción 7 BEPS). El segundo tipo de casos al que se refiere la OCDE tiene que ver con caso donde no existe un EP pre-existente en el Estado de la fuente, pero la combinación de actividades en tal Estado por la entidad no residente y las empresas vinculadas resulta en una operación empresarial integrada (*cohesive business operation*) que no posee naturaleza auxiliar o preparatoria. En este tipo de casos, también debe determinarse previamente si las actividades dan lugar a uno o varios EPs en el Estado de la fuente con arreglo al artículo 5.4.1. ModCDI. Los beneficios imputables a cada EP serían aquellos que resultan de cada actividad que forma parte de la operación empresarial integrada y que habría obtenido una empresa separada e independiente, teniendo en cuenta en particular el potencial efecto sobre tales beneficios del nivel de integración de tales actividades. En este sentido cabe destacar que la cláusula anti-fragmentación posee un efecto limitado en lo que se refiere a la atribución de beneficios a los EPs, ya que el test de cohesive business operation opera básicamente en el nivel de análisis de la naturaleza auxiliar/preparatoria de las actividades fragmentadas de cara a determinar si se ha superado el umbral de EP o no. Sin embargo, tal enfoque cohesivo no proyecta sus efectos a la hora de considerar que existe un único EP, pudiendo existir varios a partir de las reglas generales (que la OCDE no menciona) basadas en el criterio de coherencia geográfica y comercial. Ahora bien, la OCDE sí considera que la existencia de una operación empresarial integrada puede tener efectos en la atribución de beneficios a los EPs, ya que destaca la necesidad de tener en cuenta el potencial derivado de la integración de las actividades a la hora de determinar los beneficios a cada EP (pudiendo por tanto afectar a la caracterización funcional de las actividades).

Ejemplo ilustrando la atribución de beneficios a los EPs ficticios derivados del artículo 5.4 ModCDI ex BEPS

• Ejemplo 1: Actividades de almacenaje, entrega de mercancías, marketing y obtención de información:

 ○ El caso se refiere a una entidad (OnlineCo) residente en el Estado R que vende mercancías a través de una plataforma online, directamente a los clientes situados en los distintos mercados incluyendo el Estado F. Las mercancías son adquiridas a empresas independientes. La entidad Online Co posee un almacén en el Estado F que cuenta con 25 empleados. El almacén está alquilado a un tercero. Los empleados que gestionan el almacén utilizan empresas de transporte independientes para realizar las entregas a los clientes, siguiendo las instrucciones de la casa central de la empresa (Online Co). Por otro lado, Online Co posee una oficina en el Estado F pero localizada en otra ubicación distinta al almacén. Tal oficina cuenta con 15 trabajadores y es responsable del marketing de los productos de Online Co y la obtención de informa de los clientes localizados en tal Estado F.

o De acuerdo con el CDI entre los Estados R y F las actividades de Online Co en el Estado F dan lugar a un EP, ya que el artículo 5.4 ModCDI está configurado siguiendo la acción 7 de BEPS, al incluir el nuevo apartado 4.1. Las actividades empresariales realizadas por Online Co (almacén y oficina de marketing) constituyen funciones complementarias que forman parte de una operación empresarial integrada (cohesive business operation). No obstante, se considera que se trata de dos EPs, en la medida en que cada instalación constituye un lugar fijo de negocios a través del que se realiza parte del actividad de Online Co, y la actividad conjunta resultante de la combinación de actividades realizadas en el Estado F no posee naturaleza auxiliar o preparatoria.

o La atribución de beneficios a cada uno de los EPs es la que resultaría de la aplicación del principio de empresa separada e independiente con arreglo al artículo 7 del CDI entre ambos Estados. La nueva guía pone el énfasis en la aplicación de las distintas fases del enfoque autorizado de atribución de beneficios, pasando por la delineación fáctica-funcional y operativa de las actividades desarrolladas por el EP y la casa central, y la determinación de las operaciones internas realizadas y las transacciones con terceros. Por ejemplo, en el caso del EP resultante del almacén, el beneficio imputable vendría ser la contraprestación de mercado que obtendría una empresa independiente que realizara tales funciones logísticas, atribuyendo al proveedor de servicios la titularidad de los activos de la entidad Online Co relacionada con tales funciones y los riesgos que soporta tal entidad respecto de las mismas; ello es equivalente a asignar al EP los derechos y obligaciones asociados a la contratación del almacén y los servicios de transporte resultantes directa o indirectamente de los contratos a los que se refiere el artículo 5.5. ModCDI. Tal atribución de renta bruta resulta minorada a través de la imputación de una serie de gastos que reflejan los inputs del EP: a) los salarios de los empleados del almacén, b) los pagos a las empresas independientes de transporte, c) el alquiler y otros gastos correspondientes al almacén, y d) cualquier otro gasto incurrido a nivel de la casa central para los fines del EP.

o Nótese que en los casos del artículo 5.4 ModCID, a diferencia de lo que acontece con los del artículo 5.5 ModCDI, la OCDE no atribuye al EP los beneficios derivados de las ventas realizadas por la entidad no residente en el Estado de la fuente, de suerte que aquí la casa central sigue siendo el centro de imputación de la renta bruta derivada de las ventas en el mercado local (como consecuencia del análisis funcional en un supuesto-tipo), de manera que tal renta bruta resulta minorada por la imputación de beneficios a los EPs que se configuran como empresas separadas e independientes a los efectos del artículo 7 del CDI.

C) Principales Críticas a la posición adoptada por la OCDE en el ModCDI 2008 y en el Informe Final 2008-2010: cuestiones de fondo y forma, y evolución de la legislación española en materia de atribución de beneficios al EP.

La posición adoptada por el Comité fiscal en 2008 (artículo 7 ModCDI e Informe final 2008 sobre atribución de beneficios al EP) ha sido objeto de severas críticas procedentes tanto desde el mundo académico como desde el sector privado. En línea con las consideraciones que acabamos de realizar, se han realizado críticas de forma y de fondo (vid. por ejemplo, las vertidas por el *Treaty Policy Working Group*, o las recogidas en el *IFA Congress* 2006 sobre *Attribution of profits to PEs* ex Baker/ Collier, General Report, 2006, o las realizadas por la doctrina holandesa: Pijl 2011).

1) Objeciones en relación con el procedimiento y la forma en que se pretende implementar el nuevo enfoque autorizado de la OCDE 2008.

Se viene objetando al modelo de implementación «bifásica» o «modelo dual» (*piecemeal implementation model*) del enfoque autorizado de la OCDE, que pretende implementarse en primer término a través de los CMC al ModCDI 2008 (¿con efectos retroactivos?) y en segundo término a través de un nuevo artículo7 ModCDI (2010), al considerarse que ello plantea un buen número de problemas de sede una perspectiva legal y práctica.

En este orden de cosas, se considera que el enfoque tradicional de atribución de beneficios al EP (principio de empresa separada e independencia restringida) y el enfoque autorizado de la OCDE en realidad constituyen dos sistemas distintos de atribución de renta al EP. El primero parte de una aplicación matizada del principio de plena competencia a las operaciones EP-otras partes de la empresa y establece un reparto razonable de gastos/costes entre el EP y la casa central (normalmente sin margen o *mark-up*), en tanto que el enfoque autorizado pasa por la asignación de activos, funciones y riesgos al EP, el establecimiento de «acuerdos internos/*internal dealings*», la aplicación analógica de las Directrices OCDE de Precios de Transferencia y la asignación de capital libre al EP. En este sentido, se considera que el enfoque autorizado OCDE de atribución de beneficios al EP solo puede aplicarse en el marco de CDIs que lo establezcan expresamente en su artículo 7 y que además se requiere legislación interna que regule cómo realizar todo ese complejo proceso de atribución de funciones, activos, riesgos, capital libre, reconocimiento de «acuerdos» y aplicación analógica de las Directrices OCDE. De este modo, se rechaza que el nuevo enfoque autorizado OCDE pueda aplicarse a los CDIs negociados o concluidos con anterioridad al 2008 (véase por ejemplo en este sentido la guía adoptada por la administración tributaria de Finlandia, de 13 de junio de 2017, sobre atribución de beneficios al EP, donde se indica que el enfoque autorizado AOA OCDE solo aplica respecto de los CDIs que incorporen la versión del artículo 7 ModCDI, de forma que en los restantes CDIs aplicaría el modelo de atribución de beneficios anterior). De esta conclusión resulta que durante un cierto número de años los Estados y sus contribuyentes pueden verse abocados a aplicar dos regulaciones diferentes de atribución de beneficios al EP, lo cual no parece muy razonable y consistente. Y de hecho, como indicamos más adelante, tan solo un pequeño grupo de países ha regulado a nivel interno el enfoque autorizado y son pocos los CDI que lo incorporan (Huibregtse et alter (2015), aportan la cifra de 31 CDIs), lo cual aboca a una situación donde los contribuyentes deben operar a escala nacional e internacional bajo diferentes estándares de atribución de beneficios al EP, lo cual multiplica las posibilidades de doble imposición (y doble no imposición o asimetrías o gaps) y obstaculiza el comercio y la actividad económica transfronteriza en contra de los objetivos fundacionales de la OCDE (Black 2017). El hecho de que ni tan siquiera los países miembros de la OCDE hayan adoptado de forma consiente el enfoque autorizado en su legislación y CDIs, evidencia la complejidad del modelo y el bajo consenso internacional sobre su utilización (Kosters/Offermanns 2013). Desde un plano de política fiscal los países en desarrollo también se han opuesto al nuevo modelo de enfoque autorizado por su mayor complejidad técnica que dificulta su aplicación por sus autoridades fiscales y porque instrumenta los criterios o parámetros económicos de atribución de beneficios de los países occidentales (Li 2015 y Yuesheng 2015).

En esta misma línea argumental, se critica que el ModCDI 2008 haya incorporado a los CMC artículo 7 una «parte» del enfoque autorizado OCDE 2008 y que además se haya establecido la regla conforme al cual el Informe final OCDE 2008 de atribución de beneficios al EP se aplicará en el marco del artículo 7 actual en la medida en que no colisione con los CMC actuales. Se considera que tal posición OCDE, cuando menos, plantea dos problemas: por un lado, determinar qué porción del enfoque autorizado OCDE puede ser aplicado en el marco actual del artículo 7 (qué parte colisiona y cuál no con los actuales CMCs); y por otro la posibilidad de aplicar (retroactivamente) los CMC 2008 para la interpretación y aplicación de CDIs negociados con anterioridad. Particularmente, se considera que algunas de las nuevas reglas que establecen los CMC 2008 no aportan una mera clarificación sino reglas sustantivas (v.gr, la aplicación analógica de las Directrices OCDE, la asignación de activos, riesgos, capital libre), lo cual debería impedir su eficacia retroactiva. Curiosamente, los CMCs 2008 al artículo 7 no tocan la parte de los CMCs que afecta al reparto de costes entre la casa central y el EP en relación las «cesiones» de intangibles o prestaciones de servicios, mientras que el enfoque autorizado OCDE 2008 sí establece matizaciones importantes en este punto (particularmente interesante a estos efectos es la regulación establecida al efecto en Corea del Sur (2015) y en Alemania (2015); vid. Kim y Andresen, respectivamente); el legislador alemán, tal y como ha hemos indicado más arriba, ha introducido una "escape clause" dirigida a resolver los conflictos que pueden plantearse como consecuencia de los diversos modelos de atribución de beneficios que existen en su red de CDIs y el AOA establecido a nivel doméstico (Hentschel/Kraft/Moser 2018). Otra diferencia entre los CMCs 2008 al artículo 7 y el enfoque autorizado 2008 se refiere a la prohibición general de la deducibilidad de deudas internas (salvo para bancos), de suerte que en el ModCDI 2008 hay continuidad sobre las reglas pre-existentes, salvo en lo que se refiere a la regla de atribución de capital libre al EP. De esta manera, el ModCDI 2008 no solo establece una novedad sustantiva respecto de los modelos precedentes sino que tampoco acaba de incorporar plenamente el enfoque autorizado 2008. Llama también la atención la nueva regla que se ha pretendido establecer en el parágrafo 48 de los CMCs para evitar los problemas de doble imposición internacional que pueden surgir cuando los dos Estados contratantes utilizan métodos diferentes para atribuir capital libre al EP; tal regla pretende salir al paso de los problemas que plantea la falta de simetría en la atribución de beneficios al EP, pero ha sido muy criticada por su parcialidad (solo se refiere a cuestiones que derivan de diferentes métodos de atribución de capital libre; vid.: Scwärzler sobre los diferentes métodos de atribución de capital al EP) y por su regulación sustantiva, de suerte que varios países (Alemania, Japón y EEUU) ya han introducido observaciones en el sentido de que la aplicación de la misma requiere un acuerdo en el marco del procedimiento amistoso. En último análisis, lo que parece terminar estableciendo los CMC al artículo 7 ModCDI 2008 es un «modelo de tránsito» hacia el enfoque autorizado en la atribución de beneficios al EP. Ello plantea dudas sobre la aplicación de los CMC 2008 en el marco de CDIs anteriores. En mi modesta opinión resulta muy dudoso que el modelo de tránsito o las nuevas reglas derivadas de los CMC 2008 (que incorporan además en la medida de lo posible el informe OCDE 2008) puedan aplicarse retroactivamente en el marco de CDIs concluidos con anterioridad, en la medida en que estamos ante cambios sustantivos y que requieren no solo un cambio en el tenor del artículo 7 sino también legislación interna específica que establezca y regule los nuevos principios y reglas de atribución de beneficios al EP. En este sentido, también dudados de que, a falta de tal legislación específica, un CDI negociado siguiendo el ModCDI 2008 esté implementando realmente el modelo de tránsito establecido en los CMC artículo 7 ModCDI 2008. Nótese, a su vez, que el *piecemeal implementation model* adoptado por la OCDE en el fondo podría estar estableciendo tres modelos distintos de atribución de beneficios al EP: a) modelo pre-2008; b) modelo de tránsito ex ModCDI 2008; y c) modelo derivado del nuevo artículo 7 ModCDI (2010 y versiones posteriores). Sin duda, la existencia de estos tres modelos de atribución de beneficios al EP no deja de plantear un buen número de cuestiones que hacen dudar de la consistencia y adecuación del modelo, desde una perspectiva de política legislativa, jurídica y práctica. En este orden de cosas, cabe apuntar cómo la jurisprudencia internacional ya está dando cuenta de casos donde las autoridades nacionales aplican enfoques de regularización tributaria basados en el modelo autorizado (AOA) en el marco de CDIs concluidos en los años 60 y 70, cuando el modelo de atribución de beneficios se regía por reglas parcialmente distintas (véase la sentencia de 7 de noviembre de 2017, de la Corte belga de Primera Instancia de Mons; vid.: PwC, "Belgian transfer pricing decision analyzes profit attribution to PE", Tax Insights, July 25, 2018).

2) Consideraciones de fondo sobre el nuevo modelo de atribución de beneficios al EP.

El nuevo enfoque autorizado OCDE (parcialmente incorporado en los CMCs artículo 7 ModCDI 2008) ha sido objeto de severas críticas desde un punto de vista sustantivo.

Por un lado, se considera que el nuevo enfoque intensifica los problemas de aplicación práctica de la atribución de beneficios al EP generando un mayor déficit de seguridad jurídica, en la medida en que estamos ante un modelo de atribución de beneficios más complejo técnicamente y más incierto y subjetivo al pivotar sobre un conjunto de asunciones que debe hacer el contribuyente sobre asignación activos, funciones, riesgos, reconocimiento de «acuerdos internos», aplicación analógica de Directrices OCDE al EP, asignación de capital libre. Se indica que al tratarse de un modelo tan subjetivo en la apreciación de sus elementos estructurales propicia los desacuerdos de la administración con el contribuyente o entre administraciones tributarias. Y ello no solo redunda en un modelo más incierto y que conlleva un menor grado de seguridad jurídica al contribuyente, sino también un modelo donde los problemas de doble imposición internacional por diferente atribución de beneficios al EP en los dos Estados contratantes se agravarán sin que se haya establecido un mecanismo que garantice el principio de simetría y la eliminación de tal doble imposición internacional. En relación con esto último, ya apuntamos más arriba que la solución recogida en el parágrafo 48 CMC artículo 7 ModCDI 2008 es parcial y dependiente de un acuerdo en el procedimiento amistoso, aunque es cierto que el nuevo artículo 7 ModCDI 2010 ya la incorpora en su apartado 3. En este sentido, el nuevo enfoque OCDE no termina por garantizar uno de los principales fines de los CDIs que no es otro que la eliminación de la doble imposición internacional. Es cierto, sin embargo, que, como veremos más adelante en el epígrafe 3.8 de este capítulo, la nueva versión del artículo 7 ModCDI 2010, se ha incluido un apartado 3 cuya finalidad principal es garantizar la eliminación de la doble imposición que puede resultar de una asimétrica atribución de beneficios al EP en los dos Estados contratantes; ahora bien, a pesar de que tal artículo7.3 ModCDI articula una cláusula similar al actual artículo 9.2 ModCDI no cabe excluir que se produzca doble imposición por tal diferente atribución de beneficios al EP.

Por otro lado, el enfoque autorizado ha sido también puesto en tela de juicio sobre la base de una serie de argumentos de tipo material que nos limitamos a mencionar por razones de espacio (nos remitimos al informe General *IFA 2006 Baker/Collier, Atribution of Profits to PEs*:

• Se ha indicado que el nuevo enfoque autorizado OCDE puede resultar incompatible con el principio de capacidad económica recogido a nivel Constitucional en el ordenamiento de muchos países. Así, se considera que tal enfoque autorizado puede conducir al reconocimiento y gravamen de una renta totalmente ficticia, en la medida en que tal renta deriva de una ficción fiscal y además una persona no puede obtener ni generarse renta alguna haciendo negocios consigo misma (véase en este sentido las sentencias de tribunales canadienses (*Imperial Oil case*) y australianos (*Max Factor case*). El principio de realización de la renta en determinados países constituye un principio estructural que limita la configuración de las disposiciones domésticas que delimitan hechos imponibles, de manera que este aspecto del enfoque autorizado puede resultar problemático en muchas jurisdicciones, por más que un CDI que establezca la nueva versión del artículo 7 ModCDI no establezca tal gravamen (vid.: Black 2017, Bernales, y Sasseville/Vann 2014).

• El nuevo enfoque autorizado también puede plantear problemas desde el principio de no discriminación del artículo 24.3 ModCDI, así como considerando el principio de no discriminación comunitario en la medida en que una empresa residente en un Estado no es gravada por la transferencia de activos (o cesión de bienes) a una «rama de negocio» que forma parte de la misma empresa.

• El nuevo enfoque autorizado carece de una clara orientación de política fiscal, en la medida en que no resultan previsibles sus consecuencias de tipo recaudatorio para los dos Estados contratantes.

• El nuevo enfoque autorizado no lleva hasta sus últimas consecuencias la personificación del EP, en relación con su consideración como residente del Estado en el que está situado, ni tampoco se reconoce tal personificación a nivel de exacción de retenciones en origen en los «pagos» del EP a las otras partes de la empresa.

• El nuevo enfoque autorizado requiere la articulación de un conjunto de normas a nivel interno que regulen el proceso de atribución de beneficios al EP, no resultando suficiente la previsión de tal nuevo modelo en los CMCs o en el propio artículo7 ModCDI. Debe regularse a nivel interno cómo debe hacerse la asignación de funciones, activos y riesgos, cómo reconocer los acuerdos internos, cómo aplicar analógicamente las Directrices OCDE, el método de asignación de capital libre, cómo resolver los problemas de doble imposición derivados de atribuciones no simétricas de beneficios al EP.

Un sector de la doctrina alemana ha criticado los fundamentos del enfoque autorizado desde una perspectiva distinta, al considerar que el origen de los problemas que derivan de su aplicación cabe establecerlo en el principio de empresa separada (Schnitger 2013). En concreto, se argumenta que no puede equipararse la realidad de las relaciones entre la casa central y los EPs, y las operaciones entre empresas asociadas. En este sentido se considera erróneo aplicar el principio de plena competencia para asignar ingresos y gastos entre la casa central y el EP como si se tratara de dos empresas asociadas distintas; de esta forma, solo se consideraría adecuado aplicar el enfoque autorizado en relación con las operaciones EP con terceros independientes. El enfoque autorizado OCDE ha profundizado en esta ficción de empresa independiente aplicando en este contexto el ALS, argumentando que ello se justifica para lograr tres efectos: mayor seguridad jurídica, y la prevención de doble imposición residual y dobles no imposiciones, aunque la referida doctrina alemana considera que las consecuencias son precisamente las opuestas: a) La OCDE no ha establecido una aplicación consistente del enfoque autorizado, por ejemplo, no permitiendo que el EP y la casa central posean diferente calificación crediticia, ya que no cabe la transferencia de un riesgo a través de una garantía del EP a la casa central, aunque curiosamente la transferencia de la función de distribución comercial al EP debe implicar la transferencia del riesgo de crédito (y las correspondientes provisiones); b) el enfoque autorizado plantea problemas de imputación asimétrica de renta (y cuestiones de imputación temporal) ya que no establece criterios para determinar cuando una transferencia de un activo de la casa central al EP constituye una cesión (leasing) o una transferencia, lo cual posee implicaciones para los ingresos y gastos asignables tanto al EP como a la casa central, de suerte que se postula que dependiendo de las circunstancias de hecho pueda establecerse la existencia de una u otra operación (por ejemplo, si la casa central posee sustancia económica y desarrolla actividades relacionadas con el activo transferido estaríamos ante una mera cesión de uso del activo). Nótese que de tratarse de una transmisión se pondrían de manifiesto plusvalías tácitas en la casa central, sin que realmente se haya generado renta en el marco de la empresa, lo cual no acontece entre partes independientes. A su vez, en algunos países como Alemania la imposición de salida del activo que se pone de manifiesto con motivo de la transferencia del activo al EP en el marco del artículo 7.3 Mod CDI 2010 (y versiones posteriores) solo determina la parte de la plusvalía gravable en el Estado de residencia de la entidad pero no impide el gravamen posterior de las plusvalías que se generen en el futuro en el marco de una auténtica transmisión posterior (sentencia del *Bundesfinanzhof* del 17 de julio de 2008, vid. Schnitger 2013). Otro de los efectos problemáticos que se han apuntado en relación la aplicación del enfoque autorizado consiste en que puede favorecer un enfoque de las autoridades fiscales dirigido a calificar actividades realizadas en un territorio como llevadas a cabo a través de un EP y que son constitutivas de servicios para la casa central u otras partes de la empresa, lo cual resulta contrario a la finalidad perseguida a través del nuevo modelo de artículo7 ModCDI 2010 (Kempf/Jakob 2013, p.99). En la misma línea se insiste en la imprecisión de los términos y criterios utilizados como base para aplicar el nuevo enfoque autorizado OCDE, problema que se agudiza en la medida en que se trata de conceptos nuevos de carácter internacional que no poseen reflejo en la legislación interna de los países (Kempf/Jakob 2013, p.100).

Debe destacarse también que el propio Comité ONU sobre Cooperación Internacional en materia Fiscal, en sus reuniones de octubre de 2009 y 2010, tomó el acuerdo de no asumir el nuevo enfoque autorizado OCDE sobre el artículo 7 MC ONU, de manera que el modelo de atribución de beneficios al EP en el marco del modelo ONU resultará heterogéneo al modelo OCDE; se adoptó un «modelo minimalista» a través del cual el modelo ONU de atribución de beneficios al EP se desarrollaría a través de cambios en sus comentarios y una explicación de la divergencia del Modelo OCDE (vid. doc. ONU E/C.18/2009/2).

En este sentido, debe destacarse como tras varios años de adopción a nivel OCDE del «enfoque autorizado» está lejos de constituir el «estándar internacional» para la atribución de beneficios a los EPs (Lipp 2014, pp.314; y Huibregtse et alter 2015). Tan solo un grupo limitado de países lo han incorporado a su legislación nacional de una forma u otra (Alemania, Austria, Países Bajos, Japón, Perú, Colombia, Corea del Sur, Italia), existiendo un cierto número de países miembros (Chile, Grecia, México, Nueva Zelanda y Turquía) y no miembros de la OCDE (China, India, Brasil) que han mostrado su rechazo, que se une al expresado por la ONU (el Modelo ONU de 2011 no incorpora el enfoque autorizado). Otros países relevantes como Australia o EEUU todavía no han adoptado una posición definitiva aunque todo parece indicar que caminan hacia la adopción del enfoque autorizado (por ejemplo, Canada y EEUU, acordaron en un MOU de junio de 2012 que utilizarían el enfoque autorizado para atribuir beneficios a los EPs en el marco del CDI concluido entre ellos). Existe otro grupo de países que ha optado por una implementación informal del enfoque autorizado, vía circulares o resoluciones administrativas internas, o simplemente a través de la incorporación del nuevo artículo

7 ModCDI 2010 a los nuevos CDIs (Huitbretgse et alter 2015, se refieren a Bélgica, Austria, Dinamarca, Polonia como países que lo aplican informalmente, en tanto que otros países como EE.UU o Canadá estarían utilizando la vía del CDI en combinación con procedimientos amistosos para articular el enfoque autorizado, aunque indican que tan solo existen unos pocos CDI -en torno a 30 convenios- que articulen el enfoque autorizado). Incluso países, como Alemania, que han incorporado el enfoque autorizado a su modelo de convenio y a su legislación, apenas han firmado unos pocos CDI incluyendo tal modelo de tributación de los EPs, de manera que tampoco se aplica uniformemente en los países que lo han implementado a nivel nacional o convencional, lo cual plantea importantes problemas de seguridad jurídica, y riesgos de doble imposición. Además, en la mayoría de los países que han adoptado formalmente el enfoque autorizado desarrollando una regulación doméstica se reconoce con carácter general que tal modelo de atribución de beneficios no opera con carácter retroactivo en el marco de CDI que no recoge la nueva versión del artículo 7 ModCDI 2010, considerando que a) los cambios sustantivos que articula pueden colisionar con los CDI basados en otros modelos anteriores, b) la interpretación estática de los CDI resulta la regla general, de manera que no puede apelarse a la interpretación dinámica válidad para clarificaciones a efectos de alterar el sentido y fórmula sustantiva fijada en el convenio para la atribución de beneficios al EP, y c) los principios constitucionales de legalidad tributaria y seguridad jurídica y la propia fuerza pasiva y rango constitucional de los CDI impiden tal aplicación retroactiva del enfoque autorizado en el marco de convenios basados en versiones anteriores del artículo 7 ModCDI (vid. Masui en relación con Japón, y Lingier respecto de Alemania con apoyo en la jurisprudencia del *Bundesfinanzhof* a favor de la interpretación estática de los CDI; la guía adoptada por la administración tributaria de Finlandia, de 13 de junio de 2017, sobre atribución de beneficios al EP, indica que el enfoque autorizado AOA OCDE solo aplica respecto de los CDIs que incorporen la versión del artículo 7 ModCDI, de forma que en los restantes CDIs aplicaría el modelo de atribución de beneficios anterior).

En este sentido, puede plantearse una distinta tipología de problemas dependiendo de la posición adoptada en la legislación interna de cada uno de los países implicados (fuente/residencia) -adoptando o no el enfoque autorizado— y considerando la versión del Modelo OCDE (pre-2008, 2008 o post-2008) que se haya seguido a efectos de la configuración de la cláusula del artículo 7 del CDI aplicable. Por ejemplo, se ha planteado por algunos comentaristas austríacos la situación donde el país de la casa central (ER) aplica a nivel interno el enfoque autorizado e imputa cánones de mercado a la cesión de propiedad industrial entre su casa central y el EP situado en otro Estado parte de un CDI que sigue el enfoque pre-2008 y, por tanto, no reconoce, con carácter general, estos acuerdos de cesión de intangibles, aunque se trata de una regla que posee matices (paras.35-41 CMC artículo 7 Modelo OCDE 2008). En este caso, mientras que la base imponible de la casa central incluye un ingreso nocional por cesión de propiedad industrial, la base imponible del EP en principio no registraría un gasto correlativo fiscalmente deducible de acuerdo con el CDI, lo cual generaría doble imposición. Ciertamente, allí donde la legislación interna del Estado de ubicación del EP permitiera la deducción fiscal de estos gastos, consideramos que el artículo7 del CDI no limitaría tal deducción, ya que los CDI no están concebidos para articular deducciones fiscales sino para distribuir el poder tributario entre los Estados estableciendo límites al poder tributario de los países firmantes y un mecanismo estable para eliminar la doble imposición (parágrafo 30 CMC artículo 7 ModCDI 2008). No obstante, cuando la normativa interna del país de ubicación del EP no permitiera la deducibilidad fiscal de tales pagos nocionales se generaría doble imposición que debería resolverse en el marco del procedimiento amistoso/arbitral que se hubiera articulado en el CDI. Una fórmula para evitar esta problemática la encontramos en la legislación alemana [Sec.1(5) AStG] que establece una norma de conflicto (o "escape clause") con arreglo a la cual un CDI prevalece sobre la normativa interna que implementa el enfoque autorizado únicamente en la medida en que el contribuyente afectado pruebe que el otro Estado contratante (el de ubicación del EP) somete a imposición al contribuyente (EP) de acuerdo con el CDI que no sigue el enfoque autorizado y, por tanto, la aplicación de tal enfoque autorizado recogido en la normativa alemana generaría doble imposición (vid.: Paulitsch/Eckerstorfer 2014, pp.187-188); como ya indicamos más arriba esta "cláusula de escape" ha sido duramente criticada por la doctrina ya que articula una suerte de *"Reverse Treaty Override"* (Hentschel/Kraft/ Moser 2018).

Por último, algunos autores han planteado dudas sobre la compatibilidad con el Derecho de la UE del nuevo modelo de atribución de beneficios al EP (*Kofler/Van Thiel* 2011); en concreto, se pone de manifiesto, como las reglas de atribución de gastos derivadas del artículo 7.3 ModCDI 2010, en la práctica pueden plantear problemas de Derecho UE, allí donde el Estado de situación del EP establezca reglas o prácticas que limiten la deducción por el EP (en su base imponible) de gastos incurridos por el EP o que aparecen vinculados con la actividad desarrollada tanto por el EP como por la casa central; en este sentido se considera que la jurisprudencia del TJUE (casos *Gerritse* y *Centro Equestre*, o la propia sentencia del TJUE en el asunto *Brisal* C-18/15) requiere que todo gasto que posea una conexión económica directa con el EP pueda ser deducido por éste, con independencia del cumplimiento de las reglas del artículo 7.3 ModCDI 2010 que se han configurado atendiendo a otros criterios ajenos al Derecho UE aunque pueden interpretarse y aplicarse de forma conforme con éste (Panayi 2013 a) y b) La realización de las plusvalías tácitas que se pone de manifiesto en el marco de acuerdos internos casa central-EP con motivo de la transferencia de activos plantea problemas de Derecho de la UE, en la medida en que en situaciones internas no se pone de manifiesto plusvalía alguna (véanse las Sentencias del TJUE de 25 de abril de 2013, C-64/11, *Comisión/España*, de 6 de septiembre de 2012, C-38/10, *Comisión/Portugal*, de 16 de abril 2015, *Comisión/Alemania*, C-591/12, de 21 de mayo de 2015, C-657/13, *VerderLabTec*, y de 23 de noviembre de 2017, *A Oy* C-292/16, donde el TJUE establece las condiciones para que tal gravamen resulte compatible con el Derecho UE). Nótese en este sentido cómo la Directiva 2016/1164/UE (ATAD I) ha regulado en su artículo 5 la imposición de salida siguiendo la jurisprudencia del TJUE, contemplando situaciones de transferencias de activos entre el EP y la casa central, o la transferencia de la actividad de un EP.

3) La posición española en relación con el enfoque autorizado OCDE 2008-2010 de atribución de beneficios al EP.

Situación en el marco del antiguo TRLIS

De los documentos OCDE sobre atribución de beneficios al EP no cabe extraer una posición clara de las autoridades españolas sobre el enfoque autorizado, al no haber incluido ninguna observación al mismo ni en relación con el artículo 7 ModCDI 2008, ni respecto al nuevo artículo 7 ModCDI 2010 y versiones posteriores. En este sentido, podría inferirse una posición alineada con el nuevo enfoque OCDE de atribución de beneficios al EP.

Respecto de la posición de la legislación española en esta materia, lo cierto es que, a nuestro juicio, resultaba (y todavía hoy resulta) confusa o cuando menos poco clara. Por un lado, se estableció la aplicación del principio de plena competencia en los artículos 16 TRLIS y 15.2 TRLIRNR en relación con las «operaciones» entre el EP y la casa central (y otras partes de la empresa, y otras personas vinculadas). Sin embargo, no se estableció cómo debía realizarse la aplicación de los métodos de determinación de precios de mercado ni de las propias Directrices OCDE en materia de precios de transferencia. Tampoco se estableció cómo debía realizarse la asignación de activos, funciones y riesgos al EP, ni cómo había que reconocer los acuerdos o internal dealings EP-Casa central; esta situación de desregulación, sin duda, resultaba criticable por la inseguridad jurídica que deriva del mismo, sin mencionar los problemas que pueden plantearse desde una perspectiva constitucional de legalidad tributaria. Por otro lado, el artículo 18 TRLIRNR establecía importantes restricciones a la deducibilidad de gastos en la base imponible del EP situado en España, lo cual podía resultar contrario (o debe inaplicarse) al artículo 7/artículo 24.3 ModCDI, así como al principio comunitario de no discriminación. Tampoco se había establecido un método de dotación o atribución de capital libre al EP, aunque es cierto que el artículo 18.1.c) TRLIRNR establecía (y establece) la no deducibilidad de los costes financieros incurridos por la entidad para obtener su capital propio, aunque esté afecto, directa o indirectamente, al EP; nótese que tal precepto se refiere al coste de capitales propios de la entidad y no establece un sistema de atribución o asignación de capitales propios al EP, entre otras razones porque el artículo 18.1.a TRLIRNR excluye la deducibilidad de los intereses en la base imponible del EP, salvo en el caso de bancos extranjeros (será aquí donde puede plantearse esta problemática, pero no hay regulación específica sobre el método de atribución de capital libre al EP).

En este sentido, todo parece indicar que nos encontrábamos ante un modelo de articulación informal, fragmentaria y mínima del enfoque autorizado por la vía de considerar que tal enfoque no requiere más implementación a nivel nacional que establecer la aplicación del principio de plena competencia a las relaciones o acuerdos entre la casa central y el establecimiento permanente tanto en situaciones inbound como outbound (modelo de implementación informal similar al adoptado por algunos países como Austria, vid. Huibretgse et alter 2015), de suerte que el contenido sustantivo de tal modelo de atribución de beneficios al EP vendría dado por el Soft-law del Arm´s Length adaptado al EP (Comentarios al artículo 7 ModCDI 2010) en términos similares a lo que acontece en sede de normativa de operaciones vinculadas. Ahora bien, a nuestro entender esta forma de articular el nuevo modelo de atribución de beneficios al EP este es de dudosa compatibilidad con los principios de legalidad tributaria y seguridad jurídica, y además requiere ser aplicado de forma distinta dependiendo del modelo de cláusula de atribución de beneficios al EP que se haya articulado en cada CDI, e incluso aún admitiendo la modulación del principio de plena competencia en casos donde el CDI articulara el modelo tradicional de tributación del EP surgirían problemas de doble imposición como consecuencia de la interrelación de ordenamientos que operan con modelos distintos, tal y como ha puesto de relieve la doctrina austríaca, holandesa y alemana (vid.: Paulitsch/Eckerstorfer 2014, pp. 187-188, Hentschel/Kraft/Moser 2018, Huitbregtse et alter 2015 y Lingier 2015). A su vez, las modificaciones incorporadas a la legislación del IS a partir de la Ley 16/2013 limitando la integración de las pérdidas de los EPs requería igualmente de la articulación del establecimiento de una regulación específica de la materia relacionada con la configuración de la base imponible del EP (inbound/outbound), tanto en materia de imputación de ingresos y gastos entre el EP y la casa central, como en materia de determinación de la renta en las operaciones internas EP-Casa central (y viceversa).

Así las cosas, pensamos que el modelo de tributación del EP es diferente según exista o no un CDI, de suerte que cuando media CDI el artículo 7 incide de forma relevante en la determinación de la base imponible del EP.

No obstante, debemos insistir en que la normativa española recogida en el TRLIS 2014 y TRLIRNR no regulaba un conjunto de cuestiones claves para la determinación y atribución de beneficios al EP (tanto cuando este esté situado en territorio español como cuando esté localizado en el extranjero); en particular, no se reguló cómo se aplicaba el principio de plena competencia, ni el método de atribución de capital libre al EP. Pensamos en este sentido que aunque un CDI siguiera el ModCDI 2008 resultaría muy dudoso mantener que los contribuyentes deben aplicar el «modelo de tránsito» previsto en los CMC artículo 7 ModCDI 2008, dado que la normativa española no ha sido modificada implementando los principios derivados de tal modelo (vid. supra), cuando menos desde una perspectiva de legalidad tributaria y seguridad jurídica. Es decir, consideramos que en los CDIs concluidos con anterioridad al ModCDI 2008 (e informe final OCDE 2008 sobre atribución de beneficios al EP), el modelo de atribución de beneficios al EP que debe aplicarse es el modelo tradicional de independencia restringida y de aplicación matizada del principio de plena competencia, tal y como se refleja en los CMCs artículo 7 anteriores a 2008. Más dudosa puede ser la situación de los CDIs que se concluyan siguiendo el ModCDI 2008, aunque pensamos que la aplicación del nuevo modelo de tránsito basado en el enfoque autorizado pasa por el establecimiento de normas a nivel interno que delimiten cómo debe aplicarse este nuevo sistema de atribución de rentas al EP. Los principios constitucionales de legalidad tributaria y seguridad jurídica no parecen permitir que las reglas del nuevo modelo de atribución de beneficios al EP resulten de CMCs al ModCDI y mucho menos de un informe OCDE (a pesar de que tal informe pueda considerarse parte de los CMC al ModCDI 2008). En parecidos términos se ha posicionado un sector de la doctrina holandesa y alemana (*Pijl* 2011, y Lingier 2015) rechazando la aplicación retroactiva y prospectiva del nuevo enfoque autorizado OCDE 2008-2010 a los CDI concluidos con anterioridad a pesar de que en los Países Bajos el Secretario de Estado de finanzas dictó, el 27 de enero de 2011, un decreto sobre atribución de beneficios al EP que clarifica la aplicación del enfoque autorizado a los efectos de la aplicación de los convenios de doble imposición neerlandeses; el referido autor, además de rechazar la aplicación matizada del enfoque autorizado clarificada por el decreto neerlandés por considerar que no cumple con los requisitos de legalidad tributaria y convencional, entiende que los principios recogidos en los informes y recomendaciones de la OCDE, además de ser Soft-law, no están concebidos ni instrumentados de forma normativa sino en términos vagos e imprecisos de manera que permiten diversas posiciones por parte de los contribuyentes. El Decreto neerlandés de 2011, por tanto, constituye la respuesta a la publicación del nuevo modelo OCDE 2008-2010 de atribución de beneficios al EP, clarificando la forma en que tal modelo resulta aplicable a los efectos de la aplicación de los CDI, considerando el principio de interpretación dinámica de las clarificaciones posteriores vía CMC OCDE que se lleven a cabo por el Comité de Asuntos Fiscales OCDE.

El Decreto neerlandés, a grandes rasgos, establece los siguientes principios: a) los nuevos CDI que concluyan los Países Bajos seguirán el nuevo artículo 7 ModCDI 2010 y resultará plenamente aplicable el enfoque autorizado con las modulaciones/opciones que contiene el decreto en relación con la metodología para fijar capital libre, etc.; b) el Informe OCDE 2008 sobre Atribución de Beneficios al EP constituye una clarificación del artículo 7 Mod CDI 2008 y por tanto resulta aplicable para interpretar los CDI concluidos en el pasado; allí donde las revisiones de 2008 conduzcan a la conclusión de que la atribución de beneficios no se ajusta al principio de plena competencia, el contribuyente debería analizar, sobre una base de razonabilidad, en qué medida y desde qué fecha debe procederse a realizar ajustes; c) El Decreto establece que los principios establecidos en el Informe 2010 y en los CMC 2010 al nuevo artículo 7 no son aplicables como guía interpretativa de los CDI concluidos con anterioridad, y en tal sentido las autoridades fiscales no llevarán a cabo ajustes sobre las empresas que apliquen la interpretación previa (Informe 2008) en el marco de tales convenios, siempre y cuando los contribuyentes apliquen de forma consistente tales principios en la otra jurisdicción (simetría aplicativa). Estos principios se aplican igualmente allí donde no medie un CDI, tanto en casos inbound como outbound. La doctrina considera que este enfoque genera gran inseguridad jurídica, aunque reconoce la flexibilidad que permite a los contribuyentes a la hora de aplicar los viejos o nuevos principios de atribución de beneficios (*Dijkman et alter* 2011). El Ministerio de Finanzas alemán ha adoptado igualmente una posición a favor de la aplicación del enfoque autorizado OCDE de atribución de beneficios al EP, incluyendo una disposición a tal efecto en el *Jahrsteuergesetz* 2013, aunque se recoge una regla de conflicto en la AStG (Sec.1.5) que permite eliminar casos de doble imposición cuando el CDI no recoge tal modelo de enfoque autorizado. Los comentaristas entienden que tal movimiento legislativo pretende alinear la normativa alemana con el nuevo enfoque OCDE, advirtiendo, no obstante, que algunas singularidades alemanas en la delimitación del arm´s length (normativa sobre migración funcional) serán de aplicación en este contexto. También se ha criticado la no articulación de un mecanismo para llevar a cabo un tránsito de un modelo impositivo a otro, cuestión que parece tratada de forma más adecuada en el modelo neerlandés (*Bernhart/Wilmanns* 2012; y Schnitger 2013). Al parecer, la regulación alemana pretende conciliar la nueva legislación interna que articula el enfoque autorizado con CDIs (concluidos en el pasado o futuro) que no incorporen tal modelo de atribución de beneficios al EP, de manera que cuando esto suceda Alemania a efectos de evitar un treaty override establece una cláusula que permite la eliminación de la doble imposición cuando el otro Estado contratante aplica otro modelo de atribución de beneficios al EP y tal asimetría de determinación de bases imponibles genera tal fenómeno (Lingier 2015); no obstante, tal mecanismo plantea serios problemas prácticos para su aplicación, toda vez que el contribuyente tiene que demostrar que el otro Estado aplicó correctamente las disposiciones del CDI sobre tributación de beneficios empresariales, sin que resulte claro qué evidencias debe presentar a tal efecto, lo cual se considera puede plantear problemas de Derecho UE en la medida en que ello genera cargas formales desproporcionadas y discriminatorias que no surgen en situaciones puramente internas, así como vulneraciones del CDI y constitucionales (Hentschel/Kraft/Moser 2018). Posiblemente tenga más sentido, cuando menos desde un plano técnico y constitucional, adoptar un modelo dual, como el articulado en Japón, con arreglo al cual dependiendo de si un CDI recoge o no el modelo autorizado de atribución de beneficios aplicaría uno u otro sistema a efectos de determinación de la base imponible de los EPs (tanto en situaciones inbound como outbound), excluyendo así la regla de retroactividad del modelo autorizado (Masui 2015).

En relación con el ordenamiento español, ya hemos indicado nuestra posición a favor de la interpretación estática de los CDI, salvo en aquellos aspectos que puedan calificarse como meras clarificaciones, lo cual como hemos visto no abarca la mayor parte de los cambios introducidos por la OCDE en el ModCDI 2008 en aplicación del informe OCDE de Atribución de Beneficios al EP.

La reforma operada por las leyes 26 y 27/2014 en materia de atribución de beneficios al EP.

La reforma operada en el año 2014 en materia de impuestos sobre la renta, ha traído consigo una tímida y parcial incorporación del enfoque autorizado OCDE al ordenamiento español. Así, por un lado, la Ley 27/2014 contempla la plena aplicación del enfoque autorizado de atribución de beneficios al EP (2008-2010) en los artículos 18.8 y 22.5 LIS2014, allí donde resulte de aplicación un CDI concluido por España que articule tal enfoque autorizado; tal previsión parece estar pensada para dar cobertura en estos casos a la integración en la base imponible de la entidad de las denominadas rentas nocionales a nivel de casa central/EP en relación con las operaciones internas (internal dealings) de tesorería o financieras de cesión de capitales propios (intereses) o de intangibles (cánones) que solo se reconocen fiscalmente bajo determinados parámetros y en el contexto del enfoque autorizado bajo el artículo7 del Modelo 2010 y versiones posteriores. La misma idea la encontramos reflejada en el IRNR, tras la reforma simétrica operada por la Ley 26/2014 que añade una disposición adicional sexta al TRLIRNR sobre "Gastos estimados y rendimientos imputados por operaciones internas de un establecimiento permanente".

Ahora bien, no puede perderse de vista cómo la LIS 2014, a los efectos de la determinación de la base imponible del EP incorpora de forma muy sutil el enfoque de atribución de beneficios al EP recogido en los Comentarios al artículo 7 ModCDI 2008, basado específicamente en una construcción del principio de empresa separada e independiente a partir del análisis y asignación de los activos, funciones y riesgos del mismo y respecto de otras partes de la empresa; nótese que este enfoque articula un modelo metodológico más alineado con el principio de plena competencia que el que manejaba la OCDE en los CMC al artículo7 en las versiones anteriores del ModCDI anteriores al 2008, pero que contiene innovaciones y avances en relación con el modelo de atribución de beneficios recogido en los Comentarios al ModCD anteriores a 2008; por ejemplo, el sistema de atribución de beneficios al EP anterior a 2008 recogía una aplicación más matizada del *arm's length* a efectos de determinar la base imponible del EP y de la casa central que posee implicaciones relevantes derivadas de determinadas cuestiones técnicas donde se introdujeron cambios importantes como por ejemplo: a) la atribución de beneficios al EP en el modelo anterior a 2008 resultaba de una caracterización del EP como empresa separada e independiente cuya base imponible se construía a partir de la contabilidad como reflejo de las actividades realizadas a través del EP, sin que se hubieran fijado mayores pautas más allá de las cautelas de una contabilidad simétrica que reflejara las operaciones reales llevadas a cabo por el EP y la casa central, y la necesidad de valorar a mercado las operaciones comerciales realizadas entre el EP y la casa central (véase la SAN de 8 de junio de 2015, caso Dell, que refleja la imputación de ingresos y gastos al EP a partir de la contabilidad y la vinculación funcional); sin embargo, no existía una remisión en bloque a estos efectos a las Directrices OCDE de precios de transferencia, ni se habían establecido (como se hizo en el año 2008) una determinada fórmula (bifásica) para asignar activos, funciones y riesgos a partir del criterio central de las funciones humanas sustantivas; y b) en materia de dotación de capital propio, la OCDE venía manteniendo (desde 1984 en el caso de entidades financieras) que los EPS deben contar con "una estructura de capital apropiada para su organización y funciones desarrolladas", pero nada se decía sobre el concepto de "capital libre" ni sobre la metodología para su cálculo en el sentido que recoge el Informe 2008 de atribución de beneficios al EP y los CMC al artículo 7 (parágrafo 45; sobre este tema vid.: Schwärzler 2017). En el año 2008 se produjo un reforzamiento y desarrollo del estándar internacional de atribución de beneficios al EP, al igual que se ha ido articulando en relación con el arm´s length con cada modificación sustancial de las Directrices OCDE de Precios de Transferencia, de suerte que tales modificaciones sustantivas del soft-law internacional para tener eficacia jurídica a nivel interno en los distintos países, cuando menos allí donde rige la rule of law, requiere de los correspondientes desarrollos legislativos a nivel nacional. Por eso, consideramos que el modelo de atribución de beneficios establecido en el año 2008 (recogido en los CMC al artículo 7 (modelo de tránsito) y el enfoque autorizado recogido en los CMC al artículo 7 ModCDI 2010), no operan retroactivamente. El modelo de atribución de beneficios establecido en el año 2008 (CMC al artículo 7) parece haber sido incorporado (con carácter prospectivo) a la regulación española aprobada en el año 2014 (párrafo primero del artículo 22.5 LIS 2014), en tanto que el enfoque autorizado OCDE (modelo plenamente alineado con el principio arm´s length) solo resultaría de aplicación allí donde un CDI concluido por España incluya la versión del artículo 7 ModCDI 2010 (y versiones posteriores), tal y como se deduce de los artículos 18.8 y 22.5 (párrafo segundo) LIS 2014 y de la nueva disposición adicional sexta introducida en el TRLIRNR por la Ley 26/2014.

La sentencia de la Audiencia Nacional en el caso ING en relación con el modelo de atribución de beneficios a EPs financieros situados en territorio español

La sentencia de la Audiencia Nacional, de 10 de julio de 2015, en el caso ING, constituye un precedente muy relevante sobre la atribución de beneficios a establecimientos permanentes de bancos extranjeros que aborda en particular la cuestión de la dotación y cuantía de capital libre que tales EPs deben tener a efectos fiscales, desde la perspectiva de la legislación española y del artículo 7 del CDI hispano-neerlandés (1972).

Hechos

El caso se refiere a la Sucursal de ING Bank NV situada en territorio español, que operaba bajo licencia bancaria única otorgada por el Banco Central de Países Bajos a tal Banco residente en tal Estado miembro UE. La controversia tiene que ver con sus declaraciones tributarias de IRNR (2002-2003), de suerte que la Inspección de los Tributos realizó una corrección de la base imponible declarada por tal Sucursal (EP ING Bank) minorando las bases imponibles negativas reduciendo el gasto de intereses de capitales ajenos deducidos indebidamente por la misma, al entender la Administración que una parte de los recursos ajenos anotados en los Libros de la sucursal, constituían "capital libre" o fondos propios. No obstante, tal cuantía de fondos propios no figuraba contabilizada como tal en los libros del EP sino que se registraba como recursos ajenos prestados en su mayor parte por la casa central y una entidad del grupo residente en Alemania (gastos financieros deducibles).

Tal cifra de capital libre se determinó por la Administración en base a los requerimientos de capitalización mínima (coeficiente de solvencia) que se exige a las entidades financieras en la Directiva 2000/12/CE, relativa al acceso a la actividad de las entidades de crédito y a su ejercicio (artículo 47) y en la Circular 5/1993, de 26 de marzo, del Banco de España, sobre determinación y control de los recursos propios mínimos, que transpone tal normativa bancaria comunitaria. El coeficiente de solvencia se determina como proporción existente entre los fondos propios y los activos y pasivos contingentes representativos de compromisos con terceros de las entidades financiera, y su supervisión le corresponde en este caso al Banco Central de Países Bajos como autoridad monetaria que se asegura de que el capital de las entidades financieras responda al principio de capital suficiente en el sentido de que dicho capital pueda absorber las pérdidas de la entidad.

La Administración tributaria parece aceptar la aplicación que hace el contribuyente (EP ING) de la legislación financiera que le permite que los requerimientos normativos concernientes a los recursos propios, y por ende, a los fondos propios, puedan residenciarse en la casa central. Desde esta perspectiva, la contabilidad refleja la opción operativa que, respecto del cumplimiento de la obligación de mantener unos recursos propios mínimos, prevé la legislación financiera. Es decir, las autoridades fiscales españolas parten del resultado contable que se refleja en la contabilidad del EP, considerándolo correcto desde la perspectiva mercantil-financiera (aplicando la opción del artículo 47 Directiva 2000/12/CE), pero entienden que tal contabilidad no refleja realmente el resultado contable que se deriva de sus operaciones desde la perspectiva fiscal, tomando en consideración el artículo17.1.c) TRLIRNR (excluye deducibilidad del coste de capitales propios imputados a los EPs) y artículo 7 CDI con Países Bajos.

La Inspección entiende que el EP de ING, a tenor de sus estados financieros no cumple el nivel de fondos propios que se corresponde con sus operaciones, lo cual es correcto desde una perspectiva mercantil-financiera de acuerdo con el sistema arbitrado por la Directiva 2000/12/CE, pero no se ajusta a lo establecido por la normativa fiscal que requiere que una porción de los fondos propios mantenidos por la casa central para respaldar las funciones y riesgos del EP de ING en España debe ser calificado como "capital propio afectado indirectamente al EP" a los efectos del artículo 17.1.c) TRLIRNR (no deducibilidad de gastos financieros).

La Inspección determina tales gastos financieros no deducibles en la base imponible del EP, a partir del cálculo de la cifra del capital o fondos propios atribuibles al EP o sucursal, según una metodología derivada de la legislación financiera en la que se toman en consideración los activos afectados funcionalmente al EP teniendo en cuenta el riesgo ínsito en los mismos, llegándose así a un importe que implica:

«atribuir a la sucursal en España la misma cuantía de "capital libre" que la exigida por el organismo regulador del país receptor a los bancos independientes que operan en dicho país, es decir la cifra de "capital libre" se identificaría con los recursos propios mínimos establecidos en la Norma Duodécima de la Circular 5/1993, de 26 de marzo, del Banco de España…».

Dicho método supone: «la disminución de la masa, de recursos ajenos de la sucursal a efectos fiscales lleva anudada la disminución de los gastos financieros asociados a dicha minoración. De ahí que se haya cifrado el ajuste propuesto por la Inspección en el resultado de multiplicar el tipo de interés medio de las operaciones pasivas de la sucursal por la cuantía en que se ha concretado el déficit contable de "capital libre" mínimo de la sucursal…».

La Inspección considera que tal metodología y corrección se ajusta al artículo 7.2 del CDI hispano-holandés y que la doble imposición que puede surgir como consecuencia del ajuste puede resolverse en aplicación del mecanismo del procedimiento amistoso establecido en el Convenio.

El contribuyente se opuso a tal corrección de la base imponible del EP invocando una serie de argumentos entre los que destacamos los siguientes. Básicamente, ING alegó que la Inspección fundaba su regularización en una interpretación dinámica e innovadora del CDI de 1972 a la luz de los nuevos comentarios al artículo 7 del ModCDI 2008 que introducen el nuevo modelo (enfoque autorizado: cálculo de la base imponible y del capital libre a partir de análisis de activos, funciones y riesgos) para la atribución de beneficios al EP, de suerte que tal nuevo modelo no puede ser aplicado por vía de interpretación dinámica a una situación pretérita como es el IRNR referido a los ejercicios 2001-2003. En la misma línea se argumenta que la regularización carece de soporte en la legislación doméstica española; es más, se alega que la posición que defiende se ajusta a la interpretación de la normativa española realizada por la DGT en su consulta general nº 1272-98, de 13 de julio, donde se indica que la legislación española no establece la necesidad de una cantidad mínima de capitales propios y que por tratarse de un EP de una entidad bancaria, los intereses pagados a su casa central serán plenamente deducibles, sin mencionar siquiera el principio del valor de mercado del artículo16 LIS. En este sentido se rechaza una regularización que pretende aplicar analógicamente y sin el debido soporte legal la cláusula antisubcapitalización del antiguo artículo20 LIS.

La posición del TEAC

El TEAC, a través de sus resoluciones de 30 de mayo y de 26 de junio de 2012, desestimó en gran medida el recurso planteado por ING Bank, lo cual motivó su impugnación por el contribuyente ante la AN.

Cabe reseñar, no obstante, alguno de los puntos fundamentales de la resolución del TEAC de 30 de mayo de 2012 que se recogen en el propio pronunciamiento de la AN (fj.3º). Básicamente, el TEAC confirma la posición adoptada por la Administración tributaria, validando su fundamentación a partir de una interpretación dinámica del artículo7 del CDI hispano-holandés, a la luz de los Comentarios al artículo7 ModCDI 2008 que incorpora buena parte del nuevo modelo de atribución de beneficios al EP (enfoque autorizado), entendiendo que tales comentarios "no tienen carácter innovador sino unificador de los criterios o principios internacionalmente con la finalidad de dotar al contribuyente de más certidumbre". Cita a este respecto el Informe OCDE de 1984 sobre la imposición de las empresas bancarias multinacionales que se refiere en sentido positivo a la posibilidad de que las autoridades fiscales puedan obligar a asimilar una parte de sus fondos a una dotación de capital. Considera a este respecto que la auténtica innovación tuvo lugar con motivo de la nueva versión del artículo 7 en el ModCDI 2010. El TEAC considera por tanto que el (antiguo) artículo17.1.c) TRLIRNR y el artículo7 del CDI España-Países Bajos permiten a la Administración fiscal española rectificar la contabilidad del EP de ING en España, atribuyéndole una cifra de capital propio/libre adecuada para que pueda funcionar como empresa separada e independiente en condiciones de plena competencia frente a las entidades financieras localizadas en el país de acogida. Por último, el Tribunal Central se refiere a la doble imposición internacional que puede derivarse de la regularización tributaria realizada por la Inspección española, y llega a afirmar que: *"de la misma forma que dicho artículo 7.2 respalda el ajuste propuesto por la Inspección, igualmente daría cobertura al ajuste bilateral que en su caso pudiera practicarse respecto del Impuesto sobre los Beneficios de la Casa Central en Holanda, habida cuenta que también en Holanda se atribuirán a la Sucursal los beneficios que la misma hubiera podido obtener `si fuese una empresa distinta y separada que realizase las mismas y similares actividades, en las mismas o similares condiciones, y tratase con total independencia con la empresa de la que es establecimiento permanente"*.

El pronunciamiento de la Audiencia Nacional.

La posición de la Audiencia Nacional no resulta coincidente con el planteamiento del TEAC y de la Inspección, y en tal sentido estima el recurso planteado por ING Bank (Sucursal en España).

La AN parte de una ortodoxa concepción de los CDI como fuente de Derecho Tributario y de los Comentarios al ModCDI como ayuda o material interpretativo autorizado que contribuye a entender su sentido, y sin que la interpretación dinámica de tal material de la OCDE resulte aplicable cuando tal soft-law instrumenta una innovación material de la fiscalidad internacional, en cuyo caso procede la interpretación estática de los CDI a la luz de los Comentarios al ModCDI existentes en el momento en que se firmó tal Convenio, allí donde las disposiciones de éste siguieran fielmente las del referido modelo. También se hace eco de la evolución del modelo de atribución de beneficios al establecimiento permanente durante las últimas décadas y cómo en el año 2008 la OCDE, a través de los Comentarios al ModCDI y del Informe de Atribución de Beneficios al EP, estableció un nuevo modelo (el enfoque autorizado) que se apartaba en ciertos aspectos del modelo anterior o tradicional (principios de empresa separada e independencia restringida).

Así las cosas, la Audiencia Nacional fundamentó la estimación del recurso sobre la base de una serie de razonamientos entre los que destacamos los siguientes:

• Resulta válida la fórmula operativa aplicada por ING Bank EP desde el plano mercantil-financiero, en aplicación de la Directiva 2000/12/CE, en relación con el cumplimiento del ratio de solvencia o recursos propios mínimos.

• El Grupo ING tiene un volumen de recursos propios, en sede consolidada, superior a los requerimientos mínimos exigidos por el artículo47 de la Directiva 2000/12/CE y la Norma Duodécima de la Circular del Banco de España 5/1993. El control de la aplicación de los coeficientes mínimos de solvencia le corresponde al Banco Central de Países Bajos en este caso, y tal supervisión determinó la observancia de tales ratios de solvencia por parte del grupo ING.

• La Sucursal en España está correctamente capitalizada a nivel económico.

• La interpretación dinámica de los CDIs o de los Modelos de Convenio solo es posible siempre que respecto de los originales, como reconoce el TEAC, no haya "diferencias sustanciales" o de fondo entre unos y otros, y en el caso de autos, como ha quedado reseñado, en el Modelo de Convenio de 2008, y el Informe de 2006, se introducen novedades de calado respecto de la cuestión que nos ocupa, es decir del capital libre-free capital.

• No cabe considerar que el paso de una atribución de beneficios, tomando como base el principio de empresa separada con beneficio empresarial, a partir de la propia contabilidad, a la prevalencia del análisis funcional, es decir, del análisis de funciones, activos y riesgos, pueda considerarse una matización en los términos expuestos. Por ello se rechaza tal interpretación dinámica y fórmula de cálculo del capital libre, ya que "lo contrario supondría atentar contra los principios de irretroactividad de las normas, confianza legítima y buena fe (artículos 2.3 y 7.1 Cc, y 3.1 de la Ley 30/1992)".

• Se considera probado que la Casa Central durante los ejercicios 2002 y 2003, atribuyó a la Sucursal, con arreglo al principio de empresa separada, los recursos necesarios para operar en España, los cuales se revelaron suficientes durante ese período, cubriendo así las pérdidas incurridas en dichos ejercicios de manera efectiva.

• La Administración española discrepó de tal atribución de fondos propios a la sucursal española al considerar que no fue realizada a partir del análisis funcional de activos, funciones y riesgos que se deriva de los Comentarios al artículo 7 ModCDI 2008 y del Informe 2006 sobre atribución de beneficios al EP, pero la AN rechaza tal posición ya que las autoridades españolas no aportaron pruebas que revelaran que tal atribución de fondos propios/capital libre fuera contraria al principio de plena competencia, ni tampoco acredita cómo se conducen otras entidades financieras que se desarrollan como aquella, o cómo se desenvuelven entidades de esta naturaleza con sede en un Estado miembro de la UE que operan en otro a través de Sucursales. Todos estos razonamientos conducen a la AN a considerar correctas las declaraciones tributarias presentadas por ING Bank EP, resultando deducibles los intereses pagados a la casa central y a otras entidades del grupo con arreglo al artículo17.1.a TRLIRNR.

• La AN también rechaza que la regularización pueda fundamentarse en el artículo17.2 TRLIRNR (vulneración del principio de plena competencia en las operaciones casa central-EP), entendiendo que la Administración no ha probado que los intereses pagados por la Sucursal a la Casa Central no sean de mercado.

• La AN entiende que el principio de plena competencia debe ser matizado en su aplicación a las relaciones EP-Casa central, al tratarse de la misma persona jurídica.

• La AN termina afirmando que en realidad el fundamento de la regularización se base en la necesidad de que las entidades financieras se sometan a una disciplina de índole fiscal, de manera que responda al concepto de empresa separada e independiente, todo ello para evitar un trato más favorable, en el ámbito de la fiscalidad del país de acogida, que las entidades residentes en España que operan en el sector financiero, a las que sí se les exige una determinada disciplina en relación con la composición de sus fuentes de financiación a efectos de la determinación de su base imponible, lo cual no resulta aceptable partiendo en este caso de la normativa citada (Directiva 2000/12/CE, artículo53.1 Ley 26/1988, de Entidades de Crédito y artículo 9.2 Real Decreto 1245/1995, de 14 de julio) que establece que "la apertura en España de sucursales de entidades de crédito autorizadas en otro Estado miembro de la CE no requerirá autorización previa, ni dotación específica de recursos".

Comentarios y valoración del alcance del pronunciamiento de la AN

La posición que adoptada por la AN resulta, en nuestra modesta opinión, correcta en cuanto al fondo, y pueden compartirse los principales argumentos empleados para fundamentar tal doctrina. Tal sentencia además coincide en gran medida con la doctrina del Consejo de Estado francés sobre esta misma cuestión que hemos reseñado más arriba (sentencias del *Conseil d'Etat* francés de 11 de abril de 2014, y de 17 de junio de 2015).

Cabría mantener a este respecto que la metodología empleada por ING Bank Sucursal en España a efectos financieros no tiene porqué necesariamente resultar válida a efectos fiscales. Dicho en otros términos, la legalidad y validez financiera-mercantil de la operativa bancaria de ING en relación con el cómputo y supervisión de los coeficientes de solvencia y nivel mínimo de recursos propios, no resulta per se y en todo caso válida a los efectos fiscales de la atribución de beneficios al EP con arreglo al artículo 7 de los CDI y la normativa española del IRNR. Y de hecho, la ING Bank Sucursal en España contabilizó en los registros del EP un determinado nivel de recursos propios que, en principio, permitió que tal EP realizara su actividad y soportara sus pérdidas, aunque es cierto que también recibió recursos ajenos a través de cesiones de capital de su casa central y otras entidades del grupo.

La cuestión clave, por tanto, no reside en la validez de la fórmula operativa financiera en el marco fiscal, dado que a mi juicio la normativa fiscal termina requiriendo que el EP esté dotada de una estructura de capital propio adecuada a la organización y funciones desarrolladas a través de la misma (posición tradicional OCDE recogida en los comentarios al artículo 7 ModCDI previos a 2008). En este sentido, lo determinante a estos efectos reside en determinar si el EP estaba o no dotado de tal estructura de capital propio, de suerte que en caso positivo no podrá rechazarse la deducibilidad fiscal de los intereses a menos que sean excesivos en lo relativo al margen o mark-up.

Como quiera que la Administración no acreditó de forma suficiente que el cálculo del capital libre realizado por el contribuyente fuera inadecuado para el desarrollo de su organización y funciones (las del EP), la AN concluyó que tal ajuste o regularización era incorrecta, sin necesidad de entrar en la metodología desarrollada por la Administración, de acuerdo con las reglas de la carga de la prueba.

Pensamos igualmente que lleva razón la AN cuando rechaza la aplicación del enfoque autorizado de atribución de beneficios al EP (recogido en gran medida en los CMC 2008 al artículo 7 ModCDI y en el Informe OCDE 2006 y 2008), por las razones que indica en su pronunciamiento. Como ya hemos indicado, la OCDE en el año 2008 crea el concepto de capital libre y determina su cómputo a partir de un análisis de activos, funciones y riesgos, esto es, de acuerdo con los principios del enfoque autorizado. Llama la atención que la OCDE reconoce que el cálculo de tal capital libre resulta complejo y existen distintos métodos para computarlo, sin que exista consenso entre sus miembros sobre cómo fijarlo, y en tal sentido, por un lado, alude al concepto de rango de capital libre, y por otro, fija una regla de prevalencia del método del Estado de la fuente (de localización del EP) a efectos de evitar la doble imposición que puede derivar de distintos cálculos y métodos de fijación del capital libre (paras.45-48 CMC 2008 al artículo7 ModCDI).

Así las cosas, podría mantenerse que el impacto de la sentencia de la Audiencia Nacional en el caso ING Bank supera la problemática de la atribución de capital propio a las sucursales bancarias. Así, a mi juicio el alto tribunal podría estar mandando un importante mensaje a las autoridades españolas en materia de fuentes del Derecho, de suerte que el Soft-law OCDE, por muy autorizada que sea la fuente, no permite suplantar la tarea y función del legislador ni modular de forma sustantiva el significado, términos y alcance de la legislación doméstica y bilateral. Es decir, los cambios sustantivos en los estándares de fiscalidad internacional no pueden implementarse estructural y sistemáticamente por vía interpretativa utilizando el Soft-law, sino que requieren de una acción normativa a efectos de cumplir con los principios de legalidad y seguridad jurídica. Asimismo, el caso ING pone de manifiesto la problemática del cálculo y dotación de capital propio a los establecimientos permanentes de todo tipo y no solo los bancarios, toda vez que los EPs no bancarios también pueden deducirse intereses (no internos) derivados de gastos efectuados por la casa central frente a terceros en interés del EP, allí donde exista un CDI (que recoja los artículos 7 y 24 ModCDI) o resulte aplicable la libertad de establecimiento comunitaria. Y por último, cabría plantear la misma cuestión en relación con EPs de entidades españolas situados en el extranjero, de manera que la dotación de capital propio puede afectar a la existencia de operaciones vinculadas de financiación, esto es, un exceso de dotación de capital propio al EP podría ser visto -como ya ha acontecido en Francia- como una operación de financiación encubierta desde la perspectiva española, y un déficit de dotación de tal capital compensada con cesión de capitales por la casa central y otras entidades del grupo podría ser vista por las autoridades del Estado de la fuente como un gasto financiero no deducible fiscalmente; en ambos casos puede surgir doble imposición internacional y resultar afectada la aplicación de lo previsto en los artículos 22 y 31 LIS, y de hecho existen pronunciamientos donde los tribunales españoles han confirmado ajustes de la Inspección española en relación con la imputación de gastos financieros a la base imponible atribuible a EPs en el extranjero a partir de una dotación de capital básica a estos, determinada con arreglo al método establecido por su casa central española (SSTS de 15 de diciembre de 2011 y 11 de febrero de 2013, y SSAN de 29 de abril de 2010 y 18 de diciembre de 2008, en relación con EPs financieros en Japón, Reino Unido y EE. UU).

En este sentido, más allá de alertar sobre la necesidad de adoptar las correspondientes cautelas en estos casos, sería deseable que el legislador adoptara una posición más clara en relación con esta cuestión en aras de fijar un marco más acorde con los principios de legalidad tributaria y seguridad jurídica, en línea con los países más avanzados en esta materia.

En este mismo orden de cosas, cabe destacar como la Administración tributaria española y el TEAC han utilizado el Informe OCDE sobre Atribución de Beneficios al EP (2006-2008), para interpretar el concepto de EP en el marco de un CDI (con Francia) en relación con una operación de reestructuración empresarial (RTEAC de 3 de julio de 2014). Esta resolución del TEAC contiene importantes consideraciones en materia de atribución de beneficios al EP a través de que opera la matriz no residente mediante el entramado operativo constituido por su filial. También resulta interesante a estos efectos la consulta de la DGT V0985-14 de 7-4-2014, que establece que una transferencia no reembolsable de fondos por parte de la casa central (noruega) a un EP situado en territorio español se asimila a una "aportación de fondos propios" no constituyendo un ingreso en desde de tal EP. La consulta de la DGT V2741-16 de 15-5-2016 se refiere igualmente a la dotación de capital libre de los EPs a efectos del cálculo de la reserva de capitalización prevista en el artículo 25 LIS. La consulta DGT V3311-17, de 28-12-2017, en el marco del CDI con Alemania, establece que la base imponible de un EP (agente dependiente) se determina básicamente atendiendo a las reglas del artículo 18 TRLIRNR, considerando igualmente aplicables los principios recogidos en los comentarios al artículo 7 MC OCDE 2008 a efectos de determinar las funciones realizadas por cada parte de la empresa a partir de un análisis funcional-factual (propio del enfoque autorizado).

D) Un apunte sobre las operaciones Casa Central-EP y la jurisprudencia del TJUE en materia de IVA.

En este mismo contexto, debe ponerse de relieve la asimetría de trato fiscal que existe en el ámbito de la imposición directa y en el IVA en relación con las operaciones casa Central-EP; la STJUE de 23 de marzo de 2006, Asunto FCE Bank, C-210/04, ha clarificado la inaplicación del principio de empresa separada e independiente del ModCDI a los efectos del IVA en las operaciones entre la Casa Central y el Establecimiento Permanente. Esta sentencia aborda la cuestión de tributación en el ámbito de la Sexta Directiva del IVA de las prestaciones de servicios (*back office*) realizadas por la casa central de un banco a favor de sus establecimientos permanentes en el extranjero sobre la base de un acuerdo de reparto de costes. La práctica italiana enjuiciada en el presente asunto se basaba en la consideración del carácter oneroso de las prestaciones para someterlas al IVA, con independencia de que la operación tuviera lugar en el marco de una misma persona jurídica. El Gobierno portugués defendía la misma posición de sujeción al IVA de la operación sobre la base de la unidad económica y patrimonial propia de los establecimientos permanentes. La Comisión se opuso a esta interpretación a partir de lo dispuesto en el artículo 4 de la Sexta Directiva (Directiva 2006/112/CE del Consejo, de 28 de noviembre de 2006, relativa al sistema común del impuesto sobre el valor añadido), en el sentido que son sujetos pasivos los que realicen una actividad económica de carácter independiente. A partir de esta consideración, el TJUE consideró que una sucursal bancaria no desarrollaba una actividad independiente en relación con la de su casa central, ya que no asume personalmente los riesgos económicos derivados del ejercicio de la actividad crediticia. En suma, el TJUE declaró que la sucursal de una sociedad no residente carece de autonomía y, por consiguiente, no existe relación jurídica alguna entre ellas de manera que deben considerarse un único y mismo sujeto pasivo con arreglo al artículo 4.1 de la Sexta Directiva. En este sentido, cabe destacar que el Tribunal de Justicia rechazó la incidencia del principio de empresa separada e independiente que regula la tributación de las operaciones entre la casa central y el EP en el marco del ModCDI y los convenios de doble imposición que lo siguen. Sin duda, esta dualidad de enfoques fiscales viene a intensificar la complejidad intrínseca de la tributación de las operaciones entre la casa central y el EP, la cual, dicho sea de paso, está lejos de resultar clara tanto a nivel nacional como internacional. Algunos autores han apuntado que la jurisprudencia del TJUE en FCE ha sido matizada por la sentencia *Le Crédit Lyonnais* (*LCL*, C-388/11), donde refinó la aplicación de tal precedente cuando estableció que a pesar de que un establecimiento permanente y su casa central constituyan una única persona gravable, en la medida en que el EP realiza sus propias actividades económicas en el territorio del Estado miembro donde está ubicado, su cifra de negocios estará sujeta a la legislación de tal Estado y no del Estado miembro de localización de su casa central; tal argumento le sirvió para establecer que la casa central, a los efectos de determinar su IVA deducible, no puede tener en cuenta la cifra de negocios de todas las sucursales bancarias situadas en otros Estados miembros y países terceros, cuando menos allí donde constituyen auténticos establecimientos permanentes en el sentido de poseer suficiente grado de permanencia y estructura en términos de recursos humanos y técnicos que le permitan prestar servicios de forma independiente (Heydari 2014, que considera que la sentencia *LCL* ha limitado un cierto número de esquemas de planificación fiscal habituales basados en esquemas formalistas que ahora quedan fuera de juego a partir de la concepción más sustancialista del EP en el ámbito del IVA).

La STJUE de 17 de septiembre de 2014, C-7/13, *Skandia*, constituye un eslabón más en relación con la doctrina precedente, matizando la jurisprudencia *FCE Bank*. Así, el TJUE puso de manifiesto que cuando la sucursal no opera de forma independiente al no disponer de capital propio ni soportar ella misma los riesgos de la actividad no tiene la condición de sujeto pasivo a efectos del IVA y por tanto no procede la aplicación de la regla de inversión del sujeto pasivo en relación con los servicios prestados por su casa central localizada en un tercer país. No obstante, allí donde tal sucursal forma parte de un grupo de IVA en el Estado miembro donde está localizada, tal sucursal sí opera como sujeto pasivo (el grupo), de manera que los servicios prestados por su casa central norteamericana determinan la aplicación de la regla de inversión del sujeto pasivo a efectos del IVA al tener como destinatario del servicio al grupo como sujeto pasivo del IVA. En este sentido, en *Skandia* el TJUE sí consideró que la atribución de costes generales por la casa central (no UE) a favor del "grupo de IVA" situado en un Estado miembro constituía una operación sujeta a IVA, al contrario de lo declarado en *FCE Bank* en relación con operaciones intracomunitarias de atribución de costes casa central-EP. El Comité de Expertos de la Comisión en materia de IVA, en su reunión de 11 de septiembre de 2015, concluyó que la posición fijada por el TJUE en *Skandia* no puede aplicarse más allá de los estrictos términos y circunstancias planteadas en el caso, a saber: a) operaciones realizadas entre casa central no UE y EPs establecidos en un Estado miembro, b) un grupo de IVA situado en un Estado miembro que aplique el enfoque restrictivo sobre su ámbito de aplicación territorial, c) inexistencia de reglas antiabuso en el Estado miembro del grupo de IVA, y d) operaciones de servicios suministrados por terceros (vid.: Kinds 2015).

3.1.1. Alcance y funcionalidad del artículo 7.1 Modelo convenio de doble imposición (en su redacción anterior a 2010)

El artículo 7.1 ModCDI establece una regla de distribución de poder tributario con arreglo a la cual:

> *«Los beneficios de una empresa de un Estado contratante solamente pueden someterse a imposición en este Estado, a no ser que la empresa realice su actividad en el otro Estado contratante por medio de un establecimiento permanente situado en él. Si la empresa realiza su actividad de dicha manera, los beneficios de la empresa pueden someterse a imposición en el otro Estado, pero solo en la medida en que sean imputables a ese establecimiento permanente».*

Básicamente, el artículo 7.1 contiene dos grandes principios de fiscalidad internacional concernientes a la tributación de la renta empresarial de carácter transnacional.

Por un lado, se establece la importante regla convencional consistente en que una empresa residente de un Estado contratante no será sometida a imposición en el otro Estado a menos que lleve a cabo actividades empresariales en el territorio de este segundo Estado a través de un establecimiento permanente ubicado en tal lugar; esta regla en sí misma contiene un importante principio de fiscalidad internacional que articula el reparto de poder tributario entre el Estado de la fuente y el Estado de la residencia.

La segunda regla que contiene el artículo 7.1 ModCDI se refiere al alcance del poder tributario articulado a favor del Estado de la fuente allí donde se supera el umbral fijado por el principio que acabamos de ver. Es decir, una vez que se ha determinado la posibilidad de que el Estado de la fuente puede someter a imposición a la empresa residente del otro Estado contratante en la medida en que opera en su territorio a través de un EP (de acuerdo con el artículo 5 ModCDI), debe delimitarse el alcance del poder tributario de tal Estado fuente. La existencia del EP constituye el factor habilitante para la tributación en el Estado de su ubicación, pero acto seguido el propio artículo 7.1 ModCDI limita tal poder de imposición circunscribiéndolo objetivamente a una serie de rentas (los beneficios imputables al EP). A este respecto, debe señalarse que el artículo 7.1 ModCDI solo opera como presupuesto habilitador de la tributación en la fuente del EP por el Estado de la ubicación pero no establece per se tal imposición si ésta no está establecida en su legislación interna; el tenor del artículo 7.1 del ModCDI resulta meridiano en este sentido cuando establece que *los beneficios de la empresa pueden someterse a imposición en el otro Estado*. Nótese igualmente que el ejercicio de tal poder tributario por el Estado de la fuente genera la obligación de eliminar la doble imposición internacional sobre tales beneficios por parte del Estado de la residencia de la empresa, en tanto en cuanto este último Estado contribuya a la generación de tal fenómeno; de ahí que las discrepancias entre los Estados contratantes no solo se refieran a la existencia del EP sino también al alcance del poder tributario del Estado de la fuente sobre los «beneficios» imputables al EP. En este sentido se ha destacado la crítica importancia de la legislación interna sobre la atribución de beneficios al EP, ya que el artículo7 de los CDIs únicamente establece un límite a la imposición en la fuente en relación los establecimientos permanentes; tal cláusula convencional no requiere que los beneficios atribuibles al EP de acuerdo con la legislación interna y con el límite del artículo7 sean efectivamente gravados en el Estado del EP, y además tal precepto no regula la tributación de la casa central; de alguna forma, el artículo7 CDIs permite un cálculo autónomo de los beneficios imputables al EP sobre la base de la legislación interna del Estado de la fuente que queda sujeto en una segunda fase a un contraste con el límite de imposición del CDI (Sasseville/Vann 2014). Ello evidencia la intensa conexión entre la legislación de los Estados en relación con el gravamen de los EPs (*inbound/outbound*) y cómo los CDI tan solo establecen una limitación o techo máximo a tal nivel de imposición, sin entrar a configurar los detalles y modelo de gravamen de los EPs (*inbound/outbound*) de manera que ese espacio regulatorio lo llena la legislación interna de los distintos países que termina regulando de forma heterogénea un conjunto de cuestiones (v.gr, práctica y cálculo de amortizaciones, gravamen de ganancias patrimoniales de activos afectos EP/casa central, deterioros, imposición de salida/step up, etc) que son fuente de asimetrías fiscales que generan doble imposición y doble no imposición en el marco de los CDI (Black 2017, que considera que estas asimetrías no están comprendidas en el ámbito de las medidas de la acción 2 BEPS).

Por tanto, esta segunda regla del artículo 7.1 ModCDI delimita el alcance del poder tributario del Estado de la fuente sobre la empresa residente del otro Estado contratante, de suerte que solo pueden someter a imposición los «beneficios» (renta neta) imputables al EP en relación con la actividad (comercial o empresarial) desarrollada por el mismo. El EP es configurado en este sentido como un «centro de imputación de rentas» y el artículo 7 ModCDI se encarga de ir determinando las reglas con arreglo a las cuales debe llevarse a cabo tal imputación. En sentido negativo, la regla apuntada significa que el Estado de la fuente o de ubicación del EP no puede someter a imposición a la empresa residente del otro Estado contratante por rentas (empresariales o comerciales) distintas a las imputables al EP; de esta forma, el resto de actividades o rentas que obtenga tal empresa en el territorio del Estado donde tiene ubicado el EP no pueden ser gravadas por tal Estado, a menos que resulten imputables al EP o en el caso de que otro precepto del CDI establezca expresamente una regla especial en tal sentido (parágr.5 de los CMC al artículo 7 ModCDI). Los CMC al artículo 7 ModCDI 2008 se encargan de enfatizar la no aplicación del principio general de fuerza atractiva del EP, de manera que las otras fuentes de renta o beneficios que obtenga la misma empresa en el país donde opera a través de un EP en principio no deben atribuirse a éste (salvo que derivan de actividades del mismo) y deben tributar de acuerdo con las demás disposiciones del CDI (parágrafo 10 CMC artículo 7 ModCDI 2008). De alguna forma, se trata de poner de relieve que el principio de fuerza de atracción del EP constituye una «reliquia del pasado» (Bennet 2008, p. 470). No obstante, tal principio no debe conducir a negar la potestad tributaria del Estado de la fuente sobre renta o beneficios generados por las actividades del EP, cuestión que puede plantear dudas y un cierto número de conflictos cuando no se ha delimitado correctamente la asignación funcional del EP.

La atribución de beneficios al EP -y, con ello, la extensión del poder de imposición del Estado de ubicación del EP- viene delimitada por varias reglas recogidas en los diferentes apartados del artículo 7 ModCDI; en particular, los más relevantes son: a) el criterio de vinculación funcional de los activos/actividades con el EP; y b) los principios de empresa separada e independiente. En relación con el primero, el artículo 7.1 ModCDI emplea el criterio de conexión funcional entre la actividad/ activo del EP y la renta generada por la misma para determinar la renta imputable a tal lugar fijo de negocios.

Por otro lado, el artículo 7.1 ModCDI no entra a delimitar la forma en que deben computarse los beneficios que pueden someterse a imposición en el Estado de la fuente; esta cuestión se ha dejado al Derecho interno de tal Estado, aunque los restantes apartados del citado precepto sí contienen límites materiales que inciden de forma relevante sobre la configuración de tal impuesto. La delimitación de lo que constituyen «beneficios empresariales» y su determinación o cuantificación resulta básicamente ordenado por la legislación interna del Estado de ubicación del EP; no obstante, conviene adelantar y advertir desde un principio que el CDI también posee reglas que contribuyen a delimitar positiva y negativamente la calificación, atribución y cuantificación de tal renta, aunque la creación de este hecho imponible y su configuración sustantiva tiene y tendrá su origen, como regla, en el Derecho interno de los Estados contratantes. Ciertamente, la aplicación de los principios para la atribución de renta al EP establecidos en los paras.1 y 2 del artículo 7 ModCDI deben ser aplicados simétricamente por los dos países implicados (so pena de producirse doble imposición o no imposición), pero ello no significa que la base imponible del EP sea idéntica en ambos países ya que la legislación fiscal de éstos puede ser diferente en relación con determinadas cuestiones que afectan a la configuración de tal base imponible (v.gr, las amortizaciones), aunque ello posee incidencia de cara a la aplicación de los métodos para eliminar la doble imposición internacional (paras.11, 12 y 15 CMC artículo7 2008). También se pone de relieve que la atribución de beneficios al EP de acuerdo con las reglas del artículo 7 ModCDI es independiente de si la empresa de la que forma parte está en situación de pérdidas y viceversa (parágrafo 11 artículo 7 ModCDI 2008).

La interpretación de la expresión «beneficios empresariales» ha generado un cierto grado de controversia. Varios pasajes de los propios comentarios al artículo 7.7 ModCDI parecen apuntar hacia una interpretación convencional autónoma de tal expresión; en particular, se afirma que el artículo 7 ModCDI solo resulta de aplicación a los «beneficios empresariales» que no encajan o pertenecen a otras categorías de renta cubierta por preceptos específicos del convenio, así como dividendos, intereses, etc., que de acuerdo con los artículos 10.4, 11.3, 12.2 y 21.2 ModCDI, caen en el ámbito de aplicación de este precepto (artículo 7 ModCDI) (parágr. 35 de los CMC); existen también disposiciones convencionales, como las recogidas en los artículos 6.4 y 13.2 ModCDI, que no establecen una conexión específica expresa con el artículo 7 ModCDI, de manera que las rentas que caen en su ámbito de aplicación pueden someterse a imposición en el Estado de la fuente de acuerdo con el régimen previsto para los beneficios empresariales del artículo 7 ModCDI cuando son obtenidas a través de un EP. Es decir, el ámbito objetivo del artículo 7 se define desde el convenio, en tanto en cuanto son otras disposiciones del convenio las que delimitan (positiva y negativamente) su ámbito operativo.

Desde otra perspectiva, también debe señalarse que los Comentarios al artículo 7 ModCDI 2003-2008 «clarificaron» que el apartado 1 de este precepto no limita el derecho de un Estado contratante a someter a gravamen a sus propios residentes de conformidad con las normas internas sobre «Transparencia Fiscal Internacional», incluso si este gravamen está calculado sobre parte de los beneficios de una empresa residente del otro Estado contratante.

Finalmente, cabe poner de manifiesto cómo la atribución de la renta al EP, como ya hemos visto, resulta de las propias actividades (funciones) que se desarrollan a través del mismo, de suerte que los criterios utilizados en cada jurisdicción para definir tal conexión territorial pueden generar asimetrías que resulten tanto en doble imposición como en doble no imposición.

A efectos de ilustrar tal idea cabe mencionar la decisión de la Administración tributaria (*Authority for Advance Rulings*, AAR) de India (caso *Mero Asia Pacific Pte*, AAR Nº 981 2010, de 17 de agosto 2016) que aborda la cuestión de los criterios para determinar cuándo determinadas actividades (por ejemplo, una compra-venta internacional de mercancías) tiene carácter *offshore vs. onshore* a efectos de la tributación doméstica sobre actividades y procesos de creación de valor con conexión territorial local. Es decir, estamos ante un caso que ejemplifica la tensión que resulta de BEPS a efectos de determinar cuándo una renta/beneficio empresarial se considera conectada a un sujeto pasivo local (EP/filial) en función de las actividades que realiza y los riesgos que asume en una operación más compleja (construcción de infraestructuras, *supply chain*, etc).

El caso concreto se refiere a un EP de un contribuyente que es subcontratado para realizar determinadas actividades en India, entre las que se incluyen prestaciones de servicios y adquisición/suministro de materiales en el marco de un proyecto más amplio (contrato ampliación aeropuerto de Delhi) que lleva a cabo el contratista principal no vinculado. Y el tema central del caso se refiere a si la compra internacional de mercancías en la que interviene tal EP en India constituye una operación cuyo beneficio resulte o no atribuible al mismo a efectos fiscales. La compra-venta de mercancías fue concluida entre el contribuyente (EP en India) y una entidad vinculada de trading situada en Singapur, de suerte que tal operación se acordó en términos *"Incoterm CIF"*.

A pesar de que la asignación de riesgos de la compra-venta de las mercancías con arreglo al contrato evidenciaban que el riesgo era soportado por el vendedor hasta la descarga en el puerto de destino, el AAR consideró que existían elementos que permitían determinar que el EP realizaba actividades relacionadas con tal suministro de las mercancías que conllevaban la asunción de riesgo durante un periodo de tiempo en que el EP era propietario.

El AAR analizó la cuestión a partir de la realidad contractual (globalmente considerada: contrato entidad Singapur-EP-Contratista principal) y la propia conducta de las partes:

• La transmisión de la propiedad sobre las mercancías importadas de Singapur tenía lugar con la transmisión de los riesgos con arreglo a condiciones CIF.

• La adquisición de las mercancías por el EP en India tuvo lugar en territorio de tal país una vez se importan, de suerte que el EP realizó actividades dirigidas a formalizar la importación asumiendo el riesgo aduanero y sobre la propiedad de las mercancías hasta su transmisión o entrega al contratista principal.

De esta forma, el EP, según el AAR, intervino en la compra-venta de las mercancías de manera que tal operación no se consideró totalmente offshore y por tanto ajena a la actividad del EP, sino que, por el contrario, el hecho de que realizara actividades relevantes sobre la compra, adquiera la propiedad de las mismas y sus riesgos determinó que parte de la renta generada en tal operación fuera imputable al EP (onshore).

En este sentido, este caso revela cómo las administraciones cada vez desarrollan un enfoque más fáctico (factual substance) y no solo contractualista, estableciendo criterios determinantes de la atribución de la renta en función del contrato (que sigue jugando un papel crucial en el análisis de funciones, activos y riesgos) y la operativa o conducta de las partes. Este tipo de enfoques de nueva generación están claramente vinculados con los nuevos estándares de fiscalidad internacional y transfer pricing fijados en el Informe Final BEPS sobre las Acciones 8-10, y en tal sentido resulta conveniente tenerlo en cuenta a los efectos de la articulación de las estructuras del grupo. A este respecto, debe destacarse igualmente cómo la OCDE (Finley 2016) ha destacado cómo las reglas de determinación de la fuente (*source rules*) utilizadas por algunas jurisdicciones (por ejemplo, Hong Kong) para establecer el profit allocation en relación con el IS, son tan inconsistentes con el estándar de transfer pricing desarrollado por la OCDE como la propia decisión de la Comisión en el caso Apple. De hecho, la OCDE ha llegado a establecer un paralelismo entre el caso *Apple* (decisión de la Comisión) y el caso *Exxon Chemical International Supply* (sentencia High Court Hong Kong), considerando cómo en ambos casos el criterio de atribución de la renta (al head office o los EPs) resultaba de la *"inexistencia de empleados en otro sitio"*. La OCDE, lo que podría estar tratando de destacar es que la utilización de criterios formalistas para la atribución de la renta (basados en el lugar desde el que se hacen los pedidos, como en HK), o residuales ("inexistencia de empleados en otro sitio") no resulta correcto o acorde con el estándar del ALS. El análisis FAR en el contexto actual requiere ir más allá de tales criterios superficiales y formalistas, de manera que el profit allocation resulte de un análisis fáctico y de sustancia que pasa por determinar dónde se llevan a cabo efectivamente las funciones (y donde se utilizan los activos y se asumen los riesgos). El caso australiano *Tech Mahindra v. Comm'r of Taxation* (2016 FCAFC 130, Australian Full Federal Court) también versa sobre cuestiones de atribución de la renta (royalties por servicios técnicos) a la casa central (India) versus el EP de la entidad en Australia, de suerte que en este caso el contribuyente argumentó que la renta derivada de tales servicios estaba efectivamente conectada con el EP pero no era atribuible al mismo con arreglo al artículo 7 ModCDI y, por tanto, no cabía el gravamen en la fuente sobre tal renta. El tribunal australiano rechazo tal enfoque argumentando la necesidad de una interpretación holística de ambos preceptos a la luz de su finalidad con arreglo al artículo 31 de la Convención de Viena sobre el Derecho de los tratados (Krever/Teoh 2016). La práctica española también ha dado muestras de enfoques cada vez más sustancialistas y análisis fácticos-funcionales holísticos que diluyen de forma relevante la asignación contractual de funciones, activos y riesgos y determinan de forma dominante la atribución de beneficios atendiendo a la acreditación del lugar de realización de las funciones sustantivas, de suerte que en muchos casos las actividades pasivas relacionadas con la gestión de activos financieros, tesorería y control de riesgos se consideran accesorias y de escaso valor a tal efecto (véase la SAN de 9 de febrero de 2018, rec. 335/2015 en el caso Stryker, o la SAN de 22 de febrero de 2018, rec. 569/2014, en el caso Cogalte Palmolive). Igualmente, en ocasiones funciones de alto valor relacionadas con el diseño e ingeniería de un proyecto de construcción se consideran de bajo valor a los efectos de determinar la atribución de beneficios a un EP que supervisa la ejecución del proyecto de construcción (SAN de 11 de enero de 2018, rec. 240/2015, caso Hitachi).

3.1.2. Evolución de la cláusula en el Modelo convenio de doble imposición, conexión con los Modelos de EEUU y ONU y práctica convencional española

La regla contenida en el artículo 7.1 ModCDI no ha sido modificada desde su inclusión en el Proyecto de Modelo 1963. Los CMC a tal precepto tampoco han sido modificados de forma relevante, aunque sí cabe advertir cambios introducidos en las revisiones del Modelo de 1977 y de 1994. También posee notable trascendencia la revisión operada en los Comentarios al ModCDI 2003, en tanto en cuanto supone compatibilizar las normas antiabuso internas de *CFC/TFI* con el artículo 7.1 de los CDIs.

El Modelo de convenio elaborado por el Departamento del Tesoro estadounidense en 1996 y 2006 coincide sustancialmente con el ModCDI. No obstante, existen diferencias menores entre uno y otro Modelo.

El Mod. ONU 1999 se desvía también del ModCDI al expandir la tributación en el Estado de la fuente más allá de lo que permite el principio de imputación funcional de rentas económicamente conectadas con la actividad del EP. El Mod. ONU adopta un enfoque basado en el principio de fuerza de atracción de rentas, aunque limita su operatividad delimitando su alcance *(restricted force of attraction* principle). De acuerdo con este principio, resultan imputables al EP no solo los beneficios derivados de la actividad económica desarrollada por el mismo sino también todos aquellos resultantes de operaciones directas efectuadas por su casa central en el territorio donde está ubicado el EP cuando concurrieran determinadas circunstancias: a) cuando se tratara de ventas en tal Estado de bienes o mercancías de tipo idéntico o similar a las vendidas por medio de ese EP; o b) cuando se tratara de otras actividades comerciales de naturaleza idéntica o similar a las efectuadas por medio del citado establecimiento permanente.

Respecto a la **práctica convencional española,** lo cierto es que la mayor parte de los CDIs españoles recogen sin cambios sustantivos la cláusula del artículo 7.1. ModCDI, ya en su versión de 1963 o en las versiones posteriores (1977-2008).

Existen, sin embargo, algunos CDIs concluidos por España que sí recogen singularidades relevantes respecto de lo previsto en los ModCDI.

El CDI con Alemania (2011) establece en su Protocolo III una disposición con arreglo a la cual cuando la OCDE adopte un nuevo artículo 7, ambas delegaciones volverán a reunirse a fin de analizar la posibilidad de incorporar el nuevo texto de dicho artículo conforme al criterio autorizado de la OCDE. La existencia de esta cláusula responde a un deseo de mantener actualizado el CDI a los nuevos principios OCDE de fiscalidad internacional (en sede de EP), sin embargo revela la falta de acuerdo sobre su articulación en el CDI firmado en 2011, pese a que el referido enfoque autorizado se articuló en el año 2008. El Protocolo IV del CDI con Finlandia (2015) establece en esta misma línea que tan pronto como este país confirme la compatibilidad del articulo 7 del MC OCDE 2010 con su legislación interna, ambas delegaciones se reunirán a fin de considerar la adopción de dicho artículo 7 del MC OCDE 2010.

El CDI Austria-España (1966, artículo 7.1) se desvía de lo previsto en el ModCDI en la medida que establece que los beneficios de una empresa residente de un Estado contratante que opera en el territorio del otro Estado contratante a través de un EP «solo pueden someterse a imposición» en este segundo Estado. Como se sabe, el ModCDI establece una regla de tributación concurrente que permite a los dos Estados gravar las rentas que la empresa obtiene a través de EP. Por otro lado, el convenio con Austria establece en el apartado 7 de su artículo 7 una regla referida a las cuentas en participación; de acuerdo con esta cláusula «las disposiciones de los párrafos 1 a 6 se aplicarán también a las rentas obtenidas por una cuenta partícipe en una cuenta en participación austríaca». El CDI con Túnez (1982, artículo 7.7) recoge una cláusula similar a la prevista en el CDI con Austria.

El apartado 8 del artículo 7 del CDI con Australia (1992) contiene una regla de tributación específica referida a las participaciones en empresas explotadas por fideicomisarios. El CDI con Nueva Zelanda (2006, artículo 7.6) también contiene una cláusula específica aplicable a los supuestos donde un residente de un Estado contratante que sea el beneficiario efectivo de una entidad fiduciaria que no tenga la consideración de sociedad a efectos fiscales a través de la que participa en los beneficios de una empresa explotada en el otro Estado contratante por un fiduciario; en el caso de que el fiduciario tuviera, conforme a los principios del artículo 5, un establecimiento permanente en ese otro Estado, la empresa explotada por el fiduciario se considerará explotada en ese otro Estado por aquel residente mediante un EP situado en ese otro Estado y la participación en los beneficios de la empresa se atribuirá a dicho EP. El CDI con Nueva Zelanda (2006, artículo 7.8) contiene otra importante singularidad que afecta a la tributación de las rentas o beneficios de cualquier tipo de seguro. Este tipo de rentas se someten a imposición de conformidad con el Derecho interno de los Estados contratantes; ello significa que pueden gravarse exista o no un EP; ahora bien, si se actúa a través de EP se aplicarán las reglas que ordenan su tributación, en tanto que si no media EP el artículo 7.8 establece una cláusula que regula la determinación de la base imponible aplicable.

El Convenio con Arabia Saudí (2007, Protocolo VII) contiene dos cláusulas que se desvían del ModCDI. Por un lado, se establece una definición de beneficios empresariales que debe tenerse en cuenta, además de por su interacción con el artículo12 del convenio, al indicarse que tal expresión no comprende la prestación de servicios personales por parte de una persona física tanto si interviene por cuenta propia como ajena, lo cual parece hablar a favor de la aplicación del artículo14 del convenio. Por otro lado, el protocolo recoge una cláusula específica sobre los beneficios empresariales derivados de las exportaciones de mercancías, considerando los supuestos donde la empresa de que se trate realiza además operaciones a través de un EP en el otro Estado.

El Protocolo B) al CDI con Noruega (1966) contiene una cláusula referida a las empresas noruegas que operen en España a través de EP, de acuerdo con la cual tales empresas pueden optar por que se les grave por el mismo régimen que el previsto para las empresas españolas que ejercen toda su actividad en España. Esta opción será válida por dos años y deberá ser ejercitada con anterioridad al comienzo del primero de los ejercicios a que afecte.

El CDI Colombia-España (2005, Protocolos IV y V) contiene dos cláusulas que poseen cierta relevancia. Por un lado, el apartado IV de su Protocolo establece que «no se gravarán con el impuesto de remesas las rentas y ganancias ocasionadas de un residente de España, que realice su actividad en Colombia a través de un establecimiento permanente situado en Colombia». Por otro lado, el apartado V del Protocolo dispone que «En el caso de Colombia, el término «beneficio empresarial» se refiere siempre a las utilidades obtenidas por las empresas».

El CDI Croacia-España (2005, Protocolo II) recoge una cláusula que enfatiza las limitaciones que resultan del artículo 7.1 y 2 en relación con la imputación de beneficios al EP deslindándolos de los que resultan atribuibles a su casa central; tal atribución debe pivotar sobre la actividad real desarrollada por el EP. Junto a esta regla, el protocolo incluye otra que ejemplifica la que acabamos de reseñar, pero en relación con contratos para la exploración, suministro, instalación o construcción de equipos o instalaciones industriales, comerciales o científicos, o de obras públicas. El CDI con Vietnam (2005, Protocolo IV) contiene una cláusula similar a la prevista en el CDI con Croacia; a su vez, el convenio con el país asiático recoge una regla que permite determinar los beneficios imputables a un EP en ausencia de contabilidad aplicando métodos estimativos de la base imponible.

El CDI con Kuwait (2013, artículo 7.1 in fine) contiene una curiosa cláusula de calificación al indicar que las cantidades de cualquier clase pagadas por el uso o concesión de uso de equipos industriales, comerciales o científicos se considerarán beneficios empresariales comprendidos en el ámbito de aplicación del artículo7.

El CDI con El Salvador (2009, Protocolo VI y VII) recoge una cláusula que clarifica y matiza la aplicación del principio general de atribución de beneficios al EP, de manera que cuando la sede central realice actividades económicas en el otro Estado contratante utilizando los medios del EP, los beneficios derivados de dichas operaciones serán imputados a dicho EP en la proporción a su participación en dichas actividades.

Existe otro grupo de CDIs concluidos por España que siguen sustancialmente lo previsto en el apartado 1 del artículo 7 del Mod. ONU. En concreto, esta cláusula es empleada por España en los siguientes convenios: CDI Argentina-España [1992, artículo 7.1, Protocolo 1.b), denunciado por Argentina el 29 de junio de 2012], CDI Filipinas-España (1989, artículo 7.1), CDI India-España (1993, artículo 7.1, Protocolo 3), CDI Indonesia-España (1995, artículo 7.1, Protocolo 2), CDI Nigeria-España (2009, artículo7.1), y CDI Tailandia-España (1997, artículo 7.1, Protocolo 4).

El nuevo CDI con Argentina (2013, artículo 7.1 y Protocolo nº 2) sigue el Modelo ONU en relación con la cláusula de fuerza atractiva restringida, de suerte que el protocolo prevé que las autoridades competentes se consulten sobre la similitud de los bienes o mercancías o de las actividades. A su vez, el referido Protocolo 2.a) establece una excepción a la regla del apartado 1 del artículo7 en relación con las actividades realizadas en el territorio y zona económica exclusiva de un Estado contratante por un residente del otro Estado contratante vinculadas a la explotación o extracción de recursos naturales, de manera que el Estado de la fuente puede gravar la renta generada por tales actividades de acuerdo con su legislaciones interna o en su caso imponer derechos, patentes o similares, conforme a lo que estipule el convenio especial o contrato que se suscriba a tales efectos. Estamos ante el primer CDI concluido por España que menciona y coordina con estos tratados fiscales los «contratos petroleros o gasísticos», de manera que la imposición que derivara de los mismos en principio estaría comprendida dentro del ámbito de estos convenios, con todo lo que ello conlleva. En tercer lugar, el apartado 5 del artículo7 del CDI contiene una cláusula específica relativa a las actividades de seguro y reaseguro realizadas por una empresa de un Estado contratante en relación con bienes situados en el otro Estado o personas residente del mismo, de manera que se establece la posibilidad de que el Estado de la fuente grave tales beneficios sin que tal impuesto pueda exceder del 2, 5 del importe bruto de la prima de seguro.

El CDI México-España (1992, artículo 7.1 y nº 2 del Protocolo) sigue básicamente el Mod. ONU; no obstante, la configuración de la cláusula a través de la que este Modelo articula la fuerza atractiva restringida no se ha plasmado en el convenio en tales términos. Por un lado, tal cláusula solo contempla las enajenaciones de mercancías similares a las que enajene el EP. Por otro lado, el CDI con México parece seguir en este punto la recomendación realizada a este respecto por el Grupo de Expertos de la ONU; algunos miembros del Grupo de Expertos consideran que la regla de «fuerza de atracción» no debe aplicarse allí donde la empresa sea capaz de demostrar que las ventas y actividades empresariales fueron realizadas por razones diferentes a la obtención de los «beneficios del CDI».

El CDI con Uruguay (2011, Protocolo I) contiene tres cláusulas que contribuyen a perfilar el alcance del artículo 7. Las dos primeras tienen como finalidad clarificar las reglas de atribución de beneficios al EP -frente a eventuales enfoques de vis atractiva del EP- en relación con supuestos donde: a) la empresa vende bienes o mercancías por medio de un EP, de manera que los beneficios del EP no se determinarán sobre la base de la suma total obtenida por la empresa sino únicamente sobre la base de la suma imputable a las ventas efectivas o a la actividad comercial o industrial efectiva del EP; y b) la empresa realiza a través del EP la contratación de proyectos, suministros o construcción de equipos o instalaciones industriales, comerciales o científicos, o de contratas públicas, de suerte que la atribución de beneficios no se determinará sobre la base del precio total del contrato respectivo sino únicamente sobre la base de la parte del contrato que efectivamente sea ejecutada por el EP. También se establece que los beneficios obtenidos del suministro de mercancías al EP y los beneficios obtenidos con la parte del contrato que se ejecute en el Estado contratante en el cual se encuentre la sede de la casa matriz de la empresa, únicamente podrán someterse a imposición en dicho Estado. La tercera cláusula que contiene el Protocolo tiene relevancia calificatoria, estableciendo que las remuneraciones de servicios técnicos, incluidos los estudios o proyectos científicos, geológicos o técnicos, o de contratos de construcción, incluidos los planos correspondientes, o de actividades de asesoramiento o supervisión se considerarán remuneraciones a efectos de la aplicación del artículo 7 del CDI.

3.1.3. Interrelación del artículo 7.1 Modelo convenio de doble imposición con la legislación interna española

En lo tocante a la legislación española que se encuentra interrelacionada con el artículo 7.1 del ModCDI y los CDIs que lo siguen, deben destacarse las siguientes cuestiones. Por un lado, que el artículo 15 TRLIRNR establece el principio de universalidad (o extraterritorialidad) de rentas respecto de la sujeción fiscal del EP situado en España; ello significa que tales EPs tributarán por la totalidad de la renta imputable al establecimiento, «cualquiera que sea el lugar de su obtención».

Por otro lado, el artículo 16 TRLIRNR establece que la renta imputable al EP se compone de tres conceptos, a saber:

a) los rendimientos derivados de las actividades o explotaciones económicas desarrolladas por dicho EP.
b) los rendimientos derivados de elementos patrimoniales afectos al mismo.
c) las ganancias o pérdidas patrimoniales derivadas de los elementos patrimoniales afectos al EP.

La afectación de los elementos patrimoniales se hace descansar en el criterio de «vinculación funcional» al desarrollo de la actividad que constituye el objeto del EP; no obstante, existe una regla especial referida a los activos representativos de participación en fondos propios de una entidad, en cuyo caso solo se considerarán afectos al EP cuando éste sea una sucursal registrada en el Registro Mercantil y se cumplan los requisitos establecidos reglamentariamente.

3.2. Las reglas de atribución de beneficios al Establecimiento Permanente previstas en el apartado 2 del artículo 7 Modelo convenio de doble imposición (pre-2010)

3.2.1. Alcance y funcionalidad del artículo 7.2 Modelo convenio de doble Imposición (en su redacción anterior a 2010)

El apartado 2 del artículo 7 ModCDI contiene varias reglas de tributación del EP en el sentido siguiente:

«Sin perjuicio de las disposiciones del apartado 3, cuando una empresa de un Estado contratante realice su actividad en el otro Estado contratante por medio de un establecimiento permanente situado en él, en cada Estado contratante se atribuirán a dicho establecimiento permanente los beneficios que el mismo hubiera podido obtener de ser una empresa distinta y separada que realizase las mismas o similares actividades, en las mismas o similares condiciones, y tratase con total independencia con la empresa de la que es establecimiento permanente».

Como ha afirmado el propio Comité Fiscal OCDE, el artículo 7.2 ModCDI constituye la regla central que ordena la atribución de beneficios al EP (parágr.11 de los CMC). Este precepto articula una fórmula de compleja aplicación e interpretación de acuerdo con la cual se atribuirán a dicho establecimiento permanente los beneficios que el mismo hubiera podido obtener de ser una empresa distinta y separada que realizase las mismas o similares actividades, en las mismas o similares condiciones, y tratase con total independencia con la empresa de la que es establecimiento permanente. Nótese que los principios establecidos en el artículo 7.2 ModCDI no son modificados por la cláusula recogida en el artículo 7.3 ModCDI, toda vez que, a nuestro entender, esta última posee, fundamentalmente, alcance clarificador (vid. infra).

La atribución de beneficios al EP descansa sobre los principios de empresa separada y empresa independiente; el EP debe tributar como un centro de imputación de rentas similar al integrado por la formación de una empresa separada y residente que opera de forma independiente en relación con las operaciones que realice con personas vinculadas (incluyendo a su casa central). Así, con arreglo al principio de empresa separada se atribuirán al EP los beneficios efectivamente realizados por el mismo en el sentido de derivados de las actividades que desarrolle; el método de cómputo de tales beneficios es la contabilidad separada del EP (*separate accounting*). La concreta determinación de los beneficios imputables al EP resultará delimitada por la legislación interna del Estado contratante donde esté ubicado; no obstante, tal legislación debe resultar aplicada con arreglo a los principios y límites establecidos en el CDI; a este respecto, no debe tenerse en consideración únicamente el artículo 7 ModCDI sino también el artículo 24.3 ModCDI cuando excluye las discriminaciones fiscales sobre el EP en relación con el tratamiento recibido por las empresas residentes (véase la DGT V2102-18, de 16-7-2018, en relación con el tratamiento no discriminatorio de un EP de una entidad suiza en España). Nótese, no obstante, que si bien la base imponible atribuible al EP en el Estado de la fuente se debe determinar de acuerdo con el CDI aplicable y la legislación interna de tal Estado, lo cierto es que, a nuestro entender (y el de la DGT: consulta DGT V2581-06 de 26-12-2006), la base imponible correspondiente al EP en el Estado de residencia del contribuyente debe determinarse de acuerdo con el CDI aplicable y la legislación interna de este último Estado; no puede dejar de señalarse que nuestro TS y el TEAC se han pronunciado a favor de la integración en el Estado de la residencia de la base imponible del EP configurada de acuerdo con la legislación del Estado de la fuente (vid. por ejemplo, RTEAC de 21 diciembre de 2006; vid. el epígrafe referido al artículo 23 ModCDI). En este mismo orden de cosas, debe destacarse cómo la AN ha rechazado la aplicación por parte de una sucursal bancaria extranjera (Société Générale) de la normativa contable extranjera a los efectos de la determinación de la base imponible del IRNR (SAN de 9 de diciembre de 2010, rec. 54/2007).

El principio de empresa independiente constituye el segundo gran principio de atribución de renta previsto en el artículo 7.2 y tiene como corolario el principio de plena concurrencia o competencia. Desde un punto de vista conceptual o de su fundamentación teórica, el principio de atribución de beneficios al EP viene a coincidir en buena medida con el principio de plena concurrencia o competencia del artículo 9 ModCDI (parágr.11 de los CMC). De esta forma, el artículo 7.2 ModCDI no vendría sino a constituir una especificación del mismo que clarificaría (y modularía) su aplicación en relación con las «operaciones/relaciones» (*internal dealings*) entre el EP y el resto de la empresa de la que forma parte (la casa central, así como otros EPs pertenecientes a la misma empresa); las operaciones entre un EP de una empresa y otra empresa asociada (y sus EPs) se ordenan con arreglo al artículo 9. El principio parte de la base de que hay que atribuirle (al EP) los beneficios que se obtendría el EP si, en lugar de realizar operaciones con el resto de la empresa de la que forma parte, hubiera realizado operaciones con una empresa totalmente separada bajo condiciones y a precios de mercado (parágrafo 14 CMC ModCDI 2008). Ello se corresponde con el principio de plena competencia del artículo9 ModCDI, en el sentido de que habría que atribuir los beneficios que obtendría una empresa independiente. Tal principio debe aplicarse bilateralmente, esto es, en los dos Estados implicados, sin perjuicio de que existan diferencias en la configuración de la base imponible con arreglo a la legislación fiscal de tales Estados (amortizaciones, imputación temporal, deducción de gastos), así como considerando las reglas del artículo 7.3 ModCDI. Nótese en todo caso que el artículo 7.2 ModCDI está redactado desde la perspectiva de la atribución de beneficios al EP a los efectos de su tributación en el país donde está ubicado. No obstante, tal regla de atribución de beneficios también se proyecta sobre el país de residencia de la entidad de la que forma parte (la casa central), así como las otras partes de la empresa (otros EPs), de forma que las «operaciones/relaciones» entre las otras partes de la empresa y el EP son consideradas como operaciones entre empresas separadas e independientes a los efectos de la determinación de ingresos y gastos de tales empresas. Así, una «prestación de servicios» de la casa central al EP, no solo genera un gasto en el EP sino también un ingreso en la base imponible de la casa central. Ahora bien, no puede perderse de vista que el artículo 7.2 ModCDI tiene como funcionalidad establecer la cuantía máxima de beneficios que el Estado de localización del EP puede atribuirle y gravarle, y la cuantía máxima sobre la que el Estado de residencia de la entidad de la que forma parte el EP está obligado a computar y eliminar la doble imposición internacional. Ello significa que cada uno de los dos Estados mencionados puede determinar la base imponible del EP de forma distinta, pero observando tal limitación, lo cual se puede trasladar al ámbito de las amortizaciones, reducciones de la base imponible, gastos deducibles, criterios de imputación temporal, exenciones, etc. (vid. Bennet 2008, p. 470)

El artículo 7.2 ModCDI apenas entra a delimitar la aplicación práctica o efectiva del principio de plena concurrencia en el marco de las relaciones EP-casa central o entre EPs de la misma empresa. Tal falta de delimitación del principio podría conducir a pensar que resultan aplicables en bloque en el ámbito del artículo 7.2 ModCDI las Directrices OCDE sobre Precios de Transferencia que articulan y desarrollan el principio de plena concurrencia a los efectos del artículo 9 del ModCDI. Tal conclusión podría resultar en buena medida correcta, aunque con muchos matices. Precisamente, el Comité Fiscal OCDE, a través del propio artículo 7 ModCDI y de sus comentarios, se ha encargado de ir clarificando algunos aspectos donde tal idea es correcta y dónde no lo es; en este sentido, puede afirmarse que el principio de plena concurrencia se aplica de forma muy matizada o modulada en el marco del artículo 7 ModCDI (véase, por ejemplo, el apartado 3 del artículo 7), aunque existe una tendencia a ir «suavizando» tales modulaciones hacia una aplicación plena del mismo en este ámbito (véase en este sentido el *informe final OCDE 2008, Report on the Attribution of Profits to Permanent Establishments* comentado en el epígrafe 3.1 de este capítulo).

La idea de que el artículo 7 establece el principio de «independencia restringida» *(restricted or limited independence)* que acabamos de apuntar no es compartida unánimemente por la doctrina, ni tampoco por la jurisprudencia de los tribunales de los diferentes países; de hecho, existen destacados pronunciamientos a favor de la aplicación del principio de «absoluta (hipotética) independencia» del EP *(absolute (hypothetical) independence);* no obstante, lo cierto es que la importante modificación llevada a cabo por el Comité Fiscal OCDE en 1994 en los CMC al artículo 7 clarificó en cierta medida la vigencia del principio de «independencia restringida» del EP, aunque los perfiles y consecuencias del mismo no se han delimitado de forma completa; la propia evolución histórica del Modelo de convenio también milita a favor de la vigencia de este principio de independencia restringida desde las primeras versiones del ModCDI. Procede realizar la correspondiente remisión a los CMC sobre la forma de aplicar el principio de plena concurrencia como principio de atribución de beneficios al EP en el marco de tal precepto, sin perjuicio de lo que se expone en el epígrafe 3.2.3. sobre lo dispuesto en la legislación española.

Con todo, no puede dejar de señalarse cómo los CMC al artículo7 ModCDI 2008 (paras.17 y ss) han introducido nuevos elementos a los efectos de concretar la forma de atribuir los beneficios al EP de acuerdo con los principios (*el enfoque autorizado OECD*) establecidos en el informe final OCDE 2008 sobre atribución de beneficios al EP. En concreto, se considera que a la hora de determinar si procede realizar un ajuste en la atribución de beneficios al EP, de acuerdo con el artículo 7.2 ModCDI, resulta necesario determinar los beneficios que hubieran sido obtenidos si el EP hubiera sido una empresa distinta y separada realizando la misma o similares actividades bajo las mismas o similares condiciones y operando de forma totalmente independiente con el resto de la empresa de la que forma parte. Tal hipotética determinación de beneficios debe determinarse aplicando un método consistente en dos pasos o fases que son descritas en las secciones D-2 y D-3 del informe final OCDE 2008. El primer paso de este enfoque autorizado OCDE requiere la identificación de las actividades realizadas a través del EP. Ello debe hacerse a través de un análisis funcional y fáctico siguiendo lo establecido en las Directrices OCDE de Precios de Transferencia. En este paso deben identificarse las actividades económicas sustantivas y las responsabilidades asumidas a través del EP, considerando las actividades y responsabilidades asumidas por la empresa en su conjunto, particularmente aquellas partes de la empresa que realizan «operaciones» con el EP. De acuerdo con el segundo paso de este enfoque, la remuneración de cada «operación» será determinada aplicando por analogía los principios desarrollados para la aplicación del principio de plena competencia entre empresas asociadas (las Directrices OCDE de Precios de Transferencia), por referencia a las funciones realizadas, los activos empleados y los riesgos asumidos por la empresa a través del EP y a través del resto de la empresa.

La OCDE considera que el punto de partida para una correcta atribución de beneficios al EP resulta de una documentación contemporánea y unos registros contables que reflejen el método de dos pasos (enfoque autorizado OCDE) referido (paras.18-20 CMC OCDE 2008).

En este orden de cosas, la OCDE realiza una serie de indicaciones sobre la concreta aplicación del principio de atribución de beneficios al EP analizando una serie de supuestos y «operaciones» (paras.19 y ss CMC 2008):

• Parágrafo 21 y ss. CMC 2008 se refiere a la tributación de la renta que puede generarse cuando un activo empresarial del EM se transfiere a otra parte de la empresa, de suerte que el artículo 7 autoriza al Estado del EP a gravar tales beneficios.

• Parágrafo 23 y ss. CMC 2008 se refiere a los problemas específicos de la atribución de beneficios al EP que constituye una obra de construcción, instalación o montaje, enfatizando que la tributación debe ser en relación con la renta que derivase de las actividades realizadas directamente a través del EP, dejando al margen aquellas realizadas por otras partes de la empresa.

• Parágrafo 26 CMC 2008 aborda la cuestión de la atribución de beneficios al EP que se considera que existe en un país como consecuencia de las actividades desarrolladas por el denominado agente dependiente (ver para 32 CMC artículo 5 ModCDI 2008), de suerte que se rechaza el enfoque del «single taxpayer» y se entiende que debe diferenciarse entre el «EP ficticio» de la empresa no residente y las actividades del agente dependiente por cuenta de tal empresa no residente a los efectos de la tributación de tal EP ficticio y del propio agente dependiente. Los beneficios atribuibles a tal EP serán los que son imputables a las funciones, activos, riesgos y capital que emplea el agente dependiente por cuenta de la empresa no residente, de suerte que tales beneficios no incluyen la renta imputable al agente dependiente por las funciones que le presta a la entidad no residente. Así, al EP agente dependiente hay que atribuirle los beneficios que le corresponden considerando un análisis fáctico y funcional como empresa independiente de la que forma parte. Así, hay que asignarle a tal «empresa independiente» funciones, activos, riesgos y capital. Los beneficios brutos que se le atribuyan a tal EP agente dependiente pueden ser mayores que la remuneración de mercado pagada al agente dependiente por las funciones y actividades realizadas para la empresa. Ello es debido a que tal remuneración debe fundamentarse en las funciones y actividades realizadas por el agente dependiente, pero no incluye los riesgos asumidos y los activos empleados por la empresa no residente a través del agente como consecuencia de tales funciones. Tales riesgos y activos deben ser atribuidos a la empresa no residente (al EP ficticio/agente dependiente) y no a la empresa del agente dependiente (véase la RTEAC de 3 de julio de 2014). Así, los beneficios atribuidos al EP agente dependiente en principio deben ser superiores a la remuneración imputada al agente dependiente (Bennet 2008, p. 470; una posición más matizada ha sido sostenida por Pijl 2011). Como ya hemos indicado más arriba, los tribunales de algunos países (India) consideran que allí donde la entidad no residente ha remunerado a precios de mercado al agente dependiente no resulta necesario atribuir beneficios al EP (Casos *Morgan Stanley* y *SET Satellite,* vid. Arnold *BIFD*, February 2009).

La OCDE en julio de 2016 hizo público un Borrador sobre *Additional Guidance on the Attribution of Profits to Permanent Establishments* [que posteriormente fue reemplazado por un segundo Draft de 22 de junio de 2017 y finalmente se adoptó la versión final de este informe por el Inclusive Framework on BEPS en Marzo de 2018 (vid.supra)]. El informe final (2018) aborda en particular la aplicación de los criterios para la atribución de beneficios a los EPs generados por agentes dependientes (DAPEs) en el marco de CDIs alineados con la acción 7 de BEPS.

La aplicación de estos principios de empresa separada e independiente a las relaciones y dealings entre el EP y la casa central (u otras partes de la empresa) han conducido por ejemplo a situaciones donde las autoridades fiscales han calificado los adelantos de fondos del EP a su casa central (no entidad financiera) como un préstamo que devenga intereses que tributan en sede del EP (véase el caso *Sodirep Textiles SA-NV*, sentencia del Consejo de Estado francés de 9 de noviembre de 2015, comentada por Escaut/Glon (2016)).

La jurisprudencia española también aporta casos que ponen de relieve las dificultades para llevar a cabo una precisa separación de las funciones, activos y riesgos realizadas por la casa central y los EPs, incluso allí donde median contratos con terceros (e intragrupo). En muchos casos la asignación de beneficios derivada de los contratos no se considera válida, en tanto que en otros las autoridades fiscales realizan una ponderación (subjetiva) de tales funciones (sin considerar la asignación y asunción de riesgos) a efectos de redeterminar la base imponible aplicable al EP/casa central, obviando en gran medida los principios de los artículos 5 y 7 de los CDIs (véanse las sentencias de la AN de 9 de febrero de 2018, caso Stryker (rec. 335/2015), y de 11 de enero de 2018, Hitachi, rec. 240/2015).

3.2.2. *Evolución de la cláusula en el Modelo convenio de doble imposición, conexión con los Modelos de EEUU y ONU, y práctica convencional española*

El l artículo 27 del ModCDI apenas ha experimentado cambios sustantivos a lo largo de la evolución de este Modelo. La principal modificación que hemos advertido fue introducida en 1977 y consistió en la incorporación de la referencia inicial «*Sin perjuicio de las disposiciones del apartado 3*». Los comentarios a los apartados 2 y 3 del artículo 7 ModCDI 1977 resultan más expresivos a la hora de apuntalar la modulación que experimentan los principios del apartado 2 en virtud de la cláusula del apartado 3. Sin embargo, fueron los comentarios introducidos en 1994 los que realmente ofrecieron una explicación más detallada de la interrelación entre los apartados 2 y 3 del artículo 7 ModCDI (vid. infra el comentario al artículo 7.3 ModCDI). Hasta 1994 resultaba meridianamente claro que el apartado 3 modulaba los principios de empresa separada e independiente del apartado 2 del artículo 7, pero fue a partir de tal fecha cuando se explicó el alcance de tal modulación y se profundizó en la delimitación de la misma. El ModCDI 2008, sin embargo, sí ha introducido cambios relevantes en los CMC al artículo7.2, los cuales ya han sido destacados.

El artículo 7.2 del Mod. ONU 1999 coincide con el establecido en el ModCDI, es decir, su tenor literal es idéntico. No obstante, en los comentarios a tal cláusula el Grupo de Expertos de la ONU se refiere a los problemas de atribución de beneficios al EP en los casos de «*turnkey* contracts»; también se clarifica la aplicación de la regla material del artículo 7.2 ModCDI a las operaciones del EP con otros EPs de la misma empresa, y se enfatiza la aplicación del principio de plena concurrencia del artículo 9 en este contexto (parágrs.10 a 14 de los comentarios al artículo 7 Mod. ONU 1999). Tales comentarios pueden poseer cierta incidencia interpretativa allí donde resulte claro que el CDI sigue en este punto el Modelo ONU. El artículo 7.2 del Modelo EEUU 1996-2006 coincide igualmente con la cláusula correspondiente del ModCDI. No obstante, el Modelo estadounidense incorpora al final del referido apartado una cláusula que no tiene correspondencia en los Modelos ONU y OCDE, a saber: «(...). *For this purpose, the business profits to be attributed to the permanent establishment shall include only the profits derived from the assets or activities of the permanent establishment»*.

Respecto a la **práctica convencional española,** lo cierto es que la mayor parte de los CDIs españoles recogen sin cambios sustantivos la cláusula del artículo 7.2, ya en su versión de 1963 o en las versiones posteriores (1977-2008).

Existen, sin embargo, algunos CDIs concluidos por España que sí recogen singularidades relevantes respecto de lo previsto en los ModCDI.

El CDI EEUU-España (1990, artículo 7.2) sigue el Modelo EEUU de 1981; el apartado 2 del artículo 7 del referido Modelo estadounidense se desvía del ModCDI en que no incorpora de forma explícita la referencia al principio de empresa separada, aunque sí establece que la imputación debe hacerse como si el EP fuera una «empresa distinta e independiente».

El CDI Francia-España (1995, artículo 7.2 y Protocolo 6º), por su parte, también presenta varias particularidades que impiden su asimilación al ModCDI. Por un lado, el artículo 7.2 no contiene una referencia explícita al principio de empresa separada sino que se refiere únicamente al EP como «empresa distinta que realizase actividades idénticas o análogas, en las mismas o similares condiciones, y tratase con total independencia con la empresa de la que es establecimiento permanente». Las singularidades incluidas en el Protocolo nº 6 al CDI también resultan coincidentes con los principios establecidos en el artículo 7 del ModCDI. En particular, el referido Protocolo contiene dos reglas que clarifican los principios de atribución de beneficios al EP contenidos en los apartados 1 y 2 del artículo 7; así, en primer lugar, se establece que «cuando una empresa de un Estado contratante vende mercancías o ejerce una actividad en el otro Estado contratante a través de un establecimiento permanente allí situado, los beneficios de ese establecimiento permanente no se calculan sobre la base del importe total percibido por la empresa, sino sobre la base de la remuneración imputable a la actividad real del establecimiento por esas ventas o por esa actividad»; en segundo lugar, la letra b) del Protocolo nº 6 al convenio con Francia establece que «en el caso de contratos, especialmente los de estudio, suministro, instalación o construcción de equipos o de establecimientos industriales, comerciales, científicos o de obras públicas, cuando la empresa disponga de un establecimiento permanente, los beneficios de este establecimiento permanente no se determinarán sobre la base del importe total del contrato, sino solamente sobre la base de la parte del contrato que se ejecuta efectivamente por este establecimiento permanente. Los beneficios correspondientes a la parte del contrato que se ejecuta en el Estado contratante donde esté situada la sede de dirección efectiva solo pueden someterse a imposición en ese Estado».

El CDI Hungría-España (1984, artículo 7.2) también presenta alguna singularidad respecto de lo previsto en el ModCDI. El Protocolo nº 2 contiene una norma referida al artículo 7 en el sentido de que «cuando una obra de instalación, construcción o montaje constituya un establecimiento permanente, solamente los beneficios que procedan de la actividad desarrollada en la obra de construcción, instalación o montaje pueden ser atribuibles al establecimiento permanente. No se atribuirá ningún beneficio al establecimiento permanente por el hecho de entregar bienes o mercancías, maquinaria o equipo, tanto si dicha entrega se realiza por la propia empresa o por tercera persona».

También existe un grupo de CDIs concluidos por España que siguen sustancialmente lo previsto en el apartado 2 del artículo 7 del Mod. ONU. En particular, esta cláusula es empleada por España en los siguientes convenios: Argentina-España (1992, artículo 7.2, denunciado por Argentina el 29 de junio de 2012), CDI Filipinas-España (1989, artículo 7.2), CDI India-España (1993, artículo 7.2), CDI Indonesia-España (1995, artículo 7.2), y CDI Tailandia-España (1997, artículo 7.2).

3.2.3. *Interrelación del artículo 7.2 Modelo convenio de doble imposición con la legislación interna española*

En relación con la legislación española que se encuentra interrelacionada con el artículo 7.2 del ModCDI y los CDIs que lo siguen, deben destacarse las siguientes cuestiones.

En primer lugar, la legislación española ha establecido un régimen general para la tributación de los EPs con actividad continuada (artículo 18.1 TRLIRNR) y dos «regímenes especiales», uno para los EPs que no cierran ciclo mercantil (artículo 18.3 TRLIRNR) y otro para los EPs con actividad esporádica (artículo 18.4 TRLIRNR).

El principio de no discriminación contenido en los CDIs podría emplearse para reivindicar la aplicación del régimen general por parte de los EPs que caen en el ámbito de los referidos regímenes especiales. El régimen general de tributación de los EPs pivota sobre las disposiciones del régimen general del Impuesto sobre Sociedades, aunque existen ciertas desviaciones o singularidades que son expuestas al hilo del comentario al artículo 7.3 ModCDI. Los EPs pertenecientes a personas físicas disfrutan del mismo régimen (general) que los EPs de entidades, a salvo de la inaplicación de la imposición complementaria (artículo 19.2 TRLIRNR).

Otra excepción a las reglas generales la representa el régimen fiscal propio tanto de los miembros no residentes de entidades en atribución de rentas constituidas en España desarrollando una actividad económica (artículo 35 TRLIRNR), como las anómalas entidades en atribución extranjeras con presencia económica en España o sus propios miembros (artículos 37 y 38 TRLIRNR), toda vez que en estos últimos casos estamos ante modalidades próximas al EP; en estos casos, resulta posible que sean las normas del IRPF (y no las del IS) las que determinen las rentas gravadas.

En segundo lugar, el TRLIRNR ha establecido ciertas reglas (aplicables en el marco del régimen general de tributación de los EPs) relativas a la generación de rentas en los supuestos de reexportación de bienes previamente importados (artículo 16.2 TRLIRNR). La legislación interna española ha optado por someter a imposición las transferencias de activos del EP a la casa central y al exterior en general. Junto a la regla precedente (artículo 16.2 TRLIRNR), el antiguo artículo 17 del TRLIS 2004 establecía una norma más amplia que establece el gravamen de las plusvalías latentes en los elementos patrimoniales del EP en el momento de su cese, o en el momento en que bienes afectos a un EP se transfieren al extranjero; este precepto de la LIS ordena la integración en la base imponible de la diferencia entre el valor normal de mercado y el valor contable de determinados elementos patrimoniales afectos al EP. Nótese, a su vez, que el artículo 17 del antiguo TRLIS 2004, a diferencia de lo previsto en el antiguo artículo 16 TRLIS 2004 (redacción anterior a la reforma operada por la Ley 36/2006, de 29 de noviembre), establecía una norma imperativa de valoración que afecta directamente a la configuración de la base imponible del no residente que opera en España a través de EP. La Ley 26/2014, de 27 de noviembre, modificó el TRLIRNR para añadir un nuevo apartado 5 en el artículo18 (artículo 18.5 TRLIRNR) en relación con el gravamen de las plusvalías latentes derivadas de activos afectos al EP que cesa su actividad o que son transferidos al extranjero, de suerte que la actual LIS no recoge estos hechos imponibles al referirse a sujetos no residentes que operan con EP en España. El gravamen establecido por el artículo 18.5 TRLIRNR no resulta exigible allí donde se transfiere un EP en el marco de una operación acogida al régimen especial de fusiones, escisiones, aportaciones y canjes de valores regulado en los artículos 76 y ss. de la LIS 2014.

En tercer lugar, debe destacarse que la legislación española ha asimilado las operaciones entre entidades vinculadas a las operaciones entre la casa central española y el EP en el extranjero, en tanto en cuanto en ambos casos resulta aplicable el mismo régimen jurídico-tributario, esto es, el artículo 18 de la LIS (véase también el artículo 15.2 TRLIRNR). La aplicación del antiguo artículo 16 TRLIS (redacción anterior a la reforma operada por la Ley 36/2006, de 29 de noviembre) en el ámbito de las relaciones EP-casa central podía plantear determinados conflictos con el artículo 7.2 de los CDIs; en este sentido, no puede dejar de señalarse que mientras que el referido precepto convencional establece una norma imperativa de valoración a efectos de la cuantificación de la base imponible del EP-Casa Central, el antiguo artículo 16 del TRLIS (versión anterior a la Ley 36/2006), según la propia DGT, establecía una potestad de valoración cuyo ejercicio correspondía únicamente a la Administración tributaria atendiendo a una serie de circunstancias determinadas en tal norma. A su vez, no pueden perderse de vista las implicaciones que en este ámbito (considerando el nuevo artículo 18 LIS 2014) posee la regla de limitación de gastos deducibles prevista en el artículo 18.1.a) TRLIRNR, la cual es expuesta en el epígrafe siguiente. No parece que la extensión plena del principio de plena competencia a las relaciones EP-Casa central (y viceversa) que parece derivarse del nuevo artículo 18 LIS resulte consistente con la referida regla del artículo 18.1.a) TRLIRNR; de hecho, del informe final (2008) de la OCDE sobre atribución de beneficios a los establecimientos permanentes (OECD, *Report on the Attribution of Profits to Permanent Establishments* comentado en el epígrafe 3.1 de este capítulo), parece derivarse que tal limitación no resulta compatible con el principio de plena competencia a la hora de someter a imposición los beneficios obtenidos por el EP. Ciertamente, si lo que se pretende a través del principio de plena competencia es que los beneficios derivados las operaciones intragrupo (incluidas las operaciones entre diferentes partes de una misma empresa) sean atribuidos y determinados en condiciones similares a las que son aplicables a las empresas independientes en condiciones de libre mercado, no tendría mucho sentido que en el ámbito de la tributación de las operaciones intragrupo se aplicaran disposiciones -como aquellas que excluyen totalmente la deducción fiscal de determinados gastos reales determinados de acuerdo con tal principio de plena competencia- cuya consecuencia fuera que las empresas asociadas tributaran de forma diferente (más gravosa) que las empresas independientes. Es cierto que, en gran medida, el principio de plena competencia (los artículos 9 y 7 ModCDI) no establece reglas dirigidas a establecer las condiciones de tributación de los ingresos y la deducibilidad de los gastos, pero, a nuestro entender, podría resultar contrario a su finalidad [y también resultaría discriminatorio: principios de igualdad constitucional y de no discriminación OCDE (artículo 24.3 ModCDI) y comunitario] que las empresas asociadas (por el mero hecho de serlo) tributaran en condiciones más gravosas que las empresas independientes. Con todo, no puede dejar de señalarse que existen pronunciamientos de la DGT que interpretan el artículo 7.2 de los CDI (incluyendo los concluidos con anterioridad a 2008) en el sentido de que la atribución de beneficios al EP debe basarse en el principio de plena competencia, llegando a interpretar un CDI concluido en 1995 a la luz de los Comentarios al MC OCDE 2010 (consulta DGT V1070-17 de 5-5-2017); la DGT V3311-17, de 28-12-2017, acude a los CMC al artículo 7 MC OCDE 2008 en relación con el CDI con Alemania.

3.3. La cláusula de deducción y asignación de gastos del Establecimiento Permanente prevista en el artículo 7.3 del Modelo de convenio de doble Imposición (en su redacción anterior a 2010)

3.3.1. *Alcance y funcionalidad del artículo 7.3 Modelo convenio de doble imposición*

El artículo 7.3 ModCDI contiene varias reglas sobre deducción y asignación de gastos del EP en el sentido siguiente:

«Para la determinación del beneficio del establecimiento permanente se permitirá la deducción de los gastos realizados para los fines del establecimiento permanente, comprendidos los gastos de dirección y generales de administración para los mismos fines, tanto si se efectúan en el Estado en que se encuentre el establecimiento permanente como en otra parte». El artículo 7.3 ModCDI ha sido interpretado de forma heterogénea en los diferentes Estados miembros de la OCDE. La interpretación dominante considera que tal precepto tiene como finalidad garantizar que los gastos conectados con la actividad del EP no son rechazados por razones inapropiadas; en concreto, debido a que el gasto ha sido desembolsado fuera del territorio del Estado donde está localizado el EP, o debido a que el gasto no tiene como única funcionalidad atender a las necesidades generadas por la actividad desarrollada por el EP.

El Comité Fiscal OCDE ha afirmado, asimismo, que no existe ninguna diferencia de principios entre los párrafos 2 y 3 del artículo 7 (parágr.17 de los CMC). Esto equivale a decir que el apartado 3 del artículo 7 vendría a determinar las condiciones (y criterios) de deducibilidad de un coste soportado por la empresa sin que tales condiciones de deducibilidad incidieran negativamente en la consideración del EP como empresa separada (e independiente) al tratarse de una adaptación de las condiciones de deducibilidad a las particularidades del EP sin transgredir su esencia. El artículo 7.3

ModCDI, según esta interpretación, indicaría qué gastos deben admitirse como gastos deducibles atribuibles al EP (y no imputables a otras partes de la empresa), mientras que el artículo 7.2 ModCDI especificaría que los beneficios determinados según la regla contenida en el párrafo tercero en relación con la deducción de gastos deben equipararse a aquellos que una empresa separada y distinta que realice las mismas actividades habría obtenido. Por ello, mientras que el párrafo tercero proporciona una regla aplicable para la determinación de los beneficios del EP, el párrafo segundo requiere que los beneficios así determinados correspondan a los beneficios que una empresa separada e independiente habría obtenido. Ciertamente, la fórmula empleada por la OCDE para justificar la coherencia entre los apartados 2 y 3 del artículo7 ModCDI no resulta del todo clara. Y en este sentido, algún sector de la doctrina considera que existe una cierta contradicción entre ambos apartados del artículo7, en la medida en que el apartado 2 establece la regla de atribución y determinación de la renta del EP como una empresa independiente (principio de plena competencia) que obligaría a valorar a mercado sus operaciones (e ingresos y gastos) con otras partes de la empresa, en tanto que el artículo 7.3 ModCDI parece establecer que, como regla, hay que atribuir al EP los costes (sin margen de mercado) derivados de los servicios o inputs que otras partes de la empresa hayan suministrado al EP o sirvan a los fines o actividades de este; es decir, el apartado 3 establecería más bien un modelo de atribución de costes al EP en relación con todas las actividades que otras partes de la empresa hubieran realizado a favor del EP. Y lo cierto es que tanto en las versiones anteriores a 2008 como en la de 2008, entendemos que tal modelo de atribución de costes es el que termina prevaleciendo, de suerte que, como veremos más adelante, solo en casos muy específicos se reconoce la necesidad de una imputación de gastos al EP que incluyan no solo los costes incurridos sino también un margen de mercado en relación con las actividades realizadas por otras partes de la empresa que benefician al EP. Ello pone de manifiesto como el ModCDI 2008 y anteriores establecen una asimilación parcial (no total) del EP a una empresa independiente (en relación las operaciones con otras partes de la empresa), con lo que ello conlleva en términos de desviación material del principio de plena competencia (lo cual plantea problemas en algunos ordenamientos como el español donde se ha extendido sin matices la norma de valoración de mercado a las operaciones entre la casa central y el EP).

A su vez, la imputación de gastos derivada del artículo 7.3 ModCDI tiene alcance limitado. Desde un punto de vista objetivo, la deducibilidad o atribución del gasto al EP solo está referida a aquellos gastos en los que haya incurrido efectivamente la empresa siempre que exista y pueda demostrarse la vinculación económica del gasto y del servicio realizado con el fin y la actividad desarrollada por el EP (parágr.16 de los CMC). Por tanto, la imputación de un gasto incurrido por otra parte de la empresa en la base imponible del EP resulta de la vinculación económica del gasto con la función y actividad desarrollada por el EP, sin necesidad de que tal partida negativa deba estar vinculada con un ingreso correspondiente ni de que el gasto imputado deba suponer la obtención necesaria de un ingreso por parte del EP. La concepción que está presente en el artículo 7.3. ModCDI articula un concepto amplio de gasto imputable al EP al supeditarlo únicamente a los requisitos de su efectividad (no se admiten gastos ficticios) y de la vinculación económica del gasto con los «fines» del EP.

Nótese en todo caso que el parágrafo 30 de los CMC artículo 7.3 ModCDI 2008 advierte que las reglas de atribución de gastos al EP que establece tal precepto no establece su deducibilidad fiscal a los efectos de la determinación de la base imponible del EP en el Estado donde está ubicado, toda vez que tal deducibilidad fiscal depende de lo establecido en la legislación interna de tal Estado, sin perjuicio de la aplicación del principio de no discriminación del artículo24 ModCDI (véase en este sentido la STS de 6 de julio de 2011, rec. 4504/2007). Tal matización posee gran relevancia, en el sentido que se clarifica que el concepto de gasto fiscalmente deducible resulta de la legislación interna de cada Estado contratante. Ahora bien, aquellos gastos que tengan tal carácter de deducibles fiscalmente con arreglo a la legislación de un Estado y que sean imputados o atribuidos a un EP (incluidos los de dirección y generales de administración) deben ser deducibles a los efectos de la tributación del EP (Bennet 2008, p. 470). Así, allí donde la legislación interna establece la deducibilidad fiscal de tales gastos a las empresas residentes, el principio de plena competencia y el de no discriminación deberían operar situando a los EPs en las mismas condiciones que las que son aplicables a las empresas independientes. La cuestión apuntada posee especial relevancia en relación con los gastos financieros o cánones que tradicionalmente se vienen considerando fiscalmente no deducibles por los Estados en relación con las reglas de determinación de la base imponible de los EPs. Por otro lado, consideramos que resultaría dudosa la compatibilidad con los artículos 7.3 y 24.3 ModCDI de disposiciones internas que limitan la deducibilidad fiscal de determinados gastos (v.gr, financieros) en relación con operaciones entre personas vinculadas, de suerte que tal limitación no se aplica en relación con operaciones entre empresas independientes.

3.3.2.   La deducción de los gastos de dirección y generales de administración

En línea con lo que acaba de afirmarse, debe apuntarse que cuando el artículo 7.3 ModCDI menciona los «gastos de dirección y generales de administración» lo hace a título ejemplificativo, esto es, como supuesto arquetípico de gastos generales en los que incurre la empresa y que son realizados (parcialmente cuando menos) para los «fines del EP». En el parágr.37 de los CMC 2008 se afirma que la mayor parte de los servicios prestados por la casa central al EP forman parte de la actividad de dirección general de la entidad en su globalidad.

En relación con las Imputaciones de la casa central al EP en concepto de «buena gestión» *(good management expenses)*, el Comité Fiscal OCDE se inclina por permitir únicamente la imputación de gastos al EP sin incluir ni tener en cuenta un margen de beneficio *(profits of management)* (parágrs. 21 y 22 de los CMC 2005, y paras. 38 y 39 CMC 2008).

Las imputaciones artificiales o abusivas de gastos al EP pueden ser combatidas por las autoridades fiscales de los Estados exigiendo un criterio de racionalidad en la imputación.

Sin perjuicio de lo que acabamos de decir más arriba, debe señalarse que tras la actualización de 1994 de los CMC se considera a nivel internacional que la OCDE admite que la valoración de los servicios prestados por la casa central al EP se realice en línea con el principio de plena concurrencia incluyendo un margen de beneficio para la parte que los presta, aunque tal doctrina se limita a una serie de supuestos muy concretos atendiendo a la naturaleza de la actividad realizada por esta parte y de las circunstancias de la empresa o establecimiento. El Comité de Asuntos Fiscales OCDE en los (parágrs.17.1 a 17.6) CMC (1994-2005) afirma que «en los casos donde la actividad propia o típica de la empresa, o de parte de ella, sea la prestación de servicios y exista una remuneración estándar por su prestación resultará, con carácter general, apropiado facturar el servicio al mismo «precio» que es facturado a un cliente ajeno a la empresa»; del mismo modo, «en supuestos donde la actividad principal del EP es prestar servicios a la empresa a la que pertenece y allí donde tales servicios aporten una ventaja real a la empresa y sus costes representen una parte significativa de gastos de la empresa, el Estado de situación del EP podría requerir que se incluyera un margen de beneficio en la cuantía de los costes. En la medida de lo posible, el Estado de la situación debería entonces evitar soluciones esquemáticas y atender al valor de tales servicios en las circunstancias de cada caso específico»; esta misma posición se mantiene en los CMC ModCDI 2008 (paras.35-37). La DGT española se ha hecho eco de esta doctrina en algunas resoluciones (v.gr., la DGT consulta general 1363-02 de 19-9-2002, véase también la V3311-17, de 28-12-2017). A este respecto, es interesante igualmente el precedente del ITAT de Delhi en el caso Bank of Tokyo-Mitsubishi donde se reconoce la deducibilidad en sede del EP local de los costes laborales de los trabajadores expatriados por la casa central a la sucursal de India que trabajaban exclusivamente para tal EP (ITAT Delhi decision of 19 september 2017, 2018 61 ITR (trib) 272 (ITAT(Del)).

En esta misma línea, debe reseñarse que la OCDE en los «Borradores OCDE de 2001 y 2004 sobre Atribución de Beneficios al EP» ha mantenido que esta interpretación del principio de plena concurrencia es anterior a la publicación oficial de las Directrices de la OCDE sobre Precios de Transferencia. La versión definitiva del informe OCDE sobre atribución de beneficios a los estable- cimientos permanentes se hizo pública el 17 de julio de 2008 (OECD, *Report on the Attribution of Profits to Permanent Establishments,* comentado en el epígrafe 3.1 de este capítulo), se muestra toda- vía más contundente en este aspecto, aunque se matiza que la aplicación de las Directrices OCDE de precios de transferencia en este ámbito también contempla en determinados casos la imputación de costes sin margen de beneficio. Asimismo, el informe OCDE de 2008 al que acabamos de aludir establece que la interpretación consensuada del artículo 7.3 reside en articular una disposición que garantice que los gastos correlacionados con la actividad económica del EP resulten deducibles contra los beneficios que le sean atribuidos, con independencia del lugar en el que se hayan generado o incurrido (sea en el Estado de ubicación del EP, en el de la casa central o en cualquier otra parte integrante de la empresa). Por tanto, la intención original del artículo 7.3 ModCDI no fue en ningún caso articular una modulación del principio de plena competencia articulado en el artículo 7.2. ModCDI.

En este mismo orden de cosas, cabe apuntar como las autoridades españolas han denegado la deducibilidad de la imputación de gastos generales a EPs situados en territorio español cuando no se ha fundamentado el criterio de imputación o éste conducía a una fijación estimada de los gastos que carecía de base real (SAN de 12 de julio de 2007). El problema que se plantea en muchos casos donde la Administración determina la existencia de un EP de una entidad no residente en España resulta de las dificultades para acreditar el porcentaje de tales gastos imputable al EP en España, a falta de una contabilidad analítica (véase la SAN de 24 de enero de 2008, en el caso Roche, resultando más flexible la posición del TS en la sentencia de 20 de junio de 2016 sobre el caso Dell, donde se aborda la deducibilidad de los costes de las opciones sobre acciones de los trabajadores). No obstante, en el ámbito de la aplicación de los métodos para eliminar la doble imposición internacional respecto de casos donde una entidad española opera en el extranjero a través de establecimientos permanentes sí se han imputado los gastos generales y de administración a la base imponible relativa al EP, así como los gastos relativos a la denominada «financiación no básica» del EP (aquella que es distinta de la dotación de capital básica y mínima para realizar sus actividades y operaciones y que resulta de préstamos o anticipos reintegrables o similar y que tiene un coste financiero para la casa central) (cfr. la SAN de 18 de noviembre de 2008, rec. 633/2005). También se han suscitado casos a nivel internacional donde no solo se ha planteado el problema de la deducibilidad fiscal de gastos financieros en sede del EP en relación con "préstamos" de la casa central (bancos) en aplicación del principio de plena competencia, sino también se ha suscitado el gravamen en la fuente (retención en el Estado del EP), habiendo sido rechazado por considerarse contrario al artículo 7 del CDI (caso *BNP Paribas SA v. ADIT*, sentencia del Mumbai Income Tax Appellate, de 31 marzo de 2016).

3.3.3. *Los supuestos de aportaciones de activos entre el Establecimiento permanente y la empresa de la que forma parte*

En relación con las *aportaciones de capital de la casa central al EP,* los CMC 1963-2005 han venido excluyendo la posible atribución de una partida negativa (intereses) al EP en concepto de remuneración de tal capital. La imposibilidad de deducir los intereses de la base imponible del EP (en relación con las aportaciones de capital de la casa central) ya se contenía en los comentarios al artículo 7 ModCDI formulados con anterioridad a la importante modificación de 1994. No obstante, fue en la «actualización» de 1994 cuando la OCDE incluyó argumentos de cierta consideración para fundamentar tal exclusión (parágr.18 y ss. de los CMC). Ahora bien, los CMC ModCDI 2008, que integran en el ModCDI el informe 2008 sobre Atribución de Beneficios al EP, han introducido nuevas matizaciones en relación con la deducibilidad de gastos financieros en la base imponible del EP, superando la posición OCDE fijada en 1994. Así, aunque no se excluye el sistema de atribución proporcional de gastos financieros al EP fijado en 1994, se considera que resulta imperfecto y se indica que resulta preferible adoptar un sistema distinto basado en la imputación al EP de un «capital libre» de mercado apropiado para realizar sus funciones y riesgos, y en función de tal asignación imputar al EP la correspondiente cantidad de «deuda generadora de intereses» (*interest-bearing debt*) (paras.41-50 CMC ModCDI 2008), sin perjuicio de la aplicación de las reglas especiales aplicables en relación con entidades financieras. Es decir, se sigue manteniendo el principio de prohibición general de deducción de pagos ficticios de intereses entre el EP y las otras partes de la empresa, pero sí se admite la deducibilidad de los gastos financieros externos (pagado a terceros) (Bennet 2008, p.471). Debe insistirse que la asignación de «capital libre» al EP no genera un gasto deducible en concepto de intereses, y debe asignarse de manera tal que le permita ejercer las funciones, asumir los riesgos y utilizar los activos (tangibles e intangibles) que sean atribuibles al EP (Gómez Jiménez 2008, p.18). Ahora bien, la cuantía de capital libre asignado al EP posee implicaciones en relación con los otros gastos financieros que pudieran atribuirse al EP. Los CMC establecen varios enfoques y métodos para la atribución del capital libre al EP (paras.41 y ss CMC ModCDI 2008), de suerte que a la postre no existe un único importe exacto de capital atribuible al EP que pueda considerarse de libre competencia sino un rango de valores dentro del cual puede encontrarse una cifra que cumpla tal principio. La misma problemática se plantea en relación con las «operaciones internas de tesorería» dentro de una misma empresa. Ya hemos indicado, cómo el ModCDI (2005-2008) recomienda la no consideración de los intereses en relación a deudas y créditos internos, con excepción de las entidades dedicadas a la actividad bancaria, sin perjuicio de que resulte admisible tal atribución (sin margen) de gastos financieros al EP (o la casa central) en relación con préstamos con terceros cuyo capital es empleado ya por el EP u otras partes de la empresa (con todos los problemas que plantea tal atribución y distribución de gastos financieros dentro de una misma empresa). En este punto, lo cierto es que el enfoque autorizado OCDE (informe final 2008 sobre Atribución de Beneficios al EP) adopta una posición diferente estableciendo que es posible reconocer «operaciones internas de tesorería» cuando una parte de la empresa ejerce realmente las funciones humanas sustantivas que determinan la propiedad económica del efectivo o del activo financiero que corresponda, operando como propietaria de tal activo financiero que lo cede a otras partes de la empresa en cuyo caso hay que considerar que existe una operación que hay que remunerar a mercado con margen o *mark-up* (vid. Gómez Jiménez 2008, p.21).

En segundo lugar, los «acuerdos internos» *(internal dealings)* casa central-EP sobre *cesiones de activos intangibles, como patentes, marcas, know-how,* plantea cuestiones similares a las que acabamos de ver referidas a las aportaciones de capital e inadmisibilidad de deducción de intereses. El Comité Fiscal OCDE a través de los CMC priva de trascendencia fiscal a las transferencias internas de capitales conectadas con acuerdos sobre la utilización de activos intangibles; es decir, ha venido rechazando la deducibilidad de los eventuales «cánones» pagados por el EP a su casa central por la utilización de estos activos. En 1994 el Comité Fiscal OCDE matizó su posición sobre este tema incluyendo nuevos CMC. Esta «nueva» posición de la OCDE (1994) sigue partiendo de la no deducibilidad de cánones en la base imponible del EP. No obstante, ahora se permite la distribución de los costes necesarios para la formación de los activos intangibles entre las diferentes partes de una empresa sobre la base de las reglas aplicables a las empresas que forman parte de un mismo grupo multinacional *(Cost-Sharing Agreements).* De esta forma, la OCDE busca lograr una mayor coherencia en la aplicación de los principios de empresa separada e independiente *(arm's length)* a través de la aplicación analógica *(y* modulada) de las Directrices de Precios de Transferencia en el contexto del artículo 7. Con todo, no puede perderse de vista que de acuerdo con la posición OCDE *(cost allocation model)* únicamente pueden repartirse los costes efectivos en que se ha incurrido para la creación del activo no pudiendo imputarse a la parte que lo ha creado margen alguno de beneficio de mercado. Curiosamente, el ModCDI 2008 no ha modificado sustancialmente la posición adoptada por la OCDE en 1994, a pesar de que el informe final OCDE 2008 sobre Atribución de Beneficios al EP se muestra partidario de aplicar analógicamente las Directrices de Precios de Transferencia 1995 para valorar todas las operaciones entre el EP y las demás partes de la misma empresa. Así, tanto en lo que se refiere a operaciones EP otras partes de la empresa en relación con activos tangibles, intangibles y financieros, el enfoque autorizado OCDE (informe final 2008) establece que en estos casos debe hacerse un análisis factual y funcional para determinar el propietario económico del activo, de suerte que una vez que se determina tal propietario económico del activo en cuestión debe establecerse la relación entre las distintas partes de la empresa de forma análoga a como se tratan la cesiones de activos entre partes vinculadas. Así, las relaciones internas *(internal dealings)* que consistan en cambios en la utilización de los activos, cuando supongan un cambio en la propiedad económica de los mismos, deben tratarse como «transmisiones» entre las distintas parte de la empresa, aplicando por analogía las Directrices OCDE para el caso de transmisiones entre empresas asociadas; por el contrario, cuando tales «relaciones/operaciones internas» no conlleven tal cambio en la propiedad económica se calificarán como cesiones de uso, y se aplicará por analogía lo dispuesto en las Directrices OCDE PT en relación con las cesiones de bienes y derechos entre empresas asociadas (Gómez Jiménez 2008, p.23).

Un tercer supuesto que posee un tratamiento específico es el de *las aportaciones de mercancías para reventa* por parte de la casa central al EP en el extranjero. En este caso se trataría de entregas de bienes fabricados por la casa central u otra parte de la empresa que se destinan al EP para su venta final. El Comité Fiscal OCDE considera que en estos casos resultan aplicables los principios de empresa separada e independiente, de manera que la casa central suministradora de las mercancías debe imputarse un beneficio valorado a precios de plena concurrencia (parágr.17.3 de los CMC 2005 y parágrafo 33 CMC 2008).

Los párrafos precedentes reflejan la doctrina OCDE recogida en los Comentarios al ModCDI 2005-2008. Sin embargo, como ya hemos tenido ocasión de indicar en el epígrafe 3.1 de este capítulo la versión definitiva 2008 del informe OCDE sobre atribución de beneficios a los establecimientos permanentes (OECD, *Report on the Attribution of Profits to Permanent Establishments)* publicada el 17 de julio de 2008, constituye la posición actual de la OCDE en relación con las reglas de tributación del EP, la cual no coincide totalmente con la doctrina recogida en los CMC al artículo 7 ModCDI 2005-2008. La posición actual de la OCDE pasa por aplicar por analogía las Directrices OCDE de precios de transferencia a las «operaciones/*dealings*» entre la casa central y el EP a los efectos del gravamen de los beneficios de este último (vid. supra lo indicado en el epígrafe 3.1 de este capítulo).

En este orden de cosas, merece destacarse la posición adoptada por la Comisión Europea en su Comunicación sobre Impuestos de Salida y Derecho Comunitario, en relación con la imposición de salida y la transferencia de bienes y derechos desde la casa central situada en un Estado miembro (por ejemplo, en España) al territorio de otro Estado miembro [Comunicación de 2006, *Exit Taxation and the need for Co-ordination of Member States´ tax policies* (COM (2006) 825 final)].

De acuerdo con la Comunicación de la Comisión sobre los impuestos de salida, podría asimilarse a los impuestos de salida la exigencia o devengo de gravámenes como consecuencia de la transferencia de activos desde la casa central a los EPs situados en el extranjero (resulta curioso que no se considere la situación inversa o la transferencia de bienes o activos entre dos EPs situados en distintos Estados miembros). En estos supuestos, a juicio de la Comisión, podrían producirse situaciones discriminatorias o restrictivas de las libertades comunitarias por cuanto la ganancia sobre el bien o derecho transferido se gravaría en el Estado de la casa central de la sociedad en el momento en el que el bien o derecho «sale» de su jurisdicción tributaria sin que necesariamente tal ganancia se haya obtenido en realidad (puede que la misma nunca se obtenga o la transferencia a un tercero se produzca en un momento posterior). De la jurisprudencia en *Lasteyrie* y *N.,* la Comisión deduce que tal imposición puede plantear problemas similares a los impuestos de salida considerados hasta el momento, y, en consecuencia, el impuesto exigible en el Estado donde se encuentra la casa central debiera diferirse hasta el momento de la transmisión del bien o derecho a un tercero (sin perjuicio de que sea posible exigir al sujeto pasivo el cumplimiento de obligaciones de información relativas a la confirmación anual de que el bien o derecho todavía permanece en el activo del EP, algo curioso, pues este dato ya debe extraerse de la contabilidad de la propia sociedad que estará a disposición de la Administración en el Estado de la casa central, o que se le conceda la opción de realizar el pago en el momento de la transferencia o de diferirlo hasta un momento posterior). Resulta curioso que la Comisión guarde silencio sobre las transferencias de existencias entre la casa central y el EP, probablemente, porque es consciente de que será difícil diferir la exigencia del IS en el Estado de la casa central al momento en que las existencias salgan efectivamente del EP con destino a los clientes. Tras la sentencia del TJUE de 29 de noviembre de 2011, C-371/10, *National Grid Indus,* reforzando el principio de territorialidad impositiva, existían muchas dudas de que el referido tribunal de justicia fuera a considerar la imposición de salida sobre la transferencia de activos al EP como un gravamen contrario al Derecho de la UE (sobre esta cuestión vid. *Kofler/Van Thiel*); sin embargo, en la sentencia *Comisión/Portugal,* el TJUE ha matizado tal jurisprudencia extendiéndola a transferencias de activos de EPs al extranjero (véase igualmente la sentencia del TJUE en el caso *Comisión/España* C-64/11, así como las sentencias en los casos *Verder LabTec* C-657/13, *Comisión/Dinamarca* C-261/11 y *A Oy* C-292/16, esta última referida a la transmisión por una entidad residente en Finlandia de un EP situado en Austria y la aplicación de la doctrina sobre los impuestos de salida).

Al margen de si la imposición que consideramos puede o no responder al principio internacionalmente reconocido de la empresa separada que consagra el artículo 7.2 ModCDI y de las soluciones a este tipo de situaciones que se han dado en los diversos Estados (vid. García Prats 1996, pp365 y ss), lo cierto es que la regulación de esta situación en el ordenamiento español venía planteando problemas de Derecho UE. En efecto, de conformidad con el antiguo artículo 16.3.j) TRLIS (en la redacción que al mismo ha dado la Ley 36/2006, de 29 de noviembre, de Medidas para la Prevención del Fraude Fiscal) se consideraban operaciones vinculadas las realizadas entre una entidad residente en territorio español y sus establecimientos permanentes en el extranjero, con la consecuencia de que la transmisión de bienes o derechos desde la casa central a un establecimiento permanente en el extranjero generaba la obligación de valorar dichos bienes y derechos por el precio de mercado y, en su caso, de incluir la diferencia entre el coste de adquisición y el valor de mercado en la base imponible del IS del año en el que se produce la transmisión. Puede concurrirse con la Comisión en que la obligación relativa a las transferencias de elementos patrimoniales de la casa central al EP podían resultar desproporcionada allí donde, como en el caso de España, se aplique el método de imputación como forma de eliminación de la doble imposición ya que, en estos supuestos, la transferencia del bien o derecho desde la casa central al EP no determinaría que España perdiera su jurisdicción tributaria sobre el mismo. Más justificada se encuentra la imposición en España de estas transferencias cuando la transferencia del elemento patrimonial determine que queda fuera del alcance de la jurisdicción tributaria española porque, en relación con el EP, convencionalmente o de acuerdo con la legislación interna (artículo 22 LIS), las rentas imputables al EP están exentas de tributación en España. En estos casos, la inclusión de la diferencia entre el valor de mercado del bien o derecho transmitido y su coste de adquisición para la casa central se encuentra, en nuestro criterio, justificada, si bien, como la Comisión indica, probablemente deba diferirse la exacción del impuesto al momento en el que el bien o derecho es transmitido a un tercero. Una problemática similar a la indicada se plantea respecto de los impuestos de salida regulados en el antiguo artículo17.1.b) y c) TRLIS 2004 (sobre este tema vid. Calderón 2010).

Ni que decir tiene que, obviamente, al gravarse en España las transferencias de elementos patrimoniales desde la casa central al extranjero se podrían producir los problemas de doble imposición a los que la Comisión alude en su Comunicación, especialmente cuando el Estado de ubicación del EP no adopte como valor del bien o derecho afecto al EP el mismo valor que el Estado de la casa central tuvo en cuenta en el momento de la transferencia del bien o derecho. Nuevamente, en nuestra opinión, se trata de problemas que solo deberían solucionarse en el procedimiento legislativo, si bien la opción por el reconocimiento mutuo de valores que la Comisión propone podría resultar atractiva. Con todo, no puede dejar de observarse que la equiparación que hace la Comisión entre transferencia de activos entre la casa central y su EP y los traslados de residencia o del domicilio de una persona física o entidad de un Estado miembro a otro resulta dudosa, en la medida en que no parece que resulten «operaciones» plenamente equiparables desde el punto de vista del ejercicio de las libertades fundamentales comunitarias. En este sentido, la mera comparación entre la transmisión de unas mercancías realizada por una casa central a favor de su EP en otro Estado miembro y la misma operación entre dos entidades del mismo grupo situados en distintos Estados miembros puede hacer repensar la tesis de la Comisión, especialmente si se compara con una operación de traslado o cambio de domicilio o residencia de una entidad a otro Estado miembro.

La reforma fiscal llevada a cabo en el año 2014 en materia de imposición directa ha adaptado en gran medida la legislación española a la jurisprudencia comunitaria en materia de impuestos de salida; en particular, la nueva redacción del artículo 19.1 LIS (exit tax) y el nuevo apartado del artículo18.5 TRLIRNR dan buena cuenta de ello; no obstante, el artículo18 LIS sigue planteando problemas de compatibilidad con el Derecho UE en relación con transferencias de activos afectos a entidades españolas a EPs localizados en Estados miembros de la UE, dado que procede aplicar aquí también la jurisprudencia *National Grid Indus*, tal y como ha puesto de relieve el TJUE en la sentencia de 21 de mayo de 2015, C-657/13, *Verder Lab Tec* (véase igualmente las STJUE de 16 de abril de 2015, C-591/13, *Comisión/Alemania* y de 23 de noviembre de 2017, *A Oy* C-292/16; sobre esta jurisprudencia europea en materia de impuestos de salida puede consultarse nuestro trabajo, Calderon 2016). La implementación por parte de los distintos Estados miembros de la UE de la cláusula sobre imposición de salida (artículo5) que recoge la Directiva 2016/1164, de 12 de julio, anti-elusión corporativa, traerá consigo una mayor uniformidad y coordinación sobre el tratamiento de determinadas transferencias de activos entre la casa central y los EPs, aunque no puede perderse de vista cómo tal regla de imposición de salida, a pesar de estar alineada con la jurisprudencia comunitaria, no está concebida como un mecanismo de desarrollo del artículo 7 de los CDI; la cláusula de imposición de salida que contempla la Directiva 2016/1164, de 12 de julio, opera únicamente cuando el Estado miembro de salida del activo pierde el derecho a gravar el activo a partir de su transferencia, en tanto que el artículo 7 de los CDI permite el gravamen igualmente en casos donde tal circunstancia no concurre; a su vez, el concepto de "transferencia de activos" del artículo 7 MC OCDE y del artículo 5 de la Directiva ATAD puede no ser totalmente equivalente o simétrico; por otro lado, el régimen de la imposición de salida que contempla la referida Directiva incluye una cláusula que pretende coordinar la valoración de los activos en los Estados miembros afectados por la transferencia, así como una definición de valor de mercado que no remite claramente (o por lo menos exclusivamente) a la metodología de precios de transferencia, aunque podría argumentarse que ésta resulta aplicable siempre que cumpla los parámetros del artículo5.6 de la Directiva.

En relación con la transferencia de activos entre la casa central y el EP debe destacarse que, junto a las cuestiones referidas de tipo valorativo/imposición de salida, se pueden plantear otras como las que tienen que ver con la afectación de activos (v.gr. participaciones en entidades o préstamos/deuda), de suerte que las autoridades fiscales cada vez con más frecuencia cuestionan tal afectación al EP rechazando la mera *"contractual allocation"* requiriendo razones de negocio o comerciales que justifiquen la sustancia económica de la transferencia de los activos (véase, por ejemplo, dos sentencia del Tribunal Administrativo de Finlandia, de 19 de mayo de 2016, confirmando la posición de la administración tributaria finesa en tal sentido). A este respecto, resulta reseñable la sentencia del Tribunal de Apleación de Estocolmo, de 16 de junio de 2017 (IBFD-TNS 2017) en relación con un caso donde una entidad holandesa con EP en Suecia afectó a este participaciones en una filial y la deuda conectada con la adquisición de tales participaciones; el EP prestaba servicios de apoyo a la casa central siendo remunerado a través de un cost-plus. Las autoridades fiscales suecas rechazaron tal afectación de activos y pasivos, argumentando que tal imputación solo es posible allí donde la tenencia de las participaciones es necesaria para la actividad del EP al estar su "negocio" conectado con el de la filial. A su vez, se rechazó la imputación de la deuda argumentando que la asignación de los préstamos requiere que el EP posea personal cualificado, así como activos y riesgos para desarrollar tales funciones financieras. El tribunal confirmó la posición de las autoridades fiscales, sin darle relevancia al hecho de que la casa central no desarrollara actividades económicas. El TS español también se ha pronunciado sobre la afectación de participaciones a sucursales de sociedades extranjeras en relación con la aplicación de amortización del fondo de comercio financiero (STS de 26 de octubre 2016, nº 2312/2016, RJ 2016/5579); el TS aceptó el concepto fiscal de afectación de participaciones a un EP recogido en el artículo16 TRLIRNR y artículo1 RIRNR, en la medida en que: i) la sucursal estaba registrada en el registro mercantil, ii, las participaciones que posee están reflejadas en su contabilidad, y iii) la sucursal dispone de medios personales y materiales para gestionar esas participaciones. En relación con la afectación de participaciones a un EP véase igualmente la consulta DGT V0591-14 de 6-3-2014, y la RTEAC de 4 de diciembre de 2017 (RG. 1944/14).

Desde otra perspectiva, también se ha rechazado la deducibilidad fiscal de gastos financieros en sede de la casa central en el Estado de residencia cuando se considera que están correlacionados con adquisición de activos por un EP exento (ATO Tax Determination 2016/6). La transferencia de activos al EP está muy conectada con la imputación a efectos fiscales de la renta, los gastos, provisiones y amortizaciones co-relacionados con los mismos; en este sentido, la jurisprudencia alemana (y de otros países como Noruega o Países Bajos) ha puesto de relieve cómo los gastos de puesta en marcha de un EP se imputan al mismo aunque finalmente éste no tenga éxito, así como la renta derivada de la reversión de provisiones que se produce con posterioridad al cese del EP, de manera que tales ingresos y gastos se imputan al Estado de localización del EP (vid.: Hagemann/Long (2016), pp.71 y ss., comentando varias sentencias del BFH alemán, en conexión con jurisprudencia de otros países). También existen pronunciamientos que evidencian la relevancia de la afectación de los activos al EP desde la perspectiva de la exacción de retenciones en la fuente por parte del país de ubicación del EP respecto de dividendos o intereses (véase la sentencia del Tribunal Supremo de Suiza, de 22 de noviembre de 2015, Case 2C_642/2014). Y en el contexto de actividades de construcción y de extracción de recursos naturales se plantea con mucha frecuencia al hilo de la imputación de beneficios EP/casa central la propia asignación del contrato o de la autorización de la actividad extractiva, de suerte que en el marco de países que aplican el enfoque autorizado se viene considerando que tal asignación de tal activo intangible corresponde a la parte de la empresa que cuente con las SPFs (significant people functions); en un buen número de casos acontecerá que tal atribución del intangible se realizará a favor de la casa central, de manera que normalmente el EP desarrollará funciones de prestación de servicios (y no existirá transferencia del activo), salvo que cuente con SPFs que aporten valor en el negocio y pueda defenderse un co-desarrollo de la actividad empresarial (vid.: Van der Hamm/Fiehler/Retzer/Otte 2015, p.373, en relación con la legislación alemana que implementa el enfoque autorizado).

3.3.4. Evolución de la cláusula en el Modelo convenio de doble imposición, conexión con los Modelos de EEUU y ONU, y práctica convencional española

El artículo 7.3 del ModCDI apenas ha experimentado cambios sustantivos a lo largo de la evolución de este Modelo. Únicamente hemos advertido una diferencia entre el tenor de la cláusula del Proyecto de Modelo 1963 y la recogida en las posteriores versiones del ModCDI; el artículo 7.3 Proy. Modelo 1963 condicionaba la deducción de los gastos en la base imponible del EP a que estuvieran «debidamente justificados»; tal indicación ha sido eliminada del ModCDI al considerarse que constituye un requisito intrínseco a toda deducción de gastos y que, por tanto, no es necesario reiterarlo en el texto de tal cláusula. Por otro lado, debe reiterarse aquí lo ya apuntado en relación con los cambios que ha experimentado la interpretación de esta cláusula a través de la modificación o actualización de sus comentarios en el año 1994 y la realizada en 2008.

El tenor del apartado 3 del artículo 7 del Mod. ONU 1999 no coincide con el artículo 7.3 ModCDI. La mera comparación de ambas cláusulas pone de relieve la existencia de un buen número de diferencias entre ambos preceptos. En buena medida tales diferencias no son sustantivas, toda vez que, como se explica en los Comentarios al Mod. ONU, los cambios se han introducido para clarificar la aplicación del alcance de los principios de empresa separada e independiente en relación con la deducción de gastos por el EP; es decir, algunos de los párrafos añadidos no hacen sino incorporar en el texto principios que están recogidos en los CMC.

La cláusula contenida en el artículo 7.3 Modelo de convenio de EEUU 1996 es sustancialmente coincidente con la recogida en el ModCDI. No obstante, el Modelo estadounidense ha incorporado al texto del artículo 7.3 algunas referencias no contenidas en el ModCDI. Así, por un lado, se establece que se permitirá una deducción de la base imponible del EP por los gastos incurridos para los fines del EP; tal deducción no se limita a los gastos exclusivamente referidos a los fines del EP incluyendo también una parte razonable de gastos incurridos para los fines de la empresa en su conjunto o aquella parte de la empresa que incluye el EP; esta idea está implícita en el ModCDI cuando permite la deducción de gastos generales de administración que, con carácter general, son desembolsados en beneficio de toda la empresa. Por otro lado, el artículo 7.3 del Modelo estadounidense especifica que entre los gastos incurridos para los fines del EP que pueden imputarse en su base imponible figuran los de investigación y desarrollo, intereses y gastos similares, así como una parte razonable de gastos de dirección y generales de administración. Por otro lado, el Modelo de Convenio elaborado por el Departamento del Tesoro EEUU en 2006 establece que los convenios que se concluyan incluirán en el Protocolo una cláusula con arreglo a la cual los beneficios atribuibles a los EPs se determinarán aplicando los principios establecidos en las Directrices OCDE de Precios de Transferencia. De esta manera, el Modelo de Convenio estadounidense de 2006 se sitúa en la vanguardia en relación con la evolución de la tributación del EP, de forma que se anticipa al cambio instrumentado a través del informe OCDE 2008 sobre atribución de beneficios al EP.

Respecto a la **práctica convencional española,** lo cierto es que la mayor parte de los CDIs españoles recogen sin cambios sustantivos la cláusula del artículo 7.3 ModCDI, ya en su versión de 1963 o en las versiones posteriores (1977-2008).

Existen, sin embargo, algunos CDIs concluidos por España que sí presentan singularidades relevantes respecto de lo previsto en los ModCDI.

El nuevo CDI con Argentina (2013, artículo 7.3) sigue el Modelo OCDE en este punto, pero el Protocolo nº 2 clarifica que a estos efectos se entederá que los gastos deducibles en la determinación del EP son aquellos necesarios para obtener la renta imputable al mismo.

El CDI EEUU-España (1992, artículo 7.3) sigue fundamentalmente el Modelo elaborado por el Departamento del Tesoro estadounidense en 1981, aunque no ha incorporado una cláusula idéntica a la prevista en el artículo 7.3 ModCDI. La principal diferencia que presenta el artículo 7.3 Modelo EEUU respecto del ModCDI, como ya se apuntó, reside en que especifica que entre los gastos incurridos para los fines del EP que pueden imputarse en su base imponible figuran los de investigación y desarrollo, intereses y gastos similares, así como una parte razonable de gastos de dirección y generales de administración. Tal rasgo característico aparece reflejado en el CDI con EEUU, aunque otras peculiaridades propias del Modelo EEUU no han sido incorporadas al convenio.

El CDI con Catar contiene un peculiariedad en su Protocolo III, cuando establece que los gastos generales de administración a los que se refiere el apartado 3 del artículo 7 del Convenio serán deducibles en todo caso, con sujeción a las condiciones para la deducibilidad y a los límites cuantitativos previstos en la legislación interna de los Estados contratantes.

También existe otro grupo de CDIs concluidos por España que siguen sustancialmente lo previsto en el apartado 3 del artículo 7 del Mod. ONU. En particular, esta cláusula es empleada por España en los siguientes convenios: Argentina-España [1992, artículo 7.3 y Protocolo 1.c, denunciado por Argentina el 29 de junio de 2012)], CDI China-España (1990, artículo 7.3), CDI Filipinas-España (1989, artículo 7.3 y artículo 2 del Protocolo), CDI Indonesia-España (1995, artículo 7.3), CDI México-España (1992, artículo 7.3), CDI Tailandia-España (1997, artículo 7.3), y CDI Vietnam-España (2005, artículo 7.3).

El CDI India-España (1993, artículo 7.3), sigue el Mod. ONU, aunque contiene algunas singularidades que deben apuntarse. La principal diferencia que presenta la cláusula del artículo 7.3 del CDI en relación con la contenida en el referido Modelo radica en que la deducibilidad de los gastos por el EP debe realizarse «con arreglo a lo dispuesto en la legislación fiscal de ese Estado (el de ubicación del EP) y dentro de los límites previstos en dicha legislación». Esta coletilla que se ha introducido permite restringir las reglas que el convenio establece sobre la admisión de deducibilidad de gastos en la base imponible del EP, de suerte que se supedita en todo caso la deducción a lo previsto en la legislación interna del Estado de ubicación del EP. Esta posibilidad, en cierto modo, aparece maximizada por la cláusula contenida en el nº 8 del Protocolo, cuando establece que la prohibición de no discriminación del artículo 26.2 no impide a un Estado contratante gravar a un tipo superior los beneficios del EP, de suerte que tal gravamen tampoco se considerará contrario al artículo 7.3 del convenio. El CDI con El Salvador (2009, Protocolo VIII) también contiene una cláusula que clarifica las reglas de deducibilidad de gastos asignados al EP de acuerdo con los requisitos previstos en la legislación interna.

El CDI España-Arabia Saudí (2007, Protocolo VIII) establece dos cláusulas referidas al artículo 7.3. Por un lado, se establece que la base imponible se calculará conforme a la legislación interna de cada Estado contratante, siguiendo los principios contenidos en el artículo 7.3. En segundo lugar, se ha establecido que la expresión «gastos realizados para los fines del EP» contenida en el artículo 7.3 significa los gastos relacionados directamente con la actividad del EP.

El CDI con Panamá (2011, Protocolo II) contiene una cláusula que limita la deducibilidad de los gastos realizados para los fines del EP en el sentido de que tales gastos deben haberse incurrido en el país de situación del EP o en terceros Estados con los que el Estado de residencia (entendemos que de la empresa de la que forma parte el EP) haya firmado un CDI con cláusula de intercambio de información. La finalidad de esta disposición parece limitar la deducibilidad de los gastos deducibles de la base imponible del EP a aquellos que puedan ser susceptibles de supervisión fiscal por parte de las autoridades fiscales de los dos Estados. Entendemos que los gastos incurridos en el Estado de residencia de la entidad de la que forma parte el EP deben resultar deducibles, considerando la finalidad de esta cláusula.

El CDI con Omán (2014, Protocolo V), establece a estos efectos que el importe total de los gastos que pueden deducirse a fin de determinar el beneficio del EP no se limitará únicamente al importe de los gastos contraídos por el propio EP para la obtención de la renta imponible, sino que también se considerarán los gastos incurridos por la empresa en el Estado del que es residente o en un tercer Estado, que hayan contribuido a la obtención de la renta imponible del EP.

3.3.5. Interrelación del artículo 7.3 Modelo convenio de doble imposición con la legislación interna española

En relación con la determinación de la base imponible del EP en el marco del régimen general de tributación del EP, ya se ha indicado supra, que el artículo 18 TRLIRNR se remite al TRLIS, de manera que las principales reglas de deducibilidad de gastos no vienen establecidas específicamente en el TRLIRNR; de esta forma, las normas de la LIS deben ser aplicadas de manera compatible con lo previsto en el artículo 7.3 ModCDI. A este respecto, nótese que las limitaciones establecidas en la LIS en materia de deducibilidad fiscal de gastos financieros (artículos 15 y 16 LIS 2014) son aplicables igualmente a EPs situados en territorio español, de forma que las mismas deben aplicarse de modo consistente con las reglas de imputación de ingresos y gastos que derivan del propio artículo 7 de los CDI; la misma cuestión se suscitará en casos donde sea una entidad española la que opera en el extranjero a través de un EP, en cuyo caso las limitaciones establecidas en los artículos 15 y 16 LIS deberán aplicarse considerando los principios de empresa separada e independiente del artículo 7 de los CDI así como el método que se aplique para eliminar la doble imposición, de suerte que en el caso de que se aplicara el método de exención el gasto financiero neto de la casa central (a los efectos del artículo 16 LIS) no debería incluir el gasto financiero imputable al EP; como se establece en la consulta DGT V1543-12 de 16-7-2012 sobre el antiguo artículo 20 TRLIS 2004, esta disposición debía aplicarse de forma coordinada con el antiguo artículo 16 TRLIS 2004, de manera que la determinación del gasto financiero neto a efectos del antiguo artículo 20 TRLIS 2004 requiere con carácter previo cuantificar el gasto financiero neto considerando las operaciones vinculadas.

No obstante, el TRLIRNR sí excluye el carácter de partida deducible de algunos pagos del EP a su casa central o a alguno de sus EPs en concepto de cánones, intereses, comisiones en contraprestación de servicios de asistencia técnica o por el uso o cesión de bienes o derechos. solo serán deducibles los intereses abonados por los EPs de bancos extranjeros a su casa central o a otros EPs, para la realización de su actividad. Tampoco resultan imputables cantidades correspondientes al coste de los capitales propios de la entidad afectos, directa o indirectamente, al EP (artículo 18.1.c) TRLIRNR).

En tercer lugar, el TRLIRNR también se refiere a la deducibilidad de la base imponible del EP de la parte razonable de los gastos de dirección y generales de administración que corresponda al EP, siempre que se cumplan una serie de requisitos que, en principio, resultan compatibles con el artículo 7.3 ModCDI. En particular, se requiere el reflejo de los gastos en los estados contables del EP, la constancia mediante memoria informativa presentada con la declaración, de los importes, criterios y módulos de reparto, y la racionalidad y continuidad de los criterios de imputación adoptados.

El artículo 18 TRLIRNR no se refiere, sin embargo, a la deducción de gastos incurridos por la empresa para los fines del EP, lo cual no significa que resulte incompatible con el artículo 7.3 ModCDI, siempre y cuando se «permita» la imputación de tales gastos en aplicación directa de tal precepto del CDI aplicable.

La regulación interna referida a la transferencia interna de bienes y servicios entre el EP y la casa central viene dada por lo previsto en artículo 15.2 TRLIRNR y artículo 18 LIS. De estos preceptos cabe extraer que las operaciones efectuadas por una empresa no residente con su establecimiento permanente situado en España deben valorarse a precios de mercado, al tratarse de operaciones vinculadas, siempre que sean transacciones que pertenecen al «curso normal» de la actividad de dicha empresa; y no en otro caso. Si no se trata de operaciones «ordinarias», habrán de considerarse como gastos efectuados «por cuenta» del establecimiento y deben ser cargados a éste sin margen adicional, esto es, por su coste efectivo, resultando aplicable la limitación prevista en el artículo 18.1.a) TRLIRNR en relación con pagos de rentas «pasivas» a la casa central (véase, en todo caso, las consultas DGT de 19 de septiembre de 2002 y la DGT V3311, de 28-12-2017). A estos efectos, deben tenerse igualmente en cuenta las reglas del artículo 18.5 TRLIRNR sobre cese de actividad y transferencia de activos del EP y las del artículo 16.2 TRLIRNR en relación con los casos de reexportación de bienes previamente importados por el mismo contribuyente, las cuales han sido expuestas al hilo del examen del artículo 7.2 ModCDI.

Ya hemos ido apuntando a lo largo de este capítulo cómo la regulación española de las operaciones casa central-EP y viceversa se ajusta en gran medida a la posición de la OCDE recogida en los CMC al artículo 7 ModCDI 2005. Tal posición no coincide con la posición actual de la OCDE vertida en el Informe final OCDE 2008 sobre atribución de beneficios a los establecimientos permanentes y, en tal sentido, en breve plazo se publicará una nueva versión del artículo 7 ModCDI y de los CMC a tal precepto (vid. epígrafe 3.1 de este capítulo). A su vez, no podemos dejar de señalar la sintonía entre las reglas generales aplicables a las operaciones vinculadas fijadas en el artículo 18LIS y las previstas en el artículo 15 TRLIRNR. Ahora bien, el artículo18 TRLIRNR sigue restringiendo la deducibilidad fiscal de determinados gastos (financieros, cánones, asistencia técnica) por parte del EP en relación con «operaciones» internas con su casa central o con otros EPs de la misma empresa. Tan solo se permite, como regla (y exceptuando a los bancos extranjeros), la deducción de los gastos de dirección y generales de administración. Tal limitación, a nuestro entender, puede resultar contraria a los artículos 7.3 y 24.3 de los CDIs (así como al Derecho Comunitario), de acuerdo con lo que hemos indicado más arriba y, además, entraña un contrasentido con el tratamiento del EP como una empresa separada e independiente a la que le resulta de aplicación el principio *arm´s length*. La cuestión clave para poder argumentar a favor de tal deducibilidad fiscal reside en determinar si existe realmente una operación/relación interna de transmisión o de cesión de activos de la casa central al EP en los términos que ya hemos comentado. Si existe tal «operación interna» debe valorarse a mercado y permitirse su deducibilidad fiscal en términos idénticos a los que son aplicables a las empresas residentes en situaciones comparables. Pensamos que resultaría dudosa la compatibilidad con los artículos 7.3 y 24.3 ModCDI de disposiciones internas que limitan la deducibilidad fiscal de determinados gastos (v.gr, financieros) en relación con operaciones entre personas vinculadas, de suerte que tal limitación no se aplica en relación con operaciones entre empresas independientes.

A este respecto, existen pronunciamientos de la DGT que interpretan el artículo 7.2 y 3 de los CDI (incluyendo los concluidos con anterioridad a 2008) en el sentido de que la atribución de beneficios al EP debe basarse en el principio de plena competencia, llegando a interpretar un CDI concluido en 1995 a la luz de los Comentarios al MC OCDE 2010; no obstante, el citado centro directivo reconoció la imputación y deducibilidad en sede del EP en España de los costes soportados por la casa central francesa que estaban relacionados con la publicidad o marketing de los productos comercializados en el mercado español a partir de un criterio de reparto razonable como el volumen de ventas; la deducibilidad de los costes refacturados por la casa central al EP en sede de éste no solo debe ser acorde con el artículo7.3 del CDI, sino también con lo establecido en el artículo 18 TRLIRNR y la normativa general del IS sobre deducción de gastos en la base imponible (Consulta DGT V1070-17 de 5-5-2017).

3.4. La cláusula sobre los métodos de reparto proporcional prevista en el artículo 7.4 Modelo convenio de doble imposición (en su redacción anterior a 2010)

3.4.1. Alcance y funcionalidad del artículo 7.4 Modelo convenio de doble imposición

El artículo 7.4 ModCDI contiene una cláusula referida a la aplicación de los métodos de reparto proporcional en el sentido siguiente:

«Mientras sea usual en un Estado contratante determinar los beneficios imputables a un establecimiento permanente sobre la base de un reparto de los beneficios totales de la empresa en sus diversas partes, lo establecido en el apartado 2 no impedirá que ese Estado contratante determine de esta manera los beneficios imponibles; sin embargo, el método de reparto adoptado habrá de ser tal que el resultado obtenido sea conforme a los principios contenidos en este artículo».

El apartado 4 del artículo 7 ModCDI constituye una cláusula a través de la cual se reconoce la validez de los sistemas de reparto proporcional para la atribución y distribución de rendimientos al establecimiento permanente. Este tipo de sistemas de reparto proporcional -también denominados sistemas indirectos por contraposición al método directo o de contabilidad separada- parten de la consideración unitaria de la empresa a efectos de llevar cabo una distribución de sus beneficios entre las diferentes partes de la misma; el punto de partida es, por tanto, el beneficio total obtenido por la unidad empresarial para en un momento posterior distribuirlo entre los diferentes establecimientos que formen parte de la misma, utilizando para ello distintas variables o criterios de reparto.

El propio Comité de Asuntos Fiscales de la OCDE ha indicado que los sistemas de reparto proporcional presentan diferencias sustantivas con los métodos directos del artículo 7.2 ModCDI que van desde la metodología y principios para distribuir los beneficios sujetos al poder tributario de los Estados hasta los propios resultados derivados de su aplicación generalmente no coincidentes con los que se obtienen a partir del método directo de contabilidad separada. Sin embargo, el Comité de Asuntos Fiscales de la OCDE no ha fijado claramente los criterios para compatibilizar o adecuar la aplicación de este método proporcional con los principios contenidos en el artículo 7 ModCDI (especialmente, los principios de empresa separada e independiente), a pesar de que tal exigencia viene recogida en el propio artículo 7.4 *in fine*. Los CMC se limitan a indicar que este método proporcional puede continuar siendo empleado por un Estado contratante en la medida en que lo haya adoptado tradicionalmente. Se insiste, no obstante, en que con carácter general la atribución de beneficios al EP debería realizarse por referencia a la contabilidad del mismo en la medida en que refleje datos reales. Así, el método proporcional solo debería emplearse en casos excepcionales allí donde venga aplicándose históricamente en un Estado resultando aceptado tanto por las autoridades fiscales como por los contribuyentes del mismo al obtenerse resultados satisfactorios como consecuencia de su aplicación. Con todo, en el informe final OCDE 2008, *Atribución de beneficios a los establecimientos permanentes*, se expresan muchas dudas sobre la compatibilidad de este método con el principio de plena competencia; tal nuevo posicionamiento posiblemente termine por excluir su aplicación en el marco de las futuras versiones del ModCDI. De hecho, el nuevo artículo 7 Modelo OCDE de noviembre de 2010 no recoge esta cláusula.

Podría considerarse que el sistema de determinación de la base imponible establecido en el artículo 18.4 TRLIRNR para los EPs que no cierran ciclo mercantil constituye una modalidad o expresión de este tipo de métodos proporcionales, lo cual permitiría aplicarlo en el marco de los CDIs siempre y cuando el convenio aplicable recogiera el artículo 7.4 ModCDI. No obstante, el contribuyente podría invocar la cláusula de no discriminación convencional o comunitaria para lograr la aplicación del régimen general de tributación de los EPs previsto en el artículo 18.1 TRLIRNR.

3.4.2. Evolución de la cláusula en el Modelo convenio de doble imposición, conexión con los Modelos de EEUU y ONU y práctica convencional española

El artículo 7.4 del ModCDI apenas ha experimentado cambios a lo largo de la evolución de este Modelo; así, la única modificación que hemos detectado apenas tiene trascendencia; el ModCDI de 1977 sustituyó la referencia anterior «de acuerdo con los principios enunciados en este artículo», por «conforme a los principios contenidos en este artículo». Buena muestra de la escasa trascendencia de esta modificación terminológica resulta de considerar cómo los comentarios a este precepto han permanecido intactos no reflejando tal enmienda.

El Mod. ONU 1999, por su parte, reproduce sin cambios el artículo 7.4 del ModCDI e integra en el mismo la interpretación que el Comité Fiscal OCDE realiza en los comentarios a tal cláusula. El Modelo EEUU 1996, sin embargo, no contiene una cláusula simétrica a la prevista en el artículo 7.4 ModCDI. La explicación de tal omisión radica en que las autoridades estadounidenses consideran que esta cláusula resulta innecesaria, toda vez que los comentarios a los apartados 2 y 3 del artículo 7 ModCDI autorizan el empleo de métodos de reparto proporcional con independencia del apartado 4 del mismo precepto.

Respecto a la **práctica convencional española,** lo cierto es que un buen número de CDIs españoles recogen sin cambios sustantivos la cláusula del artículo 7.4 ModCDI. Recientemente pueden citarse en esta línea: el CDI con Serbia (2009), con Jamaica (2009), con El Salvador (2009), con Hong Kong (2011), con Armenia (2011), con Chipre (2013) y República Dominicana (2011).

Existe, sin embargo, un cierto número de CDIs concluidos por España que no recogen la cláusula contenida en el apartado 4 del artículo 7 de los Modelos OCDE y ONU. Ello obedece a que ninguno de los dos Estados contratantes ha empleado tradicional o históricamente el método de reparto proporcional para atribuir beneficios al EP. Esta omisión no solo excluye la utilización de este método en el ámbito del artículo 7 sino que impide su empleo en el futuro en el caso de que uno (o ambos) Estados implantaran tal método en su legislación; en tal caso, la operatividad de tal método en el marco del CDI quedaría supeditada a la modificación del mismo. A su vez, la ausencia de esta cláusula en un CDI también puede plantear problemas de cara a la aplicación en el marco del mismo del sistema de «estimación indirecta de bases imponibles»; precisamente, al objeto de salvar esta problemática algunos CDIs como los concluidos con Australia (1992, artículo 7.5), con Bélgica (1970, artículo 7.4; 1995, artículo 7.4) y con Malasia (2006, artículo 7.4) contienen disposiciones que, sin articular el método de reparto proporcional previsto en el artículo 7.4 ModCDI, autorizan la aplicación de tal sistema cuando concurren determinados presupuestos excepcionales.

Los CDIs que no contienen esta cláusula del artículo 7.4 ModCDI son los siguientes: CDI Alemania-España (2011), CDI Argentina-España (1992, denunciado por Argentina el 29 de junio de 2012), CDI Argentina-España (2013), CDI Australia-España (1992), CDI Brasil-España (1974), CDI Bulgaria-España (1990), CDI Canadá-España (1972, artículo 7.4), CDI Colombia-España (2005, pendiente de ratificación), CDI Croacia-España (2005), CDI Corea-España (1994), CDI Dinamarca-España (1972), CDI Ecuador-España (1991), CDI EEUU-España (1990), CDI Egipto-España (2005), CDI Emiratos Árabes-España (2006), CDI Francia-España (1973), CDI Grecia-España (2000), CDI India-España (1993), CDI Indonesia-España (1995), CDI Italia-España (1977), CDI Kuwait-España (2013), CDI Marruecos-España (1978), CDI Noruega-España (1999), CDI Nueva Zelanda-España (2006), CDI Países Bajos-España (1971), CDI Portugal-España (1968), CDI Portugal-España (1993), CDIs Reino Unido-España (1975 y 2013), CDI Federación Rusa-España (1998), CDI Suecia-España (1976), Trinidad y Tobago (2009), CDI Túnez-España (1982), CDI Turquía-España (2002), CDI ex URSS-España (1985), y CDI Venezuela-España (2003). Casi la totalidad de los CDIs que han sido firmados por España en los últimos años han omitido la cláusula del artículo 7.4 del ModCDI, a saber: CDI con Andorra (2015), CDI con Albania, CDI con Arabia Saudí (2007, artículo 7), CDI Argelia-España (2002, artículo 7), CDI con Barbados, CDI Costa Rica-España (2004, artículo 7), CDI Chile-España (2003, artículo 7), CDI Estonia-España (2003, artículo 7), CDI con Georgia, CDI con Kazajstán, CDI Letonia-España (2003, artículo 7), CDI Lituania-España (2003, artículo 7), CDI con Singapur, CDI Sudáfrica-España (2006, artículo7) y CDI con Uruguay.

El CDI con Bélgica (1970, artículo 7.4) no contiene la cláusula del artículo 7.4 ModCDI; no obstante, el apartado 4 del artículo 7 del convenio incluye una disposición que permitiría aplicar métodos indirectos de atribución de beneficios como el de reparto proporcional. La aplicación de tal método indirecto queda supeditada a la concurrencia de varios requisitos; por un lado, solo resulta procedente aplicarlo en defecto de contabilidad suficiente que permita determinar el importe de los beneficios de una empresa de un Estado contratante que sean imputables a su EP situado en el otro Estado; y b) el método que se aplique, con arreglo a la legislación interna del Estado de situación del EP, debe estar conforme con los principios contenidos en el artículo 7 (principios de empresa separada e independiente). Una previsión similar se contiene en los CDIs Bélgica-España (1995, artículo 7.4) y Australia-España (1992, artículos 7.5 y 9.2).

3.5. La regla de no imputación de beneficios por la simple compra de mercancías para la empresa prevista en el artículo 7.5 de Modelo convenio de doble imposición (en su redacción anterior a 2010)

3.5.1. Alcance y funcionalidad del artículo 7.5 Modelo convenio de doble imposición

El apartado 5 del Artículo 7 ModCDI contiene una cláusula que limita la imputación de beneficios al EP en el sentido siguiente:

> «No se atribuirán beneficios a un establecimiento permanente por razón de la simple compra de bienes o mercancías para la empresa».

El artículo 7.5 ModCDI considera la cuestión de la imputación de beneficios al EP en relación con la realización de determinado tipo de funciones que se consideran «auxiliares o preparatorias». De hecho, allí donde el lugar fijo de negocios ubicado en el otro Estado contratante solo lleva a cabo este tipo de actividades auxiliares o preparatorias para la empresa de la que forma parte se considera, con arreglo al artículo 5.4 ModCDI, que no existe un establecimiento permanente en tal Estado. Lógicamente, las reglas de determinación de la existencia de un EP (artículo 5 ModCDI) son previas y prevalecen sobre las de imputación de beneficios al mismo (artículo 7), de manera que no cabe imputación de beneficios allí donde se ha determinado que no existe un EP.

El Comité Fiscal OCDE ha señalado que el apartado 5 del artículo 7 ModCDI no se refiere a casos donde el lugar fijo de negocios realiza únicamente actividades auxiliares de «mera compra de mercancías o bienes para la empresa», dado que tal supuesto no determina la existencia de un EP y, en consecuencia, tampoco resultan operativas las reglas de atribución de beneficios del artículo 7 ModCDI (parágrafo 30 de los CMC 2005, parágrafo 57 CMC 2008). Por el contrario, el apartado 5 del artículo 7 tiene por objeto los casos en que el EP realiza actividades empresariales y, a su vez, realiza la actividad (auxiliar) de compra de bienes para su casa central. Por tanto, esta cláusula constituye una subregla específica de atribución de beneficios que completa y modula las establecidas en los restantes apartados del artículo 7 ModCDI. El contenido de esta regla específica determina que los beneficios que obtiene y son atribuidos al EP en relación con el desarrollo de su actividad empresarial no serán incrementados añadiendo o imputando un «beneficio ficticio» resultante de la actividad de compra de bienes para la casa central; la regla está formulada en términos imperativos, de manera que prevalece sobre lo previsto en la legislación interna de los Estados contratantes, a salvo de disposición convencional específica en contrario. No parece que esta cláusula impida la exacción de impuestos diferentes a los cubiertos por el CDI, como los gravámenes aduaneros.

La cláusula del artículo 7.5 ModCDI posee un ámbito objetivo muy limitado. solo resultan cubiertas por el mismo las operaciones «de mera compra de mercancías o bienes para la empresa»; es decir, debe tratarse de una operación que realiza el EP por orden y cuenta de la empresa de la que forma parte encargándole la «gestión de compra» de unas determinadas mercancías y bienes. No parece que esta cláusula haya sido concebida para ser aplicada de forma analógica a otras «actividades auxiliares» contempladas en el artículo 5.4 ModCDI, lo cual plantea si tal diferencia de trato posee o no justificación objetiva.

Debe observarse que el informe final OCDE 2008, *Atribución de beneficios a los establecimientos permanentes*, pone de relieve la nueva posición de la OCDE sobre este precepto en el sentido de que se considera que la regla de tributación que articula no resulta ni justificada ni compatible con el principio de plena competencia; tal nuevo posicionamiento posiblemente termine por excluir su aplicación en el marco de las futuras versiones del ModCDI. En particular, ello acontece cuando existe un EP que realiza, junto a actividades auxiliares de compra de bienes o mercancías para la empresa, otras actividades, en cuyo caso debe atribuirse el beneficio correspondiente al conjunto de actividades realizadas. La misma posición se refleja en la nueva versión (borrador) del artículo 7 ModCDI de noviembre de 2009.

Por último, debe apuntarse la interrelación de el artículo 7.5 ModCDI con la legislación española. A este respecto, parece difícil que pueda prosperar la tesis de que la imputación de rentas al EP por la compra de mercancías para la casa central no está sujeta a gravamen en España en virtud del artículo 13.2 del TRLIRNR, toda vez que la interpretación sistemática de las reglas específicas que la citada Ley dedica al establecimiento permanente (particularmente, los artículos 15.1, 16 y 18 TRLIRNR) conduce a la tesis opuesta.

3.5.2. *Evolución de la cláusula en el Modelo convenio de doble imposición, conexión con los Modelos de EEUU y ONU y práctica convencional española*

El apartado 5 del artículo 7 no ha experimentado cambios a lo largo de la evolución del ModCDI; tampoco hemos detectado modificaciones en los comentarios al mismo.

El Modelo de EEUU 1996, por su parte, recoge en el apartado 4 del artículo 7 una cláusula idéntica a la prevista en el ModCDI; la interpretación que de esta norma ha realizado el Departamento del Tesoro resulta también coincidente con la recogida en los comentarios al ModCDI. El Mod. ONU 1999, sin embargo, no contiene ninguna cláusula referida al supuesto contemplado por el artículo 7.5 ModCDI. El Grupo de Expertos de la ONU considera que los supuestos que caen en el ámbito de aplicación de esta cláusula del ModCDI son muy escasos y no justifican la introducción de una disposición específica en el Mod. ONU (parágr.21 de los comentarios al artículo 7 Mod. ONU 1999). Por tanto, la omisión de esta cláusula no responde a un diferente enfoque por parte de los países en vías de desarrollo o emergentes; de hecho no se ha introducido en este Modelo ninguna disposición articulando tal acercamiento; simplemente se ha dejado esta cuestión abierta a lo que los Estados acuerden en sus negociaciones bilaterales.

Respecto a la **práctica convencional española,** lo cierto es que la mayor parte de los CDIs españoles recogen sin cambios sustantivos la cláusula del artículo 7.5 ModCDI. No obstante, existe una serie de CDIs concluidos por España que no recogen la cláusula contenida en el artículo 7.5 ModCDI. Como acabamos de indicar, el Mod. ONU no recoge la cláusula del artículo 7.5 ModCDI, al entenderse que la cuestión ordenada por la misma debe resolverse en negociaciones bilaterales; de hecho, casi la totalidad de los CDIs negociados siguiendo el Mod. ONU, como los convenios con Argentina (denunciado por Argentina el 29 de junio de 2012), China, Filipinas, India e Indonesia, etc., han terminado incluyendo la cláusula OCDE en el artículo 7. Existen convenios que no siguen el Mod. ONU pero que omiten el artículo 7.5 ModCDI; en relación con estos convenios la explicación puede ser más compleja, de suerte que tal omisión puede obedecer a la intención de considerar tales operaciones a la hora de imputar beneficios al EP. Los CDIs concluidos por España que omiten la cláusula del artículo 7.5 ModCDI son dos, a saber: el CDI Austria-España (1966), y el CDI Marruecos-España (1978). El Protocolo VII del CDI con Arabia Saudí contiene una cláusula relativa a la exportación de mercancías que podría tener incidencia en este orden de cosas. El Protocolo nº 3 al CDI con Argentina

(2013) establece una matización a la regla del artículo7.4 del convenio en el sentido de que la exportación de bienes o mercancías comprados para la empresa quedará sujeta a las normas internas en vigor referidas a la exportación.

3.6. La regla de continuidad y consistencia en la aplicación del método de atribución de beneficios al establecimiento permanente prevista en el artículo 7.6 del modelo convenio de doble imposición (en su redacción anterior a 2010)

3.6.1. *Alcance y funcionalidad del artículo 7.6 del Modelo convenio de doble imposición*

El artículo 7.6 ModCDI contiene una cláusula que limita los cambios en los métodos de atribución de beneficios al EP en el sentido siguiente:

> «A efectos de los párrafos anteriores, los beneficios imputables al establecimiento permanente se calcularán cada año por el mismo método, a no ser que existan motivos válidos y suficientes para proceder en otra forma».

Tal y como explica el Comité Fiscal OCDE, la finalidad del artículo 7.6 ModCDI no es otra que establecer una regla de continuidad y consistencia en el empleo del método que se ha elegido para la atribución de beneficios al EP (parágrafo 31 de los CMC 2005, parágrafo 58 CMC 2008). Así, una vez que se ha optado por la determinación y atribución de beneficios con arreglo a uno de los dos métodos previstos en el artículo 7, tal método debe seguir siendo empleado sin que pueda ser alterado ni por las autoridades fiscales del Estado de ubicación del EP ni por el contribuyente. De esta forma, esta cláusula protege al contribuyente frente a cambios repentinos e injustificados por parte de las autoridades del Estado donde está ubicado.

La prohibición (más bien la restricción) que articula la cláusula del artículo 7.6 ModCDI solo alcanza al método de atribución de beneficios al EP; es decir, afecta a los cambios injustificados de la atribución de beneficios basada en el método directo o de contabilidad separada al método indirecto o de reparto proporcional y viceversa. El artículo 7.6 ModCDI no excluye totalmente los cambios de método de atribución de beneficios al EP sino que solo los restringe en aras de garantizar un cierto grado estabilidad y certeza en el tratamiento fiscal aplicable al establecimiento permanente. El referido precepto permite el cambio de método de atribución de beneficios cuando «existan motivos válidos y suficientes para proceder de otra forma». Esta expresión se ha entendido en el sentido de que permite a cada Estado modificar su legislación alterando el método de atribución de beneficios cuando tales modificaciones se realicen de forma consistente y justificada; de no interpretarse de forma flexible la referida cláusula podría conllevar una inaceptable limitación de soberanía fiscal al articular un cierto grado de «petrificación» del ordenamiento fiscal. No obstante, una legislación interna que permitiera a las autoridades fiscales o al propio contribuyente elegir cada año un método de atribución de beneficios al EP atendiendo al resultado que produjera podría plantear mayores problemas de compatibilidad con el artículo 7.6 ModCDI; en este sentido, en algunos casos podrían suscitarse dudas sobre la legalidad convencional de lo previsto en el artículo 18.5 TRLIRNR.

3.6.2. *Evolución de la cláusula en el Modelo convenio de doble imposición, conexión con los Modelos de EEUU y ONU y práctica convencional española*

El apartado 6 del artículo 7 no ha experimentado cambios a lo largo de la evolución del ModCDI; tampoco hemos detectado modificaciones sustantivas en los comentarios al mismo. El Mod. ONU 1999 recoge en el apartado 5 de su artículo 7 una cláusula idéntica a la prevista en el artículo 7.6 del ModCDI. El Modelo de EEUU 1996, por su parte, también recoge en el apartado 5 del artículo 7 una disposición muy similar a la prevista en el ModCDI, aunque referida al *«accounting method»* en lugar del método de atribución de beneficios al EP; tal diferencia con el ModCDI se explica, principalmente, considerando que el Modelo EEUU no contiene la cláusula del ModCDI que permite aplicar en determinados casos el sistema de reparto proporcional.

Respecto a la **práctica convencional española,** lo cierto es que la mayor parte los CDIs españoles recogen sin cambios sustantivos la cláusula del artículo 7.6 ModCDI y ONU. No obstante, existe una serie de CDIs concluidos por España que no recogen la cláusula contenida en el artículo 7.5 ModCDI. El CDI con Australia (1992) omite la cláusula del artículo 7.6 ModCDI; en consecuencia, las limitaciones que se derivan de la incorporación de tal disposición no son operativas en el ámbito de este convenio; nótese, no obstante, que este convenio tampoco contiene la cláusula del artículo 7.4 ModCDI, esto es, no se contempla la posibilidad de aplicar métodos de reparto proporcional a los efectos de la imputación de beneficios al EP; esta circunstancia en buena medida puede explicar la omisión antes apuntada. Existe una serie de CDIs que tampoco recogen la cláusula del apartado 6 del artículo 7 ModCDI, a saber: CDI Bélgica-España (1970), CDI Brasil-España (1974), CDI Bulgaria-España (1990), CDI Dinamarca-España (1972), CDI Ecuador-España (1991), CDI Francia-España (1973), CDI Indonesia-España (1995), CDI Italia-España (1977), CDI Marruecos-España (1978), CDI Nueva Zelanda-España (2006), CDI Países Bajos-España (1971), CDI Portugal-España (1968), CDI Federación Rusa-España (1998), CDI ex-URSS-España (1985), y con Turquía (2002). Posiblemente, la razón subyacente en tal omisión podría ser la misma que antes señalamos, dado que estos convenios tampoco recogen la cláusula del artículo 7.4 ModCDI.

Con todo, debe señalarse que existe un grupo de CDIs (vgr., los CDIs con Canadá, con Corea, con Emiratos Árabes, con Grecia, con la India, con Noruega (1999), con Portugal (1995), con el Reino Unido, con Suecia, con Túnez, con Venezuela) con Colombia (pendiente ratificación), y con Egipto, donde se recoge la cláusula del artículo 7.6 pero no la del artículo 7.4 ModCDI; tal circunstancia, pone en entredicho la vinculación que hemos señalado entre ambas cláusulas, aunque también podría evidenciar un excesivo mimetismo de los negociadores del CDI respecto del ModCDI. Más curioso es el caso del CDI con Tailandia (1997), el cual recoge la cláusula del apartado 4 del artículo 7 y, sin embargo, omite la del apartado 6 del mismo precepto; en este supuesto los cambios de método de atribución de beneficios al EP no están restringidos por el convenio en el sentido indicado.

3.7. La regla que ordena la interrelación del artículo 7 con otras disposiciones del convenio (en su redacción anterior a 2010)

3.7.1. *Alcance y funcionalidad del artículo 7.7 Modelo convenio de doble imposición*

El apartado 7 del artículo 7 ModCDI contiene una cláusula que regula la interrelación limita los cambios en los métodos de atribución de beneficios al EP en el sentido siguiente:

> *«Cuando los beneficios comprendan rentas reguladas separadamente en otros artículos de este convenio, las disposiciones de aquellos no quedarán afectadas por las del presente artículo».*

El artículo 7.7 ModCDI contiene una regla que contribuye a delimitar positiva y negativamente su ámbito objetivo de aplicación; tal delimitación se realiza fundamentalmente a través de una regla de prioridad específica de acuerdo con la cual las rentas que, de acuerdo con otros preceptos del convenio, caen en el ámbito objetivo de preceptos distintos del artículo 7 quedan, en principio, excluidas del ámbito de aplicación de este último; por otro lado, esta cláusula interpretada sistemáticamente con la del artículo 7.1 ModCDI termina estableciendo una suerte de *vis attractiva* de manera que toda la renta derivada del ejercicio de actividades comerciales, industriales o empresariales que no pertenezca a categorías de renta cubiertas por preceptos específicos cae en el ámbito de aplicación del artículo 7.

Estas reglas ya han sido analizadas al hilo de los comentarios al artículo 7.1 ModCDI, lugar al que procede efectuar la correspondiente remisión.

3.7.2. *Evolución de la cláusula en el Modelo convenio de doble imposición, conexión con los Modelos de EEUU y ONU y práctica convencional española*

El artículo 7.7 ModCDI no ha experimentado cambios a lo largo de la evolución del ModCDI; tampoco hemos detectado modificaciones sustantivas en los comentarios al mismo.

El Mod. ONU 1999 recoge en el apartado 6 de su artículo 7 una cláusula idéntica a la prevista en el artículo 7.7 del ModCDI. El Modelo de EEUU 1996-2006, recoge una disposición en términos similares a la prevista en el artículo 7.7 ModCDI. No obstante, el Modelo estadounidense de 1996 incluye una cláusula en el artículo 7.7 ModCDI a través de la cual amplia considerablemente el ámbito objetivo de aplicación del artículo 7 ModCDI frente a otros preceptos como el artículo 21 ModCDI; tal cláusula no aparece en el Modelo EEUU de 2006. A su vez, el Modelo EEUU 1996-2006 recoge en su apartado 8 una cláusula de protección de la tributación en el Estado se ubicación del EP con arreglo a la cual toda renta o ganancia patrimonial imputable a un EP o base fija durante su existencia es imponible en el Estado contratante donde está ubicado tal EP o base fija, incluso si el pago efectivo de tal renta o ganancia es diferida hasta un momento posterior en el que el EP o la base fija han dejado de existir; esta cláusula, que no tiene correspondencia en el ModCDI, incorpora al Modelo EEUU la norma contenida en la Sección 864(c)(6) del *IRC*.

Respecto a la **práctica convencional española,** lo cierto es que los CDIs españoles recogen sin cambios sustantivos la cláusula del artículo 7.7 ModCDI y ONU.

3.8. La atribución de beneficios al Establecimiento Permanente de acuerdo con el nuevo artículo 7 ModCDI 2010

3.8.1. *El modelo de tributación del EP del ModCDI 2010 y su interrelación con las versiones precedentes del artículo7 ModCDI*

En el epígrafe 3.1 de este mismo capítulo ya hemos tenido ocasión de exponer la evolución de los principios de atribución de beneficios al EP en el Modelo OCDE. Particularmente, se destacó cómo el ModCDI ha llegado a establecer varios «modelos» de tributación del EP, a saber:

a) El modelo de tributación del EP que resulta del artículo 7 y Comentarios al ModCDI anteriores a 2008: este modelo, que apenas ha experimentado cambios a lo largo de la evolución del Modelo de Convenio OCDE, consagra el principio de empresa separada e independiente pero no lleva hasta sus últimas consecuencias la aplicación del principio de plena competencia en las relaciones EP-otras partes de la empresa («modelo de independencia restringida»).

b) El modelo de tributación del EP que resulta del artículo 7 y Comentarios al ModCDI 2008: este modelo es en gran medida continuista del modelo de independencia restringida pero incorpora algunos elementos (v.gr. la exigencia de cálculo de capital libre) del modelo de «enfoque autorizado» que sí consagra la aplicación adaptada del principio de plena competencia a las relaciones entre el EP y las otras partes de la empresa (modelo de tránsito); cabe recordar que este modelo 2008 perpetúa una versión del artículo 7 que contiene disposiciones incompatibles con el enfoque autorizado del informe final 2008; y

c) El modelo de tributación del EP que resulta del artículo 7 y Comentarios al ModCDI 2010; este modelo articula de forma ya plena el enfoque autorizado establecido por la OCDE en su Informe final de 2008 sobre Atribución de beneficios al EP y consagra la aplicación adaptada del principio de plena competencia a las relaciones del EP con otras partes de la empresa (la casa central y otros EPs de la misma empresa).

Ciertamente, la existencia de estos tres modelos de tributación del EP en el marco del ModCDI, según se trate de una versión u otra, puede generar problemas en la aplicación de los correspondientes CDI, debiendo considerarse los Comentarios aplicables en cada caso. Esta situación es potencial- mente generadora de doble imposición y de un alto nivel de inseguridad jurídica, sin que la OCDE se haya pronunciado sobre esta cuestión. Más bien parece que el Comité de Asuntos Fiscales podría estar tratando de favorecer la interpretación de todos los CDIs negociados siguiendo modelos 1963-2008 a la luz de los Comentarios publicados en 2008 y del propio Informe final 2008-2010 sobre Atribución de beneficios al EP, posición que no compartimos ya que, como ya expusimos más arriba, pensamos que el ModCDI 2008 estableció novedades materiales en el sistema de tributación del EP. Posiblemente, toda esta problemática tiene su origen en la utilización de los Comentarios al artículo 7 ModCDI como una suerte de pseudo-reglamentos que contienen elementos interpretativos y normativos, desempeñando una función impropia y de forma poco acabada técnicamente.

Ni que decir tiene que el enfoque autorizado del informe final 2008-2010 que se plasma en el nuevo artículo 7 ModCDI 2010 únicamente será de aplicación en el marco de los CDI que hayan incorporado esta nueva versión de la cláusula, ya por negociarse con posterioridad o por introducirse a través de un Protocolo a tal efecto. En cierta medida, esta posición es pacífica y aceptada incluso a nivel Comité Fiscal OCDE en la medida en que el Modelo OCDE 2010, además de incorporar un nuevo artículo 7 ModCDI acompañado de sus comentarios plenamente alineados al Informe OCDE 2008-2010 sobre Atribución de beneficios al EP, incorpora como anexo los comentarios correspon- dientes a la anterior del artículo 7 ModCDI 2008; tal singularidad y novedad del ModCDI 2010 está concebida para facilitar el empleo de este modelo para la interpretación de los CDIs concluidos siguiendo la anterior versión del artículo 7 ModCDI (Arnold 2011). No obstante, no se pierda de vista que, como ya señalamos, los comentarios al artículo 7 ModCDI 2008, por un lado, se separan en aspectos sustantivos de lo establecido en versiones anteriores de los propios comentarios a tal pre- cepto, y, por otro, contienen una cláusula de conflicto que remite al Informe 2008 sobre Atribución de Beneficios al EP para interpretar el artículo 7 ModCDI (no adaptado a tal informe y, por tanto, al nuevo enfoque autorizado) en todo aquello donde no existan contradicciones.

En este orden de cosas, cabe poner de relieve cómo esta evolución de las reglas de atribución de beneficios al EP no solo plantea cuestiones prácticas en el marco de CDI negociados con ante- rioridad al desarrollo del enfoque autorizado (2008-2010), sino que también se podría suscitar en el marco de la aplicación del Convenio de Arbitraje 90/436/CEE; la solución principialista adoptada en tal contexto pasa por la interpretación estática del artículo 4.2 del Convenio de Arbitraje, de manera que el enfoque autorizado solo aplicaría, por medio de una interpretación dinámica, cuando el CDI entre los Estados miembros de que se trate recogiera sus principios en el artículo7 ModCDI, o no mediando CDI aplicable, las autoridades competentes de los Estados miembros afectados así lo acor- daran, de manera que a falta de acuerdo aplicarían los principios establecidos en los Comentarios OCDE al artículo 7 ModCDI 2008 (*vid.* De Carolis (2015, pp.519, comentando el acuerdo y forma- ción de consenso alcanzado en el EUJTPF, de 12 de marzo de 2015, JTPF/004/2015/EN, sobre esta cuestión); la Directiva 2017/1852, relativa a los mecanismos de resolución de litigios fiscales en la UE, no parece plantear problemas para que las cuestiones (v.gr., litigios de interpretación y aplicación sobre los artículos 5, 7 y 9 de los CDIs) relativas a la atribución de beneficios al EP puedan resolverse a través de este mecanismo, mediando un CDI aplicable entre Estados miembros (véanse los artículos 1, y 16.6 y 7 de la Directiva); no obstante, también en este marco de resolución de litigios puede plantearse la cuestión relativa a qué modelo de atribución de beneficios al EP resulta de aplicación al caso.

Tal y como ya indicamos más arriba, el **MC OCDE 2017** no ha introducido modificaciones sus- tantivas en el tenor del artículo 7 del Modelo; los Comentarios al MC OCDE se limitan a un nuevo parágrafo 59.1 (referido al artículo 7.2) donde se pone de relieve que la eliminación de la doble imposición derivada de "auto-ajustes" de buena fe realizados por el contribuyente para reflejar la atribución de beneficios al EP con arreglo al artículo 7.2 está comprendida en el ámbito del artículo 25 MC OCDE, siguiendo las recomendaciones de la acción 14 de BEPS; también los Comentarios incluyen cambios en el parágrafo 62 que se limitan a poner de relieve la falta de consenso entre los distintos países sobre la existencia de plazos para llevar a cabo ajustes iniciales considerando los problemas para llevar a cabo ajustes correlativos en el otro Estado.

3.8.2. Examen de las principales características del nuevo artículo 7 ModCDI 2010

a) La cláusula «distributiva» del artículo 7.1 ModCDI 2010.

El artículo 7.1 ModCDI no contiene ninguna modificación digna de mención. Tal cláusula contiene las dos reglas clásicas que vienen conformando principios de fiscalidad internacional consolidados, a saber: a) El no gravamen de los beneficios empresariales una empresa de un Estado contratante por el otro Estado contratante, a menos que posea un establecimiento permanente; y b) La prohibición de aplicar el principio de fuerza de atracción a la hora de gravar a las empresas que operen con EP en el otro Estado; así, el Estado contratante donde está situado el EP de una empresa del otro Estado contratante solo puede gravarla por los beneficios empresariales obtenidos a través de tal base fija de negocios, sin poder someter a imposición otras rentas obtenidas a través de otras fórmulas (v.gr., agentes independientes).

La nueva redacción de esta cláusula posiblemente enfatice el enfoque autorizado y funcional de la OCDE en lo que se refiere a la atribución de beneficios al EP; así interpretamos la última frase del apartado 1 y la referencia que contiene al apartado 2 del mismo precepto; el Estado de ubicación del EP solo puede gravar los beneficios de la empresa que sean atribuibles al EP como empresa separada e independiente de la casa central (y no tanto los beneficios que haya obtenido «la empresa» en tanto puedan resultar de actividades realizadas por el EP). El nuevo modelo de tributación no pretende repartir los beneficios obtenidos por la empresa sino determinar los atribuibles al EP como empresa independiente, lo cual permite que la empresa globalmente tenga pérdidas pero el EP pueda tener beneficios y ser gravado por ellos por el Estado donde está ubicado.

En último análisis, la posición adoptada por la OCDE refleja la preferencia por el «functional separate entity approach» sobre el «relevant business approach» a la hora de gravar los «beneficios de una empresa» en el marco del artículo 7 ModCDI. Mientras que este segundo enfoque toma como punto de partida la empresa en su conjunto, el primero parte del EP como empresa separada, y trata de determinar sus beneficios incluyendo los que se derivan de sus «operaciones» con la casa central (y otras partes de la empresa), cuando en realidad la empresa no obtiene ningún beneficio de estas «operaciones». Y de hecho, de acuerdo con el «relevant business activity approach» no se atribuye ningún beneficio a la empresa (ni al EP) como resultado de estas «operaciones internas». Estamos claramente ante dos modelos de imposición empresarial, resultando, a nuestro juicio, más acorde con los principios clásicos y constitucionales tributarios el segundo («relevant business activity») que el primero («functional separate entity approach»), toda vez que este último, además de ser más complejo de aplicar, pivota sobre una ficción fiscal que no se corresponde ni con la realidad jurídica ni con la económica: el EP no constituye una empresa separada ni jurídica ni económicamente. Con todo, el Comité Fiscal OCDE ha optado por este enfoque considerándolo el más correcto técnicamente, así como el más sencillo de gestionar. Posiblemente, el deseo de aplicar en el marco del artículo 7 el principio de plena competencia tal y como se configura en las Directrices OCDE de Precios de Transferencia haya influido decisivamente a la hora de adoptar este enfoque, aunque no puede perderse de vista que el Informe final 2008 constituye la adaptación y guía de aplicación del principio de plena competencia al contexto del EP: una suerte de directrices de precios de transferencia para la atribución de beneficios al EP en sus relaciones con otras partes de la empresa. Cabe destacar igualmente que existen interpretaciones del antiguo artículo 7 ModCDI que defienden el enfoque basado en la actividad económica realizada por el EP, pero con el nuevo artículo 7 ModCDI 2010 tal interpretación y enfoque está totalmente descartado.

b) La cláusula del artículo 7.2 ModCDI 2010: el enfoque funcional de empresa separada.

Como acabamos de indicar, la redacción del artículo 7.2 ModCDI dada en el año 2010 deja claro que el enfoque autorizado de EP como empresa independiente (funcionalmente separada) constituye el punto de partida para la atribución de beneficios. Y en particular, tal ficción de empresa independiente implica construir nuevas ficciones como la existencia de «operaciones» entre el EP y las otras partes de la empresa, así como la correlativa imputación de resultados (ingresos/gastos) a tales operaciones y partes de la empresa, considerando las funciones desempeñadas, los activos utilizados y los riesgos asumidos por la empresa a través del EP y a través de las otras partes de la empresa. Ni que decir tiene que también se incluirán en la base imponible del EP los resultados económicos derivados de sus operaciones con terceros (con personas distintas de la empresa de la que forme parte). La atribución de beneficios al EP resulta independiente de que la empresa, considerada globalmente, no tenga beneficios sino que se encuentre en una situación de pérdidas.

Por otro lado, la referencia que contiene el artículo 7.2 ModCDI a los artículos 23 A y B ModCDI, esto es, a los métodos para evitar la doble imposición pretende que ambos Estados contratantes apliquen los mismos principios para determinar la base imponible del EP a los efectos tanto de la tributación en el Estado contratante de su ubicación como de la eliminación de la doble imposición internacional en el Estado contratante de residencia de la empresa. Ciertamente, tal simetría principialista en la atribución de beneficios debería conducir a que se eliminara la doble imposición internacional en todo caso. No obstante, tal resultado no siempre se alcanzará debido a diversas circunstancias. Por un lado, la determinación de la base imponible derivada de una operación transfronteriza -medie o no EP- no siempre implica que la configuración de la base imponible en el Estado de la fuente y el de la residencia coincidan, antes al contrario, lo normal será la divergencia, lo cual puede implicar doble imposición internacional residual (o doble no imposición), de suerte que tal fenómeno no puede resolverse a través del procedimiento amistoso previsto en el artículo 25 ModCDI (ni tampoco a través del arbitraje). Por otro lado, puede acontecer que los dos Estados contratantes apliquen de forma asimétrica el principio de empresa separada e independiente, en cuyo caso entendemos que el artículo 7.2 y 3 ModCDI 2010 no resuelven esta cuestión, sino que la vía es la del procedimiento amistoso al igual que acontece en sede de precios de transferencia entre empresas asociadas. Como veremos más adelante, la funcionalidad del apartado 3º del nuevo artículo 7 ModCDI 2010 es prácticamente idéntica a la del apartado 2º del artículo 9 ModCDI.

La funcionalidad del artículo 7.2 ModCDI 2010 reside en establecer los principios materiales de atribución de beneficios al EP: principios de empresa funcionalmente separada e independiente. La ficción de empresa separada e independiente constituye la clave de bóveda de la atribución de beneficios al EP. Esta ficción se construye ahora a partir de la aplicación de los principios establecidos en el Informe 2008 de Atribución de Beneficios al EP (revisado en el año 2010 para adaptarlo al nuevo artículo 7 ModCDI 2010) que parte del «enfoque autorizado» y de la aplicación analógica de las Directrices OCDE de precios de transferencia. De esta forma, el Informe OCDE 2008-2010 de Atribución de Beneficios al EP constituye una guía detallada para la aplicación del artículo 7.2 ModCDI 2010, es decir, tal informe se convierte en una suerte de «Directrices de atribución de beneficios al EP» que cuelgan del propio artículo 7.2 ModCDI, tal y como se reconoce en los Comentarios del Comité Fiscal OCDE a tal precepto (paras. 19 y 20 artículo 7 ModCDI 2010). Nótese en todo caso que las Directrices OCDE de precios de transferencia son aplicables también cuando se trata de operaciones entre el EP y otras empresas asociadas. Las referencias específicas sobre la aplicación en este contexto de las Directrices OCDE de precios de transferencia son bienvenidas, ya que con anterioridad las versiones anteriores del ModCDI no recogían tal remisión, antes al contrario las propias Directrices (parágrafo 11) incluso parecían sugerir lo contrario. No obstante, como veremos más adelante la aplicación de las Directrices OCDE de precios de transferencia en el ámbito de la atribución de beneficios al EP plantea cuestiones específicas que en la práctica suscitarán problemas de gran complejidad (Van Wanrooij 2009).

Algunos comentaristas (Van Wanrooij 2009, Bobbet/Avery Jones 2009) han destacado cómo el gran cambio introducido en el nuevo artículo 7.2 ModCDI 2010 reside en llevar hasta las últimas consecuencias la ficción de empresa funcionalmente separada e independiente, por la vía de reconocer y establecer todas las «relaciones/operaciones» entre el EP y las otras partes de la empresa y valorarlas a mercado, trascendiendo de un modelo como el anterior donde en la mayoría de las ocasiones se aceptaba una distribución de gastos y beneficios a partir de la actividad desarrollada por el EP y las otras partes de la empresa, sin necesidad de construir ni reconocer tal «*internal dealings*» ni valorarlos a mercado, salvo en determinados casos.

Ahora la excepción se convierte en regla -que también alcanza a los denominados gastos generales/*general administrative expenses*- y hay que tratar al EP como una empresa jurídicamente independiente que se relaciona en condiciones de mercado con las demás partes de la empresa. Tan solo se reconoce la excepción relacionada con el nivel de solvencia (*creditworthiness*), de suerte que el hecho de que el EP se beneficie del nivel de solvencia que ostenta la empresa en su conjunto no genera en sí mismo un servicio (Informe OCDE 2008 sobre Atribución de Beneficios al EP, paras. 130-134). Posiblemente, el Comité OCDE haya preferido adoptar una posición prudente en este punto, considerando cómo esta cuestión tampoco resulta clara a nivel de grupo. Igualmente, en el caso de los servicios prestados por la casa central al EP que hayan sido subcontratados con terceros (v.gr., auditor) lo normal puede ser que tal relación se establezca en términos de plena competencia, lo cual dependiendo del caso (del valor añadido por la casa central) puede requerir una remuneración de mercado o un simple reparto del coste.

La eliminación del apartado 3 del artículo 7 ModCDI pre-2010 también hay que entenderla en este sentido, sin que ahora puedan admitirse limitaciones establecidas en la legislación interno de algunos países que excluían la deducción de gastos en la base imponible del EP cuando no habían sido incurridos por la casa central «total y exclusivamente» para los fines del EP o simplemente habían sido pagados a no residentes por la casa central (Bobbet/Avery Jones 2009).

El enfoque autorizado que desarrolla el Informe OCDE 2008-2010 de atribución de beneficios, como ya hemos indicado, se construye sobre la ficción jurídica de considerar al EP una empresa funcionalmente separada e independiente a la que hay que atribuir beneficios (o pérdidas), al margen de su casa central (u otras partes de la misma empresa), lo cual requiere configurar tal empresa separada e independiente como una suerte de «rama de actividad económica» (empresa separada) a la que hay que asignar activos, funciones y riesgos considerando la realidad fáctica. Una vez configurada la empresa separada se procederá a la atribución de beneficios derivados de sus relaciones con otras partes de la empresa, empresas asociadas y terceros. Estamos, por tanto, ante dos fases para la atribución de beneficios:

• **Primera fase: teorización sobre el EP como empresa distinta y separada de su casa central (y otros EPs)**

• **Segunda fase: determinación de los beneficios de la empresa hipotéticamente distinta y separada a partir del análisis de comparabilidad aplicando analógicamente la guía interpretativa del principio de plena competencia recogida en las Directrices OCDE de Precios de Transferencia.**

La primera fase sería la configuración de la empresa separada, delimitando sus funciones y asignándole activos y riesgos. Este análisis funcional y fáctico debe conducir a:

La atribución al EP, donde resulte adecuado, de derechos y obligaciones derivadas de operaciones entre la empresa de la que forma parte el EP y otras empresas;

La identificación de las «personas funcionalmente significativas» (*significant people functions*) relevantes para la atribución de la titularidad económica de activos, y la atribución de la titularidad económica de activos al EP;

La identificación de «personas funcionalmente significativas» relevantes para la asunción de riesgos, y la atribución de riesgos al EP;

La identificación de otras funciones del EP;

El reconocimiento y determinación de la naturaleza de los «acuerdos/relaciones» entre el EP y otras partes de la misma empresa que superen el test de reconocimiento (un acuerdo/relación EP-casa central supera tal test, según lo indicado en el parágrafo 26 de los CMC al artículo 7 ModCDI 2010) cuando el contribuyente puede demostrar su sustancia económica, que se ajusta a lo que acordarían partes independientes y no vulnera los principios establecidos en el informe OCDE 2008-2010 de atribución de beneficios al EP);

La atribución de capital al EP basada en los activos y riesgos asignados (vid. Schwärzler sobre la atribución de capital al EP bajo el enfoque autorizado OCDE).

Por tanto, el primer paso se construye sobre un análisis funcional y factual de empresa separada (Casa Central-EP), que debe determinar o concluir en una asignación de funciones a cada parte de la empresa atendiendo a las actividades o funciones humanas sustantivas desempeñadas en cada parte de la empresa, las cuales determinan, a su vez, la asignación de los activos y los riesgos al EP vs. Casa central, configurando un tax balance sheet y sentando las bases para el reconocimiento de "internal dealings".

El segundo paso consiste en que todas las operaciones con entidades asociadas «asignadas» al EP sean valoradas de acuerdo con las Directrices OCDE de Precios de Transferencia y que estas Directrices se apliquen por analogía a las «relaciones» entre el EP y las otras partes de la empresa de la que forma parte. Tal proceso comprende la valoración sobre la base del principio de plena competencia de tales «relaciones reconocidas» a través de:

La determinación de la comparabilidad entre las «relaciones» y operaciones no controladas comparables, a partir de los principios que las Directrices OCDE de precios de transferencia establecen sobre las condiciones de comparabilidad, a la luz de las particulares circunstancias fácticas del EP; y

La aplicación por analogía de uno de los métodos de las Directrices OCDE de precios de transferencia para determinar la retribución de mercado de las relaciones entre el EP y las otras partes de la empresa, teniendo en cuenta la funciones realizadas y los activos y riesgos asignados al EP y a las otras partes de la empresa.

El Informe OCDE 2008-2010 de atribución de beneficios al EP desarrolla estas dos fases, así como las particularidades aplicables a las empresas financieras, aseguradoras y que realizan global trading a través de EPs.

En relación con la atribución de beneficios al EP, los Comentarios al Modelo de Convenio (CMC) al artículo 7.2 ModCDI (parágrafo 24), clarifican que esta cláusula se aplica igualmente respecto de la valoración de operaciones del EP con otras empresas asociadas. Así, por ejemplo, en una venta de mercancía entre una empresa asociada residente en T con el EP situado en S pero que forma parte de una empresa residente en R, el exceso pagado sobre el valor de mercado sería ajustable en la base imponible del EP de acuerdo con el artículo 7.2 del CDI entre R y S, y el Estado R podría ajustar los beneficios de la empresa residente de acuerdo con el artículo 9.1 del CDI entre los Estados R y T, lo cual desencadenaría la aplicación del mecanismo de ajuste correlativo del artículo 9.2 de tal CDI.

Los CMC al artículo 7.2 ModCDI 2010 contienen otra serie de consideraciones de interés, a saber:

Se clarifica que los principios de atribución de beneficios del EP no solo resultan de aplicación en el Estado de situación del EP sino que también deben aplicarse por el Estado de residencia de la empresa de la que forma parte para así garantizar la correcta aplicación de los métodos para eliminar la doble imposición (parágrafo 27 CMC).

Se clarifica que los principios de atribución de beneficios del artículo 7.2 ModCDI operan exclusivamente de cara a determinar la base imponible del EP en los dos Estados, pero no crean «renta ficticia» (*notional income*) a los efectos de otros artículos del CDI. Así, la atribución de un interés nocional o ficticio al EP, deducible de su base imponible, no significa que se haya producido un pago de tal renta a la casa central, ni, por tanto, que exista un interés gravable de acuerdo con el artículo

11.2 por el Estado donde está situado el EP. Es decir, se limita el alcance de la ficción de atribución de ingresos y gastos a la base imponible del EP (parágrafo 28). Algunos Estados no están de acuerdo con esta posición del Comité Fiscal OCDE, y en tal sentido se indica que deben introducir en los CDI las modificaciones correspondientes para someter a imposición esta renta ficticia (parágrafo 29).

Se clarifica que los principios de atribución de renta y gastos al EP no implican ni su tributación efectiva ni su deducibilidad fiscal, materia que depende de lo establecido a nivel interno por los Estados, aunque la normativa interna no puede aplicarse de forma discriminatoria frente a los EPs tal y como establece el artículo 24.3 ModCDI (paras. 30-33). Se insiste en que cualquier gasto incurrido por la empresa directa o indirectamente para los fines del EP no debe ser tratado, a efectos fiscales, de forma menos favorable que un gasto similar incurrido por una empresa de ese Estado. Tal regla debe aplicarse con independencia de si, a los efectos del artículo 7.2, el gasto es directamente atribuido al EP o es atribuido a otra parte de la empresa pero reflejado en un «cargo nocional/ficticio» al EP (v.gr., gastos generales incurridos por la casa central para los fines del EP) (parágrafo 34).

Se clarifica la atribución de beneficios al EP resultante de la realización de obras de instalación, construcción o montaje, en el sentido de que solo debe atribuirse la renta derivada de las actividades efectivamente desarrolladas por tal EP, de manera que todas aquellas actividades realizadas por otras partes de la empresa no deben derivar en atribución de beneficios al EP (paras. 36-37).

Se destaca que con anterioridad a la modificación de 2010 del artículo 7.2 ModCDI, se había interpretado este precepto de forma excesivamente restrictiva en lo que se refiere a la deducción de gastos en la base imponible del EP cuando tales gastos habían sido incurridos por otras partes de la empresa. Así, en algunos casos se mantenía la no deducibilidad de gastos (como gastos administrativos generales de la casa central) que beneficiaban indirectamente al EP. Y asimismo se limitaba tal deducción al coste de tales servicios. La nueva redacción del artículo 7.2 ModCDI 2010 excluye tales interpretaciones restrictivas, de manera que toda actividad realizada por otras partes de la empresa que beneficie al EP puede ser constitutiva de un *internal dealing* que debe ser remunerado a mercado, lo cual implica que su importe puede superar los costes directos e indirectos incurridos para prestar tal servicio (v.gr, la función de dirección o gerencia diaria del EP) (paras. 39-40).

Se señala que el Comité Fiscal OCDE consideró apropiado eliminar en el artículo 7 ModCDI 2010 la disposición del modelo precedente que permitía distribuir proporcionalmente los beneficios de la empresa entre sus diferentes partes, en la medida en que tal método no garantiza una tributación acorde con el principio de plena competencia (parágrafo 41). Al eliminarse esta cláusula también se suprimió la disposición recogida en el antiguo 7.6 ModCDI (versión anterior a 2010) que establecía una regla de continuidad y consistencia en la aplicación del método de atribución de beneficios al EP, en la medida en que actualmente no se permite aplicar diferentes métodos a estos efectos (parágrafo 42).

También se explica la supresión de la regla de no imputación de beneficios al EP por la simple compra de mercancías para la empresa prevista en el antiguo artículo 7.5 ModCDI. El Comité Fiscal OCDE considera que allí donde medie un EP, que realice funciones que superen las recogidas en el artículo 5.4.d) ModCDI, no resulta acorde con el principio de plena competencia no atribuir beneficios a un EP por la función de compra de mercancías, toda vez que un contratista independiente recibiría una retribución por tal actividad (parágrafo 43).

En el ámbito de la financiación del EP se introducen cambios relevantes en el artículo 7 ModCDI 2010 que se separa así de las versiones anteriores del mismo artículo. En el marco del antiguo artículo 7 ModCDI no se consideraban las funciones de tesorería que podría realizar la casa central, de manera que no se aceptaba la existencia de «préstamos internos» ni los intereses que derivaban de los mismos, salvo en el sector bancario. Tan solo se permitía que la casa central repercutiera los costes de financiación que soportaba, siempre que se pudiera establecer que tal financiación se empleaba para los fines del EP (enfoque de trazabilidad frente al de fungibilidad), lo cual planteaba problemas cuando la casa central disponía del capital y realizaba funciones de tesorería para las otras partes de la empresa. El nuevo artículo 7 ModCDI 2010 parte del reconocimiento de los «*internal dealings*» financieros, de manera que cuando la casa central realice funciones de tesorería para las otras partes de la empresa, tal financiación debe ser remunerada a mercado, lo cual genera un gasto deducible en la base del EP y un ingreso financiero en la casa central. El reconocimiento de tales «préstamos internos» debe atender a las circunstancias del caso (análisis de activos funciones y riesgos por la parte de la empresa que realiza las funciones de tesorería), debe tener en cuenta la fijación de un «capital libre» (que puede ser ajustado si está incorrectamente calculado a medio-largo plazo) y fijar una remuneración de mercado entre partes independientes, para lo cual habrá que considerar el «rating crediticio» del EP desde la perspectiva de un banco prestamista (aunque como ya indicamos el Informe OCDE 2008-2010 se posiciona a favor de conceder la misma calificación crediticia que a la empresa de la que forma parte el EP). Es evidente que el sistema establecido por el nuevo artículo 7 ModCDI 2010 es mucho más complejo que abandonar el método de reparto de costes y los sistemas semiformularios de reparto proporcional de tales costes (Bobbet/Avery Jones 2009).

A la hora de llevar a cabo el *two-step approach* o enfoque bifásico para la atribución de beneficios al EP, deben tenerse en cuenta, además de las reglas expuestas más arriba, las siguientes consideraciones.

La caracterización funcional del EP como empresa distinta y separada (primera ficción)

- Requiere realizar un análisis funcional y factual del EP como empresa distinta y separada del resto de la empresa y de las empresas asociadas.

- El análisis funcional/factual debe conducir a la identificación de las actividades/funciones y responsabilidades (activos y riesgos) con trascendencia económica asumidas por el EP.

- La atribución de activos y riesgos en este contexto no puede fundamentarse en la situación jurídica (ya que el EP y su casa central son la misma persona jurídica/física) y en tal sentido la OCDE ha desarrollado un mecanismo alternativo para atribuir los riesgos, la propiedad económica de los activos y el capital al EP (distinto y separado) para asociar al mismo los derechos y obligaciones derivados de las transacciones entre empresas independientes y la empresa de la que el EP forma parte y para reconocer y determinar la naturaleza de las "operaciones internas" entre el EP y la casa central.

- El criterio autorizado atribuye al EP los riesgos concomitantes a las funciones sustantivas realizadas por el personal del EP que determinan su asunción o gestión (tras la transferencia), así como la propiedad económica de los activos respecto de los que el personal del EP realiza funciones sustantivas que así lo determinan.

- **Determinación de las Funciones:**

• Funciones y actividades se consideran términos análogos a los efectos de la atribución de beneficios.

• Las condiciones en que se desarrollan las funciones también son relevantes para la asignación de activos y riesgos, y la comparabilidad (valoración).

• El análisis funcional debe determinar cuáles son las actividades y responsabilidades asociadas al EP entre las identificadas para la empresa.

• Hay que determinar en qué calidad se ejercen las funciones, como servicio prestado a otra parte de la empresa o como una función propia del EP.

• Cuando el EP se constituye a través de un lugar fijo de negocios (artículo5.1 CDI), la determinación de las actividades y las responsabilidades de la empresa vinculadas al EP debe desprenderse del análisis del lugar fijo que constituye el EP y de las funciones que en él se realizan.

• El análisis funcional y factual considera las funciones desarrolladas por el personal conjunto de la empresa, incluido el del EP ("funciones humanas") y valora qué importancia tienen, si es que tienen alguna, en la generación de beneficios de la empresa. Las "funciones humanas" comprenden desde las funciones de apoyo y auxiliares hasta las "funciones sustantivas" (significant people functions) que determinan la atribución de la propiedad económica de los activos, la asunción de riesgos o ambas (que implican la toma de decisiones activas sobre los riesgos y los activos y que deben desarrollarse desde el emplazamiento del EP y estar vinculadas a sus funciones o actividad económica = "funciones humanas sustantivas").

• Ejemplo: empresa fabricante de productos que distribuye en su mercado, pero que comercializa en otro mercado a través de un EP. Éste realiza la función de distribución, pero puede realizarla de muy diversa forma dependiendo de las actividades que realice a través de su personal, los riesgos que asuma y los activos que gestione (propietario económico) o utilice. Si la casa central asume funciones relevantes en relación con la actividad de distribución del EP, asumiendo aquella los riesgos de crédito e inventario, la atribución de beneficios al EP será similar a la de un distribuidor de riesgo limitado.

• La OCDE admite que puede existir un EP que no cuente con personal alguno (servidor), pero que desarrolle funciones automatizadas (o realizadas por sub-contratas), de suerte que ello no es obstáculo para atribuirle beneficios en función de las actividades, los activos y los riesgos asumidos. Es más, el Comité Fiscal OCDE llega a afirmar que en el caso del servidor, dada la naturaleza automatizada de las funciones, los activos y los riesgos atribuidos al EP son los directamente asociados a los componentes materiales del servidor. Dado que el servidor no realiza ninguna función humana sustantiva que determine la atribución de la propiedad económica del activo o la asunción de riesgos, en ausencia de personal que intervenga por cuenta de la empresa, no podrá atribuírsele ningún activo o riesgo en virtud del criterio autorizado, lo que refuerza la conclusión de que serán muy pocos o ninguno, los beneficios atribuidos a tal EP.

• La OCDE parte de una suerte de presunción (iuris tantum) que asocia o vincula el desarrollo de una serie de funciones sustantivas por una parte de la empresa (el EP o la casa central), con la asunción del riesgo derivadas de tales funciones y con la atribución (fiscal) de los activos (al EP o la casa central), de cara a establecer las relaciones con terceros, con la casa central y otras entidades vinculadas de las que resultan los correspondientes flujos de renta a los efectos de la atribución de beneficios al EP.

• Funciones humanas sustantivas>riesgos>activos

• Tal ecuación determina la atribución de la renta derivada de las transacciones con terceros/empresas asociadas y de las "operaciones internas" con la casa central.

- No obstante, la OCDE precisa que tal simetría y criterio de asignación varía de un sector a otro. También se matiza que a los efectos de la atribución de beneficios al EP hay que tomar en consideración todas las actividades del EP (comprendiendo operaciones con terceros), y no solo las funciones humanas sustantivas que sirven de criterio para asignar activos y riesgos entre el EP y la casa central.

Asignación de activos

En materia de asignación de activos, las principales posiciones pasan por asignar los activos tangibles atendiendo ya al criterio de las personas significativas funcionalmente, ya al relativo al lugar de uso del intangible. El Informe OCDE 2008-2010 parece escorarse por este último criterio, consistente en asignar los activos a la localización donde son utilizados, a menos que circunstancias específicas requirieran otro enfoque (por ejemplo, el activo es usado en varias localizaciones, esto es, por el EP y por otras partes de la misma empresa). En materia de activos intangibles, el Informe OCDE 2008-2010 distingue según que el intangible sea desarrollado por la empresa o que el intangible sea adquirido de otra empresa. En el primer caso se considera que el factor clave para la asignación resida en las personas funcionalmente significativas, ya que lo relevante es si el EP está encargado de la toma de decisiones sobre la asunción y gestión activa de los riesgos derivados de la creación del nuevo intangible. En el supuesto donde el intangible es adquirido de otra empresa, el enfoque recomendado radica igualmente en considerar las personas funcionalmente significativas en relación con la gestión del riesgo asumido: el análisis del intangible adquirido, la realización de cualquier actividad de desarrollo, así como la gestión de los riesgos asociados a tales actividades. Por tanto, las reglas y principios en materia de atribución de activos vendrían a ser las siguientes:

• Los activos se atribuyen a la parte de la empresa que desarrolla las funciones humanas sustantivas que determinan la propiedad económica.

• El análisis funcional y factual debe permitir determinar en qué medida se utilizan los activos de la empresa en las funciones realizadas por el EP y las condiciones de utilización (a título de propietario económico o como mero "cesionario" que utiliza temporalmente el activo).

• La "propiedad económica" de un activo equivale en el marco de las relaciones EP-Casa central equivale a asignar una suerte de afectación funcional similar al concepto de propietario aplicable entre personas físicas o jurídicas distintas. Y tal propiedad económica se determina mediante el análisis funcional y factual y depende esencialmente de las "funciones humanas sustantivas" vinculadas a la propiedad del activo.

• Activos Tangibles: el criterio enunciado se matiza a favor del criterio de la utilización del activo para atribuir la propiedad económica de los mismos.

• Activos Intangibles:

○ Intangibles comerciales desarrollados por la empresa: atribución con arreglo al criterio de las funciones humanas sustantivas relacionadas con la toma de decisiones activas sobre los riesgos de desarrollo del nuevo intangible

○ Intangibles comerciales adquiridos (v.gr, vía licencia): atribución a la parte de la empresa (casa central vs EP) donde se ejercen las funciones humanas sustantivas vinculadas a la toma activa de decisiones en relación con la asunción o la gestión de los riesgos asociados a la utilización del activo intangible adquirido.

○ Intangibles de marketing (marcas): aplican los mismos criterios que en relación con intangibles de comercialización pero considerando las funciones relacionadas con la creación, control, desarrollo y mantenimiento de las marcas.

Lógicamente, el propietario económico del activo tiene derecho a utilizarlo y se presume que la renta derivada de su utilización o uso (o cesión) le corresponde a efectos de determinar su base imponible. Igualmente, los gastos asociados a la tenencia de esos activos (amortizaciones), de su préstamo o de su venta a terceros son atribuíbles a tal propietario económico.

Atribución de capital libre

Una vez que se han asignado funciones, activos y riesgos al EP, hay que atribuirle capital propio suficiente para desarrollar tales funciones (*free capital*). Este nuevo concepto de capital libre determinará el umbral de los intereses que pueden deducirse de la base imponible del EP. El capital libre constituye por tanto una suerte de *equity* del EP cuyo retorno no da lugar a intereses fiscalmente deducibles. De acuerdo con este nuevo modelo de atribución de beneficios, un EP no puede financiarse totalmente con deuda sino que tiene que tener un *equity* ajustado a sus activos, funciones y riesgos.

La asignación de capital libre al EP debe realizarse de acuerdo con un procedimiento bifásico. En primer lugar, deben identificarse y cuantificarse los riesgos derivados de las funciones, y los activos asignados/afectos al EP deben ser evaluados. En segundo lugar, debe asignarse capital libre en aplicación de los métodos recogidos en el informe OCDE 2008-2010 de atribución de beneficios al EP, a saber:

a) El método de asignación de capital: de acuerdo con este método, el capital libre se asigna teniendo en cuenta la proporción de activos y riesgos atribuidos al EP determinados de acuerdo con el análisis funcional y fáctico;

b) El enfoque de subcapitalización: esta metodología requiere que el EP posea la misma dotación de capital propio que una empresa independiente en el Estado de ubicación del EP y que desarrolle las mismas actividades en condiciones equiparables;

c) El método del «puerto seguro»: este enfoque, también conocido como de «cuasi-subcapitalización», requiere que los EPs de empresas financieras deben poseer cuando menos la misma proporción de recursos propios (capital libre/*equity*) que la que se requiera a efectos regulatorios a una institución financiera en el Estado de ubicación del EP.

El Comité Fiscal OCDE no ha sido capaz de lograr el consenso suficiente a la hora de fijar una metodología única para determinar el capital libre, de manera que estamos ante otro elemento del nuevo sistema que es susceptible de generar conflictos entre las administraciones tributarias y el contribuyente, lo cual resultará en nuevos casos de doble imposición internacional (en relación con los distintos métodos adoptados por los diferentes países en relación con la dotación de capital libre y las ventajas e inconvenientes de los mismos puede consultarse el trabajo de Huibregtse et alter (2015); cabe llamar la atención sobre la singularidad del modelo alemán que recoge un sistema distinto de dotación de capital libre para EPs inbound (capital allocation method) y outbound (mínimum capital method), lo cual ha sido criticado por la doctrina; vid van der Ham/Retzer 2014). Australia ha publicado una *Practical Compliance Guideline* en relación con la atribución de capital a EPs outbound de entidades financieras (ATO PGC 2018/1).

Atribución de Riesgos:

• La OCDE menciona un buen número riesgos como los de inventario, de crédito, cambiario y de tipo de interés, de mercado, de garantía, regulados, etc.

• Los riesgos se imputan a una parte de la empresa (EP o casa central) a partir del análisis funcional/factual de las "funciones humanas sustantivas" que determinan su asunción, y que tendrá en cuenta toda transacción u operación interna vinculada a la transferencia ulterior del riesgo o a la transferencia de su gestión a otras partes de la empresa o a otras empresas.

• La asunción de riesgos por la empresa resulta imputable al EP con arreglo a las funciones humanas sustantivas desarrolladas por su personal desde su emplazamiento (el lugar fijo de negocios), salvo que tal riesgo haya sido transferido por el EP a otra parte de la empresa lo cual requiere que la casa central gestione activamente tal riesgo a través de "funciones humanas sustantivas". Los registros contables donde se anoten los riesgos a través de provisiones no son suficientes, por tanto, para asignar los riesgos a los efectos de la atribución de beneficios al EP. El riesgo, como regla, está vinculado a la función humana sustantiva.

• Debe distinguirse entre riesgos relacionados con la pérdida de valor los activos asignados al EP, y los riesgos derivados de las actividades que realiza el EP y que no están vinculados a activos (por ejemplo, riesgo de responsabilidad de operaciones o actividades). **Debe considerarse que el EP asume aquellos riesgos respecto de los cuales su personal (desde su emplazamiento) realiza actividades humanas sustantivas que así lo determinan, como el riesgo de negligencia de sus empleados.**

• Ejemplo: Casa central fabrica y EP distribuye: riesgos de depreciación de maquinaria y de producto asignable a casa central, y riesgos de crédito y de inventario al EP.

• Las funciones humanas sustantivas relacionadas con la asignación de riesgos se refieren a la aceptación inicial y la gestión ulterior de los riesgos, lo cual se determina a partir de la identificación de la parte de la empresa (el equipo o personas) que "toma activamente las decisiones" sobre la gestión del riesgo:

• Ejemplo: quién determina el riesgo de inventario o de crédito. Si las personas que toman la decisión final sobre la asunción de riesgos (con o sin asistencia de la casa central o terceros) desarrollan su actividad en el marco del EP (a partir de criterios de asignación funcional y de coste), tal riesgo le corresponde al EP y no a la casa central.

• La "toma de decisiones activa" a efectos de la asignación de riesgos es diferente del establecimiento de parámetros generales relativos a niveles de existencias o solvencia, de manera que la casa central puede establecer estos parámetros siendo el personal del EP el que gestione activamente estos riesgos a través de la correspondiente toma de decisiones, que habrá que determinar a través de un análisis fáctico y funcional.

• Se considera que el capital sigue al riesgo, de manera que a la parte de la empresa (EP vs. Casa central/head office) que, de acuerdo con el criterio expuesto, se le asigne el riesgo se le atribuiría el capital necesario para tal asunción de riesgos.

• La OCDE reconoce que fuera del sector financiero resulta compleja la labor de evaluación y asignación de riesgos.

Atribución de derechos y obligaciones al EP:

• Los beneficios (o pérdidas) del EP se calculan por referencia a todas sus actividades, comprendidas las operaciones con otras empresas no vinculadas, las transacciones con empresas vinculadas y las operaciones internas con otras partes de la empresa a la que pertenecen.

• En el marco del análisis funcional y factual resulta necesario atribuir al EP aquellos derechos y obligaciones de la empresa de la que forma parte que surjan de las operaciones efectuadas por la empresa con empresas independientes y que sean atribuíbles al EP.

• El análisis de las funciones del EP, considerando sus activos utilizados y los riesgos asumidos, debe conducir a identificar las operaciones realizadas por el EP con terceros, a los efectos de la atribución de beneficios.

Las "Operaciones Internas" entre el EP y el resto de la empresa de la que forma parte (Casa Central y otros EPs de la misma empresa):

• Asimilación (matizada) de relaciones matriz-filial y casa central-EP, a efectos de atribuir beneficios al EP.

• El análisis funcional/factual determina si ha ocurrido un hecho real e identificable, que deba calificarse como "operación interna" con trascendencia económica entre el EP y otra parte de la empresa.

• Un registro contable y la documentación justificativa del mismo donde conste la operación interna en la que se transfieran riesgos, responsabilidades y beneficios puede constituir un punto de partida a estos efectos. Tal documentación contable resultará particularmente relevante cuando sea consistente con el análisis funcional y factual.

En relación con la valoración de los servicios prestados al EP por otras partes de la empresa (y viceversa), la OCDE considera aplicable por analogía lo establecido en las Directrices OCDE de Precios de Transferencia, mencionando en especial lo recogido en los Capítulos VII y VIII, a fin de determinar si deben remunerarse las funciones de asistencia y, si es así, en qué medida. Ello en principio podría permitir excluir como "servicio" las "actividades de accionista" que lleva a cabo una matriz en relación con sus filiales, aunque tal conclusión no se recoge en estos términos en el Informe OCDE 2008 (véanse los parágrafos 251-256).

Valoración de mercado de las operaciones internas

Una vez que se ha llevado a cabo el paso (1), deben aplicarse analógicamente las Directrices OCDE PT para determinar la remuneración de mercado que corresponde a los «acuerdos o relaciones internas» entre el EP y las otras partes de la empresa, así como en sus operaciones con otras empresas asociadas. De conformidad con el Informe OCDE 2008-2010 de atribución de beneficios al EP y los propios Comentarios al artículo 7 ModCDI 2010, el punto de partida para reconocer un «acuerdo» o «relación» (*internal dealing*) EP-casa central viene dado por la contabilidad y la documentación interna del EP que sustancie o soporte la existencia de tal «operación». No obstante, el análisis fáctico y funcional debe validar y prevalece sobre la documentación en cuanto a la existencia de la «operación» para que esta sea reconocida por las autoridades fiscales (Nouel 2011 p. 9). La existencia de una "operación interna" entre la casa central y el EP (u otras partes de la empresa) depende la propia legislación interna de los estados contratantes, dado que es el Derecho interno de los Estados el que crea los hechos imponibles; de esta forma, por ejemplo, la existencia de un "exit tax" en la transferencia de activos entre la casa central y el EP depende lo establecido en la legislación interna del Estado de que se trate, de suerte que el CDI debe permitir tal eventual gravamen (Reimer, pp.85 y ss); nótese a este respecto que la OCDE y la UE han desarrollado iniciativas dirigidas a eliminar las asimetrías en el campo de reconocimiento de operaciones internas y de imposición de salida (véase así el desarrollo OCDE de la acción 2 de BEPS a través de un informe sobre *Branch Mismatch Struc-*

tures (2017), y la cláusula de imposición de salida recogida en el artículo5 de la Directiva 2016/1164, ATAD).

A estos efectos habrá que aplicar los métodos para la valoración de mercado empleados en las Directrices OCDE de precios de transferencia, previo análisis de comparabilidad, el cual, por fuerza, debe realizarse teniendo en cuenta las singularidades propias del EP como, por ejemplo, la inexistencia de contratos que caractericen y delimiten las operaciones realizadas. De esta forma, el ejercicio de análisis de comparabilidad que en la práctica está teñido de subjetividad y presenta muchas dificultades en lo que se refiere a la selección de («auténticos») comparables mínimamente fiables, recibirá una dosis adicional de la referida subjetividad, lo cual puede terminar en una atribución de beneficios al EP en gran medida arbitraria.

Respecto de los métodos para determinar la valoración normal de mercado resultan de aplicación los previstos en las Directrices OCDE de Precios de Transferencia. Entre los aspectos novedosos a reseñar, cabe indicar en primer lugar que el nuevo artículo 7 ModCDI 2010 no solo permite la deducción en sede de EP de gastos financieros soportados por la empresa de la que forma parte -con anterioridad a la modificación de 2010 tal deducción también era posible vía gastos generales de gestión y administración-, sino que ahora también podrían llegar a deducirse tales gastos soportados añadiendo un margen o *mark up*, allí donde la casa central desempeñara funciones activas de tesorería contando con medios humanos y materiales *ad hoc*.

Resumen del análisis en dos fases por las que pasa la aplicación del enfoque autorizado:

Primera fase.

Análisis funcional y factual conducente a:

- La atribución al EP, según corresponda, de los derechos y obligaciones derivados de las transacciones entre la empresa de la que forma parte y empresas independientes;
- La identificación de las funciones humanas sustantivas que determinan la asunción del riesgo y su atribución al EP;
- La identificación de las funciones humanas sustantivas que determinan la asunción del riesgo y su atribución al EP;
- La identificación de otras funciones del EP;
- La consideración y determinación de la naturaleza de aquellas operaciones internas entre el EP y otras partes de la misma empresa que, una vez superado el umbral, satisfagan los criterios para su consideración como tales; y
- La atribución de capital sobre la base de los activos y riesgos atribuidos al EP.

Segunda fase

Fijación del precio de plena competencia de las operaciones internas consideradas como tales, mediante los siguientes métodos:

- Determinación de la comparabilidad entre las operaciones internas y las transacciones en el mercado libre, aplicando directamente los factores de comparabilidad contenidos en las Directrices (características de la propiedad o de los servicios, condiciones económicas y estrategias empresariales) o por analogía (análisis funcional, condiciones contractuales) a la luz de las circunstancias concretas del EP; y
- Aplicación por analogía de uno de los métodos tradicionales de las Directrices basados en las operaciones o, cuando estos métodos no puedan aplicarse de forma fiable, uno de los métodos del beneficio conjunto de las operaciones, a fin de determinar la contraprestación de plena competencia de las operaciones internas entre el EP y el resto de la empresa, teniendo en cuenta las funciones desarrolladas por el EP y los activos y riesgos que se le han atribuido.

Artículo 7 ModCDI 2010 como régimen que limita la atribución de rentas al EP: la deducción de gastos y la renta nocional

Asimismo, tanto el Informe OCDE 2008-2010 (parágrafo 9) como los Comentarios (parágrafo 30) al artículo 7 ModCDI 2010 insisten en que el Convenio no viene a establecer el régimen tributario del EP, dado que tal función le corresponde a la legislación interna de los Estados, pero sí establece un umbral o límite en la atribución de beneficios al EP. Es decir, la legislación interna de los Estados contratantes es la que regula el hecho y la base imponible del EP así como las deducciones y la cuota tributaria, pero el CDI estaría estableciendo una suerte de límite en la atribución de beneficios y en la prohibición de no discriminación (Nouel 2011, p. 10). Tal posicionamiento no es del todo consistente, y de hecho la propia OCDE se contradice cuando en los Comentarios al artículo 7 ModCDI 2010 (parágrafo 31) establece que los Estados estarían vulnerando el artículo 7.2 ModCDI allí donde a) aplicaran normas internas que no reconocieran las «operaciones internas» EP-Casa central, cuando deben ser reconocidas para la atribución de beneficios al EP de acuerdo con el artículo 7.2 ModCDI, y b) denegaran la deducción de gastos no incurridos exclusivamente para el beneficio del EP.

A nuestro juicio, lo que acontece es que el artículo 7 ModCDI sí ha establecido los principios configuradores de un auténtico régimen de tributación del EP con efectos en los dos Estados contratantes que proyectan su normativa sobre la empresa de un Estado contratante que opera en el otro a través de tal base fija de negocios. La normativa interna que regula y somete a imposición al EP debe aplicarse de acuerdo con el convenio, esto es, debe tratar al EP como una empresa funcionalmente distinta y separada a su casa central en los términos previstos en el CDI. Ello no significa que todos los gastos asignables al EP sean deducibles fiscalmente, toda vez que tal cuestión no es regulada por el CDI, aunque tal deducibilidad está sujeta a la regla de no discriminación del artículo 24 ModCDI.

Con todo, el no reconocimiento y/o deducibilidad fiscal de los gastos nocionales imputados al EP como consecuencia de las operaciones internas con la casa central (v.gr, intereses o fees por servicios o precio de compra de mercancías) termina con la determinación de una base imponible que normalmente supera la que resulta del enfoque autorizado OCDE (véase el ejemplo numérico que recoge Nouel 2011, p. 11). Es decir, el modelo de atribución de beneficios al EP parte de una determinación simétrica de la base imponible de éste en dos Estados que acepta la imputación al EP de gastos nocionales e ingresos nocionales a los solos efectos de fijar la base imponible gravable en el Estado de la fuente (y sobre la que debe aplicar los métodos de eliminación de la doble imposición el Estado de residencia de la empresa), pero tales gastos e ingresos nocionales no se tienen en cuenta a otros efectos como, por ejemplo, para determinar la base imponible propia o específica de la casa central en el Estado de residencia, ni tampoco permite al Estado de ubicación del EP gravar renta nocional (v.gr. un interés) derivada de «operaciones internas» con la casa central como si se tratara de un típico caso de retención en la fuente por el pago de dividendos, intereses o cánones entre residentes de dos países distintos (parágrafo 28 Comentarios al artículo 7 ModCDI 2010). El artículo 7 ModCDI 2010 en definitiva no crea el hecho imponible ni configura de forma completa la base imponible del EP, pero sí establece una serie de principios que limitan el poder tributario del Estado de la fuente (y del de residencia) sobre la obtención de renta por el EP. Cuando la legislación interna no ha desarrollado tales principios o los ha desarrollado incorrectamente el Estado de la fuente podría someter a imposición al EP superando el límite establecido por el CDI y por tanto de forma contraria a éste, lo cual constituye un caso de *treaty overriding* generador de doble imposición internacional.

c) La cláusula del artículo 7.3 ModCDI 2010.

El artículo 7.3 ModCDI 2010 constituye una cláusula de nueva planta que posee un alcance y funcionalidad muy similar al artículo 9.2 ModCDI. Estamos ante una disposición que pretende garantizar la eliminación de la doble imposición cuando los dos Estados consideran que han atribuido beneficios al EP de acuerdo con las disposiciones del convenio -fundamentalmente de conformidad con el artículo 7.2 ModCDI- pero existe una distinta interpretación de tales disposiciones que conduce a una asimétrica atribución de beneficios en los dos Estados contratantes que es potencialmente generadora de doble imposición internacional.

Ciertamente, una de las críticas más aceradas que se formularon sobre el borrador del nuevo artículo 7 ModCDI fue precisamente que permitía un amplio abanico de interpretaciones y aplicaciones asimétricas de los principios recogidos en el artículo 7.2 ModCDI y desarrollados en el Informe

OCDE 2008-2010 de Atribución de Beneficios al EP, de manera que el nuevo modelo de tributación del EP intensificaba los riesgos de doble imposición internacional. En particular, se señaló que tal riesgo derivaba de la indefinición y falta de posición uniforme por parte de la OCDE en lo que se refiere a la metodología para atribuir capital libre al EP. La respuesta del Comité Fiscal OCDE ha sido la reformulación completa del artículo 7.3 ModCDI 2010, configurándolo como una cláusula que aporta una obligación de eliminación de la doble imposición internacional de un Estado contratante cuando el otro Estado contratante llevó a cabo un ajuste de los beneficios del EP que es acorde con los principios establecidos en el artículo 7.2 ModCDI. De esta forma, el primer Estado contratante tendría una obligación de realizar un ajuste correlativo y una base legal para llevarlo a cabo.

Con todo, el Comité de Asuntos Fiscales de la OCDE ha indicado que el artículo 7.3 ModCDI no está concebido para aplicarse con carácter general sino en determinados supuestos. Así, el referido comité observa que la combinación de los artículos 7 y 23 A y B ModCDI con carácter general conducirá a la eliminación de la doble imposición internacional, allí donde se ha realizado una correcta atribución de los beneficios al EP, la cual debe operar tanto a los efectos de la tributación en la fuente como para la eliminación de la doble imposición internacional en el Estado de la residencia del contribuyente (paras. 44 y 45 de los comentarios al artículo 7 ModCDI 2010). El mecanismo preventivo frente a una asimétrica atribución de beneficios al EP que derivase en doble imposición internacional resulta de la interpretación de los principios de atribución de beneficios al EP siguiendo la guía establecida en el Informe OCDE 2008-2010. Ciertamente, una de las principales causas que puede generar doble imposición internacional en este contexto reside en la asimétrica interpretación de estos principios de atribución de beneficios al EP por los dos Estados contratantes. De esta forma, cuando el contribuyente siga esta guía y determine los beneficios atribuibles al EP de forma consistente con lo establecido en el artículo 7.2 ModCDI, las administraciones tributarias de los Estados contratantes no pueden sustituir su juicio por el del contribuyente en lo que se refiere a las condiciones de observancia del principio de plena competencia (parágrafo 47 de los comentarios al artículo 7 ModCDI 2010). Es decir, allí donde el contribuyente aporte documentación que acredite, a través de un análisis funcional y fáctico, la existencia de un «*internal dealing*» que es conforme en sí mismo y valorativamente (precio) con el principio de plena competencia establecido en el artículo 7.2 ModCDI, las administraciones no deben ir más allá debiendo respetar tal atribución de beneficios eliminando la doble imposición internacional sin realizar ajuste alguno, siempre que ambas estén de acuerdo en que se han respetado los principios establecidos en el Informe OCDE 2008-2010 y en las Directrices OCDE PT.

Sin embargo, la complejidad del nuevo modelo de tributación del EP puede traer consigo discrepancias entre ambos Estados contratantes sobre la interpretación y aplicación de los principios del artículo 7.2 ModCDI 2010. Un caso paradigmático lo constituirá la determinación del «capital libre». Así puede ocurrir que el contribuyente haya seguido los principios de atribución de beneficios al EP establecidos en el artículo 7.2 ModCDI, pero las administraciones tributarias discrepen sobre la interpretación de los principios del artículo 7.2 ModCDI 2010 y en tal sentido una de las dos Administraciones podría realizar un ajuste en la atribución de beneficios que resultase en doble imposición internacional. El artículo 7.3 ModCDI constituye un mecanismo que permitiría resolver este caso de doble imposición a través de un ajuste correlativo por parte del otro Estado. El Comité Fiscal OCDE insiste en que el mecanismo que resulta del artículo 7.3 ModCDI 2010 opera en casos donde existe un problema interpretativo y las diferentes interpretaciones mantenidas pueden ser consideradas «de conformidad con el apartado 2 del artículo 7», lo cual puede acontecer particularmente en la determinación del capital libre asignable al EP (paras. 48-50 Comentarios al artículo 7 ModCDI 2010). Lo más frecuente, no obstante, pensamos que será que las Administraciones discrepen sobre el hecho de que el ajuste del capital libre que ha realizado una autoridad fiscal produzca resultados acordes con el principio de plena competencia, en cuyo caso el mecanismo del artículo 7.3 ModCDI 2010 no opera debiendo acudirse a los establecidos en los paras. 1 y 5 del artículo 25 ModCDI. En este sentido, puede considerarse que la nueva cláusula del artículo 7.3 ModCDI 2010 no aporta una garantía de eliminación de la doble imposición en casos de diferente atribución de beneficios al EP por los dos Estados contratantes, sino que únicamente crea un marco legal que ampara ajustes correlativos en casos donde exista acuerdo sobre el carácter *arm´s length* del ajuste inicial llevado a cabo por la Administración tributaria del otro Estado contratante; de esta forma, al margen de tal ventaja puntual no puede considerarse que aporte una solución más garantista que la prevista en las versiones anteriores del artículo 7 ModCDI, de acuerdo con las cuales debe acudirse al procedimiento amistoso para resolver este supuesto de doble imposición internacional.

Nótese que la redacción del artículo 7.3 ModCDI 2010 difiere en este punto de lo establecido en el artículo 9.2 ModCDI, al requerir expresamente que el ajuste que lleve a cabo un Estado contratante se realice «de conformidad con el apartado 2» en tanto que el artículo 9.2 ModCDI recoge tal requisito de forma menos precisa pero igualmente condicional.

Lógicamente, cuando el ajuste realizado por uno de los Estados contratantes -por cualquiera de ellos- no puede considerarse como acorde con los principios establecidos en el artículo 7.2 ModCDI, el otro Estado contratante no tiene obligación alguna de llevar a cabo un ajuste correlativo que elimine la doble imposición internacional.

El Comité de Asuntos Fiscales de la OCDE deja igualmente claro que la obligación de ajuste correlativo para eliminar la doble imposición que establece el artículo 7.3 ModCDI opera en casos donde el contribuyente no ha determinado los beneficios atribuibles al EP de forma correcta, esto es, observando los principios del artículo 7.2 ModCDI y uno de los Estados contratantes realiza un ajuste que sí resulta conforme con lo previsto en tal cláusula. En estos casos, el otro Estado contratante también debería modificar la base imponible de la empresa ajustándola a lo establecido en el artículo 7.2 ModCDI, teniendo en cuenta tal modificación a los efectos de la aplicación de los métodos para eliminar la doble imposición internacional establecidos en el CDI (parágrafo 53 de los Comentarios al artículo 7 ModCDI 2010). De hecho, el Comité Fiscal OCDE considera que este otro Estado (el de residencia) debe actuar en tal sentido de acuerdo con los artículos 7 y 23 A y B del CDI aplicable, aunque reconoce que la legislación del Estado donde está localizado el EP -cuando éste es el Estado que debe realizar el ajuste correlativo- puede no contemplar tal supuesto (el ajuste correlativo cuando el ajuste inicial lo realiza el Estado de residencia) o puede no tener mucho interés en llevarlo a cabo considerando sus efectos recaudatorios. E incluso puede acontecer que ambos Estados discrepen sobre la interpretación del artículo 7.2 ModCDI a los efectos de la atribución de beneficios al EP. El artículo 7.3 ModCDI suplementaría esta falta de base legal del Estado de situación del EP para realizar el ajuste correlativo únicamente donde reconociera que el ajuste inicial realizado por el otro Estado es conforme con los principios del artículo 7.2 ModCDI 2010.

Sin embargo, allí donde los dos Estados contratantes discrepen sobre la aplicación del principio de plena competencia en la atribución de beneficios al EP, lo cierto es que el artículo 7.3 ModCDI 2010, al igual que el artículo 9.2 ModCDI, no resuelve la doble imposición internacional que se genera en estos casos, dado que la obligación de realizar el ajuste correlativo no es incondicional sino dependiente de que tal ajuste inicial sea reconocido por el otro Estado contratante como «acorde» con el principio de plena competencia. En estos casos, habrá que acudir al procedimiento amistoso del artículo 25.1 y/o al procedimiento arbitral del artículo 25.5 ModCDI para resolver estos problemas de doble imposición en los mismos términos que cuando se trata de empresas asociadas (paras. 56-59 de los comentarios al artículo 7 ModCDI 2010). No será frecuente que un Estado contratante lleve a cabo un ajuste correlativo automático o semi-automático en aplicación de lo previsto en el artículo 7.2 y 3 ModCDI o el propio artículo 9.2 ModCDI, pero debe valorarse positivamente estas cláusulas que habilitan la realización de tales ajustes y aportan la necesaria base legal para ello, por más que en la mayoría de las ocasiones los ajustes correlativos se sustancien en los procedimientos amistoso y arbitral que establecen los CDI (y el Convenio de Arbitraje y/o la Directiva 2017/1852/UE).

El Comité de Asuntos Fiscales de la OCDE también ha querido clarificar que el nuevo apartado del artículo 7.3 ModCDI no afecta al derecho de los contribuyentes a emplear los medios de defensa que establezca la legislación interna frente a un ajuste que considere que no resulta acorde con lo establecido en el CDI (parágrafo 52 de los Comentarios al artículo 7 ModCDI 2010). En estos casos, el contribuyente puede utilizar los recursos previstos en la legislación interna del Estado contratante de que se trate y el mecanismo de resolución de controversias recogido en el artículo 25 ModCDI.

Los comentarios al artículo 7.3 ModCDI 2010 recogen otra serie de consideraciones que resultan de interés en lo que afecta al alcance e interpretación de esta cláusula, a saber:

Se reconoce que la obligación de eliminación de la doble imposición internacional que establece esta disposición es exigible con independencia del Estado contratante que ha realizado el ajuste inicial.

La obligación de realizar el ajuste correlativo por parte del otro Estado contratante requiere, además del reconocimiento de que el ajuste inicial es conforme con el artículo 7.2, de la existencia de doble imposición internacional. A nuestro juicio, lo normal es que el ajuste correlativo, en el caso de que se produzca, se sustancie en el marco de un procedimiento amistoso en el que se verifique la concurrencia de estos presupuestos, así como se acuerde la forma, tiempo, cuantía y tratamiento del ajuste correlativo (ver igualmente los paras. 64 y 68 de los comentarios al artículo 7 ModCDI 2010). De hecho, el propio Comité Fiscal OCDE recoge una redacción alternativa del apartado 3 del artículo 7 ModCDI 2010 en tal sentido, de manera que el Estado que debe hacer el ajuste correlativo puede negarse a llevarlo a cabo, incluso cuando considere que el ajuste primario es conforme con el principio de plena competencia. De esta forma, el referido Estado contratante salvaguarda su posición sobre la negociación del ajuste (cuantía y método) con el otro Estado contratante, de suerte que ambos están obligados a eliminar la doble imposición en el marco del procedimiento amistoso más allá de lo que exige el parágrafo 2 del artículo 25 ModCDI (parágrafo 69 de los comentarios al artículo 7 ModCDI 2010). Es decir, la cláusula alternativa al artículo 7.3 ModCDI, en términos jurídicos, es más garantista en términos de obligación de eliminación de la doble imposición internacional, y en tal sentido resulta recomendable su utilización en el marco de los CDI que sigan este modelo de tributación del EP.

La cláusula del artículo 7.3 ModCDI 2010 no prejuzga ni regula el modo, procedimiento y plazos para la realización del ajuste correlativo, aunque sí se hacen algunas observaciones al respecto (paras. 60-63 de los comentarios al artículo 7 ModCDI 2010). En concreto, se indica que la eventual aplicación de ajustes secundarios constituye una cuestión que no se plantea en el marco de un procedimiento que conduce a un ajuste de los beneficios atribuidos al EP, lo cual no constituye más que una fórmula elegante de eludir tal problemática (parágrafo 61 de los comentarios al artículo 7 ModCDI 2010).

Se advierte que la cuestión del ajuste correlativo solo afecta a la atribución de beneficios de acuerdo con el principio de plena competencia, pero no se proyecta sobre otras cuestiones como la sujeción fiscal de la renta o la deducibilidad fiscal de los gastos que son ordenadas por la legislación fiscal de los Estados contratantes (parágrafo 66 de los comentarios al artículo 7 ModCDI 2010).

d) La cláusula del apartado del artículo 7.4 ModCDI 2010.

Esta cláusula se corresponde con el apartado del artículo 7.7 de las versiones anteriores del Modelo de Convenio, sin que se haya introducido ningún cambio sustancial. Cabe advertir, no obstante, que los comentarios a este apartado 4 sí recogen algunas modificaciones menores como cambios de redacción y matizaciones (paras. 71-77 al artículo 7 ModCDI 2010).

e) Algunas consideraciones sobre el nuevo modelo de atribución de beneficios al EP.

Un sector doctrinal (Van Wanrooij 2009, Edgar/Holland 2005) ha cuestionado que pueda aplicarse realmente este nuevo modelo de atribución de beneficios al EP en la práctica, considerando las dificultades para considerar jurídicamente independiente al EP, así como teniendo en cuenta que el EP y la empresa de la que forman parte constituyen un negocio integrado que opera con economías de escala. A este respecto, algunos autores señalan que el nuevo modelo de tributación del EP resulta más complejo que el anterior, al tiempo que sus resultados posiblemente sean más arbitrarios.

En particular, se ha destacado cómo la aplicación del principio de plena competencia tal y como se recoge en las Directrices OCDE de Precios de Transferencia para atribuir beneficios al EP, plantea muchos problemas. Así, por un lado, la aplicación de las Directrices OCDE Precios de Transferencia no puede hacerse directamente, debido a las diferencias entre el EP y una empresa. De hecho, tal aplicación se hace a través del análisis de dos fases o pasos que antes expusimos, consistente en (1) crear una hipótesis o ficción de EP como empresa separada e independiente a través de un análisis fáctico y funcional (*hypothesizing step*), y (2) determinar la remuneración de mercado por sus actividades, a través de un análisis de comparabilidad. Estos dos pasos tienen que llevarse a cabo tanto para atribuir beneficios en relación con las operaciones entre el EP y empresas asociadas como en el caso de las «relaciones internas» con la empresa de la que forma parte. El paso (1) en la práctica puede resultar complejo, toda vez que el EP no es más que una ficción fiscal y no una auténtica empresa distinta y separada que pueda legalmente ostentar activos y concluir contratos. Será en tal sentido difícil establecer los riesgos en los que incurre el EP y los fondos propios (*equity*) que hay que atribuirle, así determinar la existencia de funciones y relaciones internas con las otras partes de la empresa. Ello debe ser realizado, según el enfoque autorizado de la OCDE, a través del análisis funcional y fáctico, siguiendo las **Directrices OCDE de Precios de Transferencia**. No obstante, la aplicación de lo establecido en éstas en sede de análisis funcional no puede realizarse del mismo modo que en el contexto de una auténtica empresa independiente, toda vez que en este ámbito no se requiere llevar a cabo el paso (1) de crear un ficción de empresa separada e independiente ya que ya existe una entidad jurídicamente independiente que realiza operaciones con empresas asociadas (y con terceros). Precisamente por ello en las Directrices OCDE PT el análisis funcional constituye una parte del análisis de comparabilidad, que es llevado a cabo para determinar la remuneración de mercado que debe obtener la empresa en sus operaciones con empresas asociadas. Análisis de comparabilidad donde el factor funcional solo es un elemento (aunque muy relevante) del mismo, jugando otros elementos (v.gr, características de los productos o servicios, términos contractuales, estrategias mercantiles, circunstancias económicas, etc.).

En cambio en el contexto del EP, el análisis funcional juega también un papel preliminar en la caracterización de aquel como empresa separada e independiente. Además, el análisis funcional en el marco de las Directrices OCDE PT tiene muy en cuenta y se construye a partir de las relaciones contractuales (siempre que posean sustancia económica y no haya divergencia con la realidad), en cambio en el contexto del EP no existen tales relaciones contractuales y debe asumirse la existencia de una suerte de «hechos legales» que implican «*internal dealings*» y una caracterización funcional del EP, todo ello muy «circular» y susceptible de distintos enfoques subjetivos y, en consecuencia, fuente de conflictos entre las distintas autoridades fiscales y el contribuyente.

Ciertamente, la ficción de empresa (funcionalmente separada) plantea un serio problema de partida en el sentido de que hay que recrear o construir una suerte de «relación legal», negocio o contrato en un contexto donde no puede existir tal relación legal al tratarse de una misma persona jurídica, lo cual complica no solo la fase uno sino también la valorativa (comparabilidad, asignación de activos, funciones y riesgos) ante la falta de un contrato así como de relaciones comparables a la del EP-casa central. De esta forma, la identificación y caracterización de una relación/*dealing* EP-Casa central se convierte en una tarea fundamentalmente fáctica (*fact-specific*) (Nouel 2011, p.7).

La vía que encontró el Comité Fiscal OCDE para dotar de más consistencia a este análisis funcional en sede de atribución de beneficios al EP fue a través del «análisis de las funciones de las personas significativas» (*significant people function's analysis, SPFs*), un concepto nuevo que no aparece en las Directrices OCDE PT. En este sentido, un elemento clave para la asignación de funciones al EP dependerá de este elemento (funciones desarrolladas por personas significativas), lo cual no siempre conducirá a una asignación de activos, funciones y riesgos realista en términos económicos o empresariales (Van Wanrooij 2009). Téngase en cuenta que los riesgos no siempre siguen a las funciones, dado que éstas pueden ser subcontratadas o el riesgo asegurado. Con todo, lo normal será que se asignen al EP los riesgos co-relacionados con las funciones que se desempeñan a través del lugar fijo de negocios que constituye el EP (Nouel 2011, p. 8).

Resulta meridiano que un sistema tan complejo como el arbitrado por la OCDE a través del nuevo artículo 7 ModCDI 2010 requiere de la adopción de medidas legislativas específicas por parte de los Estados que pretendan aplicarlo concluyendo sus CDIs siguiendo este modelo (Arnold 2011).

En suma, este sistema de atribución de beneficios pivota sobre una doble ficción -EP como empresa independiente y EP al que hay que atribuirle beneficios que realizarían empresas independientes- cuando la realidad jurídica y económica es distinta (el EP no es una empresa independiente sino parte de un negocio empresarial integrado), y en tal sentido ofrece dudas que una ficción fiscal de tal magnitud resulte razonable y acorde con el principio de capacidad económica, máxime considerando los importantes costes de gestión del nuevo sistema y el mayor riesgo de doble imposición internacional intrínseco a él. Es decir, el planteamiento OCDE que se construye a partir de una doble ficción [a] EP empresa independiente que realiza operaciones con la casa central y otras partes de la empresa, y b) EP-Casa Central concluyen sus operaciones a precios de mercado] está alejado de la realidad jurídica y económica, y en tal sentido no generará una gran complejidad aplicativa a los contribuyentes y las autoridades fiscales de los diferente Estados involucrados con el eventual riesgo de doble imposición. Desde un punto de vista que tenga en consideración la practicabilidad del modelo y la reducción de cargas formales, cabe observar que la aplicación de este nuevo modelo de atribución de beneficios al EP lejos de simplificar el sistema de tributación del EP lo hace más complejo y aumenta las cargas formales y de comprobación; piénsese en este sentido que este modelo termina conduciendo a elaborar una suerte de *tax balance sheet* o contabilidad fiscal del EP que en gran medida se desviará de la contabilidad mercantil. Pero además desde un punto de vista de razonabilidad constitucional así como desde una perspectiva de política legislativa el nuevo modelo de atribución de beneficios al EP resulta seriamente cuestionable. Como ha puesto de relieve Arnold (2011), este nuevo modelo de tributación de los EPs no solo es equivocado desde una perspectiva técnica sino que además puede facilitar la erosión de las bases imponibles de los países miembros de la OCDE, sin que en tal sentido resulte explicable la razón por la que esta organización internacional, no así el sector privado, haya adoptado este nuevo modelo frente a un modelo de independencia restringida que funcionaba razonablemente bien desde la perspectiva práctica. No ha de extrañar en este sentido que cinco países miembros OCDE hayan introducido reservas al artículo 7 ModCDI 2010 indicando que seguirán utilizando la versión anterior, y el propio Comité de Expertos de la ONU (*UN Committee of Experts on International Cooperation in Tax Matters, Geneve meeting October 2010*) haya rechazado la incorporación de este nuevo modelo de tributación del EP al nuevo modelo ONU. La situación actual de atribución de beneficios al EP no resulta satisfactoria para los países en desarrollo al entender el modelo de determinación de la base imponible no refleja fielmente la creación de valor y actividad económica desarrollada a través del EP en muchos casos, rechazando igualmente un enfoque de transfer pricing (enfoque autorizado) por la dificultad práctica para aplicarlo por sus autoridades fiscales y porque refleja los intereses (y parámetros económicos de atribución de beneficios) de los países occidentales (vid. Li, J. (2015), pp.444 y ss., y Yuesheng (2015), pp. 223 y ss); de hecho, la mayoría de los países en desarrollo han indicado que el "transfer pricing", en su configuración pre-BEPS, constituía uno de los principales mecanismos de "erosión de bases imponibles y transferencia de beneficios" utilizado por las MNEs, en combinación con el treaty shopping y la competencia fiscal perniciosa por parte de tax havens y jurisdicciones de baja tributación (Peters (2015)).

En este orden de cosas, llama la atención el Decreto de 27 de enero de 2011 del Ministerio de Hacienda de Países Bajos, en que se establece que la atribución de beneficios al EP debe realizarse de acuerdo con el principio de plena competencia en el sentido previsto en el artículo 7 del ModCDI y el Informe OCDE de Atribución de Beneficios al EP (2008-2010), con independencia de que resulte de aplicación un CDI que siga tal modelo (interpretación dinámica) o incluso de que exista un CDI aplicable. Posiblemente, este movimiento deba interpretarse en clave de mejora de las posibilidades de planificación fiscal que brinda tal jurisdicción, por más que el nuevo enfoque OCDE favorezca la erosión de bases imponibles del Estado de la casa central y requiera calibrar adecuadamente los niveles de sustancia económica (activos, funciones y riesgos) en cada jurisdicción.

Actualmente, España no ha concluido CDI alguno incorporando el nuevo modelo de atribución de beneficios al EP (criterio autorizado); sin embargo, el Protocolo III al CDI con Alemania (2011), sí contempla su posible incorporación al convenio una vez lo acuerden las autoridades competentes y se modifique el tratado en tal sentido; también el Protocolo IV al CDI con Finlandia hace referencia a la potencial incorporación al convenio del nuevo artículo 7 MC OCDE 2010, una vez se confirme la compatibilidad de la legislación finlandesa con el enfoque autorizado. No obstante, como ya comentamos más arriba (epígrafe 3.1), la reforma operada en el año 2014 en materia de impuestos sobre la renta, trajo consigo una tímida y parcial incorporación del enfoque autorizado OCDE al ordenamiento español (véanse los artículos 18.8 y 22.5 LIS 2014 y la disposición adicional sexta del TRLIRNR introducida por la Ley 26/2014, de 27 de noviembre, sobre "Gastos estimados y rendimientos imputados por operaciones internas de un establecimiento permanente").

4. REGLAS DE TRIBUTACIÓN DE LOS BENEFICIOS DE EMPRESAS DE NAVEGACIÓN

4.1. Consideraciones generales en torno al artículo 8 Modelo convenio de doble imposición

El artículo 8 ModCDI establece una regla especial que delimita negativamente el artículo 7 ModCDI en el sentido de que la tributación de los beneficios empresariales procedentes de la explotación de buques o aeronaves en tráfico internacional y de los beneficios de embarcaciones dedicadas al transporte por aguas interiores caen en el ámbito de aplicación de esta regla especial en lugar de en el ámbito de la regla general del artículo 7 ModCDI.

El artículo 8 ModCDI articula por tanto una regla especial por razón de la actividad que presenta, a su vez, otras singularidades respecto del artículo 7 ModCDI. Así, el artículo 8 ModCDI establece una regla de tributación exclusiva de tales beneficios a favor del Estado contratante en el que esté situada la sede de dirección efectiva de la empresa. En el ámbito de esta cláusula, por tanto, la existencia de un EP en el Estado contratante donde se ejerce la actividad no conlleva las mismas consecuencias que en el ámbito del artículo 7 ModCDI, salvo en relación con las rentas que no caigan en el ámbito objetivo del artículo 8 ModCDI.

La existencia de esta regla especial para empresas de navegación se viene justificando en que estas actividades están expuestas con mayor intensidad que cualquier otra actividad empresarial a sufrir fenómenos de múltiple imposición internacional.

Otra precisión preliminar que debe realizarse se refiere al ámbito subjetivo de aplicación del artículo 8 ModCDI. Para que resulte aplicable este precepto es necesario que el sujeto que realiza las actividades de navegación marítima y aérea se encuentre dentro del ámbito de aplicación del CDI, lo cual requiere que sea considerado residente de alguno de los dos Estados contratantes con arreglo a los artículos 1 y 4 del CDI de que se trate; así, una empresa que no sea residente de uno de los dos Estados contratantes de un CDI no puede beneficiarse del artículo 8 del mismo, a pesar de que su sede de dirección efectiva se encuentre en alguno de ellos; no obstante, lo normal es que tal circunstancia permita la calificación de residente de la empresa en el Estado contratante donde se halle la sede de dirección efectiva. En relación con el alcance del punto de conexión de la sede de dirección efectiva, solo podemos remitirnos aquí a las indicaciones recogidas en los CMC al artículo 4.3 ModCDI [véase también lo dispuesto en el artículo 8.1.c) de la LIS 2004].

Finalmente, debe advertirse que el artículo 8 ModCDI solo se aplica a los beneficios procedentes de la explotación de buques o aeronaves en el tráfico internacional y de la explotación de embarcaciones dedicadas al transporte por aguas interiores. Las rentas de naturaleza distinta tributarán de acuerdo con la regla que sea aplicable para cada una de ellas (v.gr., artículos 7 o 13 ModCDI). Nótese que, como veremos más adelante, el MC OCDE 2017 ha modificado el ámbito de aplicación del artículo 8 y de otras disposiciones concordantes (artículos 13, 15 y 22 MC OCDE).

4.2. La tributación de los beneficios derivados de la explotación de buques y aeronaves en tráfico internacional y de transporte por aguas interiores con arreglo al Modelo de Convenio OCDE (1963-2014)

4.2.1. Explotación de buques y aeronaves en tráfico internacional con arreglo al Modelo de Convenio OCDE (1963-2014)

Como ya hemos indicado, el artículo 8 ModCDI articula una regla especial que resulta de aplicación a los beneficios derivados de la explotación de empresas de navegación marítima o aérea cuyas reglas de reparto de soberanías fiscales entre los Estados contratantes conducen a que las rentas derivadas del transporte internacional de viajeros o mercancías solo se graven en el Estado de sede de dirección o de residencia de la entidad y no en el Estado de la fuente de las mismas. No se opta por un régimen de potestad compartida, por tanto, entre los Estados concernidos.

El pronunciamiento textual de la norma tipo afirma, en su primer apartado, que «los beneficios procedentes de la explotación de buques o aeronaves en tráfico internacional solo pueden someterse a imposición en el Estado contratante en el que esté situada la sede de dirección efectiva de la empresa. A continuación el Modelo dirá en un segundo apartado, espejo del primero, que «los beneficios procedentes de la explotación de embarcaciones dedicadas al transporte por aguas interiores solo pueden someterse a imposición en el Estado contratante en el que esté situada la sede de dirección efectiva de la empresa».

Los CMC relativos al precepto remiten al artículo 3 ModCDI en punto a la interpretación de la expresión «tráfico internacional»; de acuerdo con este precepto, en principio cualquier transporte efectuado por una empresa con la sede de dirección efectiva situada en un Estado contratante tiene carácter internacional; el tráfico se considera interno cuando el trayecto comience y termine y tenga lugar en el territorio de un mismo Estado. En el ModCDI 2005 se modificaron los comentarios al artículo 3 ModCDI (parágrafo 6.3) al objeto de clarificar que la definición de tráfico internacional no se aplicar al transporte que realiza una empresa que tiene su sede de dirección efectiva en un Estado contratante cuando el barco o aeronave opera entre dos lugares en el otro Estado, incluso si parte del transporte tiene lugar fuera de tal Estado. Así, un crucero que se inicia y termina en el otro Estado sin realizar ninguna escala en un puerto extranjero no constituye un transporte internacional de viajeros. A este respecto, la doctrina administrativa (CCDGT 16 de febrero de 1996), afirma que, siguiendo los postulados de los Convenios suscritos para evitar la doble imposición en materia de Impuestos sobre la Renta y el Patrimonio y en los Convenios de navegación marítima y aérea, debe entenderse por navegación marítima internacional, «el transporte efectuado por un buque, aeronave, etc., salvo cuando la actividad se realice entre puntos situados en un solo Estado Contratante».

Los CMC al artículo 8 incluyeron en la versión de 2014 una referencia a los derechos y créditos de emisiones en el sentido recogido en el parágrafo 75.1 de los comentarios al artículo 7 ModCDI, estableciendo que el parágrafo 1 del artículo 8 ModCDI se aplica a la renta obtenida por las empresas de transporte marítimo o aéreo internacional en relación con tales derechos y créditos allí donde tal renta constituya una parte esencial de la actividad de explotación de buques y aeronaves en tráfico internacional, como por ejemplo allí donde tales permisos son adquiridos con la finalidad de explotar u operar tales embarcaciones o cuando permisos adquiridos con tal finalidad son transmitidos o negociados en el entendimiento de que ya no se necesitan a tal efecto. Nótese que la versión de 2014 del Modelo de Convenio no incluyó los cambios propuestos en el borrador de discusión de 15 de noviembre de 2013: *Proposed changes to the provisions dealing with the operation of ships and aircraft in international traffic*, al considerarse que debe desarrollarse más el análisis de los cambios propuestos antes de incluirlos en el modelo de convenio.

De esta suerte el artículo 8 del ModCDI, distanciándose de la norma general relativa a los «beneficios empresariales» contempla la singularidad de los beneficios de la explotación en el tráfico, transporte o navegación de buques o aeronaves y cumple con la finalidad asegurar que dichos beneficios se sometan a imposición en un solo Estado, con fundamento en el principio de que el poder tributario debe estar reservado al Estado contratante en que se encuentre la sede de dirección efectiva de la empresa. Por consiguiente, aun cuando la empresa de navegación disponga de un EP, en el sentido dispuesto en el artículo 5 del Modelo, en el otro Estado la tributación de las rentas obtenidas se acogerá a lo previsto no en el artículo 7 ModCDI, sino en el artículo 8 ModCDI, respecto de la renta cubierta por el ámbito objetivo de este último.

También es cierto que, y así se pronuncian los CMC, cabe que el Estado contratante donde se encuentra la sede de dirección efectiva no sea el Estado del que es residente la empresa que explota los buques o aeronaves y, por ello, algunos Estados prefieran atribuir el poder tributario, de manera exclusiva, al Estado de la residencia, lo que podrá efectuarse con una cláusula tipo que los CMC describen (un buen número de CDIs suscritos por España establecen una previsión de tal orden si bien algunos lo han arbitrado con carácter transitorio, hasta que su legislación doméstica contemple la sede de dirección como criterio determinante de la residencia fiscal; vid. infra el epígrafe relativo a la práctica convencional española).

Asimismo algunos Estados prefieren, por el contrario, combinar los criterios de residencia y sede de dirección efectiva, atribuyendo el derecho de gravamen en primer término al Estado donde se encuentra la sede de dirección efectiva, mientras el Estado de la residencia debe eliminar la doble imposición mediante la aplicación del artículo 23 ModCDI, a condición de que el Estado mencionado en primer lugar pueda gravar la totalidad de los beneficios de la empresa de modo que cuando no pueda hacerlo, el derecho de imposición corresponderá, en primer lugar, al Estado de la residencia. Los CMC ofrecen para tal caso una cláusula tipo.

Cabe observar, igualmente, que los Modelos de la ONU y de EEUU son coincidentes en términos generales con el ModCDI de la OCDE. Aunque no hay que olvidar que entre los matices diferenciales entre ellos se encuentra alguno de cierta relevancia como lo es la atención al criterio de residencia y no de sede de dirección efectiva (o la omisión del apartado 2) en el texto de EEUU o la previsión en el Modelo ONU de un texto alternativo contemplando la potestad compartida de los Estados concernidos (en relación con los problemas que se plantean en este contexto, vid. Mehta).

4.2.2. La explotación de embarcaciones dedicadas al transporte por aguas interiores con arreglo al Modelo de Convenio OCDE (1963-2014)

Por lo que se refiere al mandato recogido en el mencionado apartado 2 del artículo 8 ModCDI, relativo a la navegación en aguas interiores, deben tenerse presentes en aquellos casos, muy contados, en que se incorpora a los CDI suscritos por España (vid. infra) los principios y consideraciones generales que hemos hecho supra en relación con la cláusula del artículo 8.1 ModCDI, dado que articulan reglas parejas.

Los CMC relativos al artículo 8.2 ModCDI clarifican el alcance de la expresión «transporte por aguas interiores» y señalan que este precepto pretende aplicar al transporte por ríos, canales y lagos el mismo tratamiento que al transporte internacional marítimo y aéreo. Tales comentarios indican además que el artículo 8.2 ModCDI se aplica no solo al transporte por vías navegables entre dos o más Estados, sino también al transporte por vías navegables efectuado por una empresa de un Estado determinado entre dos puntos situados en otro Estado. De esta forma, el artículo 8.2 ModCDI sí estaría articulando una regla distinta a la establecida en el artículo 8.1 ModCDI, ya que mientras que el primero también resulta aplicable al tráfico interno realizado por aguas interiores en tanto que el artículo 8.1 ModCDI solo se aplica a supuestos de tráfico internacional en el sentido indicado supra. Algunos CDIs concluidos por España incluyen en esta cláusula una referencia al transporte por ferrocarril y por carretera (vid. infra).

4.2.3. Rentas (beneficios empresariales) cubiertas por el artículo 8 (apartados 1 y 2) Modelo convenio de doble imposición (1963-2014)

El ModCDI no indica qué beneficios (empresariales) se consideran procedentes de la explotación de buques ya aeronaves en tráfico internacional o del transporte por aguas interiores. No obstante, los CMC al artículo 8 ModCDI resultan clarificadores en este punto. Así, de acuerdo con estos comentarios se consideran beneficios procedentes de la explotación de buques o aeronaves los generados mediante el transporte de pasajeros o de mercancías y aquellos otros que, bien sea por su naturaleza, bien sea por su estrecha relación con los beneficios directos del transporte, son susceptibles de ser incluidos en la misma categoría. Entre ellos no se comprenden los beneficios de la explotación de buques dedicados a la pesca, al dragado o al remolque en alta mar, salvo que el CDI lo contemple así expresamente. Debe precisarse que los beneficios derivados de aquellas actividades accesorias a la actividad principal de las empresas dedicadas a la navegación marítima y aérea internacional -esto es, los rendimientos derivados del transporte internacional de pasajeros y mercancías- caen en el ámbito de aplicación del artículo 8 ModCDI únicamente en la medida en que estas actividades accesorias las realice la propia empresa de transporte, de suerte que si las realiza un tercero quedarían al margen de tal precepto. En febrero de 2004, el Comité Fiscal OCDE hizo público un informe donde clarificaba su posición sobre el ámbito objetivo del artículo 8 ModCDI (vid. OECD, «*Income from international transport: updating of the commentary to the OECD Model tax convention*», February 2004, publicado en: www.oecd.org). Las principales reglas y clarificaciones recogidas en tal informe han sido integradas en los Comentarios al artículo 8 del ModCDI en su versión de 2005 y posteriores (paras.4 a 14).

A continuación, trataremos de ir delimitando positiva y negativamente el ámbito objetivo de aplicación del artículo 8 ModCDI siguiendo las aclaraciones recogidas en los Comentarios al ModCDI 2005-2014 y en el Informe OCDE 2004 al que acabamos de referirnos.

Así, los CMC consideran incluidos en el ámbito del artículo 8 ModCDI los beneficios obtenidos en el *arrendamiento de un buque o aeronave completamente armado y equipado;* tales beneficios se tratan, por tanto, de la misma forma que los beneficios del transporte de pasajeros o de mercancías, de manera que no quede fuera del campo de aplicación del CDI una gran parte de la actividad típica de la moderna explotación de la navegación marítima o aérea. El artículo 8 ModCDI no se aplica, sin embargo, a los beneficios del *arrendamiento de buques en lastre o de aeronaves a casco desnudo (bare boat charter),* salvo que constituyan una «fuente ocasional» («actividad auxiliar» según los CMC en su versión de 2005-2010) de renta para una empresa dedicada a la explotación internacional de buques o aeronaves. Véase la RTEAC de 30 de marzo de 2012 (RG. 25008/2009), que califica la renta derivada de la cesión de aeronaves a casco desnudo como un canon por cesión de equipos industriales en el marco de determinados CDIs cuyo artículo 12 incluye la cesión de equipos industriales; en parecidos términos la SAN de 24 de abril de 2008 en relación con alquiler de helicópteros. La DGT también se ha pronunciado sobre la tributación del arrendamiento por una entidad no residente de un barco a una entidad residente que será utilizado en aguas territoriales españolas para su alquiler (DGT V1722-14, de 3-7-2014); se consideró que no existía un EP, entendiéndose que el barco no constituye un lugar fijo de negocios sino un bien mueble que integraba el objeto del negocio y no el lugar donde se realiza el negocio, desde la perspectiva de la arrendadora no residente; el hecho de que el arrendamiento no se realice desde España se considera relevante a los efectos del artículo 5 del CDI. Tampoco se consideró aplicable el artículo 12.2 del CDI con Reino Unido que comprende la cesión de equipos industriales al entender que tal gravamen está limitado a casos de arrendamiento pasivo de manera que se trate de una renta de capital, sin ordenar una actividad económica a través de organización de medios humanos y materiales y riesgo empresarial. Existen precedentes internacionales donde la realización de actividades económicas (exploratorias de recursos naturales) por un buque en una zona determinada de aguas territoriales se considera un EP al que se le asigna la mayor parte de la remuneración del contrato de servicios al entenderse que lo más valioso es el equipo técnico que utiliza el barco (AAR ruling 28 March 2018, case Seabird Exploration, IN RE (403 ITR 82).

Por otro lado, los CMC indican que los *ingresos derivados de actividades auxiliares o colaterales realizadas por las empresas de transporte marítimo y aéreo internacional* caen igualmente en el ámbito objetivo del artículo 8 ModCDI y se les aplica el mismo tratamiento fiscal. En este sentido, se entienden incluidas dentro de las prescripciones del artículo 8 del ModCDI (en su versión vigente en 2005) citado, las rentas que procedan de las siguientes actividades auxiliares:

- Venta de billetes de pasajes por cuenta de otras empresas. En relación con este supuesto, la DGT ha puesto de relieve que la actividad de venta y entrega de pasajes de avión y la atención a los pasajeros para su embarque realizada por una sucursal en España de una sociedad residente de Rusia dedicada al transporte aéreo internacional de viajeros constituye renta derivada de una actividad accesoria a tal actividad principal y queda cubierta por el ámbito objetivo del artículo 8 del CDI (DGT V1891-15 de 16-6-2015, véase más abajo la DGT V0186-06 de 30-1-2006 en relación con la venta de billetes por una empresa de transporte marítimo internacional en el marco de paquetes vacacionales).
- Explotación de los servicios de autobús que comunican la ciudad con el aeropuerto.
- Publicidad y propaganda comercial.
- Transporte de mercancías por camión entre un depósito y un puerto o aeropuerto.
- Transporte interior de mercancías, en los casos en que la empresa de transportes internacionales se compromete con ocasión de estos transportes a entregar directamente las mercancías al destinatario en el otro Estado contratante.
- Alquiler o arrendamiento de contenedores durante una operación complementaria o accesoria de la explotación internacional de buques y aeronaves.

En tercer lugar, los Comentarios al artículo 8 ModCDI 2003 indicaban que no se incluyen dentro del precepto-liberador del gravamen en el Estado de la fuente- los resultados de *la explotación independiente de hoteles,* al considerarse que se trata de actividades cuyos beneficios son fácilmente cuantificables separadamente (salvo aquellos casos en los que las condiciones son tales que la disposición debe aplicarse incluso a una actividad de hostelería, como, por ejemplo, cuando la explotación del hotel no tenga más finalidad que proporcionar alojamiento durante la noche a los pasajeros en tránsito, estando comprendido el coste de esta prestación en el precio del pasaje. Según los CMC al ModCDI de 2003 «el hotel puede considerarse, en tal caso, como una especie de sala de espera»). Y lo mismo se predica de los astilleros explotados por empresas de navegación, los cuales puedan excluidos del ámbito aplicación artículo 8 ModCDI.

[Nótese que los CMC al ModCDI de 2005 y las versiones posteriores han suprimido el parágrafo 11, de acuerdo con el cual la actividad de hostelería de pasajeros en tránsito podía calificarse de auxiliar y considerarse comprendida en el ámbito del artículo 8 ModCDI].

Por lo que se refiere a las *rentas derivadas de ventas «a bordo» o servicios de restauración,* estas rentas únicamente caerían en su ámbito de aplicación cuando tales actividades las realiza la propia empresa de navegación -y no un tercero- y se efectúan durante el transporte (a bordo) pero no en el aeropuerto (véase en este sentido la CDGT de 12 de diciembre de 2001).

Caso distinto de los anteriores sería aquel en que una empresa necesitara activos o personal en un país extranjero para explotar sus naves o aeronaves en el tráfico internacional y que obtuviera una renta por suministrar bienes o servicios, en el citado país, a otras empresas de transporte (así, podría tratarse del abastecimiento de bienes y servicios efectuados por ingenieros, personal de tierra, manipuladores de carga, así como por el personal encargado de catering y del servicio de atención al cliente) en cuyo caso, cuando la renta obtenida de estas actividades no está asociada a la explotación de los buques o aeronaves o no fuera auxiliar a tal actividad, no entraría en el ámbito del artículo 8.

Por otra parte, como no podía ser de otro modo y en paralelo con los criterios del artículo 7 ModCDI, las rentas derivadas de inversiones de las empresas de transporte (rendimientos de valores, obligaciones, acciones o préstamos, por ejemplo), se someten al régimen general aplicable a esta clase de renta excepto cuando la inversión generadora de la renta forma parte integral de la explotación de los buques o aeronaves dedicados al tráfico internacional en el Estado contratante (véase igualmente el parágrafo 14.1 introducido en los CMC del ModCDI 2014 en relación con la tributación de a los derechos y créditos de emisiones en el sentido recogido en el parágrafo 75.1 de los Comentarios al artículo 7 ModCDI, estableciendo que el parágrafo 1 del artículo 8 ModCDI se aplica a la renta obtenida por las empresas de transporte marítimo o aéreo internacional en relación con tales derechos y créditos allí donde tal renta constituya una parte esencial de la actividad de explotación de buques y aeronaves en tráfico internacional).

La DGT ha tenido oportunidad de pronunciarse sobre el ámbito objetivo de aplicación del artículo 8.1 de los CDI en relación con prestaciones realizadas en el marco de cruceros turísticos que comprenden un amplio paquete de prestaciones, de suerte que el referido centro directivo ha apelado a los Comentarios introducidos en el año 2005 para determinar qué prestaciones caerían intramuros y extramuros del artículo 8 ModCDI (DGT V0186-06 de 30-1-2006). La consulta planteada parte de un escenario donde una entidad con residencia fiscal y sede de dirección efectiva localizada en Italia planea operar en España a través de una sucursal para comercializar paquetes turísticos de cruceros marítimos con escalas internacionales que comprenderían un conjunto de servicios. La DGT se pronunció en los siguientes términos:

- Servicio de transporte marítimo internacional de pasajeros: se trata de la actividad principal de la empresa consultante y está incluida expresamente en el ámbito de aplicación del CDI con Italia.
- Servicio de alojamiento a los pasajeros del buque: se trata de una actividad principal directamente vinculada a la actividad principal de la empresa consultante y está incluida en el ámbito de aplicación del CDI con Italia.
- Servicio de manutención a los pasajeros a bordo del buque: se trata de una actividad principal directamente vinculada a la actividad principal de la empresa consultante y está incluida en el ámbito de aplicación del CDI con Italia.
- Servicio de alojamiento a pasajeros en tránsito (facilitar una noche de hotel a aquellos pasajeros en tránsito): se considera que se trata de una actividad que no resulta necesaria para el desarrollo de la navegación internacional pero que está vinculada con la actividad principal de la consultante; se acepta la inclusión de la renta derivada de este servicio en el ámbito del artículo 8.1 CDI, bajo determinadas premisas: aportación a la actividad principal debe ser mínima, y por tanto poder ser calificada como actividad accesoria, e inclusión de la misma en el precio del paquete.
- Servicio de transporte terrestre que comunica el puerto de la ciudad de salida/llegada del crucero con el aeropuerto más cercano: se acepta la inclusión de la renta derivada de este servicio en el ámbito del artículo 8.1 CDI, bajo determinadas premisas: aportación a la actividad principal debe ser mínima, y por tanto poder ser calificada como actividad accesoria, e inclusión de la misma en el precio del paquete.
- Servicio de contratación de los billetes aéreos para el transporte de los pasajeros al puerto de origen y desde el puerto de destino: se considera que esta actividad está vinculada a la principal cuando la consultante organice directamente los vuelos chárter para trasladar a los viajeros al puerto de origen y desde el puerto de destino.

De acuerdo con esta doctrina, solo las rentas derivadas de la actividad principal o de actividades vinculadas directamente a ella o accesorias (con límites), se someterán exclusivamente a imposición en el Estado de residencia/sede de dirección efectiva de la entidad, en tanto que las otras rentas no cubiertas por el artículo 8.1 tributarían en España con arreglo al artículo 7 del CDI.

La consulta DGT V4974-16 de 16-11-2016 aborda la interpretación del artículo 8.1 del CDI con el Reino Unido en relación con la tributación en España de las rentas obtenidas por la venta de billetes de los vuelos internacionales ofertados desde España a través de una base operativa de una aerolínea británica, considerándose que tal tributación es independiente a la existencia de un EP en territorio español, y que afecta a los beneficios que la empresa obtenga directamente del transporte de pasajeros o mercancías por buques o aeronaves explotadas en tráfico internacional, por los beneficios de actividades directamente relacionadas con tales operaciones, así como aquellos beneficios de actividades que no están relacionadas con la explotación para tráfico internacional de los buques o aeronaves de la empresa siempre que sean secundarias respecto de esa explotación. La DGT considera que, con arreglo al artículo 8.1 del CDI con el Reino Unido, se considera que el EP de la línea aérea británica estará obligado a presentar la declaración, independientemente de si el resultado, después de aplicar la exención del CDI, es una cuota a ingresar, a devolver o cero.

Las consideraciones anteriores realizadas en relación con el ámbito objetivo del artículo 8.1 ModCDI son aplicables *mutatis mutandis* en el marco del transporte por aguas interiores (artículo 8.2 ModCDI).

Diversos Estados miembros de la OCDE han formulado observaciones y reservas a los criterios postulados en los CMC en diversas materias tales como el transporte interior, el arrendamiento de contenedores, el arrendamiento de buques o aeronaves a casco desnudo, otras actividades realizadas en la costa o en la plataforma continental, etc. a cuyo texto solo cabe remitirse.

4.3. Los supuestos donde la sede de dirección efectiva está situada a bordo de un buque o embarcación: el apartado 3 del artículo 8 Modelo convenio de doble imposición OCDE (1963-2014)

El ModCDI asimismo contempla el caso particular en el que la sede de dirección efectiva de la empresa se encuentre a bordo de un buque o una embarcación. En tal caso, el impuesto será exigible solamente por el Estado en cuyo territorio se encuentre el puerto base del buque o la embarcación. Cuando no pudiera determinarse el puerto base, el impuesto solo será exigible por el Estado contratante del que sea residente la empresa que explote el buque o la embarcación.

A estos efectos, se viene considerando que el puerto base de un buque o embarcación es aquel donde se centraliza y desarrolla su explotación; en muchos casos el puerto base terminará coincidiendo con el Estado de registro de la embarcación.

4.4. Los casos de participación en un pool de empresas, en una explotación conjunta (joint ventures) o en un organismo internacional de explotación: la cláusula del apartado 4 del artículo 8 Modelo de doble imposición OCDE (1963-2014)

El artículo 8.4 ModCDI (1977 y versiones posteriores) establece que las disposiciones del apartado 1º del mismo precepto -los criterios de reparto de soberanía fiscal previstos en el mismo- son también aplicables a los beneficios procedentes de la participación en un «pool», en una empresa mixta o en una agencia de explotación internacional.

En el campo del transporte marítimo y aéreo la cooperación internacional se realiza mediante acuerdos de «pool» u otros convenios del mismo tipo que establecen reglas acerca del reparto de los ingresos (o beneficios) de la actividad conjunta. En este caso el ModCDI cumple con una función probablemente de mero alcance didáctico o clarificador (obsérvese que los Comentarios 2005 y versiones posteriores -parr. 10.1. contemplan ya de modo específico dichas manifestaciones asociativas para compartir costes de mantenimiento y reparaciones. De esta forma, la parte de beneficios que corresponda en estas participaciones conjuntas solo serán objeto de gravamen en el Estado de la sede de dirección efectiva de la empresa que participa en el pool, la empresa conjunta o el organismo internacional.

4.5. En torno a las singularidades recogidas en los CDI suscritos por España

Como ya se observó, no son infrecuentes las singularidades en la práctica convencional del Estado español. A la general exclusión de toda mención al artículo 8.2 ModCDI referida a navegación por aguas interiores -salvo casos contados, el tratado hispano-portugués o los CDI con Alemania (2011) y Senegal -, se une la aplicación del criterio de residencia y no de sede de dirección efectiva de la entidad en un buen número de convenios (entre otros, CDIs con Armenia, Bolivia, Canadá, Corea, Costa Rica, Chile, EEUU, Estonia, Filipinas, Finlandia (2015), Hong Kong, India, Indonesia, Japón, Kazajstán, Letonia, Lituania, Malta, Malasia, Noruega, Reino Unido (1975 y 2013), Rusia, República Dominicana, Suecia, Tailandia, y Uzbekistán). El CDI con Grecia emplea en relación con las empresas de navegación marítima el punto de conexión del Estado de registro de la embarcación; este convenio al igual que el concluido con Canadá tampoco recoge los apartados 2 y 3 del artículo 8 ModCDI. Sin descender a la casuística pueden destacarse ciertos tratados que contemplan el transporte internacional por carretera (CDI con Croacia, Bosnia y Herzegovina, con Armenia o con Emiratos Árabes, Irán y Uzbekistán) o ferrocarril; otros CDIs -así los suscritos con Venezuela, Ecuador, Nigeria, Tailandia o Filipinas- contienen reglas especiales, que motivan la sujeción de ciertas rentas en el Estado de la fuente.

Existe también un grupo de CDIs -con Alemania (convenio de 1966, no acontece lo mismo en el CDI de 2011), Austria, Países Bajos e Irán que siguen el Proyecto de Convenio OCDE de 1963, el cual omite la cláusula del artículo 8.4 ModCDI.

El CDI con Alemania (2011, artículo 8.2) recoge una cláusula que clarifica el alcance de la expresión «beneficios procedentes de la explotación de buques, aeronaves o embarcaciones» incluyendo el alquiler ocasional de buques o aeronaves a casco desnudo, y el uso o alquiler de contenedores, cuando estas actividades estén vinculadas a la explotación de los buques o aeronaves en tráfico internacional de las embarcaciones. El Protocolo IV precisa que esta cláusula debe interpretarse de acuerdo con los paras.5 y 9 de los CMC al artículo 8 ModCDI.

Algún CDI también emplea la regla de la tributación compartida en lugar de la tributación exclusiva en el Estado de sede de dirección efectiva de la empresa (CDIs con Filipinas y con Tailandia).

Los CDIs con Armenia, Bosnia, Herzegovina y Uzbekistán (ferrocarril), Bulgaria, Croacia, Emiratos Árabes, Irán, Egipto, Hungría, Macedonia, Polonia, Rumanía y Uzbekistán incluyen el transporte internacional por carretera.

El CDI con Venezuela contiene una regla especial de tributación compartida referida a los beneficios que un residente de un Estado contratante obtenga por la explotación de buques usados en el transporte de hidrocarburos. El CDI con la República Dominicana también recoge una cláusula que permite la tributación en la fuente de las empresas (no residentes) dedicadas a la explotación de buques o aeronaves en tráfico internacional que pueden ser gravadas por los beneficios procedentes de fuentes situadas en el otro Estado contratante, aunque el impuesto se limita al menor de las siguientes dos cantidades: a) el 2,5 de las rentas brutas obtenidas de fuentes situadas en ese Estado; y b) el tipo más bajo reconocido en un acuerdo o convenio con un tercer Estado sobre tales beneficios.

El CDI con Vietnam se aparta del esquema de distribución del poder tributario recogido en el ModCDI cuando establece que los beneficios obtenidos por una empresa de un Estado contratante de la explotación de buques o aeronaves en tráfico internacional solo podrán someterse a imposición en ese Estado contratante. Tal asignación de poder tributario, con arreglo al artículo 3.f del referido convenio, se realiza a favor del Estado de residencia de la persona que explota tal empresa. La misma cláusula la encontramos en el CDI con Malta, Reino Unido (2013), y República Dominicana.

El CDI con Nueva Zelanda (2006, artículo 8) contiene ciertas singularidades. Así, la cláusula del artículo 8.1 omite toda referencia al tráfico internacional. Tal omisión puede explicarse a la luz de lo previsto en los apartado 2 y 5 del referido precepto. El artículo 8.2 establece una excepción a la regla del apartado 1 cuando autoriza la tributación en el otro Estado contratante (fuente) de los beneficios que se deriven de la explotación de buques o aeronaves entre puntos situados en ese otro Estado. Por su parte, el apartado 5 del artículo 8 clarifica el alcance de la anterior disposición estableciendo en qué supuestos cabe considerar que se han generado beneficios derivados de la explotación de buques o aeronaves exclusivamente entre puntos situados en ese otro Estado.

El CDI con Emiratos Árabes (2006, artículo 8.4) contiene una cláusula que delimita específicamente el alcance del término «beneficios» a los efectos de la aplicación de la regla de tributación sobre la renta derivada de la explotación de buques y aeronaves en tráfico internacional que en algunos casos puede resultar más amplia que la recogida en los CMC. La referida disposición convencional también contiene una delimitación de la expresión «explotación de buques o aeronaves». En ambos casos no parece que la delimitación del ámbito de aplicación de la regla de tributación del artículo 8 que contiene el convenio se desvíe de la posición fijada por la OCDE en los CMC.

El CDI con Jamaica (artículo 8.3) recoge una cláusula que delimita los beneficios procedentes de la explotación de buques o aeronaves en tráfico internacional matizando la posición fijada por la OCDE en los CMC. En particular, se incluyen los beneficios del alquiler a casco desnudo de buques o aeronaves o de contenedores, cuando en ambos casos tal alquiler sea auxiliar a la explotación de los buques o aeronaves en tráfico internacional y lo efectúe la empresa.

El CDI con Trinidad y Tobago (2009, artículo 8) contiene una regulación semejante a la del convenio con Jamaica, aunque con ligeras variaciones. En esta misma línea se mueve la cláusula recogida en los CDI con Singapur, Uruguay, Kuwait, Argentina (2013) y Nigeria.

El CDI con Panamá perfila igualmente el ámbito objetivo de aplicación del apartado 1, incluyendo **sin excepción** los beneficios del alquiler a casco desnudo de buques o aeronaves; los beneficios de la utilización o alquiler de contenedores (*lato sensu*), y los derivados de la venta de boletos o billetes para la prestación, directa o indirecta, de servicios conexos al transporte internacional, siempre que esa actividad sea auxiliar a la explotación de los buques o aeronaves en tráfico internacional y lo efectúe esa empresa. Nótese que en el CDI con Panamá la auxiliaridad queda circunscrita a la actividad de venta de billetes. A su vez, el apartado 6 del artículo 8 del CDI con Panamá excluye del ámbito de aplicación del CDI a las tasas, peajes y pagos similares que deban ser pagados a efectos de cruzar el Canal de Panamá.

También el CDI con El Salvador (2009, artículo 8) recoge en su artículo8 la singularidad que acabamos de apuntar respecto de los beneficios derivados de actividades auxiliares de arrendamiento de buques a casco desnudo y de contenedores. No obstante, este convenio recoge otras singularidades. Así, por un lado, el convenio emplea como punto de conexión no la sede de dirección efectiva el de empresa explotada por un residente de un Estado contratante. Por otro lado, el convenio realiza un delimitación negativa de los beneficios que quedan extramuros de la aplicación de esta cláusula; en concreto, se excluyen los beneficios que procedan del servicio de hospedaje o del uso de cualquier otro medio de transporte, salvo que tengan carácter incidental y se utilicen para el inicio o finalización de un trayecto en tráfico internacional.

El CDI con Chipre contiene dos singularidades que merecen ser destacadas. Por un lado, el artículo 8.2 establece una cláusula con arreglo a la cual los beneficios procedentes de las explotación de buques o aeronaves en tráfico internacional comprenden los beneficios procedentes del alquiler (por tiempo o por travesía) de naves equipadas; quedan comprendidos en el ámbito de aplicación de este precepto los beneficios derivados del alquiler a casco desnudo de buques o aeronaves. Por otro lado, el apartado 3 del artículo 8 incluye en el ámbito de aplicación del precepto los beneficios derivados de la utilización, mantenimiento o alquiler de contenedores (comprendidos los tráileres, gabarras y equipos relacionados con el transporte de contenedores), que sean residuales respecto de las rentas procedentes de la operación de buques o aeronaves en tráfico internacional.

Los CDI con Kazajstán, Armenia y Hong Kong no incluyen las cláusulas de los apartados 2 y 3 del artículo 8 ModCDI.

El Protocolo (2015) al CDI hispano-mexicano (1992) incluye una cláusula de nueva planta (artículoX del Protocolo) que articula un régimen especial de hidrocarburos que menciona las actividades de transporte de suministros o personal por buques o aeronaves en tráfico internacional, a los efectos del cómputo del periodo temporal de las actividades empresariales relacionadas con los hidrocarburos que pueden dar lugar a un establecimiento en el otro Estado contratante. Tal cláusula tiene origen en la reforma energética llevada a cabo en México en el año 2013 y que ahora se traslada a los CDI concluidos por este país (véase también el CDI México-Noruega). Se considera que los contratistas que no están directamente relacionados con las actividades económicas de *oil & gas* no deben quedar cubiertas pos esta cláusula especial del Protocolo al CDI con México (2015), sino que la determinación de la existencia de un EP debe dirimirse de acuerdo con la cláusula general del artículo5 relativa a las obras de construcción, instalación o montaje (test de duración de la actividad específica por un periodo no inferior a 6 meses) (vid.: Carbajo/Valles/Gonzalez-Gasca/Campos 2017).

4.6. Los cambios introducidos por el Modelo de Convenio OCDE 2017 en el artículo 8

La actualización del MC OCDE 2017 contiene cambios que afectan a varias cláusulas relacionadas con las empresas que desarrollan actividades de transporte marítimo y aéreo internacional y sus empleados; así, la modificación del 2017 afecta las siguientes cláusulas del MC OCDE: artículo 3 (definiciones generales), 6 (renta de inmuebles), 8 (transporte marítimo y aéreo internacional), 13 (ganancias patrimoniales), 15 (renta de trabajadores) y 22 (imposición sobre el patrimonio).

Los cambios introducidos derivan del borrador de 2013 *"Proposed changes to the provisions dealing with the operation of ships and aircraft in international traffic"*.

En relación con las modificaciones introducidas por el MC OCDE cabría realizar las siguientes apreciaciones.

El Modelo de Convenio OCDE 2017 ha dado nueva redacción a la letra e) del artículo 3.1, eliminando de tal definición la referencia "operado por una empresa que tiene su sede de dirección efectiva en otro Estado contratante"; también modifica la coletilla final de manera que ahora se establece lo siguiente: "excepto cuando un barco o aeronave sea operada entre dos lugares en un Estado contratante y la empresa que opera el barco o aeronave no sea una empresa de tal Estado". Los comentarios al artículo 3.1 MC OCDE 2017 (parágrafo 6.1) explican que tal cambio persigue garantizar que la definición se aplica a transportes por barco o aeronave operado por una empresa de un país tercero; de esta forma, el cambio introducido no afectaría a la aplicación del artículo 8, que solo se refiere a beneficios de una empresa de un Estado contratante, pero permite la aplicación del artículo 15.3 a un residente de un Estado contratante que obtiene una remuneración de un empleo ejercido a bordo de un barco o aeronave operado por una empresa de un país tercero. Como consecuencia de esta modificación, el nuevo apartado 3 del artículo 15 se aplicaría a un residente de un Estado contratante que obtenga una remuneración derivada del ejercicio a bordo de un barco o aeronave operada por una empresa de un país tercero.

Asimismo, el artículo 8 MC OCDE 2017 fue modificado de forma tal que la asignación de poder tributario ya no es en favor del Estado donde está localizada la sede de dirección efectiva de la empresa. Los nuevos comentarios explican que, considerando la práctica de los países miembros y no miembros de la OCDE, la mayoría de los países consideran más apropiado asignar tal poder tributario al Estado de la entidad y no al país donde esté localizada la sede de dirección efectiva de la empresa. No obstante, se reconoce que existen jurisdicciones que prefieren seguir utilizando tal criterio (PoEM).

Como consecuencia de la revisión del artículo 8 MC OCDE, el apartado 2 del artículo 6 también es objeto de una ligera modificación eliminándose la referencia a los "buques" (boat) en la definición de "propiedad inmobiliaria". No parece que tal modificación altere el alcance de tal definición ya que el término "buques" todavía puede quedar comprendido en el significado de embarcación ("ship"), que incluye cualquier tipo de barco que se utilice para la navegación marítima.

Los comentarios al artículo 8 establecen que la cláusula aplica a navegación y transporte aéreo internacional, de manera que si los Estados contratantes desean extender tal tratamiento fiscal a la navegación y transporte por ríos, canales o lagos pueden incluir una cláusula ad hoc que incluya "inland waterways transport". Los nuevos Comentarios al artículo 8 MC OCDE 2017 incluyen una cláusula alternativa en tal sentido.

Finalmente, el MC OCDE 2017 modifica el artículo 13.3 de forma tal que las ganancias patrimoniales que una empresa de un Estado contratante que opere embarcaciones y aeronaves en tráfico internacional obtenga de la transmisión de tales embarcaciones y aeronaves, o de propiedad mueble perteneciente a las mismas, solo puede gravarse en el Estado de tal empresa. Igualmente, el artículo 22 del MC OCDE se modifica de manera que el patrimonio de una empresa de un Estado contratante que opere embarcaciones y aeronaves en tráfico internacional representado por las mismas y la propiedad mueble afecta, solo puede gravarse en el Estado de tal empresa.

4.7. En torno a otros tratados sobre la navegación marítima y aérea

España tiene suscritos ciertos Convenios de doble imposición específicos para rentas de empresas de navegación marítima o aérea, que siguen la tónica indicada: las rentas obtenidas, aunque se disponga de puntos de actividad de agencia o consigna, solo tributan en el país de su sede de dirección. Es el caso de los tratados con Sudáfrica (1973), Chile, o Venezuela (estos dos últimos derogados a la vigencia de los CDI suscritos recientemente). Nótese igualmente que España y Sudáfrica han negociado un CDI cuya rúbrica tuvo lugar el 29 de enero de 1999, aunque tal convenio todavía no ha entrado en vigor. Sobre esta materia véase el Capítulo VI, apartado 3.2.

4.8. En torno a la incidencia de la legislación doméstica

Las rentas obtenidas por empresas de navegación marítima o aérea representan un caso singular en el entorno de las rentas empresariales reguladas en el marco del IRNR. Su fiscalidad, caso de tributar sin la concurrencia de un EP, responde a un tipo impositivo minorado -4 %- (artículo 25 TRLIRNR).

Sin embargo, y en paralelo con lo que acontece con las rentas generadas en el ámbito del tráfico mercantil internacional (declaradas no sujetas -artículo 13 TRLIRNR-, entre ellas las derivadas del transporte conexo a compraventas internacionales), las rentas obtenidas por las empresas de navegación internacional tienden a ser liberadas de tributación, en todo lugar que no sea donde radique la sede de dirección de la empresa en cuestión, incluso aunque dispongan de consignatarios, agentes o ciertos lugares fijos de actividad en otros Estados. Semejante propuesta de desfiscalización en el Estado de la fuente de las rentas encuentra acomodo en un abanico de normas de diferente cariz.

Teniendo como antecedentes el viejo artículo 5.4 LIS 1995, o el artículo 46.2 de la Ley 43/1995, de 27 de diciembre, desde 1999, el artículo 14 TRLIRNR -antes 13.3 TRLIRNR- prevé la concesión de exenciones a título de reciprocidad en favor de las empresas de navegación marítima o aérea residentes en el extranjero, cuyos buques o aeronaves toquen territorio español, aunque tengan en España consignatarios o agentes.

Dicha exención, a condición de reciprocidad, alcanza a las entidades de navegación marítima y aérea residentes en los siguientes Estados (excluidos aquellos que suscribieron posteriormente un convenio sobre doble imposición con España): Colombia, afectando la exención, en este caso, únicamente a las empresas de navegación aérea (Orden Ministerial 10 de enero de 1997; nótese que se ha firmado un CDI con Colombia que contiene la cláusula del artículo 8, aunque está pendiente de ratificación), Congo (Orden Ministerial 22 de diciembre de 1971), Kuwait (Orden Ministerial 27 de junio de 1978), Líbano (Orden Ministerial 31 de enero de 1975), Nigeria (Orden Ministerial 26 de enero de 1976), Panamá (Orden Ministerial 19 de octubre de 1994), Paraguay (Orden Ministerial 24 de abril de 1987), Perú (Orden Ministerial 2 de julio de 1969), República Árabe Unida (Orden Ministerial 20 de diciembre de 1968), Seychelles (Orden Ministerial 6 de mayo de 1991), Uruguay (Orden Ministerial 7 de febrero de 1983). La exención no es rogada, de manera que una vez declarada en orden ministerial se entiende que existe reciprocidad y se aplica a la exención a todas las entidades sin necesidad de solicitarla. En similar contexto empresarial, el propio Texto Refundido de la Ley del IRNR ordena que las rentas obtenidas en territorio español, sin mediación de establecimiento permanente en el mismo, procedentes del arrendamiento, cesión o transmisión de contenedores o de buques y aeronaves a casco desnudo, utilizados en la navegación marítima o aérea internacional se encuentren exentas de imposición (artículo 14.1.g TRLIRNR). Nótese en este orden de cosas que tal exención fue objeto de una modificación importante a través de la Ley 2/2010, de 1 de marzo, por la que se trasponen determinadas Directivas en el ámbito de la imposición indirecta y se modifica la LIRNR para adaptarla a la normativa comunitaria, ampliándose su alcance.

5.   BIBLIOGRAFÍA

ANDRESSEN (2015), «*Germany: Regulations provide further guidance on the application of the Authorized Approach to the Attribution of Profit to Permanent Establishments*», ITPJ, March/April 2015.

ARNOLD (2012), «*Tax Treaty Case Law News. Norwegian Supreme Court Allows Taxpayer´s Appeal in Dell (2011)*», BIFD, vol. 66, nº 4/5, 2012.

ARNOLD (2011), «*An Introduction to the 2010 Update of the OECD Model Tax Convention*», BIFD, January 2011.

ARNOLD (2011), «*The taxation of Income from Services under tax treaties: cleaning up the Mess*», BIFD, February 2011.

ARNOLD (2008), «*The New Services Permanent Establishment Rule in the Canada-US Tax Convention*» Tax Notes International 14 de julio de 2008, pp. 189 y ss.

ARNOLD (2008), «*Time Thresholds in Tax Treaties*», Bulletin of International Taxation vol. 62, n. 6, p. 218 y ss.

ARNOLD (2003), «*Threshold Requirements for Taxing Business Profits Under Tax Treaties*» en The Taxation of Business Profits under Tax Treaties, Canadian Tax Foundation, Toronto.

AVERY JONES ET ALTER (2003), «*Treaty conflicts in categorising income as business profits caused by differences in approach between common law and civil law*», British Tax Review, nº 3.

AVERY JONES/WARD (1993), «*Agents as Permanent Establishment under the OECD Model Tax Convention*», European Taxation, nº 33.

BAKER (1994), «*Double Taxation Conventions and International Tax Law*», Sweet and Maxwell, London.

BAKER/COLLIER (2006), «*General Report*» en IFA, Atribution of Profits to PES, Kluwer. Deventer.

BARREIROS ROSALEM (2009), «*The Agent PE Reconsidered: application of artículos 5, 7 and 9 of the OECD Model Convention*», ITPJ, nº 12, 2009.

BARRET (2011), «*Aspects of the 2010 Update Other than those relating to Article 7 of the OECD Model Tax Convention*», BIFD, January 2011.

BECKER (1989), «*The determination of income of a Permanent Establishment or Branch*», Inter tax, nº 12.

BENNETT (2008), «*The Attribution of Profits to Permanent Establishments: the 2008 Commentary on artículo 7 of the OECD Model Convention*», European Taxation, September 2008.

BENNETT/RUSSO (2007), «*OECD Project on Attribution of Profits to Permanent Establishments: an Update*», International Transfer Pricing Journal, September/October 2007.

BERETTA (2016), «*Italy: new rules on the Attribution of Profits to PEs*», BIT, June 2016.

BERNHARDT/WILMANNS (2012), «*Germany publishes first official draft on separate entity approach for PE and other transfer pricing legislation*», PWC Pricing Knowledge Network, March, 12 2012.

BERNALES/KOSTERS, «*Oil and Gas Operational Structure Base don Joint Operation Agreements Gives Rise to Multiple Permanent Establishments within a Single Country*», ET, vol55, nº 10.

BIANCO/TOMAZELA SANTOS (2016), «*A Change of Paradigm in International Tax Law: Article 7 of tax treaties and the need to resolve the Source vs residence dichotomy*», BIT, vol.70, nº 3, 2016.

BILANEY (2016), «*Understanding Risk in the Era of the OECD/G20 BEPS initiative*», *BIT*, October, 2016.

BALLENTINE (2016), «*Ownership, Control, and the Arm´s Length Standard*», *TNI*, June 20, 2016.

BERNALES (2013), «*The Authorized OECD Approach*», en GUTIERREZ/PERDELWITZ, Taxation of Business Profits in the 21st Century: selected issues under tax treaties, IBFD, Amsterdam, 2013.

BLACK, C. (2017), «*The Attribution of Profits to Permanent Establishments: testing the interaction of domestic taxation laws and tax treaties in practice*», BTR, nº 2, 2017.

BLUM (2015), «*PEs and Action 1 on the Digital Economy of the OECD Base Erosion and Profit Shifting Initiative- The nexus criterion redefined? *», BIT, June/July 2015.

BRAUNER (2014), «*Prevent the Artificial Avoidance of PE Status*», en U.S. State Tax Considerations for International Tax Reform, Tax Analysts, Virginia, 214.

BOBBETT/AVERY JONES (2010), «*The Proposed Redraft of Article 7 of the OECD Model*», BIFD, January 2010.

BURGERS (1991), «*Taxation and Super vision of Branches of International Banks. A Comparative Study of Bank and other Enterprises*», IBFD, Amsterdam.

BUSTOS et alter (2015), «*OECD releases final report on preventing the artificial avoidance of PE status under Action 7*», Global Tax Alert EY, 19 October 2015.

CALDERÓN CARRERO (2010), «*Comentarios al artículo 17 TRLIS*», en Impuesto sobre Sociedades, Dir. Rodríguez Ondarza, Aranzadi.

CALDERÓN CARRERO (2004), «*Comentarios al artículo 5 del Modelo de Convenio OCDE*», en Comentarios a los Convenios de Doble Imposición Españoles, FPBM, La Coruña.

CALDERÓN CARRERO (2004), «*Comentarios al artículo 7 Modelo de Convenio OCDE*», en Comentarios a los Convenios de Doble Imposición Españoles, FPBM, La Coruña.

CALDERÓN CARRERO (2012), «Spain Report» en IFA, *Enterprise Services*, Cahiers de Droit Fiscal International, vol.97a), Kluwer, The Hague, 2012, pp.619-638.

CALDERÓN CARRERO (2016), «*Las Discriminaciones Fiscales generadas por el Estado de Residencia del contribuyente y el Derecho de la UE: el problema de la importación de pérdidas extranjeras y de los Impuestos de Salida*», Impuestos Directos y Libertades Fundamentales del Tratado de Funcionamiento de la UE, Dir. Martín Jiménez/Carrasco, Aranzadi, Pamplona, 2016.

CALDERÓN (2018), *"El Paquete Europeo en materia de Fiscalidad de la Economía Digital"*, Carta Tributaria, Junio 2018.

CARBAJO/VALLES/GONZÁLEZ-GASCA/CAMPOS (2017), «*New Permanent Establishment Rules for Oil & Gas Activities in Mexico*», TNI, October, 2017.

CARMONA (1999), «*Todo sobre el Impuesto sobre la Renta de los No Residentes*», CISS, Barcelona.

CARMONA ET ALTER (1995), «*Fiscalidad de No residentes según la doctrina administrativa*», CISS, Valencia.

CARMONA FERNÁNDEZ (2007), «*Impuesto sobre la Renta de No Residentes*», CISS, Valencia.

CARMONA FERNÁNDEZ (2013), «*The concept of PE in the Courts: Operating Structures Utilizing Commission Subsidiaries*», BIT, vol. 67, nº 6.

CARREÑO/GONZÁLEZ (2006), «*Supply Chain Management*», ITPJ, July/August 2006.

CHAMBERLAIN/TURLEY (2015), «*BEPS Guidance on PEs and Transfer Pricing: Breaking Down de Walls*», Transfer Pricing Report, Bloomberg BNA, 24 March 2015.

COLLIER (2013), «*BEPS Action Plan, Action 7: preventing the artificial avoidance of PE Status*», BTR, nº 5.

COLLIER et alter (2015), «*Revamped dependent agent rule a marked change in the OECD´s final BEPS permanent establishment report*», Tax Policy Bulletin PwC, 26 October 2015.

COLUCCI et alter (2015), «*Italian international tax legislation includes major changes to APA rollbacks, taxation of branches and transactions with tax havens*», PwC Tax Insights from Transfer Pricing, May 7, 2015.

CRITCHLEY (2017), «*Dispute Prevention Avenues for Permanent Establishments*», ITPJ, July/August 2017.

CUNNINGHAM (2016), «*The Post-BEPS World of PE*», TNI, May 2, 2016.

DE CAROLIS (2015), «*The attribution of profits to PEs within the framework of the EU Arbitration Convention*», Intertax, vol.43, nº 8/9, 2015.

DE JUAN PEÑALOSA (1972), «*Doble Imposición Internacional*», IEF, Madrid.

DE LUIS MONASTERIO (1980), «*Métodos para distribuir los beneficios imponibles entre varias jurisdicciones tributarias*», Hacienda Pública Española, nº 64.

DIJKMAN/DE BUCK/BROUWERS, «*Netherlands: Guidance Issued on Profit Attribution to Permanent Establishments*», ITPJ, May/June, 2011.

DODWELL et alter (2015), «*BEPS action 7: Preventing the artificial avoidance of PE status*», OECD Tax Alert Deloitte, 7 October 2015.

DOERNBERG/VAN RAAD (1997), «*The 1996 US Model Income Tax Convention*», Kluwer, Boston.

DUARDO SÁNCHEZ, A. (2017), «*Crisis de los puntos de conexión en la fiscalidad internacional. La residencia fiscal y el Establecimiento Permanente a la luz del Plan BEPS*», QF, nº 12, 2017.

DZIURDZ´ (2014), «*Attribution of functions and profits to a Dependent agent PE: different Arm´s length principles under articles 7(2) and 9 ? *», World Tax Journal, June 2014, pp.135 y ss.

EDGAR/HOLLAND (2005), «*Source Taxation and the OECD Project on Attribution of Profits to Permanent Establishments*», Tax Notes International, pp. 525 y ss.

ESCAUT/GLON, «*France: French Branch of Foreign company must charge interest to its head office in consideration for cash advances provided to the latter*», ET, April 2016.

FEINSCHREIBER/KENT (2016), «*Warehousing Activities Challenge OECD´s PE Categorization*», Tax Notes, October 17, 2016.

FINLEY, R. (2016), «*OECD: PE Document is about Interplay of OECD Model Treaty Articles*», TNI, July 25, 2016, p.277.

FINLEY, R. (2016), «*EU´s Apple decision similar to Criticized Hong Kong Case*», TNI, September 26, 2016.

GARCÍA PRATS (1996), «*El Establecimiento Permanente*», Tecnos, Madrid.

GARCÍA PRATS (2001), «*Tributación de las rentas empresariales: rentas asociadas en los Convenios de doble imposición*», en Fiscalidad Internacional, Estudios Financieros, Madrid.

GÄRTNER/MINOR (2011), «*Dependent Agent and VAT Fixed Estab-lishment Risk*», TNI, vol. 64, nº 10, 2011.

GOEDE/VLASCEANU (2014), «*PE Implications for Coordination Centres in the Oil and Gas Industry*», BIT, September 2013.

GOEL (2017), «*Addressing tax challenges of the digital economy: fair play or foul play? *», Kluwer International Tax Blog, August 18, 2017.

GOEL (2018), *"Permanent Establishment and Virtual Projection: the case of Nokia Networks"*, Kluwer International Tax Blog, September 3, 2018.

GÓMEZ JIMÉNEZ (2008), *«Un análisis del enfoque autorizado de la OCDE para la Atribución de Beneficios a los Establecimientos Permanentes»*, Documentos del IEF, nº 25.

GUTIÉRREZ/PERDELWITZ (2013), *«Taxation of Business Profits in the 21st Century: selected issues under tax treaties»*, IBFD, Amsterdam, 2013.HAGEMANN/LONG (2016), *«Allocation of Income to PEs: The German approach»*, TNI, April 3, 2016.

HEYDARI 2014, *«When One Becomes Two: the Forlorm Future of the Fixed Establishment»*, Derivatives and Financial Instruments, May/June 2014.

HENTSCHEL/KRAFT/MOSER 2018, *"Permanent Establishment Taxation in Germany in a Post-AOA-Impplementation Era: a primer on exceptions and problems areas"*, ET, February/March 2018.

HUIBREGTSE et alter (2015), *«Status of Implementation of the Authorized OECD Approach into Domestic Tax Law and Tax Treaties-Part 2»*, ET, September 2015.

HUIDOBRO ARREBA, I. (2016), *«La tributación de los rendimientos empresariales sin estableci-miento permanente. Rendimientos profesionales. Rendimientos derivados de la navegación marítima interior y aérea»*, en Manual de Fiscalidad Internacional, Vol. I, IEF, Madrid, 2016, pp.739 y ss.

HUSTON (1988), *«The case against fixed base»*, Intertax, nº 10.

HOOGTERP (2009), *«Internal Interest Dealing for Financial and Non-Financial Enterprises and artículo 7 of the OECD Model Tax Convention»*, ITPJ, Nov/December 2009.

IZZO/McCORMICK/REILLY (2016), *«A more Subjective Permanent Establishment Standard»*, Bloomberg BNA 186 DTR J-1, 09/26/2016.

JIMÉNEZ VALLADOLID (2016), *«La atribución de beneficios al EP de Agencia: ¿Una reconside-ración del criterio arm's length? »*, RCyT, 403, 2016.

JONES RODRÍGUEZ (2016), *«La Fiscalidad de los no Residentes en España: Rentas obtenidas a través de Establecimiento Permanente»*, en Manual de Fiscalidad Internacional, IEF, Madrid, 2016.

KOSTERS/OFFERMANNS (2013), *«Implementation of the AOA to Existing Treaties—A Matter of Interpretation? »*, en GUTIERREZ/PERDELWITZ, Taxation of Business Profits in the 21st Century: selected issues under tax treaties, IBFD, Amsterdam, 2013.

GELINECK, M. (2016), *«Permanent Establishments and the Offshore Oil and Gas Industry Partí-culos 1 & 2»*, BIT, April & May 2016.

KANABAR/DHARAWAT 2014, *«India: Cross-border Outsourcing -Issues, Strategies and Solu-tions»*, BIT, April/May 2014, pp.181.

KEMPF/JAKOB (2013), *«Changes in the Taxation of Permanent Establishments in Germany»*, ITPJ, March/April 2013.

KIM (2015), *«Korea: Recent Regulations on Calculation of Taxable Income of a Domestic Place of Business»*, ITPJ, January/February 2014.

KINDS (2015), *«Skandia America- How to deal with supplies between head office and a fixed establishment in the future»*, IBFD WP, 25 de October de 2015.

KINGSON, *«Taxing the Future (1996 Tillinghast Lecture)»* en The Tillingast Lecture 1996-2005, New York School of Law, NY, 2007.

KOFLER/VAN THIEL, *«The Authorized OECD Approach and EU Tax Law»*, ET, August 2011.

KORT (2001), *«Why Article 14 (Independent Personal Services) was deleted from OESO Model Tax Convention?»*, Intertax, vol. 29, nº 3.

KREVER/TEOH, «The Tech Mahindra case- Royalties derived through a PE», TNI, October 3, 2016.

LEJEUNE/MARKEY/PETERS/BALTUS (2016), «Fixed Permanent Establishments: the VAT and Direct Tax Concepts are drifting further apart», International VAT Monitor, September/October 2016.

LEWIS et alter (2014), «Remain vigilant on Indian PEs, even after the Favorable E-Funds decision», Caplin & Drysdale, March 27 2014.

LEWIS (2016), «US Waiting for OECD's Profit Attribution Rules», TNI, June 13, 2016.

LEWIS (2017), «Investment in Private Equity Fund Does not Constitute a PE», TNI, January 16, 2017.

LI, J. (2015), en «UN Handbook on Selected Issues in Protecting the Tax Base of Developing Countries», UN, 2015.

LI (2015b), «China and BEPS: From Norm-taker to Norm-Shaker», BIT, June/July 2015.

LIU/G.DE SOUZA /H.ZHOU (2015), «China: Bulletin 16: China Makes a Pre-Emptive Strike against BEPS», ITPJ, July/August 2015.

LINGIER (2015), «Germany: the implementation of the Authorised OECD Approach under German law and its relation to tax treaties already in force- can the Authorised OECD Approach be applied Retroespectively?», BIT, vol. 69, nº 3, 2015.

LIPP, M (2014), «Germany's Tax Treaty Negotiation Policy», E.T., July, 2014.

LÜDICKE (2004), «Recent Commentary Changes Concerning the Definition of Permanent Establishment» Bulletin of International Fiscal Documentation vol. 58.

MAISTO (2003), «The history of Article 8 OECD Model Treaty», Intertax, nº 6/7.

MARTÍN JIMÉNEZ, A. (2015), en «UN Handbook on Selected Issues in Protecting the Tax Base of Developing Countries», UN, 2015.

MARTÍN JIMÉNEZ, A (2016), «The Spanish position on the concept of Permanent Establishment», BIT, vol.70, nº 8, 2016.

MASUI (2015), «Japan: Introduction of the Authorised OECD Approach into Japanese Domestic Law», BIT, September 2015.

MEHTA, "Taxation of Shipping Income under Tax Treaties-Development of case law in India", Asia-Pacific Tax Bulletin, vol.21, nº3, 2015.

McLURE (2000), «Source Based Taxation and the Alternatives to the Concept of Permanent Establishment», en Report of the Proceedings of the World Tax Conference: Taxes Without Borders, Canadian Tax Foundation, Toronto, 2000, p. 6:1 y ss, y,

McLURE (2003), «Taxation of Electronic Commerce in Developing Countries», en MARTÍNEZ-VÁZQUEZ y ALM (eds.), Public Finance in Developing and Transitional Countries: Essays in Honor of Richard Bird, Edward Elgar, Northampton, MA, 2003.

MICHAUX (1987), «An analysis of the notion of fixed base and its relation to the notion of permanent establishment», Intertax, nº 3.

NIKITMAN (1989), «The meaning od Permanent Establishment in the 1981 US Model Income Tax Treaty (I)», International Tax Journal, vol.15, nº 2.

NOUEL (2011), «The New Article 7 of the OECD Model Tax Convention: the End of the Road?», BIFD, January 2011.

OECD (1998) (Secretariado del Comité Fiscal), «Outline on Employees as a Permanent Establishment», en IFA, The OECD Model Convention 1996 and Beyond, Kluwer, The Hague.

PANAYI 2013 a), EU Corporate Tax Law, Cambridge University Press, 2013.

PANAYI 2013 b), «*The Taxation of Permanent Establishments: selected issues*», BIFD, April/May 2013.

PARADA (2013), «*Agents vs Commissionaires: a Comparison in the Light of the OECD Model*», TNI, October 7, 2013, pp.59 y ss.

PARKER (2015), «*New PE Languague for BEPS Scales Back Earlier Drafts*», Transfer Pricing Report, Bloomberg BNA 5 October 2015.

PARKER (2016), «*US Seeking certainty in New Permanent Establishments Rules*», BNA Daily Tax Report, 110 DTR G-2, June 7 2016.

PARKER (2017), «*300 Maquiladora Tax Cases Resolved*», Daily Tax Report, 15 September 2017.

PAULITSCH/ECKERSTORFER 2014, «*Implementation of the Authorized OECD Approach*», ITPJ, May/June, 2014.

PERDELWITZ (2013), «*A Certain degree of Permanence- Between Temporary and Everlasting Business Activities*», en Taxation of Business Income, IBFD, 2013

PETERS, C (2015), «*Developing Countries´ Reactions to the G20/OECD Action Plan on BEPS*», BIT, June/July 2015.

PETRUZZI/HOLZINGER (2017), «*Profit Attribution to Dependent Agent Permanent Establishment in a Post-BEPS Era*», WTJ, May 2017.

PIERON/SCHUEREN/DURANT/GERAETS, "*Digital Taxation in Europe: State of Play*", TNI, October 8, 2018, pp.165 y ss.

PINTO (2003), «*E-commerce and Source-Based Income Taxation, Doctoral Series*», IBFD, Amsterdam, 2003.

PIJL, «*Interpretation of Article 7 of the OECD Model, Permanent Establishment Financing and Other*», BIFD, June 2011.

PIJL (2013), «*Interruptions in Building Site PE to be interpreted under limited inclusion theory*», BIT, July 2013.

PROVINCE (2016), «*Treaty Commentary Muddles Seconded Employment and PEs*», TNI, March 208, 2016.

PLEIJSIER, A. (2016), «*The Artificial Avoidance of PE Establishment Status: a Reaction to the BEPS Action 7 Final Report*», ITPJ, November/December 2016, pp.442 y ss.

RASMUSSEN, «*Permanent Establishments: The Current State of Play*», BIFD, nº 11, 2011.

REIMER (2013), *Permanent Establishments*, Kluwer, The Hague, 2013.

REUMERT 2014, «*Ruling on PE reawakens concerns for foreign investors*», en www.kromann-reuemert.com, March 14 2014.

ROBERTS (1993), «*The Agency element of Permanent Establishment: the OECD Commentaries from the civil law view*», Inter tax, nº 9-19.

RUIBAL (2003), «*La Tributación de las rentas obtenidas a través de entidades en atribución de rentas*», Aranzadi, Pamplona.

SAHIN/LE BLANC (2011), «*The Dutch Approach to Attribution of Profits to PEs*», ET, June 2011.

SASSEVILLE (1998), «*To what extent do employees assigned to a subsidiary constitute a PE of the Parent?*», en The OECD Model Convention 1996 and Beyond, IFA, Kluwer, Boston.

SASSEVILLE (2004), «*Agency Relationship: When Is There a Permanent Establishment*», Bulletin of International Fiscal Documentation vol. 58.

SASSEVILLE/VANN (2014), «*Article 7: Business Profits*», en Global Tax Treaties Commentaries, Amsterdam, IBFD, 2014.

SEITZ (2013), «*The Construction Clause in Article 5(3) of the OECD Model*», BIT, September 2013.

SCHINDEL y ATCHABAHIAN (2005), «*General Report: source and residence new configuration of their principles*», en Cahiers de droit fiscal international, vol. 90a, SdU, Amersfoort, 2005; SCHNITGER (2013), «Problems arising under domestic tax law due to the Introduction of the Authorised OECD Approach», BIFD, April/May 2013.

SCHÖN, W., *"Ten Questions about Why and How to Tax the Digitalized Economy"*, Max Planck WP, 2017-11.

SCHOUERI/GÜNTHER (2011), «*The Subsidiary as a Permanent Establishment*», BIFD, February 2011.

SCHWÄRZLER (2017), «*Using the Capital Allocation Approach to Attribute Capital to a PE*», ITPJ, March/April 2017.

SHEPPARD (2016), «*Permanent Establishment Americano*», TNI, 28 March 2016.

SPORKEN/MIDDELKOOP (2011), «*Dutch Guidance on the Attribution of profits to PEs*», International tax review, April 2011.

SPRAGUE (2015), «*Second Discussion Draft on Revisions to the Deemed PE Rule of the OECD Model Article 5(5)- What Should taxpayers do now?* », Tax Management Int'l J, 44 TM Int'l J.433, BNA BloombeRG.

SPRAGUE (2016), «*Establishing a Reseller Arrangement Under BEPS Action 7*», 45 TM Int'l J. 295, 2016.

SPRAGUE (2016b), «*Denmark Issues Detailed Technical Ruling on PE Analysis Applicable to Data Centers*», Daily Tax Report, 148 DTR J-1, August 8 2016.

SPRAGUE (2016c), «*Observations on Treaty interpretation- Spanish Supreme Court Addresses Commissionaires*», 45 TM International Journal 555.

SPRAGUE (2016d), «*Additional Guidance on the Attribution of Profits to PEs*», 45 TM International Journal 621.

SPRAGUE (2016e), «*Additional Guidance on the Attribution of Profits to PEs—A Welcome development* », Bloomberg BNA 227 DTR 11/25/2016.

SKAAR (1991), «*Permanent Establishment. Erosion of a Tax Treaty Principle*», Kluwer, Deventer

SKAAR (1999), «*Subject to what conditions will the provision of services constitute a permanent establishment?*», en The OECD Model Convention 1997 and Beyond, IFA, Kluwer.

STORCK/PETRUZZI/PANKIV/TAVARES, «*Global Transfer Pricing Conference: Transfer Pricing in a Post-BEPS World*», ITPJ, May/June 2016.

SURREY (1980), «*UN Model Convention for Tax Treaties between developed and developing countries*», IBFD, Amsterdam

TING/FACCIO/KADET (2016), «*Effects of Australia´s MAAL and DPT On Internet-Based Businesses*», TNI, vol.83, nº 2, July 11, 2016.

TOBIN (2015), «*Potential Proliferation of PEs*», Tax Management International Journal, Bloomberg BNA, 44 TM Int'l J 109, 2015.

TRACANA, D. (2017), «*The Effect of the OECD/G20 BEPS Initiative on the Attribution of Profits to Permanent Establishments: the special case of Agency PEs*», BIT, March/April 2017.

TREMBLAY/LUDWIN, *"Indian Supreme Court Diverges from OECD Guidelines, Relies on Questionable Precedent, in Deciding PE Issue in Formula One"*, 47 TM International Journal 125, September 2018.

TSIELEPIS (2017), «*The Devil is in the Detail: An analysis of ECJ's Attributes to the Fixed Establishment concept*», Int'l VAT Monitor, nº 3, June 2017.

UN (2016), «*Guidance Note on Permanent Establishment Issues for the Extractive Industries*», CRP. Attachment D PEs, E/C.18/2016/CRP.10, Committee of Experts on International Cooperation in Tax Matters, Twelfth Session, Geneve, 11-14 October 2016.

VANN, «*Reflections on Business Profits and the Arm's-Length Principle*» y LI, «*International Taxation in the Age of Electronic Commerce*», Canadian Tax Foundation, Toronto, 2003.

VANN (2006), «*Tax Treaties: the secret agent's secrets*», BTR, nº 3, 2006

VAN DER BRUGGEN (2001), «*Developing Countries and the Removal of artículo 14 of the OECD Model*», Bulletin for International Fiscal Documentation, vo. 55, n. 12, pp. 601.

VAN DER BRUGGEN (2001), «*PE When Furnishing Consulting Services under the OECD and UN Model Tax Treaties*», Tax Notes International, May 2001, p. 2623 y ss.

VAN DER HAM/RETZER (2014), «*German Bundesrat approves Ordinance on the Application of the Arm's Length Principle to Permanent Establishments*», Transfer Pricing International Journal, 15 TPTP 4, 11/30/2014.

VAN DER HAM/RETZER (2015), «*Tax Challenges of Digital Economy Transactions in Light of Current OECD and German PE Developments*», TP Int'l J.. January 2015.

VAN RAAD (1991), «*The 1977 OECD Model Convention and Commentary. Selected Suggestions for Amendment of Articles 7 and 5*», Inter tax, nº 11

VAN WANROOIJ (2009), «*Comments on the Proposed Article 7 of the OECD Model Convention*», Intertax, nº 5.

VEGA BORREGO (2004), «*Comentario al artículo 8 ModCDI*», en Comentarios a los convenios de doble imposición concluidos por España, Fundación Barrie, La Coruña.

VERNONER, «*The concept of Dependent Agent Permanent Establishment in transfer pricing theory*», ITPJ, March/April 2011.

VIÑUALES (1977), «*Informe sobre la legislación fiscal y los procedimientos de imputación parcial de beneficios de las empresas con actividad en varios países*», Hacienda Pública Española, nº 46.

WITTENDORF (2012), «*Triangular Cases: the interaction between transfer pricing and PEs*», TNI, 7th May 2012, pp.545 y ss.

VOGEL (1997), «*Double Taxation Conventions*», Kluwer, Deventer.

YONG (2010), «*Triangular treaty cases: putting PEs in their proper place*», BIT, February.

YUESHENG, J. (2015), «*Value Creation Theory of the BEPS report and China's Reasonable Share in Global Value Allocation*», ITPJ, July/August 2015, pp.223 y ss.

III.3

EMPRESAS ASOCIADAS

Montserrat Trapé Viladomat

III.3.   EMPRESAS ASOCIADAS

Sumario

EMPRESAS ASOCIADAS

1. INTRODUCCIÓN: NOCIÓN DE PRECIOS DE TRANSFERENCIA

El presente Capítulo tiene por objeto analizar los «precios de transferencia», expresión con la que se quiere designar los precios a los cuales las empresas asociadas o vinculadas valoran las transacciones efectuadas entre ellas y, en definitiva, reparten el resultado global entre las diferentes entidades que participan en la transacción. Es principio ampliamente aceptado y consolidado en la comunidad internacional que las transacciones han de valorarse al precio que hubieran convenido empresas económicamente independientes entre sí.

La disposición que recoge este principio –el artículo 9 del ModCDI– presenta una estructura distinta del resto de artículos del ModCDI que distribuyen la potestad tributaria entre los dos Estados contratantes y persiguen eliminar la doble imposición jurídica (artículos 6 a 22 ModCDI). En efecto, el artículo 9 tiene por objeto garantizar que la distribución de una renta global entre dos sujetos vinculados se efectúa en base a criterios que aplicarían entidades económicamente independientes consagrando el «principio de libre competencia», «principio de libre concurrencia» o *arm's length principle*». Por consiguiente, no se está en presencia de un único contribuyente ni de un Estado de residencia frente a un Estado de la fuente sino que este artículo supone la presencia de dos sujetos jurídicamente independientes entre sí, cada uno de ellos residente en uno de los Estados contratantes aunque vía artículo 7 del Mod CDI, este principio aplica también a las relaciones entre una Casa central y un establecimiento permanente.

Así, el artículo 9 del ModCDI autoriza a los Estados a defender la correcta asignación de la base imponible de la empresa residente en su territorio a la vez que se compromete a eliminar la doble imposición económica que pueda generarse como consecuencia principalmente de la revisión que cualquiera de los dos Estados pueda efectuar.

En los siguientes apartados se exponen los aspectos más relevantes del principio de libre competencia. Aunque como tal principio aparece por primera vez en las legislaciones internas del Reino Unido y Estados Unidos de los años 1917-1918, en la actualidad, su configuración y contenido presentan un perfil claramente internacional, con una regulación en permanente estado de revisión y con una iniciativa cada vez más evidente de las instituciones internacionales, principalmente la OCDE, coexistiendo así varios «centros de producción de normas», tanto domésticos como internacionales. Por dichas razones, este capítulo incidirá muy especialmente en el aspecto transnacional de los precios de transferencia, desarrollando en particular la doctrina del Comité de Asuntos Fiscales de la OCDE.

Los precios de transferencia constituyen una de las áreas donde, de forma más destacada, se aprecia el impacto y las alteraciones que, en el momento actual, debido a la globalización, sufre el esquema tradicional de fuentes del Derecho tributario. Los informes elaborados por la OCDE, no sólo en el ámbito de este artículo sino también en relación con la atribución de beneficios a EP –artículo 7 del ModCDI– han venido ejerciendo una influencia muy notable, más intensa que el papel que tienen las normas de *soft law*» y con una clara influencia en las normativas domésticas y decisiones de los Tribunales. En este sentido, existe un debate muy intenso sobre el grado de influencia de estas normas supranacionales y frente a una voluntad de considerarlas aplicables directamente desde el momento de su aprobación en el seno de la OCDE, hay claros pronunciamientos de Tribunales tanto en España como en otros países europeos que han dado clara prevalencia a la normativa doméstica en un claro posicionamiento de preservar el principio de seguridad jurídica.

En los últimos años, se ha generado una percepción intensa de que la empresa multinacional tiene acceso a modelos, con los principios de Derecho tributario internacional tradicionales, a que le permiten rebajar su "factura fiscal". En efecto, en un mundo cada vez más interconectado, las normas internas de los países no se han acomodado a la evolución de las corporaciones con presencia global, movimientos de capital o a la economía digital, dejando vacíos que pueden ser utilizados por las compañías para evitar tributación en su país de residencia trasladando actividades a países de nula o baja tributación. Este ha sido el origen del proyecto conocido como BEPS (*Base Erosion and Profit Shifting*).

El proyecto BEPS, auspiciado por la OCDE y con el apoyo e impulso político del G20 supuso la revisión de las normas de fiscalidad internacional más significativa de los últimos 50 años. En 2012, en plena crisis económica y con el convencimiento de que las empresas multinacionales pueden, a veces con el amparo de normas inconsistentes, a veces por lagunas de las normas, o incluso de situaciones de flagrante abuso, desviar beneficios a jurisdicciones de tributación más favorable, el G20 y la OCDE iniciaron una revisión holística de la fiscalidad internacional que concluyó con 15 acciones o áreas de revisión. Éstas se estructuraron en torno a tres pilares fundamentales: coherencia entre las normas que regulan actividades transfronterizas, refuerzo del concepto de sustancia, y la mejora de la transparencia. Al final, el objetivo de esta revisión es actualizar las normas para alinearlas con el avance y transformación de la economía global, asegurando que los beneficios se gravan donde se realizan las actividades económicas y donde se crea valor.

La OCDE ha venido trabajado a un ritmo frenético y ha respetado un calendario altamente ambicioso. El proyecto se inició en 2013; en 2014 se publicaron los primeros borradores y en octubre de 2015 se publicaron los informes definitivos que fueron presentados al G20 en noviembre de aquel año. En este momento, la mayoría de acciones ya se han incorporado tanto a la nueva versión de las Directrices de Precios de Transferencia (versión 2017) como a la nueva versión del ModOCDE de noviembre de 2017.

Al margen de su contenido holístico y de revisión integral de los principios de fiscalidad internacional, destaca la estrategia que ha perseguido el G20 de buscar que BEPS sea un proyecto de consenso globalizado que ha sido abrazado por 129 países. Destaca igualmente la adopción por parte de la Comisión Europea de estos trabajos con el objetivo de que algunas de las acciones BEPS se implementen de forma coherente en todos los países de la Unión.

Aun cuando se han revisado muchos aspectos de fiscalidad internacional, el apartado relativo a precios de transferencia constituye uno de los ámbitos de mayor proyección y relevancia dentro de este complejo trabajo. A todo ello nos referiremos a lo largo de este capítulo.

2. EL ARTÍCULO 9 DEL MODELO DE CONVENIO DE LA OCDE

2.1. Análisis del artículo 9 del Modelo Convenio de Doble Imposición

La base jurídica de la regulación de los precios de transferencia se halla en el artículo 9 ModCDI el cual recoge los dos principios que deben inspirar la tributación de empresas asociadas o vinculadas situadas en dos o más jurisdicciones fiscales distintas. El primero de ellos consiste en la asignación correcta de bases imponibles a cada una de las jurisdicciones donde se hallan situadas dichas empresas sobre la base del principio de libre competencia que ha de constituir el fundamento de las relaciones comerciales y financieras entre las mismas. El segundo tiene por finalidad instar a los Estados contratantes a asumir el compromiso de intentar evitar la doble imposición económica que puedan sufrir las entidades asociadas como consecuencia de un ajuste efectuado por uno de ellos.

En este sentido, el artículo 9 ModCDI, bajo el título de «*Empresas asociadas*», dispone que:

1. Cuando:

a) Una empresa de un Estado contratante participe directa o indirectamente en la dirección, el control o el capital de una empresa del otro Estado contratante, o

b) Unas mismas personas participen directa o indirectamente en la dirección, el control o el capital de una empresa de un Estado contratante y de una empresa del otro Estado contratante, y, en uno y otro caso, las dos empresas estén, en sus relaciones comerciales o financieras, unidas por condiciones aceptadas o impuestas que difieran de las que serían acordadas por empresas independientes, los beneficios que habrían sido obtenidos por una de las empresas de no existir dichas condiciones, y que de hecho no se han realizado a causa de las mismas, podrán incluirse en los beneficios de esa empresa y someterse a imposición en consecuencia.

2. Cuando un Estado contratante incluya en los beneficios de una empresa de ese Estado los que ya han sido gravados por otro Estado de una empresa de este segundo Estado, y estos beneficios son los que habrían sido realizados por la empresa del Estado mencionado en primer lugar si las condiciones convenidas entre las dos empresas hubieran sido las acordadas entre empresas independientes, ese otro Estado practicará el ajuste correspondiente de la cuantía del impuesto que ha percibido sobre esos beneficios. Para determinar dicho ajuste se tendrán en cuenta las demás disposiciones del presente Convenio y las autoridades competentes de los Estados contratantes se consultarán en caso necesario.

Una primera lectura del artículo 9 ModCDI lleva a destacar los siguientes aspectos:

- En primer lugar, el artículo 9 ModCDI propone una definición abierta del término «empresas asociadas» basada en la participación en el capital, la dirección o el control común o de una empresa respecto de otra. Sólo incluye supuestos de vinculación entre «empresas», ya sean éstas personas jurídicas –lo más habitual– o empresarios individuales y deja fuera de su ámbito cualquier relación de vinculación no empresarial.

- Consagra, como se ha indicado, el principio de libre competencia y con él la facultad que tienen los Estados contratantes de modificar la base imponible de una empresa asociada cuando ésta ha sido alterada por la presencia de condiciones comerciales o financieras anómalas que no se habrían dado de no ser por el hecho de la vinculación. Esta facultad tiene por objeto restituir el equilibrio alterado por lo que las Administraciones tributarias pueden proponer un ajuste a la base imponible que ha de limitarse a eliminar los efectos que se deriven de estas condiciones anómalas. Constituye el denominado «ajuste primario».

- El artículo 9.2 ModCDI introduce el «ajuste bilateral o correlativo» que es el ajuste en sentido inverso que debería practicar el otro Estado contratante para contrarrestar el efecto que tiene el ajuste primario en la renta conjunta de las empresas asociadas con la finalidad de eliminar la doble imposición económica. Los CMC destacan que los convenios no obligan a realizar el ajuste bilateral en todos los casos sino sólo si el otro Estado contratante entiende que el ajuste primario se ha ajustado al principio de libre competencia. Piénsese que si el ajuste bilateral se diseñara como mecanismo automático, de facto, comportaría la cesión de la soberanía fiscal de un Estado a favor de aquel que hubiera efectuado el ajuste primario.

La complejidad y riqueza de situaciones que en la práctica supone la aplicación del principio de libre competencia ha llevado al Comité de Asuntos Fiscales de la OCDE a elaborar las denominadas «Directrices aplicables en materia de precios de transferencia a empresas multinacionales y administraciones tributarias» OCDE 2017 –las Directrices– que reflejan los principios internacionalmente aceptados en esta materia y se han convertido en el informe de referencia común. Esta versión incorpora ya los informes derivados del Proyecto BEPS y muy en particular de los informes relativos a asegurar que los resultados de los precios de transferencia están en línea con la creación de valor (acciones 8 a 10) y el nuevo modelo de documentación (acción 13) que parten de dos principios inspiradores de toda la reforma: el principio de transparencia y el principio de comunicación de las principales magnitudes y circunstancias del negocio a las autoridades de los países donde los grandes grupos multinacionales tienen presencia.

2.2. Las directrices aplicables en Materia de Precios de Transferencia a Empresas Multinacionales y Administraciones Tributarias

Las Directrices reflejan, a través de criterios, guías, perspectivas generalmente aceptadas y desarrollo de ejemplos, una interpretación común del artículo 9 ModCDI con la finalidad de reducir el riesgo de una tributación inadecuada, dotar de una mayor seguridad al contribuyente y suministrar medios adecuados a las Autoridades fiscales para resolver los problemas que pueden surgir por la interacción de las leyes y prácticas de los diferentes países.

Las primeras Directrices del año 1979 fueron sustituidas por las publicadas en 1995 y 2010 que, a su vez, han sido refundidas con los informes BEPS en las actualmente vigentes de 2017. El primer texto de 1979 era un texto muy simple en el que se desarrollaron fundamentalmente los métodos tradicionales de valoración de mercancías, transferencia de tecnología y marcas, servicios y préstamos. La OCDE publicó con posterioridad otros informes sobre temas específicos: «Precios de Transferencia y Empresas Multinacionales Tres Cuestiones Fiscales» (el Informe de 1984) y «Subcapitalización» (El Informe de 1987) que constituyeron la base de la versión de 1995. El Informe inicial de 1995 contenía cinco capítulos, el capítulo de los intangibles se aprobó en marzo de 1996, los acuerdos de reparto de costes en agosto de 1997 o los procedimientos que pueden utilizar los Estados contratantes para evitar y resolver los conflictos internacionales en esta área, en especial los acuerdos previos de valoración de carácter multilateral dentro del procedimiento amistoso en Octubre de 1999 a través de un Anexo.

La OCDE continuó trabajando en temas concretos la mayoría de los cuales fueron aprobados por el Comité de Asuntos Fiscales y se han incorporado al articulado o comentarios al MCDI o incluso a las Directrices. Es de destacar en este sentido, los cuatro informes sobre atribución de beneficios a EP (ver apartado III.2, Parte I), la revisión del artículo 25 y la introducción de la institución del arbitraje si bien en este caso esta modificación excede de los temas de precios de transferencia (ver apartado Parte II, apartado 10).

La revisión hasta el proyecto BEPS más sustancial desde 1995 finalizó en 2010. La versión del 2010 incorpora una revisión sustancial de los capítulos I a III, muy en concreto sobre el significado de la comparabilidad, su engarce con la selección del método de valoración más adecuado, introduce un marco conceptual y procedimental sobre cómo llevar a cabo el análisis de comparabilidad (capítulo I y III) y realiza una profunda revisión sobre la forma de aplicar los métodos transaccionales sobre el beneficio (capítulo II).

Adicionalmente, la versión 2010 sumó un nuevo capítulo (capítulo IX) sobre reestructuraciones empresariales. Fue un proyecto muy demandado, pues se refiere a situaciones muy frecuentes, que originan numerosos supuestos de doble imposición y sobre las cuales las Directrices apenas incidían. En este sentido, el Capítulo IX proporciona, con un nivel de detalle notable, un análisis de las situaciones que se generan dentro de un grupo multinacional a raíz de una reestructuración, cubriendo todo el elenco temporal desde la toma de decisión, la reestructuración en sí misma considerada y la situación que resulta una vez concluida la reestructuración.

La versión del 2017 incorpora, como se ha indicado, todos los informes aprobados dentro del marco del Proyecto BEPS. Así, se ha revisado y ampliado la doctrina contenida en su capítulo I sobre el significado del principio de libre competencia y como alinear los resultados a las distintas jurisdicciones de acuerdo con la aportación de cada una de ellas. Por su relevancia, también destaca, el nuevo capítulo VI sobre intangibles, así como la doctrina contenida en la acción 10 que se centra en áreas de "riesgo significativo" y en particular en el alcance de la recalificación o desconocimiento de la transacción si ésta presenta un perfil irracional desde la óptica comercial. Finalmente, la acción probablemente que mayor impacto ha tenido, la acción 13 sobre revisión de documentación con la introducción del denominado *Country by Country Report* (en adelante, CbC).

La naturaleza jurídica de todas estas disposiciones, como se ha indicado, no es una cuestión pacífica. No hay duda que constituye un poderoso instrumento de «*soft law*» que goza de una naturaleza muy similar a los CMC. Más allá de esta unanimidad, debido a su papel interpretativo que le otorgan los Tribunales, su doctrina cada vez más consolidada incluso a nivel jurisprudencial y especialmente debido a la forma en que algunas normativas internas están adoptando e implementando las Directrices, muchos autores opinan que, en la actualidad, estas disposiciones están excediendo los límites de una norma de «*soft law*» y pueden llegar a presentar las características de una norma de «*hard law*», constituyendo el fundamento último y verdadera base jurídica de los derechos y obligaciones de los sujetos afectados aunque como se ha indicado.

Por esta razón, resulta legítimo preguntarse si este *quasi* «valor normativo» que se atribuyen a las Directrices suponen que en la práctica las Directrices son directamente aplicables en España a pesar de haberse formulado por un organismo internacional sin competencias legislativas reconocidas, no haberse publicado en el BOE y, por ende, no haber cumplido el procedimiento que se exige para que una norma forme parte del ordenamiento jurídico interno. Piénsese que las Directrices, con su interpretación dinámica, llegan a cambiar la forma de aplicar el principio de libre competencia, incrementando, al menos en determinadas circunstancias, el nivel de diligencia o de análisis, e incluso, si cabe, como se verá, ampliando el hecho imponible. La duda, quizás, es como queda el principio de reserva de ley frente a esta multiplicidad de organismos creadores e interpretadores de normas que acaban de ser de obligado cumplimiento para las empresas. Por esta razón, resultan inspiradoras algunas relevantes sentenciasde tribunales que han puesto freno a esta posición. En este sentido, aunque no ha sido la única, hay que destacar por el impacto que tiene en cuanto a la interpretación estática y meramente interpretativa de las Directrices que se recoge en la reciente Sentencia del TS de 21 de febrero de 2017 (n° rec. 2970/2015, n° sentencia 293/2017) La cuestión que se dilucidaba en este recurso (conocido como la Sentencia Schweppes) era si era aplicable en los años 2003, 2004 y 2005 un método de valoración –el método transaccional neto- que lo recogían las Directrices como un método de valoración pero que la normativa española, entonces vigente – la Ley 43/1995, no lo enumeraba sino que se introdujo con posterioridad en la Ley 36/2006, de 29 de noviembre.

El alto tribunal estima el recurso de la empresa al considerar que existió vulneración del artículo 16 de la Ley 43/1995 por haberse fundamentado el ajuste en un método de valoración que se introdujo con posterioridad no siendo admisible su aplicación retroactiva, dado el mandato expreso de la Ley 36/2006, que establece el régimen de las operaciones vinculadas -y, entre sus normas, el método del margen neto del conjunto de las operaciones- para los ejercicios que comiencen el 1 de diciembre de 2006 sin que el hecho que estuviera recogido en las Directrices avalara su invocación por exceder del propio texto legal interno.

3. EL PRINCIPIO DE LIBRE COMPETENCIA

La declaración que contiene el principio de libre o plena competencia viene consagrada, como ya se ha dicho, en el párrafo 1 del artículo 9 del ModCDI. Su fundamento se apoya en considerar a los distintos miembros de un grupo multinacional como si fueran empresas separadas en lugar de visualizarlas como partes inseparables de una sola empresa unificada. Este criterio del «*separate entity approach*» constituye el pilar fundamental en el desarrollo del principio de libre competencia y se considera que constituye el principio más adecuado para alcanzar un tratamiento fiscal equitativo entre empresas multinacionales y empresas independientes, evitando que surjan ventajas o desventajas fiscales que, de otra forma, distorsionarían su posición competitiva relativa en el mercado.

A pesar de la complejidad que, en ocasiones, comporta la aplicación de este principio, es el único aceptado internacionalmente. Ningún otro criterio goza de tal aceptación (en especial, la OCDE rechaza el método del reparto del beneficio según una fórmula preestablecida que no respete el principio de libre competencia) por lo que sólo este principio alcanza el consenso a nivel internacional y por ende limita el riesgo de que se consolide una doble imposición.

Las Directrices desarrollan, como se ha indicado, la metodología para valorar si las condiciones de las relaciones comerciales y financieras dentro de una multinacional satisfacen el principio de libre competencia y estudian la aplicación práctica de los diferentes métodos de valoración. Insisten en afirmar que los precios de transferencia no son una ciencia exacta, sino que exigen juicios de valor. Las sucesivas redacciones de las Directrices reflejan la evolución de la teoría y práctica de los precios de transferencia incidiendo en la necesaria flexibilidad que debe presidir la aplicación y puesta en práctica de sus postulados.

El Capítulo I describe el significado del principio de libre competencia, confirmando expresamente su aceptación a nivel global. Las conclusiones de los informes BEPS confirman que este principio ha resultado ser de utilidad como estándar práctico y equilibrado para las administraciones tributarias y las empresas tanto para fijar los precios de transferencia como para evitar la doble imposición. No obstante, destacan que en su implementación ha habido campo para la manipulación generando, en ocasiones, resultados distorsionados que no se corresponden con la creación de valor de las empresas que intervienen. Para eliminar estas distorsiones, los informes de 2015 aclaran y consolidan las bases de la aplicación práctica del principio de libre competencia a la vez que contempla la posibilidad de introducir medidas especiales en caso de que a través de la correcta aplicación del principio de libre competencia no se puedan corregir en casos especiales estas distorsiones.

Así, se aprecia un esfuerzo para conectar de forma más directa el análisis de comparabilidad con la selección del método más apropiado y aportar pautas más precisas sobre la forma de resolver las dificultades que entraña la limitación de información disponible. Se insiste en que el objetivo final es alcanzar una estimación razonable del principio de libre competencia y, al no ser ésta una ciencia exacta, requiere una importante dosis de enjuiciamiento por parte de los diversos sujetos intervinientes.

A continuación, se analizan los criterios para aplicar el principio de libre competencia que comprende el desarrollo del análisis de comparabilidad como otros aspectos adicionales que se detallan al final de este apartado.

3.1. Criterios para aplicar el principio de libre competencia

La proyección del principio de libre competencia sobre unas operaciones entre entidades vinculadas requiere efectuar el denominado «análisis de comparabilidad» que se sustenta sobre cinco factores a los que nos vamos a referir seguidamente. Este examen debe efectuarse tanto en relación con la transacción analizada como en relación con las posibles transacciones comparables y ha de conectarse con la selección del método de valoración más adecuado.

3.1.1. Análisis de comparabilidad. Los cinco factores de comparabilidad

La esencia de la aplicación del principio de plena competencia se basa en la equiparación de las condiciones de la operación objeto de análisis realizada entre partes vinculadas con las condiciones de operaciones idénticas o semejantes realizadas entre partes independientes por lo que las características de las respectivas operaciones, la operación que se analiza, «tested party transaction», y las que se toman como referencia entre partes independientes, «third party transactions», han de ser similares.

Ser similar o equiparable significa que ninguna de las diferencias (si las hay) entre las transacciones que se comparan afectan materialmente al precio del producto o margen de la operación o que, en caso de producirse diferencias, éstas puedan ajustarse de una forma precisa, homogeneizando las transacciones y, en su caso, eliminado los efectos económicos que se deriven de tales diferencias.

Constituye criterio ampliamente aceptado que los valores medios no ajustados derivados de un estudio estadístico de un sector industrial no pueden considerarse comparables válidos ni pueden aplicarse de forma automática para establecer las condiciones de plena competencia de una transacción.

El análisis de comparabilidad exige buscar transacciones equiparables, ya sea dentro o fuera de la propia empresa, y trasladar, una vez aplicado el método seleccionado, los resultados obtenidos a la transacción objeto de examen para verificar si el precio que se ha convenido es un precio de libre competencia, precisándose que este examen no puede sustituirse por un análisis estadístico basado en un gran número de muestras.

Por ello, hay que iniciar el examen identificando la transacción, en expresión acuñada en las Directrices actuales *"delineando cuidadosamente la transacción"*. Este proceso de identificación requiere conocer el entorno y la industria en la que se genera la transacción, conocer la cadena de valor, las funciones más relevantes y estratégicas, los activos que han de utilizarse y los riesgos más significativos que se asumen, es decir, las circunstancias económicas más relevantes que afectan a la transacción. Por ello, antes de iniciar propiamente la comparación con transacciones independientes, hay que identificar correctamente la transacción entre las partes vinculadas y engarzar muy directamente estas características con el análisis que se vaya realizando. Al final, con la expresión "delinear cuidadosamente la transacción", se quiere impedir análisis genéricos y superficiales para lo cual se sugiere el siguiente procedimiento:

• Analizar las cláusulas contractuales que regulan la transacción.
• Analizar las funciones de cada parte en la transacción, vinculando la forma como estas funciones se engarzan con la generación de valor, los riesgos relevantes de la transacción y del propio sector.
• Analizar las características de los bienes o servicios transferidos, las circunstancias económicas de la transacción y las estrategias perseguidas por las partes.

Siguiendo la nueva estructura del capítulo I con la incorporación de las acciones 8 a10 de BEPS, ampliamos las tareas anteriores:

a) *Los términos contractuales.* Las partes en una transacción pueden haber expresado sus intenciones en un contrato escrito que recoge la división de responsabilidades, derechos y obligaciones de cada una de ellas, asunción de riesgos y la base de remuneración. El contrato representa el punto de partida para delinear la transacción aunque en ocasiones no contiene todos los elementos para una adecuada delineación. La conducta complementará o incluso puede reemplazar los términos contractuales cuando estén incompletos, no haya contrato o resulten incompatibles con la conducta de las partes.

b) *El análisis funcional.* En una relación entre partes independientes, la compensación que se acuerda es el resultado de las funciones que cada parte llevan a cabo. El objetivo del análisis funcional es identificar las actividades económicamente relevantes y ligarlo a los activos con los que cada parte contribuye a la transacción así como los riesgos que cada una de ellas asume. El análisis ha de enfocarse en lo que cada parte hace y las capacidades que tiene, haciendo énfasis en particular en qué parte toma las decisiones en relación con la asunción de riesgos significativos de una transacción. El enfoque no ha de ser el número de funciones o el número de personas sino que las funciones sean económicamente significativas *"significant people's functions"*.

En el análisis de funciones, deben ponderarse los activos utilizados y focalizar el examen especialmente en los riesgos asumidos ya que, en muchas ocasiones, éstos constituyen un fiel reflejo de la verdadera naturaleza de las funciones que la empresa desempeña en relación con las transacciones examinadas. El término "riesgo" se define como el efecto de la incertidumbre en la consecución de los objetivos del negocio. A imagen de la conducta y reacción de una empresa en sus relaciones con terceros independientes, no es aventurado afirmar que es razonable aspirar, ante una asunción de riesgos significativos, a una retribución o compensación potencialmente más significativa puesto que también las opciones de incurrir en pérdidas son más relevantes. Para evitar traslados artificiales de riesgo que puedan suponer una erosión de bases imponibles, los informes subordinan la asunción de un riesgo al tener el control sobre el riesgo.

El término "control" se erige así como el punto central del análisis. Una parte de la transacción puede asumir el riesgo cuando tiene el control sobre el mismo, es decir cuando esta entidad tiene personas con capacidad y autoridad para asumir este riesgo y gestionarlo a la vez que posee la capacidad financiera suficiente para responder del mismo. Por ello, las Directrices concluyen que los riesgos que contractualmente asume una parte que carezca de capacidad para ejercer un control específico sobre este riesgo o carezca de la capacidad financiera que le permita asumirlo, serán atribuidos a la parte que efectivamente ejerza este control y disponga de capacidad financiera para asumirlo.

En síntesis, dentro del análisis funcional es fundamental realizar una correcta "asignación de riesgos", es decir que para que pueda mantenerse que una empresa dentro de un grupo multinacional asume un determinado riesgo es imprescindible tener medios humanos suficientes para controlar y gestionar este riesgo, es decir, tener personas con un perfil y responsabilidad suficientes – "significant people's functions" y capacidad financiera para asumirlo, además de presentar una conducta coherente con la asignación contractual del riesgo. Por ello, función y riesgo no pueden disociarse porque sólo cuando una empresa ejerce una función significativa a través de personas con poderes para llevarlo a cabo pueden asumir y, por ende, ser retribuidas por el riesgo asociado a esta función.

Las Directrices, a título de ejemplo, mencionan como riesgos significativos los riesgos estratégicos o de mercado, los riesgos operativos o de infraestructura, riesgos financieros, riesgos asociados con la transacción y riesgos derivados de acontecimientos externos.

c) *Características específicas de los productos o servicios.* Las diferencias en las características de los bienes o servicios objeto de la transacción explican a menudo, al menos en parte, las diferencias de precios de los bienes o servicios en el mercado libre. Este factor adquiere primordial importancia si se utilizan métodos que inciden directamente en la determinación del precio del producto o servicio, en particular si se aspira a aplicar el método CUP y, sin embargo, no es un factor tan relevante si el método seleccionado pretende determinar el margen de la transacción. Las características que han de evaluarse son las propiedades físicas de los bienes tangibles, sus cualidades y su fiabilidad, así como su disponibilidad y el volumen de la oferta; en el caso de la prestación de servicios, su naturaleza y alcance. Por su parte, el análisis de un activo intangible ha de comprender la naturaleza de la operación, el tipo de activo, la duración y el grado de protección o los beneficios que sea susceptible de generar por su uso o cesión.

d) *Circunstancias económicas.* Las transacciones objeto de examen operan en mercados determinados y si estos mercados son distintos, el precio de las transacciones puede variar. También los precios pueden variar en función del ciclo económico o de producto en que se produzca la transacción. Hay muchas circunstancias económicas que califican a un mercado como son su localización geográfica, su dimensión, el grado de competencia, la disponibilidad de bienes y servicios sustitutivos, etc. Por ello, estos factores tienen que tenerse en cuenta en el análisis de comparabilidad. Se requiere que los mercados donde se sitúan las transacciones entre terceros y las asociadas sean similares sin que las diferencias existentes, si las hubiera, incidan materialmente en su precio o, incidiendo en el mismo, se puedan realizar los ajustes apropiados.

A pesar de que en general se considera que el mercado nacional ofrece un mayor grado de similitud entre las transacciones y es el mercado de referencia más apropiado, en realidad, esto no tiene por qué suceder siempre así, sino que dependerá de los sectores y de las circunstancias de cada caso. En algunas ocasiones, dentro del mismo mercado nacional, existen diferencias sustantivas que impiden la comparabilidad y, en la medida de lo posible, será preciso acudir a un mercado local de ámbito más reducido (por ejemplo, el mercado vinícola) mientras que, en otras transacciones, un mercado geográficamente más amplio puede ser perfectamente homogéneo (por ejemplo, el mercado de la zona euro para operaciones financieras).

e) *Las estrategias comerciales.* También han de analizarse las estrategias comerciales para delinear la transacción y realizar el análisis de comparabilidad. Se incluyen dentro de la categoría "estrategias comerciales" de las empresas aspectos como su forma concreta de gestión, su carácter más o menos innovador, el desarrollo de nuevos productos o el grado de diversificación o de aversión al riesgo influyen en su quehacer, en su perfil financiero y en sus resultados. Este constituye el quinto factor de comparabilidad.

Evidentemente, no todas las anteriores circunstancias tienen un impacto en todos los análisis. Sin embargo, existen estrategias relacionadas con políticas de penetración en los mercados o etapas de implantación de productos, por ejemplo, en los que previsiblemente el precio de los productos o los márgenes de las transacciones pueden variar respecto de una etapa de mayor consolidación en el mercado. En estas circunstancias o similares, el análisis de comparabilidad debería determinar si estas estrategias comerciales podrían ser asumidas por empresas independientes con un plan de negocios razonable o si, por el contrario, esta política sólo se sostiene porque la empresa forma parte de un grupo multinacional y de la misma se pueden derivar ventajas para el grupo en su globalidad o para otras empresas del grupo.

3.1.2. Otras consideraciones en relación con el principio de libre competencia

El capítulo I se completa proporcionando pautas sobre circunstancias que se pueden dar a raíz del análisis de comparabilidad. De éstas destacamos:

a) *Identificación de las operaciones realmente efectuadas*: Las Administraciones tributarias deben respetar las operaciones realmente efectuadas por las empresas asociadas y sólo en casos excepcionales pueden ignorar las operaciones reales o sustituirlas por otras.

La última versión de las Directrices, a raíz del proyecto BEPS y después de ser uno de los temas que más comentarios y preocupaciones generó dentro de la comunidad empresarial durante las discusiones de este nuevo capítulo I, ha ampliado los directrices relativas al «*disregard*» o no reconocimiento y a la «recalificación» de una transacción, manteniendo que sólo cabe esta opción cuando la conducta de las partes no es consistente con las cláusulas contractuales o cuando una transacción es irracional desde una perspectiva comercial. Reconoce, no obstante, que las empresas multinacionales llevan a cabo operaciones singulares, que no se dan entre empresas independientes, y que esta única circunstancia no justifica un ajuste recalificativo o de desconocimiento de la operación.

Las Directrices confirman que, si la conducta no se ajusta a las cláusulas contractuales o es irracional desde una perspectiva económica, se permite el desconocimiento o recalificación de la operación que reflejara las condiciones que las partes hubieran suscrito en el caso de que la operación se hubiera estructurado de acuerdo con la realidad económica y comercial de quienes negocian en un contexto de plena competencia.

b) *Pérdidas*: Una situación en principio que puede llamar la atención es tener a una empresa asociada en pérdidas mientras el grupo al que pertenece tiene beneficios a nivel consolidado. Esta situación puede acontecer puntualmente porque de hecho las empresas independientes sufren períodos de pérdidas y ello se puede deber a multitud de razones, todas ellas legítimas. No obstante, lo que ya no es frecuente es que una empresa independiente esté en situación de pérdidas permanente porque en esta situación una empresa independiente posiblemente cesaría en esta actividad. Por consiguiente, en una situación como la descrita no sólo hay que considerar si el precio de la transacción está bien fijado sino también, en caso de que lo esté y la empresa continúe en pérdidas, cuáles son las razones de tales pérdidas y por qué una empresa en esta situación continúa viva.

c) *Ahorros de localización o grupos integrados de trabajadores.* Hay circunstancias que afectan a la delineación de la transacción ya que permiten ahorros o consiguen eficiencias o sinergias. Nos estamos refiriendo a ahorros derivados, por ejemplo, de costes salariales muy bajos que pueden aplicar en algunos mercados o bien al valor que tiene una empresa que tiene un grupo integrado de trabajadores que le permite distinguirse de sus competidores. Se discutió si estas circunstancias tenían tal valor que podían alcanzar la categoría de intangibles. A pesar del valor que puedan tener, en términos generales, la OCDE concluyó que no pueden considerarse intangibles puesto que en todos casos son circunstancias externas sobre las que la entidad beneficiaria carece de control sobre los mismos. Pero, precisamente por el valor que tienen, las Directrices los destacan como elementos a tener en cuenta para delinear la transacción correctamente y realizar el análisis de comparabilidad.

3.2. Marco procesal para el análisis de comparabilidad

Uno de los aspectos más relevantes que introdujo la versión de las Directrices de 2010 fueron las indicaciones del cómo llevar a la práctica el análisis de comparabilidad y sobre todo cómo conseguir una coherencia entre éste y la selección del método de análisis, teniendo en cuenta muy especialmente la información disponible respecto de las operaciones que hipotéticamente podían tomarse como comparables.

Las Directrices desarrollan en su capítulo III el cómo llevar a la práctica el análisis de comparabilidad y propone una secuencia, en nueve pasos. Esta secuencia tiene por objeto enlazar de una forma cercana y directa el resultado del análisis de comparabilidad y la selección del método más adecuado, todo ello en función de la información disponible. Es un proceso que se engarza perfectamente con la revisión de los principios del análisis de comparabilidad que recoge el nuevo capítulo I según el informe BEPS.

En términos generales, las Directrices consideran que se debería preseleccionar primero el método de valoración que se estima más adecuado en función del caso y, una vez seleccionado, identificar las fuentes de información y los posibles comparables para ver si es posible aplicarlo con garantías. Si al final no existe suficiente información para aplicar adecuadamente el método elegido en una primera instancia, se debería reiniciar la tarea seleccionando otro método.

Los pasos que se han de seguir para hacer un análisis de comparabilidad sólido son los siguientes:

Paso 1: Determinación de los períodos a cubrir.

Es casi un paso preliminar de fijar el aspecto temporal del análisis pero importante para identificar desde el primer momento las características del período bajo examen.

Paso 2: Análisis genérico de la empresa objeto de examen.

Es un paso fundamental en el análisis de comparabilidad. Abarca tanto el análisis de industria, competencia, factores regulatorios y otros elementos que afectan al contribuyente y su entorno. Coadyuva a entender las condiciones económicas externas de la empresa que realiza la operación vinculada e igualmente de las operaciones que se tomen como comparables.

Paso 3: Revisión de las transacciones bajo análisis.

Este momento del proceso tiene por objeto comprender e identificar los aspectos relevantes de las mismas, selección de la parte testeada y, en función de ello, anticipar la elección del método que puede resultar más adecuado, y los factores de comparabilidad más significativos.

Dentro de este apartado, hay que tener en cuenta un punto relevante que las Directrices destacan bajo el título de «Evaluación de operaciones separadas y combinadas». En efecto, el principio de plena competencia se basa en la transacción y en principio ha de analizarse operación por operación. No obstante, en ocasiones, se dan situaciones en las que las operaciones se encuentran tan estrechamente ligadas entre sí, o son tan continuas, que no pueden ser valoradas adecuadamente de forma separada. En estos casos, las Directrices aceptan la agregación de transacciones.

La integración de funciones, puede complicar o incluso hacer imposible en ocasiones un análisis separado de las distintas operaciones. Como en otros aspectos conflictivos, el límite de la agregación se halla en el respeto al principio de libre competencia, por lo que, en todo caso, sólo puede comprender operaciones de naturaleza idéntica o aquéllas que siendo distintas, están tan íntimamente ligadas entre sí, que resulta imposible encontrar un precio de transferencia separado para cada una de ellas

Paso 4: Revisión de los posibles comparables internos si existen.

Los comparables suelen clasificarse, según su origen, en:

• *Comparables internos*: Son transacciones comparables realizadas por la misma entidad que se analiza que, no solo opera con empresas de su grupo, sino también con proveedores o clientes independientes.

• *Comparables externos*: Son transacciones que, habiendo superado los factores de comparabilidad (y, por tanto, son transacciones muy similares a la que se analiza), se realizan por otras empresas y cuyos datos se obtienen normalmente de fuentes de información públicas.

Si se puede disponer de comparables internos, todo el análisis suele ser más simple al poder obtener la mayor parte de la información de la propia empresa. Por ello, normalmente si hay comparables internos y estos superan el análisis de comparabilidad, deben utilizarse éstos con preferencia sobre los comparables externos.

Paso 5: Selección de las fuentes de información sobre comparables externos si fuera procedente.

Si la empresa carece de comparables internos, el análisis de comparabilidad deberá basarse en datos externos por lo que es preciso conocer las diferentes fuentes de información que se pueden utilizar para seleccionar posibles comparables.

Una de las fuentes de información más importante es la información pública. Responden a esta categoría los estudios sectoriales llevados a cabo por analistas financieros, los informes anuales publicados por las compañías por exigencia legal así como la información proporcionada a los accionistas y la información disponible en las páginas web de las empresas, entre otros.

Dentro de las fuentes de información, destacan las bases de datos comerciales que compilan las cuentas públicas anuales de las compañías en formato electrónico adecuado para una búsqueda y análisis estadístico. Suelen proporcionar información de naturaleza cuantitativa. El apartado siguiente de este capítulo analiza con profundidad el uso de las bases de datos como instrumento de búsqueda de comparables.

Paso 6: Selección del método más adecuado y, en función del método seleccionado, del indicador de beneficio más apropiado.

Una vez completado el análisis funcional de la transacción que se examina respecto de la cual se conoce con profundidad las funciones y riesgos que la empresa vinculada asume y completadas las fases anteriores, se está en condiciones de pre-seleccionar el método de valoración que, *a priori*, parezca más adecuado.

El método de valoración más adecuado depende fundamentalmente de la naturaleza de la operación y de la información disponible, teniendo en cuenta la jerarquía de métodos que prevén tanto las Directrices como la normativa interna. Por consiguiente, una vez se haya optado por un método, de acuerdo con la información que se disponga, ha de verse si este método seleccionado en primer lugar puede o no aplicarse. Si no cupiera su aplicación, deberá seleccionarse un método secundario y referirlo a la información que se disponga.

Paso 7: Identificación de potenciales comparables.

En este momento del análisis, hay que definir las características principales que deben darse en las transacciones independientes pre seleccionadas para finalmente elaborar la muestra final. Ya se ha comentado que el análisis de comparabilidad debe realizarse con independencia del método que se seleccione. Ello exige analizar los potenciales comparables a la luz de los cinco factores de comparabilidad y seguir una serie de criterios cualitativos y cuantitativos, tanto objetivos como subjetivos para confirmar la validez de la selección.

En este sentido, baste recordar que las Directrices insisten en la necesidad de basar el análisis en las transacciones realizadas entre empresas independientes aunque pueden utilizarse los «comparables dependientes» exclusivamente para confirmar los resultados de un método principal seleccionado con la información disponible de terceros (por ejemplo, cuando ésta es limitada o insuficiente) o como medio para evaluar el riesgo fiscal existente y comprender mejor las transacciones realizadas por el grupo bajo examen.

La selección de comparables puede hacerse mediante el denominado «*método de adición*», que consiste en la selección a priori de los comparables que potencialmente parezcan adecuados y, sobre la base de la información disponible, confirmar aquel primer criterio de selección o mediante el «*método de deducción*», método más cercano a las técnicas estadísticas, que parte de un amplio número de compañías seleccionadas que operan en el mismo sector de actividad, realizan funciones similares y no presentan características económicas sustancialmente distintas. Esta lista se depura utilizando tanto los criterios cualitativos como cuantitativos para obtener la lista final.

Ambos métodos exigen elementos de juicio y el objetivo debería ser asegurar unos criterios de comparabilidad que fueran lo suficientemente restrictivos para eliminar transacciones o compañías no comparables y a la vez suficientemente amplios para evitar la eliminación de todo posible comparable. De hecho, estos métodos no son incompatibles entre sí y pueden utilizarse conjuntamente si de este modo se aprecia mejores resultados en la selección.

Paso 8: Realización de ajustes de comparabilidad si fuera apropiado.

Si hay diferencias que puedan influir en los precios o márgenes en relación con los comparables seleccionados, hay que realizar ajustes de comparabilidad si fuera posible. Este tipo de ajustes pueden ser de distinta naturaleza, pero en términos generales deben ser razonables, fiables y cuantificar las diferencias que se han identificado. Los ajustes más comunes son:

- *Ajustes derivados de la contabilidad*: Los diferentes sistemas contables clasifican y contabilizan hechos de forma distinta impidiendo entonces una adecuada comparación entre ratios o márgenes. Ejemplos de esta naturaleza serían: descuentos comerciales (contabilizados como menores ventas o como gastos de marketing), I+D (contabilizado como gasto operativo del ejercicio o coste de venta afectando a la comparabilidad de márgenes brutos) o la falta de claridad en la distinción entre costes indirectos y gastos operativos.

- *Ajustes por diferencias en balance*: La mayor parte de ajustes tienen en cuenta diferencias en balance que reflejan las diferencias en capital que pueden comportar diferencias en beneficio económico. Estas diferencias son entre otras, diferencias en niveles de inventario, estructura financiera, financiación de proveedores o a clientes etc.

- *Ajustes para compensar diferencias de funciones*: Así, la asunción de la función del servicio post venta o no en una actividad de distribución, del transporte o no, del riesgo de tipo de cambio, u otras debido a circunstancias varias que puedan afectar al resultado de las transacciones. Los ajustes de comparabilidad no se deberían llevar a cabo de forma rutinaria u obligatoria. Se deberían efectuar sólo cuando mejoren el nivel de comparabilidad y han de documentarse adecuadamente para asegurar que se realicen con total transparencia. Hay que tener en cuenta, por otra parte, si son necesarios si no mejoran el nivel de comparabilidad y que, por otra parte, numerosos ajustes que sean materiales y afecten a los aspectos clave del análisis de comparabilidad pueden significar que, en la práctica, los comparables utilizados son excesivamente débiles.

Paso 9: Interpretación de los datos y utilización de los mismos para fijar la compensación en condiciones de libre competencia.

- *Utilización de un rango de plena competencia*: Las Directrices insisten que los precios de transferencia no constituyen una ciencia exacta y generalmente la aplicación del método o métodos más apropiados conduce a un rango de cifras que pueden presentar en principio un mismo grado de fiabilidad. En ocasiones, esto es simplemente debido a la oscilación de precios que fijan las empresas independientes. En otros casos, las diferencias de resultados se pueden deber a errores o limitaciones del propio análisis.

En cualquier caso, el respeto al principio de libre competencia no comporta la obligación de llegar a determinar un único valor de la transacción sino un abanico o rango de resultados que respondan todos ellos a condiciones de mercado. Por ello, si el precio o margen de las operaciones vinculadas propuestos por las empresas se encuentran dentro del rango de resultados de plena competencia, las Administraciones fiscales no deberían efectuar ajustes mientras que si, por el contrario, los valores aplicados por el contribuyente se encuentran fuera del rango de plena competencia, la Administración puede proponer el correspondiente ajuste sin que, en principio, exista una regla rígida en cuanto a qué punto del rango las Administraciones han de ajustar. En cada caso, se debe valorar si hay que tomar sólo algunos resultados, individualmente considerados, por ser más equiparables a la operación examinada y despreciar el resto de los inicialmente seleccionados o si, tomando multiplicidad de datos y aplicando técnicas estadísticas, sólo cuando ello fuera procedente, los valores en la zona media del rango son la referencia más adecuada.

- *Utilización de datos de varios años*: Las Directrices recomiendan que el análisis de comparabilidad comprenda datos de varios ejercicios a fin de entender completamente los hechos y circunstancias que rodean a una operación vinculada. Este examen comprensivo de varios años (a nivel sugerencia puede considerarse entre tres y cinco) permite identificar circunstancias puntuales que sea recomendable despreciar para no alterar los resultados así como obtener información acerca de los ciclos económicos relevantes y los ciclos de vida de los productos de las empresas comparables que pueden tener un efecto sustancial en los precios.

La doctrina que emana de este nuevo capítulo persigue volver a los fundamentos del principio de libre competencia en un intento de contrarrestar prácticas cada vez más generalizadas, tanto por parte de las empresas como de las Administraciones, de justificar una política o unos ajustes sobre la base de unos estudios de comparabilidad muy genéricos sustentados exclusivamente en los resultados de aplicar unos criterios muy genéricos a unas bases de datos, sin plantearse si aquellos resultados presentan un mínimo criterio de razonabilidad atendiendo a los hechos y circunstancias del caso concretas.

4. MÉTODOS DE VALORACIÓN

El Capítulo II desarrolla los diferentes métodos de valoración.

La parte inicial del capítulo trata sobre la selección del método más adecuado. La versión 2010 no incorporó ningún método específico adicional a los recogidos tradicionalmente pero amplió el análisis aportando una visión más completa y más pragmática, recogiendo para cada método una descripción de sus fortalezas y debilidades que, sin duda, contribuyen a una mayor comprensión

También de forma expresa se admite la utilización de "otros métodos" siempre que se asegure que, con estos otros métodos, se respeta el principio de libre competencia. Este reconocimiento se ve ampliado y desarrollado en la valoración de las transacciones vinculadas a intangibles.

La versión de 2010 modificó igualmente la jerarquía de los métodos. Se abandonó la expresión «métodos de último recurso» para referirse a los métodos sobre el beneficio, eliminando el espíritu de excepcionalidad que encerraba tal expresión sin llegar, sin embargo, a situarlos al mismo nivel que los métodos tradicionales. En efecto, estos últimos poseen una fortaleza intrínseca y proporcionan, cuando pueden aplicarse con garantías, un camino más directo para asegurar el respeto al principio de libre competencia. Se desarrolló la guía sobre los métodos transaccionales sobre el beneficio para asegurar que se apliquen respetando el principio de libre competencia evitando la utilización generalizada de prácticas estandarizadas e incluso puramente estadísticas.

La versión de 2017 realiza una revisión a fondo del método de reparto del resultado o *profit Split*, como resultado de los informes BEPS, incorporando la revisada doctrina sobre comparabilidad.

4.1. Selección del método de valoración

No hay un único método válido para todas las operaciones. Las Directrices disponen que, en la selección del método más adecuado, hay que considerar las respectivas fortalezas y debilidades de cada método, su adecuación a la naturaleza de la operación, la calidad de la información para aplicar un método determinado así como el grado de comparabilidad que presenten las operaciones con terceros que se hayan seleccionado.

Se elimina la regla de jerarquía tradicional y se sustituye por la regla del método más adecuado. Este cambio no obsta para que se recuerde que los métodos tradicionales, es decir los métodos del «precio libre comparable», de reventa y del coste incrementado, son los métodos más directos para comprobar la adecuación de una operación al principio de *arm's length*. Incluso refuerza este principio el que, ante la opción de poder utilizar el método del precio libre comparable con garantías y cualquier otro método en circunstancias de similar fiabilidad, hay que optar por el primero de ellos que es el preferido para asegurar el respeto al principio de libre competencia.

Junto con ello, las Directrices señalan circunstancias que pueden aconsejar la utilización de los métodos transaccionales sobre el beneficio con preferencia a los tradicionales. Así, se entiende que es aceptable optar por estos métodos cuando, entre otros, a la vista del análisis funcional de la entidad que se analiza *(tested party)* y de la evaluación de los comparables, el margen neto resulte más apropiado que el margen bruto o si hay escasa o nula información sobre el margen bruto. Asimismo, si se tratan de actividades muy integradas entre sí o si las empresas que realizan la transacción tienen intangibles de valor apreciable puede ser más apropiado el método de distribución del resultado conjunto que un método unilateral, es decir uno que tenga sólo en cuenta la *tested party*. De todas formas, no cabe la aplicación de estos métodos simplemente porque existan dificultades en la obtención de datos y, en todo caso, han de aplicarse de forma tal que se respete el principio de libre competencia.

La elección del método más adecuado no implica que hayan de analizarse todos ellos en profundidad antes de decidirse por uno. Normalmente, en la selección del método más adecuado, hay que optar por aquel que parece proporcionar un mayor grado de comparabilidad y una relación más directa con la operación objeto de examen. No resulta necesario aplicar más de un método aunque en casos difíciles o en aquellos en que la solución no resulta pacífica pueden utilizarse varios métodos o utilizar un método secundario como de confirmación del elegido en primer lugar.

Finalmente, conviene destacar que las Directrices contemplan y permiten que las empresas puedan optar por otros métodos no contemplados en las propias Directrices siempre que el valor que se fije en la transacción respete el principio de libre competencia si, y sólo si, los métodos OCDE no son adecuados para valorar la transacción. En estos casos, es preciso documentar esta circunstancia así como la bondad de la metodología elegida y el valor o valores obtenidos.

A continuación, se van a desarrollar cada uno de los métodos del capítulo II, empezando por los métodos tradicionales para continuar con los métodos transaccionales sobre el beneficio.

4.2.   Métodos tradicionales

4.2.1.   El método del precio libre comparable

El método del precio libre comparable *(«comparable uncontrolled price method o CUP»)* consiste en comparar el precio del bien o servicio objeto de una operación entre entidades asociadas con el precio del mismo bien o servicio en una operación entre entidades independientes en circunstancias comparables.

Este método exige un alto grado de similitud entre los bienes o servicios que se comparan pero éste no constituye el único elemento a considerar. Piénsese que han de superarse con satisfacción los cinco factores de comparabilidad a que se aludía en el apartado anterior. El primero se va a superar si efectivamente los bienes o servicios son idénticos o similares a los negociados entre terceros independientes. Pero, además, es necesario que las empresas que se examinan asuman respecto de esta transacción funciones idénticas o similares, es decir, se encuentren en la misma fase de la cadena empresarial, lleven a cabo sus actividades con similares riesgos y funciones (análisis funcional) sin que pueda haber diferencias insalvables en relación con los restantes tres factores de comparabilidad –cláusulas contractuales, circunstancias económicas y estrategias empresariales–. Si se produjeran diferencias no ajustables, este método, a pesar de la identidad entre el producto examinado y el o los de referencia, no sería adecuado. En términos generales, el método del precio libre comparable suele adecuarse a las siguientes situaciones:

• Cuando existen comparables internos puesto que es más probable que exista identidad sobre los productos e información más precisa.
• Cuando se trata de productos respecto de los que existe un mercado externo y organizado donde se negocian estos productos y de donde se obtiene el precio de cada bien con características idénticas (así, por ejemplo, los *commodities*).

Suele alegarse que este método es difícil de aplicar incluso en estas circunstancias puesto que es muy habitual que, aún en el caso de identidad de producto, se suelen dar circunstancias distintas entre la operación que se analiza y la comparable que inciden directamente en el precio. En la práctica, las circunstancias más frecuentes en este sentido que pueden aparecer son la diferencia en el volumen de las operaciones, las cláusulas contractuales, condiciones de pago o solvencia de la otra parte contratante. Estas y otras circunstancias similares pueden influir en el precio de una transacción incluso cuando los bienes o servicios presenten características idénticas. Por ejemplo, una venta CIF y una venta FOB no son comparables directamente sino que se requiere realizar los ajustes que eliminen las diferencias provocadas por el transporte y seguro.

Siendo ello cierto en muchas ocasiones, a nuestro juicio, no se puede rechazar este método de forma automática sino que hay que valorar las diferencias y, en su caso, intentar limarlas mediante ajustes de comparabilidad puesto que no hay que olvidar que éste es el método más directo para asegurar una comparabilidad robusta. La alternativa de seleccionar un método sobre el beneficio difícilmente va a obtener resultados más sólidos. En este sentido se pronuncian también las Directrices al consolidar el término «comparable imperfecto».

Por ejemplo, piénsese en una empresa farmacéutica que vende productos a su vinculada para su distribución no exclusiva en un territorio. La misma empresa cede la licencia para distribuir el mismo producto a una empresa tercera, bajo nombre distinto, pero con idénticas características e igual precio de venta al ser un producto regulado. El importe de las ventas a la vinculada es sustancialmente superior al de la empresa licenciataria tercera.

En estas circunstancias, parece que el CUP sea el método a elegir puesto que, salvo información en contra, el producto es idéntico y del análisis funcional no se desprende que existan funciones o riesgos distintos en una y otra transacción. Es preciso examinar los términos del contrato, que en este caso sí estará disponible ya que se ha utilizado un comparable interno para asegurarse que no existan condiciones tan distintas que hagan imposible la comparativa. Salvo en este supuesto, que debería quedar absolutamente justificado, se puede mejorar la comparabilidad mediante un ajuste para salvar las diferencias de volumen basado en el rappel habitual del sector.

4.2.2. *El método de reventa*

El método del precio de reventa (*«resale minus method»*) se basa en sustraer del precio de venta de un producto a una empresa independiente el margen bruto adecuado para obtener el precio de compra en condiciones de libre competencia.

Se considera «adecuado» el margen o rango de márgenes que aplica el propio revendedor o distribuidor en operaciones similares con empresas independientes o, en su defecto, los márgenes brutos que empresas independientes apliquen a operaciones similares o comparables.

El precio de libre competencia se calcula mediante la fórmula siguiente:

Precio de libre competencia = [precio de reventa] - [margen del precio de reventa]

x [precio de reventa]

• El precio de reventa es el precio que fija el revendedor o distribuidor al comprador independiente.

• El margen sobre el precio de reventa es el que corresponde a transacciones comparables entre entidades independientes. Se calcula de la siguiente forma:

Margen del precio de reventa = [precio de reventa – coste de adquisición]:

Precio de reventa

Este método se considera especialmente indicado para valorar las actividades de comercialización y distribución en las que el proveedor inicial y el revendedor o distribuidor son dos empresas asociadas, y este último añade poco o ningún valor al producto. En el ejercicio de estas actividades, el revendedor puede asumir funciones muy distintas y variadas, desde actuar como un simple comisionista a realizar las operaciones en nombre propio, asumiendo múltiples riesgos tales como el riesgo de inventario, de insolvencia, de tipo de cambio o de garantía del producto. Por ello, el margen de reventa deberá tener en cuenta todas estas variables, que se han de identificar en el análisis funcional de la *tested party* y en la evaluación de los comparables.

El margen se ha de fijar tomando como referencia los márgenes de las comparables. Adviértase que el margen al que nos estamos refiriendo es el margen bruto de la transacción. Así, siguiendo con el mismo ejemplo que el caso anterior, el análisis puede llevarse a cabo con este método, en especial si no pueden efectuarse los ajustes de comparabilidad con total garantía. Para llevarlo a cabo, se toma como *tested party* la entidad distribuidora que responde perfectamente al perfil descrito en las Directrices, es decir, distribuidor que no actúa sobre el producto que revende.

A través del análisis funcional y de la evaluación de la empresa tercera que adquiere el mismo producto y comercializa bajo otro nombre, no se aprecia diferencias significativas con la *tested party*. Al estar el precio de venta regulado, aún sin disponer de la cuenta desagregada de pérdidas y ganancias específica de este producto de la empresa tercera y solicitando la información sobre el precio de adquisición de la entidad vinculada en caso de no conocerse, el método de reventa seguramente es el método más directo para asegurar la comparabilidad.

No es necesario en la aplicación de este método calcular y comparar el margen producto por producto si la actividad que realiza el distribuidor presenta funciones y riesgos similares en la distribución de un conjunto diverso de productos. Piénsese en la distribución de productos electrodomésticos o productos alimenticios. De todas formas, en la búsqueda de comparables, sí parece necesario respetar al menos el sector o industria entre la *tested party* y los comparables que se seleccionan puesto que difícilmente puede defenderse que se ha realizado un análisis de comparabilidad serio si no se comparan los márgenes de empresas de un mismo sector o actividad.

En ocasiones, la utilización del método de reventa proporciona cierta inseguridad si los datos disponibles no permiten asegurar que los cálculos a nivel de margen bruto son consistentes por diferencias de criterios contables o por ausencia de información o incluso por no poder evaluar con una cierta profundidad las funciones y riesgos de los comparables. Esta debilidad, si está probada y es relevante, puede justificar el seleccionar un método sobre el beneficio.

4.2.3. *El método del coste incrementado*

El último de los métodos tradicionales es el método del coste incrementado (*«cost plus method»*). Este método consiste en añadir al coste de producción del bien o servicio transmitido por una empresa a su empresa asociada un margen bruto sobre estos costes que retribuya adecuadamente al proveedor/fabricante por las tareas que asume.

El precio en condiciones de libre competencia se obtiene al sumar a los costes del proveedor el margen de beneficio adecuado. También en este método se considera «adecuado» el margen o rango de márgenes que aplica el propio proveedor en operaciones similares que realiza con empresas independientes o, en su defecto, los márgenes brutos que empresas independientes aplican a operaciones idénticas o similares.

El precio de libre competencia se calcula mediante la fórmula siguiente:

$$\text{Precio de libre competencia} = [\text{costes}] + [\text{margen sobre costes}] \times [\text{costes}]$$

• Precio de libre competencia: Precio de venta a una empresa asociada.

• Margen sobre costes: el obtenido de operaciones comparables y se obtiene de la siguiente forma:

$$\text{Margen sobre costes} = [\text{precio de venta - costes}]: \text{costes}$$

Este método resulta especialmente adecuado para valorar transacciones cuyo objeto sean compraventas de productos semiterminados o prestación de servicios.

Al igual que los métodos anteriores, el análisis de las funciones llevadas a cabo por el proveedor/fabricante y los riesgos asumidos resulta imprescindible. Actividades tales como la fabricación o suministro de servicios pueden llevarse a cabo asumiendo muy distintos tipos y grados de riesgo desde, por ejemplo, la simple fabricación bajo contrato en el que el riesgo del fabricante es muy escaso (por ejemplo, las empresas maquiladoras) hasta una actividad completa de fabricación que incluya desde el aprovisionamiento y selección de materias primas, proceso de producción hasta la comercialización de los productos o actividades de investigación y desarrollo, entre otras. La retribución que se acuerde y, por ende, el margen que se obtenga debe estar en consonancia con las funciones asumidas.

La correcta aplicación de este método, además de la identificación de las funciones, requiere tener en cuenta otra variable esencial: la identificación de los costes sobre los que se aplica el correspondiente margen bruto. La base del método del coste incrementado son los costes de producción y la coherencia del método exige que se comparen términos homogéneos. Por ello, la base del coste de las transacciones seleccionadas como comparables debe ser idéntica al de las transacciones vinculadas. La seguridad de que se están tomando términos homogéneos y, por ende, se está aplicando el método con coherencia se tiene si se utilizan comparables internos puesto que, en este caso, la información disponible es total. En relación con comparables externos extraídos de una base de datos, es más seguro que este método se aplique con consistencia si se utilizan comparables cuyas normas contables se rijan por idénticos principios.

Por consiguiente, los costes de la *tested party* y de los comparables deberían seguir criterios homogéneos y no presentar diferencias sustantivas de naturaleza contable ni en términios de valoración ni de clasificación. La convergencia hacia normas y criterios contables de ámbito supranacional facilitan la aplicación de este método basado en costes.

La base de costes debe incluir tanto los costes directos como los indirectos de producción, pero no deben incluir gastos de explotación o gastos generales ya que, entonces, se estaría mucho más cerca del concepto de margen neto y, por ello, del método transaccional neto que del concepto de margen bruto.

Hay múltiples ejemplos de utilización del método del coste incrementado puesto que se considera un método adecuado tanto para actividades de fabricación como de prestación de servicios. El método es sólido cuando se dispone de comparables internos o cuando la transacción que se analiza presenta un valor rutinario, no interviniendo en la misma intangibles de singular valor.

4.3. Métodos Transaccionales sobre el Beneficio

Los denominados «Métodos Transaccionales sobre el Beneficio» se describen en el capítulo II de las Directrices en su parte II.

Como estos métodos sólo pueden aplicarse de forma que respeten el principio de libre competencia, hay que asegurarse que se compara el beneficio de la transacción entre empresas vinculadas con el beneficio de una operación similar obtenido por partes independientes y, a partir del beneficio, determinar los precios entre las partes vinculadas. Es importante destacar que la finalidad de estos métodos no es equiparar el beneficio de una empresa asociada con el obtenido por empresas independientes comparables sino determinar el beneficio de la transacción o grupo de transacciones idénticas o similares.

Las Directrices admiten que no es nada habitual que entre empresas independientes el resultado o beneficio de la operación sea un término que refleje las condiciones acordadas o impuestas. A pesar de ello entienden que puede considerarse que es un indicador relevante para enjuiciar si las condiciones difieren de las que habrían acordado empresas en condiciones de independencia.

Dos son los métodos que bajo esta categoría desarrollan las Directrices. El método del beneficio o resultado conjunto de la operación y el método del margen neto de la operación.

4.3.1. El método del beneficio conjunto de la operación

El método del beneficio de la operación *(«profit split method»)* o del resultado conjunto de la operación consiste en asignar a cada empresa asociada que realice de forma conjunta una o varias transacciones similares una parte del resultado global que vaya a derivarse de dicha transacción o transacciones en función de un parámetro previamente seleccionado, que refleje adecuadamente las condiciones que habrían suscrito empresas independientes en circunstancias similares.

Este tipo de acuerdos se suele dar entre empresas independientes en la forma de una *«joint venture»*. En ese marco, las distintas empresas partícipes en una transacción acuerdan en el momento inicial la forma de cálculo de su retribución en función de su respectiva aportación al trabajo en común. Una de las formas de fijar dicha retribución es a través de un reparto del beneficio que vaya a generar la operación de acuerdo con criterios que reflejen adecuadamente el valor añadido de la aportación de cada empresa partícipe al conjunto de la transacción.

El proceso del cómo acordar este reparto de beneficios en el ámbito de empresas asociadas debería inspirarse precisamente en estos mismos principios. En este sentido, este método parte de un detenido análisis y evaluación de las funciones de cada una de las empresas que, permitiendo cierta dosis de flexibilidad, respete el principio de libre competencia, suscribiendo un reparto de beneficios de la operación que refleje los principios, métodos, previsiones y condicionantes que empresas independientes hubiesen razonablemente acordado en circunstancias similares.

La principal fortaleza de este método radica en el hecho de que puede ofrecer soluciones para valorar actividades altamente integradas o actividades en las que todas las partes de la operación aportan intangibles de valor. En estas circunstancias, la valoración exclusivamente de una parte de la transacción resulte probablemente inapropiado y además puede ser complicado obtener información de calidad cerca de terceros.

Otra ventaja de este método es que ofrece flexibilidad, pero a la vez permite respetar el principio de libre competencia, para tomar en consideración hechos y circunstancias posiblemente únicos que no suelen presentarse con empresas independientes. Finalmente, este método permite que en la distribución del resultado se tengan en cuenta todas las empresas implicadas y no se haga el análisis de una sola pata de la transacción, evitando así un resultado extremo e improbable en una de ellas.

La principal desventaja de este método radica en las dificultades en su aplicación. En una primera instancia, esto puede no apreciarse convenientemente puesto que, de hecho, es el método que menos depende de información de empresas comparables. Sin embargo, la valoración de la aportación de cada empresa al trabajo en común puede requerir importantes dosis de subjetividad difícilmente salvables.

Otras circunstancias que pueden complicar la aplicación de este método son la dificultad para obtener datos de la entidad vinculada no residente puesto que el análisis se efectúa de forma global cerca de todas las entidades implicadas así como la necesidad de efectuar ajustes a los estados contables de cada empresa si las normas contables de los países difieren entre sí.

Para aplicar correctamente este método, es decir para determinar cuál es el resultado a repartir y cuáles han de ser las claves del reparto, las Directrices sugieren respetar las siguientes indicaciones:

- Ser consistente con el análisis funcional realizado, y en particular con el reparto de riesgos de cada partícipe en la operación.
- Acordar la forma de cálculo del reparto y las claves de reparto de una forma consistente con lo que habrían acordado empresas independientes en circunstancias similares.
- Ser capaz de medir el reparto de una forma veraz y de defender los criterios pactados.
- Acordar los criterios con carácter previo a la realización conjunta de las operaciones y ser consistentes a lo largo de todo el período que dure la realización conjunta de las operaciones. En particular, hay que mantener los criterios acordados en un momento en que el resultado a repartir sea negativo.

El proyecto BEPS revisó la doctrina sobre este método e insistió, en primer lugar, que el resultado conjunto de las empresas deben atribuirse sobre una base económicamente válida que aproxime este reparto a aquel que habrían acordado empresas independientes en circunstancias comparables, una vez delineada cuidadosamente la transacción. Así, la delineación adecuada de la transacción es fundamental como lo es igualmente la consistencia que hay que mantener en relación con la determinación de los beneficios a repartir y los factores que constituyen la base del reparto. Además es preciso que pueda monitorizarse el método de forma adecuada, que pueda acreditarse el por qué se considera que, en un caso concreto, es el método seleccionado sin que para ello ni las empresas ni las administraciones puedan utilizarse la información de forma retroactiva *"hindsight"*.

4.3.2. El método del margen neto de la operación

El método del margen neto de la operación *(«Transaccional Net Margin Method o TNMM»)* consiste en atribuir a una transacción realizada con una empresa asociada el margen neto que se ha calculado en una transacción igual o similar realizada entre partes independientes.

Este margen puede fijarse en función del indicador de beneficio que se considere más adecuado, tal como ventas, costes, activos, número de empleados u otros, pero siempre referido al margen neto que obtenga el propio contribuyente en operaciones similares con terceros –criterio considerado preferente por la OCDE– o, en su defecto, por el margen neto que obtengan empresas independientes que puedan identificarse como comparables.

Como puede apreciarse, este método, en función del indicador de beneficio que se escoja, presenta importantes similitudes con el método de reventa o el coste incrementado y, en principio, puede aplicarse a las mismas tipologías de transacciones que estos últimos métodos. Por ello, para aplicar este método con consistencia es preciso que se aplique de forma similar a la descrita en relación con el método de reventa o coste incrementado, es decir, completando el análisis de comparabilidad y utilizando comparables internos si existen o externos, en su defecto.

Normalmente este método no es adecuado para aquellas operaciones en que ambas partes proporcionan intangibles de valor. Sí puede serlo, sin embargo, si solo una de ellas proporciona este tipo de intangibles en cuyo caso se habrá de tomar la empresa que realiza unas funciones más simples para testear.

Una de las principales ventajas de este método es su menor sensibilidad a las diferencias funcionales y de riesgos que pueden darse entre los comparables seleccionados ya que, al efectuar la equiparación a nivel de márgenes netos, estas diferencias pierden relevancia en relación con otros métodos y, de hecho, es quizás el método que mejor se adapta a la información pública cuando la búsqueda de comparables depende de fuentes de esta clase.

Su mayor debilidad radica en los numerosos factores que intervienen en el margen neto de una operación y que no derivan de una situación de vinculación sino de otras circunstancias propias del mundo de los negocios tales como las diferencias de costes de primer establecimiento, el distinto grado de aceptación en el mercado de los productos, el distinto grado de avance de las empresas, las diferencias entre mercados geográficos, la eficacia y oportunidad de la publicidad, la eficiencia operativa o el distinto grado de automatización de las empresas y, en general, la distinta eficiencia de las empresas cuyas transacciones se comparan. De hecho, las Directrices advierten que la utilización de esta metodología no puede justificar una sobre imposición si las diferencias de margen neto se deben a razones propias del negocio y no del hecho de la vinculación.

Desde una vertiente práctica, hay que tener en cuenta otro factor de debilidad. Se pueden confundir fácilmente el concepto «beneficio de las operaciones» con el «beneficio de la empresa». Es importante aplicar el método de tal forma que el margen neto que se proponga sea el derivado de operaciones similares y no sea el margen neto global de empresas comparables. El análisis «company wide» sólo es admisible si la *tested party* y las que se seleccionan como comparables son empresas que realizan una sola actividad con un perfil funcional único.

Por otra parte, para aplicar correctamente este método se suele necesitar información que no está disponible al tiempo de efectuarse la transacción. Este defecto puede mitigarse utilizando medias ponderadas de varios ejercicios aunque también puede ser necesario realizar ajustes al tiempo que la información está disponible para asegurar que el margen neto calculado respeta el principio de libre competencia.

Como se ha indicado, este método ha de aplicarse identificando transacciones o empresas que realicen transacciones lo más similares posibles y, en este caso, el procedimiento para determinar el margen neto comparable es muy similar al procedimiento de los métodos de reventa o coste incrementado. Pero, téngase en cuenta que el método del margen neto transaccional se aplica con mucha frecuencia cuando se acude a la búsqueda de información en las «bases de datos comerciales» y éstas no contienen datos que faciliten el cálculo de los beneficios de una transacción o conjunto de transacciones similares sino datos globales de empresas.

Por esta razón, si se pretende utilizar una base que trata datos de forma agregada, hay que cuidar no realizar el análisis de forma automática aplicando simplemente una técnica de grandes números más cercana a la estadística que al análisis de comparabilidad. Así, hay que asegurarse que las empresas seleccionadas realicen una sola actividad para que, al menos hipotéticamente, sea defendible que el beneficio de la empresa coincide con el beneficio de la transacción o conjunto de transacciones agregadas. Resulta arriesgado, salvo que puedan obtenerse datos complementarios, utilizar este método con empresas que desarrollen actividades de distinta naturaleza o basarse en datos sectoriales.

En la aplicación de este método hay que tener en cuenta los siguientes temas:

• *Determinación del beneficio o margen neto*
El concepto «beneficio o margen neto» no es unívoco. Como principio, para su determinación, sólo hay que incluir aquellas partidas relacionadas directa o indirectamente con la transacción o conjunto de transacciones que se analizan por lo que es conveniente disponer de un nivel de segmentación de resultados acorde con las circunstancias de cada caso.

En términos generales, hay que excluir las partidas no operativas y los impuestos sobre beneficios o las partidas excepcionales o extraordinarias. Tampoco deberían incluirse ni los gastos o ingresos financieros salvo los relacionados con cuentas deudoras o acreedoras de tráfico.

Por ello, el indicador más habitual para actividades no financieras es el EBIT (*earnings before interest and taxes*) mientras que para empresas financieras es habitual incluir los efectos de los intereses para determinar el margen neto.

Hay algunas partidas especialmente problemáticas por su diferente influencia en la determinación del beneficio neto. Así, las amortizaciones, depreciaciones, *stock options* o costes de pensiones por su distinto tratamiento contable; otros, como los costes de inicio o cierre de la actividad, ha de enjuiciarse si una empresa independiente habría soportado similares costes para decidir válidamente su inclusión o no.

• *Indicadores de beneficio o de margen neto*

Uno de los aspectos que más hay que cuidar desde una vertiente práctica es la elección del indicador de beneficio o margen neto más adecuado. La selección del indicador de beneficio depende en gran medida del tipo de transacción o actividad que se esté analizando y, por consiguiente, del análisis de comparabilidad realizado y, especialmente, del reparto de riesgos entre las empresas vinculadas.

Así, para las actividades que requieren una utilización intensiva de capital como ciertas actividades manufactureras, puede ser apropiada la utilización de un indicador de beneficio que tenga en cuenta los riesgos asociados a las inversiones como, por ejemplo, el retorno sobre activos o el retorno sobre el capital empleado. En actividades productivas también se acostumbra a utilizar como indicador de beneficio el margen sobre costes totales, calculado como beneficio operativo dividido por el total de costes. Este indicador también puede ser utilizado para el análisis de prestaciones de servicios.

Por otra parte, si se está analizando la rentabilidad de una entidad distribuidora, el ratio de margen operativo o retorno sobre ventas, calculado como beneficio operativo dividido por ventas netas, sería un indicador de beneficio adecuado. De todas formas existen otros indicadores más específicos de actividades concretas como la rentabilidad por metro cuadrado en distribución minorista o el peso de los productos transportados.

Otro indicador de beneficio utilizado con cierta habitualidad es el denominado «Berry ratio» que se define como el beneficio bruto sobre gastos operativos. Normalmente, para calcular el margen bruto se excluyen tanto los intereses como los ingresos atípicos y pueden o no incluirse las amortizaciones o depreciaciones en función de si su inclusión provoca o no incertezas en relación con la valoración o la comparabilidad. Hay que considerar, no obstante, que el ratio Berry es muy sensible a la diferente clasificación de las cuentas contables por lo que es preciso asegurarse que hay una adecuada coherencia en la definición de gastos operativos.

Éste suele ser útil para fijar el rango de actividades de intermediación donde la empresa vinculada a la vez adquiere y vende productos a otra empresa vinculada puesto que los gastos operativos pueden ser los únicos que no queden afectados por el hecho de la vinculación que afecta tanto a compras como a ventas salvo que existan cargos intragrupo en concepto de arrendamientos, servicios o royalties entre otros.

5. ANÁLISIS DE TEMAS ESPECÍFICOS

5.1. Servicios intragrupo

5.1.1. Análisis de los servicios intragrupo en las Directrices

Las Directrices dedican un capítulo –el capítulo VII– a desarrollar aspectos específicos de los servicios intragrupo que se definen como aquellos servicios que un miembro de un grupo multinacional presta a otro u otros.

Estos servicios pueden incluir funciones ejecutivas, pero también de dirección, control o supervisión y pueden ser muy variados, desde prestaciones que normalmente se externalizan, tales como servicios legales o contables hasta aquellos que normalmente se llevan a cabo internamente «*in house*» como servicios administrativos, financieros, de formación de personal o técnicos.

En algunas ocasiones, estos servicios se prestan en el marco de un contrato mixto en el que, junto con el servicio estrictamente considerado, concurre una cesión de *know how* o una asistencia técnica. Es preciso en estas circunstancias calificar previamente cada prestación para identificar su verdadera naturaleza ya que pueden convivir servicios propiamente dichos con rentas calificables de cánones, por ejemplo, en cuyo caso, en la medida de lo posible, hay que separar las distintas prestaciones, dándole a cada una de ellas el régimen jurídico que proceda. No obstante, si una de ellas resulta accesoria, en aras a la simplificación y valorando la posible dificultad de diferenciarlas, sería aceptable calificar al conjunto de acuerdo con la renta sustancialmente más relevante.

El principio de libre competencia proyectado en el marco de los servicios intragrupo, a juicio de las Directrices, exige la concurrencia de dos principios básicos:

a) *Efectividad y utilidad de la prestación del servicio*: Significa identificar en primer lugar si el servicio se ha prestado realmente o no se ha prestado, pero especialmente exige valorar si éste es susceptible de producir utilidad o de aportar valor económico o comercial a la entidad que lo recibe. Si se aprecia que el servicio no puede resultar de utilidad alguna a la entidad que lo recibe, el cargo por estos servicios, a efectos fiscales, podría eliminarse.

En algunas ocasiones, la forma de prestación del servicio puede resultar problemática, como sucede con lo que las Directrices denominan «servicios previa solicitud» (*on call services*) que consiste en poner a disposición de las empresas del grupo medios para prestarles servicios en la medida que lo demanden. Se trataría, por ejemplo, de servicios de asistencia informática o similar. Esta simple disponibilidad puede representar una verdadera utilidad –de hecho, ésta es una situación que se da con habitualidad en el mercado abierto– y, siendo así, una retribución en forma de «iguala» podría ser aceptable. El problema de esta tipología de operaciones suele ser la carga de la prueba, especialmente si las Autoridades fiscales se centran en la prueba de la realización del servicio en lugar de enjuiciar su utilidad y considerar que hay diversas formas de prestaciones del servicio, alguna de las cuales difícilmente permiten un seguimiento documental completo.

Por el contrario, podrían descartarse por su posible «no utilidad» los servicios que se denominan «actividades del accionista» (*shareholders activities*), esto es, servicios que normalmente no aportan ningún beneficio a quien lo recibe sino sólo a quien lo presta o, a veces, a la matriz del grupo o los denominados «*stewardship activities*» o actividades de tutela salvo que comporten una utilidad a su beneficiario en cuyo caso sí son merecedores de la retribución correspondiente. Dentro de la primera de estas categorías se comprenden los costes derivados de la estructura de la entidad matriz o los derivados del registro contable de sus operaciones, los informes y balances de consolidación o los costes de financiación de participaciones, entre otros. Este criterio, de todas formas, hay que interpretarlo de una forma sustantiva atendiendo a la realidad del servicio y no a su denominación. En efecto, los últimos estudios sobre servicios intragrupo inciden en esta cuestión. Un ejemplo de lo anterior pueden ser los servicios de auditoría interna. Efectivamente, si una auditoría interna tiene como única finalidad el puro control por parte de la matriz habrá que calificarlo como de «*shareholder activity*» pero lo cierto es que estos servicios no se suelen limitar a detectar fallos sino a aportar recomendaciones y asistencia a las empresas receptoras lo cual sin duda puede redundar en un beneficio para ellas.

Por esta misma razón, los «servicios duplicados», pueden aportar valor si son segundas opiniones o situaciones transitorias de cambio en la organización de un servicio. Es más dudoso que pueda justificar un cargo la obtención de una ventaja o un beneficio incidental para alguna de las empresas del grupo por el solo hecho de pertenecer a un grupo multinacional sin que propiamente exista servicio alguno. Sería el caso de una empresa que sólo por pertenecer a un grupo solvente pueda obtener un préstamo de una entidad financiera a un tipo de interés inferior al habitual.

b) *Método de cargo adecuado*. Se requiere que el método utilizado para fijar el cargo por el servicio recibido sea uno que, en circunstancias similares, habría sido aceptado por una empresa en condiciones de independencia.

En general, en cuanto sea posible, debe priorizarse el método de facturación directo, es decir, aquel que se fija teniendo en cuenta la relación directa entre el servicio y la contraprestación.

No obstante, si este método no fuera posible y, en especial, si el servicio se presta conjuntamente a varias empresas sin que quepa una individualización del servicio que ha recibido cada una de ellas, se admite el método de facturación indirecto. Este método fija un procedimiento para asignar y repartir los cargos entre todas las empresas receptoras del servicio basándose en un criterio racional que sea conforme con el beneficio que el servicio proporciona a cada una de ellas. Este método requiere que los principios contables básicos entre las empresas que soportan este cargo sean homogéneos y asimismo que contenga aquéllas cláusulas de salvaguarda necesarias para que el criterio no pierda validez.

El volumen de ventas de las empresas que reciben conjuntamente un servicio suele ser un criterio muy utilizado por su simplicidad técnica y puede ser una clave válida para repartir los costes de los servicios generales administrativos o similares pero no resulta tan adecuado en relación con servicios de otra naturaleza. Desde la óptica de los servicios relacionados con el personal puede resultar más adecuado fijar un reparto sobre la base del número o coste de los empleados, o en relación con los servicios de marketing o de promoción puede ser más ajustado tomar un parámetro que mida la incidencia relativa para cada empresa de una campaña de publicidad, las previsiones de ventas del producto promocionado o el volumen de población susceptible de consumir en el futuro tal producto o para servicios informáticos el número de ordenadores o de usuarios en las distintas empresas del grupo. En consecuencia, ha de valorarse caso a caso sin que la ventaja de la sencillez pueda justificar una forma de reparto que carezca de racionalidad desde la perspectiva del principio de libre competencia.

c) *Determinación del precio de libre competencia*. Con independencia del método de cargo utilizado, el precio del servicio que se acuerde ha de satisfacer tanto las expectativas del prestador del servicio como las de su destinatario.

No se puede responder válidamente con un único criterio a cuestiones tales como cuál es el método más adecuado o el cargo se calcula sobre la base de los costes, decidir si es adecuado o no añadir a los costes un determinado margen sobre los mismos *(mark up)*. Esta perspectiva bilateral de fijación del precio teniendo en cuenta tanto la perspectiva del prestador como del prestatario es la que propugna las Directrices las cuales recomiendan tener en cuenta tanto el valor que da al servicio el destinatario y por consiguiente el importe máximo que estaría dispuesto a satisfacer en condiciones de independencia como la posición del prestador del servicio determinando cual sería el importe mínimo por debajo del cual no estaría dispuesto a efectuar la prestación. El precio será de plena competencia posiblemente si está comprendido dentro del rango que determinen los anteriores valores.

Por consiguiente, el método preferible es el método CUP o el precio libre comparable siempre que sea factible, y en particular si la empresa prestadora del servicio también actúa cerca de terceros prestando un servicio similar puesto que, en este caso, se utilizan comparables de la misma empresa que habitualmente ofrecen un grado de comparabilidad superior a otras opciones.

Pero el método CUP solo se puede utilizar en contadas ocasiones con fiabilidad. Cuando ello no es posible, las Directrices sugieren la utilización del método del coste incrementado. La utilización de este método no implica que en todo caso haya que aceptarse que el prestador del servicio tiene derecho a obtener un beneficio. Esta circunstancia será la más habitual aunque piénsese que si los costes incurridos por el proveedor del servicio, por las razones que sean, superan el valor de mercado de estos servicios, aplicar un *mark-up* en estas circunstancias puede ser cuanto menos muy discutible. Incluso hay jurisdicciones que, en relación con servicios de escaso valor añadido, no admiten *mark-up* o lo limitan a una tasa reducida.

Las Directrices enumeran, a título de ejemplo, los servicios de gestión de cobros centralizado sugiriendo el método CUP, la fabricación bajo contrato en cuyo caso puede valorarse por utilizar el método del coste incrementado, los contratos de investigación pudiendo ser adecuado el mismo método, o la gestión de licencias que puede requerir el separar distintas prestaciones si se cede el derecho de su uso. En todo caso, es preciso identificar las funciones que engloba el servicio y valorarlo en función de las circunstancias de cada caso.

5.1.2. El Documento Europeo sobre Servicios

Introducción

El FCPT consideró que los cargos por servicios intragrupo eran motivo constante de polémica y de generación de situaciones de doble imposición por lo que inició un debate sobre cómo afrontar desde una perspectiva pragmática todas estas cuestiones que fructificó en un documento «Guidelines on Low Value Adding Intra-Group Services» o "Directrices sobre Servicios Intragrupo de Escaso Valor Añadido". Aunque este documento ya no es novedoso, continúa siendo un informe útil que recoge un conjunto de buenas prácticas y recomendaciones. A él nos vamos a referir a continuación. [1]

Ámbito objetivo del informe: El concepto de «**servicios de apoyo a la gestión**»

El concepto «servicios intragrupo» abarca «*un amplio abanico de servicios especialmente administrativos, técnicos, financieros y comerciales que incluyen tanto los que pueden prestar externamente empresas independientes, como los que pueden prestarse internamente... pudiendo, incluso estar vinculados a acuerdos de transmisión de bienes o cesión de activos intangibles.*» [2]

De este amplio rango de servicios que pueden prestarse dentro de un grupo multinacional ya se puede constatar, que el impacto que los diferentes servicios pueden tener en el contexto de un entorno de negocio concreto puede diferir significativamente. De ahí que, de entrada, se plantee una distinción entre servicios de alto valor añadido y de escaso valor añadido.

Los primeros son servicios que proporcionan a todas las partes involucradas en la transacción, un valor añadido verdaderamente significativo. Son servicios que se asocian a una relevante exposición al riesgo y que potencialmente aspiran a generar un alto nivel de rentabilidad para el prestador o un cargo importante para el receptor. Entre ellos, se pueden señalar servicios relativos a investigación y desarrollo en sentido estricto del término, propiedad intelectual o industrial, transacciones financieras o, en general, servicios con un perfil alto de valor comercial.

Por el contrario, los servicios de valor añadido rutinario se definen como aquellos que «*mantienen intrínsecamente unidos la estructura corporativa de un grupo multinacional a la vez que proporcionan apoyo a las actividades esenciales de las empresas que forman parte del grupo*». Suelen presentar un perfil de servicios de tipo administrativo y claramente auxiliar al negocio propio del receptor. Son servicios necesarios, aunque claramente rutinarios con independencia del importe del ingreso o cargo que puedan suponer para las partes implicadas. Así, se pueden perfectamente identificar servicios de escaso valor añadido que, sin embargo, generen un relevante ingreso o cargo para el prestador o receptor respectivamente.

El informe se centra en los denominados «servicios de escaso valor añadido» y proporciona un listado abierto de diferentes tipologías de servicios que, en la mayor parte de ocasiones, pueden efectivamente calificarse de «*escaso valor añadido*» salvo por excepción si de acuerdo con los hechos y circunstancias propios de cada caso, algunos de ellos podrían, en determinadas circunstancias, considerarse de «*alto valor añadido*». Así, puede inicialmente entenderse que son servicios de escaso valor añadido, los servicios de I.T, de RRHH, de coordinación de actividades de marketing, de promoción de ventas, campañas de publicidad, investigación de mercado, desarrollo y gestión de páginas web u otros medios de comunicación; los servicios legales, contables y administrativos; servicios

---

(1)   Este informe fue incorporado a la Comunicación COM (2011) 16 final de la Comisión y aprobado por el Consejo el 17 de mayo de 2011.
(2)   Directrices OCDE. P.7.3

técnicos, de control de calidad y otros como servicios de seguridad corporativa, de gestión de activos inmobiliarios, logísticos, gestión de embalaje y almacenaje, servicios de aprovisionamiento o servicios de investigación y desarrollo.

Respecto de éstos, el informe del Foro propone que, sobre la base de suficiente información de calidad, el esfuerzo por parte de las empresas se centre en la elaboración de un documento sólido de tipo descriptivo o narrativo que incluya no particularmente complejo que refleje y recoja un esfuerzo razonable basado en información de calidad. Así, a título indicativo, este documento descriptivo podría incluir una explicación de la racionalidad los servicios dentro del contexto general del grupo desde la perspectiva de las dos partes (ejemplo: economías de escala, eficiencia, necesidad, etc.), descripción de los servicios y explicación de los beneficios reales/potenciales, detalles de la base de costes y de las claves de reparto así como del *mark-up* aplicado, si fuera procedente.

En relación con la base de costes precisa que ha de proporcionarse evidencia de que los costes a repartir son ciertos e incurridos para prestar los servicios acordados. Esta información ha de garantizar que la base no incluya ni los «costes de accionista» ni los servicios objeto de cargo directo.

Por otra parte, detalla lo que pueden considerarse «*costes de accionista o shareholders costs*» que pueden ser: costes de la estructura jurídica de la matriz, costes derivados de la obtención de fondos para financiar adquisiciones, costes derivados de la revisión y control de la actividad de las filiales, salvo que dicha revisión y control llevara incorporados servicios de consultoría en beneficio de la filial o costes derivados de la reorganización del grupo.

En relación con las claves de reparto exige que quede justificada, se aplique consistentemente y revise regularmente.

No obstante, en ocasiones, la clave más ajustada a la naturaleza del servicio puede generar una gran complejidad en cuyo caso resulta razonable que se defienda la selección de una clave consistente cuya utilización sea más simple si con la primera la diferencia en la asignación de costes entre diferentes receptores es sólo marginal.

Finalmente, en relación al mark up, se apunta hacia un rango de entre el 3 % y el 10 % sobre costes y se menciona el margen del 5 % como el más habitual. Incluso a veces puede no resultar adecuado adicionar un margen a los costes.

5.1.3. *Los servicios en los informes BEPS*

El informe final de la acción 10 de BEPS, hoy ya recogido en los apartados 7.44 y siguientes de las Directrices analiza igualmente los servicios intragrupo tanto por las posibilidades que esta transacción tiene para erosionar bases imponibles como para facilitar su reconocimiento en los países pagadores.

En la misma línea que apuntó el documento europeo, el nuevo texto introduce la diferencia entre servicios de alto y escaso valor añadido, y sobre esta base recoge un sistema voluntario simplificado aplicable a servicios de escaso valor. Proporciona dentro de este ámbito restringido directrices para conseguir un equilibrio entre la asignación de estos costes de acuerdo con el principio de libre competencia y la necesidad de protección de las bases imponibles de las empresas pagadoras de estos servicios.

Este sistema simplificado, que deberían recogerse contractualmente, se aplicaría a una serie de servicios que define como servicios de soporte, que no constituyen el "*core business*" de quien los presta, ni requieren el uso de intangibles de valor, ni tampoco supone una asunción de riesgos significativos. En particular, considera que no son servicios de escaso valor los servicios de investigación y desarrollo, los servicios de fabricación, de aprovisionamiento, de distribución o marketing, los servicios financieros o de seguros. Tampoco se consideran como tales los servicios corporativos prestados por directores o empleados senior de alta cualificación.

Respecto de éstos considera que el *mark up* ha de ser del 5 % para todos ellos sin distinción.

El análisis simplificado que recomienda propone un menos grado de esfuerzo para probar el test del beneficio y el propio cargo. En relación con el test del beneficio, se propone limitar la prueba a una información básica – descripción de la categoría de servicios, identificación de los beneficiarios, justificación de su calificación, la razón del beneficio, la base de costes con especificación de los centros implicados y la clave de asignación. Con estas condiciones, y como contraprestación a esta transparencia, se recomienda que el test del beneficio, que constituye uno de los puntos más conflictivos, se relaje y se presuma probado.

5.2.   Activos intangibles

Se define el término "intangible" como aquel activo que sin ser un activo tangible o financiero puede ser objeto de titularidad y control con el objetivo de ser explotado comercialmente y cuyo uso o transferencia sería objeto de compensación en una operación entre partes independientes.

Las transacciones sobre intangibles son una de las más complejas que se dan en las relaciones entre empresas asociadas, tanto por la identificación del activo, su calificación o incluso la identificación de su proyección en el futuro como por las dificultades que encierra la valoración de un activo de estas características. Esta complejidad, lejos de disminuir, cada día tiene mayor importancia por el reconocimiento del valor que los intangibles tienen en la cadena de valor.

En noviembre de 2010, la OCDE aprobó la agenda para revisar el capítulo de intangibles pero este trabajo se subsumió dentro del proyecto BEPS.

El nuevo texto es sustancialmente más detallado que el original. Frente a 37 párrafos del texto primero, el actual tiene 212 párrafos y un anexo con un buen número de ejemplos.

El nuevo capítulo sobre intangibles parte del principio que la titularidad legal de un intangible *per se* no genera el derecho a percibir ni la totalidad ni siquiera parte de los beneficios generados con su explotación. Son las entidades que desarrollen funciones importantes, aporten los activos y controlen los riesgos derivados de esta actividad las que tendrán derecho a una retribución en línea con sus aportaciones.

El nuevo capítulo empieza por proporcionar guías para identificar intangibles. Se incluyen dentro de esta categoría de intangibles una amplia gama de activos que suelen exceder de aquellos que, desde una perspectiva jurídica, se incluirían dentro de la denominada propiedad intelectual o industrial. Así, junto con los derechos que forman parte de estas categorías como las patentes, marcas de fábrica, nombres comerciales, dibujos o modelos, el «*know-how*» y los secretos comerciales así como los intangibles vinculados con la propiedad intelectual, literaria o artística se comprenden otros, «los intangibles de marketing» que se describen como aquellos relacionados con actividades de marketing y tienen valor para la promoción de un producto. Algunos son protegibles mediante la inscripción del derecho, otros presentan unos perfiles más difusos pero su importancia económica es igualmente relevante. Nos referimos a una cartera de clientes, una red de distribución, de oficinas o cualquier otro activo que una empresa independiente pueda valorar y esté dispuesta a pagar un precio por su adquisición.

En este sentido, la idea de control y gestión es lo que va a diferenciar un intangible de otras circunstancias o activos de valor que no se van a caracterizar como intangibles tales como las sinergias o los ahorros de costes que proporciona una determinada economía.

A título aclarativo, además analiza distintos elementos que un tercero podría valorar –goodwill, sinergias, el valor de un determinado mercado, la fuerza de trabajo, el valor de la localización– para concluir que no son intangibles porque no pueden ser objeto de control por parte de una empresa pero han de tenerse en cuenta al realizar el análisis de comparabilidad.

Como se ha indicado, resulta claro del nuevo texto que no es el titular legal del intangible el sujeto que tiene derecho a obtener una compensación sino aquel que efectivamente realiza las funciones relevantes, acuñado la expresión funciones "DEMPE" – *development, enhancement, Mana-*

gement, protection and explotation, es decir la empresa que tiene personas con capacidad - para la toma de decisiones y asunciones de riesgos relativo a las funciones de desarrollo, mejora y mantenimiento del valor, gestión, protección legal y explotación, la que tiene derecho a esta compensación. La entidad que asume la financiación del desarrollo de un intangible, si no hace otra actividad, sólo tendrá derecho a una compensación de mercado *(risk free)* sobre la financiación proporcionada.

El siguiente capítulo analiza la naturaleza de las transacciones cuyo objeto son intangibles y distingue, al igual que el texto anterior, que un intangible puede ser objeto de transferencia o cesión de uso pero también se refiere a otras operaciones más complejas como son la transferencia de combinación de intangibles o la transferencia de intangibles junto con otras transacciones, normalmente en el marco de operaciones de restructuración.

Finalmente el último punto del capítulo desarrolla el análisis de comparabilidad y los métodos de valoración. En relación con el análisis de comparabilidad, se recuerda que el análisis de comparabilidad no debe ser distinto de lo que sería un análisis de cualquier otra transacción *"going back to basics"* si bien hay factores específicos propios de los intangibles que pueden afectar al análisis de comparabilidad como son, entre otros, los beneficios esperados del intangible, factores asociados con la zona geográfica en la cual se pueden ejercer los derechos, el carácter exclusivo o no de los derechos transferidos o la posibilidad de ceder la licencia a terceros.

En relación con los métodos de valoración, el nuevo texto consagra además de los métodos OCDE, la posibilidad de utilizar técnicas de valoración propias de «*corporate finance*» como el método del descuento de flujo de caja. En este sentido, la consagración de estas técnicas de valoración permite tomar en consideración la gestión de la incertidumbre que rodea la valoración de una operación de estas características en relación con la fijación del precio inicial de la operación. Igualmente se da una mayor consideración a la utilización del método del "*profit split*", en especial cuando las funciones DEMPE no se realizan por parte de una única entidad dentro del grupo.

Finalmente, se reconoce que hay intangibles de muy difícil valoración *(hard to value intangibles)* permitiendo una revisión del precio inicial si razonablemente ésta hubiera sido previsiblemente el acuerdo que hubieran concluido terceros independientes. En especial, esto puede acontecer cuando su precio ha de ir muy ligado a futuros acontecimientos en relación con el éxito de su explotación y hubiera sido previsible que entre partes independientes se hubiera acordado mecanismos de revisión de precios. También sugiere en este caso las Directrices de someter la transacción a un acuerdo previo de valoración.

5.3.   Acuerdos de Reparto de Costes

Un acuerdo de reparto de costes (ARC) constituye un acuerdo entre empresas cuyo objeto es compartir los costes y riesgos que conllevan desarrollar, producir u obtener un activo, servicio o derecho de forma conjunta, pudiendo consistir en un acuerdo de contribución a gastos de I+D, en la adquisición de una propiedad o derecho en común o en la obtención conjunta de un servicio.

El capítulo VIII también fue objeto de revisión integral dentro del proyecto BEPS. Al igual que en el resto de transacciones, este capítulo empieza con la primera tarea del análisis de comparabilidad, es decir con la identificación de un ACR y la delineación cuidadosa de la transacción. Las condiciones contractuales constituyen el punto de partida del análisis que debe incluir la definición, extensión y naturaleza de los intereses de cada partícipe en estos activos, servicios o derechos siendo una consecuencia necesaria del acuerdo que todos ellos, en la proporción convenida, adquieran la condición de verdaderos cotitulares económicos del activo, servicio o derecho. Esta condición es compatible con la presencia de un único titular jurídico. Piénsese, por ejemplo, en un ARC que tenga por finalidad una actividad de I+D que obtenga un nuevo producto patentable. Un acuerdo de estas características no impide que la patente se registre a favor de un solo partícipe (normalmente el registro se hace a favor de la entidad cabecera del grupo). La condición de propietario económico significa que cada partícipe puede utilizar la patente sin necesidad de pagar un canon para su utilización, e incluso, si se decide ceder su uso a terceros, tiene derecho a recibir una parte de la contraprestación pactada.

Un planteamiento basado en estas premisas sería válido para empresas en condiciones de independencia.

Dados los derechos de titularidad que tienen los partícipes en el resultado del proyecto en común, todos ellos han de conocer la actividad y el objeto del proyecto, las cláusulas contractuales y tener acceso a los trabajos en curso, a los cálculos de las respectivas contribuciones y a los beneficios estimados. La condición de partícipe es radicalmente distinta de cualquier otra contribución limitada al proyecto que se pueda concertar, ya sea con empresas vinculadas o con terceros, en virtud de la cual se subcontrata un determinado servicio o trabajo y consecuentemente se abona la contraprestación pactada. Con independencia de la relevancia del encargo, no hay puesta en común en este caso, ni asunción de riesgos en relación con el proyecto por lo que la relación se agota con el cumplimiento del contrato.

Por ello, parece consustancial a un acuerdo de estas características la existencia de una necesidad común a todos los partícipes a la que dicha fórmula contractual aporta una respuesta susceptible de beneficiar a todos ellos. Por ello, en un ARC destacan dos elementos esenciales: el beneficio mutuo de todos los partícipes y la fijación de su respectiva contribución en función de las mejoras o beneficios que cada uno de ellos espera obtener del acuerdo en el futuro.

No hay una regla única para determinar si un criterio de reparto es apropiado o no, pero debe reflejar una relación directa con los beneficios estimados de cada partícipe. Esta estimación puede hacerse en función del incremento previsto de las ventas futuras de cada uno de los partícipes o del ahorro que cada uno espere obtener. Si se trata de un proyecto de I+D, una clave válida podría consistir en ponderar las ventas estimadas del nuevo producto o la corriente de cánones futuros que pueda generar a cada partícipe la cesión del proyecto. En ocasiones, los partícipes acuerdan utilizar una clave sencilla como pueden ser las ventas de cada uno de ellos. Esta clave, sin duda útil por su simplicidad, sólo puede garantizar la relación «proporción costes incurridos-beneficios estimados» de forma razonable si las empresas presentan características homogéneas.

El nuevo texto no contiene normas concretas de valoración sobre las contribuciones de los distintos partícipes al proyecto común. Así no se pronuncia sobre cuestiones tales como si ha de valorarse a precio de coste o de mercado los activos que se aporten al proyecto común; la repercusión o no al resto de los partícipes de los beneficios fiscales o de las subvenciones obtenidas por alguno de ellos o la forma de reparto de los costes de un elemento personal o material cuando éste se utiliza conjuntamente para una actividad privativa de un partícipe y para un ARC. La referencia de nuevo tendría que fundamentarse en los criterios (sin que pueda predicarse con generalidad que hay un único criterio válido) que habrían sido aceptados por empresas independientes en circunstancias comparables.

Por ello, las Directrices disponen que si las contribuciones de los distintos partícipes de un ARC no se corresponden con las contribuciones que empresas independientes habrían acordado en circunstancias similares es necesario realizar un «pago compensatorio». Este pago compensatorio tiene por objeto ajustar a la baja la contribución excesiva de al menos uno de los partícipes y a la vez ajustar al alza la contribución de los partícipes que se haya probado inadecuadamente baja. Igualmente, en algunas ocasiones, los hechos y circunstancias reales se apartan de las previsiones iniciales. En estos casos, es necesario reajustar los términos del acuerdo ya que estas cláusulas de salvaguarda serían habituales en acuerdos suscritos entre empresas en condiciones de independencia. Así, si un partícipe acaba soportando la mayor parte de los costes y riesgos y solo espera beneficiarse de una parte de los resultados, lo lógico es que el resto de los partícipes le hagan «pagos compensatorios» para equilibrar la situación.

Otra de las situaciones que describen las Directrices es aquélla en que una entidad se incorpora como partícipe a un ARC en un momento posterior a su inicio. En estos casos, los partícipes iniciales ceden parte de sus intereses en los resultados previos del ARC al nuevo partícipe y en condiciones normales de mercado, se produciría una compensación del nuevo partícipe a favor del resto. Esta compensación se denomina «*buy-in payment*» o «pago de entrada» y es la compensación por la transferencia al nuevo partícipe de una parte de los derechos obtenidos en la etapa anterior a su incorporación al ARC. El importe de este pago de entrada debe calcularse en función del precio que una empresa independiente estaría dispuesta a pagar en circunstancias similares. Dado este requisito, este pago será gasto deducible del impuesto sobre Sociedades del pagador y en ningún caso tendrá la naturaleza de canon. Algo parecido ocurre cuando un partícipe abandona un ARC antes de su finalización. En estos casos, el interés relativo del resto de los partícipes se verá incrementado y ello puede justificar un pago de los partícipes restantes a favor de aquel que abandona el acuerdo. Este pago se denomina «buy-out payment» o «pago de salida» y deberá responder a los mismos criterios que los expuestos en el párrafo anterior.

Las Directrices recomiendan que un ARC se pacte por escrito en un contrato que especifique la lista de partícipes, la lista de empresas asociadas que contribuirán o podrán beneficiarse de los resultados del ARC, la duración del acuerdo, el cálculo sobre la estimación de los beneficios de cada partícipe, las contribuciones de cada uno de ellos especificando los principios contables aplicados, la asignación de responsabilidades de cada empresa, las consecuencias de la entrada o abandono de un ARC y muy en particular unas cláusulas que recojan adecuadamente la situación de cada partícipe en el proyecto así como su compromiso de informar sobre cualquier cambio en los acuerdos y las razones de este cambio.

A lo largo de la ejecución del proyecto, es aconsejable producir un documento anual que contenga los gastos anuales del ARC, una detallada descripción de su financiación a través de las contribuciones de cada participe y un seguimiento de los beneficios estimados y resultados reales. Ambos tipos de documentos son los que empresas en condiciones de independencia demandarían en circunstancias similares.

Al igual que en el capítulo VI sobre intangibles, el nuevo texto ha incorporado varios ejemplos para ilustrar las directrices proporcionadas para analizar los ACR.

5.4. Reestructuraciones Empresariales

Ya se ha anticipado a lo largo de este capítulo que una de las aportaciones más novedosas de la última versión de las Directrices es el nuevo Capítulo IX relativo a «reestructuraciones empresariales».

Los temas vinculados con reestructuraciones empresariales no son nuevos. En varias jurisdicciones, siendo la normativa alemana el precedente más significativo, se había planteado no sólo la posibilidad de una compensación cuando hay transferencia de intangibles sino también de un pago compensatorio o «exit charge» en situaciones de cierre o reducción de funciones de empresas.

La nueva versión de las Directrices incorpora formalmente el mundo de las reestructuraciones empresariales al mundo de precios de transferencia en su nuevo capítulo IX: «Aspectos de precios de transferencia aplicable a las reestructuraciones empresariales»

Se define, en primer lugar, de una forma muy amplia las reestructuraciones empresariales e incluye «... las reubicaciones de funciones, activos y/o riesgos por parte de empresas multinacionales». En una palabra, una reestructuración puede comportar cualquier cambio sustantivo en una relación empresarial como un cambio en la naturaleza o ámbito de la relación, una reasignación de riesgos, un cambio en las funciones o responsabilidades o la finalización de una relación.

Este capítulo analiza con detalle la aplicación del principio de libre competencia a las operaciones de reestructuración empresarial que normalmente suponen un antes y un después en la forma de determinar los resultados de las empresas reestructuradas. En especial, en su primera parte incluye aquellas reflexiones que han de guiar un análisis para determinar si las condiciones que sigue la reestructuración son condiciones que seguirían empresas independientes.

Así, las Directrices sostienen que el principio de libre competencia no debería aplicar de forma diferente a los casos de reestructuraciones en relación con otras transacciones. Por ello, no todos los casos requieren un pago compensatorio sino que este pago sólo se debe si se hubiera dado entre partes independientes. En este sentido, cuando se plantee un cambio de estructura o de relaciones intragrupo, los grupos multinacionales han de analizar si el principio de libre competencia se da en relación con las estructura inicial, la nueva estructura, qué compensaciones se esperarían para pasar de una estructura a otra e incluso si los precios de la nueva estructura han de quedar afectados por la preexistente.

Una sección entera del nuevo capítulo IX se dedica al aspecto de los riesgos. Así, se dispone que ha de respetarse la distribución contractual del riesgo fijado por las partes pero las autoridades fiscales pueden evaluar si su conducta es coherente con la asignación de riesgos y si esta asignación respeta el principio de libre competencia. Se puede en este sentido considerar que una asignación de riesgos es coherente con la doctrina de las Directrices demostrando que dicha asignación de riesgos se da entre terceros independientes o bien razonando que tal asignación podría haberse concluido entre partes independientes. Para ello, las Directrices valoran la importancia de poseer medios humanos para tener un control efectivo de los riesgos que se asuman y de la capacidad financiera para asumirlos, lo que implica que quien asuma un riesgo ha de tener la autoridad para gestionarlo, controlarlo y tomar las decisiones estratégicas en relación con el mismo («*significant people's function*») ya sea directamente o a través de un tercero, así como la capacidad financiera para asumirlos.

Las Directrices consideran que el análisis ha de llevarse a cabo desde la óptica de considerar la entidad reestructurada como empresa separada y no como parte integral de un Grupo, teniendo en cuenta las opciones que tiene la entidad que pretende reestructurarse desde una perspectiva realista y considerando tanto la posición compradora como vendedora.

A continuación, el capítulo se centra en los factores que han de tenerse en cuenta para determinar si procede o no cómo debe fijarse el *quantum* o compensación de mercado que han de recibir las diferentes entidades afectadas por un proceso de reestructuración. Se inicia con un debate sobre si es de aplicación el principio de libre competencia y las Directrices a las reestructuraciones empresariales. Tras concluir afirmativamente a este debate, se proporcionan directrices sobre las circunstancias que justifican que la entidad reestructurada reciba una compensación por la transferencia de funciones, activos y/o riesgos así como las circunstancias en que procede una indemnización por la finalización o extinción anticipada de los contratos vigentes al tiempo de la reestructuración.

Seguidamente, el capítulo trata de la aplicación del principio de libre competencia a la situación que resulte de la reestructuración para finalizar con un apartado de máxima relevancia muy relacionado con normas anti elusión. Se trata de describir en qué circunstancias excepcionales, en el ámbito del artículo 9 de la OCDE, se autoriza a las Administraciones a desconocer una transacción o estructura adoptada por una empresa. Las Directrices mantienen que las autoridades fiscales han de respetar la forma de la transacción diseñada por los contribuyentes y han de centrarse en revisar las compensaciones/precios de la transacción excepto en circunstancias raras o excepcionales. Estas circunstancias raras o excepcionales se definen como situaciones en que la sustancia difiere de la forma o bien cuando se trata de transacciones que no se habrían concluido entre terceros sin que sea posible además fijar un precio de libre competencia. Así, las Directrices insisten en la importancia de definir correctamente las funciones, riesgos y activos tanto antes como después de la reestructuración por lo que se recomienda que todo ello se refleje adecuadamente en un contrato escrito.

Este capítulo ha centrado el debate en los últimos años por parte de diferentes sectores en lo que podría calificarse de un capítulo «de luces y sombras». Frente a una cierta preocupación por parte del sector empresarial en la parte de subjetividad que puede darse en el análisis de este tipo de transacciones, se valora el esfuerzo de las Directrices por fijar unas reglas de juego e introducir diferentes aspectos aclaratorios que deberían contribuir a limitar de alguna forma las controversias que, sin duda, van a surgir en cuanto se generalicen las comprobaciones de las reestructuraciones empresariales.

6. DOCUMENTACIÓN

La documentación constituye uno de los temas más dinámicos que plantea la operativa de los precios de transferencia y, a pesar de su carácter instrumental, tiene gran relevancia tanto para las empresas como para las Administraciones.

Existe un amplio consenso, plasmado en las Directrices, en reconocer que es preciso documentar la forma y metodología utilizada en la valoración de las transacciones entre empresas asociadas. Sin soporte documental, el ejercicio de las facultades de comprobación de las Administraciones puede verse sustancialmente cercenada. Sin embargo, la exigencia de una obligación de documentación sobredimensionada, que desprecie el esfuerzo que dicho cumplimiento es susceptible de acarrear, puede suponer un importante coste económico para las empresas en absoluto deseable. No es posible fijar normas comprensivas a la vez que detalladas sobre la forma de cumplimiento concreto de esta obligación pero se entiende que el principio que ha de presidir una adecuada regulación y cumplimiento de esta obligación de documentación es el «principio de gestión prudente empresarial» que atribuye a este tema el mismo proceso de evaluación que otra decisión empresarial con un nivel de complejidad e importancia similar.

Una documentación específica que soporte una política de precios de transferencia no se limita a la documentación contable de la empresa y requiere un esfuerzo adicional por parte del contribuyente que consiste en preparar información y documentación adicional y singular cuya elaboración posiblemente no hubiera sido necesaria de no haberse producido dichas transacciones. Las Directrices insisten en que dicho esfuerzo no puede resultar desproporcionado y la información ha de ser útil para las Administraciones.

Este capítulo también ha sido objeto de una revisión profunda dentro del Proyecto BEPS cuya Acción 13 tiene por objeto precisamente "re examinar la documentación de precios de transferencia". Esta acción ha sido una de las primeras en concluirse y hoy el nuevo capítulo V de documentación dentro de las Directrices es ya una realidad.

Como se verá, este nuevo texto relativo a la documentación da respuesta a este nuevo objetivo de transparencia. Dentro de esta mayor transparencia, los objetivos a que aspira este modelo es, por una parte, permitir una análisis de riesgos a las administraciones fiscales, asegurar que las empresas toman en consideración la normativa de precios de transferencia al tiempo de efectuar una transacción lo cual por un lado exige que las empresas realicen y documenten la forma en que fijan los precios en un momento cercano a la realización de las transacciones pero también otorga a las empresas que hacen este esfuerzo una protección para evitar infracciones. Finalmente, como último objetivo, se considera que la documentación ha de ser suficiente para iniciar una comprobación tributaria, es decir, ha de ser suficiente pero no ha de contener toda aquella información que previsiblemente las administraciones fiscales pueden necesitar para completar una comprobación tributaria. En síntesis, las Directrices aspiran a dar una visión que compatibilice un esfuerzo razonable, pero no desproporcionado, por parte de las empresas con las necesidades que tienen las administraciones para llevar a cabo un control eficaz, dentro de este entorno de transparencia que persigue el proyecto BEPS.

Las Directrices recogen los principios que ha de presidir el contenido y cumplimiento de esta obligación y recomienda:

- Contemporaneidad: las empresas han de analizar sus precios al tiempo de realizar la transacción con la información disponible en aquel momento y confirmarla al tiempo de presentar la correspondiente declaración del impuesto.
- Momento de preparación: se recomienda que la documentación esté preparada en el momento de presentación del correspondiente impuesto sobre sociedades aunque en cada país el momento puede estar condicionado a las prácticas administrativas, en particular, en relación con el CbC report, puede ser necesario retrasarlo en el tiempo hasta que toda la información esté disponible.

- Materialidad; las Directrices, sobre la base de la simplificación, aconseja fijar un límite de materialidad de tal forma que la documentación no haya de incluir todas las transacciones entre empresas del grupo sino que avala la exención para operaciones no materiales.

- Actualización de la documentación: se recomienda una revisión y actualización anual de los análisis funcional y económico aunque, para evitar costes excesivos, se propone que la búsqueda de comparables en bases de datos pueda hacerse cada 3 años si las circunstancias no cambian siempre que se actualicen los resultados de las empresas comparables para asegurar que el principio de libre competencia se respeta.

- Lengua: las Directrices aspiran a que los costes de traducción no resulten gravosos en excesivo para las empresas y recomienda, cuando sea posible, que las administraciones no obliguen automáticamente a traducir todos los documentos de forma automática.

- Protección en relación con imposición de sanciones: las Directrices sostienen que no sería razonable imponer sanciones vinculadas a la obligación de documentación cuando las empresas puedan probar que han realizado un esfuerzo razonable de cumplimiento.

El capítulo de documentación desarrolla esta obligación en tres partes: el *"Masterfile"*, el *"Local file"* y el *"Country by Country Report"* (CbC). Es importante destacar que los términos *Masterfile y Country file* no son novedosos y fueron acuñados hace más de una década por el FCPTE pero hay que destacar que el contenido que contienen las Directrices va más allá del contenido del Masterfile Europeo por lo que la identidad del término no puede llevar a la confusión que el contenido también coincide.

Masterfile: el Masterfile es la parte de la documentación de precios de transferencia que va a estar a disposición de todas las administraciones donde el grupo multinacional (MNE) tiene presencia. Es así una muestra patente del principio de transparencia. Con el Masterfile, las administraciones fiscales podrán tener una documentación general de todo el grupo y de su cadena de valor. En concreto, se propone el siguiente contenido:

- Información general de la estructura del MNE.

- Descripción del negocio o línea de negocio incluyendo la descripción de la cadena de valor de los productos principales con las indicaciones de los *" drivers"* que generan el éxito empresarial, identificación de los servicios intragrupo, los principales mercados, el análisis funcional, identificación de operaciones de restructuración relevantes, identificación y localización de los empleados con retribuciones más elevadas.

- Descripción de los intangibles del MNE: esta descripción ha de incluir una explicación sobre la estrategia de la política de intangibles incluyendo la localización de los principales centros de I+D y del equipo/s de dirección de I+D; identificación de acuerdos intragrupo relativo a intangibles, la política de precios fijada así como un listado con identificación de entidades, países e importes que reciben ingresos o satisfacen pagos por intangibles así como de transferencias que se haya podido llevar a cabo.

- Descripción de las actividades financieras del MNE: explicación de la forma de financiación que se sigue dentro del grupo, identificación de las empresas que proveen financiación al grupo así como la política de precios que se sigue.

- Descripción de la "posición financiera y tributaria" del grupo, incluyendo las informe y cuentas anuales, breve descripción de APAs unilaterales y bilaterales, *rulings*, o procedimientos amistosos.

Country File: esta sección de la documentación está constituida por:

- Descripción de la entidad local incluyendo la estructura directiva local y de reporte a otras empresas del grupo así como cualquier restructuración o transferencia de intangibles que haya afectado a la empresa.

- Descripción de las operaciones vinculadas, incluyendo importes, identificación de contraparte, un análisis funcional detallado, descripción de la política de precios de transferencia adoptada, análisis de comparabilidad, selección y aplicación del método, conclusiones sobre el cumplimiento del principio de libre competencia.

Country by Country Report (CbC): Es, sin duda alguna, el elemento más novedoso del nuevo capítulo de documentación. Es un documento informativo que obliga a los MNE con ingresos superiores a 750 millones de euros en conjunto que reporten a la Administración en la que su cabecera es residente (además de otros criterios subsidiarios *"subrrogate entity"*) datos sobre la distribución global, por país y por entidad legal, de sus resultados financieros, magnitudes tributarias y algunos indicadores de la localización de la actividad. La Administración que lo recibe se obliga a transmitir, sobre la base del acuerdo sobre intercambio de información, este documento al resto de las administraciones donde el MNE tiene presencia.

No es una información focalizada en la política de precios de transferencia y pretende ser un documento para efectuar un análisis de riesgo fiscal sin que puedan sacarse conclusiones sobre los precios de transferencia. Así, el CbC exige la siguiente información:

Por país:

- Ingresos (vinculados y de terceros).
- Resultados antes de impuestos.
- Impuestos pagados e impuestos devengados.
- Capital y reservas.
- Número de empleados.
- Activos tangibles.

Por entidad legal:

- Listado de entidades (por país).
- Identificación del país de residencia y constitución.
- Actividad principal distinguiendo 13 tipologías.

Esta información, como se decía, constituye una importante novedad y se enmarca dentro del objetivo de transparencia que persigue el proyecto BEPS.

Dentro del ámbito de la Unión Europea, es importante destacar que en mayo de 2016 se publicó la modificación de la Directiva de Asistencia Mutua e Intercambio de Información, Directiva 2011/16/UE, de 15 de febrero, para incluir el CbC como objeto de intercambio automático para asegurar una implementación consistente y armonizada en Europa.

7. MEDIDAS PARA ELIMINAR LA DOBLE IMPOSICIÓN

Al inicio de este capítulo señalábamos que el artículo 9 del ModCDI pretende, además de consagrar el principio de libre competencia, eliminar la doble imposición económica que pueda haberse producido como consecuencia de un ajuste en uno de los Estados contratantes.

En este apartado, se van a sintetizar las medidas que tienen una finalidad revisora y que responden a esta finalidad. En el apartado siguiente, se van a considerar las medidas de carácter preventivo, en especial los acuerdos previos de valoración.

También las medidas para eliminar la doble imposición han formado parte del proyecto BEPS. En concreto, la acción 14 tiene por objeto fomentar unas medidas cada día más efectivas y eficientes para eliminar la doble imposición. Centra sus recomendaciones en conseguir que estas medidas sean cada vez más útiles y eficientes e insta a introducir el arbitraje para asegurar la eficiencia de estos procedimientos pues se anticipa un incremento notable de supuestos de doble imposición a raíz de las recomendaciones contenidas en las distintas acciones BEPS.

7.1.   Los Ajustes Correlativos

Los ajustes correlativos tienen su base legal en el artículo 9.2 del ModCDI aunque no todos los convenios actualmente en vigor recogen esta segunda cláusula. El artículo 9.2 del ModCDI dispone que:

> «Cuando un Estado contratante incluya en los beneficios de una empresa de ese Estado –y someta, en consecuencia, a imposición– los beneficios sobre los cuales una empresa del otro Estado contratante ha sido sometida a imposición en ese otro Estado, y los beneficios así incluidos son beneficios que habrían sido realizados por la empresa del Estado mencionado en primer lugar si las condiciones convenidas entre las dos empresas hubieran sido las que se hubiesen convenido entre empresas independientes, ese otro Estado practicará el ajuste correspondiente de la cuantía del impuesto que ha percibido sobre esos beneficios»

El ajuste correlativo es el resultado de la invitación dirigida a los Estados contratantes para que asuman, con la inclusión de esta cláusula en sus convenios, la obligación de examinar situaciones de doble imposición que pueden sufrir las empresas asociadas residentes en sus respectivos territorios. En virtud de este compromiso, los Estados implicados asumen la obligación de esforzarse en acordar el ajuste bilateral o correlativo cuando entiendan que el ajuste primario practicado por la otra Autoridad fiscal se acomoda al principio de libre competencia. No se deriva del mismo, por consiguiente, ninguna obligación de resolver una situación de doble imposición sino solo de proceder a su eliminación cuando se considere que el ajuste practicado en primer lugar es conforme con las normas y pautas aceptadas internacionalmente.

Este precepto no indica el iter procedimental a seguir en estos casos. Es posible que la Autoridad requerida, al examinar el expediente, considere con toda claridad que el ajuste primario está ajustado al principio de libre competencia. En este supuesto, nada habitual por la complejidad que suele rodear estos casos, ésta, de forma unilateral, podrá tomar sin más dilación la iniciativa para proceder a dictar un acto administrativo que contenga el ajuste bilateral sin necesidad de consultar a la otra Autoridad fiscal. En la mayoría de ocasiones, no obstante, este convencimiento se va formando a lo largo de un procedimiento en que ambas Autoridades fiscales van exponiendo y generalmente acercando sus respectivas posiciones. Tal curso procesal no es otro que el procedimiento amistoso por lo que, en el momento en que la Autoridad requerida para efectuar el ajuste bilateral entiende que no tiene datos suficientes que justifiquen la corrección del ajuste primario, el contribuyente deberá solicitar a la Autoridad fiscal de su Estado de residencia que inicie el procedimiento de mutuo acuerdo o procedimiento amistoso con tal objeto.

7.2.   El procedimiento Amistoso

El procedimiento de amistoso o de mutuo acuerdo descrito en el artículo 25 del ModCDI constituye un procedimiento entre Administraciones tributarias que tiene por objeto resolver los conflictos que puedan generarse entre ellas como consecuencia de la aplicación e interpretación de un CDI dado. La doble imposición generada por ajustes en materia de precios de transferencia constituye una de las áreas en que este precepto extiende sus efectos, de acuerdo con el apartado 3 del artículo 25 y sus CMC.

La relación entre los artículos 9 y 25 del ModCDI no es del todo pacífica e incluso algunos Estados, y cierta doctrina, dudaron en el pasado sobre la posibilidad de iniciar un procedimiento amistoso ante un caso que verse sobre precios de transferencia si el convenio aplicable no contiene el apartado 2 del artículo 9. La ausencia del apartado 2 del artículo 9 en un CDI suele responder a dos razones distintas. Una de ellas es la voluntad expresa de las partes contratantes (o de una de ellas impuesta y aceptadas por la otra) de no recoger esta cláusula del Modelo en el convenio concreto. Esta circunstancia es cada día más excepcional. Sería el caso, por ejemplo, de la posición brasileña. En este supuesto y, a pesar de la interpretación de los CMC, parece obvio que se ha deseado de forma expresa eliminar esta opción. En muchos otros casos, no obstante, esta ausencia no es sino fruto de una razón histórica. Se trata de CDI antiguos, negociados sobre la base del proyecto de Modelo de 1963 que carecía de dicha cláusula. En estas circunstancias, la opinión mayoritaria, que suscribimos plenamente, y que, como se ha indicado, goza del apoyo de los CMC al artículo 25 (apartado 9 de los CMC) proyecta, a nuestro entender, el procedimiento amistoso sobre los conflictos de doble imposición económica generados por un ajuste sobre la base de su apartado 3 aunque no figure el segundo apartado del artículo 9.

Los CMC al artículo 25 destacan específicamente las dificultades del procedimiento amistoso para resolver los casos de precios de transferencia. Este procedimiento es objeto de desarrollo en el capítulo V.2 de la Parte I y en consecuencia no abordamos su examen en este apartado pero sí conviene destacar la preocupación que ha existido en el seno de la OCDE para identificar y proponer medidas que coadyuven y faciliten la resolución de estos casos que, tanto por su complejidad, número como relevancia económica presentan un mayor retraso respecto de otros casos ajenos a este ámbito y que se han visto renovadas a raíz de los trabajos de la acción 14 de BEPS. (Ver apartado V.2).

7.3. El Procedimiento de Arbitraje

Las anteriores medidas, como se puede observar, no garantizan, sin embargo, a los contribuyentes la resolución de la doble imposición puesto que, aun cuando pueda existir una voluntad por parte de las Administraciones de llegar a un acuerdo, no existe ningún precepto que obligue a éstas a alcanzar una solución.

Con la finalidad de superar estas limitaciones, las Directrices en su capítulo IV introducen la figura del «árbitro». Bajo dicha fórmula de «arbitraje» se pretende el sometimiento de las Administraciones a la decisión de un árbitro o comisión arbitral cuando éstas no logran, en relación con una controversia concreta, llegar a un acuerdo en un tiempo limitado. Las Directrices desarrollan esta medida desde una perspectiva teórica, analizando las distintas opciones que los Estados contratantes podrían considerar en una hipotética inclusión de esta figura en un convenio (algunos convenios empiezan a introducir el arbitraje con un carácter suplementario del procedimiento amistoso. Recientes ejemplos se encuentran en el convenio franco-alemán o el convenio alemán-austriaco).

El arbitraje cada vez constituye una medida más generalizada. La primera disposición normativa en Europa incluyendo una fase arbitral se produjo a raíz de la entrada en vigor del Convenio 90/436/CEE relativo a la supresión de la doble imposición en caso de corrección de los beneficios de empresas asociadas (también conocido como Convenio de Arbitraje Europeo) (que entró en vigor por primera vez el 1 de enero de 1995) aplicable a los Estados Miembros de la Unión Europea. A pesar de que el CA constituye una convención multilateral con unos obstáculos en cuanto a su entrada en vigor y aplicabilidad muy poco frecuentes, importantes esfuerzos realizados a inicios de este siglo por el FCPT (que condujeron a la aprobación de un primer Código de conducta sobre esta convención en vigor desde el 7 de diciembre de 2004 y un segundo Código, revisión del primero, publicado el 30 de diciembre de 2009) y la voluntad de los Estados miembros de eliminar la doble imposición hacen suponer que el papel de este Convenio y de la institución del arbitraje será en un futuro muy próximo mucho más prometedor (ver sobre este punto el apartado 2.3. del Capítulo 6 de esta obra, donde se analiza en detalle el repetido Convenio comunitario y los trabajos del Foro Conjunto de Precios de Transferencia).

Reforzando esta tendencia de asegurar la eliminación de la doble imposición, no puede sino apuntarse la incorporación en el Modelo de la institución de arbitraje en el artículo 25 mediante un nuevo apartado como cláusula de cierre dentro del procedimiento amistoso.

Sus efectos prácticos se verán facilitados en un futuro próximo gracias al Convenio Multilateral resultado de la acción 15 de BEPS que ha diseñado un mecanismo facilitador para incorporar de una "forma express" las modificaciones en los convenios en vigor que requieran adaptarse a las conclusiones de las acciones BEPS. En este sentido, dado que la acción 14 propone incorporar al artículo 25 la institución del arbitraje obligatorio, el Convenio Multilateral sin duda va a acelerar su incorporación. De todas formas, se están apreciando considerables avances en este sentido ya que ya hay cláusula arbitral en varios CDI (así, USA/Canadá o USA/Alemania, entre otros), anticipándose a los efectos del Convenio Multilateral.

Finalmente, en este repaso histórico de la institución de arbitraje, hay que destacar la recién publicada Directiva de 10 de octubre de 2007 relativa a los mecanismos de resolución de litigios fiscales en la Unión Europea. La Directiva, que podrá invocarse respecto de los casos de doble imposición generados por rentas obtenidas a partir de 1 de enero de 2018 (o antes si así lo acuerdan los distintos EEMM en la transposición de la Directiva a su normativa interna) no prevé un procedimiento sustancialmente distinto al previsto en el CA pero da este paso cualitativo de tener unos mecanismos integradores, eficaces, sostenibles y flexibles entre otras, por las siguientes novedades que recoge la Directiva.

8. MEDIDAS PARA PREVENIR LA DOBLE IMPOSICIÓN

8.1. Acuerdos Previos de Valoración

8.1.1. Consideraciones generales

Un acuerdo previo en materia de precios de transferencia (APA) constituye un acuerdo entre uno o varios contribuyentes y una o varias Administraciones cuyo objeto es fijar, con carácter anterior al inicio de determinadas operaciones entre empresas asociadas, un conjunto apropiado de criterios para la determinación de los precios de transferencia aplicados a estas operaciones, a lo largo de un cierto período. Estos criterios pueden referirse, entre otros, al método de valoración, aceptación de comparables, descripción de los ajustes que procedan o identificación de las hipótesis críticas que pueden justificar la revisión del acuerdo inicial. Por ello, la finalidad de un APA no es fijar con carácter anticipado el «precio de transferencia de una operación» sino acordar la metodología, criterios e hipótesis para que el contribuyente pueda en cada momento determinar con seguridad cual es el precio correcto de transferencia relativo a una operación.

Un caso concreto puede ilustrar esta idea: si dos empresas solicitan un APA para fijar el tipo de interés de un préstamo entre ellas y tras el examen se llega a la conclusión que el tipo de interés de mercado, considerando los comparables adecuados, es el 4 %, en la resolución del APA no se puede fijar esta cifra sino la fórmula a través de la cual se ha llegado a esta conclusión: por ejemplo, Euribor más un diferencial de medio punto. Con ello se logra que el criterio continúe siendo válido y eficaz aun cuando varíe el Euribor y siempre que las circunstancias del caso no varíen sustancialmente (importe del préstamo, plazo, situación económica del prestatario, naturaleza y grado del riesgo etc.) de forma que hagan inválida la fórmula aceptada.

Por consiguiente, el acuerdo puede cubrir la elección del método, los elementos para aplicar correctamente el método elegido, los datos comparables, los posibles ajustes sobre los comparables aceptados en la medida en que no sean idénticos al caso, las asunciones críticas o las circunstancias económicas que fundamenten la validez del acuerdo y que deben mantenerse para que los márgenes, si se han fijado, continúen siendo aceptables y el acuerdo válido. Pero el APA, en ocasiones, no se limita sólo a valorar una operación sino que fija criterios previos a tal valoración como puede ser el pronunciarse en qué jurisdicción se generan los beneficios derivados de una actividad o incluso determinar si una situación planteada es una situación que, con criterios de libre competencia, le corresponde o no la obtención de beneficios.

La OCDE ha dado una especial importancia a los APAs como método para evitar la doble imposición. Las disposiciones interpretativas recogidas inicialmente en el capítulo IV de las Directrices (párrafos 4.124 a 4.170) se han completado, gracias a trabajos posteriores, con un anexo incorporado a las mismas en octubre de 1999 bajo el título de «Directrices para llevar a cabo los Acuerdos sobre Precios bajo el procedimiento de mutuo acuerdo («MAP APAs«).

En función del número de Administraciones fiscales que intervienen en la negociación del acuerdo, los APAs pueden ser unilaterales, bilaterales o multilaterales, según intervenga una, dos o más de dos Administraciones fiscales. Los APAs unilaterales tienen la ventaja de la mayor simplicidad en el proceso pero es evidente que sólo el acuerdo entre las distintas Administraciones afectadas puede resolver problemas de doble imposición o de no-imposición. Se exige, cada vez con mayor insistencia, que, en todo caso, los APAs unilaterales han de respetar el principio de libre competencia, deben estar presididos por el principio de transparencia para evitar que se conviertan de facto en «rulings» y en la actualidad la Comisión Europea está solicitando a los EEMM los acuerdos para asegurar que ni se han vulnerado los principios que presiden el mercado único y, en particular, que estos acuerdos no pueden considerarse ayudas de Estado.

Una de las críticas más patentes de los APA bilaterales es su lentitud y algunas empresas optan por solicitar un acuerdo unilateral para evitar estos procesos largos. Constituye opinión generalizada que los APAs unilaterales ofrecen a los solicitantes una respuesta más rápida y con un menor coste. Se ha avanzado sustancialmente en la eficacia y tiempo de las APAs bilaterales o multilaterales. La voluntad de las Autoridades fiscales de respetar el calendario pactado, la fijación de etapas intermedias durante la instrucción, la participación del contribuyente y su actitud, posiblemente más comprometida cuando ha solicitado un APA a varias Administraciones fiscales hace que, a fecha de hoy, se puedan mostrar casos complejos de APAs multilaterales, en especial en el marco europeo, finalizadas en un plazo francamente razonable.

Normalmente los APAs no afectan a situaciones anteriores a la conclusión del acuerdo, es decir, no tienen efectos retroactivos y, de hecho, la denominación acuñada del término subraya su naturaleza preventiva. No obstante, algunas Administraciones fiscales, con la finalidad de dotar un mayor atractivo a este instrumento, permiten la posibilidad de vincular el resultado de un APA a hechos ocurridos con anterioridad a la conclusión del acuerdo si está en curso un procedimiento amistoso o incluso algunos Estados consideran aceptable, en este caso con efectos en el ámbito interno, aplicar los términos del acuerdo a ejercicios anteriores pendientes o en fase de comprobación.

En efecto, como se ha apuntado, un APA puede contribuir a la mejora del procedimiento de mutuo acuerdo ya que puede convertirse en una vía adecuada para reducir el tiempo necesario para lograr un acuerdo entre las Administraciones afectadas. Es frecuente que resulte más sencillo el alcanzar un consenso antes de que nazca una situación conflictiva analizando datos actuales y examinando situaciones coetáneas que iniciar un procedimiento para resolver un problema que ya ha surgido, explicando situaciones pasadas (a veces muy lejanas en el tiempo), examinando datos históricos y materializándose la finalización del procedimiento de mutuo acuerdo en un ajuste por parte de una de las Administraciones que le suponga la devolución de una deuda tributaria ya ingresada.

Los APAs presentan una serie de ventajas comúnmente reconocidas. Destaca en primer lugar la seguridad que proporciona al contribuyente en cuanto previene anticipadamente que se origine una doble imposición aunque este efecto, como se ha apuntado, sólo se obtiene en toda su extensión con la vinculación de todas las Administraciones afectadas. Siendo así, el o los contribuyente/s deberán limitarse a aplicar correctamente el acuerdo para eliminar todo el riesgo fiscal que se deriva de las relaciones entre empresas asociadas.

Hay que mencionar también el valor que proporciona el clima de colaboración entre todos los sujetos que se debe generar a lo largo de la instrucción del APA. Lejos del carácter contencioso propio de una comprobación fiscal, un APA suele desenvolverse en un clima de confianza mutua entre los sujetos que intervienen en el procedimiento y demanda una actitud transparente. Este instrumento puede ser además muy útil desde la perspectiva de la eficacia y ahorro de costes puesto que se proyecta sobre situaciones que pueden ser altamente complejas, evitando tanto a los contribuyentes como a las Administraciones, largos y costosos litigios. Piénsese que los APAs, por la extensión del acuerdo, pueden ser generales si contemplan la totalidad de las relaciones entre las empresas que instan el acuerdo aunque en ocasiones, si el riesgo se concentra en un área determinada, resulta más adecuado solicitar un APA limitado a una o varias cuestiones. Algunas Administraciones de hecho, la Administración del Reino Unido entre otras, sólo aceptan iniciar un procedimiento de esta naturaleza si valoran que existe un riesgo claro derivado de una situación de incertidumbre que genera la valoración de operaciones vinculadas, debiendo aquellos sujetos que solicitan un APA superar el denominado «*threshold*».

No obstante, se han apuntado algunos inconvenientes que pueden hacer poco atractivo este instrumento, siendo el principal la complejidad del procedimiento. Un APA no puede ser por su propia naturaleza un procedimiento sencillo, inmediato o automático ya que el contribuyente ha de suministrar a las Administraciones fiscales una cantidad de información relevante. Esto hace que, en ocasiones, este procedimiento sea atractivo sólo o muy especialmente para aquellos contribuyentes cuyas relaciones con empresas del grupo sean cuantitativamente muy elevadas y por ende su política de precios de transferencia vaya a ser previsiblemente analizada por las respectivas autoridades fiscales. Por esta razón, la OCDE recomienda que las informaciones que se solicitan en el curso de un APA no sean más onerosas que aquéllas que se requieren al contribuyente en el curso de una actuación inspectora.

Es importante destacar que en Europa, la Directiva 2015/2376 del Consejo modificó la Directiva de 2011 sobre intercambio automático y obligatorio de información en el ámbito de la fiscalidad para incluir dentro de esta obligación los acuerdos previos de valoración tanto unilaterales como bilaterales.

8.2. Otros Mecanismos Preventivos de la Doble Imposición

8.2.1. Consultas previas entre Administraciones fiscales

Dichas consultas, como su propia denominación indica, tienen por finalidad promover con carácter previo a la realización de un ajuste por parte de una Administración, una comunicación con otra u otras administraciones implicadas para recabar su parecer en relación con el ajuste que la primera quiere efectuar. Estas consultas tienen un carácter totalmente voluntario, salvo que hipotéticamente dos autoridades competentes en un convenio decidieran asumir un compromiso de esta naturaleza con carácter obligatorio. El ModCDI no contiene una medida de esta naturaleza. Sin embargo, el Convenio 90/436/CEE (Convenio de Arbitraje) las recoge específicamente en su artículo 5 el cual dispone que:

> «*Cuando un Estado contratante tuviere intención de corregir los beneficios de una empresa informará con la debida antelación a la empresa de su intención, y le dará ocasión de informar a la otra empresa, de forma que ésta pueda informar a su vez al otro Estado contratante.*
>
> *No obstante, no habrá impedimentos para que el Estado contratante que facilita la información efectúe la corrección pertinente.*»

De su redacción ya se desprende que esta medida se introduce con carácter totalmente voluntario y no retrasa ni condiciona la resolución de un caso por parte de la Autoridad que lo está examinando y hasta el momento presente no ha sido utilizada por las Autoridades fiscales europeas que prefieren resolver las controversias una vez son firmes a través del procedimiento amistoso.

8.2.2. Comprobaciones simultáneas y las comprobaciones conjuntas

Otra de las medidas da carácter preventivo viene constituida por las denominadas comprobaciones fiscales simultáneas que consisten en la realización de comprobaciones fiscales al mismo tiempo y de forma independiente por las distintas administraciones fiscales interesadas, cada una en su jurisdicción, sobre distintas empresas de un mismo grupo multinacional con relaciones entre ellas.

Las comprobaciones fiscales simultáneas se describen como una forma intensiva y particular de intercambio de información entre las Administraciones fiscales y encuentran su fundamento legal y su régimen jurídico tanto en el artículo 26 del ModCDI como en la Directiva 77/977/CEE, relativos al intercambio de información interestatal. Precisamente tal intercambio de información y el constante contacto entre las distintas autoridades fiscales favorecen las posibilidades de alcanzar conclusiones similares y por ende evitar la doble imposición.

Esta medida se va generalizando cada vez más a pesar de lo que su número es aún limitado. En el ámbito de las operaciones entre empresas asociadas dentro del entorno de los mecanismos de intercambio de información previstos para los países miembros de la Unión Europea, hay cada vez mayor número de países que aprecian las ventajas de esta forma de comprobar grupos internacionales con presencia en varios países de la UE. Nótese, no obstante, que se trata de un mecanismo totalmente voluntario para los países, en forma de invitación, previa la iniciativa de uno de ellos.

Uno de los mecanismos que poco a poco se está imponiendo son las «comprobaciones conjuntas» o «*joint audits*». Van un paso más allá de las comprobaciones simultáneas ya que parten de la creación de un equipo único formado por representantes de las autoridades fiscales de los países donde las diferentes empresas de un grupo multinacional, sujetas a esta comprobación, tienen presencia.

La base de esta propuesta se halla en el documento de la OCDE «*joint audit report*» de 2010 donde se configura esta propuesta con carácter voluntario pero se destaca la ventaja, siempre que las circunstancias lo aconsejen y el nivel de riesgo sea suficientemente significativo, que supone una comprobación, posiblemente más compleja, pero a la vez única que asegure el que no se produzca una doble imposición.

9. NORMATIVA DOMÉSTICA

9.1. Análisis del artículo 18 de la LIS 2014

El actual artículo 18 de la Ley 26/2014, de 27 de noviembre, sigue muy de cerca el recientemente derogado artículo 16 del TRLIS 2004 que constituyó en su redacción original un hito en la regulación de la normativa de precios de transferencia. El precepto hoy vigente ha sido objeto de desarrollo por medio del Real Decreto 634/2015, de 10 de julio, que aprobó el Reglamento del Impuesto sobre Sociedades.

Este artículo consta de 14 apartados que vamos a analizar a continuación:

1. Las operaciones efectuadas entre personas o entidades vinculadas se valorarán por su valor de mercado. Se entenderá por valor de mercado aquel que se habría acordado por personas o entidades independientes en condiciones que respeten el principio de libre competencia.

2. Se considerarán personas o entidades vinculadas las siguientes:

a) Una entidad y sus socios o partícipes.

b) Una entidad y sus consejeros o administradores, salvo en lo correspondiente a la retribución por el ejercicio de sus funciones.

c) Una entidad y los cónyuges o personas unidas por relaciones de parentesco, en línea directa o colateral, por consanguinidad o afinidad hasta el tercer grado de los socios o partícipes, consejeros o administradores.

d) Dos entidades que pertenezcan a un grupo.

e) Una entidad y los consejeros o administradores de otra entidad, cuando ambas entidades pertenezcan a un grupo.

f) Una entidad y los cónyuges o personas unidas por relaciones de parentesco, en línea directa o colateral, por consanguinidad o afinidad hasta el tercer grado de los socios o partícipes de otra entidad cuando ambas entidades pertenezcan a un grupo.

g) Una entidad y otra entidad participada por la primera indirectamente en, al menos, el 25 % del capital social o de los fondos propios.

h) Dos entidades en las cuales los mismos socios, partícipes o sus cónyuges, o personas unidas por relaciones de parentesco, en línea directa o colateral, por consanguinidad o afinidad hasta el tercer grado, participen, directa o indirectamente en, al menos, el 25 % del capital social o los fondos propios.

i) Una entidad residente en territorio español y sus establecimientos permanentes en el extranjero.

Apartado 1. Principio de libre competencia o de valoración a mercado.

«1. 1.° Las operaciones efectuadas entre personas o entidades vinculadas se valorarán por su valor normal de mercado. Se entenderá por valor normal de mercado aquel que se habría acordado por personas o entidades independientes en condiciones de libre competencia.

De este apartado se destacan:

• La consagración de la obligación de valorar a mercado las operaciones entre entidades vinculadas. Aunque el legislador mantiene la expresión «valor normal de mercado» muy engarzada en nuestra legislación, ha incluido una definición de este término utilizando un enlace claro con el principio de libre competencia subrayando una clara aproximación a las Directrices.
• Ámbito objetivo del artículo 18 LIS 2014: El artículo 18 despliega todos sus efectos tanto sobre las operaciones entre sujetos residentes en jurisdicciones fiscales distintas como sobre operaciones exclusivamente internas entre sujetos residentes en territorio español sin limitación alguna.

Apartado 2. Definición de los supuestos de vinculación.

Constituyen supuestos de vinculación:

a) "Una entidad y sus socios o partícipes."
b) "Una entidad y sus consejeros o administradores, salvo en lo correspondiente a la retribución por el ejercicio de sus funciones."
c) "Una entidad y los cónyuges o personas unidas por relaciones de parentesco, en línea directa o colateral, por consanguinidad o afinidad hasta el tercer grado de los socios o partícipes, consejeros o administradores."
d) "Dos entidades que pertenezcan a un grupo."
e) "Una entidad y los consejeros o administradores de otra entidad, cuando ambas entidades pertenezcan a un grupo."
f) "Una entidad y los cónyuges o personas unidas por relaciones de parentesco, en línea directa o colateral, por consanguinidad o afinidad hasta el tercer grado de los socios o partícipes de otra entidad cuando ambas entidades pertenezcan a un grupo."
g) "Una entidad y otra entidad participada por la primera indirectamente en, al menos, el 25 % del capital social o de los fondos propios."
h) "Dos entidades en las cuales los mismos socios, partícipes o sus cónyuges, o personas unidas por relaciones de parentesco, en línea directa o colateral, por consanguinidad o afinidad hasta el tercer grado, participen, directa o indirectamente en, al menos, el 25 % del capital social o los fondos propios."
i) "Una entidad residente en territorio español y sus establecimientos permanentes."

• La principal novedad de este apartado, muy largamente reclamada, es la eliminación de los supuestos de vinculación sobre la base de la participación a partir del 5 % o 1 % si eran empresas que cotizaban. El nuevo artículo 18 LIS 2014 eleva este mínimo al 25 % de participación lo cual sitúa las reglas de valoración más en línea con el derecho comparado.
• En principio, los supuestos de vinculación del artículo 18 LIS 2014 se encuentra alineada, en términos generales, con los supuestos de «asociación» de empresas descritos en el artículo 9 del ModCDI. Nótese, no obstante, que dada que la vinculación en la participación de capital acontece

en la normativa interna a partir de una participación del 25 %, la normativa española se extenderá a supuestos menos exigentes que aquellas legislaciones que fijan el límite en 50 % de participación.

• Por otra parte, la enumeración del artículo 18 LIS 2014 hace que el ámbito subjetivo de la norma a nivel interno sea sustancialmente más amplia que la recogida en el artículo 9 del ModCDI. Así, en la norma interna se recogen supuestos como son la relación sociedad-socio o administrador y amplía la vinculación a personas físicas unidas por vínculos de parentesco con los anteriores. Estos casos no aparecen recogidos en el seno del artículo 9 del ModCDI por lo que las discrepancias en este punto son evidentes. Es de aplaudir, no obstante, la matización que introduce la Ley 26/2014 en el caso de sociedad con sus administradores. Excluye de la vinculación la retribución por el ejercicio de sus funciones. De hecho era un precepto de imposible cumplimiento puesto que, como esta relación era considerada vinculada en la normativa anterior, era imposible encontrar una operación comparable entre entidades independientes.

• Se incluyen como supuestos de vinculación las relaciones entre una entidad residente -casa central- y sus EP. La relación inversa queda regulada por la LINR.

• Nótese que se sustituye el término «sociedad» por «entidad», dándole un ámbito subjetivo más genérico, los supuestos de parentesco se amplían al tercer grado y se especifica que el término administradores comprende los administradores de hecho.

Apartado 3. Obligación de documentación.

"3. Las personas o entidades vinculadas, con objeto de justificar que las operaciones efectuadas se han valorado por su valor de mercado, deberán mantener a disposición de la Administración tributaria, de acuerdo con principios de proporcionalidad y suficiencia, la documentación específica que se establezca reglamentariamente.

Dicha documentación tendrá un contenido simplificado en relación con las personas o entidades vinculadas cuyo importe neto de la cifra de negocios, definido en los términos establecidos en el artículo 101 de esta Ley, sea inferior a 45 millones de euros.

En ningún caso, el contenido simplificado de la documentación resultará de aplicación a las siguientes operaciones:

1.º "Las realizadas por contribuyentes del Impuesto sobre la Renta de las Personas Físicas, en el desarrollo de una actividad económica, a la que resulte de aplicación el método de estimación objetiva con entidades en las que aquellos o sus cónyuges, ascendientes o descendientes, de forma individual o conjuntamente entre todos ellos, tengan un porcentaje igual o superior al 25 % del capital social o de los fondos propios."

2.º "Las operaciones de transmisión de negocios."

3.º "Las operaciones de transmisión de valores o participaciones representativos de la participación en los fondos propios de cualquier tipo de entidades no admitidas a negociación en alguno de los mercados regulados de valores, o que estén admitidos a negociación en mercados regulados situados en países o territorios calificados como paraísos fiscales."

4.º "Las operaciones sobre inmuebles."

5.º "Las operaciones sobre activos intangibles."

La documentación específica no será exigible:

a) "A las operaciones realizadas entre entidades que se integren en un mismo grupo de consolidación fiscal, sin perjuicio de lo previsto en el artículo 65.2 LIS 2014."

b) "A las operaciones realizadas con sus miembros o con otras entidades integrantes del mismo grupo de consolidación fiscal por las agrupaciones de interés económico, de acuerdo con lo previsto en la "Ley 12/1991, de 29 de abril", de Agrupaciones de interés Económico, y las uniones temporales de empresas, reguladas en la "Ley 18/1982, de 26 de mayo", sobre régimen fiscal de agrupaciones y uniones temporales de Empresas y de Sociedades de desarrollo industrial regional, e inscritas en el registro especial del Ministerio de Hacienda y Administraciones Públicas. No obstante, la documentación específica será exigible en el caso de uniones temporales de empresas o fórmulas de colabo-

ración análogas a las uniones temporales, que se acojan al régimen establecido en el artículo 22 la Ley 18/1982, de 26 de mayo."

c) *"Las operaciones realizadas en el ámbito de ofertas públicas de venta o de ofertas públicas de adquisición de valores."*

d) *"A las operaciones realizadas con la misma persona o entidad vinculada, siempre que el importe de la contraprestación del conjunto de operaciones no supere los 250.000 euros, de acuerdo con el valor de mercado."*

• El apartado 3 incorpora la obligación de documentación en un texto sustancialmente más extenso que el contenido en el derogado artículo 16.

• Consagra el principio de claridad y suficiencia así como el de proporcionalidad.

• Mantiene el principio que la documentación ha de "estar a disposición de la Administración" descartando que la documentación haya de entregarse de forma periódica dentro un plazo de tiempo determinado y apuesta por la entrega previa solicitud, ya sea en respuesta a un requerimiento específico o al inicio de una comprobación inspectora.

• No se pronuncia acerca del contenido concreto de esta obligación aunque consagra un régimen simplificado para los grupos con ingresos, salvo excepciones, que no superen 45 millones de €. También regula los supuestos de exención de la obligación de documentación.

Apartado 4. Métodos de valoración.

«4. 1.º Para la determinación del valor normal de mercado se aplicará alguno de los siguientes métodos:

a) *"Método del precio libre comparable, por el que se compara el precio del bien o servicio en una operación entre personas o entidades vinculadas con el precio de un bien o servicio idéntico o de características similares en una operación entre personas o entidades independientes en circunstancias equiparables, efectuando, si fuera preciso, las correcciones necesarias para obtener la equivalencia y considerar las particularidades de la operación."*

b) *"Método del coste incrementado, por el que se añade al valor de adquisición o coste de producción del bien o servicio el margen habitual en operaciones idénticas o similares con personas o entidades independientes o, en su defecto, el margen que personas o entidades independientes aplican a operaciones equiparables, efectuando, si fuera preciso, las correcciones necesarias para obtener la equivalencia y considerar las particularidades de la operación."*

c) *"Método del precio de reventa, por el que se sustrae del precio de venta de un bien o servicio el margen que aplica el propio revendedor en operaciones idénticas o similares con personas o entidades independientes o, en su defecto, el margen que personas o entidades independientes aplican a operaciones equiparables, efectuando, si fuera preciso, las correcciones necesarias para obtener la equivalencia y considerar las particularidades de la operación."*

d) *"Método de la distribución del resultado, por el que se asigna a cada persona o entidad vinculada que realice de forma conjunta una o varias operaciones la parte del resultado común derivado de dicha operación u operaciones, en función de un criterio que refleje adecuadamente las condiciones que habrían suscrito personas o entidades independientes en circunstancias similares."*

e) *"Método del margen neto del conjunto de operaciones, por el que se atribuye a las operaciones realizadas con una persona o entidad vinculada el resultado neto, calculado sobre costes, ventas o la magnitud que resulte más adecuada en función de las características de las operaciones, que el contribuyente o, en su caso, terceros habrían obtenido en operaciones idénticas o similares realizadas entre partes independientes, efectuando, cuando sea preciso, las correcciones necesarias para obtener la equivalencia y considerar las particularidades de las operaciones.»"*

La elección del método de valoración tendrá en cuenta, entre otras circunstancias, la naturaleza de la operación vinculada, la disponibilidad de información fiable y el grado de comparabilidad entre las operaciones vinculadas y no vinculadas.

Cuando no resulte posible aplicar los métodos anteriores, se podrán utilizar otros métodos y técnicas de valoración generalmente aceptados que respeten el principio de libre competencia.

• La redacción de este apartado 4 en relación con el derogado presenta pocas novedades aunque hay dos destacables: la supresión de la jerarquía de métodos y el reconocimiento de la posibilidad de aplicar otros métodos siguiendo las pautas de las últimas modificaciones de las Directrices.

• Por ello, la norma doméstica abraza la doctrina del "mejor método" aunque no exige expresamente que se analicen todos, se descarten los menos adecuados para seleccionar como consecuencia de lo anterior el mejor. Se pide un juicio de valor sobre la base de la naturaleza de la operación, la disponibilidad de la información y el grado de comparabilidad.

• No se ha modificado la definición de los distintos métodos ni tampoco se ha ampliado las pautas sobre cómo utilizarlos adecuadamente por lo que habrá que acudir a las Directrices, mucho más extensas en su redacción, para guiarse tanto sobre la selección como sobre la forma de implementarlos en la práctica. Al igual que en la redacción anterior, hay una cierta inclinación por la prioridad de los denominados «comparables internos» –aquellos que pueden localizarse dentro de la propia actividad del contribuyente– respecto de los externos, siempre que sean los primeros resulten adecuados.

Apartado 5. Servicios intragrupo.

«5. En el supuesto de prestaciones de servicios entre personas o entidades vinculadas, valorados de acuerdo con lo establecido en el apartado 4, se requerirá que los servicios prestados produzcan o puedan producir una ventaja o utilidad a su destinatario.

Cuando se trate de servicios prestados conjuntamente en favor de varias personas o entidades vinculadas, y siempre que no fuera posible la individualización del servicio recibido o la cuantificación de los elementos determinantes de su remuneración, será posible distribuir la contraprestación total entre las personas o entidades beneficiarias de acuerdo con unas reglas de reparto que atiendan a criterios de racionalidad. Se entenderá cumplido este criterio cuando el método aplicado tenga en cuenta, además de la naturaleza del servicio y las circunstancias en que éste se preste, los beneficios obtenidos o susceptibles de ser obtenidos por las personas o entidades».

• Este apartado recoge las especificidades de una tipología de operación –los servicios que se prestan entre sí entidades vinculadas– que precisamente, dado lo inmaterial de la prestación, y en ocasiones la propia dificultad probatoria, justifican, al igual que acontece en las Directrices, una regulación complementaria específica.

• La nueva redacción, opta por un texto más aséptico que el anterior en la que se empezaba el apartado con la expresión "la deducción de los gastos en tema de servicios…" aunque de su contenido se deduce claramente que el foco que se trata de cubrir es precisamente las condiciones que han de darse para que una prestación de servicios tenga la consideración de gasto deducible.

• El ámbito objetivo de este apartado, abarca cualquier tipo de servicio intragrupo y no sólo los servicios de apoyo a la gestión, no se exige el requisito de contrato escrito y se evita la utilización del término «coste».

• Siguiendo criterios consolidados en las Directrices, se destacan dos requisitos que condicionan la deducibilidad de los servicios: la efectividad y su utilidad. El término «utilidad» no ha de interpretarse en un sentido de resultado sino entenderse en un sentido amplio, equivalente a ser susceptible de generar una utilidad a quien lo recibe y en definitiva paga una prestación por el mismo. Es el denominado "test del beneficio" al que nos hemos referido al analizar las Directrices y respecto del que se puede esperar un procedimiento simplificado aplicable a los servicios de escaso valor en un futuro próximo.

• En relación con la valoración de los servicios, se prevé, siempre con el respeto al principio de libre competencia, la utilización de cualquiera de los métodos del apartado 4 y, a nuestro entender, también mantiene el criterio del coste siempre que, en atención a las circunstancias del caso sea la forma más apropiada de valorar los servicios recibidos.

• Se permite, junto con los criterios de imputación directa del cargo por el servicio recibido, que se considera preferente siempre que sea posible, un criterio de imputación de cargos indirecto cuando el servicio se preste conjuntamente a varias personas y no sea posible su individualización. El condicionante de utilizar un criterio de racionalidad –en muchas ocasiones no coincidente con el criterio de mayor simplicidad– es totalmente acorde con lo dispuesto en las Directrices.

• Finalmente, ante la ausencia de pautas más allá de lo apuntado, las Directrices constituyen normas interpretativas de obligada referencia.

Apartado 6. Criterio de valoración para actividades profesionales.

A los efectos de lo previsto en el apartado 4 anterior, el contribuyente podrá considerar que el valor convenido coincide con el valor de mercado en el caso de una prestación de servicios por un socio profesional, persona física, a una entidad vinculada y se cumplan los siguientes requisitos:

a) "Que más del 75 % de los ingresos de la entidad procedan del ejercicio de actividades profesionales y cuente con los medios materiales y humanos adecuados para el desarrollo de la actividad."

b) "Que la cuantía de las retribuciones correspondientes a la totalidad de los socios-profesionales por la prestación de servicios a la entidad no sea inferior al 75 % del resultado previo a la deducción de las retribuciones correspondientes a la totalidad de los socios-profesionales por la prestación de sus servicios."

c) "Que la cuantía de las retribuciones correspondientes a cada uno de los socios-profesionales cumplan los siguientes requisitos: "

1.º "Se determine en función de la contribución efectuada por estos a la buena marcha de la entidad, siendo necesario que consten por escrito los criterios cualitativos y/o cuantitativos aplicables."

2.º "No sea inferior a 1,5 veces el salario medio de los asalariados de la entidad que cumplan funciones análogas a las de los socios profesionales de la entidad. En ausencia de estos últimos, la cuantía de las citadas retribuciones no podrá ser inferior a 5 veces el Indicador Público de Renta de Efectos Múltiples."

El incumplimiento del requisito establecido en este número 2.º en relación con alguno de los socios-profesionales, no impedirá la aplicación de lo previsto en este apartado a los restantes socios-profesionales.

• Esta disposición no es novedosa aunque en la normativa anterior se había introducido via reglamentaria y el legislador ha optado por elevar su rango normativo con este nuevo párrafo 6.

• No es una norma de valoración distinta a las recogidas en el apartado 4 sino que es una norma de simplificación o protección de carácter voluntario.

• Aplica sólo a personas físicas en su relación con entidades vinculadas respecto de la prestación de servicios que aquellas puedan prestar a éstas por lo que su campo de aplicación natural serán operaciones internas socio/sociedad.

• La simplificación es clara puesto que se elimina, si se opta por esta valoración, de cualquier carga vinculada con la valoración de estas transacciones.

• Se exige como requisito de aplicabilidad el que la entidad tenga medios humanos y materiales para llevar a cabo su actividad por lo que, a nuestro entender, no cabe ampararse en este artículo para suplir las deficiencias de sustancia en la entidad que recibe estos servicios.

Apartado 7. Acuerdos de reparto de costes.

«7. En el supuesto de acuerdos de reparto de costes de bienes o servicios suscritos entre personas o entidades vinculadas, deberán cumplirse los siguientes requisitos:

a) *"Las personas o entidades participantes que suscriban el acuerdo deberán acceder a la propiedad u otro derecho que tenga similares consecuencias económicas sobre los activos o derechos que en su caso sean objeto de adquisición, producción o desarrollo como resultado del acuerdo."*

b) *"La aportación de cada persona o entidad participante deberá tener en cuenta la previsión de utilidades o ventajas que cada uno de ellos espere obtener del acuerdo en atención a criterios de racionalidad."*

c) *"El acuerdo deberá contemplar la variación de sus circunstancias o personas o entidades participantes, estableciendo los pagos compensatorios y ajustes que se estimen necesarios."*

El acuerdo suscrito entre personas o entidades vinculadas deberá cumplir los requisitos que reglamentariamente se fijen».

• La regulación de los acuerdos de reparto de costes apenas introduce modificación alguna digna de mención respecto de la regulación anterior.

• El ámbito objetivo del apartado acoge no sólo a los acuerdos de I+D sino a cualquier acuerdo de reparto de costes con independencia de cuál sea su objeto, pudiendo consistir en la adquisición conjunta de un bien, obtención de un servicio o, en definitiva, o realización conjunta de cualquier actividad que aproveche al partícipe.

• Tampoco en este tipo de acuerdos se limita de antemano la valoración al coste, aunque ello no significa que en cualquier circunstancia quepa la aplicación de cualquier método. Como en otras operaciones, habrá que estar a lo que entidades independientes habrían acordado en circunstancias similares.

• La descripción de los requisitos para admitir la deducibilidad de los cargos derivados de este tipo de acuerdos figuran con una redacción muy estricta, incorporando términos no excesivamente habituales en nuestro derecho pero que están en la línea de las disposiciones de las Directrices a cuyo tenor han de interpretarse dichos requisitos. En este sentido, la referencia a «acceso a la propiedad u otro derecho que tenga similares consecuencias económicas.....» ha de entenderse en el sentido de que el partícipe es un verdadero copropietario del resultado del proyecto por lo que, sin necesidad de exigir –si procediera– el registro del bien adquirido o desarrollado, el acuerdo ha de garantizarle el libre acceso a su disfrute, utilización o beneficios económicos.

El grado de participación económica en los costes del proyecto ha de estar en consonancia con la previsión de utilidades o ventajas relativas que vaya a obtener cada partícipe, debiendo cuidar este extremo en los acuerdos que vayan a suscribir. De igual modo, dado que dicho acuerdo formaliza proyectos normalmente de futuro, ha de tener en cuenta y prever la modificación de circunstancias que puedan acontecer, estableciendo la metodología adecuada para restablecer el equilibrio roto por las nuevas circunstancias.

• El reglamento (artículo 18) completa los requisitos que ha de contener el acuerdo. Así, deberán incluir la identificación de las demás entidades participantes, el ámbito de las actividades y proyectos específicos cubiertos por los acuerdos, su duración, criterios para cuantificar el reparto de los beneficios esperados entre los partícipes, la forma de cálculo de sus respectivas aportaciones, especificación de las tareas y responsabilidades de los partícipes, consecuencias de la adhesión o retirada de los partícipes así como cualquier otra disposición que prevea adaptar los términos del acuerdo para reflejar una modificación de las circunstancias económicas.

Apartado 8. Consideración específica para establecimientos permanentes.

«8. En el caso de contribuyentes que posean un establecimiento permanente en el extranjero, en aquellos supuestos en que así esté establecido en un convenio para evitar la doble imposición internacional que les resulte de aplicación, se incluirán en la base imponible de aquellos las rentas estimadas por operaciones internas realizadas con el establecimiento permanente, valoradas por su valor de mercado».

• Este es un precepto totalmente nuevo que no parece encajar totalmente con el resto del articulado pues, en nuestra opinión, su ubicación natural sería la normativa de no residentes y en concreto el artículo referido a la determinación de la base imponible.

• Esta inconsistencia, por otra parte sin consecuencias prácticas, es extraña si se pone en contexto con la eliminación en el apartado 2 de uno de los supuestos de vinculación, el supuesto de las relaciones entre un EP y su casa central, reubicándolo en la normativa de no residentes, lo cual es técnicamente más correcto.

• Con independencia de lo anterior, este nuevo párrafo vienen a cubrir un déficit largo entre el informe de atribución de beneficios a los EP de la OCDE de julio de 2010, en concreto el conocido como "criterio autorizado de la OCDE" y la forma de determinación de la base imponible retal como se recoge en los artículos 15 y 16 de la TRLIRNR por lo que esta modificación está íntimamente ligada a estos dos preceptos.

• Consagra la inclusión, tanto por la vía del ingreso como por la vía del gasto, de rentas estimadas, es decir no reales, entre el EP y la Casa central que puedan derivarse de una correcta aplicación del criterio autorizado que recoge el informe de atribución de beneficios al EP que acoge el principio de empresa separada.

• A la vez, no obstante, subordina la inclusión de rentas estimadas a que el Convenio que resulte de aplicación haya incorporado expresamente el criterio autorizado, excluyéndolo en los demás casos.

Apartado 9. Acuerdos previos de valoración.

«9. Los contribuyentes podrán solicitar a la Administración tributaria que determine la valoración de las operaciones efectuadas entre personas o entidades vinculadas con carácter previo a la realización de éstas. Dicha solicitud se acompañará de una propuesta que se fundamentará en el principio de libre competencia.

La Administración tributaria podrá formalizar acuerdos con otras Administraciones a los efectos de determinar conjuntamente el valor de mercado de las operaciones.

El acuerdo de valoración surtirá efectos respecto de las operaciones realizadas con posterioridad a la fecha en que se apruebe, y tendrá validez durante los períodos impositivos que se concreten en el propio acuerdo, sin que pueda exceder de los 4 períodos impositivos siguientes al de la fecha en que se apruebe. Asimismo, podrá determinarse que sus efectos alcancen a las operaciones de períodos impositivos anteriores siempre que no hubiese prescrito el derecho de la Administración a determinar la deuda tributaria mediante la oportuna liquidación ni hubiese liquidación firme que recaiga sobre las operaciones objeto de solicitud.

En el supuesto de variación significativa de las circunstancias económicas existentes en el momento de la aprobación del acuerdo de la Administración tributaria, éste podrá ser modificado para adecuarlo a las nuevas circunstancias económicas.

Las propuestas a que se refiere este apartado podrán entenderse desestimadas una vez transcurrido el plazo de resolución.

Reglamentariamente se fijará el procedimiento para la resolución de los acuerdos de valoración de operaciones vinculadas, así como el de sus posibles prórrogas».

• La Ley 43/1995, de 27 de diciembre, gozó de reconocimiento merecido por haber introducido por primera vez en el ordenamiento jurídico-tributario español los acuerdos previos de valoración cuya regulación ha sido muy consistente desde su introducción. La Ley 36/2006, de 29 de noviembre, amplió su regulación incorporando respuestas a problemas que se habían ido detectando y flexibilizó algunos aspectos que suponían trabas en el procedimiento.

• La regulación actual introduce una única novedad que puede resultar de gran utilidad: el carácter retroactivo del acuerdo. Con esta modificación no sólo se consagra un punto que *de facto* se había admitido y no era polémico –los acuerdos pueden versar sobre transacciones presentes e incluso pasadas aunque sólo desplegaban efectos en el futuro– sino que ahora se admite la retroactividad de este acuerdo a ejercicios anteriores abiertos siempre que no estén en un procedimiento de comprobación tributaria, siguiendo las tendencias más avanzadas y flexibles que se aprecian en derecho comparado.

• En relación con el resto del contenido del precepto, las características principales de la actual regulación no varían respecto de la anterior y pueden sintetizarse en los siguientes puntos:

- Los APAs se fundamentan en el principio de libre competencia y en consecuencia tendrán como objetivo fijar los criterios adecuados para determinar el valor normal de mercado.

- Los APAs pueden tener ámbito interno o internacional en función de la residencia de las entidades que lo soliciten y pueden tener carácter unilateral, bilateral o multilateral.

- La eficacia temporal de las APAs alcanzan a las operaciones del período impositivo en que se alcance el acuerdo y hasta cuatro períodos impositivos más (cinco en total), además de la retroactividad a todos los ejercicios abiertos en los términos que se han apuntado. Recuérdese, no obstante, que la ley regula la eficacia en términos de máximo por lo que en el curso de las negociaciones ésta se podrá ver reducida tanto por lo que se refiere a la extensión a ejercicios futuros como en relación a la retroactividad.

- Los APAs pueden tener por objeto cualquier operación amparada dentro de la órbita del artículo 18, sin necesidad de especificación alguna. Así como un acuerdo sobre la valoración de los gastos de dirección y generales de administración que sean deducibles para determinar la base imponible de los EP, en conformidad con el artículo 15.2 del TRLIRNR.

- Aunque el texto legal no lo especifica, la regulación de los APAs en nuestra legislación se ha caracterizado por su absoluta confidencialidad y ello viene confirmado por el texto reglamentario. Ello significa que toda la información específica que es conocida por medio de este procedimiento y que no se hubiera conocido a no ser por la tramitación del mismo no puede ser utilizada para otra finalidad. Además exige de los funcionarios que intervienen en el procedimiento respetar el más estricto deber de sigilo y secreto riguroso, incluso internamente. Esta separación tan estricta entre el APA y otros procedimientos administrativos no es necesariamente práctica habitual en otras legislaciones.

• El Real Decreto 634/2015, de 10 de julio, desarrolla el procedimiento de los APAs y es de aplicación a las solicitudes presentadas a partir de su entrada en vigor, es decir el 12 de julio de 2015.

Apartado 10. Ámbito subjetivo de aplicación y ajuste bilateral.

«La Administración tributaria podrá comprobar las operaciones realizadas entre personas o entidades vinculadas y efectuará, en su caso, las correcciones que procedan en los términos que se hubieran acordado entre partes independientes de acuerdo con el principio de libre competencia, respecto de las operaciones sujetas a este Impuesto, al Impuesto sobre la Renta de las Personas Físicas o al Impuesto sobre la Renta de no Residentes, con la documentación aportada por el contribuyente y los datos e información de que disponga. La Administración tributaria quedará vinculada por dicha corrección en relación con el resto de personas o entidades vinculadas.

La corrección practicada no determinará la tributación por este Impuesto ni, en su caso, por el Impuesto sobre la Renta de las Personas Físicas o por el Impuesto sobre la Renta de no Residentes de una renta superior a la efectivamente derivada de la operación para el conjunto de las personas o entidades que la hubieran realizado. Para efectuar la comparación se tendrá en cuenta aquella parte de la renta que no se integre en la base imponible por resultar de aplicación algún método de estimación objetiva».

• Este apartado es básicamente una reproducción del texto contenido en el apartado 1 del texto anterior que se reubica en el actual al apartado 10 aunque se ha sustituido el término "valoración" por el término "corrección" mucho más omnicomprensivo que comprende a la vez ajustes estrictamente valorativos así como ajustes basados en la recaracterización o el no reconocimiento. Esta modificación sin duda mejora la técnica legislativa. Contiene además dos aspectos adicionales a destacar: el ámbito objetivo de aplicación y la obligación del ajuste bilateral en operaciones interiores (en operaciones internacionales, esta obligación se deriva directamente del convenio) además de otros temas menores.

• El ámbito de aplicación de este precepto, al igual que acontecía con la regulación anterior, se extiende a los sujetos del Impuesto sobre Sociedades y también a los sujetos del IRPF o a sujetos del IRNR, tanto si son EP como si son sujetos no residentes que actúan sin EP. Respecto de la determinación de beneficios de los EP, hay discrepancias no salvadas incluso con la modificación del nuevo apartado 6 entre la aplicación estricta de las disposiciones del artículo 16 y las del IRNR (artículo 18 del TRLIRNR). En base al principio aplicación preferente de la norma más específica sobre la más genérica, se entiende que será preferente la determinación de la base imponible de acuerdo con el artículo 18 del TRLIRNR aunque con un CDI en aplicación, dicha redacción y, en especial la mención a la no deducibilidad de ciertos gastos, puede chocar con los Informes de la OCDE sobre atribución de beneficios a los EP, que constituyen la norma interpretativa de la actual redacción del artículo 7 del ModCDI.

• La mención a la forma de efectuar la comprobación incluyendo la posibilidad de utilizar, además de la documentación entregada por el contribuyente, la «información de que disponga» la Administración no ha de interpretarse en el sentido de que la norma ampare la utilización de los comparables secretos. Significa, a nuestro entender, tan sólo que la Administración no tiene que limitarse a los datos que le aporte el contribuyente y puede utilizar otros datos, pero como en cualquier otra actuación, las garantías del contribuyente y, en especial, la no indefensión deberá respetarse.

• Se consagra el principio de bilateralidad: El legislador ha querido dejar claro que, en el ámbito en que se extiende su jurisdicción, el ajuste ha de tener carácter bilateral. Así lo expresa en referencia a que «la valoración administrativa … no determinará una renta superior para el conjunto de la operación».

Apartado 11. El ajuste secundario.

«11. En aquellas operaciones en las que se determine que el valor convenido es distinto del valor de mercado, la diferencia entre ambos valores tendrá, para las personas o entidades vinculadas, el tratamiento fiscal que corresponda a la naturaleza de las rentas puestas de manifiesto como consecuencia de la existencia de dicha diferencia.

En particular, en los supuestos en los que la vinculación se defina en función de la relación socios o partícipes-entidad, la diferencia tendrá, con carácter general, el siguiente tratamiento:

a) "Cuando la diferencia fuese a favor del socio o partícipe, la parte de la misma que se corresponda con el porcentaje de participación en la entidad se considerará como retribución de fondos propios para la entidad y como participación en beneficios para el socio. La parte de la diferencia que no se corresponda con aquel porcentaje, tendrá para la entidad la consideración de retribución de fondos propios y para el socio o partícipe de utilidad percibida de una entidad por la condición de socio, accionista, asociado o partícipe de acuerdo con lo previsto en el "artículo 25.1.d) de la Ley 35/2006, de 28 de noviembre, del Impuesto sobre la Renta de las Personas Físicas y de modificación parcial de las leyes de los Impuestos sobre Sociedades, sobre la Renta de no Residentes y sobre el Patrimonio"."

b) "Cuando la diferencia fuese a favor de la entidad, la parte de la diferencia que se corresponda con el porcentaje de participación en la misma tendrá la consideración de aportación del socio o partícipe a los fondos propios de la entidad, y aumentará el valor de adquisición de la participación del socio o partícipe. La parte de la diferencia que no se corresponda con el porcentaje de participación en la entidad, tendrá la consideración de renta para la entidad, y de liberalidad para el socio o partícipe. Cuando se trate de contribuyentes del Impuesto sobre la Renta de no Residentes sin establecimiento permanente, la renta se considerará como ganancia patrimonial de acuerdo con lo previsto en el "artículo 13.1.i).4.º del Real Decreto Legislativo 5/2004, de 5 de marzo, texto refundido de la Ley del Impuesto sobre la Renta de no Residentes"."

No se aplicará lo dispuesto en este apartado cuando se proceda a la restitución patrimonial entre las personas o entidades vinculadas en los términos que reglamentariamente se establezcan. Esta restitución no determinará la existencia de renta en las partes afectadas».

• Se denomina ajuste secundario a la calificación que puede hacerse al incremento de base que se deriva de un ajuste primario y que puede, en su caso, tener repercusión en otros impuestos, como en este caso el IRNR o, en el hipotético caso de aplicarlo a operaciones internas, al IS o IRPF.

• El ajuste secundario se introdujo ya en la normativa anterior con un texto menos extenso que se desarrolló posteriormente a nivel reglamentario. El Tribunal Supremo en una Sentencia de 27 de mayo de 2014 declaró nulos de pleno derecho tres apartados de los artículos 21 y 21 bis del Real Decreto 1777/2004, de 30 de julio ("RIS"), por entender que existe una extralimitación del Reglamento respecto de su habilitación legal. El texto actual viene a salvar este defecto.

La gran novedad de la regulación actual es, sin embargo, la válvula de escape que introduce para evitar todo ajuste secundario y que sólo cabe aplaudir." *"No se aplicará lo dispuesto en este apartado cuando se proceda a la restitución patrimonial entre las personas o entidades vinculadas en los términos que reglamentariamente se establezcan. Esta restitución no determinará la existencia de renta en las partes afectadas.*

Es decir, si las partes afectadas optan por una restitución patrimonial, se elimina el efecto secundario. Este precepto sin duda va a generar dudas en cuanto a su aplicación pero de todas formas representa un avance muy sustantivo respecto de la regulación anterior donde los casos de ajuste secundario, sobretodo en operaciones internas socio persona física/ sociedad, había generado situaciones de clara sobreimposición.

El RIS, en su artículo 20, exige para evitar el ajuste secundario que el contribuyente justifique esta restitución antes de la liquidación. En nuestra opinión, esta restitución no ha de tener más efectos que éste, en particular entendemos que esta restitución no implica la aceptación por parte del contribuyente del ajuste primario.

Apartado 12. Procedimiento de comprobación.

«9. Reglamentariamente se regulará la comprobación de las operaciones vinculadas, con arreglo a las siguientes normas:

1.º "La comprobación de las operaciones vinculadas se llevará a cabo en el seno del procedimiento iniciado respecto del obligado tributario cuya situación tributaria sea objeto de comprobación. Sin perjuicio de lo dispuesto en el siguiente párrafo, estas actuaciones se entenderán exclusivamente con dicho obligado tributario."

2.º "Si contra la liquidación provisional practicada a dicho obligado tributario como consecuencia de la comprobación, éste interpusiera el correspondiente recurso o reclamación, se notificará dicha circunstancia a las demás personas o entidades vinculadas afectadas, al objeto de que puedan personarse en el correspondiente procedimiento y presentar las oportunas alegaciones."

Transcurridos los plazos oportunos sin que el obligado tributario haya interpuesto recurso o reclamación, se notificará la liquidación practicada a las demás personas o entidades vinculadas afectadas, para que aquellos que lo deseen puedan optar de forma conjunta por interponer el oportuno recurso o reclamación. La interposición de recurso o reclamación interrumpirá el plazo de prescripción del derecho de la Administración tributaria a efectuar las oportunas liquidaciones al obligado tributario y a las demás personas o entidades afectadas, a quienes se comunicará dicha interrupción, iniciándose de nuevo el cómputo de dicho plazo cuando la liquidación practicada por la Administración haya adquirido firmeza.

3.º "La firmeza de la liquidación determinará su eficacia y firmeza frente a las demás personas o entidades vinculadas. La Administración tributaria efectuará las regularizaciones que correspondan, salvo que dichas regularizaciones se hayan efectuado por la propia persona o entidad vinculada afectada, en los términos que reglamentariamente se establezcan."

4.º *"Lo dispuesto en este apartado será aplicable respecto de las personas o entidades vinculadas afectadas por la corrección que sean contribuyentes del Impuesto sobre Sociedades, del Impuesto sobre la Renta de las Personas Físicas o del Impuesto sobre la Renta de no Residentes."*

5.º *"Lo dispuesto en este apartado se entenderá sin perjuicio de lo previsto en los tratados y convenios internacionales que hayan pasado a formar parte del ordenamiento interno."*

6.º *"Cuando en el seno de la comprobación a que se refiere este apartado se efectuase la comprobación del valor de la operación, no resultará de aplicación lo dispuesto en el artículo 57.2 y artículo 135 de la Ley 58/2003, de 17 de diciembre, General Tributaria»."*

- La regulación del procedimiento de comprobación pretende, a nuestro juicio, asegurar el principio de neutralidad, aunar la eficacia temporal de la nueva valoración para todas las partes implicadas y acumular los procedimientos de revisión que, en su caso, se deriven de la corrección de valor determinada en el curso de una comprobación, amén de diferir la presencia de cualquier parte afectada por la valoración a un momento posterior a la liquidación provisional.

- Dicho procedimiento responde propiamente a la actividad que ha de desplegarse cuando las dos partes afectadas quedan bajo la jurisdicción de la Administración española por alguno de los impuestos a que se refiere el punto 4. Si respecto una de las partes, la Administración española carece de jurisdicción y para eliminar la doble imposición procede instar el procedimiento amistoso o el Convenio de Arbitraje, la eliminación de la doble imposición, tal como prevé el apartado 5, se regirá por las normas aplicables a estos procedimientos (ver parte I apartado V.2 y parte II apartado X).

Apartado 13. Régimen sancionador

«13. *Constituye infracción tributaria la falta de aportación o la aportación de forma incompleta, o con datos falsos, de la documentación que, conforme a lo previsto en el apartado 3 de este artículo y en su normativa de desarrollo, deban mantener a disposición de la Administración tributaria las personas o entidades vinculadas, cuando la Administración tributaria no realice correcciones en aplicación de lo dispuesto en este artículo.*

Esta infracción tendrá la consideración de infracción grave y se sancionará de acuerdo con las siguientes normas:

a) *"La sanción consistirá en multa pecuniaria fija de 1.000 euros por cada dato y 10.000 euros por conjunto de datos, omitido, o falso, referidos a cada una de las obligaciones de documentación que se establezcan reglamentariamente para el grupo o para cada persona o entidad en su condición de contribuyente."*

b) *"La sanción prevista en la letra anterior tendrá como límite máximo la menor de las dos cuantías siguientes:"*

– *"El 10 % del importe conjunto de las operaciones sujetas a este Impuesto, al Impuesto sobre la Renta de las Personas Físicas o al Impuesto sobre la Renta de no Residentes realizadas en el período impositivo."*

– *"El 1 % del importe neto de la cifra de negocios."*

2. *Constituyen infracción tributaria los siguientes supuestos, siempre que conlleven la realización de correcciones por la Administración tributaria, en aplicación de lo dispuesto en este artículo respecto de las operaciones sujetas a este Impuesto, al Impuesto sobre la Renta de las Personas Físicas o al Impuesto sobre la Renta de no Residentes:*

(i) *"la falta de aportación o la aportación de documentación incompleta, o con datos falsos de la documentación que, conforme a lo previsto en el apartado 3 de este artículo y en su normativa de desarrollo, deban mantener a disposición de la Administración tributaria las personas o entidades vinculadas."*

(ii) *"que el valor de mercado que se derive de la documentación prevista en este artículo y en su normativa de desarrollo no sea el declarado en el Impuesto sobre Sociedades, el Impuesto sobre la Renta de las Personas Físicas o el Impuesto sobre la Renta de no Residentes."*

"Estas infracciones tendrán la consideración de infracción grave y se sancionarán con multa pecuniaria proporcional del 15 % sobre el importe de las cantidades que resulten de las correcciones que correspondan a cada operación. Esta sanción será incompatible con la que proceda, en su caso, por la aplicación de los artículos 191, 192, 193 y 195 de la Ley General Tributaria 2003, por la parte de bases que hubiesen dado lugar a la imposición de la infracción prevista en este número 2.°"

"3.° Las correcciones realizadas por la Administración tributaria en aplicación de lo dispuesto en este artículo respecto de operaciones sujetas a este Impuesto, al Impuesto sobre la Renta de las Personas Físicas o al Impuesto sobre la Renta de no Residentes, que determinen falta de ingreso, obtención indebida de devoluciones tributarias o determinación o acreditación improcedente de partidas a compensar en declaraciones futuras o se declare incorrectamente la renta neta sin que produzca falta de ingreso u obtención de devoluciones por haberse compensado en un procedimiento de comprobación o investigación cantidades pendientes de compensación, habiéndose cumplido la obligación de documentación específica a que se refiere el apartado 3 de este artículo, no constituirá la comisión de las infracciones de los artículos 191, 192, 193 o 195 de la Ley 58/2003, de 17 de diciembre, General Tributaria, por la parte de bases que hubiesen dado lugar a la referidas correcciones."

"4.° Las sanciones previstas en este apartado serán compatibles con la establecida para la resistencia, obstrucción, excusa o negativa a las actuaciones de la Administración tributaria en el "artículo 203 de la Ley General Tributaria", por la desatención de los requerimientos realizados."

"Respecto de las sanciones impuestas conforme a lo dispuesto en este artículo resultará de aplicación lo establecido en los apartados 1.b) y 3 del "artículo 188 de la Ley General Tributaria"»."

ESQUEMA DEL RÉGIMEN INFRACTOR ESPECÍFICO DE OPERACIONES VINCULADAS

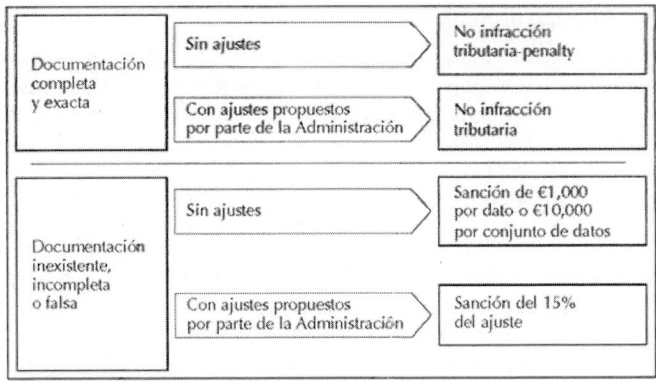

• La regulación de las infracciones específicas en materia de operaciones vinculadas no presenta unos perfiles sustancialmente distintos a los de la regulación anterior aunque sí hay detalles merecedores de ser destacados.

• Los tipos infractores así como las correspondientes sanciones van directamente concatenados únicamente a la obligación de documentación, Son tipos infractores la falta de documentación, documentación incompleta o falsa. El análisis y enjuiciamiento para apreciar la existencia del tipo infractor, en especial en relación con la documentación incompleta, ha de realizarse desde una óptica claramente cualitativa y sustancial entendiendo, como principio general, que la documentación exime de sanciones cuando refleje adecuadamente el proceso que ha seguido el contribuyente para valorar sus operaciones respetando el principio de libre competencia. En nuestra opinión, el esfuerzo razonable que se exige para que no se produzca el tipo infractor ha de ser un esfuerzo real y no sólo una apariencia de esfuerzo y ha de comprender la documentación base y el análisis para determinar un valor que respete el principio de libre competencia, no siendo suficiente que se limite esta obligación a aspectos puramente formales.

• La primera consecuencia, por ello, es que una documentación completa y adecuada libera al contribuyente de cualquier infracción derivada del ámbito del artículo 18. Nótese que en estos casos, no se producirá ni la comisión de la infracción específica ni la general de los artículos 191, 192, 193 o 195 de la LGT 2003. Esta concatenación del régimen infractor específico y excluyente del general genera una cuestión adicional: ¿cuál debería ser el régimen que aplicaría a los sujetos que están exentos de la obligación de documentación? Es evidente que no le puede aplicar este régimen infractor porque no están obligados a documentar pero tampoco le protege del régimen general de infracciones tributarias de la LGT. Por ello, y a pesar de las consecuencias imprevisibles de este juego de relaciones entre las diversas normas que regulan las infracciones tributarias, ante un mismo ajuste primario los sujetos que están exentos de la obligación de documentación estarán penalizados respecto de los obligados a documentar si cumplen con esta obligación.

• Los tipos infractores de todas formas se dibujan siguiendo el esquema que se recogía en la regulación precedente: una sanción fija por dato o conjunto de datos cuando no hay ajuste. Los importes, no obstante, se han reducido sustancialmente pues de 1.500 € por dato se ha pasado a 1.000 € y de 15.000 € por conjunto de datos, ahora se prevé 10.000 €. En este caso, se mantiene un límite máximo con independencia de los datos o conjunto de datos omitidos que opera sobre la base de la magnitud de las entidades infractoras, con la aspiración a evitar una posible falta de proporcionalidad que pudiera darse en pequeñas o medianas empresas.

• Si hay ajuste, se mantiene al igual que en la regulación anterior, una sanción proporcional al importe del ajuste del 15 %.

• En ambos casos, se mantiene la naturaleza de infracción grave con el impacto que puede tener en relación al acceso al convenio de arbitraje y se mantiene la compatibilidad con las sanciones específicas por resistencia u obstrucción a las actuaciones inspectoras.

Apartado 14. Principio de estanqueidad

«14. El valor de mercado a efectos de este Impuesto, del Impuesto sobre la Renta de las Personas Físicas o del Impuesto sobre la Renta de no Residentes, no producirá efectos respecto a otros impuestos, salvo disposición expresa en contrario. Asimismo, el valor a efectos de otros impuestos no producirá efectos respecto del valor de mercado de las operaciones entre personas o entidades vinculadas de este impuesto, del Impuesto sobre la Renta de las Personas Físicas o del Impuesto sobre la Renta de no Residentes, salvo disposición expresa en contrario>».

• Este es un nuevo apartado que resuelve una vieja polémica sobre la que también han tenido ocasión de pronunciarse los Tribunales. La discusión se centra en optar, ante actuaciones de la Administración en relación con impuestos distintos que toman como principio de valoración "el valor de mercado", si debe primar el principio de que la revisión por parte una Administración respecto de un impuesto afecta a otros impuestos sobre la base de la teoría de los actos propios o si por el contrario, la regulación del artículo 18 sólo extiende sus efectos a los impuestos directos, tal como se prevé en este mismo artículo.

• El Tribunal Supremo, en varias sentencias, se había inclinado claramente por la teoría de los actos propios lo cual había supuesto la revocación de ajustes en este ámbito al haber actuaciones previas sobre todo en el ámbito de los impuestos sobre Aduanas.

• Este nuevo apartado viene a salvar esta circunstancia, inclinándose claramente por el principio de estanqueidad, es decir, se admiten expresamente que haya varios valores de mercado. Sin pronunciarnos directamente sobre esta opción, sí será curioso ver si se mantiene en el futuro la postura muy inflexible, en nuestra opinión, de considerar que el valor contable de mercado ha de ser siempre el valor fiscal a los efectos que nos ocupan a pesar de las dificultades en ocasiones de seguir este criterio tanto desde la óptica de los estados financieros como desde la óptica fiscal.

9.2. Breve Análisis del Desarrollo Reglamentario

El Real Decreto 563/2015 desarrolla algunos puntos de los apuntados. Los aspectos más relevantes que han desarrollado este y los anteriores textos reglamentarios son:

- Incorporación en las normas reglamentarias del «análisis de comparabilidad».

El artículo 16 del Real Decreto 1793/2008, de 3 de noviembre, recogió por primera vez una síntesis del capítulo I de las Directrices e incorporó pautas sobre cómo llevar a cabo el Real Decreto 634/2015, de 10 de julio. El actual artículo 17 del Real Decreto 634/2015, de 10 de julio, lo actualiza. Sin embargo, al no haber concluido los trabajos BEPS cuando se estaba elaborando el Reglamento, hay que reconocer que la descripción del análisis de comparabilidad se acerca más a la versión anterior de las Directrices que al capítulo revisado a raíz de los trabajos BEPS. Enumera los cinco factores de comparabilidad que describen las Directrices con leves matices en los siguientes términos:

A los efectos de determinar el valor de mercado se compararán las circunstancias de las operaciones vinculadas con las circunstancias de operaciones entre personas o entidades independientes que pudieran ser equiparables y se deberán tener en cuenta las relaciones entre las entidades vinculadas y las condiciones de las operaciones a comparar atendiendo a su respectiva naturaleza y a la conducta de las partes.

Para determinar si dos o más operaciones son equiparables se tendrán en cuenta, en la medida en que sean relevantes y que el contribuyente haya podido disponer razonablemente de información sobre ellas, las siguientes circunstancias:

a) Las características específicas de los bienes o servicios objeto de las operaciones vinculadas.

b) Las funciones asumidas por las partes en relación con las operaciones objeto de análisis, identificando los riesgos asumidos y ponderando, en su caso, los activos utilizados.

c) Los términos contractuales de los que, en su caso, se deriven las operaciones teniendo en cuenta las responsabilidades, riesgos y beneficios asumidos por cada parte contratante.

d) Las circunstancias económicas que puedan afectar a las operaciones vinculadas, en particular, las características de los mercados en los que se entregan los bienes o se prestan los servicios.

e) Las estrategias empresariales.

Asimismo, deberá tenerse en cuenta cualquier otra circunstancia que sea relevante y sobre la que el contribuyente haya podido disponer razonablemente de información, como entre otras, la existencia de pérdidas, la incidencia de las decisiones de los poderes públicos, la existencia de ahorros de localización, de grupos integrados de trabajadores o de sinergias. En todo caso deberán indicarse los elementos de comparación internos o externos que deban tenerse en consideración.

Se prevé la agregación de transacciones cuando las operaciones se encuentren estrechamente ligadas entre sí, hayan sido realizadas de forma continua.

Específica, por otra parte, que la elección del método de valoración viene determinada precisamente por los resultados del análisis de comparabilidad y la información disponible en cada caso, en un intento loable de ligar el análisis de comparabilidad con la elección de la metodología.

Y como novedad se apunta a que cuando, a pesar de no existir datos suficientes, se haya podido determinar un rango de valores que cumpla razonablemente el principio de libre competencia, se podrán utilizar medidas estadísticas para minimizar el riesgo de error provocado por defectos en la comparabilidad.

Asimismo permite, con límites muy similares a los contenidos en las Directrices, la agrupación de transacciones.

- Obligación de información y de documentación.

El nuevo RIS incorpora muy fielmente las recomendaciones de la acción 13 de BEPS sobre suministro de información y obligación de documentación que entrará en vigor para los ejercicios que se inicien a 1 de enero de 2016 por lo que para el ejercicio fiscal 2015 aplica el contenido de la obligación según redacción dada por el RD 1793/2008. Como se apuntaba en su momento, el nuevo capítulo V de las Directrices, resultado de la acción anterior, diseña esta obligación sobre el principio de transparencia y lo estructura sobre la base de tres piezas: el *Country by Country* (CbC), el *Masterfile* y el *Countryfile*.

El artículo 13 del RIS 2015 regula los sujetos obligados a cada una de las piezas que integran la obligación de información y documentación.

- Sujetos obligados a presentar el CbC.

Las entidades residentes en territorio español que tengan la condición de dominantes de un grupo y no sean al mismo tiempo dependientes de otra entidad, residente o no residente, deberán aportar la información país por país. También están obligadas a aportar esta información:

a) Que hayan sido designadas por su entidad matriz no residente para elaborar dicha información.

b) Que no exista una obligación de información país por país respecto de la referida entidad no residente en su país de residencia fiscal.

c) Que no exista un acuerdo de intercambio automático de información, respecto de dicha información, con el país en el que resida fiscalmente la referida entidad no residente.

d) Que, existiendo un acuerdo de intercambio automático de información respecto de dicha información, se haya producido un incumplimiento sistemático del mismo que haya sido comunicado por la Administración tributaria española a las entidades residentes en España.

La información país por país sólo resultará exigible cuando el importe neto de la cifra de negocios del conjunto de personas o entidades que formen parte del grupo, en los 12 meses anteriores al inicio del período impositivo, sea, al menos, de 750 millones de euros. Por ello, las entidades residentes en territorio español que forme parte de un grupo obligado a presentar la información CbC, deberá comunicar a la Administración tributaria la identificación y el país o territorio de residencia de la entidad obligada a elaborar esta información.

El plazo para presentar la información prevista en este apartado concluirá transcurridos doce meses desde la finalización del período impositivo. Es decir, la primera de las declaraciones CbC se deberán presentar antes del 31 de diciembre de 2017 mediante modelo normalizado.

- Sujetos obligados a presentar la documentación.

La obligación de presentar la documentación integrada por el Masterfile y el Country file es general salvo algunas excepciones que enumera el artículo 13.2 que toman en consideración la escasa relevancia de las operaciones o el mínimo riesgo en juego, el riesgo en juego se ha considerado escaso. Las limitaciones son francamente mínimas y más reducidas que las exenciones de los países de nuestro entorno[3]. Así, están exentos de la obligación de documentación:

a) las operaciones realizadas entre entidades que se integren en un mismo grupo de consolidación fiscal.

b) las operaciones realizadas con sus miembros o con otras entidades integrantes del mismo grupo de consolidación fiscal por las agrupaciones de interés económico y las uniones temporales de empresas

c) las operaciones realizadas en el ámbito de ofertas públicas de venta o de ofertas públicas de adquisición de valores.

---

(3)   Ver capítulo 27.

d) las operaciones realizadas con la misma persona o entidad vinculada, siempre que el importe de la contraprestación del conjunto de operaciones no supere los 250.000 euros, de acuerdo con el valor de mercado.

Se consagra en este precepto los principios de proporcionalidad y suficiencia que deberán informar la elaboración y enjuiciamiento de estos documentos.

Por su parte, en relación con el masterfile, no están obligados los grupos cuya cifra neta de negocios, sea inferior a 45 millones de euros.

Artículo 14. Contenido de la Información país por país.

La información país por país comprenderá de forma agregada por cada país o jurisdicción:

a) Ingresos brutos del grupo, distinguiendo entre los obtenidos con entidades vinculadas o con terceros.

b) Resultados antes del Impuesto sobre Sociedades o Impuestos de naturaleza idéntica o análoga al mismo.

c) Impuestos sobre Sociedades o Impuestos de naturaleza idéntica o análoga satisfechos, incluyendo las retenciones soportadas.

d) Impuestos sobre Sociedades o Impuestos de naturaleza idéntica o análoga al mismo devengados, incluyendo las retenciones.

e) Importe de la cifra de capital y otros fondos propios existentes en la fecha de conclusión del período impositivo.

f) Plantilla media.

g) Activos materiales e inversiones inmobiliarias distintos de tesorería y derechos de crédito.

h) Lista de entidades residentes, incluyendo los establecimientos permanentes y actividades principales realizadas por cada una de ellas.

i) Otra información que se considere relevante y una explicación, en su caso, de los datos incluidos en la información.

La información se presentará en euros.

Artículo 15. Contenido del Masterfile o documentación del grupo

El artículo 15 regula el contenido del Masterfile. Respecto del contenido de la regulación anterior, se percibe un contenido mucho más alineado con la información del negocio, más específica y presenta un modelo mucho más sistematizado. La información se divide en:

a) *Información relativa a la estructura y organización del grupo:*

1.º Descripción general de la estructura organizativa, jurídica y operativa del grupo, así como cualquier cambio relevante en la misma.

2.º Identificación de las distintas entidades que formen parte del grupo.

b) *Información relativa a las actividades del grupo:*

1.º Actividades principales del grupo, así como descripción de los principales mercados geográficos en los que opera el grupo, fuentes principales de beneficios y cadena de suministro de aquellos bienes y servicios que representen, al menos, el 10 % del importe neto de la cifra de negocios del grupo, correspondiente al período impositivo.

2.º Descripción general de las funciones ejercidas, riesgos asumidos y principales activos utilizados por las distintas entidades del grupo, incluyendo los cambios respecto del período impositivo anterior.

3.º Descripción de la política del grupo en materia de precios de transferencia que incluya el método o métodos de fijación de los precios adoptados por el grupo.

Convenios de doble imposición

4.º Relación y breve descripción de los acuerdos de reparto de costes y contratos de prestación de servicios relevantes entre entidades del grupo.

5.º Descripción de las operaciones de reorganización y de adquisición o cesión de activos relevantes, realizadas durante el período impositivo.

c) *Información relativa a los activos intangibles del grupo:*

1.º Descripción general de la estrategia global del grupo en relación al desarrollo, propiedad y explotación de los activos intangibles, incluyendo la localización de las principales instalaciones en las que se realicen actividades de investigación y desarrollo, así como la dirección de las mismas.

2.º Relación de los activos intangibles del grupo relevantes a efectos de precios de transferencia, indicando las entidades titulares de los mismos, así como descripción general de la política de precios de transferencia del grupo en relación con los mismos.

3.º Importe de las contraprestaciones correspondientes a las operaciones vinculadas del grupo, derivadas de la utilización de los activos intangibles, identificando las entidades del grupo afectadas y sus territorios de residencia fiscal.

4.º Relación de acuerdos entre las entidades del grupo relativos a intangibles, incluyendo los acuerdos de reparto de costes, los principales acuerdos de servicios de investigación y acuerdos de licencias.

5.º Descripción general de cualquier transferencia relevante sobre activos intangibles realizada en el período impositivo, incluyendo las entidades, países e importes.

d) *Información relativa a la actividad financiera:*

1.º Descripción general de la forma de financiación del grupo, incluyendo los principales acuerdos de financiación suscritos con personas o entidades ajenas al grupo.

2.º Identificación de las entidades del grupo que realicen las principales funciones de financiación del grupo, así como el país de su constitución y el correspondiente a su sede de dirección efectiva.

3.º Descripción general de la política de precios de transferencia relativa a los acuerdos de financiación entre entidades del grupo.

e) *Situación financiera y fiscal del grupo:*

1.º Estados financieros anuales consolidados del grupo, siempre que resulten obligatorios para el mismo o se elaboren de manera voluntaria.

2.º Relación y breve descripción de los acuerdos previos de valoración vigentes y cualquier otra decisión con alguna autoridad fiscal que afecte a la distribución de los beneficios del grupo entre países.

Artículo 16. Contenido de la documentación específica del contribuyente

El artículo 16 regula el contenido de la obligación de documentación del contribuyente.

a) *Información del contribuyente:*

1.º Estructura de dirección, organigrama y personas o entidades destinatarias de los informes sobre la evolución de las actividades del contribuyente.

2.º Descripción de las actividades del contribuyente, de su estrategia de negocio y, en su caso, de su participación en operaciones de reestructuración o de cesión o transmisión de activos intangibles en el período impositivo.

3.º Principales competidores.

b) *Información de las operaciones vinculadas:*

1.º Descripción detallada de la naturaleza, características e importe de las operaciones vinculadas.

2.º Nombre y apellidos o razón social o denominación completa, domicilio fiscal y número de identificación fiscal del contribuyente y de las personas o entidades vinculadas con las que se realice la operación.

3.º Análisis de comparabilidad detallado.

4.º Explicación relativa a la selección del método de valoración elegido, incluyendo una descripción de las razones que justificaron la elección del mismo, así como su forma de aplicación, los comparables obtenidos y la especificación del valor o intervalo de valores derivados del mismo.

5.º En su caso, criterios de reparto de gastos en concepto de servicios prestados conjuntamente en favor de varias personas o entidades vinculadas, así como los correspondientes acuerdos, si los hubiera, y acuerdos de reparto de costes a que se refiere el artículo 18 RIS 2015.

6.º Copia de los acuerdos previos de valoración vigentes y cualquier otra decisión con alguna autoridad fiscal que estén relacionados con las operaciones vinculadas señaladas anteriormente.

7.º Cualquier otra información relevante de la que haya dispuesto el contribuyente para determinar la valoración de sus operaciones vinculadas.

c) *Información económico-financiera del contribuyente:*

1.º Estados financieros anuales del contribuyente.

2.º Conciliación entre los datos utilizados para aplicar los métodos de precios de transferencia y los estados financieros anuales, cuando corresponda y resulte relevante.

3.º Datos financieros de los comparables utilizados y fuente de la que proceden.

Si, para determinar el valor de mercado, se utilizan otros métodos y técnicas de valoración generalmente aceptados como pudieran ser métodos de descuento de flujos de efectivo futuro estimados, se describirá detalladamente el método o técnica concreto elegido, así como las razones de su elección.

Contenido simplificado.

En el supuesto de grupos cuyo importe neto de la cifra de negocios, sea inferior a 45 millones de euros, la documentación específica tendrá el siguiente contenido simplificado:

a) Descripción de la naturaleza, características e importe de las operaciones vinculadas.

b) Nombre y apellidos o razón social o denominación completa, domicilio fiscal y número de identificación fiscal del contribuyente y de las personas o entidades vinculadas con las que se realice la operación.

c) Identificación del método de valoración utilizado.

d) Comparables obtenidos y valor o intervalos de valores derivados del método de valoración utilizado.

– **Revisión del procedimiento sobre Acuerdos Previos de Valoración (APA).** El procedimiento viene regulado en los artículos 21 a 38 del RIS 2015. Contiene sólo variaciones de detalle respecto del régimen anterior. Actualiza el texto anterior e intenta dar soluciones procesales a situaciones que, en la práctica y con la experiencia acumulada, habían resultado confusas o conflictivas. Es muy detallista en cuanto al procedimiento y asimismo regula con detalle la prórroga del APA así como a la modificación de un acuerdo concluido.

La competencia sobre este procedimiento se atribuye al Director del Departamento de Inspección Financiera y Tributaria de la Agencia Estatal de la Administración Tributaria el cual tiene además competencia para designar a los funcionarios que instruirán el procedimiento y formularán la propuesta de resolución. Los sujetos que deseen presentar una propuesta deberán, en primer lugar, presentar un breve escrito manifestando esta intención e identificando los sujetos que la suscribirán, una breve descripción de las operaciones objeto del procedimiento y del contenido de la propuesta. La Administración tiene un plazo de treinta días para informar a los solicitantes, a la vista de la información aportada, de los aspectos esenciales y efectos del procedimiento. La finalidad de esta fase previa es dar una primera impresión a los interesados sobre la conveniencia, posibilidades, complejidad o dificultades del caso con la finalidad de que puedan valorar de una forma más realista y ajustada la opción de iniciar definitivamente el procedimiento. No es un trámite que pueda sin más negar al interesado el derecho al inicio del procedimiento, pero sí puede, tras un primer análisis, dar una primera valoración e informar de todos aquellos extremos que puedan resultar útiles a los solicitantes en función de su escrito y documentación aportados.

Una vez transcurridos treinta días desde la presentación del primer escrito, los solicitantes, si continúan interesados, podrán presentar la propuesta formal.

La Administración examinará en el curso del procedimiento toda la documentación y está facultada para solicitar cuanta información, documentación adicional o pruebas considere necesaria. Finalizada la instrucción, el instructor pondrá de manifiesto el expediente a los sujetos los cuales tienen quince días para formular alegaciones y aportar documentos adicionales.

La resolución del procedimiento será siempre motivada y puede aprobar la propuesta, desestimarla o aprobar una modificación a la propuesta inicial previo acuerdo de los sujetos en el curso de la instrucción.

La resolución, tanto si es estimatoria como denegatoria, debe ser escrita y contener los puntos que detalla el reglamento. Deberá dictarse dentro del plazo de seis meses transcurridos los cuales, sin que exista resolución expresa, podrá entenderse desestimada la propuesta por silencio negativo aunque es preciso emitir la correspondiente resolución expresa.

La resolución de un APA obliga durante su vigencia tanto a la Administración como a los contribuyentes de tal manera que los órganos de la Administración y, en particular, la Inspección de los Tributos, limitarán sus labores de comprobación a verificar que el contribuyente ha aplicado correctamente los términos de la resolución, pudiendo regularizar la situación si el sujeto pasivo se ha apartado de los términos convenidos.

- **Procedimientos amistosos y de arbitraje**. El nuevo reglamento no modifica el Real Decreto 1794/2008, de 3 de noviembre, que desarrolla los anteriores procedimientos dando mayor transparencia y garantía a unos procedimientos que cada día resultan más habituales y eficientes para obtener la eliminación de la doble imposición hay que destacar, no obstante, un cambio de competencia atribuyéndose la competencia a la AEAT los procedimientos que tengan por objeto un ajuste de precios de transferencia. De este texto hay destacar la voluntad del legislador de normalizar estos procedimientos, alineándolos con las tendencias internacionales más vanguardistas. Un detalle de los extremos de ambos procedimientos se recoge en los respectivos capítulos sobre procedimientos amistosos y convenio de Arbitraje Europeo (ver capítulos V.2 y X).

10. BIBLIOGRAFÍA

OCDE (2010), «*Directrices aplicables en material de precios de transferencia a empresas multinacionales y administraciones tributarias*». Traducido por el Instituto de Estudios Fiscales, Madrid.

Proyecto OCDE/G20 sobre Erosión de la Base Imponible y el Traslado de Beneficios: Acción 8 a 10 y Acción 13. Octubre 2016.

AA.VV. «*Manual del Impuesto sobre Sociedades*», Instituto de Estudios Fiscales, Madrid 2010.

AA.VV. «*Fiscalidad de las operaciones vinculadas*», CISS, Valencia 2010

CALDERÓN CARRERO (2004), «*Precios de Transferencia e Impuesto sobre Sociedades: un análisis de la regulación española desde una perspectiva comunitaria, internacional y constitucional*», Tirant lo Blanc, Valencia.

CALDERÓN CARRERO, (2007) «*The OECD Transfer Pricing Guidelines as a Source of Tax Law: Is Globalization Reaching the Tax Law 2*», Intertax, vol.35, nº 1.

GLOBAL TRANSFER PRICING REVIEW. KPMG. GLOBAL TRANSFER PRICING SERVICES gl (2011), «*Survey of Transfer Pricing legislation and practices worldwide*».

INTERNATIONAL BUREAU OF FISCAL DOCUMENTATION (2003), «*Survey of Transfer Pricing Documentation requirements in EU Member States and the Candidate countries*».

MARTÍN JIMÉNEZ (2003), «*Los Comentarios al MOD CDI: su incidencia en el sistema de fuentes del Derecho Tributario y sobre los derechos de los Contribuyentes*» Carta Tributaria, Monografías 20/2003.

«*Report in the field of Alternative Dispute Avoidance and Resolution*». *JTPF/001/REV4/2006/EN*.

«*Communication from the Commission COM (2007)71 on the work of the EU Joint Transfer Pricing Forum in the field of dispute avoidance and resolution procedures and ou Guidelines for Advanced Pricing Agreements within the EU*».

«*Resolución del Consejo aprobando el Código de Conducta en materia de Documentación de Precios de Transferencia entre Empresas Asociadas en la Unión Europea*», FISC/134/2006 de 20 de Junio.

«*Report on the Activities of the EU Joint Transfer Pricing Forum in the Field of Documentation Requirements. Proposal of Code of Conduct*». COM (2005) 543 final. Noviembre 2005.

«*COMMUNICATION FROM THE COMMISSION.....on the work of the EU Joint Transfer Pricing Forum in the period April 2009 to June 2010 and related proposals 1. Guidelines on low value adding intra-group services..... COM (2011) 16 final*»

Directiva (UE) 2015/2376 del Consejo de 8 de diciembre de 2015 sobre Intercambio Automático y Obligatorio de Información en el Ámbito de la Fiscalidad.

III.4

DIVIDENDOS

Néstor Carmona Fernández

III.4.   DIVIDENDOS

Sumario

DIVIDENDOS

1. NOCIÓN DE DIVIDENDOS

El término «dividendos», siguiendo la literatura del Modelo de CDI de la OCDE, se considera equivalente a «los rendimientos de las acciones, de las acciones o bonos de disfrute, de las partes de minas, de las partes de fundador u otros derechos, excepto los de crédito, que permitan participar en los beneficios, así como los rendimientos de otras participaciones sociales sujetas al mismo régimen fiscal que los rendimientos de las acciones por la legislación del Estado de residencia de la sociedad que hace la distribución».

Las pautas seguidas por los Modelos de CDI de las Naciones Unidas y de EEUU en sustancia son similares a las previstas por la OCDE en este aspecto como en los restantes extremos dispositivos, con la excepción en el caso norteamericano representada por la ausencia de la norma prevista en el apartado 5 del precepto del ModCDI relativo a la prohibición de la imposición extraterritorial de dividendos (ver 2.1.3. *in fine*).

La expresión «dividendos» se considera coincidente con «las distribuciones de beneficios hechas a los accionistas o socios por las sociedades anónimas, comanditarias por acciones, sociedades de responsabilidad limitada u otras sociedades de capitales», habida cuenta de que tales sociedades son sujetos de derecho con personalidad jurídica propia y distinta de la de los accionistas, a diferencia de lo que acontece con las sociedades de personas cuyas rentas y beneficios se consideran «beneficios empresariales» y se imputan a los propios socios en el ejercicio de la correspondiente actividad. Tratándose de sociedades de capitales, por tanto, los beneficios no pueden gravarse –al menos, esta será la regla general– como renta del accionista (derivada del capital aportado a la sociedad) hasta que son distribuidos por la sociedad. No obstante, en la redacción del Modelo de 2017 se elimina la referencia excluyente a las sociedades de personas (artículo 10.2.a.) para reconocer que estas pueden, en ocasiones, tener subjetividad fiscal en el Estado de su ubicación y que deben ser tratadas como entidades perceptoras efectivas de los dividendos, aun cuando en el Estado de la fuente fueran consideradas transparentes.

No obstante, los propios Comentarios al Modelo –CMC– reconocen que, dadas las divergencias y particularidades que subsisten entre los países miembros en materia de legislación sobre sociedades y de normativa fiscal (y que pueden dar pie a su vez a singularidades en sus respectivos tratados bilaterales), no resulta posible ofrecer una definición de dividendos independiente de la legislación interna.

Por consiguiente, los CDI –en su artículo 10, usualmente– no alteran la definición de dividendos prevista por las normas domésticas, reenviando su calificación, que es abierta, a aquellas disposiciones.

La legislación doméstica española (el artículo 13.3. TRLIRNR remite a la normativa del IRPF) tiene como precepto capital en punto a la identificación de tales rentas el artículo 25.1 LIRPF, que considera como «rendimientos de la participación en los fondos propios de cualquier tipo de entidad»:

- Los dividendos en sentido estricto, las primas de asistencia a juntas y la participación en los beneficios de cualquier entidad, sociedad o asociación.
- Los rendimientos procedentes de cualquier clase de activos, excepto la entrega de acciones liberadas, que faculten –por causa distinta de la remuneración del trabajo personal– para participar en los «beneficios, ventas, operaciones, ingresos o conceptos análogos» de una entidad.
- Los rendimientos derivados de la constitución o cesión de las facultades de uso o disfrute, cualquiera que sea la denominación o naturaleza, de los valores o participaciones en los fondos propios de una entidad.

- Las distribuciones de primas de emisión o las reducciones de capital con devolución de aportaciones, en el exceso de lo percibido más allá del valor de adquisición de la participación (DGT V0838-12 de 23-4-2012).

- Así como cualquier otra utilidad procedente de una entidad en virtud de la condición de socio, accionista, asociado o partícipe.

Con pie en las mismas normas domésticas deben considerarse ajenos, en principio, a este ámbito tanto los rendimientos objeto del régimen de atribución de rentas: procedentes de sociedades civiles, comunidades de bienes, herencias yacentes, y demás entidades a que se refiere el artículo 35.4 de la Ley 58/2003, de 17 de diciembre, General Tributaria (en adelante, LGT), con propia regulación en el Capítulo V TRLIRNR como la entrega de acciones liberadas o gratuitas, los rendimientos de créditos participativos o fórmulas híbridas de financiación similares, los resultados positivos obtenidos por cuentapartícipes no gestores (ver DGT V2771-12 de 29-11-2012 y DGT V3243-16 de 11-7-2016) o las rentas que obtengan los socios como consecuencia de su separación de la sociedad o de la disolución de la misma. Conviene hacer notar el hecho de que, aunque la doctrina de la OCDE permite considerar como dividendo varios de los anteriores supuestos (la entrega de acciones gratuitas, los beneficios de liquidación, etc.), la legislación doméstica española, a la que el CDI remite, no considera rendimientos del capital mobiliario tales rentas, sino variaciones patrimoniales que, en consecuencia, estarán sujetas al régimen fiscal de las ganancias de patrimonio (otra cosa será que en ciertos CDI se pueda reconocer aplicable a dichas utilidades la regla de reparto de soberanía propia de los dividendos).

Por tanto, las normas bilaterales admiten máxima amplitud en el ámbito definitorio de los «dividendos», abarcando incluso las participaciones encubiertas de beneficios (por ejemplo, los excesos o diferencias de valor ajustados a mercado por tratarse de una operación entre sujetos vinculados fiscalmente, con apoyo en el artículo 9 u otros preceptos –artículo 11.6 y 12.4, ad ex– del ModCDI, relativo al tratamiento fiscal de las «empresas asociadas», y de modo expreso en la propia normativa doméstica – artículo 18.11 LIS 2014 [Ley 27/2014, de 27 de noviembre, del Impuesto sobre Sociedades (en adelante, LIS)] –antes de 2015, artículo 16.8 TRLIS 2004- y artículo 20 RIS 2015 (Real Decreto 634/2015, de 10 de julio) - antes de 2015, artículo 21 bis RIS 2008– (aunque también es cierto que los Comentarios al Modelo –y las Directrices sobre Precios– observan con bastante cautela –mucha más que la que se deduce del automatismo de la norma doméstica– dichos ajustes secundarios, en especial, por los riesgos de doble imposición que pueden suscitar). Como un mero ejemplo de dicho ajuste recalificador en el entorno normativo previo a la Ley 36/2006, de 29 de noviembre, puede verse SAN de 10 de julio de 2008. La norma nacida en 2015 prevé expresamente la restitución patrimonial como mecanismo desactivador del ajuste secundario. A tenor de la DGT V0337-17 de 7-2-2017 procede calificar como beneficio empresarial la renta obtenida por una entidad no residente a consecuencia de la condonación de una deuda con una entidad residente del grupo, con matriz común.

Según los CMC, pueden darse ciertas atribuciones de beneficios a personas que no son accionistas en el sentido del derecho de sociedades, que quepa tratar como dividendos cuando:

- Las relaciones jurídicas entre estas personas y la sociedad se asimilan a una participación social («participaciones ocultas»).

- Las personas que se benefician de estas ventajas se encuentran ligadas por lazos estrechos a un accionista; así, por ejemplo, cuando el beneficiario es un pariente del accionista o bien una sociedad perteneciente al mismo grupo que la sociedad titular de las acciones.

El Modelo de CDI de la OCDE desde 2008 contempla la fiscalidad de las rentas de partícipes en REITS (Real Estate Investment Trusts) como si se tratara de dividendos, esto es, en sede del artículo 10, proponiendo la inclusión de una cláusula de protección en dicha norma para los pequeñas participaciones en dichas estructuras de inversión que merecerían, caso de incorporar el tratado una cláusula ad hoc, los beneficios del tipo límite de imposición, los cuales no se otorgarían a los inversores con porcentajes elevados, de al menos el 10 % (existe un Informe elaborado por la propia OCDE sobre esta materia).

No se califican, sin embargo, como dividendos las participaciones en beneficios repartidas por sociedades de personas, salvo que su régimen fiscal sea similar a las sociedades «normales» de capital, o bien que el propio CDI establezca un mandato expreso al respecto. Nótese que cuando se trate de entidades carentes de sujeción tributaria autónoma (sociedades de personas) los CMC al artículo 1 del Modelo invitan a que los Estados de la fuente de las rentas tengan en consideración el estatuto fiscal de los socios o miembros de las mismas. En esta línea puede advertirse lo resuelto en la DGT consulta general 2110-04 de 30-12-2004 en relación con un *partnership* británico carente de subjetividad fiscal a quien se le concede el tratamiento fiscal de las entidades en atribución de rentas; en similar línea DGT V1398-16 de 5-4-2016 y DGT V1545-16 de 13-4-2016 y también en parecido sentido, ante un «general» *partnership* y una entidad transparente fiscal pueden consultarse en la DGT consulta general 0196-05 de 1-6-2005, DGT V1319-05 de 4-7-2005 y DGT consulta general 0024-07 de 25-7-2007). Sin embargo, ante un fondo de capital riesgo con forma de Limited Partnership se muestra contrario a su catalogación bajo este régimen DGT V0012-11 de 11-1-2011. La DGT V1631-14 de 25-6-2014 se muestra favorable a incluir como tal a una sociedad comanditaria KG alemana.

La declaración contenida en el artículo 1.2 del Modelo en 2017 explicita que, a efectos del tratado, la renta obtenida por o a través de una entidad o un esquema/acuerdo que es considerado total o parcialmente transparente fiscal bajo las normas de uno de los Estados, será considerada renta obtenida por el residente de un Estado solo en la medida en que dicha renta sea tratada, a efectos fiscales de dicho Estado, como renta imputable u obtenida por un residente en el mismo. Se trata de garantizar que la renta obtenida por dichas entidades o esquemas es tratada, a efectos del convenio, en los términos definidos por el informe de 1999 de la OCDE sobre el tratamiento fiscal de los *partnerships*, extendiendo sus efectos a otras entidades no societarias (así, las fiducias).

Adviértase también que las autoridades fiscales españolas suscribieron en su momento (con consecuencias parecidas a las derivadas del artículo 1.6 del futuro tratado hispano-norteamericano) un acuerdo resultante de un procedimiento amistoso con EEUU reconociendo la «transparencia» de las *L.L.Companies* y otras entidades afines como las denominadas por la normativa norteamericana «*S Companies*», u otras entidades consideradas transparentes fiscales a efectos norteamericanos, en 15 de febrero de 2006, a efectos de obtener los beneficios del convenio en cuestión (BOE de 13 de agosto de 2009). Un caso de rentas obtenidas por medio de una LLC se aborda, sin citar el acuerdo mencionado, en DGT V2097-09 de 21-9-2009.

En un entorno parecido cabe mencionar un Intercambio de cartas –publicado en el BOE de 6 de agosto de 2009– que contiene un acuerdo entre las autoridades francesas y españolas para fijar las condiciones de aplicación del convenio sobre doble imposición bilateral, con efectos desde 1 de enero de 2005, a las instituciones de inversión colectiva francesas, no sujetas a imposición en dicho país, por los dividendos e intereses de fuente española, y en la medida y proporción correspondiente a socios o partícipes residentes en Francia que quede acreditada (antes de la aparición de la exención prevista en la Ley 2/2010, de 1 de marzo –ver 3.1. *in fine*–).

Resulta asimismo relevante la adición en el artículo 3 del Modelo de Convenio a partir de 2017 de la definición y requisitos de los denominados "fondos de pensiones reconocidos", que van a revestir la condición de sujetos merecedores de los favores de los convenios (artículo 4.1), con independencia de su estatuto de exención o tributación mínima.

Los tratados hacen referencia a la expresión «dividendos» acompañada del término «pagados». Se considera que ello debe entenderse en un sentido amplio, sin que se refiera necesariamente al pago material, entendiéndose producido este con la mera «puesta de los fondos a disposición» del perceptor.

Un caso singular viene representado por los intereses satisfechos por entidades a no residentes vinculados fiscalmente, recaracterizados como dividendos, cuando retribuyan financiación por encima del nivel máximo de endeudamiento previsto en una norma sobre subcapitalización. Cabe observar que, según los CMC, el artículo 10 contempla no solamente los dividendos propiamente dichos, sino también los intereses de préstamos en la medida en que el prestamista comparta efectivamente los riesgos incurridos por la sociedad, es decir, cuando el reembolso dependa en una gran medida del éxito de la empresa. La cuestión consistente en precisar cuándo el prestamista comparte los riesgos de la empresa, debe apreciarse en cada caso particular a la luz del conjunto de circunstancias, como por ejemplo: si el préstamo supera, en una gran medida, a las restantes contribuciones al capital de la empresa y su cuantía no guarda una proporción razonable con los activos amortizables; si el acreedor participa en los beneficios de la sociedad; si el reembolso del préstamo está subordinado al reembolso de las deudas correspondientes a otros acreedores o al pago de dividendos; si la cuantía o el pago de los intereses depende de los beneficios de la sociedad; o si el contrato de préstamo no contiene ninguna cláusula que prevea el reembolso en un plazo determinado. En cuanto a la calificación fiscal de ciertos instrumentos híbridos, de naturaleza muy debatida –los juros brasileños-, se pronuncia SAN de 27 de febrero de 2014 en sentido favorable a su consideración como dividendos y TEAC de 6 de noviembre de 2014, en sentido contrario. STS de 16 de marzo de 2016 los califica como afines a los dividendos, a efectos del artículo 21 LIS. En relación con la calificación como intereses de las rentas derivadas de participaciones preferentes australianas, ver STS de 10 de julio de 2014.

Es patente, por tanto, que los artículos 10 y 11 no impiden el tratamiento de esta modalidad de intereses como dividendos, en aplicación de la normativa doméstica del país del prestatario relativa a la subcapitalización.

Por otra parte, son abundantes las observaciones y reservas respecto de este mandato del ModCDI, aunque buena parte de ellas tienen cabida en la propia redacción de los Comentarios. Así se pronuncian Canadá, Alemania, Bélgica, Chile y Luxemburgo, en relación con ciertos intereses que, bajo sus leyes, son considerados como distribuciones de beneficios. Dinamarca, cuyo convenio con España expiró en 2009, se reserva el derecho a considerar, en ciertos casos, como dividendos las sumas obtenidas de la venta de acciones. Australia, Portugal, Chile, México, Francia y Luxemburgo se reservan el derecho a extender la definición de dividendo, de manera que abarque todas las rentas sujetas al régimen fiscal de las distribuciones de beneficios. El propio Luxemburgo se reserva el derecho a no incluir la referencia al periodo mínimo de tenencia previo al devengo del dividendo. Alemania y Portugal se reservan mantener la exclusión de sociedades de personas del ámbito del precepto. Japón, Estonia y Letonia presentan también alguna particularidad. EEUU presenta diversas observaciones singulares. Las reservas españolas al precepto desaparecen en la versión del Modelo de 2010.

2. POTESTAD DE IMPOSICIÓN

2.1. La postura de la OCDE

2.1.1. Reglas de reparto de potestades

La fórmula de adjudicación de potestades fiscales sobre los «dividendos» que propone el ModCDI no establece el derecho exclusivo a gravar los dividendos ni en el Estado de residencia del beneficiario ni en el de residencia de la sociedad que los abona: se opta por la potestad compartida por ambos.

De esta suerte, el Estado de residencia del perceptor tendrá derecho de imposición («los dividendos pagados por una sociedad residente de un Estado contratante a un residente del otro Estado contratante pueden someterse a imposición en ese otro Estado») y también el de la fuente, si bien este de forma limitada (dichos dividendos «pueden someterse también a imposición en el Estado contratante en que resida la sociedad que paga los dividendos y según la legislación de ese Estado, pero si el beneficiario efectivo de los dividendos es un residente del otro Estado contratante, el impuesto así exigido no podrá exceder del:

- 5 % del importe bruto de los dividendos si el beneficiario efectivo es una sociedad (hasta la versión de 2017 se indica en el texto "excluidas las sociedades de personas") que posea directamente al menos el 25 % del capital de la sociedad que paga los dividendos "durante un período de 365 días incluido el día del pago del dividendo (a efectos del cómputo de ese período, no se considerarán los cambios de propiedad que deriven de reorganizaciones societarias, tales como una fusión o escisión, de la sociedad que posee las acciones que paga el dividendo)" (inciso añadido en 2017).

- 15 % del importe bruto de los dividendos en los demás casos»).

Tal regla de reparto afecta solo a los dividendos abonados por una sociedad residente de un Estado contratante a un residente del otro Estado; no así, a los dividendos pagados por una sociedad residente de un tercer Estado ni a los dividendos pagados por una sociedad residente de un Estado contratante a un establecimiento permanente que una empresa de dicho Estado posea en el otro Estado contratante (este extremo se aborda los CMC al artículo 21). La eliminación de la referencia excluyente de "las sociedades de personas" se fundamenta en el hecho de que muchos Estados tratan como sujetos a efectos fiscales a entidades o esquemas (*partnerships*, por ejemplo), que podrían beneficiarse, en consecuencia, de los techos reducidos de imposición en cuanto tales, aun cuando en el Estado de la fuente carezcan de tal consideración.

Como se ve, la facultad de imposición del Estado de la fuente o de residencia de la sociedad que paga los dividendos se encuentra limitada considerablemente, por un lado, mediante el techado de una cuantía o tipo máximo de carácter general y, por otro, mediante un tipo atenuado para los dividendos pagados por una sociedad filial a su sociedad matriz o titular de un porcentaje sensible –25 % en el Modelo– de sus fondos propios (a efectos de computar dicha porción de «capital» resultan irrelevantes las diferencias debidas a las diversas clases de acciones emitidas –acciones ordinarias, acciones preferentes, acciones con voto plural, acciones sin derecho a voto, acciones al portador, acciones nominativas, etc.–, aunque sí habrán de ponderarse aquellos casos en que se trate de un préstamo o cualquier otra aportación a la sociedad que no constituya capital, en sentido estricto, pero en los cuales según otras normas la renta que proceda de los mismos se considere como dividendo).

La norma nueva relativa al período de tenencia pretende salir al paso de las maniobras que busquen el uso interesado del precepto, sin perjuicio de la posible incidencia del nuevo artículo 29 del ModCDI relativo a la limitación de beneficios. De hecho, los CMC en 2017 hacen hincapié en este extremo, en la compatibilidad de esta norma de limitación de beneficios y la de beneficiario efectivo (ver apartado siguiente) y en la consideración de cláusulas contra el uso de regímenes preferenciales, en línea con los CMC 82 a 100 al artículo 1 del Modelo.

Los CMC aluden a la posible aplicación de la regla de menor tipo a participaciones dominantes en instituciones de inversión sin tributación efectiva, que a su vez dispongan de carteras que no alcancen el 25 %, salvo que se prevea algo en contrario en el tratado de turno.

Antes de la norma modelo de 2017, en su momento los CMC recomiendan que el tipo o cuantía techo especialmente minorado, no se otorgue –mediante la adición de textos preventivos expresos– en el caso de uso abusivo de esta disposición (por ejemplo, cuando una sociedad que ostenta una participación inferior al 25 % hubiere adquirido, poco antes del pago de los dividendos, un complemento de su participación con el fin esencial de aprovecharse de la disposición en cuestión o cuando la participación se hubiera aumentado expresamente con tal objeto).

Obviamente, los tipos o techos máximos previstos en el Modelo son alterados con frecuencia por los Estados al convenir en las negociaciones bilaterales tanto tipos inferiores como un porcentaje de participación accionarial inferior al que se fija en el artículo o un plazo de tenencia o posesión previa al reparto de la renta, al igual que en ocasiones pueden decidir incluso la imposición exclusiva en el Estado de residencia del beneficiario.

En este sentido, por ejemplo, Polonia, Chile, Estonia, Japón, Portugal, Israel, México y Turquía formulan reservas sobre los tipos impositivos; o Estados Unidos se reserva el derecho a negar a los accionistas de entidades transparentes, tales como las sociedades de inversión reglamentadas y trust de inversiones inmobiliarias –*Reits*–, el tipo correspondiente a los dividendos procedentes de inversiones directas, aun cuando les corresponda por el porcentaje de su participación. En sentido similar, Alemania y Portugal.

Como otro género de excepciones, ciertos Estados (ver 2.1.3) establecen especiales reservas de gravamen siempre que el perceptor de los dividendos posea un EP en su territorio.

El ModCDI suma un Comentario expreso relativo a los dividendos obtenidos por Fondos de pensiones u otras entidades de similar naturaleza que se encuentren exentas de imposición según sus propias leyes domésticas. Para preservar un principio de neutralidad impositiva se invita a que en tales casos los Estados suscriban una cláusula expresa de exoneración de dichas rentas en el Estado de la fuente, condicionada al hecho de que se trate de una entidad exclusivamente dedicada a la administración de «esquemas» de pensiones dentro de parámetros reconocidos y aceptados en el Estado de su residencia.

Como ya se indicó, el Modelo incorpora amplias consideraciones en torno a la fiscalidad de los partícipes en *REITS,* todas ellas supeditadas a la inclusión de párrafos expresos dentro del artículo 10 abordando su tratamiento.

2.1.2. *La noción de beneficiario efectivo*

Los CMC indican que el concepto de beneficiario efectivo se incorporó con alcance "clarificado", al texto del artículo 10 para explicar el significado de las palabras «pagados... a un residente». Bajo la óptica de las esenciales finalidades de un CDI (evitar la doble imposición y de prevenir la evasión y la elusión fiscales) mediante tal expresión se postula que el Estado de la fuente no está obligado a renunciar a su derecho a percibir un impuesto sobre unos dividendos por el solo hecho de que dichos ingresos hayan pasado inmediatamente a manos de un residente de un país con el que el Estado de la fuente tiene suscrito un convenio, si no se trata del «beneficiario efectivo» de los mismos.

Junto con los supuestos en que el perceptor del dividendo es un agente o un mandatario, se considera que no tiene la condición de beneficiario efectivo una persona ligada por un contrato o por obligaciones tales que hacen que la función de esta persona sea la misma que la de un agente o un «*nominee*». Los CDI no exigen que el beneficiario efectivo tenga la propiedad plena de las acciones o participaciones que generan los dividendos. Así, una persona que es titular del usufructo de los títulos es el beneficiario efectivo de los dividendos, si, como es frecuente, tiene las facultades propias de un beneficiario efectivo.

Los CMC considera que también sería contrario a los objetivos e intenciones de un CDI que el Estado de la fuente concediera una desgravación o una exención de impuesto a un residente de un Estado contratante que, sin tener calidad de agente o de mandatario, actúa simplemente como intermediario de otra persona que de hecho es el beneficiario de la renta implicada. Siendo así que «una sociedad instrumental no puede ser considerada normalmente como beneficiario efectivo si, pese a ser el propietario de hecho a efectos prácticos, cuenta con poderes muy restringidos que le convierten, con respecto a la renta en cuestión, en un mero fiduciario o administrador que actúa por cuenta de las partes interesadas». La actualización del Modelo de CDI de 2014, buscando entre otros efectos, una más precisa delimitación del alcance de la noción de beneficiario efectivo, de suerte que no invada el ámbito de las cláusulas específicas –CMC al artículo 1 del ModCDI– relativas a sociedades interpuestas, contiene ciertas matizaciones y adiciones a los CMC precedentes. Sobre el alcance de dicha interpretación, en especial en relación con sus aspectos más expansivos y conflictivos –relativos a las «*conduit companies*». Véase el apartado 2.1.4. del capítulo relativo a «Cánones» y apartado 4.6.4. del capítulo relativo al «Ámbito de aplicación...».

El Modelo en su redacción de 2017 hace hincapié, sin perjuicio de la aplicación de la cláusula sobre beneficiario efectivo, en la intervención del artículo 29 ModCDI, relativo a la "limitación de beneficios", (nacido a consecuencia del Proyecto BEPS y su acción 6) para evitar situaciones abusivas del tratado y en los criterios y propuestas anti abuso preconizadas en los CMC al artículo 1 del Modelo con carácter general y específicamente ante regímenes fiscales preferenciales.

Como es lógico (de hecho, el texto del Modelo se modificó en 1995 para aclarar esta cuestión) la limitación del impuesto del Estado de la fuente se mantiene cuando el sujeto interpuesto –un agente u otro mandatario, por ejemplo–, con sede en el otro –o en un tercer Estado–, se interpone entre el acreedor y el deudor, y el beneficiario efectivo resulta ser también residente del otro Estado contratante.

2.1.3. La incidencia de los establecimientos permanentes

Las disposiciones del artículo 10 no son aplicables si el beneficiario efectivo de los dividendos, residente en un Estado contratante, realiza en el territorio del otro Estado donde reside la sociedad que paga los dividendos, una actividad empresarial a través de un EP situado allí y la participación que genera los dividendos está vinculada efectivamente al mismo. En tal caso son aplicables las disposiciones del artículo 7, de modo que dichos dividendos se gravarán sin limitación en el Estado donde radica el EP, como una partida más entre las rentas obtenidas por dicha base fija de actividad.

Con objeto de evitar abusos derivados de la transferencia de acciones a establecimientos permanentes creados exclusivamente con tal propósito en países que ofrecen un tratamiento fiscal preferente a tales rentas de capital, los CMC insisten en el hecho de que un determinado emplazamiento solo constituye un establecimiento permanente si en él se realiza una actividad económica, así como la necesidad de que la participación en el capital haya de estar «vinculada efectivamente» con dicho EP (la norma española –artículo 16.1.c. TRLIRNR es precisa y rígida a este respecto (exigiendo, a nivel reglamentario, reconocimiento contable y existencia de sucursal) e, incluso, contempla un mandato cautelar que considera vinculados a un EP los elementos patrimoniales desafectados del mismo que se transmitan dentro de los tres años siguientes al de su desafectación). En los comentarios incorporados en julio de 2010 se hace hincapié en los principios de atribución funcional –derivados de la «propiedad económica», la asunción de beneficios y riesgos, y el control de los activos– respecto a la imputación de los rentas concernidas en cada caso y obtenidas por un EP, y a la necesaria y efectiva conexión de los activos que las generan con el EP en cuestión– y a la repetida propiedad económica de su tenencia de acuerdo con los principios descritos en el Informe sobre atribución de beneficios de EP de julio 2010 y la Guía adicional sobre esta materia publicada por la OCDE en 2018).

No obstante, ciertos Estados estiman que los dividendos (al igual que los intereses y cánones) se ven afectados por cierto principio, denominado por algunos como de la «fuerza de atracción del establecimiento permanente». Basta observar, en dicho sentido, la reserva que hasta julio de 2010 mantuvo el Estado italiano con respecto al derecho a someter los dividendos a la tributación prevista en su legislación siempre que sus beneficiarios cuenten con un establecimiento permanente en Italia, «incluso si la participación generadora de los dividendos no está efectivamente vinculada a tal establecimiento permanente».

Asimismo, los dividendos satisfechos desde España y obtenidos por un establecimiento permanente radicado en un determinado Estado, que, a su vez, pertenece a una persona o entidad residente en un tercer Estado, no se benefician del CDI suscrito entre el Estado español y el Estado de ubicación del establecimiento (aunque sobre este extremo, al menos en lo tocante a los beneficios de dicho tratado respecto a la propia imposición en el país de situación del establecimiento, discrepara la Sentencia del TJUE, C-307/97, de 21 de septiembre de 1999).

En el artículo 29.8 del Modelo se ofrece un regla relativa a las estructuras triangulares mediando establecimiento permanente, en cuya virtud se rechaza aplicar los beneficios del CDI, a los que tendrían derecho las rentas que provengan de un tercer Estado en la medida en que resulte aplicable el tratado entre el Estado de residencia de la empresa o casa central y el Estado de origen de la rentas, aunque aquellas sean imputables al EP y en determinados casos, cuando las repetidas rentas pagadas al EP se encuentren exentas en Estado de residencia y sean gravadas a un tipo más bajo (que debe precisarse) que en el Estado de residencia, en el Estado de situación del EP.

En otro orden de cosas, no cabe desconocer la existencia de un gravamen complementario –a modo de *branch tax*– (artículo 19.2 TRLIRNR) que recae sobre las remesas de beneficios después de impuestos efectuadas por un EP a su casa central, siempre que esta (el dueño del EP) sea una entidad. Este impuesto adicional también incide sobre ciertos «gastos» o pagos a la casa central fiscalmente no deducibles (cánones, intereses, comisiones, etc.), que el legislador español trata como beneficios encubiertos transferidos al extranjero. Respecto de similar figura, Canadá y Estados Unidos se reservan en el ModCDI el derecho a gravar con su impuesto sobre sucursales las rentas de una sociedad atribuibles a un establecimiento permanente situado en sus territorios. Algo parecido plantea Turquía con redacción diversa. La imposición española de esta naturaleza no se proyecta ante entidades residentes en la UE ni cuando media tratado salvo previsión expresa de este (ciertos CDI contemplan esta modalidad de imposición adicional, en su caso, con limitaciones de tipo impositivo –el CDI con EEUU ha sido un clásico ejemplo–, aunque hay otras muestras: los CDI con Andorra, Argelia, Brasil, Canadá (también en su enmienda de 2015), Costa Rica, Sudáfrica, Kazajstán, Panamá, Turquía, Venezuela, Arabia Saudí o Indonesia).

Dentro de un escenario similar, nótese que los CMC disponen que, cuando una sociedad residente de un Estado contratante obtenga beneficios o rentas procedentes del otro Estado, ese otro Estado no podrá exigir impuesto alguno sobre los dividendos pagados por la sociedad, salvo en la medida en que esos dividendos se paguen a un residente de ese otro Estado o la participación que genera los dividendos esté vinculada efectivamente a un establecimiento permanente situado en ese otro Estado.

Se prohíbe así, salvo disposición expresa del convenio, la aplicación de la técnica impositiva basada en la «cifra relativa de negocios». De este modo, no deben ser gravados los dividendos repartidos por una sociedad no residente, en la medida en que los beneficios obtenidos procedan del Estado de la fuente. Mediante el apartado 5 del artículo se excluye la imposición extraterritorial de los dividendos (según se apuntó, el Modelo de los EEUU no contempla esta restricción –debido a sus singularidades impositivas–; paradójicamente, dicho epígrafe tampoco figura en el viejo CDI suscrito por España con la URSS).

Asimismo se prohíbe que las sociedades no residentes sean sometidas a impuestos especiales sobre los beneficios no distribuidos. Ello no debe considerarse obstáculo para la posible aplicación de una legislación sobre transparencia fiscal internacional u otras reglas con similares efectos que tengan por norte gravar los beneficios que no han sido distribuidos, debido a que la norma no afecta a la imposición en el lugar de residencia del accionista, sino a la tributación en la fuente (cuando la sociedad «base» distribuya efectivamente dividendos, las disposiciones de un convenio fiscal relativas a los dividendos han de aplicarse normalmente y cabrá una retención en la fuente; será el país de residencia del accionista quien deba aplicar los métodos normales para evitar la doble imposición, aunque, como es evidente, los CMC admiten que el reconocimiento de dichos créditos fiscales puede presentar dificultades).

2.1.4. *El tratamiento de la doble imposición económica en las legislaciones fiscales internas*

Los CMC dedican una serie de apartados al tratamiento de la evitación de la doble imposición económica (la imposición simultánea, por un lado, de los beneficios a nivel de la sociedad y, por otro, de los dividendos en sede del propio accionista) y a los diversos procedimientos que, tanto se trate de dividendos distribuidos a personas físicas como a sociedades, suelen practicarse:

- Sea que el impuesto sobre sociedades correspondiente a los beneficios distribuidos se establezca a un tipo inferior al que corresponde a los beneficios no distribuidos.

- Sea que se conceda una desgravación al computarse el impuesto personal del accionista.

- Sea que los dividendos son gravados por un solo impuesto, ya que los beneficios distribuidos no han sido gravados al nivel de la sociedad.

Sin embargo, después de examinar las particularidades de las legislaciones fiscales de los países miembros con objeto de estudiar la adopción de soluciones diferentes a las que ya se contemplan en el Modelo, se renuncia a una formulación acordada de principios de aceptación general, por lo que parece preferible que la cuestión se trate adecuadamente en las concretas negociaciones bilaterales, donde se está mejor situado para apreciar la importancia de los respectivos sacrificios y de las ventajas que un determinado CDI implica para cada Estado contratante en función los objetivos económicos y las particularidades de la situación jurídica o presupuestaria de cada uno de ellos (ver Capítulo IV, apdo 4).

2.2. La postura del Estado español

Aun siguiendo en todos los CDI suscritos las pautas generales del ModCDI, el Estado español –hasta julio de 2010, en que desaparece– formuló una reserva, por una parte, en lo referente al tipo impositivo del 5 % y al porcentaje mínimo de participación y, por otra, (al igual que otros varios –ver apartado 1–) se reservó –también solo hasta la versión del Modelo de 2010–, el derecho de ampliar la definición de dividendos prevista en el texto modelo, a fin de incluir ciertos pagos de intereses considerados como distribuciones de dividendos en su legislación nacional (con objeto, por ejemplo, de poder aplicar, caso de existir, las disposiciones sobre infracapitalización).

3. TRIBUTACIÓN EFECTIVA SEGÚN LA LEGISLACIÓN DOMÉSTICA

3.1. Rendimientos sujetos al Impuesto sobre la Renta de no Residentes

La regla de sujeción prevista en el IRNR apunta, en afinidad con los CDI, a la residencia de la entidad emisora de los valores –usualmente acciones–, lo que coincidirá, de ordinario, con la dirección o fuente del flujo económico representado por las rentas calificadas como dividendos (artículo 13.1.f.1º TRLIRNR).

Sin embargo, la legislación doméstica exime del IRNR ciertas modalidades de dividendos, con independencia de que pudieran haber sido gravados –limitadamente– a tenor de lo previsto en un CDI.

Entre tales casos singulares de exoneración se encuentran los dividendos distribuidos por sociedades y fondos de capital-riesgo (artículo 50 LIS, antes de 2015, artículo 55 TRLIS 2004); o los dividendos percibidos por sociedades matrices de entidades radicadas en la Zona Especial Canaria (artículo 45 de la Ley 19/1994, de 6 de julio, en la redacción dada por el Real Decreto Ley 2/2000 y Real Decreto Ley 12/2006), ver consulta DGT V2406-12 de 12-12-2012 o los beneficios distribuidos por entidades de tenencia de valores, con cargo a rentas exentas, (artículo 108 LIS; antes de 2015, artículo 118 TRLIS 2004). Las exoneraciones mencionadas no se predican para los accionistas que residan en un país o territorio calificado reglamentariamente como paraíso fiscal o, en algún caso, cuando carezca de efectivo intercambio de información tributaria.

Por lo que toca a la fiscalidad de los dividendos percibidos por Fondos de pensiones pertenecientes a la UE (o radicados en el EEE con intercambio de información), la cuestión relativa al efecto discriminatorio de la norma interna española, se zanja por la Ley 2/2010, en la que se declaran exentos los dividendos y participaciones en beneficios obtenidos sin mediación de establecimiento permanente por fondos de pensiones equivalentes a los regulados en el Texto Refundido de la Ley de Planes y fondos de pensiones aprobado por Real Decreto Legislativo 1/2002, de 29 de noviembre, que sean residentes en otro Estado miembro de la Unión Europea o por establecimientos permanentes de dichas instituciones situados en otro Estado miembro de la Unión Europea, bajo ciertas condiciones (los Fondos de Pensiones, entre otras exigencias, deben contar con un régimen fiscal preferencial de diferimiento impositivo tanto respecto de las aportaciones como de las contribuciones empresariales realizadas a los mismos) –en esta misma línea puede verse SAN de 31 de marzo de 2010–.

Otro tanto ocurre, en virtud de la Ley 2/2010, de 1 de marzo, con la exención relativa a los dividendos obtenidos por Instituciones de inversión colectiva reguladas por la Directiva 2009/65/CE, bajo ciertas condiciones (así, que en ningún caso la aplicación de la exención origine una tributación inferior a la que hubiera resultado de haberse aplicado a dichas rentas el mismo tipo de gravamen por el que tributan en el Impuesto sobre Sociedades las instituciones de inversión colectiva domiciliadas en territorio español); sobre dicha exención y las devoluciones de los excesos de retención pueden verse en la consulta DGT V2522-11 de 21-10-2011.

Pero sin duda la más trascendente de las exclusiones del tributo es la referida a los dividendos percibidos por sociedades matrices residentes en otro Estado de la UE (La Unión Europea comprende actualmente los 28 países siguientes, hasta 29 de marzo de 2019, en tanto Reino Unido no se separe efectivamente: Alemania, Bélgica, Francia, Luxemburgo, Italia y Países Bajos (desde el 25 de marzo de 1957); Dinamarca, Irlanda y Reino Unido (desde el 1 de enero de 1973); Grecia (desde el 1 de enero de 1981); España y Portugal (desde el 1 de enero de 1986); Austria, Finlandia y Suecia (desde el 1 de enero de 1995); desde mayo de 2004, Letonia, Lituania, Estonia, Eslovenia, Hungría, República Checa, República Eslovaca, Polonia, Malta y Chipre; desde enero de 2007, Bulgaria y Rumanía; y Croacia desde 1 de julio de 2013. Mediante la Ley Orgánica 2/2012, de 27 de abril, de Estabilidad Presupuestaria y Sostenibilidad Financiera, se amplía el perímetro subjetivo de la exención que trae causa en la Directiva matriz-filial comunitaria: Se extiende la exención aplicable a los beneficios distribuidos por las sociedades filiales residentes en España a sus matrices residentes en otro Estado Miembro de la Unión Europea a los Estados integrantes del Espacio Económico Europeo (Noruega, Islandia y sin alcanzar a Liechtenstein al no haber suscrito un CDI con España ni disponer de "efectivo intercambio de información tributaria" –sobre este punto, antes de la reforma legislativa se pronuncia negativamente SAN de 20 de marzo de 2014) –o a los establecimientos permanentes de estas últimas situados en otros Estados integrantes de la UE, bajo ciertos requisitos–.

El TRLIRNR –artículo 14.1.h. TRLIRNR (como antes el artículo 13.1.g. LIRNR 1998), acomodando los dictados de las Directivas 90/435/CEE y 2003/123/CE, regula las condiciones bajo las cuales los dividendos percibidos por sociedades residentes en la Unión Europea (y en el EEE con intercambio de información (o por EP pertenecientes a estas también ubicados en dichos territorios) satisfechos por entidades filiales españolas se encuentran exentas del IRNR. Estas son sus principales guías:

- Que sociedad matriz y filial se hallen sujetas a tributación (aun cuando dispongan de un régimen parcial de exención para ciertas categorías de rentas) y no exentas, por un concepto similar al Impuesto sobre Sociedades, en el Estado de la Unión Europea o en el EEE con intercambio de información, de su residencia. A juicio del Tribunal de justicia de la Unión Europea, una entidad matriz que reúne las condiciones para beneficiarse de la exención en fuente por los dividendos percibidos, no tiene derecho a ella cuando, aun teniendo subjetividad fiscal, su tributación se produce a tipo cero (STJUE de 8 de marzo de 2017 C-448/15).

- Que su forma social o mercantil sea «normal» (esto es, una de las previstas en el Anexo a la Directiva citada: en el caso español lo son las sociedades anónimas, de responsabilidad limitada, comanditarias por acciones y las entidades de derecho público operando en régimen de derecho privado). La Directiva 2003/123/CEE amplía a establecimientos permanentes y a otros formatos sociales (la sociedad anónima europea, entre ellos), de modo que coincida dicho ámbito subjetivo con entidades con subjetividad fiscal.

- Que se trate de beneficios distribuidos, no a consecuencia de la liquidación de la sociedad filial.

- Que la sociedad matriz participe en un determinado porcentaje del capital de la filial: Desde 1 de enero de 2011 (a tenor de la Ley 39/2010, de 22 de diciembre, que da nueva redacción a la norma) la exención aplicable a los dividendos obtenidos por sociedades matrices residentes en la Unión Europea se aplica considerando un porcentaje mínimo de participación –5 % del capital–, directa o indirecta, idéntico al requerido para la exención de dividendos internos en el Impuesto sobre Sociedades (de este modo, desde 1 de enero de 2011, la Ley del IRNR se adapta a los dictados de la Sentencia del TJUE de 3 de junio de 2010, asunto C-487/08, en relación con el procedimiento de infracción iniciado por la Comisión sobre el artículo 14.1.h) TRLIRNR, esto es, sobre la cuestión relativa a la discriminación fiscal que pudiera entenderse generada por la legislación española cuando exime de imposición los dividendos obtenidos por sociedades residentes y procedentes de otras sociedades residentes en las que aquellas dispongan de una participación igual o superior al 5 %, directa o indirecta, y no hacía lo mismo o bajo idénticas circunstancias cuando dichos dividendos vayan en dirección a una sociedad comunitaria –o a un establecimiento permanente de una de dichas sociedades situado en otro Estado miembro de la UE–). Respaldando, antes de la reforma de 2011, similar criterio se puede ver Resolución del TEAC de 26 de octubre de 2010. (Hasta 2015 también tenía la consideración de sociedad matriz aquella entidad que habiendo tenido el mencionado porcentaje de participación pero, sin haberse transmitido la participación, este porcentaje tenido se haya reducido hasta un mínimo del 3 % como consecuencia de que la sociedad filial haya realizado una operación acogida al régimen fiscal especial establecido en el Capítulo VIII del Título VII del texto refundido de la Ley del Impuesto sobre Sociedades, aprobado por Real Decreto Legislativo 4/2004, de 5 de marzo, o una operación en el ámbito de ofertas públicas de adquisición de valores. Esta consideración se mantendría dentro del plazo de tres años desde la realización de la operación en tanto que en el ejercicio correspondiente a la distribución de los dividendos no se transmita totalmente la participación o esta quede por debajo del porcentaje mínimo exigido del 3 %).

La Ley 26/2014 añade la posible condición de matriz cuando, sin que concurra el porcentaje accionarial del 5 %, "el valor de adquisición de la participación sea superior a 20 millones de euros".

La mencionada participación deberá haberse mantenido de forma ininterrumpida durante el año anterior al día en que sea exigible el beneficio que se distribuya o, en su defecto, que se mantenga durante el tiempo que sea necesario para completar un año. En este último caso, la cuota tributaria ingresada será devuelta una vez cumplido dicho plazo.

Desde 2015, se indica que para el cómputo del plazo anual de tenencia, se tendrá también en cuenta el período en que la participación haya sido poseída ininterrumpidamente por otras entidades que reúnan las circunstancias a que se refiere el artículo 42 del Código de Comercio para formar parte del mismo grupo de sociedades, con independencia de la residencia y de la obligación de formular cuentas anuales consolidadas.

Hasta 2011 se requería que la sociedad matriz poseyera en el capital de una sociedad filial residente en España una participación directa de, al menos, el 10 % desde 2009 (15 % desde 2007; antes el 20 % –desde 2005, con base en la Directiva 2003/123/CE, implementada mediante la Ley 22/2005, de 18 de noviembre; y antes de 2005, el 25 %–). Dicho porcentaje pudo, sin haberlo sido, objeto de reducción al 10 % por declaración expresa del Ministro de Economía y Hacienda, a condición de reciprocidad.

Cabe la posibilidad de invocar la exención de dividendos percibidos, cuando todavía no se disponga del plazo de posesión suficiente de las acciones, siempre que esa circunstancia se produzca con posterioridad –originándose la pertinente devolución impositiva subsiguiente.

En cuanto al posible acceso a la exención por parte de entidades usufructuarias de las acciones, la literalidad de la norma parece impedirlo; sin embargo, el TJUE en sentencia de 22 de diciembre de 2008 permite aventurar dudas al respecto. Sobre este extremo, ver también DGT V2043-16 de 12-5-2016.

- Que la sociedad matriz no resida en un territorio calificado reglamentariamente como paraíso fiscal (disposición adicional primera Ley 36/2006, según Ley 26/2014 y Real Decreto 1080/1991, de 5 de julio).

- Que se trate de una sociedad cuya residencia en un Estado de la UE (o en el EEE en los términos vistos) no sea artificial, sino material y efectiva, así como que sus socios sean a su vez residentes en la Unión Europea (o en el EEE) o que pruebe que su constitución responde a «motivos económicos válidos» y no para disfrutar del régimen de favor inmerecidamente.

Convenios de doble imposición

Hasta 2015 se prevé una detallada norma antiabuso al efecto, según la cual la repetida exención desaparece cuando la mayoría de los derechos de voto de la sociedad matriz se ostente, directa o indirectamente, por personas físicas o jurídicas no residentes en Estados de la UE, salvo cuando la matriz realice efectivamente una actividad empresarial relacionada directamente con la desarrollada por la filial o tenga por objeto la dirección y gestión de la filial mediante la adecuada organización de los medios materiales y personales o, en fin, cuando pruebe su constitución por motivos económicos válidos y no para disfrutar de dicho beneficio fiscal. Sobre esta cuestión pueden consultarse varias decisiones de tribunales. Así, a juicio de sentencia del TS de 7 de diciembre de 2012 no procede la exención de dividendos obtenidos por una sociedad matriz británica al contar con accionariado extracomunitario y carecer de motivos económicos válidos en la intermediación de la renta. En este caso, el escenario de la decisión es claro (sociedad matriz británica vacía; socio único de esta residente en, por entonces, un paraíso fiscal; renta en origen puramente inmobiliaria que en la sociedad vacía española no tributa de modo efectivo merced a un hipertrofiado préstamo participativo procedente de otra entidad británica vinculada, cuyos intereses –que recibe en una cuenta bancaria suiza– no tributan tampoco por IRNR, siendo reconocidos como gastos fiscales de la sociedad, etc.) e invitaba, habida cuenta además de la inacción probatoria del contribuyente, a regularizaciones más enérgicas que la practicada: desde luego, a la inaplicación del CDI con Reino Unido por aplicación de la norma sobre beneficiario efectivo.

Es asimismo interesante cierta sentencia de la AN de 25 de noviembre de 2010, que también se pronuncia sobre la efectividad de la cláusula antiabuso del artículo 14.1.h TRLIRNR.

La decisión de la Audiencia Nacional parece manifestar un cierto endulzamiento respecto de lecturas anteriores sobre el mismo precepto –sentencias de 16 de junio de 2008 y 22 de enero de 2009– evidentemente más ásperas y rigurosas. Y se vierte sobre un escenario en que concurre una matriz neerlandesa que ostenta el 100 % del capital social de la filial española, en tanto que la participación en la BV neerlandesa la ostenta, indirectamente (a través de otra entidad alemana), una matriz austríaca que cotiza en las bolsas europeas, ocurriendo que la gran mayoría del capital lo ostentan accionistas minoritarios de difícil identificación y alto grado de volatilidad (el resto del capital social lo ostenta otra entidad alemana). Se debate, en fin, la incidencia del hecho de que no se pueda verificar la identidad y residencia de los titulares de más del 50 % del capital de la matriz austríaca. La AN (que considera que no resulta necesario el planteamiento de cuestión prejudicial ante el TJUE, suscitada por la demandante) se preocupa de buscar el sustrato de la cláusula antiabuso del artículo 14.1.h TRLIRNR en el artículo 1.2 de la Directiva 90/453/CEE, considerando que la Administración en ningún momento ha probado la existencia de un abuso, montaje artificial o sociedad interpuesta carente de sustancia económica, habiendo realizado una interpretación restrictiva de la exención que resulta inaceptable desde la perspectiva del Derecho comunitario.

La AN ahonda en el trasfondo de la norma antiabuso que no persigue, por otra parte, impedir que grupo extracomunitarios se sirvan de *subholdings* europeas, cuando tal estructura posea lógica económica, un cierto nivel de sustancia económica y realice una actividad económica de forma efectiva, requiriéndose a tal fin una interpretación de la cláusula antiabuso adaptada a su finalidad, ponderando casuística y fácticamente la situación de conjunto de toda la cadena o estructura societaria. En consecuencia, entiende que no cabe presumir la existencia de dicho abuso cuando la entidad matriz esté participada, directa o indirectamente, por una sociedad comunitaria que cotiza en un mercado secundario. El tribunal asimismo pondera el hecho de que la entidad austríaca tenga un volumen de facturación considerable y realice la misma actividad que la sociedad española (resulta curioso que este extremo se aprecie no en la sociedad matriz holandesa sino en la matriz de esta, circunstancia que en otras sentencias precedentes se descartó).

Más estricta es la STS de 21 de marzo de 2012 que se proyecta sobre un paisaje que refleja una matriz neerlandesa que ostenta el 100 % del capital social de la filial española, en tanto que la participación en la holandesa la ostenta asimismo otra holandesa – con una patente materialidad (centenares de empleados), colgando esta de una entidad norteamericana. Se niega por la Inspección la exención de los dividendos distribuidos por la filial en la medida en que el contribuyente no había acreditado la concurrencia de ninguno de los supuestos legales de excepción, cuando la matriz esté controlada por residentes no comunitarios. El TS (que considera que no resulta necesario el planteamiento de cuestión prejudicial ante el TJUE, suscitada por la demandante) examina las contraexcepciones a la cláusula de exclusión por accionariado extracomunitario y rechaza el concurso de las tres alternativas de recaptura de la exención. EL TS no parece descender a los argumentos que la AN usó en la sentencia de 2010 antes citada, preocupada por buscar el sustrato de la cláusula antiabuso del artículo 14.1h TRLIRNR en el artículo 1.2 de la Directiva 90/453/CEE: la existencia de un abuso, montaje artificial o sociedad interpuesta carente de sustancia económica. El TS no llega –no podría– a afirmar que concurre un montaje artificioso (la entidad matriz a su vez de la matriz, también holandesa tiene unas notables dimensiones operativas), pero tampoco explora esta circunstancia.

En STS de 24 de febrero de 2016 (683/2016) se rechaza la aplicación de la exención al derivar los beneficios de rentas que no hubieran tributado previamente.

La Ley 26/2014, de 27 de noviembre, modifica la cláusula antiabuso, en cuanto al ámbito efectivo de la exención de los beneficios distribuidos por sociedades residentes en territorio español a sus sociedades matrices residentes en otros Estados miembros de la Unión Europea y en los Estados integrantes del EEE. El legislador afirma que dicha modificación está encaminada a slmplificar estas disposiciones para aclarar las dudas interpretativas suscitadas. La cláusula se sintetiza y ordena que la exención "no será de aplicación cuando la mayoría de los derechos de voto de la sociedad perceptora de los rendimientos se posea, directa o indirectamente, por personas físicas o jurídicas que no residan en Estados miembros de la Unión Europea, excepto (y esta es la novedad ante la triple alternativa justificativa existente antes) cuando la constitución y operativa de aquella responde a motivos económicos válidos y razones empresariales sustantivas".

El legislador español parece no haber entendido necesario implementar una cláusula antiabuso de orden general (prevista en la Directiva 2015/121), que excluye de la exención aquellos casos en que uno de los principales motivos de la operación o transacción sea la obtención del beneficio fiscal, hay que entender en la medida en que se encuentre subsumida en el artículo 15 LGT.

A juicio del TJUE en sentencia de 7 de septiembre de 2017 C.6/16, en torno a la viabilidad de la cláusula anti abuso en la exención, no cabe presumir la existencia de abuso por el mero hecho de la participación dominante extracomunitaria en la entidad matriz sin que se haya producido un "examen individual del conjunto de la operación que se trate", y se albergue un "principio de prueba o indicio de fraude abuso". En sentencia del TJUE C-504 613/16, de 20 de diciembre de 2017, se reitera la inviabilidad automática a la cláusula antiabuso en la exención de dividendos obtenidos por sociedades matrices comunitarias, cuya aplicación requiere un análisis casuístico revelador de indicios de la existencia de dicho abuso

3.2.   Reglas de tributación

Los CDI no se pronuncian sobre la forma de imposición en el Estado de la fuente. Este dispone de la facultad de aplicar su legislación interna y, en particular, de recaudar el impuesto por vía de retención en la fuente o mediante autoliquidación y de adoptar sus particulares procedimientos de exacción.

La imposición de los dividendos se ajusta al régimen general de los rendimientos obtenidos por no residentes sin establecimiento permanente, de suerte que el devengo del tributo, siguiendo las reglas generales, coincidirá con la fecha de la exigibilidad del rendimiento, o la de su cobro, si es anterior, la base imponible coincidirá, como regla general, con el importe bruto de la renta (sin reducciones u otros factores de modulación como, en su momento, los coeficientes multiplicadores) y el tipo impositivo aplicable (doméstico) será del 19 % -20 % hasta julio en 2015, y 19,5 % hasta diciembre de 2015-, antes de 2015, el 21 % (antes de 2012, 19 % y antes de 2010, 18 %), no cabiendo otra deducción de esa cuota que la prevista para donativos (artículo 26 TRLIRNR) y, en su caso, la derivada de la compensación de la retención –artículo 31 TRLIRNR– que se hubiese efectuado previamente (aunque esta, si se practica correctamente, coincidirá con el impuesto final). Ahora bien, si el perceptor es residente en otro Estado de la UE o EEE con intercambio de información, en cuanto a la base imponible habrá que considerar lo previsto por el artículo 24.6 TRLIRNR, según el cual para la determinación de la base imponible se podrán deducir los gastos previstos en las leyes respectivas, del IRPF o del Impuesto sobre Sociedades según quién sea el perceptor, siempre que se trate de gastos relacionados directamente con los rendimientos obtenidos en España y que tengan "un vínculo económico directo e indisociable con la actividad realizada en España", magnitud sobre la que recaería el tipo previsto en la Ley del IRNR (la cuota así configurada no debiera superar, en aquellos casos en que medie CDI y exista tipo límite el importe de dicho tipo sobre el importe bruto de las rentas, que es el máximo de imposición previsto bilateralmente).

En ciertos casos así, las distribuciones de primas de emisión o las rentas derivadas de reducciones de capital con devolución de aportaciones al excluirse del deber de retención a sus pagadores (salvo que se trate de beneficios no distribuidos) (ver DGT V0838-12 de 23-4-2012), se hace necesaria la declaración-liquidación por el propio contribuyente o, en su caso, por el responsable solidario del tributo (la entidad gestora o depositaria del valor, si existe, se encuentra facultada, que no obligada, ante dicho esfuerzo, aunque en todo caso se encuentra expuesta a asumir su responsabilidad tributaria en vía recaudatoria).

Por otro lado, nótese que existe un procedimiento específico para la práctica o exclusión de retención sobre dividendos (al igual que sobre intereses) derivados de valores negociables, que ha sido objeto de regulación (en cumplimiento de lo previsto en el artículo 10 RIRNR 2004), mediante Orden de 13 de abril de 2000 por la que se establece el procedimiento para hacer efectiva la práctica de retención al tipo que corresponda en cada caso, o la exclusión de retención, sobre los intereses y los dividendos obtenidos sin mediación de establecimiento permanente por contribuyentes del Impuesto sobre la Renta de no Residentes derivados de la emisión de valores negociables, a excepción de los intereses derivados de determinados valores de la Deuda Pública. En dicha norma se establece un singular sistema de comunicación de datos entre las entidades emisoras y las entidades financieras depositarias de los valores, al objeto de regularizar las retenciones practicadas en función de los datos relativos a la residencia fiscal de los respectivos inversores.

Naturalmente, si la norma bilateral prevé un tipo impositivo o cuantía techo inferior o la plena exención del impuesto, este mandato prevalecerá sobre la norma nacional (ver Tabla de tipos en anexo al final del Capítulo relativo a Cánones). De hecho, con frecuencia tendrá lugar una solicitud de devolución impositiva con causa en excesos de ingreso o de retención por encima de las cuotas debidas por aplicación de un convenio fiscal. El plazo para tal solicitud será de cuatro años (a juicio de la Orden EHA 3316/2010, de 17 de diciembre, incluso cuando exista un plazo inferior previsto, en su caso, en una Orden de desarrollo del Convenio aplicable– (hasta 2003, dicho término temporal era de dos años, pudiendo el Ministro declarar, a condición de reciprocidad, que el plazo se ampliara a cuatro años), desde la fecha del ingreso o del término del período de declaración –artículo 16 RIRNR 2004–. Sobre la cuestión relativa a la existencia de plazos especiales de devolución y el principio de no discriminación bilateral, puede verse la STS de 18 de mayo de 2005, que, apelando a la no discriminación por nacionalidad prevista en los CDI, considera nula toda disparidad de trato entre residentes y no residentes, en materia de devoluciones impositivas (y en similar sentido, SAN de 28 de mayo de 2009, SAN de 19 de enero de 2011 o STS de 23 de octubre de 2008). No obstante, los Comentarios al Modelo relativos al artículo 24 –no discriminación– despejan dudas en cuanto al hecho de que la no discriminación por nacionalidad no debe confundirse con la que pueda darse entre residentes y no residentes.

Los dividendos obtenidos por no residentes no pueden invocar la norma sobre discriminación bilateral (artículo 24.1 del Modelo) para aplicar exenciones propias de residentes. La no discriminación bilateral postula, por tanto, que no hay por qué dar el mismo trato a un residente que a un no residente si no concurre ninguna discriminación en función de la nacionalidad (DGT 003/18 de 30 de enero de 2018).

3.3. La incidencia de los regímenes de transparencia fiscal

Debe hacerse notar, como premisa, que el régimen de transparencia fiscal –interno–, desde 2003 –a salvo el propio de las Agrupaciones de interés económico y las Uniones temporales de empresas– queda suprimido. Antes –desde la Ley 18/1991, de 6 de junio– dicho régimen de transparencia ya expulsaba de su ámbito a los socios no residentes de entidades residentes, fiscalmente transparentes, de modo que eran gravados con motivo de la percepción de los dividendos, después de que la entidad «pasiva» hubiera asumido sus propios impuestos. Y esto acontecía mediando o no CDI; es cierto que algunos CDI –por ejemplo, Alemania, EEUU, China, Australia, Filipinas, Ecuador, Indonesia, Luxemburgo, o India– contienen la cautela de que las normas sobre dividendos no se apliquen a las rentas procedentes de entidades transparentes fiscales que no hubieren tributado por el Impuesto sobre Sociedades; pero dicha previsión resulta innecesaria, por la razón expuesta.

Caso distinto es el del régimen especial de transparencia fiscal internacional (TFI), nacido de la mano de la Ley 42/1994, de 30 de diciembre (artículos 2 y 10 Ley 42/1994) y hoy asentado en los artículos 100 LIS (antes de 2015, artículo 107 TRLIS 2004) y artículo 91 LIRPF –antes 92– y cuya efectividad se mantiene, aunque suprima los efectos de dicho régimen con relación a las entidades residentes en otro Estado miembro de la UE (salvo que se trate de una estructura carente de motivos económicos válidos y materialidad empresarial).

Es sabido que mediante la TFI se pretende disuadir o penalizar el uso de sociedades interpuestas radicadas en paraísos fiscales o territorios de fiscalidad ventajosa, que erosionen bases imponibles españolas o pretendan la «deslocalización» de capitales y rentas. A tal fin se procede a la imputación de determinados beneficios –o porciones de beneficios («rentas positivas») obtenidos por determinadas entidades no residentes, que gozan de una fiscalidad favorable (imposición inferior al 75 % del que hubiera correspondido con el IS), en la base imponible del Impuesto sobre Sociedades o del IRPF de sus socios residentes en España, siempre que estos «controlen» (directa o indirectamente con una participación igual o mayor del 50 %) a la entidad extranjera «transparentada» a efectos tributarios. Las rentas objeto de imputación pueden ser «rentas pasivas» - "los contribuyentes imputarán la renta total obtenida por la entidad no residente en territorio español, cuando esta no disponga de la correspondiente organización de medios materiales y personales para su realización, incluso si las operaciones tienen carácter recurrente" -(procedentes de la titularidad de bienes inmuebles o derechos generadores de intereses, dividendos, cánones y rentas afines) o «rentas circulares» (generadoras de gastos deducibles en el impuesto de sujetos vinculados residentes en España). Debe ponerse de relieve que si la entidad no residente radica en un paraíso fiscal tanto el requisito de la tributación privilegiada como la calificación de las rentas «transparentables» se presume, salvo prueba en contrario, e igualmente se presume, aunque admita contraprueba, que la renta obtenida por dichas entidades alcanza el 15 % del valor de adquisición de la respectiva participación.

A pesar de que, en principio, la OCDE se muestra abiertamente favorable a la compatibilidad de la TFI con los CDI –siempre que no se produzcan efectos de doble imposición– no es menos cierto que sobre la materia existen pronunciamientos jurisdiccionales contradictorios, de modo que la cuestión todavía permanece en cierta medida abierta a debate –cuya temperatura, sin duda, ha descendido notablemente desde la exclusión del ámbito comunitario del arco efectivo del precepto (en este mismo escenario menciónese la sentencia del TJUE recaída en el caso Cadbury –C-196/04– en 12 de septiembre de 2006, que viene a ser muestra de la doctrina –tolerante ante situaciones u operaciones no absolutamente abusivas o artificiosas– de dicho tribunal sobre la compatibilidad de las medidas domésticas antiabuso y las libertades comunitarias)–.

Un buen número de tratados entre los suscritos en los últimos años contemplan de modo expreso la posible aplicación de las normas sobre Transparencia fiscal internacional (Albania, Alemania, Andorra, Argentina, Armenia, Pakistán, Rep. Dominicana, Uruguay, Singapur, Uzbekistán, Omán, Nigeria, Finlancia, Catar, etc.).

4. SINGULARIDADES

A pesar de que el ModCDI se manifiesta en contra de la posibilidad de gravar los dividendos repartidos por una sociedad no residente, en la medida en que los beneficios obtenidos procedan del Estado de la fuente, ciertos tratados contemplan, excepcionalmente, dicha posibilidad –los suscritos con Brasil, Canadá, Cuba, Ecuador, Israel, Reino Unido, Suecia y Túnez–, que, por otra parte, no encuentra cabida práctica en la normativa del IRNR.

El uso interesado y artificial del CDI en materia de dividendos es penalizado en algunos tratados que disponen de normas generales (a título de mero ejemplo, Albania, Andorra, Argentina, Pakistán, Catar, Uruguay, Singapur, Reino Unido, Barbados, Kazajstán, Georgia, México, Panamá, Kuwait, Uzbekistán, Omán, etc.) o específicas antielusión –en ocasiones negando los beneficios del convenio a las rentas mobiliarias obtenidas por entidades cuyo accionariado dominante no sea residente en el Estado donde resida la sociedad [así, por ejemplo, en los suscritos con Alemania, Croacia, Irlanda, Portugal, Grecia, Rusia,, Chile, Estonia, Finlandia, Hong Kong, Letonia, Lituania, Eslovenia, Bélgica, Bolivia, Islandia, Israel, Rep. Dominicana, Vietnam, Cuba, Suiza –desde junio de 2007–, Sudáfrica, Malasia, Trinidad y Tobago, Serbia, El Salvador, Costa Rica, Jamaica, Moldavia y Noruega], siempre permitiendo la demostración alternativa de los motivos económicos válidos, la buena fe o la sustantividad de la entidad.

Ciertos CDI –Irlanda, Francia, Malta, Reino Unido, Chipre, etc.– incorporan a sus disposiciones bilaterales la exención en la fuente relativa a sociedades comunitarias con participaciones significativas (en el caso francés, con un umbral del 10 % de participación).

Algún tratado contempla hasta cuatro tipos o límites de imposición, incluyendo la exención (CDI en Vietnam –artículo 10 y Protocolo–).

Ciertos CDI –así, los suscritos con Portugal y Alemania hasta 2013, entre otros– contemplan las rentas de cuentas en participación como dividendos.

Determinados CDI contemplan expresamente la aplicación de las normas sobre subcapitalización (así, por ejemplo, los suscritos con Arabia Saudí, Argentina, Bélgica, Costa Rica, Cuba, Eslovenia, Francia, Grecia, Irlanda, Islandia, Israel, México, Noruega, Portugal, Rep. Dominicana, Rusia y Sudáfrica).

Asimismo, algunos CDI, como los suscritos con Argelia, EEUU, Bélgica, Cuba, Corea, Dinamarca (sin vigencia desde 1 de enero de 2009), Eslovenia, Francia, Egipto, Grecia, Islandia, Israel, Portugal, Rusia y Sudáfrica, califican expresamente las cuotas de liquidación como dividendos.

Un cierto número de CDI –entre los más recientes, a título de mero ejemplo, los suscritos con Serbia, Costa Rica, El Salvador o Jamaica– contemplan la cláusula de nación más favorecida.

Los CDI con Andorra, EEUU, Brasil, Canadá, Filipinas, Indonesia, Sudáfrica, Tailandia, Túnez, Turquía, Costa Rica, Panamá, Kazajstán, y Canadá prevén la imposición de beneficios transferidos por sucursales.

Además, un buen número de CDI incorporan normas singulares, a cuyo contenido detallado solo cabe remitirse (es el caso de los pactados, por ejemplo, con Reino Unido, Portugal, Chile, Italia, Luxemburgo, EEUU, Grecia, o Francia). No obstante, cabe enunciar algunas de ellas tales como que:

- El CDI vigente hasta 2013 con Alemania considera dividendos las rentas derivadas de certificados de fondos de inversión y presenta especialidades notables en el tratamiento de los dividendos y rentas provenientes de sociedades de personas.

En el CDI vigente desde 2013, partiendo del usual reparto de soberanías fiscales y la posible tributación de los dividendos procedentes de sociedades en el Estado de la fuente, se dispone para los dividendos cuyo perceptor sea el beneficiario efectivo que el impuesto exigido no podrá exceder del:

a) 5 % del importe bruto de los dividendos si el beneficiario efectivo es una sociedad (distinta de una sociedad de personas «partnership» o una sociedad cotizada de inversión inmobiliaria «real state investment company») que posea directamente al menos el 10 % del capital de la sociedad que paga los dividendos.

b) 15 % del importe bruto de los dividendos en todos los demás casos.

Las rentas afectadas comprenden todas aquellas rentas que la legislación interna someta a un régimen fiscal similar al de dividendos, comprendiendo «los rendimientos procedentes de las distribuciones por razón de certificados en una «Investmentvermögen» alemana». Nada se dice respecto de las cuotas de liquidación que caerán en el ámbito del artículo 13 del tratado. Desaparece la mención de los cuenta-partícipes del viejo tratado, aunque el protocolo apunta, como se ve de inmediato, reglas sobre la tributación de algunos híbridos.

En el protocolo se dispone que, no obstante lo dispuesto en los artículos 10 (y 11), los dividendos (e intereses) pueden someterse a imposición en el Estado contratante del que proceden, y de acuerdo con la legislación de ese Estado, cuando se deriven de derechos, comprendidos los de crédito, que permitan participar en los beneficios, incluida la renta procedente de las acciones o bonos de disfrute, la renta que obtenga un socio comanditario (en el caso de Alemania «stiller Gesellschafter») de su participación como tal, o de un préstamo cuyo tipo de interés esté vinculado al beneficio del prestatario (en el caso de Alemania «partiarisches Darlehen») o de bonos de participación en beneficios (en el caso de Alemania «Gewinnobligationen»), y con la condición de que sean deducibles en la determinación de los beneficios de deudor de tal renta, pero si el beneficiario efectivo es un residente del otro Estado contratante, el impuesto así exigido no excederá del 15 % del importe bruto de dichos dividendos e intereses.

En el CDI con Andorra partiendo del usual reparto de soberanías fiscales y la posible tributación de los dividendos (que comprenden todas aquellas rentas que la legislación interna someta a un régimen fiscal similar al de dividendos) procedentes de sociedades en el Estado de la fuente, se dispone para los dividendos y perceptor –beneficiario efectivo–, un tipo impositivo techo de carácter general del 15 % en tanto que, dándose una participación sustancial, directa de al menos el 10 % del capital por parte de una sociedad (no de personas) beneficiara efectiva, el techo de retención se reduce al 5 %.

Nada se dice respecto de las cuotas de liquidación que volarán al ámbito del artículo 13 del tratado.

Se cita la imposición complementaria sobre transferencias de establecimientos permanentes a casa central, techándose en el 5 %.

Tratándose de dividendos distribuidos por una Sociedad Anónima cotizada de Inversión en el Mercado Inmobiliario regulada mediante la Ley 11/2009, de 26 de octubre, por la que se regulan las Sociedades Anónimas Cotizadas de Inversión en el Mercado Inmobiliario, si el beneficiario efectivo de los dividendos es un residente de Andorra, el impuesto así exigido no podrá exceder del 15 %.

A efectos de obtener las ventajas de este precepto se deberá presentar un certificado de residencia indicando la naturaleza y el importe o valor de las rentas emitido por la autoridad competente del correspondiente Estado.

- En el CDI con Argentina, con efectos desde 2013, en un memorándum anejo al nuevo tratado se prodigan **cláusulas antiabuso** en este sentido:

"a) El Convenio no se interpretará en el sentido de impedir a un Estado contratante aplicar las disposiciones de su normativa interna relativas a la prevención de la evasión fiscal.

b) Se entenderá que los beneficios del Convenio no se otorgarán a una persona que no sea la beneficiaria efectiva de las rentas procedentes del otro Estado contratante o de los elementos de patrimonio allí situados.

Convenios de doble imposición

c) El Convenio no impedirá a los Estados contratantes la aplicación de sus normas internas relativas a la transparencia fiscal internacional (Controlled Foreign Companies) o subcapitalización o las normas que se establezcan sobre las mismas.

d) Las disposiciones de los artículos 10, 11, 12 y 13 no se aplicarán cuando el fin primordial o uno de los fines primordiales de cualquier persona relacionada con la creación o cesión de las acciones u otros derechos que generan los dividendos, la creación o cesión del crédito que genera los intereses, o la creación o cesión del derecho que genera los cánones o regalías, sea el de conseguir el beneficio de dichos artículos mediante dicha creación o cesión."

- En el CDI con Armenia se prevé para los dividendos cuyo perceptor sea el beneficiario efectivo que el impuesto así exigido no podrá exceder del 10 % del importe bruto de los dividendos con carácter general.

Sin embargo, se ordena que el Estado contratante en el que la sociedad que paga los dividendos sea residente considerará exentos los dividendos pagados por esa sociedad a una sociedad cuyo capital esté total o parcialmente dividido en acciones o participaciones, siempre que:

1) El beneficiario efectivo de los dividendos sea un residente del otro Estado contratante.

2) Posea, directa o indirectamente, al menos el 25 % del capital de la sociedad que paga los dividendos durante, al menos, dos años antes de la fecha de dicho pago.

3) Dichos dividendos no estén sujetos al impuesto sobre los beneficios en el otro Estado contratante.

- En el CDI con Barbados, se contiene una importante cláusula antiabuso según la cual los beneficios de los artículos 10, 11, 12 y 13 del presente Convenio no son de aplicación a las personas que tengan derecho a beneficios fiscales por razón de los siguientes regímenes tributarios especiales en Barbados:

a) Ley de Servicios Financieros Internacionales, International Financial Services Act, Cap 325.

b) Ley de Sociedades de Responsabilidad Limitada, Societies with Restricted Liability Act, Cap 318B.

c) Ley de Sociedades Mercantiles Internacionales, International Business Companies Act, Cap 77.

d) Compañías de Seguros Exentas, Exempt Insurance Company, Cap 308A.

- En relación concreta con el CDI con Brasil adviértase que mediante Resolución de 22 de septiembre de 2003 se hizo público un cruce de cartas interpretativas del tratado en cuya virtud, en base a la cláusula de nación más favorecida del Convenio, el tipo máximo sobre el importe bruto de los dividendos se cifra en el 10 % (anteriormente, el 15 %) (CDI artículo 10.2). Este tipo máximo es aplicable a los residentes españoles siempre que la sociedad residente en España posea al menos el 25 % del capital con derecho a voto de la sociedad residente en Brasil.

- En el CDI con Canadá (2015) en cuanto al reparto de soberanías y la posible tributación de los dividendos procedentes de sociedades en el Estado de la fuente, se dispone –siempre para el perceptor/beneficiario efectivo– un techo de carácter general en el 15 %, en tanto que, dándose una participación sustancial y directa -de al menos el 10 % del capital-, el tipo se reduce al 5 % del importe bruto de los dividendos si el beneficiario efectivo es una sociedad (distinta de una sociedad de personas).

Tratándose de Dividendos obtenidos por planes y fondos de pensiones y de jubilación se dispone su exención bajo ciertas condiciones (participación no superior 5 % - acciones cotizadas – objeto social exclusivo, etc.).

- En el CDI con Catar, partiendo del usual reparto de soberanías fiscales y la posible tributación de los dividendos (que comprenden todas aquellas rentas que la legislación interna somete a un régimen fiscal similar al de dividendos) procedentes de sociedades en el Estado de la fuente, se dispone para los dividendos cuyo perceptor sea el beneficiario efectivo, tendrá un impuesto que no deberá superar el 5 % del importe bruto de los dividendos.

No obstante, se encontrarán exentos los dividendos si:

a) el beneficiario efectivo es una sociedad residente del otro Estado que posea directamente al menos el 10 % del capital de la sociedad que paga los dividendos,

b) el beneficiario efectivo de los dividendos es el otro Estado, una de sus subdivisiones políticas, entidades locales o una de las entidades públicas que de ellos dependen, o una entidad totalmente participada por ese Estado o autoridad, incluyendo, en el caso de Catar, la Qatar Investment Authority, y el Qatar Holding, siempre que dicho Estado, autoridad o entidad posea directamente al menos el 5 % del capital de la sociedad que paga los dividendos; o

c) la pagadora de los dividendos es una sociedad cuyas acciones se negocian sustancial y regularmente en un mercado de valores de un Estado y el beneficiario efectivo de los dividendos es un residente del otro Estado que posee directamente al menos el 1 % de la sociedad que paga los dividendos.

El protocolo añade dos precisiones: la primera, que se entenderá que las disposiciones de este apartado se aplican al Qatar Holding únicamente en tanto que esté íntegramente participado por el Estado de Catar. La segunda, que, en el caso de España, «mercado de valores» significa el mercado secundario oficial.

Las disposiciones de los artículos 10 no se aplican cuando el fin primordial o uno de los fines primordiales de cualquier persona relacionada con la creación o cesión de las acciones u otros derechos que generan los dividendos, sea el de conseguir el beneficio de dichos artículos mediante dicha creación o cesión.

Y, en fin se incorpora una cláusula de formato BEPS de propósito principal (PPT), de tal manera que se ordena que lo dispuesto en los restantes artículos del convenio, un residente de un Estado contratante no podrá beneficiarse de las reducciones o exenciones impositivas previstas en el convenio, otorgadas por el otro Estado contratante, cuando el fin primordial o uno de los fines primordiales de ese residente o de cualquier persona relacionada con dicho residente, sea el de conseguir los beneficios del convenio.

- En el CDI con Chipre, partiendo del usual reparto de soberanías fiscales y la posible tributación de los dividendos procedentes de sociedades en el Estado de la fuente, se dispone para los dividendos cuyo perceptor sea el beneficiario efectivo que el impuesto exigido no podrá exceder de 5 % del importe bruto de los dividendos.

No obstante, estarán exentos de imposición en el Estado en que resida la sociedad que paga los dividendos cuando su beneficiario efectivo sea una sociedad cuyo capital esté total o parcialmente dividido en acciones o participaciones y que sea residente del otro Estado contratante, siempre que esta posea directamente al menos el 10 % del capital de la sociedad que paga los dividendos.

- En cuanto al CDI con EEUU, España ha suscrito un procedimiento amistoso reconociendo la «transparencia» de determinadas entidades singulares, en enero de 2006 (BOE de 13 de agosto de 2009). En dicho Acuerdo (con consecuencias parecidas a las derivadas del artículo 1.6 del futuro tratado hispano-norteamericano)se establece el tratamiento fiscal, a efectos del convenio bilateral de determinadas entidades norteamericanas: las sociedades de responsabilidad limitada estadounidenses («LLC»), las Sociedades Anónimas estadounidenses «tipo S» (S Corporations), y otras entidades mercantiles consideradas sociedades de personas (partnerships) o entidades no sujetas al impuesto sobre sociedades estadounidense (al margen de la demora en su publicación debe advertirse que su vigencia, curiosamente, aparece retrotraída a 1 de enero de 1998). Se refrenda el criterio previsto en el Protocolo de modo que se acuerda que la expresión «cualquier otra agrupación de personas» («persona» susceptible de recibir los efectos del CDI) comprende igualmente una LLC u otra entidad constituida o no en los Estados Unidos que se considere una sociedad de personas o no se considere como una entidad distinta de sus socios a los efectos de los impuestos federales de los Estados Unidos.

Convenios de doble imposición

Y, en consecuencia, la renta obtenida por una de dichas entidades se considerará renta percibida por un residente de los Estados Unidos en la medida en que la renta percibida por dichas entidades esté sujeta a tributación en los Estados Unidos como renta de un residente de ese país. De forma similar, las autoridades competentes acuerdan que la renta percibida por una sociedad anónima «tipo S» se considerará como percibida por un residente de los Estados Unidos en la medida en que la renta percibida por la sociedad esté sujeta a tributación en los Estados Unidos como renta de un residente de dicho país. A tal punto se prevé la forma mediante la cual las referidas entidades podrán acreditar su residencia fiscal a efectos del CDI, mediante un determinado modelo (6166) al que se unirá como anexo una lista de los socios residentes de los Estados Unidos conforme a los datos que obren en poder de las autoridades fiscales de EEUU (la entidad, a su vez, facilitará directamente al retenedor extranjero, conforme a los datos que obren en su poder, la información relativa al porcentaje de propiedad de la misma correspondiente a los socios que figuren en el listado).

- El CDI en Emiratos Árabes Unidos contiene en su artículo 10 una cláusula antiabuso específica contra el uso interesado del tratado, así como un mandato de exención en fuente para dividendos obtenidos por los respectivos Estados, sus subdivisiones políticas, Bancos centrales o ciertas entidades inversoras.

- En el CDI con Finlandia (2018), partiendo del usual reparto de soberanías fiscales y la posible tributación de los dividendos (que comprenden todas aquellas rentas que la legislación interna someta a un régimen fiscal similar al de dividendos) procedentes de sociedades en el Estado de la fuente, se dispone para los dividendos cuyo perceptor sea el beneficiario efectivo, el impuesto exigido no excederá:

a) del 5 % del importe bruto de los dividendos si el beneficiario efectivo es una sociedad (distinta de una sociedad de personas) que controle directamente al menos el 10 % del poder de voto de la sociedad que paga los dividendos;

b) del 15 % del importe bruto de los dividendos en todos los demás casos.

No obstante, se considerarán en fuente exentos los dividendos pagados cuando su beneficiario efectivo sea un plan de pensiones residente del otro Estado.

Sus normas no se aplican cuando el fin primordial o uno de los fines primordiales de cualquier persona relacionada con la creación o cesión de las acciones u otros derechos que generan los dividendos, sea el de conseguir el beneficio de dichos artículos mediante dicha creación o cesión.

- Respecto al CDI con Francia cabe mencionar un Intercambio de cartas –publicado en el BOE de 6 de agosto de 2009– que contiene un acuerdo entre las autoridades francesas y españolas para fijar las condiciones de aplicación del convenio sobre doble imposición bilateral, con efectos desde 1 de enero de 2005, a las instituciones de inversión colectiva francesas, no sujetas a imposición en dicho país, por los dividendos e intereses de fuente española, y en la medida y proporción correspondiente a socios o partícipes residentes en Francia que quede acreditada.

- En el CDI con Hong Kong se prevé la posible tributación en fuente de los dividendos (que comprenden todas aquellas rentas que la legislación interna someta a un régimen fiscal similar al de dividendos) procedentes de sociedades en el Estado o «Parte» de la fuente, disponiendo para los dividendos cuyo perceptor sea el beneficiario efectivo que el impuesto así exigido no podrá exceder:

a) Del 0 % del importe bruto de los dividendos si el beneficiario efectivo es una sociedad (distinta de una sociedad de personas) que posea directamente al menos el 25 % del capital de la sociedad que paga los dividendos.

b) Del 10 % del importe bruto de los dividendos en todos los demás casos.

Existe una significativa cláusula antiabuso según la cual la disposición no se aplica cuando el fin primordial o uno de los fines primordiales de cualquier persona relacionada con la creación o cesión de las acciones u otros derechos que generan los dividendos sea el de conseguir los beneficios contenidos en la norma.

- En el CDI con Kuwait, partiendo del usual reparto de soberanías fiscales y la posible tributación de los dividendos (que comprenden todas aquellas rentas que la legislación interna someta a un régimen fiscal similar al de dividendos) procedentes de sociedades en el Estado de la fuente, se dispone para los dividendos cuyo perceptor sea el beneficiario efectivo, un tipo impositivo techo de carácter general del 5 % sobre el íntegro en tanto que, dándose una participación directa de al menos el 10 % del capital de la sociedad - por parte de una sociedad residente en el otro Estado, los dividendos se encuentran exentos.

- Según el Protocolo del CDI suscrito con Luxemburgo, las sociedades holding así como otras entidades con similar estatuto fiscal quedan excluidas expresamente del Convenio. Precisamente Luxemburgo es catalogado como paraíso fiscal desde el punto de vista de la Administración española en lo que concierne solo a dichas entidades.

- En el CDI con México, retocado en septiembre de 2017 con un nuevo protocolo, se rectifica la norma de reparto de soberanías preexistente que establecía un doble escalón de máximo sude imposición, de modo que se establece un máximo del 10 % del importe bruto de los dividendos como techo de imposición con carácter general, a la par que se declaran exentos en fuente los obtenidos por un fondo de pensiones o por sociedades con una participación de al menos el 10 % del capital de la sociedad que lo reparte.

Asimismo se contiene una norma anti abuso en línea con el Proyecto BEPS.

- En el CDI con Nigeria partiendo del usual reparto de soberanías fiscales y la posible tributación de los dividendos (que comprenden todas aquellas rentas que la legislación interna someta a un régimen fiscal similar al de dividendos) procedentes de sociedades en el Estado de la fuente, se dispone –siempre para el perceptor/beneficiario efectivo– un techo de carácter general en el 10 %, en tanto que, dándose una participación sustancial y directa -de al menos el 10 % del capital- por parte de una sociedad en la otra, el tipo se reduce al 7,5 % del importe bruto de los dividendos si el beneficiario efectivo es una sociedad (distinta de una sociedad de personas).

En el protocolo se contiene una cláusula automática de nación más favorecida.

- En el CDI con Nueva Zelanda se prevé la imputación de las rentas de un trust al trustee como beneficiario efectivo.

- En el CDI con Omán, partiendo del usual reparto de soberanías fiscales y la posible tributación de los dividendos (que comprenden todas aquellas rentas que la legislación interna someta a un régimen fiscal similar al de dividendos) procedentes de sociedades en el Estado de la fuente, se dispone para los dividendos cuyo perceptor sea el beneficiario efectivo, "tendrá un impuesto que no deberá superar el 0 %" – esto es, estará exento- del importe bruto de los dividendos si el beneficiario efectivo es una sociedad (distinta de una sociedad de personas) que posea directamente al menos el 20 % del capital de la sociedad que paga los dividendos y el 10 % del importe bruto de los dividendos en todos los demás casos.

Por otra parte, los dividendos pagados por una sociedad residente de un Estado contratante a la Administración del otro Estado contratante estarán exentos de imposición en el Estado mencionado en primer lugar.

En el Protocolo se observa que, no obstante las restantes disposiciones de este Convenio, cuando una sociedad residente de un Estado contratante tenga un establecimiento permanente en el otro Estado contratante, ese otro Estado contratante no someterá a imposición las remesas de beneficios, o lo que se considere como tales, transferidas por el establecimiento permanente a la sociedad residente del Estado contratante mencionado en primer lugar.

- El CDI con los Países Bajos aplica el artículo 10 a las rentas de bonos u obligaciones con derecho a participar en los dividendos. En cuanto a la tributación de dividendos prevista en el protocolo véase STS de 16 de diciembre de 2009.

- En el CDI con Panamá se prevé la exención de los dividendos pagados a una sociedad, cuyo capital esté total o parcialmente dividido en acciones o participaciones y que sea residente del otro Estado contratante, siempre que esta posea directamente al menos el 80 % del capital de la sociedad que paga los dividendos y se dé alguna de las siguientes situaciones:

a) Cuando la sociedad que reciba los dividendos cotice en un mercado de valores reconocido.

b) Cuando la sociedad que percibe los dividendos esté participada por residentes en uno o ambos Estados contratantes al menos en un 50 %.

c) Cuando la sociedad que percibe los dividendos esté participada por socios o accionistas residentes en terceros Estados que posean directamente menos de un 25 % de su capital.

d) Cuando la sociedad que percibe los dividendos esté participada por socios o accionistas residentes en terceros Estados, que posean más de un 25 % de su capital y ese tercer Estado tenga suscrito un Convenio para evitar la doble imposición con el Estado de la sociedad que paga los dividendos, que contemple condiciones iguales o más favorables que las previstas en este artículo.

- En el CDI con República Dominicana, a partir del usual reparto de soberanías fiscales y la posible tributación de los dividendos (que comprenden todas aquellas rentas que la legislación interna someta a un régimen fiscal similar al de dividendos) procedentes de sociedades en el Estado de la fuente, se dispone –siempre para el perceptor/beneficiario efectivo- que el impuesto así exigido no podrá exceder del 10 % del importe bruto de los dividendos.

Y asimismo, se ordena la exención en fuente si el beneficiario efectivo es una sociedad (excluidas las sociedades de personas) que posea directamente al menos el 75 % del capital de la sociedad que paga los dividendos.

- En el CDI con Reino Unido (2014), considerando la posible tributación de los dividendos procedentes de sociedades en el Estado de la fuente, se dispone para los dividendos cuyo perceptor sea el beneficiario efectivo que el impuesto exigido no podrá exceder del:

- 10 % del importe bruto de los dividendos, excepto por lo dispuesto en el párrafo siguiente.

- 15 % del importe bruto de los dividendos, cuando estos se paguen con cargo a rentas (comprendidas las ganancias) derivadas directa o indirectamente de bienes inmuebles en el sentido del artículo 6 mediante un instrumento de inversión que distribuya la mayor parte de sus rentas anualmente, y cuyas rentas procedentes de dichos bienes inmuebles estén exentas de imposición (ver Protocolo a tal punto).

No obstante, estarán exentos de imposición en el Estado en que resida la sociedad que paga los dividendos cuando su beneficiario efectivo sea:

- una sociedad residente del otro Estado que controle, directa o indirectamente, al menos el 10 % del capital de la sociedad que paga los dividendos (en los casos distintos del mencionado en el párrafo anterior –límite del 15 %- en el que el pagador de los dividendos es un instrumento de inversión); o

- un plan de pensiones residente del otro Estado.

- En el CDI con Senegal, partiendo del usual reparto de soberanías fiscales y la posible tributación de los dividendos (que comprenden todas aquellas rentas que la legislación interna someta a un régimen fiscal similar al de dividendos) procedentes de sociedades en el Estado de la fuente, se dispone –siempre para el perceptor/beneficiario efectivo– un tipo impositivo techo de carácter general en el 10 %.

- En el CDI suscrito con Singapur se contempla la tributación compartida para dividendos comprendiendo entre dichas rentas las distribuciones efectuadas con cargo a entidades cotizadas de inversión inmobiliaria constituidas en virtud de la legislación de un Estado contratante (el Protocolo alude a la Socimis y a determinados fideicomisos -Reits- de Singapur), estableciendo un tipo máximo del 5 % del importe bruto de la distribución si el beneficiario efectivo posee, directa o indirectamente, menos del 10 % del valor del capital aportado a dicha entidad (con una participación superior la tributación carece de techo y, desde luego, no afecta a la imposición de los beneficios de la sociedad o de la entidad cotizada de inversión inmobiliaria con cargo a los que se pagan los dividendos o se realiza la distribución).

- En el CDI con Suiza (nuevo protocolo desde junio de 2007) –junto a un tipo límite general del 15 % para la imposición en fuente, se dispone la exención para el caso de percepción de dichas utilidades por sociedades matrices (25 % de participación y dos años de tenencia de la cartera, y otras condiciones afines a las previstas en la Directiva 90/435/CEE), respecto de las cuales se dictan exigencias adicionales para evitar su instrumentalización como entidades interpuestas.

En el Protocolo con efectos con efectos generales desde 24 de agosto de 2013 se prevé –artículo 10- la exención de los dividendos pagados por a una sociedad cuyo capital esté total o parcialmente dividido en acciones o participaciones y que sea residente del otro Estado, siempre que esta posea directamente al menos el 10 % del capital de la sociedad que paga los dividendos durante al menos un año, y siempre que la sociedad que paga los dividendos esté sujeta y no exenta respecto de los impuestos comprendidos en el artículo 2 del Convenio, y que ninguna de las sociedades sea residente de un tercer Estado en virtud de un convenio para evitar la doble imposición con ese tercer Estado, debiendo ambas sociedades revestir la forma de sociedades de capital.

Se ordena asimismo la exención de los dividendos percibidos por fondos de pensiones, sobre cuya cobertura dentro del CDI se pronuncia el Protocolo: se entenderá que la expresión "residente de un Estado contratante" comprende los fondos o planes de pensiones reconocidos, constituidos en ese Estado; y la expresión "fondo o plan de pensiones reconocido" significará todo plan, fondo, mutualidad u otra institución constituida en un Estado contratante que gestione el derecho de las personas a cuyo favor se constituye a percibir rentas o capitales por jubilación, supervivencia, viudedad, orfandad o invalidez; y cuando las aportaciones a los mismos puedan optar a beneficios fiscales en forma de reducción en la base del impuesto sobre la renta de las personas físicas.

- El CDI con Turquía considera dividendos las rentas derivadas de fondos o trusts de inversiones.
- En el CDI con Uzbekistán, partiendo del usual reparto de soberanías fiscales y la posible tributación de los dividendos (que comprenden todas aquellas rentas que la legislación interna someta a un régimen fiscal similar al de dividendos) procedentes de sociedades en el Estado de la fuente, se dispone que dichos dividendos pueden someterse también a imposición en el Estado en que resida la sociedad que paga los dividendos y según la legislación de ese Estado, pero si el beneficiario efectivo de los dividendos es un residente del otro Estado, el impuesto así exigido no podrá exceder del:

a) 5 % del importe bruto de los dividendos si el beneficiario efectivo de los dividendos es una sociedad (distinta de una sociedad de personas) que posea directamente al menos el 25 % del capital de la sociedad que paga los dividendos;

b) 10 % del importe bruto de los dividendos en todos los demás casos.

En el Protocolo del Convenio se ordena que en la medida en que conforme a las disposiciones de la legislación española relativas al Impuesto sobre la Renta de las Personas Jurídicas, con sus modificaciones futuras, una sociedad residente de España no tribute por dicho impuesto español por razón de los dividendos que la sociedad perciba procedentes de una sociedad residente en Uzbekistán, el porcentaje del 5 % quedará reducido a 0 %.

- El CDI con Venezuela prevé la exención en caso de sociedades matrices con un 25 % de participación.

5. BIBLIOGRAFÍA

AAVV (GARCIA HERRERO) (2015), «*Manual de Fiscalidad Internacional*». IEF

AAVV (LUCAS DURÁN) (2015), «*Fiscalidad Internacional*». CEF

AAVV (RUÍZ GARCÍA) (2004), «*Comentarios a los Convenios…*» Fundación Barrié. A Coruña.

ALBI, E. (1991), «*Tratamiento fiscal de los dividendos en Estudios sobre el Convenio entre España y EEUU*». Gaceta Fiscal. Madrid.

CARMONA FERNÁNDEZ, NÉSTOR et al. (1995), *«Fiscalidad de no residentes según la doctrina administrativa (1992-1994)»*, CISS, Valencia.

CARMONA FERNÁNDEZ, NÉSTOR (2007), *«Guía del Impuesto sobre la Renta de No Residentes»*, CISS, Valencia.

CARMONA FERNÁNDEZ, NÉSTOR (2011), *«TODO Renta de No Residentes 2011/2012»*, CISS, Valencia.

CUATRECASAS (2003), *«Comentarios a la LIRNR»*, Aranzadi, Pamplona.

ESTEBAN PAUL, ÁNGEL (2003), *«Tributación de operaciones financieras»* Escuela de Hacienda Pública, Madrid.

GONZÁLEZ POVEDA (1993), *«Tributación de no residentes»*, La Ley, Madrid.

LUCAS, M. (2000), *«La tributación de dividendos internacionales»*. Lex Nova. Valladolid.

MARTÍN JIMÉNEZ (2004), *«The 2003 Revision of the OECD Commentaries on the Improper Use of Tax Treaties: A Case for the Declining Effect of the OECD Commentaries?»*. Bulletin for International Fiscal Documentation vol. 58, nº 1.

RODRÍGUEZ ONDARZA Y OTROS (2003), *«Fiscalidad y planificación fiscal internacional»*, Instituto de Estudios Económicos, Madrid.

VÁZQUEZ TAÍN, M.A. (2017) *«Fiscalidad de No residentes»*. Tirant lo Blanch Valencia

VEGA, F.A. (2003), *«Las medidas contra el Treaty shopping»*. I.E.F. Madrid.

VOGEL (1997), *«On Double Tax Conventions»*, Kluwer, Londres, La Haya, Boston.

III.5

INTERESES

Néstor Carmona Fernández

III.5.   INTERESES

Sumario

INTERESES

1. NOCIÓN DE INTERESES

1.1. Definición por el Modelo de Convenio de la OCDE

Desde la perspectiva de los CDI inspirados en el vigente Modelo de la OCDE el término «intereses» se hace equivalente a «los rendimientos de créditos de cualquier naturaleza, con o sin garantía hipotecaria o cláusula de participación en los beneficios del deudor, y en particular los rendimientos de valores públicos y los rendimientos de bonos y obligaciones», incluidas las primas y lotes unidos a esos títulos, y excluidas de esa noción las penalizaciones por mora en el pago.

El tratamiento que ofrece el ModCDI en esta materia es coincidente, salvo pequeños matices, con el previsto en el Modelo de las Naciones Unidas, aunque difiere del Modelo de convenio trazado por EEUU, no en la noción de las rentas afectadas pero sí en punto al criterio de reparto de soberanías fiscales (ver apartado 2 más adelante).

El ModCDI opta –ya desde su versión de 1977– por ofrecer una definición acotada de este género de rentas, por razones de seguridad jurídica y por su inclinación a evitar remisiones a las normas domésticas, aunque deja a la voluntad de los Estados completar la noción prevista en el precepto bilateral con un mandato de reenvío a sus propias legislaciones (la técnica de remisión a la norma doméstica era el postulado general del viejo Proyecto de Modelo de CDI de 1963, y sobre dicha posibilidad, como se verá, el Estado español efectúa una reserva expresa).

Por consiguiente y en términos generales, se está en presencia de rendimientos de capitales cedidos o sumas prestadas que cabe incluir dentro de la categoría general de «rentas de los capitales mobiliarios». No se trata, sin embargo y a diferencia de lo que sucede con los dividendos de una modalidad de rentas que soporten riesgo de doble imposición económica (no tributan al mismo tiempo en manos del deudor y del acreedor). Es más –afirman los CMC–, si el deudor se compromete a veces a tomar a su cargo el pago del impuesto exigido en la fuente sobre los intereses, ocurre algo similar a si aceptase pagar a su acreedor un suplemento de interés equivalente a dicho impuesto, sin mayores consecuencias.

Las rentas afectadas por el régimen de imposición previsto en el artículo 11 ModCDI comprenden todo género de rendimientos de créditos aun cuando vayan acompañados de garantía hipotecaria (y ello a pesar de que determinados países califiquen estos últimos como rentas de naturaleza inmobiliaria). Se considera que la expresión «créditos de cualquier naturaleza» engloba evidentemente los depósitos en especie y las fianzas en numerario, así como los fondos públicos y las obligaciones representativas de empréstitos.

Los rendimientos de créditos con cláusula de participación en los beneficios (y a condición de que el contrato revista en su conjunto el carácter de un préstamo con retribución) se consideran como intereses y no como dividendos. Al igual que pertenecerán también al ámbito del artículo 11 los intereses procedentes de obligaciones convertibles mientras que las obligaciones no se hayan convertido efectivamente en acciones (no así, si los fondos prestados comparten efectivamente los riesgos incurridos por la sociedad prestataria). En este mismo entorno deben considerarse, en sentido negativo, las rentas incursas en supuestos de subcapitalización, en cuya virtud quepa recaracterizar intereses como dividendos (ver apartado 1, *in fine*, del Capítulo 3.4., relativo a «dividendos»). En cuanto a la calificación fiscal de ciertos instrumentos híbridos, de naturaleza muy debatida –los juros brasileños-, se pronunciaron SAN de 27 de febrero de 2014 y TEAC de 6 de noviembre de 2014, en sentido positivo pero STS de 16 de marzo de 2016 los califica como afines a los dividendos, a efectos del artículo 21 de la Ley 27/2014, de 27 de noviembre, del Impuesto sobre Sociedades (en adelante, LIS).

Ciertos Estados (así, Canadá, Chile, Bélgica, Australia, Grecia, Estonia, Letonia, Irlanda, Noruega, Reino Unido o la propia España) efectúan reservas de gravamen respecto de la definición de intereses.

Otros pueden mostrar reservas más particulares, como EEUU –en torno no solo a la delimitación de las rentas sino también al *branch tax* sobre intereses de los EP– o México –este último, respecto de las rentas procedentes del arrendamiento financiero y de los contratos de *factoring* y los préstamos *back to back*–. Entre las categorías de rentas expresamente expulsadas del ámbito del precepto se encuentran las penalizaciones por mora así como las rentas vitalicias y temporales. No obstante, los CMC dejan libertad a los Estados para catalogar dichas penalizaciones como intereses en sus convenios bilaterales (y ello a pesar de que gocen de una naturaleza dominantemente indemnizatoria a favor del acreedor, para compensarle de la ejecución tardía imputable al deudor, más que propiamente de renta del capital). Como se verá más adelante –apartado 4– ciertos CDI omiten la exclusión de tales penalizaciones dentro del concepto de intereses.

En el caso de las rentas vitalicias el rechazo a su asimilación (dejando a un lado de antemano las pensiones vitalicias de origen laboral que caen bajo la cobertura del artículo 18 ModCDI) se encuentra fundado, además de en las singularidades legislativas de cada país, en la dificultad de escindir el interés del capital entregado y la amortización de este capital dentro de dichas anualidades, que constituyen «frutos civiles» generados día a día.

Por otra parte, la doctrina OCDE se muestra poco partidaria de considerar dentro del artículo 11 ModCDI las rentas derivadas de instrumentos financieros derivados, salvo que exista una deuda subyacente real (como ejemplo, las permutas financieras o «swaps» de tipos de interés), inclinándose por la tributación en el Estado de residencia del perceptor. En similar sentido, no se consideran dentro del precepto las retribuciones de ciertos servicios bancarios relacionados con la concesión de créditos, tales como garantías o avales (aunque sobre este punto la doctrina administrativa de la DGT haya sembrado más de una duda en especial al pronunciarse en su momento sobre la vieja norma de subcapitalización).

Tal vez la categoría de rentas más polémica en este escenario viene representada por las ganancias obtenidas a consecuencia de la enajenación de activos financieros. Si, como propone el Modelo vigente, la definición de intereses tiene naturaleza cerrada, no se podrán amparar en el marco de ese precepto, a no ser que el texto del convenio las incluya como intereses de modo expreso («el beneficio o la pérdida que un tenedor de obligación obtenga por la venta a un tercero no entra dentro del concepto de interés»). Las rentas derivadas de la transmisión, amortización, reembolso o canje de valores representativos de la captación de capitales ajenos solo puede considerarse que caben dentro de la definición de intereses en aquellos casos en que la noción bilateral de «intereses» adopte una formulación abierta, esto es, se remita a la normativa de fuente interna; aunque también es cierto que semejante conclusión pudiera apreciarse que pugna con los criterios vertidos por los CMC en torno a la delimitación de las ganancias de capital –artículo13 ModCDI–.

Los CMC (Comentarios 20 y 20.1) se perfilan en contra de albergar dentro del marco de la norma a las ganancias patrimoniales derivadas de la transmisión de activos financieros –distintas de los rendimientos implícitos- (siendo tolerantes, si la legislación doméstica así lo prevé, con el gravamen sobre los intereses acumulados pendientes de devengo en el momento de la transmisión si estos no se gravan en sede del adquirente de los activos).

Otro elemento definitorio a considerar deriva del principio de «especialidad» postulado por el clausulado de los tratados en cuya virtud las rentas contempladas de modo singular en un precepto (en esta ocasión, en el artículo11 ModCDI), se acogen a sus mandatos específicos de reparto de soberanía, en lugar de a los generales propios de los «beneficios empresariales» (artículo 7 ModCDI). Así, la norma especial prevalece sobre la general entre las disposiciones integrantes del articulado de un CDI, de modo que, aun cuando tengan naturaleza empresarial, rentas como intereses por ventas a crédito o intereses obtenidos por entidades bancarias o financieras, son atraídas por las normas de reparto dictadas por el artículo 11 ModCDI.

En cualquier caso, y de un modo sustancial cuando el CDI en cuestión remite a las normas domésticas para poner fronteras a este capítulo de rentas, se hace necesario ponderar tales disposiciones.

1.2. Definición por la normativa interna española

La normativa del IRPF (artículo 25.2. LIRPF), a la cual remite la propia del IRNR (artículo 13.3 TRLIRNR), ofrece una noción relativa a los rendimientos derivados de «la cesión a terceros de capitales propios» que comprende las contraprestaciones de todo tipo, «cualquiera que sea su denominación o naturaleza», dinerarias o en especie, como los intereses en sentido estricto o explícitos y cualquier otra forma de retribución pactada como remuneración por la cesión a terceros de capitales propios. Y considera también como tales las rentas derivadas de la transmisión, reembolso, amortización, canje o conversión «de cualquier clase de activos representativos de la captación y utilización de capitales ajenos».

Pertenecen a dicho género de rentas derivadas de «la cesión a terceros de capitales propios»:

1. Los rendimientos procedentes de cualquier instrumento de giro, incluso los originados por operaciones comerciales, a partir del momento en que se endose o transmita, salvo que el endoso o cesión se haga como pago de un crédito de proveedores o suministradores.

2. La contraprestación, cualquiera que sea su denominación o naturaleza, derivada de cuentas en toda clase de instituciones financieras, incluyendo las basadas en operaciones sobre activos financieros.

3. Las rentas derivadas de la cesión temporal de activos financieros con pacto de recompra.

4. Las rentas satisfechas por una entidad financiera, como consecuencia de la transmisión, cesión transferencia, total o parcial, de un crédito de titularidad de aquella.

Las normas reglamentarias distinguen una clasificación de dichos rendimientos según su naturaleza explícita, implícita o mixta, siendo explícitos aquellos rendimientos «que generen intereses» y constituyan retribución pactada de la cesión de capitales propios a terceros (rendimientos derivados de cualquier modalidad de préstamo, o de títulos tales como obligaciones, bonos y similares), siendo implícitos los rendimientos que se produzcan «al descuento», esto es, los generados «mediante diferencia entre el importe satisfecho en la emisión, primera colocación o endoso y el comprometido a reembolsar al vencimiento de aquellas operaciones cuyo rendimiento se fije, total o parcialmente, de forma implícita» (primas de emisión, amortización y reembolso, así como las bonificaciones o primas de colocación de título girados sobre el precio de emisión) y siendo, en fin, rendimientos «mixtos» de activos financieros los que produzcan rendimientos explícitos e implícitos.

También comprenden las rentas derivadas de las cuentas en participación obtenidas por el cuentapartícipe no residente (DGT V2271-12 de 29-11-2012 y DGT V3243-16 de 11-7-2016).

Ni las rentas vitalicias o temporales ni los rendimientos derivados de contratos de capitalización (se consideren como «otros rendimientos de capital mobiliario» o categorías independientes dentro de las rentas de capital, aunque ambas en cualquier caso serán «otras rentas» en el seno de los CDI) ni las rentas derivadas de opciones, futuros (que la DGT califica como ganancias patrimoniales), permutas financieras o *swaps* y otros varios derivados financieros, merecen a tal punto la calificación de « intereses». Se afirma, además, que los «intereses» deben tener carácter remuneratorio y no indemnizatorio (DGT consulta general 1982-02 de 20-12-2002).

Tratándose de un extremo patente en el marco de la legislación bilateral, en el entorno de las normas domésticas ha ofrecido cierto debate si en el caso de no residentes, la habitualidad en la percepción de intereses –bancarios, comerciales, etc.– alteraba o no su calificación, desplazándola al ámbito de las rentas empresariales.

Sin entrar en los detalles del posible conflicto interpretativo al estricto tenor de las disposiciones en juego, debe anteponerse como norma clave aquella que dicta el artículo 13.1.b.) TRLIRNR, al excluir de la calificación de rentas de «actividades económicas» las contempladas en otro «párrafo» (u otra «letra», decía la LIRNR98) del precepto, cuando este, en efecto contiene un epígrafe específico relativo a «intereses». Por otra parte, carece de sentido que la habitualidad subjetiva en la percepción de intereses pueda alterar la calificación fiscal natural de este género de rentas, al igual que ocurre con los cánones, cuando el perceptor carece del vínculo personal de la residencia fiscal y de un mínimo arraigo económico al no actuar por medio de un establecimiento permanente, sino limitarse a obtener rentas episódicas en el territorio español. Sin embargo, sobre esta materia la doctrina jurisdiccional es confusa (SAN de 20 de mayo de 1997, de 18 de noviembre de 1998, y de 20 de diciembre de 2000).

2. POTESTAD DE IMPOSICIÓN

2.1. Postura de la OCDE

2.1.1. Potestad compartida

La fórmula de adjudicación de soberanía fiscal prevista en el ModCDI prevé que los intereses se sometan a imposición en el Estado de residencia, pero deja al Estado de la fuente el derecho a gravarlos si su legislación se lo permite. Una vez recibida dicha potestad (cuyo ejercicio se ve afectado por la limitación resultante de la fijación de un techo que su imposición no puede sobrepasar) el Estado de la fuente puede renunciar a toda exacción fiscal sobre los intereses pagados a no residentes.

En consecuencia, el texto modelo dispone que los intereses procedentes de un Estado contratante y pagados a un residente del «otro» Estado «pueden someterse a imposición» en ese otro Estado, aunque «pueden someterse también a imposición en el Estado contratante del que procedan y según la legislación de ese Estado», pero si el beneficiario efectivo de los intereses es un residente del «otro» Estado contratante, el impuesto así exigido no podrá exceder del 10 % del importe bruto de los intereses (para los CMC esta alícuota constituye un máximo razonable si se considera que el Estado de la fuente puede ya gravar los beneficios o rentas producidos en su territorio por las inversiones financiadas con ayuda de los capitales tomados en préstamo, y, naturalmente, los Estados contratantes pueden acordar, vía negociaciones bilaterales, un tipo impositivo inferior o incluso la imposición exclusiva en uno de los dos Estados, de ordinario, el Estado de residencia). El ModCDI, como ya se apuntó, en esta materia es coincidente con el Modelo de las Naciones Unidas, aunque difiere del Modelo norteamericano que toma como criterio de reparto de soberanías fiscales la potestad exclusiva del Estado de residencia del perceptor (de hecho en este formato de tratado se incorpora un apartado *ad hoc* –6–, en referencia al perceptor y su necesaria condición de beneficiario efectivo del interés).

El término «pagados», al igual que ocurre con otras rentas de capital, reviste un sentido muy amplio ya que el concepto de pago significa ejecutar la obligación de poner los fondos a disposición del acreedor en la forma prevista por el contrato o por los usos.

2.1.2. La incidencia de los Establecimientos Permanentes

Al igual que ocurre con cánones y dividendos, cuando el beneficiario de los intereses –residente en uno de los Estados que conciertan el CDI– ejerce su actividad empresarial en el otro Estado, mediante un establecimiento permanente y los créditos o sumas prestadas generadoras de los intereses se hallan vinculados a dicho establecimiento, dichas rentas pueden gravarse en el Estado en que radica el EP –formando parte de su beneficio y base imponible–, sin que les afecte el régimen de tributación limitada en el Estado de la fuente o, en su caso, la exención, prevista con carácter general en el precepto.

En el Estado de la fuente, los intereses están sujetos a imposición porque son parte de la renta del establecimiento permanente situado en el mismo siempre que se deriven de activos del establecimiento permanente o que, de una u otra manera, se vinculan efectivamente a este último (dicha vinculación «efectiva» implica que el crédito debe estar claramente relacionado con la actividad económica y no afectado artificialmente al EP, con objeto de evitar abusos mediante la transferencia de préstamos a establecimientos permanentes creados exclusivamente con este propósito en países que ofrecen un tratamiento preferente a los intereses). En los comentarios incorporados en julio de 2010 se hace hincapié en los principios de atribución funcional –derivados de la «propiedad económica», la asunción de beneficios y riesgos, y el control de los activos– respecto a la imputación de los rentas concernidas en cada caso y obtenidas por un EP –sea con carácter general, sea en el caso de un EP que operen en el sector de los seguros– y a la necesaria y efectiva conexión de los activos que las generan con el EP en cuestión y a la repetida propiedad económica de su tenencia de acuerdo con los principios descritos en el Informe sobre atribución de beneficios de EP de julio 2010 (y la Guía adicional sobre esta materia publicada por la OCDE en 2018).

Por otro lado, los CMC observan que los intereses satisfechos por un establecimiento permanente situado en un Estado perteneciente a un contribuyente no residente beneficiario de un CDI se consideran, a efectos de su gravamen, de fuente o procedencia del Estado de ubicación del EP, siempre que «los préstamos productores de intereses tengan un vínculo económico evidente con un establecimiento permanente» (aunque el deudor, en sentido jurídico, sea residente en el otro Estado). Sobre este extremo los CMC describen una detallada casuística relativa a la ubicación de deudor, acreedor, utilización del préstamo, etc., que cabe consultar. Asimismo, los intereses satisfechos desde España y obtenidos por un establecimiento permanente radicado en un determinado Estado, que, a su vez, pertenece a una persona o entidad residente en un tercer Estado, no se benefician del CDI suscrito entre el Estado español y el Estado de ubicación del establecimiento. Los CMC asimismo remiten al artículo 29.8 la prevención de casos de tal naturaleza que puedan ser potencialmente abusivos. En dicho precepto se ofrece una regla relativa a las estructuras triangulares mediando establecimiento permanente, en cuya virtud se rechaza aplicar los beneficios del CDI, a los que tendrían derecho las rentas que provengan de un tercer Estado en la medida en que resulte aplicable el tratado entre el Estado de residencia de la empresa o casa central y el Estado de origen de la rentas, aunque aquellas sean imputables al EP y en determinados casos, cuando las repetidas rentas pagadas al EP se encuentren exentas en Estado de residencia y sean gravadas a un tipo más bajo (que debe precisarse) que en el Estado de residencia, en el Estado de situación del EP.

El Estado donde radica el EP no tendrá derecho a gravar (por la vía de la tradicionalmente denominada «cifra relativa») los intereses que perciba la sociedad residente en otro Estado y dueña de dicho EP, en la proporción de los mismos atribuible a la actividad de la sucursal. Y ello, también medie o no CDI, porque la ley doméstica no prevé tal gravamen.

Otra cosa será que se prevea la aplicación de un gravamen complementario (así lo hace el artículo 19.2. TRLIRNR) sobre las remesas de beneficios después de impuestos efectuadas por los EP a sus casas centrales, así como sobre ciertos pagos a la casa central fiscalmente no deducibles, entre ellos «intereses» calificados como beneficios encubiertos transferidos al extranjero, o que dicho gravamen se configure también (branch interest tax) sobre los intereses, no efectivamente pagados pero sí deducibles en la imposición del EP. EEUU hace una expresa reserva en este sentido en el Modelo de 2017.

Las circunstancias relativas a la deducibilidad o no de intereses en sede de imposición de un EP conectan con los CMC tanto en relación con los artículos 7 y 24 del ModCDI en su versión de julio de 2008, como con la versión del nuevo artículo 7 ModCDI nacida en 22 de julio de 2010 y, ambas con apoyo en el Informe elaborado por el Comité de Asuntos Fiscales de la OCDE en sus redacciones de julio de 2008 y, la final, de julio de 2010 –ver sobre este punto y los demás extremos del epígrafe, el apartado 2 del Capítulo III.2. «Beneficios empresariales...»–.

La norma doméstica -Ley 26/2014, de 27 de noviembre- incorpora a tal efecto desde 2015 una previsión –disposición adicional sexta- que pretende acoger lo que pudiera venir recogido en los futuros convenios para evitar la doble imposición suscritos por España que contemplen la versión aprobada en el año 2010 del artículo 7 del ModCDI en relación a los beneficios empresariales.

En tales casos de deducción de los "gastos estimados por operaciones internas realizadas con su casa central o con alguno de sus establecimientos permanentes situados fuera del territorio español", los rendimientos imputados a la casa central o a alguno de los establecimientos permanentes situados fuera del territorio español que se correspondan con los citados gastos estimados se considerarán rentas obtenidas en territorio español, sin mediación de establecimiento permanente, con devengo el 31 de diciembre de cada año, y sobre los que el establecimiento permanente situado en territorio español estará obligado a practicar retención e ingreso a cuenta. Asimismo se observa que a las mencionadas operaciones internas realizadas por un establecimiento permanente situado en territorio español con su casa central o con alguno de sus establecimientos permanentes situados fuera del territorio español les será de aplicación lo previsto en el artículo 18 LIS –valoración a mercado en el régimen de operaciones vinculadas.

Por un lado, los nuevos Comentarios nacidos en la versión del Modelo de 2008, revisten alcance «aclaratorio» –conviven con los preexistentes– y abordan reglas de atribución de beneficios reclamando un análisis funcional y fáctico, para luego valorar sus operaciones con la propia empresa o con empresas asociadas de acuerdo con el principio de libre competencia y las reglas propias de las Directrices de precios de transferencia; resultando de especial relevancia a tal fin la determinación de la cifra de *free capital* asignable a un EP cuya retribución no debe ser considerada deducible. Sobre este punto se permite discrepar, muy abiertamente, la SAN de 10 de julio de 2015, negando virtualidad a la doctrina de la OCDE relativa al free capital con anterioridad a su publicación, con una argumentación que parece desconocer tanto los informes precedentes (1984) de la OCDE preludio de aquellos nuevos comentarios, como la propia LIRNR (artículo 17.1.c LIRNR 2004) que prohíbe la deducibilidad de los costes de los capitales propios, e incluso la propia jurisprudencia del TS que, en el escenario del artículo 22 LIS ha venido reconociendo dicha práctica.

Por otra parte, los CMC unidos al nuevo precepto-tipo nacido en la versión de julio de 2010 (doctrina solo predicable para futuros convenios que adopten dicha redacción) parten, en primer término, del presupuesto de tratar al EP como una empresa separada e independiente, llevando a cabo asimismo un análisis funcional y fáctico, y luego valorativo de acuerdo con las reglas propias de las Directrices de precios de transferencia; si bien que, al considerar plenamente al EP como empresa separada e independiente, deberán reconocerse, a efectos del cálculo de su beneficio, pagos ficticios por las operaciones entre las partes de la empresa o por el uso de bienes de la empresa (los denominados pagos «nocionales»: entre ellos, por ejemplo, intereses –no incurridos ante terceros– a favor de la Casa central por la financiación recibida más allá de los «fondos propios» o *free capital*).

2.1.3. *La incidencia de la vinculación fiscal*

El tenor del precepto del ModCDI relativo a los intereses contiene una cláusula que regula los pagos entre personas vinculadas –al margen de la norma general contenida en el artículo 9–, disponiendo que, «cuando en razón de las relaciones especiales existentes entre el deudor y el beneficiario efectivo, o de las que uno y otro mantengan con terceros, el importe de los intereses, habida cuenta del crédito por el que se paguen, exceda del que hubieran convenido el deudor y el acreedor en ausencia de tales relaciones, las disposiciones de este artículo no se aplicarán más que a este último importe. En tal caso, la cuantía en exceso podrá someterse a imposición de acuerdo con la legislación de cada Estado contratante, teniendo en cuenta las demás disposiciones del presente Convenio».

La noción de «relaciones especiales», según los CMC, comprende también las relaciones de parentesco y, en general, «toda comunidad de intereses distinta de la relación jurídica que dé lugar al pago de los intereses».

Dichos excesos de renta satisfecha no se podrán beneficiar de las previsiones del artículo 11 ModCDI, y su tratamiento fiscal dependerá, en principio, de la calificación que merezca a la luz de otras disposiciones del tratado. Sobre este punto los CMC optan por una línea restrictiva respecto de los posibles ajustes secundarios consecuentes: se considera que este apartado solo autoriza el ajuste de la cuantía de los intereses pero no la reclasificación de los intereses que tendría como consecuencia la modificación de su carácter (así, por ejemplo, una reclasificación por una participación de capital o aportación de fondos propios). Para que sea posible tal ajuste de acuerdo con los términos del artículo 11.4 ModCDI, sería necesario como mínimo, suprimir parte de la frase «habida cuenta del crédito por el que se paguen» que introduce una restricción. Si se cree necesario aclarar esta intención, se podría añadir después de «exceda» una expresión similar a «por cualquier razón».

Asimismo se afirma que el régimen aplicable al exceso de los intereses dependerá de su naturaleza exacta en función de las circunstancias propias de cada caso particular, aplicando las disposiciones de la legislación fiscal de los Estados interesados y las disposiciones del CDI (cuando las normas de su legislación respectiva llevasen a cada uno de los Estados a aplicar artículos diferentes del tratado para gravar el referido exceso, será necesario acudir al procedimiento amistoso previsto en el CDI para resolver la cuestión). Estas fórmulas son aplicables «a las situaciones en las que parte o la totalidad de los intereses pagados es excesiva porque la cuantía del préstamo o los términos de este (incluyéndose el tipo de interés) difieren de lo que hubiera convenido en ausencia de una relación especial».

Así las cosas, la norma en cuestión –artículo 11 ModCDI–, relativa a los préstamos vinculados, permite únicamente ajustar el tipo de interés, pero no permiten la recalificación de un préstamo como capital (otra cosa será la posible incidencia del artículo 9 ModCDI y las Directrices de Precios de Transferencia –apdos. 1.64 a 1.69, y 9.168 y ss. (versión 2010),– o del nuevo texto, publicado en julio de 2017, del Capítulo 1 Sección D-en un escenario de recaracterización o desconocimiento de la operación, o, simplemente, de parametrización del volumen de la financiación –no de su remuneración– en términos de mercado de conformidad con el principio de plena competencia), aunque el ajuste puede tener efectos tanto sobre el perceptor como sobre el deudor, cuando la ley fiscal de su país no considera gasto deducible el exceso de interés, como se apuntó ya. El régimen fiscal aplicable al exceso de interés dependerá de la naturaleza de este exceso. Con frecuencia, estos intereses surgen entre sociedades en las que se da una relación matriz/filial y su tratamiento será el correspondiente a una transferencia de beneficios o dividendo con la consiguiente retención en la fuente.

Adviértase que la LIS desde 2007 –artículo 18.11 LIS y antes de 2015, artículo 16.8 TRLIS, junto con el artículo 20 RIS 2015 (Real Decreto 634/2015, de 10 de julio), antes artículo 21 bis RIS 2004 contempla de modo expreso –y «automático»– el mencionado ajuste secundario en cuya virtud se recaracterice la renta como dividendo, aportación de capital o la categoría que, según su probada naturaleza, proceda, así como su desactivación cuando medie restitución patrimonial.

2.1.4. La noción de beneficiario efectivo

Según disponen los CMC, el concepto de «beneficiario efectivo» se incorporó al apartado del artículo 11.2 ModCDI para aclarar la aplicación del artículo con respecto a los pagos a intermediarios e indicar que el Estado de la fuente no está obligado a renunciar a su derecho a percibir un impuesto por el solo hecho de que dichos ingresos pasaron inmediatamente a manos de un residente de un país con el que el Estado de la fuente tiene suscrito un convenio. El concepto «beneficiario efectivo» no se utiliza en su sentido técnico más estricto, sino que debe más bien interpretarse de su contexto y a la luz de los objetivos e intenciones del CDI, incluyendo la voluntad de evitar la doble imposición y de prevenir la evasión y la elusión fiscales.

Una mayoría de los tratados fiscales suscritos por España desde 1977 establecen de modo expreso que las reglas contenidas en el artículo 11 se apliquen solo si el perceptor del interés es el «beneficiario efectivo» de las rentas (ver apartado 2.2).

De esta manera las autoridades fiscales que acuerdan el CDI, no aceptan que disfruten de sus beneficios fiscales ciertos residentes fiscales en sus respectivos países, que aparecen como meros instrumentos en una determinada remesa de pagos.

La norma persigue evitar la utilización de sujetos interpuestos en la percepción de tales rentas, que inmerecidamente se lucren de las ventajas de la legislación bilateral.

La cláusula relativa al «beneficiario efectivo» se introdujo en el ModCDI de 1977 y se trata de un término, con independencia del alcance de su significado, que trae origen en nociones del derecho anglosajón y que parece emparentarse con la distinción entre la propiedad formal y la propiedad «económica» o «funcional», o entre la titularidad formal y económica de unos determinados rendimientos.

Los CMC otorgan, a la repetida cláusula del beneficiario efectivo un alcance «aclaratorio» en relación a la expresión «pagado a un residente»; como también los nuevos Comentarios incorporan una concepción del «beneficiario efectivo» bastante más amplia de la que podía presumirse en redacciones anteriores.

Si se trata de meros intermediarios en el flujo de las rentas no son acreedores a las ventajas de la norma bilateral, en la medida en que, precisamente a consecuencia de su conducta como transmisores de rentas –y dado que estas se traducirán, en su mayor parte, en correlativos gastos–, no hay riesgos de potencial doble imposición, que el convenio deba atajar. De hecho, los vigentes CMC llegan a afirmar que «una sociedad instrumental no puede ser considerada normalmente como beneficiario efectivo si, pese a ser el propietario de hecho a efectos prácticos, cuenta con poderes muy restringidos que le convierten, con respecto a la renta en cuestión, en un mero fiduciario o administrador que actúa por cuenta de las partes interesadas». En cualquier caso, la figura del «beneficiario efectivo» puede siempre ser interpretada de modo que cuando se trate de supuestos en que el perceptor de la renta sea un mero agente, «*nominee*» o mandatario que actúe por cuenta ajena; es el caso evidente de «*brokers*» o de instituciones financieras que operen por cuenta de terceros (sobre las obligaciones de información a cargo de entidades extranjeras de compensación y liquidación de valores, ver consulta DGT V2051-07 de 28-9-2007).

La actualización del Modelo de CDI en 2014, buscando entre otros efectos, una más precisa delimitación del alcance de la noción de beneficiario efectivo, de suerte que no invada el ámbito de las cláusulas específicas –CMC al artículo 1 del ModCDI– relativas a sociedades interpuestas, contiene ciertas matizaciones y adiciones a los CMC precedentes. Sobre el alcance de dicha interpretación, en especial en relación con sus aspectos más expansivos y conflictivos –relativos a las «*conduit companies*»–. Véase el apartado 2.1.4. del capítulo relativo a «Cánones» y apartado 4.6.4. del capítulo relativo al « Ámbito de aplicación… ».

El Modelo en su redacción de 2017 hace hincapié, sin perjuicio de la aplicación de la cláusula sobre beneficiario efectivo, en la intervención del artículo 29 ModCDI (nacido a consecuencia del Proyecto BEPS y su acción 6) para evitar situaciones abusivas del tratado y en las pautas anti abuso preconizadas en los CMC al artículo 1 del ModCDI con carácter general y ante regímenes fiscales preferenciales.

2.1.5. Rentas susceptibles de exención

La doctrina de la OCDE reconoce la singularidad que representan en la práctica empresarial, las ventas a crédito de bienes de equipo, y otras ventas comerciales a crédito así como de los préstamos bancarios, en que el proveedor se limita frecuentemente a repercutir sobre el comprador, sin ninguna carga adicional, el precio del crédito o de los depósitos que ha obtenido (en las ventas a crédito el interés constituye más un elemento del precio que la renta de una colocación de capital). Por ello y para eliminar todos los riesgos de una doble imposición, los CMC proponen la posibilidad de exonerar de impuesto en el Estado de la fuente los intereses pagados en relación con dichas operaciones, lo que, como se verá, acontece con cierta frecuencia.

2.2. Postura del Estado español

Un buen número de tratados suscritos por España muestran una definición cerrada de intereses. Es el caso de los concertados, entre otros, con Argentina, Bosnia y Herzegovina, Bulgaria, Catar, Corea, Checoslovaquia, China, Ecuador, Eslovenia, Filipinas, Georgia, India, Irlanda, Islandia, Jamaica, Luxemburgo, México, Moldavia, Polonia, Portugal, Rumanía, Suecia, Suiza, Túnez y Tailandia.

Sin embargo, el Estado español, como algún otro país, ha formulado una expresa Reserva en el Modelo de CDI en vigor, con objeto de poder seguir catalogando como intereses los rendimientos así definidos según su propia legislación, en los CDI que suscriba. Y así ha venido sucediendo en los diversos tratados, incluidos los más recientes, en los que expresamente suele recogerse dicha salvedad. Otros Estados matizan el perímetro definitorio de los intereses (por ejemplo, Australia o EEUU) expansivamente o por exclusión con el artículo 10.l

De ordinario, el límite previsto en los CDI suscritos por el Estado español se sitúa en torno al 10 % del importe bruto de las rentas (las excepciones son, no obstante, abundantes por lo que el examen de cada tratado resulta conveniente: ver Anexo con Tabla de tipos impositivos límite, al final del Capítulo III.6.).

Como excepción, ciertos CDI prevén que las rentas solo tributen en el país de residencia del perceptor y no en el de la fuente de las mismas (casos de Alemania, Bulgaria, Catar, Chipre, Emiratos Árabes Unidos, Finlandia, Irlanda, Hungría, Checoslovaquia, Georgia, Barbados, Kuwait, Malta, Polonia, Reino Unido, Suiza y URSS); así como otros tratados postulan la exención en el Estado de la fuente para ciertos intereses bancarios, pagados o satisfechos a entes públicos o derivados de operaciones comerciales, bajo ciertas condiciones (por ejemplo, es lo que acontece en los CDI con Albania, Andorra, Argentina, Arabia Saudí, Argentina, Bélgica, Canadá, Colombia, Croacia, EEUU, Egipto, El Salvador, Estonia, Hong Kong, Jamaica, Letonia, Lituania, México, Moldavia, Panamá, Rep. Dominicana, Serbia, Sudáfrica, Senegal, Nigeria, Omán, Irlanda, Indonesia, Tailandia, Trinidad y Tobago, Uzbekistán, Venezuela, Vietnam, etc.).

Siguiendo las pautas de los CMC, el uso interesado y artificial del CDI en materia de intereses es penalizado en algunos tratados que disponen de normas generales (a título de mero ejemplo, Albania, Andorra, Argentina, Catar, Finlandia, México, Pakistán, Uruguay, Singapur, Reino Unido, Barbados, Uzbekistán, Kazajstán, Georgia, Omán, Panamá, Kuwait, etc.) o específicas antielusión –en ocasiones negando los beneficios del convenio a las rentas mobiliarias obtenidas por entidades cuyo accionariado dominante no sea residente en el Estado donde resida la sociedad (así, por ejemplo, en los suscritos con Alemania, Croacia, Irlanda, Omán, Portugal, Grecia, Rusia, Chile, Estonia, Hong Kong, Letonia, Lituania, Eslovenia, Bélgica, Bolivia, Islandia, Israel, Rep. Dominicana, Vietnam, Cuba, Suiza –desde junio de 2007–, Sudáfrica, Malasia, Trinidad y Tobago, Serbia, El Salvador, Costa Rica, Jamaica, Moldavia, Uzbekistán, y Noruega), siempre permitiendo la demostración alternativa de los motivos económicos válidos, la buena fe o la sustantividad de la entidad.

3. TRIBUTACIÓN EFECTIVA SEGÚN LA LEGISLACIÓN DOMÉSTICA

3.1. Rendimientos sujetos al Impuesto sobre la Renta de no Residentes

La regla de sujeción prevista en el IRNR se apoya tanto en el criterio del pago del rendimiento desde España como, en su caso, en la utilización de la prestación de capital en territorio español. Cualquiera de esas dos circunstancias –la primera, esencialmente– serán determinantes de la sujeción de la renta [artículo 13.1.f.2. TRLIRNR (antes artículo 12.1.f.b' LIRNR 1998)]. El simple hecho, por tanto, de que los rendimientos sean satisfechos por personas o entidades residentes en España o por establecimientos permanentes situados en territorio español provoca la sujeción al tributo (obsérvese que no existe «pago» desde España tratándose de unos intereses percibidos por un no residente y procedentes de bonos emitidos por una entidad brasileña, aun cuando se encuentren depositados en una entidad bancaria española y esta medie en los pagos consiguientes –DGT V1345-07 de 22-6-2007–).

No obstante, la legislación doméstica exime del IRNR un buen número de intereses, aun cuando hubieren podido ser gravados –limitadamente– a tenor de lo previsto en un CDI. Entre tales casos singulares de exoneración se encuentran:

- Los rendimientos de cuentas bancarias –artículo 14.1.f. TRLIRNR (la aplicación práctica de dicha exención, en términos de retención, se regula en la Orden EHA 3290/2008, de 6 de noviembre y en la Orden HAP/2487/2014, de 29 de diciembre) aun cuando el contribuyente tenga su residencia en un territorio calificado reglamentariamente como paraíso fiscal (la exención no procede cuando el pago se realice a un establecimiento permanente por el Banco de España o por las entidades registradas a que se refiere la normativa sobre transacciones económicas con el exterior).

- Los rendimientos obtenidos por no residentes sin establecimiento permanente en España, derivados de títulos de Deuda Pública (artículo 14.1.d TRLIRNR).

El **procedimiento de pago** de los intereses de Deuda del Estado anotada a los inversores no residentes sin EP se establece originalmente en el Real Decreto 1285/1991, de 2 de agosto. Dicho procedimiento se hace extensivo a la Deuda de las Comunidades Autónomas y Entidades locales (Real Decreto 1948/2000, de 1 de diciembre) y mantiene su vigencia hasta el desarrollo de la Ley –consulta DGT V0077-09 de 20-1-2009–. El Real Decreto 1145/2011, de 29 de julio, vigente desde 31 de julio de 2011, tiene por objetivo principal simplificar las obligaciones de los inversores no residentes en instrumentos financieros de renta fija para la percepción efectiva de sus rendimientos. Se procede a enmendar determinados preceptos del Reglamento General (Real Decreto 1065/2007, de 27 de julio) unificando el tratamiento de la deuda pública y privada, y se deroga el viejo Real Decreto 1285/1991, de 2 de agosto, al desaparecer la necesidad de identificación fiscal e información relativa a los inversores no residentes cuyos rendimientos se encuentran universalmente exentos. Su régimen identificativo se acomoda al de las cuentas de no residentes (artículo 28 Real Decreto 1065/2007) en tanto que el procedimiento de información respecto de determinadas operaciones con Deuda Pública del Estado, participaciones preferentes y otros instrumentos de deuda pasa a regularse unitariamente en el artículo 44 del Real Decreto 1065/2007, de 27 de julio.

- Las rentas derivadas de valores emitidos en España por personas físicas o jurídicas no residentes sin mediación de EP, con independencia del lugar de residencia de las instituciones financieras que actúen como agentes de pago o mediadoras en la emisión o transmisión de los valores [artículo 14.1.e) TRLIRNR].

- Los intereses y demás rentas derivadas de la cesión a terceros de capitales propios comprendiendo también las rentas de cuenta-partícipes (DGT V2271-12 de 29-11-2012), obtenidos por un sujeto que tenga su residencia habitual en otro Estado de la Unión Europea (o, desde 2004, por establecimientos permanentes de dichos sujetos, situados en otro Estado de la UE) sin la mediación de un establecimiento permanente situado en España, y siempre que no sean obtenidos «a través de países o territorios calificados reglamentariamente como paraíso fiscal» –artículo 14.1.c TRLIRNR–. Ver consulta DGT V1456-14 de 2-6-2014, sobre acreditación de residencia en la UE de una SICAV perceptora de intereses.

- Los intereses u otros rendimientos de capital mobiliario satisfechos por entidades de la ZEC en las Islas Canarias se beneficiarán de idéntica exención a la prevista en la LIRNR para residentes en la UE, aunque carezcan de la condición de residentes comunitarios (Ley 19/1994, de 6 de julio, y Real Decreto-ley 2/2000, de 23 de junio, modificados por el Real Decreto-ley 12/2006, de 29 de diciembre), siempre que no residan u obtengan las rentas a través de un país sin efectivo intercambio de información tributaria.

- Los intereses derivados de emisiones de participaciones preferentes, deuda subordinada y similares, en los términos dictados por la Ley 13/1985, de 25 de mayo, modificada por la Ley 19/2003, de 4 de julio, para la emisión de «participaciones preferentes» por entidades de crédito o por entidades cotizadas, o por sus filiales residentes en España o en otro Estado de la Unión Europea «que no tenga la condición de paraíso fiscal». Se trata de una exoneración diseñada en los mismos términos previstos (hasta incluso en los aspectos formales Real Decreto 1778/2004, de 30 de julio, ver consulta DGT V0346-08 de 15-2-2008) para los rendimientos derivados de la Deuda pública –y, por tanto, en la actualidad sin restricciones relativas a la residencia del perceptor (asimismo se ordena la exención–, similar a la dispuesta para los rendimientos derivados de cuentas bancarias para no residentes sin establecimiento de los rendimientos derivados del «depósito» efectuado en la sociedad dominante, u otra entidad del grupo, por las entidades filiales comunitarias que, en su caso, capten dicha financiación).

3.2. Reglas de tributación

La imposición de los intereses se ajusta al régimen general de los rendimientos obtenidos por no residentes sin establecimiento permanente, con tributación separada –renta por renta–, de suerte que el devengo del tributo, siguiendo las reglas generales, coincidirá con la fecha de la exigibilidad del rendimiento, o la de su cobro, si es anterior.

La base imponible coincidirá, como regla general, con el importe bruto de la renta (sin reducciones u otros factores de modulación como, en su momento, los coeficientes multiplicadores) y el tipo impositivo aplicable (doméstico) será del 19 % -20 % hasta julio en 2015, y 19,5 % hasta diciembre de 2015-,- antes de 2015, el 21 % (antes de 2012, 19 % y antes de 2010, 18 %), no cabiendo otra deducción de esa cuota que la prevista para donativos (artículo 26 TRLIRNR) y, en su caso, la derivada de la compensación de la retención –artículo 31 TRLIRNR– que se hubiese efectuado previamente (aunque esta, si se practica correctamente, coincidirá con el impuesto final). Ahora bien, si el perceptor es residente en otro Estado de la UE o EEE con intercambio de información, en cuanto a la base imponible habrá que considerar lo previsto por el artículo 24.6 LIRNR, según el cual para la determinación de la base imponible se podrán deducir los gastos previstos en las leyes respectivas, del IRPF o del Impuesto sobre Sociedades según quién sea el perceptor, siempre que se trate de gastos relacionados directamente con los rendimientos obtenidos en España y que tengan "un vínculo económico directo e indisociable con la actividad realizada en España"), magnitud sobre la que recaería el tipo previsto en la Ley del IRNR (la cuota así configurada no debiera superar, en aquellos casos en que medie CDI y exista tipo límite el importe de dicho tipo sobre el importe bruto de las rentas, que es el máximo de imposición previsto bilateralmente).

Si el CDI aplicable prevé un tipo impositivo techo inferior o la plena exención del impuesto, este mandato prevalecerá, evidentemente, sobre la norma nacional (ver Tabla de tipos en anexo al final del Capítulo III.6.).

Como observa la propia doctrina de la OCDE, cuando el no residente recibe el rendimiento libre de impuestos, porque así se acuerde, es obvio que la base imponible deberá conformarse añadiendo al importe del interés percibido el impuesto que debería haberse satisfecho, con objeto de que el importe neto del interés coincida con el abonado y se alcance una correcta determinación de la base imponible.

En la determinación de la base imponible puede, según se vio, incidir un ajuste valorativo derivado de la vinculación fiscal, cuando un interés es satisfecho por un importe superior al «de mercado» (ver apartado 2.1.3). Pero no debe olvidarse otra variante de los ajustes valorativos entre sujetos «asociados» como es la relativa a si los intereses presuntos –así, los intereses devengados por la cesión de capitales sin retribución expresa entre sujetos fiscalmente vinculados, o con una retribución inferior a la predicable en términos de «independencia»–, y si tales rentas «fiscales» pueden ser gravadas en el Estado de la fuente, o, en fin, si caben o no dentro del concepto de intereses ofrecido por el artículo 11 de los CDI, habida cuenta de que se trata de rentas no «pagadas».

Yendo más allá, nótese que cuando se trate de una transacción realizada «con» personas o entidades residentes en paraísos fiscales, el ajuste valorativo a mercado de la renta obtenida cabe igualmente (artículo 17.2 TRLIS); curiosamente, la omisión de la preposición «por» en la redacción que dicho precepto adopta desde 2007, permite albergar serias dudas sobre si dicho ajuste cabe desde entonces –antes, indubitado– sobre la renta obtenida por el no residente.

En materia de obligaciones formales y gestión tributaria debe destacarse la existencia de un precepto específico –artículo 53 TRLIRNR– al margen del artículo 31 TRLIRNR que contiene el mandato general relativo a la obligación de retener tratándose de activos financieros. Además de las rentas fiscalmente exentas, el RIRNR prevé ciertos supuestos especiales de exoneración del deber de retener (artículo 10 RIRNR, antes 14).

Con frecuencia tendrá lugar una solicitud de devolución impositiva que se refiera a excesos de ingreso o de retención por encima de las cuotas debidas por aplicación de un convenio fiscal. Como se dijo, si la norma bilateral prevé un tipo techo inferior o la plena exención del impuesto, este mandato prevalecerá sobre la norma nacional. De hecho, con frecuencia tendrá lugar una solicitud de devolución impositiva con causa en excesos de ingreso o de retención por encima de las cuotas debidas por aplicación de un convenio fiscal. El plazo para tal solicitud será de cuatro años (a juicio de la Orden EHA 3316/2010, de 17 de diciembre, incluso cuando exista un plazo inferior previsto, en su caso, en una Orden de desarrollo del Convenio aplicable hasta 2003, dicho término temporal era de dos años, pudiendo el Ministro declarar, a condición de reciprocidad, que el plazo se ampliara a cuatro años), desde la fecha del ingreso o del término del período de declaración –artículo 16 RIRNR (antes 20)–. Sobre la cuestión relativa a la existencia de plazos especiales de devolución y el principio de no discriminación bilateral, puede verse la STS de 18 de mayo de 2005, que, apelando a la no discriminación por nacionalidad prevista en los CDI, considera nula toda disparidad de trato entre residentes y no residentes, en materia de devoluciones impositivas (y en similar sentido, SAN de 28 de mayo de 2009, SAN de 19 de enero de 2011 o STS de 23 de octubre de 2008). No obstante, los Comentarios al Modelo relativos al artículo 24 –no discriminación– despejan dudas en cuanto al hecho de que la no discriminación por nacionalidad no debe confundirse con la que pueda darse entre residentes y no residentes. (Para más detalle sobre aspectos formales y declarativos ver «TODO Renta de No Residentes 2011/2012», CISS, apartado VIII, Parte 7ª «Gestión del Impuesto»).

3.3. La incidencia de la norma sobre subcapitalización

Hasta enero de 2012, en que el precepto adopta otra dimensión (Real Decreto-ley 12/2012, de 30 de marzo) la legislación española dispone de una norma sobre infracapitalización (artículo 20 TRLIS) en cuya virtud, cuando el endeudamiento remunerado, directo o indirecto (el aval lo es a juicio de la DGT) de una sociedad con otra persona o entidad no residente que esté vinculada con aquella, exceda del resultado de aplicar un coeficiente sobre la cifra del capital fiscal (el vigente coeficiente tiene carácter general y se cifra en 3), los intereses que correspondan al exceso tendrán la consideración fiscal de dividendos. El importe de intereses que retribuyan el exceso sobre el mencionado techo se convierte fiscalmente en dividendo, tanto a efectos de la deducibilidad del gasto en el Impuesto sobre Sociedades de la entidad financiada como de la tributación del no residente.

Sin embargo, el alcance práctico de dicha norma, que solo incidía sobre transacciones con no residentes, se ve muy limitado a raíz de la exclusión de su ámbito –desde 2004– de las entidades residentes en otro Estado de la UE, que no sea un paraíso fiscal (Ley 62/2003, de 30 de diciembre) – como uno de los impactos de la sentencia dictada por el TJUE en el caso Lankhorst (C-46/00) en 12 de septiembre de 2002. En el sentido antes expuesto se pronuncia STS de 21 de febrero de 2008 y 6 de abril de 2011. Ver también sobre este punto la sentencia, muy incisiva con la Administración, de la AN de 30 de abril de 2008. (Adviértase, no obstante, que el propio TJUE en sentencias posteriores así, caso Test Claimants in the Thin Cap (C-524/04) o STJUE C-382/16 de 31 de mayo de 2018, ha suavizado su rechazo a la aplicación de dichas medidas formativas antiabuso con alcance exclusivamente internacional, admitiendo su incidencia ante operaciones artificiales y claramente abusivas). Curiosamente las modificaciones operadas en su momento en ciertos artículos de la Ley del Impuesto sobre Sociedades –artículos 12, 21,107 LIS– merced a la Ley 4/2008, de 23 de diciembre, se alinean, eliminando referencias a paraísos fiscales, con la citada doctrina de medidas antiabuso del TJUE, aunque el artículo 20 LIS permaneció intocado a ese respecto.

La viabilidad de la norma derogada en 2012, cuando concurra un CDI, fue objeto de cierta polémica, a no ser que el tratado contemple expresamente su aplicación (por ejemplo, los tratados suscritos con Eslovenia, Bélgica, Grecia, Irlanda, Islandia, Francia, Dinamarca (sin vigencia desde 1 de enero de 2009), Portugal, México, Argentina, Costa Rica, Rusia, Israel, Noruega, Rep. Dominicana,

Sudáfrica y Cuba) o que carezca de un precepto sobre no discriminación (como es el caso del CDI firmado con Australia, y también de otros CDI que no incorporan la cláusula concreta –ver apartado 5.5. Capítulo V.1.–). En contra se invocaba el Principio de No Discriminación –usualmente y en concreto el artículo 24.4. ModCDI y, en cierta medida, el artículo 5 ModCDI– que impide tratar desfavorablemente tanto en términos de deducibilidad fiscal por pagos a residentes del otro Estado, como por el hecho de tratarse de una entidad participada por estos últimos, por comparación con aquellas cuyos socios fueran residentes. En este sentido, una Sentencia de 6 de mayo de 1997 y otra decisión del Consejo de Estado de 30 de diciembre de 2003, considera en Francia inaplicable una norma similar por aplicación del Principio de no discriminación del CDI franco-austriaco. Y en similar línea, véase sentencia de la AN de 15 de enero de 2005, aunque la propia AN en sentencia de 9 de octubre de 2006 y ante un caso de endeudamiento indirecto, toma el rumbo opuesto, inclinándose a favor de la compatibilidad de dicha norma con el artículo 24 ModCDI con pie en lo previsto en el artículo 9 –empresas asociadas– del tratado aplicable. En línea con lo que probablemente quepa entender que acontece, una vez suprimida la norma expresa sobre un ratio fijo de subcapitalización: el posible ajuste a magnitudes de mercado del volumen de financiación con un sujeto vinculado con pie en la norma general (artículo 18 LIS; antes de 2015, artículo 16 LIS, y artículo 9 ModCDI)

Sobre la posible incompatibilidad de dicha norma con los mandatos sobre discriminación bilaterales y comunitarias pueden verse también STS 17 de marzo de 2011 (a favor de la incompatibilidad con la norma bilateral y negando además virtualidad al endeudamiento indirecto por aval o cartas de conformidad en la medida en que no se producen desplazamientos de bases imponibles), SAN de 1 de octubre de 2015 R120/2015 o STS de 6 de abril de 2011.

La postura de las autoridades fiscales españolas, intentando acomodarse a los dictados de los propios CMC, entendía que la mencionada disposición sobre no discriminación no impide la aplicación de aquella norma especial, vigente hasta 2012, siempre que su puesta en práctica se hiciera con base en lo previsto para la valoración de operaciones entre sociedades vinculadas o asociadas por los propios CDI –artículo 9 y 11.6 ModCDI–; de suerte que, salvo que el CDI excluya expresamente su aplicación (así, por ejemplo, el artículo artículo 11.6 del Tratado con el Reino Unido, con sus específicos condicionantes, o el CDI con Croacia, siempre que el perceptor del interés sea su beneficiario efectivo), la norma sobre subcapitalización podría ser aplicada ante sujetos beneficiarios de tratados fiscales, con las cautelas vistas. No obstante, se trata de una materia harto controvertida (ver apartados 5.4, 5.5 y 6.4 del Capítulo V.1).

La versión del Modelo de CDI desde 2008 añade ciertas consideraciones al respecto, afirmando que el artículo 24.5., dado que se opone a la discriminación de una empresa residente basada exclusivamente en quién posee o controla su capital, no es aplicable, *prima facie*, en relación con las normas que prevén un tratamiento distinto de las empresas en función del pago de intereses a acreedores residentes o no residentes. El párrafo no versa sobre las normas basadas en la relación acreedor-deudor, dado que las diferencias en el tratamiento resultante de estas normas no se fundamentan en si son residentes o no quienes poseen o controlan, total o parcialmente, directa o indirectamente, el capital de la sociedad. Sí se contravendría el apartado 4 del artículo en la medida en que se aplicaran condiciones distintas para la deducción de los intereses pagados a residentes y no residentes, si ello no se hiciera en términos de compatibilidad con las disposiciones del artículo 9.1. ModCDI y el artículo 11.6 ModCDI, como ya se apuntó más arriba.

4. SINGULARIDADES

Entre otras varias particularidades, muchas de ellas relativas a tipos impositivos singulares, que cabe encontrar en la literatura de cada tratado, pueden mencionarse las siguientes:

La exención –o, en ocasiones, la fijación de tipos límite minorados– relativa a los intereses pagados en relación a ventas de equipos industriales, comerciales o científicos será, como se dijo, frecuente: es el caso de los tratados con Albania, Argentina, Argelia, EEUU, Bélgica, Colombia, Costa

Rica, Francia, Venezuela, Bolivia, Indonesia, Estonia, Letonia, Lituania, Filipinas, Macedonia, Croacia, Irán, Panamá, Sudáfrica, etc.

En ciertos CDI, así, entre varios otros, los suscritos con Austria, Chequia y Eslovaquia, Egipto, Finlandia, Indonesia, Italia, Marruecos, México, Noruega, Países Bajos, Portugal; Reino Unido, Suiza (hasta junio de 2007) y Tailandia no se excluyen de la noción de intereses las penalizaciones por mora.

En el CDI con Albania, exigiéndose la condición de que el perceptor sea el beneficiario efectivo de las rentas, se ordena la potestad compartida de imposición con un tipo límite del 6 % sobre el importe bruto, en el Estado de la fuente. Existe un repertorio de casos de exención en fuente y tributación en el Estado de residencia, si el perceptor de los intereses es su beneficiario efectivo y a) es ese Estado o el Banco Central, una subdivisión política o una entidad local del mismo; b) los intereses los paga el Estado del que proceden o una de sus subdivisiones políticas o entidades públicas o locales; c) los intereses se pagan por razón de un préstamo o crédito debido a ese Estado o a una de sus autoridades centrales, subdivisiones políticas, entidades locales u organismo de crédito a la exportación, o concedido, otorgado, garantizado o asegurado por cualquiera de los anteriores; d) es una institución financiera; e) el interés se paga por razón de una deuda surgida como consecuencia de la venta a crédito de cualquier equipo o material, mercancía o servicio; f) es un fondo de pensiones aprobado a efectos fiscales por ese Estado y la renta de dicho fondo está, en términos generales, exenta de imposición en ese Estado.

Téngase presente también, por otra parte, la cláusula antiabuso contenida en el protocolo en el apdo II según la cual las disposiciones del artículo 11 no se aplican cuando el fin primordial o uno de los fines primordiales de cualquier persona relacionada con la creación o cesión del crédito que genera los intereses sea el de conseguir los beneficios contenidos en estos artículos mediante dicha creación o cesión.

En el CDI con Alemania vigente hasta 2013 se contempla la exención en la fuente de los intereses pagados al «Deutsche Bundesbank» o al «Kreditanstalt für Wiederaufbau».

En el convenio nacido en 2013 con Alemania, exigiéndose la condición de que el perceptor sea el beneficiario efectivo de las rentas, que adoptan una definición cerrada, sin remisión a la legislación nacional, se ordena la potestad exclusiva en residencia del perceptor. Existe según la cual las rentas que se deriven de derechos, comprendidos los de crédito, que permitan participar en los beneficios, incluida la renta procedente de las acciones o bonos de disfrute, la renta que obtenga un socio comanditario (en el caso de Alemania «stiller Gesellschafter») de su participación como tal, o de un préstamo cuyo tipo de interés esté vinculado al beneficio del prestatario (en el caso de Alemania «partiarisches Darlehen») o de bonos de participación en beneficios (en el caso de Alemania «Gewinnobligationen»), y b) con la condición de que sean deducibles en la determinación de los beneficios de deudor de tal renta, y su máxima imposición, si el beneficiario efectivo es un residente del otro Estado contratante, del 15 % del importe bruto de dichos intereses.

En el CDI con Argentina, anterior a 2013, se exoneran en la fuente los intereses cuyo deudor sea el Gobierno de un Estado contratante o alguna de sus entidades locales, los intereses que se pagan al Gobierno del otro Estado contratante o a alguna de sus Entidades locales o a una institución (incluidas las financieras) pertenecientes a este Estado contratante o a alguna de sus Entidades locales, así como los intereses que se pagan a otras instituciones (incluidas las financieras) en base a la financiación acordada por ellas en el marco de acuerdos concluidos entre los Gobiernos de los Estados contratantes. Similar exención se da para los intereses pagados en relación a ventas de equipos industriales, comerciales o científicos.

En el CDI nacido en 2014 pero con efectos desde 2013 contiene una norma antiabuso que afirma que el artículo 11 no se aplicará cuando el fin primordial o uno de los fines primordiales de cualquier persona relacionada con la creación o cesión del crédito que genera los intereses sea el de conseguir el beneficio de dicho artículo mediante dicha creación o cesión.

Se prevé la tributación en fuente, pero si el perceptor de los intereses es el beneficiario efectivo, el impuesto así exigido no puede exceder del 12 % del importe bruto de los intereses.

Se prevé asimismo la exención de impuestos si:

a) El deudor de los intereses es ese Estado o una de sus subdivisiones políticas o administrativas, o una de sus colectividades locales.

b) Los intereses son pagados al gobierno del otro Estado Contratante o a una de sus colectividades locales o a una institución u organismo (comprendidas las instituciones financieras) pertenecientes en su totalidad a ese Estado Contratante o a una de sus colectividades locales.

c) Los intereses son pagados a otras instituciones u organismos (comprendidas las instituciones financieras) en razón de financiaciones convenidas con ellos en el marco de acuerdos concluidos entre los gobiernos de ambos Estados Contratantes y siempre que el plazo de los mismos no sea inferior a cinco años.

d) Los intereses se pagan en relación con ventas de equipos industriales, comerciales o científicos.

En el CDI con Andorra se prevé la imposición en fuente limitada a un máximo del 5 % del importe bruto de los intereses siempre que el perceptor sea el beneficiario efectivo de las rentas.

Sin embargo, los intereses estarán exentos de imposición en la fuente si el perceptor de los intereses es su beneficiario efectivo y si el beneficiario efectivo es un Estado contratante, una de sus subdivisiones políticas, una de sus entidades locales o personas jurídicas de derecho público pertenecientes en su totalidad a estos organismos; o si los intereses son pagados por uno de estos Estados, subdivisiones políticas o entidades locales.

A efectos de obtener las ventajas de este precepto se deberá presentar un certificado de residencia indicando la naturaleza y el importe o valor de las rentas emitido por la autoridad competente del correspondiente Estado.

En el CDI con Armenia, exigiendo la condición de que el perceptor sea el beneficiario efectivo de las rentas (los intereses se definen de manera cerrada sin remisión a ley interna), se ordena la potestad compartida limitada de modo que pueden tributar en fuente, pero si el beneficiario efectivo de los intereses es un residente del otro Estado contratante, el impuesto así exigido no podrá exceder del 5 % del importe bruto de los intereses, como regla general.

En el CDI con Arabia Saudí se declara la exención en fuente si el perceptor o el pagador de los rendimientos de créditos es el Gobierno del Estado, una de sus subdivisiones políticas, o una de sus entidades locales (así como, solo tratándose de perceptores, el banco central u otro banco o institución financiera perteneciente en su totalidad al otro Estado contratante).

En el CDI con Argelia están exentos los intereses que se pagan por o al Gobierno del otro Estado contratante o a alguna de sus subdivisiones o entidades locales, los intereses pagados en relación con préstamos bancarios, así como los intereses pagados en relación con ventas a crédito de equipos industriales, comerciales o científicos a una empresa de un Estado contratante.

Según el CDI con Barbados exigiendo la condición de que el perceptor sea el beneficiario efectivo de las rentas (los intereses se definen de manera cerrada sin remisión a ley interna), se ordena la potestad exclusiva en el Estado de residencia. Debe advertirse, por otra parte, la existencia de una importante cláusula antiabuso contenida en el artículo 28 según la cual los beneficios de los artículos 10, 11, 12 y 13 del presente Convenio no son de aplicación a las personas que tengan derecho a beneficios fiscales por razón de los siguientes regímenes tributarios especiales en Barbados:

a) Ley de Servicios Financieros Internacionales, *International Financial Services Act, Cap 325.*

b) Ley de Sociedades de Responsabilidad Limitada, *Societies with Restricted Liability Act, Cap 318B.*

c) Ley de Sociedades Mercantiles Internacionales, *International Business Companies Act, Cap 77.*

Convenios de doble imposición

d) Compañías de Seguros Exentas, *Exempt Insurance Company, Cap 308A.*

Según el CDI con Bélgica el artículo 11 no se aplica a los intereses asimilados a dividendos por tratarse de rentas derivadas de capitales invertidos por los socios en sociedades, que no sean sociedades por acciones, residentes de Bélgica; ni a los intereses de créditos comerciales, comprendidos los representados por efectos de comercio ni a los intereses de cuentas corrientes o de anticipos nominativos realizados entre empresas bancarias de los dos Estados contratantes.

En el CDI con Bolivia se otorga exención para los intereses pagados en relación a ventas de equipos industriales, comerciales o científicos, así como para los intereses pagados al Gobierno o a una de sus subdivisiones políticas o cualquier agencia (inclusive una institución financiera) de propiedad total de ese Gobierno o de una de sus subdivisiones políticas. Se prevé la cláusula de nación más favorecida.

En el CDI con Bosnia y Herzegovina se contempla una definición cerrada de dichas rentas. Bajo la condición de que el perceptor sea el beneficiario efectivo de las rentas, al establecimiento de un tipo de límite de gravamen en la fuente del 7 % con carácter general, se une la exención en la fuente si el perceptor de los intereses es su beneficiario efectivo y se trata del otro Estado o el Banco Central, una subdivisión política o una entidad local del mismo, una institución financiera de control público o un fondo de pensiones aprobado por el Estado y en términos generales, exento de imposición.

En el CDI con Brasil se prevé un tipo minorado para los intereses pagados a instituciones financieras de un Estado contratante por préstamos y créditos a 10 o más años, para financiar la adquisición de bienes de equipo y utillaje; así como la exención en la fuente para los intereses pagados al Gobierno o a una de sus subdivisiones políticas o cualquier agencia (inclusive una institución financiera) de propiedad total de ese Gobierno o de una de sus subdivisiones políticas.

El CDI con Bulgaria prevé la imposición exclusiva en sede de residencia.

Según el CDI con Canadá, nacido en 2015, se establecen ciertas precisiones sobre posibles exenciones, como excepción al techo del 10 % del importe bruto:

Así, los intereses procedentes de un Estado contratante y pagados a un residente del otro Estado contratante no podrán someterse a imposición en el Estado contratante mencionado en primer lugar cuando el beneficiario efectivo de los intereses sea un residente del otro Estado contratante y opere en condiciones de plena competencia con el deudor de los mismos (esta exención no será aplicable cuando los intereses, o parte de ellos, se paguen, o sean pagaderos, respecto de una obligación que dependa de la utilización o la producción de bienes o que se calcule en función de la renta, el beneficio, el flujo de caja, el precio de las materias primas o cualquier otro criterio similar, o por referencia a los dividendos pagados o pagaderos a los accionistas que posean acciones de cualquier clase en el capital social de una sociedad).

Así también, los intereses procedentes de España y pagados a un residente de Canadá serán gravables exclusivamente en Canadá cuando se paguen por razón de un préstamo efectuado, garantizado o asegurado, o de un crédito concedido, garantizado o asegurado por la Agencia de Crédito a la Exportación canadiense (Export Development Canadá).

Y asimismo, los intereses procedentes de Canadá y pagados a un residente de España serán gravables exclusivamente en España cuando se paguen por razón de un préstamo, o crédito debido a España, o a una de sus subdivisiones políticas, entidades locales u organismo de crédito a la exportación, o concedido, otorgado, garantizado o asegurado por cualquiera de los anteriores, siempre que el crédito o préstamo tenga por objeto la exportación.

En el CDI con Catar se prevé la imposición exclusiva en residencia siempre que el perceptor sea el beneficiario efectivo de las rentas. Expresamente las penalizaciones por mora se excluyen de la cobertura del artículo. Existe una cláusula antiabuso de propósito principal.

En el CDI con Chipre, exigiéndose la condición de que el perceptor sea el beneficiario efectivo de las rentas, que adoptan una definición con remisión a la legislación nacional, se ordena la potestad exclusiva en residencia del perceptor. Se ofrece una definición abierta de intereses.

En el CDI con Colombia se establece la exención en la fuente tratándose de intereses obtenidos por los propios Estados, sus subdivisiones políticas o entidades locales, de intereses derivados de créditos comerciales en suministros de bienes de equipo o mercancías (noción que el Protocolo aclara en detalle) así como los intereses de créditos concedidos por bancos o instituciones de crédito. Existe una cláusula de nación más favorecida.

El CDI con Corea prevé la exención en la fuente para los intereses que se pagan al otro Estado contratante o a alguna de sus entidades locales, al Banco Central de ese otro Estado o a cualquier agencia financiera de ese otro Estado determinada de común acuerdo entre ambos Estados, así como los intereses que se paguen a residentes del otro Estado respecto de créditos garantizados o financiados indirectamente por el otro Estado contratante, sus entidades locales, el Banco Central o cualquier agencia financiera de ese otro Estado, así como para los intereses pagados en relación con ventas a crédito de equipos industriales, comerciales o científicos o venta de mercancías a crédito entre empresas.

En el CDI con Costa Rica, bajo la condición de que el perceptor sea el beneficiario efectivo de las rentas, se regula un tipo de límite de gravamen en la fuente del 10 % con carácter general sobre el importe bruto de los intereses, y uno reducido al 5 % tratándose de préstamos con duración de 5 o más años.

Se prevé la exención en la fuente tratándose de intereses obtenidos por los propios Estados, sus subdivisiones políticas o entidades locales, de intereses derivados de créditos comerciales en suministros de bienes de equipo o mercancías así como los intereses de créditos concedidos por bancos o instituciones de crédito (nociones ambas que el Protocolo aclara en detalle). En dicho CDI se incorpora la cláusula de nación más favorecida.

En el CDI con Croacia se encuentran exentos los intereses obtenidos o pagados a los propios Estados, subdivisiones políticas o bancos centrales, los otorgados por entidades bancarias así como los intereses a crédito en operaciones comerciales. Se prevé en el Protocolo que en un plazo de 5 años desde la entrada en vigor el tipo del 8 se reducirá a 0 %.

A tenor del CDI con EEUU solo tributan en el Estado del perceptor los intereses cuyo beneficiario efectivo sean un Estado contratante, sus subdivisiones políticas o Entidades locales y las agencias gubernamentales que las autoridades competentes determinen de común acuerdo, así como los intereses de préstamos a largo plazo (a partir de cinco años) concedidos por Bancos u otras Instituciones financieras residentes de un Estado contratante y los intereses pagados en relación con la venta a crédito de equipos industriales, comerciales o científicos.

Reitérese que el CDI con Dinamarca pierde vigencia desde 1 de enero de 2009, a raíz de la denuncia del mismo por aquel Estado.

En el CDI con Ecuador se prevé la exención en la fuente de los intereses pagados por créditos por venta de equipos industriales, comerciales o científicos, venta de mercancías entre empresas o financiación de obras de construcción, instalación o montaje.

En el CDI con Finlandia se prevé la imposición exclusiva en residencia siempre que el perceptor sea el beneficiario efectivo de las rentas. Expresamente las penalizaciones por mora se excluyen de la cobertura del artículo, que ofrece una definición abierta, referida subsidiariamente a la normativa doméstica, de dichas rentas.

El CDI con Francia contempla normas singulares sobre instituciones de inversión colectiva, así como la exención en la fuente si el beneficiario efectivo y perceptor de los intereses es el Gobierno, una subdivisión política o una entidad local del otro Estado, o el Banco Central. En el Protocolo se contemplan específicamente normas sobre Instituciones de inversión colectiva.

Convenios de doble imposición

Dentro del CDI Egipto se considera que los intereses procedentes de un Estado contratante y pagados a un residente del otro Estado contratante solo podrán someterse a imposición en ese otro Estado si el perceptor de los intereses es su beneficiario efectivo y el beneficiario efectivo es un Estado contratante, una de sus subdivisiones políticas, una persona jurídica de Derecho Público o una de sus entidades locales; o los intereses se pagan al Banco Central del otro Estado contratante.

En el CDI con El Salvador se prevé exención en la fuente en varios escenarios (tratándose de intereses obtenidos o pagados por los propios Estados, sus subdivisiones políticas o entidades locales, intereses percibidos por bancos o instituciones de crédito dependientes del Estado y subdivisiones del mismo o entidades territoriales, intereses de préstamos garantizados por dichos entes o percibidos por fondos de pensiones exentos). Asimismo se incorpora la cláusula de nación más favorecida.

En el CDI con Emiratos Árabes Unidos se prevé una cláusula antiabuso relativa a aquellos casos en que se busque un uso interesado del tratado por cualquier persona relacionada en la creación o la cesión del crédito que genera los intereses.

Los CDI con Estonia, Letonia, Lituania, exoneran en la fuente los intereses de préstamos concedidos directamente por el otro Estado contratante, o una de sus entidades territoriales; por una empresa de un Estado a otra del otro Estado dentro de su actividad empresarial; en relación con la venta a crédito de un equipo; o por un préstamo de una entidad de crédito.

En el CDI con Eslovenia se prevé la exención de los intereses procedentes de un Estado y pagados a un residente del otro Estado si este último es su beneficiario efectivo y es un Estado contratante, una de sus subdivisiones políticas o una de sus entidades locales y también cuando el pagador de los intereses es un Estado contratante, una de sus subdivisiones políticas o una de sus entidades locales.

En el CDI con Georgia, exigiéndose la condición de que el perceptor sea el beneficiario efectivo de las rentas, se ordena la potestad exclusiva en el Estado de residencia del perceptor. La definición de las rentas concernidas es "cerrada", sin remisión a ley nacional.

En el CDI con Grecia se ordena la exención en la fuente de los intereses procedentes de un Estado contratante si el pagador de los intereses es un Estado contratante, una de sus subdivisiones políticas o una de sus entidades locales, si los intereses se pagan al otro Estado contratante, a una de sus subdivisiones políticas o a una de sus entidades locales, o a un organismo (incluidas las instituciones financieras), que pertenezcan íntegramente a ese otro Estado contratante, subdivisión política o entidad local; o sí los intereses se pagan a otro organismo (incluidas las instituciones financieras) en relación con préstamos concedidos en virtud de un acuerdo firmado entre los Estados contratantes.

En el CDI con Filipinas se prevé la exención si el deudor de los intereses es el propio Estado contratante o alguna de sus entidades locales derivados de la emisión de bonos, obligaciones o títulos análogos, así como para los intereses pagados en relación con un préstamo o crédito concedido, garantizado o avalado por el Banco de España y las instituciones oficiales de crédito españolas, por el Banco Central de Filipinas o instituciones de crédito acordadas entre ambos Estados.

En el CDI con Hong Kong, exigiendo la condición de que el perceptor sea el beneficiario efectivo de las rentas (los intereses se definen de manera cerrada sin remisión a ley interna), se ordena la potestad compartida limitada de modo que pueden tributar en fuente, pero si el beneficiario efectivo de los intereses es un residente del otro Estado/Parte contratante, el impuesto así exigido no podrá exceder del 5 % del importe bruto de los intereses, como regla general. Sin embargo, se ordena la exención en fuente si el perceptor de los intereses es su beneficiario efectivo y los intereses procedentes de una Parte contratante y pagados a un residente de la otra Parte contratante solo pueden someterse a imposición en este otra Parte si dicho residente es su beneficiario efectivo y:

a) Es esa Parte contratante o el Banco Central, una subdivisión política o una entidad local del mismo.

b) Los intereses los paga la Parte contratante de la que proceden o una de sus subdivisiones políticas, entidades locales o entidades públicas.

c) Los intereses se pagan por razón de un préstamo o crédito debido a esa Parte contratante, subdivisión política, entidad local o a un organismo de crédito a la exportación de esa Parte, o concedido, otorgado, garantizado o asegurado por cualquiera de los anteriores.

d) Es una institución financiera.

e) Es un fondo de pensiones aprobado a efectos fiscales por esa otra Parte contratante y la renta.

Existe una importante cláusula anti-abuso.

En el CDI con Irán si indica que los intereses procedentes de un Estado contratante y pagados a un residente del otro Estado contratante únicamente estarán sometidos a imposición en ese otro Estado si el perceptor es el beneficiario efectivo de los intereses y los intereses se pagan en conexión con la venta a crédito de mercancías o equipos a una empresa de un Estado contratante; o los intereses se pagan con respecto a un préstamo otorgado por un banco u otra entidad de crédito que sea residente en u Estado contratante, o los intereses sean percibidos por el otro Estado contratante, el Banco Central u otros Bancos controlados totalmente por el otro Estado contratante.

A los efectos de este subapartado, por el «otro Estado contratante» se entenderá:

- En el caso de España: el Estado contratante, una subdivisión política o una Entidad local del mismo y otras instituciones públicas.
- En el caso de la República Islámica del Irán: el Estado contratante, los ministerios, los municipios y otras instituciones públicas.

En el CDI con Islandia se prevé la exención de los intereses procedentes de un Estado contratante y pagados a un residente del otro Estado contratante; solo podrán someterse a imposición en este otro Estado si el perceptor de los intereses es su beneficiario efectivo y si el beneficiario efectivo es un Estado contratante, una de sus subdivisiones políticas o una de sus entidades locales.

En el CDI con Jamaica existe un repertorio de casos de exención en fuente para pagados o satisfechos por el Estado, organismos o instituciones financieras públicas o fondos de pensiones exentos. Concurre también una cláusula antiabuso contenida en el protocolo en el apartado I tanto relativa a la materialidad y motivación válida de entidades con accionariado extranjero como a la interposición societaria sin efectiva imposición en el tránsito de estas rentas. Y existe asimismo una disposición de nación más favorecida en el Protocolo.

En el CDI con Kazajstan, bajo la condición de que el perceptor sea el beneficiario efectivo de las rentas (definidas en sentido abierto con remisión a la ley nacional) se establece un tipo de límite de gravamen en la fuente del 10 % con carácter general, se une la exención en la fuente si el perceptor de los intereses es su beneficiario efectivo y:

a) Es el Estado o el Banco Central (Nacional), una autoridad central, una subdivisión política o una entidad local del mismo.

b) Los intereses los paga el Estado del que proceden o una autoridad central, subdivisión política o entidad pública o local.

c) Los intereses se pagan por razón de un préstamo o crédito debido a ese Estado o a una de sus autoridades centrales, subdivisiones políticas, entidades locales u organismo de crédito a la exportación, o concedido, otorgado, garantizado o asegurado por cualquiera de los anteriores.

d) Es una institución financiera pública.

Asimismo en el Protocolo se contempla, como se vio, una cláusula antiabuso específica así como la precisión de que se entiende por «entidad pública» a efectos de la exención.

En el CDI con Kuwait se establece la exención en fuente si el perceptor es el beneficiario efectivo de las rentas.

En el CDI con Luxemburgo los intereses de préstamos concedidos contienen, además, la cláusula de nación más favorecida por un Estado contratante o uno de sus residentes al otro Estado contratante o a una de sus Entidades locales, así como los intereses de préstamos concedidos por un residente de un Estado contratante y garantizados por uno de los dos Estados, a un residente del otro Estado contratante se encuentran exentos.

En el CDI con Macedonia están exentos los intereses de préstamos a largo plazo (a partir de cinco años) concedidos por Bancos así como los intereses pagados en relación con la venta a crédito de equipos industriales, comerciales o científicos o de mercancías de empresas.

En el CDI con Malasia se establece la exención en la fuente tratándose de que se paguen al Gobierno del otro Estado contratante o a alguna de sus entidades locales o subdivisiones políticas, al Banco Central de ese otro Estado, el ICO, la Compañía española de seguros de crédito a la exportación, la Compañía española de Financiación al Desarrollo y otras entidades similares que los Estados acuerden. Existe una cláusula antiabuso así como otra de nación más favorecida.

En el CDI con México hasta septiembre de 2017 se ordena la exención si el deudor de los intereses es el propio Estado contratante o alguna de sus entidades locales, si los intereses se pagan al otro Estado contratante o a alguna de sus entidades locales o si los intereses se pagan por préstamos a plazo de 3 años o más, concedidos o garantizados por entidades financieras o de garantía de carácter público de un Estado contratante, con el objeto de promover la exportación mediante otorgamiento de créditos o garantías en condiciones preferenciales.

El Protocolo en vigor desde septiembre de 2017 reconvierte de modo sustantivo la norma. Así, el impuesto en fuente no podrá exceder del:

a) 4,9 % del importe bruto de los intereses en el caso de intereses pagados por un préstamo de cualquier clase, concedido por un banco o cualquier otra institución financiera, incluyendo bancos de inversión y bancos de ahorro, y compañías de seguros, así como los intereses pagados sobre bonos y otros títulos de crédito que se negocien regular y substáncialmente en un mercado de valores reconocido (expresión que se detalla en el Protocolo);
b) 10 % del monto bruto de los intereses en todos los demás casos.

Asimismo, se ordena la exención en origen cuando los intereses reúnan alguna de las circunstáncias siguientes:

a) Que el beneficiario sea uno de los Estados, una de sus subdivisiones políticas o una de sus entidades locales, o el Banco Central.
b) Que los intereses sean pagados por cualquiera de las entidades anteriores.
c) Que los intereses sean pagados por préstamos a plazo de tres años o más, concedidos o garantizados por entidades de financiamiento o de garantía de carácter público de ese Estado, cuyo objeto sea promover la exportación mediante el otorgamiento de créditos o garantías en condiciones preferenciales.
d) Que el beneficiario sea un fondo de pensiones.

Se contemplan también otro género de modificaciones de orden sistemático o técnico.

Asimismo se contiene una norma anti abuso en línea con el Proyecto BEPS.

En el CDI con Moldavia se prevé la exención en la fuente si el perceptor de los intereses es su beneficiario efectivo y es ese otro Estado o el Banco Central, una subdivisión política, una unidad administrativo-territorial o una entidad local del mismo; b) los intereses los paga el Estado mencionado en primer lugar o una de sus subdivisiones políticas, unidades administrativo-territoriales o entidades públicas o locales; o cuando los intereses se pagan por razón de un préstamo o crédito debido, concedido, otorgado, garantizado o asegurado por uno de los Estados contratantes o una de sus subdivisiones políticas, unidades administrativo-territoriales, entidades locales o un organismo de crédito a la exportación; o cuando el perceptor es una institución financiera pública; o un fondo de pensiones aprobado a efectos fiscales por ese otro Estado y la renta de dicho fondo está, en términos generales, exenta de tributación en ese Estado. Asimismo en el Protocolo se contempla, como se vio, una cláusula antiabuso específica.

En el CDI con Nigeria, bajo la condición de que el perceptor sea el beneficiario efectivo de las rentas, al establecimiento de un límite de gravamen en la fuente del 7,5 % con carácter general, se une la exención en la fuente tratándose de intereses pagados al gobierno del otro Estado, una subdivisión política, una entidad local o una agencia u organismo de ese gobierno o entidad local, el banco central u otro banco que sea propiedad del otro Estado. En el protocolo se contiene una cláusula automática de nación más favorecida.

En el CDI con Nueva Zelanda se acuerda que si Nueva Zelanda negociara en el futuro un Convenio para evitar la Doble Imposición con otro Estado miembro de la OCDE en el que se limitara la tributación en la fuente de los intereses a un tipo inferior que el establecido en cualquiera de esos artículos, Nueva Zelanda iniciará negociaciones con España con la debida diligencia para reconsiderar dichos artículos con el fin de otorgar (a España) el mismo tratamiento. Asimismo, se acuerda que se entenderá que un fiduciario («*trustee*») sujeto a tributación en un Estado contratante por razón de intereses será considerado el beneficiario de dichos intereses.

En el CDI con Omán, se prevé la imposición en fuente limitada a un máximo del 5 % del importe bruto de los intereses siempre que el perceptor sea el beneficiario efectivo de las rentas.

Sin embargo, los intereses procedentes de un Estado contratante y pagados a la Administración del otro Estado contratante estarán exentos de imposición en la fuente.

Según el CDI con Pakistán, exigiéndose la condición de que el perceptor sea el beneficiario efectivo de las rentas –que se definen en términos cerrados sin remisión a las normas locales, se ordena la potestad compartida de imposición con un tipo límite del 10 % sobre el importe bruto, en el Estado de la fuente. Existe un repertorio de casos de exención en fuente y tributación en el Estado de residencia, si el perceptor de los intereses es su beneficiario efectivo y:

a) Es ese Estado o el Banco Central, una subdivisión política o una entidad local del mismo.

b) Los intereses los paga el Estado del que proceden o una de sus subdivisiones políticas o entidades públicas o locales.

c) Los intereses se pagan por razón de un préstamo o crédito debido a ese Estado o a una de sus autoridades centrales, subdivisiones políticas, entidades locales u organismo de crédito a la exportación, o concedido, otorgado, garantizado o asegurado por cualquiera de los anteriores.

d) Es una institución financiera pública (se mencionan individualmente en el Protocolo –ICO, CESCE y COFIDES en el caso de España–)

Téngase presente también la cláusula antiabuso contenida en el protocolo en el apartado I según la cual las disposiciones del artículo 11 no se aplican cuando el fin primordial o uno de los fines primordiales de cualquier persona relacionada con la creación o cesión del crédito que genera los intereses sea el de conseguir los beneficios contenidos en estos artículos mediante dicha creación o cesión.

En el CDI con Panamá, bajo la condición de que el perceptor sea el beneficiario efectivo de las rentas, cuya definición es cerrada, se establece de un tipo de límite de gravamen en la fuente del 5 % sobre el importe bruto con carácter general. Se prevé la exención en la fuente tratándose de intereses si el perceptor coincide con el beneficiario efectivo de los intereses y:

a) Es el propio Estado o el Banco Central, una de sus subdivisiones políticas, o entidades locales.

b) El pagador de los intereses es el Estado del que proceden, o una de sus subdivisiones políticas, entidades locales u organismos públicos.

c) Los intereses se pagan por razón de un préstamo o crédito debido a ese Estado o a una de sus subdivisiones políticas, entidades locales u organismo de crédito a la exportación, o concedido, otorgado por cualquiera de los anteriores;

d) Es una institución financiera de carácter estatal;

e) El interés se paga por razón de una deuda surgida como consecuencia de la venta a crédito de cualquier equipo, mercancía o servicio;

f) Es un fondo de pensiones aprobado a efectos fiscales por ese Estado y la renta de dicho fondo está, en términos generales, exenta de tributación en ese Estado.

Se contempla en el Protocolo una cláusula antiabuso específica.

En el CDI con Reino Unido (2014), exigiéndose la condición de que el perceptor sea el beneficiario efectivo de las rentas, que adoptan una definición con remisión a la legislación nacional, se ordena la potestad exclusiva en residencia del perceptor del dividendo.

En el CDI con Rep. Dominicana, bajo la condición de que el perceptor sea el beneficiario efectivo de las rentas, los intereses pueden someterse también a imposición pero el impuesto así exigido no podrá exceder del 10 % del importe bruto de los intereses.

Sin embargo, no habrá imposición en fuente si el perceptor es el propio Estado o el Banco Central, una de sus subdivisiones políticas, o entidades locales; o bien el pagador de los intereses es el Estado del que proceden, o una de sus subdivisiones políticas, entidades locales u organismos públicos; o los intereses se pagan por razón de un préstamo o crédito debido a ese Estado o a una de sus subdivisiones políticas, entidades locales u organismo de crédito a la exportación, o concedido, otorgado, garantizado o asegurado por cualquiera de los anteriores; o el interés se paga por razón de una deuda surgida como consecuencia de la venta a crédito de cualquier equipo, mercancía o servicio; o, en fin, es un fondo de pensiones aprobado a efectos fiscales por ese Estado y la renta de dicho fondo está, en términos generales, exenta de tributación en ese Estado.

En el CDI con Serbia se prevé la exención en la fuente si el perceptor de los intereses es su beneficiario efectivo y se trata del otro Estado o el Banco Central, una subdivisión política o una entidad local del mismo, o una institución financiera de control público.

En el CDI con Singapur, exigiendo la condición de que el perceptor sea el beneficiario efectivo de las rentas (los intereses se definen de manera cerrada sin remisión a ley interna), se ordena la potestad compartida limitada de modo que pueden tributar en fuente, pero si el beneficiario efectivo de los intereses es un residente del otro Estado contratante, el impuesto así exigido no podrá exceder del 5 % del importe bruto de los intereses, como regla general. Sin embargo, se ordena la exención en fuente si el perceptor de los intereses es su beneficiario efectivo y:

a) Es ese Estado, una subdivisión política o una entidad local del mismo, el Banco Central, u otra entidad pública.

b) Los intereses los paga el Estado del que proceden o una de sus subdivisiones políticas o entidades locales, o una entidad pública.

c) Los intereses los paga una institución financiera de un Estado contratante a una institución financiera del otro Estado contratante.

d) Es un fondo de pensiones aprobado a efectos fiscales por ese Estado y la renta de dicho fondo está, en términos generales, exenta de imposición en ese Estado.

e) Los intereses se pagan por razón de un préstamo o crédito:

- Debido a un organismo de crédito a la exportación de ese Estado, subdivisión política, entidad local o entidad pública; o concedido, otorgado, garantizado o asegurado por cualquiera de los anteriores.

- Garantizado o asegurado por ese Estado, una de sus subdivisiones políticas o entidades locales, o por una entidad pública.

f) Es una institución que el Estado contratante posee total o mayoritariamente, según acuerden las autoridades competentes de los Estados contratantes, cuando corresponda, y

g) Es el *Government of Singapore Investment Corporation Pte. Ltd.*

Concurre una importante cláusula antiabuso según la cual los beneficios de los artículos 10, 11 y 12 no se aplican cuando el fin primordial de cualquier persona relacionada con la creación o cesión de las acciones u otros derechos que generen la participación en los dividendos, la creación o cesión del crédito que genera los intereses, la creación o cesión del derecho que genera los cánones, sea el de conseguir los beneficios contenidos en estos artículos mediante dicha creación o cesión.

En el CDI con Senegal bajo la condición de que el perceptor sea el beneficiario efectivo de las rentas, al establecimiento de un tipo de límite de gravamen en la fuente del 10 % con carácter general, se une la exención si:

- El deudor de los intereses es el Gobierno del Estado de la fuente, una subdivisión política o una entidad local del mismo.
- Los intereses se pagan al Gobierno del otro Estado, una subdivisión política o una entidad local del mismo, o a instituciones u organismos (incluidas las instituciones financieras) pertenecientes en su totalidad a ese otro Estado o subdivisión política o entidad local.

En el CDI con Sudáfrica se ordena la exención en la fuente tratándose de intereses pagados a los propios Estados, sus subdivisiones políticas o entidades locales, de intereses derivados de créditos comerciales en suministros de bienes de equipo o mercancías así como los intereses de créditos a largo plazo –7 o más años–. En el Protocolo se admite expresamente la aplicación de las normas sobre subcapitalización. Existe una norma antiabuso –sociedades con accionariado no residente, carentes de motivos económicos válidos en su operativa.

a) Los intereses se pagan por razón de un préstamo o crédito debido a ese Estado o a una de sus autoridades centrales, subdivisiones políticas, entidades locales u organismo de crédito a la exportación, o concedido, otorgado, garantizado o asegurado por cualquiera de los anteriores.

b) Es una institución financiera pública.

Asimismo en el Protocolo se contempla, como se vio, una cláusula antiabuso específica así como la precisión de que se entiende por «entidad pública» a efectos de la exención.

En el CDI con Suiza en su versión original se preveía la exención de los intereses pagados a un banco residente en Suiza por un préstamo a largo plazo (no reembolsable total o parcialmente antes de cinco años). El nuevo Protocolo publicado en 2007, exonera todos los intereses en el Estado de la fuente, con la limitación única de la cláusula antiabuso general prevista en la nueva norma bilateral.

En el CDI con Tailandia se exoneran en la fuente los intereses de préstamos concedidos por el Gobierno, Banco Central o ciertas entidades.

En el CDI con Trinidad y Tobago Existe un repertorio de casos de exención en fuente para obtenidos o satisfechos –o garantizados– por el Estado, organismos o instituciones financieras públicas, así como para las operaciones a crédito por ventas de equipos, materiales o «servicios». Debe advertirse, por otra parte, la existencia de una importante cláusula antiabuso contenida en el protocolo en su apartado IV relativa a entidades carentes de efectiva imposición y con accionariado no residente dominante o cuando la procedencia de las rentas sea de países carentes de convenio.

En el CDI con Uruguay, sin exigirse la condición de que el perceptor sea el beneficiario efectivo de las rentas, se ordena la potestad compartida de imposición con un límite del 10 % en fuente sobre el importe bruto. Existe un repertorio de casos de exención en fuente para intereses pagados o satisfechos por el Estado, organismos o instituciones financieras públicas, fondos de pensiones exentos o ventas a crédito. Nótese, por otra parte, la cláusula antiabuso contenida en el protocolo contra el uso interesado del convenio tratándose de estas rentas.

En el CDI con Uzbekistán, exigiendo la condición de que el perceptor sea el beneficiario efectivo de las rentas (los intereses se definen de manera cerrada sin remisión a ley interna), se ordena la potestad compartida limitada de modo que pueden tributar en fuente, en los siguientes términos:

Si el beneficiario efectivo de los intereses es un residente del otro Estado, el impuesto así exigido no podrá exceder del 5 % del importe bruto de los intereses.

Se ordena, no obstante, la exención en fuente si el perceptor de los intereses es su beneficiario efectivo y

Convenios de doble imposición

a) es el Estado o el Banco Central, una subdivisión política o administrativo-territorial o una entidad local del mismo;

b) los intereses los paga el Estado del que proceden o una de sus subdivisiones políticas o administrativo-territoriales o entidades públicas o locales;

c) los intereses se pagan por razón de un préstamo o crédito debido a ese Estado o a una de sus subdivisiones políticas o administrativo-territoriales, entidades locales u organismo financiero público, o concedido, otorgado, garantizado o asegurado por cualquiera de los anteriores;

El Protocolo precisa qué se entiende por "organismo financiero público":

– ICO: Instituto de Crédito Oficial.
– CESCE: Compañía Española de Seguros de Crédito a la Exportación.
– COFIDES: Compañía Española de Financiación del Desarrollo.

En el CDI con Venezuela además de los intereses derivados de ventas a crédito, se exoneran los intereses pagados u obtenidos por bancos centrales, los propios Estados o sus subdivisiones, los otorgados o garantizados por instituciones financieras públicas así como los obtenidos por fondos de pensiones en ciertos supuestos. Además se prevé la cláusula de nación más favorecida.

En el CDI con Vietnam se encuentran exentos los intereses que se pagan al Gobierno del otro Estado contratante o a alguna de sus entidades locales o subdivisiones políticas, al Banco Central de ese otro Estado o a una institución financiera controlada o propiedad del Gobierno de ese otro Estado, así como los intereses que se pagan respecto de créditos garantizados o asegurados por el Gobierno del otro Estado contratante, sus entidades locales, el Banco Central o instituciones financieras de ese otro Estado.

5. BIBLIOGRAFÍA

AAVV (RUIZ GARCÍA) (2004), «Comentarios a los Convenios…» Fundación Barrié A Coruña.

AAVV (2016), «Manual de Fiscalidad Internacional». IEF

AAVV (LUCAS DURÁN) (2015), «Fiscalidad Internacional». CEF

BAKER (1994), «Double Taxation Conventions and International Tax Law», Sweet and Maxwell, London.

CARMONA FERNÁNDEZ, NÉSTOR (2007), «Guía del Impuesto sobre la Renta de No Residentes», CISS, Valencia.

CARMONA FERNÁNDEZ, NÉSTOR (2011), «TODO Renta de No Residentes 2011/2012», CISS, Valencia.

CUATRECASAS, (2003), «Comentarios a la LIRNR», Aranzadi, Pamplona.

DOERNBERG/VAN RAAD (1997), «The 1996 US Model Income Tax Convention», Kluwer, Boston.

ESTEBAN PAUL, ÁNGEL (2003), «Tributación de operaciones financieras». Escuela de Hacienda Pública, Madrid.

GONZÁLEZ POVEDA (1993), «Tributación de no residentes», La Ley, Madrid.

MARTÍN JIMÉNEZ (2004), «The 2003 Revision of the OECD Commentaries on the Improper Use of Tax Treaties: A Case for the Declining Effect of the OECD Commentaries?», Bulletin for International Fiscal Documentation vol. 58, nº 1.

OLIVER, LIBIN, VAN WEEGHEL y DU TOIT (2001), «Beneficial Ownership and the OECD Model», British Tax Review nº 1 /2001.

RODRÍGUEZ ONDARZA y otros (2003), *«Fiscalidad y planificación fiscal internacional»*, Instituto de Estudios Económicos, Madrid.

VÁZQUEZ TAÍN, M.A. (2017) *«Fiscalidad de No residentes»*. Tirant lo Blanch Valencia

VOGEL (1997), *«On Double Tax Conventions»*, Kluwer, Londres, La Haya, Boston.

III.6

CÁNONES

Néstor Carmona Fernández

III.6. CÁNONES

Sumario

CÁNONES

1. NOCIÓN DE LAS RENTAS DENOMINADAS «CÁNONES» (O «REGALÍAS»)

El precepto que los CDI dedican a los cánones –usualmente el artículo 12 y siempre dominantemente bajo las pautas inspirativas del ModCDI–, aborda las normas de reparto de soberanía fiscal sobre una categoría de rentas de gran trascendencia y singularidad. A lo largo de este capítulo, se orillará la expresión «regalías» –que la versión traducida al español del Modelo desde 2005 ha decidido utilizar, dando preferencia a la más tradicional y doctrinalmente arraigada– de «cánones».

Las rentas concernidas son objeto de expresa definición y esta suele mostrar, a salvo especialidades, una redacción de este tenor:

«El término cánones –regalías– comprende las cantidades de cualquier clase procedentes de –o pagadas por– el uso o la concesión de uso de derechos de autor sobre obras literarias, artísticas, científicas, incluidas las películas cinematográficas, de patentes, marcas de fábrica o de comercio, dibujos o modelos, planos, fórmulas o procedimientos secretos, (así como por el uso o la concesión de uso de equipos industriales, comerciales o científicos) y las cantidades pagadas por informaciones relativas a experiencias industriales, comerciales o científicas» como se apuntará más adelante, las expresiones entre paréntesis han desaparecido de la definición de cánones recogida en el ModCDI desde 2000, pero se encuentran en la gran mayoría de los tratados suscritos por el Estado español).

Las definiciones que muestran otros Modelos de convenio son sustancialmente coincidentes, aunque puedan adoptar algún matiz diferencial. Así, el artículo 12 del Modelo de las Naciones Unidas –además del criterio distinto de reparto de las competencias de imposición entre el Estado de la fuente y el de residencia– ofrece una definición de cánones más amplia, incluyendo las contraprestaciones por el uso o la cesión de uso de equipos industriales, comerciales o científicos, y una comprensión extensiva que alcanza también a las prestaciones de servicios técnicos. Por su parte, el Modelo de convenio de EE. UU., aun siendo globalmente más próximo al de la OCDE, ha venido manteniendo singularidades como la relativa a la consideración como cánones de las ganancias derivadas de la enajenación de cualquier derecho o intangible susceptible de generar dichas rentas, cuando la ganancia depende de la productividad, uso, o disposición de la propiedad (en similares términos se conduce el CDI suscrito por ese país con España).

En el marco de la fiscalidad internacional el término «cánones» o «regalías»), se asocia inevitablemente con las transferencias económicas ligadas a la tecnología –patentes, modelos, *know how*, etc.–, aunque no se agote ni mucho menos en ese entorno. Los pagos por cesión de derechos de autor –los cánones «culturales»– son un ejemplo de otra variante de dichas rentas, que incluso pueden tener lugar en un escenario empresarial o fuera de él.

Como reconocen los propios CMC, las cesiones o arrendamientos de intangibles generadores de cánones pueden efectuarse en relación con una empresa o actividad profesional (por ejemplo, o la concesión de los derechos sobre una obra literaria por un editor o la concesión, por parte del inventor, del derecho a utilizar una patente) o con total independencia de las actividades del cedente (por ejemplo, la concesión, por los herederos del inventor, del uso de una patente de invención).

La trascendencia cuantitativa de los flujos de rentas internacionales de esta naturaleza aparece unida a la conflictividad de su calificación fiscal en muchos casos, siendo así que la frontera entre las rentas empresariales y los cánones, mediando un convenio sobre doble imposición, es a menudo borrosa y el coste tributario «en origen» de las rentas en uno u otro caso muy distinto (como se verá también más adelante, muchos países –entre ellos España hasta 2010– preservan su competencia de gravamen en la fuente, a diferencia de lo que ocurre con las rentas empresariales sin EP). Y a los referidos problemas de calificación se añaden otros de valoración –de enorme impacto respecto de las bases imponibles del impuesto personal de las compañías receptoras de tecnología–, sean debidos a la frecuente vinculación entre aquellas entidades pagadoras y las sociedades no residentes perceptoras de las rentas, sean debidos a que algunos países, a efectos de la imposición del deudor, no permiten que se deduzcan los pagos de cánones más que en el caso de que el perceptor resida o esté sujeto a imposición en el mismo Estado que aquél (este último extremo es abordado, y debiera entenderse resuelto por el precepto del ModCDI relativo al principio de no discriminación –artículo 24.5 ModCDI– y, en el marco de la Unión Europea, por los mandatos constitucionales relativos a la no discriminación y su lectura a la luz de la jurisprudencia del TJUE).

Cualquier aproximación a la noción de las rentas que los CDI llaman «cánones» (y nótese que, a diferencia de lo que acontece con otros preceptos bilaterales –así, los relativos a dividendos o intereses– no se establece para su calificación ninguna reenvío expreso a las normas nacionales) exigiría, en primer término, tener presentes las reglas interpretativas generales propias del Derecho Internacional asentadas en la Convención de Viena sobre Derecho de los tratados de 1969 –que proclaman una lectura contextual, finalista, literal y «de buena fe»–, si bien el propio mandato interpretativo interno de los CDI –artículo 3– toma un singular protagonismo y como regla prevalente ordena que cualquier expresión no definida en el propio tratado, «a menos que de su contexto se infiera una interpretación diferente», tendrá el significado que se le atribuya por la legislación de cada Estado contratante –el Estado de la fuente de las rentas– relativa a los impuestos objeto del Convenio.

Sin embargo, y al margen de los dictados derivados de la jurisprudencia nacional e internacional, el elemento doctrinal e interpretativo más valioso –del que los tribunales también se hacen constante eco– viene constituido por los Comentarios elaborados por el Comité de Asuntos Fiscales de la OCDE, con relación al Modelo de CDI –CMC– (El Modelo tiene como última redacción la publicada en diciembre de 2017). En todo cuanto toca al alcance efectivo de dichos criterios interpretativos sobre convenios anteriores a su adopción o puesta de manifiesto (en suma, sobre la viabilidad de una interpretación «dinámica» o ambulante de tal doctrina, o su aplicación «estática», ver Capítulo 1, apartado 2.2.3.5).

1.1. Cesión versus transmisión

A juicio de los CMC el término «cánones» (siempre en referencia a bienes o derechos que forman parte de las diferentes modalidades de la propiedad literaria y artística, intelectual o industrial, así como a informaciones relativas a la experiencia adquirida en el campo industrial, comercial o científico) se aplica a las sumas pagadas por el uso o la concesión de uso de cualquiera de tales derechos o intangibles, tanto si ha sido o no inscrito en un registro público, como si es o no susceptible de inscripción (debe observarse que el término «pagados» reviste un sentido muy amplio, significando el concepto «pagar» el acto de dar cumplimiento a la obligación de poner los fondos a disposición del acreedor en la forma prevista por el contrato o por los usos, sin que se requiera la percepción material de la renta en cuestión).

Dentro de la noción de «uso o concesión de uso» se comprenden tanto los pagos realizados en ejecución de un contrato de cesión de derechos de autor, patentes, etc., «como las sumas que una persona resulte obligada a pagar por la falsificación o uso abusivo» de los mismos (incluso en ciertos tratados se contemplan los pagos por «la renuncia al uso» de aquellos).

De acuerdo con los CMC, cuando tiene lugar la cesión de uso del derecho o la información recibida, el propietario de las mismas puede acordar no ceder similar uso a ninguna otra persona: pues bien, los pagos efectuados por razón de tal exclusividad en el uso del derecho o las informaciones inciden asimismo en la definición de cánones prevista en los tratados.

La doctrina OCDE vertida en los Comentarios postula que los pagos efectuados únicamente como contraprestación por la obtención de derechos exclusivos de distribución de un producto o servicio en un territorio concreto (no se paga por el derecho de uso de marcas u otros intangibles similares) no constituyen regalías, sino que pertenecen al entorno del artículo 7 ModCDI, dado que no se realizan por el uso o la concesión de uso de una categoría de los derechos comprendidos en la definición del artículo 12 ModCDI.

No se consideran cánones los pagos que, a pesar de tener su fundamento en el número de veces que se utiliza un derecho perteneciente a una persona, son abonados a otra, distinta a quien ostenta dicho derecho o la facultad de utilizarlo (puede ser el caso de la retribución de un artista musical que interviene en una grabación sonora, remunerada en función de las ventas futuras, cuando los derechos de autor pertenezcan a un tercero distinto de la persona con la cual el artista acordó, en el contrato, aportarle sus servicios). Y otro tanto habría que decir de determinadas actuaciones artísticas, en particular en conciertos o recitales de música, en las cuales a la remuneración correspondiente a la prestación musical, se añade la pagada por su retransmisión simultánea: en tal caso debe primar el tratamiento fiscal correspondiente a las rentas de artistas –la renta se encuentra estrechamente ligada al espectáculo ejecutado– (artículo 17 del ModCDI), a diferencia del caso en el cual en virtud del mismo contrato la actuación del artista se graba (en discos, casetes, etc.) y este recibe *royalties* por la venta o la audición ulterior en público de los discos, en que la parte de la remuneración atribuible a los beneficios derivados de la comercialización de la grabación deben recibir el tratamiento propio de los cánones (en el CDI con Alemania dentro del artículo 12 se alberguen los pagos de cualquier naturaleza percibidos como contraprestación por el uso o la concesión de uso del nombre o la imagen de una persona o cualquier otro derecho de imagen o sobre la identidad, «o por la grabación de la actividad de deportistas o las actuaciones de artistas para la radio o la televisión»).

Por consiguiente, la operación –el acto o contrato– que genere cánones debe provocar la traslación del uso de un bien o derecho. Y así, no se generan cánones si se produce una venta u otra modalidad traslativa del dominio similar del bien o del derecho en cuestión. En tal caso, como regla general, se está en presencia no de un canon, sino de una renta empresarial o de una ganancia de capital o incremento de patrimonio, de ordinario no susceptible de gravamen en el Estado de la fuente (así, en un contrato complejo de transferencia de tecnología, si no se transmite la plena propiedad de una patente, se generan cánones –STS de 20 de julio de 2001 y, en igual sentido, Consulta General 1610-01 de 30 de agosto de 2001 o consulta DGT V1707-13 de 24-5-2013–).

Los CMC efectúan consideraciones en torno a las denominadas «ventas parciales». Así, se contempla el caso de la concesión en exclusiva de todos los derechos sobre una propiedad intelectual durante un plazo limitado o de todos los derechos sobre la propiedad en un área geográfica limitada, habiéndose estructurado la operación como una venta, remitiendo su calificación a las circunstancias y a la legislación nacional sobre la propiedad intelectual y a la normativa interna para la determinación de las operaciones que constituyen una enajenación. No obstante, afirman los CMC que «en términos generales, si el pago se realiza como contraprestación de la enajenación de los derechos que constituyen un bien distinguible y concreto (lo que es más probable en el caso de derechos limitados geográfica que temporalmente), tales pagos pueden constituir utilidades empresariales amparadas en el artículo 7 ModCDI, o ganancias de capital comprendidas en el artículo 13 ModCDI en lugar de regalías contempladas en el artículo 12 ModCDI. (…) La naturaleza esencial de la enajenación no puede alterarse por la forma que adopte la contraprestación, su pago a plazos o, en opinión de la mayoría de los países, por el hecho de que los pagos estén vinculados a una contingencia».

Pues bien tanto España e Italia manifiestan de modo expreso que no se adhieren a la interpretación descrita en el párrafo anterior, y consideran que los pagos efectuados en contraprestación por la transmisión de la propiedad de un elemento comprendido en la definición de regalías están cubiertos por el ámbito de este artículo cuando lo que se transmita no llegue a ser la plena propiedad.

En ciertos casos –como ocurre con los programas informáticos o software– la cesión de uso puede venir condicionada por determinadas circunstancias o finalidades para que se considere merecedora de devengar cánones (ver en especial la posición española en este punto en apartado 1.4.1.).

Algunos países de la OCDE se reservan la posibilidad de calificar como cánones las rentas derivadas de transmisiones plenas de derechos de la naturaleza descrita: es, por ejemplo, el caso de

Convenios de doble imposición

México y Estados Unidos, que se reservan el derecho a considerar cánones los beneficios obtenidos de la enajenación de un activo tal índole cuando la renta se haga depender de la «productividad, de la utilización o disposición» del derecho en cuestión.

En esta misma línea, cuyo norte es dificultar el uso de fórmulas artificiales de cesión o transmisión de un bien o derecho, en muchos casos con la intención manifiesta de huir de la fiscalidad de los cánones, para caer en la más ventajosa de las plusvalías, ciertos CDI suscritos por el Estado español (así los firmados con EE. UU. (1991), Japón, México, Noruega, Turquía o Suecia) establecen normas cautelares, en cuya virtud se califican las rentas obtenidas como cánones, cuando la pretendida transmisión no se realice por un precio cierto y determinado, o éste se cifre en función del uso o rentabilidad del bien cedido, o cuando exista un pacto de retroventa que deshaga la operación al cabo de cierto plazo. No se trata sino de cláusulas de salvaguarda o antielusión basadas en la calificación sustancial de la transacción.

En aquellos casos en que, contrariando el actual Modelo, un CDI contemple las cesiones de uso de bienes de equipo como hipótesis pertenecientes al artículo 12 ModCDI, deben entenderse también comprendidas (en principio, al menos) las rentas derivadas de operaciones de leasing o arrendamiento financiero, junto con las variables ordinarias de arrendamiento u otras fórmulas afines (ver apartado 1.2.1.).

Tratándose de derechos de propiedad intelectual, cabe observar que los derechos de explotación de la obra literaria, artística o científica pueden transmitirse, en principio, distinguiéndose la cesión en sentido propio, que comporta la enajenación del derecho transmitido de forma plena y la cesión como concesión de un derecho de explotación. Sin embargo, la doctrina, –con base en los dictados del Real Decreto Legislativo 1/1996, de 12 de abril (Ley 21/2014, de 4 de noviembre)– opina mayoritariamente que, en el ámbito de la propiedad intelectual, no es posible la «cesión en sentido propio» –la compraventa– de derechos de propiedad intelectual (la inadmisibilidad de la enajenación de un derecho de autor desde el punto de vista del ordenamiento español, pudiera pugnar con lo dispuesto en la legislación del país de residencia del perceptor de la renta, caso de que allí sí se admitiera).

En otro orden de cosas, el principio de «especialidad» del clausulado de los tratados provoca automáticamente que las rentas contempladas de modo singular en un precepto (en esta ocasión, en el artículo 12 ModCDI), se acojan a sus mandatos específicos de reparto de soberanía, en lugar de a los generales propios de los «beneficios empresariales» (artículo 7 ModCDI). Los CMC no permiten dudar que, aun cuando el contribuyente no residente realice tales operaciones de cesión de uso con habitualidad o con carácter empresarial, las rentas generadas seguirán siendo fiscalmente catalogadas como cánones.

1.2.   Bienes y derechos afectados

El objeto de la operación, empresarial o no, de la cesión del uso habrá de consistir en alguna de las siguientes categorías de bienes o derechos: derechos de autor sobre obras literarias, artísticas, científicas, incluidas las películas cinematográficas, patentes, marcas de fábrica o de comercio, dibujos o modelos, planos, fórmulas o procedimientos secretos, (equipos industriales, comerciales o científicos –ya no en el texto del Modelo, pero sí en gran número de CDI en vigor-), o «informaciones relativas a experiencias industriales, comerciales o científicas».

Al margen de estas modalidades de elementos patrimoniales, se estará fuera del escenario del artículo 12 ModCDI. Así, aun pudiendo considerarse como rendimientos de capital mobiliario a los ojos de las normas domésticas –en cualquier caso siempre lejos de «dividendos» e «intereses»–, no encuentran aquí acomodo los cánones de explotación de yacimientos mineros, que siguen el régimen fiscal previsto por los tratados para las rentas de inmuebles (artículo 6 ModCDI).

Algo similar ocurre con las rentas derivadas de la cesión de otros bienes muebles o derechos distintos a los descritos, que caerían bajo la cobertura de otros preceptos del CDI, de ordinario el artículo 7 ModCDI –rentas empresariales– o el artículo 21 ModCDI –otras rentas–. Sin embargo,

anómalamente, ciertos bienes pueden extender el ámbito usual de elementos patrimoniales generadores de cánones, cuando junto con los derechos y bienes mencionados los CDI se refieran, por
ejemplo, a «otros derechos similares» –así, en el CDI con EE. UU., Chile, Luxemburgo, etc.– (al igual
que, por otra parte y según se verá, hace –trazando un dibujo de ambigüedad– la propia Ley del Ley
del Impuesto de la Renta de no Residentes desde 2004).

1.2.1. *Equipos industriales, comerciales o científicos*

Como los CMC afirman, mientras la definición del término «cánones» contenida tanto en el
Proyecto del Convenio de 1963 como en el Modelo de Convenio de 1977 comprendía los pagos
«por el uso o la concesión de uso de un equipo industrial, comercial o científico», la mención a
dichos pagos en esta definición ha sido suprimida en el actual Modelo, por entender que las rentas
procedentes del arrendamiento de equipos industriales, comerciales o científicos, incluyendo las
rentas procedentes del arrendamiento de contenedores, deben acampar dentro de las disposiciones
referentes a la imposición de los beneficios de las empresas y de las actividades profesionales comprendidas en los artículos 5 y 7 (o excepcionalmente en el artículo 8).

Por consiguiente, en la versión última del Modelo de CDI, las rentas derivadas de la cesión del
uso de tales activos mobiliarios empresariales (inmovilizado material no inmobiliario) se consideran
fuera de la noción de cánones. Con ello se subraya la tendencia a suprimir el impuesto «en origen»
sobre las rentas derivadas del alquiler de bienes de equipo, primándose la imposición en el Estado
de residencia del perceptor.

Diversos Estados, sin embargo, discrepan de dicha postura. Es el caso de España, que se reservó
hasta julio de 2014 el derecho a continuar adhiriéndose, en sus convenios, a una definición de cánones que incluya las rentas procedentes del arrendamiento de equipos industriales, comerciales o
científicos y de contenedores. Y otro tanto hacen Australia, Canadá, Chile, Corea, República Eslovaca,
República Checa, Grecia, Italia, Letonia, México, Polonia, Nueva Zelanda, Portugal, y Turquía.

De modo que en muchos casos, mediando CDI (es lo que ocurre con todos los suscritos por el
Estado español a excepción, hasta la fecha, de los firmados con Andorra, Argelia, Catar, Chile, Kuwait,
Malta, Macedonia, Nueva Zelanda, Sudáfrica y Venezuela –y adviértase además que en la Directiva
comunitaria sobre cánones entre empresas asociadas también se contemplan dichos activos–), tales
rendimientos son calificados como cánones y gravados en su caso, incluso cuando se trate de operaciones de arrendamiento financiero (sobre este punto resulta inevitable acudir a los Comentarios
al Modelo de 1977, que contemplaban dicho gravamen). Aun siendo esta cuestión un asunto en
principio pacífico (una Resolución del TEAC de 4 de abril de 2003 entiende que las rentas derivadas
de operaciones de *«renting»* de vehículos deben incardinarse en el artículo 7, y no en el 12, del
tratado aplicable; en sentido favorable a la tributación como cánones de rentas de leasing y similares,
pueden consultarse DGT V0983-06 de 25-5-2006, DGT V2610-07 de 4-12-2007 o SAN de 24 de
abril de 2008, esta última con matices al querer distinguir entre arrendamiento con opción de compra
y financiero).

Por lo que se refiere a las fricciones con el artículo 8 del ModCDI, los CMC observan que los
beneficios obtenidos del arrendamiento de un barco o avión *«on charter»*, armado y equipado,
incluida la tripulación, debe tratarse como transporte de mercancías y pasajeros, mientras que los
arrendamientos a casco desnudo cabrán dentro del artículo 7 ModCDI –beneficios empresariales–,
lo que bajo el prisma de las reservas españolas al artículo 12 ModCDI sobre este género de rentas
debe interpretarse necesariamente como un reenvío al epígrafe de los cánones. Puede haber casos,
como en el CDI con Chipre en que el perímetro de rentas comprendidas en el artículo 8 se expanda,
de suerte que comprendan «los beneficios procedentes del alquiler (por tiempo o por travesía) de
naves equipadas, así como los derivados del alquiler a casco desnudo de buques o aeronaves. Y lo
mismo cabe para los beneficios de una empresa de un Estado "derivados de la utilización, mantenimiento o alquiler de contenedores (comprendidos los tráileres, gabarras y equipos relacionados con

el transporte de los contenedores), que sean residuales respecto de las rentas procedentes de la operación de buques o aeronaves en tráfico internacional".

Debe diferenciarse la prestación de servicios del arrendamiento de activos: la utilización de un transpondedor para comunicaciones por satélite no controlado por el cliente no genera cánones (Sentencias de la AN de 14 de diciembre de 2005 y 15 de junio de 2006). La disposición por parte del usuario de «servidores dedicados» ubicados en el extranjero para el alojamiento de espacios virtuales de la empresa se consideran cánones (TEAC de 28 de febrero de 2008 y SAN de 22 de abril de 2010). La prestación de un servicio mediante un satélite de comunicaciones cuyo control no pertenece al destinatario del mismo no genera cánones (DGT V2097-09 de 21-9-2009). Se consideran rentas empresariales y no cánones, las derivadas del arrendamiento de helicópteros con cesión de tripulación para prestar un servicio de incendios (DGT V1914-09 de 31-8-2009).

Precisamente los Comentarios al Modelo, desde 2010, se pronuncian sobre este contexto, esto es, en relación a casos como la utilización de satélites de comunicación, transpondedores, cables de comunicación o suministro, oleoductos, gasoductos, operaciones de roaming en telecomunicaciones, etc., en cuyo caso el principio clave reside en no confundir la prestación de un servicio de transmisión, transporte, etc., con la posesión y el control de los activos implicados fruto de la cesión de uso generadora de «regalías»: si no concurre dicho desplazamiento posesorio, no habrá canon: se presta un servicio de «transporte» o transmisión. Alemania, Turquía, Chile y México manifiestan una reserva de imposición en esta materia apuntado a la posible calificación como cánones de las rentas derivadas del uso de dichos activos, incluyendo la distribución de programas de radio y televisión.

En el caso de una prestación mixta –organización de eventos mediante la cesión de mobiliario– a juicio de la DGT V1346-07 de 22-6-2007, existen cánones por la retribución relativa al arrendamiento de equipos y mobiliario obtenida por la entidad no residente prestadora de la actividad.

La doctrina administrativa y jurisdiccional en este terreno no es polémica, a salvo algún leve desvarío (STS de 13 de noviembre de 1998).

1.2.2. *Derechos de propiedad intelectual e industrial*

Un segundo y variopinto conglomerado de activos se encuentra integrado por los derechos de propiedad intelectual e industrial.

Los CDI hacen mención de los derechos de autor sobre obras literarias, artísticas o científicas (en algunos casos, expresamente se alude a programas de ordenador, noticias, imágenes...), películas cinematográficas, planos, gráficos, dibujos, marcas, nombres comerciales, patentes, modelos (de utilidad), etc.

La inteligencia de la expresión «derecho de autor» (*copyright* o derecho de reproducción), aun resultando orientativa la noción dictada establecida por el Convenio Multilateral UNESCO/OMPI para la eliminación de la doble imposición en materia de cánones derivados de derechos de autor, debe encontrarse –artículo 3 ModCDI– en la legislación nacional.

Son objeto de propiedad intelectual, a tenor de la Ley de Propiedad Intelectual (Texto Refundido aprobado por Real Decreto Legislativo 1/1996), «todas las creaciones originales, literarias, artísticas o científicas expresadas por cualquier medio o soporte, tangible o intangible, actualmente conocido o que se invente en el futuro», y, en particular:

a) Los libros, folletos, impresos, epistolarios, escritos, discursos, alocuciones, conferencias, informes forenses, explicaciones de cátedra y cualesquiera otras obras de la misma naturaleza.

b) Las composiciones musicales, con o sin letra.

c) Las obras dramáticas y musicales, las coreografías, las pantomimas y, en general, las obras teatrales.

d) Las obras cinematográficas y cualesquiera obras audiovisuales.

e) Las esculturas y las obras de pintura, dibujo, grabado, litografía, y las historietas gráficas, tebeos o *comics*, así como sus ensayos o bocetos y las demás obras plásticas, sean o no aplicadas.

f) Los proyectos, planos, maquetas y diseños de obras arquitectónicas y de ingeniería.

g) Los gráficos, mapas y diseños relativos a la topografía, la geografía y, en general, la ciencia.

h) Las obras fotográficas y las expresadas por procedimiento análogo a la fotografía.

i) Los programas de ordenador.

Asimismo, dentro de tal régimen se amparan determinados derechos relativos a los bancos de datos (Ley 5/1998, de 6 de marzo, de incorporación al derecho español de la Directiva 96/9/CE, del Parlamento Europeo y del Consejo, de 11 de marzo de 1996, sobre la protección jurídica de las bases de datos).

Según dicha normativa, corresponde al autor el ejercicio exclusivo de los derechos de explotación de su obra en cualquier forma y, en particular, los derechos de reproducción, distribución, comunicación pública y transformación. El titular del derecho de autor (el propio autor o sus herederos o causahabientes) puede explotar la obra por sí mismo o ceder a un tercero los derechos de explotación. Esta cesión puede realizarse de diferentes formas, según el objeto del derecho de autor: contrato de edición, contrato de representación teatral y ejecución musical, contrato de producción audiovisual, contrato de cesión de los derechos de explotación de programas de ordenador, etc. Los artículos 17 y ss. del Real Decreto Legislativo 1/1996, de 12 de abril, por el que se aprueba el texto refundido de la Ley de Propiedad Intelectual, regularizando, aclarando y armonizando las disposiciones legales vigentes sobre la materia (en adelante, TRLPI) precisan los derechos de autor susceptibles de ser cedidos a terceros (derecho de explotación, reproducción, distribución, comunicación pública y transformación de la obra). El mismo cuerpo legal identifica otros derechos, que estrictamente no son derechos de autor a los que califica como «otros derechos de propiedad intelectual», pero que, deben entenderse comprendidos en la definición de canon.

La propiedad industrial está integrada, básicamente, por las patentes (Ley 11/1986, de 20 de marzo de Patentes y Ley 10/2002, Ley 10/2002, de 29 de abril, por la que se modifica la Ley 11/1986, de 20 de marzo, de Patentes, para la incorporación al Derecho español de la Directiva 98/44/CE, del Parlamento Europeo y del Consejo, de 6 de julio, relativa a la protección jurídica de las invenciones biotecnológicas) –protegiendo las invenciones nuevas susceptibles de utilización industrial –tanto las patentes como los modelos de utilidad–, y las marcas (Ley 17/2001, de 7 de dicembre de Marcas)– comprendiendo esta última tanto marcas como signos distintivos de la empresa, modelos, dibujos industriales o diseños (anótese también la Ley 20/2003, de 7 de julio, de Protección jurídica del diseño industrial).

Cuando se trata de manifestaciones nítidas de cualquiera de los derechos mencionados, en el entorno tanto intelectual como industrial de la «propiedad», los conflictos de calificación son mínimos.

Sin embargo, existen áreas en que debido al posible acceso al disfrute de tipos impositivos especiales (películas cinematográficas –hace años en las normas nacionales–, derechos de autor «culturales», etc.), se han planteado conflictos interpretativos sobre los cuales la doctrina ha tenido ocasión de dictar criterio. Así, en su momento se reafirmó que eran cánones las rentas obtenidas a cambio de la cesión del derecho al uso de los «master» de vídeos para la elaboración de videocasetes (CCDGT 27 de marzo de 1983), así como los importes satisfechos a no residentes derivados de la concesión de una licencia para la explotación de una producción cinematográfica, mediante la reproducción y posterior venta o alquiler de videocassetes de uso doméstico (DGT Consulta general de 16-7-1985); o los pagos por cesión de derechos de explotación sobre producciones cinematográficas (DGT Consulta general 1407-98 de 31 de julio de 1998). La cesión del derecho de distribución de películas cinematográficas debe seguir su propio régimen y no el de derecho de autor, cuando se trate de una operación no realizada por el propio autor y dichas prestaciones reciban un tratamiento diferenciado en el tratado (STS de 17 de junio de 2009). En cuanto a las transacciones relativas a programas de ordenador, véase el apartado 1.4.1.

Los CMC desde 2008 sostienen que un pago no puede considerarse efectuado «por el uso o la concesión de uso» de un diseño, modelo o plano cuando se deba al desarrollo de un diseño, modelo o plano inexistente en ese momento. En tal caso, el pago se efectúa como contraprestación por los servicios conducentes al desarrollo de tal diseño, modelo o plano y, por tanto, estaría comprendido en el artículo 7 y no en el 12. Y sería así aun cuando el creador del diseño, modelo o plano (por ejemplo, un arquitecto) retuviera todos los derechos, comprendidos los de su autoría, respecto de dicho diseño, modelo o plano nacido a consecuencia del encargo.

Por otro lado, en el escenario de los derechos de retransmisión, merece la pena mostrar pronunciamientos jurisdiccionales como aquél en que se califican como cánones las rentas derivadas de la cesión de derechos de teledifusión sólo si la titularidad de la obra audiovisual pertenece al no residente que realiza la aportación creativa o intelectual (sentencias de la Audiencia Nacional 9 de diciembre de 1999, 17 de febrero de 1999 y 12 de abril de 2006). Sin embargo, una decisión del Tribunal Supremo de 11 de junio de 1997 no estimó la existencia de canon en la contraprestación por la «transmisión mediante ondas hertzianas, de productos audiovisuales» como un encuentro de fútbol. Como ya se apuntó, la utilización de un transpondedor para comunicaciones por satélite, controlado por el prestador del servicio, se consideró que no genera cánones (sentencias de la AN de 14 de diciembre de 2005 y 15 de junio de 2006), en línea con los CMC vertidos en 2010.

Y en el marco de los trabajos de traducción se entiende, en principio, que son cánones los pagos por cesión de la propiedad intelectual originada como resultado de los mismos (DGT Consulta general 0423-97 de 6-3-1997). Sin embargo, no se considera que las rentas pertenecen al artículo 12 ModCDI cuando derivan de servicios de traducción, si se trata de traducciones técnicas, no se genera derecho de autor; en cambio, si se cede el uso de este se originan cánones (DGT Consulta general 0569-97 de 24-3-1997, DGT Consulta general 1368-01 de 29-6-2001 y DGT Consulta general 0753-02 de 20-5-2002).

La «difusión pública» de partituras musicales o la comunicación pública de obras de arte cedidas a una galería, pueden generar cánones (DGT Consulta general 1815-03 de 4-11-2003).

Un caso especialmente conflictivo de calificación fiscal viene representado por los denominados «derechos de imagen» (absolutamente al margen del especial tratamiento fiscal que reciban en la normativa doméstica ciertas rentas derivadas de la cesión de derechos de imagen de trabajadores, con frecuencia deportistas profesionales, cuando concurran los requisitos previstos para el nacimiento del mecanismo de transparencia fiscal previsto en el artículo 91 LIRPF). Cuando medie un CDI, en la redacción usual del artículo 12 ModCDI de un tratado no se contempla explícitamente esta categoría de derechos como generadores de «cánones», lo que conduciría, en principio, a su ubicación en el capítulo de «otras rentas» o en el relativo a las rentas empresariales, según los casos, dentro del catálogo ordinario de rendimientos que ofrece un CDI, esto es, dejando a salvo ciertos, contados, CDI (Chile, Luxemburgo, EE. UU.) que consideran excepcionalmente como cánones las rentas derivadas de la cesión de «otros derechos» similares, más allá de los arquetípicos o aquellos como el CDI con Alemania que contemplan dentro del precepto los pagos de cualquier naturaleza percibidos como contraprestación por el uso o la concesión de uso del nombre o la imagen de una persona o cualquier otro derecho de imagen o sobre la identidad. Por otro lado, la doctrina jurisdiccional administrativa en un principio es parca y titubeante: cabe citar tanto una Res. del TEAC de 8 de septiembre de 2000 que calificó los pagos por derechos de imagen realizados a una sociedad controlada por un artista como rentas artísticas (sirve de poco apoyo dada la contaminación de la renta por su afinidad con la actuación pública de carácter artístico) como otra Resolución del TEAC de 20 de noviembre de 2003 en respaldo de la noción de la calificación como cánones de tales cesiones de derechos.

Sin embargo, la doctrina de la Dirección General de Tributos parece optar por considerar, con carácter general, dichas rentas insertas dentro del marco del artículo 12 ModCDI. La CCDGT 3 de junio de 1998 ya postulaba que en la medida en que la imagen objeto de cesión se incorporara a un soporte o elemento considerado como propiedad intelectual, la renta obtenida tendría naturaleza de canon y, más tarde, un Informe emitido por el mismo Centro directivo con fecha 12 de junio de 2001

–cuya génesis se inscribe dentro de una comprobación generalizada de la situación tributaria de los clubes de fútbol–, defiende una interpretación elástica de la noción de canon fundada en la afinidad existente entre el derecho de imagen y el derecho de autor: la imagen se cede para su explotación comercial, lo que se va a traducir en la incorporación de la misma en todo tipo de soportes, sean camisetas, libros, objetos comerciales, imágenes televisivas, etc., todos ellos generadores de derechos de autor; dado que la imagen se incorpora a estos soportes físicos, se entiende que se está cediendo el derecho a «reproducir» la propia imagen (en los propios CMC en versión inglesa se utiliza el término *copyright*, como «derecho a reproducir», por más que su permanente vinculación a las obras literarias, artísticas o científicas haya hecho común su traducción como «derechos de autor»). En la misma línea –contumaz– nótese, además, que la redacción de la Ley del IRNR, desde 2003, califica los pagos por derechos de imagen como cánones.

Varias decisiones de la Audiencia Nacional –así, entre otras las de 21 de diciembre de 2006, 25 de enero de 2007, 23 de noviembre de 2007 o 10 de diciembre de 2009 y de 26 de septiembre de 2013– parecían confirmar esta tesis interpretativa, situando dichas rentas en el marco del artículo 12 de los tratados, razonando en torno a la naturaleza de los derechos de imagen y su naturaleza patrimonial y el «carácter flexible» de la noción de cánones.

Sin embargo en un escenario distinto –pago por derechos de imagen de una actuación artística– el TS en sentencia de 13 de abril de 2011, sin perjuicio de resolver (al igual que ya lo hiciera en sentencia de 11 de junio de 2008) a favor de la fuerza atractiva del artículo 17 ModCDI, aprovecha la ocasión para afirmar que «(...) se trata, por tanto, de resolver el alcance del número 3 del artículo 12 del CDI que define lo que debe entenderse por «cánones», y en esta labor la Sala debe moverse dentro de los límites que le impone el artículo 23.3 de la Ley General Tributaria, conforme al cual «No se admitirá la analogía para extender más allá de sus términos estrictos el ámbito del hecho imponible o el de las exenciones o bonificaciones». Dentro de estos límites, la conclusión no puede ser otra que la de que en el concepto de «cánones», tal cual se expresa en el indicado precepto, no puede incluirse el uso o la cesión del uso del derecho de imagen, que no tiene ninguna relación con los supuestos que contempla la norma. En efecto, el derecho de imagen, como derecho fundamental, está regulado en la Ley Orgánica de 5 de mayo de 1982, como la facultad exclusiva del interesado a difundir y publicar su propia imagen, y, por ello, su derecho a evitar su reproducción, en tanto que se trata de un derecho inherente a la persona, tal cual se define, entre otras, en las sentencias del Tribunal Supremo de 11 de abril de 1987, 25 de marzo de 1988, 9 de mayo de 1988 y 5 de octubre de 1989. Y aunque es un derecho irrenunciable, inalienable e imprescriptible, nada impide a que su titular, como expresa el *artículo 7.6, en relación con el 2.2 de la Ley, ceda a un tercero* su uso para fines publicitarios, comerciales o de análoga naturaleza, como si de un bien patrimonial se tratara, pero sin que ello suponga un desprendimiento absoluto y definitivo del derecho, que sigue inherente a la persona. De estas características deriva la distinta naturaleza que tiene el derecho de imagen, con respecto a los que menciona el *artículo 12.3 CDI*, referidos a derechos que, aunque algunos de ellos también tengan la condición de inmateriales, se desgajan de la personalidad del sujeto y adquieren vida propia e independiente, hasta el punto de que pueden ser enajenados perdiendo su autor la titularidad. Esta distinta naturaleza, impediría hacer una ampliación del concepto de canon de ese precepto al derecho sobre la propia imagen (...)».

Con ello el TS dice no con esta sentencia a la habitabilidad del artículo 12 para los derechos de imagen. Su argumentación es muy discutible: desplazar el artículo 23.3 de la LGT en el marco de las normas bilaterales y de la doctrina aneja de los Comentarios al Modelo es un ejercicio lleno de problemas por la peculiaridad de todo el entramado normativo, de *softlaw* y doctrinal que preside la materia (con similar razonamiento literalista los pagos por software podrían considerarse asimismo fuera del precepto). Tampoco es de recibo pleno el argumento relativo a la inalienabilidad del derecho de imagen: bastaría con que el TS se preguntase por la alienabilidad de los derechos de autor, por ejemplo.

Por lo que se refiere a las rentas derivadas del acceso a bases de datos, ver apartado siguiente.

1.2.3.   Técnicas empresariales confidenciales: know-how

El texto de los tratados, imitando al ModCDI, considera cánones las rentas derivadas de la cesión del uso de «fórmulas y procedimientos secretos», así como de «informaciones relativas a experiencias comerciales, industriales y científicas». Se hace referencia con ello a los conocimientos y técnicas operativas carentes de protección registral, productivas y confidenciales, desde un punto de vista industrial, o, en términos generales, empresarial.

En palabras de los CMC, se considera que bajo tales expresiones –informaciones relativas a experiencias industriales, comerciales o científicas– se hace referencia al denominado «know-how»; («el concepto de "saber hacer" o los conocimientos teórico-prácticos). En los Comentarios, se afirma que dicha expresión se utiliza en el contexto de la transmisión de cierta información no patentada y que, por lo general, no recae en el ámbito de otras categorías de derechos sobre la propiedad intelectual. Normalmente se trata de información de carácter industrial, comercial o científico, nacida de experiencias previas, que tiene aplicaciones prácticas en la explotación de una empresa, y de cuya comunicación puede derivarse un beneficio económico (añadiéndose que, dado que la noción de know-how está relacionada con información relativa a experiencias previas, «no es aplicable a los pagos efectuados por información nueva obtenida como resultado de la prestación de unos servicios a instancia del pagador»).

Antes de 2008 en dicha definición los CMC citaban las pautas ofrecidas por la «Association des Bureaux pour la Protection de la Proprieté Industrielle» y se definía el know-how como el conjunto no divulgado de informaciones técnicas, patentables o no, que son necesarias para la reproducción industrial, directamente y en las mismas condiciones, de un producto o de un procedimiento»; y se decía que en la medida que procede de la experiencia, el «know-how» es el complemento de lo que un industrial no puede saber por el mero examen del producto y el mero conocimiento del progreso de la técnica. En suma, la descripción conceptual en ambos casos es similar aunque la prevista desde 2008 resulte más depurada y matizada.

Los términos que dicta la doctrina de la OCDE postulan que se trata de operaciones por las cuales una de las partes se obliga a comunicar sus conocimientos y experiencias particulares, no revelados al público, a la otra parte que puede utilizarlos por su cuenta, sin que el cedente deba intervenir en el uso que el cesionario haga de las técnicas o conocimientos suministrados y sin que garantice su resultado. Por ello se afirma que las cesiones de know how deben disociarse de las servicios donde una de las partes se obliga, apoyada en los conocimientos usuales de su profesión, a hacer ella misma una obra para la otra parte, como ocurre en los contratos de «asistencia técnica», y cuyas remuneraciones no constituyen cánones (salvo que excepcionalmente el CDI así lo afirme) a los efectos del artículo 12 del Convenio tipo.

De esta suerte, el know-how constituye un elemento inmaterial –fórmulas, procedimientos, etc.–, secreto y no patentado –aunque pudiera ser patentable–. El cedente se obliga al suministro de informes, especificaciones, etc., sobre un proceso industrial –o, en términos generales, empresarial– siendo éstos desconocidos por terceros y debiendo mantenerse en secreto, mediante cláusulas de confidencialidad, pero sin intervenir en la aplicación de las fórmulas, ni garantizar el resultado. Si por el contrario, el cedente se obliga a suministrar el consejo técnico necesario, garantizando el resultado y comportando una obligación de hacer, el contrato se calificaría como de asistencia técnica.

Las técnicas, informaciones, experiencias, conocimientos, procedimientos, fórmulas, etc., objeto de cesión, además de gozar de un valor productivo o reproductivo industrial o comercial, han de tener carácter confidencial; no son divulgados, no se busca o necesita su protección registral pública; de hecho, buena parte de su valor «empresarial» reside en la excepcionalidad del acceso a su conocimiento particular.

La distinción práctica entre dichos conocimientos confidenciales de utilidad empresarial, los derechos registrables y las prestaciones de servicios conexos con tales cesiones de intangibles no siempre es clara. Los contratos de transferencia de tecnología contienen con frecuencia una amplia y variada serie de prestaciones: cesiones de tecnología registrada (patentes, modelos...), marcas y nombres comerciales, tecnología o informaciones confidenciales y prestaciones de servicios anejas y complementarias a las anteriores transferencias. Y también con frecuencia, ni tales prestaciones diversas, ni sus correspondientes remuneraciones, aparecen claramente diferenciadas.

Para facilitar esa tarea de discernimiento los CMC niegan la naturaleza de prestaciones de *know-how* a las siguientes corrientes económicas:

- Pagos por servicios complementarios a una venta.
- Pagos por servicios de garantía.
- Pagos por pura asistencia técnica.
- Las remuneraciones por listados de clientes potenciales, cuando tales listados se confeccionen específicamente para el pagador con información de carácter público; sin embargo, se afirma que la remuneración por un listado confidencial de clientes a los que el perceptor de la remuneración ha suministrado un producto o servicio concreto, sí constituiría una remuneración por saber hacer (conocimientos teórico-prácticos) –know-how– dado que estaría relacionada con la experiencia comercial de este en sus relaciones con tales clientes (este epígrafe es incorporado en 2008). Ver en este punto consulta DGT V1075-10 de 20-5-2010.
- Pagos por asesoramiento prestado por un ingeniero, abogado o contable.
- Pagos por asesoramiento suministrado electrónicamente, para comunicaciones electrónicas con técnicos o para el acceso, a través de redes de ordenadores, *(trouble-shooting database)* a bases de datos que suministren información no confidencial «en respuesta a preguntas frecuentes o a problemas comunes que se plantean a menudo» (este último apartado podría dar a entender que no debieran llamarse cánones las rentas obtenidas por entidades no residentes dedicadas a facilitar informaciones generales o públicas contenidas en bancos de datos: la naturaleza de las informaciones transmitidas –no secretas– no permite, al menos en principio, hablar de cánones).

Ahora bien, en tales casos –en especial, cuando su soporte en software adquiere un protagonismo decisivo o cuando la información se encuentra protegida legalmente (al margen de que, además, la Ley 5/1998, de 6 de marzo, de incorporación al derecho español de la Directiva 96/9/CE, del Parlamento Europeo y del Consejo, de 11 de marzo de 1996, sobre la protección jurídica de las bases de datos, otorgue protección jurídica a las bases de datos, como modalidad de propiedad intelectual con relación a los derechos sui generis derivados de la propia estructura del producto o de sus contenidos originales), permiten albergar alguna duda sobre su calificación (sin embargo, de ordinario en estos supuestos, el software es accesorio a la base de datos y no constituye infracción o cesión de derechos de autor el hecho de que el usuario realice los actos necesarios para el acceso al contenido de la base [artículo 34 del Real Decreto Legislativo 1/1996, de 12 de abril, por el que se aprueba el texto refundido de la Ley de Propiedad Intelectual, regularizando, aclarando y armonizando las disposiciones legales vigentes sobre la materia (en adelante, LPI)].

La doctrina administrativa, en su momento, afirmó que el régimen fiscal de los pagos efectuados por el procesamiento de datos dependía de si el proceso se efectúa por el centro de ordenadores de la compañía extranjera, utilizando la española los terminales del sistema únicamente para alimentar el mismo y obtener la información deseada, en cuyo caso se realiza una prestación de servicios, debiéndose tratar a los pagos como beneficios empresariales; en cambio, si la actividad de la empresa española no se limita a la indicada anteriormente, y realiza por sí misma aplicaciones específicas utilizando al efecto el equipo, programas o conocimientos reservados cedidos, la parte de los pagos efectuados que racionalmente pueda imputarse a dichas prestaciones, o su totalidad, si constituyen la parte principal de las realizadas por la empresa extranjera, se trata como cánones (DGT 24 de julio de 1987, 25 de octubre de 1988 y DGT Consulta general de 16-4-1996).

Por otro lado la cesión de los derechos de difusión (no las cuotas de acceso) de una base de datos se considera generadora de cánones, según CCDGT de 16 de junio de 2005 y DGT Consulta general 0014-06 de 26-5-2006.

Sin embargo, a favor de la consideración como cánones de las rentas satisfechas por el acceso a determinadas bases de datos se han pronunciado CCDGT de 16 de abril de 1996 y DGT V1075-10 de 20-5-2010; Res. TEAC de 23 de julio de 1997 y de 25 de junio de 2004, o SAN 23 de noviembre de 2000, 31 de marzo de 2008 y 16 de julio de 2009. En dichas decisiones se consideran diversos factores (la disposición de determinadas aplicaciones de software, el *copyright* anejo a las informaciones cedidas que en algún caso pudieran tener carácter confidencial, la cobertura legal de los derechos relativos a las bases de datos, las limitaciones dictadas a los usuarios, etc.). Su argumentación –al margen de que pueda pugnar con la doctrina OCDE (eso sí, nacida en 2003, no antes) combina con poca claridad consideraciones sobre el *know how* o el software cedido –no considerándolo accesorio–, la protección de las bases en el marco de la normativa sobre propiedad intelectual (sin ponderar que ésta sólo concierne a los derechos «estructurales» de la base de datos, no a su contenido informativo –por lo general, público–), etc., y parece desconocer el componente, sin duda notable, de «servicios» integrante de la prestación.

El propio TS en sentencia de 1 de febrero de 2006 da más empuje todavía a dicha tendencia interpretativa ante un supuesto de acceso al uso de una base de datos compleja, generador de cánones, a su juicio. Y no muy distante, puede verse Res. TEAC de 15 de febrero de 2007 en torno a servicios de encriptado de comunicación y accesos a bases de datos.

Asimismo y ya en términos conceptuales generales relativos al *know how*, ciertas señas de identidad que permitan disociar las cesiones de tales intangibles y las prestaciones de servicios o asistencia técnica pueden ser éstas:

- En los casos de prestaciones de servicios, el proveedor puede hacer uso de conocimientos expertos y competencias especiales, pero no los transfiere a la otra parte.
- En los contratos de *know how*, generalmente el proveedor habrá de hacer muy poco, de acuerdo con el contrato además de aportar la información disponible o reproducir el material existente, en tanto que un contrato de prestación de servicios supondrá, en la mayoría de los casos, que el proveedor tiene un nivel mucho más elevado de gasto para poder cumplir con sus obligaciones contractuales (salarios de empleados, pagos a subcontratistas, etc.).
- Cuando por medio del contrato se suministre información relativa a un programa informático, como norma general se considerará sólo que el pago constituye la cesión de *know how* cuando se haya efectuado para adquirir información que constituye las ideas y los principios base del programa –los algoritmos o las técnicas o lenguajes de programación sujetos a una cláusula de secreto comercial– o sin que el cliente pueda revelar dicha información sin autorización.
- Ante los frecuentes casos en que se trate de acuerdos contractuales de contenido mixto se aconseja descomponer, con la ayuda de las indicaciones contenidas en el contrato o con una distribución razonable, la remuneración total estipulada en función de las diversas prestaciones a las cuales se aplica y someter cada una de las partes de la remuneración, así determinada, al régimen fiscal que le corresponda. Los CMC se refieren, a modo de ejemplo, a la coincidencia de cesión de «know-how» (y en su caso, marcas o nombres comerciales) y prestación de servicios de asistencia técnica en el contrato de franquicia («franchising»), en el cual el cedente o franquiciador («franchisor») comunica al cesionario o franquiciado («franchisee») sus conocimientos y experiencias y le suministra además una asistencia técnica variada, acompañada en ocasiones de financiación, venta de productos, etc. (sobre la disociación de prestaciones y calificaciones dentro de contratos complejos resulta muy ilustrativa la DGT Consulta general 1783-03 de 31-10- 2003). Un caso de contrato de franquicia con descomposición de prestaciones y adjudicación de valor de intangibles puede verse en SAN de 17 de junio de 2009.

Sin embargo, semejante esfuerzo de escisión calificativa no será necesario, cuando una de las prestaciones convenidas constituye, con mucho, el objeto principal del contrato y las otras prestaciones previstas no tienen más que un carácter accesorio y más bien desdeñable. En tales casos el tratamiento aplicable a la parte principal se debería generalmente aplicar a la suma total de la remuneración, que adoptaría similar régimen fiscal. Por consiguiente, en tales supuestos habrá que analizar la importancia relativa de una y otra categoría de prestaciones, pues si una de ellas constituye con mucho el objeto principal del contrato, la total retribución podrá tratarse como corresponda a esa categoría (en este sentido puede verse, entre otras, CCDGT 3 de agosto de 1992).

Aunque se trate de un extremo no abordado de modo expreso por la OCDE, debe ponerse de relieve un criterio jurisprudencial que considera no aceptable a efectos fiscales la «venta» de *know-how* (la transmisión «plena» de tales técnicas o conocimientos) –STS de 19, 25 y 26 de febrero o de 7 y 8 de abril, 6 de junio de 2000, 20 y 29 de julio 2001 y 19 de diciembre 2002– o SAN de 2 de julio de 2009. En ellas se rechaza la existencia de una plusvalía –no gravada en España, mediando CDI–, debiendo entenderse que la renta generada es un canon, cuando se transmite la «propiedad» de tales conocimientos. Se postula que no cabe la transmisión de la propiedad, cuando no se puede garantizar la posesión legal y pacífica de la cosa vendida, lo que no se puede hacer con unos datos o fórmulas secretos, valiosos en el entorno confidencial de una determinada actividad empresarial (en parecida línea se pronuncia DGT V2068-10 de 17-9-2010).

Existe, sin embargo, cierta tendencia doctrinal que entiende que dicha posibilidad existe, en especial en el ámbito de las aportaciones no dinerarias a sociedades, en la medida en que se trate de bienes o derechos patrimoniales susceptibles de valoración económica, aun teniendo carácter inmaterial –«*know-how*», clientela, etc.–. Esta interpretación se alinea con cierto voto particular en alguna de las sentencias dictadas por el TS –8 de abril y 3 de junio de 2000 favorable a concebir la transmisión «plena» de intangibles no registrados como de cualquier otro bien (siempre, claro está, que en la transacción se acuerden las consiguientes garantías: imposibilidad del transmitente –cedente en lugar de licenciante– de hacer uso del intangible, protección legal para los casos de usos indebidos, o cualesquiera otras suficientemente contundentes).

En cualquier caso, la postura jurisprudencial más arriba descrita constituye una línea interpretativa que se inscribe en paralelo con la filosofía general antielusión de la OCDE: ya se hizo mención de diversos CDI que contemplan ciertas ventas como si se tratara de cesiones de uso. Bajo similar tónica, aunque en sentido inverso, ciertos países hacen una expresa reserva en el sentido de excluir del ámbito de aplicación del artículo relativo a los cánones de bienes o derechos constituidos o cedidos principalmente con el propósito de obtener los beneficios de este artículo y no por razones comerciales de buena fe.

En esta misma línea se inscribe el preámbulo del Modelo y el clausulado anti abuso del artículo 29, incorporado en 2017, a consecuencia de los Informes del Proyecto BEPS, contra el uso interesado e intencional de los tratados. Anótese así tanto que el Preámbulo, con espíritu clarificador, afirma que el CDI obra "con la intención de eliminar la doble imposición en relación con los impuestos comprendidos en este convenio sin generar oportunidades para la no imposición o para una imposición reducida mediante evasión o elusión (incluida la práctica de la búsqueda del convenio más favorable –*treaty shopping*- que persigue la obtención de los beneficios previstos en este Convenio para el beneficio indirecto de residentes de terceras jurisdicciones).", y que en los CDI suscritos por España se generalizará una regla general antiabuso basada en los propósitos principales de la operación, de este tenor: "No obstante las disposiciones de este Convenio, los beneficios concedidos en virtud del mismo no se otorgarán respecto de un elemento de renta o de patrimonio cuando sea razonable considerar, teniendo en cuenta todos los hechos y circunstancias pertinentes, que el acuerdo u operación que directa o indirectamente genera el derecho a percibir ese beneficio tiene entre sus objetivos principales la obtención del mismo, excepto cuando se determine que la concesión del beneficio en esas circunstancias es conforme con el objeto y el propósito del Convenio". Y ello, como observan los CMC, sin perjuicio de las recomendaciones y criterios vertidos en relación con el artículo 1 del Modelo sobre la expulsión del tratado de transacciones abusivas.

1.3. Las prestaciones de servicios como cánones. Los pagos por asistencia técnica y las contribuciones para investigación y desarrollo

1.3.1. La interpretación del concepto «asistencia técnica»

Bajo la expresión «asistencia técnica» es común que se hagan figurar transmisiones y cesiones de tecnología de todo género, así como una prolija variedad de prestaciones anejas a ésta.

No existe ni en la propia Ley del IRNR –donde se menciona en repetidas ocasiones (alejada de los «cánones») o en el artículo 23.4 del TRLIR– una definición legal precisa de qué se entienda por dicho término.

Por otro lado, en el marco de los CDI, y bajo la tutela didáctica de los Comentarios al Modelo, el perímetro de concepto aparentemente tan invasivo y amplio queda drásticamente reducido. Cuando en un CDI se menciona la «asistencia técnica», se hace en la inteligencia de que comprende una amplia variedad de prestaciones de servicios de aplicación de tecnología, dentro de un proceso empresarial (estudio, apoyo o asesoramiento técnico, ingeniería, proyectos, *training* técnico, etc.), sin que necesariamente deban venir ligados a procesos industriales; pudiendo, por tanto, producirse en otras áreas –comercial, marketing, servicios, etc.– de la actividad económica, aunque siempre en cierta relación con los bienes y derechos comprendidos en el artículo 12 ModCDI, en suma, con los elementos patrimoniales –bienes o derechos–, tecnología o «técnicas» susceptibles de engendrar cánones (aquí podrían ubicarse buena parte de los supuestos que los CMC, didácticamente, expulsan de la geografía conceptual del *know how*). La noción de «asistencia técnica» va más allá de dicho concepto «en sentido estricto» o «puro» (reparaciones, asesoramiento técnico postventa, etc.) al que se refieren los CMC al definir el *know how* (ver apartado 1.2.3. supra).

Se trata, en suma, de rentas «activas», que derivan de prestaciones de servicios, de obligaciones de «hacer», no de «ceder» o de «dar». Quedan excluidas todas las variantes en que se produce una cesión de un bien tangible o intangible, sea registrado o no. Para que exista «asistencia técnica» no se requiere que el prestador del servicio de orden técnico sea previamente cedente de la tecnología «aplicada» (a no ser que el convenio en concreto así lo prevea).

La noción bilateral de la «asistencia técnica» no debe quedar perturbada por la interpretación que de tal término se obtendría a la sola luz de las normas domésticas. De esta manera cabrá discernir este concepto del término *know-how,* e inscribir –en ocasiones ambos bajo el común apellido de «cánones». Al igual que cabe afirmar, aunque en la normativa nacional –artículo 13 TRLIRNR– se distingan los servicios de «instalación y montaje» o la «estudios» o «proyectos» de la «asistencia técnica», que aquellas prestaciones, si revisten carácter «técnico», sí caben dentro de ésta en el marco interpretativo de los tratados fiscales.

No debieran pertenecer, en principio, al ámbito de prestaciones de asistencia técnica aquellas que quepa incardinar en la «gestión» y «dirección» empresarial (los «servicios de apoyo a la gestión») u otras prestaciones profesionales que carezcan del componente «técnico» que se reclama en este capítulo.

A diferencia del ModCDI, la doctrina aneja al Modelo de la Naciones Unidas permite interpretar que bajo la expresión «informaciones relativas a experiencias industriales, comerciales o científicas» caben también los servicios de asistencia técnica.

Debe observarse que los Comentarios al vigente Modelo de CDI de la OCDE consideran, respecto de los pagos por asistencia técnica, la conveniencia de su exclusión del concepto de cánones. No obstante, el Estado español mantuvo hasta julio de 2010 una reserva expresa para poder ejercer su soberanía fiscal como Estado de la fuente sobre dichos flujos económicos en cuanto relacionados con bienes o derechos productores de cánones, bajo tal epígrafe.

Sin embargo, en la mayoría de los CDI suscritos por España no aparecen mencionados los rendimientos de la asistencia técnica dentro del concepto de cánones del usual artículo 12 ModCDI. Salvo en casos contados (los CDI con Argentina, Colombia, EE. UU., Australia, Malasia, Noruega,

Pakistán, Panamá, Suecia, Italia, Brasil (así, ver DGT Consulta general 1649-02 de 31-10- 2002), India (CCDGT V2206-18, de 24 de julio de 2018, se aborda la tributación de las rentas derivadas de servicios técnicos dentro del precepto relativo a cánones con tributación limitada en fuente en el marco del CDI con India y la aplicación –que pudiera conducir en ciertos casos a la exención- de la cláusula de nación más favorecida), Egipto y Marruecos (así se confirma implícitamente en intercambio de cartas publicadas en BOE 15 de julio de 2016) son un ejemplo, al igual que otros tratados –así los suscritos con El Salvador, Trinidad Tobago, Rep. Dominicana y Jamaica– ofrecen un tratamiento similar al de los cánones a las rentas derivadas de prestaciones de servicios –«honorarios de gestión»– en un precepto contiguo –artículo 13–; por su parte, el CDI con Costa Rica incorpora dentro de la noción de operaciones generadoras de cánones «el asesoramiento técnico financiero o administrativo», que curiosamente se define en el Protocolo en términos parecidos a la cesión de *know how*) las rentas de dichas prestaciones habrán de ser consideradas «rentas empresariales» y no tributarán en España cuando sean obtenidas por un no residente beneficiario de un tratado fiscal, a menos que disponga de un EP en nuestro territorio, por medio del cual efectúe la prestación (así, STS de 27 de septiembre de 1991). Algunos tratados (Vietnam o Venezuela, por ejemplo) excluyen expresamente los servicios técnicos del campo del artículo 12 ModCDI.

La, en ocasiones mareante, doctrina jurisdiccional española nos deja una sorprendente SAN de 1 de octubre de 1998 que no considera la existencia de asistencia técnica –en los términos del CDI con Suecia (uno de los tratados antes citados)– cuando la prestación consista en un estudio técnico. En cambio la Res. TEAC de 23 de octubre de 1998 sí otorga dicha calificación a servicios de diseño, prospección y *training*. Asimismo diversas STS (de 2 de octubre de 1999, 26 de febrero o 7 de abril y 3 de junio de 2000, 29 de julio de 2001, 14 de mayo de 2002 y 19 de diciembre de 2002) son buena muestra de confusas acrobacias definitorias en este campo. Una sentencia del TS de 21 de junio de 2007 da un paso delante de alcance imprevisible, por sobredimensionar sus ámbitos, al considerar asistencia técnica la prestación de ciertos servicios profesionales especializados de asesoramiento y consultoría financiera. En Resolución del TEAC de 16 de febrero de 2012 RG 3689/2009, ante el CDI con Suecia, se califican servicios de asistencia técnica dentro del artículo 12 (y se cita, aspecto preocupante, la referida STS de 21 de junio de 2007).

En esa misma jurisprudencia suele ser usual, aunque poco feliz (cuando se trata de un asunto en el que media un CDI), la cita de normas extrafiscales. Diversas sentencias toman, como dudosa percha, normas dictadas en el ámbito del control de cambios, tales como el Real Decreto 1750/1987, de 18 de diciembre, de liberalización de transferencias de tecnología u otras disposiciones del marco regulador de las inversiones extranjeras, según cuyo tenor bajo el concepto de asistencia técnica cabe todo género de «transferencia tecnológica»: patentes, modelos, marcas, programas de ordenador, *know-how*, contratos de franquicia, ingeniería, acceso a bases de datos, servicios de documentación, etc., sin ningún género de matiz. Ello, según lo expuesto, pugna frontalmente con la doctrina interpretativa de la OCDE en la materia.

Por otra parte, debe reiterarse, especialmente en este apartado, el postulado dictado por los CMC, según el cual, cuando en un mismo contrato convivan prestaciones variadas que engloben cánones ordinarios con servicios de asistencia técnica complementarios a la cesión de tecnología, será lo correcto separar las rentas correspondientes a cada prestación, con objeto de aislar los cánones de aquellas otras rentas que, de ordinario, no lo sean, esto es, de las rentas correspondientes a prestaciones de servicios conexos con la transferencia de tecnología, que tendrán naturaleza empresarial, siendo –como regla general con las excepciones comentadas– de exclusiva tributación en el Estado de residencia del perceptor. La necesidad de calificación separada de rentas sólo encuentra freno, como ya se dijo, cuando una de ellas absorba a la otra u otras claramente, por ser éstas accesorias a la primera.

Descendiendo al escalón de la casuística, algunas muestras significativas, aunque no siempre coherentes, de decisiones o pronunciamientos administrativos o jurisdiccionales en relación con el traje fiscal que corresponda a las prestaciones fronterizas entre la cesión de conocimientos y los servicios «técnicos» nos conducirían a anotar que:

- Los servicios de consultoría y asesoramiento de gestión pueden implicar la cesión de *know-how* (DGT Consulta general 0587-02 de 12-4-2002).
- Una Sentencia de la Audiencia Nacional de 7 de mayo de 1998 es ilustrativa de hasta qué punto puede llegar a confundirse el perímetro del concepto de *know-how*, en el contexto de un CDI, identificándolo con la «asistencia técnica» (en terminología convenida), y olvidando flagrantemente el texto del tratado que, como todos, alude a las «informaciones relativas a experiencias...», cuya cesión genera «cánones». De ser creíbles los razonamientos de este fallo, muy difíciles de compartir, los cánones por cesión de *know-how* sólo se encontrarían sujetos en España en contados casos.
- Según la Res. TEAC de 1 de diciembre de 2000, la actividad de asistencia e información para el control y la mejora de técnicas publicitarias implica la cesión de *know how*, dando lugar a la obtención de cánones.
- Por medio de un contrato de servicios informáticos, produciéndose la cesión de «procedimientos técnicos», se generan cánones (Sentencia del Tribunal Supremo 28 de abril de 2001).
- Ante la cesión de derechos de distribución de "servicios de programas informáticos" en la nube (DGT V1034-15 de 31-3-2015) considerando que el software no podrá ser modificado ni adaptado por la sociedad cesionaria española, ni por los revendedores o los usuarios, los pagos realizados se calificarían como beneficios empresariales del artículo 7.
- Aunque, según se vio, los CMC entienden que las rentas derivadas de la prestación de cursos de formación no suponen la cesión de *know-how*, al menos en principio, a no ser que de la naturaleza, confidencialidad y relevancia de los conocimientos cedidos se dedujera lo contrario, una Sentencia del Tribunal Supremo de 16 de julio de 1998 entendió que unos cursillos de formación debían considerarse prestaciones generadoras de cánones.
- Como ya se apuntó, el TS en sentencia de 21 de junio de 2007 considera asistencia técnica –sin que exista cesión de *know how* o intangibles similares– la prestación de ciertos servicios profesionales especializados de asesoramiento y consultoría financiera.
- Según consutla DGT V4699-16 de 8-11-2016, las rentas derivadas de servicios de diseño, planificación y ejecución de auditorías informáticas deben recibir la calificación de cánones (en el marco del CDI con Brasil).
- Según Sentencia del TS (2189/2016) de 11 de octubre de 2016, se consideran cánones las rentas derivadas de distribución de programas de ordenador así como de los servicios de mantenimiento unidos a ella en virtud del mismo contrato: y ello debido a que "se trata de una serie de servicios que se encuentran directamente vinculados con el uso de los programas software y cuya retribución se establece en función del tipo de licencia concedida. De la naturaleza del contrato se deduce que estos servicios no se hubieran adquirido de forma aislada sino que son una consecuencia inmediata de la concesión del derecho de utilización de dichos programas software".

1.3.2. *Acuerdos intergrupo de transferencia de tecnología (investigación y desarrollo)*

En el ámbito de las transacciones empresariales multinacionales son frecuentes ciertos acuerdos intergrupo en virtud de los cuales las empresas contratantes se comprometen a aportar determinadas cantidades de dinero para costear los trabajos técnicos de investigación y desarrollo, que otra empresa directa o indirectamente lleva a cabo en el extranjero (en beneficio, de ordinario, de todo el grupo empresarial del que forman parte las entidades «contribuyentes») de modo que la empresa aportante a cambio recibirá gratuitamente los beneficios de los resultados positivos tecnológicos derivados de aquellas investigaciones y desarrollos de tecnología.

Varias CCDGT se han manifestado en torno a la fiscalidad de los pagos efectuados en el marco de acuerdos de contribución a costes de I+D, afirmando que «la sujeción de los pagos en cuestión a la imposición española depende de su calificación como cánones o como beneficios empresariales (...) Ello dependerá de que las prestaciones que constituyen la contrapartida de los pagos consistan en simples prestaciones de servicios o en la cesión de derechos de uso sobre elementos de la propiedad intelectual, industrial o de *know-how*». Y ello, aunque parezca obvio, no lo es tanto.

Más que en el marco de los CMC, la doctrina de la OCDE se vierte en otros documentos (las Directrices sobre Precios de Transferencia –Capítulos VI y VIII– que, incorpora sensibles novedades derivadas los informes del Proyecto BEPS, publicados en julio de 2017, en materia de «intangibles» y acuerdos de reparto de costes, aunque la noción de intangibles manejada en las Directrices permanece ajena al contenido del artículo 12 MdCDI) cuya opinión parece, en principio, rotunda (siempre que se cumplan los parámetros que la OCDE predica para dichos acuerdos de reparto de costes): cuando interviene un CDI, dichos pagos deben calificarse como rentas empresariales que retribuyen unos servicios. No hay cesión de uso de derechos o bienes (así, Res. TEAC de 22 de octubre de 1997).

Ello no despeja las dudas que derivan del frecuente caso en que dichos acuerdos encubren, junto con los servicios de investigación o desarrollo, la cesión de tecnología preexistente a la fecha en que se inician dichos acuerdos de contribución a gastos de investigación (a menos que se satisfaga una cuota de entrada en la cotitularidad efectiva de dicha tecnología antecedente), así como cuando los requisitos de «titularidad» en la tecnología obtenida por parte de la entidad aportante de la contribución no se dan con claridad.

Quizá esa sea la razón del afloramiento de una doctrina administrativa altamente exigente. Dictados administrativos reiterados (CCDGT de 11 de noviembre de 1991, Consulta general de 23-10-1996, 9 de julio de 1993 y Consulta General 2431-00 de 22-12-2000, como ejemplos; y en línea similar TEAC de 14 de marzo de 2008 y SAN de 28 de enero de 2010) se inclinan por afirmar, ante un proceso de investigación y desarrollo conjunto bajo la dirección y coordinación de una entidad no residente, que «sólo en la medida en que la entidad española sea finalmente titular de los derechos de propiedad industrial y, en su caso, de los derechos de explotación del *know-how* que no se llegue a registrar, las cantidades aportadas al proceso satisfechas no podrán ser consideradas como cánones». Si la entidad aportante no se encuentra en condiciones de acreditar una titularidad (aunque no sea estrictamente jurídica sino «de explotación»), un *«beneficial interest»* –en la terminología de la OCDE– en la tecnología resultante en favor de la empresa contribuyente al acuerdo, el riesgo de la calificación de canon puede aflorar (precisamente fiel reflejo de esta línea doctrinal es el texto del artículo 18.7 LIS 2014 (Ley 27/2014, de 27 de noviembre) y antes de 2015, artículo 16.6. TRLIS 2004, en referencia a los acuerdos de reparto de costes intragrupo).

En consulta DGT V1463-12 de 4-7-2012, se contemplan la posible incidencia de cánones dentro del marco del reparto de cargos y servicios intragrupo desde un matriz, según las circunstancias.

Debe ponderarse, por tanto, que cada aportante cuente tal «interés patrimonial» y con la posibilidad de explotar los resultados tecnológicos a título de propietario o con derechos de similares consecuencias económicas a los derivados de la titularidad dominical (no meramente como licenciatario, arrendatario: compensaciones de entrada y salida del acuerdo; participaciones en beneficios derivados de la explotación de la tecnología ante terceros, etc.): una suerte de «propiedad funcional» parecida a la asignada a los establecimientos permanentes en los Comentarios al artículo 7 del ModCDI. Y este razonamiento parece que no queda perturbado en aquellos casos en que, siendo el resultado incierto –claro está–, la investigación no tenga éxito (el artículo 12 ModCDI incide no sólo sobre las cantidades satisfechas por cesiones de uso, sino también por «el derecho al uso», en este caso, de un intangible «potencial» objeto del acuerdo si este llega a buen fin). En este sentido también se pronuncia la DGT, igualando la fiscalidad de la cesión de uso con pago anticipado y posterior a la existencia del bien inmaterial. No obstante, la doctrina que sobre el know how vierte el Comentario 11 al artículo 12 del ModCDI desde 2008, parece requerir, para que se dé una prestación de ese tipo, que se trate de conocimientos derivados de «experiencias previas».

1.4. El caso singular de los programas informáticos y digitales

1.4.1. *Los programas informáticos*

1.4.1.1. *La doctrina de la OCDE*

Los CMC, después de reconocer las dificultades de calificación de los pagos referentes a software informático así como su gran trascendencia práctica, ponen de manifiesto el esfuerzo que la OCDE ha realizado desde el alumbramiento del nuevo Modelo «vegetativo» de CDI en 1992 y especialmente con ocasión de la revisión efectuada en 2000 a fin de «refinar el análisis mediante el cual quepa discriminar los beneficios empresariales y de actividades profesionales de los cánones en las operaciones relativas a equipos o programas informáticos».

La expresión software («aplicaciones informáticas» o *«computer software»*, según la singular traducción «panhispana» del Modelo desde 2005) debe ser entendida como un programa, o una serie de programas, que contiene la instrucciones destinadas a un ordenador, para el funcionamiento operativo del mismo –programas operativos, *operational software*–o para la ejecución de otras tareas –programas de aplicación, *application software*–.Por otra parte, parece indiscutible que los derechos sobre los programas informáticos constituyen una forma de propiedad intelectual en la práctica totalidad de los países de la OCDE (aunque también es cierto que su protección registral encuentra sede a veces en el entorno de la legislación de patentes o propiedad industrial). En el caso español (ver 1.5.) dichos derechos se contemplan expresamente dentro del catálogo de derechos de propiedad intelectual (algún CDI, como es el caso del suscrito con Argelia ofrecen una delimitación conceptual de los «derechos sobre programas informáticos»). Por otro lado, es evidente también que deben diferenciarse claramente los derechos de autor sobre el programa y el propio software que incorpora una copia del programa, objeto de dichos derechos, aunque el término «software informático» sea utilizado en general para describir tanto el programa –sobre el que los derechos de autor se proyectan como el soporte del mismo–.

Buena parte de las complejidades sobre su catalogación tributaria derivan del hecho de que tales programas informáticos revisten rasgos no uniformes y actúan en escenarios y bajo fórmulas muy dispares. Así, cabe tanto que tengan naturaleza estándar, e incluso sean de oferta masiva, para una amplia gama de aplicaciones, o personalizarse para usuarios concretos, como que pueden transferirse como parte integrante del equipo informático o de forma independiente para uso con equipos diversos y, por otra parte, pueden ser transferidos por distintos medios, por ejemplo por escrito o electrónicamente, en una cinta o en un disco magnético o en un CDRom, y ser objeto de destinos diversos: uso personal, empresarial y éste con o sin derecho de reproducción o desarrollo, etc.

Como los CMC apuntan, «la transferencia de los derechos relativos a software se produce de diversas formas que van desde una enajenación de todos los derechos de un programa hasta la venta de un producto cuya utilización está sujeta a un cierto número de restricciones. La remuneración correspondiente a la transferencia puede también revestir diferentes formas. Estos factores pueden dificultar la distinción entre los pagos de software que deben ser considerados como cánones y otros tipos de pagos. La dificultad de dicha distinción aumenta porque es muy fácil reproducir software informático y porque la adquisición de software implica, con frecuencia, que el adquirente necesite hacer una copia de éste para poder operar con él».

A juicio de la OCDE, el carácter de los pagos percibidos en operaciones relativas a transferencias de software informático depende de la naturaleza de los derechos que el beneficiario adquiera en el marco del acuerdo específico relativo a la utilización y explotación del programa. Ahora bien, en términos generales (salvo que se ceda el derecho a la reproducción, modificar y distribuir o difundir ante el público o, por ejemplo, que se cedan las ideas y principios subyacentes en el programa) se opina que tales pagos constituirán rentas de actividades empresariales contempladas en el artículo 7, o ganancias de capital contempladas en el artículo 13, antes que cánones.

Se considera irrelevante, a efectos de dicha calificación fiscal, que el uso del software esté sujeto a restricciones para el beneficiario así como la modalidad utilizada para transferir el programa del ordenador al beneficiario (adquisición de disco informático que contenga una copia del programa o, por ejemplo, recepción de una copia en el disco duro de su ordenador por medio de módem).

Por consiguiente, no constituirá canon la retribución como contrapartida de la transferencia de la «propiedad plena» de los derechos de autor, ni incluso cuando se trate de una transmisión «importante aunque parcial» de dichos derechos. Se afirma que la naturaleza de la operación, que es una enajenación, no puede resultar «modificada por la forma que adopte la contraprestación, por el pago a plazos de la contraprestación o, en opinión de la mayoría de los países, por el hecho de que los pagos se vinculen a una determinada contingencia». Así, se observa que «cuando se ha enajenado la propiedad de los derechos, total o parcialmente, la contraprestación no puede referirse al uso de esos derechos».

No obstante, semejante (y en cierta medida arriesgada) aseveración se ve matizada, primero, por cuanto se reconoce que «cada caso deberá tratarse en función de sus circunstancias particulares», y, en segundo lugar, al ponerse de relevancia las «dificultades» de calificación derivadas de las enajenaciones «parciales», en especial si comprenden un derecho exclusivo de uso durante un cierto período de tiempo, o en un área geográfica limitada o una retribución adicional asociada a la utilización de un software. En el Modelo desde 2008 se reiteran consideraciones favorables a la posible exclusión del precepto de operaciones de «venta parcial» (limitada en su alcance geográfico o temporal) de alguno de los derechos comprendidos en el artículo (párrafo 8.2. de los Comentarios). Sin embargo, es relevante anotar que España manifiesta su desacuerdo con esta interpretación de modo expreso.

Como la propia jurisprudencia se ha encargado de confirmar, las transmisiones «parciales» de software (bajo muchas de la cuales subyace no otra cosa que cesiones o exclusivas territoriales de uso de un intangible cuyo control económico pleno queda en poder del transmitente/cedente no residente) pueden constituir un semillero de problemas de calificación fiscal (ver apartado siguiente).

Asimismo los Comentarios incorporados en 2008 afirman la exclusión del artículo 12 de los casos de cesión de derechos exclusivos de distribución de bienes o servicios en un determinado territorio, en la medida en que se trata de meros derechos de venta y no se produce la cesión del uso de marcas o nombres comerciales (extremo que el Estado español no cuestiona).

Tampoco, a juicio de los CMC, merecen el nombre de cánones sino el de rentas empresariales (artículo 7 ModCDI) la mayoría de los supuestos de acuerdos de distribución por los que el beneficiario obtiene los derechos de hacer múltiples copias del programa sólo con fines de explotación en su propio negocio («licencias relativas a portales –sites–» «licencias de empresas» o «licencias de red»). En tales casos, si bien se otorga un derecho de reproducción del programa, éste se limita a aquéllas necesarias para permitir el funcionamiento del programa en los ordenadores o en la red del licenciatario, sin que quepa la reproducción con cualquier otro fin.

Con mayor razón, si cabe, se estará ante el artículo 7 ModCDI y no ante el artículo 12 ModCDI, cuando los derechos de autor adquiridos son solo los necesarios para permitir al usuario la utilización del programa (es el caso general para las operaciones de adquisición de una copia de programa en que los derechos transferidos son inherentes a la propia naturaleza de los programas informáticos, y permiten al usuario copiar el programa, por ejemplo, en su disco duro o memoria de acceso directo –Random Access Memor y RAM–).

Ante un contrato de distribución de *software* del tipo *"cloud based software distribution agreement"* por el cual la empresa pagadora actuará como distribuidora no exclusiva, adquiriendo de la no residente el derecho a distribuir servicios de programas informáticos en la nube (DGT V1034-15 de 31-3-2015) considerando que el software no podrá ser modificado ni adaptado por la sociedad cesionaria española, ni por los revendedores o los usuarios, los pagos realizados se califican como beneficios empresariales del artículo 7 ModCDI.

Por el contrario, la calificación de canon procede cuando el pago se efectúa a cambio del derecho de utilización del programa que «constituiría, en ausencia de esta licencia, una violación de la legislación relativa a los derechos de autor».

Serán cánones los pagos efectuados para adquirir parcialmente los derechos de autor (sin que el autor cedente enajene íntegramente sus derechos de propiedad intelectual) bajo dicha condición, como acontece con «las autorizaciones de reproducir y distribuir entre el público un software que contenga el programa objeto de los derechos de autor o de modificar y difundir el programa entre el público». El factor decisivo, por tanto, es el acceso al derecho de reproducción, modificación o desarrollo y distribución pública del programa: su derecho de explotación que es privativo del titular del derecho de propiedad intelectual. También se estará bajo la sombra del artículo 12 ModCDI, por un camino indirecto, cuando a consecuencia de la transferencia del software se proporciona información sobre las ideas y principios subyacentes al programa, tales como la lógica y los algoritmos, o los lenguajes o técnicas de programación. Concurre en tal caso una modalidad de cesión de *know how* –informático, pero en definitiva, *know how*– (fórmulas secretas o de información referente a una experiencia industrial, comercial o científica).

La doctrina de la OCDE tiene un claro paralelo con las pautas dictadas al respecto por las autoridades norteamericanas, aunque éstas (ubicadas en la *«Regulation on the Classification of Certain Transactions Involving Computer Programs»* de 1998) son manifiestamente más explícitas y transparentes, tanto en lo que se refiere a la distinción con la cesión de *know how* (que sólo se dará cuando la información suministrada se refiere a técnicas de programación de naturaleza confidencial) como a la frontera determinante de la existencia de un canon: cuando se produzca la cesión de algún derecho de autor, sea el derecho a hacer copias del programa para su distribución y venta o alquiler, sea el derecho a desarrollar programas de ordenador basados en otros amparados registralmente, sea el derecho a su difusión o comunicación pública. Naturalmente, si el comprador adquiere los beneficios y cargas inherentes a la propiedad plena, no habrá tales rentas, como tampoco las habrá cuando no se produzca cesión de los derechos anteriores sino que solo se transmita un artículo protegido por derechos de autor *(«copyrighted article»)*, esto es, cuando se adquiera una copia del programa, con independencia del medio a través del que se adquiera.

1.4.1.2.   La observación del Estado español

Las tesis interpretativas contenidas en los CMC no son compartidas por todos los Estados miembros de la OCDE. Por vía de las «Observaciones» diversos países matizan su aceptación o rechazan abiertamente los postulados antes expuestos.

De este modo, además de la postura diferencial de las autoridades fiscales españolas, deben registrarse las de Portugal, México o la República Eslovaca que no se adhieren a la interpretación de los CMC en un sentido, como se verá, parecido al promovido por España; Grecia, partidaria de que los pagos relativos a programas informáticos «pertenecen al ámbito de aplicación de este artículo tanto si constituyen una contraprestación por el uso (o al derecho de uso) de los programas informáticos en una explotación económica como si se efectúan para el uso personal o profesional del adquirente»; Corea, que reprocha (parece que indebidamente) a los CMC que olviden «el hecho de que el *know how* puede transmitirse bajo la forma de software o programas informáticos» y cuyo gravamen debe proceder en este precepto; la República Eslovaca e Italia, que se reservan derecho a someter los pagos por el uso, o la concesión de uso, de software informático a un régimen distinto del previsto para los derechos de autor.

En la primera de sus dos Observaciones a los CMC en este precepto, España –junto a Italia y México– manifiesta no adherirse a la interpretación dada en el párrafo 8.2, de modo que considera que los pagos efectuados en contraprestación por la transmisión de la propiedad de un elemento comprendido en la definición de regalías están cubiertos por el ámbito de este artículo cuando lo que se transmita no llegue a ser la plena propiedad.

El texto de la segunda Observación española afirma, en su redacción desde julio de 2008, que el Estado español –al igual que México y Portugal– no se adhieren a la interpretación que figura en los párrafos 14, 14.4, 15, 16 y 17.1 a 17.4., por estimar que los pagos relativos a las aplicaciones informáticas –software– se encuentran dentro del ámbito de aplicación del artículo 12 ModCDI cuando se transfiere solamente una parte de los derechos sobre el programa, tanto si los pagos se efectúan en contraprestación de la utilización de un derecho de autor sobre una aplicación –software– para su explotación comercial (excepto los pagos por el derecho de distribución de copias de aplicaciones informáticas estandarizadas que no comporte el derecho de adaptación al cliente ni el de reproducción), como si los mismos corresponden a una aplicación –*software*– adquirida para uso empresarial o profesional del comprador, siendo, en este último caso, aplicaciones –software– no absolutamente estándares sino adaptadas de algún modo para el adquirente.

Antes de 2008 dicha Observación era similar aunque hacía referencia a los párrafos 14 y 15, a los que no se adhería, como tampoco compartía la interpretación que sobre las transacciones de comercio electrónico se contiene en los párrafos incorporados en la versión de 2003 (comentarios 17.1 a 17.4), sin hacer la salvedad de los pagos por el derecho de distribución de copias estándar.

La postura de la Hacienda española (que, según se vio, comparten otras administraciones) –en la redacción original de la observación (que nace con el Modelo nuevo en 1992) consistía en reservarse expresamente la posibilidad de gravar cuantas rentas provengan de aquellas transmisiones de programas de ordenador, en que no se transfiera su plena propiedad, así como en aquellos casos en que los pagos efectuados lo sean en contraprestación de la utilización de un programa informático, tanto para su explotación comercial o reproducción, como para la utilización personal o profesional del receptor. No obstante, en la versión del Modelo desde 2003 hasta julio de 2008, esta posición se suaviza ya en cierta medida: se elimina la referencia a los casos de utilización «personal» del software cedido, de modo que éste habrá de tener uso «empresarial», y en este caso se excluyen los programas de ordenador «absolutamente estandarizados», incluyéndose aquellos adaptados «de algún modo» o en alguna medida al comprador o cesionario.

La novedad más rotunda de la versión de la Observación de julio de 2008 es, como se dijo, la exclusión del entorno del precepto de los casos de explotación comercial derivados de pagos por el derecho de distribución de copias de aplicaciones informáticas estandarizadas que no comporte el derecho de adaptación al cliente ni el de reproducción de dichos programas.

Por consiguiente, con exclusión de las transmisiones plenas y de las cesiones de programas totalmente estandarizados –con los matices que se van apuntando– o las cesiones para uso «personal» no empresarial o profesional, las rentas derivadas de tales intangibles se considerarán inscritas en el artículo 12 ModCDI (ver DGT Consulta general 0247-05 de 9-8-2005).

A pesar de la aparente novedad que suponga en su momento la expulsión del software estándar del marco de la observación española desde 2003, lo cierto es que en buena medida ya constituía una interpretación administrativa tradicional (pueden verse, por ejemplo, DGT Consulta General 1602-01 de 29-8-2001 y DGT Consulta general 0725-02 de 16-5-2002): tratándose de transmisiones de programas de ordenador íntegramente estandarizados, al menos cuando el componente «tangible» de mercancía o producto prime claramente sobre el derecho de autor latente, la renta obtenida por un no residente «exportador» debiera escapar a tributación en España, a no ser que opere a través de un establecimiento permanente, al estar en presencia de una compraventa internacional. Parece, por tanto, que cuando se trate de software de oferta masiva (se adquiera físicamente o se descargue «*on line*») la incidencia del artículo 12 ModCDI debiera descartarse.

En este mismo contexto, debe tenerse presente cierta doctrina administrativa – válida sólo hasta la redacción de la Observación en julio de 2008– según la cual, la cesión de «derechos de comercialización» de software genera cánones (DGT Consulta general 0762-03 de 6-6-2003). La DGT Consulta general 0247-05 de 9-8-2005 también se pronuncia a tal extremo incidiendo en la calificación como cánones de las rentas derivadas de la cesión del derecho de «distribución pública» o difusión del software, en cuanto tales derechos son parte de los derechos de explotación del titular.

La forma en que se ponga a disposición del adquirente –por Internet o en soporte físico– resulta indiferente. Asimismo, el carácter estandarizado de los programas cedidos resultaba intrascendente si estos lo son no para el propio uso empresarial del cesionario sino para su explotación comercial (en similar sentido, en un supuesto en que se asocia *software* y *hardware*, pueden consultarse DGT V0190-06 de 31-1-2006 y DGT V0864-07 de 24-4-2007; o también TEAC de 29 de enero de 2009).

Problemático también pudiera haber sido, al menos hasta la vigente Observación, el tratamiento de los derechos de distribución de bienes –no necesariamente ordenadores– que incorporen alguna modalidad de software, de relevancia no despreciable o meramente residual: una interpretación rigurosa de la observación conduciría a su gravamen como canon –por la parte correspondiente al software «distribuido» junto con el objeto–. Nos inclinamos por pensar, aunque el debate pueda variar según la casuística, que escapa al ámbito tradicional del precepto considerar que dichos programas asociados a la funcionalidad de un determinado bien (desde un vehículo automóvil hasta un «ratón») debieran modificar la calificación esencial de una operación de compraventa internacional de dichos productos, esencialmente «físicos», para su distribución comercial en España. No debiera confundirse la distribución pública de un derecho de autor –como modalidad de explotación del mismo– con el derecho de distribuir, con o sin exclusiva, bienes (que incorporen y materialicen dicho derecho en mayor o menor medida: piénsese, por ejemplo, en la distribución de libros) previamente adquiridos por el comercializador de los mismos.

En cualquier caso, nacida en 17 de julio de 2008 la nueva redacción de la Observación, cabe excluir del ámbito de los cánones los pagos por el derecho de distribución de copias de aplicaciones informáticas estandarizadas, en la medida en que no se disponga del derecho de adaptación al cliente ni el de reproducción de dichos programas. La doctrina administrativa cifra la validez de este criterio interpretativo en beneficio de los hechos imponibles ocurridos desde la publicación de la versión del Modelo de CDI en 2008 (DGT V2117-08 de 10-11-2008, DGT V1121-09 de 19-5-2009 o DGT V1076-10 de 20-5-2010). La nueva Observación española rebaja sensiblemente la tensión del debate sobre la fiscalidad de la distribución de programas y, en fin, permite entender que las autoridades fiscales se distancian de su postura anterior y excluyen del artículo 12 ModCDI las rentas derivadas de la cesión del derecho de distribución de copias de *software* estandarizado siempre que el distribuidor no tenga derecho ni a su reproducción ni a su «customización» o adaptación a las necesidades específicas del destinatario final. La DGT afirma con rotundidad que la nueva posición española cobra efectos desde 17 de julio de 2008 cuando se produce la publicación del nuevo Modelo afectando a los pagos por dichos conceptos realizados desde entonces. Esta retroactividad «media» puede parecer parca –y admitir discutibilidad (en otras ocasiones no se ha obrado así: poniendo coto en el calendario a la lectura interpretativa de la doctrina OCDE)–, aunque cabe considerar que la DGT podía haber sido incluso más rígida, si hubiera considerado que la redacción anterior de su Observación revestía carácter de «contexto» interpretativo de los Convenios suscritos antes de esta enmienda (lo que conduciría a verter sus efectos sólo ante tratados suscritos con posterioridad): no lo ha hecho y parece por tanto que a los pagos y rentas concernidos, desde la fecha señalada y cualquiera que sea el tratado afectado, se encontrarán bajo la sombra del artículo 7 ModCDI y no del artículo12 ModCDI de la ley bilateral. El TEAC en Resoluciones de 30 de septiembre, 5 de mayo de 2010 o 30 de septiembre de 2010 o de 5 de noviembre de 2013, se hace pleno eco de la tesis postulada por la DGT, rechazando de modo expreso la aplicación de la «posición unilateral» española redefinida en 17 julio de 2008 a hechos imponibles anteriores a dicha fecha. La argumentación vertida por el TEAC radica esencialmente en hacer extensivas las mismas «leyes» de funcionalidad propias de los Comentarios a las mencionadas Observaciones, y por ello, en la medida en que exista una diferencia «sustancial» entre los textos antes y después, le niega efectos «dinámicos» –esto es, retroactivos– a la nueva posición interpretativa española. En consulta DGT V1238-12 de 6-6-2012 se indica que reciben la calificación de cánones tanto las rentas derivadas de la cesión del derecho de distribución de software, salvo que se trate de aplicaciones informáticas estandarizadas que no incluyan el derecho de adaptación al cliente ni el de reproducción, como los pagos por la adquisición para uso empresarial o profesional por el cliente final de aplicaciones adaptadas de algún modo para el adquirente. Al margen, anótese que SAN de 10 de julio de 2015 (tratando otra materia relativa a la fiscalidad de los EP) se posiciona violentamente en contra de la interpretación dinámica de los CMC incluso cuando expresamente se manifiesten escritos con dicha intención y tengan antecedentes en informes evacuados por la propia OCDE.

No ya en el escenario de la «explotación» sino en el del propio uso empresarial, más compleja puede ser la inteligencia de la expresión «de algún modo» referida a la «adaptación» al usuario empresarial o profesional de dichos programas, así «desestandarizados» circunstancia que, caso de darse, haría retornar la renta al precepto relativo a los cánones. Una mínima adecuación del producto a su destinatario bastaría, aunque parece evidente que no se daría tal adaptación tratándose de la mera «instalación» del programa. Sobre el grado de estandarización de diversos tipos de software, véase DGT V2418-12 de 13-12-2012, DGT V1219-14 de 7-5-2014,o SAN de 5 de diciembre de 2012 (en que el Tribunal se somete al criterio de un dictamen pericial) y SAN de 17 de julio de 2014.

En DGT V1947-13 de 11-6-2013 se afirma que, en el caso planteado, "los programas informáticos tienden a crear un solo marco y un conjunto de herramientas que, a petición y elección del cliente, crea sus soluciones informáticas óptimas partiendo de elementos comunes o módulos. En opinión de este Centro, a pesar de que existan esos elementos comunes o módulos, el resultado es que suelen estar adaptados a las características de cada cliente. Se considera que, en caso de que los clientes sean empresas o profesionales, se realiza a menudo adaptación al destinatario para su funcionamiento óptimo, según los requerimientos de cada actividad empresarial o profesional, los equipos de que se disponga, las características particulares de cada empresa, los programas que estuviera utilizando previamente y con los que deba integrarse el nuevo programa, la necesidad de conexión a otras aplicaciones o bases de datos internas o externas a la empresa, etc. Ahora bien, se trata de una opinión general, matizable en función de las circunstancias de cada caso concreto. Por otra parte, la posibilidad de modificar el código fuente de programa, determinará la cesión del derecho de uso del mismo, en el sentido de generar un canon, cesión de uso de un derecho protegido por los derechos de autor. Pero no puede afirmarse lo contrario, esto es que el hecho de no poder modificar el código fuente indique que se trate de una renta empresarial en todos los casos".

En aquellos casos en que tiene lugar la cesión de uso de un programa de ordenador «de aplicación» (no software básicos o sistemas operativos que no son otra cosa que los «modos» para que el ordenador funcione) adaptado, aunque sea «mínimamente», al usuario empresarial, la caracterización de la renta obtenida como canon debe ser pacífica. La postura española conduce a entender que ante toda modalidad de cesión o transmisión que no sea de la plena propiedad de dichos programas, con las matizaciones vistas, la renta obtenida cae bajo el campo definitorio de los cánones. En dicha línea –si no se produce la plena transmisión de la propiedad del programa de ordenador, la renta generada es un canon– se manifiestan, por ejemplo, STS de 20 de julio de 2001 o CCDGT 9 de junio de 1997 y DGT V1707-13 de 24-5-2013.

Por consiguiente, distanciándose de la doctrina OCDE, se postula que en una operación consistente en una «transmisión parcial» (en especial cuando consista en la cesión de una exclusiva de explotación temporal o territorial de los derechos inherentes al programa en cuestión, e incluso también cuando la retribución se cifra en torno a la rentabilidad del programa de ordenador cedido) concurrirá un supuesto generador de cánones.

A pesar de la aparente nitidez de esta conclusión, debe anotarse la tesis interpretativa jurisdiccional, cuya más evidente muestra es la STS de 3 de junio de 2000 –enlazada con otras de 29 de marzo y 8 de abril del mismo año–, que se pronuncia en contra de la existencia de cánones en un caso de enajenación parcial de un programa de ordenador. Según tal interpretación, la aportación no dineraria del derecho de propiedad, aunque sea parcial, de un programa informático genera una ganancia patrimonial (un voto particular en una de dichas sentencias se inclina por considerar, en términos universales, que toda aportación social en especie, cualquiera que sea su naturaleza, aunque se tratara de la cesión de un derecho de uso del bien, genera incrementos o disminuciones de patrimonio, y nunca rendimientos).

El caso es interesante por varias razones: por un lado, hace referencia a una aportación no dineraria de un porcentaje de la propiedad de un programa de ordenador, aunque la entidad no residente sigue disponiendo del pleno control del software original, e incluso de sus posibles desarrollos (la realidad económica subyacente es, por tanto, más que borrosa); por otro, el TS omite toda mención a la referida postura española en materia de reparto de soberanías fiscales tratándose de cánones por programas de ordenador y, desde luego, nada dice sobre la interpretación estática o dinámica de los Modelos de CDI, que constituye el verdadero nudo de la cuestión (la proyección de la «observación» española a los CMC sobre los hechos y un CDI anterior al Modelo de 1992 al que acompaña aquélla). Podrá argumentarse que los Comentarios al Proyecto de Modelo de 1963 –al igual que los propios del Modelo de 1977– serían los técnicamente invocables (bajo su sombra nació el tratado concernido), pero no debe olvidarse que dichos Comentarios no se pronunciaban en lo más mínimo sobre el entorno informático. Precisamente el ModCDI de 1992 constituye la primera ocasión en que la OCDE vierte su doctrina (y los países sus «sentimientos» fiscales singulares) sobre las fronteras entre el artículo 12 ModCDI y los artículos 7 ModCDI o 13 ModCDI, entre otros. Si se niega –bajo una interpretación estática o «mineralizadora» de la doctrina OCDE– alcance interpretativo a la mencionada observación sobre tratados anteriores a 1992, debiera negarse también a toda la doctrina que el Modelo dicta al respecto: semejante orfandad doctrinal generaría efectos «informáticos» divertidos. Sin duda, el TS, como poco, debía haber reflexionado sobre este punto.

En un escenario próximo aunque no idéntico al anterior –el propio de los servicios en el ámbito informático–, la doctrina y jurisprudencia, sobre todo esta última en ocasiones caprichosa, ha considerado como rentas asimiladas a los cánones por cesión de programas de ordenador las derivadas de la prestación de diversos servicios –mantenimiento de redes o bases de datos, acceso o adaptación de programas, etc.– complementarios o accesorios a la cesión de los sistemas informáticos (DGT V1820-08 de 10-10-2008).

Semejante conclusión solo debiera caber (salvo que la noción de canon del tratado aplicable comprendiera de modo excepcional también la de asistencia técnica), si se trata de prestaciones de servicios como tales, accesorios a la operación principal (en este sentido puede verse STS de 11 de octubre de 2016, ROJ 4402/16); se ajustarán a la fiscalidad de esta –como cánones–, cuando tengan una relevancia residual o meramente complementaria; en otro caso, habrá que discriminar en la calificación fiscal de cada prestación (a colación cabe traer CCDGT de 11 noviembre 1991, junio 1995 y 22 de julio de 1998).

Como ya se apuntó, ante un contrato de distribución de software del tipo por el cual la empresa pagadora actuará como distribuidora no exclusiva, adquiriendo de la no residente el derecho a distribuir servicios de programas informáticos en la nube, considerando que el software no podrá ser modificado ni adaptado por la sociedad cesionaria española, ni por los revendedores o los usuarios, los pagos realizados se califican como beneficios empresariales del artículo 7 ModCDI (DGT V1034-15 de 31-3-2015).

En similar sentido –las prestaciones de asesoramiento y «servicios de ordenador» no generan, en principio, cánones– puede consultarse la STS de 24 de octubre de 1998. Tampoco se consideran tales las rentas derivadas de prestaciones de apoyo técnico –actualización de páginas *web*, por ejemplo– en transacciones en Internet, a juicio de DGT Consulta General 1518-02 de 9-10-2002. Todo ello muy en línea con las tesis vertidas por la OCDE en esta materia. Sin embargo, según la Sentencia del TS (2189/2016) de 11 de octubre de 2016 se consideran cánones las rentas derivadas de distribución de programas de ordenador así como de los servicios de mantenimiento unidos a ella en virtud del mismo contrato.

Otro extremo de singular debate es el relativo a la naturaleza de los programas de ordenador en cuanto derecho de propiedad intelectual. A esta cuestión se refieren los CMC cuando afirman que «aun cuando el pago de software pueda ser considerado propiamente como un canon, la aplicación de las disposiciones del artículo referentes a los derechos de autor plantea dificultades desde el momento en que el artículo 12.2 ModCDI exige que el software pueda clasificarse como obra literaria, artística o científica. Ninguna de estas categorías parece plenamente satisfactoria. Las leyes relativas a los derechos de autor de muchos países tratan el problema asimilando específicamente el software a una obra literaria o científica. Para otro países, la asimilación a una obra científica parece el enfoque más realista (...)». Aunque también sugieren a los países que no tengan la posibilidad de adscribir el software a ninguna de estas categorías –obra literaria o científica– la posibilidad de adoptar en sus negociaciones bilaterales una versión singular, o suprimir toda referencia en cuanto a la naturaleza de los derechos de autor, o incluso hacer una mención expresa al *software*.

El debate en torno a si las «obras informáticas» deben ser asimiladas, dentro del marco conceptual previsto en los tratados, en la categoría de las «obras científicas» o formando parte de las «obras literarias» no es un asunto menor: habida cuenta de la existencia de diferentes tipos límite para unas u otras rentas –las segundas más «bonificadas» que las primeras–, e incluso exenciones en la fuente para las rentas de «obras culturales» o literarias, la discusión tiene una trascendencia económica significativa.

Al menos hasta que el artículo 12 LIRNR 1998 (hoy artículo 13 TRLIRNR) recibe en 2003 de la mano de la Ley 46/2002, de 18 de diciembre, una nueva redacción, incorporando una delimitación descriptiva de los cánones, se debe reconocer la existencia de una doctrina jurisprudencial rotunda (STS 28 abril, 9 mayo, 26 junio 2001, 17 diciembre 2004, etc.) optando por calificar fiscalmente los programas de ordenador como «obras literarias», cuyo fundamento solo toma pie en la naturaleza del programa como «lenguaje» y, principalmente, a la modalidad de protección registral que recibe, «como si» fuera una obra literaria, en virtud de una norma extrafiscal, la Ley 16/1993, de 23 de diciembre.

Sin embargo, es notoria para la mayoría de la doctrina científica –y para la administrativa– la debilidad argumental de dicha jurisprudencia que choca frontalmente con la interpretación teleológica, «auténtica» y contextual de las normas bilaterales concernidas.

La postura tradicional de la Administración tributaria postuló, en un principio, que los programas de ordenador debían recibir el tratamiento de las «obras científicas» (CCDGT de 11 de noviembre de 1991 y 10 de enero de 1995, por ejemplo) con apoyo en la doctrina de la OCDE y en la propia voluntad de las autoridades que negociaron el tratado, contrarias a otorgar al software el mismo trato fiscal que a los derechos de autor literarios y, por tanto, «culturales», dignos de una especial benevolencia tributaria.

Sorprendentemente, ese rumbo se altera posteriormente –agudizando la distancia con la doctrina del TS, quizá por un efecto boomerang–: la DGT Consulta general 0956-03 de 8-7-2003 entiende que los programas informáticos deben tratarse como «obras técnicas» –ni literarias ni científicas–, a la luz de la redacción del artículo 12 LIRNR 1998 –hoy artículo 13 TRLINR– desde 2003. En sentido similar se pronuncian Consulta general 0247-05 de 9-8-2005, DGT V0865-07 de 24-4-2007, DGT V2723-07 de 19-12-2007 o DGT V2531-10 de 23-11-2010, apelando a dicha norma doméstica como criterio interpretativo –artículo 3 ModCDI– de la noción de cánones. Y otras posteriores siguen ese mismo curso.

La tesis favorable a la catalogación del software como un tercer género de «derechos», que sostiene la DGT con base en su enunciación diferenciada en la definición doméstica de cánones pudiera encontrar como relativo lastre la más que exigencia, sugerencia, que los CMC, dictan sobre su ubicación alternativa –como obra científica o literaria–, dado que los CDI sólo mencionan los derechos de autor de tal naturaleza, a menos –claro está– que un determinado tratado en cuestión decida adoptar una noción de canon singular, o suprimir toda referencia relativa a la naturaleza de los derechos de autor, o, como ocurre en algún raro CDI suscrito por España, que se haga una mención expresa al software al margen de los derechos de autor (incluso los hay que declaran expresamente su condición de «obra científica»: CDI con Argentina). Como también es cierto que la flexibilidad conceptual de las nociones subyacentes en la expresión «derechos de autor» o «*copyright*» permite interpretaciones alternativas a la dualidad descrita.

En cualquier caso, la reforma normativa ocurrida en 2003 modifica sensiblemente el bloque argumental de la jurisprudencia dictada sobre este punto hasta la fecha (aunque puedan discutirse sus efectos ante CDI suscritos con anterioridad).

Y ello es lo que ya ocurre con la STS de 1 de febrero de 2006 que considera un antes y un después dicha redacción legal, de suerte que la calificación como obra técnica empieza a tomar cuerpo a escala también jurisdiccional. En igual sentido se pronuncia el TEAC en 17 de abril, 11 de septiembre de 2008 y 26 de marzo de 2009.

Dicha postura es plenamente recibida por la SAN en diversas sentencias de 15 de abril de 2010, 23 de febrero de 2011, 3 de noviembre de 2011 o 4 de abril de 2012, postulando que los programas informáticos no deben beneficiarse de un tratamiento afín al de las obras literarias o culturales, a la luz de la redacción de la LIRNR desde 2003, y apelando a dicha norma doméstica –fiscal– como criterio interpretativo (respetando el artículo 3.2 del CDI de turno) de la noción de cánones y, en suma, concluyendo que la reforma normativa ocurrida en 2003 modifica sustancialmente el bloque argumental de la jurisprudencia dictada sobre este punto hasta entonces.

Sentencia del Tribunal Supremo de 19 de marzo de 2013 confirma todo lo anterior afirmando que «la nueva redacción del precepto en 2003 diferencia en párrafos separados los derechos sobre programas informáticos de los que recaen sobre obras literarias, artísticas o científicas, lo que supone la distinta configuración, que a efectos del IRNR, tiene para el legislador unos y otros derechos, saliendo al paso de la jurisprudencia que se había consolidado sobre esta materia. Esta autonomía de las distintas categorías de derechos, debe llevarse al CDI con Estados Unidos, que, como se vio anteriormente, se refiere en apartados separados, con una distinta tributación, a los derechos de autor sobre obras literarias (5 %), a los derechos de autor sobre obras científicas (8 %), y a los demás cánones (10 %), siendo esta última categoría la que corresponde a los derechos de uso de programas de ordenador, y ello por aplicación del artículo 3.2 del citado CDI, conforme al cual cuando no se defina en el Convenio, como es el caso, un determinado término debe interpretarse de acuerdo con el significado que tenga en el derecho interno, y éste no es otro, a partir de la reforma operada en el artículo 12.1 de la Ley 41/1998, que el de considerar como categoría autónoma a los programas informático».

1.4.2. *Los productos digitales: cánones en el comercio electrónico*

La versión del ModCDI publicada en 2003 incorpora una serie de nuevos comentarios y pronunciamientos en torno a la fiscalidad de los «productos digitales» o, lo que es igual, de los cánones en el comercio electrónico.

Los CMC pregonan que los principios interpretativos predicados para los programas de ordenador son igualmente aplicables a las operaciones de otros tipos de productos digitales como las imágenes, los sonidos o el texto. De esta manera, se considera como elemento decisivo para su calificación fiscal el motivo esencial por el que se paga en cada caso.

Así, cuando el pago constituye esencialmente la remuneración de algo más, y distinto, que el uso o la cesión de uso del *copyright* –como ocurre con la adquisición de otros tipos de derechos, datos o servicios contractuales– y que el uso del citado *copyright* se limita al derecho a descargar, almacenar y operar en el ordenador, red u otro medio de almacenamiento, ejecución o *display* del cliente, dicha utilización del *copyright* no debe afectar al análisis de la naturaleza del pago cuando se aplica la definición de «cánones».

Los CMC ponen como ejemplo las operaciones que permiten al cliente, empresario o no, descargar en el ordenador productos digitales software, imágenes, sonidos, o textos para su propio uso o disfrute, siendo así que en dichas operaciones, el pago se realiza básicamente a cambio de adquirir datos transmitidos en forma de señal digital, y por lo tanto, se está ante el artículo 7 ModCDI o el artículo 13 ModCDI, pero no ante el artículo 12 del ModCDI (en tal caso, dado que el acto de copiar la señal digital en el disco duro, o cualquier otro soporte para archivar por parte del cliente, implica que se utiliza el *copyright* conforme a la legislación pertinente, esta reproducción o copia es sólo el medio a través del cual se captura y almacena la señal digital). No procede, pues, asimilar los pagos de dichas operaciones a «cánones» si, en virtud de la legislación y las disposiciones aplicables, «la creación de una copia es considerada como uso del *copyright* por parte del proveedor pero no del cliente». Por el contrario, cuando el pago constituye esencialmente la remuneración de la cesión del derecho a utilizar un «derecho de reproducción» o *copyright* en un producto digital que es descargado informáticamente con esa finalidad, las transacciones correspondientes sí generarían cánones. Los CMC se sirven de un ejemplo descriptivo, aunque quizá demasiado evidente; es el caso de un editor que paga por adquirir el derecho a reproducir una imagen sujeta a derecho de autor que descargará electrónicamente para que aparezca dentro de un libro cuya edición realiza. «En esta operación, el pago constituye esencialmente la remuneración de la adquisición del derecho a usar el *copyright* en el producto digital –es decir, el derecho a reproducir y distribuir la imagen– y no únicamente la adquisición del contenido digital».

La tesis delimitativa, paralela a la seguida con los programas de ordenador, es claramente restrictiva, de suerte que solo cuando medie un derecho de reproducción –o se ceda *know how*–el artículo 12 ModCDI tenga entrada. Así, la OCDE se muestra abiertamente favorable a situar la imposición de las rentas derivadas de la transmisión de productos digitales en sede del Estado de residencia, con carácter general.

Sin embargo, respecto de tales transacciones en el contexto del comercio electrónico, al igual que ante el software, las autoridades fiscales españolas no se adhieren, al menos por el momento, a los nuevos Comentarios (párrafos 17.1. a 17.4.) incorporados desde 2003 al Modelo. Y ello obliga a dar por reproducidas aquí las notas expuestas antes en relación con los programas de ordenador, que en esencia permite expulsar sólo del precepto las transmisiones «plenas» y los productos cedidos para uso personal, los distribuidos comercialmente siendo estándar y no adaptados, y los de uso empresarial siempre que se trate de productos absolutamente estandarizados.

Debe hacerse notar la previsible incidencia en este ámbito empresarial de las acciones no sólo derivadas de los trabajos post BEPS en la OCDE asociadas a la fiscalidad de la denominada economía digital (acción 1 del Proyecto BEPS), sino, muy especialmente, de la Unión Europea, que pudieran traducirse en modalidades impositivas sobre determinadas operativas empresariales en el ámbito digital –directas o indirectas (en este segundo caso, planteando tal vez alguna conflictividad en su naturaleza y encaje, o no, en el ámbito de las normas bilaterales)-, todavía pendientes de definir.

1.5. La noción de «cánones» en la normativa doméstica

Un dato sorprendente: ni las rentas derivadas de las «transferencias de tecnología» ni los llamados «cánones» son fácilmente identificables en la literatura legal doméstica hasta 2003. En el marco de las normas españolas, a pesar de que la propia Ley 41/1998, de 9 de diciembre, alude en diversas ocasiones al término «cánones» –incluso citándolos expresamente como una de las categorías de rentas sometidas a tributación–, éstos en modo alguno se definen hasta que el artículo 12 LIRNR 1998 (artículo 13 TRLIRNR) es reescrito por la Ley 46/2002, de 18 de diciembre.

Hasta entonces, y aunque la LIRNR98 ordenaba la intervención de la LIR98 a la hora de «calificar» las rentas «en función de su procedencia» (artículo 12.4), el término «cánones» no es definido en ninguna de ambas leyes. Obsérvese que, en su momento, el artículo 23.4 de la Ley del IRPF (hoy, artículo 25.4 de la Ley 35/2006) recogía rentas afines, como cabe predicar de los rendimientos procedentes de los derechos de la propiedad intelectual e industrial, o con los derivados de las prestaciones de asistencia técnica, e incluso con los originados por la cesión de derechos de imagen, pero sin duda dentro de la categoría de «cánones» no cabían ni caben las rentas vitalicias o temporales, o las derivadas del arrendamiento de negocios o minas.

Adviértase, además, otro extremo paradójico: la inexistencia de la menor referencia específica a las técnicas operativas, conocimientos confidenciales, etc., esto es, al *know-how* hasta 2003, sólo permitía entender, dando por supuesto que tales intangibles se encontraban comprendidos en la lista de los generadores de «otros rendimientos del capital mobiliario», que debían considerarse inscritos dentro del tan sinuoso concepto de «asistencia técnica» que usa el legislador del IRPF.

La ausencia de una noción legal de alcance doméstico no encuentra razón de ser en el hecho de que resultara indiferente a efectos impositivos de la legislación unilateral; no es así; su ubicación en una u otra categoría tendría trascendencia en los criterios de sujeción propios de unas u otras rentas, al margen del hecho de que, a partir de 2005, tenga lugar el establecimiento de un tipo especial, más reducido, para dichos flujos con determinado destino comunitario, que desde 1 de julio de 2011 se transforma en exención.

El oscuro panorama de las normas domésticas todavía lo era más si, al vacío definitorio, se une el hecho de que en los preceptos del IRPF se excluyen del ámbito de los rendimientos mobiliarios las rentas producidas en razón de una actividad económica, si los bienes o derechos cedidos están afectos a la misma o se trata de derechos explotados por el propio autor, como también están fuera de dicho ámbito ciertas rentas procedentes de la propiedad intelectual –cuando se ceda la explotación por el autor– que la Ley del IRPF inscribe entre los rendimientos del trabajo.

No obstante, es impensable que el legislador del IRNR, como antes quien regulaba la obligación real de contribuir, pudiera imaginar que los «cánones» no comprendieran las rentas propias de las transferencias de intangibles cuando éstas tuvieran carácter «empresarial» (además del estatuto de tributación separada por cada renta obtenida por no residentes sin establecimiento permanente y su consiguiente «inhabitualidad» operativa desde el punto de vista español, lo cierto es que semejante interpretación equivaldría a dejar vacía de contenido la tributación en España de dichos rendimientos). Por otra parte, la «asistencia técnica» figuraba –y figura– enrolada dentro de lo que la norma denomina «prestaciones de servicios» (artículo 13.1.b.2º. TRLIRNR).

Por fortuna, desde 2003 la norma incorpora una definición precisa y amplia de las rentas denominadas cánones cuyo posible carácter empresarial no desvirtúa su naturaleza particular a efectos del IRNR (el mismo artículo que los define, dicta en su epígrafe 1.b. un principio de singularidad, en cuya virtud la categoría general constituida por las rentas derivadas de actividades económicas decae ante el reconocimiento de cualesquiera rentas «especiales» en restantes epígrafes del precepto).

Según el artículo 13.1.f.3.º TRLIRNR (artículo 12.1.f.c» de la LIRNR 1998) tienen la consideración de cánones o regalías las cantidades de cualquier clase pagadas por el uso, o la concesión de uso de:

- Derechos sobre obras literarias, artísticas o científicas, incluidas las películas cinematográficas.
- Patentes, marcas de fábrica o de comercio, dibujos o modelos, planos, fórmulas o procedimientos secretos.
- Derechos sobre programas informáticos.
- Informaciones relativas a experiencias industriales, comerciales o científicas.
- Derechos personales susceptibles de cesión, tales como los derechos de imagen.
- Cualquier derecho similar a los anteriores.
- Equipos industriales, comerciales y científicos.

En particular, tienen esa consideración las cantidades pagadas por el uso o la concesión de uso de los derechos amparados por el Real Decreto Legislativo 1/1996 de 12 de abril, que aprueba el Texto Refundido de la Ley de Propiedad Intelectual (Ley 21/2014, de 4 de noviembre), la Ley 11/1986, de 20 de marzo, de Patentes y la Ley 17/2001, de 7 de diciembre, de Marcas.

La capacidad orientadora del Modelo de CDI de la OCDE se pone de manifiesto en el texto expuesto por la Ley del IRNR. Sin embargo, y ello resulta curioso, hasta 2004 (en que se modifica el tenor del precepto de la mano de Ley 62/2003, de 30 de diciembre, y por afinidad con la Directiva 49/2003/CE, de 3 de junio) dicha relación omite toda referencia a las rentas derivadas de la cesión de bienes de equipo industriales, comerciales y científicos. Hasta entonces el criterio de sujeción al IRNR de las rentas derivadas de la cesión de dichos activos debía encontrar sede en el epígrafe del mismo precepto relativo a los «otros rendimientos de capital mobiliario».

2. POTESTAD DE IMPOSICIÓN

Una vez descrita la noción general del término «cánones» en el marco del ModCDI, debe insistirse en la necesaria consulta de cada CDI, pues con frecuencia algunos tratados fiscales ofrecen en punto a dicha definición sus propias especialidades. Así, por ejemplo: puede mencionarse la «asistencia técnica» como prestación productora de cánones (CDI con Suecia, EE. UU., Argentina, Brasil, Australia, Colombia, Italia, Egipto, Malasia, Marruecos, India, Pakistán, Panamá, etc., o, en cierto sentido, los suscritos con El Salvador, Trinidad Tobago, Rep. Dominicana y Jamaica– que ofrecen un tratamiento similar al de los cánones a las rentas derivadas de prestaciones de servicios –«honorarios de gestión»– en un precepto contiguo –artículo 13–; el CDI con Costa Rica menciona «el asesoramiento técnico financiero o administrativo», pero en términos parecidos a la cesión de know how); citarse expresamente los programas de ordenador (CDI con Argelia, Bélgica, Argentina, Kazajstán, Serbia, Noruega, por ejemplo); excluirse determinados contratos singulares (CDI con Irán) o incluirse la cesión de «noticias» de modo expreso como también citarse la cesión de «otros derechos o bienes similares» dentro de dicho concepto (EE. UU., México, etc.); o concebir como canon las rentas derivadas de ciertas transmisiones – no cesiones del uso– de aquellos bienes o derechos (CDI con EE. UU. (1991), México, Noruega, Turquía, Japón, Suecia...); o considerar como tales rentas la contraprestación por la renuncia al uso de dichos intangibles (CDI con Luxemburgo o Australia, por ejemplo); citar los derechos de imagen (CDI con Uruguay o el CDI con Alemania -2013-) o mencionar expresamente el leasing de equipos, como hace el suscrito con Tailandia (ver apartado 4).

2.1. La postura de la OCDE

2.1.1. La potestad exclusiva del Estado de residencia

El Modelo de CDI de la OCDE –a diferencia del Modelo de las Naciones Unidas– es partidario de que las rentas derivadas de capital mobiliario calificadas como cánones sean gravadas en el Estado de ubicación del perceptor. El criterio de reparto de soberanías opta por entender que los cánones «sólo pueden someterse a imposición» en el Estado de residencia del beneficiario efectivo de tales rentas. Como es patente, la doctrina OCDE se alinea a favor de los países exportadores de tecnología (el Modelo de EE. UU. se encuentra en esta sintonía) por oposición a la doctrina de las Naciones Unidas, favorable a los países en vías de desarrollo o importadores de tecnología y consiguientes pagadores de cánones (sin entrar en ningún debate sobre la neutralidad y equidad fiscal de la atribución al Estado de residencia del perceptor o de la fuente de la competencia de imposición, lo cierto es que incluso entre los países de la OCDE existe un elevado número de ellos que optan por fórmulas compartidas de adjudicación de potestades de gravamen, contrariando la tesis oficial del ModCDI).

Los CMC no requieren que la exención en el Estado de la fuente deba o no subordinarse a la imposición efectiva de los cánones en el Estado de residencia, aunque dejan libertad a los países para negociar este extremo.

2.1.2. La incidencia de los Establecimientos Permanentes

La única salvedad al principio de soberanía exclusiva del Estado de residencia se contempla en el apartado 3 del precepto modelo. Se trata del caso en que el beneficiario de los cánones – residente en uno de los Estados que conciertan el CDI– ejerce su actividad empresarial en el otro Estado mediante un establecimiento permanente y los elementos patrimoniales generadores de los cánones se hallan vinculados a dicho establecimiento. En tal hipótesis, las rentas pueden gravarse en el Estado en que radica el EP – formando parte de su beneficio y base imponible –, sin que les afecte la exención (o, en su caso, el régimen de tributación limitada) en el Estado de la fuente.

En el Estado de la fuente, los cánones se someten a imposición debido a que son parte de la renta del establecimiento permanente situado en el mismo, esto es, siempre en la medida en que se deriven de derechos o bienes que forman parte de los activos del establecimiento permanente o que, de una u otra manera, se vinculan efectivamente, y no de modo artificial, a este último (la titularidad jurídica no será, por tanto, especialmente relevante –la empresa en su conjunto lo será, de ordinario–, siendo lo más trascendente la vinculación «económica» del intangible). En los comentarios incorporados en julio de 2010 se hace hincapié en los principios de atribución funcional –derivados de la «propiedad económica», la asunción de beneficios y riesgos, y el control de los activos– respecto a la imputación de los rentas concernidas en cada caso y obtenidas por un EP y a la necesaria y efectiva conexión de los activos que las generan con el EP en cuestión –y a la repetida propiedad económica de su tenencia de acuerdo con los principios descritos en el Informe sobre atribución de beneficios de EP de julio 2010–.

Resultaba singular, por tanto, la reserva que Italia hasta 2010 planteó en el ModCDI con objeto de poder gravar los cánones, así como las rentas procedentes de la enajenación de derechos o bienes productores de cánones, con los impuestos previstos por su legislación «en todos los casos en que el beneficiario de los mismos posea un establecimiento permanente en Italia, incluso si el derecho o el bien generador de los cánones no está vinculado efectivamente al establecimiento permanente considerado».

Las circunstancias relativas a la deducibilidad o no de los cánones pagados a la Casa central en sede de imposición de un EP conectan con los CMC tanto en relación con los artículos 7 y 24 del Modelo en su versión de julio de 2008, como con la versión del nuevo artículo 7 nacida en 22 de julio de 2010 y, ambas con apoyo en el Informe elaborado por el Comité de Asuntos Fiscales de la OCDE en sus redacciones de julio de 2008 y, la final, de julio de 2010 –ver sobre este punto y los demás extremos del epígrafe, el apartado 2 del Capítulo III.2. «Beneficios empresariales...»–. Los CMC unidos al nuevo precepto-tipo nacido en la versión de julio de 2010 (doctrina solo predicable para futuros convenios que adopten dicha redacción) parten, en primer término, del presupuesto de tratar al EP como una empresa separada e independiente, llevando a cabo asimismo un análisis funcional y fáctico, y luego valorativo de acuerdo con las reglas propias de las Directrices de precios de transferencia; si bien que, al considerar plenamente al EP como empresa separada e independiente, deberán reconocerse, a efectos del cálculo de su beneficio, pagos ficticios por las operaciones entre las partes de la empresa o por el uso de bienes de la empresa (los denominados pagos «nocionales»).

La norma doméstica, desde 2015 (Ley 26/2014) añade una disposición por la que se adapta la consideración de los denominados "gastos nocionales" debidos a operaciones intestinas entre EP y casa central. Se trata de una previsión –Disposición adicional Sexta– que pretende acoger lo que pudiera venir recogido en los futuros convenios para evitar la doble imposición suscritos por España que contemplen la versión aprobada en el año 2010 del artículo 7 ModCDI, en relación a los beneficios empresariales. En tales casos de deducción de los "gastos estimados por operaciones internas realizadas con su casa central o con alguno de sus establecimientos permanentes situados fuera del territorio español", los rendimientos imputados a la casa central o a alguno de los establecimientos permanentes situados fuera del territorio español que se correspondan con los citados gastos estimados se considerarán rentas obtenidas en territorio español, sin mediación de establecimiento permanente, con devengo el 31 de diciembre de cada año, y sobre los que el establecimiento permanente situado en territorio español estará obligado a practicar retención e ingreso a cuenta. Asimismo se observa que a las mencionadas operaciones internas realizadas por un establecimiento permanente situado en territorio español con su casa central o con alguno de sus establecimientos permanentes situados fuera del territorio español les será de aplicación lo previsto en el artículo 18 LIS 2014 –valoración a mercado en el régimen de operaciones vinculadas–.

Por otro lado, los CMC observan que los cánones satisfechos por un establecimiento permanente situado en un Estado perteneciente a un contribuyente no residente beneficiario de un CDI se consideran, a efectos de su gravamen, de fuente o procedencia del Estado de ubicación del EP (aunque el deudor, en sentido jurídico, sea residente en el otro Estado).

En DGT V2428-12 de 13-12-2012 se consideran cánones las rentas derivadas de la cesión de derechos de distribución de programas informáticos presumiblemente adaptables y se admite su

2. POTESTAD DE IMPOSICIÓN

exención si se dan las circunstancias previstas para ello en el convenio, tratándose de cánones pagados por una sucursal española perteneciente a una entidad suiza a otra entidad suiza del mismo grupo.

Y en otro escenario, los cánones satisfechos desde España y obtenidos por un establecimiento permanente radicado en un determinado Estado, que, a su vez, pertenece a una persona o entidad residente en un tercer Estado, no se benefician del CDI suscrito entre el Estado español y el Estado de ubicación del establecimiento.

En el artículo 29.8 del Modelo se ofrece un regla relativa a las estructuras triangulares mediando establecimiento permanente, en cuya virtud se rechaza aplicar los beneficios del CDI, a los que tendrían derecho las rentas que provengan de un tercer Estado en la medida en que resulte aplicable el tratado entre el Estado de residencia de la empresa o casa central y el Estado de origen de la rentas, aunque aquellas sean imputables al EP y en determinados casos, cuando las repetidas rentas pagadas al EP se encuentren exentas en Estado de residencia y sean gravadas a un tipo más bajo (que debe precisarse) que en el Estado de residencia, en el Estado de situación del EP.

En la DGT V1594-14 de 20-6-2014, se aborda, descartándolo, el concurso de un EP tratándose de una entidad andorrana dedicada a la fabricación y comercialización de ciertos productos para cuya comercialización pretende instalar en las dependencias de sus distintos clientes en España un software y un escáner, con el fin de que dichos clientes utilicen el software para cursar órdenes de compra a la empresa andorrana, que es la que fabrica los productos, contando con los servicios de una empresa española para comercializar el software entre sus clientes y un empleado propio (residente en España) para prestar el servicio post-venta sobre el *software* y el escáner, sin que ni la empresa comercializadora ni el mencionado empleado tengan autorización ni poder para vincular a la empresa andorrana. Y descartado –en apariencia- el EP se descarta también la existencia de cánones en la medida en que no se cedan sino que se transmita el software o escáner a los clientes.

2.1.3. La incidencia de la vinculación fiscal

El tenor del precepto del ModCDI relativo a los cánones, al igual que los dos artículos precedentes, contiene una cláusula que regula los pagos entre personas vinculadas –al margen aunque enlazada con la norma general contenida en el artículo 9 ModCDI–, disponiendo que, «cuando por razón de las relaciones especiales existentes entre el deudor y el beneficiario efectivo de los cánones o de las que uno y otro mantengan con terceros, el importe de los cánones pagados, habida cuenta del uso, derecho o información por los que se pagan, exceda del que habrían convenido el deudor y el beneficiario efectivo en ausencia de tales relaciones, las disposiciones de este artículo no se aplican más que a este último importe. En tal caso, el exceso podrá someterse a imposición de acuerdo con la legislación de cada Estado contratante y teniendo en cuenta las demás disposiciones del presente Convenio».

Por tanto, dichos excesos de renta satisfecha no se podrán beneficiar de las previsiones del artículo 12 ModCDI, y su tratamiento fiscal dependerá, en principio, de la calificación que merezca a la luz de otras disposiciones del tratado. Sobre este punto los Comentarios al precepto modelo optan por una línea restrictiva respecto de los posibles ajustes secundarios consecuentes. Así se afirma que este apartado sólo autoriza el ajuste de la cuantía de los cánones y no la reclasificación de los cánones que tendría como consecuencia la modificación de su carácter, por ejemplo, recaracterizándolos como una aportación de fondos propios, y que para que sea posible tal ajuste de acuerdo con los términos del artículo 12.4 ModCDI, sería necesario como mínimo, suprimir parte de la frase «habida cuenta del uso, derecho o información por los que se pagan» que introduce una restricción. Si se cree necesario aclarar esta intención, se podría añadir después de «exceda» una expresión similar a «por cualquier razón».

Asimismo se observa que el régimen aplicable –con frecuencia, distribuciones de beneficios encubiertos– al exceso de los cánones dependerá de su naturaleza exacta en función de las circunstancias propias de cada caso particular, aplicando las disposiciones de la legislación fiscal de los Estados interesados y las disposiciones del Convenio (en aquel caso en que las normas de su legislación respectiva llevasen a cada uno de los Estados contratantes a aplicar artículos diferentes del Convenio para gravar el referido exceso, será necesario acudir al procedimiento amistoso previsto en el Convenio para resolver la cuestión). Adviértase sobre este punto y en similar línea, lo previsto en el artículo 18.11. LIS 2014 (Ley 27/2014, de 27 de noviembre), antes de 2015, artículo 16.8 TRLIS 2004 y en el artículo 20 RIS 2015 (antes artículo 21 bis RIS 2004), en relación con los ajustes secundarios.

Se considera que existen «relaciones especiales» cuando se produce alguno de los supuestos contemplados en el artículo 9 ModCDI (participación directa o indirectamente en la dirección, control o capital de una empresa del otro Estado o participación por parte de un tercero, directa o indirectamente, en la dirección, control o capital de empresas situadas en ambos Estados), aunque, a juicio de los CMC, también comprenden las relaciones por consanguinidad o afinidad y, en general, cualquier comunidad de intereses distinta de la relación legal que da lugar al pago del canon.

Las Directrices de Precios de Transferencia de la OCDE –doctrina asociada al artículo 9 ModCDI vía sus propios Comentarios– contemplan en un Capítulo específico tanto las Operaciones sobre intangibles –VI– como los acuerdos de reparto de costes –VIII–, que han sufrido una notable modificación a raíz de los informes evacuados en el marco del Proyecto BEPS, y han sido publicadas en julio de 2017 (y todavía en ciertos aspectos están siendo objeto de desarrollos futuros). Nótese que los cambios incorporados en los informes BEPS toman naturaleza de Directrices en 23 de mayo de 2016.

Un caso de valoración de la cesión de un intangible comercial dentro del marco de un contrato de franquicia se puede ver en SAN de 17 de junio de 2009.

Otro caso, de existencia de cesión de marca (aunque valorada incorrectamente) dentro del valor de la transacción por la compra de productos se puede ver en TEAC de 3 de octubre de 2013. Conviene considerar, no obstante, que la noción de intangibles contenida en dichas Directrices no es coincidente con la invocable en materia de CDI.

2.1.4. La noción de beneficiario efectivo

Según predican los CMC, el concepto de beneficiario efectivo se incorporó al artículo 12.2 ModCDI para explicar la aplicación del artículo con respecto a los pagos a intermediarios e indicar que el Estado de la fuente no está obligado a renunciar a su derecho a percibir un impuesto sobre unos derechos por el solo hecho de que dichos ingresos pasaron inmediatamente a manos de un residente de un país con el que el Estado de la fuente tiene suscrito un convenio. El concepto «beneficiario efectivo» no se utiliza en su sentido técnico más estricto, sino que debe más bien interpretarse en su contexto y a la luz de los objetivos e intenciones del tratado, incluyendo la voluntad de evitar la doble imposición y de prevenir la evasión y la elusión fiscales.

Una mayoría de los tratados fiscales suscritos por España desde 1977 establecen que las reglas contenidas en el artículo 12 ModCDI se apliquen solo si el perceptor del canon es el «beneficiario efectivo» de las rentas (de hecho, no se contiene dicha expresión en los CDI con, Austria, Brasil, Rep. Checa y Eslovaca, Finlandia, Japón, Marruecos, Países Bajos, Polonia, Suecia y Túnez). En una mayoría de CDI recientes –sirvan de ejemplo los CDI suscritos con Alemania (2013), Andorra, Bosnia y Herzegovina, Catar, Finlandia, Trinidad y Tobago, Argentina, Kuwait, Nigeria, Omán, etc- se establece dicha cláusula con alcance general.

De esta manera las autoridades fiscales que acuerdan el CDI, no aceptan que disfruten de sus ventajas ciertos residentes fiscales en sus respectivos países, que aparecen como meros instrumentos en una determinada remesa de pagos. La norma, así, persigue evitar la utilización de sujetos interpuestos en la percepción de tales rentas, que inmerecidamente se lucren de los favores de la legislación bilateral. De hecho, a consecuencia de la aplicación de dicha cláusula, las normas del tratado relativas al reparto de soberanías dejarán de aplicarse.

La cláusula relativa al «beneficiario efectivo» se introdujo en el Modelo de Convenio de 1977 como una norma antiabuso específica, al menos en apariencia, aunque tenía ya antecedentes en convenios suscritos por Reino Unido (así, por ejemplo, tanto en el Protocolo del Convenio británico-norteamericano de 1968 como en el propio Convenio hispano-británico de 1975, en el cual se hace referencia a la figura del *beneficial ownership*»). Ello deja en evidencia que se trata de un término, con independencia del alcance de su significado, que trae origen en nociones del derecho anglosajón y que parece emparentarse con la distinción entre la propiedad formal y la propiedad «económica» funcional o la titularidad formal y económica de unos determinados rendimientos. No cabe desconocer que dicha cláusula encuentra ya refugio en el derecho comunitario -Directiva 2003/49/CE sobre cánones e intereses entre empresas asociadas- y en su transposición a la LIRNR (artículo 14 TRLIRNR y, antes de julio de 2011, artículo 25 LIRNR 1998).

A raíz de la redacción de los CMC en 2003 se otorga a la repetida cláusula del beneficiario efectivo un alcance «aclaratorio» en relación a la expresión «pagado a un residente» (de modo que, aun no constando expresamente en un tratado, debiera presumirse); como también los nuevos Comentarios incorporan una concepción del «beneficiario efectivo» sensiblemente más expansiva que la que podía deducirse de redacciones anteriores.

Así, se postula que los favores del CDI solo se predicarán para quien sea no necesariamente el último beneficiario de la renta, pero sí de quien la obtiene a consecuencia de un poder efectivo de disposición –que no ha de ser forzosamente a título de propiedad– sobre las rentas generadas por los intangibles cedidos.

Si se trata de meros intermediarios en el flujo de las rentas no son acreedores a las ventajas de la norma bilateral, en la medida en que, precisamente a consecuencia de su conducta como transmisores de rentas –y dado que éstas se traducirán, en su mayor parte, en correlativos gastos–, no hay riesgos de potencial doble imposición, que el convenio deba atajar.

En cualquier caso, bien se otorgue un valor solo aclaratorio a dicha expresión respecto de quien se considere «perceptor de la renta», bien se configure como una auténtica norma antiabuso que no cabe presumir si no se encuentra expresa en un tratado, la figura del «beneficiario efectivo» puede siempre ser interpretada de modo que, cuando se trate de supuestos en que el perceptor de la renta sea un mero agente, «nominee» o mandatario que actúe por cuenta ajena, la mención explícita o no de dicha cláusula puede no considerarse necesaria –y, caso de concurrir, tener alcance aclaratorio–, dado que no se hace otra cosa que descartar de la relación jurídico tributaria a un mediador en el tránsito o en el cobro de la renta. Es el caso, muy evidente, de los intermediarios por cuenta de terceros o de las sociedades de gestión de derechos de autor, –véase Res. TEAC de 21 de septiembre de 2000 confirmada por SAN de 19 de junio de 2003–, como muy evidentes y meros ejemplos (debe observarse, sin embargo, que con efectos de 1 de julio de 2003 se dicta una norma doméstica –la Orden EHA/63/2005– que considera admisibles mecanismos especiales de certificación colectiva de residencia fiscal a cargo de las entidades extranjeras de gestión colectiva de derechos de propiedad intelectual).

De este modo no se estaría sino ratificando lo que son principios generales, recogidos incluso en la normativa doméstica en cuya virtud no se tienen en consideración a efectos de deducir obligaciones tributarias a quienes ni paguen efectivamente ni cobren efectivamente las utilidades generadas (así, DGT V2033-08 de 4-11-2008). Y ello siempre a reserva de la aplicación excepcional de las normas generales antiabuso y de «calificación» (artículo 115.2 de la Ley 34/2015, de 21 de septiembre, modificada por la Ley 58/2003, General Tributaria) que pueda prever la norma doméstica y cuya viabilidad práctica admite la OCDE sin pugna, en principio, con los CDI. Un ejemplo de aplicación de la LGT –un caso de simulación relativa–, sin invocación de la cláusula de beneficiario efectivo, ante un canon que transita a través de Hungría hacia Irlanda, se resuelve en STS de 27 de noviembre de 2015 Roj. 4963/15.

En otro caso, aquí de aplicación de una norma antiabuso bilateral, en un escenario similar, resulta de interés la percepción de la existencia o no de «motivos económicos válidos» en una canalización circular de rentas, a juicio de la DGT: ver DGT V2519-13 de 26-7-2013.

Las tesis interpretativas de dicha cláusula nacidas en 2003 (tanto por lo que toca a la virtualidad meramente aclaratoria de la cláusula como al alcance efectivo de la noción) y respaldadas por buena parte de la doctrina, pudiera ofrecer alguna duda que fueran, sin más, invocables respecto de CDI suscritos bajo los parámetros de los CMC precedentes. Aunque, si dicha proyección se diera por válida, habría que entender afectadas por tal mandato cualesquiera otras sociedades conductoras de rentas, refacturadoras, sublicenciadoras y demás sociedades instrumentales que, aunque fueran las titulares formales de las rentas, dispusieran de estrechos poderes sobre ellas, obrando en suma como meros fiduciarios de facto o administradores que actúan por cuenta de terceros. Cabe reiterar, no obstante, que esta interpretación *lato sensu* haría en muchos casos innecesarias determinadas normas antiabuso específicas –no ya expresiones «aclaratorias»– que en ese mismo contexto propone la OCDE en los CMC al artículo 1 y contienen gran número de tratados.

Precisamente, la actualización del Modelo de CDI de la OCDE de 2014, buscando entre otros efectos, una más precisa delimitación del alcance de la noción de beneficiario efectivo, de suerte que no invada el ámbito de las cláusulas específicas –CMC al artículo 1 del ModCDI– relativas a sociedades interpuestas, contiene ciertas matizaciones y adiciones a los CMC precedentes. Sobre el alcance de dicha interpretación, en especial en relación con sus aspectos más expansivos y conflictivos –relativos a las *conduit companies*–. Véase el apartado 4.6.4. del capítulo relativo al «Ámbito de aplicación…».

El Modelo, en su redacción de 2017, hace hincapié, sin perjuicio de la aplicación de la cláusula sobre beneficiario efectivo, en la intervención del artículo 29 relativo a la "limitación de beneficios", del Modelo (nacido a consecuencia del Proyecto BEPS y su acción 6) para evitar situaciones abusivas del tratado y en los criterios y propuestas anti abuso preconizadas en los CMC al artículo 1 del Modelo con carácter general y específicamente ante regímenes fiscales preferenciales.

2.2. La postura del Estado español

Contrariando las pautas antes expuestas relativas al reparto de soberanías propuesto por el ModCDI de la OCDE, que opta por no sujetar los cánones –e incluso por excluir de su concepto la cesión de bienes de equipo– en el Estado de la fuente, de modo que su gravamen proceda sólo en el Estado de residencia del perceptor, las autoridades fiscales españolas hasta julio de 2010 suscribieron una reserva expresa al texto del Modelo, con objeto de ejercer la competencia para gravar –limitadamente– los cánones de fuente española (de hecho con tal objeto los CDI usualmente suscritos añaden al precepto un apartado –similar al previsto en el artículo 11 ModCDI– delimitando la procedencia de las rentas).

España, junto a Japón, eliminan dichas reservas en julio de 2010, mientras otros Estados preservan mediante reservas generales su potestad de imposición en la fuente sobre cánones son: Australia, Corea, Chile, Eslovenia, México, Nueva Zelanda, Polonia, Portugal, la República Eslovaca y Turquía. Las reservas específicas a este artículo son igualmente numerosas entre los Estados no miembros de la OCDE: Albania, Argentina, Armenia, Azerbaijan, Bielorrusia, Brasil, Bulgaria, Colombia, China, Congo, Costa de Marfil, Croacia, Estonia, Gabón, Hong Kong, Israel, Kazastán, Lituania, Malasia, Marruecos, Filipinas, Rumanía, Rusia, Eslovenia, Singapur, Serbia, Sudáfrica, Tailandia, Túnez, Ucrania, Vietnam.

Con ello queda patente que, a pesar de la tesis general propuesta por el ModCDI que trata de delimitar el ámbito de aplicación del artículo 12 ModCDI para ampliar el propio del artículo 7 ModCDI, es evidente que la propia OCDE reconoce que la imposición o gravamen de los cánones en el país de la fuente se produce con casi similar frecuencia que la atribución de jurisdicción exclusiva al Estado de residencia.

Adicionalmente a dicha reserva general de imposición –suprimida en 2010–, según se apuntó ya, el Estado español, además de efectuar una observación trascendental en materia de programas de ordenador y comercio electrónico, se reserva –también hasta 2010– el derecho a gravar en la fuente, como cánones, las rentas procedentes de la asistencia técnica prestada en relación con el uso, o el derecho de uso, de derechos o informaciones considerados generadores de cánones, y, por otro lado, afirma su derecho a continuar adhiriéndose, en sus convenios, a una definición de cánones que incluya las rentas procedentes del arrendamiento de equipos industriales, comerciales o científicos y de contenedores (esta última reserva española se suprime en julio de 2014).

En consecuencia, las rentas catalogadas como cánones obtenidas por un no residente en España amparado por un CDI, se verán afectados, de ordinario, por una potestad fiscal compartida entre el Estado de la fuente y el de residencia del perceptor, si bien tributará limitadamente en España primero –al tipo máximo sobre su importe bruto, previsto en el tratado– y, más tarde, de modo definitivo en el Estado de residencia del perceptor. La doble imposición internacional será evitada o atenuada en ese país extranjero, aplicando las fórmulas previstas en el CDI (artículo 23 ModCDI). Como es obvio, la norma bilateral no entra en el detalle del régimen de tributación (salvo rarezas: así, por ejemplo, el CDI con China cifra la base imponible en el 60 % del importe de los cánones por la cesión de equipos empresariales, o, cuando se contempla la asistencia técnica como prestación generadora de cánones cabe que se haga mención de la deducción de ciertos gastos –así ocurría en el CDI con Argentina–) dejando este extremo a las disposiciones domésticas.

Como regla general, por tanto, se dará una imposición limitada –a un tipo máximo sobre la cuantía íntegra de las rentas– en España, en los términos previstos en cada CDI. Dicho techo cuantitativo será, por lo general, inferior a la deuda resultante de aplicar la norma nacional o doméstica donde se cifra para los contribuyentes sin establecimiento permanente un tipo general del 24 %, antes de 2015 del 24,75 %, aunque para los residentes en otros Estados de la UE y EEE con intercambio de información, será del 19 % -20 % en 2015 (19,5 % desde 12 de julio -Real Decreto-ley 9/2015, de 10 de julio–), (salvo en el caso del tipo del 10 % desde 2005 aplicable a empresas asociadas residentes en la UE hasta julio de 2011) a recaer sobre el importe bruto de los cánones, salvo en el caso de residentes en UE o EEE (ver apartado 3.2.). Suelen oscilar dichos tipos límite entre un 5 % y un 10 %, aunque no falten excepciones (así, el CDI con Argentina preveía hasta un 3 % en algún caso). No obstante, ciertos CDI contemplan la exención en la fuente para todos o para ciertas modalidades de cánones.

Las particularidades más destacables se recogen en el apartado 4 de este Capítulo.

Los tipos impositivos límite en cada CDI se describen en Anexo al término del Capítulo.

3. TRIBUTACIÓN EFECTIVA SEGÚN LA LEGISLACIÓN DOMÉSTICA

Una vez que la normativa bilateral otorga la facultad de someter a imposición los «cánones» de fuente española, se hace imperativo examinar en qué casos y bajo que coordenadas se ejerce dicha potestad tributaria. Ello exigir conocer los parámetros previstos por las normas domésticas a tal punto.

3.1. Cánones sujetos al Impuesto sobre la Renta de No Residentes

El artículo 13.1.f.3.º TRLIRNR– [como antes el artículo artículo 12.1.e LIRNR 1998 (y antes que ellos el artículo 45 de la Ley 43/1995, así como su antecesor, el artículo 70.Uno.g, del viejo RIRPF)], se pronuncian con similar rotundidad en cuanto al establecimiento del nexo principal determinante de atracción de las rentas al impuesto: los cánones satisfechos por personas o entidades residentes en España o por establecimientos permanentes situados en territorio español están sujetos a tributación, según se vio.

Se trata de un lazo de sujeción tan expansivo –se requiere el mero hecho del «pago» de la renta «desde» España– que resta valor al nexo complementario previsto en el mismo párrafo del precepto, en virtud del cual también quedarán sujetos a imposición los cánones que retribuyan prestaciones utilizadas en territorio español.

A pesar de alguna sentencia discordante, la sujeción al IRNR de los cánones pagados por residentes no se hace depender en modo alguno de la utilización en España de los derechos o la tecnología objeto de cesión de uso.

Se produce una evidente coincidencia con los mandatos bilaterales: los CDI se refieren a cánones «pagados» procedentes de un Estado y abonados al residente del otro. En cualquier caso, el término «pagados» debe entenderse en un sentido elástico, de modo que la expresión «pagar» se considera equivalente a «poner los fondos a disposición del acreedor en la forma prevista en el contrato o en los usos» (DGT V2033-08 de 4-11-2008 contempla la irrelevancia de una entidad residente en tanto que no pagadora sino mera mediadora en el pago de derechos de autor con origen y destino en el extranjero). El término «pago» no debe hacer pensar que el IRNR se devenga cuando se satisface materialmente el mismo, sino al momento del devengo, exigibilidad o reconocimiento de la deuda (TEAC de 5 de noviembre de 2013).

Un supuesto singular viene representado por las prestaciones de asistencia técnica (en los casos en que tales rentas se encuentren sujetas, porque un CDI las considere excepcionalmente incluidas en el marco del artículo 12 ModCDi). En tal caso el criterio de sujeción será otro: el lugar de realización o utilización de la prestación que habrá de ser territorio español, artículo 13.1.b.2º TRLIRNR. A tal fin, se entenderán utilizadas en territorio español las prestaciones que sirvan a actividades empresariales o profesionales realizadas en territorio español o se refieran a bienes situados en el mismo. Si lo son parcialmente, la sujeción será asimismo parcial –desde 2003–.

Por lo que se refiere a la exención de cánones entre empresas asociadas pertenecientes a la Unión Europea, ver apdo 3.2. más adelante.

En cuanto a la compatibilidad de la fiscalidad arancelaria y los cánones ver Resolución del TEAC de 18 de febrero de 2016 (872/2013).

Por otra parte, puede darse el singular supuesto de que, a tenor de un CDI competa la imposición en la fuente sobre ciertos cánones, pero la propia normativa nacional impida semejante ejercicio. El artículo 14.1.g.TRLIRNR ordena la exoneración de las rentas derivadas del arrendamiento, cesión o transmisión de contenedores, buques y aeronaves a casco desnudo (cuando se cede la posesión del buque o aeronave sin armar, equipar y aparejar) utilizados en navegación internacional marítima o aérea, mientras que sólo algunos CDI refrendan expresamente dicha exención. La Ley 2/2010 –con efectos desde 1 de enero de 2010– añade un matiz: la exención de las rentas procedentes del arrendamiento, cesión o transmisión de aeronaves a casco desnudo, utilizados en la navegación aérea internacional cabrá también «cuando el grado de utilización en trayectos internacionales represente más del 50 % de la distancia total recorrida en los vuelos efectuados por todas las aeronaves utilizadas por la compañía arrendataria».

Al igual que cabría, en hipótesis, que ciertas rentas fueran susceptibles de imposición en España por un mandato particular –relativo, por ejemplo, a una enajenación– del artículo 12 de un tratado, pero al tratarse de ganancias patrimoniales la legislación doméstica no previese su sometimiento al IRNR si el derecho transmitido no se encuentra situado ni es susceptible de ejercicio o cumplimiento en España, otra vez por ejemplo. Como es sabido, un CDI no pueda crear tributos, luego jamás podrá someterse a gravamen en España una renta calificada como canon a la luz de un CDI que no esté sujeta a gravamen de conformidad con las normas domésticas.

Naturalmente, puede ocurrir que sea el propio CDI quien, contrariando la regla general, disponga la no tributación de los cánones en el Estado de la fuente, de modo que exclusivamente tributen en el Estado de residencia del perceptor (sea con carácter general como acontece en determinados tratados –los suscritos, por ejemplo, con Alemania, Catar, Chipre, Finlandia, Malta, Reino Unido, Emiratos Árabes Unidos, Barbados, Albania, Georgia, Hungría o Bulgaria–; sea en relación con determinadas modalidades de cánones –normalmente, los derivados derechos de autor sobre obras literarias o artísticas–).

3.2.   Reglas de tributación

Los cánones obtenidos por no residentes sin establecimiento permanente siguen las reglas generales propias de dicha modalidad de sujeción, en los términos del TRLIRNR, de modo que cada renta devengada tributa aisladamente; la base imponible viene constituida, como regla general, por el importe bruto del canon obtenido (cuando existen contraprestaciones recíprocas por prestaciones cruzadas no cabe netear el importe bruto de la renta devengada, aunque la STS de 12 de septiembre de 2002 parece dudar sobre este extremo, otras sentencias, lógicamente, no titubean al respecto: así, SAN de 28 de enero de 2010) y el tipo impositivo, en principio, es el general: 24 %, antes de 2015 del 24,75 %, aunque para los residentes en otros Estados de la UE y EEE con intercambio de información, será del 19 %, 20 % en 2015 (19,5 % desde 12 de julio Real Decreto-ley 9/2015, de 10 de julio) aunque se verá techado por los tipos señalados como límite en el CDI aplicable en cada caso girados sobre la cuantía íntegra de la renta.

No obstante, si el contribuyente es residente en otro Estado de la UE o (desde 2015) en otro Estado del EEE con efectivo intercambio de información, hay que considerar lo previsto por el artículo 24.6 I IRNR que contempla deducción de gastos directos e indisociables de la actividad generadora de los rendimientos, desde 2015 disociando categorías de gastos deducibles en LIS o LIRPF, en función de la condición de persona física o entidad del perceptor.

En suma si el perceptor de la renta es residente en la UE/EEE cabría construir una renta «neta», magnitud sobre la que recaería el tipo previsto en la Ley del IRNR y la cuota así configurada no debiera superar el importe derivado de aplicar el tipo límite indicado en el CDI sobre el importe bruto de las rentas, que constituye el techo máximo de imposición previsto bilateralmente.

La cuota del IRNR, que será objeto, en una mayoría de casos, de retención por parte del pagador de las rentas (artículo 31 TRLIRNR), no cuenta con minoraciones o deducciones a no ser la deducción por donativos prevista en el artículo 68.3 LIRPF (antes, artículo 69.3 LIRPF 2004) y artículo 26 TRLIRNR). Dicha retención se proyectará sobre las rentas brutas en todo caso (incluso cuando sean percibidas por residentes en la UE/EEE –artículo 31.2 TRLIRNR-).

Cuando se trate de rentas derivadas de prestaciones de asistencia técnica o similares que, excepcionalmente, tengan cabida en el artículo 12, concurre una caso atípico: las normas domésticas prevén con carácter general la deducción de ciertos gastos (artículo 24.2 TRLIRNR, artículo 23.2. LIRNR 1998) y en el artículo 5 del RIRNR (Real Decreto 1776/2004, de 30 de julio) sobre el importe íntegro de la renta para cifrar la base imponible [sólo algunos CDI también prevén este extremo– EE. UU., Argentina, etc.]. Sin embargo, como se dijo, el tipo limitado previsto en el tratado recaerá sobre el monto bruto de la renta, de suerte que se tributará por la menor de ambas cifras, sea el tipo techo sobre la renta íntegra, sea el tipo general de las normas domésticas sobre el importe neto en los términos previstos por la normativa del IRNR (dicho importe pudiera ser «más neto» aún, obviamente, si resultara de aplicación la norma arriba apuntada, referida a residentes comunitarios desde 2010).

Cuando se trate de cánones satisfechos a entidades vinculadas/asociadas radicadas en otro Estado de la UE, la normativa doméstica, dando satisfacción –aunque no plena hasta 2011 al derecho comunitario– que promueve desde un principio la exención en la fuente– atenúa su celo recaudador: desde 2005 el tipo impositivo doméstico se reduce al 10 % –mediante un régimen transitorio hasta julio de 2011 en que nace la exención– Ley 62/2003, de 30 de diciembre.

La Directiva relativa al régimen fiscal común aplicable a los pagos por intereses y cánones efectuados entre empresas asociadas de diferentes Estados miembros (Directiva 2003/49/CE, de 3 de junio) –publicada en junio de 2003– pretende liberar de impuestos –no fijar un tipo límite– en el Estado de la fuente a dichas rentas intergrupo, siempre que el beneficiario efectivo de las mismas sea una sociedad residente en otro Estado de la UE o un establecimiento permanente situado en otro Estado comunitario perteneciente a una sociedad también residente en un Estado de la UE).

Sin embargo y como se dijo, el Estado español se distanció de los predicados de exención previstos en dicha Directiva, disponiendo de un plazo transitorio de seis años, a partir de 2005 (técnicamente hasta julio de 2011 –la Directiva nace en julio de 2005–), para gravar los cánones con destino comunitario entre entidades «vinculadas», con el repetido límite del 10 % (o el menor que proceda cuando el convenio fiscal aplicable establezca una alícuota más reducida).

Pero en fin desde 1 de julio de 2011 la norma de la LIRNR relativa a los cánones entre empresas asociadas comunitarias se traslada del artículo 25.1.h LIRNR (deuda tributaria y tipos impositivos) al artículo 14.1.m LIRNR (exenciones) y con ello se postula como exención lo que antes era tributación limitada.

Por consiguiente, desde julio de 2011, tratándose de cánones satisfechos a entidades «asociadas» radicadas en otro Estado de la UE (o establecimientos permanentes de éstas situados en el mismo ámbito) la Ley se alinea con el derecho comunitario –que promueve dicha exención en la fuente–, y abandona el régimen transitorio propuesto por la Ley 62/2003, de 30 de diciembre.

De acuerdo con la Directiva 2003/49/CE, de 3 de julio se libera de impuestos en fuente a dichas rentas intergrupo, siempre que el beneficiario efectivo de las mismas sea una sociedad residente en otro Estado de la UE o un establecimiento permanente (entendido como «centro de actividades fijo») situado en otro Estado comunitario perteneciente a una sociedad también residente en un Estado de la UE. El perceptor del canon, que no cabe que sea un mero intermediario o agente de cobro sino hacerlo en su propio beneficio, ha de ser una sociedad (con una de las formas sociales previstas en la Directiva) residente fiscal en otro Estado de la UE, sujeta «sin posibilidad de exención» a imposición en el Estado de su residencia y domicilio, o un establecimiento permanente perteneciente a una de dichas sociedades y radicado asimismo en la UE. Por otra parte, la condición de sociedad «asociada» o vinculada viene determinada por una participación directa de una en otra, durante al menos un año ininterrumpido, de al menos el 25 % del capital, o si una sociedad tercera dispone de dicha participación en el capital de ambas.

Este régimen no será de aplicación cuando la mayoría de los derechos de voto de la sociedad perceptora de los rendimientos se posea, directa o indirectamente, por personas físicas o jurídicas que no residan en Estados miembros de la UE, excepto cuando aquella pruebe que se ha constituido por motivos económicos válidos (y no para disfrutar de este régimen) "y por razones empresariales sustantivas", añade la Ley 26/2014, de 27 de noviembre, en paralelo con la norma antiabuso prevista para dividendos comunitarios matriz filial.

Se consideran exentos los cánones remitidos a una entidad matriz comunitaria con participación dominante extracomunitaria, al entender que ésta se ha constituido por motivos económicos válidos, y no para disfrutar indebidamente del régimen de exención, aunque la resolución destila ciertas cautelas, en DGT V4403-16 de 14-10-2016.

Aunque la entidad concernida no sea residente en la UE y se refiera a una norma bilateral anti-abuso, resulta de interés la percepción de la existencia o no de «motivos económicos válidos» en una canalización circular de rentas, a juicio de la DGT: ver consulta DGT V2519-13 de 26-7-2013.

En STS 4963/2015, de 27 de noviembre de 2015, debido a la existencia de simulación contractual se rechaza la aplicación de determinado convenio para evitar la doble imposición que provocaría la exención en fuente de los cánones obtenidos por la entidad no residente interpuesta, entendiéndose aplicable el tratado fiscal, y la tributación, correspondiente a la entidad a su vez no residente per-ceptora efectiva de dichas rentas. No obstante, la estructura de la operación, al margen de la exis-tencia o no de un supuesto de simulación relativa, invitaba directamente a la invocación de la cláusula de beneficiario efectivo dentro del artículo 12 ModCDI. En caso de entender que la entidad húngara no reunía las condiciones ni las ventajas que procura el artículo 12 ModCDI, el efecto inmediato hubiera consistido, no en la privación de efectos del convenio, ni tampoco el acceso y la aplicación del tratado hispano-irlandés, sino la directa aplicación de la normativa doméstica española.

Debe tenerse presente también que ciertos CDI incorporan la denominada cláusula de «nación más favorecida», en cuya virtud si un tratado ulterior al suscrito con España contuviera condiciones más favorables le serían aplicables de inmediato.

Así ocurre, por ejemplo y según nos narra DGT V2781-11 de 23-11-2011 con el CDI suscrito con la India, cuyo protocolo establece que «(...) si en cualquier convenio o acuerdo entre la India y un tercer estado miembro de la OCDE que entre en vigor después del día 1 de enero de 1990, la India limitara su imposición en la fuente sobre los cánones o los pagos por servicios técnicos a un porcentaje inferior o a un ámbito más reducido que el porcentaje o el ámbito previstos en este convenio respecto de dichas rentas, el porcentaje o el ámbito previstos en aquel convenio o acuerdo serán también aplicables al amparo del presente convenio, con efectos desde la fecha de entrada en vigor del presente convenio o la del convenio o acuerdo indio en cuestión, si la entrada en vigor de este último fuera posterior». Se trata de una cláusula de nación más favorecida de aplicación automática, a efectos de imposición en fuente en ambos estados, en relación con el artículo 13 de dicho tratado en el cual se contempla, en principio, que en el caso de «pagos por servicios técnicos y otros cánones», existirá un techo de imposición en el estado de la fuente del 20 % del importe bruto de los pagos y cánones. Pero, dado que el tipo del 10 % es el más bajo que, según la información disponible por la DGT -así lo afirma la resolución-, India ha incluido en sus convenios con otros países de la OCDE (en particular, cita los convenios suscritos por India con Suecia o Austria), para esta categoría de rentas, será ése el tipo máximo que, en la actualidad, corresponde aplicar a los pagos a los que resulte de aplicación el artículo 13 del convenio hispano-indio.

Y así acontece también, como apunta la DGT V4699-16 de 8 -11-2016, en un caso en que una entidad residente en España presta determinados servicios de naturaleza informática a una entidad no residente, mandataria de otra entidad no residente fabricante de programas de ordenador, radicada en un Estado cuyo convenio para evitar la doble imposición con España contempla los servicios técnicos dentro del precepto relativo a los cánones y además incorpora una cláusula de "nación más favorecida". En CCDGT V2206-18, de 24 de julio de 2018, se aborda la tributación de las rentas derivadas de servicios técnicos dentro del precepto relativo a cánones con tributación limitada en fuente en el marco del CDI con India y la aplicación –que pudiera conducir en ciertos casos a la exención– de la cláusula de nación más favorecida.

Lateralmente, obsérvese que a juicio de la STS de 26 de noviembre de 2014 existe doble imposición cuando unos cánones se someten a tributación por derechos de importación (al integrarse en el valor a efectos aduaneros) y por el Impuesto sobre la Renta de No Residentes. La sentencia es trascendente en la medida en que reproduce conceptualmente los mismos argumentos que ya utilizó otra decisión del mismo Tribunal Supremo de 31 de enero de 2011 y se proyecta sobre un contexto de bastante alcance: todas aquellas rentas derivadas de operaciones sobre intangibles que revistan la naturaleza de cánones a efectos del IRNR y soporten tributación en fuente a pesar de la existencia de un convenio para evitar la doble imposición y, por otra parte, puedan pasar a formar parte técnicamente del valor en aduana a efectos de derechos arancelarios. No obstante, debiera considerarse dicho pronunciamiento con mucha cautela por cuanto parece desconocer que las rentas exoneradas en el artículo 13.2.a. LIRNR bajo la noción "compraventas internacionales de mercancías" en el IRNR hace referencia exclusivamente a las mercancías físicas y en el lenguaje –y el valor en operaciones vinculadas- del impuesto directo, sin que en modo alguno el legislador quiera desplazar al IRNR los efectos de las singulares reglas de valoración que puedan existir en la imposición aduanera.

Sobre esta misma cuestión, en cuanto a la compatibilidad de la fiscalidad arancelaria y los cánones, ver Resolución del TEAC de 18 de febrero de 2016 (872/2013), más conciliadora.

4. SINGULARIDADES

De ordinario, los tipos más reducidos se corresponderán con las rentas de derechos de autor sobre obras literarias o artísticas (los CDI con EE. UU. -1991-, Irlanda, México, Argentina y Ecuador, entre otros, son algunos ejemplos). Puede ocurrir también que algún tratado (como es el caso de los firmados con Alemania (2013), Bulgaria, Catar, Chipre, Reino Unido, Emiratos Árabes Unidos, Albania, Barbados, Finlandia, Georgia, Malta o Hungría) establezca de hecho un tipo efectivo cero con carácter general, es decir, que los cánones obtenidos por residentes en dichos países no tributen en

España, sino exclusivamente en el Estado de residencia, o que, en sentido contrario, se alcance un tipo límite tan elevado casi como el interno (el CDI con Filipinas o el suscrito con India prevén, en algún caso, un 20 %).

En el propio precepto –o en el protocolo del tratado de que se trate– cabe que se contengan normas generales o específicas antielusión fiscal (CDI con Alemania (2013), Andorra, Argentina (desde 2013), Reino Unido, Catar, Croacia, Finlandia, Malasia, México, Irlanda, Grecia, Rusia, Eslovenia, Hong Kong, Islandia, Bélgica, Portugal, Estonia, Letonia, Lituania, Sudáfrica, Suiza –desde junio de 2007–, Vietnam, Serbia, Bosnia y Herzegovina, Trinidad y Tobago, Moldavia, Jamaica, El Salvador, Albania, Barbados, Georgia, Omán, Uzbekistán, Pakistán, Panamá, Kazajstán, Uruguay, Singapur, Kuwait, Rep. Dominicana, etc.) en cuya virtud no se aplique la exención o el tipo reducido previsto en la norma bilateral a consecuencia de la ausencia de motivos económicos válidos, o debido a la mala fe, artificialidad o carácter interpuesto de la entidad perceptora de la renta.

De hecho, Estados Unidos y México se reservan el derecho a considerar cánones el beneficio obtenido de la enajenación de un activo contemplado en el apartado 2 del artículo cuando este beneficio depende de la productividad, de la utilización o disposición del activo.

Algunos CDI regulan cláusulas de sujeción a impuesto («imposición efectiva») en el artículo en materia de cánones. Este es el caso de los CDI entre España, por un lado, y Canadá, Polonia, Andorra, Omán y Túnez, por otro, condicionando la aplicación del tipo reducido en el Estado de la fuente a que los cánones estén sometidos a imposición.

La exención en la fuente para las rentas derivadas de derechos de autor «culturales» (excluidas películas, de ordinario) –literarias y artísticas– se da en ciertos CDI: así, entre otros, con Bulgaria, Bolivia, Hungría, Malta, Emiratos, Canadá, Cuba, Chequia y Eslovaquia, Francia, México, Polonia y URSS.

Los CDI suscritos con Bolivia, Brasil, Colombia, Costa Rica, India, Letonia, Lituania, Estonia, Nueva Zelanda, Serbia, Jamaica, El Salvador, México (reescrita en 2017) e India son ejemplos de aquellos que prevén la cláusula de «nación más favorecida».

Y entre muchas otras especialidades –siendo, por tanto, obligada la consulta del convenio aplicable a cada caso– conviene repetir y subrayar que en ciertos CDI (entre ellos los firmados con EE. UU. (1991), Australia, Argentina, Brasil, Egipto, Noruega, Suecia, Malasia, Colombia, India, Marruecos Pakistán, Panamá, e Italia) los pagos por asistencia técnica o estudios técnicos se consideran fiscalmente regalías o cánones. Nótese que ciertos tratados –así los suscritos con El Salvador, Trinidad Tobago, Rep. Dominicana y Jamaica– ofrecen un tratamiento similar al de los cánones a las rentas derivadas de prestaciones de servicios –«honorarios de gestión»– en un precepto contiguo –artículo 13– o que el CDI con Costa Rica incorpora dentro de la noción de operaciones generadoras de cánones «el asesoramiento técnico financiero o administrativo», que curiosamente se define en el Protocolo en términos parecidos a la cesión de *know how*.

En el CDI con Albania la delimitación de soberanías fiscales tratándose de cánones contempla –algo hasta la fecha inhabitual– la tributación exclusiva en el Estado de residencia siempre que el perceptor, sea el «beneficiario efectivo» de la renta. Se aprecia, en divergencia con el vigente Modelo de la OCDE, la inclusión en el concepto de cánones de las rentas derivadas de la cesión de equipos industriales, comerciales o científicos. Téngase presente también, por otra parte, la cláusula antiabuso contenida en el protocolo en el apdo II según la cual las disposiciones del artículo 12 no se aplican cuando el fin primordial o uno de los fines primordiales de cualquier persona relacionada con la creación o cesión del derecho que genera los cánones sea el de conseguir los beneficios contenidos en estos artículos mediante dicha creación o cesión.

En el CDI con Alemania, nacido en 2013, la delimitación de soberanías fiscales tratándose de cánones contempla la tributación exclusiva en el Estado de residencia siempre que el perceptor sea el «beneficiario efectivo» de la renta. Se aprecia, en divergencia con el vigente Modelo de la OCDE, la inclusión en el concepto de cánones de las rentas derivadas de la cesión de equipos industriales, comerciales o científicos, así como el hecho de que dentro del precepto se alberguen asimismo los pagos de cualquier naturaleza percibidos como contraprestación por el uso o la concesión de uso del nombre o la imagen de una persona o cualquier otro derecho de imagen o sobre la identidad, «o por la grabación de la actividad de deportistas o las actuaciones de artistas para la radio o la televisión».

En el CDI con Andorra la delimitación de soberanías fiscales tratándose de cánones contempla la tributación compartida con imposición limitada en la fuente con un techo general del 5 % sobre el importe bruto siempre que el perceptor sea el "beneficiario efectivo" de la renta.

Se aprecia, de acuerdo con el vigente Modelo de la OCDE- la exclusión del concepto de cánones de las rentas derivadas de la cesión de equipos industriales, comerciales o científicos.

A efectos de obtener las ventajas de este precepto se deberá presentar un certificado de residencia indicando la naturaleza y el importe o valor de las rentas emitido por la autoridad competente del correspondiente Estado.

En el CDI con Arabia Saudí se aprecia –en discordancia con el Modelo de la OCDE– la inclusión en el concepto de cánones de las rentas derivadas de la cesión de equipos industriales, comerciales o científicos.

El CDI con **Argelia** contiene una precisión conceptual sobre los **programas de ordenador en su** Protocolo. El texto nacido en 2014 con **efectos desde** 2013 contiene **una norma** antiabuso según la cual "las disposiciones de los artículos 10, 11, 12 y 13 no se aplicarán cuando el fin primordial o uno de los fines primordiales de cualquier persona relacionada con la creación o cesión de las acciones u otros derechos que generan los dividendos, la creación o cesión del crédito que genera los intereses, o la creación o cesión del derecho que genera los cánones o regalías, sea el de conseguir el beneficio de dichos artículos mediante dicha creación o cesión".

El CDI con Argentina incluye expresamente la cesión de noticias y la prestación de servicios de asistencia técnica –en cuya tributación entra en detalles el Protocolo– dentro del artículo 12.

El CDI con Armenia, exigiendo la condición de que el perceptor sea el beneficiario efectivo de las rentas (que mencionan los bienes de equipo), ordena la potestad compartida pero el impuesto en fuente no debe exceder del:

a) 5 % del importe bruto de los cánones pagados por el uso o la concesión de uso de derechos de autor sobre obras literarias, artísticas o científicas, incluidas películas cinematográficas, o películas o cintas utilizadas para su emisión por radio o televisión;
b) 10 % del importe bruto de los cánones en todos los demás casos.

El CDI con Australia cita la renuncia al uso de los bienes o derechos comprendidos en el precepto como supuesto generador de cánones.

En el CDI con Barbados, exigiendo la condición de que el perceptor sea el beneficiario efectivo de las rentas (los intereses se definen de manera cerrada sin remisión a ley interna), se ordena la potestad exclusiva en el Estado de residencia. Se aprecia, en divergencia con el vigente Modelo de la OCDE, la inclusión en el concepto de cánones de las rentas derivadas de la cesión de equipos industriales, comerciales o científicos. Debe advertirse, por otra parte, la existencia de una importante cláusula antiabuso contenida en el artículo 28 según la cual los beneficios de los artículos 10, 11, 12 y 13 del presente Convenio no son de aplicación a las personas que tengan derecho a beneficios fiscales por razón de los siguientes regímenes tributarios especiales en Barbados:

a) Ley de Servicios Financieros Internacionales, *International Financial Services Act, Cap 325.*
b) Ley de Sociedades de Responsabilidad Limitada, *Societies with Restricted Liab ility Act, Cap 318B.*
c) Ley de Sociedades Mercantiles Internacionales, *International Business Companies Act, Cap 77*; y
d) Compañías de Seguros Exentas, *Exempt Insurance Company, Cap 308A.*

Convenios de doble imposición

En el CDI suscrito con Bélgica en junio de 1995 y publicado en 2003 se establece, como cláusula general antiabuso, que los favores del precepto –un tipo reducido del 5 %– no se prodigarán cuando la sociedad perceptora de la renta se encuentre participada directa o indirectamente en más del 50 % del capital por socios no residentes, a menos que demuestre «sólidas razones empresariales» en su operativa distintas de la mera percepción de las rentas pasivas. En el CDI –en su protocolo– se incluye la mención expresa de los «programas de ordenador» (como ocurre en los CDI con Argentina y Noruega).

En el CDI con Bosnia y Herzegovina la delimitación de soberanías fiscales tratándose de cánones (que alcanzan a las rentas derivadas de bienes de equipo) presenta la posible imposición en la fuente con un máximo del 7 % de su importe bruto.

En cuanto al CDI con Brasil, una Resolución de 22 de septiembre, de la Secretaría General Técnica dispone la publicación de ciertas Cartas de 17 y 26 de febrero de 2003 que reflejan la interpretación amistosa de las autoridades de ambos Estados en relación con ciertos aspectos conflictivos de dicho tratado, entre ellos, los tipos aplicables a cánones y la calificación de las rentas derivadas de «servicios técnicos». Así se explicitan los tipos reducidos aplicables a cánones con base en la aplicación de la cláusula de «nación más favorecida» o se delimita la calificación como cánones o, en cierto caso, como servicios profesionales –pero nunca como «otras rentas»– de las derivadas de «servicios técnicos». Merece destacarse el expreso pronunciamiento sobre la no calificación como «otras rentas» de los rendimientos derivados de prestaciones de «asistencia técnica» (cuando no revistan el carácter de «cánones»); dado que el CDI interpretado contempla la tributación en la fuente para aquella categoría residual de rentas, se trata de una cuestión trascendente.

El CDI suscrito con Bulgaria omite el apartado relativo a la vinculación fiscal entre las partes y las correcciones de calificación consiguientes.

En el CDI con Catar se prevé la exclusiva tributación en residencia del perceptor en la medida en que sea beneficiario efectivo.

Se aprecia, en discordancia con el vigente Modelo de la OCDE, la inclusión en el concepto de cánones de las rentas derivadas de la cesión de equipos industriales, comerciales o científicos.

Se incorpora una cláusula de formato BEPS de propósito principal (PPT), de tal manera que se ordena que lo dispuesto en los restantes artículos del Convenio, un residente de un Estado contratante no podrá beneficiarse de las reducciones o exenciones impositivas previstas en el convenio, otorgadas por el otro Estado contratante, cuando el fin primordial o uno de los fines primordiales de ese residente o de cualquier persona relacionada con dicho residente, sea el de conseguir los beneficios del convenio.

El CDI suscrito con Chile, reúne similares coordenadas a las del caso anterior, aunque cabe destacar el hecho de que no se mencione la «asistencia técnica» como generadora de cánones, aunque sí se concite como canon a las rentas derivadas de la cesión de cualquier «otra propiedad intangible». Por otro lado, su protocolo establece una cláusula general antiabuso de redacción muy singular contra el uso artificial o interesado del convenio.

En el CDI con Chipre la delimitación de soberanías fiscales tratándose de cánones contempla la tributación exclusiva en el Estado de residencia siempre que el perceptor sea el "beneficiario efectivo" de la renta. Se aprecia la inclusión en el concepto de cánones de las rentas derivadas de la cesión de equipos industriales, comerciales o científicos.

En el CDI con Colombia se consideran dentro del precepto las rentas derivadas de servicios de asistencia técnica y consultoría (que en el caso de Colombia se definen expresamente en el Protocolo).Se incorpora la cláusula de nación más favorecida. En el Protocolo se define el «impuesto así exigido» en Colombia en tales casos.

En el CDI con Costa Rica la delimitación de soberanías fiscales tratándose de cánones (que alcanzan a las rentas derivadas de bienes de equipo) presenta la posible imposición en la fuente con un tipo límite del 10 % de su importe bruto. Se consideran dentro del precepto las rentas derivadas del «asesoramiento técnico financiero o administrativo» –noción que en el Protocolo se define en los contornos del *know how*–). Asimismo, se incorpora la cláusula de nación más favorecida.

En el CDI con Croacia se estipula que el tipo del 8 % se reducirá al 0 % a los 5 años desde la entrada en vigor del convenio.

El CDI con EE. UU. incluye en la noción de cánones, además de los pagos por prestaciones de asistencia técnica realizadas en un Estado contratante por un residente del otro Estado, cuando dicha asistencia se preste en relación con la utilización de derechos o bienes de esa naturaleza, las ganancias derivadas de la enajenación de dichos bienes o derechos, en la medida en que las ganancias se determinen en función de la productividad, uso o transmisión de los mismos.

En el CDI con Egipto se afirma que el término «cánones» incluye las aplicaciones informáticas (*software*), así como los pagos por prestaciones de asistencia técnica realizadas en un Estado contratante por un residente del otro Estado contratante, cuando dicha asistencia se preste únicamente en relación con la utilización de los derechos, bienes o información incluidos en la definición de cánones.

En el CDI con El Salvador no se consideran dentro del precepto las rentas derivadas de servicios de asistencia técnica y consultoría, pero son tratadas con efectos similares en el precepto siguiente. No se contempla una cláusula antiabuso específica frente al uso de sociedades interpuestas (más allá de la norma general de esa naturaleza que contiene el convenio). Sí se incorpora la cláusula de nación más favorecida.

En el CDI con Emiratos Árabes Unidos se contiene una cláusula antiabuso peculiar, dirigida contra el uso artificial del CDI.

En el CDI con Finlandia se prevé la exclusiva tributación en residencia del perceptor en la medida en que sea beneficiario efectivo.Se aprecia, en concordancia con el vigente Modelo de la OCDE, la exclusión en el concepto de cánones de las rentas derivadas de la cesión de equipos industriales, comerciales o científicos.

Se aprecia, en concordancia con el vigente Modelo de la OCDE, la exclusión en el concepto de cánones de las rentas derivadas de la cesión de equipos industriales, comerciales o científicos.

Sus normas no se aplican cuando el fin primordial o uno de los fines primordiales de cualquier persona relacionada con la creación o cesión de las activos u otros derechos que generan los cánones, sea el de conseguir el beneficio de dichos artículos mediante dicha creación o cesión.

En el CDI con Georgia la delimitación de soberanías fiscales tratándose de cánones contempla la tributación exclusiva en el Estado de residencia siempre que el perceptor, sea el «beneficiario efectivo» de la renta. Se aprecia, en divergencia con el vigente Modelo de la OCDE, la inclusión en el concepto de cánones de las rentas derivadas de la cesión de equipos industriales, comerciales o científicos. Téngase presente también, por otra parte, la cláusula antiabuso contenida en el protocolo según la cual las disposiciones del artículo 12 no se aplican cuando el fin primordial o uno de los fines primordiales de cualquier persona relacionada con la creación o cesión del derecho que genera los cánones sea el de conseguir los beneficios contenidos en estos artículos mediante dicha creación o cesión.

En el CDI con Hong Kong, exigiendo la condición de que el perceptor sea el beneficiario efectivo de las rentas, se ordena la potestad compartida limitada al 5 % sobre el importe bruto en el Estado/Parte de la fuente.

Se aprecia, en divergencia con el vigente Modelo de la OCDE- la inclusión en el concepto de cánones de las rentas derivadas de la cesión de equipos industriales, comerciales o científicos.

Debe advertirse, por otra parte, la existencia de una importante cláusula antiabuso según la cual las disposiciones de los artículos 10, 11, 12, 13 y 20 no se aplican cuando el fin primordial o uno de los fines primordiales de cualquier persona relacionada con la creación o cesión de las acciones u otros derechos que generan los dividendos, la creación o cesión del crédito que genera los intereses, la creación o cesión del derecho que genera los cánones, la enajenación del bien que genera la ganancia o con la creación o cesión de los derechos respecto de los que se paga la renta sea el de conseguir los beneficios contenidos en estos artículos mediante dicha creación o cesión.

En el CDI con Irán el Protocolo contiene una muy singular disposición que expulsa del territorio de los cánones a determinados «contratos» (habrá que entender que se refiere a las rentas derivadas de dichos contratos) mencionados en la Ley de Impuestos directos iraní, de modo que el precepto aplicable será el 7 o 14, sin imposición en fuente salvo que concurra EP.

En el CDI con Jamaica se aprecia, en divergencia con el vigente Modelo de la OCDE la inclusión en el concepto de cánones de las rentas derivadas de la cesión de equipos industriales, comerciales o científicos. Nótese, por otra parte, la cláusula antiabuso contenida en el protocolo en el apartado I tanto relativa a la materialidad y motivación válida de entidades con accionariado extranjero como a la interposición societaria sin efectiva imposición en el tránsito de estas rentas. Existe asimismo una disposición de nación más favorecida en el Protocolo.

En el CDI con Kazajstán la delimitación de soberanías fiscales tratándose de cánones (que alcanzan a las rentas derivadas de bienes de equipo y mencionan expresa y separadamente los programas informáticos) presenta la posible imposición en la fuente con un tipo límite del 10 % de su importe bruto. Asimismo en el Protocolo se contempla una cláusula antiabuso específica.

En el CDI con Kuwait la delimitación de soberanías fiscales tratándose de cánones contempla la tributación compartida con imposición limitada en la fuente con un tipo general techo del 5 % sobre el importe bruto siempre que el perceptor sea el "beneficiario efectivo" de la renta. Se aprecia, en paralelo con el vigente Modelo de la OCDE- la exclusión del concepto de cánones de las rentas derivadas de la cesión de equipos industriales, comerciales o científicos.

En los CDI suscritos con Lituania, Estonia y Letonia se establece un tipo límite reducido –del 5 %– para la cesión de bienes de equipo –el tipo general es el 10 %–. Cuentan, asimismo, con una cláusula antiabuso y prevé la cláusula de nación más favorecida en su Protocolo.

El CDI con Luxemburgo cita la renuncia al uso de los bienes o derechos comprendidos en el precepto como supuesto generador de cánones.

En el CDI con Malasia se consideran cánones las rentas de derivadas de servicios técnicos prestados en el Estado de la fuente (cuyo concepto se precisa, comprendiendo los servicios de gestión y de consultoría) para las que el tipo techo se reduce al 5 %. –Se aprecia, en desacuerdo con el Modelo de la OCDE– la inclusión en el concepto de cánones de las rentas derivadas de la cesión de equipos industriales, comerciales o científicos.

Respecto del CDI con Marruecos conviene considerar el intercambio de cartas interpretativas del CDI publicada en BOE de 15 de julio de 2016 a cuyo tenor la expresión «estudios técnicos o económicos» abarca cualquier análisis o investigación concreta de naturaleza técnica o económica, en la que una de las partes se compromete a utilizar sus conocimientos propios, habilidades y experiencia para llevar a cabo por sí misma el análisis o la investigación sin transferir dichos conocimientos a la otra parte de manera que esta última no pueda utilizarlos por su propia cuenta. A título de ejemplo, se consideran estudios técnicos o económicos, los estudios de riesgo financiero, los estudios financieros y los estudios realizados en el marco de las actividades profesionales como la arquitectura, la ingeniería, la asesoría jurídica, contable u otro tipo de consultoría.

En el CDI con Moldavia la delimitación de soberanías fiscales tratándose de cánones (que alcanzan a las rentas derivadas de bienes de equipo y mencionan expresa y separadamente los programas informáticos) presenta la posible imposición en la fuente con un tipo límite del 8 % de su importe bruto. Asimismo en el Protocolo se contempla, como se vio, una cláusula antiabuso específica.

En el CDI con México (enmendado en 2017) se contiene una previsión general de tributación limitada al 10 %, junto con una exención para derechos de autor de amplio espectro, así como el singular encaje en las reglas de reparto de soberanías del artículo, de las ganancias de capital derivadas de la enajenación de bienes o derechos concernidos por el mismo, en la medida en que aquellas se determinen en función de la productividad o del uso de los activos objeto de transmisión.

Debe hacerse notar que en el nuevo Protocolo se apunta expresamente que las cantidades pagadas por la prestación de servicios de asistencia técnica estarán sujetas a las disposiciones de los artículos 7 o 14, según sea el caso, sin cabida, por tanto, en este precepto.

En el CDI con Nigeria la delimitación de soberanías fiscales tratándose de cánones (que alcanzan a la rentas derivadas de la cesión del uso de bienes de equipo) presenta la posible imposición en la fuente con un límite general para sociedades del 7,5 % de su importe bruto y del 3,75 % en los demás casos.

En el protocolo se establece una cláusula automática de nación más favorecida.

En el CDI con Nueva Zelanda se acuerda que un fiduciario («trustee») sujeto a tributación en un Estado contratante por razón de cánones será considerado beneficiario de dichos cánones.

En el CDI con Omán la delimitación de soberanías fiscales tratándose de cánones contempla la tributación compartida con imposición limitada en la fuente con un techo general del 8 % sobre el importe bruto siempre que el perceptor sea el "beneficiario efectivo" de la renta.

Se aprecia, en discordancia con el vigente Modelo de la OCDE- la inclusión en el concepto de cánones de las rentas derivadas de la cesión de equipos industriales, comerciales o científicos

El CDI con los Países Bajos prevé una norma antielusión según la cual las cantidades procedentes de la enajenación de los derechos o bienes incluidos en el concepto de cánones (se trataría de ganancias patrimoniales) no se aplica si la venta de los derechos o propiedad ha tenido lugar con la condición de que el comprador se obligue a la reventa de los derechos o propiedad.

En el CDI con Pakistán la delimitación de soberanías fiscales tratándose de cánones (que alcanzan a las rentas derivadas de bienes de equipo) presenta la posible imposición en la fuente con un tipo límite del 7,5 % de su importe bruto. No se consideran dentro del precepto las rentas derivadas de servicios de asistencia técnica y consultoría, pero son tratadas con efectos similares en el precepto siguiente. Se aprecia, reitérese, en divergencia con el vigente Modelo de la OCDE– la inclusión en el concepto de cánones de las rentas derivadas de la cesión de equipos industriales, comerciales o científicos. Téngase presente también, por otra parte, la cláusula antiabuso contenida en el protocolo en el apdo I, según la cual las disposiciones del artículo 12 no se aplican cuando el fin primordial o uno de los fines primordiales de cualquier persona relacionada con la creación o cesión del derecho que genera los cánones sea el de conseguir los beneficios contenidos en estos artículos mediante dicha creación o cesión.

En el CDI con Panamá la delimitación de soberanías fiscales tratándose de cánones (entre las que se menciona expresamente el software y que alcanzan a las rentas derivadas de la cesión de bienes de equipo) presenta la posible imposición en la fuente con un tipo límite del 5 % de su importe bruto. Las rentas de «servicio técnicos» se abordan en el artículo 14. Se contempla en el Protocolo una cláusula antiabuso específica.

El CDI con Polonia menciona la cesión de derechos de uso «a título exclusivo».

En el CDI con Republica Dominicana la delimitación de soberanías fiscales tratándose de cánones (que alcanzan a las rentas derivadas de bienes de equipo) presenta la posible imposición en la fuente con un tipo límite del 10 % de su importe bruto. Se consideran dentro del precepto las rentas derivadas del arrendamiento de bienes de equipo, así como las grabaciones para la radio y la televisión u otros medios de reproducción de la imagen y el sonido.

Existe un precepto singular dedicado a las rentas derivadas de la prestación de servicios (entendidos éstos como los "servicios de asesorías, consultorías o asistencia técnica en todas las áreas del saber, los de gestión de negocios no relacionados con la compra-venta de bienes, representación, o cualquier otro tipo de actividad que conlleve la aplicación de conocimientos o habilidades técnicas o profesionales, siempre que no estén asociados a la compra-venta de bienes") se prevé que dichas prestaciones de servicios, sin establecimiento permanente, pueden someterse a imposición en el Estado contratante en que se realicen y según la legislación de ese Estado, pero el impuesto así exigido no excederá del 10 % del monto bruto percibido por dichos servicios.

En el CDI con Senegal la delimitación de soberanías fiscales tratándose de cánones (que sí alcanzan a las rentas derivadas de bienes de equipo) presenta la posible imposición en la fuente con un tipo límite del 10 % de su importe bruto.

En el CDI con Serbia se contiene una norma antiabuso de carácter general La delimitación de soberanías fiscales tratándose de cánones (que alcanzan a las rentas derivadas de bienes de equipo y mencionan expresa y separadamente los programas informáticos) presenta la posible imposición en la fuente a dos niveles máximos distintos:

- Un 5 % para los derechos de autor, incluidas películas y similares, pero excluidos programas de ordenador.
- Un 10 % para el resto de activos: programas informáticos, patentes, marcas y afines, *know how* y también bienes de equipo.

En el CDI con Singapur exigiendo la condición de que el perceptor sea el beneficiario efectivo de las rentas (que mencionan de modo separado los programas informáticos), se ordena la potestad compartida limitada al 5 % sobre el importe bruto en el Estado de la fuente.

Debe advertirse, por otra parte, la existencia de una importante cláusula antiabuso según la cual los beneficios de los artículos 10, 11 y 12 no se aplican cuando el fin primordial de cualquier persona relacionada con la creación o cesión de las acciones u otros derechos que generen la participación en los dividendos, la creación o cesión del crédito que genera los intereses, la creación o cesión del derecho que genera los cánones, sea el de conseguir los beneficios contenidos en estos artículos mediante dicha creación o cesión.

En el CDI con Sudáfrica la delimitación de soberanías fiscales tratándose de cánones no alcanza a las rentas derivadas de bienes de equipo. En el Protocolo se contempla una cláusula antiabuso frente al uso de sociedades interpuestas carentes de motivos económicos válidos en su operativa.

El nuevo Protocolo del CDI con Suiza de 2007 mantiene el tipo –5 %– límite general en fuente, pero incorpora el régimen de exención para las rentas de tal naturaleza obtenidas por sociedades «vinculadas» (participación del 25 % de una en otra o común de una tercera en ambas, por espacio de dos años), en paralelo con lo previsto en la Directiva 2003/49/CE (esta norma nueva bilateral retrasa sus efectos en paralelo con el régimen transitorio que España prevé para dicha Directiva hasta 2011).

El CDI con Tailandia contempla expresamente el leasing financiero de bienes de equipo.

En el CDI con Trinidad y Tobago se aprecia, en divergencia con el vigente Modelo de la OCDE– la inclusión en el concepto de cánones de las rentas derivadas de la cesión de equipos industriales, comerciales o científicos. Debe advertirse, por otra parte, la existencia de una importante cláusula antiabuso contenida en el protocolo en su apartado IV relativa a entidades carentes de efectiva imposición y con accionariado no residente dominante o cuando la procedencia de las rentas sea de países carentes de convenio. Se afirma, además, de modo expreso que no se consideran cánones los importes pagados en relación con la explotación de minas, pozos de petróleo o de gas, las canteras u otros recursos naturales.

El CDI con Turquía, aparte de prever un único tipo impositivo tope que se cifra en el 10 %, dispone de una cláusula general antiabuso para el caso de enajenaciones ficticias, en su Protocolo.

En el CDI con Uruguay la delimitación de soberanías fiscales tratándose de cánones contempla la tributación compartida con imposición limitada en la fuente con un tipo general techo del 10 % sobre el importe bruto siempre que el perceptor, sea el «beneficiario efectivo» de la renta, que se reduce al 5 % en caso de derechos de autor.

Se aprecia, en divergencia con el vigente Modelo de la OCDE- la inclusión en el concepto de cánones de las rentas derivadas de la cesión de equipos industriales, comerciales o científicos.

Nótese, por otra parte, la cláusula antiabuso contenida en el protocolo contra el uso interesado del convenio tratándose de estas rentas.

No recalan en el artículo las cesiones de buques, naves y contenedores y sí se encuentran bajo el artículo 8.

No caben en este precepto, por mandato expreso del tratado, los servicios técnicos y similares, que encuentran cobijo bajo el artículo 7.

En cambio, se entienden incluidas en la definición de este artículo 12 las cantidades pagadas por el uso o la concesión de uso de nombres, imágenes y demás derechos de la personalidad equiparables.

En el CDI con Uzbekistán exigiendo la condición de que el perceptor sea el beneficiario efectivo de las rentas, se ordena la potestad compartida pero el impuesto en fuente no debe exceder del 5 % del importe bruto de los cánones.

Se aprecia, en divergencia con el vigente Modelo de la OCDE- la inclusión en el concepto de cánones de las rentas derivadas de la cesión de equipos industriales, comerciales o científicos.

El CDI con Venezuela, aparte de fijar un tipo impositivo tope, a girar sobre el monto bruto de los cánones, que cifra en el 5 % con carácter general, tiene como curiosidad la exclusión del concepto de cánones de las rentas derivadas de la cesión de equipos industriales, comerciales o científicos, que pasarían a ser consideradas en el marco del artículo 7. Se excluye asimismo una variedad de prestaciones próximas a la «asistencia técnica» (punto IX del protocolo) como generadora de cánones, remitiendo también su tratamiento al artículo relativo a las rentas empresariales.

En el CDI con Vietnam no se consideran, de modo expreso, cánones las rentas derivadas de servicios técnicos, científicos o geológicos, de ingeniería, consultoría o asesoramiento.

5.   BIBLIOGRAFÍA

AEAF (2000). «Fiscalidad internacional. Convenios de doble imposición: doctrina y jurisprudencia de los tribunales españoles (años 1996-1997)», Aranzadi, Pamplona.

ALBIÑANA (1992). «Tratamiento tributario de patentes y marcas», Revista Jurídica Española vol. 2/1992, p. 1.081.

ALI, (1982). Federal Income Tax Project: International Aspects of US Income Taxation II. Proposals of the American Law Institute on US Income Tax Treaties, ALI, Philadelphia (reports D. Tillingasht y H. Ault).

AAVV (MARTÍN JIMÉNEZ) «Comentarios a los Convenios…» Fundación Barrié A Coruña 2004.

AAVV «Manual de Fiscalidad Internacional», IEF (2016).

AVERY JONES, John y BOBBETT, Catherine (2006). «The Treaty definition of royalties», Bulletinn, Tax Treaty Monitor, IBFD (enero 2006).

BAENA AGUILAR (1999), «Comentario al artículo 13 LIRNR» en AA.VV., Comentarios a la LIRNR, Cívitas, Madrid.

BERCOVITZ (coor.) (1997), «Comentarios a la Ley de Propiedad Intelectual», Tecnos, Madrid.

BUITRAGO DÍAZ, Esperanza (2007), «El concepto de cánones y/o regalías en los convenios para evitar la doble tributación sobre la Renta», CISS (Wolters Kluwer), Valencia

CALDERÓN CARRERO, (2001). «La tributación de los artistas (y deportistas) no residentes en el marco de los Convenios de Doble Imposición», Carta Tributaria Monografías nº 14/2001.

CARMONA FERNÁNDEZ (2011). «*TODO Renta de No Residentes 2011/2012*», CISS, Valencia.

CARMONA FERNÁNDEZ (2001). «*Fiscalidad de las transferencias de tecnología y jurisprudencia*», Documentos del Instituto de Estudios Fiscales nº 11/2001.

CARMONA FERNÁNDEZ (2007). «*Guía del IRNR*», CISS, Valencia.

CARMONA FERNÁNDEZ (1998). «*De la fiscalidad del software*», Tribuna Fiscal, nº 91 mayo 1998.

CARMONA FERNÁNDEZ (1998). «*El software y la poesía como bienes especialmente necesitados de estímulo y protección jurídica: el Convenio Fiscal con USA*», Carta Tributaria.

CARMONA FERNÁNDEZ et al. (1995). «*Fiscalidad de no residentes según la doctrina administrativa*» (1992-1994), CISS, Valencia.

CUATRECASAS, (2003). *Comentarios a la LIRNR*, Aranzadi, Pamplona.

DE JUAN y DE LA CUEVA (2000), «*Spain: Tax Treatment of Software*», European Taxation vol. 40.

DELGADO PACHECO (2010) «*El régimen de los cánones en la fiscalidad internacional*» Fiscalidad Internacional CEF.

DE TOUT, (1999), «*Benefitial Ownership of Royalties in Bilateral Tax Treaties*», IBFD, Amsterdam.

GARCÍA PRATS (1992) «*Los cánones en los CDI y su tributación*», Revista General del Derecho nº 579/1992.

GÓMEZ PERALS (1999), «*La cesión de uso de los programas de ordenador*», Colex, Madrid.

GONZÁLEZ CAMPOS y GUZMÁN ZAPATER (1997), «*Comentario a los artículo 155-158*», en BERCOVITZ (Coordinador), *Comentarios a la Ley de Propiedad Intelectual*, Tecnos, Madrid.

GONZÁLEZ LINAJE (2001), «*La cesión de derechos de explotación sobre el 'software'*», página web de la GONZÁLEZ POVEDA (1993), Tributación de no residentes, La Ley, Madrid.

JONES y MATTSON (1988), «*General Report*» en IFA, *Tax Treatment of Computer Software*, Cahiers de Droit Fiscal International nº LXXIIIb, Kluwer, Deventer.

KREVER (1999), «*Report on the Proceedings of Seminar F: Beneficial Ownership*», IFA Yearbook 1999, p. 141.

LAINHOFF y VAISH (1997), «*General Report (The Taxation of the Transfer of Technology)*», Cahiers de Droit Fiscal International vol. LXXXIIa, Kluwer, Deventer.

LA VILLA (1982), «*Comentarios al artículo 2 MC OCDE*» en Comentarios a las Leyes Tributarias y Financieras: Convenios para la Eliminación de la Doble Imposición, Tomo XIV, Edersa, Madrid.

MARTÍN JIMÉNEZ (2015), «*Article 12: Royalties - Global Tax Treaty Commentaries*» IBFD.

MARTÍN JIMÉNEZ (2004), «*The 2003 Revision of the OECD Commentaries on the Improper Use of Tax Treaties: A Case for the Declining Effect of the OECD Commentaries?*», Bulletin for International Fiscal Documentation vol. 58, nº 1.

MARTÍN JIMÉNEZ (1999), «*Comentario al artículo 23 LIRNR*» en AA.VV., *Comentarios a la LIRNR*, Cívitas, Madrid, p. 303 y ss.

MARTÍN JIMÉNEZ (1999), «*Comentario al artículo 26 LIRNR*» en AA.VV., *Comentarios a la LIRNR*, Cívitas, Madrid, p. 355 y ss.

MARTÍN JIMÉNEZ (1995), «*Algunas reflexiones sobre el concepto de cánones en el ordenamiento tributario español y su compatibilidad con el Derecho comunitario*» Tribuna Fiscal, febrero 1995.

OCDE, «*The Tax Treatment of Software*», en OCDE, Model Tax Convention: Four Related Studies, París, 1992.

MORENO GONZÁLEZ, (2005) *«Estudios sobre Fiscalidad Internacional y Comunitaria»*. Universidad de Castilla-La Mancha. Colex.

OLIVER, LIBIN, VAN WEEGHEL y DUTOIT (2001), *«Beneficial Ownership and the OECD Model»*, British Tax Review nº 1/2001.

REVUELTA, MANUEL (2006) *«El concepto de canon en la jurisprudencia tributaria española»* Cuadernos de Formación de la Escuela de Hacienda Pública, Volumen 1/2006.

SERRANO ANTÓN, FERNANDO (2005) *«Concepto de canon o regalía en la normativa interna, convenida y comunitaria»*. Noticias de la Unión Europea, marzo 2006.

TILLINGHAST (1999), *«Taxation of Electronic Commerce: Federal Income Tax Issues in the Establishment of a Software Operation in a Tax Haven»*, 1999 WTD 172-14.

TOVILLAS MORÁN, (2001), *«El tratamiento tributario del derecho de imagen»*, Marcial Pons, Madrid.

VAN DER LAAN, *«Computer Software in International Tax Law»*, Inter tax 1991/5.

VÁZQUEZ DEL REY (1999), *«La calificación de los cánones de los programas de ordenador en el Convenio Impositivo entre España y Estados Unidos»*, Revista de Contabilidad y Tributación nº 192/1999, McLURE et al. (1990), Influence of Tax Differentials on International Competitiveness, Kluwer, Deventer.

VÁZQUEZ TAÍN, M.A. (2017) *«Fiscalidad de No residentes»*. Tirant lo Blanch Valencia

VOGEL (1997), *«On Double Tax Conventions»*, Kluwer, Londres, La Haya, Boston.

6. ANEXO. TIPOS IMPOSITIVOS MÁXIMOS EN CONVENIOS DE DOBLE IMPOSICIÓN PARA RENDIMIENTOS DE CAPITAL MOBILIARIO

ESTADO	INTERESES	DIVIDENDOS				CÁNONES
		Tipo máx. normal	Relación Matriz-Filial			
			% particip. en capital	% particip. dcho. voto	Tipo reducido	
Albania	0/6	10	10/75	-	0/5	0
Alemania	10/0	15	25	-	10	5
Alemania (2013)	0	15	10	5	0	Alemania
Andorra	5/0	5	-	-	-	5/0
Arabia Saudí	5/0	5	25	-	0	8
Argelia	5/0	15	10	-	5	7/14
Argentina[1]	12/0	15	25	-	10	3/5/10/15
Armenia	5	10	25	-	0	5/10
Australia	10	15	-	-	-	10
Austria	5	15	50	-	10	5
Barbados	0	5	25	-	0	0

ESTADO	INTERESES	DIVIDENDOS				CÁNONES
		Tipo máx. normal	Relación Matriz-Filial			
			% particip. en capital	% particip. dcho. voto	Tipo reducido	
Bélgica	10/0	15	25	-	0	5
Bolivia	15/0	15	25	-	10	15/0
Brasil [2]	15/10/0	15	-	-	-	10/15
Bulgaria	0	15	25	-	5	0
Canadá [3]	10/0	15	10	-	5/0	0/10
Catar	0	5	10	-	0	0
Checa República	0	15	25	-	5	5/0
Chile	5/15	10	20	-	5	5/10
Chipre	0	5	10	-	0	0
China	10	10	-	-	-	10
Colombia	10/0	5	20	-	0	10
Corea	10/0	15	25	-	10	10
Costa Rica	10/5/0	12	20	-	5	10
Croacia	8/0	15	25	-	0	8
Cuba	10/0	15	25	-	5	0/5
Dinamarca [4]	10	15	50	-	10	6
Ecuador	10/5	15	-	-	-	10/5
Egipto	10/0	12	25	-	9	12
El Salvador	10/0	12	50	-	0	10
Emiratos Árabes Unidos	0	15	10	-	5	0
Eslovaca Rep.	0	15	25	-	5	5/0
Eslovenia	5	15	25	-	5	5
Estados Unidos	10/0	15	-	25	10	5/8/10
Estonia	10/0	15	25	-	5	10/5
Filipinas	15/10/0	15	-	10	10	10/15/20
Finlandia	0	15	10	-	5	0

ESTADO	INTERESES	DIVIDENDOS				CÁNONES
		Tipo máx. normal	Relación Matriz-Filial			
			% particip. en capital	% particip. dcho. voto	Tipo reducido	
Francia	10/0	15	10	-	0	5/0
Georgia	0	10	10	-	0	0
Grecia	8/0	10	25	-	5	6
Hong Kong	5/0	10	25	-	0	5
Hungría	0	15	25	-	5	0
India	15	15	-	-	-	10/20
Indonesia	10/0	15	25	-	10	10
Irán	7,5/0	10	20	-	5	5
Irlanda	0	15	-	25	0	5/8/10
Islandia	5	15	25	-	5	5
Israel	10/5/0	10	-	-	-	5/7
Italia	12/0	15	-	-	-	4/8
Jamaica	10/0	10	25	-	5	10
Japón	10	15	25	25	10	10
Kazajstán	10	15	10	-	5	10
Kuwait	0	5	10	-	0	5
Letonia	10/0	10	25	-	5	10/5
Lituania	0/10	15	25	-	5	5/10
Luxemburgo	10/0	15	25	-	10	10
Macedonia	5/0	15	10	-	5	5
Malasia	10/0	5	5	-	0	7/5
Malta	0	5	25	-	0	0
Marruecos [5]	10	15	25	-	10	5/10
México	15/10/0	15	25	-	5	10/0
Moldavia	5/0	10	25/50	-	5/0	8
Nigeria	7,5/0	10	10		7,5	7,5/3,75
Noruega	10/0	15	25	-	10	5

ESTADO	INTERESES	DIVIDENDOS				CÁNONES
		Tipo máx. normal	Relación Matriz-Filial			
			% particip. en capital	% particip. dcho. voto	Tipo redu-cido	
Nueva Zelanda	10/0	15	-	-	-	10
Omán	5/0	10	20		0	8
Países Bajos	10	15	25/50	-	5/10	6
Pakistán	10	10	25/50	-	7,5/5	7,5
Panamá	5	10	40/80	-	5/0	5
Polonia	0	15	25	25	5	0/10
Portugal	15/0	15	25	-	10	5
Rep. Domini-cana	10/0	10	75	-	0	10
Reino Unido	-	-	-	-	-	-
	0	10/15	10	-	0	0
Rumanía	10/0	15	25	-	10	10
Rusia	5/0	15	-	-	5/10	5
Senegal	10/0	10				10
Serbia	10/0	10	25	-	5	5/10
Sudáfrica	5/0	15	25	-	5	5
Suecia	15	15	50	-	10	10
Singapur	5/0	5	10	-	0	5
Suiza	0	15	25	-	0	5/0 [6]
Tailandia	15/10/0	10	-	-	-	5/8/15
Timor Oriental	10/0	15	25	-	10	10
Trinidad y Tobago	8/0	10	25/50		5/0	5
Túnez	10/5	15	50	-	5	10
Turquía	10/15	15	25	-	5	10
URSS [7]	0	18	-	-	-	0/5
Uzbekistán	5/0	10	25	-	5	5
Uruguay	10	5	75	-	0	5/10

ESTADO	INTERESES	DIVIDENDOS				CÁNONES
		Tipo máx. normal	Relación Matriz-Filial			
			% particip. en capital	% particip. dcho. voto	Tipo reducido	
Venezuela	4/9,5/10	10	25	-	0	5
Vietnam	10/0	15	25/50	-	5/7/10	10

(1)   El nuevo Convenio publicado en enero de 2014 sanea la situación derivada de la denuncia de las autoridades argentinas de 29 de junio de 2012, teniendo efectos retroactivos desde enero de 2013]

(2)   Resolución de 22 de septiembre de 2003, publica un acuerdo amistoso en cuya virtud, por la cláusula de nación más favorecida, los dividendos reducen al 10 % su tipo máximo y los cánones al 12,5 %.

(3)   Según Protocolo entre el Reino de España y Canadá que modifica el Convenio entre España y Canadá para evitar la doble imposición y prevenir la evasión fiscal en materia de impuestos sobre la renta y sobre el patrimonio (BOE 8 de octubre de 2015), con efectos a partir del día 12 de diciembre de 2015.

(4)   El CDI con Dinamarca pierde su vigor el 1 de enero de 2009, a consecuencia de una denuncia de las autoridades danesas (BOE 19 de noviembre de 2008).

(5)   Respecto de dicho CDI con Marruecos conviene considerar el intercambio de cartas interpretativas del CDI publicada en BOE de 15 de julio de 2016.

(6)   Exención para cánones entre empresas asociadas (25 %) desde 1 de julio de 2011 (fin del período transitorio de la Directiva 49/2003).

(7)   El Convenio para evitar la doble imposición entre España y la URSS, se encuentra en vigor para los países antiguos miembros de la URSS (su aplicación efectiva puede en algún caso plantear aunque permanece como tal aplicable a Bielorrusia, Kirguizistán, Tayikistán y Ucrania) excepto para aquellos con los que existe Convenio en vigor. Asimismo este convenio ha dejado de estar en vigor para Azerbayán (desde el 28-01-2008).

NOTA: Cuando se mencionan varios tipos impositivos o porcentajes, es necesaria la consulta del CDI, en concreto, para conocer a qué género de rentas se aplica cada magnitud.

III.7

GANANCIAS DE CAPITAL

Adolfo J. Martín Jiménez

III.7.   GANANCIAS DE CAPITAL

Sumario

GANANCIAS DE CAPITAL

1. INTRODUCCIÓN

El artículo 13 ModCDI ha sufrido algunas modificaciones importantes como consecuencia del MLI y del ModCDI 2017. Como consecuencia de que España no ha ratificado todavía el MLI o CDIs cuyo artículo 13 siga enteramente el ModCDI 2017, este capítulo diferenciará lo que ocurría a los comentarios al ModCDI 2014, dedicará atención separada al MLI y a sus novedades en relación con el artículo 13 ModCDI 2014 y comentará también qué ha aportado el ModCDI 2017. En primer lugar, se centrará en el concepto de ganancias de capital del artículo 13 ModCDI, un aspecto en el que el MLI o el ModCDI 2017 no aportan novedades, para, a continuación, estudiar las reglas distributivas del artículo 13 ModCDI, donde sí que cabe señalar alguna aportación significativa del MLI y el ModCDI 2017. A continuación se estudiará la legislación interna y las especialidades de los CDIs españoles.

2. NOCIÓN DE GANANCIAS DE CAPITAL

2.1. Consideraciones generales

El artículo 13 ModCDI contiene cinco reglas de distribución de la potestad tributaria entre los Estados contratantes en relación con las ganancias de capital, pero no define este concepto. Ello no quiere decir, como se verá, que no puedan deducirse el concepto de ganancias de capital, sus límites externos, del ModCDI, aunque lo normal será que el concepto concreto de ganancia de capital, con los límites convencionales, tenga que ser definido por referencia a la legislación interna de los Estados contratantes (normalmente, Estado de la fuente) según la regla del artículo 3.2. ModCDI.

Con carácter preliminar, cabe aclarar que el artículo 13 ModCDI cumple una función distinta a la propia del concepto de ganancias patrimoniales de la LIRPF. Si en la LIRPF estas últimas constituyen una especie de cajón de sastre, en el que cabe incluir todas las rentas que no es posible calificar como rendimientos del trabajo, capital o de actividades económicas, el concepto de ganancias de capital en los CDIs se encuentra lejos de cumplir tal función. El artículo 13 ModCDI es una regla más de distribución de la potestad tributaria entre los Estados contratantes, como cualquier otra del ModCDI, que, con algunas excepciones (v.gr. artículos 10 y 11 ModCDI), pretende asignar la potestad tributaria sobre la enajenación de un bien o derecho al Estado que tiene la facultad, conforme al ModCDI, de gravar la renta generada por ese bien o derecho (principio de simetría). La función residual, en el contexto del ModCDI, se asigna al artículo 21 ModCDI (otras rentas). Este dato, junto con la existencia de definiciones convencionales relativas a otro tipo de rentas (v.gr. dividendos, intereses y cánones) determina que el concepto de ganancias de capital deba delimitarse en su contexto convencional, que estará compuesto por los CMC así como por el resto de las reglas distributivas del ModCDI, ya que estas últimas delimitan negativamente qué debe entenderse por ganancias de capital.

2.2. El concepto de ganancias de capital del artículo 13 del Modelo Convenio de doble imposición

Son dos, por consiguiente, los elementos que permiten concretar los límites externos del concepto convencional de ganancias de capital aplicable en el seno de los CDIs, por un lado, los Comentarios al ModCDI, por otro, la delimitación negativa del ámbito de aplicación del artículo 13 ModCDI en relación con otros preceptos del propio ModCDI. Sin embargo, no debe olvidarse que la definición de ganancias de capital en el contexto convencional, además de sus límites externos, presenta una dependencia funcional de la legislación de los Estados miembros, esto es, respetando los límites externos, el concepto de ganancias de capital tomará su significado de la legislación doméstica (las Resoluciones de la DGT V0836-12 de 20-4-2012,, DGT V0791-14 de 24-3-2014 o

DGT V2135-15 de 13-7-2015, afirman expresamente tal principio de dependencia de la definición de ganancia de capital de la legislación doméstica por la vía del artículo 3.2 ModCDI). Así, por ejemplo, allí donde un Estado, en el ámbito de una operación de naturaleza empresarial, no reconozca el concepto de ganancia de capital y califique la enajenación como 'actividad empresarial', también a efectos del CDI la transacción deberá calificarse como renta empresarial del artículo 7 ModCDI y no como ganancia de capital (en este supuesto, el principio de simetría hará que no existan diferencias sustanciales entre la calificación de la operación de acuerdo con el artículo 7 ModCDI o el artículo 13 ModCDI, aunque no debe olvidarse que el primero da prioridad al artículo 6 ModCDI con respecto al artículo 7 ModCDI,- cuestión que puede ser relevante en algunos casos, o que los Comentarios al artículo 13.1 ModCDI, párrafo 1 califican como ganancia de capital y aplican la regla del artículo 13.1. ModCDI a las transmisiones de inmuebles afectos a una actividad empresarial). Lo mismo ocurrirá en relación con ciertos casos de calificación de una renta como dividendo por la legislación interna y su exclusión del concepto interno de ganancia de capital, lo cual tendrá reflejo convencional, como expresamente reconoce el párrafo 31 Comentarios al artículo 13 ModCDI, en relación con la venta de acciones a la sociedad emisora, retocado por el ModCDI 2014-2017 para aclarar que el rescate o recompra de acciones propias podría ser considerado como dividendo o ganancia de capital en función de lo que disponga la legislación interna del Estado de residencia de la sociedad emisora. Repárese que, a estos efectos, entonces, la diferencia de definiciones del concepto de ganancias de capital (o incluso de enajenación) puede provocar asimetrías entre el Estado de la fuente y el Estado de residencia, tales asimetrías, en ocasiones podrán solucionarse de acuerdo con las reglas generales de interpretación (artículo 3.2. ModCDI en relación con el artículo 23 ModCDI, como en relación con las ventas de acciones a la sociedad emisora reconoce el párrafo 31 de los Comentarios al ModCDI, tras la modificación de 2014-2017), pero también pueden presentar perfiles propios ya que en algunos casos sería conveniente que el Estado de la fuente considerara la operación a la luz de la legislación del Estado de residencia: v.gr. la inexistencia de enajenación desde la óptica de tal Estado, por ejemplo, en supuestos de reestructuración empresarial, podría justificar que el Estado de la fuente, en algunos casos, aplique la misma solución que el Estado de residencia.

Si bien podría mantenerse que un concepto autónomo convencional de ganancias de capital evitaría problemas de asimetrías, lo cierto es que, en el momento actual y a la luz de la evolución histórica del precepto y su relación con los artículos 10 y 12 ModCDI (y a pesar de que desde la OCDE y los Comentarios al ModCDI pueda traslucirse esta opinión) existe una dependencia directa del concepto de ganancias de capital de la definición, especialmente, del Estado de la fuente. No debe olvidarse, sin embargo, que la definición de ganancias de capital presenta también perfiles autónomos con respecto a la doméstica, de manera que tampoco puede mantenerse que exista una remisión incondicional a la legislación interna de los Estados contratantes (especialmente, del Estado de la fuente).

2.2.1. El concepto de ganancia de capital y los comentarios al artículo 13 del Modelo Convenio de doble imposición

El ModCDI no define el concepto de ganancia de capital, que, como apuntamos más arriba, tiene límites convencionales si bien depende de la legislación interna, aunque se entiende que este concepto cubre habitualmente la renta puesta de manifiesto en la enajenación de un bien, ya se trate de una compraventa, permuta, expropiación, aportación no dineraria a una sociedad, la venta de un derecho, una donación ínter vivos o una transmisión mortis causa (párrafo 5 CMC). De esta enumeración ejemplificativa de operaciones susceptibles de generar ganancias de capital cabe extraer alguna conclusión importante: la noción de ganancia de capital convencional se encuentra vinculada al concepto de 'enajenación', pues los cinco párrafos del artículo 13 ModCDI emplean este término al definir cada una de las reglas distributivas. Ni el ModCDI ni sus comentarios definen «enajenación», pero, por la forma en que se emplea, por tal hay que entender la transmisión del poder de disposición del elemento generador de la ganancia. De hecho, el párrafo 5 de los CMC conecta la «enajenación» a las ganancias de capital resultantes de una compraventa, permuta expropiación, aportación no dineraria a una sociedad, la venta de un derecho, una donación inter vivos o una transmisión mortis causa. No obstante lo anterior, la remisión a la legislación interna para definir los conceptos de 'ganancia de capital' y 'enajenación' que se trasluce de los Comentarios al artículo 13 ModCDI permite explicar por qué razón ciertas ganancias ficticias (v.gr. revalorizaciones, transferencias dentro de partes de una misma empresa) pueden considerarse como ganancias de capital del artículo 13 ModCDI (aunque, como ya explicamos, su calificación interna como beneficios empresariales llevará, normalmente, a la aplicación del artículo 7 ModCDI y no del artículo 13 ModCDI).

Las reflexiones anteriores permiten obtener un 'concepto' de ganancia de capital relevante a efectos de los CDIs y delimitar el ámbito de aplicación del artículo 13 ModCDI sobre la base de las siguientes notas:

1. Los elementos patrimoniales susceptibles de generar ganancias de capital son los bienes o los derechos. Aparentemente, el artículo 13 ModCDI solo contempla los «bienes», pero diversos argumentos nos permiten extender el ámbito del artículo 13 ModCDI a los derechos:

a) El artículo 13.1 ModCDI se refiere a la enajenación de propiedad inmobiliaria, y, por tal, como el propio precepto indica, hay que entender la definida en el artículo 6.2 ModCDI. Esta definición no solo está referida a bienes, sino también a derechos sobre bienes inmuebles, por lo que debemos concluir que la regla distributiva del artículo 13.1 ModCDI se aplica también a derechos considerados como «propiedad inmobiliaria» por el artículo 6 ModCDI o por la definición de propiedad inmobiliaria del Estado en cuestión a la que se remite el artículo 6 ModCDI.

b) Los CMC consideran incluidos dentro de las reglas distributivas del artículo 13 ModCDI no solo a los bienes sino también a los derechos: el párrafo 5 de los CMC vincula la venta de derechos a la obtención de ganancias de capital; el párrafo 24, al referirse al concepto de propiedad mobiliaria afecta a un establecimiento permanente, menciona la propiedad incorporal (fondo de comercio, las licencias etc.) por lo que debe entenderse que la enajenación de derechos correspondientes al establecimiento permanente y las ganancias de capital correspondientes se encuentran incluidos en el artículo 13.2 ModCDI.

c) El párrafo 24 de los CMC, en relación con el artículo 13.2 ModCDI, menciona derechos expresamente activos intangibles, como, por ejemplo, el fondo de comercio, licencias, o permisos de emisión (estos últimos añadidos en la modificación de 2014).

2. Las pérdidas se encuentran excluidas del ámbito de aplicación del artículo 13 ModCDI. En consecuencia, la fijación de las reglas para su cómputo, la compensación de las mismas con otras rentas o su traslación a ejercicios anteriores o posteriores depende enteramente de los ordenamientos nacionales.

3. En el contexto del artículo 13 ModCDI, las variaciones en el valor del patrimonio que se pongan de manifiesto por la incorporación al mismo de bienes y derechos y que no estén vinculadas a una enajenación previa (v.gr. premios, indemnizaciones, subvenciones, herencias, legados o donaciones desde la perspectiva del heredero o donatario etc.) no son consideradas ganancias de capital, a diferencia de lo que ocurre en el artículo 33 LIRPF (la Resolución de la DGT V1716-16 de 19-4-2016, entendió que no son ganancias de capital, a pesar de su calificación como ganancias patrimoniales en el IRPF, sino rentas del artículo 21 ModCDI las indemnizaciones o compensaciones al comprador por falta de entrega o entrega tardía de títulos renta variable). Prueba de ello, es que el párrafo 19 de los CMC excluye del ámbito de aplicación del artículo a los premios de lotería, en cuanto ganancia patrimonial por incorporación de bienes al patrimonio del contribuyente sin que exista enajenación alguna. Tales rentas, en consecuencia, estarán comprendidas en el ámbito del artículo 21 ModCDI (otras rentas). La vinculación del concepto de ganancia de capital a la enajenación de un bien determinará que la eventual ganancia para el transmitente derivada de la transmisión de un bien a título gratuito, ya se trate de una transmisión mortis causa (herencia) o inter vivos (donación), esté cubierta por el artículo 13 ModCDI, pero la ganancia/resultado extraordinario que obtenga quien recibe el bien se encontrará fuera del ámbito de aplicación del citado precepto, por constituir

una ganancia no vinculada a una enajenación. Tales ganancias será necesario considerarlas desde la perspectiva del artículo 21 ModCDI (otras rentas) –si fueran objeto imponible de uno de los Impuestos comprendidos en el tratado– o, si existiera un CDI en materia de Sucesiones y Donaciones, habrá que estar a las disposiciones de este. En este sentido, no resulta correcto el criterio que mantiene la DGI en consulta general 1590-03 de 18-10-2003 que, en relación con el CDI España-Reino Unido, concluyó que las ganancias patrimoniales (según el concepto de la LIRNR) obtenidas por una entidad sin fines lucrativos residente en el Reino Unido y fruto de donaciones que se realizaban a esta entidad se encuentran gravadas en España si el artículo 13 CDI España-Reino Unido permitía su gravamen (así, por ejemplo, ocurriría en el caso de donaciones de inmuebles, ya que se aplicaría el artículo 13.1 ModCDI. que permitía el gravamen de la donación en España). El mismo error puede encontrarse en la consulta de la DGT V2017-04 de 26-11-2004, en esta ocasión, en relación con el CDI España-Francia; DGT V2486-06 de 13-12-2006, DGT V2039-11 de 13-9-2011, DGT V1252-12 de 11-6-2012 o DGT V0847-16 de 3-3-2016, estas últimas en relación con el CDI España-Alemania. A nuestro juicio, la conclusión anterior no puede tener su base en que el concepto de ganancias de capital cabe determinarse de acuerdo con la legislación interna del Estado de la fuente, ya que tal concepto también está influido por el contexto convencional, que conduce a excluir del ámbito del artículo 13 ModCDI las ganancias de capital en las que no media enajenación, esto es, cuando se producen por incorporación. Si la Administración española quería obtener otro resultado, bastaba con modificar el CDI, en concreto sus artículos 13 y 21 ModCDI, pero no puede defenderse el mismo sobre la base de una interpretación forzada de los CDIs y literalista de los Comentarios al artículo 13 ModCDI. En realidad, la interpretación de la DGT generará una doble imposición que no será posible resolver allí donde el Estado de residencia de la entidad considere que el gravamen español es conforme con el CDI.

4. La vinculación del concepto de ganancia de capital del artículo 13 ModCDI con la existencia de una «enajenación» determinaría que solo estuvieran incluidas en dicho artículo las ganancias realizadas y no las revalorizaciones de bienes o derechos o plusvalías latentes, puesto que solo la ganancia puesta de manifiesto con la salida del bien del patrimonio del contribuyente llevaría a la aplicación del artículo 13 ModCDI. Se trata de una cuestión a la que los CMC, párrafo 7 y ss., dedican una cierta atención. No obstante lo anterior, el concepto de 'enajenación' habrá que delimitarlo por referencia a la normativa interna, de manera que si la misma excluye las 'enajenaciones' incluso si se producen en el sentido jurídico (v.gr. en el caso de transmisiones entre distintos miembros de un grupo empresarial) no existirá tampoco enajenación en el sentido convencional. Al mismo tiempo, si la legislación interna asimila ciertas operaciones a las 'enajenaciones', se aplicará también a ellas el artículo 13 ModCDI, como, por otra parte, en algunos casos así reconocen los Comentarios:

a) Los Comentarios (párrafo 7 a 10) permiten a los Estados contratantes la exacción de tributos sobre las revalorizaciones contables, aclarando que tales tributos están cubiertos por el artículo 2 ModCDI y que, a los mismos, se aplicarán las reglas distributivas del artículo 13 ModCDI (es decir, el tributo sobre la revaloración de un determinado activo solo será exigible si, de conformidad con el artículo 13 ModCDI, el Estado que lo aplica tiene potestad para gravar la eventual ganancia de capital);

b) Las transferencias a la casa central de activos de la empresa afectos a un establecimiento permanente o de la primera a este último, en algunos Estados, se asimilan a la enajenación, sin que el artículo 13 ModCDI impida la aplicación de tributos sobre las ganancias ficticias en estos casos, siempre y cuando no se vulnere el artículo 7 ModCDI. No obstante lo anterior, la aplicación en estos supuestos del artículo 13 ModCDI determinará que deba tenerse en cuenta la legislación interna, esto es, en primer lugar, si la norma doméstica permite el gravamen de estas operaciones y, en segundo lugar, si se califican como rendimiento empresarial (en cuyo caso, no será aplicable el artículo 13 ModCDI, sino el artículo 7 ModCDI).

5. El párrafo 18 de los CMC considera un caso en el que existirá una enajenación pero puede que no se verifique una ganancia de capital. En relación con la constitución de rentas temporales o vitalicias vinculadas a la transmisión de un determinado bien, el citado párrafo aclara que los pagos de la renta podrían ser tratados como ganancia de capital o como otras rentas del artículo 21 ModCDI

(en algunos supuestos podría incluso concluirse que se trata de intereses del artículo 11 ModCDI). Los Comentarios consideran que existen argumentos importantes para defender una u otra posición (la calificación en el artículo 13 MOdCDI o el artículo 21 ModCDI), pero no dan una solución a esta cuestión, se limitan a indicar que los Estados deben resolverla a través del procedimiento amistoso. Realmente, como el propio Comentario sugiere, los supuestos donde se planteen problemas serán muy limitados: la enajenación por un residente de un Estado A de, por ejemplo, un bien inmueble situado en el Estado B con el fin de constituir una renta vitalicia o temporal con un residente del Estado A determinará que el Estado B, con toda probabilidad, considere la enajenación como una ganancia de capital gravable en su territorio, sin perjuicio del tratamiento de la renta vitalicia o temporal desde la perspectiva del Estado A. Únicamente, en el supuesto en el que la constitución de la renta vitalicia o temporal se realizara con un residente del Estado B podría surgir alguna cuestión relativa al tratamiento de las rentas pagadas al residente del Estado A como consecuencia de la constitución de la renta vitalicia o temporal. En España, en cualquier caso la transmisión de un bien a cambio de una renta vitalicia se consideraría como ganancia patrimonial en virtud del artículo 37.1.j LIRPF.

6. Si bien el concepto de ganancia de capital del artículo 13 ModCDI está vinculado a la «enajenación», el párrafo 6 de los CMC aclara que nada obsta para que el Estado que tenga derecho a gravar la ganancia puesta de manifiesto como consecuencia de la enajenación conceda ciertos beneficios fiscales (v.gr. ausencia de gravamen de la ganancia) en los supuestos, por ejemplo, de reinversión de la misma. Ciertamente, como el ModCDI pone de manifiesto, el Estado que tiene atribuida la potestad tributaria por un CDI puede ejercerla o no; sin embargo, resulta extraño que los Comentarios no hagan ni siquiera una mención a los problemas prácticos que los diferimientos por reinversión pueden ocasionar en el contexto internacional: el incumplimiento de las condiciones de la reinversión en años sucesivos determinará que la ganancia de capital sea gravada en el Estado que concedió inicialmente el diferimiento, y, si se trataba del Estado de la fuente (v.gr. bienes vinculados a un EP, bienes inmuebles etc.), se plantea el problema práctico de cómo tener en cuenta en el Estado de residencia el impuesto pagado en el Estado de la fuente pero correspondiente a ejercicios anteriores, quizás ya prescritos, en el Estado de residencia. No menos relevantes son los problemas que se causan en las reestructuraciones de grupos internacionales, ya que si la legislación de uno de los Estados considera que las mismas no son "enajenaciones" tal norma interna puede tener relevancia en el contexto convencional, incluso para el otro Estado contratante (curiosamente, las consultas DGT V2008-12 de 18-10-2012 y DGT V1365-12 de 22-6-2012, y es doctrina posterior reiterada, estiman que reestructuraciones que implican la fusión de varias sociedades del otro Estado tenedoras de participaciones en entidades españolas, con activos inmobiliarios, podían generar ganancias de capital gravadas en España según los respectivos CDIs aplicables, Alemania y Luxemburgo, si bien cabía en ambos casos aplicar el régimen de diferimiento para las fusiones aunque no se tratase de fusiones cubiertas por la Directiva 2009/133/CE; en un sentido similar se pronuncian las consultas DGT V0791-14 de 24-3-2014 y DGT V1685-13 de 21-5-2013, aunque en este último caso para la aportación no dineraria realizada por un residente en Noruega a una sociedad española). La posición resulta clara si es el Estado de la fuente quien excluye la existencia de enajenación en este tipo de situaciones, pero lo mismo debería ocurrir en la situación inversa, donde la inexistencia de enajenación en el Estado de residencia debería tenerse en cuenta en el Estado de la fuente (como hemos visto, no es ésta la posición de las autoridades españolas, que simplemente atienden en estos casos a lo que ocurre en la legislación española).

7. Un supuesto particular, no tratado por los CMC, se plantea en los casos de especificación de derechos sin enajenación de los mismos. De conformidad con el TRLIRNR, no resulta aplicable a los no residentes el artículo 33.2 LIRPF, precepto que considera que no existe alteración en la composición del patrimonio en los supuestos de división de la cosa común, de disolución de la sociedad legal de gananciales, de disolución de comunidades de bienes o de separación de comuneros. Cuando exista un CDI que siga el artículo 13 ModCDI se plantea si puede España, por ejemplo, como Estado de ubicación de la propiedad inmobiliaria, gravar las ganancias conectadas con la división de la cosa común, la disolución de la sociedad de gananciales o de comunidades de bienes. La vinculación entre ganancia de capital y enajenación de un bien y derecho llevaría a la conclusión

de que cuando no exista alteración del patrimonio del contribuyente no residente (supuestos del artículo 33.2 LIRPF) no puede el Estado de la fuente aplicar gravamen alguno (salvo los casos de revalorizaciones y cambios de residencia que antes se han comentado), por lo que, en presencia de un CDI que siga al artículo 13 ModCDI solo existiría ganancia de capital gravable cuando el bien o derecho salga del patrimonio del contribuyente, pero no cuando únicamente se produce una especificación del derecho. A estos efectos, la Ley 2/2010, de 1 de marzo, a partir de 1-1-2010, añadió un párrafo 6 al artículo 24 TRLIRNR que permite la aplicación a contribuyentes de la UE de lo previsto en el artículo 33.2 LIRPF, por lo que elimina, en el caso de estos países, la problemática que comentamos (así lo confirma la DGT V2779-11 de 22 -11-2011 que parece, sin embargo, partir del presupuesto de que existe ganancia patrimonial en las especificaciones de derechos vinculadas a la extinción del régimen de separación de bienes y no aplica el artículo 33.3.d) LIRPF al no cumplirse las condiciones de este precepto, o DGT V0461-12 de 1-3-2012). A partir de 1 de enero de 2015, la misma disposición se aplicó también a los residentes de un país del EEE, siempre y cuando exista un efectivo intercambio de información con el mismo. Lo cierto es que no existen razones para concluir que el artículo 33.2 LIRPF no es aplicable en el caso de no residentes de otros países distintos a los de la UE o del EEE: si el concepto de ganancia de capital es el propio de la legislación interna, la definición del mismo se encuentra en el artículo 33 LIRPF y, en consecuencia, debe trasladar sus efectos a cualquier CDI. Sin embargo, no resulta admitida tal postura por la DGT (vid. por ejemplo, la consulta de la DGT V5053-16 de 21-11-2016, relativa a dos contribuyentes residentes en Indonesia que se divorcian con un inmueble en España y disuelven la sociedad de gananciales, la posición de la DGT probablemente resulta contraria a la libre circulación de capitales, que se aplica a terceros Estados no miembros del EEE o de la UE).

8. Problemas específicos plantean las ganancias derivadas de la variación de tipos de cambio, a las que se refieren los párrafos 15 a 17 de los CMC, ya estén vinculadas a un activo concreto o a deudas contraídas en una moneda distinta de la nacional. En principio, como los CMC reconocen, las ganancias derivadas de la variación de tipos de cambio no se encuentran vinculadas a enajenaciones, e incluso, frecuentemente, no son tenidas en cuenta en el Estado que tiene atribuida la potestad para gravar la ganancia de capital (v.gr. la enajenación de un activo gravable en el Estado de la fuente, normalmente, se producirá, calculará y pagará en moneda nacional, por lo que la ganancia o pérdida vinculada a la variación del tipo de cambio solo se pondrá de manifiesto en el Estado de residencia de quien enajena el activo y no en el Estado donde éste se encuentra). Por esta razón, tales ganancias se encuentran, en principio, fuera del ámbito de aplicación del artículo 13 ModCDI, aunque en este aspecto existe una cierta contradicción entre los párrafos 15 a 17 y el párrafo 20 de los CMC, al mencionar este último que las ganancias vinculadas a la depreciación de la moneda nacional están cubiertas por el artículo 13 ModCDI.

9. A los efectos del artículo 13 ModCDI, el plazo o período de tiempo de generación de la ganancia resulta totalmente indiferente, pues este artículo se refiere tanto a ganancias a corto como a largo plazo (párrafo 11 de los CMC).

Por otra parte, debemos mencionar, aunque se trata de una cuestión no estrictamente relacionada con el concepto convencional de ganancias de capital, que el artículo 13 ModCDI no establece regla alguna en relación con el cálculo de la ganancia. Tal cuestión se remite a la legislación interna (párrafo 12 CMC). Dichos Comentarios, párrafo 12 y ss., señalan que, habitualmente, la ganancia de capital se calculará mediante la deducción del «coste» del precio de venta del bien o derecho, siendo el «coste» todos los gastos vinculados a la adquisición, teniendo en cuenta, cuando sea procedente, la depreciación del bien (algunos Estados vinculan el coste con el valor previamente declarado por quien enajena el activo, regla que también parece admitir el ModCDI). Lógicamente, al no fijarse reglas específicas de cálculo, será frecuente que se produzcan asimetrías importantes (v.gr. por aplicación de los tipos de cambio, amortizaciones etc.) entre los diversos Estados en relación con la ganancia de capital a declarar en cada uno de ellos, generando problemas similares a los mencionados más arriba para los supuestos en los que el Estado de situación del activo decidiera conceder el diferimiento en la tributación de la ganancia de capital.

El párrafo 14 de los CMC considera un supuesto específico de asimetrías al que debe hacerse referencia. Una empresa de un Estado A compra propiedad inmobiliaria situada en el Estado B, amortizando y deduciendo las amortizaciones correspondientes a la edificación en el Estado A. Si, con posterioridad, la empresa enajena el bien por encima de su precio de adquisición, el Estado A podrá gravar tanto la recuperación del valor del bien puesta de manifiesto como consecuencia de la venta, como la ganancia correspondiente a la diferencia entre el precio de venta y el precio de adquisición. Sin embargo, los CMC, párrafo 14, aclaran que el Estado B, en el que la propiedad está situada y donde no se llevan libros contables, no tiene que tomar en consideración las amortizaciones realizadas en el Estado A a los efectos de gravar la ganancia de capital. Para el Estado B el cálculo del precio de adquisición debe estar basado en sus propias reglas de cálculo de este valor y no en las aplicables en el Estado A, por lo que el Estado B no podrá someter a gravamen las amortizaciones realizadas en el Estado A. De ello se deduce otra regla básica que no mencionan expresamente los Comentarios: si el Estado B de ubicación del bien o derecho permite la amortización del mismo con unas reglas diferentes con respecto al Estado A (v.gr. porque se trata de bienes afectos a un EP y un Estado permite, por ejemplo, la amortización acelerada del bien mientras que el otro solo admite una amortización lineal), el cálculo de la ganancia de capital debe realizarse en cada uno de los Estados mediante la aplicación de sus propias reglas, lo cual determinará que la cuantía de la ganancia de capital no coincida en los Estados A y B.

A partir del MC OCDE 2014, se añadió un nuevo párrafo 3.1 a los Comentarios al artículo 13 ModCDI que resulta también clarificador de estas cuestiones. De acuerdo con el nuevo párrafo el artículo 13 permite a un Estado contratante gravar una ganancia de capital por su importe total, esto es, con independencia de que se generara antes o después de la entrada en vigor del CDI, incluso cuando un CDI sustituye a otro que previamente no otorgaba al Estado de la fuente el derecho a gravar tal ganancia. En esta línea, también resulta relevante la regla del artículo 24.4 TRLIRNR que conecta la ganancia patrimonial gravable en España para el no residente con el impuesto de salida que regula el artículo 95 bis LIRPF, de manera que, en casos de aplicación de este último, el valor de adquisición en la sucesiva enajenación se eleva hasta el valor (de mercado) que se tuvo en cuenta en relación con el impuesto de salida (lógicamente, la regla del artículo 24.4. TRLIRNR solo tendrá efectos cuando España continúe teniendo la potestad de gravamen de acuerdo con el artículo del CDI dedicado a las ganancias de capital).

Por último, resulta necesario hacer una breve referencia al borrador del documento de la OCDE «*Tax Treaty Issues related to the Trading of Emission Permits (discusión draft)*» de 31 de mayo de 2011 (documento revisado de 19 de octubre de 2012). En relación con la calificación de las rentas generadas en la transmisión de derechos de emisión de CO_2, el documento expresa dudas sobre si se trata de rentas del artículo 7 ModCD o del artículo 13 ModCD (en los casos de empresas en el sector de la navegación, se trataría de rentas del artículo 8 ModCDI o del artículo 13.3 ModCDI), aunque aclaró que la calificación en uno y otro precepto es indiferente, ya que las consecuencias en términos de reparto de la jurisdicción tributaria son idénticas. En definitiva, la calificación de la renta derivada de la transmisión de derechos de emisión dependerá de la legislación interna del Estado de la fuente, aunque los principales problemas no se producirán allí donde la renta se califique como ganancia de capital. De hecho, el documento indica que solo surgirán dificultades allí donde se consideren los derechos de emisión como «bienes inmuebles» por el Estado de la fuente pero no por el Estado de residencia o cuando se aplique el artículo 8 ModCD y el artículo 13.3 ModCD por un Estado y el otro considere que se trata de rentas vinculadas a un establecimiento permanente. Tales casos, con carácter general, deberán ser resueltos en el procedimiento amistoso. A fin, no obstante, de clarificar cuál es la correcta consideración de los derechos de emisión, se propuso, en relación con el artículo 13.2 ModCDI añadir en el párrafo 24 una referencia a los derechos de emisión como bienes muebles que pueden formar parte del activo de un EP, de manera que la jurisdicción del Estado de la fuente, en estos casos, se ejerza allí donde exista un EP en tal Estado (de otra forma, corresponderá al Estado de residencia). Tal modificación fue aceptada en los CMC 2014-2017, párrafo 24.

2.2.2. Los impuestos a los que resulta de aplicación el artículo 13 ModCDI

El párrafo 3 CMC no aclara a qué clase de tributos se aplica el artículo 13 ModCDI, pero sí apunta que el artículo se aplica a toda clase de impuestos exigidos en un Estado contratante sobre las ganancias de capital ya que la literalidad del artículo 2 ModCDI es lo suficientemente amplia como para llegar a este resultado e incluir los impuestos especiales sobre las ganancias de capital. Asimismo, aclaran los CMC 2014-2017, cuando el artículo 13 permite a un Estado contratante someter a gravamen las ganancias de capital, este derecho se aplica a la ganancia completa y no solo a la parte de la misma que corresponda al período posterior a la entrada en vigor del CDI (aunque disposiciones en contrario pueden pactarse por los Estados contratantes), incluso en el caso de que un nuevo CDI reemplace a otro previo que no permitiera esta imposición (Austria y Alemania han añadido una observación en el párrafo 32.1 para poner de manifiesto que no comparten esta opinión).

Una mención especial merecen los llamados impuestos de salida, en sus distintas variantes, exigidos por los Estados en el momento en el que un contribuyente pierde la condición de residente en su territorio. Tales impuestos no responden a la lógica de la enajenación, al tratar de gravar rentas no realizadas, lo que hace que puedan merecer reproches desde la perspectiva de ciertos principios constitucionales o del Derecho de la UE, pero que no susciten reparos desde la perspectiva de los CDIs (vid., por ejemplo, la STJUE de 11 de marzo de 2004, Lasteyrie du Saillant, Asunto C-9/02, que declara contrario a la libertad de establecimiento, el impuesto francés que gravaba las plusvalías latentes en los casos de cambio de residencia o las más recientes STJUE de 7 de septiembre de 2006, N., Asunto C-470/04, o de 29 de noviembre de 2011, National Grid Indus BV, C-371/10, ambas relativas a los impuestos de salida en Holanda; vid. igualmente a estos efectos la regulación común del impuesto de salida en el IS en el artículo 5 de la Directiva 2016/1164, de 12 de julio de 2016, por la que se establecen normas contra las prácticas de elusión fiscal que inciden directamente en el funcionamiento del mercado interior; los mismos principios se aplicarán en el Derecho de la UE a las transferencias de bienes entre establecimientos permanentes y casas centrales vid., por ejemplo, la STJUE de 21 de mayo de 2015, Verder LabTec GmbH & Co.KG, C-657/13). La regulación española está adaptada, con algunos puntos discutibles, a la jurisprudencia del TJUE, aunque probablemente demanda algún ajuste para cumplir con las disposiciones de la Directiva 2016/1164 (vid. el artículo 95 bis LIRPF y artículo 19.1 LIS 2014; vid., a estos efectos, el artículo 1.Primero.Uno y 2.Primero.Uno del Anteproyecto de Ley de Prevención y Lucha contra el Fraude Fiscal y de Transposición de la Directiva ATAD y 2017/1952 y de modificación de diversas normas tributarias). Algunos CDIs, más que exit tax, contienen disposiciones de salvaguardia de los derechos del Estado de la fuente para ciertos cambios de residencia de personas físicas (v.gr. artículo 13.7 del nuevo CDI España-Alemania o el artículo 13.9 CDI España-México añadido por el nuevo Protocolo que entró en vigor el 27 de septiembre de 2017). El CDI con Moldavia (párrafo III del Protocolo anexo al CDI con Moldavia) parece prohibir el exit tax en el momento del cambio de residencia cuando no exista una efectiva enajenación de propiedades.

2.2.3. El concepto de ganancias de capital y otros artículos del Modelo de Convenio de la OCDE

El concepto convencional de ganancias de capital no solo debe ser determinado por referencia al propio artículo 13 ModCDI y a la legislación interna. También otros preceptos del ModCDI, límite externo, determinan que el ámbito de aplicación del artículo 13 ModCDI pueda ser más amplio o más restringido (en algún caso, así lo reflejan los propios CMC). Por esta razón, a fin de tener una visión completa del concepto de ganancia de capital, debe considerarse la relación del artículo 13 ModCDI con otros preceptos:

a) El artículo 9 (empresas asociadas) y el artículo 13 ModCDI: El artículo 13 ModCDI, a diferencia de lo que ocurre en los artículos 10 a 12 ModCDI, no contiene ninguna regla específica para las operaciones vinculadas. Teóricamente, según el artículo 13, las reglas de cálculo de las ganancias de capital, en los supuestos de empresas vinculadas, se remiten a la legislación interna de los Estados contratantes. Esta conclusión no resulta enteramente acertada ya que es necesario considerar la interrelación entre el artículo 13 ModCDI y el artículo 9 ModCDI a estos efectos. En principio, está claro que las reglas distributivas del artículo 13 ModCDI se aplican sin más a las operaciones vinculadas, pero, a fin de evitar supuestos de doble imposición, los dos Estados contratantes deberán tener en cuenta los límites que fija la regla de imposición a precios de mercado del artículo 9 ModCDI como regla de distribución de la potestad tributaria entre los Estados.

Así, por ejemplo, cuando una empresa de un Estado A venda un bien inmueble, situado en el Estado A, a una empresa vinculada del otro Estado contratante (Estado B), la pretensión del Estado B de atribuir al bien inmueble transmitido un coste inferior al valor de mercado podría determinar que se estuvieran gravando en el Estado B plusvalías cuyo derecho a gravamen se atribuía de forma exclusiva en el CDI al Estado A, por lo que el artículo 9 ModCDI debe, necesariamente, interpretarse como una regla complementaria del artículo 13 ModCDI en el supuesto de operaciones vinculadas. La interrelación entre el artículo 7 ModCDI y el artículo 13 ModCDI, así como el principio de simetría que recorre la estructura del ModCDI, lleva necesariamente a esta conclusión (si un Estado califica las ganancias como beneficios empresariales estaría claro que se aplicarían los artículo 7 y el artículo 9 ModCDI, por lo que la misma conclusión debe necesariamente mantenerse en relación con casos donde la legislación interna califique las plusvalías derivadas de las enajenaciones de bienes como ganancias de capital y no como beneficios empresariales)

b) El artículo 10 ModCDI (dividendos) y el artículo 13 ModCDI: Se trata de uno de los escasos supuestos donde existe una desagregación entre la potestad de gravamen de la renta derivada de un bien, que corresponderá al Estado de la fuente, y la potestad de gravamen de los beneficios derivados de su enajenación. Tal desagregación hace que en muchos de los casos, para evitar asimetrías generadoras de doble imposición, deba acudirse a la definición de dividendos y de ganancias de capital del Estado de la fuente, que serán las que tengan relevancia en el ámbito convencional. El párrafo 31 CMC aclara que en las ventas de acciones del accionista a la sociedad emisora en conexión con la liquidación de la sociedad o una reducción de capital, la operación puede ser tratada en el Estado de residencia de la compañía como una distribución de beneficios acumulados y no como una ganancia de capital, en tanto que este tipo de operaciones pueden estar cubiertas por la definición de dividendos del artículo 10.3 ModCDI. Se trata de un supuesto que puede provocar asimetrías en el tratamiento de una misma operación en la medida en que el Estado de residencia de la sociedad las considere como dividendos y el Estado de residencia del accionista como ganancias de capital (el problema debería solucionarse otorgando primacía a la calificación del Estado de la fuente y concediendo, en principio, al accionista la posibilidad de deducir en su Estado de residencia el impuesto soportado en el Estado de residencia de la sociedad, como así reconoce el párrafo 31 CMC tras la modificación de 2014). En cualquier caso, lo que resulta claro es que la definición de ganancia de capital puede quedar reducida en función del concepto de dividendo que el propio CDI contenga o de la legislación interna del Estado de residencia de la sociedad. Por lo que respecta a la práctica española, sobre esta cuestión, la DGT en consulta general 0671-04 de 18-3-2004 concluyó, en el contexto del CDI España-Canadá, que la devolución a una sociedad canadiense del 100 % del capital que había aportado a una sociedad española más las reservas correspondientes debía ser calificado como ganancia patrimonial, puesto que, tanto a la luz del CDI como de la legislación interna española, debía concluirse que las rentas obtenidas en la liquidación de la filial española de una sociedad canadiense no podían ser consideradas como dividendos sino como ganancias patrimoniales, sometidas, por tanto, a las reglas distributivas que el CDI establece para estas últimas.

Hay que subrayar que el parr. 31 CMC artículo 13 ModCDI presenta un problema importante: permite al Estado de la fuente gravar como dividendos la diferencia entre el precio de transmisión de las acciones y su valor nominal, en lugar de considerar, como sería más correcto, el valor de adquisición de las acciones. Se pueden, entonces, generar excesos o defectos de imposición en el Estado de la fuente que no sean eliminados o corregidos en el Estado de residencia (vid., sobre este problema la STJCE Bouanich, comentada en la sección de jurisprudencia del TJUE).

Por otra parte, desde una perspectiva de política tributaria, debe tomarse en cuenta que la definición abierta de dividendos del artículo 10.3 ModCDI da un importante margen a los Estados para tratar de gravar rentas que, de otra forma, podrían considerarse como ganancias de capital, reduciendo el ámbito de aplicación del artículo 13 ModCDI (v.gr. así ocurre, por ejemplo, con la normativa estadounidense sobre *"manufactured payments"*, que trata de calificar como dividendos los pagos derivados de ciertas operaciones financieras, *"stock lending"*, repos, cierto tipo de *swaps*, con flujos que pueden considerarse como 'equivalentes' a dividendos vinculados a entidades de EEUU)

c) El artículo 11 ModCDI (intereses) y el artículo 13 ModCDI: como es sabido, el ModCDI 1977 introdujo una importante modificación en la definición de intereses del artículo 11.3 ModCDI, de tal forma que, de ser una definición abierta, que trataba como intereses las rentas asimiladas a estos por la legislación del Estado de la fuente, pasó a ser una definición cerrada, referida única y exclusivamente a los rendimientos derivados de préstamos, en cualquiera de sus formas, o de la cesión a terceros de capitales propios. Este cambio influye en el concepto de ganancia de capital del artículo 13 ModCDI: en aquellos CDI que sigan la definición de intereses anterior a 1977, las rentas derivadas de la enajenación de activos que la legislación del Estado del pagador trate de idéntica forma a los intereses, se gravarán en el artículo 11 ModCDI y no en el artículo 13 ModCDI, ocasionando situaciones similares a las comentadas más arriba en relación con los dividendos. La situación es distinta en los CDI que contengan una definición autónoma de intereses, es decir, que estén redactados según la definición de intereses que el ModCDI propone a partir de 1977: aunque la legislación del Estado de la fuente equipare determinadas enajenaciones a la cesión a terceros de capitales propios, a efectos del CDI, no serán consideradas como intereses, sino como ganancias de capital del artículo 13 ModCDI o, en su caso, como rentas del artículo 21 ModCDI. Recuérdese que el párrafo 19 de los CMC excluye del ámbito de aplicación del artículo 13 a las primas vinculadas a bonos u obligaciones, por lo que, cuando no puedan ser consideradas como intereses, su calificación correcta debe realizarse en el seno del artículo 21 ModCDI (vid., en este sentido, el párrafo 20 de los CMC al artículo 11 ModCDI). Tal consecuencia podría reputarse lógica al confiar el artículo 13 ModCDI en un concepto doméstico de ganancias de capital. Por otra parte, el párrafo 31 CMC al artículo 13.5 recuerda que si los bonos u obligaciones son rescatados por el deudor por un precio superior al valor de emisión de los mismos, la diferencia podría representar un interés (no una ganancia de capital) sujeta al artículo 11 ModCDI y no al artículo 13 ModCDI (se plantean, de esta forma, en relación con los intereses, problemas similares a los comentados en el párrafo precedente).

d) El artículo 12 ModCDI (cánones) y el artículo 13 ModCDI: La delimitación entre ambos artículos, en teoría, es bastante clara, pero, en la práctica resulta muy problemática ya que tampoco los comentarios al artículo 12 ModCDI ofrecen una posición clara. A fin de eliminar la dependencia de la legislación de los distintos Estados en relación con la calificación de operaciones sobre activos comprendidos en el artículo 12 ModCDI, los Comentarios han evolucionado hacia una definición contextual de 'uso' de tales activos comprendidos en la definición de royalties, lo cual determina que, si tales Comentarios proponen que el intérprete deba acudir a la esencia de la operación (derechos y obligaciones de las partes) para determinar si hay uso o enajenación, pudiera excluirse la aplicación de la legislación doméstica que califique determinadas transacciones como uso y no como venta cuando la operación tenga las características intrínsecas de una venta. No obstante, los Comentarios al artículo 12 ModCDI presentan importantes contradicciones, ya que, por ejemplo, el párrafo 18 de los mismos permite acudir a la legislación y contratos específicos para determinar si ha existido uso o venta del activo. La admisión de ventas parciales vinculadas a determinadas zonas geográficas o por cierto tiempo también contribuye a empañar la distinción entre venta y uso. Como puede intuirse, dependiendo de que la operación pueda ser considerada como uso o como venta de un activo podrá aplicarse el artículo 12 ModCDI o el artículo 13 ModCDI, por lo que, habida cuenta de la indefinición, vaguedad y contradicciones de los Comentarios al artículo 12 ModCDI, podrán existir dudas también en relación con la consideración de la operación como generadora o no de ganancias de capital del artículo 13 ModCDI. Tales problemas se han puesto de manifiesto en la práctica de los distintos países, generando dificultades de clasificación de las rentas, y, en este sentido, España no es una excepción. Así por ejemplo, a jurisprudencia del TS español viene entendiendo que la transmisión de determinados bienes o derechos incorporales (v.gr. *know-how*) no resulta posible, por lo que, cualquier operación sobre los mismos determinaría la existencia de cánones y no de ganancias de capital. Sin embargo, de forma más reciente, la Resolución de la DGT V2066-10 de 17-9-2010, a los efectos de la aplicación en el IS del régimen especial de fusiones, ha reconocido expresamente la posibilidad de la transmisión de «*know-how*», lo que supone un cambio con efectos para la aplicación de los artículo 12 y 13 ModCDI por parte de la Administración española. A nuestro juicio, esta posición se ve apoyada por la reciente doctrina de la DGT, allí donde concurran los elementos esenciales de una venta o enajenación, aunque se trate de derechos incorporales, existirá una ganancia de capital del artículo 13 ModCDI (y en la legislación interna) y no un canon (los propios Comentarios al artículo 12 ModCDI apoyan esta postura también). A fin de determinar cuándo existe tal venta, aparte de la legislación aplicable, habrá que examinar con detenimiento la redacción del contrato y la ejecución del mismo pues es bastante frecuente que contratos de «venta» de derechos incorporales oculten una mera licencia de uso de los mismos que generará cánones y no ganancias de capital. En este sentido, por ejemplo, la consulta de la DGT V1607-08 de 30-7-2008) concluyó, en relación con la cesión de textos para su publicación por residentes de Alemania y EEUU a un Ayuntamiento español, que existirá ganancia patrimonial cuando el autor opere una transmisión total de los derechos de autor, de manera que no pueda utilizarlos o cederlos a otras personas o entidades para su uso.

e) El artículo 13 ModCDI (ganancias de capital) y el artículo 21 ModCDI (otras rentas): Ya se ha mencionado que el precepto del ModCDI dedicado a las ganancias de capital constituye una regla de distribución de la potestad tributaria más y que, en ningún modo, tiene la función de regla residual que cabe atribuir a la definición interna de ganancias patrimoniales, puesto que tal función, en el ámbito convencional, está reservada al artículo 21 ModCDI. La consecuencia de esta estructura del ModCDI será que todas las rentas que no tengan cabida en la definición de ganancia de capital -por ejemplo, porque no están vinculadas a una enajenación, sino que suponen incorporaciones de bienes o derechos al patrimonio del contribuyente o porque no se califican como ganancias de capital internamente a pesar de derivar de enajenaciones- estarán incluidas en el ámbito de aplicación del artículo 21 y no del artículo 13 ModCDI.

La relación de otros preceptos del ModCDI con párrafos concretos del artículo 13 ModCDI será abordada en el epígrafe siguiente.

3. POTESTAD DE IMPOSICIÓN DE CONFORMIDAD CON EL ARTÍCULO 13 DEL MODELO CONVENIO DE DOBLE IMPOSICIÓN

3.1. Introducción

El artículo 13 ModCDI, en principio, trata de atribuir la jurisdicción para gravar las ganancias de capital al Estado que tiene la potestad para gravar las rentas vinculadas a un determinado elemento patrimonial, arbitrando a estos efectos cinco reglas de distribución de la potestad de imposición que examinaremos en los epígrafes siguientes.

El artículo 13.1 ModCDI contiene una cláusula relativa a la imposición de los inmuebles que se aplica con preferencia al resto de párrafos del precepto, esto es, aunque el párrafo 2 se refiera a la propiedad (mobiliaria) vinculada a los establecimientos permanentes, en la medida en que sea posible calificar la ganancia de conformidad con la regla del artículo 13.1 ModCDI será éste y no el párrafo 2 el precepto aplicable con independencia de que el bien inmueble esté o no afecto a la realización de actividades empresariales; lo mismo ocurre al estudiar la relación entre el párrafo 1 y 3 del artículo 13 ModCDI, pues la enajenación de activos inmobiliarios por empresas dedicadas a la navegación marítima o aérea internacional se encontrará comprendida en el artículo 13.1 ModCDI y no en el párrafo 3 de este artículo. El artículo 13.3 ModCDI igualmente se aplicará con preferencia sobre la regla relativa a los establecimientos permanentes de tal forma que, en las enajenaciones de buques o aeronaves operados en el tráfico internacional, las ganancias patrimoniales serán gravadas únicamente en el Estado donde se encuentre la sede de dirección efectiva de la empresa.

Por otra parte, el ModCDI 2003 añadió un párrafo 4 al artículo 13 ModCDI a fin de permitir el gravamen de las participaciones en sociedades cuyo principal activo esté compuesto por inmuebles en el Estado de residencia de la sociedad, de tal manera que esta cláusula (en aquellos CDIs en los que exista) operará con carácter preferente a la norma residual que regula el artículo 13.5 ModCDI. Es curioso, sin embargo, que la cláusula del artículo 13.4 (ModCDI 2003-2017) no contenga ninguna regla de primacía sobre los párrafos 2 y 3 del artículo 13 ModCDI, situación que puede generar alguna dificultad aplicativa e interpretativa cuando el supuesto de hecho pueda estar cubierta por ambas cláusulas. Al mismo tiempo sería posible que tal cláusula plantee dificultades en relación con el artículo 7, ya que si un Estado considera la enajenación de acciones con componente inmobiliario como rentas empresariales pero otro no, podrían existir asimetrías en la calificación y atribución de jurisdicción, aunque también en este caso puede mantenerse que la asimetría se produce entre el artículo 6 y el artículo 13.4 ModCDI 2003-2017, ya que la regla del artículo 7 debe ceder ante la más específica del artículo 6 ModCDI.

El artículo 13.5 ModCDI será aplicable cuando no pueda calificarse la ganancia de capital de conformidad con alguna de las reglas del artículo 13 ModCDI, párrafos 1 a 4. Es decir, el artículo 13.5 ModCDI tiene una función residual, pero no por ello menos importante, puesto que, por ejemplo, las ganancias de capital derivadas de la enajenación de acciones o participaciones en sociedades (con la excepción de aquéllas cubiertas por el párrafo 4 y teniendo en cuenta al definición doméstica de ganancias de capital) están incluidas en su ámbito de aplicación.

En esta materia, existen ciertas novedades significativas que aportó la revisión de 2010 del ModCDI, y se han mantenido en 2014-2017 y que son las siguientes:

1. Se añadieron nuevos párrafos (27.1 y 27.2) en los Comentarios relativos al artículo 13.2 ModCDI a fin de coordinarlos con el enfoque autorizado de la OCDE en materia de atribución de beneficios a los EPs que se defiende en el nuevo artículo 7 ModCDI 2010-2017 y sus comentarios. Tales nuevos párrafos, sin embargo, puede válidamente mantenerse que tienen una función aclaratoria también con respecto a CDIs antiguos, que sigan el artículo 7 ModCDI 1963-2008.

2. España añadió una nueva reserva en el párrafo 33 de los Comentarios a fin de posibilitar el gravamen en el Estado de la fuente de las enajenaciones de acciones o cualquier otro tipo de derechos cuya propiedad, de forma directa o indirecta, permite el disfrute de propiedad inmobiliaria situada en España.

3. Se elimina la reserva, antes en el párrafo 45 CMC, por la que España podía gravar las ganancias derivadas de la enajenación de participaciones sustanciales en sociedades residentes en España.

El proyecto BEPS y el Convenio Multilateral que desarrolla las medidas derivadas de BEPS para modificar la red bilateral de CDIs (el conocido como "MLI"), en materia de ganancias de capital, proponen alguna modificación importante al artículo 13.4 ModCDI que serán estudiadas en la sección correspondiente a este precepto. Al mismo tiempo, las propuestas realizadas en el contexto del Proyecto BEPS y el MLI se han incluido en el ModCDI 2017, que, además de incluir alguna modificación relevante en los comentarios al artículo 13, ha modificado la redacción del artículo 13.3. y 13.4. De estas novedades se dará noticia en las secciones específicas dedicadas a cada cláusula de reparto de la jurisdicción tributaria que contiene el artículo 13 ModCDI

3.2. Las ganancias de capital procedentes de la enajenación de bienes inmuebles (artículo 13.1 ModCDI)

El artículo 13.1 ModCDI atribuye al Estado de situación de la propiedad inmobiliaria el derecho a gravar la misma en el momento de la transmisión por un residente del otro Estado contratante. Esta regla sigue, entonces, los principios establecidos en los artículos 6 y 22 ModCDI, que atribuyen el derecho a gravar las rentas de la propiedad inmobiliaria o el patrimonio inmobiliario al Estado de ubicación. A estos efectos, hay que tener en cuenta una serie de precisiones que realizan los párrafo 22 y 23 de los CMC:

a) Da igual que la propiedad esté afecta a la actividad empresarial de quien la transmite o no o si el transmitente tiene o no un EP en el Estado de ubicación del inmueble, pues el párrafo 1 se aplicará con preferencia sobre el resto del artículo 13 ModCDI. La afirmación de que esta regla se aplique a la propiedad inmobiliaria que forma parte del activo de una empresa, uno de los principales argumentos de quienes defienden la autonomía de la definición convencional de ganancias de capital, sin embargo, no es evidente a nuestro juicio. Si la legislación interna califica la enajenación de una propiedad inmobiliaria como actividad empresarial la regla aplicable será el artículo 6 ModCDI, no el artículo 7 ModCDI, ya que éste se remite a aquél, y tampoco el artículo 13.1 ModCDI porque la legislación doméstica no se aplicará en este caso. Por las razones anteriores, resulta curioso que el Discussion Draft sobre el artículo 5 ModCDI 2012, probablemente sobre la base de la posición autonomista y contextual de la definición de ganancias de capital, declaró que el artículo 13.1 ModCDI es aplicable allí donde exista un promotor de viviendas que no tenga EP en el Estado de situación de las mismas o cuando las viviendas puedan ser calificadas como *stock* (en realidad, el *Discussion Draft* trata de excluir estos supuestos del artículo 5.4 ModCDI) y que ello lo haga para evitar que la inexistencia de EP pueda motivar que el Estado de situación de las viviendas no tenga derecho a gravamen. En nuestra opinión, tal opción no tiene mucho fundamento ya que el supuesto solapamiento entre el artículo 7 ModCDI y el artículo 13.1 ModCDI debe resolverse a favor del artículo 6 ModCDI: en definitiva, la calificación como empresarial del rendimiento no alejará la posibilidad de considerar el mismo como renta procedente de inmuebles. Si bien es cierto que la calificación de la renta en el artículo 13.1. ModCDI o artículo 6 ModCDI puede llevar a conclusiones idénticas y no tener una inmediata relevancia práctica desde la óptica del reparto de los derechos de gravar la renta vinculada a la transmisión de inmuebles, la calificación de la renta inmobiliaria como derivada de la actividad empresarial o como ganancia patrimonial puede no ser irrelevante a efectos de la legislación interna, aunque la calificación interna y convencional no tienen necesariamente que generar el mismo resultado (por ejemplo, en España llevaría a que se apliquen distintos tipos impositivos en uno y otro caso en el caso de no residentes que residente, a su vez, en Estados que no son de la UE / EEE con los que exista un efectivo intercambio de información; recuérdese a estos efectos que la compraventa de viviendas y la promoción con venta son actividades empresariales a efectos de la legislación del IRPF y que la calificación del arrendamiento como empresarial (o no) no excluye la aplicación del artículo 6 ModCDI). Al mismo tiempo, la vinculación de la renta inmobiliaria al concepto de EP o no, irrelevante desde la óptica del Estado de la potestad tributaria del Estado de situación, también puede producir efectos y no ser indiferente en relación con la aplicación de otros artículos del ModCDI (enfoque autorizado del artículo 7 ModCDI, artículo 11.5 ModCDI, artículo 15, artículo 24.3 ModCDI), razón por la cual el Discussion Draft 2012 parece querer desagregar la definición de EP del artículo 5 con respecto al artículo 7 ModCDI, de manera que se aplique con carácter general, y, como es lógico, también en el ámbito del artículo 6 ModCDI (en España, la existencia de EP determinará que carezca de relevancia la distinción 'renta empresarial' / ganancia patrimonial, por la remisión que realiza en estos casos la LIRNR a la LIS).

b) No obstante lo anterior, el artículo 13.1 ModCDI solo se aplica a las ganancias de capital obtenidas por un residente de un Estado contratante como consecuencia de la enajenación de un bien inmueble situado en el otro Estado contratante; nada aclara esta disposición, sin embargo, sobre la transmisión de bienes inmuebles situados en el Estado de residencia del transmitente o en un tercer Estado, con respecto a los cuáles cabe aplicar la cláusula del artículo 13.5 ModCDI (versiones anteriores al ModCDI 2003 mantenían la aplicación en estos supuestos del artículo 21 ModCDI).

c) El significado de «propiedad inmobiliaria» en el marco del artículo 13.1 cabe interpretarlo de conformidad con el artículo 6.2 ModCDI, con lo que podría abarcar inmuebles o derechos sobre estos y dependerá, en definitiva, de la amplitud con la que el concepto de bien inmueble y renta derivada de los mismos se formule en el Estado en cuestión. Así, por ejemplo, la DGT, correctamente, a nuestro juicio, ha concluido que la enajenación de derechos de time-sharing constituidos como derechos reales sobre un inmueble en España por un residente en Suecia podía ser gravada en España al comprender el artículo 334 CC en la definición de bienes inmuebles también los derechos reales sobre los mismos (vid. la consulta de la DGT V2682-16 de 14-6-2016). En la misma línea, también la DGT ha considerado como bienes inmuebles las concesiones mineras o de obra para la construcción de una instalación portuaria o las gruas utilizadas en estas construcciones si tenían el carácter de instalaciones fijas sobre los inmuebles, ya que, a la luz de los criterios del artículo 334 CC todas ellas podían considerarse como bienes inmuebles (vid. la Resolución de la DGT V0322-17 de 7-2-2017)

d) El artículo 13.1 ModCDI se completa con el artículo 13.4 ModCDI, añadido en 2003. Este último se configura como una regla que pretende evitar los supuestos de planificación fiscal que pretenden eludir la tributación en el Estado de ubicación de un inmueble.

Por otra parte, es preciso subrayar que la atribución de jurisdicción al Estado de ubicación de la propiedad inmobiliaria sobre las ganancias de capital obtenidas por un residente del otro Estado contratante no se realiza con carácter exclusivo. La misma ganancia podrá, salvo que el CDI regule el método de exención para este caso, ser sometida a gravamen en el Estado de residencia del transmitente. Para calcular la ganancia de capital, tanto el Estado de situación del inmueble como el Estado de residencia del transmitente tienen plena libertad, de tal manera que es posible encontrar ganancias declaradas exentas en uno solo de los dos Estados o que la cuantía de la misma no resulte coincidente porque ambos aplican reglas distintas en relación con el cálculo de las ganancias de capital.

3.3. Ganancias de capital procedentes de la enajenación de acciones o participaciones en sociedades cuyo principal activo está constituido por inmuebles (artículo 13.4 ModCDI)

3.3.1. El artículo 13.4 en el ModCDI hasta 2014

Desde el ModCDI 2003, el artículo 13.4 contiene una disposición, ya presente con anterioridad en el Modelo ONU, que pretende complementar la cláusula del artículo 13.1 ModCDI:

> «Las ganancias derivadas por un residente de un Estado contratante de la transmisión de acciones cuyo valor se deriva en más de un 50 %, directa o indirectamente, de propiedad inmobiliaria situada en el otro Estado contratante pueden ser sometidas a gravamen en ese Estado».

Lo cierto es que esta cláusula históricamente tiene difícil encaje en artículo 13 ModCDI (que sigue el principio de simetría entre los artículos 13 y 22 ModCDI, por un lado, y los artículo 6, 7 y 8 ModCDI por otro) aunque puede válidamente mantenerse que, a pesar de su componente de cláusula anti-elusión, no persigue un resultado distinto del artículo 6 ModCDI. Su relación con otros párrafos del artículo 13 ModCDI, especialmente con los párrafo 2 y 3, no es pacífica ya que no existe en el ModCDI ninguna regla que dé prioridad a unas cláusulas sobre otras (lo cual puede ocasionar problemas de interpretación y aplicación cuyo desarrollo está fuera del ámbito de esta contribución).

Los términos de aplicación de esta cláusula se aclaran en los CMC 2014, párrafos 28.3 a 28.8:

a) El artículo 13.4 ModCDI permite el gravamen de toda la ganancia de capital vinculada a las acciones de la sociedad, con independencia de que parte del valor de las acciones se derive de otros activos de la sociedad distintos de la propiedad inmobiliaria situada en el Estado de residencia de la sociedad cuyas acciones se enajenan. Lo anterior puede generar problemas ya que si la sociedad cuyas acciones se enajenan y que desencadena la aplicación del artículo 13.4 ModCDI tiene inmuebles también en el Estado de residencia de la persona que enajena las acciones, aunque no lleguen al 50 %, no se entiende bien la razón que debe llevar al Estado de residencia de la sociedad con activos inmobiliarios a gravar tales plusvalías.

b) El artículo 13.4 ModCDI no se está refiriendo únicamente a sociedades residentes en el Estado de ubicación de los inmuebles. Su tenor literal permite entender comprendidas en él también las sociedades residentes en el otro Estado contratante cuyo activo esté compuesto principalmente por inmuebles en el primer Estado contratante o que, simplemente, tienen acciones en otras sociedades cuyo activo, a su vez, deriva su valor mayoritario de inmuebles situados en aquel Estado (vid., a este respecto, la consulta de la DGT V1697-14 de 2-7-2014, relativa al gravamen en España del accionista de una sociedad de Delaware que, a su vez, tenía el 100 % de las acciones de una sociedad española cuyo activo estaba constituido mayoritariamente por inmuebles españoles, para la DGT la referencia a "indirectos" en la legislación española debe posibilitar el gravamen de la ganancia obtenida por el accionista de la sociedad de Delaware y, aunque la consulta está referida a la legislación interna, ya que no se sabía si el accionista era residente en un país con CDI, el pronunciamiento es trasladable a la interpretación del artículo 13.4 ModCDI y el término 'indirectamente' que emplea). También resulta irrelevante en el artículo 13.4 ModCDI que la sociedad o sociedades intermedias cuyas acciones sean enajenadas se sitúen en un tercer Estado, distinto del de ubicación del inmueble y de residencia del transmitente. solo así puede entenderse la referencia a «directa o indirectamente» del artículo 13.4 ModCDI (que, en los últimos CDIs españoles omite el firmado con Chipre). Esta cláusula pretende atacar las estructuras de planificación fiscal, pero no debemos olvidar que la potestad que se atribuye al Estado de ubicación del inmueble de gravar las enajenaciones de acciones situadas en un tercer Estado o en el otro Estado contratante puede generar supuestos de doble imposición no sencillos de resolver (v.gr cuando, por ejemplo, el CDI entre el Estado de residencia del enajenante y el Estado de residencia de la sociedad permita el gravamen de las participaciones sustantivas en sociedades), si bien lo normal será que la entidad intermedia se sitúe en un Estado en el que o bien por CDI o por efecto de su legislación interna no se graven las ganancias derivadas de la enajenación de acciones por parte del no residente.

c) La determinación de si las acciones de una sociedad derivan más del 50 % de su valor, directa o indirectamente, de propiedad inmobiliaria situada en el Estado de la fuente se debe hacer comparando el valor de esta propiedad inmobiliaria con el valor de toda la propiedad de la compañía sin tener en cuenta las deudas de la sociedad. Es decir, se debe prestar atención al activo de la sociedad, sin consideración del pasivo.

Los Comentarios no aclaran si, a los efectos del cómputo del 50 %, debe tenerse en cuenta el coste histórico de los bienes y derechos, su valor contable o su valor real en el momento de producirse la enajenación. Lo lógico sería que se tuviera en cuenta el valor de mercado de los activos en el momento de la enajenación por comparación con el valor de mercado de los activos totales y no su valor contable o histórico, lo cual podría generar problemas de valoración difíciles de superar (la opción contraria, la toma en consideración únicamente del valor contable o histórico, podría frustrar gravemente la finalidad del precepto ya que sería muy sencillo diluir el valor del inmueble en el balance con carácter previo a la transmisión). Aunque los Comentarios no lo mencionan, nada impide aplicar las reglas del Estado de la fuente de determinación del valor de las acciones o de los inmuebles de acuerdo con el artículo 3.2. ModCDI (este hecho lo reconoce el Protocolo, párrafo 2, al CDI España-Chipre). Por su parte, la SAN 5530/2017, de 29 de diciembre de 2017 (rec. 184/2016) estima que no sera de aplicación esta cláusula o similares (se refería al artículo 13 del CDI España-Luxemburgo) en las transmisiones de negocios inmobiliarios (en este caso, un hotel) cuando pueda defenderse que el valor del inmueble es inferior al 50 % del activo si tomamos en cuenta los elementos intangibles o activos mobiliarios vinculados con el negocio inmobiliario ('todas sus instalaciones, maquinaria, mobiliario, elementos de decoración, licencias de explotación, permisos administrativos, contratos de reserva de plaza y alojamiento, vehículos adscritos a la actividad, todo ello necesario para que la compradora continuara con su explotación'), y ello tomando como referencia el valor del inmueble y el precio total pagado por las acciones de la sociedad titular del negocio. Lo cierto es que esta sentencia causa una cierta sorpresa ya que, como es de suponer, el término 'propiedad inmobiliaria' del artículo 13.4. ModCDI cabe interpretarlo en paralelo con el significado que el mismo tiene en el artículo 13.1. ModCDI y el artículo 6 ModCDI y es indudable que, muy especialmente, el artículo 6.2. ModCDI incluye dentro del concepto de propiedad inmobiliaria los elementos accesorios a la misma, entre los que se definen los utilizados en negocios realizados sobre inmuebles. Cuando menos, la AN hubiera debido razonar por qué adopta una interpretación que lleva a dotar de un significado distinto a los términos propiedad inmobiliaria en el artículo 13 ModCDI y en el artículo 6 ModCDI, en contra de la voluntad expresada claramente en los Comentarios al propio artículo 13.1. ModCDI y en contra del tenor del propio artículo 13.1. CDI España-Luxemburgo, que incluye la regla relativa a participaciones inmobiliarias en el mismo párrafo que la regla general para las ganancias vinculadas a inmuebles y la referencia que ésta hace al artículo 6 CDI

España-Luxemburgo (otra cuestión será que la no aplicación del régimen de exención ex artículo 21 LIS a los no residentes personas jurídicas en el caso enajenación de acciones en sociedades con sustrato inmobiliario, según se deriva del artículo 14.1.c TRLIRNR, pueda vulnerar la libertad de establecimiento o la libre circulación de capitales del TFUE). Es significativo, en este sentido, que el artículo 13.4 ModCDI 2017 aclara que el concepto de propiedad inmobiliaria a tener en cuenta a efectos de esta disposición es el propio del artículo 6 ModCDI, siendo tal precisión, a nuestro juicio, meramente aclaratoria.

En los supuestos de sociedades interpuestas en un tercer Estado puede resultar complejo no solo determinar la existencia de la enajenación de las participaciones de la sociedad interpuesta, sino también determinar la composición del activo de la sociedad si, por ejemplo, no existiera CDI con cláusula de intercambio de información entre el Estado de ubicación del bien y el Estado de residencia de la entidad interpuesta cuyas participaciones están siendo enajenadas y el obligado tributario no aporta voluntariamente la contabilidad de la entidad.

d) Los CMC, párrafo 28.5, aclaran que el artículo 13.4 está redactado pensando en acciones de sociedades, pero los Estados podrían incluir en él la transmisión de cualquier «interés» en otras entidades cuyo activo esté constituido principalmente por inmuebles *(partnerships, trusts)*.

e) Los CMC, párrafos 28.6 y 7, prevén ciertas modificaciones o variaciones del artículo 13.4 ModCDI: que el porcentaje del 50 % se reduzca o se aumente (v.gr. artículo13.4 CDI España-República Dominicana reduce el porcentaje al 40 por 100); que esta cláusula se aplique solo cuando el transmitente tiene un cierto porcentaje de participación en la entidad cuyo principal activo son los inmuebles; que se establezcan ciertas excepciones a estas reglas (transmisión de acciones en sociedades cotizadas, ganancias patrimoniales puestas de manifiesto en reorganizaciones empresariales, o activos empleados en el negocio del transmitente, algunas cláusulas de este tipo se recogen, por ejemplo, en el CDI España-Reino Unido, artículo 13.4; España-Singapur, artículo 13, o en el Protocolo de reforma del CDI España-Suiza, de 27 de julio de 2011, que da nueva redacción al artículo 13.3 del CDI, sobre esta última vid. la Resolución de la DGT V5076-16 de 23-11-2016, que interpretó que un yacimiento minero y la concesión de explotación del mismo se benefician de la excepción a la aplicación del artículo 13.3 CDI España-Suiza al tratarse de bienes inmuebles utilizados en la actividad minera de la sociedad española cuyas acciones se enajenaban; el CDI España-Andorra, artículo 13.4; o el CDI 13.2 CDI España-México que, también con el nuevo Protocolo, excluye de la cláusula los bienes inmuebles que una sociedad o persona moral "afecta a su actividad industrial, comercial o agrícola o a la prestación de servicios profesionales", aunque ciertas entidades "enajenantes" tributarán solo en el Estado de residencia y resultan excluidas de esta cláusula según el artículo 13.4 del nuevo Protocolo: las instituciones financieras, las aseguradoras y fondos de pensiones o cuando las ganancias deriven de acciones de entidades cotizadas negociadas regularmente en un mercado reconocido, los definidos en el párrafo 10 del Protocolo, con la excepción de las sociedades anónimas cotizadas de inversión en el mercado inmobiliario, a las que no se aplica esta excepción; artículo 13.4. CDI España-Finlandia 2015, con una excepción para sociedades cotizadas de la que están excluidas las enajenaciones de acciones en las SOCIMIS). A las excepciones ya enumeradas cabe añadir las desarrolladas por el párrafo 28.8 CMC, añadido en 2005. Según este párrafo otra posible excepción a la tributación al artículo 13.4 ModCDI sería la referida a fondos de pensiones o entidades similares: cuando uno de estos vehículos, habitualmente exentos de imposición sobre la renta en su Estado de residencia, obtenga ganancias derivadas de sociedades inmobiliarias, para garantizar la neutralidad entre los fondos residentes y los no residentes, por vía de las negociaciones bilaterales, los Estados pueden establecer excepciones a la regla del artículo 13.4 ModCDI. A estos efectos, los CMC artículo 13.4 ModCDI sugieren que la exención recíproca para la ganancia obtenida por un fondo de pensiones o similar se establezca a través de una disposición similar a la recogida en el párrafo 69 de los Comentarios al artículo 18 ModCDI (tal disposición, básicamente, exime de tributación en el Estado de la fuente la renta obtenida por fondos de pensiones, sometiendo a las autoridades competentes el control de la aplicación de la misma y de las entidades que tienen acceso a ella; una cláusula de este tipo se recoge en el artículo 13.4 CDI España-México, en la redacción tras el nuevo Protocolo en vigor desde el 27 de septiembre de 2017).

f) El artículo 13.4 ModCDI no contempla la situación de obtención de ganancias de capital por el residente del Estado contratante donde se ubica la propiedad inmobiliaria, pues la regulación de tal situación está reservada a la legislación del Estado de residencia. Sin embargo, pueden darse supuestos en los cuales la cláusula del artículo 13.4 ModCDI entre en juego incluso cuando un residente del Estado contratante de ubicación de la propiedad inmobiliaria está implicado: sería, por ejemplo, el caso de enajenación de acciones de una sociedad española cuyo principal activo es inmobiliario por una sociedad situada en un Estado con CDI con España que contenga una cláusula similar al artículo 13.4 ModCDI, cuando las acciones de esta última se encuentran controladas por un residente en España (en cuyo caso, habrá que considerar si se aplica o no la normativa española sobre transparencia fiscal internacional).

Lógicamente, la aplicación del precepto requiere que el Estado de la fuente grave la enajenación de acciones en sociedades en las que más del 50 % del activo deriva de inmuebles. Ahora bien, hay que tener en cuenta que muchos CDI de la red mundial siguen al ModCDI en versiones anteriores a 2003, por lo que no existirá cláusula alguna sobre este tipo de sociedades. Son dos las consecuencias de esta situación:

- Si un Estado en su legislación interna grava la renta derivada de las enajenaciones de acciones en este tipo de sociedades, el CDI limitará su poder tributario si no incluyera una cláusula análoga al artículo 13.4 ModCDI. El intento, por parte de un Estado, de someter a gravamen las ganancias de capital derivadas de la enajenación de acciones en sociedades cuyo principal activo esté constituido por inmuebles situados en ese Estado contratante en estos casos constituye una vulneración frontal del CDI (salvo que se trate de supuestos que puedan considerarse como abusivos a la luz de los principios recogidos en los Comentarios al artículo 1 ModCDI o derivados del MLI).

- Los CDIs que no recojan la cláusula relativa a las sociedades con inmuebles se utilizarán con fines de planificación fiscal para poder realizar enajenaciones de inmuebles sin gravamen alguno en España. No obstante, vid. la sección específica sobre el MLI más abajo, ya que el MLI puede añadir una cláusula de este tipo a CDIs que no la tuvieran anteriormente..

El ModCDI 2008-2014 ha añadido los párrafos 28.9 a 28.11 en los Comentarios al artículo 13.4 ModCDI a fin de aclarar el tratamiento de los REITs, aunque básicamente los comentarios siguen las conclusiones de trabajos previos de la OCDE en la materia (vid. *Tax Treaty Issues Related to Real Estate Investment Trusts (REITs)* de 30 de octubre de 2007; en España, la regulación de figuras similares, aunque no idénticas, a los REITs se encuentra en España en la Ley 11/2009 de 26 de octubre, reguladora de las sociedades anónimas cotizadas de inversión en el mercado inmobiliario). Los comentarios defienden, con carácter general, que la transmisión de acciones o participaciones sustantivas en REIT debería seguir el régimen del artículo 13.4 ModCDI, ya que cabe asimilarlas a las transmisiones de inmuebles, concediendo, en consecuencia, en aquellos CDIs que siguen el artículo 13.4 ModCDI, al Estado de residencia del REIT la posibilidad de gravar las transmisiones de acciones o participaciones en estos vehículos que realicen los no residentes en su territorio. Por el contrario, en la transmisión de pequeños paquetes de acciones o participaciones en los REITs, se defiende que el tratamiento debe ser similar al propio de las acciones o valores en general. A estos efectos, el párrafo 28.10 de los Comentarios al artículo 13.4 ModCDI propone que aquéllos Estados que compartan esta posición deberían precisar en el artículo 13.4 que este precepto no se aplica a participaciones directas o indirectas en un REIT inferiores al 10 % del «capital» de éste. No parece, sin embargo, existir unanimidad sobre esta posición, ya que también se refleja en el párrafo 28.11 de los Comentarios al artículo 13.4 ModCDI que, para algunos Estados, la transmisión de cualquier participación en un REIT debería seguir el tratamiento previsto en el artículo 13.4 ModCDI, ya que, por ejemplo, si no se distingue a estos efectos entre sociedades cotizadas y no cotizadas no existe ninguna razón para distinguir entre los REITs y las sociedades cotizadas.

Lo cierto es que la posición con respecto a los REITs o el propio artículo 13.4 ModCDI plantean problemas: la dependencia funcional histórica del artículo 13 ModCDI con respecto a la legislación interna haría que las ganancias de capital obtenidas en el contexto de una actividad empresarial no pudieran ser incluidas en el artículo 13.4 ModCDI, por lo que solo una definición autónoma de ganancias de capital puede llevar a esta conclusión. En realidad, la mayor tensión entre la posición contextualista y la remisión a la legislación interna viene representada por este precepto, que no tiene encaje fácil en la lógica histórica del ModCDI: antes de su aparición, probablemente la calificación de la enajenación conforme al artículo 7 o 13 ModCDI resultaba poco relevante, ahora ya no es así, de ahí la posición autonomista. Es verdad que con anterioridad a 2003 el problema se planteaba en la relación entre el artículo 6 y el artículo 7, pero bastaba con retocar alguno de estos dos preceptos para solucionar el problema, sin que, a nuestro juicio, el nuevo artículo 13.4 ModCDI contribuya de manera clara, especialmente, en ausencia de reglas de conflicto cuando concurra con otros Estados, a la solución de la problemática interacción entre los artículos 6, 7 y 13 ModCDI.

En 2010, España añadió una reserva en el párrafo 33 CMC artículo 13 ModCDI 2010, mantenida en 2014 (también en 2017) de manera que podrá someter a gravamen las ganancias derivadas de la enajenación de acciones u otros derechos que permitan, directa o indirectamente, a su titular disfrutar de propiedad inmobiliaria situada en España. Como puede observarse, el contenido de esta reserva, cuya redacción se deriva del último párrafo del artículo 13.1.i).3º TRLIRNR, ampliaría las potestades españolas a la hora de gravar las rentas «indirectamente» inmobiliarias más allá de la cláusula del artículo 13.4 ModCDI (de hecho, es frecuente encontrar esta cláusula, junto con otra análoga al artículo 13.4 ModCDI, en los CDIs españoles más recientes: v.gr. Andorra, Armenia, Albania, Barbados, Finlandia 2015, Georgia, Kazajstán, Kuwait, Omán, Pakistán, Panamá, Reino Unido 2014, Uruguay, Uzbekistán, Singapur etc.). Otra cuestión será que allí donde la reserva no se traduzca en un precepto específico del CDI concreto (como ocurre, por ejemplo, en el artículo 13.5 del CDI con Moldavia, Chipre), la misma no tendrá ningún efecto. No obstante lo anterior, desde un punto de vista teórico, cabría plantearse si la reserva era estrictamente necesaria debido a la remisión que hace el artículo 6 ModCDI a los conceptos internos de renta: si en el contexto del artículo 6 pueden tener cabida rentas ficticias, como las imputaciones de rentas inmobiliarias, probablemente basta con que la definición interna defina la renta indirectamente inmobiliaria para que la misma pueda tener virtualidad convencional (lógicamente, el problema se plantea no en relación con CDIs futuros, sino con los anteriores a las legislaciones internas que recojan esta posibilidad, pero para ellos una reserva posterior tampoco resulta relevante en el plano interpretativo).

3.3.2. *El artículo 13.4 ModCDI y la Acción 6 del Proyecto BEPS*

La Acción 6 del Plan BEPS (*Preventing the Granting of Treaty Benefits in Inappropriate Circumstances*, Paris: OCDE, 2015, párrafo 41 a 44) consideró situaciones en las que se evitaba la aplicación del artículo 13.4 ModCDI 2014. En concreto, recordó que el párrafo 28.5 de los Comentarios permite extender el artículo no solo a las enajenaciones de acciones sino también a las transmisiones de intereses en otras entidades, como las sociedades de personas o los trusts (esta posición está bastante en línea con la defendida por España), por lo que el artículo 13.4. ModCDI se debería modificar para incluir también esta posibilidad que prevén los comentarios. Además, se identificó que existen casos donde inmediatamente antes de la transmisión de las acciones se aportan activos a una entidad para diluir la proporción del valor inmobiliario de las acciones o intereses en el vehículo intermedio. Para atacar estos supuestos, se debería modificar el artículo 13.4 ModCDI para referirse a situaciones en las cuales las acciones o intereses similares derivan su valor de forma prioritaria de propiedades inmobiliarias en el Estado de la fuente en cualquier momento durante un cierto período y no solo en el momento en el que se produce la enajenación. En este sentido, el Informe de la Acción 6 de BEPS propuso una redacción que recogía las dos propuestas:

1) Extendía la aplicación del artículo 13.4 ModCDI 2014 a la enajenación de derechos similares a las acciones (como, por ejemplo, en *trusts* o sociedades de personas.

2) El precepto se aplica si las acciones o intereses similares derivan su valor de propiedades inmobiliarias en el otro Estado (fuente) "en cualquier momento durante los 365 días anteriores a la venta".

3.3.3.   El MLI y el artículo 13.4 ModCDI

Las propuestas del Informe de la Acción 6 de BEPS han sido acogidas en el Convenio Multilateral que desarrolla las medidas relativas a los CDIs para prevenir la erosión de bases imponibles y el traslado de beneficios ("MLI") en su artículo 9 ModCDI, aunque este precepto tiene una redacción bastante más compleja. Básicamente, el artículo 9 prevé dos opciones (no alternativas, sino complementarias entre sí) para los Estados firmantes:

1. Artículo 9.1 ModCDI: La actualización de las disposiciones de los CDIs que ya contienen un párrafo equivalente al actual artículo 13.4 ModCDI para añadir: (1) la precisión de que el valor inmobiliario de las acciones pueda estar referido al período de 365 días anteriores a la enajenación y no solo al momento de ésta (este período se aplicará en lugar de o cuando no exista una regla de cómputo del tiempo en el CDI concreto), y (2) que el precepto se aplique no solo a acciones sino también a intereses comparables como son las participaciones en sociedades de personas o trusts. Los Comentarios al MLI (párrafo 128-129) aclaran que esta opción está directamente conectada con la propuesta de redacción del artículo 13.4. ModCDI derivada del párrafo 44 del Informe de la Acción 6 de BEPS, aunque el artículo 9.1. MLI contiene algunas variaciones con respecto a esta para reforzar el efecto anti-abuso de esta cláusula y su ámbito de aplicación (el 'término intereses' comparables se sustituye por "otros derechos de participación en una entidad" que tiene una formulación más amplia; la frase "más del 50 %" se cambia por "más de una cierta parte" para que pueda ser aplicable el precepto a disposiciones existentes que usan otro umbral, esté o no vinculado a un porcentaje; al término 'propiedad inmobiliaria' se ha añadido "propiedad raíz" eliminando la referencia al artículo 6 ModCDI; la frase 'más de una cierta parte del activo de la sociedad consiste en propiedad inmobiliaria (bienes raíces)' se ha añadido para abarcar disposiciones existentes basadas en el artículo 13 (4) MC ONU). Por la finalidad de esta disposición (introducir el cómputo del activo referenciado a un período de tiempo y asegurar que no solo se aplica a acciones), el umbral de los CDIs existentes se mantiene de forma que, cuando se contengan excepciones a la cláusula equivalente al artículo 13 (4) (v.gr. sociedades cotizadas, actividad empresarial), las mismas no resultan afectadas por esta disposición.

2. Artículo 9.4.: Es un precepto opcional. Propone una nueva redacción de la cláusula de participaciones que derivan su valor de inmuebles situados en el otro Estado que el período de tiempo de 365 días para cómputo del valor inmobiliario de la participación y la cobertura de intereses similares a acciones que, si la opción se ejercita, sustituirá a las cláusulas de los CDIs anteriores o se añadirá cuando no exista el equivalente al artículo 13.4 ModCDI. En realidad, como aclaran los Comentarios al MLI, párrafo 133, esta opción refleja la redacción de la cláusula del artículo 13.4 ModCDI derivada del Informe final de la Acción 6 BEPS y está pensada para CDIs que no seguían el estándar del ModCDI por no tener una cláusula similar al artículo 13.4 ModCDI 2014. Puesto que es una disposición opcional y se aplicará a los CDIs cubiertos solo cuando todos los Estados parte hayan elegido aplicarlo y así lo hayan manifestado con la notificación prevista en el artículo 9.8 ModCDI, allí donde sea aplicable desplazará al artículo 9.1 ModCDI. Sin embargo, si uno de los Estados contratantes opta por el artículo 9.4 ModCDI y otros Estados no realizan tal opción, el artículo 9.4 ModCDI no se aplicará y resultará de aplicación el artículo 9.1 ModCDI (salvo reserva a este precepto por las otras partes). Es posible también optar por no aplicar este precepto para los CDIs cubiertos que ya contienen disposiciones similares (artículo 9.6.f ModCDI).

A partir de estas dos opciones básicas el artículo 9.6 ModCDI abre una gama de posibilidades de reservas a cualquiera de ellas, de manera que un Estado parte puede:

1. Decidir no aplicar el artículo 9.1 ModCDI a sus CDIs.
2. Decidir no aplicar el artículo 9.1 ModCDI en lo que respecta al plazo de 365 días (si sus CDIs tienen otros períodos de cómputo, como aclaran los Comentarios al artículo 9.2 del MLI).
3. Decidir no aplicar el artículo 9.1 ModCDI en lo que respecta a la asimilación a acciones de otros 'intereses similares'.

4. Decidir no aplicar el artículo 9.1 ModCDI en lo que respecta al plazo de 365 días para los CDIs que ya contienen una disposición de este tipo que incluye un período de referencia para determinar si las acciones tienen valor procedente de inmuebles.

5. Decidir no aplicar el artículo 9.1 ModCDI en lo que respecta a la asimilación a acciones de otros intereses comparables en relación con CDIs que ya contienen una disposición de este tipo.

6. Decidir no aplicar el artículo 9.4 ModCDI a los CDIs que ya contienen disposiciones análogas.

Tales opciones, al final, tienen los siguientes efectos que describen los Comentarios al artículo 6.6 MLI:

- Puesto que el artículo 9 en su totalidad no forma parte de los estándares mínimos de BEPS, se permite en definitiva su no aplicación por los distintos Estados. Tal efecto se consigue haciendo una reserva al artículo 9.1. en su totalidad (párrafo 136). También, según comentado, reservas parciales al artículo 9.1 ModCDI son admisibles, ya sea al cómputo del período de tiempo o a la asimilación a las acciones de "intereses similares" (vid. las letras b a e del artículo 9.6 ModCDI).

- Puede perfectamente ocurrir que algunos CDIs de un mismo Estado se rijan por el artículo 9.1 ModCDI (si las dos partes no formularon reservas a estos preceptos) y otros por el artículo 9.4 ModCDI (cuando ambos Estados optaron por este precepto).

El artículo 9 ModCDI también regula las notificaciones a realizar al depositario del MLI sobre las opciones elegidas (tales notificaciones tienen efectos, como veremos, relevantes):

- Artículo 9.7 ModCDI: Las partes que no hayan hecho una reserva al artículo 9.1 ModCDI deben notificar si cada uno de sus CDIs contiene disposiciones del tipo de las previstas en el citado precepto, el artículo y su número, de forma que el artículo 9.1 ModCDI solo se aplicará allí donde todas las jurisdicciones parte han realizado esta notificación.

- Artículo 9.8 ModCDI: La opción de un Estado parte por el artículo 9.4 ModCDI (en lugar del artículo 9.1 ModCDI) debe ser notificada al depositario del MLI. Una parte que no haya añadido una reserva al artículo 9.1 ModCDI habrá notificado de acuerdo con el artículo 9.7 ModCDI las disposiciones de los CDIs que contengan un artículo afectado por el artículo 9.1 ModCDI. Sin embargo, una parte que haya realizado una reserva al artículo 9.1 ModCDI debe incluir la lista de disposiciones de acuerdo con la notificación del artículo 9.8 ModCDI (excepto si de acuerdo con el artículo 6.f ModCDI tal parte ha decidido preservar sus disposiciones existentes)

- La relación entre el artículo 9.4 ModCDI y el artículo 9.1 ModCDI no es obvia en la descripción que hacen los artículos 9.7 y 9.8 ModCDI. Cuando las dos partes han elegido aplicar el artículo 9.4 en la notificación hecha de acuerdo con el artículo 9.8 ModCDI, el artículo 9.1 ModCDI no resultará de aplicación, lo será el artículo 9.4 ModCDI. La disposición de un CDI quedará reemplazada por el artículo 9.4 ModCDI cuando ambas partes hayan realizado la notificación que prevé el artículo 9.7 ModCDI o el artículo 9.8 ModCDI (si ambas optaron por el artículo 9.4.). En otros casos (esto es, donde el artículo 9.4 ModCDI no reemplaza a otra disposición anterior del CDI), el párrafo 4 afectará a las disposiciones específicas del CDI en cuestión solo si las disposiciones de éste son incompatibles con el artículo 9.4 ModCDI.

3.3.4. La posición española sobre el artículo 9 del MLI

España ha elegido la aplicación del artículo 9.4. y no ha formulado reservas al artículo 9.1. El efecto de esta posición será que el artículo 9.1. sustituirá a las disposiciones de los CDIs españoles que contienen disposiciones equivalentes al artículo 13.4 ModCDI 2014 y, para ello, España ha notificado, conforme al artículo 9.7., los CDIs que considera que podrían resultar afectados por la nueva formulación (un total de 86 CDI). No obstante, la otra parte podría haber formulado reservas totales o parciales al artículo 9.1. y, en este caso, si y cómo se aplicará el artículo 9.1. en la red española, dependerá de estas reservas.

Como España ha optado por aplicar el artículo 9.4., y tal precepto puede aplicarse allí donde no produzca efectos el artículo 9.1. (por ejemplo, al haber reservado la otra parte la aplicación del mismo), habrá que verificar que también la otra parte no ha añadido reservas en este sentido. Si la otra parte no optó por aplicar el artículo 9.4., este precepto no resultará de aplicación al CDI entre España y esa parte.

Si una parte no optó por el artículo 9.4. y formuló una reserva a la totalidad del artículo 9.1., en ese caso, el artículo 9 no tendrá efectos en las relaciones bilaterales entre España y esa parte, con independencia de las opciones españolas.

Al final, como el parra. 136 de los Comentarios al MLI reconoce, el artículo 9 no forma parte del estándar mínimo de BEPS lo que provoca que perfectamente no se aplique en relación con CDIs incluidos en el ámbito general de aplicación del MLI si una de las partes formuló reservas al artículo 9.1. y no opta por el artículo 9.4. Hay que tener en cuenta, además, que hay importantes CDIs españoles que no están incluidos en el ámbito de aplicación del MLI bien sea porque la otra juris-dicción no es parte del mismo (v.gr. EEUU) o porque los CDIs con determinados países que sí lo son se han excluido del ámbito de aplicación del MLI para regular opciones bilaterales que contengan estándares equivalentes (v.gr. CDI con Holanda, China, Japón). Como puede observarse fácilmente con el artículo 9, el efecto de las medidas BEPS es mucho menos universal de lo que inicialmente podría preverse, de manera que el mismo, y, en concreto, el artículo 9 solo producirá efectos como consecuencia de opciones expresas (opción por el MLI y por sus disposiciones específicas sin for-mulación de reservas).

De cualquier forma, para que las disposiciones del MLI produzcan efectos todavía tienen que ser ratificadas por los distintos Estados miembros (pudiendo todavía existir modificaciones a las posi-ciones nacionales en este proceso), lo que significa que, por el momento, los CDIs españoles no están afectados hasta que España ratifique el MLI. E incluso, una vez ratificado por España, habrá que ver cuándo (y con qué contenido) la otra parte ratifica el mismo a fin de determinar la fecha a partir de la cual el MLI tendrá efectos con respecto a los CDIs bilaterales firmados por España de acuerdo con las disposiciones del artículo 35 del propio MLI.

3.3.5. El artículo 13.4 del ModCDI 2017

El artículo 13.4. ModCDI 2017 sigue el artículo 9 MLI de manera que se añaden las modifica-ciones propuestas en la Acción 6 BEPS y comentadas más arriba al ModCDI, esto es, el artículo 13.4. se aplicará ahora allí donde: 1) se enajenen acciones o 'intereses comparables' (como por ejemplo, en una sociedad de personas o 'partnership' o en un 'trust'); y 2) en cualquier momento, durante los 365 días precedentes, las acciones o intereses comparables derivan más del 50 % de su valor, directa o indirectamente, de propiedades inmobiliarias, como se definen en el artículo 6 ModCDI, situadas en el otro Estado.

Las modificaciones a los Comentarios al artículo 13.4 ModCDI 2017, fundamentalmente, tratan de tomar en consideración las modificaciones de redacción en el tenor literal del precepto (así ocurre con los párrafo 28.3, 28.4., 28.6, 28.7, 28.11, que era el antiguo párrafo 10, 28.12, antiguo párrafo 11) así como de explicar el sentido de los cambios. Estos últimos tienen más relevancia y son los siguientes:

- El párrafo 28.5 tiene nueva redacción, de manera que se elimina la disposición alternativa que contenía el citado párrafo antes de 2017, y que ya no tiene sentido al añadir al artículo 13.4. ModCDI ya no sólo las enajenaciones de acciones sino también de intereses en 'partnerships' y 'trusts'. El nuevo párrafo 28.5 también explica el sentido de la regla de los 365 días: evitar que el peso de los activos inmobiliarios en una entidad se diluyan en un momento inmediatamente anterior a la ena-jenación para evitar la aplicación del artículo 13.4 ModCDI y poder eludir la tributación en el Estado de la fuente de la enajenación de las acciones, ya que, en este supuesto, la regla general del artículo 13.5 ModCDI sería de aplicación.

- El párrafo 28.9 trata de corregir el efecto desproporcionado que, en alguna situación, puede provocar la nueva redacción del artículo 13.4 ModCDI, ya que el precepto permite al Estado de la fuente gravar la enajenación de acciones que derivan su valor de bienes inmuebles allí situados en los 365 días siguientes a la enajenación del inmueble, aunque en el momento de la enajenación de las acciones ya no deriven su valor de tales inmuebles. A estos efectos, se da el siguiente ejemplo: una persona física residente en el Estado R tiene acciones de una sociedad residente en el Estado R que tiene un inmueble en el Estado F, tal sociedad vende el inmueble el 1 de enero, y la persona física fallece el 31 de diciembre de ese mismo año. En este caso, la venta por la sociedad del inmueble ya habría otorgado al Estado F el derecho a gravar la ganancia derivada del inmueble de acuerdo con el artículo 13.1 ModCDI. Si el Estado F también considera que el fallecimiento de la persona física da lugar al devengo de un impuesto, podría gravar la 'enajenación ficticia' también en el momento del fallecimiento de acuerdo con el artículo 13.4 ModCDI. En este caso, algunos Estados consideran que el valor de la propiedad inmobiliaria enajenada no debería tomarse en cuenta cuando se aplica el artículo 13.4. a las acciones enajenadas como resultado del fallecimiento. Para evitar este efecto, el párrafo 28.9 propone la redacción de una cláusula que elimine este problema, dando un modelo para ello que excluye la aplicación del artículo 13.4. o la toma en consideración de la propiedad enajenada con anterioridad en la venta posterior de las acciones a los efectos de la aplicación del artículo 13.4 ModCDI 2017. Al mismo tiempo, los Estados que puedan estar preocupados por el abuso de esta disposición alternativa (por ejemplo, por enajenaciones entre partes vinculadas) puede considerar reducir su aplicación a casos de transmisiones entre partes no vinculadas. También si algunos Estados no reconocen en su derecho interno ganancias de capital en ciertas enajenaciones son libres de excluir las mismas del ámbito de aplicación de la excepción en el modelo de cláusula propuesta.

El nuevo CDI España-Japón, aún no en vigor, que sustituirá al antiguo de 1974, ya sigue el artículo 13.4 ModCDI 2017.

3.4. Las ganancias derivadas de la enajenación de la propiedad mobiliaria afecta a un establecimiento permanente o del propio establecimiento permanente

El artículo 13.2 ModCDI dispone que la enajenación de propiedad mobiliaria que forme parte del activo de un EP puede ser gravada en el Estado de situación del EP, el cual también podrá gravar dicha propiedad si se enajena el establecimiento permanente en su totalidad. Como el párrafo 24 de los CMC señala, esta regla de distribución de competencias, que trata de establecer una norma paralela al artículo 7 ModCDI, resulta aplicable únicamente a la propiedad mobiliaria afecta al EP. El término propiedad mobiliaria significa, según el citado párrafo 24, cualquier propiedad distinta de la inmobiliaria comprendida en el ámbito de aplicación del artículo 13.1 ModCDI e incluye activos como la propiedad inmaterial (v.gr. fondo de comercio, licencias, derechos de emisión etc.; esta última referencia se ha añadido a partir de 2014 como manera de aclarar que son bienes muebles y siguen las reglas generales de imposición en esta materia y no las propias de los inmuebles, es decir, del artículo 13.1 ModCDI). A diferencia de lo que ocurre en la regla del artículo 13.1 ModCDI, el artículo 13.2 atribuye al Estado de ubicación la potestad de gravamen sobre la ganancia derivada de la transmisión de bienes o derechos de naturaleza mobiliaria afectos al EP incluso si se encuentran situados en un país distinto a aquél donde se encuentra el EP.

Lo cierto es que la introducción de la regla del artículo 13.4 ModCDI para la enajenación de acciones con un componente inmobiliario no cuadra bien con lo dispuesto en el art 13.2. ModCDI y debería aclararse cuál de las dos reglas resulta de aplicación en estos casos allí donde las acciones estén vinculadas a un EP en el Estado de la fuente (si bien en algunos supuestos pueden llevar al mismo resultado práctico, existen situaciones donde ello no será así).

La propiedad mobiliaria debe, en cualquier caso, estar afecta al activo del EP, puesto que, si tal requisito no se verificara, será de aplicación la regla residual del artículo 13.5 ModCDI al no regir en este ámbito el principio de la fuerza de atracción del establecimiento permanente (párrafo 27, CMC). En 2010 se añadieron dos nuevos párrafos (27.1 y 27.2) a los CMC artículo 13 a fin de coordinar este precepto con el nuevo artículo 7 ModCDI y sus comentarios, que, como es sabido, recogen ya, desde ese año, de forma plena el llamado enfoque autorizado de la OCDE en materia de atribución de beneficios a los EPs. Este enfoque requería de alguna precisión en relación con el artículo 13.2 ModCDI, a fin de determinar qué tipo de bienes y derechos que puedan ser enajenados pueden entenderse vinculados o afectos a los EPs. Por ello, el párrafo 27.1 dispone que formarán parte de la propiedad afecta a un establecimiento permanente los bienes y derechos cuya «propiedad económica» pueda ser atribuida al EP de acuerdo con los principios desarrollados en el Informe de la OCDE sobre Atribución de Beneficios a los EPs, párrafo 72-97 de la Parte Primera (OCDE, París, 2010) a los efectos de la aplicación del artículo 7.2 ModCDI 2010. En el contexto de este precepto, continúa el párrafo 27.1, la «propiedad económica» significa «el equivalente de la propiedad a efectos de la imposición sobre la renta por una empresa separada, con los beneficios y cargas que conlleva (v.gr. el derecho a percibir rentas de tal propiedad, la amortización y la exposición potencial a las ganancias y pérdidas derivadas de la apreciación y depreciación de la propiedad)». En consecuencia, continúa el párrafo 27.1., el mero hecho de que la propiedad haya sido incluida en un balance preparado para el EP no es suficiente para concluir que está «efectivamente conectada»con el EP. Para las empresas aseguradoras, el nuevo párrafo 27.2. aclara que se deben seguir los principios del Informe sobre Atribución de Beneficios a los EPs, Parte IV, conminando a las autoridades tributarias a aplicar, debido a la naturaleza general de dicha guía, un enfoque flexible y pragmático que tenga en cuenta la aplicación razonable y consistente de los principios de tal Informe a los efectos de la identificación de los activos específicos que forman parte o están atribuidos al EP. Lo cierto es que nada impide que los nuevos párrafos añadidos en 2010 produzcan fuerza interpretativa con respecto a CDIs firmados con anterioridad, incluso cuando sigan el artículo 7 ModCDI 1963-2008, ya que el nuevo enfoque relativo a atribución de beneficios / activos a EPs no varía significativamente en este punto concreto con respecto al vigente en el período 1963-2008 (lo mismo cabe decir en relación con las precisiones gemelas que se realizan en relación con los artículos 10, 11, 12, 21 y 22 ModCDI).

Por otra parte, si bien el artículo 13.2. ModCDI vincula el gravamen en el Estado de ubicación del EP a la existencia de una enajenación, los CMC, párrafo 25, en relación con el párrafo 10, aclaran que el Estado de la fuente podrá someter a gravamen las transferencias de activos desde el EP situado en un Estado a EP o a la casa central ubicados en otros países. No obstante, la potestad de gravamen en esta materia dependerá de lo que establezca la legislación interna a estos efectos (vid. artículo 18 LIS y 15.3 y 16 TRLIRNR) y allí donde tal situación no esté regulada internamente la transferencia no debería generar ninguna obligación tributaria.

Por último, al igual que ocurría en el caso del artículo 13.1 ModCDI, la regla del artículo 13.2 ModCDI nada indica sobre la imposición en el Estado de residencia del contribuyente, siendo necesario acudir a la legislación doméstica de este y al artículo 23 ModCDI para determinar cómo tributa la ganancia de capital en este último. Llama la atención, sin embargo, que la actualización de 2010 no traslade al ámbito del artículo 13.2 ModCDI las mismas exigencias en términos de simetría y salvaguardias (ajuste correlativo) del artículo 7 para los casos en que la misma no se verifique en relación con ajustes vinculados al artículo 13, ya que los mismos problemas sobre atribución asimétrica de beneficios por los dos Estados contratantes son trasladables al ámbito del artículo 13.2 ModCDI en relación con la «propiedad económica» de los bienes por el EPs. A los efectos de solucionar los problemas de doble atribución de la propiedad económica o atribuciones asimétricas, a nuestro juicio, los principios del artículo 7 ModCDI, ya sea en su versión anterior o posterior a 2010, deben entenderse también de aplicación en el contexto del artículo 13.2 ModCDI.

Los cambios realizados por el ModCDI 2017 en relación con los Comentarios al artículo 13.2 ModCDI son menores y se limitan a dar una mejor redacción al párrafo 26, que aclara la aplicación del precepto en relación con entidades o acuerdos tratados como transparentes a efectos tributarios por los Estados contratantes y participaciones en este tipo de entidades o acuerdos.

Allí donde el CDI recoja el equivalente al artículo 14 ModCDI vigente hasta la revisión del año 2000 (prestaciones por servicios independientes), lo lógico es que se prevea que el equivalente al artículo 13.2 ModCDI también sea aplicable a las bases fijas (v.gr. CDIs con Australia, Irlanda, Portugal, Serbia, Omán, etc.).

3.5.   Ganancias obtenidas en la enajenación de buques o aeronaves empleados en el tráfico internacional

El artículo 13.3. ha sufrido una modificación relevante en su texto para adaptarlo a los cambios realizados en el artículo 8 y 22 ModCDI 2017. Los Comentarios al artículo 13.3 ModCDI 2017 sólo presentan ligeros cambios en los párrafo 28 y 28.2. para adaptarlos a la nueva redacción del precepto.

De acuerdo con el artículo 13.3 ModCDI, hasta 2014 las ganancias derivadas de la enajenación de barcos y aeronaves explotados en el tráfico internacional, de embarcaciones utilizadas en la navegación interior, o de bienes muebles afectos a la explotación de dichos buques, aeronaves o embarcaciones solo pueden someterse a imposición en el Estado donde esté situada la sede de dirección efectiva de la empresa. En realidad, este artículo contiene una regla de atribución de la jurisdicción exclusiva al Estado de situación de la sede de dirección efectiva de la empresa. En 2017, sin embargo, en línea con las modificaciones realizadas en el artículo 8 y 22 ModCDI 2017, se modificó también el artículo 13.3. para atribuir la jurisdicción sobre las rentas derivadas de la enajenación al Estado de la empresa que opera el barco o avión en el tráfico internacional (eliminándose también la referencia a embarcaciones utilizadas en aguas interiores). En realidad, muchos CDIs españoles, atribuyen la jurisdicción al Estado de residencia de la empresa que explota el buque o aeronave más en línea con el artículo 13 ModCDI 2017 que con sus antecesores (v.gr. CDIs con Australia, Canadá, Corea, Costa Rica, EEUU, Estonia, Japón, Kuwait, Letonia, Malta, Moldavia, Noruega, Rep. Dominicana, El Salvador, Turquía, Uzbekistán, Vietnam). Esta regla especial para buques y aeronaves, en sus versiones hasta 2014 o después de 2017, es análoga a las establecidas en el artículo 8 y 22 y es de aplicación prioritaria con respecto a los artículos 5 y 13.2 ModCDI.

El artículo 13.3 ModCDI se aplica, aclara el párrafo 28.1 de los CMC, a las empresas propietarias de buques o aeronaves cuando la misma empresa explota el buque o aeronave (como tal o lo cede en contratos de 'wet leasing'). Si no coincidiera la propiedad y la explotación del buque en la misma empresa (v.gr. empresas de leasing a casco desnudo o 'dry leasing', excepto si son de naturaleza ocasional por empresas de navegación internacional) se aplica la regla general de los artículos 5 y 13.2 ModCDI a la empresa propietaria de los bienes.

Algunos CDIs españoles extienden esta regla a las empresas que explotan vehículos de carretera y/o ferrocarriles utilizados en el tráfico internacional (v.gr. CDI España con Armenia, Turquía, Macedonia Irán, Uzbekistán o Bosnia) o incluso a embarcaciones utilizadas en la navegación interior (v.g. CDI España-Portugal, CDI España-Bosnia, España-Alemania 2011). No se aplicará el artículo 13.3 ModCDI a las ganancias de capital derivadas de la enajenación de activos inmobiliarios de la empresa que explota buques o aeronaves en la navegación internacional, en estos casos resultará de aplicación prioritaria el artículo 13.1 ModCDI. La regla del artículo 13.3 ModCDI no solo afecta a los buques y aeronaves con las características señaladas, sino también a los bienes muebles afectos a la explotación de los mismos.

3.6.   La cláusula residual del artículo 13.5 del Modelo Convenio de doble imposición. Las ganancias derivadas de la enajenación de otros bienes y derechos

El artículo 13.5 ModCDI, que no ha sufrido modificaciones en 2017 ni en su texto ni en los Comentarios al ModCDI, contiene una regla residual que atribuye la jurisdicción para gravar en el Estado de residencia del transmitente las ganancias de capital no contempladas en otros párrafos del artículo 13 ModCDI. Esta regla residual de atribución de jurisdicción al Estado de residencia, que en principio se aplicaba, hasta la aparición del artículo 13.4 ModCDI en 2003, a todo tipo de acciones, encontraba su fundamento en la facilidad de aplicación de la misma, de manera que para el Estado de residencia debe resultar relativamente sencillo determinar la ganancias vinculada a bienes muebles mientras que, para el Estado de la fuente, tal operación de cuantificación de la ganancia puede presentar perfiles más complejos (v.gr. determinación o conocimiento del valor de adquisición / venta de las acciones).

Con respecto a este precepto, cabe señalar la reserva que España, siguiendo al Modelo de Convenio de la ONU, realizó en el párrafo 45 ModCDI hasta 2008 de tal forma que no se aplicaría la regla de tributación exclusiva en el Estado de residencia en los supuestos de enajenación de acciones u otros derechos que formen parte de una participación sustancial en una sociedad residente en su territorio. Tal reserva fue eliminada en 2010, aunque la situación anterior tiene su reflejo en un buen número de CDIs españoles que regulan cláusulas sobre participaciones sustanciales (v.gr. Andorra, Australia, Corea, Chile, China, EEUU, Egipto, Francia, India, Irlanda, Israel, México, aunque en este último CDI la cláusula de participaciones sustanciales ha sido eliminada por el nuevo Protocolo con efectos a 27 de septiembre de 2017 a fin de atribuir a México, también a España, más derechos de gravamen para las enajenaciones de acciones en general, Noruega, Holanda, Portugal, antigua Unión Soviética, Vietnam). En consecuencia, el alcance de la cláusula residual en los CDIs españoles dependerá de si existe o no una cláusula relativa a las participaciones sustanciales (y de la amplitud con que estén redactados el resto de los párrafos del artículo dedicado a las ganancias de capital, una cláusula singular es la incluida, por ejemplo, en el CDI España-Panamá, artículo 13.4, que permite al Estado de la fuente gravar las transmisiones de acciones cuando un residente del otro Estado tuvo más del 10 % de los derechos de voto en el valor o capital de una sociedad residente del otro Estado durante un período inferior a doce meses; vid también la cláusula especial del artículo 13.5 del CDI España-Argentina 2014). Repárese que, en relación con todos estos CDIs que permiten el gravamen en la fuente de la enajenación de participaciones, ya sea sustanciales o inmobiliarias produce efectos la STS de 25 de octubre de 2013, n. 1374/2011, que reconoció que la no aplicación de deducciones para la eliminación de la doble imposición económica para las reservas de la sociedad cuyas participaciones resultaban enajenadas podía vulnerar el Derecho de la UE allí donde en la situación interna sí se reconociera el derecho a eliminar la doble imposición económica. La STS está referida a situaciones intracomunitarias, pero también podría producir efectos en relación con países terceros con respecto a los cuales puede resultar aplicable la libre circulación de capitales (también en relación con países con acuerdos de comercio con la UE con libertades directamente aplicables).

En ausencia de una norma en materia de participaciones sustanciales en el sentido de la reserva formulada por España hasta 2008 o de tributación en el país de residencia de la sociedad de las transmisiones de acciones (v.gr. CDI España-México a partir del 27 de septiembre de 2017), la regla residual del artículo 13.5 ModCDI no se muestra muy coherente con la atribución de jurisdicción que realiza el artículo 10 ModCDI, facilitando las operaciones de planificación fiscal (algo similar ocurre con la regla del artículo 11 ModCDI).

Hay que resaltar que el ámbito de aplicación de esta regla, como ya se comentó más arriba, depende en gran parte del artículo 10.3 ModCDI y de la definición interna de dividendos, como también ponen de manifiesto los propios comentarios al artículo 13.5 ModCDI. Por ello, puede perfectamente ocurrir que, en algunos países (no es el caso de España), las ganancias que se pongan de manifiesto como consecuencia de la disolución y liquidación de una sociedad residente para un no residente que tenga una participación en la misma se califiquen como dividendos (en la parte correspondiente a reservas no distribuidas) y no como rentas sujetas a tributación en el Estado de residencia del accionista o partícipe de acuerdo con la regla del artículo 13.5 ModCDI. En nuestra doctrina administrativa, por ejemplo, en la consulta DGT V2244-10 de 19-10-2010, se consideró cuál era la calificación de la ganancia obtenida, en el momento de su disolución y liquidación, por una sociedad inglesa que era accionista de una sociedad española en relación con la participación que la primera tenía en la segunda y concluyó que se trataba de una renta sujeta a la cláusula residual del artículo 13.4 CDI España-Reino Unido (análoga al artículo 13.5 ModCDI).

Al mismo tiempo, debe también tenerse presente que, en este contexto, tiene menos importancia la calificación autónoma o conforme a la legislación interna de la ganancia patrimonial: si el comercio de acciones u otros bienes muebles puede considerarse como beneficio empresarial del artículo 7 ModCDI o como ganancia de capital del artículo 13 ModCDI, las consecuencias serán idénticas en el plano convencional ya que el Estado de la fuente solo tendrá jurisdicción cuando se verifique el vínculo económico (atribución de la propiedad económica) entre el bien o derecho comerciado y un EP en el Estado de la fuente en el sentido definido en el artículo 13.2 ModCDI. En los CDIs donde se reconoce que el Estado de residencia de la sociedad puede gravar ciertas ganancias de capital sin definir si son ganancias derivadas de una actividad empresarial o no, el artículo sobre ganancias de capital tendrá preferencia normalmente sobre el artículo 7 ModCDI (beneficios empresariales) debido al carácter residual de este último.

Por último, la revisión del ModCDI de 2005 añadió el párrafo 32 CMC a fin de aclarar la posición de la tributación de las distintas rentas que se pueden poner de manifiesto como consecuencia de las retribuciones en especie dadas a los trabajadores en el contexto de los llamados «stock-option plans». A estos efectos, el párrafo 32 aclara que es preciso distinguir las ganancias de capital que puedan derivarse de la enajenación de acciones adquiridas como consecuencia del ejercicio de los derechos u opciones sobre acciones concedidos como remuneración en especie (y que, en principio, están sometidas a las reglas del artículo 13 ModCDI) de los beneficios derivados de los derechos u opciones sobre acciones, que, en tanto son rentas del trabajo, caen en el ámbito de aplicación del artículo 15 o, en su caso, del artículo 16 ModCDI. En cualquier caso, son los artículo 15 ModCDI y artículo 16 ModCDI los que consideran con detalle esta cuestión, por lo que, a fin de evitar reiteraciones, nos remitimos, a estos efectos, a los comentarios a estos artículos.

4. TRIBUTACIÓN DE LAS GANANCIAS DE CAPITAL SEGÚN LA LEGISLACIÓN DOMÉSTICA

4.1. El concepto doméstico de ganancias patrimoniales

La legislación española no emplea el concepto de «ganancia de capital», sino de «ganancia patrimonial». Si bien el artículo 13.1.i) TRLIRNR se refiere a las ganancias patrimoniales a la hora de definir los puntos de conexión de las rentas obtenidas por el territorio español, el artículo 13.3 TRLIRNR remite al artículo 33 LIRPF a fin de delimitar el significado del concepto de ganancia patrimonial. Las diferencias entre el concepto interno y el convencional, ya estudiadas más arriba, determinarán que, en presencia de un CDI, no todas las rentas que el artículo 13.1.i) TRLIRNR considera «ganancias patrimoniales» puedan considerarse como ganancias de capital en los CDI. En particular, no serán ganancias de capital a los efectos convencionales (y estarán sometidas al artículo 21 ModCDI), las ganancias patrimoniales a que se refiere el artículo 13.1.i).4° TRLIRNR, esto es, las derivadas de la incorporación al patrimonio del contribuyente de bienes situados en territorio español y derechos que deban cumplirse o ejercitarse en el mismo, que no se deriven de una transmisión previa, como las ganancias del juego (el gravamen especial sobre los premios de determinadas loterías y apuestas de la disposición adicional 5 TRLIRNR en la mayoría de los casos, dependiendo de la redacción del artículo 2 del CDI en cuestión, resultará afectado por el CDI de forma que este tipo de ganancias por incorporación se llevan al ámbito del artículo 21 ModCDI). Tampoco se generará una ganancia de capital, a pesar de que el artículo 24 TRLIRNR indica lo contrario, en los supuestos de especificación de derechos a los que se refería el artículo 33.2 LIRPF (disolución de la sociedad legal de gananciales, comunidades de bienes y división de la cosa común) aspecto que se reconoce, tras la Ley 2/2010, desde 1 de enero de 2010, para los contribuyentes residentes en otros países de la UE (vid. artículo 24.6 TRLIRNR y la consulta de la DGT V2779-11 de 22-11-2011, o la consulta DGT V0461-11 de 1-3-2012) y, desde 1 de enero de 2015, de la EEE (por la modificación operada en el artículo 24 TRLIRNR por la Ley 26/2014), aunque no existen razones para considerar que la misma conclusión no pueda aplicarse a otros contribuyentes residentes en otros países cuando sea aplicable la libre circulación de capitales (vid., no obstante, el criterio en contra de esta posición de la consulta de la DGT V0461-11 de 21-11-2016).

En el supuesto de que medie la existencia de un EP, el cálculo de su renta de conformidad con las normas del IS (con algunas correcciones a las que ya hemos hecho referencia y plasmadas, sobre todo, en el artículo 16 y ss. TRLIRNR) determina que no puedan obtener ganancias patrimoniales (sino rentas de la actividad económica). En el ModCDI, sin embargo, ya se vio que la enajenación de un bien mueble (artículo 13.2) o inmueble (artículo 13.1) por el establecimiento permanente (o la propia enajenación del establecimiento, artículo 13.2) determinará que el Estado de ubicación pueda someter a gravamen las ganancias de capital puestas de manifiesto como consecuencia de la enajenación. En la práctica esta idea determina que el EP no deba realizar ningún ajuste en su declaración del IRNR pues el CDI atribuye la jurisdicción al estado del EP sin concretar las reglas de cálculo o el modo de tributación de la «ganancia» / resultado del EP en este aspecto. El problema se encontrará cuando el bien mueble enajenado se encuentre parcialmente afecto al EP y a la casa central, en cuyo caso será necesario efectuar el correspondiente prorrateo de la ganancia, o cuando ambos Estados no sean capaces de ponerse de acuerdo sobre la «propiedad económica del bien o derecho» y su atribución o no al EP.

4.2. La tributación de las ganancias patrimoniales según la legislación doméstica

El artículo 13.1.i TRLIRNR emplea los siguientes criterios de sujeción de las ganancias patrimoniales obtenidas por el no residente en los supuestos de contribuyentes que operen sin EP:

1. Las que deriven de valores emitidos por personas o entidades residentes en España. Este punto de conexión opera con independencia del lugar donde el valor esté materialmente depositado o anotado o donde sea objeto de emisión o negociación. Existe, en este punto, una diferencia sustancial con el artículo 13 ModCDI: para determinar si una ganancia patrimonial derivada de la transmisión de valores está sujeta en España, la legislación interna se centra en el lugar de residencia del emisor, en tanto que el artículo 13.5 ModCDI atiende al lugar de residencia del transmitente, por lo que los CDIs que sigan el ModCDI limitan sustancialmente la potestad tributaria española.

2. Las que deriven de otros bienes muebles (excluidos los valores) situados en territorio nacional o de derechos que deban cumplirse o ejercitarse en dicho territorio.

La regla del artículo 13.5 ModCDI limitará fuertemente este punto de conexión puesto que, en los casos de transmisión de bienes muebles o derechos por el no residente, con independencia del lugar de situación o ejercicio, se atribuye la jurisdicción tributaria al Estado de residencia del transmitente.

3. Las que procedan, directa o indirectamente, de bienes inmuebles situados en España o de derechos relativos a los mismos, considerando incluidas en este punto de conexión:

a) las ganancias derivadas de derechos o participaciones en sociedades o entidades, residentes o no, cuyo activo esté constituido principalmente, de forma directa o indirecta, por bienes inmuebles situados en España;

b) las ganancias derivadas de la transmisión de derechos o participaciones en sociedades o entidades, residentes o no, que atribuyan a su titular el derecho de disfrute sobre bienes inmuebles situados en territorio español (derechos de multipropiedad principalmente).

El criterio de las letras a) y b) guarda una gran similitud con el que emplea el artículo 13.1 ModCDI relativo a los inmuebles (en combinación con la reserva realizada por España en 2010 en el párrafo 33 de los CMC artículo 13 ModCDI 2010 y que se mantuvo con posterioridad en 2014 y 2017), pero existen algunas diferencias importantes. La enajenación de participaciones de sociedades residentes en España o no, cuyo activo esté constituido principalmente por inmuebles o de derechos que otorguen el disfrute de bienes inmuebles en España solo será posible si el CDI en cuestión incluye una cláusula análoga al artículo 13.4 ModCDI 2003-2017, y que siga la reserva española del párrafo

33, o cuando entre España y el otro país produzca efectos el artículo 9 MLI. A la espera de la entrada en vigor del MLI para España, no todos los CDIs españoles incluyen cláusulas similares (el CDI con Holanda no tiene esta cláusula y está fuera del ámbito de aplicación del MLI), por lo que, en ausencia de la misma, no estarán gravadas en España las enajenaciones de derechos o participaciones en sociedades, residentes o no en España, cuyo principal activo sea, directa o indirectamente, inmuebles situados en España o de otros derechos que otorguen el disfrute sobre bienes inmuebles. Acerca de cuándo puede considerarse que el activo de una sociedad está constituido principalmente por inmuebles, nos remitimos a los comentarios en la sección 3.3.1. a la SAN 5530/2017, de 29 de diciembre de 2017 (rec. n. 184/2016). Con respecto a los derechos de multipropiedad o cualquier otro derecho que permita el disfrute de un inmueble situado en España, habrá que estar a la definición de «bienes inmuebles» del equivalente al artículo 6.2 ModCDI en el CDI correspondiente (o a las cláusulas específicas que el mismo añada, vid., por ejemplo, sobre la multipropiedad el protocolo II del CDI España-Catar) y en la legislación interna a la que éste se remite (vid. la consulta de la DGT V2682-16 de 14-6-2016 que concluye que tributa en España la enajenación de derechos de multi-propiedad con naturaleza de derechos reales) para determinar si puede concluirse que la ganancia derivada de la enajenación del derecho sobre el inmueble se encuentra sujeta a tributación en España o bien a la existencia de una cláusula específica que recoja en el artículo 13 ModCDI la reserva española (v.gr. CDIs con Albania, Barbados, Catar, Finlandia 2015, Georgia, Kazajastán, Moldavia, Pakistán, Panamá, Uruguay, Singapur).

4. Las ganancias derivadas de la incorporación al patrimonio del contribuyente de bienes situa-dos en territorio español o derechos que deban cumplirse o se ejerciten en el mismo, aún cuando no deriven de una transmisión previa, como las ganancias en el juego. El artículo 13 ModCDI no com-prende este tipo de ganancias patrimoniales en el concepto de ganancias de capital, por lo que las ganancias de este tipo deberán ser calificadas a la luz del artículo 21 ModCDI (ello a pesar del erróneo criterio de la DGT relativo a las ganancias por donaciones o herencias de inmuebles en España recibidas por personas jurídicas no residentes sin EP citadas más arriba). A estos efectos, conviene tener en cuenta que la Ley 16/2012, de 27 de diciembre, añadió una disposición adicional 5 TRLIRNR creando el gravamen especial sobre los premios de lotería; sin embargo, en la medida que la lotería supone una ganancia patrimonial, la exacción de tal gravamen estará limitada por el artículo 21 ModCDI. Es conveniente tener en cuenta que el gravamen especial excluye la aplicación de la nor-mativa general del TRLIRNR (párrafo 5, Disposición adicional 5 TRLIRNR).

Con respecto a los contribuyentes no residentes con EP, los criterios del artículo 13.2 ModCDI y del artículo 16 TRLIRNR son sustancialmente coincidentes si bien hay que tener presente que España no sigue completamente el enfoque autorizado de los Comentarios al artículo 7 ModCDI 2010-2014 en materia de atribución de beneficios a los EP sino los anteriores contenidos en el Informe de la OCDE de atribución de beneficios a EPs de 2008 (y aún así, en estos casos, pueden existir problemas, vid. el capítulo relativo al artículo 7 ModCDI).

Por otra parte, la legislación española –de forma principal, aunque no exclusiva, el artículo 14 TRLIRNR– establece una serie de exenciones que excluyen la tributación en España de las ganancias patrimoniales del no residente a pesar de que el CDI aplicable atribuya la jurisdicción tributaria a España. Son las siguientes:

a) El artículo 14.1.a) TRLIRNR extiende al no residente las mismas exenciones que el artículo 7 LIRPF reconoce para los residentes, por lo que, algunas ganancias patrimoniales que obtenga el no residente persona física no tributarán en España si tienen encaje en el citado precepto. Debe tenerse en cuenta, a estos efectos, que los premios de lotería gozan también de las execciones de la dispo-sición adicional 33, en conexión con la disposición transitoria 35 LIRPF, de conformidad con la disposición adicional 5 TRLIRNR.

b) Ganancias patrimoniales derivadas de bienes muebles obtenidas, sin EP, por residentes en la Unión Europea o por EPs de estos residentes situados en otro Estado miembro de la Unión Europea, con la excepción de los obtenidos a través de paraísos fiscales así como de los derivados de la transmisión de acciones, participaciones o derechos en entidades cuyo activo principalmente, directa o indirectamente, esté constituido por inmuebles situados en territorio español o las ganancias obtenidas como consecuencia de la transmisión de participaciones en entidades cuando en algún momento, durante el período de doce meses anteriores a la transmisión, el contribuyente haya participado de forma directa o indirecta en, al menos, el 25 % del capital o patrimonio de la entidad [artículo 14.1.c) TRLIRNR]. A partir del 1 de enero de 2015 se añadió una tercera excepción a la exención: entidades no residentes que no cumplan los requisitos para la aplicación del artículo 21 LIS 2014. Esta última regla plantea problemas de interpretación relevantes en relación con la excepción relativa a sociedades cuyo activo sea inmobiliario y esté afecto a actividades empresariales, ya que, en estos casos, la sujeción de la operación a tributación en España podría plantear problemas desde la perspectiva del Derecho de la UE (libertad de establecimiento y libre circulación de capitales) ya que operaciones análogas (enajenaciones de acciones en sociedades cuyo activo sea inmobiliario) realizadas por una entidad residente en España podrían aplicar el método de exención del artículo 21 LIS 2014. El artículo 45 de la Ley 19/2004, de 6 de julio (en la redacción por el Real Decreto Ley 12/2006), extiende a los no residentes en la Unión Europea esta exención en relación con las participaciones en las entidades de la Zona Especial Canaria (la exención no se aplica para rendimientos obtenidos a través de territorios con los que no exista intercambio de información efectiva o cuando la sociedad matriz tenga su residencia en un paraíso fiscal).

c) Las rentas derivadas de valores emitidos en España por personas físicas o entidades no residentes sin mediación de EP, cualquiera que sea el lugar de residencia de las instituciones financieras que actúen como agentes de pago o medien en la emisión o transmisión de los valores (artículo 14.1.e TRLIRNR). No obstante, cuando el titular de los valores sea un EP en territorio español, las rentas a que se refiere el párrafo anterior quedarán sujetas a este impuesto y, en su caso, al sistema de retención a cuenta, que se practicará por la institución financiera residente que actúe como depositaria de los valores.

d) Las rentas obtenidas en territorio español y derivadas de la transmisión de contenedores, buques y aeronaves a casco desnudo utilizados en la navegación internacional siempre que la empresa no residente no opere con EP en España, [artículo 14.1.g) TRLIRNR, el segundo párrafo de esta letra, relativa solo a aeronaves, parece más bien aplicable a rendimientos y no a ganancias, aunque, por su redacción, también sería posible aplicarla en caso de ganancias].

e) Las rentas derivadas de las transmisiones de valores o el reembolso de participaciones en fondos de inversión realizados en alguno de los mercados secundarios oficiales de valores españoles, obtenidas por personas físicas o entidades no residentes sin mediación de EP en territorio español, que sean residentes en un Estado que tenga suscrito con España un CDI con cláusula de intercambio de información, salvo que la ganancia se obtenga a través de un paraíso fiscal [(artículo 14.1.i) TRLIRNR].

f) Las ganancias patrimoniales derivadas de operaciones que se acojan al régimen especial de fusiones, escisiones, aportaciones de activos y canje de valores de los artículos 76 y ss. LIS 2004 (salvo que el no residente esté radicado en un paraíso fiscal).

g) Las rentas derivadas de la transmisión de la participación en entidades de tenencia de valores extranjeros en las condiciones que establece el artículo 108.2 LIS 2014 (que, básicamente, limita la exención de la ganancia patrimonial a rentas que se hayan beneficiado, porque se trata de reservas constituidas con cargo a beneficios recibidos o plusvalías realizadas o se correspondan con participaciones que pueden beneficiarse del artículo 21 LIS 2014 o con EPs que cumplan los requisitos del artículo 22 LIS 2014).

h) Las donaciones, aportaciones o donativos realizadas a favor de las entidades sin fines lucrativos reguladas en el artículo 21 Ley 49/2002, de 23 de diciembre, y que, realizadas por no residentes, pudieran estar sujetas a tributación en España.

i) La disposición adicional 4 TRLIRNR incorporó, en línea con la disposición adicional 37 LIRPF, la exención del 50 % para las ganancias patrimoniales obtenidas en transmisiones inmobiliarias de bienes urbanos situados en territorio español adquiridos a partir de la entrada en vigor del Real Decreto-ley 18/2012, de 11 de mayo, y hasta el 31 de diciembre de 2012 (esta exención tiene ciertas excepciones reguladas en la propia disposición adicional 4 TRLIRNR).

No debe olvidarse que el artículo 24.4 TRLIRNR extiende a los no residentes los supuestos de no sujeción que regula el artículo 33.3 LIRPF (quizás, el supuesto principal que afecta al no residente sea el relativo a las ganancias patrimoniales puestas de manifiesto con ocasión del fallecimiento del contribuyente). Con respecto a la aplicación a los no residentes de los supuestos que, según el artículo 33.2 LIRPF, no se consideran alteración patrimonial, excluida según el artículo 24.4 TRLIRNR, en casos de CDIs que sigan el ModCDI, resultará complicado que se pretendan gravar en España supuestos en los que no existe «enajenación» (vid. no obstante, por ejemplo, en sentido contrario, la consulta de la DGT V5053-16 de 21-11-2016, relativa a dos contribuyentes residentes en Indonesia, con una postura probablemente contraria a la libre circulación de capitales, que se aplica a terceros Estados no miembros del EEE o de la UE). En relación con los no residentes, a su vez, residentes de la UE, desde el 1 de enero de 2010, la redacción que la Ley 2/2010, de 1 de marzo, ha dado al artículo 24.6.2 TRLIRNR hace posible que el artículo 33.2 sea de aplicación a estos contribuyentes (así lo ha confirmado, por ejemplo, la consulta de la DGT V2779-11 de 22-11-2011). Desde el 1 de enero de 2015, esta norma se aplica también a residentes del EEE allí donde exista efectivo intercambio de información con España. En ningún caso se aplicará al no residente (resida o no dentro de la UE o del EEE), el regimen de diferimiento del artículo 94.1.a) LIRPF, aunque los problemas en relación con el Derecho de la UE que pueda generar esta exclusion resultarán mitigados por la aplicación en muchos casos a las ganancias a las que se refiere del equivalente al artículo 13.5 ModCDI.

Por lo demás, la tributación de las ganancias patrimoniales sujetas y no exentas en España, a efectos del cálculo de las mismas, seguirá las reglas aplicables a los residentes en cuanto a la formación del valor de adquisición del bien o derecho y del valor de transmisión (artículo 24.4 TRLIRNR), ahora bien, no será posible para el no residente la compensación de ganancias positivas y las pérdidas (a diferencia de lo que ocurre con los residentes). Hay que tener en cuenta que, según la redacción que ha dado al artículo 24.4 TRLIRNR la LMPFF, para las ganancias patrimoniales procedentes de la transmisión de derechos o participaciones en entidades residentes en países o territorios con los que no exista efectivo intercambio de información tributaria cuyo activo esté compuesto principalmente por bienes inmuebles en España, el valor de transmisión se determinará atendiendo proporcionalmente al valor de mercado, en el momento de la transmisión, de los bienes inmuebles situados en territorio español o de los derechos de disfrute sobre dichos bienes.

Desde el 1 de enero de 2015, el valor de adquisición de las acciones enajenadas se coordina con los supuestos en los que resultó de aplicación el impuesto de salida del artículo 95.bis LIRPF, de manera que se tomará como tal el valor de mercado tenido en cuenta a efectos de este último precepto (artículo 24.4 in fine TRLIRNR).

Existe una peculiaridad importante en el supuesto de bienes inmuebles, al prever el artículo 44 TRLIRNR la deducción del Gravamen Especial sobre Bienes Inmuebles de Entidades no Residentes; sin embargo, en el caso de las ganancias patrimoniales la deducción presenta algunas dudas en la mayoría de los supuestos, debido a que lo más probable es que la ganancia de capital se obtenga con anterioridad al devengo del citado gravamen (que se produce el 31 de diciembre de cada año), por lo que en los casos de transmisiones anteriores al 31 de diciembre se plantea la duda de si es posible la aplicación de una deducción en proporción al tiempo de tenencia del bien durante el año natural (algo ciertamente difícil puesto que puede que, en relación con el año de la transmisión, el Gravamen ni siquiera se devengue, por ejemplo, porque se transmitió a una persona, física o jurídica, no sujeta a tributación por el mismo). En cualquier caso, el devengo del Gravamen Especial estará vinculado al titular del inmueble a 31 de diciembre, por lo que debiera ser éste quien, en su caso, y si procede, aplicara la correspondiente deducción (en este punto la Ley 16/2012, de 27 de diciembre, por la que se adoptan diversas medidas tributarias dirigidas a la consolidación de las finanzas públicas y al impulso de la actividad económica, no introdujo ninguna modificación del Gravamen Especial, aunque, como es sabido, ha reducido considerablemente su ámbito de aplicación para limitarlo a entidades residentes en paraísos fiscales).

Los tipos impositivos aplicables a estas ganancias, cuando resultan obtenidas por no residentes sin establecimiento permanente, son, de acuerdo con el artículo 25 TRLIRNR, el 19 % para las ganancias que se pongan de manifiesto con ocasión de la transmisión de elementos patrimoniales y el 24 % para el resto de las ganancias patrimoniales (19 % para residentes de la UE o del EEE cuando exista efectivo intercambio de información).

En materia de devengo, el artículo 27 TRLIRNR dispone, para los no residentes sin EP, que el devengo se producirá cuando se verifique la alteración patrimonial, lo cual parece excluir a los no residentes, especialmente personas físicas, de las reglas especiales que para los residentes se establecen en materia de devengo. La cuestión más importante, quizás, en esta materia se encuentra en la determinación de si, en las operaciones a plazos, cabe imputar toda la renta al momento que se produce la alteración patrimonial o podrá ser declarada a medida que se cobre cada pago. A priori, el TRLIRNR parece exigir que, en los casos de precios aplazados, la ganancia se impute al momento en que se produce la alteración patrimonial y no se vincule parcialmente al cobro de cada plazo. Ahora bien, con fundamento en el párrafo 2, artículo 15.1 TRLIRNR, como consecuencia de la referencia a «devengos parciales» que contiene, se podría argumentar que también en el caso de las ganancias patrimoniales obtenidas por el no residente sin EP la ganancia patrimonial se puede vincular a cada uno de los pagos aplazados y no solo al primero de ellos. Tal posibilidad de aplicar al no residente sin EP las reglas del IRPF relativas a la operaciones a plazos ha sido, sin embargo, rechada por la DGT (vid. la Resolución DGT V0896/2018, de 8 de abril de 2018), aunque pudiera suponer una vulneración de las libertades fundamentales del TFUE.

En el supuesto específico de bienes inmuebles, habrá que tener en cuenta varias normas específicas para el no residente sin EP: a) la retención del 3 % de la contraprestación acordada que el adquirente debe realizar sobre el precio a pagar por el bien inmueble adquirido al no residente (artículo 25.2 TRLIRNR), salvo en el caso de aportaciones de bienes inmuebles en la constitución o aumento de capital de sociedades residentes en territorio español; b) en el caso de la transmisión de derechos o participaciones en entidades residentes en países o territorios con los que no existe un efectivo intercambio de información cuyo activo está principalmente constituido, directa o indirectamente por inmuebles en España, los bienes inmuebles de la entidad quedarán afectos al pago del IRNR (artículo 25.3 TRLIRNR), si el titular del inmueble fuese una entidad española, quedarán afectos al pago del impuesto los derechos o participaciones en dicha entidad que, directa o indirectamente, correspondan al contribuyente [probablemente esta afección solo pueda hacerse valer frente al adquirente del bien en las condiciones definidas en el artículo 43.1.d) LGT 2003]. Será preciso además tener en cuenta las normas de algunos regímenes especiales dispersos (v.gr. artículo 10 de la Ley 11/2009, de 26 de octubre, Ley de las Socimi,).

En este punto, cabe destacar que los CDIs no establecen reglas relativas al cálculo de la ganancia patrimonial o al tipo aplicable a las mismas por lo que habrá que estar a las reglas domésticas (moduladas por el impacto que el Derecho de la UE ha tenido o continuará teniendo sobre las mismas).

5. ESPECIALIDADES EN ALGUNOS CONVENIOS DE DOBLE IMPOSICIÓN ESPAÑOLES

Con carácter general, los CDIs españoles siguen el ModCDI, en sus distintas versiones hasta 2014 (sólo el nuevo CDI con Japón, todavía no en vigor, sigue el ModCDI 2017), aunque en el campo de la imposición de las ganancias de capital encontramos numerosas especialidades. En el momento que entre en vigor el MLI será necesario tener en cuenta el efecto que sobre los CDIs españoles produce el artículo 9 del MLI y que estará vinculado a las enajenaciones de participaciones cuyo valor se deriva de inmuebles en el Estado de la fuente.

Entre las especialidades de los CDIs españoles se pueden identificar las siguientes (algunas ya comentadas más arriba):

a) El CDI Austria, artículo 13, en relación con las ganancias derivadas de la enajenación de bienes inmuebles o afectos a EPs, atribuye la jurisdicción exclusiva para gravar las mismas al Estado de ubicación del inmueble o situación del EP.

b) Con respecto a la cláusula residual del artículo 13.5 ModCDI, algunos CDIs (v.gr. Argentina 2014, artículo 13.7 y Brasil, artículo 13.3) prevén que, para bienes o derechos no incluidos en otro de los párrafos del artículo dedicado a las ganancias de capital, ambos Estados contratantes tengan jurisdicción para gravar las ganancias de capital (recordemos que el artículo 13.5 ModCDI atribuye, como norma, la jurisdicción tributaria al Estado de residencia del transmitente).

La cláusula residual del CDI con China se diferencia únicamente en su redacción, aunque sus efectos son similares, puesto que, en los casos de enajenación de bienes o derechos no mencionados en otros párrafos y procedentes del otro Estado contratante, se atribuye la potestad tributaria también a este último.

Por su parte, el CDI con Australia, como cláusula residual, recoge en su artículo 13.6, una regla de remisión a la legislación interna de los dos Estados contratantes. Realmente, este tipo de cláusulas, más que residuales, son generales, y, en buena medida, hacen innecesario el resto del artículo dedicado a las ganancias de capital (la única regla que contiene en estos CDIs una excepción a la regla general sería la dedicada a las empresas de navegación marítima y aérea). Una excepción es el caso del CDI con Argentina, 2014, donde el párrafo 4 del artículo 13 establece una limitación de tipos impositivos (10 % para participaciones directas del 25 % del capital, 15 % en el resto de los casos, sobre las transmisiones de acciones en el Estado de la fuente en función del porcentaje de participación en la sociedad de ese Estado) o el artículo 13.3. CDI con México en su redacción derivada del Protocolo con efectos a 27 de septiembre de 2017, que también prevé una tributación en el Estado de residencia de la sociedad con el límite del 10 %.

El CDI con Emiratos Árabes Unidos aclara en su Protocolo, párrafo 1, que la cláusula residual equivalente al artículo 13.5 se aplica a enajenaciones de acciones, distintas de las comprendidas en el artículo 13.4 (en sociedades cuyo activo es principalmente inmobiliario), que realicen las entidades financieras públicas o las sociedades de inversión públicas. Se trata de un párrafo de carácter aclaratorio destinado a asegurar que las entidades públicas inversoras, especialmente de Emiratos Árabes, tienen acceso al artículo 13.5 CDI España-EAU y no son objeto de imposición en España. Tal aclaración probablemente responde al hecho de que las entidades citadas no son objeto de imposición alguna en EAU, pero la aclaración es superflua porque ningún tipo de entidad, pública o privada de EAU, va a pagar impuesto sobre sociedades alguno en ese Estado (es decir, se trata de un caso claro donde un CDI admite supuestos de doble no imposición).

c) La regla del artículo 13.3 ModCDI, relativa a la tributación de las ganancias de capital derivadas de la enajenación de buques y aeronaves explotados en el tráfico internacional también presenta algunas excepciones dignas de mención. En primer lugar, en algunos CDIs (v.gr. Australia, artículo 13.3; Canadá, artículo 13.2; Corea, artículo 13.5; EEUU, artículo 13.5; Lituania, artículo 13.3; Malasia, artículo 13.3; Tailandia, artículo 13.4; Turquía, artículo 13.3; Uzbekistán, artículo 13.3; Vietnam, artículo 13.3) la jurisdicción para gravar las ganancias obtenidas como consecuencia de la enajenación de este tipo de bienes se atribuye al Estado de residencia de quien transmite el bien (en el artículo 13.3 ModCDI 2014, la jurisdicción se atribuye al Estado donde se encuentra la sede de dirección efectiva de la empresa; a partir del ModCDI 2017, el artículo 13.3. se aplica vinculado a la residencia del transmitente). Los CDIs con Armenia, Hong-Kong, Malta, Rep. Dominicana, Reino Unido 2014; o Bosnia contienen una formulación especial, puesto que la jurisdicción se atribuye al Estado de la empresa enajenante y son esencialmente idénticos a la redacción que sigue el artículo 13.3 ModCDI 2017 (tal expresión se define en el artículo 3.1 de estos CDIs como la explotada por un residente de un Estado contratante).Otros CDIs amplían el ámbito de aplicación de la regla para incluir en ella a las empresas dedicadas al tráfico por carretera que enajenen vehículos de carretera y/o ferrocarriles destinados al transporte internacional (v.gr. Armenia, artículo 13.3, Turquía, artículo 13.3; CDI Macedonia, artículo 13.3; CDI Irán, artículo 13.3; CDI Bosnia, artículo 13.3, este último se extiende a las empresas de ferrocarril, al igual que el artículo 13.3 del CDI con Uzbekistán) o, en general a las ganancias derivadas de medios de transporte empleados en el tráfico internacional (v.gr. Antigua URSS, artículo 11.3) o se aplican a embarcaciones utilizadas en la navegación interior (v. g. CDI España-Portugal, CDI España-Bosnia, CDI España-Alemania 2011).

d) Ciertos CDIs, especialmente los negociados tras 2003, pero también algunos anteriores (v.gr. Andorra, Albania, Alemania, Arabia Saudí, Argentina, Armenia, Australia, Barbados, Bosnia, Canadá, Catar, Colombia, Costa Rica, Croacia, Chile, China, Chipre, EEUU, Emiratos Árabes Unidos, Egipto, Eslovenia, Estonia, Francia, Finlandia 2015, Georgia, Hong-Kong, India, Irán, Jamaica, Kazajstán, Kuwait, Letonia, Luxemburgo, Macedonia, Moldavia, Malasia, México, Nigeria, Nueva Zelanda, Omán, Pakistán, Panamá, Reino Unido 2014, Serbia, Singapur, Sudáfrica, Suiza, con la redacción derivada del Protocolo, de 27 de julio de 2011, El Salvador, Trinidad y Tobago, Uruguay, Uzbekistán, Venezuela, Vietnam) incluyen una cláusula similar al artículo 13.4 ModCDI 2003-2014 (añadido a este último, recordemos, en 2003) que permite gravar en el Estado de situación de un inmueble las ganancias de capital derivadas de enajenaciones de acciones o participaciones en sociedades o entidades cuyo activo esté constituido principalmente por inmuebles o cuyo valor derive principalmente de inmuebles (estos CDIs frecuentemente también reflejan la reserva española al ModCDI 2010-2017 incluyendo un párrafo concreto en este sentido, v g. Armenia, Catar, Finlandia 2017, Hong-Kong, Reino Unido 2014, Kuwait, Nigeria, Omán, Uzbekistán y alguno de ellos aclara que cubre las ganancias derivadas de la enajenación en cualquier vehículo como sociedades de personas, fideicomisos, trusts, etc., v.gr. CDI España-Armenia, Protocolo párrafo V, por referencia al precepto análogo al artículo 13.4 MC OCDE). Debe tenerse en cuenta que la redacción de estas cláusulas no es siempre uniforme, pues existen distintas variantes con consecuencias también diferentes, y también que muchos de estos CDIs resultarán afectados por el artículo 9 del MLI cuando entre en vigor. Así, por ejemplo, mientras el CDI con EEUU, artículo 13.2, permite gravar en el Estado de ubicación del inmueble las enajenaciones de acciones o participaciones de sociedades, residentes o no, cuyo activo esté compuestos, directa o indirectamente, por inmuebles, en el CDI con Luxemburgo, artículo 13.1, no se encuentra ninguna referencia a la composición indirecta del activo, con lo cual, el ámbito de aplicación de esta última cláusula es más limitado y, por ejemplo, la venta de acciones en sociedades luxemburguesas que tienen participaciones en sociedades españolas cuyo activo está principalmente compuesto por inmuebles no podría estar gravada en España (un efecto similar produce el artículo 13 CDI España-Chipre, que no contiene una referencia a la composición indirecta del activo o a la cláusula derivada de la reserva española añadida en 2010). Lo mismo ocurre en los distintos CDIs con el círculo de entidades afectadas por la cláusula, que puede ser más o menos amplio en función de la redacción del precepto. Muchos CDIs se refieren a sociedades cuyo activo está constituido principalmente por inmuebles y, sin embargo, otros –por ejemplo, los CDIs con Andorra, Arabia Saudí, Emiratos Árabes Unidos, Hong-Kong, Irán, Jamaica, Macedonia, Malasia, Malta, México, Nueva Zelanda, Uzbekistán, El Salvador, Serbia, Trinidad y Tobago, o Vietnam– se refieren a sociedades cuyo activo esté constituido en más de un 50 %, directa o indirectamente, por bienes inmuebles o a acciones cuyo valor derive en más del 50 por 100, directa o indirectamente, de inmuebles. Igualmente, en ciertos casos, los CDIs prevén excepciones a esta regla (v.gr. Andorra, Arabia Saudí, Eslovenia, Egipto, Finlandia 2015, con excepción de las SOCIMIs, Hong-Kong, Islandia, Reino Unido o Singapur para sociedades que coticen en mercados de valores; el CDI México, a efectos de determinar la composición del activo, excluye los bienes afectos a la actividad de la sociedad y a ciertas entidades definidas en el artículo 13.4 CDI, en su redacción tras el Protocolo con efectos a 27 de septiembre de 2017, vid. también en sentido similar las cláusulas derivadas del Protocolo 2011 al CDI con Suiza o el CDI con Singapur artículo 13.5). En algún otro caso, la excepción está referida a algunos inmuebles que la sociedad pueda tener en su activo (v.gr. los CDIs con Letonia y Estonia excluyen del cómputo dentro del activo a aquellos bienes inmuebles en los que la sociedad realiza su actividad, salvo que estén en régimen de arrendamiento).

Por lo que respecta al porcentaje de participación, el CDI con la República Dominicana representa una novedad, ya que el derecho del Estado de la fuente a gravar la plusvalía derivada de acciones en sociedades con sustrato inmobiliario está vinculada al 40 % del activo societario, en lugar del 50 % como es habitual.

e) Algunos CDIs (v.gr. Arabia Saudí, Australia, Chile, Corea, EEUU, Egipto, Francia, Irlanda, Islandia, Israel, México, hasta el 26 de septiembre de 2017 ya que ha sido derogada por el nuevo Protocolo que entra en vigor el 27 de septiembre de 2017, Noruega, Portugal, antigua URSS, Vietnam) contienen reglas específicas para la enajenación por un residente de otro Estado contratante de participaciones en sociedades del otro Estado cuando se ha tenido una participación sustantiva en las mismas (25 % en la mayoría de los casos, aunque hay excepciones, v.gr. 10 % CDI Australia, 20 % Chile) y atribuyen al Estado de residencia de la sociedad enajenada la potestad de gravar tales enajenaciones (a diferencia del artículo 13.5 ModCDI que atribuye la potestad al Estado de residencia del transmitente). Existen también CDIs que establecen un tope al tipo impositivo a exigir en estos casos (10 % CDI con Corea) y diferencias en torno a la exigencia o no de un período de tenencia de la participación. En realidad, este tipo de CDIs responden a la reserva al artículo 13 ModCDI que España, al igual que otros países, realizó en el sentido de que se reserva la potestad para gravar las ganancias de capital derivadas de participaciones sustantivas (vid. párrafo 45 Comentarios al artículo 13 ModCDI 2008, eliminada en el ModCDI 2010). También es peculiar la cláusula del artículo 13.4 CDI España-Panamá, que atribuye al Estado de la fuente el derecho a gravar las enajenaciones de acciones cuando un residente del otro Estado contratante haya tenido una participación de más del 10 % de los derechos de voto durante un período inferior a doce meses.

La redacción de este tipo de cláusulas también es heterogénea, como cabe intuir de lo apuntado más arriba y es preciso estar al tenor literal de cada una de ellas para cerciorarse de los derechos que atribuye al Estado de la fuente / residencia. Las variaciones fundamentales se refieren tanto al porcentaje y al tipo de participación requerido para atribuir la potestad de imposición al Estado de la fuente (v.gr. en el CDI con EEUU se exige una participación directa o indirecta del 25 % del capital, el mismo porcentaje del artículo 13.5 CDI con Andorra; el CDI Chile, artículo 13.4, se requiere el 20 % o más del capital; el CDI con Australia, artículo 13.5 fija dicho umbral en el 10 % y el CDI con Corea, artículo 13.3 exige una participación directa o indirecta del 25 % del capital de la sociedad; en los CDI con Francia e Islandia se combina una participación en el capital de la sociedad del 25 % con una participación de, al menos, el 25 % de los beneficios de la sociedad, de tal manera que el cumplimiento de cualquiera de los criterios sirve para atribuir potestad tributaria al Estado de residencia de la sociedad; en el CDI con Israel, artículo 13.3, se exige que la participación otorgue el 25 % de los derechos de voto; en el CDI con Vietnam la participación debe ser igual o superior al 25 % de las acciones; el CDI con Egipto se refiere al 25 % de la participación en la sociedad; el mismo porcentaje se exige en el artículo 13.5 CDI España-Arabia Saudí), como al establecimiento o no de tipos limitados de tributación en este Estado (v.gr. CDI con Argentina, artículo 13.4, que establece tipos del 10 % y el 15 %, según los casos; el CDI con Corea fija un tipo máximo del 10 %; el CDI con Israel cifra en el 25 % el tipo máximo; o el CDI con Chile cifra en 16 % el tipo tope para ventas de acciones) o al establecimiento de períodos de tenencia de la participación (v.gr. el CDI con Australia, artículo 13.5 exige la tenencia de la participación sustancial del 10 % en el período de 12 meses anteriores a la enajenación el de EEUU si la participación fue superior al 25 % en los 12 meses anteriores a la enajenación, y la misma exigencia se encuentra en el artículo 13.3 CDI con Irlanda o en el CDI con Portugal). Algún CDI establece también cláusulas de exclusión del gravamen del Estado de la fuente en estos supuestos para casos específicos (v.gr. CDI Arabia Saudí excluye la aplicación de la regla de participaciones sustantivas para sociedades cotizadas en mercados de valores de alguno de los Estados contratantes).

Hay que aclarar que, en muchos casos, no es preciso, a fin de que el Estado de la fuente tenga jurisdicción sobre la enajenación de acciones, transmitir la totalidad de la participación sustantiva, puesto que el cumplimiento del requisito de participación sustantiva determinará que la enajenación de una sola acción tribute en el Estado de residencia de la sociedad, aunque en otros CDIs el sentido de esta cláusula no esté tan claro (v.gr. CDI México, artículo 13.3, hasta el 26 de septiembre de 2017, puesto que este precepto tiene nueva redacción con el nuevo Protocolo a este CDI con efectos el 27 de septiembre de 2017 que permitire a México gravar las transmisiones de acciones con carácter más general; CDI Egipto, artículo 13.5; CDI Arabia Saudí, artículo 13.5). En otros supuestos, sin embargo, la redacción de la cláusula solo permite interpretar que la potestad del Estado de la fuente para gravar la enajenación de una participación sustantiva depende de que la participación citada se enajene en bloque (v.gr. CDI con Vietnam, cuyo artículo 13.5 permite gravar las ganancias derivadas de la enajenación de una participación del 25 % o más en acciones, el artículo 13.5 CDI España-Andorra tiene una redacción muy similar).

El nuevo CDI con Argentina 2014, permite al Estado de la fuente el gravamen sobre la enajenación de acciones y participaciones de sociedades residentes, con independencia del umbral de participación, aunque a tipos limitados en el Estado de la fuente (10 % para participaciones directas del 25 % del capital, 15 % en otros casos). Una redacción similar tiene el nuevo artículo 13.3 del CDI España-México como consecuencia de la redacción en vigor desde el 27 de septiembre de 2017, ya que las ganancias derivadas de acciones en una sociedad residente en México o en España podrán someterse a imposición en el Estado de residencia de la sociedad (y no solo del enajenante) con el límite del 10 por 100 de la ganancia imponible. Se establecen una serie de disposiciones que se aplican en este caso y que modulan la aplicación de la cláusula de la siguiente forma:

- El estado de residencia de la sociedad puede gravar las ganancias derivadas de enajenaciones de acciones de estas sociedades incluso si se aplica la cláusula del artículo 13.2. que excluye ciertos bienes inmuebles del ámbito de aplicación de la cláusula de acciones que derivan su valor de inmuebles. Esta regla determina que, en relación con ganancias derivadas de la enajenación de acciones cuyo valor deriva de inmuebles excluidos del ámbito de aplicación del artículo 13.2 CDI España-México, se aplicará el límite del artículo 13.3 de imposición en la fuente (10 %).

-Al igual que ocurre con la cláusula de rentas inmobiliarias, el artículo 13.3 CDI España-México, que permite que las acciones tributen en el Estado de residencia de la sociedad emisora de las mismas, según el artículo 13.4 se excluye a determinadas entidades enajenantes de la aplicación de este precepto, con el efecto de que las enajenaciones de acciones solo tributarán en el Estado del enajenante si éste es una institución financiera, una aseguradora, un fondo de pensiones o cuando las ganancias deriven de la enajenación de acciones negociadas regularmente en un mercado reconocido (con la definición que da el Protocolo de este término en el párrafo 10). Esta excepción no es aplicable a sociedades anónimas cotizadas de inversión en el mercado mobiliario.

- Para ciertas restructuraciones empresariales, en realidad, limitadas a los canjes de valores definidos en el párrafo 9 del Protocolo que entró en vigor el 27 de septiembre de 2017, se permite un diferimiento en la tributación y no se aplicará la cláusula de tributación en la fuente del artículo 13.3 en el momento en el que se produce el canje cubierto por el citado precepto.

Como ya se indicó más arriba, en todos estos casos de tributación en la fuente en España de las enajenaciones de acciones, igual que allí donde exista cláusula de gravamen de las ganancias vinculadas a acciones inmobiliarias, puede resultar relevante la STS de 25 octubre 2013, n. 1374/2011, que extiende a las entidades no residentes la eliminación de la doble imposición sobre reservas aplicable a las residentes. Recuérdese que, en estos casos, la libre circulación de capitales se aplica frente a terceros Estados (en todos estos supuestos hay cláusula de intercambio de información en relación con el tercer Estado).

f) Existen, en ciertos CDIs, normas especiales de diferimiento del impuesto exigible en el país de la fuente para plusvalías derivadas de reorganizaciones empresariales. Éste es el caso de los CDIs entre España, por un lado, y Argentina (párrafo 5 del Protocolo anexo, con sujeción a la ley interna de los Estados contratantes), EEUU (párrafo 10.c Protocolo Anexo, limitado a ciertos supuestos de reorganizaciones de grupos societarios), México (párrafo 8.c del Protocolo Anexo, aunque a partir del 27 de septiembre de 2017 se aplica la cláusula del Protocolo párrafo 9 que varia notablemente con respecto a la anterior, ya que, tras el citado Protocolo, como hemos expuesto más arriba, cambia la tributación en la fuente de las ganancias patrimoniales derivadas de las enajenaciones de acciones y la cláusula se aplica solo a determinados tipos de canjes de valores definidos en el Protocolo), por otro. El CDI con Francia, artículo 13.2.b), en los casos de entidades de un mismo grupo, fusiones, escisiones, aportaciones de activos o canje de valores que gocen de diferimiento en el Estado de residencia, se excluye el gravamen de la participación sustancial en el Estado de residencia de la sociedad cuya participación ha resultado transmitida. En este contexto, tiene interés la STS de 25 de septiembre de 2009, rec. casación 3545/2003, en la que el Alto Tribunal consideró que existía simulación relativa en una operación en la que una sociedad que controlaba más del 25 % del capital de una española aporta en dos operaciones sucesivas a dos filiales de EEUU suyas parte de la participación (aproximadamente el 6 % en el primer caso y 22 % en el segundo) invocando la protección del párrafo 10 del Protocolo del CDI con EEUU y, con posterioridad, vende las participaciones al adquirente final. Toda la operación se estructura sobre la base de que se pretendía lograr la transmisión de la totalidad del paquete accionarial en la sociedad española a un tercero y evitar la tributación en España por aplicación del artículo 13.4 CDI España-EEUU que imponía la tributación en España de las enajenaciones de acciones cuando el transmitente, en los doce meses anteriores, hubiese poseído, directa o indirectamente, al menos, el 25 % de la sociedad transmitida. A nuestro juicio, y a diferencia de lo que concluye el TS, no existe simulación relativa alguna, sino, más bien, fraude de ley / conflicto en la aplicación de las leyes, por lo que hubiera debido calificarse la operación como tal y aplicarse el, entonces vigente, artículo 24 LGT 1963 (actual artículo 15 LGT).

Recuérdese también, a estos efectos, la doctrina de la DGT, expuesta más arriba, que admite, incluso en casos no cubiertos por la Directiva, la aplicación de las medidas internas de desarrollo de la Directiva Fusiones allí donde la reestructuración empresarial pudiera estar gravada en España.

g) Los CDIs con Bélgica e Irlanda contienen una cláusula especial relativa a la enajenación de derechos de multipropiedad, según la cual, en ciertos casos, se atribuye al Estado de residencia del transmitente la jurisdicción sobre las ganancias derivadas de la transmisión de los citados derechos (párrafo 2 del Protocolo al CDI con Irlanda, párrafo 1 Protocolo CDI con Bélgica). El CDI con el Reino Unido (2014), a diferencia de su predecesor, solo refiere la cláusula de la multipropiedad al artículo 6, relativo a rentas inmobiliarias. El CDI con Catar aclara que el artículo 13.5 incluye los contratos de aprovechamiento por turnos y similares como derecho de disfrute de inmuebles (el artículo 13.5 CDI España-Catar permite, en línea con la reserva española al artículo 13 ModCDI, gravar en el Estado de situación del inmueble las enajenaciones de acciones u otros derechos que otorguen al propietario el derecho de disfrute de bienes inmuebles). Obviamente, todos los CDIs con una cláusula similar que recoja la reserva española son susceptibles de tener impacto sobre los derechos de aprovechamiento por turnos (time-sharing).

h) Si el CDI añade una cláusula de limitación de beneficios, el cumplimiento de los presupuestos de la citada cláusula determinará la exclusión de los beneficios del artículo relativo a las ganancias de capital, por lo que el Estado de la fuente no verá limitada su jurisdicción (habrá que determinar, cuando entre en vigor, los efectos del MLI sobre las mismas). Los CDIs españoles que contienen tal cláusula son ya bastantes, por ejemplo, los firmados con Barbados, Bélgica, Bolivia, Croacia, Cuba, Eslovenia, Estonia, Hong-Kong, Irlanda, Islandia, Israel, Jamaica, Letonia, Lituania, Malta, Panamá, Portugal, República Dominicana, Rusia, Trinidad y Tobago y Vietnam. Son interesantes las cláusulas de limitación de beneficios de los CDIs con Croacia, Malta y Vietnam, puesto que ambas excluyen de su ámbito de aplicación a las ETVEs. Algunos CDIs contienen cláusulas antiabuso más generales (v.gr. Catar, Finlandia 2015, Kuwait, Chipre).

i) Varios CDIs contienen disposiciones que tratan de prevenir los cambios interesados de residencia para evitar la tributación de las ganancias de capital (v.gr. CDI Canadá, artículo 13.5; Holanda, artículo 13.5, aunque en este último caso, la regla se limita a las ganancias derivadas de la enajenación de acciones o bonos de disfrute; Suecia, artículo 13.5, en esta ocasión la regla se limita a las sociedades cuyo principal activo sean inmuebles). El nuevo CDI con Alemania ha añadido un artículo 13.7 que admite que, cuando una persona física haya sido residente de un Estado contratante durante 5 o más años y se convierta en residente del otro Estado, la cláusula residual equivalente al artículo 13.5 ModCDI no impedirá a aquél el gravamen de las plusvalías de acciones y participaciones correspondientes al período de residencia en ese Estado, siempre que la enajenación de las acciones y participaciones se produzca en el plazo de 5 años desde la fecha del cese de residencia en el primer Estado. Una cláusula similar aparece en el CDI España-México artículo 13.9, de nueva redacción tras la entrada en vigor del nuevo protocolo al CDI con efectos a 27 de septiembre de 2017.

j) El CDI EEUU, artículo 12.3 y 13.6, establece que las ganancias derivadas de la enajenación de bienes y derechos susceptibles de generar cánones, en la medida en que las ganancias se determinen en función de la productividad, uso o transmisión de los mismos serán considerados como cánones. Una cláusula prácticamente idéntica se ha añadido también en el artículo 12.4 y 13.6 CDI México.

k) El CDI con Letonia, artículo 21.6, contiene cláusula específica para las ganancias que un residente de un Estado contratante perciba de la enajenación de derechos de exploración o explotación o patrimonio utilizado en relación con actividades en alta mar o participaciones en sociedades cuyo valor, o la mayor parte del mismo derive de dichos derechos o patrimonios. Tales ganancias serán objeto de gravamen también en el Estado donde estén ubicados o localizados los derechos o patrimonios citados (además de en el Estado de residencia del contribuyente).

l) El CDI con Costa Rica, párrafo VII del Protocolo anexo, excluye del ámbito de aplicación del artículo 13, para incluirlos dentro del artículo 7, a determinados ingresos procedentes de la enajenación de bienes tangibles sujetos a depreciación a que se refiere una ley interna costarricense así como a las ganancias de capital de carácter habitual a las que se refiere también esta legislación interna.

m) El CDI con Colombia, párrafo IX del Protocolo anexo, aclara que, en el caso de Colombia, la tributación de las ganancias de capital se refiere a la suma de los impuestos sobre la renta (35 %) y sobre las remesas, en aquellos casos en los que la legislación interna de Colombia prevea la aplicación de estos dos conceptos para este tipo de rentas cobradas por un no residente. El sentido de esta cláusula no está claro del todo, pero parece significar que cuando Colombia tenga atribuida jurisdicción de conformidad con el artículo 13 podrá aplicar tanto el impuesto sobre la renta como el impuesto sobre las remesas, no pudiendo hacerlo cuando no tenga atribuida tal jurisdicción.

n) El artículo 13.5 CDI con Turquía añade una cláusula específica antiabuso según la cual no se aplicará la regla residual que atribuye jurisdicción al Estado de residencia con exclusividad (equivalente al artículo 13.5 ModCDI) en los casos de ganancias obtenidas por un residente de un Estado contratante como consecuencia de la enajenación de acciones o bonos emitidos por un residente del otro Estado contratante si la enajenación se hace a un residente de este último Estado y el período que media entre la adquisición y la enajenación no excede de un año. En definitiva, se trata de una regla antilavado de cupón o de dividendo, bien conocidas en España.

6. BIBLIOGRAFÍA

AAVV (1999), *«Comentarios a la LIRNR»*, Cívitas, Madrid.

ARNOLD / MARTÍN JIMÉNEZ (2017), *«UN Practical Portfolio Protecting the Tax Base of Developing Countries Again Base Eroding Payments: Rents and Royalties»*, New York: UN (http://www.un.org/esa/ffd/wp-content/uploads/2017/05/PP_Rents-Royalties.pdf).

CARMONA FERNÁNDEZ (2007), *«Guía del Impuesto sobre la Renta de No Residentes»*, CISS, Valencia.

GARCÍA PRATS (2004), *«Comentario al artículo 13 MC OCDE»*, en AAVV, *Comentarios a los Convenios para la Eliminación de la Doble Imposición españoles,* Fundación Barrié de la Maza, A Coruña.

LI and AVELLA (2014 y 2017), *«artículo 13: Capital Gains»* en Vann (ed.), *Global Tax Treaty Commentaries*, Amsterdam: IBFD (solo disponible on-line).

MARTÍN JIMÉNEZ (2017), *«artículo 12: Royalties and Technical Services»*, en Vann (ed.), *Global Tax Treaty Commentaries*, Amsterdam: IBFD (solo disponible on-line).

PIJL, H (2013), *«Capital Gains: The History of the Principle of Symmetry, the Internal Order of Article 13 and the Dynamic Interpretation of the Changes in the 2010 Commentary on Forming Part and Effectively Connected»*, World Tax Journal February 2013, pp. 3-97.

SIMONTACCHI (2006), «*Immovable Property Companies as Defined in artículo 13 (4) of the OECD Model*», Bulletin for International Fiscal Documentation vol. 60, n. 1, 2006, p. 29 y ss.

SIMONTACCHI (2007), «*Taxation of Capital Gains under the OECD Model Convention: with Special Regard to Inmovable Property*», Kluwer Law International, Alphen aan den Rijn.

VOGEL (1997), «*On Double Tax Conventions*», Kluwer, Londres, La Haya y Boston.

III.8

TRABAJOS INDEPENDIENTES. ACTIVIDADES PROFESIONALES

José Manuel Calderón Carrero

III.8. TRABAJOS INDEPENDIENTES. ACTIVIDADES PROFESIONALES

Sumario

TRABAJOS INDEPENDIENTES. ACTIVIDADES PROFESIONALES

1. NOCIÓN Y REPARTO DE POTESTADES

1.1. Consideraciones generales sobre el artículo 14 del Modelo de Convenio de la OCDE (1977-1997)

El artículo 14 ModCDI (1977-1997), dedicado a las rentas derivadas de servicios personales independientes o actividades profesionales, viene suscitando un buen número de cuestiones de diversa índole, aunque la mayor parte de ellas poseen naturaleza interpretativa. El aspecto que más atención y controversia viene generando es el referido a la interrelación entre el artículo 14 ModCDI y el artículo 7 ModCDI; esto es, se viene planteando si ambos preceptos del modelo OCDE se proyectan sobre el mismo ámbito objetivo y subjetivo o, por el contrario, ambos poseen un radio operativo diferenciado en cuyo caso habría que delimitarlo y fundamentar objetivamente tal diferencia de trato. Lo cierto es que tales cuestiones se han venido suscitando desde el momento en que se incluyó el artículo 14 en el Proyecto de Modelo de Convenio (en adelante PC) OCDE 1963, de suerte que tales controversias venían planteándose en la práctica y a nivel doctrinal sin que la OCDE hubiera adoptado una posición clara al respecto. En el año 2000, sin embargo, la OCDE –su Comité Fiscal– abandonó tal posición pasiva en relación con los problemas de aplicación que venía suscitando la aplicación del artículo 14 ModCDI y elaboró un informe sobre dichas cuestiones (titulado genéricamente «Issues related to Article 14 of the OECD Model Tax Convention», OECD, Paris, 27 January 2000, «Informe OCDE 2000», en adelante). Este informe resulta ilustrativo de los problemas de interpretación, aplicación y configuración del artículo 14 ModCDI y, como se sabe, recomendó, y provocó, la supresión de tal precepto; tal supresión se fundamentó en los problemas de interpretación que genera el artículo 14 ModCDI en torno a su ámbito operativo; el informe OCDE del 2000 fundamenta la decisión de suprimir el artículo 14 ModCDI sobre la base de que no existen diferencias intencionadas entre los conceptos de «establecimiento permanente», tal y como se emplea en el artículo 7 ModCDI, y el de «base fija», tal y como se utiliza en el artículo 14 ModCDI, ni tampoco entre la fórmula de cálculo de beneficios y de tributación de acuerdo con los artículos 7 y 14 ModCDI; con ello se pretende clarificar que la renta obtenida del ejercicio de actividades profesionales o de otras actividades de carácter independiente deben tributar de acuerdo con lo previsto en el artículo 7 ModCDI relativo a los beneficios empresariales.

Con todo, el propio informe de la OCDE 2000 refleja en algunos de sus pasajes las dificultades interpretativas que ha venido planteando la aplicación del artículo 14 ModCDI (en relación con el artículo 7 ModCDI) y cómo su supresión pretende precisamente eliminar los problemas que había para delimitar su ámbito operativo en relación con el artículo 7 ModCDI; así, no puede dejar de señalarse que, aunque el informe OCDE 2000 tiende a negar las diferencias de ámbito operativo entre los artsículos 7 y 14 ModCDI, lo cierto es que existen divergencias materiales entre ambos preceptos; es decir, aunque el Comité Fiscal OCDE niegue actualmente las diferencias entre los artículos 7 y 14 ModCDI a efectos de someter a imposición las rentas derivadas de prestación de servicios profesionales, en realidad los presupuestos aplicativos de ambos preceptos no son coincidentes, ni, por tanto, la supresión del artículo 14 en el ModCDI 2000 despliega efectos jurídicos (¿interpretativos?) de cara a la aplicación de los CDIs concluidos anteriormente siguiendo las versiones anteriores del ModCDI que contenían tales disparidades. Cuestión distinta es que las diferencias que, de forma ciertamente críptica, se habían articulado en el ModCDI (1963-1997) a la hora de someter a gravamen las rentas empresariales y las rentas derivadas de servicios personales independientes no tuvieran justificación. Aquí se encuentra el segundo fundamento de la supresión del artículo 14 en el ModCDI, y lo cierto es que tal solución, aunque drástica, venía siendo postulada por la doctrina.

Al punto, se exponen las principales posiciones e interpretaciones que se han ido elaborando en relación con la aplicación del artículo 14 ModCDI (1997); quede claro que tal análisis no resulta trasladable al ModCDI 2000 y versiones posteriores, dado que el Comité Fiscal OCDE decidió suprimir de tal modelo el artículo 14 ModCDI, al objeto de que los beneficios derivados de actividades personales independientes tributen con arreglo al artículo 7 ModCDI.

1.2. Ámbito de aplicación del artículo 14 del Modelo de Convenio de doble imposición y su interrelación con la legislación española

1.2.1. La noción de «base fija» como criterio autónomo de reparto de poder tributario

El artículo 14 del ModCDI (1997) pretende regular la tributación de las rentas derivadas de la prestación de servicios personales y actividades independientes; tal regulación aparece, por tanto, diferenciada de la aplicable a las actividades de naturaleza comercial o empresarial que, con carácter general, tributan con arreglo a lo dispuesto en el artículo 7 ModCDI.

Uno de los aspectos propios del artículo 14 ModCDI, que lo diferencia de la regla del artículo 7 ModCDI, radica en el empleo de la noción de «base fija» como criterio de distribución de competencias para la tributación de las rentas derivadas de la realización de actividades independientes. El artículo 14 ModCDI y el concepto de base fija delimitan en qué medida el Estado donde se ejerce la actividad puede someterla a imposición (de forma análoga a si mediara un EP) allí donde la actividad independiente se ejerce de una determinada forma y simultáneamente el sujeto opera a través de una base fija en el territorio de tal Estado.

Así, para que el Estado de la fuente pueda gravar la renta de la actividad independiente con arreglo al artículo 14 ModCDI deben mediar estos dos presupuestos autónomos y diferenciados: actividad independiente ejercida de una determinada forma y base fija de negocios en su territorio. Precisamente, la interpretación autónoma de la noción de base fija, en sentido diverso al concepto de EP del artículo 5, posee incidencia respecto del reparto de poder tributario entre los dos Estados contratantes. Si se considera que el concepto de base fija resulta menos estricto que el de EP al requerir un menor umbral de estabilidad o permanencia se estaría ampliando de alguna forma el poder tributario del Estado de la fuente y, al mismo tiempo, obligando al Estado de la residencia a eliminar la eventual doble imposición que se generara; mientras que si se llegara a una interpretación opuesta se estaría limitando en mayor medida el poder tributario del Estado de la fuente en relación con las rentas derivadas de actividades independientes.

No obstante, debe señalarse que la aplicación del artículo 14 no depende de la presencia de tal base fija sino de la forma en que se ejerce una determinada actividad económica independiente. Tal presupuesto es el que resulta clave para que sea aplicable el artículo 14 ModCDI y no el artículo 7 ModCDI; en este sentido, nótese que el artículo 7.7 ModCDI establece expresamente la preferencia del artículo 14 ModCDI (siempre que concurran sus presupuestos de aplicación) al afirmar que «cuando los beneficios comprendan rentas reguladas en otros artículos de este convenio, las disposiciones de aquéllos no quedarán afectadas por las del presente artículo». También se ha destacado que la tributación en la fuente de acuerdo con el artículo 14 depende de que los servicios personales independientes se realicen desde la base fija, lo cual requiere presencia física durante la prestación del servicio.

Volviendo al concepto de «base fija» como criterio de reparto de poder tributario entre los Estados contratantes, en primer lugar debe ponerse de manifiesto que su empleo ha sido duramente criticado por la doctrina; en este sentido, se ha advertido lo inadecuado que resulta emplear un concepto indeterminado o con perfiles indefinidos –como es la «base fija»– con carácter preferente sobre un concepto determinado y delimitado de una forma más clara en el Modelo como es el de «establecimiento permanente». De hecho, tales críticas no resultan en modo alguno desacertadas, no tanto por emplear un criterio distinto sino por el defecto de técnica legislativa en su (falta de) configuración o definición, cuando se observa cómo las autoridades fiscales y tribunales de numerosos países han terminado equiparando o identificando ambas figuras cuando lo cierto es que existen diferencias entre ellas. Así, se ha puesto de relieve cómo las autoridades fiscales de países como Alemania, Canadá, Dinamarca, EEUU, Italia, Japón y el Reino Unido han indicado de forma más o menos oficial que la base fija debe definirse de modo análogo al establecimiento permanente tal y como es configurado en los CDIs. En España algunos autores han identificado igualmente ambos conceptos, y algunas resoluciones de la DGT también parecen posicionarse en este sentido, aunque lo cierto es que tampoco resultan muy claras al respecto (véanse, por ejemplo, las consultas DGT de 12 de mayo de 1994, de 23 de mayo de 1990, DGT V0569-14 de 4-3-2014 y DGT V1082-14 de 14-4-2014), aunque la consulta DGT V0366-28, de 12 de febrero de 2018, realiza una interpretación de tal concepto a la luz de los CMCs al artículo 5 MC OCDE; la inexistencia de un concepto legal (TRLIRNR) diferenciado de «base fija» respecto del de «establecimiento» permanente posiblemente ha conducido (sic, forzado) a equiparar ambas nociones a los efectos de la aplicación del artículo 14 de los CDIs concluidos por España. El Protocolo (2015) al CDI entre España y México incluyó una cláusula (1.2) con arreglo a la cual "Para la aplicación de este Convenio, se entiende que una base fija será tratada de conformidad con los principios que se aplican a los establecimientos permanentes"; esta disposición no define el concepto de base fija a los efectos del convenio, pero sí establece un principio de igualdad de trato fiscal con los EPs que de alguna forma aproxima ambos conceptos.

Desde una perspectiva doctrinal, sin embargo, se viene considerando que base fija y establecimiento permanente no son conceptos equiparables, sino que median diferencias entre los mismos, aunque lo cierto es que en la práctica ha habido una cierta tendencia a equipararlos por la falta de definición del primero en el Modelo OCDE, no faltando tampoco pronunciamientos que diferencien la base fija del EP considerando el menor umbral temporal y equipamiento necesario en el caso de la base fija y su conexión con la realización de las actividades profesionales, sin que se consideren elementos que aporten un criterio suficientemente consistente para su diferenciación (Baker 2005, 14-2/2). Los propios Comentarios del Comité Fiscal al antiguo artículo 14 ModCDI confirman que no estamos ante conceptos unívocos (vid. el parágrafo 4 de los CMC al artículo 14 ModCDI).

A pesar de la falta de definición del concepto de base fija en el ModCDI, resulta evidente su paralelismo con el concepto de EP, especialmente con la noción de lugar de negocios prevista en el artículo 5.1 ModCDI. No obstante, la doctrina ha advertido que la fijeza o permanencia requerida en el caso de la base fija es menor que en el caso del EP. Asimismo, se ha indicado que la base fija requiere únicamente que la instalación esté disponible para el propósito de la persona que realiza los servicios, y no que la actividad se realice en el lugar fijo; tal conclusión puede apoyarse en el propio comentario de la OCDE cuando exige para la configuración de la base fija «ciertas características de fijeza o permanencia». En tercer lugar, también se ha insistido en que la asimilación de la base fija se produce respecto de la cláusula general del EP (artículo 5.1 ModCDI), y no del concepto genérico de EP, por lo que las posibilidades de gravamen derivadas de la cláusula de agencia no serán aplicables a las actividades encuadradas en el artículo 14 ModCDI. Estas tres conclusiones han sido confirmadas en buena medida por el Informe OCDE 2000 (parágrafos 26 a 29).

1.2.2. Ámbito objetivo del artículo 14 del Modelo de Convenio de doble imposición: actividades que caen en su ámbito de aplicación

La delimitación del ámbito objetivo de aplicación del artículo 14 ModCDI viene dificultada por la pluralidad y amplitud de los términos empleados en el ModCDI. En el PC OCDE de 1963 el artículo 14 se refería a «profesiones independientes» englobando la «prestación de servicios profesionales o el ejercicio de otras actividades independientes *de naturaleza análoga*», en tanto que a partir de 1977 se ha impuesto la denominación relativa a «servicios personales independientes» englobando en la misma *«la prestación de servicios profesionales u otras actividades de carácter independiente»*. La contraposición de estas referencias recogidas en el artículo 14 ModCDi con las establecidas en el artículo 15 ModCDI relativo a los *«servicios personales dependientes»* ha llevado a la doctrina a la conclusión de que la nota que caracteriza a las rentas a las que se aplica el artículo 14 ModCDI no descansa en la naturaleza o tipo de actividad desarrollada sino en la forma en que se realiza o presta la actividad que las genera. Ahora bien, la ordenación por cuenta propia de la actividad y la consecuente asunción de riesgo por parte del ordenante con ser una característica que sirve para distinguir determinado tipo de actividades y rentas –como, por ejemplo, las que caen en el artículo 14 ModCDI de las que resultan cubiertas por el artículo 15 ModCDI, también plantea cuestiones de deslinde en relación con otros artículos del ModCDI (especialmente, entre el artículo 14 ModCDI y los artículos 5 y 7 ModCDI).

Los CMC al antiguo artículo 14 ModCDI no son excesivamente clarificadores a este respecto. De acuerdo con los mismos, «el artículo 14 se refiere a lo que se conoce comúnmente como servicios profesionales y otras actividades de carácter independiente. Ello excluye las actividades industriales y comerciales y también los servicios profesionales prestados por cuenta ajena (empleo), como por ejemplo un médico que actúa como jefe médico en una fábrica. Debe ponerse de relieve, sin embargo, que tal artículo no se refiere a actividades independientes de artistas y deportistas, en la medida en que están cubiertas por el artículo 17» (parágrafo 1 de los CMC al artículo 14 ModCDI). Por otro lado, la expresión «servicios profesionales» es delimitada en el artículo 14.2 ModCDI en el sentido de que «comprende especialmente las actividades independientes de carácter científico, literario, artístico, educativo o pedagógico, así como las actividades independientes de médicos, abogados, ingenieros, arquitectos, odontólogos y contables». Los comentarios a tal precepto enfatizan el carácter meramente aclaratorio e ilustrativo de esta lista (abierta) de «profesiones liberales» (parágrafo 2 de los CMC al artículo 14 ModCDI). Tal consideración unida a la aplicación del artículo 14 ModCDI a «otras actividades de carácter independiente» hace pensar que el ámbito objetivo de aplicación de este precepto se ha configurado deliberadamente con gran amplitud y con ánimo de excluir del mismo fundamentalmente las actividades que caen en el ámbito de los artículos 15 y 17 ModCDI e incluso el propio artículo 16 ModCDI; allí donde el CDI aplicable recogiera una cláusula específica dedicada a profesores, estudiantes y personas en prácticas, como acontece en numerosos convenios concluidos por España (vid. los comentarios al artículo 20 ModCDI recogidos en esta obra), consideramos que tales disposiciones deberían tenerse en cuenta para delimitar (negativamente) el ámbito objetivo del artículo 14 ModCDI.

La interpretación sistemática de estos materiales a la luz de la cláusula de los artículos 5 y 15 ModCDI ha servido para delimitar las actividades que caen en el ámbito de aplicación del artículo 14 ModCDI a partir de dos notas características, a saber:

a) La actividad debe tener por objeto la realización de un servicio, excluyéndose por tanto las actividades fabriles, de procesamiento o transformación de bienes por medios industriales y las actividades comerciales.

b) La actividad debe realizarse de forma que otorgue un carácter predominante al elemento personal en perjuicio del capital; los servicios desarrollados requieren cierta habilidad personal en su ejercicio que presupone una habilidad creativa o un entrenamiento cualificado.

En este sentido, también se ha indicado la necesidad de llevar a cabo una interpretación estrictamente contextual-convencional de la referida expresión del artículo 14 ModCDI, considerando que el contexto del CDI y no la legislación interna de los Estados debe servir para delimitar el ámbito objetivo de aplicación de tal precepto. A este respecto, debe apuntarse la dudosa utilidad que posee el recurso a la legislación interna, cuando menos en el caso español, dado que en nuestro IRPF no existe ningún criterio material para trazar la línea divisoria entre las actividades empresariales y profesionales habiéndose optado por un criterio estrictamente formal (la clasificación de la actividad en las tarifas del IAE); el artículo 27 LIRPF, a cuyo texto se remiten los artículos 3 y 13.3 TRLIRNR, no contempla la distinción legal entre actividades profesionales y empresariales, encajando todas ellas, así como las artísticas y deportivas, en la categoría de rendimientos de actividades económicas, entre las que menciona «el ejercicio de profesiones liberales»; se emplea, pues, una definición única para ambos tipos de actividades (profesionales y empresariales) en el sentido de que se requiere la ordenación por cuenta propia de medios de producción y recursos humanos, «con la finalidad de intervenir en la producción o distribución de bienes o servicios», sirviéndose del trabajo personal y del capital conjuntamente «o de sólo de uno de estos factores».

En el IRNR tal línea divisoria todavía aparece más difusa (artículos 13 y 14 TRLIRNR), aunque existe un reenvío a la legislación del IRPF en este y otros aspectos (artículos 3 y 13.3 TRLIRNR). No obstante, debe señalarse que la normativa española viene excluyendo de la calificación de rendimientos de actividades profesionales las cantidades que perciban las personas que, a sueldo de una empresa por las funciones que realizan para la misma, vienen obligadas a inscribirse en sus respectivos colegios profesionales o, en general, las derivadas de una relación de carácter laboral o dependiente (antiguo artículo 88 RIRPF 2004). La ley del IRPF (artículo 17 LIRPF) también excluye del ámbito de las rentas de actividades económicas las obtenidas a consecuencia de «impartir cursos, conferencia, coloquios, seminarios y similares», así como los rendimientos derivados de la elaboración de obras literarias, artísticas o científicas, «siempre que se ceda su derecho de explotación» y dejando a salvo aquellos casos en que concurra la ordenación por cuenta propia de medios de producción y recursos humanos o de uno de ambos, con la finalidad de intervenir en la producción o distribución de bienes y servicios, en cuyo caso se calificarán como rendimientos de actividades económicas.

En este sentido, podrían plantearse ciertas fricciones entre el concepto convencional de actividades profesionales cubiertas por el artículo 14 y la noción de rendimientos de actividades profesionales recogida en la normativa española, en la medida en que algunas de las rentas que este último califica como profesionales (v.gr., rentas obtenidas por los autores o traductores de obras, provenientes de la cesión de la explotación de la propiedad industrial o intelectual) podrían recibir otra calificación convencional (v.gr., cánones del artículo 12). Lo mismo puede suceder con el gravamen de conferenciantes, profesores o investigadores extranjeros que se desplazan a territorio español, en la medida en que tal renta puede recibir un tratamiento fiscal distinto dependiendo de las circunstancias en que se produzca tal actividad así como atendiendo a la existencia o inexistencia de una cláusula convencional específica sobre profesores e investigadores en el CDI aplicable. La DGT ha encuadrado las comisiones percibidas por personas físicas residentes de otros países en la cláusula de servicios profesionales independientes (DGT V1398-18, de 28-5-2018).

1.2.3. Ámbito subjetivo: personas a las que resulta aplicable el artículo 14 del Modelo de Convenio de doble imposición

Otra de las cuestiones que viene suscitando el artículo 14 ModCDI resulta de considerar su ámbito subjetivo. Tal precepto se refiere a «las rentas obtenidas *por un residente* de un Estado contratante de la prestación de servicios profesionales u otras actividades de carácter independiente». Esta expresión ha sido objeto de interpretaciones no coincidentes.

El informe OCDE 2000 se refiere a esta cuestión poniendo de relieve la falta de claridad del ámbito personal sobre el que se proyecta el artículo 14 ModCDI. No obstante, la OCDE no parece admitir que el artículo 14 MODcdi solo resulte aplicable a personas físicas atendiendo al tenor del precepto en conexión con el artículo 4.1 ModCDI (parágrafos 13 a 16 del informe OCDE 2000). Asimismo, se apunta que en la hora actual el empleo de formas societarias por parte de profesionales resulta más frecuente que cuando se elaboró el artículo 14 ModCDI, de suerte que no tendría sentido o carecería de justificación (falta de neutralidad fiscal) que los profesionales que emplearan la forma societaria estuvieran sujetos a un régimen fiscal distinto de aquellos que no han interpuesto una entidad (parágrafo 17 del informe). Curiosamente, la DGT se ha pronunciado en alguna resolución a favor de aplicar el artículo 14 ModCDI únicamente en relación con personas físicas (DGT consulta general de 16-5-1994), y algunos CDIs concluidos por España establecen expresamente la aplicación del artículo 14 ModCDi solo respecto de personas físicas (CDIs con Costa Rica, Nigeria, Omán, Serbia y con Lituania). No obstante, como quiera que la legislación española (TRLIRNR) no establece tal criterio expresamente, parece difícil restringir la aplicación del artículo 14 de los CDIs españoles a las actividades profesionales ejercidas por personas físicas.

Con todo, no pueden dejar de advertirse las consecuencias que se derivan de la posición predominante a favor de la aplicación del artículo 14 ModCDI a personas físicas y jurídicas; no se puede perder de vista cómo en algunos supuestos tal posición puede conllevar un aumento del nivel de tributación del Estado de la fuente en relación con las rentas derivadas de las actividades cubiertas por el artículo 14 ModCDI (cuando medie base fija), así como en relación con otras rentas como las reguladas por los artículos 10.4, 11.4 y 12.3 ModCDI.

2. LA TRIBUTACIÓN DE LA RENTA CUBIERTA POR EL ARTÍCULO 14 DEL MODELO DE CONVENIO DE DOBLE IMPOSICIÓN

El tenor del artículo 14 ModCDI es bastante parco en lo que se refiere a la tributación aplicable a la renta cubierta por el mismo. A este respecto, únicamente se establece que «si dispone de dicha base fija, las rentas pueden someterse a imposición en el otro Estado, pero sólo en la medida en que sean imputables a dicha base fija». Por tanto, se fija un límite positivo y negativo respecto de la tributación en el Estado de la fuente (existencia de base fija y tributación de la renta imputable a la misma o derivada de su actividad), pero no se fijan expresamente reglas materiales sobre configuración de la tributación en el Estado de la fuente. Ello podría interpretarse en el sentido de que el Estado de la fuente puede someter a imposición tal renta de acuerdo con lo previsto en su legislación interna, sin más límites que los anteriormente expuestos.

No obstante, los Comentarios al antiguo artículo 14 ModCDI 1997 son mucho más explícitos a la hora de delimitar reglas materiales de tributación (límites positivos) en el Estado de la fuente, aunque no resuelven todas las cuestiones que suscita la aplicación de este precepto. En particular, se afirma que «las disposiciones del artículo (14) son similares a las establecidas en relación con los beneficios empresariales y descansan en los mismos principios que los recogidos en el artículo 7. Así, los principios establecidos en el artículo 7, por ejemplo, en relación con la imputación de beneficios entre la casa central y el establecimiento permanente podrían ser aplicados también para distribuir la renta entre el Estado de residencia de la persona que presta los servicios personales independientes y el Estado donde tales servicios son prestados a través de una base fija. Igualmente, los gastos incurridos para el desarrollo de la actividad de la base fija, incluyendo los gastos generales y de dirección, deberían ser admitidos como deducibles a la hora de determinar la renta atribuible a la base fija en la misma forma en que los gastos incurridos para los fines del establecimiento permanente (vid. el parágrafo 3 del artículo 7). Asimismo, el artículo 7 y sus comentarios podrían ser de ayuda para la interpretación del artículo 14 en relación con otra serie de cuestiones como, por ejemplo, a la hora de determinar si pagos en concepto de software de ordenador deberían ser calificados como renta comercial de los artículos 7 o 14 o como royalties dentro del artículo 12» (parágrafo 3 de los CMC al artículo 14 ModCDI).

De este fragmento de los Comentarios se extraen importantes reglas de tributación que, en su caso, debería observar el Estado de la fuente a la hora de someter a gravamen la renta obtenida a través de la base fija. No obstante, es cierto que el tenor del artículo 14 ModCDI no respalda o aporta un fundamento jurídico claro para aplicar (o invocar) tales reglas de tributación en el Estado de la fuente. Muy en particular, la circunstancia de que en el artículo 14 se emplee el término «renta» (renta bruta sin deducción de gastos) y en el artículo 7 ModCDI se utilice el término «beneficios» (renta neta deducidos los gastos necesarios para su generación) constituye un argumento que podría considerarse relevante a la hora de negar la aplicación de la regla de deducción de gastos del artículo 7.3 en el ámbito del artículo 14; en la misma línea cabe mencionar el hecho de que el artículo 24.3 (no discriminación), que posee efecto directo en relación con la deducción de gastos relacionados con los establecimientos permanentes, en principio no resulte aplicable a «bases fijas» (parágrafos 57 y 58 del Informe OCDE 2000).

Sin perjuicio de las objeciones de diversa índole que ello suscita, lo cierto es que, según manifiesta el Comité Fiscal OCDE, la mayor parte de los Estados miembros de la OCDE generalmente ha considerado que los parágrafos 2 a 6 del artículo 7 ModCDI son aplicables en relación con la tributación de la renta del artículo 14 ModCDI (parágrafos 56 y 59 del Informe OCDE 2000). Tal conclusión puede resultar tanto más coherente cuando las autoridades del Estado en cuestión consideren que no hay diferencias claras entre los artículos 7 y 14 ModCDI, o incluso cuando consideren que una base fija es equivalente a un establecimiento permanente. Así pues, el Comité Fiscal OCDE sin pronunciarse expresamente sobre la cuestión de la aplicación de las reglas materiales del artículo 7 (parágrafos 2 a 6) en el ámbito del artículo 14 insiste en que la mayor parte de los Estados miembros vienen posicionándose en sentido positivo.

En relación con lo que se acaba de indicar, debe señalarse cómo en la normativa interna española (TRLIRNR) no se contempla expresamente un régimen específico para la tributación de rentas profesionales obtenidas a través de una «base fija» en territorio español; la doctrina viene considerando que en el ordenamiento español el concepto y régimen del establecimiento permanente se aplica a la «base fija» regulado en el artículo 14 de un CDI; existen algunas resoluciones de la DGT que también parecen posicionarse en este sentido, aunque lo cierto es que tampoco resultan muy claras al respecto (véanse las consultas DGT de 12 de mayo de 1994, de 23 de mayo de 1990, DGT V0569-14 de 4-3-2014 y DGT V1082-14 de 14-4-2014), aunque las consultas DGT V0366-18, de 12-3-2018, y DGT V0596-18, de 6-3-2018, realizan una interpretación de tal concepto a la luz de los CMCs al artículo 5 MC OCDE. Con todo, la ausencia de tal regulación es criticable especialmente allí donde se considere que existen diferencias sustantivas entre los conceptos de «base fija» y «establecimiento permanente», en el sentido que antes hemos expuesto. Incluso cuando se negaran tales diferencias y se considerase que estamos ante conceptos equivalentes o unívocos entendemos que tal circunstancia debería ser clarificada por las autoridades españolas a través de los instrumentos normativos e interpretativos de los que dispone. La aplicación del artículo 14 ModCDI sobre la base del concepto (artículo 5 ModCDI y artículo 13.1.a TRLIRNR) y régimen fiscal (artículo 8 ModCDI y artículos 16 a 23 TRLIRNR) del «establecimiento permanente» no deja de suscitar muchas cuestiones que exceden de los problemas de interpretación que antes hemos apuntado pudiendo llegar a cuestionarse la legalidad de tal forma de tributación.

A su vez, no puede perderse de vista que en la medida en que la legislación española equipara los conceptos de «base fija» y «establecimiento permanente», allí donde la actividad profesional sea ejercida por un no residente (amparado, claro está, por un CDI que contenga el artículo 14 ModCDI) sin mediación de EP, tal renta profesional no puede ser sometida a imposición en España, a pesar de que concurran los presupuestos para considerar tal renta obtenida en territorio español con arreglo al artículo 13.1.b) TRLIRNR. La sujeción fiscal de la renta profesional requiere de la existencia de un EP de acuerdo con la legislación española y con lo dispuesto en el artículo 5 del CDI aplicable.

También, debe apuntarse que, aunque la obtención de renta a través de una base fija debe tributar en España con arreglo al régimen del establecimiento permanente, los artículos 45 del LIRPF antiguo y artículo 16.7 TRLIS 2004(redacción anterior a la reforma operada por la LMPFF) establecieron, a partir del 2003, una singularidad en relación con la valoración (por el importe satisfecho y no por el valor normal de mercado) relativa a las prestaciones profesionales entre socios y sociedades con ingresos principales de naturaleza profesional. Tal asimetría en relación en el régimen general de operaciones vinculadas ha desaparecido tras la reforma operada por la Ley 35/2006, de 28 de noviembre, del IRPF y la Ley 36/2006, de 29 de noviembre, de MPFF. Véase igualmente lo dispuesto en el artículo18.6 de la Ley 27/2014, de 27 de noviembre, del Impuesto de Sociedades (en adelante, LIS).

Finalmente, debe advertirse de la existencia de un régimen especial de origen comunitario para las personas físicas que desarrollen actividades económicas en situaciones transfronterizas desde un punto de vista económico. En nuestro ordenamiento, tal régimen especial comunitario está recogido en el artículo 46 TRLIRNR (régimen opcional de tributación a favor de contribuyentes, personas físicas, residentes de otros Estados miembros de la UE), y permite tributar (a posteriori) bajo parámetros similares a los de un contribuyente por el IRPF; la aplicación de este régimen opcional requiere que a) los sujetos no residentes comunitarios (o de un Estado miembros del EEE cuando exista efectivo intercambio de información, acrediten haber obtenido, como mínimo, el 75 % de la totalidad de su renta durante el ejercicio por rendimientos del trabajo o por actividades económicas en España (efectivamente sometidos a imposición); o b) que la renta obtenida por tales sujetos durante el ejercicio en España haya sido inferior al 90 % del mínimo personal y familiar que le hubiere correspondido de acuerdo con sus circunstancias personales y familiares de haber sido residente en España siempre que dicha renta haya tributado efectivamente durante el periodo por el IRNR y que la renta obtenida fuera de España haya sido, asimismo, inferior a dicho mínimo (supuesto introducido por la Ley 26/2014, de 27 de noviembre, que reforma la regulación del IRPF e IRNR). Nótese a su vez que la Ley 2/2010, de 1 de marzo, por la que se trasponen determinadas Directivas en el ámbito de la imposición indirecta y se modifica la LIRNR para adaptarla a la normativa comunitaria ha modificado el artículo 24.6 TRLIRNR a los efectos de adecuar la tributación de no residentes sin EP a la jurisprudencia comunitaria (SSTJCE *Scorpio, Conijn, Gerritse, Centro Equestre, Comisión/España*). Así, por un lado, los contribuyentes residentes en un Estado miembro de la UE podrán deducir los gastos previstos en la LIRPF, siempre que acrediten que están relacionados directamente con los rendimientos obtenidos en España y que tienen un vínculo económico directo e indisociable con la actividad realizada en España. Por otro lado, se modifican las reglas aplicables para determinar la base imponible correspondiente a las ganancias patrimoniales obtenidas por no residentes aplicando, a cada alteración patrimonial que se produzca, las normas previstas en la Sección 4 del Cap. II Título III y en la Sección 6 del Título X (salvo el artículo 94.1.a LIRPF, segundo párrafo, lo cual, a nuestro entender, podría plantear dudas sobre su compatibilidad comunitaria), de la Ley 35/2006, de 20 de noviembre, del IRPF, o en el caso de entidades, los gastos deducibles de acuerdo con lo previsto en la Ley 27/2014, de 27 de noviembre, del IS, siempre que el contribuyente acredite que están relacionados directamente con los rendimientos obtenidos en España y que tienen un vínculo económico directo e indisociable con la actividad realizada en España (modificación introducida por la Ley 26/2014, de 27 de noviembre, que reforma la regulación del IRPF e IRNR).

3. EVOLUCIÓN DEL ARTÍCULO 14 EN EL MODELO DE CONVENIO OCDE, CONEXIÓN CON LOS MODELOS DE EEUU Y DE LA ONU Y PRÁCTICA CONVENCIONAL ESPAÑOLA

3.1. Evolución respecto a las versiones precedentes

El artículo 14 ModCDI no ha experimentado una evolución sustantiva desde su incorporación al PC OCDE 1963 hasta el ModCDI 1997. No obstante, como ya se ha tratado de explicar, el artículo 14 fue drásticamente suprimido en la versión del año 2000 del ModCDI (y en las posteriores de 2003, 2005 y 2010). Nótese igualmente que el Borrador de informe OCDE, *The tax treaty treatment of services: proposed commentary changes*, 8 December 2006, convalida la validez de las reglas actuales de tributación de los servicios profesionales en el marco de los artículos 7 y 17 ModCDI; la novedad que aporta este borrador de informe son dos versiones alternativas de los referidos preceptos, en un caso para ampliar el poder tributario asignado al Estado de la fuente y en el segundo a los efectos de articular una regla de tributación neta de la renta obtenida por artistas y deportistas en el Estado de la fuente; posiblemente, esta última modulación obedezca a la influencia ejercida por el Derecho Comunitario en este punto (vid. las SSTJUE en los casos *Gerritse, Centro Equestre*, y *Conijn*, cuya doctrina es explicada en el capítulo de jurisprudencia comunitaria de esta obra).

La principal diferencia que media entre el texto de 1963 y el recogido en los modelos posteriores (hasta la versión de 1997, inclusive) radica en que en 1977 el modelo aprobado en tal fecha amplió el ámbito objetivo del artículo 14. En el PC OCDE de 1963 el artículo 14 se refería a «profesiones independientes» englobando la «prestación de servicios profesionales o el ejercicio de otras actividades independientes *de naturaleza análoga*», en tanto que a partir de 1977 se ha impuesto la denominación relativa a «servicios personales independientes» englobando en la misma «la prestación de servicios profesionales *u otras actividades de carácter independiente*». Como ya destacamos en epígrafes anteriores, esta modificación terminó ampliando de forma importante el ámbito operativo del precepto al referirlo no sólo a «servicios profesionales» (u otras actividades de naturaleza análoga)

–tal y como se establecía en el PC OCDE 1963– sino también a «otras actividades de carácter independiente», lo cual comprende actividades distintas de los servicios profesionales en sentido estricto. Tal ampliación del ámbito operativo del artículo 14 hace difícil, según el Comité Fiscal OCDE, trazar una distinción con el artículo 7 ModCDI (parágrafos 7 a 10 del Informe OCDE 2000).

Existen otras diferencias de menor entidad entre el PC OCDE 1963 y el ModCDI de 1977-1997. Entre estas pueden destacarse los cambios que se han ido introduciendo en los CMC al artículo 14 ModCDI, unos provocados por la modificación del tenor literal del precepto en 1977 y otros por la permanente «actualización» a la que está sujeta el ModCDI. También resulta reseñable que en el PC OCDE 1963 los artículos 10.4, 11.4 y 12.3 no se refieren a la «base fija» del artículo 14 ModCDI, sino únicamente a la existencia de un «establecimiento permanente» del artículo 7 ModCDI; esta circunstancia resulta relevante a efectos de la tributación en el Estado de la fuente de los dividendos, intereses y cánones cuyos activos estén afectados funcionalmente a la «base fija» y no a un «EP»; ciertamente, en estos casos resultaría dudosa la inaplicación de los límites de tributación previstos en los referidos preceptos allí donde el CDI siguiera el PC OCDE de 1963, aunque no pueden perderse de vista las dificultades interpretativas que existen para delimitar el ámbito operativo de los artículo 7 y 14 ModCDI.

3.2. Comparativa con el Modelo de Estados Unidos

El artículo 14 del Modelo EEUU de 1996 posee ciertas diferencias con el ModCDI (1997). En primer lugar, el apartado 1° de tal precepto se refiere exclusivamente a personas físicas; esta diferencia permite diferenciar a través del ámbito subjetivo la operatividad de los artículos 7 y 14, lo cual no resulta posible en el ModCDI. En segundo lugar, el apartado 2° del artículo 14 del Modelo EEUU no se refiere a la definición de las actividades que se consideran cubiertas por su ámbito objetivo, a saber, los servicios personales y otras actividades de naturaleza independiente sino que establece expresamente la aplicación en este ámbito de la regla de tributación material del artículo 7.3; tal regla es completada por lo previsto en el artículo 7.8 de tal Modelo. La ausencia en el Modelo EEUU de la definición que el ModCDI contiene en el artículo 14.2 no significa una desviación sustantiva del mismo, toda vez que las «Explicaciones técnicas» al Modelo confirman la aplicación en este ámbito de tal definición (parágrafos 199-207 de las *Technical Explanations* al *US 1996 Model*). A su vez, la referida *Technical Explanation* resulta clarificadora en otros aspectos como, por ejemplo, a la hora de delimitar el concepto de «base fija» destacando las diferencias con la figura del «EP»; también se contempla el caso de la actuación a través de una *partnership*. Por último, las citadas directrices interpretativas de carácter administrativo inciden en las diferencias que en materia de tributación existen entre los artículos 7 y 14 ModCDI; con arreglo a este último la renta debe ser atribuida a los servicios prestados en el otro Estado, mientras que el artículo 7 ModCDI no requiere que todo la renta resultante de las actividades sea realizada en el Estado donde está ubicado el EP. Asimismo, la prohibición de discriminación del artículo 24.3 MC EEUU, a diferencia del ModCDI, también resulta aplicable en relación con las «bases fijas». El MC EEUU de 2006 no contiene la cláusula relativa a servicios personales independientes, en línea con el ModCDI 2000-2014.

3.3. Comparativa con el Modelo de la ONU

El artículo 14 del Modelo ONU de 1999, el cual ha experimentado una cierta evolución respecto de lo previsto en anteriores versiones del mismo, sigue básicamente el ModCDI 1997, aunque también presenta algunas diferencias con el mismo. En particular, este Modelo extiende en cierta medida el poder tributario del Estado de la fuente o actividad, toda vez que este resulta legitimado para gravar la renta derivada de la prestación de servicios profesionales y otras actividades de naturaleza independiente allí donde:

a) El residente del otro Estado contratante posee una base fija regularmente disponible en el Estado de la fuente para la realización de sus actividades.

b) El residente del otro Estado contratante está presente en el Estado de la fuente durante un período o períodos equivalentes o que superen globalmente los 183 días en cualquier período de 12 meses que comience o termine en un determinado año fiscal.

Mientras que la tributación que el Estado de la fuente puede exaccionar de acuerdo con la primera regla o presupuesto de conexión territorial (base fija) coincide con lo previsto en el artículo 14 ModCDI 1997, no puede dejar de señalarse que de acuerdo con la segunda regla de conexión territorial (presencia durante un período no inferior a 183 días) sólo la renta derivada de las actividades realizadas en el Estado de la fuente puede ser gravada en el mismo con arreglo al artículo 14 (parágrafo 6 de los comentarios al artículo 14 Modelo ONU 1999). Apuntada esta diferencia, lo cierto es que el ámbito operativo del artículo 14 Modelo ONU 1999 no difiere mayormente del artículo 14 ModCDI 1997 y de hecho los comentarios a este último se han extendido al Modelo ONU.

La otra salvedad que debe advertirse es que los comentarios al Modelo ONU 1999 tratan de trazar diferencias entre el ámbito operativo de los artículos 7 y 14 en relación con determinados supuestos (parágrafo 9 de los comentarios al artículo 14 Modelo ONU 1999). En concreto, se consideró que la remuneración pagada a una persona física por la prestación de servicios de forma independiente caía en el ámbito de aplicación del artículo 14; mientras que los pagos a una empresa en relación con la prestación por parte de tal empresa de servicios o de las actividades de sus empleados o de otro personal caía en el ámbito de aplicación de los artículos 5 y 7. La remuneración pagada por la empresa a la persona física que prestó los servicios está sujeta ya al artículo 14 (si tal persona constituye un contratista independiente vinculado contractualmente a la empresa para realizar determinadas actividades) o al artículo 15 (si tal persona es un empleado de la empresa).

3.4.   Práctica convencional española

En relación con la **práctica convencional española**, lo cierto es que la mayor parte de los CDIs concluidos por España recogen el antiguo artículo 14 ModCDI, ya en la versión del PC OCDE 1963, ya en la de los Modelos de 1977 a 1997. En relación con estos CDI cabría postular una interpretación de los mismos a la luz de los CMC OCDE al antiguo artículo 14 ModCDI, lo cual puede constituir un caso de ultraactividad interpretativa de los CMC OCDE que vuelve a poner de manifiesto la inconsistencia de una regla absoluta de interpretación dinámica de los CDI a la luz de los últimos CMC OCDE.

No obstante, existen varios CDIs concluidos por España que siguen el ModCDI 2000 (y versiones posteriores coincidentes) y en tal sentido omiten la cláusula de actividades profesionales independientes, aunque normalmente incluyen la referida específicamente a los consejeros (artículo 16 ModCDI) y los artistas y deportistas (artículo 17 ModCDI). El CDI Venezuela-España (2003) constituye el primer convenio concluido por las autoridades españolas que ha seguido el ModCDI 2000 a la hora de suprimir la cláusula del artículo 14 ModCDI dedicada a «servicios personales independientes». La principal consecuencia derivada de tal supresión es que las rentas que antes caían en su ámbito de aplicación ahora se rigen, en principio, por lo previsto en el artículo 7 ModCDI. La supresión del artículo 14 ModCDI afecta a otras disposiciones del ModCDI que se referían a tal precepto o al concepto de «base fija»; ahora tales referencias se han sustituido por las correspondientes al artículo 7 ModCDI o al concepto de «establecimiento permanente» (v.gr., los artículos 6.4, 10.4, 11.5, 12.4, 17.1 y 2, 21.2 del CDI con Venezuela).

Los CDIs con Andorra (2015), con Alemania (2011), con Armenia, con Albania, con Catar (2015), con Chile, con Chipre, con Argelia, con Bosnia y Herzegovina, con Croacia, con Colombia, con Kazajstán, con Macedonia, con Emiratos Árabes, con Finlandia (2015), con Hong Kong, con Kuwait, con Nueva Zelanda, con Reino Unido, con Singapur, con Sudáfrica, Uruguay y Uzbekistán tampoco recogen el antiguo artículo 14 ModCDI (1977-1997), de manera que se plantean aquí las mismas cuestiones que en el convenio con Venezuela. El CDI con Trinidad y Tobago (2009) no recoge la cláusula de servicios profesionales independientes del ModCDI; sin embargo, ha articulado una disposición muy singular referida a «honorarios de gestión» en su artículo 13 ModCDI que comprende los costes incurridos por razón de la prestación de servicios personales o profesionales y la aportaciones de conocimientos técnicos, permitiendo una tributación máxima del 5 % en la fuente. El Convenio con el Salvador (2009) tampoco contiene la cláusula de servicios profesionales independientes pero sí una específicamente dedicada a la prestación de servicios (artículo13 y protocolo IX) que establece una tributación del 10% sobre renta bruta, salvo cuando tal prestación se realizara a través de un EP; la misma singularidad la encontramos en los CDI con República Dominicana (2013, artículo13 y Protocolo III) y con Argentina (2013, artículo14 que incluye la excepción referida a la base fija en lugar de al EP). En esta misma línea de los CDI con Trinidad y Tobago y el Salvador se sitúa el CDI con Jamaica (2009, artículo13 y Protocolo I y II que establecen una cláusula de limitación de beneficios y otra de nación más favorecida), donde se recoge una cláusula de honorarios de gestión que prevé que la tributación en la fuente del 10% sobre renta bruta quede supeditada al cumplimiento de un umbral temporal de presencia física en el Estado fuente (45 días en cualquier periodo de 6 meses). El CDI con Pakistán tampoco recoge la antigua cláusula dedicada a los trabajos independientes pero sí incluye una cláusula referida a los honorarios por servicios técnicos que permite un gravamen sobre renta bruta del 10 %. El CDI con Panamá, además de recoger una cláusulas de servicios personales independientes que sigue el MC ONU, establece una cláusula general de prestación de servicios (artículo 14) que permite un gravamen del 7,5 % en la fuente de la renta por prestación de servicios realizados en el otro Estado contratante (véase el Protocolo V).

También existe otro grupo de CDIs concluidos por España que recogen singularidades relevantes respecto de lo previsto en los Modelos de convenio OCDE.

Así, el CDI Argentina-España (1992, artículo 14, denunciado por Argentina el 29 de junio de 2012), presenta como principal particularidad el establecimiento de un límite del 10% a la tributación en el Estado de la fuente.

Los CDI con Alemania (2011) y Armenia omiten la cláusula dedicada a profesionales independientes, pero recogen disposiciones específicas en relación con estudiantes y profesores.

El CDI Austria-España (1966) establece una disposición (artículo 15) con arreglo a la cual la aplicación del artículo 7 del Convenio en relación con las rentas que obtenga un corredor, comisionista general o mediador de cualquier clase que goce de un estatuto independiente.

El CDI Brasil-España (1974, artículo 14, Protocolo nº 6), establece expresamente que las disposiciones del artículo 14 se aplicarán asimismo si las actividades fueran ejercidas por una sociedad.

El CDI con Canadá (1972, artículo 14), en su redacción originaria, seguía el PC OCDE 1963 pero se desviaba de este modelo en determinados aspectos. En concreto, la extensión del poder tributario del Estado de la actividad se ha configurado con mayor amplitud que en el ModCDI y de forma próxima a lo previsto en el Modelo ONU. Así, cuando el interesado dispone de manera habitual en el otro Estado contratante de una base fija para el ejercicio de las actividades profesionales tal Estado posee poder (no exclusivo) de gravamen sobre la renta atribuida a dicha base. Por otro lado, se ha incorporado al artículo 14 la regla de los 183 días que también contiene el Modelo ONU. En tercer lugar, se contempla el gravamen del Estado de la fuente cuando durante el año fiscal las remuneraciones percibidas por residentes del otro Estado contratante por razón de sus servicios exceden de una determinada cuantía. El Protocolo nº 3 establece que estas dos últimas reglas (la regla de los 183 días y la del umbral de remuneración) no se aplican a las rentas percibidas por un corredor, un comisionista o cualquier otro intermediario que goce de un estatuto independiente. Por último, el CDI también contiene una regla específica para estudiantes (artículo 20). El protocolo de 2014 al CDI con Canadá suprimió el artículo XIV, alineándose así con lo establecido en el MC OCDE del año 2000 y versiones posteriores.

El CDI con Costa Rica (2011, artículo 14) presenta una importante singularidad consistente en que el Estado donde se llevan a cabo las actividades profesionales o de carácter independiente puede someter a imposición la renta obtenida por una persona *natural* (el profesional), pero el impuesto exigible no puede exceder del 10% del monto bruto percibido por dichos servicios o actividades salvo cuando tal persona disponga en tal Estado de una base fija para llevar cabo tales actividades. El convenio posee, a su vez, una cláusula específica para profesores y estudiantes (artículo 20).

El CDI con Dinamarca (1972, artículo 14), que fue denunciado en el año 2009, seguía el PC OCDE 1963, aunque también se desviaba del mismo en algunos aspectos. En particular, al igual que el CDI con Canadá se ha extendido el poder tributario del Estado de la fuente, de forma que éste puede gravar la renta derivada de la actividad profesional allí donde medie una base fija o cuando la persona que presta el servicio permanece en el otro Estado, prestando tales servicios o actividades, en uno o varios períodos por un total de 90 días o más durante el año fiscal considerado. El CDI también recogía dos cláusulas específicas referidas a la tributación de profesores y estudiantes (artículos 20 y 21). Nótese, no obstante, que el Protocolo de 17 de marzo de 1999 suprimió el artículo 14 del CDI con Dinamarca, en su redacción original, y lo sustituyó por un nuevo precepto en línea con lo dispuesto en el ModCDI 1997.

El CDI Ecuador-España (1991, artículo 14) sigue en buena medida el PC OCDE 1963, cuando menos, en lo relativo a la delimitación de su ámbito objetivo. No obstante, se desvía de forma relevante de los modelos OCDE cuando omite totalmente el criterio de conexión territorial que pivota sobre la «base fija»; la atribución de poder tributario al Estado de la actividad se hace pivotar sobre la «regla de los 183 días». El convenio también contiene dos cláusulas específicas en relación con estudiantes y profesores (artículos 20 y 21).

El Convenio con Emiratos Árabes, omite la cláusula del antiguo artículo 14 ModCDI 1997, pero incluye la cláusula específica referida a estudiantes. La misma singularidad la encontramos en el CDI con Hong Kong.

El CDI EEUU-España (1990, artículo 15), se desvía del ModCDI 1977 cuando establece en su apartado 1º que el artículo 15 se aplica «sin perjuicio de las disposiciones del artículo 7 (beneficios empresariales)»; tal cláusula, a nuestro juicio, está implícita en el ModCDI. A su vez, el Protocolo nº 12 establece que la expresión «base fija» debe interpretarse con arreglo a los comentarios al artículo 14 del ModCDI y a cualesquiera directrices que se desarrollen en el futuro para la aplicación de dicho artículo.

El CDI con Irán (2003, artículo 14) establece que para delimitar el concepto de «base fija» resulta aplicable la definición *(general)* de EP prevista en el apartado 1º del artículo 5º del convenio. Este convenio también contiene una cláusula específica dedicada a profesores, investigadores y estudiantes (artículo 20). El Convenio con Malta (2006) sigue el artículo 14 ModCDI 1997 y, además, contiene una cláusula específica referida a estudiantes y personas en prácticas.

El CDI Noruega-España (1963, artículo 14.2) se refiere expresamente a «agentes mediadores».

El Convenio con Nueva Zelanda (2006), además de omitir la cláusula de servicios profesionales independientes, contiene una cláusula específica referida a los estudiantes.

El CDI Polonia-España (1979, artículo 14), indica expresamente que la expresión «servicios profesionales» comprende «actividades formativas o docentes especialmente independientes».

El CDI Rumanía-España (1979, artículo 13 y 15), recoge una regla de tributación específica relativa a las retribuciones pagadas en contraprestación de servicios de intermediación (comisionistas).

El CDI Suecia-España (1976, artículo 14) presenta singularidades muy similares a las que posee el CDI con Canadá. La principal diferencia con éste radica en las cuantías a las que se sujeta la regla del umbral de remuneración. La regla de los 183 días así como la del umbral de remuneración tampoco se aplican a las rentas percibidas por un corredor, un comisionista o cualquier otro intermediario que goce de un estatuto independiente. Por último, el CDI también contiene dos reglas específicas para estudiantes, y para profesores e investigadores (artículos 20 y 21).

El CDI Túnez-España (1982, artículo 14) emplea la expresión «profesión liberal» en lugar de «profesiones independientes», aunque el artículo 14.2 resulta prácticamente idéntico a la cláusula del ModCDI 1977.

El CDI con la ex URSS (1985) no recoge una cláusula similar a la prevista en el artículo 14 ModCDI. Entendemos que las rentas obtenidas del ejercicio de profesiones independientes y otras actividades independientes caen en el ámbito de aplicación de los artículos 4 y 5 del CDI, dedicados a la tributación de las rentas derivadas de actividades económicas (con o sin EP) que no inciden en el ámbito específico de aplicación de otros preceptos del convenio. Nótese, no obstante, que el artículo 12 del CDI contiene cláusulas específicas referidas a profesores, estudiantes, personas en prácticas, miembros de consejos de administración, y artistas y deportistas, que pueden restringir el ámbito residual de aplicación de los artículos 4 y 5 del convenio.

Por último, existe un cuarto grupo de CDIs concluidos por España que siguen sustancialmente lo previsto en el artículo 14 del Modelo ONU.

Esta cláusula es empleada por España en los siguientes convenios: CDI Barbados-España (2010, artículo14), CDI Estonia-España (2003, artículo 14), CDI China-España (1990, artículo 14), CDI Filipinas-España (1989, artículo 14), CDI India-España (1993, artículo 15), CDI Indonesia-España (1995, artículo 14), CDI Letonia-España (2003, artículo 14), CDI Lituania-España (2003, artículo 14), CDI Marruecos (1978, artículo 14), CDI México-España (1992, artículo 14), CDI Noruega-España (1999, artículo 14), CDI Panamá-España (2010, artículo 15, sin perjuicio cláusula de prestación de servicios del artículo 14), CDI España-Senegal, y CDI Vietnam-España (2005, artículo 14). Respecto del CDI hispano-mexicano, cabe mencionar cómo el Protocolo (2015) incluyó una cláusula (1.2) que impacta sobre el artículo14, con arreglo a la cual "Para la aplicación de este Convenio, se entiende que una base fija será tratada de conformidad con los principios que se aplican a los establecimientos permanentes"; tal y como ya apuntamos, esta disposición no define el concepto de base fija a los efectos del convenio, pero sí establece un principio de igualdad de trato fiscal con los EPs que de alguna forma aproxima ambos conceptos.

El CDI Filipinas-España (1989, artículo 14), no obstante, ha rebajado el umbral de presencia a 120 días o más durante el año natural.

El CDI con Tailandia (1997, artículo 14) parece situarse en el marco del Modelo ONU, aunque presenta ciertas singularidades que impiden su identificación con el mismo o con el ModCDI. En particular, se ha establecido que el Estado de la fuente puede someter a imposición la renta derivada de servicios profesionales si la persona que realiza la actividad «tiene una base fija en ese otro Estado con la finalidad de desarrollar sus actividades durante más de 183 días sucesivos o alternativos en cualquier período de doce meses».

El CDI Turquía-España (2002, artículo 14) sigue básicamente el Modelo ONU 1999, aunque se desvía del mismo en varios aspectos. Por un lado, la regla del artículo 14.1 se establece de forma separada para rentas obtenidas por personas físicas (que opera a través de «base fija») y para rentas obtenidas por una empresa (que opera mediando «EP») de la prestación de servicios profesionales. En segundo lugar, se ha previsto para este segundo caso que la empresa que opera a través de EP pueda optar por someterse a imposición en el Estado de la fuente (respecto a las rentas cubiertas por el artículo 14) de conformidad con lo dispuesto en el artículo 7 del convenio como si fueran rentas imputables a un EP de la empresa situado en ese Estado; el ejercicio de tal opción, sin embargo, no afecta al derecho del Estado de la fuente de aplicar una retención sobre estas rentas. En tercer lugar, la expresión «servicios profesionales» se ha definido en el sentido de comprender especialmente las actividades independientes enumeradas en el artículo 14.2 Modelo ONU «y otras actividades que requieran una capacitación profesional específica». En cuarto lugar, el Protocolo nº 7 al convenio recoge una *source rule* referida al artículo 14.2 en el sentido de que «se entenderá que los servicios o actividades se prestan por una empresa de un Estado contratante en el otro Estado contratante si se realizan a través de empleados u otro personal contratado que se encuentren en ese otro Estado con la finalidad de realizar esos servicios o actividades (para el mismo proyecto o para otro relacionado)»; ello significa que el desplazamiento de trabajadores o personal contratado al otro Estado contratante para prestar servicios puede habilitar la tributación en este último sobre las rentas derivadas de tal actividad bien porque se considere que la empresa opera a través de un EP, bien por considerar la presencia (regla de 183 días) de los trabajadores desplazados. Por último, el artículo 20 del convenio contiene una regla específica dedicada a las rentas obtenidas por estudiantes o personas en prácticas.

El CDI con Estonia (2003, artículo 14) sigue en cierta medida el Modelo ONU; no obstante, se desvía del mismo cuando, por un lado, establece que la cláusula se proyecta sólo sobre personas físicas y, por otro, el umbral temporal de los 183 días se emplea con una funcionalidad diferente; en particular, este convenio establece que cuando una persona física residente de un Estado contratante permanezca en el otro Estado contratante durante un período o periodos cuya duración exceda en conjunto de 183 días en cualquier periodo de doce meses que comience o termine en el año fiscal considerado, se entenderá que dispone de manera habitual de una base fija en ese otro Estado y las rentas obtenidas de las actividades profesionales en ese otro Estado serán atribuidas a dicha base fija. El convenio también recoge una cláusula específica referida a «estudiantes» y personas en prácticas (artículo 20). Los CDIs con Letonia (2003, artículo 14) y con Lituania (2003, artículo 14) presentan las mismas singularidades que el convenio con Estonia.

4. BIBLIOGRAFÍA

BAKER, P. (2005), «Double Taxation Conventions», Sweet & Maxwell, 2005.

CALDERÓN (2004), «Comentario al artículo 14 MC OCDE», en Comentarios a los Convenios de Doble Imposición Españoles, FPBM, La Coruña.

CALDERÓN (2012), «Spain Report», en IFA, Enterprise Services Cahiers de Droit Fiscal International, vol. 97a), Kluwer, The Hague, 2012, pp. 619-638.

CARMONA FERNÁNDEZ (2002), «Impuesto sobre la Renta de No Residentes», CISS, Valencia.

CARMONA FERNÁNDEZ (2003), «IRNR/2003», Carta Tributaria, Marzo 2003.

CARMONA FERNANDEZ (2010), «Todo sobre el IRNR», CISS, 2010.

COULOMBE (1982), «La imposición de las remuneraciones por servicios personales independientes prestados por no residentes», Informe General, CDFI, vol. LXVIIb, IFA, Kluwer, Deventer.

DE LA VILLA GIL (1982), «Comentarios a las leyes tributarias y financieras», t. XIV, Convenios fiscales de doble imposición, Edersa, Madrid.

DOERNBERG/VAN RAAD (1997), «The 1996 US Model Income Tax Convention», Kluwer, Boston.

FERNÁNDEZ DE PEDRO (2001), «La fiscalidad de los no residentes en España», en Manual de Fiscalidad Internacional, IEF, Madrid.

GARCÍA PRATS (1996), «El Establecimiento Permanente», Tecnos, Madrid.

HUSTON (1988), «The case against fixed base», Inter tax, nº10.

KORT (2001), «Why Article 14 (Independent Personal Services) was deleted from OESO Model Tax Convention?», Intertax, vol. 29, nº 3.

MICHAUX (1987), «An analysis of the notion of fixed base and its relation to the notion of permanent establishment», Intertax, nº 3.

OECD (1999), «The Application of the OECD Model Tax Convention to Partnerships», OECD, Paris.

OECD (2000) (Informe OCDE 2000), «Issues related to Article 14 of the OECD Model Tax Convention», OECD, Paris.

PÉREZ ROYO (1999), «Manual del IRPF», Marcial Pons, Madrid.

III.9

TRABAJOS DEPENDIENTES

José Manuel Calderón Carrero

III.9.   TRABAJOS DEPENDIENTES

Sumario

TRABAJOS DEPENDIENTES

1. INTRODUCCIÓN

El artículo 15 ModCDI es el precepto dedicado específicamente a la renta del trabajo o derivada de un empleo por cuenta ajena. Existen otros preceptos en el Modelo OCDE y, por tanto, en los CDIs que lo siguen, que se ocupan u ordenan la tributación de rentas que, a nivel interno, son generalmente calificadas como rendimientos del trabajo, a saber:

a) Las retribuciones de consejeros (artículo 16 ModCDI).
b) Las retribuciones de los funcionarios públicos (artículo 19 ModCDI).
c) Las pensiones privadas (artículo 18 ModCDI).
d) Los rendimientos percibidos por estudiantes y personas en prácticas (artículo 20 ModCDI).

El artículo 15, referido a la renta derivada de un empleo (por cuenta ajena) constituye, por tanto, la regla aplicable a los rendimientos del trabajo, allí donde no resulta aplicable una disposición convencional más específica. Se trata de una regla general, a la par que residual frente a las demás reglas del ModCDI que regulan otras «rentas del trabajo» *(lato sensu)*. Aquí únicamente se aborda el régimen tributario aplicable a las rentas que caen en el ámbito del artículo 15 ModCDI, de suerte que el resto de preceptos del referido modelo que ordenan la fiscalidad de otras «rentas del trabajo» son expuestos en sus correspondientes Capítulos.

En relación con la conexión entre el artículo 15 ModCDI y el Proyecto BEPS se ha destacado como las medidas de transparencia fiscal que resultan de la acción 13 BEPS requieren la identificación de los trabajadores que operan en cada jurisdicción, así como la aportación de datos relativos a las personas que desarrollan funciones significativas respecto de determinadas actividades (control de riesgos, DEMPE functions, actividades de creación de valor, etc). La combinación de un marco fiscal (postBEPS) más transparente y sustancialista aporta nuevos mecanismos para que las autoridades fiscales realicen un control más efectivo de las disposiciones sobre EPs, *transfer pricing* y de las propias obligaciones fiscales conectadas con el artículo 15 de los CDI (tributación IRPF, retenciones) (vid.: Bonekamp/Karman/Stuyt 2017). En este mismo sentido, se ha advertido cómo en un contexto post-BEPS los *"short-term business travelers"* (STBTs) generan más riesgos fiscales a las empresas, debido tanto al mayor foco de las autoridades fiscales sobre la existencia de EPs como a la expansión del concepto de EP como consecuencia de la acción 7 de BEPS; en tal sentido, las empresas deben analizar y valorar los riesgos que generan los STBTs a efectos de lograr el correcto cumplimiento con las obligaciones fiscales y de seguridad social que pueden derivarse de las actividades de estos trabajadores que pueden determinar la existencia de un EP o permitir el gravamen de sus salarios en el Estado de la fuente si son imputables (funcionalmente) a un EP (vid.: *Business travelers and Permanent Establishments*, 2017, EY, donde se recomiendan buenas prácticas de documentación para fundamentar el correcto cumplimiento tributario).

Nótese que el MC OCDE 2017 que introdujo en el Modelo de Convenio las medidas convencionales derivadas de BEPS también modificó la cláusula del apartado 3 del artículo 15, aunque con el objeto de simplificar su aplicación y gestión y no tanto para articular objetivos propios del proyecto BEPS.

En este mismo orden de cosas, también cabe poner de relieve cómo el TJUE ha analizado la compatibilidad con la libre circulación de trabajadores de los criterios de distribución del poder tributario previstos en el artículo 15.1, .2 y .3 MC OCDE 1963-2014, llegando a la conclusión de que, a falta de armonización fiscal europea, los Estados miembros poseen competencia para delimitar tales criterios asignación de poder tributario, aunque la tributación en cada Estado debe ser no discriminatoria (STJUE C-602/17, *Sauvage*, de 24 de octubre de 2018). El Tribunal de Justicia declaró que las referidas reglas de reparto del poder tributario previstas en el artículo 15 MC OCDE no resultaban contrarias al Derecho UE, considerando su finalidad, de suerte que las restricciones que pudieran de las diferencias de tributación existentes en uno u otro Estado quedan al margen de los CDIs y del propio Derecho de la UE. Asimismo, el hecho de que el Estado de residencia del contribuyente, con arreglo al CDI, supedite la exención de determinada renta (salarios) a que se resulten de actividades realizadas en el otro Estado no resulta contraria al Derecho UE, ni que se tal exención quede condicionada a la prueba de los presupuestos delimitados en el CDI a tal efecto.

2. NOCIÓN DE RENTA DEL TRABAJO DEPENDIENTE

El artículo 15 ModCDI no define la expresión «sueldos, salarios y otras remuneraciones similares». Se viene entendiendo que tal omisión conlleva una remisión a la ley interna del Estado que aplica el convenio, toda vez que, de acuerdo con el artículo 3.2 del propio ModCDI, no cabe extraer un significado contextual del convenio. No obstante, la legislación fiscal interna del Estado que aplica el convenio resulta en este punto limitada por otras disposiciones del convenio –como, por ejemplo, el artículo 16 ModCDI o el artículo 18 ModCDI– que establecen un régimen convencional específico para determinadas «rentas del trabajo» en la acepción doméstica de la expresión.

En este sentido, se considera que sólo caen en el ámbito del artículo 15 ModCDI aquellas rentas que tengan su causa o sean percibidas con motivo de la relación laboral mientras ésta perdure; nótese que el artículo 15 ModCDI se refiere específicamente a rentas «por razón de empleo». La renta salarial puede percibirse tanto en forma monetaria como en especie *(stock options, fringe benefits,* seguros de vida y enfermedad, etc.). La condición que permite el gravamen en el Estado de la fuente radica en que los salarios o la remuneración similar derive del ejercicio del empleo en tal Estado. Resulta irrelevante a estos efectos el momento en que tal renta sea pagada u obtenida por el trabajador (parr. 2.2 de los comentarios de artículo 15 ModCDI 2005 y versiones posteriores). La DGT en alguna ocasión ha apelado a la tributación y calificación de la renta en el Estado de la fuente como criterio para considerar que determinadas rentas (contraprestación por servicios profesionales a miembros de jurados) constituyen renta gravable de acuerdo con el artículo15 de los CDI (consulta DGT V3496-13 de 2-12-2013).

Las rentas que se perciban después de cesar la relación laboral –como las pensiones– o que no tengan conexión con tal relación –pensiones compensatorias entre cónyuges– no caen en el ámbito del artículo 15, a pesar de que la legislación interna del Estado que aplica el convenio las califique como «rentas del trabajo»; tales rentas caerán en el ámbito de aplicación de otro precepto específico (artículo 18 en el caso de las pensiones) o en el ámbito de una cláusula residual (artículo 21, en el caso de pensiones compensatorias), salvo que el CDI disponga otra cosa (véanse, por ejemplo, el artículo 18 de los CDIs de España con EEUU y Filipinas en relación con las pensiones alimenticias).

Por el contrario, caerán en el ámbito del artículo 15 las cantidades (como indemnizaciones) que se perciban por el cambio de puesto de trabajo o por pasar a ejercer otro empleo, aunque debe tenerse en cuenta la importante matización recogida en los parágrafos 2.1-2.16 CMC del ModCDI 2014. No obstante, se considera que si estas indemnizaciones poseen el mismo carácter que las prestaciones de la previsión social, deben seguir el régimen de las pensiones (artículo 18 ModCDI); del mismo modo, se consideran pensiones las sumas a tanto alzado percibidas en sustitución de una pensión con motivo del cese de una relación laboral.

En julio de 2014, con motivo de la actualización del ModCDI de 2014, se lleva a cabo una importante modificación de los CMC al artículo 15 ModCDI al objeto de incorporar las principales conclusiones del informe OCDE, *Tax Treaty treatment of termination payments* (hecho público el 25 de junio de 2013). Los nuevos parágrafos 2.3-2.16 de los CMC al artículo15 del ModCDI 2014 se refieren de forma exhaustiva a esta cuestión, de manera que aquí únicamente apuntamos algunas de las principales ideas que en gran medida podrían ser consideradas "clarificaciones" interpretativas con gran relevancia práctica para la aplicación de las reglas del artículo15 de los CDI que sigan el Modelo OCDE a los efectos de la tributación de los trabajadores transfronterizos:

- La regla de tributación sobre salarios, sueldos y remuneraciones similares pagadas a personas físicas derivadas del ejercicio de un empleo en un determinado presenta una serie de problemas específicos en relación con determinado tipo de retribuciones, como stock-options o pagos realizados después de la terminación del empleo, que pueden ser satisfechas con posterioridad al ejercicio del trabajo por cuenta ajena, esto es, una vez terminada o finalizada la relación laboral. Las singularidades propias de las opciones sobre acciones se abordan en los parágrafos 12.6 a 12.13 CMC artículo15 ModCDI en tanto que las relativas a los "*termination payments*" se exponen en los parágrafos 2.3 a 2.16.

- Una de las cuestiones centrales a los efectos de aplicar las reglas del artículo15 ModCDI a este tipo de pagos reside precisamente en determinar si estamos ante remuneraciones que caen en su ámbito de aplicación, esto es, sueldos, salarios o remuneraciones similares y en qué medida derivan del ejercicio de un empleo en un determinado Estado. A esta cuestión se dedica buena parte de la guía incorporada en el parágrafo 2.4 y ss. de los CMC al artículo 15 ModCDI en el sentido que tratamos exponer:

• Cualquier remuneración pagada con posterioridad a la terminación del empleo por trabajos realizados antes de tal terminación de la relación laboral (v.gr., salario o bonus por el último periodo de trabajo o comisiones por ventas realizadas durante tal período) se considerará derivada del Estado en el cual las actividades laborales relevantes fueron desarrolladas.

• Un pago realizado con relación a días de vacaciones o bajas por enfermedad no tomados que se han devengado durante el último año de empleo constituye una parte de la remuneración del periodo de trabajo que generó el derecho a las vacaciones o la baja por enfermedad. La misma regla se aplicará respecto de las remuneraciones que por la misma causa tenga derecho el trabajador en el momento de la terminación del empleo, por los días de vacaciones y bajas por enfermedad no disfrutadas durante los años de empleo anteriores. A estos efectos, la OCDE fija una regla de imputación basada en la presunción iuris tantum (sujeta a pruebas que evidenciando otra cosa) con arreglo a la cual un pago realizado por las referidas causas relacionado a años anteriores que fueron disfrutados durante los mismos debería considerarse como un beneficio al que tenía derecho el empleado durante los últimos 12 meses de empleo, y en tal sentido debe imputarse proporcionalmente al Estado en el que el empleo se ejerció durante el último año. No se aplicaría tal regla cuando los archivos del contribuyente evidenciaran una imputación de tal remuneración por tales causas a específicos periodos de empleo pasado. La OCDE también incorpora aquí una regla dirigida a tratar de garantizar la eliminación de la doble imposición que puede surgir cuando el Estado en el que ejercía el empleo el trabajador gravó de acuerdo con el criterio del devengo la remuneración relacionada con las vacaciones y bajas por enfermedad no disfrutadas, de manera que el Estado de residencia del contribuyente que grava esta remuneración en el momento del pago y terminación de la relación laboral debe eliminar la doble imposición, e igualmente cualquier otro Estado que someta a imposición estos pagos en el último año de empleo debe tener en cuenta que tal remuneración puede haber sido ya gravada en el momento del devengo y corresponderse a actividades laborales realizadas en años distintos del de terminación.

• En relación con los casos donde el empleador está obligado (por contrato o normativa laboral) a notificar el cese de la relación laboral con un determinado periodo o plazo de preaviso, cabe la posibilidad de que reciba una remuneración por no trabajar durante tal periodo de preaviso, constituyendo una remuneración derivada del empleo a los efectos del artículo15.1 ModCDI. La OCDE establece igualmente una regla presuntiva de imputación con arreglo a la cual la remuneración se considerará derivada del Estado en el que es razonable asumir que el empleado hubiera trabajado durante tal periodo, tomando en consideración todos los hechos y circunstancias; la última localización donde el trabajador realizó su actividad durante un tiempo sustancial antes de que se terminara la relación laboral puede constituir una asunción de localización razonable.

• La OCDE aborda asimismo la cuestión de los "*severance payments*" (*redundancy payments*) o indemnizaciones por años de servicio (costes de despido) que el empleador debe satisfacer (por ley o por contrato) a un empleado cuyo empleo ha sido terminado. Tal pago resulta frecuentemente, aunque no siempre, calculado por referencia al periodo de empleo pasado con el empleador. A este respecto, la OCDE establece una nueva regla presuntiva, sujeta a lo que resultaran de los hechos y circunstancias del caso, de acuerdo con la cual tales pagos indemnizatorios por despido deberían considerarse remuneración cubierta por el artículo15 ModCDI en relación con los últimos 12 meses de empleo, de manera que fuera imputada sobre una base proporcional al Estado donde se desempeñó el empleo durante tal período; tal remuneración así cuantificada e imputada constituye remuneración derivada de un empleo a los efectos del artículo15.1 ModCDI. Cabe observar a este respecto cómo la jurisprudencia alemana del Bundesfinanzhof, aunque considera que las indemnizaciones por despido caen en el ámbito de aplicación del artículo15 de los CDI que siguen el ModCDI y no pueden ser calificadas como "otras rentas", viene rechazando la tributación en la fuente de esta renta al entender que remunera la "pérdida de empleo" y no existe vínculo suficiente entre el Estado donde se ha realizado la actividad y tal renta a efectos de su gravamen de acuerdo con los principios del artículo 15 ModCDI (véase, por ejemplo, la sentencia del Bundesfinanzhof de 6 de agosto de 2014, comentada por Perdelwiltz en IBFD TNS 7 agosto 2014). La DGT V2188-18, de 23-7-2018, también se ha referido a los pagos de indemnizaciones por despidos de trabajadores no residentes desplazados por una matriz española al extranjero; las indemnizaciones por cese de la relación laboral caen en el ámbito de tributación del artículo 15, en tanto que aquellas compensatorias de daños (reputacionales o morales, discriminación, etc) se encuadrarían en el artículo 21 del CDI; la DGT también se refiere a la regla presuntiva de los últimos 12 meses en el sentido de que únicamente opera en caso de que los hechos y circunstancias de cada caso impidan determinar el período de tiempo trabajado en cada Estado a efectos del reparto de la base imponible entre los distintos Estados (V2188-18; nótese que las DGT V1856-15, de 12-6-2015, y DGT V4408-16, de 14-10-2016, no incluyen esta matización sobre el carácter presuntivo y especial de la regla de los 12 meses).

• Otra categoría de remuneración a la que se refiere la OCDE tiene que ver con las indemnizaciones por vulneración de legislación, contrato o convenio colectivo a las que puede tener derecho un trabajador que es despedido ilegalmente. Tal terminación ilegal de la relación laboral puede ser reconocida judicial o extrajudicialmente dando lugar a una compensación por daños ocasionados por la vulneración de las obligaciones legales o contractuales. El tratamiento fiscal convencional de estas indemnizaciones dependerá de lo que la resolución sobre los daños pretenda compensar. De esta forma, si se trata de daños reconocidos por falta de preaviso o por falta de una indemnización por despido con arreglo a la legislación o el contrato, tales cuantías deben tratarse como la remuneración que tales indemnizaciones tratan de reparar. Sin embargo, merecen distinto tratamiento las "indemnizaciones punitivas" o los daños reconocidos sobre la base de un tratamiento discriminatorio o las generadas por un perjuicio de la reputación de una persona, de suerte que tales indemnizaciones caerán en el ámbito de aplicación del artículo 21 del CDI (otras rentas); véase a este respecto la DGT V2188-18, de 23-7-2018.

• Las remuneraciones en virtud de cláusulas de "no concurrencia" de acuerdo con las cuales el empleado, de acuerdo con el contrato o acuerdo posterior a la terminación del empleo, recibe una remuneración o compensación en consideración a la obligación de no trabajar para un competidor de su ex empleador, aunque normalmente sujeta a limitación temporal y geográfica. La OCDE considera que aunque tal pago está directamente relacionado con un empleo anterior, en la mayoría de las circunstancias no constituirá una remuneración derivada del desempeño de actividades por cuenta ajena realizadas antes de la terminación de la relación laboral, salvo en aquellos países donde parte del salario mensual ya incorpora la remuneración por no concurrencia en el momento de la terminación de la relación laboral. Por ello y al margen de estos países, se considera apropiada la tributación exclusiva de tal renta en el Estado de residencia del receptor en el momento en que se produce el pago. No obstante, si el pago realizado tras el despido constituye en esencia una remuneración por actividades realizadas durante la vigencia de la relación laboral o el empleo (v.gr., casos donde la obligación de no competir tiene escaso valor para el ex empleador), entonces la remuneración debería ser tratada del mismo modo que la recibida por trabajo realizado durante el periodo relevante de empleo. La DGT se ha referido a esta cuestión en la consulta DGT V1285-15 de 28-4-2015, en relación con un caso donde la obligación de no competir constituía una de las obligaciones contractuales asumidas por el trabajador durante el periodo que estuvo trabajando y por el cual fue remunerado, indicándose que tales rentas derivadas del pacto de no competencia tributan en el Estado donde se desarrolló el trabajo al que se refieren, no donde reside el trabajador.

• Los supuestos de pagos realizados con posterioridad a la terminación del empleo en relación con contribuciones a planes de pensiones o derechos de pensiones del antiguo empleado son abordados en los parágrafos 4 a 6 de los Comentarios al artículo 18 ModCDI referido a pensiones privadas por un trabajo dependiente anterior. En este contexto se plantean varias cuestiones entre las que destaca la referida a la calificación de los pagos, esto es, en qué medida se trata de una remuneración similar a una pensión que tributa con arreglo al artículo18 ModCDI, o cuando estamos ante una remuneración final por el desempeño de actividades por cuenta ajena en el sentido del artículo15 ModCDI, y la OCDE se limita a indicar crípticamente que estamos ante una cuestión de hecho, complementando tal indicación con algunos ejemplos; así, el reembolso de contribuciones a planes de pensiones tras un empleo temporal se considera que no constituye un pago cubierto por el artículo18 ModCDI, sino remuneración por el empleo desempeñado que se devenga con motivo de la terminación de la relación laboral y en tal sentido comprendida en el artículo 15 ModCDI y que debe distribuirse o imputarse considerando el territorio del país en el que fue ejercido el empleo. En este orden de cosas cabe mencionar la sentencia de la *US Tax Court* en el caso *Pei Fang Guo v. Commissioner* (149 T.C. Nº 14, 2 October 2017), de acuerdo con la cual los pagos realizados por un ente público en concepto de compensación por desempleo a un residente del otro Estado contratante en relación con cotizaciones realizadas en el pasado durante el ejercicio de un empleo anterior tienen la calificación de otras rentas a los efectos del CDI EEUU-Canadá.

• Las remuneraciones diferidas de acuerdo con determinadas fórmulas y acuerdos, y que son satisfechas en el momento de terminación de la relación laboral deben ser tratadas como renta cubierta por el artículo 15 ModCDI y, en tal sentido, debe poder ser asociada con un específico periodo del empleo anterior en un determinado Estado a os efectos de su imputación al mismo de cara a su eventual gravamen. La OCDE advierte que muchos países no permitirán el diferimiento de la tributación en estos casos, de manera que aquellos que sí la admitan y sometan la renta en el momento de ser satisfechos con motivo de la terminación de la relación laboral tengan en cuenta tal circunstancia a los efectos de la eliminación de la doble imposición.

• La OCDE también se refiere a pagos realizados con posterioridad a la terminación del empleo de acuerdo con mecanismos de incentivación de empleados (incentive compensation) en general y *stock-options* en particular, y considera aplicable la guía introducida en su día en los Comentarios al artículo 15 ModCDI en relación con opciones sobre acciones (parágrafos 12-12.15), aunque reconoce que hay que atender a las características de cada pago para determinar su naturaleza y tratamiento convencional.

• Otra de las categorías de remuneración que puede ser recibiendo una persona con posterioridad a la terminación de su relación laboral consiste en la "cobertura médica o seguro de vida" durante un determinado período. La OCDE considera que, sin perjuicio de hechos y circunstancias en otro sentido, tales beneficios en especie deberían considerarse remuneración cubierta por el artículo 15 ModCDI que deriva del Estado en el que el empleo se ejercía en el momento en el que la relación laboral fue terminada (y cuando, por tanto, tal obligación de pago tales beneficios se devengó).

• Los pagos compensatorios por pérdida de futuras remuneraciones derivadas de daños corporales o minusvalías sufridas en el desempeño del trabajo pueden tener un distinto tratamiento fiscal a nivel convencional dependiendo del contexto legal aplicable. Por ejemplo, los pagos realizados de acuerdo con el sistema de seguridad social como un fondo de compensación de trabajadores podrían caer en los artículos 18, 19 o 21 ModCDI (vid parágrafo 24 del Comentario al artículo18 ModCDI). Un pago que constituye una pensión estaría cubierto por el artículo 18 ModCDI. Un pago realizado al trabajador por el empleador como compensación por daños en relación con una enfermedad laboral o daño corporal caería normalmente en el ámbito del artículo 21 ModCDI (otras rentas). Un pago realizado por el empleador de acuerdo con el contrato de trabajo relacionado con una enfermedad o daño corporal no relacionado con el trabajo y del que no es responsable el empleador debe ser tratado como una indemnización por años de servicio (severance payment) resultando lo indicado más arriba en relación con los mismos (remuneración cubierta por el artículo 15 respecto de los últimos 12 meses de empleo e imputada proporcionalmente al Estado/s donde el empleo fue ejercido durante tal periodo. Un pago compensatorio de una minusvalía de corta duración realizado durante la vigencia de la relación laboral debe recibir el tratamiento aplicable a la compensación por los días de baja laboral durante el curso del empleo, de manera que estará cubierto por el artículo 15 ModCDI (o artículo 17 ModCDI en el caso de artistas y deportistas) y resultará gravable en el Estado en el que el empleado normalmente desempeñaba el empleo antes de la enfermedad o minusvalía.

• La OCDE también se refiere a los pagos que puede recibir un vendedor en relación con pérdidas de futuras comisiones, indicando que el tratamiento fiscal convencional dependerá del contexto en el que se realice tales pagos. Así, dependiendo de las circunstancias, este pago podría constituir una remuneración diferida a la que tendría derecho el vendedor en relación con ventas previas o con ventas futuras, en virtud de su contrato, respecto de clientes que tal vendedor fidelizó o atrajo al empleador. En ambos casos se considera que tal remuneración deriva del desempeño de la relación laboral a los efectos del artículo 15. Sin embargo, la compensación por futuras comisiones de ventas que un vendedor hubiera recibido de continuar la relación laboral podría constituir una forma de indemnización por servicios (severance payment) o compensación por despido ilegal, debiendo recibir el correspondiente tratamiento fiscal convencional (vid supra).

• Finalmente, el Comité de Asuntos Fiscales de la OCDE cierra sus indicaciones sobre *"termination payments"* haciendo referencia a los pagos que puede recibir un empleado en el marco de acuerdos de transición dirigidos a la terminación de un empleo; en estos casos, el empleado puede recibir una remuneración total o parcial durante tal periodo transitorio en el que no trabajaría. La OCDE considera que tal renta resulta cubierta por el artículo 15.1 ModCDI y debe entenderse que deriva del Estado en el que es razonable asumir que el empleado hubiera trabajado durante tal periodo, que normalmente será el Estado donde la actividades por cuenta ajena se realización antes de la cesación de las mismas.

Los sueldos, salarios y otras remuneraciones similares (excluidas las pensiones) pagadas por un Estado o por una de sus subdivisiones políticas o entidades locales a una persona física por los servicios prestados a ese Estado o a esa subdivisión o entidad, a pesar de que la legislación interna las pueda calificar como rendimientos del trabajo, tributan de acuerdo con el artículo 19.1 ModCDI. Ello significa que, como regla, tales retribuciones públicas sólo pueden someterse a imposición por parte del Estado pagador de las mismas; tal regla se excepciona cuando los servicios se prestan en el otro Estado contratante y la persona física es un residente de este otro Estado contratante que a) es nacional de ese otro Estado, o b) no ha adquirido la condición de residente de ese Estado solamente para prestar los servicios; en este segundo caso, el Estado contratante en el que se prestan los servicios posee derecho exclusivo de gravamen sobre los sueldos, salarios y remuneraciones similares (excluidas las pensiones) obtenidas por tal persona física.

Conviene aclarar que el artículo 19.1 ModCDI solo es aplicable a los empleados del Estado y no a las personas que presten servicios personales de carácter independiente al Estado o perciban pensiones en relación con tales servicios; este precepto se aplica, por tanto, a todos los empleados públicos con independencia de su vinculación con el ente público (laboral o funcionarial) y del sector de la Administración en el que presten sus servicios (Defensa, Administración tributaria, Sanidad, etc.) siempre que exista relación de dependencia y ejerzan funciones de carácter público. En este sentido, los comentarios al artículo 19 ModCDI insisten en que los apartados 1 y 2 del artículo 19 ModCDI no son aplicables si los servicios se prestan en relación con una *actividad empresarial* realizada por el Estado, o por una de sus subdivisiones políticas o de sus entidades locales que pagan los sueldos, salarios u otras remuneraciones similares, o las pensiones; en estos casos, serán aplicables las reglas generales: el artículo 15 ModCDI, a los sueldos y salarios; el artículo 17 ModCDI, a los artistas y deportistas; y el artículo 18 ModCDI a las pensiones.

También conviene clarificar la relación entre el artículo 19.1 ModCDI y el artículo 27 ModCDI, de suerte que el primero no resulta aplicable a los supuestos comprendidos en las normas de Derecho Internacional relativos a los casos de miembros de misiones diplomáticas y puestos consulares a los que resulta de aplicación la regla especial del artículo 27 ModCDI (actualmente artículo 28 ModCDI). No obstante, las reglas de distribución del poder tributario previstas en el artículo 19 se inspiran en las disposiciones de los Convenios de Viena sobre Relaciones Diplomáticas y Consulares.

Los sueldos y salarios percibidos por artistas y deportistas en relación con actuaciones personales en tal concepto caen, como regla, en el ámbito de aplicación del artículo 17 ModCDI y no en el artículo 15 ModCDI.

Por último, resulta también evidente que todo tipo de rentas obtenidas en el ejercicio de una actividad económica (profesional, empresarial o comercial) por cuenta propia caen en el ámbito del (antiguo) artículo 14 ModCDI, el cual fue suprimido en la versión del 2000 del ModCDI y englobado en el ámbito de los artículos 5 y 7 ModCDI. No obstante, en algunos supuestos pueden suscitarse dudas en torno a si determinados servicios son prestados o no en el ejercicio de un empleo; tal cuestión fue objeto de un informe OCDE, *Proposed Clarification of the scope of paragraph 2 of article 15 of the model convention,* OECD, Public discussion draft, 5 April 2004, cuyas conclusiones se han integrado en los comentarios al ModCDI 2005 y son expuestas más adelante.

Posteriormente, el Comité de Asuntos Fiscales OCDE ha hecho público el 12 de marzo de 2007 un segundo documento donde se plantea una más profunda revisión de los Comentarios al apartado 2º del artículo15 ModCDI, de cara a clarificar fundamentalmente la interpretación contextual del término «empleador» de manera que tanto el Estado de la fuente (a efectos de someter a imposición o no al trabajador) como el Estado de la residencia (a efectos de aplicar los métodos para eliminar la doble imposición) puedan aplicar «bilateralmente» el CDI evitando interpretaciones asimétricas (OECD, *Revised Draft Changes to the Commentary on Paragraph 2 of Article 15,* 12 March 2007). El Comité de Asuntos Fiscales OCDE ha fijado finalmente su posición en esta materia a través de los Comentarios al artículo 15 ModCDI 2010 (nuevos parágrafos 7.2 y 8). Tal posición es expuesta más abajo, lugar al que nos remitimos).

Otra fuente relevante de modificaciones en los CMC al artículo 15 ModCDI deriva del informe OCDE, *Tax Treaty treatment of termination payments* (hecho público el 25 de junio de 2013), cuyas principales conclusiones se han incorporado a los Comentarios (parágrafos 2.3-2.16) del Modelo de Convenio OCDE 2014, en el sentido que ya hemos expuesto de forma sintética.

En este mismo orden de cosas, resulta de gran interés el estudio de la Comisión UE elaborado por EY, *Triangular Cases-Tax Obstacles to labour mobility in the EU and tax avoidance,* final report EY- April 2014, el cual analiza los problemas interpretativos y aplicativos de las diferentes cláusulas del artículo15 ModCDI y proponiendo mejoras dirigidas a lograr una mayor efectividad de esta cláusula así como simplificar la complejidad administrativa que lleva aparejada la eliminación de la doble imposición en algunos de los supuestos que caen en el ámbito de aplicación de la norma de gravamen de trabajadores que operan transfronterizamente. En esta misma línea puede apuntarse cómo EE.UU y Canadá, por ejemplo, han puesto en marcha en 2014 una iniciativa dirigida a facilitar el cómputo del tiempo de permanencia de los trabajadores transfronterizos en cada uno de los Estados, intercambiando información obtenida por las oficinas aduaneras en los puestos fronterizos.

Las reglas de deslinde que hemos expuesto aparecen recogidas en el propio artículo 15.1 ModCDI, dado que este precepto comienza señalando que el criterio de sujeción que articula opera «sin perjuicio de lo dispuesto en los artículos 16, 18 y 19». Entendemos que esta «cláusula sin perjuicio de» tiene alcance clarificador, de manera que su omisión en un CDI –como acontece en el CDI con EEUU– no debería plantear mayores dudas en torno al criterio de especialidad de los referidos preceptos sobre el artículo 15. Algunos CDI como el CDI con El Salvador (2009, artículo15 y Protocolo XI) delimitan el ámbito objetivo de aplicación del precepto haciendo mención expresa de las rentas obtenidas por personal de dirección, sin perjuicio de la aplicación de la regla especial de consejeros. También algunos CDI, como el de Georgia, Serbia, Trinidad y Tobago y el de Jamaica, que contienen una cláusula específica para profesores e investigadores excluyen la aplicación del artículo 15 sobre tales rentas; esta cláusula también nos la encontramos en el CDI con Alemania (2011) y Armenia, así como en el CDI con Kuwait (2013) que incluye sendas cláusulas dedicadas profesores e investigadores y estudiantes y aprendices, que son coordinadas con la cláusula de rentas del trabajo. El Protocolo V del CDI con Panamá clarifica el deslinde entre la cláusula de trabajadores dependientes y la de consejeros.

3.   POTESTAD DE IMPOSICIÓN

El artículo 15 ModCDI establece cuatro reglas de distribución de poder tributario cuya aplicación depende fundamentalmente del lugar donde se ejerce el empleo y de otras circunstancias concurrentes. Las pautas bilaterales de reparto de potestades pueden sintetizarse de la siguiente forma:

1ª **Regla:** La renta derivada del empleo sólo puede gravarse en el Estado de residencia del empleado cuando la actividad laboral (el empleo o trabajo) no se realiza o ejerce en el territorio del otro Estado contratante.

2ª **Regla:** La renta derivada del empleo puede gravarse en el Estado de residencia del empleado y en el otro Estado contratante cuando la actividad laboral (el empleo o trabajo) se realiza, total o parcialmente, en el territorio de este último Estado (de la actividad).

3ª **Regla (excepción a la 2ª regla):** Las rentas derivadas del empleo percibidas por un residente de un Estado contratante que ejerce su empleo en el otro Estado contratante sólo pueden someterse a imposición en el primero (residencia) cuando concurren simultáneamente las circunstancias referidas a continuación:

a) el perceptor permanece en el otro Estado durante un período o períodos cuya duración no exceda, en conjunto, de 183 días en cualquier período de doce meses que comience o termine en el año fiscal considerado, y

b) las remuneraciones son pagadas por, o en nombre de, un empleador que no sea residente del otro Estado (de la actividad), y

c) las remuneraciones no son soportadas por un establecimiento permanente que el empleador tenga en el otro Estado.

4ª **Regla:** Las remuneraciones obtenidas de un empleo realizado a bordo de un buque o aeronave explotados en tráfico internacional, o de una embarcación destinada a la navegación interior, pueden someterse a imposición en el Estado contratante en que esté situada la sede de dirección efectiva de la empresa.

Cada una de estas reglas debe ser objeto de examen separado para delimitar su alcance.

3.1.   La regla de tributación exclusiva en el Estado de residencia del empleado en casos en que el empleo no se ejerce en el otro Estado contratante

La doctrina administrativa y jurisprudencia nacional e internacional es unánime a la hora de interpretar la cláusula del artículo 15.1 ModCDI: el Estado de la actividad solo puede someter a gravamen a un trabajador residente de otro Estado en la medida en que tal trabajador se desplace físicamente al territorio del primer Estado contratante para prestar sus servicios en el mismo. Cuando concurriera tal condición (presencia física o desplazamiento personal efectivo), el Estado de la actividad únicamente puede gravar al trabajador por la renta derivada de su trabajo en su territorio o desde su territorio. Nótese que en casos de "teletrabajo" o trabajo remoto donde el trabajador reside fiscalmente en un Estado y realiza las labores desde el mismo (por ejemplo, su vivienda personal) para una entidad no residente que es la que explota los resultados de su trabajo, el Estado de la fuente de la renta (normalmente el de residencia de la entidad pagadora) no puede someter a imposición tales rentas (DGT V3794-2016 de 9-9-2016).

Asimismo, resulta relevante destacar que las normas de distribución de poder tributario, como el artículo 15 de los CDIs, que pueden llegar a excluir de tributación unas rentas generadas en un Estado prevalecen sobre las normas internas de tal Estado que establecen su tributación o que establecen obligaciones de retención por parte del pagador.

A este respecto, debe afirmarse que la legislación española [(artículo 13.1.c) TRLIRNR)] establece que se consideran obtenidos en territorio español los rendimientos del trabajo que deriven, directa o indirectamente, de una actividad personal desarrollada en territorio español, o que se trate de remuneraciones satisfechas por personas físicas que realicen actividades económicas, en el ejercicio de sus actividades, o entidades residentes en territorio español; de este último supuesto se excepciona el caso de que el trabajo se preste íntegramente en el extranjero y tales rendimientos estén sujetos a un impuesto personal en el extranjero. Parece, por tanto, que la legislación española articula criterios de sujeción fiscal de las rentas del trabajo más amplios que los previstos en el artículo 15 ModCDI; tal circunstancia cabe explicarla considerando que la finalidad del artículo 13 TRLIRNR es ensanchar las facultades de imposición de España como Estado fuente donde se desarrolla la actividad o se obtiene la renta, en tanto que los CDIs persiguen restringir el poder impositivo del Estado donde se desarrolla la actividad y aumentar las del Estado de residencia del empleado. Con todo, allí donde resulte de aplicación el artículo 15 de un CDI que siga el ModCDI resulta evidente que el poder de imposición del Estado español resulta restringido por los más estrictos criterios de sujeción articulados en tal precepto.

Existen autorizados autores, que han propuesto una interpretación más restrictiva del artículo 15.1 ModCDI; en concreto, mantienen que el Estado de la actividad no puede someter a imposición al trabajador que se desplaza a su territorio sobre la base de «visitas de corta duración». Esta interpretación posee un cierto apoyo en los propios CMC; y de hecho, la finalidad de la cláusula del artículo 15.2 ModCDI no es otra que la de excluir de gravamen por el Estado de la actividad las rentas del trabajo percibidas por estancias de breve duración (parágr. 6.2 de los comentarios al artículo 15 ModCDI). Ahora bien, cuando no concurren los tres presupuestos diseñados por el artículo 15.2, la interpretación prevalente a nivel internacional con respecto al artículo 15.1 es que no excluye la imposición de las rentas generadas en visitas de corta duración por parte del Estado de la actividad, aunque existen países como EEUU (estancias inferiores a 90 días cuando la remuneración es inferior a 3.000 $) y el Reino Unido (estancia inferior a 60 días) que han introducido normas internas que se interrelacionan con los CDIs a los efectos de excluir de tributación dichas rentas.

3.2. La regla de tributación concurrente en los dos Estados contratantes cuando la actividad laboral (el empleo o trabajo) se realiza, total o parcialmente, en el territorio de este último Estado (de la actividad)

El artículo 15.2 ModCDI establece que cuando el empleado residente de un Estado contratante se desplaza al territorio del otro Estado contratante para ejercer su empleo, este segundo Estado (de la actividad) ostenta un derecho de gravamen sobre la renta salarial correspondiente al ejercicio del empleo en su territorio. El ModCDI no ha fijado un techo impositivo respecto al gravamen del Estado de la actividad. Sin embargo, debe advertirse que tal Estado no puede gravar más que la renta salarial (la derivada del ejercicio del empleo) correspondiente al tiempo en que el empleado esté físicamente presente en su territorio; así, el salario del empleado correspondiente a trabajo realizado desde su Estado de residencia, pero cuyo resultado se utiliza en el otro Estado contratante no puede ser sometido a imposición por este último. Los comentarios (parágrafo 2.2) al artículo 15 ModCDI 2005 (y versiones posteriores) enfatizan que la condición a la que tal precepto sujeta la tributación en el Estado de la fuente reside en que los salarios, emolumentos y remuneración similar derive del ejercicio de empleo en tal Estado. Esto se aplica sin importar el momento en que la renta es pagada o definitivamente adquirida por el trabajador. Tal matización puede poseer especial importancia en relación con determinado tipo de rentas del trabajo como las **stock-options**, a las que los CMC al artículo 15, ModCDI 2005 (y versiones posteriores) dedican gran atención (sobre la tributación de las stock-options en el marco de los CDIs españoles, véanse las consultas DGT V1095-08 de 3-6-2008, DGT V1641-14 de 27-6-2014, y DGT V2197-18, de 24-7-2018, respecto de su deducibilidad en sede de la filial española), así como las RRTEAC de 3 de febrero de 2010, núm. 8267/2008, y de 5 de noviembre de 2013). En la consulta DGT V1641-14 de 27-06-2014, se distingue entre la renta derivada del ejercicio de las opciones por parte del trabajador (estableciendo el criterio del gravamen por parte del Estado de la fuente donde se ejerció el empleo y en su caso del Estado de la residencia), y de la ganancia patrimonial resultante de la venta de las acciones, de suerte que cuando el sujeto que realiza la plusvalía ya no es residente en España en el momento de la venta y tales acciones cotizan en un mercado secundario bursátil extranjero (EEUU), tal plusvalía no está sujeta a tributación en España por el IRNR (artículo13.1.j TRLIRNR).

En este sentido, se considera que los trabajadores desplazados pueden ser sometidos a imposición en el Estado de la actividad por el salario correspondiente al número de días que efectivamente realizan actividades en su territorio; la fórmula para fijar la tributación de estos trabajadores es «per working day of physical presence» y no el cómputo más extensivo que opera sobre la base de la «duration of the activity»; este último método ha sido empleado, cuando menos en el pasado, por las autoridades de algunos Estados como Países Bajos, pero el Comité Fiscal OCDE ha afirmado de forma clara que no resulta «consistente» con el artículo 15 de los CDIs [véase el informe OECD, *The 183 day rule: some problems of application and interpretation*, OECD, Paris, 1991; y parágr. 5 de los comentarios al artículo 15 ModCDI (1995 y versiones posteriores)]; véase a este respecto la consulta DGT V1540-14 de 11-6-2014.

Ni que decir tiene que allí donde resulta aplicable esta regla de tributación concurrente, el Estado de residencia del trabajador debe eliminar la doble imposición generada de acuerdo con el método previsto en el convenio.

3.3. La regla de tributación exclusiva en el Estado de residencia del empleado cuando éste ejerce su empleo en el otro Estado contratante y concurren determinadas circunstancias

El artículo 15.2 ModCDI establece una excepción a la (segunda) regla de tributación por parte del Estado de la actividad, cuando concurren determinadas circunstancias, a saber:

a) El perceptor permanece en el otro Estado (de la actividad) durante un período o períodos cuya duración no exceda, en conjunto, de 183 días en cualquier período de doce meses que comience o termine en el año fiscal considerado.

b) Las remuneraciones son pagadas por, o en nombre de, un empleador que no sea residente del otro Estado (de la actividad).

c) Las remuneraciones no son soportadas por un establecimiento permanente que el empleador tenga en el otro Estado.

Para que resulte aplicable esta regla de tributación exclusiva en el Estado de residencia del trabajador deben concurrir los tres requisitos mencionados; así, se desprende del empleo de la conjunción copulativa «y» situada al final de las letras a), b) y c) del artículo 15.2 ModCDI. Algunos CDIs firmados por España contienen disposiciones que se desvían formalmente de esta fórmula; así, el CDI con Marruecos establece que deben concurrir «las tres condiciones siguientes», en tanto que el CDI con Canadá establece un requisito de nueva planta que pivota sobre el importe de la remuneración percibida en el Estado de la actividad y adopta una regla especial sobre la concurrencia de los requisitos que articula; en concreto, se exige que las remuneraciones obtenidas en el Estado contratante en el que se ejerce el empleo en el curso del año civil considerado no excedan de dos mil dólares canadienses, si el empleo se ejerce en el Canadá, o cien mil pesetas, si el empleo se ejerce en España.

Al punto, nos referimos más detenidamente al examen de los tres requisitos antes mencionados.

a) El criterio de permanencia: la regla de los 183 días.

El trabajador no debe permanecer el territorio del Estado de la actividad por un periodo o períodos que excedan de 183 días en cualquier período de doce meses que comience o termine en el año fiscal considerado. Para computar la concurrencia de este requisito hay que atender al número de días en que el trabajador ha estado presente en territorio del Estado de la actividad ejerciendo su labor; es decir, debe emplearse el criterio *«per working day of physical presence»* y no el cómputo más extensivo que opera sobre la base de la *«duration of the activity»*; el Comité de Asuntos Fiscales de la OCDE se ha referido con mayor detalle a otros extremos que inciden en tal cómputo (por ejemplo, si los días dedicados al viaje de llegada o partida deben computarse o no, etc.) [(véase el informe OECD, *The 183 day rule: some problems of application and interpretation*, OECD, Paris, 1991; y parágr. 4 y 5 de los comentarios al artículo 15 ModCDI (1995 y versiones posteriores)]. Asimismo, el ModCDI 2008 incluyó un nuevo parágrafo 5.1 en los CMC con la finalidad de clarificar que sólo se computan los días de presencia física del trabajador en el Estado de la actividad en la medida en que tal trabajador sea no residente de tal Estado (siendo residente del otro Estado contratante). El método de los días de presencia física ha sido empleado por la DGT a los efectos de la aplicación del artículo14.2 del CDI con EAU (DGT V1540-14 de 11-6-2014). En relación con el cálculo de días a los efectos de la exención del artículo 7.p LIRPF pueden verse las consultas DGT V2537-14 de 30-9-2014 y DGT V2196-14 de 7-8-2014, de suerte que tales bases de cómputo temporal no resultan totalmente coincidentes.

Con todo, parece que el Comité OCDE se escora por computar los días de presencia física del trabajador en el territorio del Estado de la actividad, aunque tales días no se hayan dedicado al ejercicio de la actividad que motiva la permanencia; ello permite incluir los días de vacaciones y los correspondientes a los fines de semana, siempre que el trabajador esté presente en tal Estado; entendemos que el desplazamiento (y la presencia física) motivado por razones distintas al ejercicio de un empleo no debe considerarse a estos efectos.

La regla de los 183 días ha experimentado cierta evolución en el seno del ModCDI. Así, el Proyecto de Modelo de Convenio –PC– OCDE de 1963 y el ModCDI de 1977 se referían a «183 días durante el año fiscal considerado». En 1992 el Comité Fiscal OCDE modificó tal regla en el ModCDI 1992 considerando las facilidades que ofrecía para su elusión; la fórmula recogida en el PC OCDE 1963 y ModCDI 1977 abría la posibilidad de que las operaciones fueran configuradas de tal manera que los empleados permanecieran en el Estado de la actividad durante los últimos cinco meses y medio de un año fiscal y los primeros cinco meses y medio del año fiscal siguiente. El artículo 15.2 ModCDI 1992 modificó la regla de los 183 días para cerrar tal vía de elusión y a partir de tal fecha se incluye la referencia a «los 183 días en cualquier período de doce meses que comience o termine en el año fiscal considerado». Para el cómputo de los 183 días habrá que tener en cuenta el período o períodos de permanencia en el Estado en el que se realiza el empleo, sumando los días correspondientes a todos los períodos; el artículo 15.2 no exige que la permanencia corresponda a la actividad prestada a un único empleador o empresario, por lo que será preciso sumar los días de permanencia aunque correspondan a servicios prestados a empresarios diversos. A la hora de aplicar esta regla, cualquier posible periodo de 12 meses consecutivos puede ser considerado, incluso periodos que se solapen entre sí hasta un cierto punto. A este respecto, cabe señalar igualmente que los Comentarios al artículo 14 ModCDI fueron modificados en julio de 2014, añadiendo un parágrafo 4.1, en el que se indica que la referencia al "año fiscal considerado" debe ser interpretada en el sentido del años fiscal del Estado contratante en el que un residente del otro Estado contratante ha ejercido su empleo y durante el cual los servicios por cuenta ajena relevantes han sido prestados; se indica igualmente que no resulta necesario que la tributación de los servicios de que se trate tenga lugar el año fiscal considerado, dado que tal y como se expone en los parágrafos 2.2 y 12.1 de los CMC, el artículo 15 permite a un Estado gravar la remuneración derivada en un año en particular incluso si la remuneración por tales servicios laborales se adquiere, o el impuesto es exaccionado, en un año diferente.

La práctica convencional española refleja esta evolución de la regla de los 183 días en el ModCDI. Así, hay varios CDIs que siguen la configuración del PC OCDE 1963 y ModCDI 1977; en este grupo cabe ubicar, por ejemplo, los CDIs con Bulgaria, Finlandia, Países Bajos, Senegal o Suiza. Sin embargo, la mayor parte de los CDIs concluidos por España a partir de los años 90 siguen la concepción del ModCDI 1992; véanse, por ejemplo, los CDIs con Bélgica, Bolivia, EEUU, Indonesia, Canadá (Protocolo 2014), Grecia, Portugal, Chile, Lituania, Nigeria, Noruega, Omán, Tailandia, Uzbekistán, entre otros.

Existen algunos CDIs que se desvían o que presentan ciertas especialidades en relación con los Modelos de CDI de la OCDE. Así, el CDI con la India utiliza la expresión 183 días durante el período impositivo considerado; el empleo de esta fórmula puede plantear dificultades cuando los Estados contratantes definen de manera heterogénea el año fiscal. Tal problema se puede resolver empleando otro tipo de expresiones; así, los CDIs con Australia, Reino Unido Suecia y Vietnam (2005) utilizan la expresión «183 días en el curso del año fiscal de ese otro Estado», en tanto que los CDIs con Brasil, Checoslovaquia, Ecuador, Luxemburgo, Japón y Polonia emplean la fórmula de los 183 días al año «natural» o «civil» considerado.

Los CDIs con Argentina (denunciado por Argentina el 29 de junio de 2012), Francia y México siguen el criterio del ModCDI 1992 pero introduciendo una pequeña variación; el cómputo de los 183 días puede ser apreciado en cualquier período de doce meses consecutivos o continuos; el nuevo CDI con Argentina (2013, artículo15.2.a) se refiere al cómputo de los 183 dias "durante un periodo de doce meses consecutivos". El CDI con Irlanda se remite a un «período de doce meses que coincida total o parcialmente con el año fiscal del Estado en el que se ejerce el empleo». EL CDI con Serbia (2010) contiene una cláusula singular (artículo 15.4) con arreglo a la cual las remuneraciones obtenidas por un residente de un Estado contratante tributan exclusivamente en ese Estado cuando éstas se paguen por razón de un empleo ejercido en el otro Estado contratante en relación con una obra o un proyecto de construcción o instalación relacionados con la misma, durante el ejercicio de doce meses durante el que dicha obra o proyecto no constituye un EP en ese otro Estado. Ciertamente, esta cláusula coordina en mejor medida los artículos 5 y 15 del CDI en relación con las obras de construcción, instalación y montaje, aunque somete a más presión y escrutinio la existencia del EP.

b) El criterio del pagador de la remuneración del trabajador.

El segundo requisito que el artículo 15.2 establece para que resulte aplicable la regla de la tributación exclusiva en el Estado de residencia del trabajador, consiste en que las remuneraciones sean pagadas por, o en nombre de, un empleador que no sea residente del otro Estado (de la actividad). A contrario sensu, para que el Estado de la fuente tenga potestad de imposición se requiere que la renta del trabajo sea pagada por, o en nombre de, un empleador que sea residente del Estado donde se realiza la actividad. Según se expone en los Comentarios al artículo 15 ModCDI, los requisitos establecidos en las letras b) y c) del apartado 2º del referido precepto pretenden garantizar que el Estado en el que se realiza el empleo mantenga su derecho a gravar la percepción de tales remuneraciones salariales cuando su pago reduzca la base imponible de una persona o entidad gravada en dicho Estado, lo cual sucede cuando el pagador es un sujeto residente o cuando se opera a través de EP en el Estado de la actividad (parágrs. 6.2 y 7 de los comentarios al artículo 15 ModCDI).

La condición de residente debe entenderse en el sentido previsto en el artículo 4 del ModCDI, en tanto que el término «empleador», a nuestro juicio, debe interpretarse contextualmente como aquella persona que tiene derecho al resultado de la actividad del trabajador, ordena y dirige el desempeño de su labor y asume las responsabilidades y riesgos correspondientes (parágr. 8 de los comentarios al artículo 15 ModCDI). A este respecto, el Comité Fiscal OCDE viene recomendando aplicar un «enfoque económico» que haga prevalecer la sustancia sobre la forma en los supuestos de arrendamiento internacional de trabajadores (international hiring out of labor, vid. parágr. 8 de los comentarios al artículo 15 ModCDI).

De hecho, algunos países, como Países Bajos, han desarrollado el concepto de «economic employer» consistente en un segundo empleador con el que generalmente no media contrato de trabajo que integra al trabajador en su organización empresarial y asume de forma efectiva el coste de su salario durante el tiempo en que presta sus servicios en el seno de su empresa; se viene requiriendo una cierta duración de la prestación de servicios del trabajador para que pueda tener lugar tal integración. La fórmula de pago por parte del *economic employer,* ya sea directamente al trabajador o indirectamente mediante pago a la empresa con la que el trabajador tiene contrato, no afecta a que el primero soporte económicamente el coste del trabajador. Resulta igualmente reseñable que el CDI concluido entre Noruega y España (Protocolo VI) regulan expresamente la subcontratación de mano de obra; a este respecto resulta reseñable la consulta de la DGT V1204/2016 de 28-3-2016, donde se plantea la aplicación de tal cláusula, a la luz de los comentarios al artículo 15 ModCDI (parágrafos 8.5 y 8.6), a efectos de la calificación como "verdadero empleador" a una entidad no residente noruega en lugar del "empleador formal/contractual" residente de España de cara a aplicar los criterios de distribución del poder tributario establecidos en los apartados 1 y 2 del artículo 15 del CDI.

A pesar de ello, no parece que los términos empleados en el artículo 15.2.b) ModCDI permitan calificar como «empleador» a una entidad a la que se desplazan trabajadores de una segunda entidad, residente de otro Estado, con motivo de la ejecución de una prestación de servicios; en este caso, el empleador, con carácter general, lo podría constituir la (segunda) entidad prestadora de los servicios (si efectivamente dirige y ordena el trabajo prestado y asume los riesgos derivados), a pesar de que puede considerarse que la remuneración correspondiente a tales servicios incluye las remuneraciones salariales percibidas por los trabajadores desplazados durante el período en que prestaron servicios a la primera entidad. En este sentido, resultaría muy discutible que en este tipo de supuestos se defendiera que la entidad prestadora de los servicios paga las remuneraciones a sus trabajadores en nombre de la entidad a la que se desplazan a prestar servicios. Como veremos más adelante, el Comité de Asuntos Fiscales OCDE a través de los nuevos Comentarios al artículo 15 ModCDI 2010 (parágrafo 8) delimitó el concepto contextual del «empleador» en el marco de este precepto.

La mayoría de los CDIs concluidos por España siguen la fórmula empleada en el ModCDI, por más que el alcance de sus términos no deje de plantear dudas interpretativas. Tan sólo un reducido grupo de convenios recoge alguna variación de cierta relevancia. Así, el CDI con Chile no se refiere a los pagos en nombre del empleador, lo cual elimina alguno de los problemas interpretativos que antes apuntamos. Otros CDIs emplean una terminología más laxa cuando obvian el término «empleador» y lo sustituyen por «persona»; tal singularidad la encontramos en los CDIs con Brasil, Dinamarca, Japón y Suiza; por último, existe otro grupo de CDIs (los concluidos con Bélgica, Bulgaria, Corea, Cuba, China, Chile, EEUU y Tailandia) que utilizan la expresión «persona empleadora» o «una persona en calidad de empleador».

Ciertamente, la delimitación del concreto alcance del término «empleador» ha venido suscitando muchas dudas y diferentes interpretaciones (unas basadas en heterogéneas legislaciones internas, otras contextuales), y la OCDE ha ido conformando progresivamente su posición a partir de varios estudios previos que pasamos a exponer, hasta fijar su posición en los Comentarios del artículo 15 ModCDI 2010.

Así, cabe destacar, en primer lugar, cómo las conclusiones alcanzadas por el Working Party I del Comité de Asuntos Fiscales de la OCDE en sus borradores de 5 de abril de 2004 y 2007, *Proposed Clarification of the Scope of Paragraph 2 of article 15 of the Modelo Tax Convention*, coincidían sustancialmente con la posición por la que nos hemos ido decantando a lo largo de este comentario. Las principales ideas que se podían extraer de este borrador OCDE, dedicado a la clarificación del artículo 15.2 ModCDI, son las siguientes:

1. El artículo 15.2 ModCDI debe interpretarse sistemáticamente en línea con las reglas de distribución de poder tributario establecidas en el artículo 7.1 y 2 ModCDI; ello significa que una empresa residente de un Estado contratante y sus empleados igualmente residentes del mismo Estado no deben someterse a imposición en otro Estado contratante a menos que su presencia empresarial en este otro Estado haya alcanzado un nivel suficiente para constituir un establecimiento permanente;

los empleados de tal empresa que se desplazan al territorio del segundo Estado por períodos cortos no deben resultar gravados en este segundo Estado.

2. El concepto de empleador al que se refiere el artículo 15 ModCDI debe ser determinado de acuerdo con el Derecho interno del Estado que aplica el convenio, esto es, el Estado de la actividad en el caso del artículo 15.2 ModCDI. No obstante, dado que existen diferentes acercamientos nacionales en torno a la interpretación del concepto de empleador existen algunos criterios objetivos que deben observarse por las diferentes autoridades nacionales a la hora de interpretar tal concepto en el marco del artículo 15.2 ModCDI; es decir, el Comité Fiscal OCDE parece escorarse, a la postre, por una interpretación marcadamente contextual del término empleador a efectos de circunscribir el concepto interno del mismo (vid. también el parágrafo 8 CMC ModCDI 2008). Los parámetros contextuales que deben observarse son los siguientes:

a) Un Estado no puede argumentar que una determinada prestación de servicios (contract for services) debe ser calificada, con arreglo a su legislación interna, como relación laboral cuando, considerando los hechos y circunstancias del caso, resulta patente que tales servicios son prestados con arreglo o bajo la cobertura de un contrato de prestación de servicios concluido entre dos empresas distintas. En este caso, no cabe tampoco poner en duda la calificación o estatus de empleador respecto de la empresa que formalmente emplea al individuo a través del cual presta sus servicios. El artículo 15 ModCDI perdería todo su sentido si los diferentes países pudieran calificar como relaciones laborales la prestación de servicios entre empresas, allí donde resulta evidente, formal y materialmente, que no existe una relación laboral.

b) En los casos en que no resulta evidente el hecho de que los servicios prestados por un individuo para una empresa resulten enmarcados en una relación laboral o resulten cubiertos por un contrato de servicios entre dos empresas, la calificación de la actividad (y de la renta) a los efectos del artículo 15 ModCDI debe realizarse considerando las siguientes circunstancias:

1. La naturaleza de los servicios prestados por el individuo constituirá un importante factor, en la medida en que es lógico asumir que un empleado presta servicios como parte integral de las actividades empresariales realizadas por su empleador.

2. Cuando el factor anterior apunta hacia una relación laboral que resulta diferente de la relación contractual formalmente estipulada, deben tenerse en cuenta otros factores a efectos de determinar si debe recalificarse la relación (considerándose como laboral en el contexto del artículo 15 ModCDI); los factores que deben tenerse en cuenta son los siguientes:

- Quien soporta la responsabilidad o riesgo derivado de los resultados derivados del trabajo del individuo.

- Quien posee la autoridad para dirigir la actividad del individuo.

- Quien controla y ostenta la responsabilidad sobre el lugar en el cual el trabajo es realizado.

- Quien soporta, desde un punto de vista económico, el coste de la remuneración pagada al individuo.

- Quien suministra las herramientas y materiales necesarios para que se desempeñe la actividad del individuo.

- Quien determina el número y la cualificación de los individuos que prestan sus servicios.

Esta propuesta de modificación de los comentarios al artículo 15.2 ModCDI se ha interpretado como un tránsito hacia el concepto de «economic employer», en el sentido de que en ciertos casos no resulta decisiva la existencia de un contrato de trabajo para determinar que el «empleador económico» del trabajador es aquel que ejerce efectivamente la autoridad o relación de poder con tal empleado. Esta es la posición prevalente en los tribunales neerlandeses y tiene como consecuencia la asignación de poder de gravamen al Estado donde se presta el empleo y la obligación de eliminar la doble imposición por el Estado residencia del empleado. La DGT también se ha hecho eco de la posición establecida por la OCDE en los comentarios al artículo15 ModCDI en relación con supuestos de subcontratación de trabajadores a efectos de determinar el "verdadero empleador" y aplicar los criterios de reparto de poder tributario del artículo15 del CDI (véase la consulta de la DGT V1204-16 de 28-3-2016).

En este mismo orden de cosas, el Seminario conjunto IFA/OCDE de 2008 (IFA Congress 2008) ha revelado la existencia de posiciones y enfoques controvertidos de los distintos países en torno al concepto de «empleador» a los efectos del artículo15.2 ModCDI (Cfr. Avery Jones 2009, p. 6 y ss.). En particular, en este Seminario IFA se pusieron de relieve los diferentes enfoques nacionales al respecto:

a) Países que siguen el contrato laboral formalmente establecido.

b) Países que recaracterizan la relación de autoempleo en relación laboral de acuerdo con su Derecho interno.

c) Países que recaracterizan la relación laboral entre un empleado y su empresario considerando que tal relación existe con un segundo empleador aplicando el artículo3.2 ModCDI y apelando a su legislación interna.

d) Países que interpretan el concepto de empleador en sentido de «empleador económico».

Ciertamente, estos diferentes acercamientos al concepto de empleo y empleador son susceptibles de generar doble imposición sobre los trabajadores, reducción o pérdida de sus deducciones personales y familiares (si se aplica el método de exención) y a su vez problemas de doble retención fiscal, con todo lo que ello conlleva (restricciones de los movimientos de trabajadores). De hecho si los Estados contratantes no se ponen de acuerdo en relación con la interpretación del artículo15 CDI habría que invocar el procedimiento amistoso de cuyo éxito puede depender que termine eliminándose o no la doble imposición internacional sobre el trabajador.

En el Congreso de la IFA de 2008 el referido Seminario conjunto IFA/OCDE (vid. Avery Jones 2009) se debatió sobre los seis ejemplos que aporta el Borrador de informe sobre el artículo15.2 ModCDI, realizándose observaciones de gran interés algunas de las cuales tratamos de sintetizar aquí:

• Para que el Estado de la fuente o actividad pueda estar legitimado a someter a imposición a un trabajador desplazado en periodos cortos a tal Estado (short-term assignment) de acuerdo con el artículo 15, se requiere que:

a) Se trate de un caso donde medie una relación laboral y no autoempleo o ejercicio de una profesión independiente, de suerte que se trate de una relación, que

b) el empleador sea residente del Estado de la fuente o de la actividad (o alternativamente la remuneración debe ser soportada por un EP en el Estado de la actividad que posea tal empleador), y

c) la remuneración debe ser pagada por (o por cuenta de) tal empleador.

• El borrador OCDE, tal y como hemos expuesto más arriba, contempla dos grandes enfoques nacionales en torno a si un trabajador desplazado para prestar servicios a una empresa residente en el otro Estado contratante debe ser calificado como empleado de tal empresa a los efectos de aplicar el artículo15.2 ModCDI, de suerte que el primer enfoque se basa la interpretación del término empleador de acuerdo con la legislación doméstica en tanto que el segundo enfoque se construiría a partir de una interpretación contextual del convenio (ambos enfoques asimétricos paradójicamente basados en también lecturas distintas del artículo 3.2 ModCDI).

• El criterio fundamental que se emplea en el Borrador de informe para establecer el concepto de empleador en el marco del artículo 15.2 ModCDI pasa el denominado «test de integración»: en qué medida los servicios prestados por el trabajador desplazado constituyen un parte integral de la actividad empresarial del destinatario final de los mismos (la empresa a la que se desplaza a prestar servicios temporalmente) en el sentido de que tal empresa soportaría los riesgos y resultados del trabajo de tal sujeto. Los factores que deben tenerse en cuenta a tal efecto ya han sido expuestos más arriba (–quien tiene la autoridad de dar órdenes al sujeto, etc.). En este contexto, puede ocurrir que la legislación interna maneje un concepto de empleador más amplio que el parece deducirse del artículo15.2 ModCDI, en cuyo caso el CDI restringiría tal enfoque. También puede plantearse la hipótesis contraria, de manera que tal Estado de la fuente sólo podrá invocar el artículo 15 ModCDI para gravar al trabajador si pivota sobre una interpretación contextual del convenio (y no sobre su legislación interna).

• Los miembros del panel IFA/OCDE concluyeron que el «test de integración» no concurre cuando el trabajador desplazado presta sus servicios a la empresa residente en el otro Estado de manera que sigue totalmente integrado en la actividad económica y negocio de su empleador formal (la empresa residente del otro Estado contratante que le desplaza temporalmente al otro Estado). Ello acontece cuando el trabajador desplazado presta servicios relacionados específicamente con la actividad o negocio de su empleador formal, de forma que tales servicios han sido demandados por la empresa residente del otro Estado. Cuando, sin embargo, el trabajador desplazado presta sus servicios en la empresa residente del otro Estado contratante realizando labores y funciones idénticas a las de un trabajador de tal empresa sí concurriría el test de integración.

• A su vez, se puso de relieve que en casos donde no se cumple el test de integración el hecho de que la empresa destinataria de los servicios reembolse a la empresa prestadora de los mismos los costes relativos al trabajador desplazado (incluyendo un margen de mercado) no significa que la empresa destinataria de los servicios se convierta en el empleador del trabajador desplazado.

• También se ha puesto de manifiesto que el hecho de que trabajadores de la matriz o de un centro de servicios (*Regional Manager*) trabajen desde su Estado de residencia para otras empresas del grupo –sin desplazarse a su territorio– no permite a los Estados de residencia de tales empresas someter a imposición los sueldos de tales empleados, a pesar de que tales sueldos fueran reembolsados proporcionalmente a la matriz o centro de servicios en virtud del correspondiente contrato de servicios centralizados (artículo 15.1 y 2 ModCDI). En estos casos, lo normal es que los servicios prestados por este tipo de trabajadores se integren en el negocio, actividad y funciones de la matriz o el centro de servicios, de manera que no se cumpliría el test de integración.

Ha sido finalmente el Modelo de Convenio de 2010 el que ha volcado toda esta doctrina interpretativa sobre el término «empleador» en el marco del artículo 15.2 ModCDI, modificándose sustancialmente los Comentarios a tal efecto. En particular, se suprime el antiguo parágrafo 8 y se añaden nuevos comentarios que pretender perfilar mejor el ámbito aplicativo de la exención tributaria derivada del artículo 15.2 ModCDI abarcando supuestos donde puede existir una prestación de servicios de cesión de trabajadores que no persiguen una motivación fiscal (evitar la tributación de éstos en el Estado de la fuente). De esta forma, no toda prestación de servicios de cesión de trabajadores debe verse como un esquema abusivo para evitar la tributación en la fuente, debiendo realizarse tal análisis a la luz de los nuevos comentarios (interpretativos/aclaratorios) publicados en el ModCDI 2010. Tales comentarios adoptan un posicionamiento consistente con los trabajos precedentes, pudiendo sintetizarse sus aportaciones en el sentido siguiente:

• Se establece un modelo de cláusula antiabuso para aquellos países que, de acuerdo con su legislación interna, adopten un enfoque formalista basado en la existencia de un contrato laboral empleador-empleado, a los efectos de inaplicar la exención del artículo 15.2 ModCDI en casos de *hiring-out of labor* donde el receptor opera como auténtico empleador y los servicios prestados por los trabajadores no residentes constituyen una parte integral de su negocio. No obstante, se indica igualmente que las autoridades fiscales de estos países pueden denegar la aplicación de la regla (exención de tributación en la fuente) del artículo 15.2 en casos abusivos, en ausencia de tal cláusula antiabuso específica, por la vía de una interpretación finalista y contextual de tal precepto, de acuerdo con lo establecido en los Comentarios al artículo 1 ModCDI (parágrafos 9.4, 9.5 y 22.2). En estos casos, el Estado de residencia del contribuyente debe garantizar la eliminación de la doble imposición internacional de acuerdo con lo previsto en el artículo 23 del CDI, incluso cuando tal Estado posea una legislación que no califique la relación de prestación de servicios de que se trate como laboral (relación empleador/empleado), tal y como resulta de lo establecido en los parágrafos 32.1 a 32.7

Comentarios artículo 23 ModCDI, sin perjuicio de la eventual aplicación del procedimiento amistoso del artículo 25 ModCDI.

• En relación con aquellos países que adoptan un enfoque sustancia vs forma para diferenciar los casos donde se prestan servicios que encubren auténticas relaciones laborales, la OCDE establece una regla que delimita la aplicación de tal doctrina antiabuso interna estableciendo una serie de criterios objetivos sobre los que debe pivotar aquélla para determinar la existencia o inexistencia de una relación laboral a los efectos del artículo 15.2 ModCDI. Es decir, se establece una suerte de interpretación contextual del término empleador, que debe utilizarse en el caso de que el Estado de la fuente lleve a cabo un enfoque sustancia vs forma para determinar la concurrencia de los presupuestos de la referida regla de exención de tributación en la fuente. Los criterios objetivos que conforman la interpretación contextual se establecen en el parágrafo 8.11 de los Comentarios artículo 15 ModCDI 2010. Tales criterios, que son expuestos más abajo, atienden a la naturaleza de los servicios prestados y si estos forman parte o no del *core business* del receptor de los mismos estando integrados en su negocio.

• La OCDE ha establecido una serie de criterios objetivos que pueden emplearse en la interpretación contextual de los apartados b y c del artículo 15.2 ModCDI allí donde un análisis comparativo de la naturaleza de los servicios prestados por la persona física con las actividades empresariales realizadas por su «empleador formal» y por la empresa a la que presta servicios apunta hacia una relación de empleo que difiere de la relación contractual formal:

- Quien posee la autoridad para instruir y dirigir a la persona física en relación con la forma en que debe realizarse el trabajo.

- Quien controla y posee la responsabilidad sobre el lugar en el que se realiza el trabajo.

- La remuneración de la persona física es directamente facturada por el empleador formal a la empresa para la cual los servicios son prestados. Sobre este punto se establecen matizaciones de interés en parágrafo 8.15 de los Comentarios al artículo 15 ModCDI.

- Quien pone a disposición las herramientas y materiales necesarios para el trabajo de la persona física.

- Quien determina el número y las cualificaciones de los individuos que realizan la prestación de servicios.

- Quien tiene el derecho a seleccionar a la persona que realizará el trabajo y a terminar o extinguir los contratos concluidos con tal individuo a tal efecto.

- Quien tiene el derecho a imponer sanciones disciplinarias relacionadas con el trabajo de tal individuo.

- Quien determina las vacaciones y la jornada de trabajo de tal individuo.

La OCDE ha recogido seis ejemplos en los parágrafos 8.16-8.27 de cara a ilustrar la aplicación de esta regla. Finalmente, hace referencia a la posibilidad de que la aplicación de este enfoque de doble empleador (formal y material) resulte en una situación de doble retención sobre el mismo salario, lo cual podría aliviarse si el Estado de residencia permite a las empresas ajustar la retención teniendo en cuenta la deducción por doble imposición internacional que tendrá que aplicar sobre el empleado (parágrafo 8.28 de los Comentarios al artículo 15). En relación con la aplicación de la regla especial de retenciones para casos de *split payroll* del artículo99.2 LIRPF, véase igualmente la STS de 30 de junio de 2011 (rec.3508/2009) en relación con las remuneraciones pagadas por la entidad mejicana al presidente del consejo de administración de una entidad vinculada española, considerando que tales rentas son rentas del trabajo en sentido estricto.

c) El criterio de las remuneraciones soportadas por el establecimiento permanente.

Para que resulte aplicable la regla de tributación exclusiva en el Estado de residencia del empleado se requiere, además de la concurrencia de los presupuestos anteriores, que las remuneraciones obtenidas por el mismo por razón del desempeño de su empleo en el otro Estado contratante no sean «soportadas por un establecimiento permanente» situado en este segundo Estado (de la actividad).

En relación con el alcance de la expresión «soportadas por» *(borne by)*, el Comité de Asuntos Fiscales de la OCDE ha afirmado que debe interpretarse a la luz del propósito subyacente en la letra c) del artículo 15.2 ModCDI que consiste en garantizar que la excepción prevista en el mismo no se aplique a la remuneración deducible, teniendo en cuenta los principios del artículo 7 ModCDI, al calcular los beneficios de un EP situado en el Estado en el que se realiza el trabajo dependiente; a este respecto, se observa que no es necesariamente concluyente el hecho de que el empleador haya o no deducido efectivamente la remuneración al calcular los beneficios imputables al EP, ya que el criterio correcto es saber si se permitiría que la deducción que pudiera concederse por tal remuneración resulta atribuible al EP de acuerdo con los criterios del artículo 7 ModCDI; dicho criterio se verificaría, por ejemplo, incluso en el caso de que realmente no se dedujera suma alguna porque el establecimiento permanente estuviera exento de impuesto en el país de la fuente o el empleador decidiera simplemente no solicitar la deducción a la que tiene derecho o por la propia naturaleza de la remuneración como unas opciones sobre acciones (parágr. 7 de los comentarios al artículo 15 ModCDI). Los CMC 2005-2008 venían insistiendo en que lo relevante es que la remuneración sea imputable al EP de acuerdo con el artículo 7 ModCDI y no tanto si es deducible o no de la base imponible del EP.

En los comentarios (parágrafo 7.2) al artículo 15 ModCDI 2010 se contemplan igualmente cambios que afectan a esta materia. En particular, se insiste en que la cuestión de si la remuneración al trabajador es soportada por el EP debe evaluarse atendiendo a los principios del artículo 7, considerando si tal remuneración debería tenerse en cuenta a la hora de determinar los beneficios del EP. En este orden de cosas, se indica que tal remuneración debe tenerse en cuenta tanto si media una deducción directa como si debe aplicarse una «deducción nocional o ficticia» como consecuencia de los servicios prestados por otras partes de la empresa. Ahora bien, ahora la OCDE cambia de posición sobre este punto, respecto de lo indicado en el Borrador del ModCDI de 2008, y mantiene que en el caso donde se aplique una deducción nocional como consecuencia de la aplicación del artículo 7.2 ModCDI a los efectos de la atribución de beneficios al EP, tal circunstancia –la deducción nocional que pivota sobre una ficción de empresa separada– no afecta a la determinación de si la remuneración es o no soportada por un EP. Con esta precisión se restringe el ámbito de esta cláusula y se amplía en cierta medida la exención tributaria que contempla el artículo 15.2 ModCDI. Podría mantenerse, sin embargo, que cuando los trabajadores estén afectos (o sean transferidos definitivamente) al EP o éste pueda ser considerado su «empleador» no cabe invocar la exención referida. Ciertamente, la lógica subyacente en el artículo 15.2 ModCDI reside en no gravar a los trabajadores no residentes que prestan servicios en el territorio del otro Estado allí donde su empleador no opera en tal Estado a través de EP (parágrafo 8 CMC artículo 15 ModCDI 2010). A la postre, la configuración de esta cláusula termina trasladando la tensión y el riesgo al ámbito del artículo 5 ModCDI (la existencia de un EP, lo cual es problemático en el marco de las actividades de prestación de servicios transnacionales vid. Arnold 2011), así como al propio concepto de empleador. No obstante, no debe perderse de vista que el artículo 15 ModCDI permite el gravamen de los trabajadores no residentes en el Estado de la fuente en casos donde su empleador no posee un EP en tal Estado al efecto de evitar el efecto de erosión de bases imponibles de personas residentes (y EPs) que también pretende evitar este precepto. La existencia de un empleador residente o de un EP del empleador responde igualmente a una idea de practicabilidad en la exacción del impuesto (y retenciones) sobre el trabajador no residente, aunque esta idea quiebra en el caso de la letra a) artículo 15.2 ModCDI que establece un mero umbral temporal de 183 días.

Con todo, pensamos que puede mantenerse aquí –a diferencia de lo que acontece con la letra b) del mismo precepto– que no se requiere que el EP pague efectivamente la remuneración del trabajador, de suerte que bastaría que la abonara la casa central y fuese posteriormente cargada al EP de forma que éste pudiera deducirla al calcular su base imponible (véase sobre esta cuestión la consulta DGT V0882-18, de 4-4-2018, que permite gravamen de los salarios en el Estado contratante de ubicación del EP al que se desplazan los trabajadores cada día).

El CDI con Australia se ha hecho eco de la interpretación realizada por el Comité Fiscal OCDE y, en lugar de la expresión «no se soporta» recogida en el ModCDI, se alude a que «no sean deducibles para la determinación de los beneficios fiscales de un EP». La misma especialidad la encontramos en el CDI con Nueva Zelanda.

El alcance del término «establecimiento permanente» a los efectos del artículo 15.2.c) ModCDI no queda circunscrito a la definición recogida en el artículo 5 del CDI entre el Estado de residencia del trabajador y el Estado de la actividad, sino que basta con que exista efectivamente un EP con arreglo a la legislación interna del Estado de la actividad o con arreglo a un CDI que éste haya concluido con un tercer país.

Debe apuntarse también que en el año 2000, como consecuencia de la supresión del artículo 14 ModCDI, se eliminó a lo largo de todo el texto del ModCDI toda mención a la «base fija». Así, el artículo 15.2.b) correspondiente a los ModCDI 2000-2008, a diferencia de lo que acontece en el PC OCDE 1963 y en los ModCDI 1977-1997, no hace referencia a que la base fija soporte la remuneración del trabajador. Tal circunstancia tiene su correspondiente reflejo en la red de CDIs españoles que, con carácter general, toman como convenio-tipo el aprobado por el Consejo de la OCDE.

El artículo 15 ModCDI no contiene reglas específicas ni para trabajadores fronterizos ni para empleados trabajando en el transporte internacional por carretera o ferrocarril; tal cuestión se ha dejado abierta para que los Estados negocien las condiciones específicas sobre la tributación de tales trabajadores (vid. por ejemplo, los CDIs con Francia o Portugal donde se regula la tributación de los trabajadores transfronterizos, vid. la consulta DGT V1375-07 de 25-6-2007 en torno a la aplicación de la cláusula de trabajadores transfronterizos en el marco del CDI hispano-portugués).

Los nuevos comentarios (parágrafo 12 y ss.) al artículo 15 ModCDI 2005 y versiones posteriores, que integran las conclusiones del informe OCDE *Cross-border income tax issues arising from employee stock-options plans,* 16 June 2004, consideran de forma específica los diferentes problemas que se plantean en este ámbito en relación con las remuneración mediante *stock-options*. Algunas de las principales conclusiones que se derivan de tales comentarios son las siguientes:

• El artículo 15 se aplica a la renta derivada del otorgamiento de una opción sobre una acción a un trabajador. Una vez que la opción es ejercitada o enajenada cualquier sobre las acciones adquiridas derivará no de su condición de trabajador sino de su condición de accionista-inversor y estará cubierta por el artículo 13 ModCDI. No obstante, si el ejercicio de la opción le permite al trabajador adquirir acciones que no son revocables hasta el término de un determinado período de empleo, resultará aplicable el artículo 15 ModCDI al aumento de valor de la acción hasta el referido momento.

• El tratamiento analítico o calificación otorgada en el Estado de la fuente a la renta derivada del otorgamiento de una opción sobre acciones a un trabajador, no prejuzga ni afecta a la forma (calificación) que puede otorgar el Estado de la residencia a tal renta en el caso de que la grave. La regla del párrafo anterior sólo afectaría, por tanto, al reparto de poder tributario entre ambos Estados y a la eliminación de la doble imposición.

• Las reglas de tributación de los artículos 18 y 21 ModCDI no resultan aplicables a los beneficios que obtiene un trabajador del otorgamiento de opciones sobre acciones.

• Se contienen un conjunto de principios que deben ordenar las condiciones con arreglo a las cuales el Estado de la fuente puede someter a imposición la renta derivada del otorgamiento de opciones sobre acciones a un trabajador. En particular, se pone énfasis en las cuestiones temporales del plan de acciones sobre acciones a efectos de determinar la procedencia del gravamen del Estado de la fuente. Así, se indica que las opciones sobre acciones concedidas a un trabajador no deben considerarse relacionadas con servicios prestados con posterioridad al periodo de empleo que es establecido como condición para que el empleado adquiera el derecho a ejercitar la opción. En tal sentido, la opción sobre acciones concedido al empleado sólo debe considerarse que se refiere a servicios prestados con anterioridad al momento en que es concedida en la medida en que tal concesión pretenda recompensar la prestación de tales servicios por el receptor durante un determinado período. En casos donde no resulte claro si la opción sobre acciones se concede en relación prestaciones de servicios pasados o futuros, como regla, deberá considerarse que las opciones sobre acciones constituyen un instrumento para incentivar prestaciones de servicios futuras así como retener trabajadores valiosos. Los casos de opciones sobre acciones donde el empleo es ejercido en más de un Estado se requiere determinar qué porcentaje corresponde a cada país a los efectos de su tributación y de la eliminación de la doble imposición; se indica que tales casos deben considerar únicamente los días en que se ha ejercido el empleo en cada Estado y están dentro del plan de opciones sobre acciones. Tal interpretación OCDE ha sido acogida por la DGT en la consulta DGT V1095-08 de 3-6-2008. La DGT también ha reconocido la aplicación del principio de no discriminación comunitario respecto de la configuración de la base imponible de trabajadores no residentes que obtienen rentas en especie en el marco de un plan de retribución flexible establecido por una matriz española (DGT V0401-16 de 2-2-2016).

Con independencia de la validez de tales principios, posiblemente la opción más adecuada resulte de regular de forma específica el tratamiento de las opciones sobre acciones en el marco de negociaciones bilaterales a los efectos de un CDI, tal y como ya han empezado a hacer algunos Estados.

3.4. La regla específica dedicada a los trabajadores de las empresas de navegación marítima y aérea internacional

La regla especial del apartado 3 del artículo 15 MC OCDE (1963-2014) ha permanecido prácticamente inalterada hasta el año 2017, fecha en la que se aprobó el MC OCDE 2017 post-BEPS y alteró de forma sustancial el criterio de asignación del poder tributario entre los Estados.

La regla del artículo 15.3 MC OCDE pre-BEPS (1963-2014)

De acuerdo con el artículo 15.3 ModCDI, las remuneraciones obtenidas de un empleo realizado a bordo de un buque o aeronave explotados en tráfico internacional, o de una embarcación destinada a la navegación interior, pueden someterse a imposición en el Estado contratante en que esté situada la sede de dirección efectiva de la empresa. Según se expone en los CMC, esta cláusula supone que la ley nacional del Estado al que se le confiere el derecho de imposición puede igualmente gravar la remuneración de una persona que está al servicio de la empresa en cuestión, cualquiera que sea la residencia de tal trabajador. A este respecto, cabe apuntar cómo la doctrina y jurisprudencia internacional vienen considerando que el concepto de empleador económico no aplica en el marco del artículo 15.3 (vid.: *Dal Corso*).

La legislación interna de determinados países prevé que las retribuciones salariales percibidas por miembros de la tripulación de buques o aeronaves explotadas en tráfico internacional que no sean residentes se sometan a imposición únicamente allí donde el buque o aeronave posea la nacionalidad de tal Estado. Ello explica que los CDIs concluidos por estos mismos países contengan cláusulas con arreglo a las cuales el derecho de imposición corresponde al Estado de la nacionalidad del buque o aeronave. Otros países, como EEUU, han optado por atribuir el derecho de gravamen al Estado de residencia de la persona que ejecuta el trabajo (Modelos de Convenio de EEUU 1981-1996-2006); tal criterio lo encontramos igualmente en los CDI con Países Bajos, con Reino Unido (2013) y República Dominicana (2013). Ahora bien, no puede pasarse por alto que la regla de asignación de poder tributario al Estado donde radica la sede de dirección efectiva de la empresa no tiene carácter exclusivo; de esta forma, el artículo 15.3 ModCDI permite que, por ejemplo, el Estado de residencia del trabajador someta a imposición la remuneración percibida por el desempeño de su trabajo a bordo de un buque o aeronave en tráfico internacional; no obstante, en este caso lo más correcto sería que tal Estado asumiera la eliminación de la doble imposición internacional generada. En este sentido, la configuración del artículo 15.3 ModCDI resulta criticable ya que permite que se produzcan tanto casos de doble imposición residual como supuestos de doble no imposición. Quizás fuera más razonable articular una regla de tributación exclusiva a favor del Estado de residencia de la persona que explota el buque o aeronave; este criterio se recoge en los CDIs con Canadá, Filipinas, Países Bajos y Tailandia.

La existencia de esta regla especial se justifica por las dificultades que resultarían de aplicar los criterios anteriores (apartados 1 y 2 del artículo 15 ModCDI) al caso de los trabajadores de buques y aeronaves explotados en tráfico internacional; así, en este tipo de supuestos la determinación del Estado en el que se realiza el empleo o el cómputo del período de permanencia plantearía problemas de difícil solución. Esta es la razón por la que se ha optado por articular una regla especial para este tipo de casos, la cual converge con el tratamiento especial ofrecido por otras cláusulas del ModCDI en relación con las empresas de transporte marítimo y aéreo internacional (por ejemplo, artículos 8, 13 y 22 ModCDI). Por tanto, el artículo 15.3 ModCDI constituye una regla especial que prevalece sobre las recogidas en los apartados 1 y 2 del mismo precepto.

El alcance de esta regla especial debe delimitarse considerando especialmente las definiciones de los términos «empresa» y «tráfico internacional» contenidas en el artículo 3.1 ModCDI. La expresión «sede de dirección efectiva» no viene definida en el ModCDI, aunque los comentarios a los artículos 4 y 8 ModCDI dedican algunos pasajes en torno al significado de este importante criterio. El Comité Fiscal OCDE en los comentarios al artículo 15.3 ModCDI también contempla la posibilidad de que se emplee el criterio de la residencia fiscal de la empresa que explota el buque o aeronave. Algunos CDIs concluidos por nuestro país han hecho uso de este criterio alternativo de asignación del derecho de gravamen sobre las remuneraciones de estos trabajadores; adoptan esta posición con matices diversos, los convenios concluidos con Australia, Canadá, Corea, Chile, EEUU, El Salvador, Finlandia (2015), Filipinas, India, Indonesia, Japón, Lituania, Malasia, Noruega, Reino Unido, Rusia, Tailandia y Uzbekistán.

Asimismo, se considera que la cláusula del artículo 15.3 ModCDI resulta aplicable con relación a las remuneraciones por empleo a bordo de buque y aeronave en tráfico internacional, siempre que el lugar de trabajo principal y habitual del empleado se encuentre en el buque o aeronave; no se exige, por tanto, que todas las actividades se realicen en el interior del buque o aeronave, lo cual hace improcedente el prorrateo de las remuneraciones correspondientes a actividades «en tierra». Este criterio resulta implícito en el ModCDI, mientras que el Modelo EEUU lo ha delimitado expresamente; el CDI entre España y EEUU constituye un ejemplo del modo en que se ha configurado este requisito en el modelo de convenio estadounidense.

En relación con la práctica convencional española, debe señalarse que todos los CDIs concluidos por nuestro país recogen la regla especial dedicada a los trabajadores de buques y aeronaves explotados en tráfico internacional. No obstante, lo cierto es cabe apreciar ciertas variaciones con relación a lo previsto en el ModCDI 2000-2014.

Por un lado, existe un determinado grupo de CDIs que únicamente se refieren a la navegación marítima o aérea operada en tráfico internacional no incluyendo a las embarcaciones destinadas a navegación interior. Adoptan este criterio los CDIs concluidos con Andorra (2015), Albania, Alemania (1966), Arabia Saudí, Argentina (denunciado por Argentina el 29 de junio de 2012), Armenia, Australia, Barbados, Bélgica, Bulgaria, Canadá, Catar, Colombia, Croacia (2005), Corea, Costa Rica, Cuba, Chile, China, Dinamarca, EEUU, Egipto (2005), Emiratos Árabes (2006), Finlandia (2015), Georgia, Hong Kong, Irán (2006), Kazajstán, Malasia, México, Macedonia (2005), Nueva Zelanda (2006), Nigeria, Noruega, Omán, Países Bajos, Pakistán, Panamá, Reino Unido, Rusia, Senegal, Serbia, Singapur, Sudáfrica, Suecia, Uruguay, Vietnam (2005), y Uzbekistán. En este grupo se sitúa el CDI con Malta (2006), con la peculiaridad añadida de que la tributación (no exclusiva) se asigna al Estado de residencia de la empresa que explota el buque o aeronave. El CDI con Emiratos Árabes (2006, artículo 14.4) articula una regla especial de exención de corte semejante a la recogida en el artículo 7.p LIR, aunque específicamente referida a empleados de empresas cuya principal actividad sea la explotación de aeronaves en tráfico internacional y sin que resulten de aplicación algunas de las limitaciones previstas en tal precepto.

Algún CDI, como el firmado con Ecuador, restringe el ámbito de aplicación de la cláusula refiriéndola únicamente a las remuneraciones derivadas de un empleo ejercido a bordo de un buque explotado en tráfico internacional, omitiendo la referencia a las «aeronaves».

Existe otro grupo de CDIs que siguen una tendencia contraria y amplían el ámbito de aplicación de la cláusula a vehículos de transporte por carretera explotados en tráfico internacional y en transporte internacional. En este grupo cabe inscribir los CDIs con Alemania (2011), Armenia, Bulgaria, Hungría, Irán (2005), Macedonia (2005), Polonia y Rumanía. Los CDIs con Bosnia, Herzegovina y Uzbekistán se refieren a las remuneraciones por razón de empleo ejercido a bordo de un buque, aeronave, ferrocarril o vehículo de carretera explotado en tráfico internacional, o de una embarcación utilizada en navegación interior.

Otro grupo más reducido de convenios atribuye el derecho de gravamen al Estado contratante en el que los buques estén registrados o que les provea del documento de matrícula; esta cláusula la encontramos, referida a remuneraciones procedentes de buques, en el CDI con Grecia. El CDI con Dinamarca contempla (Protocolo) el supuesto en el que no resulta posible determinar la sede de dirección efectiva de la empresa, de suerte que este caso asigna el derecho de gravamen al Estado contratante en el que esté registrado el buque o aeronave; si el buque o aeronave no está registrado en ninguno de los dos Estados contratantes se aplicará lo dispuesto en el número 1 del artículo 15.

Por su parte, el CDI con Lituania contempla el caso singular de los trabajadores en «actividades en alta mar».

Por último, los CDIs con Dinamarca (denunciado), Noruega y Suecia recogen una cláusula especial dedicada a las remuneraciones por razón de empleo ejercido a bordo de una aeronave explotada en tráfico internacional por el consorcio *Scandinavian Airlines System* (SAS), aunque su contenido y alcance varía en cada uno de estos convenios. Los CDIs con Dinamarca y Suecia únicamente contemplan el supuesto en el que las remuneraciones son obtenidas por un residente de Dinamarca o de Suecia, respectivamente, y establecen que tales remuneraciones sólo serán sometidas a imposición en Dinamarca o Suecia, según el caso. El CDI con Noruega, por su parte, adopta una fórmula más amplia cuando establece que las referidas remuneraciones sólo pueden someterse a imposición en el Estado contratante en el que resida el perceptor.

El CDI con Andorra (2015, artículos 14.3 y 3.1.h) asigna la tributación exclusiva sobre las remuneraciones obtenidas de un trabajo dependiente a bordo de un buque o aeronave explotados en tráfico internacional al Estado contratante en que esté situada la sede de dirección efectiva de la empresa. La misma cláusula la encontramos en el CDI con Catar (2015).

La regla del artículo 15.3 MC OCDE post-BEPS (2017)

El MC OCDE 2017 introdujo varios cambios significativos en la cláusula del artículo 15.3 MC OCDE. En particular, las principales modificaciones vienen a resultar las siguientes:

• La cláusula se aplica a la remuneración obtenida por un residente de un Estado contratante;
• Tal remuneración deriva de un empleo como miembro ordinario de la tripulación de una embarcación o aeronave;
• La regla especial no aplica con respecto a la remuneración referida a empleo en una embarcación o aeronave operada únicamente dentro del otro Estado contratante;
• Se establece el criterio de tributación exclusiva a favor del Estado de residencia del empleado, en lugar del criterio de la sede de dirección efectiva de la empresa;
• El artículo 3.1.e) incluye una modificación simétrica en relación con el concepto de tráficos internacionales.

Los comentarios al artículo 15.3 MC OCDE 2017 (parágrafos 9, 9.1 a 9.10) además de clarificar el alcance de la nueva cláusula, incluyen redacciones alternativas dirigidas a aquellos países que optan por criterios diferentes en el reparto del poder tributario entre los Estados.

Por un lado, los CMCs destacan como la nueva regla que establece el principio de tributación exclusiva en el Estado de residencia del empleado responde a los objetivos de mayor claridad y simplificación en relación con la tributación de estos trabajadores, de suerte que la doctrina y jurisprudencia venían poniendo de relieve los problemas aplicativos derivados de la regla del artículo 15.3 MC OCDE 1963-2014 (vid.: *Dal Corso* y *Mehta*). El cambio en el artículo 3.1. MC OCDE referido a la definición de tráfico internacional permite aplicar el referido principio con respecto a trabajadores de entidades residentes de países terceros. A su vez, en aquellos casos donde el empleo se ejerce a bordo de un buque o aeronave operado únicamente en el otro Estado, la regla de tributación exclusiva a favor del país de residencia del empleado no aplica siendo de aplicación las reglas de los apartados 1 y 2 del artículo 15 MC OCDE.

Por otro lado, se clarifica el concepto (convencional autónomo) de empleado parte de una tripulación de un buque o aeronave, de manera que sea entendida en sentido amplio para dar cobertura a empleados que realizan actividades complementarias como los trabajadores de los restaurantes de los cruceros, por ejemplo; no quedan cubiertos los sujetos que realizan actividades desconectadas de la operación del buque o aeronave (vendedores de seguros a pasajeros de embarcaciones). A este respecto, cabría mencionar una sentencia de un tribunal sueco que delimitó el ámbito de aplicación del artículo 15.3 del Convenio fiscal Nórdico de 1996 (Dinamarca-Faroe-Finlandia-Islandia-Noruega-Suecia), en el sentido de considerar comprendido en el mismo las actividades de transporte de una plataforma petrolífera por una embarcación realizada en la plataforma continental sueca (*Court of Appeal of Gothenburg*, 28 May 2018, Case 4056-17).

Los CMCs recogen, como ya se indicó, varias cláusulas alternativas para aquellos países que desearan desviarse de la cláusula tipo del artículo 15.3 MC OCDE a efectos de:

• Aplicar el mismo tratamiento al transporte por ríos, canales y lagos que al transporte internacional a través de buques y aeronaves.

• Aplicar la regla de tributación exclusiva de la renta a favor del Estado donde está localizada la sede de dirección efectiva de la entidad que opera el transporte internacional.

• Aplicar una regla de distribución del poder tributario no exclusiva sino que permite gravar a los dos Estados la renta del empleado. Los CMC contemplan dos alternativas a este respecto, contemplando los casos donde el empleado es residente de uno de los dos Estados contratantes, y los supuestos donde el empleado es residente de un país tercero. Se contempla la eliminación de la doble imposición a través del método de imputación, y los riesgos de doble no imposición que surgen cuando de aplicara el método de exención.

4. TRIBUTACIÓN EFECTIVA SEGÚN LA LEGISLACIÓN DOMÉSTICA

Las principales normas internas que se entrelazan con el artículo 15 ModCDI se refieren a los criterios de sujeción fiscal y a la calificación de la renta como rendimientos del trabajo.

Por un lado, los criterios de sujeción fiscal establecidos en el artículo 13.1.c) TRLIRNR en relación con los rendimientos del trabajo no coinciden plenamente con los articulados en el artículo 15 ModCDI, aunque lo cierto es que la reforma operada en su día por la LIRNR 1998 por la Ley 46/2002, de 18 de diciembre, sí los ha acercado de forma importante.

La legislación española [artículo 13.1.c) TRLIRNR] establece que se consideran obtenidos en territorio español los rendimientos del trabajo:

1. Cuando deriven, directa o *indirectamente,* de una *actividad personal desarrollada en territorio español.*

2. Cuando se trate de retribuciones públicas *satisfechas* por la administración española.

3. Cuando se trate de remuneraciones *satisfechas* por personas físicas que realicen actividades económicas, en el ejercicio de sus actividades, o entidades residentes en territorio español o por

establecimientos permanentes situados en éste por razón de empleo ejercido a bordo de un buque o aeronave en tráfico internacional.

Lo dispuesto en las dos últimas reglas (2ª y 3ª) no será de aplicación cuando el *trabajo se preste íntegramente en el extranjero y tales rendimientos estén sujetos a un impuesto de naturaleza personal en el extranjero*. Respecto de la noción de «impuesto personal» la DGT (consulta general 0076-03 de 21-1-2003 y consulta general 0350-04 de 20-2-2004) ha reconocido que comprende también los supuestos en que se dé una tributación por rentas no mundiales sino territoriales de acuerdo con la legislación del Estado de acogida. La consulta DGT V1204-16 de 28-3-2016 se refiere en particular a la aplicación de esta regla de tributación respecto de pilotos residentes en Noruega y Dinamarca que son subcontratados internacionalmente por una empresa española aunque su verdadero empleador es una empresa aérea noruega.

Por tanto, la legislación española articula criterios de sujeción fiscal de las rentas del trabajo más amplios que los previstos en el artículo 15 del ModCDI; ya se indicó anteriormente que tal circunstancia cabe explicarla considerando que la finalidad del artículo 13 TRLIRNR es ensanchar las facultades de imposición de España como Estado fuente donde se desarrolla la actividad o se obtiene la renta, en tanto que los CDIs persiguen restringir el poder impositivo del Estado donde se desarrolla la actividad y aumentar las del Estado de residencia del empleado. Con todo, allí donde resulte de aplicación el artículo 15 de un CDI que siga el ModCDI resulta evidente que el poder de imposición del Estado español resulta restringido por los más estrictos criterios de sujeción articulados en tal precepto. En particular, los casos más conflictivos surgirán allí donde las autoridades españolas establezcan la sujeción fiscal de un trabajador no residente por rentas del trabajo indirectamente derivadas de una actividad personal realizada en España; si el trabajador no residente no se desplaza a España para prestar sus servicios o si se gravan remuneraciones no conectadas directamente con tal presencia física en territorio español podría estar vulnerándose el artículo 15 del correspondiente convenio. En relación con los casos en que trabajadores residentes españoles se desplazan al extranjero, debe señalarse la ausencia de *source rules* en la legislación española, sin perjuicio de lo dispuesto en el artículo 7.p) LIRPF. La DGT también ha confirmado la aplicación de la exención del artículo 7.e) LIRPF en relación con las indemnizaciones por despidos de trabajadores no residentes que son pagadas por la sociedad matriz española que los desplazó en su día (DGT V2188-18, de 23-7-2018).

El criterio de sujeción fiscal respecto de las pensiones (y remuneraciones similares) viene previsto en el artículo 13.1.d) TRLIRNR, el cual establece que se consideran obtenidas en territorio español las pensiones y demás remuneraciones similares, *cuando deriven de un empleo prestado en territorio español o cuando se satisfagan por* una persona o entidad residente en territorio español o por un EP situado en territorio español. Se consideran pensiones las remuneraciones satisfechas por razón de un empleo anterior, con independencia de que se perciban por el propio trabajador u otra persona. Se consideran prestaciones similares, en particular, las previstas en el artículo 17.2.a) y f) LIRPF. Ya hemos indicado más arriba que, con carácter general, las pensiones y remuneraciones similares no caen en el ámbito de aplicación del artículo 15 ModCDI sino en el ámbito de otros preceptos (principalmente en los artículos 18 y 19.2 ModCDI).

Las retribuciones públicas se entienden obtenidas en España cuando sean satisfechas por la Administración española (criterio del pago); no obstante, se entienden no obtenidas en territorio español cuando el *trabajo se preste íntegramente en el extranjero y tales rendimientos estén sujetos a un impuesto de naturaleza personal en el extranjero*. El artículo 19.1 ModCDI utiliza igualmente el criterio del pago para distribuir el poder tributario sobre tal categoría de rentas a favor del Estado pagador de las mismas; no obstante, esta regla de asignación exclusiva de poder tributario cede frente a una segunda regla que asigna tal poder al Estado de residencia del perceptor allí donde concurren determinadas circunstancias, ya expuestas. La interacción de las reglas internas y las previstas en los CDIs no debería plantear mayores conflictos impositivos, aunque sí es posible que generen casos de doble exención. En relación con las remuneraciones percibidas por empleos a bordo de un buque o aeronave en tráfico internacional, ya se ha visto más arriba cómo la legislación española aplica el criterio del pago, aunque establece igualmente la no sujeción cuando la prestación personal se realice íntegramente en el extranjero y los rendimientos estén sujetos a un impuesto de naturaleza personal en el extranjero. La regla del artículo 15.3 ModCDI no parece plantear mayores problemas cuando se conecta con la legislación española, dado que no está concebida de forma que restrinja el poder tributario de los Estados contratantes estableciendo «techos impositivos» o tributación exclusiva a favor de un Estado.

Respecto de la calificación interna de la renta como rendimientos del trabajo, ya pusimos de relieve anteriormente cómo el artículo 17 LIRPF define de forma muy amplia esta categoría de renta comprendiendo «todas las contraprestaciones o utilidades, cualquiera que sea su denominación o naturaleza, dinerarias o en especie, que deriven directa o indirectamente del trabajo personal» o «de la relación laboral o estatutaria» y «no tengan carácter de rendimientos de actividades económicas». En este contexto, podría afirmarse que la legislación interna opera con un concepto sintético de rendimientos del trabajo que contempla rentas derivadas del empleo (público y privado), prestaciones por desempleo, pensiones, becas, participaciones de consejeros, pensiones compensatorias y anualidades por alimentos, etc, en tanto que el ModCDI opera con un concepto analítico en el sentido de que categoriza determinados «rendimientos del trabajo» *(lato sensu)* y articula regímenes específicos para cada una de estas categorías (véanse, por ejemplo, los artículos 15, 16, 17, 18, 19 y 20 ModCDI). Tal asimetría entre la legislación interna y los CDIs trae consigo un buen número de cuestiones y, en la mayoría de las ocasiones, un esfuerzo de encaje entre ambos conjuntos normativos no siempre fácilmente entrelazables. A este respecto, cabe reseñar cómo la DGT ha reconocido la aplicación del principio de no discriminación comunitario respecto de la configuración de la base imponible de trabajadores no residentes que obtienen rentas en especie en el marco de un plan de retribución flexible establecido por una matriz española (DGT V0401-16 de 2-2-2016).

Por último, debe señalarse la incidencia de las exenciones tributarias establecidas a nivel interno en el artículo 7 LIRPF que operan tanto frente a sujetos residentes como frente a no residentes en virtud de lo dispuesto en el artículo 14.1.a) TRLIRNR; es cierto que la exención del artículo 7 p) LIRPF está concebida para apoyar la internacionalización de las empresas españolas, pero no puede perderse de vista que una interpretación europea de esta regulación podría requerir en determinados casos una aplicación más extensiva frente a no residentes.

Asimismo, en ocasiones la combinación del artículo 7 LIRPF –especialmente la exención de la letra p)– con lo dispuesto en el artículo 15 de los CDIs puede abrir importantes vías de planificación fiscal e incluso generar supuestos de «doble exención» respecto de trabajadores residentes de España que se desplazan al extranjero para prestar servicios. Véase, en este sentido, la resolución a consulta de la DGT, consulta general 0222-05 de 24-6-2005.

No obstante, la aplicación de la exención del artículo 7.p) LIRPF en un contexto de servicios intragrupo plantea cuestiones específicas. Así, en un primer momento [hasta la reforma operada por la Ley 35/2006 en el artículo 7.p)], la Administración tributaria rechazaba la aplicación de esta exención cuando el servicio intragrupo, que implicaba un desplazamiento de trabajadores residentes, era susceptible de beneficiar no sólo a su destinatario sino al grupo en general. Del mismo modo, se excluyó la aplicación de esta exención en relación con las denominadas «actividades de accionista», concepto que plantea dudas sobre su alcance en el contexto del ordenamiento español (Calderón 2016). Se exigía por tanto un beneficio exclusivo para la entidad no residente como consecuencia del servicio intragrupo que conllevaba el desplazamiento de trabajadores al extranjero. En un segundo momento (años 2007 hasta la actualidad), tras la reforma operada en el artículo 7.p) LIRPF a través de la Ley 35/2006 del IRPF, la DGT cambia de criterio y establece que lo determinante para aplicar la exención es si se ha producido un servicio intragrupo de acuerdo con lo establecido en el artículo 16.5 TRLIS, de manera que la existencia de un servicio intragrupo que beneficie a su destinatario y a otras entidades del grupo no plantea problemas a los efectos de aplicar la exención del IRPF (consulta DGT V1628-08 de 04-08-2008). Los tribunales de Justicia defendieron tal interpretación igualmente en relación con los periodos impositivos anteriores a la reforma de 2006 (SSTSJ Madrid de 21 julio de 2008, de 13 de diciembre de 2010, 22 de diciembre de 2009, y 31 de mayo de 2011).

En este contexto, la aplicación del artículo 7.p) LIRPF por parte de un trabajador (y por parte de su empleador a los efectos de la práctica de retenciones) requería fundamentalmente verificar los presupuestos de tal exención, muy en particular la existencia de un desplazamiento al extranjero para realizar trabajos que beneficien o aporten una ventaja a la destinataria d y e los mismos, aunque tal actividad también pudiera beneficiar a otras entidades del grupo o al grupo en general. La carga de la prueba del desplazamiento y su motivo recaía sobre el contribuyente, de suerte que la existencia de certificaciones de la empresa acreditando el motivo de los viajes, los días de desplazamiento, etc. venían siendo suficiente, sin requerirse prueba de una facturación intragrupo, cuando la acreditación de la exención tenía lugar en el marco de una comprobación gestora sobre la persona física. Sin embargo, cuando se trataba de una Inspección de la empresa española empleadora lo normal viene siendo que se acredite el flujo intragrupo de los servicios relacionados con los trabajadores desplazados (v.gr, RTEAC de 16 de abril de 2009 y SSAN de 26 de enero de 2011, todas ellas sobre el caso Accenture; SSTSJ de Cataluña de 23 de mayo de 2013, rec.570/2010, de Madrid de 4 y 11 de junio y 20 noviembre de 2014, rec.146/2012, 434/2012 y 1466/2012, de Burgos de 31 de julio de 2014, rec.277/2013, y de Castilla y León de 31 de julio de 2014, rec.188/2014; y DGT V3378-14 de 23-12-2014, DGT V2616-14 de 6-10-2014, DGT V2536-14 de 30-9-2014 y DGT V0816-15 de 13-3-2015).

Así las cosas, desde un punto de vista conceptual y aplicativo actualmente no existen escollos para aplicar la exención del artículo 7.p) LIRPF en un contexto de servicios intragrupo, especialmente cuando resulta aplicable un CDI. Y de hecho, la propia DGT ha confirmado tal interpretación, especialmente tras la reforma operada por la Ley 35/2006, de 28 de noviembre. El aspecto más relevante de esta posición de la DGT pasa por reconocer no sólo que cabe aplicar tal exención cuando el servicio intragrupo es susceptible de beneficiar a varios sujetos integrados en el grupo o al grupo y no exclusivamente al destinatario del servicio (tesis pre-reforma Ley 35/2006, de 28 de noviembre), sino que en muchas ocasiones tales servicios intragrupo se prestan de forma centralizada por la matriz o por un «centro de servicio del grupo» (consultas DGT V0501-11 de 1-3-2011 y DGT V1628-08 de 4-8-2008). Es decir, se reconoce abiertamente que los servicios intragrupo pueden centralizarse en una entidad del grupo que preste a su vez servicios a todo el grupo y/o a terceros. Y aquí la limitación en la aplicación del artículo 7.p) LIRPF no vendría dada por esta «forma grupal o centralizada» de prestar el servicio sino por el requisito material de que exista un auténtico servicio intragrupo (con desplazamiento de trabajadores) que no caiga en la categoría de «actividad de accionista» (véase sobre este concepto lo recogido en el capítulo VII de las Directrices OCDE de Precios de Transferencia, y la consulta DGT V1628-08 de 4-8-2008 que contiene una lista ejemplificativa de actividades que conforman servicios intragrupo). En este orden de cosas, como ya indicamos el problema radica en determinar qué actividades caen dentro o fuera del concepto de "actividades de accionista", suscitándose con particular intensidad tal problemática en relación con las denominadas funciones globales de los grupos con actividad transfronteriza (véase, por ejemplo, la sentencia del TSJ de Cataluña de 27 de octubre de 2015, rec.1627/2011, en el caso Novartis).

5.   SINGULARIDADES

A lo largo de los epígrafes precedentes ya se han ido señalando los aspectos en los que nuestra red de CDIs se desvía de las reglas articuladas en los ModCDI. En esta categoría de rentas sistemáticamente resulta más útil exponer tales particularidades al hilo de los principios generales derivados de los referidos convenios-tipo y, por ello, no parece adecuado reiterar aquí de nuevo las singularidades ya referidas.

Existen, no obstante, ciertas particularidades presentes en nuestra red de CDIs que no han sido señalados, de suerte que en este caso sí procede exponerlas en este epígrafe.

Por un lado, el CDI con Bulgaria contiene una cláusula final que no tiene parangón en los Modelos OCDE ni en otros convenios de nuestra red. Allí donde se cumplieran las circunstancias definidas en tal cláusula, las remuneraciones percibidas por el trabajador sólo se podrían someter a imposición en su Estado de residencia, aunque el empleo se ejerciera en el territorio del otro Estado. Tal cláusula reza de la siguiente forma:

«*No obstante las disposiciones precedentes de este artículo, las remuneraciones obtenidas por un residente de un Estado contratante por razón de un empleo ejercido en el otro Estado contratante sólo pueden someterse a imposición en el Estado mencionado en primer lugar si durante los tres primeros años del empleo en ese otro Estado:*

a) *"El empleo se ejerce en una representación que no tenga carácter comercial o industrial;"*

b) *"Las remuneraciones se pagan por una persona empleadora residente en el Estado mencionado en primer lugar, y"*

c) *"Las remuneraciones no son soportadas por un establecimiento permanente que la persona empleadora tenga en ese otro Estado»."*

Por otro lado, los CDIs con Francia (1995) y Portugal (1993) regulan de forma específica los supuestos de trabajadores transfronterizos. De acuerdo con estas cláusulas especiales, los trabajadores que acrediten su condición de transfronterizos ante las autoridades del Estado donde realizan la actividad sólo serán sometidos a imposición en su Estado de residencia. Es decir, se establece una regla de tributación exclusiva a favor del Estado de residencia en relación con las remuneraciones percibidas por los trabajadores transfronterizos. Los principales problemas que puede plantear la aplicación de este régimen especial derivan de la acreditación de la cualidad de trabajador transfronterizo (ver sobre este punto DGT consulta general 1326-97 de 23-6-1997 y DGT V1375-07 de 25-6-2007), así como de determinar la residencia fiscal (convencional) de estos trabajadores. Resulta igualmente reseñable la asintonía existente entre este régimen especial convencional y el régimen que a nivel comunitario se está desarrollando en relación con este tipo de situaciones; así, no puede perderse de vista que el TJUE en su sentencia *Schumacker* (1995) –y anteriormente la Comisión UE a través de una Recomendación de 21 diciembre 1993– han propiciado la articulación de un régimen especial para las personas físicas que desarrollen actividades económicas o desempeñen trabajos en situaciones transfronterizas desde un punto de vista económico, régimen que resulta absolutamente asimétrico respecto del régimen convencional articulado tradicionalmente a favor de los trabajadores transfronterizos. En nuestro ordenamiento, tal régimen especial comunitario está recogido en el artículo 46 TRLIRNR.

El CDI con Serbia (2009, artículo 15) recoge una cláusula específica referida a trabajadores desplazados al otro Estado para realizar obras o proyectos de construcción o instalación, de manera que tributan de forma exclusiva en el Estado de residencia durante el periodo de 12 meses durante el cual tal obra o proyecto no constituye un EP.

El Protocolo (2015) al CDI entre España y México incluye una cláusula de nueva planta (artículo 22) que establece una suerte de régimen especial para las actividades de "hidrocarburos". Este régimen especial de hidrocarburos regula en el apartado 5 de este precepto (artículo 22) el gravamen de los sueldos, salarios y remuneraciones similares obtenidos por trabajadores residentes de un Estado contratante, respecto de un empleo relacionado con las actividades comprendidas en el apartado 2 (del artículo22) relativas a la exploración, producción, refinación, procesamiento, transportación, distribución, almacenamiento o comercialización de hidrocarburos realizadas en el territorio del otro Estado por un periodo o períodos que en conjunto excedan de 30 días en cualquier periodo de 12 meses (que da lugar a un EP en tal Estado). El apartado 3 del artículo 22 incluye una cláusula antiabuso a efectos del cómputo del periodo de realización de actividades en el otro Estado, incluyendo las realizadas por empresas asociadas, si se trata de actividades idénticas o sustancialmente similares, aunque el apartado 4 del artículo 22 excluye ciertas actividades (remolque o amarre efectuada por barcos y el transporte de suministros o personal por buques o aeronaves en tráfico internacional). Finalmente el último párrafo del artículo 22.5 establece una regla de tributación exclusiva en residencia de los referidos "salarios" si el empleo se realiza para un empleador que no sea residente en el Estado donde se realizan las actividades siempre que el empleo sea realizado por un periodo que no exceda 30 días en cualquier periodo o periodos que en conjunto no excedan de 12 meses que inicie o termine en el ejercicio fiscal respectivo.

6. BIBLIOGRAFÍA

AGUAS ALCALDE (2003), *«Tributación internacional de los rendimientos del trabajo»*, Aranzadi, Pamplona.

ÁLVAREZ BARBEITO/CALDERÓN CARRERO (2009), *«Reflexiones sobre el Régimen de Impatriados en el IRPF»*, Revista de Contabilidad y Tributación, Enero de 2009.

ÁLVAREZ/CALDERÓN (2010), *«La tributación en el IRPF de los trabajadores expatriados e impatriados»*, Net Biblo, A Coruña.

ARNOLD (2011), *«The Taxation of Income From Services under Tax Treaties: Cleaning Up the Mess»*, BIFD, March 2011.

AVERY JONES (2009), *«Short-Term Employment Assignments under Article 15(2) of the OECD Model»*, BIFD, January 2009, p. 6 y ss.

BAENA AGUILAR (1994), *«La obligación real de contribuir en el IRPF»*, Aranzadi, Pamplona.

BAKER (1994), *«Double taxation conventions and international tax law»*, Sweet and Maxwell, London.

BARRET (2011), *«Aspects of the 2010 Update Other than Those Relating to Article 7 of the OECD Model Tax Convention»*, BIFD, January 2011.

BONEKAMP/KARMAN/STUYT 2017, *«Cross-Border Employment: Aligning Corporate Income Tax, Transfer Pricing and Wage Tax»*, ITPJ, September/October 2017.

CALDERÓN (2012), «Spain Report» en IFA, *Enterprise Services*, Cahiers de Droit Fiscal International, vol.97a), Kluwer, The Hague, 2012, pp. 619-638.

CALDERÓN (2016), *«The Spanish Transfer Pricing Regime and the OECD/G20 Base Erosion and Profit Shifting Project»*, Bulletin for International Taxation, vol.70, nº 8, 2016.

CARMONA FERNÁNDEZ (2002), *«Impuesto sobre la Renta de No Residentes»*, CISS, Valencia.

CARMONA FERNÁNDEZ (2010), *«Todo sobre el IRNR»*, CISS, 2010.

CORDÓN EZQUERRO, *«Fiscalidad de los No Residentes en España (IX): Rendimientos del Trabajo Personal»*, en Manual de Fiscalidad Internacional, IEF, VolI, Madrid, 2016, p. 673 y ss.

DAL CORSO, *"Taxation of Human Capital and Employment aboard Ships: Identification of the Economic Employer in International Maritime Practice"*, BIT, 2013, nº11.

DE BROE/LUTS, *«Taxation of Remuneration from Employment aboard a Ship or Aircraft Operated in International Traffic: Interpretation Issues under Article 15(3) of the OECD Model»*, BIT, March/April 2017.

DE VRIES, H. (2005), *«The Netherlands Interpretation of the Term «Employer» in Artícule 15 of the OECD Model Convention»*, European Taxation, May 2005.

GARCÍA CARRETERO, B (2006), *«La fiscalidad de los trabajadores desplazados en un entorno de globalización y deslocalización»*, Aedaf, monografías.

HINNECKENS (1988), *«The salary split and the 183-day exception»*, Intertax.

HOWENWARTER/METZLER (2009), *«Taxation of Employment Income in International Tax Law»*, Linde, Wien.

MEHTA, *"Taxation of Shipping Income under tax treaties- Development of Case Law in India"*, Asia-Pacific Tax Bulletin, nº 3, 2015.

RUIZ GARCÍA (2004), *«Comentario al artículo 15 MC OCDE»*, en Comentarios a los CDIs Españoles, FPBM, La Coruña.

VOGEL (1997), *«On Double Taxation Conventions»*, Kluwer, Boston, Article 15.

III.10

PARTICIPACIONES DE CONSEJEROS

Montserrat Trapé Viladomat

III.10. PARTICIPACIONES DE CONSEJEROS

Sumario

PARTICIPACIONES DE CONSEJEROS

1. NOCIÓN DE RENTAS DERIVADAS DE PARTICIPACIONES DE CONSEJEROS

El ModCDI regula en su artículo 16 ModCDI la distribución de la potestad tributaria de las rentas que reciben los miembros de consejos de administración de sociedades por su condición de tales, reconociendo al Estado de residencia de la sociedad a la que prestan estos servicios el derecho ilimitado de gravar estas rentas, consagrando así una excepción al principio general postulado por el ModCDI de priorizar la atribución de la potestad tributaria al Estado de residencia de los perceptores de las rentas. La actualización al ModCDI no modifica ningún aspecto ni del artículo ni de los comentarios, consagrándose éste precepto como uno de los más estables y que menos controversias genera, centrándose las escasas discrepancias en la definición de lo que se considera "Consejo de Administración o Vigilancia".

Se aprecia, no obstante, una curiosidad cuando se examina la versión francesa y se compara con la inglesa. Mientras la francesa se refiere a "órganos de administración y vigilancia", la inglesa, sin embargo, no se refiere a "órganos de vigilancia" y solo menciona los de administración. La versión española del Modelo sigue el modelo francés.

En este sentido, el artículo 16 ModCDI, bajo el título de «Participaciones de consejeros» dispone que:

> «Las participaciones, dietas de asistencia y otras retribuciones similares que un residente de un Estado contratante obtenga como miembro de un Consejo de Administración o de vigilancia de una sociedad residente del otro Estado contratante pueden someterse a imposición en este otro Estado».

Desde una perspectiva subjetiva, la sujeción a este artículo presupone la pertenencia de los perceptores de las rentas, tanto personas físicas como jurídicas, a órganos directivos o de vigilancia de sociedades tales como consejos de administración, vigilancia u otros que cumplan funciones similares, de acuerdo con la legislación mercantil propia de cada Estado contratante. Lógicamente, si la condición de miembro del consejo recae en una persona jurídica será preciso la concurrencia de una persona física en calidad de representante de aquélla para que asista a las reuniones y actúe como miembro del consejo.

Es posible que un miembro de un consejo de administración de una sociedad ostente otros cargos en la misma y, en virtud de estos últimos, simultanee la condición de miembro del consejo con la condición de empleado, asesor o consultor. Este artículo no resulta aplicable a las remuneraciones que retribuyen estas otras funciones las cuales están sujetas a las disposiciones del artículo 15 ModCDI, si las remuneraciones que obtiene derivan de un trabajo dependiente, o al artículo 7 ModCDI (o al artículo 14 ModCDI en los convenios en vigor que contengan este precepto) si derivan de remuneraciones por prestaciones de servicios independientes.

Tampoco quedan cubiertos por este artículo los dividendos y rentas asimiladas que retribuyan la condición de socio cuando un miembro del consejo sea a su vez socio de la sociedad. La DGT en consulta general 0833-02 de 3-6-2002 establece la necesidad de discriminar y deslindar las retribuciones o dietas que perciba un administrador o miembro del consejo de administración en su calidad de tal, que quedan sujetas a las disposiciones del artículo 16 ModCDI, de los dividendos por su condición de socio que quedan sujetos a las normas previstas en el artículo 10 ModCDI, de las rentas que finalmente puedan obtener por el ejercicio de otras funciones debiendo aplicar a éstas su artículo correspondiente del convenio.

Desde una perspectiva objetiva, este precepto incluye rentas de cualquier naturaleza, sean dinerarias o en especie, actuales o diferidas, con independencia de su denominación, siempre que, como se ha indicado, se reciban por razón de las funciones propias de alta dirección o vigilancia. Como muestra del elenco de posibles dietas de asistencia o retribuciones similares en especie, los CMC se han referido a rentas en especie muy habituales como el uso de una vivienda o un automóvil, seguros médicos o de vida o pertenencia a asociaciones recreativas.

La versión del ModCDI del año 2005, en sus comentarios, incorpora como supuesto específico de rentas en especie de los consejeros o miembros de un consejo de administración, junto con los anteriores, las opciones sobre acciones o «stock-options». La mayor parte de cuestiones que incorporan estos CMC en relación con las «stock-options» se recogen en el artículo 15 MOdCDI por su más directa vinculación a una nueva forma de retribución del trabajo, (ver en este sentido el Capítulo III.9.). No obstante se advierte que las situaciones que se derivan de esta forma de retribución se reproducen en cuanto éstas se perciben por consejeros o miembros de un consejo de administración por lo que, en estas circunstancias, resultan aplicables consecuentemente las disposiciones del artículo 16 ModCDI.

Siguiendo el mismo criterio que el sostenido en los CMC al artículo 15 ModCDI, los CMC amplían sus disposiciones en relación a esta forma de retribución. Así, se confirma la potestad del Estado de la fuente de gravar la parte del beneficio derivado de la opción recibida por el consejero siempre que constituya efectivamente retribución por su condición de consejero o similar con independencia del momento del devengo del impuesto. De hecho, dado su carácter de renta normalmente diferida, no resulta extraño que la secuencia de hechos en el tiempo suponga que el impuesto pueda ser exigible cuando el contribuyente haya perdido su condición de miembro del consejo de administración. En efecto, el devengo del impuesto por este concepto se produce en el momento del ejercicio de la opción puesto que éste es el momento de obtención de la renta derivada de dicha forma de retribución y, a todos los efectos, resulta indiferente que su perceptor en aquel momento tenga o no la condición de consejero.

Los CMC insisten en la necesidad de distinguir claramente y calificar correctamente los posibles beneficios que pueda obtener un consejero o miembro de un consejo de administración por la percepción de «stock-options». Así, el primer beneficio es el derivado exclusivamente del ejercicio del derecho de opción recibido, ya sea adquiriendo las correspondientes acciones (gratuitamente o al precio convenido en el momento de recibir dicho derecho) o enajenando el derecho de opción recibido. Es éste el beneficio que queda sujeto a las disposiciones del artículo 16 ModCDI y su materialización agota la retribución que percibió el consejero en su calidad de tal. En el supuesto muy habitual de que, en virtud del ejercicio de la opción recibido, el consejero o miembro del consejo haya adquirido acciones o participaciones, las operaciones que con las mismas realice a partir de dicho momento, como gráficamente describen los CMC, son las propias de un inversor. Por esta razón, a partir de este momento, las rentas que se perciban lo son en calidad de inversor y no de consejero. De ahí que el posible beneficio que se obtenga cuando o si se transmiten dichas acciones o participaciones no quede sujeto a las disposiciones del artículo 16 ModCDI sino al artículo 13 ModCDI que regula las ganancias de capital el cual, y sin perjuicio de las particularidades que puedan concurrir, ubicaría las rentas derivadas de este hecho en el seno de su apartado 4 que, en principio, atribuye la potestad de imposición al Estado de residencia.

Dada la disparidad de principios que regulan ambas disposiciones, esta distinción no resulta banal. Es preciso acotar los beneficios obtenidos siguiendo los criterios descritos en el párrafo anterior puesto que mientras que el Estado de residencia de la sociedad tiene atribuida la potestad para gravar los beneficios derivados del ejercicio del derecho de opción sobre las acciones o participaciones que obtuvo un residente en el otro Estado contratante por su cualidad de consejero o miembro del consejo de administración de una sociedad residente en su territorio, en general, solo el Estado de residencia del contribuyente, de acuerdo con las disposiciones del artículo 13 ModCDI, párrafo 4, puede someter a gravamen las ganancias derivadas de la enajenación de acciones.

2.   POTESTAD DE IMPOSICIÓN

El ModCDI, desde su primera versión, ha optado por dar carta de naturaleza propia a las rentas derivadas de participaciones de consejeros, desgajarlas de otras más genéricas, en particular de las rentas del trabajo dependiente, y atribuirles unos principios de imposición específicos.

La razón de dicha distinción se halla en el consenso generalizado que se ha alcanzado entre la gran mayoría de países, que se concreta atribuyendo el derecho de gravamen ilimitado a favor del Estado de residencia de la sociedad receptora de estos servicios (Estado de la fuente), constituyendo éste uno de los artículos menos polémicos y controvertidos del ModCDI. Este criterio no obsta para que el Estado de residencia del consejero pueda también gravar dicha renta, debiendo en este caso eliminar la doble imposición de acuerdo con el artículo 23 ModCDI o correspondiente del CDI.

La función de los miembros de un consejo de administración o similar se traduce en unos servicios cuyo valor añadido se proyecta directamente sobre el funcionamiento de la sociedad sobre la que ejercen la alta gestión o dirección por lo que el punto de conexión ha de tener en cuenta esta circunstancia. Si además se considera que ésta es a su vez la obligada al pago de estos servicios y que dichos servicios resultan deducibles para determinar la base imponible de su impuesto personal sobre la renta, considerar que el Estado de residencia de la sociedad ostenta un derecho de gravamen sobre estas rentas resulta totalmente razonable.

Por consiguiente, el ModCDI ha desechado otros hipotéticos criterios de distribución de la potestad tributaria como podría ser el Estado donde se celebran las reuniones del consejo de administración o el Estado donde se prestan estos servicios de representación, tanto por el carácter efímero de estos criterios, la movilidad que caracteriza esta categoría de servicios como por la nula relación de causalidad entre el Estado donde se localiza una reunión y sus resultados que son solo fruto del quehacer de sus miembros. La regla consagrada en el artículo 16 ModCDI refleja así de forma adecuada la relación directa entre los servicios prestados por los miembros del consejo y su incidencia en el Estado de residencia de la sociedad beneficiaria, conteniendo a la vez una dosis de estabilidad muy necesaria para la gestión del impuesto.

3.   TRIBUTACIÓN EFECTIVA SEGÚN LA LEGISLACIÓN DOMÉSTICA

El artículo 13.1c) TRLIRNR considera renta obtenida en territorio español, dentro de la categoría de rendimientos del trabajo:

> «Las retribuciones de los administradores y miembros del consejo de administración, de las juntas que hagan sus veces o de órganos representativos de una entidad residente en territorio español».

El punto de conexión para atraer la potestad tributaria al Estado español y sujetar dichas rentas al IRNR es la residencia en territorio español de la entidad para la que el sujeto no residente preste tales servicios, acogiendo el mismo criterio que el formulado en el ModCDI.

El contenido de la norma doméstica presenta escasas variaciones que sean relevantes respecto al artículo 16 del ModCDI. Por una parte, adopta el término «entidad», muy propio de nuestra legislación, en lugar de optar por un término más restringido. Ello permite dar cabida dentro de este artículo a los órganos de representación de cualquier persona jurídica, con independencia de su naturaleza o régimen legal. Sin duda, las sociedades mercantiles constituirán el subgrupo más numeroso dentro del grupo genérico de «entidades» –y mayoritariamente las sociedades anónimas y sus «consejos de administración», pero la normativa doméstica utiliza habitualmente este término que no admite exclusiones ni dudas interpretativas en cuanto a su extensión.

En consonancia con la redacción propia de la legislación mercantil, el TRLIRNR incluye en este artículo tanto los órganos de representación unipersonales como los colegiados e introduce una cláusula de cierre que comprende cualesquiera órganos de representación de una entidad.

Dos recientes consultas DGT V3511-16 de 26-7-2016 y DGT V2135-15 de 13-7-2015) confirman esta atribución compartida de potestad para gravar estas rentas tanto en el Estado de la fuente como en el de Residencia. La primera se resuelve sobre la base de la LIRPF y el Convenio con el Reino Unido puesto que la consulta la plantea un residente en España consejero de una compañía residente en el Reino Unido mientras que la segunda se apoya en la LIRNR y el Convenio con Portugal y contempla la situación contrapuesta: un residente en Portugal consejero de una empresa española. Ambas situaciones se resuelven de forma idéntica, confirmando la potestad compartida por ambos Estados.

En el caso de un residente en España, se aplicará la normativa del IRPF mientras que en el caso de no residentes, los elementos que determinan la deuda tributaria se rigen por las disposiciones generales que configuran el IRNR, sin que haya ninguna particularidad a destacar.

Las rentas de estas características no quedan amparadas por ninguna de las exenciones reconocidas en el artículo 14 del TRLIRNR y la base imponible está constituida por el importe íntegro de la renta obtenida. Respecto del tipo impositivo aplicable, no debe haber duda de que el tipo impositivo es el general del 24 % que aplica a las rentas obtenidas a partir de 1-1-2015 salvo las percibidas por contribuyentes residentes en otro Estado miembro de la Unión Europea o del EEE con los que exista efectivo intercambio de información que quedarán sujetas al tipo del 19 % de acuerdo con el artículo 25.1.a) del TRLIRNR. La entidad pagadora queda obligada a practicar la correspondiente retención, sin que sea aplicable el tipo específico que para la obligación de retener fija el TRLIRPF, que solo rige respecto a las retenciones practicadas a contribuyentes sujetos al IRPF (CCDGT 2 de diciembre 1999).

4. SINGULARIDADES[1]

En consonancia con el consenso que se ha alcanzado en torno a dichas rentas, la mayoría de convenios suscritos por España siguen el ModCDI con escasas alteraciones las cuales, en todo caso, modifican levemente el ámbito del artículo sin que en ningún caso resulte afectado o cercenado sustancialmente el derecho de gravamen del Estado de residencia de la entidad. Sí se aprecian distintas expresiones para referirse a estos órganos de dirección. En este sentido, algunos convenios limitan su ámbito siguiendo la versión inglesa del Modelo y no incluyendo a los «consejos de vigilancia» como sucede con los convenios de Bulgaria, Chequia, Eslovaquia, Dinamarca, EEUU, Grecia, Islandia, Japón, Malasia, Países Bajos, Polonia, Reino Unido, Sudáfrica o Suecia. Tampoco se incluye referencia alguna a los «consejos de vigilancia» en los más recientes CDI como son Albania, Alemania, Andorra, Armenia, Arabia, Barbados, Catar, Costa Rica, Croacia, Colombia, Egipto, Emiratos Árabes Unidos, Finlandia, Hong Kong, Irán, Kuzbekistán, Macedonia, Malta, Nigeria, Nueva Zelanda, Omán, Pakistán, República de Kazajstán, República de Georgia, Serbia, Singapur o Vietnam.

En ocasiones sucede que se amplía el ámbito del precepto a las rentas obtenidas por «órganos similares a los consejos». Así sucede con los convenios suscritos con Bélgica, Brasil, Bulgaria, Canadá, Cuba, Chequia, Eslovaquia, Estonia, Indonesia, Letonia, Noruega, Sudáfrica o Túnez. Otros CDIs, en esta misma línea, incluyen términos específicos para adaptarlos a la terminología de las normas mercantiles como es el caso de los suscritos con Ecuador, Panamá o Países Bajos.

Algunos convenios optan por cerrar la definición de renta y no admiten términos asimilados a los expresamente listados, como los convenios con Bélgica, Francia o Portugal los cuales excluyen expresamente del ámbito de esta disposición cualquier renta que puedan obtener los consejeros por otros conceptos, aclarando que quedan sujetas a las disposiciones del artículo 15. Otros convenios, por el contrario, se reservan el derecho de gravar cualquier remuneración que obtenga un consejero, abriendo la facultad de ampliar el ámbito objetivo de este precepto.

Tiene relevancia sin duda la redacción concreta del artículo en los convenios con Argentina y Méjico los cuales amplían el ámbito de este precepto a los honorarios de directores en el primer caso,

---

(1)   Nótese que desde el 1-1-2009, el CDI con Dinamarca deja de estar en vigor por haber sido denunciado por aquel país según nota de 10 de junio de 2008 (BOE de 19-11-2008).

y de administradores y comisarios residentes en España en el segundo. Se entiende que esta extensión, que no es recíproca, puede bendecir una situación de desequilibrio al reconocer una posible ampliación del ámbito objetivo de este artículo, en especial en relación con sociedades residentes en Méjico, que tengan uno o varios administradores o comisarios residentes en España.

Resulta revelador el matiz contenido en el Protocolo del CDI suscrito con Francia. El protocolo altera la reciprocidad de la redacción del artículo 16 del CDI puesto que en el caso de consejero o socio residente en España de una entidad residente en Francia este artículo solo se proyecta sobre las rentas (salvo dividendos) obtenidas por persona física (excluyendo la posibilidad de aplicarlo a personas jurídicas) por su condición de administrador o socio de una sociedad que no sea una sociedad anónima sujeta al impuesto sobre sociedades.

Una última particularidad referida a la distribución de la potestad tributaria se halla en el convenio con Austria puesto que otorga la potestad exclusiva para gravar estas rentas al Estado de residencia de la Sociedad, concediendo el Estado de residencia del perceptor la opción de aplicar el método de exención con progresividad a efectos de tener en cuenta el importe de estas remuneraciones para calcular el tipo efectivo del impuesto sobre la renta. Esta particularidad es solo un reflejo más del método de eliminación de la doble imposición que este CDI ha adoptado con generalidad.

5.   BIBLIOGRAFÍA

AA.VV. (2004), «Comentarios a los Convenios españoles para la eliminación de la doble imposición», Fundación Barrié, A Coruña.

AA.VV. (2004), «Manual de Fiscalidad Internacional», Instituto de Estudios Fiscales, Madrid.

CARMONA FERNÁNDEZ (2012), «TODO No Residentes», CISS, Valencia.

VOGEL, K. (1997), «On Double Taxation Conventions», Kluwer, Londres, La Haya, Boston.

III.11

RENTAS DE ARTISTAS Y DEPORTISTAS

Montserrat Trapé Viladomat

III.11. RENTAS DE ARTISTAS Y DEPORTISTAS

Sumario

RENTAS DE ARTISTAS Y DEPORTISTAS

1. NOCIÓN DE «RENTAS DE ARTISTAS Y DEPORTISTAS»

1.1. Introducción

Las rentas objeto de análisis en este capítulo tienen en común el abarcar rendimientos obtenidos por artistas o deportistas residentes en un Estado contratante por una actuación personal de carácter público que desarrollan en el otro Estado.

El artista o deportista directa o indirectamente, a través de otra u otras personas, obtiene rentas de distinta naturaleza que pueden retribuir, además de la actuación en sí misma, otras prestaciones o servicios ligados a la celebración de un espectáculo. Todas estas circunstancias son relevantes para la correcta calificación de estas rentas, especialmente cuando derivan de contratos complejos. Es preciso notar además que, en la relación jurídico-mercantil que constituye la causa de las rentas de esta naturaleza pueden intervenir, junto con el artista o deportista, otras personas como el promotor del espectáculo o una entidad que asume el compromiso de la actuación del artista o deportista, cuyas rentas, a su vez, pueden presentar características complejas. Todas estas circunstancias hacen de éste un precepto complejo cuyas consecuencias se extienden más allá de la actuación en sí misma considerada. También influye en esta complejidad la evolución que ha experimentado la contratación en este sector y la multiplicidad de personas con distintos roles que intervienen y hacen posible una actuación de esta naturaleza.

Todo lo anterior no tendría tanta relevancia si no fuera por la tributación específica y distinta de esta renta frente a otras similares como son las rentas profesionales, empresariales o incluso las derivadas del trabajo dependiente. El principio de reparto de potestades, recogido en el artículo 17 ModCDI, se fundamenta en atribuir al Estado de la actuación o Estado de la fuente la potestad de gravar dichas rentas de acuerdo con su normativa interna, sin perjuicio del derecho de imposición del Estado de residencia del perceptor el cual, por descontado, asume por convenio la obligación de eliminar las situaciones de doble imposición derivadas de esta dualidad de potestades de imposición.

La actualización del ModCDI de julio de 2014 amplía sustancialmente el contenido de los comentarios al artículo 17 ModCDI, dando respuesta a las numerosas controversias e interpretaciones divergentes de esta complejidad creciente. A ellos nos referiremos a lo largo de este capítulo que va a incidir especialmente en los dos temas más característicos y, a la vez, más complejos que surgen en el análisis de la tributación de las rentas artísticas y deportivas, es decir:

1. La calificación de las rentas sujetas a este artículo. Para calificar de forma correcta dichas rentas es preciso, en primer lugar, definir los términos de «artista o deportista» para seguidamente aislar las rentas que efectivamente han de calificarse como artísticas o deportivas, esto es, las «ligadas al talento del artista o deportista, y a su actuación como tal, realizada ante el público en general o transmitida en directo por televisión o grabadas para una primera transmisión» de aquéllas otras que no tengan esta naturaleza. En sentido inverso, la calificación también conlleva determinar si la renta ha sido artificiosamente fraccionada con el fin de enmascarar rentas artísticas o deportivas como rentas de otra naturaleza que se encuentran exentas de tributación en el Estado de la fuente o que son gravadas a tipos impositivos más reducidos.

2. La extensión de la cláusula antielusión. El ModCDI contiene una cláusula que, entre otras finalidades, aspira a preservar la naturaleza, a efectos fiscales, de las rentas artísticas o deportivas cuando éstas deriven de la actuación personal de un artista o deportista, aunque se obtengan por otra persona o entidad (artículo 17.2 ModCDI). El valor de esta cláusula y su posible extensión a los convenios que no la recogen expresamente –cada día menos, por otra parte– son igualmente temas complejos que, aún hoy, generan controversia.

El régimen de tributación de las rentas artísticas o deportivas viene recogido en el artículo 17 ModCDI. La versión inglesa de la actualización de 2014 modifica ligeramente la redacción del mismo, pero a fecha de hoy aún está pendiente su traducción, por lo que vamos a incluir la versión inglesa y a continuación la versión española según redacción del ModCDI 2012.

Versión actualizada:

ENTERTAINERS AND SPORTSPERSONS

1. *Notwithstanding the provisions of Articles 7 and 15, income derived by a resident of a Contracting State as an entertainer, such as a theatre, motion picture, radio or television artiste, or a musician, or as a sportsperson, from that resident's personal activities as such exercised in the other Contracting State, may be taxed in that other State.*

2. *Where income in respect of personal activities exercised by an entertainer or a sportsperson acting as such accrues not to the entertainer or sportsperson but to another person, that income may, notwithstanding the provisions of Article 7 and 15, be taxed in the Contracting State in which the activities of the entertainer or sportsperson are exercised.*

La última versión española dice:

«1. No obstante lo dispuesto en los artículos 14 y 15, las rentas que un residente de un Estado contratante obtenga del ejercicio de sus actividades personales en el otro Estado contratante en calidad de artista del espectáculo, tal como actor de teatro, cine, radio o televisión, o músico, o como deportista, pueden someterse a imposición en ese otro Estado.

2. No obstante lo dispuesto en los artículos 7, 14 y 15 con los Modelos antes de la versión de 2005, cuando las rentas derivadas de las actividades personales de los artistas del espectáculo o los deportistas, en esa calidad, se atribuyan no al propio artista del espectáculo o deportista sino a otra persona, dichas rentas pueden someterse a imposición en el Estado contratante en que se realicen las actividades del artista del espectáculo o el deportista».

Como se puede apreciar, las diferencias entre ambos preceptos no son sustanciales y se refieren principalmente a:

- La adopción de un término "sportsperson" más comprensivo que el anterior "sportsmen".
- La eliminación de toda referencia al artículo 14 ModCDI que ya en las versiones anteriores quedaba subsumido en el ámbito del artículo 7 ModCDI.
- Una redacción que pone en valor la relevancia de la "actuación personal" como elemento de sujeción a este precepto.

La comprensión de este precepto pasa por analizar en primer lugar la delimitación subjetiva y objetiva del artículo 17 ModCDI a la luz, en particular, de los nuevos comentarios, así como su relación con otras disposiciones bilaterales, para posteriormente examinar los criterios de imposición, destacando los aspectos más polémicos asociados a esta tipología de rentas.

1.2. Delimitación de los términos «Artista» y «Deportista»

El artículo 17 ModCDI no define de una forma cerrada y precisa, los términos «artista» o «deportista» pero los CMC, a efectos de la norma bilateral, sí desarrollan criterios de interpretación coadyuvan a clarificar y formar unos conceptos que resultan generalmente admitidos por los Estados contratantes. Estos criterios interpretativos se han ido ampliando y, hoy, a raíz de la aprobación de los CMC en su versión 2014, se complementan con múltiples ejemplos concretos contenidos inicialmente en el Informe de abril de 2010 *"Issues related to Article 17 of the OECD Model Tax Convention"*.

Interpretación convencional del término "artista"

A efectos del artículo 17 ModCDI, la expresión «artista» exige la presencia de un elemento de espectáculo o diversión de suerte que el ejercicio de la actividad, generalmente ante el público, y no el resultado de una obra, constituye el aspecto que determina la inclusión de las rentas en este artículo y no en otros que pudieran resultar en un principio aplicables.

Así, de la misma redacción del artículo 17 ModCDI se desprende que el término «artistas» en el sentido de la legislación convenida difiere del significado usual del vocablo que abarcaría también, por ejemplo, a pintores, escultores o artistas plásticos. Es criterio unánimemente sostenido, y por ello los CMC no contienen ninguna referencia a los artistas plásticos, que las rentas derivadas de la venta de sus obras no se incluyen en esta disposición. El valor de un pintor o escultor es su obra. Los elementos de actividad personal, prestada ante una audiencia, con una finalidad de entretenimiento y un elemento de espectáculo que contribuye a este entretenimiento son aspectos alejados del perfil de estos «artistas». Fiel reflejo de esta distinción ha sido la recuperación en la versión 2014 del término *"entertainer"* adoptado por primera vez en el Informe de 1987 -que fue apropiadamente traducida como «artista del espectáculo» en lugar del simple término «artista».

Los actores de teatro, de cine y los de spots publicitarios (incluso si son protagonizados por deportistas retirados) claramente se comprenden en esta disposición. También quedan incluidas las actividades de tipo cultural, político, social o religioso, siempre que incorporen a la misma un elemento de diversión o espectáculo (párrafo 3 CMC al artículo 17 ModCDI). Asimismo los artistas de circo responden a este modelo puesto que combinan una actividad escénica con una aspiración de entretenimiento de naturaleza artística.

Por no responder al perfil de personas cuya actividad personal presenta este elemento de entretenimiento, los CMC especifican que los conferenciantes, por ejemplo un ex político que recibe una renta por dar una conferencia, o el personal administrativo o de apoyo de los artistas tales como los cámaras de rodaje, los productores, directores cinematográficos, coreógrafos, equipo técnico, o acompañantes están excluidos del ámbito del artículo 17 ModCDI. Existen, como es obvio, supuestos dudosos que también aclaran los CMC. Así, en relación con los trabajos de los modelos publicitarios, se aclara que si un/a modelo se limita a ejercer su trabajo profesional dentro del entorno empresarial que le es propio, sus rentas mantienen la naturaleza de rentas profesionales; sin embargo, si actúa en el marco de un espectáculo variado con una finalidad de diversión, se estará más cerca de la calificación de renta artística.

En síntesis, en todos los casos, se ha de valorar el conjunto y el cariz de las actividades de la persona, las cuales constituyen la razón última de ubicar las rentas que obtengan en el seno del artículo 17 ModCDI o fuera de él (de ordinario, en el artículo 14 relativo a profesionales independientes, si el CDI lo contiene, o en el artículo 7 ModCDI en otro caso).

Interpretación convencional del término "deportista"

El término «deportistas», por su parte, acoge a los participantes tanto en deportes individuales como colectivos, formando parte de un equipo, tales como jugadores de golf, futbolistas, tenistas o pilotos de coche. No es ni tan siquiera necesario la concurrencia de esfuerzo físico pues el término abarca, a juicio de los CMC - párrafos 5 y 6–, el ajedrez, el bridge o el billar. Por el contrario, y por las mismas razones que las esgrimidas por los CMC en relación con los productores, equipos técnicos o directores, la mayor parte de la doctrina autorizada sostiene que los árbitros no pueden ser considerados deportistas.

Los CMC no realizan distinción alguna basándose en las distintas formas contractuales que pueden regular el desarrollo de estas actividades incluyen dentro de este precepto tanto las rentas obtenidas cuando se actúa en régimen de independencia como las obtenidas en el marco de un contrato laboral siempre que la actividad mantenga el carácter «artístico» o «deportivo», en los términos vistos, y tenga una presencia pública. Esta matización es importante y, como se verá, difiere de la regulación contenida en el IRNR. Así, de acuerdo con este criterio, este precepto abarca las rentas de un músico integrante de una orquesta, la de un futbolista que actúa como miembro de un equipo o, en general, cualquier otra actuación artística o deportista de carácter colectivo. También resulta indiferente la forma en que se pacte la retribución, ya sea una cantidad fija o una cuota parte de la recaudación del espectáculo o incluso, en una relación laboral, resulta frecuente abonar un sueldo periódico.

Todas estas situaciones y otras similares, al margen de su calificación, pueden ser problemáticas en la fase de cuantificación de las rentas sobre todo cuando el artista o deportista percibe un sueldo regular y no una renta por cada actuación o cuando recibe una remuneración pactada por una gira previamente definida que incluye actuaciones en distintos países.

Interpretación administrativa

Hay distintas consultas que han ido conformando la interpretación administrativa de los términos "artista y deportista". Entre otras, se destacan por su relevancia las siguientes:

- DGT consulta general de 9-3-1998. Los toreros se consideran deportistas y sus rentas se sujetan a las disposiciones del artículo 17 ModCDI.

- DGT consulta general 1933-04 de 22-10-2004 en relación con la tributación de ajedrecistas residentes en diversos Estados, confirmando su calificación de deportistas.

- DGT consulta general 0197-05 de 1-6-2005 en la que una empresa española que va a realizar una película pretende contratar a tres actores, un operador de cámara y un director de sonido, todos ellos residentes en Francia, los cuales van a prestar sus servicios bien como profesionales o bien como trabajadores dependientes. La DGT, en base a los CMC, deduce que un actor tiene la consideración de artista a efectos del Convenio y en consecuencia le resultará de aplicación el artículo 17 ModCDI y ello con independencia de que preste sus servicios como profesional o como trabajador dependiente, por lo que España puede gravar sin limitación estas rentas. También se deduce que el concepto de artista no incluye a los directores de sonido por entender que realizan actividades «no artísticas» ni a los operadores de cámara que expresamente están excluidos en los CMC.

- DGT V1405-09 de 15-06-2009. La DGT ha aclarado que se consideran rentas del trabajo personal y no rentas de actividades deportivas, a efectos del convenio sobre doble imposición, las primas de un partido de fútbol obtenidas por un ayudante de seleccionador.

De esta suerte, junto con las rentas propiamente deportivas (las obtenidas por los jugadores de fútbol que participan en el espectáculo en este caso), pueden convivir rentas de otra naturaleza: en este caso, las propias de un ayudante de seleccionador de fútbol, cuya tributación en residencia procede merced a que las reglas de reparto de soberanía fiscal son las propias de las rentas del trabajo (artículo 16 del tratado) y no las previstas en el artículo 18 del mismo convenio.

- DGT V1077-10 de 20-5-2010. En ésta, una entidad consulta sobre sus obligaciones de retención al contratar los servicios de «disc jockey» residentes en Canadá, EEUU, Francia, Inglaterra, Alemania y Argentina.

Así, por regla general, un técnico del sonido no estaría comprendido en el ámbito subjetivo del artículo. Sin embargo en el caso de un «disc jockey» se está ante un supuesto diferente por su capacidad de convocatoria y la propia naturaleza de su actividad que incorpora un elemento de espectáculo. Entiende que en el caso consultado, los «disc jockeys» parecen ser personas de reconocido prestigio que vienen a España, desde distintos países, para realizar la actividad que les es propia aportando capacidad de convocatoria. La DGT considera que estos profesionales son algo más que técnicos de sonido y han de caracterizarse como artistas, estando sujetas sus rentas a las disposiciones del artículo 17 ModCDI.

- DGT V2824-11 de 30-11-2011, en relación con el Convenio con Italia pregunta sobre la calificación que ha de darse a las rentas que obtiene un residente en España por crear la escenografía de una ópera en Italia y ceder los derechos de explotación sobre la misma. La DGT, después de recordar que, en estas circunstancias, el primer aspecto a considerar es siempre la residencia del perceptor, y sobre la base del CMC 3 que describe lo que ha de entenderse por «artista», sin profundizar en argumentos concluye que se debe rechazar que estas rentas sean rentas de artistas. Baraja a continuación la posible calificación de cánones, para descartar igualmente esta posible calificación salvo que la consultante se reserve los derechos de autor sobre la escenografía realizada. Al final, de los términos de la consulta, parece inclinarse finalmente por la calificación de servicios profesionales sujetos al artículo 14 del CDI.

- DGT V1454-14 de 30-5-2014. Se pregunta por la tributación de las rentas derivadas de la elaboración de contenidos audiovisuales para la televisión y cine, en concreto un anuncio con participación de técnicos, actores, modelos y figurantes no residentes. Sobre la base de la consideración de que la actividad de las distintas personas se limita a rodar un anuncio que se transmitirá en diferido y, presumiendo que los partícipes no retienen derechos de autor sobre las futuras reproducciones de los anuncios, la DGT se inclina por considerar estas rentas englobadas dentro del artículo 7 ModCDI (o artículo 14 ModCDI). También la consulta da a entender que si se generaran rentas derivadas de derechos de autor sobre futuras reproducciones, éstas tendrían la calificación de cánones.

- DGT V1635-14 de 25-6-2014. La consultante, una productora de espectáculos teatrales, va a producir una ópera para un festival en España. Tanto la producción como la representación de la misma se realizarán en territorio español pero los cantantes músicos y el resto de los participantes son residentes fiscales en Francia. En concreto, se pregunta si están incluidos en la categoría de artistas del artículo 17 ModCDI el director de escena, iluminador o diseñador de iluminación, figurinista o diseñador de vestuario, escenógrafo o diseñador de escenografía y atrezzo y maestro pianista repetidor para acompañar los ensayos En la medida en que el personal de la ópera esté comprendido en el concepto de artista definido en el comentario anterior, le será de aplicación el artículo 17 ModCDi.

La DGT considera que la remuneración de la interpretación musical, incrementada en su caso con la correspondiente a la radiodifusión simultánea, está regulada por el artículo 17 ModCDI. Si la representación musical es grabada y el artista, basándose en su derecho de autor de la grabación musical, obtiene rentas estipuladas en función de las ventas o sobre la audición pública de los discos, se aplicaría el artículo 12 ModCDI. No obstante, cuando los derechos de autor en una grabación de sonido pertenezcan a una persona distinta del artista, estos derechos quedan sujetas a los artículos 7 o 17 ModCDI y no al artículo 12 ModCDI.

También considera que ninguna de las siguientes personas, director de escena, iluminador, figurinista, escenógrafo o maestro repetidor para acompañar los ensayos estarían incluidos en la categoría de artista el director de escena, el iluminador, el figurinista, el escenógrafo y el maestro repetidor para acompañar los ensayos, considerando que se trata de trabajadores independientes, por lo que sería de aplicación el artículo 14 del Convenio.

Finalmente, en el caso del compositor de la música y el autor del libreto, al no participar directamente en el espectáculo, estas rentas estarán sujetas al artículo 7 ModCDI, si se obtienen como consecuencia de la venta de la música o el libreto o al artículo 12 ModCDI si se obtienen en función de las ventas u otros parámetros, manteniendo la propiedad de los mismos el compositor o autor.

- DGT V1678-14 de 1-7-2014. La consultante es una sociedad residente en EEUU dedicada a la producción de eventos musicales, que ha sido contratada para producir un concierto en España de una banda musical estadounidense. La consultante no está vinculada ni jurídica ni económicamente con los integrantes de la banda. El evento se organiza a través de una entidad residente en España que deberá satisfacer dos clases de pagos: Un "*artist fee*", cantidad destinada a retribuir a los artistas de la banda musical por su actuación personal en el concierto, y un pago denominado "*production fee*", que retribuye el coste de producción del espectáculo. El coste de producción incluye nóminas, honorarios y dietas de producción de sonido, personal de seguridad, maquilladores, vestuario, publicistas, coreógrafos o incluso carpinteros. También incluye instalaciones de ensayo, construcción, alquiler y montaje del escenario; pantallas de video suspendidas en unas torres, gastos de amplificadores de sonido y equipos de mezclas para controlar la calidad del audio y fidelidad del sonido durante la actuación; trabajo de directores, ingenieros y camarógrafos; motores sobre vigas en el techo para subir y bajar las luces, el audio; pirotecnia y camionaje; transporte de personas, hoteles; promoción y publicidad; seguros, médicos del personal, honorarios profesionales y auditoría y similares.

La DGT analiza la naturaleza de las distintas rentas sobre la base del artículo 19 del CDI con EEUU 7 y los CMC y al margen de una disposición específica del Convenio con EEUU que no toma en cuenta a efectos de este precepto rentas de escasa cuantía, acaba concluyendo los productores y el equipo técnico no están incluidos en el artículo 19 del Convenio con EEUU, por ser actividades "de apoyo", como tampoco lo están las rentas de los productores, los gastos de producción que se concluye son de carácter claramente técnico en la mayoría de los casos, que difícilmente pueden identificarse con la actuación personal de los artistas de la banda, como pueden ser el montaje del escenario, el transporte, servicios administrativos, etc.

- Sentencia del Tribunal Superior de Justicia de Madrid 6268/2016. El Tribunal confirma que las rentas por unas intervenciones en unos talleres infantiles y de adultos es una actividad artística y no docente o educativa. Para ello, se fundamenta en que la renta es artística cuando existe un elemento de espectáculo o diversión y considera que los talleres, por la información que consta en el expediente, incorpora un elemento de diversión en cuanto posibilitan la intervención de los asistentes en el evento. Además hace notar que los intervinientes en estos talleres son, en su mayor parte, cantantes, músicos o grupos musicales.

- DGT V5328-16 de 16-12-2016 . La consultante expone que, en la organización y gestión de los conciertos en que actúan artistas internacionales, que forman parte de giras musicales, "intervienen habitualmente los denominados "promotores" ("production management companies"), que son empresas independientes de los artistas que diseñan y subcontratan los diferentes elementos necesarios para la actuación, tales como la escenografía, el escenario, las luces, el sonido, los transportes del material para el montaje o pirotecnia, y satisfacen los honorarios del agente y del manager del artista.

Se aclara que "el manager es el profesional que diseña la gira con el agente y trabaja con diferentes artistas, siendo completamente independiente de los mismos. Dicho manager es el responsable último de gestionar la carrera de un artista de forma integral, tanto en materia de giras, como en materia de desarrollo discográfico y puede apoyarse en terceros para llevar a cabo sus servicios: un sello discográfico para lo que atañe a la carrera en estudio, expertos en marketing digital y, en el caso de las actuaciones en directo, en el agente". En tanto que éste es la persona encargada de organizar y gestionar la carrera de un artista en sus actuaciones en directo, si bien, en último término depende de la aprobación del manager. Se afirma que dicho agente es completamente independiente del artista y suele trabajar con varios artistas al mismo tiempo.

Y se pregunta por el tratamiento tributario que corresponde a la renta obtenida por las empresas de producción que no se corresponde con la actuación personal del artista y a las rentas obtenidas por los agentes artísticos independientes del artista.

La resolución consultiva recuerda, respecto de la renta obtenida por las empresas de producción (escenario, iluminación, equipos y técnicos de sonido, transportes de los equipos y del personal técnico) "que no se corresponden con la actuación del artista".

Aunque la ley doméstica considera que las rentas obtenidas por las empresas de producción del espectáculo que deriven, directa o indirectamente, de la actuación personal en territorio español de artistas, se consideran obtenidas en territorio español y, por tanto, sujetas al Impuesto sobre la Renta de No Residentes, el artículo 17 ModCDI , inserta a estos profesionales dentro de la categoría de personal administrativo o de apoyo y, por ende, los excluye de su sujeción al artículo 17 ModCDI.

Existe entre ambos supuestos una zona ambigua en la que será necesario valorar el conjunto de las actividades de la persona en cuestión." Y específicamente; aquellos que observan que la "renta que obtienen los productores, etc., por la organización de las actuaciones de un artista o un deportista queda fuera del ámbito del artículo, si bien cualesquiera rentas que perciban por cuenta del artista o el deportista están, naturalmente, comprendidas en el mismo."

En consecuencia, si las cantidades percibidas por las empresas de producción (escenario, iluminación, equipos y técnicos de sonido, transportes de los equipos y del personal técnico) no se derivan de la actuación del artista, sino únicamente se corresponden con la retribución de los servicios subcontratados por parte del promotor con el fin de "posibilitar" la actuación del artista en los términos pactados, dichas rentas no se entenderán obtenidas en España, de acuerdo con lo dispuesto en el artículo 17 ModCDI, por lo que no podrán someterse a imposición en España en la medida en que resulte aplicable un Convenio en tales términos. Y pasarían a tener encaje en el artículo 7 del tratado, escapando a la fiscalidad en fuente, si no se opera con establecimiento permanente.

La DGT se reserva un comentario para evitar situaciones dudosas y añade: "Sin embargo, si se observa que no existe proporcionalidad en el importe de las rentas satisfechas como remuneración a esta producción (libres de tributación en fuente) en relación con la totalidad de las rentas generadas por la actuación, se podría considerar que, al menos, parte de esas rentas corresponden a la actuación del artista, y así deberían gravarse."

Por lo que se refiere a la fiscalidad de las rentas obtenidas por los agentes artísticos independientes del artista, se parte de la misma premisa que en el supuesto anterior en ausencia de CDI. La normativa interna sujeta estas rentas a tributación por el Impuesto sobre la Renta de No Residentes ya que las considera que derivan, directa o indirectamente, de la actuación personal en territorio español.

Y del mismo modo, de acuerdo con los Comentarios del Modelo, se indica que las rentas que perciba el agente del artista les resultará de aplicación lo establecido en el artículo 7 ModCDI, por lo que no quedarán sujetas a la normativa española salvo que se disponga de una base fija o establecimiento permanente en España.

La DGT ha emitido recientemente una consulta que, sin apartarse de los criterios anteriores, resultan interesantes, en especial una de ellas, por su granularidad y nivel de detalle en relación con la discriminación de rentas entre este precepto y el general de rentas empresariales/profesionales: la DGT V2182-18, de 23-7-2018. La consultante, fundación residente en España, va a contratar a un director artístico y titular de su orquesta filarmónica residente en Letonia que va a percibir, de acuerdo con el contrato que tiene una duración de 3 años, diferentes remuneraciones por distintas actividades. En términos generales, asume la dirección artística de la orquesta, describiendo las obligaciones derivadas de esta dirección entre las que destaca la definición del programa, selección de eventos, dirección; varios conciertos anuales, tanto de abono como institucionales, incluyendo ensayos y preparación; una renta adicional diaria cuando los eventos exijan una presencia que supere seis días en una semana; y una compensación por posibles grabaciones que se realicen de conciertos.

En primer lugar, este contrato representa una permanencia en España de menos de 183 días anuales por lo que la respuesta de la DGT presume el mantenimiento de la residencia en el Estado de origen, es decir, Letonia.

Tras reconocer siguiendo los CMC que no es posible dar una definición precisa del término "artista", sigue las directrices del CMC 17.4 y sobre esta base concluye que:

• Las rentas derivadas de los conciertos tanto de abono como institucionales, incluyendo las rentas por los ensayos o preparación o la remuneración por días adicionales (CMC17.1), son rentas de artistas y sujetas al artículo 17 porque quedan englobadas en el concepto "actuación artística".

• Asimismo quedan comprendidas en el ámbito del artículo 17 las rentas que se perciban por las grabaciones. La justificación la halla la DGT en considerar que estas rentas se perciben por razón del caché del director, término que define la Real Academia de la Lengua como "cotización de un artista del espectáculo o de ciertos profesionales que actúan en público".

• Por el contrario, las rentas que percibe en calidad de Director de la orquesta y que comprenden su dirección, programación y seguimiento, no suponen retribución por la actuación de una persona física y quedan excluidas del ámbito del artículo 17.

1.3. Calificación de las rentas

Para completar la configuración de esta disposición, la segunda cuestión que ha de analizarse es la caracterización de las distintas rentas puesto que, en el marco de la legislación bilateral, no necesariamente todas las rentas que se derivan directa o indirectamente de una actuación artística o deportiva deben ser siempre y de forma automática calificadas como rentas artísticas o deportivas.

Como se ha reiterado, en términos generales, se consideran rentas artísticas o deportivas todas aquellas que se deriven de la actuación personal del artista o deportista y puedan vincularse al acto mismo del espectáculo.

La nueva redacción del párrafo 9 de los CMC al artículo 17 ModCDI introduce una nueva expresión *"close connection"* que va a ser clave para calificar o no las rentas tales como derechos de patrocinio o publicidad como rentas sujetas al artículo 17 ModCDI. La expresión *"close connection"* sustituye a la anterior, *"direct link"*. Se explica que esta conexión se produce cuando se puede razonablemente concluir que estas rentas no se hubieran generado si no se hubiera llevado a cabo una determinada actuación. En este sentido, esta conexión se puede originar por la coincidencia del tiempo (pago recibido por una entrevista a una jugadora de golf después de un torneo en el que participa) o por la naturaleza de la renta (renta obtenida por un jugador de tenis por el uso de su imagen durante el torneo en el que participa) o incluso por interpretación del contrato que liga al artista o deportista con el espectáculo o torneo.

También se refiere al artículo 12 ModCDI y dice que será aplicable normalmente a los cánones por cesión de derechos de propiedad intelectual. Los derechos de publicidad o de patrocinio estarán dentro del ámbito del artículo 17 ModCDI siempre que tengan una conexión cercana a las actuaciones o apariciones públicas en un Estado determinado (pagos a un deportista por llevar durante un torneo el logo, la marca o nombre del esponsor en la camiseta). Los pagos percibidos con motivo de la cancelación de una actuación tampoco pertenecen al ámbito del artículo 17 ModCDI, sino que les serán aplicables los artículos 7 o 15 ModCDI, según el caso.

Por otra parte, de forma novedosa, los CMC excluyen de la naturaleza de renta artística o deportista, por falta de nexo causal suficiente con la actividad personal de quien genera la renta, los premios que pueden recibir los propietarios de caballos o escuderías de coches, salvo que la reciban por cuenta del jinete o del piloto.

Los CMC, reconocen que hay rentas de difícil calificación por lo que, a título de síntesis, enumera una serie de principios que han de inspirar la calificación de rentas de dudosa ubicación.

1. La referencia a artistas o deportistas incluye a cualquier persona que actúe como tal, aunque sea en una sola ocasión por lo que comprendería a artistas y deportistas amateurs si perciben una renta o a una persona, que no siendo profesionalmente un actor, aparezca en un anuncio o una película.

2. Por este nexo de conexión cercana al que se refiere los recién aprobados CMC, las apariciones publicitarias o entrevistas remuneradas relacionadas con la actividad principal en la que el artista o deportista tiene una presencia activa se consideran rentas artísticas o deportistas. A la inversa, si se trata de una actividad, por ejemplo de comentarista, respecto de un evento en el que el comentarista no participa, no puede entenderse que esta renta queda sujeta al artículo.

3. Se incluye también como renta artística o deportiva las rentas que se perciban con ocasión de entrenamientos o ensayos, tanto si el entrenamiento o los ensayos están directamente vinculados con un evento como si no existe este vínculo. Piénsese, por ejemplo, en entrenamientos de pre temporada.

4. Las rentas satisfechas como contraprestación a la cesión del derecho de comercialización de productos que incorporen el nombre o la imagen del artista o deportista siempre que dicha comercialización se realice durante el mismo evento o con ocasión del mismo. Son los denominados «derechos de merchandising». La ubicación en el seno del artículo 17 ModCDI, no es automática ya que dichas rentas podrían calificarse también como cánones y situarse en la órbita del artículo 12 ModCDI.

La ubicación en uno u otro artículo depende de las circunstancias específicas de cada caso en el sentido de que, cuanto más vinculados estén los productos que se venden durante el espectáculo al espectáculo mismo, más exclusivo sea el derecho cedido y, especialmente, más efímero sea el interés que puedan generar los productos ofrecidos, más sólida será la caracterización como renta artística. Una muestra que respondería a estas características sería la contraprestación satisfecha por el promotor por adquirir el derecho de comercialización del programa o del libro del espectáculo en el que el interés económico que puede generar este derecho se agota prácticamente con la misma finalización del acto público. Por el contrario, la renta que se satisface por adquirir el derecho de venta de productos que incorporan el nombre o la imagen del artista o deportista aprovechando la celebración de un acontecimiento, pero cuya comercialización es susceptible de producirse en otro momento distinto al del propio evento, generalmente a lo largo de un período de tiempo más extenso y en otros foros más genéricos, posiblemente debiera calificarse como canon. En este sentido se consideraría canon la renta que obtiene una persona por autorizar a otra a vender productos tales como CDs, DVD de otras actuaciones, camisetas, pins u otros productos no directamente vinculados al espectáculo, aunque esta actividad se desarrolle durante el espectáculo.

5. Las rentas derivadas de los denominados «derechos de imagen». No resulta infrecuente que artistas o deportistas cedan su imagen a empresas con fines publicitarios. Con independencia de la conflictividad de calificación que puede generarse cuando media un CDI (ver apartado 1.1.2. del Capítulo III.6.), piénsese que si dicha cesión de la imagen se produce con ocasión de un espectáculo, se encuentra vinculada al propio espectáculo y puede considerarse que de dicha cesión se deriva una renta adicional que percibe el artista o deportista, la misma se ubicará de nuevo en la órbita del artículo 17 ModCDI.

La sentencia del TS, de 13 de abril de 2011, corrobora esta interpretación. En efecto, concluye que en el caso de rentas obtenidas por una entidad no residente por la cesión de derechos de imagen de un artista procede su consideración como rentas artísticas y no como cánones a la luz del convenio sobre doble imposición aplicable. En particular, concluye que las rentas derivadas de la cesión de derechos de imagen no encajan en el concepto de cánones bilateral, a juicio del TS.

De hecho, en el asunto esencial resuelto las conclusiones finales no son nuevas: reproducen la integridad de la muy discutida sentencia del mismo tribunal de 11 de junio de 2008 sobre la calificación de las rentas de artistas obtenidas a través de entidades interpuestas, asociadas a un espectáculo (en esta ocasión las derivadas de la cesión de la imagen del artista actuante) mediando convenio que no contemple expresamente cláusula antiabuso referida a dicha interposición societaria. El elemento diferencial que aporta esta sentencia es la consideración, contrariando lo postulado en toda una cadena de sentencias de la Audiencia Nacional precedente, de que las rentas derivadas de la cesión de derechos de imagen no encajan en el concepto de canon bilateral. Para alcanzar esta conclusión, el TS analiza el alcance del número 3 del artículo 12 del CDI que define lo que debe entenderse por «cánones», y al quedar obligado por los límites que le impone el artículo 14 de la Ley General Tributaria según redacción dada por la Ley 34/2015, de 21 de septiembre, conforme al cual «No se admitirá la analogía para extender más allá de sus términos estrictos el ámbito del hecho imponible, de las exenciones y demás beneficios o incentivos fiscales» concluye con rotundidad que el uso o la cesión del uso del derecho de imagen no tiene ninguna relación con los supuestos que contempla la norma convenida.

6. Por lo que toca a las rentas derivadas de la esponsorización o patrocinio, nótese que se da cada vez con mayor frecuencia, como forma de obtener ingresos adicionales a la celebración de un espectáculo o acontecimiento deportivo, la cesión a entidades terceras de espacios publicitarios –vallas o similares– o de cierto espacio en la vestimenta del propio artista o deportista con finalidad publicitaria a cambio de una contraprestación. Estas rentas no pueden considerarse cánones porque el objeto del contrato es la cesión de un espacio y no la cesión de un derecho de propiedad intelectual o un derecho de imagen pero, de nuevo, los contratos de patrocinio no responden a un patrón estándar por lo que la naturaleza jurídica de las rentas derivadas de los mismos viene condicionada por las particularidades de cada caso.

En este escenario, lo relevante es identificar a la persona que ostenta los derechos y asume las obligaciones derivadas de dichos contratos de patrocinio o publicidad. Si es el artista o deportista quien debe cumplir las cláusulas de estos contratos y, por consiguiente, los derechos derivados de los mismos afluyen a él, tanto si es en forma directa como indirectamente a través de una persona o entidad interpuesta, entonces la renta así obtenida se califica de renta artística o deportista siempre que pueda vincularse a una actuación pública de dicho sujeto. Sin embargo, si los contratos de patrocinio son negociados y suscritos por el promotor o por un tercero por cuenta del mismo, que actúa con total independencia del artista o deportista, constituyendo una fuente de recursos más a disposición del aquel para optimizar los ingresos derivados de la celebración de un espectáculo, asumiendo, en esta área, igualmente el riesgo empresarial propio de su actividad, las rentas derivadas de los contratos de publicidad o patrocinio obtenidas por el promotor, se califican de rentas de una actividad empresarial y se sujetan a las disposiciones del artículo 7 ModCDI.

Se anticipó al criterio de los Comentarios la Sentencia del TSJ de Madrid de 3 de febrero de 2005 que confirma el criterio de calificar de deportivas y sujetar al artículo 17 del CDI aplicable las rentas percibidas por una entidad no residente como contraprestación a la publicidad de una marca que un piloto se obliga a llevar en su vestimenta con ocasión de unas carreras celebradas en España, rechazando expresamente la calificación de renta empresarial sujeta al artículo 7 ModCDI pretendida por la recurrente.

7. Las rentas derivadas de la cesión de derechos de grabación y retransmisión en directo por radio o televisión del espectáculo o evento deportivo también tienen la consideración de artísticas o deportivas. Es precisamente el perfil de simultaneidad propio de la transmisión en directo el que justifica la calificación de renta artística o deportiva porque se entiende que mediante dicha simultaneidad se mantiene el contacto, aunque indirectamente, con el público o audiencia. Consecuentemente, si la retransmisión es en diferido, los CMC sostienen que, al no haber la «close connection», se ha roto la unidad de acto por lo que las rentas que se deriven de la retransmisión responden más a la naturaleza de canon que a la de renta artística o deportiva. No obstante, esta conclusión debe matizarse en relación con la introducción por la DGT del término "caché". Cuando una renta se derive de una grabación, si se puede entender que es esencial el caché del artista, se estará más cerca del artículo 17.

8. Las rentas derivadas de suministros de equipos, servicios y otras prestaciones necesarias que operativamente permitan la puesta en escena y ejecución de un espectáculo constituyen otro frente conflictivo. Aunque, de nuevo, resulta difícil establecer una división clara entre las prestaciones o servicios que sirven a un espectáculo y puedan, por consiguiente, considerarse dentro del ámbito del artículo 17 ModCDI, el elemento sobre el que pivota la verdadera naturaleza de la renta es la existencia de un determinado componente artístico en el marco de la organización del acontecimiento.

Una sentencia del TS de 7 de diciembre de 2012 reiterada por la STSJ de Madrid de 28 de abril de 2015 R 138/2015 entiende que las rentas derivadas de la puesta en escena así como de la promoción y dirección de conciertos se consideraban relacionadas con la actuación artística y, mediando convenio, y habían de ser tratadas como rentas artísticas. La sentencia del TS contradijo la sentencia anterior de la AN de 28 de enero de 2010 que había seguido una interpretación estricta de los términos del artículo 17 ModCDI, considerando que las rentas dedicadas a la promoción, organización o puesta en escena debían ubicarse dentro del ámbito del artículo 7 ModCDI. Así, hoy queda confirmado que el artículo 17 ModCDI comprende no solo las rentas derivadas directamente de la actuación personal de artistas o deportistas sino también las rentas derivadas indirectamente de estas actuaciones e incluye dentro del ámbito objetivo de este precepto los servicios de producción, tanto si son servicios de sonido, luz, escenario, laser como servicios de organización y consultoría relacionados con la actuación artística o deportista. De todas formas, hay que ir al verdadero servicio que prestan estas empresas puesto que, en ocasiones, bajo un mismo término se confunden prestaciones de distinta naturaleza. Así, como apunta la consulta de diciembre de 2016 a la que se ha aludido, si el promotor se centra en organizar giras y a velar por la carrera de un artista subcontratando si fuera preciso servicios a terceros no estaremos ante este supuesto que el artículo 17 ModCDI exige que haya un elemento artístico vinculado al espectáculo para que despliegue sus efectos. Por ello, en nuestra opinión, hay que interpretar la sentencia del TS considerando la verdadera naturaleza del servicio más que el título que se dé al profesional que puede ser equívoco.

9. Las rentas satisfechas por servicios de restauración o catering, transporte y, en general, por servicios claramente colaterales al evento, con frecuencia prestados por subcontratistas independientes, mayoritariamente habrán de calificarse como rentas empresariales ubicadas en el entorno del artículo 7 ModCDI.

10. También se consideran sujetas al artículo 7 ModCDI las rentas obtenidas por agentes independientes sobre la base del mismo fundamento que el expuesto: ausencia de elemento artístico o deportista en la actividad profesional del agente.

11. No tienen la consideración de rentas artísticas las obtenidas por la cancelación de un evento. Los CMC claramente sitúan las rentas derivadas de la cancelación de una actuación en el artículo 7 ModCDI , o el artículo 14 ModCDI o incluso en el artículo 21 ModCDI si jurídicamente se califican de indemnización.

2. POTESTAD DE IMPOSICIÓN

2.1. Principio general

La normativa convenida y los CMC atribuyen la potestad de imposición de las rentas sujetas a este precepto al Estado de la fuente sin limitar su tributación en el Estado de residencia. Dicha norma constituye una notable excepción al principio general previsto en los tratados, según el cual las rentas empresariales (y profesionales) tributan en el Estado de residencia del perceptor en tanto que el Estado de la fuente solo ostenta el derecho de imposición si la actividad empresarial se lleva a cabo en su territorio a través de un EP.

Separándose, por consiguiente, del anterior criterio general, las rentas subsumibles dentro del artículo 17 ModCDI que se obtengan por los servicios prestados en un Estado (el Estado de la actuación) por parte de un artista o deportista residente en otro Estado están sujetas a imposición en el Estado de la actuación, (sin perjuicio del gravamen ulterior en el Estado de residencia, según ya se apuntó). Este principio se aplica en todas las circunstancias, tanto si, como es lo usual, el artista o deportista actúa sin EP como si actúa a través de un EP.

Este régimen excepcional tiene su fundamento en la estrecha vinculación que se produce entre el lugar de celebración del espectáculo y las rentas propiamente artísticas o deportivas generadas merced al mismo, justificando que el Estado de la actuación reclame para sí el derecho de imposición sobre unas rentas que se generan y, a la vez, agotan con el evento que tiene lugar en su territorio.

El apartado 1º del artículo 17 ModCDI se proyecta directamente sobre la persona física artista o deportista.

Originalmente, tal proyección directa era clara puesto que la disposición estaba destinada y pensada, para cubrir las relaciones jurídicas directas entre promotor y artista. Con posterioridad, el ámbito de aplicación de este precepto, por la vía de la interpretación, se extendió a las rentas obtenidas por personas físicas a través de una persona interpuesta (piénsese en una orquesta o equipo). Algunos autores ponen de relieve que este primer apartado incluso pudo haber quedado desdibujado a raíz de los CMC (ver párrafo 8 de los CMC) publicados en el año 1992 que autorizan, por primera vez, a aplicar este apartado a las rentas artísticas obtenidas por entidades interpuestas si la legislación doméstica recoge el principio de transparencia. Este principio permite la aplicación de la técnica del denominado «look through» –mirar a través– que consiste en imputar la renta no a la entidad perceptora sino al artista o deportista que ha llevado a cabo la actuación, en lo que podría considerarse una incursión de este apartado dentro del ámbito del apartado 2 –que se examina en el epígrafe siguiente–.

Esta interpretación es la sustentada por la DGT en su consulta DGT V2246-07 de 25-10-2007 en relación el tratamiento fiscal de unas rentas artísticas obtenidas por un conjunto musical alemán cuyas rentas eran percibidas por una empresa residente en Alemania a raíz de unas actuaciones realizadas en España. Nótese que el antiguo CDI con Alemania carecía de la cláusula 2 y el criterio debía fundamentarse exclusivamente en el texto del apartado 1. En este sentido, la DGT, apoyándose en lo dispuesto en los CMC reproducidos, considera que « ...cuando la legislación interna del Estado de actuación «levante el velo» de dichas entidades y trate las rentas como si se obtuviesen directamente por la persona física, se permitirá que ese Estado grave las rentas derivadas de las actuaciones realizadas en su territorio, obtenidas por la entidad en beneficio de la persona física, incluso si las rentas no se pagan de hecho, como remuneraciones a la persona física.» No deja duda con dicho criterio la sujeción en España de rentas artísticas obtenidas por entidades incluso sin la existencia de la cláusula 2 que, a continuación, se analiza.

Hay que notar que la aplicabilidad de la cláusula 1 a los supuestos mencionados –actuación de un artista o deportista formando parte de una orquesta o equipo– es claro. Así, el CMC 11 lo dispone claramente, analizando las diferentes formas de retribución que un artista o deportista puede recibir cuando forma parte de una orquesta, grupo o equipo, indicando en todos los casos que siempre que haya actuación personal, estas rentas, aunque sean percibidas por una entidad, han de ubicarse en la órbita del artículo 17.

Por ello, si la remuneración se percibe en forma de salario basado en el tiempo o en una gira que cubre diferentes países así como tiempo de entrenamiento o ensayos, el salario o la remuneración se sujetará en los distintos Estados imputará en función de los días laborales que se vaya a permanecer en cada país.

En relación con este tema, es interesante la reciente DGT V1994-18, de 3 de julio de 2018, que en relación con un "payaso", residente en España que presta sus servicios a una compañía belga y que hacen una gira por distintos países europeos confirma la potestad de tributación de los distintos países donde actúa la compañía para gravar las rentas del payaso, y en España, sobre la base de tributación de la renta mundial, debe incluir la totalidad de las mismas -salvo si un convenio específico contuviera una regla especial- y eliminar la doble imposición de acuerdo con las reglas de cada convenio que sea aplicable que coincidirá con los países que conforman la gira.

2.2. La determinación de la base imponible

El artículo 17 no dice nada acerca de cómo debe determinarse la cuantía de las rentas artísticas. Los CMC destacan la necesidad de impedir que se produzca una doble imposición cuando la remuneración se percibe por varias personas o entidades. Piénsese que tomando la base bruta como base de imposición fácilmente podría suceder. Pero mantiene el criterio de entender que la forma de determinación de la base imponible, y por ende el alcance de la deducibilidad de los gastos, corresponde a las legislaciones domésticas. solo en el ámbito de UE, en base al principio de no discriminación, diferentes sentencias habían cuestionado la diferente forma de determinación de la base imponible según el artista fuera residente o no residente en el Estado de la actuación (ver Parte II, cap. II).

El ModCDI 2008, se plantea por primera vez la conveniencia de una cláusula tipo que apunte a la admisibilidad de gastos para su determinación acercándose a la tributación por la base imponible neta. En este sentido dispone el Comentario 10 al párrafo 1.

«…Las diferentes legislaciones internas varían en este punto, y algunas establecen la aplicación de un impuesto retenido en la fuente a una tasa impositiva reducida sobre el importe bruto pagado a los artistas y deportistas. Tales reglas pueden aplicarse igualmente a las rentas pagadas a grupos o equipos constituidos como entidades, troupes, etc. Algunos Estados, sin embargo, pueden considerar que la imposición del importe bruto puede ser inapropiada en determinados casos, incluso si la tasa impositiva correspondiente es baja. Estos Estados pueden dar la opción al contribuyente de tributar sobre la renta neta, lo que puede realizarse mediante la inclusión de un párrafo redactado como sigue:

> «Cuando un residente de un Estado contratante obtenga rentas mencionadas en los apartados 1 ó 2 que puedan someterse a imposición en el otro Estado contratante sobre su importe bruto podrá, durante [período pendiente de determinación por los Estados contratantes] solicitar por escrito al otro Estado que la renta se someta a imposición en ese otro Estado sobre su importe neto, solicitud que admitirá dicho otro Estado. Para determinar la renta imponible en el otro Estado de ese residente se permitirá la deducción de los gastos que la legislación interna del otro Estado contemple, en los que haya incurrido por razón de las actividades allí realizadas y que

sean accesibles para un residente del otro Estado que ejerza una actividad igual o similar en condiciones idénticas o análogas.»

Sin duda, esta inclusión abre una brecha hacia un aspecto de la tributación de la renta de artistas, la tributación por la base imponible bruta, que cada vez está siendo más cuestionada, no tan solo por determinados tribunales sino también por la doctrina y comentaristas. Posiblemente, las razones que amparaban esta opción, fundamentalmente ligadas a la imposibilidad de comprobación fiable de los mismos por la falta de presencia en el territorio de actuación, sean cada vez más débiles. Nótese, no obstante, que esta opción ha de acordarse en cada CDI sin cuyo requisito no puede ser invocada.

2.3. La cláusula del artículo 17.2 del Modelo de Convenio de Doble Imposición

El apartado 2 del artículo 17 no fue introducido en el ModCDI hasta la modificación del Modelo publicada en el año 1977 por lo que aquellos convenios, cada vez menos en vigor, que se negociaron en base al Proyecto de Modelo de 1963 normalmente no contienen dicha cláusula. El nuevo texto se introdujo con la finalidad de proteger el ámbito de este precepto contrarrestando aquellas estructuras diseñadas para eludir el impuesto en el Estado de la fuente.

De su redacción no se desprende, sin embargo, que su ámbito de aplicación se reduzca a supuestos de elusión fiscal puesto que establece que:

«No obstante lo dispuesto en los artículos 7 y 15, cuando las rentas derivadas de las actividades personales de los artistas del espectáculo o los deportistas, en esa calidad, se atribuyan no al propio artista del espectáculo o deportista sino a otra persona, dichas rentas pueden someterse a imposición en el Estado contratante en que se realicen las actividades del artista del espectáculo o el deportista».

Este apartado es objeto de un detallado análisis en los CMC –párrafo 11– que ha sido revisado con ocasión de la modificación del ModCDI en el año 2003 en cuanto a su relación con el artículo 1º.

Como se ha indicado, los CMC interpretan que el apartado 1 del artículo 17 ModCDI comprende exclusivamente las rentas obtenidas por personas físicas generadas por sus actividades personales como artistas y deportistas. Ello no obsta para que, a juicio de la interpretación oficial, si la renta de un artista del espectáculo o de un deportista se atribuye a otra persona, el Estado de la actuación pueda, en tanto su normativa doméstica lo autorice, ignorar a la persona jurídica que percibe la renta y por medio de la técnica de la transparencia, someter dicha renta a gravamen como renta del artista o el deportista siendo, en este caso, el contribuyente el propio artista o deportista a pesar de la intervención de un tercero.

No obstante, si ello no es posible porque la normativa doméstica no permite dicha traslación, el apartado 2 constituye la base jurídica en virtud de la cual esa renta, de naturaleza artística o deportista, puede someterse a imposición en el Estado de la actuación. El contribuyente es, en este caso, la persona interpuesta que percibe la renta. A juicio de los CMC, no se puede alegar en estas circunstancias que el Estado de la actuación pierde su potestad de imposición sosteniendo que la renta deriva de la realización de actividades empresariales o profesionales y pretendiendo así desnaturalizar su carácter artístico o deportivo.

Esta cláusula, como se ha advertido, cubre distintas situaciones, pero el derecho del Estado de la fuente a desplazar al artículo 17 ModCDI tales rentas derivadas, al menos formalmente, del ejercicio de una empresa no se mantiene en todos los casos. Los CMC describen los tres supuestos en que dicho desplazamiento sería factible y, como se apreciará, solo en la última de las situaciones se infiere la presencia de una estructura elusiva en el Estado de la fuente. Se comentan, a continuación, los tres supuestos que destacan los CMC.

El primer caso se refiere al de una sociedad de gestión (entendiendo por tal una sociedad que profesionalmente se encarga de intervenir en eventos de esta naturaleza mediando entre el promotor y los artistas) que percibe una remuneración por la actuación de, por ejemplo, un grupo de artistas o deportistas. Se considera renta artística sujeta a las disposiciones del artículo 17 ModCDI en la medida en que la sociedad de gestión actúa como intermediaria y percibe la renta que ha de afluir finalmente, toda o parte, al artista o deportista. Sin embargo, si la sociedad se limitara a obtener una retribución por la gestión realizada, dicha renta no podría ubicarse dentro del artículo 17 ModCDI porque constituye un beneficio claramente de carácter empresarial sujeto a las disposiciones del artículo 7 ModCDI. Un supuesto de este primer tipo de situaciones es el recogido en la consulta de la DGT consulta general 0012-05 de 19-1-2005) en la que se confirma la sujeción al IRNR y al artículo 17 del CDI con Argentina de las rentas obtenidas por empresas residentes en este último país que intermedian y contratan por cuenta de artistas también residentes en este país actuaciones artísticas a ejercer por estos en territorio español. Este mismo criterio ha seguido la DGT en su contestación a la consulta DGT V0964-16 de 10-3-2016. La consultante, empresa residente en España, contrata artistas que son trabajadores dependientes de distintas entidades residentes en Francia, Holanda, Reino Unido y Hungría para la realización de funciones en España durante un fin de semana. Después de recordar que todos estos países tienen convenio con España que incluye esta cláusula 2 en el artículo que estamos contemplando, confirma que las rentas derivadas del ejercicio de una actividad personal en territorio español en calidad de artista se imputan directamente a la entidad para la que trabajan, estando España autorizada a gravar estas rentas, sin limitación alguna.

La segunda situación que contemplan los CMC se refiere a un equipo, orquesta o similar constituido como persona jurídica que recibe las rentas de las actuaciones que llevan a cabo. También este caso queda sometido al apartado 2 y sus rentas pueden gravarse en el Estado de la actuación o de la fuente como rentas de naturaleza artística o deportista siendo el contribuyente el equipo, orquesta o similar.

A su vez, como ya se ha indicado, los CMC añaden que las personas físicas miembros del equipo u orquesta se someten a imposición por el apartado 1 en el Estado donde tiene lugar la actuación respecto de las remuneraciones percibidas como contraprestación por la actuación. Esta norma no genera necesariamente situaciones de sobre imposición pero puede resultar especialmente compleja de aplicar en la práctica si se retribuye a los miembros del equipo u orquesta, por ejemplo, mediante un sueldo y hay que imputar dicho sueldo a las distintas representaciones o bien si las normas de gestión del impuesto del Estado de la fuente no están diseñadas para exigir el cumplimiento de esta obligación. Piénsese que las personas que actúan en un espectáculo, en la mayoría de ocasiones, permanecen en el Estado donde han actuado durante un período muy breve de tiempo y a la vez sus pagadores –en este caso la orquesta o el equipo constituido como persona jurídica– tampoco tiene una presencia permanente o al menos significativa en el Estado de actuación, todo lo cual puede comportar verdaderas dificultades de gestión tributaria. De hecho, los CMC anticipan una opción que ofrecen a los países para su consideración en el momento de negociación de sus convenios por la que se admite que decidan, unilateral o bilateralmente, no someter a imposición a las personas físicas en estas circunstancias. Es preciso advertir que dicha opción, en su caso, debe quedar perfectamente recogida en la redacción del propio convenio.

El tercer supuesto tiene por finalidad contrarrestar determinados mecanismos de elusión fiscal a través de los cuales la remuneración por la actuación del artista o deportista no se satisface a éste sino a otra persona, (en terminología de los CMC, «sociedades de artistas»), con el propósito de impedir que dicha renta sea gravada en el Estado de la fuente. Al interponer una persona entre el artista o deportista y el pagador de la renta, en principio, podría considerarse que dicha renta no se obtiene como contraprestación a la prestación de servicios personales del artista o del deportista. Se pretende con esta técnica su ubicación en el seno del artículo 7 ModCDI como beneficios de la empresa lo cual implicaría la no sujeción de la renta en el Estado de la fuente al no ejercer la empresa perceptora de las rentas la actividad en este Estado a través de un EP. La cláusula del apartado 2 impide que fructifique dicho mecanismo elusorio ya que autoriza expresamente a mantener la calificación de naturaleza artística y a gravar la renta de acuerdo con las disposiciones del artículo 17

ModCDI siempre que pueda predicarse el carácter artístico o deportivo de dichas rentas y se obtengan por una entidad distinta al artista o deportista.

La mayor parte de países comulgan con la interpretación oficial dada a esta cláusula por la OCDE comprensiva de los tres supuestos descritos, pero ciertos Estados, entre los que destacan EEUU o Canadá, apoyan una interpretación más restringida, reduciéndola exclusivamente al último supuesto, es decir, a su finalidad estrictamente antielusoria.

El ModCDI del año 2003 destaca, en relación al apartado 2, dos temas significativos.

El primero de ellos se refiere a supuestos triangulares en los que el artista o el deportista y la entidad interpuesta que obtiene la renta no son residentes en el mismo Estado contratante. A juicio de los CMC, el apartado 2 también cubre estos casos por lo que, en virtud de dicha cláusula, se permite al Estado de la actuación a gravar la renta artística obtenida por una sociedad residente en el otro Estado contratante incluso cuando el artista no es residente en ese otro Estado. Del mismo modo, cuando la renta de un artista residente en uno de los dos Estados contratantes es imputada a una persona jurídica residente en un tercer Estado con el que el Estado de la actuación no tiene firmado un convenio, no existe impedimento alguno en aceptar que este Estado grave las rentas de dicha persona jurídica de acuerdo con su legislación interna. Mientras que esta segunda situación a nuestro entender es más diáfana, la primera, como muchas situaciones triangulares, es compleja por lo que la interpretación dada por los CMC, aun cuando pueda contribuir a resolver supuestos similares a los descritos, puede vulnerar las disposiciones del CDI que protege a una de las partes que intervienen en la operación.

Un tema que había sido muy controvertido y que ahora parece ya muy resuelto era la compatibilidad de la aplicación de una cláusula de esta naturaleza cuando el convenio no la contempla expresamente pero sí la recoge la legislación doméstica de un Estado como cláusula antielusión unilateral.

La respuesta a esta cuestión en la actualidad es incontestable pues la OCDE en las últimas modificaciones al ModCDI se inclina por reforzar la técnica de la interpretación dinámica o ambulatoria de los convenios. Muestra de esta tendencia es la incorporación en la versión del año 2000 de un comentario novedoso en relación con esta cuestión que dispone lo siguiente:

«No obstante, conviene destacar como norma de uso general que, independientemente del artículo 17, el Convenio no impedirá la aplicación de reglas antielusión de la legislación nacional del Estado de la fuente que permiten que éste grave tanto al artista/deportista o a la sociedad de promoción de artistas en caso de uso abusivo, como se reconoce en los Comentarios al artículo 1.»

El apoyo oficial a una interpretación dinámica de los convenios no representa una novedad pero la introducción de este comentario específico constituye una fuerte evidencia que en el seno de la OCDE se ha impuesto el principio en virtud del cual un convenio no impide la aplicación de las reglas antielusión diseñadas por la legislación doméstica.

Esta conclusión encuentra su apoyo jurídico en las reglas generales que contienen los Comentarios al artículo 1 en relación con el uso abusivo de los CDI y que han sido objeto de una profunda revisión en la versión del año 2003. El artículo 1 ModCDI (ver apartado 2.2.3.del Capítulo 1 y apartado 4.6.7. del Capítulo 2 de esta obra), se plantea expresamente si están o no en conflicto con los CDI las disposiciones específicas y normas jurisprudenciales de la legislación nacional de un Estado contratante cuyo propósito sea evitar el abuso de la legislación tributaria. En respuesta a esta cuestión, el párrafo 22 a los CMC al artículo 1 dispone que:

«Las reglas antiabuso son parte de las disposiciones fundamentales de la legislación nacional que determinan qué hechos dan lugar a una deuda tributaria; dichas reglas no están contempladas en los tratados fiscales y por lo tanto no se ven afectadas por ellos. Así pues, como norma general no habrá un conflicto. Por ejemplo, en la medida que la aplicación de estas reglas referidas en el apartado 22 dé lugar a una nueva caracterización de la renta o a una redefinición del

contribuyente que supuestamente obtiene dicha renta, se aplicarán las disposiciones de este Convenio teniendo en cuenta estos cambios.

Aun cuando estas reglas no son contrarias a los convenios fiscales, se está de acuerdo en que los países miembros deben cumplir rigurosamente las obligaciones establecidas en los convenios fiscales mientras no exista evidencia clara de un uso indebido de los convenios.»

La posibilidad de aplicar disposiciones generales antiabuso no significa, como indica el párrafo 9.6 de los CMC al artículo 1º, que no sea necesario incluir en los convenios fiscales disposiciones especiales (como, por ejemplo, la incorporada mediante el artículo 17.2) para evitar determinadas formas concretas de elusión fiscal. Si se detectan técnicas específicas de elusión o si la utilización de dichas técnicas es especialmente problemática, puede resultar útil incorporar al CDI disposiciones que contrarresten directamente la estrategia concreta de elusión.

Finalmente, y aunque sea a título aclaratorio, la jurisprudencia (STS 7 de diciembre 2012; STSJ de Madrid de fechas 28 de abril de 2015 y 6268/2016) confirma que no es preciso ni se exige que la sociedad interpuesta esté controlada directa o indirectamente por el/los artistas ni que éste o estos participen directa o indirectamente en los beneficios de la sociedad interpuesta.

3. TRIBUTACIÓN EFECTIVA SEGÚN LA LEGISLACIÓN DOMÉSTICA

La legislación doméstica sigue, en relación con esta categoría de rentas, el mismo principio de imposición que el recogido en el ModCDI por lo que España, como Estado de la fuente, cuando la actuación se lleva a cabo en su territorio, ostenta efectivamente la potestad para sujetar estas rentas al IRNR.

Aunque la redacción de la norma interna se ha inspirado en la normativa bilateral y sustancialmente en el ModCDI y de hecho las sucesivas redacciones han ido alineando la disposición interna con el Modelo convencional, ello no significa que, a fecha de hoy, el régimen de tributación de los artistas o deportistas en la normativa doméstica sea idéntico al de las normas de los tratados ni que los criterios interpretativos que se han descrito en los párrafos anteriores sean trasladables automáticamente al ámbito interno puesto que existen matices, algunas de ellas de considerable relevancia, a tomar en consideración.

3.1. Criterio de sujeción: definición de hecho imponible

El TRLIRNR en su artículo 13.1.b). c' dispone que:

«Se consideran rentas obtenidas en territorio español los rendimientos de actividades o explotaciones económicas, obtenidos sin mediación de establecimiento permanente cuando deriven, directa o indirectamente, de la actuación personal en territorio español de artistas o deportistas, o de cualquier otra actividad relacionada con dicha actuación aun cuando se perciban por persona o entidad distinta del artista o deportista».

El TRLIRNR no presenta en este punto una regulación sustancialmente distinta de la normativa precedente. Las normas precedentes, hoy derogadas, («Se considerarán rentas obtenidas o producidas en territorio español los rendimientos de artistas y deportistas atribuidos a entidades») incluían en sus respectivos apartados específicos relativos a las rentas artísticas o deportivas una expresa referencia a las rentas de esta naturaleza obtenidas a través de sujetos interpuestos («... *aun cuando se atribuya a persona o entidad distinta del artista o deportista»*).

La normativa doméstica considera las rentas artísticas o deportivas como una especie dentro del género más amplio de rentas derivadas de actividades o explotaciones económicas (artículo 13.1.b subpárrafo c'), por lo que este apartado no se extiende a las rentas de artistas o deportistas que actúen en el marco de una relación laboral. Una renta obtenida por un artista o deportista que actúe en España en régimen de dependencia laboral se considera obtenida en territorio español, pero dicha sujeción encuentra su fundamento en la letra c) del artículo 13.1 TRLIRNR que considera obtenido en territorio español la renta derivada del trabajo prestado en territorio español. De ahí se deriva una primera diferencia respecto al ModCDI y, lo que es más relevante, se pone de manifiesto la opción del legislador español de no mantener un régimen unificado aplicable a todas las rentas artísticas.

A pesar de las posibles dificultades de mantener normas de calificación de rentas que pueden variar en función de la disposición doméstica o bilateral aplicable, la opción del legislador español no nos parece necesariamente criticable. Mantener las rentas obtenidas por un artista o deportista en régimen de dependencia laboral en la órbita del artículo que regula las rentas de trabajo dependiente puede simplificar situaciones de por sí complejas, tanto desde la perspectiva de determinar la base imponible como de asegurar el cumplimiento de las obligaciones tributarias.

Así, si el artista o deportista actúa en régimen de dependencia, en ausencia de convenio aplicable, sus rentas quedan sujetas al IRNR en virtud del artículo 13.1.c) TRLIRNR que establece como punto de conexión el lugar de celebración del espectáculo. Por el contrario, si actúa en régimen de independencia, la renta queda sometida a la letra b) de este mismo artículo que acoge, no obstante, el mismo punto de conexión. Este punto de conexión queda reiterado en la DGT consulta general 0889-03 de 25-6-2003 en la que se contesta que unos actores no residentes que intervienen en una película desarrollada en Londres para una empresa española solo estarían sujetos al IRNR si su trabajo o servicios se hubieran prestado en territorio español. Así, a título de ejemplo y, con independencia del régimen de tributación definitivo, imaginemos una entidad residente en un país con el que España no tiene CDI que contrata con un productor varios conciertos a celebrar en España con artistas en plantilla. La renta obtenida por la entidad por estas actuaciones tendrá naturaleza artística y será atribuida a la entidad no residente. La renta obtenida por los distintos componentes de la orquesta, con independencia de la posible dificultad de cuantificación del importe de la renta que se considera vinculada a los conciertos celebrados en territorio español, no tendrá naturaleza artística sino que se considerará renta derivada del trabajo prestado en territorio español.

Nótese, por otra parte, que la redacción dada al artículo 13 del TRLIRNR en la letra f) inscribe bajo la categoría de «cánones», como novedad, a las rentas «derivadas de los derechos personales susceptibles de cesión, tales como los derechos de imagen». Esta aclaración legal no altera las directrices que se recogen en el apartado 1 de este capítulo en relación con la naturaleza de los diversos tipos de rentas que pueden acontecer en el entorno artístico-deportivo. En general, en el ámbito doméstico, la cesión de un derecho de imagen se comprende dentro de la categoría de rendimientos de capital mobiliario y «cánones» (ver apartado 1.2.2. del Capítulo III.6.). No obstante, al igual que sucede en aplicación de la legislación bilateral, si esta cesión se asocia a la realización de un espectáculo y concretamente a la actuación del artista o deportista, no puede mantenerse esta calificación inicial sino que constituirá, de ordinario, una retribución adicional a las generadas con ocasión del espectáculo. De ser así, la cesión del derecho de imagen adquiriría la calificación de renta artística o deportista (así, RTEAC de 8 de septiembre de 2000).

Una sentencia de la AN (JT/2010/81) se pronuncia sobre la sujeción total o parcial de las rentas derivadas de un contrato de esponsorización pagado por una entidad residente que recibe un equipo ciclista no residente, quedando probado que algunas de las carreras por las que se satisface el patrocinio transcurren en territorio español y otras transcurren en el extranjero aunque se transmiten por televisión en España. En este sentido, el Tribunal se inclina por considerar que los servicios de promoción (los prestados por el equipo ciclista) han de gravarse en función del lugar físico donde se celebran las competiciones, no estando sujetos los pagos correspondientes a las competiciones celebradas en el extranjero. No parece, por consiguiente, tener en cuenta el Tribunal en su pronunciamiento el criterio mantenido en el artículo 44 de la derogada Ley 43/1995, de 27 de diciembre, que es la normativa vigente al caso que se analiza y constituye el precedente directo del artículo relativo a la sujeción de rentas en territorio español del actual TRLIRNR y que disponía la exclusión de gravamen solo si los servicios eran realizados íntegramente fuera del territorio español y directamente vinculados a actividades empresariales del pagador en el extranjero. La AN considera que los posibles efectos expansivos de una retransmisión televisiva o radiofónica de una competición realizada fuera del territorio español no supone la vulneración del criterio de exclusividad fuera del territorio español que se exige para que una renta quede no sujeta por razón de territorio.

3.2. Aspectos controvertidos en relación con el hecho imponible

3.2.1. La denominada cláusula antielusión

La norma doméstica, como se ha visto, recoge en la definición del hecho imponible una cláusula muy similar a la analizada al artículo 17.2 ModCDI («aun cuando se perciban por persona o entidad distinta del artista o deportista»). Los comentarios y posturas no pacíficas en torno a la cláusula anti-elusión bilateral serían reproducibles en este apartado por lo que, sobre la base de aquéllos, se pasa a analizar esta problemática concreta desde la perspectiva del IRNR, es decir, de considerar a España como Estado de la fuente. A este respecto, cabe distinguir tres situaciones:

a) Si el Estado de residencia de la entidad interpuesta perceptora de la renta es un Estado con el que España no tiene firmado un CDI, no hay duda alguna sobre la aplicabilidad de esta cláusula. Figura en el artículo 13 TRLIRNR y es directamente invocable.

b) Tampoco existen mayores dudas si el artículo 17 ModCDI o su equivalente en el CDI que resulta aplicable al caso concreto, contiene una cláusula similar a la prevista en el ModCDI. Convergen la cláusula antielusión interna y la convenida sin que surja ninguna interferencia en cuanto a su utilización.

c) La única situación que genera polémica es aquélla en la que se invoca la cláusula antielusión doméstica en relación con un supuesto sobre el que proyecta sus normas un CDI que no contiene precisamente la citada cláusula (caso del antiguo convenio con Alemania o con los Países Bajos, entre otros). Los distintos argumentos, que han generado ríos de tinta, y que ya han sido expuestos –ver la referencia a la consulta DGT V2246-07 de 25-10-2007– serían reproducibles en este punto. La Administración tributaria viene sosteniendo la misma tesis que se deduce de la lectura de los CMC y que, en definitiva, apoya la aplicabilidad de esta cláusula aun cuando no se recoja de forma expresa en un CDI. Dicha postura se fundamenta en la interpretación dinámica de los CDI que viene reforzada por las recientes actualizaciones de los CMC que se han ido publicando. Concretamente, la redacción actual del párrafo 11 de los Comentarios al artículo 17 ModCDI y el párrafo 22 de los Comentarios al artículo 1, permiten sostener que dicha cláusula, considerada claramente una cláusula antiabuso, con independencia que figure o no CDI, es una disposición fundamental de la legislación nacional que puede aplicarse y su ámbito no resulta limitado por los CDI.

En el pasado, este tema resultó ser muy polémico pero esta polémica llegó a su fin. Con la sentencia del TS de 11 de junio de 2008, oponiéndose al criterio sostenido por la AN, se consideró que las rentas derivadas de la cesión de imagen de un artista, cuando van asociadas a un espectáculo, y son satisfechas a una entidad no residente, han de calificarse como rentas artísticas y, por ende, han de tributar en España, no siendo relevante el que el respectivo CDI contenga o no una cláusula expresa relativa a sociedades interpuestas. Entendió que esta interpretación ha de darse siempre que la norma doméstica sí contenga la correspondiente cláusula antiabuso, justificando la omisión en los CDI que carecen del apartado 2 por un tema de temporalidad y no a una expresa voluntad de omitir la misma. Se consagra, con esta doctrina, como se ha indicado, la interpretación dinámica de los CDI que han de aplicarse «de acuerdo con los Comentarios del Comité Fiscal de la OCDE en relación con el Modelo vigente en cada momento». Este criterio ha sido ratificado por la Sentencia del TS de 13 de abril de 2011, comentada ya en el apartado relativo a la calificación de las rentas de los derechos de imagen como rentas artísticas, puesto que en la misma se avala igualmente, en relación con el CDI con los Países Bajos que carece de esta cláusula antielusión, que los derechos de imagen obtenidos por una entidad no residente se consideran rentas artísticas y se han de sujetar a las prescripciones del artículo 17 ModCDI. Este mismo criterio se ha mantenido en sentencias posteriores: STS 2254/2011 de 13 de abril, la STS 3172/2012 de 28 de marzo, así como la STS 933/2013 de 28 de febrero.

3.2.2. Imputación de ingresos

Normalmente, cuando el artista o deportista actúa en régimen de independencia y es contratado exclusivamente para uno o varios espectáculos o acontecimientos deportivos en territorio español, la imputación de ingresos no suele ser problemática porque normalmente se fija una retribución fija o variable en el contrato en concepto de honorarios. No obstante, hay situaciones menos diáfanas puestas también de relieve por los CMC. Se destacan, a título de muestra, dos situaciones complejas.

a) En ocasiones, un artista o deportista es contratado para realizar una gira que comprende actuaciones dentro y fuera del territorio español, recibiendo como contrapartida una retribución global única. El ingreso que ha de computarse en España ha de ser solo el obtenido en territorio español y por ello ha de aplicarse el criterio de imputación que, en cada caso, se considere más razonable, pero siempre teniendo en cuenta fundamentalmente las características de los espectáculos y no otros parámetros. Por ejemplo, podría distribuirse la renta en función del aforo de las distintas salas o de la recaudación obtenida en cada una de las actuaciones, pero, a sensu contrario, no parece razonable fundamentar la imputación de ingresos en función de la duración del período de permanencia de los artistas o deportistas en los distintos países ya que esta estancia puede comprender ensayos, preparación, entrenamientos o períodos de descanso.

b) Otra situación compleja es aquélla en la que el artista o deportista percibe sus retribuciones en forma de sueldo y no por actuación o acontecimiento deportivo. Piénsese, por ejemplo, en un equipo ciclista (sociedad residente en España para mayor claridad) del que forman parte corredores que, a pesar de sus estancias en España, conservan su estatuto de no residente. Según contrato, obtienen una retribución anual y participan en aquellas carreras que les indica su equipo, tanto dentro como fuera del territorio español. Por las carreras celebradas en España, nace el hecho imponible por el IRNR, estando obligada la sociedad a practicar la correspondiente retención. También en este caso, la sociedad ha de aplicar un criterio de imputación razonable a la totalidad de ingresos percibidos por el deportista. Se entiende que resulta razonable considerar obtenido en territorio español una proporción del sueldo equivalente a la proporción que se hallan las rentas obtenidas por el equipo, procedentes de las carreras celebradas en territorio español, respecto del importe total de ingresos obtenidos en el período considerado.

3.3. Base imponible

Las reglas de determinación de la base imponible se apartan, en cierta medida, de la regla general que aplica a las rentas obtenidas por no residentes sin establecimiento permanente. En este apartado, se examinan por separado la base imponible del IRNR y la base de retención a cuenta del IRNR que, en su caso, corresponde declarar e ingresar al pagador en su calidad de retenedor puesto que constituye uno de los casos especiales en que sus respectivas normas de cuantificación pueden no coincidir.

Por otra parte, hay que notar, desde la órbita del derecho comunitario, las discrepancias entre unos textos legislativos domésticos que suelen incorporar para los artistas o deportistas no residentes unas limitaciones en la deducibilidad de los gastos para cuantificar la base imponible de su impuesto en el Estado de la fuente y el criterio del TJCE con una jurisprudencia ya muy consolidada en este punto que considera, dado un entorno de equiparabilidad, que dichas restricciones pueden ser contrarias a la libre prestación de servicios y se hacen cada vez más difíciles de sostener. Fruto de este criterio, la Ley 2/2010, de 1 de marzo, incorpora, como se verá, un criterio homogéneo en cuanto a la admisibilidad de gastos deducibles en relación con los sujetos residentes aplicable exclusivamente a residentes de la Unión Europea.

3.3.1. Base imponible del impuesto

Como regla general, la base imponible del IRNR está constituida por la renta en una magnitud que podríamos denominar «semibruta», pudiendo el contribuyente deducir de los ingresos íntegros determinados gastos para fijar la base sujeta a gravamen. No obstante, si los contribuyentes son residentes en otro Estado de la Unión Europea, podrán deducir los gastos previstos en la Ley 35/2006 del IRPF, siempre que el contribuyente acredite que están relacionados directamente con los rendimientos obtenidos en España y que tienen un vínculo económico directo e indisociable con la actividad realizada en España.

Así, en términos generales, la base imponible está constituida por la renta semibruta que permite deducir exclusivamente los gastos de personal, de aprovisionamiento, de materiales y de suministros, según disponen el artículo 24.2 TRLIRNR y el artículo 5 RIRNR el cual además establece las condiciones específicas de deducibilidad al disponer que:

«1. En los casos de actividades o explotaciones económicas realizadas en España sin mediación de establecimiento permanente, para la determinación de la base imponible serán deducibles de los ingresos íntegros las siguientes partidas:

a) "Sueldos, salarios y cargas sociales del personal desplazado a España o contratado en territorio español, empleado directamente en el desarrollo de las actividades o explotaciones económicas, siempre que se justifique o garantice debidamente el ingreso del Impuesto que proceda o de los pagos a cuenta correspondientes a los rendimientos del trabajo satisfechos."

b) "Aprovisionamiento de materiales para su incorporación definitiva a las obras o trabajos realizados en territorio español. Cuando los materiales no hayan sido adquiridos en el territorio español, serán deducibles por el importe declarado a efectos de la liquidación de derechos arancelarios o del Impuesto sobre el Valor Añadido."

c) "Suministros consumidos en territorio español para el desarrollo de las actividades o explotaciones económicas. A estos efectos, solo tendrán la consideración de suministros los abastecimientos que no tengan la cualidad de almacenables."

2. Las partidas a que hacen referencia los párrafos b) y c) anteriores serán deducibles de los ingresos únicamente cuando las facturas o documentos equivalentes que justifiquen la realidad del gasto hayan sido expedidos con los requisitos formales exigidos por las normas reguladoras de las obligaciones de facturación que incumben a empresarios o profesionales».

Dicha lista de gastos deducibles tiene carácter taxativo por lo que no parece ajustado a Derecho sostener una interpretación extensiva de esta disposición y admitir gastos de otra naturaleza no comprendidos en este artículo en la medida que recoge un criterio excepcional respecto del general que, como es sabido, consiste en fijar la base imponible de las rentas obtenidas sin el concurso de un EP en el importe bruto de la renta obtenida.

Por tanto, salvo para los residentes de la Unión Europea, esta limitación a la deducibilidad no facilita la resolución de situaciones complejas, pero cada vez más habituales, en las que, por ejemplo, el contribuyente, a cambio de la correspondiente contraprestación, se obliga, además de la actuación ante el público, al montaje y desmontaje del equipo de luces y sonido del recinto para su puesta en escena o aquellas en que, asume, totalmente o en colaboración con el promotor, la promoción del espectáculo. Estas situaciones u otras similares pueden generar un problema de cuantificación de la base imponible del impuesto en cuanto a la dificultad de reconocimiento de ciertos gastos incurridos en España como fiscalmente deducibles. La interpretación restrictiva del artículo 24 TRLIRNR, confirmada por su desarrollo reglamentario, puede comportar con frecuencia, en estas circunstancias, una sobre imposición en España. La base imponible, si el artista o deportista asume obligaciones complementarias a la actuación en sí misma que generan gastos adicionales (entre otros, gastos diversos por servicios exteriores, subcontrataciones, gastos de desplazamiento y manutención del equipo o similares) la base imponible será posiblemente superior a la renta neta obtenida con la consiguiente dificultad o imposibilidad en su Estado de residencia de eliminar la doble imposición consecuente.

A mayor abundamiento, la imputación de gastos puede resultar igualmente problemática cuando éstos no han servido solo a un acontecimiento o a varios celebrados en territorio español sino que son gastos globales relacionados directamente con espectáculos celebrados tanto fuera como dentro de nuestras fronteras (para una gira europea, por ejemplo). Al margen de la dificultad de cumplir los requisitos formales que exige el artículo 5 RIRNR, se puede producir un problema de imputación similar al que se da en relación con los ingresos globales. En estas circunstancias, los criterios de imputación apuntados en el apartado anterior podrían informar la asignación de gastos en común.

Como se anticipaba, la limitación de la deducibilidad de los gastos constituye una regla muy consolidada en las legislaciones fiscales de nuestro entorno que se sustenta en la falta de arraigo del contribuyente con el Estado de la fuente, lo cual convierte al IRNR en un impuesto más de naturaleza «real» que personal.

Esta concepción del IRNR fue cuestionada por el TJCE en una primera Sentencia de 12 de junio de 2003 «Sentencia Gerritse» (asunto 234/01) en la que analizó esta limitación desde la perspectiva de las libertades fundamentales protegidas por el Derecho comunitario en relación con la tributación en Alemania de un músico de nacionalidad neerlandesa. El Tribunal, tras constatar que los gastos profesionales cuya deducibilidad se negaba, estaban relacionados directamente con la actividad, declaró que:

> «Los artículos 59 del Tratado CE (actualmente artículo 49 CE tras su modificación) y 60 del Tratado CE (actualmente artículo 50 CE) se oponen a una legislación nacional como la controvertida en el asunto principal que, por regla general, toma en cuenta los rendimientos brutos de los no residentes sin deducir los gastos profesionales, mientras que los residentes tributan por los rendimientos netos previa deducción de los gastos profesionales.»

Consolidan esta línea, de tomar como base la renta neta las Sentencias Conjin, (aunque referidas a otras rentas) y la más reciente C-345/04 de 15 de febrero de 2007, Centro Equestre de Leziria Grande Lda. Esta última profundiza en los principios que han de subordinarse las normas nacionales reguladoras de este punto sobre la base de que el artículo 59 del Tratado exige la supresión de cualquier restricción a la prestación de servicios impuesta a causa de que quien los presta se encuentre establecido en un Estado miembro distinto de aquel en el que se efectúe la prestación. En este sentido, analiza la norma alemana y considera que no se opone al derecho comunitario la circunstancia que los gastos profesionales tengan una relación económica directa con los rendimientos obtenidos en el marco de la actividad considerada siempre que se consideren todos los gastos que son indisociables con esta actividad, con independencia del lugar o del momento en que se incurran. No cabe, por consiguiente, en virtud de esta doctrina, ampliar el concepto «gastos directos» a «gastos generales» pero, por el contrario, se consideran restricciones prohibidas cualquier limitación en relación con los gastos directos.

A nuestro entender, siempre que la situación entre el residente y no residente (en el marco UE) sea comparable, la conclusión del TJCE parece contundente y no reconoce fácilmente motivos que puedan contradecir esta tesis. En relación con otras cuestiones planteadas en estos mismos asuntos, las conclusiones del TJCE aparecen más matizadas y menos concluyentes.

Por otra parte, la versión de 2010 de los CMC autoriza al Estado de la fuente a gravar las rentas artísticas y deportivas por su importe bruto y limitar el derecho de gravamen al importe neto de las rentas asimilándolos a la tributación de los residentes.

En este mismo sentido, en relación con el Impuesto sobre la Renta de no Residentes, el párrafo 6 del artículo 24 dispone que:

Cuando se trate de contribuyentes residentes en otro Estado miembro de la Unión Europea, se aplicarán las siguientes reglas especiales:

1. Para la determinación de la base imponible correspondiente a los rendimientos que obtengan sin mediación de establecimiento permanente, se podrán deducir los gastos previstos en la Ley 35/2006, de 28 de noviembre, del Impuesto sobre la Renta de las Personas Físicas... siempre que el contribuyente acredite que están relacionados directamente con los rendimientos obtenidos en España y que tienen un vínculo económico directo e indisociable con la actividad realizada en España.

3.3.2. Base de la retención

La base de la retención sobre el IRNR (artículo 31 TRLIRNR), a diferencia de la base del impuesto, está constituida por la renta bruta satisfecha por el promotor/organizador/pagador residente en territorio español. Esta tesis sobre la base de la retención ha sido confirmada por la interpretación de la CVDGT ya aludida de octubre de 2007 (consulta DGT V2246-07 de 25-10-2007).

Posiblemente la redacción del texto legislativo no permita otra interpretación y tampoco las sentencias del TJCE exigen un cambio normativo a nivel de retención. De hecho, la modificación reciente en la determinación de la base imponible para contribuyentes residentes en la UE no tiene su parangón a nivel de retención que continuará practicándose sobre la base bruta, sin descontar los gastos que puedan tener la condición de deducibles.

Hay que recordar que la retención solo procede si el contribuyente por sí o a través de su representante no ha presentado la declaración del IRNR, salvo que se trate de una renta declarada exenta en virtud de una norma bilateral (por ejemplo, en determinados CDI las actuaciones financiadas con fondos públicos). Evidentemente, si como consecuencia de la retención sobre el importe bruto, el contribuyente, aplicando las reglas anteriores, tuviera derecho a la devolución, basta con la presentación de la declaración del impuesto para que la Administración (Orden HAC/3626/2003, de 23 de diciembre), previa en su caso la comprobación debida, proceda a reintegrar el exceso retenido sobre la deuda tributaria.

3.4. Tipo impositivo

El tipo impositivo a aplicar en todos los casos, resulte o no invocable un CDI y exista o no persona o entidad interpuesta, es el general para los rendimientos sin establecimiento permanente: el 24 % y tratándose de residentes en la UE y el EEE, del 19 %.

3.5. Devengo

Se trata de rentas de devengo instantáneo por lo que la declaración deberá presentarse dentro del mes siguiente a la fecha de exigibilidad si la presenta el contribuyente o su representante (artículos 27 y 28 TRLIRNR).

Tratándose del retenedor/pagador, las declaraciones tienen en general carácter trimestral y agruparán todas las rentas satisfechas en un trimestre salvo que, por su volumen de operaciones, esté obligado a presentar la declaración de retenciones con carácter mensual. El retenedor queda exonerado de presentar la declaración de retenciones si el contribuyente ha presentado correctamente la declaración definitiva del impuesto.

4. SINGULARIDADES[1]

España sigue en general el ModCDI y de hecho no tiene planteada ninguna reserva al artículo. No obstante, sí cabe mencionar ciertas singularidades en varios de los CDIs concertados con otros Estados, algunas de especial relevancia, como se ha anticipado en los artículos precedentes.

---

(1)   Nótese que desde el 1-1-2009, el CDI con Dinamarca deja de estar en vigor por haber sido denunciado por aquel país según nota de 10-6-2008 (BOE de 19-11-2008).

La primera diferencia con el ModCDI se refiere a aquellos convenios que no incorporan la cláusula del apartado 2. Esta omisión se aprecia en los convenios con Alemania[2], Austria, Países Bajos y Suiza, todos ellos anteriores a la publicación del ModCDI de 1977.

Otros convenios, como los CDI suscritos con Canadá o EEUU, aunque incorporan la cláusula del apartado 2 le otorgan un ámbito más restringido, destacando y reservándola exclusivamente como cláusula antielusión. Por consiguiente, su alcance no comprende los supuestos en que el artista o deportista no participa directa o indirectamente por sí o por sus familiares en los beneficios de la sociedad interpuesta. Dicha interpretación limitada del ámbito de esta cláusula es reflejo de la reserva que ambos países mantienen en el ModCDI en relación con la misma.

Una particularidad ciertamente destacable es la relativa a actuaciones sufragadas con fondos públicos. Dicha especialidad recogida en un gran número de CDI suscritos por España recogen una regla especial en virtud de la cual, y por excepción, no se atribuye la potestad de gravar estas rentas al Estado de la fuente si se da esta circunstancia. Destaca por su actualidad la adopción de este criterio en el Convenio con Andorra y el nuevo Protocolo al Convenio con Canadá y el Convenio con Catar.

Esta opción, no incluida en el ModCDI, viene sin embargo prevista en los CMC por medio de una cláusula modelo para introducir este párrafo adicional cuando los Estados lo acuerden en sus negociaciones. Los CMC advierten, en todo caso, que los Estados han de cuidar la redacción de la delimitación de esta exclusión para evitar futuros problemas de interpretación. La redacción de este párrafo 3 al artículo 17 contenida en muchos CDI no es idéntica y presenta ciertas variaciones. Algunos, como los CDI con Alemania, Argentina, Armenia, Australia, Barbados, Canadá, Cuba, EEUU, Filipinas, Francia, Grecia, Hong Kong, India, Irlanda, Israel, Malasia, México, Noruega, Portugal, Sudáfrica, Singapur, Tailandia, y Venezuela establecen como único requisito el que se trate de actuaciones financiadas por el sector público. Otros, como el CDI con Albania, Bulgaria, Irán, Nigeria exige que las actividades se realicen en el marco de Convenios culturales o programas de cooperación y el reciente CDI con Vietnam se refiere a «plan de intercambio cultural». Otro grupo de convenios, como los firmados con Bélgica, Bolivia, Costa Rica, Dinamarca, El Salvador, Eslovenia, Indonesia, Jamaica, Omán, Panamá, Polonia, la República de Georgia, Senegal, Singapur, Rusia o Trinidad y Tobago, Urbekistán exigen ambos requisitos, es decir que exista un acuerdo de cooperación cultural y que se financien sustancialmente con fondos públicos. Este es también el criterio seguido por los CDI firmados con Arabia, Egipto y Emiratos Árabes Unidos el cual exige que la actuación esté amparada por un convenio o acuerdo cultural o deportivo y la visita se halle financiada total o sustancialmente con fondos públicos, aclarando el protocolo que dicho requisito se cumple cuando los fondos públicos cubran al menos el 75 % de los gastos de transporte, alojamiento y dietas. El CDI con Uruguay se refiere a una financiación con fondos públicos del 50 %. En otros, como el CDI con Hungría, basta que concurra cualquiera de los requisitos anteriores. Finalmente otros convenios, como el de Marruecos, aplica este régimen excepcional si el promotor de la actividad artística o deportiva es un organismo sin fines de lucro. El protocolo del CDI con Croacia establece la sujeción de las rentas en España si están exentas en Croacia.

Una muestra clara del grado de detalle y posibles variaciones de esta cláusula se percibe en la contestación de la DGT (consulta general 1933-04 de 22-10-2004) en relación con la consulta sobre el régimen de tributación de rentas obtenidas por ajedrecistas, sujetos a distintos CDI, por su participación en España en torneos financiados con fondos públicos. La respuesta analiza cada uno de los CDI invocados y, ante situaciones idénticas, el régimen de tributación es distinto, precisamente por este nivel de detalle que suele contener dicho régimen excepcional.

El CDI con EEUU contiene una cláusula limitativa por razón de la cuantía que supone una forma de concreción de la segunda reserva que mantiene este Estado al precepto del ModCDI. En virtud de la misma, las rentas inferiores a 10.000 dólares USA, o su equivalente en euros solo tributan en el Estado de residencia del artista o deportista durante el período fiscal considerado (ver DGT V1073-09 de 12-5-2009). Esta norma no impide el gravamen de las rentas en el Estado donde se realiza la

---

(2)   Aunque dicha cláusula se incorpora al nuevo Convenio firmado el 3 de febrero de 2011 aunque pendiente de ratificación y publicación en el BOE.

actuación según su legislación interna, pero pueden ser devueltos los impuestos retenidos si el total de ingresos, una vez finalizado el año fiscal, no supera el límite señalado.

Finalmente, destacamos el apartado 3 del Convenio con Andorra que caracteriza como rentas artísticas o deportistas aquellas que obtiene el artista o deportista con carácter accesorio derivadas de prestaciones relacionadas con su notoriedad personal siempre que se obtengan con motivo de su presencia en el otro Estado.

5. BIBLIOGRAFÍA

AAVV (2004), «*Comentarios a los Convenios...*» Fundación Barrié A Coruña.

AAVV (2004), «*Manual de Fiscalidad Internacional*» Instituto de Estudios Fiscales, Madrid.

CALDERÓN CARRERO, J.M. «*La tributación de los artistas y deportistas no residentes en el marco de los convenios de doble imposición Carta Tributaria*», Monografías nº **14**.

CARMONA FERNÁNDEZ (2011). «*TODO Renta de No Residentes 2011/2012*», CISS, Valencia.

MOLENAAR, D. (2002) «*Rent-A-Star*». The purpose of Article 17 (2) of the OECD Model. Bulletin. October 2002.

OECD (1987), «*Issues in International Taxation, The taxation of Income Derived from Entertainment*», Artistic and Sporting Activities. Paris.

OECD (2010), «*Report on the Application of Article 17 (Artistes ans Sportsmen) of the OECD Model Tax Convention*». (OECD - July 2010).

RODRÍGUEZ ONDARZA y otros (2003): «*Fiscalidad y planificación fiscal internacional*», Instituto de Estudios Económicos, Madrid.

VOGEL (1997), «*On Double Tax Conventions*», Kluwer, Londres, La Haya, Boston.

III.12

PENSIONES

Adolfo J. Martín Jiménez

III.12.   PENSIONES

Sumario

PENSIONES

1. INTRODUCCIÓN

Las normas bilaterales relativas a las pensiones se contemplan en los artículo s 18 y 19.2 ModCDI (aunque en esta materia, el artículo 21 ModCDI también puede cumplir una importante función). El primero se dedica a las pensiones privadas en sentido amplio y a otros pagos similares, el segundo, a los pagos realizados a un residente de otro Estado en atención a los servicios prestados al Gobierno, entre los que se encuentran las pensiones (a este segundo apartado también se refiere el Cap. III.13). Sin entrar a examinar con detalle la incidencia del Derecho de la UE en materia de tributación de las pensiones (vid. sobre la jurisprudencia del TJUE, el capítulo correspondiente del libro Fiscalidad Directa de la UE), es preciso mencionar varias cuestiones de interés: las restricciones a la deducción de los pagos realizados a fondos y planes de pensiones de otros Estados miembros puede plantear problemas de Derecho de la UE desde la óptica del Estado de residencia del contribuyente en relación con las primas pagadas a fondos de pensiones o aseguradoras de otros Estados (vid., la Sentencia del TJUE de 26 de junio de 2003, *Skandia*, C-422/01; la STJUE (Gran Sala) de 30 de enero de 2007, *Comisión/Dinamarca*, C-150/04; STJUE de 23 de enero de 2014, *Comisión / Bélgica*, C-296/12) y del Estado pagador de la pensión (vid. la STJUE, de 14 de febrero de 1995, *Schumacker*, C-279/93) en el sentido de que cuando un no residente obtenga la mayoría de sus rentas en el Estado de la fuente deberá concedérsele la opción de tributar como si fuera un residente. Por otra parte, debe tenerse en cuenta que la Comunicación de la Comisión al Consejo, Parlamento Europeo y al Comité Económico y Social, Com. (2001) 214 sobre la eliminación de los obstáculos fiscales a las prestaciones por pensiones transfronterizas de los sistemas de empleo (Bruselas 19 de abril 2001) y el Documento del Consejo de 19 de noviembre de 2002, 14508/02/Fisc. 293 sobre la imposición de las pensiones del sistema empleo, ambos disponibles en la página web de las instituciones europeas, constituyen excelentes puntos de partida para analizar la problemática de la tributación de las pensiones desde la óptica del mercado único europeo. Conviene no perder de vista que, precisamente, esa interrelación entre el Derecho de la UE y los CDIs, en materia de pensiones, se ha manifestado en la respuesta que Dinamarca ha dado a la STJUE *Comisión/Dinamarca*, C-150/05, antes citada, que ha llevado a este país a denunciar sus CDIs con España y Francia desde enero de 2008 al pretender, sin conseguirlo, al menos, en el caso de España, la renegociación en tales CDIs de reglas en materia de pensiones distintas a las que regula el artículo 18 ModCDI (vid. embargo el artículo 17 del nuevo CDI con Alemania, que permite la tributación de las pensiones en el Estado de la fuente, o el artículo 17 CDI España-Finlandia 2015, que admite también la tributación en la fuente de las pensiones de la Seguridad Social o planes públicos de prevision social).

Por otra parte, el envejecimiento de la población en los países miembros de la OCDE, la creciente movilidad de trabajadores y empresarios como consecuencia del mercado común europeo y la globalización hacen que el tratamiento tributario de las pensiones y otras cuestiones relacionadas sea cada vez más importante. El empleo de diversos métodos de imposición de las pensiones por los distintos Estados puede plantear cuestiones importantes que no han sido reguladas con suficiente precisión en el seno de los CDI (v.gr. el cambio de residencia de un individuo desde un Estado que incentiva las contribuciones a sistemas de previsión social, colectivos o individuales, por medio de reducciones en la base imponible o deducciones en la cuota del IRPF a un Estado que no grava las rentas derivadas de sistemas de previsión social porque no concede incentivos especiales durante la vida laboral a las contribuciones realizadas a estos sistemas puede fácilmente resultar en doble no imposición; un cambio contrario, esto es desde un Estado que no concede incentivos a las aportaciones realizadas a sistemas de previsión social, hacia un Estado que grava las pensiones percibidas generará doble imposición).

En este sentido, siguiendo el borrador publicado en el año 2003, el ModCDI 2005 dio nueva redacción a los Comentarios al artículo 18 ModCDI a fin de abordar algunas de las cuestiones y problemas que, desde una perspectiva tributaria, en el plano internacional, plantean las pensiones.

En las revisiones del 2008 o 2010 del ModCDI no ha cambiado ni la redacción del precepto ni los CMC. En 2014, las modificaciones al ModCDI, son mínimas y cabe destacar la observación de Alemania, párrafo 71, que revela el cambio de tendencia que reflejan también los CDIs de este país en el sentido de someter a tributación en la fuente las pensiones que generaron alguna deducción, como, por ejemplo, las derivadas de la Seguridad Social de aquel país. El nuevo ModCDI de 2017 tampoco ha realizado cambios reseñables, salvo alguna aclaración en el párrafo 3 (también en el párrafo 64) en el sentido de que el artículo 18 se aplica con independencia de que los pagos procedan de un 'fondo de pensiones reconocido' o no (la categoría 'fondo de pensiones reconocido' se ha incorporado al artículo 4.1 ModCDI y se define en el artículo 3.1.i) ModCDI 2017). Es necesario precisar también que tanto el artículo 18 como el artículo 19 ModCDI pueden presentar interacciones relevantes con la 'savings clause' del artículo 1.3. ModCDI 2017 / 11 MLI: el artículo 18 ModCDI allí donde adopte alguna de las formulaciones alternativas a las que se refieran los Comentarios y puedan afectar a la tributación en el Estado de residencia (v.gr. cláusulas relativas a la seguridad social), en cuyo caso, se debería mencionar en el equivalente al citado precepto (artículo 1.3. ModCDI 2017); por su parte, el artículo 19 resulta expresamente exceptuado de los efectos de la 'savings clause'.

2. NOCIÓN DE «PENSIONES» Y «OTROS PAGOS SIMILARES» EN EL ARTÍCULO 18 DEL MODELO CONVENIO DE DOBLE IMPOSICIÓN

2.1. Concepto estricto de pensiones y pagos similares

A pesar de que el artículo 18 ModCDI lleva por título «pensiones», son dos los conceptos que recoge, pues el tenor literal del precepto se refiere a «pensiones» y a «otros pagos similares». En la delimitación de ambos conceptos, los Comentarios del ModCDI 2005-2017, artículo 18, aclaran de forma notable el ámbito de aplicación del artículo .

Los Comentarios al ModCDI 2005-2017, artículo 18, párrafo 1, indican que el término «pensiones» está necesariamente vinculado a los pagos realizados en relación con empleos de carácter dependiente pasados en el sector privado (así lo reconoce también la Resolución de la DGT V2270-12 de 27-11-2012; la DGT V0406-17 de 15-2-2017; o la DGT V2094-17, de 4-8-2017), aclarando el párrafo 3 CMC, artículo 18, que no importa que el pago se efectúe a quien desempeñó el trabajo, o bien a su cónyuge o compañeros viudos o a los huérfanos. La nota esencial de los pagos cubiertos por el artículo 18 ModCDI es su estricta conexión con un empleo desempeñado en el sector privado con anterioridad, si bien el artículo también podrá aplicarse a pagos por empleos desarrollados en el sector público que no estén cubiertos por el artículo 19 ModCDI (párrafo 3 CMC artículo 18). Sí que estarían incluidos los pagos de pensiones o similares realizados por mutualidades profesionales cuando el pago esté directamente relacionado con un empleo anterior. Así, por ejemplo, la pension que recibe un futbolista ya retirado y vinculada a los pagos que realice a la Mutualidad de Deportistas Profesionales durante su vida laboral como jugador de futbol profesional en España estarían cubiertos por el artículo relativo a pensiones del CDI respectivo que siga al artículo 18 ModCDI (vid., por ejemplo, la DGT V2118-17, de 14 de agosto de 2017, relativa a un jugador de futbol jubilado y residente en Brasil que percibe la pension de fuente española en atención a los años que jugó con contrato laboral en equipos españoles).

El vínculo de la pensión con el trabajo dependiente anterior excluye del ámbito de aplicación de este artículo varias categorías de renta: (1) en principio, las pensiones pagadas a profesionales libres («autónomos»), o los reembolsos anticipados de planes de jubilación en ciertas mutualidades, como, por ejemplo, de la abogacía se califican como otras rentas si no están vinculadas a trabajos dependientes anteriores, sino, más bien, al ejercicio de una profesión liberal (vid. DGT V0406-17 de 15-2-2017 y DGT V2270/12 de 27-11-2012); (2) las rentas vitalicias adquiridas por el rentista como consecuencia de la enajenación de un bien o derecho que no haya sido financiado a través de un sistema de previsión social (sistema empleo) (CMC artículo 18, párrafo 7 y 3, respectivamente), (3) las pensiones pasadas a cónyuges, hijos o familiares, de naturaleza compensatoria o por alimentos; o (4) cualquier tipo de pensión que no proceda de un trabajo, como, por ejemplo, las vinculadas a un accidente de tráfico o a un contrato de seguro privado no vinculado a un puesto de trabajo, o que trae causa de un plan de pensiones individual, no conectado a un trabajo anterior, abonado por una entidad financiera (DGT V2094-17, de 4-8-2017) . La forma de pago de la pensión no será relevante a estos efectos: tanto si el pago es periódico como si es único estará cubierto por el artículo 18 ModCDI, ya sea bajo el término «pensión» o bajo el concepto de «pagos similares» (CMC, artículo 18, párrafo 5, DGT V0406-17 de 15-2-2017). Tampoco es relevante el tratamiento que se dé en el Estado del pagador al esquema o sistema que generó el derecho al cobro, por lo que un pago realizado en el marco de un plan de pensiones que no haya obtenido ningún beneficio fiscal puede, sin embargo, constituir una pensión o remuneración similar cubierta por el artículo 18 ModCDI (CMC artículo 18, párrafo 3). En esta línea, los Comentarios al artículo 18 ModCDI 2017 aclararan que el concepto de pensión no está vinculado tampoco a que procedan de los 'fondos de pensiones reconocidos', tal y como aparece definido este concepto en el artículo 3.1.i) ModCDI 2017 (ya que este concepto, fundamentalmente, sera relevante para aplicar el artículo 4 ModCDI 2017, pero no tiene efectos en relación con el artículo 18 ModCDI). Por esta razón también, la calificación de las prestaciones principales o accesorias (sobre esta últimas vid. el párrafo 10.13 de los Comentarios al artículo 3.1.i) ModCDI 2017) pagadas por los 'fondos de pensiones reconocidos' no dependerá de que lo pague este tipo de fondos, sino, más bien, de que tengan encaje en la definición de pensiones o pagos similares del CDI en cuestión y de su vinculación a un empleo anterior. Y, al mismo tiempo, los pagos realizados por fondos de pensiones que no encajen en esta definición también podrán tener acceso al artículo siempre y cuando estén vinculados a un empleo anterior en el sector privado.

En ocasiones surgen problemas de calificación, ya que los pagos que un trabajador puede recibir al cesar en un empleo son variados y no siempre responden a la naturaleza de una pensión o «pago similar». Habitualmente, habrá que distinguir este tipo de pagos a los efectos de calificarlos correctamente en los artículo s 15, 18, 19 ó 21 ModCDI. De hecho, tras la revisión de 2014, el párrafo 4 de los CMC, artículo 18 ModCDI 2014-2017 remite a los párrafos 2.3 a 2.16 de los CMC, artículo 15 ModCDI, que se ocupan de los llamados 'termination payments' por cese en el trabajo. Como los CMC, artículo 18, párrafo 6, señalan, en ocasiones, especialmente en los casos de pagos únicos, la distinción entre una pensión (artículo 18 ModCDI) y una renta del trabajo (artículo 15 ModCDI) es una cuestión de hecho cuya correcta solución depende del análisis de varios elementos: si el pago único está vinculado al derecho al cobro a una pensión periódica que se sustituye por el citado pago, nos encontraremos en el ámbito del artículo 18 ModCDI; si el pagador es un plan de pensiones y el pago se realiza al alcanzar la edad de jubilación el beneficiario en el trabajo específico etc. probablemente el pago esté cubierto por el artículo 18, aunque si está vinculado sólo al reembolso de contribuciones no caerá en el ámbito del artículo 18, sino del artículo 15 ModCDI si el reembolso constituye una remuneración adicional por un trabajo anterior como consecuencia de la finalización del contrato de trabajo (párrafo 2.10 de los Comentarios al artículo 15 2014-2017); habrá que tener en cuenta también si el pago se realiza antes o después del cese en el trabajo y si el perceptor continúa o no trabajando tras recibirlo (la continuidad en el trabajo o su percepción con anterioridad a la jubilación son indicativos de que puede tratarse de una renta cubierta por el artículo 15 ModCDI; en el caso contrario puede tratarse de una pensión). Los ejemplos que da el ModCDI son relativamente sencillos de determinar, pero la cuestión puede complicarse enormemente, pues no siempre es fácil distinguir un sistema de previsión social de una remuneración diferida. Es bastante frecuente en las multinacionales la contribución a vehículos distintos (v.gr. *trusts* de inversión gestionados por la propia multinacional, fondos o planes más o menos internos o externos etc.) que se convierten en sustitutivos de «stock options» (reinvierten las contribuciones realizadas por la empresa en acciones de la propia empresa) o en instrumentos de inversión (invierten en otro tipo de activos) o previsión social (cubren la contingencia de jubilación) o en vehículos mixtos, estando la disponibilidad de los fondos vinculada al cumplimiento de un número de años en la empresa o a que se produzca un evento propio de los sistemas de previsión social (muerte, jubilación o invalidez). En el caso concreto, habrá que estudiar la naturaleza del sistema específico, los CMC artículo 15, párrafos 2.3 a 2.16, y los hechos concretos para determinar si el pago que se recibe es renta del trabajo o pensión en el sentido del artículo 18 ModCDI: si el pago se realiza al cumplir el trabajador, por ejemplo, cinco años en la empresa y continúa trabajando en la misma tras recibirlo, no será una renta del artículo 18 ModCDI; si el pago se vincula a la salida del trabajador de la empresa porque, por ejemplo, cambia de trabajo, tampoco estaremos en el ámbito del artículo 18 ModCDI (vid. los CMC párrafos 2.3 a 2.16; sobre los distintos tipos de fondos de pensiones en las empresas pueden resultar también ilustrativos los Comentarios al artículo 3.i), párrafo 10.3 y siguientes, añadidos en 2017). No obstante, si el pago se produce como consecuencia de un hecho análogo a los cubiertos en los sistemas de previsión social (muerte, jubilación o invalidez), probablemente, nos encontraremos ante «pagos similares» a las pensiones (aunque si el pago se vincula al momento de alcanzar el trabajador la edad de jubilación podría ser renta del trabajo si remunera trabajos pasados). Será importante también distinguir la pensión y los pagos similares de los beneficios en especie del trabajo, a estos efectos, los CMC en el artículo 15 (párrafo 2.3. y ss.) pueden ser relevantes. Al mismo tiempo, el párrafo 12.5 CMC artículo 15 aclara que el artículo 18 no se aplica a opciones sobre acciones ejercidas después del cese en un empleo o la jubilación (este tipo de renta estará sometida a gravamen de conformidad con el artículo 15 ModCDI).

Si se trasladan al ordenamiento español las categorías cubiertas por el artículo 18 ModCDI esta norma cubre los pagos realizados a trabajadores (o su cónyuge, pareja o hijos) por razón de su trabajo anterior cuando el promotor del plan es el propio empleador (v.gr. pagos al trabajador vinculados a un plan de pensiones, a un seguro concertado con una mutualidad de previsión social o seguro colectivo promovido por el empleador, vid. a este respecto la Resolución de la DGT V2135-15 de 13-7-2015 o DGT V2118-17, de 14-8-2017. La calificación de los pagos realizados, por ejemplo, por un plan de pensiones al trabajador en el sistema asociado presenta dificultades adicionales, puesto que, si la condición de partícipe está vinculada a la condición de trabajador de una empresa del contribuyente, los pagos recibidos por él (o su cónyuge o hijos) podrán calificarse también como rentas del artículo 18 ModCDI en tanto «pagos similares» a las pensiones (la Resolución de la DGT V2270-12 de 27-11-2012 así lo reconoce al indicar que en el llamado sistema asociado los pagos recibidos normalmente no serán pensiones del artículo 18 ModCDI pero hay que estar al caso concreto). Por su parte, la DGT V0406-17 de 15-2-2017, ha aclarado la distinción entre los conceptos de 'pensiones' y 'pagos similares' incluyendo en la primera los pagos periódicos vinculados a trabajos anteriores y en la segunda los pagos únicos, realizados a tanto alzado o que son compensación de la reducción de una pensión. Al mismo tiempo, esta última resolución ha aclarado los factores que a tener en cuenta para concluir si un pago es una pensión o similar vinculada a un trabajo anterior de una forma muy parecida a como lo hacen los Comentarios al artículo 18 ModCDI: si son pagos que realiza un plan de pensiones, si están vinculados al cese del trabajador en su puesto de trabajo, si el trabajador sigue trabajando, si ha alcanzado la edad de jubilación, si puede recibir otras pensiones etc. A estos efectos, esta resolución concluye que los reembolsos de contribuciones para pensiones no es una remuneración similar a las pensiones. Obviamente, si la pensión o reembolso del plan específico de jubilación está vinculada a empleos en el sector público no se aplicará el artículo 18 ModCDI, sino el artículo 19 ModCDI (Resolución de la DGT V0406-17 de 15-2-2017).

Cómo se califican los pagos realizados por la Seguridad Social o sistemas equivalentes o en los sistemas de previsión social en los que el promotor es una persona distinta que el empleador (sistema individual o sistema asociado no vinculado a un empleo) o en los planes de previsión asegurados será objeto de estudio en los epígrafes siguientes.

2.2. Pagos realizados por la Seguridad Social o sistemas similares

La calificación en los CDIs de los pagos realizados por la Seguridad Social o los sistemas similares a la misma de otros Estados no resulta sencilla, puesto que pueden ser rentas del artículo 18 ModCDI, del artículo 19.2 ModCDI ó del artículo 21 ModCDI. En principio, como indican los CMC, artículo 18, párrafo 24, los pagos realizados por la Seguridad Social, cuando están vinculados a un empleo pasado, se encuentran incluidos dentro del ámbito de aplicación del artículo 18 ModCDI, a menos que resulte aplicable el artículo 19.2 ModCDI. Es decir, continúan los Comentarios, una pensión pagada por la Seguridad Social está vinculada a un empleo anterior cuando éste sea una condición indispensable para el cobro de la misma porque la cuantía esté vinculada al número de años trabajados, a las contribuciones realizadas durante esos años o las rentas invertidas en ese número de años. A estos efectos, la Resolución de la DGT V1133-06 de 15-6-2006, consideró que una prestación por invalidez en un grado del 100% vinculada a un seguro federal de invalidez se podía calificar como pensión a efectos del artículo 18 CDI con Suiza (la consulta no aclara si estaba o no vinculada a un empleo pasado en Suiza, aunque se presumen tal conclusión). Lo importante a estos efectos es la conexión con un empleo anterior, no la procedencia de los fondos con cargo a los cuales se paga la pensión.

En principio, el párrafo 2 del artículo 19 ModCDI se aplicará a pensiones pagadas por la Seguridad Social (o entidades similares, v.gr. Clases Pasivas en el caso de España) en atención a un empleo desarrollado en el sector público y los pagos se calificarán en el artículo 21 ModCDI si se trata de pensiones recibidas por autónomos, no contributivas, por edad o invalidez, cuando no estén vinculados a un empleo anterior porque, por ejemplo, el cobro o la cuantía dependa del número de años de cotización o de la cuantía de las contribuciones realizadas (CMC artículo 18, párrafos 25 y 26). En esta línea, la Resolución de la DGT V2270/12 de 27-11-2012, reconoce que el artículo 18 ModCDI no se aplica en los supuestos de trabajo independiente, esto es, pensiones generadas por cotizaciones en el régimen de autónomos (en este supuesto la disposición aplicable es el artículo 21 ModCDI). En sentido similar se pronuncia la Resolución de la DGT V0406-17 de 15-2-2017, en relación con las rentas derivadas del reembolso de planes de jubilación con la Mutualidad de la Abogacía, no vinculados a un trabajo dependiente anterior.

Los CMC artículo 18, párrafo 27, reflejan que algunos Estados consideran que las pensiones pagadas por la Seguridad Social deben ser calificadas como rentas del artículo 19 ModCDI, con la consecuencia inmediata de que el Estado de la fuente (donde estará la Seguridad Social pagadora) tiene potestad exclusiva para gravar estas rentas (la misma regla se aplica a otros pagos de la Seguridad Social distintos de las pensiones, como el desempleo, enfermedad, accidentes, maternidad etc.). Para la OCDE, los Estados que mantengan esta postura deberían añadir a sus CDIs una cláusula específica, como párrafo segundo del artículo equivalente al artículo 18 ModCDI, que asegure que el Estado de la fuente puede someter a gravamen los citados pagos por la Seguridad Social (vid., por ejemplo, el artículo 18.3 CDI España-Suecia o el artículo 17.2 CDI España-Finlandia 2015). Alemania, en los CMC artículo 18 2014 ha añadido la observación en el sentido que, cuando la cuantía de la pensión de la seguridad social se determine sobre la base de las contribuciones del empleado, esa pensión no estará cubierta por el artículo 18 ModCDI.

Los CMC artículo 18, párrafo 28 también se encargan de definir el concepto de Seguridad Social como un sistema de protección obligatoria que el Estado arbitra a fin de proporcionar a su población un nivel mínimo de renta o pensiones o para mitigar el impacto financiero de eventualidades como el desempleo, accidentes de trabajo, enfermedad o muerte. Una característica de estos sistemas es que el nivel mínimo de beneficios los fija el Estado. Es importante señalar que si un CDI añadiera una disposición específica para asegurar que el Estado de la fuente puede gravar los pagos realizados por su seguridad social, tal disposición incluiría en su ámbito de aplicación no sólo los pagos correspondientes a empleos pasados, sino cualquier otro pago realizado por la seguridad social (maternidad, desempleo, enfermedad, pensiones no contributivas etc.), por lo que una disposición específica en materia de seguridad social que siguiera las líneas propuestas por la OCDE (un artículo 18.2 que se ocupara de los pagos de la seguridad social) reduciría también el ámbito de aplicación del artículo 21 ModCDI.

2.3.   Pagos realizados por sistemas de previsión social individuales o sistemas asociados no vinculados a un empleo

La atención que dedica a este tipo de sistemas de previsión social el ModCDI es mínima. Prácticamente, se limita a describir a grandes rasgos el funcionamiento de estos sistemas, en el párrafo 29, para decir que adquieren formas distintas. En el sistema español, las principales formas serán los planes de pensiones en los sistemas individual y asociado (no vinculado a un contrato de trabajo) y los planes de previsión social asegurados, así como cualquier otro seguro, con independencia de la forma del asegurador, que cubra la contingencia de jubilación (y no esté vinculado a un empleo específico, por ejemplo, porque sea el empleador el tomador de la póliza). Por su parte, el párrafo 30 CMC artículo 18 indica que este tipo de instrumentos de previsión social presenta problemas muy similares a los que plantean los sistemas ocupacionales, como, por ejemplo, el tratamiento en un Estado de las contribuciones realizadas a sistemas de otro Estado. Otras cuestiones son específicas de este tipo de instrumentos, como, por ejemplo, el tratamiento de las rentas imputables al sistema de previsión (fondo, *trust*, aseguradora) situado en el otro Estado cuando el Estado de residencia de quien contribuye a estos sistemas contiene reglas que imputan al partícipe las rentas del vehículo situado en el primer Estado. En España, con la salvedad de ciertos fondos ubicados en paraísos fiscales y ciertos seguros específicos, no existe legislación de este tipo. Sin embargo, cuando tal legislación exista en el sistema tributario de los Estados contratantes de un CDI, los Comentarios artículo 18, párrafo 30, recomiendan la introducción de una cláusula, cuya redacción se contiene en el citado párrafo 30, que impida la imputación al contribuyente de las rentas acumuladas en un sistema de previsión social ubicado en un Estado distinto de aquel en el que el contribuyente tiene su residencia.

No resuelven, sin embargo, los CMC artículo 18 ModCDI, el tratamiento que debe darse a las rentas derivadas de sistemas asociados o individuales de previsión social, en sus distintas formas (plan de pensiones, seguro etc.). Los pagos recibidos por el contribuyente de estos sistemas, incluso si están vinculados a una contingencia como la jubilación, no pueden calificarse como «pensiones o pagos similares» del artículo 18 ModCDI puesto que faltará la nota de vinculación a un empleo anterior. Deberán en ese caso ser calificados como «otras rentas» en el artículo 21 ModCDI o, si el CDI sigue el Proyecto ModCDI 1963 y la legislación interna asimilara los rendimientos procedentes de estos sistemas a los intereses, como intereses del artículo 11 ModCDI (a partir del ModCDI 1977 se eliminó como fórmula general aunque España, entre otros países, hizo una reserva expresa al respecto la remisión a la legislación interna de los Estados contratantes en la definición de intereses del artículo 11.3 ModCDI). Así lo reconoce también la Resolución de la DGT V2270-12 de 27-11-2012, para la que los pagos recibidos como consecuencia de pensiones generales en los regímenes asociado o individual normalmente generarán rentas del artículo 21 ModCDI, aunque habrá que estar al caso concreto. En la misma línea se pronuncia la Resolución DGT V2094-17, de 4 de agosto de 2017.

3. POTESTAD DE IMPOSICIÓN

3.1. Reparto de potestades de conformidad con el artículo 18 del Modelo Convenio de doble imposición con relación a las «pensiones privadas»

De acuerdo con el ModCDI, artículo 18, las pensiones pagadas por empleos desempeñados en el sector privado se encontrarán sujetas a tributación exclusivamente en el Estado de residencia.

Tal regla, como señala el párrafo 1 de los CMC, artículo 18, encuentra un importante apoyo en razones de política tributaria y consideraciones de tipo administrativo: el Estado de residencia es quien se encuentra en una mejor posición para gravar la capacidad económica global del individuo y se evita de esta manera imponer a éste la carga de tener que cumplir con las obligaciones tributarias de un Estado distinto a aquél donde reside. Desde una óptica de política tributaria, varios Estados, como refleja también el párrafo 1 de los Comentarios ModCDI, artículo 18, párrafos 2 y 12 a 21, han cuestionado esta distribución de potestades tributarias. La razón principal se encuentra en que, si un Estado permitió un beneficio fiscal vinculado a las contribuciones a planes de pensiones, espera poder recuperar ese beneficio fiscal en el momento en que el partícipe recibe la pensión. Por ejemplo, en la Unión Europea, gracias a la libre circulación de trabajadores, quienes han finalizado su vida laboral en países del Centro y Norte de Europa, cada vez más, tras su jubilación, fijan su residencia en Países del Sur de Europa, con el efecto de que, si durante su vida laboral gozaron de ciertos beneficios (v.gr. reducciones o deducciones por contribuciones a planes de pensiones, a la Seguridad Social etc.), el Estado donde se aplicaron estos beneficios no ve compensada su generosidad con la potestad de gravamen de la pensión generada «a su costa»; por lo que muchos de ellos tratan de recuperar los beneficios concedidos cuando el cambio de residencia se produce (precisamente, este dato junto con las exigencias derivadas del Derecho de la UE ha motivado la denuncia del CDI España-Dinamarca desde el 1 de enero de 2008; también por esta razón Alemania en 2014 ha añadido la observación del párrafo 71 y en sus CDIs trata de gravar en la fuente las prestaciones vinculadas a deducciones practicadas en Alemania). Igualmente, si el Estado de residencia del pensionista no grava los beneficios derivados de los distintos sistemas de previsión social se pueden dar supuestos de doble no imposición (como ya indicamos, también es posible que surjan problemas de doble imposición cuando el traslado se realice desde un Estado que no permitió la deducción de la aportación hacia un Estado que grava la pensión en el momento de su percepción en su totalidad). Por ello, algunos Estados prefieren gravar en la fuente las pensiones pagadas por los sistemas de previsión social, ya sea de forma exclusiva o compartida con el Estado de residencia del pensionista (párrafo 12 y ss. CMC artículo 18). De hecho, el párrafo 15 CMC recoge varios modelos de cláusulas que difieren de la redacción del artículo 18 ModCDI y que determinarían (1) la tributación exclusiva en la fuente de las pensiones, (2) la tributación compartida entre el Estado de la fuente y de residencia del perceptor de la pensión, (3) la tributación limitada en el Estado de la fuente, permitiendo el Estado de residencia la deducción del importe pagado en el Estado de la fuente y (4) la tributación de la pensión en el Estado de la fuente cuando la misma no resulte sujeta a gravamen en el Estado de residencia (este último enfoque permite eliminar los problemas de doble no imposición).

La adición de cláusulas específicas que cambien las reglas generales del artículo 18 ModCDI exige, según la OCDE, que se tengan en cuenta también una serie de factores de índole política y administrativa y que son examinados en el párrafo 16 y ss. CMC artículo 18:

1. La imposición en la fuente puede fácilmente generar doble imposición: habitualmente tal imposición tomará en cuenta el ingreso bruto, sin deducción de gastos, y no tendrá en cuenta las circunstancias personales y familiares del contribuyente, por lo que pueden darse situaciones en las que la imposición en el Estado de la fuente no pueda ser deducida en el Estado de residencia por ausencia de cuota en este último. La solución derivada de la STJUE *Schumacker* (vid. el capítulo de jurisprudencia del libro *Fiscalidad Directa de la UE*), esto es, extensión en ciertos casos a los no residentes de las mismas normas aplicables a los residentes, puede mitigar estos problemas, al igual que la aplicación al no residente del tipo marginal que le correspondería en función de su situación personal y familiar, pero son sistemas difíciles de gestionar y aplicar correctamente.

2. Desde el punto de vista de la equidad, el sometimiento a gravamen de la pensión en la fuente puede plantear problemas: el gravamen total puede ser excesivamente oneroso o generoso desde la óptica del Estado de residencia (en comparación con pensiones similares en las que no exista un factor trasnacional).

3. La imposición (plena o limitada) por el Estado de la fuente genera problemas especialmente difíciles de resolver en los supuestos en que existen más de dos Estados implicados, estos problemas se ven acentuados cuando el trabajador, como cada vez es más frecuente, ejerció su empleo en varios Estados. En estos casos será necesario determinar qué Estado tiene derecho a gravar una pensión (el Estado del fondo o plan de pensiones pagador o el Estado donde se aplicaron las deducciones o beneficios fiscales o el Estado donde se ejerció un trabajo). El CMC exige que, cuando un CDI permita la imposición en el Estado de la fuente, se resuelvan los problemas que pueden resultar: la imposición por el Estado de residencia del fondo o plan, esto es del pagador (cuando no coincide con el Estado donde se desarrolló el trabajo o se aplicaron las deducciones) parece difícil de justificar; mientras que si se atribuye el derecho a gravamen de la pensión al Estado en el que se desarrolló un trabajo o se obtuvieron beneficios fiscales, puede perfectamente ocurrir que, si el individuo trabajó en varios Estados, la misma pensión (o partes de ella) pueda gravarse en esos distintos Estados, con los consiguientes problemas de doble imposición o administrativos. El CMC aconseja a los Estados miembros que añadan cláusulas específicas que permitan la imposición en la fuente (plena o limitada) que, primero, resuelvan los problemas relativos a la concreción de la «fuente» de una pensión.

4. En el caso de las personas físicas, el gravamen de su renta en el Estado de la fuente, de forma limitada o exclusiva, genera especiales dificultades administrativas puesto que se verán obligadas a cumplir con las obligaciones formales tanto del Estado de residencia como del Estado de la fuente.

La atribución de potestad tributaria para gravar las pensiones al Estado de residencia de forma exclusiva, como ponen de manifiesto el párrafo 21 CMC artículo 18, no está exenta de problemas tampoco pues los contribuyentes que perciben su pensión de una fuente extranjera podrían no declarar la misma en el Estado de residencia, aunque un adecuado sistema de intercambio de información contribuirá a reducir este riesgo (vid., por ejemplo, a este respecto el nuevo CDI España-Alemania y el Canje de Notas sobre intercambio automático relativo a este CDI, con efectos desde 1 de enero de 2015, o el intercambio automático derivado de la Directiva 2011/16 que afectará a las pensiones a partir de 1 de enero de 2014, aunque se realizará a partir de 2015). Por otra parte, algunos Estados no someten a tributación las pensiones o ciertos tipos de pensiones, por lo que, en estos casos, la atribución de jurisdicción exclusiva al Estado de residencia puede tener el efecto de que una pensión generada en un Estado que no sometería la misma a tributación, en el momento de su percepción por un individuo que ha cambiado su residencia, puede estar sometida a gravamen en el Estado donde resida cuando cobre la pensión. En algunas ocasiones, se pueden producir resultados injustos, por lo que el párrafo 23 CMC, a fin de evitar estos problemas, propone la adición de un párrafo 2 al artículo 18 que permita que la pensión esté exenta en el Estado de residencia (en el momento del cobro de la misma) cuando tal pensión se encuentra exenta en el Estado donde se generó el derecho al cobro de la pensión. Además, la generalización de regimenes para los llamados impatriados no vinculados al desempeño de trabajo alguno también puede producir el efecto contrario, esto es, el no gravamen de la pension en ningún Estado, a pesar de que las contribuciones a la misma pudieran ser deducidas en el Estado de empleo.

3.2. Cláusulas singulares respecto de contribuciones transfronterizas a sistemas de previsión, movilidad de los derechos adquiridos en un plan de pensiones y renta obtenida por los sistemas de previsión social

Junto al tratamiento de las pensiones y pagos similares, los CMC artículo 18 se ocupan de varios problemas accesorios que, por la naturaleza de la presente obra y debido a que los CDIs españoles no añaden cláusulas sobre estas cuestiones, no van a ser objeto de estudio detallado pero sí que merecen alguna mención.

En primer lugar, el ModCDI, considera en los Comentarios al artículo 18, párrafo 37 y ss., el tratamiento tributario de los pagos que los trabajadores (o autónomos) realizan a sistemas de previsión social de otros Estados, proponiendo la adición de una cláusula a los CDIs que asegure la deducibilidad de las contribuciones a sistemas de previsión social del otro Estado contratante. Es curioso que esta cuestión se trate en los Comentarios al artículo 18 ModCDI, cuando probablemente, el lugar sistemáticamente adecuado para tratar las contribuciones transfronterizas es el artículo 15 ModCDI y sus comentarios o el artículo 7 ModCDI cuando se trata de autónomos.

Lo mismo ocurre con los problemas transfronterizos vinculados a la movilidad de los derechos adquiridos en un sistema de previsión social (plan de pensiones habitualmente) de un Estado a otro Estado distinto al que el trabajador, por ejemplo, ha sido destinado. Mientras que en el ámbito interno, el cambio de un plan de pensiones a otro resulta más sencillo y frecuentemente no suele plantear problemas fiscales, en el plano internacional esto puede no ser así. Para solucionar estas cuestiones, el párrafo 68 CMC sugiere la adición de una cláusula específica a los CDIs. Nuevamente, se trata de una cuestión que debía ser tratada en el contexto del artículo 15 ModCDI, pues, estrictamente, no tiene cabida en la definición de pensión o pagos similares del artículo 18 ModCDI.

Por último, los CMC párrafo 69, incluyen una cláusula específica a fin de asegurar que, cuando los vehículos a través de los que se canalizan los sistemas de previsión social (v.gr. fondos de pensiones) estén exentos de tributación en un Estado, se asegure el mismo tratamiento a las entidades similares del otro Estado contratante. A estos efectos, debe también tenerse en cuenta la categoría de fondo de pensiones reconocido a los efectos de los artículo 3.1.i) y 4.1 ModCDI 2017, como indica el nuevo inciso de 2017 del párrafo 69 de los Comentarios al artículo 18 ModCDI (vid. especialmente los párrafo 10.7 y 10.8 de los Comentarios al artículo 3.1.i) ModCDI 2017). Nuevamente, nos encontramos ante una cuestión que no debiera ser objeto de examen en el contexto del artículo 18 ModCDI, en este caso, la solución más óptima sería la inclusión de un nuevo artículo en el ModCDI relativo al tratamiento de fondos y planes de pensiones y de inversión o entidades con regímenes especiales (pues estos últimos plantean problemas análogos) en línea con las propuestas de los párrafo s 10.7 y 10.8 de los Comentarios al artículo 3.1.i) ModCDI o del párrafo 69 de los Comentarios al artículo 18 ModCDI. La tendencia de los CDIs españoles será a incluir cada vez más este tipo de cláusulas para planes de pensiones (v.gr. el artículo 10 del CDI España-Reino Unido exime de retención para los dividendos a los planes de pensiones del otro Estado contratante o el artículo 11 del CDI España-Singapur; el nuevo Protocolo al CDI España-México, en vigor a partir del 27 de septiembre de 2017, contiene cláusulas específicas para los fondos de pensiones en los artículo s 10, dividendos, 11, intereses y 13, ganancias de capital, además de una definición de fondos de pensiones en el artículo 3.1.j)

3.3. Las pensiones derivadas del ejercicio de funciones públicas. Referencia al artículo 19 del Modelo Convenio de doble imposición

Sin perjuicio de que sea el Cap. III.13 el encargado de analizar las reglas bilaterales relativas a las retribuciones públicas, resulta conveniente, por razones de contexto, efectuar una aproximación mínima a la situación de las «pensiones públicas».

El artículo 19.2.a) ModCDI establece una excepción a la regla del artículo 18 ModCDI de tal forma que las pensiones o remuneraciones similares pagadas por un Estado contratante, una subdivisión política o una autoridad local, bien directamente o con fondos constituidos a su cargo, por los servicios prestados a ese Estado, subdivisión o autoridad local se someterán a tributación solamente en ese Estado. El artículo 19.2.b) ModCDI, de forma paralela al artículo 19.1.b) ModCDI dispone una vuelta a la regla general (gravamen de la pensión en el Estado de residencia) cuando el perceptor sea residente y nacional de ese Estado. El resultado de esta regla será que las pensiones y remuneraciones similares recibidas por los funcionarios recibirán idéntico tratamiento a las remuneraciones que perciban durante su vida laboral (de conformidad con el artículo 19.1 ModCDI). Este precepto está excluido expresamente de los efectos de la 'savings clause' del artículo 1.3. ModCDI 2017 / 11 MLI.

En este precepto, lo relevante no es que la pensión se pague por el Estado o una entidad pública, sino que esté vinculada a servicios pasados prestados al Estado. En este sentido, este párrafo genera los problemas de interpretación que antes se comentaron al hilo del artículo 18 ModCDI. ¿Son los pagos de la Seguridad Social pensiones del artículo 18 ModCDI o son pagos de fondos constituidos a cargo de un Estado contratante? La opinión mayoritaria, según se vio, consistía en trasladar los pagos de la Seguridad Social por empleos anteriores, al artículo 18 ModCDI, salvo cuando tengan su causa en un empleo en el sector público que generó rentas que podrían estar sujetas al artículo 19.1 ModCDI (vid. la Resolución de la DGT V0113-12 de 23-1-2012, relativa a la pensión pagada por el ente público alemán de correos, calificada en el equivalente al artículo 19.2 ModCDI, o DGT V0085-12 de 19-1-2012, esta vez relativo a una pensión pública española). El CDI con Alemania de 1968 ha generado resoluciones contradictorias por razones que tienen que ver con la ambigua redacción del párrafo 2 del artículo 19 del CDI, este párrafo es equivalente al artículo 19.2.a) ModCDI pero con la diferencia de que no añade la expresión 'por servicios prestados a ese Estado' y, con ello, se genera la duda de si la pensión pública alemana debe tributar sólo en Alemania también cuando está generada por un trabajador allí sin vinculación con el Estado (en este sentido, defendiendo que el criterio de este CDI es el relativo a quién paga la pensión vid., por ejemplo, la STJSJ de Andalucía de 22 de octubre de 2008, rec. 1084/2005 , o del TSJ de Galicia de 20 de marzo de 2013, rec. N. 15636/2011, o del mismo tribunal, de 17 de octubre de 2014, rec. 15046/2014; compárese con el criterio, más adecuado al ModCDI en su resultado aunque confuso en su formulación, que mantiene, también en relación con el artículo 19 CDI España-Alemania, la STSJ de Castilla-León de 25 de octubre de 2008, rec. 1059/2003). A nuestro juicio, la observación de Alemania añadida en 2014 milita a favor de una interpretación más amplia del artículo 19.2 CDI con Alemania 1968, mientras que, muy probablemente, la interpretación contextual más adecuada sea la que asimila el efecto de tal precepto a su equivalente, el artículo 19.2.a) ModCDI. Será necesario, en todo caso, comprobar cuál es el tenor literal del CDI concreto y asegurarse de la interpretación que da el otro Estado contratante y, en caso de divergencia de interpretaciones, deberá iniciarse el procedimiento amistoso en el Estado de residencia del contribuyente (el CDI España-Finlandia de 2015 somete a gravamen en la fuente los pagos de la seguridad social de un Estado contratante o por razón de un plan publico constituido por un Estado contratante con fines de prevision social así como las anualidades procedentes de un Estado contratante).

En este contexto, obsérvese que el cambio de nacionalidad de la persona puede determinar una modificación del Estado donde resulta gravada la pensión. Así, por ejemplo, la Resolución de la DGT V0537-09 de 20-3-2009, relativa a un nacional español residente en México, que percibe una pensión de clases pasivas del Estado español (necesariamente vinculada al desempeño anterior de un empleo público), declara que, desde el momento que tal persona adquiera la nacionalidad mexicana, la pensión de fuente española que recibe sólo tributará en México (acerca de los efectos de la doble nacionalidad en relación con pensiones públicas, es ilustrativa también la Resolución de la DGT V5333-16 de 16-12-2016). La Resolución de la DGT V0322-09 de 18-2-2009 interpreta, en relación con el CDI con Francia, que en los casos de doble nacionalidad la pensión pagada por clases pasivas del Estado continúa tributando en España, ya que el citado CDI contiene una redacción especial de la cláusula del artículo 19.2 que, en casos de doble nacionalidad, permite al Estado de la fuente seguir ejerciendo su potestad tributaria (en línea con la posición tradicional de Francia y su reserva en este punto al artículo 19 ModCDI).

Al igual que ocurría en el artículo 18 ModCDI, las pensiones pagadas al cónyuge, su compañero o sus huérfanos por fallecimiento de quien generó el derecho a la percepción estarán incluidas en este precepto si están vinculadas a un empleo público (vid., por ejemplo, a estos efectos la DGT V0537-09 de 20-3-2009, o la DGT V0322-09 de 18-2-2009. Los CMC, artículo 19, párrafo 5.1. aclaran igualmente que la pensión no tiene necesariamente que ser periódica puesto que el concepto cubrirá también los pagos únicos.

El principal problema interpretativo que presenta el precepto se encuentra en la determinación del sentido de la expresión «fondos constituidos a cargo» de un Estado contratante, subdivisión política o autoridad local. Los Comentarios al ModCDI, artículo 19, párrafo 5.2, señalan que esta expresión cubre la situación en la que una pensión no es pagada directamente por el Estado, una subdivisión política o una autoridad local, sino que son pagados por «fondos separados» creados por una entidad gubernamental, con independencia de que el capital inicial del fondo sea o no aportado por el Estado, una subdivisión política o una autoridad local. Asimismo, se entenderán incluidos en este precepto los pagos procedentes de fondos administrados de forma privada que hayan sido establecidos por la entidad gubernamental. Básicamente, el párrafo aclara que seguirán el tratamiento del artículo 19.2 ModCDI no sólo las pensiones estrictamente públicas sino también las pagadas por otras entidades que se constituyen en sistemas de previsión social para los funcionarios, sean estrictamente públicas o tengan gestores privados, siempre y cuando exista un «patrocinio» público de la misma.

Los CMC, artículo 19, párrafo 5.3 a 5.6 analizan la situación, cada vez más frecuente, especialmente tras las privatizaciones de empresas anteriormente públicas, de personas que perciben una pensión cuyo origen en parte es público y en parte privado porque pasaron diversos años trabajando en el sector público y otros en el privado. Los CMC interpretan que, en aquellos sistemas donde sea posible trasladar los derechos consolidados de un sistema de previsión social público a uno privado, la totalidad de la pensión estaría incluida en el artículo 18 ModCDI al incumplirse el requisito que señala el artículo 19.2.a) ModCDI (pago por el Estado o por fondos constituidos a su cargo). Si la transferencia se hiciera en el sentido opuesto existe más controversia, continúa la OCDE, puesto que algunos Estados incluirían la pensión en el artículo 19.2 ModCDI y otros prorratearían la pensión entre el artículo 18 y 19 ModCDI (salvo que una parte sea accesoria a la otra, en cuyo caso seguiría el tratamiento de la parte principal).

Por último, es preciso añadir algún comentario sobre la excepción al artículo 19.2 ModCDI que regula el párrafo 3 del mismo artículo . Básicamente, para el supuesto específico de las pensiones, esta excepción supone una vuelta al artículo 18 ModCDI. De acuerdo con el artículo 19.3 ModCDI, las pensiones vinculadas a servicios prestados en el marco de una actividad empresarial desarrollada por el Estado, subdivisión política o entidad local, estarán sujetas a tributación en el Estado de residencia del perceptor (artículo 18 ModCDI). El problema básico del artículo 19.3 ModCDI será la determinación del concepto «actividades empresariales realizadas por el Estado o una de sus subdivisiones políticas». A estos efectos deberá utilizarse, fundamentalmente, el concepto de beneficios empresariales del artículo 7 ModCDI y la definición de empresa del artículo 3.1. ModCDI: cuando una persona haya prestado sus servicios en entidades que reúnan los requisitos propios para ser considerados como «empresa» podremos aplicar este precepto. Al mismo tiempo, habrá que ver cómo se define el sector estatal en cada uno de los Estados contratantes (artículo 3.2. ModCDI) (la DGT V0113-12 de 23-1-2012, indica que por 'pensión pública' hay que entender aquélla que es percibida por razón de servicios prestados al Estado, subdivisiones políticas o entidades locales y pensión privada cualquier otra procedente de un empleo privado). Hay que tener en cuenta que el párrafo 6 de los Comentarios al artículo 19 ModCDI también ofrece una cierta guía, puesto que considera que, a la vista de las funciones que desarrollan ciertos entes públicos como las compañías ferroviarias estatales, los servicios postales, los teatros o cines propiedad del Estado etc., las pensiones generadas por empleos en ellos debieran ser calificadas como pensiones del artículo 18 ModCDI (DGT V0113-12 de 23-1-2012 llevó al equivalente al artículo 19.2 ModCDI la pensión pagada por el ente público de correos alemán). El párrafo 6 Comentario al ModCDI no lo expresa de esta forma, sino, más bien, aclara que, en estos supuestos, los Estados miembros podrán acordar que el artículo 19.2 ModCDI se aplique a entidades del tipo de las comentadas (v.gr. el párrafo 2 del Protocolo adjunto al CDI España-Corea dispone que el artículo 19.2 se aplique a las pensiones pagadas por las agencias gubernamentales que determinen las autoridades competentes de ambos países; el CDI con Alemania, artículo 18.2, equivalente al artículo 19 ModCDI equipara las pensiones por servicios prestados en el Instituto Goethe o Cervantes a las pensiones públicas, las autoridades competentes pueden acordar dar el mismo trato a otras entidades 'comparables', vid. la reserva alemana, añadida en 2014, en el párrafo 8 de los CMC, artículo 19 ModCDI). Como puede fácilmente intuirse, esta excepción sólo se aplicará a aquellos que sean no nacionales del Estado de residencia, puesto que, si son nacionales, la pensión tributará en el Estado de residencia, aplicando el artículo 19.2.b) ModCDI.

Lo cierto es que la disparidad de criterios entre el artículo 18 y 19 ModCDI puede generar algunas diferencias de tratamiento difícilmente justificables desde una perspectiva constitucional para sujetos con idénticas capacidades contributivas (para una opinión contraria, vid. DGT V0537-09 de 20-3-2009. Por ejemplo, mientras que la pensión de un trabajador del sector privado en el extranjero estaría sujeta a tributación en España si tras la jubilación fija la residencia en nuestro país, la pensión de un trabajador con idéntico nivel de rentas pero que estuvo empleado en el sector público en el extranjero determinará la tributación en la fuente de la pensión (salvo que sea nacional español). El tratamiento diferenciado no parece muy justificado, por más que se trate de principios consolidados en la práctica internacional.

4. LA TRIBUTACIÓN DE LAS PENSIONES EN LA LEGISLACIÓN DOMÉSTICA

4.1. No residentes en España

Con efectos a 1 de enero de 2003, la Ley 46/2002 incorporó una definición de «pensiones» a la LIRNR 1998, que, con anterioridad, simplemente, definía unos puntos de conexión específicos para los rendimientos del trabajo. En la actualidad tal definición se encuentra en el artículo 13.1.d)

TRLIRNR, cuya regulación trata de acercarse a la prevista en el ModCDI. El citado precepto establece los siguientes principios:

- Estarán sujetas a tributación en España las pensiones y demás prestaciones similares pagadas por (1) empleos prestados en territorio español o (2) satisfechas por personas o entidades residentes en territorio español o por un establecimiento permanente situado en éste.
- Se considerarán pensiones las remuneraciones satisfechas por razón de un empleo anterior, con independencia de que sean recibidas por el propio trabajador u otra persona.
- Se considerarán «prestaciones similares», en particular, las previstas en el artículo 16.2.a) y f) TR LIRPF 2004 [referencia que, en la actualidad, debe entenderse realizada al artículo 17.2.a) y f) LIRPF].

Como puede observarse, la Ley del IRNR sujeta a gravamen en España no sólo las pensiones correspondientes a trabajos desempeñados en España, sino también las pagadas por personas o entidades residentes aunque no estén vinculadas con empleos o actividades desarrolladas en España. Este criterio puede generar doble imposición en relación con pensiones pagadas desde España en relación con empleos no ejercidos en nuestro país. La regla que sigue el ModCDI evita el problema de doble imposición al atribuir la jurisdicción al Estado de residencia (da igual que la pretensión del Estado de la fuente esté basada en el desempeño allí del empleo o en el pago desde su territorio de la pensión), pero puede plantear problemas en situaciones triangulares en las que, por ejemplo, exista CDI entre el Estado del perceptor y el Estado donde se desarrolló el empleo, pero tal CDI no exista entre el primero y el Estado desde donde se realiza el pago.

El concepto de pensiones de la Ley del IRNR no se aparta demasiado del que maneja la OCDE, puesto que comprende la remuneración por un trabajo anterior, ya sea recibida por el propio trabajador u otra persona, y, aunque la legislación española nada aclara al respecto, no parece que la forma de pago, periódica o en pago único, sea relevante. Sí que existen importantes diferencias entre la definición de la OCDE de «prestaciones similares» y la interna. En efecto, al remitirse el TRLIRNR a los artículo 16.2, párrafo a) y f) TR LIRPF 2004 [actual artículo 17.2.a) y f) LIRPF] surgirán importantes diferencias con las definiciones convencionales de pensiones del equivalente al artículo 18 ModCDI:

- Mientras que el TRLIRNR considera como «prestaciones similares a las pensiones» a los pagos realizados por la Seguridad Social u otras entidades que la sustituyan, en concepto de jubilación, a los trabajadores autónomos, estas rentas no serán pensiones en el artículo 18 ModCDI, como tampoco, a diferencia de la definición doméstica, lo serán cuando el autónomo cobre la pensión de un plan de pensiones o de, por ejemplo, una mutualidad de previsión social [categorías incluidas en el artículo 17.2.a) LIRPF].
- En el artículo 18 ModCDI, sólo los pagos realizados por sistemas de previsión social de naturaleza ocupacional (o, en nuestra terminología, sistema empleo), con independencia de quien sea el pagador y la forma que adopten, están cubiertos, presentado algunas dudas los sistemas del tipo asociado vinculados a la pertenencia del trabajador a una categoría laboral. Está claro que el artículo 18 ModCDI no cubre otro tipo de sistemas de previsión social, como puedan ser los planes de pensiones en el sistema asociado (donde no existe vinculación con un empleo específico) o en el sistema individual. En la definición española de prestaciones similares a pensiones todas estas categorías estarían cubiertas cuando se instrumenten a través de un plan de pensiones o un plan de previsión asegurado o cualquiera otra de las categorías que se identifican en el artículo 17.2.a) LIRPF 2006.
- Existe toda una gama de prestaciones de la Seguridad Social (v.gr. enfermedad, accidente) que serían consideradas como prestaciones similares a pensiones en la legislación interna pero que no son pensiones del artículo 18 ModCDI.
- Con respecto a las pensiones públicas se plantean prácticamente los mismos problemas, habida cuenta de que el concepto de pensión pública / privada en el ModCDI no se diferencia más que por razón de si el empleo se desempeñó en el sector público o privado.
- El concepto interno de pensiones también se extiende, a través de la categoría «prestaciones similares» a las pensiones compensatorias recibidas del cónyuge y las anualidades por alimentos

[salvo las exentas en virtud del artículo 7.k) TR LIRPF 2004]. Ninguno de estos pagos estaría comprendido en el artículo 18 ModCDI, donde el concepto pagos similares adquiere un significado diverso, como se ha explicado más arriba.

Como se puede observar, existen importantes diferencias entre la definición interna de pensiones y la definición del artículo 18 ModCDI. La conclusión que cabe extraer de ello será que, aunque una renta pueda ser calificada como pensión a la luz del TRLIRNR no por ello automáticamente será calificada como tal en el concreto CDI, porque siempre será preciso comprobar si la renta en cuestión es «pensión» o bien otro tipo de renta (rendimiento de servicios personales dependientes, interés u otras rentas) en el CDI.

Por supuesto, no debe olvidarse, con independencia de la calificación que merezca a la luz del CDI la renta, que en muchos casos no será pensión del artículo 18 ModCDI, que, como dispone el artículo 14.1.a) TRLIRNR, estarán exentas de tributación en España las rentas contempladas en el artículo 7 LIRPF (son relevantes bastantes de las exenciones de este precepto ya que incluye en las exenciones tanto pensiones por trabajo anterior como pensiones por trabajos en el sector público o por otras causas que estarían comprendidas en el concepto de pensiones del artículo 13.1.d) TRLIRNR).

Si la pensión o prestación similar debiera tributar en España, el artículo 25.1.b) TRLIRNR establece una escala progresiva de gravamen dividida en tres tramos con el fin de mitigar que estas personas no tendrán acceso a ninguno de los mínimos, reducciones o deducciones que prevé para los residentes el TR LIRPF 2004. No debe olvidarse, sin embargo, que el residente en un Estado de la Unión Europea o del Espacio Económico Europeo (si existe efectivo intercambio de información), cuando la pensión suponga, al menos, el 75% de su renta, podrá optar por tributar como un residente en España de acuerdo con lo previsto en el artículo 46 TRLIRNR.

4.2.   Residentes en España

La tributación de los residentes en España por IRPF con respecto a las pensiones de fuente extranjera que reciban no variará en mucho con respecto a aquellas que tienen una fuente nacional, teniendo derecho a las mismas reducciones si se trata de rentas irregulares. Ahora bien, hay algunas peculiaridades reseñables, fundamentalmente, las siguientes:

- Ciertas exenciones reconocidas en el artículo 7 LIRPF podrían no resultar de aplicación al residente en España cuya pensión procede de una fuente en el extranjero por la propia redacción del precepto. Por ejemplo, el artículo 7.1.f) exime de tributación las pensiones reconocidas al contribuyente por la Seguridad Social (el precepto claramente se refiere a la española) en concepto de gran invalidez o invalidez absoluta. Una interpretación conforme con el Derecho de la UE obligaría a extender esta exención a las pensiones reconocidas por los organismos equivalentes de otros Estados de la Unión Europea (o incluso del EEE), pero, en el caso de prestaciones reconocidas por sistemas de Seguridad Social de otros Estados (salvo si tienen un Convenio específico con la Unión Europea) pudieran no beneficiarse de estas exenciones.

- Si la pensión tributó en el Estado de la fuente y se trata de una pensión pública no habrá que incluirla a ningún efecto en el IRPF español si el CDI en cuestión sigue el artículo 19 ModCDI (será necesario comprobar qué indica el equivalente al artículo 23 ModCDI, pero se trata de uno de los pocos supuestos de asignación de potestad tributaria exclusiva al Estado de la fuente, por lo que no debería tenerse en cuenta tal pensión en el Estado de residencia a ningún efecto).

- Si la pensión tributó en el Estado de la fuente y se trata de una pensión privada en un Convenio que sigue el artículo 18 ModCDI, España no concederá el derecho a aplicar deducción por doble imposición alguna por impuestos pagados en el Estado de la fuente (vid. DGT consulta general 0802-00 de 7-4-2000). Si el Convenio concreto permite el gravamen en los dos países, el contribuyente tendrá derecho a una deducción por doble imposición en los términos que fije el propio Convenio o la legislación española (artículo 80 LIRPF).

La disposición adicional Única de la Ley 26/2014, ante la situación de que muchos emigrantes que regresaron a España y son residentes en España no declaraban sus pensiones de fuente extranjera y como consecuencia de que la AEAT había obtenido información (automática) acerca de estas pensiones, concedió un plazo de regularización sin recargos, sanciones o intereses de demora a quienes no hubieran declarado voluntariamente tales pensiones. Tal plazo expiró el 30 de junio de 2015. Lo cierto es que esta medida plantea evidentes dudas de constitucionalidad por más que la Exposición de Motivos pretenda justificarla en razones de 'justicia y cohesión social'.

5.   SINGULARIDADES

El Modelo de Convenio de la ONU 2001-2017 diverge en el tratamiento de las pensiones con respecto al ModCDI y regula dos variantes de artículo 18, en la primera de ellas, las pensiones pagadas por la Seguridad Social se someterán a tributación en el Estado de la fuente de forma exclusiva, en la segunda, cualquier tipo de pensiones podrán gravarse en el Estado de la fuente y en el Estado de residencia del perceptor, con la excepción de las pensiones pagadas por la Seguridad Social, que se someterán a gravamen de forma exclusiva en el Estado de la fuente. No existen, sin embargo, diferencias con respecto al ModCDI en el tratamiento de las pensiones por empleos en el sector estatal.

Los CDIs españoles también tienen un buen número de peculiaridades, las más significativas son:

- CDI España-Alemania de 2011 sigue en el artículo 17.1., referido a pensiones y anualidades (término que define el artículo 17.4), el artículo 18 ModCDI pero en los párrafo s siguientes admite el gravamen por el Estado pagador en una serie de casos: (1) los pagos efectuados de conformidad con la legislación sobre seguros sociales de uno de los Estados contratantes pueden gravarse en el Estado de la fuente a partir del 1 de enero de 2015 (5% hasta 31 diciembre 2029, 10% a partir de esa fecha); (2) el mismo régimen se aplicará, en el caso de Alemania a las aportaciones incentivadas, término definido en el Protocolo párrafo VII, no integradas en la renta sujeta a imposición por razón de empleo en un Estado que fueran fiscalmente deducibles o hubieran estado incentivadas de alguna forma, siempre y cuando las aportaciones se hayan realizado por más de 12 años (período superior a 12 años) (si con motivo de la emigración el incentivo se reintegró, no será aplicable esta disposición) y, en el caso de España, para aportaciones no integradas en la renta sujeta a imposición o que fueran fiscalmente deducibles y se hayan realizado por más de 12 años. Tal retención en la fuente para ciertas pensiones y anualidades se condiciona a la existencia de un sistema de intercambio de información, automático cabe entender, entre ambos Estados (Protocolo párrafo VIII, vid. Canje de notas a estos efectos de 3 de octubre de 2012). Como puede observarse, da la impresión de que tal intercambio automático se ha hecho coincidir temporalmente con el establecido, entre otras rentas, para las pensiones a partir del 1 de enero de 2014 por la Directiva 2011/16/UE. Además, los pagos, recurrentes o no, realizados por uno de los Estados contratantes, una subdivisión política o una autoridad local vinculados a prestaciones por causa de persecución política, enfrentamientos bélicos o actos de terrorismo (incluidas las indemnizaciones) sólo se someterán a gravamen en el Estado pagador. El CDI con Alemania de 1968 presenta también alguna dificultad interpretativa debido a su redacción, que ya se ha tratado más arriba y ha generado pronunciamientos diversos.
- El CDI España-Argentina, de 2014, artículo 18 aclara que el mismo régimen que a las pensiones y jubilaciones (que sigue al artículo 18 ModCDI) cabe aplicar a las prestaciones recibidas por los beneficiarios de fondos de pensiones y planes alternativos, así como a las anualidades (sumas prefijadas que han de pagarse en épocas establecidas a lo largo de la vida de una persona o durante un tiempo determinado o determinable a cambio del pago de una cantidad adecuadamente equivalente en dinero o en signo que lo represente) y a las pensiones alimenticias (por separación o divorcio). Curiosamente, los pagos periódicos por manutención de hijos menores de edad en aplicación de un acuerdo de separación (sentencia de separación o divorcio) se someten a gravamen de forma exclusiva en el Estado de la fuente. El CDI con Argentina de 1994 contenía una disposición muy similar.

- El CDI España-Australia, de 24 de marzo de 1992, artículo 18 sigue el ModCDI, pero se aplica también a anualidades (definición similar a la incluida en el CDI con Argentina) y pensiones alimenticias y pagos por manutención.

- El CDI España-Brasil, de 22 de marzo de 1975, artículo 18, atribuye la jurisdicción exclusiva sobre pensiones al Estado de residencia siempre y cuando la pensión no sobrepase los 3.000 dólares EEUU, en otro caso, la jurisdicción resulta compartida (vid la Resolución DGT V2118-17, de 14 de agosto de 2017, en relación con la pensión que un futbolista retirado y residente en Brasil recibe de la Mutualidad de Deportistas Profesionales). La definición de pensiones de este CDI incluye los pagos periódicos, efectuados después de la jubilación, por razón de un empleo anterior o a título de compensación por los daños sufridos como consecuencia de dicho empleo. Las anualidades se gravarán sólo en el Estado de residencia del perceptor (la definición de anualidad es muy similar a la propia del CDI con Argentina). En este CDI aclara expresamente el artículo 19.4, las pensiones pagadas con cargo a fondos de la Seguridad Social sólo pueden someterse a imposición en el Estado de residencia del perceptor.

- El CDI España-Canadá, de 10 de abril de 1978, artículo 18 (no afectado por el Protocolo de 2014), establece una tributación compartida para pensiones y anualidades entre el Estado de residencia del perceptor y el Estado de fuente, pudiendo este último gravar la renta a tipos limitados. Este CDI, en el propio artículo 18, añade una cláusula específica para pensiones de la Seguridad Social y otras asignaciones periódicas o no, así como las pensiones pagadas a excombatientes, por entidades públicas, que estarán exentas de tributación en el Estado de residencia si se encuentran también exentas en el Estado de la fuente. Para las pensiones alimenticias se establece su tributación de forma exclusiva en el Estado de residencia del perceptor. En relación con las pensiones pagadas por el Estado español y vinculadas a servicios prestados al Estado o una de sus subdivisiones políticas, se establece la tributación exclusiva en España (párrafo 4 Protocolo Adicional).

- El CDI España-Catar, artículo 17, sigue el ModCDI pero se aplica tanto a las pensiones como a las anualidades, con una definición de las mismas similar a la que contienen otros CDIs.

- El CDI España-Croacia, si bien sigue el ModCDI en cuanto a la tributación exclusiva de las pensiones en el Estado de residencia, en el Protocolo adicional, párrafo VI, recoge una de las cláusulas a las que hacen mención los CMC, de tal manera que, para el caso de residentes en Croacia, cuando la pensión o remuneración análoga no esté sujeta a tributación o esté sujeta y exenta en Croacia, España podrá someter a gravamen tales pensiones.

- El CDI España-Chile, de 7 de julio de 2003, artículo 17, si bien sigue al ModCDI en relación con las pensiones, establece una regla especial para los pagos de alimentos y similares, de tal manera que sólo tributarán en el Estado de residencia del perceptor cuando sean deducibles para el pagador, si no fueran deducibles para el pagador no tributarían en el Estado del perceptor.

- El CDI España-EEUU, de 22 de febrero de 1990, artículo 20, en principio, establece la misma regla que el artículo 18 ModCDI para las pensiones, pero dispone, al mismo, tiempo que los beneficios de la Seguridad Social u otros fondos de gestión pública puedan someterse a tributación en el Estado de la fuente. Las anualidades, cuya definición es similar a la que hemos visto más arriba en el CDI con Argentina, y las pensiones alimenticias sólo estarán sujetas a tributación en el Estado de residencia del perceptor, mientras que los pagos periódicos para la manutención de hijos menores y otros analizados se someten a tributación exclusiva en el Estado de la fuente.

- El CDI España-Egipto equipara las anualidades al tratamiento de las pensiones, definiendo el término anualidad en el artículo 18.2 de forma prácticamente idéntica a como lo hace el CDI con Argentina.

- El CDI España-Finlandia 2015, que sustituye al CDI con este país de 1967, contiene algunas peculiaridades relevantes. Si bien el artículo 17.1 es análogo al artículo 18 ModCDI, el artículo 17.2. permite que las pensiones 'y demás prestaciones' concedidas con arreglo a la normativa de seguridad social de uno de los Estados contratantes o por razón de un plan público constituido por un Estado contratante con fines de previsión social o las anualidades procedentes de un Estado contratante sean gravadas en el Estado del que proceden. En el artículo 17.3 el término anualidad es definido de forma similar a otros CDIs, pero la particularidad fundamental se encuentra en que añade una regla de determinación de la fuente de las anualidades ("Una anualidad se considerará procedente de un Estado contratante en tanto que las aportaciones o pagos asociados a dicho elemento de renta cumplan los requisitos para ser deducibles a efectos fiscales en ese Estado"). No obstante lo anterior, el artículo 18 del CDI España-Finlandia de 1967, que sigue el artículo 18 ModCDI, se aplica hasta la conclusión del tercer año civil tras la entrada en vigor del CDI (lo cual ocurrió el 27 de julio de 2018, por lo que producirá efectos el artículo 18 del CDI de 1967 hasta finales de 2021), pero únicamente si la renta del artículo 18 está sujeta a imposición en el Estado contratante que resida el perceptor de la misma. A estos efectos, la Administración finlandesa emitió una nota aclarativa el día 21 de julio de 2016 (No. A81/200/2016) donde explica cómo tributan las pensiones en el CDI renegociado.

- El CDI España-Francia, de 10 de octubre de 1995, artículo 19.2.b) admite la tributación en el Estado de la fuente pagador de la pensión para las vinculadas a puestos de trabajo en el sector público si el perceptor tiene la doble nacionalidad del Estado pagador y del Estado donde reside. En el artículo 19 ModCDI la nacionalidad del Estado de residencia, aunque se tenga también la nacionalidad del Estado de procedencia de la pensión, determina que la misma tribute exclusivamente en el Estado de residencia; como puede observarse, en el CDI con Francia el resultado de la doble nacionalidad es el contrario, ya que el Estado del pagador puede gravar la pensión en este supuesto, vinculada a trabajos en el sector público. No existen peculiaridades en relación con las pensiones derivadas de trabajos anteriores que no estén vinculados al sector público.

- El CDI España-Filipinas, de 7 de septiembre de 1994, artículo 18, aplica la misma regla de distribución que el artículo 18 ModCDI a pensiones y anualidades, pero establece una excepción para las pensiones pagadas por la Seguridad Social de uno de los Estados contratantes, que sólo se someterán a tributación en el Estado de la fuente, y por ciertos planes de pensiones de empresas filipinas, que se gravarán también en Filipinas. Con respecto al concepto de pensión, que define, el artículo 18, destaca que dentro del mismo se incluyen sólo los pagos periódicos, la definición del término anualidad es similar a la que contienen otros CDIs citados más arriba.

- El CDI España-Hong-Kong, en relación con el artículo 18.2 (equivalente al artículo 19.2 ModCDI) aclara que cubre también las pensiones pagadas a antiguos empleados públicos cuando el ente público realizó la contribución a un plan de pensiones y es el plan quien realiza el pago (Protocolo párrafo 5).

- El CDI España-Indonesia, de 30 de mayo de 1995, artículo 18, prevé un tratamiento especial para las pensiones pagadas por un fondo de pensiones reconocido por el Gobierno y para los pagos efectuados en el sistema público de Seguridad Social, que sólo se someterán a gravamen en el Estado de la fuente.

- El CDI España-Irlanda, de 13 de octubre de 1994, artículo 18, sigue el artículo 18 ModCDI, pero equipara las anualidades a las pensiones. La definición de anualidades es similar a la que contienen otros CDIs.

- El CDI España-Jamaica, de 8 de julio de 2008, artículo 18, también incluye las anualidades en el precepto relativo a pensiones y da una definición de las mismas similar a la que contienen otros CDIs.

- El CDI España-Luxemburgo, de 10 de abril de 1987, artículo 18, atribuye al Estado de residencia del perceptor, como el ModCDI, el derecho a gravar las pensiones y demás remuneraciones análogas, pero, en relación con las pagadas por la Seguridad Social, atribuye el derecho a gravarlas de forma exclusiva al Estado de la fuente.

- El CDI España-Malasia, de 24 de mayo de 2006, artículo 18 sigue el ModCDI pero aplica también esta regla a las anualidades, que define en el párrafo 2 de manera similar al CDI con Argentina.

- El CDI España-Marruecos, de 4 de diciembre de 1984, artículo 18, contiene una disposición análoga al artículo 18 ModCDI, pero equipara las rentas vitalicias a las pensiones.

- El CDI España-Noruega, de 6 de octubre de 1999, artículo 18, sigue el artículo 18 ModCDI, pero incluye también a las anualidades, a las que se aplica la misma regla de distribución del poder tributario que a las pensiones.

- El CDI España-Nueva Zelanda, de 28 de julio de 2005, artículo 17, equipara el tratamiento de las pensiones públicas y privadas de manera que también las pensiones por ejercicio de cargos públicos están sujetas a tributación de forma exclusiva en el Estado de residencia del perceptor.

- El CDI España-Reino Unido, de 17 de febrero de 1976, artículo 18, también contiene una regla similar al artículo 18 ModCDI, pero aplica a las anualidades las mismas reglas que a las pensiones, definiendo las anualidades como lo hacen otros CDIs. El nuevo CDI con el Reino Unido, más en línea con el artículo 18 ModCDI, se refiere a 'pensiones y remuneraciones análogas'.

- El CDI España-Rumanía, de 17 de junio de 1980, artículo 18, atribuye la jurisdicción sobre las pensiones al Estado de residencia pero también aplica esta regla a las pensiones y otros pagos similares en concepto de pensiones alimenticias o por mantenimiento.

- El CDI España-Serbia, de 9 de marzo de 2009, artículo 18, sigue el MC OCDE, sin embargo, el párrafo III del Protocolo establece una regla similar a la que contiene el CDI con Croacia en el sentido de que lo dispuesto en el artículo 18 no será de aplicación cuando en virtud de la legislación de un Estado contratante el perceptor de la pensión o remuneración análoga residente en ese Estado esté exento o no sujeto a tributación en relación con esa renta. En tal caso, dicha pensión o remuneración puede gravarse en el otro Estado contratante.

- El CDI España-Suecia, de 7 de diciembre de 1976, artículo 18, equipara el tratamiento de pensiones y anualidades, definiendo estas últimas de forma similar a otros CDIs, de tal manera que sólo tributarán en el Estado de residencia del perceptor, pero los pagos realizados por la Seguridad Social o los pagos de una pensión realizados por un seguro de vida tributarán en el Estado de la fuente si el perceptor es nacional de ese Estado.

- El CDI España-Turquía, de 5 de julio de 2002, artículo 18, también equipara el tratamiento de pensiones y anualidades para aplicar una regla análoga al artículo 18 ModCDI y define anualidades de forma análoga a otros CDIs (v.gr. Argentina, Egipto).

- El CDI España-Venezuela sigue tanto en su artículo 18 (pensiones) como en su artículo 18 (servicios gubernamentales) el ModCDI, pero el párrafo X del Protocolo Anexo limita fuertemente los efectos temporales del artículo 19 al prever que no será de aplicación a los trabajadores cuyo contrato se haya celebrado con anterioridad a la entrada en vigencia del CDI.

6.   BIBLIOGRAFÍA

ANDREONI (2006), «Cross-border Tax Issues of Pensions», Intertax vol. 34 nº 5, p. 245 y ss.

BOBBETT Y AVERY JONES (2004), «Treaty Issues Related to the Treatment of Cross-Border Pension Contributions and Benefits», Bulletin for International Fiscal Documentation vol. 58, nº 1, p. 9.

BROWN, P. (2017), "Articles 18 and 19(2): Pensions" Global Tax Treaty Commentaries, Amsterdam: IBFD.

COMISIÓN DE LAS COMUNIDADES EUROPEAS, «Comunicación de la Comisión al Consejo, al Parlamento Europeo y al Comité Económico y Social sobre la eliminación de los obstáculos fiscales a las prestaciones por pensiones transfronterizas de los sistemas de empleo», Com (2001) 214, Bruselas, 19 de abril de 2001.

CONSEJO DE LA UNIÓN EUROPEA (2002), «Taxation of occupational pensions», documento 14508/Fisc. 293, Bruselas, de 19 noviembre 2002.

OCDE (2003), «Tax Treaty Issues Arising from Cross-Border Pensions», OCDE, Paris.

RUIZ GARCÍA (2004), «Comentario al artículo 18 ModCDI», en AA.VV., Comentarios a los Convenios para evitar la doble imposición y prevenir la evasión fiscal concluida por España, Fundación Barrié de la Maza, A Coruña.

VEGA BORREGO (2004), «Comentario al artículo 19 ModCDI», en AA.VV., Comentarios a los Convenios para evitar la doble imposición y prevenir la evasión fiscal concluida por España, Fundación Barrié de la Maza, A Coruña.

VEGA BORREGO (2010), «Rendimientos del trabajo y CDIs», en Serrano Antón (dir.), Fiscalidad Internacional, CEF, Madrid.

VOGEL, K. (1997), «On Double Taxation Conventions», Kluwer, Londres, La Haya, Boston, Comentarios al artículo 18 ModCDI.

III.13

FUNCIÓN PÚBLICA. REMUNERACIONES DEL SECTOR PÚBLICO

Montserrat Trapé Viladomat

III.13. FUNCIÓN PÚBLICA. REMUNERACIONES DEL SECTOR PÚBLICO

Sumario

FUNCIÓN PÚBLICA. REMUNERACIONES DEL SECTOR PÚBLICO

1. NOCIÓN DE REMUNERACIONES DEL SECTOR PÚBLICO

El artículo 19 ModCDI regula la distribución de la potestad tributaria de las remuneraciones de los empleados del sector público, consagrando como principio general el derecho imposición exclusivo a favor del Estado pagador de dicha categoría de rentas, si bien recoge, bajo determinadas circunstancias, un criterio excepcional basado en el principio de imposición compartida.

Este artículo, inspirado desde el Proyecto de Modelo de 1963 en disposiciones similares contenidas en antiguos convenios bilaterales, tiene como finalidad satisfacer los principios y reglas de cortesía internacional, el respeto mutuo entre Estados soberanos y se alinea con los postulados contenidos en los Convenios de Viena sobre Relaciones Diplomáticas y Consulares.

Aunque en un principio su ámbito de aplicación era bastante limitado debido a la escasa trascendencia del sector público, con el constante crecimiento de éste y la mayor presencia internacional de los Estados, su importancia y alcance ha aumentado considerablemente. Por ello, las diferencias de tratamiento respecto de rentas muy similares e incluso en ocasiones con perfiles que pueden llevar a la confusión –nos referimos concretamente a las pensiones recogidas en el artículo 18 del ModCDI– hace que sea, al menos, cuestionable la justificación de tales diferencias.

Este precepto se estructura en tres apartados:

- El primero establece los criterios de imposición de las retribuciones del personal en activo,
- El segundo los correspondientes a las pensiones de este mismo personal y
- El tercero delimita sus fronteras en relación con otras disposiciones del ModCDI que recogen la tributación de rentas afines.

Así, bajo el título de «Funciones públicas», el ModCDI dispone que:

«1.

a) Los sueldos, salarios y otras remuneraciones similares, excluidas las pensiones, pagadas por un Estado contratante o por una de sus subdivisiones políticas o entidades locales a una persona física, por los servicios prestados a ese Estado o a esa subdivisión o entidad, sólo pueden someterse a imposición en ese Estado.

b) Sin embargo, dichos sueldos, salarios y remuneraciones sólo pueden someterse a imposición en el otro Estado contratante si los servicios se prestan en ese Estado y la persona física es un residente de este Estado que:

i) es nacional de ese Estado, o
ii) No ha adquirido la condición de residente de ese Estado solamente para prestar los servicios.

2.

a) Las pensiones pagadas por un Estado contratante o por alguna de sus subdivisiones políticas o entidades locales, bien directamente o con cargo a fondos constituidos, a una persona física por razón de servicios prestados a ese Estado o a esa subdivisión o entidad, sólo pueden someterse a imposición en este Estado.

b) Sin embargo, estas pensiones sólo pueden someterse a imposición en el otro Estado contratante si la persona física es residente y nacional de ese Estado.

3. Lo dispuesto en los artículos 15, 16 y 18 se aplica a sueldos, salarios y otras remuneraciones similares, y a las pensiones, pagados por los servicios prestados en el marco de una actividad

empresarial realizada por un Estado contratante o por una de sus subdivisiones políticas o entidades locales».

El artículo 19 ModCDI considera remuneraciones del sector público y por ende extiende su ámbito de aplicación a los sueldos, salarios y otras remuneraciones similares que perciben los empleados públicos, así como a sus pensiones, resultando indiferente, a los efectos de la sujeción a este precepto, que dichas remuneraciones tengan naturaleza dineraria o en especie. Los CMC incluso recogen ejemplos concretos de estas últimas, mencionando el uso de una vivienda o automóvil, seguros médicos o de vida o pertenencia a asociaciones recreativas.

Dicha disposición sólo puede invocarse si existe una relación de dependencia laboral o funcionarial tanto respecto de un Estado como también respecto de sus subdivisiones políticas o entidades locales. Por consiguiente, quedan excluidas de este precepto las remuneraciones satisfechas por los entes públicos como contraprestación a servicios personales ejercidos en régimen de independencia que quedarán sujetas a las disposiciones del artículo 14 o artículo 7 del ModCDI.

El Modelo, adicionalmente, establece una limitación al ámbito objetivo de esta disposición al excluir en su apartado 3º las rentas satisfechas por una Administración pública a su personal en el ejercicio de una actividad empresarial. Dicha exclusión se fundamenta en el principio que sostiene que este precepto ha de comprender solamente las rentas que retribuyan el ejercicio de una función pública.

En algunas ocasiones, esta división no es diáfana y hay que acudir al concepto de «empresa» del artículo 3 del Modelo y a la propia definición de «beneficio empresarial» del artículo 7 para definir correctamente el ámbito de esta exclusión. El apdo. 6 a los CMC cita como muestra de actividades empresariales del sector público los ferrocarriles del Estado, los servicios postales o teatros nacionales. En estas circunstancias, el ModCDI se inclina por someter las rentas derivadas del trabajo a las reglas generales del artículo 15 ModCDI; al artículo 16ModCDI, si son participaciones de consejeros y otras remuneraciones análogas; al artículo 17 ModCDI, si son rentas de artistas y deportistas, o al artículo 18 si se refiere a pensiones.

Este postulado no es compartido por todos los Estados, como se verá, por lo que ciertos convenios extienden el ámbito objetivo de este artículo a las rentas de artistas o deportistas o incluso a las rentas derivadas de actividades claramente empresariales si se satisfacen con cargo a fondos públicos.

Los criterios que se acaban de definir respecto de las rentas comprendidas en el parr.1 del artículo 19 ModCDI son predicables también respecto de las pensiones. Estas pueden consistir tanto en cantidades periódicas como en una percepción única en forma de capital. La versión del año 2005 incorporó al término «pensiones» la expresión «y otras remuneraciones similares» y los CMC en su apdo.5.1 entienden que dicha expresión puede alcanzar a los pagos únicos. No obstante, en este último caso, no todas las cantidades a tanto alzado deberán incluirse en este precepto puesto que también podrían tener la naturaleza de sueldo (piénsese en un finiquito por la finalización de la relación laboral o similar) y estar sujetas a otra disposición del convenio.

Como se ha indicado, en este artículo se ubican sólo las «pensiones públicas», es decir aquéllas que traigan su causa en una relación de dependencia previa por prestación de servicios a una administración pública y sean satisfechas por ella. Acoge tanto a las pensiones pagadas directamente por un ente público como las satisfechas por su cuenta con cargo a fondos por él constituidos como puede ser una mutualidad de funcionarios. Los CMC interpretan que esta expresión abarca aquellas pensiones pagadas por fondos separados siempre que hayan sido creados por un ente público sin que sea preciso que el capital inicial al fondo haya sido aportado por este ente. Al igual que los CMC anteriores comparte el criterio ya consolidado de incluir en esta categoría los fondos creados por un ente público aunque sean administrados o gestionados por una entidad privada, hecho cada vez más frecuente, por otra parte.

La versión de los CMC de 2003 introdujo la situación peculiar de aquellas pensiones que pueden considerarse parte públicas y parte privadas ya sea porque el funcionario tiene un solo plan de pensiones a pesar de haber servido tanto en el sector público como en el privado durante su vida laboral como porque el ente a cuyo servicio estaba destinado hubiera experimentado un proceso de privatización durante el período en que el empleado prestó sus servicios. Los CMC consideran que la ubicación definitiva de estas pensiones depende en parte del destino de los derechos consolidados. En este sentido, si el plan de pensiones era inicialmente público y fue transferido a un plan de carácter privado, las pensiones que se obtengan con cargo al mismo no podrán ampararse en las disposiciones del artículo 19 por no concurrir en este caso el requisito necesario de ser sufragadas por un ente público. En el caso inverso, es decir en el supuesto de un plan de pensiones inicialmente privado que fuera movilizado hacia uno público, la naturaleza y la ubicación de las pensiones derivadas del mismo resulta más discutible. Algunos Estados optan por caracterizar de pública la integridad de estas pensiones mientras que otros Estados defienden la discriminación de las mismas en función de su origen inicial, salvo que una categoría resulte residual en cuyo caso se consideraría que todas las pensiones provienen del plan principal.

Finalmente, los CMC confirman que esta disposición no pretende restringir la aplicación de las normas de derecho internacional que regulan el estatuto de las misiones diplomáticas o de las oficinas consulares. De hecho, el artículo 19 no neutraliza ni limita el principio contenido en el artículo 28 del ModCDI el cual tiene por finalidad garantizar a las personas destinadas a las misiones diplomáticas y dependencias consulares la aplicación de un trato al menos tan favorable como aquél al que tienen derecho conforme a las normas o acuerdos internacionales especiales.

2. POTESTAD DE IMPOSICIÓN

Aunque las reglas relativas a la potestad de imposición se contienen en los dos primeros párrafos de este artículo, recogiendo el primero de ellos las normas relativas a los sueldos, salarios o retribuciones similares y el segundo las correspondientes a las pensiones, como se ha indicado, ambos párrafos siguen criterios comunes.

El artículo 19 consagra el principio general de tributación exclusiva en el Estado pagador de las rentas con independencia del lugar donde se ejerza la función pública. Esta regla, inversa a la sostenida por el ModCDI para las rentas derivadas del trabajo (artículo 15 ModCDI) que se inclina mayoritariamente por atribuir la potestad tributaria al Estado de residencia del perceptor, constituye un criterio muy consolidado entre países miembros de la OCDE al haberse seguido en un número destacable de convenios vigentes.

La renuncia a gravar esta categoría de rentas por parte del Estado de residencia comporta que los países que aplican en sus convenios con carácter general el método de imputación para evitar la doble imposición asuman el compromiso de adaptar este artículo al método de exención, incluyendo la expresión «solamente» con el objeto de clarificar la potestad exclusiva a favor del Estado pagador. El Modelo, no obstante, autoriza al Estado de residencia a convenir en el artículo 23 la opción del método de exención con progresividad en relación con las rentas cubiertas por este precepto de tal forma que queden habilitados para incluir el importe de las remuneraciones, pensiones o similares en la base del impuesto a los solos efectos de determinar el tipo impositivo medio aplicable al impuesto sobre la renta.

Tanto el apartado 1 como el apartado 2 en su respectiva letra b) recogen una excepción al principio general que atribuye el derecho exclusivo de imposición al Estado pagador. Esta excepción se basa, al contrario de la regla anterior, en atribuir al Estado receptor o Estado de destino la potestad para gravar las remuneraciones pagadas a los empleados públicos cuando éstos, además de la residencia en ese Estado, ostenten la nacionalidad del mismo o hayan sido residentes en ese Estado con anterioridad al inicio de su prestación de servicios a favor del Estado extranjero.

En relación con las pensiones, este criterio excepcional de tributación en el Estado de destino también se incorpora, en consonancia con el apartado 1, si bien se adapta a la circunstancia del pensionista requiriendo que sea residente y nacional de este último.

En ambos casos, este cambio de criterio de imposición se justifica por la escasa vinculación con el Estado pagador que puede predicarse de los empleados públicos que han sido nacionales o residentes del Estado donde prestan o han prestado efectivamente sus servicios con anterioridad a su contratación por la Administración pública extranjera.

Aunque en ningún caso el cargo o puesto de trabajo concreto tiene influencia en el contenido de este precepto, los requisitos que condicionan el criterio excepcional suelen darse en la práctica más habitualmente en puestos de trabajo de naturaleza administrativa, auxiliar o de apoyo puesto que muchos puestos de trabajo vinculados a la representación de un Estado en el extranjero o al ejercicio de una potestad administrativa se suelen reservar a favor de nacionales de ese Estado.

La DGT ha venido sintetizando en distintas consultas (CCDGT 30 de diciembre de 1998, DGT consulta general 0394-00 de 1-3-2000, 24 de mayo de 2002, y DGT V0429-17 de 17-2-2017) las distintas situaciones en que pueden encontrarse el personal contratado en el extranjero por una Administración española. De las mismas, se pueden extraer las siguientes conclusiones generales:

1. Si las personas tienen nacionalidad española y su residencia en el extranjero es la causa de su traslado al extranjero para desarrollar allí las funciones para las que han sido contratados, están sujetos al IRPF.
2. Si no tienen nacionalidad española o, aun teniéndola, hubieran sido residentes en el Estado donde prestan sus servicios con anterioridad a su contratación por la Administración española, están sujetos al IRNR.
3. Si, bajo las mismas circunstancias, el convenio que vincula a España con el otro Estado contratante donde se prestan los servicios ha adoptado bilateralmente el principio recogido en el ModCDI de tributación exclusiva en el Estado donde se prestan los servicios, estas rentas se hallan exentas del IRNR.
4. Si el personal posee la nacionalidad de un tercer Estado y adquiere la residencia en el otro Estado por razón de su empleo con la Administración española, sus rentas quedan sujetas al IRNR.

Hay numerosas consultas sobre este tema. Destacamos, en primer lugar, consultas antiguas para continuar con unas muy recientes. Del análisis de ambos grupos de contestaciones s aprecia el criterio consolidado al que nos referíamos.

La DGT V0024-02, de 24-6-2002, en la cual un residente en España pregunta por la tributación de una pensión satisfecha por el cantón de Ginebra, indica que, al tratarse de una pensión abonada por una subdivisión política del Estado suizo y pagarse en consideración a trabajos prestados anteriormente para un organismo político suizo. La DGT V0134-05 de 28-3-2005 confirma este criterio. En efecto, en relación con el caso planteado en que la consultante es una persona de nacionalidad británica y residente en España que percibe pensiones del Gobierno del Reino Unido por haber sido funcionaria de la Administración de dicho Estado concluye que si la pensión se paga con cargo a fondos creados por el Reino Unido, en consideración a servicios prestados anteriormente al Gobierno del Reino Unido, dicha pensión sólo puede someterse a imposición en el Reino Unido, siempre que la persona que la percibe, residente en España, no posea la nacionalidad española, en cuyo caso, sólo estaría sometida a imposición en España, de acuerdo con lo dispuesto en el artículo 19.3 del Convenio Hispano-Británico.

La contestación vinculante, DGT V1813-07 de 3-9-2007, ante una consulta formulada por un contratado por la Embajada de Brasil en Madrid, de nacionalidad brasileña y no residente en España con anterioridad a su contratación por la Embajada, recoge en primer lugar lo dispuesto en el artículo 34 y 37 de la Convención de Viena sobre Relaciones Diplomáticas, de 18 de abril de 1961. En su virtud, los miembros del personal administrativo y técnico, así como los miembros del personal de servicios, de las misiones diplomáticas, siempre que no sean nacionales del Estado receptor ni tengan su residencia permanente en el mismo, estarán exentos de impuestos y gravámenes sobre los salarios que perciban por los servicios prestados a la misión diplomática. Reitera que las mismas condiciones para disfrutar de la exención de impuestos se recogen en el artículo 19 del CDI con Brasil que establece la tributación exclusiva en el Estado que paga las remuneraciones, salvo que se tenga la nacionalidad en el Estado receptor o se tuviera la residencia en dicho Estado con independencia de la prestación de tales servicios. En consecuencia, dichas remuneraciones estarán exentas de tributación en España. No obstante, la adquisición de la nacionalidad española en un momento determinado trae como consecuencia que las remuneraciones que se perciban por los servicios prestados a la Embajada a partir de aquel momento queden sometidas a imposición, de forma exclusiva, en España en virtud de lo dispuesto en el artículo 19.2 del CDI citado.

La versión del Modelo de 2010 no incorporó novedad o modificación alguna en relación con este artículo. Así se aprecia en dos consultas de la DGT que confirman todos los criterios anteriores. En la primera, DGT V1261-11 de 20-5-2011, la DGT entendió que una pensión de viudedad que trae causa en un empleo previo en una entidad que dependía del Estado irlandés del marido de la consultante, queda sujeta a los términos del artículo 19, ya sea en su apartado 3 si la entidad llevaba a cabo una actividad empresarial o al apartado 2 si no era el caso. La segunda, DGT V2095-11, de 19-9-2011, reitera que una indemnización, para quedar sujeta a las disposiciones de este precepto debe tener por causa un trabajo o servicio previo prestado a favor del Estado u otro ente público porque de lo contrario, la ubicación correcta es el artículo 22.

Los CMC del Modelo de 2014 no modifican este precepto pero incorporan una precisión introducida por Alemania en virtud de la cual se reserva el derecho de incluir un precepto para regular la situación de empleados al servicio de determinadas instituciones jurídicas financiadas con fondos públicos tales como el Instituto Goethe. Así. La DGT V1567-16 de 13-4-2016, en relación a las rentas obtenidas por su trabajo en el Instituto Goethe de Madrid, confirma que estas rentas sólo podrán someterse a imposición en Alemania, salvo que su perceptor fuera nacional y residente en España en cuyo caso sólo podrían someterse a imposición en España.

Las últimas consultas de la DGT vienen a consolidar todos los criterios mantenidos en las anteriores y la forma de razonar es en todos los casos parecida. Destacamos por su interés las siguientes:

- DGT V3974-15 de 14-12-2015: residente en Portugal que pregunta sobre el régimen tributario que aplicaría en el rescate de planes pensiones. En esta contestación, la DGT distingue dos situaciones según el plan de pensiones tenga o no origen en un empleo anterior. Si procede de un empleo anterior, a su vez hay que distinguir si el empleo anterior era público o privado. Sólo en el caso de que fuera público aplica el artículo 19 en los mismos términos que las consultas anteriores. Si el empleo anterior era privado, aplica el artículo 18 y estas rentas estarán sometidas en el Estado de residencia. Recuérdese finalmente que si no provienen de un empleo anterior, estas rentas se regirán por el artículo 22 bajo el título de "otras rentas". En el mismo sentido concluyen las DGT V1197-16 de 23-3-2016, DGT V3313-16 de 14-7-2016, DGT V2555-16 de 9-6-2016, DGT V2699-16 de 15-6-2016 y DGT V2627-16 de 13-6-2016. En estas dos últimas, además se aclara que aunque el perceptor no sea quien había prestado los servicios en el pasado (por ejemplo, pensión de vejez o viudedad), las rentas mantienen el mismo régimen que si el perceptor hubiera sido el funcionario público, empleado o careciera de conexión respecto a un empleo anterior.

- DGT V1160-16 de 22-3-2016. En este caso se pregunta por la tributación de las rentas obtenidas por una persona de nacionalidad española por razón de un empleo en la Embajada de España en Riad. Destaca en este caso que la consultante no pierde la residencia fiscal en España y por ello es España quien puede someter estas rentas a tributación tanto por ser el Estado pagador como el Estado de residencia.

- DGT V0429-17 de 17-2-2017. Esta consulta tiene por objeto conocer la tributación de una persona física con doble nacionalidad española- francesa que, trabajando en Francia al servicio de una persona jurídica de derecho público, es cedido temporalmente, por medio de una comisión de servicio, a una agencia de la Unión Europea con sede en España abonándole además de su sueldo contractual un complemento de destino. Tras analizar si el traslado de sede y destinatario del trabajo (agencia de la UE) altera o no la residencia fiscal original de la persona física, por aplicación del artículo 14 del Protocolo sobre Privilegios e Inmunidades de las Comunidades Europeas (DOCE L152, de 13 de junio de 1967), concluye que el protocolo comunitario no es de aplicación a este caso puesto que el consultante no forma parte del personal estatutario de la institución comunitaria sino que es personal externo. Por ello, remite a las normas internas españolas la cuestión de la residencia y de su tributación. En relación con la tributación de la renta, se distinguen dos situaciones distintas:

El salario contractual básico que continua abonando la entidad pública francesa, efectivamente queda sujeta al artículo 19 por ser ésta una persona jurídica de derecho público del Estado francés y la renta queda sujeta exclusivamente en Francia.

El complemento de destino, por el contrario, se considera que, al recibirse por el empleo ejercido en España para una agencia, en calidad de personal externo, tiene la naturaleza de renta derivada del trabajo dependiente y queda sujeta al artículo 15 del CDI sin que pueda invocarse, por este complemento, ninguna especialidad. Por ello, aunque el pagador continúa siendo una persona jurídica de derecho público francesa, al ejercerse el trabajo en España, esta renta queda sujeta con exclusividad en España.

- DGT V0695-18 de 15-3-2018. Esta consulta pregunta sobre la tributación de un nacional portugués que presta sus servicios de carácter administrativo a la embajada de Portugal en Madrid con la particularidad que residía en España con anterioridad al inicio de su trabajo en la Embajada, es decir que la residencia en España no la adquirió a raíz de su trabajo en la embajada. Precisamente, sobre la base de su residencia en España con anterioridad al inicio de su relación laboral en la Embajada, la DGT fundamentando su contestación en el artículo 19.1.b del Convenio, concluye que estas rentas han de tributar en España.

3. TRIBUTACIÓN EFECTIVA SEGÚN LA LEGISLACIÓN DOMÉSTICA

3.1. Normas especiales relativas a la residencia fiscal

Desde la perspectiva de la legislación interna, el examen de la tributación de los empleados públicos exige efectuar una mención previa al estatuto especial de residencia fiscal que se aplica tanto al personal desplazado al extranjero al servicio de una Administración española como al personal «impatriado» que sirve en nuestro país a una Administración extranjera. En este sentido, el artículo 10.1 de la LIRPF dispone que:

«A los efectos de esta ley, se considerarán contribuyentes las personas de nacionalidad española, su cónyuge no separado legalmente e hijos menores de edad que tuviesen su residencia habitual en el extranjero, por su condición de:

a) Miembros de misiones diplomáticas españolas, comprendiendo tanto al jefe de la misión como a los miembros del personal diplomático, administrativo, técnico o de servicios de la misión.

b) Miembros de las oficinas consulares españolas, comprendiendo tanto al jefe de éstas como al funcionario o personal de servicios a ellas adscritos, con excepción de los vicecónsules honorarios o agentes consulares honorarios y del personal dependiente de ellos.

c) Titulares de cargo o empleo oficial del Estado español como miembros de las delegaciones y representaciones permanentes acreditadas ante organismos internacionales o que formen parte de delegaciones o misiones de observadores en el extranjero.

d) Funcionarios en activo que ejerzan en el extranjero cargo o empleo oficial que no tenga carácter diplomático o consular.»

Sin embargo, dicha norma no se aplica:

a) Cuando las personas a que se refiere el ordinal 1 de este apartado no sean funcionarios públicos en activo o titulares de cargo o empleo oficial y tuvieran su residencia habitual en el extranjero con anterioridad a la adquisición de cualquiera de las condiciones enumeradas en aquél.

b) En el caso de los cónyuges no separados legalmente o hijos menores de edad, cuando tuvieran su residencia habitual en el extranjero con anterioridad a la adquisición por el cónyuge, el padre o la madre, de las condiciones enumeradas en el ordinal 1.

Por otra parte, el TRLIRNR considera sujetas a imposición a las personas físicas que sean residentes en territorio español por alguna de las circunstancias previstas en la LIRPF amparando la situación inversa.

Sobre la base del principio de reciprocidad, el apartado 4 del artículo 9 dispone que:

«Cuando no proceda la aplicación de normas específicas derivadas de los tratados internacionales en los que España sea parte, no se considerarán contribuyentes, a título de reciprocidad, los nacionales extranjeros que tengan su residencia habitual en España, cuando esta circunstancia fuera consecuencia de alguno de los supuestos establecidos en el apartado 2 de este artículo.»

Por consiguiente, en términos generales, con la precaución de advertir que cada caso debe examinarse de forma individualizada y valorando sus circunstancias específicas, se puede sostener que el personal de nacionalidad española al servicio de la Administración española desplazado al extranjero por esta causa muy probablemente mantendrá su residencia fiscal española por lo que estará sujeto al IRPF por su renta mundial sin perjuicio de las singularidades que pueda ofrecer dicho tributo –dietas y gastos exceptuados de gravamen entre otros–, como se ve a continuación.

3.2. Régimen fiscal aplicable a los sujetos residentes en territorio español

Los sueldos, salarios y demás retribuciones que obtienen las personas físicas derivados de su trabajo se califican de rendimientos íntegros del trabajo (artículo 17.1 LIRPF). Su cuantificación subordinada, en su caso, a las disposiciones fiscales contenidas en Tratados Internacionales que en este capítulo pueden tener una importante incidencia, viene determinada por las normas generales que desarrollan la deducción de gastos para calcular el rendimiento neto de trabajo (artículo 19 LIRPF). Además, su condición de sujeto del IRPF les habilita para aplicar las reducciones por obtención de rendimientos del trabajo (artículo 20 LIRPF).

Las anteriores disposiciones de general aplicación a los rendimientos de trabajo en general vienen moduladas por una disposición específica. El artículo 8.A.3.b) del RIRPF define como dietas exceptuadas de gravamen del IRPF:

«El exceso que perciban los funcionarios públicos españoles con destino en el extranjero sobre las retribuciones totales que obtendrían en el supuesto de hallarse destinados en España, como consecuencia de la aplicación de los módulos y de la percepción de las indemnizaciones previstas en los artículos 4, 5 y 6 del Real Decreto 6/1995, de 13 de enero, por el que se regula el régimen de retribuciones de los funcionarios destinados en el extranjero, y calculando dicho exceso en la forma prevista en dicho Real Decreto, y la indemnización prevista en el artículo 25.1 y 2 del Real Decreto 462/2002, de 24 de mayo, sobre indemnizaciones por razón del servicio.

El exceso que perciba el personal al servicio de la Administración del Estado con destino en el extranjero sobre las retribuciones totales que obtendría por sueldos, trienios, complementos o incentivos, en el supuesto de hallarse destinado en España. A estos efectos, el órgano competente en materia retributiva acordará las equiparaciones retributivas que puedan corresponder a dicho personal si estuviese destinado en España.

El exceso percibido por los funcionarios y el personal al servicio de otras Administraciones Públicas, en la medida que tengan la misma finalidad que los contemplados en los artículos 4, 5 y 6 del Real Decreto 6/1995, de 13 de enero, por el que se regula el régimen de retribuciones de los funcionarios destinados en el extranjero o no exceda de las equiparaciones retributivas, respectivamente.

El exceso que perciban los empleados de empresas, con destino en el extranjero, sobre las retribuciones totales que obtendrían por sueldos, jornales, antigüedad, pagas extraordinarias, incluso la de beneficios, ayuda familiar o cualquier otro concepto, por razón de cargo, empleo, categoría o profesión en el supuesto de hallarse destinados en España.»

Este artículo ha sido objeto de una dura crítica por parte de cierto sector doctrinal, y no sin razón, por su falta de respeto al principio de reserva de ley. Sin entrar en el grado de justicia tributaria que avala esta norma reglamentaria, parece incontestable el afirmar que excluye de tributación una parte de retribuciones que perciben los funcionarios destinados al extranjero sin que dichos excesos sean estrictamente compensaciones o dietas por gastos de viajes. De hecho, la única referencia a nivel legal de estos excesos exentos de imposición se encuentra marginalmente en el artículo 7 de la LIRPF cuando, con ocasión de establecer la exención relativa los rendimientos del trabajo percibidos por trabajos efectivamente realizados en el extranjero (artículo 7 p), matiza que dicha exención es incompatible con los excesos excluidos de tributación previstos en el artículo 8.A.3.b) del RIRPF.

3.3.   Régimen aplicable a los sujetos no residentes en territorio español

El artículo 13.1.c del TRLIRNR considera obtenidas en territorio español «las retribuciones públicas satisfechas por la Administración española» y, al igual que el IRPF, ubica estas rentas dentro de la categoría de rendimientos de trabajo.

El punto de conexión que fundamenta la atracción a la órbita del IRNR es el «criterio del pago». Siempre que el ente pagador de la retribución sea una Administración española, tanto estatal, como autonómica o local, la renta obtenida por el empleado público no residente se considera, en principio, obtenida en territorio español.

El TRIRNR recoge como única restricción al derecho de gravamen del Estado pagador el caso que «el trabajo se preste íntegramente en el extranjero y tales rendimientos estén sujetos a un impuesto de naturaleza personal». De la redacción de la norma doméstica se deduce que el criterio excepcional del Modelo a favor de la tributación en el Estado de residencia no se ve reproducido en el IRNR. En consecuencia, los empleados al servicio de la Administración española en el extranjero que tengan la nacionalidad o residencia previa del país donde trabajan están sujetas al IRNR siempre que no se encuentren sometidos a un impuesto personal (noción ésta que la DGT interpreta con bastante elasticidad –ver CCDGT de 21 de enero de 2003–) o estén protegidos por un convenio que prevea que dichas rentas tributen por excepción exclusivamente en su Estado de residencia.

En relación con las pensiones derivadas de empleos anteriores, el TRIRNR no distingue entre pensiones públicas o privadas en función de la naturaleza de la entidad pública o privada que sufragó los fondos con cargo a las cuales se abonan las pensiones, a diferencia del ModCDI que sí separa las pensiones públicas de las pensiones privadas. Ambas categorías se hallan unificadas en la letra d) del artículo 13.1 del TRLIRNR. Esta discrepancia de criterios clasificatorios no comporta, sin embargo, consecuencias prácticas.

El TRLIRNR no contiene ninguna exención específica aplicable a las retribuciones satisfechas por el sector público –a salvo el recorte antes mencionado al criterio de atracción– por lo que quedan sujetas a este impuesto el importe total de las retribuciones obtenidas por los sujetos no residentes.

Constituye la base imponible el importe de la renta íntegra. Las rentas en especie están igualmente sujetas al IRNR y se valoran por su valor de mercado y, en su caso, de acuerdo con las reglas de valoración del artículo 43 de la LIRPF.

El artículo 25.c) del TRLIRNR establece un tipo reducido del 8% aplicable a los rendimientos de trabajo de personas físicas, que no sean contribuyentes del IRPF y presten sus servicios en misiones diplomáticas y representaciones consulares de España en el extranjero, salvo que queden sometidos a normas específicas derivadas de tratados internacionales de los que España forme parte.

Este tipo reducido no cubre todas las retribuciones derivadas de empleos en el sector público sino exclusivamente los servicios prestados en misiones diplomáticas u oficinas consulares. Fuera de estos casos, el tipo general aplicable es el 24%.

Desde la óptica de las obligaciones formales y en concreto respecto de la obligación de retener, debe anotarse que la Ley 62/2003 modificó el texto de la Ley del IRNR exonerando de dicha obligación a las misiones diplomáticas y oficinas consulares, en paralelo con lo previsto en el artículo 105, antes 101 de la LIRPF (en sentido similar debe tenerse en cuenta, Resolución del TEAC de 22 de noviembre de 2002), extremo éste tradicionalmente problemático y generador de conflictos, en especial, en relación con las rentas laborales satisfechas por Embajadas de Estados extranjeros en España.

4.   SINGULARIDADES[1]

4.1.   Singularidades derivadas de los convenios bilaterales

La primera nota distintiva que presentan muchos convenios suscritos por España en relación con el ModCDI radica en la utilización del término «remuneraciones» en lugar de la más compleja y, a la vez, concreta expresión utilizada en el ModCDI de «sueldos, salarios y otras remuneraciones similares». Inicialmente, esta diferencia puede no parecer sustancial y de hecho puede responder a un desajuste temporal entre el ModCDI en vigor actualmente y determinados convenios antiguos negociados al amparo de versiones anteriores a una modificación aprobada en 1994, fecha en que fue introducida esta expresión. Sin duda, la versión del año 1994 es más precisa en cuanto a su definición y menos abierta que el texto inicial. Los últimos CDI, sin embargo, ya adoptan la misma expresión que la contenida en el ModCDI.

Algunos convenios amplían el ámbito objetivo del precepto. Destacan dentro de este grupo los CDI con Suiza, que incluyen a Organismos Autónomos y personas jurídicas de Derecho Público, y el de Francia que, además de Organismos Autónomos y personas jurídicas, curiosamente lo amplía a los centros de enseñanza. El Convenio con Corea incluye las Agencias Gubernamentales que desarrollan funciones de carácter gubernamental y un único Convenio, el convenio con Suiza, no contiene la limitación del párrafo 3º relativo a la exclusión de actividades económicas.

Desde la óptica de los criterios de tributación, muchos convenios condicionan la aplicación de la regla excepcional de tributación en el Estado de destino a la posesión de la nacionalidad de este Estado, al margen de tener la residencia en este último. Dicho requisito adicional se recoge en los convenios con Albania, Andorra, Costa Rica, El Salvador, Finlandia, Francia, Japón, Moldavia, Nigeria, Omán, Panamá, Pakistán, República de Kazajstán, República de Georgia, Senegal, Singapur, Trinidad y Tobago, Uzbekistán. Los convenios con Bélgica y Alemania optan en este supuesto por el criterio de tributación compartida.

El Convenio con los Países Bajos no sigue el criterio de imposición en el Estado donde se ejerce el empleo sino el criterio de tributación compartida y el Convenio con Austria, por su parte, no recoge la regla excepcional de tributación en el Estado de residencia por lo que en todos los casos estas rentas quedan sujetas en el Estado pagador. El Convenio con Canadá deja exentas las pensiones en el Estado de la fuente si están exentas en el Estado de residencia conforme a su normativa doméstica.

El Convenio con Francia incluye en el marco del artículo, como se ha destacado, las rentas satisfechas por personas jurídicas de derecho público. En relación con ello, una DGT V0002-00 de 2-2-2000 dispone que las remuneraciones satisfechas por dos empresas públicas españolas, a pesar de estar constituidas por capitales públicos, dado que se dedican a actividades comerciales o industriales, no están sometidas al artículo 19 ModCDI. Por su parte, la DGT consulta general 0594-01 de 21-3-2001, en referencia al Acuerdo de 29 de octubre de 1999 en relación con la interpretación de «centros de enseñanza» entiende que esta expresión abarca a las personas contratadas por el Liceo Francés siempre que sean de nacionalidad francesa por lo que sus rentas sólo pueden someterse a imposición en Francia (sobre este punto puede verse el Canje de Cartas entre las autoridades españolas y francesas respecto de la situación fiscal de determinados centros culturales publicado el 14 de agosto de 2004).

Algunos más recientes CDI, entre otros, los de Costa Rica, Catar, Nueva Zelanda, Emiratos Árabes Unidos, Finlandia, Panamá, Pakistán, Singapur estructuralmente se apartan del modelo comentado. El artículo 18, de ambos CDI bajo el título de «función pública», recoge exclusivamente las reglas

---

(1)   Nótese que desde el 1 de enero de 2009, el CDI con Dinamarca deja de estar en vigor por haber sido denunciado por aquel país según nota de 10 de junio de 2008 (BOE de 19 de noviembre de 2008).

Convenios de doble imposición

referentes a sueldos, salarios y otras remuneraciones similares siguiendo las pautas comentadas del ModCDI. El apartado referido a pensiones, por el contrario, se ubica en el artículo anterior que recoge, bajo su órbita, tanto las pensiones procedentes del sector público como del sector privado, otorgando al Estado de residencia, en ambos casos, la potestad exclusiva de gravamen. De esta forma, se restringe, a nivel de pensiones, el derecho de gravamen del Estado de la fuente.

4.2. Singularidades derivadas de otros Tratados Internacionales

Algunos convenios y otras disposiciones de derecho internacional contienen normas de naturaleza fiscal que se refieren al gravamen de las rentas de los funcionarios destinados a organismos internacionales. Así, por ejemplo, el Protocolo sobre Privilegios e Inmunidades de las Comunidades Europeas mantiene la residencia fiscal en territorio español para los funcionarios que, habiendo gozado de la residencia en España, entren al servicio de la UE y deban por ello trasladar su residencia a otro Estado dentro de la Unión. Las retribuciones que satisfaga la UE están exentas en España. A juicio de la CCDGT de 13 de marzo de 1997, su importe no computa para determinar si están obligados o no a presentar la declaración por el IRPF. O los Convenios de Viena sobre relaciones diplomáticas y sobre relaciones consulares de 18 de abril de 1961 y 24 de abril de 1963 respectivamente, al margen de los privilegios e inmunidades, establecen como regla general la tributación por las rentas mundiales en España –lugar de situación de la embajada o el consulado– si el personal tiene nacionalidad española o ha sido residente fiscal en España con anterioridad a su entrada al servicio de la embajada o consulado. El personal de nacionalidad extranjera que se ha trasladado por razones laborales queda sujeto al IRNR por las rentas territoriales con excepción de las retribuciones que perciba por su trabajo.

Estos mismos criterios suelen derivarse de los acuerdos que regulan la organización de Organismos Internacionales, por lo que la consulta en cada caso deviene imprescindible (ver Capítulo VI, *in fine*).

5. BIBLIOGRAFÍA

CALDERÓN CARRERO Y MARTÍN JIMÉNEZ (2004), *«Comentarios a los CDIs españoles»*, Fundación Barrié, A Coruña.

CARMONA FERNÁNDEZ (2009), en *«Manual Impuesto sobre la Renta de no Residentes»*, CISS, Valencia.

CARMONA FERNÁNDEZ (2007), *«Guía del IRNR»*, CISS, Valencia.

VOGEL, K. (1997), *«On Double Taxation Conventions»*, Kluwer, Londres, La Haya, Boston.

III.14

ESTUDIANTES Y PROFESORES

Montserrat Trapé Viladomat

III.14. ESTUDIANTES Y PROFESORES

Sumario

ESTUDIANTES Y PROFESORES

1. NOCIÓN DE RENTAS DE ESTUDIANTES

El ModCDI dedica un precepto específico a la regulación de las rentas que perciben los estudiantes o personas en condiciones asimiladas desplazados a otro país para continuar su formación. Su finalidad es evitar que surjan obstáculos por motivos fiscales a dichos desplazamientos o intercambios cada vez más habituales. La necesidad de fomentar estas prácticas explica que el ModCDI haya propuesto desde sus primeros textos una distribución de la competencia basándose en un modelo simple cuyo principio inspirador es la tributación de estas rentas exclusivamente en el Estado de residencia del estudiante o persona en prácticas.

En efecto, el artículo 20 ModCDI fija el régimen tributario de las rentas que reciben los estudiantes residentes en un Estado contratante durante el período en que permanecen en el otro Estado por razón de sus estudios o por trabajos en prácticas, denegando, bajo determinadas condiciones, la potestad tributaria para gravar dichas rentas al Estado contratante donde desarrollen estos estudios o ejerzan dichos trabajos en prácticas.

El artículo 20 del ModCDI bajo el título de *«Estudiantes»* dispone que:

> *«Las cantidades que reciba para cubrir sus gastos de mantenimiento, estudios o formación práctica un estudiante o una persona en prácticas que sea, o haya sido inmediatamente antes de llegar a un Estado contratante residente del otro Estado contratante y que se encuentre en el Estado mencionado en primer lugar con el único fin de proseguir sus estudios o formación práctica, no pueden someterse a imposición en ese Estado siempre que procedan de fuentes situadas fuera de ese Estado».*

La procedencia de esta exención requiere la concurrencia de una serie de requisitos cuya finalidad es evitar una extensión del ámbito de este artículo, especialmente en relación con otras rentas cuya delimitación, en particular cuando concurre una «prestación de servicios», puede resultar oscura.

Desde una perspectiva subjetiva, este artículo se refiere exclusivamente a personas que tengan el estatuto de estudiante o ejerzan trabajos en prácticas *(trainees)* y exige, como condición de aplicabilidad, que el estudiante sea residente en uno de los Estados contratantes o lo haya sido hasta el momento de su cambio de domicilio al otro Estado por razón de los estudios.

Quedan excluidos, por no respetar dicha condición, aquellas personas que, aunque originalmente hubieran sido residentes de uno de los Estados contratantes, hubieran perdido la residencia con anterioridad y por causa distinta a su traslado al otro Estado por razón de los estudios o prácticas. La condición de residente de un Estado contratante se exige en el momento del desplazamiento pero no es requisito para la invocación de este artículo que la residencia en el primer Estado se mantenga durante toda la estancia del estudiante. Sí resulta necesario para gozar del derecho al CDI correspondiente que el estudiante sea residente de alguno de los Estados contratantes, pero pudiera acontecer, especialmente en estancias más largas, que el estudiante adquiriera la residencia del Estado donde originalmente se había desplazado.

En principio, el ModCDI no extiende el ámbito de este precepto a los profesores, a pesar de lo cual muchos CDIs, con el fin de favorecer el intercambio cultural y evitar situaciones, aunque temporales, de doble imposición no deseables, extienden esta disposición a las rentas obtenidas por profesores visitantes, personal investigador o asimilados ya sea en el mismo precepto o en otro separado.

El desplazamiento del estudiante ha de responder a complementar su formación, aunque podría ir en contra del espíritu del precepto interpretar este requisito de forma muy estricta. Por este motivo, hay que atender al propósito esencial de la estancia para determinar si su finalidad es esencialmente educativa o, por el contrario, está presidida por otras finalidades ajenas a la formación.

Objetivamente, este artículo abarca cualquier renta cuya finalidad sea cubrir los gastos de sostenimiento, estudios o formación práctica de los estudiantes (*payments for the purpose of his maintenance, education or training*) siempre que proceda de fuentes exteriores al Estado donde efectivamente llevan a cabo sus estudios o formación. Comprende, por ello, tanto rentas procedentes de pagadores residentes del mismo Estado que el estudiante –supuesto más frecuente– como rentas procedentes de terceros países.

La naturaleza de las rentas a las que se refiere esta norma puede ser muy variopinta ya que el ModCDI no limita la aplicación de este artículo a rentas con una denominación específica. Las becas, subvenciones y ayudas de estudio o investigación tanto públicas como privadas conforman el grupo más característico y propio de este artículo, pero también pueden someterse a sus dictados cualquier otra renta que reciba el estudiante de fuente exterior con independencia de su denominación o carácter del pagador siempre que respete los criterios y especialmente la finalidad descritos. Es de notar, no obstante, que si un estudiante percibe una renta con unos rasgos que la ubiquen dentro de una categoría específica sujeta a una disposición concreta de un convenio, por ejemplo, un dividendo, dicho régimen jurídico no se ve alterado por el hecho de que su perceptor sea un estudiante. En efecto, un dividendo se obtiene por la condición de socio y el estatuto de estudiante no puede alterar tal circunstancia.

Los CMC precisan el ámbito de aplicación de este artículo especialmente en relación con situaciones híbridas, tales como trabajos en prácticas u ofertas de trabajos para adquirir experiencia laboral «*work experience*» cada vez más frecuentes e igualmente, cada vez, con perfiles más difusos. Se reafirma en el hecho de que este precepto incluye exclusivamente rentas para sufragar gastos de estancia y manutención, enseñanza y entrenamiento, excluyendo expresamente el pago por prestación de servicios que permanecen en la órbita del artículo 15 o del artículo 7 según se presten en régimen de dependencia laboral o por cuenta propia. Introduce un principio directriz para distinguir ambas clases de pagos e interpreta que, si las remuneraciones que obtienen los estudiantes o aprendices son similares a las recibidas por empleados que no tienen esta consideración por un trabajo equiparable, las retribuciones recibidas por el estudiante o aprendiz son una contraprestación por el trabajo o servicio prestado y las rentas quedarían fuera de la órbita de este precepto.

Por otra parte, desde el punto de vista cuantitativo, interpreta que el nivel de rentas que los estudiantes reciben para sus gastos de manutención, educación y capacitación no debería exceder del nivel de gastos que puedan resultar habituales para cubrir dichas finalidades.

2. POTESTAD DE IMPOSICIÓN

Como análisis previo a la forma en que el ModCDI resuelve la distribución de la potestad tributaria de estas rentas, resulta conveniente efectuar una precisión. La problemática de los estudiantes que se trasladan a otro Estado para completar sus estudios suele suscitar una duda inicial y anterior a la determinación de qué Estado, sobre la base del artículo 20 ModCDI, puede gravar las rentas que reciben para su sostenimiento. Este tema previo, relevante en sí mismo, es la clarificación del estatuto de residencia fiscal del estudiante al que se aludía en el párrafo anterior.

Piénsese que es muy probable que se produzca un conflicto de residencia entre los dos Estados contratantes puesto que una persona que fija su residencia con carácter temporal en un Estado –el lugar de permanencia durante sus estudios– por un período que puede ser superior al fijado en su normativa interna para devenir residente fiscal puede a la vez mantener la residencia fiscal en su Estado de origen por otros criterios tales como los intereses vitales o económicos, la vivienda permanente u otros que especifique la normativa del Estado concernido. Si se produce esta situación, nada anormal por otro lado, es preciso, en primer lugar, resolver el conflicto de residencia conforme al artículo 4 del ModCDI.

Cabe la posibilidad que, dentro de la misma estancia, se produzca un cambio de residencia entre una primera etapa en que el estudiante mantiene su residencia original y una segunda en que adquiere la residencia del Estado donde prosigue su formación siempre que, de acuerdo con los criterios del artículo 4 del ModCDI, éste fuera el resultado de un posible conflicto de competencia. El artículo 20 del ModCDI, en estas circunstancias, continúa siendo invocable y es aplicable aunque el Estado concreto al que se atribuye la competencia para gravar las rentas, por el cambio de residencia producido, se modifica. En la primera etapa en que se mantiene la residencia original, el ModCDI establece que el Estado de destino, es decir el Estado donde permanece durante su etapa de formación, no tiene potestad para gravar las rentas procedentes del exterior. En el caso hipotético de producirse un cambio de residencia, por aplicación del mismo precepto, estas rentas quedarían sujetas en el Estado de destino que ha devenido el Estado de residencia del estudiante conforme a su legislación doméstica.

Al quedar limitado el ámbito objetivo de este artículo a las rentas de fuente exterior, es de notar que no quedan cubiertas por él las rentas que un estudiante pueda obtener de fuentes internas del Estado donde desarrolla sus estudios, ya sea por razón de un trabajo, ya sean rentas pasivas o de otra fuente. Respecto de todas las rentas de fuente interna, ambos Estados gozan de potestad de imposición conforme a otras disposiciones del convenio o conforme a su legislación interna. Los CMC delimitan el concepto de fuente exterior y matizan que los pagos realizados por o por cuenta de un residente de un Estado Contratante o que se soportan por un EP que esta persona tiene en este Estado no se consideran que proceden de fuentes exteriores al citado Estado. Es decir, el elemento determinante para interpretar si una renta es de fuente exterior no es el lugar desde donde se efectúa la transferencia de fondos sino la residencia del pagador o el Estado donde se halla situado un EP del pagador que soporta dichos pagos.

La DGT se ha pronunciado sobre distintos aspectos controvertidos en relación con el tratamiento tributario de las becas en distintas consultas vinculantes. Destacan las de DGT V3848-15 de 2-12-2015, la DGT V0633-16 de 16-2-2016 y la DGT V4742-16 de 10-11-2016. En ellas la estructura de la contestación es similar. Empieza por precisar la residencia del estudiante de acuerdo con las disposiciones internas de los Estados afectados y, en el caso de conflicto, acudiendo al respectivo precepto de conflicto de residencia. A continuación, analiza la finalidad de la beca, es decir insiste en que la finalidad de la beca ha de ser la de cubrir gastos de manutención y estancia así como gastos de viaje.

Es especialmente interesante la última de las consultas referenciadas, la DGT V4742-16 de 10-11-2016, puesto que bajo un mismo supuesto de hecho se analizan las particularidades de un buen número de CDI. La consulta versa sobre el régimen tributario de unas "ayudas" para gastos de alojamiento y transporte que se conceden a estudiantes extranjeros de diversos países para cursar masters en diferentes universidades que pueden o no exigir prácticas curriculares como parte del Master. Se parte además del supuesto que todas las ayudas provienen de una bolsa constituida para este fin y que las prácticas, si son remuneradas, forman parte integral y obligatorio del Master.

La DGT va analizando este supuesto de hecho sobre la base de distintos CDI por lo que fácilmente se aprecian las diferencias entre distintos CDI. Así:

• Exclusión de rentas sólo si son de fuente extranjera: (CDI con Canadá, Reino Unido, Egipto o Polonia): la potestad del Estado español de gravar estas rentas se excluye si proceden de fuentes situadas fuera de España. Como las ayudas son de fuente española, quedan sujetas a la potestad española y, por ende, a la normativa interna española. Dentro de este grupo deberían incluirse los recientes Convenios de Catar y el renegociado con Finlandia.

• Exclusión de gravamen con independencia de la fuente: (ej. CDI con Filipinas): España no tiene derecho a gravar las rentas derivadas de prácticas curriculares estén relacionadas con el Master o las que complementen las anteriores para compensar gastos de alojamiento y transporte.

• Exclusión de gravamen con independencia de la fuente pero sujeto a límites: (CDI con EEUU o Rumanía): España no tiene derecho a gravar las anteriores rentas siempre que no excedan el ámbito descrito en cada CDI hasta un determinado límite cuantitativo - 5000/ 8000 dólares (EEUU) o 170.000 ptas. (Rumanía) o temporal -5 años. (EEUU).

3.   TRIBUTACIÓN EFECTIVA SEGÚN LA LEGISLACIÓN DOMÉSTICA

La legislación doméstica no contiene una calificación específica de «renta de estudiantes» similar al artículo 20 del ModCDI. Siempre que el estudiante mantenga su estatuto de no residente y esté, por consiguiente, sujeto al IRNR, las rentas que perciba se considerarán obtenidas en territorio español y se calificarán de acuerdo con los criterios del artículo 13 del TRLIRNR. Dado que este precepto no eleva dichas rentas a una categoría propia y diferenciada de otras, su calificación fiscal vendrá determinada por su verdadera naturaleza económica, con independencia de las condiciones subjetivas del perceptor. En todo caso, cualquier calificación ha de apoyarse en los criterios consagrados en el TRLIRNR y, en su defecto, en los contenidos en la LIRPF debido al reenvío que efectúa el artículo 13.3 del TRLIRNR en cuya virtud:

> «Para la calificación de los distintos conceptos de renta en función de su procedencia se atenderá a lo dispuesto en este artículo y, en su defecto, en los criterios contenidos en el TRLIRPF».

En particular, las becas o ayudas de estudio se consideran rendimientos de trabajo personal (artículo 17.2.h LIRPF). Estas suelen ser las rentas más habituales dentro del entorno del estudiante pero no puede concluirse que todas las rentas obtenidas por estudiantes responden a las características de una beca, ayuda de estudio o similar. Dado que, como se ha indicado en el apartado precedente, las condiciones subjetivas del perceptor de la renta no alteran la naturaleza jurídica de una renta, conviene recordar que, en ocasiones, los estudiantes reciben rentas de inmuebles, intereses, dividendos, ganancias patrimoniales u otras cuya naturaleza propia, derivada de su origen económico, prima siempre sobre la condición de estudiante o el estadio educativo de su perceptor.

El artículo 14 del TRLIRNR, por su parte, enumera las rentas que se hallan exentas del IRNR. En relación con este capítulo merece destacarse la exención establecida en la letra b) de este artículo relativa a las becas y otras cantidades concedidas por Administraciones Públicas en virtud de acuerdos y convenios internacionales de cooperación cultural educativa y científica o en virtud del plan de cooperación interanual aprobado por el Consejo de Ministros (artículo 14.1b del TRLIRNR) siempre que, en todos los casos, su destinatario sea una persona física.

Asimismo gozan de exención las becas públicas y las concedidas por entidades sin fines lucrativos para actividades de investigación siempre que se enmarquen dentro del ámbito del Estatuto del investigador regulado por el RD 1326/2003 (artículo 14.1.a del TRLIRNR por remisión al artículo 7 del TRLIRPF). Es de notar que no cabe el amparo de dicha exención si la beca se ha concedido por instituciones privadas.

La DGT ha interpretado el sentido de la primera de estas exenciones en dos consultas ambas de 14 de julio de 2003 en las que aclara el sentido de la expresión «acuerdos y convenios internacionales» así como de la expresión «otras cantidades». En las mismas, y como cuestión previa, insiste en primer lugar en la necesidad de determinar la residencia fiscal del estudiante de acuerdo con los criterios generales de resolución de conflictos de residencia, en especial si el estudiante permanece en España más de 183 días.

Para la DGT, en relación con esta exención, la expresión «convenios y acuerdos internacionales» ha de interpretarse en sentido amplio, no limitado a los tratados internacionales de acuerdo con la interpretación del artículo 2 de la Convención de Viena de 1969 sobre el derecho de los Tratados. No obstante, esta interpretación amplia no es sostenida en referencia a la segunda de las expresiones analizadas «otras cantidades», manteniendo lo que, a nuestro juicio, pretende el espíritu de este precepto. Así, la DGT entiende que la exención alcanza las cantidades jurídicamente calificadas como becas así como las ayudas conexas y complementarias a aquéllas (manutención o desplazamiento) aunque no puedan calificarse técnicamente como becas pero siempre que no se olvide la finalidad de formación implícita en el término «beca».

En relación con este tema, dos consultas de 2006, la DGT V0226-06 de 9-2-2006 y DGT V0238-06 de 9-2-2006, se pronuncian sobre el ámbito de la exención. Por lo que aquí nos interesa en relación con el carácter de no residente en territorio español de su perceptor, se resuelve que recordando que el artículo 14.1 TRLIRNR establece dos tipos de exenciones para las becas de fuente española otorgadas a personas físicas no residentes en territorio español:

a) las rentas mencionadas en el artículo 7 del TRLIRPF, en las mismas condiciones que para los residentes, es decir si se financian estudios reglados o si se trata de una beca de investigación sujeta a los requisitos del Real Decreto 1326/2003, anteriormente citado.

b) Por otra parte, también estarán exentas las becas y otras cantidades percibidas por personas físicas, satisfechas por las Administraciones Públicas, en virtud de acuerdos y convenios internacionales de cooperación cultural, educativa y científica o en virtud del plan anual de cooperación internacional aprobado por el Consejo de Ministros.

La citada disposición pretende dejar exentas aquellas cantidades que personas físicas no residentes perciban, en concepto de becas, en la medida que se satisfagan por la Administración Pública y se encuentren amparadas en un acuerdo o convenio de carácter internacional suscrito por España o bien deriven de lo establecido unilateralmente por el Gobierno en el Plan Anual de Cooperación Internacional. Ampliando las interpretaciones sostenidas en anteriores resoluciones, reitera que el términos» acuerdos o convenios de carácter internacional» no queda restringido a los Tratados Internacionales De hecho, dice que « ...se considerará que se llevan a cabo en Organismos Internacionales por el hecho de que España forma parte de los mismos, al haber firmado o haberse adherido a cada uno de los Acuerdos de constitución de los mismos (por ejemplo, convenio de creación de la Agencia Espacial Europea, de 30 de mayo de 1975, ratificado por España por Instrumento de 15 de enero de 1979). Según estos Acuerdos, el objeto de estos Organismos Internacionales consiste en fomentar la cooperación entre los Estados europeos en distintos campos de la ciencia. Para ello, entre otras, llevan a cabo actividades de formación y enseñanza, promocionando además los intercambios científicos. Según lo anterior, puede considerarse que cada uno de los distintos Acuerdos de constitución de los Organismos Internacionales en los que se desarrollan las becas constituye un acuerdo de cooperación internacional; con lo que las becas disfrutadas en ellos cumplen los requisitos del artículo 14.1,letra b) del TRLIRNR y, por tanto, quedan exentas por aplicación del mismo.

Fuera del ámbito de la exención, la base imponible, siguiendo la regla general de la tributación de las rentas obtenidas por no residentes sin EP, está constituida por su importe íntegro. El tipo impositivo aplicable dependerá de la calificación que, en cada caso, se dé a la renta obtenida por el estudiante. Las becas o ayudas de estudio, como rentas más propias y cercanas a la condición de estudiante, están sujetas al tipo general del 24 % (artículo 25.1 TRLIRNR) o 19 % en caso de residentes en la UE. Todo lo anterior, naturalmente, debe entenderse al margen de la exención, en el Estado de la fuente, de las rentas «exteriores» que perciba el estudiante no residente amparado por un CDI.

El impuesto se devenga en el momento de la obtención de la renta y en relación con su declaración liquidación del impuesto destaca el papel relevante del contribuyente o su representante en detrimento, en algunas ocasiones, de la figura del retenedor. Piénsese que no es extraño que estas rentas presenten aspectos peculiares en relación con la persona del pagador, en particular cuando el pagador es una entidad pública o privada no residente en territorio español en cuyo caso no confluyen todos los requisitos para que nazca la obligación de practicar retención (artículo 31 TRLIRNR). Por ello, a falta de la presencia de retenedor, el contribuyente o su representante, si estas rentas quedan sujetas a gravamen en España, donde el estudiante permanece temporalmente, han de presentar la declaración y efectuar en su caso el ingreso dentro del mes siguiente a su obtención (Orden HAC/ 3626/2003).

4. SINGULARIDADES[1]

4.1. Singularidades en general

En relación con las rentas obtenidas por estudiantes, la mayoría de convenios suscritos por España siguen el ModCDI.

Sin embargo, en algunos de ellos, se ha optado por convenir una redacción más detallada que aclara o amplía el ámbito subjetivo del precepto. Así, los convenios suscritos con Canadá, Chile, China, Egipto, Estonia, Israel, Letonia, Lituania, Nigeria, Polonia, Suecia y Venezuela incluyen expresamente el término «aprendices» como asimilado al de estudiantes. Por su parte, los CDI con Catar, Colombia, Costa Rica, Finlandia, Malta, Senegal, Uruguay y Vietnam acogen tanto a estudiantes como a personas en prácticas. El CDI de Albania, Arabia Emiratos Árabes Unidos, Barbados, Panamá, Pakistán, República de Georgia, de Kazajstán, Singapur y Serbia subjetivamente incluyen, junto con los estudiantes, tanto a aprendices como a personas en prácticas.

Otros convenios amplían este régimen de tributación a las rentas derivadas de trabajos que ejerzan los estudiantes en el Estado de destino durante esta etapa de formación. Dado que los Estados en sus negociaciones suelen desear únicamente atraer, dentro este precepto, a los trabajos que estén vinculados a los estudios o sean un complemento para el sostenimiento del propio estudiante, estos convenios limitan este régimen favorable de exención al cumplimiento de ciertos requisitos cuantitativos, cualitativos o temporales que garanticen dicho objetivo. Dentro de este grupo se incluyen los convenios con Arabia, Austria, Argelia, Bolivia, Brasil, Corea, China, Dinamarca, EEUU, Filipinas, Hungría, Israel, Marruecos, Polonia, Portugal, Rumanía, Tailandia, Venezuela y Vietnam.

4.2. Régimen específico aplicable a profesores y/o personal investigador

No obstante las anteriores matizaciones, la particularidad más destacable que presentan muchos convenios suscritos por España en relación con este artículo es aquélla que amplía el ámbito subjetivo de este régimen al personal docente, normalmente en un artículo diferenciado.

Con el fin de fomentar el intercambio cultural, y a pesar del silencio del ModCDI, varios convenios incluyen un precepto referido al personal docente o investigador que se traslada temporalmente a otro Estado ya sea como profesor visitante invitado, ya sea con el propósito de desarrollar actividades de investigación.

Al igual que sucedía con las rentas derivadas de los trabajos ocasionales de los estudiantes, los Estados suelen limitar este régimen especial a un período máximo de estancia que no suele superar el año o los dos años, a que exista un interés contrastado en obtener los servicios del profesor, expresado mediante una carta de invitación de la entidad que lo va a recibir y, en algunas ocasiones, subordinando la aplicación de dicho régimen excepcional a la presencia de un interés público. Con ello, se excluye de este artículo a las rentas que se obtengan por una actividad que, aún docente o de investigación, beneficie de forma particular a una o unas personas determinadas exclusivamente.

Este régimen específico, con matizaciones en cuanto a los requisitos exigidos en cada caso, se encuentra en los convenios suscritos con Arabia, Argentina, Armenia, Bélgica, Bolivia, Brasil, Bulgaria, Catar, Corea, Costa Rica, Cuba, China, Dinamarca, Ecuador, El Salvador, Eslovenia, Filipinas, Finlandia, Francia, Grecia, Hungría, India, Indonesia, Irán, Irlanda, Israel, Italia, Jamaica, Japón, Luxemburgo, Nigeria, Omán, Países Bajos, Polonia, Portugal, República de Georgia, Reino Unido, Rumanía, Rusia, Senegal, Serbia, Suecia, Tailandia, Trinidad y Tobago, Uruguay, Uzbekistán y Venezuela. El CDI con Vietnam, además de los requisitos exigidos con carácter general, limita esta exención a 30.000 € anuales durante los dos primeros años. El CDI con Serbia, por su parte, limita el régimen en relación con la investigación a que ésta se ejerza en interés público. Omán, por su parte,

---

(1)   Nótese que desde el 1 de enero de 2009, el CDI con Dinamarca deja de estar en vigor por haber sido denunciado por aquel país según nota de 10 de junio de 2008 (BOE de 19 de noviembre de 2008).

limita la exención a que la universidad sea «reconocida», es decir, que el Estado contratante en el que esté situada la universidad, la apruebe para poder invocar esta exención.

El TEAC en una Resolución de 22 de diciembre de 2000 que resuelve un recurso de alzada para la unificación de criterios, en relación con el significado de la expresión «invitación expresa», indica claramente que la exención en el Estado de destino se justifica por el fomento del intercambio de personal docente. Para ello, este personal debe resultar lo bastante interesante a la entidad receptora como para cursar una invitación expresa e individual que constituya un acto expreso y personal aclarando que la relación contractual que pueda vincular al profesor con el centro que lo recibe no sustituye ni presupone la invitación. Esta misma doctrina es seguida por la DGT consulta general 1107-02 de 19-7-2002.

La DGT V0481-16 de 8-2-2016, en relación con una beca que obtiene un investigador francés destinado a un centro de investigación español, después de precisar que la finalidad de la beca se limitan a las finalidades de este precepto dice que las remuneraciones derivadas de la beca hasta el momento que venza el plazo de dos años a contar desde la llegada a España, no pueden sujetarse en España con independencia del régimen que aplique en Francia conforme a su legislación interna. Transcurridos los dos primeros años, si la beca se extiende, España podrá sujetar estas rentas.

El régimen tributario relativo a las remuneraciones de los «profesores visitantes» en los convenios que sigan el ModCDI y no amplíen el ámbito del artículo 20, se regirá normalmente por las disposiciones del artículo 15 que regula el «trabajo dependiente» salvo que el profesor ejerza su actividad como profesional independiente en cuyo caso estará sujeto a las disposiciones del artículo 14 o, en los convenios que, siguiendo la versión del año 2000 opten por suprimir el anterior artículo, del artículo 7.

Dos consultas planteadas por sendos profesores desplazados del Colegio japonés preguntan por la tributación de sus emolumentos. Aclaran que son funcionarios públicos japoneses. La DGT resuelve que sus rentas sólo pueden someterse a tributación en Japón si bien sobre la base del artículo 19, de la "función pública", al tener la condición los profesores desplazados de funcionarios públicos. También destaca la contestación a la consulta V0407-16, de 2 de febrero de 2016, en relación con el Convenio con EEUU en la que se pregunta el régimen de tributación de un profesor residente en España que consigue un contrato como profesor visitante en EEUU con relación laboral de dependencia con una autoridad educativa americana y que se desarrolla en EEUU. Se deduce de esta consulta que al no tener el profesor visitante la condición de funcionario público, ni tener este CDI un apartado específico en relación con los profesores, es de aplicación el artículo general de rentas derivadas del trabajo dependiente –el artículo 16- por lo que estas rentas quedarán sujetas en el Estado donde se desarrolle su actividad aunque si mantiene la residencia en el otro Estado, bajo las condiciones que marca el artículo 16.2 del CDI tributarían sólo en España.

Finalmente, para concluir este epígrafe cabe destacar el artículo 20 del CDI suscrito con la República de Venezuela de 5 de junio de 2003 por cuanto se considera que recoge y resuelve de forma técnicamente muy acertada un buen número de cuestiones planteadas a lo largo de este capítulo en una de las disposiciones que contiene unas reglas más completas sobre este tema. Esta norma dispone que:

«*Artículo 20. Estudiantes, Aprendices, Profesores e Investigadores.*

1. Una persona natural que sea o haya sido residente de un Estado Contratante inmediatamente antes de visitar el otro Estado Contratante y que se encuentre de manera temporal en el otro Estado Contratante con el objeto principal de:

a) "Estudiar en ese otro Estado Contratante, en una universidad u otro instituto educacional aprobado por las autoridades educacionales pertinentes de dicho Estado Contratante;"
b) "Obtener la capacitación requerida que lo califique para ejercer una profesión o para adquirir una especialidad vocacional, profesional o técnica, o"

c) *"Estudiar, enseñar o realizar investigaciones como receptor de una beca, estipendio o premio de un organismo gubernamental, religioso, caritativo, científico, literario o educacional o como participante en otros programas patrocinados por un organismo de esta naturaleza, estará exenta de impuestos en ese otro Estado Contratante con respecto a:"*

i. *"Las cantidades remitidas desde el exterior para su manutención, educación, capacitación o práctica;"*

ii. *"Las remuneraciones por servicios personales prestados en ese otro Estado contratante para obtener capacitación práctica, quedando entendido que este beneficio en ningún caso excederá de un período de dos años consecutivos,"*

iii. *"El monto de dicha beca, estipendio o premio."*

El monto específico de las cantidades a que se refieren los subparágrafos (ii) y (iii) estará exenta hasta una cantidad que no excederá de veinte mil (20.000) euros anuales o su equivalente en bolívares.

2. Las disposiciones del presente artículo no serán aplicables a las rentas provenientes de actividades de investigación cuyo fin no sea el interés público, sino primordialmente el beneficio privado de una o más personas específicas.»

La redacción de este artículo, en primer lugar destaca, a la vez que exige, la temporalidad en el desplazamiento de la persona y su motivación, describiendo de forma muy detallada el ámbito tanto subjetivo como objetivo del precepto. Su redacción consagra un ámbito muy amplio de influencia, pero a la vez los Estados contratantes se muestran especialmente precavidos en la inclusión de requisitos muy precisos con el objeto de preservar la finalidad que justifica la presencia de esta disposición como es el acusado fomento de intercambios culturales en un entorno de interés público.

Resulta igualmente ilustrativa la consulta de la DGT V1585-14, de 18-6-2014, en la que la consultante, una universidad española pregunta por la documentación que deben presentar unos investigadores de la India (no residentes fiscales en España) que participen en proyectos para evitar la retención fiscal del impuesto sobre la renta de los no residentes sobre las cantidades abonadas por la consultante. Los proyectos, sintetizando los hechos, gozan de financiación pública, uno de ellos apoyo europeo, y suponen que investigadores senior y también investigadores en formación realizan estancias de corta duración (desde unos días a tres meses) en España, otros países europeos o en India, abonando la universidad española los gastos relativos a estancias y desplazamiento de dicho personal.

Del escrito de la consulta se concluye que se trata de investigadores residentes en India que perciben rentas en España manteniendo su condición de no residentes.

El CDI con la India prevé dos preceptos, los artículos 21 o 22, que aplican según la actividad principal que desarrolle el investigador, investigación o formación.

Por lo tanto si en las remuneraciones percibidas por los investigadores prima la finalidad formativa, sería aplicable el artículo 21 del Convenio Hispano – Indio y en consecuencia, estarían exentas de tributación en España de acuerdo con el Convenio las cantidades percibidas por los investigadores en formación que realicen su labor en el marco del proyecto europeo, en la medida en que sea financiada por fuentes situadas fuera de España.

Sin embargo, las rentas percibidas por los investigadores en formación en el marco del proyecto financiado por el Gobierno de España podrían ser objeto de tributación en España.

Por otra parte, de tratarse de investigadores cuya finalidad no sea la de formarse, podrá resultar de aplicación el artículo 22 del convenio hispano-indio. En dicho supuesto, quedaría exento de tributación por las cantidades que reciba por sus actividades de investigación siempre que sea en interés general.

De no quedar exento, han de considerarse como "rendimientos del trabajo", con independencia de que se concedan para cursar estudios, para realizar investigaciones, etc., y de la entidad que satisfaga dichas rentas. En esta circunstancia, no obstante, la DGT recuerda que el artículo 14 del TRLIRNR establece una serie de exenciones domésticas relacionadas con las becas percibidas en España por personas no residentes, en particular, las satisfechas por las Administraciones públicas, en virtud de acuerdos y convenios internacionales de cooperación cultural, educativa y científica o en virtud del plan anual de cooperación internacional aprobado en Consejo de Ministros.

En todo caso, y si fuera procedente, la documentación para evitar la retención de las rentas percibidas por los residentes en India en España si están exentas en virtud del Convenio Hispano-Indio, el artículo 7.1, del RIRNR declara:

> "Los contribuyentes que, por ser residentes en países con los que España tenga suscrito convenio para evitar la doble imposición, se acojan al mismo, determinarán en su declaración la deuda tributaria aplicando directamente los límites de imposición o las exenciones previstos en el respectivo convenio. A tal efecto, deberán adjuntar a la declaración un certificado de residencia expedido por la autoridad fiscal correspondiente, o el pertinente formulario previsto en las órdenes de desarrollo de los convenios." Los certificados de residencia a que se refieren los párrafos anteriores, tendrán un plazo de validez de un año a partir de la fecha de su expedición. Cuando no se practique retención por haberse efectuado el pago del impuesto, se acreditará mediante la declaración del impuesto correspondiente a dicha renta presentada por el contribuyente o su representante".

En consecuencia, las personas residentes en el extranjero que obtengan rentas en España deberán acreditar su residencia fiscal mediante el correspondiente certificado de residencia emitido por la autoridad fiscal competente del Estado de residencia, no siendo válido ningún otro documento.

5.   BIBLIOGRAFÍA

AAVV (2004), «Comentarios a los Convenios españoles para la eliminación de la doble imposición», Fundación Barrié, A Coruña.

AAVV (2004), «Manual de Fiscalidad Internacional», Instituto de Estudios Fiscales, Madrid.

CARMONA FERNÁNDEZ (2009), «Impuesto sobre la Renta de No Residentes», CISS, Valencia.

GARCÍA PRATS, «La universidad ante los nuevos impuestos sobre la renta de las personas físicas y sobre la renta de no residentes», REDF nº 107.

VOGEL, K. (1997), «On Double Taxation Conventions», Kluwer, Londres, La Haya, Boston.

III.15

OTRAS RENTAS

Montserrat Trapé Viladomat

III.15. OTRAS RENTAS

Sumario

OTRAS RENTAS

1. NOCIÓN DE «OTRAS RENTAS»

El ModCDI ampara en su artículo 21, a modo de cajón de sastre, el tratamiento de todas aquellas rentas que no han encontrado una ubicación específica a lo largo de sus artículos precedentes, otorgando al Estado de residencia de su perceptor el derecho exclusivo a gravarlas.

Bajo el título de «Otras rentas», y con una clara vocación de norma de cierre, el artículo 21 del ModCDI recoge las siguientes disposiciones:

1. Las rentas de un residente de un Estado contratante, cualquiera que fuese su procedencia, no mencionadas en los anteriores artículos del presente convenio sólo pueden someterse a imposición en este Estado.

2. Lo dispuesto en el párrafo 1 no se aplica a las rentas, excluidas las que se deriven de bienes definidos como inmuebles en el párrafo 2 del artículo 6.º, cuando el beneficiario de dichas rentas, residente de un Estado contratante, realice en el otro Estado contratante una actividad industrial o comercial por medio de un establecimiento permanente situado en él o preste servicios profesionales por medio de una base fija igualmente situada en él, con los que el derecho o propiedad por los que se pagan las rentas esté vinculado efectivamente. En estos casos se aplican las disposiciones del artículo 7º o del artículo 14, según proceda.

La principal dificultad de este precepto radica en la definición y delimitación de su ámbito objetivo así como en la identificación de la tipología de rentas que se ubican en él.

Dada la característica singular que presenta esta disposición como norma de cierre, no resulta extraño que la primera aproximación a una correcta delimitación de su ámbito deba presentar un carácter negativo. Efectivamente, como se ha indicado, en este artículo se incluyen en primer lugar aquellas rentas que no han podido ser ubicadas en alguna de las disposiciones que distribuyen la potestad tributaria de las diferentes categorías específicas de rentas que contempla el ModCDI (artículos 6 al 20 del ModCDI).

Además de incluir las rentas que carecen de una disposición específica que las regule, pero cuyo origen efectivamente se halla en el otro Estado contratante, este precepto también recoge las rentas, con independencia de cuál sea su naturaleza, que procedan de un tercer Estado.

Un ejemplo podría ilustrar este supuesto. Una empresa residente en un Estado A tiene un EP situado en otro Estado B. El EP paga un canon, un interés o un rendimiento de otra naturaleza a un residente de un Estado C. A efectos del convenio entre el Estado A (Estado de la entidad deudora) y el Estado C (Estado de la entidad acreedora) dicha renta procede de un tercer Estado (Estado B). El Estado A no puede reclamar para sí, como Estado de la fuente, un derecho de imposición basado en el artículo 12, 11 o el que resultaría aplicable por la naturaleza de la renta. La norma que resulta correctamente aplicable a este supuesto es el artículo 21 del CDI entre el Estado A y el Estado C porque se trata de una renta procedente de un tercer Estado. En base a las reglas de imposición del artículo 21 del CDI entre el Estado A y el Estado C, el Estado A carece de todo derecho a exigir un impuesto sobre la renta del no residente a la entidad perceptora de esta renta la cual puede quedar sujeta a imposición exclusivamente en el Estado C, Estado de residencia de la entidad perceptora.

Los CDI no recogen esta disposición con la pretensión de dar cobertura a situaciones complejas ni tampoco para resolver problemas o dudas de interpretación. El artículo 21 no ampara rentas de calificación controvertida sino sólo aquéllas que, tras un adecuado análisis de cada uno de los preceptos específicos de un convenio, no encuentren en ninguno de ellos una ubicación adecuada, ya sea por sus características o por su procedencia. Esta advertencia se recoge en los mismos CMC y aparece, como muestra, reflejada en la CCDGT de 17 de septiembre de 2003 –así como en la Resolución de la Secretaría General Técnica de 22 de septiembre de 2003 que incorpora un acuerdo amistoso de interpretación de las autoridades brasileñas y españolas sobre diversos extremos del tratado– en relación con la calificación que dicho convenio hispano-brasileño otorga a los rendimientos obtenidos por una empresa residente en España por prestación de servicios técnicos sin transferencia de tecnología. La DGT excluye la caracterización de estos rendimientos como «otras rentas» y, a pesar de las dificultades de calificación, sostiene que su tributación deberá realizarse conforme a las categorías de cánones o de servicios profesionales.

Finalmente, tampoco cabe utilizar este precepto para ampliar el ámbito objetivo del convenio que queda delimitado por el perímetro definido en su artículo 2. En efecto, el artículo 2 constituye el marco último de extensión objetiva del CDI, por lo que cualquier pretensión de acomodar una renta en el seno del artículo 21 implica una primera labor de interpretación y calificación que presuponga que se está efectivamente ante una renta, en el sentido técnico-jurídico del término, ya sean rendimientos o ganancias patrimoniales, gravada por los impuestos sobre la renta especificados en el artículo 2 del CDI y, por ende, amparada por el convenio.

Al margen de las particularidades propias de cada convenio, los CMC y la doctrina han efectuado una labor de sistematización con el objeto de acercarse al contenido de este artículo. En su virtud pueden, en principio, considerarse incluidas en este precepto las siguientes tipologías de rentas:

• Las pensiones compensatorias a favor del cónyuge y las anualidades por alimentos a hijos u otros familiares.

• Las rentas vitalicias y las rentas temporales que traigan por causa una contribución normalmente de capital-anterior, pero no las que traigan por causa una transmisión previa de un elemento patrimonial. En este sentido, una renta vitalicia que traiga por causa una transmisión de un bien inmueble se considerará derivada de un inmueble y su tributación se ajustará a los criterios del artículo 6 del ModCDI. No obstante, si trae por causa una imposición de capital anterior, la renta temporal o vitalicia queda englobada en este precepto.

• Las rentas derivadas de un plan de pensiones de tipo individual o de determinados contratos de seguro de vida o invalidez no asociados con un empleo anterior. La DGT consulta general 0011-02 de 10-1-2002, en una primera contestación considera que se califican de «otras rentas» las prestaciones derivadas de seguros de vida en los que la persona del tomador no coincide con la del beneficiario. En otras DGT V0981-14 de 7-4-2014 y DGT V1535-14 de 11-6-2014, la DGT confirma el criterio de que las rentas derivadas de un plan de pensiones de tipo individual o de determinados contratos de seguro de vida o invalidez siempre que no vayan asociadas a un empleo anterior han de calificarse de "otras rentas" y quedar sujetas a la órbita de este precepto. En concreto, la DGT se remite a la consulta de 2002 y confirma que "Como se indicaba en la contestación a la consulta tributaria DGT consulta general 0011-02 de 10-1-2002, emitida por este Centro Directivo, las prestaciones derivadas de seguros de vida en los que la persona del tomador coincide con la del beneficiario, una vez descartado su encaje dentro del concepto de intereses o de ganancias de capital, serán consideradas como "Otras Rentas" del artículo 21, artículo que establece la regla general aplicable a las rentas que no hayan podido encuadrarse en ninguno de los tipos de renta que el Convenio trata explícitamente en otros artículos. El citado artículo del Convenio atribuye a España, país de residencia del consultante, la potestad para gravar estas rentas." Este mismo criterio se ha mantenido en diferentes consultas en relación con pensiones que no traigan por causa un empleo previo. Así, la Consulta DGT V2135-16 de 18-5-2016 y DGT V2627-16 de 13-6-2016.

• Los rendimientos derivados de operaciones de capitalización. Esta categoría de rentas es más difusa. Ciertos convenios califican dichas rentas de intereses y las sujetan a las disposiciones del artículo 11 del ModCDI. La DGT V1537-14 de 11-6-2014 en relación con el CDI de Alemania se pregunta de forma muy genérica sobre la tributación de determinados rendimientos de capital mobiliario. La DGT, advirtiendo que no puede dar una contestación clara por falta de datos sobre su naturaleza, causa u origen de estos rendimientos, sí indica la forma de análisis de esta tipología de rentas al mencionar que si no se pueden clasificar como dividendos, ni como intereses, ni como cánones a efectos de Convenio, entonces dichos rendimientos entrarán dentro de la categoría de "otras rentas". Claramente confirma el carácter residual de este precepto y la necesidad en este sentido de analizar con detalle la definición de las categorías sobre todo de intereses para, a la vista del caso concreto, ubicarlo en uno u otro precepto.

• Las indemnizaciones por responsabilidad civil tanto si es por daño en las cosas o a las personas como, por ejemplo, las indemnizaciones por accidentes o también las indemnizaciones por daños y perjuicios derivadas del incumplimiento de un contrato. La DGT, en una CV de 9 de enero de 2003, dio dicha calificación a la renta obtenida por un no residente que obtuvo una indemnización por el incumplimiento de la opción de compra de un inmueble a que se había comprometido la otra parte contratante. En otras dos (Consulta DGT V2095-11 de 19-9-2011, o la DGT V3144-13 de 23-10-2013), en relación con una indemnización percibida por un residente en España por parte del Ministerio de Defensa francés por la ejecución del padre del solicitante en un campo de ejecución nazi, la DGT se plantea si se trata de una remuneración o pensión pública sujeta al artículo 19 del CDI aplicable o por el contrario a una renta sujeta al precepto que se analiza. Concluye que para quedar sujeta a las disposiciones del artículo 19, es preceptivo que esta pensión o remuneración traiga por causa un servicio público. No siendo éste el caso, esta indemnización ha de ubicarse dentro del apartado «otras rentas», quedando, por consiguiente, sujeto exclusivamente en el Estado de residencia del perceptor. También se ubica dentro de este precepto una pensión vitalicia que otorga el Estado argentino a una persona residente en España por haberse visto privada de libertad durante el estado de sitio.

• Los premios artísticos, literarios o científicos, los premios de loterías así como las ganancias derivadas del juego. A diferencia de nuestra legislación doméstica, el ModCDI no contempla dentro del ámbito objetivo del artículo 13 relativo a ganancias patrimoniales aquellas rentas que no se deriven de una transmisión previa de un elemento patrimonial del transmitente, por lo que los premios, las ganancias de juegos de azar e incluso los incrementos injustificados de patrimonio encontrarán su correcta ubicación en este precepto.

• Las contribuciones realizadas a fundaciones o *trusts*. El Estado de residencia de la persona que realiza una aportación no puede gravar esta renta por un impuesto sobre la renta de no residentes, estando sujeta exclusivamente, en su caso, (piénsese que algunas legislaciones podrían no considerar estas aportaciones como renta) en el Estado de residencia de la fundación.

• Las rentas procedentes de un tercer Estado que son objeto de análisis detallado en el párrafo siguiente.

• Las rentas derivadas de nuevos instrumentos financieros tales como las rentas derivadas de contratos de futuros, opciones o permutas financieras, entre otros. Venimos comentando que esta ubicación, a nuestro juicio, presenta un elemento de temporalidad que no puede desconocerse. Dicha ubicación parece responder más al carácter novedoso y atípico de dichas rentas y, por ello, a su falta de adecuación a categorías más consagradas y a la vez más cerradas de rentas como intereses o ganancias de capital, que a una voluntad expresa de considerar a estos rendimientos como una categoría residual de rentas ubicable en este cajón de sastre. No obstante, la agenda de la OCDE no incluye hasta la fecha la revisión del análisis de estas rentas. Por dicha razón, los CMC invitan a los Estados en sus negociaciones a acordar otras soluciones alternativas.

El ModCDI de 2010 mantiene el párrafo 7 introducido por la versión del 2008 relacionado con estos instrumentos financieros cuando se contraten entre partes vinculadas, permitiendo la recaracterización de las rentas sobre el exceso que se generen respecto de estos instrumentos financieros en relación con la retribución que correspondería entre partes independientes. Este párrafo adicional y voluntario se inscribe dentro de la línea que se recogen en otros artículos del Modelo tales como el de intereses o cánones.

2. POTESTAD DE IMPOSICIÓN

En general, los CDI suscritos por España se ajustan al ModCDI, es decir, atribuyen de forma exclusiva al Estado de residencia del perceptor la competencia tributaria sobre esta categoría residual de rentas. Por esta razón, si un no residente, amparado por un convenio que sigue el ModCDI, obtiene en territorio español una renta ubicada dentro de este precepto, el Estado español, como Estado de la fuente, carecerá de derechos de imposición sobre ella.

Esta regla no establece condiciones. En consecuencia, el Estado de la fuente no goza de potestad tributaria ni tan siquiera en el supuesto de que las rentas estén exentas de gravamen en el Estado de residencia por aplicación de su normativa interna.

Como ya se ha advertido, los CMC insisten que el artículo 21 no puede ser utilizado ni invocado para resolver casos dudosos de asignación del derecho de gravamen a uno u otro Estado si previamente ha surgido un conflicto previo de residencia. Así, en el caso de rentas procedentes de un tercer Estado, si el perceptor de las rentas se considera residente de los dos Estados que han suscrito un convenio con arreglo a sus respectivas legislaciones internas, el caso debe resolverse, en primer término, en base al artículo 4 del CDI entre los dos Estados que defienden la residencia del beneficiario de la renta. Sólo una vez resuelto este conflicto, se aplica el artículo 21 del CDI entre el Estado de residencia del perceptor y el de origen o fuente de las rentas conforme al cual, si esta disposición es igual a la del ModCDI, el Estado de residencia gozará en exclusiva de la potestad de imposición sobre las mismas.

El segundo apartado del artículo 21 se incorporó al ModCDI en su versión del año 1977. Establece un régimen de atribución del derecho de imposición particular si rentas englobadas en este artículo se hallan vinculadas a la actividad de un EP del perceptor de la renta. En este caso, es el Estado contratante en que está situado el EP y no el Estado de residencia del perceptor el que goza de la potestad para gravar dichas rentas, siendo indiferente que procedan de este mismo Estado o de un tercer Estado con tal de que las rentas mantengan la vinculación efectiva con el EP. Esta norma no es en sí novedosa y supone el mantenimiento del criterio consagrado en el artículo 7 del ModCDI que otorga prioridad en la asignación de la competencia para gravar las rentas obtenidas por un EP al Estado donde se halle situado el EP frente al Estado de residencia de su titular jurídico.

Sin embargo, esta atracción exclusiva al Estado de situación del EP no se produce si la renta procede de un inmueble afecto al EP puesto que, con arreglo al artículo 6.4 del ModCDI, el Estado de situación del inmueble no pierde su derecho preferente de tributación que se impone frente a cualquier otro. En este caso, podría producirse una tributación en el Estado de situación del inmueble y adicionalmente en el Estado en que se halle el EP el cual podría eliminar la doble imposición conforme a su normativa interna.

Este segundo apartado aplica igualmente al supuesto en que el beneficiario y el pagador de las rentas sean residentes de un mismo Estado contratante pero las rentas obtenidas por el beneficiario estén afectas y vinculadas a un EP de este beneficiario situado otro Estado. En este caso, hay dos Estados implicados: el de situación del EP y el de residencia del beneficiario de las rentas que coincide con el Estado de origen de las mismas. También en este caso particular, el derecho de imposición se reconoce al Estado contratante en que está situado el EP. Los CMC aclaran que se considerará que un derecho o un activo que genere una renta está efectivamente conectado a un EP si la propiedad económica de este derecho o activo se imputa al EP siguiendo los principios contenidos en el Informe sobre Atribución de Beneficios al EP, asegurando en este sentido que los principios de imputación de derechos o activos al EP aplican consistentemente tanto por lo que se refiere al artículo 7 como a este precepto. La misma remisión se realiza en relación con las sucursales que lleven a cabo una actividad aseguradora. La remisión, en este caso, lo es al Informe específico de Atribución de beneficios de actividades aseguradoras (Parte IV).

Abordando otra problemática, y dado el criterio de tributación exclusiva en el Estado de residencia que sostiene el ModCDI, los CMC identifican un posible mecanismo de elusión con el fin de evitar la tributación en el Estado de la fuente cuando, existiendo relaciones especiales entre los sujetos contratantes, es decir cuando los intervinientes sean personas vinculadas, acuerden unas condiciones o cuantías que no se habrían convenido en condiciones de mercado. Los CMC, aunque no excluyen otros instrumentos, enfocan esta posibilidad elusiva en el entorno de los nuevos instrumentos financieros. Los CMC en su apartado 7 invitan y, a nuestro entender incluso apoyan, la introducción de un apartado que recoge el mismo apartado de los CMC de redacción similar al contenido en el artículo 11.6 del ModCDI.

Este modelo de texto, fundamentándose en *el principio de arm's length,* recorta el ámbito de esta disposición a la cuantía y condiciones que se hubieran convenido de no existir estas especiales relaciones entre las partes contratantes. Las condiciones anómalas a las que aluden los CMC pueden referirse tanto al aspecto temporal si está desajustado o resulta artificial alterando la propia naturaleza del contrato como cualquier otra cláusula que no resulte ajustada a condiciones de libre concurrencia.

Lo más significativo de este párrafo modelo, a nuestro juicio, es la claridad y transparencia con que se expresa en relación con la posibilidad de utilizar maliciosamente estos instrumentos con finalidades defraudadoras. Por consiguiente, la interpretación oficial de los CMC, incluso antes de ubicar definitivamente a estas rentas, intenta contrarrestar estas conductas proponiendo consecuencias, sin duda más radicales, que las derivadas de otros artículos que contienen cláusulas similares como el artículo 11 o el artículo 12. La primera consecuencia de una utilización abusiva de este artículo es el reconocimiento expreso por parte de los CMC que, con la debida actividad probatoria, todos los pagos derivados de nuevos instrumentos financieros pueden considerarse excesivos y por ende no admisibles. Esto equivale al reconocimiento de que el convenio permite cuestionar la globalidad de la operación y no sólo un aspecto cuantitativo o parcial de la misma e incluso, cuando fuera procedente, recalificar el conjunto de pagos. La segunda consecuencia es el tratamiento fiscal del exceso, ya sea parcial o total de estas rentas. El ModCDI propone que estas rentas, a diferencia de lo que permite la cláusula similar contenida en el artículo 11, queden sujetas a las disposiciones de las legislaciones domésticas de cada Estado contratante sin que quepa invocar su ubicación en otro de los artículos precedentes del convenio que regulan la potestad tributaria (artículo 6 a 20).

Esta expulsión del convenio no es, sin embargo, integral puesto que los CMC defienden, aún en estos casos, la aplicación del artículo 23 en relación con la eliminación de una posible doble imposición, del artículo 25 en relación con la procedencia del procedimiento amistoso y del artículo 26 en relación con el intercambio de información. Nótese que se reclama la protección de estos artículos incluso quedando estas rentas sujetas a imposición de acuerdo con las normativas internas de cada Estado contratante excluido cualquier beneficio derivado de las disposiciones de un convenio que distribuyen la potestad tributaria.

Determinados convenios se apartan de las reglas contenidas en el ModCDI y siguen en este artículo el MC de Naciones Unidas el cual, después de reproducir íntegramente los dos primeros apartados del ModCDI, incorpora un tercero que altera las normas de distribución en relación con las rentas procedentes del otro Estado contratante, decidiéndose en este supuesto por un sistema de imposición no exclusivo a favor del Estado de la fuente. Esta opción se traduce en una distribución compartida entre el Estado de residencia del perceptor y el de la fuente de las rentas. Estas y otras particularidades son objeto de desarrollo en el último punto de este capítulo.

3. TRIBUTACIÓN EFECTIVA SEGÚN LA LEGISLACIÓN DOMÉSTICA

3.1. Calificación de las rentas

El TRLIRNR enumera en su artículo 13 las rentas que se consideran obtenidas en territorio español. A diferencia del ModCDI que se acaba de analizar, el artículo 13 no recoge una última categoría de rentas de carácter residual a modo de cierre de forma que pueda establecerse un claro paralelismo entre el artículo 21 del ModCDI y un determinado apartado del artículo 13. A pesar de ello, a la vista de los tipos de rentas que se han incluido en el artículo 21 del ModCDI, se verá que cualquiera de las rentas allí enumeradas encajan en el marco del IRNR, si bien, en determinados casos, con notables diferencias de calificación.

El legislador español ha configurado el artículo 13 TRLIRNR sobre la base de una enumeración cerrada de categorías específicas de rentas sin seguir fielmente los criterios del ModCDI de clasificación por razón de la naturaleza económica del origen de las rentas. En efecto, sin apartarse excesivamente, ha trasladado al TRIRNR algunas categorías jurídicas propias del IRPF que resultan desconocidas en la legislación convenida, tales como la de «otros rendimientos de capital mobiliario» o la de «rentas imputadas». A mayor abundamiento, el contenido de cada una de estas categorías jurídicas, incluso cuando por su denominación puedan entenderse equiparables, presenta ciertas discrepancias que, desde el punto de vista interpretativo, se ven consolidadas debido a la técnica de remisión que contiene el artículo 13.3, el cual, en defecto de la presencia de disposiciones interpretativas o definitorias del propio TRLIRNR, acude a las normas de la LIRPF para calificar el hecho imponible.

Todo lo anterior puede producir, en relación con una misma renta, diferencias de calificación en función de si procede o no invocar el amparo de las disposiciones de un convenio. Así, las ganancias derivadas del juego o premios de azar se consideran ganancias patrimoniales conforme al artículo 13 i) del TRLIRNR y otras rentas conforme al artículo 21 del ModCDI. Esta misma diferencia de calificación se aprecia respecto de las indemnizaciones por responsabilidad civil, tanto si es por daño en las cosas o a las personas, como por ejemplo, las indemnizaciones por accidentes. Las rentas vitalicias y las rentas temporales se califican en la mayoría de casos de rendimientos de capital mobiliario según el artículo 13.f).4° y de otras rentas según el ModCDI. Las rentas derivadas de planes de pensiones de tipo individual, planes de previsión asegurados o determinados contratos de seguro se califican de rendimientos de trabajo conforme al artículo 13 c) mientras que, desde la óptica de la normativa convenida, probablemente se consideran otras rentas, aunque la CCDGT de 2 de diciembre de 1997 se inclina por asimilar a la categoría de intereses las rentas que sean el resultado de la inversión de determinados capitales. Tampoco existe un paralelismo entre la naturaleza jurídica que se da a las rentas derivadas de los nuevos instrumentos financieros que conforme a la normativa doméstica se califican de rendimientos de actividades económicas –si se obtienen en el ejercicio de una actividad económica como instrumento de cobertura de las operaciones empresariales– o de ganancias patrimoniales –en cualquier otro caso– y su ubicación en la normativa convenida dentro de la categoría residual de «otras rentas».

La DGT consulta general 1124-02 de 24-7-2002 es una muestra clara de lo expuesto. En la misma se pregunta sobre el tratamiento tributario de un interés por retraso en el pago de una indemnización a unos beneficiarios residentes en EEUU y Colombia. En su contestación, la DGT empieza por reconocer que la distinta residencia de los beneficiarios tiene influencia en la contestación por cuanto a los primeros les aplica el convenio con EEUU mientras a los segundos, ante la ausencia de convenio en la fecha de la emisión de la contestación, les es directamente aplicable el TRIRNR y añade: *«Desde el IRPF, estos intereses, debido a su carácter indemnizatorio, no pueden calificarse de rendimientos de capital mobiliario. ... y tienen la consideración de ganancias patrimoniales. Esta es la calificación que reciben en el IRNR.... Cuando los beneficiarios tengan residencia en EEUU, ... estos intereses de naturaleza indemnizatoria reciben el tratamiento reservado en el artículo 23 «Otras Rentas» del Convenio con EEUU».*

Para resolver las discrepancias que tengan por objeto determinar quién tiene la potestad para gravar estas rentas, prevalecerá la calificación de la normativa convenida si su perceptor está amparado por las disposiciones de un convenio y la normativa doméstica en caso contrario.

Independientemente de la norma aplicada, si se concluye que España, como Estado de la fuente tiene potestad para gravar estas rentas, el resto de elementos que conforman la deuda tributaria se determinarán conforme, como es habitual, a las disposiciones de la normativa interna sobre no residentes.

3.2. Exenciones

Algunas de las rentas incluidas en este capítulo están exentas de tributación en virtud del artículo 14.1 a) del TRLIRNR por remisión al artículo 7 de la LIRPF siempre que su perceptor sea una persona física y se cumplan los requisitos específicos para gozar de la exención que establece la ley en cada apartado. En este sentido, pueden estar exentas las indemnizaciones de las letras a), d) e) y q) del artículo 7, las pensiones de la letra c), las anualidades por alimentos percibidas de los padres, determinadas pensiones, los premios literarios, artísticos o científicos así como los premios de loterías y apuestas siempre, como hemos indicado, que se cumplan los requisitos de la norma concreta de exención.

3.3.   Base imponible

La base imponible viene determinada por las reglas generales aplicables a la cuantificación de los rendimientos, es decir, la base imponible está constituida por su importe íntegro sin que quepa deducción alguna en concepto de gastos.

Si estas rentas se consideran ganancias patrimoniales, hay que incorporar al criterio general de beneficio bruto, las pautas del IRPF, con mínimas salvedades (artículo 24 del TRLIRNR).

De todas formas, para determinar la base imponible de determinados tipos de rentas, resulta preceptivo, de acuerdo con el artículo 24.1 del TRLIRNR, acudir a la normativa del IRPF. Así, por mencionar claros supuestos de aplicación de las normas del TRIR, se puede destacar el cálculo de la base imponible de una renta vitalicia o temporal o el cálculo de una indemnización, si está parcialmente exenta.

3.4.   Tipo impositivo

Si España como Estado de la fuente tiene potestad tributaria para gravar alguna de las rentas expuestas en este capítulo, ya sea conforme a las disposiciones del convenio –cuando se haya convenido una potestad compartida– ya sea conforme a la normativa doméstica en el supuesto de que no sea aplicable convenio alguno, el tipo impositivo es el que corresponde a las disposiciones del artículo 25 del TRLIRNR, ya que ninguno de los Convenios suscritos por España hasta la fecha recoge un tipo limitado de gravamen.

Por ello, el tipo impositivo aplicable vendrá determinado por los tipos que recoge el artículo 25 del TRLIRNR. En general, puede considerarse que se aplica el 24% en general y en caso de residentes en la UE y el EEE, del 19 %. En los supuestos en que, de acuerdo con la LIRPF (al que se remite el artículo 25 del TRLIRNR), se trate de «rendimientos» aunque puede ser aplicable el tipo impositivo que de acuerdo con la ley interna grava los intereses o rendimientos obtenidos por la cesión a terceros de capitales propios, si ésta es la calificación que prima. Incluso cabe pensar en una tributación idéntica en el caso de ganancias patrimoniales si derivan de la transmisión de elementos patrimoniales pero no si se trata de premios s similares en cuyo caso se aplica el tipo general del 24%. Finalmente, si la norma interna califica estas rentas de pensiones o intereses, sería aplicable un tipo reducido de gravamen conforme a los distintos supuestos del artículo 25 del TRLIRNR.

3.5.   Devengo

Aunque se trate de rentas cuyo devengo en muchos casos es singularizado –no recurrente– a la par que instantáneo, la mayor parte de las mismas pueden estar sujetas a retención (artículo 31 TRLIRNR) por lo que el retenedor habrá de presentar la declaración y efectuar el correspondiente ingreso dentro de los plazos y con los requisitos previstos en la normativa interna.

Si las rentas no están sujetas a retención, la declaración deberá presentarse por el contribuyente o su representante dentro del mes siguiente a la fecha de exigibilidad del rendimiento o, en su caso, de la alteración patrimonial.

4.   PARTICULARIDADES[1]

La mayor parte de convenios suscritos por España siguen el ModCDI. No obstante, algunos presentan ciertas particularidades, la mayoría de las cuales se justifican y derivan de las distintas reservas que han efectuado estos Estados al ModCDI. Así:

- Convenios que siguen el MC de Naciones Unidas y no el ModCDI. Este modelo, como se ha apuntado, se inclina por el principio de tributación compartida que otorga tanto al Estado de residencia como al Estado de la fuente el derecho de imposición –sin límites–, asumiendo el primero la obligación de eliminar la doble imposición. España ha convenido este criterio en los convenios suscritos con Argentina, Australia, Brasil, Canadá, China, Filipinas, India, Indonesia, Méjico, Rusia y Tailandia.

Igualmente ha recogido el anterior criterio en el Convenio con Chile si bien referido exclusivamente a las rentas procedentes del otro Estado contratante y no respecto de las rentas procedentes de terceros países respecto de las que sigue el principio de tributación exclusiva en el Estado de residencia. Este mismo criterio se ha seguido en el CDI con Malasia.

- Convenios que contemplan las anualidades o alimentos separadamente (así, el CDI con Egipto) o rentas del juego y lotería de modo expreso (CDI con Moldavia, Costa Rica, República de Georgia) en los que se autoriza que dichas rentas queden gravadas en el Estado de la fuente. Este mismo criterio se recoge en el CDI con Singapur aplicable, en este caso, a las rentas derivadas de un plan de ahorro complementario siempre que el Estado de la fuente haya otorgado un beneficio fiscal a las aportaciones.

- Convenios que limitan la tributación exclusiva al Estado de residencia sólo a aquellos supuestos en que dicho Estado grave efectivamente estas rentas. A falta de tributación efectiva en el Estado de residencia, el Estado de la fuente adquiere el derecho a someter estas rentas a gravamen. En este grupo se encuentra el convenio suscrito con Bélgica que no deja de ser un reflejo de la reserva a este artículo.

- Convenios que no recogen la excepción relativa a las rentas obtenidas a través de un EP o procedentes de bienes vinculados a un EP cuando el perceptor de las mismas realiza una actividad en el Estado de la fuente a través de un EP, manteniendo el principio general de tributación en el Estado de residencia del sujeto perceptor. Este grupo es igualmente numeroso e incluye Alemania, Austria, Brasil, Bulgaria, Canadá, Filipinas, Finlandia, Indonesia, Japón, Moldavia, Países Bajos, Suiza y Rusia. El Convenio con Marruecos no establece la forma de tributación de las otras rentas si están vinculadas a un EP, a pesar de lo cual, a nuestro entender, puede defenderse que se atribuirá la potestad de gravamen al Estado de situación del EP como renta de un EP en aplicación del artículo 7 del convenio.

- Convenios que, recogiendo la excepción relativa a rentas obtenidas a través de EP, no excluyen de dicha excepción las rentas de bienes inmuebles afectos al EP. Dentro de dicho grupo figuran Australia, Italia, Marruecos, Reino Unido, Rumanía y Suecia. La resolución de los casos puede no ser sencilla debido a la fuerza de atracción de las normas en conflicto. De ahí que deba prestarse especial cuidado en la calificación de la renta considerando que si se concluye que son rentas inmobiliarias, la potestad de gravar corresponde al Estado de situación del inmueble en virtud de las disposiciones del artículo 6 mientras que si son consideradas otras rentas la potestad se atribuye en exclusiva al Estado donde esté situado el EP.

Ciertos convenios muy recientes –Nigeria, Omán, Senegal– recogen junto con la excepción de ejercer una actividad a través de EP para las rentas vinculadas al EP la excepción de ejercer una actividad profesional a través de una base fija de negocio respecto de las rentas afectas a esta base fija de negocios.

- Convenios que no recogen una única norma de distribución de la potestad tributaria. Es el caso del reciente CDI con Nueva Zelanda. En este caso, la potestad exclusiva a favor del Estado de resi-

---

(1)   Nótese que desde el 1 de enero de 2009, el CDI con Dinamarca deja de estar en vigor por haber sido denunciado por aquel país según nota de 10 de junio de 2008 (BOE de 19 de noviembre de 2008).

dencia se limita, en principio, a las rentas procedentes de un tercer Estado, estableciendo el párrafo 3º al artículo 20 el principio de potestad compartida para las rentas ubicables en ese artículo cuando procedan del otro Estado contratante.

- El Convenio con Singapur recoge una particularidad en relación con los «planes de ahorro» previendo su tributación en el Estado de la fuente. Así, el importe retirado por un residente de un Estado de un plan de ahorro constituido en el otro Estado puede someterse en el segundo Estado siempre que haya otorgado una deducción sobre las aportaciones realizadas al plan de ahorro y que el importe retirado no se caracterice como una pensión y sujeta a las disposiciones del Artículo 17.

- El Convenio con Hong Kong contempla el caso singular de las pensiones alimenticias pagadas por un residente del otro Estado contratante, disponiendo que sólo podrán someterse a imposición en esa parte en la medida en que no sean deducibles para el pagador.

5. BIBLIOGRAFÍA

Modelo CDI OCDE. Versión actualizada 2010.

CALDERÓN CARRERO Y MARTÍN JIMÉNEZ (2004) «Comentarios a los CDIs españoles», Fundación Barrié, A Coruña.

CARMONA FERNÁNDEZ (2009), en «Manual Impuesto sobre la Renta de no Residentes», CISS, Valencia.

CARMONA FERNÁNDEZ (2003), «Guía del IRNR», CISS, Valencia.

VOGEL, K. (1997) «On Double Taxation Conventions», Kluwer, Londres, La Haya, Boston.

III.16

IMPOSICIÓN SOBRE EL PATRIMONIO

Montserrat Trapé Viladomat

III.16.   IMPOSICIÓN SOBRE EL PATRIMONIO

Sumario

IMPOSICIÓN SOBRE EL PATRIMONIO

1. NOCIÓN DE IMPOSICIÓN SOBRE EL PATRIMONIO

El artículo 22 del ModCDI recoge diversas disposiciones que tienen por objeto atribuir la soberanía fiscal en relación con la imposición de distintos bienes que integran el patrimonio de una persona física. Se estructura en cuatro apartados que distribuyen la potestad tributaria entre el Estado de residencia y el de situación de los bienes, de forma diversa en función de la naturaleza singular de los mismos.

Bajo el título de «Patrimonio», el artículo 22 ModCDI dispone que:

1. El patrimonio constituido por bienes inmuebles, en el sentido del artículo 6, que posea un residente de un Estado contratante y esté situado en el otro Estado contratante puede someterse a imposición en ese otro Estado.

2. El patrimonio constituido por bienes muebles, que formen parte del activo de un establecimiento permanente que una empresa de un Estado contratante tenga en el otro Estado contratante, puede someterse a imposición en este otro Estado.

3. El patrimonio constituido por buques o aeronaves explotados en el tráfico internacional o por embarcaciones utilizadas en la navegación interior, así como por bienes muebles afectos a la explotación de tales buques, aeronaves o embarcaciones, sólo puede someterse a imposición en el Estado contratante en que esté situada la sede de dirección efectiva de la empresa.

4. Todos los demás elementos del patrimonio de un residente de un Estado contratante sólo pueden someterse a imposición en ese Estado.

El clausulado del artículo incide únicamente sobre los impuestos que gravan el patrimonio en su consideración estática, con exclusión de los impuestos sobre sucesiones, donaciones y transmisiones patrimoniales que gravan uno o varios elementos patrimoniales en el momento de su transmisión, ya sea onerosa o gratuita, ínter vivos o *mortis causa*.

Los CMC aclaran que los impuestos sobre el patrimonio a los que se refiere este artículo son los comprendidos en el artículo 2 y comprenden tanto los que gravan el patrimonio íntegramente considerado como los que gravan algún elemento patrimonial específico. En sus convenios, los Estados pueden optar por incluir una descripción general del ámbito de aplicación del artículo 22 del ModCDI junto con una enumeración completa de los impuestos que, de acuerdo con la legislación interna de cada país, quedan protegidos por el convenio o, por el contrario, pueden limitarse a incluir la lista completa de impuestos vigentes a que se refiere el convenio en el momento de su firma.

Un número considerable de CDIs no contienen una disposición inspirada en el artículo 22 del ModCDI y su ámbito de protección se extiende exclusivamente a los impuestos sobre la renta. Ello puede deberse a que los sistemas tributarios de ciertos Estados en el momento de la firma del convenio no tienen incorporado a su sistema impositivo un gravamen sobre elementos patrimoniales o simplemente a que los Estados contratantes no consideran, desde un criterio de oportunidad, extender el ámbito del convenio más allá de la imposición sobre la renta. En algunos casos, se incluye, si se trata de cubrir una posible ampliación en el futuro, una redacción inspirada en el artículo 2.4 del ModCDI que dispone que:

> «El convenio se aplicará igualmente a los impuestos de naturaleza idéntica o análoga que se establezcan con posterioridad a la fecha de la firma del mismo y que se añadan a los actuales o los sustituyan.»

Respecto de los convenios suscritos por España, dicha cláusula ha constituido la base jurídica en virtud de la cual los CDIs que la incorporaron, firmados con anterioridad al momento de entrada en vigor del Impuesto Extraordinario sobre el Patrimonio, sustituido con posterioridad por la Ley

19/1991, de 6 de junio, reguladora del actual IP, ampliaron su ámbito objetivo inicial a este impuesto subsiguiente sin necesidad de iniciar por este motivo un proceso de renegociación.

En los CDI con Croacia y Egipto, la adaptación a una situación futura se encuentra en sus respectivos protocolos, incorporando el primero de ellos una condición suspensiva respecto de las disposiciones relativas a los impuestos sobre el patrimonio puesto que condiciona su aplicación a que ambos Estados contratantes incluyan en su legislación interna un impuesto sobre el patrimonio y por lo que se refiere al protocolo con Egipto difiere la entrada en vigor del artículo 22 al momento en que Egipto introduzca un impuesto sobre el patrimonio.

Por otra parte, es menester notar que su ámbito subjetivo puede quedar reducido por las disposiciones de las normas domésticas de los Estados contratantes que regulan la imposición sobre el patrimonio. En efecto, el ModCDI no establece limitación alguna por razón de la naturaleza de su titular, comprendiendo la facultad de gravar los distintos elementos patrimoniales tanto a titulares personas físicas como personas jurídicas. No obstante, dado que este precepto, al igual que los que se refieren a la imposición sobre la renta, se limitan a atribuir potestades a uno o a ambos Estados contratantes, los cuales han de ejercer dicha facultad con arreglo a sus normas internas, en todos aquellos regímenes, como el español, que dicha imposición se limita a los contribuyentes personas físicas, se producirá *de facto* una limitación en su ámbito de aplicación.

2.   POTESTAD DE IMPOSICIÓN

Los impuestos sobre el patrimonio constituyen en la mayoría de sistemas tributarios, de ordinario, una imposición complementaria a la que recae sobre la renta generada por dicho patrimonio. Los CMC sostienen, en consecuencia, que la imposición de un determinado elemento patrimonial corresponde, en principio, al Estado que ostenta el derecho a gravar la renta derivada del mismo.

Sin embargo, esta remisión no puede efectuarse de forma genérica ni tampoco puede deducirse de forma automática, de tal modo que el ModCDI ha incluido un artículo específico al que pueden referirse los Estados que así lo deseen durante sus negociaciones y, en su caso, incluirlo en el convenio que fija las reglas relativas a la imposición de los diferentes elementos patrimoniales.

Los CMC identifican ciertas situaciones que pueden resultar problemáticas y generar conflictos aunque sin llegar a proponer una solución definitiva. La primera de ellas es la que nace de la división de la propiedad de los bienes, como puede ser el caso del derecho real de usufructo, surgiendo, en algunas ocasiones, discrepancias entre los Estados, debido fundamentalmente a las diferencias que se derivan de las respectivas legislaciones de derecho civil o mercantil. Si estas discrepancias originan una doble imposición, los CMC aconsejan a los Estados afectados recurrir al procedimiento amistoso o solucionar la controversia por medio de negociaciones bilaterales.

La segunda situación es la relativa a la posibilidad de deducir las deudas o cargas que disminuyan el valor de algún bien en particular del conjunto de elementos patrimoniales. El artículo 22 del ModCDI no establece regla alguna relativa a la posibilidad de deducción de las deudas. Los CMC asumen que las legislaciones de los países miembros de la OCDE son demasiado diferentes para alcanzar una solución o acuerdo común. Por consiguiente, se omite toda referencia a la posibilidad de deducir del valor de los bienes las deudas afectas a dichos bienes. El ModCDI trata el problema de la deducción de las deudas únicamente en el artículo 24.4 ModCDI relativo a la no discriminación en relación con el supuesto en que el contribuyente y el acreedor no sean residentes del mismo Estado exigiendo que no se establezcan diferencias en relación con los criterios de deducibilidad entre las deudas contraídas con entidades residentes y aquéllas contraídas con entidades no residentes.

Como se ha indicado, el artículo 22 del ModCDI regula la imposición del patrimonio en cuatro apartados de los que se extraen los siguientes criterios de imposición.

2.1. Atribución del derecho de gravamen al Estado de situación de los bienes

Esta norma se aplica exclusivamente a los bienes inmuebles y a los bienes muebles que formen parte del activo empresarial de un EP de una empresa (artículo 22 apartados 1 y 2 ModCDI).

En relación con los bienes inmuebles, el derecho de gravamen a favor del Estado de situación prevalece frente a cualquier otro criterio con el que pudiera colisionar. En este sentido, se extiende incluso a los bienes inmuebles afectos a la explotación de buques, embarcaciones o aeronaves que, a juicio de los CMC, pueden someterse a imposición en el Estado donde estén situados conforme a la regla establecida en el apartado 1 la cual es preferente a la regla específica relativa a los buques y aeronaves contenida en el apartado 3°.

España ha reforzado y extendido este criterio introduciendo una reserva al ModCDI conforme a la cual expresamente manifiesta su voluntad de retener la potestad para gravar el patrimonio constituido por acciones u otros derechos de una sociedad cuyos activos consistan principalmente en bienes inmuebles situados en España, o por acciones u otras participaciones que atribuyan a su titular un derecho de disfrute de bienes inmuebles situados en España. El reciente Convenio con Kuzbekistán es un fiel reflejo de este reforzamiento, al incluir como base de retención de la potestad de gravamen el tener la titularidad de acciones de entidades cuyo valor proceda en más de un 50 % de bienes inmuebles situados en el Estado de la fuente.

El Estado donde se halle situado un EP de un sujeto residente en el otro Estado contratante goza igualmente, por aplicación de este mismo principio, de la potestad de someter los bienes muebles afectos a este EP a un impuesto sobre el patrimonio de acuerdo con su normativa doméstica. Aunque este artículo no especifica qué requisitos se exigen para considerar que un determinado elemento se encuentra o no afecto a un EP, los CMC sobre el artículo 7 del ModCDI que regula la «imposición de beneficios empresariales» defienden el criterio de vinculación funcional de las rentas a la actividad del EP. En aplicación del principio de complementariedad, se entiende que este mismo criterio de vinculación funcional es predicable de los elementos patrimoniales respecto de los que se reclama su afectación a un EP.

El ModCDI no extiende el derecho de gravamen que pueda corresponder al Estado de la fuente a ningún otro elemento patrimonial. A pesar ello, España, a través de otra reserva, ha manifestado su intención de someter al IP el patrimonio integrado por acciones u otros derechos que constituyan una participación sustantiva en una sociedad residente de España. Aunque no todos los CDIs reproducen esta reserva, en un número significativo de tratados suscritos por España se observa esta extensión de la facultad de imposición referida a participaciones sustantivas en virtud de la cual una persona física no residente que posea una participación sustantiva de una entidad residente en territorio español puede quedar sujeta al IP por este concepto.

2.2. Atribución del derecho de gravamen al Estado de situación de la dirección efectiva de la empresa

El segundo principio recogido en el artículo 22 del ModCDI en su tercer apartado consiste en atribuir el derecho de gravamen a favor del Estado donde se encuentra la sede de dirección efectiva de una empresa. Esta norma se aplica a la tributación de algún impuesto sobre el patrimonio de buques o aeronaves explotados en el tráfico internacional y de embarcaciones dedicadas al transporte fluvial por canales o lagos, por aguas interiores, extendiéndose también a los bienes muebles afectos a la explotación de los anteriores.

Este apartado está inspirado en los mismos principios que recoge el artículo 8 del ModCDI por lo que, si la sede de dirección efectiva de una empresa de navegación marítima o interior se encuentra a bordo de un buque o embarcación, queda entendido que será aplicable el artículo 8.3 ModCDI para determinar el Estado contratante donde se halle la sede de dirección efectiva de la empresa.

En consecuencia, las especialidades relativas al ámbito de aplicación del artículo 8 ModCDI referente a la imposición de los beneficios procedentes de la navegación marítima, interior o aérea que recogen los distintos convenios, tienden a reproducirse en este apartado. De la misma forma, si los Estados contratantes han optado por algún criterio de imposición alternativo al de la sede de dirección efectiva tal como el de residencia de la empresa, dicha alternativa, por razones de coherencia, probablemente se recogerá en este apartado de la misma forma que también se recoge en el artículo 13.3 ModCDI.

Desde un punto de vista subjetivo, es de notar, como especifican los CMC, que este apartado sólo se aplica a la empresa propietaria de los bienes en el supuesto que explote ella misma, en el ejercicio de una actividad económica, los barcos, buques o aeronaves, ya sea como empresa de transporte o como empresa de arrendamiento de estos bienes, siempre que los barcos, buques o aeronaves objeto de la actividad de arrendamiento se cedan totalmente armados, tripulados y equipados. Sin embargo, dicho apartado no es aplicable si la empresa propietaria se dedica habitualmente al arrendamiento a casco desnudo por cuanto entonces tales bienes estarán sujetos a las disposiciones generales, en especial a las propias de bienes muebles, contenidas en el apartado 4 de este precepto. Este criterio no es exclusivo de los impuestos sobre patrimonio que, de nuevo, se subordinan a las disposiciones de los impuestos sobre la renta. Como se recordará, las rentas derivadas del arrendamiento habitual de estos bienes están sujetas a las disposiciones de los artículos 8 ó 12 del ModCDI según deriven de arrendamientos de barcos, buques o aeronaves tripulados y equipados o a casco desnudo.

Finalmente, insistir en la idea reiterada de que los Estados a los que se les atribuye la potestad de someter a gravamen estos elementos patrimoniales pueden someterlos a gravamen, sin que por ello haya de concluirse que el ModCDI exige ni presupone la existencia efectiva de gravamen.

2.3. Atribución del derecho de gravamen al Estado de residencia de la persona a la que pertenezcan los derechos patrimoniales

El tercer principio recogido en el apartado 4 afecta a todos los demás elementos patrimoniales y atribuye el derecho de gravamen exclusivo sobre los mismos al Estado de residencia de la persona a la que pertenezcan, renunciando el Estado de situación o el Estado donde se pueden ejercer los derechos derivados de estos elementos a exigir cualquier gravamen sobre los mismos.

Esta norma de carácter residual adquiere una importancia destacable puesto que limita la extensión del ámbito de sujeción efectivo del Estado de la fuente a los elementos concretos que especifican los apartados previos de este artículo y establece, por defecto, en todos los demás casos, el derecho de gravamen exclusivo a favor del Estado de residencia de su titular. Este derecho exclusivo a favor del Estado de residencia se refiere, entre otros, a obras de arte, buques y aeronaves de recreo o vehículos automóviles. Importante limitación es asimismo la relativa a inversiones financieras. Así lo confirma respecto de la tenencia de acciones la CCDGT de 8 de agosto de 2005. A título de simple recordatorio, baste destacar que, en relación con una persona residente en Alemania que posee acciones en España, confirma la aplicabilidad del punto 4 de este artículo 22 del CDI con Alemania al ser las acciones bienes muebles y no actuar el residente en Alemania en España con establecimiento permanente o base fija. Por consiguiente, la imposición sólo se realizará en el Estado contratante de residencia, en este caso, Alemania, quedando exentas de tributación las acciones objeto de la consulta en el Impuesto sobre el Patrimonio español.

No deja de ser este artículo una muestra más de que el ModCDI se inclina por otorgar un derecho de imposición preferente al Estado de residencia del propietario de los bienes y sólo de forma excepcional otorga, en relación especialmente con los apartados 1 y 2, un derecho de imposición en el Estado de la fuente.

3. TRIBUTACIÓN EFECTIVA SEGÚN LA LEGISLACIÓN DOMÉSTICA

Desde la perspectiva de la legislación doméstica, el Impuesto sobre el Patrimonio viene regulado en la Ley 19/1991, de 6 de junio, que, con ciertas vicisitudes en cuanto a su vigencia, está en vigor desde su restablecimiento por el Real Decreto-ley 13/2011, de 16 de septiembre, si bien, al ser un tributo cedido a las Comunidades Autónomas, su ámbito objetivo depende de la adaptación específica de cada Comunidad Autónoma.

Se pasa a continuación a describir los elementos básicos que configuran la estructura de este impuesto.

El artículo 5 de la Ley establece la sujeción al impuesto por obligación personal o real de contribuir en función de la condición de residente o no residente en territorio español del sujeto pasivo.

El sujeto no residente, cuyo estatuto personal se rige por las normas del IRPF (artículo 9 LIRPF), queda sujeto al IP por obligación real, «por los bienes y derechos de que sea titular cuando los mismos estuvieran situados, pudieran ejercitarse o hubieran de cumplirse en territorio español» [artículo 5.Uno b) Ley 19/1991].

El IP diseña la obligación real de contribuir sobre la base del principio de territorialidad materializado en dos puntos de conexión: el lugar de situación de los bienes y el lugar de ejercicio o cumplimiento de los derechos, consagrando un ámbito objetivo de sujeción más amplio que el recogido en el ModCDI.

En efecto, esta diferencia deviene sustancial. Mientras que el ModCDI establece una potestad de gravamen en el Estado de la fuente respecto de tres categorías de bienes –las enumeradas en el artículo 22 apartados 1 a 3 ModCDI–, la norma interna no renuncia a la potestad de gravar ningún bien o derecho ni discrimina en función de la naturaleza del mismo o de la vinculación funcional o no de determinados elementos a un EP. De hecho, siempre que exista un vínculo con España como Estado de la fuente, sea por el lugar de situación de los bienes, sea por el lugar de ejercicio o cumplimiento de los derechos, La Ley del IP atrae para sí la potestad de sujetar a gravamen los bienes de los que pueda predicarse este vínculo.

Como se ha indicado, esta diferencia no es anecdótica puesto que afecta, entre otros elementos patrimoniales, a las acciones o participaciones en sociedades o cualquier otra inversión financiera, los buques o aeronaves de recreo así como los automóviles y las obras de arte o antigüedades mobiliarias. En términos generales, estos bienes quedan sujetos al IP si su propietario no está amparado por un convenio que comprenda la imposición sobre el patrimonio mientras que, en caso contrario, esto es, si se encuentra protegido por un convenio con una disposición que recoja este impuesto, estos bienes quedan sujetos exclusivamente a un impuesto de esta naturaleza en su Estado de residencia, de acuerdo con su normativa interna, renunciando España, a salvo la reserva relativa a las participaciones sustanciales en sociedades, a exigir el impuesto sobre los mismos.

Otro tema que puede generar algún problema interpretativo es el relativo al concepto «sede de dirección efectiva» al que se refiere el artículo 22.3 del ModCDI por cuanto dicho término es desconocido en el marco de la legislación doméstica sobre el patrimonio. A nuestro juicio, dicha falta de remisión no ha de producir irresolubles problemas prácticos por cuanto la comprensión de este concepto viene expresamente recogido en el TRLIS que, a estos efectos, habría de resultar suficiente.

Las exenciones vienen reguladas con carácter general en el artículo 4 de la Ley. Esta disposición es aplicable tanto a la obligación personal como a la obligación real de contribuir.

No obstante, por la propia esencia de la exención y, salvo algún caso extremadamente excepcional, la exención relativa a la vivienda habitual (artículo 4.9 de la Ley) no puede ser invocada por un sujeto no residente. En principio resulta difícil que una persona tenga en España una vivienda que pueda ser correctamente calificable de «habitual» y a la vez tenga el estatuto de no residente. Sólo podría suceder si, a pesar de tener la residencia habitual en este territorio, España hubiera renunciado a la residencia fiscal como consecuencia de la resolución de un conflicto con otro Estado resuelto a favor de este último en aplicación del artículo 4 del ModCDI. Por otra parte, la Ley establece una exención específica de la obligación real al disponer que quedan exentos «los valores cuyos rendimientos están exentos en virtud de lo dispuesto en el artículo 13» –en la actualidad artículo 14 del TRLIRNR– (artículo 4.7 según redacción dada por la Ley 41/1998).

La base imponible del impuesto se determina de acuerdo con las normas de valoración fijadas para los distintos bienes en la Ley sin que sean aplicables los beneficios fiscales que se introducen con la finalidad de subjetivizar el impuesto. Así, a diferencia de la obligación personal de contribuir, la Ley no autoriza la deducción de deudas aunque gocen de una garantía real, pero sí permite la deducción de las «cargas y gravámenes» que recaigan directamente sobre los bienes, puesto que éstos sí disminuyen el valor real de los bienes sujetos al impuesto (artículo 1 LIP 19/1991). Finalmente, tampoco aplica la reducción del mínimo exento ni el límite de la cuota íntegra conjunta con el IRPF establecida en el artículo 31 para los sujetos pasivos por obligación personal de contribuir.

Visto que esta diferencia de estructura impositiva entre ambas formas de contribuir puede perjudicar al sujeto pasivo, la Ley permite al contribuyente que pierda la condición de residente pero que continúe obligado a tributar por este impuesto a optar por una u otra forma de contribuir en la siguiente circunstancia:

«Cuando un residente en territorio español pase a tener su residencia en otro país podrán optar por seguir tributando por obligación personal en España. La opción deberá ejercitarla mediante la presentación de la declaración por obligación personal en el primer ejercicio en el que hubiera dejado de ser residente en el territorio español» [artículo 5.Uno a) Ley 19/1991].

La tarifa del impuesto es única y se aplica por igual a todos los sujetos (artículo 30.3 LIP 19/1991), estando obligados los contribuyentes por obligación real, tanto si están amparados por un convenio como si no se da esta circunstancia, a presentar la declaración del impuesto con independencia del valor de los elementos patrimoniales. Debe ponderarse la existencia de un Modelo declarativo singular –Modelo 214– regulado en la Orden HAC/3626/2003, relativo a la declaración de personas físicas no residentes que sólo dispongan de una vivienda situada en territorio español.

Finalmente, aunque sea a título de recordatorio, es preciso efectuar una mención a un tributo de naturaleza controvertida, diseñado con una clara finalidad antielusión, pero, sin duda, vinculado a la propiedad o disfrute de bienes inmuebles. Se trata del Gravamen Especial sobre Bienes Inmuebles de Entidades no Residentes, regulado actualmente en los artículos 40 a 45 del TRLIRNR.

Desde su primera introducción en el sistema tributario español a raíz de la entrada en vigor de la Disposición adicional 6ª de LIRPF 1991, este tributo, ha sido considerado como una figura especial dentro de los impuestos sobre la renta. A pesar de ello, su naturaleza híbrida y un tanto peculiar es, aun a día de hoy, objeto de controversia, entre otras causas, porque determinados elementos que configuran su estructura impositiva parecen acercarlo más a la órbita de los impuestos sobre el patrimonio que a los propios impuestos sobre la renta. De estos elementos destaca el ámbito de sujeción en virtud del cual «Las entidades no residentes que sean propietarias o posean en España, por cualquier título, bienes inmuebles o derechos reales de goce o disfrute sobre éstos, estarán sujetas al impuesto mediante un gravamen especial» (artículo 40 TRLIRNR) o incluso las reglas de determinación de la base imponible que hacen exclusiva referencia al valor de los inmuebles obviando cualquier remisión a posibles rentas derivadas de los mismos al establecer que «la base imponible (...) estará constituida por el valor catastral de los bienes inmuebles» o que, «cuando no existiese valor catastral, se utilizará el valor determinado con arreglo a las disposiciones aplicables a efectos del Impuesto sobre el Patrimonio».

No obstante su naturaleza ambigua y discutida, parece predominar la consideración de que se trata de una modalidad atípica de gravamen que la ley lo configura como una variante o subgravamen del IRNR, a pesar de los rasgos sustancialmente diferentes que presenta respecto de este impuesto. En concordancia con este planteamiento, pueden consultarse los comentarios recogidos en el Capítulo III.1 de la Parte I relativo a las rentas inmobiliarias.

4. SINGULARIDADES[1]

Analizando los distintos convenios suscritos por España, se concluye que el artículo 22 es uno de los artículos que presenta más particularidades presenta en relación con el ModCDI.

Esta situación es en parte consecuencia directa de la ausencia en varios tratados de un precepto similar al artículo 22 del ModCDI. El ámbito real de protección tampoco es uniforme puesto que, desde la perspectiva de los impuestos que realmente protege, hay un grupo de convenios que sólo se refieren al IP, otros sólo a impuestos locales sobre elementos patrimoniales y un tercer grupo que comprende ambos, de donde se deduce que la consulta y examen de cada convenio se hace imprescindible. Desde otra perspectiva, en algunas ocasiones, España hace uso de las reservas de imposición antes citadas e introduce modificaciones al apartado 1º en relación con valores mobiliarios. Finalmente, algunos convenios, como sucede en otras disposiciones, contienen cláusulas muy especiales. En desarrollo de este escenario, las particularidades que presentan los convenios suscritos por España pueden sintetizarse en los siguientes puntos:

- CDIs cuyo ámbito de aplicación no abarca la imposición sobre el patrimonio. En este grupo se encuentran los convenios con Albania, Andorra, Australia, Barbados, Brasil, Catar, Corea, EEUU, Filipinas, Finlandia, Hong Kong, Irlanda, Italia, Japón, Malasia, Malta, Omán, Pakistán, Portugal, Senegal, Singapur, Tailandia, Turquía y Vietnam.

- CDIs en los que España hace uso de su reserva en relación con valores mobiliarios. En estos casos, y con respeto a la redacción concreta de cada convenio, se establece el principio general de tributación compartida en relación con acciones o participaciones de una entidad cuyo activo está constituido principalmente por inmuebles o derechos que otorgan un disfrute sobre los mismos así como por acciones que proporcionen una participación sustancial en una sociedad del otro Estado. Generalmente dicho porcentaje se halla cuantificado en una participación mínima del 25%, en ocasiones especificando que dicha participación puede ser tanto directa como indirecta y en ocasiones omitiendo dicho detalle. También se aprecian diferencias en relación al momento del cómputo, la forma de cómputo –individual o considerando un grupo familiar– o incluso la propia referencia al porcentaje de participación que, si bien siempre se refiere al capital, en algunos convenios el porcentaje fijado puede referirse también a beneficios. Con todas estas variaciones, España ha reflejado esta reserva en los convenios con Alemania, Armenia, Bélgica, Francia, Egipto, El Salvador, Eslovenia, República de Georgia, Kazajstán, Panamá, Uruguay, India (considerando en este caso como participación sustancial el 10%), Islandia, Israel, México, Moldavia, Noruega y Rusia. Los convenios con Luxemburgo y Eslovenia reducen la reserva exclusivamente a las participaciones en sociedades inmobiliarias.

- CDIs que modifican el apartado 3º que regula los bienes relacionados con el tráfico internacional. Las diferencias respecto del ModCDI se refieren tanto a las matizaciones de los bienes sujetos a esta cláusula como a la definición del Estado que tiene potestad para someter a gravamen estos bienes.

a) Dentro del primer grupo, algunos CDIs amplían los bienes a los que se refiere este apartado e incluyen los vehículos de transporte por carretera y/o los ferrocarriles siempre que se afecten al tráfico internacional. Esta particularidad se recoge en los convenios con Bulgaria, Hungría, Irán, Kurbestein, Polonia, Rumanía y la URSS. Los convenios con Austria e Israel incluyen, además de los medios de transporte afectos a la navegación internacional, aquellos afectos a la navegación por aguas interiores.

b) Dentro del segundo grupo destacan los convenios con Canadá, Costa Rica, Indonesia, Lituania, Noruega, Reino Unido, República de Georgia y Kazajstán, Panamá, Suecia, Chile y Uruguay que atribuyen el derecho de someter a gravamen estos bienes al Estado de residencia de la entidad que explote los mismos en lugar del Estado donde se halle situada la sede de dirección efectiva. Por

---

(1)   Nótese que desde el 1 de enero de 2009, el CDI con Dinamarca deja de estar en vigor por haber sido denunciado por aquel país según nota de 10 de junio de 2008 (BOE de 19 de noviembre de 2008).

su parte, el Convenio con Rusia atribuye esta potestad al Estado de residencia de la entidad propietaria de los buques y aeronaves.

- Finalmente, algunos CDIs contienen cláusulas muy específicas. Destaca, entre otros, el convenio con Argentina que establece la potestad compartida en relación los bienes muebles a excepción de las acciones o participaciones societarias que tributan sin excepción en el Estado de residencia de su titular. El convenio con Austria no recoge en ningún caso la regla de tributación compartida sino que, tanto respecto de bienes inmuebles como de bienes muebles afectos a un EP, el derecho de gravamen corresponde exclusivamente al Estado de situación del inmueble o del EP. Por su proximidad, es de notar el beneficio temporal parcial que recoge el convenio con Francia a favor de los nacionales españoles que adquieran la residencia fiscal en aquel Estado que están exentos durante cinco años del Impuesto de solidaridad sobre el Patrimonio en relación con los bienes situados fuera de Francia.

5. BIBLIOGRAFÍA

AAVV (2004), «*Comentarios a los Convenios españoles para la eliminación de la doble imposición*», Fundación Barrié, A Coruña.

AAVV (2004), «*Manualidad de Fiscalidad Internacional*», Instituto de Estudios Fiscales, Madrid.

CARMONA FERNÁNDEZ (2009), «*Impuesto sobre la Renta de No Residentes*», CISS, Valencia.

VOGEL, K. (1997), «*On Double Taxation Conventions*», Kluwer, Londres, La Haya, Boston.

Capítulo IV

MÉTODOS PARA ELIMINAR LA DOBLE IMPOSICIÓN

José Manuel Calderón Carrero

Capítulo IV.   MÉTODOS PARA ELIMINAR LA DOBLE IMPOSICIÓN

Sumario

MÉTODOS PARA ELIMINAR LA DOBLE IMPOSICIÓN

1. CUESTIONES GENERALES QUE PLANTEA LA ELIMINACIÓN DE LA DOBLE IMPOSICIÓN INTERNACIONAL EN EL MARCO DE LOS CONVENIOS DE DOBLE IMPOSICIÓN

1.1. La funcionalidad del artículo 23 en el seno de los Convenios de doble imposición: Principios que ordenan su operatividad

Puede afirmarse que el artículo 23 de los convenios de doble imposición constituye una suerte de clave de bóveda del sistema de eliminación de la doble imposición internacional que arbitran este tipo de convenios. Los CDIs integran un auténtico sistema de coordinación de poderes tributarios y de principios jurídicos sobre una base de consenso y reciprocidad cuyo principal objetivo reside en eliminar la doble imposición internacional que se produce por el solapamiento de los impuestos de los dos Estados contratantes sobre el mismo hecho imponible y sujeto pasivo. Precisamente, la coordinación de poderes tributarios que estos convenios articulan es lo que permite establecer a través de los mismos un sistema de eliminación de la doble imposición cualitativamente distinto y más acabado que el instrumentado a través de medidas unilaterales. La nota esencial de los CDIs radica en el establecimiento de una norma jurídica común que coordina los ordenamientos tributarios de dos Estados al objeto de establecer un sistema autónomo cuya principal, pero no única finalidad, consiste en la supresión de la doble imposición internacional o sus efectos económicos.

Ciertamente, la eliminación de la doble imposición a través de CDIs presenta rasgos sustantivos propios que alejan a este sistema de las medidas unilaterales para suprimir los efectos de este mismo fenómeno, a pesar de que se empleen técnicas en buena medida coincidentes (v.gr., métodos de exención e imputación). El origen de tal diferencia radica en la coordinación de poderes tributarios que los CDIs instrumentan al servicio de la eliminación del referido fenómeno. Este factor permite modular la forma de eliminación de la doble imposición, de manera que pueden arbitrarse medidas que garanticen ya la supresión en origen de la doble imposición internacional, bien la eliminación de sus efectos, así como lograr ambas consecuencias alternativamente (dependiendo del tipo de rentas o elementos patrimoniales); los CDIs, a su vez, permiten articular medidas de política fiscal y económica a través de los métodos para eliminar la doble imposición, bien a través de un uso alternativo de las técnicas de exención e imputación o a través de otro tipo de cláusulas como las de imputación de impuestos no pagados (tax sparing/matching credit). A este respecto, cabe señalar que tanto el artículo 23 A como el artículo 23 B del ModCDI articulan una combinación de técnicas para eliminar la doble imposición; así, el artículo 23 A ModCDI combina la exención tributaria para las rentas que pueden gravarse en el Estado de la fuente con el método de imputación para las rentas cuya tributación en la fuente resulta limitada por el propio convenio; por su parte, el artículo 23 B ModCDI establece la aplicación del método de imputación con carácter general, aunque también recoge una cláusula de progresividad que permite al Estado de residencia tener en cuenta la renta o los elementos patrimoniales exentos por el CDI a efectos de calcular el tipo progresivo aplicable sobre la renta o patrimonio que resulta imponible en tal Estado. No se olvide que la aplicación de una u otra técnica posee consecuencias recaudatorias, fiscales y económicas muy diferentes; la explicación de que tanto en el ModCDI (o en el Modelo ONU) como en medidas similares arbitradas a otros niveles (v.gr., en el ámbito de la UE: v.gr., la Directiva 2011/123/CE) se haya articulado una combinación alternativa de métodos radica en la imposibilidad de llegar a un consenso entre los diferentes países a la hora de establecer una técnica única debido precisamente a los distintos efectos que posee cada una dependiendo de las diversas circunstancias o variables concurrentes en cada caso (parágr. 28 y siguientes de los Comentarios del Comité Fiscal OCDE al artículo 23 ModCDI –en adelante CMC 2010 y versiones posteriores–).

Del mismo modo, debe ponerse de relieve que la aplicación de las técnicas previstas en el artículo 23 de un CDI que siga el modelo OCDE sólo tiene lugar allí donde el propio convenio permite que se produzca doble imposición internacional (de carácter efectivo/imputación o potencial/exención); en este sentido, la aplicación del artículo 23 tiene lugar, en su caso, con posterioridad a la operatividad de las concretas reglas de distribución del poder tributario que establece el convenio; así, el CDI establece para cada tipo de rentas (o elementos patrimoniales) un concreto reparto del poder tributario, de forma que, como consecuencia del mismo, en algunos casos sólo un Estado puede gravar la renta en cuestión (bien el Estado de la fuente o el de la residencia) mientras que en otros supuestos ambos Estados contratantes pueden someter a imposición la renta transnacional; cuando las reglas de distribución del poder tributario atribuyen poder de gravamen exclusivo a uno de los dos Estados contratantes entonces no puede producirse el fenómeno de la doble imposición en la medida en que el convenio ha excluido o suprimido su surgimiento, su origen mediante la coordinación de poderes tributarios; cualquier antinomia entre las reglas de distribución del poder tributario y el precepto convencional que regula el método de eliminación de la doble imposición sólo puede resolverse a favor de este último allí donde el CDI haya establecido expresamente tal solución [véase, por ejemplo, el **CDI Dinamarca-España**, Protocolo 1999, artículo 24.1.c, nótese no obstante que tal convenio ha sido denunciado por Dinamarca].

Por el contrario, cuando las reglas de distribución del poder tributario convencionales permiten a los dos Estados contratantes gravar la misma manifestación de riqueza, el mismo hecho imponible, entonces el convenio permite el surgimiento de la doble imposición internacional estableciendo simultáneamente un mecanismo para eliminar sus efectos, a saber: los métodos previstos en el artículo 23; de esta forma, los métodos de exención tributaria o imputación establecidos en el artículo 23 de los CDIs que siguen el ModCDI sólo resultan aplicables allí donde el convenio permite que surja la doble imposición internacional; en este sentido, la obligación convencional que corresponde al Estado de residencia de eliminar la doble imposición en aplicación del método específicamente previsto en el convenio sólo surge y resulta exigible allí donde y en la medida en que la tributación exaccionada en el otro Estado contratante se ajuste a lo previsto en el CDI (véase el parágrafo 25.1 de la Introducción al Modelo de Convenio, incluido en la versión del ModCDI de 2014). Asimismo, la aplicación del artículo 23 de los CDIs puede tener lugar al objeto de lograr otros efectos como la preservación de la progresividad fiscal en el Estado de la residencia (apartado 3º del artículo 23 A y apartado 2º del artículo 23 B) o la supresión de supuestos no previstos (no queridos por los Estados contratantes) de doble no imposición (apartado 4º del artículo 23 A ModCDI 2000 y versiones posteriores). En esta línea, algunos CDI concluidos por España excluyen su aplicación en **casos de doble no imposición** (véase el Protocolo I del CDI con Jamaica 2009). Nótese que el hecho de que se produzca una situación de doble no imposición en el marco de un CDI no constituye per se una situación que resulte contraria al Convenio o abusiva, de manera que deba corregirse por vía interpretativa (véanse a este respecto las sentencias del Tribunal Supremo italiano de 24 de noviembre de 2018 (nº 23984), de 18 noviembre de 2011 (nº 24248), de 29 de enero de 2001 (nº 1231) y de 11 de octubre de 2018 (nº 25219), donde se declara que la interpretación del artículo 13.4 del CDI Italia-Alemania que la exención en la fuente de las ganancias patrimoniales no mencionadas en los apartados anteriores de tal precepto, no requiere la tributación de tal ganancia patrimonial en el Estado de residencia del contribuyente, de suerte que ello resulta consistente con la estructura y sistemática del CDI y el significado ordinario de los términos empleados en tal cláusula, a pesar de que se genere "doble no imposición"). A este respecto, el Convenio Multilateral para la implementación de determinadas medidas convencionales frente a la erosión de bases imponibles y la transferencia de beneficios (MLI/CML) recoge en su artículo 5 una cláusula que modifica las disposiciones de los CDI en materia de doble imposición a efectos de eliminar casos de doble no imposición (véase a este respecto el epígrafe 3 del Capítulo 1 de esta obra donde se analizan las distintas cláusulas del referido Convenio Multilateral).

En este mismo orden de cosas, debe destacarse cómo el **Modelo de Convenio de la OCDE de 2017**, que adapta el modelo a los informes OCDE/G20 publicados en el año 2015, incorpora una modificación del tenor literal y comentarios de los artículos 23 A y B MC OCDE 2017. La frase introducida en el clausulado de los referidos preceptos (*"except to the extent that these provisions allow taxation by that other State solely because the income is also income derived by a resident of that State or because the capital is also capital owned by a resident of that State"*) tiene por objeto clarificar que en tales casos, los dos Estados no estarían recíprocamente obligados a eliminar la doble imposición sobre los impuestos exaccionados por cada uno de ellos exclusivamente sobre la base de la residencia del contribuyente, de manera que cada Estado únicamente estaría obligado a conceder la eliminación de la doble imposición en la medida en que el gravamen exigido por el otro Estado resulte acorde o conforme con disposiciones del convenio que permitan la imposición de la renta o patrimonio como Estado de la fuente o como Estado donde existe un EP al que la renta o el patrimonio resulta atribuible. La OCDE considera que tal principio o regla ya resultaba implícita en el tenor del artículo 23 A y B MC OCDE, de manera que la modificación de 2017 simplemente vendría a clarificarlo y eliminar cualquier duda al respecto. Los nuevos Comentarios recogidos en el MC OCDE 2017 en relación con el artículo 23 A y B (parágrafos 11.1, 11.2, 31.1, 61, 69.1 y 69.2) vendrían a clarificar la aplicación de esta regla, incluyéndose una serie de ejemplos relacionados con **entidades híbridas (como *partnerships*)** donde los dos Estados contratantes tratan de forma distinta a efectos fiscales a la entidad y los partícipes.

1.2. La interrelación entre los métodos convencionales para eliminar la doble imposición y las medidas unilaterales previstas en el ordenamiento de los Estados contratantes: la configuración de un método convencional autónomo

1.2.1. *Principios generales*

Otra de las características propias de la eliminación de la doble imposición a través de CDIs radica en la coordinación jurídica de sistemas fiscales que el convenio permite articular. La coordinación que el CDI establece en este punto trasciende a la «reconciliación» de los sistemas tributarios de los dos Estados contratantes para crear un método convencional autónomo para eliminar la doble imposición internacional. La configuración técnica de los métodos de exención e imputación establecidos en el artículo 23 de los CDIs que siguen el ModCDI coincide sustancialmente con su formulación tradicional a nivel unilateral. No obstante, lo cierto es que no existe una total equivalencia o intercambiabilidad entre los métodos convencionales y los establecidos en la legislación interna de los diferentes países, toda vez que los articulados a través de los CDIs constituyen una pieza sustantiva parte de un engranaje o sistema de coordinación de poderes tributarios y se nutren y aplican sobre la base de las reglas convencionales establecidas en los mismos. En este sentido, se viene aludiendo al concepto de «método convencional autónomo o independiente» para designar el método de eliminación de los efectos de la doble imposición internacional establecido en los CDIs, al objeto de enfatizar sus singularidades y principios propios, así como su «autonomía» respecto de los métodos establecidos a nivel unilateral por los Estados contratantes. Así, por ejemplo, el Tribunal Supremo de Bélgica ha declarado que la Administración tributaria no puede denegar la eliminación de la doble imposición internacional en el marco de un CDI, invocando disposiciones domésticas que regulan a nivel interno los métodos para eliminar la doble imposición, ya que ello constituiría "treaty overriding" (Quaghebeur 2017, p. 522 y ss). También el *Conseil d'Etat* francés, en la sentencia de 7 de junio de 2017 (nº 386579, caso *Givenchy-LVMH*) declaró que la cláusula convencional que establece la imputación de impuestos extranjeros en el Estado de residencia prevalece sobre disposiciones nacionales, y obliga a permitir la deducción de tales impuestos de conformidad con el CDI, a pesar de que la entidad se encuentre en una situación de pérdidas y exista una diferente configuración de la base imponible gravada en los dos países.

Entre los rasgos de autonomía que los métodos convencionales de exención e imputación presentan en relación con estas mismas técnicas articuladas a nivel unilateral cabe destacar las siguientes:

a) Los métodos convencionales operan dentro del sistema convencional allí donde y en la medida en que tal sistema contempla su aplicación.

b) Los métodos convencionales operan sobre la base de reglas de determinación del origen económico *(source rules)* del convenio, las cuales pueden ser muy distintas a las previstas a nivel interno.

c) Los métodos convencionales se aplican tomando como base el sistema de definiciones y calificación de rentas, arbitrado a través del convenio.

d) Los métodos convencionales pivotan sobre un ámbito objetivo (impuestos extranjeros deducibles), subjetivo, territorial y temporal definidos autónomamente por el CDI y que pueden no resultar coincidentes con lo previsto en la legislación interna.

e) Los métodos convencionales pueden establecer modulaciones respecto de las técnicas unilaterales que pueden afectar a aspectos sustantivos de los mismos como, por ejemplo, el límite del método de imputación, la base de cálculo de tal método, la articulación de cláusulas de imputación de impuestos no pagados, o establecer condiciones adicionales para la aplicación del método de exención (v.gr., *subject-to-tax clause)*.

f) Los métodos convencionales también poseen ciertas singularidades derivadas de su articulación en el marco de un sistema de coordinación de poderes tributarios que permite la solución de cuestiones interpretativas, de aplicación del CDI e incluso la eliminación de la doble imposición en casos no previstos expresamente en el propio convenio.

g) El establecimiento de los métodos para eliminar la doble imposición en un determinado convenio constituye una garantía en tal sentido a favor de los sujetos pasivos; éstos poseen un derecho subjetivo a la aplicación de lo previsto en el convenio, siempre y cuando concurrieran las condiciones establecidas al efecto.

La correcta operatividad del sistema convencional requiere que los rasgos de autonomía que presentan los métodos previstos en los CDIs prevalezcan sobre las normas internas que puedan regular o afectar a la eliminación de la doble imposición. La prioridad de la que gozan en la mayoría de los ordenamientos los tratados internacionales sobre la legislación estrictamente nacional en principio debería salvaguardar la autonomía y correcta aplicación de los métodos convencionales para eliminar la doble imposición (así lo reconoce la propia OCDE en el Informe BEPS, *Neutralising the Effects of Hybrid Mismatch Arrangements,* Action 2: 2015: Final Report, parágrafo 444).

Ahora bien, la prioridad o preferencia de los CDIs sobre el Derecho interno, así como la existencia de un método convencional autónomo o independiente no debe llevar a la conclusión de que los CDIs y el Derecho interno constituyen compartimentos estancos. Por el contrario, entre las normas convencionales reguladoras de los métodos de eliminación de la doble imposición y la normativa interna existe una interrelación normativa en el sentido de que complementan la regulación convencional; así, las disposiciones internas reguladoras de los métodos para eliminar la doble imposición dotan de contenido concreto los principios generales establecidos en el artículo 23 de los CDIs y complementan la normativa convencional allí donde ésta resulta muy genérica o donde simplemente no se ha regulado expresamente una concreta cuestión (vid. los parágrs. 32, 38-46 y 60-66 de los CMC al artículo 23 MC OCDE). En muchos casos resultaría prácticamente imposible la eliminación de la doble imposición internacional si la regulación prevista en el artículo 23 de un CDI no resultara complementada por lo dispuesto en la legislación interna del Estado contratante de residencia del sujeto pasivo. El carácter complementario de la legislación interna se hace más patente en las técnicas más complejas de aplicar como es el método de imputación; mientras que la regulación del método de exención prevista en un CDI, como regla, no necesita ser complementada con lo previsto en la legislación interna; buena muestra de ello lo aporta el propio ordenamiento español, en la medida en que tradicionalmente la normativa interna reguladora del IRPF, IS e IP no ha contemplado la aplicación del método de exención para eliminar la doble imposición internacional (salvando las excepciones previstas en los artículos 21 y 22 de la Ley 27/2014, de 27 de noviembre, del Impuesto sobre Sociedades (en adelante, LIS)).

En este mismo orden de cosas, no podemos dejar de hacer referencia a la relevante sentencia del Tribunal Supremo, de 6 de febrero de 2015, en la que realiza una serie de afirmaciones en sede de interpretación del método de exención del CDI España-Brasil y su relación con la normativa interna de exención. En concreto, el TS aborda un caso donde el contribuyente había recibido dividendos de sus filiales brasileñas que había declarado exentos de tributación en España por aplicación del método de exención que para estas rentas establece el artículo 23.3 del CDI España-Brasil. En los mismos ejercicios había dotado provisiones de cartera (conforme al artículo 12.3 de la LIS) respecto a sus participaciones ostentadas en esas mismas filiales brasileñas. La Sentencia analiza en qué medida la deducibilidad fiscal del deterioro de la participación (antiguo artículo 12.3 TRLIS 2004) en una filial brasileña puede limitarse por aplicación de lo dispuesto en el apartado 4 del antiguo artículo 20.bis de la LIS, cuando los dividendos procedentes de la filial brasileña resultaron exentos por aplicación de la exención convencional (artículo 23.3 del CDI), y no por aplicación de la exención doméstica (20 bis de la antigua LIS). La discrepancia se centraba en determinar si respecto a los dividendos percibidos de las entidades brasileñas participadas, considerados exentos por aplicación de lo dispuesto en el artículo 23.3 del CDI España-Brasil, les resultaba aplicable lo establecido en el artículo 20.bis.4 de la LIS. En este contexto, el Tribunal Supremo indica lo siguiente:

> *"El artículo 23 del Convenio de doble imposición entre España y Brasil establece que el método a aplicar para eliminar la doble imposición en el caso de los dividendos es el de exención. Simplemente establece el mecanismo corrector que se aplica para eliminar la doble imposición que se produce cuando la entidad española, TISA, obtiene dividendos de sus filiales brasileñas que proceden de beneficios que han tributado en Brasil.*
>
> *En el artículo 23 de los Convenios de doble imposición se establecen los métodos para eliminar la doble imposición. El Comité de Asuntos Fiscales de la OCDE, en relación con este artículo de los Convenios de doble imposición, señala que tan sólo establece reglas sustantivas que ordenan la concreta técnica que debe emplearse al objeto de lograr eliminar o reducir la doble imposición, pero no contiene una completa regulación, por lo que habrá que acudir a la legislación interna.*
>
> *(...)*
>
> *Es claro que el citado artículo (se refiere al 23.3 del CDI España-Brasil) no regula lo relativo a la provisión de la cartera ni la disminución del valor de la participación derivada de la distribución de dividendos por lo que difícilmente puede establecer límites a la deducibilidad de la provisión.*
>
> *En este caso el artículo 23 del Convenio de doble imposición suscrito entre España y Brasil regula simplemente el supuesto de hecho relativo a la eliminación de la doble imposición; el Convenio, al eximir el dividendo, pretende evitar la doble imposición que deriva del hecho de que el beneficio del que procede ha sido gravado previamente por el impuesto sobre beneficios en Brasil.*
>
> *Así las cosas, es evidente que ha de acudirse a la normativa interna para ver si la provisión dotada por TISA por las participaciones relativas a las entidades brasileñas es fiscalmente deducible".*

Del tenor literal de lo transcrito pudiera llegar a entenderse que el CDI tan solo recoge el mecanismo convencional que resulta aplicable para eliminar la doble imposición internacional, si bien su aplicación práctica ha de llevarse a cabo conforme las reglas y requisitos marcados en la normativa interna del estado de residencia. De esta forma, la aplicación práctica del mecanismo de exención convencional (artículo 23.3 del CDI) quedaría supeditada al cumplimiento de los requisitos internos fijados en la legislación interna. De seguirse esta interpretación nos encontraríamos con el supuesto extremo consistente en que, aun aplicando el método de exención convencional del artículo 23.3 del CDI España-Brasil deberíamos aún acudir a la legislación interna española para su aplicación práctica. Entendemos que lo que el Tribunal Supremo ha pretendido establecer es que el CDI se limita simplemente a recoger el mecanismo aplicable para eliminar la doble imposición internacional que conforme a las reglas del CDI se haya puesto de manifiesto sobre una determinada renta, y lógicamente no contiene norma alguna respecto de las consecuencias que, de acuerdo a la normativa interna, se deriven de la aplicación de este mecanismo a otros efectos. Así, entendemos que el Tribunal Supremo se limita a indicar que un CDI no recoge el tratamiento fiscal aplicable a aspectos del ordenamiento jurídico interno tangencialmente afectados por la aplicación práctica de la exención convencional, como es el caso del importe del antiguo deterioro fiscal de la participación en filiales extranjeras (artículo 12.3 TRLIS 2004).

En este mismo orden de cosas, cabe traer igualmente a colación un pronunciamiento de la AN (SAN 26 de octubre de 2018, nº 156/2015, caso *Praxair Euroholding*) donde se invoca la aplicación prevalente y la supremacía de la regulación de los CDIs sobre la legislación doméstica de los Estados para excluir situaciones de "desimposición" o "doble deducción de gastos" en el Estado de la fuente (Alemania) y en el de la residencia (España) como consecuencia de la diferente calificación y tratamiento fiscal de entidades (híbridas) –sociedades de personas alemanas (KGs)- en los dos Estados contratantes, de suerte que la regulación prevista en el CDI (tributación en la fuente de los socios de las KGs por las rentas obtenidas a través de las mismas y exención en el Estado de residencia) prevalecía sobre la legislación interna española (tratamiento de las sociedades de personas alemanas como entidades opacas y potencial aplicación del antiguo artículo 20 bis TRLIS, y deducibilidad del fondo de comercio financiero derivado de la adquisición de tales sociedades de personas alemanas ex artículo 12.5 TRLIS y de los intereses incurridos en tal adquisición en sede de la base imponible de la entidad holding española); a juicio de la AN, la correcta interpretación y aplicación del artículo 23 del CDI hispano-alemán (1966) determina la exención de la renta neta extranjera obtenida por la entidad española a través de las sociedades de personas alemanas que fue gravada en tal país con arreglo al CDI; tal interpretación, dirigida a evitar la doble deducción de gastos, en último análisis supone una cierta "importación" en el Estado de la residencia de la tributación de la renta neta determinada con arreglo a la legislación del Estado de la fuente; no es que la AN haya establecido una regla taxativa en el sentido de que la base imponible determinada con arreglo a la normativa fiscal extranjera (alemana) debe servir para determinar la base imponible a los efectos de la aplicación del método de exención previsto en el CDI y del IS de la entidad holding española, sino que optó por una simplificación de la controversia reduciendo su objeto a una cuestión de interpretación del artículo 23 del CDI; así, la AN consideró que la correcta interpretación del artículo 23 del CDI que establece la exención de la renta que puede ser sometida a gravamen en el Estado de la fuente (con arreglo al artículo 4 del CDI) pasa por integrar los beneficios resultantes de las sociedades de personas alemanas con determinados gastos incurridos por la entidad española (gastos financieros y fondo de comercio financiero) a efectos de la exención de la renta neta en España con arreglo al CDI; la AN rechazó categóricamente la posición del contribuyente en el sentido de que se trataba de un caso de descoordinación entre ordenamientos (asimetría fiscal) y que no existía precepto alguno en la LIS (y en el CDI) que impidiera la deducción de los gastos financieros relacionados con la adquisición de las sociedades de personas alemanas y el fondo de comercio aflorado con motivo de su adquisición; la AN no fundamentó su posición en preceptos de la LIS o del CDI que establecen una conexión de ingresos y gastos, sino en la aplicación prevalente del artículo 23 del CDI y el concepto de renta neta que desplaza la aplicación en este concreto caso del artículo 21 TRLIS. Tal enfoque, en nuestra modesta opinión, resulta técnicamente discutible, como también lo es tratar de invocar una interpretación de los CDIs como meros instrumentos para evitar la doble imposición de manera que no caben asimetrías generadoras de doble no imposición o dobles deducciones allí donde resultan de aplicación.

En este mismo orden de cosas, se ha puesto de relieve la relevancia del artículo 2 (particularmente de los apartados 1 y 2) del MC OCDE y los CDI a los efectos de la eliminación de la doble imposición internacional, toda vez que un aspecto crítico del funcionamiento de los métodos recogidos en el artículo 23 del CDI pasa por la deducción del impuesto extranjero (cubierto por el artículo 2) exaccionado por el otro Estado conforme al CDI (o la aplicación de la exención dependiente de la efectiva exacción del impuesto extranjero si media una cláusula de sujeción fiscal efectiva; sobre el artículo 2 MC OCDE vid., Brandstetter 2011). La práctica de los últimos años revela importantes controversias y problemas derivados de la no aceptación en el Estado de la residencia del impuesto extranjero exaccionado en el Estado de la fuente, ya por considerarlo no cubierto por el CDI o no conforme al convenio. Igualmente, se ha señalado la tendencia internacional a articular impuestos equivalentes a los recogidos en el artículo 2 de los CDI establecidos con finalidad recaudatoria y configurados de forma tal que se pretende que no resulten afectados por las disposiciones de los CDI (*treaty dodging practices*); a este respecto, se mencionan como ejemplos de "*hybrid taxes*" el *Diverted Profit Tax* de Reino Unido, la "*digital equalization levy*" de India; también se pone de manifiesto cómo la renta transfronteriza soporta impuestos similares a impuestos sobre la renta y el patrimonio (v.gr., IRAP, IETU, impuestos sobre activos, impuestos sobre la renta exaccionados por entes sub-estatales, impuesto sobre tonelaje, *oil & gas special levies/royalties*, etc) que quedan extramuros del artículo 2 de los CDI y en tal sentido no son acreditables generándose doble imposición (véase la DGT V0510/2017 de 28-02-2017 respecto de la no deducibilidad a efectos del método de imputación en sede del IRPF de los impuestos franceses sobre la propiedad y disfrute de inmuebles); considerando la elevada exposición a este tipo de impuestos no deducibles se ha argumentado que la pretendida generalización del fenómeno de la "doble no imposición" y la necesidad de articular medidas que la neutralicen (como la exigencia de tributación efectiva) tan invocada retóricamente para fundamentar el Plan de Acción BEPS y sus desarrollos posteriores, debe tener en cuenta esta realidad que pone de manifiesto que resulta más frecuente la doble imposición que la doble no imposición (vid.: R.Garcia, *IFA 70 th Congress in Madrid: Subject 2: the notion of tax and the elimination of international double taxation or double non-taxation*, IBFD-TNS September 2016).

1.2.2. *La interrelación entre los métodos convencionales y la normativa interna española*

Las reglas de interacción normativa que acabamos de exponer resultan plenamente aplicables en el marco del ordenamiento español, esto es, en el ámbito del artículo 80 LIRPF, artículo 32 LIP 19/1991, y artículo 1 LIS 2014. No obstante, tan sólo el artículo 31 TRLIS 2004 se refiere expresamente a los convenios de doble imposición; en particular, tal precepto establece en su apartado 1.a) *in fine* que «Siendo de aplicación un convenio para evitar la doble imposición, la deducción no podrá exceder del impuesto que correspondería según el mismo». Esta cláusula nada añade a lo previsto en los CDIs que recogen el método de imputación ordinaria, toda vez que la deducción, que tal método convencional articula, en ningún caso puede superar los límites de tributación que establece el propio convenio; de este modo, el valor fundamental de tal cláusula vendría a ser de carácter clarificador; la omisión de tal previsión en el artículo 80 LIRPF y artículo 32 LIP 19/1991 en modo alguno significa que no resulte aplicable tal principio allí donde un contribuyente persona física aplique el método de imputación convencional.

Por otro lado, el citado apartado 1.a) del artículo 31 LIS también evidencia cómo las reglas internas reguladoras de los métodos para eliminar la doble imposición se aplican en el marco de los CDIs para complementar lo previsto en su artículo 23 (o en el precepto que regule el método para eliminar la doble imposición), y cómo tal operatividad debe resultar en todo caso en línea con lo establecido expresa e implícitamente en los CDIs; en este sentido, tanto las características del método convencional que están expresamente reguladas en el convenio como los principios intrínsecos a la técnica elegida no pueden resultar infringidos por la vía de la aplicación de la norma interna reguladora del correspondiente método.

Ahora bien, tampoco resultan aplicables los métodos para eliminar la doble imposición convencionales ni tampoco los previstos unilateralmente en relación con un impuesto extranjero exaccionado de forma contraria a lo previsto en un CDI; así, por ejemplo, allí donde el Estado de la fuente hubiera sometido a imposición una renta cuya tributación exclusiva corresponde a España, el contribuyente residente de nuestro país no podría invocar la aplicación de los métodos para eliminar la doble imposición previstos en tal convenio o en la legislación interna (vid. las DGT de 27 de diciembre de 1991, DGT V2748-10 de 17-12-2010 de 7 de abril de 2000, DGT V1398-16 de 5-4-2016 y DGT V1688-2016 de 19-4-2016); en este caso procedería incoar los procedimientos para la devolución de ingresos tributarios indebidos en el Estado de la fuente o, en su caso, la solicitud de inicio del procedimiento amistoso ante las autoridades españolas. El TEAC también se ha pronunciado sobre la aplicación de los métodos para eliminar la doble imposición en un caso donde la Inspección de los tributos consideró que el impuesto extranjero no era deducible en la medida en que la empresa española había tributado de forma no conforme a los CDI que resultaban de aplicación (RTEAC de 21 de marzo de 2013, RG.2234/11); en particular, la Inspección consideró en un caso que las actividades de consultoría no podían ser gravadas en el Estado de la fuente de forma que el impuesto del 10 % exaccionado en aplicación del artículo 12 del CDI era no conforme al convenio al tratarse de rentas que caían en el ámbito de aplicación del artículo 7; la misma argumentación se desplegó en relación con la cesión de software en este caso estableciéndose que estábamos ante una autentica transferencia del intangible de acuerdo con los CMC al artículo 12 del Modelo OCDE. El TEAC confirmó la posición de la Inspección, elevando de esta forma el umbral de diligencia en la aplicación de los CDI, particularmente en la calificación y gravamen de la renta en el Estado de la fuente. El TEAC también rechazó la deducibilidad de un withholding tax extranjero exaccionado por encima de los límites establecidos en el CDI (RRTEAC de 6 de noviembre de 2014, y de 12 de enero de 2017, RG.05865/2013). La DGT ha adoptado una posición más flexible en relación con determinados supuestos donde un contribuyente español fue objeto de una regularización en el extranjero (India) que determinó la existencia de un EP y la correspondiente exigencia de deuda tributaria, de suerte que se consideró que el hecho de que tal regularización fuera impugnada ante los tribunales nacionales, solicitando la suspensión de la liquidación depositando un porcentaje de la cuantía liquidada, puede permitir la deducción del impuesto extranjero en España en el momento en que tales liquidaciones resulten firmes como consecuencia de una sentencia judicial de último recurso, no cuestionando si tal regularización resulta o no conforme al CDI desde la perspectiva nacional (DGT V1976-14 de 23-7-2014). Sin embargo, normalmente la DGT ha adoptado una posición contraria a permitir la deducción del impuesto extranjero no acorde con el CDI, indicando que el mecanismo del procedimiento amistoso puede utilizarse para resolver tal situación (DGT V1637/2016 de 14-4-2016).

En este mismo orden de cosas cabe mencionar precedentes internacionales de otros países a este respecto; por un lado, existen sentencias de tribunales franceses que también rechazan la deducción de impuestos extranjeros exaccionados de forma contraria al CDI (*CAA Bordeaux, Cour Administrative d'Appel*, 13 Diciembre de 2016, Nº 15BX01655), aunque ello no afecta a la deducibilidad de la provisión fiscal dotada respecto de tal litigio aunque se haya recurrido la liquidación y se haya iniciado un procedimiento amistoso (*Conseil d'Etat*, 20 Noviembre 2002, Nº 23530, *Etablissement Soulès*). Los tribunales franceses también han considerado que los impuestos extranjeros exaccionados de forma no acorde con los CDIs son deducibles de la base imponible del contribuyente (sentencia del Consejo de Estado, de 12 de octubre de 2018, nº 407903, *Smith International France*); como consecuencia de esta jurisprudencia las autoridades francesas han desarrollado una Circular, de 3 de octubre de 2018, que regula tal deducibilidad. Por otro lado, las autoridades fiscales norteamericanas consideran que la devolución de ingresos tributarios por parte del Fisco de otro país determina una corrección o regularización del método de imputación (*foreign tax credit*) a efectos fiscales nacionales, y ello a pesar de que la Administración tributaria extranjera haya cuestionado tal devolución provisional de impuestos y no sea firme al existir una controversia sobre su procedencia; tal posición ha sido confirmada por los tribunales en algún importante precedente al respecto (Tax Court ruling: *Panagiota Pam Sotiropoulos v. Comm'r*, T.C.Memo.No.2017-075). También cabe apuntar cómo en EEUU se ha limitado igualmente la deducibilidad de impuestos extranjeros que puedan considerarse contrarios al CDI a que el contribuyente agote los mecanismos administrativos y judiciales para lograr la correcta liquidación de los impuestos con arreglo a la legalidad convencional; a su vez, el contribuyente debe llevar a cabo determinadas actuaciones (*protective claims*) dirigidas a interrumpir la prescripción tributaria con arreglo al CDI a efectos de lograr la implementación efectiva de lo acordado en un *MAP settlement* (vid.: IRS LB&I, *Competent Authority Revenue 2015-40 Guidance*, Practice Unit, 7/208/17, ISO/P/01_07_03-01).

Por otro lado, el artículo 31 LIS 2014 ha introducido una novedad en el sentido de permitir la deducción como gasto de la parte del impuesto satisfecho en el extranjero que no sea objeto de deducción en la cuota íntegra por aplicación del límite del método de imputación, siempre que se corresponda con la realización de actividades económicas en el extranjero. La DGT ha puntualizado que, allí donde media un CDI aplicable, la deducción del impuesto extranjero de la base imponible de la entidad española que lo ha soportado (cuando supere el límite del método de imputación) queda condicionada a que el gravamen extranjero resulte acorde con el CDI aplicable (Consulta DGT V1637/2016 de 14-4-2016). Paradójicamente, en estos casos el contribuyente se encuentra en peor situación cuando existe un CDI con un país que cuando no existe. En relación con la interpretación del apartado 2 del artículo 31 LIS, la DGT también ha puntualizado que "el gasto contabilizado por el impuesto extranjero pagado por la entidad consultante, no tiene la consideración de fiscalmente deducible en el IS español, salvo por la parte que no sea objeto de deducción en cuota íntegra conforme a lo dispuesto en el artículo 31 LIS, y siempre que se corresponda con la realización de actividades económicas en el extranjero, en cuyo caso, el exceso sería deducible en la base imponible" (CDGT V3960-16 de 20-09-2016).

En el caso de un residente de España, la doble imposición se evitará, de acuerdo con las disposiciones aplicables de la legislación española (siempre que no se contradigan los principios establecidos en este apartado), de la siguiente manera:

La introducción de los antiguos artículos 20 bis y 20 ter en la LIS, a través de la Ley 6/2000, de 13 de diciembre, suscitó en su día la cuestión de si las medidas de fomento de la internacionalización de las empresas españolas que estos preceptos articulan, resultan o no aplicables en el ámbito ordenado por los CDIs concluidos por España; tales normas se recogen con el mismo tenor en los artículos 21 y 22 del LIS 2014. El primero de estos preceptos establece una exención para evitar la doble imposición económica internacional sobre dividendos y rentas de fuente extranjera derivadas de la transmisión de valores representativos de los fondos propios de entidades no residentes en territorio español; por su parte, el artículo 22 LIS 2014 (antiguo artículo 20 ter LIS) establece una exención para rentas empresariales obtenidas en el extranjero a través de un establecimiento permanente. En este sentido, debe repararse en que como consecuencia de la aplicación de cualquiera de estos preceptos determinadas rentas obtenidas en el extranjero por una sociedad residente de España pueden resultar exentas de imposición en nuestro país; en el caso de que resulte de aplicación un CDI concluido por España que establezca un tratamiento fiscal distinto para la renta extranjera obtenida por tal entidad, por ejemplo la aplicación del método de imputación, se suscita una cuestión sobre la norma fiscal aplicable, esto es, ¿puede el contribuyente optar por la aplicación de los artículos 21 o 22 LIS en el marco de un CDI o, por el contrario, tales preceptos resultan inaplicables en el ámbito ordenado por los convenios de doble imposición?

Ciertamente, la respuesta a este interrogante está íntimamente conectada con cuestiones de mayor calado como es la concerniente la capacidad de creación de Derecho Tributario a través de CDIs, o la posible autosuficiencia de alguna de sus cláusulas. Esta cuestión excede claramente de los límites y sistemática de este Capítulo, por lo que tan nos limitamos a apuntar la posición adoptada por la DGT española. En este sentido, la DGT se ha pronunciado en varias ocasiones a favor de la aplicación de los antiguos artículos 29 bis, 30 bis (actualmente derogados), artículos 20 bis y 20 ter LIS en el marco de CDIs concluidos por España (CCDGT de 3 de marzo de 1998, de 27 de noviembre de 1996, de 27 de julio de 1999, de 16 de marzo 2001, de 6 de mayo de 2002 y de 25 de junio de 2003); en concreto, la DGT puso de relieve cómo el régimen tributario al que resultaba sujeto el contribuyente residente de España podía combinarse ya con lo establecido en el mismo CDI para eliminar la doble imposición, ya con lo previsto en los citados preceptos de la LIS; de esta forma, el contribuyente tenía un derecho de opción en su Estado de residencia (España) que le permitía bien aplicar el método convencional (el método de imputación en todos los casos planteados) y las medidas previstas en los referidos preceptos, esto es, el método de exención modificada en el caso de los antiguos artículos 29 bis y 30 bis LIS, y el método de exención en el caso de los antiguos artículos 20 bis y 20 ter LIS; la única condición a la que la DGT supeditó la aplicación de tales medidas internas en el marco de los CDIs consistía, lógicamente, en el cumplimiento de los requisitos previstos en tales preceptos de la LIS. Cuestiones similares a las que plantea la aplicación de los artículos 21 y 22 LIS en el marco de un CDI se suscitan cuando se aplica el régimen especial de ETVEs –en concreto, la exención tributaria de la que disfrutan determinadas rentas extranjeras en España– en el marco de un CDI concluido por nuestro país; la DGT también ha admitido implícitamente la posibilidad de que la renta que obtiene la ETVE española tribute en el Estado de la fuente con arreglo a un CDI y en el Estado de la residencia (España) se elimine la doble imposición no en aplicación de los dispuesto en el CDI sino de acuerdo con lo establecido en el antiguo artículo 130 LIS (exención) [CCDGT de 30 de noviembre de 2001, y consultas DGT V1398-16 de 5-4-2016) y DGT V1688-16 de 19-4-2016].

En este contexto, merece igualmente reseñarse la resolución del TEAC que confirma la aplicación del método de exención (previsto en los antiguos artículos 29 bis y 30 bis LIS) en relación con el método de imputación, al considerar que allí donde concurran los presupuestos establecidos en el precepto regulador de la exención tal regulación constituye «lex specialis» frente a la regulación general del método de imputación prevista en un CDI y en la legislación interna española (RTEAC de 30 de marzo de 2006). En esta resolución, el TEAC también confirmó la aplicación de la exención prevista en la legislación interna en el ámbito de aplicación de un CDI que establece un método distinto para eliminar la doble imposición (sobre esta cuestión, vid: Calderón 2004, p. 988 y ss.). La aplicación de la «exención» prevista en el antiguo artículo 29 bis condujo igualmente a la aplicación de la cláusula de recaptura de pérdidas prevista en el apartado 2° del antiguo artículo 29 bis, considerándose inaceptable invocar primero la integración de las mismas (renunciando a la exención del CDI) y posteriormente aplicar la «exención» del antiguo artículo 29 bis obviando tal previa compensación de pérdidas en el Estado de la residencia. Entre otros argumentos, el TEAC destacó que tal cláusula posee una lógica fiscal incuestionable y su aplicación resultaba compatible con el CDI [Protocolo 17 b) del CDI con Francia de 1997]. Por último, a nuestro entender, el hecho de que la LIS (artículos 21 y 22 LIS) vincule el cumplimiento del requisito de la sujeción a un impuesto de características similares al IS a que la entidad (o el EP) resida (o el EP esté localizado) en un país con el que España haya suscrito un CDI que le sea aplicable constituye una clara evidencia de la intención del legislador español a favor de la aplicación de estos preceptos en el marco de un CDI. Actualmente, la DGT sigue manteniendo la posibilidad de que el contribuyente opte por la aplicación del método de imputación previsto en un CDI o por el régimen de los antiguos artículos 21 y 22 TRLIS (DGT V0176-08 de 31-1-2008); en parecidos términos se ha posicionado la AN (SSAN de 18 de noviembre de 2008, Rec. 633/2005, RCT n° 312, 2009 y de 24 de enero de 2013). El Tribunal Supremo, en su sentencia de 15 de diciembre de 2011 (RJ/2012/1090, BSCH) también aceptó la aplicación de los antiguos artículos 29 y 30 bis en el marco de un CDI, sin mayores explicaciones, en tanto que el TEAC (R. 16-09-2005) en el mismo caso despachó tal cuestión sobre la base del argumento de que resulta aplicable la norma más favorable.

Nótese igualmente que un buen número de los CDIs concluidos en los últimos tiempos por España ya contemplan expresamente la posibilidad de que el contribuyente pueda optar por la aplicación del método para eliminar la doble imposición previsto en el CDI o el recogido en la legislación interna española [véanse, por ejemplo, los CDI con Andorra (2015), con Catar (2015, artículo 22 y Protocolo VII), con Chipre (2013), con Finlandia (2015), con Reino Unido (2013), con la República Dominicana (2013), con Suiza (Protocolo 2011), con Kuwait (2008), con Canadá (Protocolo 2014), con Senegal (2006), con México (Protocolo 2015, artículo XII), con Nigeria (2009), con Uzbekistán (2013) y con Omán (2014)].

1.2.3. Las diferentes cláusulas contenidas en los Convenios de Doble Imposición en relación la eliminación de la doble imposición internacional (jurídica y económica): autonomía plena o limitada, tipología de cláusulas e implicaciones a los efectos de la aplicación de los métodos para eliminar la doble imposición previstos en la legislación española

Un cierto número de CDIs concluidos por España regulan la eliminación de la doble imposición jurídica e intersocietaria internacional, ya a través del método de exención, ya a través del método de imputación (*direct & indirect foreign tax credit*). La mayor parte los CDIs que establecen un mecanismo de eliminación de la doble imposición económica, utilizan el método de imputación, siendo excepción la aplicación de la exención (CDI con Brasil).

Como ya hemos indicado, los CDI contienen una regulación de los métodos para eliminar la doble imposición que se limita a fijar la técnica elegida (exención/imputación), y una serie de elementos relacionados con la aplicación de la misma como, por ejemplo, el tipo de renta comprendida en el ámbito de aplicación del método, condicionantes para la aplicación del método (tributación efectiva en la fuente, existencia de EP, porcentaje de participación y *holding period*), y los propios límites del método, particularmente cuando se utiliza el método de imputación. Tal conclusión aplica tanto respecto de la deducción por doble imposición internacional, como respecto de la deducción por doble imposición intersocietaria o económica internacional, aunque esta última no constituye un elemento estructural de los métodos para evitar la doble imposición recogidos en el artículo 23 MC OCDE/ONU, sino que constituye un contenido adicional que algunos países incorporan a sus CDIs.

Es decir, el artículo 23 de los CDIs que siguen el MC OCDE/ONU se limita a regular los principios y elementos esenciales de la metodología para eliminar la doble imposición, pero no ordenan de forma completa y exhaustiva esta materia. Ello determina que la legislación interna de los Estados contratantes opera "complementando" o "rellenando" aquellos aspectos referidos al método de que se trate (exención/imputación) que no han sido fijados u ordenados en el CDI ni implícita ni explícitamente; por ejemplo, la determinación de la renta extranjera, el tipo de cambio a utilizar, los gastos deducibles a imputar. Por el contrario, todo aquello que el CDI regule de forma implícita o explícita forma parte del "método convencional" prevalece sobre la regulación interna de la misma materia: por ejemplo, las *"source rules"* (reglas de determinación origen nacional/extranjero de la renta), la técnica de eliminación de la doble imposición que hay que aplicar en cada caso y sobre cada renta, el concepto de impuesto extranjero acreditable, el límite del método de imputación (*per-item, per-country, per-PE, overall*), el porcentaje de participación necesario para aplicación del método de imputación, etc.

En este sentido, resulta pacífico a nivel OCDE considerar que los métodos (exención/imputación) regulados en el artículo 23 de los CDIs que siguen el MC OCDE/ONU constituyen **"métodos convencionales autónomos o independientes"** a los previstos en la legislación interna de los Estados contratantes.

Tal "autonomía", como hemos indicado, resulta limitada, quedando referida fundamentalmente a los elementos del método convencional que están regulados en el CDI. Sin embargo, en todo aquello que el CDI no regula procede aplicar, en principio, lo previsto en la legislación interna a efectos de complementar la ordenación de tal método convencional de cara a que resulte aplicable por los contribuyentes. Es decir, la regulación convencional de los métodos para eliminar la doble imposición constituye un "método autónomo e independiente" del eventualmente ordenado por la legislación doméstica de los Estados contratantes, de suerte que ésta vendría a operar de forma "complementaria" a la regulación convencional para llenar sus "lagunas" sin poder contravenir lo establecido por el CDI.

Esta posición ha venido siendo refrendada por la OCDE en los propios comentarios al artículo 23 MC OCDE (1977-2017), sin incorporar mención alguna al respecto en el propio tenor del artículo 23 del Modelo de Convenio[1]. Así, el Comité de Asuntos fiscales OCDE ha indicado, al hilo de los comentarios al artículo 23 B (método de imputación) MC OCDE, que tal precepto *"fija las reglas principales del método de imputación pero no establece reglas detalladas para el cálculo y aplicación de dicho método. Ello está de acuerdo con la estructura general del Convenio. La experiencia ha demostrado que pueden surgir muchos problemas (...). En muchos Estados existen ya, en sus respectivas legislaciones internas, reglas detalladas relativas a la imputación de impuestos extranjeros. Esta es la razón por la que un cierto número de convenios incluyen una referencia a la legislación interna de los Estados contratantes y prevén, además, que tales normas internas no afecten al principio*

---

(1)   Los comentarios al artículo 23 MC OCDE 2010 (parágrafos 32, 33-34.1, 38, 39 y 60) contienen varios pasajes donde se pone de manifiesto esta posición en relación con la existencia de un método convencional autónomo; no obstante, la

establecido en el artículo 23 B. (...). Conforme a las disposiciones de la segunda frase del apartado 1 del artículo 23 B, la deducción que el Estado de residencia R debe acordar está limitada a la fracción del impuesto sobre la renta del Estado R correspondiente a las rentas procedentes del Estado F o E (lo que se denomina deducción máxima). Esta deducción máxima puede calcularse, bien distribuyendo el impuesto total que grava las rentas totales en función de la proporción existente entre las rentas a las que debe acordarse el crédito y las rentas totales, bien aplicando el tipo de gravamen correspondiente a las rentas totales a aquellas rentas a las que debe concederse el crédito (...)" [2].

Tal y como indica la OCDE, algunos países han querido explicitar y clarificar tal relación de complementariedad entre el método convencional autónomo y la legislación interna de los Estados contratantes, y a tal efecto han introducido ciertas "coletillas" en el artículo 23 de sus CDI con tal finalidad, pero sin pretender en modo alguno que la regulación interna que se solape con el método convencional modifique su contenido ya que ello contravendría el CDI y nos encontraríamos ante un caso de *"treaty overriding"* [3]. Han sido principalmente los EEUU y el Reino Unido los que han ido desarrollando reglas que tratan de ordenar la compleja interrelación (interplay) entre la regulación que contienen los CDIs en materia de métodos de eliminación de la doble imposición, y la normativa interna que se proyecta sobre la misma materia.

Precisamente, el primer CDI del que se tiene noticia en este sentido fue el CDI entre Reino Unido y EEUU de 1945 que regulaba el método convencional de eliminación de la doble imposición *"Subject to the provisions of the law of the UK tax of tax payable in a territory outside the UK (which shall not affect the general principle thereof)"*. Esta cláusula se introdujo con la finalidad de complementar la regulación del método de eliminación de la doble imposición previsto en el CDI a través de la normativa interna que ordenaba los detalles del método de imputación [4]. La frase entre paréntesis ("siempre que no se contradigan los principios generales del CDI"), según indica destacada doctrina británica [5] y alemana [6] constituye una garantía a favor de los contribuyentes amparados por los CDI, frente a eventuales modificaciones a posteriori por parte del legislador doméstico, las cuales tienen, por tanto, como límite la regulación material y principios recogidos en el CDI en relación con el método de eliminación de la doble imposición.

La **normativa doméstica española** en esta materia es extremadamente parca y básicamente se limita a reconocer la prioridad de la regulación establecida en los CDI en relación con la aplicación de los métodos para evitar la doble imposición [7]. No se pierda de vista que en el ordenamiento español, de acuerdo con lo previsto en el artículo 96.1 CE, los CDIs, como tratados internacionales, prevalecen sobre la normativa interna y están dotados de "fuerza pasiva" en el sentido de que ni

OCDE reconoce que la regulación convencional de los métodos es principialista y deja muchos temas abiertos que los Estados contratantes pueden abordar en las negociaciones bilaterales (parágrafos 43 y 46, 52, 49-54, 62, 66). En el propio Informe Final de la Acción 6 de BEPS, la OCDE destaca cómo la cláusula del artículo 23 de los CDIs es una de las que tiene como consecuencia limitar la imposición de los contribuyentes en su Estado de residencia, de suerte que lo normal es que las disposiciones de los convenios únicamente limiten la imposición en la fuente (OECD/G20, *Preventing the Granting of Treaty Benefits in Inappropriate Circumstances, Action 6 BEPS: 2015 Final Report*, pp. 86-87. La doctrina también se ha pronunciado en tal sentido, existiendo diferentes fórmulas para ordenar la interrelación entre la regulación convencional de los métodos para eliminar la doble imposición y la regulación doméstica de los mismos. Vid. Gann, P., "The concept of an independent foreign tax credit", *Tax Law Review*, n° 38, 1982, p. 20 y ss.; Avery Jones, "A Tale of Two Taxes: the interaction between treaty and unilateral relief", en *Liber Amicorum S. Olof Lodin*, Kluwer, The Hague, 2001, pp. 65-66; Vogel/Shannon/Doernberg/Van Raad, *US Income Tax Treaties*, Kluwer, Boston, 1989, vol. 2, artículo 23; y Calderón, "Comentario al artículo 23 MC OCDE", en *Comentarios a los Convenios para evitar la doble imposición concluidos por España*, Fundación Barrie, 2004, pp. 982 y ss., y 1061 y ss.

(2)   Parágrafos 60 y 62 de los Comentarios al artículo 23 MC OCDE 2010.

(3)   El artículo 27 de la Convención de Viena sobre el Derecho de los tratados, establece que los Estados no pueden modificar la legislación interna para alterar los términos de un convenio.

(4)   Avery Jones, "A Tale of Two Taxes: the interaction between treaty and unilateral relief", en *Liber Amicorum S. Olof Lodin*, Kluwer, The Hague, 2001, pp. 65-66.

(5)   Avery Jones, "A Tale of Two Taxes: the interaction between treaty and unilateral relief", en *Liber Amicorum S. Olof Lodin*, Kluwer, The Hague, 2001, pp. 65-66.

(6)   Vogel, *Double Taxation Conventions*, Kluwer, The Hague, 1997, artículo 23, paragrafo 183, que pone de relieve cómo la cláusula convencional establecida en el artículo 23 de los CDIs con arreglo a la cual la doble imposición se eliminará "con sujeción a lo previsto en la legislación interna" se viene entendiendo que tiene como finalidad complementar la regulación del CDI en materia de métodos para eliminar la doble imposición.

(7)   Véanse los artículos 7.1.b) LGT, artículos 3, 31 y 32 LIS. Nótese, no obstante, que la limitación del 50% introducida en la Disp. Adicional 15ª de la LIS 2014 por el RD-Ley 3/2016, de 2 de diciembre, en relación con la cuantía de la deducción máxima por doble imposición internacional derivada de los artículos 31 y 32 LIS 2014 puede resultar contraria a los CDI, en el caso de que considerarse que impacta o afecta a la aplicación del método de imputación resultante de un convenio.

siquiera disposiciones con rango y fuerza de ley dictadas con posterioridad pueden alterar su contenido (véase la SAN de 26 de octubre de 2018, rec. 156/2015). La doctrina administrativa y jurisprudencia igualmente se han limitado a poner de relieve tal prevalencia y "fuerza pasiva" de los CDI[8], sin perjuicio de admitir la aplicación del método de exención previsto en la legislación doméstica (artículos 21 y 22 LIS) en el marco de CDIs que establecen el método de imputación.

CDIs que articulan el modelo de método convencional autónomo complementado por la legislación doméstica

La práctica convencional internacional y española revela la existencia de "variaciones" o distintas modalidades de cláusulas tipo introducidas en el artículo 23 de los CDI con el objetivo de complementar la regulación convencional del método para eliminar la doble imposición, así como clarificar la compleja interrelación entre la regulación convencional y doméstica en materia de metodología para eliminar la doble imposición internacional. A este respecto, cabría mencionar una serie de "cláusulas tipo" presentes en la red de CDIs española:

• "En España, la doble imposición se evitará, de acuerdo con las disposiciones aplicables contenidas en la legislación española, de la siguiente manera (método convencional):".
Esta redacción se recoge, por ejemplo, en el CDI con Austria, Argentina, Bolivia, Corea, Cuba, EEUU, Grecia, India e Irlanda, entre otros.

• "En España, la doble imposición se evita conforme a las disposiciones de la legislación interna y a las disposiciones siguientes (método convencional)".
Esta modalidad se recoge, por ejemplo, en el CDI con Francia.

• "En el caso de un residente de España, la doble imposición se evitará, de acuerdo con las disposiciones aplicables de la legislación española (siempre que no contradigan los principios generales establecidos en este apartado), de la siguiente manera (método del CDI):".
Esta redacción la encontramos, por ejemplo, en el CDI con Portugal.

• "Por lo que respecta a España, la doble imposición se evita de la manera siguiente: a) Sin perjuicio de las disposiciones relativas a la imputación en el impuesto español de los impuestos pagados en el extranjero, (...)";
Esta cláusula aparece recogida en el CDI con Filipinas, por ejemplo.

• "En España, la doble imposición se evitará conforme a las disposiciones de su legislación interna o conforme a las siguientes disposiciones (método de imputación del CDI) de acuerdo con la legislación interna española:".
Cláusula tipo recogida en el CDI con México (Protocolo 2013), con Reino Unido (2013), con Alemania (2011), con Canadá (Protocolo 2014), y con Suiza (Protocolo 2011), por ejemplo.

A nuestro juicio, todas estas cláusulas-tipo pueden encuadrarse en un modelo de método convencional autónomo e independiente que resulta complementado con la legislación interna que ordena los detalles de la técnica estipulada convencionalmente por los Estados contratantes, de manera que la regulación interna no puede alterar los términos ni restringir el alcance del mecanismo establecido para eliminar la doble imposición en el CDI, en relación con todas aquellos aspectos del método de exención/imputación que regule el artículo 23 del CDI de que se trate (por ejemplo, el límite del método de imputación consistente en la menor de las dos cantidades: a) el impuesto pagado en el extranjero, o b) el impuesto nacional sobre el dividendo extranjero computado antes de aplicar la deducción).

Por consiguiente, tanto en los CDIs que regulan el método de imputación (incluyendo la doble imposición intersocietaria) sin mencionar la legislación interna, como aquellos que incluyen una

---

(8)   Consideramos que la sentencia del TS, de 6 de febrero de 2015, sobre la interpretación del artículo 23.3 del CDI con Brasil, resulta básicamente alineada con la posición que defiende un método convencional autónomo para eliminar la doble imposición en todo aquello regulado por el CDI; en este sentido, el TS simplemente puso de relieve que la provisión de cartera no está regulada por el CDI y la normativa interna que ordena sus efectos puede impactar sobre el tratamiento de los dividendos extranjeros en el Estado de residencia del accionista.

referencia a la normativa interna para clarificar su carácter complementario, el legislador nacional no puede introducir limitaciones adicionales a la cuantía de la deducción por doble imposición intersocietaria internacional sobre aspectos regulados por el CDI. Sin embargo, el CDI no regula ni establece límite alguno (salvo la no discriminación) a la hora de regular la base imponible correspondiente a los dividendos extranjeros, ni, por tanto, a la hora de determinar el impuesto español correspondiente a la renta extranjera; de esta forma, al igual que acontece en el marco europeo regulado por la Directiva Matriz-Filial, el legislador nacional puede determinar la renta extranjera (el dividendo integrado en la base imponible de la matriz) imputándole gastos conectados con tal renta, de forma que el impuesto nacional sobre tal renta a los efectos del límite de la deducción por doble imposición intersocietaria queda reducido y, con ello, la propia cuantía de la deducción.

CDI que contienen regulación dual (método convencional autónomo/métodos domésticos)

En segundo lugar, existe otra serie de CDIs donde el artículo 23 del convenio contempla expresamente la posibilidad de que el contribuyente pueda optar por la aplicación del método previsto para eliminar la doble imposición recogido en el CDI o el establecido en la legislación interna española. Ello acontece, por ejemplo, en el convenio con Turquía, y otros que permiten tal dualidad pero introducen matices sobre la incidencia de la legislación interna sobre los métodos convencionales: véanse los CDIs con Macedonia, Costa Rica, Malta, Serbia, Chipre, Reino Unido (2013), Suiza (protocolo 2011), Canadá (Protocolo 2014), EAU, entre otros.

Cláusulas convencionales que articulan un modelo más complejo potencialmente más restrictivo de la deducción por doble imposición internacional

En tercer lugar, existe otro tipo de cláusulas convencionales donde la interrelación de la normativa interna y del CDI es más compleja, de manera que se permite que la legislación interna limite determinados aspectos del método convencional que no estuvieran expresamente regulados en el propio convenio. Este tipo de cláusulas han sido desarrolladas fundamentalmente por EEUU, a través de su modelo de convenio (1977-2016), a efectos de maximizar el denominado "efecto de recuperación" del método de imputación (*foreign tax credit*), de manera que el coste recaudatorio de eliminar la doble imposición sea minimizado al máximo. Por ejemplo, el artículo 23 del MC USA (1977-2016) está configurado para permitir que el legislador nacional tenga un mayor margen de maniobra para regular el "límite del método de imputación", o el sistema de asignación de gastos a la renta extranjera, la operatividad de su regulación sobre conversión monetaria o la propia aplicación del *"alternative minimum tax"*, tal y como se indica en las propias *US Treasury Technical Explanations al US Treasury Model*[9].

La cláusula tipo recogida en el MC USA de 1977 (que ha ido ampliándose) posee el siguiente tenor literal: "De acuerdo con las disposiciones y sujeto a las limitaciones de la legislación interna de los EEUU (que pueden modificarse a lo largo del tiempo sin cambiar el principio general de las mismas), los EEUU concederán a un residente como crédito de impuesto sobre su impuesto sobre la renta (...)".

La cláusula convencional recogida en el artículo 23 MC EEUU (1981) se refiere (y protege) a las *"source rules"* del CDI y a los "impuestos cubiertos por el CDI" que se consideran "deducibles" a los efectos del método de imputación, al margen de lo previsto en la legislación interna.

A partir de 1996, la cláusula del artículo 23 MC EEUU omitió la referencia al límite del método de imputación, ampliando el margen de maniobra del legislador doméstico a estos efectos[10].

Esta cláusula-tipo recogida en el artículo 23 MC EEUU, que maximiza el margen de maniobra del legislador doméstico y el impacto de la normativa doméstica sobre la regulación convencional del método para eliminar la doble imposición, puede encontrarse, con diferentes matices, en la práctica convencional española:

---

(9)   US Model Technical Explanation, 1996, artículo 23, parágrafos 331-334. Vid.: Vogel/Shannon/Doernberg/Van Raad, *US Income Tax Treaties*, vol. 2, 1986, artículo 23.

(10)   Vid.: Doernberg/Van Raad, The 1996 US Model Income tax Convention, Kluwer, Boston, 1997, p. 192 y ss.

CDIs con Rusia, Noruega, Eslovenia, Islandia, Venezuela, Argelia, Estonia, Letonia, Lituania, entre otros.

Ciertamente, en el marco de los CDIs donde la cláusula reguladora del método para eliminar la doble imposición recogiera este modelo estableciendo que tales deducciones se aplicarán de acuerdo con la legislación interna y sin perjuicio de las limitaciones previstas en la misma, no cabe excluir que el legislador nacional pudiera introducir limitaciones adicionales que afectaran a la cuantía de la deducción por doble imposición intersocietaria en términos similares a lo previsto en la Disp. Adicional 15ª de la LIS 2014 por el Real Decreto-ley 3/2016, de 2 de diciembre (límite del 50% al importe de las deducciones por doble imposición). No obstante, el análisis de compatibilidad de esta limitación debe hacerse caso a caso.

La misma conclusión puede extenderse a los CDIs que recogen una cláusula reguladora del método de imputación establece que se aplicará de acuerdo con la legislación interna española, previéndose, a su vez, que la deducción por doble imposición intersocietaria internacional se practicará *"de acuerdo con la legislación española"* de manera que el CDI se limita a contemplar tal deducción (en los términos previstos en la legislación española) y su límite máximo (el impuesto español sobre el dividendo extranjero). Este modelo de cláusula lo encontramos, por ejemplo, en los CDIs con Alemania, Reino Unido y Canadá. Sin embargo, la cláusula relativa a la deducción por doble imposición intersocietaria recogida en los CDIs con Francia o Portugal, por ejemplo, sí resulta "autónoma" en el sentido de regular su configuración de forma sustancial, de manera que no puede ser limitada por la legislación interna más allá de los términos convencionales (límite de la cuota íntegra del impuesto español sobre el dividendo extranjero).

Con todo, incluso en el marco de CDIs donde el legislador español puede limitar la deducción por doble imposición intersocietaria (en el sentido de limitar la deducción máxima a un porcentaje de la cuota íntegra como hace la Disp. Adicional 15 LIS), tal limitación debe resultar compatible con el Derecho de la UE. Tal y como indicamos más arriba, el Derecho Europeo, por un lado, excluye un trato discriminatorio entre el dividendo extranjero y el dividendo nacional, incluyendo a los dividendos procedentes de países terceros (protegidos por la libre circulación de capitales). Por otro lado, la Directiva Matriz-Filial regula en su artículo 4 los métodos de exención e imputación, y excluye que se introduzcan medidas nacionales que restrinjan tales métodos más allá de lo autorizado por la propia Directiva Matriz-Filial; esta Directiva, como ya indicamos, admite básicamente dos limitaciones: a) la asociada a excluir la deducibilidad del deterioro contable de la participación vinculado a la distribución de dividendos, y b) la relativa a la imputación de un 5% a tanto alzado de gastos de gestión de la participación (deducción del 95% del impuesto nacional sobre el dividendo extranjero). En este sentido, las únicas limitaciones que el legislador nacional podría establecer a este respecto en el ámbito de los artículos 21 y 32 LIS con respecto a dividendos distribuidos por filiales europeas vienen dadas por la Directiva Matriz-Filial en el sentido expuesto (además del porcentaje de participación del 10%, y la forma jurídica societaria comprendida en el Anexo de la Directiva 2011/96/UE). Estas limitaciones que contempla la Directiva Matriz-Filial únicamente son oponibles frente a los contribuyentes allí donde el legislador nacional las haya implementado efectivamente a través de las correspondientes normas internas[11], y no afectan a medidas más favorables que puedan existir en el ordenamiento con la misma finalidad (eliminar la doble imposición) como son los CDIs entre Estados miembros[12].

---

(11)   STJUE de 12 de febrero de 2009, C-138/07, *Cobelfret*.

(12)   El artículo 7.2 de la Directiva Matriz-Filial establece que "La presente Directiva no afectará a la aplicación de las disposiciones nacionales o a las incluidas en los convenios, cuyo objetivo sea suprimir o atenuar la doble imposición económica de los dividendos (...)". Véanse al respecto las SSTJUE en los casos *Océ* C-58/01, *Ferrero* C-338/08 y C-339/08, y *Athinaiki* C-294/99.

2. EL MÉTODO DE EXENCIÓN PREVISTO EN LOS CONVENIOS DE DOBLE IMPOSICIÓN. EL ARTÍCULO 23.A.1 DEL MODELO CONVENIO DE DOBLE IMPOSICIÓN

2.1. Presupuestos para la aplicación del método de exención convencional

El artículo 23 del ModCDI establece una combinación de métodos para eliminar la doble imposición internacional. El artículo 23 A establece el método de exención con carácter principal, aunque su apartado 2º combina tal mecanismo con el método de imputación en relación con determinado tipo de rentas. La aplicación del método de exención por parte del Estado de residencia del contribuyente resulta obligatoria –y éste tiene un derecho subjetivo a su aplicación– allí donde se cumplen los requisitos establecidos convencionalmente a tal efecto.

Las diferentes cláusulas contenidas en el artículo 23 A (1) consisten en que:

– La renta y elementos patrimoniales.
– Obtenidos o poseídos por un residente de un Estado contratante.
– Y que pueden ser gravados por el otro Estado contratante, de acuerdo con las disposiciones del convenio, resultarán exentos de imposición por el Estado de residencia del contribuyente.
– Todo ello sin perjuicio de lo previsto en los apartados 2 y 3 del mismo precepto.

En primer lugar, la noción de renta o patrimonio no resulta regulada expresamente en el ModCDI; en este sentido, estamos ante un concepto cuya delimitación o determinación se ha dejado a la legislación de los Estados contratantes; éstos son los que, con arreglo a su legislación, determinan lo que constituye «renta» a los efectos de los impuestos comprendidos en el CDI.

En segundo lugar, la renta (o el elemento patrimonial) debe ser obtenido (o poseído) por un residente de un Estado contratante; la cuestión consistente en determinar cuándo una renta (o un elemento patrimonial) es obtenido (o poseído) por un contribuyente también debe dilucidarse atendiendo a lo previsto en la legislación interna de los Estados contratantes. Por otro lado, la determinación de la residencia del contribuyente, a los efectos de la aplicación del CDI, deberá realizarse en aplicación de lo previsto en el artículo 4 del propio convenio; en su caso, también habrá que tener en cuenta las correspondientes cláusulas de limitación de beneficios que excluyan de los beneficios del convenio (incluidos los del artículo 23) a toda persona residente que no reúna determinado tipo de condicionantes (véase, por ejemplo, la cláusula de limitación de beneficios recogida en el **CDI España-EEUU** (1990 modificada por el Protocolo de 2013, artículo 17); no obstante, lo cierto es que la mayor parte de los CDIs concluidos por España contienen cláusulas de limitación de beneficios que únicamente afectan a la tributación en la fuente de los dividendos, intereses, cánones y ganancias de capital.

En tercer lugar, la renta (o el elemento patrimonial) respecto del cual se invoca la aplicación del método de exención en el Estado de residencia debe poder ser gravado en el otro Estado contratante (fuente) de acuerdo con lo previsto en el convenio; ello significa que cuando las reglas de distribución del poder tributario previstas en el CDI asignan tributación exclusiva al Estado de la fuente no puede aplicarse el artículo 23 A (1) en el Estado de la residencia; lo mismo acontece allí donde el Estado de la fuente somete a imposición la renta de forma contraria o distinta a lo previsto en el convenio; este mismo principio aparece recogido, en relación con el método de imputación, en el artículo 31 LIS y ha sido puesto de relieve expresamente por la CCDGT de 7 de abril de 2000.

Por último, en los nuevos comentarios al artículo 23 A y B introducidos en la versión de 2005 del ModCDI se incorporó una nueva regla que afecta a la aplicación de los métodos de eliminación de la doble imposición en supuestos atípicos en los que los Estados contratantes gravan la misma renta en momentos diferentes e incluso en posiciones distintas en relación con el CDI y el propio contribuyente *(Time Mismatch)*; véanse igualmente los comentarios al artículo 15 introducidos en el año 2014 en relación con este tipo de problemas en casos donde los Estados contratantes utilizan criterios de devengo distintos (parágrafos 2.5 y ss.). En los comentarios al ModCDI (parágrafos 4.1 y 4.2 al artículo 23) se pone de relieve cómo las reglas del artículo 4 ModCDI no son aplicables en relación con supuestos donde la misma renta es gravada por un impuesto sobre la renta global exaccionado por dos Estados en momentos diferentes, ya que no se trata de un supuesto de doble residencia fiscal simultánea sino sucesiva que genera doble imposición internacional respecto de una manifestación de renta. Ello se ejemplifica tomando el caso de un residente de un Estado R1 que obtiene renta imponible del otorgamiento de una opción sobre acción en su condición de empleado de una empresa. Tal persona con posterioridad pasa a ser residente del Estado R2, el cual grava el beneficio en el momento de su posterior ejercicio (de la opción sobre acciones). En tal caso, la persona es sometida a imposición en cada Estado en un momento en el que el sujeto era residente de tal Estado y, por tanto, no concurren los presupuestos para aplicar la regla del artículo 4 ModCDI que regula la doble residencia fiscal en un mismo momento (concurrente no sucesiva). No obstante, el problema que se plantea en el caso ejemplificado se resuelve con las reglas del artículo 23 ModCDI, en la medida en que los servicios por cuenta ajena a los que la opción se refiere hayan sido prestado en uno de los Estados contratantes en el sentido de ser gravables por tal Estado de acuerdo con el artículo 15 porque es el Estado donde el empleo relevante a estos efectos se ha ejercido. Ciertamente, en tal caso, el Estado en el cual los servicios han sido prestados será el Estado de la fuente a los efectos de la eliminación de la doble imposición por el otro Estado. No resulta relevante que el primer Estado no haya exaccionado su impuesto en el mismo momento. Tampoco resulta relevante que el otro Estado considere que exacciona el impuesto como Estado de la residencia y no como Estado de la fuente. Sin embargo, allí donde los servicios por cuenta ajena relevantes no hayan sido prestados en ninguno de los dos Estados contratante, el conflicto de doble imposición no es entre Fuente y Residencia y, por tanto, no podrá resolverse con la regla expuesta sino en su caso a través del procedimiento amistoso. En todo caso, el parágrafo 4.2 de los comentarios al artículo 23 ModCDI 2005 y versiones posteriores contiene alguna indicación suplementaria sobre este segundo caso, indicando que las autoridades de R2 en principio sólo deberían considerar el impuesto exaccionado por R1 sobre la parte del beneficio derivado del empleo que se refiere a servicios en un tercer país. Nótese igualmente que la importante regla sobre la aplicación de los métodos para eliminar la doble imposición en casos atípicos de *time mismatch* ha sido reiterada en el parágrafo 32.8 de los Comentarios al artículo 23 ModCDI, en sede de conflictos de calificación.

En este orden de cosas, cabe apuntar cómo el **Modelo de Convenio de la OCDE de 2017** introdujo una modificación del tenor literal y comentarios de los artículos 23 A y B MC OCDE 2017 a efectos de clarificar el alcance de la obligación de eliminar la doble imposición por parte de los Estados en relación con situaciones conectadas con entidades híbridas. La frase introducida en el clausulado de los referidos preceptos (*"except to the extent that these provisions allow taxation by that other State solely because the income is also income derived by a resident of that State or because the capital is also capital owned by a resident of that State"*) tiene por objeto clarificar que en tales casos, los dos Estados no estarían recíprocamente obligados a eliminar la doble imposición sobre los impuestos exaccionados por cada uno de ellos exclusivamente sobre la base de la residencia del contribuyente, de manera que cada Estado únicamente estaría obligado a conceder la eliminación de la doble imposición en la medida en que el gravamen exigido por el otro Estado resulte acorde o conforme con disposiciones del convenio que permitan la imposición de la renta o patrimonio como Estado de la fuente o como Estado donde existe un EP al que la renta o el patrimonio resulta atribuible. La OCDE considera que tal principio o regla ya resultaba implícita en el tenor de los artículos 23 A y B MC OCDE, de manera que la modificación de 2017 simplemente vendría a clarificarlo y eliminar cualquier duda al respecto. Los nuevos Comentarios recogidos en el MC OCDE 2017 en relación con los artículos 23 A y B (parágrafos 11.1, 11.2, 31.1, 61, 69.1 y 69.2) vendrían a clarificar la aplicación de esta regla, incluyéndose una serie de ejemplos relacionados con **entidades híbridas (como *partnerships*)** donde los dos Estados contratantes tratan de forma distinta a efectos fiscales a la entidad y los partícipes.

2.2. La determinación de la renta (o patrimonio) exento en el Estado de la residencia

La aplicación del método convencional de exención requiere que la renta o el elemento patrimonial que puede ser gravado en el extranjero resulte excluido de la base imponible del impuesto del Estado de residencia (allí donde éste sometiera a gravamen tal renta o elemento patrimonial). La determinación de la renta o patrimonio exento debe hacerse de acuerdo con la legislación fiscal interna del Estado de residencia, aunque ésta debe moverse en todo caso dentro de lo establecido por las disposiciones del CDI. En este sentido, será la legislación interna del Estado de residencia la que se emplee a efectos de determinar, entre otras, las siguientes cuestiones:

a) si la renta está o no gravada, la concreta cuantificación de la renta exenta (conversión en moneda nacional),

b) los gastos específicos y generales imputables a tal renta,

c) la obligatoriedad o no de declarar tal renta en la autoliquidación del contribuyente, y

d) el período impositivo en que procede la integración/exclusión, etc.

• A este respecto, la DGT y el TEAC han mantenido que la renta extranjera debe convertirse en moneda nacional aplicando el tipo de cambio oficial vigente en el momento del devengo de la misma (CCDGT de 14 de diciembre de 1990, y RTEAC de 2 de marzo de 1994); mientras que en los supuestos donde el contribuyente presenta gastos o partidas deducibles satisfechas en el extranjero o en divisa foránea, la DGT (CCDGT de 19 de enero de 1994), ha afirmado que se debería justificar a través de factura o documento similar convirtiendo a moneda nacional la partida aplicando el tipo de cambio vendedor al cierre de mercado de divisas de Madrid en la fecha en que se hubiesen producido los gastos y, si en dicha data estuviera cerrado ese mercado, se tomará el del día inmediatamente anterior. Las diferencias de cambio que puedan producirse en relación con la conversión de renta extranjera cubierta por el método de exención (dividendos, ganancias patrimoniales y renta obtenida a través de un EP) quedan comprendidas por tal método, es decir, quedan exentas no considerándose que se genera una renta independiente (DGT V0331-12 de 15-2-2015 y DGT V0509-10 de 15-3-2010). El TJUE considera que las pérdidas cambiarias generadas en el marco de la transmisión de un EP deben tenerse en cuenta en el Estado de residencia de la entidad de la que forma parte el EP cuando menos allí donde tal Estado miembro gravara las ganancias por diferencia de tipo de cambio con arreglo al principio de simetría (STJUE de 28 de febrero de 2008, C-293/06, *Deutsche Shell*). Esta jurisprudencia habría sido matizada la STJUE de 10 de junio de 2015, C-686/13, *X AB*, donde el Tribunal de Justicia vino a establecer que la libertad de establecimiento no obliga al Estado de residencia de la matriz a la deducción de las pérdidas cambiarias derivadas de la transmisión de las participaciones de su filial situada en otro Estado miembro, en la medida en que el método de exención no grava las ganancias derivadas de diferencias cambiarias, de suerte que con arreglo al principio de simetría tal posición es consistente y además el Derecho UE no obliga a tal Estado miembro a adaptar su legislación teniendo en cuenta las diferencias que existen entre la misma y la de otros Estados miembros a efectos de que los contribuyentes no soporten determinadas restricciones al ejercicio de las libertades comunitarias. En esta sentencia el TJUE destacó que la jurisprudencia *Deutsche Shell* sigue vigente en la medida en que se produjo en un contexto jurídico distinto donde el método de exención entre Alemania e Italia permitía el gravamen de las ganancias cambiarias. Por tanto, de acuerdo con esta jurisprudencia comunitaria cabe indicar con respecto de las pérdidas derivadas de diferencias de tipos de cambio relacionadas con transmisiones de participaciones en entidades comunitarias, que no resulta una exigencia del Derecho UE la deducibilidad fiscal de las mismas en el Estado miembro de residencia del transmitente, allí donde estamos en un contexto jurídico de simetría (no se tienen en cuenta ni ganancias ni pérdidas cambiarias tanto en situaciones internas como transfronterizas). En relación con las pérdidas derivadas de diferencias de tipo de cambio en la repatriación de capital dotacional de EPs situados en otro Estado miembro, el TJUE ha reconocido la deducibilidad de las mismas en el Estado miembro de residencia de la casa central, cuando tal Estado tiene en cuenta como regla tales ganancias y pérdidas, esto es, no concurriría la situación de simetría (jurisprudencia

Deutsche Shell). La DGT ha admitido la exención de las ganancias y pérdidas cambiarias a los efectos de la aplicación de la exención del artículo 21 LIS [DGT V0509-10 de 15-3-2010) y DGT V0331-12 de 15-2-2012].

La legislación fiscal española no contiene reglas específicas para la aplicación del método de exención previsto en los CDIs; no obstante, se viene entendiendo que la ley fiscal interna correspondiente al tributo de que se trate es la que debe emplearse para determinar la renta exenta (parágrs. 39 y 40 de los CMC); la cuantía a excluir de la base imponible nacional es la correspondiente a la renta neta extranjera, para lo cual debe imputarse a la base imponible los gastos deducibles específicamente conectados con la misma (no imputando necesariamente una parte de los gastos generales atribuibles a la misma). Nótese que esta cuestión es controvertida, toda vez que el Tribunal Supremo y el TEAC se han pronunciado a favor de la integración en el Estado de la residencia de la base imponible del EP configurada de acuerdo con la legislación (contable y fiscal) del Estado de la fuente (vid por ejemplo, a RTEAC de 21 diciembre de 2006, a contrario la DGT V2581-06 de 26-12-2006). Sin embargo, el propio TS ha reconocido que tal jurisprudencia no se aplica extramuros de los artículos 7 y 23 de los CDI (STS 15 de octubre de 2011, rec.4622/2008). Esta cuestión la tratamos en el marco del método de imputación. Desde un punto de vista contable, el ICAC ha puesto de relieve respecto de las sucursales en el extranjero que las cuentas anuales han de ser únicas, y deben recogerse las operaciones y los elementos patrimoniales de la empresa en su conjunto (BOICAC 104/ Diciembre 2015, consulta nº 1).

En el caso de un EP en el extranjero la exención debe aplicarse con arreglo a las reglas derivadas del artículo 7 ModCDI, de esta forma, los gastos que resulten imputables al EP afectan a la base exenta extranjera y a la tributación de la casa central (vid. RRTEAC 01-07-2005 y de 25-07-2007; STS 15 de diciembre de 2011, y SSAN 18 de diciembre de 2008 y de 24 de enero de 2013). Resulta también relevante el criterio adoptado en la STJ EFTA de 7 de mayo de 2008, *Seabrokers*, 7/07, en relación con esta materia.

Por tanto, la regulación prevista en nuestro ordenamiento no ordena estos aspectos del método de exención convencional. No obstante, la DGT ha establecido que la obtención de la renta extranjera neta debe efectuarse aplicando a la base imponible foránea, determinada de conformidad con la normativa española, las deducciones específicamente conectadas con la misma (véase la OM de 17 de junio de 1981, así como la RTEAC de 6 septiembre de 1995). En lo que atañe a la aplicación del método de exención en relación con un establecimiento permanente de una persona residente de España ubicado en el extranjero cabe destacar que este supuesto recibe un tratamiento específico en nuestra legislación (artículo 22 TRLIS); el artículo 22 del TRLIS establece que las rentas positivas obtenidas en el extranjero a través de un establecimiento permanente situado fuera del territorio español quedan exentas del IS, siempre y cuando se cumplan determinados requisitos; no obstante, este precepto omite toda referencia a la forma de computar la exención, de manera que las reglas expuestas resultan, a nuestro juicio, de aplicación en este ámbito. Ahora bien, allí donde un CDI ratificado por nuestro país establezca dicha exención la imputación de deducciones deberá realizarse en aplicación de los preceptos recogidos en el tratado al efecto de la forma expuesta anteriormente (artículos 5, 7, 9 y 24.3 ModCDI). Véanse a este respecto las RRTEAC de 1 y 14 de julio de 2005, dos resoluciones de 16 de septiembre de 2005 (JT 2006, 84), y de 25 julio 2007 y SSAN de 19 de junio y 18 de diciembre de 2008, donde se aplica el principio de empresa separada e independiente en relación con la imputación de gastos al PE que deben ser tenidos en cuenta para determinar la base imponible exenta (extranjera) y la de la casa central. No obstante, tanto el TEAC (RR de 21 de diciembre de 2001 y 7 de junio 2002) como la AN (SAN de 28 de marzo de 2005, JT 2006, 1429) han mantenido la deducibilidad de los gastos necesarios para la obtención de renta exenta en España por aplicación de un CDI, cuando el residente en España sin mediación de EP en el extranjero al no existir ninguna regla que limite o restrinja tal deducibilidad en este supuesto (vid también la RDGT de 31 de enero de 2008, 176-08). Asimismo, en el ámbito de la aplicación de los métodos para eliminar la doble imposición internacional respecto de casos donde una entidad española opera en el extranjero a través de establecimientos permanentes la Inspección tributaria y la AN consideran que deben imputarse los gastos generales y de administración a la base imponible relativa al EP, así como los gastos relativos a la denominada «financiación no básica» del EP (aquella que es distinta de la dotación de capital básica y mínima para realizar sus actividades y operaciones y que resulta de préstamos o anticipos reintegrables o similar y que tiene un coste financiero para la casa central), de cara al cálculo de la exención/deducción (cfr. la SAN de 18 de noviembre de 2008, Rec. 633/2005, RCT nº 312, 2009). En la misma línea se sitúa la sentencia de la Audiencia Nacional de 24 de enero de 2013, donde la AN confirma la posición del TEAC y coincidiendo el planteamiento de la Inspección sobre la necesidad de calcular el ajuste negativo correspondiente a la BI del EP incluyendo la proporción de gastos de dirección y generales de administración incurridos por la casa central y que son imputables al EP, lo cual supone ajuste positivo en la BI de la casa central. Igualmente, considera que debe procederse a imputar al EP el coste financiero incurrido por la casa central para conceder o dotal al EP de la denominada «financiación no básica», aunque no se establece cómo hay que calcular esa financiación básica vs no básica más allá de aceptar la fórmula de cálculo establecida por el contribuyente en el Estado de residencia (contrasta con ello la posición adoptada por las autoridades fiscales en el caso ING que fue rechazada por la AN en la SAN de 10 de julio de 2015, rec.281/2012). Asimismo, existen precedentes sobre esta misma temática (imputación de gastos generales de administración e repercusión de costes financieros casa central española/EP extranjero) donde los tribunales han adoptado una posición más exigente en relación con los criterios utilizados por la Administración para fundamentar tal imputación de costes al EP; así, respecto de la atribución de gastos generales de administración, la AN no ha aceptado la aplicación de criterios desconectados de la actividad económica del EP como, por ejemplo, un criterio ventas grupo/ventas EP, ya que no asegura la necesaria correlación ingreso/gasto en la atribución, de forma contraria a los principios de capacidad económica y correlación (SAN de 24 de septiembre de 2013, Cepsa).

En este mismo orden de cosas, cabe señalar igualmente cómo la AN también considera que la aplicación del método de exención previsto en un CDI en relación con dividendos no permite la aplicación de la provisión de cartera a menos que el contribuyente pruebe que el deterioro deriva de causa distinta al mero reparto de los dividendos. Tal prueba le corresponde al contribuyente ex artículo 217 LEC, y 114 antigua LGT-1963; véase igualmente la STS de 6 de febrero de 2015, rec. 290/2013, comentada en el epígrafe 1.2.2 de este capítulo.

En relación con la aplicación del método de exención interno (antiguo artículo 29 bis), el TS, en la sentencia de 15 de diciembre de 2011, reiteró su posición sobre la aplicación del método de exención en relación con el beneficio atribuible al EP en el marco de un CDI pero en el contexto de la exención interna, entendiendo que es la renta neta atribuible al EP considerando la normativa española y el artículo 7 del CDI la que debe ser objeto del ajuste fiscal extracontable negativo en la base imponible española de la casa central. A estos efectos considera que debe imputarse al EP no sólo la parte proporcional de los gastos generales y de dirección, sino también los intereses derivados de la «financiación no básica» atribuible o imputable al EP. Tal financiación no básica se refiere a aquella que supere el umbral de la financiación básica o dotación de capital suficiente para el desarrollo de la actividad del EP financiero en el otro Estado. Así todo adelanto de fondos reintegrable o «préstamo» (loan internal dealing) genera «intereses nocionales» que son atribuibles a la base imponible del EP. La Inspección se limitó a tener en cuenta estos intereses nocionales a los efectos de la aplicación del método de exención en España, corrigiendo la cuantía del ajuste fiscal extracontable negativo en la base imponible de la casa central, sin por tanto corregir la base imponible de la casa central integrando un interés nocional. En gran medida ello se debió a que se verificó como en el EP del Reino Unido el BSCH había deducido tales intereses nocionales de la base imponible del EP a efectos de tributación en la fuente. Sin embargo, la Inspección aplicó el mismo criterio a los EPs de EEUU y de Brasil. Este criterio venía siendo aplicado en el marco de EPs de entidades financieras al considerarse que en estos casos había que hacer una excepción a la deducibilidad de los intereses (financiación no básica) entre la casa central y el EP. La dotación de capital propio se venía determinando generalmente en aplicación de la normativa de provisiones bancarias. Actualmente, como se sabe el enfoque autorizado OCDE 2008-2010 ha extendido esta regla a todos los EPs con independencia de su sector de actividad, de manera la financiación no básica genera intereses deducibles en la BI del EP e ingresos en la BI de la casa central (aunque en principio sin witholding tax). Uno de los problemas que presenta el complejo enfoque autorizado es que no existe una regulación del método para fijar el capital propio de los EPs o la financiación básica, ni tampoco la OCDE ha logrado consenso en este punto, con lo cual existe un alto riesgo de que se produzca doble imposición internacional residual.

Llama la atención que no exista la menor regulación en relación con la aplicación del método de exención establecido en un CDI cuando tal método hay que aplicarlo en el marco del IRPF. Así, no resulta claro cómo incide en relación con la determinación del rendimiento neto o la aplicación de las reducciones (véanse por ejemplo los artículos 19 y 20 LIRPF). Tampoco resulta evidente si la LIRPF contempla la toma en consideración de las bases imponibles positivas y negativas que están exentas por CDI a los efectos de la aplicación de la tarifa progresiva del impuesto. No parece que el principio de legalidad en materia tributaria admita una falta de regulación sobre este tipo de cuestiones. Esta situación ha sido remediada parcialmente a través de la Ley 26/2014, donde el legislador ha establecido una regulación mínima del método de exención en el IRPF (nueva disp. adicional vigésima de la Ley 35/2006).

2.3. El método de exención, las bases imponibles negativas generadas en el extranjero y otros efectos colaterales: evolución de la legislación española y de la jurisprudencia del TJUE en la materia

Otra de las cuestiones que suscita la aplicación del método de exención tiene que ver con la realización de pérdidas (bases imponibles negativas) de carácter extranjero. El Comité de Asuntos Fiscales de la OCDE apunta dos soluciones posibles en el marco del artículo 23 A, dependiendo su aplicación de la concreta normativa interna del Estado contratante que aplique tal método convencional (parágr. 44 de los CMC); antes de examinarlas, resulta relevante poner de relieve que tanto el Comité Fiscal OCDE como los comentaristas coinciden a la hora de afirmar que el texto del artículo 23 A no predetermina el tratamiento de las pérdidas exentas, de suerte que su deducción o compensación en el Estado de la residencia constituye una cuestión que depende de la legislación interna de tal Estado, salvo que el convenio estableciera una cláusula específica.

Las soluciones o alternativas que contempla el Comité Fiscal OCDE son las siguientes. Por un lado, puede ocurrir que el Estado de residencia otorgue el mismo trato (exención) a las bases imponibles positivas y negativas de fuente extranjera; en este caso, las bases imponibles negativas extranjeras (exentas por el CDI) no podrán ser compensadas con bases imponibles positivas nacionales (o extranjeras no exentas) realizadas por el mismo contribuyente a los efectos de la determinación de su impuesto en el Estado de residencia; se entiende que tal efecto constituye una consecuencia lógica del método de exención que excluye de la base imponible tanto las rentas positivas como las negativas; en tal sentido, se ha puesto de relieve cómo la funcionalidad de la exclusión de las rentas negativas opera excluyendo «dobles deducciones» (en el Estado de la fuente y en el Estado de la residencia), y que, además, el contribuyente en cuestión no soportaría un perjuicio significativo allí donde operara a través de un EP en el extranjero y el Estado de ubicación permitiera la compensación de tales pérdidas con beneficios futuros; no obstante, cuando tal compensación no estuviera permitida o cuando el contribuyente no opera a través de un EP en el extranjero (v.gr., pérdidas patrimoniales derivadas de la venta de valores mobiliarios que resultan exentas en virtud del convenio) sí puede producirse un perjuicio para el contribuyente que realizó la operación económica internacional.

La segunda posibilidad que contempla el Comité Fiscal OCDE consiste en que el Estado de residencia permita que las pérdidas extranjeras exentas en virtud de convenio sean compensadas con bases imponibles positivas nacionales; en este tipo de supuestos –generalmente relacionados con actuaciones a través de establecimientos permanentes en el extranjero– se permite igualmente que el Estado de la residencia supedite en los períodos impositivos posteriores la aplicación de la exención tributaria convencional a la compensación del efecto provocado por la pérdida precedente; así, la aplicación de la exención convencional en relación con las bases imponibles positivas realizadas en el extranjero con posterioridad a la compensación de las pérdidas con los beneficios nacionales tendrá lugar en la medida en que se supere la cuantía previamente deducida o compensada; a este tipo de normas se les denomina «cláusulas de recaptura» y han sido empleadas principalmente por los países que más tradición poseen en la aplicación del método de exención (Alemania y Suiza). Estas cláusulas de recaptura pueden emplearse allí donde las establezca el propio CDI o donde las contemple la legislación interna del Estado de residencia del contribuyente; en este último caso, la aplicación del mecanismo de recaptura debe hacerse de forma compatible con lo dispuesto en el CDI, lo cual, a nuestro juicio, podría requerir que tal mecanismo se aplique respecto de rentas positivas sujetas al mismo régimen convencional que las pérdidas pretéritas y que fueran realizadas en el mismo Estado contratante. Los **CDIs de España con los Países Bajos** y **con Bélgica** recogen sendas cláusulas de recaptura en relación con las pérdidas experimentadas por establecimientos permanentes en el extranjero [CDI España-Bélgica (1970, artículo 23.2), CDI España-Bélgica (1995, artículo 23.2.d), y CDI España-Países Bajos (1971, artículo 25.5). El CDI con Francia de 1997 (Protocolo 17.b)], establece la compatibilidad con el CDI de las cláusulas de recaptura de pérdidas (vid. la RTEAC de 30 de marzo de 2006).

La integración de las pérdidas obtenidas a través de un EP en el extranjero antes de la reforma operada por la Ley 16/2013, de 29 de octubre

Tradicionalmente, la legislación fiscal española no ha recogido reglas específicas para la aplicación del método de exención establecido en los CDIs y, por tanto, no se han previsto de forma expresa las consecuencias fiscales que resultan de la realización de pérdidas extranjeras; la norma de la LIS sobre compensación de pérdidas (antiguo artículo 25 TRLIS 2004 y artículo 26 LIS 2014) tampoco se refiere expresamente a la posibilidad de compensar bases imponibles negativas extranjeras exentas en virtud de un CDI, limitándose a habilitar la compensación de «aquellas bases imponibles negativas que hayan sido objeto de liquidación o autoliquidación»; aunque la lógica aplicativa del método de exención conlleva la no compensación de bases imponibles (negativas) extranjeras con bases imponibles internas o nacionales (principio de simetría), tampoco puede dejar de señalarse que, arreglo a los artículos 10 y 26 LIS, podría defenderse la posibilidad de compensar las bases imponibles negativas realizadas en el extranjero y exentas en virtud de un CDI con las bases imponibles positivas obtenidas por la entidad residente española. Buena muestra de los problemas que venía planteando esta falta de regulación legal sobre esta cuestión resulta de considerar casos donde los contribuyentes y la Administración han mantenido posiciones diametralmente opuestas; y de hecho, mientras que el TEAC ha venido defendiendo en algunas resoluciones (RRTEAC de 17 de septiembre de 2004), la no integración de las bases imponibles negativas de EPs que están exentas por CDI, la AN ha mantenido el criterio opuesto al considerar que la exención de los beneficios del EP según el artículo 23 del CDI aplicable solo se proyecta sobre las bases imponibles positivas sin que el riesgo de doble compensación excluya la posibilidad de compensación (SSAN de 1 octubre de 2007, JT 1352, y de 28 de enero de 2008). La consulta DGT V2138-08, de 13-11-2008, en un caso donde se aplicaba el método de exención con progresividad únicamente se ha referido a la posibilidad de tener en cuenta una ganancia (o pérdida) patrimonial derivada de la venta de una vivienda en el extranjero a los efectos de calcular el impuesto correspondiente a las restantes rentas a integrar, en este caso, en la base imponible del ahorro.

Ahora bien, la introducción del método de exención en nuestra legislación del IS en relación con las bases imponibles de los EPs (antiguo artículo 22 TRLIS 2004 en su redacción previa a la reforma operada por la Ley 16/2013) venía permitiendo la integración de las pérdidas extranjeras recogiendo expresamente una cláusula recaptura en relación con la aplicación del método unilateral de exención que tal precepto establece; en este sentido, cuando el contribuyente optara por la aplicación del método previsto en tal precepto –el cual sólo resulta aplicable cuando se reunieran determinados condicionantes entre los que destaca la obtención de rentas empresariales *positivas* a través de un EP en el extranjero– la exención que establece resulta sujeta a una cláusula de recaptura cuya finalidad es compensar las pérdidas extranjeras que se integraron en la base imponible de la casa central en los períodos impositivos precedentes con los beneficios respecto de los cuales ahora se invoca la exención del antiguo artículo 22 TRLIS 2004. Nótese que tal cláusula de recaptura también operaba igualmente en el marco del antiguo artículo 31 TRLIS 2004, regulador del método unilateral de imputación. A este respecto, cabe indicar que tras la incorporación del método de exención con cláusula de recaptura a la legislación interna española, la Audiencia Nacional, a través de su sentencia de 30 de junio de 2005, se posicionó a favor de tal compensación de pérdidas de un EP extranjero con bases imponibles positivas de su casa central en el marco de un CDI con método de exención, considerando procedente un trato equivalente al dispensado por el antiguo artículo 20. ter LIS, lo cual incluía una cláusula de recaptura que impida el abuso por parte del contribuyente (*double dipping*). Véase igualmente la RTEAC de 30 de marzo de 2006, y en relación con la compatibilidad de la aplicación del método de exención y la provisión de cartera véase la SAN de 24 de enero de 2013, admitiendo la aplicación de la misma cuando el contribuyente acreditara que el deterioro tiene un origen diferente a la distribución de beneficios.

En este contexto es en el que cobra sentido la jurisprudencia del Tribunal Supremo a favor de la integración en la base imponible de pérdidas extranjeras de establecimientos permanentes en supuestos donde resultaba aplicable el método de exención, con la única limitación de prevenir la doble deducción de la misma pérdida, admitiendo sin mayores problemas la asimetría que provocó el antiguo artículo 20.ter.2 (antiguo artículo 22.2 TRLIS 2004 en la redacción anterior a la Ley 16/2013) también derivado de la Ley 6/2000, que admitía la integración de pérdidas foráneas del establecimiento permanente en un contexto de exención de los rendimientos de éste, aunque sujetos a un mecanismo de recaptura (SSTS de 17 de octubre de 2011 (rec. 2356/2009), de 9 de junio de 2011 (rec.2242/07), de 16 y 29 de abril de 2009 (recs. 5145/05 y 477/2006) y de 30 de junio de 2005 (rec. 1412/2002)). En un primer momento, el TS se pronunció a favor de la integración de las bases imponibles negativas de los EPs en el extranjero a partir del principio de renta mundial, estableciendo que le correspondía a la Administración tributaria velar por evitar la doble deducción de las BINs aplicando una cláusula de recaptura en términos similares a los establecidos en el antiguo artículo 20 ter LIS. La segunda línea de jurisprudencia del TS (STS 17 de octubre de 2011) apelaba a su vez a la aplicación del Derecho de la UE y la jurisprudencia del TJUE para permitir tal integración de las pérdidas extranjeras, siempre que se pruebe la no deducción doble de las pérdidas por el contribuyente; así, el TS, en su sentencia de 6 de marzo de 2013 (nº rec. 1442/2009), declaró que el método de exención previsto en el CDI con Portugal (1968, artículo 24) traía consigo la no integración de las pérdidas obtenidas en el extranjero por la empresa española, razonando que ésta no sufrirá ningún perjuicio en la medida en que sólo se le impide solicitar una doble deducción por la misma pérdida en ambos Estados; es decir, el TS parece partir del principio de simetría y justifica la no integración a efectos de evitar una doble compensación, y precisamente ello le termina conduciendo a la conclusión de que "*la deducibilidad de tales pérdidas sólo sería posible si se acreditase que esa doble deducción no ha tenido lugar, lo que no ha sucedido*".

Por tanto, al margen de los problemas expuestos sobre la aplicación del método de exención convencional en supuestos de existencia de pérdidas extranjeras de EPs, debe destacarse cómo la legislación española reguladora del método de exención tradicionalmente ha venido permitiendo la integración de las pérdidas extranjeras de los establecimientos permanentes (e incluso de las filiales extranjeras vía provisión de deterioro de la cartera), aunque la desimposición se corregía normalmente a través de una cláusula de recaptura de los beneficios obtenidos en ejercicios posteriores (o en el caso de las filiales a través del mecanismo de la reversión de la provisión de cartera previamente dotada). Tal mecanismo de recaptura se incluyó, además de en los CDI con Bélgica y Países Bajos, en el antiguo artículo 22.2 TRLIS en su redacción anterior a la reforma operada por la Ley 16/2013, de 29 de octubre (sin perjuicio de la Disposición transitoria 41.3 de esta ley), operando tanto en el marco del método de exención como en el ámbito del método de imputación o deducción por doble imposición internacional; la interrelación de tal cláusula de recaptura con los Convenios de doble imposición puede plantear dudas sobre su compatibilidad con los mismos, aunque todo lógicamente tal cuestión depende de la configuración del método de imputación convencional.

La integración de las pérdidas obtenidas a través de un EP en el extranjero tras la reforma operada por la Ley 16/2013, de 29 de octubre

La Ley 16/2013 articuló un cambio de modelo radical respecto del existente hasta la fecha, de suerte que el legislador español limitó (rectius, excluyó) la integración de las pérdidas extranjeras en la base imponible española, tanto allí donde se aplicara el método de imputación o el de exención para eliminar la doble imposición internacional cuando el sujeto pasivo actuara a través de establecimiento permanente en el extranjero; las disposiciones introducidas en el antiguo TRLIS 2004 por la Ley 16/2013 vinieron a limitar y diferir la imputación temporal de las rentas negativas en la transmisión de participaciones y establecimientos permanentes al periodo en que tales activos sean transmitidos a terceros ajenos al grupo de sociedades, o bien cuando la entidad transmitente o la adquirente dejasen de formar parte del mismo (apartados 11 y 12 del antiguo artículo 19 TRLIS 2004). En particular, las **medidas adoptadas a través de la Ley 16/2013 e incorporadas al antiguo TRLIS y a la LIS 2014** (artículos 11.10 y 11, 21.7, 22.1 y 2, 31.4 y 5 LIS 2014) **a efectos de limitar la integración de pérdidas extranjeras** consisten básicamente en lo siguiente:

• Una cláusula que califica como gasto fiscalmente no deducible a las rentas negativas obtenidas en el extranjero a través de un establecimiento permanente, excepto en el caso de transmisión del mismo o cese de su actividad (la nueva letra k) del artículo 14.1 del antiguo TRLIS 2004; la consulta DGT V3926-15 de 9-12-2015 se refiere precisamente a la determinación del momento de cese de un EP en el extranjero que da lugar a la integración de las pérdidas netas en el Estado de residencia de la casa central, considerándose que ello acontece cuando concluyen todas las actividades tendentes a intervenir en el tráfico mercantil con la expectativa de obtener ingresos), la consulta DGT V0596-18, de 6-3-2018, indica que la fecha en que cesa la actividad económica del consultante (y que determina su traslado al otro Estado) es la fecha de cese del EP. Esta cláusula de tabicación total de las pérdidas generadas por los EPs opera cualquiera que sea el método para eliminar la doble imposición que hubiera de aplicarse, ya exención ya imputación (véase la consulta DGT V0152-15 de 19-1-2015 en relación con el funcionamiento del mecanismo en el marco de los CDI con Italia y Francia). Como han apuntado algunos destacados autores (Sanz Gadea 2014, p.20), la articulación de esta limitación hace si cabe más necesario el establecimiento por el legislador español de normas básicas para determinar la base imponible imputable a la casa central y al EP, particularmente la distribución de los gastos y la renta derivada de las operaciones internas entre la casa central y el EP, y entre éste y otras partes de la misma empresa. En cierta medida la LIS 2014 salió al paso respecto de tal déficit regulatorio incluyendo disposiciones de nueva planta que clarifican la determinación de la base imponible de la casa central y de los EPs en el extranjero de entidades españolas (artículos 18.2.i y 8, 22.5, 31.4 LIS 2014).

• Una cláusula que impacta sobre la imputación temporal de las rentas negativas, con arreglo a la cual las rentas negativas generadas en la transmisión de un EP a favor de una sociedad del mismo grupo en el sentido del artículo 42 del Código de Comercio se imputarán en el período en que el establecimiento permanente sea transmitido a terceros ajenos al grupo de sociedades, o bien cuando la entidad transmitente o la adquirente dejen de formar parte del mismo (el nuevo apartado 12 al artículo 19 TRLIS 2004). A este respecto, se ha señalado que la medida articulada en realidad supone un diferimiento temporal en la integración de las pérdidas extranjeras del EP, de manera que en el momento de la transmisión o cese del EP se computarían no sólo las rentas negativas derivadas de la transmisión o cese sino también todas las rentas negativas ordinarias generadas durante la existencia del EP, minoradas en las rentas positivas netas, solución que operaría de forma simétrica tanto en el contexto del método de exención como en el de imputación (Sanz Gadea 2014, con referencia igualmente a López-Santacruz). Nótese igualmente que la integración de la pérdida extranjera se difiere a la transmisión a terceros del EP o al cese, lo cual plantea varias cuestiones. Por un lado, tales conceptos jurídicos no se definen, aunque parece claro que una cosa es la transmisión del EP y otra la de sus activos afectos. Por otro lado, el diferimiento de la integración de la pérdida al momento de la transmisión a terceros (extramuros del grupo mercantil) puede plantear dudas sobre su compatibilidad con el Derecho de la UE, considerando la jurisprudencia en los casos *Nordea Bank* y *NN A/S*.

• Una reforma del método de exención unilateral en relación con los EPs en el extranjero de manera que por un lado se elimina toda referencia a la imputación de rentas negativas a la casa central, y por otro, se establece la minoración de las rentas negativas generadas en la transmisión del EP en el importe de las rentas positivas netas obtenidas con anterioridad procedentes del mismo (nueva redacción al apartado 2 del artículo 22 TRLIS 2004).

• Una reforma del método de imputación unilateral en relación con los EPs en el extranjero, de forma que por un lado se excluye la integración en la base imponible de la entidad residente de las rentas positivas obtenidas a través del EP cuando en periodos impositivos anteriores se hubieran generado rentas negativas que no se hubieran integrado en la base imponible de la entidad española (nueva redacción del artículo 31.4 TRLIS 2004). La no integración de la base imponible positiva extranjera en estos casos no debería generar doble imposición, ya que no hay impuesto español sobre la misma renta, aunque puede existir exceso de imposición en el Estado de la fuente cuando no permite la compensación de pérdidas de ejercicios anteriores, todo ello, claro está, sin perjuicio de los problemas que derivan de diferencias de determinación o configuración entre la base imponible de acuerdo con la normativa local y la española. Asimismo, el método de imputación se modifica de forma simétrica al método de exención a los efectos de articular la minoración de las rentas negativas generadas en la transmisión del EP en el importe de las rentas positivas obtenidas con anterioridad, procedentes del mismo (nuevo apartado 5 del artículo 31 TRLIS 2004).

• Una modificación del artículo 92 del TRLIS 2004, alineada con la finalidad de la Ley 16/2013 y del propio artículo 10.1 de la Directiva 2009/133/CE, referida a los casos delimitados en el artículo 84.1.d) TRLIS 2004 de transmisión de un EP que hubiera sufrido pérdidas en ejercicios anteriores de manera que la renta positiva derivada de tal transmisión que supere las rentas negativas obtenidas por el EP se integrarán en la base imponible de la entidad transmitente, sin perjuicio de que se pueda deducir de la cuota íntegra el impuesto que, de no ser por las disposiciones de la referida Directiva, hubiera gravado esa misma renta en la base imponible, en el Estado miembro en que esté situado dicho EP, con el límite del importe de la cuota íntegra correspondiente a esa renta integrada en la base imponible. Tal modificación se ha interpretado por destacados autores [Sanz Gadea 2014 a), pp. 14-15] en el sentido siguiente: a) que las rentas netas ordinarias se integrarán en la base imponible de la casa central, con ocasión de la transmisión del EP; b) que esas mismas rentas se reintegrarán en la base imponible de la casa central en ese mismo momento, pero con el límite de la renta positiva derivada de la transmisión, lo cual exige determinar la renta positiva imputable a los elementos patrimoniales afectos al EP transmitido (renta positiva= diferencia entre el valor de mercado del EP y el valor contables de activos y pasivos afectos, incluyendo intangibles identificables y fondo de comercio); y c) que el exceso, si lo hubiere, de la renta positiva sobre las rentas negativas netas ordinarias, se integrará en la base imponible de la casa central, asistida de un crédito de impuesto teórico. Tal mandato de integración de la renta positiva que exceda de las rentas negativas neta ordinarias opera tanto en el marco del método de exención como en el de imputación.

• La incorporación al TRLIS de una regulación transitoria (Disposición Transitoria Cuadragésima primera de la Ley 16/2013), al objeto de regular el reintegro de las pérdidas previamente computadas de acuerdo con la normativa anterior a la reforma operada por la Ley 16/2013. Así, se establece que cuando se hubieren producido rentas negativas netas la exención prevista en el artículo 22 o la deducción del artículo 31 del TRLIS 2004 solo se aplicarán a las rentas positivas obtenidas con posterioridad a partir del momento en que superen la cuantía de las rentas negativas. En el caso del método de imputación la disposición transitoria crea una suerte de reintegro de pérdidas.

El contraste de la legislación previa y posterior a la reforma operada por la Ley 16/2013 (básicamente incorporada a la LIS 2014), pone de manifiesto cómo con anterioridad a tal reforma de 2013 en el método de exención, las rentas negativas ordinarias se computaban en los ejercicios en los que se generaban, y se reintegraban en los posteriores con cargo a las rentas positivas, que se gravaban hasta el importe de aquellas sin derecho a deducción alguna. Sin embargo, si las rentas negativas eran posteriores a las rentas positivas el reintegro no se podía producir y dichas rentas negativas se integraban plenamente en la base imponible, de manera que tal que el IS soportaba una pérdida superior a la efectivamente habida en el conjunto de los ejercicios en los que se obtuvieron rentas a través de EP. Lo mismo acontecía en sede del método de imputación, con la singularidad de que aquí el reintegro venía dado por la minoración de la base para calcular la parte de la cuota íntegra que opera como límite de la deducción del impuesto extranjero en el importe de las rentas negativas. De esta forma, la Ley 16/2013 trajo dos grandes innovaciones: por un lado, las rentas negativas ordinarias se integran en la base imponible en el momento de la transmisión o cese de actividad del EP, y el importe de las rentas negativas, ordinarias y habidas en la transmisión, que computarán vendrá minorado en el importe de las rentas positivas (Sanz Gadea 2014, p.27).

En este sentido, podría decirse que el movimiento del legislador español, de claro signo recaudatorio, trasciende de un modelo de integración y recaptura de pérdidas extranjeras que favorecía la internacionalización de la empresa española articulando un modelo de tabicación de bases imponibles negativas extranjeras que difiere la integración de las mismas al momento en que se generan las "pérdidas finales". Debe destacarse cómo en este modelo cobra si cabe todavía más relevancia la cuestión de la existencia o inexistencia de un EP en el extranjero en cada caso (o si media uno o varios EPs en un mismo país), así como la propia determinación de los activos que están o no afectos a los eventuales EPs, toda vez que la base imponible positiva o negativa derivada de su explotación y transmisión se integrará o no en la base imponible de la casa central en un momento u otro dependiendo de tal circunstancia.

Un apunte sobre la jurisprudencia europea sobre la deducción de pérdidas extranjeras y finales

Nótese que la compatibilidad con el ordenamiento europeo de una legislación nacional que inadmita de plano o absolutamente la compensación de pérdidas extranjeras con beneficios nacionales resulta bastante dudosa considerando la jurisprudencia del TJUE. A este respecto, podría afirmarse que, de acuerdo con lo que resulta de la jurisprudencia europea, el Derecho de la UE permite tanto modelos de impuesto sobre la renta territoriales como los que pivotan sobre la renta mundial (puros o duales), de manera que tanto la aplicación del método de exención como el método de imputación a los efectos de eliminar la doble imposición resulta compatible con el Derecho de la UE, siendo conscientes, además, que la supresión o mitigación de las consecuencias económicas de este fenómeno no resulta una obligación impuesta o derivada del Derecho europeo. Ahora bien, allí donde un Estado miembro haya adoptado el principio de renta mundial eliminando la doble imposición a través del método de imputación y permitiendo la deducción de las pérdidas extranjeras, el Derecho de la UE admite que tal Estado pueda adoptar medidas generadoras de un cierto nivel de restricción de las libertades comunitarias dirigidas a la protección de su competencia fiscal a efectos de garantizar la "reversión o recaptura" de tales pérdidas por la vía del gravamen de los beneficios futuros en el extranjero (regla de simetría). En cambio, allí donde un Estado miembro aplicara el método de exención no sometiendo a imposición la renta extranjera tampoco estará obligado a deducir las pérdidas derivadas de la actividad realizada fuera de su territorio, sin perjuicio de los matices derivados de la jurisprudencia *Marks & Spencer, Lidl Belgium, Comisión/Reino Unido, Masco y Bevola* (C-446/03, C-414/06,C-172/13, C-593/14 y C-650/16, respectivamente, sobre pérdidas definitivas o finales) y *Deutsche Shell* y *X AB* (C-293/06 y C-686/13, respectivamente, sobre pérdidas cambiarias). No obstante, allí donde tal Estado miembro aplicara el método de exención y permitiera la deducción de las pérdidas extranjeras, podría igualmente articular medidas dirigidas a recapturar tales pérdidas (regla de simetría) como excepción al método de exención (jurisprudencia *Krakenheim Ruhesitz*, C-157/07, y *Timac Agro*, C-388/14). Téngase en cuenta que la jurisprudencia *Marks & Spencer*, no obstante, podría haber sido matizada por la sentencia del TJUE de 7 de noviembre de 2013, *K*, C-322/11 cuando menos en determinados casos donde la legislación del Estado de la fuente no permite en ningún caso tomar en consideración las pérdidas, considerando que en tal situación no puede considerarse que un contribuyente ha agotado sus posibilidades de tener en cuenta las pérdidas en el Estado miembro en el que está situado el inmueble. El TJUE consideró justificada la normativa finlandesa que excluía la toma en consideración de la pérdida derivada de la transmisión situado en Francia en un caso donde el CDI entre ambos Estados miembros establecía el método de exención con progresividad, al entender que tal medida estaba justificada por la coherencia del sistema fiscal, en el sentido de que la renuncia al gravamen de la plusvalía estaba vinculada al no reconocimiento del derecho a compensar pérdidas de acuerdo con el CDI (cuando lo cierto es que éste no regulaba tal extremo correspondiendo tal materia a la legislación interna). De la jurisprudencia del TJUE en el caso *K* se deduce que no se puede obligar a un Estado miembro a tener en cuenta, a efectos de la aplicación de su propia normativa, las consecuencias en su caso desfavorables que se derivan de las particularidades de otro Estado miembro; el Tribunal de Justicia declaró que la libre circulación de capitales no puede entenderse en el sentido de que un Estado miembro esté obligado a dictar normas tributarias en función de las de otro Estado miembro para garantizar, en cualquier situación, una tributación que elimine cualquier disparidad, dado que las decisiones de inversión en el extranjero de un contribuyente pueden, según el caso, tener mayores o menores ventajas o inconvenientes para ese contribuyente (vid. Martín Jiménez 2014, p. 14). Tal posición del TJUE (la referida a la jurisprudencia *K* referida a los casos donde el Estado de generación de la pérdida excluye completamente las posibilidades de compensación), que ha sido confirmada en el caso *Comisión/Reino Unido* (STJUE de 3 de febrero de 2015, C-172/13) puede tener implicaciones en relación con la legislación anti-arbitraje fiscal que están adoptando un buen número de países en el contexto del proyecto BEPS; no obstante, las normas domésticas que articulen medidas de prevención de la doble deducción de gastos o pérdidas deben resultar proporcionadas, de manera que deben estar configuradas de tal forma que permitan la deducción del gasto o pérdida cuando el contribuyente acredite la imposibilidad práctica de tal deducción en otro Estado (STJUE de 4 de julio de 2018, *NN A/S* C-28/17; también resulta interesante la sentencia de la EFTA Court de 13 de septiembre de 2017, *Yara International*, E-15/16, toda vez que, además de confirmar la aplicación de la "excepción de pérdidas finales" construida por el TJUE en el marco de la aplicación de la libertad de establecimiento prevista en el EEA (Acuerdo del Espacio Económico Europeo) con relación a sistemas de *"intragroup contributions"* en línea con la sentencia *O y AA* C-231/05, aborda la cuestión de la potencial limitación de la aplicación de la doctrina de las pérdidas finales en el marco de reestructuraciones empresariales que facilitan la compensación de tales pérdidas en el Estado de residencia de la matriz en aplicación (por parte de las autoridades fiscales) de la prohibición de abuso de derechos; a este respecto, el Tribunal EFTA puso de relieve que tal prohibición únicamente puede limitar la aplicación de la doctrina de las pérdidas finales en situaciones donde se acredite a partir de un análisis casuístico de los hechos que se trata de un montaje artificial cuya única explicación razonable viene dada por la obtención de una ventaja fiscal).

La sentencia del TJUE, de 17 de julio de 2014, C-48/13, en el caso *Nordea Bank* supuso igualmente un nuevo eslabón y matización de su doctrina sobre el aprovechamiento transfronterizo de pérdidas y sus límites en un contexto europeo. En este caso, la normativa danesa objeto de controversia establecía una reversión íntegra de las pérdidas previamente compensadas en Dinamarca que hubieran sido generadas por establecimientos permanentes en el extranjero respecto de los que se aplicaba el método de imputación, de suerte que tal cláusula únicamente operaba cuando el contribuyente realizaba una transmisión, total o parcial, del establecimiento permanente a una entidad que formaba parte del mismo grupo de empresas. El Tribunal de Justicia declaró que la cláusula de reversión íntegra aplicable en transmisiones intragrupo resultaba contraria al Derecho UE, al considerar que va más allá de lo necesario para proteger el objetivo perseguido por la medida, existiendo otros mecanismos menos restrictivos (*arm's length principle*) que permitían garantizar la jurisdicción fiscal sobre la eventual renta generada. La doctrina establecida a través de este pronunciamiento resulta relevante no sólo para clarificar el "*estándar comunitario de utilización transfronteriza de pérdidas*", sino también a efectos de vislumbrar el margen de maniobra de los Estados miembros a la hora articular medidas con tintes antiabuso que limitan tal integración de las pérdidas transfronterizas, como las que se están proponiendo en el marco del proyecto OCDE BEPS o las que se articularon en nuestro ordenamiento a través de la Ley 16/2013, de 29 de octubre, modificando de forma relevante el antiguo TRLIS 2004 (y que básicamente están incluidas en la LIS 2014). A nuestro modesto entender, la jurisprudencia del TJUE en el asunto *Nordea Bank* combinada con su doctrina precedente generaba más dudas sobre la compatibilidad con el Derecho de la UE de las disposiciones introducidas en el antiguo TRLIS 2004 por la Ley 16/2013 que limitan y difieren la imputación temporal de las rentas negativas en la transmisión de participaciones y establecimientos permanentes al periodo en que tales activos fueran transmitidos a terceros ajenos al grupo de sociedades, o bien cuando la entidad transmitente o la adquirente dejasen de formar parte del mismo (apartados 11 y 12 del artículo 19 del antiguo TRLIS 2004; artículo 11.10 y 11 LIS 2014); la integración de la pérdida extranjera debería tener lugar cuando se verificara que se trata de una "pérdida final" (sin posibilidad de aprovechamiento en el Estado en cuyo territorio se generó o tiene su origen), de suerte que el mero hecho de que la transmisión de tales activos dentro del mismo grupo no podía construirse como una causa que lo excluyera a partir de una presunción de abuso, dado que tal medida podría ser considerada como desproporcionada para lograr el objetivo de la prevención de montajes artificiosos existiendo ya mecanismos suficientes en nuestro ordenamiento para contrarrestar tales eventuales operaciones abusivas. Tal posición también fue mantenida por el *Bundesfinanzhof* (*BFH*), en su sentencia de 23 de marzo de 2014 (I R 48/11). Por lo que se refiere a la reducción de la integración de las rentas negativas generadas en la transmisión de un establecimiento permanente cuando en periodos anteriores hubieran existido rentas positivas netas que no se hayan integrado en la base imponible de la entidad (artículos 22.2 y 32.5 TRLIS 2004 ex Ley 16/2013 / artículos 22.1 y 2 y 31.4 y 5 LIS 2014), en línea de principio, entendemos que suscitaba menos problemas de compatibilidad con la jurisprudencia *Marks & Spencer* y *Lidl Belgium*. Cabe apuntar a este respecto cómo en estos casos el TJUE toma en consideración la aplicación del método de exención o el de imputación por el Estado de residencia del contribuyente a efectos de determinar si tal Estado miembro de origen ha perdido todo vínculo fiscal con la renta extranjera a los efectos de enjuiciar una situación comparable (simetría/asimetría) con la situación interna (test migrant/non-migrant), de suerte que la aplicación del método de imputación implica el mantenimiento de la sujeción fiscal sobre la renta extranjera, lo cual no acontece con el método de exención puro (debiendo matizarse la situación derivada del método de exención con progresividad si el Estado de origen toma en cuenta la renta positiva/negativa extranjera obtenida por el contribuyente: véase el caso *K*); existiendo un CDI que establece tal método de exención, determinadas restricciones derivadas del mismo (en el caso de que se aprecie una situación comparable) pueden considerarse compatibles con el Derecho UE si media simetría y la norma (v.gr. no integración de pérdidas extranjeras no finales) posee coherencia y puede fundamentarse en el reparto del poder tributario entre Estados a través de un CDI (vid. Calderón 2016); ahora bien, de la jurisprudencia del TJUE resulta que las pérdidas finales de los EPs en el extranjero (y de las filiales) deben poder integrarse en la base imponible de la casa central situada en un Estado miembro, siempre que se acredite la concurrencia de "pérdidas finales" por parte del contribuyente, ya sea de aplicación el método de exención o el de imputación y medie o no un CDI (sentencias del TJUE en *Lidl Belgium, Timac Agro* y *Bevola*).

Nótese a este respecto cómo en el caso Bevola el Tribunal de Justicia vino a confirmar la aplicación de su jurisprudencia general sobre "pérdidas finales" a casos de establecimientos permanentes situados en otros Estados miembros, fijando una serie de principios de gran relevancia: a) la comparabilidad entre establecimientos domésticos y EPs en el extranjero debe determinarse con arreglo a la finalidad de la norma de que se trate, de suerte que existe comparabilidad cuando el Estado de residencia de la casa central grave la renta de tal EP, así como en aquellos casos donde el Estado miembro de ubicación del EP no permite la deducción de sus pérdidas por ejemplo en casos de cese, de suerte que desde un punto de vista de capacidad contributiva la situación de un EP doméstico y otro extranjero son comparables; b) existiendo situación comparable únicamente puede excluirse la deducción de la pérdida en el Estado de residencia de la casa central cuando existe la posibilidad real de doble deducción de tales pérdidas del EP extranjero; c) se considera que una medida nacional que limite la deducción de pérdidas de EPs en el extranjero sólo es proporcionada cuando permita la integración de las "pérdidas finales" del EP; el concepto de "pérdidas finales" resulta de la jurisprudencia general de los casos Marks & Spencer y Comisión/Reino Unido (C-172/13) que requiere: i) que la entidad haya agotado todas las posibilidades de deducir las pérdidas en el otro Estado miembro en el que está situado el EP; ii) la entidad haya cesado de obtener rentas de tal establecimiento, de manera que no existe posibilidad de compensarlas en el mismo; el TJUE ha identificado el EP con una empresa separada equiparándolo a una filial en relación con el análisis de los condicionantes para la determinación de "pérdidas finales", lo cual implica que cualquier otra actividad realizada por el contribuyente (la casa central) en el otro Estado miembro que esté desconectada de tal EP que cesa en su actividad carece de relevancia (CFE 2018), salvo que se tratara de un esquema puramente abusivo o totalmente artificial cuya prueba corresponde a la administración.

La jurisprudencia del TJUE en el caso NN A/S (C-28/17) ha profundizado en esta línea de jurisprudencia que conecta la comparabilidad con el principio de capacidad contributiva y determina que las medidas nacionales frente a potenciales situaciones de doble deducción de pérdidas deben quedar excluidas allí donde a pesar de que la normativa del otro Estado permita la deducción de las pérdidas, tal deducción no sea posible en la práctica, como acontecía como consecuencia de una operación de reestructuración de actividades (fusíoon de EPs) tratada de forma neutral fiscalmente en el Estado de la casa central pero sin acogerse a tal régimen en el Estado de ubicación de los EPs. La carga de la prueba sobre la concurrencia de los condicionantes de "pérdidas finales" le corresponde al contribuyente, siendo de aplicación los principios de equivalencia y no discriminación a tal respecto.

Finalmente, cabe apuntar cómo esta jurisprudencia sobre pérdidas finales también opera en el ámbito de operaciones de reestructuración empresarial que pueden caer en el ámbito de aplicación de la DIrectiva de Fusiones. Así, con respecto a la transferencia de pérdidas en situaciones transfronterizas, el articulo 6 de la Directiva de Fusiones permite que la sociedad beneficiaria pueda transferir las pérdidas de una sociedad transmitente establecida en otro Estado miembro a un EP de la sociedad beneficiaria situado en tal Estado miembro, siempre que tal transferencia sea posible entre sociedades de ese Estado miembro. Sin embargo, el artículo 6 de la Directiva no contempla la transferencia transfronteriza de pérdidas (extranjeras) de un Estado miembro a otro en el marco de una fusión internacional (como reconoce el apartado 9 de la exposición de motivos de la Directiva de Fusiones); no obstante, en relación con estos casos resulta aplicable la jurisprudencia del TJUE sobre "pérdidas finales o definitivas" derivada de la jurisprudencia *Marks & Spencer* puede aplicar en este contexto, tal y como resulta de la sentencia del TJUE de 21 de febrero de 2013 (C-123/11, asunto *A Oy*) en el sentido de que la disolución de una filial tras la fusión sin liquidación es susceptible de generar pérdidas definitivas compensables en el Estado de residencia de la beneficiaria (matriz), salvo allí donde queden activos (o un EP) en el Estado de la filial fusionada que generen rentas y puedan ser compensadas con las pérdidas generadas en ejercicios anteriores. La cuestión más compleja en estos casos pasa por determinar cuándo nos encontramos ante un supuesto de "pérdidas finales o definitivas".

De acuerdo con todo lo expuesto, podría considerarse que legislación española resultante de la reforma operada por la Ley 16/2013 articula un modelo intermedio (entre la exención pura y el método de exención con recaptura), en la medida en que difiere la integración de la pérdida extranjera al momento del cese, o transmisión a terceros de los EPs situados en otros Estados miembros. De esta manera, cabría interpretar que tal posición podría ser considerada como consistente con la jurisprudencia comunitaria sobre "pérdidas finales" (*Marks & Spencer, Lidl Belgium, Timac Agro*), aunque es cuestionable la regla que excluye la integración de la pérdida hasta el momento en que tiene lugar la transmisión a terceros del EP (más bien de los activos asignado funcionalmente al EP), no operando por tanto en el marco de transmisiones de tales activos entre partes vinculadas (el razonamiento del TJUE en los casos *Nordea Bank* y *Bevola*, entre otros, permite cuestionar esta regla) (vid. Calderón 2014).

La integración de las pérdidas obtenidas a través de un EP en el extranjero tras la reforma operada por el Real Decreto-Ley 3/2016, de 2 de diciembre

La legislación fiscal española, tras la reforma operada por el RD-Ley 3/2016, de 2 de diciembre, establece un nuevo régimen de simetría que "tabica" la integración (importación) de las rentas negativas en la base imponible de entidades residentes españolas sujetas al IS con arreglo a la Ley 27/2014.

Participaciones cualificadas en filiales y pérdidas extranjeras.

El RD-Ley 3/2016 establece una nueva regla, que aplica a partir de 1 de enero de 2017, estableciendo la no deducibilidad de pérdidas generadas por la participación en entidades a las que resulte de aplicación el artículo 21 LIS; la regla de exclusión no parece requerir la aplicación del artículo 21 LIS, sino única que se cumplan los requisitos establecidos en el apartado 3 de tal precepto, de manera que el no cómputo de la renta negativa opera igualmente cuando se aplica el método de imputación de los artículos 31 y 32 LIS (Sanz Gadea 2017; y Borrás Lafuente 2017). Esta medida se articula mediante la modificación de diversos preceptos de la LIS que regulan el tratamiento de las rentas obtenidas en la transmisión de participaciones (artículos 11 y 21) y otros relativos a la calificación de la pérdida por deterioro de valor de la participación (artículos 13 y 15).

Así, por un lado, respecto del caso de las sociedades matrices/holdings que ostentaran "participaciones cualificadas" (que cumplen los requisitos del artículo 21 LIS), con carácter general, no es deducible ni el deterioro ni la renta negativa generada en la transmisión (artículos 15.k y 21.6 LIS); la normativa (artículo 21.6 LIS) excluye la integración de la renta negativa derivada de la transmisión de participación en una entidad cuando concurra alguna de las siguientes circunstancias: a) que se cumplan los requisitos establecidos en el apartado 3 del artículo 21 LIS; o b) en caso de participación en el capital o en los fondos propios de entidades no residentes en territorio español, que no se cumpla el requisito establecido del artículo 21.1.b LIS (véase al respecto la consulta DGT V2099-18, de 16-7-2018, donde la DGT se limita a destacar los efectos del artículo 21.6 LIS 2014, tras la reforma operada por el RD-Ley 3/2016, sobre la no integración y deducibilidad de la pérdida procedente de la transmisión de una participación en una entidad extranjera que cumple los requisitos del artículo 21.3 LIS 2014).

Sin embargo, el artículo 21.8 LIS admite la deducción de la renta negativa obtenida en la extinción de la entidad participada. Así, la renta negativa que se pone de manifiesto como consecuencia de la **extinción de una entidad**, cuando la correspondiente disolución va seguida de liquidación se integra en la base imponible de la entidad. Ahora bien, la renta negativa que resulte de una operación de reestructuración acogida o no al régimen general de neutralidad fiscal del Capítulo VII de la LIS no se integra en la base imponible (artículos 21.8, 17.9, 81 y 82 LIS).

La deducción de la renta negativa derivada de la extinción de la entidad participada está sujeta a las siguientes especialidades de acuerdo con el artículo 21.8 LIS:

a) El importe de la renta negativa fiscalmente deducible se minorará en el importe de los dividendos o participaciones en beneficios recibidos de la entidad participada en los diez años anteriores a la fecha de extinción, siempre que los referidos dividendos o participaciones en beneficios no hayan minorado el valor de adquisición y hayan tenido derecho a la aplicación de un régimen de exención o de deducción para la eliminación de la doble imposición, por el importe de la misma.

b) No se admite la deducción de la renta negativa si la extinción de la entidad participada trae causa de una operación de reestructuración (disolución sin liquidación). Cabe destacar a este respecto, que la exclusión del cómputo de las rentas negativas generadas en el marco de una reestructuración únicamente opera respecto de aquellas a las que se aplica la regla de exclusión prevista en el artículo 21.6 LIS, pero no aplica a los otros casos donde sí se reconoce el cómputo o integración de la renta negativa con arreglo a otros preceptos (Sanz Gadea 2017).

A este respecto, cabe recordar que, de acuerdo con la doctrina del TJUE sobre "pérdidas finales", las autoridades fiscales del Estado de residencia del accionista deben permitir la deducción o integración de las pérdidas de la filial participada, computadas o recalculadas con arreglo a la legislación fiscal del referido Estado (matriz), allí donde se hayan agotado todas las posibilidades de compensar tales pérdidas en el Estado de la filial (*exhaustion rule*); la acreditación (o carga de la prueba) de tal "agotamiento de posibilidades de compensación" le corresponde al contribuyente (matriz) y requiere fundamentar tal posición con arreglo a elementos fácticos y jurídicos (STJUE en los casos *Marks & Spencer, Comisión/Reino Unido, Bevola y NN A/S*; vid supra lo expuesto sobre la jurisprudencia europea en materia de pérdidas finales); de esta forma, aunque la jurisprudencia del TJUE no condiciona la existencia de una "pérdida final" (y, por tanto, su deducibilidad en el Estado de la matriz) a la "liquidación" de la filial extranjera, lo cierto es que tal operación mercantil sí determina tal calificación y debe admitirse la deducción de la pérdida por las autoridades del Estado de residencia del accionista/matriz (véase en este sentido la decisión del *Swedish Tax Board (Skatterättsnämden)*, de

14 de noviembre de 2016, ruling Nº 3-15/D, 30-09-2016). La transmisión de una filial (o de un EP) a un tercero (o intragrupo), a través de la venta de las participaciones, no genera un supuesto de "pérdidas finales", y en tal sentido el mero cese de actividades (o discontinuidad del negocio) de la filial con pérdidas no determina en todo caso una situación de "pérdidas finales" con arreglo a la jurisprudencia europea, aunque allí donde tal filial carezca de activos potencialmente generadores de ingresos cabe argumentar que se trata de una situación de "pérdidas finales", a pesar de que la posición más segura a efectos de fundamentar tal calificación ("pérdidas finales") pasa por la de "liquidación" de la filial extranjera.

Ciertamente, el nuevo régimen fiscal (RD-Ley 3/2016) aplicable permite la deducción de pérdidas finales de las filiales extranjeras (y domésticas), haciendo depender tal deducción o integración de tales pérdidas de la **extinción de la entidad participada**. Sin perjuicio de las especialidades a las que está sometida tal deducción, cabe señalar que la limitación de la integración de las pérdidas de la filial extranjera a los casos de extinción –normalmente, situaciones de disolución y liquidación societaria-, podría requerir igualmente incluir en tal concepto (extinción) determinados casos de reorganizaciones empresariales como, por ejemplo, una fusión donde la sociedad absorbida transfiere, mediante disolución sin liquidación, la totalidad de su patrimonio, activo y pasivo, a la sociedad absorbente, tal y como ha puesto de relieve el TJUE (STJUE de 21 de febrero de 2013, C-123/11, *A Oy*).

Por otro lado, la regulación de las especialidades (a y b) que limitan la integración de las rentas negativas obtenidas en la extinción de la entidad participada (recaptura de rentas exentas y reestructuraciones) plantea dudas de compatibilidad con el Derecho de la UE cuando se aplique de forma discriminatoria; la limitación derivada de la extinción de la filial que traiga causa de una operación de reestructuración no debe ser absoluta, de manera que cuando tal operación determine la imposibilidad de compensar las pérdidas de la participada con rentas de otro contribuyente cabría argumentar que estamos ante un caso de pérdidas finales (véase a este respecto el caso de fusión por absorción con integración de pérdidas recogido en la STJUE de 21 de febrero de 2013, C-123/11, *A Oy*, donde se admite la existencia de pérdidas finales en sede de la matriz absorbente, siempre que concurran motivos económicos válidos que fundamenten tal fusión; el TJUE también ha puesto de relieve que las medidas nacionales frente a potenciales situaciones de doble deducción de pérdidas deben quedar inaplicadas allí donde el contribuyente acredite la imposibilidad práctica de deducir la pérdida en el otro Estado, incluso cuando se trate de reorganizaciones empresariales como una fusión de EPs por parte de dos filiales no residentes (vid la STJUE de 4 de julio de 2018, C-28/17, *NN A/S*, comentada más arriba).).

A su vez, la restricción resultante de minorar la renta negativa obtenida en la extinción de la entidad participada con el importe de los dividendos percibidos en los 10 años anteriores exentos (ex artículo 21 LIS) o con derecho a deducción por doble imposición modula de forma importante la regla de las "pérdidas finales" existiendo una asimetría y discriminación en relación con las pérdidas de las filiales domésticas integradas en un grupo fiscal (consolidación fiscal), y en tal sentido no resulta claro que esta regulación sea compatible con la doctrina del TJUE sobre la deducción de las pérdidas finales en el Estado miembro de residencia del accionista. Nótese que, si bien en el régimen de consolidación fiscal cabe argumentar que la renta negativa derivada de transmisión a terceros de la participación de una entidad que forma parte del grupo fiscal ya no se integra en la base imponible del grupo ex artículo 21.6 LIS, no puede dejar de señalarse cómo las bases imponibles negativas de las entidades del grupo fiscal se compensan con las bases imponibles positivas operando tal mecanismo como una suerte de régimen de deterioro de la participación que opera a escala de régimen fiscal individual y otorga una ventaja fiscal nada despreciable que únicamente aplica respecto de situaciones domésticas (Sanz Gadea 2017), lo cual puede considerarse contrario al Derecho de la UE (véase la STJUE 2 de septiembre de 2015. *Group Steria*, C-386/14, entre otras, en relación con el *"element-per-element approach"*).

Respecto de la modificación en el artículo 13.2 de la LIS, cabe señalar que la nueva redacción establece una regla de no deducibilidad (como "corrección de valor" no deducible del artículo 13.2 de la LIS) de las pérdidas por deterioro de los valores representativos de la participación en el capital, de manera que no son deducibles cuando en el periodo en que se registre el deterioro no se cumplan los requisitos del artículo 21.1.a) LIS y se cumpla el requisito de la letra b) del artículo 21.1 LIS. Igualmente, se establece una regla de no deducibilidad (como gasto deducible del artículo 15.k) de la LIS) de los deterioros de los valores representativos de la participación en el capital, de manera que no son deducibles tanto cuando en el periodo en que se registre el deterioro se cumplan los requisitos del artículo 21 LIS, o cuando en dicho período no se cumpla el requisito de la letra b) del artículo 21.1 LIS (lo cual excluye en todo caso las participaciones de entidades residentes en paraísos fiscales, con arreglo a la nueva redacción dada a tal precepto por el RD-Ley 3/2016).

El ICAC, a través de la Consulta 1, 27 febrero de 2017, se ha pronunciado sobre el impacto contable de esta reforma fiscal (modificación del artículo 15.k) LIS ex RD-Ley 3/2016) al cierre del ejercicio 2016, reconociendo la posibilidad de no dar de baja los activos por impuestos diferidos que se hubieran contabilizado previo cumplimiento de los requisitos establecidos en la resolución de 9 de febrero de 2016 de desarrollo de la NRV13ª (Impuestos sobre Beneficios) del PGC 2007, allí donde la empresa espera que la diferencia revierta por causa de la extinción de la sociedad participada, en cuyo caso, de acuerdo con lo previsto en el artículo 21.8 de la LIS, la pérdida fiscal sí sería deducible. La jurisprudencia europea sobre "pérdidas finales" contribuye a reforzar tal posición con relación a filiales establecidas en Estados miembros de la UE, en aquellos casos donde se cumplan los condicionantes establecidos por la referida jurisprudencia relativos al agotamiento de las posibilidades de compensación de las pérdidas en el Estado de residencia de la filial (vid a este respecto Calderón 2016, donde exponemos tal jurisprudencia).

Participaciones no cualificadas en filiales extranjeras y pérdidas extranjeras.

El RD-Ley 3/2016 establece un régimen específico respecto de participaciones no cualificadas en lo que se refiere a la integración en la base imponible de la renta negativa que se pone de manifiesto en la transmisión de participaciones no cualificadas en entidades. También debe apuntarse la existencia de una regla de imputación especial que resulta aplicable en relación con la integración de la renta negativa derivada de las transmisiones intragrupo de participaciones a una entidad del mismo grupo de sociedades, la cual es objeto de diferimiento en virtud del artículo 11.10 LIS.

El artículo 21.6 LIS regula algunos supuestos donde sí se permite la integración (y deducción) de las rentas negativas derivadas de transmisión de participaciones (no cualificadas), en cuyo caso aplica lo establecido en el apartado 7 del artículo 21 LIS:

• La renta negativa diferida solo devendrá deducible cuando corresponda a entidades sobre las que no se poseía una participación del 5 % o un coste de adquisición de 20 millones de euros (incumplimiento de los requisitos del artículo 21.3 LIS) y, siendo la entidad transmitida residente en el extranjero se cumpla el requisito de tributación mínima recogido en el artículo 21.1.b) LIS. Por el contrario, en el caso de una participación no significativa, si el tipo de gravamen nominal correspondiente a la entidad participada no residente es inferior al 10 %, la renta negativa derivada de la transmisión de la participación no se integrará en la base imponible, excepto si media un CDI que resultase de aplicación.

• La exclusión del cómputo de la renta negativa puede versar solamente sobre una parte de la minusvalía padecida, en la medida en que los requisitos del artículo 21.3 LIS se cumplan parcialmente, como podría ser el caso de lo dispuesto en el antepenúltimo párrafo del artículo 21.1.b LIS. Ello significa que la deducción de la pérdida puede producirse parcialmente de forma simétrica.

• El apartado 7 del artículo 21 LIS establece las reglas aplicables para los casos donde se permite la integración de las rentas negativas derivadas de la transmisión de participaciones en entidades:

a) En el caso de que la participación hubiera sido previamente transmitida por otra entidad que reúna las circunstancias a que se refiere el artículo 42 Código de Comercio para formar parte del mismo grupo de sociedades que el contribuyente, con independencia de la residencia y de la obligación de formular cuentas anuales consolidadas, dichas rentas negativas se minorarán en el importe de la renta positiva generada en la transmisión precedente a la que se hubiera aplicado un régimen de exención o de deducción para la eliminación de la doble imposición.

b) El importe de las rentas negativas se minorará, en su caso, en el importe de los dividendos o participaciones en beneficios recibidos de la entidad participada a partir del periodo impositivo que se haya iniciado en el año 2009, siempre que los referidos dividendos o participaciones en beneficios no hayan minorado el valor de adquisición y hayan tenido derecho a la aplicación de la exención prevista en el apartado 1 del artículo 21 LIS.

• Se considera que esta regulación puede estimular operaciones de planificación fiscal defensiva frente al no cómputo de la renta negativa, tendentes a situar la participación extramuros de los umbrales, cuya implementación se verá favorecida por el hecho de que los mismos vayan referidos a cada entidad y no al grupo mercantil al que pertenecen, salvo en el caso de grupos fiscales donde tales umbrales de participación se refieren al grupo fiscal de acuerdo con el artículo 62.1 LIS (Sanz Gadea 2017).

• La regla de exclusión de la deducción de las pérdidas que establece el artículo 21.6 LIS no parece que opere respecto de participaciones en IICs, de acuerdo con el artículo 53.1 LIS (Sanz Gadea). Igualmente, en relación con participaciones sobre entidades holding, se considera que allí donde los ingresos de la entidad participada procedan en más del 70 % de dividendos o plusvalías de cartera, la renta positiva derivada de la transmisión de la participación solamente estará exenta a condición de que se cumpla el requisito de participación del 5 % también indirectamente respecto de las entidades de las que proceden las mencionadas rentas; consecuentemente, en caso de incumplimiento de este requisito, la renta negativa derivada de la transmisión de la participación en la entidad holding sí se integraría en la base imponible; a este respecto, también podría tener lugar supuestos de cumplimiento o incumplimiento parcial del requisito de la participación indirecta en las entidades participadas por la entidad holding, en cuyo caso el cómputo o exclusión de la integración de la renta negativa será igualmente parcial de acuerdo con el artículo 21.6 LIS (Sanz Gadea 2017). Asimismo, se ha argumentado que la renta negativa derivada de la transmisión de participaciones de entidades sujetas a TFI no se integra en la base imponible española de la transmitente en aplicación del artículo 21.3 LIS. Tanto en este caso como en otros donde la exclusión del cómputo de la renta negativa se basa en el incumplimiento del requisito de la tributación mínima del 10 %, surgen dudas sobre la compatibilidad de tal regla con el Derecho de la UE ya que puede existir discriminación sin que medie situación abusiva; igualmente podría cuestionarse tal discriminación (indirecta) con arreglo al artículo 24.5 de los CDI que siguen el MC OCDE.

A su vez, tal y como indicamos más arriba, el apartado 10 del artículo 11 LIS se modifica de manera que la renta negativa diferida que será objeto de integración (con motivo de transmisión de participación a terceros o salida del grupo del adquirente o transmitente de la participación) se minorará en el importe de las rentas obtenidas por la entidad del grupo adquirente en la transmisión a terceros en todo caso, y no sólo cuando se acredite una tributación a un tipo efectivo del 10 % con arreglo a un impuesto comparable al IS. Asimismo, la nueva regulación amplía los supuestos en los que la citada norma resulta de aplicación en caso de extinción de la entidad participada que sea consecuencia de una operación de reorganización empresarial (y no únicamente las acogidas al régimen de neutralidad fiscal) o cuando se continúe la actividad bajo cualquier forma jurídica. La extinción de la entidad en otros supuestos excluye la aplicación de lo dispuesto en el artículo 11.10 LIS, salvo que la misma sea consecuencia de una operación de reestructuración o se continúe en el ejercicio de la actividad bajo cualquier otra forma jurídica. El apartado 8 del artículo 21 LIS regula la deducibilidad de las rentas negativas en caso de extinción de la entidad participada, a salvo de los casos donde sea consecuencia de una operación de reestructuración.

Por otro lado, el RD-Ley 3/2016, de 2 de diciembre, estableció una regla de no deducibilidad (como gasto deducible del artículo 15.k) de la LIS) de los deterioros de los valores representativos de la participación en el capital, de manera que no son deducibles tanto cuando en el periodo en que se registre el deterioro se cumplan los requisitos del artículo 21 LIS, como cuando en dicho período no se cumpla el requisito de la letra b) del artículo 21.1 LIS (lo cual excluye en todo caso las participaciones de entidades residentes en paraísos fiscales, con arreglo a la nueva redacción dada a tal precepto por el RD-Ley 3/2016, de 2 de diciembre).

Entidades residentes que operan a través de EP en el extranjero y Pérdidas (artículos 22 y 31 LIS).

Respecto de las **rentas obtenidas en el extranjero a través de establecimientos permanentes,** la nueva redacción dada al artículo 22 LIS (apartados 1, 2 y 6) derivada del RD-Ley 3/2016, de 2 de diciembre establece un nuevo régimen que posee las siguientes implicaciones (como regla, con efectos a partir de 1 de enero de 2017):

• La regulación de la exención del artículo 22 LIS establece la no integración (vía ajuste extra-contable negativo) en la base imponible de las rentas positivas.

• Las rentas negativas tampoco se integran en la base imponible.

• Las rentas positivas y negativas obtenidas en la transmisión del EP no se integran en la base imponible.

• Únicamente se admite la integración en la base imponible del IS las rentas negativas del EP en el caso de "cese" del mismo (concepto que perfila en las consultas DGT V3926-15 de 9-12-2015 y V0155-17 de 24-01-2017, esta última referida a cese de UTEs y de un EP en un país donde la entidad opera con varios de ellos), en cuyo caso el importe de la renta negativa se minora en el importe de las rentas positivas netas (diferencia entre las positivas y negativas obtenidas por el EP) obtenidas con anterioridad por el EP y que han tenido derecho a la exención o a la deducción en la cuota por doble imposición internacional.

• La opción por la aplicación del artículo 31 LIS puede ejercerse por cada EP, incluso en el caso de que existan varios en el territorio de un solo país.

En relación con el régimen del método de imputación (artículo 31 LIS), el RD-Ley 3/2016, de 2 de diciembre ha establecido disposiciones simétricas a las articuladas en relación con el método de exención (artículos 21 y 22 LIS) tabicando la integración de las pérdidas extranjeras, de acuerdo con las siguientes reglas:

• Se establece la integración de las rentas positivas en la base imponible, en tanto que las rentas negativas no se integran. No obstante, tal referencia cabe entenderla referida a rentas negativas derivadas de la transmisión de una participación (artículo 21.6 LIS) o a través de un EP (artículo 22.2 LIS), por más que la técnica legislativa utilizada para excluir tal integración de rentas negativas a los efectos del método de imputación no sea la más adecuada. En este sentido, en el resto de los casos podría mantenerse la integración de rentas negativas (sin mediar EP en el extranjero).

• El RD-Ley 3/2016, de 2 de diciembre, eliminó la regulación relativa a la integración en la base imponible de las rentas negativas obtenidas en el extranjero a través de un EP, en concordancia con la nueva regulación de la exención a través de EP establecida en el artículo 22 LIS. En este mismo sentido, se derogó el apartado 11 del artículo 11 LIS, cuyo mandato era diferir la imputación de la renta negativa en las transmisiones de EPs entre entidades del mismo grupo mercantil, lo cual evidencia la simetría que el legislador trata de establecer entre los artículos 21, 22 y 31 LIS en lo que concierne a la no integración de rentas negativas por transmisión de participaciones y EPs, a salvo de los casos que se regulan en el 21.6 y sin perjuicio de las reglas sobre integración de pérdidas finales (extinción de entidades y cese de actividad EP) de los artículos 21.8 y 22.2 LIS (vid.: Sanz Gadea 2017).

• Únicamente se admite la integración en la base imponible las rentas negativas del EP en el caso de "cese" del mismo, en cuyo caso el importe de la renta negativa se minora en el importe de las rentas positivas (diferencia entre las positivas y negativas obtenidas por el EP) obtenidas con anterioridad por el EP y que han tenido derecho a la exención o a la deducción en la cuota por doble imposición. La situación de "cese" del EP que determina la importación o integración de las pérdidas del mismo debe interpretarse de forma acorde con la jurisprudencia europea sobre pérdidas finales, dado que de otra forma resultaría contraria al Derecho UE o en ciertos casos a determinados acuerdos comerciales de la UE con países terceros.

• En relación con la deducción para evitar la doble imposición económica internacional el RD-Ley 3/2016, de 2 de diciembre, suprimió la regulación de las rentas negativas obtenidas en la transmisión de participaciones (apartados 6 y 7 del artículo 32 LIS antes de la reforma operada por el RD-

Ley 3/2016, de 2 de diciembre), en concordancia con la nueva regulación de la exención para rentas derivadas de transmisión de participaciones en los fondos propios de entidades. En este sentido, resultarían de aplicación las reglas establecidas en los apartados 6, 7 y 8 del artículo 21 LIS en relación con la integración de las rentas negativas derivadas de la transmisión de participaciones de entidades o de la extinción de las mismas (vid. supra).

El RD-Ley 3/2016, de 2 de diciembre, establece igualmente una cláusula de recaptura aplicable en el caso de que un EP hubiera obtenido rentas negativas netas que se hubieran integrado en la base imponible de la entidad en periodos impositivos iniciados con anterioridad a 1 de enero de 2013, la exención prevista en el artículo 22 de la LIS o la deducción por doble imposición internacional del artículo 31 LIS sólo se aplicarán a las rentas positivas obtenidas con posterioridad a partir del momento en que superen la cuantía de dichas rentas negativas (apartado 4 de la Disp. Transitoria decimosexta de la LIS ex RD-Ley 3/2016, de 2 de diciembre).

En el caso de transmisión de un EP en periodos impositivos que se inicien a partir de 1 de enero de 2016, el contribuyente incrementará su base imponible en el exceso de rentas negativas netas generadas por el establecimiento permanente en periodos anteriores a 2013 sobre las rentas positivas netas generadas desde 2013, con el límite de la renta positiva derivada de la transmisión del mismo (apartado 5 de la Disp. Transitoria decimosexta de la LIS ex RD-Ley 3/2016, de 2 de diciembre).

Efectos colaterales de la aplicación del método de exención en el marco del IRPF

Finalmente, consideramos que posee cierta relevancia poner de manifiesto otros efectos colaterales derivados de la aplicación del método de exención en el marco como el IRPF, al poder traer consigo una reducción o pérdida de las deducciones personales y familiares; tal efecto también acontece cuando se aplica el denominado método de «exención modificada» o cuando el método de imputación de aplica antes que las deducciones personales y familiares.

Esta problemática se ha suscitado desde una perspectiva comunitaria ante el TJUE. En particular, el Tribunal de Justicia en el caso *De Groot* señaló que los mecanismos utilizados para eliminar la doble imposición o los sistemas tributarios nacionales que la eliminan o la atenúan deben garantizar a los contribuyentes de los Estados considerados que, al final, se habrá tenido en cuenta debidamente su situación personal y familiar en su integridad, con independencia del modo en que los Estados miembros interesados se hayan repartido entre ellos tal obligación, ya que en caso contrario se crearía una desigualdad de trato incompatible con las disposiciones del Tratado UE, que no se debería en modo alguno a las disparidades existentes entre las legislaciones nacionales.

La jurisprudencia *De Groot* ha sido desarrollada en el asunto *Beker* (C-168/11), sentencia de 28 de febrero de 2013, considerando contrario al Derecho de la UE la forma de cálculo establecida en Alemania para determinar el importe de la deducción por doble imposición internacional en el IRPF, en la medida en que la regla proporcional articulada permitía al contribuyente disfrutar íntegramente de las deducciones de tipo personal y familiar cuando percibía todos sus rendimientos en Alemania, mientras que no lo permitía totalmente cuando una parte de sus rendimientos se percibían en el extranjero; en particular, el límite de la deducción se calculaba multiplicando el impuesto sobre la renta adeudado según la escala, que constituye la cuota que el contribuyente debería haber pagado si todos sus rendimientos se hubieran obtenido en Alemania, por la fracción formada, en el numerador, por la cuantía de los rendimientos de origen extranjero y, en el denominador, por la suma de los rendimientos; la renta imponible total, sobre cuya base se calcula la cuota del impuesto sobre la renta adeudado según la escala que constituye la primera parte de la fórmula, se determina aplicando a la suma de los rendimientos, cualquiera que sea el lugar donde éstos se perciben, todas las deducciones permitidas por la normativa alemana, en particular, los gastos relativos al estilo de vida y a la situación personal y familiar del contribuyente; en cambio, no se deducen dichos gastos de la suma de los rendimientos que figura en el denominador de la fracción en que consiste la segunda parte de dicha fórmula, lo cual da lugar a una reducción del valor del límite máximo de la deducción aplicable por el contribuyente y a que correlativamente puedan no tenerse en cuenta las ventajas fiscales relacionadas con su situación personal y familiar en el Estado de residencia de forma pareja a lo que acontecería si toda la renta tuviera origen nacional. Y como quiera que, de acuerdo con la jurisprudencia *De Groot*, incumbe al Estado de residencia del contribuyente tener en cuenta la capacidad contributiva personal del contribuyente, en la medida en que esté en éste el centro de sus intereses personales y familiares, tal forma de cálculo de la deducción por doble imposición internacional es contraria al Derecho de la UE. El legislador alemán modificó en el año 2015 el cálculo de la deducción por doble imposición internacional para adaptarla a la jurisprudencia De Groot, integrando las deducciones personales y familiares (y "mínimo exento") en el denominador de la fracción que sirve para calcular el impuesto alemán sobre la renta extranjera (Kahlenberg, *BIT* June/July 2015, p.425).

En este mismo contexto, el TJUE añadió en *Renneberg* que estos principios se proyectan igualmente sobre todas aquellas medidas o normas nacionales cuya finalidad sea tomar en consideración la capacidad contributiva global de los trabajadores, como acontece con las *pérdidas extranjeras* que deben poder tomarse en cuenta en el Estado residencia o en el de la Fuente (en casos donde la situación de residentes y no residentes es comparable) cuando la legislación interna lo permite en casos de pérdidas internas a pesar de la regulación de los métodos para eliminar la doble imposición. A su vez, el TJUE trajo a colación su jurisprudencia *De Groot*, insistiendo en que los mecanismos utilizados para eliminar la doble imposición o los sistemas tributarios nacionales que la eliminan o la atenúan deben garantizar a los contribuyentes de los Estados considerados que, al final, se habrá tenido en cuenta debidamente su situación personal y familiar en su integridad, con independencia del modo en que los Estados miembros interesados se hayan repartido entre ellos tal obligación, ya que en caso contrario se crearía una desigualdad de trato incompatible con las disposiciones del antiguo Tratado CE, que no se debería en modo alguno a las disparidades existentes entre las legislaciones nacionales. Y el TJUE añadió en *Renneberg* que tal regla se proyecta igualmente sobre todas aquellas medidas o normas nacionales cuya finalidad sea tomar en consideración la capacidad contributiva global de los trabajadores, como acontece con las *pérdidas extranjeras* que deben poder tomarse en cuenta en el Estado residencia o en el de la Fuente (en casos donde la situación de residentes y no residentes es comparable) cuando la legislación interna lo permite en casos de pérdidas internas a pesar de la regulación de los métodos para eliminar la doble imposición. Ello posiblemente signifique que el Estado de residencia, allí donde permite que sus contribuyentes del IRPF residentes (sin EP en otro Estado) compensen bases imponibles nacionales positivas y negativas, debe permitir que los contribuyentes residentes (y no residentes en situación comparable) que obtengan bases imponibles negativas en el extranjero integren y deduzcan tales pérdidas compensándolas con bases imponibles positivas en su IRPF en igualdad de condiciones que si se trataran de bases imponibles negativas nacionales (por tanto no sólo deben tenerlas en cuenta a efectos de la determinación de tipo progresivo: jurisprudencia *Ritter-Coulais*). Entendemos que tal obligación solo se proyecta sobre supuestos de contribuyentes residentes (y no residentes en situación comparable) que obtengan rendimientos negativos en el extranjero en la medida en que tales rendimientos negativos no puedan tenerse en cuenta y deducirse o compensarse en el Estado de la fuente o actividad, esto es, básicamente cuando no operen a través de EP en el extranjero o cuando el Estado de la fuente o actividad no permita tal compensación de pérdidas. De esta forma, se reconcilia esta jurisprudencia *Renneberg* con la posición precedente del TJUE en materia de pérdidas transfronterizas (*Marks & Spencer, Lidl Belgium, Bevola, Krakenheim, Deutsche Shell, National Grid Indus BV*). Entendemos, no obstante, que el Estado de residencia podría en estos casos establecer una cláusula de recaptura siguiendo la regla establecida en *Krakenheim*.

La sentencia del TJUE, de 22 de junio de 2017, Asunto C-20/16, *Bechtel,* también resulta relevante, ya que aborda de nuevo la competencia de los Estados miembros para llevar a cabo un reparto de poder tributario a través de CDI y el impacto o limitaciones que resultan del Derecho de la UE. A este respecto, el TJUE reiteró su jurisprudencia anterior pero aportó nuevos matices que refuerzan la causa de justificación de medidas restrictivas de libertades fundamentales basada en el reparto del poder tributario a través de un CDI entre Estados miembros. Con todo el TJUE falló a favor de la aplicación de la "*jurisprudencia Schumacker*" en el marco de un CDI entre Alemania-Francia que establecía el método de exención con progresividad, de manera que el Estado de residencia debía de admitir la deducción de cotizaciones sociales pagadas en el Estado de la fuente a pesar de que no gravaba la renta del trabajo del contribuyente afectado.

2.4. La evolución del método de exención en el modelo Convenio de doble imposición

El apartado 1º del artículo 23 A del ModCDI apenas ha experimentado modificaciones a lo largo del tiempo. El principal cambio operado en el tenor de esta cláusula tuvo lugar en 1977; en efecto, el ModCDI de 1977 modificó el artículo 23 A desgajando de su apartado 1º la cláusula de progresividad al objeto de dotarla de autonomía; tal objetivo se logró introduciendo un nuevo apartado 3º en tal precepto, así como reestructurando el tenor del artículo 23 B con el mismo fin. La modificación operada en el artículo 23.A.1 posee un alcance que trasciende de la mera mejora sistemática; en este sentido, debe advertirse que mientras que la cláusula de progresividad recogida en el Proyecto de Modelo 1963 sólo permitía al Estado de la residencia tener en cuenta a tales efectos las rentas o elementos patrimoniales respecto de los cuales tuviera que aplicar el método de exención, esto es, las rentas o elementos patrimoniales que, con arreglo al convenio, el Estado de la fuente puede someter a imposición; la cláusula de progresividad recogida en el apartado 3º del artículo 23 A –así como en el artículo 23.B.2– de los modelos de convenio 1977 y versiones posteriores amplían el ámbito operativo de la misma, de forma que el Estado de la residencia puede tener en cuenta toda la renta exenta en el mismo –ya en virtud del artículo 23.A.1 ya en virtud de las reglas convencionales de distribución de poder tributario a favor de la tributación exclusiva en el Estado de la fuente a los efectos de fijar el tipo de gravamen sobre la restante renta o patrimonio del contribuyente (vid. el parágr. 55 de los CMC). Tampoco puede dejar de señalarse que el ModCDI 2000 incluyó en el artículo 23 A una cláusula de nueva planta –su apartado 4º– (que se examina más adelante) con el objeto de impedir que se produzcan casos de doble no imposición como consecuencia de determinadas calificaciones asimétricas. También el artículo 5 del Convenio Multilateral BEPS (MLI) recoge una cláusula de switch-over que reemplaza el método de exención por el de imputación cuando concurren determinados presupuestos, eliminando la doble no imposición (véase lo expuesto en el epígrafe 3 del Capítulo 1 de esta obra).

Por lo que se refiere a la relación entre el artículo 23 A (1) ModCDI y el artículo 23 de los Modelos EEUU (1996-2006) y ONU (1999) deben realizarse dos consideraciones. Por un lado, el modelo de convenio estadounidense no recoge el método de exención, debido a consideraciones de política fiscal; el método de exención articula la neutralidad en la importación de capitales, mientras que los EEUU son firmes defensores del principio contrario, a saber, la neutralidad en la exportación de capitales, la cual se consigue a través del método de imputación. Por otro lado, el artículo 23 A (1) del Modelo ONU (1999) resulta coincidente con la cláusula correlativa recogida en el ModCDI 1977-2010.

2.5. La práctica convencional española en relación con el método de exención

La práctica convencional española ha revelado la existencia de dos grandes fases en el empleo de los métodos previstos en el ModCDI para eliminar la doble imposición internacional.

En la primera época, comprensiva desde principios de los años sesenta hasta finales de los ochenta (ambas décadas incluidas), del examen de los 25 convenios concluidos se aprecia una preponderancia del método de exención con progresividad. Esta mayor utilización del método de exención es más evidente durante los años sesenta/setenta, de suerte que a medida que nos distanciamos de estas fechas y nos acercamos a los ochenta la fórmula prevista en el artículo 23 B comienza a plasmarse con mayor asiduidad equilibrando la balanza en el empleo de la imputación y la exención. Pueden ser diversas las razones que movieron a las autoridades españolas a elegir preferentemente una u otra técnica, ya que son muchos los factores que pueden estar en juego en cada caso y momento. No obstante, según se deduce de los escritos de personas estrechamente vinculadas a la negociación de estos CDIs, la adopción preponderante de la exención obedeció a que las autoridades españolas «exigían» del otro Estado contratante el establecimiento de tal método, de manera que así se favorecía la inversión extranjera en España al tener aquellos países una presión fiscal más elevada que la resultante del sistema tributario español.

En la segunda fase o época, que comprende desde principios de los noventa hasta el momento presente, lo cierto es que los CDIs concluidos por nuestro país son portadores de una orientación diferente, toda vez que la preponderancia de la fórmula del artículo 23 B ModCDI es absoluta. El motivo que ha impulsado este cambio en la política de negociación de convenios tiene que ver, fundamentalmente, con la transformación del escenario socio-económico en nuestro país; en particular, el Ministerio de Economía y Hacienda español consideró necesario «adoptar en nuestro ordenamiento medidas favorecedoras de la internacionalización de la empresa española, superando la óptica tradicional correspondiente a un país importador neto de capitales, y la incorporación de las disposiciones antielusión necesarias para contrarrestar las mayores posibilidades que en este sentido ofrece la internacionalización de la economía» (*Convenios de doble imposición suscritos por España y disposiciones reglamentarias*, MEH, Madrid, 1992, p.12). De esta forma, en la medida en que la economía española se ha internacionalizado y que el sistema tributario se ha modernizado incrementando de forma pareja la presión fiscal, el método de imputación ha venido sustituyendo al de exención, pasando así al primer plano los elementos recaudatorio, antielusor y de neutralidad en la exportación de capitales a la hora de configurar la fórmula convencional y unilateral de eliminación de los efectos de la doble imposición. Ciertamente, esta política de negociación de convenios contrasta con la introducción en nuestra legislación interna del método de exención a efectos de la eliminación de la doble imposición económica internacional sobre dividendos y rentas de fuente extranjera derivadas de valores representativos de fondos propios de entidades no residentes (artículo 21 LIS), así como para eliminar la doble imposición internacional en relación con rentas obtenidas en el extranjero a través de EP (artículo 22 LIS); la introducción del método de exención probablemente respondiera a un nuevo enfoque en torno a las medidas de fomento de internacionalización de las empresas españolas (más cercano a la neutralidad en la importación de capitales y al objetivo de competitividad fiscal); en este sentido, el contexto actual de competencia fiscal entre Estados, así como la tendencia internacional hacia el empleo del método de exención como medida a medio camino entre un método de eliminación de la doble imposición y una medida de fomento de internacionalización de las empresas podría haber determinado su introducción (y pervivencia) en la legislación interna española. En la hora actual, sin embargo, esta tendencia no ha dejado sentir su influencia en la política de negociación de CDIs española.

Al punto, damos cuenta únicamente de los CDIs españoles donde se emplea el método de exención.

2.5.1. Convenios de doble imposición concluidos por España que recogen el método de exención tal y como aparece configurado en el artículo 23.A. 1 de los Modelos de convenio OCDE 1977-versiones posteriores

El método así configurado es empleado por España en su **CDI China-España** [1990, artículo 24.1.a) y d)]; en este convenio, el método de imputación aparece configurado con una amplitud operativa superior a la prevista en el ModCDI; en concreto, el método de imputación se aplica sobre las rentas cubiertas por los artículos 10, 11, 12, 16, 17 y 22 del convenio. El método así configurado es empleado por el otro Estado contratante en los siguientes CDIs: **CDI Bulgaria-España** (1990, artículo 21.2), **CDI Hungría-España** (1984, artículo 24.2), y **CDI Luxemburgo-España** [1984, artículo 24.1.a)].

2.5.2. Convenios de doble imposición concluidos por España que recogen el método de exención tal y como aparece configurado en el artículo 23.A. 1 del Proyecto de Modelo de convenio de la OCDE 1963

El método así configurado es empleado por España en los siguientes CDIs: **CDI Alemania-España** (1966, artículo 23.2), **CDI Bélgica-España** (1970, artículo 23.1), **CDI Checoslovaquia-España** [1980, artículo 23.1.a)], **CDI Dinamarca-España** (1972, artículo 24.2), **CDI Francia-España** (1973, artículo 25.1.a), **CDI Japón-España** (1974, artículo 23.2), **CDI Marruecos-España** (1978, artículo 23.1), **CDI Noruega-España** (1963, artículo 24.1), **CDI Países Bajos-España** (1971, artículo 25.3), **CDI Polonia-España** [1979, artículo 23.1.a)], y **CDI Suiza-España** (1966, artículo 23.1). El método así configurado es empleado por el otro Estado contratante en los siguientes CDIs: **CDI Alemania-España** (1966, artículo 23.1), **CDI Austria-España** (Protocolo 1995, artículo 24.1), **CDI Bélgica-España** (1970, artículo 23.1), **CDI Bélgica-España** (1995, artículo 23.2.a), **CDI Checoslovaquia-España** [1980, artículo 23.1.a)], **CDI Francia-España** (1973, artículo 25.2), **CDI Marruecos-España** (1978, artículo 23.1), **CDI Noruega-España** (1963, artículo 24.1), **CDI Polonia-España** [1979, artículo 23.2.a)], y **CDI Suiza-España** (1966, artículo 23.1).

2.5.3. Convenios de doble imposición concluidos por España que establecen el método de «exención modificada»

El método de exención modificada tan sólo aparece recogido en cinco convenios concluidos por nuestro país. En el **CDI Finlandia-España** (1967, artículo 23.1; este convenio ha sido sustituido por el nuevo CDI firmado en el año 2015) tal método es empleado por los dos Estados contratantes en sustitución del método de exención; nótese, sin embargo, que tal técnica no va acompañada con la clásica cláusula de progresividad en relación con la renta que sólo puede ser gravada en el Estado de la fuente. Por otro lado, el **CDI Francia-España** [1995, artículo 24.1.a)] también establece el método de exención modificada en Francia; este mecanismo, a diferencia de lo que acontece en el convenio con Finlandia, se aplica tanto para las rentas que, con arreglo a las reglas de distribución del poder tributario, pueden someterse a imposición en España como para aquellas que sólo pueden gravarse en nuestro país. En tercer lugar, el **CDI con la India** [1993, artículo 25.2.B)] permite a este Estado contratante la aplicación del método de exención modificada en relación con la renta que, con arreglo al convenio, sólo puede ser sometida a imposición en España; una disposición similar resulta recogida en el **CDI Suecia-España** (1979, artículo XXIV.2); no obstante, la cláusula prevista en el convenio hispano-sueco resulta aplicable en los dos Estados contratantes. Por último, el CDI con los **Países Bajos** (1971, artículo 25.2) recoge una versión del método de exención modificada adaptada a la normativa interna neerlandesa; tal técnica únicamente se aplica a efectos de la eliminación de la doble imposición en los Países Bajos y en relación con las rentas que pueden someterse en España con arreglo al convenio; este método se combina con el método de imputación respecto de las rentas que caen en los artículos 10, 11 y 12.

2.5.4. Convenios de doble imposición concluidos por España que establecen el método de exención con cláusula de «recaptura de pérdidas»

Como ya se apuntó en un epígrafe precedente, el método así configurado es empleado por España en dos CDIs, a saber, por un lado en el **CDI Bélgica-España** (1970, artículo 23.2) y, por otro, en el **CDI con Países Bajos** (1971, artículo 25.5). La cláusula de recaptura prevista en el convenio con Bélgica es examinada más abajo. Por lo que se refiere a la establecida en el convenio con los Países Bajos, su aplicación requiere la concurrencia de los siguientes condicionantes; por un lado, la entidad española que opera a través de EP en el otro Estado debe haber deducido efectivamente de sus beneficios las pérdidas sufridas e imputables al EP minorando así el impuesto sobre sociedades de tal entidad (casa central); por otro lado, se requiere que los beneficios que obtenga el EP en otros periodos

Convenios de doble imposición

impositivos –en principio posteriores– no hayan sido también eximidos de impuestos en los Países Bajos por haberse deducido de tales beneficios las pérdidas antes referidas.

El **CDI Bélgica-España** [1995, artículo 23.2.d)] contiene la cláusula de recaptura en relación con las bases imponibles negativas netas realizadas por una entidad belga que opera en España a través de un EP; la cláusula de recaptura se aplica cuando con concurren dos condiciones; por un lado, debe acontecer que, con arreglo a la legislación belga, tales pérdidas se hayan integrado en la base imponible de la casa central reduciendo sus beneficios a efectos de su imposición en Bélgica; y, por otro lado, las bases imponibles negativas realizadas por el EP hayan sido compensadas en España con los beneficios obtenidos durante los períodos impositivos posteriores; es decir, la cláusula de recaptura sólo opera allí donde medie doble deducción o compensación de las pérdidas en el Estado de residencia de la entidad y en el de ubicación del EP.

2.5.5. Convenios de doble imposición concluidos por España que recogen una modalidad de exención sustancialmente distinta a la prevista en el artículo 23.A.1 del Modelo de convenio de la OCDE

El **CDI Alemania-España (2011)** recoge en su artículo 22.2 el método de eliminación de la doble imposición internacional aplicable en Alemania, que establece como regla la aplicación del método de exención con progresividad para toda renta obtenida o elemento patrimonial situado en España que hubiera sido efectivamente gravada *(subject-to-tax clause)*, haciéndose referencia expresa a dividendos de participaciones sustanciales (10 %) que no hubieran determinado un gasto deducible en la sociedad pagadora. El método de exención no resulta de aplicación, sino que opera el método de imputación en relación con determinadas categorías de rentas (v.gr, determinadas ganancias patrimoniales, rentas del trabajo, remuneraciones de consejeros, pensiones privadas, renta de artistas y deportistas) y muy en particular rentas pasivas (beneficios de establecimientos permanentes y dividendos que caigan en el ámbito de aplicación del artículo 8 de la *Aussensteuergesetz, AStG*), tal y como establece el artículo 22.2.b y c del CDI. La cláusula de eliminación de la doble imposición en Alemania también contiene una cláusula específica relacionada con los conflictos de calificación y atribución, estableciendo la aplicación del método de imputación en dos casos:

a) Supuestos de calificación o atribución asimétrica de la renta que no puede resolverse siguiendo el procedimiento amistoso del artículo 24.3 del CDI, de suerte que como consecuencia de tal diferencia de calificación o de atribución, la renta o el capital en cuestión quedaran sin imposición o sujetos a una imposición inferior a la que correspondería en caso de que hubiera acuerdo; y

b) Rentas distintas de aquellas para las que se ha previsto expresamente el método de imputación en el apartado 2.b del artículo 22, previa notificación de Alemania a España.

En el **CDI Bolivia-España** (1997, artículo 24.2) se ha establecido, para eliminar la doble imposición en Bolivia, una modalidad del método de exención próxima a la prevista en el Proyecto de Modelo de 1963, aunque más rudimentaria; en particular, esta técnica opera excluyendo de la base imponible del impuesto boliviano «cualquier tipo de renta originada en España o cualquier patrimonio situado en España que de conformidad con el convenio pueda ser gravado»; esta fórmula puede plantear ciertos problemas, toda vez que se requiere que la renta sea originada en España; de esta forma, allí donde se susciten dudas sobre el origen de la renta las autoridades bolivianas podrían denegar la aplicación de la exención; entendemos que allí donde el CDI permite a España el gravamen de una renta en cuestión procedería la aplicación del método de exención; entendemos, asimismo, que tal método no resulta aplicable en relación con las rentas que sólo pueden gravarse en España. Una cláusula similar la encontramos en el **CDI con la República Dominicana** (2013, artículo 22.2), aunque su alcance no es claro.

Por otro lado, la cláusula de progresividad que contiene este convenio también suscita alguna cuestión de interés; en particular, no parece que esta disposición pueda operar en relación con rentas o elementos patrimoniales que, con arreglo al convenio, sólo pueden ser gravadas en España. Otra de las peculiaridades que posee el CDI con Bolivia resulta del nº 4 de su Protocolo; esta cláusula convencional se proyecta sobre el método de eliminación de la doble imposición de manera que se permite al contribuyente residente de España aplicar en lugar de lo previsto en el artículo 24.1 del CDI (método de imputación) los mecanismos previstos en los antiguos artículos 29 bis y 30 bis de la LIS, allí donde se reunieran tanto los requisitos establecidos en el convenio como los previstos en tales preceptos de la LIS; asimismo, esta cláusula convencional permite igualmente la aplicación de los artículos 21 y 22 LIS (antiguos artículos 20 bis y 20 ter introducidos en la LIS a través de la Ley 6/2000); tal afirmación puede fundamentarse en el propio Protocolo nº 4 cuando establece la posibilidad de aplicar en el marco del convenio las medidas previstas en los (antiguos) artículos 29 bis y 30 bis «o cualquier otra disposición que pueda adoptarse en el futuro concediendo un régimen sustancialmente similar».

En el **CDI Brasil-España** (1974, artículo 23.3) se ha establecido el método de exención en relación con los dividendos que, de acuerdo con las disposiciones del convenio, pueden ser gravados en el otro Estado contratante. De esta forma, el ámbito operativo del método de exención no coincide con el establecido en el ModCDI, toda vez que en este último las rentas sujetas a la regla de la imposición reducida o limitada en la fuente caen en el ámbito de aplicación del método de imputación; la funcionalidad del artículo 23 A (2) del ModCDI radica en que la limitación de la tributación en la fuente redunde en beneficio del Estado de la residencia, no del contribuyente. El CDI con Brasil invierte la regla prevista en el ModCDI, de suerte que los dividendos se benefician del método de exención en tanto que las restantes rentas que pueden ser gravadas en el Estado de la fuente caen dentro del ámbito de aplicación del método de imputación. Asimismo, debe indicarse que el método de exención resulta aplicable en los dos Estados contratantes en relación con los dividendos extranjeros; no obstante, España incluyó la cláusula de progresividad respecto de tales dividendos exentos, mientras que Brasil no contempla tal disposición.

El **CDI con Finlandia** (2015, artículo 21) establece el método de exención para los dividendos pagados por una sociedad residente de España a una sociedad residente de Finlandia que controle directamente al menos el 10% del poder de voto de la sociedad que paga los dividendos.

El **CDI Reino Unido-España** (2011, artículo 22.2) establece el método de exención en Reino Unido en relación con determinados dividendos y beneficios obtenidos a través de EPs, siempre que se cumplan los condicionantes establecidos en la legislación interna.

El **CDI Suecia-España** (1979, artículo 24.3) recoge una cláusula específica dedicada a la eliminación de la doble imposición intersocietaria (económica) internacional a través del método de exención.

El **CDI Suiza-España** (Protocolo 2011, artículo 23.2) incluye varias disposiciones que articulan el método de exención para eliminar la doble imposición en Suiza; en algún caso se condiciona la exención a la tributación efectiva (ganancias del artículo 13.3).

El **CDI Turquía-España** (2002, artículo 22.1) prevé la aplicación en España del método de exención en relación con determinados dividendos y rentas obtenidas a través de establecimiento permanente en el otro Estado contratante. Para la aplicación de la exención respecto de los dividendos se requiere que la sociedad española receptora de los mismos posea directamente al menos el 25 % del capital de la sociedad pagadora. El segundo supuesto sobre que se aplica el método de exención se aplica sobre las rentas definidas en el artículo 10.4.a)i) del convenio, el cual se refiere a «los beneficios de una sociedad de un Estado contratante que realice su actividad en el otro Estado contratante a través de un establecimiento permanente situado en el mismo podrán, tras haber sido sometidos a imposición en virtud del artículo 7, someterse a imposición sobre el importe restante en el Estado contratante en el que esté situado el establecimiento permanente y de conformidad con la legislación de ese Estado, pero en tal caso este impuesto no podrá exceder: (...)». El **convenio con Turquía**, a su vez, ha establecido varias cláusulas que limitan la aplicación del método de exención que acabamos de exponer; por un lado, este método no resulta aplicable respecto de aquella parte de la renta de un contribuyente que provenga de beneficios exentos del IS turco en un año fiscal concreto [artículo 22.1.b) *in fine*]; por otro lado, tampoco resultará de aplicación este mecanismo cuando el propósito principal de cualquier persona relacionada con la creación o la cesión de las acciones u otros derechos respecto de los que se paga la renta, sea beneficiarse de esta disposición mediante dicha creación o cesión (Protocolo nº 8 del CDI).

Existen, asimismo, otros CDIs concluidos por España que incluyen cláusulas que establecen el método de exención para eliminar la doble imposición intersocietaria internacional.

Así, el **CDI Alemania-España** (1966, artículo 23.1.a, que ha dejado de surtir efectos tras la entrada en vigor del CDI de 2011) recogía una cláusula dedicada a la eliminación de la doble imposición intersocietaria o económica internacional; en particular, los dividendos satisfechos por una sociedad de capital residente de España o las distribuciones de beneficios realizadas por «sociedades de personas» a una sociedad de capital residente de Alemania resultan exentas del impuesto sobre la renta alemán cuando se reunieran determinadas condiciones; en el primer caso, se requiere que la sociedad alemana posea, por lo menos, el 25 % del capital de la sociedad española; en el segundo caso, la distribución de beneficios debe quedar comprendida en el ámbito del artículo 10.4 del CDI. Asimismo, el artículo 23.1 parece contemplar una exención de las acciones o participaciones en el IP alemán allí donde los dividendos deban quedar, con arreglo a lo expuesto, exentos de imposición sobre la renta. Téngase en cuenta igualmente lo previsto en el artículo 4.4 del CDI en relación con la tributación de los socios de sociedades de personas.

Del mismo modo, el **CDI Austria-España** [Protocolo 1995, artículo 24.1.c)], establece una cláusula dedicada a la eliminación de la doble imposición intersocietaria o económica internacional a través del método de exención en Austria. En particular, esta exención resultará aplicable en Austria, con arreglo a lo previsto en la legislación interna austriaca, en relación con los dividendos (pagados por una sociedad española) a los que hace referencia el artículo 10.2.a) del Convenio.

El **CDI Bélgica-España** (1995, artículo 23.1.c), recoge una cláusula prácticamente idéntica a la prevista en el **CDI con Austria**.

3. LA CLÁUSULA DE SALVAGUARDIA DE LA PROGRESIVIDAD PREVISTA EN LOS CONVENIOS DE DOBLE IMPOSICIÓN. LOS ARTÍCULOS 23.A.3. Y 23.B.2 DEL MODELO DE CONVENIO DE DOBLE IMPOSICIÓN

3.1. Consideraciones generales

La funcionalidad de la cláusula de progresividad prevista en el Modelo de Convenio de la OCDE (y de la ONU) no es otra que permitir la aplicación en el marco de los CDIs de uno de los principales principios constitucionales-tributarios propios de los países occidentales; a través de esta cláusula las rentas exentas en la residencia pueden tenerse en cuenta a efectos de determinar el tipo progresivo de gravamen que corresponde aplicar sobre el resto de rentas o elementos patrimoniales no exentos de gravamen; en este sentido, esta cláusula únicamente canaliza la aplicabilidad del principio de progresividad dentro del minisistema tributario convencional. Actualmente, la cláusula de progresividad aparece recogida en el artículo 23.A.3 y en el artículo 23.B.2 del ModCDI. Las dos cláusulas poseen el mismo alcance y significado, de suerte que la diferencia radica en que la primera se aplica en el marco del precepto que regula el método de exención y la segunda en el marco del método de imputación ordinaria.

La cláusula de progresividad está configurada de manera que cuando un residente de un Estado contratante obtenga renta o elementos patrimoniales que con arreglo al convenio resulten exentos de imposición en el mismo, el Estado de residencia del contribuyente puede, no obstante, tener en cuenta la renta o patrimonio exento convencionalmente a efectos de determinar el impuesto a aplicar sobre la restante renta o patrimonio de tal contribuyente. La mayor parte de los elementos que integran esta cláusula ya han sido analizados cuando examinamos el método de exención, de forma que ahora únicamente nos detendremos en aquellos que no han sido objeto de estudio remitiéndonos a tal lugar respecto de los restantes.

En primer lugar, debe ponerse de relieve que la cláusula de progresividad recogida en el ModCDI únicamente va referida a la tributación en el Estado de la residencia, de manera que en modo alguno prejuzga o afecta a la progresividad en el Estado de la fuente (parágr. 56 de los CMC).

Por otro lado, las rentas que se consideran «exentas» con arreglo al convenio incluyen tanto aquéllas respecto de las cuales se aplica el método de exención del artículo 23 A (1) como aquellas en relación con las que el convenio ha establecido la imposición exclusiva en el Estado de la fuente. Es decir, la cláusula de progresividad opera tanto cuando la renta puede gravarse en los dos Estados contratantes como cuando sólo pueda gravarse en el Estado de la fuente. Como veremos más adelante, la afirmación que acabamos de realizar únicamente puede predicarse respecto de los CDIs que siguen en este punto el ModCDI 1977 y versiones posteriores, pero no en relación con aquellos convenios que siguen el Proyecto ModCDI 1963.

En tercer lugar, la cláusula de progresividad sólo permite tener en cuenta las rentas exentas en virtud del CDI en el Estado de la residencia a efectos de determinar el impuesto aplicable a la renta o patrimonio no exento. En este sentido, debe ponerse de relieve que el convenio no introduce la progresividad en el impuesto del Estado de la residencia, a menos que tal principio fiscal ya esté reflejado en la normativa de tal impuesto. Se considera que la legislación que ordena las tarifas impositivas de carácter progresivo constituye fundamento legal suficiente para articular la progresividad que posibilita el convenio, sin que ello vulnere el principio de legalidad tributaria.

También se ha señalado que cuando un CDI recoja la cláusula de progresividad, el Estado de residencia puede tomar en cuenta las rentas negativas netas de fuente extranjera a efectos de determinar el tipo progresivo de gravamen sobre la renta o patrimonio no exento por el convenio; allí donde no mediara tal cláusula entendemos que no procede tomar en consideración estas rentas a los efectos de cifrar el tipo de gravamen. La AEAT se ha pronunciado sobre la interpretación de la cláusula de exención con progresividad prevista en los convenios españoles en resolución informativa de 13 de julio de 1999 en el sentido siguiente: «Los rendimientos negativos o las pérdidas se tienen en cuenta para reducir el tipo medio de gravamen de las restantes rentas en el período en que se han obtenido, siempre que, además, de acuerdo con la normativa interna, sea posible compensar estas rentas. En ejercicios futuros, cuando esta persona física obtenga rendimientos positivos, estos deberán tenerse en cuenta también para determinar el tipo medio de gravamen de las restantes rentas, sin que pueda compensarse, a estos efectos, con los negativos previamente considerados»; véase también la DGT V1238-08 de 13-11-2008, así como la Disposición Adicional vigésima (rentas exentas con progresividad) introducida en la ley del IRPF por la Ley 26/2014, y que regula el cómputo de las rentas exentas a efectos de fijar el tipo de gravamen sobre las rentas no exentas. Nótese que, desde una perspectiva comunitaria, el TJUE en los casos *Ritter-Coulais* y *Lakebrink* ha establecido que los rendimientos negativos derivados de la tenencia de una vivienda habitual en el extranjero deben tenerse en cuanta a la hora de determinar el tipo de gravamen aplicable en el Estado de residencia.

Finalmente, merece destacarse que el efecto derivado de la cláusula de progresividad convencional también resulta aplicable en el régimen de tributación conjunta en el que se acumulan rentas extranjeras exentas de uno de los miembros de la unidad familiar. De esta forma, las rentas extranjeras de uno de los cónyuges deben ser tenidas en cuenta para cifrar el gravamen progresivo aplicable en el régimen de tributación conjunta a la unidad familiar en que aquél se integra junto con otros individuos (parágr. 55 de los CMC).

3.2. Evolución de la cláusula de progresividad en el modelo de convenio de doble imposición

Según ya se apuntó en el epígrafe 2.4., el artículo 23 A del ModCDI apenas ha experimentado modificaciones a lo largo del tiempo. El principal cambio operado en el tenor de esta cláusula tuvo lugar en 1977; en efecto, el ModCDI de 1977 modificó el artículo 23 A desgajando de su apartado 1° la cláusula de progresividad al objeto de dotarla de autonomía; tal objetivo se logró introduciendo un nuevo apartado 3° en tal precepto, así como reestructurando el tenor del artículo 23 B con el mismo fin. La modificación operada en el artículo 23.A.1. posee un alcance que trasciende de la mera mejora sistemática; en este sentido, debe advertirse que la cláusula de progresividad recogida en el Proyecto de ModCDI 1963 sólo permitía al Estado de la residencia tener en cuenta a tales efectos las rentas o elementos patrimoniales respecto de los cuales tuviera que aplicar el método de exención, esto es, las rentas o elementos patrimoniales que, con arreglo al convenio, el Estado de la fuente puede someter a imposición; la cláusula de progresividad recogida en el apartado 3° del artículo 23 A –así como en el artículo 23.B.2– de los ModCDI 1977 y versiones posteriores amplía el ámbito operativo de la misma, de forma que el Estado de la residencia puede tener en cuenta toda la renta exenta en el mismo –ya en virtud del artículo 23.A.1 ya en virtud de las reglas convencionales de distribución de poder tributario a favor de la tributación exclusiva en el Estado de la fuente– a los efectos de fijar el tipo de gravamen sobre la restante renta o patrimonio del contribuyente (parágr. 55 de los CMC).

Nótese, a su vez, que el artículo 23.B.2 del ModCDI ha evolucionado a lo largo del tiempo, de suerte que la cláusula de progresividad que actualmente establece se incorporó al mismo a través de la reforma operada por el ModCDI de 1977; el Proyecto de Convenio de 1963 no contenía la cláusula de progresividad en su artículo 23 B (parágr. 79 de los CMC).

Como también se vio en el epígrafe 2.4., respecto de los Modelos EEUU y ONU cabe señalar, por un lado, que el modelo de convenio estadounidense no recoge el método de exención, debido a consideraciones de política fiscal; el método de exención articula la neutralidad en la importación de capitales, mientras que los EEUU son firmes defensores del principio contrario, a saber, la neutralidad en la exportación de capitales, la cual se consigue a través del método de imputación; con todo, no deja de resultar relevante señalar cómo este modelo y los CDIs que lo siguen limitan la progresividad del sistema tributario del Estado de la residencia, al no tener en cuenta, a los efectos de la determinación del tipo impositivo aplicable en la residencia, las rentas o patrimonio que sólo pueden gravarse en el Estado de la fuente. Por otro lado, el artículo 23 A (3)/artículo 23 B (2) del Modelo ONU (1999) resulta coincidente con la cláusula correlativa recogida en el ModCDI 1977 y versiones posteriores.

3.3. Práctica convencional española

3.3.1. Convenios de doble imposición concluidos por España que recogen la cláusula de progresividad tal y como aparece configurada en el artículo 23.A.3 y 23.B.2 del modelo OCDE de doble imposición CDI 1977- versiones posteriores

La cláusula de progresividad así configurada es empleada por España en los siguientes CDIs: CDI Andorra-España (2015, artículo 21.1), CDI Alemania-España (2011, artículo 22.1b), CDI Arabia Saudí-España [2007, artículo 24.1.b)], CDI Armenia-España (2011, artículo 23.1.b), CDI Australia-España [1992, artículo 23.3.b)], CDI Austria-España [Protocolo 1995, artículo 24.2.c)], CDI Bélgica-España [1995, artículo 23.2.c)], CDI Bolivia-España [1997, artículo 24.1.c)], CDI España-Bosnia y Herzegovina (2010, artículo 23.1), CDI Bulgaria-España [1990, artículo 21.1.b)], CDI con Chipre (2013, artículo 22.1), CDI Corea-España [1994, artículo 23.2.c)], CDI España-Costa Rica (2011, artículo 23), CDI Cuba-España (1999, artículo 24.3), CDI España-R.Dominicana (2013, artículo 22.1); CDI China-España [1990, artículo 24.1.d)], CDI Dinamarca-España [Protocolo 1999, artículo 24.2.c, convenio denunciado], CDI Ecuador-España (1991, artículo 24.4), CDI EEUU-España [1990, artículo 24.1.c)], CDI Eslovenia-España [2001, artículo 24.1.b], CDI con Finlandia (2015, artículo 21.1.b), CDI Filipinas-España (1989, artículo 23.3), CDI Rusia-España [1998, artículo 23.1.c)], CDI Francia-España [1995, artículo 24.2.c)], CDI Grecia-España [2000, artículo 23.2.c)], CDI Hong-Kong-España

(2011, artículo 21.2.b), **CDI Hungría-España** [1984, artículo 24.1.b)], **CDI India-España** [1993, artículo 25.3.C)], **CDI Indonesia-España** [1995, artículo 24.2.c)], **CDI Irlanda-España** (1994, artículo 23.3), **CDI Islandia-España** [2002, artículo 23.b)], **CDI Israel-España** [1999, artículo 24.1.c)], **CDI Italia-España** (1977, artículo 22.4), **CDI con Kuwait** (2008, artículo 23.2), **CDI Luxemburgo-España** [1984, artículo 24.2.b)], **CDI Marruecos-España** (1978, artículo 23.4), **CDI Malasia-España** (2006, artículo 22.2.), **CDI México-España** (1992, artículo 23.3, y Protocolo 2015, artículo 24.3), **CDI Noruega-España** [1999, artículo 24.b)], **CDI Portugal-España** (1993, artículo 23.3), **CDI con Reino Unido** (2013, artículo 22.3), **CDI Rumania-España** (1979, artículo 25.3), **CDI Tailandia-España** [1997, artículo 23.2.b)], **CDI Serbia-España** (2009, artículo 24), **CDI Sudáfrica-España** [2006, artículo 22.1.c)], **CDI Suiza-España** (Protocolo 2011, artículo 23.1), **CDI Túnez-España** [1982, artículo 23.1.B)], **CDI Turquía-España** [2002, artículo 22.1.c)], y **CDI Venezuela-España** [2003, artículo 23.2.b)].

La cláusula de progresividad así configurada es empleada por el otro Estado contratante en los siguientes CDIs: **CDI Andorra-España** (2015, artículo 21.2), **CDI Alemania-España** (2011, artículo 22.2.d),CDI Armenia-España** (2011, artículo 23.2.b), **CDI Austria-España** [Protocolo 1995, artículo 24.1.d)], **CDI España-Bosnia y Herzegovina** (2010, artículo 23.2), **CDI Bulgaria-España** (1990, artículo 21.2), **CDI España-Costa Rica** (2011, artículo 23), **CDI Cuba-España** (1999, artículo 24.3), **CDI España-R.Dominicana** (2013, artículo 22.2); **CDI Ecuador-España** (1991, artículo 24.4), **CDI Eslovenia-España** [2001, artículo 24.2.b)], **CDI con Finlandia** (2015, artículo 21.2.c), **CDI Filipinas-España** (1989, artículo 23.3), **CDI Grecia-España** [2000, artículo 23.1.c)], **CDI Hungría-España** [1984, artículo 24.2.iii)], **CDI Irlanda-España** (1994, artículo 23.3), **CDI Islandia-España** [2002, artículo 23.b)], **CDI Israel-España** [1999, artículo 24.2.c)], **CDI Italia-España** (1977, artículo 22.4), **CDI Luxemburgo-España** [1984, artículo 24.1.c)], **CDI Marruecos-España** (1978, artículo 23.4), **CDI México-España** (1992, artículo 23.3, y Protocolo 2015, artículo 24.3), **CDI Noruega-España** [1999, artículo 24.b)], **CDI Portugal-España** (1993, artículo 23.3), **CDI Rumania-España** (1979, artículo 25.3), **CDI Suiza-España** (Protocolo 2011, artículo 23.2), **CDI Túnez-España** [1982, artículo 23.1.B)], **CDI Turquía-España** [2002, artículo 22.1.c)], y **CDI Venezuela-España** (2003, artículo 23.1).

También recogen la cláusula de progresividad en términos prácticamente idénticos a los previstos en el artículo 23 B (2) ModCDI, a saber: **CDI Argelia-España** (2002, artículo 22.1.b), **CDI Costa Rica-España** (2011, artículo 23.b), **CDI Canadá-España** (Protocolo 2014), **CDI Colombia-España** (2005, artículo 22), **CDI Croacia-España** (2005, artículo 22), **CDI Egipto-España** (2005, artículo 23), **CDI El Salvador-España** (2009), **CDI Chile-España** (2003, artículo 22.1 y 2), **CDI Irán-España** (2003, artículo 23.1 y 2), **CDI Emiratos Árabes-España** (2006, artículo 22), **CDI Estonia-España** (2003, artículo 23.1.b), **CDI Jamaica-España** (2009), **CDI Letonia-España** (2003, artículo 24.1.b), y **CDI Lituania-España** (2003, artículo 24.1.b), **CDI Macedonia-España** (2005, artículo 22), **CDI Malta-España** (2006, artículo 23), **CDI Nigeria-España** (2009), **CDI Nueva Zelanda-España** (2006, artículo 21), **CDI Omán-España** (2014), **CDI Senegal-España** (2006), **CDI Serbia-España** (2009), **CDI Trinidad y Tobago-España** (2009), **CDI Uzbekistán-España** (2013), y **CDI Vietnam-España** (2005, artículo 23).

Nótese que no se mencionan aquí los CDIs españoles que contienen la cláusula de progresividad (limitada) prevista en el artículo 23 *A (1) in fine* Proyecto de Modelo 1963 (vid. supra el epígrafe 2.4.2).

3.3.2. *Convenios de doble imposición que se apartan de lo previsto en los artículos 23.A.3 y 23.B.2 del Modelo de convenio de doble imposición*

El **CDI Brasil-España** (1974, artículo 23.3) recoge una cláusula de progresividad atípica, en la medida en que su ámbito operativo queda limitado a los dividendos (exentos en España) que pueden ser gravados en el otro Estado contratante/fuente (Brasil) con arreglo al convenio. El **CDI con Canadá** (1976, artículo XXIII) establecía en España el método de imputación sin recoger la cláusula de progresividad del artículo 23 B (2) ModCDI 1997-versiones posteriores; lo mismo sucede en los **CDIs con China** (1990, artículo 24.2), **con Dinamarca** (1972, artículo 24), **con Rusia** (1998, artículo 23.2), con **Indonesia** (1995, artículo 24.1), **con Japón** (1974, artículo 23), **con Países Bajos** (1971, artículo 25.1 y 2), **con Kuwait, con Argentina, con Chipre, con Reino Unido (2011),** y **con Tailandia** (1997, artículo 23.3), donde no se prevé tal cláusula en relación con la imposición en el otro Estado contratante. El **CDI Finlandia-España** (1967, artículo 23) tampoco ha recogido la cláusula de progresividad, aunque en este caso tal ausencia afecta a los dos Estados contratantes; lo mismo sucede en los **CDIs Portugal-España** (1968, artículo 24) y **Reino Unido-España** (1975, artículo 24). En esta relación de CDIs que no contienen la cláusula de progresividad del artículo 23 A (3); artículo 23 B (2) ModCDI 1977 y versiones posteriores no se mencionan aquellos convenios que siguen el artículo 23 A (1) del Proyecto de Modelo 1963 (vid. supra el epígrafe 2.4.2).

En el **Convenio Corea-España** (1994, artículo 23) y el **Emiratos Árabes-España** (2006, artículo 22) se adopta la fórmula del artículo 23 B ModCDI pero la cláusula de progresividad se configura asimétricamente operando únicamente en España.

4. EL MÉTODO DE IMPUTACIÓN. LOS ARTÍCULOS 23.A.2 Y 23.B.1 DEL MODELO DE CONVENIO DE DOBLE IMPOSICIÓN

4.1. Consideraciones generales sobre el método de imputación

Los artículos 23.A.2 y 23.B.1 ModCDI establecen el método de imputación ordinaria para eliminar la doble imposición internacional en el Estado de la residencia. En el primero de los preceptos citados, tal método se aplica únicamente en relación con las rentas (o elementos patrimoniales) que pueden someterse a imposición en ambos Estados pero respecto de los cuales el convenio establece límites máximos de tributación en el Estado de la fuente (v.gr., artículos 10, 11 y, en su caso, 12 del convenio aplicable). El artículo 23.B.1, sin embargo, establece el método de imputación con carácter general y principal, de suerte que toda renta que pueda gravarse en los dos Estados contratantes cae dentro del ámbito de aplicación de tal mecanismo en el Estado de residencia. La diferencia entre el artículo 23 A y el artículo 23 B, en este punto, radica en que el primero arbitra una combinación entre exención e imputación mientras que el segundo tan sólo recoge el método de imputación, aunque combinado con la cláusula de progresividad respecto de las rentas (o elementos patrimoniales) que sólo pueden someterse a imposición en el Estado de la fuente.

La modalidad del método de imputación que ha sido establecida no es otra que la denominada «imputación ordinaria o limitada». Esta modalidad se caracteriza por limitar la cuantía máxima de la deducción por doble imposición internacional que se obliga a aplicar o soportar el Estado de la residencia del contribuyente. No obstante, el propio Comité Fiscal OCDE recomienda en algunos pasajes de los comentarios la adopción de la «imputación total o plena» al objeto de lograr la completa eliminación de la doble imposición internacional en determinados supuestos en que la imputación ordinaria no opera de forma eficiente en términos económicos (parágr. 63 de los CMC). Con todo, lo cierto es con carácter general puede afirmarse que la mayor parte de los países miembros de la OCDE que emplean el método de imputación previsto en el artículo 23 B han adoptado la fórmula de la imputación ordinaria, atendiendo a los efectos de política fiscal y económica que subyacen en esta modalidad. En concreto, nótese que la combinación de tipos de gravamen reducidos en el Estado de la fuente con la aplicación del método de imputación ordinaria opera favoreciendo la recaudación tributaria del Estado de la residencia; asimismo, allí donde no mediara tal limitación impositiva y el gravamen del Estado de la fuente superase el nivel de imposición que sobre el mismo hecho imponible proyecta el Estado de la residencia, el método de imputación ordinaria protege la recaudación tributaria de este último sobre la base imponible nacional; de otro modo, la deducción total del impuesto extranjero de la cuota tributaria del impuesto sobre la renta del Estado de la residencia podría mermar o reducir la cuota tributaria correspondiente a hechos imponibles de fuente nacional. La articulación del método de imputación en el marco del ModCDI no sólo responde a una concreta orientación de política fiscal y económica en relación con la eliminación de la doble imposición internacional *(Capital Export Neutrality),* sino que también posee una funcionalidad propia dentro del propio sistema de distribución del poder tributario que encarnan los CDIs.

En el contexto de la adaptación de los CDI a las medidas articuladas en el Proyecto BEPS para eliminar casos de doble no imposición en línea con las recomendaciones de la acción 2 BEPS, el método de imputación se instrumenta como un mecanismo que instrumentaría básicamente tal finalidad; así, el artículo 5 del Convenio Multilateral (MLI-BEPS) incluye una cláusula en tal sentido (véase el epígrafe 3 del capítulo 1 de esta obra).

En este mismo orden de cosas, cabe reiterar aquí cómo el **Modelo de Convenio de la OCDE de 2017**, que adapta el modelo a los informes OCDE/G20 publicados en el año 2015, introdujo una modificación del tenor literal y comentarios de los artículos 23 A y B MC OCDE 2017. La frase introducida en el clausulado de los referidos preceptos (*"except to the extent that these provisions allow taxation by that other State solely because the income is also income derived by a resident of that State or because the capital is also capital owned by a resident of that State"*) tiene por objeto clarificar que en tales casos, los dos Estados no estarían recíprocamente obligados a eliminar la doble imposición sobre los impuestos exaccionados por cada uno de ellos exclusivamente sobre la base de la residencia del contribuyente, de manera que cada Estado únicamente estaría obligado a conceder la eliminación de la doble imposición en la medida en que el gravamen exigido por el otro Estado resulte acorde o conforme con disposiciones del convenio que permitan la imposición de la renta o patrimonio como Estado de la fuente o como Estado donde existe un EP al que la renta o el patrimonio resulta atribuible. La OCDE considera que tal principio o regla ya resultaba implícita en el tenor de los artículos 23 A y B MC OCDE, de manera que la modificación de 2017 simplemente vendría a clarificarlo y eliminar cualquier duda al respecto. Los nuevos Comentarios recogidos en el MC OCDE 2017 en relación con los artículos 23 A y B (parágrafos 11.1, 11.2, 31.1, 61, 69.1 y 69.2) vendrían a clarificar la aplicación de esta regla, incluyéndose una serie de ejemplos relacionados con **entidades híbridas (como *partnerships*)** donde los dos Estados contratantes tratan de forma distinta a efectos fiscales a la entidad y los partícipes.

4.2. Presupuestos generales para la aplicación del método de imputación convencional

La regla sustantiva recogida en los artículos 23.B.2 y 23.A.2 ModCDI consiste en que:

1. Cuando una persona residente de un Estado contratante.

2. Obtenga rentas o elementos patrimoniales que puedan ser gravados en el otro Estado contratante de acuerdo con las disposiciones del convenio.

3. El Estado de residencia del contribuyente debe admitir la deducción en el impuesto sobre la renta o patrimonio de ese residente de un importe igual al impuesto sobre la renta o patrimonio, según el caso, pagado en el otro Estado.

4. Dicha deducción no podrá, sin embargo, exceder de la parte del impuesto sobre la renta o sobre el patrimonio, calculado antes de la deducción, correspondiente, según el caso, a las rentas o al patrimonio que pueden someterse a imposición en ese otro Estado.

La mayor parte de los elementos que integran esta regla sustantiva ya han sido examinados al hilo del método de exención, de manera que aquí, a efectos de evitar reiteraciones, se exponen únicamente las características propias del método de imputación.

Uno de los presupuestos básicos requeridos para la aplicación de este método radica en que un contribuyente residente de un Estado contratante con derecho a aplicar el CDI obtenga una renta o un elemento patrimonial que pueda ser sometido a imposición en los dos Estados contratantes con arreglo a las reglas de distribución del poder tributario establecidas en el convenio. Allí donde el convenio excluya el poder de imposición del Estado de la fuente o el del Estado de la residencia sobre el hecho imponible en cuestión no ha lugar a aplicar el método de imputación; si la renta sólo puede gravarse en el Estado de la fuente, la renta o patrimonio sujeta a tal regla no debe ser integrada en la base imponible del Estado de la residencia; en el caso de que la renta o patrimonio sólo pudiera someterse a imposición en la residencia pero ha soportado un gravamen en el Estado de la fuente tampoco procedería la deducción de tal impuesto, toda vez que tal exacción no constituye un acto impositivo acorde con el convenio; en este tipo de casos lo procedente sería iniciar un procedimiento para la devolución de impuestos indebidos en el Estado de la fuente o, en último caso, instar el inicio del procedimiento amistoso en el Estado de la residencia del contribuyente al objeto de resolver tal conflicto impositivo (la doble imposición). Cuando el convenio establece que la renta puede gravarse en el otro Estado contratante (fuente) el Estado de la residencia debe considerar que tal renta tiene su fuente en el otro Estado al objeto de aplicar el método de imputación, sin que las *source rules* internas puedan operar alterando tal consideración a los efectos de aplicar el método convencional (véase el artículo 22.3 del **CDI con el Reino Unido (2011)** que recoge una cláusula *source rule* convencional a efectos de clarificar tal cuestión; en parecidos términos puede citarse el artículo XXIII.3 del Protocolo 2014 al CDI con Canadá). En este contexto no se plantea la problemática relativa a la naturaleza idéntica o análoga del impuesto extranjero, dado que los impuestos cubiertos por el artículo 2 (y los que los sustituyan) se consideran «comparables» a los efectos de la aplicación de la doble imposición internacional. El problema que puede plantearse este ámbito se refiere a los impuestos no cubiertos por el CDI (por ejemplo, el problema de los impuestos sobre la renta estatales y locales sobre la renta que se exaccionan en EEUU), en cuyo caso habrá que atender a los criterios generales de comparabilidad (vid. las SAN de 18 de diciembre de 2008 y 4 de noviembre de 2010, donde se flexibiliza notablemente la interpretación sobre el concepto de impuesto de naturaleza idéntica o análoga huyendo de una similitud de normativas tributarias hacia un concepto de comparabilidad estructural del impuesto a la luz de su hecho y base imponible, extendiéndose al (antiguo) artículo 31 TRLIS la interpretación de impuesto de naturaleza idéntica o análoga del (antiguo) artículo 21.1.b TRLIS 2004; vid. la RDGT 21/09/2011, sobre la deducibilidad del IRNR de Andorra; vid también Calderón 2006). Resulta reseñable la cláusula del **CDI con Kuwait** que establece las condiciones para la deducibilidad el "zakat" (artículo 23.3). En un contexto donde no existe convenio de doble imposición, la DGT ha apelado al artículo 1 de la LIS 2014 como piedra de toque para determinar la naturaleza y comparabilidad del impuesto extranjero a los efectos del artículo 31 LIS 2014; igualmente, se establece que la carga de la prueba le corresponde al contribuyente, pudiendo servirse de cualquier medio de prueba admisible en Derecho (DGT V1918-18 de 29-6-2018).

En este orden de cosas cabe destacar la STS de 15 de diciembre de 2011, donde el Tribunal Supremo reitera su interpretación flexible de la noción de impuesto extranjero de naturaleza idéntica o análoga al IS español (SSTS de 28 de octubre de 2008, 20 de octubre y 9 de noviembre de 2011, y 11 de enero y 9 de noviembre de 2012), aceptando la existencia de doble imposición y la aplicación de la deducción/exención en relación con impuestos extranjeros que sean de naturaleza análoga en el sentido de que sometan a imposición sobre la renta de las personas jurídicas, con independencia del tipo de gravamen, la configuración de la base imponible (métodos indiciarios). Es decir se rechaza la denominada «teoría de los espejos» que parte de un concepto muy estricto de doble imposición exigiendo gran similitud entre las figuras tributarias para entender que media doble imposición y hay derecho a aplicar los métodos. En esta misma sentencia de 15 de diciembre de 2011, también se establece que los impuestos norteamericanos estatales y locales sobre sociedades, aunque no estén cubiertos por el CDI España-EEUU, son deducibles de acuerdo con la deducción interna por doble imposición internacional, siempre que no se supere el límite del impuesto español. Por otro lado, la STS 11 de enero de 2012, RJ\2012\467, el TS declara que el contribuyente español ostenta el derecho a la deducción por doble imposición internacional incluso en casos de contratos con cláusula de contraprestación neta de impuestos, allí donde la entidad española sea el sujeto pasivo del impuesto extranjero y el gravamen se page en nombre y por cuenta de tal sujeto (id. SSTS 20 de octubre de 2011 y 9 de noviembre de 2012). Esta problemática se ha planteado litigios en varios países, notablemente en EEUU, aunque finalmente el Departamento del Tesoro y los tribunales norteamericanos (leading cases *Crawford Music Corp, Badger Co v. Comm'r*, y sobre todo *Biddle vs Comm'r*) han establecido la posibilidad de aplicar la deducción por doble imposición internacional en casos donde opera la figura de un sustituto del contribuyente, de un withholding agent o median cláusulas de pagos libres de impuestos (id la DGT en resolución de 11 de enero de 1994).

La aplicación de las reglas materiales del CDI suscita frecuentes conflictos de imposición entre las autoridades de los Estados contratantes y los propios contribuyentes afectados. A los efectos de reducir a la mínima expresión estos conflictos de imposición el Comité Fiscal OCDE ha elaborado una serie de «reglas»; en particular, a los efectos de la aplicación de los métodos para eliminar la doble imposición se han introducido nuevos comentarios al artículo 23.A y B ModCDI 2000 y versiones posteriores (ver más adelante el epígrafe dedicado al nuevo apartado 4º del artículo 23 A ModCDI). Debemos igualmente llamar la atención aquí sobre la importante regla introducida en los parágrafos 4.1 y 2 y 32.8 de los CMC ModCDI 2005 sobre la aplicación de los métodos para evitar la doble imposición en casos atípicos de *Time Mismatch*. Tal regla ha sido expuesta en el epígrafe referido a los presupuestos del método de exención, lugar al que nos remitimos.

Por otro lado, la obligación convencional o internacional del Estado de la residencia de admitir la deducción (limitada) del impuesto exaccionado en el Estado de la fuente de acuerdo con el convenio resulta, asimismo, supeditada a que tal Estado (residencia) someta a imposición el mismo objeto imponible gravado en la fuente. Así, cuando la renta en cuestión no estuviera sujeta o estuviera sujeta y exenta del hecho imponible del Estado de la residencia no ha lugar a la deducción por doble imposición, toda vez que tal fenómeno no se ha producido (parágr. 69.3 de los CMC). La regulación del método de imputación establecida en la legislación fiscal española resulta en línea con esta afirmación, toda vez que requiere la integración en la base imponible del sujeto pasivo las rentas obtenidas y gravadas en el extranjero (véase el artículo 31 LIS, así como la RTEAC de 27 de julio de 2007). La aplicación de esta regla en el marco del artículo 23 LIS (Patent Box) supone una reducción cuantitativa de la deducción por doble imposición; la DGT ha aplicado este mismo razonamiento en el contexto del IRPF en relación con supuestos donde opera la exención del artículo 7.p) LIRPF, de suerte que cabe argumentar que tal posición puede traer consigo en ciertos casos (gravamen relevante de la renta del trabajo en el extranjero) una reducción significativa de los efectos del incentivo a la internacionalización de la empresa española, en tanto que en otros casos (no exacción de gravamen en el extranjero) tal desconexión entre el artículo 7.p) y el método de imputación resulta neutral (DGT V2816-10 de 28-12-2010).

En este orden de cosas, cabe destacar cómo el ModCDI 2008 modificó el parágrafo 61 de los CMC para clarificar que allí donde los Estados contratantes sigan la propuesta recogida en los parágrafos 67.1 a 67.7 de los Comentarios al artículo 10 ModCDI 2008 en relación con la tributación en la fuente de las distribuciones de dividendos realizados por las *Real Estate Investment Trusts* (REITs), el Estado de residencia del contribuyente aplique el método de imputación para evitar la doble imposición internacional.

El derecho subjetivo que ostentan los contribuyentes amparados por el artículo 23 B (2) de un CDI que siga el ModCDI a aplicar la deducción por doble imposición internacional en los términos establecidos en el convenio no puede supeditarse a condiciones o requisitos adicionales a los previstos expresamente en el CDI. De esta forma, la legislación interna no puede establecer exigencias suplementarias para que un contribuyente pueda aplicar el método de imputación previsto en el CDI. Tampoco cabría denegar la imputación de impuestos no pagados allí donde el CDI estableciera expresamente una cláusula de *tax sparing o matching credit* (en torno al cálculo del impuesto ficticio extranjero en el marco del método de imputación español, véase la RTEAC de 19 de mayo de 2005 y la DGT V4259-16, de 5-10-2016, en relación con el CDI con Brasil). No obstante, allí donde tal cláusula no existiera lo cierto es que tal limitación (la no deducción de los mismos) resulta coherente con la lógica del método de imputación. La regulación interna del método de imputación debe aplicarse, allí donde resulte necesario, en el marco de un CDI teniendo en cuenta todas aquellas normas del convenio que inciden directa o indirectamente en la configuración y aplicación de tal mecanismo.

4.3. El límite de la deducción resultante del método de imputación convencional

Otra de las cuestiones que regula el convenio radica en el límite de la deducción convencional por doble imposición. Los artículos 23.B.1 y 23.A.2 ModCDI ha previsto el sistema clásico del doble límite, de manera que la deducción será la menor de las dos cantidades siguientes:

a) El importe del impuesto pagado en el otro Estado contratante (de acuerdo con el convenio); y

b) La parte del impuesto sobre la renta o sobre el patrimonio del Estado de la residencia, calculado antes de la deducción, correspondiente, según el caso, a las rentas o al patrimonio que pueden someterse a imposición en el Estado de la fuente.

El modelo de convenio de la OCDE ha renunciado a delimitar la forma de calcular el límite del método de imputación, de suerte que únicamente ha establecido los principios o reglas generales que deben ordenar su efectiva aplicación. Es, por tanto, la legislación interna de cada Estado contratante la que debe regular el conjunto de cuestiones que suscita el cómputo del límite del método de imputación previsto en el convenio, aunque tal legislación no puede contravenir ni las reglas generales previstas a tal efecto en el artículo 23 del CDI ni cualquier otra norma del convenio.

Sin entrar en el examen en detalle de la legislación española sobre el método de imputación, cabe exponer de forma sintética las principales reglas sustantivas derivadas de la regulación del método de imputación en el marco del IS y del IRPF. El método de imputación ordinaria previsto en el impuesto sobre sociedades (artículo 31 LIS):

a) Sólo se permite la deducción del importe efectivo de lo satisfecho en el extranjero por gravamen de naturaleza idéntica o análoga al IS;

b) No se permite la deducción de impuestos no pagados en virtud de cualquier beneficio fiscal, salvo cuando el CDI recoja una cláusula de imputación de impuestos no pagados.

c) Siendo de aplicación un CDI, la deducción no puede exceder del impuesto que corresponda según aquél.

d) El límite de la deducción se corresponde con el del método de imputación ordinaria en sentido clásico; se deduce la menor de las siguientes dos cantidades:

- El importe efectivamente satisfecho en el extranjero en concepto de impuesto comparable; o

- El importe de la cuota íntegra que correspondería pagar en España por las mencionadas rentas si se hubieran obtenido en territorio español.

La LIS de 2014, como novedad, permite la deducción como gasto de aquella parte del impuesto satisfecho en el extranjero que no sea objeto de deducción en la cuota íntegra por aplicación del límite de la deducción, siempre que se corresponda con la realización de actividades económicas en el extranjero (artículo 31.2 LIS 2014). La DGT, tal y como ya indicamos, ha señalado que la deducción del impuesto extranjero en la base imponible queda condicionada a que el gravamen extranjero resulte acorde con el CDI aplicable (DGT V1637-16 de 14-4-2016).

Tal y como comentamos al hilo del método de exención, el TS (SSTS 26 de junio 2001, 18 septiembre de 2002, y 30 septiembre de 2005) y el TEAC se han pronunciado a favor de la integración en el Estado de la residencia de la base imponible del EP configurada de acuerdo con la legislación del Estado de la fuente (vid por ejemplo, a RTEAC de 21 diciembre de 2006; vid. el epígrafe referido al artículo 23 MC OCDE); tal interpretación la extraen del principio de empresa separada e independiente previsto en el artículo 7.2 ModCDI en relación con los EPs (en contrario, vid nuestros argumentos en Calderón, «Comentarios al artículo 23 MC OCDE» en Comentarios a los CDIs concluidos por España, FPBM, La Coruña, 2004, p. 1040 y ss.; también la AN en la SAN de 18 de diciembre de 2008). El TS ha matizado su jurisprudencia sobre la integración de la base imponible extranjera computada con arreglo a la normativa fiscal extranjera indicando que tal «regla» donde no resulten aplicables los artículos 7 y 23 del CDI (STS 15 de octubre de 2011).

Igualmente, ya indicamos en el comentario del método de exención que la base imponible extranjera **neta** debe configurarse atribuyéndole los gastos necesarios para su obtención, los cuales en principio deberían ser aquéllos que están directamente relacionados con la generación de tal renta extranjera (RDGT 21-09-2011, DGT V4259-16 de 5-10-2016, RRTEAC de 10 de septiembre de 1998 y de 15 de febrero y 15 de marzo de 2007, y de 25 julio de 2007; SSAN de 19 de enero de 2011 rec. 6/2008 y, de 7 y 28 de noviembre de 2013; y SSTS de 9 de 2000, de 30 de octubre de 2009, de 14 de junio de 2013; la cuestión de si deben imputarse un porcentaje de los gastos generales a la base imponible extranjera no es clara en nuestro ordenamiento (vid. RTEAC 12 de enero de 2017, RG. 5865/2013), allí donde no se opera a través de EP en el extranjero. Ahora bien, en el ámbito de la aplicación de los métodos para eliminar la doble imposición internacional respecto de casos donde una entidad española opera en el extranjero a través de establecimientos permanentes la Inspección tributaria y la AN consideran que deben imputarse los gastos generales y de administración a la base imponible relativa al EP, así como los gastos relativos a la denominada «financiación no básica» del EP (aquella que es distinta de la dotación de capital básica y mínima para realizar sus actividades y operaciones y que resulta de préstamos o anticipos reintegrables o similar y que tiene un coste financiero para la casa central), de cara al cálculo de la exención/deducción (cfr. la SAN de 18 de noviembre de 2008, Rec. 633/2005, RCT nº 312, 2009).

En este orden de cosas, merece detenerse en el análisis de la sentencia de la AN de 24 de septiembre de 2013, rec. 144/2010, que anula las liquidaciones de la inspección en un caso donde la Inspección trata de imputar gastos a los EPs foráneos de la empresa española para reducir el importe de la exención/DDI utilizando un sistema 'presuntivo' de reparto del gasto en función de la cifra de negocio. Una de las cuestiones relevantes que aborda este pronunciamiento se refiere precisamente a los criterios de determinación de la renta neta en relación con renta obtenida en el extranjero, en este caso, a través de un EP, a los efectos de aplicar el método de exención del antiguo artículo 22 TRLIS 2004 o en su caso la DDI del antiguo artículo 31 TRLIS 2004. Esta cuestión se plantea en relación con una empresa española que realiza actividades en el extranjero a través de un EP, de suerte que la Inspección ajustó la aplicación de la exención y la DDI sobre la base de considerar que la renta neta imputable al EP era menor como consecuencia de imputarle gastos que figuraban en la base imponible de la casa central española. En concreto, la Inspección tributaria se centró en dos capítulos de gastos: a) gastos financieros; y b) gastos generales de dirección y generales de administración. En ambos casos el enfoque fue el mismo, sustituir el sistema de distribución/allocation/imputación directo/específico de gastos empleado por el contribuyente y sustituirlo por un "sistema indirecto/indiciario" a través del cual distribuir estimativa y proporcionalmente los gastos financieros (criterio gasto financiero total/inmovilizado) y los gastos de dirección y generales de administración (coste total/volumen de ventas del EP). La AN aceptó la aplicación del método de reparto indiciario/estimativo empleado por la Administración en relación con los gastos financieros, ya que el contribuyente no logró probar la consistencia técnica y fáctica de su modelo de distribución de gastos financieros, antes al contrario en la prueba sobre tal cuestión surgieron las inconsistencias del sistema de asignación específica que utilizó (préstamos específicos vinculados a las inversiones del EP, al probarse que en ejercicios donde no existía tal financiación se acometieron importantes inversiones por parte del EP. Sin embargo, la AN rechazó la aplicación del método estimativo e indirecto de gastos generales de dirección y administración precisamente porque la Inspección no probó la inconsistencia del modelo de imputación empleado por el contribuyente y además utilizó un modelo de imputación estimativa y "conjetural" (en palabras de la AN) de atribución de gastos generales que incluía en su base de costes, gastos que no tenían la menor conexión con la actividad del contribuyente (no correlación). Insiste la AN que la aplicación de estos sistemas de imputación indirecta de costes, está sujeta a importantes limitaciones: subsidiariedad (no puede aplicarse un sistema de imputación directa/específica de costes ni por la administración ni por el contribuyente por falta de registros documentales que lo permitan), b) la base de costes imputable debe reflejar correlación con la actividad del destinatario (principio o test del beneficio); y c) proporcionalidad en la atribución del coste, utilizando criterios de imputación/allocation razonables en función del coste y acordes con el principio de capacidad económica (se cuestiona la aplicación del artículo 17 TRLIRNR en este contexto, aunque parece aceptarse en algunos casos la cifra de negocios como criterio). En este sentido, de la sentencia de la AN se extraen "lecciones" de gran importancia práctica: la cuestión clave para determinar si un sistema de reparto de costes intragrupo (o entre la casa central y los EPs en el extranjero) debe ser respetado por la Administración a efectos fiscales reside precisamente en la "prueba" de su consistencia fáctica y técnica (principios de correlación y plena competencia). De esta forma, allí donde el contribuyente ha acreditado de forma suficiente y razonable que el modelo o sistema que emplea para repartir sus costes corporativos o gastos generales de dirección y gestión (o incluso los gastos financieros) es consistente desde el plano fáctico y técnico (distribuye una base adecuada de costes a los sujetos que se benefician de tales actividades, y el criterio de imputación (específico o indirecto) es razonable), tal sistema debe resultar en sí mismo aceptado por la Administración tributaria, sin perjuicio de ajustes menores, no pudiendo alterar tal sistema, ni mucho menos sustituirlo por otro que altere desde la base de costes a los destinatarios de los servicios/actividades si no aporta prueba sobre la inconsistencia del modelo del contribuyente que consistiría en acreditar que se han prestado servicios en relación con otros sujetos que están extramuros del sistema establecido por el contribuyente, al considerar éste que no hay actividad/servicios frente a los mismos. La AN también se ha pronunciado sobre la sancionabilidad de la conducta de un contribuyente que aplicó la deducción por doble imposición internacional sobre renta bruta y no neta, por la vía de la contabilización en un ejercicio de los ingresos y en el ejercicio posterior de los gastos correlacionados con tal renta extranjera; la AN consideró correcta la regularización pero rechazó la imposición de sanciones al no existir ocultación y tratarse de un error razonable y ofrecer la norma dificultades de interpretación (SAN de 9 de junio de 2016, rec.376/2013).

e) El importe del impuesto satisfecho en el extranjero se incluirá en la renta a los efectos del cálculo de la deducción e, igualmente, formará parte de la base imponible, aun cuando no fuese plenamente deducible (artículo 31.2 LIS 2014, RDGT 28-10-2011, JUR/2012/16552 y V1918-18, de 29-6-2018).

f) El cálculo del límite de la deducción por doble imposición internacional se realizará agrupando las procedentes de un mismo país, salvo las rentas de establecimientos permanentes, que se computarán aisladamente por cada uno de éstos.

g) Las cantidades no deducidas por insuficiencia de cuota íntegra podrán deducirse en los períodos impositivos siguientes, de suerte que la administración ostenta el derecho para iniciar el procedimiento de comprobación de las deducciones aplicadas o pendientes de aplicar durante un plazo de prescripción de 10 años a contar desde el día siguiente a aquel en que finalice el plazo establecido para presentar la declaración o autoliquidación correspondientes al período impositivo en que se generó el derecho a su aplicación (artículo 31.7 LIS 2014, redacción dada por Ley 34/2015).

El RD-Ley 3/2016, de 2 de diciembre, ha introducido importantes cambios en la regulación de la deducción para evitar la doble imposición internacional prevista en el artículo 31 LIS que modulan su aplicación en el siguiente sentido:

• Se establece que la deducción es aplicable exclusivamente cuando en la base imponible se integran rentas positivas, dado que la renta negativa obtenida a través de un EP no se integra en la base imponible, tanto en casos de obtención como de transmisión, salvo en situaciones de cese de la actividad.

• Se prevé que la determinación de las rentas obtenidas a través de un EP se haga con arreglo a lo establecido en el artículo 22.5 LIS, eliminándose las referencias a los supuestos en los que existan rentas negativas.

• En línea simétrica con lo previsto en el artículo 21 LIS (tras la reforma RD-Ley 3/2016, de 2 de diciembre), se derogan los apartados del artículo 32 LIS que se referían a las rentas negativas derivadas de la transmisión de la participación en una entidad. Todo ello tomando en consideración las reglas especiales de integración total o parcial de rentas negativas derivadas de la transmisión de participaciones que se recogen en el artículo 21.7 LIS. Tales reglas ya han sido expuestos en este mismo Capítulo en el epígrafe 2.3 dedicado al método de exención, lugar al que nos remitimos.

• Se modifica el artículo 88 LIS en relación con la corrección de la doble imposición en el régimen de neutralidad fiscal: se mantiene el régimen de exención de dividendos distribuidos con cargo a rentas imputables a bienes aportados, en operaciones previas de aportación o canjes, cualquiera que sea el porcentaje de participación y antigüedad. El mismo criterio se aplica respecto a rentas generadas en la transmisión de la participación o en cualquier otra operación societaria, cuando se hayan integrado en la base imponible de la entidad adquirente las rentas imputables a los bienes aportados. También se mejora la redacción de la corrección de la doble imposición en el supuesto de transmisión de participaciones, desvinculándose de la forma de contabilizar las operaciones.

• Con efectos para los ejercicios iniciados a partir del 1 de enero de 2016, se introdujo (LIS Disposición adicional 15.2 redacción ex RD-Ley 3/2016, de 2 de diciembre, artículo 3.primero.uno) una limitación sobre la cuota íntegra a la aplicación de las deducciones por doble imposición, limitándose al 50 % de la cuota de cada contribuyente el importe conjunto aplicable por las siguientes deducciones para evitar la doble imposición:

o Deducción por doble imposición internacional;

o Deducción por doble imposición económica internacional;

o Deducción por doble imposición interna por aplicación del régimen transitorio previsto para participaciones adquiridas en periodos impositivos anteriores a 2015;

o Deducciones por doble imposición aplicables en el régimen de transparencia fiscal internacional por el impuesto o gravamen efectivamente satisfecho en el extranjero por la distribución de dividendos o participaciones en beneficios, y por los impuestos o gravámenes de naturaleza idéntica o análoga al IS efectivamente satisfechos por la entidad no residente, en la parte que corresponda a la renta positiva imputada en la base imponible.

• La limitación mencionada al 50 % de la cuota de cada contribuyente plantea dudas sobre su compatibilidad con los CDI en lo que se refiere a las deducciones por doble imposición internacional, allí donde el CDI establece de forma clara la obligación de España de eliminar la doble imposición internacional y económica a través de una deducción del impuesto soportado en el otro Estado contratante con arreglo al Convenio, dado que, como ya hemos expuesto, las normas de los CDI prevalecen sobre la legislación interna y deben ser aplicadas de oficio, en sus justos términos y de buena fe teniendo en cuenta su texto, contexto y finalidad (artículo 31 CVDT). Es cierto que allí donde la cláusula convencional que regula el método de imputación incluye una referencia a la aplicación de la deducción *de acuerdo con los límites previstos en la legislación española* resultaría más discutible poner en duda la compatibilidad de esta limitación con el CDI, por más que ésta distorsione su objetivo principal.

• En relación con la aplicación de esta limitación también cabe realizar algunas consideraciones:

o El límite del 50 % no versa sobre la parte de cuota íntegra correspondientes a los ingresos de los que derivan las deducciones que son objeto de limitación, sino que aquélla se proyecta sobre la cuota íntegra propiamente dicha, esto es, sobre la cantidad resultante de aplicar el tipo de gravamen a la base imponible.

o El límite conjunto se aplica respecto de la suma de las cantidades a deducir por cada concepto, de acuerdo con las disposiciones que las regulan. De esta forma, las deducciones por doble imposición internacional de los artículos 31, 32 y 100.11 LIS están limitadas por la parte de cuota íntegra derivada de los ingresos correspondientes.

o La normativa reguladora de los excesos (insuficiencia de cuota), sobre la cuota íntegra prevista en los artículos 31.6 y 32.5 LIS, no han sido afectadas por el límite conjunto previsto en el apartado 2 de la Disposición adicional decimoquinta, y en tal sentido la utilización de tales excesos debe respetar igualmente el límite conjunto (Sanz Gadea 2017).

El método de imputación ordinaria previsto en el IRPF (artículo 80 LIRPF).

La deducción por doble imposición internacional regulada en la LIRPF articula igualmente el método de imputación ordinaria en sentido clásico y, por tanto, las reglas operativas concernientes a éste son de aplicación también aquí. No obstante, la regulación española del método de imputación ordinaria previsto a los efectos del IRPF presenta características singulares en relación con la regulación del mismo método en el marco del IS, en el sentido siguiente:

a) La determinación de la base liquidable foránea debe realizarse de conformidad con la legislación española; formará parte de dicha base el impuesto pagado en el extranjero.

b) Las bases imponibles obtenidas en el extranjero que no hayan sido gravadas se excluyen del cálculo de la deducción. En este sentido, nótese que puede acontecer que la base imponible de un EP extranjero configurada con arreglo a la normativa extranjera sea negativa (debido por ejemplo a un «ajuste por inflación») y la base imponible del EP determinada con arreglo a la normativa española sea positiva, en cuyo caso no cabe aplicar el método de imputación (no así el de exención) al no existir un gravamen extranjero sobre la renta del EP (SAN de 18 de diciembre de 2008).

c) El cálculo de límite de la deducción se efectúa sobre la base del denominado «*prorrata method*»; de conformidad con este mecanismo el límite de la imputación consiste en la fracción del impuesto de la residencia correspondiente a la participación de las rentas foráneas en el total de las rentas imponibles en el país que aplica el método. El artículo 80.1 LIRPF se limita a establecer que la cantidad que correspondería pagar en España de haberse obtenido las rentas en nuestro territorio se obtendrá del «resultado de aplicar el tipo de gravamen a la parte de base liquidable gravada en el extranjero». Añadiendo en su apartado 2° que «a estos efectos, el tipo de gravamen será el resultado de multiplicar por 100 el cociente de dividir la cuota líquida total por la base liquidable. A tal fin se deberá diferenciar el tipo de gravamen que corresponda a las rentas generales y del ahorro, según proceda. El tipo de gravamen se expresará con dos decimales».

d) En relación con la fórmula elegida por el legislador español para obtener la fracción proporcional del impuesto de la residencia correspondiente a las rentas foráneas se ha previsto un método aparentemente diferente al expuesto con carácter general, cuyo objetivo y resultados son, sin embargo, prácticamente idénticos. En concreto, dicha magnitud deriva de aplicar sobre la base liquidable gravada en el extranjero el tipo medio efectivo de gravamen. Este tipo medio se obtiene de multiplicar por cien el cociente resultante de dividir la cuota líquida total por la base liquidable. El tipo de gravamen aplicable a las rentas extranjeras que se integren en la base imponible del ahorro se calculará de forma separada pero de igual modo, teniendo en cuenta claro está la diferencia de tipo de gravamen. De esta forma, cuando un contribuyente obtenga rentas extranjeras que se integran tanto en la base imponible general como en la del ahorro habrá que calcular la cuantía de la deducción (el segundo límite) de forma separada en relación con cada una de las bases imponibles. A pesar de esta fórmula separada de cálculo, parece igualmente razonable permitir que se sumen los impuestos extranjeros pagados (1° límite), así como las cuotas tributarias nacionales correspondientes a las bases imponibles (general y del ahorro) foráneas (2° límite) a los efectos de aplicar la deducción final por doble imposición, imputándose la menor de ellas (la cuantía resultante del 1° o del 2° límite). Mediante esta forma de cálculo se maximiza la deducción al ampliarse las posibilidades de cross--crediting.

e) El tipo medio efectivo de gravamen no se aplica sobre las rentas obtenidas en el extranjero, sino sobre la parte de base liquidable obtenida fuera de territorio español; al objeto de determinar tal magnitud, habrá que minorar tales rentas en la parte proporcional que les corresponda de los mínimos personal y familiar y de las reducciones aplicadas sobre la base imponible (véase la jurisprudencia del TJUE en el caso De Groot y Beker, C-385/00 y C-168/11).

f) La cuestión del límite del método de imputación español establecido en el LIRPF es objeto de controversia, por cuanto que el artículo 80 LIRPF no ha delimitado claramente la base de cálculo de la deducción. Podría entenderse, como han hecho algunos autores en relación con la regulación del método prevista en la Ley 18/1991, de 6 de junio, que estamos ante un «límite por operación», de manera que el cómputo deberá realizarse para cada renta foránea que obtenga el contribuyente. Sin embargo, también podría mantenerse que se ha establecido un «límite global» para el conjunto de rentas que perciba el sujeto pasivo. En este sentido, no existe base legal alguna para aplicar un cómputo ni siquiera por país, toda vez que el artículo 80 LIRPF alude al resultado de aplicar el tipo medio efectivo a la parte de base liquidable gravada en el extranjero y, por tanto, sólo cabe distinguir entre rendimientos nacionales y foráneos; el legislador, a su vez, tan sólo se refirió expresamente al cálculo separado del segundo límite (el resultado de aplicar el tipo medio efectivo de gravamen a la parte de base liquidable gravada en el extranjero) en función de la integración de la renta extranjera en la base imponible general y del ahorro y, además, tal cálculo separado del tipo medio efectivo no afecta ni requiere en modo alguno el cálculo del límite de la deducción de forma separada para cada rendimiento (o ganancia patrimonial) obtenido y gravado en el extranjero. Ahora bien, por lo que se refiere a las rentas cubiertas por un CDI ratificado por España conviene poner de relieve que habría que excluirlas del cómputo global en la medida en que para éstas opera un límite diferente (por país) o un método distinto para eliminar la doble imposición. El TJUE se ha pronunciado en alguna ocasión sobre el límite per country poniendo de manifiesto cómo en determinadas ocasiones puede generar efectos restrictivos de libertades fundamentales, aunque se ha justificado en la necesidad de preservar un reparto equilibrado del poder tributario entre los Estados (STJUE en el caso *Beker* C-168/11, y sentencia del *Bundesfinanzhof* de 18 de diciembre de 2013 I R 71/10, IBFD-TNS-30 April 2014); cabe apuntar igualmente cómo el TJUE viene posicionándose a favor del tratamiento no discriminatorio de los dividendos extranjeros con respecto a los nacionales, tanto cuando su origen es europeo como extracomunitario (véase, por ejemplo, la STJUE de 20 septiembre de 2018, C-685/16, *EV*); el principio de igualdad de trato fiscal de los dividendo obtenidos por un accionista no residente en relación con el tratamiento de los dividendos en sede de accionista residente ha llevado al TJUE a declarar que allí donde el contribuyente residente en situación de pérdidas no es sometido a imposición en ese ejercicio, tal ventaja fiscal debe extenderse al accionista no residente (STJUE de 22 de diciembre de 2018, C-575/17, *Sofina*).

La Ley 26/2014 modificó el apartado 3 del artículo 80 de la LIRPF a efectos de clarificar que no resulta de aplicación en el marco de este impuesto el método de exención del artículo 22 LIS.

4.4. El método de imputación y las bases imponibles negativas nacionales y extranjeras

El Comité de Asuntos Fiscales de la OCDE, al final de los comentarios al artículo 23 B ModCDI, menciona otro conjunto de cuestiones que pueden suscitarse en el marco de la aplicación del método de imputación previsto en el CDI. Entre éstas posee particular importancia la relativa a la incidencia de las pérdidas o bases imponibles negativas en la aplicación de este complejo mecanismo. A este respecto, los problemas serán diversos dependiendo de diversos factores como, por ejemplo, de si las pérdidas tienen carácter nacional o extranjero, la cuantía de las mismas, así como de la concreta fórmula de cálculo empleada en la aplicación de la deducción por doble imposición internacional (método efectivo/método proporcional).

La interrelación de las bases imponibles negativas con el método de imputación previsto en un CDI también constituye una cuestión cuya resolución ha sido dejada a la legislación interna de los Estados contratantes (parágr. 65 de los CMC). La regulación española relativa a la integración y deducción de las rentas negativas la hemos expuesto en el epígrafe 2.3 de este Capítulo, lugar al que nos remitimos.

4.5. La eliminación de la doble imposición económica internacional en el marco de los convenios de doble imposición

Por último, el Comité de Asuntos Fiscales OCDE se refiere al tratamiento fiscal de los dividendos percibidos por sociedades que poseen una participación significativa en la sociedad que distribuye los dividendos (parágrs. 49 a 54 y 69 de los CMC). A este respecto, se reconoce que la configuración actual del artículo 23 del ModCDI tan sólo acierta a eliminar la doble imposición internacional pero no la doble imposición económica o intersocietaria internacional que recae sobre los dividendos; tal fenómeno genera importantes obstáculos a la inversión internacional, así como distorsiones económicas en la ubicación del capital.

El Comité Fiscal OCDE se ha planteado la inclusión en el ModCDI de una disposición dirigida a eliminar la doble imposición intersocietaria internacional. No obstante, tal cláusula todavía no ha sido introducida merced a la falta de consenso para arbitrar un mecanismo compatible con las diferentes posiciones adoptadas por los distintos Estados en su legislación; en particular, el riesgo de evasión fiscal ha sido uno de los motivos invocados por algunos países en orden a preservar su libertad de configuración de los mecanismos para eliminar tal fenómeno a través de disposiciones internas. De esta forma, la cuestión de la eliminación de la doble imposición intersocietaria internacional, aunque resulta intrínseca al objeto y fin de los CDIs, se ha dejado en manos de los Estados. No obstante, el Comité Fiscal OCDE no renunció a recomendar la adopción de tres tipos de medidas para aquellos países que desearan resolver tal fenómeno en el marco de sus CDIs. En concreto, se recomendaron los tres métodos clásicos, a saber:

a) El método de exención *(participation exemption)*;
b) La deducción por doble imposición de dividendos *(indirect foreign tax credit)*; y
c) La asimilación de la participación en una sociedad residente.

El Comité Fiscal OCDE consideró conveniente dejar libertad a los Estados para fijar los límites y cláusulas antiabuso que deben aplicarse cuando se adopten tales métodos; de esta forma, el establecimiento de requisitos objetivos y subjetivos como la exigencia de una participación significativa, de un determinado nivel de tributación de los beneficios de la participada, de un determinado origen de los beneficios de la participada, de un determinado nivel de sustancia económica de la participada, o de un período mínimo de tenencia de la participación no fueron valorados negativamente por parte del citado Comité.

En suma, el Comité de Asuntos Fiscales OCDE parece partidario de introducir cláusulas de eliminación de la doble imposición intersocietaria internacional en los CDIs y a tal efecto recomienda el empleo de tres mecanismos cuya configuración puede ser complementada con determinado tipo de cláusulas antiabuso. No obstante, tampoco se valora negativamente la combinación de las disposiciones del CDI con normas internas dirigidas a la eliminación de la doble imposición económica internacional. Por tanto, en principio parece que ambas fórmulas son perfectamente compatibles con el sistema arbitrado por los CDIs; sin embargo, parece más recomendable que sean los propios convenios los que articulen este tipo de medidas al objeto de evitar ciertas distorsiones o desequilibrios que la aplicación de las medidas internas pueden terminar introduciendo en el sistema convencional. Muchos de los CDIs concluidos por España incorporan cláusulas específicas concebidas para eliminar la doble imposición intersocietaria internacional; incluso alguno de ellos ha incorporado al convenio los parámetros establecidos en la Directiva 2011/96/CE; no obstante, existen en nuestra legislación interna (artículos 21 y 32 LIS) determinadas disposiciones dedicadas a la eliminación de la doble imposición económica internacional que, en principio, podrían aplicarse igualmente en el marco de un CDI, tanto donde éste haya recogido una cláusula específica a tal efecto, como cuando el convenio no haya previsto una medida *ad hoc*. En relación con la diferente tipología de cláusulas convencionales reguladoras de la eliminación de la doble imposición (juridical e intersocietaria) y sus implicaciones (autonomía e interrelación con la legislación interna), nos remitimos al epígrafe 1.2.2 de este mismo capítulo.

4.6. La evolución del método de imputación en el Modelo de convenio de la OCDE y relación con los Modelos de EEUU (1996-2006) y de la ONU (1999)

El tenor literal de la cláusula del ModCDI que establece el método de imputación apenas ha variado a lo largo del tiempo. A este respecto, únicamente cabe advertir pequeños cambios que carecen de trascendencia significativa. Así, el artículo 23 *A (2) in fine* del Proyecto de Modelo de

1963, dedicado al límite de la máxima deducción, recogía la expresión «Such deduction shall not, however, exceed that part of the tax (...), which is *appropriate to the income* derived from that other Contracting State», mientras que los modelos posteriores (1977-2010) se emplea una expresión más técnica: «Such deduction shall not, however, exceed that part of the tax (...), which is *attributable to such items of income* derived from that other Contracting State». Esta depuración terminológica de la versión inglesa del Modelo de convenio carece de trascendencia respecto de los CDIs concluidos por España, toda vez que la versión española del modelo de 1963 ya empleaba una expresión equivalente a la introducida en 1977. Por otro lado, la versión de 1977 correspondiente al artículo 23 B (1) incluyó los cambios terminológicos que acabamos de ver y, a su vez, refundió en tal apartado el método de imputación y su límite (la máxima deducción); el artículo 23 B (2) del ModCDI recogía de forma separada el límite del método de imputación; por tanto, lo que hizo el ModCDI de 1977 fue mejorar la sistemática del método sin alterar su alcance; a partir de 1977 el apartado 2° del artículo 23 B contiene la cláusula de exención con progresividad.

La cláusula del Modelo ONU (1999) que establece el método de imputación [artículos 23 A (2)/ 23 B (1)] no presenta variaciones sustantivas respecto de la prevista en el ModCDI 2000 y versiones posteriores. No obstante, los comentarios relativos al método de imputación ponen especial énfasis sobre la necesidad y razones para incluir en los CDIs cláusulas de imputación de impuestos no pagados. La cláusula del Modelo de convenio de los EEUU (1996-2006) relativa al método de imputación difiere de forma significativa de la prevista en los modelos de convenio OCDE y la ONU. El artículo 23 del modelo estadounidense recoge únicamente el método de imputación y, además, lo configura de forma más detallada a imagen y semejanza del *foreign tax credit* previsto en su legislación interna. Las diferencias más significativas con el modelo OCDE son las siguientes:

a) El método de imputación convencional se aplica de acuerdo con las disposiciones y sin perjuicio de las limitaciones (que pueden ser modificadas a lo largo del tiempo sin modificar el principio general) previstas en la legislación interna estadounidense.

b) La cláusula contempla la eliminación de la doble imposición intersocietaria internacional *(indirect foreign tax credit)* cuando concurren determinados requisitos (participación sustancial).

c) La regulación del método de imputación establece la deducibilidad de los impuestos *(devengados o pagados)* establecidos en el artículo 2 del CDI, admitiendo expresamente la deducibilidad de los pagados por o en nombre del contribuyente; y

d) El método de imputación resulta aplicable a efectos de la aplicación de la *saving clause* establecida en el convenio, la cual permite el gravamen por renta mundial en EEUU de los ciudadanos estadounidenses residentes del otro Estado contratante.

4.7. Práctica convencional española

4.7.1. *Convenios de doble imposición concluidos por España que siguen la cláusula recogida en el artículo 23.A.2 del Modelo convenio de doble imposición 1977-versiones posteriores*

Este método es empleado por España en los siguientes convenios: **CDI Alemania-España** (2011, artículo 22.2.b), **CDI Austria-España** (1966, artículo 24.2), **CDI Checoslovaquia-España** [1980, artículo 23.1.b)], **CDI China-España** [1990, artículo 24.1.b)], **CDI Dinamarca-España** (1972, artículo 24.3), **CDI Finlandia-España** (1967, artículo 23.2); este convenio ha sido sustituido por el firmado en 2015), **CDI Francia-España** [1973, artículo 25.1.b)], **CDI Japón-España** (1974, artículo 23.3), **CDI Marruecos-España** (1978, artículo 23.2), **CDI Noruega-España** (1963, artículo 24.2), **CDI Países Bajos-España** (1971, artículo 25.4), **CDI Polonia-España** [1979, artículo 23.1.b)], y **CDI Suiza-España** (1966, artículo 23.2).

Este método es empleado por el otro Estado contratante en los siguientes convenios: **CDI Austria-España** (1966, artículo 24.2), **CDI Austria-España** [Protocolo 1995, artículo 24.1.b)], **CDI Bélgica-**

España (1995, artículo 23.2.b), **CDI R.Dominicana** (2013, artículo 22.2), **CDI Checoslovaquia-España** [1980, artículo 23.2.b)], **CDI Finlandia-España** (1967, artículo 23.2), **CDI Francia-España** [1973, artículo 25.2.b)], **CDI Hungría-España** (1989, artículo 24.2), **CDI Luxemburgo-España** [1986, artículo 24.1.b)], **CDI Marruecos-España** (1978, artículo 23.2), **CDI Noruega-España** (1963, artículo 24.2), **CDI Polonia-España** [1979, artículo 23.2.b), **CDI con Reino Unido** (2011, artículo 22.2, con singularidades) y **CDI con Suiza** (Protocolo 2011, artículo 23.2)].

4.7.2. Convenios de doble imposición concluidos por España que siguen la cláusula recogida en el artículo 23.B.1 del Modelo Convenio de doble imposición 1977-versiones posteriores

Esta cláusula es empleada por España en los siguientes convenios: **CDI Andorra-España** (2015, artículo 21.1), **CDI Arabia Saudí-España** (2007, artículo 24.1), **CDI Argentina-España** (1992, artículo 23.1, denunciado por Argentina el 29 de junio de 2012), **CDI Australia-España** (1992, artículo 23.3), **CDI Austria-España** [Protocolo 1995, artículo 24.2.a)], **CDI Bélgica-España** (1995, artículo 23.1), **CDI Bolivia-España** (1997, artículo 24.1, Protocolo nº 3), **CDI Brasil-España** (1974, artículo 23.1), **CDI Bulgaria-España** (1990, artículo 21.1), **CDI Canadá-España** (1976, artículo XXIII.3), **CDI Catar-España** (2015, artículo 22), **CDI Corea-España** (1994, artículo 23.2), **CDI Cuba-España** (1999, artículo 24.2), **CDI Dinamarca-España** [Protocolo 1999, artículo 24.2.a)], **CDI R. Dominicana-España** (2013, artículo 22.1), **CDI Ecuador-España** (1991, artículo 24.1), **CDI El Salvador-España** (2009), **CDI EEUU-España** [1990, artículo 24.1a)], **CDI Eslovenia-España** (2001, artículo 24.1), **CDI Finlandia-España** (2015, artículo 21), **CDI Rusia-España** (1998, artículo 23.1), **CDI Francia-España** [1995, artículo 24.2, Protocolo 14.c)], **CDI Grecia-España** (2000, artículo 23.2), **CDI Hungría-España** (1984, artículo 24.1), **CDI India-España** (1993, artículo 25.3), **CDI Indonesia-España** (1995, artículo 24.2), **CDI Irlanda-España** (1994, artículo 23.1), **CDI Israel-España** (1999, artículo 24.1), **CDI Italia-España** (1977, artículo 22.3), **CDI Jamaica-España** (2009), **CDI Luxemburgo-España** [1986, artículo 24.2.a)], **CDI España-Malasia** (2006, artículo 22.2), **CDI México-España** (1992, artículo 23.1), **CDI Noruega-España** (1999, artículo 24), **CDI Portugal-España** (1968, artículo 24), **CDI Portugal-España** [1993, artículo 23.1.a)], **CDI Reino Unido-España** [1975, artículo 24.2.a)], **CDI Rumania-España** (1979, artículo 24.2), **CDI Sudáfrica-España** (2006, artículo 22.1), **CDI Suiza-España** (Protocolo 2011, artículo 23.1), **CDI Suecia-España** (1976, artículo XXIV.1 y 5), **CDI Tailandia-España** (1997, artículo 23.2), **CDI Túnez-España** (1982, artículo 23.1), **CDI Turquía-España** [2002, artículo 22.1.a)], **CDI Islandia-España** (2002, artículo 23), y **CDI Venezuela-España** (2003, artículo 23.2, Protocolo nº 12).

Este método es empleado por el otro Estado contratante en los siguientes convenios: **CDI Andorra-España** (2015, artículo 21.2), **CDI Arabia Saudí-España** (2007, artículo 24.2), **CDI Brasil-España** (1974, artículo 23.1), **CDI Catar-España** (2015, artículo 22), **CDI Cuba-España** (1999, artículo 24.1), **CDI China-España** (1990, artículo 24.2), **CDI Dinamarca-España** (1972, artículo 24.1, convenio denunciado por Dinamarca), **CDI Ecuador-España** (1991, artículo 24.2), **CDI El Salvador-España** (2009) **CDI Eslovenia-España** (2001, artículo 24.2), **CDI Finlandia-España** (2015, artículo 21),**CDI Grecia-España** (2000, artículo 23.1), **CDI India-España** (1993, artículo 25.2), **CDI Indonesia-España** (1995, artículo 24.1), **CDI Irlanda-España** (1994, artículo 23.2), **CDI Israel-España** (1999, artículo 24.2), **CDI Malasia-España** (2006, artículo 22), **CDI Noruega-España** (1999, artículo 24), **CDI Portugal-España** (1968, artículo 24), **CDI Portugal-España** [1993, artículo 23.2.a)], **CDI Serbia-España** (2009), **CDI Sudáfrica-España** (2006, artículo 22.2), **CDI Suecia-España** (1976, artículo 24.1 y 5), **CDI Tailandia-España** (1997, artículo 23.3), **CDI Trinidad y Tobago-España** (2009), **CDI Túnez-España** (1982, artículo 23.1), **CDI Turquía-España** [2002, artículo 22.2.a)], **CDI Islandia-España** (2002, artículo 23), y **CDI Venezuela-España** (2003, artículo 23.1).

Los últimos CDIs firmados por España también recogen el método de imputación del artículo 23 B (1) ModCDI sin introducir cambios sustantivos respecto de lo previsto en tal cláusula (véase, no obstante, el epígrafe siguiente): **CDI Andorra-España** (2015, artículo 21), **CDI Alemania-España (2011, artículo 22.1.a), CDI Argelia-España** (2002, artículo 22), **CDI Argentina-España** (2011, artículo 23), **CDI Armenia-España [2011, artículo 23.1.a) y 2.a)]**, **CDI Bosnia y Herzegovina-España** (2008, artículo 23), **CDI Canadá-España** (Protocolo 2014, artículo XXIII), **CDI Chipre-España** (2013, artículo 22), **CDI Costa Rica-España** (2011, artículo 23), **CDI Colombia-España** (2005, artículo 22), **CDI Croacia-España** (2005, artículo 22), **CDI Chile-España** (2003, artículo 22, Protocolo XII), **CDI Hong Kong-España** (2011, artículo 21.1 y 2.b), **CDI Irán-España** (2003, artículo 23.1 y 2), **CDI Emiratos árabes-España** (2006, artículo 22.1 y 2), **CDI Estonia-España** (2003, artículo 23), **CDI Egipto-España** (2005, artículo 23), **CDI Jamaica-España** (2009), **CDI Kuwait-España** (2008, artículo 23), **CDI Letonia-España** (2003, artículo 24), y **CDI Lituania-España** (2003, artículo 24), **CDI Macedonia-España** (2005, artículo 22), **CDI Malta-España** (2006, artículo 22.1 y 2), **CDI Nigeria-España** (2009, artículo 24), **CDI Nueva Zelanda-España** (2006, artículo 21.1 y 2), **CDI Omán-España** (2014, artículo 23), **CDI Senegal-España** (2006, artículo 23), **CDI Serbia-España** (2009, artículo 24), **CDI Trinidad y Tobago-España** (2009), **CDI Uzbekistán-España** (2013, artículo 23).

4.7.3. *Convenios de doble imposición concluidos por España que incluyen alguna variación significativa respecto del método de imputación previsto en los artículos 23.A.2 y 23.B.1 del modelo de doble imposición 1977-2014*

En primer lugar, el **CDI Alemania-España** (1966, artículo 23.1 y 2, que ha dejado de surtir efectos a partir de la vigencia del CDI de 2011) contempla la aplicación del método de imputación respecto de determinadas rentas, pero se aparta de la cláusula tipo prevista en el modelo OCDE. Así, en Alemania tal método de imputación se aplicará en relación con determinados dividendos e intereses, cánones, remuneraciones públicas pagadas a un nacional alemán que no tenga simultáneamente la nacionalidad española, así como en relación con rentas procedentes de inmuebles o el patrimonio integrado por tales bienes, cuando no están vinculados efectivamente con un EP situado en España; no se ha previsto limitación alguna respecto de la cuantía de la deducción. Este convenio recoge una cláusula pareja relativa a la aplicación del método de imputación en España; tal cláusula [artículo 23.2.b)] ha sido configurada de forma más próxima a la prevista en el artículo 23 A (2) del ModCDI, aunque su ámbito objeto es más amplio abarcando las rentas y elementos patrimoniales enumerados antes; la cláusula española sí recoge expresamente la máxima deducción. El **CDI con Alemania de 2011**, como ya vimos, establece como regla el método de exención con progresividad para toda renta obtenida o elemento patrimonial situado en España que hubiera sido efectivamente gravada (*subject-to-tax clause*), haciéndose referencia expresa a dividendos de participaciones sustanciales (10 %) que no hubieran determinado un gasto deducible en la sociedad pagadora. No obstante, el método de exención no resulta de aplicación, sino que opera el método de imputación en relación con determinadas categorías de rentas (v.gr, determinadas ganancias patrimoniales, rentas del trabajo, remuneraciones de consejeros, pensiones privadas, renta de artistas y deportistas) y muy en particular rentas pasivas (beneficios de establecimientos permanentes y dividendos que caigan en el ámbito de aplicación del artículo 8 de la *Aussensteuergesetz, AStG*), tal y como establece el artículo 22.2.b y c del CDI. La cláusula de eliminación de la doble imposición en Alemania también contiene una cláusula específica relacionadas con los conflictos de calificación y atribución, estableciendo la aplicación del método de imputación en dos casos: a) supuestos de calificación o atribución asimétrica de la renta que no puede resolverse siguiendo el procedimiento amistoso del artículo 24.3 del CDI, de suerte que como consecuencia de tal diferencia de calificación o de atribución, la renta o el capital en cuestión quedaran sin imposición o sujetos a una imposición inferior a la que correspondería en caso de que hubiera acuerdo; y b) rentas distintas de aquellas para las que se ha previsto expresamente el método de imputación en el apartado 2.b del artículo 22, previa notificación de Alemania a España.

El método de imputación previsto en el **CDI Argentina-España** (1992, artículo 23.2, denunciado por Argentina el 29 de junio de 2012) se aparta de lo previsto en el ModCDI; por un lado, se contiene una referencia a la aplicación del método de acuerdo con las limitaciones previstas en la legislación argentina; por otro lado, la terminología empleada para fijar la cuantía del impuesto español imputable en Argentina tampoco se ajusta a lo previsto en el Modelo, resultando significativa la omisión de toda referencia expresa a las reglas de distribución del poder tributario del convenio; en tercer lugar, parece que el convenio fija un límite «global» respecto del cómputo de la máxima deducción en Argentina. El nuevo **CDI con Argentina** (2011, artículo 23.2) contiene una cláusula configurada en términos similares.

El método de imputación recogido en el **CDI Australia-España** (1992, artículo 23.1) también se desvía de lo previsto en el ModCDI; en particular, la deducción por doble imposición articulada por Australia a través del convenio se ajusta a la fórmula prevista en el Modelo EEUU (1996). Asimismo, este convenio recoge sendas cláusulas para eliminar la doble imposición intersocietaria.

En el **CDI Bélgica-España** (1970, artículo 23.3) se establece que la deducción o imputación que debe otorgarse en relación con determinadas rentas (artículos 10, 11 y 12) que pueden ser objeto de tributación limitada en el otro Estado contratante no será inferior al impuesto exaccionado efectivamente en el mismo con arreglo al convenio.

El **CDI Canadá-España** (1974, artículo 23.4) contiene una *source rule* a efectos de aplicación del método de imputación previsto en el mismo, de manera que las rentas que obtenga un residente de un Estado contratante y que, con arreglo al convenio, puedan ser gravadas en el otro Estado contratante se estiman procedentes de fuentes situadas en este segundo Estado. Entendemos que esta regla resulta implícita en el artículo 23 ModCDI, aunque no se haya recogido expresamente. El protocolo de 2014 al CDI con España contiene una regla similar (artículo XXIII.3) referida a la aplicación del método de imputación en Canadá.

El **CDI Corea-España** (1994, artículo 23.1) establece el método de imputación ordinaria en Corea, pero su configuración se aleja de lo previsto en el ModCDI; por un lado, este convenio recoge una cláusula con arreglo a la cual la doble imposición se elimina «sin perjuicio de las disposiciones de la legislación tributaria coreana (...)»; por otro lado, se excluye expresamente de la deducción el impuesto sobre sociedades español exigible respecto de los beneficios con cargo a los cuales se paguen los dividendos; en tercer lugar, la fórmula para delimitar la máxima deducción del método de imputación prevista en el convenio tampoco coincide con la establecida en el ModCDI; en particular, se ha establecido que la deducción o «el crédito no podrá exceder de la parte del impuesto coreano correspondiente a la proporción en que se encuentren las rentas de fuente española respecto de la totalidad de las rentas sometidas a imposición en Corea».

El **CDI con Colombia** (2005, artículo 22) contiene alguna singularidad relevante. En primer lugar, debe resaltarse que su Protocolo I establece que «lo establecido en este convenio se entenderá aplicable independientemente de lo previsto en la legislación interna de los Estados contratantes», lo cual en principio parecería reforzar la prioridad de éste sobre la legislación interna. No obstante, en el artículo 22 regulador de los métodos se insiste en que la doble imposición se evitará «bien de conformidad con las disposiciones impuestas por su legislación interna de los Estados contratantes o conforme a las siguientes disposiciones», lo cual clarifica en el caso de España la aplicación del método de exención recogido en la legislación interna; y a la hora de regular el método de imputación convencional se vuelve a establecer que se aplicará «dentro de las limitaciones impuestas por su legislación interna». Una cláusula de corte muy similar la encontramos en los CDI **con Macedonia** (2005, artículo 22), **con Costa Rica** (2011), **con Turquía, con Irán, con Malta, con Serbia, con Chipre, con República Dominicana, con Reino Unido (2013), con Kuwait, con Suiza (Protocolo 2011), con Canadá (Protocolo de 2014), con Senegal, con Nigeria, con Omán, con Uzbekistán, con Catar (2015), con Finlandia (2015), con Bosnia y Herzegovina, con Nueva Zelanda y con Emiratos árabes** (en estos dos últimos con algún matiz añadido). A este respecto, cabe apuntar cómo el Protocolo VII del CDI con Catar indica que "la intención (del apartado 1 del artículo 22) es la de permitir aplicar a un residente en España un método para evitar la doble imposición de entre los disponibles de acuerdo con el propio convenio para evitar la doble imposición y la legislación interna española".

El **CDI con Costa Rica** (2011) recoge una cláusula en su Protocolo XI que establece que en tanto este país mantenga un criterio de territorialidad en su sistema tributario (por el que la renta obtenida en España por un residente en Costa Rica o su patrimonio situado en España no quedaran sujetos a imposición en Costa Rica), Costa Rica podrá no aplicar las disposiciones de este artículo a sus residentes, en cuyo caso serán de aplicación las disposiciones previstas en su legislación interna. Entendemos que esta cláusula pretende clarificar que los métodos convencionales para evitar la doble imposición quedan circunscritos –la obligación de permitir la deducción del impuesto español– a los casos donde exista doble imposición internacional efectiva, esto es, donde Costa Rica someta a imposición la renta española.

El **CDI Dinamarca-España** (Protocolo 1999, artículo 24; convenio denunciado) permite que Dinamarca pueda incluir en la base imponible de un residente las rentas o elementos patrimoniales respecto de las cuales el convenio establece imposición exclusiva en España; no obstante, Dinamarca debe conceder como deducción el impuesto sobre la renta nacional que corresponda a tales rentas o elementos patrimoniales. Asimismo, la formulación del método de imputación en este convenio (artículo 24.1.a y b) se corresponde más con el artículo 23 B ModCDI 1963 que con versiones posteriores del mismo modelo.

El **CDI EEUU-España** (1990, artículo 24.2 y 3) sigue el Modelo elaborado por el Departamento del Tesoro estadounidense en lo relativo a la eliminación de la doble imposición internacional en los EEUU; las diferencias que presenta este modelo con respecto al convenio tipo OCDE ya han sido apuntadas en un epígrafe precedente.

El **CDI Filipinas-España** (1989, artículo 23.1) se desvía en varios aspectos de lo dispuesto en el ModCDI; por un lado, la eliminación de la doble imposición en Filipinas se llevará a cabo sin perjuicio de lo previsto en la legislación interna de este país; por otro lado, contempla la deducción del impuesto español pagado directamente o por retención; en tercer lugar, el convenio hace referencia a que la deducción se aplicará «respecto de las rentas de fuentes situadas en España»; en cuarto lugar, la deducción del impuesto español se supedita a que tal impuesto resulte «similar» al impuesto filipino sobre el que opera. La aplicación del método de imputación en España queda supeditada a los mismos condicionantes al haberse incluido una cláusula «gemela» a la que acabamos de examinar (CDI Filipinas-España, 1989, artículo 23.2), aunque resulta complementada con una disposición de *matching credit* en relación con dividendos, intereses y cánones de fuente filipina.

El **CDI Rusia-España** (1998, artículo 23.2) establece el método de imputación para eliminar la doble imposición internacional en Rusia. No obstante, a la hora de delimitar el presupuesto de aplicación de tal método el convenio recoge una expresión que se aleja de lo previsto en el ModCDI, a saber: «cuando un residente de Rusia obtenga rentas o posea elementos patrimoniales que, con arreglo a las disposiciones del presente convenio *estén sujetos a imposición en España*, el importe (...)».

El **CDI Francia-España** (1995, artículo 24.1) recoge una versión del método de imputación previstos en el artículo 23 B ModCDI que presenta ciertas variantes. Por un lado, tal método resulta aplicable en relación con rentas que sólo pueden ser gravadas en España; no obstante, en este caso el crédito fiscal será igual al impuesto francés correspondiente a tales rentas (exención modificada); por otro lado, el método de imputación ordinaria resulta aplicable respecto de las rentas relacionadas en los artículos 10.2, 11.2, 12.2.a), 13.1 y 2, 15.3, 16.1 y 17.1 y 2, y 23.1, 2 y 3 del convenio. Asimismo, el Protocolo nº 14 al convenio se refiere a la fórmula de cómputo de la máxima deducción en Francia distinguiendo entre impuestos que apliquen un tipo impositivo proporcional y aquellos que apliquen un tipo progresivo de gravamen. El referido Protocolo también delimita expresamente el alcance de la expresión «importe del impuesto pagado en España»: «el importe del impuesto español efectivamente soportado a título definitivo por razón de esas rentas, conforme a lo dispuesto en este convenio, por el residente de Francia beneficiario de estas rentas».

El **CDI Italia-España** (1977, artículo 22.2) recoge el método de imputación para la eliminación de la doble imposición internacional en Italia, aunque la configuración del mismo no coincide plenamente con lo previsto en el ModCDI. Tal método sólo resulta aplicable en relación con las rentas o elementos patrimoniales que pueden gravarse en los dos Estados contratantes, no así respecto de aquellas que sólo pueden gravarse en España. Asimismo, la máxima deducción prevista en el convenio respecto del método de imputación en principio debe computarse utilizando la base de cálculo proporcional respecto a la renta que puede gravarse en España (y en Italia). En tercer lugar, se ha establecido que no procederá ninguna deducción en el caso de que la renta se someta a imposición en Italia por la vía de una retención en concepto de impuesto definitivo, a petición del beneficiario y de conformidad con la legislación italiana.

El **CDI Japón-España** (1974, artículo 23.1) establece la eliminación de la doble imposición internacional en Japón a través del método de imputación previsto en la legislación interna de este país; el impuesto español debido por las rentas obtenidas en España será deducible del impuesto japonés correspondiente a tales rentas.

El **CDI México-España** (1992, artículo 23.2) originariamente establecía el método de imputación para la eliminación de la doble imposición internacional en México; no obstante, la regulación convencional de este mecanismo se alejaba de lo previsto en el ModCDI; por un lado, se establecía que la doble imposición se eliminará básicamente de acuerdo con lo dispuesto en la legislación mexicana; y, por otro, el contenido convencional del método de imputación se limitaba a reconocer que los residentes de México podrán acreditar el impuesto sobre la renta pagado en España hasta por un monto que no exceda del impuesto que se pagará en México por el mismo ingreso; no se incluía referencia alguna a las normas convencionales de distribución del poder tributario, aunque la interpretación sistemática del precepto conduce a la conclusión de que tal mecanismo sólo resulta aplicable allí donde las rentas puedan ser gravadas en los dos Estados contratantes. El Protocolo (2015) al CDI con México ha dado nueva redacción al artículo 23 del convenio, incluyendo una serie de cambios relevantes entre los que destacan los siguientes: a) la renumeración del precepto, ahora como artículo 24; b) en relación con la eliminación de la doble imposición en España, el protocolo ahora establece una opción entre el método de imputación combinado con la exención con progresividad que recoge el CDI de acuerdo con la legislación interna española, y la aplicación de las disposiciones de la legislación interna española en materia de doble imposición (artículos 21, 22, 31 y 32 LIS); el Protocolo incluye la eliminación de la doble imposición económica internacional, de acuerdo con la legislación interna española; c) En México, la doble imposición se evitará con arreglo a las disposiciones y sin perjuicio de las limitaciones establecidas en la legislación de México, conforme a las modificaciones ocasionales de esta legislación que no afecten a sus principios generales; el Protocolo incluye la eliminación de la doble imposición económica internacional cuando la sociedad detente al menos el 10 % del capital de una sociedad residente de España; y d) eliminación de la cláusula de matching credit e introducción de una cláusula de nación más favorecida en relación con los artículos 11 y 12 del Convenio a favor de España.

El **CDI Países Bajos-España** (1971, artículo 25.1 y 2) recoge el método de imputación para la eliminación de la doble imposición internacional en Países Bajos, aunque la configuración del mismo no coincide plenamente con lo previsto en el ModCDI al haberse adaptado a las peculiaridades que presenta tal método en la legislación neerlandesa. Tal método sólo resulta aplicable en relación con las rentas o elementos patrimoniales que pueden gravarse en los dos Estados contratantes, no así respecto de aquellas que sólo pueden gravarse en España. En realidad, el convenio establece dos variantes del método de imputación que empleará Países Bajos dependiendo del tipo de rentas de que se trate. Por un lado, se ha establecido la aplicación de un método de imputación que debe computarse utilizando la base de cálculo proporcional respecto a la renta que puede gravarse en España; es decir, se deducirá la proporción de impuesto neerlandés que corresponda a la proporción en que, respecto de la renta o patrimonio total, estén las partes de renta o patrimonio de fuente española que se haya integrado en la base imponible del contribuyente neerlandés; tal método opera como una suerte de «exención modificada», esto es, con los efectos del método de exención pero articulada a través de una deducción de la cuota tributaria; tal mecanismo se aplica respecto de las rentas y elementos patrimoniales establecidos en los siguientes preceptos: 6, 7, 10.6, 11.4, 12.5, 14.1 y 2, 15, 16.1, 17.1, 18, 20, 24. 1 y 2 del convenio; véase, asimismo, lo dispuesto en el Protocolo XII al convenio.

Por otro lado, se ha establecido una segunda deducción con arreglo a la cual para eliminar la doble imposición en relación con las rentas reguladas por los artículos 10.2, 11.2 y 12.2 (dividendos, intereses y cánones sujetos a límites de tributación en la fuente) se deducirá la menor de las dos cantidades siguientes: a) un importe igual al impuesto español; b) la parte del impuesto neerlandés que, respecto del impuesto calculado de acuerdo con lo previsto en el apartado 1° del artículo 25 del convenio, esté en la misma proporción que las citadas partes de renta estén con la renta total que constituye la base impositiva a que se refiere dicho número. El **CDI Reino Unido-España** [1975, artículo 24.1.a)] recoge el método de imputación para eliminar la doble imposición internacional en el Reino Unido, aunque tal método no se ajusta totalmente a lo previsto en el ModCDI. Por un lado, la aplicación de tal método resulta sujeta a lo previsto en la legislación interna británica que regula el *foreign tax credit*; la regulación convencional del método de imputación establece que el impuesto español exigible de acuerdo con la legislación española y el convenio, ya sea directamente o por retención, sobre beneficios, rentas o ganancias sujetas a gravamen y procedentes de España se deducirá en concepto de crédito de cualquier impuesto del RU que tome como base los mismos beneficios, rentas o ganancias sobre los que se calculó el impuesto español; asimismo, el citado precepto excluye la deducción del impuesto sobre sociedades subyacente en el caso de los dividendos de fuente española, aunque más adelante recoge una cláusula específica para la deducción de la doble imposición económica. El método de imputación previsto en el convenio no regula la máxima deducción, de forma que será la legislación interna la encargada de delimitar este aspecto. También se recoge una *source rule* coherente con las reglas de distribución del poder tributario previstas en el CDI (artículo 24.4); tal cláusula también la encontramos en el nuevo **CDI con Reino Unido (2011)**, pero además éste recoge el método de exención con carácter general en tal país en relación con dividendos y renta empresarial a través de EP.

El **CDI Rumania-España** (1979, artículo 25.1) establece el método de imputación para eliminar la doble imposición internacional en Rumania; no obstante, la regulación convencional de tal método se limita a establecer la deducibilidad del impuesto exaccionado en España con arreglo al convenio del importe de impuesto rumano exigible conforme a la legislación fiscal rumana; no se ha regulado la máxima deducción del método de imputación; una cláusula similar aparece recogida en el **CDI con Chile** (2003, artículo 22.2), en relación con la eliminación de la doble imposición en este país. Asimismo, el **Convenio con Rumania** establece que los beneficios abonados por empresas estatales rumanas al presupuesto del Estado se consideran, a estos efectos, como «impuesto rumano». Este convenio también recoge una *source rule* coherente con las reglas de distribución del poder tributario previstas en el CDI (artículo 25.4).

El **CDI Suiza-España** (1966, artículo 23.3) establece un mecanismo singular para eliminar la doble imposición en Suiza sobre las rentas que pueden gravarse limitadamente en España con arreglo al convenio (dividendos, intereses y cánones). La aplicación de la desgravación fiscal en Suiza está sujeta a previa petición del contribuyente residente de este país; todo el procedimiento de petición, así como la resolución de las autoridades suizas están reguladas en la normativa interna suiza. La desgravación fiscal que pueden acordar las autoridades suizas, con arreglo al convenio, puede consistir ya en la aplicación del método de imputación ordinaria, ya en una reducción alzada del impuesto suizo, ya en una exención parcial del impuesto suizo sobre tales rentas, la cual como mínimo consistirá en deducir del importe bruto de las rentas obtenidas en España el impuesto español exaccionado con arreglo al convenio. El **Protocolo de 2011** al CDI con Suiza ha modificado tal regulación convencional, de manera que ahora la doble imposición se evitará en el país helvético a través del método de exención y el de imputación, dependiendo del caso.

El **CDI ex URSS-España** (1985, artículo 1 6) establece que la doble imposición que pueda producirse con arreglo a las disposiciones del convenio (reglas de distribución del poder tributario no exclusivas) se eliminará por el Estado de residencia del contribuyente «de acuerdo con su legislación».

El **CDI Turquía-España** [2002, artículo 22.1.a)] recoge una curiosa combinación de métodos para eliminar la doble imposición internacional en España. La peculiaridad más relevante que presenta este convenio resulta de la cláusula que establece que «En España, la doble imposición se evitará bien de conformidad con las disposiciones impuestas por su legislación interna o conforme a las siguientes disposiciones: (...)». A través de esta disposición se admite expresamente la aplicación, en el marco del convenio, de los métodos previstos en la legislación interna española para eliminar la doble imposición internacional y económica (artículo 80 LIRPF y artículos 31, 32, 21 y 22 TRLIS 2004). Nótese también que la cláusula del artículo 22.1 del **CDI Turquía-España** dedicada a la «Eliminación de la Doble Imposición» establece que «En España, *la doble imposición se evitará* bien de conformidad con las disposiciones impuestas por su legislación interna o conforme a las siguientes disposiciones: (...)». Respecto a los métodos para eliminación previstos en el **Convenio Turquía-España** (2002), lo cierto es que en España se establece con carácter general el método de imputación ordinaria, configurado de forma similar a lo previsto en el ModCDI. Este método, sin embargo, no resulta en todo caso aplicable a supuestos donde una sociedad residente de España obtiene dividendos de filiales turcas (participación del 25 %) o «beneficios» obtenidos a través de un EP situado en territorio turco. En estos casos procederá la aplicación de la exención tributaria en España respecto de tales bases imponibles. No obstante, no procede la aplicación de la exención respecto de aquella parte de la renta del contribuyente que provenga de beneficios exentos del impuesto sobre sociedades turco en un año fiscal concreto. Asimismo, el Protocolo nº 8 al convenio recoge otra cláusula antiabuso de manera que la exención no se aplicará cuando el «propósito principal» de cualquier persona relacionada con la creación o la cesión de las acciones u otros derechos respecto de los cuales se paga la renta, sea beneficiarse de esta disposición mediante dicha creación o cesión. La doble imposición en Turquía se eliminará en aplicación del método de imputación ordinaria, sin que la configuración convencional del mismo presenta mayores particularidades.

El **CDI con Estonia** (2003, artículo 23) contiene una singularidad digna de mención. Su Protocolo X establece que mientras resulten aplicables determinadas disposiciones contenidas en la legislación del impuesto sobre la renta de Estonia, la deducción por doble imposición que debe aplicarse en España en relación con la renta obtenida a través de EPs se permitirá incluso cuando el impuesto pagado en Estonia corresponda a un ejercicio fiscal distinto a aquel en el que la sede central española incluyera en su base imponible las rentas obtenidas a través de un EP situado en Estonia.

El **CDI con Vietnam** (2005, artículo 23) contiene varias singularidades en relación con el método de imputación previsto en el artículo 23.B ModCDI. En primer lugar, la aplicación del método en ambos Estados se realizará con sujeción a las normas (y limitaciones) previstas en la legislación interna. En segundo lugar, el convenio recoge una cláusula de *tax sparing* a favor de Vietnam y que, por tanto, debe aplicarse en España a los efectos de la aplicación del método de imputación; tal cláusula de *tax sparing* tiene una duración de 10 años desde la fecha de efecto del convenio y se aplica en relación con los beneficios empresariales obtenidos por un residente de España a través de un EP en Vietnam; los impuestos ficticios que deberán tomarse en consideración son todos aquellos que se hubieran exaccionado de no aplicarse los incentivos fiscales temporales para la promoción de la inversión extranjera con fines de desarrollo. Junto a esta cláusula se contiene otra de *matching credit* del 10 % sobre el importe bruto de los dividendos, intereses y cánones pagados por residentes de Vietnam a residentes de España; tal cláusula también se aplicarán durante un período de 10 años desde la fecha del Convenio, y no surtirán efecto cuando se obtengan rentas pasivas de acuerdo con la ley española del impuesto sobre sociedades.

4.7.4. Convenios de doble imposición concluidos por España que incluyen una deducción por doble imposición económica internacional sobre dividendos

Una deducción de este tipo es empleada por España en los convenios referidos a continuación. El **CDI Argentina-España** [1992, artículo 23.1.b, denunciado por Argentina el 29 de junio de 2012)] establece una cláusula de eliminación de la doble imposición económica en España; la aplicación de la misma requiere de la concurrencia de varios requisitos; por un lado, la sociedad española debe ostentar directamente al menos el 25 % del capital de la sociedad argentina pagadora de los dividendos; por otro lado, la participación debe mantenerse de forma ininterrumpida durante los dos años anteriores al día en que los dividendos se paguen; el nuevo **CDI con Argentina (2013)** recoge una cláusula similar (artículo 23.1.b). Una cláusula del mismo tenor se recoge en los **CDIs con Corea** [1994, artículo 23.2.b] y **con México** [1992, artículo 23.1.b)].

El **CDI Cuba-España** [1999, artículo 24.2.b)] ha recogido una cláusula que prevé la eliminación de la doble imposición económica en España en términos muy parecidos; no obstante, esta medida resulta sujeta a condicionantes que no coinciden totalmente con los previstos en tales convenios; por un lado, la sociedad residente de España debe poseer directamente al menos el 25 % del capital de la sociedad que paga los dividendos, o el porcentaje que establezca la normativa interna española cuando sea inferior; por otro lado, la participación debe mantenerse de forma ininterrumpida durante el año anterior al día en que sean exigibles los dividendos se distribuyan.

Una cláusula de contenido prácticamente idéntico se recoge en el **CDI Rusia-España** (1998, artículo 23.1.b) en relación con los dividendos percibidos por sociedades españolas de entidades rusas, así como en el **CDI Israel-España** [1999, artículo 24.1.b) y 2.b)]. El **CDI Grecia-España** [2000, artículo 23.1.b y 2.b)] recoge la misma cláusula aunque de alcance bilateral, esto es, beneficiando tanto a las entidades españolas que perciben dividendos distribuidos por entidades griegas, como a las entidades griegas que perciben dividendos distribuidos por entidades españolas; esta cláusula, probablemente, articule una transposición convencional de la Directiva comunitaria Matriz-Filial, lo cual posee trascendencia tanto respecto de su eficacia como de su interpretación.

La cláusula prevista en el **CDI EEUU-España** [1990, artículo 24.1.b)] supedita la aplicación de la deducción a que la sociedad española participe directamente el capital de la sociedad estadounidense y que tal participación no sea inferior al 25 % y se mantenga de forma continuada durante el período impositivo en que los dividendos se pagan, así como durante el período impositivo inmediatamente anterior; véase, asimismo, el Protocolo nº 17 al convenio.

El **CDI Australia-España** [1992, artículos 23.2 y 3.a).ii)] contiene dos cláusulas para la eliminación de la doble imposición económica en los dos Estados contratantes; para que tal medida pueda ser empleada por una entidad australiana se requiere que ésta posea, directa o indirectamente, al menos el 10 % de las acciones con derecho de voto de la sociedad española; mientras que una entidad residente española sólo podrá valerse de esta medida cuando posea directamente al menos el 25 % del capital de la sociedad australiana que paga los dividendos. Una cláusula similar a esta última aparece recogida en los **CDIs de Austria-España** [Protocolo 1995, artículo 24.2.b)], **Bélgica-España** [1995, artículo 23.1.b)], **India-España** [1993, artículo 25.3.B)], **Indonesia-España** [1995, artículo 24.2.b)]. El criterio del 10 % de las acciones con pleno derecho de voto se recoge en el **CDI con Estonia** [2003, artículo 23.2.b)], en relación con la eliminación de la doble imposición económica en este país respecto de los dividendos distribuidos por entidades españolas.

Asimismo, el **CDI Austria-España** [Protocolo 1995, artículo 24.1.c)] establece una cláusula de eliminación de la doble imposición económica a través del método de exención tal y como resulta establecido en la legislación austriaca. Una cláusula similar se ha recogido en el **CDI Bélgica-España** [1995, artículo 23.2.c)], en relación con los dividendos pagados por sociedades españolas a sociedades belgas.

El **CDI Brasil-España** (1974, artículo 23.3 y 4) establece la aplicación del método de exención respecto de dividendos transnacionales; tal método debe aplicarse incondicionalmente, siempre y cuando los dividendos puedan someterse a imposición en el otro Estado contratante de acuerdo con el convenio. Téngase en cuenta que, tal y como expusimos al principio de este capítulo, el TS, en su sentencia de 6 de febrero de 2015, ha declarado que la aplicación del método de exención convencional aplicable a los dividendos brasileños obtenidos por una sociedad española no queda al margen de la regla de limitación derivada del deterioro de la cartera/participación recogida en el artículo 21.4 del antiguo TRLIS 2004, en el sentido de que no se integra en la base imponible de la sociedad holding la depreciación posterior de la participación consecuencia de la distribución de dividendos respecto de los que se haya aplicado la exención, hasta el límite de tales dividendos.

El **CDI Bélgica-España** (1970, artículo 23.4) establecía que, a efectos de la eliminación de la doble imposición económica internacional, la participación en la entidad extranjera se asimila a la participación en una entidad residente; véase, también el Protocolo nº 5 al convenio. El método de asimilación de la participación en una entidad residente también se emplea en el **CDI Canadá-España** (1974, artículo XXIII.3), en el **CDI Finlandia-España** (Canje de notas de 1970, artículo 23.4), en el **CDI Reino Unido-España** [1975, artículo 24.2.b)], en el **CDI Rumania-España** [1979, artículo XXV. 2.b)], en el **CDI Suecia-España** (1976, artículo XXIV.6), y en el **CDI Suiza-España** (1966, artículo 23.4; vid la DGT V1519-02 de 9-10-2002; el **Protocolo de 2011 al CDI con Suiza** ha eliminado esta cláusula y ahora se establece la aplicación del método de imputación regulado por el convenio o del método de exención previsto en la legislación española si concurren los condicionantes establecidos a tal efecto).

La doble imposición económica internacional también se elimina en el **CDI Bolivia-España** [1997, artículo 23.1.b)]; este convenio establece que la entidad española debe poseer la participación en la sociedad boliviana pagadora de los dividendos prevista en la ley interna española; no obstante, tal deducción resulta aplicable en todo caso cuando tal participación (directa o indirecta) alcance al menos el 25 % del capital social de la sociedad boliviana y se mantenga de forma ininterrumpida durante el año anterior al día en que sea exigible el dividendo que se distribuya. El **CDI Sudáfrica-España** [2006, artículo 22.1.b)] contiene una cláusula similar. El **CDI con Bolivia** (Protocolo nº 4) también permite la aplicación de los (antiguos) artículos 29 bis y 30 bis, o cualquier otra disposición que pueda adoptarse en el futuro concediendo un régimen sustancialmente similar (artículos 21 y 22 LIS).

El **CDI Bulgaria-España** [1999, artículo 21.2.c)] contiene una cláusula de eliminación de la doble imposición económica sobre dividendos de la que puede beneficiarse todo residente de Bulgaria que obtenga dividendos que, de acuerdo con el artículo 8 del convenio, puedan someterse a imposición en España.

El **CDI China-España** [1990, artículo 24.2.b)] contiene una disposición relativa a la eliminación de la doble imposición económica de dividendos en China. La aplicación de esta deducción queda supeditada a que la sociedad china posea al menos el 10 % de las acciones de la empresa pagadora de los dividendos.

Los **CDIs Andorra-España** (2015, artículo 21.1)**, Alemania-España (2011, artículo 22.1b y 2b), Argelia-España** (2002, Protocolo VI), **Argentina-España** (2013, artículo 23.1), **Armenia-España** (2011, artículo 23.1.a), **Bosnia y Herzegovina** (2008), **Canadá-España** (2014, artículo XXIII.1), **Catar-España** (2015, artículo 22.1 y Protocolo VII), **Costa Rica-España** (2004, artículo 23.1), **Colombia-España** (2005, artículo 22), **Croacia-España** (2005, artículo 22), **Chile-España** (2003, artículo 22.1), **Chipre-España** (2013, artículo 22.1), **Dinamarca-España** (Protocolo 1999, artículo 24.2.b), **R.Dominicana-España** (2013, artículo 22.1), **El Salvador-España** (2009), **Eslovenia-España** (2001, artículo 24.1.a.iii), **Finlandia-España** (2015, artículo 21.1), **Jamaica-España** (2009), **Kuwait-España** (2008, artículo 23), **Turquía-España** [2002, artículo 22.1.a. ii)], **Estonia-España** (2003, artículo 23.1), **Hong Kong-España** (2011, artículo 21.2), **Islandia-España** (2002, artículo 23), **Irán-España** (2005, artículo 23), **Emiratos Árabes-España** (2006, artículo 22, pendiente de ratificación), **Letonia-España** (2003, artículo 24.1), **Lituania-España** (2003, artículo 24.1), **Macedonia-España** (2005, artículo 22), **Malta-España** (2006, artículo 22.1), **Nigeria-España** (2009), **Nueva Zelanda-España** (2006, Protocolo VII), **Omán-España** (2014), **Reino Unido-España** (2013, artículo 22.1), **Senegal-España** (2006), **Serbia-España** (2009), **Suiza-España** (Protocolo 2011, artículo 23.1), **Trinidad y Tobago-España** (2009), **Uzbekistán-España** (2013), y **Vietnam-España** (2005, artículo 23), prevén la eliminación de la doble imposición económica de dividendos en España *de acuerdo con lo previsto en la legislación interna española*. Asimismo, el **CDI Noruega-España** [1999, artículo 24.a).iii)] establece que la deducción del IS efectivamente pagado por la sociedad que reparte los dividendos, correspondiente a los beneficios con cargo a los cuales dichos dividendos se pagan, «se concederá de acuerdo con la legislación interna de los Estados contratantes». En parecidos términos se eliminará la doble imposición económica respecto de los dividendos procedentes de sociedades venezolanas [artículo 23.2.a.iii) del **CDI Vene-**

zuela-España, 2003]; este convenio establece la deducción del impuesto sobre sociedades efectivamente pagado por la sociedad que reparte los beneficios con cargo a los cuales se pagan dicho dividendos; el CDI con Venezuela no regula las condiciones que debe reunir el contribuyente residente español para poder aplicar esta deducción, de suerte que éstas son las previstas en la legislación interna de acuerdo con la cláusula inicial recogida en el artículo 23.2 del convenio; véanse las clarificaciones recogidas en el Protocolo nº XII al convenio.

El **CDI EEUU-España** [1990, artículo 24.2.b)] recoge una cláusula de eliminación de la doble imposición intersocietaria de acuerdo con la cual una sociedad estadounidense que detente, al menos, el 10 % de las acciones con derecho de voto de la sociedad residente de España que distribuye los dividendos puede deducirse el impuesto sobre sociedades pagado en España por o en nombre de la citada sociedad española respecto de los beneficios con cargo a los que dichos dividendos se pagan. Tal deducción *(indirect foreign tax credit)* resulta sujeta a los límites materiales previstos en la legislación estadounidense. Una cláusula prácticamente idéntica se recoge en el **CDI Reino Unido-España** [1975, artículo 24.1.b)] respecto de la eliminación de la doble imposición económica sobre los dividendos percibidos por una sociedad británica y pagados por una entidad residente de España; en el nuevo **CDI con Reino Unido** (2011, artículo 22.2.d), tal método de imputación opera cuando no aplica el método de exención. El Protocolo de 2014 al CDI con Canadá, recoge igualmente un mecanismo para la eliminación de la doble imposición económica internacional con arreglo a la legislación interna canadiense, en relación con dividendos pagados por una sociedad española controlada directa o indirectamente al menos en el 10% del poder de voto.

El **CDI Francia-España** [1995, artículo 24.2.b)] establece una deducción para la eliminación de la doble imposición intersocietaria que resulta de aplicación allí donde una entidad española posee directamente al menos el 10 % del capital social de la sociedad francesa que distribuye los dividendos siempre y cuando tal participación se mantenga de forma ininterrumpida durante los dos años anteriores al día en que los dividendos se paguen. El impuesto sobre sociedades francés que gravó a la sociedad francesa que distribuye los dividendos percibidos a la sociedad española resulta, por tanto, deducible de la cuota tributaria de esta última en su impuesto sobre sociedades español; el Protocolo nº 14.c) al Convenio clarifica esta cuestión haciendo referencia a la deducibilidad del «impuesto francés efectivamente soportado a título definitivo por razón de estas rentas, conforme a las disposiciones de este convenio, por el residente de España beneficiario de estas rentas».

El **CDI Irlanda-España** [1994, artículo 23.1.b) y 2.b)]recoge una deducción por doble imposición intersocietaria internacional de carácter bilateral que resulta aplicable allí donde la sociedad residente de un Estado contratante detente al menos el 25 % del derecho de voto de la sociedad residente del otro Estado contratante que paga los dividendos; para la aplicación de esta deducción es necesario que la participación se haya mantenido de forma ininterrumpida durante los dos años anteriores al día de pago de los dividendos.

El **CDI Portugal-España** [1993, artículo 23.1.b)] establece una cláusula similar a la prevista en el convenio con Irlanda en lo relativo a la deducción por doble imposición económica en España. La eliminación de la doble imposición económica en Portugal se realiza a través del método de exención y resulta sujeta a otros condicionantes [artículo 23.2.b)]; así, las entidades portuguesas que perciban dividendos de una sociedad residente española deducirán, a efectos de determinar su beneficio imponible sujeto al impuesto sobre sociedades, el 95 % de tales dividendos, siempre y cuando posean una participación no inferior al 25 % del capital social de la entidad española que distribuye el dividendo; no se ha previsto un período mínimo de tenencia de la participación.

El **CDI Japón-España** (1974, artículo 231) contiene una deducción para eliminar la doble imposición económica respecto de dividendos pagados por sociedades españolas a sociedades residentes de Japón. La entidad japonesa debe poseer al menos el 25 % ya sea de las acciones con derecho a voto, ya sea del total de las acciones emitidas por la sociedad que paga los dividendos.

El **CDI México-España** [Protocolo 2015 artículo 24.1 y 2)] recoge una cláusula con arreglo a la cual las entidades mexicanas que ostenten una participación no inferior al 10 % y reciban dividendos distribuidos por entidades residentes españolas podrán deducir el impuesto sobre sociedades subya-cente de acuerdo con lo previsto en la legislación mexicana. Este convenio también recoge una deducción para eliminar la doble imposición económica internacional respecto de las entidades españolas que reciban dividendos distribuidos por entidades mexicanas, de acuerdo con la legislación interna española.

4.7.5. Convenios de doble imposición concluidos por España que incluyen una cláusula de imputación de impuestos no pagados

Existe una serie de convenios concluidos por España que establecen una cláusula de imputación de impuestos no pagados. En la mayoría de las ocasiones España constituye el país que se beneficia de tal cláusula, de forma que es el otro Estado contratante el que debe permitir tal imputación ficticia. No obstante, en los últimos tiempos tal tendencia ha cambiado, merced al desarrollo económico experimentado por nuestro país, de suerte que ahora es España el que otorga tal cláusula a favor de países con un menor nivel de desarrollo económico.

El **CDI Argentina-España** [1992, artículo 23.1.a) ii) e iii), denunciado por Argentina el 29 de junio de 2012] contiene dos cláusulas de imputación de impuestos no pagados a favor de Argentina. Por un lado, se concede un *matching credit* del 15 % respecto de determinados cánones; tal cláusula contiene una norma antiabuso de manera que no procederá su aplicación cuando los cánones se paguen por una sociedad residente argentina que ostente, directa o indirectamente, más del 50 % del capital de una sociedad residente de un tercer Estado, o sea controlada de la misma manera por una sociedad residente de un tercer Estado. Por otro lado, el convenio recoge una cláusula de *tax sparing* de alcance más general, aunque su operatividad requiere de un previo acuerdo al efecto entre los Gobiernos de los dos Estados contratantes. El **nuevo CDI con Argentina** (2013, artículo 23.1) recoge una cláusula de matching credit en los mismos términos, así como una de tax sparing referida a reducciones o exoneraciones fiscales en aplicación de normas específicas encaminadas a promover el desarrollo industrial que Argentina introduzca en su legislación, previo acuerdo de los Gobiernos.

El **CDI con Armenia** (2011, artículo 23.3), contiene una cláusula de *tax sparing* a favor de Armenia y a los efectos de la eliminación de la doble imposición internacional en España que será aplicable durante los cinco años siguientes a la fecha de entrada en vigor del convenio (21 de marzo de 2012).

El **CDI Bélgica-España** (1970, artículo 23.5) recogía una cláusula de *tax sparing* en relación con el pago de intereses a residentes de Bélgica que se hubieran beneficiado de la bonificación fiscal prevista en el artículo 3.1 del Decreto-ley de 19 de octubre de 1961. El **actual convenio con Bélgica** [1995, artículo 23.2.e)] recoge una cláusula de alcance similar, aunque actualizada y limitada tem-poralmente. Los **CDIs Países Bajos-España** (1971, artículo 25.2, Protocolo XIII) y **Suiza-España** (1966, artículo 23.5) recogen una cláusula de imputación de impuestos ficticios a favor de España en tér-minos muy similares a la prevista en el **CDI Bélgica-España** (1970).

El **CDI Brasil-España** (1974, artículo 23.2) recoge una cláusula de *matching credit* con arreglo a la cual, a los efectos de la aplicación del método de imputación, el impuesto en la fuente sobre intereses y cánones se considerará siempre que ha sido pagado con las alícuotas del 20 y 25 %, respectivamente. A este respecto, el TEAC consideró inaplicable la cláusula de *matching credit* sobre intereses en relación con los pagos de intereses realizados por un EP situado en Madeira de una entidad brasileña al considerar que no se habían originado en Brasil ni podían ser sometidos a impo-sición en tal país. En relación con intereses brasileños percibidos por una matriz española utilizando financiación extranjera y la cláusula de matching credit resulta relevante la consulta DGT V4259-16 de 5-10-2016.

El **CDI Canadá-España** (1974, artículo XXIII.2) establece una cláusula de *tax sparing* que debe aplicarse a los efectos de la aplicación del método de imputación en Canadá respecto de rentas empresariales, dividendos, intereses y cánones de fuente española que hayan disfrutado de determi-nadas bonificaciones fiscales previstas en el antiguo Decreto 3357/1967; el convenio prevé la posibilidad de que las autoridades competentes puedan acordar la extensión de esta cláusula a otras bonificaciones fiscales adoptadas con posterioridad a la firma del convenio.

El **CDI Cuba-España** (1999, artículo 24.4) establece una cláusula de *tax sparing* de considerable amplitud aplicable en relación con rentas empresariales, dividendos, intereses y cánones de fuente cubana que sean obtenidos por residentes de España; las bonificaciones fiscales sobre las que se proyecta esta disposición son las establecidas en la legislación cubana vigente en materia fiscal para la promoción de las inversiones extranjeras y con fines de desarrollo económico; el Protocolo nº 5 al convenio delimita con mayor precisión el ámbito objetivo del *tax sparing*. Asimismo, la cláusula de intercambio de información se emplea al servicio de la de *tax sparing*, en el sentido de que cuando un residente de España obtenga rentas que, de acuerdo con lo dispuesto en el artículo 24.4, puedan beneficiarse en España del régimen de deducción previsto en el mismo, Cuba informará periódicamente de esta circunstancia a la autoridad competente española, a fin de conocer la persona o entidad con derecho a su aplicación y las rentas afectadas.

El **CDI China-España** [1990, artículo 24.1.c)] recoge una cláusula de *matching credit* en relación con el impuesto chino relativo a dividendos, intereses y cánones; con arreglo a la misma se considerará como impuesto chino exigible una cuantía igual al 15 % del importe bruto de los dividendos, al 10 % del importe bruto de los intereses, y al 15 % del importe bruto de los cánones. La aplicación de esta cláusula posee un límite temporal de 10 años, contados a partir del momento en que el convenio produzca efectos, aunque su aplicación puede ser extendida o prorrogada por acuerdo de las autoridades competentes de los Estados contratantes (Protocolo nº 3 al convenio).

El **CDI Dinamarca-España** (1972, artículo 23.5, convenio denunciado) recoge una cláusula de *tax sparing* de forma que cuando se haya concedido un exención o reducción del impuesto español que grava los dividendos, intereses y cánones, el método de imputación en Dinamarca se aplicará como si no existiese tal bonificación. Una cláusula de contenido prácticamente idéntico se recogía en los **CDIs Noruega-España** (1963, artículo 24.4) y **Suecia-España** [1976, artículo 24.4, Protocolo nº 4] a favor de España.

El **CDI Filipinas-España** (1989, artículo 23.4) recoge una cláusula de *matching credit* en relación con dividendos (impuesto ficticio del 10 % y del 20 %, dependiendo del grado de participación en la sociedad filipina), intereses (impuesto ficticio del 15 %), y cánones (impuesto del 15 % y del 20 %, dependiendo del tipo de cánones pagados).

El **CDI Finlandia-España** (1967, artículo 23.3) establece una cláusula de *tax sparing* bilateral con arreglo a la cual allí donde resulte aplicable una bonificación fiscal sobre los impuestos exigibles en la fuente sobre intereses de empréstitos o préstamos, dividendos, intereses y cánones, concedida por la legislación interna de uno de los Estados contratantes, el otro Estado deducirá de la cuota impositiva que correspondería a pagar en dicho Estado, una cantidad igual al impuesto que correspondería pagar en el Estado que concede la exención, si tal exención no existiese. Tal deducción, a nuestro entender, está sujeta a los límites del método de imputación ordinaria (artículo 23.2).

El **CDI Francia-España** [1973, artículo 25.2.c)] recogía una cláusula de *tax sparing* de cierta consideración en relación los intereses que hubieran obtenido una reducción del impuesto español por aplicación del artículo 31 del Decreto 3357/1963, Texto Refundido del Impuesto sobre rentas del capital. Asimismo, este convenio recogía una cláusula de *matching credit* con respecto a los dividendos de fuente española distribuidos por sociedades dedicadas a la investigación y explotación de hidrocarburos.

El **CDI India-España** (1993, artículo 25.4 y 5) recoge una cláusula de *tax sparing* a favor de la India; tal cláusula delimita expresamente las bonificaciones fiscales establecidas en la legislación india que deben tenerse en cuenta a los efectos de la imputación del impuesto ficticio o no pagado en España; asimismo, el convenio permite la extensión del ámbito objetivo de esta cláusula a cualquier otra bonificación fiscal que posea naturaleza análoga, siempre y cuando medie un acuerdo en tal sentido entre las autoridades competentes de los Estados contratantes; éstas, a su vez, pueden prorrogar el ámbito temporal de la cláusula de *tax sparing*, fijado inicialmente en 10 años contados a partir de la entrada en vigor del convenio. Una cláusula similar a esta la encontramos recogida en el **CDI Tailandia-España** (1997, artículo 23.4), así como en el **CDI Túnez-España** [1982, artículo 23.2.A y C)], en este último caso con ciertas variaciones de cierta importancia. En la misma línea cabe situar la cláusula de *tax sparing* que recoge el **CDI con Argelia** (2002, artículo 22.2) a favor de este país; tal disposición especifica la legislación argelina sobre promoción de inversiones que habrá que tener en cuenta a estos efectos; la cláusula desplegará sus efectos durante un período de cinco años, sin perjuicio de las eventuales prórrogas que puedan acordarse por los Estados contratantes. También encontramos una cláusula de tax sparing que despliega efectos durante 10 años, contados a partir de la fecha de entrada en vigor del convenio, en el **CDI España-Jamaica** (2009, artículo 23.3).

El **CDI Japón-España** (1974, artículo 23.4) recoge una cláusula de *tax sparing* aplicable en Japón respecto de los dividendos, intereses y cánones que, con arreglo al convenio, pueden ser gravados en España; a estos efectos, resulta deducible el impuesto español que habría sido pagado si no se hubieran aplicado las bonificaciones dirigidas a promover el desarrollo económico de España y que se encuentren en vigor en la fecha de la firma del convenio o que puedan introducirse en el futuro en las leyes fiscales españolas, como modificación o adición de las medidas actuales, siempre que los «Gobiernos» de ambos Estados contratantes se pongan de acuerdo con el alcance de los beneficios que se otorguen al contribuyente por tales medidas; consideramos que los incentivos fiscales que puedan establecerse con posterioridad a la vigencia del CDI difícilmente podrán incardinarse en la cláusula de imputación de impuestos ficticios a menos que las autoridades competentes de los dos Estados lleguen a un acuerdo en tal sentido en el marco del artículo 25.3 del convenio. Por otro lado, la cláusula de *tax sparing* clarifica su interrelación con los límites impositivos fijados en los artículos 10.2, 11.2 y 12.2 del CDI, indicándose que no serán aplicables estas disposiciones a los efectos de determinar el impuesto español ficticio.

El **CDI Luxemburgo-España** [1986, artículo 24,1.d), e) y f)], recoge una cláusula de *matching credit* referida a intereses pagados por residentes de España a residentes de Luxemburgo. En particular, se han previsto tres disposiciones estableciendo la imputación de impuestos españoles ficticios respecto de intereses. La primera de ellas establece un impuesto ficticio del 10 % referido a los intereses que se beneficiaron de una reducción impositiva en aplicación de varias normas españolas [artículo 25.c), 1 y 2 de la Ley 61/1978, del RD 5/1980, y de los artículos 183 a 199 del RD 2631/1982], en tanto se hallen en vigor en el momento de la firma del convenio y no hayan sido modificados posteriormente, o lo hayan sido en aspectos secundarios que no afecten a su carácter general. La misma medida se aplicará a cualquier disposición de naturaleza análoga adoptada por las autoridades españolas y que reemplace las normas antes referidas o que se añada a ellas. Esta extensión no ha sido sujeta, como suele ser habitual, a un acuerdo entre las autoridades competentes de ambos Estados, aunque lo normal es que a falta del mismo resulte dudosa o conflictiva su aplicación. Una cláusula de alcance similar ha sido recogida en el **CDI Túnez-España** (1982, artículo 23.2), aunque en este caso sí parece requerirse el acuerdo de las autoridades competentes para extender la aplicación de la cláusula de *tax sparing* a una bonificación fiscal introducida en España con posterioridad a la firma del convenio. En segundo lugar, el convenio con **Luxemburgo** establece una cláusula de *matching credit* del 10 % en relación con los intereses a los que se refiere el artículo 10.3 del convenio. En tercer lugar, se ha previsto una cláusula con arreglo a la cual los intereses pagados por un período de 12 años contados a partir del 1 de enero de año en que se aplique por primera vez el convenio, el tipo del 10 % de impuesto ficticio recogido en las cláusulas anteriores se establece en el 15 %.

El **CDI Malasia-España** (2006, artículo 22.3) establece una cláusula de *tax sparing* aplicable en España en relación con los beneficios empresariales obtenidos por residentes de España en Malasia, de acuerdo con determinadas leyes malayas que articulan incentivos fiscales.

El **CDI Marruecos-España** (1978, artículo 23.3 y Protocolo) contiene una cláusula de *matching credit* a favor de Marruecos; esta disposición tiene por objeto los intereses provenientes de los empréstitos emitidos por organismos especializados para cooperar al desarrollo económico de Marruecos; los intereses se considerarán gravados en Marruecos al tipo del 10 %; esta cláusula resulta aplicable durante un período de 10 años contados a partir de la fecha de su entrada en vigor.

El **CDI México-España** [1992, artículo 23.1.a) ii)] en su formulación original recogía una compleja cláusula de *matching credit a* favor de México. En particular, esta imputación de impuestos ficticios del 5 % resultaba aplicable respecto de los dividendos pagados a una sociedad residente española, que fuera la beneficiaria efectiva de los mismos, por una sociedad residente de México que no controlase directa o indirectamente a una sociedad residente de un tercer Estado ni fuera controlada por una tal sociedad; debe señalarse que esta disposición sólo se aplicaba respecto de los dividendos pagados a una entidad española que posea directamente al menos el 25 % del capital social de la sociedad mexicana que paga los dividendos. Por último, la vigencia y alcance de esta cláusula de imputación de impuestos no pagados había quedado condicionada por la propia política de conclusión de CDIs mexicana; el Protocolo nº 12 al convenio establecía que si en cualquier convenio concluido por México con un tercer Estado perteneciente a las Comunidades Europeas con posterioridad a la firma del convenio que contenga una cláusula análoga a la prevista en el punto 4° del Protocolo al convenio, no se estableciera un régimen de crédito ficticio, o se estableciera en términos que limiten su duración, dicho régimen se suprimiría o se aplicaría en los mismos términos más restrictivos, de forma automática, en lo referente a las rentas comprendidas en el presente convenio, a partir de la fecha de entrada en vigor del convenio concluido por México con ese tercer Estado. El Protocolo (2015) al CDI con México ha dado nueva redacción al artículo 23 del CDI (renumerándolo como artículo 24), introduciendo modificaciones muy relevantes ya expuestas, entre las que destaca la supresión de la cláusula de matching credit, eliminando los párrafos 4 y 12 del Protocolo original. El nuevo Protocolo, no obstante, establece una cláusula de nación más favorecida en relación con los artículos 11 y 12 del CDI, que determina la aplicación automática a España de la tributación más ventajosa acordada por México a este respecto en un CDI con cualquier país miembro de la OCDE o de la UE, una vez que tal CDI entre en vigor.

El **CDI Países Bajos-España** (1971, artículo 25.2, Protocolo XIV) recoge, junto a la cláusula de *tax sparing* que ya señalamos anteriormente, una cláusula de *matching credit* del 5 % a favor de determinados cánones de fuente española. Nótese que la aplicación de esta disposición está limitada en el tiempo de acuerdo con lo establecido en el Protocolo nº XIV al convenio, así como que están excluidos de su ámbito objetivo los pagos de cualquier clase abonados por el uso o la concesión del uso de derechos de autor sobre obras literarias, artísticas o científicas, incluidas las películas cinematográficas.

El **CDI Reino Unido-España** (1975, artículo 24.3) establece una cláusula de *tax sparing* a favor de España. La aplicación de esta cláusula se limita a determinadas rentas (intereses y cánones) que han disfrutado en España de bonificaciones fiscales otorgadas en aplicación de determinadas normas (artículos 20.2A y 31 del Decreto 3357/1967) o de cualquier normas que pueda adoptarse en el futuro concediendo una exención tributaria de carácter similar, siempre que las autoridades competentes de los Estados contratantes así lo acuerden y no sea modificada de forma sustantiva; el beneficio del *tax sparing* no podrá aplicarse respecto de una renta concreta por un plazo superior a diez años desde que se inició la aplicación de la exención tributaria española. El nuevo **CDI con Reino Unido** (2013) no recoge cláusulas de tax sparing/matching credit.

El **CDI Turquía-España** [2002, artículo 22.1.d)] recoge una cláusula de *matching credit a* favor de Turquía; el ámbito objetivo de la cláusula resulta circunscrito a dividendos, intereses y cánones; en relación con los cánones del artículo 12.2 se imputará un impuesto ficticio calculado a un tipo del 10%, respecto de los dividendos mencionados en el artículo 10.2.a).ii) y 4.a).ii) se imputará un impuesto ficticio calculado a un tipo del 15 %, y en el caso de los intereses se imputará un impuesto ficticio calculado a un tipo del 10 % o del 15 % dependiendo de si se trata de intereses mencionados en el artículo 11.2.a) o de los referidos en el artículo 11.2.b) del convenio. La norma de *matching credit* y los impuestos ficticios que articula dejarán de resultar aplicables a partir de 10 años contados desde la entrada en vigor del convenio; las autoridades competentes de los Estados contratantes pueden, sin embargo, ampliar el ámbito temporal de la cláusula a través del oportuno acuerdo en el marco del procedimiento amistoso (Protocolo nº 8).

El **CDI con Suiza** (1966, artículo 23.5) contiene una cláusula de *matching credit* a favor de los residentes en Suiza que obtengan en España determinado tipo de intereses de préstamos. El protocolo de 2006 (artículo 4) ha actualizado esta disposición, dando nueva redacción al apartado 5 del artículo 23 del CDI (nótese que tal protocolo está pendiente de ratificación).

El **CDI con Vietnam** (2005, artículo 23) contiene dos cláusulas de imputación de impuestos no pagados. Por un lado, el convenio recoge una cláusula de *tax sparing* a favor de Vietnam y que, por tanto, debe aplicarse en España a los efectos de la aplicación del método de imputación; tal cláusula de *tax sparing* tiene una duración de 10 años desde la fecha de efecto del convenio y se aplica en relación con los beneficios empresariales obtenidos por un residente de España a través de un EP en Vietnam; los impuestos ficticios que deberán tomarse en consideración son todos aquellos que se hubieran exaccionado de no aplicarse los incentivos fiscales temporales para la promoción de la inversión extranjera con fines de desarrollo. Junto a esta cláusula se contiene otra de *matching credit* del 10 % sobre el importe bruto de los dividendos, intereses y cánones pagados por residentes de Vietnam a residentes de España; tal cláusula también se aplicarán durante un período de 10 años desde la fecha del Convenio, y no surtirán efecto cuando se obtengan rentas pasivas de acuerdo con la ley española del impuesto sobre sociedades.

5. EL ARTÍCULO 23.A.4. DEL MODELO DE CONVENIO DE DOBLE IMPOSICIÓN 2000-VERSIONES POSTERIORES. LA CLÁUSULA SOBRE CONFLICTOS DE CALIFICACIÓN

El apartado 4 del artículo 23.A afirma lo siguiente: «Las disposiciones del apartado 1 no se aplicarán a la renta obtenida o al patrimonio poseído por un residente de un Estado contratante cuando el otro Estado contratante aplique las disposiciones de este convenio para eximir de imposición tal renta o patrimonio o para aplicar las disposiciones del apartado 2 del artículo 10 u 11 a tal renta».

5.1. Consideraciones generales en torno a la funcionalidad de la cláusula sobre conflictos de calificación del artículo 23.A.4 del modelo de convenio de doble imposición 2000-versiones posteriores

Lo primero que hay que advertir respecto de esta norma es su carácter novedoso. En efecto, esta regla fue incorporada al ModCDI en el año 2000, de manera que en anteriores versiones de este mismo Modelo no aparece recogida en modo alguno. A través de la misma el Comité Fiscal ha tratado de resolver algunos de los principales conflictos de calificación que frecuentemente suscita la aplicación de una misma normativa (el convenio) por o en Estados que poseen legislaciones internas heterogéneas. Tales diferencias pueden conducir a la aplicación asimétrica del convenio, la cual puede provocar tanto doble imposición internacional residual como doble no imposición. Ambos fenómenos resultan contrarios al objeto y fin de los CDIs.

El nuevo apartado 4° del artículo 23.A no constituye otra cosa que un primer intento del Comité Fiscal OCDE para resolver algunos de los problemas que suscitan los conflictos de calificación. El énfasis del Comité Fiscal se ha puesto en los supuestos concernientes a las sociedades de personas *(partnerships)* y en cómo los conflictos de calificación afectan a la aplicación del método de exención (casos de doble no imposición o de tributación muy reducida en la fuente); de hecho, la inclusión del apartado 4° del artículo 23 A se realizó sobre la base del informe OCDE, *The application of the OECD Model to Partnerships* (Paris, 1999, parágr.113). Existen muchos otros supuestos de doble no imposición generada por la heterogeneidad de disposiciones fiscales internas de los Estados contratantes que escapan a la regla establecida en el artículo 23 A (4) (véanse los parágrs. 32, 34 y 56 de los comentarios al artículo 23 ModCDI 2000 y versiones posteriores; de hecho, un cierto número de esquemas de planificación fiscal internacional que se venían realizando en un contexto pre-BEPS pivotaban sobre diferencias existentes entre las legislaciones fiscales nacionales de los Estados conectados con la operación y su combinación con el CDI concluido entre ambos (*international tax arbitrage*).

La primera cuestión que suscita la aplicación del apartado 4° del artículo 23 A resulta de considerar el ámbito objetivo de aplicación de esta regla. El tenor de tal apartado debe conectarse con los comentarios que se han elaborado en relación con el mismo, dado que la ambigüedad con la que ha sido configurado podría conducir a una interpretación expansiva aplicándose a supuestos para los que no ha sido pensado. Tal y como pone de relieve el Comité Fiscal OCDE, el propósito de este apartado es evitar la «doble no imposición» resultante de conflictos de imposición entre el Estado de la residencia y el Estado de la fuente sobre los hechos de un caso o sobre la interpretación de las disposiciones del convenio (parágr. 56.1 de los CMC). Se requiere la concurrencia de un segundo condicionante para poder aplicar la regla del artículo 23 A (4); este precepto sólo se aplica cuando, por un lado, el Estado de la fuente interpreta los hechos de un caso o las disposiciones de un convenio de tal forma que una determinada renta o un elemento patrimonial caiga en el ámbito de aplicación de una disposición del convenio que excluya su derecho a gravar tal renta (regla de tributación exclusiva en la residencia) o limite el impuesto que puede exaccionar (v.gr., artículos 10, 11 y 12 del convenio), al tiempo que, por otro lado, el Estado de residencia adopta una interpretación diferente de los hechos o de las disposiciones del convenio, de manera tal que considera que tal renta (o elemento patrimonial) puede ser sometida a imposición en el Estado de la fuente (regla de tributación compartida por los dos Estados) de acuerdo con el convenio, lo cual, en ausencia del nuevo apartado 4° del artículo 23.A, conduciría a la obligación del Estado de residencia a conceder o aplicar la exención sobre tal renta (o patrimonio) con arreglo a lo previsto en el apartado 1 del artículo 23.A del correspondiente convenio. De esta forma, el artículo 23.A.4 opera excluyendo los supuestos de doble no imposición, de manera que el Estado de la residencia no está obligado a aplicar el método de exención previsto en el convenio; entendemos que cuando en este tipo de hipótesis el Estado de la fuente somete a imposición reducida la renta, de acuerdo con el convenio (artículos 10, 11 y 12), el Estado de la residencia tampoco vendría obligado a aplicar el método de exención pero sí debería eliminar la doble imposición internacional aplicando el correspondiente método para eliminar tal fenómeno; a este respecto, lo cierto es que cuando el CDI aplicable no recogiera la combinación entre exención e imputación que articula el artículo 23.A ModCDI la eliminación de la doble imposición en este tipo de hipótesis podría plantear problemas.

El apartado 4° del artículo 23 A no resulta aplicable, sin embargo, cuando el Estado de la fuente considera que puede someter a imposición la renta o el elemento patrimonial en cuestión, de acuerdo con las disposiciones del convenio, pero no somete efectivamente a gravamen tal renta o patrimonio con arreglo a lo previsto en su legislación interna; en este caso, el Estado de la residencia debe aplicar el método de exención a tal renta o elemento patrimonial de acuerdo con lo previsto en el apartado 1 del artículo 23 A del convenio aplicable, salvo que el convenio recogiera una *subject-to-tax clause*; ello es debido a que la exención impositiva en el Estado de la fuente no resulta de la aplicación de las disposiciones del convenio sino de la aplicación de la legislación interna del Estado de la fuente; es decir, el apartado 4° sólo resulta aplicable cuando la doble no imposición surja de una interpretación asimétrica de los hechos de un caso o de las disposiciones del convenio (las reglas de calificación y de distribución del poder tributario), de suerte que cuando tal fenómeno (doble no imposición) se produce debido a la correcta aplicación de las disposiciones del convenio en el Estado de la fuente con una norma de exención o no sujeción derivada de la legislación interna de tal Estado, entonces no resulta aplicable este apartado 4°; en estos casos, el Estado de residencia debe dejar exenta de imposición la renta en cuestión de acuerdo con las disposiciones del apartado 1 del artículo 23 A del convenio aplicable, toda vez que la exención en el Estado de la fuente no resulta de la aplicación de las disposiciones del convenio sino de su legislación interna.

En este mismo sentido, el Comité Fiscal OCDE insiste en que, con arreglo al **"nuevo enfoque"** introducido a través de los Comentarios al MC OCDE 2000 siguiendo el Informe (1999) sobre *Partnerships*, los supuestos de conflictos de calificación entre el Estado de la fuente y el de la residencia que pueden surgir por aplicación de la legislación interna del Estado de la fuente, como regla, deben resolverse haciendo prevalecer la calificación realizada por este último (parágrs. 34 y 56 de los CMC);

en estos casos, el Estado de la residencia debe, con carácter general, aceptar la calificación realizada por el Estado de la fuente y aplicar el correspondiente método para eliminar la doble imposición; algunos países como Suiza y los Países Bajos discrepan de esta interpretación del artículo 23 A (1) del ModCDI 2000 y versiones posteriores (véanse las observaciones 80 y 81 al artículo 23 ModCDI). En este orden de cosas, tiene todo el sentido la posición adoptada por el *Bundesfinanzhof* alemán que en este contexto y tipo de casos considera prevalente la regla de la interpretación contextual autónoma basada en el texto de la cláusula convencional en aras de lograr una interpretación común y simétrica de los CDI, evitando el recurso mecánico y principal a una interpretación atendiendo a la legislación interna del Estado de la fuente (vid.: BFH 21 Junio de 2016, I R 49/14; vid.: Cloer/Sixdorf 2017, p. 302 y ss.). Ciertamente, no puede perderse de vista cómo el "nuevo enfoque" introducido por la OCDE en el año 2000 sobre la resolución de conflictos de calificación fiscal derivados de diferencias existentes entre la legislación interna del Estado de la fuente y el de la residencia sobre, por ejemplo, la tributación de entidades (*partnerships*) plantea un buen número de cuestiones que limitan su consideración como una regla o principio general a favor de la calificación (automática) con arreglo a la legislación fiscal del Estado de la fuente; entre las cuestiones que se han destacado cabría destacar las siguientes: a) tal enfoque erosiona el principio internacional de interpretación convencional autónoma derivada del texto y contexto del CDI que favorece interpretaciones comunes o bilaterales; b) tal enfoque plantea un problema de cesión de soberanía fiscal del Estado de residencia a favor del Estado de la fuente, de suerte que ello puede afectar al equilibrio en la distribución del poder tributario entre los Estados; c) tal enfoque no aplicaría en casos donde el Estado de la fuente ha expandido a través de su legislación fiscal su derecho de gravamen de forma contraria a lo previsto en un CDI, incumpliendo sus obligaciones de aplicación de buena fe de los convenios internacionales con arreglo a la VCLT; d) tal enfoque plantea problemas de legalidad y seguridad jurídica, ya que, por un lado, no resulta del texto del CDI (antes al contrario el artículo 3.2 puede interpretarse en otro sentido), y, por otro, tal principio derivaría de los CMCs introducidos en el año 2000, y ello plantea el problema de su "retroactividad", dado que en muchos países rige la regla de la interpretación estática. La práctica internacional no revela una aceptación uniforme y pacífica del "nuevo enfoque" introducido por la OCDE en el año 2000, siguiendo las conclusiones del Informe sobre Partnerships (vid.: Pleil/Schwibinger 2018, p. 427 y ss).

Por otro lado, las hipótesis donde el Estado de la fuente y el de la residencia discrepan no sólo en torno a la calificación de la renta sino también en relación con la cuantía de la misma, el parágrafo 4° se aplica sólo a la parte de la renta que el Estado de la fuente exime de imposición a través de la aplicación del convenio (de una regla de tributación exclusiva en la residencia) o a la que tal Estado (fuente) le aplica el parágrafo 2° de los artículos 10 y 11 (y también, en su caso, el artículo 12) (parágrs. 56.2 de los CMC).

Nótese, por tanto, que la regla de resolución de conflictos de calificación que articula el Comité Fiscal OCDE a través del nuevo artículo 23 A (4) constituye una regla especial frente a otras reglas de calificación que ha ido introduciendo en los Comentarios al artículo 23 del ModCDI, aunque lo cierto es que la forma en que se ha ido delimitando el ámbito de aplicación de todas estas reglas sin duda suscitará un buen número de problemas y cuestiones cuyo análisis exceden los límites de estas notas.

A este respecto, cabe apuntar cómo los informes finales del Plan BEPS, aprobados por la OCDE (5 octubre de 2015), contienen una serie de recomendaciones en relación con la adopción de medidas a nivel doméstico y convencional respecto del tratamiento fiscal de los instrumentos híbridos (y entidades híbridas) a efectos de evitar casos de doble no imposición y de doble imposición, lo cual puede aconsejar la articulación de cláusulas específicas que afectan a la aplicación del artículo 23 de los CDIs que sigan el ModCDI. Estas recomendaciones de la OCDE, en particular respecto de los instrumentos híbridos no constituyen "estándares mínimos", sino que los diferentes países son libres a efectos de articular a nivel interno o convencional (CDI/Convenio Multilateral 2016) las medidas recomendadas. Al tratarse de soft-law OCDE en forma de meras recomendaciones no tienen carácter vinculante para España, ni alteran o modifican la legislación nacional, ni los CDI concluidos por España (especialmente con terceros países); así lo reconoce la propia OCDE en el Informe BEPS,

Neutralising the Effects of Hybrid Mismatch Arrangements, Action 2: 2015: Final Report, parágrafo 444. Como ya indicamos en el Capítulo 1 (epígrafe 3) de esta obra, la Parte II del MLI (artículos 3 a 5) contiene una serie de medidas en relación con asimetrías híbridas; en particular, el MLI establece cláusulas en relación con las entidades híbridas, las "dual resident companies" y los métodos para eliminar la doble imposición a efectos de evitar casos de doble no imposición. En relación con el alcance de tales normas cabe remitirse a lo expuesto en el Capítulo 1. En este mismo orden de cosas, cabe reiterar aquí cómo el **Modelo de Convenio de la OCDE de 2017**, que adapta el modelo a los informes OCDE/G20 publicados en el año 2015, introdujo una modificación del tenor literal y comentarios de los artículos 23 A y B MC OCDE 2017. La frase introducida en el clausulado de los referidos preceptos (*"except to the extent that these provisions allow taxation by that other State solely because the income is also income derived by a resident of that State or because the capital is also capital owned by a resident of that State"*) tiene por objeto clarificar que en tales casos, los dos Estados no estarían recíprocamente obligados a eliminar la doble imposición sobre los impuestos exaccionados por cada uno de ellos exclusivamente sobre la base de la residencia del contribuyente, de manera que cada Estado únicamente estaría obligado a conceder la eliminación de la doble imposición en la medida en que el gravamen exigido por el otro Estado resulte acorde o conforme con disposiciones del convenio que permitan la imposición de la renta o patrimonio como Estado de la fuente o como Estado donde existe un EP al que la renta o el patrimonio resulta atribuible. La OCDE considera que tal principio o regla ya resultaba implícita en el tenor de los artículos 23 A y B MC OCDE, de manera que la modificación de 2017 simplemente vendría a clarificarlo y eliminar cualquier duda al respecto. Los nuevos Comentarios recogidos en el MC OCDE 2017 en relación con los artículos 23 A y B (parágrafos 11.1, 11.2, 31.1, 61, 69.1 y 69.2) vendrían a clarificar la aplicación de esta regla, incluyéndose una serie de ejemplos relacionados con entidades híbridas (como partnerships) donde los dos Estados contratantes tratan de forma distinta a efectos fiscales a la entidad y los partícipes.

Finalmente, debemos advertir que en los Comentarios al ModCDI 2005 el Comité Fiscal incorporó en el apartado referido a los conflictos de calificación una importante regla (parágrs. 4.1 y 2 y 32.8 de los CMC al artículo 23 ModCDI 2005 y versiones posteriores) sobre la aplicación de los métodos para evitar la doble imposición en casos atípicos de *Time Mismatch*. Tal regla en puridad no ordena problemas de calificación, sino los propios presupuestos de aplicación de los métodos para eliminar la doble imposición en relación con determinados casos atípicos y en tal sentido ya ha sido expuesta en el epígrafe referido a los presupuestos del método de exención, lugar al que nos remitimos.

5.2. Práctica convencional española

Como quiera que la regla del artículo 23.A.4 ModCDI ha sido incorporada a tal Modelo en el año 2000, no existe ningún CDI concluido por España que haya adoptado tal fórmula. Así, los CDIs concluidos por España que siguen el artículo 23 A ModCDI no han incorporado ninguna disposición específica relativa a los conflictos de calificación. La única singularidad que hemos detectado es la prevista en el **CDI Austria-España** (Protocolo 1995, artículo 24.3); en concreto, el Protocolo de 1995 dio nueva redacción al artículo 24 de este convenio de manera que su apartado 3º establece que «Las rentas obtenidas por un residente de un Estado contratante, que sean consideradas por este Estado contratante como sujetas a imposición de acuerdo con el presente convenio en el otro Estado contratante, pueden, no obstante, someterse a imposición en el primer Estado si, después de desarrollado un procedimiento amistoso, el otro Estado contratante eximiera dichas rentas de imposición en virtud de este convenio». Esta disposición, aunque no coincide plenamente con la prevista en el artículo 23.A.4 ModCDI 2000 y versiones posteriores, parece concebida igualmente para resolver problemas de doble no imposición derivados de conflictos de calificación; no obstante, la solución que resulta de esta cláusula no es susceptible de aplicarse de forma directa y automática por parte de las autoridades del Estado de la residencia como acontece en el marco del artículo 23.A.4, sino que sólo puede aplicarse tras alcanzar un acuerdo en el seno del procedimiento amistoso; por otro lado, la regla prevista en el CDI con Austria no se limita a problemas de calificación resultantes de la diferente interpretación del convenio o de la apreciación de los hechos del caso, sino que resulta más amplia comprendiendo también los casos donde el conflicto de calificación deriva de la normativa interna de los Estados contratantes.

El nuevo **CDI con Alemania** (2011, artículo 22.2.c) también contiene una cláusula específica relacionadas con los conflictos de calificación y atribución, estableciendo la aplicación del método de imputación en dos casos: a) supuestos de calificación o atribución asimétrica de la renta que no puede resolverse siguiendo el procedimiento amistoso del artículo 24.3 del CDI, de suerte que como consecuencia de tal diferencia de calificación o de atribución, la renta o el capital en cuestión quedaran sin imposición o sujetos a una imposición inferior a la que correspondería en caso de que hubiera acuerdo; y b) rentas distintas de aquellas para las que se ha previsto expresamente el método de imputación en el apartado 2.b del artículo 22, previa notificación de Alemania a España.

6. BIBLIOGRAFÍA

AULT (1992), «*Corporate Integration, tax treaties and the division of the international tax base*», Tax Law Review, nº 47.

AVERY JONES (2001), «*A Tale of Two Taxes: Interaction between Treaty and Unilateral Relief*», en Liber amicorum Sven-Olof Lodin, Kluwer, The Hague.

AVERY JONES ET ALTER (1996), «*Credit and exemption* under tax treaties *with particular reference to article 3 (2) OECD Model*», European Taxation, April 1996.

BORRÁS LAFUENTE 2017, «*Modificaciones en el IS establecidas por el RD-Ley 3/2016, de 3 de diciembre*», RCyT, nº 407, 2017.

BRANDSTETTER (2011), «*Taxes Convered, A Study of Article 2 of the OECD Model Tax Conventions*», IBFD, The Netherlands.

CALDERÓN (1993), «*Algunas consideraciones que plantean la interpretación y calificación en el marco de los convenios de doble imposición*», RDFHP

CALDERÓN (1997), «*La doble imposición internacional y los métodos para su eliminación*», McGraw-Hill, Madrid

CALDERÓN (1997), «*La doble imposición internacional en los convenios de doble imposición y en la Unión Europea*», Aranzadi, Pamplona.

CALDERÓN (2006), «*La planificación fiscal internacional basada en el artículo 20 bis LIS: la sujeción a un impuesto de naturaleza idéntica o análoga*», Carta Tributaria, Monografías, Diciembre 2002 (y versión actualizada en la obra colectiva Tributación de los Beneficios Empresariales, CISS, Valencia.

CALDERÓN (2004), «*Comentarios al artículo 23 A y B MC OCDE*», en Comentarios a los Convenios de Doble Imposición Españoles, FPBM La Coruña.

CALDERÓN (2006), «*Consolidación Fiscal e Importación de Pérdidas*» Noticias de la UE, nº 257.

CALDERÓN (2006): «*La planificación fiscal internacional basada en el art20 bis LIS: la sujeción a un impuesto extranjero de naturaleza idéntica o análoga*», en Tributación de los Beneficios Empresariales, CISS, Valencia.

CALDERÓN (2009), «*La autonomía de los Estados para luchar contra la competencia fiscal a través de los métodos para eliminar la doble imposición internacional y las reglas de calificación de entidades extranjeras: el caso Columbus Container*», Quincena Fiscal, nº 18/2008 (también en Intertax, April 2009, con el prof. A. Baez).

CALDERÓN (2011), «*Reflexiones al hilo de la STJUE X Holding BV sobre el régimen de consolidación en el Impuesto sobre Sociedades, la «importación» de pérdidas extranjeras y el Derecho de la Unión Europea*», Crónica Tributaria, 1º Semestre 2011.

CALDERÓN (2014), «*Medidas de reversión de pérdidas intragrupo y Derecho Comunitario: el caso Nordea Bank*», RCyT, nº 381, 2014.

CALDERÓN (2016), «*Las Discriminaciones Fiscales generadas por el Estado de Residencia del contribuyente y el Derecho de la UE: el problema de la importación de pérdidas extranjeras y de los Impuestos de Salida*», en Impuestos Directos y Libertades Fundamentales del TFUE (Dir. Martín Jiménez), Aranzadi-Thomson Reuters, Pamplona, 2016.

CAMERON, D. (2013), «*PPL Corp.: Where´s the Treaty Argument?*», TNI, March 11, 2013, p. 951 y ss.

CFE (2018), "*Opinion Statement ECJ-TF 3/2018 on the CJEU decision of 12 June 2018, in Case C-650/16, Bevola, concerning the utilisation of `definitive losses´attributable to a foreign permanent establishment*", CFE 2018.

CLOER/SIXDORF, «*Tax Treaty Interpretation in Germany: Utilizing the OECD´s New Approach to Qualification of Income*», ET, July 2017.

COLMENAR VALDÉS (1996), «*Las deducciones por doble imposición (II): la doble imposición internacional*», Impuestos, nº 14.

DE JUAN PEÑALOSA, «*El Impuesto extranjero de naturaleza análoga al Impuesto sobre Sociedades español: una sentencia Concluyente (SAN de 21-12-2006)*», QF, Mayo II, 2007, p. 35 y ss.

EASSON (2001), «*Tax Incentives for Foreign direct investment*», Parts I & II, IBFD, July/August 2001.

GANN, P. (1982), «*The concept of an independent foreign tax credit*», The Tax Law Review, nº 38.

LAMPE, M. (1999), «*Germany: General Subject-to-tax clauses in recent tax treaties*», European Taxation, April/May 1999.

LÓPEZ SANTACRUZ, «*Reforma del Impuesto sobre Sociedades 2015*», Francis Lefebvre, 2015.

MARTÍN/GARCÍA/CALDERÓN (2001), «*Triangular Cases, tax treaties and EC Law*», Bulletin for International Fiscal Documentation, vol. 55, nº 6

MARTÍN JIMÉNEZ 2014, «*Selección de jurisprudencia del TJUE*», Avance Convenios Fiscales Internacionales y Fiscalidad de la UE, CISS, Febrero 2014.

MUSGRAVE, P. (1975), «*The OECD Model Tax Treaty: problems and prospects*», Columbia Journal of World Business, Summer 1975.

PALAO (1972), en la obra colectiva «*Doble imposición internacional*», IEF, Madrid.

PLEIL/SCHWIBINGER, "*Confronting Conflicts of Qualification in Tax Treaty Law: the Principle of Common Interpretation and the New Approach Revisited*", WTJ, August 2018.

QUAGHEBEUR, M., «*Supreme Court Upholds Tax Treaty Precedence Over Domestic Law*», TNI, August 7, 2017.

SANZ GADEA (2014), «*El IS en 2013 (I). Elenco de modificaciones. Establecimientos Permanentes*», RCyT CEF, nº 372, Marzo 2014.

SANZ GADEA (2014a), «*El IS en 2013 (II). Establecimientos Permanentes. Uniones Temporales*», RCyT CEF, nº 373, Abril 2014.

SANZ GADEA (2014c), «*El IS en 2013 (y IV). Instrumentos de patrimonio*», RCyT, 377-378, 2014.

SANZ GADEA (2015), «*El resultado financiero en el IS. Dividendos y plusvalías de cartera. Rentas exentas y no exentas (I)* », RCyT, 384, marzo 2015.

SANZ GADEA (2017), «*El Impuesto sobre Sociedades en 2016*», RCyT, nº 408, Marzo 2017, p. 5 y ss.

SERRANO GUTIÉRREZ, «*Impuesto sobre Sociedades*», Francis Lefebvre, 2015.

SHAY: «*Tax Treaties and domestic legislation*», Kluwer, Boston, 1989.

SCHÖN (2007), «*Losing Out at the Snooker Table: Cross-Border Loss Compensation for Pes and the Fundamental Freedoms*», en Hinneckens & Hinneckens (eds) A Vision of Taxes within and Outside the European Borders.

TORRIONE, H. (1993), «*Treatment in Switzerland of Transnational operating Losses*», en Essays on International Taxation, Kluwer, Boston.

THURONYI (2003), «*Recent Treaty Practice on Tax Sparing*», Tax Notes International, vol. 29, nº 3.

VAN DER BRUGGEN (2003), «*Good faith in the application and interpretation of Double tax conventions*», British Tax Review, nº 1

VOGEL (1997); «*On Double Taxation Conventions*», Kluwer, Boston.

VOGEL/SHANNON/DOERNBERG/VAN RAAD (1988), «*US Income Tax Treaties*», Kluwer, Boston.

Capítulo V

DISPOSICIONES ESPECIALES Y FINALES

Capítulo V. DISPOSICIONES ESPECIALES Y FINALES

Sumario

V.1

NO DISCRIMINACIÓN

Adolfo J. Martín Jiménez

V.1.   NO DISCRIMINACIÓN

Sumario

NO DISCRIMINACIÓN

1. INTRODUCCIÓN

El artículo 24 ModCDI constituye la consagración en el plano internacional de un principio fundamental en los ordenamientos internos y en el Derecho de la Unión Europea (aunque en su configuración resulta muy distinto de este último). Desde la óptica internacional, no existe un principio de no discriminación por razón de la nacionalidad o la residencia; tal principio sólo resultará operativo si entre los distintos Estados existen CDIs que incluyan un precepto análogo al artículo 24 ModCDI. Por otra parte, la inclusión del artículo 24 ModCDI en un CDI no debe llevar a pensar que el principio de no discriminación que regula esta norma tiene efectos similares a los principios análogos regulados en otros ordenamientos (principalmente, en el Derecho de la Unión Europea). La operatividad, alcance y eficacia práctica del principio de no discriminación por razón de la nacionalidad/residencia diseñado por el artículo 24 ModCDI está bastante limitada. Las principales dificultades que dicho principio bilateral plantea son las siguientes:

1. No opera al margen de un CDI, es decir, no existe un principio general de no discriminación en Derecho tributario internacional.

2. Cuando se contempla en un CDI (lo cual no siempre ocurre, v.g. CDI España-Australia) su ámbito subjetivo de aplicación queda limitado a los nacionales/residentes del otro Estado contratante.

3. El ámbito objetivo queda también condicionado por los principios informadores de los CDIs (preeminencia de la tributación en residencia y distinción clara entre la tributación de residentes y no residentes) y el resto de las disposiciones del CDI, de manera que la existencia de «discriminaciones» consagradas en el texto de los CDIs limita los efectos de la cláusula en materia de no discriminación del artículo 24 ModCDI, que será susceptible de ser invocada en otro contexto, pero no en el ya cubierto por una discriminación o diferencia de trato que se encuentre expresamente admitida en el CDI.

4. Sólo cubre las discriminaciones en las que el discriminado es un no nacional, pero no comprende las discriminaciones por razón del lugar donde se realiza la inversión («inbound» pero no «outbound»), aunque puede tener efectos relevantes para el Estado de residencia. En realidad, las cláusulas del artículo 24 ModCDI se aplican en relación con las discriminaciones relativas a la imposición sobre las personas, pero no a las discriminaciones que recaen sobre las rentas.

5. La propia concepción de la discriminación en el seno del artículo 24 ModCDI limita bastante los efectos de este principio: el propio ModCDI y sus Comentarios impiden la comparabilidad de situaciones en muchos casos con una concepción restrictiva de la situación discriminatoria (vid. especialmente, los comentarios al artículo 24.1 ModCDI). Por otra parte, el artículo 24 ModCDI contiene una serie de cláusulas de naturaleza heterogénea que no siempre responden a la misma lógica. Mientras que el artículo 24.1 ModCDI impide la discriminación por razón de nacionalidad y el artículo 24.2 ModCDI incluye dentro del círculo de sujetos protegidos a los apátridas, el artículo 24.3 ModCDI contiene una cláusula de no discriminación, no por razón de nacionalidad, sino, más bien, por razón de la residencia. Es decir, los parámetros y la lógica del párrafo 3 del artículo 24 ModCDI son completamente distintos a los que se tienen en cuenta en los dos primeros párrafos del artículo 24 ModCDI. Curiosamente, los párrafos 4 y 5 del propio artículo 24 ModCDI se apartan de la lógica de los párrafos anteriores: el párrafo 4 regula un principio de no discriminación por razón de la persona con la que se contrata y el párrafo 5 regula un principio de no discriminación de aquellas «empresas»/sociedades, cuyo capital esté dominado o poseído por residentes del otro Estado contratante.

Por consiguiente, si bien los dos primeros párrafos del artículo 24 ModCDI consagran un principio de no discriminación por razón de la nacionalidad que opera con independencia del ámbito subjetivo del CDI, los párrafos 3 a 5 vinculan sus efectos nuevamente al propio ámbito subjetivo del CDI (artículo 1 ModCDI) y se convierten en cláusulas de no discriminación por razón de residencia.

En consecuencia, el sujeto protegido por la cláusula de no discriminación varía en función del párrafo en el que nos encontremos: en los párrafos 1 y 2 será el nacional o apátrida que está siendo discriminado, en el párrafo 3 será el residente del otro Estado contratante, y en los párrafos 4 y 5, el residente que contrata con un residente de otro Estado contratante o el residente cuyo capital es poseído por un residente del otro Estado contratante. En resumen, podemos decir que el artículo 24 ModCDI constituye un conjunto de cláusulas que no responden a un principio común pero cuya finalidad es única: evitar que los tributos de un Estado se erijan en barreras para la penetración en el otro Estado para los residentes/nacionales del primer Estado.

A estos efectos, es preciso subrayar que el artículo 24 ModCDI es una disposición de una naturaleza muy distinta a las reglas distributivas de los CDIs: mientras que las últimas se refieren a si un Estado puede gravar una determinada renta o patrimonio, el artículo 24 ModCDI no trata de responder esa cuestión, su finalidad es determinar 'cómo' un Estado puede gravar una renta o patrimonio cuando de acuerdo con las reglas distributivas del CDI puede efectivamente someter a gravamen tal renta o patrimonio.

Por otra parte, el artículo 24 ModCDI ha sufrido importantes modificaciones desde la publicación del Proyecto de ModCDI de 1963. En primer lugar, el párrafo segundo del artículo 24 ModCDI 1977 (definición de «nacional» de un Estado contratante) fue trasladado en 1992 al, hoy, artículo 3.1.g) ModCDI; ello obligó a renumerar el resto de los párrafos del artículo 24 ModCDI. En segundo lugar, el ModCDI 1977 añadió el párrafo 4, que no estaba presente en el Proyecto de ModCDI 1963, lo que constituyó una modificación bastante importante (por esta razón, los CDIs españoles anteriores a 1977 no incluyen una cláusula análoga al artículo 24.4 ModCDI). El resto de las modificaciones operadas hasta 2005 son más bien de tipo formal, o se realizan en los Comentarios al artículo 24 del ModCDI –CMC-. En 2008, los Comentarios al artículo 24 ModCDI sufrieron nuevas e importantes modificaciones, algunas de ellas ya avanzadas en el Documento de la OCDE, de 3 de mayo de 2007 *Application and Interpretation of artículo 24 (Non-Discrimination)*. Posteriormente, en 2010, se ha adaptado la redacción de los párrafos 14, 34, 40, 58 y 62 a la nueva redacción y Comentarios del artículo 7 ModCDI 2010, que adoptan el llamado enfoque autorizado de la OCDE sobre atribución de beneficios a los EPs. En 2014, sólo se ha realizado alguna corrección estilística en los párrafos 31 y 72, además de modificarse las observaciones (párrafo 82) y reservas (párrafos 90 y 92), aunque ninguna de ellas se refiere a España. Tampoco el artículo 24 ModCDI resulta afectado por el MLI, y, por su parte, el ModCDI 2017 sólo ha realizado algún cambio de carácter accesorio (nueva redacción del párrafo 71 de los Comentarios al ModCDI debido al nuevo artículo 29.8 ModCDI 2017 que regula los casos triangulares de EPs a los que, con anterioridad, se refería el citado párrafo 71).

No obstante, la revisión del artículo 24 ModCDI parece que vuelve a estar en la agenda de la OCDE. Si bien el artículo 24 ModCDI no ha resultado afectado por el MLI o el ModCDI 2017 resulta de interés mencionar que el artículo 24 ModCDI es uno de los exceptuados de los efectos de la llamada 'savings clause' del artículo 1.3 ModCDI 2017 o del artículo 11 MLI, por lo que puede resultar invocada frente al Estado de residencia del contribuyente allí donde pueda ser aplicable a ese Estado (por ejemplo, el artículo 24.4. o 24.5 ModCDI, aunque también el párrafo 1).

Los problemas del principio de no discriminación del artículo 24 ModCDI han sido superados en el ámbito de la Unión Europea por la configuración del principio de no discriminación que derivada de la jurisprudencia del TJUE en materia de imposición directa. El principio de no discriminación en la UE y la importantísima jurisprudencia del TJUE en esta materia se examina en un capítulo específico, pero es necesario mencionar aquí que la funcionalidad de ambos principios es completamente distinta. Mientras que el principio de no discriminación por razón de la nacionalidad de la UE (en el que la discriminación por razón de residencia se considera una discriminación indirecta por razón de la nacionalidad), y las libertades comunitarias, manifestación de este principio (libre circulación de mercancías, personas, servicios y capitales), son la piedra angular del mercado interior comunitario, el principio de no discriminación por razón de la nacionalidad/residencia del artículo 24 ModCDI tiene una finalidad auxiliar, bastante limitada, en los CDIs; la importancia del primero, que despliega importantes efectos en ámbitos no previstos en el TFUE, como es la imposición directa, y que no se encuentra condicionado por normas comunitarias de Derecho secundario o por normas nacionales del rango que sea (constitucional u ordinario) no puede ser comparada con la importancia del segundo, cuyo ámbito de aplicación y eficacia son mucho más limitados (siendo los propios apartados del artículo 24 ModCDI los límites estrictos de aplicación de dicho principio de no discriminación).

Probablemente, la interpretación comunitaria del principio de no discriminación puede ejercer una cierta influencia sobre el artículo 24 ModCDI (especialmente cuando éste resulte interpretado por tribunales de Estados miembros de la UE), aunque la revisión de 2008 de los CMC artículo 24 ModCDI estuvo orientada precisamente a aclarar el diferente significado del principio de no discriminación en los CDIs y el Derecho de la UE, marcando distancias frente a la jurisprudencia del TJUE. De hecho, una de las principales innovaciones del ModCDI 2008-2014 fue la adición de unos nuevos párrafos 1 a 4 a los Comentarios al artículo 24 ModCDI a modo de reflexiones generales o guía de qué cabe esperar del principio de no discriminación en los CDIs que sirvan de primera barrera para frenar las construcciones expansionistas del principio de no discriminación. Las principales conclusiones a las que llegan estos párrafos son las siguientes:

1. El artículo 24 ModCDI está orientado a acabar con la discriminación «en circunstancias precisas», de manera que no cualquier tratamiento diferenciado genera una discriminación prohibida por este precepto. Especialmente, el artículo 24 ModCDI no ataca las distinciones «legítimas» que se hacen en los ordenamientos tributarios y que están basadas, por ejemplo, en diferencias con respecto a la amplitud de la responsabilidad tributaria o el principio de capacidad económica. En este sentido, se aclara que el artículo 24 ModCDI no cubre la «discriminación indirecta» (con el significado que a este término se le da en el Derecho de la UE, esto es, discriminaciones que emplean criterios distintos de la nacionalidad, como la residencia, pero que, de facto, implican una discriminación de los no nacionales, puesto que la mayoría de los no residentes serán no nacionales del Estado que efectúa la discriminación) (párrafo 1 CMC artículo 24 ModCDI).

2. Como consecuencia del principio de reciprocidad, el principio de no discriminación no puede interpretarse como una cláusula de la nación más favorecida que tenga por consecuencia que deba extenderse a los nacionales o residentes del otro Estado contratante los beneficios de los CDIs o acuerdos multilaterales firmados con otros Estados. Esto es, el artículo 24.1 ModCDI no admite comparaciones horizontales, sólo comparaciones con nacionales o residentes del otro Estado contratante (párrafo 2 CMC artículo 24).

3. Específicamente se aclara que la discriminación prohibida por el artículo 24 ModCDI demanda que quien haya sido discriminado se encuentre en identidad de circunstancias en relación con aquél contribuyente frente al que se reclama el tratamiento discriminatorio salvo por el factor que protege el artículo 24 ModCDI en sus diferentes cláusulas (por ejemplo, nacionalidad en el párrafo 1). Esto es, se requiere una comparabilidad, de hecho y de derecho, de situaciones (salvo por el factor o criterio protegido por el artículo 24 ModCDI) para que el artículo 24 ModCDI, en cualquiera de sus párrafos, pueda ser aplicado. De esta manera se unifica de facto la distinta terminología que emplean los párrafos del artículo 24 ModCDI («en las mismas circunstancias», en los párrafos 1 y 2, «que ejerzan la misma actividad» en el párrafo 3 o «empresas similares» en el párrafo 5) para aclarar las exigencias que requiere la comparabilidad a los efectos del artículo 24 ModCDI como presupuesto previo para intentar la aplicación de alguno de sus párrafos (párrafo 3 CMC artículo 24).

4. Se aclara que en modo alguno el artículo 24 ModCDI pretende otorgar a los nacionales del otro Estado contratante, no residentes, empresas del otro Estado o empresas nacionales controladas por residentes del otro Estado un tratamiento tributario que sea mejor que el dispensado a los nacionales, residentes o empresas nacionales propiedad de o controladas por residentes. Esto es, se especifica que el artículo 24 ModCDI en modo alguno pretende o puede ser utilizado para obtener tal efecto (párrafo 3 CMC artículo 24).

5. El artículo 24 ModCDI debe ser interpretado en el contexto de otras disposiciones del CDI de forma que las medidas establecidas o expresamente autorizadas por el resto de preceptos del CDI no puede considerarse que violan alguna de las cláusulas del artículo 24 ModCDI incluso si sólo se aplican a no residentes. Al mismo tiempo, ninguna cláusula del artículo 24 ModCDI debe ser inter-

pretada en el sentido de que autoriza disposiciones que puedan vulnerar otros preceptos del CDI. Realmente, esta aclaración sólo persigue reafirmar la necesidad de dar una interpretación al artículo 24 ModCDI en el contexto global del CDI en el que se inserta, de manera que no existan contradicciones internas entre las disposiciones del CDI distributivas y la cláusula de no discriminación. Al mismo tiempo, estas aclaraciones sirven para reafirmar el carácter limitado del artículo 24 ModCDI frente a las tendencias a interpretar el mismo de una forma amplia (párrafo 4 CMC artículo 24).

6. A pesar de que estamos ante cláusulas separadas, normalmente, su aplicación requiere que se consideren los efectos de otras cláusulas del mismo precepto a la hora de determinar sus consecuencias.

En cierta forma, tales conclusiones, como pasa con otras derivadas del Proyecto BEPS en material de no discriminación, no derivan directamente del artículo 24 ModCDI y representan posiciones un tanto controvertidas de la propia OCDE que no necesariamente tienen que ser apoyadas por los tribunales nacionales.

Junto a lo anterior, debe tenerse en cuenta que el principio de no discriminación del ModCDI puede producir efectos conjuntos con las libertades del TFUE que pueden tener interés en algunas situaciones, ya que algunos sujetos que no tienen acceso a las mismas por ser nacionales de otros Estados no miembros de la UE podrían reclamar un tratamiento idéntico al garantizado a los nacionales del Estado que potencialmente discrimina a través del artículo 24 ModCDI. Esto puede ocurrir cuando por ejemplo un nacional de un Estado no miembro de la UE pero residente dentro de un Estado de la UE trabaja en otro Estado de la UE y obtiene allí la mayoría de sus rentas: nada le impedirá invocar el principio de no discriminación del CDI entre su Estado de nacionalidad y el Estado de la UE donde ejerce el trabajo para obtener un tratamiento similar al que este último daría a sus nacionales que residen en el mismo Estado de la UE donde reside el nacional de fuera de la UE que reclama la existencia de discriminación. Curiosamente, nuestro legislador parece haber previsto esta situación ya que el artículo 46 TRLIRNR no limita el acceso a su régimen a los nacionales de otros Estados de la UE y permitiría que, por ejemplo, un nacional de EEUU que reside en Francia pero trabaja en España, donde obtiene la mayoría de sus rentas, tenga acceso al régimen del artículo 46 TRLIRNR (lo mismo ocurre en el ISD). No sería, sin embargo, la única situación donde la invocación combinada del Derecho de la UE y del artículo 24 ModCDI puede llevar a la extensión de ciertas ventajas para nacionales de fuera de la UE, sin que ello pueda reputarse como un problema de cláusula de la nación más favorecida.

2. LA NO DISCRIMINACIÓN POR RAZÓN DE LA NACIONALIDAD (ARTÍCULO 24.1 MODELO DE CONVENIO DE DOBLE IMPOSICIÓN)

2.1. Introducción

El principio de no discriminación del artículo 24.1 ModCDI, junto con el párrafo 2 del mismo artículo, constituye una de las cláusulas de no discriminación por razón de la nacionalidad del artículo 24 ModCDI. A efectos de determinar el significado y operatividad de este principio debemos aclarar la definición de nacional de un Estado contratante (ámbito subjetivo), los presupuestos que determinan la existencia de una discriminación (ámbito objetivo) y los tipos de comportamientos que se prohíben en el ámbito del artículo 24.1 ModCDI.

2.2. La definición del término nacional. Ámbito subjetivo

La utilización por los CDIs del criterio de la nacionalidad como punto de referencia para determinar la existencia o no de discriminación puede plantear problemas, puesto que la legislación tributaria emplea como punto de conexión la residencia y no la nacionalidad. Entre otras cosas, la referencia a la nacionalidad determina que el ámbito subjetivo del artículo 24.1 ModCDI sea distinto al definido en el artículo 1 ModCDI, algo que vino a aclarar la segunda frase del artículo 24.1

ModCDI, añadida en 1977, para permitir la invocación del 24.1 ModCDI a los nacionales no residentes en los Estados contratantes. No debe olvidarse, sin embargo, que el principio de no discriminación requiere que el nacional del otro Estado se encuentre en las mismas circunstancias o condiciones que el residente nacional del primer Estado, exigencia que limita enormemente los efectos del artículo 24.1 ModCDI puesto que:

1. Se permitirá el trato diferenciado de los nacionales de ambos Estados contratantes sobre la base de criterios distintos de la nacionalidad o por razón del lugar donde residen.

2. Se excluyen del ámbito de este principio reivindicaciones fundadas en la cláusula de la nación más favorecida (así, por ejemplo, un portugués no residente no podrá reivindicar en España el trato idéntico que se dispensa a un francés no residente).

El artículo 3.1.g) ModCDI aclara el significado del término nacional, de tal forma que la prohibición de no discriminación del artículo 24.1 ModCDI podrá ser invocada por los individuos que posean la nacionalidad o ciudadanía de uno de los Estados contratantes y por las personas jurídicas, sociedades de personas (*«partnerships»*) o asociaciones constituidas de conformidad con la legislación de uno de los Estados contratantes. El término «individuos» se refiere a las personas físicas, por lo que los mayores problemas pueden venir por las referencias a personas jurídicas, sociedades de personas y asociaciones. El artículo 3 ModCDI define los términos «persona» y «sociedad», pero no aclara el significado de «persona jurídica, sociedad de personas o asociación». Normalmente, la legislación interna de los Estados contratantes de carácter civil o mercantil definirá cuándo una entidad tiene personalidad jurídica o puede ser considerada como una sociedad de personas sin reconocimiento como tal, lo cual puede plantear problemas cuando las legislaciones de los dos Estados difieran o en relación con determinadas entidades sin personalidad (v.gr. fondos de inversión o de pensiones, *trusts* etc.).

En realidad, parece que la definición de nacional del artículo 3.1.g) ModCDI pretende incluir dentro de este término a todas las entidades, personas jurídicas o no, que deriven su estatus del ordenamiento jurídico de los Estados contratantes, por lo que, a estos efectos, no debieran surgir demasiados problemas cuando los dos Estados no califiquen a una entidad de forma idéntica en relación con la atribución o no de personalidad jurídica. Ahora bien, el ModCDI no resulta demasiado claro a la hora de establecer los criterios sustantivos que atribuyen la nacionalidad a una sociedad de capital, de personas u a otros entes, por lo que, en este punto, sí que pueden surgir dificultades. No obstante, la doctrina mayoritaria se inclina por considerar que, en el contexto de los CDIs, la nacionalidad se vincula al lugar de constitución de la entidad o sociedad (criterio que, además, evita los problemas que a la luz del Derecho de la UE plantean las teorías relativas a la atribución de nacionalidad a las sociedades en función de su sede real o lugar de administración efectiva).

2.3. El ámbito objetivo del artículo 24.1 del Modelo convenio de doble imposición. La comparabilidad de situaciones a efectos de determinar la existencia de una discriminación prohibida

La discriminación del artículo 24.1 ModCDI requiere que los «nacionales» de un Estado contratante deban encontrarse «en las mismas circunstancias o condiciones, en particular con respecto a la residencia» que los nacionales del otro Estado contratante. Podría llamar la atención que los CMC dediquen un cierto esfuerzo a la explicación de esta expresión cuando parece obvio el significado que el principio de no discriminación tiene, pero dicha atención encuentra su justificación en el especial significado que adquiere la noción de discriminación en el contexto OCDE. Según los CMC:

1. La expresión «en las mismas condiciones» se refiere a los contribuyentes (personas físicas, jurídicas, sociedades de personas o *partnerships* y asociaciones), deben estar situados, desde el punto de vista de la aplicación de las normas tributarias, en circunstancias/condiciones «sustancialmente similares» de hecho y de derecho. A este respecto, los Comentarios al artículo 24.1 ModCDI añadidos

en 2008-2017, párrafo 9, enfatizan que «en las mismas condiciones» puede referirse también a la situación tributaria de una persona. Tal sería el caso de las personas físicas nacionales de EEUU, que se someten a tributación en este país por obligación personal incluso si no residen en EEUU, tales nacionales no residentes no se encuentran en igualdad de condiciones, a efectos de aplicar las normas tributarias de EEUU (por ejemplo a fin de tener en cuenta sus circunstancias personales), que los nacionales no residentes en EEUU de otros Estados, que, en principio, sólo estarían sujetos a tributación en este país por obligación real de contribuir.

2. La referencia a «en particular con respecto a la residencia» tiene carácter meramente aclaratorio, puesto que un contribuyente residente y otro no residente no se encuentran en las mismas circunstancias, especialmente en el plano jurídico-tributario. Es decir, un francés residente en España podría invocar el principio de no discriminación del CDI España-Francia, pero si fuera residente en Francia no podría invocar, a la luz de este principio, el mismo trato que España dispensa a los españoles residentes en su territorio. Los CMC 2008-2017 han querido dejar esta idea clara, de manera que subrayan que residentes y no residentes no se encuentran en igualdad de condiciones y que la discriminación que pretende atajar el artículo 24.1 ModCDI no está vinculada a la distinción entre obligación personal y obligación real de contribuir y las diferentes normas que se vinculan a una u otra modalidad de tributación. En realidad, como aclaran los CMC artículo 24, párrafo 17, la distinción residente-no residente es la piedra angular del ModCDI y, en general, de los CDIs, ya que su estructura y sistemática no podría entenderse sin una diferenciación entre ambas categorías de contribuyentes, por lo que el artículo 24.1 ModCDI parte de la premisa de que tal diferenciación es perfectamente válida (de esta forma, la discriminación sólo puede producirse, por un lado, entre nacionales-residentes y no nacionales-residentes o, por otro, entre nacionales no residentes y no nacionales no residentes cuando la nacionalidad es el criterio relevante para un trato dispar).

En particular, se ha pretendido aclarar a partir de 2008-2017 la situación de las personas jurídicas, sobre todo, las sociedades mercantiles. A estos efectos, los Comentarios desde 2008 precisan que, en el caso de las personas jurídicas, nacionalidad significa que una entidad deriva su estatuto, como tal, del Derecho en vigor en ese Estado, normalmente el Estado de incorporación o registro. La residencia fiscal está vinculada, con carácter general, no sólo a la incorporación o registro, sino también a la presencia en un Estado de la sede de dirección efectiva. Por ello, es preciso distinguir, en el caso de las sociedades las discriminaciones fundadas en la nacionalidad de aquéllas vinculadas a la residencia de la sociedad o persona jurídica, puesto que las primeras estarían prohibidas por el artículo 24.1 ModCDI pero las segundas no. De esta forma, dos sociedades que no son residentes del mismo Estado a los efectos del artículo 4 del CDI específico no estarían en las mismas circunstancias «en particular, con respecto a la residencia» y su tratamiento diferenciado no resultaría prohibido por el artículo 24.1 ModCDI. A contrario puede leerse igualmente, y esto no lo aclaran los comentarios más que por vía de ejemplos, que allí donde las dos sociedades tienen nacionalidades distintas (v.gr. porque se constituyeron cada una en uno de los Estados contratantes) pero residen en el mismo Estado parte del CDI (porque en él tienen su sede de dirección efectiva) no pueden ser tratadas de manera diferenciada por tener una distinta «nacionalidad» (vinculada al lugar de constitución de la sociedad). Son varios los ejemplos que dan los CMC, en los párrafos 19 a 25 para aclarar la situación de las personas jurídicas:

– Ejemplo 1: la denegación del método de exención a una sociedad con sede de dirección efectiva en el Estado A, que recibe dividendos procedentes de una filial situada en ese mismo Estado, cuando tales dividendos estarían exentos si fueran recibidos por una sociedad matriz constituida en A es contraria al artículo 24.1. ModCDI.

– Ejemplo 2: Si, sin embargo, en el mismo caso planteado en el ejemplo 1, y de acuerdo con un CDI firmado entre los Estados donde se constituyó la sociedad y donde tiene su sede de dirección efectiva, la sociedad fuera residente en su Estado de incorporación (regla que se aparta de la prevista en el artículo 4.3 ModCDI), en ese caso, el distinto tratamiento de las sociedades se fundaría en la residencia-no residencia de las mismas, por lo que no sería contrario al artículo 24.1. ModCDI.

– Ejemplo 3: Se trata de un caso cuya relevancia y formulación plantea algunas dudas. El Estado A, que utiliza el criterio de la incorporación para considerar a las sociedades residentes en su territorio, aplica a las sociedades no residentes de países con los que no tiene CDI un impuesto del 3 % sobre el valor de la propiedad inmobiliaria que tienen en su territorio (en lugar de un impuesto sobre la renta neta). El Estado A tiene un CDI en vigor, que sigue el ModCDI, con el Estado B, que, a su vez, utiliza como punto de conexión el criterio de la sede de dirección efectiva. Una sociedad incorporada en el Estado B pero que tiene su residencia en un Estado tercero no puede reclamar que de acuerdo con el artículo 24.1 CDI entre A y B no se le aplique el impuesto del 3 % ya que esta sociedad no se encuentra en las mismas circunstancias que las residentes en A en relación con su residencia, por ejemplo, por lo que respecta al acceso a la información sobre la renta derivada del inmueble. Lo cierto es que la formulación del ejemplo no parece la más correcta: si la sociedad que reclama el acceso al CDI entre A y B es residente de un tercer Estado y no nacional de B no podrá reclamar la protección del artículo 24.1 de tal CDI, si, por el contrario, es residente de B, aunque tiene doble residencia en un tercer Estado, desconocemos por qué razón la situación es distinta con respecto al acceso a información (en presencia de un artículo 26 en el CDI entre A y B) y, al mismo tiempo, al tratarse de una sociedad no residente en A no tendría acceso a la protección que el artículo 24.1. reconoce. En el caso de España, en relación con el Gravamen Especial sobre Bienes Inmuebles de Entidades No Residentes, la STSJ de Madrid de 17 de enero de 2008, rec. 3041/2003, concluyó que tal tributo no vulnera el artículo 24.1. CDI España-Suiza (en la época en la que este CDI no contenía cláusula de intercambio de información y el ámbito de aplicación de este tributo era más amplio que el actualmente vigente) al estar basada su aplicación en la residencia de las sociedades y no en la nacionalidad de éstas, de manera que una entidad española con sede de dirección efectiva en Suiza también quedaría sujeta al Gravamen controvertido.

– Ejemplo 4: De acuerdo con la legislación del Estado A las sociedades incorporadas en ese Estado son residentes, tal Estado tiene un CDI con B que sigue el artículo 4 ModCDI excepto en relación con el artículo 4.3., que dispone que si una persona jurídica es residente de ambos Estados, será considerada como residente del Estado de incorporación. Si el Estado A aplicara un impuesto sobre las nóminas en el que todas las sociedades que empleen a trabajadores de ese Estado gozan de un tipo reducido y tal tipo sólo resulta aplicable a las sociedades incorporadas en A, la aplicación de los tipos más elevados a una sociedad incorporada en B podría generar una discriminación prohibida por el artículo 24.1, ya que, en este caso, la residencia en otro Estado no es una circunstancia relevante a los efectos de otorgar un tratamiento diferenciado en el impuesto sobre las nóminas y se estaría vulnerando el artículo 24.1.

– Ejemplo 5: De conformidad con la legislación interna del Estado A, las sociedades incorporadas o con sede de dirección efectiva en ese Estado son residentes en él. Según la legislación del Estado B, las sociedades incorporadas en ese Estado tienen allí su residencia fiscal. El CDI entre A y B es idéntico al ModCDI excepto porque el artículo 4.3. dispone que las sociedades doblemente residentes se considerarán residentes a efectos del CDI sólo en el Estado donde se constituyeron. La legislación del Estado A dispone que las sociedades constituidas y con sede de dirección efectiva en ese Estado pueden consolidar su renta a efectos fiscales si son parte de un grupo de sociedades que tiene accionistas comunes. La sociedad X, constituida en B, pertenece al mismo grupo que otras dos sociedades constituidas en A, y las tres sociedades tienen su sede de dirección efectiva en A. En este supuesto, al no haberse constituido en A, la sociedad X no podrá consolidar su renta con las otras dos sociedades. A pesar de ser residente en A de acuerdo con su legislación interna, la sociedad X se considerará residente en B a efectos del CDI entre A y B, por lo que no se encontrará en las mismas circunstancias que las sociedades residentes en A y, en consecuencia, no podrá reclamar la facultad de consolidar sus cuentas con las otras dos sociedades residentes en A de acuerdo con el artículo 24.1 ModCDI. La residencia en B a efectos del CDI es claramente relevante en este supuesto, ya que, por ejemplo, el Estado A no podrá someter a gravamen ciertas rentas que X obtenga en A al aplicar el artículo 7 ó 10 del CDI A-B.

3. Al aplicar el apartado 1 del artículo 24 ModCDI lo realmente relevante es si dos personas que son residentes del mismo Estado son tratadas de forma diferente solamente porque tienen una nacio-

nalidad distinta. En este sentido, los CMC aclaran que, si a los efectos de tener en cuenta las circunstancias familiares, un Estado distingue entre sus nacionales en función de si residen o no en su territorio, ese Estado no está obligado a dar a los nacionales del otro Estado que no residen en su territorio el mismo tratamiento que dispensa a sus nacionales residentes, únicamente debería extender a los nacionales del otro Estado el mismo tratamiento que dispensa a sus nacionales que residen en el territorio del otro Estado contratante. Por otra parte, también se aclara que el principio de no discriminación no implica que en un Estado contratante se deba otorgar a los nacionales del otro Estado contratante el mismo trato que se dispense a sus nacionales que residan en un tercer Estado (v. gr. España no tiene que tratar necesariamente de la misma forma al nacional francés residente en Francia y al nacional portugués residente en Portugal, o al español residente en Portugal). Básicamente, entonces, parece que la OCDE interpreta los términos «en las mismas condiciones» en el sentido de que impide la comparación con residentes no sólo del otro Estado contratante, sino también de terceros Estados.

4. Los CMC excluyen del ámbito de aplicación de este principio, los siguientes supuestos:

a) Un Estado contratante no tiene que tratar de forma idéntica a las entidades públicas del otro Estado contratante cuando prevea un régimen tributario específico para sus autoridades públicas (párrafo 10 de los CMC artículo 24.1).

b) Tampoco existe obligación de extender a las entidades privadas sin finalidad lucrativa del otro Estado contratante el régimen especial a efectos tributarios que se regule para las instituciones del primer Estado contratante (párrafo 11 de los CMC artículo 24.1).

En realidad, los CMC nos indican que se trata de supuestos en los que las entidades de uno y otro Estado no se encuentran en las mismas circunstancias o condiciones, puesto que los regímenes tributarios especiales, para entes públicos o sin finalidad lucrativa, se justifican en atención a fines propios que sólo las entidades del Estado contratante que ofrece el régimen pueden cumplir (vid. párrafos 12-13 de los CMC artículo 24). Lo cierto es que estas afirmaciones no resultan del todo obvias, ya que puede perfectamente ocurrir que una entidad de otro Estado persiga en el Estado donde se reclama la discriminación una finalidad no lucrativa análoga aquéllas que persigan las entidades residentes. Por su parte, la DGT V556-04 de 9-3-2004, ya utilizó esta doctrina para denegar posibilidad de que el régimen de entidad exenta aplicable en Alemania pudiera servir de argumento para eximir de tributación en España ciertos cánones de fuente española que percibía una entidad residente en Alemania. En el mismo sentido, se ha pronunciado la DGT V2314-12 de 5-12-2012, pero en relación con el CDI España-Reino Unido y una entidad benéfica de este último país.

En definitiva, la expresión «en las mismas condiciones» del artículo 24.1 ModCDI se vincula a la residencia del contribuyente. La referencia a la residencia sólo puede interpretarse en el sentido de que la no discriminación del artículo 24.1 ModCDI exige que ambos contribuyentes (sujeto que invoca la discriminación y contribuyente objeto de comparación) se encuentren en las mismas circunstancias de hecho y de derecho (como, por otra parte, aclaran los propios Comentarios) y este dato hace que el significado del principio de no discriminación en el ámbito del artículo 24.1 ModCDI sea especial, puesto que contribuyentes que se encuentren en una misma situación de hecho (v.gr. accionistas que obtienen dividendos) podrán ser tratados de forma diferenciada (v.gr. integrando el impuesto sobre la renta de los individuos residentes con el impuesto sobre sociedades, pero excluyendo tal integración en el caso de dividendos obtenidos por no residentes) si no se encuentran en la misma situación de derecho (residencia). Con esta especial configuración ciertas discriminaciones (v.gr. cualquier tratamiento diferenciado entre el residente y el no residente), en el sentido usual del término, se encuentran permitidas en el ModCDI (y están prohibidas desde la óptica de otros principios de no discriminación que no tienen este significado restringido: éste es el caso de las libertades fundamentales del TFUE). La propia DGT en las contestaciones a ciertas consultas, ha aclarado que el equivalente al artículo 24.1 ModCDI en los CDIs españoles exige que el sujeto que invoca la no discriminación se encuentre en condiciones de hecho y de derecho similares (v.gr. DGT V1589-02 de 24-10-2002, ante el CDI España-Canadá; y de 21 enero 2003, ante el CDI España-Italia; de DGT V1926-04 de 21-10-2004, relativa también al CDI España-Canadá; la DGT V2314-12 de 5-12-2012 excluyó la aplicación del régimen de entidades no lucrativas español a una entidad de esta naturaleza residente en el Reino Unido, y la DGT V2283-12 de 30-11-2012, excluyó la aplicación de las reducciones del artículo 23.2 LIRPF en los casos de arrendamiento de inmuebles por un no residente sin EP en España ya que consideró que el no residente no estaba cubierto por el principio de no discriminación del CDI aplicable; la DGT V1834-13 de 4-6-2013, consideró no discriminatoria la retención sobre las ventas de inmuebles del artículo 25.2 TRLIRNR aplicada a un residente suizo que vendió un inmueble situado en España). En la misma línea, se ha mostrado la STS de 18 de julio de 2012, rec. nº 2808/2008, que afirma, en relación con el artículo 25 CDI España-EEUU, que la situación de residentes y no residentes no es comparable y si no es comparable no puede existir discriminación entre ambas categorías de sujetos pasivos (distinto hubiera sido el caso si existiera EP del no residente en España). En este sentido, la STS de 18 de mayo de 2005, rec. 754/2000, que justificó la aplicación de los mismos plazos de devolución de lo indebidamente pagado a residentes y no residentes en el principio de no discriminación del CDI España-EEUU, es un caso claro de incomprensión del significado y presupuestos de aplicación de este principio (esta doctrina fue confirmada por las SsTS de 25 de marzo de 2010, rec. n. 9020/2004, y de 27 de marzo de 2012, rec. nº 2886/2008). Lo mismo ocurre con la STS de 17 de marzo de 2011, n.º 5871/2006, que excluyó la aplicación de la normativa sobre subcapitalización española (artículo 16.9 Ley 61/1978) a una matriz suiza con una filial en España sobre la base del artículo 24.1. CDI España-Suiza, equivalente al mismo precepto del MC OCDE (resulta llamativo que el TS no fundara su decisión en el párrafo 4 del artículo 24 CDI España-Suiza, que sería más correcto para un CDI de aquella época o que razonara sobre la inexistencia del equivalente al artículo 24.4 ModCDI y su relación con el artículo 9 ModCDI, en línea con esta sentencia también es criticable la SAN de 7 de diciembre de 2011, rec. nº 451/2008 relativa a un supuesto triangular de concesión del préstamo a una filial española por otra holandesa del grupo que, a su vez, recibe el préstamo de la matriz de EEUU y que aplica la doctrina del TS derivada de aquélla sentencia). Otro tanto cabe decir de la STSJ de las Islas Baleares, de 14 de septiembre de 2011, rec. 665/09, la cual considera discriminatorio, de conformidad con un precepto análogo al artículo 24.1 ModCDI, y de forma absolutamente incorrecta, el tratamiento diferenciado entre un residente y no residente persona física en relación con el tipo de gravamen aplicable a las plusvalías inmobiliarias (15 % los primeros, 35 % los segundos); la sentencia es especialmente desafortunada ya que se trataba de un nacional suizo que residía en EEUU y el tribunal aplica el principio de no discriminación del CDI España-EEUU en lugar del propio del Estado de nacionalidad (aunque, insistimos, el resultado de fondo de la sentencia es incorrecto).

Resultan también curiosas una serie de sentencias de la AN (vid., por ejemplo, las SSAN de 16 de enero de 2014, rec. N. 456/2010, de 16 de diciembre de 2013, rec. 17/2010, de 14 de noviembre de 2013, rec. n. 367/2010) que rechazan la existencia de discriminación en supuestos de aplicación de la figura del fraude de ley para operaciones de financiación intragrupo porque la misma doctrina hubiera sido aplicable a situaciones nacionales. En los mismos parámetros se mueven e idéntico razonamiento utilizan las SsTS confirmatorias de aquéllas sentencias (vid., por ejemplo, las SsTS de 9 de febrero de 2015, rec. 188/2014 y 3971/2013). Tal razonamiento tiene relevancia en relación con la configuración del principio de no discriminación del Derecho de la UE, pero no a efectos del artículo 24.1 ModCDI.

Podría pensarse que, con esta configuración del principio de no discriminación del artículo 24.1 ModCDI, éste se convierte en una norma absolutamente irrelevante. Probablemente, así sea en el caso de impuestos directos de naturaleza personal, en los que la residencia se convierte en un elemento importantísimo en la configuración del propio hecho imponible y lleva a distinguir entre obligación personal y real. Sin embargo, en los tributos donde la residencia no sea un elemento configurador del hecho imponible –v.gr. impuestos indirectos (por ejemplo, los impuestos digitales configurados de esta forma)– el principio de no discriminación del artículo 24.1 ModCDI cobra toda su importancia, puesto que la residencia no será un dato relevante para determinar si existe o no discriminación. Asimismo, y en la particular e incorrecta lectura del artículo 24.1 ModCDI que hace el TS español, el principio podría tener un impacto importante en cuestiones procesales.

Por último, el principio de no discriminación, como aclara la segunda frase del artículo 24.1 ModCDI, puede ser invocado por nacionales no residentes de uno de los dos Estados contratantes y así lo aclara también el párrafo 6 de los CMC. Ahora bien, el nacional no residente de los dos Estados, para invocar el principio de no discriminación del artículo 24.1 ModCDI debe encontrarse en igualdad de condiciones con respecto al contribuyente hipotético con el que desee ser comparado a los efectos de conseguir la igualdad de trato.

2.4. Las discriminaciones prohibidas por el artículo 24.1 Modelo de Convenio de doble imposición

El artículo 24.1 ModCDI prohíbe la exigencia de «impuestos u obligaciones relativas al mismo que no se exijan o que sean más gravosos» que los impuestos sobre los nacionales del Estado donde se alega la discriminación. Los CMC, párrafos 9-10, a este respecto, manifiestan lo siguiente:

1. La formulación negativa de esta expresión es deliberada.

2. La expresión empleada adopta un significado idéntico al supuesto en el que se obligara a los Estados contratantes a conceder el mismo tratamiento a sus respectivos nacionales, pero, como el objetivo principal de esta cláusula es la prohibición de la discriminación de los nacionales del otro Estado contratante, nada se opone a que el primer Estado, por razones especiales o con la finalidad de cumplir con una disposición especial de un CDI, conceda ciertas facilidades a los extranjeros que no se aplican a sus propios nacionales.

3. En definitiva, la expresión viene a significar que, cuando un «impuesto» se exige a los nacionales y a los extranjeros en las mismas circunstancias, debe ser exaccionado de idéntica forma en relación con las modalidades de determinación de la base imponible y la liquidación, el tipo impositivo y, finalmente, las formalidades relativas al impuesto (declaraciones, pagos, plazos etc.). Ni las normas sustantivas ni las procedimentales pueden ser más gravosas para los extranjeros que para los nacionales.

Hay que tener en cuenta que el artículo 24.3 ModCDI utiliza otra expresión similar a la que estamos analizando («no serán sometidos a imposición en ese Estado de manera menos favorable que las empresas de ese otro Estado») y que el artículo 24.5 ModCDI emplea una fórmula idéntica a la que utiliza el artículo 24.1 ModCDI. En el ámbito del artículo 24.5 ModCDI la expresión debe tomar el mismo significado que en el artículo 24.1 ModCDI, mientras que la expresión similar pero no idéntica del artículo 24.3 ModCDI tiene un significado propio y peculiar (véase los CMC al artículo 24.3 y, en relación con el término «impuesto», los CMC al artículo 24.6.

La determinación del significado de la discriminación prohibida no plantea grandes dudas interpretativas, pero hay algunas cuestiones dignas de mención:

1. La discriminación positiva (trato más favorable) del nacional del otro Estado contratante se permite en el ámbito del artículo 24.1 ModCDI, lo prohibido es la discriminación negativa.

2. El artículo 24.1 ModCDI contiene dos prohibiciones de discriminación diferenciadas: (1) no se podrán exigir al nacional del otro Estado contratante tributos distintos o que sean más gravosos (en las normas relativas a la determinación de la base imponible, los tipos impositivos, las deducciones etc.) que los exigidos a los nacionales; (2) no resultará posible exigir a los nacionales del otro Estado obligaciones formales o accesorias (declaraciones, plazos, formas de pago etc.) más gravosas que las impuestas a los nacionales (CMC, párrafo 10).

3. La finalidad que la norma nacional discriminatoria pretenda alcanzar no será relevante a los efectos de apreciar la existencia de una discriminación prohibida. Lo realmente relevante será el efecto discriminatorio de la norma, no el fin de la misma.

4. Nunca serán discriminatorios los tratos diferenciados que consagre el propio CDI.

2.5.   Los convenios de doble imposición españoles

El CDI España-Australia 1992 no incluye un artículo sobre no discriminación, si bien el Protocolo adicional dispone que si Australia concluyera con un tercer Estado un CDI que incluya una cláusula sobre no discriminación, Australia informará a España de este hecho y entablará negociaciones para disponer el mismo trato para el Reino de España. Este hecho ya se ha producido, puesto que el CDI Australia-Reino Unido 2003, en su artículo 24, incluye una cláusula de no discriminación que sigue, básicamente, el artículo 24 ModCDI. Tampoco el CDI España-Arabia Saudí contiene un artículo similar al 24 ModCDI, la inclusión del mismo en el CDI queda condicionada al hecho de que Arabia Saudí introduzca un impuesto sobre la renta aplicable a sus nacionales residentes o para el caso de que el impuesto existente se modificara en ese sentido. Es también peculiar la cláusula del CDI España-Kuwait, limitada a personas físicas, y que no hace mención a la residencia, aunque sí demanda que los términos de comparación estén en las mismas condiciones (existe un compromiso de modificación del artículo 24 si Kuwait introdujera un impuesto sobre la renta aplicable a sus nacionales residentes). En la misma línea, el CDI España-Catar, a pesar de contener un artículo 23.1 equivalente al artículo 24.1 ModCDI, especifica en el protocolo VII que la no imposición de los cataríes y otros nacionales del Consejo de Cooperación del Golfo Pérsico residentes en Catar no se considerará discriminatoria, lo que vacía bastante de contenido a este párrafo.

Por lo general, los CDIs españoles siguen fielmente el artículo 24.1 ModCDI, si bien algunos, sobre todo los anteriores a la revisión de 1992, siguen conteniendo la definición de «nacional» en el equivalente al artículo 24 ModCDI en lugar de en el artículo 3. Hay también varias particularidades reseñables. Es frecuente que los CDIs españoles, anteriores y posteriores al ModCDI 1977 (v.gr. artículo 24.1 Alemania; artículo 24.1 Austria; artículo 24.1 Brasil; artículo 24.1 CDI Canadá; artículo 25.1 Cuba; artículo 25.1 Ecuador; artículo 24.1 Finlandia; artículo 24.1 Italia; artículo 24.1 Marruecos; artículo 24 México; artículo 24.1 Vietnam; artículo 23.1 Malasia; artículo 24.1 CDI España-Reino Unido 2013), no incluyan en el equivalente al artículo 24.1 la cláusula de extensión del principio de no discriminación a los nacionales no residentes en ninguno de los Estados contratantes, pero, puesto que tal frase tiene efectos interpretativos, su exclusión no plantea muchos problemas. Ahora bien, habrá que estar también a la posición que mantenga el otro Estado contratante, si entiende que el ámbito de aplicación del precepto se encuentra limitado por el artículo del tratado equivalente al artículo 1 ModCDI.

Por lo que respecta al ámbito subjetivo del principio de no discriminación del artículo 24.1 ModCDI resulta reseñable, en relación con las sociedades, que algunos CDIs españoles permiten considerar como nacionales no sólo a las sociedades constituidas de conformidad con la legislación de uno de los Estados contratantes, sino también a aquéllas que, de conformidad con otros criterios (v.gr. sede de dirección efectiva) tengan la nacionalidad de uno de los Estados contratantes (v.gr. artículo 24.3 Alemania 1966; artículo 3.1.h) China; artículo 3.1.h) Filipinas; artículo 3.1.c) CDI España-Reino Unido 1975, artículo 3.1.i CDI España-Suecia 1976).

También algunos CDIs españoles, anteriores o posteriores a 1992, (v.gr. artículo 24.1 Alemania, artículo 25 Austria, artículo 24 Brasil, artículo 24.1 Bulgaria, artículo 24.1 Checoslovaquia, artículo 25 China, artículo 25 EEUU, artículo 24.1 Filipinas, artículo 25 Hungría, artículo 26 India 1993, artículo 24.1 Irán, artículo 24 Irlanda, artículo 25 Luxemburgo; artículo 26 Reino Unido, artículo 24 Tailandia; artículo 24.1. Vietnam) omiten la referencia a «en particular con respecto a la residencia» tras la expresión «en las mismas condiciones/circunstancias». La ausencia a esta mención no tiene efectos sustantivos, puesto que la referencia a residencia, más bien, aclara lo que ya se podía intuir o interpretar en versiones anteriores del artículo 24 ModCDI. El CDI España-India 1993, artículo 26.1, aclara que la situación de comparabilidad entre nacionales exige que los nacionales de ambos Estados se encuentren «en las mismas circunstancias y reúnan las mismas condiciones», una diferencia con el ModCDI que no tiene efectos sustantivos. Un caso particular es el CDI España-Kuwait, que omite tal frase pero, por los impuestos aplicables en ese Estado, sí que podría tener efectos relevantes.

Otros CDIs (artículo 24.3 Canadá, artículo 24.5 Filipinas, artículo 25.5 Israel, artículo 24.2 Marruecos, artículo 25.5 Reino Unido; artículo 24.2 Suiza; artículo 24.5 Tailandia) especifican que determinadas deducciones o beneficios fiscales (por circunstancias familiares) son o no aplicables a los nacionales del otro Estado contratante si residen en el territorio del otro Estado o no se aplican si no son residentes. Nuevamente, se trata de una cláusula con una finalidad aclaratoria que no tiene un contenido sustantivo propio y añade poco al equivalente al artículo 24.1 ModCDI.

El CDI con Polonia 1979, artículo 24.1, especifica que los «ciudadanos» de un Estado contratante «no estarán sujetos en el otro Estado contratante a ningún impuesto o a cualquier otro requisito con él que fuera distinto o más gravoso que el impuesto y los requisitos concomitantes a los que los ciudadanos del otro Estado contratante estuvieren o pudieren estar sujetos en las mismas circunstancias». Se pueden apreciar dos divergencias con el ModCDI. Por una parte, el artículo 24.1 CDI España-Polonia se refiere a «ciudadanos» y no a «nacionales» como el artículo 24 ModCDI. Esta diferencia determina, al no definir el CDI el término ciudadanos, que se deba acudir a la legislación interna a la hora de precisar el significado de este término, por lo que las personas jurídicas parece que quedan excluidas del ámbito de aplicación del artículo 24.1 CDI España-Polonia. Por otra parte, la expresión empleada para definir la discriminación prohibida es ligeramente distinta a la propia del artículo 24.1 ModCDI, sin que, en este caso, su significado sea distinto.

Las peculiaridades más significativas, además de los CDIs con Australia, Arabia Saudí, Catar y Kuwait, ya mencionados, en relación con el artículo 24.1 ModCDI, de la red española pueden encontrase en el CDI con EEUU y en el CDI con Francia. El artículo 25.1 CDI con EEUU añade como tercera frase (a las dos propias del artículo 24.1 ModCDI), la siguiente: «Sin embargo, a los efectos de la imposición de los Estados Unidos, y sin perjuicio de lo dispuesto en el artículo 24 (deducciones por doble imposición), un nacional de los Estados Unidos que no sea residente de los Estados Unidos y un nacional de España que no sea residente de los Estados Unidos no están en las mismas circunstancias». En realidad, esta frase, simplemente, quiere decir que un ciudadano de EEUU no residente en este país no se encuentra en las mismas condiciones que un ciudadano del otro Estado contratante residente de este Estado contratante puesto que el primero está sometido a tributación en EEUU por el principio de renta mundial, mientras que el segundo no, una diferencia de circunstancias que también sería relevante en el contexto del ModCDI. Lo anterior no significa que si un ciudadano español es residente en EEUU no pueda invocar la protección de este principio.

El CDI con Francia contiene dos particularidades. Por un lado, el artículo 25.1 limita sus efectos a las personas físicas, con lo cual se eliminan los problemas en relación con las personas jurídicas, y el Protocolo adicional aclara qué se entiende por «en las mismas condiciones» (para ello, el nacional del otro Estado debe ser residente en el primer Estado). Tal posición enlaza con la reserva que Francia ha realizado al artículo 24.1 ModCDI, según la cual, limita el ámbito de aplicación de este artículo a los individuos, teniendo en cuenta la jurisprudencia de este país y que los párrafos 3 a 5 protegen ampliamente a las sociedades. Por otro lado, el artículo 25.6 CDI España-Francia 1995 permite que el Estado o los entes territoriales que ejerzan una actividad distinta de la industrial o comercial del otro Estado contratante tengan acceso a las mismas exenciones aplicables a sus entes públicos por el otro Estado contratante, aunque esta cláusula excluye su aplicación a las tasas («las disposiciones del presente apartado no se aplican a los impuestos debidos en contrapartida a los servicios prestados»).

Los CDI con los antiguos Estados del bloque de la URSS, con frecuencia, añaden a su artículo en materia de no discriminación disposiciones que excluyen de su ámbito de aplicación a los sistemas de imposición relativos a las empresas socializadas (CDI con Polonia 1979, artículo 24.6, artículo 26.5 CDI con Rumanía 1979).

Por su parte, el artículo 22 CDI con Singapur ha añadido también alguna peculiaridad que limita los efectos del párrafo 1 (equivalente al artículo 24.1 ModCDI), y así se añade que ese artículo podrá interpretarse en el sentido de obligar a un Estado contratante a conceder «a los nacionales del otro Estado contratante, aquellas deducciones personales, desgravaciones y reducciones impositivas que otorgue a sus propios nacionales que no sean residentes de ese Estado, o a aquellas otras personas que determine la legislación fiscal de ese Estado». Además, se indica que, cuando un Estado conceda incentivos a sus propios nacionales orientados a promover el desarrollo económico y social los mismos no se considerarán discriminatorios.

El artículo 22 CDI España-Hong-Kong, por la especial naturaleza administrativa de Hong-Kong, limita su ámbito de aplicación a las personas que tengan derecho a domicilio en esta región administrativa de China o que se hayan constituido allí (con independencia de la forma jurídica adoptada).

3. LA CLÁUSULA DE NO DISCRIMINACIÓN DE LOS APÁTRIDAS

El artículo 24.2 ModCDI extiende a los apátridas la prohibición de no discriminación por razón de la nacionalidad que regula el artículo 24.1 ModCDI. A estos efectos, los CMC, párrafo 18, indican que la definición de apátrida es la contenida en el artículo 1.1 Convenio de Nueva York de 28 de septiembre de 1954 sobre el Estatuto de los Apátridas, el cual define a éstos como «toda persona que no sea considerada nacional suyo por ningún Estado, conforme a su legislación». Ahora bien, no cualquier apátrida podrá invocar la protección del artículo 24.2 ModCDI, sino sólo las personas físicas apátridas que sean residentes en uno de los dos Estados parte de un CDI. Una diferencia importante del artículo 24.2 ModCDI con respecto al artículo 24.1 ModCDI se encuentra en que la prohibición de discriminación del artículo 24.2 ModCDI podrá ser invocada por el apátrida frente a los dos Estados contratantes, tanto frente al Estado donde obtiene la renta como frente al Estado donde reside. Por lo demás, la discriminación frente a la que el artículo 24.2 ModCDI protege al apátrida es sustancialmente idéntica a la prohibida en el artículo 24.1 ModCDI.

La mayoría de los CDIs españoles no recoge una cláusula análoga al artículo 24.2 ModCDI, lo cual no implica que el apátrida esté desprovisto de protección contra la discriminación, pues siempre podrá invocar el artículo 29 del Convenio de Nueva York. Este último dispone que los Estados contratantes no impondrán a los apátridas derecho, gravamen o impuesto alguno de cualquier clase que difiera o exceda de los que se exijan a los nacionales de tales Estados en condiciones análogas. España interpreta que tal precepto resultará de aplicación sólo si los apátridas residen en el territorio de los Estados contratantes. Algunos CDIs españoles contienen una cláusula de no discriminación del apátrida redactada de conformidad con el Proyecto de ModCDI 1963, que no requería que el apátrida residiera en uno de los Estados contratantes (antiguo CDI Alemania, artículo 24.4 y carta de 13 de julio de 1967 anexa al convenio; antiguo CDI Reino Unido, artículo 25.2, y Suecia, artículo 25.2).

4. LA CLÁUSULA DE NO DISCRIMINACIÓN DE LOS ESTABLECIMIENTOS PERMANENTES

4.1. Consideraciones generales

El artículo 24.3 ModCDI dispone que los impuestos que graven a un establecimiento que una empresa de un Estado contratante tenga en el otro Estado contratante no podrán ser menos favorables en ese otro Estado que los aplicables a las empresas de ese otro Estado que se dediquen a las mismas actividades. Esta disposición, continúa el mismo precepto, no se interpretará en el sentido de que obligue a un Estado contratante a conceder a los residentes del otro Estado contratante ninguna de las deducciones personales, desgravaciones y reducciones impositivas que otorgue a sus propios residentes en consideración a su estado civil o cargas familiares.

A diferencia de los apartados 1 y 2 del artículo 24 ModCDI, el apartado 3 regula una cláusula de no discriminación por razón de residencia, no de la nacionalidad. Se protege a la empresa residente de un Estado contratante que ejerce su actividad en el otro Estado a través de un establecimiento permanente («EP») situado en su territorio. No se prohíbe, aclara el párrafo 34 CMC, cualquier diferencia de trato entre establecimientos permanentes y empresas residentes, sino, simplemente, una tributación más gravosa exigida sobre los beneficios del EP y delimitada en relación con la cuantía de la deuda tributaria correspondiente al EP y la que correspondería a su punto de comparación, la empresa que realiza las mismas actividades. A estos efectos, los CMC artículo 24 2010-2017, párrafo

34, aclaran que el artículo 24.3 ModCDI no impide la aplicación de mecanismos específicos (legales o administrativos) que se apliquen a los solos efectos de la determinación de los beneficios atribuibles a los EPs, ya que este párrafo debe ser leído en el contexto del artículo 7.2. ModCDI 2010-2017 y del enfoque autorizado que los CMC a este precepto defienden. En definitiva, esta nueva «aclaración» de 2010 pretende asegurar que el enfoque autorizado de la OCDE en materia de atribución de beneficios a los EPs no resulta cuestionado desde la óptica del artículo 24.3 ModCDI, más bien se trata de presentar el enfoque autorizado como el desarrollo natural del principio que recoge el artículo 24.3 ModCDI (contrasta, sin embargo, con este enfoque la SAN de 10 de julio de 2015, rec. 281/2012, que considera que puede ser contrario al equivalente al artículo 24.3 ModCDI el intento de la AEAT de aplicar el enfoque autorizado de la OCDE de 2008 en relación con un CDI firmado con anterioridad a esta fecha, en concreto, el CDI España-Holanda).

Existe, entonces, una diferencia importante con la prohibición del artículo 24.1 ModCDI, atribuible a la naturaleza específica del EP, puesto que mientras que este último prohíbe las discriminaciones sustantivas y formales, la cláusula del EP se limita a prohibir la imposición más gravosa del EP en relación sus beneficios y con la deuda tributaria total del EP sin regular prohibición alguna en relación con los aspectos formales relativos a la exacción del impuesto al EP. La razón de esta diferencia se encuentra, más que en el hecho de que se pueda discriminar al EP en ciertos casos, en que la naturaleza del EP podrá justificar un trato diferenciado del mismo con respecto a los residentes en algunas ocasiones (v.g. algunas obligaciones formales), aunque la traslación del enfoque autorizado sobre atribución de beneficios del artículo 7 ModCDI relativiza esta posibilidad de diferencia de trato del EP. Repárese que la DGT española ha realizado una interpretación bastante estricta y, a nuestro juicio, no muy compatible con el espíritu del artículo 24.3 ModCDI en las consultas relativas a UTES controladas por entidades no residentes con EP en España (DGT V636-02 de 26-4-2002, DGT V1518-03 de 2-10-2003, DGT V0023-05 de 14-6-2005, DGT V0025-05 de 14-6-2005, DGT V1089-2005 de 29-3-2010 y DGT V0614-10 de 29-3-2010, relativas respectivamente a los CDIs entre España y, Dinamarca, EEUU, Francia, Bélgica e Italia) en la medida en que exige que para que la cláusula análoga al artículo 24.3 ModCDI opere es preciso que el contribuyente 'pruebe' la imposición más gravosa de manera específica, y allí donde tal prueba no exista se excluirá la existencia de discriminación contraria a este precepto, con el resultado, en el caso de las UTEs que la entidad no residente deberá, cuando no acredite la imposición más gravosa, declarar como tal UTE y además como entidad no residente con EP en España (sin posibilitar en todo caso, la aplicación del régimen de 'transparencia' de la UTE como pueden hacer las entidades residentes en España) (la STS de 18 de julio de 2012, nº 2808/2008 parece decantarse por una interpretación menos estricta de esta cláusula).

La naturaleza específica del EP hace, además, que, en ocasiones, la comparación con la empresa nacional que realice actividades similares no resulte sencilla y que no se pueda equiparar plenamente al EP con las empresas nacionales. El párrafo 37 de los CMC artículo 24, añadido en 2008, trata de aclarar esta cuestión al especificar, a los efectos del artículo 24.3 y para determinar si existe discriminación del EP, debe compararse la situación de empresas que tengan una estructura legal similar. De esta forma, continúa el mismo párrafo, el artículo 24.3 ModCDI no exige que se aplique al EP de una persona física el mismo tipo impositivo que en el Estado donde se encuentra el EP se reserva a las sociedades sujetas al IS. Igualmente, continúa el nuevo párrafo 38, las actividades o sectores «regulados» no constituyen «las mismas actividades» a los efectos del artículo 24.3 ModCDI, es decir, por ejemplo, si el EP se dedica a recibir y dar préstamos no puede invocar el artículo 24.3 ModCDI para obtener el mismo tratamiento que los bancos de su Estado de ubicación si no está registrado formalmente como banco o entidad financiera (no realizarían la misma actividad). Lo mismo ocurre en el caso de actividades desarrolladas por el Estado o entidades públicas, que, en la medida en que están controladas por el Estado, no pueden ser similares a las que realiza un EP de una empresa del otro Estado contratante (tal argumentación, la verdad, no parece muy fundada si el sector está abierto a la competencia y entes públicos y empresas privadas pueden realizar actividades idénticas).

En cualquier caso, a los efectos del artículo 24.3 ModCDI, el tipo de renta que obtenga el EP es irrelevante en relación con la cláusula de no discriminación, da igual que se trate de rentas cubiertas por el artículo 7 ModCDI o de, por ejemplo, rentas inmobiliarias cubiertas por el artículo 6 ModCDI.

Por lo que respecta al ámbito subjetivo de la cláusula, el artículo 24.3 ModCDI dispone que podrá ser invocada por la empresa de un Estado contratante que tenga un EP en el otro Estado contratante. En la actualidad, está claro que el artículo 24.3 ModCDI se aplica tanto a las personas físicas como a las jurídicas, y, en el caso de las primeras, tanto a las personas físicas que realizan actividades empresariales como a aquéllas que desarrollan actividades profesionales. El único requisito exigido será que la empresa sea desarrollada por un residente de un Estado contratante (artículo 3.1.d ModCDI) en el otro Estado contratante a través de EP, en la definición de este concepto que da el artículo 5 ModCDI. Hasta el año 2000, fecha de la modificación al ModCDI que refundió en el artículo 7 ModCDI los antiguos supuestos cubiertos en los artículo 7 y 14 ModCDI, se planteaba la duda de si el artículo 24.3 ModCDI resultaba aplicable a las «bases fijas» a las que se refería el artículo 14 ModCDI. En principio, en sentido estricto, el artículo 24.3 ModCDI estaba pensado para los EP y no para las bases fijas, pero un tratamiento diferenciado entre ambos carece de justificación. Desde que el ModCDI 2000 suprimió el artículo 14, tal problema ya no se plantea (la misma solución puede ser trasladada por vía interpretativa a los CDIs que mantienen un artículo análogo al artículo 14 ModCDI en versiones anteriores al año 2000). En el caso de las sociedades de personas, también pueden plantearse dudas acerca de la aplicación del artículo 24.3 ModCDI. En la medida en que la sociedad de personas pueda ser considerada como residente de un Estado contratante titular de una empresa, la calificación que a dicha sociedad pueda dar el otro Estado contratante resulta irrelevante a la hora de aplicar la cláusula del artículo 24.3 ModCDI.

En relación con el ámbito subjetivo del artículo 24.3 ModCDI, la Resolución de la DGT V2102-18 de 16 de julio de 2018, ha reconocido a una federación suiza sin ánimo de lucro que tenga un EP en España y que, como tal entidad sin ánimo de lucro, pueda beneficiarse del regimen de exención reconocida en el artículo 9.2. y 3.a) LIS 2014 invocando el artículo 24.4 CDI España-Suiza (equivalente al artículo 24.3 ModCDI) si se acreditan las condiciones del párrafo 47 de los Comentarios al artículo 24.3 ModCDI que la DGT refiere al cumplimiento por el EP de las condiciones de la Ley 49/2002, de 23 de diciembre, o del artículo 109 y ss. LIS 2014 (en un sentido similar, vid., con carácter previo, la Resolución de la DGT n° 2526/2005, de 19 de diciembre de 2005).

4.2. Supuestos específicos

Aparte de las consideraciones generales sobre el artículo 24.3 ModCDI, los CMC se refieren a supuestos específicos de tratamiento diferenciado de EPs, si bien, en algunas ocasiones, la interpretación que realiza la OCDE no se deriva de la cláusula general del artículo 24.3 ModCDI; es decir, en algunos casos, la OCDE, por la vía de los Comentarios, parece querer reducir la virtualidad del artículo 24.3 ModCDI de una forma cuestionable.

a) Determinación del impuesto.

El párrafo 40 de los CMC considera que deben extenderse a los EPs de empresas del otro Estado contratante las siguientes normas aplicables a las empresas residentes:

- los principios en materia de deducción de gastos a la hora de determinar la base imponible (a fin de armonizar los comentarios del artículo 24 ModCDI con los del artículo 7 ModCDI y el enfoque autorizado que desarrollan, en 2010 se ha eliminado la referencia a la posibilidad de que el EP deduzca la parte proporcional de gastos de la casa central).
- las normas en materia de amortizaciones, reservas o provisiones que se apliquen a las empresas residentes.
- las disposiciones sobre compensación de bases imponibles negativas.
- las normas sobre tributación de las ganancias patrimoniales derivadas de la enajenación de activos.

Los CMC artículo 24.3 2008-2017, párrafo 41 y ss., precisan los términos de comparación a los efectos de aplicar el artículo 24.3 ModCDI, aclaran cuándo resulta aplicable el artículo 24.3 y cuál es la relación de este precepto con las normas en materia de precios de transferencia. En primer lugar, el párrafo 41 indica que la comparación debe realizarse entre la propia actividad del EP (no de toda la empresa) y las actividades desarrolladas por una sociedad residente en el Estado de ubicación del EP. El artículo 24.3 no se aplicará, continúa el párrafo 41, en relación con reglas que tienen en cuenta la relación entre empresas (v.gr. régimen de consolidación fiscal, transferencia de pérdidas, transferencias de propiedad libres de impuestos entre sociedades vinculadas) ya que estas normas no se centran en las actividades empresariales del EP y de una empresa en circunstancias similares, sino en la imposición de una sociedad o empresa residente como parte de un grupo de empresas asociadas. La finalidad de este tipo de reglas es facilitar la administración y cumplimiento de las obligaciones fiscales, por lo que, en este caso y para este tipo de normas, el principio de igualdad de tratamiento del artículo 24.3 no será de aplicación (tal conclusión es más que discutible, especialmente, si se aplica el artículo 24.3 ModCDI en conexión con otras cláusulas del propio artículo 24 ModCDI y demuestra la jurisprudencia de otros países). Por las mismas razones, las normas relativas a la distribución de beneficios de una sociedad residente no pueden extenderse a los EPs ya que no están relacionadas con las actividades empresariales o profesionales del EP.

Por otro lado, el párrafo 42, aclara que la aplicación de la normativa en materia de precios de transferencia que se base en el principio de plena competencia a las relaciones entre los EPs y su casa central no provoca conflictos con el artículo 24.3 incluso si las mismas normas no se aplican a las relaciones entre la casa central y sus sucursales situadas en el territorio del mismo Estado. De hecho, la aplicación del principio de plena concurrencia a la determinación de los beneficios atribuibles a un EP está prevista por el artículo 7.2 ModCDI y tal precepto forma parte del contexto en el que se debe leer el artículo 24.3 ModCDI. Del mismo modo, puesto que el artículo 9 ModCDI resultaría aplicable a las relaciones entre una empresa nacional y una residente en el otro Estado contratante, no puede considerarse que la aplicación del principio de plena concurrencia en el caso de EPs genere una imposición «menos favorable» que la exigible a empresas del mismo Estado donde está ubicado el EP.

Los CMC, párrafo 43, también especifican que los incentivos fiscales habitualmente plantean más problemas por lo que respecta a su extensión a los EPs. En principio, el EP debe poder disfrutar de tales incentivos fiscales siempre y cuando cumpla las mismas condiciones y requisitos que las empresas similares del Estado contratante donde está ubicado, ya que tales medidas suelen estar dirigidas a perseguir objetivos vinculados una actividad económica desarrollada en tal Estado. Los CMC añadidos en 2008-2017, párrafo 46, aclaran que, sin embargo, sobre la base del artículo 24.3 una empresa no residente no puede reclamar el acceso a ventajas en relación con actividades cuyo ejercicio está estrictamente reservado, por razones de interés nacional, defensa o protección de la economía nacional etc., a empresas nacionales. Igualmente, indica el nuevo párrafo 47, el artículo 24.3 ModCDI no puede interpretarse en el sentido de que obligue a un Estado que concede especiales privilegios a las entidades no lucrativas cuyas actividades se desarrollen en beneficio de ese Estado a extender los mismos beneficios a EPs de instituciones similares del otro Estado contratante cuando tales actividades no se desarrollen exclusivamente en beneficio del Estado mencionado en primer lugar (Estado de ubicación del EP).

Hay que reseñar, en tiempos recientes, algunas resoluciones de la DGT que, aplicando la cláusula en materia de no discriminación que se estudia, han tenido efectos importantes para EPs de empresas extranjeras: (1) la DGT V2526-05 de 19-12-2005, a los efectos del CDI con el Reino Unido concluyó que el régimen de las entidades parcialmente exentas del TRLIS 2004 se aplicaba a una entidad inglesa con una delegación en España que no cumplía las condiciones para ser considerada como entidad sin ánimo de lucro a los efectos de la Ley 49/2002, en un sentido similar se ha pronunciado la Resolución de la DGT V2102-18 de 16 de julio de 2018 (el párrafo 47 del Comentario al ModCDI, que excluye del principio de no discriminación a entidades sin ánimo de lucro del otro Estado cuyas actividades están dirigidas al beneficio del Estado de origen, y no del Estado donde desarrollan una actividad); (2) un conjunto de Resoluciones de la DGT han concluido que al EP de una entidad no residente que participa en una UTE en España, por imperativo de la cláusula que estudiamos, le resultaba de aplicación el mismo régimen que a las entidades españolas, esto es, no tributación en sede de la UTE y posibilidad de compensación de los beneficios de la UTE con las pérdidas del EP allí donde se demuestre que la tributación separada (en sede de UTE primero y en sede de EP, después) ocasiona una tributación más gravosa –por ejemplo, por imposibilidad de compensación de pérdidas- que la consideración separada de la actividad de la UTE y del EP (vid. las Resoluciones de la DGT de 26 de abril de 2002, V636-02, de 2 de octubre de 2003, 1518/2003, DGT consulta general 0023-05 de 28-1-2005, DGT consulta general 25-05 de 28-1-2005, DGT V1089-05 de 14-6-2005 y DGT V0614-10 de 29-3-2010, relativas respectivamente a los CDIs entre España y, Dinamarca, EEUU, Francia, Bélgica e Italia). En relación con las consultas sobre UTEs, que mantienen un criterio incompatible con la libertad comunitaria de establecimiento, que prohíbe las discriminaciones materiales y formales, lo cierto es que el razonamiento de la DGT es discutible desde la propia perspectiva de la aplicación del principio derivado del artículo 24.3 ModCDI, ya que es fácil que la tributación separada UTE / EP ocasione frecuentemente perjuicios al no residente y es difícil ver por qué razón un EP no puede tributar como una sociedad residente en cualquier caso ya que la tributación diferenciada del socio de la UTE en caso de no residentes puede tener justificación cuando no exista EP, pero no si el EP está presente en territorio español (también la atribución de los beneficios de la UTE al EP de una sociedad extranjera se guía por criterios discutibles desde la óptica de los principios que subyacen al artículo 5, 7 y 24.3 ModCDI: lo decisivo a estos efectos no es la aplicación del criterio de las obras de construcción y montaje, esto es, coherencia comercial y geográfica, sino si se puede establecer un vínculo funcional entre el EP y la actividad de la UTE, esto es, si el EP es el canal para realizar tal actividad ya que si la participación en la UTE está gestionada / los activos y funciones están vinculados a la casa central, difícilmente se podrán imputar las rentas de la UTE al EP).

b) Dividendos percibidos en relación con participaciones del EP en otras entidades.

La cuestión principal que se plantea en este punto es si deben extenderse o no a los EPs las disposiciones que los ordenamientos nacionales contengan en relación con las participaciones de unas sociedades sobre otras (relaciones matriz-filial). A este respecto, los párrafos 48 a 54 de los CMC, se limitan a señalar las discrepancias entre los Estados sobre este punto y a describir el estado actual de las cosas sin adoptar una posición interpretativa a estos efectos. De conformidad con el Derecho de la UE resulta claro, desde la STJUE, asunto 279/86, *Comisión/Francia*, que la libertad de establecimiento exige la extensión a los EPs de las medidas internas de eliminación de la doble imposición económica intersocietaria.

c) Estructura y tipo de gravamen del impuesto.

Los CMC, párrafo 55 y siguientes, han identificado una serie de supuestos donde la aplicación de los tipos de gravamen establecidos por el Estado de ubicación del plantea problemas (aplicación de tipos específicos para ciertas actividades, aplicación de escalas progresivas en el IS). En principio, los Comentarios concluyen que los tipos impositivos especiales debieran resultar aplicables a los EPs, si bien nada impide que el Estado de situación, a la hora de aplicar los tipos impositivos, considere la situación no sólo del EP sino de la totalidad de la empresa a la que el EP pertenece (v.gr. si aplica tipos progresivos, a los efectos de aplicar los mismos al EP, puede tener en cuenta el volumen total de facturación de la empresa; o, en relación con los tipos mínimos aplicables a EPs en sustitución de la escala progresiva aplicable a los residentes, habrá que considerar si a la luz de las circunstancias concretas de toda la empresa el EP sufre o no una imposición más gravosa). En esta línea, la DGT V0682-09 de 2-4-2009, reconoce, en el contexto del CDI España-Bélgica, que el régimen especial de empresas de reducida dimensión, y en particular, los tipos impositivos de este régimen, son aplicables a los EPs en España de empresas belgas, pero, a estos efectos, debe tenerse en cuenta la facturación total de la empresa o grupo de empresas y no sólo la cifra de negocios del EP.

El párrafo 59 CMC, en su redacción tras 2008, aclara que, puesto que un EP, por su propia naturaleza no distribuye dividendos, el tratamiento de las distribuciones realizadas por la empresa a la que el EP pertenece están fuera del ámbito de aplicación del artículo 24.3 ModCDI. Tal párrafo se refiere a la imposición sobre los beneficios del EP, no de la empresa a la que pertenece éste. En consecuencia, las cuestiones relativas a la integración del impuesto sobre sociedades y el que recae sobre los accionistas propietarios de la empresa que tiene el EP (v.gr. ACT, *précompte mobilier*, cómputo del rentas con franquicia, o créditos de impuesto vinculados a los dividendos) están fuera del ámbito de aplicación de este precepto. Con ello, los nuevos comentarios de 2008 aclaran las dudas que presentaban los anteriores a esa fecha acerca de la aplicación del artículo 24.3 a ciertos sistemas de integración del IS con el impuesto a satisfacer por los accionistas de la empresa propietaria del EP.

También los nuevos CMC, párrafo 60, dejan claro que son incompatibles con el artículo 24.3 ModCDI los impuestos sobre los beneficios de las sucursales («*branch tax*») vinculados estrictamente a la obtención de rentas por el EP, esto es, por ejemplo, la aplicación de tipos impositivos al EP más elevados sobre la base de que el EP evita la imposición sobre la distribución de dividendos que soportaría la remisión de dividendos por una filial a su matriz no residente. Tal imposición más elevada, si está vinculada a los beneficios que obtiene el EP, es contraria al artículo 24.3 ModCDI. Esta situación, no obstante, debe ser diferenciada de los impuestos que recaen sobre cantidades deducidas por los EPs, por ejemplo, como intereses o cánones en el momento de calcular sus beneficios, ya que en estos supuestos, el impuesto no se estaría exigiendo sobre el EP como tal, sino, más bien, a la empresa a la cual se considera que se paga el interés o canon, por lo que se encontraría fuera del ámbito de aplicación del artículo 24.3 (otras disposiciones como los artículos 7 y 11 pueden ser relevantes en la determinación de si el impuesto está permitido por el CDI).

d) Retenciones en la fuente sobre dividendos, intereses y cánones recibidos por un establecimiento permanente.

De acuerdo con los apartados 4 de los artículos 10 y 11 ModCDI y 3 del artículo 12 ModCDI, los dividendos, intereses y cánones recibidos por un establecimiento permanente no caen dentro del ámbito de aplicación de estos artículos, por lo que se incluirán, de conformidad con el artículo 7, en la base imponible del EP. Ello significa que el Estado de ubicación del EP no se encuentra limitado por los artículos 10 a 12 ModCDI en el gravamen de estas rentas. Ahora bien, el artículo 24.3 ModCDI impone que, a la hora de gravar las mismas, el Estado de ubicación del EP aplique a este último las normas que aplica a sus propios residentes en materia de retenciones o de deducción de las retenciones practicadas.

e) Deducciones por doble imposición internacional (jurídica) y establecimientos permanentes.

El párrafo 67 y siguientes de los CMC se ocupan de los supuestos en los que el EP reciba rentas de fuente extranjera a incluir en su base imponible. Consideran los Comentarios que, cuando el Estado contratante de situación del EP haya articulado la deducción por doble imposición internacional para la eliminación de la doble imposición jurídica en su legislación interna, el artículo 24.3 ModCDI requiere que el EP pueda beneficiarse de tal deducción en los mismos términos que las empresas residentes de tal Estado. El Comité de Asuntos Fiscales de la OCDE, incluso tras la revisión de 2008, no contempla el supuesto en que el Estado de ubicación del EP haya articulado el método de exención a efectos de eliminar la doble imposición internacional sobre sus empresas residentes. En este caso, la solución debe ser la extensión al EP del mecanismo de exención en los mismos términos que para las empresas residentes. La misma regla debe aplicarse en el caso en el que el Estado de ubicación del EP haya establecido en su legislación interna varios métodos para eliminar la doble imposición internacional, de manera que tales métodos deben poder ser empleados igualmente por los EPs de entidades residentes de Estados con los que media CDI con un precepto similar al artículo 24.3 ModCDI.

Desde la óptica del Derecho de la UE, idéntico razonamiento podría ser esgrimido en relación con las medidas que el Estado de ubicación del EP haya articulado en su legislación interna para eliminar la doble imposición económica internacional sobre los dividendos o las plusvalías vinculadas a participaciones en entidades ubicadas en terceros Estados. No obstante, esta cuestión está fuera del ámbito de aplicación del artículo 24.3, cuyos comentarios sólo se refieren, en sentido estricto, a la doble imposición jurídica.

f) Extensión a los EPs de los CDIs firmados por el Estado donde está situado.

Esta cuestión plantea múltiples problemas desde la óptica del Derecho tributario internacional y del Derecho comunitario. Los CMC, párrafo 69 y ss., se pronuncian al respecto de una forma matizada, admitiendo que, en ciertos casos, cuando exista una disposición expresa en el CDI entre el Estado de residencia de la empresa y de ubicación del EP, puede resultar posible la extensión al EP, en relación con los dividendos, intereses y cánones u otro tipo de rentas gravadas en la fuente que reciba procedentes de terceros Estados, de las medidas para la eliminación de la doble imposición reguladas en los CDI que el Estado de ubicación haya firmado con los Estados donde obtenga la renta. Los CMC, párrafo 70, admiten que la doble imposición en estos supuestos se solucionará, en la mayoría de los casos, aplicando las medidas para la eliminación de la doble imposición previstas en la legislación interna del Estado de situación del EP, por lo que la cláusula convencional expresa sólo será necesaria para aclarar qué ocurre en estas situaciones o en relación con Estados que no admiten la extensión de las medidas internas de eliminación de la doble imposición jurídica a los EPs. Recuérdese que, en el ámbito comunitario, la Sentencia del TJUE, Asunto C-307/97, de 21 de septiembre de 1999, *Saint-Gobain*, obliga a equiparar, en el Estado miembro de situación, a los EPs con las empresas nacionales en relación con los métodos de eliminación de la doble imposición.

4.3. Los Convenios de doble imposición españoles

La mayoría de los CDIs españoles contienen una cláusula similar al artículo 24.3 ModCDI, aunque, por supuesto, existen algunas particularidades relevantes:

1. El CDI España-Australia (1992) no contiene una cláusula de no discriminación, aunque, debido a la redacción específica de su protocolo, tras la firma del CDI Australia-Reino Unido, deberían entablarse negociaciones entre ambos países para incluirla. Carece igualmente de tal cláusula el CDI España-Arabia Saudí (2007).

2. El CDI con la India (1993) contiene varias desviaciones sustantivas en relación con la cláusula de no discriminación prevista en el artículo 24.3 ModCDI. Por un lado, la cláusula de no discriminación del EP articulada en el convenio no contiene ninguna referencia a la posibilidad de no conceder a los residentes del otro Estado contratante las deducciones personales y familiares que otorgue a sus residentes en consideración a su estado civil o cargas familiares; no obstante, la cláusula convencional ha sido configurada de forma tan restrictiva que posiblemente tal omisión no posea trascendencia práctica. Por otro lado, se ha establecido que para que resulte operativa la cláusula de no discriminación del EP éste no sólo debe realizar «las mismas actividades» que las empresas del Estado donde está ubicado, sino que además debe realizar tales actividades «en las mismas circunstancias o reúnan las mismas condiciones» que tales empresas; la exigencia de estas condiciones adicionales puede restringir en buena medida el alcance de la cláusula de no discriminación del EP. El Protocolo (nº 8) al convenio profundiza el significado de estas restricciones y establece que «En relación al apartado 2 del artículo 26 (no discriminación), se entiende que lo dispuesto en este apartado no impedirá a un Estado contratante gravar los beneficios de un establecimiento que una empresa del otro Estado contratante posea en el Estado mencionado en primer lugar, a un tipo impositivo superior al aplicable a los beneficios de una empresa análoga de este último Estado, ni se entenderá contrario a lo dispuesto en el apartado 3 del artículo 7 (beneficios empresariales) del presente convenio»; nótese, que aunque esta disposición permite las discriminaciones impositivas sobre el EP de una empresa extranjera la flexibilización de la cláusula de no discriminación afecta a un elemento esencial del impuesto (el tipo de gravamen), de manera que los restantes (v.gr., las deducciones de la base imponible y de la cuota tributaria) deberán configurarse de forma no discriminatoria. Por último, el Protocolo (nº 8) contiene una suerte de cláusula del «establecimiento más favorecido», cuando dispone que «un establecimiento que una empresa de un Estado contratante posea en el otro Estado contratante no será, en ningún caso, sometido a imposición en términos menos favorables que los

aplicables a un EP de una empresa de un tercer Estado que realice las mismas actividades con arreglo al convenio de doble imposición concluido entre el otro Estado contratante y ese tercer Estado»; esta disposición puede terminar eliminando las amplias restricciones que se han articulado en el CDI con la India en relación con la aplicación de la cláusula de no discriminación del EP.

3. El CDI España-Jamaica, artículo 24.2, excluye de la aplicación del principio de no discriminación a los EPs en Jamaica de compañías de seguros residentes en España en relación con las compañías de seguros «regionalizadas». El propio CDI aclara qué cómo debe interpretarse el término «regionalizadas».

4. El CDI España-Kuwait, artículo 24.2, no toma como punto de comparación una empresa kuwaití similar, sino empresas de terceros Estados que realicen la misma actividad, lo que posibilita la discriminación del EP con respecto a empresas nacionales. No obstante, matiza el artículo 24.4, el precepto no supone la aplicación a empresas del otro Estado de cualquier beneficio o ventaja que nacionales de terceros Estados puedan obtener como consecuencia de la pertenencia a una unión aduanera, económica o cualquier acuerdo regional o local relacionado con los movimientos de capital del que el otro Estado contratante pueda formar parte. Ni que decir tiene que esta disposición no tiene por efecto excluir los derechos que, por ejemplo, a empresas kuwaitíes pueda otorgar la libre circulación de capitales del TFUE.

5. En línea similar aunque no idéntica con el CDI España-Kuwait, el CDI ex URSS-España, artículo 21.2, contiene una cláusula de no discriminación del EP que no establece una prohibición de discriminación fiscal del EP en relación o por comparación con el trato fiscal que reciben las empresas residentes que realizan las mismas actividades; por el contrario, la igualdad de trato fiscal debe buscarse en relación con la imposición que se aplique en el Estado de ubicación del EP sobre otro EP que se encuentre en las mismas condiciones de un residente de un tercer Estado, con el cual el segundo Estado contratante tenga un CDI en vigor. A su vez, la referida igualdad de trato no es tal; la norma indica que el EP «no será sometido a una imposición superior o más gravosa, u obligación relativa a la misma». No obstante, esta regla resulta matizada por el párrafo segundo del artículo 21.2 del propio CDI cuando establece que «Las disposiciones de este párrafo no obligarán al otro Estado contratante a conceder a un establecimiento permanente de un residente del primer Estado contratante los beneficios fiscales otorgados a un establecimiento permanente de un residente de un tercer Estado en virtud de acuerdos especiales con este tercer Estado». Esta «matización» termina restringiendo todavía más el alcance de esta cláusula de no discriminación, al tiempo que complica su aplicación cuando no la desvirtúa totalmente. Para que resulte aplicable la restricción que se articula en el párrafo segundo del artículo 21.2 debe resultar clara la existencia de «acuerdos especiales» (probablemente por tales hay que entender los similares a los que se refiere el CDI con Kuwait relativos a uniones económicas) a través de los cuales se concedan beneficios especiales específicos al EP del tercer Estado, de otro modo el EP del primer Estado contratante tendría derecho a una imposición equiparable a la que recae sobre los EPs de empresas residentes del tercer Estado. En suma, se trata de una cláusula de no discriminación del EP que restringe de forma sustantiva su protección en relación con el artículo 24.3 ModCDI frente a medidas discriminatorias del Estado de ubicación.

6. La eficacia de esta cláusula está limitada en el CDI con Vietnam, al disponerlo así el artículo 24.6 de este CDI, en tanto Vietnam continúe concediendo licencias a inversores en virtud de la Ley sobre Inversiones Extranjeras en Vietnam. Por otra parte, también en el CDI España-Vietnam, en la cláusula del EP, no incluye la segunda frase del artículo 24.3 ModCDI, esto es, no especifica que la cláusula del EP «no podrá interpretarse en el sentido de obligar a un Estado contratante a conceder a los residentes del otro Estado contratante las deducciones personales, desgravaciones y reducciones impositivas que otorgue a sus propios residentes en consideración a su Estado civil o cargas familiares». Tal ausencia, en nuestra opinión, no produce efectos sustantivos en la interpretación de la cláusula del EP, pues, debe relacionarse con el artículo 24.5 CDI España-Vietnam que incluye una cláusula general (esto es, no limitada a los EPs) según la cual los Estados contratantes no se obligan a conceder a los residentes del otro Estado las deducciones personales, desgravaciones y reducciones impositivas que otorguen a sus propios residentes en consideración a su Estado civil o cargas familiares. Las mismas conclusiones pueden extenderse al artículo 24.2 CDI España-Egipto, de redacción prácticamente idéntica a la cláusula del EP del CDI España-Vietnam (si bien no condiciona la eficacia

de esta cláusula a la vigencia de ninguna ley interna, como hace el CDI con Vietnam) y que también contiene una cláusula general relativa a las circunstancias personales en su artículo 24.6 o al nuevo CDI con el Reino Unido 2013 (artículo 24.5).

7. El CDI España-Turquía, artículo 23.2 y 10.4, permite la exacción del «*Branch tax*», igual que el artículo 10.5 CDI España-Costa Rica (sujeto a la cláusula de la nación más favorecida del párrafo XIV del Protocolo), el artículo 14 del CDI España-EEUU 1990, o España-Tailandia (aunque en el seno de este último, si tras la celebración del CDI con España, Tailandia firmara un CDI con otro Estado que no permitiera la exacción del Branch tax, las autoridades competentes, dispone el párrafo 6 del Protocolo, acordarán la exención de dicho impuesto). También el CDI España-Arabia Saudí (Protocolo párrafo 9) o España-Sudáfrica (Protocolo párrafo 3) admiten la exacción del citado impuesto.

5. LA CLÁUSULA DE DEDUCIBILIDAD DE LOS PAGOS A NO RESIDENTES

5.1. Consideraciones generales

El artículo 24.4 ModCDI dispone que «A menos que se apliquen las disposiciones del apartado 1 del artículo 9, del apartado 6 del artículo 11, o del apartado 4 del artículo 12, los intereses, cánones y demás gastos pagados por una empresa de un Estado contratante serán deducibles para determinar los beneficios sujetos a imposición de dicha empresa, en las mismas condiciones que si se hubieran pagado a un residente del Estado mencionado en primer lugar. Igualmente, las deudas de una empresa de un Estado contratante contraídas con un residente del otro Estado contratante serán deducibles para la determinación del patrimonio imponible de dicha empresa en las mismas condiciones que si se hubieran contraído con un residente del Estado mencionado en primer lugar.»

El artículo 24.4 ModCDI, añadido en 1977 al ModCDI, regula una regla de no discriminación indirecta, aplicable frente al Estado de residencia del contribuyente pagador, por razón de la residencia de la persona a la que se realizan ciertos pagos, de tal manera que evita que tales pagos sean tratados de forma diferenciada en función de la residencia, interna o externa, del perceptor de los mismos. Al igual que las otras reglas del artículo 24 ModCDI, existen una serie de elementos que requieren una mayor precisión porque plantean algún problema interpretativo.

5.2. Ámbito subjetivo del artículo 24.4 Modelo de convenio de doble imposición

Con respecto al pagador, o persona que puede beneficiarse de esta cláusula, el artículo 24.4 ModCDI exige que se trate de «una empresa de un Estado contratante». La delimitación del significado de este término, como es sabido, debe realizarse atendiendo al artículo 3.1.d) y al artículo 4 ModCDI. Al igual que ocurría con el caso de los EP, tras la modificación del ModCDI en el año 2000, el artículo 24.4 ModCDI también se aplica a los pagos realizados por profesionales independientes (esta misma conclusión debía trasladarse a CDIs anteriores a aquella fecha, puesto que carecería de justificación la exclusión de los profesionales liberales del ámbito de aplicación del artículo 24.4 ModCDI). En relación con perceptor del pago, el artículo 24.4 ModCDI únicamente requiere que se trate de un residente del otro Estado contratante, a la luz del artículo 4 ModCDI, sin exigir que se trate de una empresa del otro Estado contratante (v.gr. una persona física que no realice actividades económicas).

Repárese que el artículo 24.4 ModCDI presenta una peculiaridad relevante con respecto a otras disposiciones del CDI ya que produce sus efectos frente al propio Estado de residencia de la entidad pagadora de la renta. Esto es, no se refiere a la tributación de la entidad no residente, sino de la persona residente que realiza el pago cubierto por el citado precepto. Como tal disposición, está excluida de los efectos de la 'saving clause' del artículo 11.1.e) del MLI y del artículo 1.3. ModCDI 2017.

5.3. Ámbito objetivo de la regla del artículo 24.4 del Modelo de convenio de doble imposición y efectos de la misma

El artículo 24.4 ModCDI impide la aplicación de las normas internas que restrinjan la deducibilidad de gastos en la base imponible en los casos de pagos a residentes en el otro Estado contratante. Es decir, el artículo 24.4 ModCDI no constituye una regla sobre deducción de gastos, sólo se limita a reconocer la deducibilidad de un gasto en los pagos a un no residente cuando el mismo gasto sea deducible si el pago se realizara a un residente. Por lo tanto, esta regla sólo operará cuando la normativa interna restrinja las deducciones a realizar en los pagos a residentes del otro Estado contratante, no cuando establezca limitaciones generales de deducción de gastos (en este sentido, esta cláusula no limita la aplicación del actual artículo 15.1.h) o 16 Ley 27/2014, de 27 de noviembre, del Impuesto sobre Sociedades (en adelante, LIS) con las restricciones que establecen a la deducción de intereses). Si bien en principio el artículo 24.4 ModCDI se refiere a intereses y cánones, la regla del artículo 24.4 ModCDI no limita su aplicación a los mismos, incluye a «los demás gastos» de tal manera que cualquier pago realizado a un no residente puede estar comprendido en el ámbito del artículo 24.4 ModCDI, sin que sea relevante a estos efectos si el contribuyente contabiliza el gasto de conformidad con el principio del devengo o de caja. La deducibilidad del gasto debe concederse en las mismas condiciones que si el pago se hubiera efectuado a un residente por lo que también las presunciones iuris tantum de no deducibilidad de pagos efectuados a no residentes podrían resultar contrarias al artículo 24.4 ModCDI. A estos efectos, la tributación del pago en sede del perceptor (puede estar exento) no resulta relevante para aplicar el artículo 24.4 ModCDI.

5.4. Las excepciones a la regla general del artículo 24.4 del Modelo de convenio de doble imposición

El artículo 24.4 ModCDI no restringe la aplicación de las reglas del artículo 9.1, 11.6 y 12.4 ModCDI. Es decir, allí donde concurrieran los presupuestos para aplicar lo dispuesto en los artículos 9.1, 11.6 y 12.4 del ModCDI tal aplicación no resultará restringida por el artículo 24.4 ModCDI, lo cual implica que la cuantía de rentas pagada en exceso respecto de lo previsto en el principio de plena competencia podría considerarse no deducible en la base imponible de la empresa pagadora sin que ello vulnere la cláusula de no discriminación. En suma, la cláusula inicial prevista en el artículo 24.4 ModCDI clarifica la aplicación de otras disposiciones del CDI, como las que articulan el principio de plena competencia. En este sentido, la omisión de tal cláusula inicial en un CDI no impide los ajustes en virtud del artículo 9 siempre que esta disposición esté articulada en el CDI.

Un supuesto específico, al que los propios CMC, párrafo 74, hacen referencia es el caso de las normas antisubcapitalización. Para que el artículo 24.4 ModCDI excluya la aplicación de las normas internas de subcapitalización en el ámbito de un CDI deben concurrir dos requisitos: (1) la cláusula interna antisubcapitalización debe estar configurada de forma contraria a los artículos 9.1, 11.6 y 12.4 ModCDI o (2) debe aplicarse de forma discriminatoria, afectando únicamente a operaciones con no residentes (una norma sobre subcapitalización que respete el principio de plena competencia podía ser 'discriminatoria', pero no puede serlo una que no respete las exigencias del principio de imposición a precios de mercado, ya que la aplicación de esta última estaría condicionada por el artículo 24.4 ModCDI). En principio, la norma española en materia de subcapitalización (antiguo artículo 20 TRLIS 2004), basada en el sistema de ratios fijos, vulneraba el principio de plena competencia del artículo 9 ModCDI, por lo que podría resultar contraria a los CDIs (salvo que el CDI específico añada una cláusula para aclarar que la norma sobre subcapitalización resultará compatible con el CDI, lo cual constituiría una excepción al artículo 9 ModCDI y al artículo 24.4 ModCDI). Recuérdese que, con un razonamiento manifiestamente incorrecto, la STS de 17 de marzo de 2011, n.º 5871/2006, consideró, en el caso del CDI con Suiza, que la norma interna española en materia de subcapitalización no era aplicable aunque el citado CDI carecía del equivalente al artículo 24.4 ModCDI (en la misma línea de incorrección argumental se sitúan la STS de 9 de febrero de 2012, rec. nº 2210/2010 y la SAN de 7 de diciembre de 2011, rec. nº 451/2008, ambas comentadas más abajo, en el epígrafe relativo al artículo 24.5 ModCDI). Tras la modificación del artículo 20 TRLIS 2004 operada por el Real Decreto Ley 12/2012, de 30 de marzo, que limitó la deducibilidad de gastos financieros (actual artículo 16 LIS), no puede decirse que esta limitación (en relación con el artículo 15.1.h) LIS) suponga una vulneración de la cláusula que comentamos.

La interpretación de la conexión con los artículo 9.1, 11 (6) o 12 (4) ModCDI no es ni pacífica ni clara tanto en el plano doctrinal como en los Comentarios al artículo 24 ModCDI) (párrafo 74 Comentarios al artículo 24 ModCDI, lo cual tiene indudables efectos prácticos debido a la distinta tipología de normas limitadoras de deducciones que pueden encontrarse en el panorama internacional. Muy probablemente la interpretación más razonable de la referencia a los artículo 9 y 11 (6) o 12 (4) ModCDI será que nada impide la aplicación de normas sobre operaciones vinculadas que pretendan corregir los pagos y alinear los mismos con el principio de imposición a precios de mercado, incluso si las mismas se aplican sólo a no residentes (ya que, en el caso de los residentes tales normas correctoras tienen un sentido más limitado). Ahora bien, en relación con normas que limitan las deducciones y que no son conformes con el principio de imposición a precios de mercado, la limitación debe aplicarse igualmente a los pagos realizados a residentes y no residentes para que no vulnere el artículo 24.4 ModCDI.

El párrafo 75 CMC, añadido en la revisión de 2008, añade que el artículo 24.4 ModCDI no prohíbe los requisitos de información adicional en relación con los pagos realizados a no residentes ya que estos requisitos pretenden asegurar niveles similares de cumplimiento y verificación para los pagos realizados a no residentes que los estándares que se imponen a los pagos realizados a residentes en la misma jurisdicción.

5.5. Los Convenios de doble imposición españoles

1. Al tener su origen en el ModCDI 1977, la cláusula de no discriminación del artículo 24.4 ModCDI no se incluye en los CDIs españoles anteriores a esta fecha o que tomaron éste como modelo (antiguo CDI con Alemania, Austria, Brasil, Canadá, Finlandia, Japón, Marruecos, Países Bajos, antiguo CDI Reino Unido, Suiza). Tampoco se incluye en alguno posterior (v.gr. URSS, Kuwait, Nueva Zelanda, Singapur, o Australia o Arabia Saudí, en estos dos últimos porque no tienen un artículo sobre no discriminación.

2. Existe un conjunto de CDIs concluidos por España donde se han introducido una serie de cláusulas dirigidas a evitar que la regla convencional de no discriminación limite o impida la aplicación, en el marco del CDI, de las normas internas contra la subcapitalización de sociedades. La aplicación de la antigua norma española antisubcapitalización no resultaba restringida por la cláusula de no discriminación convencional allí donde el CDI no contenga una cláusula en materia de no discriminación o no se haya incorporado el apartado 4º del artículo 24 ModCDI –como acontece en muchos CDIs negociados siguiendo el Proyecto de Modelo de 1963 si bien en aquellos que incluyan una cláusula análoga al artículo 24.5 ModCDI la aplicación de la disposición interna en materia de subcapitalización puede verse igualmente limitada. Del mismo modo, cuando el artículo 24.4 ModCDI haya sido incorporado a un CDI puede ocurrir que tal precepto tampoco limitara la aplicación de la norma interna española de subcapitalización debido a que se ha incluido una cláusula expresa en el Protocolo con la finalidad de impedir tal restricción (v.gr. Bélgica, Costa Rica, Dinamarca, Eslovenia, Irlanda, Islandia, Israel, Noruega, Portugal, Rusia, Sudáfrica). No obstante, cuando el Protocolo establece únicamente que el precepto convencional dedicado a la no discriminación no impide ni afecta a la aplicación de las normas internas sobre subcapitalización, lo cierto es que tal cláusula únicamente salva el carácter discriminatorio de tales normas internas, pero no compatibiliza con el CDI otros aspectos de su configuración; así, la norma interna sobre subcapitalización podría no aplicarse en el marco de un CDI por ser contraria al artículo 9.1 ModCDI, en el sentido apuntado más arriba. Existen, sin embargo, algunos CDIs cuyo Protocolo se ha redactado a este respecto en términos más amplios de manera que ninguna disposición del CDI limitaría la aplicación de las normas internas antisubcapitalización (v.gr. Cuba, Francia).

Nótese, no obstante, que la Dirección General de Tributos (CCDGT de 17 de octubre de 1994) y de la propia norma –cuando, en su momento ofrecía exclusivamente la posibilidad de propuestas de valoración previa sobre coeficientes distintos del legal en caso de que mediara convenio– consideraron que la mencionada disposición sobre no discriminación no impedía la aplicación de aquella norma especial. Igualmente, alguna decisión de los TEA (v.gr. Resolución del TEAC de 10 de junio de 2004) ha concluido, de manera incorrecta, que la normativa interna sobre subcapitalización no vulneraba el principio de no discriminación porque este último debía ceder ante el principio de imposición a precios de mercado, norma especial, que recogen los CDIs, habitualmente, en el artículo 9. Más correcta es la doctrina de la AN (v.gr. SAN de 15 de enero de 2004) que ha concluido que la normativa interna en materia de subcapitalización debía ceder ante las disposiciones en materia de no discriminación de los CDIs cuando existiera posibilidad de demostrar que el endeudamiento de la filial española, aún superando los límites de la norma antisubcapitalización, podía considerarse «de mercado» (es decir, el principio de no discriminación impone que la norma de subcapitalización sólo se aplique a situaciones en las que no se respeta el principio de imposición a precios de mercado). Finalmente, el TS ha mantenido la posición de que el principio de no discriminación de los CDIs determinaba que no se pudiese imponer a las filiales de entidades no residentes condiciones distintas a las establecidas en la normativa española para las relaciones entre matrices y filiales residentes, una interpretación errónea y que contrasta con la más correcta defendida por la AN (vid. STS de 1 de octubre de 2009, rec. 1596/2004, relativa al artículo 26.4 CDI España-Holanda y el artículo 16.9 Ley 61/78, doctrina reiterada en la STS de 17 de marzo de 2011, n.º 5871/2006 en relación con el CDI España-Suiza). Curiosamente, gran parte de la doctrina de los tribunales en esta materia está vertida en relación con el CDI España-Holanda, que no contiene una cláusula equivalente al artículo 24.4 ModCDI (el artículo 24.5 ModCDI puede también limitar la aplicación de la normativa interna antisubcapitalización, aunque de manera más restringida). Acerca de la doctrina de la AN y del TS sobre la norma antisubcapitalización y el equivalente al artículo 24.5 ModCDI, vid. el epígrafe más abajo dedicado a esta cuestión.

Por último, el hecho de que la antigua norma española antisubcapitalización pueda ser considerada compatible con los CDI no significa que resulte igualmente compatible con el Derecho de la UE. De hecho, adviértase que el alcance práctico de dicha norma se vió muy limitado a raíz de la exclusión de su ámbito –desde 2004– de las entidades residentes en otro Estado de la UE, que no fuera considerado como un paraíso fiscal (Ley 62/2003). Se trata de un efecto colateral de la sentencia del TJUE dictada en el caso «Lankhorst», de fecha 12 de diciembre de 2002, C-324/00, declarando incompatible con el principio de libertad de establecimiento una norma del Impuesto sobre Sociedades alemán –vigente hasta 1999– de características similares (e incluso de exigencias más flexibles) al precepto contenido en la ley española vigente en aquella época. Lo que resultó incomprensible es que la Ley 4/2008, de 23 de diciembre, no modificara el artículo 20 TRLIS 2004 en un sentido similar a cómo retoca las normas en materia de transparencia fiscal internacional (aunque tampoco puede decirse que este retoque cumpliera completamente con el Derecho de la UE). La más reciente STJUE de 21 de enero de 2010 *SGI*, C-311/08, definitivamente consagra la posibilidad de que existan normas sobre subcapitalización que afecten exclusivamente a las operaciones internacionales siempre que respete el principio de proporcionalidad (esto es, siempre que se permita la exclusión de su ámbito de aplicación de operaciones justificadas por «razones comerciales» sin imponer cargas administrativas excesivas al contribuyente); vid. en la misma línea la Sentencia del TJUE (de 31 de mayo de 2018, *Hornbach-Baumarkt AG*, C-382/16).

Repárese igualmente que la línea de doctrina de los tribunales que aplica la figura del fraude de ley a operaciones internacionales obvía el problema de la subcapitalización ya que, en estos casos, los tribunales vienen concluyendo que no existe discriminación, ya que la misma figura se aplica a casos puramente internos (vid. por ejemplo, las SsAN 16 enero 2014, rec. n. 456/2010; 16 diciembre 2013, rec. 17/2010; o de 14 de noviembre de 2013, rec. 367/2010; en esta misma línea se mueven las SsTS de 9 de febrero de 2015, rec. 188/2014 y 3971/2013, confirmatorias de los pronunciamientos de la AN).

Finalmente, con el Real Decreto Ley 12/2012, de 30 de marzo, y efectos desde el 1 de enero de 2012, el legislador español optó por eliminar la norma en materia de subcapitalización y sustituir la misma por dos normas sobre limitación de intereses (artículo 14.1.h) y 20 TRLIS 2004, vigentes hasta 31 de diciembre de 2014, y los artículos 15.h y 16 LIS actual) que, a nuestro juicio, no presentan problemas desde la óptica de la cláusula del artículo 24.4 ModCDI (aunque, por más que se defiendan en la Acción 4 de BEPS, no sean modelos de buena práctica legislativa y generen otros problemas que, por el objeto de la presente sección, no podemos desarrollar, en particular, en materia de seguridad jurídica y de retroactividad de la norma, potencialidad del precepto para generar doble imposición económica, limitación de deducciones de gastos efectivamente vinculados a la actividad empresarial de manera injustificada, situación de manera injustificada de los acreedores de la entidad en una posición comparable a quienes son socios, impacto que producen sobre ciertos sectores con alto endeudamiento etc.). El vigente artículo 15.j LIS añade una norma anti-híbridos que cuenta con una proyección clara internacional y trata de incorporar a nuestro ordenamiento la acción 2 del Plan BEPS en esta materia, aunque la incorporación española sea parcial y técnicamente poco depurada. Pues bien, la propia OCDE defiende que la aplicación de esta regla anti-híbridos no plantea problemas desde la perspectiva del artículo 24 (4) ModCDI --aunque tal conclusión, probablemente, pueda ser discutible-- ya que, según la OCDE, la regla trata de eliminar los problemas de 'mismatch' que genera la deducción en un Estado sin inclusión en la base imponible en el otro Estado contratante, no de discriminar en relación con los pagos a los no residentes.

6. LA CLÁUSULA DE NO DISCRIMINACIÓN PARA LAS EMPRESAS PARTICIPADAS O CONTROLADAS POR NO RESIDENTES DEL OTRO ESTADO CONTRATANTE

6.1. Consideraciones generales

El artículo 24.5 ModCDI prohíbe la discriminación de las empresas cuyo capital esté, total o parcialmente, controlado por uno o varios residentes del otro Estado contratante. En concreto, prohíbe la exigencia a estas empresas de impuestos u obligaciones relativas al mismo que no se exijan o que sean más gravosos que aquéllos a los puedan estar sometidas otras empresas similares del Estado contratante frente al que se alega la discriminación. Los CMC artículo 24.5 2008-2017 han modificado de forma importante y no sin controversia, las explicaciones que se daban acerca de esta cláusula, fundamentalmente, con la finalidad de precisar cuál es el alcance de la misma y los términos correctos de comparación.

Sobre esta cláusula, los Comentarios, sucintamente, explican lo siguiente:

1. El artículo 24.5 ModCDI prohíbe que se otorgue un tratamiento menos favorable a una empresa cuyo capital es propiedad o está controlado por uno o más residentes del otro Estado contratante, su objetivo no es otorgar un tratamiento igualitario al capital extranjero o nacional (párrafo 76, CMC).

2. La prohibición se limita al tratamiento de la empresa, pero no se refiere al tratamiento de las personas que controlan el capital de la misma (párrafo 77, CMC). Por ello, han precisado los CMC 2008-2017, párrafo 77, que el artículo 24.5 ModCDI no determina la extensión a empresas controladas por residentes del otro Estado de las normas relativas a la relación entre la citada empresa y otras empresas residentes (v.gr. reglas en materia de consolidación, transferencia de pérdidas o transferencia de bienes y derechos sin realización de plusvalías entre empresas bajo control de una accionista común). Es decir, en modo alguno obliga el precepto, por ejemplo, a que la empresa residente y no residente deban consolidar sus resultados, ya que una conclusión en ese sentido iría mucho más allá de la comparación entre la imposición de la empresa residente cuyo capital está controlado por no residentes y el tratamiento que se dispensa a una empresa residente controlada por nacionales del Estado donde se intenta la comparación. La cuestión, sin embargo, es distinta con respecto a la aplicación del régimen de consolidación dentro del territorio nacional a las empresas controladas

por una matriz no residente, ya que nada obsta para que las mismas puedan consolidar sus resultados y, de hecho, la aplicación del regimen de consolidación dependerá de la propia configuración del mismo y su regulación nacional, que puede o no ser compatible con el artículo 24.5 ModCDI.

3. El artículo 24.5 ModCDI no se aplica para tratar de forma igualitaria las distribuciones de beneficios realizadas a residentes y no residentes, por lo que la aplicación de retenciones en la fuente para las distribuciones transnacionales allí donde tal retención no se aplica para los dividendos puramente nacionales no vulnera tal precepto. En estos casos, el tratamiento diferenciado no se produce por la distinta composición del capital de la empresa que distribuye beneficios, sino por el hecho de que los dividendos pagados a no residentes se someten a imposición de forma diferente (párrafo 78 CMC).

4. Se aclara, tras la modificación de 2008, en el párrafo 79 que el artículo 24.5 ModCDI tiene una relevancia limitada en relación con las reglas en materia de subcapitalización, ya que no se ocupa este precepto, prima facie, de normas que otorgan un tratamiento distinto a una empresa que paga intereses a un residente y a un no residente, en la medida en que tal tratamiento diferenciado no está basado en el control del capital de la empresa por un residente del otro Estado contratante (es el artículo 24.4 ModCDI el que se ocupa de las situaciones de este tipo). El párrafo no se preocupa de las normas vinculadas a las relaciones entre deudor y acreedor ya que el tratamiento diferenciado que estas reglas generan no se funda en el control del capital, de manera directa o indirecta, por parte del no residente. Por ejemplo, si de acuerdo con las normas en materia de subcapitalización de un Estado, una empresa residente no puede deducir los intereses pagados a una entidad no residente vinculada, esta regla no vulnera el artículo 24.5 ModCDI incluso allí donde sea aplicada a pagos de intereses a acreedores que controlan el capital de la empresa pagadora, ya que el tratamiento sería el mismo si el interés hubiera sido pagado a una entidad no residente que no controlara el capital de la entidad deudora del interés. Si, sin embargo, las normas en materia de subcapitalización sólo son aplicables a empresas cuyo capital esté controlado por residentes del otro Estado contratante, podría argumentarse que existe una vulneración del artículo 24.4 ModCDI sólo si las normas no resultan compatibles con los artículo 9 y 11.6 ModCDI, disposiciones que forman el contexto en el que se debe leer el artículo 24.5 ModCDI. Es decir, los nuevos CMC 2008-2017 pretenden limitar el efecto del artículo 24.5 ModCDI en relación con las normas en materia de subcapitalización, de manera que sólo marginalmente este precepto resultará aplicable a este tipo de normas (cuando la discriminación se deba al control del capital, pero no a la condición de no residente vinculado a la empresa pagadora, conducta cubierta por el artículo 24.4 ModCDI, en relación con el artículo 9 ModCDI). En este contexto, la STS de 9 de febrero de 2012, rec. nº 2210/2010, aplica el artículo 26.4 CDI España-Holanda (norma análoga a la que estamos considerando) para excluir la normativa española en materia de subcapitalización, a la sazón vigente, en un supuesto de préstamo realizado por la filial holandesa de Telefónica a su matriz. A nuestro juicio, la falta del requisito de control del no residente del capital de la entidad residente en España en el supuesto de hecho considerado hacía que este precepto no resultara aplicable, además la norma antigua española en materia de subcapitalización no generaba discriminaciones por el control del capital, sino por la realización de pagos a no residentes asociados, por lo que el pronunciamiento del TS resulta claramente contrario a la aclaración añadida en 2008 sobre este precepto (nótese que el artículo 26 CDI España-Holanda no contiene una cláusula análoga al artículo 24.4 ModCDI, lo cual no quiere decir que la situación no plantee problemas desde la óptica del Derecho de la UE). En la misma línea se sitúa la SAN de 7 de diciembre de 2011, rec. nº 451/2008, referida también a la norma en materia de subcapitalización pero para un supuesto triangular de concesión de un préstamo por la sociedad matriz de EEUU a una filial del grupo holandesa que, a su vez, traslada el mismo a otra filial española, es evidente que en este caso el artículo 26.4 CDI España-Holanda no se aplicaba al no verificarse el requisito de control del capital (para la AN, la decisión también se basó en el artículo 25 CDI España-EEUU, aunque la fundamentación que aplica en este caso es, a nuestro juicio, igualmente incorrecta, ya que la AN recurre a la jurisprudencia del TS sobre el artículo 24.1 ModCDI, disposición no aplicable al caso, en concreto a la STS de 2 de noviembre de 2011, rec. nº 3181/2007).

5. En los casos de precios de transferencia, casi todos los Estados miembros consideran que el establecimiento de requisitos adicionales para los no residentes o incluso la inversión de la carga de

la prueba, no constituirán discriminación en el contexto de este artículo (párrafo 80, CMC). Tal razonamiento es extensible al CbCR de la Acción 13 del Plan BEPS, ya que es una de las obligaciones de documentación que tal acción regula, junto con el 'masterfile' y el 'localfile'.

La cláusula del artículo 24.5 ModCDI constituye en cierta manera un complemento de la cláusula del EP del artículo 24.3 ModCDI en términos de garantía de la neutralidad de la forma elegida por un residente de un Estado contratante para desarrollar una actividad económica en el otro Estado contratante: el artículo 24.3 ModCDI garantiza que el no residente ejercerá su actividad en el otro Estado sin que su EP sea discriminado, mientras que el artículo 24.5 ModCDI garantiza que tampoco será objeto de discriminación la sociedad que decida establecer en el otro Estado contratante si esta forma jurídica le conviene más que la de EP (esta misma idea está presente en el Derecho comunitario, en el que la libertad de establecimiento garantiza la neutralidad entre las formas de desarrollo de una actividad económica en otro Estado miembro). Al mismo tiempo, no cabe descartar la potencialidad que ambos preceptos aplicados simultánea y armónicamente puedan tener (v.gr. casos donde se pretenda la consolidación de los beneficios de una filial y un EP de un grupo con una matriz extranjera).

En definitiva, el artículo 24.5 ModCDI exige, para poder ser invocado, tres elementos:

1. Un sujeto que pueda invocar la protección de la cláusula, que se define como empresa de un Estado contratante cuyo capital se encuentra total o parcialmente, directa o indirectamente, controlado por uno o más residentes del otro Estado contratante.

2. La comparación con una empresa similar del Estado donde está ubicada la empresa controlada por no residentes.

3. La concurrencia de una discriminación prohibida (un impuesto u obligación relativa al mismo que no se exijan o que sean más gravosos que aquéllos a los que están sometidos las empresas similares).

En los epígrafes siguientes se analiza el significado de cada uno de estos tres elementos.

6.2. Ámbito subjetivo del artículo 24.5 del Modelo de Convenio de doble imposición

Si bien el artículo 24.5 ModCDI describe con cierta precisión los sujetos que pueden invocar esta cláusula de no discriminación (empresa de un Estado contratante cuyo capital se encuentra total o parcialmente controlado por uno o más residentes del otro Estado contratante) pueden plantearse algunas dudas interpretativas de importancia.

En primer lugar, se plantea cuál es el significado del término «empresa». Si bien el artículo 3.1.c) ModCDI define el concepto de empresa, la definición que da este precepto no sirve para interpretar el concepto de empresa que maneja el artículo 24.5 ModCDI porque este último vincula la existencia de una empresa a la posesión de todo o parte del capital de la misma. Es decir, en principio las empresas ejercidas bajo la forma de sociedades capitalistas estarían cubiertas en la acepción de empresa del artículo 24.5 ModCDI, sin que quede claro si otro tipo de sociedades (por ej. personalistas) se encontrarían dentro de su ámbito de aplicación (en principio nada impediría su exclusión, pero habrá que ver cuál es su régimen de tributación en el Estado de constitución puesto que, si fueran transparentes, en principio no podrían invocar protección alguna, al afectar el artículo 24.5 ModCDI a la tributación de la sociedad y no a la de los socios). La idea de que las sociedades personalistas se encuentran cubiertas por la cláusula del artículo 24.5 ModCDI encuentra apoyo en el hecho de que el término «capital» que emplea el mismo precepto no debe entenderse en el sentido jurídico, sino más bien como una participación en una empresa distinta de la cesión de fondos con obligación de devolverlos, es decir, como una participación en los riesgos de la empresa, con independencia de que se trate de una participación en una sociedad capitalista o personalista u otra entidad. En cualquier caso, las personas físicas que desarrollen actividades empresariales se encontrarían fuera del ámbito de aplicación de esta cláusula.

Por lo que respecta al control (total o parcial, directo o indirecto) que debe ejercer el residente de un Estado contratante sobre la empresa situada en el otro Estado contratante, no es necesario que exista una participación mayoritaria (el artículo 24.5 ModCDI se refiere al control total o parcial). Más dudas plantea cuál debe ser la relación entre el partícipe y el capital, puesto que el artículo 24.5 ModCDI se refiere a capital «poseído o controlado» por un residente del otro Estado contratante. El empleo de estos términos tan amplios sugiere que están cubiertos por el artículo tanto los supuestos de control por un no residente de los derechos de voto sin participación en derechos económicos como el supuesto contrario (participación en derechos económicos sin control de derechos de voto), aunque, a nuestro juicio, será difícil encajar en el precepto los supuestos en los que el no residente participa en el capital de forma fiduciaria.

Recordemos a estos efectos que la STS de 9 de febrero de 2012, rec. nº 2210/2010, y de la SAN de 7 de diciembre de 2011, rec. nº 451/2008, antes comentadas se fundan en un criterio incorrecto ya que desechan la aplicación de la normativa interna sobre subcapitalización en casos donde el artículo 26.4 CDI España-Holanda, equivalente al artículo 24.5 ModCDI, no resultaba aplicable al no existir control de la entidad residente española por parte de la no residente vinculada y no producirse una discriminación por razón de control del capital, sino por razón de la residencia del perceptor del pago (conducta cubierta por el artículo 24.4 ModCDI).

Recuérdese que, al igual que el artículo 24.4 ModCDI, el artículo 24.5 ModCDI es una de las pocas disposiciones que produce efectos en relación con residentes del propio Estado que aplica el CDI. Así se deriva también de la 'savings clause' del artículo 11 del MLI o del artículo 1.3. del ModCDI 2017.

6.3. El objeto de comparación: «empresa similar» del estado de residencia de la controlada por no residentes

A los efectos de determinar si existe una discriminación prohibida por el artículo 24.5 ModCDI debe compararse el tratamiento que se da a la empresa cuyo capital está controlado o poseído por residentes del otro Estado contratante y el régimen tributario de las «empresas similares» del mismo Estado donde está ubicada la primera. Ni el artículo 24.5 ModCDI ni los CMC definen el concepto de empresa similar, sin embargo, su significado puede ser interpretado acudiendo al párrafo 76 CMC, el cual indica que la finalidad del artículo 24.5 ModCDI es asegurar la igualdad de tratamiento para los sujetos pasivos que residan en un mismo Estado. Tal afirmación debe llevar a la conclusión de que el objeto válido de comparación a los efectos del artículo 24.5 ModCDI debieran ser las empresas cuyo capital está controlado o poseído por residentes del Estado de residencia de la propia empresa. Surge la duda de si la empresa similar, controlada por personas residentes del mismo Estado donde tal empresa tiene su residencia, debe realizar las mismas actividades que las empresas controladas por residentes del otro Estado contratante o bien la similitud se limita a la forma jurídica de la empresa y no comprende la actividad de la misma. En la medida en que el régimen tributario de una empresa puede depender de la actividad que realiza o de su forma jurídica, el objeto idóneo de comparación debe ser una empresa que realice actividades similares o tenga forma o dimensión similar. No sería razonable que una empresa controlada por no residentes y dedicada, por ejemplo, a la venta de automóviles reclamara la aplicación del régimen tributario en el Estado de residencia para empresas petrolíferas o fondos de inversión (lo mismo puede decirse en relación, por ejemplo, con el régimen especial para Pequeñas y Medianas Empresas).

6.4. La discriminación prohibida

La discriminación prohibida a los efectos del artículo 24.5 ModCDI se define de forma idéntica a como se hacía en la cláusula del artículo 24.1 ModCDI, por lo que la interpretación de los términos «impuesto u obligación relativa al mismo que no se exijan o que sean más gravosos» debe ser la ya comentada en relación con este último precepto y que aclara el párrafo 15 de los CMC: el impuesto debe exigirse a la empresa controlada por residentes del otro Estado contratante con sujeción a las mismas reglas materiales o formales que se imponen sobre las empresas controladas por residentes del mismo Estado donde la empresa está ubicada. A estos efectos, y con independencia de que la OCDE en los últimos tiempos se haya deslizado hacia una posición más permisiva con las normas nacionales antiabuso de carácter discriminatorio (y así lo reflejan los propios CMC), cualquier norma nacional, con independencia de su finalidad (antiabuso o no) que imponga exigencias más estrictas por el hecho de que el capital de la sociedad esté controlado por residentes del otro Estado contratante podría resultar cubierta por la cláusula del artículo 24.5 ModCDI (con los matices específicos que, para el caso de las normas en materia de subcapitalización, añadieron los CMC 2008, de manera que muchas de estas normas no estará cubierta ahora por el artículo 24.5 ModCDI). Ahora bien, es necesario reiterar que el precepto que comentamos está vinculado a discriminaciones por control del capital por un residente del otro Estado, allí donde la discriminación no se produzca por tal causa (v.gr. diferenciación por razón del perceptor del pago y su condición de no residente), esta norma no resulta de aplicación (por esta razón hemos criticado más arriba la solución a la que llegaron las STS de 9 de febrero de 2012, rec. nº 2210/2010, y de la SAN de 7 de diciembre de 2011, rec. nº 451/2008).

6.5. Los convenios de doble imposición españoles

La mayoría de los CDIs españoles contienen una cláusula análoga al artículo 24.5 ModCDI. Lógicamente, también existen casos especiales, que son los siguientes:

– El CDI con Australia no contiene una cláusula en materia de no discriminación, aunque, de acuerdo con el Protocolo, al haber firmado Australia un CDI con el Reino Unido que sí contiene tal cláusula, existe la obligación para las autoridades australianas y españolas, derivada del Protocolo al CDI España-Australia de negociar la incorporación de la misma al CDI España-Australia. Lo mismo ocurre en el caso del CDI España-Arabia Saudí, que no contiene ningún precepto en materia de no discriminación.

– El CDI con Brasil 1974, si bien contiene una cláusula idéntica al artículo 24.5 ModCDI en su artículo 24.4, el Protocolo anexo párrafo 7 excluye de su ámbito de aplicación a ciertas disposiciones brasileñas relativas a la deducibilidad de los pagos de cánones a las matrices españolas de sociedades brasileñas.

– El CDI con Bulgaria 1990 es prácticamente idéntico al artículo 24.5 ModCDI salvo por la referencia a «capital», puesto que el precepto citado se limita a mencionar a las empresas de un Estado contratante «en las que participen uno o varios residentes del otro Estado contratante». En el contexto de este CDI aparece claro, entonces, que los *partnerships* y otras entidades que no tienen capital en sentido mercantil del término se encuentran protegidos por esta cláusula de no discriminación. Un supuesto similar se verifica en el artículo 24.4 CDI con Checoslovaquia, que se refiere a «patrimonio» en lugar de a «capital».

– El CDI con Canadá, artículo 24.4, en lugar de establecer como objeto de comparación a las «empresas similares» del Estado contratante de residencia aclara que la comparación debe establecerse entre las empresas controladas por residentes del otro Estado contratante y aquéllas en las que todo o parte del capital esté poseído por uno o más residentes de un tercer Estado. Es decir, ciertas discriminaciones son, entonces, permitidas porque no se impone la equiparación entre las empresas residentes controladas por residentes en Canadá o en España y las empresas residentes en cuyo capital participan residentes del otro Estado contratante.

– Los CDIs con Estonia y Letonia no mencionan en la cláusula equivalente al artículo 24.5 ModCDI el control directo o indirecto por un residente de un Estado contratante de una empresa residente del otro Estado contratante (eventual objeto de discriminación). En realidad, al suprimir la referencia a control directo o indirecto, parece que se está restringiendo el ámbito de aplicación del artículo 25.4 y 24.4 de los CDIs con Letonia y Estonia, respectivamente. Sin embargo, la eliminación de la referencia a control «directo o indirecto» no tiene tanta relevancia al aclarar estos preceptos que la cláusula se aplica cuando un residente de un Estado contratante controla total o parcialmente el capital de una empresa del otro Estado contratante. Por otra parte, no están claros los efectos que produce la eliminación de la referencia que comentamos, pues al emplear los artículo 25.4 y 24.4 de los CDIs con Letonia y Estonia el término control parece que podría abarcarse también el control indirecto; no obstante, parece que al diferir los dos preceptos del artículo 24.5 ModCDI podría también concluirse que la divergencia es deliberada y que, por tanto, se pretende excluir el supuesto de control indirecto del ámbito de aplicación de la cláusula. Lo mismo ocurre en el caso de los CDIs España-Vietnam y España-Argelia, que no mencionan el control «indirecto».

– El CDI España-Kuwait tiene el equivalente al artículo 24.5 en el artículo 24.3 pero con una formulación peculiar, ya que el término de comparación son las empresas controladas por residentes de terceros Estados. Se excluye, a estos efectos la concesión de derechos derivados de acuerdos de integración económica de los que uno de los Estados contratantes sea parte (aunque esta cláusula no tiene por efecto excluir la libre circulación de capitales que puedan invocar las empresas kuwaitíes en la UE).

– El CDI España-Polonia 1979, artículo 24.4, exige que el capital de la empresa de un Estado contratante sea «propiedad» de uno o varios residentes del otro Estado contratante, con lo que se excluyen los supuestos en los que el residente del otro Estado controla la empresa sin ser propietario del capital.

– El CDI con Rumanía 1979, artículo 26.4, define el objeto de comparación como «empresas de la misma naturaleza» en lugar de utilizar la expresión del ModCDI, «empresas similares». Tal diferencia no tiene, en nuestra opinión, relevancia sustantiva puesto que las empresas similares del ModCDI son las que tienen la misma forma jurídica y realizan las mismas actividades y la referencia a empresas de la misma naturaleza debería ser interpretada de otra forma.

– El CDI España-URSS 1985, aunque contiene un artículo en materia de no discriminación (artículo 21), no incluye una cláusula análoga al artículo 24.5 ModCDI.

– La eficacia de esta cláusula está limitada en el CDI con Vietnam, al disponerlo así el artículo 24.6 de este CDI, en tanto Vietnam continúe concediendo licencias a inversores en virtud de la Ley sobre Inversiones Extranjeras en Vietnam.

Por último, es frecuente, como señalábamos al comentar el artículo 24.4 ModCDI, que encontremos CDIs españoles, sobre todo, los anteriores a 1977, en los que no existe una cláusula análoga al artículo 24.4 ModCDI y, sin embargo, contengan un artículo idéntico al artículo 24.5 ModCDI (éste es el caso también del CDI España-Singapur).

7. LOS IMPUESTOS A LOS QUE RESULTA APLICABLE EL ARTÍCULO 24 DEL MODELO CONVENIO DE DOBLE IMPOSICIÓN

El artículo 24.6 ModCDI dispone que, no obstante lo preceptuado en el artículo 2 (impuestos cubiertos por el Convenio), el artículo 24 ModCDI podrá resultar de aplicación a todos los impuestos, cualquiera que sea su naturaleza y denominación.

Los CMC sólo dedican a este apartado del precepto el párrafo 81 que se limita a aportar la precisión en el sentido de que el artículo 24.6 ModCDI produce efectos en relación con los impuestos exigidos por el Estado, sus subdivisiones políticas ó las entidades locales. Es decir, el ámbito de aplicación de las prohibiciones de discriminación del artículo 24 ModCDI es bastante más amplio que el definido en el artículo 2 ModCDI, que regula los impuestos cubiertos por el tratado, y comprende cualquier impuesto exigido por los Estados contratantes o sus subdivisiones políticas. La propia finalidad del precepto exige que tampoco atribuyamos al término «impuesto» el sentido que adquiere en el ordenamiento interno [artículo 2.2.c) LGT 2003], sino que también puedan estar comprendidas en el artículo 24.6 ModCDI otras figuras que forman el concepto de tributo como las tasas, las contribuciones especiales o las prestaciones patrimoniales de carácter coactivo de carácter no tributario. Habrá, no obstante, que determinar si el Estado en cuestión ha firmado otros Convenios que puedan limitar el ámbito de aplicación del principio del artículo 24 ModCDI (v.gr. en materia de Impuestos sobre las Sucesiones y Donaciones, de Seguridad Social). Tampoco cubrirá los derechos de aduana ya que se desmantelarían las barreras arancelarias que se rigen por otros tratados internacionales (v.gr. GATT).

La finalidad de este precepto, que ensancha el ámbito objetivo del principio de no discriminación del CDI con respect al artículo 2 ModCDI, es impedir que el Estado pueda exigir tributos discriminatorios que tengan la forma de indirectos en casos donde el CDI le impide exigir impuestos directos, obviando de una forma fácil las obligaciones establecidas en el CDI. En este sentido, por su finalidad, puede limitar los impuestos (supuestamente) indirectos que se exijan sobre la economía digital (aunque, en la mayoría de los casos, se trata de impuestos directos limitados por el artículo 2 ModCDI).

Por lo que respecta a la práctica española, los CDIs de nuestro país suelen seguir el artículo 24.6 ModCDI, pero existen algunas particularidades relevantes:

– Algunos CDIs limitan el ámbito objetivo de aplicación del artículo 24 ModCDI a los «impuestos cubiertos por el Convenio», en cuyo caso, el ámbito de aplicación coincide con el definido en el artículo 2 (CDI Canadá, artículo 24.5, Chile, artículo 23.5; Kuwait, artículo 24.5, Malasia, artículo 24.5; Reino Unido 2013, artículo 24.6; Serbia, artículo 25.5; CDI Singapur, artículo 22.6; Vietnam, artículo 24.7). Otros CDIs (Austria, artículo 25; India, artículo 26; Irlanda, artículo 24; Nueva Zelanda, artículo 22; Hong-Kong, artículo 22.2) no incluyen un precepto análogo al artículo 24.6 ModCDI por lo que el efecto será el mismo que en el supuesto anterior.
– El CDI con Alemania 1966, artículo 24.7, fue interpretado por el Canje de Notas de 14 de febrero de 1968 en el sentido de que cubría también determinadas tasas en España, en concreto por expedición de permisos de trabajo. Lo mismo ocurre con el Protocolo anexo al CDI con Suiza 1966, párrafo 4. El CDI con Polonia 1979, párrafo V del Protocolo excluye del ámbito del artículo 24 (equivalente al artículo 24 ModCDI) las tasas polacas devengadas por razón de la licencia de apertura de una empresa.
– El Protocolo anexo al CDI con Rusia 1998, párrafo 7, en relación con artículo 24.6, aclara que no se aplicará a los derechos de aduana.
– El Protocolo párrafo 4 del CDI con El Salvador aclara que artículo sobre no discriminación sólo será aplicable al IP en la medida que ambos Estados contratantes apliquen un impuesto sobre el patrimonio.

8. BIBLIOGRAFÍA

AULT/SASSEVILLE (2010), «Taxation and Non-Discrimination: A Reconsideration», World Tax Journal June 2010, p. 101 y ss.

AVERY JONES ET ALTER (1991), «The non-discrimination article in tax treaties (I y II)», British Tax Review, nº 10 y 11&12, 1991, respectivamente en las pp. 359 a 385 y pp. 421 a 452.

AVERY JONES ET ALTER (2011), "artículo 24 (5) of the OECD Model in Relation to Intra-Group Transfers of Assets and Profits and Losses", World Tax Journal, June 2011, p. 179 y ss.

BRUNS (2008), «Taxation and Non-Discrimination: Clarification and Reconsideration by the OECD», European Taxation vol. 48, n. 9, p. 484 y ss.

CALDERÓN (1995), «Estudio de la normativa española sobre subcapitalización de sociedades a la luz del principio de no discriminación», Crónica Tributaria, nº 76.

DA SILVA (2016), «Revisiting the Application of the Capital Ownership Non-Discrimination Provision in Tax Treaties», Weber / Pistone (ed.), Non-Discrimination in Tax Treaties: Selected Issues from a Global Perspective, Amsterdam: IBFD, pp. 71 y ss.

GOLDBERG/GLICKLICH (1992), «*Treaty-based non-discrimination: Now You See it, Now You Don't*» *Florida Tax Review*, nº 2, 1992 (este mismo artículo apareció en *Diritto e Pratica Tributaria* vol. 64, nº 2, p. 521 y ss.).

HASLEHNER (2016), «*Nationality Non-Discrimination and Article 24 OECD Model: Perennial Issues, Recent Trends and New Approaches*», in Weber / Pistone (ed.), Non-Discrimination in Tax Treaties: Selected Issues from a Global Perspective, Amsterdam: IBFD, pp. 1 y ss.

MARRES (2016), «*Interest Deduction Limitations: When to Apply Articles 9 and 24 (4) of the OECD Model?* », in Weber / Pistone (ed.), Non-Discrimination in Tax Treaties: Selected Issues from a Global Perspective, Amsterdam: IBFD, pp. 39 y ss.

MARTÍN JIMÉNEZ (2005), «*Defining the Objective Scope of Income Tax Treaties: The Impact of Other Treaties and EC Law upon the Concept of Tax in the OECD Model*» *Bulletin for International Fiscal Documentation* vol. 59, nº 10/2005, pp. 432-445.

MARTÍN JIMÉNEZ (2018), "Controversial Issues About the Concept of Tax in Income and Capital Tax Treaties in the Post-BEPS World", en Arnold, B. (ed.), *Tax Treaties After the BEPS Project: A Tribute to Jacques Sasseville*, Toronto: Canadian Tax Foundation, 2018.

MARTÍN/CALDERÓN, «*Los Establecimientos Permanentes, los casos triangulares y el Derecho Comunitarios europeo*», *Noticias CEE*, nº 214/2002.

MARTÍN/CALDERÓN (2004), «*Comentario al artículo 24 ModCDI*», en AAVV, *Comentarios a los Convenios para evitar la doble imposición y prevenir la evasión fiscal concluidas por España*, Fundación Barrié de la Maza, A Coruña.

O'BRIAN (1978), «*The Nondiscrimination Article in Tax Treaties*», *Law & Policy in International Business* vol. 10, p. 745.

SANTA BÁRBARA (2001), «*La no discriminación fiscal*», Edersa, Madrid.

VAN RAAD (1986), «*Non-Discrimination in International Tax Law*», Kluwer, Deventer.

VANN (2018), "When Hard Law Meets Soft Law: is BEPS Sunset or Sunrise for Tax Treaties", en Arnold, B. (ed.), *Tax Treaties After the BEPS Project: A Tribute to Jacques Sasseville*, Toronto: Canadian Tax Foundation, 2018.

V.2

PROCEDIMIENTO AMISTOSO

Adolfo J. Martín Jiménez

V.2.   PROCEDIMIENTO AMISTOSO

Sumario

PROCEDIMIENTO AMISTOSO

1. INTRODUCCIÓN

1.1. Introducción sobre la sistemática del capítulo

Como es sabido, en los últimos años la fiscalidad internacional ha sufrido cambios importantes como consecuencia del proyecto BEPS, la aprobación del MLI (todavía no en vigor para España) y, por ultimo del ModCDI 2017. Todos estos cambios han afectado al PA, comprendiendo también el arbitraje. Los cambios realizados por el ModCDI 2017 afectarán, en la parte interpretativa, a CDIs en vigor (esto es, los Comentarios al artículo 25 ModCDI 2017 que puedan ser aplicables, al menos parcialmente, a CDIs anteriores), y a futuros CDIs que se negocien siguiendo este Modelo. Sin embargo, las modificaciones del MLI afectarán sólo a ciertos CDIs ya en vigor. Por esta razón es preciso hacer una aclaración sobre la sistemática del capítulo. Es decir, a pesar de la conexión intensa entre el MLI y el ModCDI 2017, ambos proyectarán sus efectos sobre CDIs distintos en algunos casos y, sin embargo, en otros, sobre los mismos CDIs. Ello nos lleva a diferenciar entre, por un lado, la regulación del artículo 25 ModCDI (en su evolución hasta 2017), que comentamos en primer lugar, y, por otro, el proyecto BEPS y el MLI, cuyos efectos se abordan en el último epígrafe de este capítulo. Evidentemente, el ModCDI 2017 está influido por el proyecto BEPS y existen muchos puntos en común entre el MLI y BEPS, por un lado, y el ModCDI 2017, por otro, pero para facilitar la exposición se ha preferido distinguir por separado entre el comentario general al PA, incluyendo al ModCDI 2017 y la acción 14 de BEPS y el MLI.

1.2. Introducción sobre la naturaleza y regulación del PA

El procedimiento amistoso (en adelante, «PA»), regulado en el artículo 25 ModCDI es un mecanismo suplementario para solucionar problemas de doble imposición no resueltos en otras disposiciones del CDI y, sobre todo y principalmente, constituye un mecanismo para administrar los beneficios derivados del CDI y solventar los posibles conflictos en la aplicación del mismo. El artículo 25 ModCDI regula tres tipos de PA que pueden ser empleados por las autoridades competentes de los Estados contratantes en tres situaciones distintas: (1) «imposición no conforme con el convenio» por uno o ambos Estados contratantes (llamado «procedimiento de casos específicos»); (2) «dificultades o dudas relativas a la interpretación o aplicación del convenio» (conocido como «procedimiento interpretativo»); y (3) «eliminación de la doble imposición en casos no previstos en el convenio (es el llamado «procedimiento legislativo»). Otras disposiciones del ModCDI (v.gr. artículo 4.2.d), artículo 9.2, o artículo 10.1 ModCDI), o de los artículos concordantes en los CDIs, se refieren al PA, pero no amplían el elenco de supuestos del artículo 25 ModCDI, más bien se trata de supuestos específicos o concretos del procedimiento amistoso regulado en estos artículos.

La importancia del PA está estrechamente vinculada a las actuaciones administrativas en materia de operaciones vinculadas/precios de transferencia, pues la problemática de la determinación del precio de mercado, de atribución de ingresos y gastos entre los establecimientos permanentes y la casa central, de los ajustes que hay que realizar en las distintas empresas asociadas, etc., ha hecho necesaria la comunicación fluida entre las distintas autoridades de los Estados contratantes encargadas de administrar y aplicar los CDIs. En este sentido, cabe afirmar que la creciente trascendencia que en la actualidad presentan las operaciones vinculadas y las cuestiones que concitan los precios de transferencia han contribuido a que el PA constituya uno de los temas de moda en materia de fiscalidad internacional (e incluso el germen de lo que se ha dado en llamar una «administración fiscal internacional»). No debe, sin embargo, vincularse el PA exclusivamente a la problemática de las operaciones vinculadas y los precios de transferencia ya que cualquier problema de interpretación o aplicación del CDI, tenga o no relación con esta materia, debe solucionarse (al menos idealmente) en el seno del PA.

Desde hace ya algunos años, la OCDE ha venido trabajando en la mejora del PA, de manera que tuviera una mayor transparencia y eficacia, se creara un código o manual de buenas prácticas y se produjese una revisión sustancial del PA, complementándolo con otras técnicas de solución de conflictos que contribuyeran a superar los problemas que, especialmente el PA para casos específicos, presenta. El primer fruto de esta labor de la OCDE fue el Documento «Mejorando el procedimiento de resolución de disputas tributarias internacionales» de 27 de julio de 2004 (versión para comentarios públicos). Las hipótesis de estudio identificadas en 2004 fueron desarrolladas en el Documento «Mejorando la resolución de las disputas en el contexto de los Convenios para la Eliminación de la Doble Imposición», de 30 de enero de 2007 (Informe adoptado por el Comité de Asuntos Fiscales de la OCDE, disponible en www.oecd.org/dataoecd/17/59/38055311.pdf), que, en realidad, tiene tres partes bien diferenciadas: la inclusión del arbitraje como técnica de resolución de conflictos relativos a los CDIs y la propuesta de los cambios correspondientes al ModCDI forman la primera parte de este documento; la segunda se dedica a recoger y desarrollar, por la vía de cambios a los Comentarios al artículo 25 ModCDI, algunas propuestas de solución de problemas concretos que se plantean en el PA; la tercera parte considera otras propuestas realizadas por el Documento inicial de 2004. El anterior documento se completó con el Manual sobre Procedimientos Amistosos Eficaces (en adelante «MEMAP»), cuya versión final, sólo publicada en la web de la OCDE, es de febrero de 2007. La revisión al ModCDI 2008 incorporó tanto un nuevo párrafo al artículo 25, el párrafo 5, para admitir el arbitraje como técnica de resolución de conflictos no cerrados en el PA, como una amplia modificación de los Comentarios al artículo 25 a fin de incorporar las principales conclusiones de los documentos anteriores. En 2010, las dos modificaciones que se produjeron en la reforma de los Comentarios al artículo 25 ModCDI fueron de menor calado: (1) se armonizó la redacción del párrafo 9 de los Comentarios –que ejemplificaba los supuestos en los que es posible el uso del procedimiento amistoso con explícita referencia a la atribución de beneficios a los EPs– con la nueva redacción del artículo 7 ModCDI 2010 y (2) España eliminó la reserva sobre la posibilidad de aplicar la solución alcanzada en el PA al margen del período de prescripción (algo que ya muchos CDIs españoles reconocían). La actualización en 2014 del ModCDI afectó de forma muy limitada a los CMC artículo 25, y sus efectos se concretan en las reservas en los párrafo 98 (eliminación de la referencia a la República Eslovaca) y 100 (reserva canadiense sobre los límites temporales de los ajustes en materia de precios de transferencia, por referencia al párrafo 10 del CMC artículo 9).

No puede olvidarse, sin embargo, que los procedimientos de resolución de conflictos ocupan un lugar central en el proyecto BEPS de la OCDE, ya que, como consecuencia de las acciones de desarrollo de este ambicioso plan de la OCDE, es muy posible que los conflictos entre administraciones tributarias y contribuyentes se multipliquen. De ahí que el desarrollo del PA y de otras técnicas de resolución de conflictos forme una parte esencial de los trabajos de la OCDE no sólo en el contexto del Plan BEPS. Al análisis del actual contexto e iniciativas en esta materia dedicamos el epígrafe 7 de este capítulo, que incluye también referencias a la regulación de esta materia en el Convenio Multilateral que desarrolla las medidas para prevenir la erosión de bases imponibles y el traslado de beneficios ("MLI").

El ModCDI 2017, además de recoger los cambios propuestos en la acción 14 BEPS, ha determinado que se realicen cambios relevantes en el texto del artículo 25 ModCDI y sus Comentarios que iremos explicando en las distintas secciones que siguen. Deben destacarse en este momento, sin embargo, los párrafos 5.1. y 6.1. a 6.3. Comentarios al artículo 25 ModCDI 2017, cuya función es apuntalar y reforzar los PAs con carácter general. Tales Comentarios recogen, en esta línea, los siguientes principios:

1. El PA es una parte esencial de los CDIs y las autoridades competentes deben tratar de resolver los problemas planteados en esta sede de buena fe, lo que significa que el caso debe resolverse de una forma objetiva y justa, en atención al supuesto concreto, de acuerdo con los términos del CDI y los principios de Derecho internacional sobre la interpretación de Tratados.

2. Los principios de los artículos 31 y 32 Convenio de Viena sobre Derecho de los Tratados permiten a los tribunales de los Estados contratantes tomar en consideración los PAs, ya que su

objetivo es promover el tratamiento consistente de los casos individuales y la misma interpretación y aplicación de las disposiciones de un CDI. En los casos de PAs interpretativos y legislativos, el PA es una prueba objetiva de la voluntad de las partes contratantes y su mutuo entendimiento acerca del significado del CDI y sus términos. Por estas razones, deben ser tenidos en cuenta a efectos de interpretar y aplicar los CDIs.

3. En algunos casos, el PA representa una delegación por los Estados contratantes a las autoridades competentes para que administren la aplicación de las disposiciones del CDI en ciertos casos (v.gr. artículo 4.2.d ModCDI).

4. Se refuerza el estatuto del PA interpretativo ya que, con la nueva redacción del artículo 3.2. ModCDI 2017, en línea con lo dispuesto en el MC EEUU, ya que un PA desplazará el significado atribuible a un término de acuerdo con la legislación interna equiparándose, en consecuencia, al 'contexto' del CDI. La redacción del artículo 3.2., sin embargo, permite que cualquier PA, ya sea interpretativo o no, desplace a la ley interna y el significado que tenga atribuido un término conforme a la normativa de los Estados contratantes (vid. párrafo 13.2 Comentarios artículo 3 ModCDI 2017).

Por otra parte, si bien está fuera del objeto de estudio de este capítulo, debe apuntarse que los trabajos del Foro Europeo en materia de precios de transferencia sobre el Convenio 90/436/CEE relativo a la supresión de la doble imposición en el caso de corrección de los beneficios de empresas asociadas (DOCE L 225 de 20 de agosto de 1990) han servido de inspiración también y han tenido un notable impacto en la evolución de esta materia en el seno de la OCDE. A ellos cabe añadir la reciente adopción de la Directiva (UE) 2017/1852 sobre resolución de disputas en la UE de 10 de octubre de 2017, aunque todavía no ha entrado en vigor (vid el capítulo sobre esta Directiva en el libro sobre impuestos directos y Derecho de la UE).

La situación del ordenamiento español no ha sido la más idónea tradicionalmente, aunque cambió sustancialmente en el año 2008. Debido a la ausencia, hasta 2008, de regulación del PA en nuestro ordenamiento interno, el PA no se había empleado con toda la frecuencia que debiera. La Ley 36/2006, de 30 de noviembre, de Medidas para la Prevención del Fraude Fiscal añadió una nueva Disposición adicional Primera al Real Decreto Legislativo 5/2004, de 5 de marzo, por el que se aprueba el texto refundido de la Ley del Impuesto sobre la Renta de no Residentes (en adelante, LIRNR) que reguló, parcialmente y de una forma no totalmente armonizada con las recomendaciones de la OCDE, el PA, aunque en gran medida se remitió a un futuro desarrollo reglamentario. Por su parte, el Real Decreto 1065/2007, por el que se aprobó el Reglamento General de actuaciones y los procedimientos de gestión e inspección tributaria y desarrolla las normas comunes de los procedimientos de aplicación de los tributos, en su artículo 131 reguló el derecho de devolución cuando así resulte de un procedimiento amistoso. En 2008, además, se publicó el RD 1794/2008, de 3 de noviembre, por el que se aprueba el Reglamento de procedimientos amistosos en materia de imposición directa, primera regulación española en la materia, y la Ley 4/2008, de 23 de diciembre, que ha introducido una ligera pero importante modificación en la Disposición adicional 1 de la LIRNR, para armonizar este con las recomendaciones del MEMAP. Puesto que la regulación española se refiere al PA para casos específicos (y no a los interpretativos o legislativos), aludiremos a ella en el epígrafe correspondiente a este tipo de PA. En 2012, el artículo 3 del Real Decreto 1558/2012 dio nueva redacción al artículo 15 (ejecución de los PAs) del RD 1794/2008, con novedades que comentaremos en las páginas sucesivas. En este contexto, conviene tener en cuenta que la Ley 34/2015, de 21 de septiembre, de modificación de la LGT 2003 (BOE 22 de septiembre) ha introducido una Disposición Adicional 21 en la LGT 2003 (aplicable desde los 20 días siguientes a la entrada en vigor de la ley) que suspende los procedimientos de revisión internos hasta la finalización del PA y una modificación paralela en la Ley 29/1998, de 13 de julio, reguladora de la jurisdicción Contencioso-administrativa (en adelante, LJCA), a la que se añade una Disposición Adicional Novena en cuyo último párrafo, con evidentes deficiencias sistemáticas, se añade la suspensión de los procesos judiciales hasta la conclusión de los PAs. En el momento de cerrar esta edición, el Anteproyecto de Ley de Medidas de Prevención y Lucha Contra el Fraude y de Transposición al Ordenamiento Interno de ciertas Directivas, de octubre de 2018, prevé cambios importantes en la Disp. Adicional 1ª TRLIRNR y el artículo 5.3. LGT que afectarán a la actual regulación doméstica del PA de forma importante y de los que daremos cuenta en las secciones oportunas, aunque todavía no han entrado en vigor.

En los epígrafes siguientes nos ocupamos de los distintos tipos de PA, con especial atención al previsto para casos específicos (epígrafe 2), pero sin descuidar el PA interpretativo (epígrafe 3) o legislativo. También, una vez que el Protocolo al CDI con Suiza de 2011, el nuevo Protocolo de 2013 al CDI con EEUU (aún no en vigor) o el nuevo CDI con el Reino Unido han añadido una cláusula arbitral, hasta el momento inexistente en nuestro ordenamiento, dedicaremos atención al arbitraje como técnica de resolución de conflictos (el artículo 25.5 ModCDI fue una novedad de la revisión de 2008). El MLI tendrá también efectos e incrementará el arbitraje como forma de resolución de conflictos en el plano internacional y el ModCDI 2017 ha modificado de forma importante la regulación del arbitraje del artículo 25.5.

Por último, conviene destacar que los PAs y acuerdos de autoridades competentes son cruciales en la era BEPS para desarrollar, vinculados al artículo 6 del Convenio OCDE / Consejo de Europa, el estándar multilateral de intercambio automático de información financiera o el intercambio automático del "Country-by-Country Reporting" derivado de la Acción 13 del Plan BEPS. No obstante, los acuerdos de autoridades competentes en esta materia quedan fuera del objeto de estudio de este capítulo, ya que tales cuestiones se abordan en el capítulo relativo al intercambio de información.

2.   EL PROCEDIMIENTO AMISTOSO PARA CASOS ESPECÍFICOS

2.1.   Consideraciones generales

La regulación del PA para casos específicos se contiene en los párrafos 1 y 2 del artículo 25 ModCDI. Con carácter general, los Comentarios al artículo 25 ModCDI, párrafos 2 y 6, indican que los dos primeros párrafos del artículo 25 ModCDI se dedican a resolver la situación del contribuyente sujeto a gravamen de forma no conforme con las disposiciones del Convenio. Ambos párrafos regulan dos fases bien diferenciadas en relación con el PA: el artículo 25.1 ModCDI se ocupa de la iniciación del mismo y el artículo 25.2 ModCDI de la fase propiamente dicha de contacto con las autoridades del otro Estado contratante y de la ejecución del acuerdo alcanzado. Cada una de ellas tiene una problemática específica que justifica su estudio separado.

Los primeros párrafos de los Comentarios al artículo 25 ModCDI también enlazan el PA para casos específicos con la nueva disposición arbitral del artículo 25.5, de manera que podrán someterse a arbitraje los supuestos no decididos por las autoridades competentes en el plazo de dos años. En este sentido, puede decirse, como aclara el párrafo 5 de los Comentarios al artículo 25 ModCDI, que el nuevo procedimiento arbitral no es independiente del PA, sino una fase de éste, para cuestiones en relación con las cuales las autoridades competentes no han sido capaces de encontrar una solución.

2.2.   La iniciación del procedimiento amistoso. Fase nacional del procedimiento amistoso

La fase inicial, unilateral o nacional del PA comprende desde el momento en que se produce un acto contrario al CDI y el contribuyente solicita la iniciación del PA hasta el momento en que recae una decisión por parte de la autoridad nacional que satisfaga los intereses del contribuyente, ya sea eliminando la medida nacional contraria al CDI o, si esta medida fue tomada por el otro Estado, dirigiéndose a él con vistas a comenzar la fase bilateral. La principal novedad añadida por el artículo 25.1 ModCDI 2017 se encuentra en que el PA pueda ser iniciado ante cualquiera de las dos autoridades competentes, lo cual flexibiliza la iniciación del PA en línea con lo recomendado por la Acción 14 BEPS y el artículo 16.1 MLI y garantiza que una autoridad no cierre el PA de forma injustificada.

En esta fase unilateral es preciso examinar distintas cuestiones, a las que dedicamos epígrafes específicos.

a) Actos que pueden dar lugar a la iniciación del procedimiento amistoso.

El artículo 25.1 ModCDI exige, a fin de iniciar el PA, que existan medidas adoptadas por uno o ambos Estados contratantes que impliquen o puedan implicar para una persona una imposición no conforme con el CDI de que se trate. Acerca del significado de esta expresión («imposición no conforme con el Convenio»), los Comentarios al artículo 25 ModCDI, párrafo 9, aclaran que, en la práctica, el PA se aplica en casos donde la medida en cuestión da lugar a doble imposición (jurídica o incluso económica, en los supuestos de ajustes correlativos conforme al artículo 9.2 ModCDI, párrafo 10-12 Comentarios ModCDI artículo 25). No obstante, no debe identificarse la existencia de doble imposición con «imposición no conforme con el CDI», pues actos que pueden no generar doble imposición, pero no son conformes con el CDI, son susceptibles de ser examinados en el PA (párrafo 13 Comentarios ModCDI). En España, sin embargo, las SSTS de 30 de junio de 2000, FJ. 5, de 15 de abril de 2003 y de 25 de junio de 2004, FJ. 4, identificaron la imposición no conforme con el CDI con la existencia de doble imposición, lo cual contradice las observaciones que se hacen en los Comentarios ModCDI (párrafo 13 Comentarios ModCDI). El RD 1794/2008, que aprobó el Reglamento de PA, parece, más bien, decantarse por admitir la posibilidad de solicitar el inicio del PA cuando existan actos no conformes con el CDI que no tienen necesariamente que implicar «doble imposición», sino sólo aplicación incorrecta por uno de los dos Estados del CDI [así se podría deducir de una interpretación conjunta de los artículos 4 y 6.1.c) RD 1794/2008]. La SAN 171/2017, de 28 de marzo, rec. 175/2015 y SAN de 18 de abril de 2017 (rec. 232/2015), se muestran continuistas con la jurisprudencia del TS anterior a la regulación específica del PA, y, aunque apunta que el PA está para resolver situaciones de inaplicación o aplicación incorrecta del CDI, parece vincular este concepto a la existencia de situaciones de doble imposición, en el caso concreto, por ausencia de ajuste correlativo (no obstante, estas sentencias, como indicamos más abajo, resuelven un caso de denegación del inicio del PA).

Una de las novedades de los Comentarios al artículo 25 ModCDI 2008-2017 se refiere a la aclaración de la vinculación entre el PA y el ajuste correlativo (artículo 9.2 ModCDI) para los casos en los que las autoridades de un Estado hayan realizado un ajuste primario a una empresa de un Estado contratante. Los Comentarios anteriores a 2008 ya remarcaban que, en el seno del PA, se pueden resolver los problemas de doble imposición económica que surjan en el contexto de los ajustes realizados en relación con los precios de transferencia. A estos efectos, se decía, el artículo 9.2 ModCDI puede ser la base jurídica para realizar el ajuste correlativo y corregir la doble imposición económica. Incluso allí donde el CDI concreto no tuviera un párrafo similar al artículo 9.2 ModCDI, apuntaban los Comentarios ModCDI anteriores a 2008, podrá procederse sobre la base del artículo 9.1. ModCDI a realizar ajustes bilaterales o correlativos en el seno del PA. Esta última posición, aclaraban los Comentarios anteriores a 2008, no era compartida por todos los Estados. La nueva redacción que se dio al párrafo 12 Comentarios ModCDI 2008-2017 artículo 25 pretende diluir el peso de la opinión «discrepante» de manera que ahora se afirma con rotundidad que el PA es el camino para resolver los problemas de doble imposición económica que se producen en el ámbito de los precios de transferencia/operaciones vinculadas, exista o no una disposición equivalente al artículo 9.2 ModCDI en el CDI concreto. Se sigue dando noticia en el párrafo 12 de la opinión «discrepante», si bien se dice que normalmente los Estados que no comparten la posibilidad de realizar ajustes correlativos en el PA allí donde no existe el equivalente al artículo 9.2 ModCDI suelen solucionar los problemas de doble imposición económica normalmente con base en disposiciones de sus legislaciones internas. La SAN 171/2017, de 28 de marzo, rec. 175/2015, aceptó la posición mayoritaria para admitir que el PA es el procedimiento adecuado para realizar ajustes correlativos incluso allí donde el CDI español no tiene el equivalente al actual artículo 9.2 ModCDI (es dudoso, sin embargo, que el caso planteado a la AN se refiera a un ajuste correlativo, ya que en él, más bien, el problema lo planteaba el ajuste primario realizado por la Administración tributaria española; vid. también, en el mismo sentido, la SAN de 18 de abril de 2017, rec. 232/2015). Los ajustes secundarios, en principio, y a la luz del parra. 8-9 Comentarios artículo 9 ModCDI, las recomendaciones del Documento de 2007 y del MEMAP quedan fuera del artículo 9.2 (nada en este precepto impide el ajuste secundario si los permite la legislación interna) aunque se trata de una cuestión que va a ser estudiada por la OCDE en el futuro (y existan documentos importantes al respecto del Foro Europeo de Precios de Transferencia, vid. la Comunicación de la Comisión Europea de 16 de marzo de 2015 sobre los trabajos del Foro en el período 2012-2014 y las propuestas relativas a los ajustes secundarios, 7249/15, Fisc 23 Ecofin 209). No creemos que, a estos efectos, exista discordancia alguna entre la redacción del artículo 9.2 ModCDI y el artículo 25 ModCDI: si bien el primero regula el ajuste correlativo, la obligatoriedad del mismo está vinculada a la aceptación por el otro Estado de que el ajuste primario responde al principio de imposición a precios de mercado, y, en este sentido, la discusión en el seno del PA girará normalmente sobre esta posición al ser el PA, normalmente, el cauce adecuado para garantizar el citado ajuste correlativo.

No es preciso, para poder iniciar el PA, esperar hasta el momento en que exista un acto administrativo notificado legalmente que pueda resultar contrario al CDI, el Comentario al artículo 25, párrafo 14 aclara que basta con que exista la probabilidad de que los actos de un Estado den lugar a la imposición contraria al CDI. Los Comentarios ModCDI al artículo 25, precisamente, en el párrafo 14, aclararán cuándo se puede plantear el inicio del PA: un cambio legislativo que determine la sujeción a imposición de rentas de una persona en un Estado cuando de acuerdo con el CDI no tributen allí (ya sea en el momento de obtención de la renta o cuando sea probable que la obtenga), la cumplimentación de una autoliquidación o el procedimiento de inspección seguido con un contribuyente si existe probabilidad de que ambas circunstancias produzcan una imposición contraria al CDI, la posición publicada de la Administración o inspección de un contribuyente que pueda generar una imposición contraria al CDI, si la legislación de un Estado en materia de precios de transferencia exige la imputación de una renta mayor a la que resultaría de la aplicación del principio de plena competencia y existen dudas de que la otra parte obtenga un ajuste correlativo en el otro Estado contratante. En 2017, se han añadido los ajustes de buena fe iniciados por el contribuyente que autorizan las legislaciones de algunos países y que permiten al contribuyente, en las circunstancias adecuadas, modificar una declaración previamente presentada a fin de comunicar un precio de una operación vinculada, la atribución de beneficios a un EP, en línea con el principio de imposición a precios de mercado (vid. párrafo 6.1. de los Comentarios al artículo 9, o 59.1 de los Comentarios al artículo 7 ModCDI 2017). En el caso de las operaciones vinculadas, el inicio frente a la parte española del procedimiento del artículo 18.10 y 12 Ley 27/2014, de 27 de noviembre, del Impuesto sobre Sociedades (en adelante, LIS) y artículo 19 Real Decreto 634/2015, de 10 de julio, por el que se aprueba el Reglamento del Impuesto sobre Sociedades (en adelante, RIS), junto con algún dato (diligencia, acta) que pueda hacer pensar que el ajuste primario generará un problema de doble imposición jurídica/económica en el otro Estado contratante debiera ser suficiente para el inicio del PA, sin necesidad de que exista un acto administrativo específico. Aunque la normativa española no se pronuncia sobre la posibilidad de solicitar la iniciación del PA con anterioridad a la existencia de un acto administrativo, del artículo 6.2.b) RD 1794/2008, de 3 de noviembre, se puede deducir que esta posibilidad no plantea problemas, ya que, al regular la documentación que debe acompañar a la solicitud de iniciación del PA se indica que «en el caso de que exista», se adjuntarán «copias del acto de liquidación, de su notificación y de los informes de los órganos de inspección o equivalentes en relación con el caso»; al no obligar al contribuyente a identificar y adjuntar el acto administrativo que provoque la vulneración de lo dispuesto en el PA («en caso de que exista»), se podría interpretar que nada obsta al planteamiento de solicitudes tempranas de iniciación del PA, anteriores a la existencia de un acto administrativo formal.

A estos efectos, se aclara en el párrafo 14 Comentarios ModCDI al artículo 25, la posible existencia de imposición no conforme con el convenio debe determinarse desde la perspectiva del contribuyente. Si bien, lógicamente, tal creencia o sospecha del contribuyente debe ser «razonable» y estar basada en datos o hechos «objetivos». Las autoridades tributarias no deben rechazar la solicitud del contribuyente por no tener pruebas concretas de que pueda producirse una imposición no conforme con el CDI.

Sin embargo, aclara el párrafo 15, la presentación de la solicitud de inicio del PA en estos supuestos tempranos no debe considerarse como presentación formal de solicitud de inicio del PA y del caso concreto a los efectos del cómputo del período de dos años al que se refiere el artículo 25.5

ModCDI para el inicio del arbitraje (el párrafo 75 de los Comentarios al ModCDI 2017 sobre las circunstancias y el momento en que el cómputo del plazo de dos años comienza, o la sección 6.6. de este capítulo).

De acuerdo con lo anterior, por ejemplo, en España, se podría iniciar el PA tras la firma de las actas de inspección correspondientes, las correspondientes al procedimiento de comprobación a las que se refiere el artículo 19 RIS 2015 (que, como es sabido, no son actos administrativos en sentido estricto, sino puros actos de trámite) o incluso antes, por ejemplo, cuando exista una valoración no conforme con el principio de imposición a precios de mercado o indicios de que tal valoración discordante se puede producir. La misma idea es aplicable a cualquier acto (de trámite) que pueda hacer sospechar que el procedimiento de inspección terminará con una vulneración a lo dispuesto en cualquier CDI firmado por España o con una corrección valorativa no conforme con el principio de plena competencia o que genere doble imposición jurídica o económica.

En relación con los actos que pueden dar lugar a la iniciación del PA es interesante hacer referencia a la doctrina de la DGT que, hasta el momento, ha identificado dos tipos de actos a estos efectos:

– La errónea calificación de una renta en una disposición de un CDI por el Estado de la fuente. En estos casos, el contribuyente no puede aplicar deducción alguna por doble imposición en su Estado de residencia, sino iniciar el PA para corregir la aplicación incorrecta del CDI en el Estado donde obtiene la renta (vid. la DGT V0075-03 de 17-9-2003, relativa a calificación en Brasil de ciertos pagos como «otras rentas» cuando debieran ser considerados como cánones o beneficios empresariales; la Resolución de 7 de abril de 2000, acerca de la errónea sujeción a gravamen en Inglaterra de unas pensiones cobradas por un residente en España; o las DGT V1151-10 de 28-5-2010, o DGT V2748-10 de 17-12-2010, en las que la DGT insta al contribuyente a iniciar el PA en casos de calificación de rentas de manera errónea en el contexto de los CDIs con Marruecos y Brasil respectivamente reiterando su doctrina sobre la no deducción por doble imposición en España por lo pagado en estos países en vulneración del CDI; más recientemente, en el mismo sentido, vid. las Resoluciones de la DGT V0655-14 de 10-3-2014, CDI con Costa Rica, DGT V0615-14 de 6-3-2014, CDI con Colombia, DGT V1261-11 de 20-5-2011, CDI con Irlanda).

– La corrección al alza de los precios de transferencia en operaciones vinculadas por autoridades extranjeras. Es sabido que el artículo 16 TRLIS, en su redacción originaria, derivada de la Ley 43/1995, no admitía la corrección a la baja de los precios de mercado en operaciones vinculadas (el artículo autorizaba a la Administración a aplicar el valor de mercado cuando se producía una pérdida neta de recaudación o un diferimiento de tributación en España), por lo que la corrección al alza del precio de mercado (mayor ingreso, menor gasto) realizada por la autoridad de otro Estado parte de un CDI con España podía generar doble imposición económica en relación con la empresa española que realizó la operación con la empresa extranjera cuyo beneficio había sido corregido. La DGT Consulta general 1520-02 de 9-10-2002 parece que consideraba que es el PA el procedimiento adecuado para encontrar una solución a estos supuestos de doble imposición y realizar los correspondientes ajustes en el precio de la operación desde la parte española cuando la doble imposición esté generada por el ajuste primario realizado por las autoridades del otro Estado parte de un CDI. La situación tampoco varió mucho con la redacción del artículo 16 TRLIS tras la modificación realizada por la Ley 36/2006, de 29 de noviembre, de medidas para la prevención del fraude fiscal (en adelante, LMPFF), ya que las autoridades españolas no tenían necesariamente que aceptar los ajustes primarios realizados por autoridades de otros Estados, por lo que la solución a estos ajustes se debía encontrar en el seno del PA, más que en la presentación de declaraciones complementarias o en la solicitud de la rectificación de las autoliquidaciones presentadas por el contribuyente español afectado por un ajuste primario en otro Estado. Lo mismo ocurría allí donde el ajuste primario era realizado en España y el no residente sin establecimiento permanente resultaba afectado en su Estado de residencia, por cuanto la normativa española (artículo 16.9 TRLIS y 21 RIS) excluían a este último del procedimiento de comprobación de mercado, por lo que se verá abocado a acudir al PA en su Estado de residencia. La nueva regulación derivada de los artículos18.10 LIS 2014 y 19.3 RIS 2015 cambia ligeramente la situación al admitir la posibilidad de que la otra parte vinculada (en la que debe hacerse el ajuste correlativo) realice 'autoajustes' con anterioridad a la actuación administrativa, sin embargo, tales autoajustes están vinculados a un ajuste primario ('ganador') que realiza la Administración española y a un ajuste correlativo que puede realizar también la Administración española, sin que se reconozca, aunque tampoco se prohíbe, el autoajuste vinculado a un ajuste primario realizado por la Administración del otro Estado. En cualquier caso, da la impresión de que, como en la legislación anterior, en este último caso, el ajuste correlativo puede fácilmente terminar en el procedimiento amistoso si la Administración española no acepta la corrección realizada por la otra Administración que afecta a la parte española. Nótese, igualmente, que las correcciones vinculadas a la atribución de beneficios a EPs, ya se trate de EPs en España de empresas no residentes o de EPs en el extranjero de empresas españolas, que determinen atribuciones asimétricas de ingresos/gastos también terminan solucionándose en el seno del PA (vid., por ejemplo, la Resolución del TEAC de 15 de marzo de 2012, caso *Dell*, donde se pone de manifiesto el inicio del PA por el contribuyente vinculado con dos cuestiones, la existencia de EP y la atribución de beneficios al mismo).

b) Legitimación activa para la iniciación del procedimiento amistoso.

De conformidad con el artículo 25.1 ModCDI son dos las características que cabe predicar de las personas con derecho a solicitar la iniciación del PA: (1) la persona debe considerar que las medidas adoptadas por uno o ambos Estados contratantes implican o pueden implicar para ella una imposición no conforme con las disposiciones del Convenio y (2) debe ser residente del Estado de uno de los dos Estados contratantes (a partir del ModCDI 2017) o del Estado donde presenta la reclamación ante la autoridad competente (en las redacciones del artículo 25.1 ModCDI anteriores a 2017). Ambos requisitos requieren alguna observación.

No sólo el contribuyente podrá solicitar la iniciación del PA, sino también cualquier otro interesado, como el retenedor o responsable, que pueda verse afectado por una imposición no conforme con el CDI. Los Comentarios ModCDI, párrafos 17-18, no se pronuncian sobre este aspecto y centran su atención en la segunda característica señalada. Tras la modificación en el artículo 25.1 por el ModCDI 2017, los Comentarios del ModCDI reconocen que los Estados deben permitir la presentación del caso ante cualquiera de las autoridades competentes, la del Estado de residencia o la del Estado donde se adoptó el acto que pudiera vulnerar el CDI (vid. sobre esta cuestión los comentarios al MLI epígrafe 7 y a la posición española). A estos efectos, el artículo 25.1. ModCDI 2017 permite la presentación del caso ante una u otra autoridad, pero el párrafo 17 aclara que es perfectamente posible la iniciación simultánea del caso ante ambas autoridades competentes. La opción de que el PA deba iniciarse en el Estado de residencia del contribuyente con independencia del Estado donde se genere la imposición contraria al CDI queda ahora, tras 2017, como una excepción mencionada en el párrafo 18 Comentarios artículo 25 ModCDI (con anterioridad ésta era la regla general y, en este supuesto, la única excepción en eran los supuestos de discriminación previstos en el artículo 24.1 ModCDI, en cuyo caso, el PA debía iniciarse ante la autoridad competente del Estado del que es nacional el contribuyente). A este respecto, y en línea con los CDIs anteriores a 2017, en el periodo anterior al MLI, la DGT V0103-05 de 31-1-2005, reconoció que un nacional español residente en Irlanda debe iniciar el PA ante las autoridades irlandesas (que, además, en este caso eran las que supuestamente habían vulnerado el CDI España-Irlanda). En casos donde el CDI no admita la iniciación ante cualquiera de las autoridades competentes, es conveniente, no obstante, una vez iniciado el PA, que el contribuyente suministre la misma información, al mismo tiempo, a las dos autoridades competentes (de esta manera, si las autoridades de su Estado de residencia son las que adoptaron la imposición no conforme con el CDI podrían verse presionadas para abrir el PA por las autoridades del otro Estado competente).

En los casos de precios de transferencia, normalmente el solicitante del ajuste correlativo no coincidirá con la parte afectada por el ajuste primario, de manera que el ajuste primario afectará a una de las partes y será la otra parte vinculada quien solicite el ajuste correlativo frente a las autoridades de su Estado de residencia. En esta situación, lo normal sería que las dos partes soliciten la apertura del PA. Este problema se minimiza al reconocer el ModCDI 2017 la posibilidad de iniciar el PA en ambos Estados. En los casos vinculados a la atribución de beneficios a EPs, cuando no esté afectada ninguna otra parte vinculada, sino sólo la casa central, el artículo 25.1 ModCDI 1963-2014 lleva necesariamente a que la iniciación del PA se lleve a cabo en el Estado de residencia de la entidad que tiene el EP en el otro Estado. Se trata de una disposición que, en este caso, puede producir algún efecto adverso, ya que si la corrección inicial se produce en el Estado de la casa central, se debería permitir el inicio del PA en el otro Estado, de ubicación el EP (hasta qué punto la exclusión del EP como legitimado activo del PA puede vulnerar el artículo 24.3 ModCDI no es una cuestión resuelta en el citado precepto, aunque, como es sabido, las discriminaciones consagradas en el texto del ModCDI no vulneran el artículo 24 ModCDI). El problema se ha resuelto en el contexto de los CDIs que sigan el artículo 25 ModCDI 2017, que permitirá también iniciar el PA en el Estado de ubicación del EP.

La regulación de la legitimación activa para la iniciación del PA ante las autoridades españolas es un tanto confusa. En efecto, la lectura del artículo 4 RD 1794/2008 (legitimación) podría hacer pensar que sólo se admitirá la presentación, por residentes en España, de solicitudes de iniciación del PA ante la autoridad española por actos de ésta, no obstante, es preciso tener en cuenta que tal precepto sólo se refiere a los PAs iniciados ante la autoridad competente española por acciones de la Administración tributaria española. El artículo 20 RD 1794/2008, en este sentido, resulta complementario ya que admite la posibilidad de inicio ante la autoridad española, por residentes españoles en relación con actos que puedan implicar una imposición no conforme con el CDI de la Administración tributaria del otro Estado (también los nacionales españoles no residentes en España pueden iniciar el PA ante las autoridades españolas de acuerdo con artículo 20.2 RD 1794/2008; como hemos indicado, quizás sería conveniente admitir que un EP en España pueda iniciar el PA cuando el ajuste primario en el Estado de la casa central pueda afectar a la base imponible en España). Lo que ocurre realmente es que la legislación española distingue de manera un tanto artificial entre cuatro tipos de PAs (iniciado ante autoridades españolas por actos de la Administración española, artículo 4-12, iniciado ante las autoridades competentes del otro Estado contratante por actos de la administración española, artículo 16, iniciado ante las autoridades del otro Estado por acciones de la administración de ese Estado, artículo 17-10, e iniciado ante las autoridades competentes españolas por acciones de la Administración tributaria del otro Estado; en los supuestos segundo y tercero sería extraño que, al margen de lo dispuesto en los CDI, la legislación española regulara la legitimación activa y, sin embargo, los artículos 16 y 17 Real Decreto 1794/2008, de 3 de noviembre, lo hacen, aunque se limitan a recoger las indicaciones del artículo 25 ModCDI).

En este punto, sería necesario admitir, en la regulación reglamentaria, que el PA puede iniciarse en España por no residentes a la vista del artículo 25.1 ModCDI 2017 y del MLI.

c) Legitimación pasiva.

El PA debe iniciarse ante la autoridad competente, que será el órgano definido en el artículo 3.1.f) ModCDI (aunque habrá que tener en cuenta ulteriores reestructuraciones de la Administración tributaria). El Real Decreto 1794/2008, de 3 de noviembre, por el que se aprueba el Reglamento de procedimientos amistosos en materia de imposición directa, en su artículo 2, indicó originariamente que, a los efectos de esta norma, la autoridad competente es la Dirección General de Tributos (según el RD 1113/2018, de 3 de septiembre, será la Subdirección General de Fiscalidad Internacional a quien corresponda la competencia para tramitar la solicitud, gestionar y negociar el PA). Con efectos a 1 de enero de 2016, el Real Decreto 634/2015 (RIS 2015) modificó el artículo 2 RD 1794/2008 a partir de la citada fecha, de manera que la autoridad competente española será: a) la DGT con carácter general y b) la AEAT para los PAs en CDIs o Convenio 90/436/CEE referidos a la aplicación de los artículos relativos a beneficios empresariales con establecimiento permanente y a las empresas asociadas. La nueva regulación de la legitimación pasiva se aplica también a los procedimientos pendientes de terminación a 1 de enero de 2016, según dispuso el RD 1021/2015 en su DF 3, que añadió una disposición transitoria única al RD 1794/2008. En los procedimientos de competencia conjunta (tal expresión no se define pero cabe entender que son aquéllos donde la autoridad competente es la AEAT, a la luz de la nueva redacción del artículo 9.1. del RD 1794/2008), la coordinación del PA corresponde a la DGT.

Lo cierto es que la posición de la DGT no queda en buen lugar tras la reforma de 2015 que, además, va directamente en contra de la garantía de independencia que se presupone para las autoridades competentes: (1) se le recortan competencias a favor de la AEAT y (2) la nueva redacción del artículo 9.1. RD 1794/2008 atribuye a la DGT la 'coordinación' del procedimiento de competencia conjunta, pero conmina a la DGT al instruir el procedimiento a fijar su posición 'conjuntamente con la AEAT', admitiendo el propio artículo 9.1. que la AEAT es tan autoridad competente como la DGT, ya que habla de 'dos autoridades competentes' (por la distribución competencial que hace el RD 634/2015, debería existir una autoridad sólo en cada uno de los procedimientos). Cabe incluso apuntar que la reforma del RD 634/2015 va en contra del Plan Estratégico del Foro de Autoridades Competentes (vid. última sección de este capítulo) al no garantizar suficientemente la independencia de la autoridad competente española para aplicar correctamente el CDI. Al mismo tiempo, no hay que olvidar que los medios de la AEAT (ONFI) son manifiestamente superiores a los de la DGT, pero no va a ser fácil que el mismo órgano que realiza actuaciones (liquidaciones) tributarias que pudieran ser contrarias al CDI (AEAT como tal) contemple éstas con una visión independiente, por más que el procedimiento amistoso se tramite desde una oficina con cierta autonomía pero incluida dentro de la AEAT. Desde luego, no es imposible una actuación imparcial, pero no se negará que tal actuación es mucho más sencilla y aséptica desde un órgano con independencia formal (no sólo material), sin competencias recaudatorias, y que la imparcialidad demandaría una regulación reglamentaria que garantizara absolutamente la misma.

d) La iniciación del procedimiento amistoso (requisitos sustantivos y forma).

Los Comentarios ModCDI han dedicado atención a la cuestión relativa al derecho del contribuyente a la iniciación del PA y realizan las siguientes manifestaciones: (1) las autoridades competentes tienen la obligación de considerar si la objeción planteada por el contribuyente en su solicitud «está justificada» y si lo está, debe, o bien adoptar las medidas que eviten la imposición no conforme con el CDI (si de ella depende la solución del conflicto), o iniciar el PA propiamente dicho (fase bilateral) con la otra autoridad competente (cuando sea el otro Estado el que adoptó la medida contraria al CDI) (artículo 25.2. y párrafo 31, Comentarios ModCDI); (2) una solicitud del contribuyente de iniciación del PA no debe ser rechazada sin que exista una buena razón (párrafo 34 Comentarios ModCDI). En España, la SAN 14 de junio de 1999 y las SSTS de 20 de junio de 2000, 15 de abril de 2003 y 15 y 25 de junio de 2004, o, más recientemente, la SAN 171/2017, de 28 de marzo o SAN de 18 de abril de 2017 (rec. 232/2015) (en la misma línea, también se ha pronunciado algún tribunal inferior, vid. las SSTSJ de Castilla La Mancha de 14 y 17 de febrero de 2005), se han decantado por reconocer un control amplio por parte de los jueces y tribunales de la decisión administrativa de denegación del inicio del PA, de tal forma que han configurado un auténtico derecho del contribuyente al inicio del PA, susceptible de revisión jurisdiccional.

Lo normal será que la iniciación del PA se solicite por escrito, exponiendo todos los datos del contribuyente afectado y los argumentos que llevan a éste a considerar que se ha producido una vulneración del CDI, con identificación de los actos que provocan tal resultado (sobre el formato de la solicitud, vid. las recomendaciones que realiza el MEMAP, sección 2.2.1., sobre el MEMAP, vid. la sección 2.4). Algunos CDI españoles (v.gr. Canadá, Bélgica 1970, este último ya derogado) aclaran que la solicitud debía ser escrita y motivada. A estos efectos, los Comentarios ModCDI, párrafo 16, se limitan a decir que se deben seguir las reglas específicas del PA establecidas a nivel interno pero, si las mismas no existieran, deben seguirse las normas relativas a la presentación de «objeciones» tributarias a las autoridades del Estado implicado.

El RD 1794/2008 regula la solicitud de iniciación del PA ante las autoridades españolas indicando qué datos, relativos al contribuyente y a la supuesta infracción del CDI implicado así como al acto administrativo al que cabe imputar la imposición no conforme con el CDI, se deben aportar en la solicitud. Al mismo tiempo, el artículo 6.2. RD 1794/2008 especifica qué documentación se debe acompañar a la solicitud de inicio del PA (en los casos de precios de transferencia, la documentación sobre operaciones vinculadas que exige el Reglamento del Impuesto sobre Sociedades; en caso de que existan, copias del acto de liquidación y su notificación y de los informes de los órganos de inspección o equivalentes en relación con el caso; copia de cualquier resolución o acuerdo emitido por la Administración del otro Estado que afecte al procedimiento y la acreditación de la representación si se actúa a través de representante). A nuestro juicio, es especialmente problemática la referencia a la documentación en materia de precios de transferencia ya que el artículo 8.2 RD 1794/2008 admite la posibilidad de denegar el inicio del PA cuando no se haya subsanado el requerimiento realizado al contribuyente para que complete la documentación que exige el artículo 6.2 (entre la que se encuentra la propia en materia de precios de transferencia). Si lo anterior significa que se puede denegar el acceso al PA por no tener documentación en materia de operaciones vinculadas o por ser tal documentación incompleta o inexacta, la norma española sería frontalmente contraria a las recomendaciones de la OCDE (el MEMAP recomienda, sección 2.2.1, que se adjunte la documentación o un resumen de ella si es voluminosa, pero no condiciona la admisión de la solicitud a su aportación completa) y se trataría de una sanción encubierta cuya imposición de plano en sede la tramitación del PA en la fase unilateral podría vulnerar los artículos 24.2 y 25 CE. Algo similar ocurre en relación con los PAs iniciados ante la Administración del otro Estado por acciones de la Administración española, ya que el artículo 16.2 RD 1794/2008 admite la posibilidad de que la autoridad competente rechace el inicio del PA en los supuestos previstos en el artículo 8.2, por lo que la inadmisión del mismo porque no exista documentación de precios o no se subsane la falta de aportación de esta documentación plantea los problemas de orden constitucional ya comentados. Tampoco resulta razonable que el contribuyente deba aportar documentación que ya obre en poder de la Administración tributaria, aunque con la actual redacción del artículo 34.1.h LGT 2003 podría argumentarse que la DGT no es la misma Administración actuante que la AEAT, y, de ahí, la exigencia de presentación de nuevo de la misma documentación que ya obra en la inspección. Obviamente, tal argumentación sólo sería relevante allí donde la AEAT no sea la autoridad competente. Tal forma de razonar, además, sería, no obstante, excesivamente literalista: la DGT tendrá necesariamente que tener acceso al expediente de la AEAT –de hecho, el artículo 9 RD 1794/2008, admite la intervención de la AEAT en el procedimiento– por lo que no será razonable exigir al contribuyente que aporte documentación que ya obra en poder de la Administración (a no ser que pretenda la DGT resolver sobre la admisión o inadmisión del PA sin ni siquiera pedir a la AEAT el expediente relevante cuando se trate de actos contrarios al CDI de la Administración española). Cuando la AEAT actúe como autoridad competente, obviamente, esta salvedad no será aplicable, ya que toda la documentación obrará en poder de la AEAT en casos de comprobaciones que generen actos contrarios a los CDIs derivadas de actuaciones de la propia AEAT.

En realidad, alguna de las causas de denegación de la solicitud, planteada ante las autoridades españolas, de inadmisión del artículo 8.2. RD 1794/2008 plantean problemas específicos. En este contexto, la posibilidad regulada en el artículo 25.1. ModCDI 2017 o en el MLI de presentar el PA ante cualquiera de las autoridades competentes resulta relevante para evitar interpretaciones restrictivas de la admisión de solicitudes al PA por razones exclusivamente relativas a una autoridad o legislación de uno de los Estados contratantes. En concreto, los problemas que plantean las causas de denegación de la solicitud en el artículo 8.2. RD 1794/2008 son los siguientes:

– De acuerdo con la letra c) se podrá denegar el inicio del PA cuando «no proceda iniciar un procedimiento amistoso por ser una cuestión de Derecho interno y no una divergencia o discrepancia en la aplicación del convenio». Lo cierto es que el margen de discrecionalidad que encierra esta causa de denegación es bastante amplio y puede llevar a denegaciones de solicitudes poco fundadas, como la experiencia de los bonos austriacos demuestra, al denegarse sistemáticamente en estos casos por la Administración el inicio del PA en el contexto del CDI entre España y Austria. La SAN 171/2017, de 28 de marzo, pone de manifiesto lo anterior ya que estima el recurso contra una denegación de inicio del PA sobre la base de que la aplicación del artículo 15 LGT 2003 era una cuestión de Derecho interno, conminando a la iniciación del procedimiento allí donde exista doble imposición (económica, en el caso que consideraba, como consecuencia de un ajuste primario de la Administración española en una operación entre dos entidades vinculadas) (vid. en un sentido similar, la SAN de 18 abril 2017, rec. 232/2015). Probablemente, sería deseable que las autoridades competentes españolas comunicaran también el acto de denegación de inicio del PA por esta causa a las autoridades competentes del otro Estado, de manera que también ellas pudieran opinar si realmente o no se está produciendo un acto de imposición no conforme con el CDI o con la legislación interna y si procede la iniciación del PA. Obviamente, allí donde sea posible iniciar el PA ante ambas autoridades competentes, el contribuyente puede optar desde el inicio por solicitar el PA ante ambas como forma de evitar el bloqueo por una de ellas.

– Se admite por la letra d) que se deniegue la solicitud de inicio del PA allí donde «se tenga constancia de que la actuación del obligado tributario trataba de evitar una tributación en alguno de los Estados afectados». Sobre la base de esta letra parece que la práctica de la autoridad competente española es denegar la iniciación del PA en casos de fraude de ley / conflicto en la aplicación de las normas (el concepto de planificación fiscal agresiva o doble no imposición derivado de BEPS puede enturbiar más todavía esta práctica). Lo cierto es que tal letra del Reglamento y práctica de la autoridad competente española es directamente contraria a las recomendaciones que realizan los Comentarios ModCDI artículo 25 Mod CDI (párrafos 26 y 49), el estándar mínimo de BEPS (Recomentation 1.2., para. 12 OECD *Making Dispute Resolution Mechanism More Effective*, Action 14 BEPS Final Report, 2015) y no sólo puede vulnerar al objeto y fin del CDI (eliminación de la doble imposición por inaplicación o aplicación defectuosa del CDI) sino que constituye una sanción encubierta impuesta de plano con vulneración de las garantías constitucionales (artículos 24.2 y 25 CE) (así lo reconoce también la recomendación 11 del MEMAP, sección 3.2.3, que atribuye a causas de denegación del inicio del PA en estos supuestos un carácter punitivo). Es más podría argumentarse que la letra e) del artículo 8.2. RD 1794/2008 no cuenta con ningún respaldo legal y, en consecuencia, esta causa de rechazo del inicio del PA puede reputarse ilegal (artículo 8.i) LGT 2003). En una línea similar, el artículo 9.3 MC ONU 2001 produce efectos análogos a esta causa de inadmisión interna, aunque sólo está referida a casos de fraude, negligencia grave o incumplimiento voluntario. La SAN 171/2017, de 28 de marzo, ha considerado que allí donde hay doble imposición que pueda reputarse contraria al CDI se debe atender a este dato, por más que la Administración española aplicara el artículo 15 LGT 2003. Como hemos indicado, el supuesto era peculiar al tratarse de la doble imposición generada por un ajuste primario realizado por la Administración española a una operación entre dos entidades vinculadas, pero la doctrina de la AN tiene fundamento: allí donde haya doble imposición, por más que se hayan aplicado normas internas anti-abuso, debe garantizarse el acceso al PA (para la AN, es difícil hablar de elusión de la tributación interna allí donde el resultado es doble imposición). En la misma línea, vid. igualmente la SAN de 18 abril de 2017 (rec. 232/2015).

– La letra e) permite la inadmisión cuando ya se hubiera alcanzado un acuerdo amistoso sobre la cuestión controvertida en relación con el mismo contribuyente entre las dos autoridades competentes o sobre el que hubiera desistido el obligado tributario. Lo cierto es que, en realidad, esta letra encierra dos causas distintas de inadmisión. En primer lugar, cuando ya existiera un PA con acuerdo relativo al mismo contribuyente. Tal causa debe ciertamente matizarse (lo que no hace el RD) pues si existió una variación de circunstancias (distintos períodos impositivos con distinta normativa) no vemos razón alguna para denegar el inicio de un nuevo PA, lo mismo ocurrirá si el problema se refiere a un CDI distinto de aquel en el marco del cual se alcanzó el acuerdo. O incluso si el PA se refiere a otros períodos distintos pero al mismo asunto tampoco estaría justificada la denegación del acceso al PA cuando los actos que vulneren el CDI persisten en la administración actuante (el problema se solucionaría dando efectos retroactivos y prospectivos al acuerdo). En segundo lugar, se permite la inadmisión cuando el obligado tributario hubiera desistido de un PA iniciado con anterioridad. Nuevamente esta causa debe ser matizada: si el desistimiento se produjo porque no aceptó el contribuyente el acuerdo alcanzado por las autoridades competentes, sí que tendría razón de ser, ahora bien, si el desistimiento se produjo por otra causa, con anterioridad al acuerdo, la denegación del inicio no estaría a nuestro juicio justificada.

– La letra f) permite también la denegación del inicio cuando no se hubiese subsanado la solicitud en el plazo concedido a estos efectos. Lo cierto es que, nuevamente, se trata de una causa de denegación un tanto controvertida por dos razones: (1) ya dijimos que si se permite con ello denegar el inicio del PA cuando no se aporte alguna de la documentación que regula el artículo 6.2. RD

1794/2008, tal interpretación no nos parecía justificada y puede plantear problemas de constitucionalidad al ser equivalente a una sanción de plano; y (2) las recomendaciones de la OCDE conducen a un PA poco formalista, por lo que la no aportación de cualquiera de los documentos o datos a los que se refiere el artículo 6 no siempre debiera llevar a la inadmisión de la solicitud.

Por lo demás, se regula un silencio positivo para la admisión de la solicitud en el artículo 8.1. RD 1794/2008, de forma que transcurridos dos meses sin que haya sido requerida la subsanación, ampliación o mejora de la solicitud o un mes desde la recepción de la totalidad de la documentación sin que exista ninguna resolución, se considerará admitida la solicitud de inicio del PA (no se entiende muy bien cómo se relacionan los plazos entre sí, pero en la práctica el plazo de dos meses puede operar en relación con la solicitud inicialmente presentada con respecto a la que no se haya realizado requerimiento alguno y el plazo de un mes para supuestos donde se haya realizado un requerimiento de subsanación y mejora de la solicitud). La admisión de la solicitud de inicio procederá tanto si se trata de un caso donde la autoridad española puede encontrar la solución unilateralmente como cuando proceda iniciar la fase bilateral del PA (artículo 8.3 RD 1794/2008).

En principio, se recomienda en el MEMAP, sección 2.2.1, que el inicio del PA no se condicione (como suele ocurrir en algunos Estados para los acuerdos en materia de precios de transferencia) al pago de tasas, sino que debe ser un procedimiento gratuito (al margen de las costas vinculadas al uso de asesores como puedan ser los letrados que intervengan en representación del contribuyente en el PA).

Como indicamos más arriba, conviene enfatizar el efecto que el artículo 25.1 ModCDI 2017 y el MLI pueden tener en el inicio del PA al permitir al contribuyente que comience el PA en cualquiera de los dos Estados contratantes, lo cual puede contribuir a relativizar el bloqueo que las autoridades españolas o del otro Estado puedan imponer a un PA en la fase unilateral.

e) Los plazos de iniciación del procedimiento amistoso y su cómputo.

El artículo 25.1 ModCDI dispone que el contribuyente debe presentar su caso ante la autoridad competente «dentro de los tres años siguientes a la primera notificación de la acción que resulte en una imposición no conforme con las disposiciones del Convenio». El cómputo de tal plazo no estaba especialmente claro en los Comentarios ModCDI anteriores a 2008 y, por esta razón, alguna de las principales modificaciones de 2008 a los Comentarios ModCDI artículo 25 se refirieron a esta cuestión. Las conclusiones a las que llegan los Comentarios 2008-2014 pueden sintetizarse de la siguiente forma:

– Se deja claro que el contribuyente puede iniciar el PA con anterioridad al momento en el que comienza a computarse el plazo de tres años a que se refiere el artículo 25.1. ModCDI (ya hemos visto que esto también es posible de conformidad con el RD 1794/2008): En efecto, puesto que el *dies a quo* del plazo de tres años se sitúa en el momento en que una imposición contraria al CDI se materializa y, sin embargo, los Comentarios ModCDI artículo 25 admiten que el contribuyente puede presentar la solicitud de inicio cuando tal imposición contraria es posible o probable, habrá casos donde la solicitud se haya presentado con anterioridad al inicio del cómputo del plazo de tres años y así lo indica expresamente el párrafo 21 Comentarios ModCDI. Ya en otros foros se había solicitado el reconocimiento de esta posibilidad que queda clara en los Comentarios ModCDI 2008-2017 (los trabajos del Foro Europeo de Precios de Transferencia, la Recomendación de la Comisión de 23 abril 2004, que recoge estos últimos y el propio Código de Conducta para el desarrollo efectivo del Convenio 90/436/CEE). En España, la SAN de 14 de junio de 1999 no puso, en este sentido, ningún reparo al hecho de que el contribuyente hubiera iniciado el PA tras la notificación del acta de disconformidad, sin que existiera un auténtico acto administrativo (tampoco resulta especialmente formalista la STS de 15 de abril de 2003). Los Comentarios ModCDI de 2008-2017, párrafo 21, son especialmente flexibles en esta cuestión e incluso admiten la posibilidad de iniciar el PA tras una reforma legislativa cuando no existe todavía un acto formal que vulnere o pueda vulnerar el CDI.

– Se aclara que la notificación de la primera acción que resulte en vulneración del CDI es la notificación de la liquidación tributaria, la demanda oficial o cualquier acción de recaudación del tributo contrario al CDI (párrafo 22). A estos efectos, el párrafo 22 indica que habrá que estar a lo que la ley interna fije (fecha de envío de la liquidación u otro acto contrario al CDI al contribuyente, fecha de recepción de la misma, un número de días tras el envío, etc.) y, a falta de reglas específicas en la legislación interna, a la fecha de recepción de la notificación por el contribuyente o, cuando no existan pruebas suficientes sobre tal fecha, al momento en el que se podía esperar que tal notificación haya llegado al contribuyente, todo ello teniendo en cuenta que la interpretación debe, en todo caso, ser la más favorable para el contribuyente. En los casos de autoliquidación, más que al momento de presentación de la misma, habrá que estar, para el comienzo del cómputo del plazo de tres años, a la notificación realizada al contribuyente corrigiendo su autoliquidación o a la solicitud de éste corrigiendo la misma o demandando la devolución de lo pagado en vulneración al CDI (párrafo 23). Si el contribuyente paga un impuesto adicional en conexión con la presentación de una declaración complementaria que refleja un ajuste de buena fe, el inicio del cómputo del plazo de tres años sera la notificación de la liquidación como consecuencia de la declaración presentada, más que el momento en que se pagó el impuesto adicional (párrafo 23). Si no existiera notificación formal, habrá que estar al momento en el que el contribuyente haya podido conocer la existencia de una imposición no conforme con el CDI (v.gr. transferencias de fondos, notificación del banco sobre el cargo, etc.) (párrafo 23).

– Allí donde el impuesto se exija por la vía de retenciones en la fuente, el plazo de tres años comienza a computarse en la fecha en la que la renta hubiera sido pagada, a menos que el contribuyente pruebe que conoció con posterioridad a esa fecha la existencia de una imposición no conforme con el CDI, en cuyo caso será esa fecha la que marque el inicio del cómputo del plazo (párrafo 24).

– Si la imposición no conforme con el CDI se produce por una combinación de decisiones de ambos Estados contratantes, el plazo comenzará a computarse desde la primera notificación a estos efectos realizada por el último de los dos Estados contratantes (es decir, se tiene en cuenta la notificación posterior en el tiempo de entre las que realicen los Estados contratantes) (párrafo 24). Por ejemplo, si en el Estado de la fuente se exige un impuesto no conforme con el CDI pero el contribuyente deduce las cantidades pagadas en el otro Estado contratante (método de imputación) de manera que no se produce doble imposición y, con posterioridad, este último Estado deniega la deducción de cantidades o impuestos pagados en el otro Estado contrarios al CDI, será la primera notificación en la que se deniega la deducción del impuesto pagado en el otro Estado la que marcará el inicio del cómputo del plazo de tres años. Si se diera el caso de que en alguno de estos supuestos las autoridades del otro Estado contratante no mantuvieran la documentación relativa al contribuyente (porque, por ejemplo, el impuesto estuviera ya prescrito), la carga de la prueba de la exacción no conforme con el CDI recaerá sobre el contribuyente (párrafo 24). Al final, el problema de incorrecta aplicación del CDI lo genera el Estado de la fuente, no el Estado donde se practica la deducción.

– Por lo que respecta a la relación del plazo de los tres años con los procedimientos internos (administrativos o de recurso), el nuevo párrafo 25 Comentarios ModCDI precisa que la iniciación o desarrollo de estos últimos no suspende el cómputo del primero. En realidad, el párrafo 25 no favorece que se simultaneen el PA y los procedimientos internos (administrativos o de revisión). En estos casos, precisa que pueden seguirse dos procedimientos (aparte de la suspensión del plazo para presentar el caso a las autoridades competentes en el PA cuando resulte admisible): (1) requerir al contribuyente que inicie el PA, sin suspensión durante la tramitación de los procedimientos internos, pero las autoridades competentes no iniciarán conversaciones en serio hasta la finalización del procedimiento interno o (2) las autoridades competentes comenzarán sus conversaciones pero no alcanzarán un acuerdo a menos que, y hasta el momento, en que el contribuyente retire sus recursos internos. En cualquiera de los dos casos, se debe informar al contribuyente de cuál es el enfoque adoptado. Allí donde el contribuyente estime que debe presentar un recurso interno a fin de proteger sus intereses (por los límites para presentar los recursos internos), la mejor opción para todas las partes es que el problema se resuelva en el contexto del PA (párrafo 25).

– El RD 1794/2008 dispone en el artículo 5 que «la solicitud para iniciar el procedimiento amistoso deberá presentarse antes de la finalización del plazo que disponga el respectivo Convenio, contando a partir del día siguiente al de la notificación del acto de liquidación o equivalente que ocasione o pueda ocasionar una imposición no conforme con las disposiciones del Convenio». Es lógico que el citado precepto no haga mención al plazo de tres años, ya que algunos CDI establecen un plazo más reducido (v.gr. CDI España-Italia, 2 años) o más amplio (CDI EEUU, 5 años, allí donde el CDI no establece el plazo preclusivo v.gr. CDI España-Alemania, España-Brasil, teóricamente la solicitud podría presentarse en el período de prescripción de la deuda tributaria según estipula el párrafo 20 Comentarios ModCDI, aunque también puede defenderse una interpretación flexible incluso allí donde la deuda tributaria haya prescrito).

En los casos de precios de transferencia, el plazo de tres años (o el fijado en el CDI) estará vinculado normalmente al ajuste primario realizado por la Administración de uno de los dos Estados, aunque si tal ajuste se notificara a la otra parte (por ejemplo, porque a ella se le hiciera un ajuste correlativo derivado del primario) podría mantenerse que, para la parte vinculada, el plazo se inicia en esta segunda notificación. Tal interpretación estaría justificada, además de por las recomendaciones al respecto que el MEMAP realiza (vid. el epígrafe 2.4), porque el artículo 25.1 ModCDI refiere la «primera notificación» al propio contribuyente, sin que sea posible computar a estos efectos las notificaciones a otras partes vinculadas afectadas por la acción contraria al CDI. Es llamativo que esta situación, frecuente, por lo demás, no se contemple en los Comentarios (sí se refiere a ella el MEMAP) aunque por analogía con los relativos a retenciones parece que podría mantenerse la posición que defendemos, especialmente teniendo en cuenta que, en estos casos, los Comentarios se guían por posiciones escasamente formalistas.

El Protocolo de 2013 del CDI España-EEUU, aún no en vigor, define el concepto de primera notificación a los efectos de este CDI, por lo que habrá que estar a la definición convencional, que, por otra parte, tampoco aporta grandes novedades (en EEUU, será la notificación de ajuste propuesto; en España la notificación del acto administrativo de liquidación; y, para el caso de impuestos retenidos en la fuente, en ambos Estados se refiere a la fecha de la retención o pago del impuesto).

f) La relación del procedimiento amistoso con los procedimientos administrativos o judiciales en los Estados contratantes.

El artículo 25.1 ModCDI permite la presentación de la solicitud de iniciación del PA con independencia de los recursos previstos por el Derecho interno de los Estados contratantes, lo cual viene a significar que la solicitud puede presentarse antes de iniciar el procedimiento interno, de forma simultánea a éste o una vez concluido el mismo, como, por otra parte, se deriva de los Comentarios ModCDI, párrafo 31. En la práctica, en ausencia de normas específicas sobre la relación entre ambas vías procedimentales, lo normal será que el contribuyente no utilice los procedimientos de recurso internos y el PA de forma autónoma, sino que simultanee ambos, salvo cuando la legislación interna no lo permita (porque condicione el inicio del PA al agotamiento de la vía de recurso o se suspenda la tramitación del recurso interno para iniciar el PA) por lo que, podrían entonces producirse problemas si las decisiones adoptadas en ambos procedimientos son distintas. Sobre todo éste será el caso en los ordenamientos como el español, en situaciones anteriores a la aplicación de la Ley 34/2015 y la Disposición adicional 21 LGT 2003 o la Disposición adicional 9 que incorpora a la Ley 29/1998, de 13 de julio, reguladora de la jurisdicción Contencioso-administrativa, donde incluso tras la regulación del PA en la Disposición adicional primera del TRLIRNR (añadida por la LMPFF) se admitía la simultaneidad de ambos procedimientos (lo mismo parece deducirse del RD 1794/2008, donde el artículo 6.1. incluye entre la documentación a presentar en el inicio del PA, la identificación de los recursos administrativos o judiciales interpuestos y la propia regulación de la suspensión de la ejecución de la deuda tributaria está construida sobre la suspensión solicitada en vía de recurso interno, vid. a este respecto la sección siguiente). En algunos Estados, la iniciación del PA se condiciona a la retirada de los recursos internos, aunque lo normal será que las propias autoridades competentes condicionen la celebración definitiva del acuerdo a la retirada de estos recursos a fin de evitar contradicciones entre el PA y la solución judicial o administrativa del recurso [así ocurre en el artículo 13.1.d) y 14.2 RD 1794/2008, donde la no aceptación del acuerdo por el contribuyente y la no renuncia a los recursos internos puede llevar a una decisión de terminación sin acuerdo del PA]. Por otra parte, debe resaltarse que el PA no siempre se iniciará ante las autoridades competentes del

Estado donde se produce la vulneración del CDI (puesto que el primero debe iniciarse en el Estado de residencia del contribuyente), por lo que, en estos casos, será conveniente que el contribuyente simultanee el PA, iniciándolo en un Estado, y los procedimientos de recurso del otro Estado, a menos que tenga la garantía de que la vía de los recursos internos permanece abierta en el otro Estado tras el cierre del PA. La posibilidad de presentar el PA ante cualquiera de las dos autoridades competentes derivada del artículo 25.1. ModCDI 2017 y el MLI abre nuevas vías sobre estrategias procedimentales en este sentido.

Lo cierto es que, en el ordenamiento español, el RD 1794/2008 no aclaraba tradicionalmente cuál era la relación entre el inicio del PA y los procedimientos internos, de gestión e inspección, de manera que nada se dice acerca de si el inicio del PA podría suspender el procedimiento de gestión, de inspección o de recurso, administrativo o judicial. El silencio debía interpretarse, más bien, como falta de paralización del procedimiento (aunque su eventual paralización pudiera ser considerada, en la legislación vigente en ese momento, como interrupción justificada, por ejemplo, a los efectos del cómputo del plazo de interrupción de las actuaciones inspectoras). Hasta la reforma operada por la Ley 34/2015 en la Disposición adicional 21 de la LGT 2003, la posibilidad de compatibilizar recursos internos y PA, ciertamente, era un indicio en este sentido, esto es, que el PA no paralizaba ningún procedimiento interno (gestión, inspección, recaudación o recurso).

En la conocida Resolución del TEAC de 15 de marzo de 2012, caso Dell, fj. 2 se pone de manifiesto que el contribuyente inició el PA ante las autoridades irlandesas y españolas una vez se había planteado la reclamación económico-administrativa. Para el TEAC, como no podía ser de otra forma con la legislación entonces vigente, el inicio del PA no determinaba ningún efecto relevante para la tramitación y resolución de la reclamación económico-administrativa planteada, ya que el contribuyente 'puede tener abiertos ambos instrumentos legales concedidos por la legislación, es decir, la doble vía que constituyen los recursos y las reclamaciones internos y el procedimiento amistoso», de manera que el plazo de 3 años para iniciar el PA supone que se pueden simultanear una y otra vía. Lo curioso es que el TEAC emplea, para apoyar su razonamiento, la Disposición adicional Primera del TRLIRNR y el Real Decreto 1794/2008, cuando ambas normas son posteriores a los hechos / actos administrativos que llevan al contribuyente a iniciar el PA (da la impresión de que confiere un grado de retroactividad a esta normativa).

La situación descrita anteriormente es la vigente en nuestro ordenamiento con anterioridad a la Ley 34/2015, de 21 de septiembre, de modificación de la LGT (BOE 22 de septiembre) que ha introducido una Disposición Adicional 21 en la LGT 2003 (aplicable desde los 20 días siguientes a la entrada en vigor de la ley), con el siguiente tenor:

> "En el caso de que, de conformidad con lo dispuesto en la disposición adicional primera.1 del texto refundido de la Ley del Impuesto sobre la Renta de los No Residentes, aprobado por el Real Decreto Legislativo 5/2004, de 5 de marzo, (en adelante, TRLIRNR) se simultanee un procedimiento amistoso en materia de imposición directa previsto en los convenios o tratados internacionales con un procedimiento de revisión de los regulados en el Título V de esta Ley, se suspenderá este último hasta que finalice el procedimiento amistoso".

La misma norma, en su Disposición Final Tercera, ha introducido una modificación paralela en la Ley reguladora de la jurisdicción Contencioso- administrativa, a la que se añade una Disposición Adicional Novena en cuyo último párrafo, con evidentes deficiencias sistemáticas, se regula la suspensión de los procesos judiciales hasta la conclusión de los procedimientos amistosos.

Como puede intuirse, la idea de la nueva regulación, que toma como base, si bien de una forma incompleta, los trabajos de la OCDE en el marco de la Acción 14 del Plan BEPS es eliminar la simultaneidad de recursos internos y el PA propia de la situación anterior hasta su entrada en vigor: como el acuerdo en el seno del PA se condicionará a la retirada de los recursos internos, el cierre del PA determinará que no exista una resolución o sentencia en el seno de estos últimos. Nótese que la retirada del recurso interno sólo se vincula a la parte afectada por el procedimiento por lo que puede perfectamente ocurrir que el contribuyente continúe con los recursos internos en relación con otras pretensiones no invocables, no afectadas o no solucionadas en el PA (artículo 14.2 RD 1794/2008).

Y, en cualquier caso, si el contribuyente no está conforme con el PA siempre le quedan las reclamaciones y recursos internos suspendidos si no acepta el resultado del PA.

Obviamente, esta regulación afecta a PAs y recursos iniciados en España, pero no está claro cómo opera allí donde el PA y los recursos internos se inicien, cada uno de ellos, en un Estado parte del CDI (v.gr. recurso en España y PA iniciado en el otro Estado, o viceversa). En principio, nada obstaría a que el recurso español se pudiera suspender incluso cuando el PA se iniciara en el otro Estado (aunque, obviamente, no ocurrirá lo mismo cuando el recurso se planteó en el otro Estado y el PA se inicie en España), siempre y cuando en ambos procedimientos sea parte el mismo contribuyente.

Son varios, no obstante, los problemas de la regulación derivada de la Ley 34/2015: (1) hay dudas evidentes sobre si la nueva regulación afecta a los procedimientos y recursos planteados con anterioridad a la entrada en vigor de la misma (a los veinte días de la publicación de la Ley 34/2015), existiendo argumentos para defender tanto su retroactividad como su no retroactividad, aunque, a nuestro juicio, el artículo 10.2 LGT 2003 justifica la defensa de la no retroactividad de la nueva modificación (no afecta a PAs o reclamaciones económico-administrativas o procesos judiciales iniciados con anterioridad a la fecha de aplicación de la nueva regulación, aunque iniciado un PA y una reclamación anterior a la nueva legislación tampoco debiera afectar al recurso judicial que corresponda posteriormente); (2) la suspensión afecta a los recursos internos, pero no a los procedimientos de gestión o inspección que estén iniciados, lo cual no casa bien con las recomendaciones de la OCDE al respecto, y, muy especialmente, existen desajustes muy relevantes entre el procedimiento de comprobación de las operaciones vinculadas y el PA o entre el PA y los procedimientos de arbitraje que regulan los CDIs españoles o el Convenio 90/436/CEE [vid. a este respecto, Calderón/Martín (2015)]; (3) no se regula la interacción con la suspensión de la ejecución de la deuda tributaria cuando se interpusiera primero un recurso interno y después se inicie el procedimiento amistoso; (4) nada se dice acerca de cómo se producirá la comunicación entre los órganos encargados de resolver el recurso interno y el encargado de la tramitación del procedimiento amistoso (AEAT en los casos de operaciones vinculadas y EPs y DGT en otros), aunque esta cuestión la ha solucionado el artículo 2 bis RD 520/2005 en material de revisión, introducido por el RD 1073/2017, en vigor desde el 1 de enero de 2018, y que impone a la autoridad competente la obligación de notificar los recursos administrativos o judiciales de que conozca y se mencionen en la solicitud de inicio del PA, también comunicará su terminación; (5) no se regula la desagregación de las liquidaciones recurridas de manera que, cuando existan pretensiones internas y otras relativas al procedimiento amistoso, da la impresión de que la totalidad del procedimiento puede quedar suspendida, lo cual unido al hecho de que el procedimiento amistoso no tiene plazo de resolución y puede tardar incluso años en conocerse la falta de acuerdo entre las autoridades, puede producir evidentes perjuicios al contribuyente (entendemos que la norma que congela el devengo de intereses de demora se aplica, entonces, a toda la deuda tributaria); y (6) no se ha detallado de forma suficientemente precisa cuándo se produce el presupuesto que desencadena la suspensión de los recursos internos, esto es, cuándo debe considerarse que concurre el requisito de la "simultaneidad procesal", ni cuando tal causa de suspensión procesal deja de tener eficacia al entenderse "terminado" el procedimiento amistoso. Este último punto es muy relevante en relación con la fase de iniciación del PA, ya que, al final, la autoridad competente española debe decidir sobre su admisión a trámite y no queda claro si la suspensión del recurso interno por iniciación del PA está vinculada a la mera presentación de la solicitud de inicio del PA o a, como parece más razonable, su admisión a trámite (artículo 8 RD 1794/2008). Cabe, no obstante, esperar que una futura regulación reglamentaria regule las incertidumbres que esta nueva disposición deja abiertas (algunas de estas cuestiones aparecen reguladas en el Anteproyecto de Ley de Medidas de Prevención y Lucha Contra el Fraude y Transposición de las Directivas ATAD y de Resolución de disputas tributarias de octubre de 2018, cuyo destino es incierto en el momento de cerrar la presente edición).

g) La iniciación del PA y la suspensión del ingreso de la deuda tributaria.

Los Comentarios al artículo 25 ModCDI de 2008-2017 dedican una atención especial a la cuestión de si el inicio del PA determina o no la suspensión de la recaudación de la deuda tributaria (párrafos 46-48). En primer lugar, el párrafo 46 pone de manifiesto que, acerca de esta cuestión, existen diversas posiciones en los Estados, mientras que algunos Estados condicionan la iniciación del PA al pago de la deuda y estiman que las cuestiones de recaudación quedan al margen del artículo 25 ModCDI, otros estiman que el artículo 25 no exige el pago de la deuda tributaria, y prueba de ello es que el PA se puede iniciar con anterioridad a que exista una liquidación. Los Comentarios, párrafo 47, reconocen que el artículo 25 ModCDI no da una respuesta clara a esta problemática, sin embargo, con independencia de la posición que se adopte, debe reconocerse que el artículo 25 debe interpretarse a la luz del objeto y fin del CDI y en su contexto. Por ello, cuando menos, los Estados deben tener en cuenta las dificultades de tesorería, las distintas políticas en material de pago de intereses y la doble imposición que se produce al requerir a un contribuyente el pago de una deuda tributaria que pudiera resultar contraria al CDI. En consecuencia, como mínimo, el pago de la deuda tributaria no debería ser un requisito necesario para iniciar el PA si no es tal para el planteamiento de recursos puramente nacionales y, si el PA es iniciado con anterioridad a la liquidación, el pago no debería ser requerido en el momento en que se produzca una liquidación tributaria.

Los Comentarios, párrafo 48, defienden que hay varias razones por las cuales la suspensión de la recaudación de la deuda durante el PA puede ser deseable (a pesar de que ello pueda requerir cambios legislativos en algunos Estados):

1. El pago de la deuda como condición previa al acceso al PA es contradictorio con la necesidad de hacer el procedimiento ampliamente accesible para resolver los problemas de aplicación de los CDI.

2. El pago de la deuda, a pesar de que el PA pretende la eliminación de la doble imposición, puede costar dinero al contribuyente (el valor en el tiempo del dinero), puesto que debe pagar una deuda para luego, en su caso, obtener una devolución en uno de los dos Estados, y es muy probable que, como ocurre en muchos casos, la política de devolución y pago de intereses no compense adecuadamente al contribuyente.

3. Lógicamente, el pago de la deuda con carácter previo al inicio del PA genera costes de tesorería al contribuyente que son inconsistentes con la eliminación de la doble imposición que persigue el CDI.

4. Las autoridades del Estado que deba efectuar, con mayor probabilidad, la devolución pueden causar retrasos inapropiados (en la solución del PA) si no actúan de buena fe para no tener que devolver las cantidades indebidamente pagadas.

De acuerdo con el párrafo 48, allí donde los Estados consideren que el pago de la deuda tributaria es una condición necesaria para el inicio del PA, esta postura debe ser notificada al otro Estado contratante en la fase de negociación del CDI. Es conveniente que en la fase de negociación ambos Estados verifiquen el efecto de las normas procedimentales internas en estos casos o incluso añadan cláusulas específicas a los CDIs que regulen estos problemas (párrafos 48 y 48.1.). Allí donde lo permita el Derecho interno o las disposiciones específicas convencionales, el párrafo 48.1 Comentarios ModCDI, artículo 25, 2008-2017 (en Estados que condicionan el inicio al PA al pago de la deuda) recomienda que la mayor de las dos cantidades debidas (en uno u otro Estado) sea entregada a un fiduciario («trust»), depositario o similar hasta que termine el PA. De forma alternativa, una garantía bancaria podría ser suficiente para cumplir con las exigencias de las autoridades competentes. Otro enfoque sería que uno de los dos Estados recaudara sólo la diferencia de la cantidad pagada al otro Estado y la deuda que él mismo exige. Las opciones finales dependerán de la legislación interna de los Estados, pero se trata de posibilidades que deberían ser tenidas en cuenta a la hora de tener un PA que funcione de forma eficiente. Por otra parte, cuando el pago de la deuda sea una condición de acceso al PA, subraya el párrafo 48.1, debe existir un sistema que permita el reembolso de intereses sobre las cantidades «indebidamente» pagadas y que deban ser reintegradas al contribuyente como consecuencia del cierre del PA (tal sistema debe remunerar suficientemente el tiempo que el contribuyente no tuvo su dinero).

La Disposición adicional 1.6 TRLIRNR, añadida por la LMPFF, se ocupa de tal suspensión en el caso de PAs españoles y su regulación se desarrolla en los artículos 35 y ss. RD 1794/2008. Lo cierto es que en este punto la situación varía en función de si se aplica la regulación anterior a la Ley 34/2015, que introdujo, con las nuevas disposición adicional 21 de la LGT 2003 o Disposición adicional 9 de la LJCA, la suspensión de los recursos internos hasta que finalice el PA:

1) *Situación anterior a la Ley 34/2015 (sin aplicación de la Disposición adicional 21 de la LGT 2003 o Disposición adicional 9 LJCA introducidas por esta norma)*

La suspensión se solicitaba, en la forma prevista en el artículo 38 RD 1794/2008, ante los órganos de recaudación y no ante la DGT (artículo 37 RD 1794/2008), de igual forma que las suspensiones en vía de recurso, pero se configura de una forma un tanto peculiar, esto es, como una suspensión especial, distinta de la ordinaria y subsidiaria a ésta, además de dependiente de la tramitación de un PA. Se admite la suspensión automática del ingreso y la ejecución de la deuda tributaria (previa prestación de las garantías mencionadas en la misma: depósito de dinero o valores públicos y aval o fianza solidaria de entidad de crédito o sociedad de garantía recíproca o seguro de caución), pero si resulta todavía posible la solicitud de la suspensión en vía interna (recurso administrativo), la suspensión deberá solicitarse en esta vía y no en el PA (en el mismo sentido se pronuncian los artículos 35 y ss. RD 1794/2008). Es decir, se está admitiendo la suspensión de la ejecución en sede de PA, pero como suspensión subsidiaria con respecto a los cauces para lograr este fin en los procedimientos de recurso internos o cuando no resulte posible ya la suspensión en los procedimientos internos.

La duda que existía era si la regulación de la suspensión del PA se aplicaba también allí donde el contribuyente decidía voluntariamente no presentar recurso interno y la resolución deviene firme o si, por el contrario, tanto la Disp. Adicional 1.6, como la regulación reglamentaria pretenden que el contribuyente recurra la liquidación utilizando las vías de recurso abiertas en el Derecho interno y simultáneamente presente el PA. En realidad, esta segunda idea no resultaba muy acorde con los Comentarios ModCDI, que parecen primar que los conflictos se resuelvan en el seno del PA y no en sentencias o resoluciones internas. Además, resultaría absurdo obligar al contribuyente a recurrir con el único objeto de que se mantenga la suspensión garantizada en vía de recurso o en vía judicial. Allí donde el contribuyente decida no recurrir será uno de los casos donde tenga sentido la suspensión en el seno del procedimiento amistoso.

La regulación (artículos 35-40) de la suspensión en el seno del PA se caracteriza por su independencia y subsidiariedad con respecto a la regulación de la misma institución en vía de recurso, aunque el parecido de ambas regulaciones es bien evidente. Quizás por esta razón se regula también el encadenamiento de suspensiones, esto es, la posibilidad de suspender la ejecución de la deuda por iniciación del PA allí donde no sea posible ya obtener la suspensión en vía judicial o administrativa (artículos 38.5 y 39.2 RD 1794/2008).

Es importante apuntar que la legislación no prevé la desagregación de la liquidación a efectos del recurso administrativo o judicial o del inicio del PA (es perfectamente posible que el contribuyente alegue motivos «internos» contra las liquidaciones administrativas y otros vinculados al CDI y que sólo puedan solucionarse en sede del PA). Este punto afecta también a la suspensión ya que no se especifica la posibilidad de que la deuda tributaria, cuya suspensión se regula en el artículo 35 y ss. del RD 1794/2008, sea la correspondiente a las cuestiones de interpretación o aplicación del CDI únicamente. Por esta razón, cuando por ejemplo, el contribuyente gane el recurso en lo relativo a las cuestiones internas, pero queden todavía abiertas las vinculadas al PA, debería admitirse la posibilidad de sustitución de las garantías inicialmente aportadas por otras de menor cuantía, en el contexto del PA, que cubran sólo la deuda subsistente.

Tampoco tiene en cuenta la regulación interna que el PA puede solicitarse con anterioridad a la existencia de un acto administrativo del que se derive una deuda tributaria para el contribuyente (v.gr. momento de firma de las actas o con anterioridad a éstas) y no se regula la posibilidad de que quede en suspenso / interrumpido el propio acto / procedimiento administrativo hasta ver cómo se resuelve el PA, da la impresión de que, en este caso, el contribuyente primero iniciará el PA y, con posterioridad, cuando exista el acto administrativo, si no lo recurre, podrá solicitar la suspensión de la ejecución de la deuda justificando que el PA está abierto. Por otra parte, de la regulación del artículo 38 RD 1794/2008 parece deducirse que también resulta posible la suspensión que ahora se comenta allí donde la deuda derive de una autoliquidación presentada por el contribuyente y no de un acto administrativo previo (v.gr. si para evitar sanciones el contribuyente presenta la autoliquidación correspondiente de acuerdo con el criterio administrativo o legal, pero en vulneración del CDI) o cuando el procedimiento de apremio se haya iniciado ya y no existan más recursos abiertos que los que sea posible interponer contra la propia providencia de apremio.

La ausencia de referencias en la normativa interna reguladora del PA al artículo 62.8 LGT 2003 hace pensar que implícitamente está admitiendo la inaplicabilidad del mismo en los casos de operaciones transnacionales afectadas por los CDI. Es sobradamente conocido que este precepto se introdujo en la LGT 2003 a fin de solventar algunos problemas de exigencia al mismo tiempo por la Administración central y autonómica del IVA o el ITP. Sin embargo, cabe plantearse si, al menos desde un punto de vista teórico y allí donde el PA se esté refiriendo a ingresos ya realizados a Administraciones tributarias de otros Estados de la UE, cuando la posición española haya llevado a incluir la misma renta en la base imponible de impuestos exigidos en España, la no aplicación de este precepto, sin aportación alguna de garantías, no llevaría a considerar que existe una discriminación contraria al Derecho de la UE (libertades fundamentales). Muy probablemente, en este caso, la inaplicación de este precepto también en los casos de correcciones valorativas entre partes internas tomando como base jurídica el artículo 21 RIS 2008 (artículo 19 RIS 2015) lleva a pensar que tampoco existirá discriminación en relación con las situaciones comunitarias o internacionales (aunque este precepto pueda plantear sus propios problemas desde la perspectiva del Derecho de la UE).

2) Regulación posterior a la Ley 34/2015 *(con aplicación de la Disposición adicional 21 de la LGT 2003 o Disposición adicional 9 LJCA introducidas por esta norma)*
En este caso la suspensión del recurso interno determinaría que se aplique la suspensión del ingreso de la deuda regulada en los artículo 35 y ss del RD 1794/2008 y sólo allí donde, tras el PA, continúe la reclamación interna se aplicaría la suspensión de esta vía, sin que se regule la conexión entre ambas de una manera directa. No se regula, sin embargo, la situación en la que el PA se inicie con posterioridad al planteamiento de una reclamación o recurso interno y cómo se conecta la suspensión de la ejecución de la deuda en el recurso que ahora queda suspendido por efecto de las citadas disposiciones con el PA, de manera que no se sabe si se mantiene la suspensión obtenida en el recurso interno o hay que solicitar la suspensión en el PA. Lo más lógico sería que la suspensión obtenida en la vía del recurso interno se mantuviera hasta el fin de la tramitación del PA y a expensas de si se reanuda o no la reclamación o recurso interpuesto. Por otra parte, tampoco se tiene en cuenta que la reclamación del contribuyente puede estar fundada en cuestiones que pueden solucionarse unas en el seno del PA y otras en los recursos internos y la falta de la posibilidad de desagregar las liquidaciones por unos motivos u otros determina que toda la deuda tributaria corra el mismo destino también a efectos de suspensión de su ejecución.

La Ley 4/2008, de 23 de diciembre, introdujo una modificación importante en la disposición adicional 1 TRLIRNR, de manera que, desde el 25 de diciembre de 2008, «durante la tramitación de los procedimientos amistosos no se devengarán intereses de demora». Por consiguiente, desde esa fecha se adopta en el ordenamiento español una de las recomendaciones del MEMAP y no es necesario que la garantía comprenda el pago de intereses de demora correspondientes a este período. La ausencia de devengo de intereses durante la tramitación del PA se presenta, sin embargo, como una norma independiente de la prestación de garantías que suspendan la ejecución en el PA o en los procedimientos internos, por lo que también resultaría aplicable en relación con estos últimos cuando se hayan simultaneado PA y recursos internos. Tras la nueva Disposición adicional 21 de la LGT 2003 añadida por la Ley 34/2015, la situación varía ya que se aplicará sólo a la tramitación del PA y, con los recursos internos, cuando se reanuden, se aplicarán las reglas generales de la LGT 2003 (artículo 26 LGT 2003).

La suspensión del devengo de intereses resulta lógica desde la perspectiva del contribuyente, ya que la duración del PA no depende de él y muy frecuentemente se habrá pagado ya todo o parte de la deuda tributaria al otro Estado contratante. Repárese que, no obstante, no evita todos los problemas relativos a intereses, ya que la regulación se refiere a la fase de tramitación del PA, pero nada ha impedido la exacción de intereses con carácter previo a la iniciación del PA, por ejemplo, allí donde la solicitud se presenta de forma tardía (fuera del período voluntario) o con posterioridad a una inspección: con respecto a los intereses y recargos que se deriven del pago o garantía tardía de la deuda o de los intereses contenidos en la resolución que ponga fin al procedimiento de inspección nada se indica y, técnicamente, resultan exigibles al contribuyente igual que la deuda tributaria. Por otra parte, de la redacción literal de la disposición adicional 1 TRLIRNR se deduce que los intereses de demora no serán exigibles durante la tramitación del PA, pero nada se dice en relación con los eventuales recargos que pudieran imponerse al contribuyente por declaración y pago tardíos o vinculados al inicio del período ejecutivo, que serán exigibles incluso si se devengan mientras el PA se está tramitando (se entiende, en buena lógica, que esto sólo es aplicable donde no existiere suspensión de la ejecución de la deuda). No obstante, estas cuestiones pueden solucionarse también en el contexto del PA. Tampoco se impide el cobro de intereses generados tras el propio PA, como pone de manifiesto el artículo 15.6 RD 1794/2008, en la nueva redacción que a este precepto dio el RD 1558/2012 (aplicable a acuerdos amistosos que adquieran firmeza a partir del día siguiente a la publicación de la modificación en el BOE, esto es, el 24 de noviembre de 2012).

Igualmente, la generosidad del legislador español para con el contribuyente derivada de la ausencia de devengo de intereses durante la tramitación del PA en todo caso es quizás excesiva. Así, por ejemplo, si el PA termina por rechazo del acuerdo por el contribuyente o por la inactividad y falta de colaboración de éste, no se entiende por qué razón no deben devengarse intereses.

Lo que no queda claro de la nueva redacción del párrafo 5 de la disposición adicional 1 TRLIRNR es si la ausencia de devengo de intereses de demora afecta también a las devoluciones que puedan concederse al contribuyente en España como consecuencia de un acuerdo amistoso (así lo ha interpretado la Resolución de TEAC de 10 de septiembre de 2009, RG 2830/2008). Mientras que el no pago de intereses de demora por el contribuyente puede estar justificado, no lo está tanto que las devoluciones se puedan hacer al mismo sin intereses de demora, ya que, si el PA termina, por ejemplo, concluyendo que deben devolverse en España al contribuyente ciertas cantidades ello será porque existe el reconocimiento de que España aplicó una imposición no conforme con el CDI y que el contribuyente no debería haber satisfecho. La regulación de la devolución al contribuyente derivada del PA en el artículo 131.3 RD 1065/2007 y no en las normas específicas sobre PA son otro dato que avalaría esta interpretación, ya que la devolución derivada del PA se regiría por las normas generales en materia de devoluciones de la LGT 2003 y del RD 1065/2007. Cabe, sin embargo, precisar que la solución legal –no devengo de intereses de demora a favor de la Administración sin que esté clara la situación contraria– no parece la más razonable, habida cuenta de que lo que procedería es ver cuál es la situación del obligado tributario en términos de pago o no de intereses por la misma deuda en el otro Estado y dar margen de maniobra a las autoridades competentes para solucionar los problemas que se presenten en relación con los intereses, de manera que no se produzcan perjuicios al contribuyente pero que tampoco pueda resultar beneficiado por la situación creada (devolución de intereses de demora en España sin que exista la obligación de ingresar con intereses en el otro Estado, o divergencias significativas en los tipos de interés aplicables).

Por último, nada impide trasladar al PA el régimen general del artículo 33 LGT 2003 en relación con el reembolso, total o parcial, al obligado tributario del coste de las garantías aportadas para obtener la suspensión del ingreso en PA, allí donde el PA reconozca la aplicación indebida, en todo o en parte, del CDI por la Administración española.

En esta materia el Anteproyecto de Ley de Medidas de Prevención y Lucha contra el Fraude y Tranposición de la Directiva ATAD y de la Directiva 2017/1852 sobre resolución de disputas de octubre de 2018 podría realizar cambios muy relevantes, aunque, a fecha de enviar a imprenta esta contribución, todavía se desconoce su destino.

h) Denegación de acceso al PA en casos de fraude de ley o sanciones graves y por razones de orden interno.

Los Comentarios ModCDI artículo 25, 2008-2018, párrafo 26, reflejan que, en algunos Estados, el acceso por el contribuyente al PA puede ser denegado allí donde se consideren abusivas las transacciones a las que se refiere (una disposición similar existe en el artículo 9.3 MC ONU 2001– 2017 para los ajustes correlativos y se ha añadido en la redacción del artículo 9.3 del CDI España-Suiza derivada del Protocolo de 2011, para casos de «fraude o incumplimiento intencionado»). El párrafo 26 indica categóricamente que, en ausencia de disposiciones especiales, no existe una regla general que lleve a denegar el acceso al PA en este tipo de casos. En realidad, continúa el párrafo 26, el mero hecho de que un impuesto sea exigido de acuerdo con las disposiciones internas antiabuso no debe ser una razón para denegar el acceso al PA. Sin embargo, precisa el propio párrafo 26, cuando violaciones importantes del Derecho interno que resulten en la imposición de sanciones significativas, algunos Estados deniegan el acceso al PA, aunque estas circunstancias deben estar establecidas en el CDI en concreto para que resulten operativas. Ya comentamos, en el epígrafe relativo a las causas que, de acuerdo con la legislación interna, pueden llevar a denegar la solicitud de inicio del PA que, en el contexto del ordenamiento jurídico español, la aplicación de esta causa de denegación (como está haciendo en la práctica la DGT/AEAT), prevista en artículo 8.2.d) RD 1794/2008, es una sanción encubierta que debe ser, en su caso, impuesta respetando los derechos y garantías constitucionales de los artículos 24.2 y 25 CE (el carácter punitivo de esta medida se comentó venía también indicado en el MEMAP), su imposición de plano debe llevar a la inconstitucionalidad del acto o acuerdo específico. Además, cabe cuestionar la propia legalidad del artículo 8.2.e) RD 1794/2008 (vid. artículo 8.i) LGT 2003). La SAN 171/2017, de 28 de marzo, ha reducido, sin embargo, el impacto de esta causa de denegación del inicio del PA al estimar que el mismo es procedente, al margen de la aplicación del artículo 15 LGT 2003, cuando se verifica la existencia de doble imposición económica (vid en la misma línea la SAN de 18 de abril de 2017, rec. 232/2015). No obstante, tal sentencia se refiere al inicio del PA y no obliga a la Administración española a cerrar acuerdos en el PA cuando estime que se produce esta situación. A nuestro juicio, cuando se verifica la doble imposición que identifica la AN o una situación de aplicación incorrecta del CDI, la autoridad competente española debería desplegar sus mejores esfuerzos para encontrar una solución a la situación contraria al CDI. La generalización o extensión del arbitraje, no obstante, hará que, ante la falta de solución al caso por las autoridades competentes, pueda encontrarse una solución por esta vía (con las salvedades que la posición española también presenta en esta materia, que serán comentadas más abajo, ya que podría bloquearse el propio inicio del arbitraje).

El párrafo 49.2, añadido en 2017, explica que las sanciones de naturaleza penal impuestas por un tribunal o fiscal generalmente no caen en el ámbito del PA y que en muchos Estados las autoridades competentes no tienen autoridad legal para reducir o retirar esas penas. Lo cierto es que, si un PA puede modificar una sentencia contenciosa, no se entiende muy bien por qué no puede hacerlo con una penal. Y, en cualquier caso, a nuestro juicio, nada afecta a que la deuda tributaria impuesta en sede penal pueda ser considerada, estudiada y, eventualmente corregida, por las autoridades competentes si existe una interpretación incorrecta o defectuosa del CDI.

Igualmente, el párrafo 27 observa que algunos Estados pueden considerar que ciertos casos no deben someterse al PA (al menos, al PA para casos específicos), debido a limitaciones constitucionales o legales. Un ejemplo serían aquellos supuestos en los que la concesión de una solución favorable al contribuyente pueda ser contraria a una sentencia firme que deba seguir la Administración tributaria de acuerdo con el orden constitucional interno. A estos efectos, subraya el párrafo 27 que las limitaciones de orden interno no pueden imponerse sobre las obligaciones asumidas a través de un tratado internacional, ya que ello supondría una vulneración del artículo 27 Convenio de Viena sobre el Derecho de los Tratados, adoptado en Viena el 23 de mayo de 1969 (en adelante, CVDT). En cualquier caso, recuerda el mismo párrafo 27, la existencia de limitaciones al acceso al PA no debe ser asumida a la ligera, ya que puede producir el resultado de que la otra autoridad competente no tenga conocimiento de lo que puede ser una vulneración del CDI (tal efecto está mitigado con la nueva redacción del artículo 25.1. ModCDI 2017), y debe encontrar su apoyo en disposiciones del propio CDI. Y, en todo caso, allí donde una autoridad competente deniegue el acceso al PA debe informar a las autoridades del otro Estado, explicando el fundamento o la base legal para adoptar la decisión denegatoria. En cualquier caso, los Comentarios ModCDI párrafo 27, adoptan también una posición pragmática: el PA no se debe abrir, creando falsas esperanzas a los contribuyentes, allí donde la autoridad competente, de antemano sabe que no podrá llegar a una solución debido a razones constitucionales o legales de su propio ordenamiento. Allí donde las circunstancias de Derecho interno sean sobrevenidas, una de las autoridades competentes podría tener que retirarse del PA, pero los comentarios favorecen que las autoridades competentes dialoguen sobre la naturaleza de tal circunstancia y el entendimiento entre ellas de manera que se adopte la mejor solución para el contribuyente (parcial del caso, convencimiento por una autoridad a la otra de que hay margen de negociación, si se trata de una dificultad temporal, a la espera de un cambio legislativo, se debe esperar al mismo y suspender el PA hasta entonces, etc.)

Resulta llamativo que la normativa española en materia de suspensión del ingreso no se refiera a las sanciones. Tal ausencia podría estar justificada por el hecho de que el legislador español esté asumiendo que el artículo 8.1.d) RD 1794/2008 puede dar lugar al rechazo del inicio del PA en casos de imposición de sanciones. Tal interpretación resulta de dudosa constitucionalidad y podría vulnerar los derechos y garantías establecidos en el artículo 24.2 CE si entraña la imposición de plano de una sanción [a pesar de que pueda encontrar algún refrendo en la posición del TEAC en la Resolución de 28 de febrero de 2008, rec. n. 3594/2005, en relación con el Convenio 90/436/CEE, vid. también el artículo 26.1.c) RD 1794/2008 sobre la admisión de inicio del PA en el contexto de este Convenio]. Tal solución también presenta dudas de legalidad como hemos planteado más arriba (vulneración artículo 8.i LGT 2003). A nuestro juicio, la suspensión regulada para el inicio del PA podría, en su caso, comprender también las sanciones, siempre y cuando no estuviera abierta la vía de suspensión en el contexto de los recursos ordinarios, lógicamente, en vía judicial (recuérdese que, a estos efectos, hasta el final de la vía económico-administrativa la sanción permanecerá suspendida sin necesidad de prestación de garantías por parte del contribuyente). En realidad, en este punto sería deseable una mayor coordinación de la normativa del PA y el artículo 212.3 LGT 2003, ya que nada obstaría, desde un punto de vista teórico, a que la ejecución de la sanción quede en suspenso hasta el final del PA.

En este punto la nueva Disposición adicional 21 LGT 2003 redactada por la Ley 34/2015 introduce una complejidad adicional. Si el procedimiento sancionador abierto contra el contribuyente condiciona la admisión a trámite del PA, el rechazo de tal apertura por la imposición de la sanción conducirá al contribuyente a la vía interna irremediablemente. Si, sin embargo, se admite el PA, la sanción debería quedar suspendida al igual que el resto de la deuda tributaria. Incluso podría decirse que la aplicación estricta del artículo 212.3 LGT 2003, que se podría extender al PA, debiera llevar a la suspensión de la ejecución de la sanción sin necesidad de prestación de garantía alguna.

El Anteproyecto de Ley de Medidas de Prevención y Lucha contra el Fraude y Transposición de las Directivas ATAD y 2017/1852, de octubre de 2018, cuyo destino es incierto en este momento, no regula las sanciones más que en lo relativo al inicio de la fase arbitral y al PA con ella conectado, dejando, en general, la problemática de la imposición de sanciones sin regular.

i) La terminación de la fase unilateral del procedimiento amistoso.

El artículo 25.2 ModCDI 2017 y el párrafo 32 de los Comentarios ModCDI establecen que, si la autoridad competente a la que se presentó la solicitud por el contribuyente reconoce que la misma está justificada, debe dar satisfacción a éste, si depende de ella, tan rápido como sea posible realizando los ajustes o permitiendo las deducciones que estén justificadas. En este caso, la cuestión se puede resolver sin acudir al PA, aunque puede ser conveniente intercambiar opiniones con el otro Estado contratante a fin de confirmar una determinada interpretación del CDI.

En esta fase han existido tradicionalmente varios aspectos conflictivos, desde la óptica española, que nos limitamos a enumerar:

1. Tradicionalmente se ha discutido si es necesaria o no la intervención del Consejo de Estado (el artículo 21.4 LO 3/1980 del Consejo de Estado prevé la consulta preceptiva al Pleno del Consejo

de Estado cuando surjan dudas y discrepancias sobre la interpretación de tratados internacionales en los que España sea parte); a estos efectos la jurisprudencia (v.g. STS de 15 de abril de 2003 y 25 de junio de 2004), si bien no es completamente clara, parece decantarse por la necesidad de la intervención del Consejo de Estado, lo cual, en nuestra opinión, podría resultar contrario al CDI. En la actualidad, ni la DA 1 TRLIRNR ni el Real Decreto 1794/2008, por el que se regula el PA, hacen mención a la misma, por lo que parece que tanto el legislador español como el Gobierno están asumiendo, como es más razonable, que no es necesaria la intervención del Consejo de Estado en el PA.

En la actualidad, el problema parece resuelto por la Disposición adicional 5 de la Ley 25/2014, de 27 de noviembre, de Tratados y otros Acuerdos Internacionales que excluye de la regulación de esta Ley a los actos de aplicación de los CDIs y, en particular, los PAs o los APAs bilaterales oo multilaterales. La exclusión del ámbito de aplicación de la Ley debe, a nuestro juicio, interpretarse como una remisión a la regulación específica y convencional del PA, con el efecto de que no será necesaria la tramitación a través de los cauces procedimentales que regula la propia Ley de Tratados. En cualquier caso, la Ley de Tratados excluye la necesidad de autorización del Consejo de Estado para los acuerdos internacionales administrativos (dentro de cuya definición caerían los PAs y APAs bilaterales o multilaterales si no fuera por la Disposición adicional 5 de la Ley 25/2014, de 27 de noviembre, de Tratados y otros Acuerdos Internacionales), por lo que la remisión a la regulación específica de los PAs no puede interpretarse como constitutiva de una excepción en relación con la intervención del Consejo de Estado, sino, más bien, como remisión a un procedimiento especial que tampoco prevé la intervención de este órgano y una aclaración interpretativa.

2. Es dudoso cómo incardinar la solución unilateral dada por la autoridad competente en el procedimiento de inspección seguido contra el contribuyente, especialmente cuando existe ya un acto administrativo en el mismo. Repárese que la Disposición adicional 1.2 y 3 TRLIRNR, añadida por la LMPFF, o el artículo 15 Real Decreto 1794/2008, por el que se regula el PA, sólo tienen en cuenta a estos efectos PAs que entran en fase bilateral y en los que existe acuerdo entre las autoridades competentes, pero no aquéllos donde la solución es dada por la autoridad competente sin entrar en la fase bilateral (cabría interpretar que también en estos casos es aplicable el artículo 15.5 RD 1794/2008 en la redacción que al mismo dio el RD 1558/2012, norma que admite la modificación de actos administrativos anteriores de liquidación o incluso su anulación, aunque, en puridad, tal precepto está pensado para soluciones en la fase bilateral que terminan con un acuerdo de administraciones);

3. Cuáles son las soluciones que puede dar la autoridad competente, puesto que ésta se encuentra limitada por el principio de legalidad en la actuación administrativa, sin que pueda dar soluciones de equidad al supuesto planteado (lo mismo ocurre en la fase interestatal del PA, todo ello, a pesar de las recomendaciones OCDE al respecto).

Lo cierto es que el RD 1794/2008 regula de una forma peculiar el cierre de la fase unilateral del PA. Por un lado, admite (artículo 8.1) que la ausencia de pronunciamiento de la Administración en el plazo de dos meses desde que se completen los requerimientos de subsanación o de un mes desde la presentación de la documentación completa que regula el artículo 6 RD 1794/2008 produzca los efectos del silencio positivo, esto es, que se entienda admitida a trámite la solicitud. Por otra parte, el artículo 8.3 RD 1794/2008 admite que el PA se iniciará (1) cuando la autoridad competente española considere que la solicitud es fundada y que puede por sí misma encontrar una solución y (2) cuando estime la autoridad competente española que no puede por sí misma encontrar la solución. Por esta razón, el artículo 11.1.b) RD 1794/2008 regula que la terminación del PA puede producirse por acuerdo de la autoridad competente española en procedimientos donde no se ha contactado con la otra autoridad. Lo sorprendente es que esta terminación del PA unilateral, mediante una remisión al artículo 14 RD 1794/2008, se condicione al acuerdo del contribuyente y a la retirada de los recursos que tenga planteados, cuestión que tiene sentido sólo allí donde existe un acuerdo con la otra autoridad competente, salvo que se esté interpretando que la solución del PA se impone sobre las liquidaciones giradas al contribuyente, pero, incluso en este caso, se debería garantizar el derecho de recurso. A nuestro juicio, la terminación de la fase unilateral sin recurrir a la otra autoridad competente debería generar la posibilidad de que el contribuyente recurra la decisión de la autoridad española, o, al menos, que pueda mantener sus recursos internos. Así, por ejemplo, la decisión (unilateral) de la autoridad competente puede ser más satisfactoria que la propia de la Inspección, pero no por ello implica que el CDI se esté aplicando correctamente, por lo que no tiene sentido, en este caso, condicionar la terminación de la fase unilateral a que no exista un recurso interno. En los CDIs afectados por el MLI o que sigan el artículo 25.1. ModCDI 2017, en estos casos, de solución unilateral no plenamente satisfactoria sera, a nuestro juicio, posible plantear a la otra autoridad competente el carácter parcial o no adecuado de la solución dada por una de las dos autoridades competentes.

Por otra parte, el RD 1794/2008 regula de una forma un tanto defectuosa el paso a la fase bilateral del PA, ya que en ningún momento se dice que de ello se deba informar al contribuyente [más que a los efectos de la constitución de la comisión arbitral a la que se refiere el artículo 8.3.b) RD 1794/2008]. Lo lógico sería que se informara al contribuyente de la remisión a la autoridad competente del otro Estado de la documentación que le afecta. Podría argumentarse que, según el artículo 3.2, el contribuyente tiene derecho a obtener la información sobre el estado de tramitación de los procedimientos, pero de ese derecho genérico no se deduce una obligación de información o de notificación de la autoridad competente española en estos casos.

Conviene recordar que, si la fase unilateral termina con un acuerdo de denegación del inicio del PA, el mismo puede ser objeto de recurso, puesto que la jurisprudencia de nuestros tribunales estima que la denegación puede ser objeto de control jurisdiccional (vid., por ejemplo, la SAN 171/2017, de 28 de marzo y la SAN de 18 de abril de 2017, rec. 232/2015).

j) Práctica de los convenios de doble imposición españoles en la fase unilateral del procedimiento amistoso.

Por lo general, los CDI españoles siguen al ModCDI en relación con la iniciación del PA, pero hay algunas especialidades dignas de ser reseñadas. Tan sólo el CDI España-Bélgica 1970 –ya derogado–, en su artículo 25.1, requería que existieran medidas que impliquen doble imposición; en los demás CDI españoles, incluido el CDI Bélgica-España 1995, basta con que la medida sea contraria al CDI. Por lo que respecta a los plazos para presentar la solicitud del PA es frecuente que los CDI españoles regulen un plazo distinto al ModCDI (2 ó 5 años) o no establezcan plazo alguno (en este último caso, podría interpretarse que se aplican los plazos nacionales, aunque también puede concluirse que la solicitud no está sometida a plazo, vid. párrafo 20 Comentarios ModCDI). Muchos CDI, especialmente los negociados más recientemente, siguen, sin embargo, el plazo de tres años del artículo 25.1 ModCDI (v.gr. Albania, Andorra, Armenia, Arabia Saudí, Argelia, Barbados, Bosnia, Chipre, Colombia, Costa Rica, Croacia, Egipto, Estonia, Eslovenia, Hong-Kong, Irán, Jamaica, Kuwait, Letonia, Macedonia, Malasia, Moldavia, Nigeria, Nueva Zelanda, Omán, Panamá, República Dominicana, El Salvador, Serbia, Singapur, Sudáfrica, Trinidad y Tobago, Turquía, Uzbekistán, Venezuela, Vietnam).

Otra especialidad reseñable se encuentra en el artículo 25.1 CDI España-Vietnam, que sólo admite la iniciación del PA ante el Estado de residencia del contribuyente y suprime, por tanto, la frase del artículo 25.1. ModCDI que, en los casos de discriminación por razón de la nacionalidad, permite la iniciación del PA en el Estado de nacionalidad del contribuyente discriminado.

Como indicamos, el Protocolo de 2013 al CDI con EEUU, aún no en vigor, define el término 'primera notificación', relevante a efectos del cómputo del plazo.

A efectos de inicio del PA ante cualquiera de las dos autoridades competentes, habrá que tener en cuenta los efectos que produzca el MLI cuando entre en vigor para España.

Es también conveniente poner de manifiesto que el artículo 25.3 CDI España-Canadá establece una limitación a los ajustes unilaterales, de manera que, tras 8 años desde la conclusion del ejercicio al que se atribuye la renta en cuestión, los Estados no incrementarán la base imponible de un no residente de cualquiera de ellos, incluyendo en ella elementos de renta ya incluidos en la renta de otro Estado salvo casos de fraude, incumplimiento intencionado u otros casos de abuso.

2.3. La celebración del procedimiento amistoso. La fase interestatal del procedimiento amistoso

a) El desarrollo de la fase interestatal del procedimiento amistoso.

Si la autoridad competente considerara justificada la solicitud del contribuyente y la medida contraria al CDI hubiere sido adoptada por las autoridades fiscales del otro Estado contratante, el artículo 25.2 ModCDI y los Comentarios ModCDI, párrafo 33, indican que la autoridad competente deberá iniciar el PA con las autoridades del otro Estado. Comienza así la fase interestatal del PA. Para ello, el artículo 25.4 ModCDI autoriza a las «autoridades competentes» a comunicarse directamente, sin necesidad de acudir a las vías diplomáticas habituales (Comentarios ModCDI, párrafo 57). Tal comunicación, según señala el párrafo 33 Comentarios ModCDI deberá llevarse a cabo tan pronto como sea posible y sin esperar a los resultados de los procedimientos judiciales o administrativos iniciados en cualquiera de los dos Estados. Por lo que respecta a la forma de desarrollo de esta segunda fase, el artículo 25.4 ModCDI, podrá emplearse, según indica el párrafo 58 Comentarios ModCDI, cualquier medio (carta, fax, teléfono, reuniones o cualquier otra forma conveniente). A este fin, el artículo 25.4 reconoce que también puede optarse por constituir una Comisión compuesta por representantes de las autoridades competentes, fijando éstas quiénes son sus representantes así como las reglas de procedimiento (párrafos 58-59, Comentarios ModCDI).

El desarrollo de esta segunda fase ha sido estudiado en las iniciativas recientes de la OCDE, pero sobre todo, habrá que tener en cuenta que, en este punto, los Comentarios ModCDI 2008-2014 deben ser completados con el Manual para un Procedimiento Amistoso Eficaz o MEMAP, que establece un calendario y esquema ideal de desarrollo de la fase bilateral (anexo 1 y sección 3.4. MEMAP). Fundamentalmente, se insta a la autoridad competente que realizó el acto considerado como una vulneración del CDI a elaborar, en un plazo breve, un informe de toma de posición en el que explique las razones que llevaron a la adopción del acto y el fundamento del mismo (el modelo de este informe está en el MEMAP, vid. sección 3.4.1.). La autoridad competente del otro Estado contratante debe responder a este informe con otro, explicativo de su postura, y dicha contestación debe realizarse en un plazo igualmente breve. Igualmente, se favorece la fijación de reuniones personales entre las autoridades competentes a fin de resolver e impulsar los PAs planteados.

El Real Decreto 1794/2008, por el que se aprueba el Reglamento del PA, ha regulado el desarrollo del PA, tanto para los casos donde el PA se inicia ante las autoridades españolas por acciones de la Administración tributaria española (artículo 9) como allí donde el PA es iniciado ante las autoridades del otro Estado por actos de la Administración española (artículo 16.2), cuando es iniciado ante las autoridades de otro Estado por acciones de su propia Administración (artículo 19), o cuando es iniciado ante las autoridades españolas por acciones de la Administración tributaria del otro Estado (artículo 20.3). En el primero y el último de los casos citados, la instrucción del procedimiento corresponde a la DGT conjuntamente con la AEAT, en los casos de competencia conjunta o a la AEAT cuando tenga ésta atribuida la competencia, debiendo la Administración española fijar su posición en el plazo de cuatro meses desde la admisión de la solicitud de inicio del PA (curiosamente, y de forma técnicamente incorrecta, el artículo 16.3, relativo al desarrollo de PAs iniciados ante la otra autoridad competente por acciones de la Administración española se remite a la regulación del artículo 9, cuando probablemente hubiera sido más correcto hacer la remisión al artículo 19.2 del mismo). Si el PA se inició ante las autoridades competentes del otro Estado por acciones de su Administración tributaria, el artículo 19 atribuye la instrucción del procedimiento y la fijación de la posición española a la DGT conjuntamente con la AEAT, cuando la competencia sea conjunta o a la AEAT cuando le corresponda a ésta, disponiendo la autoridad competente española de un plazo de seis meses para fijar su posición y dar respuesta a la posición enviada por el otro Estado.

Lo cierto es que el desarrollo del PA en la normativa española presenta una serie de lagunas importantes, que, a nuestro juicio, fundamentalmente serían las siguientes:

1. En los PAs de tramitación conjunta entre la DGT y la AEAT, el papel de la AEAT no está muy claro en el PA (ya sea fase unilateral o bilateral), no se regula qué pasa si el representante de la DGT y la AEAT no logran ponerse de acuerdo y allí donde la autoridad competente española, designada como tal en el CDI, esté incardinada en la DGT, al menos, teóricamente (en la práctica esto será más difícil), la DGT podría negociar una solución sin tener el acuerdo de la AEAT. La regulación derivada del RD 634/2015, recordemos, modificó el artículo 2, 9.1. y 19.1 del RD 1794/2008 para tener en cuenta que, en ciertos supuestos, la competencia sólo corresponde a la AEAT.

2. No se regula qué ocurre si el asunto en sede de PA corresponde a las Haciendas Forales (País Vasco y Navarra), en cuyo caso lo lógico sería que la posición se coordinara con éstas y no con la AEAT (o, al menos, que se les diera entrada en el PA expresando su punto de vista).

3. A pesar de que se fijan plazos para la emisión de los informes sobre la posición española (cuatro y seis meses, dependiendo del caso concreto) no se establecen «sanciones» ni consecuencias para el supuesto de que tales plazos se superen. Y es muy frecuente, desafortunadamente, que se produzcan retrasos importantes.

4. El *dies a quo* del plazo de seis meses es, cuando menos, incierto y, en la práctica, bastante problemático: el artículo 19.2 RD 1794/2008 dispone que, «recibida la propuesta del otro Estado», la autoridad competente tiene seis meses para fijar su posición, lo cierto es que no se dice nada acerca de cómo puede el contribuyente constatar cuál es esa fecha y si el informe ha sido o no emitido en plazo, aunque las disposiciones de la LGT 2003 (v.gr., el artículo 85) que regulan el derecho de información de los contribuyentes podrían resultar de aplicación aquí.

5. Tras los plazos iniciales (cuatro y seis meses) nada impide que las contestaciones/comunicaciones a las autoridades competentes de los otros Estados se produzcan en plazos más dilatados.

6. No parece regularse la posibilidad, prevista en el MEMAP, de que tras el intercambio de «posiciones» se produzcan negociaciones y cambios a las mismas, nuevos intercambios de «posiciones» matizadas (o nuevas incluso), o que se alcancen resultados no previstos en absoluto en la posición inicial (al final, el PA es una negociación).

b) La duración del procedimiento amistoso.

Uno de los problemas que habitualmente cabe achacar a los PA es su duración: los PAs se prolongan durante años incluso en casos de resolución relativamente sencilla. Ello opera en perjuicio del contribuyente que, en la mayoría de los casos, habrá pagado el impuesto correspondiente o lo tendrá garantizado. La situación se agrava con la nueva regulación derivada de la Ley 34/2015, al permitir la nueva Disposición adicional 21 de la LGT 2003 la suspensión de los procedimientos de revisión internos hasta que finalice el PA. Por esta razón, el Documento de la OCDE «Mejorando el procedimiento de resolución de disputas tributarias internacionales» de 27 de julio de 2004 y el MEMAP, anexo 1, propone un cronograma de desarrollo del PA fijando plazos para el cumplimiento de los distintos trámites, que trata de agilizar el desarrollo del PA. Curiosamente, y a salvo algunas recomendaciones que realiza el MEMAP, el calendario no se ha añadido como anexo a los nuevos Comentarios ModCDI 2008-2014 ni tampoco se ha recogido en la norma española que regula el PA.

Igualmente, desde 2007, la OCDE trató de agilizar la resolución de los PAs proponiendo una cláusula de arbitraje que, posteriormente, ha sido añadida al artículo 25 ModCDI 2008-2017 para aquellos casos de PA cuya duración se prolongue, sin encontrar una solución, durante más de dos años a contar desde la solicitud (vid., a este respecto, el epígrafe 6 de este capítulo). Hasta el momento, sólo el Protocolo de 2011 al CDI con Suiza, el nuevo Protocolo de 2013 al CDI España-EEUU (aún no en vigor) y el nuevo CDI con el Reino Unido, tienen la cláusula de arbitraje que propone el artículo 25.5 ModCDI, por lo que, salvo casos a los que resulten aplicables estas cláusulas de arbitraje, la duración del PA puede prolongarse más allá de dos años. Habrá que tener en cuenta, lógicamente, el MLI y a qué CDIs añade procedimientos arbitrales una vez entre en vigor para España.

Por otra parte, en aquellos Estados donde la duración máxima de las actuaciones inspectoras se encuentra limitada temporalmente y el PA se iniciara con anterioridad al cierre de la inspección, se plantean problemas a la hora de articular esta duración máxima de la inspección con la duración del

PA si éste se prolonga por un plazo superior al establecido en la legislación interna. Debiera considerarse que el PA constituye una causa justificada de suspensión o interrupción del procedimiento inspector (el plazo que establece la Ley General Tributaria española de duración máxima de las actuaciones inspectoras no es predicable del PA, que, en ningún modo constituye un procedimiento de inspección en el sentido de la LGT 2003), pues, de otra forma, se está incentivando a la Inspección para que termine sus actuaciones con anterioridad a la conclusión del PA, dificultando la ejecución del eventual acuerdo entre las autoridades competentes. En la práctica, la ausencia de una regulación legal expresa sobre cómo se relaciona el PA con el procedimiento de inspección interno o con, por ejemplo, el procedimiento del artículo 19 RIS 2005 en materia de operaciones vinculadas provocará que cada uno siga su curso de forma autónoma, de manera que el inicio del PA no determine la paralización de las actuaciones en los procedimientos internos de comprobación, aunque el cierre del PA sí que estará condicionado a la renuncia a los recursos pendientes (artículo 14.2 RD 1794/2008) y estos quedarán suspendidos cuando se aplique la Disposición adicional 21 LGT 2003 añadida por la Ley 34/2015.

c) Los poderes atribuidos a las autoridades competentes en la fase bilateral del procedimiento amistoso.

En la fase bilateral, las autoridades competentes simplemente tienen una obligación de negociar, pero no de llegar a un acuerdo (sobre los efectos del arbitraje en estos casos, vid. el epígrafe 6 de este capítulo) (párrafo 37, Comentarios ModCDI). A la hora de alcanzar un acuerdo, los Comentarios ModCDI, párrafo 38, indican que las autoridades competentes deben, primero, determinar su posición a la luz de las reglas de su respectivo Derecho y del CDI, que son obligatorias para ellas tanto como para el contribuyente, pero, si la estricta interpretación de estas reglas impide alcanzar un acuerdo, puede razonablemente concluirse que las autoridades competentes, como en el caso del arbitraje internacional, pueden, de forma subsidiaria, tener en cuenta consideraciones de equidad. No obstante, al igual que ocurría en la fase unilateral, en los ordenamientos, como el español, donde rige el principio de reserva de ley, la autoridad competente no tendrá poderes para concluir un acuerdo sobre la base de una solución de equidad. En cualquier caso, la solución debe ser jurídica y basada en razonamientos jurídicos, no puede suponer una suerte de reparto de cuotas tributarias o de compensaciones apreciadas a la luz del resultado de otros procedimientos (vid. al respecto las «Best practices» recomendadas en el MEMAP, en el epígrafe 2.4.).

El párrafo 38.1 y ss. añadidos por los Comentarios al artículo 25 ModCDI 2017 admiten diversas soluciones novedosas en el contexto del PA que serían las siguientes:

1. La combinación de CDIs bilaterales celebrados entre varios Estados puede permitir a las autoridades competentes resolver casos multilaterales en el PA. Este acuerdo multilateral puede adoptarse a través de la negociación de un único acuerdo entre todas las autoridades competentes afectadas o con acuerdos separados pero consistentes de naturaleza bilateral (párrafo 38.1).

2. La solución multilateral puede ser necesaria, por ejemplo, en casos de una empresa que tiene dos EPs en Estados distintos que, a su vez, tienen operaciones entre ellos, donde el ajuste de la base imponible de un EP pueda tener consecuencias en el Estado de residencia. Cuando los distintos CDIs contengan distintas versiones del artículo 7 ModCDI, las autoridades competentes deberían tener en cuenta consideraciones de equidad (párrafo 38.2). Los Estados de ubicación de los EPs pueden contactarse directamente a través del artículo 25.3 ModCDI, esto es, el PA legislativo (párrafo 38.4).

3. La solución multilateral también puede ser conveniente en casos donde un número de empresas asociadas realizan operaciones vinculadas con un nivel alto de integración, por ejemplo, cuando la propiedad intelectual o industrial es cedida a través de una licencia entre dos miembros del grupo multinacional y después se usa por el licenciatario para manufacturas que éste vende a otros miembros del grupo multinacional. Todas las autoridades competentes estarían vinculadas en este caso por el artículo 9 de los respectivos CDIs aplicables (párrafo 38.3).

4. Lógicamente estos PAs multilaterales también puede utilizarse para concluir APAs multilaterales, que pueden adoptar la forma de un acuerdo específico entre todas las autoridades competentes

o de acuerdos bilaterales que recojan el contenido y sean consistentes con el acuerdo multilateral (párrafo 38.5).

d) La posición del contribuyente en la fase bilateral del procedimiento amistoso.

La posición del contribuyente en la fase de celebración es una de las cuestiones más controvertidas del PA. El contribuyente parece que, simplemente, debe limitarse a suministrar la información que le reclamen las autoridades competentes, en particular, aquélla ante la que presentó la solicitud de inicio del PA. No obstante, el hecho de que nos encontremos ante un procedimiento que se desarrolla entre dos Estados no debe implicar que el contribuyente afectado quede completamente al margen, aunque sólo sea por un motivo de orden práctico: el buen fin del procedimiento, en cierta forma y a salvo las limitaciones que establezca la legislación interna, dependerá de la aceptación del contribuyente ya que, si no aceptara los términos del acuerdo, siempre podrá acudir a o continuar con los procedimientos ya iniciados ante los tribunales de los Estados contratantes. Sin duda, la posición del contribuyente es una de las cuestiones que se deben mejorar en los propios Comentarios, como ponían de manifiesto el Documento de la OCDE de 27 de julio de 2004, el Documento de 2007 y el MEMAP, entre otras cosas, porque se pueden plantear problemas de interacción con los derechos que la normativa interna concede al contribuyente en cualquier procedimiento (y, en consecuencia, también en el PA). Resulta curioso, no obstante, que los nuevos Comentarios ModCDI de 2008-2017 no hayan tratado esta cuestión con más detalle (más allá de los problemas de suspensión de la deuda, intereses y sanciones, ejecución del acuerdo, etc.), de manera que el punto de referencia a estos efectos es ahora mismo el MEMAP (vid., en concreto, la sección 3.3.), que trata de asegurar que el contribuyente tiene derecho a presentar su caso a la autoridad competente y a estar informado de la evolución del PA.

El RD 1794/2008 establece, con carácter genérico, el derecho del contribuyente a ser informado del estado de tramitación del PA y a ser oído en comparecencia ante la Administración tributaria para exponer su caso. Lo cierto es que el Reglamento de PA no regula específicamente en ningún momento la intervención del contribuyente en el PA o la notificación al mismo de las actuaciones relevantes, de manera que parece que el contribuyente tan sólo puede presentar su caso en el momento de la solicitud inicial del PA (artículo 6) o actuar cuando la Administración tributaria requiera de él más información [la falta de atención de estos requerimientos puede terminar en el archivo del PA según el artículo 13.1.c) RD 1794/2008]. Es llamativo igualmente que, al margen del derecho genérico de intervención del artículo 3 RD 1794/2008, la normativa española reconozca al contribuyente la intervención únicamente cuando ya se ha cerrado el acuerdo entre las autoridades competentes (artículo 14 RD 1794/2008), para aceptar o rechazar tal acuerdo (en este último caso, se produciría el archivo del mismo y la terminación sin acuerdo). En la práctica, sin embargo, la flexibilidad y no formalidad del PA puede permitir que existan contactos entre el contribuyente y las autoridades competentes a fin de que éstas sean conscientes de la situación de aquél.

Por otra parte, es necesario remarcar que el contribuyente debe estar dispuesto a prestar toda su colaboración a las autoridades competentes, que, en algunos casos, estarán actuando en su interés y no con intereses contrapuestos. No obstante, la colaboración del contribuyente con las autoridades tributarias en el contexto del RD 1794/2008 no se plantea en estos términos, sino más bien, pende sobre el contribuyente en todo momento la amenaza de archivo del caso si desatiende los requerimientos de información realizados por la autoridad competente [vid. artículo 13.1.c) RD 1794/2008].

e) La relación con los procedimientos de recurso (administrativos o judiciales) internos.

En principio, como hemos visto, nada obsta para que el PA se simultanee con los procedimientos de recurso administrativos o judiciales internos (y así lo admite también la Resolución del TEAC de 15 de marzo de 2012, caso *Dell*, como hemos expuesto). Como indicamos más arriba, esta situación cambió en el ordenamiento español con la Disposición adicional 21 de la LGT 2003 añadida por la Ley 34/2015, ya que los procedimientos de revisión internos se suspenderán hasta la conclusión del PA. Sin embargo, tal situación de simultaneidad de recursos internos y PA puede ocasionar problemas que han sido desarrollados especialmente en los párrafos 42-45 Comentarios ModCDI artículo 25 (2008-2014). Los nuevos comentarios consideran dos posibilidades:

1. Solicitud de PA, con recursos nacionales interpuestos, donde se paraliza la solución del PA hasta que se resuelvan los recursos internos: El mero hecho de que el contribuyente haya presentado un recurso interno no debe conducir necesariamente a la denegación del inicio del PA. Para estos casos, los Comentarios (párrafos 42-44) establecen los siguientes principios:

- No debe rechazarse la posibilidad, a instancia del contribuyente, de dejar en suspenso la solución acordada en el seno del PA hasta que sea resuelto el recurso interno.

- Las autoridades competentes pueden perfectamente optar por suspender las conversaciones sobre el asunto planteado hasta que recaiga sentencia en relación con el recurso planteado (ya se refiera el PA a años cubiertos por el recurso o a ejercicios distintos, pero con esencialmente las mismas pretensiones, de manera que la resolución judicial pudiera afectar también al PA aunque se refieran a años diferentes). En algunos países, las autoridades competentes pueden estar limitadas por las sentencias judiciales, especialmente no podrán mantener una imposición que ha sido declarada no conforme con el CDI por un tribunal. No obstante, en algunos países no resulta imposible eliminar la doble imposición a pesar de que un tribunal considere que una imposición es conforme con el CDI. En estos casos, nada debe impedir a las autoridades competentes apartarse de la decision del tribunal.

- Ninguna de las dos situaciones anteriores supone una infracción del plazo de dos años ni debe computar la suspensión tampoco a los efectos de este plazo, límite, en la versión del artículo 25.5 ModCDI 2008-2014, para que el contribuyente pueda proponer una solución arbitral.

- Si no obstante lo anterior, las autoridades competentes estiman que pueden alcanzar un acuerdo amistoso (por ejemplo, porque no estarían vinculadas o limitadas por la decisión judicial) el PA podría continuar de forma normal.

- Si el recurso planteado ante los tribunales afecta a un contribuyente distinto del que inició el PA, pero el objeto es sustancialmente idéntico, la posibilidad de que las autoridades competentes encuentren una solución unilateral o acordada al caso concreto no debe diferirse hasta la solución de un recurso que el propio contribuyente no ha planteado (aunque el contribuyente tienda a favorecer la solución que implique una decisión o sentencia interna que resulte acorde con sus intereses). «En otros casos» (parece que esta expresión en el párrafo 43 se refiere a supuestos donde las autoridades competentes de forma unilateral o bilateral no puedan o deseen, por la razón que sea, dar al contribuyente una solución previa al recurso), se pueden retrasar las conversaciones entre las autoridades competente, pero no se debe perjudicar al contribuyente que ha buscado una solución a través del PA. Tal solución podría ser, cuando el Derecho interno lo permita, el diferimiento o suspensión del pago de la deuda tributaria durante el período de paralización del PA que no es atribuible al contribuyente.

2. Solicitud de PA con acuerdo entre las autoridades competentes a pesar de que todavía pueda existir una resolución o sentencia en un procedimiento interno (párrafo 45 Comentarios ModCDI): Aunque esté pendiente todavía un procedimiento administrativo o jurisdiccional interno o el contribuyente haya reservado su derecho a interponer los recursos internos, las autoridades competentes pueden decidir que es deseable o posible la conclusión de un acuerdo amistoso que ponga fin a la imposición no conforme con el CDI. En estos casos, debe tenerse en cuenta el interés o preocupación de una o ambas autoridades competentes en el sentido de que existan divergencias o contradicciones entre el acuerdo alcanzado y la sentencia recaída en relación con el procedimiento interno (por las dificultades o abusos que puede generar). Por ello, el párrafo 45, indica que es legítimo que la autoridad competente condicione la firma del acuerdo a la aceptación del mismo por el contribuyente y la retirada del recurso, a fin de evitar resoluciones contradictorias o que la solución del PA no tenga virtualidad alguna.

El párrafo 45.1, añadido en 2017, se refiere a los acuerdos de inspección, que también pueden dificultar el PA. El acuerdo puede incluir la renuncia a cualquier recurso ulterior, incluyendo el inicio del PA. En estos supuestos se puede producir doble imposición. En consecuencia, se recomienda que este tipo de acuerdos no alcancen o afecten a la posibilidad de iniciar el PA, puesto que se estaría evitando la aplicación correcta del CDI. Si, por el contrario, el acuerdo se produce no en sede de inspección sino en un procedimiento específico de resolución de disputas que afecta al CDI, se debería informar al otro Estado y tales procedimientos y su relacion con el PA debe estar expresamente regulada en la guía pública sobre el MAP y sobre estos procedimientos.

La normativa española (disposición adicional 1 TRLIRNR y RD 1794/2008) no admitía expresamente la posibilidad de que las autoridades competentes esperen a que recaiga la resolución interna para llegar al acuerdo amistoso, tampoco regulaban la situación contraria, de suspensión de los recursos internos hasta el fin del PA. Tras la aplicación de la Disposición adicional 21 de la LGT 2003, añadida por la Ley 34/2015, la solución adoptada es esta segunda: se suspende el procedimiento interno a expensas de lo que ocurra en el PA. Como ya hemos indicado, se pueden producir problemas especialmente cuando la solicitud de inicio del PA ha sido presentada por un contribuyente distinto de aquel que presentó un recurso, ya que podrán existir soluciones divergentes para ambos contribuyentes (una en el PA y otra de acuerdo con la sentencia que cierre el procedimiento presentado por el otro contribuyente). La normativa española, no obstante, en estos casos, parece que admitiría que el PA se imponga sobre cualquier sentencia (anterior o posterior) por lo que las sentencias recaídas en procedimientos distintos y referidas a contribuyentes diferentes a aquel que inició el PA no afectarían a éste (especialmente, si el contribuyente aceptó la solución).

Sin embargo, sí que se ha optado por condicionar el cierre del acuerdo a la retirada de los recursos internos o, más bien, condicionar la aplicación del acuerdo a que el contribuyente acepte por escrito el mismo y retire los recursos (administrativos o judiciales) pendientes (artículo 14.2 RD 1794/2008). La disposición adicional 1.4 TRLIRNR y el artículo 11.2 RD 1794/2008 contienen una norma peculiar a la luz de los comentarios de la OCDE, pues admiten que no podrá interponerse recurso alguno contra los acuerdos amistosos, sin perjuicio de los recursos internos contra el acto o actos administrativos que se dicten en aplicación de dichos acuerdos. Podría parecer que se está admitiendo la posibilidad de recurso indirecto contra el acuerdo alcanzado en sede del PA sobre la base de la admisión del recurso contra el acto de aplicación o ejecución del mismo. Tal interpretación casa mal con la solución que propone el artículo 14.2 RD 1794/2008, por lo que probablemente deben interpretarse tanto la disposición adicional 1.4 TRLIRNR y el artículo 11.2 RD 1794/2008 en el sentido de que no se admitirá tampoco el recurso indirecto contra el PA por la vía del planteamiento del recurso contra el acto de aplicación del mismo si el contribuyente dio su acuerdo al PA (en los aspectos del recurso relativos al PA, no a otros que no tengan nada que ver con éste).

Por otra parte, la relación entre el PA y las sentencias de los tribunales anteriores resulta también problemática, aunque esta cuestión se estudiará en la sección h) de este mismo epígrafe.

f) Terminación del PA: acuerdo, no acuerdo en el seno del PA.

Una de las características más problemáticas del PA se encuentra en el hecho de que no necesariamente tiene que terminar con un acuerdo que solucione la situación de imposición no conforme con el CDI (la SAN de 22 julio 2010, rec. 452/2007, parece asumir, erróneamente, que el procedimiento amistoso conduce indefectiblemente a la eliminación de la doble imposición allí donde una corrección valorativa del precio de adquisición de una participación sobre una entidad española pueda tener efectos en las plusvalías declaradas en Argentina). Precisamente por ello se ha añadido el nuevo artículo 25.5 PA (cláusula arbitral) que pretende incentivar a las autoridades competentes para que el procedimiento acabe en acuerdo ya que, de otro modo, se abriría la fase arbitral (algo que no suelen desear las autoridades competentes; acerca del arbitraje vid. la sección 6 de este capítulo). Aunque los Comentarios ModCDI no regulan con detalle la terminación, sí que lo hace la legislación española, en concreto, los artículos 11 a 14 RD 1794/2008. Tal regulación no puede sino vincular a la autoridad competente española, pero no del otro Estado, por lo que la terminación se puede producir de forma distinta a como prevén las citadas normas (v.gr. la decisión de no cerrar un acuerdo no tiene necesariamente que documentarse como prevé el artículo 13.2 RD 1794/2008 si la otra autoridad simplemente se niega a seguir negociando o no quiere firmar documento alguno). Son tres las formas de terminación que se establecen:

1. Terminación por desistimiento (artículo 12 RD 1794/2008. En cualquier momento, el obligado tributario podrá, por escrito, desistir del PA, con el efecto de que se dará por finalizado el procedimiento y se archivarán las actuaciones, comunicando este hecho a las autoridades competentes del otro Estado (si son varios los obligados que iniciaron el PA, en ese caso, el desistimiento sólo produce efectos en relación con uno de ellos). A nuestro juicio, con la Disposición adicional 21 LGT 2003 añadida por la Ley 34/2015, el desistimiento podría determinar la continuación de la tramitación de los recursos internos suspendidos. Resulta reseñable que, de acuerdo con el artículo 8.2.e) RD 1794/2008, el desistimiento en un PA puede convertirse en causa de denegación motivada de la solicitud de inicio de otro PA basado en los mismos hechos. Tal regulación no resulta muy afortunada (de hecho, es contraria a las recomendaciones del MEMAP, sección 3.6): si bien es cierto que la admisión del desistimiento y posterior presentación de una nueva solicitud de inicio del PA por el mismo contribuyente y en relación con los mismos hechos puede generar abusos, no lo es menos que pueden existir situaciones donde el desistimiento anterior no debe necesariamente llevar a la denegación de una posterior solicitud, cuando, por ejemplo, se esté generando una doble imposición o imposición no conforme con el CDI que sería deseable evitar (v.gr. en casos de aplicación incorrecta del CDI por una de las autoridades competentes, como vía para establecer principios aplicables a otras situaciones, para corregir decisiones de jueces y tribunales incorrectas, etc.). Puede incluso que, en un supuesto de este tipo, la otra autoridad competente tuviera interés en cerrar un PA, por lo que la legislación española no sería o debería ser vinculante incluso para la propia autoridad competente en este caso.

2. Terminación mediante acuerdo de eliminación de la doble imposición o la imposición no acorde con el CDI (artículo 14 RD 1794/2008). La terminación mediante acuerdo genera toda una serie de problemas accesorios que serán considerados en secciones posteriores (ejecución del mismo, prescripción en uno de los Estados, intereses de demora, etc.). La regulación en el RD 1794/2008 dispone que el acuerdo se formalizará mediante un intercambio de cartas (lo cual no necesariamente afecta a la autoridad del otro Estado, aunque refleja la práctica habitual). Si el obligado tributario aceptara tal acuerdo y desistiera de los recursos que pueda interponer, éste adquirirá firmeza desde la fecha de la aceptación. La no aceptación por parte del obligado tributario llevará a la terminación mediante acuerdo de no eliminación de la doble imposición o la imposición no conforme con el CDI. Podría ocurrir que la otra autoridad competente vinculase la aceptación del acuerdo a la previa conformidad del contribuyente y retirada de los recursos por lo que nuevamente la legislación española no se cumpliría en este caso.

3. Terminación mediante acuerdo de no eliminación de la doble imposición o la imposición no acorde con el CDI (artículo 13 RD 1794/2008). Son varias las causas que permitirían a las autoridades competentes españolas cerrar el acuerdo amistoso sin cierre de acuerdo. Entre otras, el artículo 13 RD 1794/2008 fija las siguientes:

a) Cuando los actos objeto del procedimiento no puedan modificarse por haber prescrito conforme a la normativa interna y el convenio aplicable. La posibilidad de invocar o no los plazos de prescripción interna dependerá de la regulación que realiza el CDI, lo normal será, sin embargo, como se verá en secciones sucesivas, que el plazo de prescripción no pueda oponerse si el CDI sigue el ModCDI. Así lo admite la norma española, que específicamente cita «el convenio aplicable» en relación con la prescripción. Llama la atención que, en 2010, se haya eliminado en el artículo 25 ModCDI la reserva española en el sentido de que la prescripción podía constituir un límite a la ejecución del acuerdo alcanzado en el PA y, sin embargo, que la normativa española siga manteniendo esta causa de terminación mediante acuerdo de no eliminación. La razón probablemente de esta aparente incoherencia está en la naturaleza recíproca del procedimiento en el contexto de los CDI, de manera que, si éste prevé que el otro Estado aplique los límites de la prescripción interna, también pueda hacerlo España.

b) Cuando ambas autoridades competentes mantengan distintas interpretaciones del Convenio por divergencias en las legislaciones internas respectivas. Lo cierto es que el reconocimiento de esta causa es bastante sorprendente. En principio, el CDI debe ser interpretado simétricamente por los dos Estados contratantes por lo que incluso allí donde la remisión a la legislación interna de los Estados contratantes (de acuerdo con el artículo 3.2. ModCDI) sea necesaria, el otro Estado debería reconocerlo si realiza una interpretación adecuada del CDI. Es decir, ésta no sería, en principio, una causa fundada para no cerrar un acuerdo. Es muy probable que la regulación española, sin citarlo expresamente, se esté refiriendo a supuestos de operaciones vinculadas/precios de transferencia donde la aplicación de metodologías distintas, de acuerdo con la legislación interna, lleve a precios de mercado sobre los que las autoridades competentes no se pongan de acuerdo. Precisamente este tipo de problemas son los que se tratan de solucionar con el nuevo artículo 25.5 ModCDI y el procedimiento arbitral que regula, aunque nada impide que pueda llegarse a «precios de mercado» satisfactorios para ambas autoridades competentes en el contexto del PA, apartándose de las rigideces de la ley interna, sobre la base de las Directrices de la OCDE en materia de precios de transferencia.

c) Cuando el obligado tributario no facilite la información y documentación necesaria para solucionar el caso o cuando se produzca la paralización del procedimiento por causas atribuibles al mismo: Ciertamente, corresponde al obligado tributario colaborar activamente para asegurar que el PA llega a buen fin. No obstante, tal causa sólo debe operar cuando a la Administración de ambos Estados no les conste o tengan ya en su poder la documentación que permita cerrar el PA (incluso si el contribuyente no aporta documentación accesoria, no fundamental para el cierre del mismo).

d) Cuando el obligado tributario no acepte el acuerdo de eliminar la doble imposición o la imposición no acorde con el convenio: Tal causa resulta lógica, en la medida que la OCDE permite vincular el PA a su aceptación por el contribuyente y la retirada de los recursos internos (en la parte que afecte al PA).

La terminación mediante acuerdo de no eliminación de la doble imposición, dispone el artículo 13.2 RD 1794/2008, se documentará en un intercambio de cartas entre las autoridades competentes que incluirá una descripción de las razones para tomar la decisión y será notificado al obligado tributario (recordamos a estos efectos que la otra autoridad competente no tiene necesariamente que firmar tal «acuerdo», puede haber dejado de negociar o negarse a seguir negociando y comunicarlo oralmente, sin que la autoridad competente española pueda constreñir a la otra autoridad a firmar un documento formal). La duda que deja abierta la regulación española es si tal acuerdo es recurrible o no. A priori, podría pensarse, el recurso no tiene mucho sentido ya que la decisión de no llegar a un acuerdo de eliminación de la imposición no conforme con el CDI depende también de la otra autoridad competente. Ahora bien, dadas las causas que el artículo 13 RD 1794/2008 admite como posibles para no cerrar el acuerdo, no cabe descartar que en relación con algunas de ellas el recurso sí debe admitirse. Lógicamente, si todavía existen procedimientos abiertos de Derecho interno, las pretensiones pueden deducirse por el contribuyente en el contexto de estos procedimientos, aunque no siempre será posible hacerlo así, por lo que el recurso contra la decisión de cerrar el PA sin acuerdo puede tener sentido (v.gr. si los únicos recursos abiertos se encuentran en el otro Estado contratante y la autoridad competente española se niega a cerrar el acuerdo por problemas internos españoles). En otros supuestos, está claro que el recurso carecerá de objeto (no se puede obligar a las autoridades competentes a negociar y cerrar un acuerdo cuando, por ejemplo, la otra autoridad o la española consideren inaceptables las pretensiones de la contraparte).

El Anteproyecto de Ley de Medidas de Prevención y Lucha contra el Fraude de octubre de 2018 regula el momento en el que el acuerdo adquiere firmeza, momento a partir del cual se ejecutará el acuerdo, aunque es dudoso todavía, en el momento de cerrar esta edición, si esta norma entrará en vigor en un plazo breve.

g) Problemas accesorios: los intereses de demora, sanciones y recargos, ajustes secundarios y las diferencias de tipos de cambio.

Una cuestión que genera dificultades, especialmente en relación con los ajustes por precios de transferencia, en el seno del procedimiento amistoso se refiere a la imposición de intereses de demora (o a la devolución al contribuyente con el pago de intereses de demora) y el tipo al que serán exigidos. Prueba de ello es que dicho problema ha constituido una de las principales preocupaciones en el Foro Europeo de Precios de Transferencia, sobre todo, para los representantes del sector empresarial, aunque el Código de Conducta haya renunciado a incluir una referencia a esta cuestión. En algunos Estados puede que no se exijan intereses de demora o no se paguen al contribuyente, o bien sus tipos pueden ser inferiores o superiores a los españoles. Con motivo de esta diversidad, pueden surgir perjuicios para el contribuyente (v.gr. el Estado donde se ingresó con vulneración del CDI no le paga intereses de demora y, sin embargo, el otro Estado donde debe ingresar sí le exige el pago de los mismos, o el tipo exigible en este último es superior al tipo de interés que se paga al contribuyente en el primero) o beneficios (son las situaciones inversas: v.gr. el contribuyente recibe el pago de intereses de demora por un Estado y no debe ingresar en el otro Estado, o bien el tipo a pagar en el primero es superior al que el contribuyente debe pagar en el segundo). Dificultades análogas pueden generarse si la liquidación tributaria girada en el Estado que aplica una interpretación no conforme con el CDI lleva anexos recargos (por pago extemporáneo, por inicio del período ejecutivo) o sanciones, puesto que tanto los intereses como los recargos o las sanciones pueden generar doble imposición contraria al CDI.

En buena lógica, el PA no sólo debería ocuparse de dar solución a cuestiones vinculadas a la cuota tributaria exigida sino también de los intereses de demora, recargos o, en su caso, sanciones impuestas. El párrafo 49 Comentarios ModCDI, artículo 25, 2008-2017, con referencia a los Comentarios al artículo 2, párrafo 4, indica que las reducciones en la tributación relativas a impuestos cubiertos en el CDI deben trasladar sus efectos a las sanciones e intereses vinculados a tales impuestos. Otras sanciones administrativas (por ejemplo, por no mantenimiento de la documentación adecuada en materia de precios de transferencia) están relacionadas con cuestiones internas de cumplimiento que no están directamente conectadas con la deuda objeto del PA. Este tipo de sanciones no cae, con carácter general en el ámbito objetivo del PA regulado en los artículo 25.1. y 2 ModCDI, aunque, de acuerdo con el artículo 25.3 ModCDI, las autoridades pueden consultarse en estos casos y acordar que este tipo de sanciones no están justificadas en el caso concreto. Es perfectamente posible también que, a través del cauce del artículo 25.3 ModCDI las autoridades competentes se pongan de acuerdo para resolver en el PA cuestiones relativas a intereses y sanciones vinculadas con la interpretación y aplicación del CDI (también puede añadirse una cláusula específica a estos efectos al artículo 25.2 ModCDI en línea con la propuesta que hace el párrafo 49.1 ModCDI).

El párrafo 49.2 señala que las sanciones penales impuestas por la fiscalía o un tribunal no caen normalmente en el ámbito del PA. En muchos Estados, las autoridades competentes no tienen autoridad para reducir tales penas o eliminarlas. Lo cierto es que tal afirmación contrasta con la naturaleza de tratado internacional (de ejecución) que los acuerdos en el PA tienen y no puede decirse que tales afirmaciones estén fundadas.

El párrafo 49.3 ModCDI 2017 constata que los distintos Estados pueden tener diferentes políticas en material de intereses, lo cual puede provocar doble imposición si no se coordinan (v.gr. uno de ellos no paga intereses por las devoluciones mientras que el otro sí los exige en relación con la deuda a ingresar, estando ambas cuestiones reguladas en el PA). Los Estados deberían adoptar enfoques flexibles en esta materia y alcanzar acuerdos que proporcionen una eliminación de la doble imposición para el contribuyente también en material de intereses, sobre todo, en el periodo que dura el PA, ya que, en estos casos, la duración del mismo está fuera del control del contribuyente. Es posible que sean necesarios cambios a la legislación interna de los Estados para garantizar este resultado.

Para la OCDE, párrafo 49.4, la imposición de intereses y sanciones no debe frustrar el objeto y fin del CDI o el acceso al PA y, en cualquier caso, el tratamiento de estos conceptos, en la fase de acceso al PA, no debe diferir del que se dispensa a los mismos en fase de recurso.

En España (como consecuencia de la regulación que se deriva del artículo 26 LGT 2003) es discutible que las autoridades competentes tengan potestad para condonar la exigencia de intereses de demora o para modular sus tipos, aunque, por los poderes que tiene la autoridad competente para garantizar el buen fin del CDI y eliminar actos contrarios al mismo, podría argumentarse que el propio acuerdo alcanzado en el seno del PA puede pronunciarse sobre estas cuestiones. La Disposición adicional 1, añadida por la LMPFF, TRLIRNR no da una solución a este problema, aunque tras la revisión de la redacción de la misma que realizó la Ley 4/2008, de 23 de diciembre, al menos, no se devengarán intereses durante la tramitación del PA, aceptando así una de las recomendaciones del MEMAP (vid. el epígrafe 4.5.2. del MEMAP) (sobre los intereses en la regulación española, vid. nuestra opinión en el epígrafe 2.2.g). En cualquier caso, continúa sin regularse qué ocurre con los intereses (y recargos o sanciones) devengados con anterioridad al inicio del PA (exigibles como se deriva del artículo 15.6 RD 1794/2008, en la redacción que a este precepto dio el RD 1558/2012, que se aplica a acuerdos posteriores a la fecha de publicación de este último) o las consecuencias derivadas de la divergencia de tipos de interés entre los Estados, por ejemplo, entre el interés de demora que devuelve la Hacienda española y el interés exigido en el otro Estado con el que se celebró el PA.

Igualmente, las autoridades competentes deberían garantizar que, en los ajustes derivados del procedimiento amistoso, se produzca una repatriación de fondos (normalmente, en el ajuste los fondos terminarán en el Estado «incorrecto») libre de impuestos. Lo anterior tiene especial relación con el ajuste secundario ya que si el contribuyente se compromete a situar los excesos de tesorería detectados en una de las partes como consecuencia del ajuste primario o correlativo, se debería excluir la posibilidad de aplicar el ajuste secundario (vid. la sección 4.6 MEMAP). Este mismo principio se deriva de la Comunicación de la Comisión Europea al Parlamento, Consejo y Comité Económico y Social sobre el trabajo del Foro Europeo de Precios de Transferencia en 2012-2014 (COM (2014), 315 final, de 4 de junio de 2014), cuyo anexo 1 sobre ajustes secundarios establece claramente el principio de residualidad del ajuste secundario, en el sentido de que sólo debe hacerse cuando no haya más remedio y debe evitarse el mismo allí donde sea posible. Según la citada Comunicación, en sistemas donde el ajuste sea voluntario, el principio es claro: se debe evitar; allí donde sea obligatorio, la doble imposición que pueda generar, si es posible, en el contexto del procedimiento amistoso, incluso previendo, en este caso, la posibilidad de transferencias entre las partes vinculadas que garanticen que los fondos terminan en las partes a las que se les realiza el ajuste primario y correlativo. Al mismo tiempo, la Comunicación establece principios sobre cómo aplicar el PA en estos casos para proceder a la repatriación (transferencia) de fondos (en un plazo de 90 días y sin retención en la fuente, sin exigencia de intereses de demora, al menos, en los PAs entre Estados miembros, posibilidad de realizar repatriaciones en la fase de inspección, interacción del PA con el procedimiento de arbitraje del Convenio 90/436/CEE cuando un Estado entienda que el ajuste secundario no está cubierto por este último). La nueva regulación derivada del RIS 2015, artículo 20.2, admite esta solución, aunque su redacción cabe entender que puede ser modulada por el propio acuerdo alcanzado entre las autoridades competentes que puede establecer las condiciones de la repatriación.

El tipo de cambio de la moneda extranjera debería ser el aplicable en la fecha de la transacción, lo cual puede generar ganancias y pérdidas a los contribuyentes a incluir en sus bases imponibles. Esta cuestión también debería ser tratada en el acuerdo que alcancen las autoridades competentes (y curiosamente, a pesar de lo que decían los documentos de la OCDE previos a 2008, nada se indica al respecto en los nuevos comentarios al artículo 25 ModCDI 2008-2017).

h) La ejecución del procedimiento amistoso en el Derecho interno: plazos de prescripción, liquidaciones y sentencias firmes, ejecución por órganos distintos de la autoridad competente y devoluciones derivadas del PA.

En los Comentarios ModCDI 2008-2017, se interpreta en los párrafos 27-29 que el PA está por encima de cualquier condicionante propio del Derecho interno, y, si uno de los Estados contratantes no puede iniciar o cerrar el PA debido a tales circunstancias, en cualquier caso deberá consultarlo con la autoridad competente del otro Estado. Puesto que ya son cuestiones tratadas al hilo del inicio del PA, nos centraremos ahora en la ejecución del mismo.

El párrafo 29, añadido en la revisión de los Comentarios ModCDI, artículo 25, de 2008, señala que las justificaciones de Derecho interno no deben oponerse a la ejecución de un acuerdo amistoso ya cerrado. En este sentido, se interpreta que la segunda frase del artículo 25.2 ModCDI, que establece que «el acuerdo [PA] será aplicable independientemente de los plazos previstos por el Derecho interno de los Estados contratantes», impide que se opongan trabas de Derecho interno a la ejecución del PA (los cambios en Derecho interno que afecten al PA deben llevar a una revisión del PA existente o a la conclusión de uno nuevo).

En relación con la interpretación del artículo 25.2, última frase, el párrafo 39 de los Comentarios ModCDI aclara que la finalidad de la misma es permitir a los Estados que tienen plazos de prescripción relativos a las liquidaciones y devoluciones dar efectos en su ordenamiento a un acuerdo a pesar de las disposiciones de su Derecho interno. Sin embargo, ello no implica que esta solución tenga que imponerse en los Estados en los que constitucional o legalmente no pueda ejecutarse un PA como consecuencia de los plazos de prescripción. Algunos Estados miembros de la OCDE (entre los que se encontraba España hasta la revisión de 2010) han añadido una reserva sobre la segunda frase del artículo 25.2 ModCDI porque consideran que la ejecución del PA (acuerdos sobre deducciones y devoluciones) debería permanecer ligada a los períodos de prescripción previstos en su Derecho interno (vid. los Comentarios ModCDI 2008-2017, artículo 25, párrafo 96 y ss.).

En el caso de España, cuando el CDI guarde silencio y no añada el tenor literal de la segunda frase del artículo 25.2 ModCDI, lo cual es frecuente en los CDI más antiguos, la reserva española vigente hasta la revisión de 2010 imponía que, probablemente, se debía aplicar el plazo de prescripción nacional en el marco del CDI. Es, sin embargo, relativamente frecuente encontrar CDI españoles, sobre todo los negociados más recientemente (v.gr. Andorra, Arabia Saudí, Argelia, Bosnia, Chipre, Catar, Colombia, Costa Rica, Croacia, Egipto, Eslovenia, Estonia, Irán, Kuwait, Letonia, Macedonia, Malasia, Moldavia, Omán, República Dominicana, Sudáfrica, Turquía, Uzbekistán, Venezuela y Vietnam) que permiten la ejecución del acuerdo con independencia de los plazos fijados en el Derecho interno. Probablemente, la firma de estos CDI ha llevado a España a retirar su reserva en 2010. Desde el punto de vista constitucional, en el caso de España, nada impide que se ejecute el acuerdo amistoso fuera del plazo de prescripción interno. En este sentido, debe tenerse en cuenta que la aplicación del PA, con independencia del plazo de prescripción, simplemente pretende evitar los obstáculos a la ejecución del PA, especialmente cuando los plazos de prescripción, como es frecuente, son distintos en los dos Estados contratantes. Es interesante, en esta materia, la frase que ha añadido al artículo 25.2 CDI España-Suiza el Protocolo de 2011, de manera que se reconoce la aplicación del acuerdo más allá del período de prescripción pero se fija un límite de siete años desde la notificación del acto que ocasionó la apertura del PA para ejecutar el acuerdo. Tal plazo de siete años parece razonable habida cuenta de que este CDI introduce una cláusula arbitral en el artículo 25.5 (derivada también del Protocolo de 2011) que garantiza que el PA no durará más de tres años (con la forma especial de cómputo del artículo 25.5 ModCDI 2008-2014 a la que nos referimos en el epígrafe 6). El nuevo CDI con el Reino Unido precisa que sí que serán de aplicación las limitaciones procedimentales para las reclamaciones efectuadas en virtud del acuerdo amistoso.

La regulación del PA en la Disposición adicional 1 de la TRLIRNR, añadida por la LMPFF, establece que la aplicación del acuerdo alcanzado entre las dos administraciones se realizará en el periodo en que el acuerdo adquiera firmeza, en los términos que reglamentariamente se establezcan. No deja clara la norma si ello es posible incluso cuando, a efectos españoles, el tributo estuviera prescrito, pero no tendría sentido la mención si no es precisamente para aclarar este punto (que la ejecución es posible más allá del plazo de prescripción) en el desarrollo reglamentario. La regulación de las devoluciones derivadas de PAs que realizó el artículo 131.3 Real Decreto 1065/2007 apoya esta interpretación que mantenemos: en la medida en que dicha disposición reconoce el derecho a la devolución cuando así resulte de un PA en aplicación de un CDI, parece claro que el derecho a la devolución está vinculado a la celebración del PA y no al plazo de prescripción interno (lo cual resulta contradictorio con los CDI que sí que atribuyen efectos al plazo interno de prescripción). Podría interpretarse, sin embargo, que el artículo 13.1.a) RD 1794/2008, al permitir no cerrar un PA cuando «los actos objeto del procedimiento no puedan modificarse por haber prescrito conforme a la normativa interna y el convenio aplicable», estaría permitiendo a las autoridades españolas oponer la prescripción como justificación para no cerrar un acuerdo. No obstante, tal disposición, a nuestro juicio, tan sólo se está refiriendo a CDI españoles que no contengan la última frase del artículo 25.2 ModCDI (de otra forma, no tendría sentido la mención al «convenio aplicable»). Repárese, además, que el artículo 13.1.a) RD 1794/2008 se refiere a la imposibilidad de cerrar un acuerdo, pero no a la ejecución de acuerdos ya cerrados, con respecto a los cuales el artículo 15 RD 1794/2008 en ningún momento menciona la prescripción como causa para no ejecutar el acuerdo (de hecho, los problemas de prescripción se tratan de evitar en el artículo 15.3 RD 1794/2008 regulando liquidaciones emitidas con respecto al último período impositivo cuyo plazo reglamentario no estuviese cerrado –para impuestos periódicos, como el IRPF o el IS– o liquidaciones correspondientes al momento en el que se produzca la firmeza de la liquidación practicada al obligado tributario en el IRNR).

A este respecto conviene aclarar que la eliminación de la reserva en 2010 al artículo 25.2. ModCDI deja meridianamente claro, junto con la regulación interna, que la prescripción no es un obstáculo para la ejecución de un PA en aquellos CDI que contengan un precepto de esta naturaleza. Cabe preguntarse no obstante qué ocurre con los CDI que no incluyan tal frase. Tales CDI son anteriores a 2010 y, sin embargo, resultan también afectados por la normativa interna de desarrollo del PA. Lo cierto es que esta última invita a pensar que la prescripción podría continuar siendo un límite en estos casos. Muy probablemente la nueva regulación debiera tener también efectos en el seno de estos CDI para soslayar el límite interno de la prescripción, pero, al mismo tiempo, está dejando a la Administración la puerta abierta para aplicar la prescripción «de forma recíproca», si ésta constituye un límite también en el otro Estado contratante. En relación con Estados que no pusieran reparos a la hora de ejecutar acuerdos más allá del límite de la prescripción nacional, la remoción de la reserva probablemente lleve en la actualidad a una solución de signo contrario, esto es, a excluir en todo caso la prescripción como límite, ya que ni la reserva estaba justificada por problemas de Derecho interno ni creemos que se trate de un supuesto donde se deban poner límites a la interpretación dinámica del ModCDI, al no estar tampoco muy claros los efectos de la reserva para la otra parte contratante se puede argumentar que la remoción de la misma tiene una función clarificadora de la interpretación a dar a este tipo de CDI.

En el caso de las liquidaciones firmes anteriores a la conclusión de un PA, los Comentarios ModCDI, párrafo 29, se refieren, simplemente, a ellas, como «otros obstáculos» para decir que los Estados contratantes son libres de pactar disposiciones que eliminen los mismos. A estos efectos, el artículo 15.5 RD 1794/2008, en la redacción derivada del RD 1558/2012, y con efectos para acuerdos posteriores a la publicación de este último, dispone que las liquidaciones previas practicadas por la Administración en relación con la misma obligación tributaria objeto del PA, podrán modificarse o, en su caso anularse. Tal solución es lógica, pero debería extenderse también a otras liquidaciones no objeto del PA pero que puedan ser afectadas por éste a fin de no obligar al contribuyente a iniciar nuevos PAs.

Incluso con anterioridad a la solución que aporta el RD 1558/2012 podía perfectamente argumentarse que el PA se imponía sobre las liquidaciones firmes anteriores por las siguientes razones:

1. En el Derecho español es perfectamente posible que un acuerdo internacional se imponga sobre disposiciones de rango legal, por lo que nada obsta para que, en este punto, el artículo sobre procedimiento amistoso de los CDI concluidos por España suponga una excepción a la idea o principio general en el sentido de que no es posible reabrir las liquidaciones firmes (derivadas de actos administrativos o sentencias, cuando esta última haya obligado a la Administración a emitir una nueva liquidación ante un recurso interpuesto por el contribuyente).

2. El artículo 6 del RD 1794/2008, al regular la solicitud de inicio del PA, en el párrafo 2.b) y c) obliga al contribuyente «en el caso de que existan», a acompañar a la solicitud de inicio del PA, «copias del acto de liquidación, de su notificación y de los informes de los órganos de inspección o equivalentes en relación con el caso» (letra b) y «copia de cualquier resolución o acuerdo de la Administración del otro Estado que afecte a este procedimiento». En ningún momento el Reglamento exige que la solicitud se presente dentro del plazo para recurrir o que necesariamente se deba simul-

tanear con el período de tramitación de un recurso interno, por lo que puede acontecer que la solicitud se haya presentado una vez la liquidación haya adquirido firmeza, siempre dentro del plazo establecido para poder presentarla en el CDI concreto. De hecho, el artículo 8.2 RD 1794/2008 no cita entre las causas de denegación del inicio del PA que exista una liquidación firme [sólo se condiciona a que esté presentada dentro del plazo establecido en el CDI en el artículo 8.2.b)].

3. El artículo 15 RD 1794/2008, relativo a la ejecución del acuerdo alcanzado en el seno del PA, no menciona ninguna causa de exclusión de la posibilidad de ejecutar el acuerdo, por lo que no puede oponerse a la ejecución el hecho de que la liquidación afectada por el acuerdo sea firme.

Cabe preguntarse qué ocurre en el caso de que el PA afecte a sentencias judiciales. El párrafo 35 Comentarios ModCDI, artículo 25, 2008-2017 admite la posibilidad de que se presenten solicitudes de inicio del PA incluso cuando, en el Estado de residencia del contribuyente, hayan recaído sentencias que se refieran al mismo asunto (no se aclara si para el mismo contribuyente o para otros). Tal párrafo indica que, en algunos Estados, nada impide a las autoridades competentes alcanzar un acuerdo en estos casos que se aparte de la decisión de los tribunales. En otros Estados, sin embargo, continúa el propio párrafo 35, la autoridad competente está vinculada (legalmente o como práctica administrativa) por la decisión de sus propios tribunales, pero nada impide en este supuesto que el caso se presente a la autoridad competente del otro Estado y se pida que ésta adopte medidas que eliminen la doble imposición. Aunque la redacción de los Comentarios es bastante confusa y hasta cierto punto inapropiada (¿por qué no se puede plantear el caso a las autoridades del Estado de residencia en relación con sentencias firmes recaídas en el Estado de la fuente que afecten al mismo contribuyente y, en su caso, pedir a éstas que eliminen la doble imposición?) los Comentarios ModCDI dejan traslucir la opinión de la OCDE en el sentido de que las sentencias firmes no son un obstáculo, en general, para la firma y posterior ejecución de un PA (esta opinión se deriva también del párrafo 27 Comentarios ModCDI, artículo 25, 2008-2017). Lo cierto es que en el ordenamiento español tal posición es defendible con los mismos argumentos que más arriba se han explicitado en relación con las liquidaciones firmes y, especialmente, porque el PA no deja de ser un acuerdo internacional (administrativo) con otra Administración tributaria (no un mero acto administrativo) que tiene fuerza suficiente para imponerse sobre sentencias anteriores (en relación con sentencias posteriores, relativas al mismo contribuyente, el problema es menos frecuente, especialmente allí donde la aceptación o ejecución del acuerdo se vincula a la retirada de los recursos internos). Sin embargo, repárese que el artículo 15.5 RD 1794/2008, en la redacción que al mismo dio el RD 1558/2012, no extiende, a nuestro juicio, sin fundamento, la solución prevista para liquidaciones anteriores a los casos de sentencias firmes. En nuestra opinion, como hemos manifestado más arriba, el PA también podría imponerse sobre sentencias penales.

Otro problema práctico frecuente se refiere a la coordinación entre la autoridad encargada de negociar el PA y la que debe aplicarlo que pueden no ser las mismas. De hecho, en España todavía tenemos PAs donde la competente es la DGT y la ejecución del acuerdo se atribuye a la AEAT. Esta cuestión, en el RD 1794/2008 se soluciona en el artículo 15: una vez que adquiera firmeza el acuerdo, será comunicado, en el plazo de un mes, a la Administración tributaria española competente para ejecutarlo (de oficio o a instancia de parte). Lo que no regula el citado precepto es qué ocurrirá en caso de inactividad administrativa o negativa (tácita, no expresa) a ejecutar el PA, en cuyo caso, a nuestro juicio, se aplican las reglas generales, de manera que el contribuyente deberá provocar el correspondiente acto administrativo (por ejemplo, mediante la solicitud de ejecución del PA, expresamente prevista en el artículo 15.2 RD 1794/2008) y ante la inactividad, recurrir la denegación de ejecución del acuerdo o instar a la DGT, para que, a su vez, solicite a la AEAT la ejecución del mismo. Tras la modificación del RD 1794/2008 introducida por el RIS 2015 en materia de designación de la autoridad competente, que atribuye ciertos casos (empresas asociadas y EPs) en exclusiva a la AEAT, no existirán problemas del tipo de los señalados en los supuestos de competencia exclusiva de la AEAT ya que el cierre del PA por la AEAT debiera llevar a la inmediata ejecución del mismo por la propia AEAT y a las instrucciones necesarias a estos efectos a los funcionarios competentes.

Es conveniente referirse a las devoluciones derivadas de un PA. Curiosamente, en el RD 1794/2008 sólo se regula en el artículo 15.3 la ejecución de PAs mediante la referencia a las liquidaciones que emite la Administración encargada de la misma, que pueden ser con cuota a ingresar o con cuota a devolver. No obstante, no se regula la posibilidad de devolución del ingreso realizado en relación con la liquidación originaria que corrige el PA, cuestión a la que se refiere el artículo 131.3 Real Decreto 1065/2007 para admitir que «también se entenderá reconocido el derecho a la devolución cuando así resulte de la resolución de un procedimiento amistoso en aplicación de un convenio internacional para evitar la doble imposición». Es decir, la devolución se realizará de forma similar a las devoluciones de ingresos indebidos (aunque, a nuestro juicio, no pueda oponerse al contribuyente en el caso del PA la prescripción del tributo o ejercicio concreto para denegar la devolución que se deriva de un PA más que transcurridos cuatro años desde la firmeza del mismo, vid. también la Resolución del TEAC de 10 de septiembre de 2009, RG 2830/2008, aunque parece interpretar, a nuestro juicio sin fundamento, que, con la regulación actual, no se devengan intereses a favor del contribuyente en la fase en que el PA esté suspendido). Sobre esta cuestión, conviene llamar la atención sobre una especialidad del CDI España-Turquía. El párrafo 9 del Protocolo a este CDI especifica que «se entenderá que el contribuyente debe, en el caso de Turquía, reclamar el reembolso derivado del procedimiento amistoso dentro del plazo de un año a partir del momento en que la administración tributaria hubiera notificado al contribuyente el resultado del procedimiento amistoso». Es decir, según este CDI, parece que Turquía no reconoce automáticamente el derecho a la devolución que pueda derivarse de la resolución del PA, y no sólo eso, además, limita temporalmente el plazo de presentación de la solicitud de devolución.

Hay que destacar, por otra parte, que en la redacción del artículo 15 RD 1794/2008, derivada del RD 1558/2012 la ejecución del acuerdo se realizará en una liquidación por cada período impositivo objeto del PA, de acuerdo con la normativa vigente en cada período (en tributos sin período, mediante una liquidación vinculada a cada devengo de cada hecho imponible). Se prevé, no obstante, la posibilidad de que la Administración tributaria pueda dictar un acto único que contenga todas las liquidaciones derivadas del PA, de manera que la cantidad resultante sea la suma de cada una de las liquidaciones. La liquidación contendrá también la cuantificación de los intereses de demora exigibles al contribuyente (lógicamente, no durante la tramitación del PA) (artículo 15.6 RD 1794/2008) en la redacción aplicable tras el RD 1558/2012.

Por último, tanto el CDI con EEUU, como el nuevo con el Reino Unido y la República Dominicana, junto a la referencia a la prescripción, aluden a 'otras limitaciones procedimentales', de manera que ni una ni las otras podrán generar obstáculos para la ejecución del PA.

i) El intercambio de información en el seno del PA.

Es evidente que en la fase bilateral de un PA las autoridades pueden intercambiar información relativa al contribuyente que ha planteado el PA o incluso vinculada a otros contribuyentes. También parece evidente, con la finalidad de proteger los derechos y garantías de los contribuyentes, y ésta era la interpretación que se imponía hasta 2005, que el intercambio de información en el PA se debía realizar sobre las bases de lo previsto en el artículo del CDI en materia de intercambio de información. El párrafo 4 de los Comentarios ModCDI al artículo 25 en la versión de 2008-2017 han venido a reconocer esta idea de forma que aclaran que: «el artículo 26 se aplica al intercambio de información realizado a los efectos de este artículo 25 ModCDI» y que «la confidencialidad de la información intercambiada en el marco de un procedimiento amistoso se asegura de esta manera».

j) La publicación de los PAs para casos específicos.

Uno de los problemas que habitualmente rodea al PA se refiere al secretismo de este procedimiento y la falta de publicidad de los acuerdos a los que se llega en el seno del PA. Si bien la publicación del resultado de PAs interpretativos o, incluso de algunos legislativos, nos parece inexcusable, mayores problemas se plantean en el PA de carácter específico o casuístico. Por un lado, una mínima transparencia y control demandaría la publicación del resultado del PA, que, al final, es un acuerdo internacional entre dos administraciones tributarias, por otro, sin embargo, no debe olvidarse que estamos ante un procedimiento relativo a un contribuyente y los actos de los procedimientos administrativos no son objeto de publicación. A nuestro juicio, el interés público debe prevalecer en estos casos, y tales acuerdos debieran ser objeto de publicación o, al menos, informe público acerca de su contenido y contribuyentes afectados, lógicamente, purgados de los datos que se estimen confidenciales. La falta de publicidad contribuye a fomentar el oscurantismo tradicionalmente asociado al PA, así como la idea de que, a través de este procedimiento se puedan tomar decisiones poco razonadas en Derecho, más fundadas en criterios políticos o de oportunidad, sin un control por parte del resto de poderes públicos. Con mayor motivo, estas ideas resultan trasladables al arbitraje tributario internacional (vid. los epígrafes 6.7. y 6.10 de este capítulo).

2.4. El Manual de 2007 sobre el Procedimiento Amistoso Eficaz («MEMAP»)

Se trata de una iniciativa apuntada en el Documento de la OCDE de 27 de julio de 2004 «Mejorando el procedimiento de resolución de disputas tributarias internacionales». El Manual, presentado en formato borrador en marzo de 2006 y de forma definitiva en febrero de 2007 y conocido como «MEMAP» (sólo disponible en la dirección www.oecd.org/dataoecd/19/35/38061910.pdf), pretende tener una eficacia aclaratoria y compiladora de cuáles son las mejores prácticas en materia de PA, de manera que el PA se desarrolle de una forma eficaz. No debe ser interpretado como un conjunto de reglas vinculantes ni como un sustitutivo de otros documentos dotados de mayor fuerza. Así, se afirma que, en caso de contradicción con el ModCDI, los Comentarios ModCDI artículo 25 ó con las «Guidelines» de la OECD en materia de Precios de Transferencia, prevalecen estos últimos frente al MEMAP. El contenido del MEMAP es esencialmente descriptivo, puesto que se ocupa de explicar cómo se integra el PA en los CDI, cómo se debe presentar una solicitud de PA, cómo funciona el PA, cuál es su relación con el Derecho interno, proporciona unas líneas de actuación a las autoridades competentes y explica algunos PAs complementarios al más habitual regulado en los CDI. Al repetir, en gran parte, el contenido de los Comentarios ModCDI (actualizados, como propone el Documento de 2007), probablemente lo más interesante es que se expliquen o resuman las consideradas como mejores prácticas («best practices») por el MEMAP, que sí son un conjunto de recomendaciones que puede merecer la pena que consideren los legisladores nacionales y las autoridades competentes internas (las prácticas relativas a cuestiones de aplicación del artículo 25.3 ModCDI serán tratadas en epígrafes sucesivos). Serían las siguientes (con la misma numeración que en el MEMAP):

1. *Uso intenso de la autoridad para resolver cuestiones interpretativas o de aplicación de los CDI.* Bastantes cuestiones de naturaleza interpretativa o de aplicación del CDI de carácter general pueden ser solucionados por las autoridades competentes sobre la base de la primera frase del artículo 25.3 ModCDI. Un uso intenso de esta potestad puede mejorar de forma importante la aplicación de los CDI y, lógicamente, evitar los PAs interpretativos. Un uso adecuado del artículo 25.3 ModCDI y la publicación de los acuerdos puede, sin duda, solucionar no pocos problemas de aplicación del CDI y evitar los PAs para casos específicos.

2. *Enfoque basado en principios para la resolución de los casos.* La resolución de cada caso planteado a la autoridad competente debe ser objetiva, justa y fundada en principios generales, sin que pueda vincularse a un balance de resultados en los casos (v.gr. en función de los ingresos que cada caso proporcione a un Estado). A estos efectos, las autoridades competentes deben ser consistentes en sus planteamientos y soluciones, sin que las mismas cambien de un caso a otro en función de los ingresos que proporcionen a cada Estado. Aunque este enfoque basado en principios es fundamental, allí donde no exista posibilidad de llegar a acuerdos sobre estas bases, al menos, debe perseguirse el objetivo de eliminación de la doble imposición.

3. *Transparencia y simplicidad en los procedimientos de acceso y uso del PA.* Se recomienda que las autoridades competentes elaboren y publiquen normas internas, guías y procedimientos relativos al uso del PA y que los países miembros de la OCDE se aseguren de que la información respecto al PA en sus respectivos países aparezca actualizada en la página web de la OCDE. De cualquier manera, recomienda el MEMAP, las formalidades en materia del PA deberían ser mínimas y que las formalidades innecesarias sean eliminadas.

4. *Suministro de información completa, precisa y oportuna.* El suministro de una información por el contribuyente a la autoridad con estas características puede influir en el buen desarrollo del PA y su duración, puesto que la autoridad competente necesita información completa y precisa a fin de analizar, entender y discutir el caso con el contribuyente y la autoridad competente del otro Estado. Se aconseja a estos efectos, que se suministre, más o menos al mismo tiempo, una información idéntica a las dos autoridades competentes, lo cual puede facilitar y acelerar el PA. Es importante a estos efectos subrayar que el MEMAP, p. 14-15, desarrolla el formato que debe tener la solicitud de inicio del PA y especifica la información que debe aportar el contribuyente a la autoridad competente de su Estado de residencia. La finalidad es que se emplee este formato general en aquellos Estados donde no exista una regulación interna en la materia.

5. *Admisión de solicitudes electrónicas de inicio del PA.* Con ello se pretende facilitar tanto la presentación de la solicitud de inicio del PA por el contribuyente como la gestión de la misma.

6. *Debe admitirse una solución temprana de los casos en el PA.* Un PA que pueda iniciarse en fases tempranas de una disputa potencial (incluso antes de que exista el acto no conforme con el CDI), junto con un enfoque flexible por parte de la autoridad competente en las fases iniciales, puede ayudar a encontrar soluciones pragmáticas con anterioridad a que la propia Administración o el contribuyente tengan que soportar los costes excesivos (en términos económicos o de preparación) de un procedimiento formal. Otro enfoque plausible es el que adoptan otras autoridades que prefieren no resolver en fases iniciales para en su resolución adoptar principios o prácticas, sobre aspectos sustantivos o procesales, que puedan tener una aplicación general, más allá del caso concreto planteado.

7. *Pronta notificación de los casos potenciales.* Es importante que los contribuyentes notifiquen a las autoridades competentes los casos potenciales de imposición no conforme con los CDI tan pronto como exista una probabilidad y no sólo una posibilidad de que tal imposición se produzca. En este sentido, de igual forma que el Documento 2007 y los nuevos Comentarios ModCDI, artículo 25, 2008-2014, se recomienda que las autoridades competentes permitan el inicio del PA con anterioridad a la notificación formal que determina el inicio del cómputo del plazo de tres años para presentar la solicitud. Se permitiría así también una pronta solución del caso por las autoridades competentes allí donde sea posible.

8. *Interpretación liberal de los plazos de solicitud de inicio del PA y asesoramiento sobre los derechos derivados de los CDI.* Se aconseja que no se interpreten de forma estricta los plazos del artículo 25.1 ModCDI relativos a la solicitud de inicio del PA, de manera que los contribuyentes tengan el beneficio de la duda en los casos que no esté claro si la solicitud se presentó o no a tiempo. En este sentido, las disposiciones internas (incluso los plazos internos) no debieran crear obstáculos al inicio del PA: el CDI debiera siempre imponerse, salvo cuando expresamente se indique en el texto, y cuando una autoridad competente estime que el inicio del PA no se encuentra justificado sobre la base del Derecho interno debiera comunicar su posición, con los fundamentos legales oportunos, a la otra autoridad competente. En definitiva, se admite que la autoridad competente adopte una actitud pro contribuyente, tratando de facilitar a éste el acceso al PA.

9. *Se debe evitar la exclusión del PA debido a ajustes o notificaciones tardías.* Cuando un ajuste o regularización pueda dar lugar al inicio de un PA, las Administraciones tributarias deberían notificar al contribuyente su intención de realizar el ajuste. Es posible que se produzca doble imposición cuando un Estado realice un ajuste o regularización tardía y el otro Estado no esté dispuesto a eliminar la doble imposición a través del PA debido a los plazos de su ordenamiento interno. A estos efectos, se recuerda que el artículo 25.2 ModCDI debe ser interpretado en el sentido de que permite estos ajustes con independencia de los plazos del ordenamiento interno. Y si existiera alguna legislación interna que lo impidiera, debería ser adaptada para completar los compromisos del CDI. Es interesante que el MEMAP también considere que las Administraciones tributarias que aplican un CDI, dentro de la propuesta de regularización tributaria, debieran informar al contribuyente no sólo de los recursos internos disponibles, sino también de la posibilidad de iniciar el PA y los requisitos y formalidades a estos efectos. Debería permitirse, además, la formulación de solicitudes o notificaciones «preventivas» que permitan al contribuyente salvaguardar su derecho a iniciar el PA o los recursos internos.

10. *No debe denegarse el acceso al PA en casos donde pueda existir fraude de ley.* En general, no debe denegarse el acceso al PA porque una o ambas autoridades hayan calificado la transacción considerada como realizada en fraude de ley. En estos casos, la denegación del acceso al PA podría tener efectos punitivos, en la medida en que evitará que se elimine la doble imposición o una imposición contraria al CDI. Incluso en estos supuestos, la denegación del acceso al PA por una de las autoridades competentes por razón de la aplicación de la normativa anti-fraude de ley no debe impedir a la otra autoridad competente adoptar las medidas que considere oportunas para eliminar la doble imposición o impedir la imposición no conforme con el CDI. Como ya indicamos, la práctica y legislación españolas no se ajustan a esta recomendación.

11. *Las excepciones al PA deben ser eliminadas o reducidas al mínimo.* En algunos Estados es frecuente que las autoridades competentes sean reacias a iniciar o continuar un PA por diversas razones de política interna (v.gr. reconocimiento de gastos «ficticios» –«notional»– en relación con ingresos «ficticios» exigidos en el otro Estado, situaciones en las que se quiere obtener un precedente de los tribunales, etc.). El MEMAP recomienda que se identifiquen y rectifiquen las inconsistencias entre los objetivos del CDI y las políticas o la legislación interna que impiden el inicio del PA. Al menos, los Estados que entiendan que, en ciertos casos, por razones de política interna no debe iniciarse el PA, deben publicar estas exclusiones para que sean conocidas por los contribuyentes y otras Administraciones tributarias.

12. *Presentaciones por el contribuyente a las autoridades competentes de los casos con hechos complejos, inusuales o de supuestos especialmente complicados.* En casos con estas características, el MEMAP recomienda que se dé al contribuyente afectado la posibilidad de realizar una presentación de los hechos o del caso a ambas autoridades competentes con anterioridad al inicio de las discusiones. La finalidad de esta presentación sería aclarar el asunto, las transacciones, etc. Si la presentación incluye una propuesta de resolución, se corre el riesgo de que alguna de las autoridades competentes la identifique con «la posición del contribuyente», cerrándose a explorar todas las opciones disponibles. Debe tenerse en cuenta, aclara el MEMAP, que la finalidad última es la resolución del caso, que puede o no coincidir con la posición del contribuyente.

13. *Cooperación y transparencia.* Para los contribuyentes, esta recomendación implicará que proporcionen a tiempo y sin dilación la información debida, por igual, a las dos autoridades competentes. Para las autoridades competentes, se recomienda un contacto permanente con el contribuyente acerca del estado de su solicitud, los progresos y las dudas que surjan, puesto se incrementará la transparencia del PA y será posible llegar a una solución más fácilmente.

14. *Cooperación y reuniones entre las dos autoridades competentes.* En primer lugar, el MEMAP sugiere que la autoridad del Estado que adoptó la acción no conforme con el CDI envíe un informe sobre su posición («*position paper*») a la otra autoridad competente (el formato de este informe y su contenido está especificado en el MEMAP). En segundo lugar, el MEMAP considera que son aconsejables las reuniones personales entre las autoridades competentes como forma idónea de hacer avanzar el PA y llegar a soluciones satisfactorias.

15. *Enfoque bilateral del PA y mejoras a su funcionamiento.* Es conveniente que las autoridades competentes publiquen, de forma bilateral o multilateral, guías o lleguen a acuerdos sobre la forma de conducir el PA del CDI específico: especialmente en aquellos CDI donde surgen frecuentemente problemas estas guías pueden facilitar el PA, como también puede hacerlo la formación conjunta (bilateral) de las autoridades competentes.

16. *Comunicación con el contribuyente vía resúmenes de las decisiones durante el PA y al final del PA.* Es conveniente que el contribuyente tenga conocimiento de los avances del PA de forma sumaria, así como de las razones y principios que llevan a un determinado resultado acordado por las autoridades competentes. Estos informes al contribuyente pueden transmitirse por escrito o en reuniones específicas. Cuando exista un acuerdo final entre las autoridades, se recomienda documentarlo mediante un intercambio de cartas. La resolución del PA debe ser comunicada al contribuyente, que debe aceptar el resultado del PA o tener derecho a retirar su solicitud y continuar con los recursos internos o plantearlos si no llegó a interponerlos.

17. *Recomendaciones para PAs cuya duración se prolonga más allá de dos años.* En principio, el plazo de dos años es considerado suficiente para llegar a una solución en el PA. Para casos en los

que no se proporcionó información a tiempo o que sean especialmente complejos se recomienda la extensión de este plazo, pero, en cualquier caso, es conveniente que los funcionarios de mayor rango revisen los casos en los que la duración sea excesiva.

18. *Se debe evitar que el acceso al PA se bloquee como consecuencia de pactos con la inspección o de acuerdos unilaterales en materia de precios de transferencia.* Los pactos con la inspección condicionados a la no iniciación de un PA plantean problemas por la exclusión del otro Estado contratante y pueden generar doble imposición, por lo que no debieran alcanzarse acuerdos de este tipo. En cuanto a los APAs unilaterales, cuando un ajuste o liquidación por el otro Estado afecte al APA, se debería admitir la posibilidad de corregir o revisar el mismo en el Estado donde resulta efectivo, no como un pacto o acuerdo no susceptible de revisión.

19. *Intereses durante la tramitación del PA.* Se recomienda que no se devenguen intereses o se cancele o condone la porción de los mismos que corresponda a la tramitación del PA (se trata de un período de tiempo no controlado por el contribuyente).

20. *Suspensión de la recaudación de la deuda tributaria durante el PA.* Idealmente, la recaudación de la deuda tributaria, recomienda el MEMAP, debiera suspenderse durante la tramitación del PA. Esta decisión podría tomarse tras una evaluación de la situación y el riesgo del contribuyente, así como su solvencia económica. En algunos Estados la suspensión o diferimiento de la recaudación no resulta posible, por lo que debería admitirse la suspensión mediante la presentación de las oportunas garantías.

21. *Fácil acceso a la autoridad competente.* Se debe publicar la identidad de las personas que ocupan el cargo de autoridad competente a efectos de los CDI y su dirección de contacto. En concreto, los Estados de la OCDE deberían mantener esta información actualizada en la página web de la OCDE en materia de «*country profiles*». Puesto que resulta frecuente que la persona que finalmente firma un acuerdo delegue el trabajo diario a otros funcionarios, quienes tienen la competencia para firmar el acuerdo en el PA deberían estar involucrados en o informados de las negociaciones. Igualmente, sería necesario que dentro de la autoridad competente se idearan formas para mantener criterios uniformes entre quienes llevan el trabajo diario y quienes tienen la potestad de firma del acuerdo.

22. *Independencia y recursos de la autoridad competente.* Se recomienda que sea independiente con respecto al personal encargado de la inspección tributaria (aunque allí donde exista una escasez de medios, esta última pueda actuar como «consultor» de la autoridad competente). Esta independencia se verá reforzada por la dotación de partidas presupuestarias propias para la autoridad competente y por la garantía de que éstas tienen suficientes medios humanos y materiales para llevar a cabo su función de forma eficiente y eficaz, que no es la de apoyar a la Administración tributaria, sino garantizar la correcta aplicación del CDI.

23. *Indicadores de cumplimiento de la autoridad competente y personal.* El MEMAP recomienda que se empleen indicadores de calidad, tiempo de resolución de los casos, consistencia, etc., y en ningún supuesto, indicadores relativos a la cantidad de ingresos obtenidos para ese Estado contratante.

24. *Establecimiento y promoción de PA acelerados y Acuerdos Previos en Materia de Precios de Transferencia (APAs).* Los PAs acelerados sirven de asistencia a los contribuyentes en la realización de declaraciones en años posteriores a la conclusión de un PA por dos autoridades competentes y son considerados en el MEMAP como un instrumento útil para la resolución o eliminación de conflictos por lo que se recomienda el establecimiento de programas de este tipo. Lo mismo ocurre con los APAs bilaterales, que constituyen una alternativa válida para eliminar los conflictos en materia de precios de transferencia.

2.5.   Cuestiones no tratadas en los nuevos Comentarios ModCDI 2008-2017

El Documento de la OCDE de 30 de enero 2007, «Mejorando la resolución de disputas en el contexto de los CDI», que es el antecedente de la revisión de 2008 de los Comentarios ModCDI artículo 25 se dividió en tres partes diferenciadas: la inclusión del arbitraje como técnica de resolución de conflictos relativos a los CDI y las modificaciones correlativas en el artículo 25 y sus Comentarios, la propuesta de nuevos Comentarios al artículo 25 ModCDI que recogen soluciones de problemas concretos que se plantean en el PA identificados ya en el Documento de 2004 y otras propuestas realizadas por el Documento de 2004. En este momento, consideramos que tiene interés mantener en la presente sección únicamente la parte del Documento de 2007 que contiene propuestas no aceptadas o no reflejadas en los Comentarios ModCDI 2008-2014, ya que los cambios a los Comentarios ModCDI que sugirió el documento se incorporaron en 2008 a los comentarios al artículo 25 ModCDI y al arbitraje dedicamos la sección 6 de este capítulo.

Las principales conclusiones del Documento de 2007 (ya anticipadas en su antecesor de 2004) que no han tenido reflejo en los Comentarios ModCDI, artículo 25, 2008-2014 son las siguientes:

1. Se acepta que un análisis periódico de los casos sometidos al PA sería interesante y se pide que se elabore un modelo para transmitir la información al Grupo de Trabajo de la OCDE en la materia. Las actualizaciones de la información sobre cada Estado se realizarán anualmente, sobre la base de la plantilla que se añade en el anexo 2 del Documento de 2007. De hecho, el 25 de septiembre de 2009 la OCDE comenzó a publicar, en su página web, como primer paso de mejora del funcionamiento y transparencia del PA, las estadísticas de PAs.

2. Confirma que sería deseable estudiar la posibilidad de eliminación parcial de la doble imposición en el PA, pero se pospone el estudio de esta cuestión para que no se interprete, en el contexto del Documento 2007, que éste defiende únicamente la eliminación parcial de la doble imposición.

3. Entiende el Documento de 2007 que sería deseable profundizar en la tarea de examinar las experiencias de los distintos Estados en las áreas de consistencia, competitividad y no discriminación con el fin de determinar si sería necesario desarrollar más indicaciones al respecto en el Manual y/o en los Comentarios al artículo 25 ModCDI. Ahora bien, en opinión del Documento 2007, se trata de una tarea reservada al Grupo de Trabajo 6 («Imposición de Empresas Multinacionales») del Comité de Asuntos Fiscales de la OCDE.

4. El Documento de 2004 recomendó que los ajustes secundarios en materia de precios de transferencia se examinaran en el contexto del PA. El Documento de 2007 está de acuerdo en que se trata de un área merecedora de un estudio más detallado, probablemente, en el seno del Grupo de Trabajo n.º 1 (CDIs y Cuestiones Relacionadas) ó 6 del Comité de Asuntos Fiscales.

5. El Documento de 2004 recomendó un estudio más concreto y estructurado de los casos triangulares, pero el Documento de 2007 considera que se trata de una cuestión sustantiva en relación con la aplicación de los CDI que debería ser considerada por el Grupo de Trabajo n.º 1 del Comité de Asuntos Fiscales, aunque se presentaría a este Grupo una nota con ejemplos de casos triangulares y cuestiones que plantean en relación con el PA (que será transmitida también al Grupo de Trabajo n.º 6).

Estas dos últimas cuestiones (4 y 5) han sido tratadas en el contexto del Foro Europeo de Precios de Transferencia.

2.6. Otras técnicas de resolución de conflictos complementarias al PA

En primer lugar, como técnica de solución de conflictos, ocupa un lugar destacado el arbitraje al que se refiere el artículo 25.5 ModCDI 2008-2017. Y, aunque, en realidad, el arbitraje que regula el artículo 25.5 ModCDI es una fase del PA para casos específicos, en la medida en que nada obsta que otros tipos de PA (interpretativo, legislativo) puedan cerrarse con arbitraje hemos preferido dedicar al mismo la última sección de este capítulo.

Por otra parte, el párrafo 86 Comentarios ModCDI, artículo 25, 2008-2017 aclara que otros mecanismos de resolución de disputas también pueden ser empleados para la solución de casos concretos en el seno del PA. Cuando no exista acuerdo entre las autoridades competentes, el uso de la técnica de la mediación puede ayudar a resolver el caso, de manera que el mediador explicaría a cada parte los puntos fuertes y débiles de su posición. Si el problema es puramente fáctico, relativo al entendimiento de los hechos, se puede pedir a un experto que concrete y determine los mismos. Estos procedimientos, a diferencia del arbitraje del artículo 25.5 ModCDI no llevan a soluciones obligatorias para las partes implicadas, pero incluso cuando el CDI prevé el mecanismo del arbitraje, pueden ayudar a las autoridades competentes a evitar que se ponga en marcha el mismo.

En este punto, conviene también que hagamos referencia a la relación del PA con el Acuerdo General sobre el Comercio de Servicios ('GATS'), que entró en vigor en 1995 cuestión a la que se dedican los párrafos 88 a 94 ModCDI 2008-2017. El párrafo 3 del artículo XII del GATS dispone que una disputa relativa a la cláusula de la nación más favorecida del artículo XVII del citado Convenio no podrá ser considerada bajo el procedimiento de resolución de disputas de los artículos XXII y XXIII del GATS si la medida disputada cae bajo el ámbito de aplicación de un tratado internacional relativo a la eliminación de la doble imposición. Si hay desacuerdo entre los Estados sobre si la medida cae o no dentro del ámbito de aplicación del CDI, el párrafo 3 del artículo XXII dispone que cualquier Estado implicado en la disputa pueda llevar el asunto ante el Consejo sobre el Comercio en Servicios, que referirá la disputa a un arbitraje obligatorio, aunque una nota al párrafo 3 establece la importante excepción en el sentido de que, si la disputa se refiere a un acuerdo existente al tiempo de entrada en vigor del GATS, el asunto no podrá ser llevado al Consejo a menos que los dos Estados estén de acuerdo.

Los Comentarios al artículo 25 ModCDI 2008-2017, párrafos 88-94, indican a este respecto que la interacción entre el GATS y los CDI presenta dos problemas:

1. La nota 3 dispone un tratamiento diferente para los CDI celebrados antes y después de la entrada en vigor del GATS que carece de justificación, pues un CDI anterior puede ser modificado por un protocolo posterior, sin que se dé un tratamiento adecuado a este problema. Para solucionarlo, se propone la adición en los CDI de cláusulas que entiendan bilateralmente la aplicación de la nota 3 a los convenios suscritos tras la entrada en vigor del GATS. A tal fin, la OCDE propone una cláusula, párrafo 93, que, en el caso, de nuestros CDI, se refleja, por ejemplo, en el párrafo 2 del Protocolo Anexo al CDI España-Chile de 2003, o en el artículo 28.4 CDI España-Canadá.

2. La expresión «cae bajo el ámbito de aplicación del CDI» es tremendamente ambigua. Si bien parece claro que un Estado, de buena fe, no puede argumentar que una medida relativa a un impuesto no contemplado en un CDI cae en el ámbito de este CDI (y, por tanto, estaría sometido al procedimiento de resolución de disputas del GATS), no está claro si tal frase cubre cualquier medida relativa a impuestos a los que se aplican todas o algunas disposiciones de los CDI.

Por último, la OCDE recomienda que tal disposición sobre el PA aclare la relación con los mecanismos de resolución de disputas recogidos en los acuerdos bilaterales o multilaterales de protección de inversiones y comercio. En realidad, estos comentarios tratan de subrayar la idea de que, en materia de impuestos directos, debe otorgarse primacía a los mecanismos de resolución de disputas del CDI sobre cualquier otro (así lo reflejan, por ejemplo, algunos países de manera sistemática en sus CDI, como es el caso de México, que suele incluir una cláusula a estos efectos en el precepto relativo al PA).

Nótese que los Acuerdos firmados por la UE con terceros Estados en materia commercial pueden plantear problemas muy similares al GATS cuando no contengan una cláusula expresa que dé prioridad a los procedimientos de resolución de conflictos del CDI.

3. EL PROCEDIMIENTO AMISTOSO DE CARÁCTER INTERPRETATIVO

La primera frase del artículo 25.3. ModCDI dispone que «las autoridades competentes de los Estados Contratantes se esforzarán en resolver mediante el procedimiento amistoso cualquier dificultad o duda que surja respecto a la interpretación o aplicación del Convenio». Es el llamado procedimiento interpretativo sobre el que los Comentarios ModCDI, en su párrafo 50, señalan que la facultad de interpretación otorgada a las autoridades competentes se refiere, esencialmente, a las dificultades de carácter general que afecten, o puedan afectar, a una categoría de contribuyentes, aunque hayan surgido en relación con un supuesto específico comprendido en el ámbito de aplicación del artículo 25.1 y 25.2 ModCDI. El párrafo 6.1. ModCDI 2017 ha matizado que las dudas interpretativas pueden resolverse en relación con un caso concreto que afecte a un único contribuyente o para casos generales (v.gr. interpretación conjunta de una disposición que afecte a una pluralidad de contribuyentes). En particular, el citado párrafo indica que sobre la base del artículo 25.3 ModCDI las autoridades pueden alcanzar un PA interpretativo para definir un término no definido en el CDI o para completar o aclarar la definición de un término que sí que está definido si el PA resuelve dificultades o dudas de interpretación relativas al CDI. Estas circunstancias pueden darse cuando, por ejemplo, un conflicto en el significado de la normativa interna de los dos Estados puede dificultar la aplicación del CDI. A estos efectos, el artículo 3.2. ModCDI expresamente reconoce que un PA de esta naturaleza prevalece sobre el significado doméstico de un término.

En contra de lo que pudiera pensarse en primera instancia, también el PA interpretativo puede ser importante en relación con las operaciones vinculadas, ya que problemas generales o individuales podrían resolverse por esta vía. Los propios Comentarios ModCDI, párrafo 52, nos ofrecen algunos ejemplos de cómo pueden emplear las autoridades competentes de los Estados contratantes el PA interpretativo:

– Cuando un término haya sido definido de forma incompleta o ambigua en la Convención, pueden completar o clarificar su definición para evitar dificultades.

– Cuando las leyes de los Estados hayan cambiado sin alterar el equilibrio o afectar a la sustancia de la Convención, pueden solucionar las dificultades que surjan del nuevo sistema de imposición que resulte de esos cambios.

– Pueden utilizarlo para determinar si, y en qué condiciones, los intereses son tratados como dividendos en la legislación del Estado del prestatario como consecuencia de la aplicación de la legislación en materia de subcapitalización y cuándo es posible aplicar deducciones por doble imposición en el país de residencia del prestamista de forma similar a los dividendos.

– Concluir APAs bilaterales o multilaterales con las autoridades competentes de los países con los que se tengan CDIs en casos donde dificultades o dudas existan sobre la interpretación o aplicación de los CDIs. El APA multilateral tendrá tal forma o bien podrán ser APAs bilaterales con un contenido consistente y conectado.

– Determinar los procedimientos, condiciones y modalidades para la aplicación de los párrafos 1 y 2 del artículo 25 y de la segunda frase de este último a los casos multilaterales o para involucrar a terceros Estados cuando la resolución del caso pueda afectar a estos.

El párrafo 55.2 enlaza el PA interpretativo con los casos triangulares, ya que indica que las autoridades competentes pueden acordar con carácter general que resolverán los casos presentados de conformidad con el artículo 25.1. ModCDI con la autoridad competente de un tercer Estado en circunstancias donde los impuestos de ese tercer Estado afecten a la resolución del caso. Esto se puede prever expresamente en el CDI y se da un ejemplo de cláusula que puede emplearse a estos efectos (párrafo 55.2).

Por otra parte, dentro de la aplicación de los CDI, las autoridades competentes podrán acordar, mediante el procedimiento que comentamos, la forma de aplicar administrativamente el propio CDI (v.gr. modo de aplicación de las retenciones en la fuente, certificados y modelos exigibles, etc.), como reconoce el párrafo 51 de los Comentarios ModCDI, al indicar que, a través del PA interpretativo, puedan solucionarse «dificultades de naturaleza práctica» en la aplicación del CDI. El poder atribuido a las autoridades competentes en el seno del PA interpretativo se asimila a la potestad que en Derecho interno tienen las Administraciones tributarias para dictar reglamentos interpretativos o ejecutivos o contestar consultas. Sin embargo, el PA interpretativo presenta una problemática específica propia. Las principales cuestiones que surgen en el PA interpretativo, ante la ausencia de una regulación específica, son las siguientes:

1. Desde el punto de vista de la forma y procedimiento en el ordenamiento español, no será necesaria la intervención de las Cortes en su conclusión; bastará con la remisión del texto al Consejo

de Ministros por el Ministerio de Asuntos Exteriores y, una vez informado el Consejo de Ministros, se publicará en el BOE y adoptarán la forma de Resolución de la Secretaría General Técnica del Ministerio de Asuntos Exteriores (recordemos que no se aplica la Ley de Tratados Internacionales). La práctica, sin embargo, revela que los PAs interpretativos no necesariamente siguen un procedimiento formal y bastará, por ejemplo, con un mero intercambio de cartas entre las Administraciones para considerar que puede existir un PA interpretativo (vid., por ejemplo, las DGT de 7 de junio de 2000 y DGT V0579-07 de 20-3-2007, relativas al CDI con Luxemburgo, y las de 3 de febrero, 13 abril de 2000 o de 28 de septiembre de 2012, V1885/2012, relativas al CDI con Francia; o la Resolución de la Secretaría General Técnica de 22 de septiembre de 2003 relativa al CDI con Brasil; o el acuerdo en este sentido con EEUU relativo al tratamiento de las LLCs, BOE de 13 de agosto de 2009, o el intercambio de cartas con Francia relativo a la aplicación del CDI con este país a las instituciones francesas de inversión colectiva en valores mobiliarios en la parte de beneficios imputable a residentes en Francia, BOE de 6 de agosto de 2009). De hecho, esta última es la solución que la OCDE recomienda, aunque, en este caso, es cierto que la fuerza del PA interpretativo en el ordenamiento interno, sin duda, será mucho menor (más que un tratado internacional de naturaleza interpretativa será una mera manifestación de opinión de las autoridades competentes sin fuerza vinculante alguna para los tribunales).

2. No está clara cuál es la relación entre el PA interpretativo y las sentencias de los tribunales nacionales. En principio, el PA interpretativo puede ser considerado como un elemento relevante a la hora de interpretar un CDI, pero nada obsta a que el tribunal pueda declarar que el PA interpretativo vulnera el CDI, en el sentido de que, no tiene auténtico carácter «interpretativo», sino que su naturaleza es «legislativa», y, en consecuencia, el tribunal puede no sentirse vinculado por él. En cierta medida, los efectos sobre los tribunales dependerán de si el PA interpretativo resulta o no publicado en el BOE: si es publicado, al margen de los supuestos en que el PA interpretativo exceda los límites estrictos de la interpretación, será difícil que un tribunal desconozca el PA, puesto que, en definitiva, aparte de que tiene fuerza de tratado internacional, es uno de los materiales relevantes, a la luz del artículo 31.3 CVDT y del artículo 3.2. ModCDI 2017, para interpretar el CDI; si no es publicado, la fuerza del PA interpretativo se reduce, pues el acuerdo oficialmente no existirá en el ordenamiento español. A estos efectos, debe subrayarse que allí donde el acuerdo sea algo más que interpretación del CDI, el control de los tribunales nacionales (relativo a la forma que debía tener el acuerdo y a su procedimiento de tramitación o al fondo del mismo) siempre debe ser posible.

3. En principio, salvo variación en las circunstancias, como los Comentarios ModCDI, párrafo 54, indican, el acuerdo interpretativo vincula a las autoridades competentes o a las demás administraciones de un Estado miembro. Ahora bien, también aquí la publicación del PA interpretativo jugará un papel importante, puesto que, en ausencia de la publicación oficial, los funcionarios de la AEAT difícilmente conocerán la existencia de un PA interpretativo (salvo que vía instrucción interna se les haya hecho partícipes del mismo) y podrán aplicarlo en el curso de un procedimiento de gestión o inspección e impediría constatar si la práctica administrativa posterior (incluso la de la propia autoridad competente) sigue o no el PA interpretativo concluido con anterioridad. Es decir, debe insistirse en la idea de que la publicación del PA interpretativo no sólo es deseable, sino necesaria para que éste tenga alguna fuerza y produzca efectos en los contribuyentes destinatarios del CDI.

4. La conclusión de un PA interpretativo desplazará la referencia a la legislación interna a la luz del artículo 3.2 ModCDI pues el mismo se constituirá en contexto relevante al que hay que acudir con prioridad a la hora de interpretar un CDI. Así lo reconoce el artículo 3.2. ModCDI 2017 en línea con el ModCDI EEUU (vid. el artículo 3.2. CDI España-EEUU).

Tras la entrada en vigor de la Ley 25/2014 de Tratados Internacionales cabe la duda de si la misma se aplica a los PAs interpretativos o legislativos. Como avanzamos, la Disposición adicional 5 de la misma excluye los procedimientos amistosos de su ámbito de aplicación, pero tal exclusión está vinculada a "actos de aplicación" de los CDIs y a "acuerdos amistosos de resolución de los conflictos en la aplicación" de los mismos, sin que pueda afirmarse con rotundidad que los PAs interpretativos (o legislativos) caigan en estas categorías. Es decir, podría defenderse que, por su naturaleza de tratados internacionales administrativos, los PAs interpretativos están regulados por la

Ley de Tratados Internacionales y, en concreto, por los artículo 38 y ss. de la misma. En realidad, la sujeción o no a esta norma lo que realmente añadiría sería, únicamente, la obligatoriedad de la publicación del PA interpretativo en el BOE.

Los Comentarios ModCDI artículo 25.5 (2008-2017), estudiados en el epígrafe 6, también prevén la posibilidad de que el arbitraje se extienda para resolver casos previstos en el actual artículo 25.3 ModCDI, lo cual afecta directamente al procedimiento interpretativo. Esto es, las dificultades interpretativas que surjan en los CDI también podrían resolverse por la vía arbitral, si una de las autoridades competentes lo solicita [párrafo 73 Comentarios artículo 25 (2008-2017)].

También el MEMAP recomienda, como Best Practice n.º 1, que se realice un uso intenso de la autoridad para resolver cuestiones interpretativas o de aplicación de los CDI que la primera frase del artículo 25.3 ModCDI confiere a las autoridades competentes, pues de esta forma mejorará notablemente la aplicación y desarrollo de los CDI. Tiene interés, además, que el MEMAP admita la posibilidad de que sea un residente de un Estado contratante quien solicite a la autoridad competente de su Estado de residencia una aclaración sobre la interpretación y aplicación del CDI sobre la base del artículo 25.3 ModCDI, tal solicitud (que no requerirá que exista la probabilidad de imposición disconforme con el CDI, a diferencia de lo que ocurre en los PAs para casos específicos) debería o podría ser la base para el inicio de un PA interpretativo.

4. EL PROCEDIMIENTO AMISTOSO DE CARÁCTER LEGISLATIVO

El artículo 25.3 ModCDI, frase segunda, dispone que las autoridades competentes pueden consultarse en relación con la eliminación de la doble imposición en los supuestos no previstos en el Convenio. El Comentario al artículo 25.3 del ModCDI, párrafo 55, explica que el PA legislativo permite a las autoridades competentes tratar supuestos de doble imposición que no se encuentran dentro del ámbito de aplicación de las disposiciones de un CDI y pone como ejemplo el caso de las transacciones entre establecimientos permanentes situados en los Estados contratantes de un residente de un tercer Estado. En estos casos, el párrafo 55 Comentarios artículo 25.3 ModCDI recomienda que, en la medida de lo posible, se utilicen los acuerdos multilaterales para solucionar los problemas en todos los Estados implicados.

En realidad, el PA legislativo es una cláusula problemática puesto que constituye una delegación de autoridad a las administraciones competentes de cada Estado en relación con supuestos o asuntos no tratados por el CDI. Por esta razón, se cuestiona la legalidad de una cláusula de este tipo en los ordenamientos nacionales en los que, como es el caso de España, se necesita la intervención del poder legislativo en materias como la tributaria, protegidas por el principio de reserva de ley o que reclaman la intervención del legislativo en la celebración de tratados internacionales. De hecho, en la red española, algunos CDI no incluyen una cláusula análoga al artículo 25.3 ModCDI porque el otro Estado contratante considera que la misma puede vulnerar su ordenamiento jurídico (v.gr. CDI con Australia, artículo 26.3; Bélgica, artículo 25.3; México artículo 25.3; Reino Unido, artículo 26.3, aunque el CDI con el Reino Unido de 2013 ya añade tal cláusula).

En cualquier caso, la OCDE ha tratado de dar un impulso al PA de carácter legislativo puesto que el repetido Documento de 27 de julio de 2004 mencionó la necesidad de aclarar el alcance de este tipo de PA, especialmente en el ejemplo que señalan los Comentarios ModCDI, relativo a dos sucursales situadas en los Estados contratantes y pertenecientes a una empresa no residente en ninguno de ellos. De hecho, el Documento de la OCDE de 2007 propuso y el párrafo 55 Comentarios ModCDI, artículo 25, 2008-2017 han llevado a cabo un cambio en relación con los comentarios anteriores, de manera que se subraya la función de cierre del artículo 25.3 ModCDI, como instrumento que permite a las autoridades competentes asegurar que el CDI funciona efectivamente eliminando la doble imposición. El ModCDI ha subrayado la funcion del artículo 25.3 en relación con los problemas de atribución de beneficios a PEs y los acuerdos multilaterales. Precisamente, el incremento en la importancia de los problemas de atribución de beneficios entre EPs (y entre estos y la casa central), hace que el artículo 25.3 ModCDI, en muchas ocasiones, sea el único instrumento efectivo para desarrollar el enfoque en materia de atribución de beneficios defendido por la OCDE. El párrafo 55.1 Comentarios ModCDI, artículo 25, 2008-2017 subraya que en aquellos Estados donde la legislación interna no permita estas delegaciones en blanco a la autoridad competente el problema puede solucionarse con un Protocolo al CDI que aclare cuándo se aplica este precepto. No obstante, el artículo 25.3 no autoriza a los Estados a eliminar la doble imposición cuando esto implique una infracción del Derecho interno o no esté autorizado por el CDI. Esta frase sólo permite a los Estados contratantes, en los casos no previstos en el CDI, que se consulten a fin de eliminar la doble imposición de acuerdo con sus respectivas legislaciones domesticas o en atención a un CDI que un Estado contratante ha concluido con un tercer Estado. Por ejemplo, en el caso de una empresa de un tercer Estado que tenga un EP en los dos Estados contratantes, el artículo 25.3 ModCDI permite a las autoridades competentes de ambos Estados acordar los hechos y circunstancias del caso a la hora de aplicar sus respectivas legislaciones internas de una forma coherente, en particular por lo que respecta a los acuerdos entre ambos EPs. Los Estados contratantes pueden eliminar la doble imposición en relación con los beneficios atribuibles a los EPs sólo hasta donde les permitan sus legislaciones internas o los CDIs entre un Estado contratante y el tercer Estado. Es decir, el párrafo 3 tiene una function crucial para permitir que los CDIs operen de una forma coordinada y permitir las consultas entre las autoridades competentes (párrafo 55.1).

Nada impide tampoco que los casos planteados en el contexto del PA de carácter legislativo (como, por ejemplo, los relativos a EPs de residentes de terceros Estados situados en cada uno de los Estados contratantes) se sometan al arbitraje que regula el artículo 25.5 ModCDI (vid. el párrafo 73 Comentarios ModCDI artículo 25 2008-2017).

A nuestro juicio, y ésta no es una opción que mencione el artículo 25.3 ModCDI, tal precepto también puede ser aplicable en casos donde el artículo 9 ModCDI no sea una herramienta útil para eliminar la doble imposición. Tal será el supuesto de correcciones de beneficios que afecten a dos no residentes vinculados entre sí en el Estado de la fuente y que puedan producir efectos en el Estado de residencia, en este caso, no será aplicable el artículo 9 ModCDI, ya que exige que las dos empresas afectadas sean residentes de los dos Estados contratantes y, sin embargo, los principios del artículo 9 ModCDI deberían poder aplicarse igualmente allí donde la corrección afecta a los dos no residentes sin EP que sean partes vinculadas. La única forma de tratar este supuesto será a través del artículo 25.3 ModCDI, esto es, del PA de carácter legislativo. Sin embargo, no podrá la autoridad competente apartarse con el PA legislativo de la normativa vigente en los Estados contratantes, de manera que no se podrá solucionar por esta vía la doble imposición económica que, por ejemplo, puedan causar las disposiciones internas (que no vulneren el artículo 24 OCDE en materia de no discriminación) en materia de restricciones a la deducibilidad de intereses (v.gr. artículo 16 LIS 2014) aplicadas conjuntamente con las normas del otro Estado contratante que reconozcan los intereses como ingresos computables en la base imponible del contribuyente.

Por último, también en relación con los PAs de naturaleza legislativa debe insistirse en la necesidad de publicación de los acuerdos celebrados entre las autoridades competentes o del contenido mínimo de los actos y contribuyentes afectados allí donde el acuerdo sea más próximo en su naturaleza a un PA específico. A nuestro juicio, y por las razones expresadas en relación con los PAs interpretativos, la Ley de Tratados Internacionales también podría resultar de aplicación a estos efectos en relación con procedimientos no vinculados a actos de aplicación del CDI en sentido estricto.

5. LA COMUNICACIÓN ENTRE LAS AUTORIDADES COMPETENTES

El artículo 25.4 ModCDI prevé que las autoridades competentes puedan comunicarse entre sí al margen de los canales diplomáticos habituales. Precisamente, es ésta una de las finalidades del PA, garantizar un instrumento de administración y aplicación del CDI en el que participen los dos Estados eliminando trabas formales a la comunicación entre sus autoridades. De hecho, los Comentarios al artículo 25.4 ModCDI recogen el principio de libertad de formas en la comunicación, mencionando que las autoridades podrán comunicarse por teléfono, carta, fax, etc. En los Documentos de la OCDE de 2004 y 2007 (así como en el MEMAP) se insiste en el principio de libertad de formas, pero, al mismo tiempo, para los PA de carácter específico, se propone un procedimiento estándar de comunicación en el que, como hemos visto, la autoridad que causa la supuesta vulneración del CDI debe emitir un informe razonado, con un contenido mínimo, acerca de su posición y remitirlo a la otra autoridad competente en un plazo breve.

Esta última, en un plazo igualmente breve, se debe comprometer a contestar este informe con otro que desarrolle todos los puntos del mismo y en el que el otro Estado explique su posición respectiva.

Básicamente, la posición y recomendaciones del MEMAP y los documentos anteriores de la OCDE ha sido recogida, en su espíritu, en el artículo 9.3 (plazo de cuatro meses de la autoridad española para elaborar una propuesta inicial sobre el caso) y el artículo 19.2 (plazo de seis meses para responder a la propuesta de la otra autoridad competente) del RD 1794/2008.

El artículo 25.4 ModCDI prevé también la posibilidad de que las autoridades competentes formen una comisión compuesta por representantes de ambas autoridades competentes o personas que sean designadas a estos efectos a fin de estudiar los casos problemáticos. El procedimiento en estas reuniones no está regulado, aunque los Documentos de 2004 y 2007 mencionan algunos aspectos relativos a la formación de la comisión y a sus reuniones, en las que, según los Comentarios ModCDI, se debe garantizar al contribuyente la posibilidad de hacer alegaciones y estar representado mediante un abogado.

6. EL ARBITRAJE COMO FORMA DE RESOLUCIÓN DE CONFLICTOS TRIBUTARIOS INTERNACIONALES EN EL MODCDI

6.1. Introducción

En el momento presente tan sólo el CDI con Suiza (tras su modificación por el Protocolo de 2011), el Protocolo al CDI con EEUU de 2013, aún no en vigor, el CDI con el Reino Unido de 2013 y el CDI España-Japón 2018, no en vigor todavía, incorporan una cláusula de arbitraje en línea con el artículo 25.5 ModCDI. El párrafo 15 del Protocolo del CDI México-España, en la versión derivada del Protocolo de modificación del CDI y Protocolos originales, contiene una cláusula de la nación más favorecida en materia de arbitraje, de manera que, si tras la firma del Protocolo de modificación (el 15 de diciembre de 2015) México acuerda en un CDI con otro Estado una cláusula de arbitraje en línea con la propuesta en el ModCDI, dicha cláusula se aplicará entre México y España desde la fecha que la misma sea de aplicación también al tercer Estado. No obstante la escasa presencia de cláusulas de arbitraje en nuestra actual red de CDI, a nuestro juicio, ello no debe llevar a pensar que no es necesario reflexionar sobre ella, entre otras cosas, porque tenemos un Convenio 90/436/CEE que ya regula esta figura (así como la Directiva 2017/1852, aunque no ha entrado en vigor), y, además, es necesario comenzar a reflexionar en España sobre si es deseable o conveniente incluir esta cláusula en los CDI españoles ya concluidos o los que se negocien en el futuro (vid. en relación con el arbitraje y el MLI la sección dedicada a BEPS, obviamente, el MLI afectará en esta materia a CDIs en vigor). A esta finalidad se dedican los epígrafes sucesivos, en los que se ofrece, en primer lugar, una visión general, del contexto en el que surge el arbitraje y del propio artículo 25.5 ModCDI, para después ir desgranando la configuración del mismo en el citado precepto. Por último, este epígrafe se cierra con una valoración crítica de la regulación actual del arbitraje. Las cláusulas de arbitraje españolas se consideran en un epígrafe separado.

La Acción 14 del Plan BEPS de la OCDE hace pensar en una proliferación notable del arbitraje como técnica de resolución de conflictos. De hecho, el Informe Final de la OCDE/ G-20 sobre la acción 14 del Plan BEPS ("Making Dispute Resolution Mechanism More Effective 2015 Final Report, Paris: OECD, 2015) pone de manifiesto el compromiso de un número de países, entre los que se incluye España, de incluir el arbitraje en sus CDIs bilaterales. Tales países, que representan el 90 % de países con PAs abiertos, son los siguientes: Australia, Austria, Bélgica, Canadá, Francia, Alemania,

Irlanda, Italia, Japón, Luxemburgo, Holanda, Nueva Zelanda, Noruega, Polonia, Eslovenia, España, Suecia, Suiza, Reino Unido y Estados Unidos. No obstante, el documento también pone de manifiesto que entre tales países no existe un acuerdo completo sobre el tipo de arbitraje a regular (vid., al respecto también la sección dedicada a BEPS y al MLI y cómo afectará, cuando sea aplicable en España, a los CDIs en vigor).

A efectos sistemáticos es conveniente que añadamos una aclaración en estos momentos. La regulación del arbitraje en 2008 ha sufrido cambios importantes en 2017, con el ModCDI de este año, que, sustancialmente, incorpora, a su vez, los cambios derivados de la Acción 14 BEPS y del MLI. En los epígrafes siguientes nos referiremos a la regulación del arbitraje en las versiones de 2008 a 2014 del ModCDI, para en un último epígrafe ocuparnos de las novedades que introdujo el artículo 25 ModCDI 2017 y sus Comentarios en esta material.

6.2. El arbitraje como técnica de resolución de conflictos tributarios: ¿por qué se reguló el arbitraje en el artículo 25.5 ModCDI 2008-2014?

La inclusión de una disposición arbitral en el artículo 25.5 ModCDI a partir de 2008 fue una novedad relativa. El mundo tributario ya conocía distintos tipos de arbitraje internacional, así por ejemplo, disputas tributarias se han solucionado por los paneles de la Organización Mundial del Comercio (anteriormente GATT), que tienen una naturaleza arbitral, si bien el problema enfrenta directamente a dos Estados miembros, o distintas disputas, también de naturaleza tributaria, se han planteado a los organismos encargados de resolver las diferencias que entre inversores y Estados surgen en el contexto de los acuerdos de protección recíproca de inversiones (*International Center for the Settlement of Investment Disputes, International Chamber of Commerce, UN Commission on International Trade Law*, etc.). Tales arbitrajes se diferencian netamente del que puede surgir en el contexto de los CDI: en el primer caso, porque enfrenta directamente a dos (o más) Estados; en el segundo porque el procedimiento tiene dos partes bien diferenciadas, un Estado y un inversor en él. En cambio, en el contexto de los CDI, existirán, al menos, tres partes afectadas, los dos Estados contratantes y, al menos, un contribuyente (o dos o incluso más en los casos de operaciones vinculadas). Sin embargo, antes de 2008, algunos países incluían ya cláusulas arbitrales en el precepto relativo al PA (v.gr. EEUU, Alemania, etc.), aunque no existieran recomendaciones en el ModCDI 1963-2005 al respecto.

¿Por qué se ha regulado el arbitraje de una forma tardía en 2008? Desde un punto de vista teórico, es obvio –y así lo conocía la OCDE– que el PA, especialmente el PA para casos específicos, planteaba y sigue originando dificultades de distinta naturaleza, de manera que el arbitraje podía tener ventajas tanto para los contribuyentes como para las Administraciones implicadas como forma de solución de las debilidades del PA. Por lo que respecta a los problemas del PA, ya se han señalado en el epígrafe anterior, pero quizás convenga sintetizarlos en este momento para conectarlos con el arbitraje:

1. No exige una solución a los casos de «doble imposición/imposición» no conforme con el CDI, de manera que las autoridades competentes deben hacer un esfuerzo por negociar, pero sin que de esas negociaciones necesariamente tenga que surgir un acuerdo. Es significativo, en los últimos años, el caso de la farmacéutica GlaxoSmithKline, en el que, ante la imposibilidad de las autoridades del Reino Unido y de los EEUU de alcanzar un acuerdo sobre la atribución de beneficios relativos a uno de los medicamentos (Zantac) de la farmacéutica, comercializado en los EEUU, pero producido en el Reino Unido, finalmente la compañía tuvo que llegar a un acuerdo unilateral con el IRS de EEUU de pago de 310.000 millones de euros (vid. la noticia publicada en la página web del IRS, IR-2006-142, Sept. 11, 2006). La solución a los casos en sede del PA es habitual, pero no siempre se alcanza, como pone de manifiesto el citado caso, con consecuencias perjudiciales para los contribuyentes (las estadísticas de la Administración japonesa revelan que aproximadamente el 10% de los casos de PA no son solucionados).

2. La duración del PA, especialmente en algunos países, es excesiva y existe una incertidumbre importante acerca del resultado, no sólo porque puede no alcanzarse una solución, sino porque la

misma se da tras años de espera, se trata de soluciones poco claras y nada razonadas, que no siempre son satisfactorias para los contribuyentes.

3. Existe una gran falta de transparencia y publicidad sobre los PAs, que suelen ser confidenciales.

4. La intervención del contribuyente en el PA es, en la mayoría de los casos, limitada y pasiva, de manera que las autoridades competentes son juez y parte, ya que deciden sobre si iniciar el PA, si cerrarlo y cómo cerrarlo, sin que el contribuyente pueda hacer mucho para evitarlo (aunque es importante, en este sentido, la jurisprudencia española sobre el control de la discrecionalidad del cierre del PA, estudiada en el epígrafe relativo al PA de carácter específico).

Indudablemente, el arbitraje presenta ventajas importantes para las Administraciones tributarias y para los contribuyentes. Las primeras, con la amenaza del arbitraje (se suele decir que la única función del arbitraje es que los acuerdos se cierren en el PA sin que se llegue a la fase arbitral), se garantizan una aplicación «correcta» del CDI, la respuesta por la autoridad competente del otro Estado contratante y la no pérdida de ingresos por malas prácticas de las autoridades tributarias del otro Estado que lleven a que sus contribuyentes intenten deducir impuestos pagados indebidamente, por imposición del otro Estado contratante. Al mismo tiempo, la inclusión de cláusulas arbitrales en los CDI es un instrumento eficaz de política tributaria, una señal a los inversores en el sentido de que se está creando un clima óptimo de seguridad jurídica en el plano tributario, de respeto al texto del CDI y su espíritu, en las relaciones entre ambos Estados contratantes. Desde la perspectiva del contribuyente, se eliminan buena parte de los problemas del PA: se garantiza una solución a los supuestos de doble imposición/imposición no conforme con el CDI, se reduce el tiempo de duración del PA (al poner un límite temporal para la solución del caso en esta fase), se podrán obtener soluciones fundadas en Derecho y no tanto en la negociación de las autoridades competentes, y, al mismo tiempo, se obtienen soluciones de naturaleza bilateral, aplicables en los dos Estados, frente a los remedios internos (que sólo permiten una respuesta unilateral que no necesariamente respetará el otro Estado).

Lógicamente, cabía plantearse qué factores se dieron en el plano internacional para que se regulara el arbitraje en 2008. Como Ault y Sasseville (2009), p. 208-209, pusieron de manifiesto, fueron cuatro los hechos determinantes de la inclusión del arbitraje en el ModCDI, a saber:

1. El incremento de la importancia y el número de asuntos en materia de precios de transferencia a resolver en el seno del PA, como consecuencia del mayor número de inspecciones desarrolladas en esta área. La falta de acuerdo de las autoridades competentes en algunos casos notorios (v.gr. GlaxoSmithKline antes referido), podemos añadir, puso de manifiesto la necesidad de buscar soluciones que superaran la falta de acuerdo por las autoridades competentes en el PA.

2. Desde el año 1995, el Convenio Europeo de Arbitraje (Convenio 90/436/CEE), con sus problemas (objeto de análisis en el Capítulo VI), se había venido aplicando en la UE y, al final, si los Estados miembros de la UE, a su vez, mayoría en la OCDE, estaban de acuerdo en una solución arbitral, tal solución podía también encontrar acomodo en los CDI.

3. La posición de los EEUU a lo largo de los años sobre el arbitraje evolucionó notablemente, de manera que este país comenzó a incluir cláusulas de esta naturaleza en sus CDI a partir de 2006 (por ejemplo, los nuevos CDI o Protocolos con Alemania, Bélgica, Canadá) que eran distintas de la originaria cláusula de arbitraje voluntario que contenía el CDI EEUU-Alemania de 1989. Muy probablemente, y esto es algo que apuntamos nosotros, el cambio de posición de EEUU sobre el arbitraje, de una postura escéptica a una defensa activa, tenga mucho que ver con los problemas que durante algunos años se generaron entre las autoridades competentes de EEUU y Canadá, con un buen número de casos sin resolver en el PA, debido a posiciones diametralmente opuestas y con un ambiente de relaciones enrarecido, entre dos vecinos, con lazos económicos importantísimos. Sin duda, el V Protocolo al CDI EEUU-Canadá de 2007, al añadir una cláusula arbitral al PA, buscaba acabar con este problema, y el resto de CDI de EEUU que la incluyeron probablemente buscaban que no se reprodujeran problemas similares a los que surgieron en los PAs con Canadá (o con la India).

4. De forma paralela a los anteriores acontecimientos, el arbitraje como método de solución de conflictos había sido incluido en la agenda del Comité de Asuntos Fiscales de la OCDE con anterioridad a 2004, cuando el documento de la OCDE «Progress Report: Improving the Process for Resolving International Tax Disputes» incluyó entre sus propuestas el desarrollo de soluciones vinculantes para los casos no resueltos en el PA. Tras este documento, se estudió la posibilidad de incluir una cláusula de arbitraje en el contexto del artículo 25 ModCDI, con un primer borrador de artículo 25.5 elaborado en 2005 y publicado para recibir comentarios en 2006. La OCDE encontró un amplio apoyo entre la comunidad empresarial a esta solución y procedió a reformar (parcialmente) las propuestas iniciales con vistas a publicar el informe final «Improving the Resolution of Tax Treaty Disputes», que contenía ya una propuesta cerrada de artículo 25.5 ModCDI y sus Comentarios, Los contenidos de este documento se incluyeron formalmente en la revisión de 2008 del ModCDI. En relación con la recepción positiva de las propuestas de la OCDE en materia de arbitraje por parte de la comunidad empresarial internacional, en realidad, se puede decir que, quizás, la iniciativa de la OCDE es una respuesta al llamamiento a favor del arbitraje realizado desde la propia Cámara de Comercio Internacional desde el año 2000 (vid. los «policy statements» de la International Chamber of Commerce de 3 de mayo de 2000, documento n.º 180/438, y de 6 de febrero de 2002, n.º 180/455, con recomendaciones sobre el arbitraje que tienden a coincidir con las definidas por la OCDE), esto es, las propuestas de la OCDE, de alguna manera, tendían a responder a un llamamiento realizado, desde la Cámara de Comercio Internacional, por la comunidad empresarial.

Por último, hay que tener en cuenta que el Plan BEPS y su ejecución determinará –ya lo está haciendo– un incremento de los conflictos entre administraciones tributarias y entre éstas y los contribuyentes, de ahí que el arbitraje se considere como una solución idónea para los mismos y que la Acción 14 del Plan BEPS promocione esta forma de resolución de conflictos (vid. la sección específica al respecto al final del capítulo).

6.3. El artículo 25.5 ModCDI 2008-2014: una aproximación general

La regulación del arbitraje en el ModCDI podría sintetizarse de la siguiente forma:

1. Se añadió en 2008 un nuevo párrafo 5 al artículo 25 ModCDI, según el cual, cuando en el plazo de dos años desde la recepción por la autoridad competente del otro Estado de un caso sometido al PA en un Estado contratante, las autoridades competentes no logren ponerse de acuerdo para resolver el mismo, a instancias del contribuyente podrá someterse a arbitraje toda cuestión no resuelta relacionada con este caso. Éste es el modelo que sigue el artículo 25.5 CDI España-Suiza, añadido por el Protocolo de 2011, por lo que los comentarios que hacemos en secciones sucesivas sobre el ModCDI pueden entenderse trasladables a éste, en líneas generales, al menos, hasta que no se desarrolle el modo de aplicación de la citada cláusula arbitral.

Es preciso tener en cuenta que, incluso allí donde no existe un CDI con procedimiento arbitral, los Comentarios al artículo 25, 2008-2014, párrafo 69, prevén la posibilidad de que, con carácter general o para un supuesto específico, las autoridades competentes acuerden acudir al arbitraje a través de la firma de un acuerdo en el contexto del PA. Tal acuerdo se realizaría siguiendo el modelo de PA sobre arbitraje del anexo a los Comentarios ModCDI, artículo 25, 2008-2014. Si bien tal posibilidad, a primera vista, pudiera plantear dudas de legalidad, lo cierto es que, en nuestra opinión, en aquellos CDI donde exista el equivalente al artículo 25.3 ModCDI (PA de carácter legislativo) tal solución no parecería descabellada, en la medida en que tampoco se apartara del tenor literal del CDI y lo que buscase es una solución a un problema de aplicación incorrecta o no conforme con su objeto y fin del propio CDI. Hasta donde conocemos, tampoco en la práctica española ha existido, hasta el momento, acuerdo alguno sobre la adición de una cláusula de arbitraje a CDI que no contengan la misma.

2. Se han añadido unos Comentarios detallados al artículo 25.5 ModCDI 2008-2014 que aclaren, fundamentalmente, los siguientes aspectos:

a) Cuándo resulta apropiado o posible la adición del nuevo artículo 25.5 ModCDI (párrafo 65 y ss.): El nuevo párrafo 5 del artículo 25 ModCDI sólo debiera añadirse allí donde la solución arbitral resulte constitucionalmente posible en los dos Estados. El arbitraje sólo debe referirse al punto concreto sobre el que no existe acuerdo entre las autoridades competentes, es decir, no implica la solución del caso del contribuyente, que queda todavía reservada al PA. Algunos Estados podrían considerar que tal solución no es constitucionalmente admisible, que sólo sería deseable en CDIs con algunos Estados o en ciertos casos (relativos, especialmente, a hechos) por lo que el nuevo párrafo 5 sólo debe ser incluido allí donde pueda ser efectivamente llevado a la práctica. Se admite igualmente que no se tenga acceso al procedimiento arbitral cuando el contribuyente haya perdido la posibilidad de acceder al PA, por ejemplo, como consecuencia de infracciones muy graves que implican sanciones significativas (esta idea, tomada del Convenio 90/436/CEE, en la práctica española podría plantear problemas de constitucionalidad, como ya se ha apuntado más arriba).

b) Se regula el tipo de actos que pueden llevar al procedimiento arbitral (parágrafos 71-73): Cuando, al menos, un aspecto del PA no haya sido resuelto se considera que puede el contribuyente invocar el arbitraje. Con ello se evita que se cierren PAs allí donde no todos los puntos controvertidos hayan sido resueltos. Si, en cualquier caso, las autoridades competentes están de acuerdo en que no ha existido imposición no conforme con el CDI, no existirá la posibilidad de recurso al arbitraje, puesto que no existen puntos no resueltos. El arbitraje sólo podrá invocarse cuando existan ya actos que contravienen el CDI, no cuando tales actos sean posibles o probables. Se admite la posibilidad de que los Estados parte del CDI extiendan la solución arbitral a casos regulados en el artículo 25.3 ModCDI (esto es, más allá de los PAs para casos específicos, para incluir los PAs legislativos).

c) El desarrollo del procedimiento arbitral y su relación con los procedimientos administrativos y judiciales internos (párrafo 74 y ss.): Se aclara que allí donde los dos Estados parte del CDI admitan la posibilidad de PAs incluso cuando existieron decisiones jurisdiccionales o administrativas firmes internas, se podrá suprimir la frase del artículo 25.5 que hace referencia a esta cuestión e impide el procedimiento arbitral en estos casos. Se indica, no obstante, que allí donde el contribuyente todavía tenga abiertos los plazos de recurso internos se deben aplicar las mismas soluciones que en el PA para casos específicos, esto es, no se debe admitir que se simultaneen ambos procedimientos para evitar soluciones contradictorias y, en consecuencia, allí donde el PA o el procedimiento arbitral se inicie cuando todavía están abiertos los plazos de recurso internos, se deben suspender estos plazos que reiniciarán su cómputo si el contribuyente no acepta la solución en el PA o en el procedimiento arbitral. La aceptación de la solución del PA o del procedimiento arbitral por el contribuyente exigirá la renuncia a los procedimientos de recurso internos. A estos efectos, se incluye, como anexo a los Comentarios al artículo 25, un Modelo de Acuerdo entre las autoridades competentes que desarrolle todos los aspectos de la fase arbitral: solicitud de arbitraje, plazo para la sumisión del caso a arbitraje, determinación de los asuntos a resolver por el panel de árbitros, selección de los árbitros, esquema de procedimiento arbitral, condiciones de elegibilidad y nombramiento de los árbitros, comunicación de la información y confidencialidad, retrasos en el suministro de información achacables al contribuyente, reglas procesales y de prueba, participación de la persona que solicitó el arbitraje, cuestiones logísticas, costas del arbitraje, principios legales aplicables para la resolución del arbitraje, decisión arbitral (igualmente, se añaden, como anexo, unos Comentarios específicos en el artículo 25 que aclaran cada uno de estos puntos).

d) Efectos de la solución arbitral (párrafo 81 y ss.): la solución arbitral sólo será vinculante para las autoridades competentes en los aspectos sometidos a arbitraje y tampoco será vinculante para soluciones futuras de casos similares. Se admite la posibilidad de que algunos Estados permitan a las autoridades competentes apartarse de las soluciones arbitrales si, en cualquier caso, solucionan el problema que llevó al arbitraje (como ocurre con el artículo 12 del Convenio 90/436/CEE).

6.4. Naturaleza del arbitraje regulado en el artículo 25.5 ModCDI 2008-2014

Las características del procedimiento arbitral que regula el artículo 25.5 ModCDI podrían resumirse de la siguiente forma:

1. *Procedimiento arbitral como fase intermedia o suplemento del PA:* Es importante subrayar que el arbitraje del artículo 25.5 ModCDI no es un procedimiento independiente, sino una parte, un suplemento o una fase del PA. En el procedimiento arbitral se solucionarán las cuestiones no resueltas por las autoridades competentes, pero la solución final se plasmará en un acuerdo entre las propias autoridades, de tal manera que el arbitraje no es nunca un procedimiento propio, separado o distinto del PA, sino una fase intermedia de la fase bilateral del PA, anterior al acuerdo entre las autoridades competentes.

2. *Procedimiento arbitral como un procedimiento entre Estados, con derechos reducidos del contribuyente:* Si bien es cierto que el contribuyente, en el artículo 25.5 ModCDI parece tener el monopolio de la fase de acceso al arbitraje, el control del mismo, una vez iniciado, queda en manos de las autoridades competentes, de manera que el procedimiento es interestatal, no a tres bandas, con una posición del contribuyente con derechos reducidos, como veremos, en el epígrafe 6.6.

3. *Procedimiento no obligatorio para el contribuyente:* A pesar de que pueda resulta paradójico, el contribuyente conserva un derecho de rechazo sobre la solución arbitral, de manera que puede decidir, incluso en la fase final, no aceptar la solución que se le brinda tras el arbitraje.

4. *Regulación escasa y deficiente del arbitraje en el ModCDI:* La regulación del artículo 25.5 ModCDI, el Modelo de Acuerdo sobre arbitraje entre las autoridades competentes que añaden como anexo y los Comentarios a ambos son una regulación «de mínimos», ni mucho menos exhaustiva, que, como se estudiará, presenta importantes defectos estructurales y lagunas técnicas.

5. *El arbitraje del artículo 25.5 ModCDI 2008-2014 es de naturaleza obligatoria, no voluntaria:* Al conservar el contribuyente la opción exclusiva de entrada al procedimiento, el arbitraje no depende del acuerdo de las autoridades competentes, no es voluntario, sino obligatorio para éstas una vez que el contribuyente presenta su solicitud. Ahora bien, las autoridades competentes conservan el control del resto del procedimiento, tanto en su fase amistosa como arbitral (v.gr. siguen controlando qué casos tienen acceso al PA, pueden decidir sobre la actuación del contribuyente para parar una u otra fase, PA o arbitraje, pueden indirectamente ralentizar o incluso paralizar el PA al no existir normas específicas sobre cómo se desarrollará la fase arbitral en sus aspectos prácticos, etc.)

6. *El arbitraje es jurídico y no de equidad o negociado:* En la solución al caso planteado, los árbitros deben interpretar el CDI en su contexto (regla del artículo 3.2 ModCDI) y sus relaciones con la legislación interna, empleando las reglas de los artículos 31 a 34 CVDT, los Comentarios al ModCDI o las Directrices de la OCDE 1995-2017 en materia de precios de transferencia (lógicamente, también podrán emplear, aunque nada se mencione, los Informes de la OCDE en materia de atribución de beneficios a los EPs vinculados a las versiones del artículo 7 en el ModCDI 2008 y ModCDI 2010-2014, que tienen una fuerza análoga a las Directrices). En este punto, la OCDE nuevamente parece defender la interpretación dinámica de los CDI a la luz de los Comentarios/Directrices más recientes, un aspecto que, como es sabido y se ha apuntado en el capítulo II, dista mucho de ser una doctrina plenamente aceptada.

7. *El arbitraje es independiente, no limitado a la mejor oferta de las partes:* En principio, el laudo arbitral debe plasmar una solución razonada que no necesariamente tiene que adecuarse a la defendida por las partes, que son las autoridades competentes. Es decir, a diferencia del llamado «best offer/base-ball arbitration», los árbitros no tienen que limitarse a escoger entre las propuestas de las autoridades competentes. Ahora bien, el Modelo de Acuerdo Amistoso sobre el Procedimiento Arbitral que incluyen los Comentarios al artículo 25 ModCDI, párrafo 6, contempla la posibilidad de aplicar un procedimiento arbitral racionalizado que se base en los principios del «best offer/base-ball arbitration», en el que el órgano arbitral, compuesto por un solo árbitro, debe elegir entre la propuesta que le presentan las autoridades competentes. Tal procedimiento racionalizado se recomienda especialmente para resolver cuestiones de hecho como las que se plantean en los asuntos en materia de precios de transferencia o la existencia de EP.

6.5. Actos sometidos a arbitraje

En principio, el artículo 25.5 ModCDI está redactado de forma que se va a aplicar en los llamados PAs para casos específicos, ya se trate de casos que generan doble imposición como de aquéllos donde, simplemente pueda existir imposición no conforme con el CDI. Se ha planteado, en estos supuestos, si (1) los casos de doble no imposición que impliquen imposición no conforme con el CDI y (2) los casos donde exista fraude, evasión, o simplemente la aplicación de sanciones pueden también tener acceso al procedimiento arbitral. En realidad, la respuesta a este interrogante dependerá de lo que establezca el CDI y la legislación interna en relación con el acceso al PA para casos específicos, ya que, en algunos Estados [y así ocurre en España, vid. artículo 8.2.d) Reglamento de Procedimiento Amistoso] se establecen condiciones específicas que implican el rechazo de la apertura no ya de la fase arbitral, sino del PA. Ya hemos expresado a este respecto nuestra posición de rechazo al cierre del PA allí donde exista infracción o sanción, pero la misma solución, a nuestro juicio, debiera trasladarse a los supuestos de doble no imposición o fraude de ley.

Si, por las Administraciones de los Estados contratantes se detectaran casos de este tipo, lo procedente sería modificar las disposiciones del CDI o internas que generan la doble no imposición o el potencial fraude, o, en casos de abuso, aplicar la normativa interna a este respecto (algo que posibilitan los Comentarios al artículo 1 ModCDI), pero, simplemente, cerrar el PA o el procedimiento arbitral para este tipo de supuestos, nos parece una sanción encubierta que, si no se impone en un procedimiento en el que se respeten todas las garantías, generará dificultades de orden constitucional (artículo 24.2 y 25 CE). Aún así, es cierto que algunos Estados siguen esta política en el PA o en las disposiciones sobre arbitraje de sus CDI (v.gr. EEUU suele excluir el acceso al PA si se detecta que el contribuyente está utilizando un «tax shelter» o existe actividad fraudulenta e incluso el MoU anexo al CDI Bélgica-EEUU 2006, en los casos de «uso impropio» del CDI).

En este sentido, se ha comentado que la inclusión de una cláusula arbitral en los CDIs puede tener el efecto indirecto de que las autoridades competentes sean más estrictas a la hora de admitir casos al PA, ya que, de esta forma, se reduciría la posibilidad de recurso al procedimiento arbitral. En nuestro ordenamiento, la doctrina de los tribunales sobre control de los actos de denegación de acceso al PA impediría, desde luego, el cierre arbitrario de esta vía con la finalidad apuntada.

En cualquier caso, es preciso tener en cuenta que el acuerdo de las dos autoridades competentes sobre la «existencia de imposición conforme con el CDI» impediría el recurso al arbitraje, incluso si existe doble no imposición (párrafo 71 Comentarios al artículo 25.5 ModCDI) ya que, en estos supuestos, no existirá un supuesto o situación no resuelto en el PA.

Por último, es frecuente que los CDIs reduzcan o amplíen la aplicación de la cláusula de arbitraje con respecto a lo previsto en el artículo 25.5 ModCDI 2008-2014. La reducción suele implicar que el arbitraje sea accesible sólo en supuestos de desacuerdo sobre los hechos entre las autoridades competentes, de manera que sólo se someterán a arbitraje los casos en materia de precios de transferencia, de delimitación de la existencia de EPs, o en los que pueda existir abuso. Ocasionalmente, la delimitación se hace no en atención a la división de supuestos que puedan afectar a hechos o a fundamentos de derecho, sino, más bien, por materias, y así se someten a arbitraje sólo cuestiones de precios de transferencia, desacuerdos sobre la existencia de EPs o sobre atribución de beneficios a los mismos.

Es también habitual, y así lo mencionan los Comentarios al artículo 25.5 ModCDI 2008-2014, que el procedimiento amistoso se amplíe a PAs interpretativos o legislativos, o que expresamente se incluyan, entre las materias sometidas a arbitraje, los PAs que prevé el artículo 4.2.d) ModCDI para fijar la residencia de ciertos contribuyentes (que, en puridad, son un supuesto de PA para casos específicos). También, con relativa frecuencia (especialmente en CDI de EEUU), los APAs se incluyen entre los actos que pueden llevar la apertura del procedimiento arbitral (aunque en puridad un APA se sustancie a través del PA para casos específicos o incluso interpretativo).

6.6. El inicio del procedimiento arbitral, los derechos del contribuyente y la relación con los recursos internos en el artículo 25 ModCDI 2008-2014

Una vez cumplido el plazo de dos años al que se refiere el artículo 25.5 ModCDI 2008-2014, el contribuyente podrá presentar la solicitud de inicio del arbitraje a las autoridades competentes de cualquiera de los dos Estados (tal plazo es de tres años en el artículo 25.5 CDI España-Suiza añadido por el Protocolo de 2011). Son dos las cuestiones que tienen relevancia en relación con el inicio del procedimiento: quién puede solicitarlo y el cómputo del plazo de los dos años. Con respecto a la primera cuestión, ya se comentó que el monopolio del inicio del arbitraje en el artículo 25.5 ModCDI 2008-2014 corresponde al contribuyente, que, sin el acuerdo de las autoridades competentes, puede presentar la solicitud de arbitraje.

El cómputo del plazo de los dos años es un tanto engañoso por dos motivos. En primer lugar, el *dies a quo* está vinculado no a la fecha de presentación de la solicitud de inicio del PA por el contribuyente ante, como será habitual, la autoridad competente de su Estado de residencia, sino a la fecha en que la autoridad competente del otro Estado reciba la solicitud de inicio del PA y la considere completa. Surgen, en consecuencia, dos interrogantes acerca del *dies a quo* a partir del cual comienza el cómputo del plazo. Así, se plantea cómo conocerá el contribuyente tal fecha salvo que expresamente se lo notifique alguna autoridad competente. Y, en el mismo sentido, las exigencias desproporcionadas de la otra autoridad para considerar la documentación como completa podrían dilatar el inicio del cómputo del plazo. Por lo anterior, sería conveniente que en los MoUs o acuerdos complementarios de las autoridades competentes que desarrollen el procedimiento arbitral se regulen estas cuestiones, esto es, la obligación de notificación al contribuyente del acuerdo de la otra autoridad competente de inicio del PA y la regulación de cuándo una documentación se entiende completa (cuestión que con frecuencia se regula en relación con el acceso al PA). A efectos prácticos, el contribuyente podría también optar por presentar la solicitud de inicio del PA a la autoridad competente de su Estado de residencia pero, al mismo tiempo, remitir una copia de la documentación a la otra autoridad competente, con el fin de adelantar la fecha a partir de la cual podría tener acceso al arbitraje.

En segundo lugar, el plazo de dos años es ciertamente engañoso. En realidad, no significa que la solución arbitral se obtenga en este período. Recuérdese que el contribuyente tiene tres años desde que se produzca la doble imposición o acto no conforme con el CDI para presentar su caso a la autoridad competente de su Estado de residencia, que la fase unilateral del PA ante esta autoridad consumirá un cierto período de tiempo y que, hasta que esta autoridad remita el caso a la autoridad competente del otro Estado contratante y ésta estime que la documentación está completa, transcurrirán también, en condiciones normales, algunos meses. Y sólo a partir de este momento comenzará el cómputo del plazo de dos años que las autoridades competentes tienen para solucionar el caso. La consecuencia será que la solución arbitral no goce de la inmediatez que aparenta y que pueda producirse en un momento relativamente alejado en el tiempo de la realización del hecho imponible, o que, incluso, pueda estar en los tiempos de solución de los recursos internos (diluyéndose de esta forma una de las ventajas tradicionales del arbitraje, la posibilidad de obtener una solución razonada en Derecho en tiempos relativamente cortos; por ejemplo, los seis meses desde el inicio del arbitraje que establece el artículo 21 Decreto-Ley 10/2011, de 20 de enero, que regula el arbitraje tributario en Portugal).

Es conveniente, a estos efectos, tener en cuenta que la existencia de un acto de imposición es necesario para el inicio del arbitraje, de manera que este último se excluirá en casos de PAs específicos de naturaleza preventiva iniciados con anterioridad a la existencia del acto administrativo de exigencia del impuesto, es decir, de una liquidación (v.gr. por cambios legales, por actos de trámite que hace pensar que pueda existir un acto contrario al CDI, etc.).

Por lo que respecta a los derechos del contribuyente, algunos de ellos ya han sido mencionados. Así, por ejemplo, en el artículo 25.5 ModCDI 2008-2014 el contribuyente tiene en sus manos el inicio del PA, facultad que a él aparece atribuida en exclusiva. En la tramitación del arbitraje, se le reconoce igualmente la posibilidad de presentar por escrito su posición a los árbitros y a aportar pruebas, podrá también presentar oralmente su posición a los árbitros si éstos lo autorizaran y, finalmente, tendrá el derecho de rechazo del PA y, en consecuencia, del resultado del laudo arbitral hasta el último momento. Si bien más abajo expondremos cómo se nombran los árbitros, es relevante ahora mencionar que el contribuyente no tiene derecho al nombramiento de ninguno de ellos, cuestión que corresponde a las autoridades competentes, en primera instancia, y a los dos árbitros designados, en segundo lugar.

Iniciado el arbitraje, se plantea cómo se relaciona el mismo con los recursos internos. La redacción del artículo 25.5 ModCDI 2008-2014 se ocupa de precisar que no podrá someterse un caso a arbitraje si un tribunal u órgano administrativo de cualquiera de los Estados contratantes se ha pronunciado previamente sobre las cuestiones irresueltas en el PA, debiendo el contribuyente acompañar la solicitud de inicio del arbitraje de una declaración en este sentido. Lo cierto es que tal frase sólo está prevista, con el fin de garantizar la efectividad del arbitraje, para ser incluida en los CDI de los Estados que tienen problemas de orden constitucional para separarse, en el contexto del PA, de los actos administrativos o las sentencias firmes. Allí donde tales dificultades no surjan (en la sección dedicada al PA para casos específicos ya expusimos que, a nuestro juicio, no existe tal dificultad en España) la frase se podrá eliminar.

Por lo demás, los Comentarios al artículo 25.5 ModCDI 2008-2014, párrafos 76-80, hacen una serie de consideraciones que, básicamente, reiteran las mismas ideas expresadas en relación con los PAs para casos específicos y son trasladables al arbitraje:

1. En la mayoría de los países no se permite el ejercicio simultáneo de los recursos jurisdiccionales y el PA, por lo que se debe suspender los primeros para continuar con el PA o, en caso de no ser posible, el PA sólo se iniciará agotados tales recursos.

2. Allí donde se opte en primer lugar por el PA y se logre un acuerdo, en fase estrictamente de PA o arbitral, la ejecución del mismo se debe condicionar a la renuncia al ejercicio de recursos jurisdiccionales internos. En este punto, los Comentarios parten de la idea de que resulta posible suspender el ejercicio de la vía de recurso interno a la espera del resultado del PA (con o sin procedimiento arbitral). La suspensión de los recursos legales internos a la espera de lo que ocurra en el PA se justifica por los Comentarios sobre la base de que la mayoría de los contribuyentes aceptarán el resultado del PA y, en su caso, del arbitraje desarrollado en el seno de este procedimiento.

3. Si se opta en primer lugar por los recursos jurisdiccionales ordinarios, la vía del PA sólo estará abierta para solicitar la eliminación de la doble imposición.

4. En algunos países, las cuestiones no resueltas por las autoridades competentes sólo pueden someterse a arbitraje si no cabe ya recurso jurisdiccional interno, por lo que la apertura de la fase arbitral, en estos Estados, se debería condicionar a la renuncia del contribuyente a ejercer estos recursos internos, aunque, en estos supuestos, sería deseable que se garantizase al contribuyente que el PA y el arbitraje eliminarán la doble imposición.

La idea de la que parten los Comentarios es que la existencia de un pronunciamiento judicial sobre el fondo haría que el PA y el arbitraje perdieran su objeto (salvo en países donde las autoridades competentes puedan apartarse de los pronunciamientos de esta naturaleza), por lo que las consideraciones generales que añaden están orientadas a esta finalidad. No debe perderse de vista que, al igual que ocurre con el PA, los Comentarios simplemente añaden una serie de consideraciones generales, y son los legisladores nacionales quienes deben fijar en la normativa interna la relación entre el PA (con o sin fase arbitral) y los recursos internos. En los países donde el arbitraje tributario sea una realidad (Portugal) como sustitutivo de los recursos internos, en buena lógica, se debería también regular la relación de este arbitraje nacional con el PA (con o sin fase arbitral).

Como hemos apuntado, por lo que respecta a la ejecución del laudo arbitral, es importante tener en cuenta que adoptará forma de acuerdo de las autoridades competentes y que el contribuyente tiene un derecho de rechazo hasta la firma del mismo. Si lo acepta, la aceptación deberá vincular a todas las partes, esto es, estará suscrito por todas las partes vinculadas afectadas, y se condicionará la firma del acuerdo a la expresa renuncia a los recursos internos por todas ellas. En algunos Estados existe la posibilidad de que, tras el arbitraje, las autoridades competentes se pongan de acuerdo en ejecutar una solución distinta a la prevista en el laudo (así ocurre en el Convenio 90/436/CEE, artículo 12), aunque en el contexto OCDE tales autoridades competentes sólo pueden ponerse de acuerdo hasta la fecha en la que se dicta el laudo, no con posterioridad (párrafo 43 de los Comentarios al Modelo de Acuerdo sobre el Procedimiento Arbitral, añadido como anexo a los Comentarios al artículo 25.5 ModCDI 2008-2014).

6.7. Cuestiones procedimentales del arbitraje del artículo 25.5 ModCDI 2008-2014

Los aspectos prácticos del arbitraje son abordados no en el artículo 25.5 ModCDI 2008-2014, sino, más bien, en el Modelo de Acuerdo Anexo a los Comentarios a este precepto, que contiene un modelo de acuerdo amistoso sobre el procedimiento arbitral que las autoridades competentes pueden utilizar para desarrollar y regular el arbitraje. Lo cierto es que tal modelo presenta lagunas importantes que las autoridades competentes deberían tener en cuenta y serán las que centren los comentarios que hacemos:

1. *Fijación de los términos de referencia:* Se encomienda a las autoridades competentes que fijen las cuestiones que deben resolver los árbitros en el plazo de tres meses desde la recepción de la solicitud de arbitraje por ambas autoridades competentes (si una de ellas no coopera, en el plazo de un mes, se podrán fijar estos términos de referencia provisionales por el contribuyente y una de las autoridades competentes, y serán objeto de revisión por los árbitros en el plazo de un mes desde su nombramiento, aunque todavía se concede a las autoridades competentes otro plazo de un mes para revisar los términos así fijados y convertirlos en definitivos). Lo cierto es que resulta un tanto extraño que sean las autoridades competentes quienes definan los términos de referencia, el objeto del arbitraje, ya que debería ser una cuestión a delimitar por los árbitros.

Lo natural sería también que los términos de referencia determinaran las reglas procedimentales, de prueba y las cuestiones de orden práctico, por ejemplo, el idioma, del arbitraje, y, de hecho, así se menciona en el párrafo 3 del Modelo de Acuerdo. Por ejemplo, se atribuye a los árbitros la función de adoptar las normas procedimentales y probatorias que consideren oportunas para fijar los términos de referencia (párrafo 10 del Modelo de Acuerdo), refiriéndose, si así lo consideran oportuno, a los reglamentos de conciliación existentes, una cuestión que puede demorar el arbitraje. Lo más razonable hubiera sido que las reglas procedimentales (no el objeto de la controversia) fueran definidas por las autoridades competentes por referencia a las existentes en instituciones internacionales. No sería tampoco buena idea no fijar en los términos del arbitraje el idioma en el que se debe desarrollar el mismo, cuestión que debe tenerse en cuenta en el nombramiento de los árbitros, para evitar la necesidad de traducciones y reducir costes que, una vez más, pueden obstaculizar o demorar el arbitraje.

En relación con la prueba, no alcanzamos a comprender por qué razón sólo puede tenerse en cuenta por los árbitros la disponible para las autoridades competentes (salvo que éstas acuerden que otras pruebas son admisibles) antes de la recepción por ambas partes de la solicitud de arbitraje (parra. 10 Modelo de Acuerdo y párrafo 19 de los Comentarios). La admisibilidad de la prueba o no debería ser una cuestión a decidir por los árbitros, sin que se predetermine su decisión por las autoridades competentes.

En realidad, si lo que se pretende es agilizar el arbitraje, todas las cuestiones procedimentales y de prueba deberían estar reguladas en el MoU de desarrollo del procedimiento arbitral del CDI respectivo, sin esperar que sean los árbitros quienes desarrollen esta función.

2. *Elección de los árbitros* (párrafo 5 del Modelo de Acuerdo y párrafo 14 y ss. de los Comentarios a éste): En el plazo de tres meses desde el momento en el que el requirente del arbitraje reciba los términos de referencia (cuatro meses desde la recepción de la solicitud de remisión a arbitraje por

ambas autoridades competentes si no existió acuerdo entre ellas para la fijación de los términos de referencia), cada autoridad designará un árbitro. Y ambos árbitros, de común acuerdo, en el plazo de dos meses desde la designación del último árbitro, elegirán un tercero que será el presidente del órgano arbitral. A falta de designación de alguno de los árbitros en el plazo previsto, el Director del Centro de Política y Administración Tributaria de la OCDE elegirá al árbitro o árbitros que falten (plazo de 10 días desde la recepción de la solicitud a tal efecto).

Lo cierto es que, en este punto, las indicaciones de la OCDE son insuficientes: no se regula cómo garantizar la imparcialidad e independencia de los árbitros (la OCDE asume que las autoridades competentes tienen interés en designar a personas cualificadas, al igual que los árbitros al nombrar al presidente), esto es, qué condiciones y cualidades deben tener los árbitros para asegurarse que son personalidades independientes de los contribuyentes, de las autoridades competentes o de los respectivos Gobiernos, de manera que su decisión pueda ser objetiva, y no a medida de las necesidades u opiniones de cualquiera de los intervinientes. Es decir, no se regula ningún tipo de condición de incompatibilidad, causas de abstención o recusación. Tal y como está redactado el párrafo 5 del Modelo de Acuerdo, cualquier funcionario que intervino en el procedimiento amistoso previo, en la inspección a los contribuyentes, o cualquier asesor o consultor de estos últimos podría ser árbitro, lo cual no sería razonable. No obstante, el párrafo 16 de los Comentarios al Modelo de Acuerdo aclara que «sería posible que el órgano arbitral estuviera integrado por funcionarios no directamente relacionados con el caso». Podría interpretarse que la OCDE, en este punto, está dejando la regulación de la cuestión a las autoridades competentes de los dos Estados, pero se echa en falta una mención a la necesaria imparcialidad de los árbitros, que debe garantizarse con el nombramiento de personas que aseguren, a priori, el cumplimiento de tal exigencia y que, con carácter previo a su designación, pongan de manifiesto si tienen o no conflictos de intereses para aceptar el caso. Se trata de una cuestión que regulan habitualmente los MoUs de desarrollo del arbitraje, y, así, por ejemplo, en el reciente CDI Holanda-Japón de 2010 se excluye de la condición de árbitro a cualquier funcionario de ambos Estados o a los asesores del contribuyente (acerca de la política de EEUU en esta materia, vid. la sección 6.9).

Tampoco se indica nada sobre la remuneración de los árbitros, más allá de que podría utilizarse el método utilizado en el Código de Conducta del Convenio de Arbitraje. Será una cuestión que deban regular los MoUs entre las autoridades competentes a fin de que la remuneración sea suficiente para que la función de árbitro pueda ser desarrollada por personas de reconocida competencia. Así suelen hacer, por ejemplo, los CDI de EEUU que recogen cláusulas de arbitraje, que establecen límites, más o menos estrictos, a estos efectos.

3. *Lugar del arbitraje:* Ni el Modelo de Acuerdo ni sus Comentarios regulan esta cuestión de una manera técnicamente depurada. El lugar del arbitraje suele determinar la ley aplicable al mismo, sobre todo, en relación con los recursos y para colmar lagunas en la normativa procedimental del propio arbitraje. A estos efectos, es llamativo que el párrafo 18 del Modelo de Acuerdo disponga que, a menos que uno de los Estados contratantes lo considere inaplicable por hallarlo afectado por una contravención de las disposiciones del artículo 25.5 ModCDI o de cualquier otra norma de procedimiento incluida en los términos de referencia o el acuerdo entre las autoridades competentes, el laudo será firme. Sin embargo, da la impresión de que el recurso por cuestiones de forma (o cualquier otra) se puede plantear en cualquiera de los dos Estados contratantes, lo cual equivale a dejar abierta la posibilidad de anular el laudo en uno o en ambos. Ni que decir tiene que la ausencia de una regulación clara sobre el recurso (jurisdicción, legislación aplicable) y sus causas pueden redundar en una pérdida de eficacia del laudo y el acuerdo amistoso que refleje el mismo.

En este punto, es preciso también analizar otras cuestiones de orden práctico vinculadas al lugar del arbitraje, como la sede física del mismo (no como legislación aplicable). Los Comentarios al Modelo de Acuerdo, párrafo 22, indican que «la solución más sencilla por lo que respecta al emplazamiento y a los medios materiales necesarios para la celebración de reuniones del órgano arbitral, es la de dejar que sea la autoridad competente a la que se presentó inicialmente el caso que originó el arbitraje quien disponga lo necesario». Lo cierto es que tal solución no parece tampoco enteramente convincente ya que la misma determinará que sea normalmente la autoridad del Estado de residencia del contribuyente que «inicia» el PA, la que tendrá las competencias organizativas. Y surgen en este punto, una serie de cuestiones no menores. Si tal autoridad no tuviera demasiado interés en la solución del caso, es evidente que puede retrasar o impedir la solución pronta del mismo a través de sus competencias de organización. Además, tal solución puede funcionar allí donde exista un equilibrio de casos presentados a ambas autoridades, pero donde la mayoría de los casos sean planteados a una de ellas, la solución no parece proporcionada, especialmente, cuando uno de los países exporte capital y servicios a la otra parte contratante, las solicitudes y organización del arbitraje tenderán a corresponder a la autoridad competente del Estado exportador, con el desequilibrio que puede generar que su administración tributaria tenga una mayor facilidad y experiencia en este tipo de supuestos. Es una cuestión sobre la que, sin duda, las autoridades competentes deberán reflexionar y regular en los acuerdos o MoUs que desarrollen el arbitraje a fin de evitar problemas futuros (por ejemplo, en los MoUs de desarrollo de los CDI de EEUU con cláusula arbitral se suelen incluir disposiciones específicas a estos efectos).

4. *Plazo de emisión y comunicación del laudo* (párrafos 16, 17 Modelo de Acuerdo, párrafos 37-38 de los Comentarios): Será de seis meses desde que el presidente notifique a las autoridades competentes y al contribuyente que ha recibido toda la documentación necesaria para adoptar su decisión. En realidad, junto con el resto de plazos ya vistos, el arbitraje podrá decidirse en un plazo de unos 18 meses totales (lo que añadido a los plazos anteriores hace que el arbitraje pierda una de sus ventajas, la celeridad en la resolución de los problemas). Allí donde tal plazo resultara insuficiente para tomar una decisión, las autoridades competentes podrán acordar una extensión del plazo de decisión, algo que con frecuencia puede ocurrir en casos con documentación compleja, por ejemplo, en materia de precios de transferencia. Si bien es cierto que, en algunos supuestos, seis meses puede no ser un plazo demasiado amplio, lo cierto es que las ampliaciones de plazo son incompatibles con la propia finalidad del arbitraje (dar una solución rápida al conflicto), por lo que, tanto los propios árbitros como las autoridades competentes, desde el principio, deberán valorar la complejidad del caso y la disponibilidad de tiempo de los árbitros para emitir el laudo en el plazo concedido.

5. *Adopción y efectos del laudo* (párrafos 15, 18 Modelo de Acuerdo, párrafo 36 Comentarios al Modelo de Acuerdo): El laudo se alcanzará por mayoría simple. En este punto, no se soluciona qué ocurrirá en casos de falta de acuerdo de los árbitros allí donde la opción no sea binaria, como puede ocurrir, por ejemplo, en la disparidad de visiones entre los tres árbitros sobre el tipo aplicable a los cánones, la idoneidad de los comparables o la determinación del rango de mercado. El laudo será una decisión jurídica, esto es, será escrito, deberá necesariamente motivarse y reflejar las fuentes del Derecho en las que se basa, con expresión de los razonamientos que conducen a la decisión adoptada. Resulta sorprendente que un laudo razonado en Derecho no tenga fuerza de precedente (párrafo 15 del Modelo de Acuerdo y 39 Comentarios al Modelo de Acuerdo) o exija, al menos, a comisiones arbitrales posteriores razonar por qué se apartan de la solución adoptada en casos similares por anteriores paneles arbitrales. La falta de fuerza del laudo para casos posteriores sólo podría explicarse por que los árbitros no tengan acceso a los laudos dictados anteriormente, debido a la falta de publicidad de las decisiones, ya que, de otra manera, no se entiende que en unos casos la solución pueda ser una y en otros otra, cuando exista identidad o similitud en las circunstancias, con la consiguiente arbitrariedad en la aplicación de los CDI. En algunos tipos de asuntos (v.gr, calificación de rentas) puede ser más fácil que concurran los presupuestos para que se plantee el valor de precedente de un laudo arbitral, pero con frecuencia la decisión a tomar estará muy vinculada a los hechos del caso concreto (existencia o no de un EP, ajustes de precios de transferencia o de atribución de renta al EP) de manera que la solución no pueda trasladarse fácilmente a otros casos. No obstante, esto no es un argumento para rechazar su publicidad o valor como precedentes ya que los mismos problemas se plantean en relación con las sentencias judiciales en materia de precios de transferencia o sobre la existencia de un EP o la atribución de beneficios al mismo.

6. *Firmeza y ejecución del laudo* (párrafos 18-19 Modelo de Acuerdo, párrafo 41 Comentarios al Modelo): Una vez dictado y notificado a las autoridades competentes, el laudo será firme (a menos que se interpongan contra él los recursos mencionados ya más arriba, con los problemas que ello plantea). En el plazo de seis meses desde su recepción, las autoridades competentes ejecutarán el

laudo que les hayan comunicado y lo incluirán en borrador de acuerdo amistoso para presentarlo al contribuyente directamente afectado por el caso. Llama la atención que el laudo no se notifique directamente también al contribuyente a fin de que tenga tiempo para deliberar sobre su aceptación o no y que sólo se presente al mismo una vez que haya sido incluido en el borrador de acuerdo entre las autoridades competentes. De hecho, existe una inconsistencia de los Comentarios sobre esta cuestión, ya que, al regular el Modelo de Acuerdo el plazo para la comunicación del laudo, indica que en seis meses debe comunicarse tanto a las autoridades competentes como al requirente (párrafo 16) y, sin embargo, al regular la ejecución parece que la notificación al requirente no se realizará hasta que se comunique a éste el borrador de acuerdo de las autoridades competentes que incluya el laudo. Recuérdese, a estos efectos, el derecho del contribuyente a no aceptar el resultado del PA y la posibilidad que las autoridades competentes tienen de alcanzar un acuerdo amistoso hasta la fecha de adopción del laudo.

7. *Publicación de laudo o acuerdo* (párrafo 15 Modelo de Acuerdo; párrafos 39-40 de los Comentarios): Se trata, sin duda, de uno de los mayores defectos del procedimiento arbitral. En los borradores iniciales publicados por la OCDE en materia de arbitraje, el laudo no debía ser objeto de publicación. Sin embargo, ante las fuertes (y, a nuestro juicio, acertadas críticas que recibieron), el secretismo inicial se dulcificó para recomendar la posible utilidad que tendría la publicación de la decisión, una vez lo hayan autorizado tanto las autoridades competentes como el contribuyente y se haya purgado la información relativa a la identificación del contribuyente y los datos confidenciales. A estos efectos, los Comentarios al Modelo de Acuerdo indican que, si bien los acuerdos alcanzados en el PA no son públicos (sin que, como ya comentamos, se entienda la razón que lleva a esta falta de publicidad), la publicación del laudo haría más transparente el proceso. Lo cierto es que la falta de publicación de los PAs y de los laudos (o que la misma quede condicionada a la aceptación de las autoridades competentes o del contribuyente) es inaceptable si se pretende garantizar un proceso arbitral en el que se tomen decisiones razonadas en derecho; sin que la demanda de confidencialidad sea un justificante válido (datos más confidenciales se ponen de manifiesto en otros ámbitos, por ejemplo, en las decisiones en materia de política de la competencia de la Unión Europea y, sin embargo, el texto de las decisiones se publica, una vez purgado). Se trata probablemente de uno de los principales defectos del procedimiento arbitral que regula la OCDE, ya que la falta de transparencia puede redundar en vicios de legalidad o inconstitucionalidad de las decisiones que se adopten. Aunque, como es sabido, las Administraciones tributarias de muchos países pretenden mantener secretas las decisiones de los PAs o procedimientos arbitrales, tal secretismo sin control externo no parece fácilmente aceptable desde una perspectiva jurídica o de una administración, como la española, vinculada por el artículo 103 CE.

8. *Procedimiento arbitral racionalizado* (párrafo 6 Modelo de Acuerdo y 12-13 Comentarios al Modelo de Acuerdo): De común acuerdo, en los términos de referencia, las autoridades competentes podrían optar por un procedimiento arbitral simplificado que se caracterizaría por las siguientes notas:

a) Sería decidido por un solo árbitro, designado de común acuerdo por la autoridades competentes (plazo de un mes desde la recepción de los términos de referencia por el solicitante del arbitraje; en caso de falta de acuerdo la designación corresponderá al Director del Centro de Política y Administración Tributarias de la OCDE).

b) El modelo de arbitraje aplicable en este caso sería de «mejor oferta» («best offer/baseball arbitration»), de manera que cada autoridad competente remitirá su posición razonada al árbitro (plazo de dos meses desde la designación del mismo) y éste debe elegir entre las dos respuestas recibidas por las autoridades competentes, adjuntando una breve motivación, en el plazo de un mes desde la recepción de la última posición de las autoridades competentes.

c) Los Comentarios al Modelo de Acuerdo recomiendan aplicar este procedimiento racionalizado para resolver cuestiones de hecho sobre las que exista desacuerdo, como, por ejemplo, las que se plantean en los asuntos en materia de precios de transferencia (ajuste primario y correlativo) o la determinación de si existe o no un establecimiento permanente.

d) Curiosamente, no está claro si el contribuyente puede, en estos casos, presentar su posición al árbitro, ya que, si bien el Modelo de Acuerdo, párrafo 6, parece admitir ésta (al remitirse al párrafo 17, que menciona esta cuestión), la regulación de la decisión del árbitro no deja opción para tomar en consideración la posición del contribuyente, ya que el árbitro tiene que elegir entre las propuestas de las autoridades competentes. De hecho, da la impresión de que el contribuyente sólo puede posicionarse a favor de una de las dos opciones, pero no defender su propia propuesta.

9. *Costes del procedimiento arbitral* (párrafo 13, Modelo Acuerdo, y 26-32 Comentarios Modelo Acuerdo): A estos efectos se establecen algunas reglas detalladas de las que, como es lógico, pueden apartarse las autoridades competentes (el principio general es que quien controla el gasto debe ser quien lo soporte, soportándose el resto de los gastos en igual proporción):

a) Cada autoridad competente y el contribuyente soportarán sus propios costes y los del árbitro designado (los del presidente se dividen entre ambas autoridades competentes a partes iguales). En relación con los honorarios de los árbitros, éstos suelen fijarse en los MoU de desarrollo del procedimiento arbitral, lo que llama la atención es que no se prevea la posibilidad de anticipar ciertas cantidades a cuenta a los árbitros o asumir los costes anticipados que a éstos se les generen, aunque una vez que firmen las condiciones del compromiso arbitral tal reembolso esté, en principio, asegurado.

b) Los vinculados a reuniones y cuestiones administrativas se soportarán por la autoridad competente que recibió la solicitud de PA.

c) Otros costes (traducción, grabación, etc.) se dividirán a partes iguales.

6.8.   El arbitraje en el ModCDI 2017

6.8.1.   *El artículo 25.5 ModCDI 2017*

Como ya anunciamos, tras las propuestas realizadas en el seno de la Acción 14 BEPS y el MLI en materia de arbitraje, el artículo 25.5. ModCDI 2017 y sus Comentarios presentan novedades relevantes. El artículo 25.5 ModCDI 2017 tiene tres diferencias con respecto al mismo precepto en las versiones del ModCDI 2008-2014:

1. Se concreta que el período de dos años que el contribuyente tiene para instar el arbitraje se computa desde que toda la información requerida por las autoridades competentes a fin de considerar el caso haya sido suministrada a ambas autoridades. En realidad, esta modificación es más aparente que real, ya que los comentarios al artículo 25.5. ModCDI ya indicaban que ésta sería la fecha relevante, por lo que hace el artículo 25.5 ModCDI 2017 es concretar la formulación más abstracta del artículo 25.5 ModCDI 2008-2014. El párrafo 75 de los Comentarios indica que toda la información ha sido aportada a las autoridades competentes desde que tengan información suficiente para decidir si las objeciones del contribuyente están justificadas. Normalmente, el acuerdo amistoso que regule el arbitraje concretará cuándo se da esta circunstancia y qué tipo de información sera suficiente a estos efectos. El modelo de acuerdo a estos efectos anexo a los Comentarios al artículo 25.5 ModCDI 2017 es muy similar al MLI, parte VI.

2. Se aclara que la solicitud de inicio del arbitraje se deberá presentar por escrito, algo que estaba implícito en las anteriores versiones.

3. Se elimina la nota a pie n.1 al artículo 25.5 Mod 2008-2014, según la cual, ciertos Estados, por razones de su ordenamiento interno, no podrían incluir una cláusula arbitral o sólo estarán en disposición de incluirla en CDIs con ciertos Estados y en atención a los factores descritos en los Comentarios al artículo 25.5 ModCDI 2008-2014. La nota también aclaraba que, si el PA en esos Estados puede apartarse de las decisiones de tribunales administrativos o judiciales, la mención a éstas podia eliminarse del párrafo 5 del artículo 25.5. ModCDI (vid. también párrafo 74 Comentarios). La razón de la eliminación de esta nota, según explica, el párrafo 65 Comentarios al artículo 25.5 ModCDI se encuentra en que se quiere enfatizar la importancia que tiene incluir un mecanismo

arbitral en los CDIs que asegure la resolución de disputas. Al mismo tiempo, se enfatiza en el párrafo 66 que no se debe reducir el número de casos susceptibles de ser llevados a arbitraje, ya que se limitaría la efectividad de este procedimiento para resolver los casos que el PA en sentido estricto se muestra incapaz de solucionar.

La novedad más importante, sin embargo, se encuentra en el acuerdo anexo que regula el procedimiento arbitral, ya que se opta por el llamado *'baseball arbitration'* como regla general y, subsidiariamente, por el arbitraje de opinion independendiente, esto es, justo al contrario que en el ModCDI 2008-2015. Tal cambio, sin embargo, no resulta sorprendente a la vista de que este tipo de arbitraje ya era el preferido en el MLI por su mayor simplicidad y sencillez.

6.8.2. *Comentarios al artículo 25.5. ModCDI 2018*

Aunque la base de los antiguos Comentarios al artículo 25.5 ModCDI 2008-2015 se mantiene, se han añadido cambios importantes, que podríamos resumir de la siguiente forma:

1. Se subraya, párrafo 65.1, la necesidad de que las autoridades competentes lleguen a un acuerdo sobre la aplicación del arbitraje y que regule los aspectos procedimentales. Como los Comentarios al artículo 25.5 ModCDI 2008-2015, también en 2017 se añade como anexo una muestra de acuerdo, con variaciones significativas con respecto al anteriormente recomendado. Puede ocurrir que los Estados prefieran regular los aspectos procedimentales, o algunos de ellos, en el propio texto del CDI, y, aunque esto incrementa la complejidad de la disposición arbitral del CDI, hay tratados internacionales que así lo hacen (como, por ejemplo, el propio MLI).

2. Cuando el artículo 25.5. es incluido en un nuevo CDI que reemplaza a otro anterior o a las disposiciones del MLI (parte IV), los Estados contratantes deben aclarar si el nuevo precepto es retroactivo y se aplica a casos que se refieran al antiguo CDI. Si no existiera retroactividad, los Estados contratantes deben asegurarse de que las disposiciones arbitrales del antiguo CDI o del MLI continúan aplicándose.

3. Se desarrolla la interacción entre el arbitraje del artículo 25.5 ModCDI y los instrumentos aplicables en la UE a los miembros de ésta (párrafo 67). Esta coordinación debe asegurar que el arbitraje en estos instrumentos es posible incluso cuando el artículo 25.5 ModCDI tenga un ámbito de aplicación más limitado. Se propone a estos efectos una cláusula específica. También se indica que debe tratarse de que no se simultáneen procedimientos arbitrales propios de la UE con los regulados en los CDIs (se coordina de esta forma con la Directiva de resolución de disputas de la UE o con las cláusulas de ciertos CDIs relativas al Convenio 90/436/CEE).

4. Se desarrolla la posibilidad de que los Estados pacten, con carácter general, un período de tiempo más amplio (3 años) para el PA antes de que el contribuyente pueda instar el arbitraje. También es posible regular que, en ciertos casos, las autoridades competentes extiendan este período más allá del plazo de los dos años antes de que expire el citado plazo, y se incluye una cláusula específica que contemple esta posibilidad en el párrafo 70.1 Comentarios artículo 25.5. ModCDI.

5. Se desarrolla, párrafo 70.2, en qué circunstancias puede suspenderse el cómputo del plazo de dos años: por ejemplo, cuando el caso está pendiente ante un tribunal y uno de los Estados no permite al contribuyente simultanear ambos procesos, o en casos de de suspensión de acuerdo con el contribuyente (v.gr. por enfermedad grave o dificultades personales). También a estos efectos se incluye una cláusula modelo que los Estados pueden emplear (vid. la variante de esta cláusula en el párra 74).

6. Se regulan (párrafo 70.3) los efectos de la solicitud de información adicional al contribuyente sobre el plazo de dos años de inicio del arbitraje. La no provision de la información por una de las personas afectadas en el tiempo concedido puede retrasar o evitar que las autoridades competentes resuelvan el PA. Las cláusulas de extension del período en casos individuales previstas en el párrafo 70.1 pueden contribuir a solucionar este problema, pero también este aspecto puede regularse en el PA relativo al modo de aplicación del artículo 25.5 ModCDI (v.gr. extendiendo el período).

7. El párrafo 79.1 Comentarios indica que algunos Estados permiten a una persona que simultanée los procedimientos amistosos y los judiciales en relación con los mismos asuntos. En estos casos, existe la posibilidad de que una decision sobre los asuntos sometidos a arbitraje sea tomada por un tribunal (judicial o administrativo) después del inicio del arbitraje y antes de que se tome la decision arbitral. Estos Estados pueden querer que, en estos casos, termine el procedimiento arbitral. Si esto es así, deberían añadir una cláusula al artículo 25.5. en este sentido y se da un modelo de cláusula de este tipo.

8. Algunos Estados consideran que los contribuyentes y sus asesores no deben revelar ninguna información recibida en el curso de un procedimiento arbitral. Para regular esta cuestión, estos Estados pueden añadir una cláusula específica basada en el artículo 23.5 MLI (párrafo 80.1).

9. Se regula, párrafo 81, el efecto de una sentencia de un Estado que pueda declarar nulo el laudo arbitral porque exista una violación del artículo 25.5. o de una regla de procedimiento, en este supuesto, la decisión arbitral no vinculará a ninguno de los Estados.

10. Se aclara que, cuando una persona no acepta el resultado del PA o se considera que no lo ha aceptado, el caso no se considerará susceptible de ser considerado de forma adicional por las autoridades competentes (párrafo 82).

11. El párrafo 82.1 contiene cláusulas específicas como modelo para regular las situaciones a las que se refieren los párrafos 81 (no aceptación) y 82 (nulidad de la decisión arbitral) Comentarios al artículo 25.5 ModCDI.

12. Se enfatiza que la regulación de los aspectos procedimientales del arbitraje es más flexible en un PA específico a estos efectos que en el propio texto del CDI o en un Protocolo al mismo (párrafo 85).

Se adjunta también a los Comentarios artículo 25.5 ModCDI 2017 una muestra de PA que regula el arbitraje que contiene cambios relevantes con el que acompañaba al artículo 25.5 ModCDI 2008-2015, fundamentalmente para reflejar los cambios en el artículo 25.5 ModCDI 2017 y el MLI, parte VI. Las novedades más relevantes son las siguientes:

- Se regula con más detalle el comienzo de la fecha de dos años.
- Se desarrolla la regulación de la selección y nombramiento de árbitros.
- El tipo de arbitraje será, con carácter general, el arbitraje de mejor oferta o 'base-ball arbitration' y sólo subsidiariamente se aplicará el arbitraje de opinion independiente. Se regula con detalle cómo debe proceder y realizarse cada uno de estos tipos de arbitraje.
- Se regulan los casos en los que los árbitros no deben emitir una decision (acuerdo previo de las autoridades competentes o retirada de la solicitud de arbitraje por el contribuyente).

Lógicamente, se modifican también los Comentarios al modelo o muestra de PA para reflejar precisamente los cambios que se realizan en 2017 y desarrollar algunos puntos no elaborados previamente.

6.9. La práctica arbitral en los CDI, con especial referencia a la política de EEUU

En el momento presente existe una gran variedad de cláusulas arbitrales. Las variaciones, entre otras, se refieren al tipo de arbitraje (voluntario u obligatorio), a los actos sometidos a arbitraje (cualquier cuestión de interpretación o aplicación de los CDI o sólo ciertas cuestiones, de hecho, acordadas por las autoridades competentes, a supuestos donde exista doble imposición) o por el tipo de arbitraje («best-offer» o arbitraje independiente (vid. a estos efectos, por ejemplo, el Anexo 4 del Informe del Subcomité sobre Resolución de Disputas: el arbitraje como un mecanismo adicional de mejora del procedimiento amistoso, de 6 de octubre de 2010, presentado al Committee of Experts on International Cooperation in Tax Matters, Sixths Session, Geneva, 18-22 October 2010, E/C. 18/2010/CRP.2).

Sin embargo, es importante que destaquemos brevemente las características de los CDI de EEUU, negociados en todo o en parte, que incluyen cláusulas de esta naturaleza (por ejemplo, V Protocolo CDI con Canadá de 2007, Alemania 2006, Bélgica 2006, Francia 2009 o Suiza 2009), ya que pueden ilustrar sobre la complejidad de la regulación del arbitraje y poner de manifiesto opciones alternativas a las contempladas en el ModCDI 2008-2017. Sintéticamente, las características de las disposiciones sobre arbitraje de los nuevos CDI de EEUU serían las siguientes:

1. *Regulación compleja:* No sólo el CDI específico detalla las características principales del arbitraje, sino que las mismas suelen ser desarrolladas en MoUs complementarios a las disposiciones arbitrales y en Directrices para los árbitros, lo que implica que la puesta en marcha del arbitraje, para que sea plenamente aplicable, es un acto complejo que, requiere de negociaciones adicionales al CDI, no siempre sencillas entre las autoridades competentes (como prueba la historia del desarrollo del V Protocolo del CDI con Canadá, ya que sólo hace unos pocos meses se completó el mismo). Esta regulación detallada, sin embargo, tiene la ventaja de que se eliminan bastantes de los problemas de falta de regulación que apuntamos en relación con los Comentarios al artículo 25.5 ModCDI, al Modelo de Acuerdo y a sus comentarios, aunque la versión de 2017 es mucho más detallada.

2. *Requisitos de los casos sometidos a arbitraje:* Las exigencias para que un caso tenga acceso al arbitraje son más estrictas que en el ModCDI. Se suele requerir (1) que se haya presentado una liquidación en, al menos, un Estado contratante; (2) que las autoridades competentes estén de acuerdo sobre la idoneidad de sometimiento de un caso arbitraje (habitualmente los referidos a los artículos 4, 5, 7, 9 y 12 ModCDI se identifican como tales), que sea un caso susceptible de arbitraje (los de aplicación de los CDI, incluidos PAs acelerados y APAs lo son) y no excluido del mismo o del PA (por la legislación interna o la existencia de decisiones judiciales o la no suspensión de los procedimientos judiciales); y (3) que todas las partes se sometan a arbitraje y asuman las exigencias de confidencialidad reforzada que se les suelen imponer.

3. *Tipo de arbitraje:* Se suele optar por un «best offer/base ball arbitration» en el que cada autoridad competente somete su posición, limitada habitualmente en extensión por número de páginas y anexos (el CDI de EEUU con Francia 2009 reconoce que el contribuyente también puede presentar un «position paper»), existe un derecho de réplica de las autoridades competentes al «position paper» de la otra parte, también de extensión limitada, y el panel arbitral (cada miembro) debe elegir entre una de las dos posiciones mantenidas por las autoridades competentes, sin necesidad de que se emita una resolución razonada o con valor de precedente.

4. *Regulación detallada del procedimiento y de los árbitros:* Los MoUs anexos a las cláusulas de arbitraje de los CDI suelen realizar una regulación del procedimiento arbitral más completa que la contenida en el Modelo de Acuerdo de la OCDE (la posterior a 2017 es más detallada) y, sobre todo, se suelen especificar las condiciones que deben cumplir los árbitros para garantizar su imparcialidad e independencia, de manera que, con carácter previo, tienen que revelar los potenciales conflictos de intereses y quedan excluidos del panel arbitral los funcionarios de ambos países hasta uno o dos años después del cese en el empleo público.

5. *Eficacia retroactiva del arbitraje:* Habitualmente, el arbitraje resultará aplicable en relación con PAs iniciados en ejercicios anteriores a la entrada en vigor y aplicación de la cláusula arbitral (casos pendientes), aunque se entiende que las disposiciones convencionales aplicables serán las contemporáneas a los hechos sometidos a la consideración de las autoridades competentes (repárese que tal efecto retroactivo no está previsto para la cláusula arbitral del nuevo Protocolo de 2013 al CDI España-EEUU, aún no en vigor).

A grandes rasgos, se podría decir que las cláusulas arbitrales de los CDI de EEUU de los últimos tiempos son más simples de aplicar que el artículo 25.5 ModCDI 2008-2014 y presentan, frente a éste, la ventaja de que el procedimiento y las condiciones que deben cumplir los árbitros están mejor y más desarrollados. El arbitraje regulado en el artículo 25.5 ModCDI 2017, por contra, es más detallado y se aproxima más a la regulación de EEUU (por ejemplo, al aceptar el arbitraje de major oferta como regla general). En contra de este tipo de arbitraje se podría aducir el mayor poder de control en el acceso que se reconoce a las autoridades competentes de EEUU y los otros Estados contratantes y, en consecuencia, el menor peso del contribuyente (aunque el control de acceso al procedimiento arbitral que se reconoce en el artículo 25.5 ModCDI 2008-2017 no es precisamente una virtud de este procedimiento). Como el artículo 25.5 ModCDI, uno de los aspectos más criticables es la ausencia de publicidad de los procedimientos y sus resultados.

6.10. Los CDIs españoles con cláusula de arbitraje

En el momento presente, como ya se ha indicado, sólo hay dos CDIs españoles en vigor con una cláusula arbitral, los CDIs con Suiza (como consecuencia de la modificación operada por el Protocolo de 2011) y Reino Unido 2013. Los nuevos CDIs con EEUU o con Japón todavía no están en vigor. El CDI España-México contiene, desde el 27 de septiembre de 2017, una cláusula de la nación más favorecida en esta materia, de manera que, cuando tras la firma del Protocolo de modificación del CDI y Protocolos originarios con España (15 de diciembre de 2015), acuerde la inclusión de una cláusula de arbitraje en línea con la OCDE en un CDI con otro país, tal cláusula será aplicable desde la misma fecha en relación con España.

El párrafo 5 del artículo 25 CDI con Suiza (añadido por el Protocolo de 2011) presenta dos singularidades relevantes con respecto al artículo 25 ModCDI:

1. El plazo con que cuenta el contribuyente para instar el arbitraje es de 3 años desde la presentación del caso a la autoridad competente del otro Estado contratante.

2. El acceso al arbitraje se limita en dos situaciones (1) cuando la persona a la que concierne el caso (lo cual incluye tanto el contribuyente como otras partes a él vinculadas afectadas, por ejemplo, por los ajustes realizados por la Administración) puede ejercer aún algún derecho de recurso, en virtud de la legislación interna de cualquiera de los Estados ante los tribunales u órganos administrativos (esta limitación no está prevista en el artículo 25.5 ModCDI) y (2) cuando un tribunal u organismo administrativo se haya pronunciado previamente sobre las cuestiones sometidas al PA (limitación prevista en el artículo 25.5 ModCDI). En la práctica, esta configuración estricta del acceso al arbitraje deja al contribuyente, desde la perspectiva española, con la única opción de acudir al PA inmediatamente tras la liquidación recibida y confiar todo a la suerte de este procedimiento y a su fase arbitral, sin simultanear la misma con los recursos internos. La segunda limitación, como ya sabemos, carece de fundamento en el ordenamiento español, donde resulta posible que el PA se aparte de las soluciones administrativas o judiciales anteriores. Lo cierto es que la nueva regulación de la interacción del PA con los procedimientos internos derivada de la Disposición adicional 21 LGT 2003 (que introdujo la Ley 34/2015) no termina de encajar con la regulación del arbitraje, ya que el inicio del PA determinará la suspensión de los recursos internos y, en este caso, no podría acudirse al arbitraje más que cuando se renuncie al recurso interno. Cabe interpretar que la renuncia puede o debe producirse sólo en las cuestiones relativas al PA, pero no en otras materias no afectadas por éste.

Por lo que respecta a la aplicación del artículo 25.5 CDI España-Suiza, el Protocolo de 2011 admite que despliegue sus efectos en relación con PAs iniciados desde la entrada en vigor (24 de agosto de 2013), lo cual puede determinar que tenga efectos retroactivos para casos relativos al CDI con Suiza anteriores a la modificación operada por la citada norma de 2011.

El nuevo CDI con el Reino Unido, a diferencia del suizo, sólo recoge peculiaridades en lo que se refiere al acceso a la fase arbitral, ampliando las causas de denegación de la apertura de la misma cuando:

- En virtud de la normativa interna de cualquiera de los Estados, una persona directamente relacionada con el caso esté legitimada a que los tribunales u órganos administrativos de ese Estado se pronuncien sobre las cuestiones no resueltas en el PA,
- Cuando dichos tribunales u órganos administrativos se hayan pronunciado.

- Cuando el caso se haya planteado a cualquiera de las autoridades competentes en virtud del Convenio europeo de arbitraje de 23 de julio de 1990 (Convenio 90/436/CEE).

La novedad que plantea el artículo 25.5 CDI España-Reino Unido se encuentra en que establece una priorización con el Convenio 90/436/CEE, de manera que la apertura del PA en el seno de este Convenio no puede conducir a la apertura del procedimiento arbitral del CDI, sino al propio del Convenio. Se debe entender que la misma solución es aplicable en relación con los procedimientos de la Directiva 1852/2017 de resolución de disputas tributarias, al menos durante el tiempo que el Reino Unido permanezca en la UE. Por lo demás, el acceso a la fase arbitral, como en el caso suizo, es más restringido que en el artículo 25.5 ModCDI y exige la opción exclusiva por el PA, sin posibilidad de simultanear el mismo con los recursos internos. La limitación relativa a las resoluciones administrativas o judiciales, como en el caso del CDI Suizo, no tiene sentido en el ordenamiento español, que permitiría al PA apartarse de soluciones anteriores en esas vías internas.

Hasta donde conocemos, no existe ningún acuerdo de desarrollo de este procedimiento arbitral.

Como en el caso del Protocolo con Suiza, el procedimiento arbitral del CDI España-Reino Unido 2013 puede producir efectos retroactivos ya que se dispone que el mismo será aplicable en la fecha de entrada en vigor del nuevo CDI (12 de junio de 2014) si bien « se aplicará únicamente en aquellos casos que se hayan presentado por primera vez ante la autoridad competente desde la fecha de entrada en vigor del presente Convenio". Es decir, casos relativos al antiguo CDI podrían tener acceso a este procedimiento si se plantean por primera vez con posterioridad al 12 de junio de 2014.

6.11. Una valoración crítica de la regulación del arbitraje tributario internacional

A priori, la inclusión de cláusulas arbitrales en los CDI presenta indudables ventajas y bastantes inconvenientes, no necesariamente insuperables. Dentro de las primeras, el arbitraje actúa como un incentivo para la resolución de casos en sede del PA en un tiempo prudencial (en realidad, se dice por las autoridades de Estados como Holanda, que promueven el arbitraje, que ésta es su única finalidad ya que no desea que se planteen casos de arbitraje) y, al mismo tiempo, es un instrumento de política tributaria para asegurar a los inversores internacionales que las disposiciones de un CDI van a ser cumplidas y aplicadas por los dos Estados contratantes (razón que explica por qué Holanda está promoviendo el arbitraje en los últimos tiempos).

Dentro de las desventajas, se encuentra la posibilidad de que las autoridades competentes tiendan a reducir la admisión de casos al PA, precisamente para garantizar o controlar el número de ellos que llegan a la fase arbitral. Tal cuestión, a nuestro juicio, no es la mayor dificultad, ya que las decisiones arbitrarias siempre debieran ser objeto de control jurisdiccional (y de hecho lo son, por ejemplo, en nuestro ordenamiento), sino, más bien, los defectos inherentes a la regulación de la OCDE, que, como hemos puesto de manifiesto, es de mínimos y, en algunos puntos, está poco acabada técnicamente. Muy especialmente debe sopesarse si la cesión de soberanía que el arbitraje implica merece la pena para terminar aplicando un procedimiento arbitral oscuro, que no garantiza la necesaria transparencia que en sistemas jurídicos desarrollados debe acompañar a las actuaciones de la Administración, en el que las decisiones no tienen valor de precedentes, no hay garantías de imparcialidad y neutralidad de los árbitros (aunque por prestigio profesional seguramente su actuación sea intachable), en el que, se ha denunciado, las multinacionales tienen mucho que ganar, por los medios que tienen frente a las autoridades competentes y los árbitros, y que está plagado de defectos técnicos [vid., por todos, las críticas de McIntyre (2006)].

Podría decirse que la falta de publicidad y, en algunos casos, motivación es achacable también al PA incluso allí donde no exista una fase arbitral. Sin embargo, este dato no es un argumento: lo razonable sería que la transparencia y publicidad o la necesidad de motivación imperasen por igual tanto en el PA para casos específicos como, con mayor motivo, en la fase arbitral, cuando la decisión final escapa de las manos de la Administración Pública para encomendarse a un panel de árbitros.

La práctica de EEUU corrige algunos defectos del artículo 25.5 ModCDI 2008-2014 (mayor simplicidad, mejor regulación procedimental y de las garantías de imparcialidad de los árbitros), pero se presenta igualmente como poco transparente y respetuosa con los principios de buena administración (falta de publicidad de las decisiones) o con principios que, por ejemplo, en España serían elementales (necesidad de motivación de su decisión por los árbitros). El artículo 25.5. ModCDI 2017 y sus comentarios mejoran a su antecesor, pero todavía plantean algunas dificultades relevantes que deben llevar, más que a rechazar el arbitraje, a pulir su regulación.

En realidad, del rápido repaso de la actualidad del arbitraje internacional que hemos realizado puede extraerse una conclusión: se trata de una solución interesante, pero que todavía se encuentra en su «infancia» y necesita de un mayor desarrollo, así como de un cierto trabajo de perfeccionamiento técnico. Sobre todo, si algún Estado, se planteara el arbitraje internacional como opción sería necesario regular y desarrollar en su ordenamiento interno una serie de cuestiones previas, así como una cierta reflexión sobre el modelo de arbitraje más adecuado a sus intereses. Tal debe ser el caso de España donde, como se ha visto, ya hay dos CDIs en vigor con cláusula arbitral y otros dos todavía no en vigor (a la espera de los efectos del MLI). Así, sin ánimo de exhaustividad, desde un punto de vista de la política fiscal, el arbitraje exigiría que tal Estado:

1. Contase con una regulación detallada del PA, probablemente mucho mejor desarrollada y más acabada técnicamente que la española y una autoridad competente fuerte, con importantes medios humanos y materiales, y formación en estas materias (PA y arbitraje).

2. Cuente con una normativa interna que tenga en cuenta las peculiaridades del arbitraje tributario internacional y regule los principales problemas que plantea (v.gr. casos que se pueden someter a arbitraje, estatuto de los árbitros y sus cualificaciones, con garantía de independencia y neutralidad, publicidad de sus decisiones, relaciones con los recursos internos, reglas procedimentales eficientes, etc.). Ni que decir tiene que los CDI podrán apartarse de la regulación interna, pero, al menos, en lo no previsto en ellos se aplicará la misma, o podrá servir como punto de partida para la negociación con la autoridad competente, colmando las lagunas que puedan existir.

3. Reflexione seriamente sobre el hecho de que el arbitraje (al igual que el PA) en materia tributaria es un asunto público, en el que está en juego dinero público, por lo que debe tener la transparencia, publicidad y control necesarios en todas sus fases, respetando, obviamente, los derechos de los contribuyentes. Probablemente, éste es a día de hoy uno de los grandes defectos del arbitraje del ModCDI 2008-2014 (o del que regulan los EEUU en sus CDI).

4. Realice una valoración a priori de qué casos es deseable someter a arbitraje internacional, en función de las áreas en las que los conflictos surjan con sus socios comerciales o con los contribuyentes que realizan operaciones comerciales.

5. No olvide que, en definitiva, el arbitraje es un potente instrumento para garantizar la seguridad jurídica y, como tal, a priori resulta atractivo para el desarrollo de un país, ya sea como importador de capitales, ya como plataforma de inversión (razón que ha llevado a Holanda a incluir el arbitraje en sus CDI recientes).

En este sentido, la inclusión en los CDIs con Suiza, Reino Unido, EEUU o Japón, aún no en vigor este último, de una cláusula arbitral demanda que, desde la óptica interna, se reflexione sobre las cuestiones antes apuntadas. Al mismo tiempo, no debe perderse de vista que en el contexto de la UE la Directiva 2017/1852, aunque todavía no resulta aplicable, regula soluciones arbitrales que van más allá de los casos cubiertos por el Convenio 90/436/CEE y la experiencia de la Directiva 1852/2017, qué duda cabe, también contribuirá a pulir el funcionamiento del arbitraje convencional.

7. LOS PROCEDIMIENTOS DE RESOLUCIÓN DE DISPUTAS EN EL CONTEXTO BEPS

7.1. El Foro Global de Administraciones Tributarias y el Foro de Autoridades Competentes sobre Procedimientos Amistosos

Tras la reunión de Ministros de Finanzas del G-20 de 2014, en la que celebró y aprobó los siete primeros documentos que son resultado del Plan BEPS y se animó a alcanzar una mayor coordinación y colaboración entre las administraciones tributarias en relación con el cumplimiento de sus obligaciones tributarias por las personas físicas y jurídicas que realizan actividades transnacionales, el Foro de Administración Tributaria auspiciado por la OCDE (vid., sobre la composición y función del mismo, http://www.oecd.org/tax/forum-on-tax-administration) acordó en su reunión de 24 de octubre de 2014 en Dublín, Irlanda (Comunicado Final de la Reunión), impulsar una serie de acciones y, entre ellas, la necesidad de trabajar y mejorar el funcionamiento práctico del procedimiento amistoso, de forma que "los asuntos de doble imposición sean solucionados de manera rápida y eficiente para satisfacer las necesidades de los gobiernos y los contribuyentes y asegurar la importantísima función de estos procedimientos en el mundo fiscal global". A estos efectos, el Foro reconoció haber avanzado en trabajos que se integrarán en el resultado de la acción BEPS en esta materia y se invitaba a los miembros de las autoridades competentes de todas las autoridades tributarias del Foro a participar en las actividades a este respecto.

Como desarrollo de la acción anunciada en el comunicado, el mismo día se acompañó a éste un "Plan Estratégico sobre los Procedimientos Amistosos: Una Visión para la Mejora Continua del Procedimiento Amistoso". Las líneas directrices de este Plan Estratégico son las siguientes:

- Se crea un Foro de Autoridades Competentes sobre Procedimiento Amistoso ("FACPA") cuya premisa principal (visión y compromiso) es el reconocimiento de la función central que las autoridades competentes y los PAs juegan en el actual sistema internacional a fin de interpretar y aplicar correctamente los CDIs, eliminar la doble imposición o la doble no imposición y dar certeza y seguridad jurídica a los contribuyentes. La mejora del funcionamiento del PA servirá para satisfacer las necesidades de los Gobiernos y los contribuyentes y su confianza en el sistema de fiscalidad internacional que se está construyendo. En esta mejora, el esfuerzo colectivo, a través del FACPA, puede facilitar la eliminación de dificultades y obstáculos para un funcionamiento eficiente del PA. Y, por ello, las autoridades competentes que se integran en el FACPA se comprometen a aplicar el Plan Estratégico del mismo y a ayudar a otras autoridades competentes a hacerlo, a contribuir al desarrollo de los trabajos del FACPA y a monitorizar los avances de las específicas iniciativas del Foro, y a interactuar con otras autoridades competentes en el contexto del FACPA y avanzar hacia el cumplimiento del Plan Estratégico y la finalidad de éste.

- Las áreas estratégicas de trabajo identificadas son:

o Recursos de las autoridades competentes: Deben tener las autoridades competentes los medios adecuados materiales y humanos, con programas de preparación y políticas de personal adecuadas, que les permitan cumplir eficientemente con su trabajo. El compromiso con el FACPA entraña, en consecuencia, un compromiso en este sentido con respecto a las autoridades competentes nacionales, aunque el FACPA se compromete también a asistir a aquéllas autoridades con menos recursos.

o Poderes de las autoridades competentes e independencia de éstas: Debe estar claro para cada autoridad competente que su misión es aplicar los CDIs con el debido respeto a la legalidad internacional y, en consecuencia, las autoridades competentes deben estar libres de toda influencia externa con respecto a ese fin. Esto es, su misión debe ser la aplicación correcta de los CDIs y los principios internacionales, no recaudar tributos para las agencias nacionales. Si esta independencia de la autoridad competente con respecto a otras finalidades (como, por ejemplo, la recaudatoria) no se garantiza, pueden surgir problemas importantes de funcionamiento de los PAs en los que las autoridades sean parte. El FACPA tratará de esforzarse en monitorizar que se verifica esta premisa.

○ Relaciones con otras autoridades competentes: Una de las principales finalidades del FACPA es crear un ambiente de confianza mutua entre las autoridades competentes, ya que esta confianza garantiza mejor que se alcancen soluciones conforme a principios fundados, sin que haya vencedores o vencidos, y fomenta un ambiente cooperativo que facilite los acuerdos.

○ Mejoras de procedimiento: EL FACPA procurará estudiar cómo mejorar los PAs o alcanzar soluciones multilaterales. Los esfuerzos se concentrarán en las siguientes áreas:

• Mejoras de procedimientos internos: Las autoridades competentes se asegurarán que sus procedimientos internos de iniciación y resolución de los PAs son lo más eficientes posibles. Las 'buenas prácticas' se compartirán en el FACPA.

• Elevación de casos a niveles jerárquicamente superiores: Los casos de difícil solución deben pasar al nivel jerárquico superior y no quedar paralizados en niveles inferiores. El FACPA explorará procedimientos a este respecto.

• Interacción con los contribuyentes y asesores: El FACPA discutirá formas para mejorar y agilizar la involucración de los contribuyentes en la resolución de casos. Los esfuerzos se centrarán en (1) el uso potencial de reuniones bilaterales o multilaterales en las que los contribuyentes puedan presentar información sobre los hechos a los Estados al mismo tiempo; (2) la diseminación de información sobre buenas prácticas con respecto a las relaciones con los contribuyentes y sus asesores y sobre cómo informar a estos de la evolución de los casos, de forma adecuada a las disposiciones del convenio aplicable.

• Involucración temprana: El FACPA discutirá maneras de modificar y mejorar los procesos para resolver de manera anticipada casos potenciales de doble imposición o imposición no conforme con los convenios. Por ejemplo, el FACPA discutirá cómo APAs, inspecciones conjuntas, aplicación prospectiva de las resoluciones post-ajustes, y otras técnicas pueden ser empleadas para evitar los tradicionales procedimientos amistosos.

• Resolución multilateral: Puesto que muchos casos afectan a la base imponible de más de dos jurisdicciones, el FACPA discutirá maneras de instrumentar procedimientos multilaterales de resolución de casos.

• Uso de acuerdos aplicables con carácter general: El FACPA discutirá maneras de evitar situaciones en las que el mismo asunto sea presentado en casos múltiples. Por ejemplo, el FACPA estudiará la adopción de enfoques generalmente aplicables para la resolución de ciertos asuntos y, donde sea posible, la plasmación de estos enfoques en acuerdos escritos. Estos acuerdos pueden ser empleados para establecer procedimientos acerca de cómo conducir programas de PA entre las autoridades competentes.

○ Relación con las funciones de inspección: El desarrollo del PA puede ser obstaculizado por los planes de inspección que no estén alineados con las normas internacionales en el fondo o en los procedimientos. El FACPA discutirá la compleja interacción entre las autoridades competentes y la función inspectora a fin de identificar buenas prácticas para asegurar que los PAs no son obstaculizados por las inspecciones. Entre las cuestiones que deben estudiarse se encuentran:

• Influencia de posiciones: Las posiciones inicialmente tomadas en una inspección son el punto de partida de la mayoría de los casos de PA. Idealmente, cada autoridad competente debe estar dispuesta y ser capaz de revisar y, si es necesario, reformar estas posiciones en la fase unilateral del PA. Para que el PA se resuelva adecuadamente, las posiciones de las autoridades competentes al inicio de la fase bilateral deben estar alineadas con los principios internacionales y las disposiciones de los convenios.

• Acceso al PA: Los convenios fiscales dan a los contribuyentes que se enfrentan al riesgo de doble imposición acceso al PA y el acceso no debe ser manipulado por los inspectores (v.gr. con amenazas de ajustes mayores o de sanciones). El FACPA colaborará con el Grupo de la OCDE sobre resolución de disputas encargado de la acción 14 de BEPS para asegurar que los impedimentos prácticos y legales de acceso al PA (v.gr. prescripción, requerimientos de documentación o aplicación de reglas anti-abuso u otros argumentos de derecho interno) son tratados.

• Conciencia global: Todas las funciones de comprobación y revisión involucradas en los ajustes de la posición de los contribuyentes deben tener conciencia de (1) la posibilidad de generar doble imposición; (2) el impacto de los ajustes propuestos sobre la base imponible de otra u otras jurisdicciones y (3) los procedimientos y principios por los cuales se reconcilian las pretensiones de las autoridades competentes de distintas jurisdicciones. El FACPA fomentará la formación en estas materias.

○ Asunción de responsabilidades: Las jurisdicciones participantes deben ser conscientes de su responsabilidad individual de garantizar un funcionamiento adecuado del PA, pero también de su responsabilidad colectiva a través del FACPA y que, con este Foro, se puede mejorar el funcionamiento del PA en todo el mundo mediante el diálogo mutuo, la definición de buenas prácticas y el desarrollo del Plan Estratégico y la revisión de los progresos en el contexto del FACPA.

En el Comunicado del 10º Encuentro del Foro sobre Administración Tributaria celebrado en Pekín el 13 de mayo de 2016 se subraya el progreso significativo del FACPA a la hora de poner en marcha un proceso de revisión del cumplimiento del estándar derivado de la Acción 14 de BEPS y la voluntad de comenzar los procesos de revisión en 2016 como estaba previsto.

7.2.   El Informe Final de 2015 de la OCDE sobre la Acción 14 del Plan BEPS ("Making Dispute Resolution Mechanism More Effective 2015 Final Report")

El documento establece un estándar mínimo de solución de problemas del PA que los Estados se comprometen a resolver, junto con el proceso de monitorización (peer-review) al que ya apuntaba el FACPA sobre la aplicación de los PAs, semejante al desarrollado en materia de intercambio de información rogado, y la propuesta de cambios en el artículo 25 ModCDI y sus Comentarios. Junto a lo anterior, se añade un catálogo de buenas prácticas en esta materia que no será objeto de monitorización. El documento se cierra con el compromiso de un buen número de países por la inclusión del arbitraje en sus CDIs como mecanismo de cierre del PA (vid. a este respecto la introducción al epígrafe de arbitraje, más arriba), este grupo de países pone de manifiesto que el G-20 y la OCDE no forma un grupo homogéneo ya que dentro de ambos grupos existían países que no querían promocionar el arbitraje y tampoco existe un acuerdo cerrado sobre el tipo de arbitraje a regular en el Convenio Multilateral derivado de la Acción 15 de BEPS.

El estándar mínimo se compone de los siguientes compromisos:

1. Los países deben asegurarse de que las obligaciones del PA se aplican de buena fe y en un tiempo razonable. A estos efectos, adquieren las siguientes obligaciones:

1.1. Inclusión del artículo 25 ModCDI, parágrafos. 1 a 3, en los CDIs e interpretación y aplicación del mismo en la forma especificada en los Comentarios al ModCDI, además de la garantía de que los casos de precios se tratarán en el PA y se ejecutarán los resultados de estos procedimientos con las correspondientes modificaciones a las liquidaciones tributarias.

1.2. El acceso al PA (fase unilateral) debe garantizarse cuando hay desacuerdo entre un contribuyente y las autoridades de un Estado parte de un CDI sobre la aplicación de una cláusula anti-abuso del CDI o sobre si existe conflicto en relación con la aplicación de la legislación interna anti-abuso en el contexto del CDI.

1.3. Cierre de los PAs en un tiempo medio de veinticuatro meses (a computar sobre la base del proceso de peer-review del funcionamiento de los PAs).

1.4. Mejora de las relaciones entre autoridades competentes sobre la base del compromiso de los países de ser miembros del FACPA

1.5. Suministro en los plazos oportunos de las estadísticas completas del PA al FACPA

1.6. Cumplimiento del estándar mínimo de funcionamiento del PA revisado a través del proceso de 'peer-review' del FACPA.

1.7. Los distintos países deben ser transparentes sobre la aceptación (o no) del arbitraje como forma de resolución de conflictos, con carácter general o para casos concretos. Se eliminará a estos efectos la nota a pie al artículo 25.5 ModCDI, que se considera como un impedimento a que los Estados expresen su posición clara sobre el arbitraje. El MLI añade el arbitraje como una opción, ya que no es obligatorio de acuerdo con la Acción 14 de BEPS

2. Revisión de procedimientos internos de manera que prevengan y resuelvan conflictos sobre la aplicación de CDIs

2.1. Los distintos países deberían publicar normas, guías y procedimientos claros sobre para acceder al PA y adoptar las medidas apropiadas para que sean conocidas por los contribuyentes.

2.2. Los datos de las autoridades competentes de cada país, junto con un enlace a la normativa, deberían ser publicados en una plataforma común pública, que desarrollará el FACPA.

2.3. Debe asegurarse la independencia de las autoridades competentes, encargadas de los CDIs.

2.4. La valoración interna de las autoridades competentes no puede depender de la deuda recaudada o no corregida. Los indicadores apropiados en estos casos deben depender de los casos resueltos, la calidad de los mismos y el tiempo de resolución de los casos.

2.5. Los países deben dotar convenientemente de medios a las autoridades competentes.

2.6. La normativa o guías internas debe dejar claro que los acuerdos (en sede de inspección) entre autoridades de un Estado y los contribuyentes no impiden el acceso al PA. Si hay procedimientos de acuerdo al margen de la inspección, las consecuencias de estos procedimientos y si impiden el acceso al PA deben dejarse claras en la legislación / guías de los distintos Estados. A este respecto se añadirán nuevos comentarios al artículo 25 ModCDI.

2.7. La aplicación retroactiva de los APAs bilaterales debe garantizarse cuando exista identidad de situaciones entre la considerada en el caso concreto y la referida a períodos anteriores, con el límite del plazo de prescripción.

3. Los distintos países deben asegurarse de que los contribuyentes que cumplen los requisitos del artículo 25.1 ModCDI tienen acceso al PA:

3.1. Ambas autoridades competentes deben conocer los casos que se presentan al PA y deben poder dar su opinión sobre si el caso debe o no ser rechazado. Este mecanismo se puede instaurar o bien dando al contribuyente el derecho a iniciar el PA en cualquiera de los dos Estados o bien con un mecanismo de notificación o consulta de los casos rechazados entre autoridades competentes. Se proponen cambios en este sentido al artículo 25 ModCDI.

3.2. La normativa o guía sobre PAs de cada país debe identificar la documentación específica e información a aportar con el PA. No debe limitarse el acceso al PA si tal documentación se aportó.

3.3. Los distintos Estados deben incorporar la segunda frase del artículo 25.2 ModCDI a sus CDIs. Si no es posible, deben aceptar disposiciones que limiten su potestad para realizar ajustes de acuerdo con los artículo 7 y 9 ModCDI, modelos de estas disposiciones se incluyen en el documento.

La aplicación del estándar mínimo será monitorizada a través de un mecanismo y procedimiento que presenta las siguientes características:

- Todas las jurisdicciones del G-20, OCDE y otros países que se comprometan a este estándar mínimo pasarán evaluaciones y revisiones relativas al cumplimiento del mismo.

- Se realizarán informes país por país que evaluarán las fortalezas y debilidades del marco legislativo del país en concreto y su programa de PAs.

Aparte, la Acción 14 de BEPS contiene un catálogo de buenas prácticas que el documento recomienda, no forman parte del estándar mínimo y es el siguiente:

1. Debe incluirse el equivalente al artículo 9.2. ModCDI en los Convenios bilaterales.

2. Deben publicarse los PAs interpretativos como forma de evitar futuras disputas y para garantizar la buena administración.

3. Debe concienciarse a los funcionarios de la inspección de las consecuencias de las liquidaciones vinculadas a los CDIs, de los problemas que de ellas se derivan y de los mecanismos y problemas vinculados a la resolución de disputas a través de los programas específicos del FACPA.

4. Los países deben regular y aplicar los programas de APAs bilaterales.

5. Los países deben regular la posibilidad, tras la consideración adecuada, de extender los resultados de un PA a otros años que pudieran estar afectados.

6. Los países deben asegurar que es posible suspender la ejecución de la deuda tributaria durante los PAs, como mínimo, en las mismas condiciones que en los procedimientos internos.

7. Los países deben aplicar las medidas adecuadas para garantizar el acceso al PA, reconociendo el principio general de que la libertad de elección del medio (interno o convencional) debe ser del contribuyente.

8. Los países deben incluir en su legislación o guías sobre el PA explicaciones adecuadas sobre la relación del PA con los procedimientos internos administrativos o judiciales. Se realizarán cambios a los comentarios al ModCDI en este punto.

9. La legislación de cada país debe permitir el acceso al PA en relación con modificaciones de sus declaraciones por el contribuyente, de buena fe, en el otro país. Los Comentarios al artículo 25 ModCDI aclararán cómo proceder en estos supuestos.

10. La legislación de los Estados sobre el PA debe regular cómo proceder en el contexto del PA con las sanciones e intereses.

11. La legislación de los países debe adaptarse para regular los PAs multilaterales o los APAs multilaterales. Se propondrán cambios también al artículo 25 ModCDI y sus comentarios sobre esta cuestión.

Tanto el estándar mínimo como el resto de recomendaciones han conducido a revisiones de los Comentarios al ModCDI artículo 25, en su version de 2017, de las que hemos dado cuenta en la primera parte de este capítulo dedicada al Comentario del artículo 25 ModCDI. Mientras tanto, el proceso de 'peer-review' que el documento anuncia ya se ha iniciado. En primer lugar, en octubre de 2016 se aprobó por la OCDE el documento que recopila otros cuatro documentos: (1) los términos de referencia del 'peer-review', (2) la metodología de valoración, (3) el marco para informar y compilarlas estadísticas de las autoridades competentes y (4) la guía sobre información y documentación que debe ser requerida para ser adjuntada a las solicitudes de PA (http://www.oecd.org/tax/beps/beps-action-14-on-more-effective-dispute-resolution-peer-review-documents.pdf).

De entre estos documentos, quizás el más relevante es el relativo a los términos de referencia ya que descompone el estándar mínimo de la Acción 14 en 21 elementos que son completados por 12 buenas prácticas (estas últimas no forman parte del estándar mínimo). El ejercicio de valoración de cumplimiento del estándar mínimo, en consecuencia, consistirá en la ponderación de si los distintos Estados cumplen con los 21 elementos identificados (y, en su caso, las buenas prácticas) en torno a las áreas de (A) prevención de disputas, (B) disponibilidad y acceso al PA, (C) resolución de PAs, e (D) implementación de los PAs. Es también bastante relevante la Guía sobre información específica y documentación requerida para ser aportada con la solicitud de asistencia del MAP, que puede ser empleada por los Estados en la redacción de sus guías sobre PA y, por los contribuyentes, para la preparación de sus solicitudes de inicio del PA.

El proceso de revisión de cumplimiento con el estándar mínimo (y, si el país lo desea, con las buenas prácticas) derivados de la Acción 14 está siendo desarrollado, y se encuentra actualmente en su cuarta ronda. España entró en la tercera ronda de revisiones iniciada en agosto de 2017 y el informe final sobre España se publicó en marzo de 2018 (vid. https://www.oecd.org/tax/beps/making-

dispute-resolution-more-effective-map-peer-review-report-spain-stage-1-9789264290761-en.htm).
En él se hacen una serie de recomendaciones a España, de entre las cuáles quizás la más relevante
sea que se debe reconsiderar el artículo 8.2.d del Reglamento de Procedimiento Amistoso, ya que
la existencia de abuso no debiera impedir el inicio del PA. Curiosamente, no parece que de esta
cuestión se hayan hecho eco las propuestas de modificación del PA que realiza el Anteproyecto de
Ley de Medidas de Prevención del Fraude de octubre de 2018, cuyo destino se desconoce en el
momento de cerrar esta edición.

7.3. Los procedimientos de resolución de disputas en el MLI

7.3.1. La mejora del PA en el MLI

El artículo 16 del MLI regula el PA y constituye uno de los estándares mínimos de BEPS, de ahí
que el efecto de las reservas que se permiten a este precepto sea más limitado que en otros casos.
Básicamente, el artículo 16 MLI permite a los Estados incorporar a sus CDIs el artículo 25, párrafos
1 a 3, ModCDI con las modificaciones que propone la Acción 14 de BEPS al actual artículo 25
ModCDI 2014 (en línea con el nuevo artículo 25 derivado del ModCDI 2017) que se reducen a la
posibilidad de que el contribuyente pueda presentar el PA a las autoridades de cualquiera de los dos
Estados y no sólo de su Estado de residencia como prevé el artículo 25 ModCDI 2014. En este sentido,
los tres primeros párrafos del artículo 16 MLI son equivalentes a los tres primeros párrafos del artículo
25 ModCDI (el primero de ellos incorpora la posibilidad de solicitar el inicio del PA a las autoridades
de cualquiera de los dos Estados contratantes derivada de la Acción 14 BEPS).

El artículo 16.4 es una cláusula de compatibilidad que regula la interacción de los tres primeros
párrafos del artículo 16 MLI con el artículo sobre procedimiento amistoso de los CDIs cubiertos de
la siguiente forma:

1. El artículo 16.1, primera frase, MLI --que es equivalente al actual artículo 25.1, primera frase,
ModCDI 2014 con la modificación de que el PA se pueda presentar a las autoridades de los dos
Estados contratantes, en línea con el artículo 25.1. ModCDI 2017– se aplicará en lugar de aquéllas
disposiciones de los CDIs que sólo permitan la presentación del PA a uno de los Estados miembros
(es decir, reemplazará a las disposiciones de los CDIs que sigan el actual artículo 25.1 ModCDI 2014
y MC ONU 2011).

2. El artículo 16.1., segunda frase, MLI (que es idéntico al actual artículo 25.1, segunda frase,
ModCDI 2014-2017) sustituirá las disposiciones equivalentes de los CDIs que contengan un período
inferior a tres años desde la primera notificación de la acción contraria al CDI para solicitar el inicio
del PA. El efecto será, entonces, doble: (1) se sustituyen los plazos más cortos previstos en algunos
CDIs y se mantienen los más largos, más favorables a los contribuyentes y (2) se añade la segunda
frase del artículo 25.1 ModCDI / artículo 16.1 MLI a aquéllos CDIs que no se pronuncien sobre el
plazo de solicitud de iniciación del PA.

3. El artículo 16.2., primera frase, MLI – idéntico al actual artículo 25.2. primera frase, ModCDI
relativo al inicio de la fase bilateral del PA—se aplicará si el CDI cubierto no tiene una disposición
análoga.

4. El artículo 16.2., segunda frase, MLI –idéntico al actual artículo 25.2, segunda frase, ModCDI
que permite la aplicación del PA con independencia de los plazos en el Derecho interno—se aplicará
si el CDI cubierto no tiene una disposición análoga.

5. El artículo 16.3, primera y segunda frase, MLI (que contienen una regulación análoga a la
propia del PA interpretativo y legislativo del artículo 25.3 ModCDI 2014-2017) se aplicará sólo si el
CDI cubierto no contiene una disposición análoga.

Puesto que el artículo 16 MLI está directamente conectado con los estándares mínimos de BEPS,
las reservas que se permiten en el artículo 16.5 MLI son también mínimas y relativas a las variantes
de cumplimiento con el estándar mínimo que reconocen la Acción 14 de BEPS y los términos de

referencia. En primer lugar, se permite (artículo 16.5.a MLI) a los Estados que reserven su posición sobre la posibilidad de que un contribuyente inicie el PA en cualquiera de los dos Estados contratantes, aunque, en este caso, deben tener mecanismos administrativos (notificación bilateral o consultas) que aseguren que las autoridades del otro Estado son informadas sobre los PAs que son rechazados por la otra autoridad y sus causas (vid. el número 3.1. más arriba del 'estándar mínimo'). En segundo lugar, se admite (artículo 16.5.b) MLI) que una parte no aplique la segunda frase del artículo 16.1 MLI (plazo para inicio del PA) cuando su regulación interna sea más favorable en términos de plazo (el plazo es más largo o no se establece ninguno) y se aplica automáticamente en estos casos; es decir, la reserva debe implicar necesariamente una mejora en la posición del contribuyente, pero nunca que se pueda reducir el plazo de tres años previsto en el artículo 16.1., segunda frase, MLI. Por último, también es posible que una parte reserve su posición sobre el artículo 16.2, segunda frase, MLI (la posibilidad de ejecutar el acuerdo al margen de los períodos de prescripción del Derecho interno) si, a los efectos de todos los acuerdos cubiertos de esa parte, se permite la ejecución del PA sin límite temporal que imposibilite la ejecución del PA; alternativamente también se prevé que una parte cumpla con este aspecto del estándar mínimo aceptando en sus negociaciones bilaterales disposiciones alternativas de los CDIs que limiten el tiempo durante el cual uno de los Estados contratantes puede hacer ajustes a los beneficios de una empresa asociada (artículo 9.1. ModCDI) o un EP (artículo 7.2 ModCDI) a fin de evitar ajustes tardíos con respecto a los cuales no sería posible encontrar solución en el PA. Esto último resulta permitido por el elemento 3.3. del 'estándar mínimo' (vid. más arriba acerca de este estándar y elemento). En este último caso, cuando un Estado prefiere incluir la segunda frase del artículo 16.2 MLI (equivalente a la segunda frase del artículo 25.2. ModCDI 2014-2017) y el otro Estado prefiere el enfoque que limita en el tiempo la posibilidad de realizar un ajuste, la inclusión de este segundo enfoque en las relaciones bilaterales será una cuestión a negociar entre ambos Estados.

Con respecto al régimen de notificaciones que los Estados parte tienen que realizar para que las disposiciones del artículo 16 produzcan efectos, el artículo 16.6 prevé lo siguiente:

- Los Estados que no tienen ningún obstáculo para que el artículo 16.1, primera frase MLI (posibilidad de iniciación del PA en ambos Estados) reemplace a las disposiciones de sus CDIs que no contengan esta posibilidad notificarán los CDIs y disposiciones en ellos afectadas. Si dos Estados han realizado esta notificación con respecto a la misma disposición del CDI entre ellos, quedará reemplazada la misma por el artículo 16.1 primera frase MLI. En otros casos (excepto cuando uno de los Estados contratantes ha reservado su derecho a no aplicar esa frase), el artículo 16.1 primera frase se aplicará a los CDIs cubiertos sólo en lo que sean incompatibles con dicha frase.

- Los Estados que no hayan planteado ninguna reserva con respecto al plazo de iniciación del PA (esto es, sobre la segunda frase del artículo 16.1 MLI) notificarán la lista de los CDIs cubiertos y sus respectivas disposiciones que establecen un plazo inferior a tres años para presentar el PA. Una disposición de este tipo quedará reemplazada por la segunda frase del artículo 16.1. MLI cuando los dos Estados contratantes hayan realizado esta notificación; en otro caso, el artículo 16.1.segunda frase del MLI sólo modificará las disposiciones en lo que resulten incompatibles con el citado precepto. Los Estados también deben notificar cuáles de sus CDIs ya contienen una disposición que establece el plazo de tres años de iniciación del PA, y, en este caso, el artículo 16.1.segunda frase MLI no sustituirá a la misma. El efecto de las dos obligaciones de notificación es que la segunda frase del artículo 16.1 MLI se aplicará a un CDI si (1) los dos Estados realizan la notificación de que el CDI en cuestión prevé un plazo inferior a tres años, o (2) ninguna de las dos jurisdicciones realiza tal notificación de que el CDI cubierto establece un plazo de al menos tres años. En cualquier otro caso, la segunda frase del artículo 16.1 se aplicará al CDI, pero sólo sustituirá a la disposición existente de un CDI en los puntos en que sea incompatible con el citado artículo 16.1., segunda frase.

- Cada parte notificará (1) la lista de sus acuerdos cubiertos que no contienen una disposición similar al artículo 16.2, frase primera, MLI; si ambos Estados han realizado la notificación, tal frase se aplicará en sus relaciones y (2) si una parte no ha realizado la reserva permitida a la ejecución del PA sin que los plazos internos sean un límite para ello, notificará la lista de los CDIs que no contienen tal disposición; el artículo 16.2., segunda frase, MLI se aplicará si las dos partes han realizado esta notificación.

- Cada parte notificará (1) la lista de los CDIs cubiertos que no contienen una disposición similar al artículo 16.3, primera frase, MLI (cláusula del PA interpretativo); esta cláusula se aplicará a un CDI cubierto sólo cuando todos los Estados contratantes hayan realizado tal modificación; y (2) la lista de los CDIs cubiertos que no contienen una disposición similar al artículo 16.3, segunda frase, MLI (cláusula del PA legislativo); tal cláusula se aplicará sólo cuando las dos partes a un CDI hayan realizado tal notificación.

La posición española a este respecto puede ser sintetizada de la siguiente forma:

1. España ha formulado la reserva permitida por el artículo 16.5.a) MLI en el sentido de que no acepta la presentación del PA a las autoridades competentes de ambos Estados y prefiere establecer un mecanismo de notificación administrativa a la otra autoridad sobre los casos en los que rechaza el inicio del PA.

2. España ha notificado, de acuerdo con el artículo 16(6)(b)(i) MLI los CDIs que contienen un plazo de inicio del PA que es más corto que los tres años del artículo 16.1 MLI (Filipinas, Indonesia, Italia y Portugal).

3. España ha notificado, de conformidad con el artículo 16(6)(b)(ii) el listado de CDIs que contiene una disposición que vincula la presentación de la solicitud de inicio del PA al cumplimiento de, al menos, el plazo de tres años.

4. De acuerdo con el artículo 16 (6)(c)(ii) MLI España considera que varios de sus CDIs (25 en total) no contienen el equivalente al artículo 16.2, segunda frase (actual artículo 25.2. segunda frase ModCDI).

5. Según el artículo 16 (6) (d)(i) España notifica que el CDI con Australia no contiene una disposición sobre PA de carácter interpretativo (equivalente al artículo 16.3.primera frase del MLI).

6. Según el artículo 16 (6) (d)(ii) España notifica que los CDIs con Australia, Bélgica, Chile, Ecuador, México y Reino Unido no tienen una disposición de sobre PA de carácter legislativo (equivalente al artículo 16.3.segunda frase MLI).

7.3.2.   *El ajuste correlativo*

El elemento 1.1. del estándar mínimo dispone que los casos sobre precios de transferencia deben tener acceso al PA y deben poder aplicar los acuerdos amistosos que resulten de ellos, por ejemplo, haciendo los ajustes adecuados. A estos efectos, la Acción 14 BEPS apuntó que sería mucho mejor si las jurisdicciones también tuvieran la posibilidad de hacer ajustes correlativos unilateralmente en casos en los que consideren que las objeciones planteadas por el contribuyente están justificadas (así se ha recogido, como hemos visto, también en los Comentarios al artículo 25 ModCDI 2017). También en esta línea se recomendaba como primera buena práctica que los Estados añadieran el artículo 9.2 ModCDI en sus CDIs. Pues bien, el artículo 17 MLI atiende a esta recomendación y establece un mecanismo para que los Estados puedan añadir ejecutar esta buena práctica.

El artículo 17.1. MLI es una transcripción del artículo 9.2 ModCDI, con los cambios menores exigidos por el propio MLI y su sistemática. El artículo 17.2 MLI contiene una cláusula de compatibilidad por la cual el artículo 17.1 MLI (la disposición sobre el ajuste correlativo) se aplicará en lugar o en ausencia de disposiciones en los CDIs que prevean tal ajuste correlativo.

Por lo que respecta a las reservas, el artículo 17.3 MLI admite las siguientes:

a) La reserva al artículo 17 para que no sea aplicado a CDIs que ya contienen una disposición que permita el ajuste correlativo. Este tipo de CDIs pueden seguir fielmente el artículo 9.2 ModCDI o contener una obligación de efecto similar aunque con una redacción diferente (para ejemplos de casos de disposiciones que no se considera que producen el mismo efecto vid. los párrafos 17 y 213 de los Comentarios al MLI).

Convenios de doble imposición   963

b) La reserva de que el artículo 17 no se aplique a sus CDIs cubiertos sobre la base de que en ausencia de una disposición en sus CDIs sobre ajuste correlativo (i) hará un ajuste correlativo del tipo del regulado en el artículo 17.1 MLI, o (ii) su autoridad competente hará el esfuerzo de resolver el caso en el PA. En realidad, la inclusión del artículo 9.2. ModCDI no es un estándar mínimo, pero sí que se exige en éste (elemento 1.1.) que los casos sobre precios de transferencia tengan acceso y se solucionen en el PA, por lo que se admite la reserva al artículo 17, párrafo 1, MLI únicamente sobre la base de que se van a permitir soluciones con un efecto similar (aunque puede no garantizarse el ajuste correlativo). Si un Estado formula esta reserva y el otro no, el artículo 17 no se aplica y no existirá ninguna expectativa de que la parte a favor del ajuste correlativo (que no realizó tal reserva) deba hacerlos.

c) Si una parte realizó una reserva del tipo de la prevista en el artículo 16.5.c.ii MLI (se compromete a no realizar ajustes después de un determinado período de tiempo), puede reservar su derecho a no aplicar el artículo 17 MLI sobre la base de que en sus negociaciones bilaterales aceptará una disposición del tipo del artículo 17.1., si los Estados contratantes llegan a un acuerdo sobre esta disposición y las relativas a la limitación del tiempo para realizar ajustes.

En cuanto a las obligaciones de notificación, cada Estado que no hay formulado una reserva de acuerdo con el párrafo 3 notificará si sus CDIs cubiertos contienen una disposición que facilite el ajuste correlativo. El artículo 17.1 reemplazará la disposiciones de los CDIs cuando todos los Estados parte han realizado la notificación, en otros casos, el párrafo 1 se aplicará a los CDI pero sólo reemplazará las disposiciones existentes en la medida en que sean incompatibles con él.

Con respecto a la posición española, España, de acuerdo con el artículo 17.3.a) MLI ha identificado 86 CDIs que ya contienen una disposición sobre ajuste correlativo.

7.3.3. El arbitraje en el MLI

A) Introducción.

La parte VI del MLI (artículo 18 a 26) regula el arbitraje de una manera bastante similar al artículo 25.5 ModCDI 2014 (y paralela al artículo 25.5 ModCDI 2017), esto es, no como un arbitraje como procedimiento propio y específico, sino como una fase final del PA y con la mayoría de las características que ya apuntamos en el epígrafe 6.4. (quizás la diferencia más relevante entre el MLI y el ModCDI 2017, por un lado, y el artículo 25.5 ModCDI 2014 por otro, se refiere a tipo de arbitraje, como apuntaremos más abajo). Esta parte VI tiene una naturaleza distinta al resto del MLI, ya que regula tanto los aspectos materiales como procedimentales del arbitraje y, además, está diseñada para ser aplicada sólo entre partes que expresamente optan (26 hasta ahora) por aplicar la misma con respecto a sus CDIs (sólo cuando las dos partes del CDI han optado por la aplicación de los artículo 18 a 26). Su estructura también es diferente a la propia del resto del MLI: todos los artículos 18 a 26 están diseñados para ser aplicados en bloque, razón por la cual las reglas de compatibilidad con los distintos preceptos de los CDIs se regulan en un único precepto, el artículo 26. Sin embargo, quizás su característica más significativa es que los artículo 18 a 26 no modifican las disposiciones de CDIs anteriores, sino, más bien, las sustituyen completamente si un Estado opta por aplicar la parte VI.

B) El arbitraje obligatorio (artículo 26 MLI).

a) Casos que pueden ser considerados en el arbitraje.

Esta cuestión la regula el artículo 19.1 MLI que es muy similar al artículo 25.5 ModCDI. Si en el contexto de un PA iniciado de acuerdo con el artículo 16.1 MLI, que, a su vez, como sabemos, modifica el inicio del PA de acuerdo con el artículo 25.1. ModCDI, las autoridades competentes no han sido capaces de llegar a un acuerdo en el plazo de dos años (computado con las reglas del artículo 19.8 y 9 MLI), a menos que antes de la expiración del período las autoridades acuerden un período de tiempo inferior o superior y se lo hayan notificado a la persona afectada, las cuestiones no resueltas, previa petición por escrito del afectado, serán sometidas al arbitraje que regula la parte VI del MLI (según los procedimientos que acuerden las partes de acuerdo con el párrafo 10).

Como ocurría con el artículo 25.5 ModCDI el arbitraje que regula el artículo 19.1 MLI tiene tres características esenciales: (1) es obligatorio, en la medida que es el contribuyente quien puede ponerlo en marcha, sin que puedan oponerse las autoridades competentes, (2) forma parte del PA, como su fase final y (3) sólo se someten a arbitraje los puntos no resueltos en el PA, no todo el PA si algunas cuestiones fueron ya solucionadas y acordadas por las autoridades competentes. Tiene, no obstante, también una primera diferencia relevante con respecto al artículo 25.5 ModCDI 2014: la posibilidad, que ya recoge también el ModCDI 2017, de que las autoridades competentes acorten o extiendan el período de dos años antes de la expiración del mismo cuando lo entiendan justificado (v.gr. la extensión estaría justificada cuando las autoridades estén a punto de cerrar un acuerdo que se prevé probable y la reducción cuando desde el principio esté claro que no hay acuerdo posible).

Si bien las autoridades competentes no pueden condicionar la admisión del caso a arbitraje una vez que se verifiquen las condiciones del artículo 19.1 MLI, el artículo 28.2 MLI admite que las partes formulen reservas (sujetas a aceptación por la otra parte) con respecto al tipo de casos que pueden ser solucionados a través del arbitraje y, hasta el momento, 16 Estados han realizado reservas (es posible que en el proceso de ratificación se produzcan otras). Las reservas realizadas en este sentido por España son las siguientes, de forma que se excluirá el arbitraje en los siguientes supuestos: (1) casos de aplicación de reglas anti-abuso internas o convencionales; (2) casos de fraude y negligencia; (3) casos de precios de transferencia referidos a supuestos donde la renta no quede sometida a imposición en el otro Estado por falta de inclusión en la base imponible o porque se beneficia de una exención o tipo cero para la renta en cuestión; (4) casos a los que resulte aplicable el Convenio 90/436/CEE o cualquier otra regulación sucesiva (en una referencia que puede cubrir la Directiva 2017/1852); (5) casos que las dos autoridades competentes acuerden que no son susceptibles de ser resueltos a través del arbitraje (siempre y cuando el acuerdo se alcance antes de la fecha en la que podría comenzar el arbitraje y sea notificado así a la persona que presentó el caso). Como puede observarse, el alcance de las reservas españolas es muy amplio, aunque la jurisprudencia interna, como se apuntó en relación con el inicio del PA, ya ha limitado el alcance de algunas de estas causas y muchas de ellas pueden considerarse sanciones encubiertas que se oponen a los principios constitucionales como ya se apuntó. Con respecto a este tipo de reservas, el artículo 28.2.b) MLI indica que están sujetas a aceptación y que la misma se entiende aceptada si el resto de Estados no se oponen a la reserva en el plazo de 12 meses desde que se les notificó la misma o cuando la otra parte deposita el instrumento de ratificación (los Estados que elijan la aplicación del arbitraje en un momento posterior a la ratificación, pueden oponerse a las reservas cuando ejercitan tal opción). Cuando un Estado se opone a las reservas al acceso al arbitraje que ha realizado otro Estado, el efecto será que el arbitraje (parte VI) del MLI no se aplicará en su totalidad entre el Estado que formula la reserva y quien se opone a ella. En estos momentos, no es posible todavía conocer con precisión el alcance y efectos del arbitraje, aunque ya hay 26 Estados con posiciones claras y que han formulado reservas (son menos los que se han opuesto a las mismas).

Al mismo tiempo, el artículo 19.11 MLI permite a las partes, a través del procedimiento de reserva, sustituir el período de dos años por otro de tres. A estos efectos, el párrafo 231 de los Comentarios al MLI especifica que, cuando una parte de un CDI cubierto hace esta reserva, la misma se aplicará al CDI cubierto por las dos jurisdicciones parte. Esto es, la reserva de una parte producirá efectos bilaterales en el sentido que define el artículo 28.3 MLI.

b) La suspensión del inicio del arbitraje y la relación con procedimientos de reclamaciones y sentencias anteriores al arbitraje.

La regulación de la relación del arbitraje con los procedimientos de resolución de reclamaciones internos, administrativos o judiciales, se encuentra en dos párrafos distintos del artículo 19, el 2 y el 12.

El artículo 19.2 se ocupa de la relación del procedimiento arbitral con los internos de resolución de reclamaciones en vía administrativa o los procesos judiciales de una forma similar a como lo hacen el artículo 25.5 ModCDI 2014 y sus Comentarios. Esto es, al igual que aquéllos, deja la regulación expresa de tal relación a la legislación interna de los Estados contratantes, pero admite la posibilidad de que las autoridades competentes suspendan el cómputo del plazo de inicio del arbitraje hasta que las reclamaciones internas hayan sido resueltas con la idea de que no existan dos procedimientos simultáneos sobre el mismo asunto. En ese caso, el período de dos años para solicitar el arbitraje comienza a computarse de nuevo cuando exista una resolución o sentencia firme en el caso concreto o el caso haya sido suspendido o el recurso interno retirado. A nuestro juicio, la posibilidad de suspensión se debe entender referida a asuntos vinculados al mismo contribuyente que afecten al resultado final del arbitraje, aunque el MLI no especifica si también la suspensión en estos casos puede operar allí donde exista conocimiento de que el mismo asunto está siendo tratado en la reclamación o recurso judicial interpuesto por contribuyentes distintos.

Sobre esta materia, también el artículo 19.12 MLI regula la posibilidad de que las partes reserven el derecho a que (1) no se sometan a arbitraje asuntos que ya han sido decididos previamente por un tribunal (del orden administrativo o judicial), y (2) a terminar el arbitraje si después del inicio y antes de la resolución del panel arbitral un tribunal (administrativo o judicial) toma una decisión al respecto. España ha hecho uso de esta reserva en línea con su posición sobre los PAs del artículo 25 ModCDI. Ya hemos comentado en relación con el PA que esta posición, a nuestro juicio, resulta injustificada desde un punto de vista técnico o jurídico y responde más a la política en esta materia de la propia Administración tributaria española. Repárese que la reserva no se vincula a resoluciones o sentencias que sean firmes y tampoco se aclara si la sentencia o resolución administrativa está vinculada o no al mismo contribuyente que inició el PA, por lo que se deja un margen de apreciación que puede generar conflictos.

c) Otras causas de suspensión o extensión del cómputo del período de inicio.

Al margen de la suspensión vinculada a la tramitación de reclamaciones o recursos internos, el artículo 19.2 MLI también admite la posibilidad de que el cómputo del plazo de dos años del artículo 19.2 MLI sea suspendido por acuerdo entre la persona que inició el PA y la autoridad competente. Los comentarios aclaran que esta suspensión, también reconocida en los Comentarios al artículo 25 ModCDI 2017, está vinculada a causas de fuerza mayor, por ejemplo, enfermedades o cuestiones personales que afecten a las partes que están involucradas en el PA.

El artículo 19.3 MLI permite también que el período de dos años del artículo 19.1.b) MLI quede suspendido cuando una de las autoridades competentes haya solicitado información relevante al afectado en el PA y éste no la haya aportado. La suspensión en este caso requiere el acuerdo de ambas autoridades competentes y sólo se produce desde la fecha de la petición de información adicional y hasta la fecha en que la misma sea aportada.

d) 'Dies a quo' para el cómputo del plazo de solicitud de arbitraje del artículo 19.1.b) MLI.

El MLI establece reglas detalladas a este respecto, lo cual supone un avance notable con respecto al artículo 25.5 ModCDI 2014 o la práctica convencional (las reglas en el ModCDI 2017 son muy similares a las propias del MLI) y, en este sentido, aporta mayor certeza. El artículo 19.5 MLI requiere que la autoridad competente que reciba la petición inicial de acuerdo con el artículo 19.1.a) de inicio del PA debe, en el plazo de dos meses naturales desde la recepción de la misma, notificar a la persona que la presentó que ha recibido la solicitud y enviar una notificación a la otra autoridad competente para poner de manifiesto la recepción de la misma. En el plazo de tres meses desde la recepción de la solicitud o de la copia de la misma (en el caso de la otra autoridad competente), el artículo 19.6 MLI dispone que se debe notificar al solicitante y a la otra autoridad competente que tiene la información suficiente para considerar el caso o que necesita información adicional (la información mínima para tramitar un caso puede ser objeto de acuerdo entre las autoridades competentes de conformidad con el artículo 19.10 MLI).

A partir de este momento se abren dos posibilidades y se establecen dos reglas distintas de cómputo del 'dies a quo' a efectos del plazo de los tres años. En primer lugar, si ninguna de las dos autoridades competentes solicita información adicional al contribuyente, ambas deben informar al contribuyente de este extremo de acuerdo con el artículo 19.6 MLI y, en ese caso, el día de comienzo del cómputo de los dos años será la fecha anterior de dos posibilidades: la fecha en la que ambas autoridades competentes han notificado a quien solicitó la iniciación del PA que han recibido la información necesaria o la fecha después de los tres meses posteriores a la notificación a la autoridad competente del otro Estado miembro de acuerdo con el artículo 19.5.b) MLI de que se ha iniciado el PA.

En segundo lugar, si se ha solicitado información adicional del contribuyente por cualquiera de las dos autoridades, la autoridad competente que recibió la solicitud de información debe, en los tres meses siguientes a su recepción, notificar al contribuyente y a la otra autoridad competente que ha recibido tal información o que todavía falta información (artículo 19.7 MLI). En este caso, la fecha de comienzo del cómputo del plazo de dos años del artículo 19.1.b MLI será la anterior de dos posibilidades: la última notificación por las autoridades competentes de que la información adicional requerida estaba completa o la fecha después de los tres meses posteriores a la recepción por ambas autoridades competentes de la información requerida por cada autoridad competente de la persona que presentó el caso. Cabe la posibilidad de que una o ambas autoridades competentes vuelvan a pedir más información adicional, en cuyo caso se tratará como una solicitud de información adicional nueva y se aplicarán las mismas reglas (artículo 19.6.b), 7 y 9 MLI).

e) Posibilidad de acuerdo o retirada antes de la decisión arbitral.

Al ser el arbitraje una parte del PA, cabe la posibilidad, que regula el artículo 22 MLI, en línea con el artículo 25.5. ModCDI, de que las autoridades competentes, una vez iniciado el arbitraje y antes de la adopción de una decisión por los árbitros, puedan ponerse de acuerdo y cerrar ellas mismas el PA, en cuyo caso no habría necesidad de arbitraje. También es posible que, antes de la decisión arbitral, el contribuyente que inició el PA retire la solicitud de PA o de arbitraje.

f) Efectos de la decisión arbitral.

Como apuntamos, el arbitraje de la parte VI del MLI es una fase del PA, por lo que, en línea con esta idea, el artículo 19.4.a) MLI apunta que la decisión arbitral se ejecutará a través del acuerdo entre las autoridades competentes relativo al caso concreto. La decisión arbitral será final y no puede ser modificada por las autoridades competentes, para quienes será vinculante. No obstante, el artículo 24 MLI prevé que un Estado añada una reserva, que sólo tendrá efectos si la otra parte tiene una reserva similar, en el sentido de que las autoridades competentes podrán apartarse de la solución arbitral si acuerdan otra solución en los tres meses siguientes desde la recepción de la misma (el efecto de esta reserva puede limitarse sólo para cuando se aplique el arbitraje del tipo decisión independiente del artículo 23.2 MLI).

El artículo 19.4.b) MLI regula tres excepciones al efecto vinculante de la decisión arbitral, a saber:

1. Si una persona directamente afectada por el caso no acepta el acuerdo entre las autoridades competentes que ejecuta la decisión arbitral. A estos efectos, se establece una presunción en el sentido de que, si cualquier persona directamente afectada por el PA no renuncia en el plazo de 60 días desde la notificación del PA a cualquier recurso interno (judicial o administrativo) o retira los mismos en relación con los puntos específicos considerados en el PA, entonces se entiende que la decisión arbitral no ha sido aceptada. Esta excepción busca facilitar la ejecución del acuerdo final que recoge la decisión arbitral, ya que, si el contribuyente no retirara los recursos internos, un tribunal (administrativo o judicial) de cualquiera de los dos países podría adoptar una decisión en un sentido distinto al reflejado en el acuerdo final entre las autoridades competentes.

2. Si una decisión final de los tribunales de uno de los Estados contratantes anula la decisión arbitral, en cuyo caso, la solicitud de arbitraje se considerará que no ha sido realizada excepto por

lo que respecta a las obligaciones de confidencialidad (artículo 21 MLI) y los costes del arbitraje (artículo 25 MLI). Una decisión final será una decisión definitiva, no de trámite o provisional. A estos efectos, no se regulan los motivos que puedan determinar que la decisión sea inválida y puede ser anulada, normalmente estarán regulados en la legislación interna, aunque se dan algunos ejemplos en los Comentarios, párrafo 223, de cuándo se puede producir esta invalidez: por motivos procedimentales, como, sería el caso, parcialidad de los árbitros o violación de su independencia, vulneración de la confidencialidad que regula el artículo 21 o acuerdo entre el contribuyente y una de las jurisdicciones implicadas. No sería posible, sin embargo, la anulación por desacuerdo del tribunal con el fondo de la decisión arbitral. Esta excepción lo que pretende, según explica el párrafo 223 de los Comentarios, es que, cuando un tribunal de un Estado invalide la decisión arbitral, el otro Estado no esté obligado a ejecutar la misma. En este caso, dispone el propio artículo 19.4.b) MLI, cuando la decisión es anulada, el contribuyente podrá solicitar nuevamente, sin esperar un nuevo plazo de dos años, otra decisión, a menos que las autoridades competentes estimen que no debería permitirse una nueva solicitud de arbitraje (v.gr. allí donde fue la conducta del contribuyente ha sido determinante de la anulación).

3. Si una persona directamente afectada por el caso interpone o continúa con recursos judiciales o administrativos internos en relación con cuestiones resueltas en el PA. Este párrafo asegura que, cuando la legislación interna de un Estado no permita condicionar el cierre del PA para ejecutar la decisión arbitral a la retirada de los recursos internos (vid. el punto 1 más arriba), que estos no puedan ser utilizados para lograr el resultado de no imposición o imposición reducida, por ejemplo, argumentado que la decisión vincula a un Estado pero no a otro, donde se aplicaría la decisión judicial o administrativa que decida el recurso interno (párrafo 224 Comentarios al MLI).

g) Aspectos procedimentales del arbitraje.

(i) Designación de los árbitros (artículo 20 MLI)

El artículo 20 MLI establece una serie de reglas básicas sobre los árbitros que pueden o no ser seguidas por las autoridades competentes con carácter general o en casos específicos. A falta de acuerdo sobre otras reglas, las reguladas en el artículo 20 MLI serán aplicables.

El panel de árbitros estará compuesto por tres personas físicas con experiencia y conocimientos en materia de fiscalidad internacional. Cada autoridad competente designará un árbitro en los 60 días siguientes a la fecha de la petición de arbitraje según el artículo 19.1 MLI y los dos miembros del panel arbitral nombrados por las autoridades competentes, a su vez, designarán un tercer miembro que será el presidente (no puede ser ni nacional ni residente de ninguno de los Estados contratantes).

Los árbitros deben ser imparciales e independientes de las autoridades competentes, las administraciones tributarias, y los ministerios de finanzas de las jurisdicciones contratantes y de todas las personas directamente afectadas por el caso (así como sus asesores) en el momento de su designación y aceptación del nombramiento, y deben mantener la imparcialidad e independencia durante el procedimiento, así como evitar cualquier conducta que pueda poner en peligro la imparcialidad e independencia en un período razonable de tiempo después del arbitraje (por ejemplo, como indican los Comentarios al MLI, párrafo 59, aceptando ofertas de empleo con una de las personas directamente afectadas por el caso en un período breve tras la decisión arbitral). A estos efectos, al acordar cómo se desarrollará el arbitraje, las autoridades competentes pueden regular las condiciones de imparcialidad e independencia con más detalle que el MLI.

Los párrafos 3 y 4 del artículo 20 MLI regulan un mecanismo supletorio para los casos en los que las autoridades competentes no designen los árbitros que les corresponden o los árbitros designados no se pongan de acuerdo o no designen al presidente del panel arbitral. La designación de los árbitros, en este caso, corresponderá al oficial de mayor rango del Centro de Política Tributaria y Administración de la OCDE que no sea nacional de los Estados miembros. En el caso de designación de árbitros no nombrados por las autoridades competentes o del presidente, el nombramiento se realizará al expirar el plazo que las autoridades competentes o los árbitros tienen para ello, sin embargo, no se establece ningún plazo para que el oficial de la OCDE haga el mismo.

(ii) La obligación de confidencialidad en los procedimientos arbitrales (artículo 21 MLI)

Para asegurar el buen fin del PA y el propio arbitraje como parte de éste, el artículo 21 MLI extiende a los árbitros o a las personas que pueden ser potencialmente designadas como tales las mismas obligaciones de confidencialidad que tienen las autoridades competentes. Para ello, el artículo 21.1 MLI asimila los árbitros a la autoridad competente a efectos de la administración del CDI que puede intercambiar información o prestar asistencia en la recaudación y la información recibida se considerará como información intercambiada en el contexto de las disposiciones del CDI cubierto sobre intercambio de información o asistencia en la recaudación. La información también puede ser revelada a las personas que puedan potencialmente ser designadas como árbitros, pero sólo en la medida necesaria para que verifiquen su competencia para cumplir con el encargo que se les realice, en particular, las condiciones de imparcialidad e independencia. Se prevé la posibilidad de la misma información sea accesible al personal de apoyo de los árbitros, hasta un máximo de tres.

Las autoridades competentes deben asegurarse, indica el artículo 21.2 MLI, de que los árbitros y su personal de apoyo, por escrito, y antes del arbitraje, aceptan tratar la información sobre el arbitraje como confidencial con el régimen descrito en las disposiciones del CDI específico relativas a intercambio de información y asistencia en la recaudación.

Por otra parte, los párrafos 5 a 7 del artículo 23 MLI regula la obligación de confidencialidad de los contribuyentes y sus asesores. Antes del inicio del arbitraje, las autoridades competentes se asegurarán por escrito de que las personas que presentaron el caso y sus asesores aceptan por escrito no revelar a ninguna persona ninguna información recibida durante el curso del procedimiento arbitral. El PA y el procedimiento arbitral terminarán si, en cualquier momento tras la petición de arbitraje y antes de que el panel arbitral notifique su decisión a las autoridades competentes, la persona que presentó el caso o uno de sus asesores incumple de forma sustantiva ('materially breaches') esta obligación. En la medida en que no se define el término incumplimiento sustantivo o material, esta cuestión podría ser objeto de controversia.

La confidencialidad de las partes del procedimiento que regula el artículo 23.5 MLI es una disposición opcional para los Estados que deben notificar al depositario del MLI la misma. El párrafo 5 se aplicará en relación con dos jurisdicciones contratantes con respecto a sus CDIs cubiertos cuando cualquiera de las dos jurisdicciones ha realizado tal notificación (artículo 23.4 MLI). No obstante, el artículo 23.6 MLI permite que una parte que no optó por el artículo 23.5 MLI se reserve el derecho a no aplicar el artículo 23.5 MLI con respecto a uno o más CDIs cubiertos o con respecto a cualquiera de sus CDIs cubiertos. Como excepción, nuevamente, el artículo 23.7 MLI dispone que una parte que ha optado por aplicar el artículo 23.5 MLI puede excluir la aplicación del arbitraje de forma completa allí donde la otra parte haya presentado la reserva regulada en el artículo 23.6 MLI. El efecto de la regulación de los artículo 23.4 a 7 es explicado en los Comentarios, párrafo 251: (1) si una parte optó por el artículo 23.5 MLI y la obligación de confidencialidad del contribuyente y sus asesores, tal regla se aplicará por defecto; (2) las partes que no consideren esto necesario pueden excluir esta obligación con respecto a sus CDIs; (3) no obstante, aquéllos Estados que consideren esta obligación como indispensable, pueden optar por no aplicar el arbitraje con respecto a aquéllos Estados que hayan optado por no aplicar la regla de la confidencialidad.

(iii) Tipo de arbitraje

El artículo 23.1. MLI opta por un arbitraje del tipo 'mejor oferta' ('baseball arbitration') como regla de aplicación subsidiaria. En este punto se diferencia de los Comentarios al artículo 25.5 ModCDI 2014 (en los Comentarios al artículo 25.5 ModCDI 2017, el arbitraje de este precepto ya se alinea con el MLI), donde la llamada 'muestra de acuerdo arbitral' optaba por un arbitraje independiente como solución general, aunque las partes podían acordar un arbitraje del tipo 'mejor oferta'. El artículo 23.2. MLI, sin embargo, permite a los Estados contratantes reservar su posición y no aplicar un arbitraje de 'mejor oferta', sino de opinión independiente y razonada.

Las dificultades pueden surgir cuando un Estado prefiera un arbitraje de un tipo y otro de otro. A estos efectos, el artículo 23.3. MLI dispone que una parte que no reservó su derecho a aplicar el arbitraje de opinión independiente (esto es, que optó por el arbitraje de 'mejor oferta') pueda reservar su derecho a no aplicar este tipo de arbitraje en sus relaciones con las partes que sí optaron por el arbitraje independiente. En este caso, las autoridades competentes de las dos jurisdicciones implicadas deben ponerse de acuerdo sobre el tipo de arbitraje que se aplicará en las relaciones entre ellas y, hasta que no exista tal acuerdo, el artículo 19 (arbitraje) MLI no se aplicará en el CDI específico que se vea afectado.

Por lo que respecta a las reglas específicas de carácter procedimental de cada uno de los tipos de arbitraje, se encuentran reguladas con detalle en el artículo 23.1 ('mejor oferta') y 23.2 ('arbitraje independiente'), a cuyo tenor nos remitimos, ya que no presentan ningún tipo de dificultad y son las normalmente aplicables en estos casos. Quizás los dos aspectos que planteen mayores dudas son que en ninguno de los dos casos se atribuya a las decisiones arbitrales valor de precedentes, lo cual puede provocar decisiones inconsistentes sobre casos similares, o que las decisiones no sean publicadas, lo cual, como ocurría con el arbitraje del artículo 25.5 ModCDI no favorece la confianza en la objetividad de estas soluciones, aunque lo natural será que personas de independencia probada con los requisitos que el propio MLI establece den soluciones razonables a los casos sobre los que tengan que decidir.

(iv) Costes del arbitraje

Uno de los mayores problemas que los distintos países tienen con el arbitraje es que asimilan los costes del mismo con los elevadísimos costes del arbitraje internacional en materia no tributaria. El artículo 25 MLI no soluciona esta cuestión sino que tan sólo establece reglas de distribución de costes entre las autoridades competentes implicadas:

- Las autoridades competentes pueden acordar como distribuir los honorarios y gastos de los miembros del panel de arbitraje y los costes incurridos en conexión con el arbitraje.

- Si tal acuerdo no existiera, cada jurisdicción soportará sus gastos y los incurridos por el miembro nombrado en el panel por esa autoridad. Los gastos del presidente y otros gastos asociados con el arbitraje se distribuirán por mitad.

Los Comentarios al artículo 25 MLI, párrafo 254, aclaran qué significa 'otros gastos asociados con el arbitraje': gastos razonables de viajes y telecomunicaciones del presidente. No incluye los costes asociados con la logística de las reuniones de los árbitros, tales costes serán soportados por la jurisdicción que organiza la reunión.

Los Comentarios, párrafo 255, también aclaran que las autoridades competentes pueden acordar la escala de remuneración que se pagará a los árbitros de manera que refleje las particulares circunstancias del tipo de arbitraje, las jurisdicciones y las relaciones entre ellas. Normalmente tal acuerdo debe ser previo a la designación de los árbitros. El párrafo 255 también apunta que, a efectos de remuneración, pueden utilizarse las escalas del 'International Centre for Settlement of Investment Disputes" o las del Código de Conducta Revisado del Convenio de Arbitraje de la UE de 23 de julio de 1990. Es frecuente también que las jurisdicciones limiten las cantidades asignadas para viajes y el número de días de compensación a los miembros del panel arbitral.

h) Compatibilidad y relación con otros tratados bilaterales o multilaterales y mecanismos de resolución de disputas.

En primer lugar, el artículo 26.1. MLI regula la relación del mecanismo arbitral con los CDIs de un Estado. La parte VI del MLI, cuando un Estado contratante optó por aplicarla, se aplicará en lugar de o en ausencia de regulación del arbitraje en relación con los CDIs cubiertos por el MLI. A estos efectos, cada Estado que optó por aplicar la parte VI del MLI notificará al depositario los CDIs que contienen una disposición arbitral que resulta afectada por la opción. Cuando dos jurisdicciones contratantes hayan realizado tal notificación sobre la misma disposición, ésta será reemplazada por la Parte VI. No obstante lo anterior, el artículo 23.4 MLI prevé que una parte reserve su derecho a no aplicar la Parte VI con respecto a uno o más CDIs cubiertos (o todos sus CDIs) que ya contengan una regulación relativa al arbitraje. A estos efectos, España ha identificado de acuerdo con el artículo 26.1 MLI, esto es, como CDIs a los que no se aplica la reserva del artículo 26.4 MLI las disposiciones en materia de arbitraje de los CDIs con el Reino Unido, Suiza y los EEUU Con respecto al CDI con EEUU se da la circunstancia de que el Protocolo de 2013 que regula el arbitraje no ha entrado en vigor y, además, los EEUU no son parte del MLI, por lo que la notificación no tendrá ningún efecto.

El artículo 26.2. MLI, por su parte, dispone que cualquier caso al que pueda aplicarse el arbitraje regulado en la parte VI no será considerado en este arbitraje si hay ya un panel constituido bajo otro instrumento bilateral o multilateral que regule un arbitraje similar. Esta regla trata de evitar duplicidades y costes: si ya hay un procedimiento arbitral avanzado bajo otro instrumento, hasta el punto de que ya hay una comisión arbitral constituida, se deja que siga tal arbitraje y se paraliza el regulado en la Parte VI. No obstante, la parte VI continuaría aplicándose cuando el panel arbitral no haya sido constituido todavía bajo el otro instrumento bilateral o multilateral.

Más dificultades plantea la regla del artículo 26.3 MLI, según la cual, con sujeción al artículo 26.1. MLI, nada en la Parte VI del MLI impedirá la aplicación de las 'obligaciones más amplias' en relación con el arbitraje reguladas en otra convenciones de las que los Estados miembros son o será parte en el futuro. La expresión 'obligaciones más amplias' no está definida, aunque los Comentarios al artículo 26.3 MLI, párrafo 258, disponen que, por tales, se puede entender las obligaciones de resolver asuntos o casos no cubiertos por la parte VI. Tal indefinición puede hacer surgir la duda de cuándo una 'obligación' o instrumento bilateral o multilateral es más amplio que otro. En particular, se plantearán dificultades de interacción con la Directiva 2017/1852 ya que no está claro que el procedimiento de resolución de disputas que la misma regula sea más amplio que la Parte VI. Así, por ejemplo, la Directiva permite a las autoridades competentes apartarse de la solución arbitral, pero, sin embargo, tiene reglas más estrictas que permitan el acceso a la fase arbitral, ¿es una obligación más amplia o menos que la regulada en la Parte VI? Parece que una decisión final del panel arbitral vinculante para las autoridades competentes puede ser una obligación más amplia, pero sólo allí donde hay acceso al arbitraje y éste esté garantizado, por lo que habrá que valorar el caso concreto. Por otra parte, el artículo 16.5 Directiva establece una regla que prioriza la solución de ésta frente a otros acuerdos o convenios bilaterales o multilaterales: la presentación de una solicitud en el contexto de la Directiva paralizará los otros procedimientos en la fecha de presentación de la solicitud. Como consecuencia de ello, aunque el procedimiento de acuerdo con la Parte VI sea una obligación más amplia que la regulada en la Directiva, la presentación de una solicitud en el contexto de la Directiva paralizará el procedimiento arbitral de la Parte VI. Como consecuencia, el contribuyente debe ponderar bien desde el principio los efectos de uno y otro procedimiento para elegir el más favorable a sus intereses.

i) Entrada en vigor.

La entrada en vigor y los efectos de la Parte VI para quienes optaran por ella se regulan con reglas especiales en el artículo 36 MLI. A estos efectos, el párrafo 1 del citado precepto dispone:

- Con respecto a los casos presentados a la autoridad competente después de que el MLI y la parte VI sean aplicables para las dos jurisdicciones parte del CDI afectado.
- Con respecto a los casos presentados con anterioridad a la fecha de aplicación del MLI y la parte VI para los Estados parte de un CDI, en la fecha en que ambas jurisdicciones contratantes han notificado al depositario que han alcanzado el acuerdo previsto en el artículo 19.10 MLI, junto con la información relevante relativa a cuándo se presentaron los casos a la autoridad competente de un Estado contratante. Esta opción, explícitamente afirma el parra. 347 de los Comentarios al artículo 36 MLI, permite a las autoridades competentes ponerse de acuerdo en una fecha de presentación para todos los casos o caso por caso y regular la entrada de los mismos en la fecha arbitral.

No obstante lo anterior, los Estados parte del MLI pueden reservar el derecho de no aplicar la parte VI a PAs iniciados con anterioridad a la entrada en vigor del MLI para esos Estados, aunque pueden acordar que ciertos casos sí tengan acceso a la fase arbitral del PA (Parte VI). España, por ejemplo, ha formulado esta reserva.

Por su parte, los artículo 36.3 a 5 MLI regulan la entrada en vigor de la Parte VI en el caso en que una parte comienza a aplicar la Parte VI sólo una vez que ya es parte del MLI. Como explican los Comentarios a los citados preceptos, esta situación se puede producir porque (1) un nuevo CDI es añadido a los ya definidos como cubiertos, (2) se retira una reserva formulada de conformidad con el artículo 26 (4) de no aplicación de la Parte VI a un determinado CDI o se reemplaza tal reserva con una más limitada en sus efectos; (3) una parte que previamente presentó objeciones a una reserva formulada de acuerdo con el artículo 28 (2) retira tal objeción o (4) un Estado parte cambia su política sobre arbitraje y elige aplicar la Parte VI a sus CDIs después de ser ya un Estado parte. En todos estos casos, la entrada en vigor está basada en la fecha de comunicación al depositario de la notificación relevante, retirada o sustitución de la reserva o retirada de la objeción.

j) Valoración del arbitraje en el MLI.

La regulación del arbitraje en la Parte VI del MLI es mucho más detallada y completa, tanto en los aspectos sustantivos como procedimentales, que el artículo 25.5 ModCDI 2014 y sus Comentarios o que la mayoría de los CDIs que recogen el arbitraje como forma de solución de controversias y, en este sentido, proporciona una mayor certeza y seguridad jurídica, a pesar de la notable dificultad de comprensión y aplicación del MLI (en esto, la Parte VI no se diferencia del resto del MLI). Al mismo tiempo, el artículo 25.5 ModCDI 2017 parte de la base de los desarrollos aportados en el MLI y mejora los mismos en algún punto concreto.

A priori, el hecho de que, por el momento, 26 Estados hayan optado por aplicar la Parte VI puede parecer un gran logro. No obstante, debe tenerse presente que la solución arbitral no depende sólo de tal opción, sino, además, del juego de las reservas y objeciones a las reservas y muy singularmente de las limitaciones al acceso al arbitraje derivadas de reservas individuales por los Estados parte del MLI. En este sentido, el impacto del arbitraje es bastante menor del que pueda derivarse de la opción por el mismo por parte de 26 Estados aunque ni mucho menos insignificante: se estima que, en el momento presente, 148 CDIs están afectados por la solución arbitral, aunque el número puede crecer en el futuro al optar nuevos Estados por la parte VI o por la adición de nuevos CDIs al listado de los cubiertos o la eliminación de reservas (vid. PIT (2017), p. 588).

Por otro lado, el hecho de que la Parte VI suponga un avance notable en materia de regulación sustantiva y procedimental del arbitraje no implica que las autoridades competentes no tengan ninguna labor que realizar a estos efectos, ya que corresponderá a ellas delimitar y determinar los detalles de funcionamiento del mismo que MLI deja abiertas. Para ello, la OCDE preparará un modelo de acuerdo que puedan utilizar las autoridades competentes, como anuncia el párrafo 230 Comentarios al artículo 19.10 MLI, tal modelo de acuerdo se ha añadido como anexo a los Comentarios al artículo 25.5 ModCDI 2017, el mismo cuenta también con unos comentarios aclarativos. Muchas de las cuestiones abiertas, como PIT (2017), p. 588 sugiere, no son insignificantes ya que los citados acuerdos entre autoridades competentes deberían regular (1) los plazos en los que los árbitros tienen que emitir su decisión, (2) los derechos de los contribuyentes y su involucración en el procedimiento, (3) una lista de potenciales árbitros, (4) la posibilidad de publicación de la decisión en todo o como un resumen, (5) que procedimiento debe seguirse cuando no toda la información del caso en cuestión se presenta al panel arbitral, (6) que procedimientos deben seguirse si los árbitros no toman su decisión en el plazo establecido, (7) las relativas a la ejecución del acuerdo que incorpora la decisión arbitral, y (8) los detalles prácticos del procedimiento arbitral, como la organización de las reuniones del panel arbitral, el lugar de las mismas, el idioma a emplear, y la asistencia administrativa (vid. PIT (2017), p. 288). Muchas de estas cuestiones están resueltas en los propios Comentarios al artículo 25.5 ModCDI 2014, en concreto, en el ejemplo de acuerdo arbitral o incluso en el propio Convenio

90/436/CEE o la nueva Directiva de resolución de disputas, que pueden tomarse también como modelos o referencias a estos efectos.

Desde la perspectiva del contribuyente, la introducción del arbitraje en un buen número de CDIs es, sin duda, una buena noticia. No obstante, el propio contribuyente deberá ponderar si la solución arbitral de la Parte VI es más beneficiosa que, por ejemplo, el procedimiento de la Directiva 2017/1852, aunque ambas normas es muy probable que no produzcan efectos al mismo tiempo (un dato que el contribuyente debe tomar en consideración), o que las normas de otros instrumentos como el Convenio 90/436/CEE.

8. BIBLIOGRAFÍA

AULT (2001), «Arbitration in International Tax Matters: Some Structural Issues», en Liber Amicorum Sven-Olof Lodin, Kluwer, Deventer, 2001.

AULT Y SASSEVILLE (2009), «2008 OECD Model: The New Arbitration Provision», Bulletin for International Taxation vol. 63, n. 5, p. 208.

AVERY JONES et al., «The Legal Nature of the Mutual Agreement Procedure Under the OECD Model Convention – I,» 1979 British Tax Review 333.

AVERY JONES et al., «The Legal Nature of the Mutual Agreement Procedure Under the OECD Model Convention – II» 1980 British Tax Review 13.

BURNETT (2008), «International Tax Arbitration», Legal Studies Research Paper n.º 8/31 (University of Sydney).

BUSTOS BUIZA y DEL CAMPO AZPIAZU (2002), «Análisis de los sistemas de eliminación de la doble imposición mediante acuerdos entre administraciones», Tribuna Fiscal nº 145/2002, p. 73.

CALDERÓN (2004), «El derecho de los contribuyentes al inicio del procedimiento amistoso previsto en los Convenios de Doble Imposición», Monografías Carta Tributaria nº 6/2004.

DESAX AND VEIT (2007), «Arbitration of Tax Treaty Disputes: The OECD Proposal», Arbitration International vol. 23, nº 3, p. 405.

DI FRANCESCO, V., and LIAKAS, N. (1979), «Tax Treaties and Competent Authorities», Mathew Bender and New York University: New York.

FARAH (2008), «Mandatory Arbitration of International Tax Disputes: A Solution in Search of a Problem» (Mar. 18, 2008) (no publicado, disponible en http://ssrn.com/absract=1115178).

GRACIA ESPINAR / MONTEJO ALONSO (2005), «Precios de transferencia y la UE. Revisión de las medidas adoptadas», Revista de Contabilidad y Tributación nº 268.

GOLDBERG, S. (1986), «How and Does the Competent Authority Work? – A Multinational Analysis» 39 Tax Executive 5.

KAUFMAN, N. (1984), «Dispute Resolution Under Tax Treaties: the Developing Role of the Competent Authority» 3 Wisconsin International Law Journal 101.

KOCH (1981): «Mutual Agreement Procedure (General Report)» IFA Congress, Berlin, vol. 66a, Kluwer: Deventer and Boston.

MARTÍN JIMÉNEZ (2004): «Comentario al artículo 25 ModCDI», en AA.VV., Comentarios a los Convenios para evitar la doble imposición internacional y prevenir la evasión fiscal concluida por España, Fundación Barrié de la Maza, A Coruña.

MCINTYRE (2006), «Comment on the OECD Proposal for Secret and Mandatory Arbitration of International Tax Disputes», Florida Tax Review vol. 7, n. 9, 2006, p. 622.

NOLAN/NG (2011), «Tax Dispute Resolution: a New Chapter Emerges», Tax Notes International, May 30 2011, pp. 733 y ss.

PALAO TABOADA (1972): *«El procedimiento amistoso en los convenios internacionales para evitar la doble imposición»*, Hacienda Pública Española nº 16/1972, p. 309.

PALAO TABOADA (2010), *«El Reglamento de procedimientos amistosos»*, en Noticias de la Unión Europea, enero 2010, p. 107.

PIT (2017), *«Arbitration under the OECD Multilateral Instrument: Reservations, Options and Choices»*, Bulletin for International Taxation vol. 71, p. 568 y ss.

SCOTT WILKIE (2005), *«Resolving International Tax Disputes: A Canadian Perspective of the Work of the OECD»*, International Transfer Pricing Journal July/August 2005, p. 131.

SERRANO ANTÓN (2011), *«La resolución de conflictos en el Derecho Internacional Tributario»*, Civitas, Madrid.

TILLINGHAST (2002), *«Issues in the Implementation of the Arbitration of Disputes Arising under Income Tax Treaties»*, Bulletin for International Fiscal Documentation, March 2002, p. 90.

TURNER (2005), *«Canada-US Competent Authority MoU: First Steps to Mandatory Arbitration»*, Tax Notes International vol. 39, n. 13, p. 1223 y ss.

VEGA BORREGO (2011), *«Algunos aspectos de la regulación española de los procedimientos amistosos: suspensión e intereses de demora»*, Crónica Tributaria n. 139.

VOLLEBREGT, THOMAS Y PIESCHEL (2011), *«Arbitration under the New Japan-Netherlands Tax Treaty»*, Bulletin for International Taxation vol. 65, n. 5, p. 223.

V.3

INTERCAMBIO DE INFORMACIÓN

José Manuel Calderón Carrero

V.3.   INTERCAMBIO DE INFORMACIÓN

Sumario

INTERCAMBIO DE INFORMACIÓN

1. LA CLÁUSULA DE INTERCAMBIO DE INFORMACIÓN PREVISTA EN LOS CONVENIOS DE DOBLE IMPOSICIÓN

1.1. La funcionalidad de la cláusula de intercambio de información

El intercambio de información fiscal entre Estados responde a la necesidad de dotar a las Administraciones tributarias de los medios adecuados para verificar el cumplimiento de los deberes que corresponden a los obligados tributarios que operan transnacionalmente. El control de las obligaciones tributarias, a la postre, no representa otra cosa que «administrar información», de manera que el Fisco puede controlar todo aquello de lo que tiene o puede tener conocimiento. Cuando la Administración pretende verificar el cumplimiento de las obligaciones tributarias de contribuyentes que realizan operaciones transnacionales se encuentra frente a un grave problema: la falta de información sobre tales operaciones. En un contexto económico altamente internacionalizado resulta del todo inadmisible para el Estado que los contribuyentes sujetos a imposición por su renta mundial puedan escapar al control y al cumplimiento de sus deberes fiscales acudiendo al expediente de ubicar sus inversiones o actividades económicas en el extranjero. Puede afirmarse, por tanto, que la principal función que desempeña el intercambio de información es la de servir de instrumento de control de las obligaciones tributarias de los contribuyentes que realizan operaciones económicas internacionales. Y es que en el momento presente no resulta posible garantizar la efectividad de un principio tributario del alcance del «principio de renta mundial» en los impuestos sobre la renta de las personas físicas y de las sociedades sin el intercambio de información entre Administraciones tributarias. Igualmente, la efectividad de las cada vez más numerosas cláusulas antiabuso, como la transparencia fiscal internacional, la normativa antisubcapitalización o las cláusulas contra el uso impropio de los CDIs *(treaty shopping)*, en ocasiones pueden convertirse en «papel mojado» en ausencia de intercambio de información. Buena muestra del redimensionamiento progresivo que está experimentando el intercambio de información resulta de considerar el papel que se le ha asignado en el proyecto OCDE sobre *Competencia fiscal perniciosa*, así como la relevancia que ha alcanzado igualmente este mecanismo a nivel comunitario (Directivas 77/799/CEE, 2003/48 y 2011/16/UE, particularmente tras las reformas derivadas de la aprobación de las Directivas 2014/1007/UE, 2015/2376/UE y 2016/881/UE, que introducen tres nuevos mecanismos de intercambio automático de información sobre cuentas financieras, de rulings/APAs y del informe fiscal país por país/CbC R); de hecho, se considera que la nueva transparencia fiscal que resulta de un conjunto de medidas que combinan un ensanchamiento de las obligaciones de información de las entidades financieras y grandes empresas y el intercambio automático entre administraciones a escala global no sólo reposicionan a éstas mejorando su capacidad de "tax enforcement" al superarse la importante barrera del "gap" o "asimetría" de información fiscal, sino también los Estados recuperan gobernanza fiscal al poder someter a imposición hechos imponibles transfronterizos, en particular se apunta un incremento de la tributación del capital como consecuencia del OECD CRS IAI (**OECD, *Tax Policy Reforms 2017,*** 13.09.2017). Como veremos más adelante, el Proyecto BEPS (y su instrumentación a nivel europeo) articulan un nuevo modelo de transparencia fiscal que trasciende la funcionalidad tradicional de los instrumentos de intercambio de información entre administraciones tributarias (vid. infra).

A pesar de que el intercambio de información constituye fundamentalmente un mecanismo al servicio del control fiscal, no puede desconocerse que también puede emplearse al servicio de los obligados tributarios. En efecto, en los últimos tiempos viene abriéndose camino la tendencia a instrumentar las cláusulas de intercambio de información para canalizar intereses de los contribuyentes que llevan a cabo operaciones transnacionales. En concreto, el intercambio de información puede servir de «escudo» al contribuyente para beneficiarse de una determinada ventaja fiscal en un Estado distinto al de su residencia, allí donde la concesión de la misma pueda requerir de la comprobación de datos que puede aportar la Administración fiscal de su país de residencia. De hecho, el propio

Tribunal de Justicia de la UE ha puesto especial énfasis en esta segunda funcionalidad del intercambio de información recordando a los Estados miembros de la UE que no pueden escudarse en el desconocimiento de los datos o el régimen fiscal de un contribuyente (no residente) para denegarle una «ventaja fiscal», toda vez que la (antigua) Directiva 77/799/CEE permite a los Estados miembros obtener toda la información necesaria para liquidar sus impuestos de suerte que cuando ello no sea así las autoridades fiscales pueden solicitar a los contribuyentes las pruebas o datos necesarios (véanse las SSTJUE en los casos *Halliburton* (C-1/93), *Schumacker* (C-279/93), *Wielockx* (C-80/94), *Futura Participations* (C-250/95), *Vestergaard* (C-118/86), *Baxter* (C-254/97), *Danner* (C-136/00), *Skandia* (C-422/01), *Comisión/Francia* (C-334/02), *Rewe-ZentralFinanz* (C-347/04), *Geurts-Vogten* (C-464/05) y *Sofina* (C-575/17), entre otras. No obstante, cabe hacer dos matizaciones a este respecto. Por un lado, en el caso *Elisa* (C-451/05) el Tribunal de Justicia consideró incompatible con el Derecho de la UE un impuesto (un Gravamen sobre Bienes Inmuebles de Entidades no Residentes) que se aplica sobre entidades no residentes no amparadas por un convenio con cláusula de intercambio de información tributaria, considerando que tal impuesto debe poder quedar excluido allí donde el contribuyente aporte pruebas que acrediten la identidad de sus accionistas personas físicas. Por otro lado, en el caso *Skatteverket v A* (C-101/05) el TJUE declaró que los EMs pueden denegar la aplicación de una ventaja fiscal a un residente sin que resulte contrario a la libre circulación de capitales allí donde las autoridades de tal EM no pueden obtener información del *país tercero* a efectos de poder aplicar y supervisar la aplicación de tal ventaja fiscal por parte del contribuyente (en parecidos términos: la STJUE de 19 de noviembre de 2009, *Comisión/Italia*, C-540/07). Es decir, el TJUE admite la compatibilidad con la libre circulación de capitales de determinadas restricciones fiscales (exclusión de ventajas fiscales, por ejemplo) cuando se proyecten con operaciones con países terceros y no resulte posible para las autoridades fiscales del Estado miembro de que se trate obtener la información necesaria de las autoridades extranjeras al no existir un mecanismo de asistencia mutua entre ambos Estados; no parece que esta doctrina resulte aplicable en el ámbito de otras libertades comunitarias o en operaciones con Estados miembros UE (vid. el caso *Elisa*). Debe matizarse, no obstante, que el TJUE viene considerando que las situaciones extracomunitarias se inscriben en un "*contexto jurídico distinto*" en relación con las situaciones comunitarias dado que en el segundo caso las autoridades fiscales de los Estados miembros UE pueden verificar las pruebas aportadas por los contribuyentes en relación con el cumplimiento de los requisitos establecidos por la normativa nacional de un Estado miembro para disfrutar o poder aplicar una ventaja fiscal. Ahora bien, el Tribunal de Justicia considera que podríamos estar en un contexto jurídico similar a estos efectos allí donde existiera un instrumento de asistencia mutua entre el Estado miembro de que se trate y el país tercero que proporcione un nivel de colaboración administrativa similar (véase, la sentencia de 10 de abril de 2014, C-190/12, *Emerging Markets of DFA Trusts Co,*). El TJUE también ha rechazado en el marco de relaciones extracomunitarias con países terceros (v.gr., Suiza) la invocación de la causa de justificación basada en la eficacia de los controles fiscales, articulada a partir de la falta de asistencia mutua internacional con el país tercero para fundamentar la negativa a aplicar una ventaja fiscal en tal contexto que no requería de tal intercambio de información para verificar los condicionantes establecidos para su correcta aplicación (STJUE de 17 de octubre de 2013, C-181/12, *Welte*, en relación con la aplicación de una ventaja fiscal del ISD en Alemania como Estado de localización de los activos inmobiliarios objeto de la herencia del residente en Suiza). La STJUE de 24 de noviembre de 2016, *SECIL*, C-464/14, en relación con los acuerdos comerciales euromediterráneos en combinación con los CDIs de Portugal con Túnez y Líbano, vuelve a poner en valor la relevancia de las cláusulas de intercambio de información previstas en los CDI a los efectos de determinar la validez y proporcionalidad de las causas de justificación esgrimidas por los Estados para fundamentar restricciones al ejercicio de libertades protegidas por el Derecho de la UE (vid.: CFE Opinion Statement ECJ-TF 1/2017, Sicard/Debat 2017, y Ribeiro 2014).

Cabría igualmente preguntarse sobre la posición mantenida por el TJUE en relación con países miembros del Acuerdo Económico Europeo (allí donde no media un mecanismo de asistencia mutua). El TJUE se ha pronunciado en un cierto número de casos a favor de aplicar en el ámbito del Acuerdo del Espacio Económico Europeo la misma jurisprudencia que frente a Estados miembros (vid. las

SSTJUE de 26 de octubre de 2006, C-345/06, *Comisión/Portugal*, de 18 de enero de 2007, C-104/06, *Comisión/Suecia*, de 6 de octubre de 2009, *Comisión/España*, C-562/07, *Comisión/Países Bajos* C-521/07), de manera que la ausencia de un mecanismo de intercambio de información tributaria no justificaría una restricción fiscal cuando el disfrute de tal ventaja no dependiera del cumplimiento de requisitos cuya observancia solo pudiera comprobarse recabando información de las autoridades competentes del Estado miembro EEE. No obstante, no faltan pronunciamientos donde se ha considerado que la falta de un CDI o acuerdo de intercambio de información tributaria permite justificar la exclusión de ventajas fiscales en relación con operaciones o situaciones que afecten a Estados miembros del EEE, considerando la relevancia de tal mecanismo para la verificación de un condicionante a cuyo cumplimiento está sujeto la aplicación de la ventaja fiscal en cuestión (vid las SSTJUE de 19 de noviembre de 2009, Comisión/Italia, C-540/07, de 28 de octubre de 2010, C-72/09 *Rimbaud*, y de 10 de febrero de 2011, C-436/08 y 437/08, *Haribo*). Asimismo, en el caso *Haribo* se precisa que no cabe exigir que el acuerdo de cooperación fiscal establezca, además del intercambio de información, la asistencia en la recaudación tributaria cuando no resulta necesario para verificar el cumplimiento de los condicionantes de la ventaja fiscal. Alineada con esta línea de jurisprudencia que supedita la aplicación de una ventaja fiscal a la existencia de un mecanismo de asistencia mutua véanse las RRTEAC de 17 y 22-02-2011, (RG 4583-08).

La STJUE de 27 de enero de 2009, C-318/07, *Persche*, sobre la deducción fiscal de donaciones en especie a entidades con finalidad social situada en otros Estados miembros constituye otro pronunciamiento relevante donde el TJUE establece principios en materia de aplicación de ventajas fiscales concebidas para situaciones internas a situaciones transfronterizas estableciendo una regla de equilibrio entre la carga de la prueba del contribuyente y la potestad de comprobación de las autoridades fiscales a través del intercambio de información tributaria, tanto respecto de Estados miembros como países terceros (vid. también la STJUE 18 de diciembre de 2007, A, C-101/05). No obstante, la existencia de un mecanismo de asistencia mutua e intercambio de información en modo alguno excluye la carga de la prueba del contribuyente de los hechos que le corresponde acreditar para aplicar una ventaja fiscal, ni obliga a las autoridades fiscales a utilizar tal mecanismo en defecto de aportación de pruebas por el contribuyente (STJUE 10 de febrero de 2011, C-436/08 y 437/08, *Haribo*, y *Twoh international* C-184/05). Ahora bien, el TJUE en algún caso ha admitido que las autoridades fiscales en ciertas circunstancias están obligadas a dirigir una solicitud de información fiscal a las administraciones tributarias de otros Estados miembros cuando dicha solicitud sea útil o incluso indispensable para acreditar los hechos relevantes en el caso de que se trate (STJUE de 17 de diciembre de 2015, Asunto *WebMindLicenses*, C-419/14, apartados 55-59).

En relación con la eventual conexión del movimiento global de transparencia e intercambio de información con el **proyecto OCDE-G20 sobre BEPS** cabría realizar las siguientes observaciones:

- El intercambio de información no forma parte de Plan de Acción de BEPS
- Pero BEPS articula nuevos mecanismos de transparencia (*transfer pricing country by country reporting, Disclosure rules*) e intensifica las exigencias de sustancia de las estructuras internacionales.

Igualmente, la recomendación original recogida en la Acción 5 del Plan BEPS (*Countering Harmful Tax Practices more effectively taking into account transparency and substance*) pasaba por el desarrollo de un mecanismo de intercambio espontáneo de información sobre "rulings" referidas a la aplicación de regímenes preferenciales. El informe final OCDE sobre la Acción del Plan BEPS (Action 5: 2015 Final Report, 5 octubre de 2015) incluye la articulación a nivel internacional de un mecanismo de intercambio de información de rulings/APAs transfronterizos con las siguientes características:

• Se trata de un mecanismo de intercambio espontáneo obligatorio aplicable a partir de 1 de abril de 2016 (cada tres meses),

• Se proyecta sobre determinadas resoluciones interpretativas o sobre la aplicación de la normativa tributaria (rulings/APAs) relativas a la aplicación de regímenes preferenciales (sobre explotación de la propiedad intelectual/IP régimen y actividad financiera), APAs/Rulings unilaterales transfronterizos sobre precios de transferencia, rulings que articulen un ajuste a la baja de beneficios, rulings sobre la existencia y atribución de beneficios a los EPs, y rulings sobre entidades conductoras, y cualquier otra categoría que plantee riesgos de transferencia de beneficios o erosión de bases imponibles y que sea determinada por el Foro de Prácticas Fiscales Perniciosas.

• Prevé una retroactividad limitada a rulings/APAs aprobados, modificados o renovados con posterioridad a 1 de enero de 2010, los cuales quedan incluidos en el mecanismo en la medida en que resulten eficaces a 1 enero de 2014.

• El intercambio debe realizarse con todas las jurisdicciones afectadas por el ruling/APA, lo cual incluye a) todos los países de residencia de las entidades vinculadas que realizan operaciones respecto de la cuales es relevante el ruling concedido a la entidad del país de que se trate; b) los países de localización del EP-Casa Central de la entidad que se beneficie del ruling/APA; yc) los países de residencia de la matriz directa y de la matriz última de la entidad beneficiaria del ruling/APA.

• El país que reciba la información debe tener un marco legal adecuado para proteger la información intercambiada, en términos similares a los previstos en el artículo 26 de los CDI (confidencialidad y uso limitado a efectos fiscales).

• El FHTP revisará la correcta aplicación de las buenas prácticas establecidas en materia de rulings/APAs, incluyendo el funcionamiento del mecanismo de intercambio espontáneo, elaborando un informe anual a partir de 1 de enero de 2017, que puede lugar a la articulación de mecanismos de soft-pressure sobre los países que no cumplan tales buenas prácticas, en línea con el modelo articulado por el Global Forum de Transparencia e Intercambio de información (compliance rating). A este respecto, cabe apuntar como a los efectos de supervisar la implementación efectiva de los estándares mínimos de BEPS ya se ha puesto en marcha un mecanismo inclusivo y global en el que participan más de 100 países y se opera a través de "peer reviews", incluyendo las referidas a la acción 5 BEPS (vid.: OECD, *Inclusive Framework on BEPS Progress Report*, July 2017).

Este mecanismo de "transparencia fiscal" restringida (a autoridades fiscales y para uso fiscal) ciertamente puede restringir de forma muy relevante el uso impropio e inadecuado de estos instrumentos de asistencia a los contribuyentes para articular prácticas fiscales perniciosas o regímenes preferenciales opacos, pero también puede traer consigo una restricción de facto del uso de estos instrumentos al servicio de la seguridad jurídica dado que tanto los contribuyentes como las administraciones pueden ser más reacios a utilizarlos en este contexto (chilling effect).

El ECOFIN, por su parte, acordó el 6 de octubre de 2015, modificar la Directiva 2011/16/UE a través de la Directiva 2015/2376 (aprobada el 8 de diciembre) a efectos de articular un mecanismo comunitario de intercambio automático de rulings/APAs transfronterizos (vid infra).

- Algunos países como los Países Bajos parecen emplear el intercambio espontáneo de información como mecanismo disuasorio frente a prácticas fiscales perniciosas de sus contribuyentes a efectos de recuperar buena reputación fiscal y alinearse con un nuevo contexto de buenas prácticas fiscales evitando estigmatización como país que facilita prácticas fiscales perniciosas. En este sentido, los Decretos sustancia económica de 30 de diciembre de 2012 y junio 2014 establecen el intercambio espontáneo en relación con:

• Entidades Financieras & IP companies que no cumplan requisitos de sustancia y sean detectadas, soliciten un ruling o la aplicación de un CDI o una Directiva comunitaria;

• Holdings que soliciten un ruling y no cumplan requisitos de sustancia;

• Multinacionales que hayan concluido un APA y se cumplen requisitos de sustancia pero solo a través de una "IP/Finance company" en territorio neerlandés (limitado nexo jurídico-territorial). Nótese que el Informe Final de la Acción 5 de BEPS también ha establecido requisitos mínimos de sustancia en relación con las entidades holding, de manera que la entidad, como mínimo, cumple con las obligaciones mercantiles aplicables a las sociedades y posee medios humanos y materiales suficientes para las actividades de tenencia y gestión de las participaciones excluyendo así las "letter-box companies" (OCDE/G20 BEPS, Action 5, Countering Harmful Tax Practices more effectively taking into account transparency and substance, Final Report 2015, 5 October 2015, parágrafos 86 y ss). Nótese cómo, por un lado, la OCDE desarrolló en noviembre de 2018 un elemento de la acción 5 BEPS creando un nuevo estándar global de sustancia económica para jurisdicciones que no poseen un impuesto sobre sociedades (*zero tax countries*), estableciendo mecanismos de intercambio espontáneo de cara al control de las entidades que operan a través de las mismas (véase el epígrafe 11 de este capítulo). Por otro lado, un cierto número de países han establecido requisitos de sustancia mínima para las entidades que operen en su territorio y desarrollen ciertas actividades, de suerte que, por ejemplo, Países Bajos modificó en 2019 su normativa y práxis de *tax rulings*, articulando mecanismos de buena gobernanza (transparencia, control por comité de supervisión, publicación anónima e informe anual), y excluyendo la posibilidad de que pueda utilizarse este mecanismo de asistencia a los contribuyentes en casos donde no se cumpla el requisito de "nexo territorial operativo" o se trate de operaciones con "países no cooperativos" o de "baja/nula tributación" (<9%) o con propósito fiscal principal (*Secretary of State NL, Stricter requirements for issuing rulings*, 22-11-2018).

- BEPS implica mayores niveles de transparencia en materia fiscal que pueden terminar cristalizando en un nuevo modelo de gestión tributaria con importantes implicaciones para todos los jugadores afectados (gobiernos, contribuyentes e intermediarios fiscales) pudiendo traer consigo una nueva cultura y enfoque de cumplimiento de obligaciones fiscales, lo cual implica que los contribuyentes deben estar preparados para revelar lo que hacen en cada jurisdicción (sustancia) y estar cómodos con la revelación de las actividades que realizan en cada país (transparencia).

El Proyecto BEPS (y su instrumentación europea) articulan un nuevo modelo de transparencia fiscal que trasciende la funcionalidad tradicional de los instrumentos de intercambio de información entre administraciones tributarias; los nuevos mecanismos de intercambio automático reducen de forma muy relevante el campo de la información asimétrica de manera que las administraciones tributarias estarán en posesión de un mayor caudal de datos que permitirá desarrollar modelos de comprobación más focalizadas (y parciales vs. las típicas comprobaciones generales) a partir del uso de herramientas de gestión de riesgos fiscales y la selección de "audit targets" más transaccionales; el intercambio de rulings/APAs también aporta una nueva dimensión de transparencia fiscal, en este caso proyectada sobre las prácticas fiscales administrativas. Esta última vertiente de la transparencia fiscal sí puede reducir determinados "esquemas/estructuras BEPS" que venían pivotando sobre rulings y APAs y regímenes preferenciales, en tanto que la planificación fiscal internacional basada en el uso legítimos de jurisdicciones de baja tributación no resulta neutralizada o impedida por estos nuevos mecanismos de transparencia, aunque sí que impactan sobre los mismos elevando el deber de diligencia sobre el cumplimiento tributario, particularmente sobre los nuevos estándares de sustancia económica post-BEPS (vid.: Longhorn/Rahim/Sadiq 2016, p. 4 y ss). Como ha puesto de relieve el profesor Deveraux (2016), los nuevos mecanismos de transparencia fiscal articulados a nivel internacional y comunitario en el contexto de la implementación del Proyecto BEPS dudosamente pueden contribuir al objetivo de lograr que el gravamen de los beneficios tenga lugar donde se producen o se crea el valor, ni tampoco constituyen herramientas que permitan determina si en un país determinado se ha pagado la correcta cantidad de impuestos. Los avances en materia de transparencia fiscal y su presentación a nivel político como mecanismos eficaces en la lucha contra montajes de transferencia de beneficios a jurisdicciones de baja tributación se explica considerando que constituyen "medidas de bajo coste" para los países ya que no hay grandes ganadores y perdedores y siguen permitiendo cada país desarrollar su política fiscal y económica en competencia con los demás a efectos de atraer inversión y actividades económicas de toda índole, frente a la adopción de medidas de auténtica reforma del sistema de fiscalidad internacional (como la CCCTB o el Financial Transaction Tax), que son más difíciles de poner en marcha ya que poseen un mayor coste para algunos países en favor de otros.

Con todo, a pesar de las iniciativas y significativa evolución experimentada por los mecanismos de intercambio de información a lo largo de la última década, lo cierto es que el estado de su desarrollo e implementación actual está lejos de corresponderse con las necesidades reales que poseen las Administraciones tributarias de los distintos países de cara a poder cumplir sus funciones de supervisión fiscal y lucha contra el fraude y la evasión fiscal internacional. Las Administraciones tributarias todavía no son tan globales como los contribuyentes, ni tampoco utilizan plenamente las posibilidades que les brindan los mecanismos de intercambio de información. Ello obedece a un conjunto de circunstancias entre las que destaca la falta de una cultura administrativa de cooperación fiscal internacional, además de las propias limitaciones estructurales (jurídicas y fácticas) propias de la configuración actual de estos mecanismos, así como la heterogénea posición de los distintos países en torno al intercambio de información. Pensamos, no obstante, que el reforzamiento de los mecanismos de cooperación fiscal internacional, a la postre, lejos de suponer una cesión de soberanía fiscal a favor de los demás Estados supone un reforzamiento de la soberanía fiscal de cada uno de los países cooperantes en un contexto de reciprocidad, en la medida en que articula un mecanismo que les permite supervisar el efectivo cumplimiento de los impuestos que recaen sobre la renta derivada de actividades transfronterizas.

Precisamente por ello la OCDE (con el apoyo del G20) y el *Global Forum on Transparency and Exchange of Information for Tax Purposes* han seguido desarrollando iniciativas a través de las cuales se pretende llevar la "transparencia en materia fiscal a un nuevo nivel". A este respecto, cabe mencionar, en primer lugar, el plan de acción u hoja de ruta en esta materia, que fue consensuado en la reunión del Global Forum de Berlín 28-29 Octubre 2014 (*Statement of Outcomes*), se concreta en un nuevo marco dinámico y expansivo de intercambio de información que consistiría en lo siguiente:

• La implementación gradual (2017/2018) de un nuevo estándar global común de intercambio automático sobre información de cuentas financieras por los países miembros del G20, de la OCDE y del Global Forum (G20 Common Reporting Standard Implementation Plan, 21 September 2014).

• La expansión del alcance del intercambio de información rogado o previo requerimiento, en particular a través de una nueva formulación del requisito de mantenimiento de información sobre beneficiario último de todo tipo de entidades; ello se llevará a cabo modificando los "términos de referencia" del Global Forum sobre el contenido del estándar de transparencia e intercambio de información que será utilizado a partir de 2016 por los miembros del mismo para las revisiones o auditorias de cumplimiento que determinan el estatus y rating cooperativo de cada jurisdicción.

• La implementación progresiva de los estándares internacionales de intercambio de información (rogado y automático) en los países en vías de desarrollo con el apoyo de los países desarrollados, el G20, la OCDE, ATAF, CREDAF y el Banco Mundial. Se menciona en particular la denominada "*África initiative*" y otros proyectos piloto. Con posterioridad se adoptó por la OCDE y el G20 el "*Roadmap for developing country participation in AEOI*" (22/09/2014), elaborado por el Global Forum (*Automatic Exchange of Information: a Road Map for developing country participation*, Final Report G20 Development working group, 5 August 2014), a efectos de establecer un proceso gradual para la articulación y acceso al mecanismo del intercambio automático de información sobre cuentas financieras por parte de los países en vías de desarrollo (la mitad de los 121 miembros del Global Forum), considerando: a) el importante desequilibrio actual sobre las capacidades de control y supervisión fiscal de las administraciones de estos países en relación con las de los países desarrollados; b) la relevancia de articular en estos países un modelo de cumplimiento tributario suficientemente robusto para lograr una supervisión fiscal adecuada a las necesidades de un mundo económicamente globalizado, donde los impuestos constituyen un recurso financiero clave para el desarrollo económico y social; c) el mayor nivel de deslocalización de activos financieros y patrimonio que existe en los países respecto de los países desarrollados, de manera que para los países en desarrollo resulta más crítico el poder prevenir el fraude y la evasión fiscal (Global Wealth 2013, *Maintaining Momentum in a Complex World,* http//ww.bcg.de/documents/file135355.pdf); y d) establecer una red global de intercambio de información rogado y automático entre países en desarrollo y desarrollados a efectos de evitar el surgimiento de nuevos "paraísos fiscales" y la correspondiente deslocalización de activos hacia los mismos (Radcliffe 2014, p. 160 y ss).

Siguiendo esta misma línea de actuaciones e iniciativas dirigidas a reforzar los estándares de transparencia, cabe hacer referencia al consenso alcanzado por el G20, siguiendo a grandes rasgos las propuestas desarrolladas por la OCDE, sobre el **establecimiento de listas de países no cooperativos a partir de su nivel de cumplimiento de los estándares de transparencia fiscal consensuados a**

nivel internacional *(OECD/G20 Tax Transparency Compliance Criteria)*. A este respecto, resulta destacable la reunión de la OCDE llevada a cabo en Kyoto (30 junio-1 Julio 2016), donde el Comité de Asuntos Fiscales adoptó, en línea con los acuerdos de Ministros de Finanzas del G20 de 14-15 de abril 2016 (post-Panama Papers), los tres criterios que, una vez aceptados por el G20, se utilizarían a nivel internacional para identificar países no cooperativos y eventualmente aplicar contra-medidas coordinadas frente a ellos (vid: Mitchell 2016 y Soong Johnston 2016):

- 1º El rating del país o territorio en relación con la implementación del estándar OCDE de intercambio de información rogado, derivado de las evaluaciones por pares realizadas por el *Global Forum on Transparency and Exchange of Information for Tax Purposes*. A estos efectos, sólo se considerará aceptable la calificación de "cumplidor en gran medida" (*Largely compliant*) realizada por el Global Forum sobre el estándar de intercambio rogado (EOIR). A este respecto, el informe *OECD Secretary-General Report to G20 Finance Ministers*, Chengdu, China, 23-24 July 2016, (Annex 1 (list of members of the G20/OECD Inclusive Framework on BEPS (as of 15 July 2016), and Annex 2: the results of peer reviews)), revela que las principales jurisdicciones utilizadas como plataformas de negocios internacionales (v.gr., Bélgica, Irlanda, Bermuda, Hong Kong, Luxemburgo, Malta, Países Bajos, Singapur, Suiza, Reino Unido), estarían alineando su ordenamiento y práctica administrativa con los estándares internacionales de transparencia fiscal, comprometiéndose igualmente con la implementación de los estándares mínimos de BEPS.

- 2º El compromiso con la implementación efectiva del nuevo estándar global de intercambio automático de información sobre cuentas financieras (AEOI) lo más tardar en el año 2018 (con respecto a datos de 2017), que se considera crucial para articular "la transparencia plena". De acuerdo con el informe de la *OECD Secretary-General Report to G20 Finance Ministers*, Chengdu, China, 23-24 July 2016, 55 jurisdicciones se comprometieron a realizar los primeros intercambios automáticos de información sobre cuentas financieras en 2017, y 46 jurisdicciones los llevarán a cabo en 2018; y

- 3º El nivel de implementación que el país o territorio haya llevado a cabo en relación con los instrumentos legales para intercambiar información (a solicitud o automáticamente), particularmente la aplicación del Convenio Multilateral OCDE/Consejo de Europa de Asistencia Administrativa Mutua en materia fiscal (Protocolo 2010) que ya ha sido firmado por más de 100 países. El hecho de no firmar este convenio multilateral no planteará un problema a este respecto si la red bilateral de instrumentos de asistencia mutua es suficientemente amplia a los efectos del intercambio automático y rogado de información tributaria. La OCDE además de promover la firma del Convenio Multilateral de Asistencia Mutua como plataforma para el intercambio automático de información financiera a nivel global, también está impulsando que los distintos países firmen el acuerdo multilateral entre autoridades competentes a efectos del intercambio automático de información financiera (MCAA), de suerte que hasta la fecha se han sumado al mismo autoridades competentes de 92 países.

Para que una jurisdicción sea calificada como "cooperativa" a los efectos de la primera revisión de la observancia de los estándares internacionales de "transparencia fiscal" debe cumplir dos de los tres criterios enunciados. No obstante, allí donde una jurisdicción sea considerada "no cumplidora", con arreglo a un procedimiento de revisión por pares del Global Forum, o no se le permite pasar de la fase 1 a la fase 2 de tal procedimiento de revisión, o en el caso de que haya accedido a la fase 2 pero no haya recibido una valoración global en tal fase, será considerada en todo caso como una jurisdicción "no cooperativa", sin perjuicio de que haya podido cumplir los otros dos criterios. Por tanto, el rating elaborado por el Global Forum sobre el nivel de cumplimiento de los estándares de transparencia e intercambio de información (rogado) se erige como criterio principal para que una jurisdicción sea calificada como cooperativa por el G20.

La primera lista de países cooperativos/no cooperativos que se elaboraría aplicando estos criterios sería presentada en la cumbre del G20 de julio de 2017, proyectándose tal primera evaluación sobre países desarrollados y no desarrollados que operasen como centros financieros.

Este marco OCDE de *tax transparency non-compliance criteria* se presentó a la reunión de Ministros de Finanzas del G20 y Gobernadores de Bancos Centrales, de 23-24 Julio 2016 (Chengdu, China), recibiendo el respaldo correspondiente para su aplicación (*G20 Finance Ministers and Central Bank Governors Meeting 23-24 July 2016*, Chengdu China, parágrafo 10). Asimismo, se instó al GAFI OCDE y al Global Forum a presentar en la siguiente reunión de Octubre del G20, una propuesta para mejorar la implementación de los estándares internacionales de transparencia, incluyendo el acceso a la información sobre beneficiario último de entidades, y su intercambio a nivel internacional (*G20 Finance Ministers and Central Bank Governors Meeting 23-24 July 2016*, Chengdu China, parágrafo 12). El Comunicado del G20, referido a su reunión de 4-5 Septiembre de 2016 (Hangzhou Summit), confirmó la posición adoptada por los Ministros de Finanzas en relación con los criterios objetivos para identificar a jurisdicciones no cooperativas en relación con los estándares internacionales de transparencia fiscal (parágrafo 19 del comunicado).

En la **cumbre de líderes del G20, celebrada en Hamburgo, el 7-8 Julio 2017**, se constató el progreso realizado por las distintas jurisdicciones en relación con el cumplimiento de los estándares de transparencia e intercambio de información fiscal, siguiendo el informe presentado por la OCDE a tal efecto. No obstante, el G20 en modo alguno renunció a seguir monitorizando el nivel de cumplimiento global con tales estándares internacionales, y en tal sentido que en su próxima cumbre reevaluaría tal situación a efectos de elaborar eventualmente una lista de jurisdicciones no cooperativas en materia fiscal, con arreglo al correspondiente informe de la OCDE. En la misma línea, el G20 enfatizó la necesidad de cumplir con el estándar del intercambio automático de información sobre cuentas financieras, y mostró de nuevo su respaldo y compromiso con la implementación de los estándares BEPS, instando a los diferentes países a integrarse en el "*Inclusive Framework*". También se avanzó el apoyo en relación con la iniciativas de desarrollo del estándar sobre transparencia en lo que concierne al beneficio último de todo tipo de entidades, incluyendo su intercambio transfronterizo.

A este respecto, cabe recoger las principales conclusiones del informe OCDE (*Strong progress seen on international tax transparency,* June 2017) que resumió el estado de cosas en materia de cumplimiento de los estándares internacionales de transparencia e intercambio de información en materia tributaria por los diferentes países con vistas a la cumbre de jefes de Estado y de Gobierno del G20 que tendría lugar el 7-8 Julio de 2017 en Hamburgo. Esta nota de la OCDE codifica los trabajos realizados en 2016-17 por el Global Tax Forum en materia de "*global tax transparency*". El informe OCDE y los trabajos del Global Forum están relacionados con los criterios fijados en la cumbre del G20 de julio de 2016 a efectos de elaborar una lista de jurisdicciones no cooperativas en materia fiscal en julio de 2017. De acuerdo con los criterios fijados por el G20 en julio 2016, cualquier jurisdicción que no cumpliera al menos dos de los tres criterios que se incluyen a continuación sería incluida en la lista de jurisdicciones no cooperativas en materia fiscal:

1º Calificación al menos como "*Largely Compliant*" con arreglo al rating en materia de intercambio de información rogado (EOIR) derivado de los trabajos del Global Tax Forum en materia de transparencia e intercambio de información tributaria.

2º Compromiso formal de implementar el estándar internacional de intercambio automático de información sobre cuentas financieras (AEOI), asumiendo que los primeros intercambios se realizarían en 2018 (respecto del año 2017) como más tarde;

3º Participación en el Convenio Multilateral de Asistencia Administrativa en materia tributaria o disponer de una red de convenios internacionales (CDI/TIEAs) lo suficientemente amplia para permitir un efectivo intercambio de información EOIR & AEOI.

En todo caso, una jurisdicción resultaría incluida en la referida lista de jurisdicciones no cooperativas en materia fiscal si fuera calificada por el Global Forum como "*Non-Compliant*", o fue bloqueada en la fase 1 de las Peer reviews relativas al cumplimiento del estándar EOIR, o habiendo sido bloqueada en la fase 1 de las evaluaciones del Global Forum todavía no ha recibido una evaluación en la fase 2 EOIR.

Como quiera que en el año 2016 había un buen número de jurisdicciones que no cumplían el criterio 1º (rating mínimo de "*Largely Compliant*"), el Global Forum desarrolló un *proceso de fast track* dirigido a revisar los progresos desarrollados durante 2016-17 por tales jurisdicciones a efectos de reevaluar su rating de manera que cuando menos alcanzaran la calificación mínima de "*Largely Compliant*" superando una previa calificación como "*Partially Compliant*" o "*Non-compliant*".

La OCDE, a través de su informe (*Brief on the State of play on the international tax transparency standards,* June 2017), reveló el *nuevo rating global elaborado por el Global Tax Forum a los efectos de la referida cumbre del G20. La OCDE en particular destaca los siguientes datos:*

The Global Forum assigned the following provisional ratings:

• **Largely Compliant** - Andorra, Antigua and Barbuda, Costa Rica, Dominica, the Dominican Republic, Guatemala, the Federated States of Micronesia, Lebanon, Nauru, Panama, Samoa, the United Arab Emirates and Vanuatu.
• **Partially Compliant -** Marshall Islands.
• Trinidad and Tobago, which previously had a rating of **Non-Compliant**, was unable to demonstrate progress to warrant any upgrade to its rating.

A este respecto, cabe precisar que se trata de "*provisional ratings*", dado que resultan de "*fast track peer reviews*" (que revelan progresos relevantes sobre eliminación de secreto bancario, tenencia de acciones al portador sin establecer mecanismos de identificación del titular último, mejora al acceso de la documentación contable y obligaciones de conservación de la documentación y supervisión efectiva de las mismas). A su vez, debe destacarse que estamos ante un proceso dinámico de establecimiento y supervisión global de los estándares de transparencia fiscal, ya que el Global Forum llevará a cabo una *segunda ronda global de "peer reviews"* de todos los países con arreglo a nuevos términos de referencia que son mucho más exigentes en relación con la regulación dirigida a determinar o identificar el beneficiario último de entidades.

La lista completa con el *Overall Ratings following first round of Global Forum reviews and Fast-Track reviews* se encuentra recogida en la página 4 (tabla 2) del referido informe. La mayoría de los países OCDE y UE, así como otros centros financieros, aparecen en la lista con un rating de "*Largely Compliant*": Luxemburgo, Países Bajos, EEUU, Suiza, Reino Unido, Alemania, Hong Kong, Singapur. Tan solo un reducido grupo de países ha recibido *la máxima calificación (Compliant):* España, Francia, Bélgica, Suecia, Japón, Sudáfrica, China, Canadá, Australia. El caso de EEUU recibe atención especial, destacándose cómo su calificación (*Largely Compliant*) responde a la existencia de determinados agujeros en relación con su nivel de transparencia (beneficial ownership de determinados vehículos) a efectos del EOIR, así como la falta de simetría total de FATCA respecto del CRS OCDE AEOI o intercambio automático de información sobre cuentas financieras, de suerte que se apunta cómo se han puesto en marcha iniciativas regulatorias para salvar tales diferencias.

El referido informe de la OCDE de Junio 2017 aportó otros datos de interés:

• La lista de países comprometidos con el intercambio automático de información financiera ha alcanzado los 101 países.
• El Acuerdo multilateral entre autoridades competentes para el intercambio automático de información financiera ha sido firmado por 92 países (MCAA CRS), habiéndose establecido una red de 800 acuerdos interadministrativos a tal efecto.
• Los primeros intercambios AEOI entre 50 países tendrán lugar en 2017, respecto del ejercicio 2016.

La OCDE también indicó que la eventual lista de jurisdicciones fiscales no cooperativas (y contramedidas coordinadas) que pudiera adoptar el G20 en su reunión de 7-8 Julio 2017, estaba conectada con la iniciativa desarrollada por la UE con vistas a elaborar a finales de 2017 una Lista Pan-Europea de Jurisdicciones no cooperativas en materia fiscal. Ciertamente, no puede perderse de vista cómo la posición adoptada por la OCDE/G20 sobre el cumplimiento de los estándares de transparencia fiscal resulta sustancialmente coincidente con la adoptada por el ECOFIN sobre los estándares fiscales europeos en materia de transparencia a los efectos de la elaboración de una **lista PanEuropea de jurisdicciones no cooperativas**, (conclusiones de 5 de diciembre de 2017, sobre la lista de la UE de países y territorios no cooperadores a efectos fiscales, DO C 438 19-12-2017), aunque existen aspectos diferenciales en relación con los criterios a utilizar y, además, la Comisión UE ha propuesto un enfoque más ambicioso a través del *Paquete de Transparencia Fiscal* (COM(2015)136 final), del *Plan de Acción para una imposición societaria eficiente y justa en la UE* (COM(2015)302) y de su *Comunicación de la Comisión sobre la estrategia fiscal exterior* (COM(2016) 24 final, 28-11-2016, y posteriores desarrollos: EU Commission, *Fair Taxation: Commission launches work to create first common EU List of non-cooperative tax jurisdictions*, 15/09/2016, IP/16/2996). Las contramedidas que puedan adoptarse a nivel multilateral o unilateralmente deben resultar compatibles con el Derecho de la UE y con los Acuerdos de la OMC, tal y como se deduce de la decisión del WTO Appellate body, de 14 de abril de 2016 (Dispute DS453) en relación con determinadas medidas anti-paraíso fiscal adoptadas por Argentina frente a Panamá.

La **reunión de líderes del G20, celebrada en Argentina del 30 de noviembre al 1 de diciembre de 2018,** volvió a abordar el estado de cosas en materia de cumplimiento con los estándares internacionales de transparencia e intercambio de información en materia tributaria y actualizó los criterios para la calificación de una jurisdicción como cooperativa en materia fiscal, en el sentido que se venía reclamando (vid: *G20 Leader´s Declaration Building consensus for fair and sustainable development, December 2018*). El comunicado del G20, además de apoyar los trabajos dirigidos a lograr la implementación efectiva del *"paquete BEPS"*, como una pieza clave del nuevo sistema de fiscalidad internacional coordinado multilateralmente a través del Inclusive Framework on BEPS, expresa su respaldo a los **avances en materia de transparencia e intercambio de información tributaria**, considerando en particular cómo más de 80 países ya realizan intercambios automáticos de información financiera (AEOI CRS; véase el informe del Global Tax Forum, *Automatic Exchange of Information Implementation Report 2018*).

A este respecto, el G20 validó el **robustecimiento de los criterios que deben cumplir todos los países para ser calificados como jurisdicciones cooperativas en materia fiscal**, de suerte que aquellas jurisdicciones calificadas como "no cooperativas" serán objeto de contramedidas coordinadas. La actualización de los criterios viene recogida en el Informe de la OCDE al G20 con motivo de la cumbre[1]. El Global Tax Forum está encargado de desarrollar las *"peer reviews"* en relación con el cumplimiento de tales criterios, de manera que en función de tales resultados se elaboran los ratings en materia de transparencia e intercambio de información. Los criterios acordados a este respecto, constituyen una continuación de los establecidos por la OCDE en 2016, y vendrían a consistir en lo siguiente:

a) Cumplimiento con el estándar de transparencia e intercambio de información rogado (EOIR), respecto del cual se han actualizado los "términos de referencia" del concepto de "titular real de entidades"[2];

b) Cumplimiento del estándar de transparencia e intercambio de información automática sobre cuentas financieras (*AEOI CRS benchmark*)[3]; y

c) Aplicación efectiva del Convenio Multilateral de Asistencia Mutua en materia tributaria (firma y ratificación)[4].

El incumplimiento de los criterios a) o b) a partir de un rating EOIR o AEOI como *"non-compliant"* determina automáticamente la calificación de la jurisdicción como no cooperativa en materia fiscal,

---

(1)   *OECD Secretary-General Report to G20 Finance Ministers and Central Bank Governors*, Buenos Aires, Argentina, July 2018, pp. 7-8 y Annex 2.

(2)   Se requiere una calificación global de al menos *"Largely Compliant"* en el marco de las revisiones del Global Forum (second round).

(3)   Se requiere que cada jurisdicción haya aprobado la legislación doméstica referida al estándar AEOI y que los intercambios se hayan empezado a realizada a finales de 2018, así como que se hayan activado los acuerdos de intercambio con todas las partes interesadas y principales socios comerciales a finales de 2019.

(4)   Se admite igualmente como válida una red de acuerdos de intercambio de información bilaterales suficientemente amplia que permita el intercambio rogado y automático de forma efectiva.

de suerte que con arreglo a los criterios precedentes (2016), tal efecto únicamente venía dado por el cumplimiento del estándar EOIR y bastaba con cumplir dos criterios para evitar la calificación como jurisdicción no cooperativa (*black list*).

El referido informe de la OCDE al G20 de diciembre de 2018 aportó otros datos de interés en materia de transparencia e intercambio de información:

- Se han realizado más de 16.000 intercambios de *tax rulings* con arreglo a la acción de BEPS.
- Se han alcanzado cifras relevantes de recaudación tributaria a nivel global (93.000 millones de euros) como consecuencia de un conjunto de iniciativas y mecanismos (incluyendo programas de regularización fiscal voluntaria) conectados con la nueva cooperación fiscal internacional.
- La lista de países comprometidos con el intercambio automático de información financiera ha alcanzado los 100 países, aunque son 84 los que de forma efectiva han llevado a cabo transmisiones de datos con arreglo al estándar CRS durante 2018 (vid. Global Tax Forum, *Automatic Exchange of Information Implementation Report 2018*, November 2018, pp. 8-9, que menciona 4.500 intercambios automáticos durante 2018).
- El estándar de intercambio rogado viene siendo cumplido en términos satisfactorios por el 90% de los miembros del Global Forum, aunque se indica que 6 jurisdicciones deben mejorar.
- El Convenio Multilateral OCDE/Consejo de Europa en materia de asistencia mutua en materia fiscal se está convirtiendo en una plataforma global para el intercambio de información, habiendo sido firmado por 126 jurisdicciones.
- Se considera que existen 15 jurisdicciones en riesgo de ser calificadas como no cooperativas con arreglo a los nuevos criterios adoptados, de manera que deben llevar a cabo cambios en su marco legal y prácticas para cumplir con los estándares internacional cuando se lleve a cabo la próxima evaluación con motivo de la cumbre de líderes de G20 en 2019.

El Global Forum on Transparency and Exchange of Information for Tax Purposes ha hecho públicos varios informes y actividades a efectos de actualizar el estado de sus trabajos y la evolución en el cumplimiento de los estándares internacionales por las distintas jurisdicciones (vid: OECD, *The 2017 Global Forum Plenary Meeting, Statement of Outcomes*, 15-17 November 2017; y OECD, *Automatic Exchange of Information Implementation Report 2017*, November 2017, OECD, *The 2018 Global Forum Plenary Meeting, Statement of Outcomes*, 20-22 November 2018; y OECD, *Automatic Exchange of Information Implementation Report 2018*, November 2018).

Una vez expuesto este punto de partida, el grueso de la obra está dedicada al análisis pormenorizado del alcance y funcionamiento de la cláusula de intercambio de información rogado prevista en los convenios de doble imposición que siguen los Modelos de Convenio OCDE, ONU y EEUU. En particular, se pone de relieve su evolución, operatividad y limitaciones. A este respecto, tal análisis del ámbito operativo y limitaciones se hace considerando el diferente grado de desarrollo del intercambio de información a través de las distintas versiones de los referidos modelos de convenio, hasta llegar al momento actual donde el MC OCDE (2002) de intercambio de información -y el artículo 26 ModCDI 2005-2014 y versiones posteriores- consolida los estándares internacionales (OCDE) de intercambio de información al haber sido adoptado por el *Global Tax Forum* de la OCDE. El referido análisis, por tanto, pone de relieve cómo se han ido eliminando las tradicionales limitaciones al intercambio de información -v. gr. la incidencia de los *blocking statutes* que excluían la transmisión de información bancaria- y se está trascendiendo hacia un sistema de intercambio de información más efectivo y operativo.

1.2. Cauce jurídico que posibilita el intercambio de información

La mayoría de los países supeditan el intercambio de información fiscal con otros Estados a la existencia de un convenio internacional que contemple esta modalidad de asistencia administrativa mutua. La razón de que se venga supeditando el intercambio de información a la existencia de un convenio radica en que tradicionalmente las obligaciones entre Estados se vienen estableciendo a través de tratados internacionales. Además, la vía del convenio permite establecer un conjunto de disposiciones que garanticen que la información intercambiada con arreglo al mismo no va a ser difundida ni usada para fines distintos de los que motivaron la transmisión de la información. Esta cuestión por intrascendente que parezca, posee una importancia de primer orden para todos aquellos países que tienen una arraigada tradición de protección del denominado «secreto tributario»; y ello hasta el punto que un sector de la doctrina alemana ha llegado a plantear la inconstitucionalidad de todos aquellos intercambios de información que no vinieran revestidos de garantías de «secreto tributario» similares a las previstas en el Derecho interno del Estado transmitente.

Como regla general se puede afirmar que las Administraciones tributarias no intercambian información fiscal si no media un convenio internacional que lo permita. Es por ello que los convenios de doble imposición contienen un precepto específico (el artículo 26) que ordena las transmisiones internacionales de datos tributarios y que constituye la base jurídica de los mismos en la mayoría de las ocasiones. Junto a los CDIs existen otros instrumentos internacionales que otorgan cobertura a esta modalidad de asistencia mutua entre Administraciones tributarias. Entre los más destacados se encuentra el Convenio multilateral del Consejo de Europa/OCDE de 1988 (ratificado por España a través del Instrumento de 12 de Febrero 2009, BOE de 8 de noviembre de 2010, y con entrada en vigor el 1 de diciembre de 2010; vid: Pross/Russo 2012); cabe destacar igualmente la ratificación por España del Protocolo de 2010 que modifica el Convenio del Consejo de Europa/OCDE adaptándolo a los estándares internacionales de transparencia e intercambio de información, entrando en vigor para España el 1 de enero de 2013 (BOE de 16 de noviembre de 2012); este convenio está llamado a ser una plataforma global de intercambio de información rogado y automático de datos (en desarrollo del CRS o del CbC R). A nivel comunitario, la Directiva comunitaria 77/799/CEE venía encarnando la principal norma de asistencia administrativa mutua en materia tributaria, aunque el 1 de enero de 2013 sus disposiciones dejaron de estar en vigor resultando de aplicación lo establecido en la Directiva de asistencia mutua 2011/16/UE;). Tanto el Convenio multilateral como la Directiva comunitaria contienen obligaciones de intercambio de información para las Administraciones fiscales estatales, de alcance similar -pero no idéntico- a las contenidas en los CDIs. Existe otra serie de instrumentos internacionales y comunitarios que permiten la asistencia administrativa mutua y el intercambio de información. No obstante, puede decirse que el mecanismo de intercambio de información tributaria que se emplea principalmente por las administraciones tributarias a nivel internacional lo constituye el artículo 26 de los CDIs; ello sin perjuicio de que en el ámbito de los impuestos aduaneros (*import and export duties*) se apliquen como *lex specialis* los acuerdos específicos sobre asistencia mutua (v.gr., el Convenio de Nairobi de 1977 o el de Johannesburgo de 2003, no vigente todavía), y de que en el ámbito comunitario existan varias normas comunitarias que articulen tales intercambios a los efectos de los distintos impuestos (Impuestos directos, IVA, IEE, impuestos aduaneros). En este mismo orden de cosas, debe darse noticia de los Acuerdos de intercambio automático de información fiscal que la Comisión UE ha negociado, bajo mandato del ECOFIN, con Liechtenstein, Mónaco, Andorra, San Marino y Suiza. También resulta reseñable el acuerdo intergubernamental rubricado a finales de 2012 entre los EEUU y España para la mejora del cumplimiento fiscal internacional y la aplicación de la *Foreign Account Tax Compliance Act* (FATCA) se basa en el modelo I de IGA, y articula el intercambio automático bilateral o recíproco (Acuerdo entre el Reino de España y los Estados Unidos de América para la mejora del cumplimiento fiscal internacional y la implementación de la Foreign Account Tax Compliance Act - FATCA (Ley de cumplimiento tributario de cuentas extranjeras), hecho en Madrid el 14 de mayo de 2013 (en adelante, IGA) y Orden HAP/1136/2014 de desarrollo interno, BOE 2 de julio de 2014). Otros países como Suiza o Bermuda optaron inicialmente por el Modelo IGA II, de acuerdo con el cual las entidades financieras son las que intercambian automáticamente la información a las autoridades fiscales del otro Estado contratante (vid sobre FATCA: Carman 2013, Albert (2012), y Holst et alter 2013).

También debe advertirse que el intercambio de información que articula el artículo 26 ModCDI resulta aplicable a efectos liquidatorios así como para la asistencia en materia de recaudación tributaria (parágrafo 2 CMC artículo 26 ModCDI 2010 y versiones posteriores). Asimismo, el Comité Fiscal OCDE clarificó en el año 2005 que el intercambio de información puede emplearse a efectos penales tributarios, sin perjuicio de que existan convenios internacionales de asistencia judicial en materia penal (parágrafo 5 CMC al artículo 26 ModCDI 2005 y versiones posteriores). No obstante, téngase en cuenta que la utilización en un proceso penal de pruebas sobre hechos realizados en el extranjero (v.gr, la titularidad de una cuenta corriente bancaria en una entidad extranjera) que se haya podido obtener en el marco de un procedimiento administrativo tributario está sujeta a requisitos procesales específicos y no siempre coincidentes con los que son aplicables en el marco de un procedimiento administrativo (vid. la SAN de 30 de junio de 2008, rec.550-2005).

La Administración tributaria española -obligada a garantizar la confidencialidad de los datos tributarios (artículo 95 LGT 2003)- intercambia internacionalmente información en materia de imposición directa a través de su red de CDIs, los Acuerdos de Intercambio de información, el Convenio Multilateral de Asistencia Mutua OCDE/Consejo de Europa (Protocolo 2010), el Acuerdo FATCA EEUU-España (2010) y la Directiva 2011/16/UE sobre asistencia mutua en materia tributaria; únicamente el CDI concluido originariamente entre España y Suiza en 1966 no contenía la cláusula de intercambio de información prevista en el artículo 26 ModCDI. No obstante, por un lado, debe señalarse que el Acuerdo CE-Suiza de 2 de junio de 2004 relativo al establecimiento de medidas equivalentes a las previstas en la Directiva 2003/48/CE (expuesto en el epígrafe donde se analiza tal Directiva) contiene una cláusula de intercambio rogado de información a efectos penales-tributarios; nótese, no obstante, que se ha negociado un nuevo Acuerdo fiscal entre la UE y Suiza, de 27 de mayo de 2015, que incluye el intercambio de información rogado y automático sobre cuentas financieras alineado al estándar global OCDE en la materia (CRS). Por otro lado, también debe apuntarse aquí que las autoridades suizas y españolas concluyeron un Protocolo, de 29 de junio de 2006, a través del que se modifican varias disposiciones del CDI hispano-suizo de 1996, incluyendo una cláusula de intercambio de información. Con posterioridad, se ha concluido un segundo Protocolo (2011) entre España y Suiza modificando diversas cláusulas del CDI de 1966, incluyendo la relativa al intercambio de información tributaria (vid. infra).

La regulación interna específica en materia de asistencia mutua ha venido dada fundamentalmente por el Real Decreto 1326/1987, de 11 de septiembre, por el que se establece el procedimiento de aplicación de las Directivas de la CEE sobre intercambio de información tributaria, así como por la OMEH de 9 de febrero de 1998, relativa al procedimiento para la asistencia mutua internacional en materia fiscal, de suerte que esta normativa ha sido derogada por el RD 1558/2012, de 15 de noviembre, por el que se adaptan las normas de desarrollo de la Ley 58/2003, de 17 de diciembre, General Tributaria (en adelante, LGT) a la normativa comunitaria e internacional en materia de asistencia mutua. Existían igualmente otras disposiciones internas que de forma fragmentaria regulaban específicamente determinados aspectos de la asistencia mutua. Así, el artículo 31bis del antiguo Reglamento General de la Inspección (RD 939/1986, en su redacción por el RD 136/2000) también contenía una norma aplicable al intercambio de información en relación con el plazo de interrupción justificada de actuaciones inspectoras en supuestos de solicitudes formuladas a otros Estados (12 meses). La jurisprudencia de nuestros tribunales ha venido avalando la aplicación en la práctica de este supuesto de interrupción justificada sin que pueda oponerse la práctica de actuaciones inspectoras durante tal período de interrupción justificada (SSAN de 18 julio de 2006, 21 de diciembre de 2006, y de 4, 9 y 21 de mayo de 2007); también se ha establecido que la interrupción resulta justificada en todo caso con independencia de que la información requerida se reciba durante tal periodo o con posterioridad e incluso cuando no se reciba (RTEAC de 6 de mayo de 2005); no obstante, la AN ha considerado que el requerimiento de información tributaria a otros Estados no puede ser empleado como fórmula que habilite en todo caso una interrupción justificada, de manera que allí donde no se realizaran actuaciones (durante un plazo superior a 6 meses) desde el requerimiento y además se adoptaran las propuestas de liquidación sin esperar a la recepción de la información solicitada puede no reconocerse trascendencia tributaria a tal solicitud de datos admitiendo la existencia de una interrupción justificada (SAN de 16 de marzo de 2009, Rec. 818/2006). El Tribunal Supremo ha sido igualmente restrictivo a la hora de interpretar este supuesto de interrupción justificada; así, en la sentencia de 24 de enero de 2011, se llega a declarar que: «Parece razonable concluir que no toda petición de datos e informes constituye una interrupción justificada de las actuaciones, sino únicamente aquella que, por la naturaleza y contenido de la información interesada impida proseguir con la tarea inspectora o adoptar la decisión a la que se endereza el procedimiento. Ítem más, aun siendo justificada, si durante el tiempo en que hubo de esperarse a la recepción de la información pudieron practicarse otras diligencias, dicho tiempo no debe descontarse necesariamente y en todo caso para computar el plazo máximo de duración. Ocurrirá así cuando la entrada de los datos tenga lugar una vez expirado el plazo máximo previsto en la ley, pero no si todavía se disponía de un suficiente margen temporal, tras el pertinente análisis de la información recabada, practicar la oportuna liquidación. Por consiguiente, cuando, pese a la petición de informes, la Inspección no detuvo su tarea inquisitiva y de investigación, avanzando en la búsqueda de los hechos que determinan la deuda tributaria y, además, una vez recabados los elementos de juicio que aquella petición de informes buscaba acopiar, demoró la adopción de la decisión final, le corresponde a la Administración acreditar que, pese a todo ello, no pudo actuar con normalidad, pudiendo hablarse, desde una perspectiva material, de una auténtica interrupción justificada de las actuaciones» (en parecidos términos véanse las STS de 26 de enero de 2011 y la SAN de 25 de abril de 2011); el TS, en sentencia de 19 de abril de 2012 (rec. 409/2010), también se posiciona en sentido restrictivo sobre la fórmula de cómputo de las interrupciones justificadas por requerimientos de información, a efectos de evitar duplicidades en tal cómputo (id. SSTS de 2 de marzo de 2012, Rec.6089/08, de 26 de enero y 12 de marzo de 2015 (Rec. 2945/2013 y RJ2015/1802) y de 22 de diciembre de 2016 (num. 2578/2016) y RRTEAC de 24 de julio de 2012, RG.2893/2010 y 17 de octubre de 2013); esta jurisprudencia ha sido objeto de una interpretación cuando menos dudosa por parte del TEAC, en su resolución de 21 de marzo de 2013 (RG.2234/11), al presumirse que la ausencia de los datos requeridos a las autoridades de otros Estados impide a la Inspección continuar con normalidad el desarrollo de su actividad comprobadora y, por tanto, debe considerarse que tales requerimientos de información constituyen supuestos de interrupción justificada que deben computarse a los efectos de la duración máxima del procedimiento inspector. También resulta reseñable la sentencia del TS de 26 de mayo de 2014 (rec. 16/2012), donde a efectos de computar el plazo máximo de duración de actuaciones inspectoras se considera que debe entenderse como inicio de las mismas los requerimientos de información internacionales realizados antes de notificarse el inicio del procedimiento de inspección y sin conocimiento del contribuyente, ya que de otro modo se puede eludir el cumplimiento de tal límite temporal establecido por el legislador; el TS, asimismo, ha cuestionado la invocación de este supuesto de interrupción justificada argumentando que la administración podría haber apelado a la ampliación del plazo dada la complejidad y volumen de operaciones (STS de 3 de mayo de 2018, rec. 728/2018). En este mismo orden de cosas, cabría apuntar el potencial impacto en esta materia dela jurisprudencia de TJUE en los casos *Passenheim y Halley,* donde el Tribunal de Justicia se opone a las discriminaciones que afectan al nivel de seguridad jurídica y la duración de los procedimientos (y los plazos de prescripción) que se basan en el mero carácter transfronterizo de la situación objeto del procedimiento de comprobación. A pesar de que esta jurisprudencia se refiere a supuestos de plazos de prescripción ordinarios (situaciones nacionales) y extendidos (situaciones internacionales), entendemos que el TJUE restringe otro tipo de discriminaciones procedimentales, salvo cuando exista una justificación para la discriminación (mayor periodo de interrupción justificada en situación transfronteriza con asistencia mutua internacional) (vid. Calderón/Quintas 2012); nótese que la sentencia del TJUE 15 de febrero de 2017 (C-317/15, caso *X v. Staatssecretaris van Financiën*), matiza su posición admitiendo la aplicación de un plazo de prescripción tributaria extendido para dictar liquidaciones y realizar actuaciones recaudatorias respecto de situaciones referidas a activos situados en el extranjero de contribuyentes residentes cuando la medida se proyecta sobre países terceros y está amparada por la cláusula de stand still del artículo 64.1 TFUE al estar vigente con anterioridad a 31 de diciembre de 1993). La reforma operada por la Ley 34/2015 sobre los plazos máximos de duración del procedimiento de inspección (artículo 150 LGT 2003), excluyendo la aplicación a estos efectos de los supuestos de interrupción justificada y dilaciones no imputables a la Administración establecidas en el artículo 104.2 LGT 2003 (a los que ya nos hemos referido y que incluían casos de solicitud de asistencia mutua regulados a nivel reglamentario) resuelve los problemas que la normativa precedente venía planteando. También cabe citar la sentencia del TJUE (Gran Sala), de 5 de diciembre de 2017 (*MAS y MB*, C-42/17), donde se plantea la aplicación de plazos de prescripción más cortos para la imposición de sanciones penales efectivas y disuasorias de casos de fraude grave que afecten a los intereses financieros de la UE (v.gr, IVA), que en el caso de fraudes que afecten únicamente a los intereses financieros del Estado miembro de que se trate, de suerte que el TJUE respondió a la cuestión planteada por el TC italiano en el sentido de que el artículo 325 TFUE obliga al juez nacional a no aplicar tales plazos más cortos, a menos que ello implique una violación de los principios constitucionales de legalidad y seguridad jurídica.

La relevancia (y utilización como mecanismo de asistencia al contribuyente) de los instrumentos de asistencia mutua queda igualmente patente considerando varios pronunciamientos de los tribunales. Así, la AN ha puesto de relieve cómo las autoridades administrativas no pueden construir una regularización sobre la base de presunciones de hecho carentes de soporte probatorio allí donde pueden verificar los hechos presumidos haciendo uso de los procedimientos de asistencia mutua (SAN de 11 de junio de 2015, rec.113/2012); y en la misma línea la AN ha concluido que la Administración, bajo el principio de buena fe, no sólo está obligada a intentar las notificaciones en los inmuebles o domicilios que le consten en territorio español, sino que está obligada a asegurar la efectividad del conocimiento de sus decisiones por residentes extranjeros utilizando los medios de cooperación administrativa existentes para realizar una notificación de forma eficaz (SSAN de 12 junio y 20 de julio de 2015, rec. 301 y 302/2012; matiza esta jurisprudencia la SAN de 11 de junio de 2018); el TEAC también se ha hecho eco de esta doctrina y ha mantenido que tratándose de no residentes sin EP, no se puede acudir a la notificación edictal sin haber acudido antes a los medios de cooperación internacionalmente previstos (RTEAC de 25 de febrero de 2016, RG.6006/2015).

La regulación interna de esta materia experimentó un importante desarrollo como consecuencia de la incorporación al Derecho interno de la Directiva 2010/24/UE en materia de asistencia en la recaudación tributaria a través del RD-Ley 20/2011, de 30 de diciembre, de medidas urgentes en materia presupuestaria, tributaria y financiera para la corrección del déficit público. Este Real Decreto Ley modificó la LGT estableciendo de forma mucha más clara y detallada la regulación interna de los procedimientos de asistencia mutua en aplicación de normas europeas y tratados internacionales (CDI, TIEAs, fundamentalmente). La nueva regulación contenida en la LGT en materia de asistencia mutua prevalece lógicamente sobre la normativa infralegal antes referida (allí donde medie contradicción) pero debe aplicarse en todo caso de acuerdo con lo establecido con la normativa europea y lo previsto específicamente en los tratados internacionales (CDI, TIEA, Convenio Multilateral OCDE/ Consejo de Europa) en materia de asistencia mutua (intercambio de información y cooperación recaudatoria). En este sentido, debe tenerse en cuenta, por ejemplo, que algunos CDI concluidos por España incluyen cláusulas que pueden suponer una extensión de la duración de los procedimientos de inspección al margen de las limitaciones temporales establecidas en la LGT. Así, por ejemplo, el **CDI con Singapur** prevé en su Protocolo 5 que el tiempo que transcurra desde la petición de la información hasta su recepción por el Estado contratante que la solicitó no será considerado a los efectos del cálculo de los límites temporales previstos en la legislación fiscal española respecto de los procedimientos fiscales de la Administración tributaria; una cláusula similar puede encontrarse en el **Protocolo 9 del CDI con Panamá, en el Protocolo 6 del CDI con Hong Kong y en el Protocolo 2011 con Suiza**. Nótese igualmente que el Reglamento de Aplicación de los tributos fue objeto de una profunda reforma, a través del RD 1558/2012 de 15 de noviembre, a efectos de implementar las Directivas comunitarias de asistencia mutua (Directiva 2010/24/UE y Directiva 2011/16/UE) en línea con las modificaciones operadas en la propia LGT, incluyéndose ahora un nuevo Título VI referido a las actuaciones derivadas de la normativa sobre asistencia mutua, quedando derogada la regulación de asistencia mutua precedente (RD 1326/1987, de 11 de septiembre y RD 704/2012) con efectos a partir de 1 de enero de 2013. También merece mención el RD 410/2014, de 6 de junio (BOE 7 de junio 2014) que modifica el reglamento de aplicación de los tributos estableciendo nueva obligación de información a cargo de las instituciones financieras acerca de cuentas financieras en el ámbito de la asistencia mutua (intercambio automático de información financiera articulado a través de instrumento internacional o comunitario); esta regulación queda complementada con el RD 1021/2015, de 13 de noviembre, por el que se establece la obligación de identificar la residencia de las personas que ostenten la titularidad o control de determinadas cuentas financieras y de informar acerca de las mismas en el ámbito de la asistencia mutua; el RD 1021/2015, fundamentado en la disposición adicional 22ª de la LGT, constituye una pieza clave para que opere el mecanismo de intercambio automático de información sobre cuentas financieras (*Common Reporting Standard OECD*) que la UE, con ciertos matices, ha aprobado a través de la Directiva 2014/107; de esta forma se incorpora al ordenamiento interno las normas de comunicación de información a la administración tributaria sobre cuentas financieras y procedimientos de diligencia debida que deben aplicar las instituciones financieras en la obtención de dicha información, para que las autoridades fiscales españolas puedan cumplir sus obligaciones de intercambio automático con los Estados miembros de la UE y los países terceros con los que se firme un acuerdo administrativo al respecto. El RD 1021/2015, con efectos desde 1 de enero de 2016, elimina igualmente los preceptos reglamentarios que transponían la Directiva 2003/48/CE sobre Fiscalidad del Ahorro, ya que el CRS reemplaza tal mecanismo.

La principal cuestión que plantea la existencia de varios cauces que instrumentan o posibilitan el intercambio de información radica en la elección del Derecho aplicable, esto es:

¿Qué norma de entre las existentes en el ordenamiento debe emplearse para transmitir información a otro Estado? Se entiende que los mecanismos internacionales de intercambio de información deben prevalecer sobre los unilaterales, ya atendiendo a su carácter específico, ya partiendo de las mayores garantías de «secreto tributario» que otorgan. Por tanto, la normativa interna que posibilita el intercambio de información sólo debe emplearse allí donde los convenios de doble imposición (o la normativa comunitaria) no permitieran o contemplaran la transmisión de datos de que se trate. Cuando hubiera varias normas internacionales o comunitarias que permitieran el intercambio de información en relación con los mismos impuestos debe aplicarse aquella cláusula que permita un intercambio de mayor alcance *(wider-ranging provisions of assistance)*. Así, los eventuales conflictos que pudieran suscitarse en este ámbito entre los CDIs y la Directiva comunitaria 77/799/CEE (o la nueva Directiva 2011/16/UE) se resuelven a favor de la norma que ofrezca mayores posibilidades de intercambio de información *(principio de la máxima eficacia);* si ambas disposiciones permitieran la transmisión de los datos objeto de intercambio, debe emplearse aquella cláusula que otorga mayores garantías de secreto tributario en el Estado receptor de la información (artículo 11 de la Directiva 77/799/CEE y STJUE en el caso *Elisa* C-451/05). En el caso de los CDIs que firmen los Estados miembros siguiendo el ModCDI 2000-2014, acontecerá que tales convenios permiten un intercambio de mayor alcance en relación con determinados impuestos no cubiertos por la referida Directiva o por otras normas de asistencia mutua comunitaria, a saber: impuesto sobre sucesiones y donaciones, impuesto transmisiones patrimoniales y determinados impuestos especiales no armonizados. Sin embargo, como ya advertimos, la asistencia mutua en materia de impuestos aduaneros se rige por sus instrumentos internacionales y comunitarios específicos y no por el artículo 26 ModCDI (parágrafo 5.2 CMC artículo 26 ModCDI 2010). Ahora bien, la existencia de varios instrumentos sobre intercambio de información fiscal no significa que unos limiten a los otros, sino que, por lo general, deben emplearse los que resulten más específicos al tipo de intercambio de que se trate, sin perjuicio de lo indicado sobre la regla del intercambio de mayor alcance prevista en las Directivas 77/799/CEE y 2011/16/UE. Cabe apuntar, asimismo, que las autoridades de algunos Estados miembros evitan el problema de la elección del cauce de intercambio de información solicitando la transmisión de los datos de acuerdo con la Directiva comunitaria y el CDI aplicable.

Para finalizar con la cuestión del cauce jurídico que permite los intercambios de información resta analizar las consecuencias que posee la existencia de este tipo de normas en relación con los deberes de suministro de información que recaen sobre los obligados tributarios. El TEAC en un primer momento declaró que todo requerimiento de información emitido por la Inspección española referido a datos en poder de personas o establecimientos permanentes en el extranjero debían ser sustanciados en aplicación de la cláusula de intercambio de información del CDI aplicable y no sobre la base del Derecho interno español (el antiguo artículo 111 LGT de 1963); la razón esgrimida por el TEAC era, en aquel caso concreto, que se trataba de un establecimiento permanente localizado en Nueva York que estaba sujeto a la legislación norteamericana sobre secreto bancario (RTEAC de 23 de noviembre de 1994). Posteriormente, el TEAC modificó su doctrina precedente, de manera que ahora mantiene la posibilidad de que la Administración tributaria española requiera a la casa central de una entidad financiera residente datos en poder de una sucursal ubicada en un país con el que España ha suscrito un CDI (RTEAC de 11 de febrero de 1999; a este respecto véase también la STJUE de 14 de abril de 2016, C-522/14, *Sparkasse Allgäu*). En la práctica se están dando igualmente casos donde las autoridades fiscales españolas requieren información a contribuyentes no residentes sin EP en España (ni en sede de IRNR ni en materia de IVA) sobre operaciones -precios de transferencia- realizadas extraterritorialmente.

1.3. Ámbito operativo de la cláusula de intercambio de información prevista en los convenios de doble imposición

El verdadero alcance y funcionalidad de la cláusula de intercambio de información prevista en los CDIs se extrae respondiendo a los siguientes interrogantes:

- ¿Qué tipo de información están obligadas a intercambiarse las Administraciones fiscales?
- ¿Sobre quién puede versar la información que se transmite?
- ¿Existen límites temporales en relación con la operatividad del intercambio de información?

1.3.1. Ámbito objetivo del intercambio de información: especial atención a la actualización de 2012-2014 del artículo 26 del Modelo OCDE

En los primeros tiempos, esto es, cuando resultaba aplicable el PC OCDE 1963 sólo se permitía el intercambio de información a los efectos de la aplicación del propio convenio y, por tanto, de los impuestos cubiertos por el mismo.

A medida que la internacionalización económica se fue intensificando se hizo cada vez más necesario disponer de información tributaria transnacional. Ello ha venido motivando una progresiva ampliación del ámbito operativo del artículo 26 ModCDI. Así, en el ModCDI (1977-1997) se amplió tal ámbito de forma que «las autoridades competentes de los Estados contratantes intercambiarán las informaciones para aplicar lo dispuesto en el presente convenio, o en el Derecho interno de los Estados contratantes relativo a los impuestos comprendidos en el convenio, en la medida en que la imposición exigida por aquél no fuera contraria al convenio». En las versiones de 2000 y 2005 del ModCDI se introdujeron nuevas ampliaciones, las cuales se exponen más abajo.

Centrándonos en la versión del artículo 26 de los años 1977-1997, que es la que siguen la mayoría de los CDIs que integran nuestra red de convenio, lo cierto es que del tenor literal de este precepto se extraen los elementos esenciales que configuran y limitan la materia objeto de intercambio de información; las autoridades competentes sólo están obligadas a transmitir la «información necesaria» para la aplicación del CDI o del Derecho interno relativo a los impuestos cubiertos por el convenio, siempre que el fin fiscal que legitima el intercambio no contravenga el convenio. Es decir, lo único que existe obligación de intercambiar es «información», esto es, datos relativos a cuestiones de hecho o de derecho relativos a una persona o a un conjunto de personas; del artículo 26 de los CDIs no se desprende la obligación de intercambiar copias autenticadas de documentos originales de carácter oficial, registros o testimonios, aunque los CMC (parágrafo 10.2) al artículo 26 ModCDI 2005 y versiones posteriores indican que el suministro de tal documentación resulta cubierto por el artículo 26 y en determinados casos puede resultar necesario para que la información despliegue plenos efectos probatorios en Estado requirente. No obstante, todos aquellos CDIs que sigan en este punto los Modelos de Convenio (MCs) EEUU (1977, 1981, 1996, 2006) obligan a los Estados contratantes a intercambiar todo tipo de documentos y testimonios en forma tal que puedan ser empleados en procesos judiciales por las autoridades fiscales del Estado requirente. En la red convencional española tan solo el CDI suscrito con la India recoge una previsión expresa autorizando el intercambio de este tipo de material.

En segundo lugar, los CDIs sólo autorizan el intercambio de información que resulte «necesaria» para el otro Estado. Este presupuesto concurre cuando los datos que van a ser intercambiados poseen *trascendencia tributaria* para el Estado requirente -por ejemplo, para la aplicación del CDI o de la legislación interna. Este condicionante, a su vez, lleva implícito que el Estado que solicita la información no haya podido obtenerla, pese a haber empleado todos los medios de los que dispone a tal efecto *(exhaustion rule/principio de subsidiariedad)*. Estos dos componentes de la «necesidad» de la información se vienen exigiendo con cierta flexibilidad; en concreto, actualmente sólo se requiere que la información sea *"foreseeably relevant* ", esto es, únicamente se requiere que la información requerida pueda tener «relevancia» para la Administración el Estado requirente o «iluminar» la declaración tributaria del sujeto investigado. No obstante, existe consenso en afirmar que este presupuesto excluye las denominadas «expediciones de pesca» *(fishing expeditions)* o requerimientos de información de carácter genérico que no hacen referencia alguna a un obligado tributario o particular, sino que están destinadas a detectar bolsas o supuestos de fraude fiscal internacional.

En tercer lugar, la trascendencia tributaria de la información objeto de intercambio debe predicarse en relación con la aplicación del CDI o de la legislación interna relativa a los impuestos cubiertos por el convenio *(major clause)*. Por tanto, sólo puede intercambiarse información que resulta necesaria para la aplicación de un precepto del convenio o de una disposición de la legislación interna del Estado requirente concerniente a un impuesto comprendido en el ámbito de aplicación del convenio. Si el CDI de que se trate comprende el IRPF, el IS y el IP no puede transmitirse información al objeto del IVA o de un gravamen aduanero. El modelo convenio EEUU se aparta de esta regla permitiendo el intercambio de datos a los efectos de todos los impuestos integrantes del sistema tributario de los Estados contratantes; esta particularidad del modelo norteamericano parece que ha alcanzado carta de naturaleza en los últimos tiempos, dado que actualmente existe un cierto consenso en torno a la necesidad de extender el uso de la cláusula de intercambio de información a los efectos del conjunto de impuestos que integran el sistema tributario de los Estados; tal previsión se ha incorporado al ModCDI de 2000 y versiones posteriores.

Otras particularidades presentes en un numeroso grupo de CDIs resultan de considerar cómo éstos únicamente permiten la transmisión de información «para la aplicación del CDI» (incluye la legislación interna conectada con el convenio); se trata de la denominada *minor clause,* la cual está presente en la mayoría de los CDIs suscritos entre los años 60 y 70 al haberse negociado siguiendo el primer Modelo (sic, Proyecto) de Convenio de la OCDE (1963). No obstante, no podemos ocultar que existe cierta discrepancia en torno a si el Proyecto de Convenio (PC) OCDE 1963 permite también el intercambio para la aplicación de la legislación interna de los Estados contratantes.

En cuarto lugar, el artículo 26.1 de los Modelos de convenio OCDE, ONU y EEUU excluye el intercambio de información cuando éste fuera necesario para exaccionar un impuesto contrario al convenio. Este presupuesto ha sido objeto de una interpretación restrictiva, de manera que sólo aquellos actos de imposición que vulnerasen frontalmente el CDI permiten la exclusión del intercambio de la información; tal sería el caso de un impuesto discriminatorio o de un gravamen que se sustentara sobre una calificación claramente contraria a lo previsto en el CDI. Por el contrario, no cabe invocar esta disposición allí donde como resultado del intercambio puede surgir doble imposición, como acontece en buena parte de los casos de control de precios de transferencia.

En quinto lugar, se viene manteniendo que los impuestos que pueden ser objeto de intercambio de información, con arreglo al artículo 26 ModCDI 1963-1997, son los definidos en el artículo 2 del convenio; no obstante, se considera que tal precepto no es aplicable ni a los impuestos aduaneros, ni a las tasas y contribuciones especiales; sin embargo, se entiende que las cotizaciones a la Seguridad Social sí estarían cubiertas por el artículo 26, por más que existan convenios internacionales más específicos que instrumentaran el intercambio de información sobre tales prestaciones patrimoniales de carácter público.

Como ya apuntamos más arriba, las versiones de los años 2000 y posteriores (v.gr, 2005, 2012 y 2014) del ModCDI han ampliado considerablemente el ámbito operativo del intercambio de información articulado por el artículo 26 ModCDI. Muy en particular, en el año 2000 se modificó el tenor literal del artículo 26.1 ModCDI a los efectos de que los Estados contratantes intercambien las informaciones necesarias «para aplicar lo dispuesto en el presente Convenio o en la legislación nacional de los Estados contratantes *relativa a los impuestos de toda clase y denominación* percibidos por los Estados contratantes (...)»; en la misma línea se estableció que «El intercambio de información no vendrá limitados por los artículos 1 y 2». La ampliación del ámbito objetivo del intercambio de información resulta evidente pasándose de los impuestos cubiertos por el CDI a todos los impuestos integrantes del sistema tributario de los Estados contratante.

La versión de 2005 (y posteriores) del ModCDI también ha traído consigo una modificación del apartado 1º del artículo 26. Por un lado, se sustituye la expresión «información necesaria» por «información que pueda resultar relevante»; el Comité Fiscal OCDE en los CMC a tal precepto indica que tal cambio responde al deseo de uniformar la terminología del artículo 26 ModCDI con el Modelo OCDE 2002 de intercambio de información en materia tributaria, pero no se pretende alterar el alcance sustantivo del precepto con tal modificación. En este sentido, se indica que tal cambio pretende clarificar que el estándar de intercambio de información debe ser el más amplio posible, pero al mismo tiempo enfatizan que tal expresión en modo alguno ampara «expediciones de pesca» (*«fishing expeditions»*) o requerimientos de información que es improbable que resulte relevante para controlar los asuntos fiscales de un determinado contribuyente (parágrafo 5 CMC artículo 26 ModCDI 2005 y versiones posteriores). Se indica igualmente que el ámbito del intercambio de información cubre todas las materias tributarias sin perjuicio de las reglas generales y disposiciones legales que ordenan los derechos de encausados y testigos en el marco de procedimientos judiciales. No obstante, se advierte que el intercambio de información a efectos penales-tributarios también puede instrumentarse a través de convenios bilaterales o multilaterales sobre asistencia legal mutua (parágrafo 5 CMC artículo 26 ModCDI 2005 y versiones posteriores). Con todo, no puede dejar de ponerse de relieve que el cambio terminológico introducido rebaja el umbral de «trascendencia tributaria» que en anteriores versiones se contemplaba como requisito para atender un requerimiento de información cursado por otro Estado. En este orden de cosas se ha cuestionado que el curmplimiento del requisito de "relevancia o trascendencia fiscal" de la información, cuando el requerimiento se cursa a los efectos de una investigación o procedimiento penal (tributario) y la información es obtenida del contribuyente a través de medios coactivos (Stadelmann, en Rickenbacher-Omlin 2016, p. 293 y ss).

La segunda modificación que se ha introducido en el tenor literal del artículo 26.1 ModCDI 2005 (y versiones posteriores) se refiere a la inclusión de la expresión «para la administración o cumplimiento efectivo» (*administration or enforcement*) en lugar de «para la aplicación de» lo dispuesto en la legislación interna de los Estados relativa a los impuestos de todo tipo y denominación. Tal modificación no parece que posea alcance sustantivo, aunque sí clarifica la posibilidad de emplear el mecanismo de intercambio de información a los efectos de la recaudación tributaria. Otra de las razones que posiblemente haya impulsado tal cambio resida en lograr una mayor uniformidad terminológica con el ModCDI 2002 de intercambio de información tributaria.

También se ha clarificado por la vía de los Comentarios que todo intercambio de información realizado por las autoridades de los Estados en el ámbito del CDI, esto es, para aplicar sus disposiciones (ya sea en relación con un caso concreto o no) debe realizarse de acuerdo con las reglas del artículo 26. Así, el intercambio de información a los efectos del artículo 25 (procedimiento amistoso) cae en el ámbito de aplicación del artículo 26 ModCDI (parágrafo 4 CMC artículo 25 y para7.d CMC artículo 26 ModCDI 2005 y versiones posteriores). La misma precisión se incluyó en 2014 en relación con la asistencia en la recaudación que se regula en el artículo 27 pero los intercambios de información a tales efectos se ordenan por el artículo 26 (parágrafo 3 de los CMC al artículo 26 ModCDI 2014).

Por último, cabe hacer referencia a la importante modificación introducida en el artículo 26 ModCDI y Comentarios como consecuencia de la actualización específica de este precepto que tuvo lugar el 17 de julio de 2012.

Los **principales cambios articulados en los comentarios al artículo 26 del Modelo OCDE actualizado en julio 2012** y que se han incorporado al **Modelo de Convenio de 2014 y versiones posteriores**, vendrían a ser los siguientes:

1º. Flexibilización del umbral de «trascendencia/relevancia tributaria» a los efectos del requerimiento de información por parte de un Estado a otro (nuevo parágrafo 5 CMCs artículo 26 ModCDI 2012-2014). No hace falta que exista una comprobación/inspección en marcha o iniciada en el sentido de exteriorizada al contribuyente, sino que basta con que la Administración esté valorando su inicio efectivo dependiendo la decisión de la información o datos que pudieran obtenerse a través del intercambio de información. Basta a su vez con que exista una posibilidad o potencialidad de que la información requerida pueda resultar relevante fiscalmente para que se cumpla el estándar de relevancia fiscal, sin perjuicio de que con posterioridad los datos transmitidos se revelen intrascendentes. La OCDE, por tanto, a través del desarrollo de la guía para determinar el estándar de relevancia fiscal, lo que hace es expandir los supuestos que cubre, reduciendo correlativamente el concepto de expedición de pesca o requerimiento especulativo. En este mismo sentido, allí donde las autoridades del Estado requerido posean dudas sobre la relevancia fiscal, deberán atender el requerimiento salvo en los casos donde, tras la correspondiente consulta entre las autoridades competentes, el Estado requerido no hubiera suministrado motivación alguna sobre la potencial relevancia fiscal de la información solicitada.

2º. Refinamiento del concepto de *fishing expedition*, que permite al Estado requerido rechazar un requerimiento de información de otro Estado. Se establece que quedan dentro del artículo 26 los requerimientos de información sobre «grupos de contribuyentes», ya identificados o no identificados. En este sentido, se clarifica que no resulta indispensable la identificación completa y la dirección del contribuyente, siempre que se incluyan datos que permitan suficientemente la identificación de un contribuyente o de un grupo de contribuyentes (véase el ejemplo recogido en el parágrafo 8.g CMC artículo 26 ModCDI 2012-2014, en relación con el uso de tarjetas de crédito de titular no identificado). Ahora bien, no se considera fishing expedition el requerimiento de información sobre grupos de contribuyentes no identificados o desconocidos, allí donde el requerimiento se curse aportando una detallada descripción del potencial grupo de contribuyentes afectados en el marco de unos específicos hechos y circunstancias que han motivado el requerimiento. Es decir, se clarifica que el estándar de previsible relevancia fiscal de la información concurre incluso en el caso de requerimientos relacionados con uno o varios contribuyentes que no resulten individualmente identificados. Como quiera que en estos casos no es posible especificar una investigación en curso en los asuntos de un contribuyente en el momento de realizarse el requerimiento (lo cual plantea el problema de requerimiento especulativo), resultará difícil demostrar que el requerimiento no constituye una expedición de pesca, de manera que en estos casos el Estado requirente debe demostrar que el requerimiento de grupo posee previsible relevancia fiscal (no expedición de pesca) aportando en el requerimiento:

a) Una detallada descripción del grupo y los específicos hechos y circunstancias que han motivado el requerimiento.

b) Una explicación de la normativa fiscal aplicable exponiendo las razones por las que se piensa que los contribuyentes comprendidos en el grupo no han cumplido con la legislación fiscal, soportado sobre una clara base fáctica; y

c) Evidencias dirigidas a sustanciar en qué medida la información requerida será de ayuda en la determinación del cumplimiento de obligaciones tributarias por los contribuyentes incluidos en el grupo.

Sin embargo, los requerimientos de información grupales puramente especulativos, sin indicios de eventual fraude por un grupo de contribuyentes quedarían fuera del umbral de «relevancia tributaria» del artículo 26.1 ModCDI y por tanto de la obligatoriedad del suministro de la información. Los nuevos comentarios ponen el ejemplo de una entidad financiera que opera en un Estado y ofrece un «producto financiero-fiscal» que implica la apertura de cuentas bancarias en otro Estado, de suerte que en este caso el requerimiento de información de «grupo» no se considera especulativa sino cubierta por el nuevo umbral de trascendencia tributaria. Estamos, por tanto, ante un avance muy considerable cuyo precedente es el Protocolo 2011 entre USA y Suiza en relación con el acuerdo sobre el caso UBS (*fact-pattern/nameless requests*; vid la jurisprudencia del Tribunal Supremo de

Suiza (5 Julio 2013, 2 C-269/2013) que acepta group request en CDI anteriores a 2012; véase la sentencia del TEDH aceptando la legalidad de tal acuerdo y la transmisión de datos realizada a su amparo: *GSB v. Switzerland,* STEDH 22 diciembre de 2015, Application 28601/11), así como el Protocolo EE.UU-Japón con motivo de la implementación de la normativa FATCA. El concepto de expedición de pesca como opuesto al estándar de «previsible relevancia fiscal» sigue siendo oscuro, pero la OCDE da un paso más hacia la interpretación más amplia de tal expresión (previsible relevancia fiscal) y, con ello, del ámbito de aplicación de las cláusulas de intercambio de información, situando extramuros del mismo únicamente los casos de requerimientos puramente especulativos que no presentan un nexo aparente con una investigación abierta en relación con un concreto contribuyente (requisito de nexo y trazabilidad). Nótese que algunos países vienen defendiendo que el concepto de requerimientos de grupo ya formaba parte del concepto de previsible relevancia fiscal del artículo 26.1 (pre-2012), en tanto que otros consideran que estamos ante un cambio de interpretación por parte de la OCDE que sólo implementarán en el marco de CDIs que concluyan a partir de 2012 (Pross et alter 2012, p. 186). El caso **Julius Bauer**, objeto de la sentencia del Tribunal Federal Administrativo de Suiza de 6 de enero de 2014 (A-5390/2013), es ilustrativo de las dificultades que existen en la práctica para diferenciar un caso de requerimiento de grupo válido de una fishing expedition; en particular, se trataba de un caso de requerimiento de grupo cursado por el IRS ex artículo 26 CDI 1996 Suiza-USA: el IRS acusó al banco suizo de contribuir activamente a promover fraude fiscal a través de sus empleados que asistían a sus clientes americanos a ocultar activos del Fisco USA; el requerimiento de información contenía una descripción abstracta del comportamiento de los clientes del banco; el requerimiento también incluía un ejemplo concreto de un matrimonio que usaba tarjetas de crédito vinculadas a sociedad suiza (domiciliary company); los clientes afectados por el requerimiento apelaron la decisión de las autoridades fiscales suizas de atender al requerimiento cursado por las autoridades fiscales de EEUU argumentando el carácter especulativo del requerimiento. El tribunal suizo estimó el recurso de los contribuyentes declarando que los hechos y ejemplos expuestos por IRS eran insuficientes para cumplir el nivel de detalle requiere el deslinde entre requerimientos de grupo válidos y expediciones de pesca prohibidas por el CDI. El Tribunal Supremo de Suiza, en su sentencia de 12 de septiembre de 2016, se ha vuelto a pronunciar, en este caso afirmativamente, sobre la admisibilidad de los requerimientos de grupo; en este caso las autoridades neerlandesas solicitaron a las suizas los datos de las personas residentes en Países Bajos titulares de cuentas bancarias en la entidad financiera UBS que no habían aportado a tal entidad las pruebas de "conformidad" de su situación fiscal solicitadas por escrito por UBS. Inicialmente, el Tribunal Administrativo Federal rechazó en su sentencia de 21 de marzo de 2016 la legalidad convencional de tal requerimiento anónimo de grupo calificándolo como "expedición de pesca", argumentando que el MOU interpretativo firmado en el año 2011 entre las autoridades competentes de los dos países (tras la modificación del CDI de 2010) no podía superar lo establecido en el CDI. Sin embargo, el Tribunal Supremo rechazó el enfoque y argumentos desplegados por las partes y aceptados por el Tribunal Federal, estableciendo que el caso no representaba una "expedición de pesca"; también declaró que los requerimientos de grupo son admisibles, en principio, de acuerdo con la interpretación establecida al respecto por la OCDE en los Comentarios MC OCDE 2012, aunque no incluyan los nombres de los titulares de las cuentas, en la medida en que la solicitud contenga suficiente información que permita identificar a las personas afectadas. La sentencia del TS de Suiza se ha criticado por la interpretación tan estricta del concepto de "fishing expedition" y la correspondiente ampliación de la noción de "relevancia fiscal" en el marco de cláusulas de intercambio rogado acordadas convencionalmente antes de que la OCDE fijara en el año 2012 su posición sobre la admisibilidad en ciertas condiciones de los requerimientos de datos anónimos de grupo (vid.: Hoke 2016). El Tribunal Federal Administrativo de Suiza, en su decisión de 30 julio de 2018, se basó en esta sentencia del TS, para rechazar un requerimiento de la administración francesa que contenía una lista de números de cuentas bancarias de UBS en Suiza que las autoridades fiscales requirentes consideraban que afectaban a contribuyentes residentes de Francia; el fisco francés solicitó la identificación de tales titulares de las cuentas y sus saldos, de suerte que el referido tribunal suizo estimó el recurso al considerar que este tipo de requerimientos en masa (*"bulk requests"*) deben ser tratados como *"group requests"*, siguiendo la jurisprudencia del TS, y en tal sentido se requería un nivel de motivación cualificada por parte de las autoridades requirentes aportando los indicios de incumplimiento tributario por parte de los afectados (Hoke, Swiss Court Denies French Request for UBS Client Data", *TNI*, August 6, 2018). Resulta cuando menos llamativo cómo en el ámbito de la asistencia mutua se podrían estar admitiendo requerimientos generales sobre grupos indefinidos de contribuyentes muy próximos a *"fishing expeditions"*, que en el ámbito estrictamente doméstico se están empezando a cuestionar abiertamente (véanse, por ejemplo, la sentencia de la Federal Court of Canadá en el caso *Hydro-Quebec*, 2018 FC 622, o la sentencia del TS de 13 noviembre de 2018, rec. 620/2017).

En este mismo orden de cosas, la cuestión del cumplimiento del requisito de la "relevancia fiscal" de la información en relación con un contribuyente o grupo de contribuyentes objeto de una comprobación se ha planteado también en el contexto de las acciones coordinadas de intercambio de información llevadas a cabo por un grupo de países (E6: Canadá, Reino Unido, Francia, Australia, Alemania y Japón), dirigidas a obtener datos sobre el funcionamiento y operativa de compañías del sector de la economía digital, a efectos de desarrollar medidas más eficientes en relación con "estrategias BEPS"; en este sentido, las actuaciones de investigación dirigidas al intercambio de información a tales efectos realizada por la Administración tributaria alemana sobre una filial local de un grupo MNE de economía digital, fueron consideradas por el *Finanzgericht* de Colonia (sentencia de 7 de septiembre de 2015) contrarias a las cláusulas de intercambio rogado establecidas en los CDI y el Convenio Multilateral de asistencia mutua OCDE/Consejo de Europa, al entender que no cumplían el requisito de "relevancia fiscal" en relación con los impuestos de un contribuyente, de suerte que la obtención de información para desarrollar medidas más efectivas para luchar contra "estrategias BEPS" no está incluida en tal presupuesto (Mückl/Port 2015).

En este mismo orden de cosas, debe mencionarse el importante precedente del Tribunal Supremo de Suiza (sentencia de 3 de enero de 2018, Decision 2C_640/2016), donde se aborda la cuestión de la legalidad, con arreglo al CDI EEUU-Suiza, de los requerimientos del IRS solicitando a las autoridades suizas información detallada sobre los empleados de los bancos y otros intermediarios involucrados en la gestión de cuentas bancarias suizas de contribuyentes americanos en relación con dos bancos que participaron en el *US Tax Program for Swiss Banks*. La respuesta dada por el TS suizo se hizo descansar sobre la interpretación sistemática y finalista de la cláusula de intercambio de información, considerando como su objeto viene dado por la asistencia administrativa en el control fiscal sin que ello comprenda requerimientos cuyo fin dominante sea la persecución penal de sujetos conectados con un fraude fiscal; en esta misma línea, los requisitos de "relevancia fiscal" y "proporcionalidad" deben presidir la asistencia mutua, de manera que sólo cuando sea claramente necesario para la investigación fiscal la producción de los nombres de otras personas involucradas en un fraude fiscal cabe considerar que tal requerimiento resulta comprendido en el ámbito de aplicación del artículo 26 del CDI (Hoke, "Swiss Court Blocks Disclosure of Bank Staff Details to US", TNI, January 8, 2018). Cabe mencionar igualmente la sentencia, de 17 de julio de 2018, del TS de Suiza en el caso UBS (Decision nº 2C_648/2017), admitiendo los requerimientos de información de la administración de India en relación con contribuyentes residentes incluidos en la *"Lista Falciani"* proporcionada por Francia, al considerarse que las autoridades de India actuaron de buena fe y no participaron en la obtención ilegal de la información, de manera que la limitación que existe en tal sentido en la legislación doméstica de asistencia administratiava internacional no aplica en el marco del CDI India-Suiza (Hoke 2018c).

3º. Se establecen plazos recomendables para el efectivo intercambio (2 meses si ya se ostenta la información, 6 meses si no se posee por la administración requerida), lo cual robustece la eficacia del mecanismo en línea con la Directiva UE 2011/16 sobre asistencia mutua. También se clarifica que la información puede ser transmitida con posterioridad a tales límites convencionales, sin que ello afecte a la validez de la asistencia mutua (parágrafos 10.4-10.6 CMC artículo 26 MC OCDE 2012-2014 y versiones posteriores).

4º. Posibilidad de suspender el flujo de intercambio de información si el otro Estado no cumple con las obligaciones de confidencialidad de la información que establece el convenio. De hecho, algunos países como EEUU aplican este criterio en la práctica considerándolo un aspecto esencial de su política de intercambio de información que requiere garantías y estricta observancia de la confidencialidad, y de hecho esta sensible cuestión se plantea con bastante frecuencia en los debates parlamentarios donde se discute la autorización para la aprobación de estos convenios exigiéndose la acreditación de que el otro Estado contratante usará la información intercambiada a los exclusivos efectos previstos en el Convenio adoptando las correspondientes salvaguardias. En este mismo orden de cosas se reconoce igualmente la posibilidad de que los Estados pueden complementar estas disposiciones de secreto tributario con acuerdos o MOUs específicos que articulen medidas suplementarias de confidencialidad (v.gr., protección de acuerdo con la normativa de tratamiento de datos de carácter personal), siempre que no afecten al uso de la información autorizado por el convenio (parágrafo 12.3 CMC artículo 26 ModCDI 2012-2014 y versiones posteriores).

5º En materia de secreto tributario, la OCDE también clarifica que las reglas de confidencialidad del CDI comprenden, en particular la correspondencia entre las autoridades competentes, incluyendo el requerimiento de información cursado. No obstante, se considera que las autoridades del Estado requerido pueden revelar un contenido mínimo de información recogido en el requerimiento de las autoridades extranjeras a efectos de obtener la información solicitada de terceros o fuentes externas; a su vez, se indica que si tal revelación fuera solicitada por un tribunal en el marco de un proceso, las autoridades del Estado requerido podrían revelar tal documentación, salvo que las autoridades del Estado requirente indicaran otra cosa (parágrafo 11 MC artículo 26 ModCDI 2012-2014 y versiones posteriores).

- Se clarifica la cuestión del umbral de reciprocidad, indicando que el hecho de un Estado aplique medidas no habituales de acuerdo con su normativa o práctica interna como el acceso e intercambio de información bancaria, le autoriza a requerir tal información de otro Estado siempre que pudiera obtener en el marco de un requerimiento convencional la información que está requiriendo al otro Estado no siendo necesario por tanto que se ostenten las mismas potestades de comprobación por parte de las autoridades fiscales de los dos Estados (parágrafo 15 CMC artículo 26 ModCDI 2012-2014 y versiones posteriores).

En el mismo sentido, resulta relevante destacar las clarificaciones introducidas sobre la interrelación entre los apartados 3, 4 y 5 del artículo 26 a efectos de robustecer la cláusula de levantamiento del secreto bancario y garantizar el efectivo intercambio de información bancaria (parágrafos 16 y 16.1 CMC artículo 26 ModCDI 2012-2014 y versiones posteriores); tal clarificación es expuesta más abajo, lugar al que nos remitimos.

6º. Se expande la guía sobre la imposibilidad de alegar la falta de «interés doméstico/nacional» de la información solicitada para la Administración tributaria requerida (parágrafos 15 y 19.7 MC artículo 26 ModCDI 2012-2014 y versiones posteriores).

El hecho de que la información solicitada no pueda ser usada para fines fiscales del Estado requerido no permite declinar el requerimiento de información. De hecho, existiría obligatoriedad de atender al mismo en casos de prescripción tributaria de acuerdo con la normativa del Estado requerido. Tal Estado únicamente podría declinar el suministro de la información cuando, debido a tal prescripción, la información ha dejado de estar disponible por el contribuyente una vez expirado el plazo de conservación de los datos o documentación. Se insiste en que incluso en casos donde las potestades administrativas del Estado requerido son inaplicables debido al plazo de prescripción tributario interno deben tratar de obtener la información y solo cuando determinen que tal información no está disponible pueden declinar el suministro de los datos, lo cual significa tanto como «resucitar» las potestades administrativas a efectos de intercambio de información. Además se recomienda a los Estado que articulen plazos de conservación de la información contable no inferiores a 5 años.

La actualización de 2012-2014 también afectó al propio tenor del artículo 26, introduciéndose una modificación dirigida a ampliar el uso de la información intercambiada para «usos no fiscales» (por ejemplo, delitos no fiscales), cuando el Estado requerido lo autorice y ambos pudieran emplear la información para tales otros usos de acuerdo con su normativa interna. Esta modificación se sitúa en línea con lo establecido en la Directiva UE 2011/16, aunque el verdadero origen de la misma resulta del proyecto OCDE denominado «Diálogo de Oslo» y que va dirigido a lograr mayores sinergias y eficacia en la interrelación entre las distintas agencias gubernamentales implicadas en la lucha contra determinados delitos económicos (este proyecto sigue desarrollándose, tal y como refleja la Fourth OECD Forum on Tax and Crime, Amsterdam, September 15-16, 2015, y ha puesto de relieve un sector de la doctrina: Teijeiro 2015). La forma en que está configurada esta posibilidad de uso de la información intercambiada para fines no fiscales, permite pensar que tal utilización solo se producirá en casos excepcionales donde el Estado requirente haya solicitado a posteriori al Estado requerido la autorización para emplear los datos transmitidos para un fin distinto al estrictamente fiscal, a la luz de la naturaleza de la información remitida. Es decir, el Estado requirente no podría solicitar información al otro Estado con otros fines distintos de los fiscales. Con todo, lo cierto es que estamos ante una disposición que de alguna forma amplia la finalidad de estas cláusulas de asistencia mutua al posibilitar que un convenio para eliminar la doble imposición y prevenir la evasión fiscal termine operando como un mecanismo con funcionalidad penal, superando así su finalidad original (vid: Öner 2012, p. 109 y ss, en sentido crítico). No queda claro en qué medida la autorización que pudiera conceder la autoridad requerida en relación con el uso no fiscal de los datos transmitidos, implica que la autoridad no fiscal que va a poder usar tal información para fines no tributarios resulta sujeta a las obligaciones de confidencialidad recogidas en el CDI; posiblemente lo más consistente vendría dado por que la autorización de uso no fiscal recogiera expresamente los límites y condiciones de uso no fiscal de la información transmitida, dado que de otro modo se pondría el peligro y desbarataría la cláusula de secreto tributario que recoge el artículo 26, con todo lo que ello conlleva para mantener la eficacia del sistema y los derechos de los contribuyentes afectados.

Antes de pasar a analizar otros elementos referidos al ámbito de aplicación de la cláusula de intercambio de información prevista en el artículo 26 del ModCDI, resulta relevante apuntar cómo el concepto de *"pertinencia o relevancia previsible"* de la información solicitada fue analizada por el TJUE en el caso *Berlioz* (STJUE de 16 de mayo de 2017, C-682/15) a la luz de los comentarios elaborados por el Comité de Asuntos fiscales con motivo de la modificación adoptada el 17 de julio de 2012 en relación con el artículo 26 ModCDI y, por tanto, la doctrina fijada podría aplicarse en el marco de los CDI. El TJUE interpretó el requisito previsto en el artículo 5 de la Directiva 2011/16 de la relevancia previsible de acuerdo con los considerandos 1 y 9 de la misma y siguiendo los comentarios al artículo 26 ModCDI 2012 en el sentido siguiente:

• La cualidad de "pertinencia previsible" de la información solicitada constituye un requisito de legalidad de la solicitud atinente a la misma. Y la obligación que incumbe a la autoridad requerida de cooperar con la autoridad requirente, conforme al artículo 5 de la Directiva 2011/16, no se extiende a la comunicación de información que no posea esa cualidad.

• Los Estados contratantes no pueden "ir a la caza de información" o solicitar información que probablemente no sea pertinente para esclarecer los asuntos fiscales de un contribuyente determinado. Antes al contrario, tiene que existir una posibilidad razonable de que la información solicitada resulta pertinente.

• El objetivo del concepto de pertinencia previsible es permitir a la autoridad requirente obtener toda la información que considere justificada para su investigación sin autorizarla no obstante a sobrepasar manifiestamente el marco de esa investigación ni a imponer una carga excesiva a la autoridad requerida. Y, por tanto, es conveniente que la autoridad requirente pueda, en el marco de su investigación, determinar la información que considere necesaria a la luz de su Derecho nacional para, de conformidad con el considerando 1 de la Directiva 2011/16, determinar adecuadamente los impuestos adeudados.

• Le corresponde a la autoridad requirente que dirige la investigación que da lugar a la solicitud de información, apreciar, según las circunstancias del asunto, la pertinencia previsible de la información solicitada para esa investigación en función de la evolución del procedimiento y, conforme al artículo 17.1 de la Directiva 2011/16, del agotamiento de las fuentes habituales de información que haya podido utilizar.

• La autoridad requirente dispone de un margen de discrecionalidad a efectos de determinar el alcance de la relevancia previsible de la información solicitada, pero no puede solicitar información sin ninguna pertinencia para la investigación en cuestión, ya que ello no sería conforme con los artículos 1 y 5 de la Directiva 2011/16. En este sentido, tanto la autoridad requerida como eventualmente el órgano judicial de revisión del requerimiento deben ponderar la concurrencia de este condicionante en relación con la información solicitada, de manera que no puede imponerse una sanción allí donde resulte razonablemente claro que determinados datos carecen de trascendencia fiscal (vid, en parecidos términos, la opinión de la CFE 2018).

• En lo que concierne al obligado tributario afectado, el TJUE considera que en el supuesto de que la autoridad requerida se dirigiera no obstante a él remitiéndole eventualmente una decisión de requerimiento para obtener la información solicitada, procede reconocerle el derecho a invocar ante un juez la falta de conformidad de la solicitud de información con el artículo 5 de la Directiva 2011/16 y la ilegalidad de la decisión de requerimiento resultante de ello.

• A efectos de instrumentar un control por parte de las autoridades del Estado requerido sobre el requisito de legalidad de la relevancia previsible del requerimiento, el TJUE establece que la autoridad requirente debe remitir con la solicitud de información una motivación adecuada de la misma, identificando al contribuyente respecto del que se pide la información y el procedimiento o investigación iniciado frente al mismo existiendo un nexo entre ambos considerando el objetivo fiscal del procedimiento; el requerimiento también debe mencionar las personas o potenciales fuentes de información con arreglo al artículo 20.2 de la Directiva 2011/16. De ser preciso, la autoridad requerida puede solicitar a la autoridad requirente que complemente su requerimiento a fin de justificar la pertinencia previsible de la información requerida.

• El TJUE considera que el control que debe ejercer la autoridad requerida sobre el requisito de legalidad de la relevancia previsible no debe realizarse con arreglo a un test meramente formal, sino que debe permitir a dicha autoridad asegurarse de que la información solicitada no carece de pertinencia previsible, habida cuenta de la identidad del contribuyente y de la del tercero eventualmente informado y de las necesidades del procedimiento de comprobación seguido contra el contribuyente. No obstante, con arreglo al principio de confianza entre los Estados miembros, la autoridad requerida debe en principio confiar en la autoridad requirente y presumir que la solicitud de información que se le ha presentado es al mismo tiempo conforme al Derecho nacional de la autoridad requirente y necesaria para su investigación, de suerte que la autoridad requerida no puede sustituir la apreciación de la utilidad eventual de la información solicitada que hace la autoridad requirente por la suya propia.

• Respecto del control judicial de este requisito de legalidad del requerimiento, el TJUE indicó que tal control no puede sólo tener por objeto la proporcionalidad de la eventual sanción impuesta sobre el obligado tributario que se opuso a la solicitud de información, sino también afectar a la legalidad de esa decisión de requerimiento. La tutela judicial que garantiza el artículo 47 de la Carta Europea de Derechos Fundamentales exige que la motivación aportada por la autoridad requirente permita al juez nacional ejercer el control de legalidad de la solicitud de información. El TJUE matizó, sin embargo, que el juez debe verificar únicamente que la decisión de requerimiento se basa en una solicitud suficientemente motivada de la autoridad requirente relativa a información que no parece, manifiestamente, carente de toda pertinencia previsible habida cuenta, por un lado, del contribuyente de que se trate y del tercero eventualmente informado y, por otro, del objetivo fiscal perseguido. Igualmente, el TJUE rechazó que el juez a la hora de controlar la legalidad del requerimiento en relación con el requisito esencial de la "pertinencia previsible" tuviera que tener en cuenta los otros límites previstos en el artículo 17 de la Directiva 2011/16, sin que ello signifique, a nuestro juicio, que estos otros límites no pueden ser objeto de revisión y control judicial.

• Sin embargo, el TJUE sí se mostró partidario de que el juez del Estado miembro requerido a los efectos de ejercer el control judicial sobre la legalidad del requerimiento de información, tuviera acceso a la solicitud de información transmitida por el Estado miembro requirente al Estado miembro requerido. A este respecto, tal juez podrá, si fuere necesario, solicitar a la autoridad requerida los datos complementarios que ésta haya obtenido de la autoridad requirente y que sean necesarios para excluir la falta manifiesta de pertinencia previsible de la información solicitada. Tal derecho de acceso del juez a la información relativa al requerimiento de información incluye la propia solicitud cursada por la autoridad fiscal del otro Estado.

• Ahora bien, el TJUE limitó el acceso del administrado (contribuyente) a todo el expediente e información en poder del juez en el contexto del ejercicio de su derecho de tutela judicial efectiva cuestionando la legalidad del requerimiento por falta de motivación de la pertinencia previsible. El Tribunal de Justicia puso de relieve cómo el artículo 16 de la Directiva 2011/16 establece el carácter secreto de la solicitud de información, circunstancia que también se prevé en el MC OCDE, y que se justifica a partir del interés público de no perjudicar la eficacia de la investigación. La tensión entre el interés público en mantener el carácter secreto del requerimiento y el principio de igualdad de armas y derecho de defensa del contribuyente se resolvió haciendo prevalecer el primero. Así, el TJUE declaró que para acreditar el carácter ilegal de la decisión de requerimiento de la solicitud de información y de la medida sancionadora impuesta por no atender dicha decisión es necesario (y suficiente) demostrar la falta manifiesta de pertinencia previsible de la totalidad o parte de la información solicitada respecto a la investigación que se lleva a cabo, habida cuenta de la identidad del contribuyente de que se trate y del objetivo fiscal de la información solicitada. A tal efecto, consideró que no es necesario que el administrado tenga acceso a la totalidad de la solicitud de la información, bastando con que tenga acceso a la información mínima a que se refiere el artículo 20.2 de la Directiva 2011/16, y eventualmente a los datos complementarios solicitados por el juez a la autoridad requerida, sin dejar de tener en cuenta debidamente la eventual confidencialidad de algunos de esos datos (respecto del uso de pruebas secretas véanse igualmente las SSTJUE en los casos *Unitrading* C-437/13 y *Damine* C-407/04; vid. Neve 2017).

• El Tribunal Administrativo de Luxemburgo que planteó la cuestión prejudicial aplicó en su sentencia de 26 de octubre de 2017 la doctrina establecida por el Tribunal de Justicia de la UE, y declaró que las autoridades fiscales luxemburguesas habían incumplido su obligación de verificar la trascendencia fiscal del requerimiento y anuló la sanción administrativa impuesta sobre el obligado tributario requerido (Laurent/Goetschy, "Appeal Court questions law on exchange of information on request", Luther, June 12 2018).

Esta doctrina del TJUE articula un enfoque mucho más proteccionista de los derechos de los contribuyentes en el marco de la asistencia mutua que el resultante del estándar internacional basado en el *Soft-law* producido por la OCDE que parte de una concepción de la asistencia mutua como un mero procedimiento entre Administraciones que resulta claramente reduccionista de los derechos de los contribuyentes en este contexto acentuando sus efectos obstruccionistas de la asistencia mutua; en este sentido, los Estados miembros de la UE podrían verse obligados a establecer una regulación de los derechos de participación de los obligados tributarios alineada con esta jurisprudencia, a pesar de las recomendaciones y posición del Global Forum tradicionalmente reduccionista de estas garantías (id. Neve 2017). A su vez, nuestro juicio, esta jurisprudencia europea puede tener efectos interpretativos en el marco de CDIs, particularmente el marco de los CDI entre países que sean partes del CEDH, considerando el impacto del derecho a un juicio equitativo establecido en el artículo 6 CEDH en relación con procedimientos tributarios que impliquen la imposición de sanciones con naturaleza penal; cabe esperar un uso cada vez más intenso por parte de los contribuyentes y obligados tributarios (entidades financieras e intermediarios fiscales) de estas garantías a efectos de controlar la legalidad de los intercambios rogados, aunque no puede dejar de destacarse la tensión estructural entre éstas y las exigencias de eficacia administrativa a las autoridades fiscales en un contexto de supervisión global de la aplicación de los estándares internacionales de transparencia e intercambio de información a través de las peer reviews realizadas por el Global Forum.

En este orden de cosas, algunos destacados comentaristas (Fensby) que han participado activamente en los trabajos del GF han analizado la compatibilidad de la jurisprudencia del TJUE en *Berlioz* con el estándar internacional de transparencia e intercambio de información adoptado por el Global Forum y articulado en los instrumentos de *soft-law* y tratados internacionales que desarrollan e implementan tal estándar, concluyendo que no existe conflicto alguno entre ambas posiciones. Las principales conclusiones derivadas de tal análisis podrían sintetizarse de la siguiente forma:

• La Carta DFUE o el CEDH no resultan de aplicación a las organizaciones internacionales (OCDE) que desarrollan o elaboran Soft-law, ya que únicamente son aplicables a los Estados firmantes de tales convenios. Tal posición resulta correcta, aunque no puede dejar de destacarse que la OCDE o el Global Forum a la hora de configurar los estándares internacionales o los modelos de instrumentos internacionales que los implementan (CDIs, MLI, MC OCDE y CMC, Modelos de intercambio de información, etc) sí pueden tener en cuenta los tratados internacionales que protegen derechos fundamentales.

• La posición del TJUE en relación con el alcance del artículo 47 de la Carta DFUE es compatible con el estándar de transparencia e intercambio de información adoptado por el *Global Tax Forum* (GF, en adelante), toda vez que el estándar no incluye reglas sobre el derecho de los afectados a impugnar o controlar la legalidad de los requerimientos de información, más allá de reconocer la posibilidad de que la legislación del Estado requerido establezca derechos de participación de los obligados tributarios afectados, siempre y cuando la regulación de los mismos no obstaculice indebidamente el efectivo intercambio de información (véase, por ejemplo, el artículo 21.1 del Convenio Multilateral de Asistencia Mutua). Sin embargo, el GF no ha delimitado de forma clara en qué consiste tal obstaculización, más allá de referirse a demoras temporales excesivas o que el tribunal pueda fijar el alcance de la trascendencia tributaria en relación con el requerimiento.

• La posición del TJUE sobre la condición de legalidad del intercambio basada en la "previsible relevancia" converge con la posición del GF y la OCDE, ya que establece que el ámbito de la revisión judicial debe limitarse a verificar que la información solicitada "no está manifiestamente desprovista de previsible relevancia fiscal". A este respecto, se indica cómo los comentarios (parágrafo 5) al artículo 26 MC OCDE y los términos del referencia elaborados por el GF en relación con estándar de transparencia e intercambio de información (nota a pie 25 al parágrafo C.1.1 del GF terms of reference 2016) contienen un lenguaje ambiguo (*"constructive ambiguity"*) que articula el consenso entre los diferentes países combinando la posición de los países que defienden que no puede declinarse un requerimiento de información por una administración argumentando que a su juicio carece de relevancia fiscal, y la de aquellos que tratan de limitar un modelo de intercambio de información desproporcionado de manera que un requerimiento puede rechazarse cuando se trata de una "expedición de pesca". El GF en el marco de las peer reviews considera que se cumple el requisito de la "relevancia previsible" cuando la autoridad requirente aporta la información y garantías recogidas en el artículo 5.5 del modelo de convenio de suministro de información (vid. artículo 21 de la Directiva 2011/16).

• Respecto del acceso por parte del juez nacional y los administrados afectados a la información recogida en el requerimiento también se considera que la posición del TJUE resulta compatible con la del GF, ya que el Tribunal de Justicia limitó tal acceso a los datos mencionados en el artículo 20.2 de la Directiva, en tanto que la posición del GF prevé la retirada del requerimiento por las autoridades del Estado requirente cuando las autoridades del otro Estado le comunican la existencia de un proceso de control judicial del requerimiento que implica el acceso al mismo. No obstante, no puede dejar de destacarse cómo la OCDE viene considerando que el requerimiento de información es secreto y los administrados afectados como regla no deben tener acceso al mismo.

• Igualmente se considera que la posición fijada por el TJUE en el ámbito de la UE a partir de la interpretación del artículo 47 de la Carta DFUE puede resultar aplicable allí donde los Estados hayan firmado el CEDH a partir de la aplicación del artículo 6, de manera que tales principios resultarían de aplicación en el marco de CDIs u otros acuerdos internacionales de asistencia mutua en materia fiscal.

Como reflexión final se reconoce las implicaciones de la **jurisprudencia Berlioz** sobre el propio estándar de transparencia e intercambio de información configurado y supervisado por el GF. Así, por un lado, se pone de manifiesto cómo la articulación por parte de los Estados de derechos de participación a favor de los administrados afectados por intercambios de información resulta compatible con el estándar internacional siempre y cuando su configuración se realice con proporcionalidad y no obstaculice indebidamente el intercambio de información; en este sentido se destaca cómo la decisión de Luxemburgo de eliminar en el año 2013 los derechos de participación no fue impuesta por el GF, pudiendo establecerse garantías a favor de los contribuyentes en el sentido indicado. Por otro lado, cabe destacar cómo el GF, tras la sentencia *Berlioz*, tomó la decisión de realizar revisiones de buena gobernanza administrativa en el marco de las peer review, de manera tal que no sólo se proyectaran sobre las prácticas de las autoridades del Estado requerido sino también sobre las autoridades del Estado requirente de manera que se verifica el cumplimiento del requisito de "relevancia previsible" en los requerimientos cursados, lo cual sin duda puede conducir a una práctica más equilibrada y acorde con el modelo establecido (vid.: Fensby/Gjesti/Rosenfeld 2017).

1.3.2. Ámbito subjetivo del intercambio de información

La segunda cuestión que antes apuntamos y que afecta al ámbito operativo del intercambio de información se refiere a los sujetos cuya tributación puede ser determinada con ayuda del mismo. A este respecto se viene entendiendo que los CDIs modernos permiten que los requerimientos de información puedan versar tanto sobre sujetos residentes como no residentes de los Estados contratantes. Es decir, el Estado requirente puede solicitarle al Estado requerido datos sobre un contribuyente residente del mismo o sobre un sujeto no residente como, por ejemplo, un establecimiento de una entidad residente de un tercer Estado. Este principio resulta válido en el marco de todos aquellos CDIs que sigan el ModCDI (1977 y versiones posteriores). Sin embargo, la doctrina se ha ocupado de señalar cómo tal regla no puede extenderse a todos aquellos convenios negociados con arreglo al PC OCDE de 1963, lo cual tiene especial importancia para España a la vista de los numerosos convenios que lo siguen en este punto.

1.3.3. Ámbito temporal del intercambio de información

La última cuestión relativa al ámbito operativo del intercambio de información que se planteó anteriormente tiene que ver con la eventual existencia de límites temporales a la aplicación de la cláusula de intercambio de información. Así surge el interrogante de si puede ponerse en marcha la cláusula de intercambio de información para investigar hechos realizados y obligaciones tributarias devengadas con anterioridad a la vigencia del CDI que da cobertura a la cláusula de intercambio de información. Esta cuestión lejos de constituir un problema teórico o académico se plantea en la práctica; concretamente, la Administración fiscal norteamericana viene llevando a cabo este tipo de intercambios retroactivos desde hace algún tiempo, al considerar que tal posibilidad no viene en modo alguno restringida por el hecho de que el convenio no estuviera vigente en el momento en que la operación se realizó o el impuesto se devengó. Repárese en que esta interpretación de la cláusula de intercambio de información permite a la Administración tributaria controlar las obligaciones fiscales de sus contribuyentes en los períodos impositivos anteriores a la firma de un CDI; de esta forma, los contribuyentes que realicen operaciones o tengan intereses económicos en países con los que su Estado de residencia no había suscrito un CDI deberán contemplar la posibilidad de que la firma de uno de estos convenios no sólo permite al Fisco tener información a partir de ese momento sino también en relación con los ejercicios pretéritos no prescritos. El argumento esgrimido por el *Internal Revenue Service* estadounidense y confirmado por los tribunales norteamericanos- se basa en las reglas que disciplinan la retroactividad de los tratados internacionales, el artículo 28 de la Convención de Viena sobre el Derecho de los Tratados, de 23 de mayo de 1969 (en adelante, CVDT).

El Comité de Asuntos Fiscales de la OCDE -en los comentarios (parágrafo 10.3) al artículo 26 ModCDI 2005 y versiones posteriores- se ha posicionado a favor de la posibilidad de que dicho artículo 26 ModCDI pueda emplearse para articular intercambios retroactivos. En este sentido, se argumenta que ninguna disposición convencional impide la aplicación de la cláusula de intercambio de información en relación con datos anteriores a la entrada en vigor del convenio, en la medida en que el requerimiento de asistencia administrativa en relación con tal información haya sido atendido una vez que el convenio entró en vigor y las disposiciones que contiene sobre intercambio de información resultaron aplicables. También el TJUE y el TEDH se han pronunciado en la misma línea respecto de los procedimientos de asistencia administrativa mutua (STJUE de 8 de julio de 2004, C-27/03; y STEDH 22 diciembre de 2015, *GSB v. Switzerland,* Application 28601/11, este último sobre el acuerdo EEUU-Suiza en relación con la transmisión de los datos de UBS). No obstante, téngase en cuenta que algunos convenios establecen expresamente que la cláusula de intercambio de información se aplica prospectivamente (véase, por ejemplo, el Protocolo 2006 al CDI España-Suiza 1966), aunque otros admiten expresamente la retroactividad (CDIs con Panamá, Singapur o San Marino). El caso del CDI con Andorra (2015, artículo 24 y Protocolo VII) resulta singular ya que por un lado, establece la eficacia prospectiva de la cláusula de intercambio de información a partir de 1 de enero de 2016 a efectos de la sustitución del Acuerdo de intercambio de información de 2010, pero inmediatamente prevé que las solicitudes de asistencia mutua pendientes de contestar a tal fecha se tramitarán con arreglo a lo establecido en el CDI (y no en Acuerdo de intercambio de información); el apartado X del Protocolo VII prevé expresamente la eficacia retroactiva de la cláusula de intercambio de información del CDI.

2. LA OBLIGACIÓN DE INTERCAMBIAR INFORMACIÓN EN EL MARCO DE LOS CONVENIOS DE DOBLE IMPOSICIÓN: ESPECIAL REFERENCIA A LOS LÍMITES QUE PRESENTA TAL OBLIGACIÓN

2.1. Consideraciones generales

Una vez examinados los presupuestos que delimitan el ámbito operativo de la cláusula de intercambio de información cabe preguntarse ¿cuáles son sus efectos?, esto es, ¿cuáles son las obligaciones que surgen para los Estados de la cláusula de intercambio de información? Cuando concurrieran todos y cada uno de los presupuestos que acabamos de analizar (objetivos, subjetivos y temporales) puede afirmarse que del CDI se deriva una correlativa obligación para el Estado requerido de obtener y transmitir la información solicitada por el otro Estado. El incumplimiento de tal obligación genera responsabilidad internacional y es causa de suspensión o terminación del CDI (artículo 60 de la Convención de Viena sobre el Derecho de los Tratados, de 23 de mayo de 1969). Es decir, la cláusula de intercambio de información genera la obligación del Estado requerido de obtener y suministrar los datos que le han solicitado. Ello implica que la Administración del Estado requerido debe poner en práctica todas las potestades y medios que le concede su legislación interna para hacerse con la información que le ha pedido el otro Estado. Por tanto, existe obligación de obtener los datos requeridos pero los medios para obtener tal información no son otros que aquellos que le concede al Fisco su legislación; rige así el denominado «principio de autonomía procedimental nacional» en cuanto a las técnicas para obtener los datos requeridos. Son excepción a este principio todos aquellos CDIs que sigan en este punto el artículo 26.3 del Modelo Convenio EEUU (1996); este modelo contiene una «norma de ataque» concebida al objeto de que las autoridades competentes del Estado requerido puedan obtener datos en poder de entidades financieras que resultan inaccesibles al Fisco con arreglo a su normativa interna *(blocking statutes);* esta peculiaridad del modelo estadounidense, como veremos más adelante, ha recibido el importante espaldarazo de la OCDE, toda vez que actualmente encontramos la misma cláusula en el ModCDI 2002 de intercambio de información, así como en el artículo 26.5 ModCDI 2005 y versiones posteriores.

Ahora bien, debe insistirse en que cuando el artículo 26.1 ModCDI establece que los Estados contratantes «intercambiarán información» está creando una obligación de asistencia mutua internacional entre los firmantes del convenio, de manera que, cuando concurrieran todos y cada uno de los presupuestos del artículo 26.1 (objetivos, subjetivos y temporales), puede afirmarse que del CDI se deriva una correlativa obligación para el Estado requerido de obtener y transmitir la información solicitada por el otro Estado. El incumplimiento de tal obligación genera responsabilidad internacional y es causa de suspensión o terminación del CDI (artículo 60 CVDT). Es decir, la cláusula de intercambio de información genera la obligación del Estado requerido de obtener y suministrar los datos que le han solicitado. Ello implica que la Administración del Estado requerido debe poner en práctica todas las potestades y medios que le concede su legislación interna para hacerse con la información que le ha pedido el otro Estado.

Por tanto, existe obligación de obtener los datos requeridos, pero los medios para obtener tal información no son otros que aquellos que le concede al Fisco su legislación; rige así el denominado «principio de autonomía procedimental nacional» en cuanto a las técnicas para obtener los datos requeridos. Con arreglo al citado principio el Estado requerido está obligado a iniciar una inspección al objeto de obtener los datos requeridos cuando éstos no se hallaran en su poder. Debe matizarse que tal regla no goza de plena aplicación en todos aquellos CDIs negociados con arreglo al Modelo OCDE de 1963, por cuanto que la interpretación recogida en los comentarios oficiales al mismo establece que sólo existe la obligación de intercambiar la información que esté en poder de la Administración fiscal del Estado requerido; en esta misma línea, algunos países, como Japón, el Reino Unido, Brasil y Malasia, introdujeron en su día una «reserva interpretativa» a los comentarios del artículo 26 ModCDI con el propósito de reafirmar que sólo obtendrán información para otro Estado cuando posean un «interés fiscal» en la misma. Cuando el Estado requerido inicie actuaciones dirigidas a obtener la información solicitada los obligados tributarios pueden verse compelidos a suministrar información a su Administración tributaria al objeto de que ésta pueda cumplir con el requerimiento de información. Ciertamente, tal regla podría explicarse considerando que la obligación de colaborar que soportan en estos casos los «contribuyentes» no se fundamenta en la tutela del «deber (constitucional) de contribuir» a la Hacienda de su Estado, sino que, por el contrario, se está garantizando el control del fraude fiscal por el Estado requirente. No obstante, no puede perderse de vista que la asistencia mutua requiere una cierta flexibilización de determinados principios tributarios nacionales atendiendo a los valores e intereses subyacentes en la propia asistencia administrativa mutua internacional: si un Estado no obtiene la información solicitada por un segundo Estado, este último tampoco cooperará con el primero cuando le requiera información necesaria para controlar sus impuestos; de esta forma, cuando un país asiste a otro obteniendo los datos solicitados no hace otra cosa que proteger su propio deber de contribuir, aunque de manera indirecta.

A los efectos de impedir que las objeciones que acabamos de exponer (**la falta de interés fiscal doméstico del Estado requerido**) puedan limitar la eficacia de los intercambios de información, algunos CDIs firmados por España, como el que media con Bélgica (CDI 1995, y Protocolo de 2009), con Catar (2015, artículo 25.4), con Costa Rica (2004, Protocolo XIII), con Finlandia (CDI 2015, artículo 24.4), con Chile (2003, artículo 25.3), con Malta (2006, artículo 25), con Suiza (Protocolo 2006 al convenio de 1996), con Panamá (2010), con Barbados, con Omán (artículo 26 y Protocolo IX), con Singapur, con Uruguay, con Emiratos Árabes (2006, artículo 25 y Protocolo) y con Andorra (2015, artículo 24.4 y Protocolo VII), así como los acuerdos de intercambio de información tributaria con Andorra (2010, artículo 5.2), antiguas Antillas Neerlandesas, San Marino, Bahamas y Aruba han introducido cláusulas específicas que clarifican que la Administración tributaria del Estado requerido debe obtener la información solicitada como si se tratara de una petición proveniente de otra autoridad competente nacional. La misma fórmula la encontramos desarrollada en el ámbito comunitario; el artículo 2.2 de la Directiva 77/799/CEE fue modificado en abril de 2004, a través de la Directiva 2004/56/CE, al objeto de clarificar tal extremo. Y el artículo 18 de la Directiva 2011/16/UE recoge este mismo principio estableciendo claramente la superación de la denominada *«revenue rule»*.

Lo cierto es que la incorporación de tales cláusulas específicas sólo resultaba necesaria allí donde un determinado país no compartía la interpretación mayoritaria del artículo 26 ModCDI (1977-2003) o bien existían en su ordenamiento normas que exigían la presencia de tal interés fiscal nacional para poder desarrollar determinadas actuaciones de investigación. Por tanto, la mayoría de los países entendían que del artículo 26 ModCDI resultaba una obligación para el Estado requerido de obtener la información solicitada empleando todos medios y potestades que pudiera emplear las autoridades fiscales para acceder a la información en poder de los obligados tributarios. Esta cuestión se ha planteado, por ejemplo, en los tribunales norteamericanos que han confirmado que el IRS puede requerir a terceros (v.gr., American Express co.) información económica en relación con residentes en otro

Estado contratante a efectos de asistir a las autoridades fiscales del mismo en el marco de un procedimiento de control fiscal (véase por ejemplo la sentencia de 31 de marzo de 2017 del *US District Court for the Western Dictrict of Texas El Paso Division*, case nº3.3: 17-mc-00094, *IRS John Doe summons* dirigidos a American Express en un caso de presunto fraude fiscal de residentes de NL; véase también la sentencia del *US District Court of Eastern District of North Carolina Western Division* en el caso *Paul M. Retfalvi vs. US*, nº 5:17-CV-468-D, 15 August 2018, donde se confirma la constitucionalidad del artículo 26ª del tercer protocolo al CDI USA-Canadá, al considerar que tal mecanismo de asistencia mutua en la recaudación vulneraba las cláusulas constitucionales de autoimposición y de equivalente protección).

El ModCDI 2005 incorporó una cláusula de nueva planta en el apartado 4º del artículo 26 al objeto de clarificar totalmente la interpretación mayoritaria que se venía manteniendo del artículo 26 en relación con la obligación del Estado requerido de obtener e intercambiar información y la eventual incidencia del denominado «interés fiscal nacional». Tal cláusula (artículo 26.4 ModCDI 2005 y versiones posteriores), por tanto, no entraña en sí mismo un cambio sustantivo en relación con el alcance del artículo 26, aunque puede tener efectos que trascienden de la mera clarificación interpretativa (vid. parágrafos 19.6-19.9 CMC artículo 26 ModCDI 2005 y versiones posteriores). En particular, el hecho de que el convenio contenga una cláusula expresa que obligue al Estado requerido a utilizar todos los medios a su alcance para obtener (e intercambiar) la información solicitada por otro Estado, otorga mayor consistencia jurídica o cobertura legal a determinadas actuaciones administrativas que desarrollen las autoridades fiscales de tal Estado a efectos de cumplir con tal requerimiento; piénsese, por ejemplo, en casos donde la administración tributaria del Estado requerido solicita una autorización judicial para la entrada en el domicilio de un contribuyente o donde se solicita a una entidad financiera datos que afectan a la intimidad (económica) de un tercero. Ciertamente, la flexibilización de derechos fundamentales en el marco de procedimientos tributarios requieren de una base legal clara y que tal regulación respete el contenido esencial de tales derechos. En ausencia de tal base legal, no puede descartarse una negativa de autoridades nacionales a poner en marcha determinadas actuaciones para obtener información solicitada por autoridades de otro Estado. En este sentido, el nuevo apartado 4º del artículo 26 ModCDI contribuye a reforzar la obligatoriedad de los intercambios de información por la vía de configurar de forma más consistente la base jurídica para que la autoridad requerida ponga en marcha todos los medios a su alcance para obtener los datos solicitados. Como veremos más adelante, la cláusula del apartado 4º del artículo 26 no afecta, ni interfiere con la prevista en el apartado 3º del mismo precepto. Es decir, un Estado requerido puede rechazar un requerimiento de información argumentando que afecta a un «secreto empresarial». Ahora bien, allí donde un CDI siga la cláusula del artículo 26 ModCDI 2005 (o versiones posteriores del modelo OCDE) la autoridad competente del Estado requerido no podrá negarse a obtener y suministrar información requerida alegando que no tiene un «interés fiscal nacional» en la obtención de tal información, ni tampoco que su normativa interna requiere la presencia de tal «interés fiscal nacional». Los Comentarios al artículo 26 del ModCDI 2012, tal y como indicamos expandieron la guía sobre la imposibilidad de alegar la falta de «interés doméstico/nacional» de la información solicitada para la Administración tributaria requerida. El hecho de que la información solicitada no pueda ser usada para fines fiscales del Estado requerido no permite declinar el requerimiento de información. De hecho, existiría obligatoriedad de atender al mismo en casos de prescripción tributaria de acuerdo con la normativa del Estado requerido. Tal Estado únicamente podría declinar el suministro de la información cuando, debido a tal prescripción, la información ha dejado de estar disponible por el contribuyente una vez expirado el plazo de conservación de los datos o documentación. Se insiste en que incluso en casos donde las potestades administrativas del Estado requerido son inaplicables debido al plazo de prescripción tributario interno deben tratar de obtener la información y solo cuando determinen que tal información no está disponible pueden declinar el suministro de los datos, lo cual significa tanto como «resucitar» las potestades administrativas a efectos de intercambio de información. Además se recomienda a los Estado que articulen plazos de conservación de la información contable no inferiores a 5 años.

Una vez expuestos los efectos derivados de la cláusula de intercambio de información allí donde concurren todos los condicionantes que hacen obligatorio el suministro de datos a otro Estado, debe analizarse ¿qué acontece cuando un requerimiento de información no reúne todos los presupuestos recogidos en el artículo 26.1 del CDI? ¿Puede el Estado requerido obtener y transmitir la información solicitada? Se viene considerando que cuando un requerimiento de información no reúne los condicionantes previstos en el artículo 26.1 del CDI nos encontramos ante un «intercambio no autorizado» por el CDI; es decir, el convenio no otorga cobertura al Estado requerido para obtener y suministrar tal información.

Ahora bien, el CDI no excluye que este tipo de intercambios tenga lugar con arreglo a la legislación interna del Estado que lo efectúa. Estamos, por tanto, ante un «intercambio al margen del convenio»; ello acontecería, por ejemplo, si se suministrara información a los efectos del ISyD cuando el CDI no se aplica a este impuesto y su artículo 26 sigue en este punto una versión del ModCDI anterior al año 2000. Si la legislación interna tampoco otorga cobertura a este tipo de transmisiones de información la Administración tributaria estaría vulnerando sus obligaciones de secreto fiscal, con las consecuencias que ello conlleva (sanciones administrativas y, en su caso, penales); el obligado tributario afectado por el intercambio también podría exigir responsabilidad patrimonial a la Administración si como resultado de tal transmisión soporta un daño antijurídico (por ejemplo, cuando los secretos empresariales de un obligado tributario que han sido comunicados a la Administración del Estado requirente se filtran a la competencia).

Junto a los **intercambios «obligatorios»** -donde concurren todos los presupuestos previstos en el CDI- y los **«no autorizados»** -donde no se reúnen todos los presupuestos- se encuentran también los intercambios denominados **«discrecionales»**.

Los intercambios discrecionales pueden ser definidos como aquellos en los que concurriendo todos los presupuestos que dotan a un requerimiento del carácter obligatorio reúnen al mismo tiempo una condición que excluye tal obligatoriedad pero no impide que tengan lugar en el marco del convenio (parágrafo 17 de los comentarios al artículo 26 del ModCDI 2003 y versiones posteriores). Se trata, por tanto, de intercambios que no son obligatorios para el Estado requerido en virtud de la concurrencia de una causa definida en el CDI a tal efecto. No obstante, si el Estado requerido decide (discrecionalmente) atender al requerimiento cursado por el otro Estado, dicha transmisión de información, así como las actuaciones de investigación previas resultan cubiertas por el CDI, salvo que su legislación interna excluyera este tipo de intercambios (véase en este sentido la sentencia del *US District Court for the Nothern District of Illinois Eastern Division*, en el caso *Franck Hanse v. US*, Case Nº17-CV4573, 5 March 2018).

La normativa española (artículos 95, 177 bis y 177 ter LGT y RD 1794/2008) no regula específicamente esta cuestión, de manera que la Administración fiscal española goza de una facultad discrecional para intercambiar información en todos estos supuestos. Tanto en los casos donde la normativa interna regula la posición de la Administración tributaria ante los intercambios discrecionales, como cuando omita toda referencia a tal cuestión, lo cierto es que la calificación de un suministro de datos como discrecional depende siempre del instrumento internacional o comunitario aplicable. Resulta, por tanto, necesario determinar ¿cuáles son las causas o condiciones que convierten a un intercambio en discrecional?

2.2. Circunstancias que excluyen la obligatoriedad del suministro de la información solicitada: los límites al intercambio de información en el Modelo de Convenio 1963-2003

Las circunstancias que convierten a un intercambio en discrecional vienen delimitadas en el apartado 2º del artículo 26 ModCDI 1963-2003 (apartado 3º artículo 26 ModCDI 2005-2014) y en el artículo 26 de los Modelos ONU y EEUU son analizadas a continuación. Antes de proceder a tal examen, conviene poner de relieve que la versión de 2005-2014 del ModCDI, aparte de clarificar el alcance de los límites al intercambio de información que se derivan del apartado 2º del artículo 26, ha introducido cambios sustantivos en su tenor literal -el nuevo apartado 5º del artículo 26- de forma tal que se superan una serie importantes límites al intercambio de información que se contemplaban en las versiones precedentes del mismo precepto (ModCDI 1963-2003); tal modificación sustantiva es expuesta más abajo.

Las **limitaciones al intercambio de información que se derivan del apartado 2º del artículo 26 ModCDI 1963-2003** (apartado 3º artículo 26 ModCDI 2005-2014 y versiones posteriores), pueden sintetizarse de la siguiente forma:

1.ª Un intercambio no resulta obligatorio sino discrecional cuando la información solicitada no puede obtenerse (o conlleva adoptar medidas contrarias o distintas) con arreglo a lo previsto por la legislación o práctica administrativa normal del Estado requerido.

2.ª Un intercambio debe calificarse como discrecional cuando el Estado requirente no puede obtener ni suministrar, por razones de hecho o de Derecho, la información que ha solicitado al Estado requerido *(mutuality clause)*. A estos efectos, el Comité Fiscal OCDE recomienda que esta cláusula de «reciprocidad» se interprete de forma flexible y pragmática de manera que no se frustre la finalidad del artículo 26 (lograr un efectivo intercambio de información) (parágrafos 15 y 15.1 CMC artículo 26 ModCDI 2005-2014 y versiones posteriores). A este respecto, se señala que las diferentes formas y procedimientos en que los distintos Estados obtienen la información no debe suponer un quebranto de tal reciprocidad, en la medida en que tales variaciones no afecten de forma relevante a la capacidad de obtener información por parte del Estado requirente en un supuesto similar al que integra su requerimiento de información al Estado requerido. Así, no se puede pretender que las facultades de obtención de información que posea el Fisco del Estado requerido tengan una «réplica» exacta en el ordenamiento del Estado requirente. En aras de minimizar el límite representado por la reciprocidad, en los CMC (parágrafo 18.1) al artículo 26 ModCDI 2005-2014 (y versiones posteriores)se ha incorporado una presunción de reciprocidad en el sentido de que si el Estado requirente no indica nada se entenderá que puede obtener la información solicitada en un supuesto similar. A su vez, los CMC (parágrafo 15.2) al ModCDI 2005 y versiones posteriores abordan la incidencia del derecho de no autoincriminación *(privilege* against *self-incrimination)* con la cláusula de reciprocidad del artículo 26. En primer lugar, se acepta tal incidencia, toda vez que la mayoría de los países reconocen en su ordenamiento que una información no puede ser obtenida de una persona cuando ésta pueda invocar el derecho de no autoincriminación. En tal sentido, un Estado requerido puede, por tanto, rechazar una solicitud de información si el Estado requirente no hubiera podido obtener tal información en similares circunstancias de acuerdo con su normativa interna de no incriminación. En segundo lugar, el Comité Fiscal OCDE procede a minimizar el alcance práctico de tal garantía en el marco de los procedimientos de intercambio de información cubiertos habitualmente por los CDIs. Así, se indica que tal garantía de no autoincriminación es personal y no puede ser invocada por una persona distinta de aquella que está en riesgo de autoinculparse a efectos penales. La inmensa mayoría de los requerimientos de información pretenden obtener los datos de terceras personas como entidades financieras, intermediarios o la otra parte en los contratos, pero no del individuo objeto de la investigación. Además, se señala que tal garantía de no autoincriminación generalmente no ampara más que a personas físicas, sin extenderse a las personas jurídicas. La jurisprudencia de los tribunales de EEUU viene rechazando la alegación de la Quinta Enmienda en estos casos utilizando la doctrina denominada "*required records*", respecto de situaciones donde el contribuyente está obligado a conservar la documentación que contiene los datos solicitados potencialmente incriminatorios (véase, por ejemplo, el precedente *United States of America v. Zhong Chen,* nº14-2003, 29 febrero 2016, *US Court of Appeals for the First Circuit)*.

3.ª Un intercambio resulta discrecional cuando afecta a «secretos empresariales y profesionales» de un obligado tributario. Esta cláusula permite rechazar una solicitud de intercambio de información al objeto de proteger el tejido empresarial asentado en el Estado requerido; tal protección se lleva a cabo restringiendo al máximo la comunicación a terceros de los secretos industriales y comerciales que los obligados tributarios mantienen confidencialmente, pero que en ocasiones deben revelar a la Administración fiscal, de manera que no sean usados para fines diferentes de los estrictamente tributarios ni revelados a personas distintas de las encargadas de la gestión tributaria *(lato sensu);* de esta forma se protege la capacidad de generar beneficios y la ventaja competitiva que supone la tenencia de «secretos empresariales» *(lato sensu)* para los obligados tributarios. De acuerdo con los CMC (parágrafo 19.2) al artículo 26 ModCDI 2005-2014 (y versiones posteriores) un «secreto empresarial o comercial» existe cuando los hechos o circunstancias que se mantienen confidenciales poseen un considerable valor económico y que pueden ser explotados en la práctica, de suerte que su uso no autorizado puede causar un daño grave al afectado; la información financiera, incluyendo libros y registros contables, por su naturaleza no constituye un secreto comercial o empresarial, salvo en casos particulares (v.gr., registros de proveedores o de distribuidores); en el supuesto de que la información financiera requerida contuviera datos que puedan constituir secretos empresariales, el Comité Fiscal OCDE recomienda la disociación de estos últimos a efectos de que se transmita la información financiera. Con todo, debe insistirse en que esta cláusula no impide el intercambio sólo lo convierte en discrecional; es la Administración del Estado requerido la que debe apreciar la existencia de un «secreto empresarial» entre la información solicitada y ponderar la procedencia del intercambio; no obstante, algunos países excluyen el intercambio de este tipo de datos. Es cierto que la confidencialidad de este tipo de datos, en principio, ya resulta protegida por la cláusula de secreto tributario internacional recogida en el artículo 26. No obstante, dada la necesidad que en muchas ocasiones existe de transmitir esta clase de información y teniendo en cuenta lo «sensible» de la materia algunos países han llegado a una vía intermedia exigiendo garantías suplementarias de confidencialidad antes de intercambiar información que puede dañar la capacidad competitiva de los obligados tributarios; en concreto, tales garantías se han instrumentado a través de acuerdos informales denominados *«confidentiality agreements»* que vienen siendo empleados con éxito en la conclusión de APAs. Otra fórmula para articular la protección de los secretos empresariales de los obligados tributarios consiste en articular «derechos de participación» en el procedimiento de intercambio de información; de esta forma, los afectados pueden advertir a las autoridades fiscales del Estado transmitente sobre la presencia de información sensible entre los datos que se pretende intercambiar a efectos de que se arbitren las medidas de protección oportunas en el Estado receptor de los mismos, o bien se reconsidere el propio intercambio de tal información. Asimismo, la referencia al «secreto profesional» contenida en este presupuesto de la cláusula de intercambio de información se viene entendiendo en el sentido de que sólo otorga cobertura a los datos comunicados por el cliente a un profesional que tuvieran *valor económico para terceros;* de esta forma, como han puesto de relieve algunos comentaristas tal disposición no puede confundirse con la protección dispensada por la garantía del «secreto bancario»; algunas normas de protección del secreto bancario adoptadas en algunos países también limitan el ámbito operativo del intercambio de información, especialmente allí donde tal información bancaria no resulte accesible por las propias autoridades nacionales o lo sea en casos excepcionales; en este sentido, estos Estados pueden negarse a suministrar este tipo de información argumentando que no pueden obtenerla de acuerdo con su legislación o práctica administrativa, sin perjuicio de lo dispuesto en el apartado 5º del artículo 26 ModCDI 2005-2014 y versiones posteriores. El Comité Fiscal OCDE incluyó en el año 2005 nuevos comentarios (parágrafos 19.3 y 19.4) en relación con la incidencia de la normativa interna que protege la confidencialidad de las comunicaciones entre los representantes legales y abogados y sus clientes en relación con la cláusula del apartado 3º del artículo 26 ModCDI 2005-2014 y versiones posteriores. En este sentido, se observa que tal protección debe ser definida de forma estricta a los efectos del referido precepto, esto es, al objeto de que un Estado requerido pueda rechazar una solicitud de información invocando que afecta al secreto profesional. En concreto, se indica que tal protección otorgada a las comunicaciones entre el representante legal y el cliente no alcanza a los documentos o registros enviados al primero con el fin de proteger tales documentos o registros de la revelación requerida por la ley. Asimismo, toda información referida a la identidad de una persona en su calidad de director o beneficiario efectivo de una entidad típicamente no es considerada ni protegida como una comunicación confidencial. El Comité Fiscal OCDE continúa enfatizando que, aunque la protección de las comunicaciones confidenciales entre clientes y sus representantes legales es distinta en el panorama internacional, no debería definirse de forma tan amplia que dificultase gravemente el efectivo intercambio de información. En este orden de cosas, observa que las comunicaciones entre clientes y representantes legales sólo son confidenciales si y en la medida que, tales representantes actúen en su capacidad de abogados o representantes legales y no en calidad distinta, como accionista fiduciario *(nominee shareholder)*, fideicomisario *(trustee)*, fundador o creador de una fiducia, gerente o director de una entidad, o con arreglo a un poder legal de representación de una entidad en sus actividades empresariales (véase en este sentido la sentencia del *US District Court for the Nothern District of Illinois Eastern Division*, en el caso *Franck Hanse v. US*, Case Nº 17-CV4573, 5 March 2018, que se valida el requerimiento de información del IRS a un *trust fund client* gestionado por una firma legal americana que, con arreglo a la solicitud cursada por el fisco francés, se refería a un cliente residente fiscal de Francia; el tribunal americano consideró que el hecho de que el requerimiento se cursara frente a una firma legal gestiona el fund-trust no determina la aplicación del *attorney-client privilege*, de suerte que la carga de la prueba sobre la protección de la información con arreglo a tal estatuto de confidencialidad le corresponde al afectado).. Finalmente, se indica, a título de clarificación, que la confidencialidad de las comunicaciones entre el cliente y sus representantes legales resultará, en su caso, de la legislación con arreglo a la cual tal protección nazca, de manera que los tribunales del Estado requerido no deberían entrar a analizar si la referida protección existe de acuerdo con la normativa del Estado requirente. Nótese cómo algunas administraciones tributarias como la americana solicita de forma habitual información y documentos sensibles que forman parte de las comunicaciones entre los clientes y sus asesores fiscales y abogados, de suerte que tal producción de información se instrumenta igualmente a través de requerimientos internacionales de datos a través de CDIs (vid.: Gavioli et alter, "Maintaining Confidentiality While Navigating Cross-Border Transactions, *McDermott´s Real Time Tax Disputes Insights*, December 14, 2017). A este respecto, cabe apuntar la singularidad recogida en el **CDI con Catar** (2015, artículo 25.3), al establecer una cláusula que excepciona la obligación de transmitir información protegida por el secreto profesional entre un cliente y su abogado cuando se trate de comunicaciones que se produzcan con el fin de recabar o prestar asesoramiento jurídico, o se produzcan a efectos de su utilización en un procedimiento jurídico o en curso o previsto.

4.ª Un intercambio tiene carácter discrecional cuando su ejecución resulta contraria al «orden público» del Estado requerido. Como ha puesto de relieve el Comité Fiscal OCDE en los CMC (parágrafo 19.5) al ModCDI 2005-2014 y versiones posteriores, estamos ante una «cláusula de cierre» que permite a los Estados miembros rechazar el intercambio cuando su realización contraviniera sus principios jurídicos sustantivos o intereses esenciales; ello acontecería, por ejemplo, en casos donde la información va a ser usada en persecuciones políticas, raciales o religiosas. También caen dentro del ámbito de esta cláusula los denominados «secretos de Estado», como la información estratégica o que afecta a la seguridad nacional en poder de los servicios secretos de un Estado, cuya revelación perjudicaría los intereses vitales del Estado requerido.

Cuando concurriera cualquiera de las cuatro circunstancias expuestas, el Estado requerido puede negarse a intercambiar la información solicitada.

Por último, cabe llamar la atención sobre una cuestión controvertida que se abordó en el congreso de la IFA de 2011, en el cual se debatió vivamente la cuestión sobre la existencia de una obligación de intercambiar información relativa a la existencia y contenido de «*rulings*» concedidos por las autoridades fiscales del Estado requerido. Pese a la encendida defensa realizada por los representantes suizos y neerlandeses, la OCDE (junto a alguna administración no OCDE como la de India) manifestó que el actual estándar OCDE de intercambio de información conlleva, como regla, tal remisión de *rulings*, salvo que las autoridades del Estado requerido pudieran alegar la falta de reciprocidad por parte del Estado requirente, esto es, que las autoridades requirentes no estarían en posición de atender una solicitud sobre el contenido de un *ruling* cursado por el otro Estado. Ahora bien, el hecho de que el Estado requirente no posea un sistema de *rulings* no permite invocar la falta de reciprocidad (parágrafo 15.1 de los comentarios al artículo 26 ModCDI 2010-14). Nótese igualmente que en el marco del Proyecto OCDE/G20 BEPS se ha desarrollado un mecanismo de intercambio espontáneo obligatorio de cross-border rulings que debe poner en marcha la jurisdicción que comunique a un contribuyente, en aplicación de procedimientos de resoluciones a consultas, rulings o APAs, la posibilidad de aplicar un determinado régimen fiscal que posea efectos o implicaciones para otros países (vid. infra y Calderón 2014 b). Y a nivel comunitario el ECOFIN, en su reunión de 8 de diciembre de 2015, aprobó a Directiva UE 2015/2376 que modifica la Directiva 2011/16, a efectos de incluir un mecanismo de intercambio automático de APAs y Rulings transfronterizos; tal mecanismo no instrumenta la transmisión del texto completo del ruling/APA de que se trate sino solo de una ficha con información estandarizada, de suerte que las autoridades de los Estados miembros pueden cursar un intercambio rogado del texto completo de tales acuerdos fiscales administrativos al Estado de que se trate pudiendo ser rechazada tal transmisión allí donde concurrieran las circunstancias del artículo 5 de la Directiva 2011/16 (véase el punto 16 de la memoria explicativa de la Directiva 2015/2376).

2.3. La nueva cláusula del apartado 5º del artículo 26 ModCDI 2005-2017: la reconfiguración de los límites al intercambio de información

El ModCDI 2005 introdujo una nueva cláusula en el apartado 5º del artículo 26 con el siguiente tenor:

> *«En ningún caso las disposiciones del apartado 3º serán interpretadas en el sentido de permitir a un Estado contratante negarse a intercambiar información únicamente porque tal información esté en poder de un banco, otra institución financiera, mandatario o persona que actúa en capacidad de agente o fiduciario o porque afecta a la titularidad de derechos o intereses en una persona».*

La incorporación de esta nueva cláusula al artículo 26 ModCDI 2005 y versiones posteriores representa un cambio de estructura respecto del referido precepto. El alcance del apartado 5º del artículo 26 trasciende de una mera reordenación del precepto o de una simple clarificación de sus disposiciones. Por el contrario, nos encontramos ante una disposición que posee alcance sustantivo, reforzando las obligaciones del Estado requerido de obtención y suministro de información en relación con datos sobre titularidad de cuentas bancarias y entidades. La cláusula del apartado 5º debe, en este sentido, guiar la interpretación de los apartados 1º y 3º del artículo 26 ModCDI, de modo que los límites a la obligación de intercambio de información que se prevén en el apartado 3º no pueden invocarse para rechazar un requerimiento de información cursado correctamente por la autoridad competente del otro Estado en relación con la titularidad de cuentas bancarias y entidades por parte de un determinado sujeto que está siendo investigado en el Estado requirente. Puede afirmarse, por tanto, que el nuevo apartado 5.º del artículo 26 constituye una *anti-blocking statutes clause* cuyo principal antecedente es el artículo 26.3 del MCEEUU (1996-2006), el cual fue posteriormente desarrollado y modulado por el *Global Tax Forum* OCDE en el marco del Proyecto de Competencia Fiscal Perniciosa, a través del Modelo OCDE 2002 de intercambio de información.

Los CMC (parágrafos 19.10-19.15) al apartado 5º artículo 26 ModCDI 2005-2012-2014 y versiones posteriores explican con cierto detalle el alcance de esta nueva regla en el sentido siguiente.

- El apartado 5º del artículo 26 ModCDI persigue garantizar que las limitaciones previstas en el apartado 3º del mismo precepto no pueden emplearse para impedir el intercambio de información en poder de bancos, entidades financieras, mandatarios, agentes y fiduciarios, así como información sobre titularidad de derechos.

- La incorporación del apartado 5º al artículo 26 ModCDI 2005 no debe ser interpretado en el sentido de que las versiones anteriores del referido precepto no autorizaran el intercambio de la información mencionada en el párrafo precedente.

- Cuando el apartado 5º del artículo 26 ModCDI establece que un Estado contratante no podrá negarse a intercambiar información a otro Estado contratante únicamente porque tal información esté en poder de un banco, otra institución financiera, tal cláusula está invalidando o anulando la cláusula del apartado 3º del mismo precepto en la medida en que este último permitiría de otra forma a un Estado requerido poder negarse a intercambiar tal información sobre la base de sus normas internas de secreto bancario. En tal sentido, la introducción de tal apartado 5º refleja la tendencia internacional en esta materia tal y como se refleja en el Modelo OCDE 2002 de intercambio de información en materia tributaria y es descrito en el informe OCDE, *Improving Access to Bank Information for Tax*

Purposes, OECD, 2000. De acuerdo con tal informe, el acceso a la información en poder de bancos y otras instituciones financieras puede ser obtenido directamente (por suministro) o indirectamente a través de un procedimiento administrativo o proceso judicial. Tales procedimientos indirectos no deben ser tan farragosos y lentos que impidan el acceso a la información bancaria. Los Comentarios introducidos en la actualización de 2012 e incluidos en el MC OCDE 2014 (parágrafo 16.1) profundizan sobre la interrelación entre los apartados 3.a y b), 4 y 5 del artículo 26 ModCDI, a los efectos de robustecer la prevalencia de lo dispuesto en el apartado 5 en relación con la obligación del Estado requerido de disponer de los medios para obtener e intercambiar información en poder de entidades financieras en casos o situaciones donde existen indicios de que la información requerida está en poder de un banco o una institución financiera; a este respecto, se considera que un Estado requerido no puede apelar al apartado 3 del artículo 26 del CDI para declinar un requerimiento de información cursado en tal sentido por otro Estado contratante en casos donde cuando la legislación interna establece condicionantes diferentes en relación con el alcance de las potestades administrativas de obtención de información respecto de datos en poder de entidades financieras requiriendo que exista información específica sobre el contribuyente objeto de la investigación resulta disponible; de los CMC OCDE parece desprenderse que tal diferente umbral de probabilidad o de indicios o rastros de conexión económica entre el sujeto investigado y el sujeto potencial fuente de la información a los efectos de delimitar el alcance de potestades administrativas dependiendo de si se trata de información en poder de entidades financieras o no (otros sujetos fuente) no resulta compatible con el apartado 5 del artículo 26 ModCDI 2012-2014 (parágrafo 16.1).

- El apartado 5º del artículo 26 también establece que un Estado contratante no podrá negarse a intercambiar información únicamente porque tal información esté en poder de personas que actúan en calidad de mandatario, agente o fiduciario. Así, si un Estado contratante posee en su ordenamiento una norma de acuerdo con la cual toda información en poder de un fiduciario resultara tratada como un «secreto profesional» meramente porque está en poder de tal fiduciario, tal Estado no podría aplicar tal norma interna como base para negarse a intercambiar información a otro Estado contratante. Se considera que una persona actúa «a título de fiduciario» cuando la operación económica que realiza o el dinero o propiedad que esta persona maneja no es suyo o en su propio beneficio, sino que actúa en beneficio de otra persona respecto de la cual el fiduciario se encuentra unida por una relación de confianza de una parte y buena fe de otra como fideicomisario *(trustee).* El término «agente» *(agency)* es muy amplio e incluye todas las formas de prestación de servicios corporativos (v.gr., agentes de constitución de sociedades, *trust companies,* agentes de registro, abogados, etc).

- El apartado 5º del artículo 26 también establece que un Estado contratante no puede negarse a intercambiar información únicamente porque tal información se refiera o afecte a la titularidad de derechos o intereses en una persona, incluyendo sociedades, sociedades de personas, fundaciones o estructuras organizativas similares. Los requerimientos de información no pueden rechazarse únicamente porque las normas o prácticas internas del Estado requerido pueden tratar tal tipo de información como un secreto comercial o de otro tipo.

- No obstante, el apartado 5º del artículo 26 no impide a un Estado contratante invocar el apartado 3º del referido precepto para negarse a intercambiar información en poder de un banco, otra institución financiera, mandatario o persona que actúa en capacidad de agente o fiduciario o porque afecta a la titularidad de derechos o intereses en una persona. Ahora bien, tal denegación de asistencia mutua debe basarse en razones no relacionadas con el estatus de la persona como banco, institución financiera, agente, fiduciario o mandatario, o con el hecho de que la información se refiera a la titularidad de derechos e intereses. Por ejemplo, un representante legal puede actuar para un cliente a título de agente, pero respecto de cualquier información protegida como comunicación confidencial entre un representante legal y su cliente el apartado 3º del artículo 26 sigue proporcionando una posible base para rechazar un intercambio de información requerido por otro Estado contratante.

- Finalmente, el parágrafo 19.15 de los CMC al artículo 26 ModCDI 2005 y versiones posteriores contiene una serie de ejemplos que ilustran el alcance del nuevo apartado 5º del artículo 26, lugar al que nos remitimos.

Sin duda alguna, el nuevo apartado 5º del artículo 26 ModCDI 2005 y versiones posteriores entraña una modificación sustantiva de esta cláusula superando las «debilidades» que presentaba su anterior redacción frente a normas o prácticas nacionales que preservaban la confidencialidad de información bancaria o de titularidad de derechos en todo tipo de entidades. El nuevo artículo 26 ModCDI 2005 (y versiones posteriores), por tanto, incluye una *anti-blocking statutes rule* en el mismo sentido que el artículo 26.3 Modelo de Convenio EEUU (1996-2006) o que el Modelo OCDE 2002 de intercambio de información en materia tributaria.

Tal avance, ciertamente, actualiza la cláusula de intercambio de información de los CDIs *y* la adapta a las necesidades de los nuevos tiempos de globalización económica *y* competencia fiscal entre Estados. Posiblemente, no tenía mucho sentido que el nivel de intercambio de información que proporcionaban los CDIs en el siglo XXI fuera prácticamente el mismo que el que articulaban en las primeras versiones del ModCDI (1963 y 1977).

Una vez hechas estas consideraciones, tampoco puede ocultarse que la cláusula del apartado 5º del artículo 26 ModCDI 2005 y versiones posteriores plantea una serie de cuestiones de cierta relevancia. Por un lado, el levantamiento del secreto bancario (o societario) que tal precepto entraña dependerá en gran medida de la posición que ostenten los convenios de doble imposición en el ordenamiento del Estado requerido, de suerte que sólo cuando éstos prevalecieran sobre la legislación interna que protege el secreto bancario será cuando sirva a su objetivo. A su vez, cuando en el Estado requerido rija la *later-in-time rule,* como acontece en EEUU, la *anti-blocking statutes clause* del artículo 26.5 ModCDI podrá ser «anulada» *(overriden)* por una norma interna posterior. En este mismo orden de cosas, la ratificación de un CDI que contenga el artículo 26.5 ModCDI 2005 (y versiones posteriores) por parte de un Estado que proteja constitucionalmente el secreto bancario puede resultar muy problemática, aunque todo dependerá del alcance (absoluto o relativo) de tal protección constitucional. No ha de extrañar que varios países miembros de la OCDE cuyas constituciones protegen el secreto bancario hayan incluido una reserva al artículo 26 del ModCDI 2005; en particular, Austria, Suiza, Bélgica y Luxemburgo venían incluyendo una reserva sobre su derecho a no incluir en los CDI que concluyan una disposición como el apartado 5.º del artículo 26 del ModCDI 2005; la misma reserva ha sido introducida en el 2008 por países no miembros de la OCDE como Brasil, Malasia, Rumanía, Serbia y Tailandia. Tales reservas han sido retiradas en el MCOCDE 2010, pero hasta la fecha se explicaban considerando que si bien existía un cierto consenso a la hora de permitir el levantamiento del secreto bancario a efectos penales-tributarios, tal consenso todavía no se había logrado en relación con el intercambio de información en materia tributaria (no penal). Como ya indicamos anteriormente, la mayoría de los países de la OCDE y no miembros de la OCDE que venían oponiéndose al intercambio de información bancaria han modificado su posición durante la segunda mitad del año 2009, como consecuencia de la acción coordinada del G20, la OCDE y el Foro Global a los efectos de establecer e implementar los estándares de transparencia e intercambio de información en el marco de la construcción de la nueva arquitectura financiera global del siglo XXI. Muy ilustrativo del cambio de posición de estos centros financieros europeos respecto del intercambio de información bancaria pasa por considerar cómo existen pronunciamientos de tribunales suizos que admiten o validan la transmisión de información bancaria por parte de Suiza a otro país (India) en el marco de un CDI, en situaciones donde las autoridades del Estado requirente obtuvieron la información como consecuencia de un "robo" de la información en otro país que les transmitió la parte de los datos que afectaba a residentes fiscales en su territorio al no existir mala fe en la conducta de las autoridades del Estado requirente que no estuvo involucrado en el robo de la información bancaria (véase la sentencia del Tribunal Federal de St.Gallen de 13 de julio de 2017; vid.: Hoke 2017 b)); la posición del TS de Suiza pasa por considerar contrarios a la cláusula de buena fe del artículo 26 CVDT los requerimientos de información cursados por las autoridades de los Estados involucrados en el robo u obtención ilegal de la información (Neve 2017 b), y Hoke 2017 c y d)). Cabe mencionar a este respecto la sentencia, de 17 de julio de 2018, del TS de Suiza en el caso UBS (Decision nº 2C_648/2017), admitiendo los requerimientos de información de la administración de India en relación con contribuyentes residentes incluidos en la *"Lista Falciani"* proporcionada por Francia, al considerarse que las autoridades de India actuaron de buena fe y no participaron en la obtención ilegal de la información, de manera que la limitación que existe en tal sentido en la legislación doméstica de asistencia administratiava internacional no aplica en el marco del CDI India-Suiza (Hoke, "Court OKs Information Request despite Basis in Stolen Data", *TNI*, August 6, 2018).

Con todo, la evolución del estándar internacional de transparencia e intercambio de información en materia tributaria articulando el levantamiento del secreto bancario y la transmisión de tal información con arreglo a mecanismos de asistencia mutua genera una tensión con los derechos de los contribuyentes a su intimidad económica y al derecho de defensa que podría requerir el reforzamiento de los derechos de participación de los contribuyentes en este contexto. Como veremos más adelante, cada vez hay más sentencias internacionales que reclaman un mayor equilibrio entre los importantes intereses públicos que salvaguarda la lucha contra el fraude y la evasión fiscal y los derechos de los contribuyentes; así, pueden citarse las sentencias del TJUE en los casos *Sabou* y *Berlioz* (vid. infra) y las del TEDH que, en una serie de asuntos donde se planteaba el levantamiento del secreto bancario a efectos fiscales, consideró que no conceder a los afectados derechos de audiencia y recurso para poder defender sus derechos en el marco de tal procedimiento resultaba contrario al artículo 8 CEDH al articular una vulneración no justificada (casos *MN & Others v. San Marino*, TEDH 7 de julio de 2015, Application 28005/12; *Brito Ferrinho Bexiga Villa-Nova v. Portugal*, TEDH 1 de diciembre de 2015, Application 69436/10; y *GSB v. Switzerland*, TEDH 22 diciembre de 2015, Application 28601/11, este último sobre el acuerdo EEUU-Suiza en relación con la transmisión de los datos de UBS; vid: Carraro 2017).

Los nuevos estándares fiscales internacionales no sólo están impactando sobre la práctica fiscal en relación con el mayor control fiscal que brinda la transparencia, sino que también afecta al negocio y práctica bancaria, particularmente en algunos países con efectos transformadores. Estos estándares combinados con la nueva regulación internacional anti-blanqueo está trayendo consigo que las entidades financieras de algunos centros financieros como Suiza exijan a sus clientes "*declarations of tax conformity*" a efectos de prestarles servicios financieros, de suerte que cuando tal declaración no se aporta se cancelan las cuentas e incluso se rechazan ordénes de los clientes; ello ha motivado litigios bancos-clientes al negarse los primeros a ejecutar órdenes de transferencia de depósitos a instituciones localizadas en otros países; así por ejemplo, cabe citar tres sentencia del tribunal de apelación del cantón de Geneve, de 21 octubre, 2 y 16 de diciembre de 2016, donde finalmente el tribunal se posicionó del lado del contribuyente considerando cómo en el momento en que el banco suizo aceptó los fondos originarios no exigió tal declaración de conformidad fiscal (vid., Meyerlustenberger Lachenal, "May a bank refuse to execute its client´s transfer instructions for reasons of tax compliance?", Switzerland, December 20 2016).

3. EL TRATAMIENTO Y USO DE LA INFORMACIÓN INTERCAMBIADA: LA CLÁUSULA DE SECRETO TRIBUTARIO INTERNACIONAL Y SU FUNCIONALIDAD EN EL NUEVO MARCO DE TRANSPARENCIA FISCAL POSTBEPS

Junto a la delimitación del ámbito operativo del intercambio de información, el apartado 1° del artículo 26 del ModCDI 1963-2003 ordena el tratamiento de la información intercambiada. La reordenación de la norma reguladora del intercambio de información que se llevó a cabo en el 2005 ha reubicado la cláusula de secreto tributario en el apartado 2° del artículo 26 ModCDI 2005 y versiones posteriores, sin introducir mayores cambios sustantivos en esta materia.

Esta cláusula determina el tratamiento y uso de la información transmitida con arreglo a los CDIs; es decir, ¿a quién van a ser revelados los datos intercambiados? y ¿cómo va a ser usada tal información? El artículo 26 del ModCDI contiene la norma de «secreto tributario internacional» cuando establece que «toda información recibida por un Estado contratante será tratada como secreta de la misma forma que la información obtenida con arreglo a su legislación interna»; ello significa que el Derecho interno del Estado receptor que regula la protección de los datos que obtiene la Hacienda Pública en el ejercicio de sus funciones resulta igualmente aplicable a todo dato transmitido en el marco de un CDI (incluida la información comunicada en el ámbito del artículo 25). Pudiera parecer que el artículo 26 del ModCDI ha remitido al Derecho interno de los Estados contratantes la regulación sustantiva del tratamiento confidencial de la información intercambiada. Sin embargo, lo cierto es que la mayor parte de la ordenación del secreto tributario internacional es objeto de regulación por el propio CDI, toda vez que el citado precepto delimita expresamente el uso de la información intercambiada y las personas que pueden acceder a la misma; el Derecho interno del Estado receptor que regula el «secreto tributario» resulta aplicable en todo aquello no ordenado específicamente por la regla de secreto tributario convencional. En este sentido, no puede perderse de vista por tanto cómo el CDI establece y garantiza un estándar mínimo de confidencialidad (OECD, *Keeping it Safe -the OECD Guide on the protection of confidentiality of Information Exchanged for tax purposes*, OECD, Paris, 2012, parágrafo 10). Nótese en este sentido cómo la vulneración de la cláusula de secreto tributario de los CDI puede dar lugar a la suspensión de la asistencia mutua prevista en el CDI o de algunas de sus disposiciones, tal y como se ha clarificado en la actualización de los CMC al artículo 26 ModCDI 2012-2014 (para 11). La infracción de estas disposiciones de confidencialidad ha generado reclamaciones patrimoniales por parte de los contribuyentes incluso frente al Estado transmitente, argumentando tanto la aplicación incorrecta de las disposiciones de los CDI que instrumentan el intercambio de información, ya falta de diligencia en la implementación del deber fiduciario que les corresponde a las administraciones tributarias sobre la aplicación de las cláusulas convencionales de protección de la información intercambiada (vid. Coder 2011, citando el caso *Aloe Vera of America v. US* (No 10-17136). Algunos países, como EEUU, han establecido regulación específica que prevé la suspensión del intercambio de información (particularmente de la transmisión de los informes fiscales país por país/CbC R) cuando se detecte una vulneración de las obligaciones de confidencialidad previstas en los CDIs o un uso no adecuado de los datos intercambiados. El modelo regulatorio adoptado por la OCDE/G20 en el marco de la acción 13 de BEPS en relación con la obligación de comunicar e intercambiar el informe fiscal país por país a través de tratados internacionales con cláusula de intercambio de información (CDIs, TIEAs, Convenio de Asistencia administrativa mutua fiscal) también contiene cláusulas que prevén la suspensión por la vulneración de la confidencialidad o el uso inapropiado de la información (OECD, *Guidance on the Appropriate use of information contained in Country-by-Country Reports*, September 2017; vid también: OECD, *Country-by-Country: Handbook on Effective Tax Risk Assessments*, BEPS Action 13, 2017). A este respecto, cabe destacar cómo el Global Forum sobre Transparencia e Intercambio de Información lleva a cabo auditorías específicas de la regulación y procedimientos de protección de la información fiscal por parte de las administraciones tributarias a efectos de garantizar la confidencialidad y uso adecuado de los datos intercambiados con arreglo a instrumentos internacionales de asistencia mutua.

Básicamente, puede decirse que la regulación sobre «secreto tributario» prevista en los CDIs afecta a dos cuestiones, a saber: a) las personas que pueden acceder a la información intercambiada (el «círculo de confidencialidad»); y b) el uso que puede hacerse de los datos transmitidos («la esfera de uso»). Tanto en lo referente al «círculo de confidencialidad» como en lo relativo a la «esfera de uso», la regulación convencional sobre secreto tributario persigue la protección de los datos intercambiados de revelaciones o usos no acordes con el fin que motivó su transmisión. A tal efecto se establecen una serie de límites que vinculan a todas las autoridades del Estado receptor de la información intercambiada. Debe señalarse en todo caso que la cláusula de secreto tributario internacional prevista en el artículo 26 opera en relación con toda la información intercambiada entre las autoridades competentes en el marco del CDI; ello incluye desde el requerimiento de información cursado por una autoridad competente a otra, hasta los datos suministrados en el marco de un procedimiento amistoso del artículo 25 (parágrafo 11 CMC artículo 26 ModCDI 2012).

En este sentido, cabe destacar cómo la actualización de 2012 de los comentarios al artículo 26 ModCDI incluyó una nueva interpretación del mismo con arreglo a la cual la cláusula de confidencialidad/secreto tributario del apartado 2º comprende los requerimientos y respuestas entre autoridades competentes en el marco de los intercambios de información, de manera que en su caso sólo podrán revelarse elementos mínimos de los mismos necesarios para obtener o suministrar la información solicitada al Estado requirente, sin poner en peligro los esfuerzos de este último. Se prevé sin embargo tal revelación en el marco de procedimientos judiciales o similares del Estado requerido que exijan tal revelación, siempre y cuando las autoridades del Estado requirente no especificaran otra cosa (parágrafo 11 CMC artículo 26 MOdCDI 2012). Esta nueva guía incluida en los comentarios desarrollados en la actualización de 2012 podría tener como finalidad proteger las investigaciones llevadas a cabo en el Estado requirente frente a excesivas revelaciones de información en el Estado requerido en el marco de los procedimientos que otorgan derechos de participación a los afectados, aunque debería aplicarse ponderando debidamente los intereses de ambas partes sin desproteger la posición y derechos básicos de los obligados tributarios afectados. A este respecto, cabe traer a colación aquí la doctrina del TJUE de 16-05-2017 en el caso *Berlioz* (C-682/15) ya expuesta más arriba, donde adopta una posición básicamente alineada con los comentarios de la OCDE en relación con la "confidencialidad" del requerimiento de información.

La nueva transparencia fiscal postBEPS y la funcionalidad de la cláusula de secreto tributario internacional

En relación con el uso de la información fiscal intercambiada a través de instrumentos de asistencia mutua cabría realizar alguna reflexión adicional conectada con la transformación del sistema de fiscalidad internacional articulada a partir del proyecto OCDE/G20 BEPS:

• BEPS (acciones 5, 12 y 13) trae consigo una expansión sin precedentes de la "transparencia fiscal" a través de un ensanchamiento de las obligaciones de comunicación de información por parte de las MNEs, las entidades financieras, los intermediarios fiscales y las propias administraciones tributarias con respecto de sus propias prácticas fiscales (rulings/APAs).

• Tal expansión de la transparencia fiscal intrumentada a través de un desarrollo de los mecanismos de intercambio de información, no sólo intensifica el uso de los intercambios rogados, sino que también redimensiona los intercambios espontáneos y eleva el intercambio automático a estándar internacional respecto de datos sobre cuentas financieras y el informe fiscal país por país, por no mencionar los nuevos mecanismos de intercambio automático de rulings/APAs y de esquemas potencialmente abusivos en los que participen intermediarios fiscales (DAC6) instrumentados por la UE.

• La OCDE, en el marco del *Inclusive Framework on BEPS*, ha adoptado un nuevo estándar de sustancia económica mínima exigible a jurisdicciones *"zero tax"*, que trae consigo nuevas obligaciones de intercambio espontáneo por tales jurisdicciones a efectos de que los otros países puedan controlar las actividades que eventualmente puedan desarrollarse en tales jurisdicciones por las entidades residentes en las mismas (OECD, *Resumption of Application of Substantial Activities Factor to No or only Nominal Tax Jurisdictions*, Action 5 BEPS, November 2018). Este nuevo estándar global y particularmente las obligaciones de intercambio espontáneo que resultan del mismo es expuesto de forma sintética en el epígrafe 11 de este Capítulo.

• A su vez, el nuevo marco fiscal postBEPS no sólo está impulsando la superación de un uso fragmentario y poco efectivo y asimétrico de la información tributaria transmitida a través de la asistencia mutua a través de medidas tecnológicas que articulan un uso estructural y uniforme de tal nueva fuente de datos, sino también está favoreciendo el desarrollo de un nuevo modelo de control fiscal y de práctica administrativa que pivota sobre la gestión de riesgos fiscales y donde el análisis de toda esta información combinada con otras fuentes resulte esencial para planificar la actividad de control y articular un modelo basado en riesgos fiscales, más contemporáneo y global/internacional (vid.: OECD, *Country-by-Country Reporting: Handbook on Effective Tax Risk Assessment,* September 2017; y US Treasury Inspector General For Tax Administration, *Exchange of Information capabilities are underutilized by the IRS,* September 11 2017).

• Sin embargo, tal desarrollo sin precedentes de la transparencia e intercambio de información en materia tributaria como parte del cambio de paradigma fiscal derivado de BEPS no se ha articulado instrumentando nuevas garantías a favor de los derechos de los contribuyentes, particularmente en lo que se refiere a la protección de la confidencialidad de su información y del derecho de defensa frente a intercambios potencialmente ilegales o frente a usos no autorizados de la información intercambiada. En particular, la doctrina ha constatado el carácter fragmentario, débil y poco consistente de la regulación recogida en los instrumentos internacionales de asistencia mutua en materia fiscal en lo que concierne a la protección, confidencialidad y uso adecuado de los datos (Debelva/ Mosquera 2017); a este respecto, se indica que tal regulación prevista en los instrumentos de intercambio de información debe ser complementada con heterogéneas legislaciones domésticas sin que existan convenios internacionales de aplicación general que establezcan garantías de confidencialidad y uso adecuado, aunque se pone en valor la regulación internacional y europea sobre protección de datos de carácter personal (Directiva 95/46 y Convenio Consejo de Europa de 1981, modificado en 2001) que ha sido invocada con éxito -por ejemplo ante el TJUE-para exigir una protección efectiva de los datos fiscales obtenidos y almacenados por las administraciones tributarias (véanse las sentencias del TJUE en los caso *Satamedia* C-73/07 de 16-12-2008, *Digital Rights Ireland* C-293/12 de 8-4-2014, *Bara* C-201/14 de 1-10-2015,*Schrems* C-362/14 de 6-10-2015 y *Peter Puskar* C-73/16 de 27-09-2017; Debelva/Mosquera 2017); la solución que se propone para superar este déficit de garantías pasa por un convenio multilateral que integre como regulación obligatoria las buenas prácticas elaboradas por la OCDE(OECD *Guidelines on the protection of Privacy and Transborder flows of Personal data,* 1980-2013, y OECD *report on the protection of confidentiality of information exchanged for tax purposes,* 2013) y establecer las correspondientes consecuencias frente a su incumplimiento (suspensión de los intercambios de información y recurso de responsabilidad patrimonial frente a la administración que realizó una transmisión ilegal o un uso impropio o no autorizado). La OCDE, sin embargo, parece haber optado por un enfoque continuista del modelo articulado hasta la fecha, combinándolo con el desarrollo de soft-law que delimita las fronteras y límites del uso adecuado y la protección de la confidencialidad y con un sistema de auditorías/peer reviews en relación con el funcionamiento efectivo de las garantías de confidencialidad de la información tributaria en las distintas jurisdicciones.

• En este mismo orden de cosas, se ha destacado cómo los nuevos riesgos que resultan del nuevo sistema de fiscalidad internacional no sólo tienen que ver con la eventual y potencial vulneración por parte de los contribuyentes de las nuevas reglas y ambiguos estándares de fiscalidad, sino de la aplicación e interpretación asimétrica de los mismos por parte de las diferentes administraciones tributarias, de suerte que el desarrollo de la asistencia administrativa internacional que resulta estructural a BEPS facilita y favorece tal uso asimétrico y la doble imposición (Herzfeld 2016).

3.1. El círculo de confidencialidad

Así, en relación con la primera cuestión, esto es, las personas que pueden acceder a la información intercambiada se han establecido las siguientes reglas. En primer lugar, debe señalarse que el ModCDI, versiones de 2003 y versiones posteriores, establece que la información intercambiada únicamente puede revelarse a las personas y autoridades competentes para la gestión tributaria en sentido amplio (*assessment*) o recaudación *(collection)* de cualquier impuesto exaccionado en nombre del Estado contratante receptor de la misma, sus subdivisiones políticas o autoridades locales, así como a las personas encargadas de los procedimientos declarativos o ejecutivos relativos a dichos impuestos, o de la resolución de los mismos. Los modelos de convenio precedentes (incluido el ModCDI 2000) únicamente permitían la revelación de la información a las autoridades y órganos administrativos competentes para la gestión tributaria *(lato sensu)* de *los impuestos cubiertos por el CDI,* lo cual en el caso del ModCDI 2000 entrañaba una evidente contradicción con la regla que delimitaba su ámbito objetivo; tal conflicto se eliminó en la versión de 2003 (y posteriores) del ModCDI, aunque existe algún CDI firmado por España que contiene tal contradicción (vid. infra).

Asimismo, debe precisarse también que mientras que los CDIs basados en el ModCDI 1977-2010 permiten la revelación de los datos intercambiados a los referidos órganos administrativos y tribunales, no acontece lo mismo en relación con aquellos que siguen el PC OCDE 1963, lo cual sin duda resulta problemático.

Otra cuestión que debe apuntarse se refiere a la peculiar terminología empleada en el artículo 26 ModCDI cuando regula la cláusula de secreto tributario. Así, los términos utilizados en el ModCDI para referirse a las autoridades que pueden acceder y emplear la información intercambiada no coinciden plenamente con los que se emplean en algunos ordenamientos tributarios, como el español (LGT 2003), donde la función de la gestión tributaria *(stricto* sensu) no cubre todas las actividades administrativas de aplicación de los tributos (por ejemplo, inspección o recaudación). Tal cuestión no plantea mayores problemas si se sigue una interpretación convencional autónoma de los términos empleados en el artículo 26 ModCDI, de manera que la expresión «assessment *or* collection» integrando todas las funciones de aplicación de los tributos en el sentido indicado (gestión, inspección, y recaudación). La revisión administrativa y judicial de los actos de gestión, inspección y recaudación tributaria estaría, a su vez, cubierta por otras expresiones recogidas en el artículo 26 ModCDI 1977-2012. Sin embargo, no puede dejar de señalarse que tal precepto no menciona expresamente a las autoridades competentes de resolver procedimientos sancionadores tributarios. Una interpretación contextual del referido precepto, unida al empleo del término «*enforcement*» permite utilizar la información intercambiada en el marco de procedimientos (y procesos) sancionadores tributarios, e incluso en el ámbito de procesos penales por delito de defraudación tributaria (vid. parágrafos 5 y 12 CMC artículo 26 ModCDI 2005 y versiones posteriores).

Por otro lado, el Comité Fiscal OCDE clarificó a través de los comentarios al ModCDI 2000 que el artículo 26 no excluye la revelación de la información intercambiada al contribuyente afectado, así como a su representante y los testigos que intervengan en el proceso judicial de carácter tributario (contencioso-administrativo o penal) que se haya sustanciado (parágrafo 12 de los comentarios al artículo 26 ModCDI 2000-2012). Esta afirmación resulta de gran importancia allí donde el Estado requerido conceda, de acuerdo con su normativa interna, «derechos de participación» a los obligados tributarios afectados por un requerimiento de información. A este respecto, debe mencionarse que los CMC (parágrafo 14.1) al artículo 26 ModCDI 2005 y versiones posteriores, siguiendo en este punto el ModCDI 2002 de intercambio de información, reflejan una posición más flexible respecto al otorgamiento por parte de los Estados de «derechos de participación» a los obligados tributarios afectados por requerimientos de información; a este respecto, se admite que tales derechos pueden evitar errores en los intercambios de información, así como facilitar el suministro de datos permitiendo a los contribuyentes cooperar voluntariamente con las autoridades del Estado requirente. No obstante, se insiste que los referidos «derechos de participación» deben estar configurados de forma adecuada, de manera que en ningún caso frustren los esfuerzos del Estado requirente. En particular, se afirma que los procedimientos de notificación al contribuyente afectado por el requerimiento de información no deben impedir el efectivo intercambio de información ni provocar demoras o dilaciones injustificadas en el procedimiento. A su vez, tal normativa de «derechos de participación», a juicio de la OCDE, debe contemplar excepciones en relación con la procedencia de las mismas en supuestos donde el suministro de la información es muy urgente o la notificación con toda probabilidad menoscabaría el éxito del procedimiento inspector que se está desarrollando en el otro Estado. Asimismo, se indica que cuando el Estado requerido conceda este tipo de «derechos de participación» a los obligados tributarios debe igualmente notificar a los demás Estados contratantes sobre tal regulación y su impacto sobre sus obligaciones de asistencia mutua; la OCDE también ha reconocido que el plazo de 3 meses aplicable en relación con el intercambio espontáneo obligatorio respecto de rulings/APAs categorizados de acuerdo con la acción 5 BEPS puede extenderse como consecuencia de derechos de participación de contribuyentes en el Estado transmitente (OECD, Peer Review Action 5 BEPS, 2017, p. 15, nota 11). Nótese que esta cuestión está estrechamente conectada con la protección que en algunos Estados (v.gr, España, Alemania, etc.) ostenta el denominado «derecho de autodeterminación informativa» o derecho (fundamental) a controlar el flujo (revelación y uso) de los datos que afectan a las personas físicas. En este sentido, el propio Comité Fiscal OCDE reconoce la incidencia de tal derecho fundamental en el marco de los procedimientos de intercambio de información e indica que aquellos países que quieran especificar tal protección en un CDI pueden incluir cláusulas ad hoc; a este respecto, lo cierto es que Alemania ya ha suscrito varios CDIs con países europeos y no europeos que contienen disposiciones sobre tratamiento automatizado de datos de carácter personal. Tales cláusulas son tanto más necesarias dependiendo del nivel de protección de datos que ofrezca el otro Estado contratante. El **CDI con Alemania (2011, Protocolo X)** establece una cláusula que refuerza las garantías de confidencialidad y uso restringido de la información intercambiada incorporando buena parte de las reglas establecidas por la Directiva 95/46/CE de protección de datos automatizados, incluyéndose entre otras las siguientes previsiones:

a) El organismo que proporcione la información puede imponer en casos excepcionales restricciones adicionales de uso de la información.

b) El organismo que proporciones la información estará obligado a garantizar la exactitud y el interés previsible en el sentido del artículo 25.1 de los datos que vayan a comunicarse, así como su adecuación al objeto para el que se suministran.

c) En caso de que se proporcionaran datos inadecuados o que no hubieran debido proporcionarse, se informará al organismo receptor y se corregirán o eliminarán de acuerdo con las obligaciones derivadas de la Directiva 95/46/CE; y

d) El organismo recepto de la información, de conformidad con su normativa interna, informará a la que concierne la información sobre la recopilación de los datos por el organismo provisor, a menos que esta se hubiera intercambiado espontáneamente, aunque la persona concernida no tendrá que ser informada cuando se considere que el interés público de no informarle excede de su derecho a ser informado.

e) Previa solicitud de la persona a la que concierna la información se la informará de los datos que se han intercambiado referidos a ella, así como del uso al que se destinan de conformidad con la normativa interna del Estado contratante que proporciona la información.

El ModCDI 2005 modificó igualmente el tenor del artículo 26.2 a efectos de permitir la revelación de la información intercambiada a agencias u organismos públicos que «supervisen» las labores desarrolladas por las Administraciones tributarias (para 12.1 CMC artículo 26 ModCDI 2005-2010); tal cláusula ya existía en el MC EEUU, país donde la labor de la Administración tributaria se supervisa regularmente por varias agencias gubernamentales (v.gr., *General Accountancy Office, GAO*) e incluso por comités parlamentarios. Esta cláusula también sirve para autorizar la revelación de la información intercambiada a las personas (jueces y tribunales) competentes para decidir si tal información puede ser revelada al contribuyente, a su representante, o testigos (parágrafo 12 CMC artículo 26 ModCDI 2005-2010). Sin embargo, el Comité Fiscal OCDE enfatiza que las limitaciones que comporta la cláusula de secreto tributario internacional en relación con la revelación y uso de la información intercambiada prevalecen sobre normas internas que permitan una divulgación más amplia o un uso menos restringido de los datos en poder de las administraciones públicas (parágrafo 12 CMC artículo 26 ModCDI 2005-2010); así, las *freedom of information acts* establecidas en el ordenamiento de algunos países, como EEUU o el Reino Unido, no deberían poder ser empleadas para conseguir la revelación de documentos objeto de intercambio de información en el marco de un CDI (v.gr, APAs).

En este orden de cosas, se ha discutido el acceso del contribuyente afectado por un requerimiento de información al contenido del requerimiento como a los datos efectivamente transmitidos, de suerte que tanto la OCDE como la mayoría de las autoridades nacionales vienen adoptando una posición negativa (vid: Coder 2011, citando la jurisprudencia *Pacific Fisheries Inc. v US*, Nº09-35618 (9th Cir.Aug.31, 2010), rechazando tal acceso por parte del contribuyente a la información remitida por el IRS a un Estado contratante). Lógicamente, la cláusula de secreto tributario internacional que contienen los CDI no puede afectar negativamente al acceso del contribuyente al material probatorio utilizado por la Administración del Estado requirente para llevar a cabo una regularización tributaria (parágrafo 12 CMC artículo 26 ModCDI, vid: Pross et alter 2012, p. 188). Es decir, los parágrafos 11 y 12 de los CMC al artículo 26 ModCDI 2012-2014, reseñados más arriba, deben interpretarse de manera que sólo limitan la revelación al contribuyente de las cartas intercambiadas por las autoridades competentes en el marco del intercambio de información y en particular, en el contexto de cualquier procedimiento administrativo en el Estado requerido (v.gr, procedimientos relativos a derechos de participación concedidos a los afectados, o procedimientos de obtención de información), de manera que el contribuyente afectado por un intercambio de información podría acceder a los datos transmitidos que se estarían empleando en el Estado requirente en el marco de procedimientos de regularización tributaria o en vía de revisión judicial (Pross et alter 2012, p. 188). Existen precedentes judiciales en este sentido, reconociendo el derecho de los contribuyentes afectados a tener acceso al contenido del requerimiento extranjero a efectos de poder ejercer efectivamente sus derechos de defensa en un juicio justo (igualdad de armas) (véase la sentencia del tribunal administrativo de primera instancia de Luxemburgo de 6 de febrero de 2012, caso nº 29592). No obstante, la posición dominante sigue siendo la de preservar la confidencialidad del requerimiento de información en el marco de procedimientos que tienen por objeto revisar la legalidad de la transmisión de información a efectos de no perjudicar la investigación pudiendo el contribuyente o administrado afectado acceder a la restante información que le permita controlar la concurrencia del condicionante de "previsible relevancia" de los datos solicitados (véase lo expuesto supra en relación con la STJUE en el caso *Berlioz* C-682/15 de 16-05-2017, y la sentencia del *New Zealand High Court* en el caso *Chatfield & Co v. Comm'r,* 2016 NZHC 1234, excluyendo el derecho de acceso al requerimiento de información en el Estado requerido en el marco de un proceso de revisión de su legalidad, vid. Holmes 2016); ahora bien, tal regla de confidencialidad no parece que deba mantenerse en el marco de procedimientos administrativos o judiciales de revisión de la regularización tributaria que hace uso de tal información en el Estado requirente, ya que el acceso a todo el expediente garantiza la igualdad de armas y el derecho de defensa del contribuyente.

Otra limitación impuesta por los CDIs en esta materia alcanza a los denominados «intercambios triangulares»; los convenios de doble imposición excluyen de forma radical que un Estado que ha recibido datos de otro Estado contratante los comunique o transmita a un tercer Estado, salvo que se pactara expresamente otra cosa en el Convenio (véase por ejemplo la exclusión expresa que recoge el CDI con Andorra (2015, Protocolo VII.ix). La Directiva comunitaria 77/799/CEE resultaba más flexible en este punto permitiendo estos «intercambios triangulares» siempre que concurran determinadas circunstancias. También la Directiva 2010/16/UE ha profundizado en las posibilidades del intercambio triangular (artículo 16.3).

3.2. La esfera de uso de la información intercambiada y las garantías de los contribuyentes

En relación con la segunda cuestión antes aludida, esto es, el empleo que puede hacerse de los datos intercambiados, debe advertirse que los límites al uso recogidos en los CDIs se suman a las restricciones a la revelación que acabamos de ver. Así, las personas que pueden acceder a la información intercambiada son las únicas que pueden usarla y sólo para determinados fines (fiscales) que pasamos a analizar. La regla fundamental establecida por el ModCDI 2000-2010 en este ámbito puede sintetizarse en la afirmación de que la información intercambiada puede usarse para la gestión, inspección y recaudación de cualquier impuesto exaccionado por el Estado contratante receptor de la información, así como en el marco de los procedimientos y procesos de revisión de actos dictados en el ejercicio de tales funciones. La información también puede ser empleada a los efectos de un procedimiento sancionador tributario e incluso de un proceso penal por delito de defraudación tributaria.

Esta regla elimina la mayor parte de las importantes limitaciones que respecto al uso de la información establecían los Modelos de Convenio OCDE precedentes (1963-1997), toda vez que éstos únicamente permitían el intercambio de información en relación con los impuestos cubiertos por el CDI; la consecuencia resultante de tal limitación era que los datos transmitidos no podían emplearse para la gestión tributaria de otros impuestos distintos a los previstos en el CDI, aunque se encontraran concatenados con los mismos, ni tampoco para perseguir otro tipo de infracciones administrativas (v.gr., fraude de subvenciones) o delitos (v.gr., cohecho, prevaricación).

Ahora bien, el ModCDI 2000-2010 ha venido destacando la prohibición del uso de la información intercambiada para fines no fiscales (parágrafos 12 a 13 de los comentarios al artículo 26 ModCDI 2000-2010). En particular, se insistía en que la información no puede emplearse para la persecución de delitos no fiscales (blanqueo de capitales, financiación del terrorismo, etc.), de suerte que aquellos Estados que deseen ampliar el ámbito de uso de los datos intercambiados modifiquen el tenor del artículo 26 en el sentido que se propone en los CMC (parágrafo 12.3 CMC al artículo 26 ModCDI 2010). Algunos CDI como los concluidos con Andorra (2015, artículo 24.2), Panamá (2010, Protocolo IX), Omán, Nigeria, Senegal o Uzbekistán permiten expresamente el uso de la información para otros fines, siempre que medie autorización del otro Estado. Sin embargo, en el año 2012 el artículo 26 del ModCDI fue reformado para permitir que la información intercambiada sea utilizada para fines no fiscales, sujeto a la concurrencia de dos condicionantes, a saber: a) que la legislación interna de los Estados contratantes lo permita; y b) que el Estado requerido autorice expresamente tal uso no fiscal de la información transmitida; como ya indicamos más arriba (epígrafe referido al ámbito objetivo del intercambio de información) esta modificación ha sido objeto de duras críticas. Así, la cláusula propuesta en los CMC ModCDI 2010 que vendría a permitir el uso no fiscal de la información intercambiada ha pasado al texto del artículo 26 ModCDI 2012-2014 en el sentido que ya comentamos más arriba, en aras de maximizar la cooperación entre agencias gubernamentales de lucha contra el fraude (Proyecto OCDE «Diálogo de Oslo» 2012, y OECD, *Effective Inter-Agency Co-operation in Fighting Tax Crimes and Other Financial Crimes*, OECD, Rome, 14-15 June 2012). En este orden de cosas cabe apuntar cómo se han detectado ya casos donde autoridades fiscales nacionales han transmitido a la Comisión UE información obtenida en el marco de inspecciones tributarias referida a potenciales prácticas contrarias a la competencia, de suerte que el TJUE ha admitido el uso de tal informacion en el marco de procedimientos de control de la competencia en el mercado (STJUE de 27 de abril de 2017, C-469/15, *Pacific Fruit Company*). En este mismo orden de cosas, debe mencionarse el importante precedente del Tribunal Supremo de Suiza (sentencia de 3 de enero de 2018, Decision 2C_640/2016), donde se puso de relieve que las cláusulas de intercambio de información no amparan requerimientos cuyo fin dominante sea la persecución penal de sujetos conectados con un fraude fiscal (Hoke, "Swiss Court Blocks Disclosure of Bank Staff Details to US", *TNI*, January 8, 2018).

En relación con toda la problemática de las garantías en la obtención de la información intercambiada, la cuestión del uso de datos obtenidos ilegalmente, o la temática del valor probatorio de la información intercambiada nos remitimos a algunos de nuestros trabajos sobre esta materia: Calderón 2011 y 2014.

En relación con lo expuesto en este trabajo, habría que añadir además de una indicación sobre la reforma operada por el RD-Ley 20/2011 en la LGT estableciendo un régimen específico en materia de asistencia mutua, un apunte sobre alguna jurisprudencia relevante no analizada en los referidos trabajos. Así, en primer lugar, cabe reseñar la sentencia del Tribunal Europeo de Derechos Humanos (TEDH), de 21 de febrero de 2008, en el caso francés *Ravons*, donde el TEDH considera que los procedimientos empleados en registros domiciliarios por parte de la Inspección Tributaria francesa son contrarios al artículo 6.1 del Tratado Europeo de Derechos Humanos (derecho a un juicio justo/ *fair trial right*) y por tanto las pruebas obtenidas por las autoridades fiscales no pueden emplearse para fundamentar liquidaciones tributarias, sanciones o como prueba en un proceso penal-tributario. Esta jurisprudencia del TEDH se puso muy en boga inicialmente en Francia, obligando a reformar su legislación, y actualmente vuelve a estar de moda en todos los países afectados por las regularizaciones de cuentas suizas del HSBC. En concreto también en Francia el Tribunal de Apelación de París, en su reciente sentencia de 8 de febrero de 2011, consideró que los registros domiciliarios realizados por la Inspección tributaria francesa para obtener pruebas del fraude fiscal relacionados con contribuyentes incluidos en el listado del HSBC eran ilegales, toda vez que el juez que autorizó tal registro se basó en pruebas del indicio de fraude fiscal ilegales (datos robados) aportados por las autoridades fiscales a la hora de conceder tal autorización. El Tribunal de Apelación de París, siguiendo una jurisprudencia del Tribunal Supremo francés (SSTS 7 abril 2010 y 7 de enero de 2011) que aplica la jurisprudencia del TEDH en el caso *Ravons*, consideró ilegal el registro domiciliario realizado por la Inspección tributaria francesa en la medida en que el tribunal que autorizó tal registro debió verificar que los indicios de fraude presentados por las autoridades fiscales francesas habían sido obtenidos legalmente. La jurisprudencia del TEDH posee por tanto gran relevancia práctica más allá del ordenamiento francés, toda vez que por un lado el Derecho de la UE protege los derechos fundamentales interpretados de acuerdo con la jurisprudencia del TEDH, y por otro, la jurisprudencia del TEDH es aplicable en nuestro ordenamiento de acuerdo con lo establecido en nuestra Constitución (artículo 10.2 CE) y la propia jurisprudencia del TC. La jurisprudencia del TEDH en el caso *Ravons* consiste en la exigencia de que los procedimientos a través de los cuales se autorice la entrada y registro domiciliario de personas físicas y entidades por parte de la Inspección tributaria, garanticen el derecho de los contribuyentes afectados a cuestionar judicialmente la legalidad de tal autorización judicial. Ello requiere que la propia legislación que regule tal autorización judicial establezca:

- Una regulación que habilite de forma expresa tal derecho de apelación.
- Que tal derecho pueda ejercerse de forma efectiva sin trabas (aunque sea a posteriori).
- Que se informe al afectado de su derecho de control judicial sobre la legalidad de la autorización judicial, así como de la propia ejecución de tal autorización por parte de las autoridades fiscales.

En relación con el control de la legalidad de la autorización judicial, como ya hemos indicado, la jurisprudencia del TS francés y de la Corte de Apelación de París, establece la obligación del juez autorizante de verificar los presupuestos (indicios de fraude: el origen legal de las pruebas que permiten albergar sospechas de fraude fiscal) que permiten el sacrificio del derecho a la inviolabilidad del domicilio, de manera que una incorrecta apreciación de tales presupuestos (prueba de origen ilegal o falta de prueba de fraude) pueden conducir a anular el registro domiciliario y las evidencias obtenidas en el mismo.

Ciertamente, resulta innegable que estamos ante un tipo de caso especialmente controvertido dado que el **inicio de actuaciones inspectoras en un Estado se produce como consecuencia del acceso a datos de un contribuyente que se han obtenido ilegalmente por las autoridades fiscales** del Estado transmitente, lo cual aconteció, como se sabe, en los casos de los Bancos LGT y HSBC donde las autoridades alemanas «adquirieron» tales datos de un empleado de la entidad financiera en tanto que en el caso del HSBC los datos fueron sustraídos en un registro de la vivienda de un empleado de tal banco que poseía ilegalmente tal información. El uso de tales datos obtenidos en condiciones de dudosa legalidad para iniciar actuaciones inspectoras o como material probatorio en procedimientos tributarios o procesos judiciales (especialmente de carácter penal) plantea muchas dudas. El TC alemán (*Bundesverfassungsgericht*) de 30 de noviembre de 2010 (2 Bvr 2101/09) se pronunció a favor de la constitucionalidad de las inspecciones fiscales (y medidas de registro domiciliarios posteriores) realizadas con origen y base en datos obtenidos ilegalmente por las autoridades fiscales (compra de DVD de LGT-Bank de Liechtenstein). El TC limita la denominada «teoría de los frutos del árbol envenenado», insistiendo en el carácter excepcional de las mismas en el sentido de que solo es aplicable cuando la prueba obtenida ilegalmente afecta al corazón del derecho a la intimidad. Existen otros casos planteados ante los tribunales alemanes donde se ha cuestionado el uso de la información obtenidas por las autoridades alemanas a través de la compra de CDs/DVDs; a pesar de que los tribunales no se han pronunciado sobre la ilegalidad de tal práctica, lo cierto es que hasta la fecha vienen aceptando el uso de tal información en el marco de procesos penales-tributarios, a partir del principio procesal que permite a cualquier parte aportar cualquier prueba o indicio que conduzca a la revelación de la verdad procesal y el esclarecimiento de los hechos, ya se trate de pruebas legal o ilegalmente obtenidas (vid: Kugelmüller-Pugh 2016, p. 106 y ss). En este mismo orden de cosas, cabe mencionar la reforma llevada a cabo en Suiza en el año 2016, modificando su legislación específica sobre asistencia mutua para permitir a las autoridades competentes nacionales atender requerimientos de información cursados por autoridades competentes de otros Estados que han obtenido legalmente (vía intercambio de información) de otros países información obtenida ilegalmente (datos robados) (FDF Switzerland: Federal Council adopts dispatch on amending tax administrative Act, Bern, 10.06.2016).

Como hemos visto, en el otro extremo se sitúa una sentencia de 2011 de la Corte de Apelación de París que ha anulado una inspección fiscal en Francia de un ciudadano que aparecía en los listados del HSBC, condenando al fisco francés a indemnizarle con 3.000 euros. El tribunal francés basa su fallo en la jurisprudencia del TEDH en el caso *Ravons*, en la medida en que los datos fueron robados y que el propio ministro de Finanzas francés declaró que la información procedía de un robo, por lo que destaca que el origen de los datos es ilícito. En relación con el uso a efectos fiscales de datos transmitidos vía intercambio de información que fueron obtenidos de forma ilegal por las autoridades de otro Estado, lo cierto es que la mayor parte de los jueces y tribunales vienen mostrándose partidarios de aceptar su utilización en el marco de comprobaciones fiscales realizadas en otro Estado, siempre que se trate de regularizaciones administrativas, se conceda el derecho de contradicción y no se vulneren otros tratados internacionales (véase en este sentido la sentencia del Tribunal Supremo de Finlandia de 28 de junio de 2016 en el caso KHO:2016:100, la sentencia del Tribunal belga de Casación de 22 de Mayo de 2015 (BE: Cass., Nr.F.13.0077-N, citada por Rickenbacher-Omlin 2016, p. 293 y ss), así como la jurisprudencia neerlandesa citada por Van der Ourderaa (2016), p. 112 y ss.); existen, no obstante, precedentes de tribunales rechazando la utilización de pruebas de origen ilícito (Corte Cassazione italiana, sentencia 16570 de 28 julio de 2011, vid.: Billardi 2016, p. 30; o la propia jurisprudencia brasileña, vid Rocha 2016). Algunos tribunales, como el *Hogue Raad* de Países Bajos han condicionado la utilización de tales pruebas a su revelación completa en el proceso, incluyendo la fuente y origen de la información dando la oportunidad al afectado de contrastar tal información e interpelar como testigo a la persona que suministró la información (sentencia del *Hogue Raad* de 18 diciembre 2015, ECLI:NL:HR:2015:3600; vid. Neve 2017 b).

Los tribunales españoles se han manifestado a favor de la utilización en el marco de procesos penales por delito fiscal de datos contenidos en CD/DVDs obtenidos inicialmente sin autorización de los bancos suizos (HSBC bank, **Lista Falciani**) y de Liechtenstein (LGT bank) que fueron transmitidos a las autoridades españolas a través de mecanismos de intercambio de información regulados en tratados internacionales (SSAP de Madrid de 23 de junio de 2015, ROJ SAP M8673/2015, y de 29 de abril de 2016, rec.1498/2015), SAN de 6 de mayo de 2011 (rec.105/2011), STSJ de Cataluña de 14 de marzo de 2016 (rec. 676/2012) y STSJ Baleares de 6 de julio de 2016 (rec.268/2015), y STS de 23 de febrero de 2017 (rec.1281/2016), entre otras); la doctrina de la AP de Madrid en relación con esta cuestión puede sintetizarse de la siguiente forma: a) legalidad del uso de datos incluidos en los CDs de la lista Falciani que fueron intercambiados a requerimiento de las autoridades españolas por las autoridades francesas con arreglo a los mecanismos ad hoc recogidos en los tratados internacionales; b) se considera prueba de cargo suficiente ante la negativa del acusado a dar una explicación plausible sobre los datos incluidos en tal documental, existiendo otros indicios y un informe incriminatorio de un perito de la AEAT; c) limitaciones de la teoría de los frutos del árbol envenenado siguiendo la jurisprudencia del TC y el TS: i) para que aplique tal teoría debe concurrir una fuente probatoria obtenida efectivamente con vulneración de un derecho fundamental constitucionalmente conocido y no afectada simplemente por una irregularidad procesal; ii) la nulidad institucional de una prueba no impide la acreditación de los extremos penalmente relevantes mediante otros medios de prueba de origen independiente al de la fuente contaminada; e iii) no basta con que el material probatorio derivado de esa fuente viciada se encuentre vinculado con ella en conexión exclusivamente causal de carácter fáctico, para que se produzca la transmisión inhabilitante debe de existir entre la fuente corrompida y la prueba derivada de ella lo que doctrinalmente se viene denominando `conexión de antijuridicidad´, es decir, desde un punto de vista interno, el que la prueba ulterior no sea ajena a la vulneración del mismo derecho fundamental infringido por la originaria sino que realmente se haya transmitido, de una a otra, ese carácter de inconstitucionalidad, atendiendo a la índole y características de la inicial violación del derecho y de las consecuencias que de ella se derivaron, y desde una perspectiva externa, que las exigencias marcadas por las necesidades esenciales de la tutela de la efectividad del derecho infringido requieran el rechazo de la eficacia probatoria del material derivado; d) la legalidad en la obtención de las pruebas obtenidas en el extranjero en el contexto de un proceso seguido en España no se enjuicia desde los parámetros del ordenamiento español sino en su caso de la legislación local (que, al igual que la jurisprudencia extranjera, constituye un hecho que debe acreditarse por las partes); y e) la legalidad y validez del uso de los datos intercambiados queda confirmada a la luz de las evidencias sobre el mantenimiento de la cadena de custodia de la información. El TS, por su parte, en la sentencia de 23 de febrero de 2017 (cit) también aceptó como prueba válida la "lista Falciani" en relación con un proceso por delito fiscal en relación con la ocultación de 5 millones de euros en cuentas suizas, considerando cómo el nombre y cuentas del condenado figuraban en los documentos sustraídos por el exempleado del banco suizo HSBC, que dieron origen a la inspección tributaria en España, tras su remisión por las autoridades fiscales francesas. El TS distingue entre dos formas de obtención ilícita de documentos o datos de terceos; así, si tal obtención ilícita la realiza la policía o aparatos del Estado, tal prueba no sería válida en virtud del artículo 11 de la LOPJ; sin embargo, si tal obtención la realiza un particular desconectado de los aparatos del Estado y que no buscaba prefabricar pruebas sino obtener un lucro, sí puede dársele validez. El TSJ de Cataluña en la misma línea se pronuncia a favor del uso por la Administración tributaria española de las "fichas de cuentas bancarias" contenidas en la "lista Falciani" transmitidas por las autoridades francesas a las españolas, considerando que no tenían origen ilícito de acuerdo con el auto de la AN de 8 de mayo de 2013 (procedimiento nº 26/2012), y que la propia normativa de blanqueo de capitales española permite la comunicación de este tipo de información (artículo 23 Ley 10/2010), la cual fue comunicada por las autoridades francesas por cauces legales (artículo 26 CDI con España) sin que sea exigible o aplicable la garantía o previsión de ratificación que contempla el artículo 108.4 LGT 2003 (STSJ de Cataluña de 14 de marzo de 2016, rec. 676/2012). Desde otra perspectiva, el TJUE ha admitido la presentación de pruebas obtenidas ilegalmente por los contribuyentes en relación con la interposición de recursos invocando la infracción de la Directiva 95/46 por las autoridades fiscales al elaborar determinadas "listas de contribuyentes considerados testaferros o caballos blancos" (STJUE de 27 de septiembre de 2017, C-73/16, *Puskar*).

Como indicaremos al hilo de la exposición de la Directiva 2011/16/UE de Asistencia Mutua en materia tributaria, el TJUE se ha pronunciado específicamente sobre una cuestión prejudicial relacionada con un aspecto de los derechos del contribuyente en materia de intercambio de información **(STJUE de 22 de octubre de 2013, C-276/12, Asunto *Sabou*)**; así, en el asunto *Sabou* el Tribunal de Justicia declaró que los derechos del contribuyente afectado por requerimiento de información transfronterizo en el Estado requirente y requerido constituye una cuestión que corresponde resolver la legislador de cada Estado. Se reconoció, no obstante, que el derecho del contribuyente a cuestionar la corrección de la información transmitida por otros Estados debe ser concedido por el Estado requirente que hace uso de tal información en el marco de procedimientos administrativos o judiciales de carácter tributario (vid. Calderón 2014). El Tribunal Supremo de Países Bajos ha utilizado la jurisprudencia *Sabou* para rechazar un recurso de un contribuyente que argumentaba que las autoridades del Estado receptor de los datos transmitidos tienen la obligación de informar al contribuyente sobre la recepción de la información (sentencia del Hoge Raad de 5 de febrero de 2016, NºECLI:NL:HR: 2016:183). El Tribunal Europeo de Derechos Humanos, por su parte, en un contexto fáctico similar al planteado en el caso *Sabou* adoptó una posición similar, aunque rechazó seguir el razonamiento del TJUE en el referido asunto. Así, en el caso *Othymia Investmnets BV v. The Netherlands* (sentencia del TEDH de 16 de junio de 2015, Application nº 75292/10), consideró que el hecho de que las autoridades fiscales neerlandesas, como autoridades requeridas en el marco de una solicitud de información cursada por las autoridades españolas, transmitieran la información solicitada (disponible en sus bases de datos, incluyendo la obtenida en el curso de una inspección precedente) sin informar, ni dar audiencia al contribuyente afectado no constituía una vulneración de los artículos 8 (intimidad) y 13 del CEDH; el TEDH no fundamentó su posición en la doctrina del TJUE en el caso *Sabou* con arreglo a la cual durante la fase de investigación administrativa de un procedimiento de control tributario no es necesario informar a los afectados sobre la medidas para obtener información con tal fin; el TEDH consideró que lo relevante era determinar si la medida adoptada (obtención y transmisión de la información) sin dar audiencia y conceder derecho de impugnación para su control, resultaba compatible con el artículo 8 CEDH considerando los hechos y circunstancias del caso; el TEDH consideró que la medida estaba justificada y era proporcionada para lograr tales fines, teniendo en cuenta su contexto legal, objetivo y circunstancias; en particular, allí donde existieran motivos para pensar que la comunicación al contribuyente puede frustrar el objetivo del procedimiento de investigación puesto en marcha no resulta incompatible con el CEDH obtener y transmitir la información sin dar audiencia y derecho de recurso al afectado. El diferente enfoque del TEDH respecto del TJUE en *Sabou* evidencia que estamos ante una cuestión abierta que debe analizarse caso a caso (vid.: Baker 2016). De hecho, en otros asuntos donde se planteaba el levantamiento del secreto bancario a efectos fiscales, el TEDH consideró que no conceder a los afectados derechos de audiencia y recurso para poder defender sus derechos en el marco de tal procedimiento resultaba contrario al artículo 8 CEDH al articular una vulneración no justificada (casos *MN & Others v. San Marino*, TEDH 7 de julio de 2015, Application 28005/12; *Brito Ferrinho Bexiga Villa-Nova v. Portugal*, TEDH 1 de diciembre de 2015, Application 69436/10; y *GSB v. Switzerland*, TEDH 22 diciembre de 2015, Application 28601/11, este último sobre el acuerdo EEUU-Suiza en relación con la transmisión de los datos de UBS). Ciertamente, tras la sentencia del TJUE en el caso *Berlioz* C-682/15 de 16-05-2017 (expuesta más arriba y en el capítulo VIII de la Parte II de esta obra), cabe considerar que la doctrina *Sabou* ha quedado superada o cuando menos seriamente matizada en la línea que estamos comentando relativa a una mayor protección de los derechos de participación de los obligados tributarios afectados por los procedimientos de asistencia mutua internacionales. Sin ánimo de exponer con detalle la jurisprudencia *Berlioz*, cabe apuntar cómo el TJUE ha establecido que las disposiciones de la Directiva 2011/16 y el artículo 47 de la Carta Europea de derechos fundamentales establecen garantías a favor de los contribuyentes afectados por requerimientos de información tributarios de cara a permitirles controlar la legalidad de los mismos a través de los correspondientes procedimientos administrativos y judiciales de revisión, en el marco de los cuales deben poder no sólo cuestionar su validez sino también su alcance en condiciones adecuadas desde una perspectiva de su derecho de defensa (*fair process & equality of arms*). Nótese, no obstante, que el TJUE no se pronunció ni extendió tales garantías procesales al contribuyente objeto de la investigación en el Estado requerido, sino que únicamente se pronunció a favor de conceder tal derecho de participación (recurso cuestionando la legalidad y la imposición de sanciones) al obligado tributario que fue objeto del requerimiento por las autoridades fiscales del Estado requerido. Esta doctrina podría tener impacto más allá de la UE respecto de aquellos países que hayan concluido el CEDH con arreglo a su artículo 6 en relación con procedimientos tributarios que impliquen la imposición de sanciones con naturaleza penal. En la sentencia de 27 de septiembre de 2017 (C-73/16, *Puskar*), el TJUE, siguiendo la doctrina *Berlioz*, puso de relieve cómo el artículo 47 de la Carta de Derechos Fundamentales de la UE otorga protección a los contribuyentes en relación con el derecho a la tutela judicial efectiva frente a actuaciones administrativas como la elaboración y uso de listas de contribuyentes, en el sentido de que éstos ostentan un derecho a interponer recursos dirigidos a controlar la legalidad de tal actuación respecto de las garantías establecidas en la Directiva 95/46 de tratamiento de datos personales que aplica al tratamiento de datos fiscales por la Hacienda Pública.

En este mismo orden de cosas, puede tener interés igualmente apuntar algunas ideas sobre las posibilidades de suspender la tramitación del requerimiento y la transmisión de los datos por el Estado requerido:

A) **Supuesto donde la legislación doméstica del Estado requerido establece derechos de participación:**- La legislación reconoce el derecho de notificación del afectado y recurso suspensivo: control judicial y suspensión cautelar, plazos cortos de recurso y resolución.- La OCDE considera que los procedimientos no pueden ser obstructivos y debe establecerse la posibilidad de excluir su aplicación en circunstancias excepcionales donde el Estado requirente solicite la no comunicación al afectado motivando perjuicios graves en la investigación del fraude. La legislación de algunos países (Suiza, Bélgica, Hong Kong, Andorra, etc) ha regulado procedimientos que establecen estos derechos de participación a favor de los obligados tributarios afectados, pero en los últimos tiempos, como consecuencia de la posición adoptada por el Global Forum, se han limitado tales derechos de participación en el sentido de que las autoridades del Estado requirente pueden solicitar a las del Estado requerido la suspensión temporal de la notificación a los afectados de la investigación y requerimiento en casos de fraude donde exista riesgo de que tal notificación pueda frustrar el resultado de la investigación (un modelo más laxo de derechos de participación se ha implementado en Austria; vid Blum). El Tribunal Constitucional de Bélgica, en su sentencia de 16 de julio de 2015 (nº107/2015), consideró que la regulación belga que establecía este tipo de limitaciones al derecho de participación de los afectados resultaba constitucional desde la perspectiva del principio de seguridad jurídica y acorde con el artículo 7 de la Directiva 2011/16/UE; en esta misma línea tal tribunal también ha declarado la constitucionalidad de la normativa belga que limita el derecho de deducibilidad fiscal de determinados pagos a sujetos que operan en "tax havens" a la presentación de una declaración al respecto, incluso cuando se probara el carácter genuino de las operaciones subyacentes, considerando que prevalece el interés público relacionado con la eficacia del control fiscal sobre el derecho de los contribuyentes que invocaron la igualdad tributaria (Sentencia del Tribunal Constitucional belga de 21 de enero de 2016, Nº11/2016).

B) **Supuesto donde la legislación doméstica del Estado requerido no contempla específicos derechos de participación:**- Utilización de mecanismos de recursos ordinarios, vía de hecho, mecanismos protección derechos fundamentales.- Suspensión de actos administrativos que puedan causar daño grave o irreparables al afectado, el cual debe probar tal perjuicio irreparable, los argumentos de fondo que hagan dudar de la legalidad del requerimiento, y que tal suspensión no genera daño irreparable o grave al Estado requirente (doctrina US District Court Nevada, 21 junio de 2013, *Salomon Villareal vs US*, Nº2: 11-CV-1594 JCM GWF). La sentencia de la High Court of New Zealand en el caso *Chatfield* (2017 NZHC 3289; vid. Holmes 2018) constituye un ejemplo ilustrativo de cómo los tribunales de algunos países están reforzando las garantías de los obligados tributarios afectados por requerimientos de información transfronterizos exigiendo a las autoridades fiscales una mayor motivación de los requerimientos en el sentido de acreditar las condiciones de legalidad de los mismos con arreglo a la cláusula del CDI de que se trate; en este caso el fisco de Corea solicito a las autoridades fiscales de Nueva Zelanda información sobre varias entidades residentes clientes de un asesor fiscal local; tales requerimientos fueron impugnados al considerarse que no se había acreditado ni la trascendencia fiscal de los mismos ni el agotamiento de las vías internas de obtención de la información; el Tribunal rechazó la argumentación de la administración del Estado requerido en el sentido de que tal revisión del requerimiento no se había realizado a fondo ya que confiaban en la buena fe de la administración requirente y que, además, las *peer reviews del Global Tax Forum* permitían considerar que el sistema coreano de asistencia mutua operaba correctamente; a su vez, la administración NZ no aportó al tribunal documentos (el requerimiento) que permitieran verificar el cumplimiento de los referidos requisitos y, por tanto, su legalidad. La sentencia de la *Court of Appeal de Singapur*, de 4 de mayo de 2018, aporta otro ejemplo de control judicial de requerimientos de información por parte de Corea a Singapur en relación con información bancaria, donde sí se sustanció con evidencias los condicionantes del requerimiento de información (trascendencia tributaria de los datos requeridos).A este respecto, cabe reseñar la posición restrictiva adoptada por el TEAC en su resolución de 20 de octubre de 2000, donde rechazó la solicitud de suspensión de la transmisión de información requerida por las autoridades francesas hasta que no se comprobara que las autoridades requirentes habían cumplido con todas las garantías procedimentales para solicitar la información.

La tendencia internacional (impulsada por los *Peer Reviews del Global Forum on Tax Transparency and Exchange of Information*) pasa por minimizar los derechos de participación de los contribuyentes en el Estado requerido (suspensión de derechos de audiencia, notificación y recurso en casos de fraude fiscal o donde hay riesgo de perjudicar resultado inspección del Estado requirente). La reciente reforma de la legislación de Luxemburgo (junio 2014) constituye un caso paradigmático, aunque pueden mencionarse movimientos legislativos de otras jurisdicciones en la misma dirección (v.gr, Singapur, Suiza, Jersey, Hong Kong), y de acuerdo con la misma.

• Requerimiento de información del otro Estado recibe el tratamiento de confidencial. Cabe mencionar cómo la legislación de Singapur fue modificada en el año 2014 a efectos de establecer la confidencialidad del requerimiento, dado que con anterioridad los contribuyentes podían solicitar el acceso al mismo en los tribunales (ver el caso *AXY & Ors v. Comptroller of Income Tax*, 2015 SGHC291, Singapore High Court). La Audiencia Nacional también ha rechazado, a nuestro juicio, erróneamente, la solicitud de un contribuyente frente a la Administración tributaria española a los efectos de obtener el acceso al contenido del requerimiento de información remitido y la información transmitida por las autoridades fiscales extranjeras de acuerdo con los instrumentos de asistencia administrativa en materia fiscal (SAN de 25 de septiembre de 2003, rec. 1001/2000). Tal y como indicamos más arriba, la posición actualmente dominante pasa por preservar la confidencialidad del requerimiento de información en el marco de procedimientos que tienen por objeto revisar la legalidad de la transmisión de información a efectos de no perjudicar la investigación, pudiendo el contribuyente o administrado afectado acceder a la restante información que le permita controlar la concurrencia del condicionante de "previsible relevancia" de los datos solicitados (véase lo expuesto supra en relación con la STJUE en el caso *Berlioz* C-682/15 de 16-05-2017, y la sentencia del *New Zealand High Court* en el caso *Chatfield & Co v. Comm'r*, 2016 NZHC 1234, excluyendo el derecho de acceso al requerimiento de información en el Estado requerido en el marco de un proceso de revisión de su legalidad, vid. Holmes 2016); ahora bien, tal regla de confidencialidad no parece que deba mantenerse en el marco de procedimientos administrativos o judiciales de revisión de la regularización tributaria que hace uso de tal información en el Estado requirente, ya que el acceso a todo el expediente garantiza la igualdad de armas y el derecho de defensa del contribuyente (véase lo expuesto supra sobre la STJUE en el caso *Berlioz* C-682/15 y su impacto internacional en aplicación del artículo 6 CEDH).

• El poseedor de la información requerida por el Fisco nacional debe remitirla sin alteración alguna en el plazo de 1 mes, incluyendo documentos donde aparezcan datos de terceros. Sanción por incumplimiento hasta 250 mil euros.

• En casos de urgencia o donde existe riesgo de minar el éxito de la inspección del Estado requirente, las autoridades locales pueden prohibir a la entidad financiera y sus empleados en posesión de la información solicitada, de revelar la existencia del requerimiento de información local al cliente o contribuyente afectado. Sanción por incumplimiento hasta 250 mil euros.

• Procedimientos acelerados para ejercitar los derechos de participación por los contribuyentes. A este respecto, los tribunales de Jersey, con motivo de la reducción de los plazos para interponer recursos frente a la transmisión internacional de información por parte de las autoridades nacionales, han confirmado la legalidad de la legislación doméstica a los efectos del cumplimiento de un TIEA con otros países, rechazando la vulneración del artículo 6 CEDH con respecto a la imposibilidad de apelar la decisión de tribunal una vez oído el contribuyente (Royal Court of Jersey, caso *Larsen and Volaw v. Comptroller of taxes and States of Jersey*, 2015 JRC 244).

• Admisión de la retroactividad de las cláusulas de intercambio de información de CDI, salvo cláusula en contrario.

Por último, cabe reseñar algunos pronunciamientos de tribunales nacionales y extranjeros (no incluidos en los trabajos citados más arriba) sobre la utilización y valor probatorio de datos transmitidos por autoridades extranjeras, a través de la asistencia mutua, en el marco de procedimientos de regularización tributaria. El TEAC, en el marco de un caso donde se ventilaba la cuestión de prueba de la titularidad de determinadas cuentas bancarias en una entidad no residente que no fueron declaradas a partir de una información obtenida por la AEAT a través de un procedimiento de asistencia mutua internacional, ha fijado criterio sobre la interpretación del artículo 108.3 LGT en este contexto, en el sentido de que la información suministrada por otros Estados no puede comprenderse dentro de la información que figura en un registro fiscal u otro de carácter público a la que se refiere el artículo 108.3 LGT. Tampoco le resulta aplicable la previsión contenida en el artículo 108.4 LGT, por lo que no procede exigir a la administración tributaria española que requiera de las autoridades tributarias de los otros Estados la ratificación de la información que previamente han remitido, como si se tratara de datos incluidos en declaraciones tributaria de otro obligado tributario o de contestaciones a requerimientos en cumplimiento de la obligación de suministro de información recogida en los artículos 93 y 94 de la LGT. Así, si el obligado tributario al que se refiere la información transmitida alegara su falsedad o inexactitud, regirán las normas generales sobre medios y valoración de la prueba contenidas en el CC, LEC y LCG, y entre otros los principios de valoración conjunta de la prueba y facilidad probatoria o proximidad a los medios de prueba (RTEAC de 2 de diciembre de 2015, Rec. 1789/2015, estimado el recurso extraordinario de alzada para unificación de criterio promovido por el Director Departamento de Inspección de la AEAT sobre la interpretación del artículo 108 LGT en el marco de los procedimientos de asistencia mutua internacional; en parecidos términos véase la

STSJ Cataluña de 14 de marzo de 2016, Rec 676/2012). Esta doctrina plantea dudas sobre su compatibilidad con los principios de igualdad y tutela judicial efectiva, así con la propia jurisprudencia comunitaria; a este respecto, el TJUE en los casos *Passenheim* y *Halley* ha rechazado la aplicación de normas procedimentales discriminatorias en el marco de comprobaciones domésticas y transfronterizas (vid.: Calderón/Seara), y también ha admitido que las autoridades fiscales en ciertas circunstancias está obligada a dirigir una solicitud de información fiscal a las administraciones tributarias de otros Estados miembros cuando dicha solicitud sea útil o incluso indispensable para acreditar los hechos relevantes en el caso de que se trate (STJUE de 17 de diciembre de 2015, Asunto *WebMindLicenses*, C-419/14, apartados 55-59. También resulta reseñable alguna jurisprudencia internacional donde se ha puesto de relieve en el marco de procesos judiciales cómo el Reglamento UE nº1206/2001 sobre cooperación entre tribunales de Estados miembros en materia civil y mercantil no puede ser utilizada para el examen de testigos residentes en el extranjero, lo cual plantea problemas con el principio de contradicción; también se ha planteado el problema de la autoincriminación, de suerte que los tribunales neerlandeses consideran que el contribuyente debe cumplir con sus obligaciones de colaboración con el Fisco resolviéndose el conflicto por la vía de excluir el uso de la información incriminatoria en los procedimientos sancionadores (esta posición ha sido admitida por el TEDH en el caso *Van Weerelt*, sentencia de 16 de junio de 2015, Application nº784/14; vid.. Baker 2016); en otros países, como Canadá, el conflicto no surge ya que los procedimientos criminales se tramitan con anterioridad a los liquidatorios (Rickenbacher-Omlin 2016, p. 293 y ss).

Ciertamente, el panorama descrito revela cómo el desarrollo de los procedimientos internacionales de asistencia mutua que se ha venido produciendo en las últimas décadas se ha llevado a cabo, como en otros ámbitos, haciendo prevalecer el interés público en la eficacia de los mecanismos de control fiscal, obviando o minimizando los derechos de los obligados tributarios afectados. La protección de los datos de los contribuyentes va más allá de la confidencialidad de la información fiscal. Se requiere que se articule un modelo más equilibrado que permita controlar la legalidad de las transmisiones de datos, el uso de la información transmitida y recibida, su carácter fidedigno, etc. En este sentido, las autoridades fiscales de algunos países avanzados como EEUU ya han destacado cómo estos nuevos mecanismos de asistencia mutua via intercambio automático de información no constituyen una "panacea" a efectos del "enforcement" ya que se transmite mucha información errónea o inútil (falsos positivos; vid.: Gattoni-Celli, en relación con el IRS y FATCA). De esta forma, los denominados derechos de participación pueden contribuir a instrumentar tal equilibrio, considerando como la ausencia de un adecuado nivel de protección amenaza con desestabilizar el sistema de fiscalidad internacional (Baker 2016 b, p. 583 y ss.; véase también la crítica de Rocha 2016).

4.   TIPOS DE INTERCAMBIOS DE INFORMACIÓN QUE PERMITE EL ARTÍCULO 26 DEL MODELO DE CONVENIO DE DOBLE IMPOSICIÓN

Por lo que se refiere a las modalidades de intercambio de información, lo cierto es que son tres las fórmulas más típicas, aunque se considera que los CDIs no impiden otros sistemas (parágrafos 8 y 9 de los comentarios al artículo 26 ModCDI). Lo mismo acontece con el Convenio Multilateral OCDE/Consejo de Europa (Protocolo 2010) de asistencia mutua, que comprende un conjunto de mecanismos de asistencia administrativa en materia tributaria. En cambio los Acuerdos de Intercambio de Información tributaria normalmente sólo instrumentan el intercambio previo requerimiento o rogado.

• En primer lugar, el denominado **«intercambio rogado»** o **«previo requerimiento»**, como su propio nombre indica se produce cuando las autoridades competentes de un Estado miembro se dirigen a las del otro para requerirles datos sobre un concreto obligado tributario que está siendo investigado. Este tipo de intercambios son los que se emplean en el marco de procedimientos de inspección al objeto de recabar o comprobar datos sobre las actividades foráneas del inspeccionado y, por tanto, constituyen posiblemente la modalidad de intercambio más relevante.

• El «**intercambio espontáneo**», por su parte, tiene lugar cuando las autoridades de un Estado consideran que un obligado tributario que ha sido investigado podría estar defraudando los impuestos de otro Estado contratante con el que media un CDI (o de otro Estado miembro de la UE). Tiene, por tanto, carácter esporádico y no responde a un requerimiento previo. La OCDE desarrolló un Manual sobre intercambio espontáneo que ilustra su operatividad y funcionalidad (OECD, *Manual on the Implementation of Exchange of Information Provisions for Tax Purposes, Module 2 on Spontaneous Exchange of Information,* CFA, 23 January 2006). Esta modalidad de intercambio de información ha experimentado un desarrollo notable como consecuencia de lo establecido en el Informe Final OECD/G20 sobre la Acción 5 de BEPS que establece el estándar mínimo frente a las prácticas fiscales perniciosas, exigiendo que todos los Estados intercambien espontáneamente información sobre determinados tax rulings/APAs; el cumplimiento de tales obligaciones de intercambio resulta monitorizada por el *BEPS Inclusive Implementation Framework* que está compuesto por más de 100 países y opera a través de peer reviews periódicas. La OCDE, en el marco del *Inclusive Framework on BEPS*, ha adoptado un nuevo estándar de sustancia económica mínima exigible a jurisdicciones *"zero tax"*, que trae consigo **nuevas obligaciones de intercambio espontáneo** por tales jurisdicciones a efectos de que los otros países puedan controlar las actividades que eventualmente puedan desarrollarse en tales jurisdicciones por las entidades residentes en las mismas (OECD, *Resumption of Application of Substantial Activities Factor to No or only Nominal Tax Jurisdictions*, Action 5 BEPS, November 2018).

• En tercer lugar, el «**intercambio automático**» se produce en «masa» y con arreglo a un «plan previo» que han acordado las autoridades competentes de los Estados; lo que se intercambia son datos relativos a la obtención de rentas pasivas (dividendos, intereses, cánones, pensiones) por residentes de un Estado en el territorio del otro. Se trata de un mecanismo antifraude muy efectivo, especialmente en los últimos tiempos, dado que se está «estandarizando su formato» e informatizando la transmisión, lo cual facilita enormemente su procesamiento y uso por el Estado receptor. Para que puedan llevarse a cabo este tipo de intercambios, en principio, parece necesario que las autoridades competentes de los Estados miembros. En el ámbito comunitario de la Directiva de Fiscalidad del Ahorro se han regulado específicamente determinados supuestos de intercambio automático. La OCDE ha elaborado recomendaciones sobre intercambios de información automáticos, como la de 23 de julio de 1992 relativa al uso del formato magnético uniforme para intercambios automáticos de información [C (92) 50/FINAL], la de 13 de Marzo de 1997 sobre el uso de tal formato [C (97) 30/FINAL] y la de 22 de marzo de 2001 (C(2001)28/FINAL). Debe destacarse en todo caso que aunque el intercambio automático actualmente forma parte del estándar internacional de transparencia e intercambio de información establecido a nivel internacional en el marco de los trabajos del Global Tax Forum, la OCDE (y la Comisión UE), de forma tal que ya se han puesto en marcha los mecanismos para su implementación (a partir de los años 2017-2018) y futuro control a nivel internacional (véase en este sentido el informe OCDE, *Automatic Exchange of Information*, OECD, Paris, 2012, así como los informes posteriores comentados en Calderón 2014c y Radcliffe 2014). Entre los factores que más contribuyó al desarrollo de esta modalidad de intercambio cabe citar la normativa FATCA (2010) de EEUU y su implementación a través de acuerdos intergubernamentales, así como los mecanismos comunitarios en materia de asistencia mutua (Directiva 2011/16/UE, particularmente tras la modificación operada a través de la Directiva 2014/107/UE que superó el modelo de intercambio automático establecido originariamente por la Directiva 2003/48 de Fiscalidad del Ahorro). **España ha firmado acuerdos administrativos de intercambio automático de información tributaria** en el marco de CDI/TIEAs con EEUU, Panamá, Uruguay y Canadá, y están en tramitación acuerdos con Brasil, Bélgica o Italia (nota Consejo de Ministros de 12-04-2013). El Convenio Multilateral OCDE-Consejo de Europa (Protocolo 2010), en materia de asistencia mutua articula una plataforma multilateral que instrumenta el intercambio automático, aunque deben establecerse los correspondientes acuerdos bilaterales entre los Estados parte del mismo a tal efecto (cuya base y modelo se acordó en la reunión del Global Forum celebrada en Berlín el 29 de octubre de 2014: Acuerdo Multilateral entre Autoridades competentes sobre intercambio automático de información de cuentas financieras, BOE 13 de agosto de 2015). Asimismo, debe tenerse en cuenta que cómo consecuencia de la Acción 13 de BEPS se ha puesto en marcha un nuevo mecanismo que instrumenta el intercambio automático de información fiscal país por país de MNEs, el cual también se ha desarrollado a nivel comunitario a través de la Directiva UE 2016/881. Igualmente, el **intercambio automático de los informes fiscales país por país** se realizará con los restantes países (no miembros de la UE) pivotando sobre tratados internacionales de asistencia mutua en materia tributaria; nótese a este respecto cómo España firmó, el 27 de enero de 2016, el Acuerdo Multilateral entre Autoridades Competentes para el intercambio de informes país por país, el cual se publicó en el BOE el 29 de septiembre de 2017, quedando la entrada en vigor de tal acuerdo administrativo internacional a lo previsto en su artículo 8, en relación con países que hayan concluido el Convenio OCDE/Consejo de Europa de Asistencia Administrativa Mutua en materia fiscal y adopten una posición simétrica (matching position) a este respecto. España ha emitido una declaración sobre la fecha de efecto para los intercambios de información previstos en el referido Acuerdo Multilateral entre autoridades competentes para el intercambio de los informes país por país (Declaración 24-10-2017, publicada en el BOE del 2-1-2018).

• Existen otras formas de intercambio, como las «**inspecciones fiscales simultáneas**» o el desplazamiento de inspectores de un Estado al territorio de otro, que se emplean cada día con mayor asiduidad como consecuencia de la necesidad que tienen las Administraciones tributarias modernas de intensificar la cooperación internacional para controlar la fiscalidad de las empresas multinacionales y, en general, las operaciones económicas transnacionales. Existe una fuerte tendencia hacia la articulación de mecanismos y procedimientos de inspección internacionales y multilaterales y en tal sentido ya existen iniciativas y modelos desarrollados por países de la OCDE, FTA y ATAF que trascienden de las tradicionales inspecciones unilaterales-domésticas instrumentando inspecciones conjuntas internacionales multilaterales. En particular, la OCDE publicó en el año 2010 su *Joint Audit Report*, donde se ponía en valor las ventajas derivadas de este modelo de inspecciones conjuntas multilaterales, indicándose igualmente que tanto los CDI como el Convenio Multilateral de Asistencia Mutua en materia tributaria (o la Directiva 2011/16) constituían una base legal suficiente para llevarla a cabo, aunque no sin ocultar los obstáculos legales y prácticos que existen para desarrollar este tipo de mecanismos a gran escala (Burgers/Criclivaia 2016). El programa **ICAP** (*International Compliance Assurance Program*) anunciado por el FTA el 29 de septiembre de 2017, constituye otra expresión de la globalización administrativa que en este caso persigue el análisis y evaluación de una serie de riesgos fiscales de grandes empresas MNEs de forma multilateral y con participación del contribuyente a efectos de reducir costes de supervisión y eventualmente lograr un enfoque administrativo común sobre tales riesgos y las correspondientes medidas de cumplimiento tributario que deben adoptarse (Johnston 2017, Calderón 2018).

Tanto los CDI como la Directiva UE 2011/16/UE, permiten una asistencia administrativa que combina todas estas modalidades. Un buen ejemplo de ello resulta del *Memorandum of Understanding* **firmado entre las autoridades fiscales neerlandesas y la AEAT firmado en 2017** (*StaatsCourant*, nº19940, 11 April 2017). Este MOU reemplaza el firmado en el año 2006 y adapta el referido marco de intercambio de información a los cambios introducidos en la materia a través de las distintas modificaciones realizadas por el "legislador europeo" sobre la versión original de la Directiva 2011/16. Básicamente, el MOU amplía (y define) las categorías objeto de **intercambio automático de información** entre las dos administraciones tributarias utilizando como referencia material las categorías de renta reguladas en el CDI (aunque muchas de tales categorías se definen por referencia a la legislación interna del Estado de la fuente), de manera que tal intercambio automático se llevará a cabo respecto de las siguientes categorías de rentas:

• Renta inmobiliaria del artículo 7 del ModCDI;
• Dividendos del artículo 10 del ModCDI;
• Intereses del artículo 11 del ModCDI;
• Cánones del artículo 12 del ModCDI;
• Renta de servicios personales independientes (artículo 15 del ModCDI);
• Renta de servicios personales dependientes y funciones públicas, de acuerdo con artículos 16 y 20 del CDI.

- Remuneraciones de administradores del artículo 17 del ModCDI.
- Rentas obtenidas por artistas y deportistas del artículo 18 del ModCDI.
- Renta derivada de pensiones, rentas vitalicias y remuneraciones similares de los artículos 19 y 20 del CDI; y
- Otras rentas del artículo 23 del ModCDI.

Por otro lado, el MOU hispano-holandés desarrolla las reglas que contiene la Directiva 2011/16 sobre las cada vez más frecuentes **inspecciones fiscales simultáneas y sobre el desplazamiento de inspectores** de un país al otro al efecto de asistir a determinadas actuaciones de comprobación.

5. EL 2002 OECD AGREEMENT ON EXCHANGE OF INFORMATION ON TAX MATTERS: EL MODELO DE ACUERDO DE INTERCAMBIO DE INFORMACIÓN TRIBUTARIA

Otro gran eslabón en esta cadena dirigida a establecer el estándar internacional en materia de transparencia e intercambio de información lo representa el *OECD Agreement on Exchange of Information on Tax Matters* publicado el 18 de abril de 2002. Se trata de un documento elaborado por el *OCDE's Global Forum Working Group on Effective Exchange of Information* que ha incluido representantes de varios Estados miembros y otros terceros países como Aruba, Bermuda, Bahrain, Islas Cayman, Chipre, Isla de Man, Malta, Mauricio, Antillas neerlandesas, Seychelles y San Marino. Estamos, por tanto, ante un auténtico modelo de convenio sobre intercambio de información a efectos fiscales que se ha elaborado conjuntamente entre la OCDE y algunos de los países calificados como «territorios de baja tributación» (TBTs, en adelante) que han decidido cooperar con el proyecto de competencia fiscal perniciosa; a la vista del contenido del citado modelo no puede afirmarse que la participación de los referidos «TBTs» haya sido formal o presencial, toda vez que el modelo articula un cierto equilibrio entre los intereses y posiciones defendidas por unos y otros países; las amplias obligaciones de suministro de datos de los TBTs frente a los países OCDE son en cierto modo compensadas con otras (contra)cláusulas que restringen de forma relevante tales obligaciones. El modelo de convenio, a pesar de ser un instrumento de *soft-law* no vinculante, representa y articula las «obligaciones» mínimas de transparencia e intercambio de información que deben cumplir los referidos «paraísos fiscales cooperadores» a efectos de no sufrir o soportar las «contramedidas» que puedan poner en marcha los Estados miembros OCDE frente a las «territorios de baja tributación» no cooperadores. Nótese que este Modelo de Intercambio de información es el que consolida el alto estándar de transparencia e intercambio de información a los efectos del proyecto OCDE de competencia fiscal perniciosa. No obstante, este alto estándar se ha volcado en el ModCDI a partir de 2005 y, por tanto, se pretende expandir el ámbito de su aplicación más allá de lo previsto originariamente. Igualmente, debe apuntarse que existe una tendencia que se manifiesta en la práctica convencional de algunos países, como EEUU y España, dirigida a negociar acuerdos de intercambio de información o CDIs sobre la base del Modelo 2002 de intercambio de información, a los efectos de excluir la aplicación de sus contramedidas unilaterales frente a países calificados como «paraísos fiscales» con arreglo a su legislación. España ya ha negociado los Acuerdos de Intercambio de información con las antiguas Antillas neerlandesas, San Marino, Aruba, con Andorra, Bahamas, Islas Cayman, Panamá entre otros; también se han concluidos CDI con cláusula de intercambio de información efectiva con Panamá, Barbados, Trinidad y Tobago, Uruguay, Hong Kong o Singapur. Posiblemente durante los próximos años asistamos a un uso más intensivo de estos mecanismos, así como a una actualización y desarrollo de las cláusulas de intercambio de información previstas en los CDIs, a la vista del éxito obtenido por el G-20 (cumbre de abril de 2009) y de la OCDE y la UE a la hora de exigir el cumplimiento a nivel global de los estándares OCDE de transparencia e intercambio de información; buena muestra de ello son las declaraciones unilaterales en tal sentido realizadas por países como Suiza, Andorra, Liechtenstein, Singapur, Bélgica y Luxemburgo (vid. OECD, *Improved tax cooperation boost to restoring financial confidence*, 15-03-2009, www.oecd.org).

Ahora bien, la evolución de los estándares de transparencia e intercambio de información, profundizando en la efectividad y alcance del mecanismo del intercambio rogado e introduciendo el intercambio automático, podría estar provocando una cierta superación y obsolescencia de los acuerdos de intercambio de información tributaria, de manera que todo apunta a que los diferentes países podrían tener que reemplazarlos a corto plazo por mecanismos más avanzados y completos como CDI o por el Convenio Multilateral OCDE/Consejo de Europa (Protocolo 2010).

El análisis del nuevo modelo de convenio sobre intercambio de información en materia fiscal (2002) excede de los límites de este trabajo, por lo cual únicamente podemos dar aquí noticia de su existencia y de algunos de sus principales aspectos:

En primer lugar, se trata de un modelo de convenio que debe servir de base para la conclusión de acuerdos bilaterales o multilaterales por parte de las «áreas de baja tributación» con los Estados miembros OCDE. Se trata de un modelo de mínimos, de manera que delimita un umbral intercambio de información efectivo en materia fiscal a efectos de cumplir con las exigencias que el proyecto de competencia fiscal perniciosa impone a los «TBTs» al objeto de ser considerados países o territorios cooperadores. Tales países o territorios pueden concluir convenios sobre la base de otros modelos siempre y cuando se articule un intercambio efectivo más amplio. En todo caso, debe señalarse que este modelo, a pesar de aparecer como un convenio-tipo sobre «intercambio de información», a la postre constituye un instrumento de *suministro* (unilateral) de información por parte de los países calificados como territorios de baja tributación a los países de la OCDE que necesitan tal información para la efectiva aplicación de su sistema tributario, aunque se contempla igualmente la posibilidad de intercambio bilateral o recíproco y en la práctica es frecuente adoptar esta fórmula.

En segundo lugar, estamos ante un modelo que permite el intercambio de información fiscal en su más amplio sentido; esto es, no sólo permite la transmisión de datos fiscales a efectos de todo procedimiento administrativo de gestión tributaria, sino también contempla la posibilidad de que se lleve a cabo suministros de información a los efectos de la persecución de delitos tributarios por parte del Estado requerido; a estos efectos, se ha excluido que el Estado requerido limite sus obligaciones de información invocando el principio de «doble incriminación». La amplitud de las obligaciones de intercambio presenta, sin embargo, algunas cortapisas, de suerte que el Estado requerido sólo debe intercambiar información cuando se pruebe la «trascendencia tributaria» efectiva de la información solicitada.

En tercer lugar, el modelo únicamente contempla el intercambio de información previo requerimiento, de forma que otras modalidades de intercambio como el automático o el espontáneo no han sido incorporadas al mismo; la omisión del intercambio automático tiene una enorme trascendencia limitando en buena medida las posibilidades de control de inversiones de cartera o de rendimientos del capital en áreas de baja tributación.

En cuarto lugar, las obligaciones de intercambio de información que deben asumir los «TBTs» exceden de aquellos datos con trascendencia tributaria que posean las autoridades competentes de los mismos; el modelo de convenio establece obligaciones de obtención de información relativa a datos en poder de instituciones financieras o de personas que actúen como agentes o fiduciarios (*trustees*); los «TBTs» también deben suministrar toda información con trascendencia tributaria relativa a la titularidad de participaciones en personas jurídicas, sociedades de personas, *trusts*, fundaciones. No hace falta insistir en las implicaciones que posee esta «flexibilización» del «secreto bancario», toda vez que resulta evidente que a través de la misma se derriba uno de los principales diques u obstáculos al intercambio efectivo de información a efectos fiscales. En esta misma línea, el modelo contempla la posibilidad de que el Estado requerido autorice el desplazamiento a su territorio de inspectores fiscales del Estado requirente al objeto de que puedan examinar documentos con trascendencia tributaria o interrogar a personas relacionadas con la investigación fiscal; tales actuaciones deberán contar con el consentimiento del sujeto afectado; éste requisito, sin embargo, no se exige en los casos donde los inspectores desplazados se limiten a realizar funciones «pasivas» como estar presentes en inspecciones realizadas por funcionarios del Estado requerido.

En quinto lugar, resulta relevante destacar algunos de los límites que establece el modelo en relación con las obligaciones de suministro de información; a este respecto se recogen las limitaciones tradicionales ya previstas en el apartado 2° del artículo 26 ModCDI; en este sentido, no existe obligación de intercambio cuando el requerimiento sea contrario al convenio o los datos sean requeridos para la exacción de un tributo discriminatorio; por otro lado, no existe obligación de suministro de la información cuando ésta afecte a un secreto empresarial, comercial o profesional; asimismo, no existe obligación de obtener ni intercambiar información que revelaría datos confidenciales relativos a comunicaciones entre un abogado/asesor y su cliente, donde tales comunicaciones se han producido con motivo de la procura de asesoramiento legal. El modelo también recoge, como no podía ser de otro modo, la cláusula de secreto tributario internacional prevista en el artículo 26 ModCDI al objeto de limitar la cesión y uso de la información intercambiada; a este respecto, merece señalarse que no se contemplan «intercambios triangulares».

Finalmente, merece ponerse de relieve que el tratamiento de que son objeto los «derechos de participación» que el Estado requerido establece a favor de los sujetos afectados por el intercambio; los comentarios (parágrafos 5-7) al artículo 1 del modelo de intercambio de información revelan que éste ha sido un aspecto ampliamente debatido y en el que se ha llegado a un punto de equilibrio entre unos y otros países; a la postre, el modelo permite que operen tales derechos de participación en el marco de estos suministros de información, aunque tales derechos deben estar configurados de forma que se elimine su carácter «obstruccionista» del procedimiento. En relación con la posición de los obligados tributarios en el marco del procedimiento de intercambio de información, nos remitimos a los trabajos monográficos en que hemos abordado esta materia (Calderón 2011 y 2014).

6. PRÁCTICA CONVENCIONAL ESPAÑOLA EN MATERIA INTERCAMBIO INFORMACIÓN TRIBUTARIA

Tan sólo el **CDI concluido originariamente entre España y Suiza** en 1966 no contenía la cláusula de intercambio de información prevista en el artículo 26 ModCDI; no obstante, debe señalarse que durante 2005 y 2006 tuvieron lugar negociaciones para introducir una cláusula de este tipo en el CDI, como consecuencia de la firma del Acuerdo CE-Suiza, de 2 de junio 2004, por la que se adoptan medidas equivalentes a las previstas en la Directiva 2003/48/CE); tales negociaciones cristalizaron en un Protocolo de 29 de junio de 2006 que modifica el CDI, introduciendo en el convenio importantes modificaciones entre las que destaca una cláusula de intercambio de información tributaria para la aplicación del Convenio y la legislación interna de los Estados contratantes que ya se encuentra en vigor (vid. infra); en Julio de 2011 se ha firmado un segundo Protocolo que modifica el CDI de 1966 con Suiza en diversos aspectos, incluyendo la cláusula de intercambio de información que es expuesta más abajo. En este mismo orden de cosas es reseñable el Convenio Antifraude CE-Suiza, de 18 de diciembre de 2008, que permite el intercambio de información a efectos tributarios (impuestos indirectos) y del blanqueo de capitales (DOUE L 46/6 17-02-2009). Nótese igualmente que las autoridades europeas y suizas firmaron, el 27 de mayo de 2015, un Protocolo que modifica el Acuerdo fiscal UE-Suiza, de 2 de junio de 2004, estableciendo un mecanismo de intercambio automático de información sobre cuentas financieras (alineado al estándar OCDE CRS) entre Suiza y los Estados miembros de la UE, a partir de 2018, así como una cláusula que regula el intercambio rogado, adaptado al estándar internacional (artículo 26 MC OCDE 2014 y Directiva 2011/16/UE), superando por tanto lo establecido en los CDI bilaterales.

Los restantes CDIs recogen la cláusula de intercambio de información en términos muy próximos a lo previsto en el ModCDI. La evolución de esta cláusula en el propio ModCDI se refleja en los propios CDIs españoles, de suerte que las pequeñas diferencias que se van introduciendo en las distintas versiones del ModCDI se trasladan a los CDIs españoles que se han negociado tomando como base tales convenios-tipo. De esta forma, la cláusula de intercambio de información recogida en los CDIs negociados siguiendo el PC OCDE 1963 posee un diferente alcance que la que contienen los CDIs concluidos siguiendo versiones posteriores del ModCDI (1977-2010).

Además de las diferencias resultantes de la circunstancia que acabamos de apuntar, hemos detectado otras particularidades que resultan igualmente reseñables.

Existe un grupo de CDIs que contienen una cláusula sustancialmente coincidente con la recogida en el apartado 1° del artículo 26 ModCDI 2000. El **CDI Turquía-España** (2002, artículo 25.1) recoge una cláusula de intercambio de información que permite las transmisiones de datos relativas a impuestos de cualquier tipo y denominación exigibles en nombre de los Estados contratantes. Lo mismo sucede en los CDI con **Macedonia** (2005, artículo 25), con **Bosnia y Herzegovina** (2008, artículo 26.1), con **Serbia** (2009, artículo 27.1), con **Bélgica** (1995, artículo 26.1 ex Protocolos de 2009 y de 2014, con **Catar** (2015, artículo 25.1), con **Finlandia** (2015, artículo 24.1). El **CDI con Costa Rica** recoge una cláusula de intercambio de información para intercambiar información necesaria para aplicar lo dispuesto en el CDI o en el derecho interno de los Estados relativo a los impuestos comprendidos en el convenio. Ahora bien, este convenio afirma acto seguido que «el intercambio de información no estará limitado por los artículos 1 y 2». Esta fórmula se recoge en el ModCDI 2003 y es la que se emplea igualmente en los CDIs con **Irán** (2003, artículo 26) y con **Nueva Zelanda** (2005, artículo 24). Curiosamente, el CDI con **Malasia,** a pesar de firmarse en el 2006, solo permite el intercambio de información para aplicar lo dispuesto en el convenio o el Derecho interno de los Estados relativo a los impuestos cubiertos por el convenio, y además tampoco recoge la cláusula del artículo 26.5 ModCDI 2005-2010. Esto último también acontece con el CDI con **Sudáfrica** (2006, artículo 25).

Existe otro grupo de CDIs que contienen una cláusula que no coincide totalmente con la recogida en el apartado 1° del artículo 26 ModCDI (1977-1997). En lo concerniente al ámbito operativo del intercambio de información, los CDIs referidos a continuación contienen alguna variación respecto de la cláusula recogida en el ModCDI. Por un lado, existe un grupo de convenios concluidos con determinados países cuya cláusula de intercambio de información recoge disposiciones previstas en el Modelo de Convenio elaborado por la ONU para la negociación y conclusión de CDIs entre países en vías de desarrollo y países desarrollados. Así, el **convenio con China** (1990, artículo 27.1) establece que el intercambio procede «en particular para prevenir la evasión de dichos impuestos»; esta cláusula puede haberse inspirado en el Modelo ONU. El **convenio con Filipinas** (1989, artículo 26.1) sigue también el Modelo ONU en este punto incluyendo, asimismo, una cláusula adicional prevista en este convenio-tipo: «Las autoridades competentes desarrollarán, de común acuerdo, las condiciones, métodos y técnicas en relación con las materias objeto del intercambio de información, incluyendo, cuando proceda, el intercambio de información en relación con la evasión fiscal». El **convenio con la India** (1993, artículo 28.1) también recoge varias previsiones propias del Modelo ONU; junto a la cláusula que especifica la finalidad antifraude del mecanismo de intercambio de información este convenio establece expresamente que las autoridades competentes están obligadas a intercambiarse no sólo información sino también «copias de documentos cuando sea preciso»; mientras que en el ModCDI el suministro de tal material es potestativo aquí resulta obligatorio en determinadas circunstancias; lo mismo sucede en los CDIs que siguen el Modelo de convenio EEUU. El **CDI con Indonesia** (1995, artículo 27.1) recoge la cláusula del Modelo ONU que enfatiza la finalidad antifraude del intercambio de información.

Por otro lado, el **convenio con EEUU** (1990, Protocolo n° 19) contiene dos cláusulas adicionales; la primera de ellas establece que el artículo 27 se interpretará con arreglo a los comentarios al artículo 26 del ModCDI, mientras que la segunda clarifica que el intercambio de información (incluido el espontáneo) debe aplicarse por parte de los Estados contratantes para asegurar que los beneficios del convenio se aplican únicamente a aquellas personas que tienen derecho a los mismos.

En relación con el intercambio de información con EEUU, debe prestarse particular atención al **Acuerdo intergubernamental FATCA IGA EEUU-España,** el 14 mayo 2013 (publicado en el BOE de 1 julio 2014) y la Orden HAP/1136/2014 de desarrollo interno (BOE 2 de julio de 2014), cuyos términos son expuestos de forma sintética al final de este epígrafe por razones sistemáticas.

En tercer lugar, el **CDI con los Países Bajos** (1971, Protocolos XV y XVI) contiene dos cláusulas que perfilan el ámbito operativo del intercambio de información; por un lado, se establece que «Las autoridades competentes no se obligan a suministrar informaciones de carácter general»; por otro lado, se establece que tampoco resulta obligatorio intercambiar información que las autoridades fiscales de los Estados contratantes hayan obtenido o puedan obtener de bancos e «instituciones similares» (expresión que incluye, entre otras, a las Compañías de Seguros); tanto esta cláusula como la anterior deben conectarse con la Directiva 77/799/CEE de intercambio de información que no contiene estas limitaciones, aunque sí otras de menor alcance; la norma comunitaria de intercambio de información resulta aplicable en el marco de los CDIs suscritos entre Estados miembros allí donde instrumente un suministro de información de mayor alcance, como acontece en este caso. La misma observación debe realizarse en relación con el **CDI con el Reino Unido** (1975), en tanto en cuanto su cláusula de intercambio de información podría ser interpretada en un sentido excesivamente restrictivo a la vista de su redacción; nótese que el artículo 27.1 del citado convenio establece el intercambio de información «para la aplicación de las disposiciones del Convenio, bien para la prevención del fraude, bien para la aplicación de las disposiciones correspondientes contra el fraude de ley en relación con los impuestos objeto del presente convenio». Lo mismo ocurre con relación a lo previsto en el **CDI con Suecia** (1976, artículo XVII.1), toda vez que establece que las autoridades competentes no están obligadas a intercambiar información para la aplicación de la legislación interna de los Estados contratantes relativa a los impuestos comprendidos en el mismo allí donde tal información no pueda obtenerse de los documentos conservados por las autoridades de Hacienda de forma que requieran una investigación especial. El CDI con **Catar** (2015, artículo 25.3) establece una cláusula que regula de forma específica el límite que representa el **secreto profesional cliente-abogado** a las obligaciones de intercambio de información, de manera que no habrá obligación de obtener o proporcionar información que pudiera revelar comunicaciones confidenciales entre un cliente y un abogado u otro representante legal reconocido, cuando dichas comunicaciones se produzcan con el fin de recabar o prestar asesoramiento jurídico o se produzcan a efectos de su utilización en un procedimiento jurídico en curso o previsto.

El **CDI con Costa Rica** (2011), además de lo expuesto más arriba sobre el alcance objetivo del intercambio de información que articula, recoge un Protocolo XIII al artículo 26 del que resultan tres particularidades dignas de mención. En primer lugar, el protocolo clarifica que las obligaciones de intercambio de información alcanzan a la información «bancaria» y que las autoridades fiscales de los dos Estados deben ejercer las mismas potestades que la Constitución y las leyes internas les otorgan para fines de investigación tributaria; se indica, además, que tales potestades serán ejercidas, cuando proceda, mediante la intervención judicial. En segundo lugar, se clarifica que determinados intermediarios financieros costarricenses colaborarán al suministro de información tributaria requerida por las autoridades españolas cuando medie autorización del cliente, mandamiento judicial o solicitud de la Superintendencia general de valores o de una bolsa de valores. En tercer lugar, las autoridades competentes de los Estados contratantes se comprometen a atender los requerimientos de información del otro Estado en el plazo de seis meses, contados desde la recepción del requerimiento.

El **CDI con Chile** (2003, artículo 26.1 y 3) contiene una cláusula que excluye las objeciones de falta de interés fiscal que analizamos anteriormente. En concreto, se establece que el Estado requerido obtendrá la información solicitada como si se tratara de la propia imposición aunque tal Estado no requiera tal información (para fines propios distintos de la asistencia mutua). El **CDI con Estonia** (2003, Protocolo XI) contiene una cláusula que posee finalidad coincidente; no obstante, en dicho convenio se clarifica que resulta igualmente obligatorio el intercambio de información incluso allí donde la aplicación de las leyes del impuesto sobre la renta de los Estados contratantes no se derivara tributación efectiva; esta previsión también podría diluir o flexibilizar en cierto modo las exigencias o el umbral de trascendencia tributaria que debe concurrir en las solicitudes de información. En el mismo **Protocolo del CDI con Estonia** se establece que la expresión «información que se pueda obtener en virtud de su propia legislación o en el ejercicio de su práctica administrativa normal» comprende la información suministrada automáticamente a las autoridades fiscales y la información que puede obtenerse previa solicitud a las autoridades fiscales según lo dispuesto en la legislación interna.

También existen dos convenios que contienen cláusulas referidas a las modalidades de intercambio de información. El **CDI con Marruecos** establece expresamente que el intercambio de información se realizará de oficio (automático) o previo requerimiento; las autoridades competentes de los Estados contratantes serán las que a través del correspondiente acuerdo celebrado en el marco del artículo 25 delimiten el ámbito operativo de los intercambios automáticos. El **CDI con Francia** (1995) contiene una cláusula prácticamente idéntica.

El **CDI con Colombia** (2005, artículo 25) contiene una cláusula de intercambio de información alineada con el ModCDI 2005. Este convenio ha maximizado las posibilidades de intercambio de información, de suerte que, además de la *anti-blocking statutes rule* establecida en tal modelo OCDE de 2005, ha incluido una cláusula, similar a la prevista en la Directiva 77/799/CEE y en la Directiva 2011/16/UE, que permite que la información intercambiada pueda emplearse para otros fines (no fiscales), cuando dicha utilización esté permitida por las leyes que proporciona la información y la autoridad competente del mismo así lo autorice; el Protocolo IX al **CDI con Panamá** recoge una previsión similar. El **CDI con Croacia** (2005, artículo 26) sigue igualmente el artículo 26 ModCDI 2005, pero no contiene la cláusula que habilita el uso de la información intercambiada para otros fines establecida en el convenio con Colombia.

Durante la última década, las autoridades españolas han negociado varios convenios cuya cláusula de intercambio de información se ajusta a las últimas tendencias OCDE en materia de intercambio de información (Modelo de Convenio de intercambio de información de 2002 y ModCDI 2005-2010). Es cierto que la utilización de estos modelos OCDE que articulan el denominado estándar internacional de transparencia e intercambio de información no se realiza de forma homogénea o simétrica por los negociadores españoles, toda vez que existen convenios concluidos en los últimos tiempos que articulan un menor nivel de colaboración interadministrativa. Posiblemente, la diferente posición negociadora de las autoridades españolas dependa del tipo de país con el que se esté negociando, de suerte que la mayor opacidad fiscal del mismo y la existencia de importantes flujos financieros y comerciales entre los dos países podría determinar una posición más estricta en esta materia. Entre los CDIs que se han firmado en los últimos tiempos que articulan este estándar de transparencia e intercambio de información, basado en el Modelo de Acuerdo OCDE 2002 de intercambio de información y en la propia cláusula del artículo 26 ModCDI 2005, cabe destacar los CDI con **Armenia, Alemania (2011), Albania, Barbados, Malta (2005, artículo 25 y Protocolo 2), Emiratos Árabes (2006, artículo 25 y Protocolo II), Georgia, Hong Kong, Panamá, Pakistán, Kazajstán, el Protocolo 2006 al CDI con Suiza (1966), el CDI con Jamaica, (2009, artículo 26 y Protocolo III), el CDI con Trinidad y Tobago (2009) y el CDI con El Salvador (2009) y Serbia (2009), el CDI con Singapur, el CDI con Uruguay, y los acuerdos de intercambio de información con las antiguas Antillas neerlandesas (2009), con Bahamas (2010), con San Marino (2010), con Aruba (2009), con Chipre (2013) y con Andorra (2010).** La entrada en vigor y eficacia de las disposiciones de estos convenios que articulan cláusulas de intercambio de información tributaria alineada con los estándares OCDE han traído consigo la salida de estos países y territorios de la lista española de paraísos fiscales. No obstante, no se pierda de vista que la falta de efectivo intercambio de información entre España y estos países o territorios puede traer consigo su re-ingreso en tal lista negra de paraísos fiscales (véase la Disposición adicional 1.ª Ley 36/2006, y Calderón 2008).

Cabe matizar, no obstante, que el referido estándar internacional en materia de transparencia e intercambio de información fijado en el Modelo de Acuerdo OCDE de 2002 y en la propia cláusula del artículo 26 ModCDI 2005, ha ido evolucionando como lo demuestran las modificaciones que se han ido incorporando en la cláusula del artículo 26 del ModCDI y sus Comentarios en las versiones de 2010, 2012, 2014 y 2017 del referido modelo, las cuales han sido expuestas en el epígrafe precedente.

En este sentido, los últimos CDI concluidos por España reflejan ya los cambios introducidos en **las versiones de 2010 y 2012-2014 de la cláusula de intercambio de información,** y muy en particular, cabe destacar cómo estos CDIs, además de alinearse al estándar de intercambio de información, **permiten el uso de la información intercambiada para otros fines (diferentes de los fiscales)** cuando, conforme al Derecho del Estado requirente, esa información pueda utilizarse para esos mismos otros fines, tal y como se recoge en la actualización de 2012 del artículo 26. Entre los CDI que contienen esta cláusula pueden mencionarse los concluidos con **Andorra (2015, artículo 24 y Protocolo VII), Kuwait (2013), República Dominicana (2013, artículo 25 y Protocolo IV), Reino Unido (2013), Canadá (Protocolo 2014), Chipre (2013), Senegal, Omán (Protocolo IX), Nigeria, Uzbekistán, Argentina (2013), México (Protocolo 2015, articulo XIV dando nueva redacción al artículo 27), Bélgica (1995, artículo 26.1 ex Protocolos de 2009 y de 2014, Catar (2015, artículo 25.1), y Finlandia (2015, artículo 24.1).** Respecto de estos CDI puede destacarse alguna singularidad. Así, el **CDI con la República Dominicana** prevé en su Protocolo IV que cada Estado garantiza su capacidad para obtener y proporcionar la información a la que se refiere el apartado 5 del artículo 25, esto es, información en poder de bancos e intermediarios financieros y de fiduciarios. El **CDI con Kuwait** establece en su Protocolo IX una cláusula que además de clarificar el principio de autonomía procedimental nacional, se establece la salvaguardia relativa a la aplicación de las normas y procedimientos nacionales de obtención de información, que no pueden interpretarse en el sentido de permitir a un Estado contratante denegar el intercambio de información. También se añade como cautela adicional que la información intercambiada en virtud de esta cláusula se considerará "*un intercambio de información suficiente, a menos que la legislación interna de los Estados contratantes disponga lo contrario*", lo cual enlaza con lo previsto en la Disposición adicional Primera de la Ley 36/2006, de 29 de noviembre. Siendo habitual que la utilización de la información para otros usos (no fiscales) conforme al Derecho de los dos Estados contratantes resulte, a su vez, sujeta a la autorización de las autoridades competentes del Estado requerido (véanse por ejemplo los **CDIs con Bélgica o Finlandia**), el **CDI con Catar** recoge una singularidad al respecto al supeditar tal utilización para otros fines a los casos donde "conforme al Derecho del Estado requirente pueda utilizarse para dichos otros fines".

También resulta reseñable **el Protocolo (2009) al CDI con Luxemburgo** que articula una cláusula de intercambio de información tributaria que se ajusta al modelo OCDE 2005-2010.

La cláusula de intercambio de información prevista en el artículo 25 del convenio con **Malta** sigue fundamentalmente el estándar de intercambio de información establecido en el ModCDI 2005. No obstante, la cláusula convencional se desvía del ModCDI 2005 en dos aspectos importantes. Por un lado, el intercambio de información se circunscribe a los impuestos cubiertos por el convenio (impuestos sobre la renta). Y, por otro, la *anti-blocking statutes rule* prevista en el apartado 5° -que articula una obligación de intercambio de datos bancarios o en poder de fiduciarios o agentes o relativos a la titularidad de entidades (cláusula de transparencia)- queda circunscrita al caso de «fraude fiscal». El apartado 2° del Protocolo al Convenio establece que «*La expresión «fraude fiscal» se entenderá conforme a la interpretación común al concepto de fraude fiscal recogida en el Apartado V, Subapartado A del Informe de Progreso 2003 del Documento de la OCDE <Mejora del acceso a la información bancaria con fines tributarios>*».

Este subapartado A del referido Informe OCDE 2003 delimita de forma muy amplia el concepto de fraude fiscal incluyendo en el mismo desde los incumplimientos de los deberes formales (*record-keeping*, presentación declaraciones o autoliquidaciones), la inclusión de información falsa o incompleta en una declaración tributaria, hasta la realización de operaciones o constitución de entidad con el fin ilegítimo de reducir la carga fiscal (*tax avoidance*/fraude de ley/abuso de las posibilidades de configuración). Estamos, por tanto, ante una cláusula de intercambio de información de amplio alcance, lo cual justifica la salida de Malta de la lista negra española de paraísos fiscales de acuerdo con lo previsto en el RD 1080/1991 y la Disposición adicional primera de la Ley 36/2006, de 29 de noviembre, de MPFF.

Por lo que se refiere al **CDI con Emiratos Árabes Unidos (2006)** y al **Protocolo con Suiza (2006, Protocolo II)**, lo cierto es que el primero de ellos articula una cláusula de intercambio de información en términos sustancialmente coincidentes con lo previsto en el artículo 26 ModCDI 2005, aunque buena parte de los comentarios a tal precepto -importados del Modelo OCDE 2002 de intercambio de información- han sido incorporados al texto del CDI (ver el Protocolo). La entrada en vigor de este CDI también determinará la salida de EAU de la lista de paraísos fiscales española. Una cláusula de corte similar la encontramos en el CDI con **Jamaica** (2009, artículo 26 y Protocolo III); este convenio también implica la salida de este país de la lista de paraísos fiscales española; el convenio recoge una cláusula sobre notificaciones transfronterizas y contempla las **inspecciones fiscales simultáneas**.

La cláusula de intercambio de información establecida en el **Protocolo firmado entre España y Suiza,** el 29 de junio de 2006, se construyó sobre el modelo articulado por las autoridades suizas en su CDI de Suiza con EEUU y en el propio Acuerdo CE-Suiza que establece medidas equivalentes a las previstas en la Directiva de Fiscalidad del Ahorro. Las principales características de la cláusula de intercambio de información son las siguientes:

- Se establece un intercambio de información rogado o previo requerimiento para:

• Aplicar lo dispuesto en el CDI en relación con los impuestos cubiertos por el mismo;

• La administración o la aplicación del Derecho interno relativo a los impuestos objeto del CDI, en el caso de las entidades de tenencia de valores (sociedades holding suizas, y ETVEs españolas); en este caso, la obligación de intercambio se limita a los datos que tengan ya en su poder las autoridades fiscales de los Estados contratantes;

• La administración o aplicación del Derecho interno en caso de «fraude fiscal o infracción equivalente» en que haya incurrido un residente de un Estado contratante, o una persona sujeta a una imposición limitada en un Estado contratante, en relación con los impuestos objeto del CDI.

- Se establece la cláusula de secreto tributario internacional que limita el acceso y uso de la información intercambiada en términos similares a lo previsto en el ModCDI; no obstante, el apartado 9.IV del Protocolo al Protocolo al Convenio permite el uso para otros fines en determinadas circunstancias.

- Se recoge igualmente la cláusula del apartado 3° del artículo 26 ModCDI en relación con los límites tradicionales al suministro de información.

- La cláusula contiene la disposición del ModCDI 2005 que excluye la negativa al intercambio de información por falta de «interés fiscal nacional» en la obtención de los datos requeridos.

- Se contiene la *anti-blocking statutes* del apartado 5° del artículo 26 ModCDI 2005 en relación con la transmisión de la información que obre en poder de bancos, otras instituciones financieras o de cualquier persona que actúe en calidad de representativa o fiduciaria, incluidos los agentes designados, o porque esté relacionada con acciones o participaciones en una persona. Ahora bien, el ámbito operativo de esta cláusula es mucho más restringido que el resultante de la cláusula del ModCDI 2005, toda vez que en este caso el intercambio queda circunscrito a los casos de «fraude fiscal o infracción equivalente». El alcance de esta expresión es definido por el propio Protocolo de forma restrictiva y en todo caso en sentido no coincidente con la definición OCDE de «fraude fiscal» (vid. supra lo expuesto en relación con el CDI con Malta). En último análisis, el modelo suizo consiste en limitar el intercambio de información bancaria a supuestos de delito fiscal. Dado que cada país tiene su propia definición de delito fiscal y su propio umbral delictual, la fórmula que se ha ideado consiste articular una definición común/convencional de delito fiscal (fraude fiscal o infracción equivalente), de manera que los dos Estados manejan el mismo concepto de fraude fiscal a los efectos del intercambio de información bancaria (y en poder de fiduciarios y agentes). La forma en que se ha redactado este aspecto de la cláusula plantea ciertas dudas; no obstante, entendemos que solo procede el intercambio de información allí donde el comportamiento que motiva el requerimiento de la información integre una conducta fraudulenta tipificada como delito con arreglo al Derecho del Estado requerido, punible con penas privativas de libertad. Se excluye de la definición convencional de delito los supuestos de fraude de ley (conflicto en la aplicación de la ley tributaria, lo cual es coherente con la STC 120/2005), y los de mera ocultación (autoliquidación incompleta); pero quedan incluidos los supuestos de simulación y los casos de tramas o esquemas de mentiras (incluyendo la ocultación en la que se empleen medios fraudulentos) utilizando documentos falsos (facturas falsas, anomalías contables, doble contabilidad, etc). Esta es la definición de delito fiscal construida por el Tribunal Supremo suizo y es la que se ha incluido en el Protocolo y opera como umbral mínimo para el intercambio de información bancaria.

- Se excluyen los requerimientos generales o expediciones de pesca (*fishing expeditions*).

- El Estado requerido debe asumir como propias las obligaciones formales que impone a sus obligados tributarios el Estado requirente al objeto de determinar la existencia de fraude fiscal o infracción equivalente.

- El intercambio de información en estos casos está supeditado a la acreditación de determinados requisitos de tipo formal o procedimental que tiene que aportar el Estado requirente antes las autoridades del Estado requerido, especialmente las pruebas acreditativas de las sospechas fundadas del fraude fiscal (la *Vertrag*).

- Se establece una norma específica que modula las reglas de duración de los procedimientos tributarios previstos en la LGT; en particular, se establece que en caso de que el contribuyente recurriera la decisión de la Administración federal suiza respecto de la transmisión de información a las autoridades españolas, en virtud de los «derechos de participación» articulados en su legislación interna, cualquier demora que se produjera por este motivo no será computable en la aplicación de los límites temporales previstos en la legislación fiscal española respecto de los procedimientos fiscales de la Administración tributaria.

- Se establece igualmente una suerte de cláusula de nación más favorecida a favor de España, de manera que si Suiza concluye con cualquier Estado miembro de la UE una disposición sobre intercambio de información tributaria más amplia que la prevista en el Protocolo firmado con España tal trato más favorable se extenderá a España. Así, dado que Suiza ha concluido en 2009 CDI con Francia y Dinamarca (ya en vigor) con cláusulas de intercambio de información tributaria más amplias que la recogida en el CDI con España, tal nivel de intercambio de información tributaria resultará de aplicación en cuanto tales CDI entren en vigor. La entrada en vigor del CDI Suiza-Dinamarca ha activado la cláusula de nación más favorecida recogida en el CDI Suiza-España, lo cual ha provocado la negociación de un nuevo **Protocolo Suiza-España (2011)** que modifica el CDI de 1966, alterando diversas disposiciones entre las que se encuentra la cláusula de intercambio de información tributaria (nuevo artículo 25 bis y nuevo Protocolo IV) que reemplaza a la pre-existente resultante de la modificación operada por el Protocolo de 2006.

El Protocolo de 2011 modifica y expande la cláusula de intercambio de información introducida por el Protocolo de 2006, alineándola con lo establecido en el Modelo de Convenio de la OCDE (2003-2010, aunque no incluye las modificaciones de la actualización del MC OCDE de 2012-2014), con el objetivo de evitar la eventual calificación de Suiza como «centro financiero no cooperativo» sujeto a contramedidas coordinadas por el resto de países de la OCDE. Esta nueva cláusula articula un intercambio de información alineado con el estándar internacional permitiendo una comunicación de datos mucho más fluido entre las autoridades fiscales de ambos países, facilitándose el acceso de las autoridades fiscales españolas a datos relativos a los contribuyentes de impuestos españoles (IRPF, IS, IRNR, IP) a los que pudieran tener acceso las autoridades fiscales suizas. Dicho intercambio, sin embargo, no será automático, sino que las autoridades fiscales deberán justificar el cumplimiento de determinados requisitos:

a) Agotamiento de fuentes internas o nacionales de obtención de información (cláusula de subsidiariedad);

b) Identificación del contribuyente investigado, y datos de la inspección fiscal;

c) Concreción de los datos solicitados y la forma en que deben remitirse;

d) Motivación del propósito fiscal que fundamenta el requerimiento; y

e) En la medida de lo posible, identificación del nombre y dirección de la persona o entidad que se considera está en poder de la información.

f) Se define el umbral de trascendencia tributaria ("pertinencia previsible") a los efectos del intercambio de información, tratando de lograr un cierto equilibrio a este respecto de manera que la cláusula no se utilice para búsquedas indefinidas de pruebas o fishing expeditions sin malograr en todo caso el objetivo del intercambio efectivo de información.

Es reseñable la exclusión expresa de la modalidad de intercambio automático y espontáneo de información, así como la inclusión en la cláusula de determinadas previsiones que afectan a la posición de los obligados tributarios afectados por los procedimientos tributarios incoados en los dos Estados contratantes en relación con la aplicación del procedimiento internacional de asistencia mutua; muy en particular, se reconoce la aplicación de los denominados «derechos de participación de los obligados tributarios» frente a los requerimientos de información, y se contempla como interrupción justificada a efectos de procedimientos tributarios españoles el tiempo transcurrido desde la petición de la información hasta su recepción por el Estado que la solicitó (el **CDI con Hong Kong** contiene una cláusula similar). Asimismo, se establece que las personas implicadas en una actuación en España no podrán invocar irregularidades en el procedimiento seguido en Suiza para recurrir su caso ante los tribunales españoles. En relación con la entrada en vigor de las disposiciones del Protocolo 2011 al CDI Suiza-España debe destacarse que su ratificación tuvo lugar en el año 2013; el Protocolo se publicó en el BOE el 11 de junio de 2013 y entró en vigor el 24 de agosto de 2013. En relación con la eficacia de sus disposiciones, lo cierto es que el artículo 13 del Protocolo de 2011 contempla la aplicación retroactiva de la nueva cláusula de intercambio de información de acuerdo con las siguientes disposiciones:

a) En relación con el nuevo artículo 25 bis (**intercambio de información**), por lo que respecta a los **impuestos comprendidos en el artículo 2 del convenio, a los ejercicios fiscales que comiencen a partir del 1 de enero de 2010**, inclusive, **o a los impuestos exigibles por las cantidades pagadas o debidas desde esa fecha**.

b) En relación con el nuevo artículo 25 bis (**intercambio de información**), por lo que respecta a **otros impuestos, a los ejercicios fiscales que comiencen a partir del primer día de enero del año inmediatamente posterior a la entrada en vigor del presente Protocolo de modificación, o a los impuestos exigibles por las cantidades pagadas o debidas desde esa fecha**; y

c) En relación con el nuevo párrafo 5 del artículo 25 del Convenio (nueva cláusula de arbitraje), a los procedimientos amistosos iniciados desde la entrada en vigor de este Protocolo de modificación.

El **artículo 25 bis del Convenio y el párrafo IV del Protocolo, modificados por el Protocolo de 29 de junio de 2006, seguirán siendo aplicables** a los casos de fraude fiscal o infracción equivalente cometidos después del 29 de junio de 2006, hasta que el presente Protocolo de modificación surta efectos.

Téngase en cuenta igualmente que el 26 de octubre de 2004 la Comunidad Europea y sus Estados miembros por una parte, y Suiza por otra, han concluido un acuerdo para luchar contra el fraude y cualquier otra actividad ilegal que afecte a sus intereses financieros; este acuerdo articula cooperación administrativa y judicial, en particular frente a conductos sancionables administrativa o penalmente con relación a intercambios contrarios a la legislación fiscal del IVA, impuestos especiales y aduaneros quedando excluidos los impuestos directos.

En lo concerniente a la **cláusula de secreto tributario internacional**, el **convenio con Filipinas** (1989, artículo 26.1) sigue parcialmente el Modelo ONU en este punto incluyendo, asimismo, una cláusula adicional prevista en este convenio-tipo: «Las informaciones recibidas por un Estado contratante serán mantenidas secretas en igual forma que las informaciones obtenidas en base al Derecho interno de este Estado. Sin embargo, si la información es considerada originalmente como secreta en el Estado que suministra la información, (...)». La misma previsión se recoge en el **CDI con la India** (1993, artículo 28). El **CDI con Alemania** (2011, Protocolo X) recoge una cláusula que refuerza las garantías de confidencialidad de la información transmitida, incorporando en gran medida la normativa comunitaria de protección de datos automatizados (Directiva 95/46).

Los **Convenios con Egipto** (2005, artículo 26) y con **Vietnam** (2005, artículo 26), a pesar de haberse negociado y firmado en el 2005, siguen la versión del artículo 26 recogida en el ModCDI 1997.

El CDI con **El Salvador** (2009) sigue el ModCDI 2008 y tiene como principal peculiaridad que permite que la información recibida por un Estado contratante sea comunicada a las autoridades antiblanqueo de capitales.

Ya hemos indicado también que los CDIs concluidos por España con **Malasia (2006) y Sudáfrica (2006)** no articulan una cláusula de intercambio de información plenamente alineada con el ModCDI 2005-2008. Así, ni permiten el intercambio de información para la aplicación de todo el sistema tributario de los Estados contratantes, ni tampoco contienen la cláusula del apartado 5 del artículo 26 ModCDI 2005-2010. El CDI con **Arabia Saudí** (2007, artículo 26 y Protocolo X y XI) no contiene estas limitaciones pero sí algunas peculiaridades dignas de mención. En primer lugar, el artículo 26.3 recoge una cláusula sobre la ausencia de interés fiscal nacional, que no impide o excluye en todo caso que tal *domestic tax interest* puede operar allí donde la legislación interna limite las potestades de obtención de información en ausencia de tal interés fiscal nacional. En segundo lugar, el intercambio de información bancaria o en poder de fiduciarios queda supeditada a lo establecido en la legislación interna de los Estados contratantes. Y en tercer lugar, el Protocolo XII prevé el uso de la información intercambiada para otros fines cuando concurran determinadas circunstancias. El **CDI con Bosnia y Herzegovina** (2008, artículo 26.2 in fine) recoge una cláusula similar.

El **CDI con Panamá**, además de implementar el estándar OCDE de intercambio de información efectivo, contempla una cláusula en su Protocolo 9 referida a los «derechos de participación de los contribuyentes» frente a un requerimiento de información y las consecuencias que poseen el ejercicio de tales derechos en el Estado requerido en relación con los límites temporales de los procedimientos tributarios en el otro Estado. Una cláusula de corte similar puede encontrarse en el Protocolo 5.c) al **CDI con Singapur**. El **CDI con Hong Kong** (Protocolo 6) establece que, en el caso de España, en el supuesto de que se recurra una decisión adoptada por el Gobierno de Hong Kong relativa a la transmisión de información a España, la demora que esto puede generar no se considerará a los efectos del cálculo de los límites temporales previstos en la legislación fiscal española relativa a los procedimientos de la administración tributaria. Tal cláusula afecta claramente a la duración del procedimiento de inspección, pudiendo operar como supuesto de interrupción justificada más allá de lo previsto en la LGT y reglamento aplicación de los tributos.

También resulta reseñable el **Acuerdo de Intercambio de Información Tributaria entre España-Antillas neerlandesas,** firmado el 10 de junio de 2008. De acuerdo con el artículo 14 de este Acuerdo, el referido territorio dejará se ser considerado paraíso fiscal, de acuerdo con la normativa española, cuando el mismo «surta efectos», esto es, cuando entre en vigor. Tras la reforma constitucional llevada a cabo en Países Bajos, las antiguas Antillas Neerlandesas han dejado de existir, pero el acuerdo de intercambio de información concluido por España es aplicable a Curaçao, San Martín y Países Bajos parte caribeña (Bonaire, San Eustaquio y Saba).

Igualmente, la firma del CDI con **Trinidad y Tobago**, el 17 de febrero de 2009, implica la salida de este país de la lista española de paraísos fiscales de acuerdo con lo previsto en la Disp. adic. 1.ª de la Ley 36/2006. Lo mismo cabe indicar en relación con el **Acuerdo de Intercambio de información tributaria entre España y Andorra (2010)** que entró en vigor el 10 de febrero 2011. Este acuerdo contiene una cláusula de intercambio de información alineada con el Modelo OCDE 2002. La entrada en vigor de sus disposiciones ha traído consigo la producción de los siguientes efectos:

a) Salida de la lista española de paraísos fiscales a partir de tal fecha.

b) Consideración de Andorra como país con efectivo intercambio de información tributaria.

c) Aplicación del acuerdo y obligatoriedad del intercambio de información a partir de la fecha de entrada en vigor.

El procedimiento de intercambio será aplicable en relación con asuntos que puedan constituir delito a partir de la fecha de entrada en vigor (10-02-2011), así como para la investigación de ejercicios fiscales que comiencen a partir de tal fecha o posteriormente o, en caso de no haber periodo impositivo, para todas las obligaciones fiscales generadas a partir de esa fecha o posteriormente. Nótese a este respecto que **España y Andorra firmaron un CDI, el 8 de enero de 2015,** que amplía el ámbito del intercambio de información rogado alineándolo con el MC OCDE 2014, y contempla la aplicación del intercambio automático de información financiera de acuerdo con los compromisos internacionales asumidos por el Principado. Los aspectos más relevantes de la cláusula de intercambio de información prevista en el CDI España-Andorra (2015, artículo 24 y Protocolo VII) podrían sintetizarse de la siguiente forma:

• El modelo de intercambio de información rogado o previo requerimiento instrumentando se ajusta a lo previsto en el artículo 26 del ModCDI 2014, permitiendo el uso no fiscal de la información siempre que la autoridad del Estado transmitente lo autorice, aunque se excluyen expresamente los intercambios triangulares.

• El CDI, por un lado, establece la eficacia prospectiva de la cláusula de intercambio de información a partir de 1 de enero de 2016 a efectos de la sustitución del Acuerdo de intercambio de información de 2010, pero, por otro lado, prevé que las solicitudes de asistencia mutua pendientes de contestar a tal fecha se tramitarán con arreglo a lo establecido en el CDI (y no en Acuerdo de intercambio de información); el apartado X del Protocolo VII también establece expresamente la eficacia retroactiva de la cláusula de intercambio de información del CDI. El Convenio entró en vigor el 26 de febrero de 2016.

• El CDI establece una serie de directrices aplicables a los efectos de la tramitación de los requerimientos de información entre las autoridades competentes entre las que cabe destacar las siguientes:

- Inaplicación del requisito de doble incriminación en el sentido OCDE/Global Forum, cuando se trate de investigación de conductas que puedan ser constitutivas de delito;

- Regla de subsidiariedad del intercambio rogado en los términos fijados por la OCDE/Global Forum;

- Se prevé la remisión de la información en forma de declaraciones de testigos y de copias autenticadas de documentos originales;

- Se reconoce la capacidad de las autoridades competentes de los dos Estados para obtener y proporcionar, previa solicitud, información de cualquier naturaleza con trascendencia tributaria relativa a la propiedad legal y efectiva de cualquier persona.

- Se establece que los derechos y salvaguardas aplicables conforme a la legislación interna de los Estados contratantes no deben impedir ni obstaculizar indebidamente el intercambio efectivo de información frustrando los esfuerzos del Estado requirente. También se prevé de forma separada que los derechos y garantías reconocidos a las personas en un Estado contratante se entenderán aplicables en dicho Estado contratante en el curso del procedimiento de intercambio de información. Esta cláusula puede desplegar efectos importantes en el caso de España.

- Se fija el alcance del criterio de "previsiblemente relevante" tiene como finalidad establecer un intercambio de información en materia tributaria tan amplio como sea posible y, al mismo tiempo, aclarar que los Estados no tienen libertad para emprender búsquedas indefinidas de pruebas (fishing expeditions), ni para solicitar información de dudosa relevancia a la situación fiscal de un determinado contribuyente.

- Se establece un contenido esencial de los requerimientos de información, que incluye una serie de elementos que permiten controlar que la solicitud cumple los condicionantes establecidos a efectos de su cobertura convencional.

- Se regulan determinados plazos del procedimiento, estableciéndose el plazo general de 6 meses para la remisión de la información, salvo que se trate de un expediente que posea complejidad a la hora de obtener la información. La información intercambiada transcurridos los plazos fijados se considera intercambiada con arreglo al convenio.

• Se establece que Andorra estará en disposición de intercambiar información de manera automática, tan pronto adopte de forma efectiva el estándar CRS OCDE, en virtud de un acuerdo bilateral o multilateral para la aplicación plena del artículo 24 del CDI. Nótese a este respecto que las autoridades andorranas han formalizado ante la OCDE su compromiso para intercambiar automáticamente información sobre cuentas financieras a partir de 2018.

Los acuerdos fiscales con **Singapur, Panamá, Andorra o San Marino** prevén la retroactividad del procedimiento de intercambio de información.

El Acuerdo de Intercambio de información tributaria Bahamas-España (2011), al igual que los concluidos con **San Marino, Andorra, o Aruba**, constituye un **acuerdo de intercambio de información** estándar cuyos aspectos más reseñables serían los siguientes:

- Articula el intercambio de información rogado o previo requerimiento (no el automático) en materia tributaria (IS, IRPF, IP, ISD, IVA, IEE, impuestos locales renta y patrimonio) y penal-tributaria.
- Levanta el secreto bancario, mercantil y contable sobre todo tipo de entidades, vehículos de inversión, fundaciones, fiducias, etc.
- Plazo de respuesta al intercambio de información de 6 meses.
- Se establecen las salvaguardias típicas del intercambio rogado debiendo el Estado requirente acreditar la existencia de una investigación fiscal en curso, e indicar las sospechas que le conducen a pensar que la información está localizada, controlada o a disposición de una persona establecida en el otro Estado, finalidad del requerimiento de información, detalle de la información solicitada, etc. Este TIEA contiene un modelo de requerimiento de información que debe cumplimentarse por las autoridades que solicitan la información del otro Estado.
- Bahamas dejará de ser calificado a efectos fiscales españoles como paraíso fiscal a partir del 17 de agosto de 2011 (fecha de entrada en vigor).
- El TIEA despliega efectos retroactivos y prospectivos en materia de intercambio de información:

- Efectos retroactivos en materia penal-tributaria en relación con obligaciones tributarias devengadas a partir de 1 de enero de 2005.

- Efectos prospectivos en materia tributaria para los periodos impositivos que comiencen a partir de 17 de agosto de 2011 o cuando no exista periodo impositivos para la obligaciones tributarias que surjan a partir de esta fecha.

España está negociando otros acuerdos de intercambio de información tributaria, que se encuentran en distintas fases de tramitación, entre los que destacan los convenios con **Bermudas, Islas Cayman, Islas Cook, Isla de Man, Jersey, Guernsey, Santa Lucía, Macao, Mónaco, San Vicente y las Granadinas.**

FATCA

Finalmente, consideramos posee interés desarrollar la referencia efectuada más arriba al **Acuerdo intergubernamental (IGA) o Acuerdo FATCA entre EEUU y España,** el 14 mayo 2013 (publicado en el BOE de 1 julio 2014) y la Orden HAP/1136/2014 de desarrollo interno (BOE 2 de julio de 2014). El origen de este acuerdo se encuentra en las disposiciones aprobadas el 18 de marzo de 2010 por los Estados Unidos conocidas como *Foreign Account Tax Compliance Act- FATCA*, que establecen un régimen de comunicación de información para las instituciones financieras respecto de ciertas cuentas cuya titularidad corresponde a ciudadanos y residentes (personas físicas y entidades) estadounidenses. De esta forma, cuando las disposiciones FATCA desplieguen efectos, las entidades financieras extranjeras estarán obligadas a comunicar a las autoridades norteamericanas toda la información exigible para la identificación de las cuentas poseídas por ciudadanos y personas residentes de EEUU, dado que de otra forma se verían sujetos a una retención en la fuente definitiva del 30% sobre toda renta de fuente americana (Section 1471 *Internal Revenue Code, IRC*). La vía establecida por la legislación interna norteamericana para instrumentar tal flujo de información es la del acuerdo entre el IRS (*Internal Revenue Service* de EEUU) y la entidad financiera extranjera. No obstante, para facilitar y reducir problemas legales y costes de transacción a efectos de lograr el cumplimiento con tal normativa interna extraterritorial por parte de las entidades financieras extranjeras, EEUU ha articulado mecanismos alternativos como son los Acuerdos Intergubernamentales para implementar FATCA. De hecho, EEUU ha elaborado varios modelos de acuerdo intergubernamental (IGAs, en adelante), considerando las distintas circunstancias en las que se negocia cada acuerdo con cada país. Se ha cuestionado la legalidad de los IGAs como instrumento de transmisión de información ante los tribunales norteamericanos; el *US Court of Appeals* en el caso *Crawford et alter v. US Dep't of Treasury* (sentencia de 18 de agosto de 2017, Nº16-3539), declaró que a pesar de que FATCA impone importantes costes de cumplimientos a las personas físicas e intermediarios financieros, en combinación con los IGAs "*are part of an unprecedented scheme of international tax enforcement*" que justificaba tal regulación; y el Tribunal Supremo, el 3 de abril de 2018, también rechazó la impugnación de FATCA incoada por el Senador R. Paul y un grupo de titulares de cuentas en el extranjero (Beddingfeld, "Supreme Court Rejects Challenge to FATCA", DTR, April 3 2018). El acuerdo FATCA concluido con España responde al denominado *Modelo 1A IGA Reciprocal, Preesisting TIEA or DTC*. A su vez, debe destacarse que el IGA FATCA EEUU-España pivota sobre la cláusula de intercambio de información tributaria previsto en el artículo 27 (y Protocolo 17) del actualmente vigente Convenio de doble imposición hispano-norteamericano, de 22 de febrero de 1990, que establece un amplio marco para la transmisión de datos fiscales entre las autoridades competentes de ambos países que permite la modalidad de intercambio automático mediando el correspondiente acuerdo entre las mismas, articulando asimismo un régimen de secreto tributario internacional a efectos de proteger la confidencialidad de la información. Una vez que entre en vigor el acuerdo FATCA, la información se intercambiará por los Estados contratantes de forma recíproca previo suministro de la misma por las instituciones financieras estadounidenses y españolas. No obstante, cada parte podrá permitir a sus instituciones financieras obligadas a comunicar información que recurran a los servicios de terceros, si bien la responsabilidad por el cumplimiento de las obligaciones contempladas en el Acuerdo recaerá sobre dichas instituciones. En relación con el incumplimiento de las obligaciones de información previstas en el Acuerdo, la autoridad competente de una de las partes notificará a la autoridad competente de la otra parte, la existencia de un incumplimiento significativo por parte de alguna de las instituciones financieras de su jurisdicción. Y, para abordar el incumplimiento significativo al que se refiera la notificación, la autoridad competente de esa otra parte aplicará su normativa interna, incluidas las sanciones que correspondan. Por tanto, una vez que el IGA entre en vigor y sus disposiciones desplieguen efectos las administraciones tributarias de los dos Estados se comunicarán automáticamente de forma recíproca y anual los datos sobre cuentas financieras extranjeras gestionadas por las instituciones financieras establecidas en los dos países que posean o *controlen* nacionales o residentes (personas físicas y entidades, incluidos los instrumentos jurídicos como los fideicomisos) en los dos Estados, lo cual puede comprender cuentas financieras en terceros países.

En relación con las **instituciones financieras obligadas a obtener la información,** debe indicarse que, con carácter general, el Acuerdo FATCA gira en torno a los conceptos de cuenta financiera española/estadounidense sujeta a comunicación de información, y se define como cuenta financiera abierta en una institución financiera estadounidense/española obligada a comunicar información si concurren determinadas condiciones. La expresión "*institución financiera*" incluye las instituciones que desarrollen como parte importante de su actividad económica la **custodia de activos financieros por cuenta de terceros, las instituciones de depósito, las entidades de inversión** (colectivas, individuales, administración o de gestión de fondos o dinero en nombre de terceros, operaciones con instrumentos del mercado monetario, cambiario, valores negociables, etc), **o de seguros específicas**. El Acuerdo prevé una relación de instituciones financieras españolas no obligadas a comunicar información (a saber, determinadas entidades estatales, Banco de España, fondos de pensiones, pequeñas instituciones financieras con clientela local y ciertos instrumentos de inversión colectiva). Resulta fundamental el artículo (4) que dedica el Acuerdo al tratamiento de las instituciones financieras españolas obligadas a comunicar información. De acuerdo con el mismo, se considerará que toda institución financiera española obligada a comunicar información cumple con lo previsto en la referida sección 1471 del IRC estadounidense y no estará sujeta a la retención del 30% sobre todas las rentas de fuente estadounidense obtenidas por la misma, siempre que concurran las siguientes condiciones:- Que España cumpla con las obligaciones de suministro de información a los Estados Unidos respecto de dicha institución financiera española.- Que la institución financiera española obligada a comunicar información cumpla con una seria de obligaciones, principalmente: (a) que identifique las cuentas estadounidenses sujetas a comunicación de información y comunique anualmente a la autoridad competente española, en tiempo y forma, la información exigida; y, (b) respecto de 2015 y 2016, que comunique anualmente a la autoridad competente española el nombre de toda institución financiera no participante (de acuerdo con la definición de la misma contenida en normativa estadounidense) a la que haya efectuado pagos en esos años y el importe total de los mismos.

Nótese que el estatus de institución financiera española cumplidora puede verse afectado si tal institución posee entidades vinculadas o sucursales en una jurisdicción que impida a las mismas cumplir los requisitos para ser una institución financiera extranjera participante o cumplidora desde la perspectiva de la sección 1471 IRC, tal y como se establece en el artículo 4.5 del IGA.

En relación con la información a transmitir, el acuerdo FATCA establece como información común exigible a ambas partes, las instituciones financieras españolas/estadounidenses están obligadas a comunicar la siguiente información respecto de cada cuenta financiera estadounidense/española sujeta a comunicación de información:- El nombre, domicilio y NIF estadounidense/español de toda persona estadounidense/residente en España que sea titular de dicha cuenta, si bien en los casos en los que se determine que una o más personas que ejercen el control sobre entidades no estadounidenses son personas estadounidenses específicas (de acuerdo con la definición de las mismas contenida en el Acuerdo), la información a remitir incluirá el nombre, domicilio y NIF estadounidense (cuando corresponda) de dicha entidad y de cada una de dichas personas estadounidenses específicas.- El número de cuenta.- El nombre y número identificador de la institución financiera española/estadounidense.

Al margen de lo anterior, en el caso particular de España, las instituciones financieras españolas están obligadas a comunicar la siguiente información adicional:- El saldo o valor de la cuenta al final del año civil considerado o de otro periodo de referencia pertinente, o el saldo en el momento inmediatamente anterior a su cancelación.- En el caso de cuentas de custodia: el importe bruto total en concepto de intereses, dividendos y otras rentas, generados, pagados o debidos en la cuenta durante el año civil u otro periodo de referencia pertinente; y el importe bruto total en concepto de ingresos derivados de la enajenación o reembolso de bienes, pagados o debidos en la cuenta durante el año civil u otro período de referencia pertinente.- En el caso de cuentas de depósito: el importe bruto total de intereses pagados o debidos en la cuenta durante el año civil u otro período de referencia pertinente.- En el caso de otras cuentas: el importe bruto total pagado o debido al titular de la cuenta en relación con la misma durante el año civil u otro período de referencia pertinente.

En el caso particular de los Estados Unidos, además de la información común a que se ha hecho referencia anteriormente, las instituciones financieras estadounidenses deberán comunicar información sobre el importe bruto de los intereses pagados a una cuenta de depósito y de los dividendos o cualesquiera otras rentas de fuente estadounidense pagados o debidos en cuenta. No obstante lo anterior, el Acuerdo establece una serie de límites por debajo de los cuales las instituciones financieras españolas no deberán comunicar información relativa a las cuentas estadounidenses nuevas o preexistentes. A este respecto, se establecen una serie de reglas sobre la diligencia (muy relacionadas con la regulación anti-blanqueo de capitales) que deben adoptar las instituciones financieras españolas para la identificación de las cuentas estadounidenses sujetas a la obligación de comunicación de información y, a efectos de los pagos efectuados a las mismas, de las cuentas cuyos titulares sean instituciones financieras no participantes. De esta forma, el concepto de "cuenta española/estadounidense sujeta a comunicación de información" resulta clave para determinar la existencia de una obligación de suministrar los datos a estos efectos (véase el artículo 1.1.cc y dd), y el Anexo I del IGA).

Finalmente, se identifican como productos establecidos en España exentos de comunicación de información, determinadas cuentas y productos de jubilación, así como los planes individuales de ahorro sistemático.

En lo que se refiere a los **plazos y procedimientos para el intercambio de información, el Acuerdo FATCA** prevé que la información se obtenga e intercambie respecto al **año 2013** y a todos los años subsiguientes, si bien en el caso de España se prevé una aplicación progresiva de las exigencias de información a intercambiar, de modo que la información solo será exigible en su totalidad respecto al año 2016 y a los años subsiguientes. El plazo para el intercambio de información será de nueve meses contados a partir de la finalización del año civil al que se refiera la misma, si bien la fecha límite para el intercambio de la información referida al año civil 2013 será el día 30 de septiembre de 2015. A este respecto, las autoridades competentes de España y de los Estados Unidos deberán acordar mediante procedimiento amistoso, los procedimientos a seguir para el intercambio automático de información. Lógicamente, toda la información intercambiada estará protegida por las normas sobre confidencialidad previstas en el Convenio de doble imposición entre EEUU y España, incluyendo las disposiciones que limitan el uso de la información transmitida (véase en este sentido el *IRS Memorandum on protection of information transmitted via FATCA IDES*, de 9 de junio de 2015, AM2015-005). El IGA EEUU-España también contiene una cláusula de nación más favorecida a favor de nuestro país, allí donde EEUU firme con otra jurisdicción socia un acuerdo FATCA en términos más favorables a los contenidos en el artículo 4 o en el Anexo I del acuerdo.

7. LA ASISTENCIA ADMINISTRATIVA EN LA RECAUDACIÓN TRIBUTARIA

En los últimos tiempos asistimos a un desarrollo de los mecanismos de asistencia administrativa en la recaudación tributaria por motivos muy similares a los que vienen impulsando el desarrollo de los mecanismos de intercambio de información. Tal tendencia normativa centrada en la cooperación administrativa internacional se está reflejando tanto en el ModCDI 2003 como en el propio ordenamiento de la UE. La asistencia administrativa en la recaudación, diferenciada del intercambio de información, se ha incorporado al ModCDI 2003-2014 (incluyendo un nuevo artículo 27), en tanto que en el ámbito comunitario existen desde hace décadas varias Directivas comunitarias que articulan la asistencia en la recaudación tributaria (Directivas del Consejo 76/308/CEE, 79/1071/CEE, 2001/44/CEE y 2008/55/CE, transpuestas al ordenamiento español por el RD 704/2002 y la Orden HAC/2324/2003), aunque es cierto que su extensión al ámbito de los impuestos directos es muy reciente. La Directiva 2010/24/CE, sobre asistencia mutua en materia de cobro de los créditos correspondientes a determinados impuestos, derechos y otras medidas, deroga la Directiva 2008/55 que codificaba las disposiciones en materia de asistencia en la recaudación tributaria, y debe transponerse a más tardar el 31 de diciembre de 2011, lo cual todavía no ha sucedido en nuestro país. El análisis de estos complejos mecanismos excede de los límites de este trabajo. No obstante, al punto se exponen de forma muy sintética sus aspectos sustantivos, así como la interrelación que guarden con el intercambio de información. A este respecto, debe indicarse que los intercambios de información que se produzcan en el marco de la aplicación de las disposiciones convencionales de asistencia en la recaudación se ordenan y deben realizarse de acuerdo con lo previsto en el artículo 26 ModCDI; en este sentido, puede afirmarse que ambas cláusulas operarán en muchos casos de forma complementaria. Por otro lado, las principales notas características de la asistencia mutua en materia de recaudación tributaria que contempla el artículo 27 ModCDI 2003-2014 son las siguientes, a saber:

1.ª Tiene por objeto articular un mecanismo de asistencia administrativa ejecutiva (no declarativa), esto es, para el desarrollo de un procedimiento ejecutivo (recaudación) en relación con deudas tributarias liquidadas o para la adopción de medidas cautelares dirigidas a garantizar el cobro de deudas tributarias.

2.ª El objeto de asistencia administrativa son las deudas tributarias, las cuales incluyen las cantidades debidas por tributos de cualquier clase o descripción impuestos por parte de los Estados contratantes, sus subdivisiones políticas o autoridades locales, siempre que dicha tributación no sea contraria al CDI o a cualquier instrumento legal del que formen parte los Estados contratantes. La definición de deuda tributaria comprende los intereses, las sanciones administrativas y los costes de recaudación y cautelares.

3.ª La asistencia puede requerirse respecto de todo tipo de sujetos que resulten deudores de un tributo en virtud de la legislación del Estado requirente y que no puedan oponerse a la ejecución de dicha deuda en sede administrativa o judicial. Por tanto, la asistencia en la recaudación puede emplearse no sólo en relación con los contribuyentes, sino también frente otro tipo de obligados tributarios como los sustitutos y los propios responsables tributarios (en este sentido se ha pronunciado el TEAC en las resoluciones de 19 junio 1999 y 23 de junio de 2000, en relación con la normativa comunitaria de asistencia en la recaudación tributaria).

4.ª Para que pueda solicitarse la asistencia deben concurrir dos requisitos: a) que la deuda sea ejecutable en el Estado requirente, y b) que el sujeto afectado por la recaudación no pueda impedir la misma. No se exige, por tanto, que la deuda tributaria sea firme (administrativa o judicialmente) para poder solicitar la asistencia. Así, la existencia de un litigio pendiente sobre la legalidad o ejecutabilidad de la deuda no impide la solicitud y prestación de asistencia si en el Estado requirente este hecho no conlleva la suspensión de la ejecución de la deuda tributaria, salvo cuando, con arreglo a las normas del Estado requerido, dicha ejecución no pudiera llevarse a cabo. Por el contrario, el Estado requerido debe abstenerse de entrar a discutir la validez o la legalidad tanto de la deuda exigida como de su ejecutividad (en este sentido se ha pronunciado el TEAC en las ya citadas resoluciones de 19 junio 1999 y 23 de junio de 2000; véanse, no obstante, los matices de la RTEAC de 1 de febrero de 2007 y la STSJ Baleares de 12 de marzo de 2009, JUR/2009/261115, donde se interpela a las autoridades alemanas para determinar la eventual suspensión y se subsanan elementos que pueden generar indefensión como la falta de traducción oficial de los documentos emitidos por las autoridades alemanas). Sólo los litigios relativos a los vicios del procedimiento ejecutivo deben ventilarse en el Estado requerido y conforme a su propia normativa. En este mismo sentido, cabe mencionar la sentencia del *US District Court of Georgia*, donde el tribunal confirma la validez del requerimiento de asistencia mutua y rechaza el recurso del contribuyente frente a la asistencia en la recaudación al certificarse por las autoridades danesas que la liquidación tributaria de la que trae causa era ejecutiva (caso *Torben Dileng v. Commission of IRS*, 1:15-cv-1777-WSD, 15 de enero de 2016).

5.ª La ejecución de la deuda tributaria del Estado requirente en el Estado requerido se llevará a cabo de acuerdo con las normas, procedimientos y prácticas del Estado requerido como si dicha deuda fuera una deuda nacional (principio de autonomía procedimental nacional). No obstante, la aplicación de la normativa sobre recaudación de deudas tributarias del Estado requerido no afecta a la regulación de las exigencias temporales (prescripción) ni a la aplicación de los criterios de preferencia y privilegios del cobro de las deudas tributarias. Se ha planteado ante los tribunales norteamericanos la aplicación de los mecanismos domésticos de recaudación ejecutiva respecto de requerimientos de asistencia en la recaudación cursados por otros Estados, y los tribunales vienen adoptando una posición a favor de los mismos allí donde se constata el cumplimiento de los requisitos previstos en la cláusula ad hoc del CDI, a pesar de que la acción del IRS no se proyecte sobre la recaudación de impuestos federales americanos (véase la sentencia del *US District Court for the Eastern District of North Carolina Western Division* en el caso *Paul M.Retfalvi v. Comm'r*, Nº5:16-CV-160-BO, 20 October 2016); en la sentencia del *US District Court of Eastern District of North Carolina Western Division* en el caso *Paul M. Retfalvi vs. US*, nº 5:17-CV-468-D, 15 August 2018, se confirma la constitucionalidad del artículo 26ª del tercer protocolo al CDI USA-Canadá, al considerar que tal mecanismo de asistencia mutua en la recaudación no vulneraba las cláusulas constitucionales de autoimposición y de equivalente protección.

6.ª El Estado requerido puede negarse a prestar asistencia administrativa cuando concurran determinadas circunstancias: a) cuando la asistencia suponga adoptar medidas no previstas en su legislación o práctica administrativa o resulte desproporcionada considerando el beneficio obtenido por el Estado requirente y la carga administrativa que recae sobre el Estado requerido; b) cuando la asistencia resulte contraria a su orden público; y c) cuando el Estado requirente no haya agotado todas las medidas razonables a su disposición para lograr el cobro de la deuda tributaria. A este respecto, cabe mencionar la doctrina derivada de la sentencia de la Audiencia Nacional, de 14 de mayo de 2018 (EDJ 76633) en relación con un requerimiento a España de asistencia en la recaudación donde se estableció que: a) no existe obligación de traducción del título ejecutivo extranjero; b) el principio de confianza mutua entre administraciones tributarias en relación con el contenido del acto administrativo extranjero requiere atender al requerimiento y verificar únicamente el cumplimiento de las condiciones de forma del requerimiento sin poder entrar en su contenido; y c) la impugnación por razones de fondo del acto administrativo extranjero debe realizarse en el Estado requirente.

7.ª El Estado requerido puede verse compelido a adoptar medidas cautelares con arreglo a lo previsto en el artículo 27.4 ModCDI 2003-2010. Tal posibilidad, con carácter general, sólo resulta exigible cuando los dos Estados contratantes prevean la adopción de tales medidas en su normativa interna.

Hasta la fecha, tan sólo un grupo reducido de CDIs concluidos por España **[Convenios con Alemania (2011), Colombia** (2005, artículo 26), **Canadá** (Protocolo 2014), **Argelia** (2004), **Francia, Bélgica, Kazajstán** (2009, artículo 27), **Senegal, Nigeria y México (Protocolo 2015, artículo XV que introduce la cláusula del artículo 28),** contienen, además de las correspondientes cláusulas de intercambio de información, una disposición que articula la asistencia administrativa mutua en la recaudación tributaria. Tales cláusulas articulan una asistencia ejecutiva en términos muy próximos a lo expuesto en relación con lo previsto en el artículo 27 ModCDI 2003 y versiones posteriores. Como quiera que las cláusulas de asistencia en la recaudación pueden requerir la adopción de medidas ejecutivas en España en relación con actos tributarios extranjeros, posiblemente fuera aconsejable limitar la incorporación de las mismas en relación con aquellos países cuyas tradiciones y principios jurídicos fundamentales fueran coincidentes con los vigentes en nuestro ordenamiento, dado que de otro modo podrían plantearse serios problemas de constitucionalidad cuando las garantías básicas de los procedimientos tributarios no se hubieran observado en el Estado requirente.

Los CDI con Andorra y Armenia contienen previsión de futura inclusión en cuanto la legislación interna de ambos países permita articular tal asistencia mutua. A su vez, cabe indicar que el **Convenio Multilateral OCDE/Consejo de Europa sobre Asistencia Mutua** comprende la asistencia en la recaudación tributaria, y un cierto número de países se han comprometido a aplicar tal mecanismo. Ello evidencia que la tendencia dirigida hacia la superación de la "*Revenue Rule*" sigue desarrollándose a nivel internacional, pero a un ritmo mucho más lento que la asistencia mutua a través del intercambio de información; lo cierto es que en la hora actual todavía un gran número de países sigue siendo reacio a flexibilizar este aspecto de su soberanía fiscal y, además, la propia configuración de las cláusulas de asistencia en la recaudación aunque permite superar ciertos esquemas de deslocalización de activos, no está pensada para su aplicación en masa (vid.: De Troyer 2017 y Parker 2017).

Finalmente, debe advertirse que la regulación que el Derecho de la UE establece respecto de la asistencia en la recaudación (vid. el epígrafe donde se analiza las Directivas 76/308/CEE, 2008/55/CE y 2010/24/CE) es mucho más compleja que la prevista en el ModCDI 2003-2014 y no coincide totalmente con la regulación convencional sintéticamente expuesta más arriba.

8. EL CONVENIO MULTILATERAL OCDE/CONSEJO EN MATERIA DE ASISTENCIA ADMINISTRATIVA MUTUA EN MATERIA FISCAL DE 25 DE ENERO DE 1988, MODIFICADO POR EL PROTOCOLO DE 27 DE MAYO DE 2010

8.1. El Convenio OCDE/Consejo de Europa sobre Asistencia Mutua en materia fiscal: funcionalidad actual y perspectivas de futuro

La OCDE y el propio G20, desde el año 2009 y particularmente en las últimas cumbres del G20, vienen recomendando a los diferentes países (miembros y no miembros de la OCDE y del Consejo de Europa) la firma del Convenio OCDE/Consejo de Europa sobre Asistencia mutua en materia fiscal (Protocolo 2010). La declaración final del G20, de 5-6 septiembre de 2013, en la cumbre de San Petersburgo evidencia la creciente presión internacional dirigida a lograr la ratificación de tal Convenio por los principales países y centros financieros del mundo.

No en vano en la revisión (Protocolo 2010) del referido Convenio OCDE/Consejo Europa que tuvo lugar en el año 2010, a efectos de su actualización y alineamiento con el estándar internacional de intercambio rogado adoptado fundamentalmente a partir de 2009, uno de los principales cambios introducidos fue precisamente la concerniente a su ámbito subjetivo al "abrirse" su firma a países no miembros de la OCDE o del Consejo de Europa.

Resulta, por tanto, evidente que la OCDE y el G20 están tratando de impulsar la firma de este Convenio por el mayor número de países con el objetivo de que en el futuro constituya el principal y más avanzado instrumento de asistencia mutua en materia fiscal: una plataforma global de cooperación administrativa que pivotando sobre su multilateralidad articule de forma uniforme el estándar internacional de asistencia administrativa en materia fiscal.

La OCDE ha visto en este instrumento multilateral una oportunidad para uniformar los niveles de asistencia mutua a nivel mundial, cerrar la red global de acuerdos de intercambio de información, y evitar los principales "agujeros" de la red actual de asistencia mutua.

A su vez, como ya comentamos en el epígrafe 1.1, la OCDE elaboró en el año 2016 los nuevos criterios sobre cumplimiento de los estándares de transparencia fiscal e intercambio de información a los efectos de la elaboración de listas de jurisdicciones no cooperativas por parte del G20, de suerte que tales criterios han sido actualizados con posterioridad (2018). Uno de los tres criterios fijados se refiere al nivel de implementación que el país o territorio haya llevado a cabo en relación con los instrumentos legales para intercambiar información (a solicitud o automáticamente), particularmente la aplicación del Convenio Multilateral OCDE/Consejo de Europa de Asistencia Administrativa Mutua en materia fiscal (Protocolo 2010) que ya ha sido firmado por más de 120 países. Así, el hecho de no firmar este convenio multilateral no planteará un problema a este respecto si la red bilateral de instrumentos de asistencia mutua es suficientemente amplia a los efectos del intercambio automático y rogado de información tributaria. La OCDE además de promover la firma del Convenio Multilateral de Asistencia Mutua como plataforma para el intercambio automático de información financiera a nivel global, también está impulsando que los distintos países firmen el acuerdo multilateral entre autoridades competentes a efectos del intercambio automático de información financiera (MCAA), de suerte que hasta la fecha se han sumado al mismo autoridades competentes de más de 100 países.

Cabe esperar, por tanto, que en los próximos tiempos se intensifique la presión internacional para la firma de este Convenio y que se convierta en el principal instrumento global de asistencia mutua en materia fiscal, trascendiendo lo previsto en los Convenios de doble imposición (CDI) y Acuerdos de Intercambio de Información (TIEAs). Nótese en este sentido cómo el hecho de que el Convenio Multilateral Consejo de Europa/OCDE está actualizado a los estándares de transparencia e intercambio de información vigentes en el año 2010 e incluso incorpora elementos del Modelo OCDE 2012 (uso de la información para fines no fiscales), lo cual en algunos casos supone una posición más avanzada en materia de intercambio de información que la establecida por la OCDE y el Global Forum en el momento en el que se adoptó el Modelo OCDE de suministro de información tributaria de 2002 y o los propios Modelos OCDE de 2005-2014 (artículo 26). Asimismo, el legislador español se ha hecho eco de esta trascendencia del Convenio Multilateral de Asistencia Mutua cuando a la hora de ordenar el nuevo marco de los países no cooperativos ha considerado que la firma de tal convenio por un país se tendrá en cuenta como criterio a efectos de determinar su estatus fiscal como "paraíso fiscal" y como "país con el que existe efectivo intercambio de información", tal y como resulta de la nueva redacción dada por la Ley 26/2014 a la Disposición adicional Primera de la Ley 36/2006.

8.2. Estatus quo del Convenio OCDE/Consejo de Europa: países firmantes y reservas

En línea con lo que acabamos de indicar, puede apreciarse un claro movimiento internacional dirigido a la firma y ratificación de este Convenio y no sólo por países miembros de la OCDE/Consejo de Europa sino también por países terceros.

Entre los principales **países miembros** del Consejo de Europa que han firmado este Convenio cabría mencionar los siguientes:

• Albania, Austria, Azerbayán, Bélgica, Dinamarca, Estonia, Finlandia, Francia, Georgia, Alemania, Grecia, Hungría, Irlanda, Italia, Letonia, Lituania, Luxemburgo, Malta, Moldavia, Países Bajos, Noruega, Polonia, Portugal, Rumania, Rusia, Eslovaquia, Eslovenia, España, Suecia, Turquía, Ucrania, Reino Unido.

En este orden de cosas, resulta destacable cómo algunos importantes centros financieros miembros del Consejo de Europa ya han firmado el Convenio: Andorra, Liechtenstein, San Marino o Suiza.

Entre los principales **países no miembros** del Consejo de Europa que han firmado este Convenio cabria mencionar los siguientes:

• Albania, Argentina, Australia, Belize, Brasil, Canadá, Costa Rica, China, Colombia, Ghana, Guatemala, India, Indonesia, Japón, Corea del Sur, Méjico, Marruecos, Nigeria, Nueva Zelanda, Arabia Saudí, Singapur, Sudáfrica, Túnez y EEUU.

La lista de países firmantes del Convenio (junto con el Protocolo) alcanza 126 países, a octubre de 2018, aunque ha entrado en vigor en 114 países y territorios. No obstante, cabría indicar que el Convenio también resulta aplicable a territorios dependientes de algunos países firmantes como es el caso de Reino Unido (respecto de las Islas Turks y Caicos), de Países Bajos (respecto de Aruba, Curaçao y San Martin) y EE.UU (respecto de US Virgin Islands, Puerto Rico, Samoa, Guam, Islas Marianas). España firmó el Protocolo de 2010 el 11 de marzo de 2011, de suerte que el referido Convenio Multilateral entró en vigor el 1 de enero de 2013. Cabe reseñar igualmente cómo las autoridades españolas firmaron el Acuerdo Multilateral entre autoridades competentes sobre intercambio de información de cuentas financieras, hecho en Berlín el 29 de octubre de 2014 (BOE de 12 de agosto de 2015). El Convenio Multilateral de Asistencia Administrativa Mutua en materia tributaria también constituye la base sobre la que pivota el acuerdo multilateral entre autoridades competentes para el intercambio de informes fiscales país por país, hecho en París el 27 de enero de 2016 (MCAA CbC). Las autoridades españolas, al igual que las de otros países comprometidos con la implementación efectiva de los estándares mínimos de BEPS, han firmado el MCAA CbC, el cual se publicó en el BOE de 29 septiembre de 2017.

Un buen número de países han incluido reservas que restringen el ámbito de aplicación de las amplias posibilidades de asistencia mutua que articula el Convenio. El artículo 30 del Convenio permite tales reservas pero con ciertos límites:

• Se permiten reservas que limitan el alcance de la asistencia mutua en relación con:- Determinados impuestos diferentes a los impuestos (estatales/federales) sobre la renta y el patrimonio, como impuestos locales, contribuciones a la Seguridad Social y otros impuestos (excepto aranceles), como ISD, IBI, IVA, IEE, impuestos vehículos de motor, siempre que no se haya incluido algún impuesto nacional en esa categoría del Anexo A de la Convención.- No otorgar asistencia en la recaudación de impuestos o multas.- No otorgar asistencia mutua con respecto a cualquier crédito fiscal existente en la fecha de entrada en vigor del Convenio con respecto a un Estado (irretroactividad).- No otorgar asistencia sobre la notificación o traslado de documentos sobre todos o algunos de los impuestos a los que se aplica el Convenio.- Limitar en el tiempo la asistencia administrativa para asuntos fiscales relacionados con procedimientos judiciales en materia penal-tributaria, excluyendo la retroactividad.

• No se permiten otras reservas distintas de las mencionadas, sin perjuicio de la posibilidad de modificar o añadir reservas adicionales en materias autorizadas.

8.3. Implicaciones derivadas de la firma del Convenio OCDE/Consejo de Europa y modalidades de Asistencia Administrativa que instrumenta el Convenio

• El Convenio contempla todas las formas de Asistencia Administrativa mutua en materia fiscal, incluyendo la asistencia judicial y penal-tributaria.

• La asistencia administrativa mutua queda limitada, desde una perspectiva objetiva a los impuestos cubiertos por el Convenio (normalmente impuestos sobre la renta y el patrimonio, e impuestos nacionales), y desde una perspectiva subjetiva a la cooperación fiscal internacional entre los Estados parte del Convenio. La mera conclusión del Convenio por un país, significa por tanto tener en vigor un acuerdo de asistencia mutua en materia fiscal con los restantes países que lo hayan ratificado, dada su naturaleza multilateral.

• La firma del Convenio no restringe la aplicación de otros tratados o instrumentos relacionados con la cooperación fiscal internacional, resultando de aplicación el mecanismo que permita una cooperación más amplia o eficaz (principio de la máxima eficacia ex artículo 27).

• **Asistencia Mutua a través del Intercambio de Información fiscal**:

- El Convenio sigue el actual estándar internacional representado por el artículo 26 ModCDI 2012.

- Se contemplan 5 principales fórmulas de intercambio de información: - **Intercambio Rogado (artículo 5). - Intercambio Espontáneo (artículo 6). - Intercambio Automático (artículo 7);** esta modalidad (IAI) está sujeta a la adopción de acuerdos bilaterales entre los diferentes países que deseen poner en marcha esta modalidad. El artículo 6 ModCDI / Consejo de Europa regula el IAI. Sin embargo, a fin de que tal IAI tenga virtualidad es necesario un acuerdo entre las autoridades competentes relativo al procedimiento de IAI y la tipología de rentas cubiertas o las circunstancias que hacen que este tipo de intercambio sea aconsejable o no. Entre las circunstancias que hacen no aconsejable el IAI, expresamente se contempla la posibilidad de que el mismo suponga 'una carga para las administraciones implicadas demasiado grande' (vid. los párrafos 64 y 65 del documento explicativo del Convenio OECD / Consejo de Europa: "Text of the Revised Explanatory Report to the Convention on Mutual Administrative Assistance in Tax Matters as Amended by Protocol (2010)"). Es decir, a día de hoy, la firma del Convenio OCDE / Consejo de Europa no implica una obligación jurídica de IAI, ya que este tipo de intercambio, para operar, requiere de acuerdos complementarios ("el acuerdo entre las autoridades competentes"). En el marco del Global Forum, reunión de Berlín de 29 de octubre de 2014, las autoridades competentes de los países que han firmado el Convenio Multilateral de Asistencia Mutua en materia fiscal adoptaron un acuerdo multilateral entre autoridades competentes sobre intercambio de información de cuentas financieras, a través del cual se establece un mecanismo que pivota sobre el artículo 6 del Convenio y que articula una fórmula (multilateral) para que a través de acuerdos administrativos bilaterales se instrumente el intercambio automático de información sobre cuentas financieras. La aplicación y vigencia de estos acuerdos administrativos requiere el cumplimiento de una serie de procedimientos nacionales e internacionales que están previstos en el artículo 7 del Acuerdo multilateral, y que en principio deberían ser objeto de publicación en el BOE y ser susceptibles de control con arreglo a la ley 25/2014 (artículo 41, no resultando aplicable la Disp. Ad. quinta). Como ya indicamos en el epígrafe precedente, las autoridades españolas firmaron los acuerdos multilaterales entre autoridades competentes para el intercambio de información sobre cuentas financieras y sobre informes país por país (MCAAs CRS & CbC R).

• **Inspecciones fiscales simultáneas (artículo 8):** se configura de manera que no resulta obligatoria en todo caso;

• **Desplazamiento de Inspectores al extranjero (artículo 9);** se configura de manera que no resulta obligatoria en todo caso;

• **Otras modalidades:** comunicación de técnicas de análisis de riesgos fiscales o esquemas de evasión, procedimientos de información contradictoria.

Los límites, salvaguardias relacionadas con las obligaciones del intercambio de información coinciden básicamente con las recogidas actualmente en el estándar internacional de intercambio de información articulado en el artículo 26 ModCDI 2012-2014 y en el Modelo OCDE 2002 de asistencia mutua: Reciprocidad. Limite referido a las potestades establecidas por la legislación nacional;

- Reciprocidad.

- Limite referido a las potestades establecidas por la legislación nacional.

• Subsidiariedad;

• No discriminación;

• No secreto bancario, mercantil o contable (obligaciones de transparencia);

• Secreto profesional (comunicaciones abogado-cliente);

• Secretos empresariales;

• Orden público.

- Se recoge la cláusula de Secreto Tributario Internacional, similar a la prevista en el MC OCDE, admitiendo bajo ciertas condiciones (artículo 26 ModCDI 2012-2014) el uso de la información para fines no fiscales (delitos de blanqueo de capitales, cohecho, etc).

- Se contempla expresamente la posibilidad de que los Estados articulen garantías a favor de los obligados tributarios afectados (derechos de participación: notificación, audiencia, recurso) (artículo 21).

• **Asistencia en la Recaudación de Impuestos, Intereses y Sanciones, incluyendo medidas cautelares:** resulta posible incluir una reserva (artículo 30.1.b), no resultando, por tanto, obligatoria.

• **Asistencia mediante la Notificación o traslado de documentos.**

• **Articulación de un mecanismo institucional de coordinación de la aplicación del Convenio Multilateral:** función de mera asesoría para la resolución de cuestiones interpretativas o aplicativas o conflictos en la aplicación del Convenio.

9. EL ESTÁNDAR GLOBAL OCDE DE INTERCAMBIO AUTOMÁTICO DE INFORMACIÓN FINANCIERA

9.1. Introducción

El establecimiento de un estándar global de intercambio automático de información financiera constituye un nuevo movimiento de la OCDE que pretende alterar las reglas de juego del actual sistema de fiscalidad internacional a través de una medida que introduce un mayor nivel de transparencia en el sistema. Así, la articulación de este futuro nuevo estándar tendría como principal objetivo combatir el fraude y la evasión fiscal internacional mediante un mecanismo de transparencia consistente en el suministro automático y global de información financiera entre los distintos países, de forma que las administraciones tributarias sean tan globales como los contribuyentes y la propia actividad o flujos financieros.

Ahora bien, no se pierda de vista que las iniciativas de la OCDE -fundamentalmente en el contexto del Proyecto BEPS pero no sólo en este marco- no sólo ponen el foco en el fenómeno del *offshore non-compliance,* sino que poseen un enfoque mucho más amplio y ambicioso comprendiendo un conjunto de medidas dirigidas a alterar la tradicional confidencialidad que preside las relaciones entre el Fisco y los contribuyentes (Owens 2013). En este sentido, la idea de fondo es reforzar la Gobernanza fiscal de los Estados sometiendo a mayores exigencias de transparencia a los grandes contribuyentes (MNEs) -a través de un nuevo modelo de documentación de precios de transferencia y del *country-by-country reporting*- y a los intermediarios fiscales (*disclosure rules*), sometiendo igualmente al propio sector público (los Estados y sus administraciones) a mayores niveles de revelación de determinados procedimientos y prácticas fiscales (*rulings*, APAs, *sweetheart deals*, etc.), fundamentalmente en el marco del control de prácticas fiscales perniciosas; en los últimos tiempos se está tratando de articular un enfoque más sofisticado de manera que la transparencia opere también como mecanismo que favorezca la responsabilidad y buena gobernanza (*accountability*) por parte de todos los sujetos afectados (Brauner 2014). Esta tendencia hacia mayores niveles de transparencia fiscal podría terminar cristalizando en un nuevo modelo de gestión tributaria con importantes implicaciones para todos los jugadores afectados (gobiernos, contribuyentes e intermediarios fiscales), pudiendo traer consigo, por tanto, una nueva cultura y enfoque de cumplimiento de obligaciones fiscales. En este escenario, los contribuyentes deben estar preparados para revelar lo que hacen en cada jurisdicción (sustancia) y estar cómodos con la revelación de las actividades que realizan en cada país (transparencia).

Desde el sector privado se han puesto de relieve una serie de problemas derivados de la aplicación del CRS: a) altos costes de cumplimiento, b) que esta legislación fiscal de carácter global está transformando a los profesionales financieros en "*virtual police officers*", c) dificultades para los intermediarios financieros en el cumplimiento de una normativa que utiliza conceptos poco claros como el del beneficiario último, que las distintas jurisdicciones pueden delimitar de forma heterogénea, y d) inseguridad jurídica en relación con la falta de garantías sobre el uso y revelación de la información intercambiada (Stupples 2016). También se ha destacado cómo algunas administraciones tributarias de países avanzados como EEUU han indicado que estos mecanismos de intercambio automático de información financiera en masa no constituyen una "panacea a efectos del enforcement" ya que los datos transmitidos incluyen "falsos positivos", esto es, información errónea o inútil (Gattoni-Celli, en relación con FATCA).

A través de este epígrafe tan solo tratamos de exponer de forma sucinta los objetivos y elementos esenciales del estándar de intercambio automático de información financiera desarrollado por la OCDE y sus principales implicaciones como una pieza más del nuevo marco de transparencia que pretende articularse en este contexto y proceso de globalización tributaria a través de la cooperación intergubernamental y administrativa. Como ya hemos indicado más arriba, **España ha aprobado un marco regulatorio específico dirigido a implementar este estándar de intercambio automático sobre cuentas financieras** [véanse el Real Decreto 410/2014, de 6 de junio; Real Decreto 1021/2015, de 13 de noviembre, y la Orden HAP/1695/2016, de 25 de octubre, relativa al modelo 289 (Declaración informativa anual de cuentas financieras en el ámbito de la asistencia mutua)].

9.2. Objetivos y elementos esenciales del nuevo estándar de intercambio automático de información financiera

El CTPA de la OCDE (*Centre for tax policy and Administration*) hizo público, el 13 de febrero de 2014, lo que pretende ser el futuro nuevo estándar global de intercambio automático de información financiera (*financial account information: bank accounts and offshore financial assets*). La versión completa del *Standard for Automatic Exchange of Financial Account Information in Tax Matters* se publicó el 15 de Julio de 2014, una vez aprobada por el Consejo de la OCDE; esta versión, como novedad respecto de la de febrero 2014, incluye comentarios que sirven de guía interpretativa a cada una de las cláusulas del *CRS (Common Reporting Standard)* y *CAA (Competent Authority Agreement)* aportando además varias alternativas para ciertas situaciones, y desarrolla relevantes aspectos técnicos para implementar el modelo (v.gr., aspectos tecnológicos relacionados con la protección de la información, procesos y modelos de encriptación, etc). En 2017 (06/04/2017) la OCDE publicó una nueva guía que incluye: a) CRS-related FAQs; y b) segunda edición del Standard for Automatic Exchange of Information in Tax Matters, ampliando la guida sobre el uso del CRS XML Schema user guide. En mayo de 2017 la OCDE también puso en marcha una "*disclosure facility*" que puede ser utilizada por cualquier persona que quiera denunciar esquemas o fórmulas que se estén utilizando en el mercado para rodear o evitar la aplicación efectiva del "*CRS reporting*", de manera que esta suerte de sistema de denuncia anónima permita proteger la integridad del sistema (Johnston 2017).

El estándar internacional CRS no ha dejado de evolucionar y a este respecto cabe destacar una serie de elementos desarrollados durante 2017 y 2018 por la OCDE:

• OECD, *Standard for Automatic Exchange of Information in Tax Matters, Implementation Handbook*, Second edition, 2018.
• OECD, *Model Mandatory Disclosure Rules for CRS Avoidance Arrangements and Opaque Offshore Structures*, 2018.
• OECD, *Preventing Abuse of Residence By Investment Schemes to Circumvent the CRS*, Consultation Document (February/March 2018), y OECD *Clamps down on CRS avoidance through residence and citizenship by investment schemes*, 16-10-2018.

Como ya hemos indicado, el estándar ha sido desarrollado por la OCDE y los países del G20 y su objetivo es impulsar la implantación por parte del mayor número de jurisdicciones posible de un mecanismo uniforme (modelizado) que instrumente un nivel mínimo de intercambio de información automático anual de datos sobre cuentas bancarias en posesión de entidades financieras entre los diferentes países.

De esta forma, el nuevo estándar articularía un modelo global que erigido e instrumentando a partir de cuatro elementos esenciales:

a) la información sobre cuentas bancarias que debe intercambiarse;
b) las instituciones financieras que deben obtener y suministrar la información (reporting);
c) los diferentes tipos de cuentas y contribuyentes cubiertos; y
d) los procedimientos comunes de diligencia debida que deben seguir las instituciones financieras para identificar a los contribuyentes.

El movimiento, por tanto, va dirigido a articular un sistema que garantice la transparencia global de la información bancaria de manera que las administraciones tributarias sean tan globales como el propio sistema financiero, evitando así que la globalización financiera traiga consigo fraude y evasión fiscal en masa por parte de los inversores transfronterizos. Es decir, estamos ante un "*real game changer*", tal y como ha indicado el Secretario General de la OCDE el Sr.A.Gurría.

El estándar global de intercambio automático se ha construido a partir de los propios trabajos previos de la OCDE (en materia de intercambio de información y de prevención del blanqueo de capitales (FATF/GAFI), y en menor medida de la UE, no constituyendo por tanto una versión global del modelo FATCA aunque se reconoce que tal iniciativa norteamericana ha operado como un auténtico catalizador impulsando el movimiento del G20 hacia el intercambio automático en un contexto multilateral (globalización de FATCA).

El nuevo estándar global OCDE se presentó al G20 de 22-23 febrero 2014 a efectos de lograr su adhesión y apoyo formal al mismo. Y en la hora actual más de 65 países ya han manifestado su compromiso respecto de su implementación en el marco del *Global Forum on Transparency and Exchange of Information for Tax Purposes*, 40 de los cuales (Early Adopters group) realizarán una aplicación anticipada del mismo en el sentido en que comenzarán a llevar a cabo los primeros intercambios automáticos a partir de 2017 en tanto que los demás países iniciarán tales transmisiones automáticas de datos a partir de 2018 (Global Forum, *Signatories of the Multilateral Competent Authority Agreement and Intended First Information Exchange Date*, Status as of 19 November 2014; y AEOI: *Status of Commitments*, 6 November 2014).

En este sentido, cabe destacar cómo el Comunicado del G20 (*Meeting of the Finance Ministers and Central Bank Governors*, Sidney, 22-23 February 2014) se hizo eco de los progresos y desarrollo a nivel OCDE del mecanismo de intercambio automático de información financiera, pero también de las circunstancias que dificultan su implantación efectiva a nivel global a corto plazo como nuevo estándar internacional. Así, por un lado, el comunicado refleja la adhesión del G20 al *Common Reporting Standard* (CRS) o estándar común de revelación de información para el intercambio automático sobre una base recíproca, adhesión que se concreta a través del compromiso en el desarrollo del mismo a través de trabajos con todas las partes implicadas (incluidas las entidades financieras) a efectos de establecer un plan de implementación en la próxima reunión de septiembre (2014). En paralelo, el comunicado refleja igualmente el compromiso con el inicio o puesta en marcha de inter-cambios automáticos de información en materia fiscal entre los países del G20 a finales del año 2015, realizándose una llamada para la adopción anticipada del nuevo estándar de intercambio automático por todas las jurisdicciones que estén en disposición de hacerlo, y también para que todos los centros financieros se alineen y adopten los compromisos alcanzados por el G20 en esta materia. Por otro lado, el comunicado del G20 vuelve sobre el actual estándar de intercambio de información rogado instando a todas las jurisdicciones que todavía no cumplen con el mismo lo hagan con urgencia y firmen sin demora el Convenio Multilateral de Asistencia mutua en materia fiscal; en particular, se menciona a los 14 países que no han implementado el estándar en términos que le permitan tras-cender a la Fase 2 de los *Peer Reviews* del Global Tax Forum.

En agosto de 2014, la OCDE y el Global Forum remitieron al G20 el informe final sobre la configuración y hoja de ruta sobre la implementación del estándar de intercambio automático de información sobre cuentas financieras (incluyendo a los países en desarrollo: Global Forum, *Auto-matic Exchange of Information: a RoadMap for developing Country Participation, Final Report to the G20*, 5 August 2014), recibiendo renovado apoyo del G20 en su reunión de 20/21 de septiembre en Australia, aunque sin establecer una fecha límite para la implementación del intercambio automático por los países miembros del G20, y sin perjuicio del diferente calendario y hoja de ruta para la asistencia e implementación del nuevo estándar por los países en desarrollo (*G20 Common Reporting Standard Implementation Plan*, 21 September 2014).

Tal y como expusimos en el marco del epígrafe 1.1 de este capítulo, la reunión de la OCDE llevada a cabo en Kyoto (30 junio-1 Julio 2016), resultó muy relevante a estos efectos ya que el Comité de Asuntos Fiscales adoptó, en línea con los acuerdos de Ministros de Finanzas del G20 de 14-15 de abril 2016 (post-Panama Papers), los tres criterios que, una vez aceptados por el G20, se utilizarían a nivel internacional para identificar países no cooperativos y eventualmente aplicar contra-medidas coordinadas frente a ellos (vid: Mitchell 2016 y Soong Johnston 2016). Uno de estos tres criterios consiste precisamente en el compromiso con la implementación efectiva del nuevo estándar global de intercambio automático de información sobre cuentas financieras (AEOI) lo más tardar en el año 2018 (con respecto a datos de 2017), que se considera crucial para articular "la transparencia plena". De acuerdo con el informe de la *OECD Secretary-General Report to G20 Finance Ministers*, Chengdu, China, 23-24 July 2016, 55 jurisdicciones se comprometieron a realizar los primeros intercambios automáticos de información sobre cuentas financieras en 2017, y 46 jurisdicciones los llevarán a cabo en 2018. El referido marco OCDE de *tax transparency non-compliance criteria* se presentó a la reunión de Ministros de Finanzas del G20 y Gobernadores de Bancos Centrales, de 23-24 Julio 2016 (Chengdu, China), recibiendo el respaldo correspondiente para su aplicación (*G20 Finance Ministers and Central Bank Governors Meeting 23-24 July 2016*, Chengdu China, parágrafo 10). En la **reunión de líderes del G20 celebrada en Argentina del 30 Noviembre al 1 Diciembre 2018 (G20 *Leader's Declaration Building consensus for fair and sustainable development*, December 2018)** se validó el robustecimiento de los criterios que deben cumplir todos los países para ser calificados como juris-dicciones cooperativas en materia fiscal, de suerte ahora el incumplimiento del estándar AEOI deter-mina automáticamente la calificación de la jurisdicción como no cooperativa, tal y como indicamos en el epígrafe 1.1.[5].

9.3.   Aspectos esenciales del estándar global para el intercambio automático de información financiera

Una de las ideas principales subyacentes en esta iniciativa de la OCDE tiene que ver con el deseo de articular un modelo uniforme a nivel global para el intercambio de información, a efectos de evitar los múltiples problemas e inconvenientes (v.gr., importantes sobrecostes de cumplimiento, agujeros

---

(5)   OECD Secretary-General Report to G20 Finance Ministers and Central Bank Governors, Buenos Aires, Argentina, July 2018, pp. 7-8 y Annex 2.

o lagunas que surgirían por la diferencia de modelos, etc.) que resultarían de la proliferación e implantación de modelos diferentes de obtención e intercambio automático de información financiera (vid: OECD, *Standard for Automatic Exchange of Financial Account Information. Common Reporting Standard*, OECD, Paris, February 2014; OECD, *Automatic Exchange of Financial Account Information. Backgroung Information Brief*, OECD, 13 February 2014; y *Standard for Automatic Exchange of Financial Account Information in Tax Matters*, 15 de Julio de 2014). En particular, a través de esta iniciativa se pretendería evitar que un modelo unilateral (aunque globalizado) como es FATCA, u otros modelos regionales (modelo UE: Directivas 2003/48 y 2011/16) se desarrollaran y expandieran haciendo difícil la articulación de un modelo global, con todo los problemas que ello conllevaría para todas las partes implicadas, sin mencionar la pérdida de peso específico y de liderazgo desarrollado por la OCDE en materia de fiscalidad internacional.

Solo a través del desarrollo de un modelo global pueden alcanzarse los objetivos que persigue la OCDE a través del intercambio automático, y en tal sentido adopta una posición y estrategia similar a la puesta en marcha en el pasado con los modelos de convenio para evitar la doble imposición y para el suministro de información tributaria.

El estándar global elaborado por la OCDE se vertebra básicamente a través de dos piezas clave, a saber:

a) **El estándar común de revelación de información o *Common Reporting Standard* (CRS, en adelante):**
El CRS está configurado de forma amplia a través de tres elementos:

• La información financiera que debe ser revelada: la información financiera sobre las cuentas afectadas (de personas físicas y entidades no residentes) incluye todo tipo de renta de inversión y ahorro (incluyendo intereses, dividendos, renta de ciertos contratos de seguros (v.gr. cash value insurance contracts) y otros tipos de renta similar, sin excluir productos financieros de bajo riesgo como planes de pensiones como hace FATCA), así como los saldos de las cuentas y las rentas derivadas de ventas de activos financieros.

• Las entidades financieras que deben obtener y suministrar información: la noción de entidades financieras que deben revelar información no sólo incluye a los bancos, entidades depositarias y custodios sino también otras instituciones financieras como brokers, ciertos vehículos e instituciones de inversión colectiva y ciertas entidades aseguradoras.

• Las cuentas bancarias objeto de revelación se refieren a personas físicas (no residentes) y entidades sujetas a obligaciones de información, incluyendo a los trusts, fundaciones y entidades pasivas (regla de transparencia identificando el titular último).

El CRS también describe los procedimientos de diligencia debida que deben seguir las entidades financieras para identificar las cuentas sobre las que debe informarse y la residencia (en el otro Estado parte del CAA) de las personas físicas y entidades no residentes (incluyendo entidades pasivas controladas por una o varias personas que caen en el ámbito de la revelación de información) titulares de las mismas. Los procedimientos de diligencia debida en gran medida están inspirados en los estándares internacionales en materia de prevención de blanqueo de capitales (los elaborados por el *Financial Action Task Force*), lo cual tiene sentido, y contemplan reglas diferentes para cuentas de personas físicas y de entidades, distinguiendo también entre "cuentas pre-existentes" y "cuentas nuevas" considerando las dificultades que pueden surgir a la hora de obtener determinado tipo de datos o información de los sujetos que contrataron sus cuentas en el pasado.

Las obligaciones de diligencia debida son de mayor alcance, por tanto, en relación con las cuentas financieras de nueva creación de personas físicas y entidades sin que se haya establecido un umbral mínimo, a diferencia de lo que acontece en el marco de FATCA. No obstante, tal umbral sí se ha establecido en relación con las "cuentas pre-existentes" de entidades (250,000 USD), y respecto de las "cuentas pre-existentes" de personas físicas se han articulado distintas obligaciones en función de si se trata de una cuenta de alto o bajo valor, esto es, se ha introducido un criterio de riesgo fiscal para modular las obligaciones de diligencia debida.

El Modelo de acuerdo entre las autoridades competentes (CAA) y el CRS que ha elaborado la OCDE incorpora un Anexo que desarrolla el estándar de revelación de información (CRS) y los procedimientos de diligencia debida que deben cumplir las instituciones financieras, de suerte que en el marco del acuerdo bilateral que firmen las autoridades competentes de cada país tal Anexo específico del CCA delimitará el verdadero alcance de las obligaciones de información de las entidades financieras ya que éste definirá qué sujetos están obligados a revelar información y cuál es el contenido de sus obligaciones respecto de los sujetos afectados.

El CRS requiere de un proceso de implementación a nivel interno por los distintos países que sigan o adopten el estándar, de manera que debe realizarse una reforma de la legislación interna que establezca en concreto las obligaciones de revelación de información periódica al Fisco a cargo de las "entidades financieras" establecidas en el territorio de cada país.

b) **El Modelo de Acuerdo entre Autoridades Competentes (CAA, en adelante):**

El CAA tiene como principal función la de vincular el CRS y la base legal para el intercambio de información (un acuerdo de intercambio de información, un CDI o el Convenio Multilateral OCDE/Consejo de Europa de asistencia mutua) permitiendo así que la información obtenida por las entidades financieras y transmitida a las autoridades fiscales sea suministrada o intercambiada de forma automática a las autoridades fiscales del otro país, cuya autoridad competente ha firmado el acuerdo, de acuerdo con lo establecido en el instrumento internacional de asistencia mutua de que se trate.

El CAA, por tanto, delimita en concreto el alcance específico de la información que será intercambiada, la forma en que será remitida y los aspectos temporales y técnicos del suministro de los datos. El acuerdo entre las autoridades competentes también contiene otro conjunto de disposiciones de gran relevancia como las referidas a la confidencialidad de la información, así como los mecanismos de colaboración para garantizar la efectiva aplicación del acuerdo.

El modelo de CAA desarrollado por la OCDE instrumenta la reciprocidad en el flujo de información entre los dos países sobre sus residentes (en línea con el Modelo I IGA FATCA), aunque se indica que no plantearía problemas la articulación de un modelo no recíproco.

Posiblemente, en el marco del CAA también se incluyan otros contenidos como el sistema de intercambio de información espontánea que se articulará a efectos de que las autoridades competentes de los Estados transmitan (feedback) determinadas cuestiones que hayan surgido al hilo de la utilización de la información y que puedan ser de utilidad para el otro, tales como errores en los datos suministrados o circunstancias que pueden afectar al propio sistema de intercambio (v.gr., datos sobre la residencia fiscal del sujeto, etc).

Como ya avanzamos, el Global Forum desarrolló en octubre de 2014 una suerte **acuerdo marco multilateral entre autoridades competentes sobre intercambio automático de información de cuentas financieras (MAAC)**, basado en el artículo 6 del Convenio Multilateral OCDE/Consejo de Europa, que, en octubre de 2018, había sido firmado por 104 países, a través del que se comprometen a intercambiar al intercambio automático entre ellas aplicando a) la disposición de intercambio automático del Convenio Multilateral; b) el CRS desarrollado por la OCDE; y c) el acuerdo amistoso bilateral de intercambio automático establecido en este acuerdo marco. En este sentido, este acuerdo marco multilateral de intercambio automático puede facilitar de forma sustantiva la celebración de los acuerdos amistosos entra autoridades competentes, reduciendo en cierta medida las dificultades negociadoras y los costes de cumplimiento al existir una base uniforme y modelizada sobre la que deben incorporarse las singularidades propias de cada jurisdicción. El MAAC no constituye un acuerdo autoejecutable, sino que deja libertad a las jurisdicciones firmantes para acordar bilateralmente el correspondiente acuerdo amistoso de intercambio automático de información financiera (MAP IAI CRS) con los países que consideren oportuno. El Acuerdo Multilateral entre autoridades competentes sobre intercambio de información de cuentas financieras, hecho en Berlín el 29 de octubre de 2014, fue firmado por las autoridades españolas y publicado en el BOE de 12 de agosto de 2015. Las autoridades españolas con posterioridad han formulado una declaración sobre la fecha de efecto sobre los intercambios de información en virtud del referido Acuerdo Multilateral sobre IAI CRS (BOE de 9 de septiembre de 2016). España declara que el "Convenio modificado" (Convenio Multilateral de Asistencia administrativa mutua en materia fiscal, ex Protocolo de 2010) se aplicará con arreglo al CRS MCAA a la asistencia administrativa en virtud de este último entre España y las demás partes de dicho Convenio modificado que hayan emitido declaraciones análogas, independientemente de los períodos impositivos o las obligaciones fiscales de la jurisdicción receptora a los que corresponde la información. Igualmente, España declara que el Convenio modificado también se aplicará a la asistencia administrativa en virtud del artículo 5 de dicho instrumento entre España y las demás Partes del mismo que hayan emitido declaraciones análogas, independientemente de los períodos impositivos o las obligaciones fiscales de la jurisdicción receptora a los que corresponda la información, siempre que tal asistencia se refiera a las solicitudes realizadas posteriormente relativas a la información intercambiada según el CRS MCAA sobre periodos de referencia de la jurisdicción remitente en los que este surta efecto. La declaración realizada por las autoridades españolas parece perseguir el objetivo de clarificar las obligaciones de intercambio automático de información sobre cuentas financieras por referencia a los datos que se correspondan a periodos en los que surta efectos el acuerdo de que se trate, limitando igualmente la eventual asistencia mutua rogada a tales períodos, restringiendo la retroactividad (a pesar de estar admitida por el Convenio Multilateral y los CDI).

9.4. Perspectivas sobre la aplicación del nuevo estándar global de intercambio automático de información financiera

Todo apunta a que, tras recibir la adhesión del G20 en su reunión de 22-23 febrero 2014, el nuevo estándar global de intercambio automático de información financiera, una vez adoptado formalmente a nivel OCDE-G20 en su versión completa de julio de 2014, se desarrollará de forma proactiva y efectiva en breve plazo a efectos de estar operativo en 2017-2018 en un buen número de países, aunque el proceso de implementación a nivel global (comprendiendo a todos los países miembros del Global Forum, y a los países en desarrollo) puede llevar muchos años, incluso una década, hasta completarse, y puede ocurrir que el nivel de implantación varíe desde una perspectiva global regional considerando, por un lado, los diferentes niveles de transparencia de información financiera entre los distintos bloques regionales que existen a nivel mundial y, por otro, el limitado interés y medios que poseen, cuando menos a corto plazo, un buen número de países en vías de desarrollo para articular de forma efectiva estos estándares internacionales. La instrumentación de los acuerdos de intercambio automático puede realizarse pivotando sobre distintos mecanismos, desde los CDI, utilizando acuerdos específicos (como acuerdos intergubernamentales en la línea de FATCA), a través de Directivas comunitarias en el contexto UE, aunque la vía preferida por la OCDE es el Convenio Multilateral OCDE-Consejo de Europa de 25 de enero de 1988, modificado el 27 de mayo de 2010, considerando su alcance global; a este respecto, se ha destacado cómo para muchas jurisdicciones, como países en desarrollo, el mecanismo más adecuado para implementar estos estándares internacionales de transparencia e intercambio de información son los CDIs, ya que éstos mejoran el clima de inversión y favorecen la entrada de FDI en los mismos, de manera que combinados con un BIT constituyen la mejor opción de política fiscal (Dubut et alter 2018). Nótese que, a la vista de las diferencias entre los modelos de intercambio automático establecidos por la OCDE, la UE y los EEUU (que sólo aplicaran su modelo unilateral FATCA), a la postre coexistirán tres sistemas de intercambio automático de información sobre cuentas financieras, con todo lo que ello conlleva desde el punto de vista de los costes de cumplimiento como de las distorsiones y agujeros que puede provocar la aplicación de los mismos. El modelo de intercambio automático de información sobre cuentas financieras articulado a nivel comunitario por la Directiva 2011/16/UE, tras la reforma operada por la Directiva 2014/107/UE, de 9 de diciembre, aunque sigue esencialmente el modelo OCDE de CRS, posee diferencias relevantes con el mismo (vid.: Cardew/MacDonald/Skingley 2014; y Bridson 2015). No obstante, la OCDE y la UE han dado pasos para alinear los modelos (vid.: OECD,

Statement of Outcomes by Working Party nº 10 on the EU Proposal on the addition of fields to the CRS XML Schema, 1 December 2015).

La principal implicación de todo ello reside en el radical cambio de las reglas de juego que trae consigo en términos de transparencia global de la información financiera reposicionando a los Estados residencia y sus administraciones tributarias de cara a lograr una mejora sustancial en los mecanismos de control fiscal del cumplimiento efectivo de sus impuestos sobre la renta por parte de los contribuyentes, lo cual sin duda es bienvenido por todo lo que ello conlleva en términos de mayor legitimidad, integridad y justicia del sistema tributario.

Quedan pendientes, sin embargo, muchas cuestiones relevantes sin resolver como son los enormes costes de cumplimiento que este tipo de mecanismos conlleva, la posibilidad de que puedan articularse varios modelos de intercambio automático de información a nivel mundial, la ausencia de auténticas salvaguardias de los derechos de los contribuyentes frente a un uso indebido de la información o un defectuoso funcionamiento del sistema que puede generar perjuicios de difícil reparación o solución a la vista de la falta de mecanismos eficaces de coordinación fiscal entre los distintos países para la resolución de estos problemas. En este orden de cosas, cabe destacar cómo algunos autores (Radcliffe 2014) han puesto de manifiesto la falta de salvaguardias y proporcionalidad del modelo de intercambio automático adoptado por la OCDE, a la par que enfatizan cómo el carácter tan abierto del modelo, permitiendo varias opciones de configuración del intercambio automático y posibilitando que una serie de países (en desarrollo) lleven a cabo una implementación más lenta del sistema, puede generar un buen número de distorsiones considerando como tales "loopholes" abren oportunidades de fraude, pudiendo además surgir una nueva generación de tax havens que se beneficien de una implementación tardía del intercambio automático. Otro sector doctrinal ha llamado la atención sobre cómo las importantes iniciativas desarrolladas por la OCDE en materia de transparencia se están articulando sin llevar aparejadas medidas que refuercen los derechos de los contribuyentes y que protejan al mismo tiempo la buena administración del propio sistema, esto es, que se transmita información correcta y de forma legal (Sprague 2014). La necesidad de equilibrar la tensión estructural entre las nuevas obligaciones de transparencia (disclosure), intercambio de información (sobre todo el automático AEOI), la aplicación de técnicas de *Big Data Analytics* y los derechos y garantías fundamentales de los contribuyentes (autodeterminación informativa, control de uso y cesión de datos, control de legalidad de los intercambios y uso restringido, tutela judicial efectiva y no indefensión) viene siendo una constante en la literatura fiscal internacional de los últimos años, invocándose fundamentos constitucionales, jurisprudencia nacional y del TJUE, así como la nueva normativa de protección de datos de carácter personal (*GDPR*, Reglamento 2016/679), la propia Carta de Derechos Fundamentales de la UE (artículo 52) y el CEDH (artículo 6) (vid.: Mazzoni (2018), Hey/Heilmeier (2016), Huang (2018), Krähenbühl (2018), entre otros).

En este mismo orden de cosas, se ha puesto de relieve cómo el CRS OCDE combinado con los mecanismos de intercambio rogado y de las normas de transparencia sobre beneficiario último de entidades permitirá en el futuro no sólo el control fiscal sobre la localización de los activos financieros y beneficiarios de los mismos, sino también controlar mejor la tributación sobre la renta y el patrimonio de las personas físicas, y determinar la localización de tales activos a efectos de la recaudación tributaria efectiva (Gregory). Sin embargo, también se han señalado problemas en relación con la implementación del modelo CRS; más allá del importante coste de cumplimiento que conlleva y del necesario acercamiento que se requiere entre los modelos de intercambio automático sobre datos de cuentas financieras elaborados por EE.UU (FATCA), la OCDE (CRS) y la UE (Directiva 2014/107) a efectos de que el mecanismo opere de forma eficaz y con costes de cumplimiento proporcionados, las entidades financieras han destacado como la aplicación práctica del intercambio automático de información sobre cuentas financieras puede traer consigo problemas de protección de los derechos fundamentales de los sujetos afectados y en tal sentido cabe esperar que surjan litigios entre los clientes y las entidades financieras en relación con el tratamiento, cesión y uso de la información sobre sus cuentas y activos financieros (Kirwin 2016). Otra de las cuestiones que se ha planteado tras el escándalo de los "Papeles de Panamá" tiene que ver con la propia consistencia de la implementación global del CRS en lo que concierne al nivel de cumplimiento de tal estándar internacional por parte de EEUU; como se sabe, el modelo FATCA representa la fórmula instrumentada por EEUU para obtener y transmitir información automáticamente sobre cuentas financieras, de suerte que este modelo es anterior al CRS y en gran medida este último se basa en el modelo americano; no obstante, lo cierto es que el modelo FATCA, por un lado, no es completamente intercambiable con el CRS, y por otro, FATCA se implementa a nivel internacional a través de acuerdos intergubernamentales (IGAs) que no operan de forma simétrica, esto es, EEUU no transmite al otro Estado contratante a través del IGA recíproco el mismo caudal de información que recibe de las autoridades del otro Estado; en particular, EEUU transmite un menos datos sobre rentas financieras obtenidas en su territorio por no residentes y tampoco articula la regla de look-through sobre entidades no financieras pasivas. A este respecto, se ha destacado que la actual situación permite a EEUU operar como una suerte de tax haven financiero, al no llevar hasta sus últimas consecuencias el cumplimiento del estándar del CRS OCDE, todo lo cual puede debilitar el estándar de transparencia global que está tratando de articular la OCDE y en tal sentido otros centros financieros pueden resistirse a cumplir con el CRS por la vía de limitar el alcance de los MCAAs que firmen con otros países (vid: Ryan 2016; Bennet, y Kessinger, en relación con las diferencias entre FATCA y CRS OCDE y sus costes de cumplimiento para las entidades financieras).

Durante los primeros años de puesta en práctica del CRS, se han puesto de relieve una serie de valoraciones sobre su funcionamiento; por un lado, se ha destacado cómo la nueva transparencia derivada de FATCA en combinación con otras acciones y programas de lucha contra el fraude fiscal ha permitido al IRS localizar un buen número de activos *offshore* y llegar a acuerdos con los contribuyentes y entidades financieras a los efectos de su regularización tributaria (Benddingfield/Bennett 2017); en la misma línea se ha destacado el impacto del CRS y FATCA como mecanismos de prevención del fraude fiscal internacional, al eliminar las principales avenidas al fraude y evasión internacionales y hacer más costosa la articulación de estructuras de fraude; no obstante, al mismo tiempo se han expresado dudas sobre la utilización práctica de los datos derivados del CRS/FATCA, ya que sigue requiriendo la intervención manual para analizar riesgos y realizar regularizaciones; a su vez, se apunta la existencia de "agujeros" en el sistema CRS/FATCA como las inversiones *offshore* en inmuebles, oro, joyas y arte o en entidades pasivas extranjeras con control inferior al 25% (Finer/ Tokola 2017, y Studniberg/Hirz/Richard 2018). Por otro lado, desde el sector privado profesional se ha señalado cómo todas estas iniciativas de *disclosure & gatekeeping* (CRS, FATCA, DAC6, anti-blanqueo) que recaen sobre todo tipo de profesionales, traen consigo la necesidad de extremar los protocolos KYC y analizar la legalidad de las operaciones desde una perspectiva multidisciplinar y multijurisdiccional; a su vez, tales mecanismos, en último análisis, también instrumentan una mayor transparencia sobre las actividades de los intermediarios fiscales (Zagaris 2018).

En este mismo sentido, se ha puesto de relieve cómo el desafío que ahora tienen las administraciones tributarias pasa por lograr un uso adecuado y efecto de la información derivada del intercambio automático sobre cuentas financieras de manera que se integre de forma efectiva en las bases de datos de las administraciones y pueda utilizarse en el marco del control fiscal y actuaciones de inspección; la efectividad del CRS y su impacto sobre la conducta de los contribuyentes se evaluará por el global fórum a través de las peer reviews que se llevarán a cabo a partir de 2019 (Johnston 2017). Algunos estudios apuntan que el CRS IAI combinado con los distintos programas de regularizaciones fiscales puestos en marcha por un buen número de países podría traer consigo una significativa repatriación de flujos a los países de residencia de los contribuyentes reduciendo los activos offshore en torno a $1.1 Trillion (vid el estudio de Oliver Wyman/Deutsche Bank Spercial Report, *Time to Advance and Defend,* 6 June 2017; y Hoke 2017e). Otros estudios ponen de relieve cómo están evolucionando los flujos de activos y particularmente cómo Suiza sigue siendo el centro financiero que más activos gestiona, aunque su nivel de crecimiento es mucho menor que el de Hong Kong y Singapur; en relación con el impacto del intercambio automático CRS y las amnistías fiscales sobre la gestión activa de grandes patrimonios *offshore* hay estudios que ponen de relieve cómo los *"lower-high-net-worth"* (HNW) individuals (activos entre 1 y 20 millones $), estarían repatriando los fondos, en tanto que los *"Upper-HNW"* (activos entre 20 y 100 millones $) y los *"ultra-high networth"* (UHNW) no estarían repatriando sino que los volúmenes de gestión de sus activos *offshore* estarían creciendo, pero los servicios de *Wealth Management* estarían evolucionando hacia la eficiencia financiero-fiscal y la seguridad patrimonial-personal (vid. Hoke 2018).

También se ha destacado cómo la lucha contra el fraude fiscal internacional requiere seguir desarrollando el intercambio automático de forma que se proyecte sobre el beneficiario último de todo tipo de entidades a efectos de evitar que la interposiciones de entidades erosione la efectividad del CRS (vid.: Elliot 2017, en relación con las evidencias recogidas en la obra de Zucman, *The Hidden Wealth of Nations: the scourge of tax havens* (2013), referidas a la utilización masiva de offshore companies como instrumento de fraude y evasión fiscal).

En suma, estamos en el umbral de un cambio sustancial de reglas de juego que, de confirmarse, podría traer consigo a medio plazo importantes consecuencias, unas más obvias que otras, para todos los jugadores (sectores financiero y legal, administraciones tributarias y contribuyentes), incluyendo la recuperación de un cierto nivel de gobernanza fiscal por parte de los Estados de residencia en un mundo económicamente (y fiscalmente) globalizado.

9.5. Medidas promovidas por la OCDE frente a esquemas de elusión del mecanismo del CRS

Al punto, tratamos de exponer de forma sintética dos medidas promovidas por la OCDE frente a determinados esquemas que se han detectado en relación con la elusión del *Common Reporting Standard*, a saber:

• OECD, *Model Mandatory Disclosure Rules for CRS Avoidance Arrangements and Opaque Offshore Structures*, 2018.
• OECD, *Preventing Abuse of Residence By Investment Schemes to Circumvent the CRS*, Consultation Document (February/March 2018), y *OECD Clamps down on CRS avoidance through residence and citizenship by investment schemes*, 16-10-2018.

OECD Model Disclosure Rules for CRS Avoidance Arrangements & Opaque Structures

La guía elaborada por la OCDE consiste en un modelo destinado a las administraciones tributarias en relación con un mecanismo obligatorio de comunicación de información por parte de intermediarios fiscales y "usuarios" de determinados esquemas y estructuras *offshore*.

El mecanismo opera bajo un esquema dual de reporting e intercambio de información; así, cualquier intermediario fiscal o usuario residente debe comunicar a las autoridades fiscales de su país de residencia la información obligatoria que se establezca deben reporter en el caso de concurrir los presupuestos establecidos al efecto. Y allí donde la información posea trascendencia fiscal para otro Estado, las autoridades fiscales que obtuvieron la información deben proceder a su intercambios espontáneo a las autoridades fiscales de las jurisdicciones potencialmente afectadas.

Se trata de un mecanismo similar a los articulados en el informe final de la Acción 12 de BEPS, cuya finalidad consiste en robustecer los mecanismos de control del cumplimiento tributario y disuadir a los obligados tributarios en relación con la puesta en práctica de esquemas potencialmente fraudulentos. No obstante, el cumplimiento con la comunicación derivada de este mecanismo ni permite al obligado tributario considerar que ha cumplido con sus obligaciones de declaración de la renta o el activo de que se trate, ni tampoco tal comunicación equivale al reconocimiento de que tal esquema posee efecto fraudulento o se trata de un montaje abusivo, de suerte que en ambos casos tal cuestión debe determinarse con arreglo a la normativa tributaria del país de que se trate.

A este respecto, puede señalarse igualmente cómo la Directiva UE 2018/822 (DAC 6) ha establecido un mecanismo de *"tax disclosure"* de amplio alcance que incluye en su ámbito objetivo de aplicación los esquemas de elusión del CRS; en particular, el indicador D se refiere a *"Señas distintivas específicas relativas al intercambio de información: un mecanismo que puede tener por efecto menoscabar la obligación de comunicar información establecida en las normas de aplicación de la legislación de la Unión o cualquier acuerdo equivalente sobre el intercambio automatic de informa-ción sobre cuentas financieras, incluidos los acuerdos con terceros países, o que aproveche la ine-xistencia de tal legislación o de tales acuerdos"*). Nótese, sin embargo, que el mecanismo establecido a nivel europeo supera el enfoque de la OCDE, entre otras cosas porque articula un mecanismo de intercambio automatic de las comunicaciones que deben presentan los intermediarios y contribu-yentes (en relación con el mecanismo de *tax disclosure* establecido por la **DAC (6)** puede consultarse: Calderón 2018a).

El modelo de CRS *disclosure rules* articulado por la OCDE pivota sobre los cinco bloques propios de estos mecanismos que ya se fijaron en el informe final de la acción 12 de BEPS, a saber:

a) La descripción de los esquemas que deben notificarse o comunicarse a las autoridades fiscales (los indicadores de esquemas sujetos a comunicación);

b) Una descripción de las personas que deben comunicar tales acuerdos (intermediarios que está sujetos a las obligaciones de comunicación);

c) El presupuesto de hecho que determina la obligación de comunicación (el momento en que surge la obligación de comunicar y las excepciones que se contemplen);

d) Una descripción de la información que debe comunicarse; y

e) Las sanciones y otros mecanismos previstos para afrontar los casos de incumplimiento.

Las definiciones de *"CRS Avoidance Arrangement"* y de *"Opaque Offshore Structure"* se deli-mitan de forma amplia con el objeto de capturar o incluir cualquier tipo de esquema o montaje que tenga como efecto evitar la aplicación de la normativa de CRS o no permitir una correcta identifica-ción de los titulares reales o beneficiarios últimos bajo una "estructura extranjera opaca". Se considera que un *CRS Avoidance Agreement* elude la aplicación del CRS cuando evita la comunicación de la información referida a las cuentas financieras extranjeras (CRS) a todas las jurisdicciones de residencia fiscal de los contribuyentes de forma que erosiona o contraviene la finalidad del mecanismo (CRS). Por ejemplo, ello incluiría montajes para transferir renta de una cuenta financiera en una entidad financier a una entidad no sujeta a obligaciones de comunicación. Las *"Opaque Offshore Structures"* son estructuras que comprenden el uso de una entidad pasiva en una jurisdicción distinta a la juris-dicción de residencia fiscal de uno de los titulares reales o beneficiarios últimos y que está diseñada o comercializada con el objetivo de ocultar la identidad de tales beneficiarios últimos. Entre otras, ello incluye el uso de testaferros el ejercicio de control indirecto sobre entidades, el acceso de per-sonas físicas a los activos o renta de la estructura sin ser identificados como beneficiarios últimos, o el uso de jurisdicciones con reglas débiles para la identificación de beneficiarios últimos. Un montaje o esquema de este tipo que encaje en los indicadores o *hallmarks* únicamente deberá comunicarse en la jurisdicción de que se trate por las personas que sean responsables de diseñar o comercializar tal esquema o estructura, o por aquellas personas que "razonablemente cabría esperar que conocie-ran" (*reasonably be expected to know*) que tal esquema cumple con los indicadores que determinan su notificación. La regulación modelo de la OCDE regula los detalles operativos del sistema de reporting en lo que se refiere a la información a comunicar, el cuándo y a quién debe transmitirse la declaración.

Este modelo de *Disclosure Rules for CRS Avoidance Arrangements & Opaque Structures* ha sido objeto de duras críticas por parte del sector privado afectado (vid. Sarfo 2018, Hill/Pan, y CFE Opinion Statement Pac 1/2018), entre las que cabría destacar las siguientes:

• El estándar de comunicación de información basado en el criterio de que el intermediario o usuario "razonablemente cabría esperar que conocieran" (*reasonably be expected to know*) el mon-taje de elusión del CRS, se considera muy subjetivo y ambiguo, de manera que combinado con definiciones amplias de intermediario, diseño, comercialización o ejecución de montajes, genera gran inseguridad juridica. A este respecto, se argumenta que con arreglo a tal criterio los interme-diarios no sólo tienen que conocer a su cliente sino también sus operaciones y motivaciones, lo cual es excesivo y de dificil cumplimiento (CFE 2018 Opinion Statement PAC 1/2018). A su vez se indica que tal criterio debería reemplazarse por otro más objetivo basado en un *"standard of knowledge"* o *"actual knowledge"* en relación con una serie de situaciones específicas (v.gr, pagos simulados para ocultar los auténticos, utilizar un certificado de residencia fiscal diferente al de residencia real, utilizar control indirecto a través de testaferros).

• Se ponen de relieve los altos costes de cumplimiento con el estándar de CRS, dada su complejidad técnica a la hora de su aplicación y supervisión, de suerte que tales costes no hacen sino incrementarse imponiendo obligaciones de disclosure (*European Banking Association*).

• Se considera que la articulación de este mecanismo de enforcement complementario es prematuro, ya que la implementación del CRS está en sus inicios y require tiempo y un periodo de transición hasta lograr un nivel de cumplimiento pleno.

• Los indicadores de operaciones de riesgo son muy amplios y capturan situaciones relativas a activos que no están comprendidos en el ámbito de aplicación del CRS.

• Se argumenta que este mecanismo de disclosure puede generar que los intermediarios incurran en *"overdisclosure"* y *"overreporting"* que pone en duda la proporcionalidad de la medida, e incluso puede restar eficacia al mecanismo desde una perspectiva administrativa.

• A pesar de que el modelo trata de excepcionar la obligación de comunicación en casos donde se invoque el secreto profesional, se ha argumentado que el mecanismo sigue generando tensiones con las obligaciones de secreto profesional de los intermediarios; por ejemplo, se apunta que la excepción sólo se refiere a "comunicaciones confidenciales" en tanto que los comentaristas argumentan que toda información comunicada por el cliente puede estar comprendida en tal garantía. También se indica que la interacción entre el mecanismo de disclosure del CRS con el secreto profesional debe realizarse atendiendo a las especificidades derivadas de la legislación doméstica de cada país.

• La *Investment Industry Association of Canada* también recomendó a la OCDE introducir un regimen de *"penalty protection"* para aquellas instituciones financieras que hubieran realizado un esfuerzo de buena fe para establecer procedimientos robustos dirigidos al cumplimiento con el estándar CRS.

OECD, Preventing Abuse of Residence By Investment Schemes to Circumvent the CRS

La OCDE también ha desarrollado una línea de acción dirigida a evitar que los esquemas de "residencia y ciudadanía a través de inversiones" (*CBI/RBI schemes*), sean objeto de un uso inapropiado de manera que puedan utilizarse para ocultar activos en el extranjero que queden extramuros del funcionamiento del CRS.

La OCDE ha detectado como tales permisos de residencia, tarjetas de identificación obtenidos a través de programas *CBI/RBI* han sido empleados indebidamente para establecer una residencia fiscal en un determinado país a los efectos del *CRS*, poniendo en peligro el funcionamiento y los procedimientos de diligencia debida del CRS. Existen igualmente estudios europeos que apuntan en la misma dirección, pero añaden riesgos referidos a corrupción, blanqueo de capitals y fraude fiscal, considerando igualmente la falta de transparencia sobre la aplicación de estos regimenes por los Estados (EU Parliament, *Citizenship by Investment and Residency by Investment schemes in the EU*, EPRS, October 2018).

A efectos de preservar la integridad del funcionamiento del *CRS*, la OCDE analiza los regimens de CBI/RBI de cada a determinar aquellos que potencialmente plantean mayores riesgos para la integridad del CRS, como aquellos que permiten el acceso a una baja tributación sobre activos financieros extranjeros y no requieren de una presencia fisica prolongada para su aplicación por la persona física beneficiaria.

En este orden de cosas, la OCDE ha desarrollado un enfoque dual en relación con el potencial abuso de estos regimens CBI/RBI; por un lado, en octubre de 2018 elaboró una lista de los regimenes que suscitan mayores riesgos, y por otro, elaboró una guía (FAQS) dirigida a las instituciones financieras a efectos de que puedan identificar potenciales abusos de los referídos regimenes a efectos de eludir o menoscabar la eficacia del CRS.

10. LA IMPLEMENTACIÓN DEL MECANISMO DE INTERCAMBIO AUTOMÁTICO DEL INFORME FISCAL PAÍS POR PAÍS EXIGIDO CON ARREGLO A LA ACCIÓN 13 DEL PLAN BEPS Y LA DIRECTIVA (UE) 2016/881

10.1. El estándar mínimo de la Acción 13 de BEPS: funcionamiento básico, objetivos e implicaciones

Uno de los principales resultados del Plan de acción BEPS reside en el establecimiento de una nueva obligación de información que recae sobre los grandes grupos MNEs a través de un informe fiscal país por país (CbC R), que se ha articulado como un estándar mínimo que "obliga" a todos los países comprometidos con la implementación de los nuevos estándares internacionales consensuados en el marco de este Proyecto G20/OCDE. De hecho, no han faltado autores que lo han calificado como un "avance histórico" en términos de transparencia fiscal corporativa (Burgos/Gonzalez de Frutos), y otros que mantienen que estamos ante el "principal legado del Proyecto BEPS" (Herr/Bodapati/Che).

A través de la acción 13 de BEPS se pretende superar la actual situación de asimetría informativa ofreciendo a las autoridades fiscales una visión completa o global de la posición fiscal y de precios de transferencia de las MNEs. Y el CbC R en este contexto aportaría una aproximación al perfil global financiero, operacional y fiscal de una MNE.

El estándar mínimo de la acción 13 BEPS se recoge en el Informe Final OECD/G20 (2015), *Transfer Pricing Documentation and Country-by-Country Reporting*, pero la OCDE y el BEPS Inclusive Framework han ido elaborando materiales adicionales en relación con la implementación del informe fiscal país por país por parte de las distintas jurisdicciones (véanse por ejemplo los siguientes documentos: OECD/G20, *Country-by-Country Reporting-Compilation of Peer Reviews*, 2018, y *Guidelines on the implementation of County-by-Country Reporting*, September 2018).

El CbC R constituye, por tanto, una medida de transparencia fiscal (restringida, no pública) a efectos de que las Administraciones tributarias de los distintos países donde opera un grupo MNE puedan llevar a cabo una supervisión de la política fiscal de las mismas en mejores condiciones, salvando así el déficit de información que en ocasiones dificulta la detección de esquemas artificiales de erosión de bases imponibles y transferencia de beneficios a jurisdicciones de baja tributación. De alguna forma, esta medida de "transparencia administrativa" está concebida como una herramienta de gestión administrativa de riesgos fiscales que puede operar como palanca para que tanto las MNEs como las propias autoridades fiscales implementen de forma efectiva los nuevos estándares materiales de fiscalidad internacional articulados a través del proyecto BEPS (particularmente los derivados de las Acciones 8-10 y 7). La idea de fondo reside en que todas las autoridades fiscales de los países involucrados en la implementación efectiva del Plan BEPS intercambien mutuamente los CbC Rs de las MNEs que operan en sus territorios, con el objetivo de lograr tal mayor transparencia fiscal y superar la asimetría informativa de forma coordinada y bajo un marco que trata de evitar ajustes de precios de transferencia semi-formularios y arbitrarios y minimizar la doble imposición derivada de los mismos. En esta línea, aunque se ha destacado que tal y como está configurada la información que contiene el CbC R no constituye un instrumento útil para el análisis de riesgos fiscales, resulta recomendable adoptar "*audit ready strategies*" en el sentido de que las MNEs deben estar preparadas para explicar posiciones o datos que pueden parecer no razonables o llamativos (rentabilidad por empleado, *cross-comparisons of gross/net margins*, etc.) recogidos en el CbC R frente a autoridades fiscales de diferentes países con enfoques e intereses divergentes (Rasch/Mank/Tomson). Se ha señalado igualmente a este respecto como el CbC R obliga a mejorar o robustecer la política de precios de transferencia y hacerla más consistente, recomendando como buena práctica la coordinación crítica del CbC R con el master file en términos cuantitativos; también resulta recomendable buscar la máxima consistencia del CbC R con la documentación de precios de transferencia, los estados financieros individuales y la evolución de los resultados operativos a lo largo de varios años (vid. Herr/Bodapati/Che).

El impacto del CbC R de la Acción 13 BEPS sobre las MNEs, por tanto, va más allá de una "nueva obligación de compliance global" (cuyo cumplimiento debe enfocarse desde un punto de vista estratégico considerando las diferentes consecuencias derivadas del *primary & secondary filing:* vid. Herr/Bodapati/Che,), toda vez que el nivel de transparencia fiscal que resulta del CbC R (combinado con otras obligaciones de documentación de precios de transferencia y del intercambio rogado de información fiscal sobre las estructuras y operaciones intragrupo) intensifica seriamente los riesgos fiscales de la MNE y tensiona estructuras y operaciones intragrupo que ahora no sólo serán supervisadas "en transparencia" por varias administraciones tributarias sino que tal supervisión se hará bajo la "lupa BEPS" que trae consigo una retórica propia de cruzada frente a la erosión de bases imponibles por las MNEs y articula un estándar material sobre la aplicación del principio de plena competencia de corte mucho más sustancialista (basado en la *factual substance* y los nuevos criterios de *profit allocation*) con tintes anti-abuso (y que no son neutrales desde una perspectiva de política económica ni desde la gestión de la organización de los procesos de las MNEs; vid.: Herzfeld). A este respecto, no puede perderse de vista cómo la nueva frontera de la planificación y control de las estructuras y operaciones intragrupo se sitúa más en el plano del "*global profit allocation*" y menos en el plano del "*profit determination*" cada vez más uniforme a nivel internacional, en un contexto donde la re-localización funcional y la cadena de creación de valor cada vez es más compleja y está más fragmentada como consecuencia de la propia evolución del marco organizativo de las MNEs y la digitalización de la economía.

El contenido del informe país por país básicamente es el siguiente:

a) Información agregada relativa al importe de los ingresos, los beneficios (o pérdidas) antes del impuesto sobre sociedades, el impuesto sobre sociedades pagado, el impuesto sobre sociedades devengado, el capital declarado, los resultados no distribuidos, el número de empleados, y los activos materiales distintos del efectivo y equivalentes de efectivo con respecto a cada territorio en el que opere el grupo MNE;

b) Una identificación de cada "entidad constitutiva" del grupo MNE, con indicación del territorio de residencia fiscal de esa entidad constitutiva y, cuando sea diferente del territorio de residencia fiscal, el territorio por cuya legislación se rija la organización de dicha "entidad constitutiva", así como la naturaleza de la actividad o actividades económicas principales de dicha "entidad constitutiva".

El cumplimiento de este estándar mínimo de la Acción 13 BEPS lleva aparejadas principalmente dos consecuencias:

1ª Por un lado, las diferentes jurisdicciones comprometidas con la implementación de estos estándares mínimos deben establecer a nivel interno o doméstico esta nueva obligación de comunicación de información o reporting con respecto a determinados grupos MNEs que operen en su territorio. Básicamente, el informe país por país deben elaborarlo las "matrices últimas", y en determinados casos filiales/EPs que formen de un grupo de empresas cuyo importe neto de cifra de negocios (conjunta) sea al menos de 750 millones de eur en relación con los ejercicios económicos que se inicien a partir de 1 de enero de 2016. La obligación de elaborar y comunicar el CbC R por parte de un grupo MNE depende, por tanto, si supera tal umbral de cifra de negocios considerando los datos conjuntos del grupo en el ejercicio económico precedente, de manera que respecto del primer CbC R que potencialmente podría ser exigido en relación con el ejercicio 2016 hay que atender a la cifra de negocios del grupo MNE en el ejercicio 2015 y así sucesivamente.

2ª Por otro lado, la Acción 13 BEPS no sólo requiere únicamente que determinadas MNEs (que superen tal umbral de cifra de negocios) elaboren el CbC R y lo comuniquen a las autoridades fiscales del Estado de residencia de la matriz última del grupo, sino que requiere que tales informes país por país de las MNEs sean intercambiados automáticamente entre los distintos países a efectos de que pueda considerarse que son "*BEPS compliants*" con respecto a la implementación efectiva de los estándares mínimos del plan BEPS. Nótese, por tanto, que las MNEs pueden resultar afectadas por el incumplimiento de estos estándares por parte de los países donde operan o donde tiene su residencia fiscal la matriz última, de manera que sus costes de cumplimiento pueden ser más altos (y su posición más compleja) simplemente debido a un comportamiento sobre el que no tienen control como es la posición adoptada por las jurisdicciones donde están situadas.

La exigencia u obligación de elaborar y comunicar el informe país por país se ha instrumentado básicamente a través de dos piezas claves, a saber:

Primera pieza: el mecanismo de Reporting del CbC R (primary filing, surrogate parent rule y secondary filing)

a) El denominado "*Primary filing/reporting*" u obligación de elaboración del CbC R por parte de la entidad matriz última del grupo MNE (que supere el referido umbral cuantitativo de cifra de negocios >750 millones eur): la matriz última debe elaborar tal CbC R en un plazo de 12 meses a partir del último día del ejercicio fiscal, en relación con ejercicios económicos que se inicien a partir de 1 de enero de 2016. Tal plazo de 12 meses comprende la elaboración y la comunicación a las autoridades fiscales del Estado de residencia de tal matriz última del grupo MNE.

b) Se ha establecido un mecanismo de reporting alternativo a través de una "*Entidad Matriz Subrogada*" para aquellos casos donde la matriz última del grupo MNE reside en un país o territorio que no ha establecido la obligación de elaborar el CbC R o no ha concluido acuerdos que permitan el intercambio de información del CbC R de forma suficiente. Por tanto, una "entidad matriz subrogada" designa una entidad del grupo MNE que ha sido nombrada por el grupo como única sustituta de la entidad matriz última para presentar el informe país por país en el territorio de residencia fiscal de tal entidad (matriz subrogada) por cuenta de dicho grupo de MNEs. La norma española no contempla este mecanismo en el RIS, que solo incluye el primary/secondary reporting artículo 13.1 Real Decreto 634/2015, de 10 de julio, por el que se aprueba el Reglamento del Impuesto sobre Sociedades (en adelante, RIS), de suerte que los problemas que pueden derivarse de tal ausencia podrían salvarse a partir de una interpretación finalista y comunitaria de tal norma ya que la Directiva UE 2016/881 (al igual que el *Soft-law* OCDE) sí contempla el mecanismo de la entidad matriz subrogada (Sección II.2) y resulta de obligado cumplimiento por los Estados miembros (*Hard-law*). El hecho de que la norma española no contemple este mecanismo desde una perspectiva *inbound* (filiales/EPs en España de MNEs con matriz última extranjera) no parece impedir que se emplee el mecanismo desde una perspectiva *outbound* allí donde el país de residencia de la filial/EP de la MNE con matriz española lo admita.

c) El "*Secondary filing/reporting*": Se ha articulado un mecanismo complementario al "primary filing" para aquellos casos donde éste no opera, de forma tal que permite el intercambio del CbC R de un grupo MNE a las autoridades fiscales de los países/territorios donde tal grupo opera a través de filiales/EPs. Así, cuando concurren determinadas circunstancias que determinan tal falta de efectividad del sistema del CbC R se ha establecido un segundo mecanismo cuyo objetivo es precisamente que las autoridades fiscales de los países donde opera el grupo tengan acceso al informe CbC R de tal MNE. Tales circunstancias son las siguientes:

i) que la "matriz última" del grupo MNE no esté obligada a presentar un informe país por país en el territorio de su residencia fiscal; o

ii) que la jurisdicción en la que la "matriz última" es residente fiscalmente sea parte de un "acuerdo internacional" en vigor del que sea parte el Estado en el que está situada una filial/EP de tal grupo MNE pero no sea parte de un "acuerdo cualificado entre autoridades competentes" del que sea parte tal Estado en una determinada fecha: dentro del plazo de 12 meses posteriores al cierre del ejercicio económico del grupo, en relación con ejercicios iniciados a partir de 1 de enero de 2016. Por tanto el acuerdo administrativo de intercambio automático de información entre las autoridades del Estado de residencia de la matriz última (o matriz subrogada) y las autoridades competentes del Estado de residencia fiscal la filial/EP que forman parte del grupo MNE debe estar en vigor dentro del tal plazo de 12 meses posteriores al cierre del ejercicio económico del grupo (como regla para ejercicios no quebrados: 31 diciembre de 2017) y referirse (instrumentar el intercambio) al CbC R del último ejercicio económico cerrado (v.gr., 1 enero 2016-31 diciembre 2016 y posteriores). Así se establece, por ejemplo, en la Directiva UE 2016/881 (Sección II) y en el artículo 13.1 del RIS.

- Allí donde una "matriz subrogada" reside en un país que exige el CbC R de forma consistente con el estándar de la Acción 13 BEPS y tiene en vigor un acuerdo automático de información con el país/países donde operan las filiales/EPs del grupo que exigen el CbC R (estableciendo un secondary filing), la transmisión del CbC R por las autoridades del Estado de residencia fiscal de la "matriz subrogada" excluye la aplicación del mecanismo del "secondary filing".

- Notificaciones: Cualquier entidad (matriz, filial/EP) que forme parte de un grupo MNE obligado a elaborar el CbC R y resida fiscalmente en un país que ha establecido la obligación de comunicar el CbC R (contemplando el secondary filing) debe notificar a las autoridades de su país de residencia la forma en que se cumplirá tal obligación, esto es, la identificación y el país o territorio de residencia de la entidad obligada a elaborar tal información, de suerte que tal notificación debe realizarse antes de la finalización del período impositivo al que se refiera la información (artículo 3 OECD Model legislation related to CbC R (Anexo IV Informe Final Acción 13 BEPS), y artículo 13.1 in fine RIS).

- Nótese a este respecto que existen asimetrías internacionales sobre la aplicación del mecanismo del "secondary filing":

• Países que exigen el secondary filing en los términos expuestos: todos los Estados miembros deben establecerlo (v.gr, España, Dinamarca, Portugal, Suecia, Reino Unido)

• Países que no exigen el secondary filing: v.gr., EEUU (vid.: Plogian/Zubler).

• Países que flexibilizan la exigencia del secondary filing: la Directiva UE 2016/881 establece el secondary filing pero permite a los Estados miembros donde operen las filiales/EPs de grupos MNEs con matriz última residente fuera de la UE (que cumple los requisitos para desencadenar la aplicación de este mecanismo) demorar o diferir tal obligación 1 año, de manera que tal exigencia se aplique con respecto a los ejercicios fiscales que comiencen a partir del 1 de enero de 2017 (Sección II.1 Directiva 2016/881).

- El reporting del CbC R a través del mecanismo primario o del secundario no resulta en modo alguno neutral. La transmisión del CbC R a través de un mecanismo primario y acuerdos de intercambio automático reduce los costes de cumplimiento de la MNE ya que sólo debe presentar un CbC R en una sola jurisdicción (con arreglo a su normativa interna) y por tanto solo debe considerar una regulación doméstica y no varias (de contenido divergente; vid.: Rasch/Mank/Tomson, y Plogian/Zubler); tal jurisdicción, normalmente, será la del país de residencia de la matriz última, lo cual normalmente lleva aparejado ciertas ventajas desde el plano de las relaciones fisco-contribuyente; y en tercer lugar, la utilización del mecanismo de intercambio automático de CbC R a través de tratados internacionales de asistencia mutua y acuerdos específicos entre autoridades competentes posee implicaciones relevantes que no aplican cuando el CbC R se comunica por la vía del secondary filing; así, el intercambio automático de CbC R está sujeto a estrictas obligaciones de confidencialidad y de uso de los datos transmitidos, de manera que es el tratado internacional y el acuerdo administrativo de intercambio automático CbC R los que establecen importantes obligaciones de confidencialidad, de protección de la información y la prohibición de uso de tales datos como principal fuente para fundamentar ajustes formularios o semi-formularios de precios de transferencia; de hecho, la existencia de estos acuerdos excluye que un país pueda hacer público un CbC R (vid.: Tobin y Rasch/Mank/Tomson). Tales limitaciones de acceso, confidencialidad y uso no aplican en el caso de que el CbC R se comunique a través de la vía del secondary filing. Estas consideraciones no están siendo pasadas por alto por algunas MNEs (americanas) que ya están desarrollando estrategias para evitar el "secondary filing" combinando el "primary filing" con la aplicación de la regla de "matrices subrogadas" en jurisdicciones adecuadas al efecto (Plogian/Zubler). Nótese, además, cómo los ajustes de precios de transferencia que tengan lugar en el marco de relaciones fiscales cubiertas por un CDI o un tratado internacional que incluya un procedimiento amistoso o arbitral pueden resolverse invocando tales procedimientos internacionales de resolución de controversias, lo cual no acontece en casos donde un país ha establecido la obligación de CbC R a través de un "secondary filing" y no ha concluido convenios de doble imposición con los país con los que realiza operaciones intragrupo la filial situada en su territorio.

o Por tanto, dependiendo de la posición del Estado de residencia de la matriz última del grupo MNE (a) si ha implementado o no tempestivamente la obligación de elaborar y comunicar el CbC R de acuerdo con la acción 13 de BEPS, y b) si tiene en vigor acuerdos de intercambio automático de CbC R con los países donde están situadas las filiales/EPs del grupo) una filial/EP del grupo puede estar obligado (o no) a elaborar y comunicar localmente el CbC R del grupo al que pertenece en el Estado donde opera tal filial/EP, siempre y cuando tal Estado haya establecido el mecanismo del secondary filing y no se haya utilizado por el grupo un "matriz subrogada" que evite tal secondary filing de las filiales/EPs.

Segunda pieza: el mecanismo de intercambio automático del CbC R (IAI CbC R)

La segunda pieza sobre la que pivota la implementación del CbC R viene dada por el mecanismo de intercambio de información de tales informes país por país.

A tal efecto se requieren dos instrumentos:

a) Un tratado internacional del que sean parte los Estados contratantes e instrumente o permita el intercambio automático del informe CbC R:

• Un CDI con cláusula de intercambio de información que siga el artículo 26 ModCDI.

• Un Acuerdo de intercambio de información tributaria que siga el Modelo OCDE de 2012.

• El Convenio Multilateral OCDE/Consejo de Europa (Protocolo 2010) en materia de asistencia administrativa mutua en materia tributaria.

• La Directiva UE 2016/881 que modifica la Directiva 2011/16/UE a tal efecto.

b) Un acuerdo (interadministrativo) específico entre las autoridades competentes de un tratado internacional (tipo a) que instrumente entre los dos países el intercambio automático anual del informe país por país: el Informe Final sobre la Acción 13 de BEPS contiene en su anexo IV tres modelos de acuerdos administrativos entre autoridades competentes, dependiendo de la base internacional que se utilice en cada caso (DTC CAA, TIEA CAA y MCAA). El Convenio Multilateral de Asistencia Administrativa Mutua en materia tributaria también constituye la base sobre la que pivota el "**Acuerdo multilateral entre autoridades competentes para el intercambio de informes fiscales país por país**", hecho en París el 27 de enero de 2016 (MCAA CbC). Las autoridades españolas, al igual que las de otros países comprometidos con la implementación efectiva de los estándares mínimos de BEPS, han firmado el MCAA CbC, el cual se publicó en el BOE de 29 septiembre de 2017; a este respecto también cabe mencionar la Declaración de España sobre la fecha de efecto para los intercambios de información previstos por el acuerdo multilateral entre autoridades competentes para el intercambio de informes país por país, de 24 de octubre de 2017 (BOE de 2 de enero de 2018). También cabe destacar a este respecto cómo EEUU ha elaborado su propio modelo de acuerdo interadministrativo para el intercambio automático del CbC R, en términos muy similares al MCAA CbC de la OCDE.

Tal y como hemos indicado, para que opere correctamente el mecanismo del CbC R y la matriz última del grupo MNE únicamente esté obligada a elaborar y comunicar el CbC R en una única jurisdicción (el Estado de residencia fiscal de tal matriz o el de la "matriz subrogada) en aplicación del "primary filing", tal jurisdicción (de presentación del primary filing), además de exigir el CbC R en condiciones alineadas con las fijadas en el estándar de la Acción 13 BEPS, debe tener en vigor un instrumento internacional que permita el intercambio automático de información tributaria y que las autoridades competentes hayan firmado con las autoridades competentes de los países/territorios donde operan entidades filiales/EPs del grupo un acuerdo de intercambio automático de CbC R que esté en vigor y resulte aplicable respecto de los ejercicios fiscales en los que sea exigible tal informe en las respectivas jurisdicciones. Por tanto, dependiendo de si existe (y está en vigor) o no este tipo de acuerdos administrativos (CAA CbC R) entre las autoridades competentes del Estado de residencia de la matriz última (matriz subrogada) y las autoridades competentes del Estado de residencia de las filiales/EPs del grupo MNE, éstas deben comunicar el CbC R a través del secondary filing, aunque también puede ocurrir que ello no sea necesario (ya porque opera correctamente el primary filing (matriz última/matriz subrogada), ya porque el país de residencia de la filial/EP no exige el secondary filing (v.gr. EE.UU). Como ya hemos indicado, las consecuencias de que opere el mecanismo primario o el secundario son distintas para el grupo MNE, y también que el CbC R se transmita o no a los diferentes países donde opera un grupo.

10.2. La implementación efectiva del mecanismo de intercambio automático del CbC R de acuerdo con la Acción 13 de BEPS: asimetrías temporales y sus implicaciones

Una de las cuestiones que se plantean en relación con la implementación efectiva de la acción 13 de BEPS atañe precisamente a la cuestión de cómo, cuándo y con quién se van a intercambiar los informes CbC R de las distintas administraciones tributarias.

El tránsito de los Informes BEPS a la implementación de los estándares mínimos recogidos en los mismos resulta más compleja tanto en lo que concierne a la configuración material doméstica de tal implementación como en lo que se refiere al aspecto temporal de tal acción de convertir el Soft-law global en Hard-law doméstico, en términos uniformes, coordinados y simétricos, de suerte que las asimetrías y cierto nivel de inconsistencias y de adaptación a los intereses y política nacional de estos estándares internacionales no es otra cosa que un sub-producto del propio proceso de implementación de BEPS.

En relación con la implementación efectiva del estándar mínimo (CbC R) de la Acción 13 de BEPS, pueden distinguirse dos situaciones:

a) Las cubiertas por la Directiva 2016/881, de 25 de mayo de 2016, que establece el intercambio automático obligatorio de información en el ámbito de la fiscalidad, y

b) Las no comprendidas en el ámbito de tal Directiva y que afectan a situaciones puramente internacionales donde resultaría de aplicación el "soft-law" de la OCDE, esto es, la Acción 13 y el marco de implementación de BEPS.

a) La implementación efectiva del estándar mínimo (CbC R) de la Acción 13 de BEPS en relación con las situaciones cubiertas por la Directiva UE 2016/881.

• Las características esenciales del informe país por país instrumentado a través de la Directiva UE coinciden y son consistentes con el Informe Final OCDE/G20 sobre la Acción 13 de BEPS, en cuanto al contenido del CbC y su ámbito de aplicación subjetivo. No obstante, cabe advertir algunos elementos propios que diferencian esta medida comunitaria del Soft-law global de BEPS; así, por un lado, el ámbito de aplicación de la Directiva queda limitado al territorio de los Estados miembros de la UE; por otro, los mecanismos de intercambio automático del CbC R son los comunitarios; y en tercer lugar, debe destacarse que aunque estamos ante una obligación impuesta por el Derecho UE afecta a MNEs con matriz última no comunitaria ya que la Directiva UE no sólo ha establecido el mecanismo del *primary filing* sino también del *secondary filing* en relación con las filiales/EPs de grupos MNEs con matriz última no comunitaria que operen en el territorio de los Estados miembros. Tal secondary filing no es exigible únicamente cuando existe un acuerdo administrativo de intercambio automático del CbC R de la MNE no comunitaria entre las autoridades competentes del Estado miembro de residencia fiscal de la filial/EP y las autoridades competentes del país (no UE) de residencia fiscal de la matriz última (o matriz subrogada) del grupo MNE que permita la transmisión del CbC R del ejercicio 2016 y siguientes, aunque la Directiva permite a los Estados flexibilizar este mecanismo demorando su aplicación 1 año (ejercicio 2017).

• Los Estados miembros de la UE intercambiarán (obligatoriamente) entre sí y de forma automática el informe país por país de las matrices últimas residentes fiscales en su territorio. El intercambio no será erga omnes, sino que el Estado miembro donde tiene residencia fiscal la matriz última del grupo MNE transmitirá únicamente el CbC R de la misma a los Estados miembros donde tal MNE opere a través de filiales/EPs. La Comisión (DG Competencia) no tendrá acceso a los CbC Rs de las MNEs, a menos que utilice sus potestades de requerimiento de información a un Estado miembro en el marco de una investigación específica.

• El *primer informe país por país* que deben elaborar las MNEs obligadas a ello viene dado por el correspondiente al ejercicio fiscal del grupo de empresas MNEs que comience el 1 de enero de 2016 o con posterioridad a esa fecha, y se comunicarán a las autoridades fiscales de su Estado de residencia fiscal en un plazo de 12 meses a partir del último día de dicho ejercicio fiscal.

• Con carácter general la comunicación entre Estados miembros a través del intercambio automático del CbC R tendrá lugar en un plazo de 15 meses a partir del último día del ejercicio fiscal del grupo de empresas al que se refiera el informe país por país. No obstante, tal plazo de comunicación inter-administrativo es de 18 meses para el primer CbC R que debe elaborarse.

• El contenido del CbC R coincide con el establecido a nivel OCDE en el Informe Final de la Acción 13 BEPS (vid. infra).

• El Estado miembro que haya recibido de las matrices últimas residentes en su territorio (obligadas a elaborar y comunicar el CbC R) lo transmitirá de forma automática a través del cauce articulado por la Directiva 2011/16 de asistencia mutua (con sujeción a las limitaciones de uso que tal regulación comunitaria contempla, en particular en cuanto a la utilización y revelación de tales datos intercambiados) a las autoridades de los Estados miembros donde operen filiales o EPs de tal grupo, de acuerdo con el CbC R comunicado por la MNE de que se trate. La información contenida en el CbC R se utilizará a efectos de evaluar riesgos asociados a precios de transferencia; pero el artículo 16.6 de la Directiva 2011/16 establece que los ajustes de precios de transferencia realizados eventualmente por las autoridades tributaria del Estado miembro receptor no se basarán en la información intercambiada (el CbC R), aunque sí puede usarse para llevar a cabo indagaciones ulteriores en materia de precios de transferencia o sobre otras cuestiones fiscales en el transcurso de una inspección fiscal que puedan determinar regularizaciones ("ajustes adecuados") de bases imponibles.

• Por tanto, el CbC R de las MNEs españolas (y europeas) será transmitido por cada Estado miembro a las autoridades fiscales competentes de determinados Estados miembros (no a todos), a partir del año 2018.

La Directiva UE ha coordinado la implementación a nivel comunitario del estándar mínimo de la Acción 13 BEPS (informe CbC R) de manera que se excluyen asimetrías sobre un conjunto de cuestiones que sí pueden darse a nivel internacional y generar mayores riesgos y costes de cumplimiento para las MNEs, a saber: a) la exigencia o no del CbC R en un país; b) la exigencia o no de un CbC R en un país que resulte alineado con el estándar mínimo de la Acción 13 de BEPs; c) la exigencia o no del CbC R en un país en relación con ejercicios económicos del grupo no coincidentes con los que establece el estándar de la Acción 13 BEPS (ejercicios que se inicien a partir de 1 de enero de 2016); d) la existencia o no de mecanismos de intercambio automático de CbC R que excluyan la obligatoriedad de la aplicación de un secondary filing por las filiales/EPs del grupo MNE situadas en un país.

No obstante, tal eliminación de simetrías por parte de la Directiva UE sólo opera en relación con la implementación del CbC R a escala UE, esto es, respecto del resto de Estados miembros y no frente a países terceros.

b) La implementación efectiva del estándar mínimo (CbC R) de la Acción 13 de BEPS en relación con las situaciones internacionales (no comunitarias) extramuros de la Directiva UE 2016/881

El marco de implementación efectiva del estándar mínimo (CbC R) de la Acción 13 BEPS en relación con situaciones extracomunitarias (que comprende a un grupo MNE con matriz última residente fiscal en un Estado miembro de la UE con filiales/EPs situados fuera del territorio de la UE), vendría a ser el siguiente:

• Los diferentes países (UE y no UE, OCDE y no OCDE) comprometidos con la implementación efectiva de los estándares BEPS deben intercambiar entre sí y de forma automática el informe fiscal país por país.

• El primer informe país por país será el correspondiente al ejercicio fiscal del grupo de empresas MNEs que comience el 1 de enero de 2016 o con posterioridad a esa fecha.

• El contenido del informe país por país es el recogido en el Informe Final de la Acción 13 de BEPS:

a) ingresos brutos del grupo, obtenidos con entidades vinculadas y terceros,

b) resultados antes del IS o impuestos de naturaleza análoga,

c) impuestos sobre sociedades o de naturaleza análoga pagados,

d) impuestos sobre sociedades o impuestos de naturaleza idéntica o análoga devengados, incluyendo las retenciones soportadas;

e) importe de la cifra de capital y otros fondos propios existentes a la fecha de conclusión del periodo impositivo;

f) número de empleados;

g) activos materiales e inversiones inmobiliarias distintos de tesorería y derechos de crédito;

h) lista de entidades residentes, incluyendo EPs, y actividades principales realizadas por cada una de ellas; e

i) otra información que se considere relevante y una explicación, en su caso de los datos incluidos en la información.

• La transmisión de la información (CbC R) tendrá lugar con arreglo a un instrumento internacional de asistencia mutua en materia tributaria, esto es, un CDI con cláusula de intercambio de información, un acuerdo de intercambio de información tributaria (TIEA), o el Convenio Multilateral OCDE/Consejo de Europa de Asistencia mutua en materia tributaria.

• El marco material que regula el acceso y uso de tal información viene dado por la cláusula de secreto tributario internacional del convenio internacional que resulte aplicable. No obstante, por un lado, el informe final de la Acción 13 de BEPS ha establecido directrices específicas a este respecto (reglas de confidencialidad y prohibición de uso como fundamento directo de un ajuste de precios de transferencia), y, por otro, la legislación interna de los países y los acuerdos amistosos que se firmen para el intercambio automático del CbC R normalmente establecerán un marco específico al respecto.

• El informe final de la Acción 13 de BEPS ha establecido un "CbC R implementation package" que contiene los distintos elementos normativos que deben ser desarrollados por los diferentes países a los efectos de lograr el cumplimiento efectivo con este estándar mínimo. Más allá de la exigencia básica de la articulación de una legislación interna que establezca la obligación de documentación del informe país a país -respecto de la cual la OCDE ha elaborado un "model legislation"-y de la aplicación de un instrumento internacional que permita la transmisión del informe país por país -un CDI/TIEA o el Convenio Multilateral de Asistencia Mutua-la OCDE ha puesto de relieve cómo se requiere que las autoridades competentes de los distintos países firmen un "competent authority agreement", esto es, acuerdos internacionales administrativos que se ejecutan con base en lo previsto en los instrumentos internacionales de asistencia mutua (por ejemplo, en el artículo 25 de los CDI o en el artículo 6 del Convenio Multilateral). La OCDE ha ido actualizando el "CbC R implementation package" y en tal sentido cabe mencionar una serie de documentos relevantes: a) Country-by Country Reporting: Handbook of Effective Implementation (BEPS Action 13, September 2017); b) Country-by-Country Reporting: Handbook on Effective Tax Risk Assessment (BEPS Action 13, September 2017); y c) Country-by-Country Reporting: Guidance on the Appropriate use of Information contained in CbC Reports (September 2017). El Inclusive Implementation Framework on BEPS ya ha elaborado los primeros informes sobre el efectivo cumplimiento de este estándar mínimo (vid: Country-by-Country Reporting-Compilation of Peer Reviews, 2018).

• La OCDE, como ya indicamos, ha elaborado varios modelos de acuerdo administrativo entre autoridades competentes a los efectos del intercambio automático de CbC R. Siguiendo la experiencia para la implementación del intercambio automático de información sobre cuentas financieras (IAI CRS) se han articulado tres modelos, dos pensados en una base bilateral en ejecución de un CDI (DTC CAA) o un TIEA (TIEA CAA), y otro multilateral (MCAA) que tiene como base el referido Convenio Multilateral OCDE/Consejo Europa sobre Asistencia Administrativa mutua y pretende de servir de plataforma global de intercambio del CbC R.

• El *Multilateral Competent Authority Agreement on the Exchange of Country by Country Reports* (CbC MCAA) se recoge en el Anexo IV del Informe Final de la Acción 13 de BEPS, y sus principales características y elementos vendrían a ser los siguientes:

- Requiere que los países de las autoridades competentes firmantes sean partes del Convenio Multilateral OCDE/Consejo de Europa, de Asistencia Administrativa Mutua en materia fiscal, y que sus disposiciones tengan eficacia, antes de que tenga lugar el intercambio automático del informe país por país. Por tanto, aquellos países o jurisdicciones que no estén cubiertas por el Convenio Multilateral no podrán utilizar la vía del CbC MCAA, y en tal sentido tendrán que utilizar vías bilaterales basadas en su red de CDI o de TIEA. Este parece que va a ser el caso de EEUU y de otros países relevantes no han firmado el CbC MCAA. Ni que decir tiene que tal dato posee relevancia tanto para MNEs con matriz última residente fiscalmente en España como para filiales/EPs de MNEs de grupos con matriz última residentes fiscalmente en estos países situadas en nuestro país.

- El Convenio Multilateral (artículo 6) permite que dos ó más partes del mismo acuerden mutuamente el intercambio automático de determinada información, aunque en realidad tal intercambio tendrá lugar sobre una base bilateral entre las autoridades competentes de dos países.

- El CbC MCAA está configurado de manera que dos autoridades competentes indican o muestran su intención de intercambiar entre sí el CbC R, habiéndose cumplido las formalidades que se requieren a tal efecto con arreglo al propio CbC MCAA (Secciones 1.l, 2.1 y 8). Por tanto, sólo cuando dos partes del Convenio Multilateral han expresado su intención (convergente) de intercambiarse mutuamente el CbC R, con arreglo al Convenio y el MCAA, puede decirse que tienen un "acuerdo en vigor" a los efectos del CbC R, lo cual posee consecuencias de diferente naturaleza. Por un lado, los informes CbC R de las matrices últimas de los grupos MNEs residentes en el territorio de tales países se intercambiarán anualmente de forma automática a partir de la entrada en vigor de tales acuerdos, de manera que tal informe podrá ser utilizado por las autoridades fiscales de tal país a los efectos del control de riesgos fiscales de sus precios de transferencia. Por otro lado, la inexistencia de un acuerdo en vigor de esta naturaleza entre dos países puede afectar a la posición de las filiales/EPs de una MNE en tal país, si se ha establecido la obligación específica de comunicar tal CbC R en ausencia de un acuerdo en vigor. En particular, ello pondrá en marcha el mecanismo del "secondary filing" (si así se ha establecido por la norma interna en el sentido establecido en el Informe Final de la Acción 13 BEPS y en la Directiva 2016/881), de manera que las filiales/EPs de tal grupo MNE que tienen residencia fiscal en un país con el que no existe intercambio automático del CbC R con el país de su matriz última (o matriz subrogada) deben elaborar el CbC R del grupo y comunicarlo al Fisco del país donde están localizadas con arreglo a lo establecido en la legislación doméstica de tal país.

- La OCDE, de acuerdo con la sección 1.l del CbC MCAA, publicará una lista de los "Acuerdos en vigor" entre autoridades competentes a los efectos del intercambio automático del CbC R. A este respecto, véase por ejemplo la nota OCDE: "*BEPS Action 13: OECD Releases CbC Reporting implementation status and Exchange relationships between tax administrations*", 11/10/2017).

- El CbC MCAA establece expresamente que cada autoridad competente únicamente intercambiará automáticamente de forma anual los CbC Rs comunicados por las matrices últimas (o surrogate parent companies) residentes en su territorio a las autoridades competentes de los países o territorios con los que haya un "acuerdo en vigor" (sección 2 CbC MCAA). Es decir, el hecho de la autoridad competente de un país o territorio haya firmado el CbC MCAA no significa en modo alguno que transmitirá automáticamente el CbC R con todos los firmantes de este acuerdo marco multilateral.

- En relación con el ámbito temporal de los intercambios de CbC R, el CbC MCAA deja claro que tal cuestión resultará del propio "acuerdo en vigor" entre las autoridades competentes, de manera que será este acuerdo el que determine a partir de qué fecha y qué año fiscal del grupo MNE será el primero en intercambiarse, aunque la transmisión del informe CbC R de tal primer ejercicio fiscal deberá realizarse dentro de los 18 meses posteriores al último día de tal ejercicio fiscal (Sección 3.2 CbC MCAA). No obstante, con carácter general la comunicación o intercambio automático del CbC R tendrá lugar en un plazo de 15 meses a partir del último día del ejercicio fiscal del grupo de empresas al que se refiera el informe país por país (Sección 3.3 CbC MCAA). Esta "regulación" coincide con la recogida en la Directiva UE 2016/881. El CbC MCAA no entra a regular el plazo para comunicar el CbC R por parte de las MNEs (12 meses a partir del último día del ejercicio económico de la matriz última del Grupo) ya que se trata de una materia ajena al intercambio automático y que corresponde regular a los países, aunque siguiendo la Acción 13 de BEPS.

- El CbC MCAA destaca a este respecto que el intercambio de CbC R entre dos autoridades competentes partes de tal "acuerdo marco multilateral" solo tendrá lugar si las dos jurisdicciones tienen legislación doméstica que obliga a las MNEs a comunicar el CbC R y tienen un "acuerdo en vigor" a tal efecto (Sección 3.2 CbC MCAA). La mera firma del MCAA no significa que cada firmante tenga un acuerdo de intercambio automático en vigor con los demás firmantes del CbC MCAA ni tampoco que esté obligado a instrumentar uno con cada uno de ellos, sino que las autoridades de cada país son soberanos para fijar su posición a este respecto, aunque cabe esperar que el Global Forum dedicado a la supervisión efectiva de la implementación de BEPS exija un cierto umbral de acuerdos de intercambio automático de CbC R en vigor para cada jurisdicción a efectos de calificarla como "*BEPS Compliant*".

- Las autoridades competentes acordarán los métodos y lenguaje para la transmisión electrónica del CbC R.

- El MCAA contiene reglas de colaboración sobre el cumplimiento y la ejecución de las obligaciones asumidas en los acuerdos administrativos que pudieran alcanzarse. En particular, la sección 4 se refiere a supuestos donde una autoridad competente considera que una entidad del otro Estado debería haber elaborado un informe país por país que debía ser intercambiado y ello no ha ocurrido.

- La Sección 5 del CbC MCAA está dedicada a la confidencialidad, la protección de los datos y el uso adecuado de los mismos.

• Resultan de estricta aplicación las reglas de secreto tributario internacional recogidas en el Convenio Multilateral de Asistencia Mutua, las cuales limitan el acceso y el uso de los datos intercambiados.

• Adicionalmente, el CbC MCAA establece limitaciones adicionales referidas al uso de la información incluida en los CbC R transmitidos. Tal información será usada para el análisis de alto nivel de riesgos de precios de transferencia y de erosión de bases imponibles y transferencia de beneficios, y en su caso para análisis económicos y estadísticos. La información transmitida (CbC R) no puede ser empleada como sustitutiva de un examen detallado de precios de transferencia de operaciones específicas, basado en un análisis función y completo estudio de comparabilidad. Los datos del CbC R en sí mismos no pueden considerarse ni utilizarse como prueba conclusiva de que los precios de transferencia son incorrectos. Se indica que los ajustes inapropiados realizados por autoridades fiscales locales en contravención con lo indicado serán neutralizados en el marco de procedimientos amistosos.

• No obstante, se reconoce expresamente que el CbC R puede utilizarse para iniciar o desarrollar una inspección de precios de transferencia o de otra cuestión fiscal, que puede resultar en ajustes de precios de transferencia de una entidad del grupo.

• Se ha creado un Co-ordinating Body Secretariat (OCDE) que será informado de cualquier infracción de estas reglas del CbC MCAA (sección 5.3 CbC MCAA). El Secretariado informará de estas infracciones cometidas por una autoridad competente a todas las autoridades competentes con las que haya firmado un acuerdo de intercambio de CbC R, a los efectos oportunos (v.gr. la suspensión de tales acuerdos con el país incumplidor).

• En este mismo orden de cosas, el CbC MCAA contempla un mecanismo consultivo entre autoridades competentes para facilitar el correcto cumplimiento de los acuerdos alcanzados (Sección 6 CbC MCAA). En particular, se prevé que una autoridad competente consulte con otras antes de determinar la existencia de un "fallo sistémico" de intercambio de CbC R por una autoridad competente. El Secretariado informará de tal determinación de fallo sistémico a las demás autoridades competentes que hayan concluido un "acuerdo en vigor" con la autoridad calificada como incumplidora. La existencia de un "incumplimiento sistémico" tiene efectos en algunos países, como España (artículo 13.1 RIS), que consideran que tal circunstancia genera la obligación de las filiales/EPs locales del grupo de comunicar el CbC R a las autoridades fiscales nacionales. Es decir, el incumplimiento del estándar de la Acción 13 BEPS por un país desencadena costes de cumplimiento (y mayores riesgos fiscales) para el grupo MNE con matriz última residente fiscal en tal país, ya que determina la aplicación del mecanismo de "secondary filing", con todo lo que conlleva. Esta cuestión es relevante a los efectos de utilizar el mecanismo de primary filing, combinándolo en su caso con un mecanismo de "matriz subrogada". La utilización estratégica del mecanismo de "matriz subrogada" evita el problema de la exposición al riesgo de secondary filing por incumplimiento de un CbC MCAA (o por fallo sistémico en su aplicación), pero también cuando el país de residencia de la matriz última de una matriz no ha sido pro-activa en la firma de CbC MCAA y tan solo cuenta con varios de estos acuerdos administrativos en vigor que no cubren países relevantes donde opera tal matriz que se ve obligada a utilizar el mecanismo del secondary filing en estos otros países, afrontando mayores costes de cumplimiento y riesgos fiscales de uso inadecuado de tales datos (ajustes arbitrarios, revelación de la información, etc). En este sentido, las MNEs norteamericanas ya están analizando el cumplimiento estratégico del CbC R teniendo en cuenta estas variables.

- La Sección 8 del CbC MCAA está dedicada al ámbito de aplicación temporal del acuerdo desde una perspectiva multilateral y bilateral. Así, cada autoridad competente debe, en el momento de la firma del CbC MCAA o tan pronto como le sea posible, notificar al Co-ordination Body Secretariat (OCDE) una serie de cuestiones que determinan su posición sobre el ámbito de aplicación subjetivo y temporal del mecanismo de intercambio automático de CbC R que asume o con el que se compromete. Es decir, cada país a través de esta notificación determina cuándo empezará a remitir el CbC R, en relación con qué ejercicios, en qué condiciones y con quién (qué países/territorios) está dispuesto a intercambiar automáticamente el CbC R de las matrices últimas (y entidades/matrices subrogadas) residentes fiscales en su territorio. La referida notificación debe contener los siguientes elementos:

a) que constituye una jurisdicción que ha implementado la legislación interna necesaria para requerir a las entidades obligadas a comunicar el CbC R tal informe, y que requerirá la comunicación de tales informes en relación con los años fiscales de las referidas entidades que comiencen en o después de la fecha establecida en la notificación;

b) la indicación de si se trata de una jurisdicción que desea o no recibir los informes CbC R de las demás jurisdicciones;

c) la especificación del método o métodos para la transmisión electrónica de los datos, incluido el encriptado;

d) que ha desarrollado la normativa y medios para garantizar la confidencialidad y protección de los datos con arreglo a los estándares del artículo 22 del Convenio y de la sección 5 del CbC MCAA; y

e) que incluye (i) una lista de jurisdicciones de las autoridades competentes con respecto a las cuales pretende tener este "acuerdo en vigor", siguiendo los procedimientos legislativos nacionales para su entrada en vigor (si se requieren), o (ii) una declaración de la autoridad competente que establece que pretende tener este "acuerdo en vigor" con todas la otras autoridades competentes que hayan realizado la notificación contenida en la sección 8.1.e) del CbC MCAA, es decir, con todas las autoridades competentes que se comprometan al intercambio automático del informe CbC R con arreglo a este marco multilateral.

Cualquier cambio referido a algún elemento de la notificación inicial debe ser comunicado al Secretariado.

- El "acuerdo" de intercambio de CbC R entrará en vigor entre dos autoridades competentes la última fecha de las siguientes:

i) la fecha en que la segunda de las dos autoridades competentes haya remitido su notificación al Secretariado de Coordinación con arreglo al apartado 1 de la sección 8 CbC MCAA, incluyendo a la otra autoridad competente con arreglo al subparágrafo 1.e) de la misma sección; y

ii) la fecha en que el Convenio Multilateral haya entrado en vigor y sus disposiciones tengan efectos para las dos jurisdicciones.

- El Secretariado de Coordinación mantendrá una lista que será publicada en la página web de la OCDE referida a las autoridades competentes que han firmado el Acuerdo, la cual indicará entre qué autoridades competentes existe un "acuerdo en vigor" para el intercambio del CbC R. Igualmente, se publicará la información recogida en las notificaciones realizadas por las autoridades competentes en cuanto a los períodos impositivos cubiertos por los informes CbC R que serán transmitidos.

- El CbC MCAA (sección 8.5) también contempla los casos de suspensión y terminación del "acuerdo en vigor" de intercambio de CbC R entre dos autoridades competentes como consecuencia de incumplimientos de determinadas cláusulas del acuerdo. En particular, se contempla la suspensión por vulneración de las obligaciones de confidencialidad y uso adecuado del CbC R, e incluso por casos donde no existe un uso inadecuado pero una jurisdicción ha realizado un ajuste de precios de transferencia que ha traído consigo "undesiderable economic outcomes". De esta forma, el CbC MCAA prevé como determinado tipo de ajustes de precios de transferencia que resultan indirectamente del uso ordinario de la información contenida en el CbC R no sólo pueden desencadenar el inicio de consultas entre las autoridades competentes a los efectos de buscar la mejor forma para resolver el caso, sino que también puede traer consigo la suspensión del acuerdo e incluso su terminación, previa notificación al Secretariado de coordinación. Tal y como indicamos más arriba, la suspensión o terminación de un acuerdo automático de intercambio de CbC R trae consigo consecuencias para todas las filiales/EPs de un grupo MNE situadas en el país cuyo acuerdo se suspende/termina, ya que pueden verse expuestas al cumplimiento del mecanismo del "secondary filing".

- La OCDE ha hecho pública la lista de países y jurisdicciones firmantes del Acuerdo Multilateral entre autoridades competentes sobre intercambio automático de informes país por país, a fecha de 11 de octubre de 2017.

• La lista de firmantes del CbC MCAA incluye más de 70 países entre los que cabría destacar los siguientes: Argentina, Australia, Chile, Canadá, Costa Rica, Dinamarca, España, Francia, Alemana, Grecia, India, Irlanda, Italia, Japón, Corea, Luxemburgo, México, Países Bajos, Noruega, China, Polonia, Portugal, Sudáfrica, España, Suecia, Suiza y Reino Unido (en relación con la lista completa de países firmantes, vid.: www.oecd.org/tax/beps/country-by-country-reporting.htm).

• La firma del CbC MCAA se puede interpretar como una indicación clara de que el país firmante establecerá tempestivamente legislación interna para la implementación efectiva del CbC R.

• El dato de los países con los que el país de residencia fiscal de la matriz última de un grupo MNE tiene un acuerdo administrativo para el intercambio automático del CbC R (y sus fechas de aplicación) posee gran relevancia práctica para todas las MNEs sujetas al CbC R: por un lado, tal dato determina a qué países se comunicará el CbC R de un grupo MNE donde opera a través de filiales/EPs, lo cual resulta relevante desde un punto de vista de gestión de riesgos fiscales; y, por otro, dicho dato resulta relevante desde una perspectiva de tax compliance ya que la inexistencia de tal acuerdo en vigor puede desencadenar la aplicación del secondary filing, dependiendo de la posición adoptada al respecto por cada país (ya que hay países que no exigen el secondary filing; vid.: Veldhuizen/Teneketis).

En suma, la implementación de la Acción 13 de BEPS (y de los nuevos estándares de fiscalidad internacional) constituye un proceso dinámico y no uniforme, que requiere de un análisis continuo y tendencial y de un enfoque de cumplimiento fiscal estratégico, a efectos de evitar las principales consecuencias negativas derivadas de estas asimetrías. A este respecto, resulta particularmente relevante el dato de los países con los que el país de residencia fiscal de la matriz última de un grupo MNE (España) tiene un acuerdo administrativo en vigor para el intercambio automático del CbC R (y sus fechas de aplicación), ya que posee consecuencias de alcance para todas las MNEs sujetas al CbC R:

- Por un lado, tal dato determina a qué países se comunicará el CbC R de un grupo MNE donde opera a través de filiales/EPs, lo cual resulta relevante desde un punto de vista de gestión y control de sus riesgos fiscales; y
- Por otro, dicho dato posee igualmente importancia desde una perspectiva de *tax compliance* ya que la inexistencia de tal acuerdo en vigor puede desencadenar la aplicación del secondary filing, dependiendo de la posición adoptada al respecto por cada país (ya que hay países que no exigen el secondary filing). No obstante, la aplicación de tal mecanismo no resulta deseable (costes de cumplimiento y mayores riesgos fiscales) y puede evitarse en algunos casos a través de la utilización estratégica del mecanismo de matriz subrogada.

Nótese a este respecto que las autoridades españolas, al igual que las de otros países comprometidos con la implementación efectiva de los estándares mínimos de BEPS, han firmado el MCAA CbC, el cual se publicó en el BOE de 29 septiembre de 2017. No obstante, la entrada en vigor del acuerdo (bilateral) con otra administración requiere que se cumplan los condicionantes del artículo 8 del MCAA CbC.

10.3. La Guía OCDE sobre el uso apropiado de la información contenida en los informes fiscales país por país (septiembre 2017)

La OCDE a través de esta guía de nueva planta perfila básicamente el concepto de "uso apropiado" de la información contenida en los informes fiscales país por país que las MNEs deben presentar y los Estados deben intercambiar automáticamente entre sí con arreglo a los CDIs/TIEAs y de acuerdo con los acuerdos amistosos específicos (CAAs), a efectos de cumplir con el estándar mínimo de la acción 13 de BEPS.

La noción de "uso apropiado" está recogida en el Informe Final Acción 13 BEPS (parágrafos 5 y 59), en el modelo de legislación elaborado por la OCDE (articulo 6.1) y en el modelo (multilateral/bilateral) de CAAs-CbC R, de forma tal que tal uso está restringido a:

- **Evaluación de alto nivel de riesgos de precios de transferencia:** el OECD Forum on Tax Administration ha preparado un Manual para el uso efectivo del CbC R por las administraciones tributarias a efectos de gestión de riesgos fiscales.
- **Análisis y valoración de otros riesgos de erosión de bases imponibles y transferencia de beneficios.**
- **Análisis económico y estadístico**, allí donde fuera apropiado.

El Informe Final de la Acción 13 BEPS (parágrafos 25 y 59) también se ocupó de identificar prácticas de uso no adecuado del informe CbC R por las administraciones tributarias. En particular, se considera inapropiado el uso mecánico del CbC R como instrumento de ajuste de precios de transferencia a partir de una asignación global formularia de los beneficios de una MNE.

La limitación de uso lógicamente no incluye la utilización de tal información a efectos de realizar inspecciones específicas de precios de transferencia que, con base en los datos obtenidos y los análisis valorativos realizados, determine un ajuste de precios de transferencia, sin que se excluya el uso del método Profit Split.

La OCDE a través de esta guía parece tratar de enfatizar los límites del uso directo y mecánico del CbC R por parte de las administraciones tributarias a efectos de realizar ajustes, a efectos de prevenir ex ante un uso inadecuado, fijando ab initio las "líneas rojas" y dotando a las mismas de un cobertura jurídica que trasciende el mero Soft-law del Informe BEPS Acción 13.

En este mismo orden de cosas, la OCDE se refiere a una serie de elementos conectados con el uso apropiado del informe fiscal país por país, a saber:

- **El significado de "BEPS-related risk":**

- La OCDE maneja un concepto amplio de "riesgo-BEPS" que incluye asimetrías híbridas o el abuso de CDIs, así como aquellos relacionados con los indicadores recogidos en la acción 15 que tratan de alertar sobre aparentes inconsistencias entre beneficios reportados y el nivel de sustancia o de impuestos pagados.

- La OCDE considera que esta concepción amplia de "riesgo BEPS" resulta instrumental respecto de las herramientas administrativas de control de riesgos fiscales que están vinculadas con la planificación de las actuaciones inspectoras. No obstante, no puede perderse de vista la "dimensión privada o empresarial" de este concepto de "riesgo BEPS", tanto en relación con la configuración y funcionamiento de los *Tax Control Frameworks*" que deben poner en marcha las grandes empresas.

- La OCDE indica que en la misma medida en que el CbC R no constituye evidencia alguna respecto de la "incorrección" de los precios de transferencia de la MNE, tampoco puede servir de prueba de otras "prácticas o esquemas artificiales BEPS".

- **Consecuencias del incumplimiento con la condición de uso apropiado del CbC R:**

- La acción 13 BEPS incluye una serie de consecuencias que afrontaría cualquier jurisdicción que incumpliera la condición de uso adecuado del CbC R, dado que ésta forma parte del acuerdo amistoso para la transmisión del referido informe:

- El uso apropiado constituye una condición para recibir y usar los informes CbC R (parágrafo 56 Informe BEPS Acción 13; y secciones 5 y 8 del modelo de CAAs).

- Existe un compromiso de las autoridades competentes de revelar vulneraciones del uso apropiado al "Co-ordinating Body Secretariat" (MCAA) o a otra autoridad competente (intercambios bilaterales): tal compromiso se recoge en la sección 5.3 del CAA.

- Existe un compromiso de las autoridades competentes de revertir ajustes derivados de uso inapropiado a través de procedimientos amistosos (fase unilateral o bilateral en su caso): véase el parágrafo 59 Informe BEPS Acción 13, y la sección 5.2 del modelo de CAAs.

- La potestad de las autoridades competentes de suspender temporalmente el intercambio de CbC Rs, una vez se realizaran las pertinentes consultas sobre los casos de incumplimiento (Sección 8 del modelo de CAAs).

- El uso inapropiado del CbC R en el marco de una regularización de precios de transferencia puede determinar una liquidación tributaria incorrecta y generadora de doble imposición. Esta "advertencia" de la OCDE posee potencial relevancia tanto en el marco de procedimientos domésticos como internacionales donde los contribuyentes cuestionen la legalidad de la liquidación desde una perspectiva que tenga en cuenta el estándar internacional del arm´s length.

- **Enfoques dirigidos a garantizar el uso apropiado del Informe fiscal país por país por las administraciones tributarias:**

- En esta parte de la guía, la OCDE incluye una serie de pasos que las distintas jurisdicciones deben dar, en el caso de que fuera necesario, en aras de implementar efectivamente la condición de uso apropiado del CbC R a nivel doméstico. Entre las medidas recomendadas cabe referirse a las siguientes:

- Incluir en los CAAs la limitación de uso establecida en la sección 5.2 del modelo CAAs.

- Establecer una guía interna (circular y training materials) que determine el uso adecuado del CbC R, y advierta de los límites al respecto indicando los casos de uso inapropiado. Particularmente, tal guía de uso adecuado debe ser puesta a disposición de las autoridades fiscales con acceso al CbC R.

- Políticas de restricción de acceso al CbC R en función del modelo de gestión administrativa de riesgos fiscales que se utilice en cada país.

- Medidas de supervisión de uso adecuado del CbC R (controles de monitorización de las unidades con acceso a los informes).

10.4. Un apunte sobre el Manual OCDE para la evaluación de riesgos fiscales en relación con los informes fiscales país por país

En septiembre de 2017, la OCDE publicó el *Handbook On Effective Tax Risk Assessment* (September 2017). Este Manual elaborado por la OCDE sobre efectiva evaluación de riesgos fiscales por las Administraciones tributarias en relación con los informes fiscales país por país (HETRA CbC R) constituye una pieza más dedicada a la implementación efectiva de las medidas BEPS que en este caso se refiere al CbC R (Acción 13) y se centra en el uso apropiado de la información fiscal global de las MNEs a efectos de la gestión de riesgos fiscales y de su utilización indirecta en el marco de actuaciones de control fiscal.

Estamos ante un manual de "*BEPS administrative enforcement*" que incluye elementos de "*buena gobernanza administrativa*" y de uso efectivo del informe CbC para detectar riesgos fiscales o fijar el perfil de riesgo fiscal de una MNE o de una transacción tanto desde una perspectiva de *transfer pricing* como de "otros riesgos BEPS" (híbridos, TFI, EP, estructuras holding, de aprovisionamiento y trading, de explotación de intangibles o de servicios intragrupo, reestructuraciones/reorganizaciones, etc).

La OCDE deja claro que el informe CbC no puede utilizarse como fundamento directo de una regularización de precios de transferencia, ya que ello vulneraría las reglas de "uso apropiado" del mismo y del propio principio de plena competencia que requiere un análisis fáctico y valorativo casuístico desde una perspectiva "FAR".

No obstante, el HERA CbC R recomienda a las administraciones que hagan un uso activo de la información contenida en el CbC R en combinación con el master y el local file en el marco de "*high level risk assessment*", y en el marco de inspecciones o actividades de control fiscal a efectos de realizar ulteriores requerimientos de información a los contribuyentes para que aporten más datos o explicaciones sobre determinadas operaciones o estructuras. En este sentido, resulta clara la instrumentalidad del informe CbC al servicio del control y detección de riesgos fiscales, y la planificación y selección de contribuyentes y operaciones sujetas a control fiscal de cumplimiento tributario.

El Manual insiste en que el informe CbC no constituye únicamente un mecanismo de control de riesgos de precios de transferencia, sino de "cualquier BEPS risk" y del cumplimiento tributario en general por parte de las MNEs, y en tal sentido constituye una evidencia del redimensionamiento del "riesgo fiscal" de los grandes contribuyentes en un contexto post-BEPS.

El Manual está pensado para que se haga un uso transversal del mismo por parte de distintos segmentos de la Administración tributaria: a) autoridades fiscales encargadas de análisis de riesgo fiscal de alto nivel, b) autoridades competentes a los efectos del intercambio del CbC R, y c) el "*compliance staff*", incluyendo a los "inspectores de campo".

El Manual destaca la relevancia de la "información global" que contiene el CbC R, y cómo su combinación con la recogida en la "documentación de precios de transferencia estandarizada" post-BEPS (*master & country files*) permite a las administraciones analizar de forma más completa la estructura, cadena de valor y principales operaciones realizadas por las MNEs, superando el tradicional "*tax transparency gap*".

Ello facilita la detección por parte de las Administraciones de MNEs cuya estructura o actividades abren oportunidades de "*BEPS schemes*" y cuales no presentan tales riesgos. También permite visualizar los distintos ratios económicos y fiscales de las filiales de las MNEs en las distintas jurisdicciones donde operan, de forma que tal "*cross-comparison*" permite detectar potenciales "*BEPS schemes*". No obstante, a lo largo del Manual la OCDE reconoce abiertamente que las filiales de una MNE situadas en distintas jurisdicciones y realizando las mismas actividades pueden obtener beneficios muy dispares por "razones de negocios", esto es, como consecuencia de distintos costes de producción u operativos, la inversión realizada, la capacidad de negociación, o el nivel de competencia o la diferente penetración en el mercado (véase el Anexo 2, tabla 3 del Manual OCDE).

El Manual pone de relieve cómo los informes fiscales país por país son útiles para detectar riesgos de precios de transferencia, en particular cuando se combinan con la documentación estandarizada de precios de transferencia (*master & country files, and other reporting obligations*). Tal análisis conjunto sobre una base dinámica permite verificar si la MNE ha puesto en marcha o posee un adecuado proceso de control y gobernanza en materia fiscal. La ausencia de este tipo de procesos internos de gobernanza y control de riesgos o su "debilidad" constituye un indicador de riesgo fiscal de precios de transferencia que debe ser utilizado por las Administraciones.

El Manual incluye una lista de 19 indicadores de potenciales riesgos fiscales derivados de la información recogida en el informe CbC de un grupo MNE, pero se advierte que la determinación o asignación de riesgo fiscal a una MNE no debe pivotar sobre un único indicador sino sobre la combinación de varios y la ponderación global de la información revelada en el informe.

Cabe destacar la relevancia e implicaciones de tales indicadores de potenciales riesgos fiscales para los grupos MNEs obligados a presentar el informe CbC, toda vez que cabe esperar que las administraciones tributarias de un buen número de países que tengan acceso al informe CbC utilicen tales indicadores a efectos de evaluar los riesgos fiscales de las MNEs y orientar o enfocar las actuaciones inspectoras siguiendo tales evaluaciones. En este sentido, resulta recomendable que las MNEs lleven a cabo "*pre-submission tests*" del informe CbC que tengan en cuenta estos indicadores (y no sólo respecto de riesgos de precios de transferencia) y, a su vez, desarrollen medidas de buena gobernanza con respecto a toda su documentación de precios de transferencia de manera que exista consistencia interna que permita fundamentar las posiciones fiscales adoptadas conforme a la misma por parte de las distintas entidades que forman parte del grupo MNE.

En este mismo orden de cosas, se ha advertido cómo la tendencia global hacia un uso más intenso del método "*profit split*" por parte de las administraciones tributarias intensifica los riesgos de ajustes de precios de transferencia basados en enfoques formularios a partir de un uso inapropiado del CbC R y eleva el deber de diligencia y las exigencias de consistencia respecto del cumplimiento tributario de los grandes contribuyentes con el nuevo modelo de documentación y de precios de transferencia que resulta de BEPS (Directrices OCDE de Precios de Transferencia 2017, y Acción 13 BEPS), de manera que la delineación de las operaciones y de la cadena de valor se realice de forma consistente y teniendo en cuenta los nuevos parámetros de "creación de valor" articulados a efectos del "*profit allocation*" (v.gr., control de riesgos, funciones DEMPE, etc; vid: Robillard 2017 y Vroemen 2018).

En suma, el Manual OCDE para la evaluación y detección de riesgos fiscales en relación con los informes CbC que tienen que presentar las grandes MNEs no sólo constituye una medida más dirigida al "*BEPS enforcement*", sino que instrumenta elementos muy relevantes del cambio de paradigma fiscal postBEPS que no pueden perderse de vista por parte de los contribuyentes dadas sus importantes implicaciones, desde la intensificación de la globalización y cooperación entre administraciones tributarias, pasando por la modernización de las técnicas de control fiscal, hasta la nueva transparencia fiscal de las MNEs cuyo modelo de cumplimiento tributario y función fiscal quedan expuestas a nuevos test de consistencia con los nuevos estándares fiscales internacionales que están siendo silenciosamente redefinidos en un contexto de competencia entre administraciones por las bases imponibles de los grandes contribuyentes.

Respecto del uso de los informes fiscales país por país (CbC R) establecidos por la Acción 13 de BEPS y ya implementados de forma efectiva por un importante grupo de países a nivel nacional, cabría poner de relieve algunas consideraciones adicionales sobre las implicaciones derivadas del OECD CbC R: *Handbook on Effective Tax Risk Assessment (2017)*. En particular, destacados tax practitioners han realizado aportaciones dignas de mención:

• El CbC R constituye un instrumento concebido para intensificar y ensanchar la aplicación de las herramientas o mecanismos administrativos de gestión de riesgos fiscales de grandes contribuyentes, tanto respecto del cumplimiento de la normativa de transfer pricing como de otras normas antiabuso (CFC/TFI, beneficiario efectivo, híbridos, abuso de CDIs).

• El CbC R no constituye un elemento aislado sino que debe conectarse y resultar consistente con los demás elementos que conforman el *tax reporting* por parte de los grandes contribuyentes (Master & Local Files, declaraciones tributarias, memorias e informes de buen gobierno corporativo), ya que toda la información terminará siendo objeto de un análisis holístico desde una perspectiva de detección de riesgos fiscales por parte de las distintas administraciones tributarias.

• El CbC R ensancha la capacidad de análisis de las autoridades fiscales locales ya que aporta una visión global de la MNE, a partir de una serie de parámetros económicos que no refleja ni la cadena de valor global ni los elementos fundamentales para un análisis (FAR) técnico y específico de precios de transferencia.

• La OCDE/FTA postulan básicamente un enfoque analítico de riesgos a partir de 19 indicadores o factores de riesgos BEPS y la utilización de una técnica de *"ratio analysis"* que pivota sobre enfoques "semi-formularios" de *profit allocation* a partir de un *"cross-comparison"* de una serie de "ratios económicos" *(profit marging by country, revenue/profit per unit of economic activity (employees, tangible assets, pre-tax return, and post-tax return on equity)*. El análisis comparativo de estos 19 factores y los ratios o indicadores económicos se realizará por las autoridades fiscales a través de una *cross-examination* de los datos del CbC R (FY2016 y 2017 y ss) de la MNE que busca contrastar y analizar la evolución de tales ratios: a) a nivel del grupo/entidades vinculadas en cada país a nivel regional o a nivel global; b) un contraste externo con los datos derivados de la documentación de MNEs del mismo sector que presentan CbC R, y c) un contraste externo con los datos (estadísticas) de la industria en cada país o a nivel regional o global. Lógicamente cualquier variación relevante de los "ratios económicos" en cada país, tanto frente a "datos históricos internos" como frente a "comparables externos" (otras MNEs o datos del sector o industria) o la propia realización de un *"restructuring"* genera una *"red flag"* a efectos del análisis de riesgos fiscales de un CbC R, y en tal sentido las MNEs deben ser conscientes de ello y estar preparadas para aportar las correspondientes explicaciones valorativas y transaccionales que impactan en el profit allocation.

• Igualmente, las MNEs deben estar preparadas para análisis de las autoridades fiscales basados en un *"data mining"* de los términos utilizados en las Tablas 2 y 3 (*text mining*), y en este sentido cabe advertir sobre la incidencia que posee el uso de ciertos términos en el CbC R, considerando este uso al servicio del control de riesgos fiscales.

• Resulta evidente que la configuración del CbC R y el enfoque recomendado por la OCDE a efectos de su utilización como herramienta de control de riesgos fiscales a partir de 19 indicadores de potenciales prácticas BEPS, intensifica los riesgos de inspecciones fiscales por temas de fiscalidad internacional y precios de transferencia de las MNEs en los distintos países que ahora no sólo tienen acceso a más información sino a datos globales, regionales y locales, que pueden combinarse con otra documentación fiscal de la MNE y de otros grupos, permitiendo todo ello manejar más información que puede ser tratada digitalmente para refinar análisis de riesgos fiscales de los grandes contribuyentes. Ahora bien resulta igualmente evidente que la utilización de toda esta información global aplicando los referidos 19 indicadores o marcadores de riesgos fiscales BEPS y el *"ratio analysis"* dará lugar a un buen número de *"falsos positivos y negativos"*, frente a los que las propias MNEs deben estar preparadas de cara a minimizar el impacto de requerimientos de información que de no ser atendidos de forma satisfactoria aportando "explicaciones plausibles" derivarán en *"audits & controversy"*.

• De cara a desarrollar enfoques defensivos frente a la utilización del CbC R (en combinación con otra documentación de PT, fiscal y financiera) como instrumento de control de riesgos, las MNEs deben tener presente que los *"ratio analysis"* y los 19 indicadores de riesgos fiscales establecidos por la OCDE están configurados como meros "marcadores" de potenciales anomalías fiscales que pueden tener que ver con una manipulación de los precios de transferencia, la erosión artificial de bases imponibles u otro tipo de operaciones abusivas. Es decir, se trata de un instrumento generador de *"red flags"* al servicio del control de riesgos fiscales por parte de las administraciones tributarias. Sin embargo, las MNEs deben ser conscientes de que el mecanismo establecido a tal efecto pivota sobre "enfoques semiformularios" dado que el *"ratio analysis"* se hace a partir de datos (consolidados/agregados) del "grupo" en las distintas jurisdicciones. Así, el CbC R y el *"ratio analysis"* postulado por la OCDE y el FTA no permite un análisis FAR, dado que (normalmente) no aporta datos segregados (*per company*), ni contiene datos transaccionales en particular sobre activos (intangibles), funciones y riesgos. Nótese además que tanto el informe final BEPS de la Acción 13 como los propios acuerdos de intercambio automático de CbC Rs firmados entre las distintas administraciones tributarias prohíben expresamente el uso del CbC R como fuente y fundamento de ajustes de precios de transferencia a partir de enfoques "semi-formularios", insistiendo que el CbC R sólo constituye un mecanismo para analizar riesgos BEPS pero que no sustituye ni permite reemplazar en modo alguno una comprobación específica de precios de transferencia a partir de análisis FAR de hechos y circunstancias.

• A este respecto, no puede perderse de vista cómo una de las tendencias emergentes de fiscalidad internacional y precios de transferencia pasa por la creciente preminencia del método *"Profit Split"* (*Contribution & Residual PSM*) como método alternativo más adecuado desde la perspectiva de las autoridades fiscales de los "países mercado" para capturar la contribución de valor de las filiales de distribución, fabricación y prestación de servicios situadas en su territorio. En este sentido, cabe apreciar una tendencia creciente de cambio de paradigma por parte de las administraciones tributarias hacia una mayor aplicación del PSM, frente a la comparación de márgenes rutinarios a través de métodos transaccionales (TNMM). Ni que decir tiene que la instauración del CbC R y la nueva documentación analítica de precios de transferencia post BEPS (acción 13), combinada con el nuevo marco material derivado de BEPS (Directrices OCDE TP 2017, ex acciones 8-10), favorece este cambio de paradigma fiscal y obliga a las MNEs a adaptarse a tal *"paradigm shift"*.

Las *"taxpayers best practices"* que en este nuevo contexto postBEPS de control y gestión de la política de precios de transferencia de MNEs se han identificado, deben tomar en consideración estas nuevas realidades y tendencias fiscales internacionales. Las principales recomendaciones que se han formulado a este respecto vendrían a ser las siguientes:

• Centralizar la preparación de toda la documentación de precios de transferencia a nivel global, asegurando la consistencia entre los distintos elementos de la misma (*three tier-approach: CbC R, Master & Local files*) y el *tax reporting* local en las distintas jurisdicciones.

• Realizar análisis de la documentación utilizando los 19 indicadores formulados por la OCDE/FTA y los correspondientes *"ratio analysis"* (FY2016 y ss.) a efectos de detectar potenciales *"red flags"*, identificar los "cambios" que afecten a los "ratios económicos y fiscales (variaciones cifra de ingresos, beneficios y *effective tax rates/ETRs*), a la evolución de estructuras (holdings, aprovisionamiento, cautivas, financieras), alteraciones de funciones operativas u organizativas (*M&A, high-risk transactions*), de cara a preparar las explicaciones empresariales pertinentes, evidenciando los "falsos positivos" o la fundamentación de los resultados a partir de un análisis técnico (transaccional) de precios de transferencia. La Tabla 3 del CbC R de cada ejercicio económico puede servir para aportar una explicación de algún tipo dato que pueda reflejar una anomalía significativa, aunque se recomienda un uso limitado de la tabla 3 dado que puede generar *"red flags"* y ser susceptible de utilización al servicio de control de riesgos vía *"text mining"*.

• Junto al *"testing of the standard ratios"* se recomienda robustecer la documentación que refleje los procesos de buena gobernanza fiscal de la MNE (TCF, procedimientos de buen gobierno corporativo fiscal) y reforzar el rigor y consistencia de la documentación de precios de transferencia global-local, de manera que aporte una explicación consistente y razonable de la distribución de bases imponibles del grupo alineada con los procesos y factores significativos de la cadena de valor del grupo. La práctica y controversias de TP de los últimos años han puesto de relieve las crecientes dificultades para defender la imputación del beneficio residual a entidades intermedias que no integran la renta en su base imponible o están sujetas a baja tributación y cuentan con escasa sustancia operativa/funcional. Igualmente, las tendencias de fiscalidad y la jurisprudencia internacional revelan cómo sólo cuando las MNEs son capaces de fundamentar su modelo de *profit allocation* a nivel transaccional (o funcional respecto del beneficio imputado a una entidad en concreto) a través de una documentación que acredita que su operativa efectiva o real coincide con el análisis funcional resultante de los contratos y de la documentación de precios de transferencia sobre los que se construye y aplica la metodología del ALS (*arm's lenght*), se pueden superar con éxito enfoques agresivos de regularización de TP desarrollados por las autoridades fiscales que dislocan completamente la metodología de profit allocation utilizada por el contribuyente a través de enfoques maximalistas (semi-formularios) y altamente subjetivos y arbitrarios como algunos basados en el *"Profit Split"*.

11. EL NUEVO ESTÁNDAR MÍNIMO DE ACTIVIDAD SUSTANCIAL PARA PAÍSES SIN IMPUESTO SOBRE SOCIEDADES (*ZERO TAX*) Y SUS IMPLICACIONES EN MATERIA DE INTERCAMBIO DE INFORMACIÓN

La OCDE, a través de un comunicado de 15 de noviembre 2018, publicó un informe del *Inclusive Framework on BEPS* que desarrolla el estándar mínimo de la acción 5 BEPS a efectos de extender la exigencia del condicionante de actividad sustancial a *"no or only nominal tax jurisdictions"* (OECD, *Resumption of Application of Substantial Activities Factor to No or only Nominal Tax Jurisdictions*, Action 5 BEPS, November 2018, "Informe OCDE 2018", en adelante).

La OCDE desde 1998 (Informe *Harmful Tax Competition*, OECD 1998) venía considerando que el factor de la "inexistencia o no exigencia de actividades sustanciales" constituía uno de los criterios que debía utilizarse para determinar si una jurisdicción o un régimen fiscal preferencial dirigido a atraer actividades geográficamente deslocalizables estaba desarrollando prácticas fiscales perniciosas o constituía un *"tax haven"*.

Sin embargo, tras los acuerdos alcanzado en 2001 en el seno de la OCDE, se produjo una evolución de los principios de fiscalidad internacional para determinar el carácter cooperativo (o no cooperativo) de las distintas jurisdicciones con arreglo al *"level playing field"* que atendía a los estándares de transparencia e intercambio de información en los términos que fue desarrollando el Global Forum, de manera que el nivel de "sustancia" (el requisito de actividad económica sustancial aplicable a *tax havens* ex OECD HTP Report 1998) carecían de relevancia práctica a estos efectos.

Tal situación pre-BEPS experimentó un cambio significativo como consecuencia de los nuevos estándares internacionales consensuados en el marco BEPS a partir de octubre de 2015, de suerte que tanto el estándar mínimo de la acción 5 BEPS como la nueva ordenación del principio de plena competencia resultante de las acciones 8-10 y 13 BEPS terminan exigiendo "actividades sustanciales" a efectos tanto de la configuración (no perniciosa) de los distintos "regímenes preferenciales" como en relación con la fundamentación del *"global profit allocation"* de las MNEs.

En este sentido, la acción 5 de BEPS (2015) desarrolla el requisito de "actividad sustancial" en términos estandarizados en relación con cualquier régimen fiscal preferencial aplicable a IP (Patent Box) y *"non-IP activities"* (v.gr. *holding, headquarter, banking & finance, shipping, captives, and international trade regimes, special economic zones, treasury centers, leasing schemes*, etc).

La justificación para extender el requisito de "actividad sustancial" a *"no or only nominal tax jurisdictions"* resulta de tomar en cuenta las siguientes consideraciones:

• La acción 5 de BEPS (2015) vuelve a dotar de carácter central al criterio de las "actividades sustanciales" con relación a los regímenes preferenciales que articulan las distintas jurisdicciones en el marco de su imposición sobre sociedades, en tanto que el otro pilar (referido al estándar de transparencia e intercambio de información al efecto de determinar el carácter cooperativo de las distintas jurisdicciones en materia fiscal) no toma en cuenta la "sustancia económica".

• La exigencia del requisito de actividad sustancial únicamente frente a los regímenes preferenciales articulados por las distintas jurisdicciones plantea un problema de consistencia interna de los estándares internacionales post-BEPS, ya que existe una percepción de riesgo de inobservancia del principio de *level playing field* en el sentido de que las *"no or only nominal tax jurisdictions"* estarían en mejor posición que las jurisdicciones que han articulado un régimen preferencial.

• Tal situación asimétrica puede generar distorsiones y afectar negativamente al funcionamiento de los nuevos estándares BEPS, ya que las empresas podrían desplazar estructuras a jurisdicciones *"zero tax"* para obviar el estándar mínimo de sustancia derivado de la acción 5 BEPS.

• Asimismo, tal diferencia de trato de acuerdo con los estándares internacionales podría intensificar la *"race to the bottom"* en sede de IS, de manera que los diferentes países podrían verse obligados a reducir su nivel de imposición societaria para competir fiscalmente con *"zero tax countries"*.

Con el objetivo de restaurar la consistencia de los estándares fiscales postBEPS, el *Inclusive Framework on BEPS* adoptó en noviembre de 2018 la solución de extender la exigencia de actividad sustancial a los *"no or only nominal tax jurisdictions"*, a los efectos de la acción 5 de BEPS.

Lógicamente, ello requiere realizar adaptaciones que determinan, a la postre, un **nuevo estándar global de sustancia económica aplicable a las jurisdicciones que no exigen un impuesto sobre sociedades en el marco de la acción 5 de BEPS.**

Tal nuevo estándar internacional posee el siguiente alcance:

• **Ambito de aplicación:**

- El estándar se aplicará a todas las jurisdicciones que no exigen un impuesto sobre sociedades, o que lo exigen nominalmente pero no de forma efectiva a efectos de evitar la aplicación de este estándar.

- Se aplicará a actividades geográficamente re-localizables como actividades financieras, servicios y explotación de intangibles (*geographically mobile activities*).

- En relación con tales actividades se exigirá el requisito de "actividad sustancial" distinguiéndose entre dos categorías: *"IP income"* y *"Non-IP income"*.

• **Con respecto a la categoría de *"Non-IP income"*:**

- Las jurisdicciones *"no or only nominal tax jurisdictions"* deben cumplir los mismos requisitos de actividad sustancial que la acción 5 BEPS exige a los regímenes preferenciales, y que consisten en condicionantes de sustancia económica mínima en sede de la entidad de que se trate y referidas a las *"core income generating activities"* (suficiente número de empleados cualificados y de costes operativos adecuados para tales actividades *core business*), y un mecanismo de transparencia que garantice la supervisión y cumplimiento del requisito.

- De esta forma, estas jurisdicciones deben introducir la correspondiente regulación a nivel doméstico que: a) defina las *"core income-generating activities"* (CIGAs) para cada sector económico relevante; b) garantizar que tales "CIGAs" sean desarrolladas efectivamente por cada entidad (o sean realizadas en tal jurisdicción); c) exigir que las entidades que desarrollen las actividades afectadas posean un adecuado número de empleados a tiempo completo con las correspondientes cualificaciones e incurran en un adecuado nivel de costes operativos para desarrollar tales actividades; y d) se implemente un mecanismo transparente para asegurar el cumplimiento efectivo si tales CIGAs no son desarrolladas por la entidad o se realizan fuera del territorio de la jurisdicción.

• **En relación con la categoría de *"IP Income"*:**

- La OCDE propone adaptar el mecanismo de sustancia basado en el "enfoque del nexo" a efectos de que resulte operativo en un contexto distinto como es el de las jurisdicciones sin IS.

- La fórmula arbitrada es la misma que la utilizada para la *"non-IP income"*, y que está basada en la exigencia de *"core income activities substance"* (CIGAs). A este respecto, se considera que se incumplirá el requisito si la entidad únicamente explota pasivamente los activos intangibles creados y explotados sobre la base de decisiones tomadas y actividades realizadas fuera de tal jurisdicción. Lo mismo acontecería allí donde las únicas actividades que contribuyen a la generación de beneficios consisten en reuniones periódicas de miembros del consejo de administración que son no residentes en tal jurisdicción.

- La aplicación de este requisito a la explotación de **patentes y activos intangibles similares** requiere que las CIGAs referidas a la creación y desarrollo de tales activos (I+D), a través de un adecuado número de trabajadores cualificados empleados a tiempo completo y una cuantía adecuada de costes operativos, se realicen por tal entidad, de manera que la mera adquisición de los mismos o la subcontratación (entendemos que intragrupo) de tales actividades no sería suficiente como regla.

- La misma lógica aplica a la explotación de *"Marketing intangibles"* (marcas comerciales). Así, otra de las adaptaciones que incluye el nuevo estándar pasa por incorporar este mismo enfoque basado en *"core income generating activities"* a la explotación de marketing intangibles cuyas CIGAs serían las actividades de *marketing, branding & distribution*; nótese que estas actividades de explotación de intangibles de marketing no se contemplan en el *nexus approach* ya que están excluidas del régimen preferencial (autorizado) de *"patent box"* post-BEPS, cuyo fundamento pivota sobre la incentivación de la innovación científica. De esta forma, la entidad debe realizar, a través de un adecuado número de trabajadores cualificados empleados a tiempo completo y una cuantía adecuada de costes operativos, las actividades sustanciales referidas a la explotación de marketing intangibles (*branding, marketing and distribution*).

- *IP Income-Exceptional cases & rebuttable presumption*: Se contempla la posibilidad de cumplimiento de este estándar por una entidad, a pesar de que no desarrolle de forma efectiva las correspondientes CIGAs relativas a la explotación de Patentes y activos similares (I+D) o de "marketing intangibles" (branding, marketing and distribution). Se trata, por tanto, de una excepción a la regla general. Pero en todo caso se considera adecuado adoptar un enfoque flexible que permita a una entidad situada en una jurisdicción *"zero tax"* probar que desarrolla actividades generadoras de los beneficios derivados de la explotación de los activos intangibles. Tales actividades podrían incluir: a) la toma de decisiones estratégicas, b) la gestión y asunción de los principales riesgos relacionados con el desarrollo y explotación de los activos intangibles, o c) la realización de actividades comerciales a través de las cuales el activo es explotado.

- *High-risk scenarios & rebuttable presumption*: en relación con la regla de flexibilización anterior, la OCDE matiza que en la medida en que la ausencia de las actividades sustanciales tipificadas (I+D en el caso de Patentes y activos similares; y *branding, marketing & distribution* en el caso de intangibles de marketing) crea riesgos adicionales, la capacidad de realizar otras actividades y simultáneamente cumplir el test de actividades sustanciales debería ser *prima facie* excluido en situaciones de "alto riesgo". Estos "escenarios de alto riesgo" concurren en casos donde: a) la entidad ha adquirido el activo de partes vinculadas o cuando la entidad financia las actividades de I+D que tienen lugar fuera de la *"zero tax jurisdiction"*; y b) el activo intangible es licenciado o vendido a partes vinculadas, o la explotación es realizada a través de partes vinculadas fuera del territorio de la *"zero tax jurisdiction"*. En estos *"high risk scenarios"* se parte de una presunción (*iuris tantum*) negativa de que no se cumple el "test de actividades sustanciales", a pesar de que la normativa de precios de transferencia puede asignar ingresos y gastos a tal entidad. Al igual que acontece en el marco del informe final de la Acción 5 de BEPS (2015), se contempla aquí la posibilidad de que la entidad pruebe en contrario aportando evidencias de que la renta generada está directamente vinculada con las actividades desarrolladas en la jurisdicción de que se trate y no en otra jurisdicción extranjera. La OCDE indica que, dados los riesgos concurrentes, el umbral probatorio para excluir la presunción es alto. Así, las entidades deben poder aportar evidencias de un control histórico de alto nivel de las *"DEMPE functions"* relacionadas con los activos intangibles de que se trate realizadas por una adecuado número de empleados a tiempo completo con las adecuadas cualificaciones que residen de forma permanente y realizan su actividad en tal jurisdicción [6].

• **Mecanismo de aseguramiento del cumplimiento con el requisito de "actividad sustancial" por parte de las *zero-tax jurisdictions*:**

A efectos de garantizar el cumplimiento del requisito por parte de las entidades potencialmente afectadas situadas en "no or only nominal tax jurisdictions" se establece una serie de mecanismos de control y supervisión que deben implementar a nivel interno las jurisdicciones afectadas.

1º **Establecimiento de un mecanismo que identifique a las entidades que realicen actividades des-localizables (geographically mobile activities) y que permita controlar si cumplen el test de actividades sustanciales.**

Este mecanismo conlleva la obligación de reporting por parte de las entidades afectadas (*filing & reporting information mechanism*):

a) Tipo de actividad geográficamente deslocalizable que se realiza;

b) *"Core income generating activities conducted"* (CIGAs);

c) Cuantía y tipo de renta bruta obtenida (dividendos, cánones, ventas, servicios);

d) Costes operativos, activos y medios humanos y materiales ostentados; y

e) Número de empleados a tiempo completo y sus cualificaciones.

2º **Establecimiento de un sistema de sanciones efectivo frente al incumplimiento del test de actividades sustanciales, que puede incluir la exclusión del registro mercantil de la entidad incumplidora.**

3º **Articulación de un mecanismo de intercambio espontáneo de información de carácter dual.**

° Para todas aquellas entidades que incumplan el test de actividades sustanciales, las jurisdicciones concernidas (*zero tax*), tengan o no un mecanismo de monitorización efectivo adecuado en relación con el estándar, deben intercambiar de forma espontánea "toda la información relevante" sobre las entidades incumplidoras del referido test, a las jurisdicciones de residencia de su matriz directa, su matriz últma y el beneficiario último de la entidad. El alcance de la referida expresión (toda información relevante) se recoge en las páginas 18 y 19 del Informe OCDE (2018).

° Con independencia del intercambio espontáneo referido a las entidades incumplidoras del estándar, el ámbito de aplicación de *adicionales transmisiones de información* dependerá de si la jurisdicción (*no or nominal tax jurisdiction*) puede demostrar que está o no equipada con procedimientos de supervisión del estándar. El FHTP de la OCDE evaluará que jurisdicciones poseen un sistema de control efectivo correctamente dotado a estos efectos.

° **1º Mecanismo de intercambio espontáneo para jurisdicciones equipadas con un completo sistema de supervisión del estándar:**

En estos casos, la jurisdicción concernida únicamente debe intercambiar información de forma espontánea sobre entidades que realicen actividades en escenarios de alto riesgo (siempre que no se trate de casos de incumplimiento por la entidad, en cuyo caso procede el intercambio espontáneo de toda la información relevante sobre la entidad), de acuerdo con el parágrafo 24 del informe OCDE (2018). Tal intercambio se desarrolla a través de un mecanismo que consta de dos fases:

a) La primera fase comprende el intercambio de un informe anual del nombre y dirección de la entidad, el tipo de renta deslocalizable que obtiene, el nombre de su matriz directa, matriz útlma y beneficiario último; y la cuantría y tipo de renta bruta que obtiene (royalties, servicios, ventas, dividendos, etc).

---

(6)   A efectos de sustanciar el cumplimiento de tal requisito, se establece la necesidad de aportar información adicional incluyendo: *"a) detailed business plans which demonstrate the commercial rationale for holding the IP assets in the jurisdiction; b) employee information, including level of experience, type of contracts, qualifications, and duration of the employemt; and c) evidence that the decision making is taking place within the jurisdiction, rather than periodic decisions of non-resident board members"*.

b) La segunda fase consistiría en atender los requerimientos rogados de información por parte de las jurisdicciones receptoras del intercambio espontáneo.

° **2° Mecanismo de intercambio espontáneo para jurisdicciones no equipadas con un completo sistema de supervisión del estándar:**

En estos casos, la jurisdicción debe intercambiar de forma espontánea "toda la información relevante" respecto de entidades que desarrollen actividades en escenarios de alto riesgo (conforme al parágrafo 34 del informe OCDE 2018). Respecto de las demás entidades comprendidas en el ámbito de aplicación del test de actividades sustanciales (extramuros de los escenarios de alto riesgo), la jurisdicción debe utilizar el proceso bi-fásico de intercambio de información descrito en el parágrafo 45 del Informe OCDE (2018), y expuesto más arriba.

Los detalles técnicos referidos a cada uno de los elementos de este estándar se desarrollarán durante 2019, y en 2022 serán objeto de evaluación en cooperación con la WP 10 de la OCDE.

El Forum on Harmful Tax Practices (FHTP) desarrollará el proceso de revisión del nuevo estándar global en 2019, bajo la supervisión del Inclusive Framework on BEPS.

Ciertamente, tanto el proceso efectivo de supervisión de la implementación de la acción 5 de BEPS, a través de las *"peer reviews"* de los regímenes fiscales preferenciales, como el nuevo estándar global de actividades sustanciales aplicable a entidades residentes en jurisdicciones sin impuesto sobre sociedades (*"no or only nominal tax jurisdictions"*), constituyen piezas clave del nuevo sistema de fiscalidad internacional post-BEPS que determinan una "fiscalidad más sustancialista". Las nuevas exigencias de "sustancia económica" y "actividad económica sustancial" impregnan todo el sistema y poseen múltiples ramificaciones que afectan desde a la configuración de "regímenes preferenciales" a la aplicación de la red de convenios de doble imposición, sin perder de vista su impacto sobre el *"global profit allocation"* derivado del nuevo arm's length derivado de las acciones 8-10 y 13 BEPS.

La exigencia de requisitos de "actividades sustanciales" a las jurisdicciones que carecen de un impuesto sobre sociedades –junto con las nuevas obligaciones de intercambio espontáneo comprendidas en el nuevo estándar-equilibran el campo de juego en lo que se refiere a las condiciones de competencia fiscal entre tales jurisdicciones y todas aquellas que articulan regímenes preferenciales comprendidos dentro del amplio ámbito de aplicación de la acción 5 BEPS. La neutralización de la asimetría fiscal que existía entre unas jurisdicciones y otras es susceptible de afectar a la localización de determinado tipo de estructuras, vehículos y fórmulas de inversión transfronteriza, por más que algunas de las jurisdicciones afectadas ya hubieran dado pasos en la dirección marcada por el nuevo estándar global.

Esta mayor simetría e igualdad en las condiciones de competencia fiscal que resulta del nuevo estándar global de la acción 5 BEPS no parece que vaya a suponer un "game changer", pero sí puede poseer impacto relevante en ciertos casos.

A su vez, el nuevo estándar global adoptado por la OCDE revela cómo la agenda fiscal de transparencia fiscal y reforzamiento de la sustancia sigue en expansión. En este sentido, no puede perderse de vista cómo la combinación de las acciones 5 (incluyendo el nuevo estándar global de "actividades sustanciales" frente a *"zero tax countries"*), 8-10, 12 y 13 de BEPS con otras medidas relacionadas con los estándares de transparencia e intercambio de información (EOIR, AEOI, CRS *disclosure rules*) impacta de forma muy relevante sobre estructuras opacas y offshore de manera que podría considerarse que el "sistema" estaría cerrando los agujeros que permitían que se produjeran escándalos como los que salieron a la luz con los *"Panama Papers"*; también las medidas que se están adoptando a nivel europeo e internacional sobre la identificación del beneficiario último de todo tipo de entidades o frente a la utilización abusiva de *"letter box companies"* (véase la propuesta de Directiva de la Comisión 2018/0114, modificando la Directiva 2017/1132, en relación con operaciones transfronterizas de transformación, fusión o escisiones) impactan de forma estructural sobre las denominadas *"offshore shell companies"* (Sarfo 2018, y el European Parliament report on Shell companies, 2018). En este orden de cosas, cabría incluso argumentar que allí donde una entidad extranjera situada en un *"zero tax country"* cumpliera el "test de actividades sustanciales" no debería ser calificada como *"shell company"*.

También cabría establecer una conexión con otro de los principios centrales del Plan BEPS que consiste en el alineamiento de la imputación de los beneficios (y pérdidas) con las actividades de creación de valor (acciones 8-10 de BEPS). En este sentido, se ha argumentado que los criterios (CIGAs) utilizados en el Informe OCDE 2018 (parágrafo 32) para considerar que una entidad cumple con el test de actividades sustanciales en relación con la imputación de la renta derivada de la explotación de intangibles deberían poder ser utilizados en el marco de análisis de precios de transferencia, a pesar de que tales criterios no sean totalmente coincidentes (Ernick 2018a); ciertamente, no dejar se señalarse cómo estos criterios de actividades sustanciales (CIGAs) contribuyen a la determinación de elementos o factores de creación de valor, de manera que su incorporación a análisis de precios de transferencia o profit allocation resulta razonable y permite complementar los análisis de cadena de valor de las MNEs a estos efectos.

Finalmente, cabría destacar cómo este nuevo estándar mínimo OCDE aproxima los estándares BEPS de competencia fiscal perniciosa a los criterios utilizados a nivel europeo en la *"Lista de la UE de países y territorio no cooperadores en materia fiscal"*, donde ya se tiene en cuenta la existencia de regímenes que facilitan la existencia de estructuras extraterritoriales que atraen beneficios sin una actividad económica real, apareciendo en tal lista gris jurisdicciones como Bahamas, Islas Vírgenes Británicas, Islas Cayman, Guernsey, Isla de Man, Jersey, entre otras (véase, por ejemplo, el anexo 2 de la lista de la UE de países y territorios no cooperadores a efectos fiscales, publicado en el DOUE C de 7.12.2018). Esta aproximación internacional de estándares es positiva, dado que tal uniformidad aporta certidumbre y simplifica los análisis de buenas prácticas fiscales. También se ha apuntado cómo este movimiento de la OCDE refleja igualmente la influencia mútua entre la UE y la OCDE, de manera que en este caso algunos principios europeos frente a la competencia fiscal perniciosa han sido asumidos por la OCDE reforzando la coordinación fiscal frente a esquemas de erosión de bases imponibles y transferencia de beneficios a efectos de robustecer la integridad del sistema de fiscalidad internacional y la capacidad recaudatoria del impuesto sobre sociedades (Ernick 2018a).

12. BIBLIOGRAFÍA

ALBERT (2012), *«Bank Confidentiality: The Victim of Post 9/11 and Post-Financial Crisis Legislation?»*, TNI, December 10, 2012.

BAKER, P (2016), *«Some recent decisions of the ECHRs on tax matters»*, ET, vol.56, nº 8, 2016.

BAKER (2016b), *«Privacy Rights in an Age of Transparency: a European Perspective»*, TNI, May 9, 2016.

BARNARD, J. (2003), *«Former Tax Havens Prepared to Lift Bank Secrecy»*, BIFD, January 2003, p. 9 y ss.

BARRENO/FERRERAS/MAS/MUSILEK/RANZ (2015), *«El proyecto BEPS de la OCDE/G20: resultados de 2014»*, Documentos IEF, nº5, 2015.

BEDDINGFIELD/BENETT, "Watching the World: US International Tax Prosecutions Rise", DTR 27 December 2017.

BENETT, *«US, OECD Tax Evasion Crackdown Causing Headaches for Banks»*, DTR, 06 agosto 2017.

BILLARDI, *«Limite al intercambio internacional de información y derechos del contribuyente. La imposibilidad de utilizar pruebas de origen ilícito- Derivaciones del Caso Falciani»*, Análisis Tributario/ Enfoque Internacional, nº13/2015, p. 27 y ss.

BLUM (2016), *«Austrian Bank Secrecy and Cross-border Exchange of information»*, TNI, April 11, 2016.

BRAUNER, Y., «*BEPS: an Interim Evaluation*», WTJ, February 2014, p. 35-36.

BRODZCA/GARUFI, «*The Era of Exchange of Information and Fiscal transparency: the Use of Soft law instruments and the enhacement of Good Governance in tax matters*», E.T., August 2012.

BRIDSON ET ALTER, «*OECD publishes Common Reporting Standard documents*» Tax Insights from Global Information Reporting, PwC, February 18, 2014.

BRIDSON, R., «*The Common Reporting Standard: Effective Global Tax Information Exchange?* », BNA TM Int'l J., October 9, 2015 Volume 44 Number 10.

BURGERS/CRICLIVAIA 2016, «*Joint Tax Audits: Which Countries May Benefit Most?*», WTJ, October 2016.

BURGOS/GONZALEZ DE FRUTOS, «*El Informe País por País*», RCyT, nº396/2016, p. 167 y ss.

BUSTAMANTE ESQUIVIAS (2001), «*Fiscalidad internacional e intercambio de información*», en Manual de Fiscalidad Internacional, (Coord. T. Cordón Ezquerro), IEF, Madrid

CAAMAÑO/CALDERÓN/MARTÍN (2000), «*Jurisprudencia Tributaria del TJCE*», tomo II, La Ley, Madrid

CALDERÓN (1998), «*Advance Pricing Agreements: a Global Analysis*», Kluwer, London

CALDERÓN (2000), «*Intercambio de Información y Fraude Fiscal Internacional*», Estudios Financieros, Madrid.

CALDERÓN (2000), «*La protección de los obligados tributarios en el procedimiento de intercambio de información*», Revista de Contabilidad y Tributación, nº 211, (también en Intertax, Enero 2001).

CALDERÓN (2002), «*El intercambio de información entre Administraciones tributarias en un contexto de globalización económica y competencia fiscal*», en Las medidas antiabuso en la normativa interna española y en los CDIs y su compatibilidad con el Derecho Comunitario, IEF, Madrid.

CALDERÓN (2004), «*Comentarios al artículo 26 MC OCDE 2000*» en la obra colectiva Comentarios a los Convenios de Doble Imposición Españoles, Fundación Barrie, La Coruña.

CALDERÓN (2008), «*La Ley de Medidas de Prevención del Fraude Fiscal: ¿Bifurcación del régimen de paraísos fiscales?*», en la Lucha contra el Fraude Fiscal. Estrategias Nacionales y Europeas, Atelier, Madrid.

CALDERÓN (2009), «*El procedimiento de intercambio de información establecido en los Convenios de Doble Imposición basados en el Modelo de Convenio de la OCDE*», en Derecho Tributario, Grijley, Lima.

CALDERÓN (2009), «*El derecho de los contribuyentes al secreto tributario*», NetBiblo.

CALDERÓN (2011), «*Hacia una nueva Era de Cooperación Fiscal Europea: las Directivas 2010/24/UE y 2011/16/UE de Asistencia en la Recaudación y de Cooperación Administrativa en materia Fiscal*», Revista de Contabilidad y Tributación, Junio 2011.

CALDERÓN (2014), «*Intercambio de información tributaria y defensa del contribuyente: la jurisprudencia del TJUE en el asunto Sabou*», Carta Tributaria, Febrero 2014.

CALDERÓN (2014b), "*La modernización BEPS del marco de principios sobre prácticas fiscales perniciosas: las nuevas exigencias de transparencia (rulings/APAs) y de actividad sustancial aplicadas a IP regimes*", Avance Fiscal Ciss, Noviembre 2014.

CALDERÓN (2014c), "*El Futuro estándar global OCDE de intercambio automático de información financiera*", RCyT, nº374, 2014, p. 5 y ss.

CALDERÓN (2018), "The OECD ICAP: Just a New Multilateral and Cooperative Model of Tax Control for Multinational Enterprises?", Bulletin for International Taxation, vol.72, nº 12, 2018.

CALDERÓN (2018a), "El Nuevo marco europeo de transparencia sobre esquemas transfronterizos sujetos a declaración por intermediarios fiscales y contribuyentes: las EU Tax disclosure rules y sus implicaciones", Quincena Fiscal, n° 10, 2018.

CALDERÓN/QUINTAS (2012), «The ECJ Jurisprudence on Statutes of Limitations in tax matters and the Discrimination on the Level of Legal Security», Intertax, April 2012.

CARMAN 2013, «Final FATCA Regulations Provide Certainty, Flexibility», Derivatives and Financial Instruments, March/April 2013.

CARDEW/MacDONALD/SKINGLEY (2014), "Significant developments in the global automatic Exchange of Information", EY Global Tax Alert, 31 October 2014).

CARMONA FERNANDEZ, N. (2016), «Intercambio automático de información fiscal país por país entre Estados miembros de la UE», Carta Tributaria, 2016.

CARRARO, M., «Is Financial Privacy a Basic Fundamental Right?», TNI, January 16, 2017, p. 289 y ss.

CFE "Opinion Statement ECJ-TF 3/2017 on the decision of the ECJ of 16 May 2017 in Berlioz", ET, February/March 2018.

CFE, "Opinion Statement PAC 1/2018 on the OECD Consultation regarding Mandatory Disclosure Rules for Addressing CRS Avoidance Arrangements and Offshore Structures", 15 January 2018.

CODER, «Are Treaty disclosures a risk to taxpayers?», TNI, October 2011.

DEBELVA/MOSQUERA, «Privacy and Confidentiality in Exchange of Information Procedures», Intertax, vol.45, n°5, 2017.

DE LA VILLA GIL (1980), «El intercambio de información: aspectos generales», en Estudios de Doble Imposición, IEF, Madrid.

DE TROYER, «Implementation of Agreements on International Assistance in Tax Collection: Avoiding the Complexity of the `mirror´approach», BIT, n° 8, 2017.

DEVERAUX (2016), «Tax transparency and tax-coordination: a new era for tax reforms in a globalised world, WP Oxford University Centre for Business Taxation, March 2016.

DUBUT et alter, "Comprehensive Tax Treaties and Tax Information Agreements: assessing exchange of information mechanisms to ensure transparency in a Globalized World from the perspective of Developing countries", BIT, January 2018.

ELLIOT, "Bank Secrecy and Shell Companies: the Tools of Financial Anonimity", TNI, August 28, 2017.

ERNICK, "OECD's Work on `Substantial Activities´ Requirements Largely Mirrors EU Guidance", 47 TM International Journal 784, 12/14/2018.

EP, An overview of shell companies in the EU, European Parliamentary Research Service, October 2018.

FENSBY 2017, «Berlioz: Does the Global Forum Information Exchange Standard Violate Human Rights? », TNI, October 23, 2017.

FENSBY/GJESTI/ROSENFELD, «The Global Forum Standard on Transparency and Information Exchange», TNI, June 26, 2017.

FINER/TOKOLA, "The Revolution in AEOI: How is the information Used and What are the Effects?", BIT, December 2017.

GANGEMI (1990), «General Report», en International Mutual Assistance through Exchange of Information, IFA, CDFI, LXXVb, Kluwer, The Netherlands.

GARCÍA PRATS (2001), *«La asistencia mutua en la recaudación tributaria»*, Documentos del IEF, nº 24/2001.

GARDE/DE LAS MORENAS (2016), *«Cooperación fiscal internacional: intercambio de información, acuerdos de intercambio de información y mecanismos de intercambio de información»*, en Manual de Fiscalidad Internacional, vol.II, IEF, Madrid, 2016, p. 1478 y ss.

GATTONI-CELLI (2016), *«False Positives in FATCA data may hamper enforcement»*, TNI, October 24, 2016.

GRAU RUIZ (2000), *«La cooperación internacional para la recaudación de tributos»*, La Ley, Madrid.

GRAU RUIZ (2014), *«Country-by-Country Reporting: primary concerns raised by a dynamic approach»*, BIT, vo68, nº10, 2014.

GREGORY (2016), *«UK Economist: Global Wealth Tax Now in Sight»*, 101 DTR I-1, 24 May 2016.

HERZFELD (2016), "Coordination or Competition? A BEPS Score Card", TNI, September 26, 2016, p. 1093 y ss.

HERR/BODAPATI/CHE (2016), *«Country-by-Country, Step by Step: implementation considerations for CbC Reporting by US MNEs»*, 63 DTR J-1, 04/01/2016.

HEY/HEILMEIER, "The new world of tax transparency: Common Standard-Cultural and Legal Differences", en *Celebrating 20 years of the ITP NYU*, 2016.

HILL/PAN, "OECD Model Disclosure Rules Target Intermediaries to Prevent CRS Avoidance", *TNI*, July 16, 2018.

HOLST et alter 2013, *«Intergovernmental Agreements under FATCA: Comparing the two Models»*, White Paper Latham & Watkings, February 2013.

HOLMES 2016, *«Case Note: High Court denies disclosure of documents exchanged under New Zealand-Republic of Korea Tax Treaty»*, Asia-Pacific Tax Bulletin, 2016, vol.22, nº5.

HOKE, W., *«Swiss High Court Approves Dutch Group Request for UBS Details»*, TNI, September 19, 2016, p. 1031 y ss.

HOKE 2017b, *«Swiss Court Allows Sharing of HSBC Account Data with India»*, TNI, July 24, 2017.

HOKE 2017 c), *«Switzerland reacts to exclusion from Dutch Bank Probe»*, TNI April, 10, 2017.

HOKE 2017 d), *«Swiss Court denies French request for HSBC Data»*, TNI, April 10, 2017.

HOKE 2017 e), "Offshore Accounts Expected to decline by $1.1 Trillion Due to Amnesties, AEOI», TNI, June 12, 2017.

HOKE 2018, "Switzerland still atracting offshore funds but Hong Kong closing in", *TNI*, 25 June 2018.

HOKE 2018c, "Court OKs Information Request despite Basis in Stolen Data", *TNI*, August 6, 2018.

HOLMES 2018, "High Court Quashes Inland Revenue's Request for Information Notices Following Information Request from Korea", *Asia-Pacific Tax Bulletin*, vol. 24, nº 2, 2018.

HUANG, "Ensuring Taxpayer Rights in the Era of AEOI: EU Data Protection Rules and Cases", Intertax, vol. 46, nº 3, 2018.

JOHNSTON (2017), *«OECD Launches AEOI Avoidance Scheme Disclosure Facility»*, TNI, May 15, 2017.

JOHNSTON (2017), *«Countries Taking Giant Steps in Tax Transparency»*, TNI, October 2, 2017.

JOHNSTON (2017), «*Countries on Cusp of Revolutionary change with AEOI, OECD says*", TNI, September 4, 2017.

JOHNSTON (2017), «*Tax Chiefs Launch Pilot of Joint Risk Assessment Program*», TNI, October 9, 2017.

KESSINGER (2017), «*AEOI Reporting: A different compliance Animal*», TNI, May 22, 2017.

KIRWIN (2016), «*Uncertainties surrounding Common Standards Worry EU Banks*», 17 DTR I-1, January 26 2016.

KRAHENBUHL, "Personal Data Protection Rights within the framework of international AEOI", ET, August 2018.

KUGERMÜLLER-PUGH (2016), «*Cross-Border Information- The German Approach*», ET, February/March 2016.

LONGHORN/RAHIM/SADIQ (2016), «*Country-by-country reporting: an assessment of its objective and scope*», eJournal of Tax Research, vol.14, nº1, 2016, p. 4 y ss.

MARSOUL, K. "*FATCA and Beyond: Global Information Reporting and Withholding tax relief*", Derivatives and Financial Instruments, January/February 2014, p. 3 y ss.

MARTÍN JIMÉNEZ (2005), «*Defining the objective scope of income tax treaties*», BIFD, October 2005, p. 432 y ss.

MAZZONI, "Redefining the Balance between tax transparency and tax privacy in Big data analytics", BIT, November 2018.

MITCHELL (2016), «*OECD Will Review `relevant´ countries´ tax policy compliance* », BNA Bloomberg, 12 July 2016, 134 DTR I-4, p. 1-2.

MÜCKL/PORT (2015), «*Local Tax Court of Cologne prevents German Federal Central Tax Office from conducting information exchange with E6 countries in relation to digital economy*», Baker & McKenzie EMEA Tax Newsletter, October 2015.

NEVE (2017), «*The CJEU´s Berlioz Judgement: Protecting Taxpayers in the Age of Information Exchange*», TNI, September 1, 2017.

NEVE (2017b), «*Use of Stolen Information as a Basis for An Administrative Request*», TNI, May 8, 2017.

ÖNER, C., «*2012 Update of the OECD Model (2010): exchange of information for non-tax purposes*», European Taxation, February/March 2013.

OWENS, J. «*Moving towards better transparency and Exchange of Information on tax matters*», BIFD, vol.63, nº11, 2009.

OWENS, J., «*Embracing Tax Transparency*», TNI, vol.72, nº12, 2013, p. 1105 y ss

PALAO TABOADA (1990), en «*International Mutual Assistance through Exchange of Information*», IFA, Cahiers de Droit Fiscal International, LXXVb, Kluwer, The Netherlands.

PARKER, L., «*Mutual Assistance in the Collection of Taxes*», BIT, vol.71, nº9, 2017.

PATON GARCIA (2016), «*La documentación sobre precios de transferencia y el informe CbC R en el escenario post-BEPS*», QF, nº15/2016.

PETER, E. (2002), «*Reasonable Limits of Transparency in Global Taxation: Lessons from the Swiss Experience*», TNI, 11 Nov. 2002, p. 591 y ss.

PISTONE, «*Exchange of Information and Rubik Agreements: The perspective of an EU Academic*», BIFD, April/May 2013.

PLOGIAN/ZUBLER (2016), «*CbC Reporting: navigating the US regulations and emerging global patchwork*», 45 TM International Journal 591, 10/14/2016.

PROSS/RUSSO (2012), «*The Amended Convention on Mutual Administrative Assistance in Tax Matters: a powerful tool to counter tax avoidance and Evasion*», BIFD, July 2012, p. 361 y ss.

PROSS/SMITH/LARA (2012), «*Update to Article 26 of the OECD Model Treaty- What the Changes Mean*», TNI, October 2012, p. 185 y ss.

RADCLIFFE (2014), «*The OECD´s Common Reporting Standard: the next step in the Global Fight against tax evasion*», Derivatives & Financial Instruments, July/August, 2014.

RASCH/MANK/TOMSON (2015), «*BEPS Action 13: An In-Deph Look at the Final CbC R Requirements*», 24 Transfer Pricing Report 911, 11/12/2015.

RIBEIRO, «*The potential impact of Euro-Mediterranean Agreements on the Taxation of inbound dividends*», ET, 2014, n°12.

RICKENBACHER-OMLIN (2016), «*Report of the Proceedings of the Sixth Assembly of the International Association of Tax Judges Held on 4 and 5 September 2015*», BIT, May 2016.

RYAN (2016), «*A crash course in the CRS*», March 2016, www.step. org/tqr.

ROBILLARD 2017, «*Profit-Split Methods and the OECD: Leaning Toward Formulary Apportionment?* », TNI, September 4, 2017, p. 1005 y ss.

ROCHA (2016), «*Exchange of tax-related information and the protection of taxpayer rights: general comments and the Brazilian perspective*», BIT, September 2016.

SARFO, "Addressing Impossibilities in the OECD's CRS Mandatory Disclosure Rules", *TNI*, February 19, 2018.

SARFO 2018, "Sorting Out Letterbox Companies", *TNI*, May 14, 2018.

SEER/GABERT (2011), «*European and International Tax Cooperation: Legal Basis, Practice and Burden of Proof, Legal Protection and Requirements*», BIFD, February 2011.

SERRAT ROMANI, *Los derechos y garantías de los contribuyentes en la era digital*, Thomson-Reuter, 2018.

SICARD/DEBAT, «*The EU and Third Countries: Any new Tax Opportunities under Association Agreements?* », Intertax, vol 45. N° 5, 2017.

SOONG JOHNSTON (2016), «*Tax Chiefs push ahead with information Exchange system*», TNI, May 23 2016.

STUNIBERG/HIRZ/RICHARD, "Is Fishing in Tax Waters Getting Easier or Just More High Tech?", *TNI*, March 26, 2018.

STUPPLES (2016), «*US Entities concerned about data protection*», 179 DTR I-1, 2016.

TELLO, C., «*FATCA: Catalyst for Global Cooperation on Exchange of Tax Information*» Bulletin for International Taxation, February 2014, p. 88 y ss

TOBIN, J (2016), «*Country by Country Finals*», 45 TM International Journal 560, 09/09/2016.

VAN DER OUDERAA, «*A Summary of Information Obligation of Netherlands Taxpayers, in particular with regard to information from abroad*», ET, February/March 2016.

VEGH, P. (2002), «*Towards a Better Exchange of Information*», European Taxation, September 2002, p. 394 y ss.

VELDHUIZEN/TENEKETIS (2016), «*Country-by-Country Reporting: Filing Obligations and First Implementation*», ITPJ, May/June, 2016, p. 200 y ss.

VOGEL, K., «*On Double Taxation Conventions*», Kluwer, Boston

VROEMEN, "Taxation of Global Business Models: Restore Confidence in the System? A More Balanced Approach Please!", 47 *TM International Journal* 766, 12/14/2018.,

ZAGARIS 2018, "A Brave New World: Transparency Initiatives by Foreign Governments and International Organizations Place Increased Pressure on US Tax Advisers, other Gatekeepers", Tax Management International Journal, 47 *TM International Journal* 10, 1/12/2018.

V.4

AGENTES DIPLOMÁTICOS. CLÁUSULA RELATIVA A LOS MIEMBROS DE LAS MISIONES DIPLOMÁTICAS Y OFICINAS CONSULARES

José Manuel Calderón Carrero

V.4. AGENTES DIPLOMÁTICOS. CLÁUSULA RELATIVA A LOS MIEMBROS DE LAS MISIONES DIPLOMÁTICAS Y OFICINAS CONSULARES

Sumario

AGENTES DIPLOMÁTICOS. CLÁUSULA RELATIVA A LOS MIEMBROS DE LAS MISIONES DIPLOMÁTICAS Y OFICINAS CONSULARES

1. FUNCIONALIDAD DEL ARTÍCULO 27 DEL MODELO DE CONVENIO DE DOBLE IMPOSICIÓN (ARTÍCULO 28 DESDE EL AÑO 2003): CONEXIÓN CON LA LEGISLACIÓN INTERNA ESPAÑOLA

El artículo 27 del ModCDI –artículo 28 en la versión de 2003-2014– constituye una cláusula cuya funcionalidad radica en preservar los privilegios fiscales de que disfrutan los miembros de misiones diplomáticas y de oficinas consulares de acuerdo con principios generales del derecho internacional público o en virtud de disposiciones de acuerdos especiales. Es decir, se trata de impedir que las diferentes reglas de reparto de poder tributario que contienen los CDIs afecten a estos privilegios reconocidos y articulados por el Derecho Internacional. Se puede decir, por tanto, que el artículo 27 ModCDI articula una regla de prevalencia a favor de los principios generales del derecho internacional o de acuerdos especiales referidos a privilegios fiscales establecidos a favor de determinados sujetos. Allí donde resulten de aplicación tales «privilegios fiscales» –más bien su régimen fiscal especial por razón de los sujetos y su singular circunstancia y función diplomática o consular– no resulta aplicable la norma del CDI que de otro modo determinaría su tributación en conjunción con la norma interna de aplicación al caso. Lo mismo sucede en relación con el artículo 19 ModCDI que no resulta aplicable allí donde concurren los presupuestos del artículo 27 ModCDI.

En este mismo sentido, debe conectarse esta cláusula con la norma interna española que preserva el régimen de extraterritorialidad que afecta a los diplomáticos y personas asimiladas con arreglo a la cual conservan su estatuto fiscal de sujeción original al Estado que los acredita al margen de su residencia de hecho (artículos. 9.2, 10.1 y 65 LIRPF, y artículo 5 TRLIRNR); de acuerdo con estas disposiciones internas los diplomáticos españoles y personas asimiladas amparadas por las mismas se consideran residentes en territorio español a los efectos del IRPF, a pesar de que residan habitualmente en el país donde desempeñan tal función diplomática; nótese que tal condición de residente fiscal en España no sólo afecta al cumplimiento de obligaciones tributarias como la tributación por IRPF español sino también la sujeción a las obligaciones de declaración de activos en el extranjero establecidas por la Ley 7/2012 y desarrolladas por el RD 1558/2012 (véanse las DGT V1103-13 de 04-04-2013 y DGT V3114-13 de 18-10-2013). La misma regla resulta de aplicación a los nacionales extranjeros que residan en España con motivo del desempeño de su función diplomática o consular; en este caso, la calificación de estos sujetos como «no residentes» a los efectos del IRNR resultará bien de la aplicación de los tratados internacionales específicos o «a título de reciprocidad»; a este respecto, algún autor ha mantenido que habrá que acudir al artículo 12 del Código Civil al objeto de acreditar el principio de reciprocidad internacional (sobre estos mismos extremos se hacen anotaciones también el ap. 4.3. del Capítulo I).

En este mismo orden de cosas, resulta igualmente reseñable el **Informe de la DGT, sobre la tributación de las remuneraciones del personal que presta servicios en las embajadas y oficinas consulares de España en el extranjero, de acuerdo con lo dispuesto en los CDIs suscritos por España, de 24-03-2010**, donde se expone el tratamiento fiscal que corresponde a este personal, dependiendo de una serie de circunstancias (estatus funcionarial, nacionalidad española, residencia en España con anterioridad al desplazamiento) tributarán como residentes o no residentes fiscales en España de acuerdo con la normativa española (LIRPF/LIRNR) y los CDIs aplicables (normalmente el artículo 19 ModCDI dedicado a funciones públicas).

En este mismo orden de cosas, la DGT V1360-17 de 02-06-2017) se ha pronunciado sobre la aplicación del **Protocolo de Privilegios e Inmunidades de la Naciones Unidas** (BOE 17 octubre de 1974) y el CDI España-Suiza, en relación con la tributación de las "dietas" pagadas por la ONU a un experto independiente residente de España, en un caso donde no mediaba ninguna otra relación contractual; las referidas dietas no se abonaban como salario sino que se trataba de dietas diarias en los periodos en los que el experto trabaja en Suiza para cubrir los costes de su viaje, estancia y manutención. La DGT consideró que la exención que figura en el artículo VI (sección 22) del referido Protocolo de Privilegios e Inmunidades de las Naciones Unidas no aplica a las rentas que puedan percibir expertos o peritos contratados para misiones específicas. En relación con la tributación con arreglo al CDI con Suiza, se planteó la potencial aplicación de los artículos 14 (rentas derivadas de prestación servicios profesionales) y 15 (rendimientos del trabajo), de suerte que en ambos casos España podría someter a imposición tales rentas como Estado de residencia del contribuyente. Asimismo, el referido centro directivo rechazó la aplicación del régimen de dietas exentas del artículo 9 RIRPF y de la exención del artículo 7.p LIRPF al no mediar relación laboral. No obstante, se destaca la posibilidad de que las "dietas" puedan ser calificada como "gasto por cuenta de un tercero" si se cumplen una serie de condicionantes, en particular que los gastos en que incurra la entidad tengan por objeto poner a disposición de los expertos los medios para que éstos puedan realizar sus funciones, medios entre los que se encuentran los necesarios para su desplazamiento; en cambio, si el organismo internacional reembolsa a los expertos los gastos de transporte y alojamiento en los que hayan incurrido por desplazarse hasta el lugar donde van a prestar sus servicios, y éstos no acreditan que estrictamente vienen a compensar dichos gastos, o les abona una cantidad para que éstos decidan libremente como asignarla, se estaría en presencia de una renta dineraria sujeta a retención.

El TEAC también se ha pronunciado sobre la aplicación del Convenio sobre Prerrogativas e Inmunidades de las Naciones Unidas en relación con el tratamiento de las pensiones percibidas por la condición de ex-funcionario de la ONU, concluyento que las exenciones fiscales previstas en tal Convenio dejan de resultar aplicables al cesar la prestación de servicios a tal organización internacional con motivo de la jubilación (RTEAC de 5-4-2018, RG.1594/2017).

2. ÁMBITO DE APLICACIÓN DE LA REGLA DE PREVALENCIA DEL ARTÍCULO 27 DEL MODELO DE CONVENIO DE DOBLE IMPOSICIÓN

La regla del artículo 27 ModCDI se refiere o ampara únicamente a unos concretos sujetos y sólo en la medida en que los principios generales del derecho internacional o disposiciones de acuerdos especiales establezcan «privilegios fiscales» que les resulten de aplicación.

Los sujetos a los que se refiere genéricamente el artículo 27 ModCDI son los «miembros de las misiones diplomáticas o de las oficinas consulares» que resulten protegidos por los principios del derecho internacional público o por un acuerdo específico. La genérica y poco precisa terminología empleada por el ModCDI en este punto resulta salvada en buena medida cuando se conecta tal regulación con el Derecho Internacional Público, lo cual resulta particularmente importante a la luz de las diferentes expresiones empleadas a lo largo de la evolución del modelo OCDE y que tienen su correspondiente reflejo en la práctica convencional española (vid., por ejemplo, lo dispuesto en los CDIs con Hungría, Bulgaria, Francia, antigua URSS); así, los términos empleados en el ModCDI son objeto de definición expresa por la Convención de Viena sobre Relaciones Diplomáticas, de 18 de abril de 1961 y por la Convención de Viena sobre Relaciones Consulares, de 24 de abril de 1963; las citadas convenciones han sido ratificadas por España por instrumentos de adhesión de 21 de noviembre de 1967 (BOE de 24 de enero de 1968) y de 3 de febrero de 1970 (BOE de 6 de marzo de 1970), respectivamente.

Los «privilegios fiscales» a los que se refiere el artículo 27 ModCDI (1963-2000; artículo 28 en las versiones del modelo posteriores a la publicada en el año 2003) son los otorgados a favor de los referidos sujetos por «los principios generales del Derecho internacional o en virtud de las disposiciones de acuerdos especiales». La referencia a los principios generales del Derecho internacional podría explicarse por el origen consuetudinario del reconocimiento de estos privilegios. No obstante, en el momento presente estos principios generales están codificados en las referidas Convenciones de Viena de 1961 y 1963; así, el artículo 34 de la Convención de Viena sobre Relaciones Diplomáticas, de 18 de abril de 1961 establece que el agente diplomático estará exento de todos los impuestos y gravámenes personales o reales, nacionales, regionales y municipales, con las excepciones previstas en tal precepto; por su parte, el artículo 49 de la Convención de Viena sobre Relaciones Consulares, de 24 de abril de 1963 establece que los funcionarios o empleados consulares, y los miembros de su familia que vivan en su casa, estarán exentos de todos los impuestos y gravámenes personales o reales, nacionales, regionales y municipales, con las excepciones que allí se detallan. Tales privilegios fiscales resultan invocables cuando el CDI se ha concluido con un Estado que ha ratificado las referidas Convenciones de Viena. Más dudoso es el caso donde tal circunstancia no concurre, aunque en este supuesto podría mantenerse la aplicación de tales privilegios al considerarse que constituyen «costumbre internacional» reconocida como fuente del Derecho Internacional por el artículo 38 del Estatuto de la Corte Internacional de Justicia de 26 de junio de 1945. Del mismo modo, el artículo 27 ModCDI admite la prevalencia de los privilegios fiscales establecidos a favor de este tipo de sujetos por «acuerdos especiales»; en este sentido, todo tratado internacional que articule una regla fiscal específica a favor de miembros de misiones diplomáticas o consulares prevalecería sobre lo previsto en los CDIs; en principio, tal regla no admite dudas en relación con tratados ratificados por los dos Estados contratantes de un CDI; más dudas plantea el caso de tratados internacionales multilaterales no ratificados por uno o ambos Estados parte de un CDI; en este supuesto, sólo podrá defenderse la prevalencia de tal tratado internacional multilateral sobre el CDI allí donde tal tratado constituya «costumbre internacional» en el sentido indicado.

3. PRÁCTICA CONVENCIONAL ESPAÑOLA

La mayor parte de los CDIs concluidos por España contienen una cláusula referida a la tributación de los miembros de misiones diplomáticas y consulares que converge con la prevista en el ModCDI.

No obstante, existen algunos CDIs que se desvían en ciertos aspectos del referido modelo. Los **CDIs con Canadá, Francia y Suiza** recogen cláusulas específicas sobre la residencia de los diplomáticos. El **CDI con Francia** establece que no obstante lo dispuesto en el artículo 4 sobre el concepto de residente, toda persona física que sea miembro de una misión diplomática, o de un puesto consular o de una delegación permanente de un Estado contratante, situados en el otro Estado contratante o en un tercer Estado, es considerada, a efectos de este convenio, como un residente del Estado acreditante, a condición de que esté sujeto a las mismas obligaciones, en materia de impuestos sobre la totalidad de su renta o de su patrimonio, que los residentes de este Estado. El **CDI con Suiza** (1966) contiene una cláusula similar a la que acabamos de ver que va referida a los miembros de una misión diplomática o consular de un Estado contratante acreditada en el otro Estado contratante o en un tercer Estado, pero requiere que posean la nacionalidad del Estado acreditante. El **Convenio con Canadá** recoge igualmente una norma similar a las anteriores que atribuye residencia fiscal a favor del Estado acreditante y que se aplica a las personas físicas miembros de una misión diplomática, consular o permanente de un Estado contratante, establecida en el otro Estado contratante o en un tercer Estado. Según explica el Comité de Asuntos Fiscales OCDE, la existencia de este tipo de cláusulas se justifica en la presencia en la legislación interna de muchos países miembros de la OCDE de disposiciones según las cuales los miembros de las misiones diplomáticas y consulares se consideran residentes fiscales del Estado acreditante durante su estancia en el Estado en el que ejercen tal función; ya vimos en el epígrafe anterior como la legislación española contiene disposiciones en este mismo sentido. Este tipo de cláusulas convencionales referidas a la residencia fiscal de los miembros de misiones diplomáticas o consulares pretenden, asimismo, evitar supuestos de doble exención resultantes de la interacción de los CDIs con los tratados internacionales que contienen cláusulas fiscales específicas referidas a estos sujetos. El **CDI con Rumanía** precisa que los acuerdos especiales que articulen privilegios fiscales a favor de miembros de misiones diplomáticas y consulares deben haberse suscrito por los Estados contratantes.

El CDI con Países Bajos contiene dos singularidades relevantes. Por un lado, el artículo 4 contiene una apartado especial donde se establece que a los fines del CDI, una persona física, que sea miembro de una misión diplomática o consular de uno de los Estados, en el otro Estado o en un tercer Estado y que es nacional del Estado que le envía será considerado residente de este último Estado. El artículo 13 de este convenio se refiere a la aplicación de los artículos 10, 11 y 12 por parte de organizaciones internacionales y sus organismos y funcionarios, así como por los miembros de misiones consulares o diplomáticas de un tercer Estado, acreditadas en uno de los Estados, estableciendo que no tienen derecho en el otro Estado a las reducciones o exenciones previstas en los artículos 10, 11 y 12 respecto de las rentas mencionadas en tales artículos y procedentes de este otro Estado, si tales rentas no están sometidas a imposición en el primer Estado. Se trata, por tanto, de una regla *(matching clause)* que trata de impedir dobles exenciones. Los **CDIs con Suiza, Francia** y **Canadá** contienen una disposición similar. El **CDI con Vietnam** (2005) se refiere a los «funcionarios consulares». El CDI con **Hong Kong** (2011) articula una cláusula singular referida a «miembros de misiones oficiales», cuyo alcance viene expresado en el Protocolo 7 de manera que en el caso de Hong Kong comprende el Departamento de Economía e Industria y en el caso de España las misiones diplomáticas y oficinas consulares. Posiblemente, esta peculiaridad responda a la singularidad jurídico-internacional de la Región Administrativa especial de Hong Kong. El CDI con la **República Dominicana** (2013, artículo 26) extiende el ámbito subjetivo de la cláusula a los "miembros de organismos internacionales debidamente acreditados ante los respectivos Gobiernos". En parecidos términos el **CDI con Andorra** (2015) se refiere, además de a los miembros de las misiones diplomáticas y oficinas consulares, a "los miembros de delegaciones permanentes ante organismos internacionales de acuerdo con los principios generales del Derecho Internacional o en virtud de las disposiciones de acuerdos especiales" (artículo 25). El **Convenio con Senegal** recoge una fórmula singularmente enfática para establecer que "nada de los dispuesto en el presente Convenio afectará a los privilegios fiscales de que disfrutan los miembros de las misiones diplomáticas o de las oficinas consulares (...)".

El CDI con Finlandia (2015, artículo 25) sigue lo dispuesto en el artículo 28 MC OCDE 2017, pero el Protocolo VII contiene una prevision que enlaza con el CDI precedente y que establece que "Las disposiciones del artículo 18 (funciones públicas) serán aplicables a las remuneraciones pagadas al personal local de las misiones diplomáticas y oficinas consulares que ya estuvieran prestando servicios en la fecha de entrada en vigor de este Convenio, salvo que dichos trabajadores opten por la aplicación de las normas hasta ahora vigentes al amparo del Convenio de 1967. Esta opción sera ejercitable en una única ocasion, durante los primeros meses tras la entrada en vigor de este Convenio".

4. BIBLIOGRAFÍA

CARMONA FERNÁNDEZ (2008), en *«Manual Impuesto sobre la Renta de no Residentes»*, CISS, Valencia.

CARMONA FERNÁNDEZ (2011), *«Todo sobre el IRNR»*, CISS, Valencia.

DÍEZ DE VELASCO (2003), *«Instituciones de Derecho Internacional Público»*, Tecnos, Madrid.

RUIZ GARCÍA (2004), *«Comentario al Artículo 27 MC OCDE»*, en Comentarios a los CDIs Españoles, Fundación Barrie.

VILARIÑO PINTOS (1987), *«Curso de Derecho Diplomático y Consular»*, Madrid.

Capítulo VI

EL CONVENIO COMUNITARIO DE ARBITRAJE: EL CONVENIO 90/436/CEE RELATIVO A LA SUPRESIÓN DE LA DOBLE IMPOSICIÓN EN EL CASO DE CORRECCIÓN DE BENEFICIOS DE EMPRESAS ASOCIADAS

Montserrat Trapé Viladomat

Capítulo VI.   EL CONVENIO COMUNITARIO DE ARBITRAJE: EL CONVENIO 90/436/CEE RELATIVO A LA SUPRESIÓN DE LA DOBLE IMPOSICIÓN EN EL CASO DE CORRECCIÓN DE BENEFICIOS DE EMPRESAS ASOCIADAS

Sumario

EL CONVENIO COMUNITARIO DE ARBITRAJE: EL CONVENIO 90/436/CEE RELATIVO A LA SUPRESIÓN DE LA DOBLE IMPOSICIÓN EN EL CASO DE CORRECCIÓN DE BENEFICIOS DE EMPRESAS ASOCIADAS

1. INTRODUCCIÓN

El Convenio 90/436/CEE relativo a la supresión de la doble imposición en el caso de corrección de beneficios de empresas asociadas (en adelante Convenio de Arbitraje –CA–) constituyó en su momento inicial un instrumento pionero en la supresión de la doble imposición, singular por los mecanismos que introdujo, novedoso por su origen y antecedentes, ciertamente peculiar por los obstáculos que debió superar en cuanto a su vigencia y aplicabilidad lo que derivó en que hasta el año 2004 fue escasamente eficaz para cumplir la finalidad para la que fue diseñado.

EL CA es un convenio de carácter multilateral -que no una Directiva- entre los países de la Unión Europea que incorporó un elemento diferencial –la institución del arbitraje– como medida para asegurar la eliminación de la doble imposición en el ámbito de las relaciones entre empresas asociadas en el seno de la UE. Constituye así un compromiso ex-ante de los Estados contratantes de someter a consideración de unos árbitros la decisión de cómo eliminar la doble imposición si los Estados implicados no han podido alcanzar una solución por sí mismos en un tiempo tasado.

Aunque esté en vigor desde 1990, no fue hasta el año 2004, cuando logró un impulso jurídico y político que supuso un cambio de tendencia en relación con las dificultades que tuvo que afrontar en los primeros años de desde su aprobación. En esta etapa, destaca el empeño de la Comisión Europea que, con el apoyo del Consejo, y asumiendo el Informe del Foro Conjunto sobre Precios de Transferencia, presentó primero el 23 de abril de 2004 una Comunicación al Consejo que incluía una propuesta de Código de Conducta para la aplicación efectiva del CA que fue aprobada en su integridad en una reunión del Consejo ECOFIN de 7 de diciembre de 2004. Más tarde, el 30 de diciembre de 2009 se aprobó el «Código de Conducta revisado» que incluye temas que no pudieron ser abordados en la primera fase de los trabajos. Ambos textos serán objeto de análisis en este capítulo.

Un Código de Conducta no constituye una fuente de derecho comunitario ni por consiguiente afecta a los derechos ni a las obligaciones de los Estados miembros, ni a los ámbitos de competencia de los mismos o de la Comunidad, pero constituye un verdadero compromiso político de los Estados miembros. Es, en definitiva, un instrumento de *«soft law»* que incorpora no solamente criterios interpretativos consensuados de las disposiciones del CA sino que influencia directamente la operativa y la actividad, fundamentalmente de las Administraciones pero también de las empresas, en este procedimiento.

Aunque se reconoce que este instrumento, que fue altamente novedoso en su momento, ha logrado avances, de modo alguno puede predicarse que ha supuesto la solución definitiva a la eliminación de la doble imposición en Europa. Existen muchas razones que explican esta situación aunque podría resumirse en una razón de origen: precisamente por ser un instrumento de *soft law*, hay una parte de voluntarismo que impide un proceso eficiente.

Dentro del marco de la Acción 14 del Proyecto BEPS, que recuérdese es la acción cuyo objeto es la revisión de los procesos de eliminación de doble imposición, la Comisión ha tomado una iniciativa que ha de aplaudirse. En efecto, el 25 de octubre de 2016 anunció un paquete de reformas de la fiscalidad de las empresas que incluye, entre otras, una propuesta de Directiva sobre mecanismos de resolución de controversias en la Unión Europea COM(2016) 686. Que finalmente fue publicada el pasado 14 de octubre, Directiva 2017/1852 de 10 de octubre y a la que se hará referencia al final del capítulo.

Evolución y vigencia del CA

Hay que remontarse a 1976 para encontrar los primeros antecedentes del CA en una propuesta de Directiva de la Comisión que aspiraba a introducir un mecanismo para eliminar la doble imposición de las empresas asociadas europeas sobre la base del artículo 220 del Tratado dentro de un paquete de medidas amplio sobre la fiscalidad de la empresa. El proyecto no prosperó pero su esencia fue recogida, por la Presidencia holandesa en 1978 si bien sustituyendo el instrumento jurídico inicial, –una propuesta de Directiva– y proponiendo que se adoptara por medio de un Convenio entre los Estados miembros. Los trabajos fueron escasos en la década siguiente y no fueron retomados hasta 1988 con Presidencia alemana, finalizándose los mismos y firmándose el Convenio el 23 de julio de 1990.

Aunque el convenio fue firmado por todos los Estados, la efectiva entrada en vigor exigía una ratificación de los Parlamentos nacionales y estaba condicionada a esta circunstancia. La entrada en vigor se demoraba hasta la firma de la última ratificación, hecho que se produjo a finales de 1994 por lo que no entró en vigor finalmente hasta el 1 de enero de 1995. Por otra parte, como el convenio tenía una eficacia temporal de cinco años, el 31 de diciembre de 1999, transcurridos estos cinco años, expiró.

El propio Convenio dispuso que seis meses antes de la finalización del período de vigencia, los Estados contratantes decidirían sobre su prórroga y, en su caso, las modificaciones que fueran procedentes. En efecto, el 25 de Mayo de 1999, los Estados firmaron un Protocolo conocido como «Protocolo de prórroga». Se modificó con dicho Protocolo la duración limitada del texto original sustituyéndola por una prórroga automática, a salvo de que algún Estado manifestase en el futuro su oposición a la Secretaría General del Consejo de la Unión Europea.

Esta modificación ya representó un avance sobre el texto original. Pero el Protocolo de prórroga es también un convenio multilateral que, a pesar de surtir efecto desde el 1 de enero de 2000, no podía entrar en vigor hasta la ratificación del último Estado firmante (que, como se verá, no sucedió hasta agosto de 2004). El propio Convenio de prórroga, en vista del posible retraso en la ratificación, indicó que se seguiría aplicando el CA de modo provisional siempre que lo permitiera el derecho constitucional de cada Estado contratante. A todo ello, se le unió la necesidad de ratificar el Convenio que incorporaba al CA los tres nuevos Estados de la Unión (Suecia, Austria y Finlandia) en un nuevo Convenio de 21 de diciembre de 1995 «Convenio de adhesión» que también estaba pendiente de completar.

Por consiguiente, a partir del 1 de enero del 2000, se entró en una etapa de aplicación muy limitada y poco transparente del CA. En síntesis, se podía sostener que no era aplicable con carácter general a pesar de que algunos Estados reconocían su aplicación a nivel bilateral, a condición de reciprocidad, resultando que las empresas tenían muy limitado su derecho a utilizar este instrumento para paliar la doble imposición. Con esta situación, en octubre de 2002, se inauguran los trabajos del FCPT. No resulta extraño, por consiguiente, que entre los temas de mejora que se identificaron, destacara en primer lugar, la necesidad de impulsar la ratificación aún pendiente por parte de algunos Estados, circunstancia previa e imprescindible para la efectiva aplicación del CA. Dicho impulso fructificó, puesto que el último Estado (dentro del grupo de los quince Estados iniciales) ratificó el Protocolo de Prórroga y depositó el instrumento de ratificación ante la Secretaría del Consejo el 4 de agosto de 2004 por lo que, en cumplimiento del artículo 18 del CA, el CA volvió a entrar en vigor transcurridos tres meses desde el depósito, es decir, el 4 de noviembre del 2004.

A partir de esta fecha, el CA volvió a ser aplicable con generalidad en el ámbito de todos los Estados miembros, excepto en los diez que se adhirieron a la UE el 1 de mayo del 2004 y los dos incorporados el 1 de enero de 2007, respecto de los que su respectivo proceso de ratificación fue mucho más efectivo y rápido merced de nuevo al interés e impulso que se está ejerciendo desde el FCPT.

En este momento, en síntesis, hay un instrumento plenamente aplicable, el Convenio, y una expectativa de asegurar la eliminación de la doble imposición en un futuro muy próximo, más allá de la doble imposición derivada de los ajustes en el ámbito de precios de transferencia, como se tratará al final de este capítulo.

2. CARACTERÍSTICAS DEL CONVENIO DE ARBITRAJE

El CA es un mecanismo para eliminar la doble imposición que se produzca en el seno de las empresas asociadas que pivota sobre dos fases: la primera fase o fase amistosa, muy parecida al procedimiento de mutuo acuerdo del Modelo de CDI, con una duración de dos años en que las Autoridades competentes se esfuerzan por alcanzar un acuerdo para eliminar la doble imposición (fase amistosa) y una segunda fase, agotada la primera, en que una comisión de árbitros, «comisión consultiva», es llamada a emitir una opinión e incluir una propuesta para eliminar la doble imposición que tiene carácter vinculante para las Administraciones implicadas, salvo que éstas acuerden otra solución alternativa que efectivamente consiga eliminar la doble imposición en el término de seis meses subsiguientes.

Éste es, en síntesis, el procedimiento del CA que viene modelado por las siguientes notas características:

2.1. Ámbito de aplicación (artículo 1 del CA)

El CA extiende su ámbito de aplicación a las situaciones de doble imposición derivadas de la inclusión en la base imponible de una empresa de beneficios que estén ya incluidos en la base imponible de otra empresa de la que sea asociada. Asimismo se aplica a situaciones similares que puedan producirse entre una empresa y su EP situado en otro Estado contratante.

Desde una perspectiva subjetiva, el CA se extiende a empresas residentes en alguno de los Estados contratantes respecto de las que se dé una situación de vinculación, descrita en el artículo 4.1 del CA, que fue redactado en términos similares al artículo 9.1 del ModCDI (ver cap. III.3 en relación con el concepto de empresa asociada). Asimismo se extiende a las relaciones entre una empresa y su EP amparando, por consiguiente, también las situaciones cubiertas por el artículo 7 del ModCDI.

Desde una perspectiva objetiva, su ámbito es sustancialmente más restringido que el contemplado en el artículo 25 del ModCDI ya que sólo cubre supuestos de doble imposición derivados de los artículos 9 y 7 del ModCDI, es decir, se extiende al ámbito de precios de transferencia y atribución de beneficios a EP, no alcanzando a ningún otro caso de doble imposición o imposición no acorde con el convenio.

2.2. Naturaleza jurídica

De entre las distintas opciones que permite el diseño de la institución de arbitraje, el CA ha optado por una institución que se caracteriza por las siguientes notas:

• *Arbitraje obligatorio*: el Convenio recoge un compromiso que se materializa en una decisión *ex-ante* de delegación en favor de los árbitros cuando concurran las circunstancias de apertura de esta fase. Esta medida constituyó un hito diferencial en el ámbito de la fiscalidad internacional puesto que el arbitraje que inicialmente incorporaban los escasos convenios bilaterales en que figuraba esta institución era el arbitraje ex-post que autorizaba a los Estados contratantes a convocarlo opcionalmente en función de las circunstancias del caso. Este sometimiento voluntario se ha probado totalmente ineficaz ya que la propia decisión sobre si procede o no convocar el arbitraje como medio para desatascar un caso retrasa aún más su resolución y no deja de ser otra fuente de conflictos. Tras la modificación del artículo 25 del ModCDI en 2004 y en particular con el impulso de la acción 14 de BEPS, el arbitraje se está consolidando como un medio suplementario de finalización del procedimiento amistoso.

• *Arbitraje de reenvío*: La decisión de la Comisión consultiva no es inmediatamente vinculante para los Estados contratantes puesto que el CA en su artículo 12.1 concede a las Autoridades afectadas seis meses adicionales para acordar una propuesta alternativa. Sólo si renuncian a dicha facultad o no pueden alcanzar un acuerdo en esos seis meses adicionales, la decisión de los árbitros deviene vinculante. Esta opción retrasa algo más la decisión final sobre el caso, pero establece un sistema en que los Estados no ceden la delegación de competencias sobre la resolución de un caso anticipadamente a unos árbitros sino que retienen la facultad última de decidir en el plazo final preestablecido de seis meses.

• *Arbitraje de derecho*: El arbitraje de derecho obliga al comité a respetar y fundamentar sus decisiones en el principio de libre concurrencia, sin establecer ninguna limitación previa a su facultad de decisión que es totalmente independiente. Este es el tipo de arbitraje que recoge el artículo 11.2 del CA. Frente a éste, hay otros tipos de arbitraje, como el «*baseball arbitration*» que pretende únicamente la eliminación de la doble imposición sin atender a la adecuación del caso a la norma, no requiriendo fundamentar la solución adoptada y estando limitado el comité a adoptar una solución dentro de la última mejor oferta ofrecida por las autoridades en conflicto.

• *Arbitraje de composición mixta*: El artículo 9 del CA regula la composición del comité que presenta un carácter mixto y está formado por dos representantes de cada autoridad competente (que puede reducirse a uno previo acuerdo) y un número par de personalidades independientes, eligiendo de común acuerdo un Presidente.

2.3. Especial consideración del procedimiento relativo a la fase de arbitraje

La primera fase del procedimiento, la fase amistosa, transcurre en términos muy similares a la del procedimiento amistoso del artículo 25 del ModCDI por lo que no se va a reiterar en este punto sus etapas procesales (ver cap. V.2 de la parte I) sin perjuicio de que, en el apartado relativo al Código de conducta, sí se van a desarrollar algunos aspectos controvertidos que se identificaron como motivos que entorpecían el eficaz funcionamiento de esta fase.

La segunda fase, más singular, es la fase de arbitraje. Se destacan a continuación los aspectos más significativos de los aspectos procedimentales de esta fase.

Una vez agotados los dos años desde la presentación del caso («la fase amistosa») sin haber alcanzado un acuerdo, las autoridades competentes, a instancias de la empresa, constituirán una comisión consultiva que deberá emitir un dictamen sobre la forma de eliminar la doble imposición.

Los Estados contratantes han de procurar que la comisión pueda reunirse sin demora una vez reciba el caso y debe emitir su dictamen, que habrá de ser apoyado por la mayoría simple de sus miembros (artículo 11 del CA), en el plazo de seis meses desde que fue convocada.

Este es en síntesis el procedimiento. En teoría, computadas todas las fases, el procedimiento en su conjunto no debería superar los tres años desde su presentación y estaría distribuido en una primera fase, la fase amistosa, con una duración máxima de dos años, seis meses para que la comisión emita su dictamen y finalmente seis meses adicionales para la última revisión por parte de las Autoridades fiscales. Si bien es cierto que entre fase y fase se producen ciertos vacíos que el FCPT ha detectado e intentado acotar, no resulta menos cierto que dicho plazo resulta no sólo razonable sino incluso ambicioso para resolver casos, normalmente extremadamente complejos, en un ámbito internacional.

2.4. Relación entre el procedimiento arbitral y los recursos administrativos y judiciales internos

El CA no limita a las empresas el acceso a los recursos administrativos y judiciales internos por lo que, en un principio, ambos son compatibles y pueden transcurrir en paralelo.

No obstante esta aparente compatibilidad, se generan importantes desajustes que retrasan y hasta limitan el normal desarrollo del procedimiento de arbitraje cuando se compatibilizan ambos.

El artículo 7 apartado 1, párrafo segundo establece el principio conforme al cual «Las empresas podrán utilizar las posibilidades de recurso previstas en el Derecho interno de los Estados contratantes de que se trate» estableciendo la compatibilidad entre ambas vías de recurso.

Sin embargo, la primera limitación a esta compatibilidad se halla en el propio precepto inmediatamente a continuación que dispone:

> «Cuando el caso se hubiere presentado ante algún tribunal, el plazo de dos años a que se refiere el párrafo primero (refiriéndose al plazo para convocar la comisión consultiva) comenzará a contarse a partir de la fecha en que sea firme la resolución dictada en última instancia en el marco de esos recursos internos».

A la vista de este diferimiento, puede entenderse que la independencia de las dos vías de recurso es muy limitada dado que, en el caso de que se utilice un recurso judicial interno, la fase más significativa del CA (la creación de una comisión consultiva) no puede iniciarse hasta que se haya resuelto el recurso judicial interno y haya transcurrido el período de acuerdo amistoso de dos años correspondientes a la fase amistosa.

Ello puede derivar en un considerable detrimento del funcionamiento y eficacia del CA, ya que esta suspensión puede hacer que la duración total del procedimiento del CA sea la siguiente: duración de los recursos administrativos/judiciales internos hasta llegar a una resolución judicial final más el período de dos años más el plazo de seis meses de que dispone la Comisión consultiva para emitir su dictamen más seis meses de revisión por las autoridades fiscales.

La propia redacción ambigua del artículo 7 en referencia al término «tribunal» hace que algunas Autoridades fiscales nacionales sostengan que, al no distinguir entre el recurso administrativo y el recurso judicial, este diferimiento incluye a ambos a pesar de que una interpretación teleológica del convenio parece referirse exclusivamente a los recursos ante tribunales judiciales. Nótese además que, en estas circunstancias, el plazo sólo empieza a contar cuando se ha agotado la última instancia.

El artículo 7.3 del CA recoge una solución a un posible conflicto entre una decisión arbitral y una sentencia judicial en aquellos sistemas jurídicos –muy habituales por otra parte– en que una resolución arbitral no pueda contravenir una sentencia judicial previa y dispone que:

> «Cuando la legislación interna de un Estado contratante no permitiere a las autoridades competentes aplicar excepciones a las resoluciones de sus instancias judiciales, el apartado 1 (la constitución de la comisión consultiva) sólo será de aplicación si la empresa asociada de dicho Estado hubiere dejado transcurrir el plazo de presentación del recurso o hubiere desistido de dicho recurso antes de haberse dictado una resolución».

Este párrafo impide de hecho el inicio de la segunda fase del procedimiento mientras los recursos judiciales internos estén vivos. Aunque Francia y el Reino Unido son los únicos Estados contratantes que en su día hicieron una declaración formal por medio de unas declaraciones unilaterales conforme a las cuales esta disposición es de aplicación en sus respectivos países, un estudio efectuado en el seno del FCPT demostró que una amplia mayoría de los Estados contratantes, a pesar de no haber hecho tal declaración unilateral, aplican o aplicarían las mismas normas en la práctica. A este respecto, conviene señalar que esta limitación es de aplicación directa y no se encuentra condicionada a la existencia de una declaración formal expresa para poder ser invocada, teniendo la declaración unilateral un simple efecto de comunicación de criterio y de fomento del principio de transparencia. De hecho, sólo Alemania ha confirmado que, al considerar que una decisión arbitral fundamentada en el CA es fruto de la aplicación de un Tratado, sus normas internas autorizan a que la misma contravenga una resolución judicial. Dinamarca sigue el mismo criterio.

En muchos casos, esta incompatibilidad puede inducir a los contribuyentes a desistir de sus recursos internos. A nuestro entender, este efecto negativo puede difuminarse si se valora el potencial que un CA eficiente encierra. Un eficaz funcionamiento de este instrumento que, recordemos, asegura la eliminación de la doble imposición y adicionalmente contempla el caso desde una óptica global y no limitada a las consecuencias fiscales de una sola parte, no debería suponer necesariamente desventajas para el contribuyente. El contribuyente no queda en indefensión; su conflicto se resuelve con el valor añadido de haber sido revisado en su globalidad, sin limitarse al examen de una sola de las normativas domésticas que suele ser el único centro del debate con ocasión de un recurso interno.

Sin embargo, es preciso reconocer que esta opción por los procedimientos transfronterizos de resolución de conflictos con renuncia a la vía recursos judiciales interna aún puede producir a día de hoy desventajas financieras considerables para las empresas, como se desarrolla al final del tema.

3. REQUISITOS DE APLICABILIDAD DEL CONVENIO DE ARBITRAJE

3.1. Inaplicación del plazo de prescripción interna (artículo 6.1 del CA)

Los casos cubiertos por el CA están sujetos sólo a su presentación en plazo, es decir han de presentarse dentro de los tres años siguientes a la notificación de la medida que ocasione o pueda ocasionar una doble imposición. Cumpliéndose los demás requisitos de aplicabilidad, el caso ha de ser aceptado por la Autoridades fiscales de los Estados afectados con independencia de su plazo interno de prescripción aunque algunos países de la UE han limitado unilateralmente este acceso cuando las empresas aceptan el ajuste tras un proceso de negociación con las autoridades fiscales en el curso del procedimiento inspector.

3.2. Inicio del procedimiento

A diferencia del procedimiento amistoso del artículo 25 del ModCDI en el que habiendo un conflicto entre el Estado de residencia y el Estado del EP el caso ha de presentarse en el Estado de residencia del contribuyente, el CA es más flexible en cuanto interviene un EP, permitiendo la presentación tanto en el Estado de residencia de la empresa como de situación del EP o en ambos simultáneamente, aconsejándose esta última opción para una mayor rapidez.

3.3. Denegación del acceso al CA en caso de haber incurrido en sanción grave

El artículo 8 permite, en caso de que una de las empresas haya sido sancionada con una sanción grave por causa de corrección de beneficios, no acceder al inicio del procedimiento o, si el acuerdo sobre la sanción es posterior, suspender la fase amistosa o no constituir la comisión de arbitraje. Esta norma se ha complementado en el apartado «declaraciones unilaterales» de los Estados que han definido, a los efectos del convenio, lo que entienden por sanción grave.

La denegación al acceso del CA en base al artículo 8 es motivo de una cierta preocupación. Si bien resulta incontestable y, a nuestro juicio, totalmente fundada esta prevención, la definición «sanción grave» es un concepto abierto que los Estados interpretan de acuerdo con sus legislaciones domésticas en materia de infracciones y sanciones. La frontera puede admitir matices y una interpretación extensiva de este precepto que alcanzara supuestos de simple negligencia podría limitar indebidamente el acceso al CA, generando una situación que preocupa tanto a la comunidad empresarial como a las Autoridades fiscales porque puede romper el compromiso que han asumido en este convenio y en definitiva el *«level playing field»* que requiere la aplicación de los convenios conforme al principio de buena fe.

3.4. Interpretación flexible del origen de la doble imposición

Un tema francamente interesante es el debate sobre si constituye un requisito de procedibilidad del CA el que existiera un acto administrativo que hubiera efectuado o estuviera en proceso de generar una doble imposición o era suficiente el que se pudiera generar una doble imposición sin necesidad de actuación administrativa alguna.

De la lectura de los distintos preceptos del CA, en una interpretación literal, se debería confirmar la primera opción. A lo largo de las disposiciones del CA, se puede inferir que directamente o indirectamente el legislador estaba enfocando el procedimiento basándose en la existencia de una actividad previa por parte de una Administración fiscal. Nótese, no obstante, que el CA se firmó en 1990 y desde entonces muchas normas domésticas han introducido la autoliquidación como forma de presentación de las declaraciones tributarias e incluso se han multiplicado las normas relativas a precios de transferencia, no siempre coincidentes en cuanto a su forma de aplicación, por lo que se han incrementado las posibilidades de que se genere una doble imposición en aplicación de las normas domésticas de cada Estado sin necesidad de una corrección por parte de una Administración fiscal.

El Foro, en aras a una interpretación flexible y teleológica del CA, consideró que éste podía invocarse incluso sin un acto previo de liquidación de una Administración siempre que efectivamente se hubiera producido o fuera susceptible de producirse una doble imposición.

4. DESARROLLO DEL CONVENIO DE ARBITRAJE: LOS CÓDIGOS DE CONDUCTA

Como se ha adelantado, el Foro Europeo elaboró dos informes sobre diferentes aspectos relacionados con la aplicación del CA, algunos de los cuales se han mencionado ya a lo largo del capítulo que han derivado respectivamente en sendos Códigos de Conducta, el primero publicado en el Diario Oficial de la Unión Europea el 28 de julio de 2006 el segundo el 30 de diciembre de 2009.

En términos generales, la parte más significativa del primer Código de Conducta se centró en cuestiones de procedimiento relacionadas con la mejora del funcionamiento práctico del CA. En este sentido, y a título de simple enumeración, se abordaron cuestiones relacionadas con la fecha de inicio del período de tres años, que es el plazo durante el cual se puede presentar un caso a una autoridad competente. Igualmente se alcanzaron acuerdos sobre la fecha de inicio del período de dos años previsto para el procedimiento amistoso, es decir, la primera fase a que se refiere el CA; sobre los principios que han de presidir el desarrollo del procedimiento amistoso tales como la aceleración del procedimiento, suspensión del ingreso de la deuda tributaria, transparencia y participación de los contribuyentes o sobre el desarrollo del procedimiento arbitral, que, tras el procedimiento amistoso, constituye la segunda fase del CA.

El Código de Conducta revisado abordó nuevos temas de particular interés como cuestiones relativas al ámbito de aplicación del CA tales como los denominados «casos triangulares» o la denominada «subcapitalización», al concepto de «infracción grave» y aspectos relativos a intereses aplicables al procedimiento amistoso.

Aun cuando el Código de Conducta revisado incluye no sólo los nuevos temas objeto de debate sino también el contenido del Código de Conducta inicial en un único texto refundido, a los efectos de ver la evolución de los trabajos, se van a analizar separadamente los temas sustantivos incluidos en cada uno de ellos.

4.1. Primer Código de Conducta

4.1.1. *Puntualización sobre la fecha de inicio del plazo de presentación (artículo 6.1 del CA)*

La fecha de inicio del plazo para solicitar la eliminación de la doble imposición, que el Código de conducta interpreta como la fecha de la «primera notificación del acto de liquidación o equivalente que ocasione o pueda ocasionar una doble imposición» había sido objeto de polémica en cuanto a su definición concreta.

Se vio que existían diferencias interpretativas motivadas fundamentalmente por las distintas formas de operar de las Administraciones, que podían inducir a un cierto confusionismo pero que, sin embargo, no representaba un obstáculo sustancial al eficaz funcionamiento del CA. En todo caso, la expresión merecía ser aclarada por lo que, en aras a una mayor transparencia y seguridad, se elaboró un anexo al Código de conducta donde figuran los actos administrativos concretos que, en cada Estado miembro, originan el inicio del período de tres años para interponer la solicitud de eliminación de la doble imposición. Por lo que se refiere a España, se considera como tal «la fecha de recepción de la notificación del acto de liquidación».

Nótese que el inicio de este plazo en un momento en que la doble imposición puede no estar consolidada favorece al contribuyente ya que le permite anticipar la puesta en marcha del procedimiento a un momento en que el expediente ya está suficientemente instruido como para prever que la doble imposición se va a generar. Es además importante destacar que esta redacción no reduce el plazo temporal de acceso al CA si el contribuyente opta por esperar a que se confirme la doble imposición ya que la notificación de este acto administrativo en el que se consolida la doble imposición recupera el inicio del cómputo de los tres años para presentar el caso.

Destacar finalmente que el acto que pone en marcha este plazo no es el mismo que el que marca el inicio de los dos años de la fase amistosa a que se refiere el apartado siguiente. Aunque pueden ser próximos en el tiempo, no existe coincidencia entre los plazos de los artículos 6 y 7 ni en cuanto al período ni en cuanto a la circunstancia concreta que marca su inicio.

4.1.2. *Interpretación del momento del inicio del período de dos años de duración de la primera fase o fase amistosa*

El CA no establece ningún requisito específico que haya de cumplirse para entenderse iniciado el cómputo del período de dos años de la fase amistosa.

El Foro entendió que, para que se considere que «un caso» ha sido «presentado» o «sometido» a la Autoridad competente y, a fin de proporcionar a ésta datos suficientes que le permita enjuiciar si una reclamación está «fundada», (que, como se dispone en el artículo 6.2 del CA es una condición previa para iniciar un procedimiento amistoso), no es suficiente que el contribuyente presente un simple escrito de solicitud, sino que es necesario que facilite un mínimo de información. De hecho, constituía ya antes del Código de conducta una práctica habitual considerar que no se iniciaba el plazo de dos años hasta que toda la información se hubiera presentado debidamente, en una interpretación administrativa del término «caso fundado».

El Foro consideró que era conveniente aclarar este punto. Era necesario salvaguardar el derecho de las Autoridades fiscales de disponer del plazo de dos años de forma real para intentar alcanzar un acuerdo sin dedicar este período a la obtención de información y a la vez era necesario garantizar a los contribuyentes que no se iba a imputar una demora indefinida en el inicio del plazo de dos años con el pretexto de que el caso no estaba fundado.

La aclaración y el consenso se plasmaron en el capítulo 2 del Código de conducta. Así, se considerará que un caso se ha presentado, a efectos de lo dispuesto en el artículo 7.1 del CA, cuando el contribuyente junto con la solicitud facilite la siguiente información:

a) Identificación (nombre, la dirección y el número de identificación fiscal) de la empresa del Estado contratante que presenta una solicitud y de las demás partes implicadas en las transacciones objeto de examen.

b) Datos detallados de los hechos y circunstancias relativas al caso (incluidos los datos correspondientes a las relaciones entre la empresa y las demás partes implicadas en las transacciones objeto de controversia).

c) Identificación de los períodos impositivos afectados.

d) Copias del acto de liquidación, informe de la inspección fiscal o equivalente que recojan la alegada doble imposición.

e) Datos de los recursos administrativos y/o judiciales iniciados por la empresa o las demás partes implicadas en las transacciones correspondientes y de las resoluciones judiciales que hayan recaído sobre el caso.

f) Descripción por parte de la empresa de las razones que le amparan para sostener que no se han respetado los principios establecidos en el artículo 4 del Convenio de Arbitraje.

g) Compromiso por parte de la empresa de responder lo más completa y rápidamente posible a todos los requerimientos razonables y apropiados hechos por una Autoridad competente y a tener a disposición de las Autoridades competentes la documentación relativa al caso.

Al margen de esa información mínima, la Autoridad competente tiene la facultad de pedir, durante un plazo de dos meses desde la recepción de la petición del contribuyente con la información anterior, aquella información adicional específica que considere necesaria antes de que empiece el cómputo del período de dos años.

El Código de conducta, con este compromiso, consiguió conjugar los dos intereses en juego: dar seguridad a las empresas en cuanto a la información que ha de acompañar a la petición, fijando un plazo adicional tasado (dos meses) para completar dicha información si fuera necesario y, a la vez, garantizar el derecho de las administraciones de tener los casos debidamente fundados antes de que se dé por iniciado el plazo de dos años.

Así, se dispone que el inicio del cómputo de los dos años se cuenta a partir de la última de las siguientes fechas:

• Fecha de la notificación del acto de liquidación fiscal, es decir, de la decisión final de la Administración fiscal sobre la base imponible adicional, o equivalente.

• Fecha en que la autoridad competente recibe la petición junto con la información mínima arriba mencionada.

Con la finalidad que las autoridades fiscales maximicen las posibilidades de llegar a un acuerdo amistoso lo antes posible, la colaboración del contribuyente no debe limitarse al inicio del procedimiento sino que la colaboración ha de ser una constante a lo largo del mismo ya que de lo contrario la resolución del caso podría alargarse. Ello implica que, si es necesario su presencia, explicaciones adicionales o información adicional, se espera una conducta cooperativa a lo largo de todo el procedimiento.

4.1.3. *Desarrollo de los principios y operativa de la fase amistosa del CA*

El Código de conducta, intentando agilizar el proceso de esta fase y hacerlo más efectivo, introdujo dos clases de disposiciones:

a) *Principios informadores del procedimiento*

• Compromiso de aplicar el principio de libre concurrencia, independientemente de las consecuencias fiscales inmediatas para cualquier Estado contratante: Esto es, en este procedimiento de eliminación de la doble imposición, las Autoridades fiscales han de esforzarse en examinar el caso lo más objetivamente posible aunque ello implique la obligación de devolver a la empresa todo o parte de impuestos previamente ingresados o reclamados.

• Resolución a la mayor brevedad posible: Los expedientes se resolverán lo más rápidamente posible, utilizando todos los medios oportunos, fomentando la participación del contribuyente e intentando alcanzar un acuerdo en el plazo de dos años.

• Limitación de los costes de cumplimiento: Se recomienda que esta fase amistosa no imponga costes de cumplimiento indebidos ni excesivos al solicitante ni a ninguna otra persona implicada en el caso.

b) *Disposiciones de carácter operativo*

• Utilización de una lengua común: A fin de minimizar los costes y los retrasos debidos a la traducción, el procedimiento amistoso debería desarrollarse en una lengua de trabajo común, siempre que sea posible.

• Transparencia: Se fomenta la transparencia, recomendando informar al contribuyente de los avances significativos que le puedan afectar durante el procedimiento.

• Confidencialidad: Se garantiza la confidencialidad de la información de cualquier persona que esté protegida por un convenio fiscal bilateral o por el Derecho de un Estado contratante.

• Procedimiento entre Autoridades competentes: Este es un procedimiento en el que las empresas no son parte del mismo sino que es un procedimiento entre Autoridades competentes. Como consecuencia de esta naturaleza, los contribuyentes no tienen derecho a estar presentes en las discusiones entre las Autoridades competentes pero, no obstante, previa petición del contribuyente, éste tiene la facultad de exponer su caso a su Autoridad competente.

• Comunicación a la otra Autoridad competente: En el plazo de un mes a partir de la recepción de la solicitud de inicio del procedimiento por parte del contribuyente, la Autoridad competente acusa recibo de la misma y, al mismo tiempo, informa a las Autoridades competentes del otro Estado contratante, adjuntando una copia de la solicitud del contribuyente.

• Inicio del cómputo de los dos años: Si la Autoridad competente ante la que se presenta la solicitud junto con la información considera que la empresa no ha presentado la información mínima necesaria para considerar iniciado el procedimiento, tal como se ha apuntado, invitará a la empresa, en el plazo de dos meses a partir de la recepción de la petición, a que le facilite la información específica adicional que precise antes de considerar iniciado el cómputo de los dos años.

• Actitud activa: Los Estados contratantes, a través de su respectiva Autoridad competente, se comprometen a invitar al contribuyente a presentar alegaciones o mayor información si les surgen dudas sobre el caso, a realizar lo antes posible los ajustes o compensaciones fiscales que le parezcan justificadas y si la Autoridad competente entiende que la petición está fundada pero que no puede llegar por sí misma a una solución satisfactoria, informará a la empresa de que tratará de resolver el caso mediante un acuerdo amistoso con las autoridades competentes de los demás Estados contratantes afectados.

c) *Mejoras procedimentales de la fase amistosa*

Uno de los aspectos más novedosos que aportó el Código de conducta es la ordenación de la fase amistosa, identificando sucesivas etapas y fijando plazos intermedios no preclusivos. El establecimiento de dichos plazos intermedios es de nuevo fruto de un compromiso de fomentar el avance de los expedientes así como de garantizar el derecho de todas las Administraciones fiscales de revisar el caso con tiempo suficiente. De estas directrices destacan las siguientes pautas:

• En el momento del inicio del procedimiento, se informará a la Autoridad competente del otro Estado y al interesado de la presentación de la solicitud y de la fecha de inicio del cómputo de los dos años.

• La Autoridad competente del Estado que haya realizado el ajuste enviará a las Autoridades competentes de los demás Estados contratantes afectados el denominado «informe de posición» en el que, junto con una exposición completa de los fundamentos del acto de liquidación, indique el modo en que puede resolverse el caso con el fin de eliminar la doble imposición, incluyendo una lista de los documentos utilizados.

• Dicho informe se enviará a las Autoridades competentes de los demás Estados contratantes afectados lo antes posible, teniendo en cuenta la complejidad del caso de que se trate, y en todo caso, en el plazo máximo de cuatro meses a partir del inicio del procedimiento.

• Cuando una Autoridad reciba el informe de posición deberá responderá lo antes posible, teniendo en cuenta la complejidad del caso de que se trate, y en todo caso, en el plazo máximo de seis meses (informe de respuesta).

• En el informe de respuesta, si la primera Autoridad competente está de acuerdo con la solución propuesta hará constar que realizará lo antes posible los ajustes o compensaciones fiscales correspondientes; de lo contrario, emitirá otro informe en el que expondrá sus motivos y propondrá un calendario orientativo para analizar el caso incluyendo, cuando proceda, una reunión entre autoridades competentes.

Los casos cubiertos por el CA se han incrementado exponencialmente en los últimos años. Anticipándose a esta situación, el Código sugirió que los Estados contratantes organizaran periódicamente, como mínimo una vez al año, reuniones entre sus Autoridades competentes para acelerar los procedimientos pendientes. Esta práctica se está generalizando lo cual está derivando claramente en un incremento en la eficiencia de este instrumento.

4.1.4. Desarrollo del procedimiento de la fase arbitral del CA

El CA no recoge normas detalladas sobre la organización práctica de la fase de arbitraje y hay numerosas cuestiones a las que no da una respuesta clara, como, por ejemplo, qué autoridad competente debe tomar la iniciativa de crear la Comisión consultiva, dónde se debe reunir dicha Comisión, quién establece y proporciona los medios adecuados para la Secretaría, cuándo se considera que un caso se ha presentado a la Comisión consultiva, cuáles son los honorarios de los miembros de la Comisión y de su Presidente, cuál debe ser el contenido del dictamen o cuáles las condiciones para su publicación, etc. Estas dificultades, patentes desde el primer momento, generó que el Foro acordara un *modus operandi* para la fase de arbitraje identificando aquellos aspectos operativos que entorpecían o retrasaban el procedimiento, aportando un mayor grado de detalle sobre estas fases o etapas, empezando por instar a que se completara y actualizara la lista de personalidades independientes susceptibles de integrar la Comisión consultiva.

El CA es muy neutral en relación a quien ha de tomar la iniciativa respecto de la creación de la Comisión consultiva y el Código aclara que, salvo acuerdo en contrario, será el Estado contratante que haya expedido la primera notificación del acto de liquidación el que tome la iniciativa de crear la Comisión consultiva, organizar las reuniones y una Secretaría y proporcionar los medios materiales para facilitar la labor a la comisión.

Las Autoridades competentes de los Estados contratantes afectados los cuales le facilitarán, antes de su primera reunión, toda la documentación e información relativa al caso, en especial todos los documentos, informes, correspondencia y conclusiones utilizados durante el procedimiento amistoso, pudiendo solicitar la presencia de los servicios de los Estados que hayan intervenido en el caso.

La Comisión ha de emitir su dictamen en el plazo de seis meses. Este plazo de seis meses se inicia cuando su Presidente confirme que sus miembros han recibido toda la documentación. Bajo la expresión «Los Estados contratantes esperan que el dictamen contenga los siguientes puntos», el Código enumera los extremos que, a su entender, ha de contener el informe de la Comisión. Resulta innecesario puntualizar que dicho desarrollo tiene un carácter meramente informador con espíritu de proporcionar directrices que faciliten la conclusión de la labor de la Comisión. De entre éstos destaca:

a) Nombres de los miembros de la Comisión consultiva.

b) Nombres y direcciones de las empresas afectadas; autoridades competentes afectadas; descripción de los hechos y circunstancias de la controversia; exposición clara de lo que se solicita.

c) Breve resumen del procedimiento.

d) Fundamentos y métodos en que se basa la decisión que figura en el dictamen.

e) El dictamen.

f) Lugar, fecha de emisión del dictamen y la firma de sus miembros.

Los costes del procedimiento de la Comisión consultiva se reparten a partes iguales entre los Estados contratantes afectados e incluyen los gastos de funcionamiento de la Comisión así como los honorarios y gastos de las personalidades independientes. El Código finalmente fija una recomendación en relación con la cuantía de la retribución de los árbitros y del Presidente.

4.1.5. La suspensión del ingreso de la deuda tributaria durante el procedimiento de arbitraje

La suspensión del ingreso de la deuda tributaria durante el procedimiento iniciado bajo la órbita del CA e incluso extendiéndolo al procedimiento amistoso basado en un CDI fue uno de los temas que generó mayor interés en los debates del FCPT.

El Foro estudió las normas existentes actualmente en los Estados miembros en lo que respecta a la suspensión del ingreso de la deuda tributaria durante la tramitación de los recursos administrativos y/o judiciales internos. En casi todos los países, la suspensión del ingreso de la deuda tributaria viene regulada por la normativa doméstica. Sin embargo, estas normas difieren ampliamente entre sí en lo que se refiere a las condiciones para su solicitud, aplicación, duración, importe de suspensión, etc.

En relación con las normas de suspensión relacionadas con los procedimientos transfronterizos, sólo los Países Bajos tenían, al inicio de los trabajos, disposiciones jurídicas o administrativas específicas que regulaban la suspensión de la deuda tributaria. Sin embargo, un número significativo de Administraciones fiscales podían acordar la suspensión de forma discrecional aunque en la regulación doméstica no figuren disposiciones específicas sobre este tema en relación con el procedimiento arbitral.

La inexistencia de normas específicas o generales que permitan la suspensión del ingreso de la deuda tributaria si se insta el CA, como mínimo en las mismas condiciones que las aplicables a los recursos internos, crea una carga financiera adicional al obligar al contribuyente a ingresar la deuda tributaria. Para evitar esta carga, los contribuyentes acuden simultáneamente a los recursos internos, en muchas ocasiones, con la exclusiva finalidad de obtener la suspensión y, como se ha apuntado, se multiplican los problemas derivados de la interacción entre procedimientos internos y transfronterizos.

El vacío relativo a la posibilidad de suspensión de la deuda tributaria puede constituir un verdadero obstáculo a la libre invocación del convenio y a la vez genera muchos conflictos entre procedimientos puesto que muchos contribuyentes, en igualdad de condiciones financieras, renunciarían a los recursos internos por cuanto el CA les asegura una solución en un plazo razonable de tiempo.

Ante dicha situación, el Código de conducta incluyó una recomendación que insta a los Estados a suspender el ingreso de la deuda tributaria durante la tramitación del procedimiento del CA en las mismas condiciones que se exijan para los recursos internos.

España incorporó de forma expresa esta recomendación en la Ley 36/2006, de 29 de noviembre.

4.2. Código de Conducta revisado

El Código de Conducta aprobado en diciembre de 2009 completó el primer trabajo e incorporó capítulos de alto interés por abordar temas novedosos y de indudable relevancia práctica. En los apartados siguientes, se analizan los temas más relevantes del nuevo Código de Conducta.

4.2.1. Casos triangulares

Los denominados «casos triangulares» son casos donde están implicados más de dos Estados y en los que las Autoridades que pueden resolver y tienen interés en el caso no son normalmente aquéllas que tienen jurisdicción sobre las empresas que realmente han generado sustancialmente la doble imposición a pesar de no producirse directamente una transacción entre ellas.

Este tema cada día tiene mayor importancia. El FCPT estuvo trabajando en este tema intentando encontrar soluciones posibles para evitar que supuestos de este perfil se retrasen ya que en el ámbito del CA o incluso de los PA, no hay instaurado un procedimiento multilateral similar al previsto para los APA. Pero los casos en que hay varias autoridades implicadas en un caso de doble imposición se están generalizando, y de ahí la utilidad del FCPT de encontrar soluciones pragmáticas.

Fruto de estas discusiones, el Código de Conducta introduce en primer lugar una definición del término «casos triangulares» a los efectos del Código de conducta y los limita a aquéllos en que todos los Estados afectados son EEMM de la UE. Así, se define el término «caso triangular UE» como aquel en el que,

> «en la primera fase del procedimiento del Convenio de Arbitraje, dos autoridades competentes de la UE no pueden resolver un problema de doble imposición que surja en relación con un caso de precios de transferencia mediante la aplicación del principio de plena competencia debido a que una empresa asociada establecida en otro u otros Estados miembros e identificada por ambas autoridades competentes haya influido significativamente en la obtención de un resultado contrario a dicho principio a través de una cadena de transacciones relevantes o de relaciones comerciales o financieras».

El Código dispone que el ámbito de aplicación del Convenio de Arbitraje abarca todas las transacciones comunitarias en el marco de casos triangulares entre Estados miembros siendo la primera vez que en el contexto del procedimiento amistoso se va más allá de situaciones de bilateralidad lo cual constituye a la vez un hito y un reconocimiento expreso de que, en el ámbito de los procedimientos amistosos, un enfoque inflexible en cuanto al número de autoridades implicadas no puede sino llevar, en determinadas circunstancias, a retrasar la resolución de los conflictos.

En segundo lugar, y en relación con el procedimiento, el Código dispone que:

a) Tan pronto como las autoridades competentes de los Estados miembros decidan que el caso examinado debe considerarse un caso triangular UE, invitarán sin dilación a la otra u otras autoridades competentes de la UE a sumarse al procedimiento y a los debates en calidad de observadores o de participantes activos para decidir de común acuerdo sobre el planteamiento que juzgan más indicado. A este efecto, habrá que compartir con la otra u otras autoridades competentes de la UE toda la información pertinente, por ejemplo, mediante intercambios de datos.

b) Con objeto de resolver el problema de doble imposición que se derive de casos triangulares UE en el marco del Convenio de Arbitraje, las autoridades competentes afectadas podrán optar por:

• Un enfoque multilateral que supone la participación inmediata y total de todas las autoridades competentes afectadas.

• Un procedimiento bilateral cuyas partes serán las dos autoridades competentes que hayan identificado a la empresa asociada establecida en otro Estado miembro que ha contribuido de forma significativa a la obtención de un resultado contrario al principio de plena competencia. En este caso, deberán invitar a la otra u otras autoridades competentes de la UE a participar en calidad de observadores en los debates entablados con motivo del procedimiento amistoso.

• Varios procedimientos bilaterales de forma paralela, invitando a la otra u otras autoridades competentes de la UE a participar en calidad de observadores en los respectivos debates entablados con motivo del procedimiento amistoso.

El Código claramente se inclinó por un enfoque multilateral al establecer que: «Se recomienda a los Estados miembros que, a fin de resolver este tipo de casos de doble imposición, apliquen el procedimiento multilateral».

Por otra parte, un observador podría pasar a convertirse en participante activo dependiendo de la evolución de los debates y de las pruebas aportadas y si el observador desea tomar parte en la segunda fase (arbitraje), deberán convertirse en participantes activos.

4.2.2. Subcapitalización

El Código recuerda que el CA, en relación con su ámbito objetivo, alude claramente a la doble imposición generada por "relaciones comerciales o financieras" y se generaron muchas dudas en relación con la interpretación que había de darse a "las condiciones financieras". El Código confirmó, en relación con esta duda que;

> *«Las correcciones efectuadas con respecto a los beneficios derivados de relaciones finan-cieras, incluidos los préstamos y las condiciones asociadas a los mismos, y basadas en el principio de plena competencia deben considerarse incluidas en el ámbito de aplicación del Convenio de Arbitraje».*

Esta conclusión no tuvo, sin embargo, apoyo unánime. Hubo ocho países que presentaron reservas por diferentes motivos, entre los que se destacan los siguientes:

• Países que sólo consideraban incluidos en el ámbito del CA correcciones sobre el tipo de interés pero no consideraban que los ajustes sobre la estructura financiera o el importe del endeudamiento debía cubrirse con el CA. En este sentido, se pronunciaron Bulgaria, la República Checa, Grecia, Hungría, Italia, Letonia, Portugal, Eslovaquia[1].

• Países que excluían la invocación del CA en caso de regularizaciones en base a normas internas anti abuso, normas internas de subcapitalización o de limitación a la deducibilidad de intereses. Así, la República Checa, Italia, Portugal, Eslovaquia.

España no presentó reserva alguna por lo que parece razonable sostener que se adhirió desde el primer momento a la interpretación mayoritaria de la extensión de la protección del CA en el ámbito de operaciones financieras a pesar de que los argumentos jurídicos que sostienen la regularización por denegación de la deducibilidad de intereses en compras apalancadas no han ido en general en esta línea.

4.2.3. Interpretación estricta de la restricción al acceso al CA por causa de infracción graves

La restricción contenida en el CA de impedir el acceso al CA en caso de infracción grave constituye un tema de preocupación a pesar de los escasos casos cuyo acceso ha sido denegado por esta causa hasta la fecha.

Esta restricción está basada, como se ha indicado, en el artículo 8.3 del CA. Alcanzar una interpretación consensuada sobre qué ha de constituir infracción grave no es simple. El régimen infractor constituye una parte del derecho tributario regulado por la legislación interna de cada país sobre el que cada Estado tiene potestad absoluta y excluyente que excede las infracciones relacionadas con precios de transferencia. A pesar de esta consideración, en la medida que la imposición de sanciones graves puede de hecho impedir el acceso al CA, se han realizado intentos para acercar posiciones y para evitar que, por esta vía, se restrinja el acceso al CA de forma arbitraria o unilateral de los EEMM.

Así, el Código de Conducta declara que, entendiendo que el artículo 8 otorga cierta flexibilidad a la hora de denegar el acceso al Convenio de Arbitraje como consecuencia de la imposición de una sanción grave, se recomienda a los Estados miembros que aclaren o revisen las declaraciones unilaterales que incluyeron en el anexo del Convenio de Arbitraje a fin de reflejar mejor la idea de que las sanciones graves sólo deben aplicarse en casos excepcionales, como los supuestos de fraude.

---

(1)   Inicialmente Países Bajos introdujo una reserva de este tenor pero ha retirado la citada reserva por lo que se suma a la mayoría de países que comparten la recomendación.

4.2.4. Devengo de intereses

La propia tramitación del procedimiento amistoso puede incrementar el importe de intereses debidos en uno de los Estados y con ello causar un perjuicio adicional a los contribuyentes que han sufrido una doble imposición simplemente debido al transcurso del tiempo necesario para su resolución.

Por esta razón, el Código considera que los contribuyentes no deberían verse afectados negativamente por la existencia de distintos planteamientos en lo que se refiere a la exigibilidad de intereses entre los Estados. Por ello, recomienda a los Estados miembros que, durante el tiempo que dure el procedimiento amistoso, apliquen uno de los siguientes enfoques en los dos Estados donde se está dirimiendo el conflicto:

- Recaudación y devolución del impuesto sin cobro de intereses, o
- Recaudación y devolución del impuesto con cobro de intereses, o
- Tratamiento diferenciado de cada caso concreto por lo que respecta al cobro y al reembolso de intereses.

El objetivo de esta recomendación, como se ha indicado, es el limitar al máximo los perjuicios derivados de los intereses vinculados al ingreso tardío de una deuda tributaria y, muy en particular, si el retraso trae por causa en todo o en parte la resolución de un conflicto entre autoridades competentes.

5. REGULACIÓN INTERNA

La disposición adicional 1ª del TRLIRNR según redacción dada por la Ley 36/2006 recoge la autorización para desarrollar a nivel interno el procedimiento amistoso y de arbitraje disponiendo que:

«1. Los conflictos que pudieran surgir con Administraciones de otros Estados en la aplicación de los convenios y tratados internacionales se resolverán de acuerdo con los procedimientos amistosos previstos en los propios convenios o tratados, sin perjuicio del derecho a interponer los recursos o reclamaciones que pudieran resultar procedentes.

2. La aplicación del acuerdo alcanzado entre ambas Administraciones en el ámbito de un procedimiento amistoso se realizará en el momento o período en que el acuerdo adquiera firmeza, en los términos que reglamentariamente se establezcan.

3. A estos efectos, reglamentariamente se establecerá el procedimiento para la resolución de estos procedimientos amistosos, así como para la aplicación del acuerdo resultante.

4. No podrá interponerse recurso alguno contra los citados acuerdos, sin perjuicio de los recursos previstos contra el acto o actos administrativos que se dicten en aplicación de dichos acuerdos».

El Real Decreto 1794/2008 de procedimientos amistosos en materia de imposición directa de 3 de noviembre desarrolla esta disposición adicional. Optó por regular de forma separada el procedimiento amistoso y el procedimiento de arbitraje, recogiéndose en el Título II el primero y en el Título III el segundo.

La regulación del Reglamento no es completa y hay continuas remisiones a la legislación convenida. Entendemos que posiblemente no podía ser de otra forma. La normativa doméstica no puede incluir normas relativas a la participación, conducta u obligaciones de otras Autoridades competentes. De ahí que el enfoque del Reglamento sea exclusivamente interno, remitiéndose al CDI correspondiente o al CA en todo aquello relativo a la negociación y acuerdo con otras Autoridades competentes. En este sentido, cabe destacar los siguientes aspectos:

Título I: Disposiciones comunes a los procedimientos de arbitraje y amistoso

• Ámbito de aplicación: el Reglamento no exige una doble imposición sino que el artículo 21 del Real Decreto 1794/2008 permite su invocación con el simple riesgo de que se produzca esta doble imposición. Así dispone que:

«Se aplicará cuando, a efectos impositivos, los resultados que se hallen incluidos en los beneficios de una empresa de un Estado contratante estén incluidos o vayan a incluirse probablemente también en los beneficios de una empresa de otro Estado contratante, por no respetarse los principios que se enuncian en el artículo 4 del Convenio 90/436/CEE».

• Autoridad competente: inicialmente se designó como Autoridad competente exclusiva a la Dirección General de Tributos pero el Real Decreto 526/2015, modificó la competencia a los casos de precios de transferencia atribuyendo la competencia a la AEAT. Asimismo, e incorporando las tendencias internacionales, se reguló la participación y colaboración del obligado tributario. En este sentido, dicha participación se incentiva con el objeto de dotar a estos procedimientos de mayor eficiencia y transparencia, reconociéndose el derecho a ser informados del estado de tramitación del procedimiento y a exponer el caso ante las Autoridades fiscales a pesar de lo cual se mantiene la naturaleza de dichos procedimientos como procedimientos entre Autoridades competentes, no siendo el obligado tributario parte en los mismos. La colaboración del obligado se considera muy relevante, debiendo comprometerse a aportar la información completa y exacta necesaria para solucionar el caso en los plazos previstos.

• Ejecución de los acuerdos: esta es una fase que siempre resulta controvertida pues puede ser muy compleja. De hecho, el artículo 15 fue objeto de modificación varias veces. La actual redacción dispone que:

«1. Una vez que adquiera firmeza el acuerdo, éste será comunicado en el plazo de un mes a la Administración tributaria española competente para ejecutarlo.

2. El acuerdo será ejecutado de oficio o a instancia del interesado.

3. La ejecución del acuerdo por la Administración tributaria española competente se realizará mediante la práctica de una liquidación por cada período impositivo objeto del procedimiento amistoso. Para la práctica de esta liquidación se tendrá en cuenta la normativa vigente en cada período objeto del procedimiento amistoso.

Tratándose de impuestos en los que no exista período impositivo, la aplicación del acuerdo se realizará mediante la práctica de una liquidación correspondiente al momento del devengo de cada hecho imponible objeto del procedimiento amistoso.

4. No obstante lo dispuesto en el apartado anterior, la Administración tributaria podrá dictar un único acto que contendrá las liquidaciones derivadas del procedimiento amistoso a fin de que la cantidad resultante se determine mediante la suma algebraica de dichas liquidaciones.

5. Cuando existiese una liquidación previa practicada por la Administración tributaria española en relación con la misma obligación tributaria objeto del procedimiento amistoso, la ejecución del acuerdo determinará la modificación, o en su caso, anulación, de dicha liquidación.

6. En la liquidación resultante de la ejecución del acuerdo se exigirán los intereses de demora devengados sobre la deuda derivada de dicha ejecución, incluido, en su caso, el periodo de tiempo que haya durado la suspensión, sin que se exijan intereses de demora por el tiempo de tramitación del procedimiento amistoso.

Así, se ha optado por practicar una nueva liquidación del año o años a los que afecte el acuerdo, aplicando la normativa interna en cuanto a los diferentes aspectos que puedan estar afectados por la nueva base imponible (límites de deducciones; aplicación de bases imponibles negativas, créditos fiscales a aplicar en futuros ejercicios). En relación con los intereses de demora, se devengarán por el tiempo que transcurra entre el ingreso de la deuda original o cuando hubiese sido exigida hasta la iniciación del procedimiento amistoso.

La redacción del precepto es clara lo cual, pero su ejecución puede generar una gran complejidad, en particular en casos de consolidación. Normalmente la ejecución se hace de oficio por la Oficina Técnica de la Delegación de Grandes Contribuyentes.

Título III: Disposiciones específicas del procedimiento de arbitraje

• Restricción al acceso al Convenio en caso de infracción grave: de acuerdo con el artículo 8 del CA, se impide el acceso a la protección del CA en caso de que las empresas hayan sido sancionadas con infracción grave con carácter firme. El Reglamento considera, a estos efectos, que:

«Tienen dicho carácter las sanciones administrativas por infracciones tributarias graves y muy graves, así como las penas en caso de delitos contra la Hacienda Pública.»

En estas circunstancias, se puede iniciar el procedimiento pero quedará suspendido automáticamente, por la interposición de cualquier recurso o reclamación en vía administrativa o en vía contencioso-administrativa contra las sanciones impuestas desde la interposición del primer recurso que proceda hasta que se dicte resolución o sentencia firme que resuelva con carácter definitivo si procede o no la imposición de la sanción. Si la sanción no se confirma el procedimiento puede continuar; si se confirma, por el contrario, el procedimiento concluye sin resolución del caso.

• Normas generales de procedimiento: la estructura de este Título es similar al título precedente relativo a los procedimientos amistosos aunque incorpora la segunda fase –la fase arbitral o consultiva. En su regulación, el texto se ha inspirado claramente en el Código de Conducta analizado en el apartado anterior. La regulación de la fase amistosa del procedimiento de arbitraje se remite a la del procedimiento amistoso, no percibiéndose diferencia alguna salvo la referente al plazo de interposición del recurso.

• Plazo para la interposición de la reclamación: mientras que en la regulación del procedimiento amistoso el reglamento guarda silencio -puesto que el plazo queda sujeto a las disposiciones del CDI, en este caso, se fija en tres años contados desde el día siguiente al de la notificación del acto de liquidación tributaria o medida equivalente que ocasione o pueda ocasionar una doble imposición. Además de la documentación general que ha de acompañar a la solicitud, deberá incluirse una descripción por parte de la empresa de las razones que le amparan para sostener que no se han respetado los principios establecidos en el artículo 4 del Convenio 90/436/CEE, y deberá comunicarse si se ha impuesto una sanción, aunque no tenga carácter definitivo.

• Admisibilidad de la reclamación: el procedimiento de arbitraje se inicia tanto si la Autoridad competente española considera que la solicitud es fundada y que puede por sí misma encontrar una solución como cuando, no siendo así, considere que la solicitud es fundada pero no puede por sí misma encontrar una solución. En este último caso, comunicará a la Autoridad competente del otro Estado que se ha admitido el inicio del procedimiento y, entre otros extremos, hará constar la fecha de inicio del cómputo del periodo de dos años que tienen ambas Autoridades para alcanzar un acuerdo dentro de la fase amistosa.

• Inicio del cómputo de la fase amistosa: de acuerdo con el artículo 27 RIS 2015, el cómputo del periodo de dos años para poder acudir a la segunda fase prevista en el Convenio 90/436/CEE, se inicia, siguiendo las recomendaciones del Código de Conducta, en la última de las dos fechas siguientes:

a) Fecha de notificación del acto de liquidación tributaria o medida equivalente.

b) Fecha en la que la autoridad competente recibe la solicitud de inicio acompañada de toda la información y documentación necesaria en los términos del artículo 25.

No obstante, cuando las empresas interpongan simultáneamente un recurso administrativo o contencioso administrativo, el inicio del cómputo del período de dos años o su interrupción se producirá de acuerdo con lo previsto en el artículo 7 del Convenio 90/436/CEE, es decir, el cómputo de los dos años no se inicia o se interrumpe si la interposición es posterior mientras los recursos interpuestos están vivos. En relación con la forma en que España resuelve las interferencias entre los recursos internos y el procedimiento arbitral, ya se ha indicado que la compatibilidad entre ambos procedimientos no se ve afectada durante la fase amistosa y permite la negociación entre las autoridades, pero impide, en tanto no se desista del recurso interno, convocar la Comisión consultiva porque el plazo de hecho no se ha tenido por iniciado. Esta situación alarga indefinidamente el procedimiento arbitral por lo que acaba siendo recomendable no interponer un recurso interno si se anticipa que un caso exigirá la convocatoria de la Comisión Consultiva. Nótese que, la suspensión del inicio del cómputo del plazo acontece tanto si se interpone un recurso interno en España como en la otra jurisdicción afectada.

• Fase de arbitraje: en relación con la segunda fase del procedimiento, es decir, con la fase de arbitraje, el Real Decreto 1794/2008 hace una remisión expresa y completa al Convenio 90/436/CEE y al Código de Conducta. Al igual que lo dispuesto en el CA, el RD recuerda que las Autoridades competentes deberán adoptar de común acuerdo, una decisión que garantice la supresión de la doble imposición en un plazo de seis meses contados a partir de la fecha en que la Comisión consultiva haya emitido el dictamen, estando facultadas para apartarse de la decisión de la Comisión consultiva.

• Suspensión del ingreso de la deuda: el Real Decreto regula en el Título IV la suspensión del ingreso de la deuda de forma conjunta para los procedimientos amistosos y el arbitral introduciendo por primera vez en nuestra regulación la suspensión del ingreso de la deuda tributaria para los procedimientos amistosos y de arbitraje en los siguientes términos:

«1.º En los procedimientos amistosos, el ingreso de la deuda quedará suspendido automáticamente a instancias del interesado cuando se garantice su importe, los intereses de demora que genere la suspensión y los recargos que pudieran proceder en el momento de la solicitud de la suspensión, en los términos que reglamentariamente se establezcan.

No se podrá suspender el ingreso de la deuda de acuerdo con lo previsto en el párrafo anterior, mientras se pueda solicitar la suspensión en vía administrativa o jurisdiccional.

2.º Las garantías admisibles para obtener la suspensión automática a la que se refiere el número anterior serán exclusivamente las siguientes:

a) Depósito de dinero o valores públicos.

b) Aval o fianza de carácter solidario de entidad de crédito o sociedad de garantía recíproca o certificado de seguro de caución.

3.º Si los procedimientos amistosos no se refieren a la totalidad de la deuda, la suspensión prevista en este apartado se limitará al importe afectado por los procedimientos amistosos».

La solicitud de suspensión sólo procederá cuando no se pueda instar la suspensión del ingreso de la deuda en vía administrativa o contencioso-administrativa y, adicionalmente, se aporten las garantías previstas en el apartado 5.2.º de la Disposición adicional del TRLIRNR. Se configura la solicitud de suspensión así en términos equivalentes a una solicitud de suspensión por interposición de un recurso interno, incorporando una neutralidad en este ámbito que había sido reclamada por el Código de Conducta.

La solicitud de suspensión se deberá presentar ante el órgano de recaudación competente, de acuerdo con las normas de organización del Reglamento General de Recaudación que será, asimismo, competente para tramitar y resolver la misma.

Podrá solicitarse la suspensión desde la presentación de la solicitud de inicio del procedimiento o en el momento en que no pueda seguir obteniendo la suspensión del ingreso de la deuda en vía administrativa o en vía contencioso-administrativa.

El Real Decreto detalla la información que ha de acompañar a la solicitud en términos muy similares a los contenidos en el RGR debiendo incorporar la solicitud misma del procedimiento amistoso o de arbitraje europeo. Por su parte, el artículo 40 regula los efectos de la concesión de la suspensión. En términos generales, si se acordase la suspensión, se entenderá acordada desde la fecha de la solicitud y dicha circunstancia deberá notificarse al obligado tributario.

• No devengo de intereses durante la tramitación del procedimiento de arbitraje: resulta merecedor destacar que se reconoce en nuestro derecho por primera vez el no devengo de intereses de demora durante la tramitación de los procedimientos amistosos:

«5. Durante la tramitación de los procedimientos amistosos no se devengarán intereses de demora.

Ejecución del acuerdo.

La ejecución del acuerdo no presenta ninguna diferencia respecto de los procedimientos amistosos y de hecho el artículo 15 regula ambos. La ejecución del acuerdo se realizará mediante la práctica de una liquidación por cada período impositivo objeto del procedimiento amistoso y se tendrá en cuenta la normativa vigente en cada período objeto del procedimiento amistoso. La Administración tributaria podrá dictar, no obstante, un único acto que contendrá las liquidaciones derivadas del procedimiento amistoso a fin de que la cantidad resultante se determine mediante la suma algebraica de dichas liquidaciones.

En la liquidación resultante de la ejecución del acuerdo se exigirán los intereses de demora devengados sobre la deuda derivada de dicha ejecución, incluido, en su caso, el periodo de tiempo que haya durado la suspensión, sin que se exijan intereses de demora por el tiempo de tramitación del procedimiento amistoso.

6.   LA DIRECTIVA (UE) 2017/1852

Como se ha indicado al principio del capítulo, la Comisión tomó la iniciativa de dar un paso cualitativo para asegurar que la eliminación de la doble imposición fuera una realidad en la Unión Europea y que pudiera superar todas las limitaciones tanto legislativas como operativas que se habían puesto de manifiesto en estos años de vigencia del CA.

El pasado 10 de octubre de 2007 se publicó, como se ha indicado en el capítulo precedente, la Directiva relativa a los mecanismos de resolución de litigios fiscales en la Unión Europea.

La Directiva, que podrá invocarse respecto de los casos de doble imposición generados por rentas obtenidas a partir de 1 de enero de 2018 (o antes si así lo acuerdan los distintos EEMM en la transposición de la Directiva a su normativa interna) no prevé un procedimiento sustancialmente distinto al previsto en el CA pero da este paso cualitativo de tener unos mecanismos integradores, eficaces, sostenibles y flexibles entre otras, por las siguientes novedades que recoge la Directiva.

1. El cambio de naturaleza jurídica que regula estos mecanismos suponen una mayor intensidad en la coercitividad en su aplicación y exigibilidad pues se sustituye un Convenio que debió ser complementado por Códigos de Conducta que no dejan de tener la naturaleza de *soft law*, por una Directiva que, como es sabido impone a los EEMM la obligación de incorporar u contenido a la normativa interna en un determinado plazo de tiempo.

2. La Comisión consultiva podrá pronunciarse sobre la denegación de acceso a los mecanismos de la Directiva cuando una o varias autoridades competentes, pero no todas, hayan denegado a una persona el acceso a la misma. Esta medida puede tener un impacto grande sobre todo en aquellas jurisdicciones que han establecido unilateralmente medidas de restricción de acceso a los mecanismos de eliminación de la doble imposición en Europa.

3. La persona afectada tiene derecho a solicitar la constitución de la comisión consultiva, no dejando esta constitución en manos y a instancia de las autoridades implicadas. Esta novedad en el impulso que se atribuye a las personas afectadas por la doble imposición puede, sin duda, ser una medida práctica para mejorar la eficiencia de estos mecanismos.

4. La Directiva impone hitos ante la posible inacción en las diferentes fases del procedimiento por parte de los sujetos implicados, tanto si es imputable a las autoridades competentes como a las empresas.

5. Se prevé la posible constitución de "comisiones de resolución alternativa de litigios" que podrán aplicar cualquier técnica de resolución de conflictos que, no obstante, tendrá carácter vinculante. Es en este apartado donde se ve un claro ejemplo de flexibilidad pues la Directiva, a modo de ejemplo, destaca la posibilidad del procedimiento de arbitraje de "la última mejor oferta". Esta fórmula de aplicación generalizada, entre otras jurisdicciones, en USA – donde se conoce con la expresión "*baseball arbitration*" va a tener especial impacto en el área de precios de transferencia y atribución de beneficios a EP. La elección de esta fórmula obligará a las autoridades fiscales a hacer

un ejercicio de acercamiento real y presentar una propuesta "razonable" ya que el papel de la comisión aquí se reducirá a escoger una de las dos opciones que las autoridades fiscales les presente.

6. La decisión que finalmente se adopte para eliminar la doble imposición no constituyen un precedente y podrán ser objeto de publicación cuando medie el acuerdo de todas las partes.

La lectura de la Directiva permite ser optimistas en cuanto a la consecución del objetivo que pretendía la Comisión en esta iniciativa. Como dice su preámbulo: "un sistema fiscal justo no sólo garantiza que los beneficios tributan allí donde se generan sino que además garantiza que los beneficios no quedan sujetos a una doble tributación".

7. BIBLIOGRAFÍA

CALDERÓN (2002), *«Algunas consideraciones sobre la interrelación entre los Convenios de Doble Imposición y el Derecho comunitario Europeo»*, Crónica Tributaria, nº 112 y 113.

CALDERÓN CARRERO Y MARTÍN JIMENEZ (2004), *«Comentarios a los CDIs españoles»*, Fundación Barrié, A Coruña.

ELLIS (2002) *«Issues in the implementation of the Arbitration of Disputes Arising under Income Tax Treaties»*, Response to David Tillinghast, Bulletin of International Fiscal Documentation vol.56.

TILLINGHAST (2002) *«Issues in the implementation of the Arbitration of Disputes Arising under Income Tax Treaties»*, Bulletin of International Fiscal Documentation vol. 56.

TRAPE VILADOMAT (2005) *«El Foro sobre Precios de Transferencia en la Unión Europea»*, Revista del Instituto del Comercio Exterior, Diciembre 2005.

VOGEL (2002), *«Which method should the European Community adopt for the avoidance of double taxation?»*, BIFD, January.

«Comunicación COM 2004 297(final) de la Comisión al Consejo, al Parlamento Europeo y al Comité Económico y Social Europea relativa a las actividades del Foro conjunto de la UE sobre los precios de transferencia en el ámbito del impuesto sobre sociedades de octubre de 2002 a diciembre de 2003 y a una propuesta de Código de Conducta para la aplicación efectiva del Convenio de Arbitraje» (90/436/CEE de 23 de julio 1990).

«Resolución del Consejo aprobando el Código de Conducta sobre la efectiva implementación del Convenio de Arbitraje FISC/173/2005»

«Comunicación COM 2009 472(final) de la Comisión al Consejo, al Parlamento Europeo y al Comité Económico y Social Europea relativa a las actividades del Foro conjunto de la UE sobre los precios de transferencia en el ámbito del impuesto sobre sociedades de marzo de 2007 a marzo de 2009 y a una propuesta de revisión del Código de Conducta para la aplicación efectiva del Convenio de Arbitraje» (90/436/CEE de 23 de julio 1990).

«Código de Conducta revisado para la efectiva aplicación del Convenio relativo a la supresión de la doble imposición en caso de corrección de los beneficios de empresas asociadas» (2009/C322/01).

Proposal for a Council Directive on Double Taxation Dispute Resolution Mechanisms in the European Union. COM (2016) 686 final

Capítulo VII

OTROS TRATADOS INTERNACIONALES

Adolfo J. Martín Jiménez

Capítulo VII.   OTROS TRATADOS INTERNACIONALES

Sumario

OTROS TRATADOS INTERNACIONALES

1. INTRODUCCIÓN

Aparte de los CDI en materia de imposición sobre la renta y patrimonio, existen otros múltiples convenios internacionales con importancia en el ámbito tributario. En este capítulo, se estudiarán algunos de ellos, centrándonos en los que son estrictamente bilaterales (acuerdos en materia de imposición sobre las herencias y acuerdos y órdenes relativos a la navegación marítima y/o aérea). Hay otros acuerdos internacionales con incidencia en materia tributaria que o bien no se abordan por la naturaleza de esta obra o bien su estudio se realiza en otros capítulos (v.gr. GATT, GATS, cuyo efecto sobre impuestos directos es limitado, el MLI, el Convenio multilateral OCDE/Consejo de Europa relativo a la asistencia administrativa mutua en asuntos tributarios o el Acuerdo FATCA con EEUU, BOE 1 julio 2014, vid. el capítulo sobre artículo 26 ModCDI; Acuerdos de España con la Santa Sede, etc. –ver Anexo al fin del Capítulo– etc.; los Convenios de la UE con otros Estados terceros se dejan también al margen de este capítulo). La multiplicidad de tratados no tributarios con cláusulas tributarias relevantes se ha sintetizado en el anexo a este capítulo. Con respecto al Acuerdo entre España y la Santa Sede, es muy relevante la Sentencia del TJUE (Gran Sala) de 27 de junio de 2017, *Congregación de Escuelas Pías Provincia de Betania*, C-74/16, ECLI:EU:C:2017:496, a la que nos referimos en el capítulo sobre ayudas de estado, ya que obligará a modificar el citado acuerdo al poner de manifiesto que ciertos aspectos del mismo (la concesión de ayudas de estado a través de reducciones impositivas para actividades empresariales de la Iglesia y entidades afines) puede vulnerar el artículo 107 TFUE.

Hay que tener presente que, en el ámbito tributario, cada vez son más relevantes, los acuerdos bilaterales de protección recíproca de inversiones ya que sus cláusulas son empleadas en relación con tributos exigidos en países donde se realizan inversiones. En este sentido, si bien algunos de ellos excluyen, el ámbito tributario de su ámbito de aplicación es conveniente en las inversiones internacionales prestar atención a este tipo de acuerdos (cuyo impacto no es desarrollado en el presente capítulo). En esta línea, cabe también subrayar que los Acuerdos comerciales que bajo nombres diversos (Acuerdos aduaneros, de asociación, de libre comercio etc.) concluye la UE con otros Estados contienen también cláusulas tributarias muy relevantes y con gran impacto tanto para los contribuyentes como para los Estados.

2. CONVENIOS BILATERALES

Al margen de los Convenios multilaterales, hay dos tipos de convenios bilaterales que presentan un cierto interés, en primer lugar, los firmados en materia de imposición sobre las sucesiones y donaciones, en segundo lugar los que afectan a la navegación marítima y aérea (que, en ocasiones adoptan la forma de auténtico convenio internacional y en otras son simples normas internas).

2.1. Convenios en materia de imposición sobre las sucesiones y donaciones

2.1.1. Introducción

Es ciertamente sorprendente que, a pesar de que desde el punto de vista del Derecho comparado, el ISD continúa teniendo una cierta vigencia y aplicación, es menos frecuente encontrar CDIs en materia de ISD que en relación con el IP o, por supuesto, los impuestos sobre la renta. Como la Introducción al Modelo CDI ISD 1982 indica, en el contexto del ISD también pueden surgir graves problemas de doble imposición (jurídica, fundamentalmente) que obstaculicen la libre circulación de personas y capitales (especialmente privados) entre los distintos Estados.

La doble imposición, en el ámbito del ISD, puede surgir, además de por el solapamiento entre puntos de conexión personales y reales (obligación personal/obligación real) por la utilización de distintos criterios de naturaleza personal como puntos de conexión al ISD. La mayoría de los Estados imponen el ISD obligan a incluir en la base imponible toda la propiedad mundial que cambia de manos como consecuencia de un fallecimiento o entregada por un donante a un donatario cuando el causante o el donante eran residentes en su territorio. Sin embargo, es frecuente en la práctica encontrar que los criterios de sujeción personal no son idénticos. De hecho, los dos criterios que con mayor frecuencia se emplean son el domicilio o residencia del causante o, como hace la legislación española, la residencia de los herederos o legatarios. Otros criterios que se emplean con cierta habitualidad son: (1) la nacionalidad del causante o donatario; (2) la nacionalidad de los herederos, legatarios o donatarios; (3) el hecho de que el causante o donante o los herederos, legatarios o donatarios fueran residentes en su territorio algún tiempo antes del fallecimiento del causante o de la donación. Incluso algún Estado puede someter a imposición la propiedad mundial del causante por el mero hecho de que éste haya fallecido en su territorio estando allí presente de manera accidental u ocasional. Lógicamente, el empleo de estos distintos criterios de sujeción personal hace que los problemas de doble imposición sean complicados de resolver si no existen medidas específicas, de carácter internacional, como los CDIs que los eliminen, aunque las deducciones para la eliminación de la doble imposición internacional de la normativa interna, en ocasiones, pueden contribuir a mitigar los problemas de doble imposición.

Desde luego, desde el punto de vista español se echa en falta un mayor desarrollo, a diferencia de lo que ocurre con otros países, de una red de CDIs en materia de ISD que elimine los problemas de doble imposición que surgen en esta materia (o la inclusión de artículos relativos al ISD en los CDIs sobre renta y patrimonio que España firme) y, por qué no decirlo, que incentive el traslado de residencia (efectiva) a España de todos aquellos que ya pasan temporadas importantes en nuestro país o bien resultan residentes «virtuales» que no terminan de trasladar su residencia fiscal a España (a pesar de estar obligados a ello por pasar más de 183 días en nuestro país) precisamente, entre otras cuestiones, por los problemas en materia de ISD que pueden surgir (aunque, probablemente, para estos residentes virtuales el tipo impositivo del ISD español genera casi más distorsiones que la eventual doble imposición). Al menos en relación con los países miembros de la UE sería deseable la firma de CDIs en materia de ISD o la inclusión de cláusulas específicas sobre el ISD en los CDI sobre la renta ya firmados (por ejemplo, a través de protocolos) que mitigaran la doble imposición que potencialmente se puede generar en el ámbito de la Unión Europea, aunque se estén desarrollando iniciativas de la UE en esta materia, vid. la Comunicación de 15 de diciembre de 2011 de la Comisión al Parlamento Europeo, El Consejo y el Comité Económico y Social «Tackling cross border inheritance tax obstacles within the EU», COM (2011) 864 y los Documentos asociados a la misma de idéntica fecha, la Recomendación C/2011/8819 de la Comisión relativa a la eliminación de la doble imposición en el caso de herencias y el Working Paper asociado a la anterior «Sistemas de ISD no discriminatorios: principios extraídos de la jurisprudencia del TJUE») o el «Estudio de impacto» de la Comisión que acompaña también a la Recomendación.

Conviene no olvidar por otra parte que, si bien el ISD es un impuesto en franca retirada en el panorama internacional, todavía se pueden producir casos de doble imposición entre este impuesto y la imposición sobre la renta que no admiten fácil solución (por ejemplo, porque se grave en un impuesto sobre la renta y un impuesto sobre las sucesiones y donaciones, como ocurre, por ejemplo si una persona física residente en España realiza una donación de un inmueble a una entidad alemana, ya que en este caso en España se aplicaría el IRNR a la donación recibida y en Alemania el impuesto sobre sucesiones y donaciones que graba también a las personas jurídicas. Es decir, tanto en el caso de personas físicas como jurídicas se pueden identificar casos de doble imposición relativos a la interacción entre los impuestos sobre la renta y sobre sucesiones y donaciones.

2.1.2. El modelo de convenio de doble imposición en materia de imposición sobre las sucesiones y donaciones

El Modelo CDI ISD 1982, hermano menor del ModCDI en materia de imposición sobre la renta y el patrimonio, data de 1982 y su desarrollo ha sido bastante inferior al experimentado por este último. Probablemente, el escaso desarrollo del Modelo CDI ISD 1982 sea, en parte debido, a la especialidad de su artículo 1, que limita su ámbito de aplicación a (1) herencias y legados cuando el causante esté domiciliado en el territorio uno o de los dos Estados contratantes en el momento de su muerte y (2) a donaciones cuando el donante esté domiciliado, en el momento de realizar la donación, en uno o en ambos de los Estados miembros. Con un par de ejemplos (tomados del párrafo 7 y ss. de los Comentarios al Modelo CDI ISD 1982) se podrá entender cómo se aplica este Modelo y cuáles son sus diferencias con respecto a los puntos de conexión que emplea la legislación española:

– El causante se encontraba domiciliado en el Estado A en el momento de su muerte y su único heredero se encuentra domiciliado en el Estado B (España); la herencia incluye propiedad mobiliaria e inmobiliaria situada en el Estado A. Al estar el causante domiciliado en el Estado A, el CDI ISD entre A y B resultaría de aplicación con el efecto, de que si siguiera el criterio del artículo 7 Modelo CDI ISD 1982, sólo el Estado A podría someter a gravamen los bienes y derechos del causante domiciliado en su territorio, excluyendo la posibilidad de que el Estado B pueda aplicar gravamen alguno. Si el Estado B fuera España eso significaría que un contribuyente residente en su territorio no pagaría nada por ISD, por considerarse la sucesión sujeta a tributación en el Estado A.

– El causante estaba domiciliado en el Estado A, su único heredero está domiciliado en el Estado B y la herencia incluye propiedades situadas en un Estado C. En este caso, surgen tres posibles problemas de doble imposición:

• Si el Estado B somete a tributación la herencia mundial del heredero y el Estado C aplica su ISD al estar la propiedad inmobiliaria en su territorio, un eventual CDI entre B y C no eliminaría la doble imposición, al no estar el causante domiciliado en el territorio de ninguno de los dos Estados, sino en el Estado A.

• En principio tanto el Estado A como el Estado B aplicarían criterios de tributación personal (el primero atendiendo al domicilio o residencia del causante, el segundo a la residencia del heredero), con el efecto de que someten a gravamen la propiedad heredada por el residente en B, incluyendo el inmueble ubicado en C. La aplicación del CDI ISD entre A y B eliminaría la doble imposición ya que, al estar el causante domiciliado en A, por aplicación del artículo 7 Modelo CDI ISD, la propiedad inmobiliaria situada en C y todos aquellos bienes no ubicados en B estarían sólo sujetos a gravamen en A. Se eliminaría así también la doble imposición generada por el solapamiento de criterios personales y reales entre B y C, al atribuirse la jurisdicción exclusiva a A por razón del domicilio del causante. Se produce el mismo efecto que en el ejemplo primero, esto es, que un residente en España no resulta gravado por la herencia que recibe de un causante domiciliado en otro Estado y con propiedades en un tercer Estado.

• Igualmente se podría generar doble imposición como consecuencia de que la propiedad inmobiliaria podría estar sujeta a gravamen en C (lugar de ubicación) y en A (residencia del causante). Tal doble imposición sólo podría eliminarse como consecuencia de un CDI ISD entre A y C. En principio, el Estado C como lugar de ubicación de la propiedad inmobiliaria tendría derecho a gravar por obligación real pero el Estado A debe aplicar el método de exención o imputación para eliminar la doble imposición.

Faltaría, quizás, completar estos ejemplos con otro vinculado a la situación específica española:

– Si el causante reside en España (Estado A), sus herederos en el Estado B y la herencia fundamentalmente está constituida por propiedad inmobiliaria situada en el Estado C, se produce el curioso efecto de que, de acuerdo con la legislación interna, al no emplear la legislación española como punto de conexión la residencia del causante, la herencia no estaría sujeta a tributación en España.

Convenios de doble imposición

Si la herencia estuviera constituida por un 50 % de propiedades en España y otro 50 % en el Estado C, de acuerdo con el artículo 7 Ley 29/1987, de 18 de diciembre, del Impuesto sobre Sucesiones y Donaciones (en adelante, LISD) sólo el 50 % de las propiedades situadas en España estaría sujeta a gravamen por obligación real.

Probablemente, esta diferencia tan acusada entre los puntos de conexión que emplea el Modelo CDI ISD (domicilio del causante) y la legislación española, residencia del heredero o donatario y ubicación o situación del bien en España determina que no se haya apoyado la celebración de CDIs en esta materia desde nuestro país, aunque, como hemos visto en el ejemplo 1, estos CDIs contribuyen a solucionar algunos de los casos de doble imposición y su generalización contribuiría aún más a solventar los problemas en este campo. Por otra parte, la atribución de la potestad de gravar la sucesión con criterios personales al Estado del causante puede ser más eficaz tanto en términos de gestión como recaudatorios: será más fácil a este Estado estar en condiciones de conocer cuál era el patrimonio mundial de esa persona y evitar maniobras de carácter defraudatorio (por ejemplo, en el caso de acciones, es muy sencillo seleccionar la jurisdicción donde se quiere que tributen por ISD, basta con incorporarlas a una sociedad holding, será el Estado de residencia del causante quien conozca en qué jurisdicción esa sociedad sea residente y estará en condiciones de gravar las acciones de la misma; el Estado de residencia de los herederos puede ni siquiera enterarse de la existencia de la sociedad holding si, por ejemplo, tras la muerte los herederos decidieran incorporarlas a un «trust» o un fundación de los que fueran beneficiarios).

Con respecto a la estructura del Modelo CDI ISD 1982, cabe decir que es muy similar a la que sigue el ModCDI 1977-2008 (en realidad, su estructura es análoga a la del ModCDI de 1977), de manera que, salvo en las disposiciones que siguen criterios específicos de atribución, las normas generales (artículo 1 a 4 y cláusulas sobre no discriminación, procedimiento amistoso, intercambio de información etc.) de ambos modelos son prácticamente idénticas, aunque, como es lógico, no tienen en cuenta las actualizaciones al ModCDI posteriores a 1977. Sobre estas cláusulas generales, quizás, convenga llamar la atención sobre el dato de que el Modelo CDI ISD 1982 atiende al concepto de «domicilio» (del causante) y no de residencia como hace el ModCDI. La justificación a estos efectos que dan los Comentarios al artículo 4 Modelo CDI ISD no resulta del todo clarificadora: se emplea el concepto de domicilio porque así lo hacía ya el borrador de Modelo CDI ISD de 1966 y porque, para algunos Estados, los conceptos de domicilio y de residencia son equivalentes, aunque en el mundo anglosajón el concepto de domicilio refleja una conexión de mayor intensidad con el territorio y el Estado que la noción de residencia.

Las reglas dedicadas a la distribución del poder tributario entre los Estados contratantes son considerablemente más simples que las del ModCDI en materia de imposición sobre la renta. En realidad, el Modelo CDI ISD 1982 sólo contiene tres reglas distributivas:

– Propiedad inmobiliaria (artículo 5): La propiedad inmobiliaria que forme parte del caudal hereditario o de una donación vinculada a un residente de un Estado contratante, con independencia de que esté afecta o no a la realización de actividades empresariales o profesionales, pero que se encuentre en otro Estado contratante podrá ser gravada en este último Estado. La definición de propiedad inmobiliaria es idéntica a la dada en el artículo 6.2. ModCDI. Repárese que sólo se refiere a la propiedad inmobiliaria situada en el otro Estado contratante, distinto de aquel donde tiene su domicilio o residencia el causante, ya que si la propiedad inmobiliaria se encontrase ubicada en un tercer Estado o en el Estado de residencia se aplicaría la regla general del artículo 7 Modelo CDI ISD 1982. Curiosamente, la transmisión de acciones en sociedades cuyo principal activo sean inmuebles no resulta gravable en el Estado de ubicación del inmueble, es decir, no se encuentra sujeta a la regla del artículo 5 sino a la norma general del artículo 7.

– Propiedad mobiliaria de un establecimiento permanente o base fija (artículo 6): La propiedad mobiliaria que forme parte del caudal relicto o de una donación vinculada a un residente de un Estado contratante, pero que está vinculada a un establecimiento permanente o base fija ubicado en el otro Estado contratante, podrá someterse a gravamen en este último Estado contratante. La definición de establecimiento permanente que contiene el artículo 6 Modelo CDI ISD 1982 está tomada del artículo 5 ModCDI 1977, por lo que ambas definiciones son prácticamente idénticas, aunque el primero sólo recoge las disposiciones del segundo relativas al concepto de establecimiento permanente (artículo 5.1. ModCDI), los supuestos que se consideran incluidos en el concepto de EP (artículo 5.2. ModCDI) y los casos excluidos del artículo 5.3 ModCDI, sin referirse al concepto de agente dependiente / independiente de los párrafos 5 y 6 del artículo 5 ModCDI o la cláusula final del párrafo 7 del mismo precepto (relativa a las relaciones entre matrices y filiales), cuya inclusión no tendría sentido en el caso del Modelo CDI ISD 1982.

– Otras propiedades (artículo 7): Cualquier tipo de propiedad que forme parte del caudal hereditario o de una donación realizada por una persona de un Estado contratante, con independencia del lugar en que se encuentre y que no esté comprendida en los artículos 5 y 6 será sometida a gravamen en el Estado de residencia del causante de forma exclusiva. Esta regla determina que, por ejemplo, las acciones o valores en general no sean objeto de gravamen en el Estado donde reside el emisor, puesto que la jurisdicción exclusiva corresponderá al Estado de residencia/domicilio del causante. El precepto también provoca que la propiedad inmobiliaria del causante ubicada en su Estado de residencia o en Estados distintos de aquél con el que se firma el CDI no pueda ser objeto de gravamen en el otro Estado contratante (incluso si en ese Estado residen los herederos del causante).

Una característica especial del Modelo CDI ISD 1982 es que regula la deducción de deudas en el artículo 8 de conformidad con los siguientes principios:

– Las deudas vinculadas a la propiedad inmobiliaria o al establecimiento permanente serán deducidas del valor de la propiedad en el Estado de ubicación de la misma.
– Cualquier otro tipo de deudas será deducida del valor del resto de las propiedades (son aquellos supuestos comprendidos en el artículo 7).
– Si una deuda vinculada a un establecimiento permanente o propiedad inmobiliaria excede de su valor, el exceso será deducible en el otro Estado contratante del valor de la propiedad sometida a gravamen en ese Estado.
– Cuando las disposiciones del artículo 8 obliguen a un Estado a conceder deducciones en cuantía superior a la prevista en su legislación interna, las disposiciones convencionales sobre deducción de deudas relativas a la propiedad vinculada a establecimientos permanentes sólo serán aplicables si el otro Estado contratante no está obligado a deducir estas deudas del valor de las propiedades en su legislación interna.

Por lo que respecta a la eliminación de la doble imposición, el artículo 9 Modelo CDI ISD presenta dos variantes (artículo 9A y 9B), que regulan, igual que el artículo 23 ModCDI, respectivamente, los métodos de exención e imputación. El método de exención (artículo 9A) implicará que el Estado donde se encuentre el domicilio fiscal del causante o donante eximirá cualquier propiedad que, en relación con el mismo hecho imponible y de conformidad con las disposiciones del Modelo CDI ISD, pueda ser gravada en el otro Estado contratante (básicamente la propiedad inmobiliaria y la mobiliaria vinculada a un establecimiento permanente en ese Estado). El método de imputación (artículo 9B) se aplica de idéntica forma: se permitirá la deducción en el Estado de domicilio del causante o donante, de los impuestos pagados de conformidad con el CDI en el otro Estado (propiedad inmobiliaria o mobiliaria vinculada a un EP), con el límite, lógicamente, del impuesto correspondiente en el Estado de domicilio del causante (imputación ordinaria). Se regula también en los artículos 9A y 9B la interacción entre el impuesto sobre donaciones pagado con carácter previo al fallecimiento, de manera que también en estos casos se mitigue o evite completamente la doble imposición.

Regula, por otra parte, el ModCDI en materia de sucesiones bajo el título de disposiciones especiales, tres artículos en materia de no discriminación (artículo 10), procedimiento amistoso (artículo 11) e intercambio de información (artículo 12). Estos artículos son variantes simplificadas de los artículos 24, 25 y 26 ModCDI en materia de imposición sobre la renta y, podría decirse que, hasta cierto punto, son superfluos: allí donde existiera un CDI en materia de eliminación sobre la doble imposición sobre la renta y el capital serán innecesarias cláusulas en materia de no discriminación, intercambio de información o procedimiento amistoso (o asistencia en materia de recaudación), porque, como es sabido, el ámbito de aplicación de estas cláusulas puede ir más allá del propio CDI (en el caso del procedimiento amistoso es más dudoso), y, en consecuencia sería innecesario incluirlas en el CDI en materia de sucesiones. Al mismo tiempo, es más que dudoso que la firma de un acuerdo tan limitado como son los CDIs en materia de herencias lleve a los Estados firmantes a querer incluir disposiciones generales en materia de no discriminación o intercambio de información que no estén limitadas por el ámbito objetivo del CDI.

Por último, al igual que el ModCDI en materia de imposición sobre la renta, el ModCDI en materia de sucesiones se complementa con cláusulas relativas a los agentes diplomáticos y consulares (artículo 13), la extensión territorial (artículo 14) y la entrada en vigor y terminación (artículo 15 y 16) que adoptaron como modelo los preceptos análogos del primero de ellos.

El ModCDI en materia de imposición sobre sucesiones de 1982 no ha tenido demasiado éxito y no son muchos los CDIs en esta materia que hay en la red mundial. La propia existencia del ModCDI 1982 tiene poca justificación autónoma al margen del ModCDI en materia de imposición sobre la renta puesto que, perfectamente, las únicas disposiciones sustantivas del primero (los artículo 5 a 8) podrían integrarse en el segundo, de tal manera que los CDIs abarcaran no sólo la imposición sobre la renta sino también la imposición sobre sucesiones y donaciones. En cualquier caso, al menos aparentemente, el menor intercambio de información en esta materia (y quizás también las deducciones por doble imposición internacional internas) hacen que los problemas de doble imposición en este campo para los contribuyentes no sean demasiado agudos, pues, frecuentemente, no declararán las herencias o donaciones que reciban de otros Estados. Tal situación, por sí misma, justificaría un mayor impulso a los Convenios (el intercambio de información en este ámbito se beneficia ya de las disposiciones del Convenio OCDE/Consejo de Europa sobre asistencia mutua, también el actual artículo 26 ModCDI resulta aplicable al impuesto sobre sucesiones y donaciones). Por otra parte, se evitarían así los problemas de interpretación que se plantean con el artículo 13 y 21 ModCDI en materia de imposición sobre la renta, por un lado, y el ModCDI en materia de sucesiones por otro. En la actualidad el artículo 13 ModCDI sólo cubre las ganancias del transmitente, puesto que las ganancias por incorporación de bienes o derechos al patrimonio de una persona caen dentro del ámbito de aplicación del artículo 21 ModCDI en materia de imposición sobre la renta (como se estudió en el contexto del artículo 13 ModCDI, no es ésta la opinión de la DGT). Ahora bien, si en lugar de gravar por un sistema de imposición sobre la renta las ganancias patrimoniales por incorporación de bienes y derechos éstas pasaran a gravarse (sobre todo en el caso de las personas físicas) por un impuesto sobre sucesiones y donaciones, éste estaría excluido de las reglas distributivas de un CDI a no ser que se firmara un CDI en materia de herencias o donaciones, generándose quizás una doble imposición que inicialmente estaba resuelta con la firma del CDI en materia de renta. Estas modificaciones de la legislación interna de los Estados contratantes obligará a indagar acerca de la voluntad de los mismos y si el contexto debiera llevarnos a otra solución, algo que no siempre es fácil de realizar. Tales problemas se eliminarían, simplemente, regulando de forma conjunta y armónica los problemas de doble imposición en el campo de la imposición sobre la renta y el capital y sobre las herencias y donaciones.

2.1.3. Los Convenios de doble imposición españoles en materia de imposición sobre las herencias y donaciones

España sólo tiene tres CDIs en materia de ISD (Francia, Suecia, Grecia), de los cuáles prácticamente sólo dos tienen alguna operatividad práctica en la actualidad. La mayor movilidad de contribuyentes personas físicas como consecuencia del incremento de relaciones con otros países y, en definitiva, del reconocimiento del derecho a establecer la residencia en cualquiera de los Estados miembros de la Unión Europea debiera tener como consecuencia inmediata que se multipliquen los problemas de doble imposición en el ámbito del ISD. Es bastante probable que muchos de los nacionales comunitarios que de facto residen en España no terminen de aparecer a todos los efectos como residentes españoles por los problemas que el ISD provoca y las posibles dobles/triples imposiciones que se pueden generar en esta materia (aparte de por la declaración de bienes y derechos en el extranjero). En este sentido, sería deseable que se firmaran más CDIs en esta materia, especialmente con países que tienen colonias notables de residentes («de facto») en España (v.gr. Reino Unido, Finlandia, Holanda etc.).

Las peculiaridades de los CDIs españoles en materia de ISD son los siguientes:

– *CDI con Francia de 11 de julio de 1963 (BOE 7 enero 1964)*: Este CDI cubría originariamente la imposición sobre la renta y las sucesiones, pero las firmas posteriores de CDIs específicos en materia de imposición sobre la renta y el patrimonio hicieron que el CDI de 1963 sólo conserve su vigencia en la regulación relativa a las herencias (en sentido estricto, puesto que las disposición sobre no discriminación debe entenderse tácitamente derogada). La primera desviación que puede llamar la atención con respecto al Modelo CDI ISD 1982 se encuentra en el hecho de que sólo cubre los impuestos exigidos por causa de muerte, lo que deja fuera del ámbito de aplicación del CDI la imposición sobre las donaciones inter vivos (recuérdese que así lo hacía también el Proyecto de Modelo CDI ISD 1966). En segundo lugar, en lo que a herencias se refiere, el CDI no acepta el punto de conexión del domicilio del causante, sino los respectivos de las legislaciones internas de los Estados contratantes, lo que supone también una desviación notable con respecto a los postulados de los que parte el artículo 1 Modelo CDI ISD 1982 y puede ocasionar notables problemas, ya que, por ejemplo, como criterio de imposición por la herencia mundial, en la actualidad la legislación francesa sigue el criterio del domicilio del causante mientras que la española se fija en la residencia de los herederos. Igualmente, en materia de reglas distributivas (artículo 30 y ss.) de la potestad tributaria pueden apreciarse especialidades importantes. En concreto, tales reglas son las siguientes:

• Los bienes inmuebles se someten a imposición en su Estado de situación (regla análoga al artículo 5 Modelo CDI ISD). Resulta curioso que el CDI no contenga una regla de cierre respecto a bienes inmuebles ubicados en terceros Estados de manera que técnicamente pueden ser gravados, al utilizar Francia y España puntos de conexión personales, en ambos Estados sin que el CDI lo impida.

• Los bienes muebles, corporales o incorporales, vinculados a un establecimiento permanente se someten a gravamen en el Estado del establecimiento; si la empresa tuviera establecimiento en los dos Estados, se someterán a gravamen en el Estado del establecimiento al que estén afectos. Como puede observarse, tal regla termina siendo análoga al artículo 6 Modelo CDI 1982 ISD.

• Los bienes muebles corporales (a los que no se aplique la regla del EP) se gravarán en el lugar en el que estén efectivamente en el momento del fallecimiento del causante (con la excepción de buques, aeronaves y vehículos, que estarán sujetos a gravamen en el Estado de matriculación). Tal regla se aparta completamente del artículo 7 Modelo CDI 1982 ISD.

• Los bienes muebles incorporales (a los que no se aplique la regla del EP) sólo se someterán a gravamen en el Estado donde el causante fuera residente en el momento de su muerte (la misma regla se aplica a los valores mobiliarios, pero no a las patentes, marcas y derechos de propiedad intelectual que tributarán en el Estado de su inscripción y, cuando estuvieran inscritos en ambos Estados, su valor se prorrateará entre ambos). La divergencia con el ModCDI 1982, artículo 7, se reduce a los derechos de propiedad industrial o intelectual, que en este último terminarán tributando en el Estado de residencia (a no ser que estén completamente afectos a un EP en el otro Estado).

• En relación con las deudas, las vinculadas a un establecimiento permanente o actividad empresarial se deducirán en el Estado donde se encuentra situado el EP o la actividad; las garantizadas con inmuebles, con barcos, aeronaves, vehículos de motor o bienes afectos a una actividad empresarial se deducirán en el Estado de ubicación del bien; el resto de las deudas se imputarán a los bienes incorporales, entre los que se encuentran las acciones y, a estos efectos, los derechos de propiedad industrial o intelectual.

• Curiosamente, a pesar de que las reglas de distribución del poder tributario en el CDI son exclusivas, la doble imposición se elimina mediante el método de exención con progresividad en el otro Estado.

– *Convenio con Grecia de 6 de marzo de 1919*: Se trata de un convenio de carácter general (esto es no sólo relativo a aspectos fiscales) que fija las reglas a aplicar a las sucesiones de españoles y griegos fallecidos en Grecia y España respectivamente. El Convenio simplemente se limita a prever la intervención de la autoridad consular en las sucesiones y, en materia tributaria, únicamente contiene una disposición en la que ordena que la autoridad consular comunique a las autoridades competentes del otro Estado la cuantía de la sucesión a fin de que la autoridad pueda determinar los derechos debidos al fisco. Estas disposiciones probablemente se encuentren derogadas por la práctica de ambos países, pero sí que resulta importante la disposición del artículo 6.4, que aclara lo siguiente: «Los derechos sucesorios debidos al Estado en que la sucesión sea abierta no se percibirán más que sobre la parte de la herencia que se encuentre en el territorio de este Estado, pero en ningún caso podrán afectar a los bienes inmuebles o muebles del difunto situados en su patria o en otros Estados». Es decir, el Convenio se limita a establecer una limitación de la jurisdicción del Estado donde fallece el causante, para el caso de que se trate de un español fallecido en Grecia o un griego residente en España, pero no se aplica allí donde, por ejemplo, un nacional y residente en Grecia fallece en Grecia y tiene herederos en España o el heredero reside en otro país distinto pero el causante tenía bienes inmuebles en España. Es decir, el ámbito de aplicación de este Convenio es bastante limitado.

– *Convenio entre España y Suecia para evitar la doble imposición y establecer normas de asistencia administrativa recíproca en materia de imposición sobre las herencias de 25 de abril de 1963 (BOE 7 enero 1964)*: Suecia ha suprimido su ISD desde 1 de enero de 2005, por lo que, realmente, este CDI (en lo que resulta vigente) sólo produce efectos en relación con España, que, de esta forma, limita su jurisdicción tributaria en el ISD, por lo que cabría plantearse si tiene sentido que no haya sido denunciado por alguno de los dos Estados (de hecho el CDI en esta materia entre Suecia y EEUU ha sido denunciado). Igualmente, la entrada en vigor del CDI con España en 1976 (en materia de imposición sobre la renta y el patrimonio) determinó la derogación (igual que ocurría con el CDI en materia de sucesiones con Francia) de un buen número de sus disposiciones generales, en concreto, por ejemplo, la cláusula en materia de no discriminación. Con respecto al CDI con Francia, el firmado con Suecia, siendo muy parecido a aquél, tiene una diferencia fundamental: determina que se aplicará el mismo a las sucesiones en las que el causante sea residente de uno de los dos Estados o de ambos (con las limitaciones que ello conlleva y que ya se pusieron de manifiesto: la herencia por un residente en España de un inmueble en Suecia procedente de un causante residente en un tercer Estado quedaba fuera del CDI, algo que, en la actualidad, resulta de poca relevancia al haber suprimido Suecia su ISD). Las reglas de distribución del poder tributario de este CDI en la actualidad sólo sirven para limitar o modular la aplicación de la legislación española. Sucintamente, serían las siguientes:

• Los bienes inmuebles se gravarán sólo en el Estado donde están ubicados (si la participación en una sociedad de personas, no en el caso de sociedades capitalistas, se corresponde con el valor de inmuebles se asimila a éste).

• Los bienes muebles que formen parte del activo de un EP sólo se someterán a imposición en el Estado de ubicación del EP (se asimilan a ellos las participaciones en sociedades de personas con personalidad jurídica en la medida en que su valor esté determinado por bienes afectos a un EP).

• Los bienes corporales, con exclusión de las acciones, sólo podrán gravarse en el Estado donde se encuentren en el momento del fallecimiento.

• Las acciones en sociedades capitalistas de un Estado contratante se gravarán exclusivamente en el Estado de la sociedad salvo que las acciones estuvieran físicamente en el momento del fallecimiento en el Estado del causante, en cuyo caso se gravarán allí (regla obsoleta y que se aparta sustancialmente del Modelo CDI ISD 1982).

• El resto de los bienes sólo se someterán a imposición en el Estado donde tuviera su residencia el causante en el momento de su muerte.

• Las deudas se imputarán preferentemente al bien con el que están garantizadas y, si no existiere saldo suficiente, se deducirán del valor del resto de los bienes del mismo Estado y, si todavía existiesen saldos sin cubrir, de los bienes sometidos a imposición en el otro Estado.

• La distribución de la potestad tributaria en este CDI es peculiar porque, a pesar de que las reglas de distribución son, en apariencia, exclusivas y excluyentes de la potestad tributaria del otro Estado, el artículo 7 declara que el otro Estado que teóricamente pierde su potestad tributaria tiene la posibilidad de gravar conforme a su legislación interna los bienes afectados por las reglas de distribución. Ello significa que se está regulando el método de imputación como sistema de eliminación de la doble imposición con alguna excepción: si el causante fuera súbdito de uno de los Estados contratantes pero residiera en el otro Estado contratante desde siete años antes de la fecha del fallecimiento, el método a aplicar será exención con progresividad.

También algunas reglas de interpretación del CDI con Suecia resultan llamativas porque se remiten a las definiciones que dé (por ejemplo, de inmuebles o establecimiento permanente) el CDI España-Suecia en materia de imposición sobre la renta, sobre todo, porque este CDI se firmó en 1976, esto es, aproximadamente trece años después.

2.1.4. Los CDIs españoles en materia de imposición sobre la renta y el patrimonio y el ISD

Inicialmente, en el Proyecto de ModCDI en materia de imposición sobre la renta de 1963, sólo se permitió el intercambio de información en relación con la aplicación del propio CDI. En 1977 y hasta 1997, el ModCDI admitió el intercambio de información para impuestos cubiertos por el CDI. En 2000, se modificó el ModCDI para permitir que el intercambio de información no quede limitado a los impuestos cubiertos por el artículo 2 del Convenio y así ha quedado también en el ModCDI 2005-2017. El resultado será que en aquellos CDIs en materia de renta y patrimonio que sigan el artículo 26 ModCDI 2000-2017, será posible el intercambio de información en relación con, por ejemplo, el ISD. Ahora bien, en el caso de CDIs que siguieran el MC OCDE en sus versiones anteriores a 2000 ni siquiera podrá usarse la información intercambiada a efectos de los impuestos cubiertos por el CDI para liquidar impuestos conexos (v.gr. información sobre IP que se pretenda emplear para liquidar el ISD).

Es decir sólo en el marco de los CDIs más recientes firmados por España será posible el intercambio de información referente al ISD o el uso de esta información transmitida a las autoridades españolas para liquidar el ISD (v.gr. CDIs con Turquía, Macedonia, Irán, Nueva Zelanda, Croacia, Colombia, Emiratos Árabes, Sudáfrica, Arabia Saudí, Andorra, Uzbekistán, Omán). Habrá que tener en cuenta, no obstante, que la generalización como estándar del Convenio de la OCDE / Consejo de Europea en materia de asistencia mutua, junto con los instrumentos comunitarios de intercambio de información (estudiados en la parte de Derecho de la UE de este trabajo) contribuyen a superar estas dificultades. Hay que reseñar también que los Acuerdos de Intercambio de Información recientemente firmados por España con antiguos paraísos fiscales admiten el intercambio de información en el ámbito del ISD (v.gr. Acuerdo con Andorra, Aruba, Bahamas, San Marino etc.). Nada impide por otra parte tampoco que España use a efectos del ISD (o del IP) la información obtenida como consecuencia de la aplicación del nuevo estándar automático de intercambio de información (CRS, como es sabido, también incardinado en el propio Convenio de la OCDE / Consejo de Europa y sus instrumentos de desarrollo).

2.2. Normas relativas a la navegación marítima y aérea

En materia de navegación marítima y aérea, confluyen dos tipos de normas, por un lado, auténticos convenios internacionales, por otro, simples normas internas que reconocen exenciones y que son fruto del tratamiento recíproco que se dispensan los Estados. Por otra parte, es necesario poner de manifiesto que, con frecuencia, tras la orden o convenio en materia de navegación marítima o aérea se firman auténticos CDIs en materia de renta y patrimonio que, en definitiva, vienen a derogar, de forma expresa o tácita, las previsiones relativas a la imposición sobre la renta de la orden o el convenio anterior. De hecho, los Convenios en materia de navegación marítima y aérea firmados por España se encuentran a día de hoy derogados por CDIs en materia de imposición sobre la renta firmados con los países respectivos. Así, están ya derogados los Convenios en materia de navegación marítima y aérea con Argentina (1978), Chile (1976), Irlanda (1975), Venezuela (1986) (dejó de producir efectos el 31 de diciembre de 2004, fecha en la que comenzó a aplicarse el CDI España-Venezuela en materia de imposición sobre la renta y el patrimonio) y Sudáfrica (1973) (el acuerdo con Sudáfrica dejó de producir efectos el 31 de diciembre de 2007, al aplicarse el CDI España-Sudáfrica desde el día 1 de enero de 2008, según dispone el artículo 27.3 citado CDI, lo anterior no significa, sin embargo, la derogación del Acuerdo de 1973, sino sólo la suspensión de sus efectos mientras se aplique el CDI según dispone el artículo 27.3 de este último).

En materia de transporte aéreo, es frecuente encontrar acuerdos internacionales que contienen cláusulas tributarias, en las que uno de los artículos se dedica a la imposición sobre la renta (pero también se añaden artículos relativos a otros impuestos). La situación en este caso es similar a la de los acuerdos específicos en materia de imposición sobre la renta de las empresas de navegación marítima y aérea: la aplicación de un CDI posterior determinará la derogación, en este caso, no del acuerdo completo, sino tan sólo de la cláusula relativa a la imposición sobre la renta que contenga el específico acuerdo sobre transporte aéreo. A continuación se añade un listado de acuerdos firmados por España que contienen cláusulas tributarias, en aquellos casos en los que la cláusula relativa a la imposición sobre la renta deba entenderse derogada como consecuencia de la firma de un CDI posterior lo indicamos con el símbolo (*) (la entrada en vigor de un CDI con uno de los Estados contenidos en la lista con posterioridad a la redacción de estas líneas determinará, frecuentemente, la derogación de la cláusula correspondiente en materia de imposición sobre la renta):

- Acuerdo sobre transporte aéreo entre el Reino de España y la República de Armenia, hecho en Madrid el 22 de julio de 2011 (BOE de 8 de agosto de 2012) (*) (curiosamente, cuando este acuerdo entró en vigor su disposición relativa a empresas de este sector, régimen fiscal, ya estaba derogada por el CDI entre España y Armenia, publicado en BOE el 17 de abril de 2012 y con entrada en vigor y aplicación inmediata tras la entrada en vigor el 10 de abril de 2012).

- Acuerdo de 15 de septiembre de 1988 sobre transporte aéreo entre el Gobierno de España y el Gobierno de Canadá (BOE 27 diciembre 1991) (se remite expresamente al CDI España-Canadá).

- Acuerdo de 15 de julio de 1976 sobre transporte aéreo entre el Gobierno de España y el Gobierno de Costa de Marfil (BOE 24 marzo 1981).

- Acuerdo de 21 julio 1997 de transporte aéreo entre el Reino de España y la República de Croacia (BOE 24 octubre 1997 y 18 mayo 2001) (*).

- Convenio de 12 de marzo de 1991. De transporte aéreo y anejo entre la República Arabe de Egipto y el Reino de España, hecho en El Cairo el 12 de marzo de 1991 (BOE 5 agosto 1993) (*).

- Acuerdo de 30 de octubre de 1992 sobre transporte aéreo entre España y Honduras (BOE 30 diciembre 1992).

- Acuerdo sobre transporte aéreo entre el Reino de España y la República Islámica del Irán, hecho en Teherán el 24 de junio de 1996 (BOE de 20 septiembre 1999) (*).

- Acuerdo sobre Transporte Aéreo entre el Reino de España y el Estado de Israel, hecho en Jerusalén el 31 de julio de 1989 (BOE 12 septiembre 1989 y BOE 20 octubre 1990) (*).

- Acuerdo entre el Gobierno de España y el Gobierno del Reino Hashemita de Jordania sobre transporte aéreo, firmado en Madrid el 18 de mayo de 1977 (BOE 21 mayo 1980).

- Aplicación provisional del Acuerdo de transporte aéreo entre el Gobierno de España y el Gobierno macedonio, hecho en Skopje el 2 de marzo de 1999 (BOE 23 abril 1999 y BOE 7 abril 2000) (*).

- Acuerdo de 24 de julio de 1992 de transporte aéreo entre el Reino de España y la República de Nicaragua (BOE 22 octubre 1992 y BOE 12 febrero 1998).

- Acuerdo de 10 de marzo de 1997 de transporte aéreo entre el Reino de España y la República de El Salvador (BOE 24 abril 1997 y BOE 13 marzo 1998) (*).

- Acuerdo sobre transporte aéreo entre el Reino de España y Nueva Zelanda, hecho en Madrid el 6 de mayo de 2002 (BOE de 14 octubre de 2003) (*).

- Acuerdo de 26 de abril de 2011 de transporte aéreo entre el Reino de España y el Estado de Catar (BOE de 10 octubre 2011). La entrada en vigor del CDI con este país el 6 de febrero de 2018 determina que, a partir de la fecha de producción de efectos de sus disposiciones relativas al transporte internacional, según su artículo 27, dejen de tener vigencia las propias del Acuerdo de 2011.

- Acuerdo de 27 noviembre 1963 entre España y Suiza relativo a la imposición de las empresas de navegación aérea (BOE de 12 enero 1965) (*), vid. artículo 27.3 CDI España-Suiza).

- Acuerdo de 13 agosto de 1979 sobre transporte aéreo comercial entre el Gobierno de España y el Gobierno de la República Oriental de Uruguay (BOE de 24 octubre 1979 y BOE de 8 marzo 1983) (*).

- Acuerdo de 7 de octubre de 1996 de transporte aéreo entre el Gobierno de España y el Gobierno de Ucrania (BOE 18 febrero 1998).

Por otra parte, los convenios y acuerdos internacionales deben ser completados con órdenes específicas que reconocen exenciones a las entidades de navegación, fundamentalmente, aérea. Al igual que ocurría en el caso de los acuerdos internacionales hay órdenes que deben hoy entenderse derogadas como consecuencia de la firma posterior de acuerdos o convenios para la eliminación de la doble imposición o acuerdos específicos posteriores. Aquéllas órdenes que deben entenderse hoy derogadas, en lo que se refieren a impuestos directos, se señalan en con el símbolo (*):

– Orden de 18 de febrero de 1972 que exime de impuestos a entidades de residentes en África del Sur (BOE 25 febrero 1972) (*).

– Orden de 7 de febrero de 1966 que exime de determinados impuestos, a condición de reciprocidad a entidades residentes en Bélgica, Canadá, Estados Unidos, México y Uruguay (BOE 17 febrero 1966) (*).

– Orden de 16 de febrero de 1966 exime de impuestos, por reciprocidad, a las entidades residentes en Brasil y en la República Argentina (BOE 16 febrero 1966) (*)

– Orden de 10 de enero de 1997 que declara la exención por reciprocidad a que se refiere el artículo 46.2 Ley 43/1995, del IS, a las entidades de navegación aérea residentes en la República de Colombia (BOE 30 enero 1997) (*).

– Orden de 22 de diciembre de 1971 por la que se declara, a condición de reciprocidad, la exención y no sujeción a algunos impuestos que les pudieren afectar a las Entidades de Navegación Aérea residentes en la República Democrática del Congo (BOE 2 febrero 1972).

– Orden de 20 de febrero de 1968 que exime de impuestos a las aeronaves de Cuba que toquen territorio nacional (BOE 2 marzo 1968) (*).

– Orden de 5 diciembre 1988 que exime del Impuesto sobre Sociedades, a condición de reciprocidad, a entidades de navegación marítima y aérea residentes en los Estados Unidos de América (BOE 16 diciembre de 1988) (*).

– Orden de 8 de junio de 1966 que exime de determinados impuestos, a condición de reciprocidad, a las entidades residentes en Holanda (BOE 18 junio 1966) (*).

– Orden de 6 de febrero de 1969 que exime de determinados impuestos a condición de reciprocidad a entidades de navegación aérea residentes en Inglaterra (BOE 12 febrero 1969) (*).

– Orden de 5 de febrero de 1985 por la que se declara la exención por reciprocidad a que se refiere el artículo quinto de la Ley 61/1978, de 27 de diciembre, del Impuesto sobre Sociedades, a las Entidades de Navegación Aérea residentes en Israel (BOE 30 marzo 1985) (*).

– Orden de 27 de junio de 1978 por la que se declaran, a condición de reciprocidad, las exenciones que se citan a las Entidades de Navegación Aérea residentes en Kuwait (BOE 2 agosto 1978) (*).

– Orden de 31 de enero de 1975 por la que se declara la aplicación del principio de reciprocidad en materia de exenciones en imposición directa a las Entidades de Navegación Aérea residentes en la República del Líbano (BOE 25 febrero 1975).

Convenios de doble imposición

– Órdenes de 2 de julio de 1969 que eximen de los impuestos que indican a entidades de navegación aérea residentes en Marruecos (*) y Perú (BOE 9 de julio 1969).

– Orden de 26 de enero de 1976 por la que se declara la aplicación del principio de reciprocidad en materia de exenciones en imposición directa a las Entidades de Navegación Aérea residentes en Nigeria (*) (BOE 9 febrero 1976).

– Orden de 19 de octubre de 1994 que declara la exención por reciprocidad a que se refiere el artículo 5 I ey 61/1978, del IS, a las entidades de navegación aérea residentes en la República de Panamá (BOE 10 noviembre 1994) (*).

– Orden de 24 de abril de 1987 por la que se declara la exención por reciprocidad a que se refiere el artículo quinto de la Ley 61/1978, de 27 de diciembre, del Impuesto sobre Sociedades, a las Entidades de Navegación Aérea residentes en la República de Paraguay (BOE 9 mayo 1987).

– Orden de 6 de mayo de 1991 que declara la exención a las entidades de navegación aérea residentes en la República de Seychelles (BOE 10 junio 1991).

– Orden de 7 de febrero de 1983 que declara la exención del Impuesto sobre Sociedades a entidades de navegación aérea residentes en Uruguay (BOE 14 febrero 1983) (*).

3. BIBLIOGRAFÍA

ALMUDÍ CID/VEGA BORREGO (2011), «Tax rules in non-tax agreements: Spanish Report», en Lang et. al, Tax Rules in Non-Tax Agreements, IBFD: Amsterdam, 2012.

LANG, WTO and Direct Taxation, Kluwer, 2005.

SCHON (2004), «World Trade Organization Law and Tax Law», Bulletin of International Fiscal Documentation vol. 58, nº 7

4. ANEXO. CONVENIOS MULTILATERALES Y TRATADOS CON ORGANISMOS INTERNACIONALES

El listado exhaustivo de tratados con organizaciones internacionales se puede encontrar en la página web del Ministerio de Asuntos Exteriores: http://www.exteriores.gob.es/Portal/es/PoliticaExteriorCooperacion/Tratados/TratadosOOII2/Paginas/default.aspx

CONVENIOS MULTILATERALES Y TRATADOS CON ORGANISMOS INTERNACIONALES	FECHA DE PUBLICACIÓN EN EL BOE
Agencia Espacial Europea	12-11-1976
Asociación Internacional de Desarrollo	21-09-1960
Autoridad Internacional Fondos Marinos (Privilegios e Inmunidades)	10-06-2003
Banco Africano de Desarrollo:	
– Ley 20/1983	01-12-1983
– Ley 44/1985	24-12-1985
Banco interamericano de Desarrollo	02-11-1976
Banco Mundial (Banco Internacional de Reconstrucción y Fomento)	13-09-1958
Centro Astronómico Hispano-alemán	19-06-1973 01-08-1973

CONVENIOS MULTILATERALES Y TRATADOS CON ORGANIS-MOS INTERNACIONALES	FECHA DE PUBLICACIÓN EN EL BOE
Centro Europeo de Previsiones Meteorológicas	13-03-1976 y de 14-02-2011
Comunidad / Unión Europea:	
– Ratificación del Tratado de Adhesión	01-01-1986
– Privilegios e inmunidades: Protocolo anejo al Tratado de 08-04-1965	13-01-1994
– Banco Europeo de Inversiones: Protocolo anejo al Tratado de 08-04-1965	13-01-1994
– Instituto Monetario Europeo	25-04-1963
– Banco Central Europeo	
- Tratado de Funcionamiento de la Unión Europea	27-11-2009
Consejo Oleícola Internacional	06-06-2008
Consejo de Europa:	
– Instrumento de Adhesión	01-03-1978
– Privilegios e inmunidades	14-07-1982
Consejo Internacional del Estado	17-02-1977
Convención de Viena:	
– Sobre relaciones diplomáticas	24-01-1968
– Sobre relaciones consulares	06-03-1970
Corporación Financiera Internacional	23-12-1981
Corporación Interamericana de Inversiones	11-01-1986
Energía Nuclear:	
– Privilegios e inmunidades del Organismo Internacional	07-07-1984
– Eurodif	25-08-1982
Estación Base de Mediciones en las Islas Canarias	15-06-1984
EEUU:	
– Convenio defensa mutua y ayuda económica	02-10-1953
– Estación de seguimiento vehículos espaciales	17-02-1964
– Estatuto de fuerzas armadas de los EEUU en España	02-07-1982
– Convenio básico y complementarios de 2 de julio de 1982 de amistad, defensa y cooperación	01-12-1988
– Convenio de cooperación para la defensa	10-10-1989

Convenios de doble imposición

CONVENIOS MULTILATERALES Y TRATADOS CON ORGANIS-MOS INTERNACIONALES	FECHA DE PUBLICACIÓN EN EL BOE
Fondo Monetario Internacional:	
– Adhesión de España (DL de 04-06-1958)	10 07-1958
– Aceptación 2.ª Enmienda al Convenio Constitutivo	22-12-1978
Instituto Internacional del Algodón	21-09-1981
Marruecos Aplicación provisional del Convenio de Asociación Estratégica en materia de desarrollo y de cooperación cultural educativa y deportiva entre España y Marruecos de 3 octubre 2012, BOE 31 julio 2012: cláusulas de exención de determinados institutos.	31-03-2012
Moldavia: Acuerdo de creación de una zona de aviación común entre la EU, sus Estados y Moldavia (con cláusulas tributarias que no afectan a las previstas en CDIs entre Moldavia y los Estados de la UE)	5-4-2013 (aplicación provisional)
Naciones Unidas:	
– Fondo Especial de las Naciones Unidas	20-01-1966
– Privilegios e inmunidades de los Organismos especializados de las Naciones Unidas	25-11-1974
– Centro de Información en España	13-07-1985
– Convenio sobre Derecho del Mar (Montego Bay)	14-02-1997
Oficina de Educación Iberoamericana	14-11-1966
Organización Europea de Investigación Espacial	18-01-1969
Organización Europea de Telecomunicaciones por Satélite (EUTEL-SAT)	06-10-1992
Organización Europea para la Explotación de Satélites Meteorológicos (EUMETSAT)	21-01-1992
Organización Internacional de Telecomunicaciones Marítimas por Satélite (INMARSAT)	05-03-1991
Organización Internacional de Telecomunicaciones por Satélite (INTELSAT)	04-04-1981 y 19-06-2010
Organización Mundial del Turismo:	
– Estatutos	03-12-1974
– Estatuto jurídico en España	06-07-1977
– Facilidades a sus funcionarios	28-11-1978
Otan	16-05-2000

CONVENIOS MULTILATERALES Y TRATADOS CON ORGANISMOS INTERNACIONALES	FECHA DE PUBLICACIÓN EN EL BOE
Santa Sede:	
– Acuerdo sobre Asuntos Económicos	15-12-1979
– Acuerdo aplicación IS a entidades eclesiásticas	09-05-1981
– OM 23-04-1981 sobre plazo presentación declaraciones del IS	09-05-1981
– R 29-05-1981 instrucciones presentación declaraciones IS e IRPF	02-07-1981
Unión Europea Occidental – Acuerdo sobre Privilegios e Inmunidades del Tribunal Internacional del Derecho del mar, de 23 de mayo de 1997	08-05-1990 17-01-2002